D1177641

ITALIA

2 0 0 4

■ *Selezione di alberghi e ristoranti*

Sélection d'hôtels et de restaurants ■

■ *Auswahl an Hotels und Restaurants*

Selection of hotels and restaurants ■

ITALIA

Caro lettore,

La Guida Michelin le propone, per ogni categoria di confort e di prezzo, una selezione dei migliori alberghi e ristoranti effettuata da un'équipe di professionisti del settore. Gli ispettori, dipendenti Michelin, attraversano il paese tutto l'anno per visitare nuovi esercizi e verificare la qualità e la regolarità delle prestazioni di quelli già citati, lavorando nel più stretto anonimato e in tutta autonomia.

Le attrezzature ed i servizi sono indicati da simboli, un immediato linguaggio internazionale che ti permetterà di capire in un attimo se, per esempio, un albergo dispone di parcheggio o di piscina. Per trarre il meglio da questa ricca fonte d'informazioni, le consigliamo di consultare l'introduzione. Le indicazioni sono poi completate da un testo che descrive l'atmosfera dell'albergo o del ristorante.

L'iscrizione nella guida è completamente gratuita. Ogni anno gli albergatori e i ristoratori citati compilano un questionario inviato loro per fornirci i periodi di aperturae i prezzi per l'anno a venire. Circa 100 000 dati sono aggiornati ad ogni edizione (nuovi esercizi, variazioni di tariffe, periodi di apertura).

Di grande aiuto sono anche i commenti dei lettori che ci inviano circa 45 000 lettere ed e-mail all'anno da tutta l'Europa.

Grazie sin d'ora per la sua partecipazione e buon viaggio con la Guida Michelin 2004.

Consultate la Guida Michelin sul sito
www.Viamichelin.it
e scriveteci presso
laguidamichelin-italia@it.michelin.com

Sommario

La scelta di un albergo, di un ristorante

Gli esercizi sono classificati in base al confort che offrono e vengono citati in ordine di preferenza per ogni categoria.

Categorie

🏨🏨🏨🏨🏨	XXXXX	*Gran lusso e tradizione*
🏨🏨🏨🏨	XXXX	*Gran confort*
🏨🏨🏨	XXX	*Molto confortevole*
🏨🏨	XX	*Di buon confort*
🏨	X	*Abbastanza confortevole*
⌂		*Agriturismo, Bed and Breakfast, Locanda (forme alternative di ospitalità)*
Senza rist		*L'albergo non ha ristorante*
	con cam	*Il ristorante dispone di camere*

Amenità e tranquillità

Alcuni esercizi sono evidenziati nella guida dai simboli rossi indicati qui di seguito. Il soggiorno in questi alberghi si rivela particolarmente ameno o riposante grazie alle caratteristiche dell'edificio, alle decorazioni non comuni, alla sua posizione ed al servizio offerto, nonchè alla tranquillità dei luoghi.

🏨🏨🏨🏨🏨 a 🏨, ⌂	*Alberghi ameni*
XXXXX a X	*Ristoranti ameni*
🐦	*Albergo molto tranquillo o isolato e tranquillo*
🐦	*Albergo tranquillo*
⋖ mare	*Vista eccezionale*
⋖	*Vista interessante o estesa*

Le località che possiedono degli esercizi ameni o tranquilli sono riportate sulle carte da pagina 74 a 82.

Consultatele per la preparazione dei vostri viaggi e, al ritorno, inviateci i vostri pareri; agevolerete così le nostre indagini.

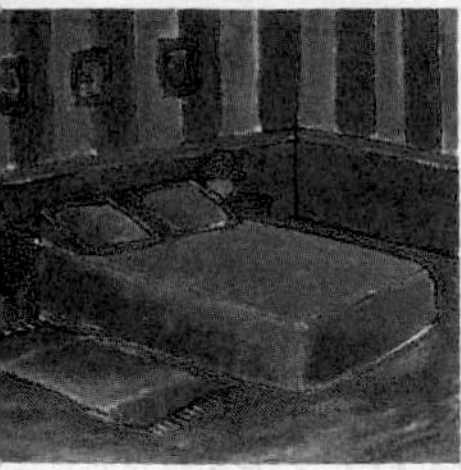

Installazioni

Le camere degli alberghi che raccomandiamo possiedono, generalmente, delle installazioni sanitarie complete. È possibile tuttavia che nelle categorie 🏠 e ⌂ alcune camere ne siano sprovviste.

30 cam	*Numero di camere*
	Ascensore
	Aria condizionata
TV	*Televisione in camera*
	Esercizio riservato in parte ai non fumatori
	Presa modem in camera
	Camere accessibili alle persone con difficoltà motorie
	Pasti serviti in giardino o in terrazza
	Cura termale, Idroterapia
	Piscina: all'aperto, coperta
	Sauna – Palestra
	Spiaggia attrezzata – Giardino
18	*Tennis appartenente all'albergo – Golf e numero di buche*
	Pontile d'ormeggio
150	*Sale per conferenze: capienza massima*
	Garage gratuito (una notte) per chi presenta la guida dell'anno
	Garage a pagamento
P	*Parcheggio riservato alla clientela*
P	*Parcheggio chiuso riservato alla clientela*
	Accesso vietato ai cani (in tutto o in parte dell'esercizio)
20 aprile-5 ottobre	*Periodo di apertura, comunicato dall'albergatore. Gli esercizi senza tali menzioni sono aperti tutto l'anno.*

La tavola

Le stelle

Alcuni esercizi meritano di essere segnalati alla vostra attenzione per la qualità particolare della loro cucina; li abbiamo evidenziati con le « stelle di ottima tavola ».
Per ognuno di questi ristoranti indichiamo tre specialità culinarie che potranno aiutarvi nella scelta.

✿✿✿ **Una delle migliori tavole, vale il viaggio**

Vi si mangia sempre molto bene, a volte meravigliosamente. Grandi vini, servizio impeccabile, ambientazione accurata... Prezzi conformi.

✿✿ **Tavola eccellente, merita una deviazione**

Specialità e vini scelti... Aspettatevi una spesa in proporzione.

✿ **Un'ottima tavola nella sua categoria**

La stella indica una tappa gastronomica sul vostro itinerario.
Non mettete però a confronto la stella di un esercizio di lusso, dai prezzi elevati, con quella di un piccolo esercizio dove, a prezzi ragionevoli, viene offerta una cucina di qualità.

Il "Bib Gourmand"

Pasti accurati a prezzi contenuti

Per quando desiderate trovare delle tavole con un rapporto qualità-prezzo particolarmente favorevole, abbiamo selezionato dei ristoranti che offrono un pasto accurato spesso a carattere tipicamente regionale.

Questi ristoranti sono evidenziati nel testo con il **"Bib Gourmand"** *e* **Pasto**, *davanti ai prezzi.*

La carta dei vini

Carta con proposte particolarmente interessanti

Tra i ristoranti che noi abbiamo selezionato in tutte le categorie, alcuni propongono una carta dei vini particolarmente interessante. Attenzione a non confrontare la carta presentata da un sommelier in un grande ristorante con quella di una trattoria dove il proprietario ha una grande passione per i vini della regione.

Consultate la lista e le carte degli esercizi con stelle ✿✿✿, ✿✿, ✿ e **"Bib Gourmand"** *(pagine 66 a 82).*

Principali vini e specialità regionali: vedere da p. 61 a 65

Alloggio

Il "Bib Hotel"

Buona sistemazione a prezzo contenuto

Cercate un albergo funzionale ed accogliente in grado di offrire una prestazione di qualità a prezzi contenuti?
Questi esercizi dispongono di camere per due persone a meno di 80 euro.

Consultate la lista dei **"Bib Hotel"** *da pagina 72 a pagina 73*
e localizzateli sulle carte da pagina 74 a pagina 82.

I prezzi

I prezzi che indichiamo in questa guida sono stati stabiliti nell'estate 2003 e sono relativi all' ***alta stagione****; potranno subire delle variazioni in relazione ai cambiamenti dei prezzi di beni e servizi. Essi s'intendono comprensivi di tasse e servizio (salvo specifica indicazione, es. 15 %).*

In occasione di alcune manifestazioni commerciali o turistiche i prezzi richiesti dagli albergatori potrebbero subire un sensibile aumento nelle località interessate e nei loro dintorni.

In bassa stagione, alcuni esercizi applicano condizioni più vantaggiose informatevi al momento della prenotazione.

Entrate nell'albergo o nel ristorante con la guida in mano, dimostrando in tal modo la fiducia in chi vi ha indirizzato.

Pasti

◎	*Esercizio che offre un pasto semplice entro 20 €.*
	Menu a prezzo fisso:
Pasto 15,50/25,80 €	*minimo* 15,50 €, *massimo* 25,80 €
bc	*Bevanda compresa*
	Pasto alla carta:
Pasto carta 30/46 €	*Il primo prezzo corrisponde ad un pasto semplice comprendente: primo, piatto del giorno e dessert.* *Il secondo prezzo corrisponde ad un pasto più completo (con specialità) comprendente: antipasto, due piatti, formaggio o dessert.* *Talvolta i ristoranti non dispongono di liste scritte ed i piatti sono proposti a voce.*

Camere

cam 50/77,50 € *Prezzo massimo per una camera singola e per una camera per due persone* ***in alta stagione***

Suites: *informarsi presso l'albergatore*

cam ☕ 56/93 € *Prezzo della camera compresa la prima colazione*

☕ 5,16 € *Prezzo della prima colazione (supplemento eventuale se servita in camera)*

Mezza pensione

½ P 77,30 € *Prezzo della mezza pensione (camera, prima colazione ed un pasto) per persona e al giorno, in alta stagione. Questi prezzi sono validi per la camera doppia occupata da due persone, per un soggiorno minimo di tre giorni; la persona singola potrà talvolta vedersi applicata una maggiorazione. La maggior parte degli alberghi pratica anche, su richiesta, la pensione completa. E' comunque consigliabile prendere accordi preventivi con l'albergatore per stabilire le condizioni definitive.*

La caparra

Alcuni albergatori chiedono il versamento di una caparra. Si tratta di un deposito-garanzia che impegna sia l'albergatore che il cliente. Vi consigliamo di farvi precisare le norme riguardanti la reciproca garanzia di tale caparra.

Carte di credito

AE Sì ⓓ ◎ VISA JCB *Carte di credito accettate dall'esercizio American Express, Carta Si, Diners Club, Mastercard (Eurocard), Visa, Japan Credit Bureau*

Le città

20100	*Codice di Avviamento Postale*
✉ *28042 Baveno*	*Numero di codice e sede dell'Ufficio Postale*
P	*Capoluogo di Provincia*
Piacenza	*Provincia alla quale la località appartiene*
561 *D9*	*Numero della carta Michelin e del riquadro*
G. Toscana	*Vedere La Guida Verde Michelin Toscana*
108 872 ab	*Popolazione residente*
alt. 175	*Altitudine*
Stazione termale / *Sport invernali*	*Genere della stazione*
1500/2000 m	*Altitudine della stazione e altitudine massima raggiungibile con gli impianti di risalita*
3	*Numero di funivie o cabinovie*
7	*Numero di sciovie e seggiovie*
	Sci di fondo
a.s. luglio-settembre	*Periodo di alta stagione*
EX A	*Lettere indicanti l'ubicazione sulla pianta*
18	*Golf e numero di buche*
	Panorama, vista
	Aeroporto
	Trasporti marittimi
	Trasporti marittimi (solo passeggeri)
	Ufficio informazioni turistiche
A.C.I.	*Automobile Club d'Italia*

Luoghi d'interesse

Grado di interesse

★★★	*Vale il viaggio*
★★	*Merita una deviazione*
★	*Interessante*

Ubicazione

Vedere	*Nella città*
Dintorni	*Nei dintorni della città*
Escursioni	*Nella regione*
Nord, Sud, Est, Ovest	*Il luogo si trova a Nord, a Sud, a Est, a Ovest della località*
per ① *o* ④	*Ci si va dall'uscita* ① *o* ④ *indicata con lo stesso segno sulla pianta*
6 km	*Distanza chilometrica*

Le carte dei dintorni

Sapete come usarle?

Se desiderate, per esempio, trovare un buon indirizzo nei dintorni di Siena, la « carta dei dintorni » (qui accanto) richiama la vostra attenzione su tutte le località citate nella Guida che si trovano nei dintorni della città prescelta, e in particolare su quelle raggiungibili nel raggio di 50 km (limite di colore). Le « carte dei dintorni » coprono l'intero territorio e permettono la localizzazione rapida di tutte le risorse proposte dalla Guida nei dintorni delle località regionali principali.

Nota:

Quando una località è presente su una « carta dei dintorni », la città a cui ci si riferisce è scritta in BLU nell'elenco linea delle distanze da città a città.

Esempio:

Troverete MONTEPULCIANO sulla carta dei dintorni di SIENA.

MONTEPULCIANO *53045 Siena* **563** *M 17* – **Vedere** *Città Antica★ – Piazza Grande★★*
Roma 176 – Siena 65 – Arezzo 60 – Firenze 119 – Perugia 74

San Miniato
S. Casciano in Val di Pesa
Incisa in Val d'A.
Reggello
Montespertoli
Montefiridolfi
S 429
Montaione
Tavarnelle Val di Pesa
Greve in Chianti
Loro Ciuffenna
Subbiano
Terranuova Bracciolini
Capolona
Certaldo
Barberino Val d'Elsa
Cavriglia
Montevarchi
A 1
Radda in Chianti
San Gimignano
Poggibonsi
Castellina in Chianti
Gaiole in Chianti
Civitella in Val di Chiana
Colle di Val d'Elsa
Volterra
Montebenichi
Casole d'Elsa
Monteriggioni
Castelnuovo Berardenga
SIENA
Monte S. Savino
Elsa
S 73
Radicondoli
Sovicille
Pomarance
Rapolano Terme
Foiano della Chiana
Montecastelli Pisano
S 2
Arbia
Asciano
S 326
Sinalunga
M. Oliveto Maggiore
Trequanda
Vescovado
Monticiano
San Giovanni d'Asso
Montefollonico
Montieri
Ombrone
S 223
San Quirico d'Orcia
Montepulciano
Montalcino
Pienza
Massa Marittima
Chianciano Terme
Castiglione d'Orcia
50 km
Campiglia d'Orcia
San Casciano dei Bagni
Scarlino
Seggiano
Bagni San Filippo
Radicofani
0
20 km

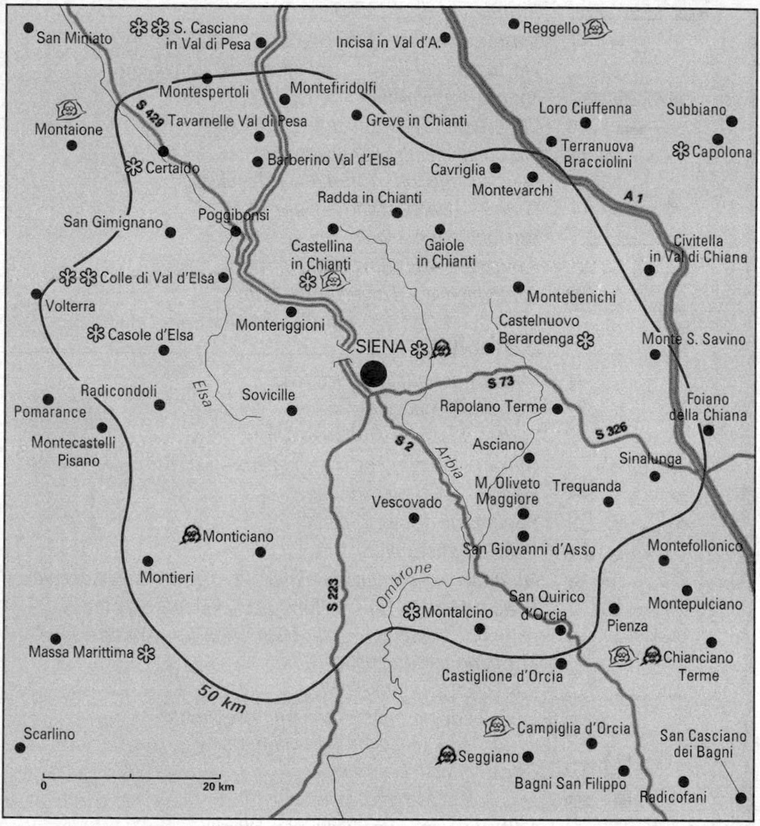

Tutte le « carte dei dintorni » sono localizzate sulla carta tematica a pagina 74 a 82.

Le piante

Alberghi e forme alternative di ospitalità
Ristoranti

Curiosità

Edificio interessante
Costruzione religiosa interessante

Viabilità

Autostrada, strada a carreggiate separate
numero dello svincolo
Grande via di circolazione
Senso unico
Via impraticabile, a circolazione regolamentata
Zona a traffico limitato
Via pedonale – Tranvia
Pasteur *Via commerciale – Sottopassaggio (altezza inferiore a m 4,40) – Parcheggio*
Porta – Sottopassaggio – Galleria
Stazione e ferrovia
Funicolare – Funivia, Cabinovia
Ponte mobile – Traghetto per auto

Simboli vari

Ufficio informazioni turistiche
Moschea – Sinagoga
Torre – Ruderi – Mulino a vento
Giardino, parco, bosco – Cimitero – Calvario
Stadio – Golf – Ippodromo
Piscina: all'aperto, coperta
Vista – Panorama
Monumento – Fontana – Fabbrica – Centro commerciale
Porto turistico – Faro – Torre per telecomunicazioni
Aeroporto – Stazione della Metropolitana – Autostazione
Trasporto con traghetto:
Passeggeri ed autovetture, solo passeggeri
Simbolo di riferimento comune alle piante ed alle carte Michelin particolareggiate
Ufficio postale centrale
Ospedale – Mercato coperto
Edificio pubblico indicato con lettera:
P H J *- Prefettura – Municipio – Palazzo di Giustizia*
M T *- Museo – Teatro*
U *- Università*
POL. *- Carabinieri - Polizia (Questura, nelle grandi città)*
A.C.I. *Automobile Club d'Italia*

☐ a. ***Dipartimentale D17***

☐ b. ***Statale N202***

☐ c. ***Dipartimentale D30***

Non sai come arrivarci?
Consulta una carta Michelin!

Le carte NATIONAL, REGIONAL, LOCAL o ZOOM e gli Atlanti Michelin, grazie alla loro precisione e alla loro chiarezza, ti permetteranno di orientarti in ogni momento, di trovare facilmente la strada e di scegliere l'itinerario migliore.

Cher lecteur,

Le Guide Michelin vous propose, dans chaque catégorie de confort et de prix, une sélection des meilleurs hôtels et restaurants. Cette sélection est effectuée par une équipe d'inspecteurs, professionnels de formation hôtelière, qui sillonnent le pays toute l'année pour visiter de nouveaux établissements et ceux déjà cités afin d'en vérifier la qualité et la régularité des prestations. Salariés Michelin, les inspecteurs travaillent en tout anonymat et en toute indépendance.

Les équipements et services sont signalés par des symboles, langage international qui vous permet de voir en un coup d'œil si un hôtel dispose, par exemple, d'un parking ou d'une piscine. Pour bien profiter de cette très riche source d'information, plongez-vous dans l'introduction. Un texte décrivant l'atmosphère de l'hôtel ou du restaurant complète ces renseignements.

L'inscription dans le guide est totalement gratuite. Chaque année, les hôteliers et restaurateurs cités remplissent le questionnaire qui leur est envoyé, nous fournissant les dates d'ouverture et les prix pour l'année à venir. Près de 100 000 informations sont mises à jour pour chaque édition (nouveaux établissements, changements de tarif, dates d'ouverture).

Une grande aide vient aussi des commentaires des lecteurs avec près de 45 000 lettres et Email par an, pour toute l'Europe.

Merci d'avance pour votre participation et bon voyage avec le Guide Michelin 2004.

Consultez le Guide Michelin sur
www.Viamichelin.it
et écrivez-nous à :
laguidamichelin-italia@it.michelin.com

Sommaire

Le choix d'un hôtel, d'un restaurant

Les établissements, classés selon leur confort, sont cités par ordre de préférence dans chaque catégorie.

Catégories

🏨🏨🏨🏨🏨	XXXXX	*Grand luxe et tradition*
🏨🏨🏨🏨	XXXX	*Grand confort*
🏨🏨🏨	XXX	*Très confortable*
🏨🏨	XX	*De bon confort*
🏨	X	*Assez confortable*
⌂		*Tourisme à la ferme, Bed and Breakfast, Chambre d'hôtes (autres formes d'hébergement)*
senza rist		*L'hôtel n'a pas de restaurant*
	con cam	*Le restaurant possède des chambres*

Agrément et tranquillité

Certains établissements se distinguent dans le guide par les symboles rouges indiqués ci-après.
Le séjour dans ces hôtels se révèle particulièrement agréable ou reposant.
Cela peut tenir d'une part au caractère de l'édifice, au décor original, au site, à l'accueil et aux services qui sont proposés, d'autre part à la tranquillité des lieux.

🏨🏨🏨🏨🏨 à 🏨, ⌂	*Hôtels agréables*
XXXXX à X	*Restaurants agréables*
🐦	*Hôtel très tranquille ou isolé et tranquille*
🐦	*Hôtel tranquille*
⋞ mare	*Vue exceptionnelle*
⋞	*Vue intéressante ou étendue*

Les localités possédant des établissements agréables ou tranquilles sont repérées sur les cartes pages 74 à 82.
Consultez-les pour la préparation de vos voyages et donnez-nous vos appréciations à votre retour, vous faciliterez ainsi nos enquêtes.

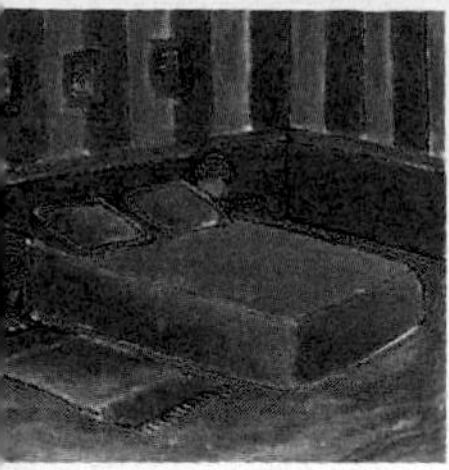

L'installation

Les chambres des hôtels que nous recommandons possèdent, en général, des installations sanitaires complètes. Il est toutefois possible que dans les catégories et , certaines chambres en soient dépourvues.

30 cam	*Nombre de chambres*
	Ascenseur
	Air conditionné
TV	*Télévision dans la chambre*
	Établissement en partie réservé aux non-fumeurs
	Prise modem dans la chambre
	Chambres accessibles aux personnes à mobilité réduite
	Repas servis au jardin ou en terrasse
	Cure thermale, Balnéothérapie
	Piscine : de plein air ou couverte
	Sauna – Salle de remise en forme
	Plage aménagée – Jardin de repos
18	*Tennis à l'hôtel – Golf et nombre de trous*
	Ponton d'amarrage
150	*Salles de conférences : capacité maximum*
	Garage gratuit (une nuit) aux porteurs du Guide de l'année
	Garage payant
P	*Parking réservé à la clientèle*
P	*Parking clos réservé à la clientèle*
	Accès interdit aux chiens (dans tout ou partie de l'établissement)
20 aprile-5 ottobre	*Période d'ouverture, communiquée par l'hôtelier. En l'absence de mention, l'établissement est ouvert toute l'année.*

La table

Les étoiles

Certains établissements méritent d'être signalés à votre attention pour la qualité de leur cuisine. Nous les distinguons par les étoiles de bonne table. Nous indiquons, pour ces établissements, trois spécialités culinaires qui pourront orienter votre choix.

✿✿✿ **Une des meilleures tables, vaut le voyage**

On y mange toujours très bien, parfois merveilleusement. Grands vins, service impeccable, cadre élégant... Prix en conséquence.

✿✿ **Table excellente, mérite un détour**

Spécialités et vins de choix... Attendez-vous à une dépense en rapport.

✿ **Une très bonne table dans sa catégorie**

L'étoile marque une bonne étape sur votre itinéraire. Mais ne comparez pas l'étoile d'un établissement de luxe à prix élevés avec celle d'une petite maison où, à prix raisonnables, on sert également une cuisine de qualité.

☺ Le "Bib Gourmand"

Repas soignés à prix modérés

Vous souhaitez parfois trouver des tables plus simples, à prix modérés ; c'est pourquoi nous avons sélectionné des restaurants proposant, pour un rapport qualité-prix particulièrement favorable, un repas soigné, souvent de type régional.

Ces restaurants sont signalés par le "Bib Gourmand" ☺ *et* Pasto.

La carte des vins

Carte offrant un choix particulièrement attractif.

Parmi les restaurants que nous avons sélectionnés, dans toutes les catégories, certains proposent une carte des vins particulièrement attractive. Mais attention à ne pas comparer la carte présentée par le sommelier d'un grand restaurant avec celle d'une auberge dont le patron se passionne pour les vins de sa région.

Consultez les listes et les cartes des étoiles de bonne table ✿✿✿, ✿✿, ✿ *et des* "Bib Gourmand" ☺ *(pages 66 à 82).*

Principaux vins et spécialités régionales : voir p. 61 à 65

L'hébergement

Le "Bib Hôtel"

Bonnes nuits à petits prix

Vous cherchez un hôtel pratique et accueillant offrant une prestation de qualité à prix raisonnable ? Ces adresses possèdent une majorité de chambres pour deux personnes à moins de 80 €.

Consultez la liste des **"Bib Hôtel"** *page 72 et 73 et repérez les sur les cartes pages 74 à 82.*

Les prix

Les prix que nous indiquons dans ce guide ont été établis en été 2003 et s'appliquent à la ***haute saison****.*
Ils sont susceptibles de modifications, notamment en cas de variations des prix des biens et services.
Ils s'entendent taxes et services compris (sauf indication spéciale, ex. 15 %).
A l'occasion de certaines manifestations commerciales ou touristiques, les prix demandés par les hôteliers risquent d'être sensiblement majorés dans certaines villes jusqu'à leurs lointains environs.
Hors saison, certains établissements proposent des conditions avantageuses, renseignez-vous lors de votre réservation.
Entrez à l'hôtel le Guide à la main, vous montrerez ainsi qu'il vous conduit là en confiance.

Repas

☺	*Établissement proposant un repas simple à moins de 20 €.*
	Menu à prix fixe :
Pasto 15,50/25,80 €	*minimum* 15,50 €, *maximum* 25,80 €
bc	*Boisson comprise*
	Repas à la carte :
Pasto carta 30/46 €	*Le premier prix correspond à un repas normal comprenant : entrée, plat du jour et dessert.* *Le 2e prix concerne un repas plus complet (avec spécialité) comprenant : entrée, deux plats, fromage ou dessert.* *Parfois, en l'absence de menu et de carte, les plats sont proposés verbalement.*

Chambres

cam 50/77,50 € — *Prix maximum pour une chambre d'une personne et pour une chambre de deux personnes* ***en haute saison***

Appartements : — *Se renseigner auprès de l'hôtelier*

cam ☕ 56/93 € — *Prix des chambres petit déjeuner compris*

☕ 5,16 € — *Prix du petit déjeuner (supplément éventuel si servi en chambre)*

Demi-pension

½ P 77,30 € — *Prix de la demi-pension (chambre, petit déjeuner et un repas) par personne et par jour ; en saison, ces prix s'entendent pour une chambre double occupée par deux personnes, pour un séjour de trois jours minimum. Une personne seule se voit parfois appliquer une majoration. La plupart des hôtels saisonniers pratiquent également, sur demande, la pension complète. Dans tous les cas, il est indispensable de s'entendre par avance avec l'hôtelier pour conclure un arrangement définitif.*

Les arrhes

Certains hôteliers demandent le versement d'arrhes. Il s'agit d'un dépôt-garantie qui engage l'hôtelier comme le client. Bien faire préciser les dispositions de cette garantie.

Cartes de crédit

AE ⟡ ⓓ MC VISA JCB — *Cartes de crédit acceptées par l'établissement American Express, Carta Si, Diners Club, Mastercard (Eurocard), Visa, Japan Credit Bureau*

Les villes

20100	Numéro de code postal
✉ 28042 Baveno	Numéro de code postal et nom du bureau distributeur du courrier
P	Capitale de Province
Piacenza	Province à laquelle la localité appartient
561 D9	Numéro de la Carte Michelin et carroyage
G. Toscana	Voir le Guide Vert Michelin Toscana
108 872 ab	Population résidente
alt. 175	Altitude de la localité
Stazione termale	Station thermale
Sport invernali	Sports d'hiver
1500/2000 m	Altitude de la station et altitude maximum atteinte par les remontées mécaniques
3	Nombre de téléphériques ou télécabines
7	Nombre de remonte-pentes et télésièges
	Ski de fond
a.s. luglio-settembre	Période de haute saison
EX A	Lettres repérant un emplacement sur le plan
18	Golf et nombre de trous
	Panorama, point de vue
	Aéroport
	Transports maritimes
	Transports maritimes pour passagers seulement
	Information touristique
A.C.I.	Automobile Club d'Italie

Les curiosités

Intérêt

★★★	*Vaut le voyage*
★★	*Mérite un détour*
★	*Intéressant*

Situation

Vedere	*Dans la ville*
Dintorni	*Aux environs de la ville*
Escursioni	*Excursions dans la ville*
Nord, Sud, Est, Ovest	*La curiosité est située : au Nord, au Sud, à l'Est, à l'Ouest*
per ① o ④	*On s'y rend par la sortie ① ou ④ repérée par le même signe sur le plan du Guide et sur la carte*
6 km	*Distance en kilomètres*

Les cartes de voisinage

Avez-vous pensé à les consulter ?

Vous souhaitez trouver une bonne adresse, par exemple, aux environs de Siena (Sienne) ?
Consultez la carte qui accompagne le plan de la ville.
La « carte de voisinage » (ci-contre) attire votre attention sur toutes les localités citées au Guide autour de la ville choisie, et particulièrement celles situées dans un rayon de 50 km (limite de couleur).
Les « cartes de voisinage » vous permettent ainsi le repérage rapide de toutes les ressources proposées par le Guide autour des métropoles régionales.

Nota :

Lorsqu'une localité est présente sur une « carte de voisinage », sa métropole de rattachement est imprimée en BLEU sur la ligne des distances de ville à ville.

Exemple :

Vous trouverez MONTEPULCIANO sur la carte de voisinage de SIENA.

MONTEPULCIANO *53045 Siena* **563** *M 17 –*
Vedere *Città Antica★ – Piazza Grande★★*
Roma 176 – Siena 65 – Arezzo 60 – Firenze 119 – Perugia 74

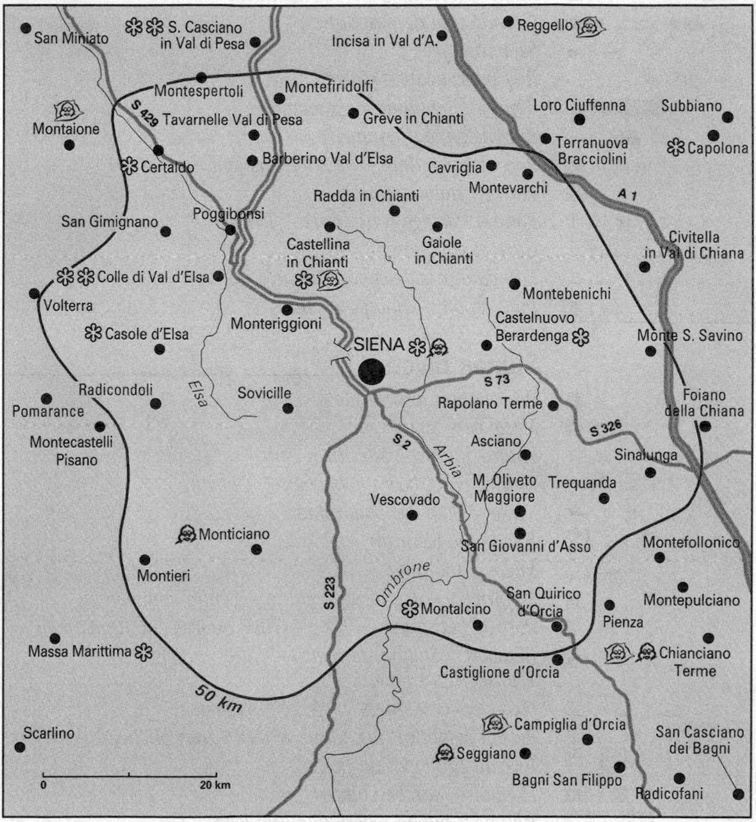

Toutes les « cartes de voisinage » sont localisées sur la carte thématique pages 74 à 82.

Les plans

- *Hôtels et autres formes d'hébergement*
- *Restaurants*

Curiosités

Bâtiment intéressant
Édifice religieux intéressant

Voirie

Autoroute, route à chaussées séparées
numéro d'échangeur
Grande voie de circulation
Sens unique
Rue impraticable, réglementée
Zone à circulation réglementée
Rue piétonne - Tramway
Pasteur — *Rue commerçante – Passage bas (inf. à 4 m 40)*
Parc de stationnement
Porte – Passage sous voûte – Tunnel
Gare et voie ferrée
Funiculaire – Téléphérique, télécabine
Pont mobile – Bac pour autos

Signes divers

Information touristique
Mosquée – Synagogue
Tour – Ruines – Moulin à vent
Jardin, parc, bois – Cimetière – Calvaire
Stade – Golf – Hippodrome
Piscine de plein air, couverte
Vue – Panorama
Monument – Fontaine – Usine – Centre commercial
Port de plaisance – Phare – Tour de télécommunications
Aéroport – Station de métro – Gare routière
Transport par bateau :
passagers et voitures, passagers seulement
Repère commun aux plans et aux cartes Michelin détaillées
Bureau principal de poste
Hôpital – Marché couvert
Bâtiment public repéré par une lettre :
P H J — *- Préfecture – Hôtel de ville – Palais de justice*
M T — *- Musée – Théâtre*
U — *- Université*
POL. — *- Gendarmerie – Police (commissariat central)*
A.C.I. — *Automobile Club*

Lieber Leser,

Der Michelin-Führer bietet Ihnen in jeder Komfort- und Preiskategorie eine Auswahl der besten Hotels und Restaurants. Diese Auswahl wird von einem Team von Inspektoren mit Ausbildung in der Hotellerie erstellt, die das Jahr hindurch das ganze Lande bereisen. Ihre Aufgabe ist es, die Qualität und die Leistung der empfohlenen und der neu aufzunehmenden Hotels und Restaurants zu überprüfen. Als Angestellte bei Michelin arbeiten die Inspektoren anonym und völlig unabhängig.

Die Einrichtung und der gebotene Service der Betriebe wird durch Symbole gekennzeichnet – eine internationale Sprache, die auf einen Blick erkennen lässt ob ein Hotel beispielsweise einen Parkplatz oder ein Schwimmbad besitzt. Um diese umfangreiche Information voll nutzen zu können, werfen Sie einen Blick in die Einleitung. Der Text, der die Atmosphäre eines Hotels oder Restaurants beschreibt, ergänzt die Symbole.

Die Empfehlung im Michelin-Führer ist absolut kostenlos. Alle empfohlenen Hotel und Restaurant füllen jedes Jahr einen Fragebogen aus, in dem uns die Schließungszeiten und die aktuellen Preise für das nächste Jahr genannt werden. Nahezu 100 000 Veränderungen für jede Ausgabe ergeben sich daraus (neue Betriebe, veränderte Preise und Schließungszeiten).

Eine sehr große Hilfe sind jedoch auch Sie, unsere Lesere – mit beinahe 45 000 Briefen und E-Mail aus ganz Europa.

Wir bedanken uns im Voraus für Ihre Hilfe und wünschen Ihnen eine gute Reise mit dem Michelin-Führer 2004.

Die Auswahl des Michelin-Führers finden Sie auch im Internet unter : ***www.Viamichelin.it***
Sie erreichen uns unter :
laguidamichelin-italia@it.michelin.com

Inhaltsverzeichnis

Wahl eines Hotels, eines Restaurants

In jeder Kategorie drückt die Reihenfolge der Betriebe (sie sind nach ihrem Komfort klassifiziert) eine weitere Rangordnung aus.

Kategorien

	XXXXX	*Großer Luxus und Tradition*
	XXXX	*Großer Komfort*
	XXX	*Sehr komfortabel*
	XX	*Mit gutem Komfort*
	X	*Mit Standard Komfort*
		Bauernhäuser, Bed and Breakfast, Gästehäuser (Andere empfohlene Übernachtungsmöglichkeiten)
senza rist		*Hotel ohne Restaurant*
	con cam	*Restaurant vermietet auch Zimmer*

Annehmlichkeiten

Manche Häuser sind im Führer durch rote Symbole gekennzeichnet (s. unten). Der Aufenthalt in diesen ist wegen der schönen, ruhigen Lage, der nicht alltäglichen Einrichtung und Atmosphäre sowie dem gebotenen Service besonders angenehm und erholsam.

bis ,	*Angenehme Hotels*
XXXXX bis X	*Angenehme Restaurants*
	Sehr ruhiges, oder abgelegenes und ruhiges Hotel
	Ruhiges Hotel
< mare	*Reizvolle Aussicht*
<	*Interessante oder weite Sicht*

Die Übersichtskarten S. 74 bis 82, auf denen die Orte mit besonders angenehmen oder ruhigen Häusern eingezeichnet sind, helfen Ihnen bei der Reisevorbereitung. Teilen Sie uns bitte nach der Reise Ihre Erfahrungen und Meinungen mit. Sie helfen uns damit, den Führer weiter zu verbessern.

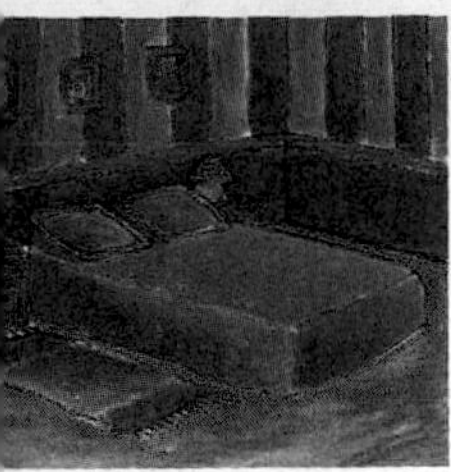

Einrichtung

Die meisten der empfohlenen Hotels verfügen über Zimmer, die alle oder doch zum größten Teil mit Bad oder Dusche ausgestattet sind. In den Häusern der Kategorien 🏠 *und* ⌂ *kann diese jedoch in einigen Zimmern fehlen.*

30 cam	*Anzahl der Zimmer*
	Fahrstuhl
	Klimaanlage
TV	*Fernsehen im Zimmer*
	Haus teilweise reserviert für Nichtraucher
	Modem - Anschluß im Zimmer
	Zimmer, die für Körperlich beeinträchtigte Personen leicht zugänglich Sind
	Garten-, Terrassenrestaurant
	Thermalkur, Badeabteilung
	Freibad, Hallenbad
	Sauna – Fitneßraum
	Strandbad – Liegewiese, Garten
18	*Hoteleigener Tennisplatz – Golfplatz und Lochzahl*
	Bootssteg
150	*Konferenzräume (Höchstkapazität)*
	Garage kostenlos (nur für eine Nacht) für die Besitzer des Michelin-Führers des laufenden Jahres
	Garage wird berechnet
P	*Parkplatz reserviert für Gäste*
P	*Gesicherter Parkplatz für Gäste*
	Hunde sind unerwünscht (im ganzen Haus bzw. in den Zimmern oder im Restaurant)
20 aprile-5 ottobre	*Öffnungszeit, vom Hotelier mitgeteilt. Häuser ohne Angabe von Schließungszeiten sind ganzjährig geöffnet.*

Küche

Die Sterne

Einige Häuser verdienen wegen ihrer überdurchschnittlich guten Küche Ihre besondere Beachtung. Auf diese Häuser weisen die Sterne hin. Bei den mit « Stern » ausgezeichneten Betrieben nennen wir drei kulinarische Spezialitäten, die Sie probieren sollten.

✿✿✿ **Eine der besten Küchen: eine Reise wert**

Man ißt hier immer sehr gut, öfters auch exzellent, edle Weine, tadelloser Service, gepflegte Atmosphäre ... entsprechende Preise.

✿✿ **Eine hervorragende Küche: verdient einen Umweg**

Ausgesuchte Menus und Weine ... angemessene Preise.

✿ **Eine sehr gute Küche: verdient Ihre besondere Beachtung**

Der Stern bedeutet eine angenehme Unterbrechung Ihrer Reise.
Vergleichen Sie aber bitte nicht den Stern eines sehr teuren Luxusrestaurants mit dem Stern eines kleineren oder mittleren Hauses, wo man Ihnen zu einem annehmbaren Preis eine ebenfalls vorzügliche Mahlzeit reicht.

Der "Bib Gourmand"

Sorgfältig zubereitete, preiswerte Mahlzeiten

Für Sie wird es interessant sein, auch solche Häuser kennenzulernen, die eine etwas einfachere, vorzugsweise regionale Küche zu einem besonders günstigen Preis/Leistungs-Verhältnis bieten.
Im Text sind die betreffenden Restaurants durch das rote Symbol **"Bib Gourmand"** *und* **Pasto** *vor dem Menupreis kenntlich gemacht.*

Die Weinkarte

Weinkarte mit besonders attraktivem Angebot

Einige der von uns empfohlenen Restaurants bieten eine besonders interessante Weinauswahl. Aber bitte vergleichen Sie nicht die Weinkarte, die Ihnen vom Sommelier eines großen Hauses präsentiert wird, mit der Auswahl eines Gasthauses dessen Besitzter die Weine der Region mit Sorgfalt zusammenstellt.

Siehe Karten und Listen der Haüser mit « Stern »
✿✿✿, ✿✿, ✿ und **"Bib Gourmand"** *(S. 66 bis 82).*

Wichtigste Weine und regionale Spezialitäten: siehe S. 61 bis 65

Übernachtung

Der „Bib Hotel"

Hier übernachten Sie gut und preiswert

Suchen Sie ein gastfreundliches Hotel mit zeitgemäßem Komfort, das Ihnen Zimmer zu einem guten Preis-Leistungsverhältnis bietet?

In diesen Hotels bietet man Ihnen Zimmer für zwei Personen für weniger als 80 € an.

All **„Bib Hotel"** *finden Sie auf der Liste S. 72 - 73 und auf den Übersichtskarten S. 74 - 82.*

Preise

Die in diesem Führer genannten Preise wurden uns im Sommer 2003 angegeben. Es sind **Hochsaisonpreise.** *Sie können sich mit den Preisen von Waren und Dienstleistungen ändern. Sie enthalten Bedienung und MWSt. (wenn kein besonderer Hinweis gegeben wird, z. B. 15 %). Erfahrungsgemäß werden bei größeren Veranstaltungen, Messen und Ausstellungen in vielen Städten und deren Umgebung erhöhte Preise verlangt.*

Außerhalb der Saison bieten einige Betriebe günstigere Preise an. Erkundigen Sie sich bei Ihrer Reservierung danach.

Halten Sie beim Betreten des Hotels den Führer in der Hand. Sie zeigen damit, daß Sie aufgrund dieser Empfehlung gekommen sind.

Mahlzeiten

(symbol) *Restaurant, das eine einfache Mahlzeit unter 20 € anbietet.*

Feste Menupreise:

Pasto 15,50/25,80 € — *Mindestpreis* 15,50 €, *Höchstpreis* 25,80 €

bc — *Getränke inbegriffen*

Mahlzeiten « à la carte » :

Pasto carta 30/46 € — *Der erste Preis entspricht einer einfachen Mahlzeit und umfaßt Vorspeise, Hauptgericht, Dessert.*

Der zweite Preis entspricht einer reichlicheren Mahlzeit (mit Spezialität) bestehend aus:

Vorspeise, zwei Hauptgängen, Käse oder Dessert.

Falls weder eine Menu- noch eine « à la carte » – Karte vorhanden ist, wird das Tagesgericht mündlich angeboten.

Zimmer

cam 50/77,50 € *Höchstpreis für ein Einzelzimmer und für ein Doppelzimmer* ***in der Hochsaison***

Suiten *Auf Anfrage*

cam ☕ 56/93 € *Zimmerpreis inkl. Frühstück*

☕ 5,16 € *Preis des Frühstücks (wenn es im Zimmer serviert wird kann ein Zuschlag erhoben werden)*

Halbpension

½ P 77,30 € *Preis für Halbpension (Zimmerpreis inkl Frühstück und eine Mahlzeit) pro Person und Tag während der Hauptsaison bei einem von zwei Personen belegten Doppelzimmer für einen Aufenthalt von mindestens drei Tagen. Einer Einzelperson kann ein Preisaufschlag verlangt werden. In den meisten Hotels können Sie auf Anfrage auch Vollpension erhalten. Auf jeden Fall sollten Sie den Endpreis vorher mit dem Hotelier vereinbaren.*

Anzahlung

Einige Hoteliers verlangen eine Anzahlung. Diese ist als Garantie sowohl für den Hotelier als auch für den Gast anzusehen. Es ist ratsam, sich beim Hotelier nach den genauen Bestimmungen zu erkundigen.

Kreditkarten

AE Si ⓓ MC VISA JCB *Vom Haus akzeptierte Kreditkarten American Express, Carta Si, Diners Club, Mastercard (Eurocard), Visa, Japan Credit Bureau*

Städte

20100	*Postleitzahl*
✉ 28042 Baveno	*Postleitzahl und Name des Verteilerpostamtes*
P	*Provinzhauptstadt*
Piacenza	*Provinz, in der der Ort liegt*
561 D9	*Nummer der Michelin-Karte mit Koordinaten*
G. Toscana	*Siehe Grünen Michelin – Reiseführer Toscana*
108 872 ab	*Einwohnerzahl*
alt. 175	*Höhe*
Stazione termale	*Thermalbad*
Sport invernali	*Wintersport*
1500/2000 m	*Höhe des Wintersportortes und Maximal-Höhe, die mit Kabinenbahn oder Lift erreicht werden kann*
3	*Anzahl der Kabinenbahnen*
7	*Anzahl der Schlepp- oder Sessellifts*
	Langlaufloipen
a.s. luglio-settembre	*Hauptsaison von ... bis ...*
EX A	*Markierung auf dem Stadtplan*
18	*Golfplatz und Lochzahl*
	Rundblick – Aussichtspunkt
	Flughafen
	Autofähre
	Personenfähre
	Informationsstelle
A.C.I.	*Automobilclub von Italien*

Sehenswürdigkeiten

Bewertung

★★★	*Eine Reise wert*
★★	*Verdient einen Umweg*
★	*Sehenswert*

Lage

Vedere	*In der Stadt*
Dintorni	*In der Umgebung der Stadt*
Escursioni	*Ausflugsziele*
Nord, Sud, Est, Ovest	*Im Norden, Süden, Osten, Westen der Stadt*
per ① o ④	*Zu erreichen über die Ausfallstraße ① bzw. ④, die auf dem Stadtplan und auf der Michelin-Karte identisch gekennzeichnet sind*
6 km	*Entfernung in Kilometern*

Umgebungskarten

Denken Sie daran sie zu benutzen

Die Umgebungskarten sollen Ihnen die Suche eines Hotels oder Restaurants in der Nähe der größeren Städte erleichtern.
Wenn Sie beispielsweise eine gute Adresse in der Nähe von Siena brauchen, gibt Ihnen die Karte schnell einen Überblick über alle Orte, die in diesem Michelin-Führer erwähnt sind.
Innerhalb der in Kontrastfarbe gedruckten Grenze liegen Gemeinden, die im Umkreis von 50 km sind.

Anmerkung:

Auf der Linie der Entfernungen zu anderen Orten erscheint im Ortstext die jeweils nächste Stadt mit Umgebungskarte in BLAU.

Beispiel:

Sie finden MONTEPULCIANO auf der Umgebungskarte von SIENA.

MONTEPULCIANO *53045 Siena* **563** *M 17 –*
Vedere *Città Antica★ – Piazza Grande★★*
Roma 176 – Siena 65 – Arezzo 60 – Firenze 119 – Perugia 74

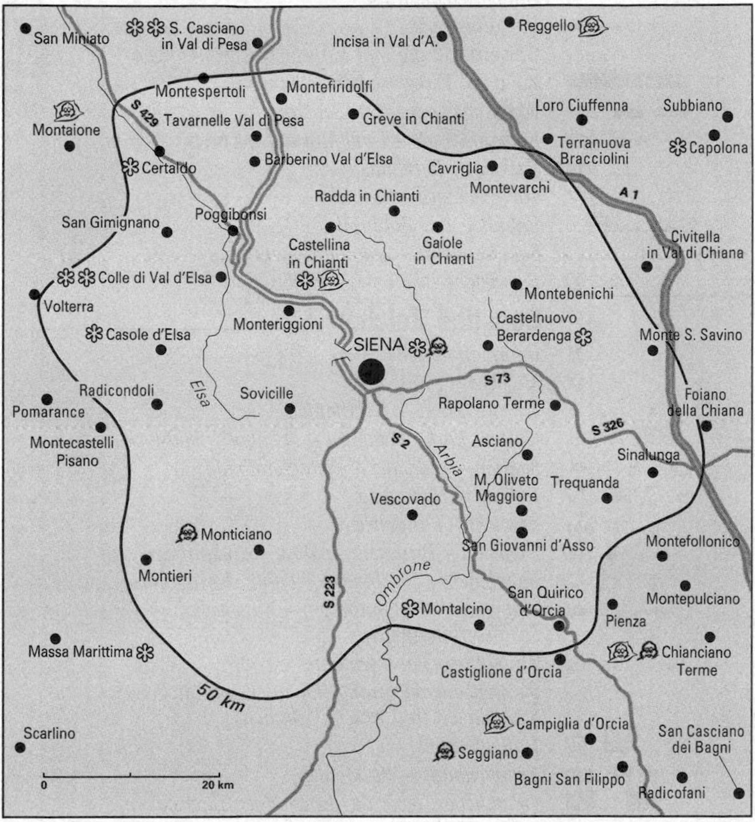

Die Umgebungskarten finden Sie auf der Themenkarte S. 74 bis 82.

Stadtpläne

Hotels und andere empfohlene Übernachtungsmöglichkeiten
Restaurants

Sehenswürdigkeiten

Sehenswertes Gebäude
Sehenswerter Sakralbau

Straßen

Autobahn, Schnellstraße
Nummer der Anschlußstelle
Hauptverkehrsstraße
Einbahnstraße
Gesperrte Straße, mit Verkehrsbeschränkungen
Zone mit Verkehrsbeschränkungen
Fußgängerzone – Straßenbahn
Pasteur *Einkaufsstraße – Unterführung (Höhe bis 4,40 m)*
Parkplatz, Parkhaus
Tor – Passage – Tunnel
Bahnhof und Bahnlinie
Standseilbahn – Seilschwebebahn
Bewegliche Brücke – Autofähre

Sonstige Zeichen

Informationsstelle
Moschee – Synagoge
Turm – Ruine – Windmühle
Garten, Park, Wäldchen – Friedhof – Bildstock
Stadion – Golfplatz – Pferderennbahn
Freibad – Hallenbad
Aussicht – Rundblick
Denkmal – Brunnen – Fabrik – Einkaufszentrum
Jachthafen – Leuchtturm – Funk-, Fernsehturm
Flughafen – U-Bahnstation – Autobusbahnhof
Schiffsverbindungen:
Autofähre – Personenfähre
Straßenkennzeichnung (identisch auf Michelin Stadtplänen und Abschnittskarten)
Hauptpostamt
Krankenhaus – Markthalle
Öffentliches Gebäude, durch einen Buchstaben gekennzeichnet:
P H J *- Präfektur – Rathaus – Gerichtsgebäude*
M T U *- Museum – Theater – Universität*
- Gendarmerie
POL. *- Polizei (in größeren Städten Polizeipräsidium)*
A.C.I. *Automobilclub von Italien*

Dear Reader

The Michelin Guide offers a selection of the best hotels and restaurants in many categories of comfort and price. It is compiled by a team of professionally trained inspectors who travel the country visiting new establishments as well as those already listed in the guide. Their mission is to check the quality and consistency of the amenities and service provided by the hotels and restaurants throughout the year. The inspectors are full-time Michelin employees and their assessments, made anonymously, are therefore completely impartial and independant.

The amenities found in each establishment are indicated by symbols, an international language which enables you to see at a glance whether a hotel has, for example, a car park or swimming pool. To take full advantage of the wealth of information contained in the guide, consult the introduction. A short descriptive text complements the symbols.

Entry in the Michelin Guide is completely free of charge and every year the proprietors of those establishments listed complete a questionnaire giving the opening times and prices for the coming year. Nearly 100,000 pieces of information are updated for each annual edition.

Our readers also contribute through the 45,000 letters and e-mails received annually commenting on hotels and restaurants throughout Europe.

Thank you for your support and please continue to send us your comments. We hope you enjoy travelling with the Michelin Guide 2004.

Consult the Michelin Guide at
www.Viamichelin.it
and write to us at:
laguidamichelin-italia@it.michelin.com

Contents

Choosing a hotel or restaurant

In each category establishments are listed in order of preference according to the degree of comfort they offer.

Categories

⌂⌂⌂⌂⌂	XXXXX	*Luxury in the traditional style*
⌂⌂⌂⌂	XXXX	*Top class comfort*
⌂⌂⌂	XXX	*Very comfortable*
⌂⌂	XX	*Comfortable*
⌂	X	*Quite comfortable*
⌂		*Farmhouses, Bed and Breakfast, Guesthouses (other recommended accommodation)*
senza rist		*The hotel has no restaurant*
	con cam	*The restaurant also offers accommodation*

Peaceful atmosphere and setting

Certain establishments are distinguished in the guide by the red symbols shown below.

Your stay in such hotels will be particularly pleasant or restful, owing to the character of the building, its decor, the setting, the welcome and services offered, or simply the peace and quiet to be enjoyed there.

⌂⌂⌂⌂⌂ to ⌂, ⌂	*Pleasant hotels*
XXXXX to X	*Pleasant restaurants*
🐦 (red)	*Very quiet or quiet, secluded hotel*
🐦	*Quiet hotel*
⋞ mare	*Exceptional view*
⋞	*Interesting or extensive view*

The maps on pages 74 to 82 indicate places with such peaceful, pleasant hotels and restaurants.

By consulting them before setting out and sending us your comments on your return you can help us with our enquiries.

Hotel facilities

In general the hotels we recommend have full bathroom and toilet facilities in each room. This may not be the case, however, for certain rooms in categories 🏠 *and* ⌂.

30 cam	*Number of rooms*
	Lift (elevator)
	Air conditioning
TV	*Television in room*
	Hotel partly reserved for non-smokers
	Modem point in the bedrooms
	Bedrooms accessible to those with restricted mobility
	Meals served in garden or on terrace
	Hydrotherapy
	Outdoor or indoor swimming pool
	Sauna – Exercise room
	Beach with bathing facilities – Garden
18	*Hotel tennis court – Golf course and number of holes*
	Landing stage
150	*Equipped conference hall (maximum capacity)*
	Free garage (one night) for those in possession of the current Michelin Guide
	Hotel garage (additional charge in most cases)
P	*Car park for customers only*
P	*Enclosed car park for customers only*
	Dogs are excluded from all or part of the hotel
20 aprile-5 ottobre	*Dates when open, as indicated by the hotelier. Where no date or season is shown, establishments are open all year round.*

Cuisine

Stars

Certain establishments deserve to be brought to your attention for the particularly fine quality of their cooking. Michelin stars are awarded for the standard of meals served. For such restaurants we list three culinary specialities to assist you in your choice.

✿✿✿ **Exceptional cuisine, worth a special journey**

One always eats here extremely well, sometimes superbly. Fine wines, faultless service, elegant surroundings. One will pay accordingly !

✿✿ **Excellent cooking, worth a detour**

Specialities and wines of first class quality. This will be reflected in the price.

✿ **A very good restaurant in its category**

The star indicates a good place to stop on your journey. But beware of comparing the star given to an expensive « de luxe » establishment to that of a simple restaurant where you can appreciate fine cuisine at a reasonable price.

The "Bib Gourmand"

Good food at moderate prices

You may also like to know of other restaurants with less elaborate, moderately priced menus that offer good value for money and serve carefully prepared meals, often of regional cooking.

In the guide such establishments are marked the **"Bib Gourmand"** *and* **Pasto** *just before the price of the menu.*

Wine list

A particularly interesting wine list.

Some of the restaurants we have chosen, across all categories, offer a particularly interesting wine list. Beware, however, of comparing the list presented by the sommelier of a grand restaurant with that of simple inn where the owner has a passion for wine.

Please refer to the map of star-rated restaurants ✿✿✿, ✿✿, ✿ and the **"Bib Gourmand"** *(pp 66 to 82).*

Main wines and regional specialities: see pp 61 to 65

Accommodation

The Bib Hotel

Good accommodation at moderate prices

For those looking for a friendly hotel which offers a good level of comfort and service at a reasonable price. These establishments have mostly double rooms costing up to 80 €.

All the **Bib Hotels** *are listed on pages 72 to 73*
And are marked on the maps on pages 74 to 82.

Prices

Prices quoted are valid for summer 2003 and apply to ***high season.*** *Changes may arise if goods and service costs are revised. The rates include tax and service charge (unless otherwise indicated, eg. 15 %).*
In the case of certain trade exhibitions or tourist events prices demanded by hoteliers are liable to reasonable increases in certain cities and for some distance in the area around them.
Out of season certain establishments offer special rates. Ask when booking.
Your recommendation is self evident if you always walk into a hotel, Guide in hand.

Meals

⊜	*Establishment serving a simple meal for less than 20 €.*
	Set meals :
Pasto 15,50/25,80 €	*Lowest* 15,50 € *and highest* 25,80 € *prices for set meals*
bc	*House wine included*
	« A la carte » meals :
Pasto carta 30/46 €	*The first figure is for a plain meal and includes entrée, main dish of the day with vegetables and dessert. The second figure is for a fuller meal (with « spécialité ») and includes hors-d'œuvre, 2 main courses, cheese or dessert. When the establishment has neither table d'hôte nor « à la carte » menus, the dishes of the day are given verbally.*

Rooms

cam 50/77,50 €	*Highest price for a single and for a double room* ***in high season***
Suites	*Ask the hotelier*
cam ☕ 56/93 €	*Price includes breakfast*
☕ 5,16 €	*Price of continental breakfast (additional charge when served in the bedroom)*

Half board

½ P 77,30 €	*Prices of half board (room, breakfast and a meal) per person, per day in the season. These prices are valid for a double room occupied by two people for a minimum stay of three days. A single person may have to pay a supplement. Most of the hotels also offer full board terms on request. It is essential to agree on terms with the hotelier before making a firm reservation.*

Deposits

Some hotels will require a deposit, which confirms the commitment of customer and hotelier alike. Make sure the terms of the agreement are clear.

Credit cards

AE VISA JCB	*Credit cards accepted by the establishment American Express, Carta Si, Diners Club, Mastercard (Eurocard), Visa, Japan Credit Bureau*

Towns

20100	*Postal number*
✉ 28042 Baveno	*Postal number and name of the post office serving the town*
P	*Provincial capital*
Piacenza	*Province in which a town is situated*
561 D9	*Number of the appropriate sheet and co-ordinates*
108 872 ab	*Population*
G. Toscana	*See the Michelin Green Guide Toscana*
alt. 175	*Altitude (in metres)*
Stazione termale	*Spa*
Sport invernali	*Winter sports*
1500/2000 m	*Altitude (in metres) of resort and highest point reached by lifts*
3	*Number of cable-cars*
7	*Number of ski and chair-lifts*
	Cross-country skiing
a.s. luglio-settembre	*High season period*
EX A	*Letters giving the location of a place on the town plan*
18	*Golf course and number of holes*
	Panoramic view, viewpoint
	Airport
	Shipping line
	Passenger transport only
	Tourist Information Centre
A.C.I.	*Italian Automobile Club*

Sights

Star-rating

★★★	*Worth a journey*
★★	*Worth a detour*
★	*Interesting*

Location

Vedere	*Sights in town*
Dintorni	*On the outskirts*
Escursioni	*In the surrounding area*
Nord, Sud, Est, Ovest	*The sight lies north, south, east or west of the town*
per ① *o* ④	*Sign on town plan and on the Michelin road map indicating the road leading to a place of interest*
6 km	*Distance in kilometres*

Local maps

May we suggest that you consult them

Should you be looking for a hotel or restaurant not too far from Siena, for example, you can now consult the map along with the town plan. The local map (opposite) draws your attention to all places around the town or city selected, provided they are mentioned in the Guide. Places located within a range of 50 km are clearly identified by the use of a different coloured background. The various facilities recommended near the different regional capitals can be located quickly and easily.

Note:

Entries in the Guide provide information on distances to nearby towns. Whenever a place appears on one of the local maps, the name of the town or city to which it is attached is printed in BLUE.

Example:

MONTEPULCIANO is to be found on the local map SIENA

MONTEPULCIANO *53045 Siena* **563** *M 17* –
Vedere *Città Antica★ – Piazza Grande★★*
Roma 176 – Siena 65 – Arezzo 60 – Firenze 119 – Perugia 74

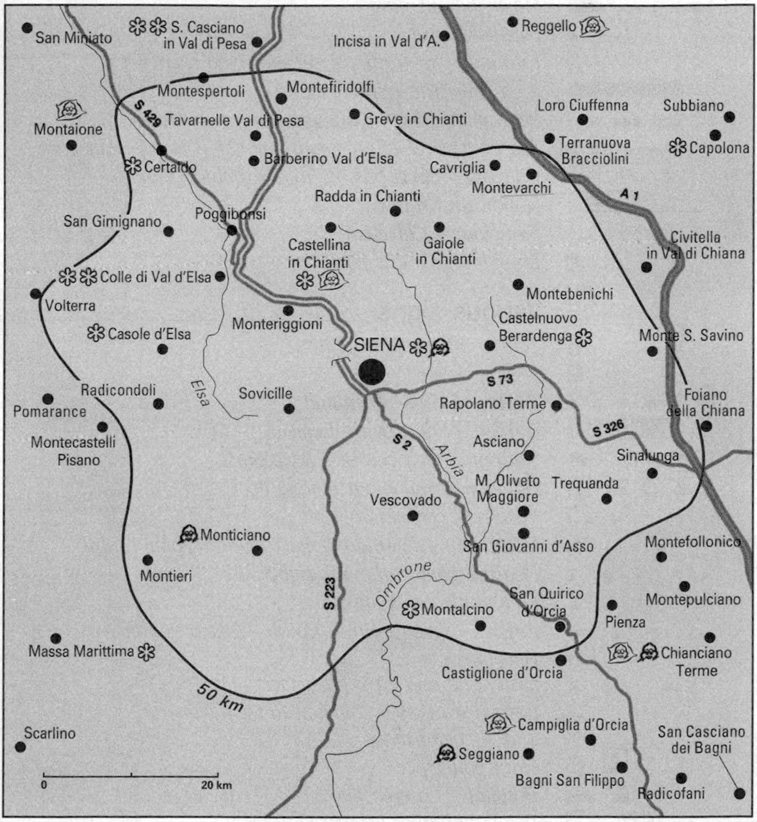

San Miniato
S. Casciano in Val di Pesa
Incisa in Val d'A.
Reggello
Montespertoli
Montefiridolfi
Montaione
S 429
Tavarnelle Val di Pesa
Greve in Chianti
Loro Ciuffenna
Subbiano
Terranuova Bracciolini
Capolona
Certaldo
Barberino Val d'Elsa
Cavriglia
Montevarchi
A 1
Radda in Chianti
San Gimignano
Poggibonsi
Castellina in Chianti
Gaiole in Chianti
Civitella in Val di Chiana
Colle di Val d'Elsa
Volterra
Montebenichi
Castelnuovo Berardenga
Monteriggioni
Casole d'Elsa
SIENA
Monte S. Savino
S 73
Radicondoli
Elsa
Sovicille
Pomarance
Rapolano Terme
Foiano della Chiana
Montecastelli Pisano
S 326
Asciano
S 2
Arbia
Sinalunga
M. Oliveto Maggiore
Trequanda
Vescovado
Monticiano
San Giovanni d'Asso
Montefollonico
Montieri
Ombrone
S 223
San Quirico d'Orcia
Montepulciano
Montalcino
Pienza
Massa Marittima
Chianciano Terme
Castiglione d'Orcia
50 km
Campiglia d'Orcia
Scarlino
San Casciano dei Bagni
Seggiano
0
20 km
Bagni San Filippo
Radicofani

All the local maps are indicated on the thematic map on pp 74 to 82.

Town plans

Hotels and other recommended accommodation
Restaurants

Sights

Place of interest
Interesting place of worship

Roads

Motorway, dual carriageway
number of junction
Major thoroughfare
One-way street
Unsuitable for traffic, street subject to restrictions
Area subject to restrictions
Pedestrian street – Tramway
Pasteur *Shopping street – Low headroom (15 ft max) – Car park*
Gateway – Street passing under arch – Tunnel
Station and railway
Funicular – Cable-car
Lever bridge – Car ferry

Various signs

Tourist Information Centre
Mosque – Synagogue
Tower – Ruins – Windmill
Garden, park, wood – Cemetery – Cross
Stadium – Golf course – Racecourse
Outdoor or indoor swimming pool
View – Panorama
Monument – Fountain – Factory – Shopping centre
Pleasure boat harbour – Lighthouse
Communications tower
Airport – Underground station – Coach station
Ferry services:
passengers and cars, passengers only
③ *Reference number common to town plans and Michelin maps*
Main post office
Hospital – Covered market
Public buildings located by letter:
P H J *- Prefecture – Town Hall – Law courts*
M T U *- Museum – Theatre – University – Gendarmerie*
POL. *- Police (in large towns police headquarters)*
A.C.I. *Italian Automobile Club*

I vini e le vivande

E' impossibile parlare di una cucina nazionale italiana, ma, in compenso, esiste una ricchissima cucina regionale. Per agevolare la vostra scelta, nella cartina che segue, abbiamo indicato accanto ad ogni regione i piatti piu rinomati, di piu facile reperibilità ed i vini più conosciuti ; lasciamo ai ristoratori il piacere di illustrarvene le caratteristiche. Cibi e vini di una stessa regione costituiscono spesso un buon connubio.

Les vins et les mets

L'italie possède une cuisine régionale riche et variée. Partout, il vous sera possible d'apprécier les spécialités locales et les restaurateurs auront plaisir à vous en expliquer les originalités. Les cartes qui suivent indiquent, pour chaque région, les vins et les mets les plus connus. Les vins et les mets d'une même région s'associent souvent avec succès.

Weine und Gerichte

Italien besitzt eine sehr variationsreiche Regionalküche. Es ist überal möglich die Vielfalt der regionalen Spezialitäten zu geniessen. Gerne werden die Restaurantbesitzer Ihnen die einzelnen Spezialitäten erklären. Die nachfolgende Karte nennt Ihnen die wichtigsten Gerichte und Weine der einzelnen Regionen. Die Weine und die Gerichte einer Region sind allgemeinen harmonisch aufeinander abgestimmt.

Food and wine

Italy's cuisine is rich and varied in its regional specialities, which can be enjoyed throughout the country. Restaurateurs will take pleasure in describing each more fully to you. The following maps give an indication of the most well-known dishes and wines in each region. Food and wine from the same region often complement each other perfectly.

Vini per regione	**Vins par région**	**Regionale Weine**	**Regional wines**
Bianco	*Blanc*	*Weißweine*	*White*
Rosso o rosato	*Rouge ou rosé*	*Rot-oder Roséweine*	*Red or rosé*
Dessert	*De dessert*	*Dessertweine*	*Sweet*
*Spumante**	*Pétillant**	*Schaumweine**	*Sparkling**

Specialità per regione	**Spécialités par région**	**Regionale Spezialitäten**	**Regional specialities**
Primi piatti	*Entrées*	*Vorspeisen*	*Appetizers*
Piatti di pesce	*Plats de poisson*	*Fischgerichte*	*Fish dishes*
Piatti di carne	*Plats de viande*	*Fleischgerichte*	*Meat dishes*
Dolci	*Desserts*	*Dessert*	*Desserts*

VALLE D'AOSTA
Blanc de Morgex et de la Salle
Enfer d'Arvier
Chambave Moscato
Fonduta alla Valdostana
Carbonada
LOMBARDIA
Franciacorta
Lugana
Riesling Italico
Franciacorta
Oltrepò Pavese Rosso
Valtellina Superiore
Franciacorta*
Oltrepò Pinot Nero*
Casoncelli
Pizzoccheri
Risotto alla Milanese
Tortelli di zucca
Casoeûla
Cotoletta alla Milanese
Rostisciada
Trippa alla Milanese
TRENTINO
ALTO
ADIGE
TRENTO
AOSTA
VALLE
D'AOSTA
VERONA
MILANO
LOMBARDIA
PIEMONTE
TORINO
EMILIA-ROMAGNA
BOLOGNA
LIGURIA
GENOVA
PIEMONTE
Arneis
Erbaluce di Caluso
Gavi
Barbaresco
Barolo
Barbera
Dolcetto
Freisa
Grignolino
Nebbiolo
Asti spumante*
Brachetto
Moscato d'Asti
Agnolotti
Bagna cauda
Bolliti
Fritto alla Piemontese
Bonet
LIGURIA
Vermentino
Pigato
Rossese di Dolceacqua
Sciacchetrà
Trofie al pesto
Pansotti alle noci
Buridda
Ciuppin
Cappon magro
Cima alla Genovese
EMILIA-ROMAGNA
Malvasia dei Colli Piacentini
Trebbiano di Romagna
Gutturnio
Lambrusco
Sangiovese
Albana Passito
Garganelli al ragù
Gramigna con salsiccia
Lasagne al forno
Passatelli romagnoli
Pisarei e Fasö
Tortellini
Anguilla arrosto
Cotoletta alla Bolognese
Petto d'anatra al Balsamico
Cotechino e zampone
FIRENZE
TOSCANA
TOSCANA
Bianco di Pitigliano
Montecarlo Bianco
Vernaccia di San Gimignano
Brunello di Montalcino
Carmignano
Chianti
Morellino di Scansano
Nobile di Montepulciano
Vin Santo
Acquacotta
Pappardelle con la lepre
Pici
Ribollita
Testaroli al pesto
Cacciucco alla Livornese
Triglie alla Livornese
Costata alla Fiorentina
Rosticciana
Scottiglia di cinghiale
LAZIO
Est ! Est ! Est !
Frascati
Marino
Cesanese del Piglio
Bucatini all'Amatriciana
Fettuccine alla Romana
Gnocchi alla Romana
Abbacchio arrosto
Coda alla Vaccinara
Pagliata
Saltimbocca alla Romana

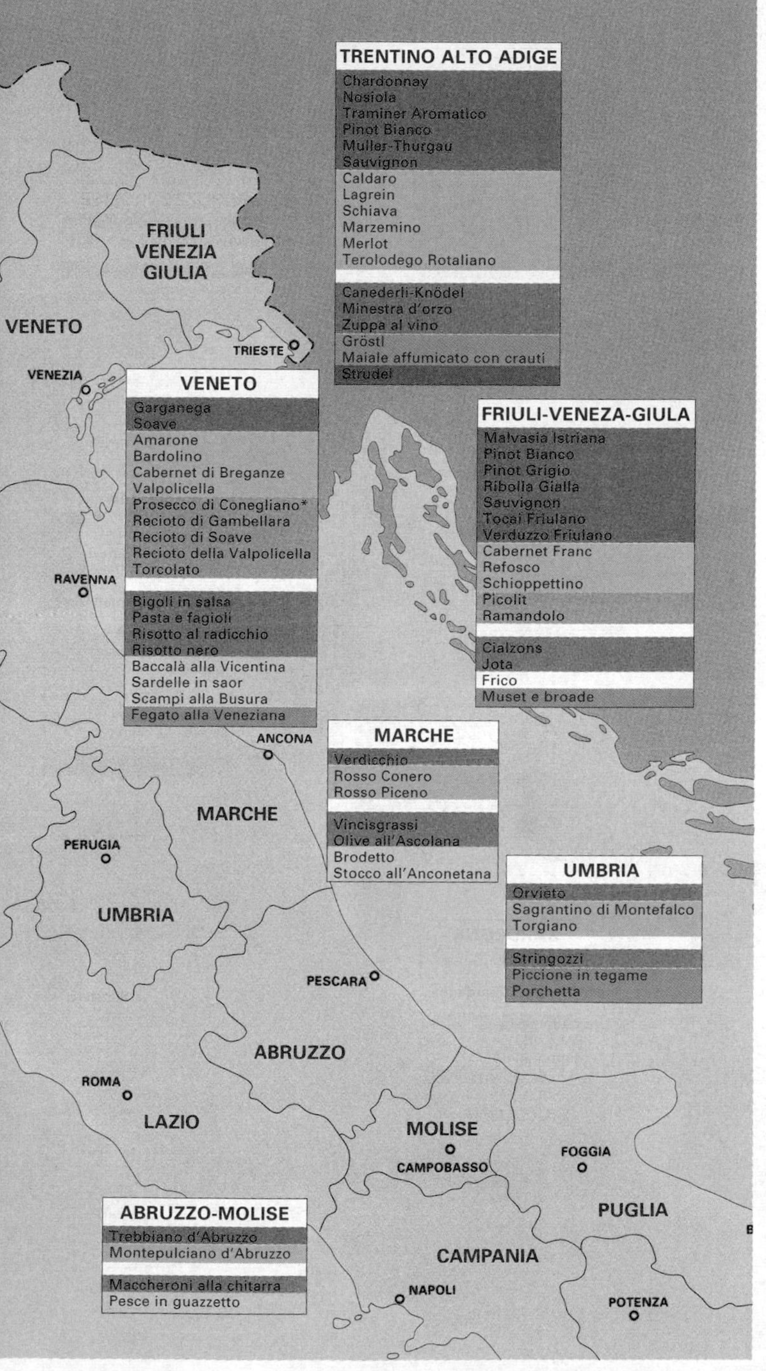
TRENTINO ALTO ADIGE
Chardonnay
Nosiola
Traminer Aromatico
Pinot Bianco
Muller-Thurgau
Sauvignon
Caldaro
Lagrein
Schiava
Marzemino
Merlot
Terolodego Rotaliano
Canederli-Knödel
Minestra d'orzo
Zuppa al vino
Gröstl
Maiale affumicato con crauti
Strudel
FRIULI VENEZIA GIULIA
VENETO
TRIESTE
VENEZIA
VENETO
Garganega
Soave
Amarone
Bardolino
Cabernet di Breganze
Valpolicella
Prosecco di Conegliano*
Recioto di Gambellara
Recioto di Soave
Recioto della Valpolicella
Torcolato
Bigoli in salsa
Pasta e fagioli
Risotto al radicchio
Risotto nero
Baccalà alla Vicentina
Sardelle in saor
Scampi alla Busura
Fegato alla Veneziana
RAVENNA
FRIULI-VENEZA-GIULA
Malvasia Istriana
Pinot Bianco
Pinot Grigio
Ribolla Gialla
Sauvignon
Tocai Friulano
Verduzzo Friulano
Cabernet Franc
Refosco
Schioppettino
Picolit
Ramandolo
Cialzons
Jota
Frico
Muset e broade
MARCHE
Verdicchio
Rosso Conero
Rosso Piceno
Vincisgrassi
Olive all'Ascolana
Brodetto
Stocco all'Anconetana
ANCONA
MARCHE
PERUGIA
UMBRIA
UMBRIA
Orvieto
Sagrantino di Montefalco
Torgiano
Stringozzi
Piccione in tegame
Porchetta
PESCARA
ABRUZZO
ROMA
LAZIO
MOLISE
CAMPOBASSO
FOGGIA
PUGLIA
ABRUZZO-MOLISE
Trebbiano d'Abruzzo
Montepulciano d'Abruzzo
Maccheroni alla chitarra
Pesce in guazzetto
CAMPANIA
NAPOLI
POTENZA

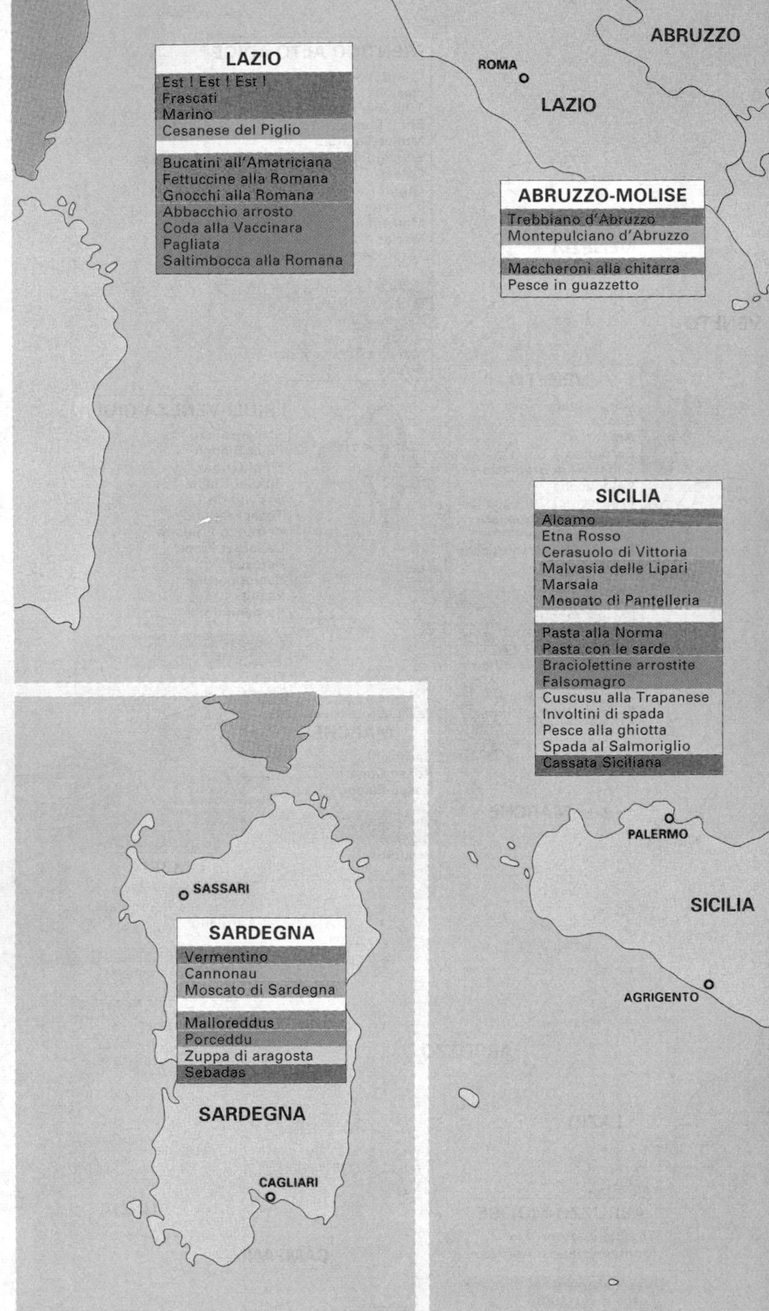

ABRUZZO
ROMA
LAZIO
LAZIO
Est ! Est ! Est !
Frascati
Marino
Cesanese del Piglio
Bucatini all'Amatriciana
Fettuccine alla Romana
Gnocchi alla Romana
Abbacchio arrosto
Coda alla Vaccinara
Pagliata
Saltimbocca alla Romana
ABRUZZO-MOLISE
Trebbiano d'Abruzzo
Montepulciano d'Abruzzo
Maccheroni alla chitarra
Pesce in guazzetto
SICILIA
Alcamo
Etna Rosso
Cerasuolo di Vittoria
Malvasia delle Lipari
Marsala
Moscato di Pantelleria
Pasta alla Norma
Pasta con le sarde
Braciolettine arrostite
Falsomagro
Cuscusu alla Trapanese
Involtini di spada
Pesce alla ghiotta
Spada al Salmoriglio
Cassata Siciliana
PALERMO
SICILIA
AGRIGENTO
SASSARI
SARDEGNA
Vermentino
Cannonau
Moscato di Sardegna
Malloreddus
Porceddu
Zuppa di aragosta
Sebadas
SARDEGNA
CAGLIARI

PUGLIA
Locorotondo
San Severo
Cacc'e mmitte
Castel del Monte Rosato
Salice Salentino
Moscato di Trani
Orecchiette con cime di rapa
Riso e cozze
Troccoli
Braciole alla Barese
Seppie ripiene
MOLISE
CAMPOBASSO
FOGGIA
PUGLIA
BARI
CAMPANIA
NAPOLI
POTENZA
BRINDISI
TARANTO
BASILICATA
BASILICATA
Aglianico del Vulture
Pasta alla Potentina
Strascinati al pomodoro
Marretto di agnello
CAMPANIA
Fiano di Avellino
Greco di Tufo
Ischia Bianco
Solopaca Rosso
Taurasi
Maccheroni alla Napoletana
Pizze e calzoni
Sartù di riso
Impepata di cozze
Polpetti affogati
Pastiera
CALABRIA
CROTONE
CALABRIA
Cirò
Maccheroni ripieni
Capretto allo spiedo
Stocco alla Calabrese
MESSINA
REGGIO DI CALABRIA
CATANIA
SIRACUSA

Gli esercizi con stelle
Les établissements à étoiles
Starred establishments
Die Stern-Restaurants

Canneto Sull'Oglio	*Dal Pescatore*
Firenze	*Enoteca Pinchiorri*
Rubano	*Le Calandre*
Soriso	*Al Sorriso*

Abbiategrasso	*Antica Osteria del Ponte*
Baschi	*Vissani*
Bergamo	*Da Vittorio*
Castrocaro Terme	*La Frasca*
Colle di Val d'Elsa	*Arnolfo*
Concesio	*Miramonti l'Altro*
Erbusco	*Gualtiero Marchesi*
Imola	*San Domenico*
Isola Rizza	*Perbellini*
Milano	*Cracco-Peck*
Milano	*Sadler*
Montemerano	*Da Caino*
Quistello	*Ambasciata*
Roma	*La Pergola*
San Casciano in Val di P.	*La Tenda Rossa*
Sant'Agata sui due Golfi	*Don Alfonso 1890*
San Vincenzo	*Gambero Rosso*
Torre Pellice	*Flipot*
Verona	*Il Desco*
Sicilia (Villafrati)	*Mulinazzo*

Acqui Terme	*Pisterna*
Acuto	*Colline Ciociare*
Alassio	*Palma*
Alba	*Locanda del Pilone*
Alberobello	*Il Poeta Contadino*
Alessandria	*La Fermata*
Almé	*Frosio*
Altissimo	*Casin del Gamba*
Amalfi	*La Caravella*
Ameglia	*Locanda delle Tamerici*
Aosta	*Vecchio Ristoro*
Appiano sulla strada del vino	*Zur Rose*
Aprilia	*Il Focarile*
Argelato	*L'800*
Arma di Taggia	*La Conchiglia*
Arzignano	*Principe*
Asti	*Gener Neuv*
Aulla	*Parodi-Locanda del Castellano*
Badia	*La Siriola*
Badia	*St. Hubertus*
Bagno di Romagna	*Paolo Teverini*
Barbaresco	*Antiné*
Barbaresco	*Al Vecchio Tre Stelle*
Barletta	*Baccosteria*
Barolo	*Locanda del Borgo Antico*
Besenzone	*La Fiaschetteria*
Bologna	*Trattoria Battibecco*
Bologna	*Bitone*
Bordighera	*La Via Romana*
Bordighera	*Carletto*
Borgomanero	*Pinocchio*
Caluso	*Gardenia*
Calvisano	*Gambero*
Campagna Lupia	*Antica Osteria Cera*
Campione d'Italia	*Da Candida*
Campobasso	*Vecchia Trattoria da Tonino*
Canale	*All'Enoteca*
Candelo	*Angiulli*
Canelli	*San Marco*
Capolona	*Acquamatta*
Carcoforo	*Scoiattolo*
Carmagnola	*La Carmagnole*
Carrara	*Ninan*
Cartoceto	*Symposium*
Casatenovo	*La Fermata*

Casole d'Elsa	*Il Colombaio*
Castelbello Ciardes	*Kuppelrain*
Castel Guelfo di Bologna	*Locanda Solarola*
Castellina in Chianti	*Albergaccio di Castellina*
Castellina in Chianti	*Al Gallopapa*
Castel Maggiore	*Il Sole*
Castelnuovo Berardenga	*La Bottega del 30*
Castiglione delle Stiviere	*Osteria da Pietro*
Cazzago San Martino	*Il Gelso di San Martino*
Cecina	*Scacciapensieri*
Ceglie Messapica	*Al Fornello-da Ricci*
Certaldo	*Osteria del Vicario*
Certosa di Pavia	*Locanda Vecchia Pavia "Al Mulino"*
Cervere	*Antica Corona Reale da Renzo*
Cesenatico	*Lido Lido*
Chiusi	*Villa il Patriarca*
Cirié	*Dolce Stil Novo*
Citta' di Castello	*Il Postale di Marco e Barbara*
Civita Castellana	*L'Altra Bottiglia*
Cogne	*Bellevue - Le Petit Restaurant*
Collecchio	*Villa Maria Luigia-di Ceci*
Colloredo di Monte Albano	*La Taverna*
Cortina d'Ampezzo	*Tivoli*
Cortona	*Il Falconiere*
Corvara in Badia	*La Stua de Michil*
Cusago	*Da Orlando*
Desenzano del Garda	*Esplanade*
Falzes	*Schöneck*
Fermo	*Emilio*
Ferrara	*Don Giovanni*
Forte dei Marmi	*Lorenzo*
Fusignano	*La Voglia Matta*
Gardone Riviera	*Villa Fiordaliso*
Gargnano	*La Tortuga*
Genova	*La Bitta nella Pergola*
Goito	*Al Bersagliere*
Gussago	*L'Artigliere*
Ischia (Isola d')	*Il Melograno*
Iseo	*Il Volto*
Isola d'Asti	*Il Cascinalenuovo*
Ispra	*Schuman*
Labico	*Antonello Colonna*
La Spezia	*Il Sogno di Angelo*
La Thuile	*Maison de Laurent*
Lodi	*3 Gigli-All'Incoronata*
Lonigo	*La Peca*
Lucca	*La Mora*
Manerba del Garda	*Capriccio*

Mantova	*Aquila Nigra*
Massa Lubrense	*Taverna del Capitano*
Massa Lubrense	*Quattro Passi*
Massa Marittima	*Da Bracali*
Milano	*Il Luogo di Aimo e Nadia*
Milano	*Joia*
Modena	*Fini*
Modena	*Osteria la Francescana*
Modena	*Hosteria Giusti*
Moena	*Malga Panna*
Montalcino	*Osteria del Vecchio Castello*
Montalcino	*Il Castello*
Montecarotto	*Le Busche*
Montecchia di Crosara	*La Terrazza*
Montecchio Precalcino	*La Locanda di Piero*
Novara	*Tantris*
Oderzo	*Gellius*
Olgiate Olona	*Ma.Ri.Na.*
Orta San Giulio	*Villa Crespi*
Osio Sotto	*La Lucanda*
Palagianello	*La Strega*
Parma	*Parizzi*
Parma	*Al Tramezzo*
Pesaro	*Da Alceo*
Piacenza	*Antica Osteria del Teatro*
Pieve d'Alpago	*Dolada*
Piobesi d'Alba	*Le Clivie*
Pollone	*Il Patio*
Pompei	*Il Principe*
Ponte dell'Olio	*Riva*
Positano	*San Pietro*
Pralboino	*Leon d'Oro*
Prato	*Il Piraña*
Puos d'Alpago	*Locanda San Lorenzo*
Ranco	*Il Sole di Ranco*
Ravello	*Rossellinis*
Reggiolo	*Il Rigoletto*
Rimini	*Acero Rosso*
Riva del Garda	*Villa Negri*
Rivarolo Mantovano	*Enoteca Finzi*
Rivoli	*Combal. zero*
Roma	*Il Convivio*
Roma	*Quinzi Gabrieli*
Roma	*La Rosetta*
Roma	*La Terrazza*
Roma	*Agata e Romeo*
Rubiera	*Arnaldo*
Saint Vincent	*Nuovo Batezar-da Renato*
Salice Terme	*Ca' Vegia*
San Pietro in Cariano	*Villa del Quar*
San Polo d'Enza	*Mamma Rosa*
San Quirino	*La Primula*
San Remo	*Paolo e Barbara*
Sant'Agostino	*Trattoria la Rosa*

Santarcangelo di Romagna *Al Palazzo*
Santo Stefano Belbo *Il Ristorante di Guido di Costigliole*
Sappada *Laite*
Savigno *Trattoria da Amerigo*
Savona *L'Arco Antico*
Senigallia *Uliassi*
Senigallia *Madonnina del Pescatore*
Siena *Antica Trattoria Botteganova*
Sirmione *La Rucola*
Sirmione *Vecchia Lugana*
Soragna *Locanda Stella d'Oro*
Spiazzo *Mezzosoldo*
Tigliole *Vittoria*
Torino *Vintage 1997*
Torre de' Picenardi *Italia*
Travagliato *Ringo*
Trecate *Caffé Groppi*
Treiso *La Ciau del Tornavento*
Trento *Osteria a Le Due Spade*
Trescore Cremasco *Trattoria del Fulmine*
Treviglio *San Martino*
Udine *Agli Amici*
Vado Ligure *La Fornace del Barbablù*
Vallesaccarda *Oasis-Sapori Antichi*
Varigotti *Muraglia-Conchiglia d'Oro*
Venezia *Osteria da Fiore*
Ventimiglia *Balzi Rossi*
Verbania *Piccolo Lago*
Vezzano *Fior di Roccia*
Viareggio *L'Oca Bianca*
Vico Equense *Torre del Saracino*
Viganò *Pierino Penati*
Vigevano *I Castagni*
Villa d'Almé *Osteria della Brughiera*
Villa di Chiavenna *La Lanterna Verde*
Sardegna (Olbia) *Gallura*
Sardegna (Palau) *La Gritta*
Sardegna (Portoscuso) *La Ghinghetta*
Sicilia (Ragusa) *Duomo*

Pasti accurati a prezzi contenuti
Repas soignés à prix modérés
Good food at moderate prices
Sorgfältig zubereitete, preiswerte Mahlzeiten

Pasto

Alatri *La Rosetta*
Alba Adriatica *Hostaria l'Arca*
Andria *Antichi Sapori*
Andria *Arco Marchese*
Anghiari *Da Alighiero*
Aosta *Casale*
Apricale *La Favorita*
Arcugnano *Antica Osteria da Penacio*
Ariano Irpino *La Pignata*
Arona *Castagneto*
Ascoli Piceno *Del Corso*
Asiago *Aurora*
Assisi *La Fortezza*
Bagnara Calabra *Taverna Kerkira*
Bagno di Romagna *Locanda al Gambero Rosso*
Barberino di Mugello *Osteria Poggio di Sotto*
Bassano del Grappa *Al Giardinetto*
Bellinzago Novarese *Osteria San Giulio*
Belluno *Al Borgo*
Benevento *Pascalucci*
Bologna *Posta*
Bologna *Monte Donato*
Bondeno *Tassi*
Bordighera *Magiargè Vino e Cucina*
Bra *Boccondivino*
Briaglia *Marsupino*
Briona *Trattoria del Ponte*
Buttrio *Trattoria al Parco*
Calamandrana *Violetta*
Calestano *Locanda Mariella*
Camigliatello Silano *Aquila-Edelweiss*
Campogalliano *Trattoria Barchetta*
Canale d'Agordo *Alle Codole*
Cantalupo nel Sannio *Antica Trattoria del Riccio*
Carasco *Beppa*
Castelfranco Emilia *Rastellino*
Castelmezzano *Al Becco della Civetta*
Castelnovo ne' Monti *Locanda da Cines*
Castrocielo *Villa Euchelia*
Cesana Torinese *Croce Bianca*
Chianciano Terme *Hostaria il Buco*
Civitella Casanova *La Bandiera*
Colorno *Al Vedel*
Costabissara *Da Lovise*
Crevalcore *Antica Trattoria Papi*
Crodo *Edelweiss*
Cuasso al Monte *Al Vecchio Faggio*
Cutigliano *Trattoria da Fagiolino*
Domodossola *Eurossola*
Elba (Rio Marina) *La Canocchia*
Felino *Antica Osteria da Bianchini*
Filandari *Frammiché*
Firenze *Trattoria Cibrèo-Cibreino*
Firenze *Del Fagioli*
Firenze *Il Latini*
Foggia *Giordano-Da Pompeo*
Fontanefredde *Pausa*
Formia *Chinappi*
Forno di Zoldo *Mezzocanale-da Ninetta*
Fumone *La Vecchia Mola*
Gavirate *Tipamasaro*
Genova *Antica Osteria di Vico Palla*
Genova *Ostaia da ü Santü*
Ghedi *Trattoria Santi*
Gignod *La Clusaz*
Guilianova Lido *Lu Scucchiarill*
Guardiagrele *Villa Maiella*
Inverno-Monteleone *Trattoria Righini*
Isola Dovarese *Caffé la Crepa*
La Morra *L'Osteria del Vignaiolo*
Latina *Locanda del Bere*
Lavis *Trattoria Vecchia Sorni*

Longiano *Dei Cantoni*
Loreto *Vecchia Fattoria*
Lucca *La Cecca*
Lucca *Antica Locanda di Sesto*
Macerata *Le Case*
Mantova *L'Ochina Bianca*
Mariano del Friuli *Al Piave*
Marostica *La Rosina*
Martina Franca *Trattoria delle Ruote*
Masio *Trattoria Losanna*
Massa *Osteria del Borgo*
Matera *Casino del Diavolo-da Francolino*
Meldola *Il Rustichello*
Melfi *Novecento*
Mergozzo *Le Oche di Bracchio*
Milano *Da Giannino-L'Angolo d'Abruzzo*
Milano *Isola dei Sapori*
Milano *Dongiò*
Milano *Al Merluzzo Felice*
Milano *Pace*
Mileto *Il Normanno*
Minori *Giardiniello*
Mirano *Trattoria la Ragnatela*
Modena *La Piola*
Moena *Foresta*
Montegiorgio *Oscar e Amorina*
Monte Sant'Angelo *Medioevo*
Monticiano *L'Aia di Gino*
Mossa *Blanch*
Napoli *Taverna dell'Arte*
Ne *Antica Trattoria dei Mosto*
Novafeltria *Del Turista-da Marchesi*
Ormea *Ponte di Nava-da Beppe*
Pacentro *Taverna De Li Caldora*
Palazzolo Sull'Oglio *Osteria della Villetta*
Parma *Trattoria del Tribunale*
Parma *Le Viole*
Pederobba *Le Rive*
Perugia *Giò Arte e Vini*
Pescara *Taverna 58*
Pesek *Locanda Mario*
Pietravairano *La Caveja*
Pigna *Terme*
Pignola *Amici Miei*
Piove di Sacco *Alla Botta*
Pisa *Osteria dei Cavalieri*
Pontecorvo *Primavera*
Ponte di Legno *Da Giusy*
Porto San Giorgio *Damiani e Rossi*
Pratovecchio *Gliaccaniti*
Quarona *Italia*
Reggio di Calabria *Baylick*
Rieti *Bistrot*
Ripalta Cremasca *Via Vai*
Rocca San Casciano *. La Pace*
Roma *Mamma Angelina*
Rotonda *Da Peppe*
Salò *Osteria dell'Orologio*
Salò *Gallo Rosso*
San Cipriano *Ferrando*
San Colombano al Lambro *Il Giardino*
San Pellegrino (Passo di) *Rifugio Fuciade*
San Pietro in Casale *Tubino*
San Severo *La Fossa del Grano*
Santarcangelo di Romagna *Osteria la Sangiovesa*
San Vito di Leguzzano *Antica Trattoria Due Mori*
Sarzana *La Giara*
Savogna d'Isonzo *Trattoria Gostilna Devetak*
Scanno *Osteria di Costanza e Roberto*
Scheggino *Del Ponte*
Seggiano *Silene*
Siderno *La Vecchia Hosteria*
Siena *Trattoria Papei*
Silvi Marina *Don Ambrosio*
Sizzano *Impero*
Soiano del Lago *Aurora*
Sommacampagna *Merica*
Spilamberto *Da Cesare*
Stresa *Vecchio Tram*
Susegana *La Vigna*
Taviano *A Casa tu Martinu*
Termoli *Z'Bass*
Terni *Il Gatto Mammone*
Terranova di Pollino *Luna Rossa*
Torino *Il 58*
Torino *Ristorantino Tefy*
Torriana *Pacini*
Tortona *Vineria Derthona*
Traversella *Miniere*
Trecchina *L'Aia dei Cappellani*
Tregnago *Villa De Winckels*
Urbino *Agriturismo Ca' Andreana*
Valdagno *Hostaria a le Bele*

Vallada Agordina *Val Biois*
Varese Ligure *La Taverna del Gallo Nero*
Venezia *Anice Stellato*
Vergato *Osteria Camugnone*
Verona *San Basilio alla Pergola*
Verona *Ciccarelli*
Vibo Valentia *Maria Rosa*
Vico Equense *Antica Osteria Nonna Rosa*
Villa Santina *Vecchia Osteria Cimenti*
Vivaro *Gelindo dei Magredi*
Sardegna (Cagliari) *Lillicu*
Sardegna (Magomadas) *Da Riccardo*
Sardegna (Oliena) *Su Gologone*
Sicilia (Chiaramonte Gulfi) *Majore*
Sicilia (Enna) *Centrale*
Sicilia (Galati Mamertino) *Antica Filanda*
Sicilia (Gallodoro) *Noemi*
Sicilia (Mazara del Vallo) *Il Pescatore*
Sicilia (Menfi) *Il Vigneto*
Sicilia (Mondello) *Bye Bye Blues*
Sicilia (Monreale) *Taverna del Pavone*
Sicilia (Palermo) *Il Delfino*
Sicilia (Piazza Armerina) *Al Fogher*
Sicilia (Sciacca) *Hostaria del Vicolo*
Sicilia (Sinagra) *Trattoria da Angelo*
Sicilia (Trecastagni) *Villa Taverna*

"Bib Hôtel"

Buona sistemazione a prezzi contenuti
Bonnes nuits à petits prix
Good accomodation at moderate prices
Hier übernachten gut Sie und preiswert

Agropoli *Il Ceppo*
Alba *Agriturismo Villa La Meridiana-Cascina Reine*
Arpino *Il Cavalier d'Arpino*
Atripalda *Civita*
Badia *La Ciasota*
Badia *Ciasa Montanara*
Badia *Ciasa Tamarindo*
Ballabio *Sporting Club*
Bardonecchia *La Negritella*
Barolo *Ca' San Ponzio*
Barzanó *Redaelli*
Belluno *Nogherazza*
Besenzone *Agriturismo Le Colombaie*
Borgo San Lorenzo *Casa Palmira*
Boves *Agriturismo La Bisalta*
Bra *L'Ombra della Collina*
Busalla *Vittoria*
Calolziocorte *Locanda del Mel*
Camogli *La Camogliese*
Campiglia d'Orcia *Agriturismo Casa Ranieri*
Candia Canavese *Residenza del Lago*
Cannero Riviera *Sole*
Carisio *La Bettola*
Carmagnola *Agriturismo Margherita*
Casperia *La Torretta*
Castellina in Chianti *Villa Cristina*
Castellinaldo *Il Borgo*
Castelrotto *Villa Gabriela*
Cavour *Locanda La Posta*
Cenova *Negro*
Chianciano Terme *Aggravi*
Chiusa *Ansitz Fonteklaus*
Chiusa *Unterwirt*
Cimego *Aurora*
Cisterna d'Asti *Garibaldi*
Corvara in Badia *Alpenrose*
Crodo *Edelweiss*
Dolo *Villa Goetzen*
Domodossola *Eurossola*
Elba *Da Giacomino*
Fai della Paganella *Negritella*
Fiera di Primiero *Rifugio Chalet Piereni*
Firenze *Residenza Joanna*
Firenze *Residenza Hannah e Johanna*
Follina *Villa Guarda*
Gambara *Gambara*
Lecco *Alberi*
Lesa *Aries*
Levico Terme *Lucia*
Lizzano in Belvedere *Montegrande*
Massimo Visconti *Lo Scoiattolo*
Melegnano *Il Telegrafo*
Merano *Agriturismo Sittnerhof*
Montaione *Vecchio Mulino*
Montecarlo *Antica Casa dei Rassicurati*
Montecarlo *Nina*

Montecatini Terme	*Brennero e Varsavia*
Montecatini Terme	*Villa Splendor*
Montecosaro	*Luma*
Montefiascone	*Urbano V*
Montegrosso d'Asti	*Hotel dei Vini*
Morano Calabro	*Agriturismo La Locanda del Parco*
Mosciano Sant'Angelo	*Casale delle Arti*
Ollomont	*Locanda della Vecchia Miniera*
Ostellato	*Villa Belfiore*
Pavullo nel Frignano	*Vandelli*
Pegognaga	*Fattorie San Lorenzo*
Peio	*Chalet Alpenrose*
Perugia	*Agriturismo San Felicissimo*
Pesaro	*Spiaggia*
Pescasseroli	*Villa La Ruota*
Picerno	*Bouganville*
Poggiorsini	*Agriturismo Masseria il Cardinale*
Portico di Romagna	*Al Vecchio Convento*
Reggello	*Archimede*
Reggio nell'Emilia	*Del Vescovado*
Revine	*Hotel Giulia*
Rezzato	*La Pina*
Rocca d'Arazzo	*Villa Conte Riccardi*
Rocca di Mezzo	*Altipiano delle Rocche*
Roseto degli Abruzzi	*Tonino- da Rosanna*
San Giovanni Rotondo	*Le Terrazze sul Gargano*
San Lorenzo in Campo	*Giardino*
San Severino Marche	*Locanda Salimbeni*
Santa Cristina Valgardena	*Geier*
Saturnia	*Villa Clodia*
Senigallia	*Bel Sit*
Senigallia	*Antica Armonia*
Sermoneta	*Principe Serrone*
Serrungarina	*Casa Oliva*
Stresa	*La Fontana*
Tarvisio	*Locanda Edelhof*
Taviano	*A Casa tu Martinu*
Tiriolo	*Due Mari*
Torno	*Villa Flora*
Treia	*Il Casolare dei Segreti*
Treviso	*Il Cascinale*
Tuscania	*Locanda di Mirandolina*
Urbania	*Agriturismo Mulino della Ricavata*
Urbino	*Agriturismo Ca' Andreana*
Valdidentro	*Agriturismo Raethia*
Varzo	*Cuccini*
Verbania	*Agriturismo Il Monterosso*
Verucchio	*Agriturismo Le Case Rosse*
Vigo di Fassa	*Millefiori*
Vinci	*Tassinaia*
Sardegna (Marina di Arbus)	*La Caletta*
Sicilia (Messina)	*Villa Morgana*
Sicilia (Nicosia)	*Baglio San Pietro*
Sicilia (Siracusa)	*Dolce Casa*
Sicilia (Siracusa)	*Agriturismo La Perciata*
Sicilia (Trapani)	*Agriturismo Baglio Fontanasalsa*

Le stelle
Les étoiles
Die Sterne
The stars

Pasto **"Bib Gourmand"**

Pasti accurati a prezzi contenuti
Repas soignés à prix modérés
Sorgfältig zubereitete preiswerte Mahlzeiten
Good food at moderate prices

cam **"Bib Hôtel"**

Buona sistemazione a prezzi contenuti
Bonnes nuits à petits prix
Hier übernachten Sie und preiswert
Good accomodation at moderate prices

Amenità e tranquillità
L'agrément
Annehmlichkeit
Peaceful atmosphere and setting

Città con carta dei dintorni
Carte de voisinage : voir à la ville choisie
Stadt mit Umgebungskarte
Town with a local map

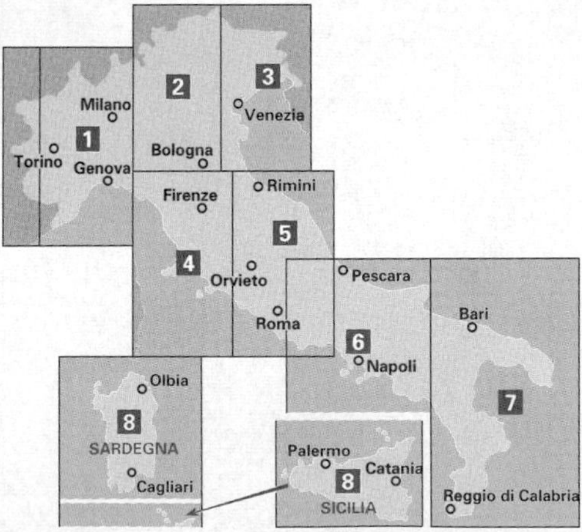

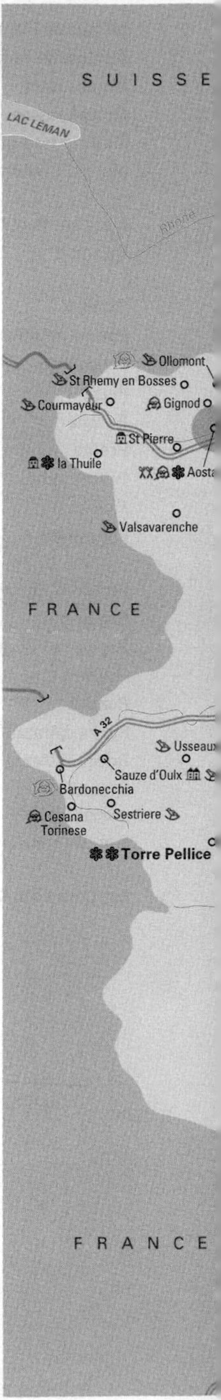

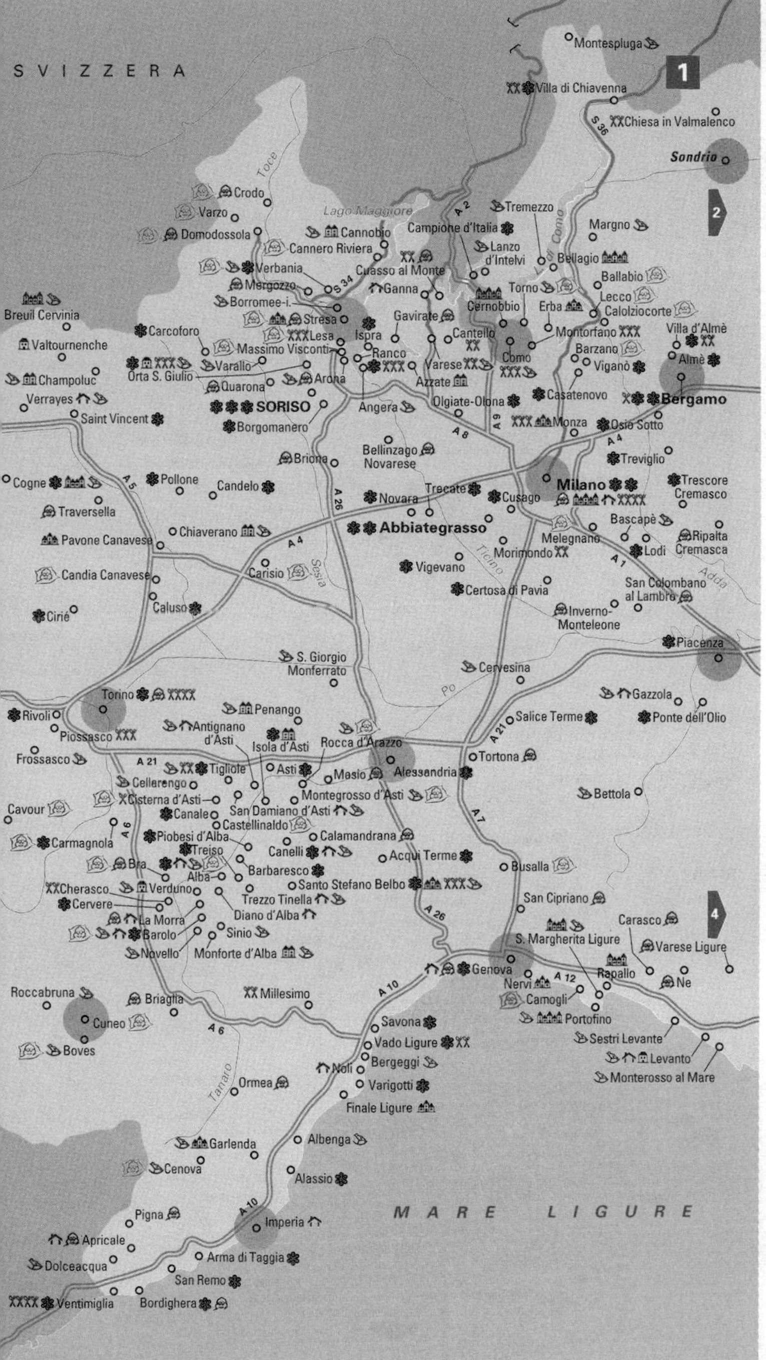

SVIZZERA
Montespluga
1
Villa di Chiavenna
Chiesa in Valmalenco
S 36
Sondrio
Toce
Crodo
Varzo
Domodossola
Lago Maggiore
A 2
Tremezzo
2
Cannobio
Campione d'Italia
Margno
Cannero Riviera
Lanzo d'Intelvi
L. di Como
Bellagio
Verbania
Cuasso al Monte
Ballabio
Mergozzo
S 34
Ganna
Torno
Lecco
Breuil Cervinia
Borromee-i.
Cernobbio
Erba
Calolziocorte
Stresa
Gavirate
Carcoforo
Lesa
Ispra
Cantello
Montorfano
Villa d'Almè
Valtournenche
Massimo Visconti
Ranco
Como
Barzano
Varallo
Varese
Almè
Champoluc
Orta S. Giulio
Azzate
Viganò
Quarona
Arona
Verrayes
Casatenovo
SORISO
Angera
Olgiate-Olona
Bergamo
Saint Vincent
A 9
Monza
Osio Sotto
Borgomanero
A 8
A 4
Bellinzago Novarese
Treviglio
Briona
Cogne
A 5
Pollone
Trescore Cremasco
Candelo
A 26
Trecate
Milano
Traversella
Novara
Cusago
Abbiategrasso
Bascapè
Chiaverano
Ripalta Cremasca
Pavone Canavese
A 4
Melegnano
Lodi
Ticino
Morimondo
Sesia
A 1
Carisio
Candia Canavese
Vigevano
Adda
San Colombano al Lambro
Certosa di Pavia
Caluso
Inverno-Monteleone
Ciriè
Piacenza
S. Giorgio Monferrato
Cervesina
Po
Torino
Gazzola
Penango
Salice Terme
Rivoli
Ponte dell'Olio
Antignano d'Asti
Piossasco
A 21
Isola d'Asti
Rocca d'Arazzo
Frossasco
A 21
Tortona
Tigliole
Asti
Masio
Alessandria
Cellerengo
Cisterna d'Asti
Montegrosso d'Asti
Bettola
Cavour
San Damiano d'Asti
A 7
Canale
Castellinaldo
A 6
Calamandrana
Carmagnola
Piobesi d'Alba
Treiso
Canelli
Acqui Terme
Bra
Barbaresco
Busalla
Alba
Cherasco
Verduno
Santo Stefano Belbo
Cervere
Trezzo Tinella
San Cipriano
A 26
4
La Morra
Diano d'Alba
Carasco
Barolo
Sinio
S. Margherita Ligure
Varese Ligure
Novello
Monforte d'Alba
Rapallo
Genova
Nervi
A 12
Ne
Roccabruna
Briaglia
Millesimo
A 10
Camogli
Cuneo
Portofino
A 6
Savona
Sestri Levante
Boves
Vado Ligure
Levanto
Bergeggi
Monterosso al Mare
Noli
Tanaro
Ormea
Varigotti
Finale Ligure
Albenga
Garlenda
Cenova
Alassio
MARE LIGURE
A 10
Pigna
Imperia
Apricale
Dolceacqua
Arma di Taggia
San Remo
Ventimiglia
Bordighera

2
SUISSE SVIZZERA
Rasun-Anterselva
Valdaora
Vipiteno
Brunico
Vandoies
Falzes
Merano
Naz-Sciaves
Sta Cristina Valgardena
Monguelfo
Tirolo
Bressanone
Lagundo
Chiusa
Funes
Selva di Val Gardena
Parcines
Badia
Naturno
Castelrotto
Ortisei
Castelbello Ciardes
Marlengo
Fié allo Sciliar
Corvara in B.
Lana
Renon
Alpe di Siusi
Laces
Tesimo
Siusi
Arabba
Solda
Bolzano
Collepietra
Canazei
Vigo di Fassa
Selva di Cadore
Appiano sulla str. del Vino
Nova Levante
Valdidentro
Caldaro sulla str. del Vino
S. Pellegrino (Passo di)
San Floriano
Carezza al Lago
Sappada
Peio
Termeno sulla str. del Vino
Canale d'Agordo
Redagno
Moena
Vallada Agordina
Tonale (Passo del)
Male
Fai della Paganella
Fontanefredde
S. Martino di Castrozza
Ponte di Legno
Giovo
Bellamonte
Fiera di Primiero
Madonna di Campiglio
Lavis
Baselga di Piné
Pinzolo
Trento
Vezzano
Pergine Valsugana
Spiazzo
Levico Terme
Lagolo
Tenna
Cimego
Dro
Asiago
Pederobba
Asolo
Riva del Garda
Mussolente
Carré
Bassano del Grappa
Tremosine
Malcesine
Sarcedo
Marostica
Rosà
Gargnano
Montecchio Precalcino
Lago d'Iseo
Gardone Riviera
Valdagno
S. Vito di Leguzzano
Iseo
Gussago
Salò
Altissimo
Gazzo Padovano
Concesio
S. Pietro in Cariano
Costabissara
Erbusco
S. Felice del Benaco
Fumane
Arzignano
Trissino
Cologne
Carzago
Manerba del Garda
Negrar
Tregnago
Montecchia di Crosara
Arcugnano
RUBANO
Padova
Palazzolo sull' Oglio
Soiano del Lago
Brescia
Sirmione
Verona
Lonigo
Rezzato
Cazzago S. Martino
Desenzano del Garda
Sommacampagna
Travagliato
Ghedi
Albaredo d'Adige
Castiglione d. Stiviere
Calvisano
Isola Rizza
Pralboino
Gambara
Goito
CANNETO SULL' OGLIO
Mantova
Isola Dovarese
Torre de' Picenardi
Rivarolo Mantovano
Pegognaga
Quistello
Busseto
Besenzone
Bondeno
Soragna
Colorno
Reggiolo
Ferrara
S. Agostino
Parma
San Pietro in Casale
Salsomaggiore Terme
Campogalliano
Crevalcore
Malalbergo
Collecchio
Reggio Nell'Emilia
Argelato
Felino
Rubiera
Modena
Castel Maggiore
Castenaso
Terenzo
Albinea
Castelfranco Emilia
Calestano
San polo d'Enza
Spilamberto
Castel Guelfo di Bologna
Castelvetro di Modena
Bologna
Adige
Sarca
Oglio
Adda
PO
Secchia
Reno
Lago di Garda
A 22
A 4
A 21
A 1
A 15
A 13
S 49
S 48
1
4

3

ÖSTERREICH

SLOVENIJA

HRVATSKA

MARE ADRIATICO

Lienz

Valle di Casies

Dobbiaco

Sesto

Braies

S 51

Sappada

Campolongo

S 48

Cortina d'Ampezzo

Tarvisio

Villa Santina

S 52

A 23

Magnano in Riviera

Forno di Zoldo

S 51

Colloredo di M. Albano

Pieve d'Alpago

Belluno

Puos d'Alpago

Vivaro

Udine

Dolegna del Collio

Capriva del Friuli

Buttrio

Piave

San Quirino

Mossa

Santa Maria la Longa

Mariano del Friuli

Revine

Caneva

Savogna d'Isonzo

Fiume Veneto

Follina

Pieve di Soligo

Portobuffole

Pasiano di Pordenone

Monfalcone

Susegana

A 27

S. Polo di Piave

A 4

Oderzo

Pesek

Montebelluna

Ponte di Piave

Ponzano Veneto

Treviso

Quarto d'Altino

Mirano

Mira

Venezia

Dolo

Campagna Lupia

Piove di Sacco

PO

Ostellato

Valli di Comacchio

Fusignano

Ravenna

5

4
2
1
Carpineti
Castelnovo ne'Monti
Pavullo nel Frignano
Savigno
Dozza
Imola
Loiano
Brisighella
Castrocaro Terme
Pontremoli
Secchia
Castel d'Aiano
Gaggio Montano
Monghidoro
A 15
Vergato
Aulla
Lizzano in Belvedere
Coviglialo
Palazzuolo sul Senio
Monterosso al Mare
Cutigliano
Reno
A 1
Rocca San Casciano
La Spezia
Sarzana
Scarperia
Santa Sofia
Castelnuovo Magra
Carrara
Porticodi Romagna
Montecatini Terme
Borgo S. Lorenzo
Massa
Ameglia
Montignoso
Vicchio
Lerici
Camaiore
Uzzano
Pistoia
Bagno di Romagna
Massa (Marina di)
Barberino di Mugello
Forte dei Marmi
Prato
Pratovecchio
Lucca
Fiesole
Pietrasanta
Carmignano
Poppi
Massarosa
Bibbiena
Lido di Camaiore
FIRENZE
A 11
Vinci
Segromigno
Scandicci
Caprese Michelangelo
Viareggio
Montecarlo
S. Casciano In Val di Pesa
Reggello
Bagno a Ripoli
Pisa
Impruneta
Subbiano
Arno
Montefiridolfi
Tirrenia
Capolona
Barberino Val d'Elsa
Radda in Ch.
Greve in Chianti
Arezzo
Certaldo
Gaiole in Chianti
Montaione
S.Gimignano
Montebenicchi
Castellina Marittima
Poggibonsi
Castellina in Ch.
Castiglion Fiorentino
Colle di Val d'Elsa
Castelnuovo Berardenga
Monte S.Savino
Castiglioncello
Volterra
Siena
Sovicille
Asciano
Cecina
Casole d'Elsa
Sinalunga
Foiano d. Ch.
Monticiano
Montefollonico
Castagneto Carducci
Buonconvento
Pienza
Montepulciano
Montieri
Montalcino
San Vincenzo
Sassetta
San Giovanni d'Asso
San Quirico d'Orcia
Chianciano Terme
Massa Marittima
Seggiano
Sarteano
Campiglia d'Orcia
Radicofani
Arcidosso
Punta Ala
Ombrone
Elba (Isola d')
Grosseto
Saturnia
Montemerano
Manciano
Albinia
Porto S. Stefano
Orbetello
Porto Ercole
Giglio (Isola del)
CORSE
MARE TIRRENO

3
5
6
MARE ADRIATICO
Cesenatico
Meldola
Santarcangelo di Romagna
Rimini
Longiano
Riccione
Verucchio
Misano Adriatico
Cattolica
Torriana
Gradara
Pesaro
Montegridolfo
San Leo
San Costanzo
Cartoceto
Novafeltria
Senigallia
Serrungarina
Ancona
Urbino
S. Lorenzo in Campo
Sirolo
Urbania
Montecarotto
Numana
Anghiari
Loreto
Città di Castello
Montecosaro
Pietralunga
Fabriano
Treia
Gubbio
Macerata
San Severino Marche
Porto San Giorgio
Umbertide
Fermo
Cortona
Castelraimondo
Montegiorgio
Lago Trasimeno
Sarnano
Magione
Perugia
Montelparo
Assisi
Castiglione del Lago
Torgiano
Ripatransone
Bettona
Spello
Alba Adriatica
Panicale
Cannara
Chiusi
Piegaro
Mosciano Sant' Angelo
Bevagna
Ascoli Piceno
Giulianova Lido
Canalicchio
Montefalco
Cetona
Città della Pieve
Gualdo Cattaneo
Roseto degli Abruzzi
Monte Castello di Vibio
Todi
Spoleto
San Casciano dei Bagni
Scheggino
Silvi Marina
Grotte di Castro
Baschi
Montecchio
Terni
Lago di Campotosto
Civitella Casanova
Lago di Bolsena
Stroncone
Montefiascone
Rieti
L'Aquila
Viterbo
Tuscania
Casperia
Caramanico Terme
Poggio Mirteto Stazione
Civita Castellana
Pacentro
Fara in Sabina
Lago di Bracciano
Bracciano
Anguillara Sabazia
Tevere
Tivoli
Liri
Fiuggi
Ladispoli
Roma
Acuto
Labico
Alatri
Fumone
Veroli
Frosinone
Castrocielo
Aprilia
Sermoneta
Pontecorvo
Latina
Formia
S. Felice Circeo
Gaeta
Baia Domizia
A 14
A 24
A 1
A 25
S 80

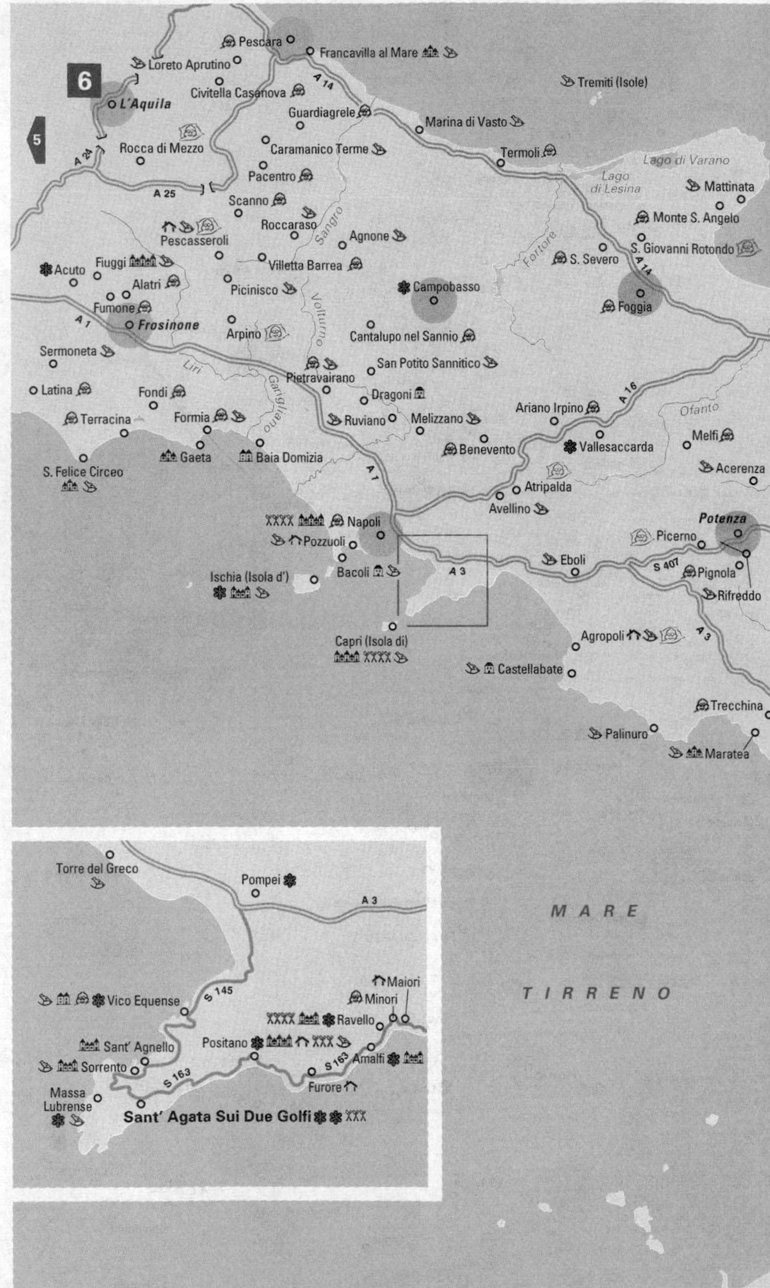
6
5
Pescara
Francavilla al Mare
Loreto Aprutino
Tremiti (Isole)
Civitella Casanova
L'Aquila
Guardiagrele
Marina di Vasto
Rocca di Mezzo
Caramanico Terme
Termoli
Pacentro
Lago di Varano
Lago di Lesina
Mattinata
A 24
A 25
A 14
Scanno
Monte S. Angelo
Roccaraso
Sangro
Agnone
Pescasseroli
S. Giovanni Rotondo
Fortore
S. Severo
Villetta Barrea
Acuto
Fiuggi
Alatri
Picinisco
Campobasso
Foggia
Volturno
Fumone
A 1
Frosinone
Arpino
Cantalupo nel Sannio
Sermoneta
San Potito Sannitico
Pietravairano
Liri
Garigliano
Latina
Fondi
Dragoni
A 16
Ariano Irpino
Ofanto
Terracina
Formia
Ruviano
Melizzano
Melfi
Benevento
Vallesaccarda
Gaeta
Baia Domizia
S. Felice Circeo
Acerenza
Atripalda
Avellino
Napoli
Potenza
Pozzuoli
Picerno
Eboli
Bacoli
A 3
S 407
Pignola
Ischia (Isola d')
Rifreddo
Agropoli
Capri (Isola di)
Castellabate
Trecchina
Palinuro
Maratea
Torre del Greco
Pompei
Vico Equense
S 145
Maiori
Minori
Ravello
Positano
Sant' Agnello
Amalfi
Sorrento
S 163
Furore
Massa Lubrense
Sant' Agata Sui Due Golfi
MARE
TIRRENO
SICILIA
8

7

MARE ADRIATICO

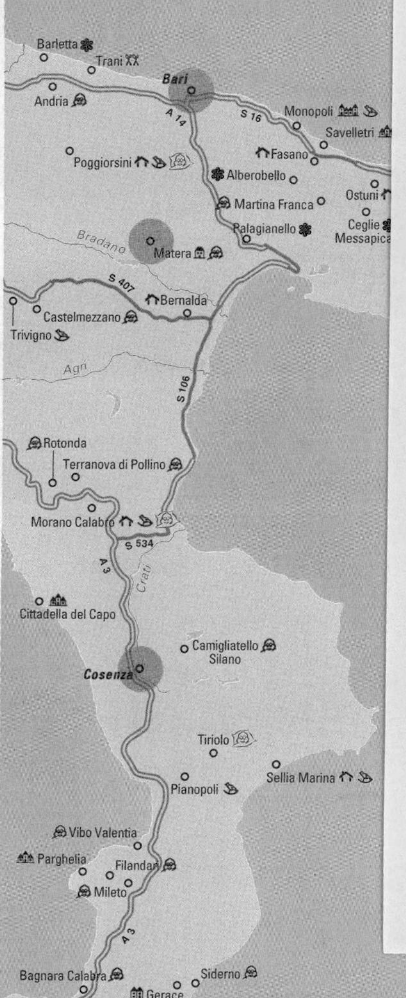

8

Palau
Arzachena
San Pantaleo
Calangianus
Olbia
Aggius
Porto S. Paolo
San Teodoro
Sassari
Lago del Coghinas
Alghero
S 131
S 131 dcn
Dorgali
Tirso
Oliena
MARE
MEDITERRANEO
Magomadas
Gavoi
Lago Omodeo
MARE
TIRRENO
SARDEGNA
Cardedu
Villanovaforru
S 131
Marina di Arbus
Flumendosa
Mannu
Cagliari
Castiadas
Portoscuso
Calasetta
Pula

Località

Localités

Ortsverzeichnis

Places

ABANO TERME *35031 Padova* 562 F 17 *G. Italia – 18 536 ab. alt. 14 – Stazione termale, a.s. aprile-ottobre e Natale.*

via Pietro d'Abano 18 ✆ 049 8669055, infoabano@termeeuganeeapt.net, Fax 049 8669053.

Roma 485 ③ – Padova 11 ① – Ferrara 69 ③ – Milano 246 ① – Rovigo 35 ③ – Venezia 56 ① – Vicenza 44 ①.

Pianta pagina a lato

Abano Grand Hotel, via Valerio Flacco 1 ✆ 049 8248100, *ghabano@gbhotels.it, Fax 049 8669994*, Centro benessere, . AE VISA. BY h
Pasto carta 46/62 – **189 cam** 165/240, 8 suites – 1/2 P 175.
♦ Esclusivo, moderno complesso con centro benessere di alto livello in un grandioso parco-giardino con piscine termali; pregevole e raffinato arredamento stile impero. Un'atmosfera di sofisticata gradevolezza nella maestosa e raffinata sala da pranzo.

Due Torri, via Pietro d'Abano 18 ✆ 049 8632100, *duetorri@gbhotels.it, Fax 049 8669927*, Centro benessere, termale, . AE VISA. AZ b
chiuso gennaio e febbraio – **Pasto** carta 35/45 – **121 cam** 90/160, 12 suites – 1/2 P 102.
♦ Collocato in una posizione centrale invidiabile, abbracciato dal verde del giardino-pineta, hotel storico con eleganti arredi classicheggianti e piacevoli spazi comuni. Ariosa sala ristorante, sorretta da colonne, attraverso cui ammirare il bel giardino.

Bristol Buja, via Monteortone 2 ✆ 049 8669390, *bristolbuja@bristolbuja.it, Fax 049 667910*, Centro benessere, termale, – 100. AE VISA. rist AY g
chiuso dal 8 gennaio al 28 febbraio e dal 20 novembre al 18 dicembre – **Pasto** 32/38 – 13,50 – **108 cam** 92/148, 15 suites – 1/2 P 113.
♦ Sarete coccolati dalla dolce atmosfera del bel giardino-pineta con piscina termale, in un albergo signorile di lunga tradizione familiare dotato di centro benessere. Curata cucina d'albergo in un ambiente distinto e arioso, rischiarato da grandi vetrate.

President, via Montirone 31 ✆ 049 8668288, *president@presidentterme.it, Fax 049 667909*, termale, . AE VISA. rist AY t
Pasto 34/40 – **101 cam** 100/180, 7 suites – 1/2 P 125.
♦ Ambiente di classe in una residenza prestigiosa nel cuore verde della città; arredamento in elegante stile classico, camere ben accessoriate, fornite di ottimi confort. Colonne a specchio che si ergono tra le file di tavoli nella spaziosa sala ristorante.

Ritz, via Monteortone 19 ✆ 049 8633100, *abanoritz@abanoritz.it, Fax 049 667549*, Centro benessere, termale, . AE VISA. rist
Pasto 34 – **141 cam** 107/194, 8 suites – 1/2 P 117. AY f
♦ Albergo di prestigio e tradizione con un'ottima conduzione diretta ormai trentennale, dotato di centro benessere e riccamente arredato in stile tendente al veneziano. L'eleganza degli arredi conferisce alla sala da pranzo un tono gradevolmente sofisticato.

Trieste e Victoria, via Pietro d'Abano 1 ✆ 049 8665100, *trieste@gbhotels.it, Fax 049 8669779*, Centro benessere, termale, . AE VISA. rist AZ v
chiuso dal 5 gennaio al 12 marzo – **Pasto** carta 33/45 – **140 cam** 100/142, 15 suites – 1/2 P 132.
♦ Centrale, incastonato in un rigoglioso parco-giardino con piscina termale, storico complesso «fin de siècle», arredato con pezzi d'antiquariato; attrezzato centro benessere. Per pranzare e lasciarsi conquistare dal fascino del tempo passato.

Mioni Pezzato, via Marzia 34 ✆ 049 8668377, *termemionipezzato@tin.it, Fax 049 8669338*, Centro benessere, termale, . AE VISA. rist AZ u
6 marzo-21 novembre – **Pasto** (solo per alloggiati) 40 – **164 cam** 97/208, 16 suites – 1/2 P 86.
♦ Conduzione signorile in un grande albergo all'interno di un bel parco-giardino con piscina termale; camere completamente ristrutturate e salotto inglese con biliardo.

Savoia, via Pietro d'Abano 49 ✆ 049 8231111, *savoia@savoiaterme.it, Fax 049 667777*, Centro benessere, termale, – 100. AE VISA. AZ q
chiuso dal 6 gennaio al 12 marzo e dal 20 novembre al 21 dicembre – **Pasto** (solo per alloggiati) 26 – 10 – **171 cam** 70/110, 15 suites – 1/2 P 90,80.
♦ Albergo di antichissime origini racchiuso nell'amena natura del suo vasto parco-giardino di 20.000mq, dotato di strutture all'avanguardia e di elegante centro benessere.

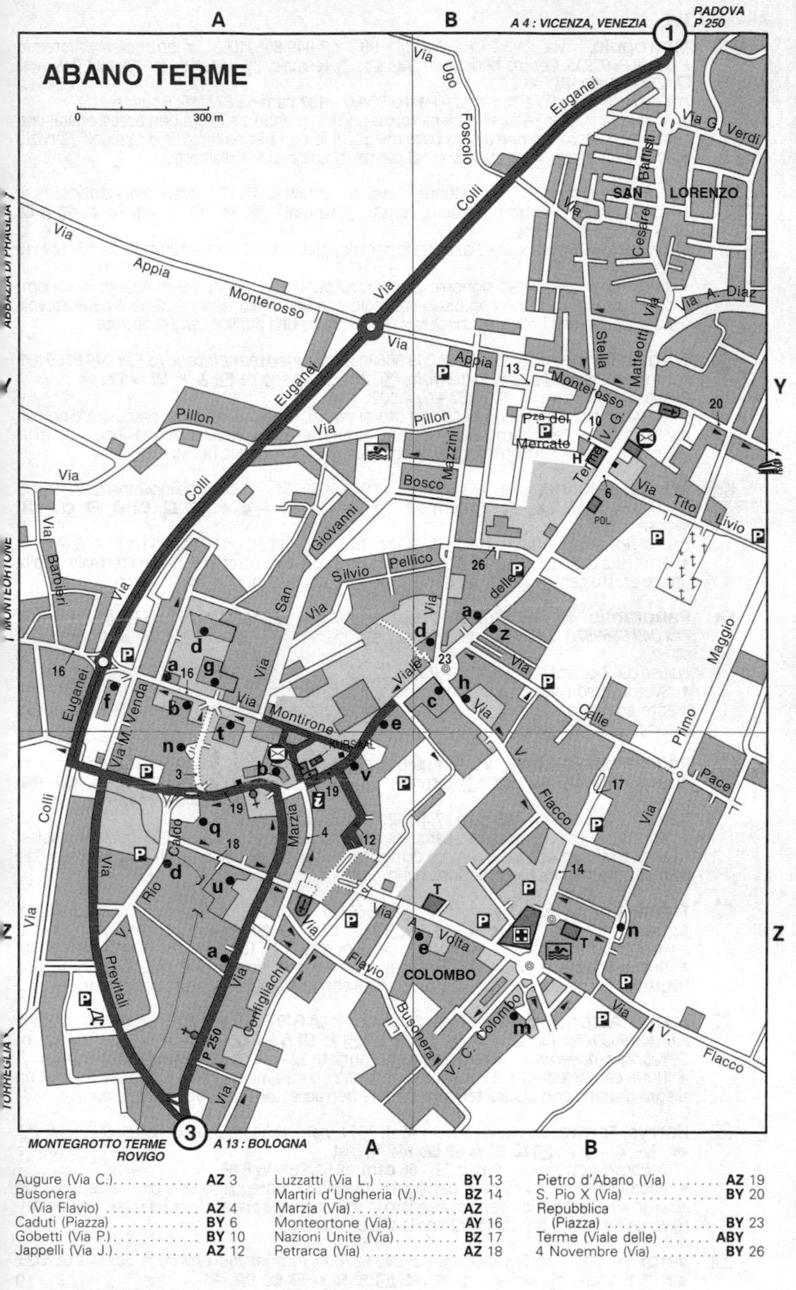

Augure (Via C.)	**AZ** 3	Luzzatti (Via L.)	**BY** 13	Pietro d'Abano (Via)	**AZ** 19
Busonera (Via Flavio)	**AZ** 4	Martiri d'Ungheria (V.)	**BZ** 14	S. Pio X (Via)	**BY** 20
Caduti (Piazza)	**BY** 6	Marzia (Via)	**AZ**	Repubblica (Piazza)	**BY** 23
Gobetti (Via P.)	**BY** 10	Monteortone (Via)	**AY** 16	Terme (Viale delle)	**ABY**
Jappelli (Via J.)	**AZ** 12	Nazioni Unite (Via)	**BZ** 17	4 Novembre (Via)	**BY** 26
		Petrarca (Via)	**AZ** 18		

Le pagine dell'introduzione vi aiuteranno ad utilizzare meglio la vostra Guida Michelin.

Metropole, via Valerio Flacco 99 ℘ 049 8669100, *metropole@gbhotels.it, Fax 049 8600935,* Centro benessere, termale, – **P.** AE VISA. BZ n
chiuso dal 6 gennaio al 1º marzo – **Pasto** 30/60 – **187 cam** 87/116, 5 suites.
◆ Una vacanza per sentirsi in piena forma, in una grande struttura ben accessoriata, con centro benessere, immersa nella pace del giardino con piscina termale e minigolf. Servizio accurato e professionale attenzione al cliente, classica cucina d'albergo.

La Residence, via Monte Ceva 8 ℘ 049 8247777, *laredidence@gbhotels.it, Fax 049 8668396,* Centro benessere, termale, – **P.** AE VISA. rist AY d
27 febbraio-19 novembre – **Pasto** (solo per alloggiati) carta 26/31 – **120 cam** 87/129, 10 suites – ½ P 84.
◆ Imponente complesso signorile con centro benessere nel cuore di Abano, in un ombreggiato parco-giardino con piscina termale e tennis; ampi saloni e camere confortevoli. Ristorante con una bella e spaziosa sala illuminata da una duplice serie di vetrate.

Tritone Terme, via Volta 31 ℘ 049 8668099, *tritone@termetritone.it, Fax 049 8668101,* Centro benessere, termale, – **P.** AE. BZ e
Pasto 29 – **106 cam** 100/162 – ½ P 102.
◆ Classicità e confort in un hotel con ottimi servizi, centro benessere, parco-giardino con piscina termale; all'interno pavimenti in ceramica, colori vivaci e molta luce. Seduti al ristorante, sembra di poter toccare la vegetazione attraverso le finestre.

Ariston Molino, via Augure 5 ℘ 049 8669061, *aristonmolino@aristonmolino.it, Fax 049 8669153,* termale, – **P.** AE VISA. rist AZ n
marzo-novembre – **Pasto** (solo per alloggiati) 33 – 13,50 – **175 cam** 91/137 – ½ P 91.
◆ Struttura di concezione moderna in un lussureggiante parco con piscina termale, ospita un attrezzato centro salute; gradevoli e ampie le zone comuni in stile classico.

Panoramic Hotel Plaza, piazza Repubblica 23 ℘ 049 8669333, *info@plaza.it, Fax 049 8669379,* Centro benessere, – **P.** AE VISA JCB. BY c
chiuso dal 7 gennaio al 9 marzo – **Pasto** 22/29 – 8 – **136 cam** 75/125 – ½ P 82.
◆ Svetta verso l'alto in posizione panoramica l'imponente costruzione di 10 piani felicemente accolta dal verde giardino con piscina termale; attrezzato centro benessere. Sala ristorante con soppalco.

Rêve Monteortone, via Santuario 118 ℘ 049 8243555, *info@hoteltermereve.com, Fax 049 8669042,* termale, – **P.** VISA. rist 1 km per via Monteortone AY
Pasto 20 – 10,33 – **106 cam** 77,47/129,52, 15 suites – ½ P 88.
◆ Abbracciato da un maestoso parco-giardino con piscina termale e kinderheim, complesso ben attrezzato con belle camere di moderna concezione; ideale anche per famiglie. Sala da pranzo illuminata da un bel lucernario.

Terme Roma, viale Mazzini 1 ℘ 049 8669127, *roma@termeroma.it, Fax 049 8630211,* termale, – **P.** AE VISA JCB. rist BY d
chiuso sino al 14 febbraio – **Pasto** (solo per alloggiati) 26 – **100 cam** 77/142 – ½ P 69,50.
◆ Grandi vetrate e colori chiari rendono piacevoli e luminose le aree comuni in una struttura completamente rinnovata; arredata con gusto ed eleganza la zona notte.

Terme Astoria, via Cristoforo Colombo 1 ℘ 049 8601530, *info@abanoastoria.com, Fax 049 8600730,* – **P.** AE VISA JCB. BZ m
28 febbraio-novembre – **Pasto** (solo per alloggiati) 22 – 11 – **93 cam** 62/82 – ½ P 71.
◆ Hotel con arredi in stile classico e ambiente cordialmente familiare, nella pace di un allegro giardino con piscina termale; camere ben accessoriate e buon settore cure.

Harrys' Terme, via Marzia 50 ℘ 049 667011, *harrys@harrys.it, Fax 049 8668500,* – **P.** AE VISA. rist AZ a
15 febbraio-novembre – **Pasto** 22 – **66 cam** 61/98 – ½ P 66.
◆ Racchiuso nell'oasi di pace del grande giardino ombreggiato con piscina termale, un albergo non lontano dal centro, arredato in stile, con una piacevole zona relax. Un riposante verde è il colore predominante nella sala da pranzo.

Verdi, via Flavio Busonera 200 ℘ 049 667600, *info@abanoverdi.com, Fax 049 667025,* termale, – rist, **P.** AE VISA. ABZ g
chiuso dal 27 giugno al 6 agosto – **Pasto** (solo per alloggiati) 18/20 – 9 – **115 cam** 73/89 – ½ P 61.
◆ Nella quieta zona residenziale di Abano, imponente tradizionale albergo di sei piani con confortevoli aree comuni che si affacciano sulla rigogliosa natura esterna.

Columbia Terme, via Augure 15 ☏ 049 8669606, *columbia@columbiaterme.it, Fax 049 8669430,* termale, ..., - |‡|, ▤ rist, TV P. AE ⓢ MC VISA. rist AY b
chiuso sino a febbraio – **Pasto** (solo per alloggiati) 25,82 – **108 cam** ▭ 60/95 – ½ P 71,27.
◆ Classico albergo stile anni '60 nel cuore della città termale, con uno spazioso salone al piano terra dove riposarsi dopo una gradevole passeggiata in centro.

Terme Patria, viale delle Terme 56 ☏ 049 8617444, *patria@termepatria.it, Fax 049 8617477,* ..., termale, ..., - |‡| ▤ TV P. ⓢ MC VISA. rist
chiuso dal 5 gennaio a febbraio e dal 25 novembre al 22 dicembre – **Pasto** (solo per alloggiati) 21/24 – ▭ 8 – **95 cam** 48/75, suite – ½ P 50,50. BY a
◆ Accogliente ambiente familiare in un hotel ben accessoriato, con spazi comuni separati da ampie aperture ad arco e ornati di deliziosi mobili in stile.

Principe, viale delle Terme 87 ☏ 049 8600844, *info@principeterme.com, Fax 049 8601031,* ..., termale, ..., - |‡|, ▤ rist, TV P. ⓢ MC VISA. rist
marzo-novembre – **Pasto** 25/30 – **70 cam** ▭ 67/124 – ½ P 65. BY z
◆ Felicemente posizionato sulla via del passeggio a due passi dal centro della cittadina, tradizionale albergo di frequentazione italiana; graziose camere con balconcino. Sala da pranzo arredata in modo classico.

Atlantic, via Monteortone 66 ☏ 049 8669015, *hatlanti@tin.it, Fax 049 8669188,* ..., termale, ..., - |‡|, ▤ rist, TV P. ⓢ MC VISA. rist per via Monteortone AY
marzo-novembre – **Pasto** 23,30 – ▭ 7,50 – **56 cam** 52,50/89 – ½ P 67,40.
◆ Tranquillo hotel nel verde della zona dei Colli Euganei con accoglienti e spaziose aree comuni; annesso reparto di cure termali per un soggiorno rigenerante. Tradizionale cucina d'albergo.

Terme Milano, viale delle Terme 169 ☏ 049 8669444, *milano@termemilano.it, Fax 049 8630244,* termale, ..., - |‡| ▤ TV ♿ P. AE ⓢ ⓓ MC VISA. rist
chiuso gennaio e febbraio – **Pasto** 22/25 – ▭ 7 – **93 cam** 59/96 – ½ P 63. AY e
◆ Frequentazione principalmente italiana, apprezzabile e comoda posizione centrale nell'area pedonale di Abano e gestione diretta in un albergo di struttura classica.

Aubergine, via Ghislandi 5 ☏ 049 8669910, *Fax 049 8639200,* Rist. e pizzeria, minigolf – ▤ P. AE ⓢ ⓓ MC VISA JCB AZ d
chiuso mercoledì e dal 1° al 15 agosto – **Pasto** carta 27/39.
◆ Circondato dal campo di minigolf, ristorante e pizzeria a conduzione familiare dagli interni spaziosi, arredati con grandi tavoli ben distanziati; cucina classica.

Victoria, via Monteortone 30 ☏ 049 667684, *Fax 049 8638084* – ▤. AE ⓢ ⓓ MC VISA.
Pasto specialità di mare carta 25/42. AY a
◆ Specialità di mare in un ambiente dai colori caldi sobrio ma elegante, con grandi specchi alle pareti e décor classicheggiante; buono il rapporto qualità/prezzo.

ABBADIA ISOLA *Siena – Vedere Monteriggioni.*

ABBADIA LARIANA *23821 Lecco* 561 E 10 – *3 182 ab. alt. 202.*

Roma 636 – Como 39 – Bergamo 43 – Lecco 8 – Milano 43.

Park Hotel senza rist, via Nazionale 142 ☏ 0341 703193, *info@parkhotelabbadia.com, Fax 0341 703194,* ← – |‡| ▤ TV ♿ P. AE ⓢ ⓓ MC VISA
28 cam ▭ 80/115.
◆ Struttura di recente realizzazione all'entrata della località, adatta sia per una clientela turistica che d'affari; accoglienti interni di taglio moderno, camere lineari.

ABBAZIA *Vedere nome proprio dell'abbazia.*

ABBIATEGRASSO *20081 Milano* 561 F 8 – *28 079 ab. alt. 120.*

Roma 590 – Alessandria 80 – Milano 24 – Novara 29 – Pavia 33.

Italia senza rist, piazza Castello 31 ☏ 02 9462871, *Fax 02 9462851* – |‡| ▤ TV. AE ⓢ ⓓ MC VISA JCB
chiuso agosto – **40 cam** ▭ 62/83.
◆ In pieno centro storico, attiguo all'antico castello visconteo, piccolo albergo recentemente rimodernato in una tranquilla cittadina a 15 Km da Milano; buona accoglienza.

Il Ristorante di Agostino Campari, via Novara 81 ☏ 02 9420329, *Fax 02 9421216,* ... – ▤ P. AE ⓢ ⓓ MC VISA JCB
chiuso dal 26 al 31 dicembre, tre settimane in agosto e lunedì – **Pasto** specialità carrello di arrosti e bolliti carta 36/43.
◆ Curato ambiente familiare, disponibilità e cortesia in un locale classico con servizio estivo all'ombra di un pergolato; specialità d'impronta genuinamente tradizionale.

a Cassinetta di Lugagnano *Nord : 3 km – ✉ 20081 :*

XXXX ✿✿ **Antica Osteria del Ponte,** piazza G. Negri 9 ☎ 02 9420034, *Fax 02 9420610,* 🏠, Coperti limitati; prenotare – ▤. AE ⚬ ⓓ MC VISA. ✂
chiuso dal 25 dicembre al 12 gennaio, agosto, domenica e lunedì – **Pasto** carta 90/149 ✿.
◆ Il ponticello sul Naviglio, un edificio del '500 ed ecco il paradiso dei buongustai: fantastica cucina creativa e accoglienza elegante in antichi spazi con travi a vista.
Spec. Gamberi di San Remo marinati con cipollotto fresco e caviale oscietra. Risotto con zucchine in fiore e zafferano in fili (giugno-ottobre). Guanciale di vitello brasato al vino amarone, cardamono e zenzero (ottobre-marzo).

ABETONE *51021 Pistoia* 563 J 14 *G. Toscana – 712 ab. alt. 1 388 – a.s. Pasqua, 29 luglio-agosto e Natale – Sport invernali : 1 400/1 950 m* ⛷ *1* ⛷ *20,* ⛷.
ℹ *piazza Piramidi ☎ 0573 60231, apt12abetone@virgilio.it, Fax 0573 60232.*
Roma 361 – Pisa 85 – Bologna 109 – Firenze 90 – Lucca 65 – Milano 271 – Modena 96 – Pistoia 51.

🏠 **Bellavista,** via Brennero 383 ☎ 0573 60028, *info@bellavista-abetone.it, Fax 0573 60245,* ≤ – |♦| TV ♿ P. AE ⚬ MC VISA JCB. ✂
15 dicembre-15 aprile e 15 giugno-15 settembre – **Pasto** (solo per alloggiati) 16/25 – **40 cam** ☕ 110/124 – ½ P 83.
◆ Tipica struttura di montagna in pietra e legno in posizione panoramica, a pochi passi dal centro e adiacente agli impianti di risalita; camere confortevoli e spaziose.

X **Da Pierone,** via Brennero 556 ☎ 0573 60068, ≤ – AE ⚬ ⓓ MC VISA JCB. ✂
chiuso dal 15 al 30 giugno, dal 10 al 30 ottobre e giovedì (escluso dal 23 dicembre al 2 gennaio e dal 15 luglio a settembre) – **Pasto** carta 26/34.
◆ Trentennale conduzione familiare e cordiale disponibilità in un piacevole ambiente rustico; buona cucina con piatti di tradizione toscana e tipici della casa.

a Le Regine *Sud-Est : 2,5 km – ✉ 51020 :*

🏠 **Da Tosca,** via Brennero 85 ☎ 0573 60317, *Fax 0573 60317,* ≤ – TV. ⚬ ⓓ MC VISA. ✂
10 dicembre-15 aprile e luglio-15 settembre – **Pasto** carta 18/25 – ☕ 5,50 – **13 cam** 50/67 – ½ P 55.
◆ Tipica atmosfera di montagna e una bella cornice di boschi di faggio, per un piccolo e ospitale albergo ad andamento familiare a pochi metri dagli impianti di risalita. Il legno e i colori ambrati sono gli elementi predominanti nell'accogliente sala da pranzo.

ABTEI = Badia.

ACAIA *73029 Lecce* 564 F 36.
Roma 586 – Brindisi 50 – Gallipoli 57 – Lecce 16 – Taranto 119.

X **Locanda del Gallo,** piazza Castello 1 ☎ 0832 861102, *Fax 0832 317413,* 🏠 – AE ⚬ MC VISA
maggio-settembre; chiuso a mezzogiorno – **Pasto** carta 21/34.
◆ Nel fortificato paese di origine cinquecentesca, un locale caratteristico: due sale rustiche (una con caminetto), con decorazioni tipicamente contadine; piatti salentini.

ACERENZA *85011 Potenza* 564 E 29 – *3 003 ab. alt. 833.*
Roma 364 – Potenza 40 – Bari 120 – Foggia 98 – Napoli 186.

🏠 **Il Casone** ✿, località Bosco San Giuliano Nord-Ovest : 6 km ☎ 0971 741141, *hotel.ilcasone@virgilio.it, Fax 0971 741039,* ≤, ✂ – ▤ rist, TV ♿ P. ⚬ MC VISA. ✂
Pasto 20 – **18 cam** ☕ 35/70 – ½ P 45.
◆ Ampia struttura di recente costruzione immersa nella completa tranquillità della campagna che la circonda; camere spaziose e funzionali arredate in stile contemporaneo. Ambiente di moderna concezione nella sala da pranzo dalle linee essenziali.

ACI CASTELLO *Catania* 565 O 27 – *Vedere Sicilia alla fine dell'elenco alfabetico.*

ACIREALE *Catania* 565 O 27 – *Vedere Sicilia alla fine dell'elenco alfabetico.*

ACI TREZZA *Catania* 565 O 27 – *Vedere Sicilia (Aci Castello) alla fine dell'elenco alfabetico.*

ACQUAFREDDA *Potenza* 564 G 29 – *Vedere Maratea.*

ACQUALAGNA *61041 Pesaro e Urbino* 563 L 20 – *4 163 ab. alt. 204.*
Roma 247 – Rimini 89 – Ancona 95 – Gubbio 41 – Pesaro 54.

XX **Il Vicolo,** corso Roma 39 ✆ 0721 797145, *Fax 0721 797145* – ▤. AE ⓢ ⓞ MC VISA. ✂
chiuso dal 7 al 17 gennaio, luglio, martedì sera e mercoledì – **Pasto** carta 35/69.
◆ Bicchieri di cristallo e posate d'argento in un ambiente familiare, ma curato ed elegante, nel cuore del centro storico; da provare i raffinati piatti a base di tartufo.

ACQUAPARTITA *Forlì-Cesena* 562 K 18 – *Vedere Bagno di Romagna.*

ACQUARIA *Modena* 563 J 14 – *Vedere Montecreto.*

ACQUASPARTA *05021 Terni* 563 N 19 – *4 620 ab. alt. 320.*
Roma 111 – Terni 22 – Orvieto 61 – Perugia 61 – Spoleto 24 – Viterbo 70.

Villa Stella senza rist, via Marconi 37 ✆ 0744 930758, *villastella@libero.it, Fax 0744 930063,* – TV P. AE ⓢ ⓞ MC VISA. ✂
aprile-settembre – ☕ 2.50 – **10 cam** 34/50.
◆ Ambiente semplice e ottima ospitalità in una piccola villa liberty dall'atmosfera familiare; interni in stile lineare nei toni del nocciola, camere essenziali.

ACQUAVIVA *Livorno – Vedere Elba (Isola d') : Portoferraio.*

I prezzi del pernottamento e della pensione possono subire aumenti in relazione all'andamento generale del costo della vita ; quando prenotate chiedete la conferma del prezzo.

ACQUI TERME *15011 Alessandria* 561 H 7 – *20 131 ab. alt. 164 – Stazione termale.*
Le Colline (chiuso mercoledì e gennaio) ✆ 0144 311386, Fax 0144 311386.
Via Maggiorini Ferraris 5 ✆ 0144 322142, iat@acquiterme.it, Fax 0144 329054.
Roma 573 – Alessandria 35 – Genova 74 – Asti 47 – Milano 130 – Savona 59 – Torino 106.

Ariston, piazza Matteotti 13 ✆ 0144 322996, *acquiterme@hotelariston.net, Fax 0144 322998* – ▤ TV P. AE ⓢ ⓞ MC VISA JCB. ✂ rist
chiuso dal 21 dicembre al 1º febbraio – **Pasto** carta 22/28 – ☕ 7 – **36 cam** 54/78, 2 suites – ½ P 53.
◆ Albergo a gestione diretta, ristrutturato nel corso degli ultimi anni; classici interni nelle tonalità del legno e del nocciola, camere piacevolmente arredate.

XXX **Pisterna,** via Scatilazzi 15 ✆ 0144 325114, *info@pisterna.it*, prenotare – ⓢ VISA. ✂
✿ *chiuso 15 giorni in gennaio, 15 giorni in agosto, lunedì e a mezzogiorno (escluso domenica)* – **Pasto** carta 45/60.
◆ All'interno di un palazzo quattrocentesco, un'elegante sala ristorante con affreschi originali e sorprendenti arredi moderni. Ma la vera chicca è la cucina, da provare.
Spec. Galantina di coniglio ai pistacchi e tartufo nero. Ravioli d'anatra e fegato d'oca, cipolle bianche spadellate al balsamico. Lombatina d'agnello con salsa al vino rosso e tortino di patate.

XX **La Schiavia,** vicolo della Schiavia ✆ 0144 55939, *Fax 0144 325385*, solo su prenotazione – ⓢ MC VISA
chiuso dal 9 al 25 agosto e domenica – **Pasto** carta 33/43.
◆ Salite le scale di un elegante edificio storico in centro e scoprirete una saletta graziosamente ornata con stucchi e decorazioni, in cui gustare una buona cucina locale.

XX **Enoteca La Curia,** via alla Bollente 72 ✆ 0144 356049, *info@enotecalacuria.com, Fax 0144 329044,* – AE ⓢ ⓞ MC VISA
chiuso lunedì – **Pasto** carta 43/58.
◆ Cucina piemontese accompagnata da un'ampia scelta di vini da assaporare sotto volte in mattoni; atmosfera giovane e dinamica in un locale di tono rustico-moderno.

XX **Parisio 1933,** via Cesare Battisti 7 ✆ 0144 57034, *Fax 0144 57034* – ▤. AE ⓢ ⓞ MC VISA JCB
chiuso dal 24 dicembre al 5 gennaio, dal 29 luglio al 12 agosto e lunedì – **Pasto** carta 31/39.
◆ Una sala bianca e spaziosa, senza decorazioni e con arredi sobri in un ristorante classico, a conduzione familiare, che propone piatti del luogo e nazionali.

XX **Cappello,** strada Visone 64 (Est : 2 km) ✆ 0144 356340, *ristorante.cappello@libero.it, Fax 0144 356340,* , Coperti limitati; prenotare – ▤ P. ⓢ MC VISA
chiuso dal 14 al 31 luglio, dall' 8 al 18 gennaio, martedì e mercoledì – **Pasto** carta 29/46.
◆ Ambiente ricercato, ma lineare dove provare una cucina di buon livello tipica del luogo, rivisitata in modo interessante; scuri mobili d'epoca nella sala.

ACRI *87041 Cosenza* 564 I 31 – *22 105 ab. alt. 700.*
Roma 560 – Cosenza 44 – Taranto 168.

Panoramik, via Seggio 304 ✆ 0984 954885, *hotelpanoramik@tiscalinet.it, Fax 0984 953093,* – . AE VISA JCB.
Pasto *(chiuso martedì)* carta 17/31 – ☐ 2,50 – **22 cam** 32/54 – ½ P 40.
◆ Cortesia e ospitalità in un semplice e decoroso hotel a gestione familiare ubicato nella parte alta della cittadina; graziose camere semplici, ma curate.

ACUTO *03010 Frosinone* 563 Q 21 – *1 860 ab. alt. 724.*
Roma 77 – Frosinone 36 – Avezzano 99 – Latina 87 – Napoli 180.

Colline Ciociare, via Prenestina 27 ✆ 0775 56049, *salvatoretassa@libero.it, Fax 0775 56049,* Coperti limitati; prenotare – P. AE VISA.
chiuso dal 1° al 10 settembre, domenica sera (escluso da maggio a settembre) lunedì e martedì a mezzogiorno – **Pasto** carta 51/72.
◆ Una sala con solo cinque tavoli, un camino e pavimento in cotto originale del '700: elegante essenzialità e pregiate rielaborazioni in cucina nel cuore della Ciociaria.
Spec. Aringa con animelle di vitello e zuppa di basilico, "drink" all'arancia (primavera-estate). Cannolo di polenta, mozzarella di bufala, porcini e granita al pomodoro (estate-autunno). Ravioli di parmigiano al limone, salsa di pesche alla menta (estate).

ADRIA *45011 Rovigo* 562 G 18 – *20 670 ab..*
Roma 478 – Padova 60 – Chioggia 33 – Ferrara 55 – Milano 290 – Rovigo 22 – Venezia 64.

Molteni con cam, via Ruzzina 2 ✆ 0426 42520, *info@albergomolteni.it, Fax 0426 42520,* – P. VISA.
chiuso dal 22 dicembre al 6 gennaio – **Pasto** *(chiuso sabato)* carta 29/61 – ☐ 6 – **9 cam** 42/75.
◆ Cordialità e linea gastronomica ispirata alle tradizioni locali, soprattutto ittiche, in un ristorante felicemente posizionato nel centro storico in riva al Canal Bianco.

AFFI *37010 Verona* 561 F 14 – *1 895 ab. alt. 191.*
Roma 514 – Verona 25 – Brescia 61 – Mantova 54 – Trento 74.

in prossimità casello autostradale A22 Affi Lago di Garda Sud *Est : 1 km :*

Park Hotel Affi, via Crivellin 1 A ✉ 37010 ✆ 045 6266000, *info@parkhotel-affi.com, Fax 045 6266444,* , , , – cam P. – 150. AE VISA JCB.
Pasto al Rist. ***Il Poggio*** carta 34/41 – ☐ 10 – **99 cam** ☐ 140/166, 6 suites – ½ P 103.
◆ Moderno albergo dell'ultima generazione dotato di ogni confort, ampie zone comuni e camere confortevoli arredate con gusto ed eleganza; ideale per attività congressuale. Raffinato stile contemporaneo nella spaziosa sala da pranzo.

AGAZZANO
29010 *Piacenza* 562 H 10 – *1 996 ab. alt. 184.*
Roma 533 – Piacenza 23 – Bologna 173 – Milano 90.

Antica Trattoria Giovanelli, via Centrale 5, località Sarturano Nord : 4 km ✆ 0523 975155, *Fax 0523 975155,* , prenotare – P. AE VISA JCB.
chiuso 2 settimane in febbraio, 2 settimane in agosto, lunedì e la sera dei giorni festivi – **Pasto** carta 19/26.
◆ In una piccola frazione di poche case in aperta campagna, una trattoria che esiste da sempre, dove gustare genuine specialità piacentine; grazioso cortile per servizio estivo.

AGGIUS *Sassari* 566 E 9 – *Vedere Sardegna alla fine dell'elenco alfabetico.*

AGLIANO *14041 Asti* 561 H 6 – *1 715 ab. alt. 262.*
Roma 603 – Alessandria 43 – Asti 19 – Milano 139 – Torino 79.

Dellavalle, via P. Amedeo 30 ✆ 0141 954020, *info@hoteldellavalle.com, Fax 0141 954670,* , , solo su prenotazione dal martedì al venerdì – cam P. AE VISA
Pasto (chiuso dal 22 dicembre al 31 gennaio) (solo per alloggiati) – **14 cam** ☐ 40/70 – ½ P 38.
◆ Nuova e competente gestione in un albergo dalla struttura semplice, nel centro storico di Agliano; camere essenziali e modeste, ma funzionali e spaziose. Servizio estivo in terrazza panoramica.

Agriturismo Villa Giada-Cascina Dani senza rist, località Dani Sud : 2,5 km ✆ 0141 964120, *villagiada@atlink.it, Fax 0141 964120*, ← – P. VISA
chiuso dal 10 dicembre al 2 marzo – **5 cam** ☐ 90/95.
◆ Nell'amena zona delle vigne astigiane, ampie sale comuni e stanze arredate in stile piemontese in una cascina ristrutturata con buon gusto; degustazione di vini locali.

AGLIENTU *Sassari* 566 D 9 – *Vedere Sardegna alla fine dell'elenco alfabetico.*

AGNATA *Sassari – Vedere Sardegna (Tempio Pausania) alla fine dell'elenco alfabetico..*

AGNONE *86061 Isernia* 564 B 25 – *5 903 ab. alt. 800.*
Roma 220 – Campobasso 86 – Isernia 45.

Sammartino, largo Pietro Micca 44 ✆ 0865 77577, *Fax 0865 78239* – |‡|, ≡ rist, TV. AE VISA.
Pasto carta 18/25 – **22 cam** ☐ 65 – ½ P 45.
◆ Ambiente e conduzione familiari in un albergo del centro storico; piccola hall, gradevole angolo bar con soffitto in pietra, camere decorose con arredi in legno chiaro. Luminose finestre che si aprono sulla vallata nella sala da pranzo.

in prossimità Bivio Staffoli *Sud-Ovest : 15 km :*

Agriturismo Selvaggi, ✆ 0865 77785, *staffoli@staffoli.it, Fax 0865 77177*, agriturismo – P. AE VISA.
chiuso dal 7 al 21 ottobre – **Pasto** *(chiuso lunedì)* carta 17/24 – **5 cam** ☐ 37/52 – ½ P 47.
◆ Un soggiorno a contatto con la natura in una fattoria del 1720, restaurata: allevamento di bovini e ovini, produzione di salumi, escursioni a cavallo; camere accoglienti. Al ristorante ambiente rustico, con pietra a vista e soffitto a volte.

AGORDO *32021 Belluno* 562 D 18 – *4 263 ab. alt. 611.*
Dintorni *Valle del Cordevole★★ Nord-Ovest per la strada S 203.*
via 27 Aprile 5 ✆ 0437 62105, agordo@infodolomiti.it, Fax 0437 65205.
Roma 646 – Belluno 32 – Cortina d'Ampezzo 59 – Bolzano 85 – Milano 338 – Venezia 135.

Erice, via 4 Novembre 13/b ✆ 0437 65011, *info@hotelerice.com, Fax 0437 62307* – TV P. AE VISA.
Pasto *(chiuso lunedì in bassa stagione)* carta 21/31 – ☐ 8 – **13 cam** 52/73 – ½ P 50.
◆ Piccolo e semplice hotel a gestione diretta in una bella struttura in posizione tranquilla; piacevoli zone comuni in stile montano di taglio contemporaneo; camere lineari. Capiente ed essenziale sala da pranzo.

AGRATE BRIANZA *20041 Milano* 561 F 10 – *12 931 ab. alt. 162.*
Roma 587 – Milano 23 – Bergamo 31 – Brescia 77 – Monza 7.

Colleoni, via Cardano 2 ✆ 039 68371, *colleoni@hotelcolleoni.it, Fax 039 654495*, – |‡|, cam, ≡ TV – 120. AE VISA. rist
Pasto al Rist. ***Vip Restaurant*** *(chiuso sabato e domenica a mezzogiorno)* carta 40/56 – ☐ 15 – **149 cam** 130/170, 14 suites – ½ P 128.
◆ All'interno dell'imponente, omonimo complesso sede di un importante centro direzionale, un albergo funzionale e di moderna concezione, ideale per uomini d'affari. Ristorante rischiarato da grandi vetrate.

AGRIGENTO P 565 P 22 – *Vedere Sicilia alla fine dell'elenco alfabetico.*

AGROPOLI *84043 Salerno* 564 F 26 – *19 495 ab. – a.s. Pasqua e 15 giugno-15 settembre.*
Dintorni *Rovine di Paestum★★★ Nord : 11 km.*
Roma 312 – Potenza 106 – Battipaglia 33 – Napoli 107 – Salerno 57 – Sapri 110.

Il Ceppo, Sud-Est : 1,5 km ✆ 0974 843044, *info@hotelristoranteilceppo.com, Fax 0974 843234* – |‡| ≡ TV P. AE VISA.
Pasto vedere rist ***Il Ceppo*** – **5 cam** ☐ 50/80, 8 suites 95/120.
◆ Inaugurato nel 1994 e situato di fronte all'omonimo ristorante, un albergo ancora nuovo con piacevoli zone comuni dai color caldi e ben arredate; camere funzionali.

Serenella, via San Marco 140 ✆ 0974 823333, *serenella@oneonline.it, Fax 0974 825562*, ← – |‡|, ≡ rist, TV P. AE VISA. rist
Pasto carta 17/43 – ☐ 6 – **36 cam** 56/70 – ½ P 70.
◆ Struttura di taglio moderno lungo la strada che costeggia il mare; ambiente familiare negli interni ariosi in stile lineare, camere essenziali, ma ben tenute. Grande sala da pranzo con bianche ed esili colonne centrali.

La Colombaia, via Piano delle Pere Sud : 2 km ☎ 0974 821800, *colombaia@tin.it, Fax 0974 823478,* ←, ⛱, – ▤ TV P. ♿ MC VISA JCB. ✻
chiuso gennaio e febbraio – **Pasto** (solo per alloggiati) 15/20 – **9 cam** ☕ 70/90 – ½ P 70.
◆ In quieta posizione panoramica, bella villa di campagna ristrutturata, dotata di terrazza-giardino con piscina; accoglienti e ben curate sia le camere che le zone comuni.

Il Cormorano, via C. Pisacane 13 (al Porto) ☎ 0974 823900, *info@ilcormorano.com, Fax 0974 824710,* ⛱, prenotare. AE ♿ ⓞ MC VISA JCB. ✻
aprile-ottobre; chiuso mercoledì escluso da giugno a settembre) – **Pasto** carta 30/55 (10 %).
◆ Atmosfera caratteristica in un ristorante recente; un ambiente curato dove gustare pesce in estate (servito anche sulla bella terrazza) e piccola cacciagione d'inverno.

Il Ceppo, Sud-Est : 1,5 km ☎ 0974 843036, *info@hotelristoranteilceppo.com, Fax 0974 843234,* ⛱, Rist. e pizzeria alla sera – ▤ P. AE ♿ ⓞ MC VISA. ✻
chiuso novembre – **Pasto** carta 28/45 ✻.
◆ Appena fuori dalla località, ristorante con pizzeria serale: tre sale classiche con tocchi di rusticità, bianche pareti e pavimenti in cotto; saporita cucina di mare.

AGUGLIANO *60020 Ancona* 563 *L 22 – 4 114 ab. alt. 203.*

Roma 279 – Ancona 16 – Macerata 44 – Pesaro 67.

Al Belvedere, piazza Vittorio Emanuele II, 3 ☎ 071 907190, *info@hotelalbelvedere.it, Fax 071 908008,* ←, – |‡| TV P. AE ♿ MC VISA JCB. ✻
Pasto *(chiuso domenica sera e mercoledì)* carta 17/29 – ☕ 6 – **18 cam** 56/73 – ½ P 51.
◆ Albergo centrale a conduzione diretta, immerso in un verde giardino; spazi comuni essenziali e camere funzionali, eterogenee negli arredi, con vista sulla valle. Nel ristorante ampie vetrate incorniciano come quadri la rigogliosa natura esterna.

Le pagine dell'introduzione
vi aiuteranno ad utilizzare meglio la vostra Guida Michelin.

AHRNTAL = Valle Aurina.

ALA DI STURA *10070 Torino* 219 ⑫ *– 494 ab. alt. 1075 – a.s. dicembre-aprile – Sport invernali : 1 075/1 900 m* ⛷ *4,* ⛷.

Roma 729 – Torino 44 – Balme 7,5 – Milano 177 – Vercelli 117.

Raggio di Sole, via Ceres 7 ☎ 0123 55191, *Fax 0123 55313,* ← – |‡| TV P. ♿ MC VISA. ✻
chiuso ottobre – **Pasto** *(chiuso giovedì)* carta 19/28 – ☕ 5,20 – **27 cam** 36,20/72,40 – ½ P 54,50.
◆ In posizione panoramica, albergo gestito direttamente dai proprietari, adatto a lunghi soggiorni estivi e sportive vacanze invernali; camere semplici e ben tenute. Arredi essenziali nella sala da pranzo.

ALANNO *65020 Pescara* 563 *P 23 – 3 807 ab. alt. 295.*

Roma 188 – Pescara 37 – L'Aquila 84.

Villa Alessandra con cam, via Circonterranea 51 ☎ 085 8573108, *info@villaalessandra.it, Fax 085 8573687,* ⛱ – ▤ TV P. AE ♿ ⓞ MC VISA. ✻
Pasto *(chiuso domenica sera)* carta 22/34 – ☕ 6 – **7 cam** 50/85 – ½ P 52.
◆ Ristorante specializzato nella banchettistica in una grande e bella casa circondata dal verde; cucina abruzzese e servizio estivo in giardino con vista sulla valle.

ALASSIO *17021 Savona* 561 *J 6 – 11 364 ab..*

⛳18 *Garlenda (chiuso mercoledì) a Garlenda* ✉ *17033* ☎ *0182 580012, Fax 0182 580561, Nord-Ovest : 10 km* **Y.**

ℹ *piazza della Libertà 5* ☎ *0182 647027, alassio@inforiviera.it, Fax 0182 647874.*

Roma 597 ① – Imperia 23 ② – Cuneo 117 ① – Genova 98 ① – Milano 221 ① – San Remo 47 ② – Savona 52 ① – Torino 160 ①.

Pianta pagina a lato

Gd H. Méditerranée, via Roma 63 ☎ 0182 642564, *info@hotelmediterranee.it, Fax 0182 470845,* ←, ⛱, ⛱ – |‡| ▤ TV 🚗 – 🏛 120. AE ♿ ⓞ MC VISA JCB. ✻ rist — Z b
chiuso dal 15 ottobre al 27 dicembre – **Pasto** carta 30/35 – **82 cam** ☕ 113/193 – ½ P 132.
◆ Imponente edificio bianco fine '800, incorniciato dal verde e dotato di un grande arenile privato; eleganti saloni e belle camere confortevoli con tocchi di raffinatezza. Piatti regionali da gustare nell'ampia sala o al ristorante a buffet sulla spiaggia.

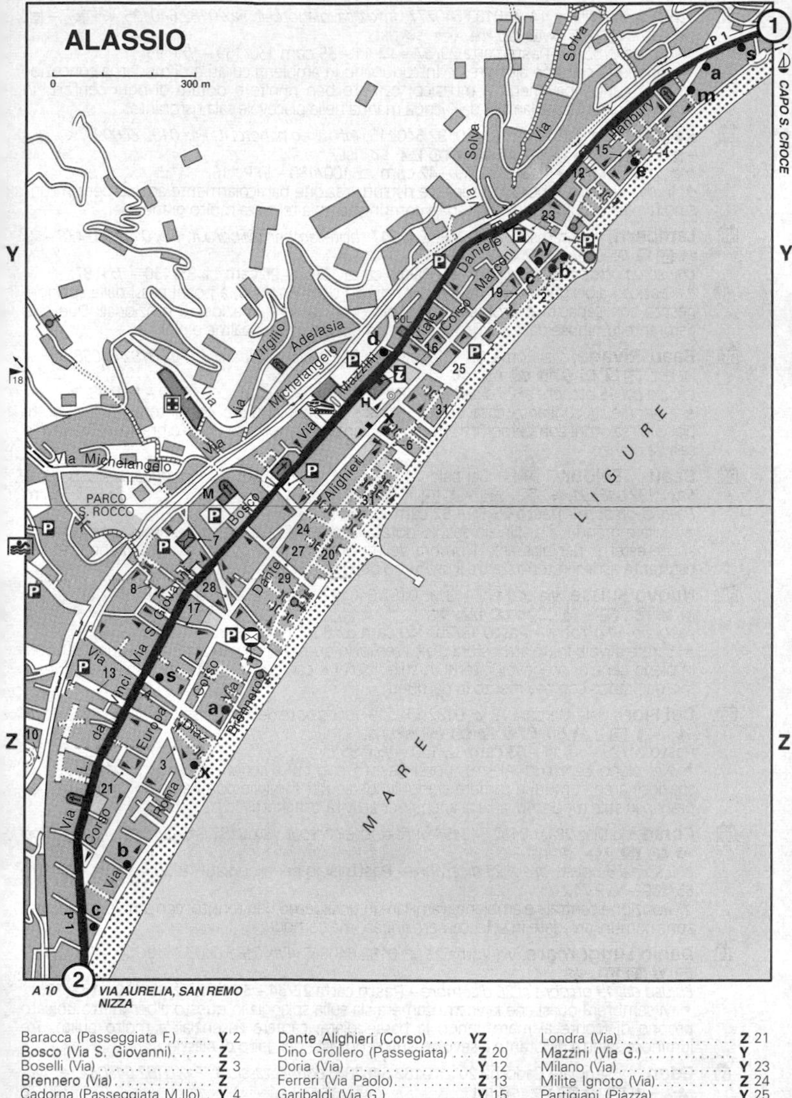

A 10 — *VIA AURELIA, SAN REMO NIZZA*

Baracca (Passeggiata F.) ..... **Y** 2	Dante Alighieri (Corso) ...... **YZ**	Londra (Via) .... **Z** 21
Bosco (Via S. Giovanni) ...... **Z**	Dino Grollero (Passegiata) ... **Z** 20	Mazzini (Via G.) .... **Y**
Boselli (Via) .... **Z** 3	Doria (Via) .... **Y** 12	Milano (Via) .... **Y** 23
Brennero (Via) .... **Z**	Ferreri (Via Paolo) .... **Z** 13	Milite Ignoto (Via) .... **Z** 24
Cadorna (Passeggiata M.llo) . **Y** 4	Garibaldi (Via G.) .... **Y** 15	Partigiani (Piazza) .... **Y** 25
Cavour (Via) .... **Y** 6	Gibb (Via) .... **Y** 16	Torino (Via) .... **Z** 27
Chiusetta (Via) .... **Z** 7	Gioia (Via Flavio) .... **Z** 17	Verdi (Via G.) .... **Z** 28
Conceria (Via) .... **Z** 8	Gramsci (Via A.) .... **Y** 19	Vittorio Veneto (Via) .... **Z** 29
Dall'Oro (Via Ignazio) ...... **Z** 10	Leonardo da Vinci (Via) ..... **Z**	XX Settembre (Via) .... **Y** 31

Diana Grand Hotel, via Garibaldi 110 ☎ 0182 642701, *hotel@dianagh.it*, *Fax 0182 640304*, ≤, ... – 90. AE ⓢ ⓞ VISA. ✻ rist **Y a**
chiuso dal 6 novembre al 6 dicembre e dal 7 gennaio al 1° febbraio – **Pasto** carta 36/51 e al Rist. ***La Marina*** *(aprile-ottobre; chiuso la sera)* carta 29/42 – **57 cam** ☐ 140/220 – ½ P 145.
◆ Una grande struttura bianca si erge maestosa di fronte al mare: un albergo di tradizione con ampi ed eleganti spazi comuni in stile e amena terrazza-giardino ombreggiata. Delizioso e informale ristorante «La Marina», con invitante dehors sulla spiaggia.

Savoia, via Milano 14 ☎ 0182 640277, *info@savoiahotel.it, Fax 0182 640125,* ≤, – rist, . AE VISA JCB. rist Y b
chiuso novembre – **Pasto** carta 29/37 – ☐ 11 – **35 cam** 130/159 – 1/2 P 95.
◆ Imponenti colonne all'ingresso introducono in ambienti curati e di moderna concezione, con curiosi pavimenti a mosaico; camere ben rifinite e dotate di ogni confort. Vi sembrerà di pranzare lambiti dall'acqua marina nella piacevole sala ristorante.

Regina, viale Hanbury 220 ☎ 0182 640215, *info@reginahotel.it, Fax 0182 660092,* ≤, – P – 60. AE VISA. rist Y s
marzo-novembre – **Pasto** 25/30 – **42 cam** ☐ 100/180 – 1/2 P 116.
◆ In riva al mare, albergo di recente ristrutturazione particolarmente adatto per un turismo familiare; colori caldi negli spazi comuni e ampia terrazza molto gradevole.

Lamberti, via Gramsci 57 ☎ 0182 642747, *hotellamberti@libero.it, Fax 0182 642438* – P. AE VISA. Y y
chiuso da ottobre al 18 dicembre – **Pasto** carta 32/52 – **25 cam** ☐ 83/130 – 1/2 P 87.
◆ Grazioso alberghetto centrale in un edificio degli anni '30, a pochi passi dalle spiagge, gestito con capacità e professionalità; piacevoli camere, spaziose e funzionali. Due sale ristorante luminose dalle cui finestre contemplare oleandri, palme e pini.

Beau Rivage, via Roma 82 ☎ 0182 640585, *b.rivage@libero.it, Fax 0182 640585,* ≤ – rist, P. AE VISA. Z c
chiuso dal 15 ottobre al 25 dicembre – **Pasto** 19/24 – **20 cam** ☐ 93/140 – 1/2 P 95.
◆ Signorile, accogliente casa ottocentesca di fronte al mare con interni molto curati: piacevoli salottini con bei soffitti affrescati e camere semplici, ma molto graziose. Gradevole sala da pranzo.

Beau Sejour, via Garibaldi 102 ☎ 0182 640303, *info@beausejourhotel.it, Fax 0182 646391,* ≤, – P. VISA. rist Y m
Pasqua-ottobre – **Pasto** 25/30 – **52 cam** ☐ 83/145 – 1/2 P 108.
◆ Bella e grande villa d'inizio secolo dotata di comodo parcheggio e ampi spazi comuni, anche esterni, per rilassarsi all'ombra delle palme; camere confortevoli. Invitante servizio ristorante estivo in terrazza tra il profumo dei fiori e la vista del mare blu.

Nuovo Suisse, via Mazzini 119 ☎ 0182 640192, *info@suisse.it, Fax 0182 660267,* – , rist, – 25. VISA. Y d
febbraio-14 ottobre – **Pasto** 15/20 – **49 cam** ☐ 80/105 – 1/2 P 85.
◆ Sarete avvolti in un'atmosfera d'altri tempi in questa elegante dimora dei primi del '900, in pieno centro; pregevoli interni in stile liberty e camere confortevoli. Ampia e raffinata sala da pranzo con pavimento in parquet.

Dei Fiori, viale Marconi 78 ☎ 0182 640519, *info@hoteldeifiori-alassio.it, Fax 0182 644116,* – – 50. AE VISA. rist Y c
Pasto 21/29 – ☐ 11 – **63 cam** 82/130 – 1/2 P 85.
◆ Nel pieno centro di Alassio, hotel gestito con cura, serietà ed esperienza, dotato di spaziose aree comuni e camere signorili; ideale per famiglie con bambini. Grande sala da pranzo in stile moderno, adatta anche per attività banchettistica.

Corso, via Diaz 28 ☎ 0182 642494, *info@hotelcorso.it, Fax 0182 642495,* – . AE VISA JCB. rist Z s
chiuso dal 3 novembre al 23 dicembre – **Pasto** (solo per alloggiati) 18/20 – ☐ 10 – **45 cam** 65/100 – 1/2 P 71.
◆ Posizione centrale e ambiente familiare in un albergo ben tenuto, con ampie ed eleganti zone comuni arredate in stile; camere lineari, ma comode.

Danio Lungomare, via Roma 23 ☎ 0182 640683, *Fax 0182 640347,* ≤, – , rist, . VISA. Z x
chiuso dal 19 ottobre al 26 dicembre – **Pasto** carta 22/34 – **31 cam** ☐ 60/110 – 1/2 P 70.
◆ Vi sembrerà quasi che la vostra camera sia sulla spiaggia in questo alberghetto ubicato proprio di fronte al mare, lungo la passeggiata; camere essenziali e molto pulite. Tre luminose salette ristorante e sevizio estivo con vista del golfo di Alassio.

Eden, passeggiata Cadorna 20 ☎ 0182 640281, *eden@alassio.it, Fax 0182 643037,* ≤, , – . VISA. rist Y e
chiuso dal 15 ottobre al 15 dicembre – **Pasto** (solo per alloggiati) 22/25 – ☐ 8 – **29 cam** 96/104 – 1/2 P 94.
◆ E' davvero gradevole la posizione di questa bella villa d'inizio '900, separata dalla spiaggia solo dal lungomare; piacevole il servizio ristorante estivo in terrazza.

XXX ✲ **Palma,** via Cavour 11 ☎ 0182 640314, Coperti limitati; prenotare – . AE VISA JCB
chiuso novembre e mercoledì – **Pasto** carta 50/85. Y x
◆ La tradizione della cucina ligure e provenzale riproposta con personalità ed estrosa fantasia nella raffinata cornice di un edificio settecentesco arredato con gusto.
Spec. Noci di capesante con foie gras fresco d'anatra e salsa al caffè. Ravioli di anatra con salsa di burrida di stoccafisso (inverno). Flan di mozzarella di bufala con passato di pomodoro.

Sail-Inn, via Brennero 34 ☎ 0182 640232, *Fax 0182 640232,* – . AE VISA JCB Z a
chiuso dal 6 gennaio al 6 marzo e lunedì – **Pasto** 20/25 e carta 30/45.
◆ Sulla passeggiata a mare, un locale che propone un'interessante linea gastronomica marinaresca e un'apprezzabile cantina; bella veranda a pochi passi dalla spiaggia.

La Prua, passeggiata Baracca 25 ☎ 0182 642557, *lapruadialassio@hotmail.com, Fax 0182 640277,* – . AE VISA JCB Y b
chiuso novembre e martedì – **Pasto** specialità di mare carta 39/63.
◆ In posizione invidiabile, praticamente sulla spiaggia, ristorante dalle suggestive salette ricavate negli ex depositi delle barche; imperdibile servizio estivo in terrazza.

ALATRI *03011 Frosinone* 563 Q 22 *G. Italia – 27 282 ab. alt. 502.*
Vedere *Acropoli★ : ≤★★ – Chiesa di Santa Maria Maggiore★.*
Roma 93 – Frosinone 14 – Avezzano 89 – Latina 65 – Rieti 125 – Sora 39.

La Rosetta, via Duomo 39 ☎ 0775 434568, *larosetta.alatri@libero.it, Fax 0775 434568* – AE VISA.
chiuso dal 6 al 12 gennaio, dal 1º al 12 luglio e martedì – **Pasto** carta 20/25 –.
◆ A ridosso dell'Acropoli, atmosfere di autentica Ciociaria e genuina cucina del territorio orgogliosamente fedele alle tradizioni, in un ambiente dal fascino antico.

ALBA *12051 Cuneo* 561 H 6 *G. Italia – 29 996 ab. alt. 172.*
piazza Medford 3 ☎ 0173 35833, info@langheroero.it, Fax 0173 363878.
Roma 644 – Cuneo 64 – Torino 62 – Alessandria 65 – Asti 30 – Milano 155 – Savona 99.

Palazzo Finati senza rist, via Vernazza 8 ☎ 0173 366384, *pf@palazzofinati.com, Fax 0173 443996* – P. AE VISA
chiuso dal 1º all'11 gennaio e agosto – **8 cam** 175/250.
◆ Una dimora storica di gran classe, con splendide camere personalizzate in tutto, soffitti affrescati, bagni di rara eleganza. Impossibile non accennare anche alla terrazza.

I Castelli, corso Torino 14/1 ☎ 0173 361978, *info@hotel-icastelli.com, Fax 0173 361974* – cam, – 150. AE VISA.
Pasto *(chiuso dal 4 al 15 agosto, domenica sera e lunedì a mezzogiorno)* carta 36/38 – **87 cam** 80/110, 3 suites.
◆ Imponente complesso recente di moderna concezione in vetro e cemento, dotato di ogni confort e di camere accoglienti e spaziose; ideale per una clientela di lavoro. Pareti abbellite da quadri e grandi tavoli rotondi in un'elegante sala ristorante.

Langhe senza rist, strada Profonda 21 ☎ 0173 366933, *info@hotellanghe.it, Fax 0173 442097* – P. AE VISA JCB
20 cam 75/115.
◆ In posizione relativamente tranquilla, una risorsa completamente nuova con moderne soluzioni di design decisamente gradevoli e appropriate alla struttura. Camere con vista.

Savona, via Roma 1 ☎ 0173 440440 e rist. ☎ 0173 363475, *info@hotelsavona.com, Fax 0173 364312* – P – 150. AE VISA JCB.
Pasto al Rist. ***Savona*** *(chiuso dal 10 al 20 febbraio e dal 10 al 20 agosto)* carta 28/38 – **99 cam** 64/96 – ½ P 68.
◆ In un edificio d'inizio '800, in pieno centro storico, albergo di tradizione con graziose e confortevoli camere in stile classico; per un turismo d'affari e congressuale. Sala ristorante arredata in stile, riscaldata dal mobilio in legno; cucina piemontese.

Agriturismo Villa la Meridiana-Cascina Reine senza rist, località Altavilla 9 (Est : 1 km) ☎ 0173 440112, *cascinareine@libero.it, Fax 0173 440112,* ≤, – P. AE VISA
8 cam 70/85.
◆ Per gli amanti della quiete e delle passeggiate, un complesso agrituristico con un'elegante villa liberty e un attiguo cascinale; accoglienti interni e camere in stile.

Ideal Rooms senza rist, via Ognissanti 26 ☎ 0173 282858, *info@albaidealrooms.com, Fax 0173 293307* – P. AE VISA
6 cam 55/70.
◆ Struttura recente in grado di offrire un'ottima soluzione di soggiorno per chi desideri esplorare le meravigliose Langhe. Ottima posizione, anche se non centrale.

Daniel's-al Pesco Fiorito, corso Canale 28 (Nord-Ovest : 1 km) ☎ 0173 441977, *Fax 0173 441977,* – P. AE VISA
chiuso dal 23 dicembre al 9 gennaio, dal 27 luglio al 18 agosto e domenica (escluso da settembre a novembre) – **Pasto** carta 30/42.
◆ A pochi minuti dalla città, in una recente costruzione dall'esterno in mattoni, un'elegante sala dove assaporare la cucina tipica albese; sala banchetti al primo piano.

XX **Locanda del Pilone** con cam, frazione Madonna di Como 34 (Sud-Est : 5 km) 0173 366616, *info@locandadelpilone.com, Fax 0173 366609,* ← colline e vigneti, Coperti limitati; prenotare, – rist, . . rist
chiuso dal 24 dicembre al 7 gennaio e dal 20 luglio al 20 agosto – **Pasto** *(chiuso martedì e mercoledì a mezzogiorno)* carta 40/52 – **6 cam** 120/180.
◆ In posizione dominante colline e vigneti, un ristorante con camere semplici ed eleganti in una cascina ristrutturata e due graziose salette dove gustare cucina del luogo.
Spec. Savarin di polenta macinata a pietra con tuorlo d'uovo, crema al parmigiano e tartufo bianco d'Alba (autunno). Ravioli del plin di faraona. Piccione disossato con scalogno al Moscato passito.

X **Osteria dell'Arco,** piazza Savona 5 0173 363974, *Fax 0173 223028,* prenotare – VISA.
chiuso domenica e lunedì (escluso ottobre-novembre) – **Pasto** carta 26/36 .
◆ Locale rustico e informale, in pieno centro, affacciato su un cortiletto interno; nato come enoteca, propone ora una cucina legata al territorio, rivisitata con fantasia.

ALBA *Trento* 562 C 17 – *Vedere Canazei.*

ALBA ADRIATICA *64011 Teramo* 563 N 23 – *10 489 ab. – a.s. luglio-agosto.*
lungomare Marconi 1 0861 712426, iat.albaadriatica@abruzzoturismo.it, Fax 0861 713993.
Roma 219 – Ascoli Piceno 40 – Pescara 57 – Ancona 104 – L'Aquila 110 – Teramo 37.

Meripol, lungomare Marconi 290 0861 714744, *info@hotelmeripol.it, Fax 0861 752292,* ←, – . VISA. rist
Pasto (solo per alloggiati) 18/50 – **51 cam** 85/142 – ½ P 101.
◆ Imponente struttura asimmetrica di moderna concezione vicino alle spiagge, nei pressi di una piccola pineta ristoratrice; graziose camere classiche molto luminose.

Eden, lungomare Marconi 328 0861 714251, *heden@advcom.it, Fax 0861 713785,* ←, , , , – . VISA.
maggio-settembre – **Pasto** (solo per alloggiati) 25/45 – 11 – **83 cam** 84/144 – ½ P 88.
◆ Pare bearsi alla vista del mare questo albergo rinnovato da poco, abbellito da palme e fiori all'esterno e da tappeti e piacevoli arredi in stile classico all'interno. Grandi vetrate sul blu infinito dell'orizzonte nella sala da pranzo.

Doge, lungomare Marconi 292 0861 712508, *info@hoteldoge.it, Fax 0861 711862,* ←, , – , rist, . VISA. rist
15 maggio-15 settembre – **Pasto** (solo per alloggiati) 15/20 – **60 cam** 50/80 – ½ P 84.
◆ Sul lungomare, attrezzato albergo di recente ristrutturazione, con camere arredate in stile coloniale; spazioso solarium con vista dominante l'intera spiaggia.

Impero, lungomare Marconi 162 0861 712422, *impero@mdcom.it, Fax 0861 751615,* ←, , , – . VISA.
24 maggio-20 settembre – **Pasto** (solo per alloggiati) – **60 cam** 60/90 – ½ P 85.
◆ Albergo tradizionale, a pochi metri dal mare, con accogliente hall dipinta e arredata nelle sfumature del rosso e del rosa e comode poltrone in stile; camere eleganti.

La Pergola senza rist, via Emilia 19 0861 711068, *info@hotelpergola.it, Fax 0861 711068,* – . VISA.
10 cam 50/90.
◆ Un delizioso angolo di Svizzera sulla Riviera Adriatica: un garni ottimamente accessoriato, con edera dipinta sulla colonna portante e un piccolo spazio all'aperto con gazebo.

XX **Mediterraneo,** viale Mazzini 148 0861 752000, *info@ristorante-mediterraneo.com, Fax 0861 752000,* , prenotare – VISA
chiuso domenica sera e lunedì – **Pasto** specialità di mare carta 22/51.
◆ Ambiente moderno e piacevole e ricercata cucina tradizionale accostata a specialità di mare, nel rispetto rigoroso della stagionalità dei prodotti. Dehor con copertura a vela.

X **Hostaria l'Arca,** viale Mazzini 109 0861 714647, *info@hostariaarca.it,* – VISA JCB.
chiuso martedì e da giugno a settembre anche sabato a mezzogiorno – **Pasto** carta 18/35.
◆ Ristorante rustico e accogliente in grado di soprprendere per le proposte spesso originali. Piatti di terra, prodotti biologici e di nicchia, salumi e formafggi selezionati.

ALBANO LAZIALE *00041 Roma* 563 Q 19 *G. Roma – 35 318 ab. alt. 384.*
Vedere *Villa Comunale★ – Chiesa di Santa Maria della Rotonda★.*
viale Risorgimento 1 06 9324081, turismoalbano@tin.it, Fax 06 9320040.
Roma 27 – Anzio 33 – Frosinone 73 – Latina 42 – Rieti 99.

Miralago, via dei Cappuccini 12 (Nord-Est : 1,5 km) ✆ 06 9322253, *info@hotelmiralagorist.it, Fax 06 9322253*, – – 60.
Pasto al Rist. ***Donna Vittoria*** carta 30/40 – **45 cam** 70/95 – 1/2 P 70.
◆ Struttura immersa nel verde con camere in stile omogeneo, complessivamente confortevoli e gradevoli, carta da parati colorata e arredi in stile classico-elegante. Ristorante molto attivo e frequentato, anche per banchetti e cerimonie.

ALBAREDO D'ADIGE *37041 Verona* 562 *G 15 – 5 045 ab..*

Roma 494 – Verona 35 – Mantova 51 – Padova 71 – Vicenza 42.

a Coriano Veronese *Sud : 5 km – ✉ 37050 :*

Locanda Arcimboldo con cam, via Gennari 5 ✆ 045 7025300, *info@locandadellarcimboldo.it, Fax 045 7025201*, , – .
chiuso dal 5 al 28 agosto – **Pasto** *(chiuso dall'8 al 20 gennaio, dal 5 al 28 agosto, domenica sera e lunedì)* carta 33/40 – **2 cam** 80, 2 suites 100/120 – 1/2 P 75.
◆ Una casa dell' '800 ristrutturata e trasformata in locanda: ambiente signorile curato nei particolari, sontuose camere di raffinata ricercatezza; saporiti piatti locali.

ALBENGA *17031 Savona* 561 *J 6 G. Italia – 22 759 ab..*

Vedere *Città vecchia★.*
viale Martiri della Libertà 1 ✆ 0182 558444, albenga@inforiviera.it, Fax 0182 558740.
Roma 589 – Imperia 32 – Cuneo 109 – Genova 90 – Milano 213 – San Remo 57 – Savona 44.

Sole Mare, lungomare Cristoforo Colombo 15 ✆ 0182 51817, *hsolemare@tiscali.it, Fax 0182 545212* – . rist
chiuso dall'8 al 25 dicembre – **Pasto** *(chiuso mercoledì e a mezzogiorno escluso i festivi)* 28/32 – **24 cam** 90/110 – 1/2 P 75.
◆ Invidiabile posizione di fronte al mare e ambiente ospitale in una struttura semplice, a conduzione familiare; camere spaziose, arredate sobriamente, ma funzionali. Cucina con una prevalenza di piatti marinari.

Pernambucco, viale Italia 35 (Parco Minisport) ✆ 0182 53458, *Fax 0182 53458* – .
chiuso dal 25 settembre al 15 ottobre e mercoledì (escluso da giugno a settembre) – **Pasto** specialità di mare carta 38/68.
◆ Gestione capace e insolita collocazione all'interno del parco giochi «Minisport» per un locale dall'ambiente rustico ma ricercato; specialità di mare da provare.

a Salea *Nord-Ovest : 5 km – ✉ 17031 Albenga :*

Cà di Berta senza rist, località Cà di Berta 5 ✆ 0182 559930, *Fax 0182 559888*, , – .
chiuso novembre – 12 – **5 cam** 110/190, 5 suites 190/210.
◆ Nella tranquillità della campagna, struttura accogliente e signorile impreziosita da una verde cornice di palme e ulivi; interni eleganti, camere curate e confortevoli.inale sala da pranzo disposta su tre livelli.

ALBEROBELLO *70011 Bari* 564 *E 33 G. Italia – 10 871 ab. alt. 416.*

Vedere *Località★★★ – Trullo Sovrano★.*
piazza Ferdinando IV ✆ 080 4325171, Fax 080 4325171.
Roma 502 – Bari 55 – Brindisi 77 – Lecce 106 – Matera 69 – Taranto 45.

Astoria, viale Bari 11 ✆ 080 4323320, *hotelastoria@libero.it, Fax 080 4321290* – – 300. . rist
Pasto carta 21/32 – 8 – **59 cam** 55/85 – 1/2 P 57.
◆ Nei pressi della stazione, hotel di recente ristrutturazione e moderna concezione, con aree comuni in stile classico, terrazza roof-garden e ampie camere con arredi standard. Capiente sala da pranzo ornata sobriamente.

Colle del Sole, via Indipendenza 63 ✆ 080 4321814, *info@trulliland.com, Fax 080 4321370*, – , rist, .
Pasto *(chiuso lunedì da ottobre a marzo)* 11/21 – 5,20 – **37 cam** 45/62 – 1/2 P 50.
◆ Buon servizio familiare in un albergo a gestione diretta, semplice e confortevole, fuori dal centro; interni d'ispirazione contemporanea e lineari camere rinnovate. Ampia sala e servizio ristorante estivo all'aperto.

Il Poeta Contadino, via Indipendenza 21 ✆ 080 4321917, *ilpoetacontadino@tiscalinet.it, Fax 080 4321917*, prenotare – .
chiuso dal 7 al 31 gennaio e lunedì (escluso da luglio a settembre) – **Pasto** carta 47/62.
◆ Poesia in cucina: piatti tradizionali rielaborati in chiave moderna, per il piacere di declamare l'arte della buona gastronomia in un ambiente rustico di tono elegante.
Spec. Crema di ceci con strigoli ai frutti di mare e ceci neri. Filettini di pesce spatola con verdure croccanti (giugno-settembre). Sfogliatina di mele chantilly con salsa di caramello.

XX **L'Aratro,** via Monte San Michele 25/29 ☎ 080 4322789, *info@ristorantearatro.it, Fax 080 4322789,* – AE ⓓ ⓜ VISA JCB. ✱
chiuso lunedì escluso da giugno a settembre – **Pasto** carta 19/42.
◆ Nel caratteristico agglomerato di trulli del centro storico, una piacevole trattoria dagli arredi rustici e dal tono informale; invitante cucina tipica pugliese.

XX **Trullo d'Oro,** via Cavallotti 27 ☎ 080 4323909, *Fax 080 4321820* – ≡. AE ⓓ ⓜ VISA. ✱
chiuso dal 10 al 31 gennaio, domenica sera e lunedì – **Pasto** 20/40.
◆ Suggestiva ubicazione in un trullo per questo ristorante, in cui gustare cucina tipica in un ambiente caratteristico e signorile; grande offerta di antipasti, buoni vini.

ALBINEA *42020 Reggio nell'Emilia* 562 I 13 – *7 787 ab. alt. 259.*

Roma 438 – Parma 41 – La Spezia 114 – Milano 161 – Modena 40 – Reggio nell'Emilia 15.

Garden Viganò senza rist, via Garibaldi 17 ☎ 0522 347292, *info@hotelgarden-vigano.it, Fax 0522 347293* – ≡ TV & P. AE ⓜ VISA. ✱
10 – **22 cam** 55/77.
◆ In collina, antica struttura di fine '700 che ospita un grazioso albergo immerso in un parco molto tranquillo; camere semplici, ma confortevoli e ben rifinite.

ALBINIA *58010 Grosseto* 563 O 15.

Roma 144 – Grosseto 32 – Civitavecchia 75 – Orbetello 13 – Orvieto 94 – Viterbo 90.

Agriturismo Antica Fattoria la Parrina , località Parrina Sud-Est : 6 km ☎ 0564 862636, *parrina@dada.it, Fax 0564 862626,* , – P. ⓓ ⓜ VISA
Pasto carta 17/25 – 5 – **10 cam** 200, suite – ½ P 124.
◆ Ambiente di raffinata ospitalità in una risorsa agrituristica ricavata nella casa padronale di una fattoria ottocentesca; interni ricchi di fascino e camere confortevoli.

ALBINO *24021 Bergamo* 561, 429 E 11 – *16 664 ab. alt. 347.*

Roma 621 – Bergamo 14 – Brescia 65 – Milano 67.

XX **Il Becco Fino,** via Mazzini 200 ☎ 035 773900, *beccofino@libero.it, Fax 035 760892* – AE ⓓ ⓜ VISA
chiuso dall'8 al 15 gennaio, dal 5 al 31 agosto, domenica sera, lunedì e a mezzogiorno (escluso i giorni festivi) – **Pasto** carta 34/38.
◆ Piacevole collocazione in un cortile tra palazzi d'epoca e sofisticate proposte di cucina creativa tradizionale e tipica, servite in tre eleganti sale; ottima cantina.

ALBISANO *Verona – Vedere Torri del Benaco.*

ALBISOLA SUPERIORE *17013 Savona* 561 J 7 – *11 051 ab..*

Roma 518 – Genova 47 – Alessandria 92 – Cuneo 96 – Milano 164.

XX **Au Fùndegu,** via Spotorno 87 ☎ 019 480341, *fundegu@fundegu.com, Fax 019 4005071,* – AE ⓓ ⓜ VISA JCB CV e
chiuso a mezzogiorno in luglio e agosto, mercoledì e giovedì negli altri mesi – **Pasto** carta 47/67.
◆ In un'antica cantina del '700 ristrutturata, un ambiente rustico dai toni signorili; sala con soffitto in mattoni, pavimento in cotto e dehors per cenare all'aperto.

ad Albisola Capo *Sud : 1,5 km* – ✉ *17013 Albisola Superiore :*

Park Hotel, via Alba Docilia 3 ☎ 019 482355, *Fax 019 482355* – ≡ TV . VISA. ✱ rist CV d
15 marzo-15 novembre – **Pasto** (solo per alloggiati) – 8 – **11 cam** 70/88 – ½ P 72.
◆ Piccolo albergo a gestione familiare, semplice ma accogliente, non lontano dalle spiagge e dal mare; camere sufficientemente spaziose, confortevoli e pulite.

ALBISSOLA MARINA *17012 Savona* 561 J 7 *G. Italia* – *5 655 ab..*

Vedere *Parco★ e sala da ballo★ della Villa Faraggiana.*

passeggiata Eugenio Montale 21 ☎ 019 4002008, albisola@inforiviera.it, Fax 019 4003084.

Roma 541 – Genova 43 – Alessandria 90 – Cuneo 103 – Milano 164 – Savona 4,5 – Torino 146.

Pianta : vedere Savona.

Garden, viale Faraggiana 6 ☎ 019 485253, *info@hotelgardenalbissola.com, Fax 019 485255,* , , , – ≡ TV & – 60. AE ⓓ ⓜ VISA JCB. ✱
Pasto carta 28/35 – **34 cam** 88/138 – ½ P 98. CV b
◆ Un'esposizione permanente d'arte contemporanea abbellisce gli interni di questa struttura di moderna concezione, dotata di ogni confort; adatta a una clientela d'affari. Quadri vivaci anche sulle bianche pareti dell'ariosa sala da pranzo.

Al Cambusiere, via Repetto 86 ✆ 019 481663, *info@cambusiere.it, Fax 019 486866,* ☂, Rist. e pizzeria – AE Ⓢ ⓓ MC VISA CV a
chiuso dal 10 al 25 gennaio e lunedì – **Pasto** specialità di mare carta 33/52.
◆ Ristorante in pieno centro storico, al piano terra di un edificio del XVII secolo; soffitti a volte sostenuti da possenti colonne nelle eleganti sale in stile marinaro.

ALDEIN = Aldino.

ALDINO (ALDEIN) *39040 Bolzano* 562 C 16 – *1 653 ab. alt. 1 225 – Sport invernali : 1 800/2 300 m* ⛷3, ⛷ – *Roma 628 – Bolzano 34 – Cortina d'Ampezzo 112 – Trento 57.*

XX **Ploner,** via Dachselweg 1 ✆ 0471 886556, *ploner@rolmail.net, Fax 0471 886556* – ⇌ P. AE Ⓢ ⓓ MC VISA JCB. ✗
chiuso dal 12 al 31 gennaio, dal 15 al 30 giugno e martedì – **Pasto** carta 22/48 ⚘.
◆ Ambiente caratteristico, pane e dolci fatti in casa e cucina del territorio rivisitata in modo originale e alleggerita; buona la scelta dei vini.

ALESSANDRIA *15100* P 561 H 7 – *90 025 ab. alt. 95.*

⛳ *La Serra (marzo-novembre; chiuso lunedì) a Valenza* ✉ *15048* ✆ *0131 954778, Fax 0131 928294, per ① : 7 km.*
ℹ *via Gagliaudo 2* ✆ *0131 234794, iat@comune.alessandria.it, Fax 0131 2.*
A.C.I. *34794 – Roma 575 ② – Genova 81 ② – Milano 90 ② – Piacenza 94 ② – Torino 91 ④.*

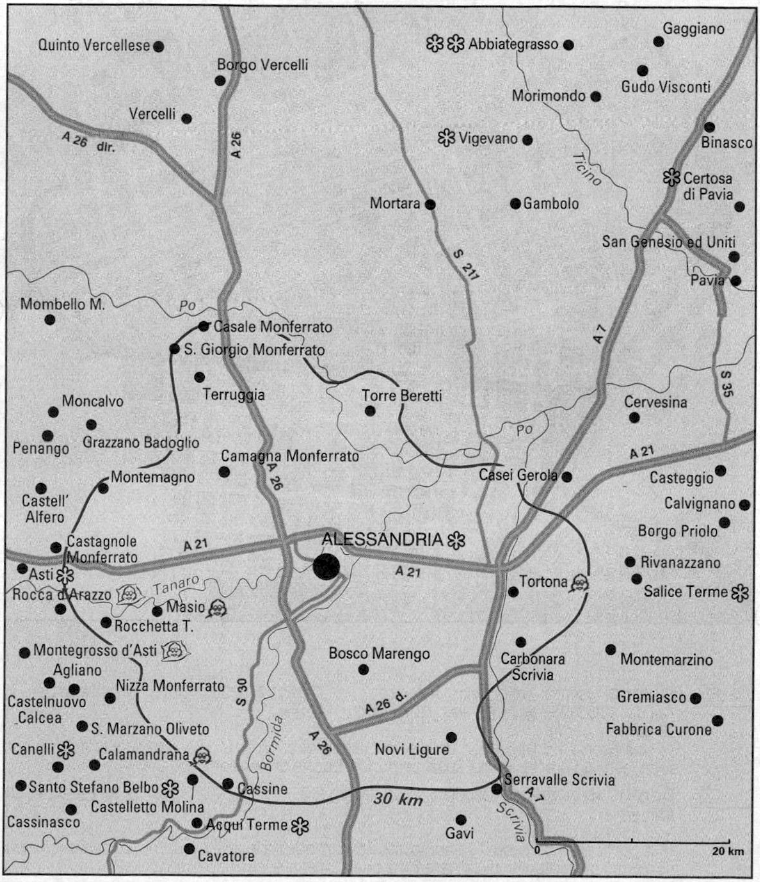

ALESSANDRIA

Bergamo (Via) . . . . **Z** 2
Brigata Ravenna (Viale) . . . . **Z** 3
Carducci (Piazza) . . . . **Y** 4
Carlo Marx (Corso) . . . . **Z** 6
Casale (Via) . . . . **Y** 7
Cavallotti (Corso) . . . . **Z** 8
Crimea (Corso) . . . . **Z** 9
Dante Alighieri (Via) . . . . **Y** 10
Fiume (Via) . . . . **Y** 12
Garibaldi (Piazza) . . . . **Z** 14
Gobetti (Piazza) . . . . **Y** 15
Gramsci (Via) . . . . **Z** 16
Lamarmora (Corso) . . . . **Z** 18
Libertà (Piazza della) . . . . **Y** 19
Machiavelli (Via) . . . . **YZ** 20
Magenta (Lungo Tanaro) . . . . **Y** 21
Marini (Corso Virginia) . . . . **Y** 23
Martiri (Via dei) . . . . **Y** 24
Morbelli (Via) . . . . **Y** 26
Pistoia (Via Ernesto) . . . . **YZ** 27
Pontida (Via) . . . . **YZ** 28
Roma (Corso) . . . . **YZ**
S. Dalmazzo (Via) . . . . **Y** 30
S. Giacomo d. Vittoria (Via) . **YZ** 31
S. Martino (Lungo Tanaro) . . . . **Y** 32
S. Pio V (Via) . . . . **Y** 34
S. Caterina da Siena (Via) . . . . **Y** 35
S. Maria di Castello (Via) . . . . . **Y** 36
Savona (Via) . . . . **Z** 38
Solferino (Lungo Tanaro) . . . . . **Y** 39
Tivoli (Via) . . . . **Z** 40
Tripoli (Via) . . . . **YZ** 42
Turati (Piazza) . . . . **YZ** 43
Valfré (Piazza) . . . . **Z** 44
Vittorio Veneto (Piazza) . . . . **Z** 45
Vochieri (Via) . . . . **Y** 46
1821 (Via) . . . . **Y** 48

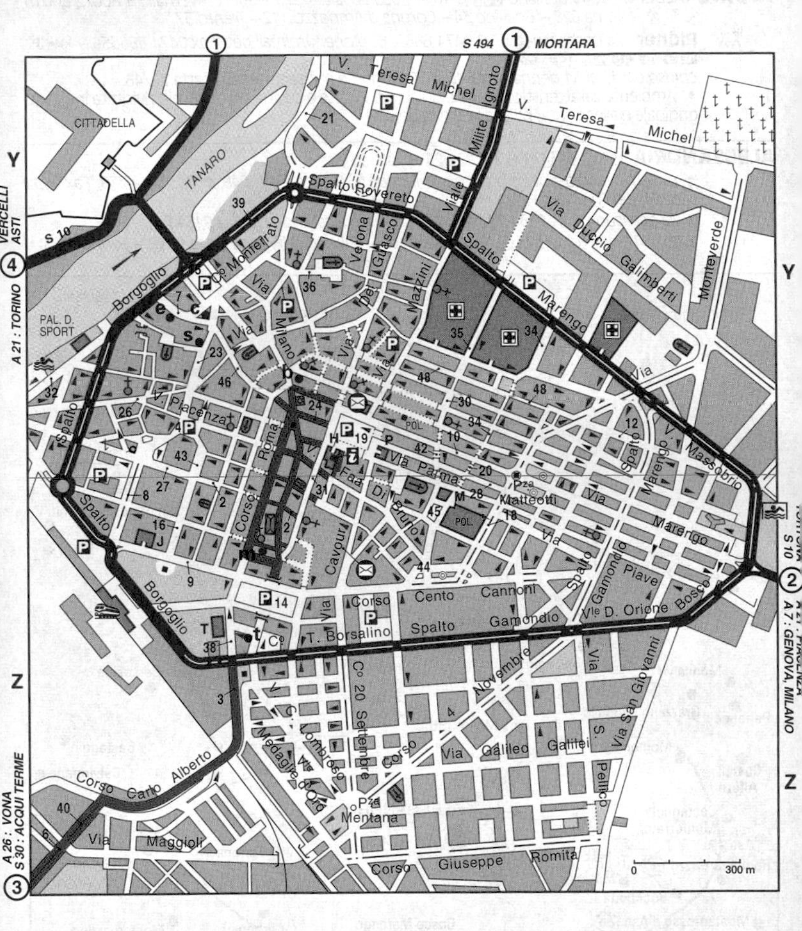

Europa senza rist, via Palestro 1 ☏ 0131 236226, *hotel.europa.al@libero.it*, *Fax 0131 252498* – . **Y s**

33 cam 60/94.

◆ Una risorsa affidabile, con un discreto livello di confort e un'accurata pulizia. Ambienti sobri, servizio professionale, spazi comuni di buone dimensioni.

Domus senza rist, via Castellani 12 ☏ 0131 43305, *Fax 0131 232019* – . **Z t**

– **26 cam** 85/110.

◆ A pochi passi dal centro cittadino, struttura modesta in stile moderno, con spazi comuni non ampi, ma accoglienti; camere funzionali, arredate in modo essenziale.

XXX **La Fermata,** via Vochieri 120 ✆ 0131 251350, *Fax 0131 251350*, prenotare – ▤. AE ⓓ VISA Y c
chiuso dal 1° al 15 gennaio, agosto, sabato a mezzogiorno e domenica – **Pasto** carta 39/54.
◆ In una luminosa e sobria sala in stile moderno, con grandi tavoli ben distanziati, sono serviti con passione autentica i piatti del territorio, interpretati con maestria.
Spec. Musetto e lingua di vitello con fagioli borlotti. Agnolotti con olio extra vergine d'oliva. Pernice arrosto.

XXX **Il Grappolo,** via Casale 28 ✆ 0131 253217, *beppesardi@libero.it, Fax 0131 260046* – ▤. AE ⓓ MC VISA JCB. ✻ Y e
chiuso dal 15 al 24 gennaio, dal 13 al 28 agosto, lunedì sera e martedì – **Pasto** carta 27/35.
◆ Atmosfera ricercata in un locale storico con grandi ambienti, alti soffitti, alcuni arredi d'epoca, cristalli e argenti ai tavoli; cucina locale rielaborata con fantasia.

XX **L'Arcimboldo,** via Legnano 2 ✆ 0131 52022, *info@arcimboldo.net, Fax 0131 296152*, Coperti limitati; prenotare – ▤. AE ⓓ MC VISA Z m
chiuso dal 27 dicembre al 6 gennaio, agosto, domenica e a mezzogiorno – **Pasto** carta 33/59.
◆ Locale in centro che propone una cucina del territorio elaborata giornalmente utilizzando prodotti locali; bottiglie esposte e moquette nella sala arredata semplicemente.

X **Il Gallo d'Oro,** via Chenna 44 ✆ 0131 43160, *Fax 0131 325915* – AE ⓓ MC VISA Y b
chiuso dal 7 al 15 gennaio, dal 1° al 18 agosto e domenica – **Pasto** carta 24/32.
◆ Pavimenti in cotto e tavoli quadrati sufficientemente distanziati, accoglienza schietta e familiare in un ambiente dignitoso, ma vivace; cucina piemontese e nazionale.

a Spinetta Marengo *Est : 3 km* – ✉ *15047* :

Marengo, via Genova 30 ✆ 0131 213800, *marengohotel@libero.it, Fax 0131 619977* – |♦|, ✻ cam, ▤ TV ✆ ♿ P – 🏛 250. AE ⓓ MC VISA JCB. ✻ rist
Pasto *(chiuso dal 9 al 20 agosto)* carta 27/44 – **72 cam** ☕ 85/120 – ½ P 85.
◆ Di recente apertura, hotel moderno ideale per una clientela d'affari, con un valido centro congressi; luminosi ambienti d'ispirazione contemporanea, camere confortevoli. Ampia e «fresca» sala ristorante.

ALESSANO *73031 Lecce – 6 729 ab. alt. 130.*
Roma 634 – Brindisi 99 – Lecce 61 – Taranto 135.

Agriturismo Masseria Macurano ⛰, località Macurano Sud-Est : 3 km ✆ 0833 524287, *lucilug@tin.it, Fax 0833 524287*, ☂, solo su prenotazione – P. ✻ cam
Pasqua-ottobre – **Pasto** 18/22 – **5 cam** ☕ 45.
◆ Masseria fortificata del XVI sec., rinnovata nel rispetto della struttura originaria: soffitti a botte e arredi in arte povera creano ambienti di suggestiva semplicità.

ALFONSINE *48011 Ravenna* 563 I 18 – *11 714 ab..*
Roma 396 – Ravenna 16 – Bologna 73 – Ferrara 57 – Firenze 133 – Forlì 42 – Milano 283.

XX **Stella** con cam, corso Matteotti 12 ✆ 0544 81148, *Fax 0544 81485* – ▤ TV. AE ⓓ MC VISA JCB. ✻
chiuso dal 1° al 10 gennaio e dal 3 al 27 agosto – **Pasto** *(chiuso sabato)* 12/25 e al Rist. ***Della Rosa*** carta 18/30 – ☕ 5 – **15 cam** 36/46 – ½ P 34.
◆ Ristorante classico a gestione familiare con camere decorose e tre luminose, ampie sale in stile sobrio e lineare; cucina romagnola soprattutto a base di carne. Al «Della Rosa» ambiente elegante nella graziosa saletta, confortevole e raccolta.

ALGHERO *Sassari* 566 F 6 – *Vedere Sardegna alla fine dell'elenco alfabetico.*

ALGUND = Lagundo.

Scriveteci...
Le vostre critiche e i vostri apprezzamenti saranno esaminati con la massima attenzione.
Verificheremo personalmente gli esercizi che ci vorrete segnalare
Grazie per la collaborazione !

ALLEGHE *32022 Belluno* **562** C 18 *G. Italia – 1 435 ab. alt. 979 – Sport invernali : 1 000/2 100 m* 2 7 *(Comprensorio Dolomiti superski Civetta) a Caprile* .
Vedere *Lago*★.
Escursioni *Valle del Cordevole*★★ *Sud per la strada S 203.*
piazza Kennedy 17 0437 523333, alleghe@infodolomiti.it, Fax 0437 723881.
Roma 665 – Cortina d'Ampezzo 40 – Belluno 48 – Bolzano 84 – Milano 357 – Venezia 154.

Sport Hotel Europa, via Europa 10 0437 523362, *sporthoteleuropa@dolomiti.it, Fax 0437 723906,* lago e monti, , , – |, rist, . *15 dicembre-aprile e 10 giugno-settembre* – **Pasto** carta 29/47 – **42 cam** 100/260 – 1/2 P 118,79.
◆ Una cornice di pini fa da sfondo all'albergo felicemente posizionato in riva al lago, in zona tranquilla; ricercati, tipici interni per un raffinato soggiorno d'altura. Ambiente caratteristico, ma di grande eleganza nella sala ristorante.

a Masarè *Sud-Ovest : 2 km – 32022 Alleghe :*

Barance, corso Venezia 45 0437 723748, *barance@dolomiti.com, Fax 0437 723708,* , , – | . rist
6 dicembre-Pasqua e 16 giugno-settembre – **Pasto** carta 24/34 – **27 cam** 80/160 – 1/2 P 85.
◆ Ospitale gestione familiare in un hotel di recente costruzione, in tipico stile alpino, dagli interni signorili; camere ben accessoriate e piacevole area benessere. Sala da pranzo ampia e accogliente, riscaldata dal sapiente impiego del legno.

a Caprile *Nord-Ovest : 4 km – 32023 :*

Alla Posta, piazza Dogliani 19 0437 721171, *hotelposta@sunrise.it, Fax 0437 721677,* , , – |, rist, .
20 dicembre-aprile e 15 giugno-25 settembre – **Pasto** al Rist. ***Il Postin*** 29/47 – **55 cam** 100/260 – 1/2 P 99.
◆ Imponente albergo di tradizione centenaria, con grandi spazi interni ornati di tappeti e mobili in stile; belle camere confortevoli e ben attrezzato centro benessere. Elegante sala da pranzo.

Monte Civetta, via Nazionale 23 0437 721680, *Fax 0437 721714,* , – | . rist
dicembre-aprile e giugno-settembre – **Pasto** (solo per alloggiati) carta 24/45 – **22 cam** 60/110 – 1/2 P 80.
◆ Massiccia struttura in tipico stile montano a gestione diretta, con accoglienti spazi comuni, dove l'elemento predominante è il legno; parquet nelle camere ben tenute.

ALMÈ *24011 Bergamo* **561** E 10, **219** ⑳ *– 5 815 ab. alt. 289.*
Roma 610 – Bergamo 9 – Lecco 26 – Milano 49 – San Pellegrino Terme 15.

XXX **Frosio,** piazza Leminè 1 035 541633, *frosioristorante@libero.it, Fax 035 541633,* , prenotare –
chiuso dal 7 al 14 gennaio, dal 5 al 31 agosto, mercoledì e giovedì a mezzogiorno – **Pasto** carta 39/52.
◆ Piacevolmente originali le sale di un antico edificio del 1600 modernamente arredate, cornice raffinata per una fantasiosa cucina di classe, d'estate servita in giardino.
Spec. Tortino di cipolle e tartufo nero (autunno). Filetto di vitello con pane alle erbe e salsa tonnata (estate). Guancette di vitello con porcini e patate (inverno).

a Paladina *Sud : 2,5 km – 24030 :*

XX **Paladina,** via Piave 6 035 545603, *Fax 035 545603,* , prenotare – .
chiuso martedì e mercoledì – **Pasto** carta 27/40.
◆ Una gradevole sosta nei locali rinnovati e confortevoli di una casa colonica, dove un tono elegante impreziosisce l'originaria rusticità; cucina del luogo e piatti di pesce.

ALMENNO SAN BARTOLOMEO *24030 Bergamo* **219** ⑳ *– 4 823 ab. alt. 350.*
Bergamo L'Alberenza (chiuso lunedì) 035 640028, Fax 035 643066.
Roma 584 – Bergamo 13 – Lecco 33 – Milano 50 – San Pellegrino Terme 19.

XX **Antica Osteria Giubì dal 1884,** via Cascinetto 2 (direz. Brembate di Sopra Sud 1,5 km) 035 540130, , solo su prenotazione –
chiuso una settimana in marzo, dal 20 al 30 settembre e mercoledì – **Pasto** 35 (solo a mezzogiorno escluso i giorni festivi)/50.
◆ Una fornitissima cantina con 40.000 etichette in un'autentica trattoria immersa nel verde di un parco; specialità di cucina tradizionale, servite all'aperto in estate.

Una prenotazione confermata per iscritto o per fax è sempre più sicura.

ALMENNO SAN SALVATORE *24031 Bergamo* 561 E 10, 219 ⑳ – *5 834 ab. alt. 325*

Roma 612 – Bergamo 13 – Lecco 27 – Milano 54 – San Pellegrino Terme 17.

X **Palanca,** via Dogana 15 ☎ 035 640800, *Fax 035 643196,* ≤, 🏖 – 🅿. AE 🅢 ⓓ ⓜ
chiuso dal 15 al 31 luglio, lunedì sera e martedì – **Pasto** carta 18/30.
◆ Piatti legati alla tradizione e gestione familiare in un ristorante dove aleggia un'at... ra di semplice autenticità; sala con vista sulle colline bergamasche.

ALPE DI SIUSI (SEISER ALM) *39040 Bolzano* 562 C 16 *G. Italia – alt. 1 826 – Sport invern... 1 800/2 300 m* 🚡 *1* ⛷ *14, (Comprensorio Dolomiti superski Alpe di Siusi)* ⛷.

La limitazione d'accesso degli autoveicoli è regolata da norme legislative.

Vedere *Posizione pittoresca*★★.

ℹ *località Compatsch 50* ☎ *0471 727904, seiserlam@rolmail.net, Fax 0471 727828.*

Roma 674 – Bolzano 23 – Bressanone 28 – Milano 332 – Ortisei 15 – Trento 89.

Urthaler 🐦, ☎ 0471 727919, *urthaler@seiseralm.com, Fax 0471 727820,* ≤ monti, 🏋, ≘s, 🏊, 🏊, 🌳 – 🛗, 🚭 cam, 🚭 rist, 📺 📞 🚗. 🅢 ⓓ ⓜ VISA. ✂ rist
Pasto (solo per alloggiati) – **54 cam** ☐ 119/204 – ½ P 126.
◆ Pietra, legno, ferro e vetro, ecco i materiali utilizzati per questo hotel di concezione moderna, ispirato ad un coinvolgente minimalismo. Ottimi servizi e spazi comuni.

Plaza, Compatsch 33 ☎ 0471 727973, *info@seiseralm.com, Fax 0471 727820,* ≤, ≘s, 🌳 – 📺 🚗 🅿 – 🏛 60. 🅢 ⓓ ⓜ VISA. ✂ rist
Pasto (solo per alloggiati) – **42 cam** ☐ 92/186 – ½ P 119.
◆ In centro, albergo in tipico stile montano, ma d'impronta moderna; gradevolmente confortevoli le aree comuni con pavimenti in parquet, camere accoglienti e razionali. Capiente e ariosa sala ristorante.

Sporthotel Floralpina 🐦, a Saltria Est : 7 km ☎ 0471 727907, *info@floralpina.com, Fax 0471 727803,* ≤ monti e pinete, 🏖, 🏋, ≘s, 🏊 riscaldata, 🏊, 🌳, 🎾 – 🚭 rist, 📺 🚗. ✂ rist
19 dicembre-marzo e 16 giugno-15 ottobre – **Pasto** carta 27/45 – **46 cam** solo ½ P 111.
◆ Si gode di una vista pacificatrice su monti e pinete da questo hotel immerso nella tranquillità di un parco naturale; calda atmosfera nei caratteristici ambienti interni. Originale soffitto in legno a cassettoni ottagonali nella sala da pranzo.

Compatsch 🐦, Compatsch 62 ☎ 0471 727970, *info@seiseralm.com, Fax 0471 727820,* ≤, ≘s, 🌳 – 📺 🅿. 🅢 ⓓ ⓜ VISA. ✂ rist
6 dicembre-16 aprile e giugno-15 ottobre – **Pasto** *(chiuso a mezzogiorno)* (solo per alloggiati) – **39 cam** ☐ 67/112 – ½ P 90.
◆ Piccolo hotel di montagna che si propone soprattutto a una clientela familiare; interni lineari, arredati in modo semplice e camere sobriamente ammobiliate.

ALPE FAGGETO *Arezzo – Vedere Caprese Michelangelo.*

ALPINO *Verbania* 561 E 7, 219 ⑤ – *alt. 800 –* ✉ *28040 Gignese.*

⛳ *Alpino di Stresa (chiuso gennaio, febbraio e martedì escluso dal 19 giugno al 4 settembre) a Vezzo* ✉ *28839* ☎ *0323 20642, Fax 0323 208900, Sud-Est : 1,5 km.*

Roma 666 – Stresa 9 – Milano 89 – Novara 65 – Orta San Giulio 17 – Torino 141.

Alpino Fiorente 🐦, piazza Stazione 2 ☎ 0323 20103, *Fax 0323 20104,* ≤, 🌳 – 🛗 📺 🅿. 🅢 ⓜ VISA. ✂
15 giugno-agosto – **Pasto** carta 19/28 – **35 cam** ☐ 40/75 – ½ P 55.
◆ Una bella costruzione bianca che risale ai primi del '900, abbellita da un giardino curato: spazi interni di taglio classico, ornati in modo essenziale; camere funzionali. Ariosa sala da pranzo.

ALSENO *29010 Piacenza* 562 H 11 – *4 664 ab. alt. 79.*

⛳ *Castell'Arquato (chiuso martedì) località Bacedasco Terme* ✉ *29014 Castell'Arquato* ☎ *0523 895557, Fax 0523 895544, Sud-Ovest : 10 km.*

Roma 487 – Parma 32 – Piacenza 30 – Milano 93.

Palazzo della Commenda, località Chiaravalle della Colomba Nord : 3,5 km ☎ 0523 940003, *massimiliano@palazzodellacommenda.it, Fax 0523 940109* – 🛗 ▤ 📺 📞 ♿ 🅿 – 🏛 120. AE 🅢 ⓓ ⓜ VISA
Pasto *(chiuso lunedì)* carta 24/41 – **25 cam** ☐ 60/80 – ½ P 51,50.
◆ Ricavato dalla ristrutturazione dell'antica dimora dell'amministratore dei beni della vicina abbazia, hotel dai funzionali interni rustico-moderni; per una clientela d'affari. Sala da pranzo essenziale con soffitto a travi e ampie vetrate sulla corte interna.

ALSEN... Fogliani *Sud-Est : 3 km – ✉ 29010 :*

a C...toria del Ponte, via Centro 4 ☏ 0523 947110, – P. AE VISA.

...so dal 1º al 15 gennaio, dal 10 al 25 luglio, mercoledì e giovedì a mezzogiorno – **Pasto** ...a 20/29.

Buona gestione e ambiente informale in una trattoria di campagna, con quattro salette sobrio stile rustico e dehors per servizio all'aperto; cucina del territorio.

... Sud-Ovest : 5 km – ✉ 29010 :

Da Giovanni, via Centro 79 ☏ 0523 948304, *rebesenz@tin.it, Fax 0523 948355*, Coperti limitati; prenotare – P. AE VISA JCB.

chiuso dal 1º al 18 gennaio e dal 15 agosto al 5 settembre, lunedì sera e martedì – **Pasto** 40/50.

◆ Un'ottima carta dei vini e proposte di piatti piacentini da gustare ai tavoli ben spaziati dell'ampia sala di tono rustico-signorile, arredata in modo piacevole.

ALTAMURA *70022 Bari* 564 E 31 *G. Italia – 63 957 ab. alt. 473.*

Vedere *Rosone★ e portale★ della Cattedrale.*

Roma 461 – Bari 46 – Brindisi 128 – Matera 19 – Potenza 102 – Taranto 84.

San Nicola, via Luca De Samuele Cagnazzi 29 ☏ 080 3105199, *info@hotelsannicola.com, Fax 080 3144752* – – 80. AE VISA.

Pasto al Rist. ***Artusi*** *(chiuso dal 16 al 31 agosto, domenica sera e lunedì)* carta 30/47 – **26 cam** 80/135, suite – ½ P 80.

◆ In un antico palazzo del 1700, nel cuore del centro storico, vicino al Duomo, un albergo signorile con raffinati ambienti in stile arredati con gusto; camere spaziose. Sala ristorante con soffitto a volte e buona cura dei particolari.

Svevia, via Matera 2/a ☏ 080 3111742, *info@hotelsvevia.it, Fax 080 3112677,* – P – 50. AE VISA. rist

Pasto *(chiuso dal 1º al 15 agosto e domenica)* carta 20/28 – **23 cam** 65/85 – ½ P 56.

◆ Apprezzerete la valida gestione familiare in un hotel semplice e confortevole, con spazi comuni ornati sobriamente; camere lineari, ma piacevoli. Pareti rosa in sala e luminosa veranda coperta per i pasti.

In questa guida
uno stesso simbolo, una stessa parola
stampati in rosso o in nero,
hanno un significato diverso.
Leggete attentamente le pagine dell'introduzione.

ALTARE *17041 Savona* 561 I 7 – *2 231 ab. alt. 397.*

Roma 567 – Genova 68 – Asti 101 – Cuneo 80 – Milano 191 – Savona 14 – Torino 123.

Quintilio con cam, via Gramsci 23 ☏ 019 58000, *rquintilio@libero.it, Fax 019 5899391* – AE VISA.

chiuso luglio – **Pasto** *(chiuso domenica sera e lunedì)* carta 33/40 – 3,60 – **5 cam** 48/64 – ½ P 44.

◆ Alle porte della località, ristorante con camere confortevoli; cortesia e ospitalità in un ambiente rustico in cui si propone una buona cucina sia ligure che piemontese.

ALTAVILLA VICENTINA *36077 Vicenza* 562 F 16 – *9 506 ab. alt. 45.*

Roma 541 – Padova 42 – Milano 198 – Venezia 73 – Verona 44 – Vicenza 8.

Genziana, via Mazzini 75/77, località Selva Sud-Ovest : 2,5 km ☏ 0444 572159, *hotelgenziana@abnet.it, Fax 0444 574310,* – P. AE VISA.

Pasto *(chiuso agosto, sabato a mezzogiorno e domenica)* carta 29/36 – 7 – **37 cam** 70/108.

◆ Cordialità e ottima accoglienza familiare, in un albergo su una collina che domina la valle, immerso nel verde; camere sufficientemente spaziose in stile montano. Piacevole sala da pranzo, ammobiliata in modo semplice.

Tre Torri, via Tavernelle 71 ☏ 0444 572411, *info@hoteltretorri.it, Fax 0444 572609,* – P – 100. AE VISA JCB

vedere rist ***L'Altro Penacio*** – **92 cam** 70/120, suite.

◆ Albergo di recente ristrutturazione offre un insieme classico, con camere personalizzate secondo uno stile moderno. Risorsa ideale soprattutto per la clientela d'affari.

Tavernelle, via Verona 4, località Tavernelle ☎ 0444 370862, *Fax 0444 370142* P. ♿ MC VISA. ✗
chiuso agosto – **Pasto** *(chiuso sabato e domenica)* carta 16/19 – ☐ 3 – **24 cam** ½ P 38.
◆ Piccolo hotel a gestione familiare in grado di offrire camere semplici arredate in funzionale ed estremamente sobrio. Dimensioni generose, anche per le singole. Risto ne di carattere casalingo, servizio di tono informale e garbato.

L'Altro Penacio, via Tavernelle 71 ☎ 0444 371391, *Fax 0444 374507* – ▤. AE ♿ ⓞ VISA JCB. ✗
chiuso dal 25 gennaio al 10 febbraio, dal 2 al 19 agosto, domenica e lunedì a mezzogiorno **Pasto** carta 22/40.
◆ Nel contesto dell'hotel Tre Torri, un ristorante classico-elegante con proposte derivanti da una cucina che ama attingere alla tradizione, ma anche ai sapori del mare.

ALTEDO *Bologna* 562 I 16 – *Vedere Malalbergo.*

ALTICHIERO *Padova* – *Vedere Padova.*

ALTISSIMO *36070 Vicenza* 562 F 15 – *2 240 ab. alt. 672.*
Roma 568 – Verona 65 – Milano 218 – Trento 102 – Vicenza 36.

Casin del Gamba, strada per Castelvecchio Nord-Est : 2,5 km ☎ 0444 687709, *casindelgamba@hotmail-com, Fax 0444 687709,* Coperti limitati; prenotare – P. AE ♿ ⓞ MC VISA. ✗
chiuso dal 20 al 30 gennaio, dal 15 al 30 agosto, domenica sera e lunedì – **Pasto** carta 45/60 🍇.
◆ Meta di buongustai, un vero chalet isolato tra i monti: cucina tradizionale sapientemente ingentilita per deliziare il palato in un gradevole ambiente rustico-signorile.
Spec. Bigné farcito di porcini e glassato con taleggio su crema di mais, patate e tartufo nero (estate-autunno). Frittura di asiago stagionato nelle vinacce e funghi su salsa al Torcolato, foie gras e ortiche (primavera). Variazione di agnello (estate).

ALTOPASCIO *55011 Lucca* 563 K 14 – *10 931 ab. alt. 19.*
Roma 333 – Pisa 38 – Firenze 57 – Lucca 17 – Pistoia 29.

Il Melograno, piazza degli Ospitalieri 9 ☎ 0583 25016, ☂, prenotare – AE ♿ ⓞ MC VISA. ✗
chiuso a mezzogiorno escluso domenica – **Pasto** carta 37/59.
◆ Eleganza, raffinatezza e curata elaborazione di ricette tradizionali di terra e di mare, in un locale felicemente inserito all'interno di un castello medievale del 1300.

ALVIGNANELLO *Caserta* – *Vedere Ruviano.*

ALZANO LOMBARDO *24022 Bergamo* 561 E 11 – *12 118 ab. alt. 294.*
Roma 616 – Bergamo 9 – Brescia 60 – Milano 62.

RistoFante, via Mazzini 41 ☎ 035 511213, *Fax 035 511213,* ☂, prenotare – ✗ rist, ▤. AE MC
chiuso dal 13 al 22 gennaio, dal 25 agosto al 9 settembre, a mezzogiorno (escluso domenica), domenica sera e lunedì – **Pasto** carta 34/60.
◆ Nel centro storico, in un antico palazzo ristrutturato, ambiente elegante, confortevole e sobriamente arredato; cucina tradizionale rivisitata, servizio estivo all'aperto.

ALZATE BRIANZA *22040 Como* 561 E 9, 219 ⑲ – *4 411 ab. alt. 371.*
Roma 621 – Como 10 – Bergamo 46 – Milano 42.

Villa Odescalchi ⛰, via Anzani 12 ☎ 031 630822, *info@villaodescalchi.it, Fax 031 632079,* ⛳, ⌂, ⛱, ⛱, ✗, 🏌 – ▤ 📺 ♿ 🚗 – 🏢 180. AE ♿ ⓞ MC VISA. ✗ rist
chiuso dicembre e gennaio – **Pasto** al Rist. ***La Cantina dei Papi*** *(chiuso martedì)* carta 33/64 – **44 cam** ☐ 127/180.
◆ Albergo prestigioso, in una splendida villa del XVII secolo, dotata di ogni confort, immersa in un parco con alberi secolari; accoglienti camere, alcune con arredi d'epoca. Antichi soffitti a volta in mattoni nel ristorante; veranda con vista sul parco.

I prezzi del pernottamento e della pensione possono subire aumenti in relazione all'andamento generale del costo della vita ; quando prenotate chiedete la conferma del prezzo.

Salerno 564 F 25 *G. Italia – 5 527 ab. – a.s. Pasqua, giugno-settembre e Natale.*

AM[...]

[...]e Posizione e cornice pittoresche★★★ – Duomo di Sant'Andrea★ : chiostro del Para-[...]★ – Vie★ Genova e Capuano.

[...]torni *Atrani★ Est : 1 km – Ravello★★★ Nord-Est : 6 km – Grotta dello Smeraldo★★ [...]est : 5 km – Vallone di Furore★★ Ovest : 7 km.*

Corso Roma 19 ☎ 089 871107, azienturismoamalfi.com, Fax. 089 871107.

[...]oma 272 – Napoli 70 – Avellino 61 – Caserta 85 – Salerno 25 – Sorrento 34.

Santa Caterina, via Nazionale 9 ☎ 089 871012, *info@hotelsantacaterina.it, Fax 089 871351,* ⩽ golfo, con acqua di amre, – 50. VISA JCB.
Pasto *(chiuso gennaio e febbraio)* carta 70/103 – **53 cam** 575/600, 9 suites – ½ P 365.
◆ Suggestiva vista del golfo, terrazze fiorite digradanti sul mare con ascensori per la spiaggia, interni in stile di raffinata piacevolezza: qui i sogni diventano realtà! Nel ristorante soffitto a crociera, colonne, eleganti tavoli rotondi; per cene di classe.

Luna Convento, via P. Comite 33 ☎ 089 871002 e rist. ☎ 089 871084, *info@lunahotel.it, Fax 089 871333,* ⩽ golfo, – . VISA.
Pasto carta 51/71 e al Rist. ***Torre Saracena*** *(aprile-ottobre)* carta 43/58 – **45 cam** 220/240, 7 suites – ½ P 160.
◆ «Quieta» vista sul mare pacificatore in un antico convento, ora albergo, con un'amena zona soggiorno nel chiostro del XIII secolo; signorili interni dal fascino antico. Guarda la calma distesa d'acqua il ristorante all'interno di una torre saracena del '500.

Marina Riviera senza rist, via P. Comite 19 ☎ 089 871104, *info@marinariviera.it, Fax 089 871024,* ⩽ mare – . VISA.
Pasqua-ottobre – **20 cam** 130/220.
◆ Struttura dei primi anni del '900 all'ingresso della località, in posizione panoramica; ariosi spazi comuni e camere con arredi in legno scuro, in parte rinnovate.

Aurora senza rist, piazza dei Protontini 7 ☎ 089 871209, *hotelaurora@amalfinet.it, Fax 089 872980,* ⩽, – . VISA.
Natale e aprile-ottobre – **29 cam** 168.
◆ Nella zona del porto, di fronte al molo turistico, costruzione bianca con piacevoli e «freschi» interni dai colori marini; camere luminose con maioliche vietresi.

Antica Repubblica senza rist, vico dei Pastai 2 ☎ 089 8736310, *anticarepubblica@starnet.it, Fax 089 871926* – . VISA
7 cam 120/150.
◆ Nel vicolo dove un tempo esercitavano i pastai di Amalfi, un piccolo edificio tenuto a regola d'arte, con camere nuove, elegantemente rifinite; terrazza per la colazione.

La Caravella, via Matteo Camera 12 ☎ 089 871029, *info@ristorantelacaravella.it, Fax 089 871029,* Coperti limitati; prenotare – . VISA JCB.
chiuso dal 10 novembre al 25 dicembre e martedì – **Pasto** carta 56/72.
◆ Calda accoglienza, bianche pareti e arredi sobri in tre salette raccolte, con tocchi di elegante originalità, dove trovare i sapori della Costiera elaborati con sapienza.
Spec. Alici ripiene di provola su salsa di colatura di alici di Cetara. Tagliata di pasta con zafferano di Navelli, zucca e gamberi. Filetto di pesce del golfo con velluata al limone.

Eolo, via Comite 3 ☎ 089 871241, *eolo@marinariviera.it, Fax 089 871024,* ⩽ – . VISA.
chiuso dal 10 dicembre al 28 febbraio e martedì – **Pasto** carta 55/74.
◆ Piatti tradizionali rivisitati in un piccolo ristorante dall'ambiente intimo e curato; appagante vista sul mare attraverso aperture ad arco sostenute da agili colonne.

Marina Grande, viale delle Regioni 4 ☎ 089 871129, *marina-grande@tiscali.it, Fax 089 871129,* ⩽ mare, Ristorante-pizzeria – VISA JCB
chiuso dal 28 novembre al 20 dicembre, dall'8 gennaio al 20 febbraio e lunedì da ottobre a maggio – **Pasto** carta 28/71.
◆ Locale sulla spiaggia: pavimento in legno e bianche sedie nella sala lineare, dove provare cucina della tradizione e campana; gradevole terrazza per il servizio estivo.

Da Gemma, via Frà Gerardo Sasso 9 ☎ 089 871345, *Fax 089 871345,* Coperti limitati; prenotare – VISA JCB
chiuso mercoledì ed in agosto anche a mezzogiorno – **Pasto** carta 47/63.
◆ Nel cuore di Amalfi, locale gestito dalla stessa famiglia dal 1872: due sobrie salette e ingresso con pescato fresco in vista; cucina di mare, qualche piatto di terra.

Da Ciccio Cielo-Mare-Terra, via Augustariccio 21, località Vettica Minore Ovest : 3 km ☎ 089 831265, *Fax 089 831265,* ⩽ mare e costa, Rist. e pizzeria serale – . VISA JCB
chiuso novembre e martedì (escluso agosto-settembre) – **Pasto** carta 35/51.
◆ Lungo la strada per Positano, ristorante con pizzeria serale: un'ampia sala da cui si gode uno splendido panorama su mare e costa; specialità: spaghetti al cartoccio.

AMANTEA *87032 Cosenza 564 J 30 – 13 409 ab..*
via Vittorio Emauele 11 ✆ 0982 41785.
Roma 514 – Cosenza 38 – Catanzaro 67 – Reggio di Calabria 160.

La Tonnara, via Tonnara 13 (Sud : 3 km) ✆ 0982 424272, *direttore@lat*
Fax 0982 42390, <, – 200.
chiuso dal 1° al 20 novembre e Natale – **Pasto** *(chiuso novembre)* carta 20/32 –
50/90 – ½ P 78.
◆ A poche decine di metri dalla spiaggia, raggiungibile anche con una navetta, un al che dispone di ampie camere di buon livello, quasi tutte con vista mare. Grande ristorante, piacevolmente arredata.

Mediterraneo, via Dogana 64 ✆ 0982 426364, *info@mediterraneohotel.i*
Fax 0982 426247, – – 45.
Pasto carta 21/31 – **31 cam** 60/80 – ½ P 78.
◆ Albergo centrale, ricavato dalla ristrutturazione di un palazzo dell'800; camere essenzial ma funzionali, con piacevoli accostamenti del color legno al verde pastello. Graziosa sala da pranzo nei toni del beige ravvivati da quadri decorativi alle pareti.

Palmar, strada statale 18-Colongi (Sud : 1,5 km) ✆ 0982 41673, *hotelpalmar@libero.it,*
Fax 0982 428737, – – 200.
Pasto carta 28/36 – 5 – **45 cam** 60/80 – ½ P 65.
◆ Gestione familiare in una struttura fuori dal centro, con grandi spazi interni e camere essenziali, ma dignitose; piccolo parco giochi per bambini e campo da bocce. Ariosa e ampia sala ristorante.

a Corica *Sud : 4 km – ✉ 87032 Amantea :*

La Scogliera, via Coreca 1 ✆ 0982 46219, *la.scogliera@libero.it, Fax 0982 46803,* <,
– – 70. rist
Pasto carta 22/29 – **53 cam** 55/75, 7 suites – ½ P 60.
◆ In posizione panoramica, ai piedi di una piccola collina e a ridosso dello scoglio di Corica, albergo con camere rinnovate di recente; terrazzino all'ultimo piano. Nuova sala da pranzo.

Mareblu, via Coreca 25 ✆ 0982 46296, *hotelmareblu@tiscali.it, Fax 0982 46507,* <,
– rist
Pasto carta 17/30 – **33 cam** 50/70 – ½ P 62.
◆ Struttura bianca praticamente sul mare, in cui un'efficiente gestione diretta garantisce un soggiorno rilassante; camere semplici negli arredi, ma ariose e pulite. Luminosa sala ristorante; servizio estivo all'aperto.

AMATRICE *02012 Rieti 563 O 21 – 2 852 ab. alt. 955.*
Roma 144 – Ascoli Piceno 50 – L'Aquila 75 – Rieti 66 – Terni 91.

La Conca con cam, via della Madonnella 24 ✆ 0746 826791, *Fax 0746 826791,* <, –
Pasto *(chiuso lunedì)* carta 17/32 – **12 cam** 45/65 – ½ P 55.
◆ Locale con camere dignitose, a conduzione familiare; sala da pranzo essenziale negli arredi, ma accogliente nella sua semplicità; proposta di piatti tipici.

Lo Scoiattolo, località Ponte Tre Occhi Sud : 1,5 km ✆ 0746 825086, *Fax 0746 825086,* <,
–
chiuso lunedì escluso da luglio a settembre – **Pasto** carta 20/24.
◆ Ristorante in riva a un laghetto dove si pratica pesca sportiva, per una giornata con la famiglia nella quiete della natura; lunga terrazza per pranzare anche all'aperto.

AMBIVERE *24030 Bergamo 219 ⑳ – 2 240 ab. alt. 261.*
Roma 607 – Bergamo 18 – Brescia 58 – Milano 49.

Antica Osteria dei Camelì, via G. Marconi 13 ✆ 035 908000, *camil.rota@tiscalinet.it,*
Fax 035 908000, , solo su prenotazione –
chiuso dal 2 al 9 gennaio, dal 10 al 31 agosto, lunedì e martedì sera – **Pasto** carta 44/64.
◆ Storica osteria del paese, trasformata in un locale elegante e molto curato che propone una cucina del territorio fantasiosa, alleggerita e presentata in modo moderno.

AMBRIA *Bergamo – Vedere Zogno.*

Scriveteci...
Le vostre critiche e i vostri apprezzamenti saranno esaminati con la massima attenzione.
Verificheremo personalmente gli esercizi che ci vorrete segnalare
Grazie per la collaborazione !

…1 La Spezia 561 J 11 – 4 494 ab. alt. 80.

AME… XV Aprile ✆ 0187 608037, Fax 0187 609950.

…a 400 – La Spezia 18 – Genova 107 – Massa 17 – Milano 224 – Pisa 57.

…**er Park Hotel,** via del Botteghino 17, località Fiumaretta Sud-Est : 2 km …0187 648154, *riverpark.hotel@tin.it, Fax 0187 649735,* … – … 80. AE … VISA. ✂ rist

…**asto** carta 31/54 – **33 cam** … 100/150 – ½ P 105.

◆ Al centro della quieta località balneare di Fiumaretta, imponente struttura di moderna concezione; zone interne confortevoli, camere spaziose, tutte con angolo salottino. Ariosa sala ristorante da cui ammirare l'invitante piscina circondata dal verde.

Paracucchi-Locanda dell'Angelo …, strada provinciale Sarzana-Marinella Sud-Est : 4,5 km ✆ 0187 64391, *paracucchi@luna.it, Fax 0187 64393,* prenotare, … – … 250. AE … VISA. ✂ rist

Pasto *(chiuso dal 7 al 28 gennaio e lunedì)* carta 44/57 – **30 cam** … 108/165 – ½ P 132.

◆ In posizione tranquilla, in fondo a un grande giardino con piscina, una costruzione d'ispirazione contemporanea con camere dagli arredi semplici, in parte ristrutturate. Piacevole sala stile anni '70, dove assaporare gustosi piatti tradizionali rivisitati.

XXX ✿ **Locanda delle Tamerici** … con cam, via Litoranea 106, località Fiumaretta Sud-Est : 3,5 km ✆ 0187 64262, *locandadelletamerici@tin.it, Fax 0187 64627,* …, Coperti limitati; prenotare, … – … rist, … AE … VISA JCB. ✂ cam

chiuso dal 24 dicembre al 14 gennaio, una settimana in ottobre, lunedì e martedì – **Pasto** carta 61/89 … – **8 cam** … 110/180.

◆ Accogliente locanda di fronte al mare, con curato ambiente di tono rustico, dove apprezzare raffinate elaborazioni culinarie e vini di valore; servizio estivo in giardino.

Spec. Scaloppa di foie gras con scampi e crema di fagioli borlotti (estate). Lasagnette con tonno fresco, spinaci novelli e cipollotti su ristretto di pesce. Pesce capone croccante su marinatura di verdura (estate).

a Montemarcello *Sud : 5,5 km – ✉ 19030 :.*

… via Nuova 48 ✆ 0187 600324, Fax 0187 606738

XX **Pescarino-Sapori di Terra e di Mare,** via Borea 52 (Nord-Ovest : 3 km) ✆ 0187 601388, *Fax 0187 603501,* …, Coperti limitati; prenotare – … AE … VISA. ✂

chiuso dal 15 al 31 gennaio, dal 15 al 30 giugno, lunedì e martedì (escluso agosto) e a mezzogiorno (escluso sabato-domenica e festivi) – **Pasto** carta 30/46.

◆ Una collocazione davvero piacevole nell'oasi di pace del bosco di Montemarcello, per questo locale in stile semplice, ma di tono elegante che dà ciò che promette.

X **Trattoria dai Pironcelli,** via delle Mura 45 ✆ 0187 601252, Trattoria rustica, prenotare

chiuso gennaio, mercoledì e da giugno a settembre anche a mezzogiorno – **Pasto** cucina casalinga carta 25/36.

◆ Nel centro della località, graziosa trattoria felicemente collocata all'interno di un edificio rustico; cucina casalinga con proposte tradizionali e del territorio.

AMENDOLARA (Marina di) *87070 Cosenza 564 H 31.*

Roma 495 – Cosenza 97 – Castrovillari 54 – Crotone 140.

Enotria, viale Calabria 20 ✆ 0981 915026, *info@hotelenotria.it, Fax 0981 915261,* … – …, … rist, … AE … VISA JCB. ✂ rist

chiuso dal 23 dicembre al 3 gennaio – **Pasto** *(chiuso lunedì)* carta 22/29 – **38 cam** … 50/90 – ½ P 78.

◆ Valida gestione in un albergo completamente rinnovato, con interni di moderna concezione e camere lineari ben accessoriate, in riposanti colori pastello. Piatti di mare nella sala da pranzo al piano terra.

ANACAPRI *Napoli 564 F 24 – Vedere Capri (Isola di).*

ANAGNI *03012 Frosinone 563 Q 21 G. Italia – 20 144 ab. alt. 460.*

… piazza Innocenzo III ✆ 0775 727852, Fax 0775 727852.

Roma 65 – Frosinone 30 – Anzio 78 – Avezzano 106 – Rieti 131 – Tivoli 60.

Villa la Floridiana, strada statale Casilina km 63,700 ✆ 0775 769961, *floridiana@applicazioni.it, Fax 0775 774527,* … – … AE … VISA JCB. ✂

chiuso dal 12 al 31 agosto – **Pasto** *(chiuso domenica sera e lunedì a mezzogiorno)* carta 25/35 – **9 cam** … 77/114 – ½ P 78.

◆ Raffinato soggiorno nella bella villa dell'800 dal caratteristico colore rosso, immersa in un piccolo parco; interni in stile e camere spaziose, alcune con travi a vista. Deliziosi soffitti affrescati e atmosfera intima nelle eleganti sale ristorante.

XX **Lo Schiaffo,** via Vittorio Emanuele 270 ✆ 0775 739148, *Fax 0775 733527* –
VISA.
chiuso dal 25 luglio al 7 agosto, domenica sera (da novembre a febbraio) e lune
carta 25/30.
◆ Evoca atmosfere medievali, il riferimento al celebre schiaffo a Bonifacio VIII; rus
divisa a metà da un arco in mattoni e ornata di vini esposti lungo le pareti.

ANCONA *60100* P 563 L 22 *G. Italia – 98 404 ab. – a.s. luglio-agosto.*

Vedere *Duomo di San Ciriaco*★ **AY** – *Loggia dei Mercanti*★ **AZ F** – *Chiesa di Santa Maria d*
Piazza★ **AZ B.**

Conero (chiuso martedì e dal 7 gennaio all'8 febbraio) a Sirolo ✉ 60020 ✆ 071 73606
Fax 071 7360380, per ① : 12 km.

di Falconara per ③ : 13 km ✆ 071 28271, Fax 071 2070096 – Alitalia, via Matteotti 17
✉ 60121 ✆ 071 203677, Fax 071 55674.

(luglio-agosto) Stazione Marittima ✉ 60126 ✆ 071 201183, iat.ancona@regione.marche.it.

A.C.I. *corso Stamira 78 ✉ 60122 ✆ 071 55336.*

Roma 319 ③ – Firenze 263 ③ – Milano 426 ③ – Perugia 166 ③ – Pescara 156 ② – Ravenna 161 ③.

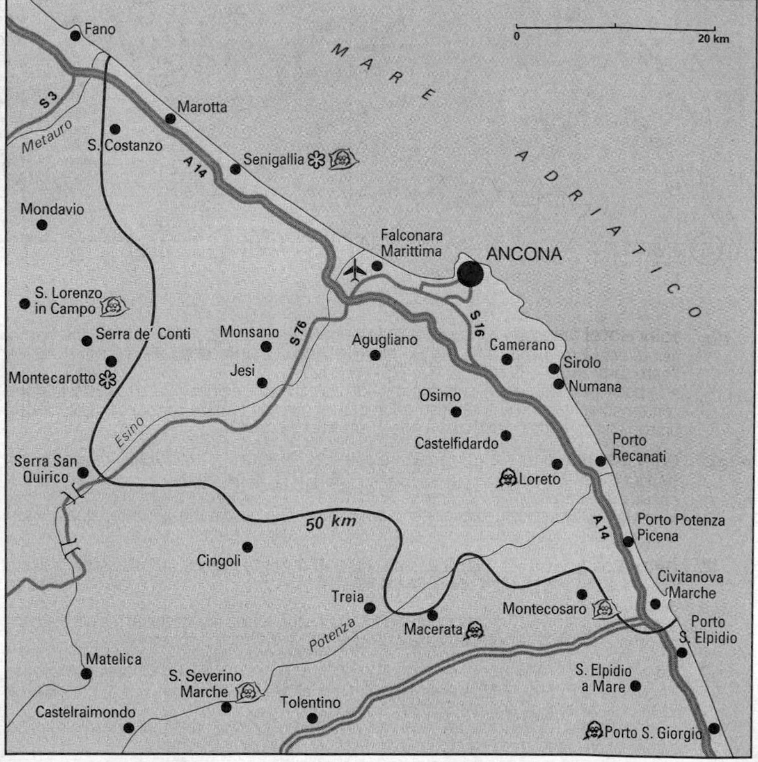

Grand Hotel Passetto senza rist, via Thaon de Revel 1 ✉ 60124 ✆ 071 31307, *info@hotelpassetto.it, Fax 071 32856,* ≤, , – |‡| – 150. VISA JCB
43 cam 115/175. **CZ d**
◆ Un piccolo giardino con piscina abbellisce questo hotel alle porte della città, non lontano dal mare; eleganti e sobri interni, confortevoli camere di taglio moderno.

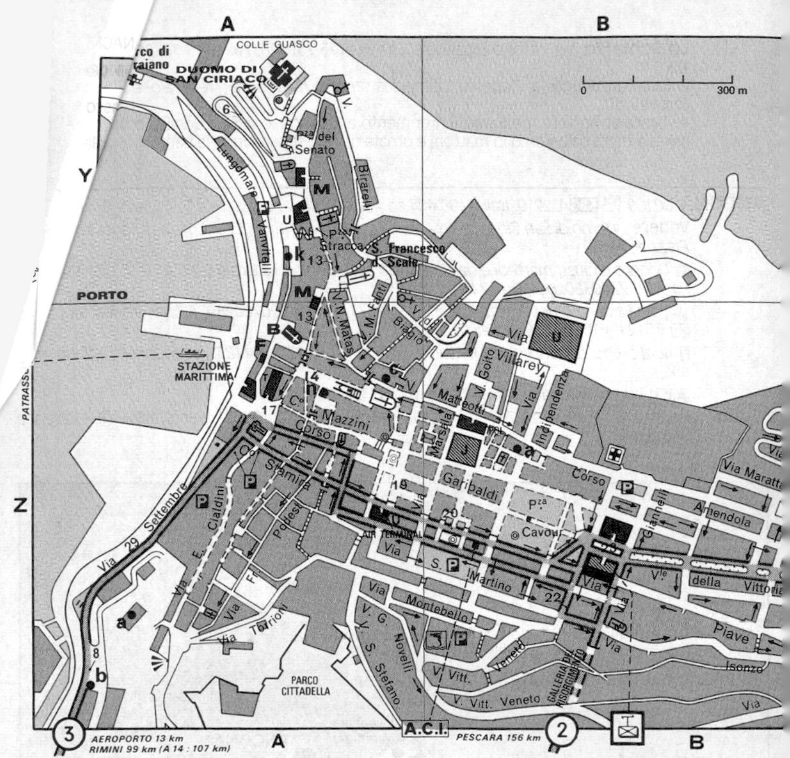

Jolly Hotel Miramare, rupi di via 29 Settembre 14 ✉ 60122 ☎ 071 201171, *ancona@jollyhotels.it, Fax 071 206823,* ≤ – |♦| ⇌ ▤ TV P – 🏛 180. AE ⓢ ⓞ ⓜⓒ VISA. ✂ rist AZ a
Pasto carta 26/50 – **89 cam** ☕ 133/173 – ½ P 123.

◆ A pochi passi dal centro, sulla sommità di una collinetta, edificio in mattoni d'ispirazione contemporanea; ambienti raffinati e luminosi, gradevoli camere funzionali. Bella sala da pranzo con comode poltroncine e splendida vista sul porto.

Gd H. Palace senza rist, lungomare Vanvitelli 24 ✉ 60121 ☎ 071 201813, *palace.ancona@libero.it, Fax 071 2074832* – |♦| ▤ TV 🚗 – 🏛 100. AE ⓢ ⓞ ⓜⓒ VISA AY k
chiuso dal 22 dicembre al 7 gennaio – **39 cam** ☕ 110/170, suite.

◆ In un palazzo seicentesco austero e nobiliare, proprio davanti al porto, albergo con «solenne» sala comune con camino; rinnovate e accoglienti camere in stile.

Della Rosa senza rist, piazza Rosselli 3 ✉ 60126 ☎ 071 41388, *info@hoteldellarosa.it, Fax 071 42651* – |♦| ▤ TV ☎. AE ⓢ ⓞ ⓜⓒ VISA CY a
38 cam ☕ 65/95.

◆ Albergo di recentissima apertura, in zona trafficata davanti alla stazione, ma ottimamente insonorizzato; tenuta impeccabile e camere nuove e di taglio moderno.

City senza rist, via Matteotti 112/114 ✉ 60121 ☎ 071 2070949, *info@hotelcityancona.it, Fax 071 2070372* – |♦| ▤ TV ♿ 🚗 – 🏛 80. AE ⓢ ⓞ ⓜⓒ VISA. ✂ BZ a
chiuso dal 24 al 26 dicembre – **39 cam** ☕ 61/98.

◆ In pieno centro, struttura recente, vocata a un turismo d'affari: interni lineari e semplici camere, non grandi, ma confortevoli; sul retro terrazza per colazione.

La Moretta, piazza Plebiscito 52 ✉ 60122 ☎ 071 202317, *corrado@trattoriamoretta.com, Fax 071 202317,* 🏠 – ⇌ ▤. AE ⓢ ⓞ ⓜⓒ VISA AZ n
chiuso dal 1° al 10 gennaio, dal 13 al 18 agosto e domenica – **Pasto** 25/30 e carta 31/47 (10%).

◆ Ristorante gestito dalla stessa famiglia dal 1897: offre cucina del territorio di carne e di pesce e servizio estivo all'aperto nella bella e centrale piazza Plebiscito.

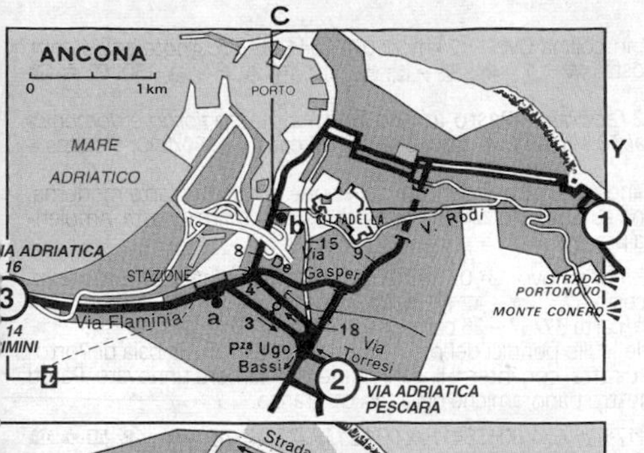

Bruno (Via Giorda
Carlo Alberto (Cors 3
Garibaldi (Corso). . 4
Giovanni XXIII (Via) .
Marconi (Via) . . . . . .
Martiri d. Resistenza
Pizzecolli (Via Ciriaco)
Plebiscito (Piazza) . .
Raffaello Sanzio (Via) . .
Repubblica (Piazza) . . . .
Ricostruzione
(V. della) . . . .
Roma (Piazza) . . . .
Stamira (Corso) . . . . . . A
Stamira (Piazza) . . . . . . B
Thaon de Revel (Via) . . . CZ
Vecchini (Via) . . . . BZ
24 Maggio (Piazzale) . . . BZ

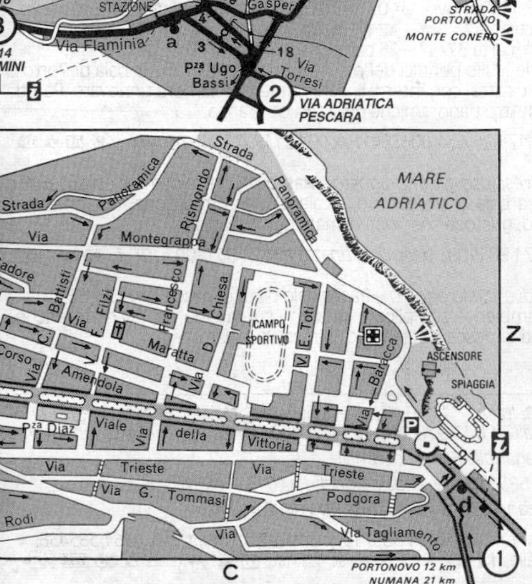

XX **Al Rosso Agontano,** via Marconi 3 ✉ 60125 ☎ 071 2075279, *agontan@libero.it, Fax 071 54050,* Coperti limitati; prenotare – ▤. AE Ș ⓓ ⓜⓒ VISA AZ b
chiuso domenica e i mezzogiorno di venerdì-sabato – **Pasto** carta 41/53.
◆ Davanti alla Mole Vanvitelliana, un locale giovane e sobrio a gestione diretta che propone, con ottimi risultati, curata cucina fantasiosa e una fornita cantina.

XX **Boccon Divino,** via Matteotti 13 ☎ 071 57269, *Fax 071 57269,* 🏖 – AE Ș ⓓ ⓜⓒ VISA. ⚡ AZ c
chiuso tre settimane in agosto, lunedì e martedì a mezzogiorno – **Pasto** carta 30/37.
◆ Vicino alla piazza del Plebiscito, un ristorante accogliente con proposte di mare e di terra, da gustare anche nel piccolo dehors estivo. Gestione giovane e capace.

X **Sot'Ajarchi,** via Marconi 93 ✉ 60125 ☎ 071 202441, *Fax 071 2077393,* Coperti limitati; prenotare – ▤. AE Ș ⓓ ⓜⓒ VISA. ⚡ CY b
chiuso agosto e domenica – **Pasto** specialità di mare carta 32/40.
◆ Ambiente informale in un piccola trattoria dove sentirsi a proprio agio, magari in compagnia, consumando gustosi piatti di mare, a base di pescato fresco giornaliero.

a Portonovo *per* ① *: 12 km* – ✉ *60020.*
Vedere *Chiesa di Santa Maria*★.

Fortino Napoleonico ⛵, via Poggio 166 ☎ 071 801450, *info@hotelfortino.it, Fax 071 801454,* 🏖, ⛰, 🪑 – ▤ TV ♿ P. AE Ș ⓓ ⓜⓒ VISA JCB. ⚡
Pasto (prenotare) carta 42/60 (10 %) – **33 cam** ☕ 155/220, 6 suites – ½ P 150.
◆ Il fasto di un tempo ormai lontano rivive in una suggestiva fortezza ottocentesca sul mare, fatta costruire da Napoleone; per concedersi un incredibile tuffo nel passato! Aristocratica ricercatezza nella maestosa sala da pranzo con arredi in stile e camino.

Excelsior la Fonte ⛵, via Poggio 163 ☎ 071 801470, *info@excelsiorlafonte.it, Fax 071 801474,* 🏖, 🏊, 🪑, 🎾 – 🛗 ▤ TV P – 🏛 300. AE Ș ⓓ ⓜⓒ VISA. ⚡
chiuso febbraio – **Pasto** carta 30/45 – **70 cam** ☕ 100/130 – ½ P 110.
◆ Tra il mare e le prime pendici del Conero, bianca struttura a vocazione congressuale immersa in un incantevole manto verde, con «freschi» ambienti di raffinata eleganza. Candide pareti ravvivate da quadri nella sala ristorante; servizio estivo all'aperto.

...a ⛰, via Poggio 149, in collina Ovest : 2 km ☎ 071 801145, *info@hotelemilia.com*, ...71 801330, ≤ mare e costa, ☂, ⛱, ..., – ▯, ▤ cam, TV ♿ P – 🏛 130. AE ⓢ ⓞ ...SA JCB. ⚲

...so dal 22 dicembre al 22 febbraio* – **Pasto** *(chiuso lunedì a mezzogiorno e domenica ...a escluso dal 1º maggio al 30 settembre)* carta 38/60 – **25 cam** ☐ 180/240, 3 suites – ...P 160.

Sede del premio d'arte «Ginestra d'oro», hotel con collezione di quadri d'arte moderna, ...ituato in appagante posizione su una terrazza naturale con vista su mare e costa. Ambiente familiare nell'ampia sala da pranzo.

Internazionale ⛰, via Portonovo ☎ 071 801082, *info@hotel-internazionale.com*, *Fax 071 2139029*, ≤ mare e costa, ☂, ... – ▤ TV P. AE ⓢ ⓞ MC VISA. ⚲

Pasto *(chiuso domenica sera)* carta 37/57 – **26 cam** ☐ 93/113 – ½ P 86,50.

◆ In una tranquilla oasi verde, sulle pendici del promontorio che disegna la baia di Portonovo, un albergo a gestione diretta, con interni lineari; numerose camere rinnovate. Pareti con pietra a vista e ampie finestre panoramiche nella sala da pranzo.

XX **Giacchetti,** via Portonovo 171 ☎ 071 801384, *Fax 071 2139022*, ≤, ☂, ... – P. AE ⓢ ⓞ MC VISA. ⚲

aprile-ottobre; chiuso lunedì escluso giugno-agosto – **Pasto** specialità di mare carta 29/50.

◆ Nella boschiva e silenziosa baia di Portonovo, locale di lunga tradizione, con annesso stabilimento balneare privato; gustose specialità di mare dell'Adriatico.

X **Da Emilia,** nella baia ☎ 071 801109, *daemilia@tin.it*, *Fax 071 801109* – AE ⓢ ⓞ MC VISA JCB

marzo-ottobre; chiuso lunedì escluso agosto – **Pasto** solo piatti di pesce carta 36/55.

◆ Ristorante familiare dall'ambiente semplice e curato, il cui fascino ha incantato anche celebri personaggi; solo piatti di pesce e splendido terrazzo sul mare.

ANDALO *38010 Trento* 562 D 15 *G. Italia – 1 026 ab. alt. 1 050 – a.s. Natale, febbraio, Pasqua e luglio-agosto – Sport invernali : 1 042/2 125 m* 1 *20 (Consorzio Paganella-Dolomiti)*.

Dintorni ✳★★ *dal Monte Paganella 30 mn di funivia.*

ℹ *piazza Dolomiti 1* ☎ *0461 585836, apt.andalo@tin.it, Fax 0461 585570.*

Roma 625 – Trento 40 – Bolzano 60 – Milano 214 – Riva del Garda 48.

Piccolo Hotel ⛰, via Pegorar 2 ☎ 0461 585710, *piccolo@piccolo.it, Fax 0461 585436*, ≤ gruppo del Brenta e Paganella, ... – ▯, ⚲ rist, ▤ rist, TV ☎ ... AE ⓢ MC VISA JCB. ⚲

20 dicembre-20 aprile e 15 giugno-16 settembre – **Pasto** carta 30/35 – **28 cam** ☐ 57/104, 5 suites – ½ P 73,50.

◆ Situata in posizione tranquilla, da cui si gode una splendida vista del gruppo del Brenta e Paganella, graziosa struttura montana con giardino; piacevoli ambienti ariosi. Confortevole sala da pranzo di tono elegante e curata nei particolari.

Scoiattolo, via del Moro 1 ☎ 0461 585912, *info@hotelscoiattolo.it, Fax 0461 585980*, ≤, ..., ... – ▯, ⚲ rist, TV ... P. ⚲

22 dicembre-5 aprile e 20 giugno-15 settembre – **Pasto** (solo per alloggiati) 18/30 – **28 cam** ☐ 96 – ½ P 85.

◆ In posizione panoramica e soleggiata, hotel dagli spazi contenuti, ma accoglienti e ben arredati; belle camere con parquet e piccolo centro salute al piano inferiore.

Cristallo, via Rindole 1 ☎ 0461 585744, *info@hotelcristalloandalo.com, Fax 0461 585970*, ≤, ... – ▯, ⚲ rist, TV P. ⓢ MC VISA. ⚲

dicembre-23 aprile e 15 giugno-15 settembre – **Pasto** 17/24 – ☐ 9 – **38 cam** 49/86 – ½ P 69.

◆ Albergo centrale, in parte rimodernato negli ultimi anni, a pochissimi metri dagli impianti di risalita; accoglienti interni in stile montano d'ispirazione moderna. Soffitto in legno con lavorazioni a rombi nel ristorante.

Serena, via Crosare 15 ☎ 0461 585727, *info@hotelserena.it, Fax 0461 585702*, ≤, ... – ▯, ⚲ rist, TV ... P – 🏛 100. AE ⓢ ⓞ MC VISA. ⚲

dicembre-22 aprile e giugno-settembre – **Pasto** (solo per alloggiati) – ☐ 12 – **38 cam** 62/89 – ½ P 65.

◆ Solida gestione diretta in un albergo in gran parte rimodernato, che gode di una bella veduta panoramica su montagne maestose; camere funzionali, regolarmente rinnovate.

Negritella, via Paganella 32 ☎ 0461 585802, *info@negritella.it, Fax 0461 585911*, ≤ – ▯, ⚲ rist, ▤ rist, ... P. ⚲

18 dicembre-25 marzo e 20 giugno-20 settembre – **Pasto** 20 – **37 cam** ☐ 60/100 – ½ P 70.

◆ Cordiale accoglienza in una struttura gestita dalla stessa famiglia da quasi trent'anni: zone comuni essenziali, con divanetti a parete, camere in stile lineare. Ampia sala da pranzo.

Olimpia, via Paganella 17 ☎ 0461 585715, *olimpia@gottardi.it, Fax 0461 585458,* ←, Ls, ≘s, 🚗 – |♦|, ⅍ rist, TV 🚗 P. ✈ ⓓ ⓜ VISA. ⅍
15 dicembre-22 aprile e 20 giugno-15 settembre – **Pasto** (solo per alloggiati) – **41 cam** ☐ 45/77 – ½ P 60.
♦ Circondato dal verde e dai monti, hotel di recente ristrutturazione costituito da due corpi distinti, ma collegati internamente; arredamento semplice, buoni servizi.

Ambiez, via Priori 8 ☎ 0461 585556, *info@hotelambiez.com, Fax 0461 585343,* ← – |♦|, ⅍ rist, TV 🚗 P. ✈ VISA. ⅍
4 dicembre-Pasqua e 15 giugno-25 settembre – **Pasto** (solo per alloggiati) 18 – ☐ 8 – **30 cam** 45/84 – ½ P 72.
♦ Giovane gestione diretta in un accogliente hotel in posizione panoramica, con spazi comuni ben distribuiti e razionali camere semplici di taglio moderno.

ANDORA *17051 Savona* 561 K 6 – *6 740 ab..*
via Aurelia 122/A, Villa Laura ☎ 0182 681004, andora@inforiviera.it, Fax 0182 681807.
Roma 601 – Imperia 16 – Genova 102 – Milano 225 – Savona 56 – Ventimiglia 63.

Lungomare, via Capri 10 ☎ 0182 85185, *info@hotellungomare.it, Fax 0182 89668,* 🏖, 🎾, ⅍ – |♦|, ▤ rist, TV ♿ 🚗 P – 🏛 50. AE ✈ ⓓ ⓜ VISA. ⅍
Pasto *(chiuso novembre)* carta 22/27 – **60 cam** ☐ 80/120 – ½ P 65.
♦ La spiaggia è facilmente raggiungibile da quest'albergo in posizione leggermente decentrata e per questo tranquilla; gradevoli camere di buon livello, appena rinnovate. Ristorante classico, con fornita cantina; degustazioni di salumi e formaggi.

Liliana, via del Poggio 23 ☎ 0182 85083, *Fax 0182 684694,* Ls, 🏊 – |♦| TV ♿ 🚗. AE ✈ ⓜ VISA. ⅍
chiuso dal 20 ottobre al 20 dicembre – **Pasto** (solo per alloggiati) 18/24 – ☐ 8 – **47 cam** 47/78, 8 suites – ½ P 63.
♦ Ambiente familiare in un confortevole albergo non lontano dal mare con ampie zone interne in stile moderno, ben tenute; essenziali, ma gradevoli le camere.

Garden, via Aurelia 60 ☎ 0182 88678, *info@hotelgardenandora.com, Fax 0182 87653* – TV P. AE ✈ ⓓ ⓜ VISA JCB. ⅍ rist
chiuso da ottobre al 26 dicembre – **Pasto** carta 18/31 – ☐ 8 – **16 cam** 59/77 – ½ P 65.
♦ Gestione diretta seria e attenta in questo alberghetto ideale per famiglie; spazi interni sobri e funzionali e graziose camere lineari, ma molto curate. Lunga, stretta sala da pranzo, molto luminosa.

Moresco, via Aurelia 96 ☎ 0182 89141, *Fax 0182 85414,* ← – |♦|, ▤ rist, TV. AE ✈ ⓓ ⓜ VISA JCB. ⅍ rist
chiuso da novembre al 22 dicembre – **Pasto** (solo per alloggiati) 24/26 – ☐ 10 – **35 cam** 58/78 – ½ P 74.
♦ Albergo centrale con accoglienti e razionali salette arredate con gusto, dove rilassarsi dopo una giornata in spiaggia; decorose camere con semplici arredi bianchi.

La Casa del Priore, via Castello 34 (Nord : 2 km) ☎ 0182 87330, *Fax 0182 684377,* ←, 🏖, prenotare – P. AE ✈ ⓓ ⓜ VISA
chiuso dal 3 gennaio all'11 febbraio, lunedì e a mezzogiorno (escluso sabato e domenica) – **Pasto** carta 40/60 e alla ***Brasserie*** *(chiuso dal 3 gennaio all'11 febbraio, lunedì e a mezzogiorno)* carta 20/30.
♦ Ambiente caratteristico e raffinato in un ex convento del XIII secolo: sala con soffitto in mattoni, grande camino e arredi d'epoca; cucina ligure rivisitata, da provare. Alla «Brasserie» ambiente informale, ma comunque curato; specialità alla brace.

Pan de Cà, via Conna 13 (Nord : 4 km) ☎ 0182 80290, *Fax 0182 80290,* 🏖 – P. AE ✈ ⓜ VISA
chiuso dal 30 ottobre al 7 dicembre, martedì (escluso dal 15 giugno al 15 settembre) e a mezzogiorno (escluso sabato-domenica) – **Pasto** 28.
♦ Una sala rustica arredata in modo personalizzato e curato, con tocchi signorili, in una trattoria a gestione familiare, immersa nel riposante verde degli uliveti.

ANDRIA *70031 Bari* 564 D 30 – *95 073 ab. alt. 151.*
piazza Catuma ☎ 0883 290293.
Roma 399 – Bari 57 – Barletta 12 – Foggia 82 – Matera 78 – Potenza 119.

Cristal Palace Hotel, via Firenze 35/a ☎ 0883 556444 e rist. ☎ 0883 550260, *cristalpalace@libero.it, Fax 0883 556799* – |♦| ▤ TV ♿ 🚗 – 🏛 70. AE ✈ ⓓ ⓜ VISA JCB. ⅍
Pasto al Rist. ***La Fenice*** *(chiuso dal 10 luglio al 10 agosto, domenica sera e lunedì)* carta 20/25 – **40 cam** ☐ 62/88 – ½ P 62.
♦ In centro, confortevole struttura di moderna concezione con interni eleganti in stile contemporaneo, abbelliti da realizzazioni artistiche; distinte camere con parquet. Vini esposti lungo le pareti, luci soffuse e ambiente raffinato in sala da pranzo.

L'Ottagono, via Barletta 218 ☎ 0883 557888, *l'ottagono@tiscalinet.it, Fax 0883 556098,* Campi calcetto, – 400. rist
Pasto carta 21/27 – **25 cam** 68/104 – ½ P 63.
◆ Alle porte della cittadina, ma non lontano dal centro, albergo d'ispirazione moderna con un grazioso giardino, spaziose zone comuni e camere lineari; campi di calcetto. Arioso ristorante nelle tonalità del beige e del nocciola.

Arco Marchese, via Arco Marchese 1 ☎ 0883 557826, prenotare – .
chiuso dal 7 al 20 agosto , martedì e domenica sera – **Pasto** carta 19/31.
◆ Nel centro storico della cittadina, ambiente raccolto nella sala in stile rustico, con pareti interamente rivestite in pietra; proposte culinarie tradizionali.

a Montegrosso *Sud-Ovest : 15 km – alt. 224 – ✉ 70035 :*

Antichi Sapori, piazza San Isidoro 10 ☎ 0883 569529, *zitopietro@tiscalinet.it, Fax 0883 569529* – .
chiuso dal 10 al 20 luglio, dal 10 al 20 agosto, sabato sera e domenica – **Pasto** carta 17/24.
◆ Schietto ambiente familiare nelle due salettine arredate in modo essenziale in un'accogliente trattoria in centro paese; piatti tradizionali di pasta e carne alla brace.

ANGERA *21021 Varese* 561 E 7 *G. Italia – 5 558 ab. alt. 205.*

Vedere *Affreschi dei maestri lombardi★★ e Museo della Bambola★ nella Rocca.*
piazza Garibaldi 19 ☎ 0331 960207.
Roma 640 – Stresa 34 – Milano 63 – Novara 47 – Varese 31.

Dei Tigli senza rist, via Paletta 20 ☎ 0331 930836, *hotigli@mail1.tread.net, Fax 0331 960333* – .
chiuso dal 18 dicembre al 6 gennaio – **31 cam** 80/120.
◆ In centro, vicino al pittoresco e panoramico lungolago, atmosfera familiare in un hotel con interni accoglienti: arredamento curato negli spazi comuni e nelle camere.

Una prenotazione confermata per iscritto o per fax è sempre più sicura.

ANGHIARI *52031 Arezzo* 563 L 18 *G. Toscana – 5 894 ab. alt. 429.*

Dintorni *Cimitero di Monterchi cappella con Madonna del Parto★ di Piero della Francesca Sud-Est : 11 km.*
Roma 242 – Perugia 68 – Arezzo 28 – Firenze 105 – Sansepolcro 8.

La Meridiana, piazza 4 Novembre 8 ☎ 0575 788102, *info@hotellameridiana.it, Fax 0575 787987* – – 80.
Pasto *(chiuso sabato)* 15/16 – 4,65 – **22 cam** 35/55 – ½ P 41.
◆ Esperta gestione familiare in un alberghetto semplice e conveniente vicino alla parte medievale di Anghiari; camere essenziali e spaziose con mobili in laminato bianco.

Da Alighiero, via Garibaldi 8 ☎ 0575 788040, *Fax 0575 788698* – .
chiuso dal 10 gennaio al 10 febbraio e martedì – **Pasto** carta 25/47.
◆ Gestione giovane in un locale sito in un antico palazzo del centro storico: sala in stile rustico, strutturalmente imponente e dai soffitti alti; curata cucina toscana.

ANGOLO TERME *25040 Brescia* 561 E 12 – *2 543 ab. alt. 420 – Stazione termale, a.s. luglio-settembre.*

Roma 618 – Brescia 60 – Bergamo 55 – Bolzano 174 – Edolo 48 – Milano 100.

Terme, viale Terme 51 ☎ 0364 548066, *info@hoteltermediangolo.it, Fax 0364 548666,* – . rist
aprile-ottobre – **Pasto** carta 18/32 – 6 – **80 cam** 38/56 – ½ P 46.
◆ Adiacente al Parco delle Terme, in cui rigenerarsi con rilassanti passeggiate, imponente struttura con interni classici e camere lineari, abbellite da quadri decorativi. Ampia e ariosa sala ristorante.

ANGUILLARA SABAZIA *00061 Roma* 563 P 18 – *14 067 ab. alt. 175.*

Roma 39 – Viterbo 50 – Civitavecchia 59 – Terni 90.

Country Relais I Due Laghi , località Le Cerque Nord-Est : 3 km ☎ 06 99607059, *info@iduelaghi.it, Fax 06 99607068,* , Turismo equestre, prenotare, – rist, – 70. rist
Pasto al Rist. ***La Posta de' Cavalieri*** *(chiuso dal 7 al 30 gennaio)* carta 42/51 – **24 cam** 116/158, 5 suites – ½ P 109.
◆ Rustico e immerso nel verde dei colli, è l'ideale per appassionati di turismo equestre e per chi vuol provare l'ecologica esperienza di una «finta» caccia alla volpe. Mattoni a vista e camino di pietra nella calda sala da pranzo in stile rustico, ma elegante.

XX **Chalet del Lago,** viale Reginaldo Belloni ✆ 06 99607053, *Fax 06 9968364,* ... VISA
chiuso dal 1º al 13 febbraio, giovedì e domenica sera – **Pasto** carta 26/36.
◆ Locale affacciato sul lago di Bracciano, dove gustare la tipica cucina lacustre, ...che piatti di carne; gradevolissimo il servizio estivo, svolto sulla terrazza.

X **Da Zaira,** viale Reginaldo Belloni 2 ✆ 06 9968082, *Fax 06 99609035,* ≤, – P. VISA.
chiuso dal 20 dicembre al 20 gennaio e martedì – **Pasto** carta 35/49 (10 %).
◆ Salone con vista sul lago, gestione familiare di lunga esperienza e piatti tradizion... specialità di pesce lacustre in un ristorante molto frequentato.

X **Il Grottino da Norina,** via delle Scalette 1 ✆ 06 9968181 – AE VISA.
chiuso dal 24 dicembre al 2 gennaio, dal 20 agosto al 10 settembre, lunedì sera e merc... – **Pasto** carta 23/28.
◆ Nelle viuzze del borgo, un locale caratteristico con originali salette ricavate in grott... tufo; proposte del territorio, di carne e di pesce, di mare e di lago.

ANNUNZIATA *Cuneo – Vedere La Morra.*

ANTAGNOD *Aosta* 561 E 5, 219 ④ – *Vedere Ayas.*

ANTERSELVA (ANTHOLZ) *Bolzano* 562 B 18 – *Vedere Rasun Anterselva.*

La guida cambia, cambiate la guida ogni anno.

ANTEY SAINT ANDRÈ *11020 Aosta* 561 E 4, 219 ③ – *579 ab. alt. 1 080* – *a.s. Pasqua, luglio-agosto e Natale.*
località Grand Moulin ✆ 0166 548266, antey@montecervino.it, Fax 0166 548388.
Roma 729 – Aosta 35 – Breuil-Cervinia 20 – Milano 167 – Torino 96.

Des Roses, località Poutaz ✆ 0166 548527, *hotelroses@netvallee.it, Fax 0166 548248,* ≤, – TV P. AE VISA. rist
6 dicembre-4 maggio e 21 giugno-16 settembre – **Pasto** *(chiuso a mezzogiorno dal 6 dicembre al 5 maggio)* 15/20 – ☐ 7 – **21 cam** 37/55.
◆ Cordialità e ambiente familiare in un albergo d'altura, con ambienti in stile alpino e graziosa saletta al piano terra con camino e travi a vista; camere dignitose. Ristorante decorato con bottiglie esposte su mensole, sedie in stile valdostano.

ANTIGNANO *Livorno* 563 L 12 – *Vedere Livorno.*

ANTIGNANO D'ASTI *14010 Asti* 561 H 6 – *998 ab. alt. 260.*
Roma 603 – Torino 54 – Alessandria 49 – Asti 11 – Cuneo 85.

a Gonella *Sud-Ovest : 2 km* – ✉ *14010 Antignano d'Asti :*

Locanda del Vallone senza rist, strada del Vallone 9 ✆ 0141 205572, *info@locandadelvallone.com, Fax 0141 205572,* ≤, – P
aprile-10 novembre – **4 cam** ☐ 55/75.
◆ Classica casa colonica piemontese restaurata con gusto e rispetto della tradizione. Poche belle camere, personalizzate con una profusione di suppellettili, foto e stampe.

ANZIO *00042 Roma* 563 R 19 *G. Italia – 43 568 ab..*
18 *Nettuno (chiuso mercoledì) a Nettuno ✉ 00048 ✆ 06 9819419, Fa x 06 98988142, Est : 4 km.*
per Ponza 16 giugno-15 settembre giornalieri (2 h 30 mn) – Caremar, molo Innocenziano 54 ✆ 06 98600083, Fax 06 98600569.
per Ponza giornalieri (1 h 10 mn) – Agenzia Helios, via Porto Innocenziano 18 ✆ 06 9845085, Fax 06 984 5097.
piazza Pia 19 ✆ 06 9845147, iat.anzio@tin.it, Fax 06 9848135.
Roma 52 – Frosinone 81 – Latina 25 – Ostia Antica 49.

Lido Garda, piazza Caboto 8 (Nord-Ovest : 2 km) ✆ 06 9870354, *info@lidogarda.com, Fax 06 9865386,* ≤, – TV – 200. AE VISA. rist
Pasto (solo per alloggiati) 30 – **42 cam** ☐ 90/100 – ½ P 70.
◆ Fuori città, in zona balneare, struttura di taglio moderno vocata all'attività congressuale, dotata di spiaggia privata; confortevoli interni d'ispirazione contemporanea.

XX **...te al Buon Gusto,** piazzale Sant'Antonio 6 ☎ 06 9846744, *info@alcestealbuongus ...*, *Fax 06 98341324*, ≤, – AE ⓢ ⓞ ⓜⓒ VISA.
...o specialità di mare carta 40/50 (12 %).
...ordiale conduzione familiare da oltre 50 anni in questo ristorante sul mare, sito nella ...a del porto, con una luminosa sala con vetrate da cui si gode una bella vista.

...o Sbarco di Anzio, via Molo Innocenziano ☎ 06 9847675, *losbarcodianzio@hotmail.co...h*, *Fax 06 9847675*, ≤ – ⓢ ⓞ ⓜⓒ VISA JCB
chiuso dal 15 al 30 novembre, dal 20 al 26 dicembre e martedì (escluso luglio-agosto) – **Pasto** specialità di mare carta 38/79.
◆ Felice posizione tra la zona di partenza degli scafi al porto e il corso principale; sala ristorante tradizionale, con ampie finestre. Piatti di mare, ottimi antipasti.

...ZOLA DELL'EMILIA *40011 Bologna* 562 I 15 – *10 292 ab. alt. 40.*

Roma 381 – Bologna 13 – Ferrara 57 – Modena 26.

Alan senza rist, via Emilia 46/b ☎ 051 733562, *info@alanhotel.it, Fax 051 735376* – ... AE ⓢ ⓞ ⓜⓒ VISA JCB
10 – **61 cam** 110/130.
◆ In comoda posizione sulla via per Bologna, albergo con un'ottima gestione in cui vi sentirete davvero a vostro agio; camere rinnovate, ampie, ben insonorizzate.

Garden senza rist, via Emilia 29 ☎ 051 735200, *info@hotelgarden-bo.com, Fax 051 735673* – ... – 70. AE ⓢ ⓞ VISA
chiuso dal 23 dicembre al 7 gennaio e dal 1° al 25 agosto – **57 cam** 150/235.
◆ Sulla via Emilia, grande struttura moderna e funzionale dagli interni spaziosi in stile contemporaneo, con predominanza di tonalità verdi e nocciola; gradevoli camere.

XX **Il Ristorantino-da Dino,** via 25 Aprile 11 ☎ 051 732364, *Fax 051 732364* – . AE ⓢ ⓞ ⓜⓒ VISA.
chiuso dal 18 al 27 gennaio, agosto, domenica sera e lunedì – **Pasto** carta 25/36.
◆ Ristorantino in zona residenziale che vale la pena di provare per le interessanti preparazioni di cucina tradizionale: materie prime di qualità e prezzi convenienti.

In questa guida
uno stesso simbolo, una stessa parola
stampati in rosso o in nero,
hanno un significato diverso.
Leggete attentamente le pagine dell'introduzione.

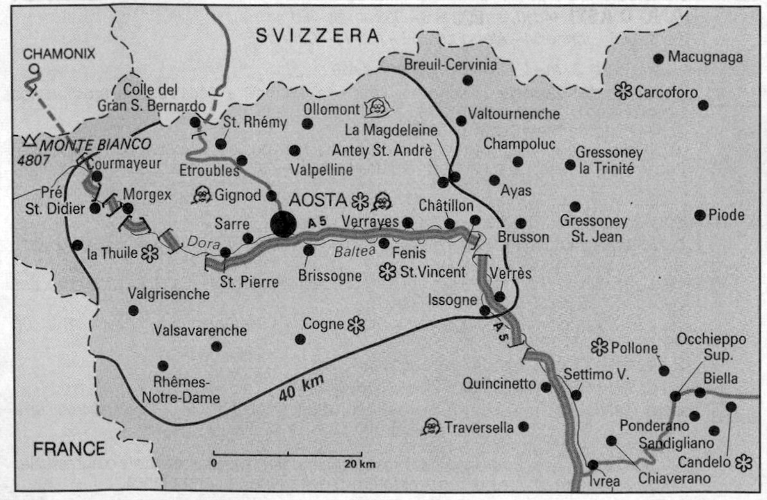

AOSTA (AOSTE) *11100* 🅟 **561** E 3 *G. Italia – 34 644 ab. alt. 583 – a.s. Pasqua,* **luglio** … *Natale – Sport invernali : funivia per Pila (A/R): a Pila 1 450/2750 m* … *mbre e*

Vedere *Collegiata di Sant'Orso* **Y** *: capitelli** del chiostro* – Finestre* de… Sant'Orso* **Y** *– Monumenti romani* : Porta Pretoria* **Y A***, Arco di Augusto* **Y B***,* … *ato di Anfiteatro* **Y E***, Ponte* **Y G** *–* **Escursioni** *Valle d'Aosta** : <*** Est, Sud-Ovest.* … **Y D.**

Aosta Arsanieres (aprile-novembre; chiuso mercoledì escluso luglio-agosto) lo… Arsanieres ✉ 11010 Gignod ✆ 0165 56020, Fax 0165 56020, Nord : 9 km;

Pila (giugno-settembre) località Pila ✉ 11100 Gressan ✆ 0165 236963, Fax 016… 963, Sud : 17 km.

piazza Arco D'Augusto ✆ 0165 235343, aptaosta@aostashop.com, Fax 0165 2353…

A.C.I. *località Borgnalle 10/H ✆ 0165 262208.*

Roma 746 ② – Chambéry 197 ③ – Genève 139 ③ – Martigny 72 ① – Milano 184 ② – N…ra 139 ② – Torino 113 ②.

AOSTA

Battaglione Aosta (C.) . **X** 3
Caduti del Lavoro (Via) **X** 4
Clavalite (Via) . . . . **X** 7
Conte Crotti (Viale) . . . . **X** 12
Gran S. Bernardo (Vle). **X** 16
Lexert (Via Emilio) . . . . **X** 18
Lys (Via) . . . . **X** 19
Monte Grivola (Via). . . . **X** 20
Monte Emilius (Via) . . . **X** 21
Valli Valdostane (Via) . . **X** 26

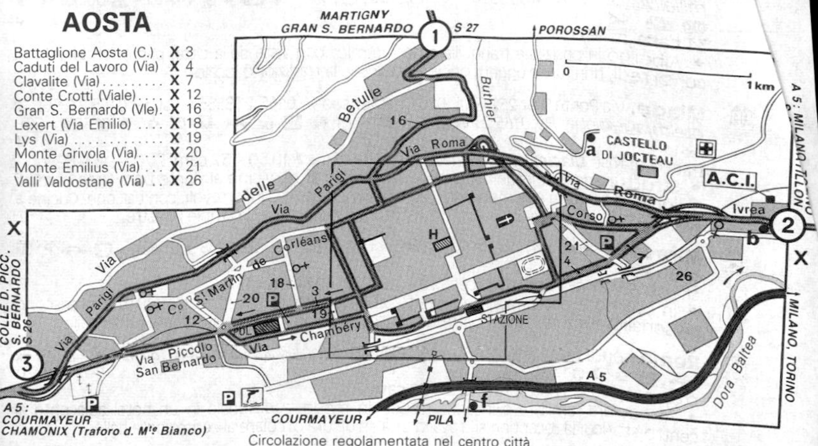

Circolazione regolamentata nel centro città

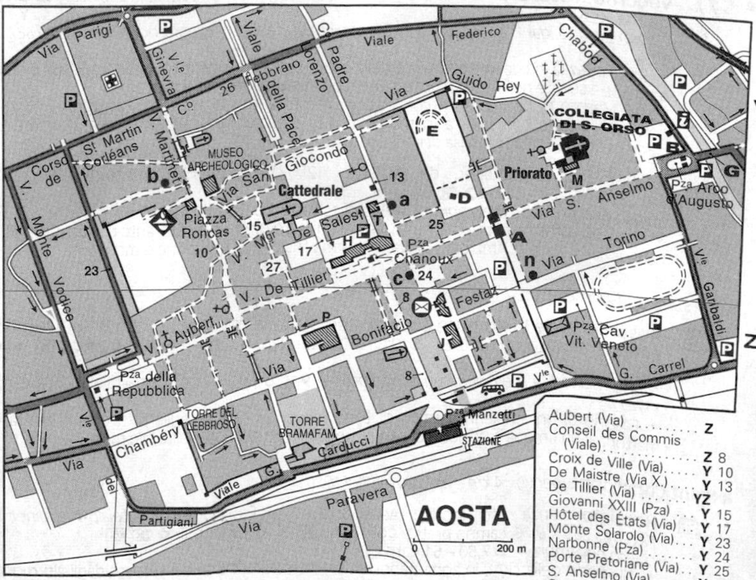

Aubert (Via) . . . . **Z**
Conseil des Commis (Viale) . . . . **Z**
Croix de Ville (Via). . . . . **Z** 8
De Maistre (Via X.) . . . . **Y** 10
De Tillier (Via) . . . . **Y** 13
Giovanni XXIII (Pza) . . **YZ**
Hôtel des États (Via) . . **Y** 15
Monte Solarolo (Via). . . **Y** 17
Narbonne (Pza) . . . . . . **Y** 23
Porte Pretoriane (Via) . . **Y** 24
S. Anselmo (Via) . . . . . **Y** 25
Severino (Piazza). . . . . **Y** 27

Hotel Aosta, corso Ivrea 146 ✆ 0165 41845, *info.aosta@classhotel.com,* *165 236660* – |♦|, ⇸ cam, TV ♿ ⇐ P – 🏛 100. AE ⓢ ⓘ ⓜ VISA. ⚡ X b

o carta 13/27 – **105 cam** ☐ 104/155 – ½ P 95,50.

bicato nella parte orientale della città, un hotel che si presenta con un'ampia hall, pareti avimenti rivestiti in marmo e mobilio moderno. Camere confortevoli.

urope, piazza Narbonne 8 ✆ 0165 236363, *hoteleurope@ethotels.com, Fax 0165 40566* |♦|, ⇸ cam, ▤ TV – 🏛 100. AE ⓢ ⓘ ⓜ VISA JCB. ⚡ rist Y c

Pasto *(chiuso domenica)* carta 32/40 – **63 cam** ☐ 98/160, 8 suites – ½ P 97.

♦ In pieno centro storico, confortevole albergo con un accogliente soggiorno in stile: pianoforte, bianche colonne, parquet e arredi di sobria eleganza; camere ben tenute. Graziosi tavolini nella raffinata sala da pranzo con soppalco e grandi vetrate.

Milleluci senza rist, località Porossan Roppoz 15 ✆ 0165 235278, *hotelmilleluci@hotelmilleluci.com, Fax 0165 235284,* ≤ città, ⇌, ⛱, ⛰ – |♦| TV ✆ ♿ ⇐ P – 🏛 50. AE ⓢ ⓘ ⓜ VISA. ⚡ X a

31 cam ☐ 95/150.

♦ Albergo in posizione tranquilla e panoramica con vista sulla città; particolari gli interni con arredi, rifiniture e oggetti originali, tipici della tradizione locale.

Miage, via Ponte Suaz 252 ✉ 11020 Charvensod ✆ 0165 238585 e rist. ✆ 0165 238566, *hotelmiage@iol.it, Fax 0165 236355,* ≤, ⛰ – |♦| ▤ TV ♿ ⇐ P. AE ⓢ ⓘ ⓜ VISA JCB. ⚡ X f

Pasto al Rist. ***Glacier*** *(chiuso lunedì)* carta 26/47 – ☐ 10,50 – **32 cam** 57/80 – ½ P 62.

♦ Struttura dei primi anni '90 a conduzione familiare, vicino al fiume Dora; aree comuni razionali e arredi in stile moderno; camere funzionali e confortevoli, con balcone. Cucine a vista nella grande sala da pranzo del ristorante, rischiarata da ampie finestre.

Miravalle senza rist, località Porossan ✆ 0165 236130, *Fax 0165 35705,* ≤ – TV ⇐ P. AE ⓢ ⓜ VISA X

chiuso dal 2 novembre al 6 dicembre – ☐ 5,20 – **24 cam** 45/72.

♦ In posizione decentrata, accogliente albergo familiare: numerosi oggetti conferiscono personalità alle zone comuni, arredate in modo molto piacevole; camere funzionali.

Roma senza rist, via Torino 7 ✆ 0165 41000, *hroma@libero.it, Fax 0165 32404* – |♦| TV ♿ ⇐. AE ⓢ ⓘ ⓜ VISA JCB Y n

chiuso dal 10 al 31 ottobre – ☐ 6 – **38 cam** 70/77.

♦ Atmosfera familiare e interni arredati in modo tradizionale in un hotel adiacente al centro storico; la reception si trova in una struttura circolare al centro della hall.

Vecchio Ristoro, via Tourneuve 4 ✆ 0165 33238, *Fax 0165 33238,* prenotare – AE ⓢ ⓘ ⓜ VISA JCB. ⚡ Y b

chiuso giugno, dal 1º al 7 novembre, domenica e lunedì a mezzogiorno – **Pasto** carta 38/56 🍇.

♦ Raffinatezza in cucina e ambiente delizioso: ricercate proposte di piatti stagionali e della tradizione servite nelle due raccolte salette di un antico mulino ad acqua.

Spec. Marbré di bollito misto con bagnet verde (autunno-inverno). Fagottini di funghi porcini e patate con salsa al parmigiano (luglio-settembre). Pesca ripiena all'amaretto caramellata e servita con salsa di lamponi (estate).

Xavier 12, via Xavier de Maistre 12 ✆ 0165 261771, *mazzuoli.g.@libero.it, Fax 0165 232707* – AE ⓢ ⓘ ⓜ VISA JCB Y a

chiuso domenica e a mezzogiorno – **Pasto** carta 27/36.

♦ Sale con soffitti a volta e mattoni a vista, in questo gradevole ristorante ubicato proprio a fianco del Municipio. Ambiente giovane: buona fusione di tradizione e modernità.

a Gressan *Sud-Ovest : 3 km* – ✉ *11020 :*

Hostellerie de la Pomme Couronnée, frazione Resselin 3 ✆ 0165 251010, *lapomme@lapommevda.com, Fax 0165 251010,* ⛱, prenotare la sera – ⇸ ▤ P. ⓢ ⓘ ⓜ VISA JCB. ⚡

chiuso martedì e mercoledì a mezzogiorno – **Pasto** cucina con specialità alle mele carta 37/47.

♦ Fascino di un ambiente rustico di tono elegante nelle accoglienti salette in pietra e mattoni di un'amena cascinetta di campagna ristrutturata; specialità alle mele.

a Saint Christophe *per ② : 4 km – alt. 700 –* ✉ *11020 :*

Hotelalp senza rist, località Aeroporto 8 ✆ 0165 236900, *hotelalp@tiscalinet.it, Fax 0165 239119,* ≤, campo pratica golf, ⛰ – TV ✆ P – 🏛 50. AE ⓢ ⓜ VISA

chiuso novembre – ☐ 7,50 – **51 cam** 60/75.

♦ Alle porte della città, in zona panoramica, hotel circondato dal verde e dagli alti monti alpini; camere funzionali, molte con accesso dall'esterno e campo pratica golf.

XX **Casale** con cam, frazione Condemine 1 ☎ 0165 541203, *info@hotelristorantecasale.it, Fax 0165 541962,* ← – |♦| 📺 ♿ 🚗 🅿 – 🏨 60. AE ⓢ ⓓ ⓜⓒ VISA
chiuso dal 5 al 20 gennaio e dal 5 al 20 giugno – **Pasto** *(chiuso domenica sera e lunedì in bassa stagione)* carta 30/45 – ☕ 7,75 – **25 cam** 52/73 – ½ P 73.
◆ In una grande casa ricoperta di pietra e legno, ristorante classico, gestito da tre generazioni dalla stessa famiglia, che propone piatti della Valle; salone banchetti.

a Pollein *per ② : 5 km – alt. 608 – ✉ 11020 :*

🏨 **Diana,** via Saint Benin 1/b ☎ 0165 53120 e rist ☎ 0165 253064, *hotel.diana@galactica.it, Fax 0165 53321,* ←, 🌳 – |♦| 📺 ♿ 🅿. AE ⓢ ⓓ ⓜⓒ VISA JCB. ✂
Pasto al Rist. ***San Giorgio*** *(chiuso lunedì in bassa stagione)* carta 25/35 – **30 cam** ☕ 52/78 – ½ P 50.
◆ Sulla strada per Pila, imponente struttura bianca abbracciata dal verde e da alte montagne; funzionali interni in stile moderno, camere con arredi in legno di ciliegio. Sala con pavimento a scacchiera, divisa centralmente da colonne; cucina eclettica.

APPIANO GENTILE *22070 Como* 561 E 8, 219 ⑱ – *7 026 ab. alt. 368.*

⛳ *La Pinetina (chiuso martedì e dal 17 dicembre al 14 gennaio) ✉ 22070 Carbonate ☎ 031 933202, Fax 031 890342.*

Roma 617 – Como 20 – Milano 43 – Saronno 18 – Varese 20.

XX **Tarantola,** via della Resistenza 29 ☎ 031 930990, *info@ristorantetarantola.it, Fax 031 891101,* 🏡 – 🅿. AE ⓢ ⓓ ⓜⓒ VISA
chiuso lunedì sera e martedì – **Pasto** carta 31/52 🍷.
◆ In collina, vicino a un ampio bosco, grande struttura familiare: diverse sale eleganti e, per l'estate, un invitante pergolato; cucina fantasiosa, notevole cantina.

APPIANO SULLA STRADA DEL VINO (EPPAN AN DER WEINSTRASSE) *39057 Bolzano* 562 C 15 – *12 546 ab. alt. (frazione San Michele) 418.*

Roma 641 – Bolzano 10 – Merano 32 – Milano 295 – Trento 57.

a San Michele (St. Michael) – *✉ 39057 San Michele Appiano.*

ℹ *piazza Municipio 1 ☎ 0471 662206, info@eppan.net, Fax 0471 663546*

🏨 **Ansitz Tschindlhof** 🔇, via Monte 36 ☎ 0471 662225, *info@tschindlhof.com, Fax 0471 663649,* ←, 🏊, 🌳 – 📺 🅿. ⓢ ⓓ ⓜⓒ VISA JCB. ✂ rist
aprile-ottobre – **Pasto** *(chiuso a mezzogiorno)* (solo per alloggiati) – **18 cam** ☕ 72/140, 7 suites – ½ P 84.
◆ Incantevole dimora antica piacevolmente accolta in un giardino-frutteto con piscina: amabili e raffinati interni con mobili in legno lavorato, camere accoglienti. Deliziosa sala rivestita di perlinato, anche sul soffitto, ingentilito da semplici decori.

🏨 **Christof** 🔇, via Gravosa 21 ☎ 0471 662349, *info@christof-eppan.com, Fax 0471 660971,* ← colline e dintorni, 🏡 – 📺 📞 🚗 🅿. ⓢ ⓜⓒ VISA
Pasto 24/32 – **21 cam** ☕ 60/100 – ½ P 63.
◆ Hotel in posizione panoramica, completamente ristrutturato nel 2001, oggi consente ai propri ospiti di godere di camere spaziose e arredate con gusto signorile. Ristorante con terrazza estiva e vista sui dintorni.

🏠 **Ansitz Angerburg,** via dell'Olmo 16 ☎ 0471 662107, *info@hotel-angerburg.com, Fax 0471 660993,* 🏊, 🌳 – |♦| 📺 🅿. ⓢ ⓜⓒ VISA. ✂ rist
aprile-10 novembre – **Pasto** carta 23/32 – **30 cam** ☕ 57/110 – ½ P 67,50.
◆ In centro, grande struttura abbellita da un grazioso giardino con piscina; mobili in legno scuro ravvivato da disegni floreali negli spazi comuni, camere lineari. Sala da pranzo arredata in modo essenziale, con grandi finestre; cucina del territorio.

🏠 **Schloss Aichberg** 🔇 senza rist, via Monte 31 ☎ 0471 662247, *info@aichberg.com, Fax 0471 660908,* ≘s, 🏊 riscaldata, 🌳 – 📺 🅿. ⓢ ⓜⓒ VISA JCB. ✂
marzo-15 novembre – **12 cam** ☕ 59, 2 suites.
◆ Sarete affascinati dalla gradevolezza della collocazione di questo albergo, in un giardino-frutteto con piscina riscaldata; graziosi spazi comuni in stile montano.

XX ✿ **Zur Rose,** via Josef Innerhofer 2 ☎ 0471 662249, *info@zur-rose.com, Fax 0471 662485,* Coperti limitati; prenotare – 🚭. AE ⓢ ⓓ ⓜⓒ VISA JCB
chiuso dal 24 al 26 dicembre, luglio, domenica e lunedì a mezzogiorno – **Pasto** carta 54/72.
◆ Tradizione e innovazione in cucina: indovinate proposte di piatti del territorio, piacevolmente personalizzati, serviti in un elegante locale caratteristico in centro.
Spec. Animelle di vitello su spuma di patate e vinaigrette di tartufo nero (autunno-inverno). Capretto nostrano al forno con flan di piselli e grostel di asparagi (primavera). Ravioli di vaniglia e cioccolato su carpaccio di ananas.

a Pigeno (Pigen) *Nord-Ovest : 1,5 km* – ✉ *39057 San Michele Appiano :*

Stroblhof ⛰, strada Pigeno 25 ☎ 0471 662250, *hotel@stroblhof.it, Fax 0471 663644,* ⛱, ≘s, ⛲, 🏊, 🌳, 🎾 – TV P. AE 💳 VISA. ✕ rist
marzo-novembre – **Pasto** carta 35/48 – **25 cam** ☕ 93/154,50, 5 suites – ½ P 88.
◆ Abbracciata dal verde dei vigneti, una grande struttura impreziosita da un bel giardino con laghetto-piscina, adatta a una vacanza con la famiglia; camere ampie e recenti. Luce soffusa nell'ambiente rustico della sala con soffitto in travi di legno a vista.

Schloss Englar ⛰ senza rist, via Pigeno 42 ☎ 0471 662628, *info@schloss-englar.it, Fax 0471 660404,* ≤, ⛲, 🌳 – P. AE 💳 ⓓ ⓜ VISA
Pasqua-novembre – **11 cam** ☕ 60/110.
◆ Tranquillità della natura ristoratrice e fascino ammaliatore di un'amenità totale in un castello medioevale dove ritrovare intatta l'atmosfera di una residenza nobiliare.

a Cornaiano (Girlan) *Nord-Est : 2 km* – ✉ *39050 :*

Weinegg ⛰, via Lamm 22 ☎ 0471 662511, *info@weinegg.com, Fax 0471 663151,* ≤ monti e frutteti, ⛱, 🏋, ≘s, 🏊, 🌳, 🎾 – 🛗 ⇔ TV 📞 ♿ 🚗 P. 💳 ⓜ VISA. ✕ rist
marzo-novembre – **Pasto** carta 37/46 🍷 – **22 cam** ☕ 95/170, 20 suites 200/220 – ½ P 100.
◆ Nella tranquillità totale della natura, imponente edificio moderno con incantevole vista su monti e frutteti; ambienti in elegante stile tirolese dotati di ogni confort. Sale da pranzo con bei soffitti in legno, alcune di raffinata eleganza.

Girlanerhof ⛰ via Belvedere 7 ☎ 0471 662442, *info@girlanerhof.it, Fax 0471 661259,* ≤, ⛱, ≘s, 🏊, 🌳 – 🛗 TV P. 💳 ⓜ VISA
aprile-novembre – **Pasto** carta 31/39 – **20 cam** ☕ 82/160, 8 suites – ½ P 91,50.
◆ Tra i vigneti, in un'oasi di pace, sobria ricercatezza e accoglienza tipica tirolese in un hotel a gestione diretta con elegante sala soggiorno in stile; camere piacevoli. Ristorante arredato con gusto e illuminato da grandi finestre ornate di graziose tende.

Marklhof-Bellavista, via Belvedere 14 ☎ 0471 662407, *Fax 0471 661522,* ≤, ⛱ – P. AE 💳 ⓜ VISA
chiuso dal 1° al 15 luglio, domenica sera e lunedì – **Pasto** carta 43/51.
◆ Ubicazione panoramica tra coltivazioni di uva e frutta per un ristorante della tradizione in un antico maso: tre salette caratteristiche e servizio estivo in terrazza.

a Monte (Berg) *Nord-Ovest : 2 km* – ✉ *39057 San Michele Appiano :*

Steinegger ⛰, via Masaccio 9 ☎ 0471 662248, *www.steinegger.it, Fax 0471 660517,* ≤ vallata, ⛱, ≘s, ⛲, 🏊, 🌳, 🎾 – 🛗 TV P. ⓜ VISA. ✕ cam
aprile-novembre – **Pasto** *(chiuso mercoledì)* 14/25 – **34 cam** ☕ 55/110 – ½ P 62.
◆ Possente complesso in aperta campagna, con bella vista sulla vallata, ideale per famiglie per la sua tranquillità e per le buone attrezzature sportive; camere decorose.

Bad Turmbach con cam, via Rio della Torre 4 ☎ 0471 662339, *gasthof@turmbach.com, Fax 0471 664754,* ⛱, ⛲, 🌳 – TV P. AE 💳 ⓜ VISA. ✕ cam
21 marzo-21 dicembre – **Pasto** *(chiuso giovedì)* carta 37/48 – **15 cam** ☕ 38/70 – ½ P 43.
◆ Il servizio estivo in giardino è davvero godibile, ma anche la cucina è in grado di offrire piacevoli emozioni attraverso proposte del territorio rielaborate con fantasia.

a San Paolo (St. Pauls) *Nord : 3 km* – ✉ *39050 San Paolo Appiano :*

Michaelis Hof ⛰ senza rist, via Luziafeld 8 ☎ 0471 664432, *Fax 0471 663777,* ≤ vigneti, 🌳 – ⇔ TV P. ✕
25 aprile-5 novembre – **12 cam** ☕ 57/83.
◆ Splendida vista sui vigneti per un rilassante soggiorno nella completa tranquillità della natura in ambienti dal semplice ed elegante stile tirolese; camere spaziose.

a Missiano (Missian) *Nord : 4 km* – ✉ *39050 San Paolo Appiano :*

Schloss Korb ⛰, via Castel d'Appiano 5 ☎ 0471 636000, *hotel-schloss-korb@dnet.it, Fax 0471 636033,* ≤ vallata, ⛱, ≘s, ⛲, 🏊, 🌳, 🎾 – 🛗 TV P – 🎪 100. 💳 ⓜ VISA
aprile-novembre – **Pasto** 36/50 – **47 cam** ☕ 98/206, 9 suites – ½ P 99.
◆ Incantevole veduta panoramica sulla vallata e quiete assoluta in un castello medioevale dai raffinati e tipici interni; molte camere nell'annessa struttura più recente. Calda, raffinata atmosfera nella sala in stile rustico con pareti in pietra; cucina locale.

ai laghi di Monticolo (Montiggler See) *Sud-Est : 6 km* – ✉ *39057 San Michele Appiano :*

Gartenhotel Moser ⛰, strada dei laghi di Monticolo 104 ☎ 0471 662095, *info@gartenhotelmoser.com, Fax 0471 661075,* ≤, ⛱, 🏋, ≘s, 🏊, 🌳 – 🛗, ⇔ cam, TV 📞 ♿ P. 💳 ⓓ ⓜ VISA
marzo-novembre – **Pasto** 30/35 – **35 cam** ☕ 66/150, 6 suites – ½ P 80.
◆ Ideale per una distensiva vacanza con tutta la famiglia, questo albergo immerso nella pace del suo giardino-frutteto; camere confortevoli e piacevole zona fitness. Linee essenziali e colori caldi nella spaziosa sala da pranzo; servizio estivo all'aperto.

APRICA *23031 Sondrio* 561 D 12 – *1 599 ab. alt. 1 181 – Sport invernali : 1 200/2 600 m* 2 13, .

(giugno-ottobre) *0342 747669, Fax 0342 748556.*

corso Roma 150 *0342 746113, aptaprica@provincia.so.it, Fax 0342 747732.*

Roma 674 – Sondrio 30 – Bolzano 141 – Brescia 116 – Milano 157 – Passo dello Stelvio 79.

Derby, via Adamello 16 0342 746067, *info@albergoderby.it, Fax 0342 747760,* –
AE VISA.

Pasto carta 24/36 – **50 cam** 88/103, suite – ½ P 85.

◆ Capace conduzione diretta in un complesso di moderna concezione, ristrutturato completamente e ampliato; confortevoli spazi interni in stile contemporaneo. Massicce colonne color amaranto ravvivano la sala ristorante.

Larice Bianco, via Adamello 38 0342 746275, *laricebianco@hotmail.com, Fax 0342 745454,* – AE VISA.

dicembre-aprile e giugno-settembre – **Pasto** *(chiuso mercoledì)* 14/19 – 8 – **25 cam** 40/70 – ½ P 50.

◆ Strategica posizione in prossimità delle piste da sci e valida gestione in un albergo frequentato soprattutto da una clientela familiare; camere dignitose.

APRICALE *18030 Imperia* 561 K 4, 115 ⑲ – *574 ab. alt. 273.*

via Roma 1 *0184 248641.*

Roma 668 – Imperia 63 – Genova 169 – Milano 292 – San Remo 30 – Ventimiglia 16.

Locanda dei Carugi , via Roma 12/14 0184 209010, *carugi@masterweb.it, Fax 0184 209942,* – . AE VISA JCB

Pasto vedere rist ***La Capanna-da Bacci*** – 6 cam 78/98.

◆ Nel cuore del borgo, elegante locanda in un edificio del 1400 esternamente rivestito di pietra: calda atmosfera nei romantici ambienti, con mobili d'epoca restaurati.

La Capanna-da Bacì, via Roma 16 0184 208137, *capanna@masterweb.it, Fax 0184 209977,* , prenotare – AE VISA JCB

chiuso dal 1° al 22 dicembre, dal 1° al 10 giugno, lunedì sera e martedì (escluso agosto)

Pasto 15,75/22,75.

◆ Nel centro della località, ristorante dal tono rustico che propone cucina del territorio impostata su diversi menù fissi, legati alla tradizione e alla stagione.

La Favorita con cam, località Richelmo 0184 208186, *la-favorita-apricale@libero.it, Fax 0184 208247,* – AE VISA JCB

chiuso dal 24 giugno all'8 luglio e dal 12 novembre al 6 dicembre – **Pasto** *(chiuso martedì sera e mercoledì escluso luglio-settembre)* 20/28 – **7 cam** 50/65 –.

◆ In zona isolata e tranquilla, accogliente locale dall'ambiente familiare: capiente sala con grande vetrata panoramica, dove provare una casereccia, tipica cucina ligure.

APRILIA *04011 Latina* 563 R 19 – *58 451 ab. alt. 80.*

Eucalyptus (chiuso martedì) *06 92746252, Fax 06 9268502.*

Roma 44 – Latina 26 – Napoli 190.

Il Focarile, via Pontina al km 46,5 06 9282549, *info@ilfocarile.it, Fax 06 9280392,* ,
– . AE VISA

domenica sera e lunedì – **Pasto** carta 44/57 .

◆ L'ingresso sontuoso introduce degnamente in un'ampia, luminosa sala di tono elegante con tavoli spaziati; tocco toscano per una cucina ricca di tradizione e d'inventiva.

Spec. Ricotta di bufala con salsa al tartufo nero. San Pietro con zucchine e pinoli. Sorbetto ai fichi con cioccolato e pinoli.

Da Elena, via Matteotti 14 06 92704098, *Fax 06 92704098* – . AE VISA.

chiuso agosto e domenica – **Pasto** carta 28/41.

◆ Ambiente moderno semplice, ma accogliente, e conduzione vivace per un ristorante classico a gestione familiare, con cucina tradizionale di terra e di mare.

AQUILEIA *33051 Udine* 562 E 22 *G. Italia* – *3 351 ab. – a.s. luglio-agosto.*

Vedere *Basilica★★ : affreschi★★ della cripta carolingia, pavimenti★★ della cripta degli Scavi – Rovine romane★.*

piazza Capitolo 4 *0431 919491.*

Roma 635 – Udine 41 – Gorizia 32 – Grado 11 – Milano 374 – Trieste 45 – Venezia 124.

Patriarchi, via Augusta 12 0431 919595, *info@hotelpatriarchi.it, Fax 0431 919596,*
– – 200. AE VISA JCB. rist

Pasto *(chiuso mercoledì escluso da aprile a settembre)* carta 22/43 – **23 cam** 58/94 – ½ P 68.

◆ Nel cuore del centro storico-archeologico di Aquileia, un albergo semplice e funzionale che si è recentemente dotato di una grande sala riunioni; camere lineari. Sala da pranzo essenziale, ma piacevole.

XX **La Colombara,** via Zilli 42 (Nord-Est : 2 km) ✆ 0431 91513, *Fax 0431 919560,* – P. AE VISA JCB
chiuso lunedì – **Pasto** specialità di mare carta 15/35.
◆ Ristorante ad andamento familiare in una grande casa fuori dal centro, con interni di stile rustico; curati piatti di cucina di mare, serviti all'aperto in estate.

ARABBA *32020 Belluno* 562 C 17 *G. Italia – alt. 1 602 – Sport invernali : 1 612/3 269 m* 3 24 *(Comprensorio Dolomiti superski Arabba-Marmolada)* .
via Boè ✆ 0436 79130, arabba@infodolomiti.it, Fax 0436 79300.
Roma 709 – Belluno 74 – Cortina d'Ampezzo 36 – Milano 363 – Passo del Pordoi 11 – Trento 127 – Venezia 180.

Sporthotel Arabba, via Mesdi 76 ✆ 0436 79321, *info@sporthotelarabba.com, Fax 0436 79121,* ≤ Dolomiti, – TV P. VISA.
12 dicembre-10 aprile e giugno-15 settembre – **Pasto** al Rist. ***La Stube*** carta 25/37 – **52 cam** 96/192 – ½ P 110.
◆ Nell'incantevole scenario delle Dolomiti, un indimenticabile soggiorno di classe in ambienti resi unici e confortevoli dal raffinato impiego del legno finemente decorato. Ambiente raccolto al ristorante «La Stube», per romantiche cene a lume di candela.

Evaldo, via Mesdì 3 ✆ 0436 79109, *hotel.evaldo@rolmail.net, Fax 0436 79358,* ≤ Dolomiti, – TV P. VISA.
chiuso dal 15 al 27 aprile e novembre – **Pasto** carta 27/39 – **25 cam** 240/280, 20 suites 140/340 – ½ P 170.
◆ Una grande casa da cui si gode una bella vista panoramica sulle Dolomiti; calda atmosfera negli interni signorili completamente rivestiti in legno; camere confortevoli. Elegante sala da pranzo con soffitti in legno lavorato; accogliente la tipica stube.

Malita, via Mesdì 54 ✆ 0436 79103, *hotelmalita@rolmail.net, Fax 0436 79391,* ≤, – TV P. AE VISA JCB. rist
chiuso dal 20 aprile al 20 maggio e dal 18 ottobre al 3 dicembre – **Pasto** carta 19/30 – **26 cam** 145/160 – ½ P 95.
◆ Capace conduzione familiare in un albergo nel cuore della località, a pochi passi dagli impianti di risalita; spazi comuni concepiti in modo razionale e camere lineari. Spaziosa sala ristorante.

Olympia, via Colesel 57 ✆ 0436 79135, *olympia@arabba.com, Fax 0436 79354,* ≤ Dolomiti, – TV P. VISA. rist
chiuso dal 15 al 30 aprile e dal 2 novembre al 5 dicembre – **Pasto** carta 17/31 – **42 cam** 134/218 – ½ P 114.
◆ Non distante dal centro, grande e bella struttura in stile montano in posizione soleggiata e panoramica; ampi e piacevoli spazi interni, camere confortevoli. Sala da pranzo essenziale, ma molto accogliente e gradevole.

Royal senza rist, via Mesdì 7 ✆ 0436 79293, *info@hotel.garniroyal.com, Fax 0436 780086,* ≤, – TV P. VISA.
chiuso maggio e novembre – **12 cam** 60/92.
◆ A poche centinaia di metri dal centro, albergo a gestione diretta con interni completamente rivestiti in legno; grandi e luminose camere sobriamente arredate.

sulla strada statale 48 *Est : 3 km :*

Festungshotel, via Pezzei 66 ✆ 0436 79329, *info@alforte.com, Fax 0436 79440,* ≤ Dolomiti, – TV P. AE VISA
chiuso dal 10 aprile al 05 maggio e dal 12 ottobre al 1° dicembre – **Pasto** al Rist. ***Al Forte*** *(chiuso martedì)* carta 28/35 – **21 cam** 75/110 – ½ P 70.
◆ Posizione panoramica con vista sulle Dolomiti per un confortevole e accogliente hotel a gestione familiare; spazi interni in stile montano, ben attrezzata area benessere. Ristorante ubicato all'interno di un antico fortino austro-ungarico del 1897.

ARCETO *Reggio nell'Emilia* 562 I 14 – *Vedere Scandiano.*

ARCETRI *Firenze* 563 K 15 – *Vedere Firenze.*

In questa guida
uno stesso simbolo, una stessa parola
stampati in rosso o in nero,
hanno un significato diverso.
Leggete attentamente le pagine dell'introduzione.

ARCIDOSSO *58031 Grosseto* 563 N 16 – *4 072 ab. alt. 661.*

piazza Indipendenza ☎ 0564 966438, 0564 966010.

Roma 183 – Grosseto 59 – Orvieto 74 – Siena 75 – Viterbo 91.

Park Hotel Luce Sorgente, località Aiole Sud : 3 km ☎ 0564 967409, *info@lucesorgente.it, Fax 0564 967188,* monti, Centro benessere, – , cam, – 200. rist

Pasto carta 27/48 – **96 cam** 99/146 – ½ P 91.

◆ Antico complesso completamente rinnovato, con bella vista sui monti: un corpo centrale e villini; ampi ed eleganti spazi comuni in stile moderno, attrezzato centro benessere. Grandi vetrate panoramiche ad arco illuminano la sala da pranzo, ariosa e piacevole.

Agriturismo Rondinelli, località I Rondinelli 32 (Sud-Ovest : 7 km) ☎ 0564 968168, *Fax 0564 968168,* solo su prenotazione – cam,

Pasto (prenotare) 20/22 – 7 – **8 cam** 50/70 – ½ P 60.

◆ Un soggiorno rilassante a contatto con la natura nella tranquillità di un casale ottocentesco in un bosco di castagni; ambiente caratteristico e camere essenziali. Muri in pietra e aperture a volta, con mattoni a vista, nelle sale da pranzo in stile rustico.

ARCO *38062 Trento* 562 E 14 – *14 438 ab. alt. 91 – a.s. Pasqua e Natale.*

viale delle Palme 1 ☎ 0464 532255, Fax 0464 532353.

Roma 576 – Trento 33 – Brescia 81 – Milano 176 – Riva del Garda 6 – Vicenza 95.

Everest, viale Rovereto 91, località Vignole Est : 2 km ☎ 0464 519277, *hoteleverest@cr-surfing.net, Fax 0464 519280,* – rist, – 60.

Pasto *(aprile-ottobre)* carta 26/35 – 7 – **55 cam** 74/91 – ½ P 64.

◆ Fuori dalla località, sulla strada per Rovereto, struttura di taglio moderno, in posizione panoramica e nel verde; camere classiche e funzionali, con arredi solidi. Ariosa sala ristorante d'ispirazione contemporanea.

Al Sole, via Foro Boario 5 ☎ 0464 516676, *sole.holiday@tin.it, Fax 0464 518585,* – rist,

chiuso dicembre – **Pasto** *(chiuso sabato escluso da marzo ad ottobre)* carta 33/45 – 6,20 – **20 cam** 50/88 – ½ P 60.

◆ Ambiente e gestione familiare in un hotel situato nel centro della cittadina: piccolo ricevimento e camere decorose e lineari, arredate in modo piacevole. Sala da pranzo ornata in modo essenziale e veranda estiva.

ARCORE *20043 Milano* 561 F 9, 219 ⑲ – *16 526 ab. alt. 193.*

Roma 594 – Milano 31 – Bergamo 39 – Como 43 – Lecco 30 – Monza 7.

Borgo Lecco, via Matteotti 2 ☎ 039 6014041 e rist. ☎ 039 6014764, *info@hotelborgolecco.it, Fax 039 6014763* – – 150.

Pasto al Rist. ***Il Saraceno*** *(chiuso dal 1° al 15 agosto e mercoledì)* carta 20/43 – 9,50 – **54 cam** 80/110 – ½ P 64.

◆ Struttura di moderna concezione all'interno di un piccolo centro commerciale; piene di luce le aree comuni in sobrio stile contemporaneo, confortevoli camere ben arredate.

Sant'Eustorgio, via Ferruccio Gilera 1 ☎ 039 6013718, *info@santeustorgio.com, Fax 039 617531,* –

chiuso agosto – **Pasto** *(chiuso venerdì e domenica sera)* specialità toscane carta 30/40 – **40 cam** 90/128, 5 suites.

◆ Bella posizione centrale, resa ancor più gradevole e tranquilla dall'ampio e curato giardino ombreggiato che circonda l'albergo; ampie camere, in parte rinnovate. Accogliente sala ristorante con un grande camino e oggetti di rame alle pareti.

L'Arco del Re, via Papina 4 ☎ 039 6013644, *arcodelre@libero.it, Fax 039 6013644,* Enoteca con cucina –

chiuso sabato a mezzogiorno e domenica – **Pasto** carta 25/34.

◆ Ambiente semplice, ma ben tenuto in un'enoteca con cucina che offre un'ottima selezione di vini (anche degustazione a bicchiere) e una grande scelta di formaggi e salumi.

ARCUGNANO *36057 Vicenza* 562 F 16 – *7 001 ab. alt. 160.*

Roma 530 – Padova 40 – Milano 211 – Vicenza 7.

Villa Michelangelo, via Sacco 35 ☎ 0444 550300, *reception@hotelvillamichelangelo.com, Fax 0444 550490,* Colli Berici, , coperta in inverno – , cam, – 350.

Pasto carta 33/51 – **46 cam** 150/249, 6 suites – ½ P 160,50.

◆ Lo splendore di un nobile passato che rivive nel presente in una villa del 1700 con grande parco, in magnifica posizione tra i colli Berici, per un soggiorno esclusivo. Ambiente signorile in sala da pranzo, servizio sulla terrazza panoramica in estate.

a Lapio *Sud : 5 km – ✉ 36057 Arcugnano :*

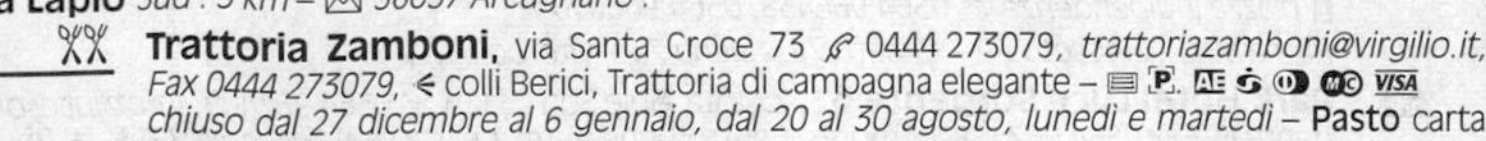

XX **Trattoria Zamboni,** via Santa Croce 73 ☎ 0444 273079, *trattoriazamboni@virgilio.it, Fax 0444 273079,* ≤ colli Berici, Trattoria di campagna elegante – P. AE VISA
chiuso dal 27 dicembre al 6 gennaio, dal 20 al 30 agosto, lunedì e martedì – **Pasto** carta 22/31.
◆ Rinomata trattoria di campagna: interni in stile moderno con vista sui colli Berici dalle grandi vetrate; piatti tradizionali e innovativi, servizio estivo all'aperto.

a Soghe *Sud : 9,5 km – ✉ 36057 Arcugnano :*

XX **Antica Osteria da Penacio,** via Soghe 22 ☎ 0444 273081, *Fax 0444 273540* – P. AE VISA.
chiuso dal 20 al 30 gennaio, dal 20 al 30 luglio, dal 20 al 30 novembre, mercoledì e giovedì a mezzogiorno – **Pasto** carta 24/32.
◆ Ristorante a conduzione familiare in una villetta al limitare di un bosco: all'interno due raffinate salette e una piccola, ma ben fornita, enoteca; cucina tradizionale.

ARDENZA *Livorno* 563 L 12 – *Vedere Livorno.*

Se dopo le h 18,00 siete ancora in viaggio confermate la vostra prenotazione telefonicamente, è consuetudine ... ed è più sicuro.

ARDORE MARINA *89037 Reggio di Calabria* 564 M 30 – *5 079 ab..*
Roma 711 – Reggio di Calabria 88 – Catanzaro 107.

X **L'Aranceto,** via Pozzicello 4 ☎ 0964 629271, *Fax 0964 629593,* – P. AE VISA.
chiuso ottobre e martedì – **Pasto** carta 21/40.
◆ Sembra di cenare a casa di amici in un locale dal curato ambiente rustico, dove sarete accolti con grande ospitalità; numerose proposte di piatti di terra e di mare.

AREMOGNA *L'Aquila* 563 Q 24 – *Vedere Roccaraso.*

ARENZANO *16011 Genova* 561 I 8 – *11 587 ab. – a.s. 15 dicembre-15 gennaio, 22 marzo-maggio e ottobre.*
9 *(chiuso martedì) ☎ 010 9111817, Fax 010 9111270, Ovest : 1 km.*
lungomare Kennedy ☎ 010 9127581, iat.arenzano@apt.genova.it, Fax 010 9127581.
Roma 527 – Genova 24 – Alessandria 77 – Milano 151 – Savona 23.

Gd H. Arenzano, lungomare Stati Uniti 2 ☎ 010 91091, *ricevimento@grandhotelarenzano.it, Fax 010 9109444,* ≤, – P – 250. AE VISA. rist
Pasto al Rist. ***La Veranda*** carta 32/57 – **105 cam** 153/248, 5 suites – 1/2 P 166.
◆ Grande villa d'inizio secolo di fronte al mare, in un ameno giardino con piscina: un albergo di moderna concezione, per congressi e turismo, con ampi ed eleganti interni. Capiente sala da pranzo dall'atmosfera raffinata.

Punta San Martino, via della Punta San Martino 4 ☎ 010 91081, *Fax 010 9108888,* ≤ mare, – P – 200. AE VISA. rist
15 aprile-ottobre – **Pasto** *(chiuso a mezzogiorno)* carta 27/53 – **32 cam** 145/228, suite – 1/2 P 140.
◆ A pochi passi dal centro, tranquillo hotel dotato di bella terrazza-solarium con piscina, da cui si gode una splendida vista sul mare; camere spaziose e ben accessoriate. Ampia sala dove potersi ristorare con piatti di una tradizionale cucina d'albergo.

Ena senza rist, via Matteotti 12 ☎ 010 9127379, *Fax 010 9123139* – AE VISA.
chiuso dal 24 dicembre al 27 gennaio – **23 cam** 75/105, suite.
◆ In una graziosa villa liberty sul lungomare, recentemente ristrutturata, albergo con piacevoli interni in stile di tono elegante, arredati con gusto; camere confortevoli.

Poggio Hotel, via di Francia 24 (Ovest : 2 km) ☎ 010 9135320, *info@poggiohotel.it, Fax 010 9135321,* – P – 30. AE VISA
Pasto al Rist. ***La Buca*** – **36 cam** 75/105, 4 suites – 1/2 P 79,15.
◆ Hotel d'ispirazione contemporanea, in prossimità dello svincolo autostradale, ideale per una clientela d'affari o di passaggio; camere funzionali e luminose. Ristorante di taglio moderno, cucina con specialità del territorio.

Ulivi con cam, via Olivette 12 ✆ 010 9127712, *info@hotelulivi.com, Fax 010 9131384*, Rist. e pizzeria – ... VISA JCB
Pasto *(chiuso lunedì escluso da giugno a settembre)* carta 33/60 – **10 cam** 82,63/98,13 – ½ P 82,63.
◆ Ristorante e pizzeria dall'ambiente di tono rustico, con mattoni a vista e pareti con paesaggi dipinti; proposte di piatti di mare, d'estate serviti all'aperto.

ARESE *20020 Milano* 561 F 9, 219 ⑱ – *19 104 ab. alt. 160.*
Roma 597 – Milano 16 – Como 36 – Varese 50.

Castanei, viale Alfa Romeo 10 (Nord-Ovest : 1,5 km) ✆ 02 9380053, *castanei@libero.it, Fax 02 93581366*, – ... VISA JCB.
chiuso dal 24 dicembre al 2 gennaio, agosto, domenica e mercoledì sera – **Pasto** carta 24/36.
◆ Un ristorante dove sarete accolti con cordialità, gestito dalla stessa famiglia da oltre trent'anni; proposte di cucina classica e locale, servizio estivo all'aperto.

AREZZO *52100* P 563 L 17 *G. Toscana – 92 297 ab. alt. 296.*
Vedere *Affreschi di Piero della Francesca*** nella chiesa di San Francesco* **ABY** – *Chiesa di Santa Maria della Pieve* : facciata*** **BY** – *Crocifisso** nella chiesa di San Domenico* **BY** – *Piazza Grande** **BY** – *Museo d'Arte Medievale e Moderna* : maioliche*** **AY M2** – *Portico* e ancona* della chiesa di Santa Maria delle Grazie* **AZ** – *Opere d'arte* nel Duomo* **BY.**
piazza della Repubblica 28 ✆ 0575 377678, info@arezzo.turismo.toscana.it, Fax 0575 20839.
A.C.I. *viale Luca Signorelli 24/a ✆ 0575 303603.*
Roma 214 ④ – Perugia 74 ③ – Ancona 211 ② – Firenze 81 ④ – Milano 376 ④ – Rimini 153 ①.

Pianta pagina seguente

Etrusco Palace Hotel, via Fleming 39 ✆ 0575 984066, *etrusco@etruschotel.it, Fax 0575 382131* – ... – 400. ... VISA JCB.
Pasto al Rist. ***Le Anfore*** *(chiuso agosto e domenica)* carta 21/28 – **80 cam** 105/135 – ½ P 85. 1 km per ④
◆ Alle porte della città, imponente albergo moderno dotato di ogni confort con accoglienti e spaziose aree comuni; piacevoli camere ben arredate, attrezzata area congressi. Sala da pranzo recentemente rinnovata, con arredi essenziali, ma di tono elegante.

Minerva, via Fiorentina 6 ✆ 0575 370390, *info@hotel-minerva.it, Fax 0575 302415* – ... – 350. ... VISA JCB. AY n
Pasto *(chiuso dal 1° al 20 agosto)* carta 23/35 (15 %) – **129 cam** 110/135 – ½ P 100.
◆ Hotel a vocazione congressuale, con grandi spazi interni e diverse sale riunioni; colori chiari nelle camere ariose e raffinate, rischiarate con diversi punti luce. Saloni con tavoli rotondi e quadrati armoniosamente disposti, in ambienti ben illuminati.

Continentale senza rist, piazza Guido Monaco 7 ✆ 0575 20251, *prenotazioni@hotelcontinentale.com, Fax 0575 350485* – ... – 130. ... VISA AZ r
8 – **73 cam** 67/98.
◆ Ampia costruzione centrale con zone comuni d'impronta contemporanea; camere lineari, alcune più spaziose con arredi in stile, altre d'ispirazione più recente.

Casa Volpi, via Simone Martini ✆ 0575 354364, *posta@casavolpi.it, Fax 0575 355971*, – ... VISA JCB. 1,5 km per ②
chiuso dal 5 al 13 agosto – **Pasto** *(chiuso dal 23 dicembre al 2 gennaio, dal 5 al 23 agosto, mercoledì e a mezzogiorno escluso domenica)* carta 20/29 – 8 – **15 cam** 90.
◆ Alle porte della città, nella quiete della campagna, albergo a gestione familiare in una villa ottocentesca immersa in un parco; belle camere rustiche di tono elegante.

Patio senza rist, via Cavour 23 ✆ 0575 401962, *patio@arezzoresorts.it, Fax 0575 27418* – ... VISA JCB. BY c
7 cam 150/176.
◆ Albergo che presenta ambientazioni davvero originali, infatti le camere si ispirano ai racconti di viaggio del romanziere Bruce Chatwin. Segni d'Africa e d'Oriente. Interessante ristorante che propone una serie di ambienti diversi tra loro, sapori etnici.

Cavaliere Palace Hotel senza rist, via Madonna del Prato 83 ✆ 0575 26836, *info@cavalierehotels.com, Fax 0575 21925* – ... VISA JCB AZ n
31 cam 114/135.
◆ Una comoda posizione nel cuore della città per questo piccolo e confortevole albergo completamente rinnovato, con spazi interni arredati in sobrio stile moderno.

I Portici Residenza d'epoca senza rist, via Roma 18 ✆ 0575 403132, *info@hoteliportici.com, Fax 0575 300934* – ... VISA. AZ a
12,91 – **8 cam** 130/185.
◆ Al quinto piano di un palazzo ottocentesco sorto su antiche fondazioni, una risorsa che presenta poche, eleganti, camere dotate di preziosi elementi di confort.

Cavour (Via)	ABY 2	Maginardo (Viale)	AZ 14	Pileati (Via dei)	BY 28
Cesalpino (Via)	BY 3	Mecenate (Viale)	AZ 16	Ricasoli (Via)	BY 30
Chimera (Via della)	AY 5	Mino da Poppi (Via)	BZ 17	Roma (Via)	AZ 31
Fontanella (Via)	BZ 6	Mochi (Via F.)	AY 19	S. Clemente (Via)	AY 32
Garibaldi (Via)	ABYZ 8	Monaco (Via G.)	AYZ 20	S. Domenico (Via)	BY 33
Giotto (Viale)	BZ 9	Murello (Piagga del)	AY 22	Saracino (Via del)	AY 35
Grande (Piazza)	BY	Niccolò Aretino (Via)	AZ 23	Sasso Verde (Via)	BY 36
Italia (Corso)	ABYZ	Pellicceria (Via)	BY 25	Vittorio Veneto (Via)	AZ 38
Madonna del Prato (V.)	AYZ 13	Pescioni (Via)	BZ 26	20 Settembre (Via)	AY 40

XX **La Lancia d'Oro**, piazza Grande 18/19 ✆ 0575 21033, *lanciadoro@loggevasari.it*, *Fax 0575 399124*, – AE Ⓢ ⓓ ⓜⓒ VISA. ✂ — BY u
chiuso dal 5 al 25 novembre, domenica sera e lunedì – **Pasto** carta 35/54 (15 %).
◆ Bel locale sito nella celebre piazza delle manifestazioni storiche, sotto le splendide logge del Vasari, dove d'estate è svolto il servizio all'aperto; cucina toscana.

X **Trattoria il Saraceno**, via Mazzini 6/a ✆ 0575 27644, *info@ilsaraceno.com*, *Fax 0575 27644* – AE Ⓢ ⓓ ⓜⓒ VISA JCB. ✂ — BY a
chiuso dal 7 al 25 gennaio, dal 7 al 28 luglio e mercoledì – **Pasto** carta 19/25.
◆ Trattoria in posizione centrale: ambiente schietto e cordiale nelle due sale separate da pochi gradini e adornate con vini in esposizione; cucina del territorio.

X **Antica Osteria l'Agania**, via Mazzini 10 ✆ 0575 295381, *Fax 0575 295381* – ▤. AE Ⓢ ⓓ ⓜⓒ VISA JCB — BY a
chiuso lunedì escluso giugno-settembre – **Pasto** cucina casalinga carta 16/25.
◆ Ristorante a conduzione diretta all'insegna della semplicità: ambiente familiare e arredi essenziali in due sale dove si propone una casalinga cucina del territorio.

a Bagnoro *per ② : 4 km – alt. 420 – ✉ 52100 Arezzo :*

Val di Colle senza rist, ✆ 0575 365167, *valdicolle@tin.it, Fax 0575 365167*, – P. AE VISA
chiuso agosto – **8 cam** 190/210.
◆ Una struttura di origine trecentesca, in posizione tranquilla e isolata: ampi spazi comuni ed eleganti camere in stile rustico; collezione di grafica e pittura moderna.

a Giovi *per ① : 8 km – ✉ 52010 :*

XX **Antica Trattoria al Principe,** piazza Giovi 25 ✆ 0575 362046, *Fax 0575 362046* – AE VISA.
chiuso dal 7 al 15 gennaio, dal 3 al 27 agosto e lunedì – **Pasto** carta 24/31.
◆ Diverse salette in un locale completamente rinnovato qualche anno fa, dove gustare piatti del luogo e tradizionali; da provare l'anguilla al tegamaccio.

a Chiassa Superiore *per ① : 9 km – ✉ 52030 :*

X **Il Mulino,** strada provinciale della Libbia ✆ 0575 361878, – P. AE VISA
chiuso dall'8 al 15 gennaio, dal 1° al 25 agosto e martedì – **Pasto** carta 22/32.
◆ Curato ambiente rustico e ampi spazi sia interni che esterni in un ristorante di campagna cui si accede passando su un piccolo ponticello; servizio estivo all'aperto.

In questa guida
uno stesso simbolo, una stessa parola
stampati in rosso o in nero,
hanno un significato diverso.
Leggete attentamente le pagine dell'introduzione.

ARGEGNO *22010 Como* 561 E 9, 219 ⑨ – *653 ab. alt. 220.*
Roma 645 – Como 20 – Lugano 43 – Menaggio 15 – Milano 68 – Varese 44.

Argegno-La Corte, via Milano 14 ✆ 031 821455, *Fax 031 821455* – . AE VISA JCB. cam
chiuso dal 1° al 20 dicembre – **Pasto** (rist. e pizzeria) carta 23/29 – **14 cam** 55/92 – ½ P 80.
◆ Buona accoglienza in un piccolo albergo centrale a gestione familiare, ristrutturato da pochi anni; camere dignitose e ben tenute, con arredi funzionali. Sala da pranzo non ampia, ma arredata con buon gusto, in un semplice stile moderno.

a Sant'Anna *Sud-Ovest : 3 km – ✉ 22010 Argegno :*

XX **Locanda Sant'Anna** con cam, Via Sant'Anna 152 ✆ 031 821738, *locandasantanna@libero.it, Fax 031 822046*, <, – P. AE VISA
Pasto *(chiuso mercoledì)* carta 28/36 – **8 cam** 70/95 – ½ P 70.
◆ Locanda con camere in una bella casa totalmente ristrutturata; due sale da pranzo attigue, con divanetti e soffitto con travi a vista, affacciate sulla valle e sul lago.

X **La Griglia** con cam, località Sant'Anna 1 ✆ 031 821147, *info@lagriglia.it, Fax 031 821562*, , prenotare, – P. AE VISA
chiuso gennaio e febbraio – **Pasto** *(chiuso martedì escluso da luglio a settembre)* carta 31/42 – 6 – **7 cam** 52/57 – ½ P 47.
◆ Trattoria di campagna con camere: ambiente rustico nelle due sale, di cui una riservata ai banchetti; servizio estivo all'aperto e ampia selezione di vini e distillati.

ARGELATO *40050 Bologna* 562 I 16 – *8 482 ab. alt. 21.*
Roma 393 – Bologna 20 – Ferrara 34 – Milano 223 – Modena 41.

XXX **L'800,** via Centese 33 ✆ 051 893032, *ristorante800@libero.it, Fax 051 893032*, , prenotare – P. AE VISA JCB
chiuso una settimana in gennaio, domenica sera e lunedì (anche domenica a mezzogiorno da giugno ad agosto) – **Pasto** specialità lumache e rane carta 39/57.
◆ In una signorile casa colonica di fine '800, elegante e ampia sala con grandi tavoli distanziati, ornati di argenti e cristalli; specialità lumache e rane, da provare.
Spec. Pasta frolla di mais con lumache di collina alle erbe, salsa di cipollotti e profumo di maggiorana (primavera). Tortelli di ricotta di pecora e tartufo nero con crema al foie gras. Guazzetto di cosce di rana in salsa di pomodoro al rosmarino.

a Funo *Sud-Est : 9 km – ✉ 40050 :*

XX **Il Gotha,** via Galliera 92 ✆ 051 864070, *Fax 051 864070* – ≡. AE Ⓢ ⓞ MC VISA JCB. ✻
chiuso dal 26 dicembre al 6 gennaio, dal 1° al 20 agosto e domenica – **Pasto** carta 29/44.
◆ In una sala dagli arredi lineari, vengono serviti piatti di mare nelle preparazioni più classiche; non mancano le proposte a base di carne, tra cui l'agnello.

ARGENTA *44011 Ferrara* 562 I 17 – *21 662 ab..*

(chiuso martedì) ✆ 0532 852545, fax 0532 852545.
Roma 432 – Bologna 53 – Ravenna 40 – Ferrara 34 – Milano 261.

Villa Reale senza rist, viale Roiti 16/a ✆ 0532 852334, *villareale@villareale.it, Fax 0532 852353* – ≡ TV ♿ P – 80. AE Ⓢ ⓞ MC VISA. ✻
30 cam 104/130.
◆ Albergo molto confortevole e completo nei servizi, ideale per soggiorni di lavoro e meeting; accoglienti aree comuni abbellite da grandi quadri, ampie camere.

Centrale senza rist, via Bianchi 1/B ✆ 0532 852694, *Fax 0532 852235* – ≡ TV ♿. AE Ⓢ ⓞ MC VISA JCB. ✻
14 cam 40/62.
◆ Cordiale ospitalità in un piccolo hotel centrale ben tenuto, a conduzione familiare, rinnovato pochi anni fa; curate camere dagli arredi semplici.

Agriturismo Val Campotto , strada Margotti 2 (Sud-Ovest : 2 km) ✆ 0532 800516, *agriturismo@valcampotto.it, Fax 0532 319413,* ← – ≡ TV P. Ⓢ MC VISA. ✻
chiuso gennaio e febbraio – **Pasto** *(chiuso lunedì e martedì)* (coperti limitati; prenotare) 14 (a mezzogiorno, escluso i festivi)/24 (la sera) – **9 cam** 48/68 – ½ P 58.
◆ Una cascina avvolta da un'atmosfera d'altri tempi, ristrutturata con gusto e accortezza ma senza eccessi. Un'azienda agricola gestita da generazioni con la medesima passione. In tavola le ricette della più genuina cucina ferrarese.

I prezzi del pernottamento e della pensione possono subire aumenti in relazione all'andamento generale del costo della vita ; quando prenotate chiedete la conferma del prezzo.

ARIANO IRPINO *83031 Avellino* 564 D 27 – *23 213 ab. alt. 817.*

Roma 262 – Foggia 63 – Avellino 51 – Benevento 41 – Napoli 102 – Salerno 84.

XX **La Pignata,** viale Dei Tigli 7 ✆ 0825 872355, *ristorantelapignata@virgilio.it, Fax 0825 872355* – ≡. AE Ⓢ ⓞ MC VISA. ✻
chiuso dal 15 al 30 settembre e martedì – **Pasto** carta 15/31.
◆ Grazioso ristorante centrale, con sala dall'ambiente caratteristico: soffitto ad archi sostenuti da massicci pilastri con pietra a vista e arredamenti in stile rustico.

ARIANO NEL POLESINE *45012 Rovigo* 562 H 18 – *4 894 ab..*

Roma 473 – Padova 66 – Ravenna 72 – Ferrara 50 – Milano 304 – Rovigo 36 – Venezia 97.

XX **Due Leoni** con cam, corso del Popolo 21 ✆ 0426 372129, *Fax 0426 372130* – ≡ rist, TV. AE Ⓢ ⓞ MC VISA JCB
chiuso dal 1° al 15 luglio – **Pasto** *(chiuso lunedì)* carta 25/35 – **12 cam** 45/65 – ½ P 50.
◆ Ristorante con camere semplici, ma confortevoli; una proposta gastronomica che valorizza i piatti della tradizione, serviti in una sala con arredi in stile moderno.

ARMA DI TAGGIA *18011 Imperia* 561 K 5.

Vedere *Dipinti★ nella chiesa di San Domenico a Taggia★ Nord : 3,5 km.*
via Boselli ✆ 0184 43733, infoarmaditaggia@rivieradeifiori.org, Fax 0184 43333.
Roma 631 – Imperia 22 – Genova 132 – Milano 255 – Ventimiglia 25.

XXX ✿ **La Conchiglia,** Lungomare 33 ✆ 0184 43169, *Fax 0184 42872*, , Coperti limitati; prenotare – ≡. AE Ⓢ ⓞ MC VISA. ✻
chiuso 15 giorni a giugno, 15 giorni a novembre, giovedì a mezzogiorno e mercoledì – **Pasto** 37 (solo a mezzogiorno escluso festivi)/80 e carta 55/79.
◆ Un lungo divano nell'elegante ingresso, piacevole preludio di imminente gioia del palato: ricette liguri, rielaborate e ingentilite, servite in un ambiente raffinato.
Spec. Gamberi di San Remo su panissa di fagioli di Conio. Calamaretti di lampara in zimino di carciofi (autunno-inverno). Fagottini di zucchine, trombette e maggiorana in sfoglia di pane su fondente di porri (primavera-estate).

ARMENZANO *Perugia* 563 M 20 – *Vedere Assisi.*

ARNOGA *Sondrio – Vedere Valdidentro.*

ARONA *28041 Novara* 561 E 7 *G. Italia – 14 549 ab. alt. 212.*

Vedere *Lago Maggiore**** – *Colosso di San Carlone** – *Politticο** *nella chiesa di Santa Maria* – ≤* *sul lago e Angera dalla Rocca.*

piazzale Duca d'Aosta ☎ *0322 243601, Fax 0322 243601.*

Roma 641 – Stresa 16 – Milano 40 – Novara 64 – Torino 116 – Varese 32.

Concorde, via Verbano 1 ☎ 0322 249321, *hotel@concordearona.com, Fax 0322 249372,* ≤ Rocca di Angera e lago – 240. AE VISA JCB. rist
Pasto carta 31/42 – 10,33 – **82 cam** 108/134.
◆ Imponente struttura moderna alle porte della cittadina, con bella vista sulla rocca di Angera e sul lago; gli interni sono in stile contemporaneo, camere confortevoli. Elegante sala da pranzo con ampie vetrate luminose.

Taverna del Pittore, piazza del Popolo 39 ☎ 0322 243366, *Fax 0322 48016,* prenotare – VISA.
chiuso dal 18 dicembre al 21 gennaio, quindici giorni in giugno e lunedì – **Pasto** carta 42/78.
◆ Ambiente distinto in un ristorante ubicato in un edificio seicentesco che si protende sul lago grazie a un'incantevole veranda con vista sulla rocca di Angera.

Pescatori, lungolago Marconi 27 ☎ 0322 48312, *pescatorieglicine@tiscalinet.it, Fax 0322 242094,* , prenotare – . AE VISA JCB
chiuso dal 2 al 20 gennaio e martedì – **Pasto** specialità di pesce carta 32/48.
◆ Cordialità, disponibilità e un piacevole ambiente accogliente in un locale classico; cucina della tradizione con numerose ricette di pesce di lago.

Del Barcaiolo, piazza del Popolo 20/23 ☎ 0322 243388, *ristdelbarcaiolo@tiscalinet.it, Fax 0322 45716,* – AE VISA.
chiuso dal 25 gennaio al 14 febbraio, dal 20 luglio al 20 agosto, mercoledì e giovedì a mezzogiorno – **Pasto** carta 33/50.
◆ Taverna caratteristica in un edificio di origine trecentesca, in pieno centro; all'esterno un piccolo porticato con volte tipiche, dove avviene il servizio estivo.

La Piazzetta, piazza del Popolo 35 ☎ 0322 243316, *Fax 0322 48027,* ≤ lago e rocca di Angera, – AE VISA JCB.
chiuso dal 15 gennaio al 10 febbraio e lunedì (a mezzogiorno del lunedì e martedì dal 15 giugno al 19 agosto) – **Pasto** carta 33/54.
◆ In prossimità del lago, locale gestito da due fratelli napoletani che hanno esportato in zona lacustre la loro cucina marinara: prodotti freschi e piatti ben fatti.

a Campagna *Nord-Ovest : 4 km* – ✉ *28041 :*

Il Giardino di Alice senza rist, via Motto Mirabello 51 ☎ 0322 57212, *info@ilgiardinodialice.com, Fax 0322 57145,* ≤ lago e dintorni – . AE VISA.
5 cam 60/90.
◆ Chalet ubicato in posizione tranquilla, verdeggiante e organizzato come un bed and breakfast all'inglese. Atmosfera da casa privata con possibilità di utilizzare la cucina.

Campagna, via Vergante 12 ☎ 0322 57294, – . AE VISA.
chiuso dal 15 al 30 giugno, dal 10 al 25 novembre, lunedì sera (escluso luglio-agosto) e martedì – **Pasto** carta 23/37.
◆ Trattoria a conduzione familiare, in un bel rustico ristrutturato; interni piacevoli e accoglienti dove provare piatti di cucina della tradizione elaborata con cura.

a Montrigiasco *Nord-Ovest : 6 km* – ✉ *28041 Arona :*

Castagneto, via Vignola 14 ☎ 0322 57201, *Fax 0322 57201,* ≤, , – . AE VISA
chiuso dal 24 dicembre al 20 gennaio, dal 23 al 30 giugno, dal 1° al 5 settembre, lunedì e martedì – **Pasto** carta 23/36.
◆ Ristorante che conta 35 anni d'attività e che da qualche tempo ha visto avvicendarsi «al comando» la nuova generazione della medesima famiglia. Lo spirito genuino è immutato.

Scriveteci...
Le vostre critiche e i vostri apprezzamenti saranno esaminati con la massima attenzione.
Verificheremo personalmente gli esercizi che ci vorrete segnalare
Grazie per la collaborazione !

ARPINO *03033 Frosinone* 563 R 22 – *7 815 ab. alt. 450.*

Roma 115 – Frosinone 29 – Avezzano 53 – Isernia 86 – Napoli 132.

Il Cavalier d'Arpino, via Vittoria Colonna 21 ✆ 0776 849348, *Fax 0776 850060,* – |‡|, rist, ▤ TV P. AE ⓢ ⓞ ⓜ VISA. ⅏
chiuso novembre – **Pasto** *(chiuso venerdì)* carta 18/30 – ☕ 6 – **24 cam** 47/70 – ½ P 45.

◆ Fuori dal centro, circondato da un ameno giardino e da un parco, grande edificio in pietra rinnovato negli arredi durante gli ultimi anni; camere confortevoli. Ampia sala da pranzo con un grande affresco raffigurante Giuseppe Cesari, il Cavalier d'Arpino.

ARQUÀ PETRARCA *35032 Padova* 562 G 17 *G. Italia – 1 869 ab. alt. 56.*

Roma 478 – Padova 22 – Mantova 85 – Milano 268 – Rovigo 27 – Venezia 61.

La Montanella, via dei Carraresi 9 ✆ 0429 718200, *info@montanella.it, Fax 0429 777177,* ←, , – ▤ P. AE ⓢ ⓞ ⓜ VISA. ⅏
chiuso dal 7 gennaio al 13 febbraio, dal 9 al 20 agosto, martedì sera e mercoledì – **Pasto** carta 33/44.

◆ Riscoperta di piatti antichi e vini di pregio, nell'eleganza di un locale in bella posizione panoramica, nel paese medievale reso immortale dal soggiorno del noto poeta.

ARSINA *Lucca* 562 K 13 – *Vedere Lucca.*

ARTA TERME *33022 Udine* 562 C 21 – *2 228 ab. alt. 442 – Stazione termale (maggio-ottobre), a.s. 10 luglio-14 settembre e Natale.*

via Umberto I 15 ✆ 0433 929290, Fax 0433 92104.

Roma 696 – Udine 56 – Milano 435 – Monte Croce Carnico 25 – Tarvisio 71 – Tolmezzo 8 – Trieste 129.

a Piano d'Arta *Nord : 2 km – alt. 564 – ✉ 33020 :*

Gardel, via Marconi 6/8 ✆ 0433 92588, *info@gardel.it, Fax 0433 92153,* , , – |‡| TV P. ⓢ ⓞ ⓜ VISA. ⅏ rist
chiuso dal 15 novembre al 20 dicembre – **Pasto** carta 18/25 – **55 cam** ☕ 42/73 – ½ P 54.

◆ Una vacanza salutare e rigenerante, nell'accogliente ambiente familiare di un albergo di lunga tradizione, con un recente centro benessere; camere rinnovate da poco. Proposte di piatti leggeri e calibrati nella curata sala da pranzo.

ARTIMINO *Prato* 563 K 15 – *Vedere Carmignano.*

ARZACHENA *Sassari* 566 D 10 – *Vedere Sardegna alla fine dell'elenco alfabetico.*

ARZIGNANO *36071 Vicenza* 562 F 15 – *23 161 ab. alt. 116.*

Roma 536 – Verona 48 – Venezia 87 – Vicenza 22.

Principe con cam, via Caboto 16 ✆ 0444 675131, *hotel.principe@keycomm.it, Fax 0444 675921,* prenotare, – |‡| ▤ TV P. AE ⓢ ⓞ ⓜ VISA JCB
chiuso dal 26 dicembre al 6 gennaio ed agosto – **Pasto** *(chiuso domenica e in luglio anche sabato)* carta 63/80 – **10 cam** ☕ 50/78, 2 suites.

◆ Pareti tinte di giallo, tanta luce e molte piante in vaso rendono l'ambiente caldo e signorile, scenario ideale dove far gioire il palato con una curata cucina creativa.

Spec. Ovetti farciti con scampi, asparagi e menta (marzo-luglio). Strozzapreti fatti a mano con calamaretti spillo, asparagi e noci (marzo-luglio). Composta di pecora con agnello all'alloro e carciofi.

In questa guida
uno stesso simbolo, una stessa parola
stampati in rosso o in nero,
hanno un significato diverso.
Leggete attentamente le pagine dell'introduzione.

ASCIANO *53041 Siena* 563 M 16 *G. Toscana – 6 416 ab. alt. 200.*
Roma 208 – Siena 29 – Arezzo 46 – Firenze 100 – Perugia 83.

Casa Bianca ⛭, località Casa Bianca Est : 10,5 km : ☎ 0577 704362, *casabianca@casabianca.it, Fax 0577 704622,* ← campagna e colline, ☂, ⛱, ☗, ✂ ≡ TV P – 🅐 70. AE ⓢ ⓞ MC VISA JCB. ✗
chiuso dal 7 gennaio al 1° aprile – **Pasto** *(chiuso mercoledì)* carta 38/56 – ☐ 12 – **3 cam** 139/190, 6 suites 433 – ½ P 135.
◆ Splendido borgo rurale del '700 ristrutturato, con laghetto per pesca sportiva; nella casa padronale incantevoli camere con arredi d'antiquariato e decori raffinati. Raffinato ambiente rustico al ristorante negli antichi locali delle cantine della fattoria.

ASCOLI PICENO *63100* P 563 N 22 *G. Italia – 51 814 ab. alt. 153.*
Vedere *Piazza del Popolo*★★ **B** : *palazzo dei Capitani del Popolo*★, *chiesa di San Francesco*★, *Loggia dei Mercanti*★ **A** – *Quartiere vecchio*★ **AB** : *ponte di Solestà*★, *chiesa dei Santi Vicenzo ed Anastasio*★ **N** – *Corso Mazzini*★ **ABC** – *Polittico del Crivelli*★ *nel Duomo* **C** – *Battistero*★ **C E**.
ℹ *piazza del Popolo 17 ☎ 0736 253045, iat.ascolipiceno@regione.marche.it, Fax 0736 252391.*
A.C.I. *viale Indipendenza 38/a ☎ 0736 45920.*
Roma 191 ② – Ancona 122 ① – L'Aquila 101 ② – Napoli 331 ② – Perugia 175 ② – Pescara 88 ① – Terni 150 ②.

Piante pagine seguenti

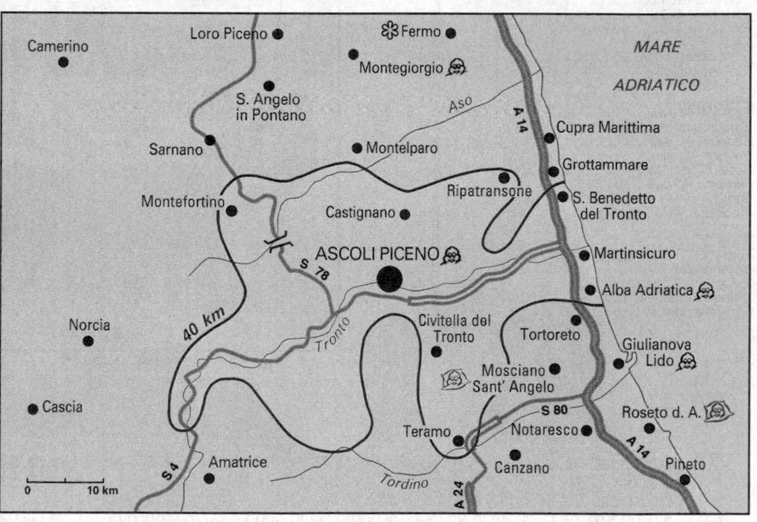

Pennile ⛭ senza rist, via Spalvieri 24 ☎ 0736 41645, *hotelpennile@tin.it, Fax 0736 342755,* ⚒ – ≡ TV P. ⓢ ⓞ MC VISA JCB. ✗ per viale Napoli **C**
33 cam ☐ 50/80.
◆ Immerso nel verde e nella tranquillità, ma non lontano dal centro della località, un albergo recentemente rinnovato; interni ariosi e camere di taglio moderno.

Agriturismo Villa Cicchi ⛭, via Salaria Superiore 137 (Sud : 3 km direzione Rosara) ☎ 0736 252272, *villacicchi@villacicchi.it, Fax 0736 247281,* ←, ☗ – ♿ P – 🅐 40. AE ⓢ ⓞ MC VISA JCB 3 km per Ponte Porta Cartara
chiuso dal 7 gennaio al 10 febbraio, dal 17 febbraio al 27 marzo e dal 15 al 30 novembre – **Pasto** (solo su prenotazione) 25/50 – **6 cam** ☐ 90, 2 suites 80/110 – ½ P 80.
◆ In campagna, casa di fine '600 in pietra, che conserva i tratti originali grazie al paziente restauro; arredi autentici e camere con soffitti a volta decorati a tempera. Due sale da pranzo e piccolo salone delle feste con affreschi.

ASCOLI PICENO

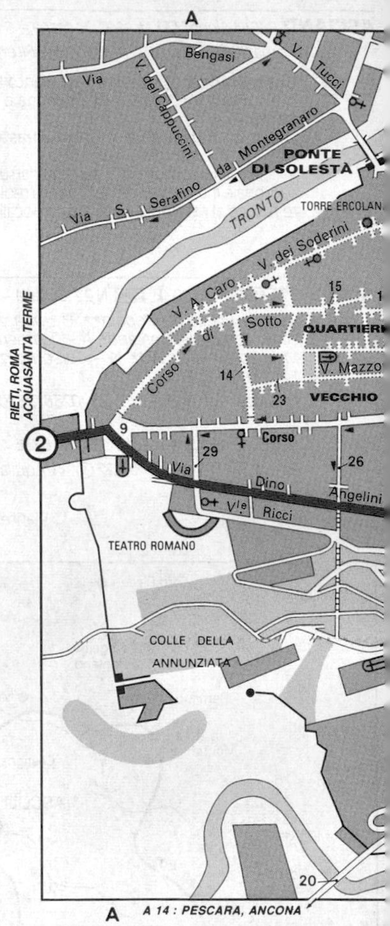

XX **Tornasacco,** piazza del Popolo 36 ☎ 0736 254151, *Fax 0736 258579* – ▤. AE $ ⓓ ⓜ VISA JCB — B a

chiuso dal 15 al 30 luglio, dal 24 al 26 dicembre e venerdì – **Pasto** carta 25/42.

◆ Conduzione familiare in un locale al primo piano di un palazzo storico nella bella piazza del Popolo; piacevole sala abbellita da disegni decorativi sulle pareti.

XX **Le Scuderie,** corso Mazzini 226 ☎ 0736 263535, *Fax 0736 263535* – ⇔. AE $ ⓓ ⓜ VISA. ✂ — C c

chiuso domenica sera e lunedì – **Pasto** carta 20/36.

◆ Un tempo erano le scuderie dell'antico Palazzo Malaspina (XVI sec.), oggi sono le sale di un ristorante caratteristico, specializzato nella preparazione di carni alla brace.

X **Del Corso,** corso Mazzini 277/279 ☎ 0736 256760, Coperti limitati; prenotare – ▤. $ ⓜ VISA JCB. ✂ — C d

chiuso dal 24 dicembre al 6 gennaio, dal 12 al 19 aprile, dal 7 al 31 agosto, domenica e lunedì – **Pasto** specialità di mare carta 25/39.

◆ In un antico palazzo del centro storico, questo ristorante dispone di un'unica sala con solide pareti in pietra e volte a vela. La cucina è di mare, fragrante e gustosa.

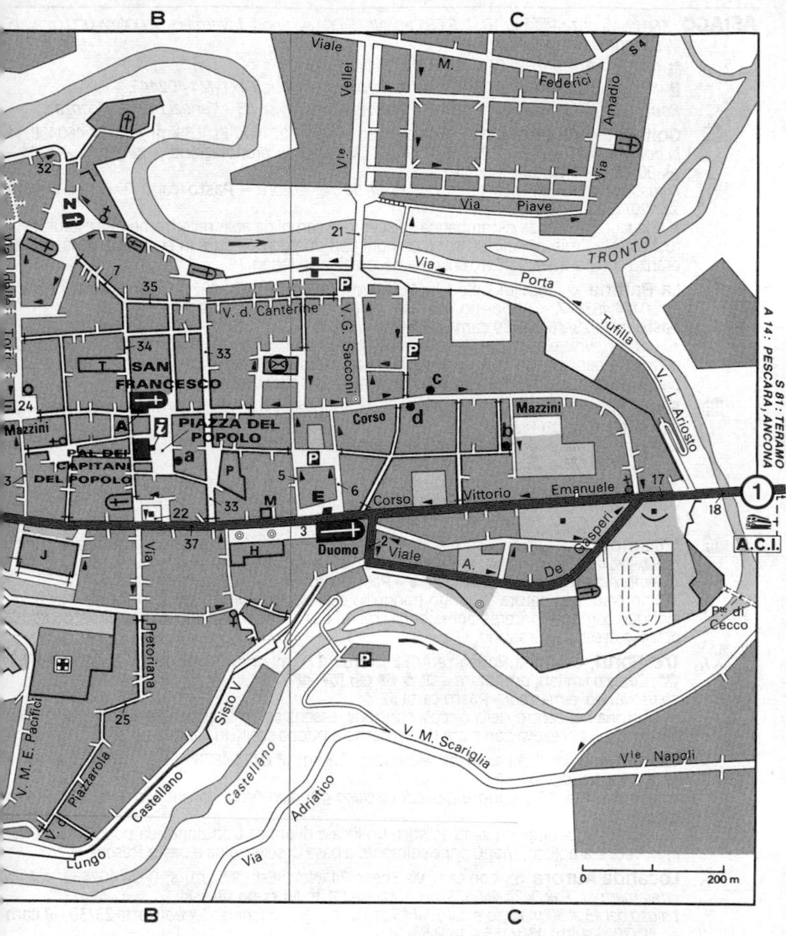

Kursaal, via Luigi Mercantini 66 ✆ 0736 253140, *sisesti@tin.it, Fax 0736 247792* – ▤. AE ⓢ ⓓ ⓜ VISA. ✂ **C b**

chiuso domenica – **Pasto** carta 20/37.

◆ Osteria-ristorante del centro storico con una sala semplice ed essenziale e un'altra attigua più curata negli arredi; cucina locale e tradizionale.

Scriveteci...

Le vostre critiche e i vostri apprezzamenti saranno esaminati con la massima attenzione.

Verificheremo personalmente gli esercizi che ci vorrete segnalare

Grazie per la collaborazione !

ASIAGO *36012 Vicenza* 562 E 16 – *6 681 ab. alt. 1 001 – Sport invernali : 1 000/2 000 m* 45 *(Altopiano di Asiago)*.

(maggio-ottobre) 0424 462721, Fax 0424 465133.

via Stazione 5 0424 462661, apt-asiago@ascom.vi.it, Fax 0424 462445.

Roma 589 – Trento 64 – Milano 261 – Padova 88 – Treviso 83 – Venezia 121 – Vicenza 55.

Golf Hotel Villa Bonomo, contrada Pennar 322 (Sud-Est : 3 km) 0424 460408, *vil la.bonomo@tiscali.it, Fax 0424 63459*, ←, , solo su prenotazione – – 90. AE VISA JCB. rist
chiuso dal 15 al 31 maggio e dal 15 al 30 novembre – **Pasto** carta 27/49 – **11 cam** 120/160 – 1/2 P 110.

◆ Elegante residenza di campagna adiacente ai campi da golf, recentemente restaurata in rustico stile tirolese; deliziosi spazi comuni con due grandi stufe in ceramica. Bella sala da pranzo con parquet, soffitto chiaro e decorazioni in legno.

La Baitina località Kaberlaba Sud-Ovest : 4 km 0424 462149, *info@labaitina.com, Fax 0424 463677*, ← Altopiano, , – – 80. AE VISA. rist
Pasto carta 28/36 – **39 cam** 52/70 – 1/2 P 70.

◆ Confortevole e accogliente albergo in stile montano a conduzione familiare, in splendida posizione panoramica con vista sull'altopiano; essenziali camere rustiche. Si respira una piacevole atmosfera nell'ampia sala ristorante con scure travi a vista.

Erica, via Garibaldi 55 0424 462113, *info@hotelerica.it, Fax 0424 462861*, , – , rist, . VISA.
dicembre-aprile e 15 maggio-ottobre – **Pasto** *(7 dicembre-marzo e 13 giugno-19 settembre)* carta 22/26 – 8 – **33 cam** 68/92 – 1/2 P 82.

◆ Cordiale e cortese conduzione familiare in un albergo in centro paese che offre un confortevole e tipico ambiente di montagna; graziose camere essenziali. Gradevole sala da pranzo con soffitto a cassettoni, abbellita da vetri colorati.

Miramonti, località Kaberlaba Sud-Ovest : 3 km 0424 462526, *albmiramonti@tiscalinet.it, Fax 0424 463533*, ←, , – . AE VISA JCB.
dicembre-aprile e giugno-settembre – **Pasto** carta 21/30 – **28 cam** 92 – 1/2 P 70.

◆ Immerso nella natura, in luogo tranquillo e soleggiato, vicino agli impianti di risalita, un indirizzo comodo e interessante per gli amanti dello sci; camere lineari. Capiente ristorante di taglio essenziale e sobrio.

Tre Fonti, contrada Rodeghieri 182 (Nord : 2,5 km) 0424 462601, *Fax 0424 460763*, , Coperti limitati; prenotare – AE VISA.
chiuso lunedì e martedì – **Pasto** carta 32/41.

◆ Trattoria nel centro della piccola contrada, essenziale nelle strutture; interessante linea gastronomica creativa con piatti del territorio e buona scelta in cantina.

Casa Rossa, località Kaberlaba Sud-Ovest : 3,5 km 0424 462017, *Fax 0424 462307*, ← – . AE VISA.
chiuso dal 1° al 10 giugno e giovedì (escluso gennaio-febbraio e luglio-agosto) – **Pasto** carta 24/31.

◆ In prossimità degli impianti sciistici, un locale di antica tradizione, da poco totalmente rinnovato e ampliato; menù principalmente a base di selvaggina e paste fresche.

Locanda Aurora con cam, via Ebene 71 (Nord-Est : 1,5 km) 0424 462469, *aurora @telemar.net, Fax 0424 460528*, prenotare – . AE VISA.
chiuso dal 15 al 30 maggio e dal 1° al 15 ottobre – **Pasto** *(chiuso lunedì)* carta 23/30 – **8 cam** 40/78, 5 suites 130/155 – 1/2 P 55.

◆ Caratteristica e semplice costruzione periferica in posizione tranquilla; sala arredata con solidi mobili scuri, panchette a muro e grande stufa in ceramica.

ASOLO *31011 Treviso* 562 E 17 *G. Italia – 7 636 ab. alt. 204.*

(chiuso martedì) 31034 Cavaso del Tomba 0423 942000, Fax 0423 543226.

piazza Garibaldi 73 0423 529046, iat.asolo@provincia.treviso.it, Fax 0423 524137.

Roma 559 – Padova 52 – Belluno 65 – Milano 255 – Trento 104 – Treviso 35 – Venezia 66 – Vicenza 51.

Villa Cipriani, via Canova 298 0423 523411, *villacipriani@sheraton.com, Fax 0423 952095*, ← pianura e colline, , – – 50. AE VISA JCB.
Pasto carta 61/86 – **31 cam** 255/415 – 1/2 P 282,50.

◆ Una vacanza da sogno in un ambiente dal fascino antico, in una splendida villa cinquecentesca con incantevole vista sulle colline, circondata da un delizioso giardino. Grandi vetrate ad arco che si aprono sulla vallata nella sala da pranzo.

Al Sole, via Collegio 33 0423 528111, *info@albergoalsole.com, Fax 0423 528399*, ←, , – . AE VISA. rist
Pasto carta 34/47 – **22 cam** 144/248, suite.

◆ Signorilità e raffinatezza in un hotel di charme in zona tranquilla e panoramica; piacevole hall in stile, interni accoglienti, camere personalizzate e ben accessoriate.

Hostaria Ca' Derton, piazza D'Annunzio 11 ☎ 0423 529648, *caderton@caderton.com, Fax 0423 520308* – AE VISA JCB.
chiuso dal 1° al 15 febbraio, dal 25 luglio all'8 agosto, lunedì e domenica sera – **Pasto** carta 38/44 e al Rist. ***Enoteca di Nino e Antonietta*** carta 21/29.
◆ Valida gestione e disponibilità in un locale in prossimità del centro, con ingresso sotto un piccolo portico caratteristico; atmosfera semplice e buona scelta di vini.

Ai Due Archi, via Roma 55 ☎ 0423 952201, *Fax 0423 520322*, – AE VISA.
chiuso dal 13 al 30 gennaio, dal 26 giugno al 5 luglio, mercoledì sera (escluso luglio-settembre) e giovedì – **Pasto** carta 27/36.
◆ In ottima posizione nella piazza centrale della città, ristorante dall'ambiente curato e classico negli arredi; cucina della tradizione e stagionale.

ASSAGO *Milano 219 ⑲ – Vedere Milano, dintorni.*

Le principali vie commerciali figurano in rosso sugli stradari delle piante di città.

ASSERGI *67010 L'Aquila 563 O 22 – alt. 867 – Sport invernali : 1 850/2 200 m 1 3,.*

Dintorni *Campo Imperatore** Est : 22 km : funivia per il Gran Sasso**.*
Roma 134 – L'Aquila 14 – Pescara 109 – Rieti 72 – Teramo 88.

a Fonte Cerreto *Nord-Est : 4 km – alt. 1 120 – ✉ 67010 Assergi :*

Cristallo, alla base della funivia del Gran Sasso ☎ 0862 606678, *hotels@tin.it, Fax 0862 606688*, – – 120. AE VISA.
Pasto al Rist. ***Il Geranio*** carta 25/34 – **21 cam** 55/88 – ½ P 60.
◆ Albergo di tradizione circondato dal verde, in posizione tranquilla, a pochi metri dalla funivia; accoglienti e razionali gli spazi comuni, funzionali le camere. Sala da pranzo non ampia, ma graziosa, con camino in mattoni; servizio estivo all'aperto.

ASSISI *06081 e 06082 Perugia 563 M 19 G. Italia – 25 637 ab. alt. 424.*

Vedere *Basilica di San Francesco**** **A** *: affreschi*** nella Basilica inferiore, affreschi di Giotto*** nella Basilica superioreChiesa di Santa Chiara*** **BC** – *Rocca Maggiore*** **B** *: *** – Duomo di San Rufino** **C** *: facciata** – Piazza del Comune** **B 3** *: tempio di Minerva* – Via San Francesco** **AB** – *Chiesa di San Pietro** **A.**

Dintorni *Eremo delle Carceri** Est : 4 km* **C** – *Convento di San Damiano* Sud : 2 km* **BC** – *Basilica di Santa Maria degli Angeli* Sud-Ovest : 5 km* **A.**

piazza del Comune 12 ✉ 06081 ☎ 075 812534, info@iat.assisi.pg.it, Fax 075 813727.
Roma 177 ① – Perugia 23 ② – Arezzo 99 ② – Milano 475 ② – Siena 131 ② – Terni 76 ①.

Pianta pagina seguente

Grand Hotel Assisi, via f.lli Canonichetti ☎ 075 81501, *info@grandhotelassisi.com, Fax 075 8150777*, , , – , cam, – 450. AE VISA. rist — 2 km per ①
Pasto carta 27/40 – **154 cam** 135/190, suite – ½ P 115.
◆ Sulle pendici del monte Subasio, un'imponente struttura moderna dotata di terrazza roof-garden con vista sui dintorni; design e accessori all'avanguardia negli interni. Ariosa sala con esili colonne esagonali e un'alternanza di tavoli rotondi e quadrati.

Subasio, via Frate Elia 2 ✉ 06082 ☎ 075 812206, *s.elisei.hotelsubasio@interbusiness.it, Fax 075 816691*, – . AE VISA JCB. rist — **A f**
Pasto carta 32/48 – **62 cam** 114/181 – ½ P 111.
◆ Hotel di tradizione, adiacente alla Basilica di S.Francesco, che annoverò anche D'Annunzio tra i suoi illustri ospiti; pregevoli terrazze fiorite e ambienti raffinati. Elegante ristorante, con lampadari che sembrano di pizzo e finestre che paiono infinite.

Fontebella, via Fontebella 25 ✉ 06081 ☎ 075 812883, *fontebel@krenet.it, Fax 075 812941*, – . AE VISA. — **B e**
Pasto vedere rist ***Il Frantoio*** – **44 cam** 130/230 – ½ P 160.
◆ Hotel totalmente rinnovato, con raffinati spazi comuni in stile classico, ornati di eleganti tappeti e piacevoli dipinti alle pareti; belle camere dotate di ogni confort.

Dei Priori, corso Mazzini 15 ✉ 06081 ☎ 075 812237, *hpriori@tiscalinet.it, Fax 075 816804* – – 20. AE VISA JCB. — **B n**
Pasto *(chiuso dal 15 gennaio a febbraio)* carta 25/40 – **34 cam** 83/125 – ½ P 75,50.
◆ Vicino alla piazza centrale, imponente albergo che ben s'inserisce nel complesso storico; aree comuni con belle poltrone e divani in stile, camere confortevoli. Atmosfera raffinata e un piacevole gioco di luci, che illuminano il soffitto a volte della sala.

ASSISI

Aretino (V. Borgo)	C	
Brizi (V.)	B	2
Carceri (V. Eremo d.)	C	
Colle (V. del)	B	
Comune (Pza del)	B	3
Cristofani (V.)	B	
Fontebella (V.)	B	
Fortini (V. A.)	B	4
Fosso Cupo (V. del)	AB	6
Frate Elia (V.)	A	7
Galeazzo Alessi (V.)	C	8
Garibaldi (Piazzetta)	B	9
Giotto (V.)	B	10
Marconi (Viale)	A	
Matteotti (Pza)	C	
Merry del Val (V.)	A	13
Metastasio (V.)	B	
Porta Perlici (V.)	C	14
Porta S. Pietro (Piazzale)	A	
Portica (V.)	B	16
Rocca (V. della)	BC	
S. Agnese (V.)	B	
S. Apollinare (V.)	B	17
S. Chiara (Pza)	BC	19
S. Croce (V.)	B	
S. Francesco (Pza)	A	20
S. Gabriele della Addolorata (V.)	BC	21
S. Giacomo (V.)	A	23
S. Paolo (V.)	B	
S. Pietro (Borgo)	AB	
S. Pietro (Pza)	A	24
S. Rufino (V.)	B	26
San Francesco (V.)	AB	
Seminario (V. del)	B	28
Torrione (V. del)	C	30
Umberto I (Viale)	C	
Villamena (V.)	C	31
Vittorio Emanuelle II (Viale)	ABC	

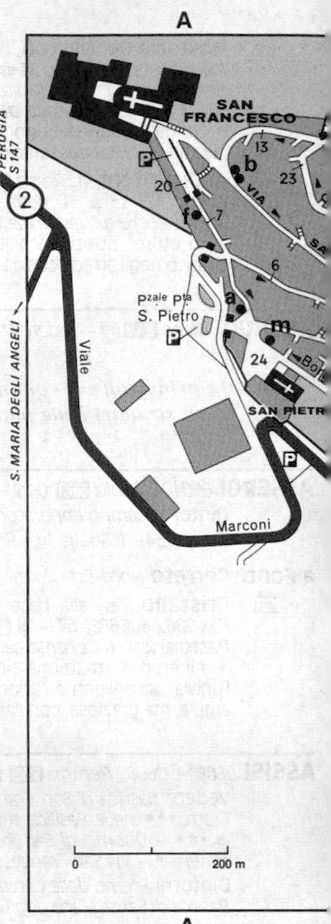

Umbra ⛑, vicolo degli Archi 6 ✉ 06081 ☎ 075 812240, *humbra@mail.caribusiness.it, Fax 075 813653,* 🏖 – |‡|, ≡ cam, TV. AE ⓢ ⓞ MC VISA JCB. ✗ B X
chiuso dal 10 gennaio al 15 marzo – **Pasto** *(chiuso dal 15 novembre al 15 dicembre e domenica)* carta 23/37 – **25 cam** ☕ 75/120.
◆ E' in una posizione davvero felice questo hotel, dove sarete accolti con cordialità, situato in pieno centro, in una zona tranquilla; ampie camere con arredi in stile. Gradevole sala con pareti chiare e tavoli graziosi; servizio estivo all'aperto, in terrazza.

San Francesco, via San Francesco 48 ✉ 06082 ☎ 075 812281, *info@hotelsanfrancescoassisi.it, Fax 075 816237,* ≤ – |‡| ≡ TV. AE ⓢ ⓞ MC VISA JCB. ✗ rist A b
Pasto (solo per alloggiati) 29/39 – ☕ 15 – **44 cam** 100/130 – ½ P 100.
◆ Albergo con terrazza panoramica da cui si gode un'impareggiabile vista della vicina Basilica di S.Francesco; senza pretese gli ambienti interni, camere dignitose.

La Terrazza, via F.lli Canonichetti ✉ 06081 ☎ 075 812368, *info@laterrazzahotel.it, Fax 075 816142,* ≤, 🏖, 🏊, 🌳 – |‡| ≡ TV P. AE ⓢ ⓞ MC VISA. ✗ rist 2 km per ①
Pasto carta 24/33 – **26 cam** ☕ 90/120 – ½ P 77.
◆ Grande struttura di moderna concezione, ottimamente tenuta, che ben coniuga le esigenze di funzionalità con l'utilizzo di materiali del posto; camere razionali. Bianche pareti ulteriormente rischiarate da piccoli lumi nell'ampia e sobria sala.

Sole, corso Mazzini 35 ✉ 06081 ☎ 075 812373, *info@assisihotelsole.com, Fax 075 813706* – |‡| TV. AE ⓢ ⓞ MC VISA JCB. ✗ B z
Pasto *(aprile-ottobre)* carta 19/23 – ☕ 6 – **37 cam** 42/62 – ½ P 50.
◆ In strategica posizione centrale, albergo costituito da due corpi separati, di cui quello centrale è in un imponente edificio d'epoca; belle camere molto accoglienti. Caratterisitca sala ristorante con soffitto a volte in mattoni.

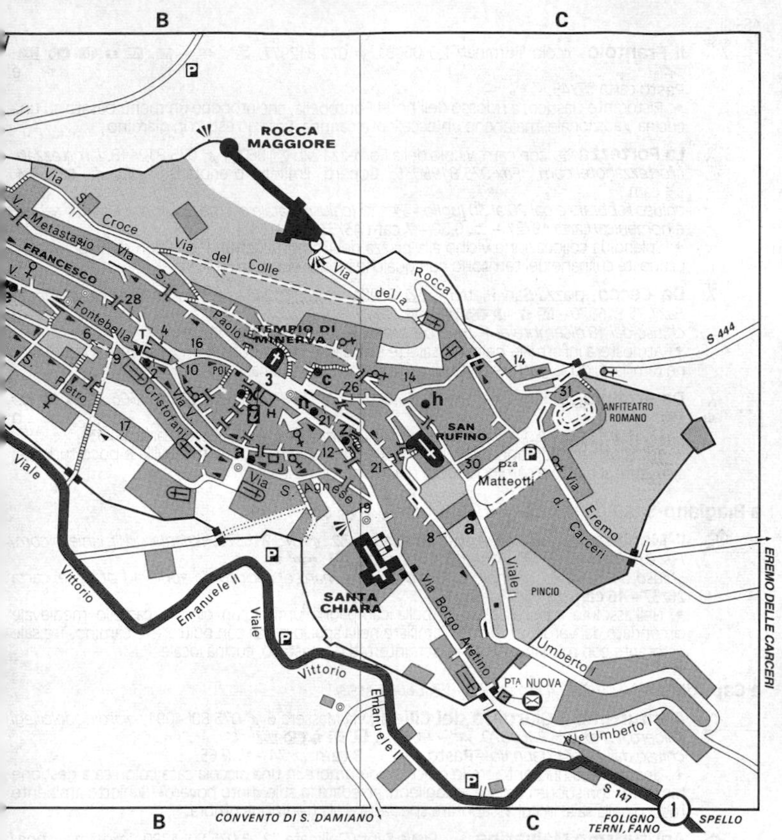

Ideale senza rist, piazza Matteotti 1 ✉ 06081 ✆ 075 813570, *info@hotelideale.it, Fax 075 813020*, ≤, 🚗 – TV P. AE 💳 MC VISA JCB — C a
12 cam ☕ 70/80.
◆ Hotel a conduzione diretta, in una villetta ai margini del centro storico; ambienti funzionali con arredi in stile moderno e grazioso giardino con terrazza panoramica.

Berti, piazza San Pietro 24 ✉ 06081 ✆ 075 813466, *albergoberti@tiscalinet.it, Fax 075 816870* – TV. AE 💳 MC VISA. ✂ — A a
Pasto vedere rist ***Da Cecco*** – ☕ 5 – **10 cam** 45/70.
◆ Cordiale gestione familiare in un albergo recentemente rimodernato, con graziosi spazi comuni non ampi, ma accoglienti; camere arredate in modo essenziale.

XXX **La Locanda del Cardinale,** piazza del Vescovado 8 ✆ 075 815243 – AE 💳 MC VISA JCB. ✂ — B a
chiuso lunedì e a mezzogiorno – **Pasto** carta 31/51.
◆ All'interno di una dimora patrizia del XVI sec. con saloni affrescati, un ristorante elegante con una proposta di cucina eclettica, ricca anche di specialità locali.

XX **Buca di San Francesco,** via Brizi 1 ✉ 06081 ✆ 075 812204, *Fax 075 813780*, 🌳 – AE 💳 MC VISA JCB. ✂ — B v
chiuso dal 1º al 20 luglio e lunedì – **Pasto** carta 23/34.
◆ Ambiente caratteristico nella sala con pareti in pietra e soffitto ad archi in mattoni, sala attigua in stile più moderno; gradevole servizio estivo sotto un pergolato.

XX **San Francesco,** via San Francesco 52 ✉ 06081 ✆ 075 812329, *Fax 075 815201*, ≤ Basilica di San Francesco, prenotare – ▤. AE 💳 MC VISA. ✂ — A b
chiuso dal 1º al 15 luglio e mercoledì – **Pasto** carta 42/54 🍷.
◆ Sala curiosamente triangolare, con due pareti in pietra e una interamente a vetri, da cui si gode un'appagante vista sulla Basilica di S.Francesco; arredi curati.

Il Frantoio, vicolo Illuminati ✉ 06081 ☎ 075 812977, – . AE VISA. B e
Pasto carta 37/45.
◆ Ristorante classico, a ridosso dell'hotel Fontebella, che propone un menù basato su una cucina tradizionale, ma anche un'eccellente cantina. Servizio estivo in giardino.

La Fortezza con cam, vicolo della Fortezza 2/b ✉ 06081 ☎ 075 812418, *lafortezza@lafortezzahotel.com, Fax 075 8198035,* Coperti limitati; prenotare – AE VISA. cam B c
chiuso febbraio e dal 20 al 30 luglio – **Pasto** *(chiuso Natale e a mezzogiorno escluso sabato e domenica)* carta 19/27 – 6,50 – **7 cam** 43/53 – ½ P 51.
◆ Splendida collocazione vicino alla piazza del Comune per un locale con due sobrie sale; proposte culinarie del territorio con qualche interpretazione creativa.

Da Cecco, piazza San Pietro 8 ✉ 06081 ☎ 075 812437, *ristorantececco@tiscalinet.it, Fax 075 816870* – AE VISA. A m
chiuso dal 18 dicembre al 1° marzo e mercoledì – **Pasto** carta 21/29.
◆ Atmosfera informale nelle tre salette semplici e ben tenute di un ristorante a conduzione familiare, dove gustare piatti di cucina umbra e nazionale.

Da Erminio, via Montecavallo 19 ✉ 06081 ☎ 075 812506, *Fax 075 812506.* AE VISA C h
chiuso dal 15 gennaio al 3 marzo, dal 1° al 15 luglio e giovedì – **Pasto** carta 17/33.
◆ Trattoria poco lontano dalla Basilica di S.Ruffino, in una zona tranquilla e poco turistica: ambiente schietto e camino acceso nella sala; cucina locale.

a Biagiano-San Fortunato *Nord : 4 km per ② – ✉ 06081 Assisi :*

Il Maniero , via San Pietro Campagna 32 ☎ 075 816379, *ilmaniero@ilmaniero.com, Fax 075 815147,* , , – TV P. AE VISA JCB. rist
chiuso dal 10 al 31 gennaio – **Pasto** *(chiuso martedì escluso da aprile ad ottobre)* carta 26/37 – **16 cam** 56/96 – ½ P 65.
◆ Nell'assoluta tranquillità della bella campagna umbra, un piccolo castello medievale circondato dal verde; ambiente familiare nella spaziosa hall con poltrone e camino. Tre sale ristorante con muri in pietra, nei seminterrati del castello, cucina locale.

a Capodacqua *Sud-Est : 4 km per ① – ✉ 06081 Assisi :*

Agriturismo il Giardino dei Ciliegi, via Massera 6 ☎ 075 8064091, *giardinodeiciliegi@libero.it, Fax 075 8069070,* – TV P. AE VISA.
chiuso dall'8 al 31 gennaio – **Pasto** 18/25 – **8 cam** 74 – ½ P 65.
◆ Una vacanza rilassante tra le dolci colline umbre in una piccola casa colonica a gestione familiare, con sobrie camere accoglienti, arredate in stile «finto povero». Schietto ambiente rustico nella sala, in cui assaporare specialità della tradizione umbra.

Agriturismo Malvarina , Pieve Santa Pollinare 32 ☎ 075 8064280, *info@malvarina.it, Fax 075 8064280,* , , – rist, P. VISA JCB.
Pasto *(chiuso a mezzogiorno; prenotare)* 25/30 – **12 cam** 50/93, 2 suites – ½ P 72.
◆ Un'oasi di tranquillità a poca distanza da Assisi, ideale per trascorrere momenti di relax, e per bucoliche passeggiate a cavallo. Camere accoglienti, in «arte povera». Graziosa sala ristornate, cucina genuina.

a Santa Maria degli Angeli *Sud-Ovest : 5 km – ✉ 06088 :*

Dal Moro, via Becchetti 2 ☎ 075 8043688, *info@dalmorogalleryhotel.com, Fax 075 8041666* – , cam, TV P – 35. AE VISA. rist
Pasto *(chiuso lunedì)* carta 35/45 – **51 cam** 93/146 – ½ P 97.
◆ Camere con arredi di tono moderno, largo impiego di legni chiari, non amplissime, ma molto luminose e spesso arrichite da alcuni tocchi di classe (sauna, terrazzi). Menù capace di stimolare appetiti esigenti e attenti alla cucina del territorio; buona cantina.

Cristallo, via Los Angeles 195 ☎ 075 8043094, *mencarelli@mencarelligroup.com, Fax 075 8043538* – TV P – 50. AE VISA JCB
Pasto carta 26/36 – **50 cam** 80/115 – ½ P 73,50.
◆ A pochi chilometri da Assisi, albergo moderno con interni arredati in stile contemporaneo; confortevoli e funzionali le ampie camere doppie con comode poltrone e balconi. Prevalgono i colori chiari nella sala da pranzo dagli arredi essenziali.

a Petrignano *Nord-Ovest : 9 km per ② – ✉ 06086 :*

La Torretta senza rist, via del Ponte 1 ☎ 075 8038778, *latorretta@retein.net, Fax 075 8039474,* , – TV P. VISA.
chiuso dal 20 al 30 dicembre – 6 – **33 cam** 44/74.
◆ In zona tranquilla, ma vicina ad Assisi e ad altri centri storici umbri, albergo ricavato da una vecchia cascina ristrutturata e rimodernata; accoglienti interni.

XX **Locanda Ai Cavalieri** con cam, via Matteotti 47 ✆ 075 8030011, *info@aicavalieri.it, Fax 075 8039798*, – cam, . AE VISA JCB.
Pasto carta 31/45 – **24 cam** 65/90 – ½ P 80.
◆ Ristorante di classe in una casa d'epoca in mattoni fuori dei classici percorsi turistici: ambiente romantico in due curate salette rustico-eleganti; cucina da provare.

ad Armenzano *Est : 12 km – alt. 759 – ✉ 06081 Assisi :*

Le Silve , ✆ 075 8019000, *hotellesilve@tin.it, Fax 075 8019005*, ←, , , , , – . AE VISA JCB.
15 marzo-15 novembre – **Pasto** (solo su prenotazione) carta 32/44 – **15 cam** 120/182 – ½ P 120.
◆ In un'oasi di pace, dove severi boschi succedono ai dolci ulivi, un casale del X secolo, dai sobri e incantevoli interni rustici, per ritrovare una semplicità antica. Servizio ristorante estivo all'aperto; proposte di cucina locale rivisitata con creatività.

In questa guida
uno stesso simbolo, una stessa parola
stampati in rosso o in nero,
banno un significato diverso.
Leggete attentamente le pagine dell'introduzione.

ASTI *14100* P 561 H 6 *G. Italia – 73 176 ab. alt. 123.*
Vedere *Battistero di San Pietro★* **CY.**
Dintorni *Monferrato★ per ①.*
piazza Alfieri 29 ✆ 0141 530357, Fax 0141 538200.
A.C.I. *piazza Medici 21/22 ✆ 0141 593534.*
Roma 615 ② – Alessandria 38 ② – Torino 60 ④ – Genova 116 ② – Milano 127 ② – Novara 103 ②.

Pianta pagina seguente

Aleramo senza rist, via Emanuele Filiberto 13 ✆ 0141 595661, *haleramo@tin.it, Fax 0141 30039* – – 60. AE VISA **BZ a**
42 cam 75/125.
◆ Nel cuore della città, albergo con hall di taglio contemporaneo totalmente rinnovata con la creazione di un piccolo angolo salotto; accoglienti camere dai colori vivaci.

Reale senza rist, piazza Alfieri 6 ✆ 0141 530240, *info@hotel-reale.com, Fax 0141 34357* – . AE VISA **BY e**
chiuso dal 25 dicembre al 7 gennaio – 12 – **24 cam** 85/140.
◆ Fu inaugurato nel 1793 uno degli hotel più antichi della città; atmosfera vellutata nei piacevoli interni e belle camere, alcune molto spaziose e arredate con gusto.

Lis senza rist, viale Fratelli Rosselli 10 ✆ 0141 595051, *hotellis@tin.it, Fax 0141 353845* – . AE VISA **CY r**
29 cam 65/98.
◆ Hotel centrale, affacciato sui giardini pubblici dai maestosi alberi secolari, vocato al turismo d'affari; ampia hall e camere confortevoli in stile moderno e lineare.

Palio senza rist, via Cavour 106 ✆ 0141 34371, *hotelpalio@inwind.it, Fax 0141 34373* – – 25. AE VISA **BZ b**
chiuso dal 23 dicembre al 6 gennaio e dal 1° al 21 agosto – **29 cam** 70/140.
◆ Piccolo albergo a pochi passi dal centro storico: accogliente zona ricevimento con un lungo divano circolare rosso; camere con arredi molto curati, d'epoca e moderni.

XXX **Gener Neuv,** lungo Tanaro 4 ✆ 0141 557270, *generneuv@atlink.it, Fax 0141 436723*, solo su prenotazione – . AE VISA JCB. per ③
chiuso dal 24 dicembre al 7 gennaio, agosto, domenica e lunedì da gennaio a luglio, domenica sera e lunedì negli altri mesi – **Pasto** carta 44/60.
◆ Celebrazioni in dialetto della bevanda di Bacco, sulle travi del soffitto della raffinata sala; la buona tavola è invece declamata con preparazioni culinarie da stella.
Spec. Involtino croccante di petto di gallina ruspante farcita di fegato d'anatra e verze. Tortino di baccalà e patate al forno con olive e carciofi. Anguilla in padella.

XX **L'Angolo del Beato,** via Guttuari 12 ✆ 0141 531668, *info@angolodelbeato.it, Fax 0141 531668* – . AE VISA. **BZ c**
chiuso dal 26 dicembre al 6 gennaio, dal 3 al 24 agosto e domenica – **Pasto** carta 28/43.
◆ Piccolo ristorante centrale con due sobrie, ma accoglienti salette in stile «francescano», con tocchi d'eleganza; proposte di specialità piemontesi fedeli alla tradizione.

ASTI

Via	Quadrante	N.
Alfieri (Corso Vittorio)	**ACY**	
Alfieri (Piazza Vittorio)	**BY**	
Aliberti (Via)	**ABY**	3
Battisti (Via Cesare)	**BY**	5
Berruti (Via F.)	**AY**	7
Bottallo (Via)	**BY**	8
Brofferio (Via)	**ABZ**	
Cagni (Piazza)	**AZ**	10
Cairoli (Piazza)	**AY**	12
Caracciolo (Via)	**AY**	14
Carmine (Via del)	**AZ**	15
Castello (Via al)	**AY**	17
Catena (Piazza)	**AY**	18
Cattedrale (Via)	**AY**	20
Cavour (Via)	**BZ**	21
Dante (Corso)	**ABY**	
Filiberto (Via E.)	**BZ**	24
Garetti (Via)	**ABY**	26
Garibaldi (Via Giuseppe)	**BY**	27
Giolitti (Cavalcavia G.)	**AZ**	29
Grandi (Via)	**BY**	30
Hope (Via)	**ABY**	33
Libertà (Piazza della)	**BYZ**	37
Martiri della Liberazione (Largo)	**BY**	39
Mazzini (Via)	**AYZ**	41
Medici (Piazza)	**BY**	43
Ospedale (Via)	**BY**	50
Roma (Piazza)	**AY**	58
Rosselli (Viale Flli)	**CY**	60
S. Giuseppe (Piazza)	**AZ**	63
S. Secondo (Piazza)	**BY**	66
Santuario (Viale al)	**AZ**	68
Statuto (Piazza)	**BZ**	70
Vittoria (Piazzale)	**CY**	77
1° Maggio (Piazza)	**CY**	79

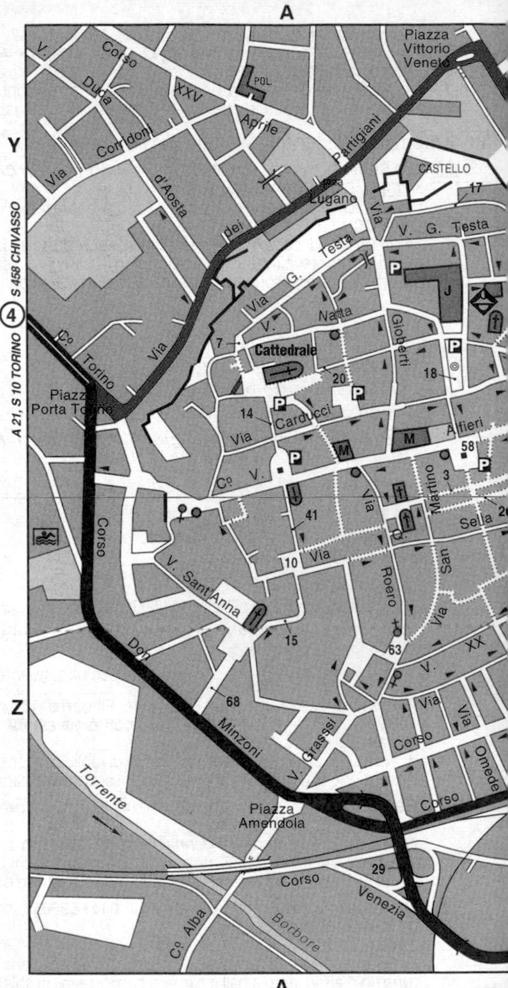

L'Altra Campana, via Quintino Sella 2 ✆ 0141 437083, *altracampana@tin.it,* *Fax 0141 531923* – ▤. AE ⓢ ⓓ MC VISA **BZ x**
chiuso martedì – **Pasto** carta 20/37.
◆ In pieno centro storico, locanda in un antico edificio: ambiente giovane e dinamico nella sala con soffitto a volta in mattoni, dove gustare tipica cucina piemontese.

In questa guida
uno stesso simbolo, una stessa parola
stampati in rosso o in nero,
hanno un significato diverso.
Leggete attentamente le pagine dell'introduzione.

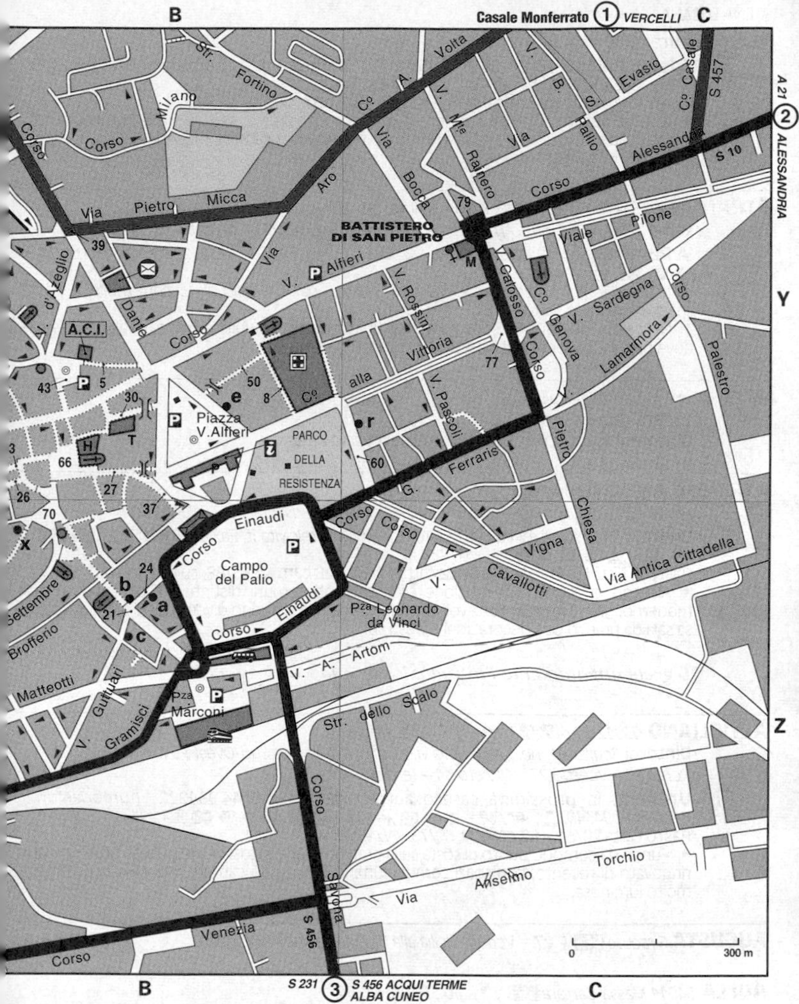

I prezzi del pernottamento e della pensione possono subire aumenti in relazione all'andamento generale del costo della vita ; quando prenotate chiedete la conferma del prezzo.

ATENA LUCANA *84030 Salerno* 564 F 28 – *2 287 ab. alt. 642.*
Roma 346 – Potenza 54 – Napoli 140 – Salerno 89.

sulla strada statale 19 *Sud : 4 km*

Magic Hotel, ✉ 84030 ☎ 0975 71292, *info@magichotel.it, Fax 0975 71292* – |♦|, ▤ cam, TV ☎ ♿ P. AE ⑤ ⊙ ⓜⓒ VISA. ✂
Pasto *(chiuso Natale e Capodanno)* carta 18/30 – ☕ 1,60 – **29 cam** 37/47 – ½ P 40.
◆ Costruzione d'ispirazione contemporanea lungo la statale: interni in stile lineare, con luminosi ed essenziali spazi comuni; camere semplici, ma molto accoglienti. Grande sala da pranzo di tono elegante.

in prossimità casello autostrada A 3 :

Kristall Palace, ✉ 84030 ✆ 0975 71152, *info@kristallpalacehotel.com, Fax 0975 71153,* < – |‡| ▤ TV ✆ 🚗 P – 🏛 700. AE 💲 ⓓ MC VISA
Pasto *(chiuso lunedì)* carta 14/19 – ☕ 3,20 – **22 cam** 47/57 – ½ P 42.
◆ Albergo vocato all'attività congressuale e banchettistica, situato nelle immediate vicinanze dello svincolo autostradale; interni confortevoli e camere recenti. Piacevole e luminosa sala ristorante.

ATRANI *84010 Salerno* 564 F 25 *G. Italia – 989 ab. alt. 12.*
Roma 270 – Napoli 69 – Amalfi 2 – Avellino 59 – Salerno 23 – Sorrento 36.

'A Paranza, via Traversa Dragone 1 ✆ 089 871840, *Fax 089 873552,* prenotare – ▤. AE 💲 ⓓ MC VISA JCB. ✂
chiuso dall'8 al 25 dicembre e martedì (escluso dal 15 luglio al 15 settembre) – **Pasto** specialità di mare carta 30/53.
◆ Nel centro del caratteristico paese, un'unica saletta con volte a botte, dagli arredi sobri, dove provare saporite ricette a base di specialità di mare.

ATRI *Teramo* 563 O 23 *G. Italia – alt. 442.*
Vedere *Cattedrale★.*
Dintorni *Paesaggio★★ (Bolge) Nord-Ovest verso Teramo.*

ATRIPALDA *83042 Avellino* 564 E 26 – *11 434 ab..*
Roma 251 – Avellino 4 – Benevento 40 – Caserta 62 – Napoli 62 – Salerno 39.

Civita, via Manfredi 124 ✆ 0825 610471, *info@hotelcivita.it, Fax 0825 622513* – |‡| ▤ TV ♿ 🚗 P – 🏛 80. AE 💲 ⓓ MC VISA. ✂
Pasto al Rist. ***La Tavola del Duca*** carta 17/30 – **28 cam** ☕ 65/88, suite – ½ P 60.
◆ Albergo di recente costruzione con ambienti comuni distinti e accoglienti, in stile moderno; graziose e confortevoli le camere, che propongono diversi tipi di arredo. Spaziosa sala da pranzo con decorazioni agresti sul soffitto.

Leggete attentamente l'introduzione : e la « chiave » della guida.

ATTIGLIANO *05012 Terni* 563 O 18 – *1 722 ab. alt. 95.*
Dintorni *Sculture★ nel parco della villa Orsini a Bomarzo Sud-Ovest : 6 km.*
Roma 87 – Viterbo 27 – Orvieto 34 – Terni 42.

Umbria, in prossimità casello autostrada A1 ✆ 0744 994222, *humbria@tin.it, Fax 0744 994340,* 🏊, 🌳, 🎾 – |‡| ▤ TV 🚗 P – 🏛 60. AE 💲 ⓓ MC VISA. ✂
Pasto carta 20/34 – **62 cam** ☕ 50/75 – ½ P 57.
◆ Funge da comodo punto di sosta sulla grande arteria autostradale questo hotel, in parte rinnovato di recente, con spazi comuni luminosi; piacevoli camere. Ariosa sala ristorante, molto luminosa.

AUGUSTA *Siracusa* 565 P 27 – *Vedere Sicilia alla fine dell'elenco alfabetico.*

AULLA *54011 Massa-Carrara* 563 J 1 – *10 330 ab. alt. 64.*
Roma 396 – La Spezia 21 – Genova 102 – Parma 95.

a Caprigliola *Sud-Ovest : 6,5 km – ✉ 54013 :*

Parodi-Locanda del Castellano, via Borgo Diritto 59 ✆ 0187 415547, *info@ristoranteparodi.com, Fax 0187 415547,* prenotare – AE 💲 ⓓ MC VISA
chiuso lunedì, martedì e a mezzogiorno da mercoledì a venerdì – **Pasto** specialità di mare carta 42/67.
◆ Sala dall'ambiente curato dove sono proposti piatti preparati solo con pescato di ottima qualità, in grado di soddisfare palati esigenti; servizio estivo all'aperto.
Spec. Scampi in fili di patate croccanti con zucchine in tempura e vinaigrette al miele di timo. Lasagnette al nero di seppia con ragù di mare dorato. Nuvole croccanti con salsa di fragole e gelato alla vaniglia.

AURONZO DI CADORE *32041 Belluno* 562 C 19 – *3 709 ab. alt. 864 – Sport invernali : 879/1 585 m 6, (Comprensorio Dolomiti superski Cortina d'Ampezzo).*
ℹ *via Roma 10 ✉ 32041 ✆ 0435 9359, auronzo@infodolomiti.it, Fax 0435 400161.*
Roma 663 – Cortina d'Ampezzo 34 – Belluno 62 – Milano 402 – Tarvisio 135 – Treviso 123 – Udine 124 – Venezia 152.

Panoramic, via Padova 17 ☎ 0435 400198, *prenotazioni@panoramichotel.com, Fax 0435 400578*, ←, – P. VISA.
20 giugno-20 settembre – **Pasto** carta 21/28 – ☕ 8 – **30 cam** 57/75 – ½ P 67.
◆ Incantevole posizione panoramica in riva al lago per una struttura bianca ben tenuta, circondata da un ampio giardino; deliziosi interni in raffinato stile montano. Gradevole e luminosa sala da pranzo.

Victoria, via Cella 23 ☎ 0435 99933, *Fax 0435 400305*, ← lago e monti, – P. AE VISA JCB.
chiuso dal 5 all'11 giugno e dal 1° al 15 novembre – **Pasto** *(chiuso a mezzogiorno)* (solo per alloggiati) 10/13 – **22 cam** ☕ 78.
◆ Conduzione diretta in una piccola e confortevole struttura in prossimità del lago, da cui si gode un'appagante vista sul verde paesaggio; camere dignitose.

La Montanina, via Monti 3 ☎ 0435 400005, *info@lanuovamontanina.it, Fax 0435 400802*, – P. AE VISA.
16 dicembre-aprile e 16 giugno-ottobre – **Pasto** carta 16/22 – **17 cam** ☕ 48/83 – ½ P 49.
◆ Ospitale ambiente familiare in questo albergo ubicato in centro alla località: spaziose e piacevoli zone comuni, con comodi divani; camere semplici, ma decorose. Capiente sala ristorante, con grandi vetrate ornate da tende importanti.

Cacciatori con cam, via Ligonto 26 ☎ 0435 97017, *cacciatori@cadorenet.it, Fax 0435 97103*, ←, – P. AE VISA.
chiuso marzo – **Pasto** carta 21/43 – ☕ 7,75 – **14 cam** 41,32/72,30 – ½ P 67,14.
◆ Accogliente ristorante a solida gestione familiare con camere semplici e ben tenute; luminosa sala dove prevale il color legno. Cucina del territorio.

a Palus San Marco *Ovest : 12 km* – ✉ *32041 Auronzo di Cadore :*

Al Cervo, ☎ 0435 497000, *Fax 0435 497000*, ← Dolomiti – P. AE VISA JCB. rist
chiuso maggio, ottobre e novembre – **Pasto** *(chiuso martedì)* carta 17/28 – **9 cam** ☕ 47,50/84 – ½ P 51,65.
◆ Piccolo albergo familiare in bella posizione panoramica, circondato dal verde, completamente rimodernato pochi anni fa; curati spazi comuni con rivestimenti di legno. Ambiente molto accogliente nella sala da pranzo che ha il calore di una stube.

I prezzi del pernottamento e della pensione possono subire aumenti in relazione all'andamento generale del costo della vita; quando prenotate chiedete la conferma del prezzo.

AVELENGO (HAFLING) *39010 Bolzano* 562 C 15, 218 ⑩ *G. Italia – 705 ab. alt. 1 290 – Sport invernali : a Merano 2000 : 1 600/2 300 m* 2 5, *.*
via Santa Caterina 2b ☎ 0473 279457, info@hafling.com, Fax 0473 279540.
Roma 680 – Bolzano 37 – Merano 15 – Milano 341.

Viertlerhof, via Falzeben 126 ☎ 0473 279428, *info@viertlerhof.it, Fax 0473 279446*, ←, , , – P. VISA. rist
chiuso dal 6 novembre al 25 dicembre – **Pasto** *(chiuso a mezzogiorno)* (solo per alloggiati) – **20 cam** ☕ 45/80 – ½ P 56.
◆ Immerso nella tranquillità di un bel giardino, un tradizionale hotel ben accessoriato, con spazi interni in stile moderno; pregevole settore relax.

Mesnerwirt, via Chiesa 2 ☎ 0473 279493, *info@mesnerwirt.it, Fax 0473 279530*, ←, , , , , – P. rist
chiuso dal 15 novembre al 20 dicembre – **Pasto** *(chiuso lunedì)* carta 17/32 – **12 cam** ☕ 42/79,80, 5 suites – ½ P 53,50.
◆ Tranquillo, classico albergo in stile tirolese, a conduzione familiare; accogliente zona comune rivestita interamente di perlinato, ravvivata da un lungo divano rosso. Gradevole sala da pranzo con grandi finestre ornate da romantiche tende.

AVELLINO *83100* P 564 E 26 – *56 434 ab. alt. 351.*
piazza Libertà 50 ☎ 0825 74732, info@eptavellino.it, Fax 0825 74757.
A.C.I. *via Montesarchio 16 ☎ 0825 36459.*
Roma 245 – Napoli 57 – Benevento 39 – Caserta 58 – Foggia 118 – Potenza 138 – Salerno 38.

De la Ville, via Palatucci 20 ☎ 0825 780911, *info@hdv.av.it, Fax 0825 780921*, , – , cam, P – 400. AE VISA JCB
Pasto al Rist. ***Il Cavallino*** carta 35/50 (10 %) – **63 cam** ☕ 135/185, 6 suites – ½ P 128.
◆ Ospitalità di alto livello in un hotel moderno completo di ogni confort, sede di importanti convegni; ampi spazi interni ed esterni, in una struttura all'avanguardia. Grande sala ristorante in stile contemporaneo.

Jolly, via Circumvallazione 121/123 ☎ 0825 25922, *avellino@jollyhotels.it, Fax 0825 780029* – |♦|, ⇹ cam, ▤ TV P – 🏛 200. AE Ⓢ ⓞ ⓜ VISA JCB. ✂
Pasto carta 25/34 – **72 cam** ☕ 95/110 – ½ P 80.
♦ In posizione centrale, classico albergo della catena, con spazi comuni confortevoli ed eleganti; gradevoli camere lineari, ben tenute, con arredi di moderna ispirazione. Grandi specchi incorniciati come quadri e atmosfera rilassante nella sala da pranzo.

La Maschera, rampa San Modestino 1 ☎ 0825 37603, *lamascheranovantotto@virgilio.it*, prenotare – ⇹. AE Ⓢ ⓞ ⓜ VISA. ✂
chiuso dall'11 al 25 agosto, domenica sera e lunedì – **Pasto** carta 27/38 ⚘.
♦ In pieno centro, a due passi dal Duomo, locanda con raffinati arredi e atmosfera familiare, ma anche signorile; cucina del territorio, rielaborata in chiave moderna.

Antica Trattoria Martella, via Chiesa Conservatorio 10 ☎ 0825 31117, *info@ristorantemartella.it, Fax 0825 32123* – ▤. AE Ⓢ ⓞ ⓜ VISA. ✂
chiuso dal 3 al 20 agosto, domenica sera e lunedì – **Pasto** carta 22/40 ⚘.
♦ Accogliente trattoria, a conduzione familiare, in uno stretto e caratteristico vicolo del centro città. Le proposte della cucina sono genuinamente legate al territorio.

sulla strada statale 88 *Sud-Ovest : 5 km :*

Hermitage Il Castello ⛰, strada statale Dei Due Principati km 29,550 ✉ 83020 Contrada ☎ 0825 674788, *info@hotelhermitage.av.it, Fax 0825 674772*, ≤, ⛱, 🎾 – |♦|, ▤ rist, TV P – 🏛 250. AE Ⓢ ⓞ ⓜ VISA. ✂
maggio-15 ottobre – **Pasto** carta 26/43 – **34 cam** ☕ 80/110.
♦ In ottima posizione molto tranquilla, ma non lontano dal centro città, una costruzione del XVII secolo immersa in un parco; accoglienti e piacevoli interni personalizzati. Calda atmosfera nella bella sala ristorante con camino in pietra e mattoni.

Se dopo le h 18,00 siete ancora in viaggio
confermate la vostra prenotazione telefonicamente,
è consuetudine ... ed è più sicuro.

AVENA (Monte) *Belluno* 562 D 17 – *Vedere Pedavena.*

AVENZA *Carrara* 563 J 12 – *Vedere Carrara.*

AVEZZANO *67051 L'Aquila* 563 P 22 – *39 480 ab. alt. 697.*

Roma 105 – L'Aquila 52 – Latina 133 – Napoli 188 – Pescara 107.

Olimpia, via Tiburtina Valeria km 111,200 (Nord-Ovest : 3 km) ☎ 0863 4521, *info@hoteloliimpia.it, Fax 0863 452400*, 🏋, ≘s, ⛱, 🌳 – |♦| ▤ TV ♿ P – 🏛 300. AE Ⓢ ⓞ ⓜ VISA JCB. ✂ rist
Pasto carta 24/39 – **76** ☕ 60/80, 4 suites – ½ P 60.
♦ In comoda posizione vicino all'uscita autostradale, albergo di recente realizzazione con confortevoli zone comuni e camere essenziali; nuovo centro benessere ed estetico. Luminosa sala da pranzo e spazioso salone per banchetti.

Dei Marsi, via Cavour 79/B (Sud : 3 km) ☎ 0863 4601, *hoteldeimarsi@libero.it, Fax 0863 4600100*, 🏋 – |♦| ⇹ ▤ TV ☎ ♿ P – 🏛 250. AE Ⓢ ⓞ ⓜ VISA JCB. ✂ rist
Pasto carta 21/37 – **106 cam** ☕ 60/90, 4 suites – ½ P 48.
♦ Nel cuore industriale di Avezzano, efficiente struttura di moderna concezione, con spazi interni funzionali e camere in stile lineare d'ispirazione contemporanea. Ampia e accogliente sala ristorante.

Le Jardin, via Sabotino 40 ☎ 0863 414710, 🍽, prenotare, 🌳 – AE Ⓢ ⓞ ⓜ VISA. ✂
chiuso domenica – **Pasto** carta 24/48.
♦ Nel centro cittadino, graziosa villetta tardo liberty immersa nel verde, con arredi curati, dove gustare proposte creative e tradizionali; servizio estivo in giardino.

AYAS *11020 Aosta* 561 E 5, 219 ④ – *1 278 ab. alt. 1 453 – Sport invernali : 1 267/2 714 m* ⛷ *3.*

ℹ *località Antagnod, Route Emile Chanoux* ☎ *0125 306335, infoantagnod@libero.it, Fax 0125 306318.*

Roma 732 – Aosta 61 – Ivrea 57 – Milano 170 – Torino 99.

a Periasc *Nord : 3 km – –* ✉ *11020*

Monte Rosa senza rist, rue Periasc La Val 7 ☎ 0125 305735, *info@monterosahotel.com, Fax 0125 305101*, ≤ monte Rosa, 🌳 – |♦| TV ☎ ♿ 🚗 P. Ⓢ VISA. ✂
chiuso da maggio al 28 giugno e dal 15 ottobre al 30 novembre – **20 cam** ☕ 67/100.
♦ Ai piedi dell'omonimo monte, edificio completamente ristrutturato, con interni in stile montano, interpretato in chiave moderna; camere essenziali, ben arredate.

ad Antagnod *Nord : 3,5 km – alt. 1 699 – ✉ 11020 Ayas – a.s. febbraio-Pasqua, luglio-agosto e Natale :*

Petit Prince 🐦, route Tchavagnod 1 ☎ 0125 306662, *info@hotelpetitprince.com, Fax 0125 304963,* ≤ Monte Rosa e vallata, – |‡| TV ♿ P. AE ⓢ ⓞ ⓜ VISA. ✂ rist
chiuso maggio, ottobre e novembre – **Pasto** al Rist. ***L'Etoile*** *(dicembre-marzo e luglio-agosto)* 15/20 – **25 cam** ☕ 72,45/126, 3 suites – ½ P 83.
◆ In splendida posizione tranquilla e panoramica, vicino agli impianti da sci, una struttura di recente costruzione; spazi comuni confortevoli e camere con arredi in legno.

Santa San senza rist, via Barmasc 1 ☎ 0125 306597, *info@hotelsantasan.com, Fax 0125 306597,* ≤ Monte Rosa e vallata – |‡| TV P. AE ⓢ ⓜ VISA
chiuso maggio ed ottobre – **12 cam** ☕ 95/110.
◆ Hotel semplice a conduzione familiare da cui si gode una bella vista della vallata e del Monte Rosa; graziosa saletta dove rilassarsi, camere decorose con arredi rustici.

AZZANO DECIMO *33082 Pordenone* 562 E 20 – *12 705 ab. alt. 14.*
Roma 591 – Udine 60 – Pordenone 11 – Treviso 65 – Trieste 104.

Eurohotel, via Don Bosco 3 ☎ 0434 633205, *eurohotelx@libero.it, Fax 0434 642036,* – |‡| ▤ TV ☎ ♿ P – 🏛 40. AE ⓢ ⓞ ⓜ VISA
chiuso dal 1º al 21 agosto – **Pasto** al Rist. ***All'Ancora*** *(chiuso domenica)* carta 24/43 – **42 cam** ☕ 52/80 – ½ P 52.
◆ Hotel completamente ristrutturato, «risorto» su una struttura preesistente. Ideale per una clientela d'affari presenta camere standard, funzionali e dagli arredi essenziali. Grazioso ristorante con un soddisfacente rapporto qualità/prezzo.

Se cercate un hotel tranquillo consultate prima le carte tematiche dell'introduzione e trovate nel testo gli esercizi indicati con il simbolo 🐦

AZZATE *21022 Varese* 561 E 8, 219 ⑦ – *3 868 ab. alt. 332.*
Roma 622 – Stresa 43 – Bellinzona 63 – Como 30 – Lugano 42 – Milano 54 – Novara 56 – Stresa 43.

Locanda dei Mai Intees 🐦, via Monte Grappa 22 ☎ 0332 457223, *maiintees@tin.it, Fax 0332 459339* – ▤ TV ☎ P. AE ⓢ ⓞ ⓜ VISA JCB
Pasto *(chiuso a mezzogiorno)* carta 47/62 – **12 cam** ☕ 165/240, suite.
◆ Incantevole complesso di edifici di origine quattrocentesca raccolti intorno a due corti: atmosfera ricca di charme negli ameni interni signorili, con mobili in stile. Ambiente romantico nella sala da pranzo con grande camino e pareti affrescate.

BACOLI *80070 Napoli* 564 E 24 *G. Italia – 27 823 ab. – a.s. luglio-settembre.*
Vedere *Cento Camerelle★ – Piscina Mirabile★.*
Dintorni *Terme★★ di Baia.*
Roma 242 – Napoli 27 – Formia 77 – Pozzuoli 8.

Cala Moresca 🐦, via del Faro 44, località Capo Miseno ☎ 081 5235595, *hcmoresca@tin.it, Fax 081 5235557,* ≤ golfo e costa, , , , – |‡| ▤ TV ☎ P – 🏛 70. AE ⓢ ⓞ ⓜ VISA
Pasto carta 27/46 – **34 cam** ☕ 80/130 – ½ P 85.
◆ Un panorama meraviglioso fa da cornice naturale a questa struttura dotata di un ampio numero di belle terrazze; le camere, molto luminose, sono semplici e gradevoli. Un pranzo di lavoro o una cena romantica: la vista incantevole è uno sfondo perfetto.

Villa Oteri, via Lungolago 174 ☎ 081 5234985, *reception@villaoteri.it, Fax 081 5233944* – ▤ TV ☎ P. AE ⓢ ⓞ ⓜ VISA JCB. ✂ rist
Pasto carta 21/38 (10%) – **9 cam** ☕ 80/110 – ½ P 70.
◆ La trasformazione di una villa in un ameno albergo ha determinato una realtà in cui è notevole la cura dei particolari. Camere arredate con gusto, conduzione appassionata. Specialità culinarie dell'area flegrea.

A Ridosso, via Mercato di Sabato 320 ☎ 081 8689233, *Fax 081 8689233,* Coperti limitati; prenotare – P. AE ⓢ ⓞ ⓜ VISA JCB
chiuso dal 23 dicembre al 4 gennaio, dal 13 al 28 agosto, domenica sera, lunedì e a mezzogiorno – **Pasto** carta 31/49.
◆ Uno spazio raccolto dall'atmosfera intima, arredato con gusto classico e sobrio; rappresenta quasi una rarità nella zona. Piatti di mare ispirati alla cucina campana.

BADIA (ABTEI) *Bolzano* 562 C 17 – *3 016 ab.* – *a.s. Pasqua, agosto e Natale* – *Sport invernali : 1 324/2 778 m* 5 30 *(Comprensorio Dolomiti superski Alta Badia)*.

Da Pedraces : Roma 712 – Cortina d'Ampezzo 35 – Belluno 92 – Bolzano 71 – Milano 366 – Trento 132.

a Pedraces (Pedratsches) – *alt. 1 315* – ✉ *39036.*

strada Pedraces 40 ☎ 0471 839695, pedraces@altabadia.org, Fax 0471 839573

Sporthotel Teresa, via Damez 64 ☎ 0471 839623, *info@sporthotel-teresa.com, Fax 0471 839823,* ←, maneggio, ... rist, ... VISA.
chiuso maggio e novembre – **Pasto** *(chiuso lunedì)* carta 31/43 – 13 – **28 cam** 68/177, 12 suites – ½ P 130.

♦ Una risorsa dove poter apprezzare la piacevolezza delle camere, lo stile omogeneo e l'attenzione ai dettagli degli arredi e l'ampia varietà delle attrezzature sportive. Atmosfere ambrate, una bella stufa e sensazioni familiari al ristorante.

Lech da Sompunt , Sud-Ovest : 3 km ☎ 0471 847015, *lech.sompunt@altabadia.it, Fax 0471 847464,* ←, ... VISA. cam
dicembre-aprile e giugno-settembre – **Pasto** carta 21/34 – **35 cam** 74/158 – ½ P 89.

♦ In posizione isolata, suggestivamente affacciato su un laghetto naturale, ideale per pesca sportiva o pattinaggio su ghiaccio; spazi comuni sobri e stanze confortevoli. Al ristorante, nei periodi di alta stagione, serate gastronomiche con cucina ladina.

Gran Ander , via Runcac 29 ☎ 0471 839718, *info@granander.it, Fax 0471 839741,* ← Dolomiti, ... rist, ... VISA. rist
6 dicembre-marzo e 20 giugno-settembre – **Pasto** (solo per alloggiati) 24/30 – **20 cam** 67/130 – ½ P 80.

♦ Ricorda uno chalet questo piccolo albergo, a gestione familiare, dall'atmosfera intima. Camere di buon livello, posizione tranquilla e bel panorama sulle Dolomiti.

a La Villa (Stern) *Sud : 3 km – alt. 1 484* – ✉ *39030.*

via Picenin 10 ☎ 0471 847037, lavilla@altabadia.org, Fax 0471 847277

Christiania, via Colz 109 ☎ 0471 847016, *hotel@christiania.it, Fax 0471 847056,* ← Dolomiti, ... AE ... VISA. rist
18 dicembre-28 marzo e 20 giugno-25 settembre – **Pasto** (solo per alloggiati) – **35 cam** 227/344 – ½ P 214.

♦ Una soluzione per un soggiorno elegante che propone un'interpretazione raffinata dell'arredamento tirolese: camere di ottimo livello e parti comuni solari e gradevoli.

La Majun, via Colz 59 ☎ 0471 847030, *reception@lamajun.it, Fax 0471 847074,* ← Dolomiti, centro benessere, ... rist, ... VISA. rist
25 novembre-12 aprile e 29 maggio-17 ottobre – **Pasto** carta 22/33 – **28 cam** 156/278, 2 suites – ½ P 128.

♦ Radicalmente ristrutturato, questo hotel presenta uno stile originale che coniuga meravigliosamente arredi ladini e minimalismo moderno. Magici momenti al centro fitness. Cucina con piatti della tradizione italiana serviti in ambienti arredati con gusto.

Dolasilla , via Rottonara 30 ☎ 0471 847006, *info@dolasilla.it, Fax 0471 847349,* ← Dolomiti, ... rist, rist, ... VISA.
dicembre-marzo e 20 giugno-settembre – **Pasto** carta 22/26 – **24 cam** 90,50/169, 6 suites – ½ P 94,50.

♦ Hotel a gestione familiare direttamente sulle piste da sci. In posizione dominante sulla valle, offre una vista spettacolare specialmente dal bel giardino panoramico. Al ristorante un menù con specialità altoatesine, ambiente accogliente e clima familiare.

La Villa , strada Bosc da Plan 176 ☎ 0471 847035, *info@hotel-lavilla.it, Fax 0471 847393,* ← Dolomiti, ... VISA.
5 dicembre-12 aprile e 15 giugno-15 settembre – **Pasto** 24/26 e al Rist. ***Blumine*** Coperti limitati; prenotare carta 32/46 – **27 cam** 66/120 – ½ P 89.

♦ Gestione cordiale di lunga tradizione per una realtà con un bel giardino pineta, in un contesto molto tranquillo e silenzioso. Spazi comuni dinamici e molto accoglienti. Al ristorante Blumine ambiente fine dall'atmosfera tipicamente nordica.

La Ciasota senza rist, strada Colz 118 ☎ 0471 847171, *Fax 0471 845740,* ... AE ... VISA.
4 dicembre-6 aprile e 21 giugno-28 settembre – **15 cam** 39/76.

♦ Lungo la direttrice che da Badia conduce a Corvara, una piacevole risorsa di dimensioni contenute, ma di stile piacevole. Belle camere e spazi comuni ridotti.

Ciasa Tamarindo senza rist, via Plaon 20 ☎ 0471 844096, *tamarindo@rolmail.net, Fax 0471 844906,* ← Dolomiti – ...
9 cam 38/76.

♦ Nuovissima struttura in stile con camere di alto livello, ambienti moderni e selezionati tocchi d'arredo che richiamano la tradizione locale. In paese, ma tranquillo.

Ciasa Montanara senza rist, strada Plaon 24 ☎ 0471 847735, *ciasa@montanara.it, Fax 0471 844920,* ≤ Dolomiti – TV P
12 cam 45/65.
◆ «Ciasa» costruita ex novo nel 1999, ma capace di offrire un'ospitalità di sapore antico, in tipico stile ladino. Notevole il confort e ottimo il rapporto qualità/prezzo.

Ciastel Colz con cam, via Marin 80 ☎ 0471 847511, *colz@siriolagroup.it, Fax 0471 844120,* ≤, – TV P. AE VISA.
5 dicembre-13 aprile e 28 maggio-3 ottobre – **Pasto** *(chiuso martedì e a mezzogiorno)* 58/78 e carta 46/59 – **4 cam** 175/268.
◆ Atmosfere da favola in questo bel castello del '500, dove scoprire i piatti della tradizione culinaria ladina, ottima la cantina. Quattro camere di notevole fascino.

a San Cassiano (St. Kassian) *Sud-Est : 6 km – alt. 1 535 – ✉ 39030.*
strada Micurà de Rü 24 ☎ 0471 849422, sancassiano@altabadia.org, Fax0471 849249

Rosa Alpina, Str Micura de Ru 20 ☎ 0471 849500, *info@rosalpina.it, Fax 0471 849377,* ≤, – TV P. VISA. rist
dicembre-4 aprile e 15 giugno-10 ottobre – **Pasto** *(chiuso a mezzogiorno)* carta 38/53 e vedere anche Rist ***St. Hubertus*** – **42 cam** 240/500, 12 suites.
◆ Camere spaziose finemente arredate, classe e comodità nei vari ambienti comuni, centro benessere di prim'ordine, gestione attenta, garbata e sempre pronta a rinnovarsi. Ristorante ospitato presso la stube, dove si respira una sensazione di morbido piacere.

Armentarola, Sud-Est : 2 km ☎ 0471 849522, *info@armentarola.cominfo@armentarola.com, Fax 0471 849389,* ≤ pinete e Dolomiti, – TV P.
VISA
4 dicembre-13 aprile e 11 giugno-10 ottobre – **Pasto** carta 35/45 – **50 cam** 150/300, 9 suites – ½ P 166.
◆ Grande baita in stile anni '30 affacciata sulle piste da sci, luogo ideale per un perfetto soggiorno tra i monti dolomitici; gli ambienti sono accoglienti e confortevoli. Oggetti della tradizione locale infondono alla sala ristorante un calore familiare.

Ciasa Salares , via Prè de Vi 31 (Sud-Est : 2 km) ☎ 0471 849445, *salares@siriolagroup.it, Fax 0471 849369,* ≤ pinete e Dolomiti, , Centro benessere, – TV P. AE VISA.
5 dicembre-13 aprile e 20 giugno-28 settembre – **Pasto** carta 46/58 e vedere anche rist ***La Siriola*** – **36 cam** 149/298, 3 suites – ½ P 151.
◆ Munifico di suggestioni per la varietà e la godibilità degli spazi comuni; gestione intraprendente e grande attenzione per i particolari. In una posizione fantastica. E' davvero piacevole pranzare all'aperto coccolati dal panorama e dal dolce silenzio.

Fanes , Pecei 19 ☎ 0471 849470, *hotelfanes@hotelfanes.it, Fax 0471 849403,* ≤ pinete e Dolomiti, – TV P. VISA. rist
4 dicembre-25 aprile e 20 giugno-12 ottobre – **Pasto** carta 28/40 – **40 cam** 123/245 – ½ P 145.
◆ Impossibile rimanere insensibili all'effetto che suscita la splendida hall di questo albergo, degno preludio alle camere dotate di spazi esorbitanti e begli arredi. Alcune specialità della cucina locale da assaporare in un ambiente arredato con gusto.

Diamant, strada Micurà de Rü 29 ☎ 0471 849499, *hotel.diamant@rolmail.net, Fax 0471 849370,* – TV P – 40. VISA. rist
4 dicembre-15 aprile e 25 giugno-settembre – **Pasto** 30/46 – **40 cam** 105/210, 4 suites – ½ P 111.
◆ Dopo aver subito un profondo ammodernamento tutte le camere risultano essere luminose, ampie e gradevoli. Tennis coperto, bowling, servizio familiare attento e cortese. Cucina variamente ispirata, a prezzi decisamente interessanti.

Ciasa ai Pini senza rist, via Glira 4 (Sud-Est : 1,5 km) ☎ 0471 849541, *ai.pini@rolmail.net, Fax 0471 849233,* ≤ Dolomiti, – TV P.
dicembre-Pasqua e giugno-settembre – **17 cam** 42,50/81.
◆ Nuovissimo hotel ricavato da una struttura interamente rinnovata nel 2001. L'aspetto odierno è in linea con la tradizione locale, largo impiego di legno chiaro.

Gran Ancëi , Sud-Est : 2,5 km ☎ 0471 849540, *info@granancei.it, Fax 0471 849210,* ≤ Dolomiti, – rist, TV P. VISA.
4 dicembre-20 aprile e 10 giugno-10 ottobre – **Pasto** carta 27/47 – **29 cam** 35/104 – ½ P 92.
◆ Con una riuscita fusione di tradizione e modernità negli arredi, offre la possibilità di soggiornare tra il silenzio, i profumi e i colori della pineta. Camere rinnovate. Offerta di piatti riferibili alla tradizione culinaria ladina, ambiente caratteristico.

Ciasa Antersìes , via Soplà 12 ☎ 0471 849417, *antersies@rolmail.net, Fax 0471 849319,* ≤ pinete e Dolomiti, – rist, TV P. VISA. rist
6 dicembre-10 aprile e luglio-settembre – **Pasto** *(chiuso a mezzogiorno)* (solo per alloggiati) 20/30 – **25 cam** 80/90, 8 suites – ½ P 85.
◆ L'atmosfera di questa risorsa, situata in una gradevole collocazione, è piacevolmente informale; ricco di fascino il panorama di boschi e cime dolomitiche circostanti.

La Stüa, strada Micurà de Rue 31 ☎ 0471 849456, *lastua@altabadia.it, Fax 0471 849311*, ≤ pinete e Dolomiti, – |‡|, rist, rist, TV P. VISA.
19 dicembre-28 marzo e 26 giugno-26 settembre – **Pasto** 15/30 – **22 cam** 82/164 – 1/2 P 98.
◆ In posizione centrale ma tranquilla, a due passi dalla chiesetta di S. Cassiano, hotel familiare connotato da una gestione esperta. Spazi comuni raccolti e curati.

Ciasa Roby senza rist, via Micurà de Rue 67 ☎ 0471 849525, *ciasa.roby@dnet.it, Fax 0471 849260*, ≤ – TV P. VISA.
21 dicembre-marzo e 27 giugno-13 settembre – **25 cam** 42/76.
◆ Albergo a conduzione diretta, gestito dalla figlia del proprietario, in cui si respira una gradevole «aria di nuovo». Gli ambienti sono semplici, sobri ma molto curati.

La Siriola - Hotel Ciasa Salares, Sud-Est : 2 km ☎ 0471 849445, *salares@siriolagroup.it, Fax 0471 849369*, Coperti limitati; prenotare – P. AE VISA.
5 dicembre-13 aprile e 19 giugno-25 settembre; chiuso lunedì – **Pasto** carta 50/70.
◆ Cucina creativa fortemente personalizzata, ma legata al territorio, da apprezzare in un ambiente moderno ed elegante con prevalenza del bianco; serviti con attenzione.
Spec. Filetto di tonno con crema di vitello e caviale. Lombatina di capriolo cotta al vapore di erbe con infuso di fieno di montagna. Sensazioni di rhum e tabacco.

St. Hubertus - Hotel Rosa Alpina, Str Micura de Rue 20 ☎ 0471 849500, *info@rosalpina.it, Fax 0471 849377*, Coperti limitati; prenotare – P. VISA.
dicembre-4 aprile e 15 giugno-10 ottobre; chiuso martedì e mercoledì a mezzogiorno – **Pasto** carta 61/91.
◆ Grande affascinante sala dove presentazioni raffinate e di grand'effetto introducono piatti di una cucina che elabora prodotti locali con ricercata semplicità.
Spec. Variazione di fegato grasso d'oca. Risotto al pino mugo con petto di faraona affumicato. Maialino da latte croccante con crauti al vino bianco e patate allo zafferano e vaniglia.

Se cercate un hotel tranquillo
consultate prima le carte tematiche dell'introduzione
e trovate nel testo gli esercizi indicati con il simbolo

BADIA A PASSIGNANO *Firenze* 563 L 15 – *Vedere Tavarnelle Val di Pesa.*

BADIA DI DULZAGO *Novara* – *Vedere Bellinzago Novarese.*

BAGNACAVALLO *48012 Ravenna* 562 I 17 – *16 072 ab. alt. 11.*
Roma 369 – Ravenna 24 – Bologna 61 – Faenza 16 – Ferrara 64.

Il Giardino dei Semplici, via Manzoni 28 ☎ 0545 61156, *r.depellegrin@libero.it, Fax 0545 61156* – AE VISA.
chiuso dal 27 luglio al 4 agosto, dal 1° al 10 novembre e giovedì – **Pasto** carta 26/36.
◆ Nel centro storico, in un antico edificio d'uso contadino, un ristorante tradizionale che dalle 22.00 si trasforma in un'osteria con degustazione salumi e formaggi.

BAGNAIA *01031 Viterbo* 563 O 18 *G. Italia – alt. 441.*
Vedere *Villa Lante★★.*
Roma 109 – Viterbo 5 – Civitavecchia 63 – Orvieto 52 – Terni 57.

Biscetti con cam, via Gen. A. Gandin 11/A ☎ 0761 288252, *reception@hotelbiscetti.it, Fax 0761 289254*, – |‡| TV P. AE VISA
Pasto *(chiuso giovedì)* carta 19/27 – 6 – **15 cam** 40/56 – 1/2 P 50.
◆ Proposta di piatti locali d'impronta casalinga per un ristorante con una lunga storia. Un sicuro punto di approdo per chi ricerca la genuinità e rifugge le novità.

BAGNAIA *Livorno* 563 N 13 – *Vedere Elba (Isola d') : Rio nell'Elba.*

BAGNARA CALABRA *89011 Reggio di Calabria* 564 M 29 – *11 101 ab. alt. 50.*
Roma 671 – Reggio Calabria 35 – Catanzaro 130 – Cosenza 160.

Taverna Kerkira, corso Vittorio Emanuele 217 ☎ 0966 372260, *Fax 0966 372260*, prenotare – AE VISA JCB
chiuso dal 20 dicembre al 15 gennaio, dal 1° agosto al 15 settembre, lunedì e martedì – **Pasto** specialità di mare e cucina greca carta 26/37.
◆ Un accogliente locale dal clima familiare dove è possibile gustare un freschissima cucina di mare; in lista anche alcune proposte della tradizione culinaria ellenica.

BAGNI DI LUCCA
55021 Lucca 563 J 13 – 6 791 ab. alt. 150.
Roma 350 – Pisa 48 – Firenze 77 – Lucca 27.

Corona, via Serraglia 78 ☎ 0583 805151, *info@coronaregina.it, Fax 0583 805134,* – . AE VISA.
chiuso dal 15 gennaio al 15 febbraio – **Pasto** 29/35 e carta 32/47.
◆ Le ampie vetrate con vista sul fiume Serchia illuminano la sala principale del ristorante, ma d'estate si può mangiare anche in terrazza. Cucina locale, con piatti di mare.

BAGNI DI TIVOLI
Roma 563 Q 20 – *Vedere Tivoli.*

BAGNI SAN FILIPPO
53020 Siena 563 N 17 – – *Stazione termale (15 maggio-15 ottobre).*
Roma 186 – Siena 62 – Firenze 135 – Grosseto 81 – Orvieto 60.

Terme San Filippo, via San Filippo 23 ☎ 0577 872982, *info@termesanfilippo.it, Fax 0577 872684,* , termale – . AE VISA.
chiuso dal 10 al 26 dicembre e dal 7 gennaio al 5 aprile – **Pasto** 18 – **27 cam** 62/108 – ½ P 67.
◆ Il nucleo originario dell'hotel ha origini settecentesche, ristrutturato di recente, si compone oggi di tre ali. Tocchi di eleganza nell'arredo e accesso diretto alle terme. Sala ristorante di garbata finezza.

BAGNO A RIPOLI
50012 Firenze 563 K 15 – 25 695 ab. alt. 77.
piazza della Vittoria 1 ☎ 055 6390222, urp@comune.bagno-a-ripoli.fi.it, Fax 055 6390271.
Roma 270 – Firenze 9 – Arezzo 74 – Montecatini Terme 63 – Pisa 106 – Siena 71.

Centanni, via di Centanni 8 ☎ 055 630122, *info@residence-centanni.it, Fax 055 6510445,* , – – . AE VISA
Pasto vedere rist ***Centanni*** – **5 cam** 112/143, 10 suites.
◆ Struttura ricettiva che, indipendente dall'omonimo ristorante, offre la possibilità di soggiornare in mini appartamenti dotati di piccola cucina e angolo soggiorno.

Centanni, via di Centanni 7 ☎ 055 630122, *info@residence-centanni.it, Fax 055 6510445,* colline – . AE VISA.
chiuso domenica e a mezzogiorno (escluso mercoledì) – **Pasto** 43/45 bc e carta 35/48.
◆ Risorsa accolta da una tipica casa colonica dove nella bella stagione è possibile cenare in giardino. Piatti della classica cucina toscana e interessante carta dei vini.

a Candeli *Nord : 1 km – 50012 :*

Villa La Massa, via della Massa 24 ☎ 055 62611, *info@villalamassa.com, Fax 055 633102,* , , , – – 80. AE VISA JCB. rist
aprile-2 novembre – **Pasto** al Rist. ***Il Verrocchio*** carta 78/101 – **37 cam** 300/450, 10 suites – ½ P 290.
◆ Nel verde dei colli, in posizione rialzata su un'ansa dell'Arno, quieta dimora seicentesca, che negli interni, arredati in stile, serba tutto il fascino del suo passato. Soffitto a volte, colonne e camino nel raffinato ristorante.

BAGNO DI ROMAGNA
47021 Forlì-Cesena 562 K 17 – 6 140 ab. alt. 491 – *Stazione termale (marzo-novembre), a.s. 10 luglio-20 settembre.*
via Fiorentina 38 ☎ 0543 911046, iat.bagno@comunic.it, Fax 0543 911026.
Roma 289 – Rimini 90 – Arezzo 65 – Bologna 125 – Firenze 90 – Forlì 62 – Milano 346 – Ravenna 86.

Tosco Romagnolo, piazza Dante 2 ☎ 0543 911260, *lacasa@paoloteverini.it, Fax 0543 911014,* Centro benessere, , , – , rist, . AE VISA JCB. rist
Pasto carta 28/36 vedere anche rist ***Paolo Teverini*** – **45 cam** 121/290, 4 suites – ½ P 145.
◆ Atmosfera molto rilassante per questo albergo in stile moderno, proprio di fronte alle terme, con spazio esterno alberato e una bella terrazza-solarium con piscina. Specialità della cucina tosco-romagnola, sala vivacemente colorata.

Gd H. Terme Roseo, piazza Ricasoli 2 ☎ 0543 911016, *termeroseo@tin.it, Fax 0543 911360,* Centro benessere, , , – , rist, . AE VISA JCB.
Pasto carta 26/37 – **70 cam** 85/105 – ½ P 85.
◆ Un albergo termale in grado di offrire cure «in casa», ospitato in un antico palazzo nel centro medioevale del paese. Soggiorno rilassante, in compagnia di qualche vip. Cucina eclettica, sale sobrie ed essenziali.

Balneum, via Lungosavio 15/17 ☎ 0543 911085, *hotelbalneum@virgilio.it, Fax 0543 911252* – rist, rist, . rist
marzo-dicembre – **Pasto** carta 20/30 – **40 cam** 48/84 – ½ P 56.
◆ Ambiente schietto in questa tranquilla struttura a gestione familiare, situata all'ingresso del paese, che ha subito numerose migliorie e lavori di ristrutturazione. Ristorante d'albergo con atmosfera informale.

Paolo Teverini - Hotel Tosco Romagnolo, piazza Dante 2 ☎ 0543 911260, *lacasa@paolotteverini.it, Fax 0543 911014*, Coperti limitati; prenotare – . .
chiuso lunedì e martedì (escluso dal 2 al 31 agosto), dal 13 luglio al 2 agosto aperto martedì sera – **Pasto** 35/75 e carta 59/75.
◆ Ambiente molto elegante arredato con gusto moderno, pianoforte a coda e ricchezza di particolari per una sala spaziosa. In menù proposte dalla tradizione alla creatività.
Spec. Culatello di Zibello con mango e gelatina di aceto balsamico. Riso nero ai gamberi di fiume. Lombo di agnello arrostito al profumo di rosmarino, timballo di patate al pesto e finocchio alla vaniglia.

a San Piero in Bagno *Nord-Est : 2,5 km* – ✉ *47026* :

Locanda al Gambero Rosso, via Verdi 5 ☎ 0543 903405, *locanda.gamberorosso@libero.it, Fax 0543 903405* – . .
chiuso lunedì e le sere di domenica, martedì e mercoledì in gennaio-febbraio – **Pasto** carta 25/37.
◆ E' l'indirizzo giusto per chi cerca un ristorante genuino con piatti della cucina locale, anche di quella «povera». Salutare tuffo nel passato, senza alcun trucco.

ad Acquapartita *Nord-Est : 8 km – alt. 806* – ✉ *47026 San Piero in Bagno* :

Miramonti, via Acquapartita 103 ☎ 0543 903640, *miramonti@selecthotels.it, Fax 0543 903640*, , , , – – 150. . rist
24 dicembre-6 gennaio e aprile-ottobre – **Pasto** carta 21/32 – 8 – **46 cam** 80/120 – ½ P 75.
◆ Struttura recentissima e dotata di ottimi servizi; ubicata tra i folti boschi appenninici e affacciata su un lago con pesca sportiva. Arredi di qualità e belle camere. Sala ristorante con bella vista sul lago di Aquapartita.

BAGNOLO IN PIANO *42011 Reggio nell'Emilia* 562 H 14 – *8 008 ab. alt. 32.*

Roma 433 – Parma 38 – Modena 30 – Reggio nell'Emilia 8.

Garden Cristallo senza rist, via Borri 5 ☎ 0522 953888, *Fax 0522 957111* – – 70. .
chiuso dal 23 dicembre al 2 gennaio, Pasqua ed agosto – **56 cam** 70/92,50, 4 suites.
◆ In buona posizione, facilmente raggiungibile dall'autostrada, hotel recente e in stile moderno, offre spazi ampi e luminosi e complementi d'arredo comodi e funzionali.

Trattoria da Probo, via Provinciale nord 13 ☎ 0522 951300, *info@trattoriadaprobo.it, Fax 0522 951300* – . .
chiuso dal 2 al 10 gennaio, dal 1° al 15 settembre, domenica sera e lunedì – **Pasto** carta 27/40.
◆ Una vecchia trattoria di campagna che ha subito rinnovi nelle strutture, ma non nello spirito dell'accoglienza e nell'impostazione di una cucina vicina alla tradizione.

BAGNOLO SAN VITO *46031 Mantova* 561 G 14 – *5 418 ab. alt. 18.*

Roma 460 – Verona 48 – Mantova 13 – Milano 188 – Modena 58.

Villa Eden, via Gazzo 6 ☎ 0376 415684, *info@ristorantevillaeden.it, Fax 0376 251392*, , prenotare, , – – 30. .
chiuso dal 6 al 27 agosto e martedì – **Pasto** carta 28/46.
◆ Una villa tra i campi, che si presenta quasi come un'ospitale abitazione privata, dove si fondono con facilità la tradizione culinaria mantovana e le delicatezze di mare.

BAGNOREGIO *01022 Viterbo* 563 O 18 – *3 790 ab. alt. 485.*

Vedere *Civita*★.

Roma 125 – Viterbo 28 – Orvieto 20 – Terni 82.

Hostaria del Ponte, località Mercatello 11 ☎ 0761 793565, *info@hostariadelponte.it* – .
chiuso dal 22 febbraio al 7 marzo, dal 1° al 7 settembre, lunedì e domenica sera (escluso da maggio a settembre) – **Pasto** carta 22/32.
◆ Buone offerte del territorio, per un ristorante dall'ambiente caratteristico, ricco di colori e apprezzato dai molti turisti di passaggio per ammirare le bellezze locali.

BAGNORO *Arezzo* 563 L 17 – *Vedere Arezzo.*

BAGNO VIGNONI *Siena* 563 M 16 – *Vedere San Quirico d'Orcia.*

BAIA DOMIZIA *81030 Caserta* 563 S 23 – *a.s. 15 giugno-15 settembre.*
Roma 167 – Frosinone 98 – Caserta 53 – Gaeta 29 – Abbazia di Montecassino 53 – Napoli 67.

Della Baia, via dell'Erica ☎ 0823 721344, *info@hoteldellabaia.it, Fax 0823 721556*, ←, ... – ≡ TV P. AE ⑤ ① MC VISA JCB. ✻
15 maggio-27 settembre – **Pasto** 31/36 – ☐ 10 – **56 cam** 85/120 – ½ P 105.
◆ Il gradevole e curato giardino si spinge proprio fino al limite della spiaggia, a pochi passi dal mare. La conduzione familiare è accogliente e belle le parti comuni. Affidabile e apprezzato ristorante.

BAIA SARDINIA *Sassari* 566 D 10 – *Vedere Sardegna (Arzachena : Costa Smeralda) alla fine dell'elenco alfabetico.*

BALDISSERO TORINESE *10020 Torino* 561 G 5 – *3 250 ab. alt. 421.*
Roma 656 – Torino 13 – Asti 42 – Milano 140.

XXX **Osteria del Paluch,** via Superga 44 (Ovest : 3 km) ☎ 011 9408750, *info@ristorantepaluch.it, Fax 011 9407592*, ☂, solo su prenotazione – P. AE ⑤ ① MC VISA JCB
chiuso domenica sera e lunedì escluso da giugno a settembre – **Pasto** carta 27/48.
◆ Elegante e ben curato, a classica conduzione diretta, propone una cucina piemontese con predilezione verso percorsi moderni e creativi. Servizio estivo all'aperto.

a Rivodora *Nord-Ovest : 5 km* – ✉ *10099 :*

X **Torinese,** via Torino 42 ☎ 011 9460025, *Fax 011 9460006*, ☂ – VISA. ✻
chiuso dal 2 al 14 agosto, martedì, mercoledì e a mezzogiorno (escluso sabato-domenica) – **Pasto** carta 23/31.
◆ Una tipica trattoria di campagna adagiata sulla collina di Superga a due passi da Torino. Nell'insieme una situazione di rassicurante semplicità che è piacevole provare.

In questa guida
uno stesso simbolo, una stessa parola
stampati in rosso o in nero,
hanno un significato diverso.
Leggete attentamente le pagine dell'introduzione.

BALESTRATE *Palermo* 565 M 21 – *Vedere Sicilia alla fine dell'elenco alfabetico.*

BALLABIO *23811 Lecco* 561 E 10, 219 ⑩ – *3 251 ab. alt. 732.*
Roma 617 – Bergamo 41 – Como 38 – Lecco 6 – Milano 60 – Sondrio 90.

Sporting Club, via Confalonieri 46, a Ballabio Superiore Nord : 1 km ☎ 0341 530185, *info@albergosportingclub.it, Fax 0341 530185* – |‡| TV P. AE ⑤ ① MC VISA
Pasto carta 22/29 – **14 cam** ☐ 45/65 – ½ P 55.
◆ Ai piedi delle Grigne, palestra per molti noti alpinisti, una risorsa moderna, adatta ad un soggiorno di gradevole essenzialità. Solarium in terrazza, buoni spazi comuni.

BALOCCO *13040 Vercelli* 561 F 6 – *266 ab. alt. 166.*
Roma 654 – Stresa 71 – Biella 27 – Torino 68 – Vercelli 21.

XX **L'Osteria,** piazza Castello 1 ☎ 0161 853210, *Fax 0161 853210* – ≡. AE ⑤ ① MC VISA JCB
chiuso dal 27 al 31 dicembre, agosto, domenica sera e lunedì – **Pasto** carta 32/50.
◆ Centralissimo, sulla piazza principale del paese ma con ingresso nel verde, è anche comodamente raggiungibile dall'autostrada. Cucina regionale moderatamente innovativa.

BANCHETTE D'IVREA *Torino* 561 F 5 – *Vedere Ivrea.*

BARAGAZZA *Bologna* 562 J 15 – *Vedere Castiglione dei Pepoli.*

BARANO D'ISCHIA *Napoli* 564 E 23 – *Vedere Ischia (Isola d').*

BARBARANO *Brescia* – *Vedere Salò.*

BARBARESCO *12050 Cuneo* 561 H 6 – *644 ab. alt. 274.*

Roma 642 – Genova 129 – Torino 57 – Alessandria 63 – Asti 28 – Cuneo 64 – Savona 101.

XXX ✿ **Al Vecchio Tre Stelle** con cam, via Rio Sordo 13, località Tre Stelle Sud : 3 km ☎ 0173 638192, *ristorante@vecchiotrestelle.it, Fax 0173 638282*, Coperti limitati; prenotare – ✈, ▤ rist, TV. AE ⓢ ⓓ MC VISA JCB. ✂ rist
chiuso dal 24 dicembre al 10 gennaio, dal 2 al 9 marzo e dall'8 al 30 luglio – **Pasto** *(chiuso martedì)* carta 36/46 – **9 cam** ☕ 50/75 – ½ P 70.
◆ Intimo, raffinato ristorantino che ha saputo rinnovarsi col tempo, riscaldato e rallegrato da un bel caminetto. Cucina secondo tradizione rielaborata con cura e passione.
Spec. Animelle di vitello in crosta di tartufo nero su crema di asparagi (gennaio-giugno). Tajarin dei 30 rossi tagliati al coltello con tartufo bianco d'Alba (settembre-gennaio). Bocconcini di coniglio con fegato grasso e gamberi di fiume (gennaio-maggio).

XX **Rabayà,** via Rabayà 9 ☎ 0173 635223, *rabaya@tiscalinet.it, Fax 0173 635226*, ⛱, Coperti limitati; prenotare – ▤ P. AE ⓢ ⓓ MC VISA. ✂
chiuso dal 15 al 28 febbraio, dal 20 al 30 agosto e giovedì – **Pasto** carta 26/38.
◆ Il folto pergolato in terrazza di cui approfittare nella stagione estiva, godendo del meraviglioso panorama sulle Langhe; piatti piemontesi della più classica tradizione.

XX ✿ **Antinè,** via Torino 34/a ☎ 0173 635294, *Fax 0173 638407*, Coperti limitati; prenotare – ▤. AE ⓢ ⓓ MC VISA JCB. ✂
chiuso dal 27 dicembre al 25 gennaio, dal 10 al 25 agosto e mercoledì – **Pasto** 26/38 carta 35/45.
◆ Stile moderno con qualche tocco di eleganza e di tradizione, sorge sulla piazza principale ed è situato al primo piano di un immobile d'epoca; gestione molto dinamica.
Spec. Battuta di vitella piemontese con funghi porcini e uovo di quaglia fritto (autunno). Tajarin al coltello con ragù di coniglio al Barbaresco. Quaglie disossate e scottate su spinaci, fegato grasso al Moscato passito (primavera).

Scriveteci...
Le vostre critiche e i vostri apprezzamenti saranno esaminati con la massima attenzione.
Verificheremo personalmente gli esercizi che ci vorrete segnalare
Grazie per la collaborazione !

BARBERINO DI MUGELLO *50031 Firenze* 563 J 15 – *9 396 ab. alt. 268.*

Roma 308 – Firenze 34 – Bologna 79 – Milano 273 – Pistoia 49.

in prossimità casello autostrada A 1 *Sud-Ovest : 4 km :*

XX **Cosimo de' Medici,** viale del Lago 19 ✉ 50030 Cavallina ☎ 055 8420370, *Fax 055 8420370* – ▤ P. AE ⓢ ⓓ MC VISA
chiuso dal 1° al 20 agosto, domenica sera e lunedì – **Pasto** carta 29/36.
◆ Comodamente raggiungibile, un ristorante per tutte le tasche: clientela di lavoro e di passaggio, proposte prevalentemente toscane servite in un'unica ampia sala.

a Galliano *Nord-Est : 8,8 km – ✉ 50031 Barberino di Mugello :*

X **Osteria Poggio di Sotto,** via Galliano 15/a ☎ 055 8428654, ≤, ⛱, 🌳 – P. ⓢ ⓓ MC VISA
Pasto carta 16/23.
◆ Servizio estivo in giardino, gestione estroversa, cucina che si «reinventa» ogni giorno in base alla disponibilità dei prodotti e alle stagioni. Insomma un locale piacevole.

BARBERINO VAL D'ELSA *50021 Firenze* 563 L 15 *G. Toscana – 3 768 ab. alt. 373.*

Roma 260 – Firenze 32 – Siena 36 – Livorno 109.

a Ponzano *Sud : 2 km – ✉ 50021 Barberino Val d'Elsa :*

⌂ **La Torre di Ponzano** ⚘ senza rist, strada di Ponzano 8 ☎ 055 8059255, *torre_di_ponzano@hotmail.com*, ≤ colline, 🌳 – TV P. ⓢ MC VISA. ✂
chiuso dal 25 al 30 dicembre – **6 cam** ☕ 70/96.
◆ Sul crinale di una collina che offre una doppia, incantevole, vista, una risorsa ricavata in parte da un edificio cinquecentesco. Stile rustico-elegante, giardino attrezzato.

a Petrognano *Ovest : 3 km – ✉ 50021 Barberino Val d'Elsa :*

XX **Il Paese dei Campanelli,** località Petrognano 4 ☎ 055 8075318, *Fax 055 8075318*, ⛱, prenotare – P. AE ⓢ ⓓ MC VISA
chiuso dal 12 gennaio al 7 febbraio, a mezzogiorno e domenica sera – **Pasto** carta 41/50.
◆ Originale collocazione all'interno di un antico casale di campagna con pareti in pietra e rifiniture in legno; d'estate si mangia anche all'aperto, tra vigne e ulivi.

BARBIANELLO *27041 Pavia* 561 G 9 – *823 ab. alt. 67.*
Roma 557 – Piacenza 45 – Alessandria 68 – Milano 56 – Pavia 18.

Da Roberto, via Barbiano 21 ☎ 0385 57396, *info@daroberto.it, Fax 0385 57396* – . AE ⓓ MC VISA
chiuso dal 1° al 7 gennaio, luglio, lunedì e la sera (escluso venerdì-sabato) – **Pasto** carta 18/25.
◆ Trattoria nata a fine '800 (l'attuale gestione risale al 1986), dispone di ambienti familiari ma curati: due sale con camino, nella più piccola un bel soffitto ligneo.

BARBIANO *Parma – Vedere Felino.*

BARCUZZI *Brescia – Vedere Lonato.*

BARDASSANO *Torino – Vedere Gassino Torinese.*

BARDINETO *17057 Savona* 561 J 6 – *635 ab. alt. 711.*
piazza della Chiesa 6 ☎ 019 7907228, bardineto@inforiviera.it, Fax 019 7907293.
Roma 604 – Genova 100 – Cuneo 84 – Imperia 65 – Milano 228 – Savona 59.

Piccolo Ranch, località Cascinazzo 10 ☎ 019 7907038, *pranch@lnet.it, Fax 019 7907377*, < – TV P – 100. AE ⓓ MC.
chiuso dal 2 gennaio al 15 marzo – **Pasto** *(chiuso mercoledì)* carta 12/33 – 10 – **23 cam** 50/85 – ½ P 60.
◆ In posizione isolata, lungo la strada per Calizzano, albergo semplice e piacevole per distensivi soggiorni di mezza montagna. Le camere offrono un confort apprezzabile. Due grandi sale ristorante adatte anche per festeggiare eventi e ricorrenze.

Maria Nella, via Cave 1 ☎ 019 7907017, *info@marianella.net, Fax 019 7907018*, – TV P. AE ⓓ MC VISA.
chiuso novembre e dicembre – **Pasto** *(chiuso venerdì escluso da giugno a settembre)* carta 17/26 – 6 – **52 cam** 42/62 – ½ P 50.
◆ Struttura di medie dimensioni, senza pretese particolari, gestita con attenzione, serietà e molta gentilezza. Buon punto di partenza per andare alla scoperta della zona. Ampia sala ristorante, di sapore un po' retrò.

BARDOLINO *37011 Verona* 562 F 14 *G. Italia – 6 333 ab. alt. 68.*
Vedere *Chiesa*★.
18 e 9 *Cà degli Ulivi a Marciaga di Costermano ✉ 37010 ☎ 045 6279030, Fax 045 6279039, Nord : 7 km.*
piazza Aldo Moro 5 ☎ 045 7210078, bardolino@aptgardaveneto.com, Fax 045 7210272.
Roma 517 – Verona 27 – Brescia 60 – Mantova 59 – Milano 147 – Trento 84 – Venezia 145.

San Pietro, via Madonnina 15 ☎ 045 7210588, *info@san-pietro-hotel.com, Fax 045 7210023*, , – TV P. AE MC VISA.
20 marzo-20 ottobre – **Pasto** *(chiuso a mezzogiorno)* carta 27/33 – **48 cam** 76/142 – ½ P 80.
◆ In posizione semi-centrale ma vicino al lago, struttura imponente, ordinata e ricca di verde. Gestione attenta, ambienti comuni spaziosi, ricercata opulenza negli arredi. La sala ristorante è ampia e capiente, i tavoli sufficientemente spaziosi e distanziati.

Kriss Internazionale, lungolago Cipriani 3 ☎ 045 6212433, *info@kriss.it, Fax 045 7210242*, <, , , – TV P – 35. MC VISA. rist
chiuso dicembre e gennaio – **Pasto** *(chiuso martedì)* carta 23/34 – **33 cam** 90/160 – ½ P 98.
◆ In ottima posizione offre una notevole vista sul lago, di cui è possibile godere anche dalla spiaggia privata. Camere di buon livello, ambienti curati e grande cortesia. Ampia proposta di piatti della tradizione italiana per soddisfare palati internazionali.

Cristina Color Hotel, via Santa Cristina 5 ☎ 045 6210857, *info@color-hotel.com, Fax 045 6212697*, , – TV P. MC VISA. rist
marzo-ottobre – **Pasto** *(chiuso a mezzogiorno)* (solo per alloggiati) 28 – **75 cam** 77/150 – ½ P 89.
◆ Vicino al lago (visibile da alcune stanze), con una buona offerta di servizi solitamente apprezzati dai clienti, un buon riferimento per chi desidera soggiornare in zona.

Bologna senza rist, via Mirabello 19 ☎ 045 7210003, *bolognahotel@libero.it, Fax 045 7210564*, – TV P. AE ⓓ.
15 marzo-20 ottobre – **33 cam** 58/92.
◆ Non lontano dal centro, un edificio completamente ristrutturato, con una graziosa veranda con grandi vetrate; piccola hall, interni curati e camere accoglienti.

Benacus senza rist, via Madonnina 11 ☎ 045 6210282, *info@hotelbenacus.it, Fax 045 6210283* – |‡| ▤ 📺 P. AE Ⓢ ⓞ ⓜ VISA. ⚔
21 marzo-20 ottobre – **13 cam** ☕ 59/80.
◆ Piccolo albergo collocato in posizione semi-centrale non lontano dal lago, a gestione familiare e molto ben tenuto; camere luminose, ben accessoriate e confortevoli.

Il Giardino delle Esperidi, via Mameli 1 ☎ 045 6210477, *Fax 045 6210477*, ☂, enoteca con cucina, prenotare – ▤. AE Ⓢ ⓞ ⓜ VISA
chiuso mercoledì a mezzogiorno e martedì – **Pasto** carta 24/34 ⚘.
◆ Esplorazioni in ambito creativo alla ricerca di un'identità territoriale ragionata e da consolidare con gradualità. Servizio estivo in terrazza in pieno centro storico.

BARDONECCHIA *10052 Torino* **561** G 2 – *3 035 ab. alt. 1 312 – a.s. 13 febbraio-7 aprile e luglio-agosto – Sport invernali : 1 312/2 750 m* 18, ⛷.

I Ginepri (maggio-settembre; in maggio-giugno e settembre aperto sabato-domenica) località Pian del Colle-frazione Melezet ✉ 10052 Bardonecchia ☎ 011 9085042, Fax 011 9085042.

viale della Vittoria 4 ☎ 0122 99032, Fax 0122 980612.

Roma 754 – Briançon 46 – Milano 226 – Col du Mont Cenis 51 – Sestriere 36 – Torino 89.

Bucaneve, viale della Vecchia 2 ☎ 0122 999332, *info@hotelbucanevebardonecchia.it, Fax 0122 999980*, ⛰ – 📺 P. Ⓢ ⓜ VISA. ⚔
dicembre-aprile e 15 giugno-15 settembre – **Pasto** 20/30 – ☕ 10 – **24 cam** 40/65 – ½ P 65.
◆ Adiacente ad una folta pineta e vicino agli impianti sportivi estivi ed invernali; sale comuni raccolte ed accoglienti, camere con arredi essenziali, ambiente familiare. Per i pasti due calde salette con una buona illuminazione naturale.

La Nigritella, via Melezet 96 ☎ 0122 980477, *nigritella@libero.it, Fax 0122 980054*, ⛰ – 📺 P. AE Ⓢ ⓜ VISA. ⚔ rist
dicembre-aprile e 10 giugno-30 settembre – **Pasto** (solo per alloggiati) 18/20 – **7 cam** ☕ 52/78 – ½ P 67.
◆ Piccola ma graziosa risorsa inaugurata pochi anni or sono, situata lungo la strada che porta a Melezet, in posizione leggermente rientrante. Sette camere confortevoli.

I prezzi
Per tutte le precisazioni sui prezzi indicati in questa guida, consultate le pagine introduttive.

BAREGGIO *20010 Milano* **561** F 8, **219** ⑱ – *15 940 ab. alt. 138.*
Roma 590 – Milano 19 – Novara 33 – Pavia 49.

Joe il Marinaio, via Roma 69 ☎ 02 9028693, *Fax 02 9028693* – ▤. AE Ⓢ ⓞ ⓜ VISA JCB
chiuso dal 7 al 12 gennaio, dal 16 agosto al 9 settembre, lunedì e martedì a mezzogiorno – **Pasto** specialità di mare carta 29/45 (10 % solo venerdì e sabato sera).
◆ Sperimentata cucina di pesce, menù per tutte le tasche, serate musicali (nel fine settimana), per un locale dagli ambienti rustici e dal servizio svelto e alla mano.

BARGE *12032 Cuneo* **561** H 3 – *7 157 ab. alt. 355.*
Roma 694 – Torino 61 – Cuneo 50 – Sestriere 75.

D'Andrea, via Bagnolo 37 ☎ 0175 345735, *ristorante@dandrea.info, Fax 0175 345735* – P. Ⓢ ⓜ VISA
chiuso dal 7 al 13 gennaio, due settimane in luglio e mercoledì – **Pasto** carta 23/28.
◆ Cucina di tradizione rivisitata e «alleggerita», che propone anche pesce di mare e d'acqua dolce. Tavoli ben disposti, ambiente interno personalizzato e accogliente.

a Crocera *Nord-Est : 8 km – ✉ 12032 Barge :*

D'la Picocarda, via Cardè 71 ☎ 0175 30300, *Fax 0175 30300*, Casa colonica seicentesca, prenotare – ▤ P. AE Ⓢ ⓜ VISA. ⚔
chiuso agosto, lunedì sera e martedì – **Pasto** carta 28/42.
◆ Casa colonica di origine seicentesca, ristrutturata e arredata con buon gusto ed eleganza. In lista proposte legate al territorio ma anche alcuni inserimenti di mare.

BARGECCHIA *Lucca* **563** K 12 – *Vedere Massarosa.*

BARGNI *Pesaro e Urbino* **563** K 20 – *Vedere Serrungarina.*

BARI *70100* P 564 D 32 *G. Italia – 332 143 ab. – a.s. 21 giugno-settembre.*

Vedere *Città vecchia*★ **CDY** : *basilica di San Nicola*★★ **DY**, *Cattedrale*★ **DY B**, *castello*★ **CY** – *Cristo*★ *in legno nella pinacoteca* **BX M.**

Barialto a Casamassima ✉ 70010 ☏ 080 6977105, Fax 080 6977076, per ② : 12 km.

di Palese per viale Europa : 9 km **AX** *☏ 080 5316138, Fax 080 5316212 – Alitalia, via Argiro 56 ✉ 70121 ☏ 080 5216511, Fax 080 5244732.*

piazza Aldo Moro 33/a ✉ 70122 ☏ 080 52422361, aptbari@pugliaturismo.com, Fax 080 5242329.

A.C.I. *via Serena 26 ✉ 70126 ☏ 080 5534901.*

Roma 449 ④ – Napoli 261 ④.

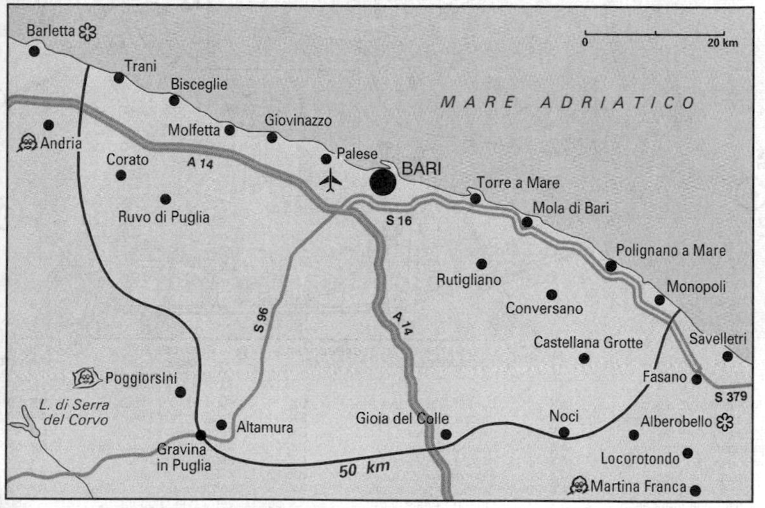

Palace Hotel, via Lombardi 13 ✉ 70122 ☏ 080 5216551, *info@palacehotelbari.it, Fax 080 5211499,* – , cam, – 420. AE VISA. rist — **CY b**

Pasto al Rist. ***Murat*** *(chiuso agosto)* carta 30/55 – **196 cam** 160/220, 6 suites.

◆ Nei pressi del castello svevo, ambienti raffinati nell'hotel più rappresentativo della città; camere di stile neoclassico, le più recenti richiamano atmosfere anglossasoni. Panoramico ristorante al roof-garden con dehors per il servizio estivo.

Sheraton Nicolaus Hotel, via Cardinale Agostino Ciasca 27 ✉ 70124 ☏ 080 5682111, *info@sheratonicolausbari.com, Fax 080 5042058,* , , , – , cam, – 1000. AE VISA. rist — **AX e**

Pasto al Rist. ***Le Stagioni*** carta 30/42 – **173 cam** 204/235, 2 suites.

◆ Imponente albergo di concezione moderna, facilmente raggiungibile dalle principali arterie stradali; confort adeguato ai livelli della catena e moderno centro congressi. Ricco buffet, che spazia dagli antipasti ai dolci, nel curato ristorante.

Mercure Villa Romanazzi Carducci , via Capruzzi 326 ✉ 70124 ☏ 080 5427400, *mercure@villaromanazzi.com, Fax 080 5560297,* , , , , – , cam, P – 500. AE VISA. — **CZ c**

Pasto *(chiuso agosto)* 33,32/35,70 – **118 cam** 160/245, 5 suites.

◆ Curioso il contrasto tra la villa dell'800 e l'edificio moderno che compongono questo originale, elegante complesso in un parco con piscina; attrezzato centro congressi. Sala ristorante avvolta da vetrate con vista sul parco.

Excelsior Congressi, via Giulio Petroni 15 ✉ 70124 ☏ 080 5564366, *info@hotelexcelsioronline.it, Fax 080 5523377* – P – 700. AE VISA JCB. rist — **DZ b**

Pasto carta 29/44 – **146 cam** 170/190, 10 suites.

◆ Risorsa nata a nuova a vita, dopo una efficace ristrutturazione totale. Oggi vengono rivolte attenzioni particolari alle esigenze della clientela d'affari e commerciale. Sala ristorante con una notevole capacità ricettiva, cucina dai sapori mediterranei.

Street	Grid	No.	Street	Grid	No.	Street	Grid	No.
Alighieri (Via Dante)	AX	2	Fanelli (Via Giuseppe)	BX	29	Papa Pio XII (Viale)	BX	59
Bellomo (Via Generale N.)	AX	6	Flacco (Via Orazio)	BX	34	Pasteur (Via Louis)	AX	60
Brigata Bari (Via)	AX	9	Japigia (Viale)	BX	42	Peucetia (Via)	BX	63
Brigata Regina (Via)	AX	10	Magna Grecia (Via)	BX	45	Repubblica (Viale della)	BX	67
Buozzi (Sottovia Bruno)	AX	12	Maratona (Via di)	AX	47	Starita (Lungomare Giambattista)	AX	77
Costa (Via Nicola)	AX	18	Oberdan (Via Guglielmo)	BX	52	Van Westerhout (Viale)	AX	78
Cotugno (Via Domenico)	AX	20	Omodeo (Via Adolfo)	BX	55	Verdi (Via Giuseppe)	AX	80
Crispi (Via Francesco)	AX	21	Orlando (Viale V.E.)	AX	56	2 Giugno (Largo)	BX	83
De Gasperi (Corso Alcide)	BX	25	Papa Giovanni XXIII (Viale)	BX	58			

Grand Hotel Leon d'Oro, piazza Aldo Moro 4 ✉ 70122 ✆ 080 5235040, *leon_doro@iol.it, Fax 080 5211555* – ▤ TV – 250. AE VISA JCB DZ c

Pasto 18/21 – **80 cam** 110/160 – ½ P 100.

◆ Nel cuore della città, di fronte alla stazione ferroviaria, un hotel totalmente ristrutturato in grado di offrire un confort attuale. Nelle camere pavimenti in parquet. Piccolo, elegante e originale ristorante.

Boston senza rist, via Piccinni 155 ✉ 70122 ✆ 080 5216633, *hotelbostonba@libero.it, Fax 080 5246802* – ▤ TV – 50. AE VISA JCB CY e

69 cam 85/120.

◆ In pieno centro, funzionalità e confort adeguato in un albergo ideale per clientela di lavoro; camere di dimensioni non ampie, ma con curato arredamento recente.

La Pignata, corso Vittorio Emanuele 173 ✉ 70122 ✆ 080 5232481, *ristorante.lapignata@infinito.it, Fax 080 5752523* – ▤. AE VISA JCB. CY c

chiuso agosto e lunedì – **Pasto** specialità di mare carta 28/42.

◆ Soffitti di legno e quadri alle pareti nei caldi, eleganti ambienti di un locale, dove potrete scegliere tra piatti della tradizione pugliese, con specialità di mare.

Ai 2 Ghiottoni, via Putignani 11 ✉ 70121 ✆ 080 5232240, *Fax 080 5233330* – ▤. AE VISA JCB. DY d

chiuso domenica – **Pasto** carta 35/48.

◆ Accoglienza e servizio informali, ma cortesi in un centrale, moderno locale, sempre molto frequentato da habitué e non; fragrante cucina d'ispirazione pugliese.

Alberosole, corso Vittorio Emanuele 13 ✉ 70122 ✆ 080 5235446, *Fax 080 5235446* – ▤. AE VISA DY c

chiuso dal 1° al 10 gennaio, dal 20 luglio al 20 agosto e lunedì – **Pasto** carta 29/44.

◆ Al limitare della città vecchia, accogliente locale semplice e familiare; sfiziose proposte della tradizione, rivisitate in chiave moderna; buona carta dei vini.

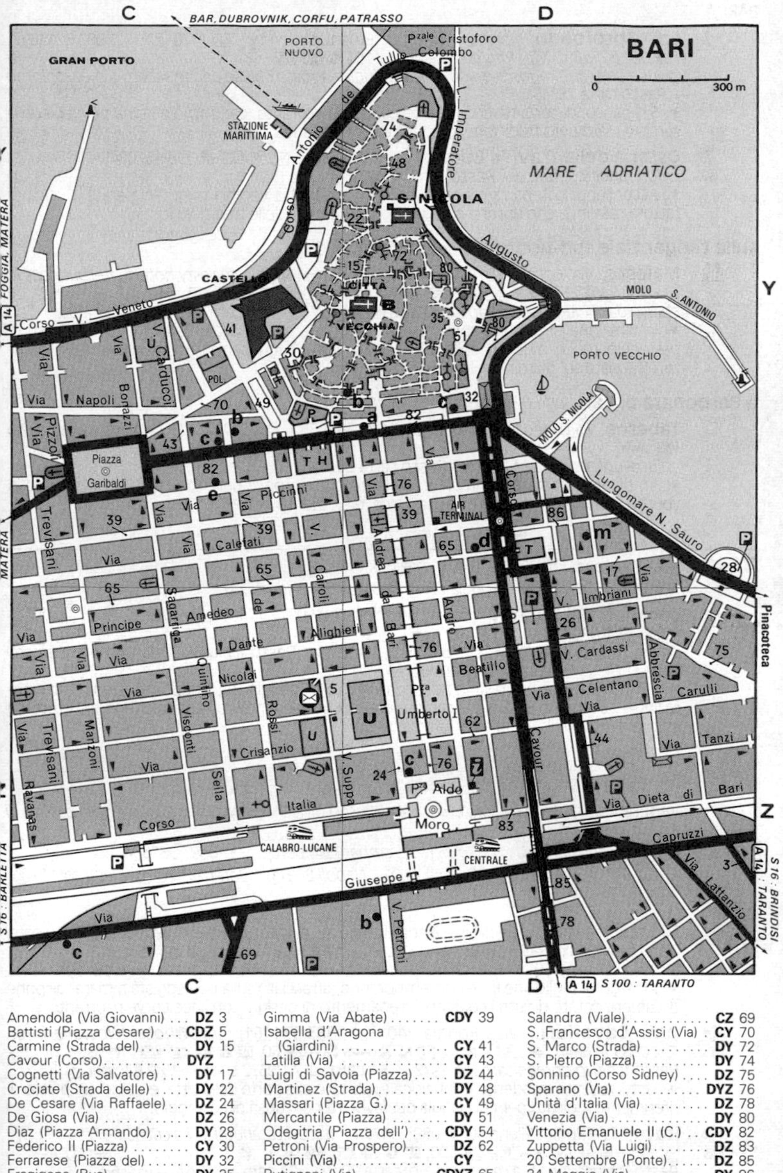

Amendola (Via Giovanni) . . . **DZ** 3
Battisti (Piazza Cesare) . . . **CDZ** 5
Carmine (Strada del) . . . . . . **DY** 15
Cavour (Corso) . . . . **DYZ**
Cognetti (Via Salvatore) . . . . **DY** 17
Crociate (Strada delle) . . . . . **DY** 22
De Cesare (Via Raffaele) . . . **DZ** 24
De Giosa (Via) . . . . **DZ** 26
Diaz (Piazza Armando) . . . . . **DY** 28
Federico II (Piazza) . . . . **CY** 30
Ferrarese (Piazza del) . . . . . . **DY** 32
Fragigena (Rua) . . . . **DY** 35
Gimma (Via Abate) . . . . **CDY** 39
Isabella d'Aragona (Giardini) . . . . **CY** 41
Latilla (Via) . . . . **CY** 43
Luigi di Savoia (Piazza) . . . . . **DZ** 44
Martinez (Strada) . . . . **DY** 48
Massari (Piazza G.) . . . . **CY** 49
Mercantile (Piazza) . . . . **DY** 51
Odegitria (Piazza dell') . . . . . **CDY** 54
Petroni (Via Prospero) . . . . . . **DZ** 62
Piccini (Via) . . . . **CY**
Putignani (Via) . . . . **CDYZ** 65
Salandra (Viale) . . . . **CZ** 69
S. Francesco d'Assisi (Via) . **CY** 70
S. Marco (Strada) . . . . **DY** 72
S. Pietro (Piazza) . . . . **DY** 74
Sonnino (Corso Sidney) . . . . **DZ** 75
Sparano (Via) . . . . **DYZ** 76
Unità d'Italia (Via) . . . . **DZ** 78
Venezia (Via) . . . . **DY** 80
Vittorio Emanuele II (C.) . . **CDY** 82
Zuppetta (Via Luigi) . . . . **DZ** 83
20 Settembre (Ponte) . . . . . . **DZ** 85
24 Maggio (Via) . . . . **DY** 86

Al Sorso Preferito, via Vito Nicola De Nicolò 46 ✉ 70121 ☎ 080 5235747, *ristalsorsopreferito@libero.it, Fax 080 5235747*, prenotare – ▤. AE ⓢ ⓓ ⓜⓒ VISA **DY m**

chiuso domenica sera e martedì – **Pasto** carta 21/30.

◆ Vicino al lungomare, frequentato ristorante, a gestione familiare, dove si punta sulla freschezza delle materie prime per un ampio repertorio di cucina del luogo.

Lo Sprofondo, corso Vittorio Emanuele 111 ✉ 70122 ☎ 080 5213697, *Fax 080 5213697*, Rist. e pizzeria – . AE VISA. DY a
chiuso dal 9 al 20 agosto e domenica, in luglio-agosto chiuso anche sabato a mezzogiorno – **Pasto** carta 25/35.
◆ Simpatico, di tono rustico, questo centrale ristorante, con forno a legna per la pizzeria serale e piatti della tradizione; gradevole dehors estivo.

Osteria delle Travi "Il Buco", largo Chyurlia 12 ✉ 70122 ☎ 339 1578848 – .
chiuso agosto e lunedì – **Pasto** carta 17/20. DY b
◆ Accogliente osteria familiare, ai margini della città vecchia oggi recuperata. Cucina di fattura casalinga che riprone con genuinità i dettami delle tradizioni locali.

sulla tangenziale sud-uscita 15 *Sud-Est : 5 km per ① :*

Majesty, via Gentile 97/B ✉ 70126 ☎ 080 5491099, *majesty.hotel@interbusiness.it, Fax 080 5492397*, – 300. AE VISA.
chiuso dal 31 luglio al 24 agosto – **Pasto** carta 22/35 – **114 cam** 88/134 – ½ P 96.
◆ In direzione di Brindisi, comodo hotel recente, adatto a clientela di lavoro e turisti di passaggio; mobili moderni nelle funzionali camere, bagni ben accessoriati. Curato ristorante, affacciato sul giardino.

a Carbonara di Bari *Sud : 6,5 km* **BX** – ✉ *70012 :*

Taberna, via Ospedale di Venere 6 ☎ 080 5650557, *Fax 080 5654577* – . AE VISA JCB
chiuso luglio, agosto e lunedì – **Pasto** carta 35/42.
◆ Ambiente caratteristico in un accogliente locale storico della zona (dal 1959), ricavato in vecchie cantine; la carne, anche alla brace, è elemento portante del menù.

BARILE *85022 Potenza* 564 E 29 – *3 423 ab. alt. 600.*

Roma 329 – Andria 76 – Foggia 67 – Potenza 43 – Salerno 147.

Locanda del Palazzo, piazza Caracciolo 7 ☎ 0972 771051, *Fax 0972 771051*, – . AE VISA JCB
chiuso 15 giorni in febbraio e dal 15 al 30 luglio – **Pasto** *(chiuso domenica sera e lunedì)* carta 35/49 (5 %) – 6 – **11 cam** 67/93 – ½ P 77.
◆ Gli ambienti che ospitavano l'azienda vinicola di famiglia, oggi dopo un'attenta ristrutturazione, accolgono le sale e le camere di un hotel elegante dal fascino antico. Al ristorante cucina di alto livello, ambiente raffinato.

BARLETTA *70051 Bari* 564 D 30 *G. Italia – 92 305 ab. – a.s. 21 giugno-settembre.*

Vedere *Colosso*★★ **AY** – *Castello*★ **BY** – *Museo Civico*★ **BY M** – *Reliquiario*★ *nella basilica di San Sepolcro* **AY.**

corso Garibaldi 208 ☎ 0883 331331, cmbar03@libero.it, Fax 0883 337304.

Roma 397 ③ – Bari 69 ② – Foggia 79 ③ – Napoli 208 ③ – Potenza 128 ③ – Taranto 145 ②.

Pianta pagina a lato

Nicotel senza rist, viale Regina Elena (litorale di Levante) ☎ 0883 348946, *barletta@nicotelhotels.com, Fax 0883 334383*, – cam, . AE VISA.
62 cam 110/150. per ③
◆ Albergo di taglio lineare e contemporaneo, affacciato sulla passeggiata a mare, dispone di camere dotate di tutti i confort. Arredamento di design, con linee curve ricorrenti.

Dei Cavalieri, via Foggia 40 ☎ 0883 571461, *info@hoteldeicavalieri.net, Fax 0883 526640*, – 60. AE VISA. rist
Pasto *(chiuso domenica)* carta 19/27 – **51 cam** 70/93, 2 suites – ½ P 62. per ④
◆ Hotel recente, moderno e funzionale, ubicato alle porte della città: è quindi un punto di riferimento indicato per chi viaggia per lavoro e per turisti di passaggio.

Itaca, viale Regina Elena 30 ☎ 0883 347741, *itaca@itacahotel.it, Fax 0883 347786*, – 300. AE VISA JCB. per ①
Pasto *(chiuso lunedì a mezzogiorno)* carta 20/30 – **27 cam** 62/98 – ½ P 65.
◆ Architettura recente, in posizione fortunata, con vista sul mare, presenta interni signorili, soprattutto nelle gradevoli e curate zone comuni; camere ampie e luminose. Sala da pranzo ariosa, contrassegnata da un tocco di ricercata eleganza.

Artù, piazza Castello 67 ☎ 0883 332121, *info@hotelartu.it, Fax 0883 332214*, – . AE VISA JCB. BY b
Pasto *(chiuso la sera di sabato-domenica)* carta 25/32 – 8 – **32 cam** 62/98 – ½ P 74.
◆ Hotel di taglio funzionale, che offre una bella visuale sul castello fatto erigere da Federico II di Svevia. Le camere sono confortevoli e sufficientemente ampie. Classica sala da ristorante d'albergo, ampia, ben tenuta, sobria.

BARLETTA

Baccarini (Via) . . . . **AY** 2
Brigata Barletta (Via) . . . . **AZ** 3
Caduti in Guerra (Piazza dei) **AY** 4
Colombo (Via Cristoforo) . . . **BY** 6
Consalvo da Cordova (Via) . . **AY** 7
Conteduca (Piazza) . . . . **AZ** 8
Discanno (Via Geremia) . . . **ABY** 10
Duomo (Via del) . . . . **BY** 12
Ferdinando d'Aragona (Via) **BYZ** 13
Fieramosca (Via E) . . . . **BY** 15
Garibaldi (Corso) . . . . **ABY**
Giannone (Viale) . . . . **AZ** 16
Leonardo da Vinci (Viale) . . . **AZ** 17
Marina (Piazza) . . . . **BY** 19
Monfalcone (Via) . . . . **AZ** 20
Municipio (Via) . . . . **AY** 21
Nanula (Via A) . . . . **AY** 23
Nazareth (Via) . . . . **ABY** 24
Palestro (Via) . . . . **AY** 25
Pier delle Vigne (Via) . . . . **AY** 27
Plebiscito (Piazza) . . . . **AY** 28
Principe Umberto (Piazza) . . . . **AY** 29
Regina Elena (Viale) . . . . **BY** 31
San Andrea (Via) . . . . **BY** 33
San Antonio (Via) . . . . **BY** 35
Trani (Via) . . . . **BY** 36
Vittorio Emanuele (Corso) . . **AY**
3 Novembre (Via) . . . . **BY** 37
20 Settembre (Via) . . . . **AYZ** 39

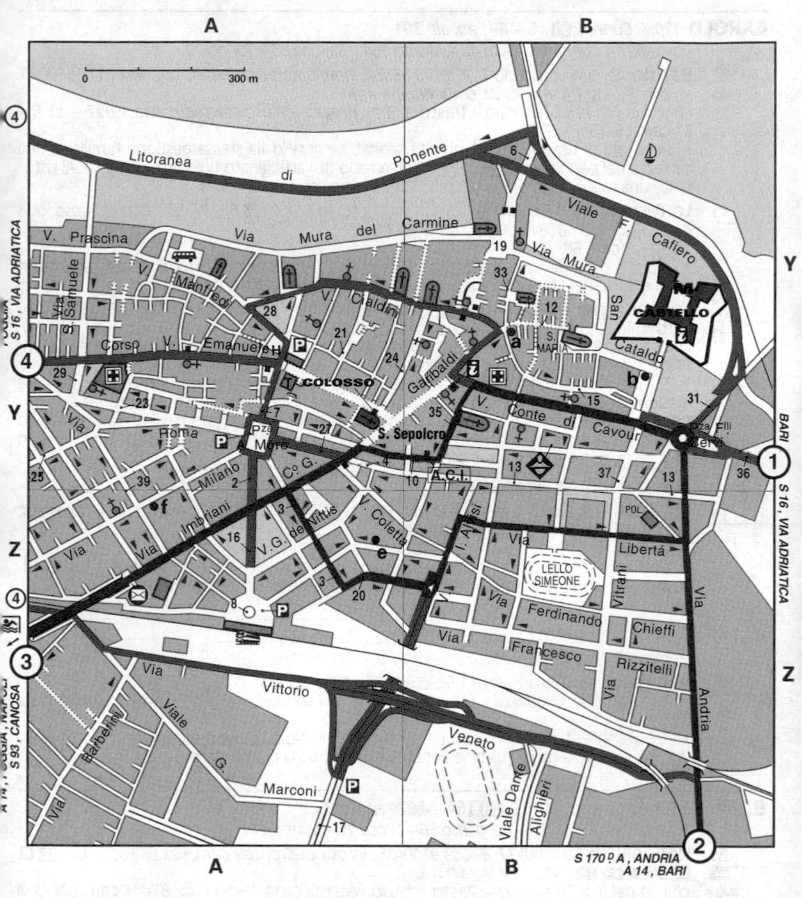

XX **Il Brigantino,** litoranea di Levante ☎ 0883 533345, *info@brigantino.it, Fax 0883 533248,* ←, 🏊, 🎾, 🍴 – 🗎 🅿 – 🏟 400. AE 💲 ⓓ ⓜ VISA per ①
chiuso gennaio – **Pasto** carta 24/36 (15 %).
◆ Un ristorante dove apprezzare una solida professionalità espressa anche attraverso l'impostazione del menù (con prevalenza di pesce). Esclusiva terrazza sul mare.

XX **Antica Cucina,** via Milano 73 ☎ 0883 521718, *anticacucina@jumpy.it, Fax 0883 521718,* prenotare – 🗎. AE 💲 ⓓ ⓜ VISA JCB. ⛔ AZ f
chiuso dal 1° al 10 gennaio, dal 20 al 30 giugno, dal 1° al 10 novembre, lunedì e la sera dei giorni festivi – **Pasto** carta 25/33.
◆ Un signorile riferimento in centro città, la sala da pranzo è un antico frantoio. Piatti della tradizione pugliese personalizzati con gusto; servizio attento e puntuale.

Baccosteria, via San Giorgio 5 ☎ 0883 534000, *Fax 0883 533100*, Coperti limitati; prenotare – ▤. AE ⓢ ⓓ ⓜⓞ VISA JCB BY a
chiuso dal 1° al 20 agosto, domenica sera e lunedì – **Pasto** carta 24/35.
◆ Una sorta di elegante bistrot dagli spazi raccolti ma assai ben progettati. Cucina del territorio piacevolmente rivisitata in chiave moderna e fornita cantina «a vista».
Spec. Gamberi tiepidi al profumo di basilico. Spaghetti ai ricci di mare. Calamaro gratinato in forno con ripieno di ricotta.

BAROLO *12060 Cuneo* 561 I 5 – *681 ab. alt. 301.*
Roma 627 – Cuneo 68 – Asti 42 – Milano 164 – Savona 83 – Torino 72.

Barolo, via Lomondo 2 ☎ 0173 56354, *hotelbarolo@hotelbarolo.it, Fax 0173 560026*, ←, ☂, ⛱ – ▮ TV 🚗 P. AE ⓢ ⓓ ⓜⓞ VISA JCB
chiuso dal 1° al 15 febbraio – **Pasto** al Rist. ***Brezza*** *(chiuso martedì)* carta 19/27 – ☕ 5 – **31 cam** 55/75 – ½ P 62.
◆ Poco più di novant'anni di attività segnati sempre dalla stessa gestione familiare. Una certezza nel panorama locale. Oggetti d'arredo dell'artigianato tipico piemontese. Al ristorante una sala grande e una più raccolta, servizio estivo in terrazza.

La Terrazza sul Bosco senza rist, via Conforso 5 ☎ 0173 56137, *laterrazzasulbosco@tiscali.it, Fax 0173 560812*, ← – P. AE ⓢ ⓓ ⓜⓞ VISA
☕ 10 – **5 cam** 60/70.
◆ A pochi passi dal celebre Castello di Barolo, un agriturismo aperto di recente all'interno di un edificio del 1600, costruito lungo le antiche mura di cinta della località.

Locanda nel Borgo Antico, piazza Municipio 2 ☎ 0173 56355, *Fax 0173 56355*, Coperti limitati; prenotare – ⅹ. ⓢ ⓜⓞ VISA JCB. ✂
chiuso dal 22 dicembre al 15 gennaio, dal 3 al 25 agosto, giovedì (escluso ottobre-novembre) e mercoledì – **Pasto** 35/45 carta 41/57.
◆ Cucine e piccola enoteca a piano terra, sala da pranzo al primo piano: un ristorante gradevole nel suo insieme con proposte innovative dalle salde radici nel territorio.
Spec. Petto di quaglia arrostito su ciambella di riso venere nero, porri fritti e salsa di fegato grasso d'anatra (primavera-autunno). Ravioli di funghi porcini e patate (autunno). Tortino caldo di nocciole con crema inglese al Moscato d'Asti.

a Vergne *Ovest : 2 km – ✉ 12060 Barolo :*

Ca' San Ponzio senza rist, via Rittane 7 ☎ 0173 560510, *sanponzio@areacom.it, Fax 0173 560510*, 🌳 – TV P. ⓢ ⓜⓞ VISA
chiuso dal 1° al 15 febbraio – ☕ 8 – **6 cam** 52/68.
◆ Un inaspettato prato all'inglese «disseminato» di noccioli, l'ingresso sotto un caratteristico balcone alla piemontese, mobili in stile, camere mansardate: davvero bello.

BARONE CANAVESE *10010 Torino* 561 G 5, 219 ⑭ – *611 ab. alt. 325.*
Roma 673 – Torino 48 – Aosta 86 – Ivrea 18 – Milano 116.

Al Girasol, via Roma 8 ☎ 011 9898565, ☂. AE ⓢ ⓜⓞ VISA
chiuso dal 15 al 31 gennaio, lunedì e a mezzogiorno (escluso i giorni festivi) – **Pasto** carta 21/35.
◆ Tre accoglienti salette di cui una affrescata e riscaldata da uno scoppiettante caminetto (dove è piacevole cenare); atmosfera familiare e cucina piemontese.

BARZANÒ *23891 Lecco* 561 E 9, 219 ⑲ – *4 824 ab. alt. 370.*
Roma 605 – Como 27 – Bergamo 36 – Lecco 19 – Milano 34.

Redaelli, via Garibaldi 77 ☎ 039 9210455, *info@hotelredaelli.com, Fax 039 955312* – TV P. AE ⓢ ⓓ ⓜⓞ VISA. ✂
chiuso dal 5 al 26 agosto – **Pasto** *(chiuso venerdì)* carta 19/30 – ☕ 8 – **16 cam** 50/73, 4 suites – ½ P 55.
◆ La stessa famiglia da quattro generazioni: una garanzia per chi desidera un riferimento certo per pernottare tra le colline brianzole. Struttura semplice e ben tenuta. La particolare atmosfera da ristorante della tipica provincia italiana.

BASCAPÉ *27010 Pavia* 561 G 9 – *1 502 ab. alt. 89.*
Roma 560 – Milano 25 – Piacenza 59 – Pavia 25.

Agriturismo Tenuta Camillo, località Trognano Nord : 2 km ☎ 0382 66509, *agrimillo@libero.it, Fax 0382 66509*, ☂, ⛱, 🌳 – ▤ ♿ P. ⓢ ⓜⓞ VISA. ✂
chiuso dal 20 al 28 febbraio – **Pasto** *(chiuso dal 15 settembre al 15 ottobre, negli altri mesi aperto la sera di venerdì-sabato e domenica a mezzogiorno)* (solo per alloggiati) 23/30 – ☕ 5 – **8 cam** 55/70.
◆ Un tuffo nel passato in un tipico cascinale lombardo dei primi del '900; intorno all'aia la villa padronale e le case coloniche; camere semplici e invitante piscina nel verde. portico.

BASCHI 05023 Terni 563 N 18 – *2 672 ab. alt. 165.*

Roma 118 – Viterbo 46 – Orvieto 10 – Terni 70.

sulla strada statale 448 :

XXXX ✿✿ **Vissani,** Nord : 12 km ✉ 05020 Civitella del Lago ✆ 0744 950206, *Fax 0744 950186*, Coperti limitati; prenotare – P. AE 🅢 ⓓ ⓜⓒ VISA JCB.
chiuso agosto, domenica sera, mercoledì e giovedì a mezzogiorno – **Pasto** carta 85/125 (15 %).
◆ Mobili antichi e moderne decorazioni in legno chiaro, un ambiente elegante e personalizzato in ognuna delle sale. Cucina ai vertici per creatività e ricerca dei prodotti.
Spec. Ravioli all'amatriciana, salsa di foiolo e maggiorana, carciofi in umido e animelle. Soufflé d'anatra ai pistacchi con rapette e patate all'olio d'oliva, burro d'ostriche ed olive nere. Zuppa di brasato con frappé di carote ghiacciato.

a Civitella del Lago *Nord-Est : 12 km – ✉ 05020 :*

XX **Trippini,** via Italia 14 ✆ 0744 950316, *info@trippini.net, Fax 0744 950316*, ≤ lago e dintorni – AE 🅢 ⓓ ⓜⓒ VISA.
chiuso dal 20 gennaio al 10 febbraio e lunedì – **Pasto** carta 42/54.
◆ Panorama di grande suggestione sul lago di Corbara e sulle colline circostanti, da ammirare attraverso le vetrate della piccola sala dall'ambiente curato e ricercato.

BASELGA DI PINÈ 38042 Trento 562 D 15 – *4 375 ab. alt. 964 – a.s. Pasqua e Natale.*

a Serraia via Cesare Battisti 98 ✆ 0461 557028, infopine@aptpinecembra.it, Fax 0461 557577.

Roma 606 – Trento 19 – Belluno 116 – Bolzano 75 – Milano 260 – Padova 136 – Venezia 169.

Edera, via Principale 19, a Tressilla ✆ 0461 557221, *Fax 0461 558977*, ≤ – |♦|, rist, TV ♿ P. AE 🅢 ⓓ ⓜⓒ VISA.
chiuso novembre – **Pasto** *(chiuso lunedì escluso Natale-6 gennaio, Pasqua e luglio-settembre)* carta 24/46 – **42 cam** 50/72 – ½ P 58.
◆ Struttura molto frequentata per lavoro, ben tenuta e dall'aspetto ordinato. Le camere, di livello soddisfacente, sono dotate di balcone e arredate in stile di montagna. Due sale ristorante con rifiniture in legno, cucina eclettica.

Agriturismo La Vecchia Quercia, a Masi di Sternigo 16 (Nord : 1,5 km) ✆ 0461 553053, *info@agriturvecchiaquercia.it, Fax 0461 553053*, ≤, , – rist, TV ♿ P. 🅢 ⓜⓒ VISA. rist
chiuso dal 1° al 24 ottobre – **Pasto** *(chiuso lunedì)* 17 – **6 cam** 74 – ½ P 52.
◆ Struttura edificata in tipico stile di montagna; in posizione isolata e panoramica, con bella vista sul lago. Ideale per un soggiorno riposante e silenzioso.odotti coltivati e lavorati in proprio.

XX **2 Camini** con cam, via del 26 Maggio 65 ✆ 0461 557200, *info@albergo2camini.com, Fax 0461 558833*, – rist, TV P. AE 🅢 ⓓ ⓜⓒ VISA.
chiuso dal 15 ottobre al 15 novembre – **Pasto** *(chiuso domenica sera e lunedì escluso dal 30 giugno al 15 settembre)* carta 21/28 – 8 – **10 cam** 50/80 – ½ P 68.
◆ Pare d'essere nel soggiorno di una casa di campagna, con tanto di camino. L'atmosfera è familiare e ruspante, la cucina casalinga con specialità trentine e piemontesi.

BASELLA Bergamo 561 F 11 – *Vedere Urgnano.*

BASSANO DEL GRAPPA 36061 Vicenza 562 E 17 *G. Italia – 40 262 ab. alt. 129.*

Vedere *Museo Civico★.*

Escursioni *Monte Grappa★★★ Nord-Est : 32 km.*

largo Corona d'Italia 35 ✆ 0424 524351, Fax 0424 525301.

Roma 543 – Padova 45 – Belluno 80 – Milano 234 – Trento 88 – Treviso 47 – Venezia 76 – Vicenza 35.

Ca' Sette, via Cunizza da Romano 4 (Nord : 1 km) ✆ 0424 383350, *info@ca-sette.it, Fax 0424 393287*, – |♦| TV ♿ P – 150. AE 🅢 ⓓ ⓜⓒ VISA JCB.
Pasto al Rist. ***Ca' 7*** *(chiuso domenica sera e lunedì)* carta 27/59 – **17 cam** 130/206, 2 suites – ½ P 130.
◆ Design contemporaneo in una villa del 1700, un hotel in cui tradizione, storia e soluzioni all'avanguardia sono state fuse con sapienza. Un soggiorno originale ed esclusivo. L'offerta culinaria spazia dalla tradizione più classica alle proposte moderne.

Bonotto Hotel Belvedere, piazzale Gaetano Giardino 14 ✆ 0424 529845, *belvederehotel@bonotto.it, Fax 0424 529849* – |♦|, cam, TV – 280. AE 🅢 ⓓ ⓜⓒ VISA.
Pasto vedere rist ***Belvedere*** – **87 cam** 97/137.
◆ Attività dalla storia antica (sembrerebbe risalire al XV sec.), sorge a pochi passi dalle mura cittadine. Camere arredate secondo differenti stili ma di eguale confort.

Bonotto Hotel Palladio senza rist, via Gramsci 2 ✆ 0424 523777, *palladiohotel@bonotto.it, Fax 0424 524050*, – cam, – 180. *chiuso una settimana in agosto* – **66 cam** 85/117.
◆ Una struttura moderna diretta da una gestione molto attenta alle attività congressuali; camere e spazi comuni sono dotati di un omogeneo, gradevole livello di confort.

Brennero senza rist, via Torino 7 ✆ 0424 228538, *h.brennero@tiscali.it, Fax 0424 227021* – .
6 – **28 cam** 52/82.
◆ Albergo totalmente ristrutturato, in pieno centro storico ma convenzionato con l'attiguo garage. Frequentato per lo più da clienti d'affari e da turisti di passaggio.

Victoria senza rist, viale Diaz 33 ✆ 0424 503620, *info@hotelvictoria-bassano.com, Fax 0424 503130* – .
23 cam 52/82.
◆ Collocata al di là del fiume Brenta, struttura a conduzione strettamente familiare, comoda soprattutto per una clientela di passaggio; sulla strada, ma ben insonorizzata.

Al Castello senza rist, piazza Terraglio 19 ✆ 0424 228665, *info@hotelalcastello.it, Fax 0424 228665* – .
6 – **11 cam** 52/82.
◆ Risorsa situata a ridosso del castello medioevale e poco lontana dal celebre Ponte Coperto; stanze non ampie, ma confortevoli, dotate di complementi d'arredo in stile.

Belvedere, viale delle Fosse 1 ✆ 0424 524988, *ristorantebelvedere@bonotto.it, Fax 0424 522187* .
chiuso dal 2 al 6 gennaio e domenica – **Pasto** carta 40/59.
◆ La lista propone piatti di mare e di terra, carne e pesce in misura pressoché uguale. Preparazioni accurate e classiche, così come il servizio, l'accoglienza e il confort.

Bauto, via Trozzetti 27 ✆ 0424 34696, *Fax 0424 34696* – .
chiuso dal 1º al 7 gennaio, dall' 11 al 28 agosto e domenica (escluso aprile-maggio) – **Pasto** carta 27/39.
◆ Bella saletta e veranda altrettanto accogliente, per un locale ubicato nella zona industriale e che quindi presenta un buon menù d'affari; specialità: carne alla griglia.

Al Sole-da Tiziano, via Vittorelli 41/43 ✆ 0424 523206 –
chiuso dal 15 luglio al 15 agosto e lunedì – **Pasto** carta 30/39.
◆ Una sala classica e un secondo ambiente più contenuto in cui prevale uno stile rustico dall'atmosfera più calda, entrambi di eleganza discreta. Alcune proposte originali.

Al Ponte, via Volpato 60 ✆ 0424 219274, *info@alpontedibassano.com* – .
chiuso martedì a mezzogiorno e lunedì – **Pasto** carta 33/42.
◆ Il nome deriva dalla «celebrità» locale, l'ambiente da un stile caldo e con tocchi d'eleganza. Servizio estivo all'aperto, cucina che si ispira alle stagioni.

Al Giardinetto, via Fontanelle 30 (Nord-Ovest : 1,5 km) ✆ 0424 502277, *Fax 0424 501866*, – .
chiuso martedì sera e mercoledì – **Pasto** carta 19/31.
◆ Un vecchio bancone all'ingresso introduce alla sala ristorante, ospitata in un edificio del '700; nella bella stagione si «espande» in un ampio e ombreggiato giardino.

sulla strada statale 47 :

Al Camin, via Valsugana 64 (Sud-Est : 2 km) ✉ 36022 Cassola ✆ 0424 566134, *info@hotelalcamin.com, Fax 0424 566822*, – , cam, – 80.
Pasto *(chiuso dal 7 al 21 agosto)* carta 45/55 – **44 cam** 118/150 – ½ P 120.
◆ Albergo di classe, elegante con personalità, anche se l'aspetto generale non è dei più aggiornati. Servizio accurato pronto ad accontentare al meglio la propria clientela. Valido ristorante d'albergo, nei mesi estivi il servizio è effettuato anche in giardino.

BASSIANO *04010 Latina* 563 R 21 – *1 607 ab. alt. 562.*

Roma 89 – Frosinone 48 – Aprilia 46 – Latina 22.

Il Torrione, via Aldo Manuzio 2 ✆ 0773 355042 – .
chiuso mercoledì – **Pasto** carta 20/30 (10 %).
◆ Tra le mura di un borgo medievale, una trattoria a conduzione familiare strutturata in tre sale di tono rustico. Il menù consente di gustare una genuina cucina del territorio.

I prezzi
Per tutte le precisazioni sui prezzi indicati in questa guida, consultate le pagine introduttive.

BASTIA UMBRA *06083 Perugia* 563 M 19 – *25 637 ab. alt. 201.*
Roma 176 – Perugia 17 – Assisi 9,5 – Terni 77.

sulla strada statale 147 Assisana : *Est : 4 km :*

Campiglione, via Campiglione 11 ✉ 06083 ☎ 075 8010767, *hotel@hotel-campiglione.it, Fax 075 8010768* – AE VISA JCB.
Pasto *(chiuso a mezzogiorno ed in gennaio-febbraio anche sabato-domenica)* carta 20/31 – 8 – **42 cam** 60/80 – ½ P 70.
◆ Risorsa situata lungo l'arteria stradale principale del paese, alla semplicità degli ambienti comuni si accompagna il soddisfacente confort delle accoglienti camere. Ristorante d'albergo dall'atmosfera ruspante.

ad Ospedalicchio *Ovest : 5 km* – ✉ *06080 :*

Lo Spedalicchio, piazza Bruno Buozzi 3 ☎ 075 8010323, *info@lospedalicchio.it, Fax 075 8010323,* – 80. AE VISA.
Pasto *(chiuso dal 15 al 31 luglio e lunedì)* carta 26/36 – 7 – **28 cam** 67/93 – ½ P 72.
◆ Una sistemazione capace di trasmettere quel genere di emozioni proprie delle dimore fortificate dalle origini antiche (XIV sec.). Il confort è commisurato alla struttura. Per pranzi o cene avvolti da pareti e volte in pietra e mattoni.

Se dopo le h 18,00 siete ancora in viaggio confermate la vostra prenotazione telefonicamente, è consuetudine ... ed è più sicuro.

BAVENO *28831 Verbania* 561 E 7 *G. Italia – 4 593 ab. alt. 205.*
per le Isole Borromee giornalieri (15 mn) – Navigazione Lago Maggiore, via Matteotti 6 ☎ 0323 923552.
piazza Dante Alighieri 14 (Palazzo Comunale) ☎ 0323 924632, Fax 0323 924632.
Roma 661 – Stresa 4 – Domodossola 37 – Locarno 51 – Milano 84 – Novara 60 – Torino 137.

Gd H. Dino, corso Garibaldi 20 ☎ 0323 922201, *info@grandhoteldino.com, Fax 0323 924515,* ≤ lago e isole Borromee, Centro benessere, – cam, – 1300. AE VISA JCB.
marzo-novembre – **Pasto** carta 46/66 – **336 cam** 278/420, 2 suites – ½ P 244.
◆ Un'imponente struttura proprio in riva al lago, circondata da un ampio giardino e dotata di terrazze panoramiche da cui godersi l'incantevole vista delle Isole Borromee. Una cucina capace di accontentare ogni palato.

Simplon, corso Garibaldi 52 ☎ 0323 924112, *info@hotelsimplon.com, Fax 0323 916507,* ≤, – AE VISA.
23 marzo-ottobre – **Pasto** carta 37/55 – **130 cam** 129/267 – ½ P 189.
◆ Circondato da un grande e ombreggiato parco e lambito dalle acque del Lago Maggiore che offre agli ospiti di questa struttura la magica vista delle proprie famose isole. Ristorante illuminato da lampadari in stile.

Splendid, via Sempione 12 ☎ 0323 924583, *info@hotelsplendid.com, Fax 0323 922200,* ≤ lago e monti, – AE VISA JCB.
20 marzo-ottobre – **Pasto** carta 37/55 – **113 cam** 200/262 – ½ P 189.
◆ Un albergo in riva al lago, rinnovato negli ultimi cinque anni, circondato da un ombreggiato giardino con tennis e piscina. Alcune camere sono arredate in stile barocco. Al ristorante ambientazioni sfarzose e opulente, senza particolari influssi locali.

Lido Palace, strada statale del Sempione 30 ☎ 0323 924444, *info@lidopalace.com, Fax 0323 924744,* ≤ lago e Isole Borromee, – 300. AE VISA. rist
10 aprile-31 ottobre – **Pasto** carta 34/50 – **90 cam** 115/185, 3 suites – ½ P 125.
◆ Un soggiorno sul Verbano in una grande villa di fine '700 che può annoverare nella propria storia una lunga lista di ospiti illustri. L'arredamento è di austera eleganza. Le vetrate della sala ristorante incorniciano la veduta sulle Isole Borromee.

Rigoli, via Piave 48 ☎ 0323 924756, *hotel@hotelrigoli.com, Fax 0323 925156,* ≤ lago e isole Borromee, – AE VISA JCB. rist
Pasqua-ottobre – **Pasto** *(chiuso a mezzogiorno)* carta 26/42 – **31 cam** 90/110 – ½ P 75.
◆ Struttura classica recentemente rinnovata, ubicata in posizione splendida e tranquilla, affacciata sull'acqua in cui «specchiarsi» accomodati nella terrazza-giardino. Sala ristorante arricchita da stucchi decorativi: una misurata ricercatezza.

Villa Azalea senza rist, via Domo 6 ☎ 0323 924300, *info@villaazalea.com, Fax 0323 922065* – AE VISA
marzo-15 novembre – 6 – **32 cam** 52/78.
◆ L'ultimo albergo nato in città, frutto di una ristrutturazione mirata alla funzionalità di spazi e servizi. Vista la comoda posizione è indicato per ospiti di passaggio.

Il Gabbiano, via I Maggio 19 ☎ 0323 924496, *Fax 0323 924496*, Coperti limitati; prenotare – ▤. AE MC VISA JCB. ✗
chiuso i mezzogiorno di lunedì-martedì dal 15 giugno al 15 settembre, anche lunedì sera negli altri mesi – **Pasto** carta 26/41.
◆ Proposte tradizionali rivisitate in chiave moderna in questo ristorantino rustico e curato, in posizione leggermente discosta dal centro. Affidabile gestione familiare.

Ascot, via Libertà 9 ☎ 0323 925226, *Fax 0323 925226* – AE ⓢ ⓓ MC VISA. ✗
chiuso mercoledì escluso dal 15 giugno a settembre – **Pasto** carta 30/45.
◆ Arredo classico che conferisce un'atmosfera un po' retrò all'ambiente sviluppato su due livelli. Menù plurilingue per una clientela internazionale turistica e d'affari.

BAZZANO *40053 Bologna* 562 I 15 – *6 067 ab. alt. 93.*

Roma 382 – Bologna 24 – Modena 23 – Ostiglia 86.

Alla Rocca, via Matteotti 76 ☎ 051 831217, *info@allarocca.com, Fax 051 830690,* – ▤ TV ☎ ♿ P – 150. AE ⓢ ⓓ MC VISA. ✗ cam
chiuso agosto – **Pasto** *(chiuso domenica sera)* carta 23/36 – **55 cam** ☐ 85/122, 3 suites.
◆ Struttura di gran fascino ricavata da un imponente e colorato palazzo del 1794. Tanti ambienti, tutti suggestivi, arredati con pregevole mobilio. Il confort regna sovrano. Sala ristorante classica o caratteristica taverna in mattoni? Un gradito dilemma.

Scriveteci...
Le vostre critiche e i vostri apprezzamenti saranno esaminati con la massima attenzione.
Verificheremo personalmente gli esercizi che ci vorrete segnalare
Grazie per la collaborazione !

BEDIZZOLE *25081 Brescia* 561 F 13 – *9 196 ab. alt. 184.*

Roma 539 – Brescia 17 – Milano 111 – Verona 54.

La Corte senza rist, via Benaco 117 ☎ 030 6871688, *direzione@lacorte.it, Fax 030 6870493* – ▤ TV ☎ ♿ P. AE ⓢ ⓓ MC VISA. ✗
16 cam ☐ 67,14/100.
◆ Hotel a conduzione familiare ospitato dagli inusuali spazi di una deliziosa cascina completamente ristrutturata. Ambienti comuni ridotti, ma camere ampie e confortevoli.

Borgo Antico con cam, via Gioia 8, località Masciaga Ovest : 1 km ☎ 030 674291, *Fax 030 675608* – ▤ TV P. AE ⓢ ⓓ MC VISA JCB. ✗ cam
Pasto *(chiuso lunedì sera)* carta 15/33 – ☐ 8 – **8 cam** 120.
◆ Nella campagna bresciana un locale tranquillo ma provvisto anche di spazi appropriati per cerimonie e banchetti. Una gestione ispirata alla cortesia e alla disponibilità.

BEE *28813 Verbania* 561 E 7, 219 ⑦ – *640 ab. alt. 594.*

Roma 682 – Stresa 27 – Locarno 50 – Milano 116 – Novara 86 – Torino 161 – Verbania 10.

Chi Ghinn, via Maggiore 21 ☎ 0323 56430, *Fax 0323 56326,* , prenotare – AE ⓢ ⓓ MC VISA JCB
chiuso dal 7 gennaio all'8 febbraio e martedì – **Pasto** carta 30/38.
◆ Sulla terrazza giardino si apre uno dei più spettacolari dehors del Lago Maggiore, in sala regna uno stile rustico/signorile, la cucina offre gradevoli spunti di fantasia.

BELGIRATE *28832 Verbania* 561 E 7, 219 ⑦ – *526 ab. alt. 200.*

via Mazzini 12/14 ☎ 0322 7494, Fax 0322 7494.
Roma 651 – Stresa 6 – Locarno 61 – Milano 74 – Novara 50 – Torino 127.

Villa Carlotta, via Sempione 121/125 ☎ 0322 76461, *villacarlotta.vb@bestwestern.ot, Fax 0322 76705,* ≤, – ▤ rist, TV ☎ ♿ P – 550. AE ⓢ ⓓ MC VISA. ✗ rist
Pasto carta 29/43 – ☐ 9 – **128 cam** 90/135 – ½ P 98,50.
◆ Ricavato in una villa d'epoca circondata da un parco secolare di grande bellezza che accoglie al proprio interno una piscina riscaldata. Molto frequentato per congressi. Durante la bella stagione il servizio ristorante viene svolto anche nel parco.

Milano, via Sempione 4/8 ☎ 0322 76525, *milano.vb@bestwestern.it, Fax 0322 76295,* ≤, – ▤ rist, TV P – 40. AE ⓢ ⓓ MC VISA
Pasto carta 29/43 – ☐ 9 – **44 cam** 85/110 – ½ P 86.
◆ Collocato tra la strada statale e le placide acque del lago, presenta parti comuni di buon livello con marmi e legno di gradazioni chiare e stanze di taglio classico. Un'ampia terrazza in cui accomodarsi per i pasti, con serate gastronomiche a tema.

BELLAGIO *22021 Como* 561 E 9 *G. Italia – 2 959 ab. alt. 216.*

Vedere *Posizione pittoresca*** – Giardini** di Villa Serbelloni – Giardini** di Villa Melzi.*

per Varenna giornalieri (15 mn) – Navigazione Lago di Como, lungo Lario Manzoni 1 ☎ 031 950180 e 800 551801.

per Varenna e Lecco aprile-settembre giornalieri (da 20 mn a 1 h 15 mn) Navigazione Lago di Como, piazza Mazzini ☎ 031 950180 e 800 551801.

piazza Mazzini (pontile Imbarcadero) ☎ 031 950204, prombell@tin.it, Fax 031 950204.

Roma 643 – Como 29 – Bergamo 55 – Lecco 22 – Lugano 63 – Milano 78 – Sondrio 104.

Gd H. Villa Serbelloni, via Roma 1 ☎ 031 950216, *inforequest@villaserbelloni.it, Fax 031 951529,* ← lago e monti, , squash, – – 400. . rist
27 marzo-17 novembre – **Pasto** al Rist. ***Mistral*** *(chiuso dal 7 gennaio al 28 febbraio)* carta 40/60 – **81 cam** 475, 4 suites – ½ P 294,50.
◆ Prestigioso ed esclusivo hotel, all'estremità del promontorio di Bellagio, immerso in un parco digradante sul lago. Ha ospitato regnanti e personalità da ogni continente. Sala ristorante estremamente suggestiva per eleganza, sontuosità e sfarzo.

Belvedere, via Valassina 31 ☎ 031 950410, *belveder@tin.it, Fax 031 950102,* ← lago e monti, , , – , rist, – 90. . rist
aprile-ottobre – **Pasto** carta 37/53 – **67 cam** 165/178, suite – ½ P 116.
◆ Albergo in posizione panoramica con vista sul lago e sugli affascinanti scorci di paesaggio. Bello il giardino fiorito, con piscina estiva, che digrada fino al lago. Sala da pranzo classica con arredi moderni e ampia visuale del panorama.

Florence, piazza Mazzini 46 ☎ 031 950342, *hotflore@tin.it, Fax 031 951722,* ←, – . .
aprile-ottobre – **Pasto** *(chiuso ottobre)* carta 40/54 – **30 cam** 110/195, 3 suites – ½ P 132,50.
◆ Camere rimodernate di recente sempre secondo il buon gusto e la ricerca di una fine personalizzazione degli ambienti. Un bel camino a disposizione degli ospiti. Servizio ristorante estivo sulla terrazza ombreggiata in riva al lago.

Du Lac, piazza Mazzini 32 ☎ 031 950320, *dulac@tin.it, Fax 031 951624,* ← lago e monti – . .
aprile-ottobre – **Pasto** carta 32/53 – **43 cam** 110/195, suite – ½ P 120.
◆ In posizione centralissima, situato di fronte all'imbarcadero dei battelli; l'hotel dispone anche di una terrazza utilizzabile sia come solarium che come roof-garden. Sala da pranzo in cui la bellezza del panorama è «servita» ad ogni ora.

Silvio, via Carcano 10/12 (Sud-Ovest : 2 km) ☎ 031 950322, *info@bellagiosilvio.com, Fax 031 950912,* – .
chiuso dal 10 gennaio al 20 febbraio – **Pasto** carta 20/35 – **21 cam** 80/90 – ½ P 58.
◆ Risorsa familiare e accogliente, gli arredi sono di taglio moderno. Una realtà senza fronzoli o ricercatezze ma ben «equipaggiata» di attenzioni e professionalità. Ristorante con annessa veranda con vista lago; servizio estivo anche sotto il pergolato.

Barchetta, salita Mella 13 ☎ 031 951389, *Fax 031 951986,* , prenotare la sera – .
15 marzo-25 ottobre; chiuso lunedì a mezzogiorno e martedì dal 15 giugno al 15 settembre – **Pasto** carta 39/60 (10 %).
◆ Un approccio fantasioso alla tavola con proposte di mare e di lago. Molto frequentato da stranieri, soprattutto americani, che tanto apprezzano la terrazza estiva.

BELLANO *23822 Lecco* 561 D 9 – *3 327 ab. alt. 202.*

Roma 653 – Como 56 – Bergamo 60 – Lecco 25 – Milano 85.

Pesa Vegia, piazza Verdi 7 ☎ 0341 810306, , Coperti limitati; prenotare –
chiuso novembre e lunedì – **Pasto** carta 32/41.
◆ Piccolo e grazioso ristorantino, collocato in posizione centrale e sul lungolago. Giovane ma esperta gestione, arredi moderni, proposte di piatti rivisitati con fantasia.

BELLARIA *Modena* 562 H 14 – *Vedere San Possidonio.*

In questa guida
uno stesso simbolo, una stessa parola
stampati in rosso o in nero,
hanno un significato diverso.
Leggete attentamente le pagine dell'introduzione.

BELLARIA IGEA MARINA *Rimini* 562 J 19 – *14 697 ab. – a.s. 15 giugno-agosto.*
Roma 350 – Ravenna 39 – Rimini 15 – Bologna 111 – Forlì 49 – Milano 321 – Pesaro 55.

a Bellaria – ✉ *47814 :*

(aprile-settembre) via Leonardo da Vinci 2 ☎ 0541 344108, iat@comune.bellaria-igea-marina.rn.it, Fax 0541 345491

Miramare, lungomare Colombo 37 ☎ 0541 344131, *miramarebellaria@libero.it, Fax 0541 347316,* ←, – , cam, .
Pasqua e maggio-settembre – **Pasto** (solo per alloggiati) 20/30 – **64 cam** 50/100 – ½ P 85.
◆ Un hotel in grado di offrire ai propri clienti una certa eleganza che può essere avvertita già nell'ariosa hall caratterizzata dalla dinamicità e fruibilità degli spazi. Sala ristorante con tocchi di sobria raffinatezza e qualche mobile in stile.

Ermitage, via Ala 11 ☎ 0541 347633, *hermitage@dada.it, Fax 0541 343083,* ←, , , riscaldata – . AE VISA JCB. rist
chiuso novembre – **Pasto** *(aprile-settembre)* 18/35 – **60 cam** 90/140, 6 suites – ½ P 80.
◆ La gestione è attenta e premurosa in questa risorsa dotata di un'ampia gamma di servizi, tra cui una grande vasca con idromassaggio, a disposizione degli ospiti. Sala da pranzo con vetrate che consentono di godere del fascino del mare.

Elizabeth, via Rovereto 11 ☎ 0541 344119, *info@hotelelizabeth.com, Fax 0541 345680,* ←, riscaldata – . AE VISA JCB.
marzo-novembre – **Pasto** 16/23 – **50 cam** 56/90 – ½ P 62.
◆ Interni dalle atmosfere un po' retrò, bilanciate da una gestione familiare attenta a mantenersi «al passo coi tempi». Confort e tranquillità per vacanze in riva al mare. Ristorante dove rifocillarsi durante intense giornate di mare.

Orizzonte e Villa Ariosa, via Rovereto 10 ☎ 0541 344298, *info@hotelorizzonte.com, Fax 0541 346804,* ←, – , rist, . AE VISA.
maggio-settembre – **Pasto** (solo per alloggiati) – 10 – **40 cam** 60/90, 3 suites – ½ P 70.
◆ Un classico edificio da riviera, per una struttura alberghiera di medie dimensioni, e una villa d'altri tempi con alcuni appartamenti. Molteplice offerta, eguale confort.

Montanari, via Redipuglia 10 ☎ 0541 346340, *hotelmontanari@libero.it, Fax 0541 346802,* , – . AE VISA. rist
20 maggio-25 settembre – **Pasto** (solo per alloggiati) 18/23 – **96 cam** 61/90 – ½ P 50.
◆ Albergo di recente ristrutturazione a pochi passi dal mare. La posizione tranquilla e la gestione cortese offrono l'opportunità di vivere un'ideale vacanza tutto mare.

Rosa Maria e Elite, via Italia 27 ☎ 0541 346915, *hotelrosamaria@libero.it, Fax 0541 346915,* , , – , rist, . AE VISA. rist
maggio-settembre – **Pasto** (solo per alloggiati) 16/22 – **67 cam** 45/96 – ½ P 58,50.
◆ Per arrivare al mare, verso il quale si affaccia la maggior parte delle camere, si costeggia la bella piscina passando tra le file di ombrelloni della spiaggia privata.

Orchidea, viale Panzini 37 ☎ 0541 347425, *orchidea@iper.net, Fax 0541 340120,* , – rist, . AE VISA. rist
maggio-settembre – **Pasto** (solo per alloggiati) 25/40 – 12 – **33 cam** 48/62 – ½ P 54.
◆ Varietà di ambienti e di colori per questo albergo che presenta con garbo le proprie atmosfere familiari. Giardino ombreggiato dove è facile godere di un po' di fresco.

Osteria da Gianola, via Alicata 1 ☎ 0541 347839, *Fax 0541 347839,* . AE VISA
chiuso a mezzogiorno e lunedì in bassa stagione – **Pasto** carta 23/44.
◆ Ristorante-osteria appena fuori dai classici percorsi turistici; la cucina esprime le gustose tradizioni gastronomiche del territorio. D'estate si cena anche all'aperto.

a Igea Marina – ✉ *47813.*

(aprile-settembre), viale Pinzon 196 ☎ 0541 340181, iatim@comune.bellaria-igea-marina.rn.it, Fax 0541 333119

K 2, viale Pinzon 212 ☎ 0541 330064, *hotelk2@tin.it, Fax 0541 331828,* – . VISA.
maggio-settembre – **Pasto** (solo per alloggiati) 12,50/18 – 8 – **73 cam** 37/56 – ½ P 52.
◆ L'accoglienza e l'ospitalità della gestione appaiono cordiali e appassionate, tali da rendere molto gradevole una vacanza presso questo curato hotel dagli arredi moderni.

Strand Hotel, viale Pinzon 161 ☎ 0541 331726, *strandhotel@libero.it, Fax 0541 331900,* ←, , – . VISA. rist
marzo-settembre – **Pasto** (solo per alloggiati) – 8 – **36 cam** 41/64, suite – ½ P 60.
◆ Un valido riferimento rinnovato pochi anni or sono, in grado di offrire interni moderni, a tratti signorili. E' forte la ricerca di personalizzazione, anche nei dettagli.

Agostini, viale Pinzon 68 ☎ 0541 331510, *info@hotelagostini.it, Fax 0541 330085,* ←, , , riscaldata, – – . AE VISA. rist
aprile-settembre – **Pasto** (solo per alloggiati) – **67 cam** 100/130 – ½ P 80.
◆ Una struttura a «ferro di cavallo» con al centro la piscina. Arredamento contemporaneo per interni ben rifiniti, stanze di buon livello; calda accoglienza romagnola.

Globus, viale Pinzon 193 ☎ 0541 330195, *hglobus@libero.it, Fax 0541 330864,* ≤ – |♦|, rist, TV P. AE ⊕ ⊙ MC VISA. ✻ rist
10 maggio-25 settembre – **Pasto** 13/16 – ☕ 8 – **63 cam** 35/42 – 1/2 P 42.
♦ Spazi comuni ben disposti e camere di eguale fattura in cui la differenza è data dall'avere la vista sul mare. Un albergo il cui punto di forza è l'ottima posizione. La cucina propone un casalingo menù di giornata.

Touring, viale Pinzon 217 ☎ 0541 331619, *touspi@tin.it, Fax 0541 330319,* ≤, ⛱, ▲ – |♦| TV P. ⊕ MC VISA
aprile-settembre – **Pasto** (solo per alloggiati) – ☕ 9,50 – **39 cam** 50/80 – 1/2 P 60.
♦ Una risorsa fronte mare, ben curata, in cui le vacanze scorrono scandite dalle più classiche attività della riviera; sotto la supervisione dell'esperta gestione.

BELLINZAGO NOVARESE *28043 Novara 561 F 7 – 8 341 ab. alt. 191.*

Novara località Castello di Cavagliano ✉ 28100 Cavagliano ☎ 0321 927834, Fax 0321 927834, Sud : 3 km.
Roma 634 – Milano 60 – Novara 15 – Varese 45.

a Badia di Dulzago *Ovest : 3 km – ✉ 28043 Bellinzago Novarese :*

Osteria San Giulio, ☎ 0321 98101, *Fax 0321 98101,* prenotare la sera – AE ⊕ MC VISA. ✻
chiuso dal 26 dicembre al 7 gennaio, agosto, domenica sera e lunedì – **Pasto** carta 16/25.
♦ A partire dalla collocazione all'interno di un'antica abbazia rurale, passando per l'accoglienza, l'atmosfera e la cucina, un'impressione complessiva di dolce genuinità.

BELLUN *Aosta – Vedere Sarre.*

BELLUNO *32100 P 562 D 18 G. Italia – 35 079 ab. alt. 389.*

Vedere *Piazza del Mercato*★ **8** – *Piazza del Duomo*★ **2** *: palazzo dei Rettori*★ **P**, *polittico*★ *nel Duomo – Via del Piave :* ≤★.
piazza dei Martiri 8 ☎ 0437 940083, iatbelluno@infodolomiti.it, Fax 0437 940073.
A.C.I. *piazza dei Martiri 46 ☎ 0437 943132.*
Roma 617 ① – Cortina d'Ampezzo 71 ① – Milano 320 ② – Trento 112 ② – Udine 117 ① – Venezia 106 ① – Vicenza 120 ②.

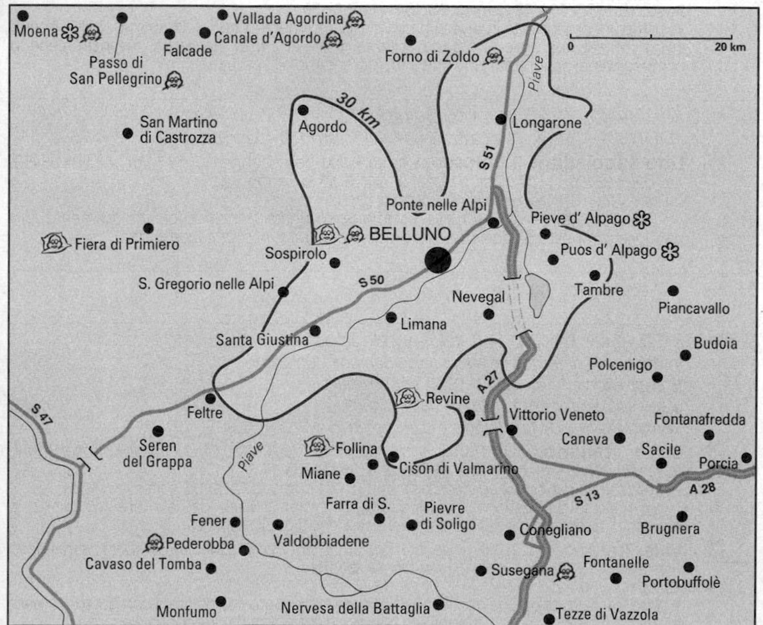

Delle Alpi senza rist, via Jacopo Tasso 13 ☎ 0437 940545, *info@dellealpi.it, Fax 0437 940565* – . AE VISA.
38 cam 74,89/96,06, 2 suites.
◆ Un valido indirizzo per una clientela d'affari o per turisti di passaggio. Ubicato in posizione centrale, offre camere ampie e ben tenute, buoni anche gli spazi comuni.

Delle Alpi, via Jacopo Tasso 15 ☎ 0437 940302, *Fax 0437 940302*, – AE VISA.
chiuso dal 1° al 13 gennaio, dal 3 al 18 agosto e domenica – **Pasto** specialità di mare carta 29/36.
◆ Ristorante gradevolmente classico, con più di 60 anni d'attività alle spalle. Senza fronzoli o stravaganti tocchi d'originalità, ma con una collaudata cucina di pesce.

Al Borgo, via Anconetta 8 ☎ 0437 926755, *info@alborgo.to, Fax 0437 926411*, – P. AE VISA JCB
chiuso dal 14 al 31 gennaio, lunedì sera e martedì – **Pasto** carta 24/29.
◆ All'interno di una villa settecentesca cinta da un parco, questo ristorante dallo stile rustico, ma molto curato, offre piatti della tradizione veneta ben rielaborati.

a Castion *Sud-Est : 3 km – ✉ 32024 :*

Nogherazza, via Gresane 78 ☎ 0437 927461, *Fax 0437 925882*, – P – 200. VISA
chiuso dal 1° al 15 novembre – **Pasto** *(chiuso martedì)* carta 22/29 – **6 cam** 77,47.
◆ Un piccolo borgo rurale composto da tre edifici, totalmente ristrutturati e ben inseriti nell'ambiente naturale circostante. Belle camere con pareti e mobilio in legno. La sala ristorante offre un'atmosfera accogliente; servizio estivo all'aperto.

I prezzi del pernottamento e della pensione possono subire aumenti in relazione all'andamento generale del costo della vita ; quando prenotate chiedete la conferma del prezzo.

BELMONTE CALABRO *87033 Cosenza* 564 J 30 – *3 039 ab. alt. 262.*

Roma 513 – Cosenza 36 – Catanzaro 74 – Reggio di Calabria 166.

Villaggio Albergo Belmonte, via Piane (Nord : 1,5 km) ☎ 0982 400177, *vabbelmonte@vabbelmonte.it, Fax 0982 400301*, , , , , – 100. AE VISA JCB.
Pasto carta 35/46 – **48 cam** 98/134 – 1/2 P 82,50.
◆ Struttura organizzata in diversi padiglioni (3-4 camere ognuno) ad un solo livello, inseriti in un contesto naturale di grande bellezza grazie alla vista mozzafiato. Pranzi e cene in compagnia del panorama, approfittando del servizio all'aperto.

BELVEDERE MARITTIMO *87021 Cosenza* 564 I 29 – *9 151 ab. alt. 150.*

Roma 453 – Cosenza 71 – Castrovillari – Catanzaro 130 – Sapri 69.

Lido Sabbiadoro-Il Chiosco, località Piano delle Donne Nord : 5 km ☎ 0985 88456, *Fax 0985 88456*, ←, , Rist. e pizzeria – P. AE VISA.
chiuso Natale-Epifania e martedì – **Pasto** 20/30.
◆ Cucina a netta, se non esclusiva, vocazione «marinara». Locale ampio, praticamente sulla spiaggia, composto da due sale che, grazie alle vetrate, ricevono luce e vista.

BENACO – *Vedere Garda (Lago di).*

BENEVENTO *82100* P 564 D 26 *G. Italia – 63 230 ab. alt. 135.*

Vedere *Arco di Traiano★★ – Museo del Sannio★ : Chiostro★.*
piazza Roma 11 ☎ 0824 319938, ept.bn@tin.it.
A.C.I. *via Salvator Rosa 24/26 ☎ 0824 314849.*
Roma 241 – Napoli 71 – Foggia 111 – Salerno 75.

Gd H. Italiano, viale Principe di Napoli 137 ☎ 0824 24111, *italianoghotel@tin.it, Fax 0824 21758* – – 70. AE VISA.
Pasto *(chiuso dal 7 al 22 agosto)* carta 24/30 – **71 cam** 77/103, 2 suites – 1/2 P 88.
◆ Un hotel la cui gestione ha una sicura professionalità tale da garantire accoglienza e servizio di buon livello sia alla clientela d'affari, che a quella turistica.

Villa Traiano senza rist, viale dei Rettori 9 ☎ 0824 326241, *info@hotelvillatraiano.it, Fax 0824 326196*, – . VISA
19 cam 80/120.
◆ Risorsa ospitata da una graziosa villa d'inizio Novecento ristrutturata con gusto. Camere molto confortevoli, spazi comuni ben disposti e connotati da una sobria eleganza.

sulla provinciale per San Giorgio del Sannio *Sud-Est : 7 km :*

Pascalucci con cam, via Iannassi ✉ 82010 San Nicola Manfredi ☎ 0824 778400, *pascaluc ci@libero.it, Fax 0824 778101*, – rist, P. AE VISA JCB
chiuso 23-24 dicembre – **Pasto** *(chiuso lunedì)* carta 16/31 (10 %) – **12 cam** 25/42 – ½ P 34.
◆ Ristorante frequentato dalla clientela della zona, presenta una cucina di pesce elaborata con capacità, i prodotti sono freschi e genuini. Buon rapporto qualità/prezzo.

BENTIVOGLIO *40010 Bologna* 562 I 16 – *4 526 ab. alt. 17.*
Roma 395 – Bologna 19 – Ferrara 34 – Modena 57 – Ravenna 90.

Bentivoglio, piazza Carlo Alberto Pizzardi 1 ☎ 0516 641111, *hotelbentivoglio@zanhotel.i t, Fax 0516 640997*, – – 50. AE VISA
Pasto *(chiuso Natale, agosto, sabato e a mezzogiorno)* (solo per alloggiati) carta 25/34 – **50 cam** 85/130 – ½ P 86,50.
◆ Il buon gusto della gestione è testimoniato dalla scelta degli arredi, tra cui diversi mobili e oggetti d'antiquariato. Situato di fronte all'omonimo castello del '500.

BERCETO *43042 Parma* 562 I 11 – *2 483 ab. alt. 790.*
Roma 463 – Parma 60 – La Spezia 65 – Bologna 156 – Massa 80 – Milano 165.

Vittoria-da Rino con cam, via Marconi 5 ☎ 0525 64306, *info@darino.it, Fax 0525 629512* – . AE VISA.
chiuso dal 20 dicembre al 7 gennaio – **Pasto** *(chiuso lunedì escluso dal 20 giugno a settembre)* carta 30/48 – 6,50 – **15 cam** 48,50/60,50.
◆ Un locale storico, con attività pluridecennale, gestito sempre dalla stessa famiglia. Cucina d'impronta casalinga con piatti del territorio e specialità di stagione.

I prezzi
Per tutte le precisazioni sui prezzi indicati in questa guida, consultate le pagine introduttive.

BERGAMO *24100* P 561 E 11 *G. Italia – 117 415 ab. alt. 249.*
Vedere *Città alta**** **ABY** – *Piazza del Duomo*** **AY 12** : *Cappella Colleoni**,Basilica di Santa Maria Maggiore* : arazzi**, arazzo della Crocifissione**, pannelli**, abside*, Battistero** – *Piazza Vecchia** **AY 39** – *<* dalla Rocca* **AY** – *Città bassa* : Accademia Carrara***BY M1 – *Quartiere vecchio** **BYZ** – *Piazza Matteotti** **BZ 19.**

Parco dei Colli ☎ 035 250033, Fax 035 4326540;

Bergamo L'Albenza (chiuso lunedì) ad Almenno San Bartolomeo ✉ 24030 ☎ 035 640028, Fax 035 643066, per ⑧ : 15 km;

La Rossera (chiuso martedì) a Chiuduno ✉ 24060 ☎ 035 838600, Fax 035 4427047 per ② : 15 km.

di Orio al Serio per ③ : 3,5 km ☎ 035 326111, Fax 035 326339.

viale Vittorio Emanuele II 20 ✉ 24121 ☎ 035 210204, aptbg@apt.bergamo.it, Fax 035 230184.

A.C.I. *via Angelo Maj 16 ✉ 24121 ☎ 035 285985.*
Roma 601 ④ – Brescia 52 ④ – Milano 47 ④.

Pianta pagina seguente

UNA Hotel Bergamo, via Borgo Palazzo 154 ✉ 24125 ☎ 035 308111, *una.bg@unahote ls.it, Fax 035 308308*, – – 400. AE VISA.
Pasto al Rist. ***Una Restaurant*** carta 27/50 – **83 cam** 201/234, 3 suites.
◆ Struttura moderna dalle linee avveniristiche. Di notevole rilevanza l'attività congressuale, a cui sono dedicati spazi ed energie appropriati; confort di livello elevato. Ambienti curati al ristorante, meta soprattutto di uomini d'affari.

1,5 km per ②

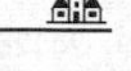

Excelsior San Marco, piazza della Repubblica 6 ✉ 24122 ☎ 035 366111 e rist ☎ 035 366159, *info@hotelsanmarco.com, Fax 035 223201*, , – , cam, – 400. AE VISA. rist AZ a
Pasto al Rist. ***Colonna*** *(chiuso agosto e domenica)* carta 42/61 – **147 cam** 180/250, 8 suites – ½ P 160.
◆ Un riferimento storico e intramontabile dell'ospitalità bergamasca. In progressiva ristrutturazione, per riuscire sempre a proporsi come realtà funzionale, ma di qualità. Molto apprezzato, a ragione, il servizio ristorante estivo sul roof-garden.

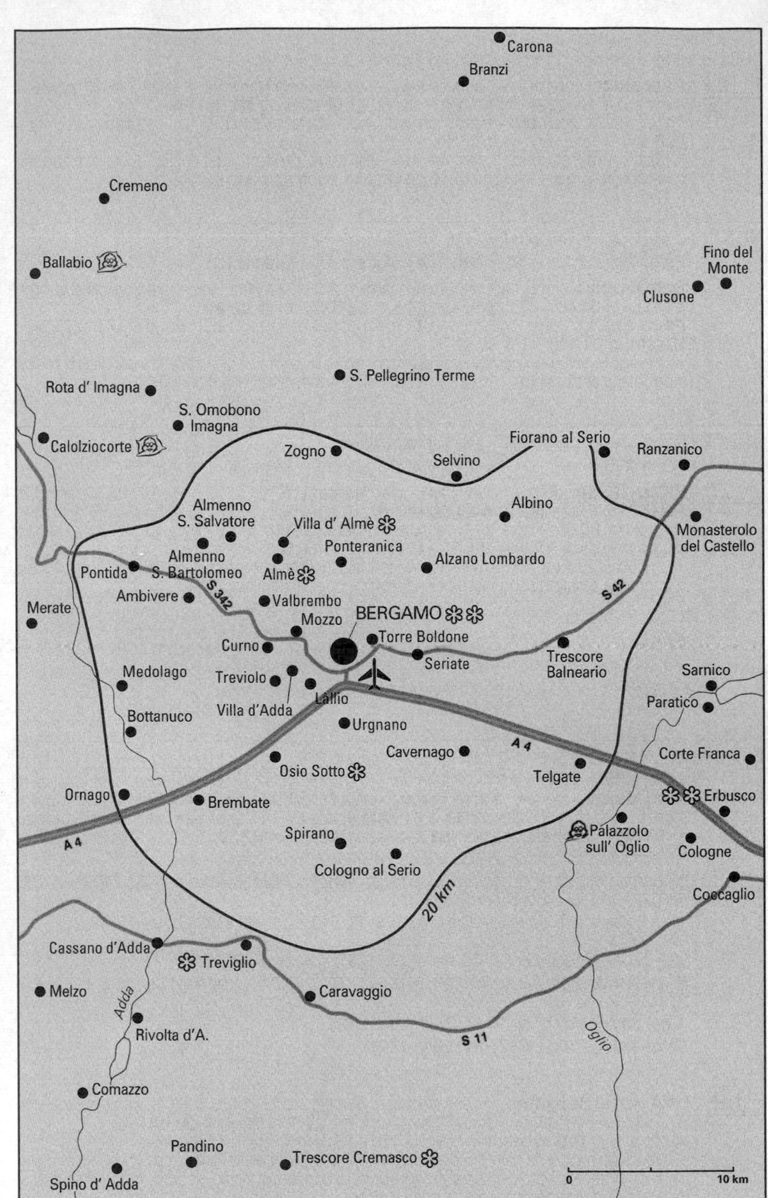

Starhotel Cristallo Palace, via Betty Ambiveri 35 ✉ 24126 ✆ 035 311211 e rist. ✆ 035 316655, *cristallo.bg@starhotels.it, Fax 035 312031* – cam, – 450. AE VISA JCB. per via San Giovanni Bosco **BZ**
Pasto al Rist. ***L'Antica Perosa*** *(chiuso domenica)* carta 35/45 – **90 cam** 159/179.
◆ Una struttura alberghiera in grado di soddisfare appieno le esigenze della clientela d'affari, con forte attenzione all'innovazione: accesso Internet da tutte le stanze. Sala ristorante di dimensioni generose.

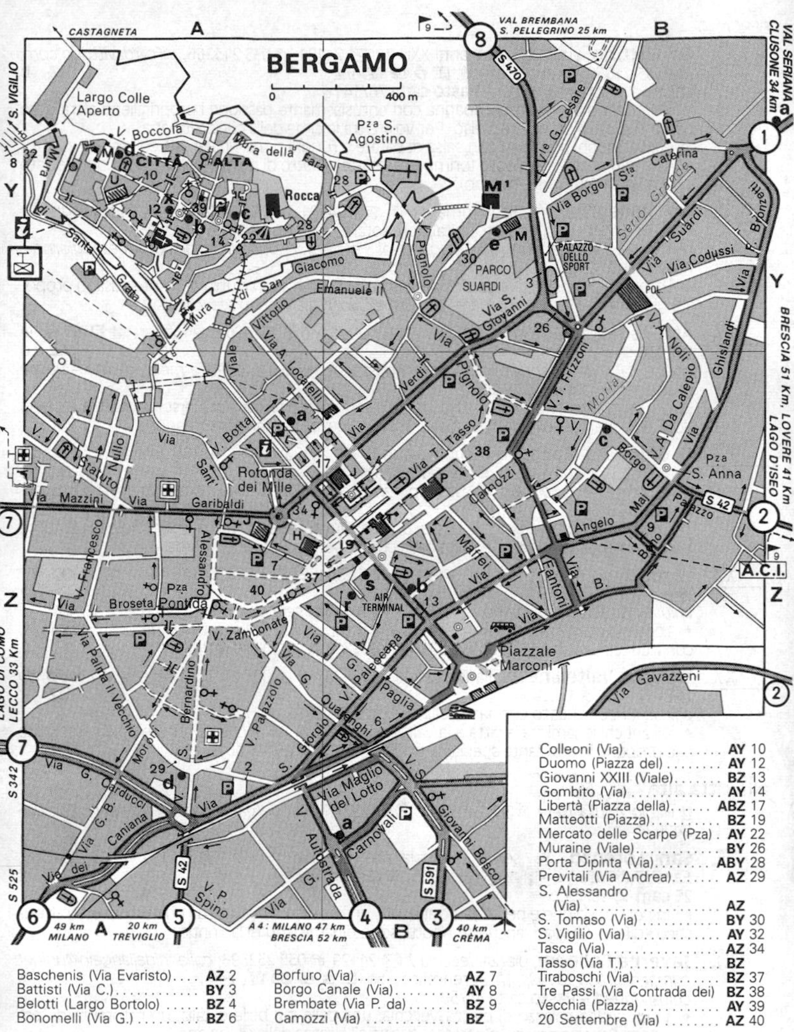

Baschenis (Via Evaristo) . . . . AZ 2
Battisti (Via C.) . . . . BY 3
Belotti (Largo Bortolo) . . . . . BZ 4
Bonomelli (Via G.) . . . . BZ 6
Borfuro (Via) . . . . AZ 7
Borgo Canale (Via) . . . . AY 8
Brembate (Via P. da) . . . . BZ 9
Camozzi (Via) . . . . BZ
Colleoni (Via) . . . . AY 10
Duomo (Piazza del) . . . . AY 12
Giovanni XXIII (Viale) . . . . . . BZ 13
Gombito (Via) . . . . AY 14
Libertà (Piazza della) . . . . . . ABZ 17
Matteotti (Piazza) . . . . BZ 19
Mercato delle Scarpe (Pza) . AY 22
Muraine (Viale) . . . . BY 26
Porta Dipinta (Via) . . . . ABY 28
Previtali (Via Andrea) . . . . . . AZ 29
S. Alessandro (Via) . . . . AZ
S. Tomaso (Via) . . . . BY 30
S. Vigilio (Via) . . . . AY 32
Tasca (Via) . . . . AZ 34
Tasso (Via T.) . . . . BZ
Tiraboschi (Via) . . . . BZ 37
Tre Passi (Via Contrada dei) BZ 38
Vecchia (Piazza) . . . . AY 39
20 Settembre (Via) . . . . AZ 40

Circolazione stradale regolamentata nella « Città Alta »

Arli senza rist, largo Porta Nuova 12 ✉ 24122 ✆ 035 222014, *hotel.arli@arli.net, Fax 035 239732*
– |‡| ▤ TV ✆. AE ⊕ ⓓ MC VISA. ✂ — BZ s
☕ 13 – 56 cam 82/104.
◆ La mancanza di parcheggio non penalizza eccessivamente questo hotel situato in pieno centro (città bassa). Risorsa classicamente sobria, con camere ampie e confortevoli.

Città dei Mille senza rist, via Autostrada 3/c ✉ 24126 ✆ 035 317400, *Fax 035 317385* – |‡| ▤ TV ✆ P. AE ⊕ MC VISA — BZ a
40 cam ☕ 81/125.
◆ Colori vivaci, camere connotate da oggetti e complementi d'arredo di gusto estroso. Spazi comuni con tanti «ricordi» garibaldini. Apprezzato dalla clientela d'affari.

XXX **Da Vittorio,** viale Papa Giovanni XXIII 21 ✉ 24121 ☎ 035 213266, *info@davittorio.com, Fax 035 210805*, prenotare – ▤. AE Ś ◑ MC VISA BZ b
✿✿ *chiuso agosto e mercoledì* – **Pasto** carta 76/141.
◆ L'omonimo titolare accompagna con entusiasmante passione i propri clienti attraverso percorsi creativi di livello eccelso. Per volare tra le cime della cucina italiana.
Spec. Scamponi croccanti con salsa di patate e funghi prataioli. Baccalà con fagioli, pomodori canditi e salsa alle cipolle (primavera-estate). Filetto di manzo bollito, in brodo speziato e salsa verde (autunno-inverno).

XXX **Lio Pellegrini,** via San Tomaso 47 ✉ 24121 ☎ 035 247813, *info@liopellegrini.it, Fax 035 247813*, , Coperti limitati; prenotare, – AE Ś ◑ MC VISA. BY e
chiuso dal 2 al 7 gennaio, dal 13 agosto al 3 settembre, lunedì e martedì a mezzogiorno – **Pasto** carta 52/91.
◆ Locale dagli ambienti di particolare eccentricità, ma soprattutto dalle interessanti proposte giornaliere di terra e di mare. Servizio estivo in giardino: piacevolissimo.

XXX **Arti,** via Previtali 5/7 ✉ 24122 ☎ 035 252020, *Fax 035 252020*, prenotare – ▤ P. AE Ś ◑ MC VISA. AZ d
chiuso dal 1° al 6 gennaio, dal 5 al 25 agosto, domenica e lunedì a mezzogiorno – **Pasto** specialità di mare carta 39/62.
◆ Un ristorante di pesce in città bassa. L'ingresso avviene attraverso un cortile interno dove è anche possibile parcheggiare. Spazi gradevoli e atmosfera tranquilla.

XX **Ol Giopì e la Margì,** via Borgo Palazzo 27 ✉ 24125 ☎ 035 242366, *info@giopimargi.com, Fax 035 249206* – ▤. AE Ś ◑ MC VISA. BZ c
chiuso dal 1° all'8 gennaio, agosto, domenica sera e lunedì – **Pasto** cucina tipica bergamasca carta 28/38.
◆ In una vecchia via della città bassa, questa caratteristica trattoria (il servizio è in costume tradizionale), propone le specialità della cucina bergamasca e lombarda.

XX **Cardaci,** via Corridoni 4 ✉ 24124 ☎ 035 239158, *Fax 035 239158* – ▤. AE Ś MC VISA JCB BY a
chiuso una settimana in gennaio, agosto, domenica sera e lunedì – **Pasto** carta 32/48.
◆ Locale in cui apprezzare l'esperienza e la competenza della gestione. Proposte classiche, con alcune rivisitazioni; da segnalare inoltre i piatti lavorati alle lampade.

XX **Taverna Valtellinese,** via Tiraboschi 57 ✉ 24122 ☎ 035 243331, – ▤. AE Ś ◑ MC VISA JCB BZ r
chiuso lunedì – **Pasto** cucina valtellinese carta 29/37.
◆ Gli antichi legami tra la città e la Valtellina sono «curati» anche da questo tipico ristorante che propone in lista tante specialità tradizionali. Regina è la carne.

alla città alta – *alt. 366* :.

ℹ *vicolo Aquila Nera 2 ✉ 24129 ☎ 035 232730, iat.bergamo@apt.bergamo.it, Fax 035 242994*

San Lorenzo senza rist, piazzale Mascheroni 9/a ✉ 24129 ☎ 035 237383, *Fax 035 237958*, ← – ▤ TV ♿. AE Ś ◑ MC VISA JCB AY d
25 cam ☐ 95/135.
◆ In bella posizione e per di più tranquilla, una struttura ricavata da un vecchio e caratteristico edificio. Gli spazi, anche se ridotti, sono dinamici, quasi labirintici.

XXX **Taverna Colleoni,** piazza Vecchia 7 ✉ 24129 ☎ 035 232596, *colleonidellangelo@uninet com.it, Fax 035 231991*, , prenotare – ▤. AE Ś ◑ MC VISA JCB AY x
chiuso lunedì – **Pasto** carta 44/59.
◆ In un antico palazzo di piazza Vecchia, una delle più belle d'Italia, un ristorante di rara eleganza. Servizio preciso e cortese, cucina all'altezza della situazione.

XX **Trattoria Sant'Ambröeus,** piazza Vecchia 2 ✉ 24129 ☎ 035 220545, *trattoria@santambroeus.191.it, Fax 035 237494*, – ▤. AE Ś MC VISA AY b
chiuso dal 5 al 20 gennaio, una settimana in ottobre e mercoledì – **Pasto** carta 38/45.
◆ Una cucina che trae ispirazione da tradizioni gastronomiche diverse e una gestione di grande solidità, esperienza e professionalità. Situato in posizione invidiabile.

XX **L'Osteria di via Solata,** via Solata 8 ✉ 24129 ☎ 035 271993, *osteriaviasolata@inwind.it, Fax 035 4227208*, Coperti limitati; prenotare – ▤. AE Ś ◑ MC VISA JCB AY c
chiuso dal 18 al 28 febbraio, dal 5 al 25 agosto, domenica sera e martedì – **Pasto** carta 46/77.
◆ Si raggiunge attraverso gli antichi vicoli della città, questo locale che regala un'atmosfera dai toni rustici ma eleganti. Cucina creativa, alla ricerca di personalità.

XX **La Marianna,** largo Colle Aperto 2/4 ✉ 24129 ☎ 035 247997, *Fax 035 211314*, , – . AE Ś ◑ MC VISA AY d
chiuso gennaio, dall'11 al 18 agosto e lunedì – **Pasto** carta 32/47.
◆ Ristorante dagli ambienti di gradevole freschezza e con fiorita terrazza-giardino per la bella stagione. Cucina di ricerca, nel solco della tradizione; notevole cantina.

a San Vigilio *Ovest: 1 km o 5 mn di funicolare* **AY** *– alt. 461 :*

San Vigilio ⚐, via San Vigilio 15 ✉ 24129 ☎ 035 250964 e rist. ☎ 035 253179, *Fax 035 402081*, ≤, ⛱ – TV P. AE ⓢ ⓓ ⓜ VISA. ✂ AY
Pasto al Rist. ***I Musicanti*** *(chiuso martedì)* (prenotare) carta 40/70 – ☕ 11 – **7 cam** 110 –.
◆ E' incantevole osservare il panorama di quassù, il paesaggio è di commuovente bellezza. Poche camere, ma ampie e graziose. Un'intimità che coinvolge con garbo. Imperdibile il curato servizio estivo sulla terrazza panoramica.

Baretto di San Vigilio, via Castello 1 ✉ 24129 ☎ 035 253191, *baretto@baretto.it, Fax 035 4329875*, ⛱, Caffè-rist. – AE ⓢ ⓓ ⓜ VISA per via San Vigilio AY
chiuso lunedì escluso da maggio a settembre – **Pasto** carta 31/49.
◆ Caratteristico bar-ristorante ubicato nella piazzetta antistante all'arrivo della funicolare. Godibilissimo servizio estivo in terrazza con incantevole vista sulla città.

BERGEGGI *17028 Savona* **561** J 7 *– 1 192 ab. alt. 110.*
ℹ *via Aurelia ☎ 019 859777, bergeggi@inforiviera.it, Fax 019 859777.*
Roma 556 – Genova 58 – Cuneo 102 – Imperia 63 – Milano 180 – Savona 11.

Claudio ⚐ con cam, via XXV Aprile 37 ☎ 019 859750, *hclaudio@tin.it, Fax 019 859750*, ⛱, prenotare, ⛱, ⛱ – ▤ TV 🚗 P – 🏛 40. AE ⓢ ⓜ VISA. ✂
chiuso dall'8 gennaio al 15 febbraio – **Pasto** *(chiuso lunedì e a mezzogiorno escluso sabato, domenica e i giorni festivi)* specialità di mare carta 65/85 – **22 cam** ☕ 80/150, 4 suites – ½ P 140.
◆ Suggestiva collocazione con vista eccezionale sul golfo sottostante. Il servizio estivo in terrazza è la porta di un sogno che sa di fragranza di mare e di ottimo vino.

Scriveteci...

Le vostre critiche e i vostri apprezzamenti saranno esaminati con la massima attenzione.
Verificheremo personalmente gli esercizi che ci vorrete segnalare
Grazie per la collaborazione !

BERGOLO *12070 Cuneo* **561** I 6 *– 79 ab. alt. 616.*
Roma 606 – Genova 107 – Alessandria 60 – Cuneo 104 – Milano 167 – Savona 68 – Torino 104.

'L Bunet con cam, via Roma 24 ☎ 0173 87013, *lbunet@tiscalinet.it, Fax 0173 87013*, solo su prenotazione – TV. AE ⓢ ⓓ ⓜ VISA
chiuso gennaio – **Pasto** *(chiuso martedì)* 30/33 – **8 cam** ☕ 42/55 – ½ P 40.
◆ Nel centro di un piccolo e isolato paesino, un locale abbastanza ampio con interni ben tenuti; la conduzione familiare e la cucina casalinga sono sobrie e sincere.

BERNALDA *75012 Matera* **564** F 32 *– 12 319 ab. alt. 127.*
Roma 458 – Bari 108 – Matera 38 – Potenza 99 – Taranto 58.

Agriturismo Relais Masseria Cardillo, strata statale 407 Basentana al km 98 ☎ 0835 748992, *info@masseriacardillo.it, Fax 0835 748994*, ≤, ⛱, ⛱, ✂ – ▤ TV P. AE ⓢ VISA. ✂
Pasto *(chiuso a mezzogiorno da giugno a settembre)* (solo su prenotazione) carta 26/36 – **9 cam** ☕ 80/120 – ½ P 75.
◆ A pochi chilometri dal lido di Metaponto, un elegante risorsa ricavata dai granai di una masseria di fine '800. Camere spaziose con terrazzini affacciati sulla campagna.

BERSANO *Piacenza* **561** H 12 *– Vedere Besenzone.*

BERTINORO *47032 Forlì-Cesena* **562** J 18 *G. Italia – 9 283 ab. alt. 257.*
Vedere ≤★ *dalla terrazza vicino alla Colonna dell'Ospitalità.*
Roma 343 – Ravenna 46 – Rimini 54 – Bologna 77 – Forlì 14 – Milano 296.

Belvedere, via Mazzini 7 ☎ 0543 445127, *rist.ilbelvedere@libero.it, Fax 0543 445127*, ⛱ – AE ⓢ ⓓ ⓜ VISA JCB. ✂
chiuso novembre e mercoledì – **Pasto** carta 35/41.
◆ Sulla sala interna l'antico soffitto a cassettoni, dalla terrazza estiva la volta stellata e il panorama di mille luci. Proposte della cucina romagnola secondo stagione.

BESANA BRIANZA *20045 Milano* 561 E 9 – *13 990 ab. alt. 336.*
Roma 600 – Como 27 – Bergamo 42 – Lecco 23 – Milano 33.

a Calò *Sud-Ovest : 3,5 km – ✉ 20045 Besana Brianza :*

Il Riservino Ungherese, via Lovati 3/5 ☎ 0362 802063, *ilriservinoungherese@mindzonline.net, Fax 0362 802676,* , Musica zigana dal vivo, Coperti limitati; prenotare – AE VISA
chiuso mercoledì e a mezzogiorno (escluso sabato e domenica) – **Pasto** cucina tipica ungherese carta 29/58.
◆ Ristorantino caratteristico con moltissimi richiami alla terra d'origine dei gestori: stoviglie, tovagliato, fotografie, oggettistica, oltre naturalmente alla cucina.

BESENZONE *29010 Piacenza* 561 H 11 – *962 ab. alt. 48.*
Roma 472 – Parma 44 – Piacenza 23 – Cremona 23 – Milano 90.

a Bersano *Est : 5,5 km – ✉ 29010 Besenzone :*

Agriturismo Le Colombaie senza rist, via Bersano 29 ☎ 0523 830007, *lecolombaie@lecolombaie.it, Fax 0523 830735,* – 60. VISA
marzo-20 novembre – **4 cam** 50/90, 2 suites.
◆ Occorre percorrere una lunga strada sterrata per giungere a questa risorsa ricavata da una parte di una ex cascina. Ambienti comuni arredati con gusto, camere eleganti.

La Fiaschetteria con cam, via Bersano 59/bis ☎ 0523 830444, *lafiaschetteria@libero.it, Fax 0523 830444,* Coperti limitati; prenotare – AE VISA JCB
chiuso dal 23 dicembre al 5 gennaio e dal 5 al 31 agosto – **Pasto** *(chiuso lunedì, martedì e a mezzogiorno escluso i giorni festivi)* carta 32/44 – **3 cam** 130/180.
◆ Le sale sono state ricavate dalle ex scuderie di una casa colonica del Seicento. La cucina, che ha saldissime radici nel territorio, viene rielaborata con intelligenza.
Spec. Culatello di produzione propria. Savarin di riso. Baccalà con cipolle e peperoni.

Un automobilista previdente utilizza la Guida Michelin dell'anno in corso.

BESNATE *21010 Varese* 561 E 8, 219 ⑰ – *4 841 ab. alt. 300.*
Roma 622 – Stresa 37 – Gallarate 7 – Milano 45 – Novara 40 – Varese 17.

La Maggiolina, via per Gallarate 9 ☎ 0331 274225, *Fax 0331 273070* – AE VISA
chiuso dal 24 dicembre al 5 gennaio, agosto e martedì – **Pasto** carta 30/43.
◆ Un velo leggero pare essere sceso su questa risorsa. Un velo capace di fermare il tempo e di regalare ambienti, atmosfere e stili assolutamente vicini agli anni Settanta.

BESOZZO *21023 Varese* 561 E 7, 219 ⑦ – *8 213 ab. alt. 279.*
Roma 645 – Stresa 43 – Bellinzona 63 – Como 40 – Lugano 40 – Milano 68 – Novara 59 – Varese 14.

Osteria del Sass, via Sant'Antonio 17/B, località Besozzo Superiore ☎ 0332 771005, *Fax 0332 770575,* , Coperti limitati; prenotare – AE VISA JCB.
chiuso dal 15 al 28 febbraio, dal 3 al 17 ottobre, mercoledì e giovedì a mezzogiorno – **Pasto** carta 36/64.
◆ L'edificio in cui questo locale è ospitato ha fondamenta di origine celtica (rigettate poi nel 1500). La cucina seleziona ottimi prodotti, rielaborati con creatività.

BETTOLA *29021 Piacenza* 562 H 10 – *3 266 ab. alt. 329.*
Roma 546 – Piacenza 34 – Bologna 184 – Milano 99.

Agriturismo La Locanda di Spettine , località Spettine Nord : 7 km ☎ 0523 878747, *agriturismodispettine@virgilio.it, Fax 0523 877624,* vallata, , maneggio, – VISA.
chiuso gennaio – **Pasto** *(chiuso lunedì, martedì e mercoledì)* 19/32 – **10 cam** 78 – 1/2 P 48.
◆ In un antico casale completamente ristrutturato, un piacevole agriturismo con maneggio e bella vista sulla valle; per una vacanza di completo relax immersi nel verde. Ampia zona ristorante, adatta anche ai grandi numeri; specialità piacentine.

Agnello, piazza Colombo 53 ☎ 0523 917760, – VISA JCB.
chiuso febbraio e martedì – **Pasto** carta 20/29.
◆ Un ristorante sulla piazza principale, perfettamente inserito nella vita del paese, anche grazie al bar pubblico. La cantina serve anche da dispensa per i salumi.

BETTOLLE *Siena* 563 M 17 – *Vedere Sinalunga.*

BETTONA *06084 Perugia* 563 M 19 – *3 742 ab. alt. 355.*

Roma 167 – Perugia 21 – Assisi 15 – Orvieto 71 – Terni 78.

Torre Burchio , località Burchio Sud : 7 km ☎ 075 9885017, *torreburchio@tin.it, Fax 075 987150,* ←, , passeggiate a cavallo, , , – . AE   VISA JCB. rist

chiuso dal 21 al 28 dicembre – **Pasto** 24 – **16 cam** 67,50/104, 8 suites – ½ P 75.

◆ Un antico casale di caccia, circondato da una tenuta di 600 ettari di boschi abitati da ogni sorta di animali; un contesto in cui la natura è regina. Camere confortevoli. Cucina del luogo per soddisfare l'appetito di chi, passeggiando, si gode boschi e prati.

a Passaggio *Nord-Est : 3 km* – ✉ *06080 :*

Il Poggio degli Olivi con cam, località Montebalacca Sud : 3 km ☎ 075 9869023, *info@poggiodegliolivi.com, Fax 075 9869023,* ← vallata ed Assisi, , , , – . AE   VISA. rist

chiuso dal 7 gennaio al 6 febbraio – **Pasto** *(chiuso mercoledì)* carta 24/42 – **6 cam** 75/115 – ½ P 80.

◆ Da questo luogo, quando il cielo è più limpido, la vista arriva fino ad Assisi, pare proprio di essere parte di un dipinto. Merita quindi il servizio serale in terrazza.

Scriveteci...
Le vostre critiche e i vostri apprezzamenti saranno esaminati con la massima attenzione.
Verificheremo personalmente gli esercizi che ci vorrete segnalare
Grazie per la collaborazione !

BEVAGNA *06031 Perugia* 563 N 19 – *4 792 ab. alt. 225.*

Roma 148 – Perugia 35 – Assisi 24 – Macerata 100 – Terni 59.

Palazzo Brunamonti senza rist, corso Matteotti 79 ☎ 0742 361932, *hotel@brunamontl.com, Fax 0742 361948* – . AE   VISA.

16 cam 88/110.

◆ Proprio nel cuore dell'incantevole cittadina, l'albergo occupa un nobiliare palazzo e negli ambienti interni riproduce la sobria essenzialità dell'aspetto esteriore.

Poggio dei Pettirossi , vocabolo Pilone 301 (Sud-Ovest : 2,5 km, alt. 325) ☎ 0742 361740, *albergo@ilpoggiodeipettirossi.com, Fax 0742 369238,* ← monti e vallata, , , – . AE   VISA. rist

Pasto *(chiuso a mezzogiorno)* carta 26/37 – **27 cam** 70/93 – ½ P 66,50.

◆ Il nucleo originario, una tipica casa colonica, è stato ampliato di recente. Il risultato è una risorsa di buon livello, a metà strada tra l'agriturismo e l'albergo. Servizio ristorante estivo all'aperto.

Ottavius, via del Gonfalone 4 ☎ 0742 360555, *forsgate@libero.it, Fax 0742 362071* – . AE   VISA

chiuso lunedì – **Pasto** carta 32/40.

◆ Locale inserito in un contesto storico, e precisamente nei seicenteschi locali delle cantine del Palazzo dei Consoli. L'ambiente è suggestivo, la cucina del territorio.

Osteria del Podestà, corso Matteotti 67 ☎ 0742 361832, *info@osteriadelpodesta.com, Fax 0742 361832* – . AE   VISA.

chiuso martedì – **Pasto** carta 22/30.

◆ Ristorante ubicato lungo il corso principale, che ripropone l'ambiente della tipica osteria d'una volta. La giovane e volenterosa gestione propone la cucina del luogo.

BIAGIANO - SAN FORTUNATO *Perugia – Vedere Assisi.*

BIBBIENA *52011 Arezzo* 563 K 17 *G. Toscana – 11 420 ab. alt. 425.*

Casentino (chiuso martedì escluso luglio-agosto) a Poppi ✉ 52014 ☎ 0575 529810, Fax 0575 520167, Sud : 5 km.

piazza Matteotti 3 ☎ 0575 593098, infotu@inwind.it, Fax 0575 593098.

Roma 249 – Arezzo 32 – Firenze 60 – Rimini 113 – Ravenna 122.

Borgo Antico senza rist, via Bernado Dovizi 18 ☎ 0575 536445, *borgoantico@brami.com, Fax 0575 536447,* –   – 30. AE   VISA

chiuso novembre – **16 cam** 45/75.

◆ Esattamente nel cuore medievale del paese, un classico hotel da centro storico, completamente ristrutturato e dotato di confort moderni. Gestione giovane e simpatica.

Relais il Fienile senza rist, località Gressa Nord : 6 km ✆ 0575 593396, *info@relaisilfienile.it, Fax 0575 569979*, ≤ monti e vallata, ⛱, 🌳 – TV P. AE ⓢ 🅜 VISA JCB. ✂
chiuso dal 10 gennaio al 10 febbraio – **6 cam** ☐ 100/180.
◆ Come trasformare un ex fienile del '700 in una risorsa lussuosa dove il confort è curatissimo, gli ambienti gradevoli e arredati con gusto. Tranquillissimo e panoramico.

a Soci *Nord : 4 km – ✉ 52010 :*

Le Greti senza rist, via Privata le Greti Ovest : 1,5 km ✆ 0575 561744, *legreti@lina.it, Fax 0575 561808*, ≤ colline e dintorni, ⛱, 🌳 – TV ♿ P. ⓢ ⓓ 🅜 VISA. ✂
16 cam ☐ 46,50/77,50.
◆ Appena fuori dal centro abitato, sulla sommità di un poggio panoramico, un albergo connotato da una conduzione familiare dallo stile apprezzabile. Buoni spazi comuni.

BIBBONA *57020 Livorno* 563 M 13 – *3 036 ab..*

Roma 269 – Pisa 66 – Livorno 44 – Piombino 46 – Volterra 35.

Agriturismo Podere Le Mezzelune senza rist, località Mezzelune 126 (Ovest : 4 km) ✆ 0586 670266, *relais@lemezzelune.it, Fax 0586 671814*, ≤, 🌳 – P. ⓢ 🅜 VISA. ✂
4 cam ☐ 176, 2 suites 186.
◆ Risorsa ricavata da una casa colonica di fine '800, all'interno di una proprietà coltivata ad ulivi ed ortaggi biologici; conduzione signorile e mare all'orizzonte.

Per visitare una città o una regione : utilizzate le Guide Verdi Michelin.

BIBBONA (Marina di) *57020 Livorno* 563 M 13.

i via dei Melograni 2 ✆ 0586 600699, apt7bibbona@livorno.turismo.toscana.it.
Roma 285 – Cecina 14 – Grosseto 92 – Livorno 45 – Piombino 43 – Siena 100.

Hermitage, via dei Melograni 13 ✆ 0586 600218, *info@hermitage-hotel.it, Fax 0586 600760*, ⛲, ⛱ – ▤ TV ✆ P. ⓢ 🅜 VISA. ✂
aprile-ottobre – **Pasto** carta 20/32 (10 %) – **39 cam** ☐ 103/144,61 – ½ P 93.
◆ Nonostante l'ubicazione non sia delle più fortunate, la struttura, sviluppata orizzontalmente su tre lati della piscina, è valida, molto curata e accogliente. Bella hall. Al ristorante spazi interni ed esterni ampi, funzionali e arredati con moderna sobrietà.

La Pineta, via dei Cavalleggeri Nord 27 ✆ 0586 600016, ≤, prenotare, 🏖 – ▤ P. AE ⓢ ⓓ 🅜 VISA. ✂
chiuso dal 20 al 31 gennaio, ottobre, martedì a mezzogiorno e lunedì – **Pasto** carta 46/69 🍷.
◆ Attraversata la pineta, si giunge in spiaggia. E qui, all'interno di un'unica sala, con una lunga vetrata su due dei quattro lati, si mangia il mare fragrante e delicato.

BIBIONE *30020 Venezia* 562 F 21.

i via Maja 37/39 ✆ 0431 442111, apt.bibione@alfa.it, Fax 0431 439997 – (aprile-ottobre) viale Aurora 109 ✆ 0431 442111, fax 0431 439997.
Roma 613 – Udine 59 – Latisana 19 – Milano 352 – Treviso 89 – Trieste 98 – Venezia 102.

Principe, via Ariete 41 ✆ 0431 43256, *dotto@principehotel.it, Fax 0431 439234*, ≤, ⛱, 🏖, 🎾 – |♦| ▤ TV P. AE ⓢ 🅜 VISA. ✂ rist
9 aprile-25 settembre – **Pasto** (solo per alloggiati) 20 – **80 cam** ☐ 98/170 – ½ P 95.
◆ Albergo di tono elevato con un hall ricca di oggetti d'antiquariato raccolti per passione dai titolari. Ambienti e arredi di grande classicità per un soggiorno ricercato.

Corallo, via Pegaso 38 ✆ 0431 430943, *corallo@bibione.it, Fax 0431 439928*, ≤, ⛱, 🏖, 🌳, 🎾 – |♦| ▤ TV P. AE ⓢ 🅜 VISA. ✂
8 maggio-23 settembre – **Pasto** (solo per alloggiati) – **80 cam** ☐ 120/160 – ½ P 90.
◆ Un edificio dall'architettura peculiare (a forma cilindrica), accoglie questo signorile hotel, dagli spazi comuni ampi ed eleganti. La piscina è proprio a bordo spiaggia.

Italy, via delle Meteore 2 ✆ 0431 43257, *italyhotel@tiscalinet.it, Fax 0431 439258*, ≤, ⛱, 🏖, 🌳 – |♦| ▤ TV P. ⓢ 🅜 VISA JCB. ✂
13 maggio-19 settembre – **Pasto** (solo per alloggiati) 25 – **67 cam** ☐ 78/130 – ½ P 69.
◆ Una realtà apprezzata in particolar modo dai nuclei familiari. Forse per l'ombreggiato giardino con area giochi a disposizione dei bambini; le camere sono funzionali.

Palace Hotel Regina, corso Europa 7 ✆ 0431 43422, *regina@bibione.nanta.it, Fax 0431 438377*, ⛱, 🏖 – |♦| ▤ TV 🚗. AE ⓢ 🅜 VISA. ✂
15 maggio-15 settembre – **Pasto** carta 31/50 – ☐ 20 – **49 cam** 110/130 – ½ P 80.
◆ Una buona ristrutturazione eseguita pochi anni or sono: attenzione per una sobria ed elegante ricercatezza, unita alla funzionalità e modernità degli arredi delle stanze. Sala da pranzo in cui si nota la ricerca di una signorile personalizzazione.

Leonardo da Vinci, corso Europa 76 ✆ 0431 43416, *info@hoteldavinci.it, Fax 0431 438009*, – rist
20 maggio-15 settembre – **Pasto** (solo per alloggiati) 21/26 – 8 – **54 cam** 80/120 – ½ P 69.
◆ Un albergo per una vacanza serena, che si è rinnovato gradatamente nel corso degli anni. In comoda posizione centrale, ma comunque a poca distanza da spiaggia e mare.

Concordia, via Maia 149 ✆ 0431 43433, *info@hotelconcordia.net, Fax 0431 439260*, riscaldata, – rist
20 maggio-20 settembre – **Pasto** 26/30 – **44 cam** 55/94 – ½ P 66.
◆ Una struttura caratterizzata da una buona ricettività, le camere sono semplici ma confortevoli, buoni spazi e servizi comuni, la conduzione è di tipo familiare. Tradizionale ristorante d'albergo con specialità di pesce.

a Bibione Pineda *Ovest : 5 km* – *30020 Bibione.*

(maggio-settembre) viale dei Ginepri 222 ✆ 0431 442111, fax 0431 439997

San Marco, via delle Ortensie 2 ✆ 0431 43301, *mail@sanmarco.org, Fax 0431 438381*, –
15 maggio-15 settembre – **Pasto** (solo per alloggiati) 20 – 5 – **60 cam** 68/120 – ½ P 70.
◆ Una struttura con due punti di forza: il buon livello delle parti comuni, ammodernate con cura, e soprattutto l'incantevole e tranquillissimo giardino pineta con piscina.ropria «anima» autonoma.

BIELLA *13900* P 561 F 6 – *47 121 ab. alt. 424.*

Living Garden (chiuso lunedì) a Cossato 13836 ✆ 015 980556, Fax 015 9844642, per ① : 11 km;

Le Betulle (aprile-novembre; chiuso lunedì) a Magnano 13887 ✆ 015 679151, Fax 015 679276, per ④ 18 km.

piazza Vittorio Veneto 3 ✆ 015 351128, info@atl.biella.it, Fax 015 34612.

A.C.I. *viale Matteotti 11 ✆ 015 351047.*

Roma 676 ② – Aosta 88 ④ – Milano 102 ② – Novara 56 ② – Stresa 72 ① – Torino 74 ③ – Vercelli 42 ②.

Pianta pagina seguente

Agorà Palace, via Lamarmora 13/A ✆ 015 8407324, *info@agorapalace.it, Fax 015 8407423*, – – 140. Z e
Pasto al Rist. ***Athena Cafe*** *(chiuso lunedì)* carta 28/46 – **56 cam** 94/109, 2 suites – ½ P 69.
◆ E' abbastanza facile riconoscere nello stile degli ambienti, comuni e no, come nella gestione complessiva, professionalità e serietà di grande valore ed esperienza. La cucina opera con fantasia e si propone con menù differenziati, anche di lavoro.

Astoria senza rist, viale Roma 9 ✆ 015 402750, *info@astoriabiella.com, Fax 015 8491691* – – 60. Z v
chiuso agosto – **50 cam** 85/100.
◆ Una struttura con alcuni decenni di attività alle spalle, tanta esperienza e una sicura professionalità. In comoda posizione, nei pressi della stazione ferroviaria.

Augustus senza rist, via Orfanotrofio 6 ✆ 015 27554, *info@augustus.it, Fax 015 29257* – Y s
chiuso agosto – **38 cam** 103.
◆ Una risorsa del centro che, grazie al parcheggio privato, risulta essere comoda e frequentata soprattutto da una clientela d'affari. Camere dotate di ottimi confort.

Bugella, via Cottolengo 65 ✆ 015 406607, *info@hotelbugella.it, Fax 015 405543* – – 80. rist per ③
Pasto *(chiuso quindici giorni in agosto e domenica)* carta 26/34 – 5 – **24 cam** 65/85.
◆ Un grazioso villino liberty su quattro livelli, di cui l'ultimo mansardato. Gradevoli e curati tanto gli esterni quanto gli interni. Belle camere di confort omogeneo.

Prinz Grill, via Torino 14 ✆ 015 23876, Coperti limitati; prenotare – Z u
chiuso dal 10 al 27 agosto e domenica – **Pasto** carta 28/37.
◆ Locale storico arredato secondo un originale stile «marina inglese» con ambienti raccolti ed intimi. Cucina della tradizione piemontese senza derive folcloristiche.

Zenzero, via Belletti Bona 17 ✆ 015 2524549, *info@zenzero-restaurant.com, Fax 015 2524549*, solo su prenotazione a mezzogiorno – Y a
chiuso dal 26 luglio al al 16 agosto, mercoledì e sabato a mezzogiorno – **Pasto** carta 25/38.
◆ All'interno di un palazzo seicentesco, un locale raccolto e piacevole in cui è stata posta molta cura negli arredi e nelle personalizzazioni. La cucina segue le stagioni.

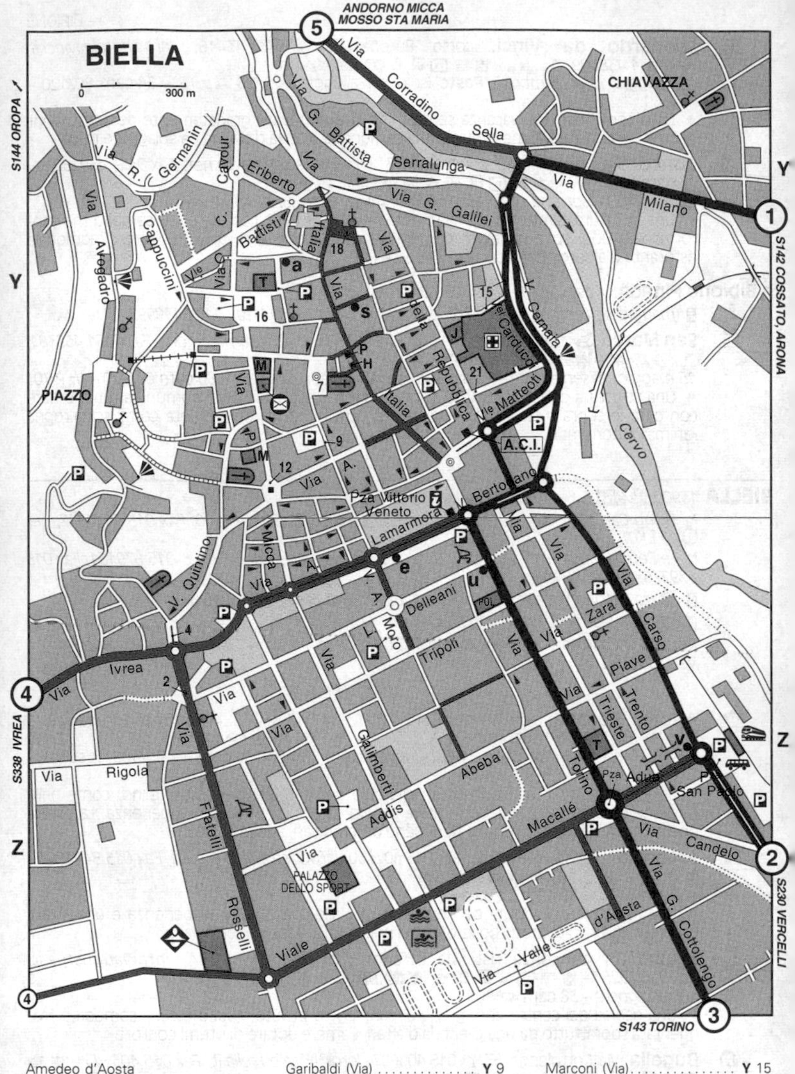

Amedeo d'Aosta (Piazza) . . . . Z 2
Cossato (Piazza G. B.) . . . . Z 4
Duomo (Piazza) . . . . Y 7
Garibaldi (Via) . . . . Y 9
Italia (Via) . . . . Y
Lamarmora (Piazza A.) . . . . Y 12
Marconi (Via) . . . . Y 15
Martiri della Libertà (Piazza) . . Y 16
San Giovanni Bosco (Piazza) . Y 18
20 Settembre (Via) . . . . Y 21

Un automobilista previdente utilizza la Guida Michelin dell'anno in corso.

BIGOLINO *Treviso – Vedere Valdobbiadene.*

BINASCO *20082 Milano* **561** *G 9 – 7 048 ab. alt. 101.*

18 Ambrosiano (chiuso martedì e dal 5 al 21 agosto) a Bubbiano ✉ 20080 ✆ 02 90840820, Fax 02 90849365, Ovest : 8 km;

27 Castello di Tolcinasco (chiuso lunedì) località Tolcinasco ✉ 20090 Pieve Emanuele ✆ 02 90428035, Fax 02 90789051, Nord-Est : 12 km.

Roma 573 – Milano 21 – Alessandria 76 – Novara 63 – Pavia 19 – Torino 152.

Corona, via Matteotti 20 ✆ 02 9052280, *info@hoteldellacorona.it, Fax 02 9054353* – ... – *chiuso dal 24 dicembre al 2 gennaio ed agosto* – **Pasto** *(chiuso sabato e domenica)* (solo su prenotazione) carta 22/37 – **47 cam** ☐ 56/80 – ½ P 55.

◆ Hotel con una lunga storia alle spalle, gestito dalla stessa famiglia da quattro generazioni. Grande attenzione è stata riservata ad ammodernamenti e ristrutturazioni. Ristorante indicato anche per pranzi di lavoro.

BIODOLA *Livorno* 563 N 12 – *Vedere Elba (Isola d') : Portoferraio.*

BISCEGLIE *70052 Bari* 564 D 31 *G. Italia* – *51 152 ab..*

Roma 422 – Bari 39 – Foggia 105 – Taranto 124.

Nicotel, via della Libertà ✆ 080 3993111, *bisceglie@nicotelhotels.com, Fax 080 3993155,* ≤, Centro benessere, ... – ... 200. ...

Pasto carta 25/40 (5 %) – **86 cam** ☐ 120/150, suite – ½ P 110.

◆ Nuovo, valido hotel realizzato secondo un design moderno e minimalista, molto luminoso grazie ad ampie vetrate e alla prevalenza di colori chiari. Ottimo centro fitness. Accogliente sala ristorante, cucina di mare e di terra.

Villa ⑤, viale La Testa 2 (Nord-Ovest : 2 km) ✆ 080 3980031, *info@hotelvilla.it, Fax 080 3980212,* ... – ... 40. ...

Pasto (solo su prenotazione) 22/29 – **42 cam** ☐ 76/107, 5 suites – ½ P 69.

◆ Una struttura recente, inserita in un contesto abbastanza verdeggiante e tranquillo; ampi spazi esterni e camere dalle dimensioni generose. Accoglienza di tono familiare.

Salsello, via Siciliani 32/33 ✆ 080 3955953, *Fax 080 3955951,* ≤, ... – ... 500. ...

Pasto *(chiuso venerdì)* carta 26/36 (15 %) – **52 cam** ☐ 67,14/87,80 – ½ P 60,69.

◆ Un grande complesso alberghiero affacciato sul mare e dotato di un buon livello di confort, all'insegna di funzionalità e praticità. Valido e ampio centro congressi. Ristorante anche a vocazione congressuale e banchettistica.

Memory ⑤ con cam, Panoramica Paternostro 239 ✆ 080 3980149, *info@memoryristorante.it, Fax 080 3980304,* ..., Rist. e pizzeria – ...

Pasto *(chiuso lunedì escluso luglio-agosto)* carta 18/34 – **8 cam** ☐ 45,50/91 – ½ P 52.

◆ Ristorante-pizzeria ubicato lungo la litoranea, rinnovato recentemente negli spazi e negli arredi. Vasta scelta in lista, con diversi menù combinati: per tutte le tasche.

BLESSAGLIA *Venezia* 562 E 20 – *Vedere Pramaggiore.*

BOARIO TERME *Brescia* 561 E 12 – *Vedere Darfo Boario Terme.*

BOBBIO *29022 Piacenza* 561 H 10 – *3 851 ab. alt. 272 – Stazione termale (maggio-ottobre).*

piazza San Francesco 1 ✆ 0523 962815, iatbobbio@libero.it, Fax 0523 936666.

Roma 558 – Genova 90 – Piacenza 45 – Alessandria 84 – Bologna 196 – Milano 110 – Pavia 88.

Enoteca San Nicola, contrada di San Nicola 11/a ✆ 0523 932355, *Fax 0523 963515,* Coperti limitati; prenotare – ...

chiuso lunedì e martedì – **Pasto** carta 24/31.

◆ Nell'intrico di stradine, intorno all'abbazia di San Colombano, un ristorantino caratteristico, con la particolarità di disporre di una chiesetta come cantina.

Piacentino con cam, piazza San Francesco 19 ✆ 0523 936563, *info@hotelpiacentino.com, Fax 0523 936266,* ... – ...

chiuso lunedì escluso luglio-agosto – **Pasto** carta 24/34 – ☐ 6,50 – **20 cam** 54/75 – ½ P 60.

◆ In prossimità del centro storico, ristorante con camere dove gustare piatti piacentini, serviti all'aperto nella bella stagione e nell'ariosa sala interna nei mesi più freddi.

Ra Ca' Longa, località San Salvatore 10 (Sud : 4 km) ✆ 0523 936948, *Fax 0523 960102,* ≤ – ...

chiuso gennaio e mercoledì – **Pasto** carta 35/50.

◆ Ristorante tipico, fuori paese, dove gustare i piatti della tradizione piacentina ed emiliana. Da provare i salumi prodotti e stagionati direttamente dai titolari.

BOCALE SECONDO *Reggio di Calabria* 564 M 28 – *Vedere Reggio di Calabria.*

Le nostre guide alberghi e ristoranti, le nostre guide turistiche e le nostre carte stradali sono complementari. Utilizzatele insieme.

BOCCA DI MAGRA *19030 La Spezia* 561 J 11.

Roma 404 – La Spezia 22 – Genova 110 – Lucca 60 – Massa 21 – Milano 227.

Sette Archi, via Fabbricotti 242 ☎ 0187 609017, *info@hotelsettearchi.com, Fax 0187 609028,* – . rist
marzo-ottobre – **Pasto** carta 21/41 – **24 cam** 55/85 – 1/2 P 63.
◆ Collocazione fronte mare, atmosfera piacevolmente familiare, grande cura posta nell'ammodernamento realizzato con successo sia nelle stanze, che nelle parti comuni. Al ristorante un'ariosa e fresca sala o la terrazza esterna, al riparo dal sole.

Capannina Ciccio, via Fabbricotti 71 ☎ 0187 65568, *Fax 0187 609000,* ←, . VISA.
chiuso due settimane in novembre – **Pasto** specialità di mare carta 36/55.
◆ Ristorante della tradizione, con proposte marinare talvolta rivisitate e alleggerite. Nella bella stagione si può godere di un'incantevole veranda con vista sul mare.

BOFFALORA SOPRA TICINO *20010 Milano* 561 57 F 8 – *4 303 ab. alt. 142.*

Roma 600 – Milano 32 – Novara 18 – Pavia 63 – Torino 110 – Varese 54.

Osteria Croce Bianca, via 25 Aprile, 1 ☎ 02 97259008, *Fax 02 97259621* – . VISA JCB
chiuso domenica sera e lunedì – **Pasto** carta 40/55.
◆ Sorge in una vecchia casa lungo il Naviglio, un edificio del '600, questo gradevole locale che si caratterizza anche per la dinamicità e l'originalità degli spazi interni.

Inviateci il vostro parere sui ristoranti che vi consigliamo, sulle loro specialità e i loro vini regionali.

BOGLIASCO *16031 Genova* 561 I 9 – *4 666 ab..*

via Aurelia 106 ☎ 010 3470429, Fax 010 3470429.

Roma 491 – Genova 13 – Milano 150 – Portofino 23 – La Spezia 92.

a San Bernardo *Nord : 4 km* – ✉ *16031 Bogliasco :*

Il Tipico, via Poggio Favaro 20 ☎ 010 3470754, *Fax 010 3471061,* ← mare e costa, – . VISA.
chiuso dall'8 al 31 gennaio, dal 12 al 23 agosto e lunedì – **Pasto** carta 35/50.
◆ L'ambiente è gradevole, con qualche tocco d'eleganza, ma ciò che incanta è il panorama sul mare. Ubicato in una piccola frazione collinare, propone cucina ligure di pesce.

BOGNANCO (Fonti) *28842 Verbania* 561 D 6 – *359 ab. alt. 986.*

piazzale Giannini 2 ☎ 0324 234127.

Roma 709 – Stresa 40 – Domodossola 11 – Milano 132 – Novara 102 – Torino 176.

Villa Elda, via Marconi 45 ☎ 0324 46975, *Fax 0324 46975* – . rist
Pasqua-ottobre – **Pasto** 20/26 – **45 cam** 26/42.
◆ Una gestione che si perpetua da varie generazioni e che è sempre riuscita a garantire lo stesso stile, di buon livello, nell'ospitalità. Frequentato da molti habitué. La cucina garantisce impostazione casalinga e genuinità di prodotti e preparazioni.

a Granica *Nord : 5 km* – ✉ *28842 Bognanco (Fonti) :*

Panorama, ☎ 0324 234157, *alpanorama@.it, Fax 0324 234157,* ← monti e vallata, – P. VISA.
Pasto *(chiuso giovedì escluso maggio-settembre)* 15/20 – **12 cam** 30/56 – 1/2 P 40.
◆ Ideale per un soggiorno tranquillo, approfittando di una ampia e suggestiva vista su valli e monti circostanti. Una dozzina di camere con bagno, graziose e ben tenute. Ristorante a piano terra, semplice e gustosa cucina locale.

BOJANO *86021 Campobasso* 563 R 25 – *8 652 ab. alt. 488.*

Roma 197 – Campobasso 24 – Benevento 56 – Isernia 29 – Napoli 134.

Pleiadi's, via Molise 40 ☎ 0874 773088, *pleiadishotel@libero.it, Fax 0874 783211* – P – 200. VISA JCB.
Pasto carta 17/24 – **34 cam** 41,32/62 – 1/2 P 46,50.
◆ Arrivando in auto colpisce la vivacità cromatica degli esterni; mentre all'interno, gli ambienti sono di impostazione assai più classica. Recente e di buon confort.

BOLETO *Novara* 561 E 7, 219 ⑥ – *alt. 696.*

Vedere *Santuario della Madonna del Sasso*★★ *Nord-Ovest : 4 km.*

BOLLATE *20021 Milano* 561 F 9, 219 ⑱ ⑲ *– 47 299 ab. alt. 154.*

Roma 595 – Milano 10 – Como 37 – Novara 45 – Varese 40.

Pianta d'insieme di Milano.

La Torretta, via Trento 111 (S.S N. 233 Varesina Nord-Ovest : 2 km) ✆ 02 3505996, *htltorretta@tin.it, Fax 02 33300826,* – 70. AE VISA. AO d
Pasto *(chiuso dal 5 al 25 agosto, domenica sera e sabato)* carta 32/51 – 8 – **60 cam** 82,63/118,79, suite.

◆ Oltre che per la scrupolosa gestione familiare, questa struttura si distingue anche per l'apprezzabile continuità con cui sono stati apportati aggiornamenti e migliorie. Sala ristorante luminosa, fresco e piacevole l'esterno in estate.

BOLOGNA *40100* P 562 I 15 *G. Italia – 379 964 ab. alt. 55.*

Vedere *Piazza Maggiore* **CY 57** *e del Nettuno**** **CY 76***: fontana del Nettuno*** **CY F**, *basilica di San Petronio*** **CY**, *Palazzo Comunale** **BY H**, *palazzo del Podestà** **CY** *– Piazza di Porta Ravegnana*** **CY 93***: Torri Pendenti*** **CY R** *– Mercanzia** **CY C** *– Chiesa di Santo Stefano** **CY** *– Museo Civico Archeologico*** **CY M1** *– Pinacoteca Nazionale*** **DY** *– Chiesa di San Giacomo Maggiore** **CY** *– Strada Maggiore** **CDY** *– Chiesa di San Domenico** **CZ** *: arca** del Santo, tavola* di Filippino Lippi – Palazzo Bevilacqua** **BY** *– Postergale* nella chiesa di San Francesco* **BY.**

Dintorni *Madonna di San Luca: portico*, ≤* su Bologna e gli Appennini Sud-Ovest : 5 km* **FV.**

18 *(chiuso lunedì) a Chiesa Nuova di Monte San Pietro ✉ 40050 ✆ 051 969100, Fax 051 6720017, Ovest : 16 km* **EV;**

9 *Casalunga (chiuso lunedì) a Castenaso ✉ 40055 ✆ 051 6050164, Fax 051 6052186, Est : 10 km.*

Bologna-G. Marconi Nord-Ovest : 6 km **EFU** *✆ 051 6479615 – Alitalia, via Riva di Reno 65 ✉ 40122 ✆ 051 6300270.*

piazza Maggiore 1/e c/o palazzo del Podestà ✉ 40121 ✆ 051 246541, touristoffice@comune.bologna.it, Fax 051 251947 – Stazione Ferroviaria - Piazza Medaglie D'Oro ✉ 40121 ✆ 051 246541 – Aeroporto Marconi ✆ 051 6472036 (call center).

A.C.I. *via Marzabotto 2 ✉ 40133 ✆ 051 389908.*

Roma 379 ⑥ – Firenze 105 ⑥ – Milano 210 ⑧ – Venezia 152 ①.

In occasione di alcune manifestazioni commerciali o turistiche i prezzi degli alberghi potrebbero subire un sensibile aumento (informatevi al momento della prenotazione)

Piante pagine seguenti

Gd H. Baglioni, via dell'Indipendenza 8 ✉ 40121 ✆ 051 225445, *ghb.bologna@baglionihotels.com, Fax 051 234840* – cam, – 120. AE VISA JCB. CY e
Pasto vedere rist ***I Carracci*** – **118 cam** 300/483, 6 suites – 1/2 P 290.

◆ Nella preziosa cornice di uno storico palazzo del centro, gli interni lussuosi dell'albergo coniugano sapientemente moderni confort e raffinata atmosfera d'altri tempi.

Starhotel Excelsior, viale Pietramellara 51 ✉ 40121 ✆ 051 246178, *excelsior.bo@starhotels.it, Fax 051 249448,* – 220. AE VISA JCB. CX b
Pasto carta 40/45 – **193 cam** 289/328, suite.

◆ Nato dalla fusione di due alberghi, un hotel dell'ultima generazione, con ambienti di taglio lineare e camere dotate di ogni confort moderno; ottimo settore congressuale. Il ristorante frequentato per lo più dalla clientela dell'hotel.

Royal Hotel Carlton, via Montebello 8 ✉ 40121 ✆ 051 249361, *carlton.res@monrifhotels.it, Fax 051 249724* – cam, – 450. AE VISA. rist CX g
Pasto *(chiuso domenica)* carta 45/60 – **209 cam** 355/390, 31 suites.

◆ All'interno di un hotel anni '70, grandissimi ed eleganti sono tutti gli spazi comuni, con lampadari «scenografici»; rinnovate per la maggior parte le accoglienti camere. Elegante sala ristorante, recenemente rinnovata.

Jolly De La Gare, piazza 20 Settembre 2 ✉ 40121 ✆ 051 281611, *bologna@jollyhotels.it, Fax 051 249764* – cam, – 250. AE VISA JCB. CX a
Pasto al Rist. ***Amarcord*** *(chiuso domenica)* carta 40/54 – **156 cam** 478, suite – 1/2 P 279.

◆ Vicino alla stazione, atmosfera e moderne comodità vanno di pari passo in un albergo rinnovato; tessuti e tendaggi rendono calde le raffinate camere, molto confortevoli. Colorate sedie in rattan e luci soffuse nel signorile ristorante.

Europa senza rist, via Boldrini 11 ✉ 40121 ✆ 051 4211348, *hoteleuropa@zanhotel.it, Fax 051 247988* – – 200. AE VISA BX b
101 cam 179/252.

◆ Grande abbondanza di marmi, stucchi e dorature accoglie nella spaziosa hall di questo recentissimo hotel; camere dotate dei più moderni impianti e docce enormi.

BOLOGNA

PIANTA D'INSIEME

Amaseo (Via R.) . . . . **GU** 6
Arno (Via) . . . . **HV** 9
Artigiano (Via d.) . . . . **GU** 10
Bandiera (Via I.) . . . . **FV** 12
Barbieri (Via F.) . . . . **GU** 13
Barca (Via d.) . . . . **FV** 15
Battaglia (Via d.) . . . . **HU** 16
Bentivogli (Via G.) . . . . **GV** 19
Beverara (Via della) . . . . **FU** 20
Cadriano (Via) . . . . **GHU** 21
Castiglione (Via) . . . . **HU** 25
Cavazzoni (Via F.) . . . . **HV** 27
Codivilla (Via) . . . . **GV** 31
Colombo (Via C.) . . . . **FU** 34
Coubertin (Via de) . . . . **FV** 36
Dagnini (Via G.) . . . . **GV** 39
Firenze (Via) . . . . **HV** 42
Foscherara (Via d.) . . . . **GV** 43
Gagarin (Via Y.) . . . . **FU** 45
Gandhi (Viale M. K.) . . . . **FU** 49

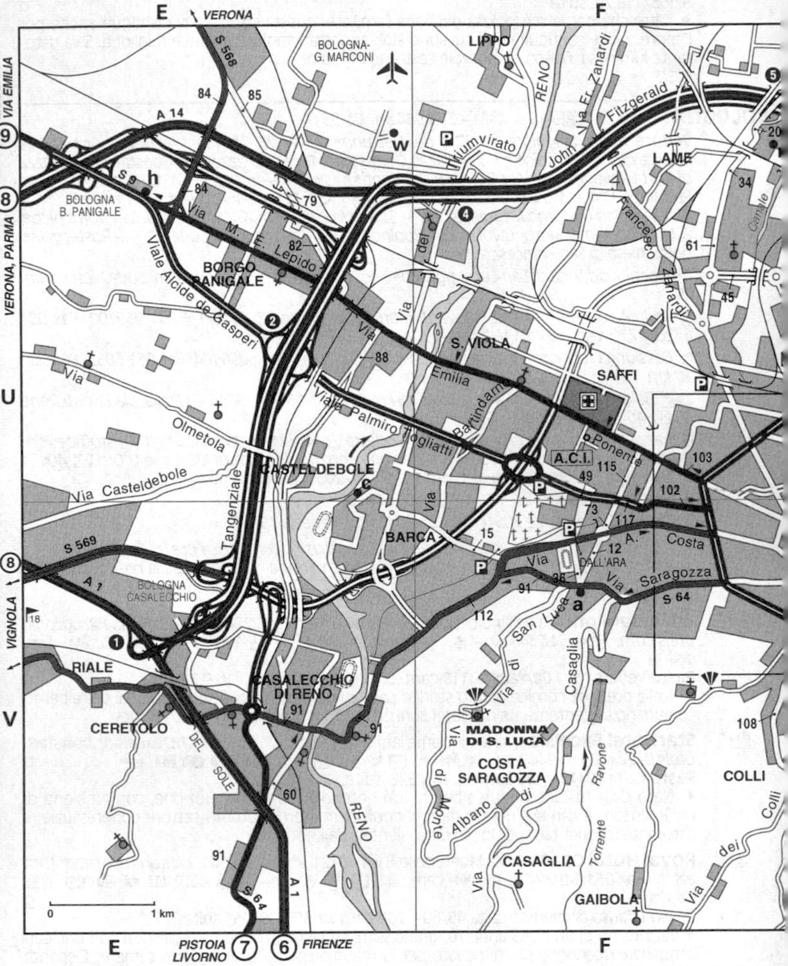

Internazionale senza rist, via dell'Indipendenza 60 ✉ 40121 ☎ 051 245544, *internazionale.res@monrifhotels.it, Fax 051 249544* – **CX p**

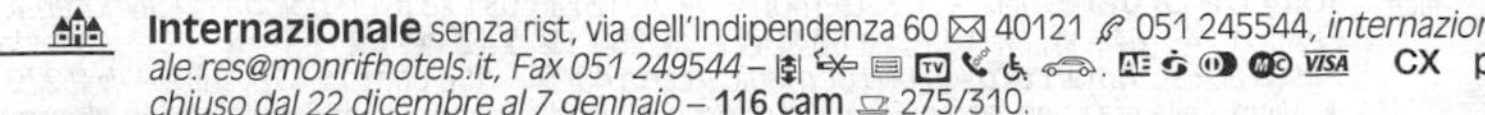

chiuso dal 22 dicembre al 7 gennaio – **116 cam** ☕ 275/310.
◆ In un palazzo storico del centro città, una risorsa completamente rinnovata, con ampie aree comuni, camere spaziose, arredate in stile, e bagni in marmo bianco e rosa.

Tre Vecchi senza rist, via dell'Indipendenza 47 ✉ 40121 ☎ 051 231991, *hoteltrevecchi@zanhotel.it, Fax 051 224143* – 30. **CY a**
96 cam ☕ 166/236.
◆ Raffinato stile classico nei gradevoli spazi comuni di un signorile albergo, centralissimo, provvisto di camere ampie, ben rifinite negli arredi e curate nei confort.

Marco Polo (Via)	**FU**	60
Mario (Via A.)	**GV**	63
Martelli (Via T.)	**HV**	66
Matteotti (Via)	**GU**	67
Mazzini (Via)	**GV**	69
Mezzofanti (Via G.)	**GV**	70
Montefiorino (Via)	**FV**	73
Ospedaletto (Via d.)	**EU**	79
Palagi (Via P.)	**GV**	81
Panigale (Via)	**EU**	82
Persicetana (Via)	**EU**	84
Persicetana Vecchia (Via)	**EU**	85
Pietra (Via d.)	**EU**	88
Pirandello (Via L.)	**HU**	90
Porrettana (Via)	**FVE**	91
Putti (Via V.)	**GV**	96
Sabbioni (Via d.)	**GV**	100
Sabotino (Via)	**FUV**	102
Saffi (Via A.)	**FU**	103
S. Barbara (Via)	**GV**	105
S. Mamolo (Via)	**FV**	108
Sigonio (Via C.)	**GV**	111
Sturzo (Via Don L.)	**FV**	112
Timavo (Via d.)	**FU**	115
Tolmino (Via)	**FV**	117
Tosarelli (Via B.)	**HU**	118

Savoia Hotel Country House, via San Donato 161 ✉ 40127 ☏ 051 6332366 e rist ☏ 051 6332534, *savoia@savoia.it, Fax 051 6332366*, 🏞, 🪑 – |‡| ▤ 📺 📞 ♿ 🅿 – 🎤 400. AE ⓢ ⓞ ⓜ VISA. 🚭 rist HU a

chiuso dal 24 dicembre al 6 gennaio e dal 5 al 24 agosto – **Pasto** al Rist. ***Danilo e Patrizia*** *(chiuso dal 26 dicembre al 7 gennaio, dal 1º al 27 agosto, domenica sera e lunedì)* carta 27/36 – **43 cam** ☕ 105/180.

◆ In un complesso colonico composto da 3 strutture collegate da un passaggio sotterraneo e disposte in un ampio giardino, un hotel signorile, con centro congressi. Ristorante di tono elegante dall'ambiente molto gradevole.

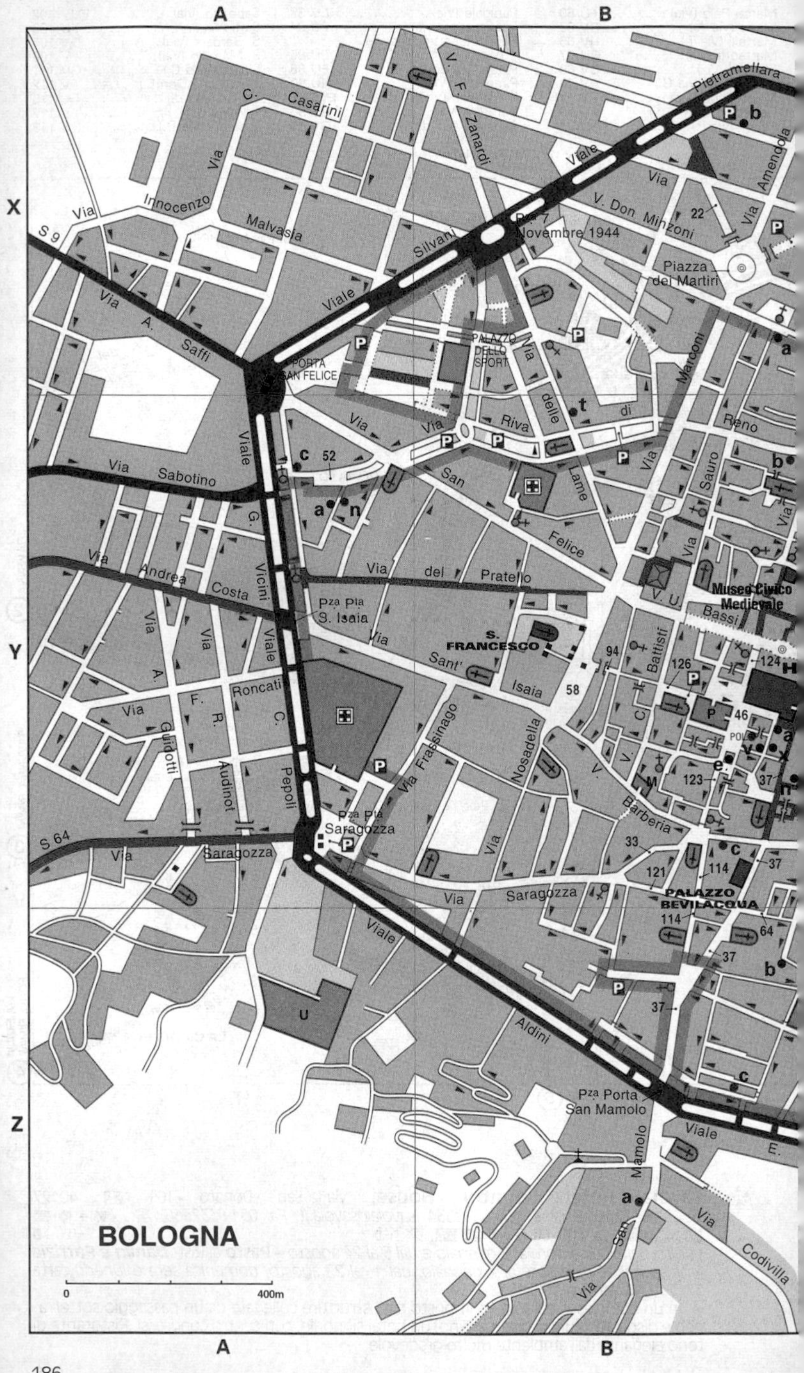

A
B
X
Y
Z
BOLOGNA
0
400m
Via Innocenzo
C. Casarini
Via Malvasia
V. F. Zanardi
Viale Silvani
Viale Pietramellara
Via Amendola
Via
V. Don Minzoni
Pza 7 Novembre 1944
Piazza dei Martiri
22
Via A. Saffi
S 9
Viale
PORTA SAN FELICE
PALAZZO DELLO SPORT
Via delle Lame
Via Riva di Reno
Via Marconi
Via Sauro
Via San Felice
Via Sabotino
Viale G. Vicini
Via Andrea Costa
Via del Pratello
Pza Pta S. Isaia
Via Sant' Isaia
S. FRANCESCO
Museo Civico Medievale
V. U. Bassi
V. C. Battisti
94
126
124
58
46
123
Via A. F. R. Guidotti
Via Roncati
Via Audinot
Viale C. Pepoli
Via Frassinago
Via Nosadella
V. Barberia
Pza Pta Saragozza
Via Saragozza
S 64
33
121
114
37
PALAZZO BEVILACQUA
64
Viale Aldini
U
Pza Porta San Mamolo
Viale E.
Via San Mamolo
Via Codivilla
Via
52

C
D
X
Y
Z
Pza 20 Settembre
67
Pta Galliera
Vle Angelo Masini
Via Stalingrado
S 64
Via del Lavoro
MONTAGNOLA
Viale Carlo Berti Pichat
PORTA MASCARELLA
97
San Donato
Pza d. 8 Agosto
Galliera
Indipendenza
Via del Borgo di S. Pietro
Via Mascarella
Via Irnerio
4
40
V. Righi
V. d. Moline
d. Belle Arti
PINACOTECA NAZIONALE
PORTA S. DONATO
V. Barontini
Via San Donato
24
78
Zamboni
Viale Q. Filopanti
106
120
109
M
18
PALAZZO DEL PODESTÀ
S. GIACOMO MAGGIORE
87
Via
SAN PETRONIO
99
93
57
Via S. Vitale
PORTA S. VITALE
Via Massarenti
S 253
30
STRADA MAGGIORE
3
Viale G. Ercolani
S. STEFANO
V. Farini
28
V. Guerrazzi
Via Santo Stefano
S. DOMENICO
51
PORTA MAGGIORE
Via Mazzini
S 9
Castiglione
Via Rialto
Pza G. Carducci
Via Dante
Vle G. Carducci
Pza Trento e Trieste
54
Viale 12 Giugno
Via Orfeo
Stefano
Panzacchi
PORTA CASTIGLIONE
55
Oriani
Vle G. Gozzadini
GIARDINI MARGHERITA
Pza Pta S. Stefano
70
V. Castiglione
75
S 65
Viale

INDICE TOPONOMASTICO DELLE PIANTE DI BOLOGNA

Aldini (Viale) ABZ
Aldrovandi (Piazza) CY 3
Alessandrini (Via) CX 4
Amaseo (Via R.) GU 6
Amendola (Via) BX
Archiginnasio (Via d.) CY 7
Arcoveggio (Via d.) GU
Arno (Via) HV 9
Artigiano (Via d.) GU 10
Audinot (Via R.) AY
Bandiera (Via I.) FV 12
Barberia (Via) BY
Barbieri (Via F.) GU 13
Barca (Via d.) FV 15
Barontini (Via) DY
Bassa dei Sassi (Via) HUV
Bassi (Via U.) BY
Battaglia (Via d.) HU 16
Battindarno (Via) FUV
Battisti (Via C.) BY
Belle Arti (Via d.) CDY
Belmeloro (Via) DY 18
Bentivogli (Via G.) GV 19
Berti Pichat (Via C.) DXY
Beverara (Via della) FU 20
Borgo di S. Pietra (Via del) CXY
Cadriano (Via) GHU 21
Cairoli (Via) BX 22
Calamosco (Via) HU
Carducci (Piazza G.) DZ
Carducci (Viale) DZ
Casaglia (Via di) FV
Casarini (Via C.) AX
Caselle (Via) HV
Castagnoli (Via de) CY 24
Casteldebole (Via) EUV
Castiglione (Via) HU 25
Cavazzoni (Via F.) HV 27
Cavour (Piazza) CY 28
Clavature (Via) CY 30
Codivilla (Via) GV 31
Collegio di Spagna (Via) BY 33
Colli (Via d.) FV
Colombo (Via C.) FU 34
Corticella (Via di) GU
Costa (Via A.) AY
Coubertin (Via de) FV 36
D'Azeglio (Via M.) BZ 37
Dagnini (Via G.) GV 39
Dante (Via) DZ
Don Minzoni (Via) BX
Dozza (Via O.) HV
Due Madonne (Via) HV
Emilia Levante (Via) GHV
Emilia Ponente (Via) EFU
Ercolani (Viale G.) DY
Falegnami (Via d.) CY 40
Farini (Via) CY
Ferrarese (Via) GU
Filopanti (Via) DY
Firenze (Via) HV 42
Foscherara (Via d.) GV 43
Frassinago (Via) ABY
Frullo (Via d.) HU

Gagarin (Via Y.) FU 45
Galileo (Piazza) BY 46
Galliera (Piazza) CX
Galliera (Via) BCXY
Galvani (Piazza) CY 48
Gandhi (Viale M. K.) FU 49
Garibaldi (Via) CZ 51
Gasperi (Viale A. de) EU
Gomito (Via del) GHU
Gozzadini (Viale G.) CDZ
Grada (Via della) AY 52
Guerrazzi (Via) CYZ
Guidotti (Via A.) AY
Guinizelli (Via) DZ 54
Indipendenza (Via d.) CXY
Irnerio (Via) CDXY
Kennedy (Tangenziale J. F.) EV, HV
Lame (Via delle) BXY
Lana (Via J. della) DZ 55
Larga (Via) HU
Lavora (Via d.) DX
Lenin (Viale) HV
Lepido (Via M. E.) EU
Libia (Via) GUV
Maggiore (Piazza) CY 57
Maggiore (Strada) CDY
Malpighi (Piazza) BY 58
Malvasia (Via I.) AX
Marco Polo (Via) FU 60
Marconi (Via G.) EV 61
Marconi (Via) BXY
Mario (Via A.) GV 63
Marsili (Via) BYZ 64
Martelli (Via T.) HV 66
Martiri (Piazza dei) BX
Mascarella (Via) CXY
Masini (Viale A.) CDX
Massarenti (Via) GHV
Mattei (Via E.) HV
Matteotti (Via) GU 67
Mazzini (Via) GV 69
Mezzofanti (Via G.) GV 70
Milazzo (Via) BCX
Mille (Via dei) CX 72
Moline (Via d.) CY
Monte Albano (Via di) FV
Montefiorino (Via) FV 73
Murri (Via A.) DZ 75
Nettuno (Piazza d.) CY 76
Nosadella (Via) BY
Oberdan (Via) CY 78
Olmetola (Via) EU
Orfeo (Via) CZ
Oriani (Viale) DZ
Ortolani (Via D.) GHV
Ospedaletto (Via d.) EU 79
Palagi (Via P.) GV 81
Panigale (Via) EU 82
Panzacchi (Viale E.) BCZ
Pepoli (Viale C.) AY
Persicetana (Via) EU 84
Persicetana Vecchia (Via) EU 85
Petroni (Via G.) CY 87

Pietra (Via d.) EU 88
Pietramellara (Viale) BX
Pirandello (Via L.) HU 90
Poggi (Via P.) HU
Porrettana (Via) FVE 91
Porta Ravegnana (Piazza) CY 93
Porta S. Isaia (Piazza) AY
Porta S. Mamolo (Piazza) BZ
Porta S. Stefano (Piazza) DZ
Porta Saragozza (Piazza) AY
Portanova (Via) BY 94
Pratello (Via del) ABY
Putti (Via V.) GV 96
Ranzani (Via) DXY 97
Rialto (Via) CZ
Righi (Via) CY
Riva di Reno (Via) BY
Rizzoli (Via) CY 99
Roma (Viale) HV
Romito (Via) GU
Roncati (Via F.) AY
Sabbioni (Via d.) GV 100
Sabotino (Via) FUV 102
Saffi (Via A.) FU 103
S. Barbara (Via) GV 105
S. Donato (Via) GHU
S. Felice (Via) ABY
S. Giacomo (Via) DY 106
S. Isaia (Via) ABY
S. Luca (Via di) FV
S. Mamolo (Via) FV 108
S. Stefano (Via) CDYZ
S. Vitale (Via) CDY
Saragozza (Via) ABY
Sauro (Via N.) BY
Selmi (Via) DY 109
Sepelunga (Via) HU
Sigonio (Via C.) GV 111
Silvani (Viale) ABX
Stalingrado (Via) DX
Sturzo (Via Don L.) FV 112
Tagliapietre (Via) BYZ 114
Timavo (Via d.) FU 115
Togliatti (Viale P.) EFU
Tolmino (Via) FV 117
Tosarelli (Via B.) HU 118
Toscana (Via) HU
Trento e Trieste (Piazza) DZ
Triumvirato (Via d.) EFU
Trombetti (Via) CDY 120
Urbana (Via) BY 121
Val d'Aposa (Via) BY 123
Venezian (Via G.) BY 124
Vicini (Viale G.) AY
Vighi (Viale R.) HV
Villanova (Via) HV
Zamboni (Via) CDY
Zanardi (Via F.) EU
4 Novembre (Via) BY 126
7 Novembre 1944 (Piazza) BX
8 Agosto (Piazza d.) CX
12 Giugno (Viale) CZ
20 Settembre (Piazza) CX

Boscolo Hotels Tower, viale Lenin 43 ✉ 40138 ☎ 051 6005555, *reservation@tower.boscolo.com, Fax 051 6005550* – 450. rist HV e

Pasto 25/50 – **136 cam** 320/386, 14 suites.

◆ In comoda posizione, all'uscita della tangenziale e a pochi km dall'aeroporto, una torre moderna, funzionale e dotata di ogni confort; attrezzato il centro congressi. Ambiente di taglio contemporaneo anche nella sala da pranzo.

Sofitel senza rist, viale Pietramellara 59 ✉ 40121 ☎ 051 248248, *sofitel.bologna@accor-hotels.it, Fax 051 249421*, – 80. CX b

244 cam 210/260.

◆ Nella piazza della stazione, albergo rinnovato, il cui cortile interno è ora un inaspettato, tranquillo giardino su cui si affacciano alcune delle confortevoli camere.

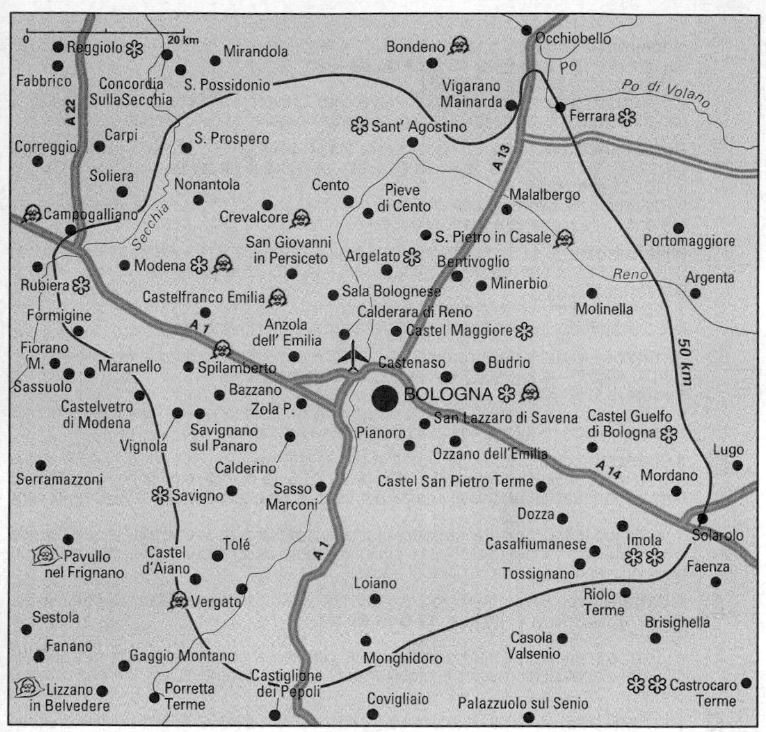

Holiday Inn Bologna City, piazza della Costituzione 1 ✉ 40128 ☎ 051 41666, *hibolognacity@libero.it, Fax 051 41665,* – 📶, 🅿 – 🏛 350. AE ⓢ ⓞ ⓜⓒ VISA JCB. ✻ rist GU h

Pasto al Rist. ***la Meridiana*** carta 31/49 – ☐ 18,50 – **162 cam** 195/240, suite.

◆ Di fronte all'ingresso della Fiera, struttura funzionale, dotata di accessori moderni, con ampi spazi comuni e ben attrezzato centro congressi; camere di buon confort. Ariosa sala da pranzo cucina eclettica.

Dei Commercianti senza rist, via de' Pignattari 11 ✉ 40124 ☎ 051 233052, *commercianti@inbo.it, Fax 051 224733* – AE ⓢ ⓞ ⓜⓒ VISA JCB. ✻ BY n

32 cam ☐ 220/341, 2 suites.

◆ Camini, travi a vista, letti a baldacchino e 5 ambiti terrazzini affacciati sulla fiancata di S.Petronio in un edificio del '200: una bomboniera tra storia e ospitalità.

Orologio senza rist, via IV Novembre 10 ✉ 40123 ☎ 051 231253, *orologio@inbo.it, Fax 051 260552* – AE ⓢ ⓞ ⓜⓒ VISA JCB. ✻ BY a

29 cam ☐ 341, 5 suites.

◆ Di fronte all'orologio della torre comunale, un piccolo albergo di tradizione e solida gestione, ora interamente rinnovato; camere curate nei dettagli e ben rifinite.

Roma, via Massimo d'Azeglio 9 ✉ 40123 ☎ 051 226322, *hotelroma@mailbox.dsnet.it, Fax 051 239909* – AE ⓢ ⓞ ⓜⓒ VISA JCB. ✻ rist BY x

Pasto *(chiuso domenica ed agosto)* carta 36/46 – **86 cam** ☐ 95/155, 5 suites – ½ P 112,50.

◆ Centralissimo, in una tranquilla via pedonale, una risorsa che offre spazi comuni ridotti, ma camere piacevoli, con tappezzerie fiorate e qualcuna con balconcino. Pochi coperti ed eleganti sedie rosse nella sala ristorante.

Al Cappello Rosso senza rist, via de' Fusari 9 ✉ 40123 ☎ 051 261891, *info@alcappellorosso.it, Fax 051 227179* – – 🏛 25. AE ⓢ ⓞ ⓜⓒ VISA. ✻ BY v

33 cam ☐ 269/342.

◆ Nel cuore antico della città, il confort moderno di un hotel funzionale; camere dagli arredi recenti, con ottimi servizi e set di cortesia completo di accappatoio.

Nocevento senza rist, piazza Galileo 3/4 ✉ 40123 ✆ 051 2750035, *novecento@inbo.it, Fax 051 262679* – . BY e
chiuso agosto – **25 cam** 220/341.
◆ Nel centro storico, una villa d'inizio Novecento, convertita ad hotel con buoni risultati. Il design degli arredi, molto attuale, offre confort e ricercatezza ben miscelati.

Hotel Executive senza rist, via Ferrarese 161 ✉ 40128 ✆ 051 372960, *info@hotel-executive.net, Fax 051 372127* – – 30. GU a
13 – **56 cam** 220/315.
◆ Nel quartiere fieristico, una struttura nuova e razionale, frequentata soprattutto da clientela di lavoro; camere spaziose dotate, su richiesta, di angolo cottura.

Millennhotel senza rist, via Boldrini 4 ✉ 40121 ✆ 051 6087811, *info@millennhotelbologna.it, Fax 051 6087888* – – 100. CX c
60 cam 170/280.
◆ Albergo recente, in stile moderno, ubicato nei pressi della stazione ferroviaria. Buon livello di confort e servizio per un soddisfacente rapporto qualità/prezzo.

Re Enzo senza rist, via Santa Croce 26 ✉ 40122 ✆ 051 523322, *reenzo.bo@bestwestern.it, Fax 051 554035* – – 200. . AY a
51 cam 105/140.
◆ Fuori della zona a traffico limitato, struttura funzionale, dotata di buone attrezzature, tra cui un centro congressi, adatta ad una clientela turistica e di lavoro.

Il Guercino, via Luigi Serra 7 ✉ 40129 ✆ 051 369893 e rist ✆ 051 357120, *guercino@guercino.it, Fax 051 369893* – – 30. . rist GU d
Pasto al Rist. ***San Luigi*** *(chiuso agosto, domenica e a mezzogiorno)* carta 22/34 – **42 cam** 160/225 – ½ P 132,50.
◆ Un'ampia hall accogliente introduce in una risorsa rinnovata, vicino alla Fiera; le camere più d'atmosfera si trovano al 3° piano e hanno arredi e decorazioni indiane. Ristorante con richiami orientale e cucina emiliana di ricerca.

Il Canale senza rist, via Bertiera 2/2 ✉ 40126 ✆ 051 222098, *hotelilcanale@zanhotel.it, Fax 051 2300301* – . CY c
17 cam 120/188.
◆ Spazi comuni ridotti ma non privi di un grazioso soggiorno e di una raccolta sala colazioni. Tappezzeria, quadri e mobili antichi un po' dovunque, anche nelle comode camere.

Touring senza rist, via dè Mattuiani 1/2 ✉ 40124 ✆ 051 584305, *hoteltouring@hoteltouring.it, Fax 051 334763* – . BZ b
36 cam 120/220.
◆ Nelle vicinanze di S.Domenico, si gode una piacevole vista sui tetti della città dalla piccola terrazza solarium di un hotel ristrutturato, con camere di buon confort.

Nuovo Hotel Del Porto senza rist, via del Porto 6 ✉ 40122 ✆ 051 247926, *newhot@tin.it, Fax 051 247386* – . BX a
36 cam 175/210.
◆ In posizione centrale, un albergo dagli interni completamente rinnovati, con spazi comuni limitati, ma accoglienti e camere ben insonorizzate e confortevoli.

Villa Azzurra senza rist, viale Felsina 49 ✉ 40139 ✆ 051 535460, *Fax 051 531346*, – HV a
chiuso dal 10 al 20 agosto – senza – **15 cam** 78/96.
◆ Non è prevista la prima colazione in questa risorsa, ubicata in zona verde e tranquilla, che di un villino privato ha sia l'aspetto esterno sia l'atmosfera. Stanze ampie.

Paradise senza rist, vicolo Cattani 7 ✉ 40126 ✆ 051 231792, *htlparadise@tin.it, Fax 051 234591* – . CY g
chiuso dal 20 al 27 dicembre e dal 1° al 17 agosto – **18 cam** 135/215.
◆ Gestione al femminile in un piacevole indirizzo che coniuga vicinanza al centro, camere semplici, ma pulite (graziose quelle mansardate) e prezzi concorrenziali.

I Carracci - Gd H. Baglioni, via Manzoni 2 ✉ 40121 ✆ 051 222049, *Fax 051 261633* – . . CY e
chiuso domenica in agosto – **Pasto** carta 44/61.
◆ Sala del '500, importante, con affreschi originali dei Carracci, nel ristorante più elegante della città; la cucina è classica, ma attenta anche alle specialità emiliane.

Trattoria Battibecco, via Battibecco 4 ✉ 40123 ✆ 051 223298, *Fax 051 263579*, prenotare – . . BY v
chiuso sabato a mezzogiorno, domenica e i giorni festivi – **Pasto** carta 43/83.
◆ In un vicolo centrale, un locale di classe e di tono elegante, che spicca nel panorama della ristorazione cittadina per la cucina tradizionale ricca di gusto e profumi.
Spec. Gnocchetti di spinaci al basilico e pinoli. Bianco di branzino sfumato al vino e polpa di limone. Mazzancolle alla diavola e riso pilaw.

XXX **Pappagallo,** piazza della Mercanzia 3 c ✉ 40125 ☎ 051 231200, *Fax 051 232807*, Confort accurato; prenotare – ▤. AE ☉ ⓓ ⓜ VISA. ✂ CY n
chiuso agosto e domenica, anche il sabato in giugno-luglio – **Pasto** carta 50/63.
◆ Sotto le due Torri, due sale con altissimi soffitti a volta e tante foto di celebrità in un ristorante di grande tradizione; cucina bolognese e qualche piatto di pesce.

XX **L'Anatra e l'Arancia,** via Rolandino 1/2 ✉ 40124 ☎ 051 225505, *info@anatraearancia.com*, 🏠, Coperti limitati; prenotare – AE ☉ ⓓ ⓜ VISA. ✂ CYZ f
chiuso sabato e domenica – **Pasto** specialità di mare carta 37/85.
◆ Nei pressi di S.Domenico, un giovane chef-proprietario gestisce un locale simpatico e accogliente, dove potrete gustare e apprezzare una cucina creativa per lo più di pesce.

XX **Bitone,** via Emilia Levante 111 ✉ 40139 ☎ 051 546110, *Fax 051 6232252*, prenotare – ▤. AE ⓓ VISA. ✂ HV m
✿ *chiuso agosto, lunedì e martedì* – **Pasto** carta 40/56.
◆ Periferico, ma ben noto agli intenditori, luminoso locale, con una sala simile ad un giardino d'inverno, che offre una schietta e sostanziosa cucina tipica bolognese.
Spec. Fagottino di caprino fresco ai profumi di cipolla in pasta croccante. Timballo di tagliolini con ragù alla bolognese e grattata di parmigiano grosso. Nocciola di gelato in salsa di mou e croccante.

XX **Da Sandro al Navile** con cam, via del Sostegno 15 ✉ 40131 ☎ 051 6343100, *dasandroalnavile@virgilio.it*, *Fax 051 6347592*, 🏠, Rist. con enoteca, prenotare – ▤ TV P. AE ☉ ⓓ ⓜ VISA. ✂ FU r
chiuso dal 29 dicembre al 6 gennaio ed agosto – **Pasto** *(chiuso domenica)* carta 30/45 – **5 cam** ☕ 130/150.
◆ In zona decentrata, rinomato ristorante con fornita enoteca, le cui varie salette sono sempre affollate di affezionati clienti; curata cucina emiliana tradizionale.

XX **Al Cambio,** via Stalingrado 150 ✉ 40128 ☎ 051 328118, *Fax 051 320535* – ▤ P. AE ☉ ⓓ ⓜ VISA JCB. ✂ GU z
chiuso dal 24 dicembre al 7 gennaio, dal 1° al 21 agosto, sabato a mezzogiorno e domenica – **Pasto** carta 39/52.
◆ Gestione giovane e dinamica per un ristorante ben tenuto e signorile, fuori del centro città, con cucina tradizionale e innovativa: anche per una pausa fieristica.

XX **Franco Rossi,** via Goito 3 ✉ 40126 ☎ 051 238818, *Fax 051 238818*, Coperti limitati; prenotare – ▤. AE ☉ ⓓ ⓜ VISA JCB CY p
chiuso domenica – **Pasto** carta 42/65.
◆ Per gli affezionati habitué l'omonimo proprietario è la vera anima di questo piccolo e intimo ristorante centrale, con fantasiose e curate proposte tradizionali.

XX **Grassilli,** via del Luzzo 3 ✉ 40125 ☎ 051 222961, *Fax 051 222961*, 🏠, Coperti limitati; prenotare – ▤. AE ☉ ⓓ ⓜ VISA CY b
chiuso Natale, Capodanno, dal 9 al 27 gennaio, dal 18 luglio all'11 agosto, domenica e mercoledì da giugno ad agosto, mercoledì e la sera dei giorni festivi negli altri mesi – **Pasto** carta 31/37.
◆ Vicino alle celebri «Torri», ristorante classico, con tante fotografie di cantanti operistici, che segue una valida linea di cucina emiliana con piatti nazionali.

XX **Diana,** via dell'Indipendenza 24 ✉ 40121 ☎ 051 231302, *diana@softer.it*, *Fax 051 228162*, 🏠 – ▤. AE ☉ ⓓ ⓜ VISA. ✂ CY s
chiuso dal 1° al 15 gennaio, dal 1° al 28 agosto e lunedì – **Pasto** carta 36/50.
◆ In pieno centro, un classico della ristorazione cittadina questo piacevole locale sempre molto frequentato, anche a mezzogiorno, con cucina emiliana ben elaborata.

XX **Biagi,** via Della Grada 6 ✉ 40122 ☎ 051 553025, *ristorantebiagi@hotmail.com*, *Fax 051 553499* – ▤. AE ☉ ⓓ ⓜ VISA JCB AY n
chiuso dal 7 al 15 gennaio e martedì – **Pasto** cucina bolognese carta 35/53.
◆ Glorioso, elegante ristorante di Casalecchio di Reno, gestito da tre generazioni della stessa famiglia, si è trasferito in città, mantenendo la sua linea di cucina bolognese.

XX **Re Enzo,** via Riva di Reno 79 d ✉ 40121 ☎ 051 234803, *re-enzo@libero.it*, *Fax 051 234803*, 🏠, Coperti limitati; prenotare – ▤. AE ☉ ⓓ ⓜ VISA BY b
chiuso dal 23 al 30 dicembre, dal 9 al 24 agosto e domenica – **Pasto** carta 28/39.
◆ Ambiente di signorile eleganza e accoglienza cordiale in un curato ristorante centrale; cucina della tradizione emiliana/bolognese, con specialità elaborate dallo chef.

XX **Cesarina,** via Santo Stefano 19 ✉ 40125 ☎ 051 232037, *Fax 051 232037*, 🏠 – ✂ ▤. AE ☉ ⓓ ⓜ VISA JCB CY m
chiuso dal 29 dicembre al 23 gennaio, lunedì e martedì a mezzogiorno – **Pasto** carta 42/55.
◆ Ristorante molto noto in città con alle spalle quasi un secolo di storia. In tavola viene proposta la tradizionale cucina emiliana con numerosi piatti di pesce.

XX **Posta,** via della Grada 21/a ✉ 40122 ☎ 051 6492106, *posta@ristoranteposta.it, Fax 051 6491022*, prenotare – AE VISA JCB AY c
chiuso 10 giorni in agosto e lunedì – **Pasto** specialità toscane carta 28/34.
◆ Stile rustico, con travi a vista e mattoni, in un piacevole locale, appena fuori del centro, dove sono toscane sia le proprietarie che le specialità gastronomiche.

XX **Trattoria da Leonida,** vicolo Alemagna 2 ✉ 40125 ☎ 051 239742, *Fax 051 6271850*, prenotare – AE VISA CY h
chiuso agosto e domenica – **Pasto** carta 24/33.
◆ Familiari la gestione e l'accoglienza in un ristorantino del centro con proposte legate alla tradizione emiliana; piacevole il servizio estivo all'aperto.

XX **Panoramica,** via San Mamolo 31 ✉ 40136 ☎ 051 580337, *Fax 051 580337*, – AE VISA JCB BZ a
chiuso domenica – **Pasto** carta 30/45.
◆ Servizio informale e cucina di stampo classico, con molto pesce, per un signorile ristorante fuori del centro storico; d'estate si può scegliere di mangiare all'aperto.

XX **La Terrazza,** via del Parco 20 ✉ 40138 ☎ 051 531330, *ristorante.laterrazza@tin.it, Fax 051 6011055*, Coperti limitati; prenotare – AE VISA GV x
chiuso dal 10 al 20 agosto e domenica – **Pasto** carta 38/50.
◆ In una via tranquilla, un ristorante di dimensioni contenute con una tettoria in legno per il servizio estivo. Le proposte in menù spaziano dalla carne al pesce.

XX **Cesari,** via de' Carbonesi 8 ✉ 40123 ☎ 051 237710, *abolognadacesari@iol.it, Fax 051 226769* – AE VISA BY c
chiuso dal 1° al 5 gennaio, dal 1° al 21 agosto, domenica ed in luglio anche sabato – **Pasto** carta 30/47.
◆ Nelle vicinanze di piazza Maggiore, ambiente caldo e familiare in un ristorante di solida esperienza ultratrentennale; cucina d'impronta classica con piatti regionali.

XX **Il Cantuccio,** via Volturno 4 ✉ 40121 ☎ 051 233424 – AE VISA CY s
chiuso agosto, lunedì e a mezzogiorno (escluso domenica) – **Pasto** specialità di mare carta 49/57.
◆ «A bordo» di questo locale a gestione familiare - una calda e luminosa saletta con tanti quadri alle pareti - si servono piatti della tradizione mediterranea di pesce.

X **Marco Fadiga Bistrot,** via Rialto 23/c ✉ 40124 ☎ 051 220118, *fadiga.marco@postweb net.it, Fax 051 269922* – AE VISA CZ a
chiuso la settimana di Natale, tre settimane in agosto, domenica e lunedì – **Pasto** carta 27/37.
◆ Un'occasione unica per apprezzare l'atmosfera più caratteristica della ristorazione alla francese, il bistrot appunto. Cucina del territorio, presentata su una lavagna.

X **Trattoria Meloncello,** via Saragozza 240/a ✉ 40135 ☎ 051 6143947, – VISA FV a
chiuso dal 12 al 17 gennaio, dal 26 luglio al 17 agosto, lunedì sera e martedì – **Pasto** carta 25/29.
◆ Simpatico ambiente intimo e raccolto in una vecchia trattoria, gestita con passione dalla stessa famiglia da oltre vent'anni; casereccia cucina d'impronta classica.

X **Scacco Matto,** via Broccaindosso 63/b ✉ 40125 ☎ 051 263404 – AE VISA DY a
chiuso dal 24 dicembre al 1° gennaio, Pasqua, agosto, lunedì e martedì – **Pasto** specialità lucane carta 33/40.
◆ In una vivace zona di osterie e di universitari, un semplice, ma schietto angolo di Basilicata, dove una famiglia propone i sapori tipici della propria terra.

X **Teresina,** via Oberdan 4 ✉ 40126 ☎ 051 228985, *Fax 051 228985*, Coperti limitati; prenotare – AE VISA CY z
chiuso dal 5 al 23 agosto e domenica – **Pasto** 35/45.
◆ Dalla nonna ai nipoti, c'è tutta la famiglia impegnata in questa trattoria semplice, ma di genuina, gustosa cucina emiliana con proposte ittiche; invitante il dehors estivo.

X **Monte Donato,** via Siepelunga 118, località Monte Donato Sud : 4 km ✉ 40141 ☎ 051 472901, *Fax 051 473940*, – AE VISA GV a
chiuso domenica in luglio-agosto, lunedì negli altri mesi – **Pasto** carta 25/38.
◆ Sull'omonimo monte, accanto ad una chiesetta, una vera trattoria di campagna, con servizio estivo all'aperto; cucina tradizionale che nasconde una notevole tecnica.

X **Il Paradisino,** via Coriolano Vighi 33 ✉ 40133 ☎ 051 566401, – AE VISA EU c
chiuso dal 6 al 31 gennaio, martedì (escluso da giugno ad agosto) e a mezzogiorno dal 7 al 21 agosto – **Pasto** carta 23/27.
◆ Fuori mano, ma grazioso questo locale rustico, con porticato per il servizio estivo all'aperto, dove assaggerete piatti curati di cucina emiliana casalinga.

Trattoria Gigina, via Stendhal 1 ✉ 40128 ☎ 051 322300, *Fax 051 4189865*, prenotare – ▤. ⚠ 🅜 VISA JCB. ✗ GU b
chiuso agosto e sabato – **Pasto** carta 24/33.
◆ Sala dai toni caldi, tavoli ravvicinati e spaziosi, servizio rapido e informale. Ma è la cucina gustosa e abbondante a trasmettere la tipicità di questo affollato ristorante.

Da Bertino, via delle Lame 55 ✉ 40122 ☎ 051 522230, *Fax 051 522230*, Trattoria con piccola rosticceria – ▤. AE ⚠ ⓞ 🅜 VISA. ✗ BY t
chiuso dal 5 agosto al 4 settembre, sabato sera in luglio, domenica e lunedì sera negli altri mesi – **Pasto** carta 22/29.
◆ Grande affluenza in una vecchia trattoria, con piccola rosticceria, a gestione familiare di collaudata esperienza, per una casalinga cucina tipicamente bolognese.

a Borgo Panigale *Nord-Ovest : 7,5 km* **EU** – ✉ *40132 Bologna :*

Sheraton Bologna, via dell'Aeroporto 34/36 ☎ 051 400056, *info@sheratonbologna.it, Fax 051 6415140*, – |♦|, ✗ cam, ▤ TV ☏ ♿ P – 🅰 500. AE ⚠ ⓞ 🅜 VISA JCB. ✗ rist EU w
Pasto carta 44/57 – **173 cam** ☕ 182/217.
◆ Vicino all'aeroporto e comodamente raggiungibile dalla tangenziale, una struttura recente e funzionale, che dispone di moderne attrezzature, anche congressuali. Impostazione classica di taglio contemporaneo nella signorile, capiente sala ristorante.

Holiday Inn Bologna-Via Emilia, via Lepido 203/214 ☎ 051 409211, *holidayinn.bolognaemilia@alliancealberghi.com, Fax 051 405969*, – |♦| ▤ TV ☏ ♿ P – 🅰 200. AE ⚠ ⓞ 🅜 VISA JCB. ✗ rist EU h
Pasto carta 27/45 – **143 cam** ☕ 176,80/209,87.
◆ Nelle vicinanze dell'autostrada, un comodo albergo di concezione moderna, completamente rinnovato; camere ben insonorizzate, con arredi in legno massiccio. Linee attuali anche nella sala ristorante.

a Villanova *Est : 7,5 km* **HV** – ✉ *40050 :*

Jolly Hotel Villanova, via Villanova 29 ☎ 051 604311, *bv_reservation@jollyhotels.it, Fax 051 781444*, – |♦|, ✗ cam, ▤ TV ☏ ♿ P – 🅰 170. AE ⚠ ⓞ 🅜 VISA. ✗ HV f
Pasto carta 31/39 – **209 cam** ☕ 229/259, suite – ½ P 157,50.
◆ Edificio costruito ex novo con numerose dotazioni e servizi. Arredi moderni ispirati al minimalismo con ampio utilizzo di marmo, legno e metallo. Suite di alto livello. Ristorante raffinato con una proposta gastronomica classica.

BOLSENA *01023 Viterbo* 563 O 17 *G. Italia* – *4 164 ab. alt. 348.*

Vedere *Chiesa di Santa Cristina★.*
Roma 138 – Viterbo 31 – Grosseto 121 – Siena 109.

Royal senza rist, piazzale Dante Alighieri 8/10 ☎ 0761 797048, *royal@bolsenahotel.it, Fax 0761 796000*, – |♦| ▤ TV ♿ P – 🅰 50. AE ⚠ 🅜 VISA. ✗
☕ 9,70 – **37 cam** 93,80/135,70.
◆ Struttura elegante, curata tanto nei signorili spazi esterni, quanto negli eleganti ambienti interni. Un soggiorno in riva al lago coccolati dalla bellezza del paesaggio.

Holiday , viale Diaz 38 ☎ 0761 796900, *holiday@bolsena.com, Fax 0761 799550*, ▤ TV ♿ P. ⚠ 🅜 VISA JCB. ✗
20 dicembre-10 gennaio e aprile-2 novembre – **Pasto** carta 25/40 – **23 cam** ☕ 100/120 – ½ P 70.
◆ In riva al lago, in zona leggermente decentrata, una grande villa anni '50 con ampio curato giardino e piscina. Camere in stile classico e capace gestione familiare. Bella e luminosa sala da pranzo.

Columbus, viale Colesanti 27 ☎ 0761 799009, *columbus@bolsenahotel.it, Fax 0761 798172* – |♦| ▤ TV P – 🅰 50. ⚠ 🅜 VISA. ✗
marzo-ottobre – **Pasto** al Rist. ***La Conchiglia*** *(aprile-ottobre)* carta 31/43 – **39 cam** ☕ 87 – ½ P 56,50.
◆ Un hotel circondato dal verde di alberi e piante decorative, vicino al lago, presenta spazi comuni di buon livello e camere riammodernate, dal confort apprezzabile. Ristorante molto apprezzato dai turisti presenti nella località.

Lido, via Cassia Nord-Ovest : 1,5 km ☎ 0761 799026, *lidohotel@bolsenahotel.it, Fax 0761 798479*, – ▤ TV P – 🅰 250. ⚠ 🅜 VISA JCB. ✗
Pasto *(chiuso mercoledì escluso da Pasqua ad ottobre)* carta 27/45 – **12 cam** ☕ 90 – ½ P 64.
◆ Percorrendo la via Cassia si incontra questo hotel, proprio in riva al lago, che presenta gradevolissimi spazi e servizi esterni. Alcune camere con vista panoramica. La sala ristorante è ampia e può accogliere un notevole numero di ospiti.

Inviateci il vostro parere sui ristoranti che vi consigliamo, sulle loro specialità e i loro vini regionali.

BOLZANO (BOZEN) *39100* Ⓟ 562 C 16 *G. Italia – 97 300 ab. alt. 262.*

Vedere *Via dei Portici*★ **B** – *Duomo*★ **B** – *Pala*★ *nella chiesa dei Francescani* **B** – *Pala d'altare scolpita*★ *nella chiesa parrocchiale di Gries per corso Libertà* **A.**

Dintorni *Gole della Val d'Ega*★ *Sud-Est per* ①.

Escursioni *Dolomiti*★★★ *Est per* ①.

piazza Walther 8 ☎ 0471 307000, info@bolzano-bozen.it, Fax 0471 980128.

A.C.I. *corso Italia 19/a ☎ 0471 261047.*

Roma 641 ② – Innsbruck 118 ① – Milano 283 ② – Padova 182 ② – Venezia 215 ② – Verona 154 ②.

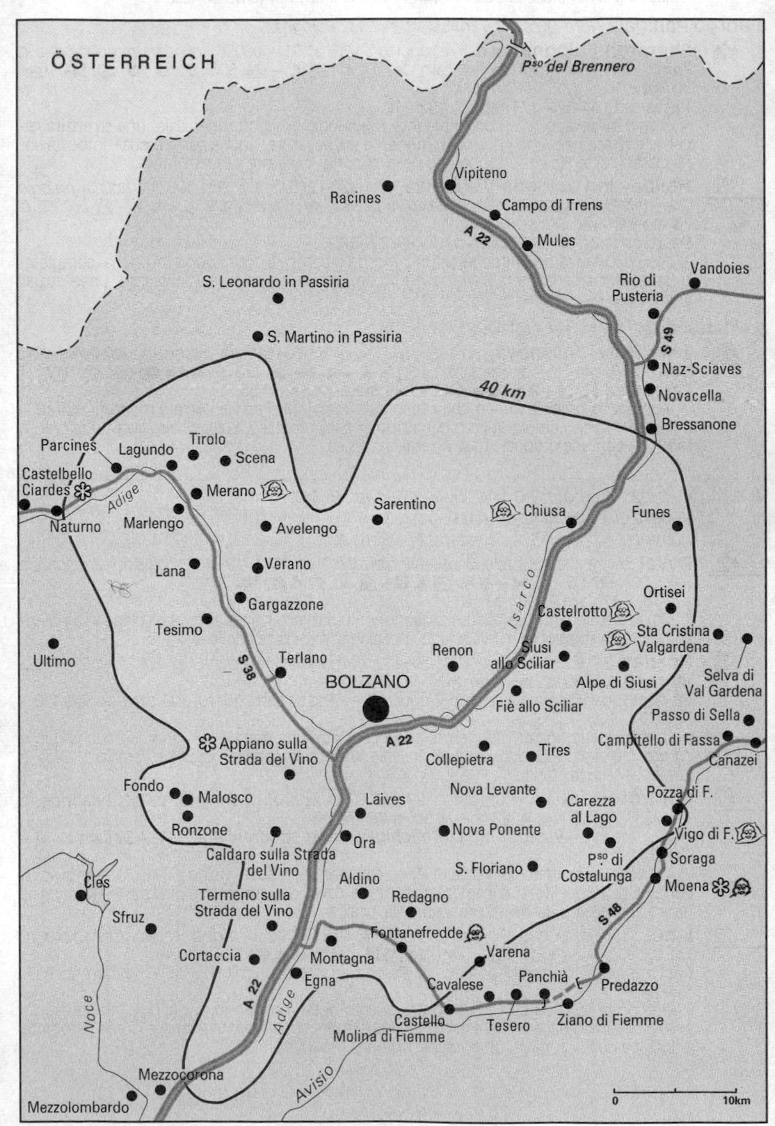

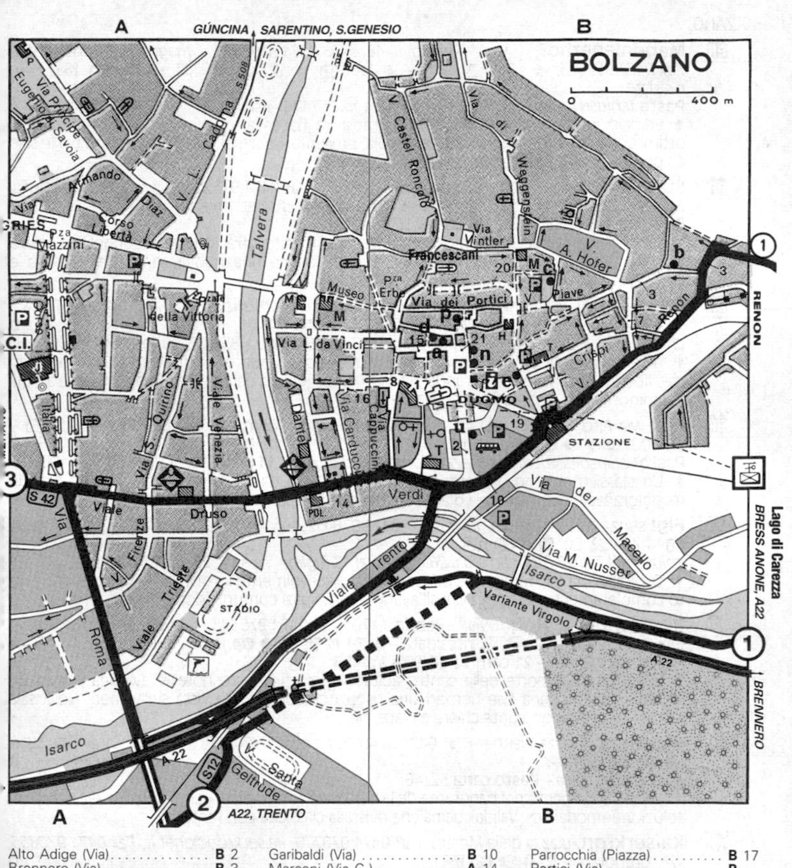

Park Hotel Laurin, via Laurin 4 ☎ 0471 311000, *info@laurin.it, Fax 0471 311148,* 🏖, riscaldata – |‡| ▤ TV 📞 – 🏋 200. AE 💲 ⓓ 🅜 VISA JCB. ✂ rist — B e
Pasto *(chiuso domenica a mezzogiorno)* carta 45/53 – **96 cam** ☕ 180/225 – ½ P 130.
◆ Una risorsa di notevole pregio, ospitata in un magnifico edificio in stile liberty, in cui lusso e raffinatezza sono stati abilmente coniugati alla modernità del confort. Al ristorante stucchi, quadri d'autore e lampadari in stile; servizio estivo nel parco.

Greif senza rist, piazza Walther ☎ 0471 318000, *info@greif.it, Fax 0471 318148* – |‡|, ✂ cam, ▤ TV 📞 ♿ – 🏋 25. AE 💲 ⓓ 🅜 VISA JCB — B n
33 cam ☕ 188/235.
◆ Gli esterni sono stati ristrutturati riportando alla luce la bellezza del palazzo; le stanze rimodernate con l'aiuto di artisti internazionali: personalizzazioni uniche.

Luna-Mondschein, via Piave 15 ☎ 0471 975642, *info@hotel-luna.it, Fax 0471 975577,* 🏖, 🌳 – |‡| TV 🚗 – 🏋 80. AE 💲 ⓓ 🅜 VISA JCB. ✂ rist — B c
Pasto *(chiuso dal 24 al 28 dicembre)* carta 34/37 – ☕ 10,50 – **76 cam** 83,50/127, 3 suites – ½ P 95.
◆ Circondato da un bel parco giardino, è questo un hotel della tradizione, che offre il vantaggio di essere ubicato in zona centralissima e di disporre di un ampio garage. Imperdibile servizio ristorante effettuato tra il verde lussureggiante.

Magdalenerhof, via Rencio 48 ☎ 0471 978267, *magdalenerhof@dnet.it, Fax 0471 981076,* ≤, 🏔, 🏊, 🌳 – 🛗 ⇆ 📺 📞 ♿ 🚗 P. AE 💳 ① MC VISA JCB. ✂ rist per via Renon B
Pasto *(chiuso lunedì)* carta 26/43 – **39 cam** ☕ 65/124, 3 suites.
◆ Edificio in tipico stile tirolese, dall'atmosfera fiabesca, rinnovato recentemente con ottimi accorgimenti. In posizione tranquilla, presenta stanze di buon livello. Sono tre le sale da pranzo ricavate all'interno dell'hotel.

Stadt Hotel Città, piazza Walther 21 ☎ 0471 975221, *info@hotelcitta.info, Fax 0471 976688,* 🏔, ≘s – 🛗 📺 📞 ♿. AE 💳 MC VISA. ✂ rist B a
Pasto carta 23/30 – **102 cam** ☕ 96/165.
◆ Hotel di lunga tradizione, recentemente ristrutturato, affacciato sulla suggestiva piazza Welther. Tra i numerosi servizi a disposizione, anche una nuova zona relax. Ampio e confortevole ristorante.

Scala-Stiegl, via Brennero 11 ☎ 0471 976222, *info@scalahot.com, Fax 0471 981141,* 🏔, 🏊, 🌳 – 🛗, ⇆ cam, 📺 🚗 P – 🏛 40. AE 💳 ① MC VISA B b
chiuso dal 2 al 22 gennaio – **Pasto** carta 28/38 – **75 cam** ☕ 85/135, suite – ½ P 85,50.
◆ Albergo di città, a pochi passi dal centro, ospitato in un edificio d'inizio Novecento, in stile liberty. Tutt'intorno un grande giardino ombreggiato con piscina. Sala ristorante ampia e luminosa, area esterna per il servizio estivo.

Alpi, via Alto Adige 35 ☎ 0471 970535, *alpi@sudtirol.com, Fax 0471 971929* – 🛗 ▤ 📺 – 🏛 100. AE 💳 ① MC VISA. ✂ rist B u
Pasto *(chiuso domenica a mezzogiorno)* carta 22/30 – **111 cam** ☕ 100/160 – ½ P 100.
◆ Un classico albergo da centro città. Frequentato da turisti di passaggio e in grande maggioranza da una clientela d'affari, proprio in funzione della comoda posizione.

Figl senza rist, piazza del grano 9 ☎ 0471 978412, *info@figl.net, Fax 0471 978413* – 🛗 ▤ 📺 📞 ♿ – 🏛 20. AE 💳 MC VISA. ✂ B p
chiuso dal 7 al 28 febbraio e dal 26 giugno al 13 luglio – ☕ 11 – **23 cam** 78/98.
◆ Ospitalità di tono familiare e per certi versi piacevolmente informale in un hotel rinnovato completamente con soluzioni all'avanguardia. Spazi comuni ridotti, ma moderni.

Rentschner Hof, via Rencio 70 ☎ 0471 975346, *rentschnerhof@dnet.it, Fax 0471 977098,* ≤, 🏔, 🏊 riscaldata – 🛗 📺 P. AE 💳 ① MC VISA per via Renon B
Pasto carta 29/41 – **21 cam** ☕ 56/90 – ½ P 68.
◆ E' ubicato alle porte della centro abitato e infatti questo hotel si avvicina più ad un albergo di campagna che non ad una risorsa cittadina. Bella vista sui vigneti. Nella sala ristorante prevalgono tinte chiare e piacevoli.

Walthers', piazza Walther 6 ☎ 0471 324022, *Fax 0471 324268,* 🏔, prenotare – ▤. AE 💳 ① MC VISA JCB. ✂ B n
chiuso domenica – **Pasto** carta 32/46.
◆ Locale emergente nel panorama della ristorazione cittadina, stile moderno alla ricerca di soluzione «modaiole». Valida cucina che rivista la classicità con fantasia.

Kaiserkron, piazza della Mostra 1 ☎ 0471 970770, *kaiserkron@dnet.it, Fax 0471 970865,* 🏔, prenotare – AE 💳 ① MC VISA B d
chiuso dal 1° al 7 gennaio, dal 14 al 20 giugno, sabato sera e domenica – **Pasto** carta 32/43.
◆ Locale del centro città caratterizzato da un ambiente molto classico e signorile. Le proposte della cucina attingono prevalentemente alla tradizione altoatesina.

sulla strada statale 12 *per ② : 4 km :*

Park Hotel Werth senza rist, via Maso della Pieve 19 ✉ 39100 ☎ 0471 250103, *info@hotelwerth.com, Fax 0471 251514,* 🏋, 🏊, 🌳 – 🛗 ♿ 🚗 P. AE 💳 ① MC VISA JCB. ✂
☕ 15 – **57 cam** 95/170.
◆ Hotel circondato dal verde, ubicato in zona periferica e tranquilla. Si propone come risorsa recente, adatta a soddisfare una clientela in cerca di relax e confort.

Lewald, via Maso della Pieve 17 ☎ 0471 250330, *info@lewald.it, Fax 0471 251916,* 🏔 – 📺 🚗 P. AE 💳 ① MC VISA JCB
Pasto *(chiuso agosto, sabato, domenica e a mezzogiorno)* 30/50 – **20 cam** ☕ 62/104, 4 suites – ½ P 68.
◆ Risorsa dalle caratteristica tinta bianca e rosa, curata in tutte le sue parti. Buona disponibilità di spazi comuni, camere personalizzate di varie tipologie. Due salette ristorante e un spazio esterno per il servizio estivo all'aperto.

sulla strada statale 38 *per ③ :*

Pircher, via Merano 52 (per ③ *: 4 km)* ✉ 39100 ☎ 0471 917513, *hotel.pircher@dnet.it, Fax 0471 202433,* 🏊, 🌳 – 🛗 📺 P. AE 💳 MC VISA. ✂
Pasto al Rist. ***Pircher*** *(chiuso dal 1° al 15 luglio, sabato sera e domenica)* carta 30/39 – **22 cam** ☕ 60/90 – ½ P 55.
◆ Una salda gestione familiare, per un albergo classico, arredato in stile tirolese. Gli ambienti comuni sono caldi e accoglienti, grazie a pareti e soffitti perlinati. La cucina è d'impronta genuinamente casalinga come in molti ristoranti d'albergo.

X **Moritzingerhof,** via Merano 113 (per ③ : *5 km*) ✉ 39100 ☎ 0471 932202, *moritzingerhof@rolmail.net, Fax 0471 505434*, – P. AE ⑤ ⓪ MC VISA
chiuso domenica sera e lunedì – **Pasto** carta 24/28.
◆ Locale solitamente molto frequentato, presenta in lista numerose specialità del territorio. L'ambiente è nello stile tipico della zona, il servizio veloce e alla buona.

BOLZANO VICENTINO *36050 Vicenza* 562 F 16 – *5 344 ab. alt. 44.*

Roma 539 – Padova 41 – Treviso 54 – Vicenza 9.

XX **Locanda Grego** con cam, via Roma 24 ☎ 0444 350588, *loc.grego@inwind.it, Fax 0444 350695* – ▤ TV P – 35. AE ⑤ MC VISA JCB.
chiuso dal 26 dicembre all'8 gennaio – **Pasto** *(chiuso 3 settimane in agosto, sabato-domenica dal 20 giugno ad agosto e le sere di domenica-mercoledì negli altri mesi)* carta 27/38 – 5 – **20 cam** 47/73 – ½ P 52.
◆ In una locanda che esiste dagli inizi dell'Ottocento, proposte di cucina del territorio con piatti preparati secondo stagione e tradizione; ambienti semplici e accoglienti.

BOLZONE *Cremona – Vedere Ripalta Cremasca.*

BONAGIA *Trapani* 565 M 19 – *Vedere Sicilia (Valderice) alla fine dell'elenco alfabetico.*

Inviateci il vostro parere sui ristoranti che vi consigliamo, sulle loro specialità e i loro vini regionali.

BONASSOLA *19011 La Spezia* 561 J 10 – *989 ab..*

Roma 456 – La Spezia 38 – Genova 83 – Milano 218.

Delle Rose, via Garibaldi 8 ☎ 0187 813713, *albergodellerose@libero.it, Fax 0187 814268* – ▤ rist, TV. AE ⑤ ⓪ MC VISA.
aprile-ottobre – **Pasto** carta 23/26 – 5 – **25 cam** 90/130 – ½ P 73.
◆ Una solida gestione familiare in grado di garantire nell'insieme un buon livello di ospitalità. Sulla piazza di questo bel borgo di mare, ma a pochi passi dalla spiaggia. Cucina semplice e di fattura casalinga.

BONDENO *44012 Ferrara* 562 H 16 – *15 889 ab. alt. 11.*

Roma 443 – Bologna 69 – Ferrara 20 – Mantova 72 – Milano 227 – Modena 57 – Rovigo 52.

XX **Tassi** con cam, viale Repubblica 23 ☎ 0532 893030, *Fax 0532 893030* – ▤ TV P. AE ⑤ ⓪ MC VISA JCB. cam
Pasto *(chiuso dal 1º al 4 gennaio, dal 6 luglio al 2 agosto e lunedì)* 20/22 e carta 32/37 – **10 cam** 55/65 – ½ P 45.
◆ In zona è considerato un locale storico: l'ambiente è caratteristico, la conduzione familiare, le proposte genuine e nel solco della tradizione, i prezzi «imbattibili».

BONDONE (Monte) *Trento* 562 D 15 – *677 ab. alt. 2 098 – a.s. Pasqua e Natale – Sport invernali : 1 300/2 090 m* 6, .

(dicembre-aprile e luglio-agosto) a Vaneze ☎ 0461 947128, Fax 0461 947188.
Roma 611 – Trento 24 – Bolzano 78 – Milano 263 – Riva del Garda 57.

a Vason *Nord : 2 km – alt. 1 680 – ✉ 38040 Vaneze :*

Montana, località Vason 84 ☎ 0461 948200, *info@hotelmontana.it, Fax 0461 948177*, < gruppo di Brenta, , , , – , rist, TV P. AE ⑤ ⓪ MC VISA. rist
dicembre-15 aprile e 15 giugno-15 settembre – **Pasto** carta 18/24 – **32 cam** 47/77 – ½ P 45.
◆ Una struttura sorta negli anni '60, ma sempre mantenuta al passo coi tempi. La gestione è professionale e intraprendente: tante le iniziative promosse durante l'anno. La sala ristorante è ampia e pronta ad accogliere sciatori ed escursionisti di passaggio.

BONFERRARO *37060 Verona* 562 G 15 – *alt. 20.*

Roma 481 – Verona 35 – Ferrara 35 – Mantova 17 – Modena 79.

XX **Sarti,** via Don Giovanni Benedini 1 ☎ 045 7320233, *Fax 045 7320023* – ▤ P. AE ⑤ ⓪ MC VISA.
chiuso dal 1º al 18 agosto e martedì – **Pasto** carta 20/43.
◆ Un ristorante classico, elegante negli arredi, a conduzione familiare. La cucina, di impostazione tradizionale, riserva un certo interesse alla produzione biologica.

BORDIGHERA *18012 Imperia* 561 K 4 *G. Italia – 10 735 ab..*

Vedere *Località*★★.

via Vittorio Emanuele II 172 ℘ 0184 262322, infobordighera@rivieradeifiori.org, Fax 0184 264455.

Roma 654 – Imperia 45 – Genova 155 – Milano 278 – Monte Carlo 32 – San Remo 12 – Savona 109.

Gd H. del Mare, via Portico della Punta 34 (Est : 2 km) ℘ 0184 262201, *info@grandhotteldelmare.it, Fax 0184 262394,* ← mare, Centro benessere con cure talassoterapiche, con acqua di mare, – 180. rist
chiuso dall'11 ottobre al 22 dicembre – **Pasto** carta 40/58 – **80 cam** 232/290, 15 suites – ½ P 186.
◆ Esclusivo hotel, direttamente sul mare, circondato da un meraviglioso giardino pensile all'interno del quale è stata realizzata una piscina alimentata con acqua marina. Ampie vetrate illuminano l'ariosa sala da pranzo arredata con eleganza d'impronta classica.

Parigi, lungomare Argentina 16/18 ℘ 0184 261405, *info@hotelparigi.com, Fax 0184 260421,* ←, con acqua di mare riscaldata, – cam, . rist
Pasto carta 37/47 – **55 cam** 125/172, suite – ½ P 107.
◆ In pieno centro, l'ingresso è lungo la bella passeggiata pedonale a ridosso della spiaggia, un hotel signorile e ben accessoriato. Camere spaziose e di sobria eleganza. Il piacere di una bella vista panoramica sul mare è lo sfondo di cene indimenticabili.

Piccolo Lido, lungomare Argentina 2 ℘ 0184 261297, *info@hotelpiccololido.it, Fax 0184 262316,* ← – . rist
chiuso dal 15 ottobre al 22 dicembre – **Pasto** (solo per alloggiati) 35/50 – **33 cam** 110/150 – ½ P 105.
◆ Proprio alla fine della passeggiata lungomare, affacciato sulla spiaggia; negli interni dominano i colori pastello e non mancano alcuni fantasiosi trompe-l'oeil.

Villa Elisa, via Romana 70 ℘ 0184 261313, *villaelisa@masterweb.it, Fax 0184 261942,* , – , rist, . rist
chiuso da novembre al 20 dicembre – **Pasto** (solo per alloggiati) 30/40 – 13 – **35 cam** 105/135 – ½ P 105.
◆ Una villa d'inizio secolo ubicata nella parte alta della cittadina. Interni classici e signorili e bel giardino «mediterraneo» con tanti fiori, aranci, limoni e ulivi.

Aurora, via Pelloux 42/b ℘ 0184 261311, *info@hotelaurora.net, Fax 0184 261312* – .
chiuso dal 21 ottobre al 19 dicembre – **Pasto** (solo per alloggiati) 18/30 – **28 cam** 64/122, 2 suites – ½ P 78.
◆ Per un soggiorno tranquillo in una zona verdeggiante della cittadina, a breve distanza dal centro storico e dal mare. Godibilissima terrazza-solarium panoramica.

La Via Romana, via Romana 57 ℘ 0184 266681, *viaromana@masterweb.it, Fax 0184 267549,* prenotare – .
chiuso la sera di Natale, 1º gennaio, dal 1º al 20 ottobre, mercoledì e giovedì a mezzogiorno – **Pasto** 47 (escluso sabato sera e festivi) 65 e carta 61/128.
◆ Un ristorante di classe, all'interno di un edificio liberty di inizio secolo, dove è dolce lasciarsi conquistare da eccellenti piatti di mare e di terra. Qualità e stile.
Spec. Crudo di mare al pepe di Sezchouan. Tagliolini ai gamberi rossi piccanti (estate). Sfogliata di rombo ai porcini, crema di patate e origano (ottobre-maggio).

Carletto, via Vittorio Emanuele 339 ℘ 0184 261725, Coperti limitati; prenotare – .
chiuso dal 20 giugno al 12 luglio, dal 5 novembre al 20 dicembre e mercoledì – **Pasto** carta 65/91.
◆ Elegante senza essere sfarzoso, è un piccolo scrigno dove cogliere il valore autentico della cucina di mare: prodotti di primissima scelta, elaborati secondo tradizione.
Spec. Antipasti caldi di mare. Trenette con scampi, gamberi e moscardini. Insalata tiepida di crostacei e carciofi.

Mimmo, via Vittorio Emanuele II 302 ℘ 0184 261840, Coperti limitati; prenotare –
chiuso dal 5 novembre al 5 dicembre, dal 30 giugno al 10 luglio e mercoledì – **Pasto** specialità di mare carta 42/80.
◆ Grazie all'intelligente accordo con alcuni pescatori locali, il pesce è sempre freschissimo; in cucina c'è passione ed entusiasmo. Il risultato è facilmente immaginabile.

Piemontese, via Roseto 8 ℘ 0184 261651, *Fax 0184 261651* –
chiuso dal 5 novembre al 5 dicembre e martedì – **Pasto** carta 22/36.
◆ L'ambiente è accogliente e di tono moderno, la cucina propone specialità piemontesi nei mesi più freddi, mentre nella bella stagione domina incontrastato il pesce.

Magiargè Vini e Cucina, piazza Giacomo Viale 1 (centro storico) ☎ 0184 262946, *viniecucina@magiarge.it, Fax 0184 262946,* , Osteria con cucina, prenotare – ⊱ ▤. AE VISA

chiuso giovedì a mezzogiorno e mercoledì, aperto solo la sera in luglio-agosto – **Pasto** carta 24/32.

◆ Locale informale, rusticamente accogliente; proposte giornaliere con lista limitata, ma stuzzicante. Cantina interessante e venditi di prodotti alimentari «di nicchia».

BORGARO TORINESE *10071 Torino* 561 G 4 – *12 763 ab. alt. 254.*

Roma 689 – Torino 10 – Milano 142.

Atlantic, via Lanzo 163 ☎ 011 4500055, *atlantic@hotelatlantic.com, Fax 011 4701783,* – ▤ TV ♿ P – 500. AE VISA. rist
Pasto al Rist. ***Il Rubino*** *(chiuso dal 3 al 24 agosto e domenica)* carta 28/40 – **110 cam** 140/240 – ½ P 140.

◆ Una struttura che si propone soprattutto ad una clientela d'affari, con particolare attenzione all'ospitalità congressuale. Dotato di terrazza panoramica con piscina. Dalla cucina proposte classiche, senza dimenticare i piatti di stagione.

Pacific Hotel Airport, viale Martiri della Libertà 76 ☎ 011 4704666, *hotelairport@pacifichotels.it, Fax 011 4703293* – ▤ TV ♿ – 40. AE VISA JCB.
Pasto *(chiuso da venerdì a domenica e a mezzogiorno)* 22/32 – **58 cam** 120/170.

◆ In posizione defilata, dispone di camere ampie e ben accessoriate. Gli spazi comuni sono funzionali anche se un po' ridotti; indicato per una clientela di passaggio. «Business lunch», «menù à la carte» e «grand buffet»: un ristorante per ogni esigenza!

I prezzi del pernottamento e della pensione possono subire aumenti in relazione all'andamento generale del costo della vita ; quando prenotate chiedete la conferma del prezzo.

BORGATA SESTRIERE *Torino* – *Vedere Sestriere.*

BORGHESIANA *Roma* – *Vedere Roma.*

BORGHETTO *Piacenza* 561 G 10 – *Vedere Piacenza.*

BORGHETTO *Verona* – *Vedere Valeggio sul Mincio.*

BORGHETTO D'ARROSCIA *18020 Imperia* 561 J 5 – *498 ab. alt. 155.*

Roma 604 – Imperia 28 – Genova 105 – Milano 228 – Savona 59.

a Gazzo *Nord-Ovest : 6 km – alt. 610 – ✉ 18020 Borghetto d'Arroscia :*

La Baita, località Gazzo ☎ 0183 31083, *labaitagazzo@katamail.com, Fax 0183 31324*, prenotare – P. AE VISA JCB
chiuso da lunedì a mercoledì in luglio-settembre, da lunedì a giovedì negli altri mesi – **Pasto** 24/34.

◆ Locale rustico e al tempo stesso signorile, in un borgo dell'affascinante entroterra ligure. Funghi e tante specialità della tradizione con varie elaborazioni gustose.

BORGIO VEREZZI *17022 Savona* 561 J 6 – *2 255 ab..*

(maggio-settembre) via Matteotti 158 ☎ 019 610412, borgioverezzi@inforiviera.it, Fax 019 610412.

Roma 574 – Genova 75 – Imperia 47 – Milano 198 – Savona 29.

Doc, via Vittorio Veneto 1 ☎ 019 611477, *info@ristorantedoc.it,* , Coperti limitati; prenotare, – AE VISA.
chiuso lunedì, martedì e a mezzogiorno (escluso sabato-domenica e i giorni festivi) – **Pasto** 60.

◆ All'interno di una signorile villetta d'inizio secolo adornata da un grazioso giardino, un ristorante dall'ambiente raccolto e curato, in cui godere di una certa eleganza.

Da Casetta, piazza San Pietro 12 ☎ 019 610166, *Fax 019 610166,* , Coperti limitati; prenotare – AE VISA
chiuso martedì e a mezzogiorno (escluso sabato-domenica e i giorni festivi da settembre a giugno) – **Pasto** carta 26/35.

◆ Nel cuore del centro storico, un locale che si presenta con un ambiente accogliente, connotato da volte in mattoni e da un caratteristico angolo in pietra viva.

BORGO A MOZZANO *55023 Lucca* 563 K 13 *G. Toscana – 7 327 ab. alt. 97.*
Roma 368 – Pisa 42 – Firenze 96 – Lucca 22 – Milano 296 – Pistoia 65.

Milano, via del Brennero, località Socciglia Sud-Est : 1,5 km ☎ 0583 889191, *hotelmilano@interfree.it, Fax 0583 889180,* – | – 100. AE VISA JCB
chiuso dal 20 dicembre al 9 gennaio – **Pasto** *(chiuso sabato sera e domenica)* carta 19/31 – 8 – **34 cam** 50/85 – ½ P 55.
◆ Struttura imponente situata alle porte del paese; camere curate negli arredi, ambienti comuni grandi e luminosi anche se un po' démodé. Per turisti e clientela d'affari. Ampia sala ristorante, in menù alcune specialità del territorio.

BORGO FAITI *Latina* 563 R 20 – *Vedere Latina.*

BORGOMANERO *28021 Novara* 561 E 7 – *19 583 ab. alt. 306.*
Castelconturbia (chiuso martedì e gennaio) ad Agrate Conturbia ✉ 28010 ☎ 0322 832093, Fax 0322 832428, Sud-Est : 10 km;
e a Bogogno ✉ 28010 ☎ 0322 863794, Fax 0322 863798, Sud-Est : 12 km.
Roma 647 – Stresa 27 – Domodossola 59 – Milano 70 – Novara 32 – Torino 106 – Varese 38.

Ramoverde, via Matteotti 1 ☎ 0322 81479, *hotelramoverde@tiscalinet.it, Fax 0322 844594,* – |, cam, . AE VISA JCB. rist
chiuso dal 24 dicembre al 6 gennaio – **Pasto** *(chiuso agosto e a mezzogiorno)* (solo per alloggiati) carta 28/38 – 8 – **40 cam** 57/78 – ½ P 65.
◆ Hotel parzialmente rinnovato, ubicato in posizione centrale, ma con un giardino sulle rive del torrente Agogna: adatto ad ogni tipo di clientela. Solida conduzione.

Pinocchio, via Matteotti 147 ☎ 0322 82273, *bertinotti@ristorantepinocchio.it, Fax 0322 835075,* , prenotare, – . AE VISA JCB
chiuso dal 24 al 30 dicembre, dal 20 al 27 agosto, martedì a mezzogiorno e lunedì – **Pasto** 35/65 e carta 50/65.
◆ Sala raffinata ed accogliente, in stile rustico, e giardino per l'estate; cucina piemontese rielaborata in chiave moderna e fantasiosa. Gestione di alta professionalità.
Spec. Vongole veraci al burro verde e nocciole (primavera-estate). Agnolotti ai tre arrosti bianchi. Uovo in piedi con mandorle in bagna caoda e piccole verdure, tartufo bianco (autunno-inverno).

San Pietro, piazza Martiri della Libertà 6 ☎ 0322 82285, *sanpietrorist@libero.it, Fax 0322 82285,* – AE VISA.
chiuso dal 1° al 10 gennaio, dal 5 al 25 agosto, giovedì e venerdì a mezzogiorno – **Pasto** carta 22/36.
◆ Specialità tipiche regionali, sia di carne che di pesce. Locale ospitato in una casa di ringhiera settecentesca nel centro cittadino; servizio estivo nella corte interna.

BORGO MOLARA *Palermo – Vedere Sicilia (Palermo) alla fine dell'elenco alfabetico.*

BORGONOVO VAL TIDONE *29011 Piacenza* 561 G 10 – *6 842 ab. alt. 114.*
piazza Garibaldi 18 ☎ 0523 861210, iatborgonovo@libero.it, Fax 0523 861210.
Roma 528 – Piacenza 23 – Genova 137 – Milano 67 – Pavia 41.

La Palta, località Bilegno Sud Est : 3 km ☎ 0523 862103, *lapalta@libero.it, Fax 0523 865020,* , prenotare – . AE VISA.
chiuso dal 1° al 10 gennaio, venti giorni in agosto e lunedì – **Pasto** carta 21/40.
◆ Le ricette piacentine ed emiliane rielaborate con gusto, ma anche l'estro e la creatività senza legami o costrizioni. Risultati soddisfacenti, in un ambiente accogliente.

Vecchia Trattoria Agazzino, località Agazzino 335 (Nord-Est : 7 km) ☎ 0523 887102, *giansky@libero.it* – . AE VISA.
chiuso dal 26 dicembre al 6 gennaio, dal 10 luglio al 10 agosto, lunedì e martedì – **Pasto** carta 18/34.
◆ L'impostazione della trattoria di campagna, abbinata ad un arredamento e ad una cura della tavola apprezzabili. Cucina genuina con qualche buona apertura al territorio.

BORGO PANIGALE *Bologna* 563 I 15 – *Vedere Bologna.*

In questa guida
uno stesso simbolo, una stessa parola
stampati in rosso o in nero,
hanno un significato diverso.
Leggete attentamente le pagine dell'introduzione.

BORGO PRIOLO *27040 Pavia* 561 H 9 – *1 421 ab. alt. 139.*
Roma 558 – Alessandria 60 – Genova 106 – Milano 70 – Pavia 31 – Piacenza 51.

Agriturismo Torrazzetta, frazione Torrazzetta 1 (Nord-Ovest : 2 km) 0383 871041, *info@torrazzetta.it, Fax 0383 871041*, , prenotare, , , – rist, – 100. AE VISA JCB.
chiuso dal 3 al 13 agosto – **Pasto** *(chiuso lunedì)* 21/35 – **27 cam** 44/68 – 1/2 P 54.
◆ In un luogo tranquillo fuori dal paese, sorge questa cascina di dimensioni notevoli, completamente ristrutturata. Le camere sono semplici e funzionali, alcune soppalcate. La sala ristorante è davvero ampia e frequentata soprattutto nei week-end.

BORGO SAN LORENZO *50032 Firenze* 563 K 16 *G. Toscana – 16 022 ab. alt. 193.*
Poggio dei Medici a Scarperia 50038 055 8430436, Fax 055 8430439, Nord-Ovest : 12 km.
Roma 308 – Firenze 25 – Bologna 89 – Forlì 97.

Park Hotel Ripaverde, viale Giovanni XXIII, 36 055 8496003 e rist 055 8459854, *info@ripaverde.it, Fax 055 8459379*, , – , – 120. AE VISA JCB.
Pasto al Rist. ***L'O di Giotto*** *(chiuso domenica)* carta 29/37 – **54 cam** 153/193, 3 suites.
◆ Hotel recente, situato alle porte della cittadina, nei pressi dell'ospedale. Si respira ancora aria di nuovo e il confort è facilmente fruibile in tutti gli ambienti. Ristorante dall'ambiente di elegante e non scontata semplicità.

Degli Artisti, piazza Romagnoli 1 055 8457707, *donatella@ristorantedegliartisti.it, Fax 055 8490372*, – AE VISA.
chiuso mercoledì – **Pasto** 30/40.
◆ Per chi cerca una ristorazione di tipo attuale e quindi legata al territorio, ma rivisitata con fantasia. Una casa del centro, con servizio estivo sotto al pergolato.

sulla strada statale 302 *Sud-Ovest : 15 km :*

Casa Palmira senza rist, località Feriolo 50032 055 8409749, *info@casapalmira.it, Fax 055 8409749*, – .
chiuso dal 20 gennaio al 10 marzo – **6 cam** 60/85.
◆ Un fienile ristrutturato di un'antica casa colonica nel quale l'ospitalità ha un sapore antico e intimo. Ci si sente a casa di amici, nella verde campagna del Mugello.

Il Feriolo, via Faentina 32 50032 055 8409928, *Fax 055 8409928*, – . AE VISA JCB.
chiuso dal 10 al 25 gennaio e martedì – **Pasto** carta 23/32.
◆ Piatti toscani classici con specialità a base di cacciagione, una panoramica terrazza sulla valle; il tutto in un ex convento di origine medievale ricco di suggestioni.

BORGO VENUSIO *Matera* – *Vedere Matera.*

BORGO VERCELLI *13012 Vercelli* 561 F 7 – *2 100 ab. alt. 126.*
Roma 640 – Alessandria 59 – Milano 68 – Novara 15 – Pavia 62.

Osteria Cascina dei Fiori, regione Forte - Cascina dei Fiori 0161 32827, *Fax 0161 329928*, Coperti limitati; prenotare – . AE VISA JCB.
chiuso gennaio, luglio, domenica, lunedì e giovedì a mezzogiorno – **Pasto** carta 36/62.
◆ Ambiente rustico elegante, presenta una cucina con una linea gastronomica legata al territorio, anche se non mancano alcune proposte innovative. Discreta cantina.

BORMIO *23032 Sondrio* 561 C 13 – *4 139 ab. alt. 1 225 – Stazione termale – Sport invernali : 1 225/3 012 m 2 9,* .
(aprile-ottobre) 0342 910730, Fax 0342 919665.
via Roma 131/b 0342 903300, aptbormio@provincia.so.it, Fax 0342 904696.
Roma 763 – Sondrio 64 – Bolzano 123 – Milano 202 – Passo dello Stelvio 20.

Palace Hotel, via Milano 54 0342 903131, *info@palacebormio.it, Fax 0342 903366*, , , , , – , rist, – 90. AE VISA.
chiuso maggio, ottobre e novembre – **Pasto** 24/42 – 12 – **71 cam** 170/221, 12 suites – 1/2 P 150.
◆ Grande complesso alberghiero, sorto negli anni '70, in grado di offrire servizi molto completi, tra cui un piccolo e grazioso parco. Il livello di confort è ottimo. La clientela può disporre di una capiente sala ristorante e di una più raccolta stube.

Rezia, via Milano 9 0342 904721, *info@reziahotel.it, Fax 0342 905197*, , – – 45. AE VISA JCB. rist
chiuso maggio e novembre – **Pasto** 27/38 – **45 cam** 78/150 – 1/2 P 98.
◆ Hotel di lunga tradizione, circondato dal verde, in grado di assicurare un'ospitalità con un buon livello di confort sia alla clientela turistica che a quella d'affari. Ristorante consigliabile anche per il buon rapporto qualità/prezzo.

Baita Clementi, via Milano 46 ✆ 0342 904473, *info@baitaclementi.com, Fax 0342 903649,* – rist
dicembre-aprile e giugno-settembre – **Pasto** carta 25/31 – **42 cam** 100/230 – ½ P 105.
♦ Un'ampia gamma di servizi a disposizione della clientela (tra cui un campo da squash), una struttura recente con arredi moderni, camere curate, ampie e molto luminose. Sala ristorante suggestiva, soprattutto per il soffitto con volte a sesto ribassato.

Baita dei Pini, via Peccedì 15 ✆ 0342 904346, *baitadeipini@baitadeipini.com, Fax 0342 904700,* cam, – 100.
dicembre-20 aprile e 15 giugno-20 settembre – **Pasto** 28/30 – 11 – **37 cam** 93/155, 3 suites – ½ P 111.
♦ Una struttura di taglio moderno edificata secondo i canoni dell'architettura di montagna. Nell'arredamento è marcata la ricerca di identità: tra tradizione e classicità.

SantAnton, via Leghe Grigie 1 ✆ 0342 901906, *info@santanton.com, Fax 0342 919308,* – rist
dicembre-30 aprile e giugno-settembre – **Pasto** 20/30 – 10 – **39 cam** 155/180 – ½ P 105.
♦ Albergo-residence a poca distanza dalle terme. A disposizione degli ospiti camere tradizionali, ma anche appartamenti dotati di angolo cottura. Offerta allettante. Sala da pranzo dall'aspetto attuale.

Genzianella, via Funivie ✆ 0342 904485, *info@genzianella.com, Fax 0342 904158,* –
dicembre-aprile e giugno-settembre – **Pasto** 18/40 – **40 cam** 85/150 – ½ P 73.
♦ Confortevole hotel ristrutturato con grande attenzione per i particolari e per il confort. Ai piedi delle piste da sci, in comoda posizione, ideale per i turisti. In sala da pranzo la tradizione di montagna, con i suoi arredi in legno chiaro.

Alù, via Btg. Morbegno 20 ✆ 0342 904504, *info@hotelalu.it, Fax 0342 910444,* –
dicembre-aprile e 15 giugno-15 settembre – **Pasto** carta 26/41 – 8 – **30 cam** 70/140 – ½ P 100.
♦ A pochi metri di distanza dalla partenza della funivia per Bormio2000, una risorsa molto curata con stanze di buon livello e parti comuni accoglienti e funzionali. Ristorante d'albergo con tavoli ben distanziati e clima rilassante.

Larice Bianco, via Funivia 10 ✆ 0342 904693, *larice@valtline.it, Fax 0342 904614,* –
dicembre-Pasqua e giugno-settembre – **Pasto** 28 – 10 – **45 cam** 62/116.
♦ In comoda posizione, nei pressi degli impianti di risalita, un hotel a conduzione familiare, confortevole e con spazi comuni di gran respiro. Giardino ombreggiato.

Silene, via Roma 121 ✆ 0342 905455, *Fax 0342 905455* –
chiuso maggio e novembre – **Pasto** carta 20/25 – 8 – **15 cam** 52/86 – ½ P 70.
♦ In pieno centro, ma con parcheggio e garage propri, una risorsa che anche attraverso la semplicità riesce ad esprimere uno spirito d'accoglienza d'impronta familiare. Ristorante di taglio classico.

La Baitina dei Pini senza rist, via Peccedi 26 ✆ 0342 903022, *labaitina@bormio.it, Fax 0342 903022,* –
dicembre-20 aprile e giugno-20 settembre – **10 cam** 70/100.
♦ Per chi preferisce sentirsi ospitato in famiglia piuttosto che da una struttura alberghiera: il clima e l'atmosfera sono amichevoli e la gestione ispirata alla simpatia.

Al Filo', via Dante 6 ✆ 0342 901732, *Fax 0342 901732* –
chiuso dal 1º al 15 giugno, dal 15 al 30 novembre, lunedì e martedì a mezzogiorno (escluso dicembre-aprile e luglio-agosto) – **Pasto** carta 29/42.
♦ Un locale caratteristico ricavato da un fienile del 1600: i soffitti sono sorretti da volte in pietra. Specialità del territorio, alleggerite con un pizzico di fantasia.

a Ciuk *Sud-Est : 5,5 km o 10 mn di funivia – alt. 1 690 – ✉ 23030 Valdisotto :*

Baita de Mario con cam, ✆ 0342 901424, *info@baitademario.com, Fax 0342 910880,* – cam
dicembre-25 aprile e luglio-20 settembre – **Pasto** carta 23/30 – 6 – **22 cam** 42/65 – ½ P 70.
♦ Il vantaggio di trovarsi proprio sulle piste da sci, presso una risorsa a gestione familiare, dove poter assaporare le più tipiche e genuine specialità valtellinesi.

Scriveteci...

Le vostre critiche e i vostri apprezzamenti saranno esaminati con la massima attenzione.
Verificheremo personalmente gli esercizi che ci vorrete segnalare
Grazie per la collaborazione !

BORNO *25042 Brescia* 561 E 12 – *2 823 ab. alt. 903 – a.s. febbraio, Pasqua, 14 luglio-18 agosto e Natale – Sport invernali : 1000/1 700 m 1 5,* .

Roma 634 – Brescia 79 – Bergamo 72 – Bolzano 171 – Milano 117.

Belvedere, viale Giardini 30 ☎ 0364 311623, *hotel-belvedere@libero.it, Fax 0364 41052* – P. AE VISA

chiuso dal 30 settembre al 15 ottobre e mercoledì – **Pasto** carta 22/29.

◆ Un locale la cui forza risiede nello spirito d'accoglienza sincero, nonché nella pluriennale esperienza della gestione da parte dei titolari. Cucina semplice e genuina.

BORROMEE (Isole) *Verbania* 561 E 7, 219 ⑦ *G. Italia – alt. 200 – a.s. aprile e luglio-15 settembre.*

Vedere *Isola Bella*** – Isola Madre*** – Isola dei Pescatori**.*

per Baveno, Verbania-Pallanza e Stresa giornalieri (da 10 a 50 mn) – Navigazione Lago Maggiore: Isola Bella ☎ 0323 30391 e Isola dei Pescatori ☎ 0323 30392.

Piante delle Isole : vedere Stresa.

Isola Superiore o dei Pescatori – ✉ *28049 Stresa :*

Verbano , via Ugo Ara 12 ☎ 0323 30408, *hotelverbano@gse.it, Fax 0323 33129,* ≤ Isola Bella e lago, , servizio motoscafo dopo le ore 19.30, – AE VISA

chiuso dal 7 gennaio al 26 febbraio – **Pasto** *(chiuso mercoledì escluso dal 15 aprile a ottobre)* carta 20/44 – **12 cam** 100/145 – ½ P 100.

◆ Una prospettiva unica sui paesaggi incantati del lago, per un soggiorno tranquillo e di grande suggestione. Una dozzina di camere semplici ma tutte personalizzate. Servizio ristorante estivo in terrazza per indimenticabili cene romantiche.

Una prenotazione confermata per iscritto o per fax è sempre più sicura.

BOSA *Nuoro* 566 G 7 – *Vedere Sardegna alla fine dell'elenco alfabetico.*

BOSCO *Perugia – Vedere Perugia.*

BOSCO CHIESANUOVA *37021 Verona* 562 F 15 – *3 155 ab. alt. 1 104 – Sport invernali : 1 497/1 805 m 3,* .

piazza della Chiesa 34 ☎ 045 7050088, iatbosco@tiscalinet.it, Fax 045 7050088.

Roma 534 – Verona 32 – Brescia 101 – Milano 188 – Venezia 145 – Vicenza 82.

Lessinia, piazzetta degli Alpini 2/3 ☎ 045 6780151, *hotellessina@libero.it, Fax 045 6780098* – . VISA. rist

chiuso dal 15 al 25 giugno e dal 5 al 15 settembre – **Pasto** *(chiuso mercoledì)* carta 17/21 – **20 cam** 45/80 – ½ P 50.

◆ Ad un'altitudine di poco superiore ai 1000 metri, una buona risorsa molto sfruttata da escursionisti, ma anche da chi viaggia per lavoro. Gestione tipicamente familiare. Due sale da pranzo, clima alla buona, cucina che segue la tradizione locale.

BOSCO MARENGO *15062 Alessandria* 561 H 8 – *2 447 ab. alt. 121.*

Roma 575 – Alessandria 18 – Genova 80 – Milano 95 – Pavia 69 – Piacenza 99.

Locanda dell'Olmo, piazza Mercato 7 ☎ 0131 299186, *olmoboscomarengo@libero.it, Fax 0131 289691,* Coperti limitati; prenotare – . VISA

chiuso dal 27 dicembre al 5 gennaio, agosto, lunedì e martedì sera – **Pasto** carta 26/33.

◆ L'ingresso è in comune con il bar, attraversato il quale si accede alle due sale comunicanti tra loro. Il menù impone una scelta ristretta, basata su piatti di stagione.

BOSCO VERDE *Belluno* 562 C 17 – *Vedere Rocca Pietore.*

BOSSOLASCO *12060 Cuneo* 561 I 6 – *689 ab. alt. 757.*

Roma 606 – Cuneo 65 – Asti 61 – Milano 185 – Savona 63 – Torino 90.

La Panoramica, via Circonvallazione 1/bis ☎ 0173 793401, *info@lapanoramica.com, Fax 0173 793401,* ≤, – P. AE VISA.

chiuso dal 10 gennaio al 20 febbraio – **Pasto** *(chiuso martedì escluso da giugno a settembre)* carta 19/26 – **23 cam** 67/78, suite – ½ P 52.

◆ L'attività alberghiera si è aggiunta in un secondo tempo a quella legata alla ristorazione. Lo stile della gestione è assolutamente omogeneo: familiare e funzionale. Conduzione attenta e premurosa, con vista sulle Langhe.

BOTTANUCO *24040 Bergamo – 4 629 ab. alt. 211.*
Roma 597 – Bergamo 21 – Milano 41 – Lecco 45.

Villa Cavour, via Cavour 49 ✆ 035 907242, *info@villacavour.com, Fax 035 906434* – . *VISA*.
chiuso dal 1° al 9 gennaio e 3 settimane in agosto – **Pasto** *(chiuso domenica sera)* carta 35/55 – **16 cam** 70/115.
◆ Hotel molto sfruttato dalla clientela d'affari di passaggio per questa zona, ricca di attività produttive. Struttura recente, molto curata, con confort di buon livello. Per i pasti non il solito ristorante d'albergo, ma una sala con tocchi d'eleganza.

BOTTICINO *Brescia* 561 *F 12 – 9 784 ab. alt. 160 – ✉ 25080 Botticino Mattina.*
Roma 560 – Brescia 9 – Milano 103 – Verona 44.

Eva, via Gazzolo 75, località Botticino Mattina Nord-Est : 2,5 km ✆ 030 2691522, *Fax 030 2694522*, ≤ – *VISA*.
chiuso dal 7 al 20 gennaio, martedì sera e mercoledì – **Pasto** carta 28/37.
◆ Un rustico di campagna in collina e una famiglia che in passato ha lavorato nel settore delle carni, ma che ha sempre avuto la passione per la ristorazione: bel connubio.

BOVES *12012 Cuneo* 561 *J 4 – 9 185 ab. alt. 590.*
Cuneo (marzo-novembre; chiuso mercoledì escluso agosto) ✆ *0171 387041, Fax 0171 390763.*
Roma 645 – Cuneo 15 – Milano 225 – Savona 100 – Colle di Tenda 32 – Torino 103.

a Fontanelle *Ovest : 2 km – ✉ 12012 Fontanelle di Boves :*

Fontanelle-da Politano con cam, via Santuario 125 ✆ 0171 380383, *Fax 0171 380383*, – rist, *VISA*. rist
Pasto *(chiuso lunedì sera e martedì)* carta 18/26 – 4,50 – **14 cam** 36/56 – ½ P 41.
◆ Tradizionale ristorante, composto da una sala ampia e da una più piccola e tranquilla, presenta specialità tipiche piemontesi, senza bizzarrie o iniezioni di fantasia.

a Rivoira *Sud-Est :2 km – ✉ 12012 Boves :*

Agriturismo La Bisalta, via Tetti Re 5 ✆ 0171 388782, *Fax 0171 388782*, ≤, , – *VISA*.
Pasto al Rist ***Locanda del Re*** *(solo su prenotazione)* specialità lumache 20/30 – 6 – **5 cam** *(maggio-ottobre)* 45/55 – ½ P 35.
◆ Risorsa ben organizzata, gestita con attenzione e intraprendenza. L'edificio conserva al proprio interno elementi architettonici settecenteschi di indubbio pregio. Cucina con vari piatti a base di lumache, allevate biologicamente dai proprietari.

a San Giacomo *Sud : 6 km – ✉ 12012 San Giacomo di Boves :.*
via Sant'Anna 65 Frazione San Giacomo ✆ 0174 227575, Fax 0175 227575

Al Rododendro, via San Giacomo 73 ✆ 0171 380372, *alrododendro_ristorante@virgilio.it, Fax 0171 387822*, solo su prenotazione – *VISA* JCB.
chiuso dal 1° all'8 settembre, domenica sera e lunedì – **Pasto** carta 40/71.
◆ Un edificio anonimo, in posizione isolata, sembra nascondere questo elegante ristorante la cui raffinata cucina procede con originalità, tra tradizione e innovazione.

BOVOLONE *37051 Verona* 562 *G 15 – 13 368 ab. alt. 24.*
Roma 498 – Verona 23 – Ferrara 76 – Mantova 41 – Milano 174 – Padova 74.

Sasso, via San Pierino 318 (Sud-Est : 3 km) ✆ 045 7100433, *info@hotelsasso.com, Fax 045 7100288* – *VISA* JCB. rist
Pasto *(chiuso dal 2 al 20 gennaio, domenica sera e sabato)* carta 20/31 – **31 cam** 55/95 – ½ P 75.
◆ Struttura estremamente funzionale e frequentata esclusivamente dalla clientela d'affari; in campagna, in posizione isolata e tranquilla. Discreto livello di confort. Un buon rapporto qualità/prezzo per pranzi e cene in un tipico ristorante d'albergo.

BOZEN = Bolzano.

Se cercate un hotel tranquillo
consultate prima le carte tematiche dell'introduzione
e trovate nel testo gli esercizi indicati con il simbolo

BRA *12042 Cuneo* **561** H 5 – *27 801 ab. alt. 280.*

via Moffa di Lisio 14 ☏ 0172 438324, turismo@comune.bra.cn.it, Fax 0172 438265.

Roma 648 – Cuneo 47 – Torino 49 – Asti 46 – Milano 170 – Savona 103.

L'Ombra della Collina senza rist, via Mendicità Istruita 47 ☏ 0172 44884, *lombradellacollin@libero.it, Fax 0172 44884* – TV P. AE VISA
5 cam 62/78.
◆ Nel centro storico della località un indirizzo ricco di fascino, accolto da un edificio di metà '700. Bel cortile interno su cui si affacciano le camere arredate con gusto.

Battaglino, piazza Roma 18 ☏ 0172 412509, *Fax 0172 412874*, prenotare. AE VISA
chiuso dal 7 al 17 gennaio, agosto, domenica sera e lunedì – **Pasto** carta 24/30.
◆ Trattoria del centro, con cucina piemontese. Ristorante animato dal titolare che appartiene ad una famiglia di ristoratori, impegnata nella gestione del locale dal 1919.

Boccondivino, via Mendicità Istruita 14 ☏ 0172 425674, *Fax 0172 431570* – AE VISA
chiuso domenica e lunedì (escluso ottobre e novembre) – **Pasto** carta 26/33.
◆ In pieno centro cittadino, all'interno di una casa di ringhiera, gestito da una cooperativa di «gente del mestiere», offre una cucina genuina accompagnata da buon vino.

a Pollenzo *Sud-Est : 7 km – ✉ 12060 :*

La Corte Albertina, piazza Vittorio Emanuele 3 ☏ 0172 458410, *info@lacortealbertina.it, Fax 0172 458921* – TV P. AE VISA JCB.
Pasto vedere rist ***La Corte ALbertina*** – **25 cam** 95/144.
◆ Una risorsa in cui la comodità si coniuga volentieri a spunti d'eleganza, muovendosi tra arredi assolutamente nuovi. Volte in mattoni a testimoniare le antiche origini.

Guido, via Fossano 19 ☏ 0172 458422, *info@guidoristorante.it, Fax 0172 458970* – AE VISA JCB
chiuso dal 23 dicembre al 10 gennaio, 15 giorni in agosto, domenica e lunedì – **Pasto** carta 48/98.
◆ Dopo un periodo di chiusura, finalmente la sospirata riapertura per questo celebre ristorante piemontese. Bella atmosfera all'interno di una palazzina di caccia settecentesca.

La Corte Albertina, piazza Vittorio Emanuele 3 ☏ 0172 458189, *Fax 0172 458189*, prenotare – P. AE VISA
chiuso dal 6 al 31 gennaio, mercoledì e a mezzogiorno – **Pasto** carta 30/40.
◆ Ristorante ricavato da un ampio portico ristrutturato, racchiuso da pareti a vetro, all'interno di un complesso neogotico del XIX sec. Stile ricercato, ma informale.

BRACCHIO *Verbania* **561** E 7 – *Vedere Mergozzo.*

BRACCIANO *00062 Roma* **563** P 18 – *13 908 ab. alt. 280.*

Roma 41 – Viterbo 53 – Civitavecchia 51 – Terni 98.

Villa Clementina, via Traversa Quarto del Lago 12/14 ☏ 06 9986268, *villaclementina@tiscalinet.it, Fax 06 9986268,* – cam, TV P. AE VISA JCB.
chiuso dal 6 gennaio al 28 febbraio e dal 15 novembre al 23 dicembre – **Pasto** (solo per alloggiati) 25/35 – **7 cam** 125/170 – ½ P 120.
◆ Risorsa in posizione tranquilla, circondata dallo splendido giardino fiorito con piscina e tennis; ottime camere spaziose e affrescate, servizio efficiente, ma essenziale.

BRACIGLIANO *84082 Salerno* **564** E 26 – *5 366 ab. alt. 320.*

Roma 250 – Napoli 54 – Avellino 23 – Salerno 24.

La Canniccia, via Cardaropoli 13 ☏ 081 969797, *Fax 081 969797,* – TV P.
Pasto carta 16/33 – **10 cam** 47/57.
◆ L'edificio che ospita quest'hotel è recente, risale alla metà degli anni '80, ed è sempre stato ben tenuto. Nel complesso si tratta di una struttura valida e affidabile.

BRAIES (PRAGS) *39030 Bolzano* **562** B 18 ***G. Italia*** – *629 ab. alt. 1 383 – Sport invernali : Plan de Corones : 1 200/2 275 m 14 11 (Comprensorio Dolomiti superski Plan de Corones)* .
Vedere *Lago★★★.*
Roma 744 – Cortina d'Ampezzo 47 – Bolzano 106 – Brennero 97 – Milano 405 – Trento 166.

Erika, Via Braies di Fuori 66 ☏ 0474 748684, *info@hotelerika.net, Fax 0474 748755,* ←, – TV P. AE VISA JCB. rist
20 dicembre-20 aprile e 15 giugno-2 novembre – **Pasto** carta 22/28 – 8 – **22 cam** 36/67 – ½ P 70.
◆ Cordialità e simpatia sono due ottime credenziali di cui dispone la gestione di quest'hotel. Non vanno dimenticati spazi e comuni e stanze di livello decisamente buono. Sala da pranzo capiente ma non dispersiva.

BRANZI *24010 Bergamo* 561, 429 D 11 – *760 ab. alt. 874 – a.s. luglio-agosto.*
Roma 650 – Bergamo 48 – Foppolo 9 – Lecco 71 – Milano 91 – San Pellegrino Terme 24.

Branzi, via Umberto I, 23 ☎ 0345 71121, *albgob@libero.it, Fax 0345 70500* – |‡| TV P. VISA
Pasto *(chiuso martedì)* carta 20/25 – ☕ 5 – **24 cam** 40/62 – ½ P 48.
◆ E' la stessa famiglia che gestisce questa risorsa da quattro generazioni, ad accogliere i propri ospiti anche oggi. L'edificio è dei primi del '900, sobrio e ben tenuto. Sala da pranzo a piano terra, al lato opposto del bar: senza fronzoli e accogliente.

BRATTO *Bergamo* 561 I 11 – *Vedere Castione della Presolana.*

BREGUZZO *38081 Trento* 562 D 14 – *585 ab. alt. 798 – a.s. 22 gennaio-19 marzo, Pasqua e Natale.*
Roma 617 – Trento 45 – Bolzano 107 – Brescia 83 – Milano 174.

Carlone, via Roma 40 ☎ 0465 901014, *hotelcarlone@hotelcarlone.it, Fax 0465 901014* – |‡|, ⇹ rist, ▤ rist, TV P – 🏛 45. MC VISA
chiuso novembre – **Pasto** *(chiuso martedì)* carta 19/28 – **60 cam** ☕ 35/70 – ½ P 45.
◆ Lungo la via principale della località, una risorsa gestita con professionalità da una famiglia «del mestiere». La struttura è funzionale e curata, le camere spaziose. Il servizio ristorante offre la possibilità di apprezzare le specialità locali.

BREMBATE *24041 Bergamo* 561 F 10 – *7 100 ab. alt. 173.*
Roma 537 – Bergamo 13 – Lecco 44 – Milano 41.

in prossimità casello autostrada A 4 - Capriate *Nord : 2 km :*

Guglielmotel senza rist, via delle Industrie 1 ✉ 24041 ☎ 035 4826248, *Fax 035 4826222* – |‡| ▤ TV ☎ ♿ 🚗 P. AE ⓓ MC VISA
84 cam ☕ 95/160.
◆ Albergo recente, ideale per una clientela d'affari, vista anche la comoda ubicazione. Le camere sono ampie e confortevoli, in alcuni casi personalizzate negli arredi.

Se dopo le h 18,00 siete ancora in viaggio confermate la vostra prenotazione telefonicamente, è consuetudine ... ed è più sicuro.

BRENTA (Gruppo di) *Trento* 562 D 14 *G. Italia.*

BRENTONICO *38060 Trento* 562 E 14 – *3 615 ab. alt. 693 – Sport invernali : a La Polsa : 1 200/1 600 m* ⛷9, ⛷.
ℹ *via Mantova 4* ☎ *0464 395149, brentonico@apt.rovereto.tn.it, Fax 0464 395149.*
Roma 550 – Trento 22 – Brescia 107 – Milano 197 – Verona 70.

a San Giacomo *Sud-Ovest : 6,5 km – alt. 1 196 –* ✉ *38060 Brentonico :*

San Giacomo, via Graziani 1 ☎ 0464 391560, *hotels.giacomo@dnet.it, Fax 0464 391633*, ←, 🏋, ≘s, ⛱ – |‡| ⇹ TV ♿ P – 🏛 60. MC VISA. ⛔
chiuso dal 10 al 28 ottobre – **Pasto** carta 23/35 – **34 cam** ☕ 60/90 – ½ P 70.
◆ Arrampicato a quota 1200 mt., sul Monte Baldo, questo hotel sa presentarsi in modo gradevole sotto molti punti di vista, anche attraverso una buona offerta di servizi. Ristorante gestito con cura e passione.

BRENZONE *37010 Verona* 562 E 14 – *2 403 ab. alt. 75.*
ℹ *(giugno-settembre) via Gardesana, località Assenza 4* ☎ *045 7285076, prolocobrenzone-@tiscalinet, Fax 045 7420076.*
Roma 547 – Verona 50 – Brescia 85 – Mantova 86 – Milano 172 – Trento 69 – Venezia 172.

Piccolo Hotel ⛰, via Lavesino 12 ☎ 045 7420024, *info@piccolohotel.info, Fax 045 7420688*, ←, 🏖 – ⇹ rist, ▤ rist, TV P. ⛔ rist
15 aprile-15 dicembre – **Pasto** carta 30/40 – ☕ 7 – **22 cam** 30/60 – ½ P 55.
◆ Un albergo raccolto che deve la propria fortuna alla felice posizione, praticamente sulla spiaggia. Adatto ad una clientela turistica in cerca di relax e di tranquillità. Sala ristorante con servizio pizzeria, aperta anche alla clientela di passaggio.

XX **Giuly,** via XX Settembre 28 ☎ 045 7420477, *Fax 045 6594000*, 🏖 – ⇹ ▤. AE ⓓ MC VISA
chiuso novembre, lunedì e a mezzogiorno (escluso sabato e i giorni festivi) – **Pasto** specialità di mare carta 28/45.
◆ Nonostante sia proprio in riva alle acque del Garda, la linea gastronomica di questo ristorante si è concentrata sul mare. I crostacei sono «pescati» vivi dall'acquario.

a Castelletto di Brenzone *Sud-Ovest : 3 km – ✉ 37010 Brenzone :*

Rabay, via Vespucci 89 ☎ 045 6599027, *rabay@brenzone.com, Fax 045 6599103,* ←, – 🅿. rist
3 aprile-ottobre – **Pasto** *(chiuso a mezzogiorno escluso agosto)* 17 – 9 – **37 cam** 80 – ½ P 53,50.
◆ Una risorsa con buone potenzialità, dotata di una discreta gamma di servizi a disposizione degli ospiti. Piacevolmente circondata dal verde, a pochi metri dalla spiaggia.

Alla Fassa, via Nascimbeni 13 ☎ 045 7430319, *Fax 045 7430319,* ←, – 🅿. VISA.
chiuso dal 6 gennaio al 28 febbraio e martedì (escluso da giugno a settembre) – **Pasto** carta 24/33.
◆ Ristorante affacciato sulle rive del lago, con una bella veranda godibile anche nei mesi invernali. In menù molto pesce di lago, preparato secondo la tradizione locale.

BRESCELLO *42040 Reggio nell'Emilia* 562 I 13 – *4 781 ab. alt. 24.*

Roma 450 – Parma 22 – Bologna 90 – Mantova 46 – Milano 142 – Reggio nell'Emilia 27.

Brixellum, via Cavallotti 58 ☎ 0522 686127, *brixellum@libero.it, Fax 0522 962871* – 🅿. AE VISA
Pasto *(chiuso dal 5 al 20 agosto e lunedì)* carta 22/38 – **30 cam** 65/85 – ½ P 55.
◆ Se si desidera soggiornare nel paese di Peppone e Don Camillo questa è la risorsa giusta: semplice, accogliente e funzionale. Camere spaziose e recenti. Tipico ristorante d'albergo, ma con menù esteso e vario.

Se cercate un hotel tranquillo
consultate prima le carte tematiche dell'introduzione
e trovate nel testo gli esercizi indicati con il simbolo

BRESCIA *25100* P 561 F 12 *G. Italia – 194 697 ab. alt. 149.*

Vedere *Piazza della Loggia*★ **BY 9** *-Duomo Vecchio*★ **BY** – *Pinacoteca Tosio Martinengo*★ **CZ** – *Via dei Musei*★ **CY** – *Croce di Desiderio*★★ *nel monastero*★ *di San Salvatore e Santa Giulia* **CY** – *Chiesa di San Francesco*★ **AY** – *Facciata*★ *della chiesa di Santa Maria dei Miracoli* **AYZ A** – *Incoronazione della Vergine*★ *nella chiesa dei SS. Nazaro e Celso* **AZ** – *Annunciazione*★ *e Deposizione dalla Croce*★ *nella chiesa di Sant'Alessandro* **BZ** – *Interno*★, *polittico*★ *e affresco*★ *nella chiesa di Sant'Agata* **BY.**

27 *Franciacorta (chiuso martedì) ✉ 25040 Nigoline di Corte Franca ☎ 030 984167, Fax 030 984393, per ⑤ : 20 km.*

corso Zanardelli 38 ✉ 25121 ☎ 030 43418, aptbs@ferriani.com, Fax 030 293284.

A.C.I. *via 25 Aprile 16 ✉ 25121 ☎ 030 37461.*

Roma 535 ④ – Milano 93 ⑤ – Verona 66 ②.

Piante pagine seguenti

Vittoria, via delle 10 Giornate 20 ✉ 25121 ☎ 030 280061, *info@hotelvittoria.com, Fax 030 280065* – – 170. AE VISA. rist BY a
Pasto al Rist. ***Miosotis*** *(chiuso agosto e domenica)* carta 35/48 – **64 cam** 166/217 – ½ P 148,50.
◆ Imponente e caratteristica struttura anni Trenta nel cuore del centro storico: rappresenta un punto di riferimento nel panorama della ricettività alberghiera cittadina. Sala da pranzo di elegante classicità, dove gusto e leggerezza costituiscono una costante.

Park Hotel Ca' Nöa, via Triumplina 66 ✉ 25123 ☎ 030 398762, *info@hotelcanoa.it, Fax 030 398764,* – 🅿 – 200. AE VISA. EV b
Pasto vedere rist ***Antica Trattoria Ca' Nöa*** – **79 cam** 111/162.
◆ Risorsa d'impostazione assolutamente classica, che si dimostra attiva e intraprendente, con l'obiettivo di un mantenere un alto livello complessivo di ospitalità.

Novotel Brescia 2, via Pietro Nenni 22 ✉ 25124 ☎ 030 2425858, *novotel.brescia@accor-hotels.it, Fax 030 2425959,* – cam, 🅿 – 160. AE VISA JCB. rist EX p
Pasto carta 27/37 – **120 cam** 148/194.
◆ Una tra le ultime strutture nate in città, molte attenzioni ed energie sono dedicate alla clientela d'affari: tanti i servizi predisposti per assecondare ogni esigenza. Combinazione di menù con attenzione alle necessità di congressisti e uomini d'affari.

UNA Hotel Brescia, viale Europa 45 ✉ 25133 ☎ 030 2018011, *una.bs@unahotels.it, Fax 030 2009741,* ← colline – 🅿 – 200. AE VISA JCB. EV j
Pasto al Rist. ***Una Restaurant*** carta 37/49 – **145 cam** 170/203.
◆ Il settore dedicato alle stanze è stato completamente rinnovato, così come la gestione. Una struttura di taglio moderno con confort di buon livello, per ogni clientela. Ristorante che si propone con ambienti di tono, dallo stile elegante e moderno.

BRESCIA

Armado Diaz (Viale) . . . . CZ
Arnaldo (Pza) . . . . CZ
Battaglie (V. delle) . . . . BY
Battisti (Piazzale C.) . . . . BY
Boitava (V. P.) . . . . CY
Brusato (Pza) . . . . CY
Cadorna (Viale) . . . . CZ
Cairoli (V.) . . . . AY
Calatafimi (V.) . . . . AY
Calini (V.) . . . . CZ
Callegari (V. A.) . . . . CZ
Campo di Marte (V. del) . . ABY
Capriolo (V.) . . . . ABY
Carmine (Contrada del) . . . ABY
Cassala (V.) . . . . AZ
Castellini (V. N.) . . . . CZ 3
Castello (V. del) . . . . BCY
Corsica (V.) . . . . AZ
Cremona (Piazzale) . . . . BZ
Crispi (V.) . . . . CZ
Dante (V.) . . . . BY
Duca di Aosta (Viale) . . . . . . CZ
Emanuele II (V. Vitt.) . . . . . ABZ
Filippo Turati (V.) . . . . CY
Folonari (V.) . . . . AZ
Foppa (V.) . . . . AZ
Foro (Pza d.) . . . . CY
Foscolo (V. U.) . . . . BY
Fratelli Lechi (V.) . . . . CZ
Fratelli Porcelaga (V.) . . . . . . BY 7
Fratelli Ugoni (V.) . . . . AYZ
Galilei (V. G.) . . . . CY
Gallo (V. A.) . . . . CYZ
Garibaldi (Cso) . . . . AY
Garibaldi (Piazzale) . . . . AY
Gramsci (V.) . . . . BZ
Inganni (V.) . . . . CZ
Italia (Viale d') . . . . AY
Kennedy (Cavalcavia) . . . . BZ
Leonardo da Vinci (V.) . . . . . AB
Loggia (Pza della) . . . . BY 9
Lombroso (V. C.) . . . . CY
Lupi di Toscana (V.) . . . . AY
Magenta (Cso) . . . . BCZ
Mameli (Cso G.) . . . . BY
Mantova (V.) . . . . CZ
Manzoni (V.) . . . . AY
Marsala (V.) . . . . AY
Martinengo da Barco (V.) . . . CZ
Martiri della Libertà (Cso) . . . . AZ 13
Matteotti (Cso G.) . . . . AYZ
Mazzini (V.) . . . . BY
Mercato (Pza del) . . . . BY 15
Milano (V.) . . . . AY
Mille (V. dei) . . . . AY
Monte Suello (V.) . . . . BY
Montebello (V.) . . . . AY
Moretto (V.) . . . . ABZ
Musei (V. dei) . . . . CY
Pace (V.) . . . . BY
Palestro (Cso) . . . . BY
Panoramica (V.) . . . . CY
Paolo VI (Pza) . . . . BY 16
Pastrengo (V.) . . . . AY 17
Pellico (V.) . . . . BY
Pusteria (V.) . . . . BCY
Repubblica (Pza) . . . . AZ
S. Crocifissa di Rosa (V.) . . . CY 18
S. Faustino (V.) . . . . BY
S. Martino d. Battaglia (V.) . . BZ
S. Rocchino (V.) . . . . CY
Santa Chiara (V.) . . . . BY
Solferino (V.) . . . . ABZ
Sostegno (V.) . . . . AZ
Spalto S. Marco (V.) . . . . . . BCZ
Stazione (Viale) . . . . AZ
Trento (V.) . . . . BY
Trieste (V.) . . . . BCYZ
Vaiarini (V. G.) . . . . CZ
Veneto (Piazzale) . . . . AY

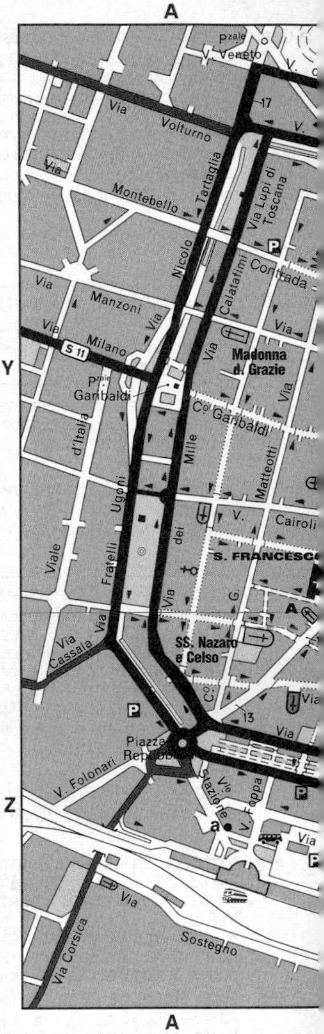

Jolly Hotel Igea, viale Stazione 15 ✉ 25122 ✆ 030 44221, *brescia@jollyhotels.it, Fax 030 44224* – … – 🅿 30. … VISA JCB. ✱ rist — AZ a
Pasto carta 27/40 – **87 cam** ☕ 150/200 – ½ P 128,50.
◆ Proprio di fronte alla stazione, albergo dalle linee moderne arredato in modo davvero originale; accoglienti e piacevoli gli spazi comuni, belle camere dotate di ogni confort. Originalità negli arredi di contemporanea ispirazione anche nella sala ristorante.

Impero, via Triumplina 6 ✉ 25123 ✆ 030 381483, *algrillosnc@libero.it, Fax 030 381483* – … VISA. ✱ — EV d
Pasto carta 18/25 – **22 cam** ☕ 62/113 – ½ P 68.
◆ Tutto è nuovo in questo esercizio a gestione familiare, completamente ristrutturato, ubicato dietro l'ospedale cittadino; camere spaziose e confortevoli, ben tenute. Una grande sala essenziale, con pareti abbellite da dipinti, nel ristorante-pizzeria.

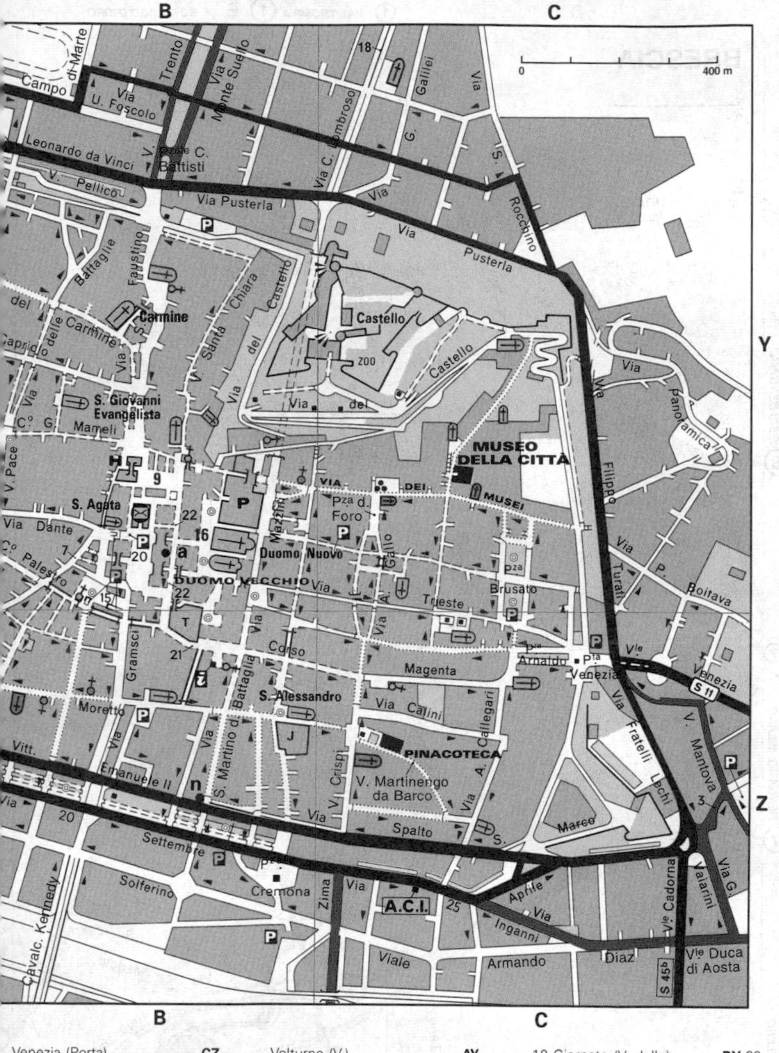

Venezia (Porta)	CZ	Volturno (V.)	AY	10 Giornate (V. delle)	BY 22
Venezia (Viale)	CZ	Zanardelli (Cso)	BZ 21	20 Settembre (V.)	BZ
Vittoria (Pza)	BY 20	Zima (V. C.)	CZ	25 Aprile (V.)	CZ

XXX **Castello Malvezzi,** via Colle San Giuseppe 1 ✉ 25133 ✆ 030 2004224, *info@castellomalvezzi.it, Fax 030 2004208,* 🍽, prenotare – 🅿. AE 💳 ⓓ MC VISA JCB. ✗
chiuso dal 7 al 23 gennaio, dal 5 al 23 agosto, lunedì e martedì – **Pasto** carta 50/65 🍇.
6 km per via Lombroso **CY**

♦ Come immaginarsi di cenare sulla terrazza panoramica estiva di una casa di caccia cinquecentesca e realizzare questo sogno. In più la cucina raffinata e l'ottima cantina.

XXX **La Sosta,** via San Martino della Battaglia 20 ✉ 25121 ✆ 030 295603, *lasosta@tin.it, Fax 030 292589,* 🍽 – ▤. AE 💳 ⓓ MC VISA JCB
BZ n
chiuso dal 30 dicembre al 6 gennaio, dal 3 al 25 agosto, domenica sera e lunedì – **Pasto** carta 40/50.

♦ Un locale di gran fascino, conosciuto e apprezzato in città, ubicato in un palazzo seicentesco. Nei mesi estivi si cena all'aperto, il servizio è preciso e accurato.

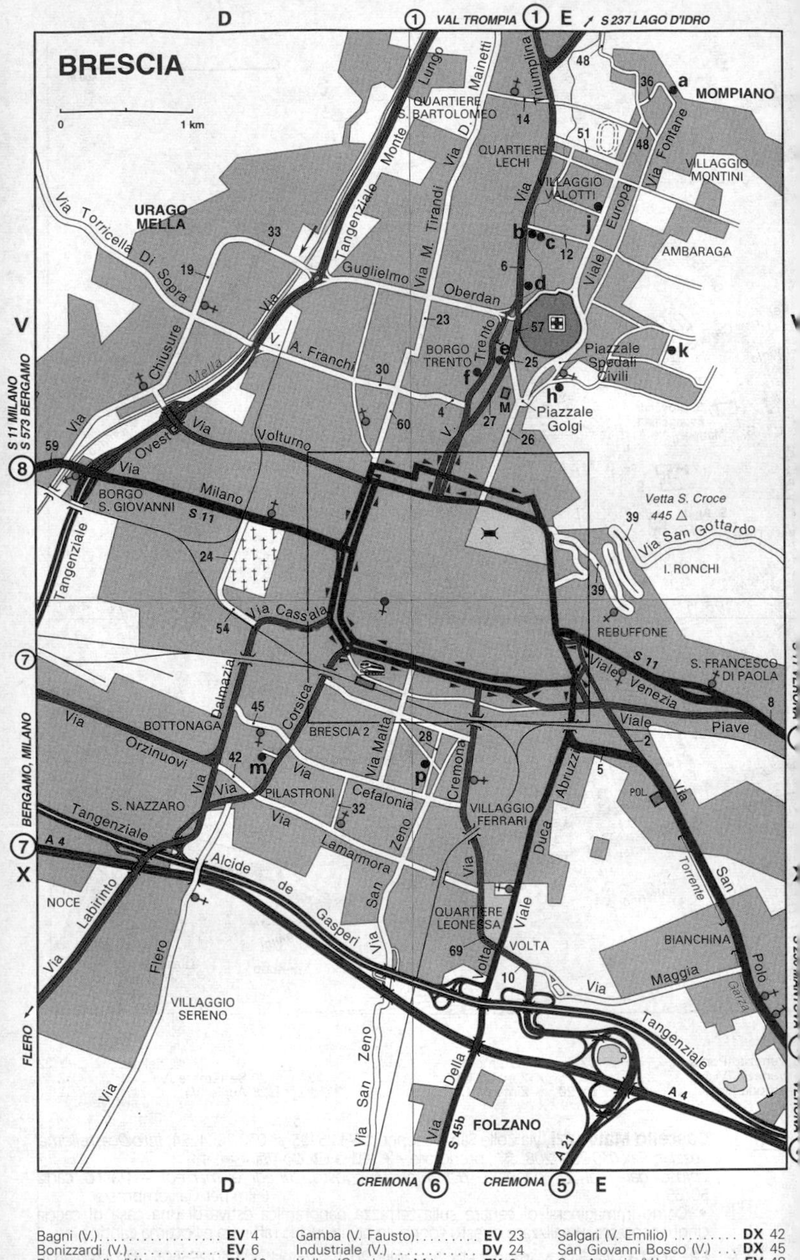

Bagni (V.)	EV	4
Bonizzardi (V.)	EV	6
Borgosatollo (V.)	EX	10
Bornata (V. della)	EX	8
Branze (V.)	EV	12
Casazza (V.)	EV	14
Chiesa (V. della)	DV	19
Cipro (V.)	DX	32
Foro Boario (V.)	EX	5
Gamba (V. Fausto)	EV	23
Industriale (V.)	DV	24
Kolbe (Cavalcavia M.)	EX	2
Marconi (V. Guglielmo)	EV	27
Montello (V.)	DV	30
Nenni (V. Pietro)	EX	28
Panoramica (V.)	EV	39
Resolino (V.)	EV	36
Risorgimento (V. del)	DV	33
Salgari (V. Emilio)	DX	42
San Giovanni Bosco (V.)	DX	45
San Antonio (V.)	EV	48
Stadio (V. dello)	EV	51
Tempini (V.)	DX	54
Tosoni (V.)	EV	57
Valcamonica (V.)	DV	59
Vittorio Veneto (V.)	DV	60
Volta (V. della)	EX	69

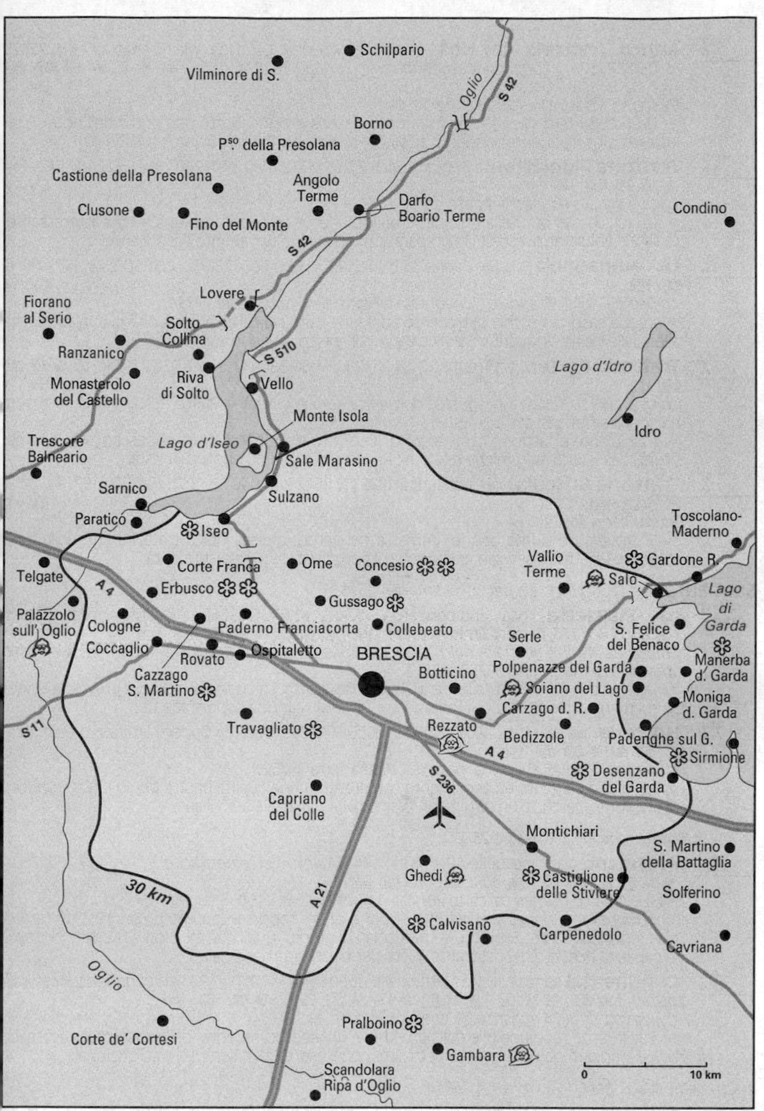

XXX **Il Labirinto,** via Corsica 224 ✉ 25125 ✆ 030 3541607, *Fax 030 3532387* – ▤ 🅿. AE ⓢ ⓞ
MC VISA. ⚘ DX m

chiuso dal 1° al 15 gennaio e domenica – **Pasto** carta 38/73.

◆ Un ristorante periferico, condotto con competenza e professionalità. La cucina è di ampio respiro e si muove agilmente tra il mare e la terra; cantina di buon livello.

XX **Eden,** piazzale Corvi ✉ 25128 ✆ 030 303397, *Fax 030 303397,* ⌂, prenotare – ▤. AE ⓢ
ⓞ VISA. ⚘ EV e

chiuso dal 20 al 27 gennaio, dal 25 luglio al 12 agosto e martedì – **Pasto** carta 34/61.

◆ Dotato di un piccolo e grazioso dehors estivo, è un ristorantino di taglio moderno, con qualche tocco di eleganza. Cucina di stagione, ma interpretata in chiave moderna.

XX **Antica Trattoria Ca' Nöa** - Hotel Park Hotel Ca' Nöa, via Branze 61 ✉ 25123 ✆ 030 381528, *gruppocanoaspa@libero.it, Fax 030 382774,* – ▤ P. AE ✦ ◑ ⓜⓒ VISA JCB EV c

Pasto specialità allo spiedo carta 30/44.

◆ Un ristorante d'albergo con fisionomia e storia proprie. Sorto ben prima dell'hotel, è un locale molto frequentato, spesso affollato, che propone una cucina tradizionale.

XX **Trattoria Rigoletto,** via Fontane 54/b ✉ 25133 ✆ 030 2004140, *Fax 030 2004140* – ▤. ✦ ◑ VISA. ✗ EV a

chiuso agosto e lunedì – **Pasto** carta 29/64.

◆ Un locale che pur nella propria semplicità, riesce ad esprimere una cucina interessante. La lista è abbastanza estesa, le preparazioni genuine e l'ambiente accogliente.

X **La Campagnola,** via Val Daone 25 ✉ 25123 ✆ 030 300678, *Fax 030 300678,* – P. ✦ ⓜⓒ VISA. ✗ EV k

chiuso dal 10 al 20 agosto, lunedì sera e martedì – **Pasto** carta 24/31.

◆ In una cascina vecchia di trecento anni, una trattoria caratteristica che di anni di attività alle spalle ne ha cinquanta. Servizio estivo all'aperto, quasi in campagna.

X **Trattoria Porteri,** via Trento 52 ✉ 25128 ✆ 030 380947, *Fax 030 301833* – AE ✦ ◑ ⓜⓒ VISA EV f

chiuso una settimana in agosto, domenica sera e lunedì – **Pasto** selezione di formaggi nazionali e francesi carta 26/34.

◆ L'ambiente è rustico e caratteristico: al soffitto e alle pareti sono appesi oggetti in rame, utensili da lavoro, ceramiche e salumi. Prodotti genuini ed enoteca a vista.

X **Trattoria Briscola,** via Costalunga 18/G ✉ 25123 ✆ 030 395232, *Fax 030 397214,* – P. ✦ ⓜⓒ VISA. ✗ EV h

Pasto carta 21/29.

◆ Si trova sulle prime colline, immersa nel verde, questa tipica trattoria che nella bella stagione effettua il servizio anche sotto il pergolato, con vista sulla città.

Sant'Eufemia della Fonte *per ② : 2 km – ✉ 25135 :*

XXX **La Piazzetta,** via Indipendenza 87/c ✆ 030 362668, *info@allapiazzetta.com, Fax 030 3367243,* Coperti limitati; prenotare – ▤ P. AE ✦ ◑ ⓜⓒ VISA JCB. ✗

chiuso dal 1° al 7 gennaio, dal 7 al 20 agosto, sabato a mezzogiorno e domenica – **Pasto** specialità di mare carta 36/58.

◆ Piccolo ed elegante ristorante alle porte della città. La cucina si indirizza prevalentemente sul mare con elaborazioni fantasiose e originali; cantina soddisfacente.

XX **Hosteria,** via 28 Marzo 2/A ✆ 030 360605, *Fax 030 360605,* Coperti limitati; prenotare – ▤. AE ✦ ◑ ⓜⓒ VISA JCB

chiuso dal 1° al 25 agosto e martedì – **Pasto** carta 33/52.

◆ Un locale elegante ed accogliente che presenta una cucina basata per lo più su prodotti di stagione. L'edificio, in origine un casino di caccia, risale al XVII sec.

a Roncadelle *per ⑤ : 7 km – ✉ 25030 :*

President, via Roncadelle 48 ✆ 030 2584444, *info@presidenthotel.it, Fax 030 2780260* – |‡| ▤ TV ♿ 🚗 P – 🔺 500. AE ✦ ◑ ⓜⓒ VISA

Pasto *(chiuso domenica)* carta 28/43 – **118 cam** ☕ 80/168, 5 suites – 1/2 P 111.

◆ Imponente albergo d'affari che dispone di un importante centro congressi dotato di ben diciannove sale. Sono molti i particolari di pregio, quali marmi e legni pregiati. Notevoli le capacità ricettive del ristorante; piatti per palati internazionali.

Continental senza rist, via Martiri della Libertà 267 ✆ 030 2582721, *continentalhotel@virgilio.it, Fax 030 2583108* – |‡| ▤ TV 🚗 – 🔺 80. AE ✦ ◑ ⓜⓒ VISA JCB

chiuso dal 1° al 24 agosto – **77 cam** ☕ 93/135.

◆ Facilmente raggiungibile dall'autostrada, un albergo recente, dall'architettura essenziale. Gli ambienti comuni hanno metrature generose; stanze semplici ma funzionali.

a Castenedolo *per ③ : 7 km – ✉ 25014 :*

Majestic, via Brescia 49 ✆ 030 2130222, *medison@numerica.it, Fax 030 2130077* – |‡| ▤ TV ♿ P – 🔺 250. AE ✦ ◑ ⓜⓒ VISA. ✗

Pasto carta 27/36 – **70 cam** ☕ 78/113 – 1/2 P 85.

◆ Il particolare più suggestivo di questa risorsa è il verdeggiante e luminosissimo spazio centrale di forma circolare, sul quale si affacciano i corridoi di tutti i piani. Un salone banchetti e due sale più ridotte: stile classico sia in sala, che in cucina.

In questa guida
uno stesso simbolo, una stessa parola
stampati in rosso o in nero,
hanno un significato diverso.
Leggete attentamente le pagine dell'introduzione.

BRESSANONE (BRIXEN) *39042 Bolzano* **562** B 16 *G. Italia – 18 539 ab. alt. 559 – Sport invernali : a La Plose-Plancios : 1 503/2 500 m* 1 8 *(Comprensorio Dolomiti superski Valle Isarco)* .
Vedere *Duomo : chiostro★* **A** *– Palazzo Vescovile: cortile★, museo Diocesano★, sculture lignee★★, pale scolpite★, collezione di presepi★, tesoro★.*
Dintorni *Plose★★★ : ★★★ Sud-Est per via Plose.*
viale Stazione 9 0472 836401, info@brixen.org, Fax 0472 836067.
Roma 681 ② – Bolzano 40 ② – Brennero 43 ① – Cortina d'Ampezzo 109 ② – Milano 336 ② – Trento 100 ②.

BRESSANONE

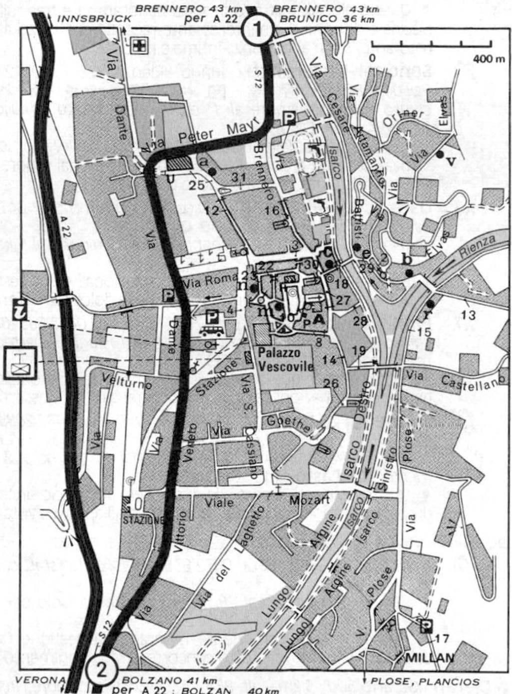

Elefante, via Rio Bianco 4 0472 832750, *info@hotelelefant.com, Fax 0472 836579,* , , , , – rist, – 50. . rist **a**
chiuso dal 4 gennaio al 15 marzo e dal 7 novembre al 5 dicembre – **Pasto** carta 39/53 – 13 – **44 cam** 83/166 – ½ P 127.
◆ Elegante ed austera magione del XVI sec. inserita in un prezioso parco-frutteto all'interno del quale si trovano anche la piscina e il tennis. Dimora fine ed esclusiva. Ambiente, servizio, cucina e atmosfera: un ristorante notevole.

Dominik , via Terzo di Sotto 13 0472 830144, *dominik@relaischateaux.com, Fax 0472 836554,* , , , , – , cam, rist, – 130. . rist **b**
chiuso marzo – **Pasto** al Rist. ***Park Restaurant*** *(chiuso domenica escluso agosto)* carta 37/56 – **35 cam** 160/195, 1 suites – ½ P 122,50.
◆ Una risorsa per un relax di classe, rivolto a chi desidera godere di un soggiorno curato sotto ogni profilo. Il servizio è attento ed espletato in ambienti eleganti. Incantevole pergolato sotto cui godere del servizio ristorante estivo.

Grüner Baum, via Stufles 11 0472 274100, *info@gruenerbaum.it, Fax 0472 274101,* , , riscaldata, , – , rist, – 100. . **e**
chiuso dal 21 al 31 marzo e dal 2 al 28 novembre – **Pasto** carta 17/34 – 11 – **80 cam** 75/90 – ½ P 105.
◆ C'è anche il giardino con piscina riscaldata in quest'imponente hotel di città, che riesce comunque ad inserirsi con armonia nel contesto architettonico circostante. Sala da pranzo dallo stile omogeneo, all'insegna della tradizione sudtirolese.

Goldener Adler senza rist, via Ponte Aquila 9 ☎ 0472 200621, *info@goldener-adler.com, Fax 0472 208973,* – . AE VISA c
26 cam 60/116, 2 suites.
◆ Un caratteristico edificio del Cinquecento, da secoli votato all'ospitalità, che oggi offre ai propri privilegiati ospiti la possibilità di un soggiorno sobriamente elegante.

Temlhof, via Elvas 76 ☎ 0472 836658, *temlhof@dnet.it, Fax 0472 835539,* ← monti e città, – . AE VISA. rist v
dicembre-6 gennaio e Pasqua-ottobre – **Pasto** *(chiuso a mezzogiorno e martedì)* (solo su prenotazione) 25/34 – **43 cam** 82/124, 2 suites – ½ P 82.
◆ Questo albergo, situato in zona panoramica e tranquilla, è avvolto da un giardino con piscina e dispone di un'interessante raccolta di attrezzi agricoli e mobili antichi. Varie sale ristorante, tutte abbastanza intime e raccolte.

Senoner-Unterdrittl, lungo Rienza 22 ☎ 0472 832525, *hotelsenoner@dnet.it, Fax 0472 832436,* – . AE VISA. rist r
chiuso dal 2 novembre al 1° dicembre – **Pasto** *(chiuso lunedì)* carta 26/35 – **24 cam** 52/94 – ½ P 60.
◆ La parte antica della struttura è originaria del XV sec.; le acque gorgoglianti del torrente Rienza scorrono a poca distanza: un'ospitalità dal sapore di storia e natura. Apprezzabile servizio ristorante, d'estate anche all'aperto.

Oste Scuro-Finsterwirt, vicolo del Duomo 3 ☎ 0472 835343, *info@finsterwirt.com, Fax 0472 835624* – . AE VISA. m
chiuso dall'11 gennaio al 2 febbraio, dal 21 giugno al 5 luglio, domenica e lunedì – **Pasto** carta 24/39.
◆ E' questo uno dei ristoranti più tradizionali e suggestivi della città. L'ambiente tipico tirolese e l'arredamento antico regalano la dolce atmosfera di epoche passate.

Fink, via Portici Minori 4 ☎ 0472 834883, *Fax 0472 835268* – . VISA. n
chiuso dal 1° al 14 febbraio, dal 1° al 14 luglio, martedì sera (escluso luglio-agosto) e mercoledì – **Pasto** carta 30/39.
◆ Sotto i portici, questo tradizionale luogo della ristorazione cittadina presenta due alternative: consumazioni veloci al piano terra, sala più classica al primo piano.

Sunnegg, via Vigneti 67 ☎ 0472 834760, *Fax 0472 208357,* – . AE VISA 1 km per via Cesare Battisti
chiuso dal 14 gennaio al 13 febbraio, dal 16 giugno al 2 luglio, giovedì a mezzogiorno e mercoledì – **Pasto** carta 30/40.
◆ Qui, tra i vigneti, è possibile gustare un approccio sincero alla cucina del territorio, ricco di specialità stagionali, con servizio estivo all'aperto e vista sui monti.

ad Elvas *Nord-Est : 4 km – alt. 814 – ✉ 39042 Bressanone :*

Hofstatt, Elvas 26 ☎ 0472 835420, *info@hofstatt.com, Fax 0472 836249,* ← – VISA.
chiuso dal 10 gennaio al 28 febbraio – **Pasto** (solo per alloggiati) – **14 cam** 33/66 – ½ P 45.
◆ La casa in stile tipicamente montano, la gestione familiare, la collocazione in zona collinare e panoramica: tutto concorre al raggiungimento di un sano e genuino relax.

a Cleran (Klerant) *Sud : 5 km – alt. 856 – ✉ 39040 Sant'Andrea in Monte :*

Fischer, Cleran 196 ☎ 0472 852075, *info@hotel-fischer.it, Fax 0472 852060,* ← Bressanone e valle d'Isarco, – . VISA. rist
chiuso dal 9 novembre al 4 dicembre – **Pasto** *(chiuso domenica sera e lunedì)* carta 28/41 – **23 cam** 60/90 – ½ P 60.
◆ Isolata e con una vista incantevole sul fondovalle, una risorsa che si offre con vari convincenti servizi e camere confortevoli e di tutto riposo. Architettura tipica. Per i pasti la rustica e caratteristica stube o l'ariosa e luminosa sala da pranzo.

BREUIL-CERVINIA

11021 Aosta 561 E 4 *G. Italia – alt. 2 050 – a.s. 27 marzo-10 aprile, agosto e Natale – Sport invernali : 2 050/3 500 m 4 16 (Comprensorio Monte Rosa ski collegato con Valtournenche e Zermatt - Svizzera) anche sci estivo.*

Vedere *Località*★★.

Cervino (giugno-settembre) ☎ 0166 949131, Fax 0166 940700.

via Carrel 29 ☎ 0166 949136, breuil-cervinia@montecervino.it, Fax 016 949731.

Roma 749 – Aosta 55 – Biella 104 – Milano 187 – Torino 116 – Vercelli 122.

Hermitage, via Piolet 1 ☎ 0166 948998, *hermitage@relaischateaux.com, Fax 0166 949032,* ← Cervino e Grandes Murailles, – 40. AE VISA.
4 dicembre-2 maggio e 3 luglio-29 agosto – **Pasto** carta 51/68 – **33 cam** 250/350, 7 suites – ½ P 240.
◆ L'atmosfera è quella di un grande chalet di montagna, in cui risulta dolce e naturale sentirsi coccolati e conquistati. Eleganza e tradizione, per un'ospitalità esclusiva. Ristorante in cui buon gusto e personalizzazioni consentono di vivere momenti speciali.

Sertorelli Sporthotel, piazza Guido Rey 28 ☎ 0166 949797, *sertorelli@libero.it, Fax 0166 948155,* ≤ Cervino e Grandes Murailles, – . AE MC VISA.
20 novembre-2 maggio e luglio-7 settembre – **Pasto** 16/25,82 – **62 cam** 102/180, suite – ½ P 110.
◆ Un hotel di recente costruzione, in posizione centrale e panoramica, in cui confort moderni e professionalità possono regalare soggiorni ideali per turisti esigenti. Tre sale ristorante, di cui la meno capiente è davvero intima e raccolta.

Excelsior-Planet, piazzale Planet 1 ☎ 0166 949426, *info@excelsiorplanet.com, Fax 0166 948827,* ≤ Cervino e Grandes Murailles, – . MC VISA.
novembre-aprile e luglio-agosto – **Pasto** carta 37/51 – 15 – **12 cam** 119/140, 23 suites 180 – ½ P 125.
◆ Una struttura in cui godere di un'ospitalità attenta e vicina alle esigenze di ogni cliente. Il clima è familiare, ma si percepisce una professionalità acquisita col tempo. Ristorante d'albergo dal menù eclettico.

Bucaneve, piazza Jumeaux 10 ☎ 0166 949119, *info@hotel-bucaneve.it, Fax 0166 948308,* ≤ Cervino e Grandes Murailles, , – . AE MC VISA.
15 novembre-aprile e luglio-15 settembre – **Pasto** 30/40 – **20 cam** 99/198, 4 suites – ½ P 135.
◆ La scelta nell'arredo è in grado di fare la differenza: atmosfere particolarmente calde ed intime, in puro stile montano. Spazi comuni accoglienti, ubicazione centrale. Al ristorante anche specialità della Valle d'Aosta.

Jumeaux senza rist, piazza Jumeaux 8 ☎ 0166 949044, *info@hotel-jumeaux.com, Fax 0166 949886,* ≤ Cervino – . AE MC VISA
novembre-maggio e luglio-settembre – **29 cam** 90/130, suite.
◆ Risorsa attiva sin dal 1905, in comoda posizione centrale, presenta ambienti comuni accoglienti e confortevoli con una caratteristica e luminosissima saletta relax.

Mignon, via Carrel 50 ☎ 0166 949344, *info@mignoncervinia.com, Fax 0166 949687* – . MC VISA.
novembre-1° maggio e luglio-10 settembre – **Pasto** *(chiuso a mezzogiorno)* 21/26 – **20 cam** 85/170 – ½ P 115.
◆ Albergo completamente ristrutturato pochi anni or sono, si presenta in modo invitante negli ambienti comuni, ma soprattutto nelle belle e caratteristiche camere. Ristorante dalla calda e semplice atmosfera famigliare.

Punta Maquignaz, piazza Guide Maquignaz ☎ 0166 949145, *puntamaquignaz@punta maquignaz.it, Fax 0166 948055,* ≤ Cervino e Grandes Murailles, – . AE MC VISA.
novembre-2 maggio e agosto – **Pasto** al Rist. ***Ymeletrob*** *(dicembre-2 maggio)* carta 39/61 – **33 cam** solo ½ P 170.
◆ Hotel centrale, esternamente rifinito in legno, internamente arredato secondo i canoni dello stile alpino. In bella mostra una ricca collezione di trofei di caccia. Griglia a vista in sala ristorante.

Cime Bianche , località La Vieille 44 ☎ 0166 949046, *info@hotelcimebianche.com, Fax 0166 949046,* ≤ Cervino e Grandes Murailles, , prenotare, , – . MC VISA.
chiuso dal 15 maggio al 1° luglio e dal 15 settembre al 15 ottobre – **Pasto** (solo su prenotazione) carta 26/48 – **15 cam** 80/160 – ½ P 104.
◆ Hotel in cui l'ambientazione tipica e originale è data dai rivestimenti in legno e dai complementi d'arredo frutto della sapienza artigiana della gente di montagna. Ristorante preso d'assalto a pranzo. A cena si sta assai più tranquilli.

Breithorn, via Guido Rey ☎ 0166 949042, *breithorn@libero.it, Fax 0166 948363,* ≤ Cervino e Grandes Murailles – . AE MC VISA. rist
novembre-15 maggio e luglio-25 settembre – **Pasto** *(chiuso a mezzogiorno)* 15/30 – 8 – **24 cam** 47/93 – ½ P 80.
◆ Una risorsa sobria, in posizione eccezionale per gli amanti dello sci da fondo, da cui è possibile godere di una bellissima vista sul Cervino e sulla Grandes Murailles.

sulla strada regionale 46 :

Chalet Valdôtain, località Lago Blu 2 (Sud-Ovest : 1,4 km) ✉ 11021 ☎ 0166 949428, *info@chaletvaldotain.it, Fax 0166 948874,* ≤ Cervino e Grandes Murailles, , , , – . AE MC VISA. rist
novembre-aprile e giugno-settembre – **Pasto** carta 26/38 – 13 – **35 cam** 113/208 – ½ P 115.
◆ Gode di una bella posizione questo hotel, situato in zona isolata e panoramica. Una gestione preparata, ambienti curati, spazi e servizi comuni assolutamente godibili. Piacevole e ariosa sala ristorante, dagli arredi caratteristici.

Les Neiges d'Antan ⛰, Cret de Perreres 10 (Sud-Ovest : 4,5 km) ✉ 11021 ☎ 0166 948775, *info@lesneigesdantan.it, Fax 0166 948852,* ≤ Cervino e Grandes Murailles – TV P. AE MC VISA
6 dicembre-1º maggio e luglio-15 settembre – **Pasto** carta 35/48 – **21 cam** ☐ 280 – ½ P 160.
◆ In origine si trattava di una baita, nel corso del tempo è stata trasformata in un tranquillo e piacevole albergo. Perdura l'atmosfera antica, ricca di armoniosi silenzi. Cucina del territorio, clima di casa.

Lac Bleu, località Lago Blu Sud-Ovest : 1 km ✉ 11021 ☎ 0166 949103, *info@hotel-lacbleu .com, Fax 0166 949902,* ≤ monti e Cervino, – TV P. AE MC VISA. rist
3 dicembre-aprile e luglio-25 settembre – **Pasto** (solo per alloggiati) 17/22 – ☐ 11 – **20 cam** 48/90 – ½ P 75.
◆ Albergo a gestione familiare in cui semplicità e cortesia costituiscono un binomio molto apprezzato, anche grazie alla bellezza data dal panorama sul maestoso Cervino.

BRIAGLIA *12080 Cuneo* 561 I 5 – *288 ab. alt. 557.*

Roma 608 – Cuneo 31 – Savona 68 – Torino 80.

Marsupino, piazza Serra 20 ☎ 0174 563888, *Fax 0174 563888,* prenotare – AE MC VISA
chiuso dall'8 gennaio all'8 febbraio, dal 1º all'11 luglio, dal 12 al 22 settembre, mercoledì e giovedì a mezzogiorno – **Pasto** carta 23/31.
◆ Un paesino di poche case, in una delle quali trova posto la trattoria: tre sale su due piani. Cucina del territorio con proposte interessanti e preparazioni accurate.

Se cercate un hotel tranquillo consultate prima le carte tematiche dell'introduzione e trovate nel testo gli esercizi indicati con il simbolo ⛰

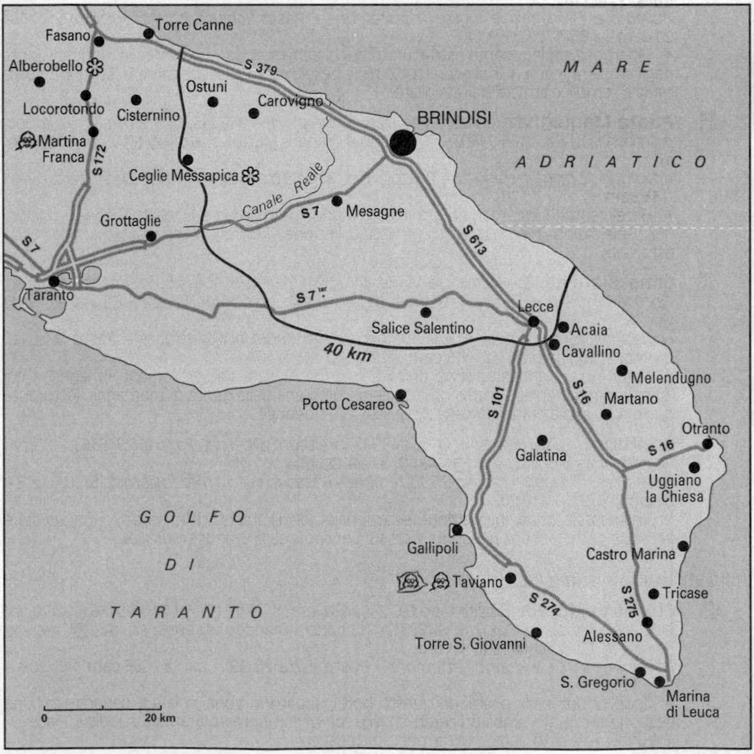

BRINDISI *72100* P 564 F 35 *G. Italia – 93 013 ab. – a.s. 18 luglio-settembre.*

Vedere *Colonna romana★ (termine della via Appia)* **Y A.**

✈ *di Papola-Casale per ④ : 6 km ☎ 0831 418805, Fax 0831 413436.*

ℹ *lungomare Regina Margherita 44 ☎ 0831 523072, aptbrindisi@pugliaturismo.com, Fax 0831 523072.*

A.C.I. *via Aldo Moro 61 ☎ 0831 583053.*

Roma 563 ④ – Bari 113 ④ – Napoli 375 ④ – Taranto 72 ③.

BRINDISI

Amalfi (Via) .... **V** 3
Balsamo (Via Grazia) .... **X** 7
Bono (Via Eduardo dal) .... **X** 10
Caduti (Viale) .... **X** 12
Canova (Via Antonio) .... **X** 13
Caravaggio (Viale) .... **X** 16
Ciciriello (Via Ettore) .... **V** 18
Commenda (Viale) .... **X** 22
Duca degli Abruzzi (Viale) .... **V** 25
Fani (Via) .... **X** 27
Imperatore Augusto (Via) .... **X** 28
Maddalena (Viale Umberto) .... **V** 30
Magaldi (Via Nicola) .... **V** 34
Marche (Via) .... **X** 36
Maria Ausiliatrice (Via) .... **X** 37
Osanna (Via) .... **VX** 42
Pace Brindisina (Via) .... **X** 45
Pellizza da Volpedo (Via G.) .... **X** 46
Ruggero di Flores (Via) .... **V** 51
S. Angelo (Via) .... **X** 52
S. Giovanni Bosco (Via) .... **X** 57
Soldati (Via Anastasio) .... **X** 63
Tirolo (Via) .... **X** 66
Togliatti (Viale Palmiro) .... **X** 67
Villafranca (Via) .... **X** 70

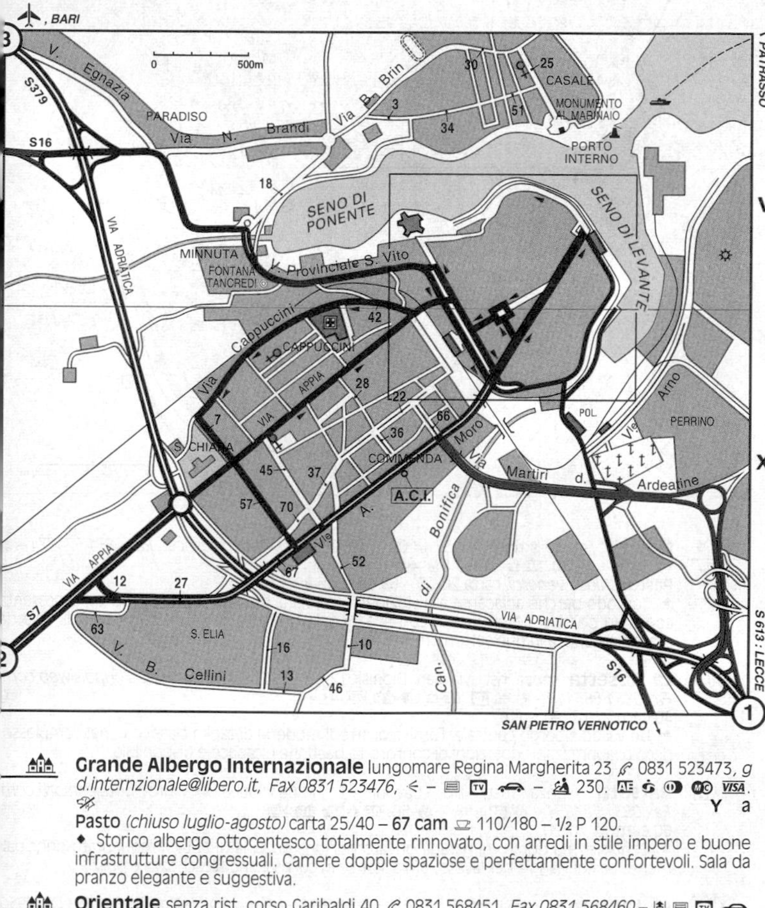

Grande Albergo Internazionale lungomare Regina Margherita 23 ☎ 0831 523473, *g d.internzionale@libero.it, Fax 0831 523476,* ← – ▤ TV 🚗 – 🏛 230. AE ⓢ ⓓ MC VISA. ✂ **Y a**

Pasto *(chiuso luglio-agosto)* carta 25/40 – **67 cam** ☕ 110/180 – ½ P 120.

◆ Storico albergo ottocentesco totalmente rinnovato, con arredi in stile impero e buone infrastrutture congressuali. Camere doppie spaziose e perfettamente confortevoli. Sala da pranzo elegante e suggestiva.

Orientale senza rist, corso Garibaldi 40 ☎ 0831 568451, *Fax 0831 568460* – 🛗 ▤ TV 🚗 P – 🏛 140. AE ⓢ ⓓ MC VISA JCB. ✂ **Y c**

50 cam ☕ 88/119.

◆ In posizione strategica, vicino al mare e in pieno centro, un albergo moderno e di nuova concezione frequentato da turisti di passaggio, ma anche dalla clientela d'affari.

BRINDISI

Amena (Via) . . . . Y 4
Annunziata (Via) . . . . Y 6
Betolo (Via) . . . . Z 9
Cappellini (Via) . . . . Z 15
Cittadella (Via) . . . . Y 19
Colonne (Via) . . . . Y 21
Commenda (Viale) . . . . . Z 22
De Marco (Via C.) . . . . Z 24
Garibaldi (Corso) . . . . Y
Madonna della Neve (Via) . . . . . . Y 31
Madonna della Scala (Via) . . . . . . Z 33
Matteotti (Piazza) . . . . Y 39
Montenegro (Via) . . . . Y 40
Osanna (Via) . . . . Z 42
Pozzo Traiano (Via) . . . . Y 47
Provinciale San Vito (Via) . . . . Y 48
Regina Margherita (Lungomare) . . . . Y 49
S. Barbara (Via) . . . . Y 54
S. Dionisio (Via) . . . . Y 55
S. Margherita (Via) . . . . Y 58
Santi (Via) . . . . Y 60
Sauro (Via Nazario) . . . . Z 61
Tarantini (Via) . . . . Y 64
Tunisi (Via) . . . . Y 69
Umberto I (Corso) . . . . YZ

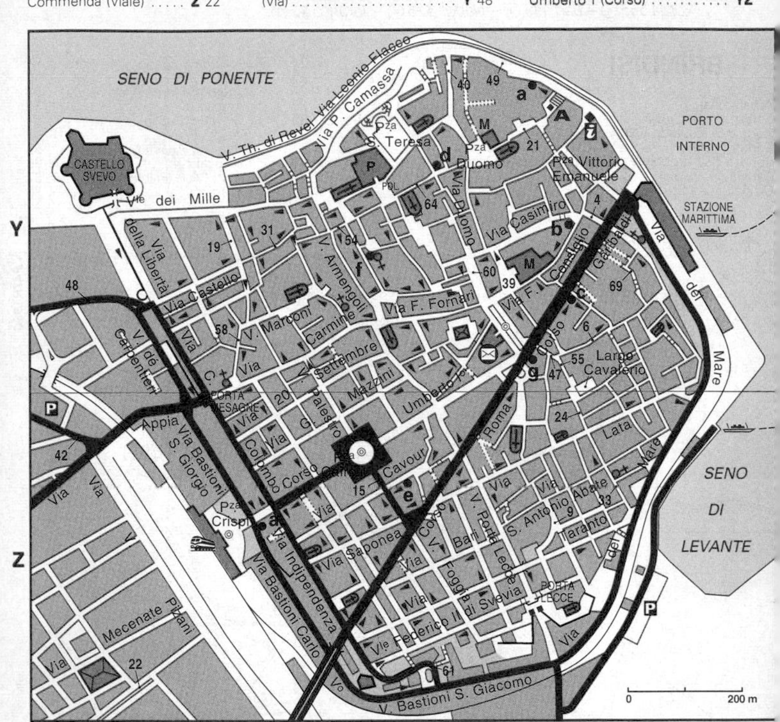

Majestic, corso Umberto I 137 ✆ 0831 597941, *info@ht-majestic.it, Fax 0831 524071* – ▤ TV P – 80. AE VISA JCB. rist Z a
Pasto *(chiuso venerdì)* carta 20/25 – **68 cam** 88/125 – 1/2 P 85.
◆ Comodo perché adiacente alla stazione ferroviaria e non distante dal porto, si presenta come un classico hotel di città con spazi comuni gradevoli e stanze funzionali. Sala da pranzo articolata in due settori omogenei.

La Rosetta senza rist, via San Dionisio 2 ✆ 0831 590461, *rosetta@brindisiweb.com Fax 0831 563110* – ▤ TV. AE VISA JCB Y g
40 cam 67/90, suite.
◆ Un valido albergo centrale, fornito di arredi moderni di taglio classico e, nel complesso ricco di apprezzabili dotazioni di confort. La gestione è capace e disponibile.

Barsotti senza rist, via Cavour 1 ✆ 0831 560877, *info@hotelbarsotti.com Fax 0831 563851* – ▤ TV – 50. AE VISA Z e
60 cam 70/90.
◆ Centrale, ma dotato di garage privato per una dozzina di auto. Frequentato principalmente da chi viaggia per lavoro, offre stanze in cui risaltano freschezza e pulizia.

La Lanterna, via Tarantini 14 ✆ 0831 564026, *antimo.nobile@tin.it, Fax 0831 524950* – ▤. AE VISA. Y c
chiuso dal 10 al 30 agosto, sabato a mezzogiorno e domenica – **Pasto** carta 26/37.
◆ In un antico palazzo del XV secolo del centro città, a due passi dal porto, trova posto questo classico ed elegante ristorante. Accogliente giardino per il servizio estivo.

Pantagruele, Salita di Ripalta 1/5 ☎ 0831 560605, prenotare – ▤. AE ● ◑ MC VISA JCB. ✂ Y b
chiuso dal 15 al 30 agosto, sabato a mezzogiorno e domenica – **Pasto** carta 30/45.
◆ Si potrebbe definire un'osteria signorile, senza fare torto alla cura e alla passione della gestione, né tantomeno allo spirito e allo stile dell'ambiente e della cucina.

La Terrazza, via Lauro 34 ☎ 0831 523170, ☂, Rist. e pizzeria – ▤. ● VISA. ✂ Y f
chiuso domenica sera e lunedì – **Pasto** carta 15/20.
◆ Mobili in legno massiccio in stile rustico, all'interno di questo informale ristorantino sviluppato su due piani, di cui l'ultimo abbellito da una suggestiva terrazza.

BRIONA *28072 Novara* 561 F 7, 219 ⑯ – *1 138 ab. alt. 216.*
Roma 636 – Stresa 51 – Milano 63 – Novara 17 – Vercelli 32.

a Proh *Sud-Est : 5 km – ✉ 28072 Briona :*

Trattoria del Ponte, via per Oleggio 1 ☎ 0321 826282, *Fax 0321 826282* – ▤ P. ● MC VISA. ✂
chiuso dal 25 dicembre al 13 gennaio, dal 13 al 21 agosto, lunedì sera e martedì – **Pasto** carta 20/29.
◆ Luminosa e curata trattoria, affacciata sulle risaie e sulla caratteristica campagna novarese. Cucina profondamente legata alla tradizione con preparazioni di stagione.

BRISIGHELLA *48013 Ravenna* 562 J 17 – *7 502 ab. alt. 115 – Stazione termale, a.s. 20 luglio-settembre.*
ℹ piazza Porta Gabalo 5 ☎ 0546 81166, iat.brisighella@racines.rait, Fax 0546 81166.
Roma 355 – Bologna 71 – Ravenna 48 – Faenza 13 – Ferrara 110 – Firenze 90 – Forlì 27 – Milano 278.

La Meridiana ⛰ senza rist, viale delle Terme 19 ☎ 0546 81590, *info@lameridianahotel.it, Fax 0546 81590,* 🌳 – |♦| TV ♿ P – 🏛 50. AE ● ◑ MC VISA
aprile-ottobre – **54 cam** ☕ 75/96.
◆ Struttura sorta sulle rive del fiume Lamone nella zona degli stabilimenti termali. Attività pluridecennale sempre all'insegna di un sano e genuino spirito d'ospitalità.

Agriturismo Relais Varnello, borgo Rontana 34 (Ovest : 3 km) ☎ 0546 85493, *info@varnello.it, Fax 0546 83124,* 🏊, 🌳 – ▤ TV P. AE ● ◑ MC VISA. ✂
chiuso da gennaio e febbraio – **Pasto** (solo per alloggiati e prenotare) – **6 cam** ☕ 120/180.
◆ Ex casa colonica, risalente agli anni Venti, totalmente ristrutturata, dispone di camere confortevoli e personalizzate. La proprietà confina con il parco naturale Carnè.

Gigiolè con cam, piazza Carducci 5 ☎ 0546 81209, *info@gigiole.it, Fax 0546 81275,* prenotare – |♦|, ▤ cam, TV. AE ● ◑ MC VISA JCB. ✂
chiuso dal 15 gennaio al 12 febbraio – **Pasto** *(chiuso domenica sera e lunedì)* carta 35/45 – **8 cam** ☕ 85/100, suite – ½ P 85.
◆ Più di quarant'anni di attività, sempre in mano alla stessa salda e affidabile famiglia. Cucina romagnola servita in una sala all'interno di un antico palazzo del centro.

a Cavina *Sud-Ovest : 8 km – ✉ 48013 Brisighella :*

Torre Pratesi ⛰, via Cavina 11 ☎ 0546 84545, *torrep@tin.it., Fax 0546 84558,* ⇐ monti e vallata, 🏊 riscaldata, 🌳 – |♦| ▤ TV P. AE ● ◑ MC VISA JCB. ✂ rist
Pasto (solo su prenotazione) 40/50 – **4 cam** ☕ 150/180, 5 suites 210 – ½ P 130.
◆ Una sorta di piccolo feudo, con tanto di torre di guardia medievale, situato in aperta campagna in posizione panoramica e molto tranquilla. Lo stile è rustico-elegante. La sala ristorante è raccolta, il menù toscano.

a La Strada Casale *Sud-Ovest : 8 km – ✉ 48010 Fognano :*

Strada Casale, via Statale 22 ☎ 0546 88054, *Fax 0546 88054,* ☂, Rist.-enoteca, prenotare – P. AE ● ◑ MC VISA JCB. ✂
chiuso dal 10 al 30 gennaio, dal 1° al 10 giugno, dal 10 al 20 settembre, mercoledì e a mezzogiorno (escluso sabato-domenica) – **Pasto** carta 24/32.
◆ Ristorante-enoteca fuori paese, ricavato da una casa di campagna ristrutturata sapientemente. La sala da peranzo è calda, invitante e dotata di un grande camino.

BRISSOGNE *11020 Aosta* 561 E 4, 219 ③ – *881 ab. alt. 894.*
Roma 717 – Aosta 13 – Moncalieri 118 – Torino 108.
◆ Una casa in sasso, interamente ristrutturata, all'interno di un piccolo borgo ubicato tra vigne e meli. Una decina di camere con arredi standard, graziose e rifinite con cura.

Agriturismo Le Clocher du Mont-Blanc ⛰ senza rist, frazione Pallù Dessus 2 ☎ 0165 762196, *clocherdumontblanc@libero.it, Fax 0165 772107,* 🌳 – TV P – **7 cam** ☕ 60.
◆ Una casa in sasso, interamente ristrutturata, all'interno di un piccolo borgo ubicato tra vigne e meli. Una decina di camere con arredi standard, graziose e rifinite con cura.

BRIXEN = Bressanone.

BROGLIANO *36070 Vicenza* 562 F16 – *2 895 ab. alt. 172.*
Roma 540 – Verona 54 – Venezia 90 – Vicenza 31.

Locanda Perinella , Via Bregonza 34 ☎ 0445 947688, *Fax 0445 947688*, – |‡|, cam, ▤ TV ♿ P. AE ◎ VISA.
chiuso dal 1º all'8 gennaio e dal 7 al 23 agosto – **Pasto** *(chiuso domenica sera e lunedì)* carta 22/43 – ☐ 6 – **22 cam** 72/120.
◆ Antico edificio di campagna ristrutturato con intelligenza e arredato con semplice e tradizionale purezza. Mobili d'epoca e pregevoli elementi architettonici originali. Menù invitante, ambiente rustico-elegante in sala e all'aperto.

BRONI *27043 Pavia* 561 G 9 – *9 411 ab. alt. 88.*
Roma 548 – Piacenza 37 – Alessandria 62 – Milano 58 – Pavia 20.

sulla strada statale 10 *Nord-Est : 2 km :*

Liros senza rist, quartiere Piave 104 ✉ 27043 ☎ 0385 51007, *Fax 0385 51007* – ▤ TV P – 120. AE ◎ VISA
☐ 5 – **22 cam** 47/57.
◆ Albergo d'impostazione classica, comodo per chi viaggia, vista l'ubicazione nelle immediate vicinanze dell'uscita autostradale. Stanze semplici, sobrie e funzionali. Menù turistico o alla carta, in entrambi i casi specialità lombarde ed emiliane.

BRUCOLI *Siracusa* 565 P 27 – *Vedere Sicilia (Augusta) alla fine dell'elenco alfabetico.*

Le nostre guide alberghi e ristoranti, le nostre guide turistiche e le nostre carte stradali sono complementari. Utilizzatele insieme.

BRUGNERA *33070 Pordenone* 562 E 19 – *8 154 ab. alt. 16.*
Roma 564 – Belluno 59 – Pordenone 15 – Treviso 38 – Udine 68 – Venezia 64.

Ca' Brugnera, via Villa Varda 4 ☎ 0434 613232, *info@cabrugnera.com, Fax 0434 61345*6 – |‡| ▤ TV ♿ P – 600. AE ◎ VISA
chiuso agosto – **Pasto** *(chiuso domenica sera e lunedì a mezzogiorno)* carta 25/47 – **60 cam** ☐ 80/120, 4 suites – ½ P 75.
◆ Imponente e moderno hotel che nella facciata esterna manifesta un richiamo, seppur remoto, allo stile Neoclassico. Ideale per la clientela d'affari e congressuale. La ristorazione ha ricevuto notevole attenzione nell'organizzazione degli spazi.

BRUNECK = Brunico.

BRUNICO (BRUNECK) *39031 Bolzano* 562 B 17 *G. Italia* – *13 700 ab. alt. 835 – Sport invernali : 935/2 275 m 14 11 (Comprensorio Dolomiti superski Plan de Corones)* .
Vedere *Museo etnografico* di Teodone.*
via Europa 26 ☎ 0474 555722, info@bruneck.com, Fax 0474 555544.
*Roma 715 – Cortina d'Ampezzo 59 – Bolzano 77 – Brennero 68 – Dobbiaco 28 – Milano 36*5 *– Trento 137.*

Rosa d'Oro-Goldene Rose senza rist, via Bastioni 36/b ☎ 0474 413000, *info@hotelgoldenerose.com, Fax 0474 413099* – |‡| TV ♿ – 30. AE ◎ VISA JCB
chiuso giugno – **21 cam** ☐ 124.
◆ Questa risorsa costituisce un esempio eccellente di come si possa coniugare la modernità dei servizi e delle installazioni, col calore della tradizione. Camere ottime.

a Stegona (Stegen) *Nord-Ovest : 2 km – alt. 817 – ✉ 39031 Brunico :*

Langgenhof, via San Nicolò 11 ☎ 0474 553154, *info@langgenhof.com*, *Fax 0474 552110*, – |‡|, rist, TV ♿ P. AE ◎ VISA. rist
Pasto *(chiuso domenica e a mezzogiorno)* carta 28/37 – **27 cam** solo ½ P 80/150.
◆ Un maso, edificio tipico di queste parti, riadattato con intelligenza e buon gusto; per ospitare turisti in cerca di genuinità, da viversi nello spirito della tradizione. Originali e meravigliose stufe nella sala da pranzo. Tutto trasmette passione e cura.

a San Giorgio (St. Georgen) *Nord : 2 km – alt. 823 – ✉ 39031 Brunico :*

Gissbach , via Gissbach 27 ☎ 0474 551173, *info@gissbach.com, Fax 0474 550714*, – |‡| TV P. AE ◎ VISA. rist
dicembre-Pasqua e giugno-ottobre – **Pasto** carta 27/35 – **25 cam** ☐ 125/180, 8 suites – ½ P 89.
◆ Un edificio in tipico stile di montagna, ma con alcuni interessanti spunti architettonici che caratterizzano in modo curioso gli interni. In un paesino caratteristico. Armonica fusione di sapori, colori e odori nell'atmosfera sudtirolese della sala da pranzo.

a Riscone (Reischach) *Sud-Est : 3 km – alt. 960 – ✉ 39031 :*

Schöenblick, via Reiperting 1 ✆ 0474 541777, *hotel@schoenblick.it, Fax 0474 541745,* ←, Centro benessere, ≘s, ⊠, ⚘ – |⇕|, ▭ ✆ ♿ ⇔ P – 🏔 25. AE $ ⊙ ⊕ VISA. ✱ rist
dicembre-20 aprile e 15 maggio-20 ottobre – **Pasto** al Rist. ***Juwel*** carta 40/52 – **45 cam** ☕ 160/250, 3 suites – ½ P 130.
◆ Imponente ed elegante struttura cinta dal verde; all'interno grandi spazi in stile montano di taglio moderno e tono signorile. Belle stanze spaziose, dotate di ogni confort. Calda atmosfera nella sala da pranzo rivestita in perlinato; molto accogliente.

Royal Hotel Hinterhuber ⋙, via Ried 1/A ✆ 0474 541000, *info@royal-hinterhuber.com, Fax 0474 548048,* ← monti e pinete, ⚐, ≘s, ⛱ riscaldata, ⊠, ✗ – |⇕|, ⇔ rist, ≡ rist, ▭ ⇔ P. AE $ ⊙ ⊕ VISA JCB. ✱ rist
5 dicembre-21 marzo e giugno-3 ottobre – **Pasto** (solo per alloggiati) 18,50/25 – **55 cam** ☕ 80/140 – ½ P 105.
◆ L'hotel adatto a chi cerca un luogo nel quale trovare assoluto relax e magari praticare un po' di sport. Impossibile rinunciare al parco con piscina riscaldata e tennis.

Rudolf, via Riscone 33 ✆ 0474 570570, *info@hotel-rudolf.com, Fax 0474 550806,* ← Plan de Corones, Centro benessere, ⚐, ≘s, ⊠, ⚘ – |⇕|, ⇔ cam, ▭ ⇔ P. AE $ ⊙ ⊕ VISA JCB. ✱ rist
Pasto *(chiuso novembre)* carta 24/46 – **34 cam** ☕ 120/180, 4 suites – ½ P 95.
◆ Il punto di forza dell'albergo è rappresentato senz'altro dagli ambienti e dai servizi comuni di livello assolutamente apprezzabile. In più il panorama e la tranquillità. Ristorante d'impostazione classica nello stile dell'arredo e nella composizione del menù.

Majestic ⋙, Im Gelande 20 ✆ 0474 410993, *info@hotel-majestic.it, Fax 0474 550821,* ← Plan de Corones, Centro benessere, ⚐, ≘s, ⛱ riscaldata, ⚘ – |⇕|, ⇔ rist, ▭ P. $ ⊕ VISA. ✱ rist
5 dicembre-18 aprile e 10 maggio-25 ottobre – **Pasto** (solo per alloggiati) 22/40 – **52 cam** ☕ 75/186 – ½ P 111.
◆ In posizione parzialmente isolata, una risorsa in cui silenzio e tranquillità consentono una vacanza di assoluto relax. Notevoli dotazioni e attrezzature sportive.

BRUSSON *11022 Aosta* **561** *E 5 – 896 ab. alt. 1 331 – a.s. Pasqua, febbraio, marzo e Natale – Sport invernali : 1 730/2 230 m ⛷3, ⛷.*
ℹ *piazza Municipio 2 ✆ 0125 300240, infobrusson@libero.it, Fax 0125 300691.*
Roma 726 – Aosta 53 – Ivrea 51 – Milano 164 – Torino 93.

Laghetto, rue Trois Villages 291, località Diga ✆ 0125 300179, *info@hotellaghetto.it, Fax 0125 300613,* ← – P. AE $ ⊙ ⊕ VISA. ✱ cam
chiuso da novembre al 7 dicembre – **Pasto** *(chiuso mercoledì)* carta 20/28 – ☕ 8 – **18 cam** 30/56 – ½ P 55.
◆ Albergo a gestione familiare, in cui trascorrere un soggiorno rilassante e sobrio. Attratti dalle montagne e anche dall'adiacente laghetto per la pesca sportiva. Due sale ristorante, una dedicata ai turisti di passaggio, l'altra per gli ospiti dell'hotel.

BUDOIA *33070 Pordenone* **562** *D 19 – 2 123 ab. alt. 140.*
Roma 600 – Belluno 65 – Pordenone 32 – Treviso 58 – Udine 69 – Venezia 90.

Ciasa de Gahja, via Anzolet 13 ✆ 0434 654897, *info@ciasadegahja.com, Fax 0434 654815,* ⛱, ⚘ – ▭ P. AE $ ⊙ ⊕ VISA
Pasto carta 33/41 – ☕ 10 – **14 cam** 80/120 – ½ P 90.
◆ Un'antica residenza di caccia, rinnovata con alcuni tocchi di autentica eleganza, in cui assaporare un'ospitalità intima e sincera. Per chi sogna relax e tranquillità. Il ristorante rappresenta una quieta realtà, dalla cucina fantasiosa.

Il Rifugio, località Val de Croda Nord-Ovest : 3 km ✆ 0434 654915, *il.rifugio@libero.it,* ⛱, prenotare, ⚘ – P. AE $ ⊙ ⊕ VISA. ✱
chiuso dal 2 al 16 gennaio, dal 12 al 26 giugno, giovedì a mezzogiorno e mercoledì (escluso luglio e agosto) – **Pasto** carta 26/34.
◆ Accoglienti salette interne con camino, suggestivo servizio estivo all'aperto proprio al limitare del bosco. La cucina è a base di selvaggina, funghi e carni grigliate.

BUDRIO *40054 Bologna* **562** *I 16 – 15 488 ab. alt. 25.*
Roma 401 – Bologna 22 – Ferrara 46 – Ravenna 66.

Sport Hotel senza rist, via Massarenti 10 ✆ 051 803515, *htlsport@tin.it, Fax 051 803580* – |⇕| ▭ P. AE $ ⊙ ⊕ VISA. ✱
chiuso dal 23 dicembre al 3 gennaio – **31 cam** ☕ 73/145.
◆ Una risorsa di taglio abbastanza semplice, giustamente apprezzata per la propria funzionalità e per la comoda ubicazione a poca strada dal polo fieristico bolognese.

Centro Storico, via Garibaldi 10 ☎ 051 801678, *Fax 051 6924414*, Coperti limitati; prenotare – ▤. AE ⓢ ⓓ MC VISA. ✂
chiuso dal 20 al 28 febbraio, dal 25 al 31 agosto, domenica sera e lunedì – **Pasto** carta 32/42.
◆ La cucina affonda le proprie radici nella tradizione, ma rivisitata e alleggerita. Una risorsa gradevole, a gestione familiare, in posizione facilmente individuabile.

BULLA (PUFELS) *Bolzano – Vedere Ortisei.*

BURAGO DI MOLGORA *20040 Milano* **561** F 10, **219** ⑲ – *4 173 ab. alt. 182.*
Roma 591 – Milano 22 – Bergamo 37 – Lecco 33 – Monza 9.

Brianteo, via Martin Luther King 3/5 ☎ 039 6082118 e rist. ☎ 039 6080436, *hotel@brianteo.it, Fax 039 6084338,* – ▤ TV P – 60. AE ⓢ ⓓ MC VISA JCB. ✂
chiuso dal 23 dicembre al 6 gennaio e dal 3 al 26 agosto – **Pasto** (prenotare) carta 36/46 – ☕ 6 – **50 cam** 77/116, 2 suites – ½ P 101.
◆ Struttura votata alla soddisfazione delle esigenze della clientela d'affari. Camere ampie, curate e funzionali, benché semplici; sono validi anche gli spazi comuni. Un grande salone e due sale più raccolte, menù d'impronta classica.

BURANO *Venezia – Vedere Venezia.*

BURGSTALL = Postal.

BURGUSIO (BURGEIS) *Bolzano* **561** B 13, **218** ⑧ – *Vedere Malles Venosta.*

BUSALLA *16012 Genova* **561** I 8 – *6 043 ab. alt. 358.*
Roma 513 – Genova 26 – Alessandria 59 – Milano 123.

Vittoria, via Vittorio Veneto 177 ☎ 010 9761284, *albergovittoria@tiscalinet.it, Fax 010 9760635* – TV ♿. ⓢ MC VISA. ✂
chiuso dal 1º al 20 gennaio – **Pasto** *(chiuso venerdì)* carta 22/32 – **15 cam** ☕ 52/78.
◆ Piccola e accogliente risorsa, in centro e a due passi dalla stazione ferroviaria. Rinnovata con grande attenzione al recupero di stili architettonici e materiali tipici. Le decorazioni e le luci del ristorante testimoniano l'estro artistico della gestione.

Grit, piazza Garibaldi 9 ☎ 010 9641798, *Fax 010 9641798*, , prenotare – AE ⓢ MC VISA. ✂
chiuso dal 1º all' 8 marzo, agosto e lunedì – **Pasto** carta 27/47.
◆ Ristorante sviluppato su tre salette e d'estate anche nella minuscola piazzetta antistante, dove sono sistemati alcuni tavolini. Cucina casalinga, con tocchi creativi.

BUSCATE *20010 Milano* **561** F 8, **219** ⑰ – *4 261 ab. alt. 177.*
Roma 611 – Milano 38 – Gallarate 15 – Novara 21.

Scià on Martin, viale 2 Giugno, 1 ☎ 0331 803000, *sciaonmartin@betanet.it, Fax 0331 803500* – ▤ TV ♿ P. AE ⓢ ⓓ MC VISA. ✂
chiuso dal 23 dicembre al 2 gennaio e agosto – **Pasto** carta 38/47 – **44 cam** ☕ 103,29/129,11 – ½ P 115.
◆ Struttura recentemente ampliata, potenziata e rimodernata in molte parti. È dunque anche il livello di confort è stato elevato e adeguato alle ultime novità ed esigenze. Sala ristorante che ha conservato uno stile rustico e caratteristico.

BUSSANA *Imperia – Vedere San Remo.*

BUSSETO *43011 Parma* **562** H 12 – *6 829 ab. alt. 39.*
piazza Verdi 10 (Municipio) ☎ 0524 92487, info@bussetolive.com, Fax 0542 93174.
Roma 490 – Parma 35 – Piacenza 32 – Bologna 128 – Cremona 25 – Fidenza 15 – Milano 93.

I Due Foscari, piazza Carlo Rossi 15 ☎ 0524 930031, *Fax 0524 91625*, , – ▤ TV P. AE ⓢ ⓓ MC VISA. ✂
– **Pasto** *(chiuso dal 5 al 25 agosto e lunedì)* carta 28/46 – ☕ 8 – **20 cam** 60/85 – ½ P 76,50.
◆ Una suggestiva e scenografica dimora di campagna, con arredi in stile e mobili d'epoca. Insomma, una via caratteristica e originale per immergersi nella terra di Verdi. Facile farsi sopraffare dalla meraviglia dell'ambientazione della sala ristorante.

X **Ugo,** via Mozart 1 ☎ 0524 92307, *Fax 0524 91990*, Coperti limitati; prenotare. VISA JCB
chiuso dal 1º al 10 gennaio, dal 1º al 15 novembre, lunedì e martedì sera – **Pasto** carta 26/34.
◆ Un'entusiastica gestione familiare, capace di riproporre i dettami della cucina parmense, figlia di un territorio ricco di prodotti tipici e di preparazioni eccezionali.

a Samboseto *Est : 8 km – ✉ 43011 Busseto :*

XXX **Palazzo Calvi** con cam, via Samboseto 26 ☎ 0524 90211, *palazzo.calvi@libero.it, Fax 0524 90213*, – TV P – 60. AE VISA JCB
chiuso dal 1º al 15 gennaio e dal 1º al 15 agosto – **Pasto** *(chiuso martedì a mezzogiorno e lunedì)* carta 34/47 – 5 – **6 cam** 95/115, 2 suites.
◆ Villa patrizia del XVIII sec. di una bellezza rara, forse perché vivamente rispettosa della storia e delle tradizioni del luogo. Privilegiato viaggio nel dolce passato.

BUSSOLENGO *37012 Verona* 562 F 14 – *16 835 ab. alt. 127.*

Roma 504 – Verona 13 – Garda 20 – Mantova 43 – Milano 150 – Trento 87 – Venezia 128.

Montresor Hotel Tower, via Mantegna 30/a ☎ 045 6761000, *hotels@montresor.it, Fax 045 6762222* – |₺|, cam, TV P – 500. AE VISA.
Pasto carta 22/40 – 8 – **144 cam** 137/164.
◆ Architettura e arredi che colpiscono per la modernità e la ricerca del lusso. Il risultato è una torre di cristallo, visibile a notevole distanza, dagli arredi sfarzosi. Per i pasti numerose proposte culinarie e grande capacità ricettiva.

sulla strada statale 11 *Sud : 3 km :*

Crocioni Hotel Rizzi senza rist, località Crocioni 46 a/b ✉ 37012 ☎ 045 6700200, *crocioni@hotelrizzi.com, Fax 045 6767490*, – |₺|, cam, TV P – 40. AE VISA.
chiuso dal 22 dicembre al 10 gennaio – **62 cam** 70/90.
◆ Hotel in cui è facilmente riconoscibile lo stile tipico degli anni Settanta; le stanze offrono varie soluzioni, alcune anche molto confortevoli. Giardino con laghetto.

BUSTO ARSIZIO *21052 Varese* 561 F 8 – *78 225 ab. alt. 224.*

Le Robinie via per Busto Arsizio ✉ 21058 Solbiate Olona ☎ 0331 329260, Fax 0331 329266.

Roma 611 – Milano 35 – Stresa 52 – Como 40 – Novara 30 – Varese 27.

XXX **Antica Osteria I 5 Campanili,** via Maino 18 ☎ 0331 630493, *antonio.pagani5@tin.it, Fax 0331 630493*, prenotare la sera, –. AE VISA JCB
chiuso dal 6 al 15 gennaio, dal 16 al 20 agosto e lunedì a mezzogiorno – **Pasto** carta 40/64.
◆ Un locale elegante, con un bel giardino per il servizio estivo e una nutrita e affezionata clientela d'habitué. La cucina si affida a valide e fantasiose elaborazioni.

BUTTRIO *33042 Udine* 562 D 21 – *3 773 ab. alt. 79.*

Roma 641 – Udine 12 – Gorizia 26 – Milano 381 – Trieste 57.

Locanda alle Officine, via Nazionale 46/48 (Sud-Est : 1 km) ☎ 0432 673304, *localleofficine@nauta.it, Fax 0432 673408*, – |₺| TV P. AE VISA.
Pasto *(chiuso domenica)* carta 30/60 – **38 cam** 100/130 – ½ P 105.
◆ Una struttura recente e decentrata che nel complesso offre un ottimo livello di confort in ogni settore. Camere spaziose, hall ampia e accogliente, valide dotazioni. Ristorante d'albergo: la cucina presenta gradite sorprese; buon rapporto qualità/prezzo.

X **Trattoria al Parco,** via Stretta 7 ☎ 0432 674025, *parco.meroi@libero.it, Fax 0432 673369*, – P. AE VISA JCB
chiuso dal 15 al 25 gennaio, dal 5 al 25 agosto, martedì sera e mercoledì – **Pasto** specialità alla brace carta 24/35.
◆ Pur essendo nel centro del paese, questa risorsa offre l'opportunità di godere del servizio estivo in un parco giardino con tanto di laghetto. Specialità alla brace.

CABRAS *Oristano* 566 H 7 – *Vedere Sardegna alla fine dell'elenco alfabetico.*

CACCAMO *Palermo* 565 N 22 – *Vedere Sicilia alla fine dell'elenco alfabetico.*

CA' DE FABBRI *Bologna* 562 I 16 – *Vedere Minerbio.*

CADEO *29010 Piacenza* 562 H 11 – *5 447 ab. alt. 67.*
Roma 501 – Piacenza 15 – Cremona 34 – Milano 76 – Parma 46.

Le Ruote, via Emilia 204, località Roveleto Sud-Est : 2 km ✆ 0523 500427, *prenotazioni@hotelleruote.it, Fax 0523 509334* – 150. rist
Pasto carta 22/41 – **66 cam** 78/118, 2 suites.
◆ Sulla via Emilia si stacca dall'ambiente circostante la moderna struttura in acciaio, rivestita di vetri a specchio; buona funzionalità e attrezzature per congressi. Ristorante dallo stile piacevolmente démodé; propone curata una cucina nazionale e locale.

Lanterna Rossa, via Ponte 8, località Saliceto Nord-Est : 4 km ✆ 0523 500563, *rist.lanterna.rossa@libero.it, Fax 0523 503057,* , solo su prenotazione –
chiuso dal 1° al 10 gennaio, agosto, lunedì sera e martedì – **Pasto** specialità di mare carta 27/45.
◆ Sono familiari l'ultratrentennale gestione e il tono di questo locale in una villetta di campagna, dove vi verranno proposte soprattutto specialità di mare.

CADIPIETRA (STEINHAUS) *Bolzano – Vedere Valle Aurina.*

CADREZZATE *21020 Varese* 561 E 7 – *1 581 ab. alt. 281.*
Roma 634 – Stresa 37 – Bergamo 102 – Milano 62 – Varese 22.

Vecchio Mulino, via Solferino 376 ✆ 0331 953179, *rist_vecchiomulino@libero.it,* prenotare –
chiuso dal 16 al 30 agosto, lunedì e a mezzogiorno – **Pasto** carta 28/47.
◆ Travi a vista e pareti in pietra, arredi della tradizione con tavoli in legno scuro e un bel camino a riscaldare la sala. Caldo ristorantino dalla cucina fantasiosa.

CAERANO DI SAN MARCO *31031 Treviso* 562 E 17 – *7 060 ab. alt. 123.*
Roma 548 – Padova 50 – Belluno 59 – Milano 253 – Trento 109 – Treviso 26 – Venezia 57 – Vicenza 48.

Agriturismo Col delle Rane senza rist, via Mercato Vecchio 18 (Nord-Est : 1 km) ✆ 0423 85585, *info@coldellerane.it, Fax 0423 650652,* –
15 cam 37/64, suite.
◆ Elegante casa colonica di fine '700, ben ristrutturata al fine di ottenere una risorsa tranquilla e confortevole. Camere con arredi in arte povera, semplici e accoglienti.

CAFRAGNA *Parma* 562 H 12 – *Vedere Collecchio.*

CAGLIARI P 566 J 9 – *Vedere Sardegna alla fine dell'elenco alfabetico.*

CAIANELLO *81040 Caserta* 564 D 24 – *1 776 ab. alt. 185.*
Roma 166 – Avellino 95 – Benevento 76 – Campobasso 100 – Caserta 44 – Napoli 71.

in prossimità casello autostrada A 1 : *Est : 3 km*

Maracuja, via Ceraselle 130/132 ✆ 0823 922545,
chiuso dal 15 al 25 settembre e giovedì – **Pasto** carta 25/38.
◆ Buon indirizzo anche per una sosta durante un viaggio in autostrada, locale sobrio e curato, a gestione familiare, per proposte che spaziano dalla terra al mare.

CAIRO MONTENOTTE *17014 Savona* 561 E 4 – *13 686 ab. alt. 320.*
Roma 566 – Genova 72 – Alba 69 – Cuneo 76 – Imperia 81 – Savona 25.

City, via Brigate Partigiane 5 M ✆ 019 505182, *hotel.city@libero.it, Fax 019 505264,* – 150. rist
Pasto *(chiuso dal 7 al 16 agosto e lunedì)* carta 18/28 – **19 cam** 80/120 – ½ P 85.
◆ Sulla statale per Savona, funzionale hotel di concezione moderna, adatto ad una clientela di lavoro e di passaggio; parquet nelle camere, dotate di buoni confort. Ampia e luminosa sala ristorante.

La Bruschetta, viale Martiri della Libertà 151 ✆ 019 504023, *Fax 019 501455,* prenotare –
chiuso dal 10 al 25 gennaio, dal 15 al 30 agosto, domenica sera e lunedì – **Pasto** carta 20/32.
◆ Poco lontano dal centro, ambiente moderno e raccolta di quadri e ceramiche; proposte di cucina del territorio, con funghi e tartufi; buon rapporto qualità/prezzo.

CALA DI VOLPE *Sassari* 566 D 10 – *Vedere Sardegna (Arzachena : Costa Smeralda) alla fine dell'elenco alfabetico.*

CALA GONONE *Nuoro* 566 G 10 – *Vedere Sardegna (Dorgali) alla fine dell'elenco alfabetico.*

CALALZO DI CADORE *32042 Belluno* 562 C 19 – *2 489 ab. alt. 806.*

via Stazione 37 ℘ 0435 32348, calalzo@infodolomiti.it, Fax 0435 517225.

Roma 646 – Cortina d'Ampezzo 34 – Belluno 45 – Milano 388 – Venezia 135.

Ferrovia, bivio Stazione 4 ℘ 0435 500705, *hotelferrovia@libero.it, Fax 0435 500384,* – 60. AE VISA.

Pasto *(chiuso domenica)* carta 21/28 – 5 – **39 cam** 68/83, 3 suites – ½ P 65.

◆ C'è tanto legno nei limitati, ma accoglienti spazi comuni di un hotel di recente potenziato; comoda ubicazione sulla strada statale, ma in centro paese. Il soffitto ligneo e le ampie finestre regalano calore e luminosità alla sala ristorante.

CALAMANDRANA *14042 Asti* 561 H 7 – *1 575 ab. alt. 314.*

Roma 599 – Alessandria 38 – Genova 98 – Asti 35 – Milano 130 – Torino 95.

Agriturismo la Corte, Regione Quartino 6 ℘ 0141 769109, *lacorte@agrilacorte.com, Fax 0141 769991,* – 50. AE VISA. rist

chiuso gennaio – **Pasto** *(chiuso lunedì e martedì)* carta 22/36 – **9 cam** 80/103, 3 suites.

◆ Imponente complesso agricolo del '700, completamente ristrutturato, adagiato sulla collina più prossima al paese. Arredi delle camere di fattura artigianale. Classica ristorazione piemontese, che d'estate viene servita nella bella corte.

Violetta, località Valle San Giovanni 1 (Nord : 2,5 km) ℘ 0141 769011, *Fax 0141 769011,* prenotare – VISA.

chiuso dal 7 al 30 gennaio, dal 1° al 10 agosto, mercoledì e le sere di domenica e martedì – **Pasto** carta 24/40.

◆ In una casa di campagna ristrutturata, ambiente senza fronzoli, sobrio e luminoso nella zona salotto e nelle salette di una trattoria casalinga di cucina piemontese.

CALAMBRONE *Pisa* 563 L 12 – *Vedere Tirrenia.*

CALANGIANUS *Sassari* 566 E 9 – *Vedere Sardegna alla fine dell'elenco alfabetico.*

CALA PICCOLA *Grosseto* 563 O 15 – *Vedere Porto Santo Stefano.*

CALASETTA *Cagliari* 566 J 7 – *Vedere Sardegna alla fine dell'elenco alfabetico.*

CALAVINO *38072 Trento* 562 D 14 – *1 224 ab. alt. 409 – a.s. Pasqua e Natale.*

Roma 605 – Trento 15 – Bolzano 77 – Brescia 100.

Da Cipriano, via Graziadei 13 ℘ 0461 564720, *Fax 0461 564720,* – AE VISA.

chiuso mercoledì e a mezzogiorno escluso domenica e giorni festivi – **Pasto** carta 19/28.

◆ Curato arredamento rustico e atmosfera familiare, come la gestione, in un ristorante con dehors estivo; le specialità della casa sono le carni alla griglia e la trota.

CALCERANICA AL LAGO *38050 Trento* 562 D 15 – *1 174 ab. alt. 463 – a.s. Pasqua e Natale.*

(giugno-settembre) piazza Municipio 3 ℘ 0461 723301, Fax 0461 723301.

Roma 606 – Trento 18 – Belluno 95 – Bolzano 75 – Milano 260 – Venezia 147.

Micamada, via San Pietro 3 ℘ 0461 723328, *Fax 0461 723349,* – rist, . rist

aprile-settembre – **Pasto** carta 19/24 – **20 cam** 38/72 – ½ P 48.

◆ Per un tranquillo soggiorno a pochi metri dal lago di Caldonazzo, ambiente familiare in un albergo con giardino; semplici, ma accoglienti gli spazi comuni e le camere. Due le sale del ristorante, di calda e simpatica ambientazione rustica.

CALCINATE DEL PESCE *Varese* 428 E 8 – *Vedere Varese.*

CALDARO SULLA STRADA DEL VINO (KALTERN AN DER WEINSTRASSE) *39052 Bolzano,* 562 C 15 – *6 790 ab. alt. 426.*

piazza Mercato 8 ℘ 0471 963169, info@kaltern.com, Fax 0471 963469.

Roma 635 – Bolzano 15 – Merano 37 – Milano 292 – Trento 53.

Cavallino Bianco-Weisses Rössl, piazza Principale 11 ☎ 0471 963137, *Fax 0471 964069,* – |‡| TV P. AE MC VISA
marzo-novembre – **Pasto** *(chiuso mercoledì)* carta 23/34 – **20 cam** ☕ 42/76.
◆ Attraente l'antica casa, un tempo cambio di cavalli di posta, che conserva anche all'interno qualche traccia del suo passato; camere semplici, ma confortevoli. Gradevole dehors estivo sulla piazza centrale per un ristorante di cucina locale.

Ritterhof, strada del Vino 1 ☎ 0471 963330, *restaurantritterhof@dnet.it, Fax 0471 964872* – P. AE MC VISA
chiuso dal 30 giugno al 2 agosto, domenica sera (escluso settembre-ottobre) e lunedì – **Pasto** carta 32/56.
◆ Tono elegante nella sala e nella piccola stube di questo locale in una caratteristica casa tirolese; curata cucina del territorio, stagionale, e piatti di pesce.

al lago *Sud : 5 km :*

Seeleiten, strada del Vino 30 ✉ 39052 ☎ 0471 960200, *info@seeleiten.it, Fax 0471 960064,* ←, , Centro benessere, , , , , – |‡|, cam, TV P. AE MC VISA. rist
15 marzo-20 novembre – **Pasto** carta 32/42 – **41 cam** ☕ 97/153, 17 suites – ½ P 85.
◆ Tante possibilità per il relax e la cura del corpo in un hotel di classe, dotato di centro benessere e cinto da giardino con laghetto-piscina e vigneto; camere di classe. Gli spazi del ristorante sono stati strutturati con raffinatezza.

Parc Hotel , Campi al lago 9 ☎ 0471 960000, *info@parchotel.cc, Fax 0471 960206,* ← lago e dintorni, , , , , , – |‡|, cam, TV P. MC VISA.
chiuso dal 7 gennaio ad aprile – **Pasto** carta 31/48 – **37 cam** ☕ 144/268, 3 suites – ½ P 144.
◆ Nuovo e imponente complesso ubicato proprio sulle rive del lago con interni di taglio classico, ma assolutamente moderni per completezza e funzionalità. Belle camere. Il panorama tiene compagnia a un menù d'impronta classica.

Seegarten , lago di Caldaro 17 ✉ 39052 ☎ 0471 960260, *seegarten@rolmail.net, Fax 0471 960066,* ← lago e monti, , , , , – |‡| TV P. MC VISA
aprile-ottobre – **Pasto** *(chiuso mercoledì)* carta 25/39 – **35 cam** ☕ 120/160, 3 suites – ½ P 88.
◆ Per gli amanti del nuoto è davvero ideale la spiaggia attrezzata di questa risorsa immersa nel verde a bordo lago e con vista sui monti; camere mirabilmente rinnovate. Il punto di forza del ristorante è senz'altro il servizio estivo in terrazza.

Seehof-Ambach , via Klughammer 3 ✉ 39052 ☎ 0471 960098, *hotel.seehof@rolmail.net, Fax 0471 960099,* ←, , , – TV P. rist
aprile-2 novembre – **Pasto** carta 21/37 – **27 cam** ☕ 93,50/157 – ½ P 83,50.
◆ Albergo in posizione incantevole, adagiato in riva al lago, circondato da boschi e vigneti, costituisce un pregevole esempio di architettura anni '70. Camere con vista. Bella sala da pranzo interna e godibile dehors a bordo lago.

a San Giuseppe al lago (Sankt Joseph am see) *Sud : 6 km – ✉ 39052 Caldaro sulla Strada del Vino :*

Haus Am Hang , via San Giuseppe al lago 57 ☎ 0471 960086, *info@hausamhang.it, Fax 0471 960012,* ← vallata e lago, , , riscaldata, , – |‡| TV P. AE MC VISA. rist
aprile-15 novembre – **Pasto** carta 31/42 – **29 cam** ☕ 69/135 – ½ P 77.
◆ Godere della quiete, del panorama e delle opportunità offerte dalla natura in un ambiente familiare e accogliente; belle camere ampie, con elegante arredamento moderno. Sala da pranzo di ambientazione tirolese.

CALDERARA DI RENO *40012 Bologna* 562 *I 15 – 11 738 ab. alt. 30.*

Roma 373 – Bologna 11 – Ferrara 54 – Modena 40.

Meeting Hotel, via Garibaldi 4 (Sud : 1 km) ☎ 051 720729 e rist ☎ 051 720250, *meeting.bo@bestwestern.it, Fax 051 720478* – |‡| TV P – 240. AE MC VISA. rist
Pasto al Rist. ***Europa*** *(chiuso dal 9 al 20 agosto e domenica)* carta 23/31 – **95 cam** ☕ 213/223.
◆ La funzionale struttura, adatta a clientela di lavoro e di passaggio, occupa una parte di un imponente complesso nella campagna bolognese; attrezzato centro congressi. Classico ristorante d'albergo, con una moderna sala di grande capienza.

a Sacerno *Ovest : 5 km – ✉ 40012 Calderara di Reno :*

Antica Trattoria di Sacerno, via di Mezzo Levante 2/b ☎ 051 6469050, *sacerno@sacerno.it, Fax 051 6469050,* – P. MC VISA.
chiuso dal 1° al 10 gennaio, dal 15 agosto al 5 settembre, domenica sera e lunedì – **Pasto** specialità di mare carta 37/53.
◆ Villetta con giardino e spazi adatti ad ogni esigenza. A piano terra la sala principale e una saletta più raccolta, in mansarda un'altra intima sala. In cucina il mare.

CALDERINO 40050 Bologna 562 I 15 – *alt. 112.*

Roma 373 – Bologna 16 – Milano 213 – Modena 45.

Nuova Roma, via Olivetta 87 (Sud-Est : 1 km) 051 6760140, *Fax 051 6760326,* , – P. AE VISA.
chiuso dall'8 al 20 gennaio, agosto, martedì e mercoledì a mezzogiorno – **Pasto** carta 28/51.
♦ Appartata nel verde dei primi colli bolognesi, frequentata trattoria familiare rimasta tale negli anni, con sedie impagliate e cucina tradizionale, ovviamente bolognese.

CALDIERO 37042 Verona 562 F 15 – *5 606 ab. alt. 44.*

Roma 517 – Verona 15 – Milano 174 – Padova 66 – Venezia 99 – Vicenza 36.

Bareta senza rist, via Strà 88 045 6150722, *info@hotelbareta.it, Fax 045 6150723* – P – 35. AE VISA.
chiuso dal 19 dicembre al 7 gennaio e dal 15 al 22 agosto – **33 cam** 65/95.
♦ Sulla strada statale, albergo di concezione moderna, ben tenuto, con interni funzionali e confort di buon livello; mobili bianchi nelle sobrie camere.

sulla strada statale 11 *Nord-Ovest : 2,5 km :*

Renato, località Vago 37042 045 982572, *ristrenato@email.it, Fax 045 982209,* – P. AE VISA
chiuso agosto, lunedì sera e martedì – **Pasto** specialità di mare carta 33/59.
♦ Tappa d'obbligo per gli amanti del pesce di mare questo ristorante classico, che propone anche piatti di carne; continuità di gestione con passaggio da padre a figlio.

CALDOGNO 36030 Vicenza 562 F 16 – *10 069 ab. alt. 54.*

Roma 548 – Padova 48 – Trento 86 – Vicenza 8.

Marco Polo senza rist, via Roma 20 0444 905533, *info@marcopolohotel.it, Fax 0444 905544,* – P. AE VISA.
6 – **15 cam** 48/64.
♦ In un edificio semplice, che richiama le tradizionali case coloniche, hotel curato, che dispone di graziose e funzionali camere, rinnovate, in ottime condizioni.

Molin Vecio, via Giaroni 56 0444 585168, *molinvecio@tin.it, Fax 0444 905447,* – P. AE VISA.
chiuso dal 7 al 15 gennaio, lunedì e martedì – **Pasto** carta 30/35.
♦ In un mulino del '500 funzionante, sale d'atmosfera (una con camino) e servizio estivo in riva ad un laghetto; cucina tipica vicentina e proposte vegetariane.

CALDONAZZO 38052 Trento 562 E 15 – *2 738 ab. alt. 485 – a.s. Pasqua e Natale.*

(aprile-settembre) piazza Vecchia 15 0461 723192, Fax 0461 723192.

Roma 608 – Trento 22 – Belluno 93 – Bolzano 77 – Milano 262 – Venezia 145.

Due Spade, piazza Municipio 2 0461 723113, *info@albergoduespade.it, Fax 0461 723113* – , rist, . VISA.
chiuso novambre – **Pasto** carta 16/23 – **24 cam** 31/57 – 1/2 P 40.
♦ E' dai primi anni del '900 che la stessa famiglia gestisce questa risorsa nel centro del paese, con giardino e piscina; arredi funzionali nelle camere ben tenute. Ristorante con due sale, una di stile quasi montano, l'altra di taglio più classico.

CALENZANO 50041 Firenze 563 K 15 – *15 140 ab. alt. 109.*

Roma 290 – Firenze 15 – Bologna 94 – Milano 288 – Prato 6.

Pianta di Firenze : percorsi di attraversamento.

Valmarina senza rist, via Baldanzese 146 055 8825336, *info@hotelvalmarina.it, Fax 055 8825250* – . AE VISA. **AR f**
34 cam 83/120.
♦ Semplice albergo di tono familiare, frequentato prevalentemente da una clientela di lavoro; camere essenziali negli arredi, ma spaziose e molto pulite.

La Terrazza, via del Castello 25 055 8873302, <, prenotare – P. AE VISA **AR e**
chiuso dal 25 dicembre al 6 gennaio, agosto, domenica e lunedì – **Pasto** carta 21/40.
♦ Un'antica casa nella parte alta della cittadina e una panoramica sala con colonne di pietra, dove gusterete casalinghi, genuini piatti di cucina toscana.

a Carraia *Nord : 4 km – 50041 Calenzano :*

Gli Alberi, via Bellini 173 055 8819912, *Fax 055 8819912* – P. AE VISA
chiuso gennaio e martedì – **Pasto** carta 25/39.
♦ In una frazione lungo la strada per Barberino, quattro sale di tono rustico e di ambiente familiare, come la gestione di lunga data, per proposte tipiche toscane.

a Pontenuovo di Calenzano *Nord : 6 km – ✉ 50041 Calenzano :*

XX **Carmagnini del 500,** via di Barberino 242 ✆ 055 8819930, *saverio@carmagninidel500.it, Fax 055 8819611,* – P – 40. AE $ (1) MC VISA.
chiuso dal 15 al 28 febbraio e lunedì – **Pasto** carta 28/39.
◆ Ambiente rustico in un ristorante «storico» della zona, dove il rito della convivialità di questa terra si rinnova da decenni; cucina toscana con ricette rinascimentali.

CALESTANO *43030 Parma* 561 I 12 – *1 770 ab. alt. 417.*
Roma 488 – Parma 36 – La Spezia 88.

X **Locanda Mariella,** località Fragnolo Sud-Est : 5 km ✆ 0525 52102, , prenotare – P. $ MC VISA
chiuso lunedì e martedì – **Pasto** carta 23/31.
◆ Trattoria ormai giunta alla terza generazione familiare, che ha saputo rinnovarsi, mantenendo saldi legami con le tradizioni locali; enciclopedica carta dei vini.

CALICE LIGURE *17020 Savona* 561 J 6 – *1 444 ab. alt. 70.*
Roma 570 – Genova 76 – Cuneo 91 – Imperia 52 – Savona 31.

XX **Al Tre,** piazza IV Novembre 3 ✆ 019 65388, *info@ristoranteal3.it,* prenotare – ▤. AE $ MC VISA
chiuso mercoledì e a mezzogiorno (escluso domenica e i giorni festivi) – **Pasto** carta 27/49.
◆ Nel centro del caratteristico borgo, simpatico locale con tocchi di originalità negli arredi e accattivanti proposte di cucina ligure tradizionale e rielaborata.

CALIZZANO *17057 Savona* 561 J 6 – *1 582 ab. alt. 660.*
ℹ *piazza San Rocco ✆ 019 79193, calizzano@inforiviera.it, Fax 019 79193.*
Roma 588 – Genova 94 – Alba 75 – Cuneo 69 – Imperia 70 – Savona 49.

Villa Elia , via Valle 26 ✆ 019 79619, *Fax 019 79633,* – |‡| TV P. AE $ (1) MC VISA. rist
Pasto carta 18/25 – **35 cam** ☐ 50/70 – ½ P 55.
◆ Nel verde entroterra ligure, un piacevole alberghetto di paese, tranquillo e circondato da giardino cintato, quindi ideale per i bambini; carine le stanze spaziose. Grandi vetrate affacciate sul giardino nella sala ristorante.

Miramonti, via 5 Martiri 6 ✆ 019 79604, *Fax 019 79796,* – |‡| TV. AE $ (1) MC VISA.
aprile-novembre – **Pasto** *(chiuso lunedì escluso da giugno a settembre)* 15/25 – **35 cam** ☐ 50/68.
◆ Ben posizionata in centro, accogliente struttura a gestione familiare, con un gradevole giardinetto; in parte rinnovate le camere, semplici, ma tenute con cura. Ristorante molto frequentato per i suoi gustosi piatti tipici, con funghi e tartufi.

CALLIANO *38060 Trento* 562 E 15 – *1 099 ab. alt. 186 – a.s. dicembre-aprile.*
Roma 570 – Trento 17 – Milano 225 – Riva del Garda 31 – Rovereto 9.

Aquila, via 3 Novembre 11 ✆ 0464 834110, *Fax 0464 834566,* , – |‡|, rist, ▤ rist, TV ♿ P. AE $ (1) MC VISA. rist
Pasto *(chiuso domenica)* carta 22/29 – **43 cam** ☐ 57/82 – ½ P 57.
◆ Dotata di parcheggio interno, giardino e piscina, una risorsa ad andamento familiare, che offre accoglienti camere, alcune ristrutturate, con rustici arredi in legno. Il ristorante dispone di varie belle sale, tra cui una stube in stile montano.

CALÒ *Milano – Vedere Besana Brianza.*

CALOLZIOCORTE *23801 Lecco* 561 E 10 – *14 344 ab. alt. 237.*
Roma 614 – Bergamo 28 – Brescia 76 – Lecco 8 – Milano 53.

Locanda Del Mel senza rist, piazza Vittorio Veneto 2 ✆ 0341 630265, *hotel@locandamel.com, Fax 0341 630265* – |‡| ▤ TV. AE $ (1) MC VISA JCB.
chiuso dall'8 al 22 agosto – **10 cam** ☐ 52/72.
◆ Sulla piazza centrale della città, una risorsa gestita dalla medesima famiglia fin dall'Ottocento; la garanzia di un soggiorno affidabile, sobrio e confortevole.

CALTAGIRONE *Catania* 565 P 25 – *Vedere Sicilia alla fine dell'elenco alfabetico.*

CALTANISSETTA P 565 O 24 – *Vedere Sicilia alla fine dell'elenco alfabetico.*

CALTIGNAGA 28010 Novara 219 ⑰ – 2 324 ab. alt. 179.

Roma 633 – Stresa 53 – Milano 59 – Novara 8,5 – Torino 99.

XX **Cravero** con cam, via Novara 8 ✆ 0321 652696, *hotelcravero@inwind.it, Fax 0321 652697,* – AE VISA.
chiuso dal 1° al 10 gennaio ed agosto – **Pasto** *(chiuso dal 1° al 15 gennaio, agosto, domenica sera e martedì)* carta 27/49 – 8 – **12 cam** 65/85.
◆ Ambiente curato e signorile, ma familiare, in un locale di lunga tradizione; convincente l'ampia gamma di proposte del territorio, talvolta rielaborate.

CALUSO 10014 Torino 561 G 5 – 7 312 ab. alt. 303.

Roma 678 – Torino 32 – Aosta 88 – Milano 121 – Novara 75.

XX **Gardenia,** corso Torino 9 ✆ 011 9832249, *babette@canavese.it, Fax 011 9833297,* , prenotare – P. AE VISA
chiuso dal 2 al 13 gennaio, dal 13 al 16 aprile, dal 25 luglio al 20 agosto, venerdì a mezzogiorno e giovedì – **Pasto** carta 40/55.
◆ Spazi interni di sobria e signorile eleganza e piacevole dehors estivo; accoglienza cordiale, servizio accurato e piatti di cucina locale rivisitati con tocco fantasioso.
Spec. Pomodoro candito con lumache di vigna alle erbe e gazpacho (primavera-estate). Cannelloni croccanti di borragine e seirass, brodetto di crostacei al profumo di limone (primavera-estate). Scamone di sanato piemontese con finanziera (autunno-inverno).

CALVI DELL'UMBRIA 05032 Terni 563 O 19 – alt. 401.

Roma 81 – Terni 30 – Orvieto 70 – Rieti 48 – Spoleto 62 – Viterbo 63.

Agriturismo Santa Brigida, località Santa Brigida 3 (Nord : 5 km) ✆ 0348 6944708, *info@bioagriturismo.it, Fax 0744 710375,* – P. VISA
Pasto *(marzo-novembre)* (solo per alloggiati; cucina vegetariana) carta 19/26 – 5 – **4 cam** 60/75, 2 suites – ½ P 61,50.
◆ Si annuncia come «bioagriturismo» questa piccola e graziosa struttura in pietra, situata fuori del paese e dotata di terrazza-piscina con vista sulla vallata.

I prezzi
Per tutte le precisazioni sui prezzi indicati in questa guida, consultate le pagine introduttive.

CALVIGNANO 27045 Pavia 561 H 9 – 140 ab. alt. 274.

Roma 566 – Alessandria 56 – Piacenza 55 – Milano 63 – Pavia 26 – Genova 114.

X **Antica Osteria di Calvignano** via Roma 6 ✆ 0383 871121, *Fax 0383 871121,* – P. AE VISA
chiuso dal 22 dicembre a gennaio e martedì; anche il lunedì sera da gennaio ad aprile – **Pasto** carta 26/34.
◆ In un borgo tra i vigneti sui colli dell'Oltrepò, una tipica trattoria a gestione familiare: due sale con soffitti in legno, dehors estivo e piatti d'impronta lombarda.

CALVISANO 25012 Brescia 561 F 13 – 7 400 ab. alt. 63.

Roma 523 – Brescia 27 – Cremona 44 – Mantova 55 – Milano 117 – Verona 66.

XXX **Gambero,** via Roma 11 ✆ 030 968009, *Fax 030 9968161,* Coperti limitati; prenotare – . VISA.
chiuso 24 dicembre, dal 12 al 16 gennaio, agosto e mercoledì – **Pasto** carta 44/60.
◆ Una tradizione familiare da 150 anni: per ritrovare i sapori della cucina locale riproposti in chiave personale e moderna in un ambiente di sobria, rigorosa raffinatezza.
Spec. Piccola marmitta di lingua e testina di vitello fredda in salsa piccante (estate). Risotto con asparagi e crema di formaggi. Piccione disossato, salsa al rosmarino e terrina di fegato grasso d'oca.

CAMAGNA MONFERRATO 15030 Alessandria 561 G 7 – 563 ab. alt. 261.

Roma 580 – Alessandria 24 – Genova 108 – Milano 90 – Torino 85.

X **Taverna di Campagna dal 1997,** vicolo Gallina 20 ✆ 0142 925645, Coperti limitati; prenotare – P. VISA
chiuso dal 15 al 28 febbraio, dal 30 agosto al 13 settembre, lunedì e a mezzogiorno – **Pasto** 26/28.
◆ Quando prenotate, è consigliabile, fatevi dare indicazioni stradali (è indispensabile!). Ambiente rustico e menù degustazione: tradizone, stagioni ed estro.

CAMAIORE *55041 Lucca* 563 K 12 *G. Toscana – 30 556 ab. alt. 47 – a.s. Carnevale, Pasqua, 15 giugno-15 settembre e Natale.*

Roma 376 – Pisa 29 – Livorno 51 – Lucca 18 – La Spezia 59.

XX **Emilio e Bona,** località Lombrici 22 (Nord : 3 km) ☎ 0584 989289, *Fax 0584 989289* – P. AE Ś ⓓ MC VISA.
chiuso gennaio e lunedì, in agosto aperto lunedì sera – **Pasto** carta 39/50.
◆ Vedrete ancora la macina nei caratteristici ambienti di questo vecchio frantoio sulla riva di un torrente, nell'entroterra; cucina locale solo di carne e buona cantina.

X **Il Centro Storico** con cam, via Cesare Battisti 66 ☎ 0584 989786, *Fax 0584 983974*, – P. AE Ś ⓓ MC VISA JCB.
Pasto *(chiuso lunedì)* carta 24/42 – ☐ 7,50 – **6 cam** 35/65.
◆ Semplice trattoria familiare che segue la stagionalità dei prodotti e una linea di cucina fedele alla tradizione del territorio; camere dignitose, tutte con bagno.

a Capezzano Pianore *Ovest : 4 km – ✉ 55040 :*

X **Il Campagnolo,** via Italica 332 ☎ 0584 913675, *Fax 0584 913675*, , Rist. e pizzeria – . AE Ś ⓓ MC VISA.
chiuso dal 7 al 25 gennaio, dal 1° al 12 novembre e mercoledì – **Pasto** carta 23/35.
◆ Ampio e luminoso, un tradizionale ristorante-pizzeria, a conduzione familiare, con dehors estivo; le proposte sono di terra e di mare, di impronta casalinga.

a Nocchi *Sud-Est : 4 km – ✉ 55063 :*

Villa gli Astri , via di Nocchi 35 ☎ 0584 951590, *info@villagliastri.it, Fax 0584 951590*, , , – rist, TV P. Ś MC VISA.
Pasqua-ottobre – **Pasto** *(chiuso a mezzogiorno)* (solo per alloggiati) 20 – **14 cam** ☐ 67,60/104 – ½ P 70.
◆ Si possono ancora ammirare alcuni dei bei soffitti affrescati che ornavano le camere di questa villa settecentesca, circondata da un tranquillo giardino con piscina.

a Montemagno *Sud-Est : 6 km – ✉ 55068 :*

XX **Le Meraviglie,** via Provinciale 13 ☎ 0584 951750, Rist. e pizzeria – P. AE Ś ⓓ MC VISA JCB.
chiuso dal 12 al 20 gennaio, dal 4 al 26 novembre, mercoledì e giovedì a mezzogiorno – **Pasto** carta 19/25.
◆ Un murale trompe l'oeil spalanca la visione della rilassante campagna toscana in un piacevole locale classico, gestito da due fratelli, uno in sala e l'altro in cucina.

CAMALDOLI *Arezzo* 563 K 17 *G. Toscana – alt. 816.*

Vedere *Località★★ – Eremo★ Nord : 2,5 km.*

CAMARDA *L'Aquila* 563 O 22 – *Vedere L'Aquila.*

CAMERANO *60021 Ancona* 563 L 22 – *6 442 ab. alt. 231.*

Roma 280 – Ancona 19 – Gubbio 112 – Macerata 48 – Pesaro 84.

sulla strada statale 16 : *Est : 3 km :*

Concorde, via Aspio Terme 191 ✉ 60021 Camerano ☎ 071 95270, *info@albergoconcorde.it, Fax 071 959476* – TV P – 25. AE Ś ⓓ MC VISA.
chiuso dal 24 dicembre al 6 gennaio – **Pasto** *(chiuso domenica)* carta 21/33 – **28 cam** ☐ 83/103 – ½ P 64.
◆ Ideale per clientela di lavoro e di passaggio, struttura di concezione moderna, che dispone di comodo parcheggio; arredi recenti nelle camere, dotate di ogni confort. Ristorante di taglio classico.

CAMERI *28062 Novara* 561 F 7 – *9 616 ab. alt. 162.*

Roma 621 – Stresa 53 – Milano 53 – Novara 10 – Torino 103.

XX **Al Caminetto,** via Cavour 30 ☎ 0321 518780, *Fax 0321 518780* – . AE Ś MC VISA.
chiuso lunedì e martedì a mezzogiorno – **Pasto** carta 33/51.
◆ Bel locale sorto all'interno di una casa padronale nel centro della località. Soffitti con travi a vista, gestione giovane ma esperta, cucina appetitosa e interessante.

I prezzi del pernottamento e della pensione possono subire aumenti in relazione all'andamento generale del costo della vita ; quando prenotate chiedete la conferma del prezzo.

CAMERINO *62032 Macerata* 563 M 16 – *7 240 ab. alt. 661.*

piazza Cavour 19 (portico Varano) 0737 632534, Fax 0737 632534.

Roma 203 – Ascoli Piceno 82 – Ancona 90 – Fabriano 37 – Foligno 52 – Macerata 46 – Perugia 85.

I Duchi, via Varino Favorino 72 0737 630440, *hoteliduchi@libero.it, Fax 0737 630455* – – 60.

chiuso 24-25 dicembre – **Pasto** carta 21/33 – **49 cam** 70/77 – ½ P 70.

◆ Per visitare una cittadina universitaria ricca di storia e d'arte, un hotel centrale, semplice, ma comodo; lineari arredi recenti nelle camere, pulite e ben tenute. Al piano interrato il ristorante, con una semplice ambientazione di tono moderno.

Osteria dell'Arte, via dell'Arco della Luna 7 0737 633558, *Fax 0737 637692* –

chiuso gennaio o febbraio e venerdì – **Pasto** carta 28/35.

◆ In uno dei caratteristici vicoli del centro, una simpatica osteria, dove troverete colore, ambiente vivace e animato e prezzi interessanti, soprattutto a mezzogiorno.

a Polverina *Sud-Est : 10 km – 62037 :*

Il Cavaliere, via Mariani 33/35 0737 46128, *h.cavaliere@libero.it, Fax 0737 46129*, in un edificio in pietra del 1500 nuove e spaziose camere accanto ad un rist. con le specialità locali – rist,

Pasto *(chiuso lunedì)* carta 17/25 – **14 cam** 40/60 – ½ P 50.

◆ Dopo avervi abitato da generazioni, una famiglia ha trasformato un edificio del '500 in una piacevole risorsa dotata di camere spaziose, nuove, con mobili di legno scuro. Simpatico ambiente di taglio rustico nella sala da pranzo.

CAMIGLIATELLO SILANO *87052 Cosenza* 564 I 31 – *alt. 1 272 – Sport invernali : 1 360/1 760 m* 1 2,

Escursioni *Massiccio della Sila** Sud.*

via Roma 5 c/o Casa del Forestiero 0984 578243, Fax 0984 427304.

Roma 553 – Cosenza 32 – Catanzaro 128 – Rossano 83.

Sila, via Roma 7 0984 578484, *Fax 0984 578286*, – – 40.

Pasto carta 21/29 – **32 cam** 60/90 – ½ P 68.

◆ Seria gestione e ottima manutenzione nella struttura migliore della frequentata località montana; confortevoli le camere, rinnovate di recente, bagni piccoli, ma moderni. Legno chiaro alle pareti dell'ampia e luminosa sala ristorante.

Aquila-Edelweiss, via Stazione 11 0984 578044, *haquila@fidad.it, Fax 0984 578753*, prenotare – – 35.

chiuso novembre e dicembre – **Pasto** *(chiuso martedì escluso luglio-agosto)* carta 25/48 – **48 cam** 55/85 – ½ P 70.

◆ Pluridecennali e collaudate l'accoglienza e l'ospitalità di questa famiglia nel suo albergo all'inizio del paese; tanto legno negli spazi comuni e camere eterogenee. Il ristorante vale la sosta; trampolino dei prodotti locali e delle ricette calabresi.

Cozza, via Roma 77 0984 579234, *hotelcozza@hotelcozza.it, Fax 0984 578034* –

Pasto 16/18 – **40 cam** 38,73/56,81 – ½ P 58.

◆ In comoda posizione centrale, un hotel di buon confort, con tipici interni di montagna rivestiti di perlinato; camere e bagni semplici, ma dignitosi e puliti. Non ha un aspetto «montano», come l'omonima struttura, il ristorante di taglio classico-moderno.

a Croce di Magara *Est : 5 km – 87052 :*

Magara , via del Fallistro 0984 578712, *magarahotel@tiscalinet.it, Fax 0984 578115*, , , , – – 150.

Pasto carta 22/33 – **101 cam** 75/130 – ½ P 85.

◆ In un suggestivo contesto naturale, perfetto per chi ama la tranquillità e l'isolamento, una struttura dotata di varie attrezzature e di camere ampie e confortevoli. Classico ristorante d'albergo, di notevoli dimensioni e capienza.

verso il lago di Cecita : *Nord-Est : 5 km – 87052 Camigliatello Silano :*

La Tavernetta, contrada Campo San Lorenzo Nord-Est : 5 km 87052 Camigliatello Silano 0984 579026, *denise.pietro@libero.it, Fax 0984 579026* –

chiuso dal 15 al 30 novembre e mercoledì – **Pasto** carta 27/42.

◆ Tovaglie a quadri in una semplice, simpatica trattoria, rinomata in zona; obiettivo gastronomico è promuovere le specialità locali incentrate sui funghi.

CAMIN *Padova – Vedere Padova.*

CAMOGLI *16032 Genova* 561 I 9 *G. Italia – 5 741 ab. – a.s. Pasqua, 15 giugno-ottobre e Natale.*

Vedere *Località★★.*

Dintorni *Penisola di Portofino★★★ – San Fruttuoso★★ Sud-Est : 30 mn di motobarca.*

via XX Settembre 33/r ✆ 0185 771066, iat.camogli@apt.genova.it, Fax 0185 771066.

Roma 486 – Genova 26 – Milano 162 – Portofino 15 – Rapallo 11 – La Spezia 88.

Cenobio dei Dogi, via Cuneo 34 ✆ 0185 7241, *reception@cenobio.it, Fax 0185 772796,* ≤ mare e Camogli, acqua di mare, – 150. AE VISA. rist

Pasto carta 36/67 e al Rist. ***La Playa*** *(15 giugno-15 settembre)* carta 33/54 – **102 cam** 151/311, 4 suites – ½ P 190,50.

◆ Per un esclusivo soggiorno in questa «perla» ligure, prestigioso, panoramico albergo di eleganza e fascino; parco e terrazze sul mare, spiaggia privata e centro estetico. Sembra di essere sospesi sul mare al ristorante, con vista, unica, del golfo di Camogli.

La Camogliese senza rist, via Garibaldi 55 ✆ 0185 771402, *info@lacamogliese.it, Fax 0185 774024,* ≤ – . AE VISA JCB.
– **21 cam** 75/87.

◆ Sul lungomare, un hotel ben ristrutturato, che offre discreto confort e buon rapporto qualità/prezzo: da alcune camere si sente la risacca sulla spiaggia sottostante.

Rosa, largo Casabona 11 ✆ 0185 773411, *Fax 0185 771088,* ≤ porticciolo e golfo Paradiso, – AE VISA JCB

chiuso dal 7 gennaio al 6 febbraio, dal 22 novembre al 6 dicembre, mercoledì a mezzogiorno e martedì – **Pasto** carta 35/48.

◆ Vista spettacolare da questa casa a strapiombo sul mare, con una veranda, costruita intorno ad un albero, e la terrazza per il servizio estivo; piatti liguri e pesce.

Da Paolo, via San Fortunato 14 ✆ 0185 773595, *angelo@ifree.it,* prenotare – . AE VISA JCB.

chiuso dal 15 al 28 febbraio, lunedì e martedì a mezzogiorno – **Pasto** specialità di mare carta 36/64.

◆ Ristorantino rustico a conduzione familiare, ubicato nel borgo antico poco lontano dal porticciolo; cucina di mare secondo le disponibilità quotidiane del mercato.

a Ruta *Est : 4 km – alt. 265 – ✉ 16030.*

Vedere *Portofino Vetta★★ Sud : 2 km (strada a pedaggio) – Trittico★ nella chiesa di San Lorenzo a San Lorenzo della Costa Est : 1 km.*

Bana, via Costa di Bana 26 ✆ 0185 772478, ≤, –

chiuso dal 9 gennaio al 12 febbraio, lunedì, martedì e i mezzogiorno di mercoledì e giovedì – **Pasto** carta 22/32.

◆ Trattoria di campagna immersa nel verde con vista sulle colline: cucina tipica dell'entroterra ligure nell'ampia, luminosa sala rustica o, d'estate, sulla terrazza.

a San Rocco *Sud : 6 km – alt. 221 – ✉ 16032 San Rocco di Camogli.*

Vedere *Belvedere★★ dalla terrazza della chiesa.*

La Cucina di Nonna Nina, via Molfino 126 ✆ 0185 773835, , Coperti limitati; prenotare – . VISA.

chiuso mercoledì – **Pasto** carta 29/44.

◆ In una classica casa ligure di una pittoresca frazione si trova questa trattoria sobria e curata; atmosfera accogliente e familiare per piatti locali, di mare e di terra.

CAMPAGNA *84022 Salerno* 564 E 27 – *14 991 ab. alt. 280.*

Roma 295 – Potenza 75 – Avellino 73 – Napoli 94 – Salerno 40.

a Quadrivio *Sud : 3,5 km – ✉ 84022 :*

Capital, Piazza Mercato ✆ 0828 45945, *info@hotelcapital.it, Fax 0828 45995,* , – . AE VISA JCB. rist

Pasto (solo per alloggiati) 16/21 – **36 cam** 64/83 – ½ P 53,50.

◆ Confortevole struttura di taglio contemporaneo, dotata di giardino con piscina, ampi spazi comuni, sale per ricevimenti e signorili camere in stile, ben accessoriate.

CAMPAGNA *Novara* 561 E 7 – *Vedere Arona.*

In questa guida
uno stesso simbolo, una stessa parola
stampati in rosso o in nero,
hanno un significato diverso.
Leggete attentamente le pagine dell'introduzione.

CAMPAGNA LUPIA *30010 Venezia* 562 F 18 – *6 230 ab..*
Roma 500 – Padova 27 – Venezia 32 – Ferrara 87.

a Lughetto *Nord-Est : 7,5 km –* ✉ *30010 Campagna Lupia :*

XXX ✿ **Antica Osteria Cera,** via Marghera 26 ✆ 041 5185009, *Fax 041 5185009*, prenotare – P. AE VISA.
chiuso dal 26 dicembre al 7 gennaio, agosto, domenica sera e lunedì – **Pasto** specialità di mare carta 51/71.
◆ Ritornato nella sua «vecchia» sede, dopo il totale rinnovo è in grado di offrire un livello maggiore di confort e di eleganza; immutata la qualità della cucina di mare.
Spec. Insalata calda di pesce e verdure con salsa verde e bottarga di tonno. Tagliolini all'uovo con frutti di mare su ristretto di crostacei. Branzino nostrano al vapore di timo su schiacciata di patate.

CAMPAGNATICO *58042 Grosseto* 563 N 15 – *100 ab. alt. 275.*
Roma 198 – Grosseto 24 – Perugia 158 – Siena 59.

XX **Locanda del Glicine** con cam, piazza Garibaldi 6 ✆ 0564 996490, *ilglicine@tin.it*, *Fax 0564 996916*, prenotare – TV. AE VISA. rist
chiuso dall'8 gennaio al 15 marzo – **Pasto** *(chiuso lunedì e a mezzogiorno escluso domenica e i giorni festivi)* carta 34/42 – **4 cam** 70/130, 2 suites 130/160 – ½ P 80.
◆ Sotto le medievali volte con pietre a vista di un ristorante d'atmosfera, con eleganti camere, un giovane chef promettente reinterpreta i piatti della tradizione toscana.

CAMPALTO *Venezia – Vedere Mestre.*

CAMPEGINE *42040 Reggio nell'Emilia* 562 H 13 – *4 529 ab. alt. 34.*
Roma 442 – Parma 22 – Mantova 59 – Reggio nell'Emilia 16.

in prossimità strada statale 9 - via Emilia *Sud-Ovest : 3,5 km :*

XX **Lago di Gruma,** vicolo Lago 7 ✉ 42040 ✆ 0522 679336, *Fax 0522 679336*, Coperti limitati; prenotare – P. AE VISA.
chiuso gennaio, luglio e martedì – **Pasto** carta 37/49.
◆ In una villetta di campagna su un laghetto, una trattoria che col tempo si è evoluta e propone una creativa cucina «d'acqua» e di terra, legata anche alle stagioni.

CAMPELLO SUL CLITUNNO *06042 Perugia* 563 N 20 – *2 357 ab. alt. 290.*
Vedere *Fonti del Clitunno★ Nord : 1 km – Tempietto di Clitunno★ Nord : 3 km.*
Roma 141 – Perugia 53 – Foligno 16 – Spoleto 11 – Terni 42.

Benedetti, via Giuseppe Verdi 32 ✆ 0743 520080, *info@hotelbenedetti.it*, *Fax 0743 275466*, – TV P. AE VISA. cam
Pasto *(chiuso martedì e a mezzogiorno dal 14 al 31 luglio)* carta 20/31 – **22 cam** 50/75 – ½ P 52.
◆ Gestione familiare per un quieto rustico in pietra tra gli oliveti umbri, a breve distanza dalle Fonti del Clitunno; mobili moderni nelle ampie camere ristrutturate. Mura con pietra a vista nella sala del rinomato ristorante.

XX **Le Casaline** con cam, località Casaline, verso Silvignano Est : 4 km ✉ 06049 Spoleto ✆ 0743 521113, *casaline@libero.it*, *Fax 0743 275099*, – TV P. AE VISA.
Pasto *(chiuso lunedì)* carta 28/44 (10 %) – 5,50 – **7 cam** 45/60 – ½ P 52.
◆ L'indirizzo giusto per chi cerca il verde di colline e oliveti: ristorante con camere in un tipico casolare di campagna; per i piatti, locali, fatevi consigliare.

a Pissignano Alto *Nord : 2 km –* ✉ *06042 Campello sul Clitunno :*

XX **Camesena,** via del Castello 3 ✆ 0743 520340, *camesena@libero.it*, prenotare – VISA.
chiuso lunedì – **Pasto** carta 37/86.
◆ Una risorsa «artistica» in un caratteristico borgo della campagna umbra, decisamente fuori mano, dove approfittare della cucina e del servizio estivo in terrazza panoramica.

CAMPESE *Grosseto* 563 O 14 – *Vedere Giglio (Isola del) : Giglio Porto.*

CAMPESTRI *Firenze – Vedere Vicchio.*

CAMPIANI *Brescia – Vedere Collebeato.*

CAMPI BISENZIO *50013 Firenze* 563 K 15 – *38 407 ab. alt. 41.*

piazza Matteotti 3 ☎ 055 8979737, campibisenzio@comune.campi-bisenzio.fi.it, Fax 055 8979745.

Roma 291 – Firenze 12 – Livorno 97 – Pistoia 20.

Kristal senza rist, via Barberinese 109 ☎ 055 890999, *info@hotelcristal.it, Fax 055 8951123* – VISA
7,75 – **29 cam** 77,47/103,29.
◆ Si trova su una strada trafficata, ma è insonorizzato questo piccolo albergo recente; spazi contenuti al pianterreno, camere funzionali, con arredi contemporanei.

L'Ostrica Blu, via Vittorio Veneto 6 ☎ 055 891036, *Fax 055 891003*, prenotare – . AE VISA.
chiuso agosto, sabato a mezzogiorno e domenica – **Pasto** specialità di mare carta 43/63.
◆ Come il suo nome già preannuncia, è un ristorante che propone specialità di mare; consolidata gestione più che decennale, ambiente di stile classico moderno.

a Capalle *Nord : 2 km – ✉ 50010 :*

Starhotel Vespucci, via S. Quirico 292/A ☎ 055 89551 e rist ☎ 055 895585, *vespucci.fi@starhotels.it, Fax 055 8986085* – cam, – 60. AE VISA JCB.
Pasto al Rist. ***La Polena*** carta 35/48 – **80 cam** 179/209.
◆ Struttura moderna, frequentata da clientela di lavoro e dotata di un comodo e capiente parcheggio chiuso; ampie, curate ed eleganti sia le aree comuni che le camere. Tinte pastello nel ristorante, che si articola in tre sale modulari.

CAMPIGLIA *19023 La Spezia* 561 J 11 – *alt. 382.*

Roma 427 – La Spezia 8 – Genova 111 – Milano 229 – Portovenere 15.

La Lampara, via Tramonti 4 ☎ 0187 758035, ≤, , prenotare
chiuso dal 7 gennaio al 7 marzo, dal 25 settembre al 25 ottobre e lunedì – **Pasto** specialità di mare carta 23/34.
◆ La vista e il sapore del mare nella luminosa e panoramicissima sala di una trattoria la cui proprietaria prepara da oltre 30 anni gustosi piatti di pesce.

CAMPIGLIA D'ORCIA *53023 Siena* 563 N 17 – *alt. 810.*

Roma 187 – Grosseto 74 – Siena 63 – Arezzo 80 – Chianciano Terme 22.

Agriturismo Casa Ranieri , Est : 1 km ☎ 0577 872639, *naranier@tin.it, Fax 0577 872639,* ≤ colline e vallate, Centro ippico con maneggio coperto, , – VISA.
aprile-ottobre – **Pasto** *(chiuso a mezzogiorno)* (solo per alloggiati) – **7 cam** 60/80, suite – ½ P 80.
◆ Relax a contatto con la natura in una casa colonica con vista su colline e vallate, ideale per gli sport equestri (maneggio coperto); arredi d'epoca nella stanze.

CAMPIONE D'ITALIA *22060 (e* **CH 6911***) Como* 561 E 8 *G. Italia* – *2 378 ab. alt. 280.*

Roma 648 – Como 27 – Lugano 10 – Milano 72 – Varese 30.

I prezzi sono indicati in franchi svizzeri.

Da Candida, via Marco 4 ☎ 091 da Lugano, dall'Italia 00.41.91 6497541, *Fax 091 da Lugano, dall'Italia 00.41.91 6497550,* Coperti limitati; prenotare – . AE VISA JCB
chiuso Carnevale, tre settimane in luglio, martedì a mezzogiorno e lunedì – **Pasto** carta 66/85.
◆ Da 10 anni uno chef della Lorena si è installato con successo in questa storica trattoria, facendone un elegante e raccolto angolo di delizie culinarie d'impronta francese.
Spec. Scaloppa di foie gras d'anatra e foie gras in terrina maison con marmellata di cipolle. Confit di coniglio con salsa al pepe verde. Crème brulée al gusto di lavanda.

CAMPITELLO DI FASSA *38031 Trento* 562 C 17 – *732 ab. alt. 1 442 – a.s. febbraio-Pasqua e Natale – Sport invernali : 1 420/2 428 m 2 8 (Comprensorio Dolomiti superski Val di Fassa) .*

via Dolomiti 46 ☎ 0462 750500, infocampitello@fassa.com, Fax 0462 750219.

Roma 684 – Bolzano 48 – Cortina d'Ampezzo 61 – Milano 342 – Moena 13 – Trento 102.

Gran Paradis, via Dolomiti 2 ☎ 0462 750135, *info@granparadis.com, Fax 0462 750148,* ≤ Catinaccio, , , , – , rist, VISA.
20 dicembre-12 aprile e 10 giugno-10 ottobre – **Pasto** carta 17/33 – 8 – **39 cam** 63/124 – ½ P 81.
◆ Sulla strada principale, all'ingresso del paese, un albergo con splendida vista sul Catinaccio; interni caldi e accoglienti, bella piscina chiusa da vetrate scorrevoli. Sala ristorante con boiserie e soffitti di legno.

Salvan, via Dolomiti 20 ☎ 0462 750307, *info@hotelsalvan.com, Fax 0462 750199,* ← Dolomiti, ⛺, ≘s, 🏊, 🌳 – |$|, ⇹ rist, TV P. AE S O MC VISA JCB. ✂
20 dicembre-12 aprile e 19 giugno-26 settembre – **Pasto** carta 23/34 – **27 cam** ☕ 73/130 – ½ P 78.
◆ Hotel a gestione familiare, situato alle porte della località, con discrete zone comuni, piscina coperta e centro salute; mobili di legno chiaro nelle piacevoli camere. Due sale ristorante: una ampia e classica, l'altra più intima e «montana».

Panorama, via Dolomiti 12 ☎ 0462 750112, *info@panoramahotel.it, Fax 0462 750243,* ←, ≘s, 🌳 – ⇹ rist, TV P. ✂
20 dicembre-20 aprile e 20 giugno-20 settembre – **Pasto** (solo per alloggiati) – **32 cam** ☕ 60/120 – ½ P 70.
◆ Albergo gestito con intraprendenza, costantemente aggiornato e sempre in grado di offrire una buona ospitalità. Buoni spazi comuni, con una piccola e graziosa stube in legno.

Alaska, via Dolomiti 42 ☎ 0462 750430, *info@hotelalaskavaldifassa.com, Fax 0462 750503,* ← Dolomiti, ≘s, 🏊 – |$|, ⇹ rist, TV 🚗 P. VISA. ✂
18 dicembre-20 aprile e giugno-settembre – **Pasto** 16/30 – ☕ 7,75 – **28 cam** 43,90/72,30 – ½ P 69.
◆ In centro, classico albergo di montagna, costruito negli anni '70; ambiente familiare, spazi comuni ben distribuiti, arredi di legno chiaro nelle camere rinnovate.

CAMPO ALL'AIA *Livorno – Vedere Elba (Isola d') : Marciana Marina.*

CAMPOBASSO *86100* P 564 *C 25 – 51 297 ab. alt. 700.*
piazza Vittoria 14 ☎ 0874 415662, Fax 0874 415370.
A.C.I. *via Cavour 14 ☎ 0874 92941.*
Roma 226 – Benevento 63 – Foggia 88 – Isernia 49 – Napoli 131 – Pescara 161.

Eden, contrada Colle delle Api Nord : 3 km ☎ 0874 698441, *hoteleden@ciaoweb.it, Fax 0874 698443,* 🌳 – |$|, ≡ rist, TV P – 🏛 500. AE S O MC VISA. ✂ rist
Pasto carta 23/50 – **58 cam** ☕ 85/120 – ½ P 85.
◆ Situata fuori del centro città, una struttura di taglio moderno, dotata di comodo parcheggio; il settore notte è semplice ed essenziale, ma di buon confort. Il ristorante dispone di ampi spazi moderni e luminosi, rinnovati in anni recenti.

Vecchia Trattoria da Tonino, corso Vittorio Emanuele 8 ☎ 0874 415200, *Fax 0874 415200,* ☂, Coperti limitati; prenotare – ≡. AE S O MC VISA. ✂
chiuso dal 20 al 30 luglio, domenica e lunedì da settembre a giugno, sabato e domenica in luglio-agosto – **Pasto** carta 31/40.
◆ Atmosfera da accogliente salotto familiare nella sala con pavimenti in cotto di un ristorante in pieno centro; in cucina creatività moderna innestata su radici locali.
Spec. Involtini di melanzane farciti di ricotta e mozzarella. Tagliatelle di castagne con broccoli e salsa di ventricina (salume; autunno-inverno). Filetto di baccalà in mantello di patate.

Miseria e Nobiltà, viale del Castello 16/18 ☎ 0874 94268, *mrcbasso@iol.it* – AE S O MC VISA. ✂
chiuso domenica, 24, 25, 31 dicembre, e dal 15 al 28 luglio – **Pasto** carta 19/34.
◆ Dal 2000 nuovo nome e nuova gestione, giovane e appassionata, per un locale rustico dai soffitti con travi a vista; cucina di taglio moderno, legata al territorio.

Aciniello, via Torino 4 ☎ 0874 94001 – ≡. AE S O MC VISA JCB. ✂
chiuso dal 10 al 22 agosto e domenica – **Pasto** carta 16/20.
◆ Storica trattoria cittadina, di ambiente semplice e familiare, ma curato nei particolari; a voce vi proporranno i piatti più tipici della tradizione molisana.

CAMPO CARLO MAGNO *Trento* 218 ⑱ ⑲ *– Vedere Madonna di Campiglio.*

CAMPO DI TRENS (FREIENFELD) *39040 Bolzano* 562 *B 16 – 2 466 ab. alt. 993 – Sport invernali : Vedere Vipiteno.*
Roma 703 – Bolzano 62 – Brennero 19 – Bressanone 25 – Merano 94 – Milano 356.

Bircher 🐦, località Maria Trens Ovest : 0,5 km ☎ 0472 647122, *info@hotelbircher.it, Fax 0472 647350,* ☂, ≘s, 🏊 – |$| TV P. S MC VISA. ✂
chiuso dal 20 novembre al 26 dicembre – **Pasto** *(chiuso martedì)* carta 31/40 – **25 cam** ☕ 50/92 – ½ P 61.
◆ Cordiale accoglienza familiare in un quieto, delizioso albergo, caldo e curato nei dettagli, con tocchi di eleganza sia negli articolati spazi comuni che nelle camere. Il legno è protagonista nell'ampia sala ristorante.

CAMPO FISCALINO (FISCHLEINBODEN) *Bolzano – Vedere Sesto.*

CAMPO FRANSCIA *Sondrio – Vedere Lanzada.*

CAMPOGALLIANO *41011 Modena* 562 H 14 – *7 671 ab. alt. 43.*

Roma 412 – Bologna 50 – Milano 168 – Modena 11 – Parma 54 – Verona 94.

Mercure, via del Passatore 160 (zona Dogana) ✆ 059 851505, *mercure.modena@accor-hotels.it, Fax 059 851377,* – |‡|, cam, ▤ TV ♿ P – 180. AE ⓢ ⓓ MC VISA JCB. rist

Pasto *(chiuso dal 20 dicembre al 5 gennaio, dal 9 al 17 agosto, sabato sera e domenica)* carta 25/46 – **97 cam** ☕ 139/151.

◆ In posizione strategica vicino alle autostrade, un edificio bizzarramente di foggia quasi «montana» ospita un albergo di buona funzionalità; attrezzato centro congressi. Foto di automobili da corsa e di corridori alle pareti del moderno ristorante.

Trattoria del Cacciatore, località Saliceto Buzzalino, Nord-Est : 2 km ✆ 059 526227, – AE ⓢ ⓓ MC VISA.

chiuso dal 1° al 15 gennaio, dal 18 agosto al 15 settembre, mercoledì sera e lunedì – **Pasto** specialità di cacciagione carta 23/33.

◆ Rustica trattoria dai toni caldi e accoglienti, che segue le tradizioni locali, però propone soprattutto specialità di cacciagione; servizio estivo sotto un pergolato.

in prossimità del casello autostradale A 22 *Sud-Est : 3,5 km :*

Trattoria Barchetta, via Magnagallo Est 20 ✆ 059 526218, *Fax 059 526218,* , Coperti limitati; prenotare – ▤. AE ⓢ ⓓ MC VISA.

chiuso dal 27 dicembre al 1° gennaio, dal 15 agosto al 7 settembre, domenica e la sera dal lunedì al giovedì – **Pasto** carta 21/33.

◆ Sarete accolti col sorriso e potrete gustare una genuina cucina del territorio nell'ambiente semplice di una frequentata, simpatica trattoria in piena campagna.

I prezzi

Per tutte le precisazioni sui prezzi indicati in questa guida, consultate le pagine introduttive.

CAMPO LOMASO *Trento – Vedere Comano Terme.*

CAMPOLONGO (Passo di) *Belluno* 562 C 17 – *alt. 1 875 – Sport invernali : 1 875/2 095 m* 9 *(Comprensorio Dolomiti superski Arabba-Marmolada).*

Roma 711 – Cortina d'Ampezzo 41 – Belluno 78 – Bolzano 70 – Milano 367 – Trento 131.

Grifone, Passo Campolongo 27 ✉ 32020 Arabba ✆ 0436 780034, *grifone@altabadia.it, Fax 0436 780034,* ≤ Dolomiti e dintorni, , – |‡| TV ♿ P. AE ⓢ ⓓ MC VISA. rist

20 dicembre-4 aprile – **Pasto** (solo per alloggiati) – **56 cam** ☕ 208/320 – ½ P 180.

◆ Vicino agli impianti di risalita, hotel recente, costruito secondo criteri di bioarchitettura, con interni lussuosi, dove predomina il legno chiaro; ampia area benessere.

Boé, ✉ 32020 Arabba ✆ 0436 79144, *info@hotelboe.com, Fax 0436 79275,* ≤ Dolomiti, – |‡| TV P. ⓢ MC VISA.

dicembre-aprile e giugno-settembre – **Pasto** *(chiuso martedì)* carta 19/24 – ☕ 15 – **41 cam** 67/140 – ½ P 93.

◆ Per una vacanza di relax e sport, una grande casa di montagna, con tanto legno e belle terrazze, proprio sui campi di sci, nell'incomparabile scenario delle Dolomiti. Ambientazione montana sia nell'ampia sala da pranzo con vetrate che nella più raccolta stube.

CAMPORA SAN GIOVANNI *87030 Cosenza* 564 J 30.

Roma 522 – Cosenza 58 – Catanzaro 59 – Reggio di Calabria 152.

Comfortable, corso Francia 29 ✆ 0982 46048, *Fax 0982 48106,* – |‡| ▤ TV P

Pasto carta 22/29 – ☕ 2,58 – **38 cam** 33,57/61,97.

◆ E' familiare l'ambiente di questo albergo semplice, ma in costante miglioramento, dotato di piscina e comodo parcheggio interno; spiaggia a 300 m. Mare e terra di Calabria nelle proposte del ristorante dell'omonima risorsa.

CAMPOTOSTO *67013 L'Aquila* 563 O 22 – *802 ab. alt. 1 442.*

Roma 162 – L'Aquila 47 – Pescara 111 – Rieti 92 – Teramo 63.

Valle, via Roma 57 ✆ 0862 900119, ≤ lago e Gran Sasso, prenotare – P.

chiuso lunedì escluso da maggio a settembre – **Pasto** carta 30/45.

◆ La bella posizione panoramica, con vista sul lago e sul Gran Sasso, è uno dei pregi di questo semplice ristorante; piatti legati alle risorse lacustri e di montagna.

CAMPO TURES (SAND IN TAUFERS) *39032 Bolzano* 562 B 17 – *4 840 ab. alt. 874 – Sport invernali : a Monte Spico : 874/2 253 m* 10, .

via Jungmann 8 ☎ 0474 678076, info@campo-tures.com, Fax 0474 678922.
Roma 730 – Cortina d'Ampezzo 73 – Bolzano 92 – Brennero 83 – Dobbiaco 43 – Milano 391 – Trento 152.

Feldmüellerhof, via Castello 9 ☎ 0474 677100, *info@feldmuellerhof.com, Fax 0474 677320*, ≤, , , , , – , P. VISA. rist
chiuso dal 2 novembre al 5 dicembre e dal 18 aprile al 19 maggio – **Pasto** 28/55 – **51 cam** 115/240, 2 suites – ½ P 120.
◆ Hall con camino in una struttura anni '70 architettonicamente interessante, con profusione di legni a creare ampie terrazze; camere personalizzate, di varie metrature.

Alphotel Stocker, via dei Prati 41 ☎ 0474 678113, *info@hotelstocker.com, Fax 0474 679030*, , , , – , rist, P. AE VISA
chiuso dal 9 novembre al 19 dicembre e dal 4 al 24 maggio – **Pasto** (solo per alloggiati) – **43 cam** 93/164, 4 suites – ½ P 97.
◆ Soggiorno piacevole in un tradizionale, confortevole albergo tirolese, a conduzione familiare, nel centro del paese; alcune camere anche con angolo cottura.

Leuchtturm, vicolo Bayer 12 ☎ 0474 678143, *leuchtturm@rolmail.net, Fax 0474 686836* – VISA
chiuso dall' 8 giugno al 4 luglio, dal 24 gennaio al 6 febbraio, venerdì a mezzogiorno e giovedì – **Pasto** carta 37/49.
◆ Simpatico localino in stile bistrot; cucina «leggera» per lo più di tradizione mediterranea e orientale, con proposte snelle a pranzo e scelta più ampia la sera.

CAMUCIA *52042 Arezzo* 563 M 17.
Roma 201 – Perugia 48 – Arezzo 29 – Firenze 103 – Siena 70.

Reginella, viale Gramsci 57 ☎ 0575 62039, *ristorante@lareginella.com, Fax 0575 605896* – . VISA.
chiuso dal 10 al 20 gennaio e lunedì – **Pasto** carta 20/33.
◆ Ristorante moderno, impostato secondo le linee di un design originale che contempla un'illuminazione dolce e diffusa. Il menù offre specialità di mare, buona cantina.

CANALE *12043 Cuneo* 561 H 5 – *5 159 ab. alt. 193.*
Roma 637 – Torino 50 – Asti 24 – Cuneo 68.

All'Enoteca, via Roma 57 ☎ 0173 95857, *Fax 0173 95857*, , Coperti limitati; prenotare – . VISA
chiuso gennaio, agosto, giovedì a mezzogiorno e mercoledì – **Pasto** carta 44/55 .
◆ Giovane conduzione di talento in un locale accogliente, uno dei punti forti della nuova gastronomia del territorio; cortesia in sala, creatività intelligente in cucina.
Spec. Il fassone "dalla testa ai piedi" (estate). Ravioli di anatra, tortelli di cipolla candita (autunno-inverno). Costata di vitello in crosta di grissini con salsa al tuorlo (inverno).

CANALE D'AGORDO *32020 Belluno* 562 C 17 – *1 279 ab. alt. 976.*
Roma 625 – Belluno 47 – Cortina d'Ampezzo 55 – Bolzano 69 – Trento 86.

Alle Codole con cam, via 20 Agosto 27 ☎ 0437 590396, *allecodole@libero.it, Fax 0437 503112*, prenotare – VISA. cam
chiuso dal 1° al 15 giugno e novembre – **Pasto** carta 24/42 – **10 cam** 36/80 – ½ P 55.
◆ Dopo la ristrutturazione, nuove sia le camere, semplici, ma curate, che la sala di un locale che non ha perso il suo gradevole carattere familiare; cucina casalinga.

CANALICCHIO *06050 Perugia* 563 M 19 – *alt. 420.*
Roma 158 – Perugia 29 – Assisi 41 – Orvieto 66 – Terni 63.

Relais Il Canalicchio, via della Piazza 4 ☎ 075 8707325, *relais@relaisilcanalicchio.it, Fax 075 8707296*, ≤ colli e vallate, , , , , – P – 100. AE VISA. rist
Pasto al Rist. ***Il Pavone*** carta 29/48 – **35 cam** 143/179, 3 suites – ½ P 125,65.
◆ Un piccolo borgo medievale, dominante dolci e verdi vallate umbre, per un soggiorno pieno di charme; tocco inglese nelle belle camere spaziose in stile rustico elegante. Il fascino del passato aleggia nel romantico ristorante, di rigorosa raffinatezza.

CANAZEI *38032 Trento* 562 C 17 *G. Italia – 1 809 ab. alt. 1 465 – a.s. 22 gennaio-Pasqua e Natale – Sport invernali : 1 465/2 630 m* 5 9 *(Comprensorio Dolomiti superski Val di Fassa)* .
Dintorni *Passo di Sella*★★★ : ★★★ *Nord : 11,5 km – Passo del Pordoi*★★★ *Nord-Est : 12 km.*
Escursioni ≤★★ *dalla strada S 641 sulla Marmolada Sud-Est.*
piazza Marconi 5 ☎ 0462 601113, infocanazei@fossa.com, Fax 0462 602502.
Roma 687 – Bolzano 51 – Belluno 85 – Cortina d'Ampezzo 58 – Milano 345 – Trento 105.

Croce Bianca, via Roma 3 ☎ 0462 601111, *office@hotelcrocebianca.com, Fax 0462 602646*, ←, rist, TV P. AE 5 O MC VISA. rist
6 dicembre-17 aprile e giugno-settembre – **Pasto** *(chiuso lunedì e a mezzogiorno dal 6 dicembre al 17 aprile)* 22 – **45 cam** 136/264 – ½ P 149.
◆ Una tradizione familiare che si rinnova dal 1869 è garanzia di ospitalità accorta e professionale; piacevoli zone comuni ampie e articolate, invitante centro benessere. Accogliente sala ristorante.

Astoria, via Roma 92 ☎ 0462 601302, *info@hotel-astoria.net, Fax 0462 601687*, ←, – rist, TV P. AE 5 O MC VISA. rist
4 dicembre-2 maggio e 15 giugno-30 ottobre – **Pasto** al Rist. ***De Tòfi*** carta 27/36 – **36 cam** 95/160 – ½ P 115.
◆ Nello scenario delle Dolomiti, una struttura completamente rinnovata, dotata di centro benessere; di particolare confort le spaziose camere, con vivaci tessuti a fiori. Piccola saletta ristorante per i clienti di passaggio.

Cesa Tyrol, via Cascata 2 ☎ 0462 601156, *info@hotelcesatyrol.com, Fax 0462 602354*, ← Dolomiti e pinete, – rist, TV P. AE 5 O MC VISA.
15 dicembre-15 aprile e 14 giugno-3 ottobre – **Pasto** 18/23 – **41 cam** 71/126 – ½ P 78.
◆ In zona dominante, tranquilla e soleggiata, un albergo in fase di continuo rinnovo e aggiornamento. Confort e servizi adatti a ogni esigenza, gestione garbata e professionale. Al ristorante il menù riporta le specialità della zona.

Andreas, via Streda Dolomites 18 ☎ 0462 602106, *info@andreas.it, Fax 0462 602284*, ←, – rist, TV P. AE 5 O MC VISA.
20 dicembre-6 aprile e luglio-settembre – **Pasto** carta 27/45 – 25 – **32 cam** 80/130 – ½ P 75.
◆ Familiari sia la gestione che l'ospitalità in una risorsa ubicata sulla strada principale della località; spazi comuni discreti e camere dotate di buoni confort. Gradevole sala ristorante di moderna ispirazione.

Stella Alpina senza rist, via Antermont 6 ☎ 0462 601127, *stella.alpina@softcom.it, Fax 0462 602172*, – TV. AE 5 MC VISA.
5 dicembre-4 maggio e 28 maggio-19 ottobre – **8 cam** 130.
◆ Vi accoglie in costume tradizionale la proprietaria di questo delizioso, curatissimo garni, in una casa del '600, albergo già nel 1880; camere in stile ladino.

Al Viel senza rist, streda de Ciampac 7 ☎ 0462 600081, *garnialviel@virgilio.it, Fax 0462 606294*, ← – TV P.
dicembre-aprile e giugno-settembre – **12 cam** 70/100.
◆ In posizione tranquilla, un edificio di nuova costruzione, in pietra e legno, nello stile di montagna ospita un simpatico garni con atmosfera quasi da casa privata.

ad Alba *Sud-Est : 1,5 km – ✉ 38030.*

streda de Costa 258 ☎ 0462 601354, infoalba@fassa.com

La Cacciatora, via de Contrin 26 ☎ 0462 601411, *hotel@lacacciatora.it, Fax 0462 601718*, ← Dolomiti, – rist, TV P. AE 5 O MC VISA.
chiuso novembre – **Pasto** carta 23/48 – **37 cam** solo ½P 80/91.
◆ Vicino alla funivia del Ciampac, un albergo con giardino e articolati spazi interni per il relax, che dopo il recente restyling offre nuove camere di notevole confort. Ampia sala ristorante, una più intima saletta per i clienti esterni e pizzeria.

Miramonti, streda De Costa 199 ☎ 0462 601325, *miramonti@acomedia.it, Fax 0462 601066*, ←, – rist, TV P. 5 O MC VISA.
chiuso novembre – **Pasto** *(dicembre-marzo e luglio-settembre)* carta 22/26 – **28 cam** 42/60 – ½ P 75.
◆ Seria gestione familiare per una confortevole risorsa, completamente ristrutturata in anni recenti, che offre camere nuove, con arredi in legno chiaro. Al ristorante spaziosa sala principale e una più raccolta stube.

CANDELI *Firenze* 563 K 16 – *Vedere Bagno a Ripoli.*

CANDELO *13878 Biella* 561 F 6, 219 ⑮ – *7 761 ab. alt. 340.*
Roma 671 – Aosta 96 – Biella 5 – Milano 97 – Novara 51 – Torino 77 – Vercelli 37.

XXX **Angiulli,** via Cerventi 1 ☎ 015 2538998, *Fax 015 2538998*, Coperti limitati; solo su prenotazione – P. AE 5 O MC VISA.
chiuso agosto, lunedì e a mezzogiorno (escluso sabato-domenica) – **Pasto** carta 53/74.
◆ Un edificio del '700 del centro accoglie una cucina di alto livello in cui le tradizioni locali si sposano con le radici pugliesi dello chef-titolare; ambiente elegante.
Spec. Affettato di calamaro ripieno. Torchietti di farro al burro tartufato nero. Granita di caffè d'orzo con panna e caramello di fichi.

Fuori le Mura, via Marco Pozzo 4 ✆ 015 2536155, *fuorilemura@libero.it, Fax 015 2536155*, Coperti limitati; prenotare – AE 💳 MC VISA.
chiuso Capodanno, dal 1° al 15 agosto e martedì – **Pasto** 13 bc (solo a mezzogiorno) e carta 25/34.
◆ Simpatica trattoria, ricavata nelle ex stalle di un'antica stazione di posta; cucina tradizionale, con piatti creativi e altri «alla ricerca dei sapori perduti».

CANDIA CANAVESE *10010 Torino* 561 G 5 – *1 317 ab. alt. 285.*
Roma 658 – Torino 33 – Aosta 90 – Milano 115 – Novara 70.

Residenza del Lago, via Roma 48 ✆ 011 9834885, *info@residenzadelago.it, Fax 011 9834886* – TV ✆ ♿. AE 💳 MC VISA. rist
Pasto *(chiuso dal 1° al 20 agosto; prenotare)* 25/30 – **11 cam** ☕ 68/80 – ½ P 58.
◆ Una tipica casa colonica canavese, sapientemente ristrutturata, offre belle stanze con soffitti di mattoni a vista e mobili d'epoca, alcune con caminetto funzionante. Curato ambiente rustico nella saletta ristorante che dispone di dehors estivo.

Al Cantun, piazza 7 Martiri 3/4 ✆ 011 9834540, prenotare – ▤. AE 💳 ⦿ MC VISA JCB
chiuso dall'8 al 15 gennaio, dal 31 luglio al 27 agosto, domenica sera e lunedì – **Pasto** carta 25/30.
◆ Nel centro del paese, in un ristorante classico, a gestione familiare e arredato con gusto, troverete piatti del territorio, rielaborati con un pizzico di fantasia.

CANELLI *14053 Asti* 561 H 6 – *10 252 ab. alt. 157.*
Roma 603 – Alessandria 43 – Genova 104 – Asti 29 – Milano 131 – Torino 92.

Asti senza rist, viale Risorgimento 174 ✆ 0141 824220, *Fax 0141 822449* – TV P. AE 💳 ⦿ MC VISA JCB
20 cam ☕ 70/95.
◆ Nella patria dello spumante, in posizione centrale, ma tranquilla, un piccolo albergo con ambienti comuni e camere di semplice essenzialità e bagni rinnovati.

Agriturismo La Casa in Collina senza rist, località Sant'Antonio 30 (Ovest : 2 km) ✆ 0141 822827, *casaincollina@casaincollina.com, Fax 0141 823543*, ≤ colline e vigneti, – TV P. AE 💳 ⦿ MC VISA JCB
chiuso gennaio e febbraio – **6 cam** ☕ 70/110.
◆ Per un soggiorno alla scoperta delle Langhe astigiane, elegante, panoramica cascina tra i vigneti, ristrutturata e arredata con gusto; mobili d'epoca nelle ampie stanze.

San Marco, via Alba 136 ✆ 0141 823544, *info@sanmarcoristorante.it, Fax 0141 829205*, , Coperti limitati; prenotare – ▤. 💳 MC VISA.
chiuso dal 7 al 20 gennaio, dal 20 luglio al 12 agosto, martedì sera e mercoledì – **Pasto** carta 35/50.
◆ Sobria eleganza in un ristorante che da decenni custodisce e riproduce fedelmente la tradizione piemontese, in un'indefessa ricerca dei migliori prodotti del territorio.
Spec. Fonduta con tartufo bianco (autunno-inverno). Taglierini al rosso d'uovo fatti a mano con ragù di coniglio. Filetto di vitella fassona crudabattuta al coltello con insalatine.

verso Loazzolo *Sud-Ovest : 5 km :*

Agriturist Rupestr, regione Piancanelli 12 ✉ 14051 Loazzolo ✆ 0141 824799, *rupestr@virgilio.it, Fax 0141 824799*, ≤ colline, , – P
chiuso gennaio e febbraio – **Pasto** (solo su prenotazione) 18/38 – ☕ 5 – **7 cam** 55/75 – ½ P 65.
◆ Nelle colline del Dolcetto e del Moscato, tra boschi e vigneti, una cascina del '700 gestita con passione. Un indirizzo semplice ma ideale per conoscere le Langhe. Sala ristorante con caminetto, cucina piemontese.

CANEVA *33070 Pordenone* 562 E 19 – *6 281 ab..*
Roma 588 – Belluno 52 – Pordenone 24 – Portogruaro 47 – Treviso 44 – Udine 80.

Ca' Damiani senza rist, via Vittorio Veneto 3, località Stevenà ✆ 0434 799092, *cadamiani@libero.it, Fax 0434 799333* – ▤ TV ♿ P. AE 💳 ⦿ MC VISA JCB
11 cam ☕ 80/126.
◆ Atmosfera rilassata in una villa settecentesca, ristrutturata con sapienza e passione, in un parco secolare; mobili antichi negli spazi comuni e nelle grandi camere.

CANGELASIO *Parma* 561 H 11 – *Vedere Salsomaggiore Terme.*

CANICATTÌ *Agrigento* 565 O 23 – *Vedere Sicilia alla fine dell'elenco alfabetico.*

CANNARA *06033 Perugia* 563 N 19 – *3 963 ab. alt. 197.*
Roma 160 – Perugia 30 – Assisi 13 – Orvieto 79 – Terni 68.

Hortensis senza rist, via Enrico Berlinguer ☎ 0742 730026, *infohotel@hotelhortensis.it, Fax 0742 730027* – AE VISA
8 – **45 cam** 60/93.
◆ Albergo di recente realizzazione, esprime una propensione prevalentemente turistica, proponendo interessanti soluzioni per le camere. Gradito anche alla clientela d'affari.

Agriturismo La Fattoria del Gelso, via Bevagna 16 ☎ 074 272164, *Fax 074 272164*, – VISA JCB. rist
Pasto *(chiuso a mezzogiorno)* (solo per alloggiati) 25 – **8 cam** 40/55 – ½ P 65.
◆ Una vacanza di tranquillo relax in campagna a contatto con la natura in una semplice azienda agrituristica, con piscina, che offre camere accoglienti e confortevoli.

Perbacco-Vini e Cucina, via Umbero I, 14 ☎ 0742 720492 – VISA.
chiuso lunedì e a mezzogiorno – **Pasto** carta 20/34.
◆ Nato come wine-bar si è via via trasformato in un locale dove gustare una genuina cucina del territorio: la cipolla è regina. Due sale raccolte, con pareti affrescate.

Scriveteci...
Le vostre critiche e i vostri apprezzamenti saranno esaminati con la massima attenzione.
Verificheremo personalmente gli esercizi che ci vorrete segnalare
Grazie per la collaborazione !

CANNERO RIVIERA *28821 Verbania* 561 D 8 *G. Italia* – *1 112 ab. alt. 225.*
Vedere *Insieme*★★.
via Roma 27 ☎ 0323 788943.
Roma 687 – Stresa 30 – Locarno 25 – Milano 110 – Novara 87 – Torino 161.

Cannero, piazza Umberto I 2 ☎ 0323 788046, *info@hotelcannero.com, Fax 0323 788048*, ≤ lago e monti, , riscaldata, – , rist, AE VISA JCB. rist
14 marzo-3 novembre – **Pasto** al Rist. ***I Castelli*** carta 30/50 – **55 cam** 97/154 – ½ P 95.
◆ Sulla sponda occidentale del Lago Maggiore, lunga tradizione familiare di ospitalità in un albergo signorile, di fronte all'imbarcadero in tranquilla zona pedonale. Curata ambientazione classica, con lampadari e sedie in stile, nella raffinata sala ristorante.

Park Hotel Italia, lungolago delle Magnolie 19 ☎ 0323 788488, *parkhot-cannero@iol.it, Fax 0323 788498*, ≤ lago e monti, , , – VISA JCB.
marzo-ottobre – **Pasto** carta 31/42 – **25 cam** 95/160 – ½ P 95.
◆ Una verde terrazza-giardino con piscina per questo edificio primi '900 affacciato sul lago; spazi comuni adeguati e camere non amplissime, ma di discreto livello. In alternativa alla sala classica interna, d'estate sarà piacevole mangiare all'aperto.

Il Cortile con cam, via Massimo D'Azeglio ☎ 0323 787213, *cortilecannero@libero.it, Fax 0323 787213*, , coperti limitati; prenotare – AE VISA
15 marzo-6 novembre e 20 dicembre-3 gennaio – **Pasto** *(chiuso mercoledì escluso luglio-agosto)* carta 39/51 – **9 cam** 70/100.
◆ Nel centro del paese, a due passi dal lungolago, un affascinante ristorante con camere signorile e molto ricercato, dehors nella pittoresca corte interna. Cucina di ricerca.

sulla strada statale 34 *Sud-Ovest : 2 km :*

Sole senza rist, via Nuova Percassino 6 (Sud-Ovest : 2 km) ☎ 0323 788150, *cristina@albergosole.it, Fax 0323 788150*, ≤ – VISA JCB
14 cam 40/70.
◆ In posizione panoramica, per un soggiorno sul lago a prezzi contenuti, una risorsa con camere moderne e funzionali; d'estate prima colazione in terrazza con vista.

CANNETO SULL'OGLIO *46013 Mantova* 561 G 13 – *4 569 ab. alt. 35.*
Roma 493 – Parma 44 – Brescia 51 – Cremona 32 – Mantova 38 – Milano 123.

Margot senza rist, via Tazzoli, strada statale Asolana ☎ 0376 709011, *info@hotelmargot.com, Fax 0376 723961* – AE VISA JCB
23 cam 65/120.
◆ Accoglienza simpatica in un albergo di foggia moderna, nato dalle ceneri di un'osteria; un piacevole ascensore di vetro porta alle camere, rinnovate, di buon confort.

Alla Torre, piazza Matteotti 5 ☎ 0376 70121, *Fax 0376 70160* – . AE VISA.
chiuso dal 4 al 25 agosto e mercoledì – **Pasto** carta 26/38.
◆ Una vecchia osteria, rimodernata, che conserva il bar pubblico all'ingresso; cucina nazionale e mantovana, con salumi di produzione propria. Ampia proposta di vini.

verso Carzaghetto *Nord-Ovest : 3 km :*

XXXX ✿✿✿ **Dal Pescatore,** ✉ 46013 ☎ 0376 723001, *santini@dalpescatore.com, Fax 0376 70304,* , Confort accurato; prenotare, – . AE VISA JCB.
chiuso dal 1° al 21 gennaio, dal 9 agosto al 5 settembre, mercoledì a mezzogiorno, lunedì e martedì – **Pasto** carta 96/146.
◆ Una cascina lombarda e una cucina autentica e femminile: elegantissimo mix di calda accoglienza e raffinatezza per un'esperienza memorabile; d'estate si cena in giardino.
Spec. Terrina di salmone, astice e caviale asetra malossol. Risotto con pistilli di zafferano e carciofi fritti (ottobre-maggio). Maialino di razza cinta senese al forno con pepe nero di Szechuan.

CANNIGIONE *Sassari* 566 D 10 – *Vedere Sardegna (Arzachena) alla fine dell'elenco alfabetico.*

CANNIZZARO *Catania* 565 O 27 – *Vedere Sicilia alla fine dell'elenco alfabetico.*

CANNOBIO *28822 Verbania* 561 D 8 *G. Italia – 5 099 ab. alt. 224.*

Vedere *Orrido di Sant'Anna★ Ovest : 3 km.*

viale Vittorio Veneto 4 ☎ 0323 71212, fax 0323 71212.

Roma 694 – Stresa 37 – Locarno 18 – Milano 117 – Novara 94 – Torino 168.

Pironi senza rist, via Marconi 35 ☎ 0323 70624, *info@pironihotel.it, Fax 0323 72184* – AE VISA.
20 marzo-10 novembre – **12 cam** 115/145.
◆ Originale hotel d'atmosfera in un centrale palazzo del 1400, che fu monastero e dimora patrizia: saloni affrescati, soggiorno con camino e mobili d'epoca nelle stanze.

Cannobio, piazza Vittorio Emanuele III 6 ☎ 0323 739639, *info@hotelcannobio.com, Fax 0323 739596,* ← lago, – AE VISA
Pasto al Rist. ***Porto Vecchio*** *(chiuso dal 18 gennaio a febbraio e lunedì a mezzogiorno)* carta 35/50 – **18 cam** 155/170, suite.
◆ Nel centro della località, con vista sul lago, un hotel frutto di una sapiente, e recente, ristrutturazione. Gli spazi comuni sono eleganti, le camere uniformi, ma gradevoli. Ristorante con proposte classiche e servizio pizzeria.

Villa Belvedere , via Casali Cuserina 2 (Ovest : 1 km) ☎ 0323 70159, *info@villabelvederehotel.it, Fax 0323 71991,* , riscaldata, – AE VISA. rist
20 marzo-10 ottobre – **Pasto** *(chiuso a mezzogiorno)* (solo per alloggiati) – **18 cam** 75/130, suite – ½ P 80.
◆ Distensivo ambiente familiare in un piccolo, grazioso albergo che si articola in più costruzioni situate in un parco giardino con piscina riscaldata; interni curati.

XXX **Lo Scalo,** piazza Vittorio Emanuele 32 ☎ 0323 71480, *loscalo@tiscali.it, Fax 0323 738800,* , prenotare – VISA.
chiuso dall'8 gennaio al 13 febbraio, lunedì (escluso la sera dal 15 luglio al 15 agosto) e martedì a mezzogiorno – **Pasto** 33/43 e carta 40/56.
◆ Sulla piazza principale, prospiciente il lago, un ristorante elegante ed esclusivo con ampio dehors estivo; la cucina è di taglio creativo e spazia dal mare alla terra.

sulla strada statale 34 :

XXX **Del Lago** con cam, via Nazionale 2, località Carmine Inferiore ✉ 28822 ☎ 0323 70595, *enotecadellago@libero.it, Fax 0323 70595,* ←, , prenotare, , – AE VISA.
marzo-novembre – **Pasto** *(chiuso martedì e mercoledì a mezzogiorno)* carta 44/65 – 8 – **10 cam** 80/93.
◆ Una sala di sobria eleganza con vetrate o d'estate le terrazze nel giardino in riva al lago per godere di una raffinata cucina moderna, di carne, ma soprattutto di pesce.

in Valle Cannobina :

X **Osteria Grotto VinoDivino,** Ovest : 2 km ☎ 0323 71919, , prenotare, .
chiuso sino a febbraio e mercoledì (escluso maggio-agosto) – **Pasto** specialità salumi e formaggi carta 24/36.
◆ Indirizzo piacevole questa cascina dell'800: rustica sala o dehors con tavoli di pietra sotto gli alberi per piatti locali; salumi e formaggi sono la specialità.

Se dopo le h 18,00 siete ancora in viaggio confermate la vostra prenotazione telefonicamente, è consuetudine ... ed è più sicuro.

CANONICA *Milano* 561 F 9, 219 ⑲ – *alt. 231* – ✉ *20050 Triuggio.*
Roma 597 – Como 34 – Milano 35 – Bergamo 37 – Lecco 31 – Monza 9.

La Zuccona, via Immacolata 29 (Nord : 2 km) ✆ 0362 919720, *Fax 0362 918249* – AE ⓢ ⓓ ⓜⓒ VISA JCB. ✗
chiuso agosto, lunedì sera e martedì – **Pasto** specialità risotti carta 30/38.
◆ In questa trattoria, nei locali di una vecchia scuola, da oltre 20 anni si viene soprattutto per i famosi risotti, decine di tipi diversi a seconda della stagione.

CANOVE *36010 Vicenza* 562 E 16 – *alt. 1 001.*
Roma 568 – Trento 61 – Padova 87 – Treviso 100 – Vicenza 56.

Alla Vecchia Stazione, via Roma 147 ✆ 0424 692009, *info@allavecchiastazione.it, Fax 0424 692009,* , – TV P. ⓢ. ✗ cam
chiuso ottobre – **Pasto** carta 24/35 – ☕ 8 – **44 cam** 55/75 – 1/2 P 70.
◆ Ubicato di fronte al museo locale un hotel che presenta ambienti di buon livello con accessori e dotazioni in grado di garantire un soggiorno piacevole. Bella piscina. Tre diverse sale ristorante per gli ospiti dell'hotel, i clienti di passaggio e i banchetti.

CANTALUPO *Milano* – *Vedere Cerro Maggiore.*

CANTALUPO NEL SANNIO *86092 Isernia* 564 C 25 – *765 ab. alt. 587.*
Roma 227 – Campobasso 32 – Foggia 120 – Isernia 19 – Napoli 132.

Antica Trattoria del Riccio, via Sannio 7 ✆ 0865 814246 – AE ⓢ ⓓ ⓜⓒ VISA. ✗
chiuso lunedì e la sera – **Pasto** carta 16/22.
◆ Schietta, verace genuinità sia nella casalinga cucina molisana, sia nell'accoglienza e nell'ambiente di questa trattoria, con la stessa gestione familiare fin dal 1890.

Se cercate un hotel tranquillo consultate prima le carte tematiche dell'introduzione e trovate nel testo gli esercizi indicati con il simbolo

CANTELLO *21050 Varese* 561 E 8, 219 ⑧ – *4 255 ab. alt. 404.*
Roma 640 – Como 26 – Lugano 29 – Milano 59 – Varese 9.

Madonnina con cam, largo Lanfranco 1, località Ligurno ✆ 0332 417731, *elmado@working.it, Fax 0332 418403,* , – TV P. AE ⓢ ⓓ ⓜⓒ VISA. ✗
Pasto *(chiuso lunedì)* carta 37/47 – ☕ 8 – **14 cam** 70/100, 2 suites – 1/2 P 90.
◆ Un locale di charme questo ristorante, con camere raffinate, in una stazione di posta del '700 circondata da un bel parco-giardino; cucina classica che segue le stagioni.

CANTÙ *22063 Como* 561 E 9 – *35 622 ab. alt. 369.*
Roma 608 – Como 10 – Bergamo 53 – Lecco 33 – Milano 38.

Canturio senza rist, via Vergani 28 ✆ 031 716035, *Fax 031 720211* – TV P – 35. AE ⓢ ⓓ ⓜⓒ VISA. ✗
chiuso dal 24 dicembre al 6 gennaio ed agosto – ☕ 10 – **30 cam** 99/110.
◆ Gestito da 20 anni dalla stessa famiglia, un hotel ideale per clientela di lavoro e di passaggio; camere funzionali, quelle sul retro hanno un terrazzino sul verde.

Al Ponte, via Vergani 25 ✆ 031 712561, – ⓢ ⓜⓒ VISA
chiuso agosto e lunedì – **Pasto** carta 26/33.
◆ Accogliente locale, raccolto ed elegante, che resta sempre un indirizzo sicuro per piatti di cucina lombarda, oltre che italiana in genere; ampia scelta di vini.

La Scaletta con cam, via Milano 30 ✆ 031 716540, *Fax 031 716540* – rist, TV P. AE ⓢ ⓓ ⓜⓒ VISA. ✗ cam
chiuso dal 1º all'8 gennaio e dal 5 agosto al 5 settembre – **Pasto** *(chiuso venerdì sera e sabato a mezzogiorno)* carta 31/43 – **8 cam** ☕ 55/70.
◆ Tono rustico e familiare per un ristorante con camere confortevoli, ubicato alle porte della città; cucina tradizionale e proposte originarie di varie regioni.

Le Querce, via Marche 27, località Mirabello (Sud-Est : 2 km) ✆ 031 731336, *ristorantelequerce@dada.it, Fax 031 735038,* , – P. AE ⓢ ⓓ ⓜⓒ VISA
chiuso dieci giorni in gennaio, dieci giorni in agosto, lunedì sera e martedì – **Pasto** carta 31/41.
◆ In un edificio in mattoni rossi, immerso nel verde di un bosco, si aprono ampie, luminose sale signorili; in cucina prevale la classicità con variazioni personali.

CANZANO *64020 Teramo* 563 *O 23 – 1 833 ab. alt. 448.*

Roma 176 – Ascoli Piceno 67 – Pescara 56 – Ancona 144 – L'Aquila 57 – Teramo 27.

La Tacchinella, via Roma 18 ℘ 0861 555107, *latacchinella@virgilio.it, Fax 0861 555625.* VISA JCB.

chiuso domenica sera e lunedì (escluso dal 15 giugno ad agosto) – **Pasto** carta 16/27.

◆ Fedele al suo nome e alla più rinomata specialità del luogo, da anni questo locale con due sale del 1200 ha come piatto forte appunto il tacchino alla «canzanese».

CANZO *22035 Como* 561 *E 9,* 219 ⑨ *– 4 942 ab. alt. 387.*

Roma 620 – Como 20 – Bellagio 20 – Bergamo 56 – Lecco 23 – Milano 52.

Volta, via Volta 58 ℘ 031 681225, *info@hotelvolta.it, Fax 031 670167* – P. AE VISA JCB. rist

chiuso dal 20 dicembre al 15 gennaio – **Pasto** carta 27/34 – **16 cam** 50/75 – ½ P 58.

◆ Sarete accolti con cordialità e vi sentirete come a casa vostra in questo albergo a gestione familiare; carine le camere, ben arredate e con ottima dotazione di cortesia. Il ristorante dispone di un'ampia, accogliente sala d'impostazione classica.

CAORLE *30021 Venezia* 562 *F 20 – 11 506 ab. – a.s. luglio-agosto.*

Prà delle Torri (chiuso dal 9 dicembre al 12 febbraio e martedì escluso dal 20 aprile al 28 settembre) località Valle Altanea ✉ 30021 Caorle ℘ 0421 299570, Fax 0421 299570.

calle delle Liburniche 11 ℘ 0421 81085, aptcaorle@alfa.it, Fax 0421 218623.

Roma 587 – Udine 74 – Milano 326 – Padova 96 – Treviso 63 – Trieste 112 – Venezia 76.

Airone, via Pola 1 ℘ 0421 81570, *info@hotelairone.it, Fax 0421 82074,* – P. VISA.

24 maggio-18 settembre – **Pasto** 25 – **70 cam** 87/152, suite – ½ P 92.

◆ Parco-pineta con piscina e campo da tennis per una signorile struttura anni '70 fronte mare sul litorale di levante; discreti gli spazi comuni, funzionali le camere. Vetrate a parete che si aprono sui pini del giardino illuminano la sala ristorante.

International Beach Hotel, viale Santa Margherita 57 ℘ 0421 81112, *info@internationalbeachhotel.it, Fax 0421 211005,* – cam, P. AE VISA.

chiuso dicembre e gennaio – **Pasto** *(aprile-ottobre)* 10/30 – **58 cam** 67/100 – ½ P 63.

◆ Risorsa centrale, che dopo la recente ristrutturazione offre camere confortevoli, di diverse tipologie; a pochi passi, spiaggia riservata sul lungomare di ponente. Ristorante seguito con particolare cura dalla famiglia che gestisce l'hotel.

Savoy, viale Marconi ℘ 0421 81879, *savoy@savoyhotel.it, Fax 0421 83379,* – P. VISA.

9 aprile-4 ottobre – **Pasto** carta 25/40 – **62 cam** 80/145 – ½ P 78.

◆ Per chi ama trascorrere la vacanza quasi sempre in tenuta da mare è comodissima l'ubicazione di questo albergo sulla spiaggia; camere essenziali, bagni nuovissimi. Capiente sala ristorante con due pareti di vetrate che consentono la rilassante vista del mare.

Splendid, viale Santa Margherita 31 ℘ 0421 81316, *splendid@splendidhotel.it, Fax 0421 83379,* – rist, P.

10 maggio-20 settembre – **Pasto** (solo per alloggiati) 15/25 – 10,50 – **44 cam** 65/125 – ½ P 68.

◆ Albergo anni '60 rimodernato, situato a 30 m dal lungomare; gradevole terrazza-solarium da cui si gode la vista del mare e della costa; camere ampie, bagni rinnovati.

Sara, piazza Veneto 6 ℘ 0421 81123, *info@sarahotel.it, Fax 0421 210378,* – P. AE VISA. rist

marzo-15 ottobre – **Pasto** carta 21/41 – **46 cam** 65/104 – ½ P 68.

◆ Gestita da oltre 40 anni dalla stessa famiglia, struttura sita in zona centrale, ma direttamente sulla spiaggia; confortevoli le camere, chiedete quelle fronte mare. Piacevole ambiente luminoso per la sala da pranzo d'impostazione classica.

Stellamare, via del Mare 8 ℘ 0421 81203, *stellama@alfa.it, Fax 0421 83752,* – P. AE VISA. rist

Pasqua-2 novembre – **Pasto** *(Pasqua-settembre)* carta 34/42 – **33 cam** 70/108 – ½ P 68.

◆ Sulla baia di levante, non lontano dal centro storico, offre zone comuni particolarmente ariose, curate e accoglienti; camere spaziose, di buon confort. Ristorante con vetrate panoramiche.

Janeiro, via Emilia 5 ℘ 0421 81056, *janeiro@caorlevacanze.it, Fax 0421 82126,* – rist, P. VISA. rist

24 maggio-15 settembre – **Pasto** *(chiuso a mezzogiorno)* 18 – **30 cam** 59/98 – ½ P 62.

◆ Seria gestione per un consigliabile alberghetto accogliente e raccolto; camere non ampie, ma gradevoli, e simpatici spazi comuni con vimini e vivaci tessuti a fiori. Ristorante luminoso, accogliente e curato nei particolari.

Marzia, viale Dante Alighieri 2 ☎ 0421 81477, *info@hotelmarzia.it, Fax 0421 210611* – ▤ TV P. AE ⚬ ⓓ MC VISA. ✂
Carnevale e 21 marzo-ottobre – **Pasto** (solo per alloggiati) – **26 cam** ☐ 80/125, 3 suites – ½ P 65.
◆ A 50 m dalla spiaggia di ponente, grazioso hotel a conduzione familiare, ristrutturato in anni recenti; ampie le camere all'attico, con soppalco e idromassaggio.

Serena senza rist, lungomare Trieste 39 ☎ 0421 81133, *info@hotelserenacaorle.it, Fax 0421 210830*, ≤, – |‡| TV P. ✂
Pasqua-settembre – **28 cam** ☐ 55/105.
◆ Situato di fronte al litorale di levante, è un piccolo albergo familiare di buon confort; arredi essenziali nelle funzionali camere, alcune totalmente rinnovate.

Duilio con cam, strada Nuova 19 ☎ 0421 210361, *Fax 0421 210089*, , prenotare, – ▤ TV P – 50. AE ⚬ ⓓ MC VISA JCB
Pasto *(chiuso dall'11 al 28 gennaio, lunedì escluso da giugno al 20 settembre, anche il martedì negli altri mesi)* carta 25/37 – **30 cam** ☐ 49/75 – ½ P 62.
◆ Ambiente signorile in stile marinaro per un ristorante storico della zona, sorto già alla fine degli anni '50, che promette e mantiene «un vero pranzo di pesce».

a Porto Santa Margherita *Sud-Ovest : 6 km oppure 2 km e traghetto* – ✉ *30021 Caorle.*
ℹ *(maggio-settembre) corso Genova 21 ☎ 0421 260230, Fax 0421 84251*

Hotel San Giorgio, via dei Vichinghi 1 ☎ 0421 260050, *info@hotelsangiorgio.info, Fax 0421 261077*, ≤, , , – |‡| ▤ TV P. AE ⚬ ⓓ MC VISA JCB. ✂ rist
20 maggio-20 settembre – **Pasto** (solo per alloggiati) 21/30 – **100 cam** ☐ 95/120 – ½ P 90.
◆ Sembra salpare verso il largo questo grosso edificio anni '70, dotato di un parco-pineta con piscina che si estende fino alla spiaggia; ideale per chi ha dei bambini.

Ausonia senza rist, Centro Vacanze Prà delle Torri Sud-Ovest : 3 km ☎ 0421 299445, *torri@vacanze-natura.it, Fax 0421 299035*, , riscaldata, , , – |‡| ▤ TV P – 100. AE ⚬ MC VISA. ✂
12 aprile-27 settembre – **68 cam** ☐ 114.
◆ C'è solo l'imbarazzo della scelta tra le attrezzature, sportive e non, a disposizione degli ospiti di questo hotel in un mega centro vacanze; ideale per famiglie.

Oliver, viale Lepanto 3 ☎ 0421 260002, *info@hoteloliver.it, Fax 0421 261330*, ≤, , , – ▤ TV P. ⚬ MC VISA. ✂
maggio-settembre – **Pasto** carta 25/35 – ☐ 8 – **66 cam** 72/130 – ½ P 85.
◆ Offre ampi spazi esterni e ambiente familiare questo confortevole albergo, ubicato direttamente sul mare, con piccola pineta e piscina al limitare della spiaggia. Impostazione classica nell'accogliente e luminosa sala da pranzo climatizzata.

a Duna Verde *Sud-Ovest : 10 km* – ✉ *30021 Caorle :*

Playa Blanca, viale Cherso 80 ☎ 0421 299282, *info@playablanca.it, Fax 0421 299283*, ≤, – |‡| TV P. ⚬ MC VISA. ✂ rist
maggio-20 settembre – **Pasto** (solo per alloggiati) – **43 cam** ☐ 100/111 – ½ P 62.
◆ Curiosa la struttura circolare di un hotel dotato di piccola pineta con piscina e idromassaggio, ideale per famiglie con bambini anche piccoli; ospitalità cordiale.

a San Giorgio di Livenza *Nord-Ovest : 12 km* – ✉ *30020 :*

Al Cacciatore, corso Risorgimento 35 ☎ 0421 80331, *Fax 0421 290233* – ▤ P. AE ⚬ ⓓ MC VISA JCB. ✂
chiuso dal 1° al 25 luglio e mercoledì – **Pasto** specialità di mare carta 27/53.
◆ C'è tutta una famiglia a occuparsi di questo ristorante di impostazione classica, con qualche rifinitura sul rustico; pesce fresco per le specialità di mare.

CAPACCIO SCALO *Salerno* 564 F 27 – *Vedere Paestum.*

CAPALBIO *58011 Grosseto* 563 O 16 *G. Toscana – 3 912 ab. alt. 217 – a.s. Pasqua e 15 giugno-15 settembre.*

Roma 139 – Grosseto 60 – Civitavecchia 63 – Orbetello 25 – Viterbo 75.

Valle del Buttero senza rist, via Silone 21 ☎ 0564 896097, *info@valledelbuttero.it, Fax 0564 896518*, ≤ – TV P – 30. AE ⚬ MC VISA
chiuso dal 15 al 26 dicembre – ☐ 7 – **42 cam** 55/105.
◆ In un luogo dove natura, arte e storia si fondono, un hotel che offre anche appartamenti con cucina; arredi rustici negli interni e rilassante vista sulla campagna.

Agriturismo Ghiaccio Bosco senza rist, strada della Sgrilla 4 (Nord-Est : 4 km) ☎ 0564 896539, *info@ghiacciobosco.com, Fax 0564 896539*, , – ▤ TV ♿ P. ⚬ VISA. ✂
15 cam ☐ 60/100.
◆ Prati rasati, pini, bella piscina, accoglienza cordiale, camere con ottimi confort: per una tranquilla vacanza nella campagna maremmana, ma a pochi chilometri dal mare.

Tullio, via Nuova 27 ✆ 0564 896196, *Fax 0564 896196,* – . AE MC VISA
chiuso dal 10 gennaio al 10 febbraio e mercoledì (escluso dal 15 luglio al 15 settembre) – **Pasto** carta 27/41 (10 %).
◆ Tradizionale ristorante capalbiese, con arredi di un certo tono e gradevole dehors per il servizio estivo; la linea gastronomica affonda le radici nel territorio.

CAPALLE *Firenze – Vedere Campi Bisenzio.*

CAPANNORI *Lucca* 563 K 13 – *Vedere Lucca.*

CAPEZZANO PIANORE *Lucca* 563 K 12 – *Vedere Camaiore.*

CAPIAGO INTIMIANO *22070 Como* 561 E 9, 219 ⑨ – *4 842 ab. alt. 424.*
Roma 600 – Como 4 – Bergamo 65 – Lecco 27 – Milano 41.

XX **Grillo,** località Chigollo Nord-Est : 1,3 km ✆ 031 460185, *Fax 031 560132,* , Elegante trattoria di campagna – P. AE MC VISA
chiuso dal 1º al 20 gennaio, dal 20 al 30 agosto, lunedì sera e martedì – **Pasto** carta 41/54.
◆ Immersa nel verde della campagna, trattoria elegante, ricavata in una corte ristrutturata, con servizio estivo all'aperto; tocco creativo per una cucina stagionale.

I prezzi
Per tutte le precisazioni sui prezzi indicati in questa guida, consultate le pagine introduttive.

CAPODACQUA *Perugia* 563 M 20 – *Vedere Assisi.*

CAPO D'ORLANDO *Messina* 565 M 26 – *Vedere Sicilia alla fine dell'elenco alfabetico.*

CAPOLAGO *Varese* 219 ⑦ ⑧ – *Vedere Varese.*

CAPOLIVERI *Livorno* 563 N 13 – *Vedere Elba (Isola d').*

CAPOLONA *52010 Arezzo* 563 L 17 – *4 731 ab. alt. 254.*
Roma 223 – Siena 75 – Arezzo 15 – Firenze 90 – Perugia 87 – Rimini 131.

XXX ✿ **Acquamatta,** piazza della Vittoria 13 ✆ 0575 420999, *acquamatta@ats.it, Fax 0575 421807,* ≤, Coperti limitati; solo su prenotazione a mezzogiorno – . AE MC VISA JCB.
chiuso dal 4 al 26 gennaio, dall'8 al 16 agosto, domenica e lunedì – **Pasto** carta 47/69.
◆ Parquet, applique alle pareti e grandi vetrate sull'Arno: un ambiente raffinato per assaporare i frutti dell'inventiva e della ricerca di tre giovani, ma esperti cuochi.
Spec. Calamari e gamberi in ballon avvinato al Porto su perle di melone e menta (primavera-estate). Tortelli con farcia di piccione e foie gras su porri stufati al Vin Santo. Carré di agnello avvolto in rete di maiale con cuore di Castelmagno (autunno-inverno).

CAPO TAORMINA *Messina* 565 N 15 – *Vedere Sicilia (Taormina) alla fine dell'elenco alfabetico.*

CAPO VATICANO *Vibo Valentia* 564 L 29 – *Vedere Tropea.*

CAPPELLA *Lucca – Vedere Lucca.*

CAPPELLA DÉ PICENARDI *26030 Cremona – 100 ab. alt. 41.*
Roma 498 – Parma 51 – Cremona 18 – Mantova 48 – Milano 115.

XX **Locanda degli Artisti,** via XXV Aprile 13/1 ✆ 0372 835576, *info@locandadegliartisti.it* – . AE MC VISA JCB
chiuso dal 2 al 12 gennaio, dal 7 al 10 agosto, giovedì e domenica sera – **Pasto** carta 21/28.
◆ Nei locali di una ex cascina ristrutturata, un caratteristico ristorante rustico, con proposte di cucina veneta, attenta alle stagioni. Ambiente informale e accogliente.

CAPRACOTTA *86082 Isernia* 563 Q 24 – *1 152 ab. alt. 1421.*

Roma 212 – Avezzano 127 – Campobasso 86 – Isernia 43 – Pescara 107.

Capracotta, via Vallesorda ✆ 0865 945368 e rist. ✆ 0865 945368, *hcapra@capracotta.com, Fax 0865 943144,* ≤ monti e dintorni – 80.
chiuso novembre – **Pasto** al Rist. ***Il Ginepro*** *(chiuso ottobre e novembre)* carta 16/40 – **27 cam** 77 – ½ P 56.
◆ Nel centro di questa località montana, una recente struttura confortevole; spaziose sia le zone comuni, con comodi divani, che le camere funzionali e ben accessoriate. Luminoso ristorante, di stile rustico moderno, dotato di angolo salotto con caminetto.

CAPRESE MICHELANGELO *52033 Arezzo* 563 L 17 *G. Toscana – 1 591 ab. alt. 653.*

Roma 260 – Rimini 121 – Arezzo 45 – Firenze 123 – Perugia 95 – Sansepolcro 26.

Buca di Michelangelo, via Roma 51 ✆ 0575 793921, *labuca@infinito.it, Fax 0575 793941,* ≤ – VISA.
chiuso dal 10 al 25 febbraio – **Pasto** *(chiuso giovedì)* carta 16/28 – 4 – **22 cam** 50/55 – ½ P 50.
◆ Nel centro del paese che diede i natali a Michelangelo, un hotel con camere semplici, ma accoglienti, così come accogliente e familiare risulta essere la gestione. Piatti toscani serviti in un ampio salone panoramico.

Il Rifugio, località Lama 367 (Ovest : 2 km) ✆ 0575 793968, *Fax 0575 793752* – VISA.
chiuso mercoledì escluso agosto – **Pasto** carta 20/30.
◆ Giovane gestione familiare e ambiente rustico in un locale di campagna, le cui specialità sono funghi e tartufi, ma che propone anche pesce e la sera le pizze.

ad Alpe Faggeto *Ovest : 6 km – alt. 1 177 – ✉ 52033 Caprese Michelangelo*

Fonte della Galletta con cam, località Alpe Faggeto ✆ 0575 793925, *Fax 0575 793925,* ≤, – VISA JCB.
chiuso dal 7 gennaio a Pasqua e martedì (escluso dal 15 giugno al 15 settembre) – **Pasto** carta 29/35 – **12 cam** 55/75 – ½ P 55.
◆ Qui si respira aria di montagna e tra faggeti secolari si intravede una splendida vista sulla Val Tiberina; nel ristorante, piatti tipici locali, funghi e cacciagione.

CAPRI (Isola di) *Napoli* 564 F 24 *G. Italia – 13 189 ab. alt. da 0 a 589 (monte Solaro) – a.s. Pasqua e giugno-settembre.*

La limitazione d'accesso degli autoveicoli è regolata da norme legislative.

Vedere *Marina Grande*★ **BY** – *Escursioni in battello : giro dell'isola*★★★ **BY**, *grotta Azzurra*★★ **BY** *(partenza da Marina Grande).*

per Napoli (1 h 15 mn) e Sorrento (45 mn), giornalieri – Caremar-agenzia Angelina, Marina Grande ✆ 081 8370700, Fax 081 8376147.

per Sorrento giornalieri (da 20 a 50 mn) e Ischia aprile-ottobre giornalieri (40 mn) – Alilauro, Marina Grande 2/4 ✆ 081 8376995, Fax 081 8376995; per Sorrento giornalieri (25 mn).

– Navigazione Libera del Golfo, Marina Grande ✆ 081 8370819, Fax 081 8370819; per Napoli giornalieri (40 mn) – a Marina Grande, Aliscafi SNAV-agenzia Staiano ✆ 081 8377577, Caremar-agenzia Angelina ✆ 081 8370700, Fax 081 8376147 e Navigazione Libera del Golfo ✆ 081 8370819, Fax 081 8370819.

Pianta pagina a lato

Anacapri 564 F 24 – *5 937 ab. alt. 275 – ✉ 80071.*

Vedere *Monte Solaro*★★★ **BY** : ★★★ *per seggiovia 15 mn – Villa San Michele*★ **BY** : ★★★ *– Belvedere di Migliara*★ **BY** *1 h AR a piedi – Pavimento in maiolica*★ *nella chiesa di San Michele* **AZ.**

via Orlandi 19/a ✆ 081 8371524

Capri Palace Hotel, via Capodimonte 2 ✆ 081 9780111, *info@capri-palace.com, Fax 081 8373191,* ≤, Camere con piccola piscina privata, riscaldata, – 200. VISA JCB. **AZ p**
marzo-novembre – **Pasto** al Rist. ***L'Olivo*** carta 75/95 – **82 cam** 520/595, 7 suites – ½ P 352.
◆ Dai pavimenti in pietra, alle volte e ai tessuti: tutta una sinfonia di morbidi toni écru nei suoi raffinatissimi interni, che si aprono su terrazze fiorite con piscina. Bianco è il colore dominante dell'elegante sala da pranzo; piacevolissimo dehors estivo.

Caesar Augustus, via Orlandi 4 ✆ 081 8373395, *info@caesar-augustus.com, Fax 081 8371444,* – VISA JCB **BY c**
aprile-ottobre – **Pasto** carta 40/80 – 15 – **52 cam** 310/385, 5 suites.
◆ Vi sembrerà di poter spiccare il volo dalle terrazze di questo hotel in posizione panoramica mozzafiato, a strapiombo sul mare; belle e confortevoli le camere rinnovate.

CAPRI

Camerelle (Via) . . . BZ
Certosa (Via). . . . . . BZ 6
Croce (Via) . . . . BZ
Fenicia (Scala) . . . . BY 8
Fuorlovado (Via). . . BZ 9
Le Botteghe (Via) . BZ 10
Madre Serafina (Via) . . . BZ 12
S. Francesco (V.) . . BZ 14
Serena (Via) . . . . . . BZ 16
Sopramonte (V.). . . BZ 17
Tiberio (Via). . . . . . . BZ 18
Tragara (Via) . . . . . . BZ 21
Umberto I° (Pza) . . BZ
Vittorio Emanuele (Via). . BZ 23

ANACAPRI

Munthe (V. A.). . . . AZ 13
Vittoria (Pza d.) . . . AZ 27

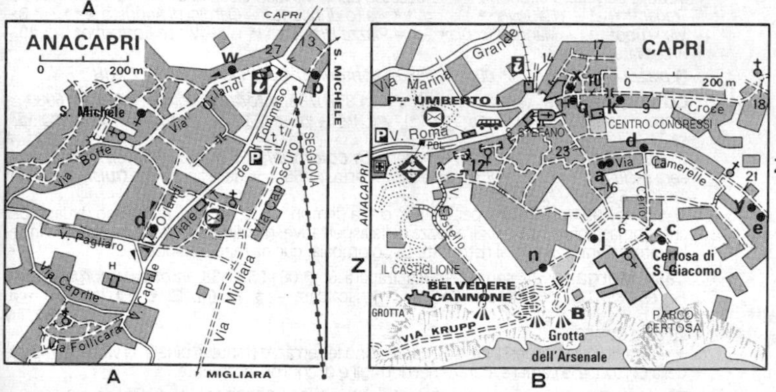

Mulino senza rist, via La Fabbrica 9 ✆ 081 8382084, *mulino@capri.it, Fax 081 8382132*, navetta su prenotazione, – TV P. AE VISA.
Paqua-ottobre – **7 cam** 140/160.

◆ Una ex fattoria immersa in un curatissimo giardino, collocato nella parte più «nobile» e riservata della località, quindi distante da centro, shopping e frastuono.

Biancamaria senza rist, via Orlandi 54 ✆ 081 8371000, *Fax 081 8372060*, ← – TV. VISA. AZ w
aprile-ottobre – **25 cam** 120/150.

◆ Nel centro di Anacapri, una piccola struttura ampliata e rinnovata negli ultimi anni; arredi lineari, ma di buona qualità nelle camere, quasi tutte con balcone o terrazzo.

Bellavista, via Orlandi 10 ✆ 081 8371463, *info@bellavistacapri.com, Fax 081 8370957*, ← golfo di Napoli, – TV P. AE VISA. BY m
Pasqua-ottobre – **Pasto** carta 28/36 – **15 cam** 95/166 – 1/2 P 100.

◆ La realtà non smentisce il nome: è davvero splendido il panorama del golfo da uno dei più antichi alberghi dell'isola; piacevole aria démodé negli interni anni '60. L'intensa luce del sole o il chiaroscuro del tramonto fanno da sfondo all'ampia sala da pranzo.

Il Girasole senza rist, via Linciano 47 ✆ 081 8372351, *ilgirasole@capri.it, Fax 081 8373880*, Navetta su prenotazione, – TV. AE VISA. BY q
marzo-ottobre – 12 – **26 cam** 110/130.

◆ Per gli amanti di un quieto isolamento, insieme di piccole costruzioni bianche, affacciate sul mare o su terrazze-giardino con piscina; buon rapporto qualità/prezzo.

La Rondinella, via Orlandi 245 ✆ 081 8371223, *Fax 081 8373222*, Rist. e pizzeria alla sera – AE VISA AZ d
chiuso gennaio e febbraio – **Pasto** carta 34/45 (10 %).

◆ Servizio solerte e cordiale, d'inverno in un ambiente rustico, d'estate sulla gradevole terrazza tra piante e fiori; cucina caprese e di mare, la sera anche le pizze.

alla Grotta Azzurra *Nord-Ovest : 4,5 km :*

Add'ò Riccio, via Gradola 4 ✆ 081 8371380, *Fax 081 8382684,* – AE VISA. BY e
10 marzo-3 novembre; chiuso la sera escluso da giovedì a domenica in giugno-agosto – **Pasto** carta 34/40.
◆ Degna di nota l'ubicazione di questo locale sulla scogliera, con servizio estivo in terrazza sul mare; ambiente informale, ricca esposizione di pesci e crostacei.

alla Migliara *Sud-Ovest : 30 mn a piedi :*

Da Gelsomina con cam, via Migliara 72 ✆ 081 8371499, *dagelsomina@libero.it, Fax 081 8371499,* ≤ Ischia e golfo di Napoli, su prenotazione servizio navetta da Anacapri, – TV. AE VISA JCB. BY r
chiuso dal 7 gennaio al 7 febbraio, martedì e la sera da ottobre a maggio – **Pasto** carta 23/33 (12 %) – **7 cam** 115/125.
◆ Un ristorante con camere, che si raggiunge solo a piedi o con navetta prenotabile; servizio estivo su una bella terrazza panoramica e casalinga cucina locale.

Capri 564 F 24 – *7 252 ab. alt. 142* – ✉ *80073.*

Vedere *Belvedere Cannone*★★ BZ *accesso per la via Madre Serafina*★ BZ 12 – *Belvedere di Tragara*★★ BY – *Villa Jovis*★★ BY : ★★, *salto di Tiberio*★ – *Giardini di Augusto* ≤★★ BZ B – *Via Krupp*★ BZ – *Marina Piccola*★ BY – *Piazza Umberto I*★ BZ – *Via Le Botteghe*★ BZ 10 – *Arco Naturale*★ BY.

piazza Umberto I 19 ✆ 081 8370686, capritourism@capri.it, Fax 081 8370918

Gd H. Quisisana, via Camerelle 2 ✆ 081 8370788, *info@quisi.com, Fax 081 8376080,* ≤ mare e Certosa, – TV – 550. AE VISA. BZ a
marzo-ottobre – **Pasto** al Rist. e pizzeria ***La Colombaia*** *(25 marzo- 2 novembre,chiuso la sera escluso dal 15 aprile al 30 settembre)* carta 40/55 vedere anche rist ***Quisi*** – **149 cam** 490, 6 suites – ½ P 410.
◆ Storica, lussuosa vetrina per chi è in cerca di mondanità, «il» grande albergo di Capri per antonomasia offre confort all'altezza delle aspettative; giardino con piscina. Lume di candela e atmosfera elegante al ristorante La Colombaia; cucina mediterranea.

Casa Morgano senza rist, via Tragara 6 ✆ 081 8370158, *info@casamorgano.com, Fax 081 8370681,* ≤ mare e Certosa, riscaldata – TV. AE VISA JCB. BZ y
28 cam 450.
◆ Punti di forza di questa casa elegante sono le terrazze fiorite in pineta, la vista del mare e della Certosa e le camere, curate nei dettagli e di confort eccellente.

Punta Tragara , via Tragara 57 ✆ 081 8370844, *hotel.tragara@capri.it, Fax 081 8377790,* ≤ Faraglioni e costa, , riscaldata – TV. AE VISA JCB. BY p
8 aprile-17 ottobre – **Pasto** 46 – **43 cam** 350/450, 8 suites – ½ P 270.
◆ E' perfetto per catturare e vivere appieno tutto l'incanto di Capri questo hotel raffinatissimo, progettato da Le Corbusier; terrazza panoramica con piscina riscaldata. Potrete pranzare all'aperto ai bordi della piscina e cenare nella curata sala da pranzo.

Scalinatella senza rist, via Tragara 8 ✆ 081 8370633, *Fax 081 8378291,* ≤ mare e Certosa, riscaldata – TV. AE VISA. BZ e
15 marzo-5 novembre – **30 cam** 400/560.
◆ Primogenito tra i gioielli di una famiglia di albergatori, se ne sta acquattato sul fianco della collina e conserva intatto il suo fascino esclusivo; camere lussuose.

Luna , viale Matteotti 3 ✆ 081 8370433, *luna@capri.it, Fax 081 8377459,* ≤ mare,Faraglioni e Certosa, – TV. AE VISA JCB. BZ j
Pasqua-ottobre – **Pasto** (solo per alloggiati) 34/41 – **50 cam** 155/365, 4 suites – ½ P 223,50.
◆ Quasi a picco sulla scogliera, l'hotel ha un grande giardino fiorito e una terrazza da cui contemplare il mare, i Faraglioni e la Certosa; chiedete le camere con vista.

Villa Brunella , via Tragara 24 ✆ 081 8370122, *villabrunella@capri.it, Fax 081 8370430,* ≤ mare e costa, riscaldata – TV. AE VISA. BY w
19 marzo-5 novembre – **Pasto** al Rist. ***Brunella Terrace*** (prenotare) carta 38/56 (12 %) – **20 cam** 230/265.
◆ Tutto a scendere verso il mare in un susseguirsi di terrazze fiorite, con piscina riscaldata, e di suggestivi scorci panoramici, ha camere di raffinata eleganza classica. Al ristorante arredi di taglio elegante in una sala-veranda con vista su mare e isola.

Canasta senza rist, via Campo di Teste 6 ✆ 081 8370561, *canasta@capri.it, Fax 081 8376675* – TV. AE VISA. BZ c
chiuso dal 15 gennaio al 15 marzo – **17 cam** 110/220.
◆ Graziosa questa «piccola casa» familiare vicino alla Certosa di S.Giacomo; elegante zona salotto e camere luminose, semplici, ma con mobilio di buon gusto e qualità.

Syrene, via Camerelle 51 ☎ 081 8370102, *syrene@capri.it.com, Fax 081 8370957,* ←, ☂, ⛱, ☂ – |♦| ▤ 📺. AE ❂ ⓞ ⓜ VISA JCB. ⚡ **BZ d**
aprile-ottobre – **Pasto** *(chiuso martedì escluso da giugno a settembre)* carta 35/43 – **32 cam** ☕ 252/346 – ½ P 231.
◆ In una delle vie dello shopping caprese, comodo albergo dagli spazi comuni ampi e ariosi; camere con arredi classici o più moderni; bel giardino-limonaia con piscina. Grosse colonne bianche e vetrate sul verde nella sala da pranzo.

Villa Sarah ⛰ senza rist, via Tiberio 3/a ☎ 081 8377817, *info@villasarah.it, Fax 081 8377215,* ←, ☂ – ▤ 📺. AE ❂ ⓞ ⓜ VISA. ⚡ **BY a**
Pasqua-ottobre – **19 cam** ☕ 125/190.
◆ Gestione appassionata e professionale e buona accoglienza in un albergo ospitato in una tipica villa caprese con giardino ombreggiato. Arredi di lineare essenzialità.

Villa Krupp ⛰ senza rist, via Matteotti 12 ☎ 081 8370362, *Fax 081 8376489,* ← Faraglioni e costa – ❂ ⓜ VISA. ⚡ **BZ n**
aprile-ottobre – **12 cam** ☕ 85/150.
◆ Maxim Gorkij risiedette in questa villa, ristrutturata e trasformata in un hotel, semplice nelle attrezzature, ma un gioiello per l'incantevole posizione panoramica.

Quisi - Gd H. Quisisana, via Camerelle 2 ☎ 081 8370788, *info@quisi.com, Fax 081 8376080,* ☂ – ▤. AE ❂ ⓞ ⓜ VISA JCB. ⚡ **BZ**
marzo-ottobre; chiuso a mezzogiorno e da maggio ad ottobre anche domenica – **Pasto** carta 62/82 ⚘.
◆ Importanti sedie in stile, lume di candela, cura dei dettagli e atmosfera elegante per un ristorante solo serale; cucina internazionale di ottimo livello.

La Capannina, via Le Botteghe 12 bis/14 ☎ 081 8370732, *capannina@capri.it, Fax 081 8376990,* prenotare la sera – ▤. AE ❂ ⓞ ⓜ VISA. ⚡ **BZ q**
10 marzo-10 novembre; chiuso mercoledì escluso giugno-settembre – **Pasto** carta 43/59 (15 %).
◆ E' sempre molto «in» e gettonato questo locale nato negli anni '30; cucina locale di ampio respiro, studiata per soddisfare le esigenze di una clientela internazionale.

Aurora, via Fuorlovado 18 ☎ 081 8370181, *aurora@capri.it, Fax 081 8376533,* ☂, Rist. e pizzeria – ⚡ ▤. AE ❂ ⓞ ⓜ VISA. ⚡ **BZ k**
chiuso da gennaio a marzo – **Pasto** carta 37/62 (15 %).
◆ Ambitissimo il dehors di un simpatico, frequentato ristorante di lunga tradizione familiare che prosegue con le giovani generazioni; piatti di mare, di terra e pizze.

Da Tonino, via Dentecala 12 ☎ 081 8376718, ☂ – AE ❂ ⓞ VISA. ⚡ **BY d**
chiuso dal 10 gennaio al 14 marzo – **Pasto** carta 30/39.
◆ Verso l'Arco Naturale, locale nel verde, con servizio estivo su una fresca terrazza; piatti originali e buona scelta di vini dalla cantina scavata nella roccia.

Buca di Bacco-da Serafina, via Longano 35 ☎ 081 8370723, *Fax 081 8370723,* Rist. e pizzeria, prenotare – ▤. AE ❂ ⓞ ⓜ VISA. ⚡ **BZ x**
chiuso novembre e mercoledì, in agosto aperto mercoledì sera – **Pasto** carta 28/45.
◆ Buon rapporto qualità/prezzo in un locale situato in una delle viuzze a pochi passi dalla famosa piazzetta, dove la scelta è tra piatti campani e tradizionali pizze.

all'arco naturale *Est : 20 mn a piedi :*

Le Grottelle, via Arco Naturale 13 ☎ 081 8375719, *Fax 081 8389234,* ← mare, ☂ – ❂ VISA **BY g**
Pasqua-ottobre; chiuso giovedì escluso luglio-settembre – **Pasto** carta 30/60 (12 %).
◆ Andando all'Arco Naturale, vale la pena sostare in questo curioso ristorante in una grotta naturale, con servizio estivo su una terrazza panoramica; cucina locale.

Marina Grande *80073* 564 F 24.

ℹ *banchina del Porto* ☎ *081 8370634*

Palatium, via Provinciale 225 ☎ 081 8384111, *info@hotelpalatium.it, Fax 081 8376150,* ← golfo di Napoli, ☂, ⛱ d'acqua di mare – |♦| ▤ 📺 🅿 – 🎤 150. AE ❂ ⓞ ⓜ VISA. ⚡ **BY b**
aprile-ottobre – **Pasto** al Rist. ***La Scogliera*** carta 34/52 – **29 cam** ☕ 250/290, 14 suites 500 – ½ P 185.
◆ Non lontano dal porto, due corpi collegati da una terrazza con piscina per un grande albergo polivalente, dotato di centro congressi; camere luminose di stile sobrio. Notevole attività banchettistica per il ristorante che offre un gradevole dehors estivo.

Relais Maresca senza rist, via Provinciale Marina Grande 284 ☎ 081 8379619, *info@relaismaresca.it, Fax 081 8377040,* ← – |♦| ▤ 📺. AE ❂ ⓞ ⓜ VISA JCB. ⚡ **BY v**
chiuso dal 6 gennaio al 26 febbraio – **27 cam** ☕ 170/350.
◆ Prospiciente il porto, una risorsa recuperata con una totale ristrutturazione, offre interni di buon gusto, in stile mediterraneo; la colazione si fa in terrazza.

Da Paolino, via Palazzo a Mare 11 ✆ 081 8376102, *dapaolino@iol.it, Fax 081 8375611,* – BY s
Pasqua-ottobre; chiuso a mezzogiorno da giugno a settembre – **Pasto** carta 40/51 (10 %).
◆ Una luminosa sala sul rustico per un ampio, piacevole locale a gestione familiare, dove d'estate si cena nel verde, sotto una fitta limonaia; cucina campana.

CAPRIANO DEL COLLE *25020 Brescia 561 F 12 – 3 828 ab. alt. 116.*

Roma 538 – Brescia 13 – Cremona 43 – Milano 80 – Verona 78.

Antica Trattoria La Pergolina, via Trento 86, località Fenili Belasi ✆ 030 9748002, *Fax 030 9748004* – VISA.
chiuso dal 27 dicembre al 6 gennaio, agosto, domenica sera e lunedì – **Pasto** carta 29/39.
◆ In un grande edificio colonico, una trattoria rustica, ma raffinata; ingredienti tutti fatti in casa per una cucina del territorio elaborata con cura e professionalità.

CAPRIGLIOLA *Massa Carrara – Vedere Aulla.*

CAPRILE *Belluno – Vedere Alleghe.*

CAPRIVA DEL FRIULI *34070 Gorizia – 1 599 ab. alt. 63.*

Roma 636 – Udine 27 – Gorizia 9 – Pordenone 74 – Trieste 49.

Castello di Spessa senza rist, via Spessa 1 (Nord : 1,5 km) ✆ 0481 639914, *info@castellospessa.com, Fax 0481 630161,* VISA.
5 cam 145/220.
◆ Un angolo delizioso, tra i vigneti del Collio, dove sorge un castello dell'800 le cui cantine risalgono al XIV sec. Cinque camere arredate in stile, per un soggiorno di relax.

Tavernetta al Castello con cam, via Spessa 7 (Nord : 1 km) ✆ 0481 808228, *tavernetta@tin.it, Fax 0481 880218,* cam, VISA JCB
chiuso domenica sera e lunedì – **Pasto** carta 31/47 – **10 cam** 77/118.
◆ Un tempo osteria del vicino castello, oggi un ristorante con camere in stile rustico elegante. Due sale, una più caratteristica, l'altra più luminosa; giardino con vista.

CARAGLIO *12023 Cuneo 561 I 4 – 6 157 ab. alt. 575.*

piazza San Paolo 3 ✆ 0171 619492, info@vallegrana.it, Fax 0171 618190.
Roma 655 – Cuneo 12 – Alessandria 138 – Genova 156 – Torino 106.

Quadrifoglio, via C.L.N. 20 ✆ 0171 817666 e rist. ✆ 0171 619685, *info@hotel-quadrifoglio.it, Fax 0171 817666* – 150. VISA JCB. rist
Pasto al Rist. ***Il Quadrifoglio*** *(chiuso dal 7 al 28 gennaio e lunedì)* carta 14/20 – 6 – **40 cam** 68, 2 suites – ½ P 46.
◆ Sorto negli anni '90 alle porte della località, hotel ideale per clientela di lavoro o di passaggio; camere spaziose dalle linee essenziali, ma dal confort adeguato. Ristorante di taglio moderno.

Il Portichetto, via Roma 178 ✆ 0171 817575, *info@ilportichetto.com, Fax 0171 817575* – VISA.
chiuso dal 20 luglio al 10 agosto, domenica sera e i mezzogiorno di sabato e lunedì – **Pasto** carta 22/30.
◆ Nel cortiletto di un grazioso edificio d'epoca con piccolo portico, un ristorantino curato, con tocchi di personalizzazione e di eleganza; piatti piemontesi.

CARAMANICO TERME *65023 Pescara 563 P 23 – 2 147 ab. alt. 700 – Stazione termale (aprile-ottobre).*

corso Bernardi 39 ✆ 085 922202, iat.caramanico@abruzzoturismo.it, Fax 085 922202.
Roma 202 – Pescara 54 – L'Aquila 88 – Chieti 43 – Sulmona 45.

La Réserve, via Santa Croce ✆ 085 92391, *info@lareserve.it, Fax 085 9239510,* termale, rist, VISA JCB.
chiuso sino al 7 marzo – **Pasto** 31 – **78 cam** 185/328 – ½ P 164.
◆ La natura del Parco della Maiella è cornice ideale per i rigenerativi «sentieri del benessere» proposti in una ricercata struttura con attrezzature a tecnologia avanzata. Ampiezza e luminosa ariosità degli spazi anche nel ristorante.

Cercone, viale Torre Alta 17/19 ✆ 085 922118, *hotelcercone@hotmail.com, Fax 085 922271,* VISA. rist
Pasto (solo per alloggiati) carta 20/25 – **33 cam** 50/95 – ½ P 50.
◆ Di fronte all'ingresso delle Terme, un hotel che negli anni ha continuato a rinnovarsi, con camere confortevoli e pulite; piccole terrazze panoramiche dove rilassarsi.

CARASCO *16040 Genova* 561 I 10 – *3 267 ab. alt. 31.*
Roma 466 – Genova 53 – Parma 164 – Portofino 27 – La Spezia 72.

Beppa, via Vecchia Provinciale 89/91, località Graveglia Est : 3 km ☏ 0185 380725, *Fax 0185 380725* – ▤ P. AE ⓘ ⓞ VISA. ✂
chiuso martedì e dal 30 dicembre al 20 gennaio – **Pasto** carta 19/30.
◆ Arredamento semplice nelle due sale e nella veranda di questa trattoria in una casa di campagna dell'entroterra ligure; casalinga cucina tradizionale del territorio.

CARATE BRIANZA *20048 Milano* 561 E 9, 219 ⑲ – *16 136 ab. alt. 252.*
Roma 598 – Como 28 – Bergamo 38 – Milano 31 – Monza 12.

Taverna degli Artisti, via Stanga Busca 3, località Costa Lambro Nord : 2 km ☏ 0362 902729, *Fax 0362 907225* – AE ⓘ ⓞ VISA
chiuso dal 1° all'8 gennaio, dall'11 al 25 agosto e lunedì – **Pasto** carta 38/48.
◆ Proposte brianzole, ma anche liguri, viste le origini dei titolari. Caratteristico locale all'interno di un vecchio fienile, saletta con affreschi e cimeli di vario genere.

Camp di Cent Pertigh, Cascina Contrevaglio Est : 1 km (strada per Besana) ☏ 0362 902389, *Fax 0362 900331,* 帝 – P. AE ⓘ ⓞ VISA. ✂
chiuso dal 29 dicembre al 17 gennaio e martedì – **Pasto** carta 40/51.
◆ All'interno di una caratteristica cascina lombarda, il ristorante che occupa soltanto una parte dell'edificio, è arredato secondo uno stile rustico-elegante. Cucina del luogo.

Scriveteci...

Le vostre critiche e i vostri apprezzamenti saranno esaminati con la massima attenzione.

Verificheremo personalmente gli esercizi che ci vorrete segnalare

Grazie per la collaborazione !

CARAVAGGIO *24043 Bergamo* 561 F 10 – *14 319 ab. alt. 111 via Folcero 5 ☏ 0363 84622, turismo.caravaggio@apt.bergamo.it, Fax 0363 84622.*
Roma 564 – Bergamo 26 – Brescia 55 – Crema 19 – Cremona 57 – Milano 37 – Piacenza 57.

al Santuario *Sud-Ovest : 1,5 km :*

Belvedere dei Tre Re, via Beata Vergine 1 (str. prov. 185) ✉ 24040 Misano di Gera d'Adda ☏ 0363 340695, *belvedere3re@tiscalinet.it, Fax 0363 341399,* ⇌ |‡| ▤ TV ♿ P. AE ⓘ ⓞ VISA
Pasto carta 16/38 – **14 cam** ☕ 65 – 1/2 P 45.
◆ Non lontano dal santuario, un edifico d'epoca ospita un hotel dagli interni raffinati; soluzioni personalizzate con mobili antichi di famiglia nelle spaziose camere. Sobrietà classica, cura della tavola e dei dettagli nell'accogliente ristorante.

CARBONARA DI BARI *Bari* 564 D 32 – *Vedere Bari.*

CARBONARA DI PO *46020 Mantova* 561 G 15 – *1 334 ab. alt. 14.*
Roma 457 – Verona 58 – Ferrara 51 – Mantova 55 – Modena 59.

Passacör, strada provinciale Ferrarese 4 ☏ 0386 41461, *info@hotelpassacor.it, Fax 0386 41895* – |‡| ▤ TV ♿ P. AE ⓘ ⓞ VISA. ✂ rist
Pasto *(chiuso domenica e a mezzogiorno)* carta 17/38 – ☕ 7 – **37 cam** 55/86 – 1/2 P 43.
◆ Struttura di concezione moderna, funzionale e ben tenuta, a conduzione diretta, dotata di parcheggio; le camere sono spaziose, essenziali, ma complete nel confort. Al ristorante le specialità profumano di tartufo.

CARBONARA SCRIVIA *15050 Alessandria* 561 H 8 – *1 000 ab. alt. 177.*
Roma 563 – Alessandria 27 – Genova 69 – Milano 79 – Piacenza 82 – Torino 118.

Locanda Malpassuti, vicolo Cantù 11 ☏ 0131 892643, *locmal@idp.it, Fax 0131 893000,* 帝, Coperti limitati; prenotare, ⇌ – P. AE ⓘ ⓞ VISA. ✂
chiuso martedì – **Pasto** carta 38/44.
◆ Un'insegna in ferro, un vecchio edificio in centro, una sala con mobili e sedie in stile; in cucina però la tradizione viene rinnovata con rielaborazioni interessanti.

CARBONIA *Cagliari* 566 J 7 – *Vedere Sardegna alla fine dell'elenco alfabetico.*

CARCOFORO *13026 Vercelli* 561 E 6, 219 ⑤ *– 77 ab. alt. 1 304.*

Roma 705 – Aosta 191 – Biella 85 – Milano 132 – Novara 85 – Torino 147 – Vercelli 91.

XX **Scoiattolo,** via Casa del Ponte 3/b ☎ 0163 95612, *ristorantescoiattolo@libero.it, Fax 0163 95612*, ←, Coperti limitati; prenotare – VISA.

chiuso dal 10 gennaio al 10 marzo, dal 10 al 20 giugno, dal 1° al 10 settembre, lunedì e martedì escluso agosto – **Pasto** 33/36.

◆ In un fienile di montagna riadattato due coniugi, lei ai fornelli lui in sala, esprimono ogni giorno la loro passione per l'ospitalità e per una cucina genuina e curata.

Spec. Mortadella di fegato sotto grasso. Terrina di lingua in salsa verde piemontese. Cappello del prete al Gattinara.

CARDANO AL CAMPO *21010 Varese* 219 ⑰ *– 12 016 ab. alt. 238.*

Roma 620 – Stresa 45 – Milano 43 – Gallarate 3 – Novara 34 – Varese 21.

Cardano senza rist, via al Campo 10 ☎ 0331 261011, *cardano@working.it, Fax 0331 730829*, – AE VISA

38 cam 122/145.

◆ Confortevole struttura di curiosa forma circolare, che racchiude gli spazi esterni tra cui la piscina; ideale per una clientela d'affari e per l'aeroporto della Malpensa.

CAREZZA AL LAGO (KARERSEE) *Bolzano* 562 C 16 *G. Italia – alt. 1 609 – ✉ 39056 Nova Levante – Sport invernali : 1 650/2 300 m 15 (Comprensorio Dolomiti superski Val di Fassa-Carezza)* .

Vedere *Lago*★.

(10 maggio-19 ottobre) località Carezza ✉ 39056 Nova Levante ☎ 0471 612200, Fax 0471 612200.

Roma 672 – Bolzano 26 – Passo Costalunga 2 – Milano 330 – Trento 91.

Berghotel Moseralm , via Bellavista 8 (Ovest : 3 km) ☎ 0471 612171, *info@moseralm.it, Fax 0471 612406*, ← monti Latemar e Catinaccio, rist, rist, VISA. rist

17 dicembre-14 aprile e giugno-ottobre – **Pasto** carta 22/43 – **36 cam** 97/174 – ½ P 97.

◆ Stupenda vista dei monti Catinaccio e Latemar da questa bella, grande casa isolata, vicina alle piste da sci e alle passeggiate estive; caldi interni tipicamente montani. Genuino e curato ristorante.

CAREZZA (Passo di) (KARERPASS) *Bolzano e Trento – Vedere Costalunga (Passo di).*

CARIGNANO *Lucca – Vedere Lucca.*

CARIMATE *22060 Como* 219 ⑲ *– 3 857 ab. alt. 296.*

(chiuso lunedì) ☎ 031 790226, Fax 031 791927.

Roma 620 – Como 19 – Milano 30.

XX **Al Torchio di Carimate,** piazza Castello 4 ☎ 031 791486, *Fax 031 791486*, prenotare – . AE VISA.

chiuso dal 1° al 5 gennaio, agosto, domenica sera e lunedì – **Pasto** carta 37/50.

◆ I soffitti di legno e le ampie vetrate rendono caldo e luminoso il locale, vicino al suggestivo castello del XIV secolo; piatti lombardi rivisitati e buona scelta di vini.

CARISIO *13040 Vercelli* 561 F 6 *– 959 ab. alt. 183.*

Roma 648 – Torino 58 – Aosta 103 – Biella 26 – Novara 39 – Vercelli 26.

sulla strada statale 230 *Nord-Est : 6 km :*

La Bettola, località Fornace Crocicchio, strada statale Vercelli-Biella 9 ✉ 13040 ☎ 0161 858045, *labettola@tin.it, Fax 0161 858100* – 30. AE VISA

Pasto carta 22/33 – **39 cam** 46,50/77,50 – ½ P 56,80.

◆ In posizione stradale, una funzionale struttura che si articola in due corpi; spazi comuni limitati, ma stanze spaziose, da preferire quelle nell'ala più recente. Il ristorante dispone di due confortevoli sale climatizzate d'impostazione classica.

CARLENTINI *432* P 27 *– – Vedere Sicilia alla fine dell'elenco alfabetico.*

CARLOFORTE *Cagliari* 566 J 6 *– Vedere Sardegna (San Pietro, isola di) alla fine dell'elenco alfabetico.*

CARMAGNOLA *10022 Torino* 561 H 5 – *24 982 ab. alt. 240.*

I Girasoli (chiuso mercoledì e gennaio) 011 9795088, Fax 011 9795228, strada Pralormo Est: 4 km;

La Margherita (chiuso martedì e gennaio) 011 9795113, Fax 011 9795204, strada Pralormo Est : 12 km.

Roma 663 – Torino 29 – Asti 58 – Cuneo 71 – Milano 184 – Savona 118 – Sestriere 92.

Agriturismo Margherita, strada Pralormo 315 (Est : 6 km) 011 9795088, *Fax 011 9795228*, – – 150. VISA
Pasto *(chiuso gennaio)* (solo per alloggiati) carta 25/30 – 8 – **12 cam** 70/80.
◆ Vasta azienda agricola, dotatissima per gli appassionati di golf, con possibilità di soggiorni abbinati a corsi; belle camere anche per famiglie, grandi spazi aperti.

La Carmagnole, via Sottotenente Chiffi 31 011 9712673, *Fax 011 9727407*, solo su prenotazione – . AE VISA
chiuso agosto, domenica sera, lunedì e a mezzogiorno (escluso domenica) – **Pasto** 85.
◆ Salita la scala di un antico palazzo, farete l'esperienza inconsueta di cenare in un'elegante dimora gentilizia; in cucina la tradizione sposa con successo la creatività.
Spec. Astice gratinato al formaggio con tartufo bianco (autunno-inverno). Filetto di triglia farcito di foie gras e tartufo nero (autunno-inverno). Cofanetto di tortora alla canella e vaniglia.

CARMIGNANO *59015 Prato* 563 K 15 *G. Toscana* – *11 741 ab. alt. 200.*

Roma 298 – Firenze 24 – Milano 305 – Pistoia 23 – Prato 15.

ad Artimino *Sud : 7 km – alt. 260 – 59015 :*

Paggeria Medicea, viale Papa Giovanni XXIII 055 875141, *hotel@artimino.com*, *Fax 055 8751470*, – – 200. AE VISA. rist
chiuso dal 18 al 27 dicembre – **Pasto** *(chiuso dal 1° al 25 novembre, mercoledì sera e giovedì a mezzogiorno)* 35/60 – **37 cam** 130/160 – ½ P 114.
◆ In un edificio del 1500 tra i colli, gli ex alloggi dei paggi medicei sono diventati un confortevole hotel elegante, con giardino, piscina e ampie, belle camere in stile. Soffitti a cassettone e arredi in stile in un ristorante di tono.

Da Delfina, via della Chiesa 1 055 8718074, *posta@dadelfina.it, Fax 055 8718175*, , prenotare – .
chiuso dal 20 gennaio al 10 febbraio, agosto, domenica sera e lunedì – **Pasto** specialità toscane carta 34/42 (10 %).
◆ Storica trattoria, ora locale più classico e raffinato, ma sempre accogliente e caratteristico; servizio estivo in terrazza con bella vista delle colline; cucina tipica.

CARMIGNANO DI BRENTA *35010 Padova* 562 F 17 – *7 031 ab. alt. 45.*

Roma 505 – Padova 33 – Belluno 96 – Tarvisio 47 – Venezia 57.

Zenit, piazza del Popolo 5 049 9430388, *hotel.zenit@libero.it, Fax 049 9430297* – . AE VISA.
chiuso dal 1° al 5 gennaio – **Pasto** *(chiuso agosto, venerdì e sabato a mezzogiorno)* carta 18/28 – **20 cam** 47/67 – ½ P 50.
◆ Discrete attrezzature e camere, servizio di tono familiare in un albergo ben tenuto, ideale per clientela di lavoro e di passaggio; buon rapporto qualità/prezzo. Ristorante classico, dove gustare anche paste fresche fatte in casa.

CARONA *24010 Bergamo* 561 D 11 – *391 ab. alt. 1110 – Sport invernali : 1 160/2 130 m 4, .*

Roma 636 – Sondrio 90 – Bergamo 53 – Brescia 101 – Lecco 63 – Milano 104.

Carona, via Bianchi 22 0345 77125, *albergocarona@tin.it, Fax 0345 77125*, – . AE VISA JCB. rist
chiuso giugno ed ottobre – **Pasto** *(chiuso martedì)* carta 20/35 – **9 cam** 35/62 – ½ P 45.
◆ In alta Val Brembana, albergo a conduzione familiare, semplice, ma ben tenuto; camere arredate in gran parte con mobili inizio '900, bagni rifatti di recente. E' ubicata al primo piano la sala ristorante, d'impostazione classica.

CAROVIGNO *72012 Brindisi* 564 E 34 – *15 419 ab. alt. 171.*

Roma 538 – Brindisi 28 – Bari 88 – Taranto 61.

Villa Jole, via Ostuni 45 (Ovest : 1 km) 0831 991311, *villajole@libero.it, Fax 0831 996888*, – . AE VISA.
Pasto *(chiuso novembre)* carta 19/32 – **32 cam** 60/80 – ½ P 60.
◆ Nella località dominata dal poderoso Castello del XV secolo, una piccola struttura familiare, nata nel 1973, per un soggiorno confortevole; buon rapporto qualità/prezzo. Elegante salone banchetti con pareti affrescate.

XX **Già Sotto l'Arco,** corso Vittorio Emanuele 71 ☎ 0831 996286, *sottolarco@libero.it, Fax 0831 994769*, prenotare – ▤. AE ⓢ MC VISA JCB. ✂
chiuso dal 15 al 30 giugno, lunedì e domenica sera da novembre a maggio – **Pasto** carta 40/54 ♣.
◆ Un indirizzo davvero interessante per gustare, in una signorile sala con colonne e volte ad arco di un edificio del '700, cucina del territorio rivisitata con fantasia.

CARPANETO PIACENTINO *29013 Piacenza* 562 H 11 – *6 817 ab. alt. 110.*
Roma 508 – Piacenza 19 – Alessandria 114 – Genova 151 – Milano 92 – Parma 37.

XX **Hostaria del Mercato,** via Scotti da Vigoleno 40 ☎ 0523 850909, *Fax 0523 850909*, prenotare – AE ⓢ ◑ MC VISA
chiuso lunedì e a mezzogiorno escluso domenica e festivi – **Pasto** carta 31/52.
◆ Conduzione giovane, ma esperta per un ristorante elegante, sorto sulle ceneri di una vecchia osteria di paese; proposte fantasiose su una solida base tradizionale.

a Travazzano *Sud-Est : 5 km – ✉ 29021 Carpaneto Piacentino :*

XX **Antica Osteria della Pesa,** via Valle 195 ☎ 0523 852875, *ost.pesa@libero.it, Fax 0523 852875*, ⛱, prenotare – P. AE ⓢ ◑ MC VISA
chiuso mercoledì – **Pasto** carta 40/56 ♣.
◆ Una sala con intimi séparé, altre salette e un dehors estivo per un locale a gestione familiare, un figlio in cucina e l'altro sommelier; piatti piacentini e creativi.

CARPI *41012 Modena* 562 H 14 *G. Italia – 61 631 ab. alt. 28.*
Vedere *Piazza dei Martiri★ – Castello dei Pio★.*
Roma 424 – Bologna 60 – Ferrara 73 – Mantova 53 – Milano 176 – Modena 18 – Reggio nell'Emilia 27 – Verona 87.

⌂ **Duomo** senza rist, via Cesare Battisti 25 ☎ 059 686745, *Fax 059 686745* – |♦| ▤ TV P. AE ⓢ ◑ MC VISA. ✂
chiuso dal 2 al 23 agosto – **20 cam** ☕ 65/100.
◆ Dietro il Duomo, in pieno centro, ma con comodissimo parcheggio, un albergo a gestione familiare, semplice, ma accogliente; arredi essenziali nelle camere.

XX **Il Barolino,** via Giovanni XXIII 110 ☎ 059 654327, *Fax 059 654327* – ▤. AE ⓢ ◑ MC VISA. ✂
chiuso dal 27 dicembre al 2 gennaio, dal 1° al 24 agosto, sabato a mezzogiorno e domenica – **Pasto** carta 24/39.
◆ In zona semiperiferica, un ristorante a gestione familiare che si è saputo imporre sia per il livello delle preparazioni che per il buon rapporto qualità/prezzo.

in prossimità del casello autostradale *Sud-Ovest : 4 km :*

XXX **L'Incontro,** via per Correggio 43 ✉ 41012 ☎ 059 664581, *ristorantelincontro@libero.it, Fax 059 664581*, ⛱, prenotare, 🚗 – ▤ P. AE ⓢ MC VISA. ✂
chiuso dal 28 dicembre al 6 gennaio, da 10 al 23 agosto, sabato a mezzogiorno e domenica – **Pasto** carta 33/45 ♣.
◆ Locale di sobria eleganza ospitato in una villa ristrutturata, con gradevole servizio estivo in giardino; interessante approccio creativo per una cucina del territorio.

CARPINETI *42033 Reggio Emilia* 562 I 13 – *4 141 ab. alt. 556.*
Roma 457 – Parma 50 – Bologna 92 – Modena 52.

⌂ **Agriturismo Le Scuderie** 🐎, via Regigno 77 (Sud-Est : 1,5 km) ☎ 0522 618397, *Fax 0522 718066*, ≤, 🚗 – P. ⓢ MC VISA. ✂ rist
Pasto (solo per alloggiati) carta 17/21 – **7 cam** ☕ 30/50 – ½ P 40.
◆ Per scoprire l'Appennino Reggiano, un bel rustico ristrutturato, in posizione tranquilla nel verde dei colli; bei mobili di legno nelle spaziose camere.

CARRAIA *Firenze – Vedere Calenzano.*

CARRARA *54033 Massa-Carrara* 563 J 12 *G. Toscana – 65 302 ab. alt. 80.*
Dintorni *Cave di marmo di Fantiscritti★★ Nord-Est : 5 km – Cave di Colonnata★ Est : 7 km.*
Roma 400 – La Spezia 31 – Firenze 126 – Massa 7 – Milano 233 – Pisa 55.

XX ✿ **Ninan,** via Lorenzo Bartolini 3 ☎ 0585 74741, *ninan@ninan.191.it, Fax 0585 74741*, Coperti limitati; prenotare – ▤. AE ⓢ ◑ MC VISA JCB
chiuso domenica – **Pasto** carta 56/78.
◆ Uno chef giovane, ma esperto, è ritornato da 4 anni nelle sue terre di origine e già ha lasciato il segno: tradizione rivisitata in un ambiente di classica signorilità.
Spec. Gamberi alla plancha con verdure croccanti e pesto di arachidi. Ravioli di scampi e salsa ai crostacei. Guanciale di vitello glassato al caffé e gnocchi di semolino.

ad Avenza *Sud-Ovest: 4 km – ✉ 54031 :*

Carrara, via Petacchi 21 ✆ 0585 857616, *info@hotelcarrara.it, Fax 0585 50344* – |‡| ▤ TV P. AE ☉ ◑ MC VISA JCB. ✂ rist
Pasto *(chiuso a mezzogiorno)* (solo per alloggiati) 19/25 – **32 cam** ☐ 67/103.
◆ Nelle immediate vicinanze della stazione ferroviaria, una risorsa familiare di buon confort generale, dotata di parcheggio privato; camere semplici, ma dignitose.

CARRÈ *36010 Vicenza* **562** E 16 – *3 222 ab. alt. 219.*
Roma 545 – Padova 66 – Trento 63 – Belluno 106 – Treviso 73 – Verona 72 – Vicenza 29.

La Rua ⛰, località Cà Vecchia Est : 4 km ✆ 0445 893088, *Fax 0445 893147,* ≤ – ▤ rist, TV P. AE ☉ ◑ MC VISA. ✂ rist
Pasto *(chiuso martedì)* carta 18/27 – **11 cam** ☐ 55/72 – ½ P 55.
◆ Maschera bene la sua destinazione alberghiera questo grande villino recente e funzionale, in tranquilla posizione isolata, con camere confortevoli di taglio essenziale. Piacevolissima terrazza panoramica per il servizio estivo.

Locanda La Corte dei Galli senza rist, via Prà Secco 1/a ✆ 0445 893333, *lacortedeigalli @tiscali.it, Fax 0445 893318,* 🌳 – ▤ TV P. AE ☉ ◑ MC VISA JCB. ✂
7 cam ☐ 98/120.
◆ Struttura di charme ricavata nella barchessa di un edificio rurale del '700, rinnovato con elegante raffinatezza; mobili d'epoca nelle camere e piccola piscina interna.

CARRO *19012 La Spezia* **561** J 10 – *633 ab. alt. 420.*
Roma 420 – La Spezia 36 – Genova 68 – Parma 134.

a Pavareto *Sud-Ovest : 1,5 km – ✉ 19012*

Agriturismo Ca du Chittu ⛰, isolato Camporione 25 ✆ 0187 861205, *caduchittu@virgilio.it, Fax 0187 861205,* 🌳 – P.
Pasto *(solo su prenotazione)* 21/34 – **7 cam** 40/60 – ½ P 45.
◆ Nel cuore della Val di Vara una risorsa tranquilla ed accogliente. Camere circondate da coltivazioni e allevamenti biologici, mountain bike a disposizione degli sportivi. Al ristorante in cui vengono serviti i prodotti dell'azienda.

CARRÙ *12061 Cuneo* **561** I 5 – *3 971 ab. alt. 364.*
Roma 620 – Cuneo 31 – Milano 203 – Savona 75 – Torino 74.

Vascello d'Oro, via San Giuseppe 9 ✆ 0173 75478, *Fax 0173 75478,* prenotare – ▤. ✂
chiuso dal 1° al 15 febbraio, luglio, domenica sera e lunedì – **Pasto** carta 22/38.
◆ Ambiente tipico in un'affollata e vivace trattoria, caratteristica per atmosfera e sapori, che sono quelli di una cucina casalinga legata alle tradizioni locali.

Moderno, via Misericordia 12 ✆ 0173 75493, *Fax 0173 75493* – ☉ ◑ MC VISA
chiuso agosto, martedì e le sere di lunedì-mercoledì – **Pasto** carta 21/32.
◆ Esperienza più che quarantennale per la famiglia che gestisce questa trattoria centrale, con sobri arredi classici; cucina piemontese, specialità il bollito misto.

CARSOLI *67061 L'Aquila* **563** P 21 – *5 211 ab. alt. 640.*
Roma 68 – Avezzano 45 – Frosinone 81 – L'Aquila 63 – Rieti 56.

L'Angolo d'Abruzzo, piazza Aldo Moro ✆ 0863 997429, *angolodiabruzzo@tin.it, Fax 0863 995004* – ⚡. AE ☉ ◑ MC VISA. ✂
chiuso dal 12 al 19 gennaio, dal 5 al 12 luglio e lunedì – **Pasto** carta 35/50 🍷.
◆ Per gli appassionati della cucina abruzzese, i migliori prodotti e i sapori più autentici della gastronomia regionale in un ambiente classico; ottima cantina, visitabile.

Al Caminetto, via degli Alpini 95 ✆ 0863 995105, *info@al-caminetto.it, Fax 0863 995479* – ⚡ ▤. AE ☉ ◑ MC VISA JCB
chiuso dal 12 al 20 gennaio, dal 20 luglio al 2 agosto e lunedì (escluso luglio-agosto) – **Pasto** carta 27/35.
◆ Décor rustico in un locale poliedrico, con sala enoteca per degustazioni; l'offerta è ampia e variegata, dai funghi ai tartufi, alle pizze cotte nel forno a legna.

in prossimità dello svincolo Carsoli-Oricola *Sud-Ovest : 2 km :*

Nuova Fattoria, via Tiburtina km 68,3 ✉ 67061 ✆ 0863 997388, *Fax 0863 992173,* ≤, 🌳 – TV P. AE ☉ ◑ MC VISA JCB
Pasto carta 23/34 – **19 cam** ☐ 50/60, 2 suites – ½ P 59.
◆ Comodo, uscendo dall'autostrada, un piacevole albergo con giardino ombreggiato; arredi di legno massiccio nelle camere, bagni rinnovati, quasi tutti con idromassaggio. Sala ristorante con alto spiovente in legno e brace a vista per la carne.

CARTOCETO *61030 Pesaro e Urbino* 563 K 20 – *6 399 ab. alt. 235.*
Roma 271 – Rimini 69 – Ancona 75 – Pesaro 28 – Urbino 35.

Symposium, via Cartoceto 38 (Ovest : 1,5 km) ☎ 0721 898320, *Fax 0721 893004*, Coperti limitati; prenotare – P. AE VISA JCB
chiuso gennaio, lunedì e martedì; dal 10 luglio al 20 agosto aperto martedì sera – **Pasto** carta 65/110.
◆ Il verde della campagna abbraccia un ristorante di tono e atmosfera eleganti; servizio estivo su una terrazza panoramica. Ottima cantina e piglio creativo in cucina.
Spec. Panzanella di pomodoro con scampi di Fano (primavera-estate). Passatelli asciutti con fonduta di parmigiano, fegato grasso e tartufo bianco (autunno-inverno). "Cresc-tajat" (maltagliati) di polenta con fagioli bianchi e astice blu (primavera-estate).

CARTOSIO *15015 Alessandria* 561 I 7 – *801 ab. alt. 236.*
Roma 578 – Genova 83 – Acqui Terme 13 – Alessandria 47 – Milano 137 – Savona 46 – Torino 115.

Cacciatori con cam, via Moreno 30 ☎ 0144 40123, *Fax 0144 40524*, Coperti limitati; prenotare – P. VISA.
chiuso dal 23 dicembre al 24 gennaio e dal 1° al 15 luglio – **Pasto** *(chiuso giovedì e venerdì a mezzogiorno)* carta 25/35 – 8 – **10 cam** 36,50/52, 2 suites.
◆ Niente orpelli sia nel moderno ambiente, con pareti bianche e qualche quadro, che nelle proposte: piatti della tradizione, con un'oculata scelta delle materie prime.

CARZAGO *25080 Brescia* 561 F 13 – *alt. 202.*
18 e 9 ☎ *030 6806266, Fax 030 6806473.*
Roma 542 – Brescia 23 – Verona 57.

Palazzo Arzaga, ☎ 030 680600, *arzaga@arzaga.it, Fax 030 6806270*, Centro benessere e campi da golf, 27 – cam, – 220. AE VISA JCB. rist
6 marzo-7 novembre – **Pasto** al Rist. ***Il Moretto*** (solo su prenotazione) carta 50/84 e al Rist. ***Club House*** carta 36/50 – **81 cam** 265/385, 3 suites.
◆ In un suggestivo monastero del XV secolo, poliedrico hotel di lusso, per congressi, per chi ama il golf, le terapie rigenerative o il semplice relax in ambiente elegante. Arredi antichi al raffinato ristorante «Il Moretto». Più informale il «Club House».

CASABIANCA *Ascoli Piceno – Vedere Fermo.*

CASAGIOVE *81022 Caserta* 564 D 25 – *14 157 ab. alt. 53.*
Roma 190 – Napoli 29 – Avellino 58 – Benevento 49 – Campobasso 99.

Le Quattro Fontane, via Quartier Vecchio 60 ☎ 0823 468970, – . AE VISA JCB.
chiuso dal 23 dicembre al 2 gennaio, agosto e domenica – **Pasto** cucina casalinga regionale carta 19/30.
◆ Di aspetto moderno, è però un locale di lunga tradizione familiare, che non ha perso i suoi connotati di informalità; piatti casalinghi del territorio anche alleggeriti.

CASALBUTTANO ED UNITI *26011 Cremona* 561 G 11 – *4 077 ab. alt. 61.*
Roma 531 – Piacenza 42 – Bergamo 62 – Brescia 45 – Cremona 16 – Mantova 80 – Parma 83.

La Granda, via Jacini 51 ☎ 0374 362406, *lagranda@libero.it, Fax 0374 362405*, prenotare – . VISA
chiuso dal 1° al 20 gennaio e mercoledì – **Pasto** carta 19/27.
◆ Accogliente ambiente rustico, con travi a vista e mobili di legno scuro, e grande attenzione ai prodotti stagionali per una cucina che spazia anche fuori del territorio.

CASALE *Parma – Vedere Felino.*

CASALE CORTE CERRO *28881 Verbania* 561 E 7, 219 ⑥ – *3 310 ab. alt. 372.*
Roma 671 – Stresa 14 – Domodossola 32 – Locarno 53 – Milano 94 – Novara 61 – Torino 135.

Cicin, via Novara 1/31 (strada statale Est : 1 km) ☎ 0323 840045, *albergocicin@libero.it, Fax 0323 840046*, – P – 120. AE VISA.
chiuso agosto – **Pasto** *(chiuso lunedì)* carta 21/35 – 5,50 – **26 cam** 36/50 – ½ P 45.
◆ Buon rapporto confort/prezzo in questa ampia struttura recente, ubicata lungo la statale; arredi essenziali nelle camere, semplici, ma decorose e pulite. Ristorante ampio, cucina affidabile.

CASALE MONFERRATO *15033 Alessandria* 561 G 7 – *36 896 ab. alt. 116.*

piazza Castello ✆ 0142 444330, chiosco@comune.casale-monferrato.al.it, Fax 0142 444330.

Roma 611 – Alessandria 31 – Asti 42 – Milano 75 – Pavia 66 – Torino 70 – Vercelli 23.

Candiani senza rist, via Candiani d'Olivola 36 ✆ 0142 418728, *hotelcandiani@libero.it, Fax 0142 418722* – 500. AE VISA JCB
46 cam 104, 3 suites.
◆ Da una sapiente ristrutturazione che ha salvaguardato l'originario stile liberty di un vecchio mattatoio del 1913, è nato un nuovo albergo elegante; spaziose le camere.

Business senza rist, strada per Valenza 4/G ✆ 0142 456400, *info@business-hotel.it, Fax 0142 456446,* – 40. AE VISA JCB
chiuso dal 21 dicembre al 2 gennaio – **87 cam** 56/84.
◆ Un corpo tipo motel con posto auto di fronte alla camera e una più recente struttura di vari piani compongono un hotel funzionale, dotato di piscina e sale convegni.

La Torre, via Garoglio 3 per salita Sant'Anna ✆ 0142 70295, *info@ristorante-latorre.it, Fax 0142 70295* – AE VISA JCB.
chiuso dal 24 dicembre al 6 gennaio, dal 1° al 20 agosto, martedì sera e mercoledì – **Pasto** carta 34/45.
◆ In tranquilla, invidiabile posizione su un colle sovrastante la città, un locale di tono elegante con proposte che spaziano dai piatti locali ad altri più innovativi.

CASALE SUL SILE *31032 Treviso* 562 F 18 – *9 043 ab..*

Roma 541 – Venezia 26 – Padova 48 – Pordenone 52 – Treviso 17.

Claudia Augusta senza rist, vicolo San Francesco d'Assisi 1 (Nord-Est : 1 km) ✆ 0422 783311, *prenotazioni@hca.it, Fax 0422 783333* – AE VISA
30 cam 103.
◆ Un'antica casa padronale vicina al Sile, è ora, dopo il restauro, una risorsa moderna negli accessori e nel confort, conservando negli interni il fascino del suo passato.

San Nicolò, via San Nicolò 5 ✆ 0422 822672, *Fax 0422 822672*, prenotare – AE VISA JCB
chiuso dal 1° al 6 gennaio, dal 4 al 18 agosto, domenica sera e lunedì, anche domenica a mezzogiorno in luglio-agosto – **Pasto** specialità di mare carta 40/70.
◆ Ambiente rustico e servizio cordiale e familiare in un locale all'interno di una casa colonica ristrutturata con cura, sulle rive del Sile; le specialità sono di pesce.

CASALFIUMANESE *40020 Bologna* 562 I 16 – *2 889 ab. alt. 125.*

Roma 387 – Bologna 47 – Firenze 84 – Modena 93.

Valsellustra, via Valsellustra 16 (Nord : 11 km) ✆ 0542 684073, *valsellustra@libero.it, Fax 0542 684073,* – AE VISA JCB
chiuso dal 15 al 28 febbraio, dal 18 al 23 agosto e giovedì – **Pasto** carta 25/32.
◆ Tipico ristorante di campagna, in posizione isolata, sobrio con tavoli ampi e ravvicinati. Piatti saporiti e appetitosi con specialità a base di funghi e cacciagione.

CASALMAGGIORE *26041 Cremona* 561 H 13 – *13 755 ab. alt. 26.*

Roma 46 – Parma 24 – Brescia 69 – Cremona 40 – Mantova 41 – Piacenza 75.

Bifi Hotel senza rist, strada statale 420 km 36, località Rotonda ✆ 0375 200938, *info@bifi hotel.it, Fax 0375 200690* – – 200. AE VISA JCB.
chiuso dal 23 al 27 dicembre e dall'11 al 25 agosto – **82 cam** 80.
◆ Un'ampia e marmorea hall con colonne vi accoglie in questo funzionale e comodo albergo al crocevia tra le province di Mantova, Cremona e Parma; arredi recenti nelle camere. Ambientazione moderna e bel pavimento di parquet nella sala del ristorante.

Ristobifi, strada statale 420 km 36, località Rotonda ✆ 0375 201244, *ristobifi@tiscali.it, Fax 0375 205505* – AE VISA.
chiuso dal 23 al 28 dicembre, dal 10 al 25 agosto e martedì – **Pasto** carta 29/40.
◆ Ristorante moderno ed accogliente, ospitato dallo stesso edificio dell'hotel Bifi. Pareti color crema, pavimento in parquet e una cucina che e propone piatti classici.

CASAL VELINO *84040 Salerno* 564 G 27 – *4 602 ab. alt. 170.*

Roma 346 – Potenza 148 – Salerno 87 – Sapri 74.

Le Giare, via bivio Acquavella Nord-Est : 5 km ✆ 0974 907990 – AE VISA.
chiuso dal 30 settembre al 15 ottobre e martedì (escluso luglio-agosto) – **Pasto** carta 19/32.
◆ Situato fuori della località, un ristorante classico, a conduzione familiare, dove potrete scegliere tra piatti campani e del Cilento, di terra e di mare.

CASAMICCIOLA TERME *Napoli* 564 E 23 – *Vedere Ischia (Isola d').*

CASANOVA DEL MORBASCO *Cremona – Vedere Sesto ed Uniti.*

CASARSA DELLA DELIZIA *33072 Pordenone* 562 E 20 – *7 984 ab. alt. 44.*

Roma 608 – Udine 40 – Pordenone 20 – Venezia 95.

Al Posta, via Valvasone 12/14 ☎ 0434 870808, *posta@alberghisorriso.it, Fax 0434 870804*, ☂, 🌳 – 📺 P – 🏊 200. AE 💲 ⊙ MC VISA
chiuso dal 1° al 20 agosto – **Pasto** *(chiuso lunedì)* carta 23/36 – **32 cam** ☕ 41,50/62 – ½ P 47.
◆ Un centrale, vecchio rustico seicentesco con giardino, recuperato in chiave moderna per offrire funzionalità e confort sia nelle aree comuni che nelle sobrie camere. Il ristorante dispone di varie sale, adatte ai banchetti; cucina di mare e di terra.

CASARZA LIGURE *16030 Genova* 561 J 10 – *5 803 ab. alt. 34.*

Roma 457 – Genova 50 – Portofino 38 – La Spezia 59.

San Giovanni, via Monsignor Podestà 1 ☎ 0185 467244, ☂, prenotare, 🌳 – P. AE 💲 ⊙ MC VISA. ✂
chiuso dal 7 gennaio al 1° febbraio e lunedì (escluso in luglio-agosto) – **Pasto** specialità di mare carta 29/42.
◆ Fuori del centro, una villetta con un curato giardino, dove d'estate si svolge il servizio all'aperto, ospita questo ristorante, che propone esclusivamente pesce.

CASATENOVO *23880 Lecco* 561 E 9, 219 ⑲ – *11 915 ab. alt. 359.*

Roma 590 – Como 31 – Bergamo 47 – Lecco 21 – Milano 30.

La Fermata, via De Gasperi 2 (Sud : 1,5 km) ☎ 039 9205411, *ristorante.lafermata@lafermata.it, Fax 039 9209698*, solo su prenotazione – ▤ P. AE 💲 ⊙ MC VISA. ✂
chiuso dal 20 al 30 gennaio, dal 10 al 30 giugno, lunedì, martedì e a mezzogiorno (escluso domenica) – **Pasto** carta 40/69.
◆ Nel cuore della Brianza, personalizzazione non solo nell'arredamento moderno, ma anche nell'approccio culinario, la cui inventiva non disdegna né il mare né la terra.
Spec. Cannelloni di patate, funghi e mozzarella di bufala, zabaglione di porcini (estate-autunno). Filetto d'agnello alle arance amare in foglie di cicoria (primavera). Un pollo in tre servizi.

CASCIA *06043 Perugia* 563 N 21 – *3 260 ab. alt. 645.*

ℹ *piazza Garibaldi 1* ✉ *06043* ☎ *0743 71147, info@iat.cascia.pg.it, Fax 074 376630.*
Roma 138 – Ascoli Piceno 75 – Perugia 104 – Rieti 60 – Terni 66.

Monte Meraviglia e Sporting Center La Reggia, via Roma 15 ☎ 0743 76142, *montemeraviglia@selena.net, Fax 0743 71127*, 🏋, ≘s, 🏊 – 🛗, ▤ rist, 📺 ♿ P – 🏊 150. 💲 ⊙ MC VISA. ✂ rist
Pasto al Rist. ***Il Tartufo*** carta 23/43 – **164 cam** ☕ 90/100 – ½ P 65.
◆ Complesso formato da due strutture: una imponente, di taglio moderno, con ampi spazi: per grandi numeri. L'altra più piccola, con attrezzato centro sportivo usato da entrambe. Ambiente curato al ristorante dove gustare piatti a base di tartufo e locali.

Cursula, viale Cavour 3 ☎ 0743 76206, *hotelcursula@inwind.it, Fax 0743 76262* – 🛗, ▤ rist, 📺 🚗 P – 🏊 60. AE 💲 ⊙ MC VISA
chiuso gennaio e febbraio – **Pasto** carta 25/45 – **28 cam** ☕ 45/70 – ½ P 55.
◆ Piccolo albergo a gestione familiare, che garantisce, nella sua semplicità, un soggiorno confortevole tanto ai gruppi di pellegrini, quanto alla clientela di lavoro. In attività dal 1949, il rinomato ristorante che propone una schietta cucina del territorio.

CASCIANA TERME *56034 Pisa* 563 L 13 *G. Toscana – 3 536 ab. alt. 125 – Stazione termale (giugno-settembre).*

ℹ *via Cavour 9* ☎ *0587 646258, Fax 0587 646258.*
Roma 335 – Pisa 39 – Firenze 77 – Livorno 41 – Pistoia 61 – Siena 100.

Gd H. San Marco, via Lischi 1 ☎ 0587 64421, *info@sanmarcohotels.it, Fax 0587 644222*, 🏊, 🌳 – 🛗, ⇆ cam, ▤ 📞 ♿ P – 🏊 350. AE 💲 ⊙ MC VISA. ✂ rist
Pasto al Rist. ***La Sorgente*** carta 41/60 – **84 cam** ☕ 129/190 – ½ P 123.
◆ Ai margini del paese dove già si intravedono le prime colline, un nuovo e moderno edificio arredato con eleganza ed opulenza. Camere di varie dimensioni, molto confortevoli. Sala ristorante avvolta da una grande vetrata affacciata sulla campagna.

 **Roma,** via Roma 13 ☎ 0587 646225, *info@albergo-roma.it, Fax 0587 645233,* – AE VISA. rist
chiuso dicembre – **Pasto** 20/25 – **36 cam** 55/90 – ½ P 66.
◆ D'altri tempi i corridoi ampi e i soffitti alti negli spazi comuni di un hotel centrale, ma tranquillo, ristrutturato in anni recenti; giardino ombreggiato con piscina.retrò nella signorile sala ristorante.

CASCINA *56021 Pisa 563 K 13 – 38 252 ab. .*

Roma 334 – Pisa 21 – Firenze 63 – Livorno 29 – Pistoia 50 – Siena 101.

 **Eurohotel,** viale Europa 4/6 ☎ 050 710494, *euroh@tiscalinet.it, Fax 050 710570* – P – 400. AE VISA
Pasto carta 22/36 – **68 cam** 105/135 – ½ P 85.
◆ In posizione ideale per la clientela di passaggio, è una struttura moderna e funzionale; arredi classici nelle camere, ben accessoriate e insonorizzate; sale convegni. Moderna sala ristorante, particolarmente luminosa grazie alle pareti di vetrate.

CASEI GEROLA *27050 Pavia 561 G 8 – 2 571 ab. alt. 81.*

Roma 574 – Alessandria 36 – Milano 57 – Novara 61 – Pavia 36.

 **Bellinzona,** via Mazzini 71 ☎ 0383 61525, *hotelbellinzona@tin.it, Fax 0383 61374* – P. AE VISA
Pasto *(chiuso sabato)* carta 30/38 – 6 – **18 cam** 47/62 – ½ P 67.
◆ Hotel centrale, gestito da quattro generazioni della stessa famiglia, ristrutturato negli anni '90, con discrete attrezzature e buon confort generale; camere ben tenute. Ampio ristorante, molto frequentato, con arredi contemporanei.

CASELLE TORINESE *10072 Torino 561 G 4 – 15 634 ab. alt. 277.*

Città di Torino Nord : 1 km ☎ 011 5678091.
Roma 691 – Torino 13 – Milano 144.

Jet Hotel, via Della Zecca 9 ☎ 011 9913733, *jet_hotel.meetings@tln.lt, Fax 011 9961544* – P – 200. AE VISA. rist
chiuso dal 6 al 28 agosto – **Pasto** al Rist. ***Antica Zecca*** *(chiuso lunedì)* carta 32/45 – **80 cam** 117/165.
◆ Un bell'edificio del XVI secolo recuperato, ospita un comodo hotel ubicato nella zona dell'aeroporto; atmosfera signorile, buon livello di servizio, camere ben accessoriate. Al ristorante ambiente di tono elegante e notevole cura della tavola.

CASE NUOVE *Varese – Vedere Somma Lombardo.*

CASERE (KASERN) *Bolzano – Vedere Valle Aurina.*

CASERTA *81100 P 564 D 25 G. Italia – 74 801 ab. alt. 68.*

Vedere *La Reggia★★.*
Dintorni *Caserta Vecchia★ Nord-Est : 10 km – Museo Campano★ a Capua Nord-Ovest : 11 km.*
corso Trieste 39 (angolo piazza Dante) ☎ 0823 321137, enturismo.caserta@virgilio.it.
A.C.I. *via Nazario Sauro 10 ☎ 0823 443748.*
Roma 192 – Napoli 31 – Avellino 58 – Benevento 48 – Campobasso 114 – Abbazia di Montecassino 81.

Jolly, via Vittorio Veneto 9 ☎ 0823 325222, *caserta@jollyhotels.it, Fax 0823 354522* – cam, – 100. AE VISA. rist
Pasto carta 33/49 – **107 cam** 134/155 – ½ P 108.
◆ In comoda posizione tra la stazione e la Reggia, struttura rimodernata e ampliata in anni recenti, con spazi comuni razionali; confort secondo lo standard della catena. Classico ristorante d'albergo, ampio e in stile moderno.

Amadeus senza rist, via Verdi 72 ☎ 0823 352663, *hotelamadeus@libero.it, Fax 0823 329195* – P. AE VISA
3 – **12 cam** 55/80.
◆ Centrale, ristrutturato seguendo lo spirito del palazzo del '700 in cui è inserito, un piccolo albergo confortevole, con camere ben tenute e accessoriate.

XXX **Le Colonne,** via Nazionale Appia 7-13 ☎ 0823 467494, *info@lecolonnemarziale.it, Fax 0823 467988* – – 300. AE VISA JCB.
chiuso dal 12 al 31 agosto, martedì e la sera – **Pasto** carta 30/45 (15 %).
◆ Molto elegante, con arredi lussuosi e profusione di marmi, un ristorante che propone cucina campana anche rielaborata in chiave moderna; specialità della casa: i dolci.

XX **Via Roma Restaurant,** via Roma 21 ☎ 0823 443629 – ▤ – 🏛 80. AE ⑤ ⓓ ⓜ VISA JCB
chiuso domenica sera – **Pasto** carta 19/35.
◆ Conduzione del mestiere per un recente locale, luminoso e sobrio negli arredi, che dispone anche di una sala convegni; cucina di mare e di terra e buffet di verdure.

XX **Antica Locanda,** piazza della Seta, località San Leucio Nord-Ovest : 4 km ☎ 0823 305444, *anticalocanda@libero.it, Fax 0823 301102,* Coperti limitati; prenotare – ▤. AE ⑤ ⓓ ⓜ VISA. ✻
chiuso dal 5 al 28 agosto, domenica sera e lunedì – **Pasto** carta 19/31.
◆ Ristoratori esperti, trasferitisi dal centro città, stanno al timone di questo piccolo locale raccolto, ai piedi del Belvedere di S.Leucio; cucina del territorio.

XX **Leucio,** via Panoramica, località San Leucio Nord-Ovest : 4 km ✉ 81020 San Leucio ☎ 0823 301241, *info@ristoranteleucio.it, Fax 0823 301241* – P. AE ⑤ ⓜ VISA
chiuso Natale, Pasqua, dal 10 al 24 agosto, domenica sera e lunedì – **Pasto** specialità di mare carta 24/39 (15 %).
◆ Gestione familiare (padre in cucina, figlio in sala) in un ristorante con spazi banchetti ben separati; cucina per lo più di pesce, ma sono i primi a farla da padroni.

in prossimità casello autostrada A 1 - Caserta Sud *Sud : 6 km :*

Gd H. Vanvitelli, via Carlo III, località Cantone ✉ 81020 San Marco Evangelista ☎ 0823 217111, *info@grandhotelvanvitelli.it, Fax 0823 421330,* 🏊 – |♦|, ⇎ cam, ▤ TV 🚗 P – 🏛 500. AE ⑤ ⓓ ⓜ VISA JCB. ✻
Pasto carta 31/50 – **119 cam** ☕ 160/217, 2 suites – ½ P 130.
◆ Grande albergo nei cui ricercati interni in stile la raffinata eleganza del passato si coniuga con la funzionalità e i confort più moderni; sofisticato centro congressi. Capienti, curate sale per l'attività banchettistica e roof-garden per gli individuali.

Novotel Caserta Sud, strada statale 87 Sannitica ✉ 81020 Capodrise ☎ 0823 826553, *novotel.caserta@accorhotels.it, Fax 0823 827238,* 🏊 – |♦|, ⇎ cam, ▤ TV ♿ P – 🏛 250. AE ⑤ ⓓ ⓜ VISA JCB. ✻ rist
Pasto al Rist. ***Côté Jardin*** carta 26/49 – **126 cam** ☕ 145/175.
◆ A 2 km dal centro città, imponente, squadrata struttura moderna, dotata di ampie, confortevoli camere insonorizzate, comodo parcheggio e attrezzato centro congressi. Grandi vetrate affacciate sulla piscina e grill a vista nel ristorante.

a Caserta Vecchia *Nord-Est : 8 km – alt. 401 – ✉ 81020 :*

Caserta Antica ⛰ senza rist, via Tiglio 45 ☎ 0823 371158, *info@hotelcaserta-antica.it, Fax 0823 371158,* 🏊 – |♦| ▤ TV P – 🏛 150. AE ⑤ ⓓ ⓜ VISA
26 cam ☕ 50/65.
◆ In zona residenziale non lontano dalla parte medievale della città, un hotel adatto a clientela d'affari, ma soprattutto turistica. Piscina, solarium e camere con balconi.

CASIER *31030 Treviso 562 F 18 – 8 564 ab. alt. 5.*
Roma 539 – Venezia 32 – Padova 52 – Treviso 6.

a Dosson *Sud-Ovest : 3,5 km – ✉ 31030 :*

XX **Alla Pasina** ⛰ con cam, via Marie 3 ☎ 0422 382112, *pasina@pasina.it, Fax 0422 492322,* prenotare, 🌳 – |♦| ▤ TV P – 🏛 40. AE ⑤ ⓓ ⓜ VISA JCB. ✻
chiuso dal 31 dicembre al 4 gennaio e dal 10 al 20 agosto – **Pasto** *(chiuso domenica sera e lunedì)* 35 bc e carta 20/30 – **7 cam** ☕ 55/85.
◆ Un nucleo familiare capace e affiatato al timone di un bel ristorante in una casa di campagna inizio '800 ristrutturata; camere curate e solida cucina del territorio.

CASINO DI TERRA *Pisa – Vedere Guardistallo.*

CASOLA VALSENIO *48010 Ravenna 562 J 16 – 2 854 ab. alt. 195.*
ℹ *(aprile-settembre) via Roma 48/a ☎ 0546 73033, iat.casolavalsenio@provincia.ra.it.*
Roma 380 – Bologna 64 – Firenze 82 – Forlì 42 – Milano 277 – Ravenna 60.

XX **Mozart,** via Montefortino 3 ☎ 0546 73508, *ristorantemozart@libero.it,* Coperti limitati; prenotare, 🌳 – P. AE ⑤ ⓓ ⓜ VISA. ✻
chiuso dal 2 gennaio al 10 febbraio, dieci giorni in giugno, martedì a mezzogiorno e lunedì – **Pasto** 21/29 e carta 28/36.
◆ Un giovane chef gestisce questo ristorante, dove propone le sue creazioni nelle graziose salette di una casa familiare in pietra, fuori del paese, in mezzo al verde.

I prezzi del pernottamento e della pensione possono subire aumenti in relazione all'andamento generale del costo della vita ; quando prenotate chiedete la conferma del prezzo.

CASOLE D'ELSA *53031 Siena* 563 L 15 – *2 874 ab. alt. 417.*

piazza della Libertà 1 ℘ 0577 948705, Fax 0577 948118.

Roma 269 – Siena 48 – Firenze 63 – Livorno 97.

Gemini, via Provinciale 4 ℘ 0577 948622, *gemini@gemini-lapergola.it, Fax 0577 948241,* ←, , , – |‡| ▤ TV ♿ P. AE ⓢ VISA. ✂ cam

aprile-ottobre – **Pasto** *(chiuso martedì a mezzogiorno)* carta 24/38 – **42 cam** ☕ 93/98 – 1/2 P 69.

◆ Ubicato appena fuori del paese, è un albergo tradizionale di buon livello; gran parte delle stanze con terrazzo e vista sui colli oppure con accesso diretto al giardino. Sala da pranzo d'impostazione classica, con vetrate panoramiche.

Il Colombaio, località Colombaio ℘ 0577 949002, *colombaio@supereva.it, Fax 0577 949900,* – P. AE ⓢ VISA. ✂

chiuso dal 7 gennaio al 28 febbraio, martedì a mezzogiorno e lunedì – **Pasto** carta 39/57.

◆ Passione e sobria eleganza: è il binomio che caratterizza lo stile di questo ristorante d'atmosfera; cucina moderna elaborata con abilità e attenzione alla tradizione.

Spec. Tortelli di finocchi e gamberi rossi in salsa di borragine e polvere d'arancio. Piccione dorato allo spiedo in salsa alla lavanda, caffé e liquirizia. Banana alla griglia con sandwich alla sambuca.

a Pievescola *Sud-Est : 12 km – ✉ 53030 :*

Relais la Suvera , via La Suvera ℘ 0577 960300, *lasuvera@lasuvera.it, Fax 0577 960220,* ← dintorni, , , riscaldata, , – |‡|, rist, ▤ TV ♿ P – 40. AE ⓢ VISA JCB. ✂ rist

23 aprile-2 novembre – **Pasto** al Rist. ***Oliviera*** *(chiuso a mezzogiorno)* carta 47/65 – **19 cam** ☕ 560, 12 suites 980.

◆ Nella campagna senese, un complesso nobiliare del XVI sec. con giardino all'italiana vi accoglie in un perfetto connubio di storia, eleganza esclusiva e lussuoso confort. Sale ristorante di grande raffinatezza, ricavate in quello che un tempo era il frantoio.

CASPERIA *02040 Rieti* 563 O 20 – *1 110 ab. alt. 397.*

Roma 65 – Terni 36 – Rieti 38 – Viterbo 71.

La Torretta senza rist, via Mazzini 7 ℘ 0765 63202, *latorretta@tiscalinet.it, Fax 0765 63202,* ← monti Sabini. ✂

7 cam ☕ 60/80.

◆ La quiete di un pittoresco borgo solo pedonale e il fascino d'epoca di una casa signorile del XV secolo, sapientemente restaurata; incantevole panorama dalla terrazza.

CASSANO D'ADDA *20062 Milano* 561 F 10 – *16 761 ab. alt. 133.*

Roma 567 – Bergamo 27 – Brescia 63 – Cremona 72 – Milano 31.

Antica Osteria la Tesorella, via Milano 63 ℘ 0363 63033, *Fax 0363 63033* – ▤ P. AE ⓢ VISA JCB. ✂

chiuso dal 7 al 31 agosto, lunedì sera e martedì – **Pasto** specialità di mare carta 32/52.

◆ Un piacevole «rifugio» dove fermarsi per gustare preparazioni di pesce, in quest'angolo di Lombardia. Ristorante aperto di recente e gestito con intraprendenza e capacità.

CASSINASCO *14050 Asti* 561 H 6 – *646 ab. alt. 447.*

Roma 594 – Alessandria 49 – Genova 95 – Asti 34 – Milano 137 – Torino 98.

I Caffi, reg. Caffi Ovest : 2 km ℘ 0141 826900, *ristorante@icaffi.it, Fax 0141 826900,* Coperti limitati; prenotare – P. ⓢ VISA JCB. ✂

chiuso dal 1° al 25 gennaio, domenica sera, mercoledì e a mezzogiorno (escluso sabato-domenica) – **Pasto** carta 48/56.

◆ Due coniugi, lui in sala e lei in cucina, da oltre 20 anni in un ristorante dove gusterete piatti del territorio in un caloroso ambiente rustico-elegante con camino.

CASSINE *15016 Alessandria* 561 H 7 – *3 068 ab. alt. 190.*

Roma 547 – Alessandria 25 – Genova 7697 – Asti 47 – Torino.

Agriturismo Il Buonvicino, strada Ricaldone di Sotto 40 (Sud-Ovest : 1,5 km) ℘ 0144 715228, *ilbuonvicino@libero.it, Fax 0144 715842,* ←, – ♿ P – 35. AE ⓢ VISA. ✂

chiuso agosto – **Pasto** (solo su prenotazione) 23 – **6 cam** ☕ 30/60.

◆ Un'enorme botte posta lungo la strada segnala che è giunto il momento di fermarsi: ne vale la pena. Tipica, imponente, cascina ristrutturata meticolosamente; belle camere.

CASSINETTA DI LUGAGNANO *Milano* 561 F 8, 219 ⑱ – *Vedere Abbiategrasso.*

CASSINO *03043 Frosinone* 563 R 23 – *35 084 ab. alt. 45.*

Dintorni *Abbazia di Montecassino★★ – Museo dell'abbazia★★ Ovest : 9 km.*

Via Di Biaso 54 ☎ 0776 21292, iat.cassino@apt.frosinone.it, Fax 0776 25692.

Roma 130 – Frosinone 53 – Caserta 71 – Gaeta 47 – Isernia 48 – Napoli 98.

Rocca, via Sferracavallo 105 ☎ 0776 311212, *hotel.rocca@libero.it, Fax 0776 25427*, Parco acquatico con ... *chiuso dal 24 al 26 dicembre* – **Pasto** carta 15/25 – **70 cam** 59/70.

◆ Un'ampia hall con divani in pelle introduce in un hotel funzionale, dotato di parco acquatico con piscina; chiedete le camere nuove, confortevoli e con bagni moderni. Luminosa sala ristorante, d'impostazione classica.

Alba, via G. di Biasio 53 ☎ 0776 21873 e rist. ☎ 0776 22558, *info@albahotel.it, Fax 0776 270000*, ... – 50. VISA.

Pasto al Rist. ***Da Mario*** carta 25/36 – **29 cam** 68/80 – ½ P 50.

◆ Alle pendici del monte dell'Abbazia, un edificio recente per un albergo accogliente, a gestione familiare, dagli interni ariosi, con carta da parati e colori chiari. Ambiente simpatico nella signorile sala da pranzo.

Al Boschetto, via Ausonia 54 (Sud-Est : 2 km) ☎ 0776 39131, *info@hotelristorantealboschetto.it, Fax 0776 301315*, ... – 400. VISA JCB.

Pasto carta 21/41 – 8 – **82 cam** 73/80 – ½ P 67.

◆ Sulla strada che dal casello porta a Cassino, una struttura anni '70, con giardino e parcheggio; buon confort nelle aree comuni e nelle camere, in parte rinnovate. Ristorante capiente, vocato all'attività banchettistica; gradevole dehors per l'estate.

La Colombaia, via Di Biasio 200 ☎ 0776 300892 – ... VISA

chiuso dal 5 al 20 agosto, domenica sera e lunedì – **Pasto** carta 20/38 (10 %).

◆ I colori marinari, bianco e azzurro, dell'edificio e della sala non lasciano dubbi sull'offerta ittica del locale, dove infatti si mangia solo pesce, fresco, da Formia.

Inviateci il vostro parere sui ristoranti che vi consigliamo, sulle loro specialità e i loro vini regionali.

CASTAGNETO CARDUCCI *57022 Livorno* 563 M 13 *G. Toscana – 8 324 ab. alt. 194 – a.s. 15 giugno-15 settembre.*

(maggio-settembre) piazza del Popolo 1 ☎ 0565 765042, apt7castagneto@livorno.turismo.toscana.it, Fax 0565 765042.

Roma 272 – Firenze 143 – Grosseto 84 – Livorno 57 – Piombino 33 – Siena 119.

Zì Martino, località San Giusto 264/a (Ovest : 2 km) ☎ 0565 763666, *infol@zimartino.com, Fax 0565 763444*, ... VISA.

chiuso novembre e dicembre – **Pasto** *(chiuso lunedì)* carta 20/26 – **23 cam** 135 – ½ P 80.

◆ Alle pendici del colle di Castagneto, una bassa struttura di concezione moderna, con corte interna e ballatoio da cui si accede alle camere, lineari e di buon confort. Dehors per il servizio ristorante estivo affacciato su un piccolo prato interno.

a Donoratico *Nord-Ovest : 6 km – ✉ 57024 :*

Nuovo Hotel Bambolo, via del Bambolo 31 (Nord : 1 km) ☎ 0565 775206, *info@hotelbambolo.com, Fax 0565 775346*, ... VISA.

chiuso dicembre – **Pasto** vedere rist ***Bambolo*** – **41 cam** 150 – ½ P 98.

◆ Qualche km alle spalle del mare, nel verde quieto della campagna troverete un grande cascinale ristrutturato, dove praticare equitazione e cicloturismo; camere moderne.

a Marina di Castagneto *Nord-Ovest : 9 km – ✉ 57024 Donoratico.*

(maggio-settembre) via della Marina 6 ☎ 0565 744276, marinadicastagneto@livorno.turismo.toscana.it, Fax 0565 746012

Grand Hotel Tombolo, via del Corallo 3 ☎ 0565 74530, *info@grandhoteltombolo.com, Fax 0565 744052*, ... cam, ... – 180. VISA.

chiuso dal 7 gennaio al 29 febbraio – carta 50/81 – **119 cam** 357/550, 5 suites – ½ P 310.

◆ Lo splendido risultato della ristrutturazione di una ex colonia marina, dall'architettura originale. Ottimo centro benessere, grandi terrazze, belle camere, servizio accurato. Raffinata sala ristorante.

Alle Dune, via Milano 14 ☎ 0565 746611, *alledune@alledune.com, Fax 0565 746659*, ... – 150. VISA.

15 marzo-novembre – **Pasto** solo buffet (solo per alloggiati) 18/31 – 7,50 – **24 cam** 59/78, 7 suites – ½ P 70.

◆ Complesso poliedrico che si sviluppa in un silenzioso parco-pineta; camere, alcune con angolo cottura, in graziose villette a schiera; attività sportive e di animazione. Piacevole ristorante, di stile moderno.

Villa Tirreno, via della Triglia 4 ☎ 0565 744036, *info@villatirrento.com, Fax 0565 744187* – ▤ TV P. AE ⓢ ⓞ VISA JCB. ✻
febbraio-ottobre – **Pasto** *(chiuso lunedì in bassa stagione)* carta 29/36 – **30 cam** ☐ 95/108 – ½ P 88.
◆ Ospitato in un bell'edificio d'epoca, centrale, ma a pochi passi dal mare, albergo confortevole, con camere spaziose e curate: chiedete una delle 5 con grande terrazza. Luminosa sala da pranzo, con aria condizionata.

La Tana del Pirata, via Milano 17 ☎ 0565 744143, *Fax 0565 744548,* ✻, ✻, ✻ – P. AE ⓢ ⓞ ⓞ VISA JCB. ✻
10 aprile-10 ottobre; chiuso martedì escluso da giugno a settembre – **Pasto** carta 36/72.
◆ Un'oasi tranquilla e silenziosa per mangiare del buon pesce, magari all'aperto, in un ambiente molto alla moda, approfittando anche della spiaggia privata.

CASTAGNETO PO *10090 Torino* 561 G 5 – *1 447 ab. alt. 473.*

Roma 685 – Torino 26 – Aosta 105 – Milano 122 – Novara 77 – Vercelli 59.

La Pergola, via delle Scuole 2 ☎ 011 912933, *Fax 011 912933,* ✻ – ⓢ ⓞ VISA. ✻
chiuso dal 27 dicembre al 12 febbraio, martedì a mezzogiorno in luglio-agosto, tutto il giorno negli altri mesi – **Pasto** carta 22/34.
◆ Un semplice locale di ambiente familiare che ha il suo punto di forza nella posizione collinare e nel bel servizio estivo all'aperto; proposte classiche alleggerite.

CASTAGNOLE MONFERRATO *14030 Asti* 561 H 6 – *1 260 ab. alt. 229.*

Roma 586 – Alessandria 30 – Torino 69 – Asti 16 – Milano 118.

Ruchè, via xx Settembre 3 ☎ 0141 292242 – ✻. AE ⓢ ⓞ ⓞ VISA JCB
chiuso dal 2 al 10 gennaio, dal 1° al 10 settembre, mercoledì e giovedì a mezzogiorno – **Pasto** carta 29/48 ✻.
◆ Nel paese dove negli anni '70 è stato inventato l'omonimo vino, un ristorantino gestito da una giovane e appassionata coppia. Cucina del territorio, venerdì e sabato pesce.

CASTEGGIO *27045 Pavia* 561 G 9 – *6 649 ab. alt. 90.*

Roma 549 – Alessandria 47 – Genova 101 – Milano 59 – Pavia 21 – Piacenza 51.

Ai Colli di Mairano, via Bernini 40, località Mairano ☎ 0383 83296, *Fax 0383 83296,* ✻ – ▤ P. AE ⓢ ⓞ ⓞ VISA JCB. ✻
chiuso dal 7 al 15 gennaio, dal 20 luglio al 7 agosto e lunedì – **Pasto** carta 20/28.
◆ Locale luminoso e accogliente, ispirato allo stile neoclassico, circondato da vigne su cui la vista si può perdere con piacere, approfittando del servizio estivo all'aperto.

CASTELBELLO CIARDES (KASTELBELL TSCHARS) *39020 Bolzano* 562 C 14, 218 ⑲ – *2 320 ab. alt. 586.*

ℹ *via Nazionale ☎ 0473 624193, kastelbel@suedtirol.com, Fax 0473 624559.*
Roma 688 – Bolzano 51 – Merano 23.

Kuppelrain con cam, piazza Stazione 16 località Maragno ☎ 0473 624103, *kuppelrain@romail.net, Fax 0473 624103,* ≤, Coperti limitati; prenotare – ▤ rist, TV P. AE ⓢ ⓞ VISA. ✻ rist
chiuso dal 21 al 28 gennaio e dal 23 giugno al 14 luglio – **Pasto** *(chiuso domenica e lunedì a mezzogiorno)* carta 40/60 ✻ – **4 cam** ☐ 42/80.
◆ Una villetta primi '900, una piccola e semplice sala con tocchi di eleganza, calda accoglienza; pregiati vini nella bella cantina con soffitto a volta, piatti fantasiosi.
Spec. Fegato d'anatra, gelatina di Traminer e albicocche sciroppate. Asparagi bianchi con capretto al forno (primavera). Filetto di vitello con gamberi, code di scampi e salsa di tonno.

sulla strada statale 38 :

Sand, via Molino 2 (Est : 4,5 km) ✉ 39020 ☎ 0473 624130, *info@hotel-sand.com, Fax 0473 624406,* ≤, ✻, ✻, ✻, ✻, ✻, ✻, ✻ – ✻, ✻ rist, ▤ rist, TV ✻ P. ⓢ ⓞ VISA JCB. ✻ rist
15 marzo-15 novembre – **Pasto** *(chiuso mercoledì)* carta 27/36 – **34 cam** ☐ 75/135, *4 suites* – ½ P 80.
◆ Un complesso che ha saputo rinnovarsi negli anni, ben attrezzato per gli sport e il relax all'aperto; piacevole giardino-frutteto con piscina e beach volley. Centro benessere. Ambiente romantico nella caratteristica e intima stube, tutta rivestita di legno.

Petersilie, Via Nazionale 43 (Est : 1,3 km) ☎ 0473 624029, *Fax 0473 624029,* ✻ – ✻ rist, P. ⓢ ⓞ ⓞ VISA
chiuso dal 1° al 21 luglio e lunedì – **Pasto** carta 48/63.
◆ Periferico, sulla statale, un piccolo locale semplice, ma di buon tono, gestito da uno chef d'esperienza; curata la presentazione dei piatti, d'impronta creativa.

CASTELBIANCO *17030 Savona – 287 ab. alt. 343.*

Roma 576 – Imperia 42 – Genova 104 – Savona 56.

Gin, via Pennavaire 99 ☎ 0182 77001, *ristogin@libero.it, Fax 0182 77104*, prenotare, – TV P. AE ⓢ ⓓ ⓜ VISA.
chiuso dal 23 gennaio al 7 febbraio e 15 giorni in giugno – **Pasto** *(chiuso martedì e a mezzogiorno escluso sabato e domenica da ottobre a marzo, lunedì e a mezzogiorno negli altri mesi)* carta 25/37 – 5 – **8 cam** 90 – ½ P 48.
◆ Un hotel caratterizzato da belle camere e da spazi comuni ridotti. Per un soggiorno immerso nel verde, da apprezzare dalla grande terrazza/solarium. Al ristorante piatti elaborati con un pizzico di fantasia, partendo da tradizioni locali.

Scola con cam, via Pennavaire 166 ☎ 0182 77015, *scola@libero.it, Fax 0182 779342*, prenotare – TV P. AE ⓢ ⓓ ⓜ VISA. rist
chiuso gennaio – **Pasto** *(chiuso martedì sera e mercoledì)* carta 25/55 – 7 – **8 cam** 38/52 – ½ P 60.
◆ Due sale, di cui una molto ampia adatta anche per banchetti; la più piccola invece ha un tono più elegante. In menù interessanti rielaborazioni della cucina ligure.

CASTELBUONO *Palermo* 565 N 24 – *Vedere Sicilia alla fine dell'elenco alfabetico.*

CASTEL D'AIANO *40040 Bologna* 562 J 15 – *1 829 ab. alt. 772.*

Roma 365 – Bologna 48 – Firenze 89 – Pistoia 52.

a Rocca di Roffeno *Nord-Est : 7 km – ✉ 40040 Castel d'Aiano :*

Agriturismo La Fenice, via Santa Lucia 29 ☎ 051 919272, *lafenice@lafeniceagritur.it, Fax 051 919024*, maneggio, – TV P. AE ⓢ ⓓ ⓜ VISA. rist
chiuso dal 7 gennaio al 7 febbraio – **Pasto** *(chiuso da lunedì a giovedì escluso da luglio al 10 ottobre)* carta 23/31 – **8 cam** 56/72, suite – ½ P 54.
◆ Piccolo agglomerato di case coloniche del XVI secolo, dove dominano le pietre unite al legno, per vivere a contatto con la natura in un'atmosfera di grande suggestione. Il fascino intatto di un antico passato rurale aleggia anche nel ristorante.

Se dopo le h 18,00 siete ancora in viaggio confermate la vostra prenotazione telefonicamente, è consuetudine ... ed è più sicuro.

CASTEL D'APPIO *Imperia – Vedere Ventimiglia.*

CASTEL D'ARIO *46033 Mantova* 561 G 14 – *4 149 ab. alt. 24.*

Roma 478 – Verona 47 – Ferrara 96 – Mantova 15 – Milano 188.

Edelweiss con cam, via Roma 109 (Ovest : 1 km) ☎ 0376 665885, *Fax 0376 665893*, – TV P. AE ⓢ ⓓ ⓜ VISA JCB. rist
chiuso dal 27 dicembre al 10 gennaio e dal 16 al 31 agosto – **Pasto** *(chiuso mercoledì)* carta 34/48 – **7 cam** 47/69 – ½ P 41.
◆ Un ristorante classico dove tre giovani sfidano la concorrenza di altri «fregiati» locali in zona e puntano sulla qualità dei prodotti di un'interessante cucina mantovana.

CASTEL D'AZZANO *37060 Verona* 562 F 14 – *10 099 ab. alt. 44.*

Roma 495 – Verona 12 – Mantova 32 – Milano 162 – Padova 92.

Cristallo, via Scuderlando 122 ☎ 045 8520932, *info@cristallovr.com, Fax 045 8520244* – TV P. – 60. AE ⓢ ⓓ ⓜ VISA.
chiuso dal 20 dicembre al 5 gennaio – **Pasto** (solo per alloggiati) carta 22/27 – **91 cam** 85/140 – ½ P 110.
◆ Sulla strada per il casello di Verona-Sud, albergo funzionale, comodo per clientela di lavoro e di passaggio; spaziose sia le zone comuni che le confortevoli camere.

Allo Scudo d'Orlando, via Scuderlando 120 ☎ 045 8520512, *dorlando@tin.it, Fax 045 8520513* – P. AE ⓢ ⓜ VISA.
chiuso lunedì a mezzogiorno e domenica – **Pasto** specialità di mare carta 35/72.
◆ Non ha nessun rapporto con l'hotel adiacente questo ristorante con ambiente classico di buon tono; pesce fresco per una cucina che tende a prediligere il mare.

CASTEL DEL PIANO *58033 Grosseto* 563 N 16 – *4 300 ab. alt. 632 – Sport invernali : al Monte Amiata : 1 350/1 730 m 13, .*

via Marconi 9 ☎ 0564 973534, ufficioturisticocipiano@amiata.net, Fax 0564 973534.

Roma 196 – Grosseto 56 – Orvieto 72 – Siena 71 – Viterbo 95.

a Prato delle Macinaie *Est : 9 km – alt. 1 385 – ✉ 58033 Castel del Piano :*

Le Macinaie, ✆ 0564 959001, *info@lemacinaie.it, Fax 0564 959013,* ← – VISA. rist
22 dicembre-7 gennaio e 20 aprile-3 novembre – **Pasto** 14/28 – **17 cam** 78/84 – 1/2 P 68.
◆ D'inverno vi ritroverete praticamente sulle piste di sci soggiornando in questa piccola casa sul monte Amiata; bagni nuovi, camere non ampie, ma rinnovate e gradevoli. Ristorante con sale più raccolte di tono rustico e altre di notevole capienza.

CASTELDIMEZZO *61100 Pesaro e Urbino* 563 K 20 – *alt. 197.*
Roma 312 – Rimini 27 – Milano 348 – Pesaro 12 – Urbino 41.

Taverna del Pescatore, ✆ 0721 208116, *info@tavernadelpescatore.it, Fax 0721 208116,* – VISA.
marzo-settembre; chiuso mercoledì e a mezzogiorno da lunedì a giovedì sino al 10 giugno – **Pasto** specialità di mare carta 47/69.
◆ In questo locale il mare è da assaporare e da contemplare dalla panoramica veranda dove si svolge il servizio estivo; all'interno un'accogliente sala in stile rustico.

La Canonica, via Borgata 20 ✆ 0721 209017, *canonica@iridesistemi.com, Fax 0721 209017,* – VISA – *chiuso lunedì e a mezzogiorno (escluso i giorni festivi)* – **Pasto** carta 34/42.
◆ Una caratteristica cantina ricavata nel tufo e dehors panoramico in questa moderna trattoria dove gustare piatti a base di prodotti locali di elevata qualità; serate a tema.

CASTEL DI SANGRO *67031 L'Aquila* 563 Q 24 – *5 737 ab. alt. 800.*
Roma 206 – Campobasso 80 – Chieti 101 – L'Aquila 109 – Sulmona 42.

Don Luis senza rist, Parco del Sangro ✆ 0864 847061 e rist ✆ 0864 841121, *info@hoteldonluis.com, Fax 0864 847061,* – 100. VISA JCB
40 cam 55/98.
◆ All'interno di un parco con laghetto e centro sportivo, un hotel in grado di accontentare tanto la clientela di passaggio quanto quella di villeggiatura. Camere spaziose.

CASTELFIDARDO *60022 Ancona* 988 ⑯, 430 L 22 – *16 582 ab. alt. 199.*
Roma 303 – Ancona 27 – Macerata 40 – Pescara 125.

Parco senza rist, via Donizetti 2 ✆ 071 7821605, *hotelparco@libero.it, Fax 071 7820309* – – 50. VISA JCB
chiuso dal 24 dicembre al 7 gennaio – 10 – **43 cam** 65/95, 2 suites.
◆ Albergo a conduzione familiare, gestito con professionalità tale da offrire un soggiorno confortevole. Le camere sono spaziose e funzionali, gli spazi comuni vari e ampi.

CASTELFRANCO EMILIA *41013 Modena* 562 I 15 – *24 518 ab. alt. 42.*
Roma 398 – Bologna 25 – Ferrara 69 – Firenze 125 – Milano 183 – Modena 13.

Aquila senza rist, via Leonardo da Vinci 5 ✆ 059 923208, *info@hotelaquila.it, Fax 059 927159* – VISA.
8 – **30 cam** 93/115.
◆ Familiari sia la conduzione che l'ambiente di un'accogliente struttura, rinnovata nelle attrezzature, frequentata da clientela di lavoro; comodo parcheggio.

Agriturismo Villa Gaidello, via Gaidello 18/22 ✆ 059 926806, *gaidello@tin.it, Fax 059 926620,* – VISA.
chiuso Natale, Pasqua e agosto – **Pasto** *(chiuso domenica sera e lunedì)* solo su prenotazione 38/45 bc – **2 cam** 68/97, 7 suites 132.
◆ Hanno circa 250 anni le case coloniche di questo complesso nel verde della Pianura Padana; restaurate mantenendone il carattere originale, offrono caldi interni d'epoca. In quella che un tempo era la stalla è stato ricavato il ristorante: suggestivo.

La Lumira, corso Martiri 74 ✆ 059 926550, *Fax 059 921778* – VISA.
chiuso dal 24 dicembre al 2 gennaio, Pasqua e agosto domenica e lunedì a mezzogiorno – **Pasto** carta 30/39.
◆ Nella patria del leggendario tortellino, vi godrete la gustosa cucina emiliana in questo ristorante caratteristico, con tanti, disparati oggetti appesi ovunque.

a Rastellino *Nord-Est : 6 km – ✉ 41013 Castelfranco Emilia :*

Rastellino, via Enrico Toti 5/7/9 ✆ 059 937151, – VISA JCB.
chiuso dal 7 al 24 gennaio, dal 4 al 25 settembre, lunedì e a mezzogiorno (escluso festivi) – **Pasto** carta 26/38.
◆ Atmosfera particolarmente calda, con soffitti in legno, addobbi rustici e camino, in un ristorante di campagna dall'ambiente caratteristico. In menù piatti del territorio.

CASTELFRANCO VENETO 31033 *Treviso* 562 E 17 *G. Italia – 31 473 ab. alt. 42.*

Vedere *Madonna col Bambino*** *del Giorgione nella Cattedrale.*

0423 493537, Fax 0423 721842.

Via Preti 66 0423 491416, iat.calstelfrancoveneto@provincia.treviso.it, Fax 0423 771085.

Roma 532 – Padova 34 – Belluno 74 – Milano 239 – Trento 109 – Treviso 27 – Venezia 56 – Vicenza 34.

Fior, via dei Carpani 18 0423 721212, *info@hotelfior.com, Fax 0423 498771,* riscaldata – 250.
Pasto carta 25/33 – **44 cam** 75/108, suite – 1/2 P 101.
◆ Sulla campagna che per prima ispirò Giorgione si affacciano le raffinate camere di questa risorsa, in un rustico ristrutturato; grande giardino con piscina e tennis. Tre sale ristorante di taglio classico, divise da pareti mobili.

Alla Torre senza rist, piazzetta Trento e Trieste 7 0423 498707, *info@hotelallatorre.it, Fax 0423 498737* – 70.
39 cam 74/112.
◆ Riuscito esempio di restauro di un edificio del 1600, ubicato nel centro storico, ha camere nuove di notevole confort; nella bella stagione si fa colazione in terrazza.

Al Moretto senza rist, via San Pio X 10 0423 721313, *albergo.al.moretto@apf.it, Fax 0423 721066,* – .
chiuso dal 20 dicembre al 2 gennaio e dall'8 al 20 agosto – 11 – **35 cam** 68/98.
◆ Da secoli «luogo di riposo», combina il fascino dell'antico palazzo in cui è sito con la funzionalità degli eleganti interni ristrutturati; camere piccole, ma curate.

Alle Mura, via Preti 69 0423 498098, *Fax 0423 721425* –
chiuso dal 10 al 30 gennaio, agosto e giovedì – **Pasto** specialità di mare carta 40/58.
◆ Ambiente raffinato, con quadri, decorazioni e oggetti del Sud-Pacifico, atmosfera e servizio informali in un frequentato ristorante di pesce; servizio estivo in giardino.

a Salvarosa *Nord-Est : 3 km – 31033 Castelfranco Veneto :*

Barbesin, via Montebelluna 41 0423 490446, *info@barbesin.it, Fax 0423 490261* – .
chiuso dal 29 dicembre al 9 gennaio, dal 1° al 21 agosto, mercoledì sera e giovedì – **Pasto** carta 21/27.
◆ Una vecchia casa totalmente ristrutturata ospita un bel locale di ambientazione signorile, con tocchi di rusticità e di eleganza, che propone i piatti del territorio.

Da Rino Fior, via Montebelluna 27 0423 490462, *info@rinofior.com, Fax 0423 720280,* – .
chiuso dal 1° all'8 gennaio, dal 29 luglio al 22 agosto, lunedì sera e martedì – **Pasto** carta 23/30.
◆ Famoso in zona e frequentato da celebrità, soprattutto sportivi, è un ristorante di lunga tradizione familiare e notevole capienza; specialità venete e dehors estivo.

Un automobilista previdente utilizza la Guida Michelin dell'anno in corso.

CASTEL GANDOLFO 00040 *Roma* 563 Q 19 *G. Roma – 8 436 ab. alt. 426.*

06 9312301, Fax 06 9312244.

Roma 25 – Anzio 36 – Frosinone 76 – Latina 46 – Terracina 80.

Castelvecchio, viale Pio XI, 23 06 9360308, *info@hotelcastelvecchio.com, Fax 06 9360579,* lago e colli, – – 150. .
Pasto *(chiuso dal 10 al 20 agosto)* 30/60 – **50 cam** 72/120 – 1/2 P 81.
◆ Spettacolare la vista sul lago Albano e sui Castelli Romani che si gode dal roof-garden con piscina di questa struttura; servizio curato, camere ampie e panoramiche. Ristorante con buona cura della tavola e piatti della cucina tradizionale e locale.

Antico Ristorante Pagnanelli, via Gramsci 4 06 9360004, *pagnanelli.ri@flashnet.it, Fax 06 93021877,* lago, –
chiuso martedì – **Pasto** carta 31/42.
◆ Splendida vista sul lago di Albano dalla sala principale, impostata in modo tradizionale; caratteristiche le cantine scavate nel tufo, con possibilità di degustazione.

al lago *Nord-Est : 4,5 km :*

Villa degli Angeli, via Spiaggia del Lago 32 00040 Castel Gandolfo 06 93668241, *hotelvilladegliangeli@virgilio.it, Fax 06 93668251,* lago e Castel Gandolfo, , riscaldata, – .
Pasto carta 28/45 – **37 cam** 85/232 – 1/2 P 141.
◆ Lungo la strada che costeggia il lago, ma in posizione rientrante e rialzata, un albergo tranquillo e confortevole; camere nuove con funzionali arredi contemporanei. Il punto di forza del ristorante è la terrazza panoramica dove si svolge il servizio estivo.

CASTEL GUELFO DI BOLOGNA *40023 Bologna 562 I 17 – 3 455 ab. alt. 32.*

Roma 404 – Bologna 28 – Ferrara 74 – Firenze 136 – Forlì 57 – Ravenna 60.

Locanda Solarola con cam, via Santa Croce 5 (Ovest : 7 km) 0542 670102, *solarola@imola.queen.it, Fax 0542 670222,* , Coperti limitati; prenotare, – rist, . rist

Pasto *(chiuso dal 5 al 27 gennaio, martedì a mezzogiorno e lunedì)* carta 51/93 – **15 cam** 197/207 – ½ P 155.

◆ Una casa di campagna nel verde per vivere l'atmosfera di un'elegante dimora privata molto inglese e le emozioni di una cucina tra le più sapientemente creative in Italia.

Spec. Tagliolini al mattarello con ragù di fegatini di pollo e funghi prugnoli (primavera). Maialino in crosta di spezie croccanti con salsa di senape e fichi (inverno). Aspic di melone e fragole in gelatina alla vaniglia (estate).

CASTELLABATE *84048 Salerno 564 G 26 – 7 636 ab. alt. 278 – a.s. luglio-agosto.*

Roma 328 – Potenza 126 – Agropoli 13 – Napoli 122 – Salerno 71 – Sapri 123.

La Mola, via A. Cilento 2 0974 967053, *lamola@lamola-it.com, Fax 0974 967714,* mare e costa, – . rist

23 dicembre-7 gennaio e marzo-ottobre – **Pasto** *(chiuso a mezzogiorno)* (solo per alloggiati) 30/40 – **5 cam** 120 – ½ P 95.

◆ E' stupenda la vista del mare e della costa che si gode, magari facendo colazione, dalla terrazza di questo antico palazzo ristrutturato, con spaziose camere curate.

a Santa Maria *Nord-Ovest : 5 km – 84072 :*

Villa Sirio, via Lungomare De Simone 15 0974 960162 e rist. 0974 961099, *villasirio@costacilento.it, Fax 0974 960507,* – . .

20 marzo-10 novembre – **Pasto** al Rist. ***Da Andrea*** carta 24/45 (10 %) – **15 cam** 146/210 – ½ P 130.

◆ Una casa padronale dei primi del '900 nel centro storico, ma direttamente sul mare, dai raffinati interni in stile classico; belle, luminose e confortevoli le camere. Ristorante di tono elegante.

La Taverna del Pescatore, via Lamia 0974 968293, *Fax 0974 968293,* , prenotare – .

marzo-novembre; chiuso lunedì (escluso da luglio al 15 settembre) e i mezzogiorno da lunedì a venerdì in luglio – **Pasto** specialità di mare carta 30/38 (10 %).

◆ La moglie in cucina e il marito in sala a proporvi le loro specialità di mare, secondo il pescato giornaliero, in un raccolto locale rustico, con grazioso dehors estivo.

I Due Fratelli, via Sant'Andrea (Nord : 1,5 km) 0974 968004, *Fax 0974 968004,* , – . .

chiuso mercoledì escluso dal 15 giugno al 15 settembre – **Pasto** carta 24/32 (10 %).

◆ I «due fratelli» in questione gestiscono da molti anni questo piacevole ristorante di ambiente moderno; piatti campani per lo più di pesce e pizze il fine settimana.

a San Marco *Sud-Ovest : 5 km – 84071 :*

Giacaranda , contrada Cenito (Sud : 1 km) 0974 966130, *giaca@costacilento.it, Fax 0974 966800,* , solo su prenotazione, , – . . rist

chiuso dal 6 gennaio al 30 marzo – **Pasto** (solo per alloggiati) 30/37 – **8 cam** 110/190, suite – ½ P 85.

◆ Prende il nome da una pianta del suo giardino questa casa ricca di charme, dove abiterete in campagna tra il verde, coccolati con mille attenzioni; iniziative culturali.

CASTELL'ALFERO *14033 Asti 561 G 6 – 2 674 ab. alt. 235.*

Roma 60 – Alessandria 47 – Asti 13 – Novara 77 – Torino 72.

L'Osteria del Castello Dirce, via Castello 1 0141 204115, *marisa.torta@tin.it, Fax 0141 299167,* – .

chiuso dal 27 dicembre al 31 gennaio, dal 1° al 15 agosto, lunedì e martedì – **Pasto** carta 36/48.

◆ Tre sale dagli alti soffitti con rilievi in stucco a testimoniare l'origine aristocratica del castello del '700 che ospita il ristorante; splendida terrazza estiva panoramica.

CASTELLAMMARE DEL GOLFO *Trapani 565 M 20 – Vedere Sicilia alla fine dell'elenco alfabetico.*

Se cercate un hotel tranquillo
consultate prima le carte tematiche dell'introduzione
e trovate nel testo gli esercizi indicati con il simbolo

CASTELLAMMARE DI STABIA *80053 Napoli* 564 E 25 *G. Italia – 65 499 ab. – Stazione termale, a.s. luglio-settembre.*

Vedere *Antiquarium★.*

Dintorni *Scavi di Pompei★★★ Nord : 5 km – Monte Faito★★ : ✻★★★ dal belvedere dei Capi e ✻★★★ dalla cappella di San Michele (strada a pedaggio).*

piazza Matteotti 34/35 ☎ 081 8711334, stabiae@intfree.it, Fax 081 8711334.

Roma 238 – Napoli 31 – Avellino 50 – Caserta 55 – Salerno 31 – Sorrento 19.

Gd H. La Medusa, via Passeggiata Archeologica 5 ☎ 081 8723383, *info@lamedusahotel.com, Fax 081 8717009,* ← – 180. AE VISA.
Pasto carta 40/77 – **52 cam** ☕ 170/206, 3 suites – ½ P 120.
◆ In un vasto e curato giardino-agrumeto con piscina sorge questa villa ottocentesca che ha conservato anche nei raffinati interni lo stile e l'atmosfera del suo tempo. Lo stesso romantico ambiente «fin de siècle» si ritrova anche nel ristorante.

CASTELLANA GROTTE *70013 Bari* 564 E 33 *G. Italia – 18 366 ab. alt. 290.*

Vedere *Grotte★★★ Sud-Ovest : 2 km.*

via Marconi 9 ☎ 080 4900236.

Roma 488 – Bari 40 – Brindisi 82 – Lecce 120 – Matera 65 – Potenza 154 – Taranto 60.

XX **Le Jardin** con cam, contrada Scamardella 59 (Nord : 1,5 km) ☎ 080 4966300, *lejardin@pugliagranturismo.it, Fax 080 4965520,* prenotare – AE VISA JCB.
Pasto carta 20/34 – **10 cam** ☕ 81,40/125,40 – ½ P 93,50.
◆ In tranquilla posizione fuori del paese, una grande villa recente ospita un curato ristorante di ambiente raffinato, con camere confortevoli; piatti classici e locali.

Utilizzate la guida dell'anno in corso

CASTELL' APERTOLE *Vercelli – Vedere Livorno Ferraris.*

CASTELLARO LAGUSELLO *Mantova* 561 F 13 – *Vedere Monzambano.*

CASTELL'ARQUATO *29014 Piacenza* 562 H 11 – *4 602 ab. alt. 225.*

18 (chiuso martedì) località Bacedasco Terme ✉ 29014 Castell'Arquato ☎ 0523 895557, Fax 0523.

viale Remondini 1 ☎ 0523 803091, iat@castellarquato.com, fax 0523 803091.

Roma 495 – Piacenza 34 – Bologna 134 – Cremona 39 – Milano 96 – Parma 41.

XX **Maps,** piazza Europa 3 ☎ 0523 804411, *Fax 0523 803031,* Coperti limitati; prenotare – AE VISA JCB.
chiuso dal 24 dicembre al 10 gennaio, dal 22 agosto al 5 settembre, lunedì e martedì – **Pasto** carta 35/49.
◆ Nella parte bassa del centro storico, in un vecchio frantoio ristrutturato, piccole salette moderne e servizio estivo all'aperto per una cucina leggermente innovativa.

X **La Rocca-da Franco,** piazza del Municipio ☎ 0523 805154, *larocca@castellarquato.com, Fax 0523 806026,* ←, solo su prenotazione la sera – AE VISA JCB.
chiuso gennaio, dal 15 al 31 luglio, martedì sera e mercoledì – **Pasto** carta 26/33.
◆ Bella vista sulla campagna da un ristorante in posizione dominante, nel cuore del borgo antico; scegliete la degustazione di piatti locali suggeriti dai titolari.

X **Da Faccini,** località Sant'Antonio Nord : 3 km ☎ 0523 896340, *Fax 0523 896470,* – AE VISA JCB.
chiuso dal 20 al 30 gennaio, dal 4 al 15 luglio e mercoledì – **Pasto** carta 30/38.
◆ Lunga tradizione familiare, ormai alla terza generazione, per una tipica trattoria, che alle proposte classiche ha aggiunto piatti più fantasiosi, stagionali.

CASTELLETTO DI BRENZONE *Verona* 561 E 14 – *Vedere Brenzone.*

CASTELLETTO MOLINA *14040 Asti* 561 H 7 *166 ab. alt. 225.*

Roma 559 – Alessandria 29 – Genova 84 – Asti 37 – Milano 115 – Torino 92.

Al Cambio senza rist, via Thea 2 ☎ 0141 739513, *info@alcambio.it, Fax 0141 739115,* ← – AE VISA
chiuso gennaio e febbraio – ☕ 8 – **4 cam** 85/125, 7 suites 185.
◆ Nuova struttura in un tranquillo contesto panoramico; camere in stile dai tessuti e colori coordinati e spaziosi bagni in marmo; all'esterno una bella piscina e solarium.

CASTELLINA IN CHIANTI *53011 Siena* 563 L 15 – *2 665 ab. alt. 578.*

Roma 251 – Firenze 61 – Siena 24 – Arezzo 67 – Pisa 98.

Villa Casalecchi, località Casalecchi (Sud : 1 km) 0577 740240, *info@villacasalecchi.it, Fax 0577 741111*, ←, , , – AE VISA. rist
marzo-novembre – **Pasto** *(chiuso martedì)* carta 37/52 – **19 cam** 180/220.
◆ Ideale per chi è in cerca di una certa toscanità «nobiliare» l'atmosfera di questa villa ottocentesca in un parco secolare, circondata dai vigneti; begli arredi in stile. Affreschi alle pareti della raffinata sala ristorante; cucina del territorio.

Palazzo Squarcialupi senza rist, via Ferruccio 22 0577 741186, *info@chiantiandrelax.com, Fax 0577 740386*, ← – AE VISA
chiuso sino al 19 marzo – **17 cam** 120/160.
◆ Nel centro della località, un rigoroso, tipico palazzo del '400 toscano ospita un hotel signorile; decorazioni e arredi d'epoca negli spazi comuni e nelle ampie camere.

Salivolpi senza rist, via Fiorentina 89 (Nord-Est : 1 km) 0577 740484, *info@hotelsalivolpi.com, Fax 0577 740998*, ←, , – AE VISA.
19 cam 93.
◆ Il vostro sguardo potrà spaziare sui colli che circondano questa antica casa rustica ristrutturata: piacevoli interni con arredi in stile e giardino con piscina.

Villa Cristina senza rist, via Fiorentina 34 0577 741166, *info@villacristina.it, Fax 0577 742936*, – AE VISA JCB
chiuso dal 10 gennaio al 10 febbraio e dal 17 novembre al 7 dicembre – **5 cam** 57/73.
◆ Un villino d'inizio Novecento con un piccolo giardino, spazi comuni limitati, ma camere gradevoli, soprattutto nella torretta. In complesso un buon rapporto qualità/prezzo.

Albergaccio di Castellina, via Fiorentina 63 0577 741042, *posta@albergacciocast.com, Fax 0577 741250*, , prenotare – VISA
chiuso domenica e i mezzogiorno di mercoledì e giovedì – **Pasto** carta 35/49.
◆ Armonica fusione di colori, sapori e profumi della tradizione toscana nelle proposte di questo locale: una sala rustica con pietra e travi a vista e un dehors estivo.
Spec. Pici al sugo di digiune (trippa d'agnello). Colombaccio scaloppato con salsa acciugata. Selezione di formaggi.

Al Gallopapa, via delle Volte 14/16 0577 742939, *tiziano@gallopapa.com, Fax 0577 742939*, – AE VISA
chiuso dal 7 al 31 gennaio, giovedì e a mezzogiorno escluso dal 15 maggio al 15 ottobre – **Pasto** carta 46/56 .
◆ Lungo il camminamento della cinta muraria di Castellina, un locale gradevole composto da due sale arredate con tavoli in legno e sedie impagliate. Cucina interessante.
Spec. Ravioli di ricotta, filetti di pomodoro e fiori di cappero. Piccione biologico alla griglia, salsa di fegatini. Il manzo: filetto arrostito al pepe nero, brasato al Chianti.

a Piazza *Nord : 10 km – ✉ 53011 Castellina in Chianti :*

Agriturismo Poggio al Sorbo senza rist, località Poggio al Sorbo 48 (Ovest : 1 km) 0577 749731, *info@poggioalsorbo.it, Fax 0577 749731*, ← colline e borghi circostanti, , – AE VISA.
6 marzo-6 novembre – **1 cam** 110, 4 suites 220/300.
◆ Una fattoria con origini del XIV secolo vi regalerà non solo la silenziosa tranquillità, ma anche la splendida vista della campagna circostante; soggiorno in appartamenti.

CASTELLINALDO *12050 Cuneo* 561 H 6 – *832 ab. alt. 312.*

Roma 615 – Torino 57 – Alessandria 63 – Asti 27 – Cuneo 69.

Il Borgo senza rist, via Trento 2 0173 214017, *agriturismoilborgo@tiscali.it, Fax 0173 214017*, ← colline – VISA JCB.
7 cam 47/62.
◆ Edificio splendidamente restaurato la cui storia si confonde e si intreccia con quella del castello del XII sec. distante pochi passi. Camere in stile, arredate con gusto.

CASTELLINA MARITTIMA *56040 Pisa* 563 L 13 – *1 883 ab. alt. 375.*

(stagionale) piazza Giaconi 13 050 695001.
Roma 308 – Pisa 49 – Firenze 105 – Livorno 40 – Pistoia 89 – Siena 103.

Il Poggetto, via dei Giardini 1 050 695205, *info@ilpoggetto.it, Fax 050 695246*, ←, , , – AE VISA JCB.
chiuso gennaio – **Pasto** *(chiuso domenica sera e lunedì escluso da luglio a settembre)* carta 24/34 – 8 – **31 cam** 52,50/75 – ½ P 53.
◆ Simpatica e cordiale gestione familiare per una struttura con giardino ombreggiato, in gradevole posizione tra il verde dei boschi; camere semplici, ma molto pulite. Accogliente sala ristorante di tono rustico.

CASTELLO DI BRIANZA *23884 Lecco 219 ⑲ – 2 178 ab. alt. 394.*

Roma 598 – Como 26 – Bergamo 35 – Lecco 14 – Milano 37.

La Piana, via San Lorenzo 1 (Nord-Est : 1 km) ☎ 039 5311553, *Fax 039 5311553*, prenotare – AE VISA.
chiuso dal 1° al 15 gennaio, dal 15 al 30 giugno, martedì a mezzogiorno e lunedì – **Pasto** carta 23/31.
◆ Ricavato da una vecchia stalla totalmente ristrutturata, un bel locale signorile, dove un giovane chef propone una cucina di fantasia legata ai prodotti stagionali.

CASTELLO MOLINA DI FIEMME *38030 Trento 562 D 16 – 2 066 ab. alt. 963 – a.s. 23 gennaio-Pasqua e Natale – Sport invernali : Vedere Cavalese.*

(dicembre-aprile e giugno-settembre) via Roma 38 ☎ 0462 231019.

Roma 645 – Bolzano 41 – Trento 64 – Belluno 95 – Cortina d'Ampezzo 100 – Milano 303.

Los Andes, via Dolomiti 5 ☎ 0462 340098, *info@los-andes.it, Fax 0462 342230*, – rist, AE VISA. rist
21 dicembre-18 aprile e 19 giugno-23 ottobre – **Pasto** carta 28/50 – **42 cam** 82/118 – ½ P 67.
◆ In posizione tranquilla, risorsa a conduzione familiare, rinnovata e ben tenuta; arredi recenti nelle camere; belle la piscina coperta e la taverna tutta in legno. Accogliente sala da pranzo.

CASTEL MADAMA *00024 Roma 563 Q 20 – 6 678 ab. alt. 453.*

Roma 42 – Avezzano 70.

Sgommarello, via Sant'Anna 77, a Collerminio Sud-Ovest : 4 km ☎ 0774 411431, *Fax 0774 411115*, – AE VISA.
chiuso dal 25 luglio al 10 agosto e mercoledì – **Pasto** carta 18/26.
◆ A metà strada tra l'autostrada e il paese, è un insieme spazioso e rustico, con dehors estivo; casereccia cucina laziale che segue la stagionalità dei prodotti.

Porta Luisa, via Aniene 6 ☎ 0774 449405 – AE VISA
chiuso dal 4 al 31 agosto, domenica sera e martedì – **Pasto** carta 21/25.
◆ Ubicato dove sorgeva la guardiola a custodia di una porta cittadina, ristorante con gestione e atmosfera familiare, che propone molti piatti a base di funghi.

CASTEL MAGGIORE *40013 Bologna 562 I 16 – 16 063 ab. alt. 20.*

Roma 387 – Bologna 10 – Ferrara 38 – Milano 214.

Olimpic, via Galliera 23 ☎ 051 700861, *hotelolimpic@libero.it, Fax 051 700776* – 40. AE VISA. rist
Pasto *(chiuso agosto e domenica)* carta 22/26 – 6 – **62 cam** 54/70 – ½ P 50.
◆ Facilmente raggiungibile dall'aeroporto e dalla stazione di Bologna, un albergo con buon rapporto qualità/prezzo; pavimenti con piastrelle policrome nelle camere. Capiente ed elegante sala ristorante, con vetrate e colonne.

Alla Scuderia, località Castello Est : 1,5 km ☎ 051 713302, *Fax 051 713302*, prenotare – AE VISA.
chiuso dal 6 al 27 agosto, sabato a mezzogiorno e domenica – **Pasto** carta 32/40.
◆ Una scuderia del '700 riconvertita in ristorante conserva intatto il suo fascino; sotto le alte volte in mattoni gusterete una cucina fedele alle tradizioni emiliane.

a Trebbo di Reno *Sud-Ovest : 6 km – ✉ 40013 :*

Antica Locanda il Sole, via Lame 65 ☎ 051 4178111, *ilsolebo@tin.it, Fax 051 4178200* – AE VISA JCB
chiuso due settimane in agosto – **Pasto** vedere rist ***Il Sole*** – **23 cam** 98/145.
◆ Un'antica stazione di posta ristrutturata nel colore rosso vivo dell'architettura bolognese; camere semplici, ma con qualche affettazione, soprattutto quelle mansardate.

Il Sole, via Lame 67 ☎ 051 700102, *ristoranteilsole@libero.it, Fax 051 700290*, Coperti limitati; prenotare – AE VISA JCB
chiuso dal 1° al 10 gennaio, Pasqua, dal 5 al 31 agosto, sabato a mezzogiorno e domenica – **Pasto** carta 39/71.
◆ Due fratelli, giovani chef di talento, si esibiscono in originali rivisitazioni in questa antica locanda ristrutturata; ambiente di tono elegante, servizio accurato.
Spec. Triglie farcite di pomodoro in brodetto di verza e timo. Ravioli ripieni all'amatriciana con carpaccio di astice, lardo e guazzetto di pecorino. Agnello in millefoglie di sedano rapa e pomodori confit con fichi sauté e ristretto al Porto (primavera-autunno).

Le principali vie commerciali figurano in rosso sugli stradari delle piante di città.

CASTELMEZZANO *85010 Potenza* 564 F 30 – *984 ab. alt. 890.*
Roma 418 – Potenza 65 – Matera 107.

Al Becco della Civetta, Vico I Maglietta 7 ☎ 0971 986249, *beccodellacivetta@tiscalinet.it, Fax 0971 986249*, prenotare.
chiuso martedì – **Pasto** carta 17/29.
◆ In un paese isolato nella cornice delle suggestive «Dolomiti Lucane» gusterete le specialità di queste terre in un ambiente familiare, accogliente nella sua essenzialità.

CASTELMOLA *Messina – Vedere Sicilia (Taormina) alla fine dell'elenco alfabetico.*

CASTELNOVO DI BAGANZOLA *Parma – Vedere Parma.*

CASTELNOVO DI SOTTO *42024 Reggio nell'Emilia* 562 H 13 – *7 722 ab. alt. 27.*
Roma 440 – Parma 26 – Bologna 78 – Mantova 56 – Milano 142 – Reggio nell'Emilia 15.

Poli, via Puccini 1 ☎ 0522 683168, *hotelpoli@hotelpoli.it, Fax 0522 683774*, – 120.
Pasto vedere rist ***Poli-alla Stazione*** – **55 cam** 70/100.
◆ Camere dotate di ogni confort in un'accogliente struttura, costantemente potenziata e rinnovata negli anni da una dinamica gestione familiare; sale convegni.

Poli-alla Stazione, viale della Repubblica 10 ☎ 0522 682342, *hotelpoli@hotelpoli.it, Fax 0522 683774*, –
chiuso agosto, domenica sera e lunedì a mezzogiorno – **Pasto** carta 45/60.
◆ Oltrepassata una promettente esposizione di antipasti, vi accomoderete in due ariose sale di tono elegante o nella gradevole terrazza estiva; cucina di terra e di mare.

*Per visitare una città o una regione : utilizzate le **Guide Verdi Michelin.***

CASTELNOVO NE' MONTI *42035 Reggio nell'Emilia* 562 I 13 – *10 180 ab. alt. 700 – a.s. luglio-13 settembre.*
via Roma 33/c ☎ 0522 810430, reappennino@reappennino.it, Fax 0522 812313.
Roma 470 – Parma 58 – Bologna 108 – Milano 180 – Reggio nell'Emilia 43 – La Spezia 90.

Bismantova, via Roma 73 ☎ 0522 812218, *albergobismantova@libero.it, Fax 0522 812218* – rist
chiuso dal 30 settembre al 16 ottobre – **Pasto** *(chiuso lunedì sera e martedì)* carta 27/34 – **16 cam** 43/69 – ½ P 48.
◆ Risorsa di montagna, di taglio familiare, potenziata e ampliata recentemente sia nel settore dedicato alle camere che nell'area riservata al ristorante. Gestione dinamica.

Locanda da Cines con cam, piazzale Rovereto 2 ☎ 0522 812462, *locandadacines@libero.it, Fax 0522 812462*, prenotare, –
chiuso gennaio e febbraio – **Pasto** *(chiuso sabato)* carta 25/32 – 5 – **10 cam** 37/62 – ½ P 52.
◆ Piccolo ristorante di tono rustico e moderno, con proposte stagionali legate alle tradizioni, in una pensione che si è rinnovata negli anni mantenendo un buon confort.

CASTELNUOVO *Padova* 562 G 17 – *Vedere Teolo.*

CASTELNUOVO BERARDENGA *53019 Siena* 563 L 16 *G. Toscana – 7 390 ab. alt. 351.*
via del Chianti 61 ☎ 0577 355500, Fax 0577 355500.
Roma 215 – Siena 19 – Arezzo 50 – Perugia 93.

Relais Villa Arceno, località Arceno-San Gusmè Nord : 4,5 km ✉ 53010 San Gusmè ☎ 0577 359292, *mail@relaisvillarceno.com, Fax 0577 359276*, –
15 marzo-10 novembre – **Pasto** carta 65/95 – **14 cam** 250/320, 2 suites – ½ P 235.
◆ Potrete fare romantiche passeggiate tra i cipressi del parco con laghetto di questa sontuosa villa seicentesca dalle linee rigorose e dagli interni di esclusiva eleganza. Raffinata ambientazione in stile nella curata sala del ristorante, con camino.

Relais Borgo San Felice, località San Felice Nord-Ovest : 10 km ☎ 0577 3964, *info@borgosanfelice.it, Fax 0577 359089*, riscaldata, – 60.
15 marzo-dicembre – **Pasto** carta 52/72 – **28 cam** 190/300, 6 suites – ½ P 210.
◆ In un antico borgo tra i vigneti l'esperienza unica di rivivere un'atmosfera medioevale senza rinunciare ai moderni confort; interni di calda raffinatezza tutta toscana. Ristorante di elegante rusticità, cucina del territorio, dehors estivo sulla piscina.

XX **La Bottega del 30,** via Santa Caterina 2, località Villa a Sesta Nord : 5 km ☎ 0577 359226, *labottegadel30@novamedia.it, Fax 0577 359226,* ☂, Coperti limitati; prenotare – VISA.
chiuso a mezzogiorno (escluso domenica ed i giorni festivi), martedì e mercoledì – **Pasto** carta 47/54.
◆ Vecchi arnesi e oggetti di casa decorano un simpatico ristorante; ai fornelli la moglie francese del titolare conferisce un tocco d'oltralpe alla toscanità della cucina.
Spec. Millefoglie croccante di parmigiano con farcia di pasticcio di carciofi. Spaghetti tirati a mano su salsa di basilico e ortica con nepitella e porcini. Piccione in galera con vino rosso e caponata di verdure.

XX **Del Pellegrino,** via del Paradiso 1 ☎ 0577 355282, *Fax 0577 355412,* ☂, prenotare – P. AE VISA.
marzo-novembre – **Pasto** carta 37/49 (10 %).
◆ Ristorante con specialità soprattutto di mare, ricavato all'interno di un'antica stalla. Travi a vista, terrazza estiva, angolo enoteca per una cantina degna d'attenzione.

a Colonna del Grillo *Sud-Est : 5 km – ✉ 53019 Castelnuovo Berardenga :*

Posta del Chianti, ☎ 0577 353000 e rist. ☎ 0577 355169, *info@postadelchianti.it, Fax 0577 353050,* ☂, – TV P. AE VISA JCB.
chiuso dal 4 al 22 novembre – **Pasto** al Rist. ***Hostaria Molino del Grillo*** *(chiuso lunedì)* carta 25/32 – **16 cam** ☕ 64/85 – ½ P 61,50.
◆ Un antico mulino trasformato da pochi anni in un piccolo, tranquillo albergo ben tenuto, a conduzione familiare, con camere dotate di buoni confort e bagni spaziosi. Soffitti di legno, pavimenti di cotto e mattoni a vista nei curati spazi del ristorante.

I prezzi
Per tutte le precisazioni sui prezzi indicati in questa guida, consultate le pagine introduttive.

CASTELNUOVO CALCEA *14040 Asti* 561 H 6 – *769 ab. alt. 246.*

Roma 590 – Alessandria 39 – Asti 23 – Milano 126 – Torino 79.

Agriturismo La Mussia senza rist, regione Opessina 4 (Sud : 1,5 km) ☎ 0141 957201, *info@la mussia.it, Fax 0141 957402,* – TV P
chiuso gennaio e febbraio – **10 cam** ☕ 40/65.
◆ Su una collina isolata nel mare dei vigneti del Monferrato, troverete un'ospitalità semplice, ma di genuino sapore rurale in questa azienda, intorno ad una grande aia.

CASTELNUOVO DEL GARDA *37014 Verona* 562 F 14 – *8 425 ab. alt. 130.*

Roma 520 – Verona 19 – Brescia 51 – Mantova 46 – Milano 140 – Trento 87 – Venezia 133.

Dorè senza rist, via Milano 23 ☎ 045 7571341, *info@hoteldore.it, Fax 045 6461693,* – TV P. AE VISA.
33 cam ☕ 85/130.
◆ Lungo la via principale, nato di recente sulle ceneri di un vecchio alberghetto, hotel funzionale con moderni confort; camere insonorizzate, zona fitness di buon livello.

X **La Meridiana** con cam, via Zamboni 11 località Sandrà (Nord-Est : 3 km) ☎ 045 7596306, *Fax 045 7596313,* ☂, – TV P. AE VISA
chiuso dal 1° al 20 gennaio – **Pasto** *(chiuso gennaio e mercoledì; da ottobre a febbraio anche domenica sera e lunedì)* carta 22/33 – **12 cam** ☕ 50/67 – ½ P 46,50.
◆ Un rustico ristrutturato in campagna: la casa padronale ospita camere di tono, l'ex fienile è il ristorante, con pietra e legno a vista; cucina veneta di terra e di mare.

CASTELNUOVO DEL ZAPPA *Cremona* 561 G 12 – *Vedere Castelverde.*

CASTELNUOVO DI GARFAGNANA *55032 Lucca* 563 J 13 – *6 078 ab. alt. 277.*

Roma 395 – Pisa 67 – Bologna 141 – Firenze 121 – Lucca 47 – Milano 263 – La Spezia 81.

La Lanterna, località alle Monache-Piano Pieve (Est : 1,5 km) ☎ 0583 639364, *info@hotelalanterna.com, Fax 0583 641418,* – TV P. AE VISA JCB
Pasto *(chiuso martedì a mezzogiorno escluso in luglio-agosto)* carta 15/25 – **22 cam** ☕ 62/77,50 – ½ P 47.
◆ Fuori del paese, verso il Passo Radici, un piacevole soggiorno in un hotel attorniato da verde, che ha ampi spazi comuni e confortevoli camere con arredi recenti. Tre differenziate, luminose sale ristorante classiche.

CASTELNUOVO FOGLIANI *Piacenza* 562 H 11 – *Vedere Alseno.*

CASTELNUOVO MAGRA *19030 La Spezia* 561 J 12 – *7 978 ab. alt. 188.*
Roma 404 – La Spezia 24 – Pisa 61 – Reggio nell'Emilia 149.

Agriturismo La Cascina dei Peri, località Montefrancio 71 (Sud-Ovest : 2 km) 0187 674085, *info@cascinadeiperi.com*, solo su prenotazione, – P. VISA.
Pasto (solo per alloggiati) – **7 cam** solo ½P 70.
◆ Un'azienda agrituristica, che produce olio e vino, offre in un ambiente tranquillo una vacanza sana a contatto con la natura, nel verde delle colline della Lunigiana.

Armanda, piazza Garibaldi 6 0187 674410, *vsergiampie@tiscali.it*, Coperti limitati; prenotare – AE VISA.
chiuso dal 24 dicembre al 6 gennaio, dal 15 al 30 giugno e mercoledì – **Pasto** carta 25/37.
◆ In un caratteristico borgo dell'entroterra, andamento e ambiente familiari in una trattoria che propone piatti stagionali del territorio ben elaborati.

CASTELPETROSO *86090 Isernia* 564 C 25 – *1 719 ab. alt. 871.*
Roma 179 – Campobasso 32 – Benevento 74 – Foggia 121 – Isernia 14 – Napoli 120.

La Fonte dell'Astore, via Santuario Sud-Ovest : 4 km 0865 936085, *Fax 0865 936006* – P – 100. AE VISA JCB.
chiuso 24-25 dicembre – **Pasto** carta 16/30 – **46 cam** 45/65 – ½ P 90.
◆ Nei pressi del Santuario dell'Addolorata, una confortevole risorsa recente, di concezione moderna, con ampi spazi comuni; camere di buona fattura e ben accessoriate. Ampia ricettività per il funzionale ristorante, che dispone di varie sale anche per banchetti.

CASTELRAIMONDO *62022 Macerata* 563 M 21 – *4 552 ab. alt. 307.*
Roma 217 – Ancona 85 – Fabriano 27 – Foligno 60 – Macerata 42 – Perugia 93.

a Sant'Angelo *Sud-Ovest : 7 km – 62022 Castelraimondo :*

Il Giardino degli Ulivi con cam, via Crucianelli 54 0737 642121, *Fax 0737 642600*, colline, prenotare – P. VISA.
chiuso dal 9 gennaio al 7 marzo – **Pasto** *(chiuso martedì)* 22/35 – **5 cam** 100/130 – ½ P 70.
◆ Valgono il viaggio la vista e la verde quiete che troverete in questo antico casolare ristrutturato; pochi, ma gustosi piatti della tradizione locale e camere suggestive.

CASTEL RIGONE *Perugia* 563 M 18 – *Vedere Passignano sul Trasimeno.*

CASTELROTTO (KASTELRUTH) *39040 Bolzano* 562 C 16 – *5 984 ab. alt. 1 060 – Sport invernali : 1 060/1 480 m 2 (Comprensorio Dolomiti superski Alpe di Siusi).*
piazza Kraus 1 0471 706333, info@castelrotto.com, Fax 0471 705188.
Roma 667 – Bolzano 26 – Bressanone 25 – Milano 325 – Ortisei 12 – Trento 86.

Posthotel Lamm, piazza Krausen 3 0471 706343, *info@posthotellamm.it*, *Fax 0471 707063*, , Centro benessere, , – , cam, rist, P. VISA JCB. rist
chiuso dal 7 marzo al 10 aprile e dal 2 novembre al 5 dicembre – **Pasto** *(chiuso lunedì)* carta 32/47 – **50 cam** 145/248, 3 suites – ½ P 134.
◆ Nella piazza principale, hotel elegante, con pregevoli interni in stile tirolese molto curati nei dettagli; le camere hanno bei mobili di legno chiaro e ottime dotazioni. Raffinate sia la grande sala da pranzo che la più intima stube.

Mayr, via Marinzen 5 0471 706309, *info@hotelmayr.com, Fax 0471 707360*, , , – rist, P. AE VISA. rist
chiuso novembre e dal 5 al 26 maggio – **Pasto** (solo per alloggiati) 35/65 – **23 cam** 122,40/136 – ½ P 74.
◆ Piccolo albergo, impreziosito dai classici decori tirolesi, contrassegnato da un'apprezzabile armonia d'insieme. Gestione calorosa e familiare, attrezzato centro fitness.

Alpenflora, via Wolkenstein 32 0471 706326, *info@alpenflora.com, Fax 0471 707173*, , , , – , rist, P. AE VISA. rist
chiuso dal 12 novembre al 7 dicembre – **Pasto** 24,80/38,50 – **32 cam** 95/180 – ½ P 100.
◆ Risale al 1912 questo albergo di recente ristrutturato completamente, con ampie camere luminose; bella piscina chiusa da vetrate, spazi e animazione per i bambini. Area ristorante suddivisa in due comode sale.

Cavallino d'Oro, piazza Krausen 0471 706337, *cavallino@cavallino.it*, *Fax 0471 707172*, , – rist, . AE VISA. rist
chiuso dal 10 novembre al 5 dicembre – **Pasto** *(chiuso martedì)* carta 24/35 – **23 cam** 90/124 – ½ P 77.
◆ Suggestiva atmosfera romantica nel tipico ambiente tirolese di una casa di tradizione centenaria, sulla piazza del paese; chiedete le camere con letti a baldacchino. Per i pasti una sala rustica o caratteristiche stube tirolesi del XVII sec.

Silbernagl Haus senza rist, via Bullaccia 1 ☎ 0471 706699, *gsilber@tin.it, Fax 0471 710004,* ←, – TV P
20 dicembre-7 aprile e 11 maggio-27 ottobre – **12 cam** ☕ 43/86.
◆ In zona tranquilla, garni curato e confortevole, con un ambiente cordiale, tipico della gestione familiare; bei mobili nelle camere, ristrutturate in anni recenti.

Villa Gabriela, San Michele 31/1 (Nord-Est : 4 km) ☎ 0471 700077, *villa.gabriela@dnet.it, Fax 0471 700300,* ←, – TV P. rist
chiuso dal 25 aprile all'8 maggio e dal 7 al 21 novembre – **Pasto** *(chiuso a mezzogiorno)* (solo per alloggiati) – **6 cam** ☕ 65/71 – ½ P 65.
◆ Per godere appieno di uno tra i più magici panorami dolomitici, è ideale questa villetta recente, tutta circondata dal verde; atmosfera da accogliente casa privata.

CASTEL SAN GIMIGNANO *Siena* 563 L 15 – *Vedere San Gimignano.*

CASTEL SAN PIETRO TERME *40024 Bologna* 562 I 16 – *19 382 ab. alt. 75 – Stazione termale (aprile-novembre), a.s. luglio-13 settembre.*
Le Fonti (chiuso martedì) ☎ 051 6951958, Fax 051 6949014.
piazza XX Settembre 14 ☎ 051 6951379, proloco@castelsanpietroterme.it, Fax 051 6951379.
Roma 395 – Bologna 24 – Ferrara 67 – Firenze 109 – Forlì 41 – Milano 235 – Ravenna 55.

Castello, viale delle Terme 1010/b ☎ 051 943509, *hotelcastello@mail.asianet.it, Fax 051 944573* – TV P – 50. AE VISA JCB.
chiuso sette giorni a Natale e due settimane in agosto – **Pasto** vedere rist ***Da Willy*** – ☕ 13 – **54 cam** 133/184, 3 suites.
◆ Fuori del centro, sulla strada per le Terme, in una zona verde davanti ad un parco pubblico, complesso recente, ben attrezzato; camere confortevoli, con arredi moderni.

Park Hotel senza rist, viale Terme 1010 ☎ 051 941101, *Fax 051 944374,* – TV P – 50. AE VISA.
chiuso dal 15 dicembre al 6 febbraio – ☕ 8 – **40 cam** 80/105, suite.
◆ Conduzione familiare e semplicità di ambiente e di arredi in un albergo dignitoso e ben tenuto, che, come allude il suo nome, dispone di un gradevole giardino.

Da Willy - Hotel Castello, via Terme 1010/b ☎ 051 944264, *rist.willy@libero.it, Fax 051 944264,* – AE VISA.
chiuso dal 10 al 20 agosto e lunedì – **Pasto** carta 25/30.
◆ Annesso all'hotel Castello, ma con gestione separata, è uno dei ristoranti più popolari della località; ampie sale con vetrate sul giardino e piatti emiliano-romagnoli.

Trattoria Trifoglio, località San Giovanni dei Boschi Nord : 13 km ☎ 051 949066, *Fax 051 949266,* – P. AE VISA.
chiuso agosto e lunedì – **Pasto** carta 22/34.
◆ Val la pena percorrere alcuni chilometri in campagna per ritrovare lo spirito autentico e cordiale della tradizione emiliana, sia nell'accoglienza che nella cucina.

a Osteria Grande *Nord-Ovest : 7 km – ✉ 40060 :*

L'Anfitrione, via Emilia Ponente 5629 ☎ 051 6958282, *Fax 051 6941382,* – P. AE VISA
chiuso domenica sera e lunedì – **Pasto** carta 32/53.
◆ In pochi anni si è già fatto un nome in zona: due salette di stile vagamente neoclassico, con colonne di un avvolgente color salmone, per piatti di pesce dell'Adriatico.

CASTELSARDO *Sassari* 566 E 8 – *Vedere Sardegna alla fine dell'elenco alfabetico.*

CASTEL TOBLINO *Trento* 562 D 14 – *alt. 243 – ✉ 38070 Sarche – a.s. dicembre-Pasqua.*
Roma 605 – Trento 18 – Bolzano 78 – Brescia 100 – Milano 195 – Riva del Garda 25.

Castel Toblino, via Caffaro 1 ☎ 0461 864036, *info@casteltoblino.com, Fax 0461 340563,* – P. VISA.
3 marzo-6 novembre; chiuso martedì escluso agosto – **Pasto** carta 32/42.
◆ Su un lembo di terra che si protende nell'omonimo lago, sorge questo affascinante castello medioevale con piccolo parco; suggestiva la terrazza per il servizio estivo.

In questa guida
uno stesso simbolo, una stessa parola
stampati in rosso o in nero,
hanno un significato diverso.
Leggete attentamente le pagine dell'introduzione.

CASTELVECCANA *21010 Varese* 561 E 8, 219 ⑦ – *1 967 ab. alt. 281.*

Roma 666 – Bellinzona 46 – Como 59 – Milano 87 – Novara 79 – Varese 29.

Da Pio, località San Pietro ✆ 0332 520511, *info@albergodapio.it, Fax 0332 522014,* – TV P. AE VISA JCB.

Pasto *(chiuso martedì dal 15 maggio a settembre, da lunedì a giovedì negli altri mesi)* carta 32/51 – **9 cam** 65/95.

◆ Cordiale accoglienza familiare in un hotel di buon livello, quasi sulla sommità di un promontorio affacciato sul lago Maggiore; arredi d'epoca in varie camere. Due sale da pranzo classiche, di cui una con caminetto e un piacevole dehors estivo.

CASTELVERDE *26022 Cremona* 561 G 11 – *4 920 ab. alt. 53.*

Roma 515 – Parma 71 – Piacenza 40 – Bergamo 70 – Brescia 61 – Cremona 9 – Mantova 71.

a Castelnuovo del Zappa *Nord-Ovest : 3 km – ✉ 26022 Castelverde :*

Valentino, via Manzoni 27 ✆ 0372 427557 – . VISA

chiuso dal 5 al 31 agosto, lunedì sera e martedì – **Pasto** carta 19/26.

◆ Alla periferia di Cremona, una trattoria di campagna a gestione familiare, ristrutturata in anni recenti; la cucina attinge alla tradizione cremonese e mantovana.

In questa guida
uno stesso simbolo, una stessa parola
stampati in rosso o in nero,
hanno un significato diverso.
Leggete attentamente le pagine dell'introduzione.

CASTELVETRO DI MODENA *41014 Modena* 562 I 14 – *9 388 ab. alt. 152.*

Roma 406 – Bologna 50 – Milano 189 – Modena 19.

Zoello, via Modena 181, località Settecani Nord : 5 km ✆ 059 702635, *zoello@tin.it, Fax 059 702000* – TV P. AE VISA.

chiuso dal 24 dicembre al 5 gennaio e dal 5 al 25 agosto – **Pasto** *(chiuso venerdì)* carta 19/26 – 10 – **50 cam** 49/76 – ½ P 60.

◆ Lunga tradizione (dal 1938) per uno storico albergo, ampliato e migliorato in anni recenti, che offre una gradevole ospitalità familiare; camere confortevoli. Notevole capienza per il ristorante, che dispone di varie sale d'impostazione classica.

Guerro senza rist, via Destra Guerro 18 ✆ 059 799791, *info@hotelguerro.it, Fax 059 799794,* – TV P. – 30. AE VISA JCB

29 cam 80/130.

◆ Due corpi collegati da cortile interno formano una nuova struttura moderna, ideale per clientela di lavoro; hall con angolo multimediale, camere sobrie e funzionali.

Locanda del Feudo, via Traversale 2 ✆ 059 708711, *info@locandadelfeudo.it, Fax 059 708717* – , cam, TV. AE VISA.

Pasto *(chiuso domenica)* (prenotare) carta 23/39 – 6 suites 95/180.

◆ Accoglienza cordiale e buon confort in un vecchio palazzo del centro sapientemente restaurato, mantenendone intatte le caratteristiche e l'atmosfera originali.

CASTELVETRO PIACENTINO *29010 Piacenza* 562 G 11 – *4 763 ab. alt. 39.*

Roma 505 – Parma 62 – Piacenza 35 – Brescia 61 – Cremona 7 – Genova 179 – Milano 89.

Parco senza rist, strada statale Due Ponti 5 ✆ 0523 825013, *hotelparco.hotelparco@tin.it, Fax 0523 825442* – TV P. AE VISA

chiuso quindici giorni in agosto – 6,20 – **40 cam** 58/80.

◆ In posizione strategica poco fuori Cremona e vicino all'autostrada, un hotel nuovo, frequentato da clientela di lavoro e di passaggio; camere ben insonorizzate.

CASTEL VOLTURNO *81030 Caserta* 564 D 23 – *18 485 ab. – a.s. 15 giugno-15 settembre.*

Volturno (chiuso lunedì) ✆ 081 5095150, Fax 081 5095855.

Roma 190 – Napoli 40 – Caserta 37.

Holiday Inn Resort, via Domiziana km 35,300 (Sud : 5 km) ✆ 081 5095150, *holidayinncastel@iol.it, Fax 081 5095855,* , , con acqua di mare, , , – , cam, TV P – 1200. AE VISA JCB.

Pasto carta 37/49 – **126 cam** 145/205, 14 suites – ½ P 128.

◆ Vicino al mare, ai bordi di una pineta, un'imponente struttura moderna, con ampi interni eleganti; piscina con acqua di mare, maneggio a disposizione, centro congressi. Di notevoli dimensioni gli spazi per la ristorazione, con sale curate e luminose.

CASTENASO 40055 Bologna 562 I 16 – *13 482 ab. alt. 42.*

Roma 393 – Bologna 13 – Ferrara 54 – Ravenna 75.

al bivio per Budrio *Nord-Est : 5 km :*

Agriturismo Il Loghetto, via Zenzalino Sud 3/4 ✉ 40055 Castenaso ☎ 051 6052218, *Fax 051 6052254* – 50.
chiuso gennaio ed agosto – **Pasto** *(chiuso domenica sera, lunedì e a mezzogiorno)* carta 30/35 – **10 cam** 65/95.
◆ Per chi cerca atmosfera rurale, non priva però di signorilità, e ospitalità familiare è ideale questo antico casolare ristrutturato con gusto e rispetto per il passato. Bella sala da pranzo con camino, rustica, ma curata.

CASTENEDOLO *Brescia* 561 F 12 – *Vedere Brescia.*

CASTIADAS *Cagliari* 566 J 10 – *Vedere Sardegna alla fine dell'elenco alfabetico.*

CASTIGLIONCELLO *57012 Livorno* 563 L 13 *G. Toscana – a.s. 15 giugno-15 settembre.*

(giugno-settembre) via Aurelia 967 ☎ 0586 752291, apt7castiglioncello@livorno.turismo.toscana.it, Fax 0586 752291.

Roma 300 – Pisa 40 – Firenze 137 – Livorno 21 – Piombino 61 – Siena 109.

Villa Parisi, via Romolo Monti 10 ☎ 0586 751698, *bricoli@tiscalinet.it, Fax 0586 751167,* – 50.
aprile-ottobre – **Pasto** carta 28/39 – **22 cam** 204/354.
◆ Villa di inizio secolo in splendida posizione, appoggiata alla pineta e sospesa sugli scogli, con parco e discesa a mare: più una dimora privata d'atmosfera che un hotel. Raffinato ambiente d'altri tempi nella sala ristorante; servizio estivo in terrazza.

Atlantico, via Martelli 12 ☎ 0586 752440, *hatlant@tin.it, Fax 0586 752494,* – . rist
marzo-ottobre – **Pasto** carta 20/40 – **30 cam** 80/140 – ½ P 90.
◆ Sul promontorio della località, nel suo cuore più verde e più quieto, un albergo con dépendance in una villetta inizio '900; accoglienti camere di recente rinnovate. Ampia e luminosa sala da pranzo.

Martini, via Martelli 3 ☎ 0586 752140, *hotel.martini@tin.it, Fax 0586 758014,* – . rist
aprile-novembre – **Pasto** 30/40 – **38 cam** 80/130, 2 suites – ½ P 80.
◆ Un ombreggiato giardino, dove rilassarsi tra pini e lecci, belle camere con tessuti floreali e bagni moderni per un tranquillo soggiorno nella zona più «in» del paese. Ristorante d'impostazione classica.

Torre Medicea, piazza della Torre 8 ☎ 0586 754260, *torre.medicea@tiscalinet.it, Fax 0586 759977,* – .
chiuso dal 1° al 25 novembre, martedì e a mezzogiorno (escluso sabato-domenica) – **Pasto** carta 29/48.
◆ In splendida posizione, nel verde di un parco, adiacente alla Torre Medicea, un locale di tono elegante che propone pesce e crostacei in versioni tradizionali e creative.

Nonna Isola, statale Aurelia 558 ☎ 0586 753800, Coperti limitati; prenotare – .
chiuso da novembre al 15 dicembre, dal 15 gennaio al 28 febbraio e lunedì – **Pasto** specialità di mare carta 32/45.
◆ Accoglienza garbata e familiare e una fragrante cucina di pesce, rigorosamente fresco e locale, da gustare in una semplice sala o in un piccolo dehors estivo.

CASTIGLIONE DEI PEPOLI *40035 Bologna* 562 J 15 – *6 048 ab. alt. 691.*

Roma 328 – Bologna 54 – Firenze 60 – Ravenna 134.

a Baragazza *Est : 6 km – ✉ 40031 :*

Bellavista, via Sant'Antonio 123 ☎ 0534 898166, *Fax 0534 97063,* – . rist
Pasto *(chiuso martedì)* carta 20/35 – 7 – **19 cam** 55/65 – ½ P 49.
◆ Per una tappa di viaggio o per scoprire siti poco noti nell'Appennino tosco-emiliano, un albergo di taglio moderno, con camere essenziali, ma pulite e luminose. Sala da pranzo interna aperta sulla piccola hall e gradevole dehors estivo.

Se cercate un hotel tranquillo consultate prima le carte tematiche dell'introduzione e trovate nel testo gli esercizi indicati con il simbolo

CASTIGLIONE DEL LAGO *06061 Perugia 563 M 18 – 14 083 ab. alt. 304.*

Lamborghini (chiuso martedì escluso da marzo ad ottobre) località Panicale ✉ 06064 Panicale ✆ 075 837582, Fax 075 837582, Sud : 8 km.

piazza Mazzini 10 ✆ 075 9652484, info@iat.castiglione-del-lago.pg.it, Fax 075 9652763.

Roma 182 – Perugia 46 – Arezzo 46 – Firenze 126 – Orvieto 74 – Siena 78.

Duca della Corgna, via Buozzi 143 ✆ 075 953238, *hotelcorgna@libero.it, Fax 075 9652446,* – P – 60. rist
Pasto *(Pasqua-ottobre)* (solo per alloggiati) 15/25 – **35 cam** 70/90 – ½ P 60.
◆ Ambiente familiare in un hotel con buon livello di confort; arredi essenziali nelle camere, sia nel corpo centrale, sia in una dépendance che dà sulla piscina.

Miralago, piazza Mazzini 6 ✆ 075 951157, *hotelmiralago@tin.it, Fax 075 951924,* , – . VISA
chiuso dal 7 gennaio al 15 marzo – **Pasto** al Rist. ***La Fontana*** *(chiuso gennaio, febbraio e lunedì)* carta 30/43 – **19 cam** 73/93 – ½ P 65.
◆ Gradevole atmosfera un po' démodé negli spazi comuni e nelle ampie camere di questo albergo ospitato in un edificio d'epoca sito nella piazza principale del paese. Il punto di forza del ristorante, è il servizio estivo in giardino con vista del lago.

L'Acquario, via Vittorio Emanuele 69 ✆ 075 9652432, *ristorante.acquario@inwind.it* – AE VISA.
chiuso da gennaio al 15 febbraio, mercoledì e da novembre a marzo anche martedì – **Pasto** carta 25/36.
◆ Soffitto con pietra a vista, divanetti e sedie in paglia in un locale classico, in una via del pittoresco centro storico; il protagonista a tavola è il pesce di lago.

a Pozzuolo *Ovest : 8,5 km – ✉ 06067 :*

Locanda Poggioleone, via Indipendenza 116/B ✆ 075 959519, *locandapoggiolone@libero.it, Fax 075 959609,* – P. AE VISA.
chiuso dal 15 gennaio al 15 marzo – **Pasto** (solo per alloggiati) 22 – **12 cam** 60/80 – ½ P 62.
◆ Di recente realizzazione, una struttura dallo stile signorile, ma gestita seguendo un approccio piacevolmente familiare. Confort moderni e ospitalità di sapore antico.

a Petrignano del Lago *Nord-Ovest : 12 km – ✉ 06060 :*

Relais alla Corte del Sole senza rist, località I Giorgi ✆ 075 9689008, *info@cortedelsole.com, Fax 075 9689070,* , , – P. AE VISA.
14 cam 180/310, 4 suites.
◆ Sui colli del Trasimeno, suggestioni mistiche, ma charme di una raffinata eleganza tutta terrena tra le antiche pietre di un insediamento monastico e rurale del XVI secolo.

CASTIGLIONE DELLA PESCAIA *58043 Grosseto 563 N 14 G. Toscana – 7 465 ab. – a.s. Pasqua e 15 giugno-15 settembre.*

piazza Garibaldi 6 ✆ 0564 933678, infocastiglione@lamaremma.info, Fax 0564 933954.

Roma 205 – Grosseto 23 – Firenze 162 – Livorno 114 – Siena 94 – Viterbo 141.

L'Approdo, via Ponte Giorgini 29 ✆ 0564 933466, *approdo@maremmatoscana.it, Fax 0564 933086,* – – 230. AE VISA JCB.
Pasto 25 – **48 cam** 126/152 – ½ P 95.
◆ Sul porto canale, un complesso ben attrezzato per ricevere sia clientela turistica che congressuale e di lavoro; spazi comuni razionali, sala colazioni panoramica. Due sale ristorante di taglio moderno, luminose e accoglienti.

Piccolo Hotel, via Montecristo 7 ✆ 0564 937081, *Fax 0564 937081,* – P. AE VISA. rist
Pasqua e 15 maggio-settembre – **Pasto** 25/30 – **24 cam** 110 – ½ P 86.
◆ Ritornerete volentieri in questa graziosa struttura in zona non centrale, gestita con classe, signorilità e attenzione per i particolari; arredi moderni nelle camere.

Corallo, via Nazario Sauro 1 ✆ 0564 933668, *info@corallo-hotel.it, Fax 0564 936268,* – . AE VISA.
marzo-ottobre – **Pasto** carta 29/40 – **14 cam** 90/124 – ½ P 85.
◆ Familiari sia l'ambiente che la conduzione di questo alberghetto in zona residenziale, dove troverete un'ospitalità cordiale; camere con balcone e buon confort. Il ristorante è un locale rinomato e frequentato da habitué per le sue specialità di mare.

Sabrina, via Ricci 12 ✆ 0564 933568, *Fax 0564 933592* – P. AE VISA.
giugno-settembre – **Pasto** (solo per alloggiati) 20/25 – **37 cam** 92 – ½ P 77.
◆ Collaudata gestione diretta per un hotel ubicato nella zona di parcheggio a pochi metri dal porto canale; spazi ben distribuiti, camere non amplissime, ma complete.

Miramare, via Veneto 35 ✆ 0564 933524, *miramare@tin.it, Fax 0564 933695,* , – , cam, . AE VISA JCB.
chiuso novembre – **Pasto** carta 25/40 – 7,50 – **35 cam** 68/95 – ½ P 86.
◆ Gestito dalla stessa famiglia dal 1927, un albergo che gode di una posizione ideale, fronte mare e con una comoda spiaggia privata; spazioso pianterreno con veranda. Sala da pranzo con vetrate sul verde.

Perla, via dell'Arenile 3 ☎ 0564 938023, *Fax 0564 938023* – P. VISA.
Pasqua-ottobre – **Pasto** (solo per alloggiati) 18 – ☕ 8,50 – **13 cam** 46/61 – ½ P 62.
◆ E' una classica e semplice pensione familiare, ubicata oltre il canale a pochi metri dalla spiaggia; frequentazione di habitué, camere rinnovate in anni recenti.

Pierbacco, piazza Repubblica 24 ☎ 0564 933522, *info@pierbacco.it, Fax 0564 932064,* – AE VISA JCB
chiuso gennaio, a mezzogiorno in luglio-agosto e mercoledì (escluso da maggio a settembre) – **Pasto** specialità di mare carta 26/37.
◆ In centro, un ambiente ricco di oggettistica in stile marinaro, consono alle sue specialità culinarie; molto frequentato, offre servizio estivo all'aperto in piazza.

Da Romolo, corso della Libertà 10 ☎ 0564 933533, *info@daromolo.com, Fax 0564 933533,* – AE VISA JCB
chiuso novembre, martedì (escluso dal 20 giugno al 20 settembre) e a mezzogiorno in luglio e agosto – **Pasto** carta 30/38.
◆ Nella via che attraversa il centro storico, piacevole ristorante di tono rustico, con piccolo dehors estivo; cucina del territorio, quindi il pesce non può mancare.

a Riva del Sole *Nord-Ovest : 2 km* – ✉ *58043 Castiglione della Pescaia :*

Riva del Sole, viale Kennedy ☎ 0564 928111 e rist. ☎ 0564 928961, *info@rivadelsole.it, Fax 0564 935607,* , , riscaldata, , , – P – 300. AE VISA JCB.
aprile-ottobre – **Pasto** al Rist. ***Riva's Restaurant*** *(aprile-ottobre)* carta 32/39 – **175 cam** ☕ 176/182 – ½ P 112.
◆ In pineta, direttamente sul mare con accesso diretto alla spiaggia e varie attrezzature sportive, è ideale per famiglie con bambini; ben organizzato ai fini congressuali. Menù eclettico al «Riva's Restaurant».

a Tirli *Nord : 17 km* – ✉ *58040 :*

Tana del Cinghiale con cam, via del Deposito 10 ☎ 0564 945810, *info@tanadelcinghiale.it, Fax 0564 945810,* , – P. AE VISA
chiuso dall'8 gennaio all'8 febbraio – **Pasto** *(chiuso mercoledì escluso dal 15 giugno al 15 settembre)* carta 25/40 – **7 cam** ☕ 85 – ½ P 72.
◆ Una trattoria caratteristica dal curato ambiente rustico dove provare gustose specialità toscane, carne alla brace e, immancabile, il cinghiale; piacevole il dehors.

CASTIGLIONE DELLE STIVIERE *46043 Mantova* 561 F 13 – *18 459 ab. alt. 116.*

Roma 509 – Brescia 28 – Cremona 57 – Mantova 38 – Milano 122 – Verona 49.

La Grotta senza rist, viale dei Mandorli 22 ☎ 0376 632530, *info@lagrottahotel.it, Fax 0376 639295,* – P. AE VISA JCB
27 cam ☕ 49/83.
◆ Lontano dal traffico del centro, nella verde quiete delle colline, una villa di carattere familiare, con un bel giardino curato; camere semplici, ma dignitose.

Osteria da Pietro, via Chiassi 19 ☎ 0376 673718, *osteriadapietro@libero.it, Fax 0376 673718,* prenotare – . AE VISA.
chiuso dall'8 al 18 gennaio, dal 9 al 30 agosto, mercoledì e da giugno ad agosto anche martedì – **Pasto** carta 40/55.
◆ Gestione giovane, ma capace per questo locale ospitato in un centrale palazzo del '500; sapiente e affidabile cucina, di terra e di lago, senza sorprese o bizzarrie.
Spec. Capunsei (gnocchetti) al tartufo nero. Stracotto di cavallo al lambrusco con polenta. Torta di rose con salsa alla vaniglia.

Hostaria Viola, via Verdi 32, località Fontane ☎ 0376 670000, *info@hostariaviola.it, Fax 0376 945172,* Coperti limitati; prenotare – P. VISA
chiuso dal 1° al 6 gennaio, dal 20 luglio al 25 agosto, domenica sera e lunedì – **Pasto** carta 27/37.
◆ Soffitti a volta in un ristorante di tono rustico, ricavato nelle vecchie stalle di una cascina ai margini del paese; una delle specialità locali è la zuppa di cipolle.

CASTIGLIONE DI SICILIA *Catania* 565 N 27 – *Vedere Sicilia alla fine dell'elenco alfabetico.*

CASTIGLIONE D'ORCIA *53023 Siena* 563 M 16 – *2 515 ab. alt. 574.*

Roma 191 – Siena 52 – Chianciano Terme 26 – Firenze 124 – Perugia 99.

Osteria dell'Orcia, località Osteria Nord : 5 km ☎ 0577 887111, *hotelorcia@libero.it, Fax 0577 888911,* , , – P. AE VISA.
Pasto 29/40 – **16 cam** ☕ 240.
◆ Edificio ristrutturato del '500, una ex stazione di posta, ubicato lungo la via Francigena. Un soggiorno nella storia, circondati dalla natura, con vista incantevole.

CASTIGLIONE FALLETTO *12060 Cuneo* 561 I 5 – *636 ab. alt. 350.*

Roma 614 – Cuneo 68 – Torino 70 – Asti 39 – Savona 74.

Le Torri senza rist, via Roma 29 ☎ 0173 62961, *hotel.letorri@tin.it, Fax 0173 62961,* ≤ colline e vigneti – TV. AE 🅢 ⓓ MC VISA
chiuso dal 7 gennaio al 29 febbraio – ☕ 12 – **9 cam** 88.
◆ In posizione strategica per la visita delle Langhe, antica dimora ristrutturata e trasformata in albergo e residence; camere e appartamenti ampi, luminosi e panoramici.

Le Torri, piazza Vittorio Veneto 10 ☎ 0173 62849, *Fax 0173 62849,* ≤ colline e vigneti, prenotare – AE 🅢 ⓓ MC VISA
chiuso gennaio o febbraio, martedì e mercoledì a mezzogiorno – **Pasto** carta 27/46.
◆ In pieno centro, nello stesso edificio dell'omonimo hotel, un locale elegante, ma senza esagerazioni. Gestione giovane, piacevole servizio estivo in terrazza panoramica.

CASTIGLIONE TINELLA *12053 Cuneo* 561 H 6 – *877 ab. alt. 408.*

Roma 622 – Genova 106 – Alessandria 60 – Asti 24 – Cuneo 60.

Castiglione senza rist, via Cavour 5 ☎ 0141 855410, *info@albergocastiglione.com, Fax 0141 855977* – TV P – 30. AE 🅢 ⓓ MC VISA JCB
chiuso dal 20 dicembre a febbraio e dal 5 al 20 agosto – **11 cam** ☕ 90/150.
◆ Un delizioso palazzo ottocentesco, un tempo locanda di posta, con ghiacciaia originale del '600. Oggi è tutto nuovo, fresco e ispirato al buon gusto. Gestione affabile.

Le nostre guide alberghi e ristoranti, le nostre guide turistiche e le nostre carte stradali sono complementari. Utilizzatele insieme.

CASTIGLION FIORENTINO *52043 Arezzo* 563 L 17 – *11 794 ab. alt. 345.*

Roma 198 – Perugia 57 – Arezzo 17 – Chianciano Terme 51 – Firenze 93 – Siena 59.

Da Muzzicone, piazza San Francesco 7 ☎ 0575 658403, *Fax 0575 658813,* – AE 🅢 ⓓ MC VISA.
chiuso martedì – **Pasto** carta 25/40 (13 %).
◆ Tavoli fitti e pianoforte con cui la sera si fa musica, in un rustico ristorante centrale, a gestione familiare; casalinga cucina toscana con carni alla griglia.

a Pieve di Chio *Est : 7 km – ✉ 52043 Castiglion Fiorentino :*

Casa Portagioia senza rist, Pieve di Chio 56 ☎ 0575 650154, *info@tuscanbreaks.com, Fax 0575 650154,* ≤, – TV P. 🅢 MC VISA.
5 cam ☕ 100/130.
◆ Lungo la Val di Chio, punteggiata da ulivi disposti sui colli, un casale del '700, gestito con passione da un signore inglese. Il giardino è all'altezza, le camere gradevoli.

a Polvano *Est : 8 km – ✉ 52043 Castiglion Fiorentino :*

Relais San Pietro in Polvano , ☎ 0575 650100, *info@polvano.com, Fax 0575 650255,* ≤ colline e vallate, – P. AE 🅢 MC VISA.
aprile-ottobre – **Pasto** *(chiuso a mezzogiorno)* carta 40/48 (10 %) – **7 cam** ☕ 150/200, *5 suites 250/350.*
◆ Tutto il fascino del passato e della terra di Toscana con i suoi materiali «poveri» (il cotto, la pietra, il legno) in un settecentesco edificio di rustica raffinatezza. Servizio ristorante in terrazza con vista su colli e vallate; cucina toscana.

CASTIGNANO *63032 Ascoli Piceno* 563 N 22 – *2 995 ab. alt. 474.*

Roma 225 – Ascoli Piceno 34 – Ancona 120 – Pescara 95.

Teta, via Borgo Garibaldi 122 ☎ 0736 821412, *hrteta@tin.it, Fax 0736 821593,* ≤, – TV P. AE 🅢 ⓓ MC VISA JCB.
chiuso dal 7 al 22 gennaio – **Pasto** 12/20 – **18 cam** ☕ 35/70 – ½ P 46.
◆ Semplice struttura con giardino, a conduzione familiare, situata poco fuori del centro del paese; arredi di legno chiaro nelle camere, essenziali, ma dignitose.

Agriturismo Fiorenire , contrada Filette 9 (Est : 3 km) ☎ 0736 821606, *fiorenire@fiorenire.it, Fax 0736 822117,* ≤ Colline, – P. rist
Pasto (solo per alloggiati) – **8 cam** ☕ 35/62 – ½ P 47.
◆ Nelle giornate limpide scorgerete il mare da questa casa circondata dal verde e riposante paesaggio marchigiano; camere in stile rustico, gestione familiare.

CASTION *Belluno* 562 D 18 – *Vedere Belluno.*

CASTIONE DELLA PRESOLANA *24020 Bergamo* **561** E 12 – *3 300 ab. alt. 870 – a.s. luglio-agosto e Natale – Sport invernali : al Monte Pora : 1 300/1 900 m 13,.*

piazza Roma 1 0346 60039, info@presolana.it, Fax 0346 60045.

Roma 643 – Brescia 89 – Bergamo 42 – Edolo 80 – Milano 88.

Aurora, via Sant'Antonio 19 0346 60004, *info@auroraalbergo.it, Fax 0346 60246,* , – . VISA.
Pasto *(chiuso martedì)* carta 21/32 – **26 cam** 80 – 1/2 P 65.
◆ Gestito dalla stessa famiglia da quasi 50 anni, un albergo in cui ospitalità e confort sono essenziali, ma pulizia e accoglienza garantite; arredi rustici nelle camere. Sedie e lampadari colorati nella sala ristorante di taglio moderno.

Museo, via Sant'Antonio 1 0346 60505, prenotare. VISA.
chiuso 15 giorni in giugno e martedì – **Pasto** carta 26/38.
◆ Lungo un torrente, suggestivo locale ricavato da un vecchio mulino ad acqua, di cui conserva struttura e accessori in un museo sottostante; tipica cucina valligiana.

a Bratto *Nord-Est : 2 km – alt. 1 007 – 24020 :*

Milano, via Silvio Pellico 3 0346 31211, *info@hotelmilano.com, Fax 0346 36236,* , Centro benessere, – – 180. VISA. rist
Pasto al Rist. ***Al Caminone*** *(chiuso lunedì)* carta 32/47 – **67 cam** 127/187, suite – 1/2 P 157.
◆ In un piccolo parco ombreggiato, non solo moderno e funzionale centro congressi, ma anche caldo e accogliente hotel per soggiorni turistici; camere di diverse tipologie. Soffitto con travi a vista e un bel camino nell'ampia sala del ristorante.

Eurohotel, via Provinciale 36 0346 31513, *Fax 0346 30701,* – – 60. VISA JCB.
chiuso dal 15 settembre al 15 ottobre – **Pasto** 18/28 – **26 cam** 68/98 – 1/2 P 78.
◆ Conduzione attenta per un albergo in stile alpino, rinnovato con gusto e sobrietà, sulla strada per il Passo; buon livello di confort negli spazi comuni e nelle camere. Luminosa sala ristorante, d'impostazione classica.

Cascina delle Noci, via Provinciale 22 0346 31251, *Fax 0346 36246,* prenotare, – . VISA.
chiuso dal 7 al 31 gennaio, dal 5 novembre al 1° dicembre, lunedì e martedì (escluso luglio-agosto) – **Pasto** carta 32/42.
◆ Nel giardino ombreggiato, con minigolf, noci secolari circondano davvero questa struttura del XII secolo, un tempo stazione di posta; solide proposte fedeli al territorio.

CASTROCARO TERME *47011 Forlì-Cesena* **562** J 17 – *6 002 ab. alt. 68 – Stazione termale (aprile-novembre), a.s. 15 luglio-settembre.*

viale Marconi 81 0543 769631, iat@comune.castrocarotermeterradelsole.fc.it, Fax 0543 769326.

Roma 342 – Bologna 74 – Ravenna 40 – Rimini 65 – Firenze 98 – Forlì 11 – Milano 293.

Jolly Hotel Grande Albergo Terme, via Roma 2 0543 767114, *castrocaro_terme@jollyhotels.it, Fax 0543 768135,* , , , , – , cam, – 380. VISA JCB.
chiuso dal 10 gennaio a febbraio – **Pasto** carta 29/46 – **119 cam** 160/187, 4 suites – 1/2 P 100.
◆ Albergo di tradizione, che conserva nei suoi ampi spazi comuni l'atmosfera e lo stile dell'epoca (anni '30) in cui fu costruito; parco ombreggiato e cure termali interne. Grande sala ristorante di forma semicircolare, con alte vetrate tutt'intorno.

Rosa del Deserto, via Giorgini 3 0543 767232, *info@hotelrosadeldeserto.it, Fax 0543 767236,* – . VISA. rist
chiuso dal 7 gennaio al 28 febbraio – **Pasto** (solo per alloggiati) 15/35 – **48 cam** 75/116 – 1/2 P 85.
◆ In fronte all'ingresso delle terme, un hotel di recente ristrutturazione. Spazi comuni ben distribuiti, dalle tinte tenui; camere non uniformi, con buon livello di confort.

Ambasciatori, via Cantarelli 10 0543 767345, *htlambasciatori@libero.it, Fax 0543 767345,* , , , – , rist, . VISA JCB. rist
chiuso dal 21 dicembre al 12 gennaio – **Pasto** carta 23/42 – **42 cam** 60/70 – 1/2 P 46.
◆ Circondato da spazi verdi, un funzionale albergo fine anni '80, in posizione semicentrale; aree comuni ben distribuite, arredi moderni nelle camere, bagni spaziosi. Tinte pastello e pavimento a losanghe bianche e nere nella sala ristorante.

Eden , via Samorì 11 0543 767600, *eden.castrocaro.terme@inwind.it, Fax 0543 768233,* , – , rist, . VISA JCB. rist
aprile-15 novembre – **Pasto** 17/21 – **39 cam** 43/72 – 1/2 P 39.
◆ In posizione periferica, ma tranquilla e panoramica, non lontano dalle Terme, un albergo classico, a gestione familiare, che dispone di ampi spazi verdi esterni. Tradizionale ristorante d'albergo, con una sala di taglio moderno.

XXX **La Frasca,** viale Matteotti 34 ☎ 0543 767471, *lafrasca@libero.it, Fax 0543 766625*, ,
✿✿ Coperti limitati; prenotare, – – 30.
chiuso dal 1° al 20 gennaio, dal 16 al 30 agosto e martedì – **Pasto** 49 (a mezzogiorno) 85 e carta 80/110.
◆ Un astro del firmamento nazionale brilla per l'elegante semplicità dell'ambiente, con collezione di artisti contemporanei, e della cucina, di tradizione, ma rivisitata.
Spec. Noci di capesante grigliate, purea di melanzane e sardoncini fritti (estate). Strozzapreti di farro con crostacei e coriandoli di verdure allo zafferano. Piccione dell'alto Bidente con i suoi fegatini e crostini di aglio dolce.

XX **Antica Osteria degli Archi,** piazzetta San Nicolò 2 ☎ 0543 768281, *Fax 0543 768281*, , prenotare – .
chiuso lunedì – **Pasto** 23/45 e carta 31/37.
◆ Nel centro di Castrocaro, conduzione esperta per un ristorante dove la cura della tavola è ottimale e la cucina stagionale e locale; servizio estivo in terrazza.

CASTROCIELO *03030 Frosinone* 563 R 23 – *3 764 ab. alt. 250.*
Roma 116 – Frosinone 42 – Caserta 85 – Gaeta 61 – Isernia 82 – Napoli 112.

XX **Villa Euchelia,** via Giovenale ☎ 0776 799829, *info@villaeuchelia.it, Fax 0776 799930*, ,
– .
chiuso dal 10 al 28 gennaio, martedì e mercoledì a mezzogiorno – **Pasto** carta 25/33.
◆ Una sommelier e uno chef gestiscono con competenza un locale in una villa signorile tra gli ulivi delle colline; inserimenti di mare in una cucina ciociara rivisitata.

XX **Al Mulino,** via Casilina 47 (Sud : 2 km) ☎ 0776 79306, *almulino@libero.it, Fax 0776 79824* – .
Pasto specialità di mare carta 32/46.
◆ Soffitto perlinato, esposizione di pesce fresco e acquario per astici nella grande sala di un ristorante di tono elegante, con interessanti proposte di mare.

CASTROCUCCO *Potenza* 564 H 29 – *Vedere Maratea.*

CASTRO MARINA *73030 Lecce* 564 G 37 *G. Italia – 2 539 ab. – a.s. luglio-agosto.*
Roma 660 – Brindisi 86 – Bari 199 – Lecce 48 – Otranto 23 – Taranto 125.

alla grotta Zinzulusa *Nord : 2 km G. Italia.*

Orsa Maggiore, litoranea per Santa Cesarea Terme 303 ✉ 73030 ☎ 0836 947028, *Fax 0836 947766*, , , – – 50.
Pasto carta 21/33 – **28 cam** 79/106 – ½ P 74.
◆ Accogliente hotel a gestione familiare, cinto da un giardino uliveto, lungo la litoranea, al di sopra di una famosa grotta; camere lineari, quasi tutte con vista mare. Ampia e curata sala ristorante, modernamente arredata, utilizzata anche per banchetti.

CASTROVILLARI *87012 Cosenza* 564 H 30 – *23 303 ab. alt. 350.*
sull'autostrada SA-RC, area servizio Frascineto Ovest ☎ 0981 32710, Fax 0981 32710.
Roma 453 – Cosenza 74 – Catanzaro 168 – Napoli 247 – Reggio di Calabria 261 – Taranto 152.

La Locanda di Alia, via Jetticelle 55 ☎ 0981 46370, *alia@alia.it, Fax 0981 46370*, ,
– – 70.
Pasto *(chiuso domenica)* carta 36/47 – 10 – **14 cam** 80/110.
◆ Una piacevole sorpresa questa confortevole «locanda» nel verde; le camere sono tutte al pianoterra e hanno accesso indipendente dall'esterno e ingressino separato. Valido ristorante di tono rustico-elegante.

CATABBIO *Grosseto – Vedere Semproniano.*

CATANIA P 565 O 27 – *Vedere Sicilia alla fine dell'elenco alfabetico.*

Scriveteci...
Le vostre critiche e i vostri apprezzamenti saranno esaminati con la massima attenzione.
Verificheremo personalmente gli esercizi che ci vorrete segnalare
Grazie per la collaborazione !

CATANZARO *88100* P 564 K 31 *G. Italia – 97 252 ab. alt. 343.*

Vedere *Villa Trieste*★ **Z** – *Pala*★ *della Madonna del Rosario nella chiesa di San Domenico* **Z.**

via Spasari 3 (Galleria Mancuso) ☎ 0961 741764, apt.catanzaro@tiscalinet.it, Fax 0961 727973.

A.C.I. *viale dei Normanni 99 ☎ 0961 754131.*

Roma 612 ② – Cosenza 97 ② – Bari 364 ② – Napoli 406 ② – Reggio di Calabria 161 ② – Taranto 298 ②.

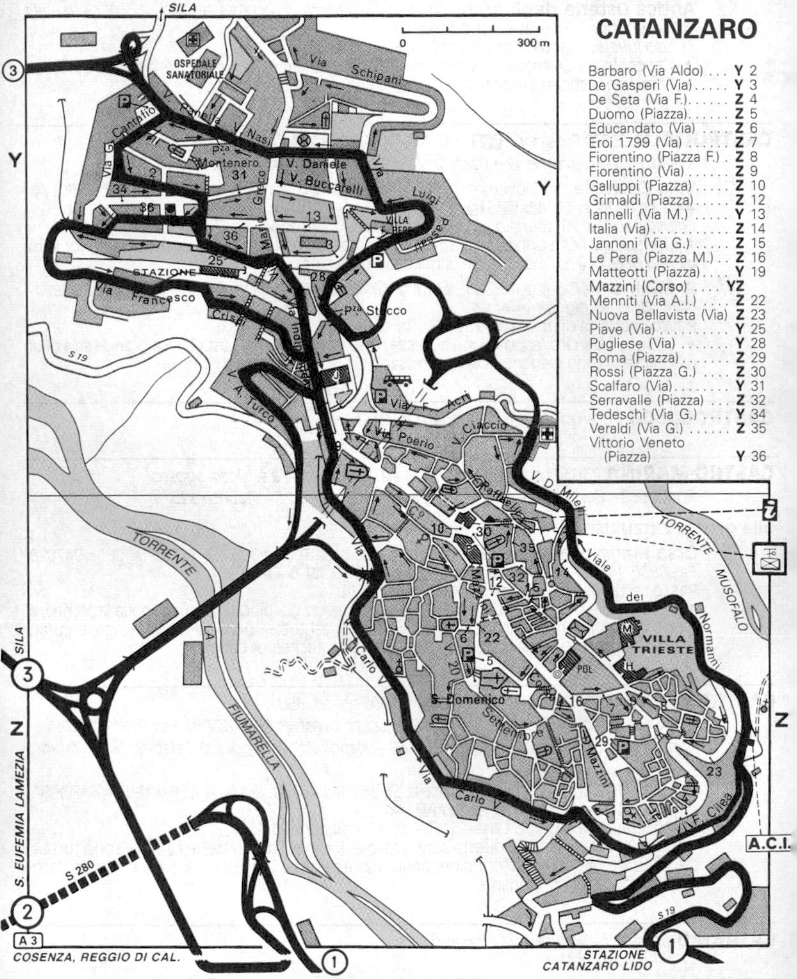

CATANZARO

Barbaro (Via Aldo)	Y	2
De Gasperi (Via)	Y	3
De Seta (Via F.)	Z	4
Duomo (Piazza)	Z	5
Educandato (Via)	Z	6
Eroi 1799 (Via)	Z	7
Fiorentino (Piazza F.)	Z	8
Fiorentino (Via)	Z	9
Galluppi (Piazza)	Z	10
Grimaldi (Piazza)	Z	12
Iannelli (Via M.)	Y	13
Italia (Via)	Z	14
Jannoni (Via G.)	Z	15
Le Pera (Piazza M.)	Z	16
Matteotti (Piazza)	Y	19
Mazzini (Corso)	YZ	
Menniti (Via A.I.)	Z	22
Nuova Bellavista (Via)	Z	23
Piave (Via)	Y	25
Pugliese (Via)	Y	28
Roma (Piazza)	Z	29
Rossi (Piazza G.)	Z	30
Scalfaro (Via)	Y	31
Serravalle (Piazza)	Z	32
Tedeschi (Via G.)	Y	34
Veraldi (Via G.)	Z	35
Vittorio Veneto (Piazza)	Y	36

Guglielmo, via Tedeschi 1 ☎ 0961 741922, *info@hotelguglielmo.it, Fax 0961 722181* – | Y a
– 150.
Pasto carta 30/40 – **46 cam** 115/165.
◆ In centro, una risorsa signorile, ristrutturata in anni recenti, con confort e attrezzature all'altezza della sua categoria, molto frequentata da clientela d'affari. Atmosfera intima nella piccola sala ristorante.

a Catanzaro Lido *per ① : 14 km – ✉ 88063 :*

Stillhotel, via Melito di Porto Salvo 102/A ☎ 0961 32851, *stillhotel@tin.it, Fax 0961 33818*, ≤, – ▤ TV ♿ P. AE ⓢ ⓞ ⓞⓞ VISA JCB
Pasto vedere rist ***La Brace*** – **32 cam** ☕ 50/65 – ½ P 52,50.
◆ Ubicato in una zona collinare e tranquilla, rinnovato pochi anni fa, un panoramico albergo dotato di ampie zone comuni e di camere spaziose con arredi di qualità.

La Brace - Hotel Stillhotel, via Melito di Porto Salvo 102 ☎ 0961 31340, *ristorantelabrace@tin.it, Fax 0961 33818*, – ▤ P. AE ⓢ ⓞ ⓞⓞ VISA JCB
chiuso dal 1° al 15 luglio e lunedì – **Pasto** carta 24/35 (10 %).
◆ Ristorante gradevole, ordinato e molto curato. Tre sale dove accomodarsi a gustare un menù eclettico che comprende anche specialità locali e a base di pesce.

CATENA *Pistoia – Vedere Quarrata.*

CATTOLICA *47841 Rimini* **562** K 20 – *15 752 ab. – a.s. 15 giugno-agosto.*
ℹ *via Matteotti 46 ☎ 0541 963341, iat@cattolica.net, Fax 0541 963344.*
Roma 315 – Rimini 22 – Ancona 92 – Bologna 130 – Forlì 69 – Milano 341 – Pesaro 17 – Ravenna 74.

Carducci 76, via Carducci 76 ☎ 0541 954677, *info@carducci76.it, Fax 0541 831557*, ≤, riscaldata, – ▤ TV . AE ⓢ ⓞ ⓞⓞ VISA.
chiuso dal 30 novembre al 28 dicembre – **Pasto** al Rist. ***Vicolo Santa Lucia*** *(chiuso novembre)* carta 55/69 (10 %) – **36 cam** ☕ 140/180, 2 suites.
◆ Tripudio di bianco e nero e arredi minimalisti in stile orientale in un trionfo di raffinato design moderno, che non soffoca il fascino d'epoca di una villa inizio '900. Suggestioni orientali nel menù, mediterraneo e asiatico.

Negresco, viale del Turismo 10 ☎ 0541 963281, *negrescononnihotels.com, Fax 0541 954932*, ≤, – ▤ TV P – 100. AE ⓢ ⓞⓞ VISA. rist
maggio-settembre – **Pasto** carta 33/43 – ☕ 13,50 – **80 cam** 77,50/143,70 – ½ P 82,50.
◆ Sul mare, albergo rinnovato nel 1999 all'esterno e all'interno, in particolare nelle camere, che hanno mobili in stile, ottime rifiniture e bagno o doccia idromassaggio.

Kursaal, piazza I° Maggio 2 ☎ 0541 962305, *info@kursaalhotel.it, Fax 0541 962414*, ≤ – cam, ▤ TV ♿ – 300. AE ⓢ ⓞ ⓞⓞ VISA JCB.
Pasto (solo per alloggiati) carta 33/53 – **58 cam** ☕ 130/160, suite – ½ P 115.
◆ Inusitato contrasto tra l'edificio fine '800, riportato agli originari splendori, e l'annessa struttura in acciaio e vetro di un hotel di taglio originale, antico e moderno.

Victoria Palace, viale Carducci 24 ☎ 0541 962921, *victoria@victoriapalace-hotel.it, Fax 0541 962904*, ≤, – ▤ TV P. AE ⓢ ⓞ ⓞⓞ VISA JCB. rist
Pasto (solo per alloggiati) 23,50/30 – ☕ 8 – **88 cam** 132/165 – ½ P 99.
◆ Gode di ottima posizione centrale davanti al mare questo hotel, che ha gradevoli camere rinnovate, con simpatici arredi verde acqua; biciclette a disposizione dei clienti.

Napoleon, viale Carducci 52 ☎ 0541 963439, *info@napoleonhotel.net, Fax 0541 961434*, ≤, – ▤ TV P. AE ⓢ ⓞ ⓞⓞ VISA JCB.
aprile-ottobre – **Pasto** 35 – ☕ 12 – **60 cam** 100/145, suite – ½ P 95.
◆ In posizione centrale, sul mare, con accesso diretto alla spiaggia, ha zone comuni discrete, con comodi divani, e camere eterogenee, ma tutte con confort di buon livello.

Europa Monetti, via Curiel 39 ☎ 0541 954159, *infhotel@europamonetti.com, Fax 0541 958176*, – ▤ TV P – 30. AE ⓢ ⓞⓞ VISA.
Pasqua-settembre – **Pasto** (solo per alloggiati) 22/40 – **75 cam** ☕ 70/130 – ½ P 90.
◆ Tra le risorse della sua categoria è una delle più complete nelle attrezzature per lo sport e il benessere; camere ben arredate e accessoriate, grande solidità gestionale.

Moderno-Majestic, via D'Annunzio 15 ☎ 0541 954169, *holiday@modernomajestic.it, Fax 0541 953292*, ≤, – ▤ TV P. AE ⓢ ⓞⓞ VISA. rist
20 maggio-20 settembre – **Pasto** (solo per alloggiati) 20/25 – ☕ 10,50 – **60 cam** 60/110 – ½ P 82.
◆ E' un hotel affacciato sulla spiaggia, che dispone di una grande piscina coperta con idromassaggio; camere essenziali, ma decorose; noleggio biciclette gratuito. Una parete di vetrate che danno verso il mare conferisce luminosità al ristorante.

Gabbiano, viale Carducci 133 ☎ 0541 954267, *gabbiano@hotelgabbiano.com, Fax 0541 961217*, riscaldata – ▤ TV ♿ P. ⓢ ⓞⓞ VISA. rist
Pasto 16 – **48 cam** ☕ 65/80 – ½ P 69.
◆ Sul viale della passeggiata serale, non lontano dal mare, piacevole risorsa, del tutto rinnovata, con colorati e moderni spazi comuni; doccia idromassaggio nelle camere.

Beaurivage, viale Carducci 82 ☎ 0541 963101, *info@hotelbeaurivage.com, Fax 0541 963102*, ≤, – ▤ TV P. AE ⓢ ⓞ ⓞⓞ VISA. rist
maggio-settembre – **Pasto** (solo per alloggiati) 18/27 – **78 cam** ☕ 71/150 – ½ P 85.
◆ In una via centrale, ma sul mare con accesso diretto alla spiaggia, dispone di ampi spazi comuni, sia interni, rinnovati, che esterni; colazione a buffet in terrazza.

Park Hotel, lungomare Rasi Spinelli 46 ☎ 0541 953732, *parkhotel@parkhotels.it Fax 0541 961503,* – 80. rist
Pasto (solo per alloggiati) 24,78 – **58 cam** 134,27 – ½ P 100,78.
◆ Un albergo costruito nel 1989, sulla strada che costeggia la spiaggia; luminose sia le aree comuni che le camere, di dimensioni ridotte, ma con vetrate e vista mare.

Regina, viale Carducci 40 ☎ 0541 954167, *info@hotelreginacattolica.it, Fax 0541 961261* riscaldata, – .
15 maggio-27 settembre – **Pasto** (solo per alloggiati) 18 – 9 – **62 cam** 50/90 – ½ P 75.
◆ E' gradevole il giardinetto all'ingresso di questo accogliente albergo in prima fila sul mare; la prima colazione si fa in una terrazza affacciata sulla spiaggia.

Aurora, via Genova 26 ☎ 0541 830464, *aurora@adriatic.net, Fax 0541 830464,* – .
aprile-ottobre – **Pasto** (solo per alloggiati) 18,10/36,20 – 6,20 – **18 cam** 51,65/103,30 – ½ P 72,30.
◆ Piacevole hotel centrale, ma in zona tranquilla, totalmente ristrutturato in anni recenti camere di rara ampiezza, bagni moderni, piccolo solarium con idromassaggio.

Columbia, lungomare Rasi Spinelli 36 ☎ 0541 953122, *Fax 0541 952355,* – rist, .
maggio-settembre – **Pasto** (solo per alloggiati) – 10 – **52 cam** 53/80 – ½ P 72.
◆ Sul lungomare, separato dalla spiaggia solo da una strada, bianco edificio anni '70, a gestione familiare, con camere non ampie, ma dignitose nella loro semplicità.

Sole, via Verdi 7 ☎ 0541 961248, *sole@cattolicaturismo.com, Fax 0541 963946* – . rist
20 maggio-20 settembre – **Pasto** (solo per alloggiati) – 7 – **46 cam** 50/88 – P 58.
◆ Familiari la gestione e l'ospitalità in un hotel situato in una via alle spalle del lungomare tinte pastello nelle camere, semplici, ma luminose e ben tenute.

Belsoggiorno, viale Carducci 88 ☎ 0541 963133, *info@hotelbelsoggiorno.info Fax 0541 963133,* – . rist
20 maggio-20 settembre – **Pasto** (solo per alloggiati) – 5 – **50 cam** 35/60 – ½ P 59,40.
◆ Accoglienza simpatica e buon rapporto qualità/prezzo in questo albergo affacciato sul mare e con accesso diretto alla spiaggia; arredi essenziali nelle camere.

Protti con cam, via Emilia Romagna 185 ☎ 0541 958161, *Fax 0541 954457* – . rist
Pasto *(chiuso lunedì escluso da giugno a settembre)* carta 24/35 – 4 – **25 cam** 35/53.
◆ Specialità di mare servite in una sala accogliente e ben tenuta, con buona cura della tavola e del servizio; possibilità di alloggio in camere, piccole e sobrie.

CAVA DE' TIRRENI *84013 Salerno* 564 E 26 – *53 246 ab. alt. 196 – a.s. Pasqua, giugno-settembre e Natale.*

piazza Enrico De Marinis 6 ☎ 089 341605, info@cavaturismo.sa.it, Fax 089 463723.
Roma 254 – Napoli 47 – Avellino 43 – Caserta 76 – Salerno 8.

L'Incanto, via Pineta La Serra, località Annunziata Nord-Est : 3 km ☎ 089 561820 *Fax 089 561820,* – .
chiuso dal 20 dicembre al 15 gennaio, martedì e a mezzogiorno (escluso sabato-domenica) – **Pasto** carta 32/55.
◆ Locale signorile fuori del centro, in posizione dominante: una sala con vetrate e una terrazza per il servizio estivo da cui si gode una splendida vista sui dintorni.

Taverna Scacciaventi, corso Umberto I 38/40 ☎ 089 443173 – .
chiuso dal 20 luglio al 20 agosto e lunedì – **Pasto** 20/30.
◆ Nel caratteristico borgo da cui prende il nome, è una sorta di simpatica «osteria» conduzione giovane, menù che varia ogni giorno, specialità locali e lucane.

a Corpo di Cava *Sud-Ovest : 4 km – alt. 400 – ✉ 84010 Badia di Cava de' Tirreni :*

Scapolatiello , ☎ 089 443611, *info@hotelscapolatiello.it, Fax 089 443611,* – – 80. rist
Pasto carta 25/39 – 8 – **43 cam** 95/125, 2 suites – ½ P 92,50.
◆ Gestito dalla stessa famiglia fin dal 1821, signorile albergo panoramico vicino all'Abbazia Benedettina; belle terrazze-giardino con piscina e ampi, curati spazi comuni. Moderna luminosa sala ristorante, con grandi vetrate affacciate su una terrazza.

CAVAGLIÀ *13881 Biella* 561 F 6 – *3 689 ab. alt. 272.*

(chiuso mercoledì) ☎ 0161 966949, Fax 0161 966620.
Roma 657 – Torino 54 – Aosta 99 – Milano 93 – Vercelli 28.

Osteria dell'Oca Bianca, via Umberto I 2 ☎ 0161 966833, *Fax 0161 966833* – .
chiuso dal 7 al 21 gennaio, dal 22 giugno al 6 luglio e martedì – **Pasto** carta 25/51.
◆ Nel cuore della località, proprio di fronte alla chiesa, una classica osteria di paese completamente «rimessa a nuovo», mantenendone però intatto lo spirito originario.

sulla strada statale 143 *Sud-Est : 3,5 km :*

Green Park Hotel, località Navilotto 75 ✉ 13881 ℘ 0161 966771, *direzione@greenpark-hotel.com, Fax 0161 966620,* – rist, – 120. AE VISA JCB.
chiuso dal 2 al 22 agosto – **Pasto** *(chiuso domenica)* carta 20/40 – **37 cam** 77/105 – ½ P 75.
◆ Non solo per clientela di lavoro e congressuale, ma anche per chi voglia godersi il verde e le strutture sportive, come il campo di golf annesso; camere molto curate. Ambiente di sobria raffinatezza al ristorante.

CAVAGLIETTO *28010 Novara* 561 F 7, 219 ⑯ – *402 ab. alt. 233.*

Roma 647 – Stresa 42 – Milano 74 – Novara 22.

Arianna, via Umberto 4 ℘ 0322 806134, *Fax 0322 806134,* prenotare – rist, P. AE VISA.
chiuso Natale, dal 1° al 10 gennaio, dal 21 luglio al 14 agosto, martedì e mercoledì a mezzogiorno – **Pasto** 45 e carta 40/58.
◆ In un piccolo e tranquillo borgo agricolo, imprevedibilmente, un ristorante d'impronta elegante; tavoli distanziati, comode sedie a fiori, piatti di concezione moderna.

CAVAGNANO *Varese* 219 ⑧ – *Vedere Cuasso al Monte.*

CAVAION VERONESE *37010 Verona* 562 F 14 – *4 170 ab. alt. 190.*

Roma 521 – Verona 24 – Brescia 81 – Milano 169 – Trento 74.

Eurocongressi, via L. Fiumi 24 (Est : 1 km) ℘ 045 6265511, *info@eurocongressi.com, Fax 045 6265512,* ← – P – 600. AE VISA. rist
Pasto carta 29/37 – **50 cam** 93/135 – ½ P 87,50.
◆ I morbidi colli veronesi fanno da cornice ad un complesso recentissimo, che si propone per il turismo d'affari ad alto livello; centro congressi con tecnologie avanzate. Raffinato ristorante di moderna ispirazione.

Andreis, via Berengario 26 ℘ 045 7235035, *hotelandreis@libero.it, Fax 045 7236609,* – P. AE VISA.
Pasto *(chiuso lunedì escluso da luglio a settembre)* carta 23/30 – 6 – **28 cam** 55 – ½ P 55.
◆ Pochi km alle spalle del lago di Garda, un albergo a conduzione familiare, molto ben tenuto, con piscina e piccolo giardino, per un soggiorno semplice, ma riposante. Ambiente senza pretese, ma curato anche nella sala da pranzo.

CAVALESE *38033 Trento* 562 D 16 *G. Italia – 3 639 ab. alt. 1 000 – a.s. 25 gennaio-Pasqua e Natale – Sport invernali : ad Alpe Cermis : 1 280/2 250 m 2 5 (Comprensorio Dolomiti superski Val di Fiemme-Obereggen).*

via Fratelli Bronzetti 60/a ℘ 0462 241111, info@valfiemme.net, Fax 0462 241199.
Roma 648 – Bolzano 43 – Trento 50 – Belluno 92 – Cortina d'Ampezzo 97 – Milano 302.

Bellavista, via Pizzegoda 5 ℘ 0462 340205, *info@hotelbellavista.biz, Fax 0462 239119,* – – 30. VISA. rist
chiuso dal 24 aprile al 19 maggio e novembre – **Pasto** carta 23/32 – **46 cam** 104/160 – ½ P 90.
◆ Una struttura sorta in tempi recenti, in grado di offrire un livello di confort attuale fruibile in ogni spazio, dalle camere, agli spazi comuni, fino al bel centro benessere. Sala ristorante di tono elegante.

La Roccia, via Marco 53 ℘ 0462 231133, *laroccia@valdifiemme.it, Fax 0462 231135,* ← vallata e monti, – rist, P – 150. AE VISA. rist
chiuso maggio e novembre – **Pasto** (solo per alloggiati) 20,33 – 10,33 – **58 cam** 94/98,13, 3 suites – ½ P 83.
◆ Nelle adiacenze della piscina comunale e del palazzetto dello sport, struttura panoramica e tranquilla, con tipici, accoglienti interni di montagna; angolo benessere.

Park Hotel Villa Trunka Lunka, via De Gasperi 4 ℘ 0462 340233, *info@trunkalunka.it, Fax 0462 340544,* – rist, P. VISA.
20 dicembre-aprile 20 giugno-settembre – **Pasto** (solo per alloggiati) 15/25 – **22 cam** 60/100 – ½ P 75.
◆ Una bella casa in stile montano in zona decentrata, con gradevole giardino; confortevoli sia gli spazi comuni che il settore notte, con arredi tendenti al classico. Pavimento di parquet e soffitto con travi di legno a vista nella signorile sala da pranzo.

Grunwald, via Bresadola 3 ☎ 0462 340369, *info@hotelgrunwald.it, Fax 0462 231504*, rist, – 200. *rist*
Pasto (solo per alloggiati) 20/40 – **60 cam** 70/100 – 1/2 P 85.
◆ Il classico stile di montagna contraddistingue la zona comune, così come le camere rinnovate in gran parte. Attrezzato centro benessere e caratteristica cantina.

El Molin, piazza Cesare Battisti 11 ☎ 0462 340074, *gilmozzi@cr-surfing.net, Fax 0462 231312*, Coperti limitati; prenotare – VISA JCB.
chiuso maggio, dal 15 ottobre a novembre, martedì e a mezzogiorno da dicembre a marzo – **Pasto** 35/47 e carta 29/60.
◆ Ha atmosfera e charme del tutto particolari questo raccolto ambiente tipico, in un mulino seicentesco, che si sviluppa su due livelli; rielaborazioni di cucina trentina.

Costa Salici, via Costa dei Salici 10 ☎ 0462 340140, *info@costasalici.com, Fax 0462 341512*, , Coperti limitati; prenotare – VISA JCB.
chiuso ottobre, lunedì e martedì a mezzogiorno (escluso agosto) – **Pasto** carta 30/45.
◆ In una casa di montagna, due salette, di cui una caratteristica stube rivestita di cirmolo, cristalli e posate d'argento a tavola; piatti del territorio rivisitati.

Al Cantuccio, via Unterberger 14 ☎ 0462 235040, *info@ristorantealcantuccio.com*, Coperti limitati; prenotare – . VISA
chiuso mercoledì sera e giovedì – **Pasto** carta 31/43.
◆ Una coppia di giovani appassionati, gestisce questo raccolto e intimo ristorante del centro che propone la cucina del luogo, arricchita da spunti provenienti dal mare.

CAVALLERMAGGIORE *12030 Cuneo* 561 H 5 – *5 035 ab. alt. 285.*

Roma 625 – Cuneo 40 – Torino 48 – Alessandria 104 – Asti 59.

Italia, Piazza Statuto 87 ☎ 0172 381296, *ristoranteitalia@libero.it*, Coperti limitati; prenotare – – 50. VISA
chiuso quindici giorni in gennaio e settembre, martedì sera e mercoledì – **Pasto** carta 22/38.
◆ Una trattoria del centro, a gestione prettamente familiare, suddivisa su due piani. La cucina propone le specialità della cucina piemontese, rivisitate e secondo stagione.

CAVALLINO *30013 Venezia* 562 F 19.

da Treporti (O : 11 km) per le isole di : Burano (20 mn), Torcello (25 mn), Murano (1 h) e Venezia-Fondamenta Nuove (1 h 10 mn), giornalieri – Informazioni : ACTV-Azienda Consorzio Trasporti Veneziano, piazzale Roma ✉ 30135 ☎ 041 5287886, Fax 041 5207135.

(giugno-settembre) via Fausta 406/a ☎ 041 529871.

Roma 571 – Venezia 53 – Belluno 117 – Milano 310 – Padova 80 – Treviso 61 – Trieste 136 – Udine 105.

Park Hotel Union Lido, via Fausta 270 ☎ 041 968043 e rist. ☎ 041 968129, *info@unionlido.com, Fax 041 5370355*, , riscaldata, – 200. VISA.
Pasqua-settembre – **Pasto** al Rist. e pizzeria ***Ai Pini*** carta 23/41 – **78 cam** 94/125, 24 suites – 1/2 P 77.
◆ In un enorme complesso turistico che si estende per oltre 1 km sul mare, una sistemazione confortevole e tranquilla, pur usufruendo dei servizi offerti dal villaggio. Sala da pranzo di moderna ispirazione con bianche colonne e gradevole dehors estivo.

Trattoria Laguna, via Pordelio 444 ☎ 041 968058, *info@trattorialaguna.it, Fax 041 968058* – . VISA
chiuso da gennaio al 15 febbraio, giovedì a mezzogiorno in luglio-agosto, tutto il giorno negli altri mesi – **Pasto** carta 45/62.
◆ Caratteristica trattoria-osteria dal simpatico ambiente molto rustico, con arredi e decorazioni eterogenee; rigorosamente «di casa» la cucina, ampia la carta dei vini.

Da Achille, piazza Santa Maria Elisabetta 16 ☎ 041 968005, *Fax 041 968178*, – . VISA
chiuso dal 15 ottobre al 28 febbraio e lunedì – **Pasto** carta 29/44.
◆ Nella piazza della località, in gradevoli sale o nel dehors estivo gusterete piatti di schietta genuinità e buoni vini: il pesce arriva dagli allevamenti dei titolari.

CAVALLINO *73020 Lecce* 564 G 36 – *11 238 ab..*

Roma 582 – Brindisi 47 – Gallipoli 42 – Lecce 7 – Taranto 115.

Osteria del Pozzo Vecchio, via M. Silvestro 16 ☎ 0832 611649, *osteriapozzovecchio@libero.it, Fax 0832 611649*, – . VISA JCB
chiuso lunedì e a mezzogiorno in luglio e agosto – **Pasto** carta 19/32.
◆ Propone un itinerario tra sapori tradizionali e innovativi questo locale che del suo passato conserva l'atmosfera informale da osteria; servizio estivo in giardino.

CAVANELLA D'ADIGE *Venezia – Vedere Chioggia.*

CAVASO DEL TOMBA *31034 Treviso* 562 E 17 – *2 618 ab. alt. 248.*

Roma 550 – Belluno 51 – Padova 67 – Treviso 40 – Venezia 71.

X **Locanda alla Posta** con cam, piazza 13 Martiri 13 ☎ 0423 543112, *Fax 0423 543112*, , prenotare –
chiuso dal 31 dicembre al 10 gennaio e dal 20 giugno al 10 luglio – **Pasto** *(chiuso mercoledì sera e giovedì)* carta 23/27 – **6 cam** ☕ 36/55.
◆ Sulla piazza principale del paese, un edificio d'epoca ristrutturato ospita una piacevole locanda; camere semplici, ma confortevoli, cucina stagionale del territorio.

CAVATORE *15010 Alessandria* 561 I 7 – *323 ab. alt. 518.*

Roma 557 – Alessandria 42 – Genova 80 – Asti 51 – Torino 107.

X **Da Fausto,** località Valle Prati 1 ☎ 0144 325387, *info@ristorantedafausto.it*, *Fax 0144 352323*, ≤ catena alpina, , prenotare P. AE VISA
chiuso martedì a mezzogiorno e lunedì – **Pasto** carta 22/28.
◆ Nelle giornate limpide si gode un bel panorama dell'arco alpino da questo simpatico rustico nel verde montano. Casalinghi piatti del luogo in ambiente familiare.

CAVAZZALE *Vicenza – Vedere Vicenza.*

CAVERNAGO *24050 Bergamo* 561 F 11 – *1 664 ab. alt. 202.*

Roma 600 – Bergamo 13 – Brescia 45 – Milano 54.

XX **Giordano** con cam, via Leopardi 1 ☎ 035 840266, *info@hotelgiordano.it*, *Fax 035 840212*, , – rist, P. AE VISA.
chiuso dal 26 dicembre al 6 gennaio ed agosto – **Pasto** specialità toscane carta 33/53 – ☕ 6 – **22 cam** 54/79 – 1/2 P 70.
◆ Si rifanno alla Toscana, terra d'origine del titolare, le specialità di questo ristorante; camere confortevoli offrono ospitalità soprattutto a clientela di lavoro.

CAVI *Genova* 561 J 10 – *Vedere Lavagna.*

CAVINA *Ravenna – Vedere Brisighella.*

CAVO *Livorno* 563 N 13 – *Vedere Elba (Isola d') : Rio Marina.*

CAVOUR *10061 Torino* 561 H 4 – *5 353 ab. alt. 300.*

Roma 698 – Torino 54 – Asti 93 – Cuneo 51 – Sestriere 67.

Locanda La Posta, via dei Fossi 4 ☎ 0121 69989, *posta@locandalaposta.it*, *Fax 0121 69790* – . AE VISA JCB
Pasto *(chiuso dal 28 luglio al 14 agosto e venerdì)* carta 26/39 – **20 cam** ☕ 54/74 – 1/2 P 53.
◆ Nata a fine '700, da decenni guidata dalla stessa famiglia, una locanda accogliente, con sobri interni in stile; camere curate, affacciate su una fiorita corte centrale. Soffitto con travi a vista e un antico camino nel ristorante di taglio rustico-signorile.

CAVRIAGO *42025 Reggio nell'Emilia* 562 H 13 – *8 891 ab. alt. 78.*

Roma 436 – Parma 26 – Milano 145 – Reggio nell'Emilia 9.

XXX **Picci,** via XX Settembre 4 ☎ 0522 371801, *Fax 0522 577180*, Coperti limitati; prenotare – . AE VISA.
chiuso dal 2 al 10 gennaio, dal 4 al 24 agosto, domenica sera e lunedì – **Pasto** carta 41/51.
◆ Ambiente elegante, sedie in stile e quadri alle pareti, in un locale che propone corpose personalizzazioni di cucina emiliana; tra i menù, uno a base di aceto balsamico.

CAVRIANA *46040 Mantova* 561 F 13 – *3 673 ab. alt. 170.*

Roma 502 – Brescia 39 – Verona 42 – Mantova 32 – Milano 131.

XXX **La Capra,** via Pieve 2 ☎ 0376 82101, *trivin@tin.it*, *Fax 0376 82002*, Coperti limitati; prenotare – P. VISA JCB.
chiuso dal 1° al 15 gennaio, dal 1° al 14 agosto e martedì – **Pasto** carta 29/41.
◆ Originale ambientazione in un'antica fornace per la calce, ristrutturata con eleganza e buon gusto, nel verde della campagna; cucina del territorio di approccio creativo.

CAVRIGLIA *52022 Arezzo* 563 L 16 – *7 646 ab. alt. 312.*

Roma 238 – Firenze 58 – Siena 41 – Arezzo 49.

XX **Il Cenacolo,** via del Riposo 6 ✆ 055 9166123, – AE VISA.
chiuso dal 16 al 31 gennaio e lunedì – **Pasto** carta 27/44.
◆ Ricavato nelle cantine dell'attiguo oratorio della pieve, è un locale ora di tono moderno nell'arredamento, dove gusterete piatti del territorio, con funghi e tartufi.

a Meleto *Nord-Ovest : 9 km – ✉ 52020 :*

Agriturismo Villa Barberino, viale Barberino 19 ✆ 055 961813, *barberin@val.it, Fax 055 961071,* – P – 100. VISA.
Pasto *(chiuso novembre, lunedì, martedì e a mezzogiorno)* carta 35/48 – 6 – **5 cam** 110/140, 11 suites 86/152 – ½ P 75.
◆ Raccontano una storia secolare le pietre del pittoresco borgo in cui sono site un'antica fattoria e la villa padronale con giardino all'italiana e interni d'atmosfera. Cucina toscana sotto le volte di mattoni dell'ex tinaia, trasformata in sala da pranzo.

CAZZAGO SAN MARTINO *25046 Brescia* 561 F 12 – *9 707 ab. alt. 200.*

Roma 560 – Brescia 17 – Bergamo 40 – Milano 81.

XX **Il Priore,** via Sala 70, località Calino Ovest : 1 km ✆ 030 7254665, *Fax 030 7254665,* – P. VISA JCB.
chiuso dal 7 al 30 gennaio e martedì – **Pasto** 22/45 e carta 30/57.
◆ Due sale ampie e luminose con una piccola collezione di opere d'arte del '900 e servizio estivo in terrazza panoramica per un'interessante cucina di ampio respiro.

sulla strada statale 11 Padana Superiore *Sud : 2,5 km*

Papillon, via Padana Superiore 100 ✉ 25046 ✆ 030 7750843, *papillon.albergo@tin.it, Fax 030 7750843,* – P – 40. AE VISA JCB.
chiuso agosto – **Pasto** *(chiuso domenica)* carta 22/38 – 8 – **44 cam** 50/80 – ½ P 70.
◆ Facilmente raggiungibile dall'autostrada Milano-Venezia, hotel di taglio moderno, a gestione familiare, frequentato da clientela di lavoro; camere spaziose e funzionali. Il ristorante dispone di varie, luminose sale d'impostazione classica.

XX **Il Gelso di San Martino,** via del Perosino 38 ✉ 25046 ✆ 030 7759944, *ilgelsodisanmartino@libero.it, Fax 030 7255461,* , Coperti limitati; prenotare – P. AE VISA JCB
chiuso dal 20 gennaio al 9 febbraio, agosto, domenica sera e lunedì – **Pasto** carta 39/63.
◆ Piacevole ristorantino dall'insolita ubicazione, cucina fantasiosa ispirata dalla creatività di un giovane chef. Due sale graziose precedute da una saletta ricevimento.
Spec. Risotto con foie gras scaloppato e culatello croccante. Zuppetta di capesante e vongole, maltagliati e asparagi croccanti. Noci di capriolo arrosto in salsa speziata.

CECCHINI DI PASIANO *Pordenone* 562 E 19 – *Vedere Pasiano di Pordenone.*

CECINA *57023 Livorno* 563 M 13 *G. Toscana – 26 464 ab. alt. 15.*

Roma 285 – Pisa 55 – Firenze 122 – Grosseto 98 – Livorno 36 – Piombino 46 – Siena 98.

Il Palazzaccio senza rist, via Aurelia Sud 300 ✆ 0586 682510, *Fax 0586 686221* – P. AE VISA JCB.
10 – **33 cam** 80/120.
◆ In comoda posizione stradale, ma un po' rientrato rispetto al traffico, con parcheggio, un hotel che dispone di camere spaziose, recentemente rinnovate negli arredi.

Posta senza rist, piazza Gramsci 12 ✆ 0586 686338, *info@postahotel.it, Fax 0586 680724* – AE VISA.
7 – **14 cam** 65/99.
◆ Piccolo albergo d'atmosfera ospitato in un edificio d'epoca di una delle piazze principali di Cecina; parquet e mobili di legno scuro nelle camere accoglienti e curate.

XX **Scacciapensieri,** via Verdi 22 ✆ 0586 680900, *Fax 0586 680900,* prenotare – AE VISA.
chiuso dal 5 al 28 ottobre e lunedì – **Pasto** specialità di mare carta 47/62.
◆ In un locale moderno, il marito simpatico «anfitrione» in sala, l'abile moglie ai fornelli: un'accoppiata vincente per una cucina di pesce di costante e assoluta qualità.
Spec. Spaghetti all'astice. Caciucco alla livornese. Formaggi del Merse.

XX **Trattoria Senese,** via Diaz 23 ✆ 0586 680335, *Fax 0586 680335* – AE VISA.
chiuso martedì e mercoledì a mezzogiorno – **Pasto** specialità di mare carta 35/47.
◆ Uno dei locali ormai storici di Cecina, semplice, ma ampio e luminoso grazie alle «pareti» di vetro, dove gusterete tradizionali, saporite ricette di cucina ittica.

Una prenotazione confermata per iscritto o per fax è sempre più sicura.

CECINA (Marina di) *57023 Livorno* 563 M 13 – *a.s. 15 giugno-15 settembre.*

piazza Sant'Andrea 6 ☎ 0586 620678, apt7cecina@livorno.turismo.toscana.it, Fax 0586 620678.

Roma 288 – Pisa 57 – Cecina 3 – Firenze 125 – Livorno 39.

Tornese, viale Galliano 36 ☎ 0586 620790, *hoteltornese@multinet.it, Fax 0586 620645,* ← – |♦| ▤ TV P. AE Ś ① ⓂⒸ VISA. ✂ rist

Pasto *(chiuso novembre)* carta 48/73 – ☕ 6 – **40 cam** 120/145 – ½ P 77.

◆ A breve distanza dalla spiaggia, struttura signorile di indubbio confort, con accoglienti interni recentemente rinnovati negli arredi; chiedete le camere con vista mare. Vari spazi dedicati alla ristorazione, menù diversificati dalla pizza al pesce.

Settebello, viale della Vittoria 91 ☎ 0586 620039, *Fax 0586 621290,* ☂ – |♦|, ▤ cam, TV ♿ P. AE Ś ① ⓂⒸ VISA JCB. ✂

chiuso dicembre e gennaio – **Pasto** carta 31/43 – ☕ 10 – **40 cam** 86/120 – ½ P 88.

◆ Centrale, sul lungomare, gestione diretta e ambienti semplici, ristrutturati di recente, per una tranquilla vacanza marina; camere con arredi essenziali. Ristorante sulla spiaggia, in una veranda semichiusa, per godersi la brezza del mare.

Olimpia-da Gianni, viale della Vittoria 68 ☎ 0586 621193, *Fax 0586 621193,* ☂ – ▤. AE Ś ⓂⒸ VISA. ✂

chiuso gennaio, lunedì e da ottobre a maggio anche domenica sera – **Pasto** carta 44/60.

◆ Ubicato sulla spiaggia, un ristorante di tono elegante con attenta cura della tavola; proposta che varia con il pescato, ricercata negli ingredienti e nelle preparazioni.

Bagatelle, via Ginori 51 ☎ 0586 620089, *Fax 0586 661135,* ☂ – ▤. AE Ś ① ⓂⒸ VISA. ✂

chiuso lunedì – **Pasto** carta 40/58.

◆ Qui potrete scegliere tra due sale climatizzate, con tavoli spaziati e arredamento moderno, e un dehors; servizio attento e premuroso, ampia carta di terra e di mare.

El Faro, viale della Vittoria 70 ☎ 0586 620164, *Fax 0586 620274,* ←, ☂, 🏖 – AE Ś ① ⓂⒸ VISA. ✂

chiuso gennaio o novembre e mercoledì – **Pasto** specialità di mare carta 43/60.

◆ Per i patiti della spiaggia, che però non rinunciano al confort quando mangiano, è ideale questo locale con stabilimento e proposte gastronomiche interessanti.

CEFALÙ *Palermo* 565 M 24 – *Vedere Sicilia alla fine dell'elenco alfabetico.*

CEGLIE MESSAPICA *72013 Brindisi* 564 F 34 – *20 293 ab. alt. 303.*

Roma 564 – Brindisi 38 – Bari 92 – Taranto 38.

Al Fornello-da Ricci, contrada Montevicoli ☎ 0831 377104, *ricciristor@libero.it, Fax 0831 377104,* ☂, 🚜 – P. AE Ś ① ⓂⒸ VISA. ✂

chiuso dal 1° al 10 febbraio, dal 10 al 30 settembre, lunedì sera e martedì – **Pasto** carta 35/55.

◆ E' una pietra miliare della gastronomia pugliese questo bel locale dove da oltre 30 anni si tengono vive con passione le tradizioni locali; servizio estivo in giardino.

Spec. Tortino di fave secche alle verdure selvatiche su peperoni arrosto. Gnocchi di ricotta con crema di zucchine e tartufo nero della Bassa Murgia. Fegatini d'agnello al profumo di lauro con patate cotto sotto la cenere.

Cibus, via Chianche di Scarano 7 ☎ 0831 388980, *Fax 0831 388980,* ☂, Rist. enoteca – ▤. AE Ś ① ⓂⒸ VISA JCB

chiuso dal 2 al 17 luglio e martedì – **Pasto** carta 25/35.

◆ Negli ex magazzini di un convento, un cortiletto interno, con qualche tavolo, collega una curata enoteca alle sale ristorante, caratteristiche, con tavoloni in legno.

Da Gino, contrada Montevicoli ☎ 0831 377916, *ristorantedagino@libero.it, Fax 0831 388956* – P. AE Ś ① ⓂⒸ VISA. ✂

chiuso settembre e venerdì – **Pasto** carta 22/36.

◆ Curioso ambiente dove l'elemento dominante è il legno color miele, che ricopre pure i caminetti, e c'è anche un angolo che riproduce un trullo; cucina del territorio.

sulla strada statale 581 per San Vito dei Normanni *Est : 8 km*

La Fontanina, contrada Palagogna ✉ 72013 ☎ 0831 380932, *info@lafontanina.it, Fax 0831 380933,* 🏊 – ▤ TV P – 🎪 200. AE Ś ① ⓂⒸ VISA JCB. ✂

Pasto vedere rist ***La Fontanina*** – **41 cam** ☕ 70/100 – ½ P 80.

◆ In una zona isolata e verdeggiante, struttura di taglio moderno, funzionale e dai confort completi; spaziose camere con arredi classici; buon rapporto qualità/prezzo.

La Fontanina, contrada Palagogna ✉ 72013 ☎ 0831 380932, *info@lafontanina.it,* ☂, prenotare – ▤ P. AE Ś ① ⓂⒸ VISA JCB. ✂

chiuso domenica sera e lunedì a mezzogiorno da aprile a settembre, a mezzogiorno (escluso domenica e i giorni festivi) negli altri mesi – **Pasto** carta 26/50.

◆ Una raccolta sala signorile, con luci soffuse, poltroncine e tavoli molto curati, e un salone per banchetti; in cucina tradizione rivisitata, di mare e di terra.

CELANO *67043 L'Aquila* 563 P 22 – *11 529 ab. alt. 800.*
Roma 118 – Avezzano 16 – L'Aquila 44 – Pescara 94.

Le Gole, via Sardellino Sud : 1,5 km ✉ 67041 Aielli ☎ 0863 711009, *info@hotellegole.it, Fax 0863 711101,* – – 100.
Pasto vedere rist ***Le Gole da Guerrinuccio*** – **39 cam** 60/80 – ½ P 70.
◆ Un albergo recente, costruito con materiali «antichi» - legno, pietra e mattoni - ovunque a vista; belle camere in stile intorno alla corte interna; giardino ombreggiato.

Lory senza rist, via Ranelletti 279 ☎ 0863 793656, *info@loryhotel.it, Fax 0863 793055* – – 50.
34 cam 51,50/70.
◆ Fuori del centro, hotel nato da 4 anni, dotato di installazioni all'avanguardia; accoglienti, luminose zone comuni con comode poltrone; parquet nelle confortevoli camere. Raffinata sala ristorante.

Le Gole da Guerrinuccio, via Sardellino Sud : 1,5 km ✉ 67041 Aielli ☎ 0863 791471, *info@hotellegole.it, Fax 0863 711101,* – .
chiuso lunedì – **Pasto** carta 15/30.
◆ Piacevole l'esterno, ma ancor più accogliente l'interno: soprattutto la sala con camino e arnesi di vecchia gastronomia e agricoltura; tradizione abruzzese in cucina.

Taverna Rosati, via Ranalletti 273 ☎ 0863 793675, *info@tavernarosati.it, Fax 0863 793675* –
chiuso lunedì – **Pasto** carta 19/37.
◆ Ristorante classico con un design dalle linee pulite e cucine a vista. Il menù presenta una scelta ampia che si snoda dalla tradizione locale a quella internazionale.

Le nostre guide alberghi e ristoranti, le nostre guide turistiche e le nostre carte stradali sono complementari. Utilizzatele insieme.

CELLARENGO *14010 Asti* 561 H 5 – *613 ab. alt. 321.*
Roma 621 – Torino 41 – Asti 28 – Cuneo 77 – Milano 152.

Agriturismo Cascina Papa Mora, via Ferrere 16 (Sud : 1 km) ☎ 0141 935126, *papamora@tin.it, Fax 0141 935444,* ←, , – .
chiuso gennaio e febbraio – **Pasto** (solo su prenotazione) 18/25 – **5 cam** 40/68 – ½ P 52.
◆ Cascina ristrutturata, in aperta campagna, circondata da coltivazioni biologiche, offre un'ospitalità familiare e tranquilla; stanze semplici, ma curate e personalizzate.

CELLEDIZZO *Trento – Vedere Peio.*

CELLE LIGURE *17015 Savona* 561 I 7 – *5 401 ab..*
via Boagno (palazzo Comunale) ☎ 019 990021, celleligure@inforiviera.it, Fax 019 9999798.
Roma 538 – Genova 40 – Alessandria 86 – Milano 162 – Savona 7,5.

San Michele, via Monte Tabor 26 ☎ 019 990017, *info@hotel-sanmichele.it, Fax 019 993111,* – . rist
maggio-15 ottobre – **Pasto** carta 37/47 – 10 – **44 cam** 70/90 – ½ P 80.
◆ Confortevole struttura con giardino, piscina, parcheggio interno e sottopassaggio per la spiaggia; arredi di legno chiaro nelle funzionali camere, rinnovate di recente. Ha tre pareti di ampie vetrate affacciate sul giardino la sala del ristorante.

La Giara, via Dante Alighieri 3 ☎ 019 993773, *info@lagiarahotel.it, Fax 019 993973* – , rist, .
Pasto 25/55 – 6 – **13 cam** 80/100 – ½ P 78.
◆ Simpatica atmosfera quasi da casa privata in un albergo curato nei particolari; spazi comuni ben arredati e camere graziose, con mobili colorati e copriletto a fiori.

Ancora, via De Amicis 3 ☎ 019 990052, *Fax 019 993249* – . rist
Pasqua-20 settembre – **Pasto** *(giugno-20 settembre)* carta 30/38 – 8 – **16 cam** 70/80 – ½ P 65.
◆ Familiari la gestione e l'ambiente di questo alberghetto anni '50, non lontano dal mare, ma con parcheggio; semplici, ma confortevoli le zone comuni e le camere. Il ristorante, in funzione solo d'estate, dispone di un'ampia sala.

Charly Max, piazza dell'Assunta 23 ☎ 019 992934, *info@charlymax.net,* , Coperti limitati; prenotare –
chiuso mercoledì (escluso luglio-agosto) ed a mezzogiorno (escluso domenica) – **Pasto** carta 34/62.
◆ In 3 anni di attività questo ristorante, defilato rispetto al lungomare, è molto noto e frequentato; ambiente rustico-moderno e cucina tradizionale rielaborata.

Mosè, via Colla 30 ✆ 019 991560, *ristorantemose@tiscali.it, Fax 019 991560,* prenotare – ⋙ ▤. AE ⓢ ⓓ ⓜⓒ VISA
chiuso dal 15 ottobre al 15 dicembre e mercoledì – **Pasto** carta 27/45.
◆ Consolidata esperienza più che ventennale per la famiglia che gestisce questo simpatico locale rustico; dalla cucina escono fragranti piatti classici di terra e di mare.

L'Acqua Dolce, via Pescetto 5/A ✆ 019 994222, Coperti limitati; prenotare – ▤. AE ⓢ ⓓ ⓜⓒ VISA
chiuso a mezzogiorno da giugno a settembre, lunedì negli altri mesi – **Pasto** carta 45/61.
◆ Sulla passeggiata lungomare, conduzione giovane e ambiente di tono rustico-signorile in un localino dove gustare ottima e freschissima fauna di... acqua salata.

CELLE SUL RIGO *Siena - Vedere San Casciano dei Bagni.*

CELLORE *Verona – Vedere Illasi.*

CEMBRA *38034 Trento* 562 D 15 – *1 745 ab. alt. 677 – a.s.Pasqua e Natale.*
piazza Toniolli 2 ✆ 0461 683110, infocembra@aptpinecembra.it, Fax 0461 683257.
Roma 611 – Trento 22 – Belluno 130 – Bolzano 63 – Milano 267.

Europa, via San Carlo 19 ✆ 0461 683032, *info@hoteleuropacembra.it, Fax 0461 683032,* ≤, Fö, ≘s, ⛱ – |‡|, ⋙ rist, TV ♿ P. ⓢ ⓜⓒ VISA JCB. ✻
Pasto *(chiuso domenica)* carta 15/20 – **30 cam** ☕ 40/62 – ½ P 41.
◆ In posizione soleggiata e panoramica, un albergo recente per una vacanza tranquilla in un'atmosfera familiare; parquet e arredi essenziali nelle funzionali camere. Legno chiaro e ampie vetrate nella sala ristorante di taglio moderno.

CENERENTE *Perugia – Vedere Perugia.*

CENOVA *Imperia* 561 J 5 – *alt. 558 – ✉ 18020 Rezzo.*
Roma 613 – Imperia 27 – Genova 114.

Negro ⊗, via Canada 10 ✆ 0183 34089, *Fax 0183 324800,* ≤ monti, ⛱ – TV ☎ P. AE ⓢ ⓜⓒ VISA. ✻
chiuso sino a Pasqua – **Pasto** al Rist. ***I Cavallini*** *(chiuso mercoledì escluso dal 15 giugno al 15 settembre;* prenotare*)* carta 29/40 – ☕ 9 – **12 cam** 47/52 – ½ P 50.
◆ Nella parte alta della località, un rustico di paese ristrutturato ospita una risorsa molto tranquilla e panoramica, con interni raccolti e camere linde e accoglienti. Una gradevole sala con camino nel ristorante, di tono e ambiente familiare.

CENTO *44042 Ferrara* 562 H 15 – *29 507 ab. alt. 15.*
(marzo-novembre; chiuso lunedì) località Parco del Reno ✉ 44042 Cento ✆ 051 6830504, Fax 051 6830504.
Roma 410 – Bologna 34 – Ferrara 35 – Milano 207 – Modena 37 – Padova 103.

Europa, via 4 Novembre 16 ✆ 051 903319, *Fax 051 902213* – |‡| ▤ TV. ⓢ ⓜⓒ VISA. ✻
Pasto *(chiuso venerdì)* carta 22/33 – ☕ 9 – **44 cam** 64/100 – ½ P 67.
◆ Accoglienza simpatica in un confortevole albergo periferico; recentemente rimodernate le piacevoli camere, con arredi rosa; biciclette a disposizione degli ospiti. Al ristorante impostazione gastronomica tipicamente emiliana.

Antica Osteria da Cencio, via Provenzali 12/d ✆ 051 6831880, ⛱ – ▤. AE ⓢ ⓓ ⓜⓒ VISA. ✻
chiuso Capodanno, dieci giorni in marzo, agosto, lunedì e i mezzogiorno di sabato e domenica – **Pasto** carta 25/34.
◆ Un'attività iniziata a metà Ottocento da sempre all'insegna della sobrietà e della genuinità. Oggi un ristorantino con atmosfera d'altri tempi e una cucina della tradizione.

CEPRANO *03024 Frosinone* 563 R 22 – *8 643 ab. alt. 120.*
Roma 99 – Frosinone 23 – Avezzano 84 – Isernia 78 – Latina 71 – Napoli 122.

Ida, via Caragno 27 (in prossimità casello autostrada A 1) ✆ 0775 950040, *info@hotelida.it, Fax 0775 919422,* ⛱, ⛱ – |‡| ▤ TV ♿ ⇔ P – 🔬 80. AE ⓢ ⓓ ⓜⓒ VISA. ✻
Pasto carta 22/32 – **47 cam** ☕ 65/80, suite – ½ P 80.
◆ Di recente ristrutturato, un albergo ideale per una tappa di viaggio o come base per visite nei dintorni; nuove camere di confort superiore in un adiacente villino. Il ristorante offre accoglienti sale signorili e servizio estivo nel giardino.

CERASA *Pesaro-Urbino* 563 K 21 – *Vedere San Costanzo.*

CERASO *84052 Salerno* 564 G 27 – *2 583 ab. alt. 330.*
Roma 349 – Potenza 151 – Napoli 145 – Salerno 90 – Sapri 50.

a Petrosa *Sud-Ovest : 7,5 km – ✉ 84052 Ceraso :*

Agriturismo La Petrosa, via Fabbrica 25 ☎ 0974 61370, *staff@lapetrosa.it, Fax 0974 79906,* rist
marzo-settembre – **Pasto** 20/25 – **10 cam** 60/100 – ½ P 65.
◆ Camere nella casa padronale, con più charme, o nella cascina ristrutturata, a circa 1 km, dove si trovano gli altri servizi: per una vacanza rurale nel Parco del Cilento. Simpatico ambiente informale nella sala da pranzo.

CERBAIA *Firenze* 563 K 15 – *Vedere San Casciano in Val di Pesa.*

CERCENASCO *10060 Torino* 561 H 4 – *1 786 ab. alt. 256.*
Roma 689 – Torino 34 – Cuneo 60 – Milano 183 – Sestriere 70.

Centro, via Vittorio Emanuele 8 ☎ 011 9809247, *Fax 011 9809247,* – VISA
chiuso dal 1° al 10 agosto, martedì sera e mercoledì – **Pasto** carta 20/33.
◆ Locale adatto a tutte le esigenze: classica sala ristorante, spazi per banchetti, dehors estivo; menù fisso a pranzo nei giorni feriali o carta di cucina piemontese.

CERES *10070 Torino* 561 G 4, 219 ⑫ – *1 008 ab. alt. 704.*
Roma 699 – Torino 38 – Aosta 141 – Ivrea 78 – Vercelli 104.

Valli di Lanzo con cam, via Roma 15 ☎ 0123 53397, *rist.valli-di-lanzo@libero.it, Fax 0123 53753,*
chiuso dal 1° al 15 settembre – **Pasto** *(chiuso mercoledì escluso luglio ed agosto)* carta 29/40 – **8 cam** 42/68 – ½ P 52.
◆ Caldo ambiente con tanto legno e oggetti di rame alle pareti in un locale, con graziose camere, gestito dal 1905 dalla stessa famiglia; piatti piemontesi e della valle.

Inviateci il vostro parere sui ristoranti che vi consigliamo, sulle loro specialità e i loro vini regionali.

CERESE DI VIRGILIO *Mantova* 561 G 14 – *Vedere Mantova.*

CERIGNOLA *71042 Foggia* 564 D 29 – *56 520 ab. alt. 124.*
Roma 366 – Foggia 31 – Bari 90 – Napoli 178.

Il Bagatto, via Giovanni Gentile 7 ☎ 0885 427850, *Fax 0885 427850* – VISA.
chiuso dal 27 luglio al 10 agosto, domenica sera e lunedì – **Pasto** specialità di mare carta 27/53.
◆ Ubicazione periferica per un ristorante accogliente, con piano-bar serale al sabato; materie prime di qualità per una cucina legata alle tradizioni del territorio.

CERMENATE *22072 Como* 561 E 9, 219 ⑱ – *8 696 ab. alt. 332.*
Roma 612 – Como 15 – Milano 32 – Varese 28.

Gardenia senza rist, via Europa Unita ☎ 031 722571, *canterino@hotelgardenia-cermenate.it, Fax 031 722570* – – 100. VISA
10,33 – **34 cam** 122.
◆ Un basso edificio di mattoni, costruito nel 1991, ospita un albergo concepito in modo moderno e funzionale, con camere di buon confort, spaziose e ben accessoriate.

Castello, via Castello 28 ☎ 031 771563, *Fax 031 771563,* prenotare – VISA
chiuso dal 24 dicembre al 6 gennaio, agosto, martedì sera e lunedì – **Pasto** carta 28/38.
◆ Tocchi di eleganza in una trattoria con la stessa gestione da 30 anni; cucina locale e anche di più ampio respiro, con qualche ricercatezza francese; ottima cantina.

CERNOBBIO *22012 Como* 561 E 9 *G. Italia* – *7 014 ab. alt. 202.*
18 Villa d'Este (chiuso martedì, gennaio e febbraio) a Montorfano ✉ 22030 ☎ 031 200200, Fax 031 200786, Sud-Est : 11 km.
via Regina 33/b ☎ 031 510198.
Roma 630 – Como 5 – Lugano 33 – Milano 53 – Sondrio 98 – Varese 30.

Villa d'Este, via Regina 40 ☎ 031 3481, *sales@villadeste.it, Fax 031 348844*, ≤ lago e monti, – , cam, – 250. rist
marzo-novembre – **Pasto** al Rist. ***La Veranda*** carta 75/102 e al Rist. ***Grill*** *(chiuso lunedì e a mezzogiorno)* carta 68/97 – **160 cam** 460/675, 15 suites.
◆ Nell'incantata cornice del grande parco digradante sul lago, superba villa cinquecentesca, dal 1873 ai vertici dell'eleganza e del confort in Italia: per vivere una fiaba. Ambiente di regale raffinatezza anche al ristorante «La Veranda».

Asnigo, via Noseda 2, Nord-Est : 2 km ☎ 031 510062, *asnigo@galactica.it, Fax 031 510249*, ≤ lago e monti, – , rist, – 60. rist
Pasto 28/45 – **27 cam** 112/170 – 1/2 P 158.
◆ Hotel inizio '900, rinnovato negli anni, sito nella parte alta della località, con terrazza panoramica da cui contemplare il lago e i monti; interni moderni e funzionali. Sala da pranzo con vetrate scorrevoli per l'estate.

Miralago, piazza Risorgimento 1 ☎ 031 510125, *info@hotelmiralago.it, Fax 031 342088*, ≤ –
marzo-15 novembre – **Pasto** carta 31/43 – **42 cam** 80/122 – 1/2 P 83.
◆ Una signorile casa liberty affacciata sul lago e sulla passeggiata pedonale ospita un albergo accogliente; moderne camere di dimensioni limitate, ma ben accessoriate. Bella veduta del paesaggio lacustre dalla sala ristorante.

Centrale, via Regina 39 ☎ 031 511411, *info@albergo-centrale.com, Fax 031 341900*, – . cam
Pasto *(chiuso martedì)* carta 31/49 – **19 cam** 75/120.
◆ Un edificio inizio '900, ristrutturato in anni recenti, per una piccola, curata risorsa a gestione familiare; arredi classici nelle camere non ampie, ma confortevoli. Ameno servizio ristorante estivo in giardino.

Al Musichiere, via 5 Giornate 32 ☎ 031 342295, *Fax 031 342295*, Coperti limitati; prenotare – .
chiuso dal 30 dicembre al 9 gennaio, dal 14 al 26 agosto, sabato a mezzogiorno e domenica – **Pasto** carta 30/44.
◆ Centrale e piccolo ristorante a conduzione diretta, rinnovato di recente; sobria eleganza moderna con proposte classiche di carne e di pesce, di mare e di lago.

Trattoria del Vapore, via Garibaldi 17 ☎ 031 510308, *trattoriadelvapore@libero.it, Fax 031 510308*, prenotare la sera – .
chiuso dal 25 dicembre al 25 gennaio e martedì – **Pasto** carta 33/46 (10 %).
◆ Un grande camino troneggia nella graziosa e accogliente sala di un ristorantino raccolto, in centro, a pochi passi dal lago; cucina legata alle tradizioni lacustri.

a Rovenna *Nord-Est : 2,5 km* – ✉ *22012 Cernobbio :*

Gatto Nero, via Monte Santo 69 ☎ 031 512042, *Fax 031 512860*, , Rist. tipico, prenotare la sera. .
chiuso martedì a mezzogiorno e lunedì – **Pasto** specialità regionali carta 30/45.
◆ Caldo ambiente caratteristico in un ristorante in posizione dominante; servizio estivo su una terrazza con vista del lago e dei monti; proposte tipiche del territorio.

CERNUSCO LOMBARDONE *23870 Lecco* 561 E 10, 219 ⑳ – *3 616 ab. alt. 267.*

Roma 593 – Como 35 – Bergamo 28 – Lecco 19 – Milano 37.

Osteria Santa Caterina, via Lecco 34 ☎ 039 9902396, *Fax 039 9902396*, , prenotare la sera – .
chiuso dal 6 al 20 gennaio, dal 16 al 30 agosto e lunedì – **Pasto** carta 29/41.
◆ Gestione giovane, arredi moderni e buon confort in un bel ristorante nel centro del paese; cucina fantasiosa, di terra e di mare, e interessante proposta di vini.

CERNUSCO SUL NAVIGLIO *20063 Milano* 561 F 10, 219 ⑲ – *27 862 ab. alt. 133.*

Molinetto (chiuso lunedì) ☎ 02 92105128, Fax 02 92106635.
Roma 583 – Milano 14 – Bergamo 38.

Vecchia Filanda, via Pietro da Cernusco 2/A ☎ 02 9249200, Coperti limitati; prenotare – .
chiuso dal 24 dicembre al 7 gennaio, Pasqua, 25 aprile, 1°maggio, agosto, sabato a mezzogiorno e domenica – **Pasto** carta 34/60.
◆ Un «salotto» elegante, con soffitto e pavimento di legno, questo locale raccolto, che ruota tutto intorno al camino della vecchia filanda; cucina stagionale rivisitata.

Le principali vie commerciali figurano in rosso sugli stradari delle piante di città.

CERRO AL LAMBRO *20077 Milano* 561 G 9 – *4 314 ab. alt. 84.*

Roma 558 – Milano 23 – Piacenza 56 – Lodi 14 – Pavia 32.

XX **Hostaria le Cascinette,** località Cascinette ✆ 02 9832159, *lecascinette@acena.it, Fax 02 98231096* – ▤ P. AE ⓢ MC VISA. ✂
chiuso dal 10 al 25 gennaio, dal 16 al 31 agosto, lunedì sera e martedì – **Pasto** carta 33/48.
◆ Ambiente signorile in un moderno locale luminoso e curato, in una cascina di campagna; piatti semplici di impianto tradizionale, rielaborati con un tocco di creatività.

CERRO MAGGIORE *20023 Milano* 561 F 8, 219 ⑱ – *14 151 ab. alt. 206.*

Roma 603 – Milano 26 – Como 31 – Varese 32.

a Cantalupo *Sud-Ovest : 3 km* – ✉ *20020 :*

XXX **Corte Lombarda,** piazza Matteotti 9 ✆ 0331 535604, *cortelombarda@libero.it, Fax 0331 533575,* 🏠, prenotare – ▤ P. AE ⓢ ⓓ MC VISA JCB. ✂
chiuso dal 26 dicembre al 10 gennaio, dal 3 al 28 agosto, domenica sera e lunedì – **Pasto** carta 38/50.
◆ Eleganti sale interne, anche con camino, in una vecchia cascina che offre servizio estivo all'aperto; tocco fantasioso nella cucina, di pesce e di tradizione lombarda.

CERTALDO *50052 Firenze* 563 L 15 *G. Toscana* – *15 833 ab. alt. 67.*

Roma 270 – Firenze 57 – Siena 42 – Livorno 75.

XX ✿ **Osteria del Vicario** ⛰ con cam via Rivellino 3, a Certaldo Alto ✆ 0571 668228, *info@osteriadelvicario.it, Fax 0571 668228,* ≤, 🏠 – TV. AE ⓢ ⓓ MC VISA. ✂
chiuso mercoledì, anche lunedì e martedì in gennaio-febbraio – **Pasto** carta 46/63 🍷 – **8 cam** ☕ 60/90 – ½ P 75.
◆ Nel cuore di questa suggestiva località, all'interno di un ex monastero del XIII sec., un raffinato ristorante che si discosta dalla tradizione per assecondare la creatività.
Spec. Carpaccio di spigola con gamberi e mozzarella di bufala all'olio vanigliato. Tonno con aragostella e salsa alle mandorle. Bistecca alla fiorentina.

CERTOSA (KARTHAUS) *Bolzano – Vedere Senales.*

CERTOSA DI PAVIA *27012 Pavia* 561 G 9 *G. Italia* – *3 381 ab. alt. 91.*

Vedere *Certosa*★★★ *Est : 1,5 km.*

Roma 572 – Alessandria 74 – Bergamo 84 – Milano 31 – Pavia 9 – Piacenza 62.

XXX ✿ **Locanda Vecchia Pavia "Al Mulino",** via al Monumento 5 ✆ 0382 925894, *vecchiapaviaalmulino@libero.it, Fax 0382 933300,* 🏠, Coperti limitati; prenotare – ▤ P. AE ⓢ ⓓ MC VISA. ✂
chiuso dal 1º al 22 gennaio, dall'8 al 23 agosto, mercoledì a mezzogiorno e lunedì – **Pasto** carta 51/75 🍷.
◆ In un vecchio mulino ristrutturato, un ristorante celebre da tempo, che anche nella nuova sede continua a proporre piatti della tradizione rivisitati con vena creativa.
Spec. Scampi e zucchine saltati in padella al rosmarino. Gnocchetti di melanzane ai pomodorini di Pachino, mozzarella di bufala e basilico. Petto di piccione al fegato d'oca su salsa di Vin Santo.

CERVERE *12040 Cuneo* 561 I 5 – *1 837 ab. alt. 304.*

Roma 656 – Cuneo 43 – Torino 58 – Asti 52.

XXX ✿ **Antica Corona Reale-da Renzo,** via Fossano 13 ✆ 0172 474132, *Fax 0172 474132,* prenotare – ⓢ ⓓ MC VISA JCB. ✂
chiuso dal 26 dicembre al 6 gennaio, dal 1º al 25 agosto, martedì sera e mercoledì – **Pasto** carta 35/52 🍷.
◆ Un edificio d'epoca ospita questo curato ristorante, da decenni della stessa famiglia e rinnovato in anni recenti; cucina di ricerca nell'ambito delle tradizioni locali.
Spec. Lumache opercolate ai porri di Cervere (autunno). Piccione di cascina arrosto all'aglio rosa con scaloppa di foie gras in ristretto di Marsala. Selezione di formaggi a latte crudo.

Scriveteci...
Le vostre critiche e i vostri apprezzamenti saranno esaminati con la massima attenzione.
Verificheremo personalmente gli esercizi che ci vorrete segnalare
Grazie per la collaborazione !

CERVESINA *27050 Pavia* 561 G 9 – *1 208 ab. alt. 72.*
Roma 580 – Alessandria 46 – Genova 102 – Milano 72 – Pavia 25.

Castello di San Gaudenzio, via Mulino 1, località San Gaudenzio Sud : 3 km ✆ 0383 3331, *info@castellosangaudenzio.com, Fax 0383 333409,* – rist, – 400. *VISA.*
Pasto *(chiuso martedì)* (prenotare) carta 31/42 – **45 cam** 101/156, 2 suites – ½ P 109.
◆ Un'oasi di pace questo castello del XIV secolo in un parco, con interni in stile e dépendance intorno ad un giardino all'italiana con fontana; attrezzature congressuali. Bianche colonne e soffitto di legno con grosse travi a vista nell'elegante sala da pranzo.

CERVETERI *00052 Roma* 563 Q 18 *G. Italia – 26 568 ab. alt. 81.*
Vedere *Necropoli della Banditaccia** Nord : 2 km.*
Dintorni *Circuito intorno al lago di Bracciano**.*
Roma 42 – Civitacecchia 34.

Antica Locanda Le Ginestre, piazza Santa Maria 5 ✆ 06 9940672, *leginestre@caerene t.it, Fax 06 9940665,* – *VISA.*
chiuso lunedì – **Pasto** carta 28/50.
◆ In una suggestiva piazzetta in zona pedonale, locale di tono rustico-signorile, con servizio estivo all'aperto; piatti nazionali e laziali, di terra e di mare.

a Gricciano *Nord-Ovest : 4 km – ✉ 00052 Cerveteri :*

Agriturismo Casale di Gricciano, ✆ 06 9941358, *casaledigricciano@casaledigricc iano.com, Fax 06 9951013* – *VISA JCB.*
Pasto *(chiuso gennaio, lunedì, martedì e mercoledì)* 20 – **9 cam** 45/65.
◆ In un tranquillo angolo di collina, un'azienda agrituristica per abbinare una visita alla Necropoli etrusca ad un soggiorno di relax; comode camere arredate con gusto. Rustico ambiente «spartano» nella sala da pranzo, con tavoloni e panche di legno.

Per i vostri viaggi d'affari o di turismo,
La Guida MICHELIN : EUROPA.

CERVIA *48015 Ravenna* 562 J 19 – *25 600 ab. – Stazione termale (aprile-ottobre), a.s. Pasqua, luglio-agosto e ottobre-dicembre.*
18 e 9 *(chiuso lunedì escluso da marzo ad ottobre)* ✆ *0544 992786, Fax 0544 993410.*
(maggio-settembre) viale dei Mille 65 ✆ *0544 974400, Fax 0544 977194.*
Roma 382 – Ravenna 22 – Rimini 31 – Bologna 96 – Ferrara 98 – Forlì 28 – Milano 307 – Pesaro 76.

Grand Hotel Cervia, lungomare Grazia Deledda 9 ✆ 0544 970500, *info@grandhotelcer via.it, Fax 0544 972086,* – – 100. *VISA JCB.* rist
Pasto carta 45/60 – **56 cam** 190/300, 3 suites – ½ P 150.
◆ E' inconfondibile sul lungomare questa villa Liberty rosa confetto, costruita nel 1931 e ristrutturata negli ultimi anni, con la bella terrazza protesa verso la spiaggia. Ristorante dalla notevole capienza grazie alla sala interna e alla luminosa veranda.

Universal, lungomare Grazia Deledda 118 ✆ 0544 71418, *universal@selecthotels.it, Fax 0544 971746,* riscaldata – *VISA.* rist
marzo-ottobre – **Pasto** (solo per alloggiati) 32/47 – 8 – **94 cam** 80/140 – ½ P 90.
◆ Conduzione diretta seria e professionale per questo albergo sulla spiaggia, con piscina e spazi comuni adeguati e confortevoli; balcone e vista mare nelle camere. Piatti nazionali e locali serviti in un'accogliente sala ristorante.

K 2 Cervia, viale dei Mille 98 ✆ 0544 971025, *info@hk2cervia.com, Fax 0544 971028,* – – 70. *VISA.* rist
marzo-ottobre – **Pasto** 25/40 – **74 cam** 70/100 – ½ P 75.
◆ Troverete piacevoli angoli relax nel giardino che circonda un albergo, rinnovato negli ultimi anni, in comoda posizione centrale; colorati arredi moderni nelle stanze. Ampia e luminosa sala ristorante.

Gambrinus, lungomare Grazia Deledda 102 ✆ 0544 971773, *info@hotelstrandgambrinus .it, Fax 0544 973984,* – – 50. *VISA JCB.*
marzo-settembre – **Pasto** 24/35 – 8 – **41 cam** 67/85 – ½ P 80.
◆ Una risorsa che, dopo la recente ristrutturazione, è in grado di offrire un livello superiore di confort, sia negli spaziosi, curati interni comuni, sia nelle camere. Ambientazione classica di tono raffinato nella signorile sala da pranzo.

Ascot, viale Titano 14 ✆ 0544 72318, *info@hotelascot.it, Fax 0544 72345,* – rist, *VISA.*
15 maggio-15 settembre – **Pasto** (solo per alloggiati) – 5 – **36 cam** 50/70 – ½ P 55.
◆ Piccola struttura a conduzione familiare, arretrata rispetto al mare, ma dotata di una bella piscina soleggiata e di un'ampia zona all'aperto con pini.

Al Teatro, circonvallazione Sacchetti 32 ✆ 0544 71639, *alteatro.cervia@libero.it, Fax 0544 71639*, prenotare – . AE VISA JCB.
chiuso dal 30 dicembre al 17 gennaio, dal 1º al 15 settembre e lunedì – **Pasto** specialità di mare carta 40/60.
◆ Uno spoletino ai fornelli in un piacevole locale dove gustare una cucina di pesce fragrante ed elaborata con giusta fantasia; prodotti di qualità e prezzi ragionevoli.

Nautilus-da Franco, via Nazario Sauro 116 ✆ 0544 976486, – . AE VISA
chiuso dieci giorni in ottobre e lunedì – **Pasto** carta 35/65.
◆ Posizionato nel porto, arretrato dal mare, un caratteristico ristorante rustico, con zona pescheria annessa; servizio attento, ma informale e specialità ittiche.

a Pinarella *Sud : 2 km – ✉ 48015 Pinarella di Cervia.*
(maggio-settembre) via Tritone 3/a ✆ 0544 988869, Fax 0544 980728

Garden, viale Italia 250 ✆ 0544 987144, *severihotels@cervia.com, Fax 0544 987006*, riscaldata, , – . VISA.
marzo-ottobre – **Pasto** 27,50/32,50 – 8,50 – **65 cam** 58/94 – ½ P 81.
◆ Ospitalità cordiale in un gradevole albergo, ubicato sul viale che costeggia la bella pineta, attraverso la quale si giunge alla spiaggia; giardino e piscina riscaldata. Sala da pranzo di taglio moderno, con «fresche» rifiniture verde acqua marina.

Club Everest, viale Italia 230 ✆ 0544 987214, *hoteleverest@cervia.com, Fax 0544 987574*, , copribile, – . AE VISA.
Pasqua-settembre – **Pasto** 20/25 – 8 – **47 cam** 47,50/80,50 – ½ P 65,25.
◆ Spiaggia, pineta, strada, hotel, la classica sequenza della riviera, a cui vanno aggiunte le fresche sale soggiorno, la piscina con copertura mobile e le camere rinnovate.

Buratti, viale Italia 194 ✆ 0544 987549, *hburatti@libero.it, Fax 0544 987846*, , – . VISA.
10 aprile-15 settembre – **Pasto** (solo per alloggiati) 18 – **40 cam** 40/70 – ½ P 61.
◆ Albergo tradizionale, gestito dalla stessa famiglia da oltre 25 anni, ubicato proprio di fronte alla pineta; offre camere semplici, ma funzionali, con arredi moderni. Ampie vetrate nella sala da pranzo, di stile rustico-signorlle.

a Milano Marittima *Nord : 2 km – ✉ 48016 Cervia - Milano Marittima.*
viale Matteotti 39/41 ✆ 0544 993435, Fax 0544 993226

Mare e Pineta, viale Dante 40 ✆ 0544 992262, *marepineta@selecthotels.it, Fax 0544 992739*, , riscaldata, , – – 280. VISA. rist
aprile-settembre – **Pasto** (solo per alloggiati) carta 45/53 – 15 – **163 cam** 120/210, 5 suites – ½ P 200.
◆ Per i più esigenti, una vacanza di relax e sport negli ampi spazi interni ed esterni di un prestigioso complesso cinto da un immenso parco pineta, con 10 campi da tennis. Sala ristorante dall'ambiente ricercato.

Aurelia, viale 2 Giugno 34 ✆ 0544 975451, *aurelia@selecthotels.it, Fax 0544 972773*, , in parte coperta, , , – – 150. VISA. rist
Pasto (solo per alloggiati) 35/55 – **96 cam** 125/180, 8 suites – ½ P 117.
◆ La prima colazione a buffet si fa nel giardino, che si estende fino alla spiaggia incorporando tennis e piscina ed è solo uno dei pregi di un hotel dal confort raffinato.

Le Palme, VII Traversa 12 ✆ 0544 994661, *lepalme@premierhotels.it, Fax 0544 994179*, , , , , riscaldata, – – 100. AE VISA.
Pasto *(chiuso da lunedì a giovedì da novembre a febbraio)* 30/55 – **102 cam** 120/240 – ½ P 140.
◆ Interni comuni ampi, ben distribuiti ed eleganti in una struttura di classe, con lussureggiante giardino ombreggiato; arredi di qualità e buone soluzioni nelle stanze. Offerta gastronomica diversificata, adatta ad ogni tipo di palato.

Grand Hotel Gallia, piazzale Torino 16 ✆ 0544 994692, *gallia@selecthotels.it, Fax 0544 998421*, riscaldata, , – . VISA. rist
Pasqua-15 ottobre – **Pasto** (solo per alloggiati) 35/55 – 10 – **99 cam** 190/220 – ½ P 125.
◆ Da un'ampia e luminosa hall-salotto si accede al bel giardino ombreggiato, con veranda per un tranquillo e fresco relax, piscina e tennis; confort adeguato nelle camere. Colonne e grandi vetrate nelle lunga sala ristorante.

Globus, viale 2 Giugno 59 ✆ 0544 992115, *baldisserihotels@tin.it, Fax 0544 992931*, , , riscaldata, – – 100. AE VISA. rist
Pasqua-settembre – **Pasto** (solo per alloggiati) 30 – 10 – **55 cam** 95/130.
◆ Mobili in stile e comodi divani e poltrone di pelle nella hall di questo albergo curato e accogliente, con giardino alberato; moderne camere non ampie, ma accessoriate.olare, con colonne di marmo e grandi vetrate.

Michelangelo, viale 2 Giugno 113 ☎ 0544 994470, *mail@hotel-michelangelo.com, Fax 0544 993534,* riscaldata, – |♦|, TV, P. AE, VISA. rist
aprile-ottobre – **Pasto** 30/80 – 23 – **50 cam** 115/150 – ½ P 110.
◆ Sul viale principale della località, un hotel nato negli anni '70, dispone di spazi comuni ben articolati, sia interni che esterni, con giardino ombreggiato e piscina. Con le sue due pareti di vetrate, la bella sala ristorante sembra protendersi tra i pini.

Metropolitan, via XVII Traversa 7 ☎ 0544 994735, *metropolitan@premierhotels.it, Fax 0544 994733,* <, riscaldata – |♦|, rist, TV P. AE VISA.
marzo-ottobre – **Pasto** (solo per alloggiati) 20/30 – 15 – **82 cam** 100/120 – ½ P 83.
◆ Sulla spiaggia, offre varie zone per il relax, con comodi divani, e camere con arredi moderni, balcone e vista mare; la prima colazione viene servita in veranda.

Ariston, viale Corsica 16 ☎ 0544 994659, *ariston@aristonhotel.it, Fax 0544 991555,* <, – |♦|, rist, TV P. AE VISA. rist
10 maggio-settembre – **Pasto** (solo per alloggiati) 22/27 – **70 cam** 65/140 – ½ P 92.
◆ Un albergo in prima fila sul mare, che dispone di una bella piscina e di ampi spazi sia nelle gradevoli aree comuni che nelle camere, confortevoli e ben accessoriate. Informali sedie da regista di tela nella luminosa sala da pranzo.

Deanna Golf Hotel, viale Matteotti 131 ☎ 0544 991365, *info@deannagolfhotel.it, Fax 0544 994251,* riscaldata, – |♦|, rist, TV – 150. VISA. rist
marzo-ottobre – **Pasto** (solo per alloggiati) carta 35/40 – **68 cam** 65/98 – ½ P 76.
◆ La relativa distanza dal mare è compensata dall'ampio giardino-pineta che circonda la struttura, adiacente al campo di golf; buon livello di confort negli spazi comuni. Sala ristorante resa particolarmente luminosa dalle vetrate che corrono lungo le pareti.

Delizia senza rist, VIII Traversa 23 ☎ 0544 995441, *info@hoteldelizia.it, Fax 0544 995288,* <, – |♦| TV P. AE VISA.
40 cam 90,50/136.
◆ Hotel di moderna concezione, di fronte al mare, con camere sobrie e piacevoli; amena terrazza-solarium con piccola piscina, brunch fino alle 14.00, biciclette gratuite.

Acapulco, VI Traversa 19 ☎ 0544 992396, *info@acapulcohotels.it, Fax 0544 993833,* <, riscaldata – |♦| TV P. AE VISA. rist
15 maggio-20 settembre – **Pasto** (solo per alloggiati) 35 – 10 – **45 cam** 80/112 – ½ P 92.
◆ Invidiabile posizione sulla spiaggia e luminosi interni con arredi moderni per una risorsa dotata di gradevole terrazza con solarium e idromassaggio; camere lineari.

Mazzanti, via Forlì 51 ☎ 0544 991207, *info@hotelmazzanti.it, Fax 0544 991258,* <, riscaldata, – |♦| TV P. AE VISA.
Pasqua-20 settembre – **Pasto** *(10 maggio-20 settembre)* (solo per alloggiati) 20 – **49 cam** 75/90 – ½ P 71.
◆ Ospitalità premurosa da parte della famiglia che da oltre 40 anni gestisce questo hotel con atmosfera da accogliente casa privata; piccolo giardino, hall e camere rinnovate.

Kent, viale 2 Giugno 142 ☎ 0544 992048, *info@hotelkent.it, Fax 0544 994472,* – |♦| TV P. AE VISA. rist
aprile-settembre – **Pasto** *(chiuso fino al 10 maggio)* carta 24/36 – 11 – **45 cam** 80/90, 2 suites – ½ P 80.
◆ E' gradevolmente circondato da un piccolo giardino ombreggiato questo hotel, sito non lontano dal mare, dove potrete rilassarvi in comodi e luminosi spazi comuni. Sala ristorante di stile rustico-signorile.

Alexander, viale 2 Giugno 68 ☎ 0544 991516, *baldisserrihotels@tin.it, Fax 0544 999410,* riscaldata, – |♦| TV P. AE VISA. rist
aprile-20 settembre – **Pasto** 31 – 10 – **52 cam** 80/100 – ½ P 80.
◆ Piscina in bella vista subito all'entrata di un confortevole albergo centrale, che dispone di panoramica terrazza-solarium e di camere rinnovate in anni recenti. Sala da pranzo climatizzata d'impostazione classica.

Majestic, X Traversa 23 ☎ 0544 994122, *majestic@hotelmajestic.it, Fax 0544 994123,* <, riscaldata – |♦|, rist, TV P. VISA.
Pasqua-6 ottobre – **Pasto** (solo per alloggiati) 25/35 – **50 cam** 70/90 – ½ P 70.
◆ Imponente struttura sulla spiaggia, dotata di bella piscina con trasparente copertura mobile; arredi moderni sia nella grande e «fresca» hall che nelle camere. Ampia sala da pranzo con vista mare.

Abahotel, IV Traversa 19 ☎ 0544 991701, *abahotel@abahotel.it, Fax 0544 993969* – |♦|, rist, TV P. VISA.
aprile-settembre – **Pasto** (solo per alloggiati) 15/20 – **34 cam** 50/80 – ½ P 65.
◆ Accoglienza cordiale in un albergo a gestione diretta, comodamente ubicato sulla spiaggia, ma a pochi passi dal centro; camere con balcone e vista mare.

Isabella senza rist, viale 2 Giugno 152 ☎ 0544 994068, *isabella@hotelmajestic.it, Fax 0544 995034* – |♦| TV P. VISA.
Pasqua-15 ottobre – **31 cam** 70/90.
◆ In una bianca palazzina tra i pini troverete una simpatica risorsa, con spazi, sia al pianoterra che nelle camere, limitati, ma ben studiati e confortevoli.

Santiago, viale 2 Giugno 42 ✆ 0544 975477, *hsantiago@hsantiago.com, Fax 0544 975477* – rist
Pasto (solo per alloggiati) – **26 cam** 76 – 1/2 P 56,70.
◆ Un grazioso giardinetto accoglie all'entrata di un hotel in posizione centrale, che offre una curata ospitalità familiare; la prima colazione si fa all'aperto.

Al Caminetto, viale Matteotti 46 ✆ 0544 994479, *alcaminetto@libero.it, Fax 0544 991660*, , Rist. e pizzeria –
15 novembre-6 gennaio e marzo-ottobre; chiuso a mezzogiorno escluso i giorni festivi – **Pasto** carta 50/74.
◆ Servizio attento e curato in un signorile ristorante, molto frequentato, dove d'estate si mangia all'aperto in mezzo al verde; ampia carta di carne, pesce e pizze.

CERVIGNANO DEL FRIULI *33052 Udine* 562 *E 21 – 12 266 ab..*
Roma 627 – Udine 34 – Gorizia 28 – Milano 366 – Trieste 47 – Venezia 116.

Internazionale, via Ramazzotti 2 ✆ 0431 30751, *info@hotelinternazionale.it, Fax 0431 34801* –
Pasto al Rist. ***La Rotonda*** *(chiuso gennaio, dal 1° al 21 agosto, domenica sera e lunedì)* carta 31/40 – **69 cam** 73/115 – 1/2 P 70.
◆ Nata negli anni '70 e ristrutturata negli anni '90, è una risorsa funzionale, studiata in particolare per una clientela d'affari; centro congressi con sale polivalenti. Sala ristorante di taglio classico, che dispone anche di spazi per banchetti.

Al Campanile, via Fredda 3, località Scodovacca Est : 1,5 km ✆ 0431 32018, *Fax 0431 30771*, –
chiuso tre settimane in ottobre, lunedì e martedì – **Pasto** carta 25/34.
◆ Dalla fine dell' '800, tutta una famiglia impegnata nella conduzione di questa trattoria di paese, fedele ad una tradizione culinaria schietta e casalinga.

CERVINIA *Aosta – Vedere Breuil-Cervinia.*

CERVO *18010 Imperia* 561 *K 6 – 1 211 ab. alt. 66.*
piazza Santa Caterina 2 (nel Castello) ✆ 0183 408197, infocervo@rivieradeifiori.org, Fax 0183 408197.
Roma 605 – Imperia 10 – Alassio 12 – Genova 106 – Milano 228 – San Remo 35.

San Giorgio con cam, via Alessandro Volta 19 (centro storico) ✆ 0183 400175, *Fax 400175*, , , prenotare – . cam
chiuso dal 10 al 31 gennaio, novembre, lunedì sera e martedì dal 20 ottobre a Pasqua, solo martedì a mezzogiorno dal 20 giugno al 10 settembre – **Pasto** specialità di mare carta 42/75 – 2 suites 130/180.
◆ In un edificio antico nel centro del caratteristico borgo, locale di tono elegante; servizio estivo in terrazza panoramica; cucina ligure rivisitata e piatti di pesce.

CESANA TORINESE *10054 Torino* 561 *H 2 – 964 ab. alt. 1 354 – a.s. febbraio-Pasqua, luglio-agosto e Natale – Sport invernali : 1 350/2 823 m 9 (Comprensorio Via Lattea 1 58)* .
piazza Vittorio Amedeo 3 ✆ 0122 89202, cesana@montagnedoc.it, Fax 0122 856289.
Roma 752 – Bardonecchia 25 – Briançon 21 – Milano 224 – Sestriere 11 – Torino 87.

Croce Bianca con cam, Via Roma 33 ✆ 0122 89192, *Fax 0122 89434*, prenotare .
Pasto carta 26/43 – **10 cam** 38/60 – 1/2 P 44.
◆ Lungo la via principale, chiusa al traffico, accoglienti sale con perlinatura e camere semplici; la cucina segue le tradizioni locali, le stagioni e l'estro del cuoco.

a Mollières *Nord : 2 km – ✉ 10054 Cesana Torinese :*

La Selvaggia, frazione Mollieres 43 ✆ 0122 89290 – .
chiuso dal 15 al 30 giugno, dal 10 al 30 novembre e mercoledì – **Pasto** carta 27/47.
◆ Dal mare ai monti: un ischitano gestisce da 20 anni un ristorante semplice e familiare; più «montana» la sala al 1° piano sotto il tetto spiovente; cucina piemontese.

a Champlas Seguin *Est : 7 km – alt. 1 776 – ✉ 10054 Cesana Torinese :*

La Locanda di Colomb, frazione Champlas Seguin 27 ✆ 0122 832944, *Fax 0122 832944*, prenotare – .
chiuso maggio, ottobre e lunedì (escluso dicembre e agosto) – **Pasto** carta 22/29.
◆ Quello che ci si aspetta in montagna: una sala rustica con pareti di pietra in una casa d'alpeggio, nata a fine '700 come stalla; tradizioni montanare anche in cucina.

CESANO BOSCONE *20090 Milano* 561 F 9, 219 ⑱ – *24 557 ab. alt. 120.*

Roma 582 – Milano 10 – Novara 48 – Pavia 35 – Varese 54.

Pianta d'insieme di Milano.

Roma, via Poliziano 2 ✆ 02 4581805, *roma-hotel@roma-hotel.com, Fax 02 4500473* – 🛗 ▤ 📺 📞 ♿ 🅿 – 🚶 100. AE 💳 ◑ 🅜 VISA JCB AP k
chiuso dal 10 al 20 agosto – **Pasto** vedere rist ***Mon Ami*** – ☕ 15 – **34 cam** 163/258, 2 suites.
◆ Struttura molto curata sia nel livello del confort e del servizio, che nelle soluzioni d'arredamento, di sicuro effetto; camere signorili, «calde» e confortevoli.

Mon Ami, via Roma 101 ✆ 02 4500124, *Fax 02 45864909*, Rist. e pizzeria a mezzogiorno – ▤. AE 💳 ◑ 🅜 VISA JCB. ✂
chiuso martedì – **Pasto** carta 25/43.
◆ Recentemente ampliato e rinnovato, un locale con arredi moderni e tanti specchi, per proposte classiche, di carne e di pesce, oltre alle pizze solo a mezzogiorno.

CESANO MADERNO *20031 Milano* 561 F 9, 219 ⑲ – *33 196 ab. alt. 198.*

Roma 613 – Milano 20 – Bergamo 52 – Como 29 – Novara 61 – Varese 41.

Parco Borromeo, via Borromeo 29 ✆ 0362 551796 e rist ✆ 0362 540930, *info@hotelparcoborromeo.it, Fax 0362 550182* – 🛗 ▤ 📺 🚗 – 🚶 80. AE 💳 ◑ 🅜 VISA JCB. ✂
chiuso dal 29 dicembre al 2 gennaio dal 4 al 27 agosto – **Pasto** al Rist. ***Il Fauno*** *(chiuso dal 30 dicembre al 7 gennaio, dal 4 al 27 agosto e lunedì a mezzogiorno)* carta 38/57 – **40 cam** ☕ 100/140.
◆ Fascino del passato e confort moderni in una struttura elegante, adiacente al parco e al palazzo Borromeo; camere non grandi, ma arredate con gusto e personalizzate. Raffinato ristorante affacciato sul verde con trompe l'oeil alle pareti.

Le pagine dell'introduzione
vi aiuteranno ad utilizzare meglio la vostra Guida Michelin.

CESENA *47023 Forlì-Cesena* 562 J 18 *G. Italia* – *90 321 ab. alt. 44.*

Vedere *Biblioteca Malatestiana★.*

ℹ *piazza del Popolo 11 ✆ 0547 356327, iat@comune.cesena.fc.it, Fax 0547 356329.*

Roma 336 – Ravenna 31 – Rimini 30 – Bologna 89 – Forlì 19 – Milano 300 – Perugia 168 – Pesaro 69.

Casali, via Benedetto Croce 81 ✆ 0547 22745 e rist ✆ 0547 27485, *hotelcasali@iol.it, Fax 0547 22828*, 🌳, 🏋 – 🛗, ⇜ cam, ▤ 📺 📞 – 🚶 180. AE 💳 ◑ 🅜 VISA
Pasto al Rist. ***Casali*** *(chiuso dal 1° al 7 gennaio)* carta 31/40 – ☕ 9 – **45 cam** 81,50/111,50, 3 suites.
◆ Albergo di tradizione, ristrutturato per intero nel 1988, rimane il più rappresentativo della città, con interni di eleganza discreta; camere spaziose con ogni confort. Ristorante di tono elegante, nato a metà '800 come «buffet di stazione».

Alexander, piazzale Karl Marx 10 ✆ 0547 27474, *hotelalexander@iol.it, Fax 0547 27874*, 🏋, ≘s – 🛗 ▤ 📺 📞 🚗 🅿 – 🚶 30. AE 💳 ◑ 🅜 VISA. ✂ rist
chiuso dal 20 dicembre al 6 gennaio – **Pasto** *(chiuso luglio-agosto e a mezzogiorno)* carta 20/36 – ☕ 7,50 – **32 cam** 76/106, suite.
◆ Realizzata negli anni '90, una struttura funzionale ben posizionata di fronte alla stazione e dotata di comodo parcheggio; ideale per clientela d'affari.

Meeting Hotel senza rist, via Romea 545 ✆ 0547 333160, *meetinghortel@libero.it, Fax 0547 334394* – 🛗 ▤ 📺 🅿. 💳 ◑ 🅜 VISA. ✂
chiuso dal 22 dicembre al 6 gennaio – ☕ 7,50 – **26 cam** 80/110.
◆ Parquet e arredi classici nella discreta hall di una struttura degli anni '80, in zona periferica, che dispone di parcheggio chiuso; camere spaziose e confortevoli.

La Grotta, vicolo Cesuola 19 ✆ 0547 22734, *Fax 0547 22734*, 🌳 – ⇜ ▤. AE 💳 ◑ 🅜 VISA JCB
chiuso dal 30 luglio al 19 agosto, domenica in giugno-agosto e martedì negli altri mesi – **Pasto** carta 32/43.
◆ Da un paio d'anni è cambiata la gestione, ma il locale non ha cambiato la sua valida fisionomia: tono rustico-signorile, ambiente familiare e cucina locale.

Gianni, via Dell'Amore 9 ✆ 0547 21328, *info@ristorantegianni.com, Fax 0547 24393*, 🌳, Rist. e pizzeria – ▤. AE 💳 ◑ 🅜 VISA JCB
chiuso giovedì – **Pasto** carta 25/46.
◆ E' molto frequentato da habitué questo ristorante in zona centrale, con dehors estivo; tavoli serrati, gustose proposte culinarie di terra e di mare e pizze.

CESENATICO *47042 Forlì-Cesena* 562 J 19 – *21 887 ab. – a.s. 21 giugno-agosto.*

viale Roma 112 ☎ 0547 673287, info@cesenatico.turismo.com, Fax 0547 673288.

Roma 358 – Ravenna 31 – Rimini 22 – Bologna 98 – Milano 309.

Grand Hotel Cesenatico, piazza Andrea Costa 1 ☎ 0547 80012, *info@grandhotel.cesenatico.fo.it, Fax 0547 80270,* – 150. rist *aprile-15 ottobre* – **Pasto** carta 28/36 – **78 cam** 100/150.
◆ In posizione centrale, direttamente sulla spiaggia, un hotel che fa ormai parte della storia di Cesenatico. E' tutto rinnovato, ma si avverte ancora il fascino del passato. Sala ristorante di tono elegante.

Britannia, viale Carducci 129 ☎ 0547 672500, *hbritannia@hbritannia.it, Fax 0547 81799,* riscaldata, – 50. *aprile-20 settembre* – **Pasto** *(chiuso sino al 21 maggio)* (solo per alloggiati) carta 25/38 – **36 cam** 90/160, 5 suites – ½ P 97.
◆ Conservano le decorazioni e il fascino del loro tempo andato le eleganti zone comuni di questa casa inizio '900, con bel giardino-terrazza fronte mare; camere eterogenee. Ha pareti di vetrate la curata sala da pranzo, di sobria raffinatezza.

Alexia Palace senza rist, viale Cavour 20 ☎ 0547 81071, *info@alexiapalace.it, Fax 0547 81281,* – 90. **30 cam** 108/144.
◆ Non lontano dal parco acquatico die Cesenatico, un hotel di recente costruzione, dotato di spazi comuni di sobria eleganza e di camere curate e funzionali.

Pino, via Anita Garibaldi 7 ☎ 0547 80645, *hotelpino@euradria.com, Fax 0547 84788,* – 40. **Pasto** *(chiuso dal 27 dicembre al 18 gennaio e lunedì escluso luglio-agosto)* carta 33/58 – 8 – **44 cam** 74/118, 8 suites – ½ P 92.
◆ Vicino al porto canale, un edificio bianco circondato di pini, ristrutturato in anni recenti, offre confortevole e curata ospitalità nei suoi interni di taglio moderno. Ampie vetrate nell'ariosa sala ristorante, d'impostazione classica.

Residenza Lido, viale Carducci 51 ang. via Ferrara 14 ☎ 0547 672194, *info@residenzalido.it, Fax 0547 672723,* riscaldata – **Pasto** (solo per alloggiati) vedere anche rist. ***Lido-Lido*** – **66 cam** 80/130 – ½ P 90.
◆ Si può scegliere tra formula hotel o residence in questo complesso recente, in marmo, vetro e alluminio, a ridosso della spiaggia; moderne le camere, con angolo cottura.

Sirena, viale Zara 42 ☎ 0547 80548, *info@hotelsirena.it, Fax 0547 672742* – – 80. **Pasto** *(chiuso a mezzogiorno da ottobre a maggio escluso i festivi)* 18/25 – **35 cam** 69/99 – ½ P 75.
◆ Architettura d'impronta contemporanea per una struttura in posizione un po' arretrata dal mare, con curati e signorili interni; accoglienti camere ben accessoriate. Originale mix di ambiente moderno e vecchi mobili rustici in stile nella sala ristorante.

Internazionale, via Ferrara 7 ☎ 0547 673344, *info@hinternazionale.it, Fax 0547 672363,* riscaldata, – rist *maggio-settembre* – **Pasto** (solo per alloggiati) 18/25 – **60 cam** solo 1/2 P 91.
◆ Unica nel suo genere la grande piscina con acquascivoli direttamente sulla spiaggia privata di un albergo gradevole, fondato nel 1956 da un celebre calciatore dell'Inter.

Miramare, viale Carducci 2 ☎ 0547 80006, *info@hrmiramare.it, Fax 0547 84785,* – – 60. rist **Pasto** *(chiuso martedì escluso da aprile ad ottobre)* carta 33/42 – 11 – **30 cam** 98/119 – ½ P 111.
◆ Nelle immediate vicinanze del porto canale, ha comode camere, ristrutturate in anni recenti, con pavimenti di parquet e arredi moderni; biciclette a disposizione. Ristorante con due accoglienti sale.

Sporting, viale Carducci 191 ☎ 0547 83082, *info@hotelsporting.it, Fax 0547 672172,* – *20 maggio-20 settembre* – **Pasto** (solo per alloggiati) – 8 – **48 cam** 80 – ½ P 75.
◆ Belle stoffe a fiori di colori «freschi» e solari negli interni di un confortevole albergo fronte mare, con accesso diretto alla spiaggia, quindi ideale per bambini.

Zeus, viale Carducci 46 ☎ 0547 80247, *info@hotelzeus.it, Fax 0547 80247* – rist, *chiuso dal 16 novembre al 3 dicembre* – **Pasto** (solo per alloggiati) – 7 – **28 cam** 52/80 – ½ P 66.
◆ Aperto tutto l'anno, è frequentato da turisti, ma anche da clientela di lavoro, questo curato hotel totalmente ristrutturato in anni recenti; camere confortevoli.

XX Lido Lido, viale Carducci ang. Via Ferrara 12 ☎ 0547 673311, *info@lidolido.com, Fax 0547 672723*, – ▤. AE ⓢ ⓓ MC VISA. ✱
✿ *chiuso lunedì e a mezzogiorno (escluso domenica, festivi e luglio-agosto)* – **Pasto** 33/48 e carta 47/73.
◆ Elegante sala di stile marinaresco moderno e raffinato, con ampie vetrate, e dehors estivo; gestione giovane e sicuro piglio creativo in piatti di terra e di mare.
Spec. Gamberi reali crudi con rabarbaro e calamaretti scottati (primavera-estate). Spaghetti con vongole veraci e poverazze, bottarga di tonno e limone (estate). Piccione al forno con mousse di fegatini (autunno).

XX **Vittorio,** porto turistico Onda Marina, via Andrea Doria 3 ☎ 0547 672588, *Fax 0547 679472*, – P. AE ⓢ MC VISA. ✱
chiuso dal 10 dicembre al 10 gennaio, dal 23 al 31 maggio, dal 7 al 14 settembre, martedì e mercoledì a mezzogiorno – **Pasto** specialità di mare carta 52/67.
◆ Sala con vetrate e terrazza per il servizio estivo, affacciate sulla darsena delle barche da diporto, vivacità e animazione; a tavola i sapori e i profumi del mare.

XX **Magnolia,** via Bixio 3 ☎ 0547 81598, *Fax 0547 81598* – ▤. AE ⓢ ⓓ MC VISA. ✱
chiuso a mezzogiorno (escluso sabato-domenica) e lunedì, anche martedì da ottobre a maggio – **Pasto** carta 31/41.
◆ Ambiente luminoso, ma dai toni caldi e colorati, con salottino e bancone bar all'ingresso e la sala semicircolare avvolta da grandi finestre. Stile moderno, anche in cucina.

XX **La Buca,** corso Garibaldi 41 ☎ 0547 82474, *la.buca@libero.it, Fax 0547 82474*, – ▤. AE ⓢ ⓓ MC VISA
chiuso dal 15 al 30 gennaio, dal 15 settembre al 5 ottobre e lunedì – **Pasto** specialità di mare carta 39/50 e al Rist. ***Osteria del Gran Fritto*** carta 21/33.
◆ Un ambiente moderno ricco di colori mediterranei, un gradevole dehors estivo e un servizio attento per gustare interessanti e saporite elaborazioni di cucina ittica. All'Osteria del Gran Fritto, una classica proposta marinara, il fritto appunto.

XX **Al Gallo,** via Baldini 21 ☎ 0547 81067, *Fax 0547 672454*, – AE ⓢ ⓓ MC VISA. ✱
chiuso dal 7 al 16 gennaio, dal 31 ottobre al 7 novembre e mercoledì – **Pasto** specialità di mare 35/40 e carta 42/55.
◆ Tradizionale linea gastronomica romagnola di mare nelle salette con arredi classici di un ristorante a conduzione diretta, con dehors estivo su una strada pedonale.

a Valverde *Sud : 2 km* – ✉ *47042 Cesenatico :*
viale Carducci 292/b ☎ 0547 85183, Fax 0547 681357

Caesar, viale Carducci 290 ☎ 0547 86500, *hcaesar@iol.it, Fax 0547 86654*, ←, Fō, ⌂s, riscaldata – |‡|, ✱ rist, ▤ TV P. ⓢ MC VISA. ✱ rist
15 aprile-settembre – **Pasto** (solo per alloggiati) 15/50 – **45 cam** ☐ 120 – ½ P 90.
◆ Salda gestione familiare da decenni per una struttura confortevole, sul viale principale e sul mare; dispone di baby-club, quindi è ideale per chi ha bambini. Spaziosa sala da pranzo di taglio moderno.

Colorado, viale Carducci 306 ☎ 0547 86242, *info@hotelcolorado.it, Fax 0547 680194*, – |‡|, ▤ rist, TV P. AE ⓢ ⓓ MC VISA. ✱
maggio-settembre – **Pasto** (solo per alloggiati) 25/45 – **55 cam** ☐ 80/110 – ½ P 78.
◆ Struttura d'impostazione classica fronte mare, con un accogliente e curato pianoterra e camere di buon confort; la prima colazione a buffet viene servita anche all'aperto.

Wivien-Canada, via Alberti angolo via Canova 91 ☎ 0547 85388, *info@biondihotels.it, Fax 0547 85455*, Fō, ⌂s, – |‡|, ▤ rist, TV P. ⓢ VISA. ✱ rist
aprile-15 ottobre – **Pasto** (solo per alloggiati) 15/25 – ☐ 8 – **96 cam** 38/72 – ½ P 65.
◆ Buone attrezzature per il relax, tra cui piacevoli terrazze solarium sul tetto, caratterizzano questo albergo recentemente ampliato. In zona tranquilla, camere spaziose.

a Zadina Pineta *Nord : 2 km* – ✉ *47042 Cesenatico :*

Beau Soleil-Wonderful , viale Mosca 43/45 ☎ 0547 82209, *info@hotelbeausoleil.it, Fax 0547 82069*, ⌂s, riscaldata – |‡| ▤ TV P. AE ⓢ MC VISA. ✱ rist
23 marzo-23 settembre – **Pasto** (solo per alloggiati) – **86 cam** ☐ 72/110 – ½ P 70.
◆ La bella piscina e la tranquilla posizione vicino al mare e alla pineta fanno di questa struttura, composta di due corpi collegati, l'ideale per una vacanza di relax.

Renzo , viale dei Pini 55 ☎ 0547 82316, *Fax 0547 82316*, – |‡| ▤ TV P. AE ⓢ ⓓ MC VISA. ✱ rist
Pasqua-20 settembre – **Pasto** (solo per alloggiati) – ☐ 14 – **24 cam** 50/75 – ½ P 49,50.
◆ Basta attraversare la pineta per raggiungere la spiaggia da questo albergo semplice, adatto a famiglie con bambini; camere ben tenute e di sufficiente confort.

Le nostre guide alberghi e ristoranti, le nostre guide turistiche e le nostre carte stradali sono complementari. Utilizzatele insieme.

CESUNA *36010 Vicenza 562 E 16 – alt. 1 052.*

Roma 582 – Trento 72 – Asiago 8 – Milano 263 – Venezia 114 – Vicenza 48.

Belvedere, via Armistizio 19 ✆ 0424 67000, *belvedere@telemar.it, Fax 0424 67309* – . . rist

chiuso dal 6 al 20 novembre – **Pasto** *(chiuso martedì da ottobre a novembre e da aprile a maggio)* carta 16/26 – 6 – **30 cam** 40/77.

◆ Sull'Altopiano di Asiago, tra boschi di abeti un albergo a conduzione familiare, con interni da casa privata, per un tranquillo soggiorno lontano dalla mondanità. La sala da pranzo si presenta luminosa.

CETARA *84010 Salerno 564 F 26 – 2 388 ab. alt. 15.*

Roma 255 – Napoli 56 – Amalfi 15 – Avellino 45 – Salerno 10 – Sorrento 49.

Cetus, strada statale 163 ✆ 089 261388, *info@hotelcetus.it, Fax 089 261388,* – – 70. . rist

Pasto *(marzo-ottobre)* carta 26/45 – **40 cam** 150/260 – ½ P 145.

◆ Si gode di un'incomparabile vista sul golfo di Salerno dalle camere di questo hotel a picco sul mare, aggrappato alla roccia dell'incantevole costiera amalfitana. Quasi foste a bordo di una nave, anche dalle raffinate sale ristorante dominerete il mare.

San Pietro, piazzetta San Francesco 2 ✆ 089 261091, – . .

chiuso febbraio e martedì – **Pasto** specialità di mare carta 20/44.

◆ Cucina marinara in un ristorante a gestione familiare: una semplice, sobria saletta e un grazioso dehors estivo, in parte sotto un porticato.

Inviateci il vostro parere sui ristoranti che vi consigliamo, sulle loro specialità e i loro vini regionali.

CETONA *53040 Siena 563 N 17 G. Toscana – 2 861 ab. alt. 384.*

Roma 155 – Perugia 59 – Orvieto 62 – Siena 89.

La Locanda di Anita senza rist, piazza Balestrieri 5 ✆ 0578 237075, *info@lalocandadianita.it, Fax 0578 239040* – . .

5 cam 100/205, suite.

◆ Proprio sulla storica e animata piazza del paese, una risorsa affasinante con tavolini all'aperto ed enoteca all'interno. Le camere sono molto curate e gradevoli.

La Frateria di Padre Eligio con cam, al Convento di San Francesco Nord-Ovest : 1 km ✆ 0578 238261, *frateria@bcc.tin.it, Fax 0578 239220,* ← val di Chiana, , Coperti limitati; prenotare – cam, – 60. .

chiuso dal 7 gennaio al 10 febbraio – **Pasto** *(chiuso martedì)* 80 – **5 cam** 130/200, 2 suites 260.

◆ In un parco, convento francescano medievale, gestito da una comunità di ex-tossicodipendenti, camere esclusive, cucina creativa: suggestioni mistiche e «peccati» di gola.

Osteria Vecchia da Nilo, via Cherubini 11 ✆ 0578 239040, *nilo@lalocandadianita.it, Fax 0578 239040* – . .

chiuso dal 20 gennaio al 10 febbraio e màrtedì (escluso dal 15 giugno al 15 settembre) – **Pasto** carta 28/33.

◆ A pochi metri dalla piazza principale, un edificio del '600 ospita un piccolo locale di tono rustico moderno; proposta fra tradizione e tendenza, pesce solo il venerdì.

CETRARO *87022 Cosenza 564 I 29 – 10 728 ab. alt. 120.*

San Michele, località Bosco ✉ 87022 Cetraro ✆ 0982 91012, Fax 0982 91430, Nord-Ovest : 6 km.

Roma 466 – Cosenza 55 – Catanzaro 115 – Paola 21.

sulla strada statale 18 *Nord-Ovest : 6 km :*

Gd H. San Michele , ✉ 87022 ✆ 0982 91012, *sanmichele@sanmichele.it, Fax 0982 91430,* ← mare e costa, , , , , , – – 220. . rist

chiuso novembre – **Pasto** carta 39/50 – **57 cam** 150/200, 6 suites – ½ P 175.

◆ Vi incanteranno i profumi del giardino-frutteto, l'ampio, meraviglioso panorama e il morbido fascino retrò degli interni di una nobile villa; ascensore per la spiaggia. Una cena sospesi tra cielo e mare sulla terrazza del ristorante; raffinate le sale interne.

CHAMPLAS JANVIER *Torino* – *Vedere Sestriere.*

CHAMPLAS SEGUIN *Torino* – *Vedere Cesana Torinese.*

CHAMPOLUC *11020 Aosta* 561 E 5 – *alt. 1 570 – a.s. 13 febbraio-aprile, luglio-agosto e Natale – Sport invernali : 1 560/2 714 m 1 8,* .

via Varasch 16 ℘ 0125 307113, monterosa.info@libero.it, Fax 0125 307785.

Roma 737 – Aosta 64 – Biella 92 – Milano 175 – Torino 104.

Relais des Glacier, Route G.B. Dondeynaz ℘ 0125 308721, *info@hotelrelaisdesglaciers.com, Fax 0125 308300,* ≤, – – . VISA.
8 dicembre-aprile e 15 giugno-settembre – **Pasto** 15/35 – **42 cam** 188/255 – ½ P 135.
◆ Per una ritemprante «remise en forme» in una splendida cornice montana è ideale l'attrezzato centro benessere, con cure naturali, di un elegante hotel inaugurato nel 2000. Soffitti di legno nel raffinato ristorante che propone tre linee diversificate di menù.

Breithorn, route Ramey 27 ℘ 0125 308734, *info@breithornhotel.com, Fax 0125 308398,* , , – – 70. VISA. rist
chiuso maggio e dal 10 al 31 ottobre – **Pasto** carta 42/61 – **30 cam** 162,50/250 – ½ P 200.
◆ Questo hotel, completamente ristrutturato, ha riconquistato appieno il proprio passato splendore. Ospitalità e soggiorno incantevoli, tra pietre e legni antichi. Sala ristorante dallo stile rustico-elegante.

Ayas , rue de Guides 19 bis ℘ 0125 308128, *info@hotelayas.com, Fax 0125 308133,* ≤ Monte Rosa, , , – . VISA. rist
5 dicembre-Pasqua e 15 giugno-15 settembre – **Pasto** (solo per alloggiati) – 6 – **28 cam** 131,25/175 – ½ P 93.
◆ Ha meno di 10 anni questo albergo in tranquilla posizione panoramica vicino al centro; tanto legno di stile più moderno che montano negli spazi comuni; ottime stanze.

Villa Anna Maria , via Croues 5 ℘ 0125 307128, *hotelannamaria@tiscali.it, Fax 0125 307984,* ≤ monti, – . VISA.
Pasto *(5 dicembre-15 aprile e 20 giugno-10 settembre)* carta 19/27 – **21 cam** 80/100 – ½ P 69.
◆ Vista dei monti, quiete silvestre e fascino d'altri tempi in un rustico chalet d'atmosfera, con giardino e pineta, i cui interni sono tutti rigorosamente di legno. Suggestiva sala da pranzo rivestita di legno.

Petit Tournalin , località Villy 2 ℘ 0125 307530, *info@hotelpetittournalin.it, Fax 0125 307347,* ≤, , – . VISA. rist
Pasto carta 21/26 – 8 – **19 cam** 88 – ½ P 78.
◆ Ambiente familiare in un grazioso hotel in legno e pietra, ubicato sulla pista di fondo, ai margini di una pineta, con camere accoglienti e bagni di buona fattura. Calda atmosfera montana nella sala ristorante.

Bellevue , via Ramey 16 A ℘ 0125 308710, *hotelbellevue@libero.it, Fax 0125 308428,* , – . VISA. rist
dicembre-aprile e giugno-settembre – **Pasto** *(giugno-settembre)* (solo per alloggiati) – **12 cam** 120/146 – ½ P 89.
◆ Con interni raccolti e accoglienti come quelli di una casa privata, è un piccolo albergo inaugurato nel 1999; rifiniture di legno anche nelle confortevoli camere.

Le Vieux Rascard senza rist, rue des Guides 35 ℘ 0125 308746, *info@levieuxrascard.com, Fax 0125 308746,* ≤ massiccio del Monte Rosa – . VISA
7 dicembre-Pasqua e 20 giugno-settembre – **6 cam** 88.
◆ Poche camere, molto carine e curate, all'interno di una tipica e caratteristica casa di montagna. Atmosfera calda e intima, arredi semplici e caratteristici.

CHANAVEY *Aosta* 561 F 3, 219 ⑪ ⑫ – *Vedere Rhêmes Notre Dame.*

CHATILLON *11024 Aosta* 561 E 4 – *4 746 ab. alt. 549 – a.s. luglio-agosto.*

via Plantine 2/A ℘ 0166-563715, chatillon.ufficioturistico@katamail.com, Fax 0166 569936.

Roma 723 – Aosta 28 – Breuil-Cervinia 27 – Milano 160 – Torino 89.

Relais du Foyer, località Panorama 37 ℘ 0166 511251, *info@relaisdufoyer.it, Fax 0166 513598,* ≤, , – – 60. VISA. rist
Pasto al Rist. ***Sylchri*** *(chiuso mercoledì)* carta 56/69 – **32 cam** 92,97/134,28.
◆ Vicino al Casinò di Saint Vincent, per turisti o clientela d'affari un'elegante struttura recente, con zona fitness e solarium; boiserie nelle camere in stile classico. Bel camino scolpito e soffitto con travi a vista in una sala ristorante calda e raffinata.

Parisien, regione Panorama 1 ℘ 0166 537053, *Fax 0166 539272,* Coperti limitati; prenotare – . VISA
chiuso dal 7 al 25 luglio, giovedì e a mezzogiorno (escluso i giorni festivi e prefestivi) – **Pasto** carta 35/55.
◆ Elegante ambiente in stile ottocento, con divani e camino acceso nella sala d'ingresso, e cura della tavola in un ristorante fuori della località; cucina tradizionale.

CHERASCO *12062 Cuneo* 561 I 5 – *7 139 ab. alt. 288.*

(chiuso martedì e gennaio) località Fraschetta ✉ 12062 Cherasco ✆ 0172 489772, Fax 0172 488304.

via Vittorio Emanuele 79 ✆ 0172 489382, cherasco@sirio.it, Fax 0172 489218.

Roma 646 – Cuneo 52 – Torino 53 – Asti 51 – Savona 97.

Napoleon, via Aldo Moro 1 ✆ 0172 488238, *hotel-napoleon@libero.it, Fax 0172 488435* – 200. AE VISA JCB. rist
chiuso dal 1° al 15 agosto – **Pasto** al Rist. ***L'Escargot*** *(chiuso dal 3 al 23 agosto e mercoledì a mezzogiorno)* 19/36 – **22 cam** 62/83.
◆ Decentrato, un albergo dalle linee moderne, dotato di comodo parcheggio e struttura congressuale attrezzata; funzionali sia le zone comuni che le camere. Ristorante di buon livello con una sala spaziosa e sobria.

Operti 1772-Da Fausto, via Vittorio Emanuele 103 ✆ 0172 487048, *info@operti1772.it, Fax 0172 487048,* Coperti limitati; prenotare – . AE VISA
chiuso dieci giorni in gennaio – **Pasto** carta 29/41.
◆ Ristorante pittoresco, ricavato all'interno di un palazzo nobiliare settecentesco. Sala affrescata con pochi tavoli, ben distanziati. In menù non possono mancare le lumache.

La Lumaca, via San Pietro ✆ 0172 489421, *la.lumaca@libero.it, Fax 0172 489421,* prenotare – VISA
chiuso dal 26 dicembre al 5 gennaio, luglio, lunedì e martedì – **Pasto** carta 20/29.
◆ Nelle cantine di un edificio di origini cinquecentesche, caratteristico ambiente con volte in mattoni per una cucina tradizionale dove regna incontrastata la lumaca.

Le principali vie commerciali figurano in rosso sugli stradari delle piante di città.

CHIAMPO *36072 Vicenza* 562 F 15 – *12 185 ab. alt. 170.*

Roma 539 – Verona 52 – Venezia 91 – Vicenza 24.

La Pieve, via Pieve 69 ✆ 0444 421201, *info@lapievehotel.it, Fax 0444 421271* – – 60. VISA.
Pasto *(chiuso domenica sera e lunedì)* carta 33/48 – **38 cam** 57/82.
◆ In una lineare struttura di taglio moderno un albergo recente, dotato di buoni confort e piacevoli camere d'impostazione classica; ideale per un turismo d'affari. Gustose ricette del territorio da gustare nell'ampia e piacevole sala da pranzo.

CHIANCIANO TERME *53042 Siena* 563 M 17 *G. Toscana – 7 238 ab. alt. 550 – Stazione termale (15 aprile-ottobre).*

Vedere *Museo Civico Archeologico delle Acque*★.

piazza Italia 67 ✆ 0578 671122, info@chianciano.turismo.toscana.it, Fax 0578 63277.

Roma 167 – Siena 74 – Arezzo 73 – Firenze 132 – Milano 428 – Perugia 65 – Terni 120 – Viterbo 104.

Gd H. Excelsior, via Sant'Agnese 6 ✆ 0578 64351, *direzione@grandhotelexcelsior.it, Fax 0578 63214,* riscaldata, – – 700. AE VISA.
Pasqua-ottobre – **Pasto** 25 – **72 cam** 110/155 – ½ P 110.
◆ Ricchi spazi comuni, piscina riscaldata in terrazza panoramica, grande centro congressi: per un soggiorno termale o congressuale in un prestigioso ambiente di tradizione. Sala da pranzo essenziale nella sua linearità.

Grande Albergo Le Fonti, viale della Libertà 523 ✆ 0578 63701, *info@grandealbergolefonti.com, Fax 0578 63701,* ←, – , rist, – 250. AE VISA. rist
Pasto (solo per alloggiati) carta 26/36 – 10 – **75 cam** 72/130, 3 suites – ½ P 103.
◆ Uno dei due fiori all'occhiello dell'hotellerie locale ha eleganti interni in stile e camere tutte diverse; ampia vista sui morbidi colli senesi dalla terrazza solarium. Sobria classicità e rifiniture in legno nell'ariosa sala del ristorante.

Moderno, viale Baccelli 10 ✆ 0578 63754, *Fax 0578 60656,* riscaldata, , – AE VISA JCB.
Pasto 22 – **70 cam** 65/115 – ½ P 95.
◆ Moderno di nome e di fatto questo albergo dagli ariosi spazi comuni di un marmoreo bianco abbacinante; piacevoli angoli relax nel parco con tennis e piscina riscaldata. Una maestosa stalattite di cristallo troneggia al centro della sala da pranzo.

Michelangelo , via delle Piane 146 ✆ 0578 64004, *hotelmichelangelo@libero.it, Fax 0578 60480,* ←, , riscaldata, , – – 40. AE VISA. rist
Pasqua-5 novembre – **Pasto** (solo per alloggiati) 28,50/41,50 – **63 cam** 80/110 – ½ P 95.
◆ Per chi ama la tranquillità, imponente risorsa in dominante posizione panoramica nel verde di un parco ombreggiato con piscina riscaldata; terrazza solarium sul tetto.

Ambasciatori, viale della Libertà 512 ✆ 0578 64371, *ambasciatori@barbettihotels.it, Fax 0578 64371*, a 1,5 km campi tennis e calcetto, riscaldata – 250. rist
Pasto 25 – **111 cam** 90/114, 4 suites – ½ P 78.
◆ Clientela termale, ma anche congressuale in un centrale, comodo albergo inizio anni '60, periodicamente rinnovato; piscina riscaldata e solarium in terrazza panoramica. Zona ristorante d'impostazione classica.

Alba, viale della Libertà 288 ✆ 0578 64300, *albahotel@libero.it, Fax 0578 60577*, – rist, – 200. rist
Pasto (solo per alloggiati) 15/40 – 6 – **68 cam** 57/88 – ½ P 68.
◆ Cinta da un gradevole giardino, risorsa dagli spazi comuni ampi e ben distribuiti; zona congressuale articolata in 3 sale polivalenti, camere semplici, ma curate. Spaziosa sala da pranzo in cui troneggiano quattro colonne.

Aggravi, viale Giuseppe di Vittorio 118 ✆ 0578 64032, *hotelaggravi@hotmail.com, Fax 0578 63456*, – rist, – 40.
aprile-ottobre – **Pasto** (solo per alloggiati) 16/22 – 3,70 – **32 cam** 50/62 – ½ P 46.
◆ Hotel a gestione familiare, ha comodi spazi comuni e buoni servizi, tra cui solarium sul tetto e piccola palestra; arredi bianchi nelle stanze, con terrazzino. Curiose sedie colorate e vivaci pitture murali di paesaggi nella sala da pranzo.

Irma, viale della Libertà 302 ✆ 0578 63941, *Fax 0578 63941*, – rist
maggio-ottobre – **Pasto** 22 – 6 – **78 cam** 50/70.
◆ Troverete un cordiale ambiente familiare in questo albergo, in parte rinnovato; dehors ombreggiato nel giardino, con angolo solarium e grande vasca idromassaggio. Sala ristorante con grandi finestre affacciate sul rilassante verde del giardino.

Sole ed Esperia, via delle Rose 40 ✆ 0578 60194, *hsole@libero.it, Fax 0578 60196*, – – 140. rist
Pasqua-ottobre – **Pasto** 15/30 – 6,20 – **108 cam** 55/78 – ½ P 70.
◆ Centrale, ma in zona tranquilla vicina alle terme, si compone di un corpo centrale e di una dépendance, con camere più moderne; giardino ombreggiato e terrazza solarium.

Golf Hotel, via Veneto 7 ✆ 0578 63321, *golfhotel@cretedisiena.com, Fax 0578 63352* – rist, rist
aprile-novembre – **Pasto** 20 – 5 – **28 cam** 43/65 – ½ P 50.
◆ Nata nel '95 dalla ristrutturazione di un vecchio hotel in tranquilla zona residenziale, è una risorsa semplice, ma con impostazioni moderne; camere ben arredate. Sala ristorante d'ispirazione contemporanea.

Cristina, via G. di Vittorio 31 ✆ 0578 60552, *hcristina@tin.it, Fax 0578 60552* – rist
Pasqua-ottobre – **Pasto** (solo per alloggiati) 15/18,50 – 6 – **43 cam** 47/62 – ½ P 50.
◆ Hotel familiare, rinnovatosi nel corso degli ultimi anni, presenta zone comuni gradevoli e camere sobrie, con arredi pratici e funzionali; terrazza solarium sul tetto.

Montecarlo, viale della Libertà 478 ✆ 0578 63903, *info@hotel-montecarlo.it, Fax 0578 63093*, – rist
maggio-ottobre – **Pasto** (solo per alloggiati) carta 20/25 – 5,50 – **41 cam** 49/70 – ½ P 60.
◆ Accogliente struttura a conduzione diretta, che dispone di bella terrazza panoramica con solarium e piscina; arredi semplici, ma funzionali nelle sobrie stanze. Ampia e luminosa sala per il ristorante.

Patria, viale Roma 56 ✆ 0578 64506, *patria@barbettihotels.it, Fax 0578 64506* – rist
aprile-novembre – **Pasto** (solo per alloggiati) 16 – **30 cam** 52/67 – ½ P 56.
◆ Lungo il viale che conduce alla moderna piazza Italia, un hotel completamente rinnovato in cui si respira una fresca aria di nuovo. Accoglienza cordiale, prezzi corretti.

San Paolo, via Ingegnoli 22 ✆ 0578 60221, *hsanpaolo@ftbcc.it, Fax 0578 63753* – rist,
marzo-15 novembre – **Pasto** (solo per alloggiati) – **44 cam** 36/60 – ½ P 42.
◆ Struttura familiare, ben tenuta e in parte rinnovata, che propone soluzioni improntate sulla funzionalità sia negli spazi comuni che nelle sobrie camere.

Hostaria il Buco, via Della Pace 39 ✆ 0578 30230, *hostariailbuco@libero.it, Fax 0578 30230*, Rist. e pizzeria serale, prenotare –
chiuso dal 2 al 15 novembre e mercoledì – **Pasto** carta 22/28.
◆ Nella parte alta della città, arredamento signorile e accoglienza informale in un ristorante-pizzeria con proposte tipiche locali; funghi e tartufi in stagione.

CHIARAMONTE GULFI Ragusa 565 P 26 – *Vedere Sicilia alla fine dell'elenco alfabetico.*

CHIAROMONTE *85032 Potenza* 564 G 30 – *2 218 ab. alt. 794.*

Roma 435 – Potenza 139 – Matera 116 – Sapri 82 – Taranto 134.

Agriturismo Costa Casale, contrada Vito ✆ 0973 642346, ≤, , Turismo equestre – 📺 🅿. ✗

Pasto *(chiuso mercoledì)* carta 16/24 – **5 cam** ☕ 30/50 – ½ P 40.

◆ Alla scoperta del Parco del Pollino o per semplice relax e magari per un po' di turismo equestre in un'antica masseria tranquilla e panoramica; camere arredate con gusto. Piatti casereccì serviti in un grazioso ambiente rustico o nel piacevole dehors.

CHIASSA SUPERIORE *Arezzo* 563 L 17 – *Vedere Arezzo.*

CHIAVARI *16043 Genova* 561 J 9 *G. Italia – 28 023 ab..*

Vedere *Basilica dei Fieschi★.*

corso Assarotti 1 ✆ 0185 325198, Fax 0185 324796.

Roma 467 – Genova 38 – Milano 173 – Parma 134 – Portofino 22 – La Spezia 69.

Monte Rosa, via Monsignor Marinetti 6 ✆ 0185 314853, *info@hotelmonterosa.it, Fax 0185 312868* – |♦|, ▤ rist, 📺 – 🏛 200. AE ⓢ ◑ ⓜ VISA. ✗ rist

Pasto carta 33/54 anche self-service a mezzogiorno – **64 cam** ☕ 75/140, 3 suites – ½ P 90.

◆ Hotel che porta assai bene i suoi 90 anni, grazie agli interventi di «lifting» per adeguarlo alle esigenze della moderna ospitalità; sale polivalenti, stanze funzionali. L'atmosfera inizio '900 delle origini della struttura si ritrova nelle sale ristorante.

Lord Nelson con cam, corso Valparaiso 27 ✆ 0185 302595, *Fax 0185 310397*, ≤, Coperti limitati; prenotare – ▤ cam, 📺. ⓢ ◑ ⓜ VISA. ✗

chiuso dal 1° al 15 novembre – **Pasto** *(chiuso mercoledì escluso agosto)* carta 48/71 – 5 suites ☕ 181.

◆ Nell'elegante veranda sulla passeggiata vi sentirete come in un pub inglese o a bordo di un galeone; enoteca di design e spunti creativi in cucina. Eleganti appartamenti.

Vecchio Borgo, piazza Gagliardo 15/16 ✆ 0185 309064, – ▤. AE ⓢ ⓜ VISA

chiuso dal 6 gennaio al 7 febbraio e martedì (escluso luglio-agosto) – **Pasto** carta 28/48.

◆ In un vecchio edificio alla fine della passeggiata, sale in stile rustico ricercato e un bel dehors sulla piazzetta; fragranti piatti classici per lo più di pesce.

Da Felice, via Risso 71 ✆ 0185 308016, *Fax 0185 304730*, Coperti limitati; prenotare – ▤. AE ⓢ ⓜ VISA JCB. ✗

chiuso novembre, lunedì e a mezzogiorno dal 15 giugno al 15 settembre – **Pasto** specialità di mare carta 20/37.

◆ Alle spalle del lungomare, marinaro ambiente rustico in una minuscola trattoria, con cucina a vista presidiata dal titolare; piatti secondo il mercato del giorno.

Da Renato, corso Valparaiso 1 ✆ 0185 303033, – AE ⓢ ◑ ⓜ VISA. ✗

chiuso dal 15 al 30 novembre e mercoledì (escluso agosto) – **Pasto** carta 26/40.

◆ Seduti nella veranda, apribile d'estate, di questa rustica trattoria sulla passeggiata si vede il mare e lo si assapora in piatti schietti e tipicamente liguri.

CHIAVENNA *23022 Sondrio* 561 D 10 *G. Italia – 7 329 ab. alt. 333.*

Vedere *Fonte battesimale★ nel battistero.*

corso Vittorio Emanuele II, 2 ✆ 0343 36384, aptchiavenna@provincia.so.it, Fax 0343 31112.

Roma 684 – Sondrio 61 – Bergamo 96 – Como 85 – Lugano 77 – Milano 115 – Saint-Moritz 49.

Aurora, via Rezia 73, località Campedello Est : 1 km ✆ 0343 32708, *info@albergoaurora.it, Fax 0343 35145*, , riscaldata, – |♦| 📺 ♿ 🅿 – 🏛 600. ⓢ ◑ ⓜ VISA. ✗

chiuso dal 4 al 20 novembre – **Pasto** carta 24/37 – ☕ 8 – **48 cam** 60/75 – ½ P 60.

◆ Una struttura fuori del centro, con spazi comuni ridotti e camere dagli arredi essenziali, ma ben tenute; di particolare interesse la piscina in un grazioso giardino. Due sale rustiche, pizze e piatti di cucina nazionale e valtellinese.

Crimea, viale Pratogiano 16 ✆ 0343 34343, *crimea@clavis.it, Fax 0343 35935* – |♦| 📺. AE ⓢ ◑ ⓜ VISA. ✗ rist

chiuso dal 4 al 28 ottobre – **Pasto** *(chiuso giovedì escluso luglio-agosto)* carta 23/40 – ☕ 9 – **30 cam** 47/65 – ½ P 53.

◆ In posizione centrale, in un viale con alberi e aiuole, albergo a gestione diretta, che offre camere semplici, ma pulite e confortevoli; più carine quelle mansardate.

Passerini, palazzo Salis, via Dolzino 128 ✆ 0343 36166, *Fax 0343 36166* – AE ⓢ ◑ ⓜ VISA JCB

chiuso dal 20 giugno al 9 luglio, dal 17 al 21 novembre e lunedì – **Pasto** carta 27/41.

◆ Due sale di sobria eleganza, di cui una con camino, cura della tavola e del servizio in un ristorante dall'offerta culinaria completa: terra, mare e tradizioni del luogo.

Al Cenacolo, via Pedretti 16 ☎ 0343 32123, – AE VISA
chiuso giugno, martedì sera e mercoledì – **Pasto** 19,70 e carta 31/39.
◆ Tocchi di rusticità (legni al soffitto, camino, pavimento in cotto), ma tono elegante in un ristorante del centro, con dehors estivo; specialità locali, ma non solo.

a Mese *Sud-Ovest : 2 km – ✉ 23020 :*

Crotasc, via Don Primo Lucchinetti 67 ☎ 0343 41003, *Fax 0343 41521,* – P. AE VISA.
chiuso dal 24 giugno al 15 luglio, lunedì e martedì – **Pasto** carta 20/36.
◆ Scegliete la saletta più piccola, tipicamente montana con il pavimento di pietra, le pentole di rame alle pareti e il camino; servizio estivo in terrazza ombreggiata.

CHIAVERANO *10010 Torino 561 F 5, 219 ⑭ – 2 191 ab. alt. 329.*
Roma 689 – Aosta 69 – Torino 55 – Biella 32 – Ivrea 6.

Castello San Giuseppe, località Castello San Giuseppe Ovest : 1 km ☎ 0125 424370, *castellosangiuseppe@libero.it, Fax 0125 641278,* ≤ vallata e laghi, – TV P – 25. AE VISA. rist
chiuso dal 7 al 20 gennaio – **Pasto** *(chiuso a mezzogiorno e domenica)* carta 37/48 – **23 cam** 88/155 – ½ P 106.
◆ Per un soggiorno di classe nella quiete di un parco, panoramico convento del XVII sec., che nei raffinati interni d'epoca conserva intatto il fascino della sua storia. Atmosfera romantica nell'antica sala di studio ora elegante ristorante; servizio all'aperto.

Vecchio Cipresso, via Lago Sirio 19 (Ovest : 2 km) ☎ 0125 45555, – P. AE VISA
chiuso mercoledì e a mezzogiorno (escluso sabato e domenica) da maggio a settembre, aperto venerdì, sabato e domenica negli altri mesi – **Pasto** carta 25/32.
◆ Ricavato in un rustico, locale a conduzione familiare, che nei semplici spazi interni o, d'estate, nella terrazza sul lago Sirio, propone cucina del territorio.

CHIERI *10023 Torino 561 G 5 G. Italia – 33 199 ab. alt. 315.*
Roma 649 – Torino 18 – Asti 35 – Cuneo 96 – Milano 159 – Vercelli 77.

La Maddalena, via Fenoglio 4 ☎ 011 9413025, *hotel.maddalena@tiscalinet.it, Fax 011 9472729* – TV P. VISA.
chiuso dal 7 al 29 agosto – **Pasto** *(chiuso venerdì e a mezzogiorno)* 16,50/18 – 5 – **17 cam** 60/75 – ½ P 56.
◆ Spiccatamente familiari l'accoglienza e l'ambiente di questo curato albergo in zona periferica e tranquilla; camere semplici, ma accoglienti e ben accessoriate. Proposte di cucina casalinga, con specialità piemontesi, nella sala di taglio classico.

Sandomenico, via San Domenico 2/b ☎ 011 9411864, *ristoran225670@ristorantesando menico191.it,* Coperti limitati; prenotare – . AE VISA JCB
chiuso agosto, sabato a mezzogiorno, domenica sera e lunedì – **Pasto** 49,50/72,50 e carta 54/75.
◆ Dietro al Duomo, soffitto con travi a vista e pochi tavoli rotondi in un locale luminoso ed elegante; cucina fantasiosa, di terra e di mare, che segue l'estro dello chef.

CHIESA IN VALMALENCO *23023 Sondrio 561 D 11 – 2 752 ab. alt. 1 000 – Sport invernali : 1 000/2 236 m 1 12,* .
piazza Santi Giacomo e Filippo 1 ☎ 0342 451150, aptvalmalenco@provincia.so.it, Fax 0342 452505.
Roma 712 – Sondrio 14 – Bergamo 129 – Milano 152.

Tremoggia, via Bernina 6 ☎ 0342 451106, *tremoggia.so@bestwestern.it, Fax 0342 451718,* ≤, , , – TV P – 80. AE VISA JCB.
chiuso novembre – **Pasto** *(chiuso mercoledì)* carta 23/29 – **39 cam** 82/140, 4 suites – ½ P 88.
◆ Calda accoglienza familiare in un albergo storico della località rinnovato nel tempo; oggi offre servizi completi e di alto livello; centro benessere all'ultimo piano. Ristorante che dispone di varie, confortevoli sale.

La Lanterna, via Bernina 88 ☎ 0342 451438, *Fax 0342 451801* – TV. AE VISA. rist
dicembre-aprile e luglio-settembre – **Pasto** carta 19/25 – 5 – **16 cam** 35/70 – ½ P 50.
◆ Un semplice hotel che gode i buoni risultati di una ristrutturazione in anni recenti; solida conduzione familiare, camere pulite, spaziose e dal confort adeguato. Ristorante casalingo seguito direttamente dai gestori dell'albergo.

La Volta, via Milano 48 ☎ 0342 454051, prenotare – AE VISA
chiuso maggio, mercoledì e giovedì a mezzogiorno (escluso Natale ed agosto) – **Pasto** carta 29/41.
◆ Tradizione e modernità: è il binomio che descrive un locale di raffinata eleganza in un edificio storico ristrutturato; ai fornelli si fondono creatività e competenza.

Il Vassallo, via Vassalini 27 ☏ 0342 451200 – P. AE ⑤ ⓓ MC VISA
chiuso lunedì – **Pasto** carta 25/31.
◆ Un caratteristico edificio in pietra di origine cinquecentesca più un sapiente, rispettoso restauro: il risultato è calore del legno, atmosfera suggestiva e buona cucina.

Malenco, via Funivia 20 ☏ 0342 452182, *malencorestaurant@libero.it, Fax 0342 454647,* ← – P. AE ⑤ ⓓ MC VISA
chiuso dal 20 giugno al 5 luglio, dieci giorni in ottobre e mercoledì – **Pasto** carta 24/33.
◆ Di taglio moderno l'arredo della sala, con vetrata panoramica sulla valle, di impostazione tipica-locale invece la carta: piatti della tradizione a prezzi contenuti.

CHIETI *66100* P 563 O 24 *G. Italia – 56 615 ab. alt. 330 – a.s. 20 giugno-agosto.*
Vedere *Giardini★ della Villa Comunale* **Z** – *Guerriero di Capestrano★ nel museo Archeologico degli Abruzzi* **Z M1**.
Abruzzo (chiuso lunedì) a Brecciarola ✉ 66010 Chieti ☏ 0871 684969, Fax 0871 684969, Ovest : 2 km.
via B. Spaventa 29 ☏ 0871 63640, presidio.chieti@abruzzoturismo.it, Fax 0871 63647.
A.C.I. *piazza Garibaldi 3 ☏ 0871 345304.*
Roma 205 ③ – Pescara 14 ① – L'Aquila 101 ③ – Ascoli Piceno 103 ① – Foggia 186 ① – Napoli 244 ③.

Harry's, via Valignani 219 ☏ 0871 321555, *info@hotelharris.com, Fax 0871 321781,* ←, Fitness, – ▤ TV. AE ⑤ ⓓ MC VISA. ✂
Pasto *(chiuso a mezzogiorno)* (solo per alloggiati) carta 19/29 – **15 cam** ☕ 62/93 – ½ P 70.
◆ In posizione semi-periferica, una struttura recente, su due livelli, con balconi e terrazza-solarium affacciati sulla vallata. Camere classiche con pavimenti in parquet.

sulla strada statale 5 Tiburtina - località Brecciarola *Sud-Ovest : 9 km :*

Da Gilda, via Aterno 464 ✉ 66010 Brecciarola ☏ 0871 684157, *Fax 0871 684727* – ▤ P. AE ⑤ ⓓ MC VISA JCB. ✂
chiuso lunedì e la sera (escluso giovedì, venerdì e sabato) – **Pasto** carta 17/34.
◆ Pluriennale gestione familiare per un ristorante semplice, che punta su preparazioni fresche e «collaudate» di ricette nazionali e locali, con qualche piatto di pesce.

CHIGNOLO PO *27013 Pavia* 561 G 10 – *3 230 ab. alt. 71.*
Roma 537 – Piacenza 29 – Cremona 48 – Lodi 22 – Milano 55 – Pavia 30.

sulla strada statale 234 *Nord-Est : 3 km :*

Da Adriano, via Cremona 18 ✉ 27013 ☏ 0382 76119, *Fax 0382 76119,* 余, 🌳 – ▤ P. AE ⑤ ⓓ MC VISA. ✂
chiuso dal 2 al 10 gennaio, dal 1° al 20 agosto, lunedì sera e martedì – **Pasto** carta 30/45.
◆ Ambiente classico, con camino, e clientela di habitué per un ristorante in attività da 30 anni con la stessa gestione; cucina stagionale del territorio e piatti di pesce.

CHIOGGIA *30015 Venezia* 562 G 18 *G. Venezia – 51 898 ab..*
Vedere *Duomo★.*
Roma 510 – Venezia 53 – Ferrara 93 – Milano 279 – Padova 42 – Ravenna 98 – Rovigo 55.

Grande Italia, rione Sant'Andrea 597 (piazzetta Vigo 1) ☏ 041 400515, *hgi@hotelgrandeitalia.com, Fax 041 400185,* ←, Fitness, – 🛗 ▤ TV ☎ ♿. AE ⑤ ⓓ MC VISA. ✂ rist
chiuso dal 7 al 31 gennaio – **Pasto** al Rist. ***Alle Baruffe Chiozzotte*** *(chiuso martedì escluso da giugno a settembre)* carta 30/46 – **58 cam** ☕ 110/170 – ½ P 92.
◆ Affacciato sul centro e sulla laguna, un palazzo di inizio '900 sottoposto a lungo e sapiente restauro: fascino d'epoca e confort moderni in ambienti di sobria eleganza. Bei tappeti, lampadari in stile, eleganti tavoli rotondi nella raffinata sala ristorante.

El Fontego, piazzetta XX Settembre 497 ☏ 041 5500953, *Fax 041 5509098,* 余, Rist. e pizzeria, prenotare – ▤. AE ⑤ MC VISA JCB. ✂
chiuso dal 15 al 30 novembre e lunedì – **Pasto** carta 27/43.
◆ Aperto nel 1997, ha uno stile elegante, con arredi di design, ricca boiserie e illuminazione di moderna concezione; piatti classici, di pesce e le tradizionali pizze.

L'Ombra del Gato, corso del Popolo 653 ☏ 041 401806, *Fax 041 5509126,* 余 – ▤. AE ⑤ ⓓ MC VISA JCB. ✂
chiuso dal 1° gennaio al 12 febbraio, lunedì e martedì a mezzogiorno – **Pasto** carta 19/59.
◆ Nel centro, due salette rustiche per un ristorante di tradizione, dove la gestione familiare è molto attenta alla qualità dei prodotti, che sono quelli del mare.

a Lido di Sottomarina *Est : 1 km – ✉ 30019 Sottomarina.*

lungomare Adriatico 101 ☎ 041 401068, Fax 041 5540855

Bristol, lungomare Adriatico 46 ☎ 041 5540389, *info@hotelbristol.net, Fax 041 5541813,* ←, ⛱, ⛱, – |‡| ▤ TV P. AE $ ◑ MC VISA. ✂
marzo-novembre – **Pasto** *(giugno-agosto)* (solo per alloggiati) 30/40 – **64 cam** ☐ 120/150 – ½ P 85.
◆ Sul lungomare, imponente struttura bianca dagli ampi spazi esterni, con piscina e zona solarium; confort adeguato alla categoria nelle camere, con balcone e vista mare.donano particolare luminosità all'ambiente.

Sole, viale Mediterraneo 9 ☎ 041 491505, *sole@cbn.it, Fax 041 4966760,* – |‡| ▤ TV ♿ – 100. $ ◑ MC VISA JCB. ✂
10 febbraio-10 novembre – **Pasto** (solo per alloggiati) 22/36 – **59 cam** ☐ 52/82 – ½ P 65.
◆ Dopo la ristrutturazione si presenta in nuova veste elegante questo hotel all'inizio del viale lungomare; comode zone comuni, camere non amplissime, ma ben accessoriate.

Ritz, lungomare Adriatico 48 ☎ 041 491700, *sottomarina@hotelritz.ve.it, Fax 041 493900,* ←, ⛱, – |‡| ▤ TV P – 150. AE $ MC VISA. ✂
marzo-ottobre – **Pasto** carta 31/39 – **88 cam** ☐ 85/120 – ½ P 90.
◆ Per vacanza o per lavoro, grande complesso fronte mare, che dispone di ampi spazi comuni, spiaggia privata e infrastrutture congressuali; arredi recenti nelle stanze. Ristorante a vocazione banchettistica anche a supporto dell'attività congressuale dell'hotel.

Park, lungomare Adriatico 74 ☎ 041 490740, *h.park@chioggiahotel.it, Fax 041 490111,* ←, – |‡| ▤ TV P. AE $ ◑ MC VISA JCB. ✂ rist
Pasto carta 17/30 – **41 cam** ☐ 45/75 – ½ P 60.
◆ Prospiciente la spiaggia e lo stabilimento balneare, un albergo semplice, ma accogliente, a gestione familiare; camere con balcone, rinnovate in anni recenti. Per i clienti esterni ristorante-pizzeria, con ingresso indipendente.

Garibaldi, via San Marco 1924 ☎ 041 5540042, *Fax 041 5540042,* Coperti limitati; prenotare – ▤. AE $ ◑ MC VISA. ✂
chiuso novembre, lunedì e da dicembre ad aprile anche domenica sera – **Pasto** specialità di mare carta 45/70.
◆ Presente da 100 anni in luogo, è un ristorantino elegante, ma informale, a conduzione familiare; cucina di mare semplice e immediata, dove domina l'uso della griglia.

sulla strada statale 309 - Romea *Sud : 8 km :*

Al Bragosso del Bepi el Ciosoto con cam, via Romea 120 ✉ 30010 Sant'Anna di Chioggia ☎ 041 4950395, *Fax 041 4950401* – ▤ TV P. $ MC VISA. ✂
chiuso gennaio – **Pasto** *(chiuso mercoledì)* specialità di mare carta 31/38 – ☐ 6 – **8 cam** 36/55.
◆ Una periferica trattoria che mette a disposizione degli ospiti camere dignitose; semplici e familiari l'ambiente e il servizio, gustosa cucina casalinga marinara.

a Cavanella d'Adige *Sud : 13 km – ✉ 30010 :*

Al Centro, via Centro 62 ☎ 041 497501, *Fax 041 497661* – ▤. $ MC VISA
chiuso dal 29 dicembre al 16 gennaio, dal 28 giugno al 9 luglio e lunedì – **Pasto** specialità di mare alla griglia carta 34/65.
◆ In una piccola frazione, accogliente locale di ambientazione moderna per fragranti proposte di pesce; grande griglia a vista per cucinare le specialità della casa.

CHIRIGNAGO *Venezia – Vedere Mestre.*

CHIUSA (KLAUSEN) *39043 Bolzano* 562 C 16 *G. Italia – 4 584 ab. alt. 525 – ✉ 39043 Chiusa d'Isarco.*

piazza Tinne 6 ☎ 0472 847424, info@klausen.it, Fax 0472 847244.

Roma 671 – Bolzano 30 – Bressanone 11 – Cortina d'Ampezzo 98 – Milano 329 – Trento 90.

Parkhotel Post-Posta, piazza Tinne 3 ☎ 0472 847514, *info@parkhotel-post.it, Fax 0472 846251,* ⛱, – |‡|, rist, TV. $ MC VISA. ✂ rist
chiuso dal 10 novembre al 1º febbraio – **Pasto** *(chiuso a mezzogiorno e giovedì)* carta 20/41 – **53 cam** ☐ 50/90, suite – ½ P 60.
◆ In una piazza del pittoresco centro cittadino, un edificio dalle origini più che centenarie ospita una risorsa confortevole, a gestione familiare; giardino con piscina. Accogliente ristorante dall'ambientazione caratteristica.

Ansitz Fonteklaus , Est : 3,6 km, alt. 897 ☎ 0471 655654, *info@fonteklaus.it, Fax 0471 655045,* ← monti, – TV P. $ MC VISA. ✂ rist
aprile-novembre – **Pasto** *(chiuso giovedì)* carta 25/44 – **9 cam** ☐ 43/72, 2 suites – ½ P 49.
◆ Potreste incontrare i caprioli, il picchio o lo scoiattolo in questa incantevole oasi di pace; laghetto-piscina naturale; confort e relax in un hotel tutto da scoprire. Calda atmosfera nella sala da pranzo in stile stube.

Unterwirt con cam, località Gudon (Gufidaun) Nord-Est : 4 km 0472 844000, *gasthofunterwirt@jumpy.it, Fax 0472 844065*, – . VISA
chiuso da gennaio a marzo, martedì e mercoledì; (dal 1°luglio chiuso domenica e lunedì – **Pasto** carta 38/51 – 10 – **7 cam** 34/48.
◆ Tranquillità, accoglienza cordiale, tre antiche stube tutte di legno, cucina del territorio e possibilità di soggiorno in camere curate per un locale pieno di tradizione.

CHIUSI *53043 Siena* 563 M 17 *G. Toscana – 8 594 ab. alt. 375.*

Vedere *Museo Etrusco*★.
piazza Duomo 1 0578 227667, prolocochiusi@bcc.tin.it, Fax 0578 227667.
Roma 159 – Perugia 52 – Arezzo 67 – Chianciano Terme 12 – Firenze 126 – Orvieto 51 – Siena 79.

La Casa Toscana senza rist, via Ermanno Baldetti 37 0578 222227, *casatoscana@libero.it, Fax 0578 223812* – . VISA
chiuso dal 15 al 30 gennaio – **6 cam** 90/100.
◆ Un vero bed and breakfast, con spazi comuni condivisi dai proprietari: un insieme caldo ed elegante in un palazzo nobiliare del centro; mobili antichi e dettagli di pregio.

Osteria La Solita Zuppa, via Porsenna 21 0578 21006, *rl@lasolitazuppa.it, Fax 0578 21006*, prenotare – AE VISA
chiuso dal 15 gennaio al 10 marzo e martedì – **Pasto** carta 25/31.
◆ E' calda questa trattoria rustica di ambiente caratteristico; cucina toscana, con un occhio di riguardo per piatti antichi e «poveri» e, ovviamente, per le zuppe.

Zaira, via Arunte 12 0578 20260, *ristorantezaira@tin.it, Fax 0578 21638* – . AE VISA.
chiuso lunedì (escluso da aprile a novembre e festivi) – **Pasto** carta 25/34.
◆ Chiedete di visitare la cantina ricavata in camminamenti etruschi di tufo e poi godetevi la simpatica atmosfera di questo ristorante di tradizione e i suoi piatti locali.

in prossimità Casello autostrada A1 *Ovest : 3 km :*

Villa il Patriarca , località Querce al Pino, ss. 146 53043 Chiusi 0578 274407, *info@ilpatriarca.it, Fax 0578 274594*, , Coperti limitati; prenotare, – , rist, – 35. AE VISA.
chiuso dal 15 gennaio al 10 marzo – **Pasto** *(chiuso lunedì)* carta 62/86 – **23 cam** 130/187.
◆ Villa ottocentesca edificata su un insediamento di origine etrusca, racchiusa in un parco meraviglioso, ristrutturata senza economie, ma con un'ottima dose di buon gusto. Al ristorante la qualità degli arredi è sorprendente, non da meno la cucina.
Spec. Passatelli d'anatra con foie gras e mele su sedano brasato, salsa al guanciale affumicato. Raviolo di farina d'avena con petto di piccione e fricassea di capesante su salsa al tartufo nero. Filetto di vitello con gambero rosso (maggio-settembre).

CHIVASSO *10034 Torino* 561 G 5 – *23 842 ab. alt. 183.*

Roma 684 – Torino 22 – Aosta 103 – Milano 120 – Vercelli 57.

Ritz senza rist, via Roma 17 011 9102191, *hotelritz.chivasso@libero.it, Fax 011 9116068* – – 60. AE VISA JCB
50 cam 90/116.
◆ In posizione centrale, nei pressi della stazione ferroviaria, una struttura non grande, dotata di comodo parcheggio chiuso; arredi classici nelle accoglienti camere.

Europa, piazza d'Armi 5 011 9171886 e rist. 011 9171825, *info@hoteleuropachivasso.it, Fax 011 9102025* – , cam, – 80. AE VISA JCB
Pasto al Rist. ***La Verna*** *(chiuso domenica)* carta 18/26 – **42 cam** 75/95 – 1/2 P 65.
◆ Cordiale conduzione familiare in un albergo del centro storico, ideale per clientela di lavoro; recentemente rinnovato, offre buon confort generale nei vari settori. Tanti quadri alle pareti e ambiente curato nel rinnovato ristorante.

Locanda del Sole, via del Collegio 8/a 011 9101724, *Fax 011 9175726* – . VISA
chiuso agosto e lunedì – **Pasto** carta 18/30.
◆ Frequentazione di affezionati habitué per questo locale in una via pedonale del centro storico; due salette raccolte, cucina piemontese e prezzi contenuti.

CIAMPINO *Roma* 563 Q 19 – *Vedere Roma.*

CIMA MONTEROSSO *Verbania – Vedere Verbania.*

CIMA SAPPADA *Belluno – Vedere Sappada.*

CIMEGO *38082 Trento* 562 E 13 – *421 ab. alt. 557.*

Roma 605 – Trento 55 – Brescia 70125 – Sondrio 143 – Verona.

Aurora, località Casina dei Pomi 139 (strada statale 237) ☎ 0465 621064, *graziano@hotelaurora.tn.it, Fax 0465 621771,* – |‡|, rist, ▤ TV P. Ⓢ MC VISA. rist

Pasto *(chiuso lunedì)* carta 21/31 – **19 cam** 32/60 – ½ P 45.

◆ A farvi sentire in montagna non sarà l'alta quota, ma lo stile tipicamente montano di questo albergo dall'atmosfera simpatica e vivace; graziose le camere mansardate. Ampia sala luminosa al ristorante, rinomato per le specialità locali.

CINGOLI *62011 Macerata* 563 L 21 – *10 230 ab. alt. 631 – a.s. 10 luglio-13 settembre.*

(giugno-settembre) via Ferri 17 ☎ 0733 602444, iat.cingoli@regione.marche.it, 0733 602444.

Roma 250 – Ancona 52 – Ascoli Piceno 122 – Gubbio 96 – Macerata 30.

Villa Ugolini senza rist, località Sant'Anastasio 30 (Est : 4 km) ☎ 0733 604692, *raffaella.roma@tiscalinet.it, Fax 0733 601630,* – |‡| TV ♿ P. AE Ⓢ ⓓ MC VISA.

12 cam 36/65.

◆ Piccolo albergo a conduzione familiare ricavato da una villa in pietra del 1600. Camere ampie con mobilio in «arte povera». Giardino curato con vista sui colli.

CINISELLO BALSAMO *20092 Milano* 561 F 9, 219 ⑲ – *74 597 ab. alt. 154.*

Roma 583 – Milano 13 – Bergamo 42 – Como 41 – Lecco 44 – Monza 7.

Pianta d'insieme di Milano.

Lincoln senza rist, viale Lincoln 65 ☎ 02 6172657, *hlincoln@iol.it, Fax 02 6185524* – |‡| ▤ TV P. AE Ⓢ ⓓ MC VISA JCB BO k

20 cam 115/140.

◆ Frequentazione, per lo più abituale, di clientela di lavoro o di passaggio per una risorsa di buon confort, con spazi comuni limitati, ma camere ampie e ben arredate.

Michelin non distribuisce targhe agli alberghi e ristoranti che segnala.

CINQUALE *Massa* 563 K 12 – *Vedere Montignoso.*

CIOCCARO *Asti* 561 G 6 – *Vedere Penango.*

CIPRESSA *18010 Imperia* 561 K 5 – *1 182 ab. alt. 240.*

Roma 628 – Imperia 19 – San Remo 12 – Savona 83.

La Torre, piazza Mazzini 2 ☎ 0183 98000 – AE Ⓢ MC VISA

16 febbraio-14 ottobre; chiuso lunedì – **Pasto** carta 20/29.

◆ Nel centro di questo caratteristico paese dell'entroterra, trattoria di tono rustico e di ambiente familiare, come la gestione; tradizione locale in cucina.

CIRELLA *87020 Cosenza* 564 H 29 – *alt. 27.*

Roma 430 – Cosenza 83 – Castrovillari 80 – Catanzaro 143 – Sapri 60.

Ducale Villa Ruggieri, via Vittorio Veneto 254 ☎ 0985 86051, *hotelducale@libero.it, Fax 0985 86401,* – ▤ TV P. AE Ⓢ ⓓ MC VISA. rist

Pasto *(maggio-15 ottobre)* (solo per alloggiati) 18/25 – 6 – **22 cam** 50/80 – ½ P 81.

◆ Bella villa settecentesca, dall'800 di proprietà della famiglia che vi gestisce un hotel dagli spazi comuni di tono elegante; camere funzionali; accesso diretto al mare.

CIRIÉ *10073 Torino* 561 G 4 – *18 341 ab. alt. 344.*

Roma 698 – Torino 20 – Aosta 113 – Milano 144 – Vercelli 74.

Gotha, via Torino 53 ☎ 011 9212059, *gotha@gothahotel.com, Fax 011 9203661* – |‡| ▤ TV ♿ P – 200. AE Ⓢ ⓓ MC VISA.

Pasto *(chiuso domenica)* carta 29/38 – **44 cam** 120/170.

◆ Servizio efficiente in una struttura moderna sia nella qualità che nello stile degli arredi e delle installazioni; camere omogenee, ben accessoriate; sale convegni.

XX **Dolce Stil Novo,** via San Pietro 71/73 località Devesi Ovest : 2 km ☎ 011 9211110, *rist.dolcestilnovo@libero.it, Fax 011 9211110,* Coperti limitati; prenotare – ▤. AE ⓢ ⓞ ⓜⓒ VISA. ✂
chiuso dall'8 al 31 agosto, domenica sera, lunedì e i mezzogiorno da martedì a sabato – **Pasto** 40/70 e carta 58/76.
◆ Elegante ambiente «minimalista» per concentrarsi appieno su una cucina che coniuga modernità e vecchio Piemonte nell'unica, straordinaria direzione della creatività.
Spec. Coniglio tiepido in insalata con condimento alla cenere. Lingua di fassone piemontese con emulsione di salsa verde-variazione sul tema. Uovo alla carbonara con erba cipollina ed olio di prima sprematura.

XX **Nuovo Carretto,** via Biaune 4 ☎ 011 9203206, *Fax 011 9203206,* ☂. AE ⓢ ⓞ ⓜⓒ VISA
chiuso una settimana in febbraio, dal 23 agosto al 13 settembbre e lunedì – **Pasto** carta 31/46.
◆ Ristorante in un cascinale, dove il giovane titolare propone un menù quotidiano basato sulla tradizione piemontese aggiornata con fantasia; servizio estivo all'aperto.

CIRÒ MARINA *88811 Crotone* 564 I 33 – *13 664 ab..*

Roma 561 – Cosenza 133 – Catanzaro 114 – Crotone 36 – Taranto 210.

Il Gabbiano ⛰, località Punta Alice Nord : 2 km ☎ 0962 31339, *info@gabbiano-hotel.com, Fax 0962 31330,* ←, ☂, ⛱, 🎾, 🌳 – ▤ TV P – 🎤 150. AE ⓢ ⓞ ⓜⓒ VISA. ✂
Pasto carta 19/38 – **44 cam** ☕ 60/98.
◆ Il punto di forza dell'hotel è la sua posizione: tranquilla, poco fuori del paese e sul mare, con spiaggia privata; comode zone comuni, camere semplici, ma funzionali. Due sale di tono elegante nel ristorante, che offre servizio estivo di fronte alla piscina.

CISON DI VALMARINO *31030 Treviso* 562 E 18 – *100 ab. alt. 261.*

Roma 582 – Belluno 32 – Trento 114 – Treviso 41 – Venezia 76.

Castel Brando ⛰, via Brandolini 29 ☎ 0438 976093, *cbc@castelbrando.it, Fax 0438 976020,* Fá, ⌂, ⛱ – ▤ TV ☎ 🚗 P – 🎤 400. AE ⓢ ⓞ. ✂
Pasto al Rist. ***Sansovino*** carta 18/42 e al Rist. ***La Fucina*** 20 – **50 cam** ☕ 100/140, 2 suites – ½ P 130.
◆ Sorge in posizione elevata questo complesso storico, fortificato e cinto da mura, le cui origini risalgono al 1200. Grandi spazi e servizi completi, anche per congressi. Al ristorante Sansovino ambiente di tono, menù eclettico e stuzzicante.

CISTERNA D'ASTI *14010 Asti* 561 H 6 – *1 288 ab. alt. 357.*

Roma 626 – Torino 46 – Asti 21 – Cuneo 82.

X **Garibaldi** con cam, via Italia 1 ☎ 0141 979118, *Fax 0141 979118* – ▤ cam, TV P. AE ⓢ ⓞ ⓜⓒ VISA
chiuso gennaio – **Pasto** *(chiuso mercoledì)* carta 22/29 – **7 cam** ☕ 30/55 – ½ P 38.
◆ C'è tutta la storia di una famiglia nella raccolta di oggetti d'epoca di uso comune (dalle pentole alle fotografie) esposta in questo originale locale; cucina piemontese.

CISTERNINO *72014 Brindisi* 564 E 34 – *12 203 ab. alt. 393.*

Roma 524 – Brindisi 56 – Bari 74 – Lecce 87 – Matera 87 – Taranto 42.

Lo Smeraldo ⛰, contrada Don Peppe Sole 7, località Monti Nord-Est : 3 km ☎ 080 4448044, *losmeraldo@tin.it, Fax 080 4447657,* ← mare e costa, ⛱, 🌳, 🎾 – 🛗 ▤ TV P – 🎤 250. AE ⓢ ⓞ ⓜⓒ VISA. ✂
Pasto *(chiuso martedì escluso luglio ed agosto)* carta 19/27 – **84 cam** ☕ 55/85 – ½ P 60.
◆ Si vedono il mare e la costa in lontananza da questa funzionale struttura di taglio moderno, in zona verdeggiante e soleggiata; gestione familiare attenta e ospitale. Varie sale, luminose e signorili, nel ristorante a vocazione banchettistica.

CITARA *Napoli – Vedere Ischia (Isola d') : Forio.*

CITERNA *06010 Perugia* 563 L 18 – *3 154 ab. alt. 482.*

Roma 232 – Perugia 64 – Arezzo 29 – Pesaro 109 – Ravenna 131.

Sobaria ⛰, via della Pineta 2 ☎ 075 8592118, *sobaria@plugit.it, Fax 075 8593410,* ←, ☂, Fá, ⛱, ▤ rist, TV – 🎤 150. AE ⓢ ⓞ ⓜⓒ VISA JCB. ✂
Pasto al rist. ***La Rocca*** carta 20/33 – **25 cam** ☕ 60/88, suite – ½ P 59,50.
◆ Un piccolo paese fortificato in terra umbra, un albergo immerso nel verde e nel silenzio, con piscina e camere rinnovate di recente: ideale per un soggiorno riposante. Ristorante con ampie vetrate affacciate sulla terrazza, cucina legata al territorio.

CITTADELLA 35013 Padova 562 F 17 *G. Italia – 18 720 ab. alt. 49.*

Vedere *Cinta muraria★.*

Roma 527 – Padova 31 – Belluno 94 – Milano 227 – Trento 102 – Treviso 38 – Venezia 66 – Vicenza 22.

XXX **2 Mori** con cam, borgo Bassano 149 ☎ 049 9401422, *info@hotelduemori.it, Fax 049 9400200*, – rist, 300. AE VISA
Pasto *(chiuso dal 1° al 15 gennaio, dal 1° al 20 agosto, domenica sera e lunedì)* carta 27/35 – **26 cam** 50/82 – ½ P 60.
◆ In un edificio sulle fondamenta di un convento del XV sec., sale ristorante dall'arredo elegante e camere ben accessoriate; molto gradevole il servizio estivo in giardino.

CITTADELLA DEL CAPO 87020 Cosenza 564 I 29 – *alt. 23.*

Roma 451 – Cosenza 61 – Castrovillari 65 – Catanzaro 121 – Sapri 71.

Palazzo del Capo , via Cristoforo Colombo 5 ☎ 0982 95674, *palazzodelcapo@tiscali net.it, Fax 0982 95676*, ≤, – 150. AE VISA.
Pasto (solo per alloggiati) – **14 cam** 190/210, 2 suites – ½ P 140.
◆ Uno scrigno di insospettate sorprese questa residenza storica fortificata sul mare, con torre spagnola nel giardino; eleganti interni d'epoca, servizi di elevato profilo.

Le principali vie commerciali figurano in rosso sugli stradari delle piante di città.

CITTÀ DELLA PIEVE 06062 Perugia 563 N 18 – *7 047 ab. alt. 508.*

piazza Plebiscito ☎ 0578 299375.

Roma 154 – Perugia 41 – Arezzo 76 – Chianciano Terme 22 – Orvieto 45 – Siena 91.

Relais dei Magi , località le Selve Nuove 45 (Sud-Est : 4 km) ☎ 0578 298133, *receptio n@relaismagi.it, Fax 0578 298858*, ≤, – . AE VISA.
chiuso dal 7 gennaio a febbraio – **Pasto** (solo per alloggiati) 30/50 – **6 cam** 150/220, 3 suites.
◆ Occorre percorrere una strada sterrata per giungere a quest'incantevola risorsa che accoglie i propri ospiti in tre diversi edifici. Un soggiorno appartato e raffinato.

Agriturismo Madonna delle Grazie , località Madonna delle Grazie 6 (Ovest : 1 km) ☎ 0578 299822, *madgrazie@ftbcc.it, Fax 0578 299822*, ≤ colline e valle del Tevere, centro ippico, – . AE VISA.
Pasto (solo per alloggiati) – **7 cam** 140.
◆ La quiete e la vista dei colli umbri, relax in piscina, passeggiate, a piedi e a cavallo, e cibo sano di coltivazione biologica in una piccola azienda agrituristica.

Agriturismo Antica Frateria , località Poggio al Piano 44 (Nord : 3,5 km) ☎ 0578 298805, *poggio@anticafrateria.net, Fax 0578 297055*, ≤ colline e dintorni, – . AE VISA JCB. rist
Pasto *(chiuso a mezzogiorno)* (solo per alloggiati e su prenotazione) 23/40 – **9 cam** 100 – ½ P 70.
◆ La gioia di soggiornare nella semplicità della campagna, all'interno di un autentico casolare, dove regna incontrastato un genuino e dolce spirito d'accoglienza familiare.

CITTÀ DI CASTELLO 06012 Perugia 563 L 18 – *38 625 ab. alt. 288.*

a Caldese di Celle ✉ 06010 Città di Castello ☎ 075 8510197, Fax 075 8510197, Sud-Ovest : 6 km.

piazza Matteotti-logge Bufalini ☎ 075 8554922, info@iat.città-di-castello.pg.it, Fax 075 8552100.

Roma 258 – Perugia 49 – Arezzo 42 – Ravenna 137.

Tiferno, piazza Raffaello Sanzio 13 ☎ 075 8550331, *info@hoteltiferno.it, Fax 075 8521196* – , cam, – 80. AE VISA JCB.
Pasto al Rist. ***Le Logge*** *(chiuso dal 1° al 20 agosto e domenica)* carta 28/37 – **38 cam** 82/128 – ½ P 92.
◆ Porta l'antico nome della città questo raffinato albergo in un edificio d'epoca, con bei soffitti a cassettone e pregevoli mobili antichi; moderne invece le ampie camere. Regna una sobria e distinta eleganza sotto le candide volte della curata sala ristorante.

Le Mura via Borgo Farinario 24/26 ☎ 075 8521070, *direzione@hotellemura.it, Fax 075 8521350* – , rist, – 90. AE VISA. rist
Pasto al Rist. ***Raffaello*** carta 17/29 – **35 cam** 50/80 – ½ P 56.
◆ Ricavato nelle ex manifatture di tabacco e a ridosso delle antiche mura cittadine, struttura di buon confort generale; ottime le sobrie camere, rinnovate di recente. Bella sala ristorante con vetrate affacciate sulla fontana nella suggestiva corte interna.

Garden, viale Bologni Nord-Est : 1 km ✆ 075 8550587, *info@hotelgarden.com, Fax 075 8521367,* – 100. rist
Pasto carta 23/46 – **59 cam** 70/90 – ½ P 58.
◆ Periferico e tranquillo, adiacente ad un centro sportivo, hotel di taglio moderno, con giardino e piscina; pareti ricoperte di sughero nelle camere, ben accessoriate. Tono elegante nell'ampia e ariosa sala del ristorante.

Il Postale di Marco e Barbara, via De Cesare 8 ✆ 075 8521356, *il.postale@libero.it, Fax 075 8521356,* – .
chiuso quindici giorni in gennaio, una settimana in luglio, sabato a mezzogiorno, lunedì e domenica sera da ottobre a marzo – **Pasto** 35/50 e carta 40/57.
◆ Un'autorimessa ristrutturata, arredamento ultramoderno di design e servizio professionale, ma spigliato: giusta cornice per un'interessante cucina dalla linea creativa.
Spec. Crema fredda di piselli con nocetta di tonno e gamberi rosa (primavera). Risotto con cipolle di Tropea, fegato grasso e salsa al vino rosso. Rombo in guazzetto di gamberi e verdure.

Il Bersaglio, viale Orlando 14 ✆ 075 8555534, *Fax 075 8520766,* prenotare – .
chiuso mercoledì – **Pasto** carta 24/38.
◆ Un classico della città questo locale fuori le mura, che si propone con le specialità stagionali della zona: funghi, tartufi bianchi dell'alto Tevere e cacciagione.

CITTADUCALE *02015 Rieti* 563 O 20 – *6 733 ab. alt. 450.*
Roma 84 – Terni 41 – L'Aquila – Pescara 154 – Viterbo.

a Santa Rufina *Nord-Ovest : 6 km – alt. 514 – ✉ 02010 :*

Quinto Assio senza rist, viale delle Scienze 16/A ✆ 0746 607257, *qassio@tin.it, Fax 0746 606674* – – 100.
40 cam 55/65.
◆ In zona industriale, un hotel recente, di buon confort, con arredamento di design moderno, che segue linee pulite ed essenziali, sia nelle zone comuni che nelle camere.

CITTÀ SANT'ANGELO *65013 Pescara* 563 O 24 – *11 663 ab. alt. 320 – a.s. luglio-agosto.*
Roma 223 – Pescara 25 – L'Aquila 120 – Chieti 34 – Teramo 58.

in prossimità casello autostrada A 14 *Est : 9,5 km : – ✉ 65013 Città Sant'Angelo:*

Villa Nacalua senza rist, contrada Fonte Umano ✉ 65013 ✆ 085 959225, *nacalua@nacalua.com, Fax 085 959263,* – – 90.
32 cam 113,50/180,60, 2 suites.
◆ Elegante hotel di taglio moderno, dotato di eliporto; curatissima l'insonorizzazione, interna ed esterna. Ampie camere ben accessoriate, bagni in marmo con idromassaggio.

Giardino dei Principi, contrada Moscarola-Viale Petruzzi 30 ✉ 65013 ✆ 085 950235, *Fax 085 950254,* – – 50.
Pasto carta 19/35 – **34 cam** 57/91 – ½ P 76.
◆ In posizione dominante, funzionale struttura di nuova concezione, con comodi spazi esterni (giardino, parcheggio privato); parquet nelle camere, con bagni completi. Il ristorante ha una grande, luminosa sala adatta anche per banchetti.

CITTIGLIO *21033 Varese* 561 E 7, 219 ⑦ – *3 750 ab. alt. 275.*
Roma 650 – Stresa 53 – Bellinzona 52 – Como 45 – Milano 73 – Novara 65 – Varese 18.

La Bussola con cam, via Marconi 28 ✆ 0332 602291, *Fax 0332 610250,* Rist. e pizzeria serale, – rist, .
Pasto *(chiuso dal 5 al 20 agosto e martedì)* carta 34/43 (10%) – 5 – **21 cam** 55/90 – ½ P 73.
◆ Un locale che può soddisfare esigenze e gusti diversi: sale eleganti, veranda chiusa per la pizzeria serale, salone banchetti, e camere curate; cucina tradizionale.

CIUK *Sondrio* 218 ⑰ – *Vedere Bormio.*

CIVATE *23862 Lecco* 561 E 10, 219 ⑨ – *3 802 ab. alt. 269.*
Roma 619 – Como 24 – Bellagio 23 – Lecco 5 – Milano 51.

Cascina Edvige, via Roncaglio 11 ✆ 0341 550350, *edvige.rist@tiscalinet.it, Fax 0341 210899* – .
chiuso agosto e martedì – **Pasto** carta 21/29.
◆ In un cascinale, quattro caratteristiche e accoglienti salette, di cui tre con camino, per piatti, soprattutto di carne, che seguono le stagioni e le tradizioni locali.

CIVIDALE DEL FRIULI *33043 Udine 562 D 22 G. Italia – 11 378 ab. alt. 138.*

Vedere *Tempietto★★ – Museo Archeologico★★.*

corso Paolino D'Aquileia 10 ✆ 0432 731461, arpt–cividale2@regione.fvg.it, Fax 0432 731398.

Roma 655 – Udine 16 – Gorizia 30 – Milano 394 – Tarvisio 102 – Trieste 65 – Venezia 144.

Roma senza rist, piazza Picco 17 ✆ 0432 731871, *info@hotelroma_cividale.it, Fax 0432 701033* – AE VISA.
50 cam 68/98.
◆ Vicino al centro storico, albergo a conduzione familiare, rinnovato in anni recenti; arredi semplici, ma sobri e funzionali nelle confortevoli camere, bagni moderni.

Locanda al Castello con cam, via del Castello 12 (Nord-Ovest : 1,5 km) ✆ 0432 733242, *info@alcastello.net, Fax 0432 700901*, – – 40. AE VISA JCB. rist
chiuso dal 25 gennaio al 10 febbraio – **Pasto** *(chiuso dal 1° al 10 agosto e mercoledì)* carta 23/36 – **17 cam** 70/110 – 1/2 P 75.
◆ Troneggia un tipico «fogolar» friulano in una delle signorili sale di un ristorante in un ex convento dell'800, immerso nel verde e panoramico; cucina italiana e locale.

CIVITA CASTELLANA *01033 Viterbo 563 P 19 G. Italia – 15 974 ab. alt. 145.*

Vedere *Portico★ del Duomo.*

Roma 55 – Viterbo 50 – Perugia 119 – Terni 50.

Relais Falisco, via Don Minzoni 19 ✆ 0761 5498, *relaisfalisco@libero.it, Fax 0761 598432*, – – 70. AE VISA.
Pasto vedere rist ***la Scuderia*** – **35 cam** 85/105, 8 suites.
◆ Il soggiorno in un palazzo signorile con origini seicentesche offre atmosfere suggestive sia per il turista che per chi viaggia per affari. Ristrutturato recentemente.

Agriturismo Casa Ciotti senza rist, via Terni 14 (Nord : 2,5 km) ✆ 0761 513090, *info@casaciotti.com, Fax 0761 599120*, agriturismo, – . AE VISA
3 aprile-10 dicembre – 5 – 10 suites 85.
◆ Tra gli ulivi, una stazione di posta del '600, dove nel 1870 le truppe del Papa firmarono la resa; giardino con piscina; mobili d'epoca nelle camere, con angolo cottura.

L'Altra Bottiglia, via delle Palme 18 ✆ 0761 517403, *info@laltrabottiglia.com, Fax 0761 517403*, Coperti limitati; prenotare – . AE VISA JCB.
chiuso Natale, Capodanno, dal 1° al 20 agosto, domenica sera, mercoledì e a mezzogiorno – **Pasto** 30/60 e carta 48/65.
◆ Pavimento in cotto, soffitti a volta, tappeti, cristalli e argenti sui tavoli: un caldo ambiente elegante per le creazioni, fra tradizione e modernità, di uno chef donna.
Spec. Salsiccia di fegato di maiale con tortino di ricotta su salsa di bieda. Ravioli d'anatra con ragù d'anguilla. Agnello locale brodettato.

La Scuderia, via Don Minzoni 19 ✆ 0761 516798, *Fax 0761 591964* – . AE VISA
chiuso agosto, lunedì e domenica sera – **Pasto** carta 31/41.
◆ Nel complesso del Relais Falisco, un caratteristico ristorante ricavato nelle scuderie del seicentesco palazzo. L'ambiente è un armoniosa fusione di tipicità ed eleganza.

Val Sia Rosa, via Nepesina al km 1 ✆ 0761 517891, *valsiarosa@tin.it, Fax 0761 591733*, – . AE VISA
chiuso mercoledì – **Pasto** carta 27/39.
◆ Per un evento o una ricorrenza, è ideale l'affascinante cornice di una villa centenaria con giardino, sale interne classiche e un bel dehors estivo; cucina mediterranea.

La Giaretta, via Ferretti 108 ✆ 0761 513398, *Fax 0761 513398* – . AE VISA JCB.
chiuso dal 5 al 25 agosto, domenica sera e lunedì – **Pasto** carta 23/34.
◆ Cucina laziale e qualche piatto di pesce da assaporare nell'ambiente «sincero» delle due curate e sobrie sale di questo centrale ristorante, a conduzione familiare.

a Quartaccio *Nord-Ovest : 5,5 km – ✉ 01034 Fabrica di Roma :*

Aldero, ✆ 0761 514757, *info@aldero.it, Fax 0761 549413*, – – 170. AE VISA.
Pasto *(chiuso dal 5 al 20 agosto e domenica)* carta 19/31 – **67 cam** 72/85, suite – 1/2 P 70.
◆ Ampliata e rinnovata in anni recenti, una struttura a gestione familiare che offre due tipologie di camere di diverso livello; parcheggio chiuso, sala conferenze. Ristorante d'impostazione classica.

Le piante di città sono orientate con il Nord verso l'alto.

CIVITANOVA MARCHE *62012 Macerata 563 M 23 – 39 018 ab. – a.s. luglio-agosto.*

corso Garibaldi 7 ☎ 0733 813967, iat.civitanova@regione.marche.it, Fax 0733 815027.

Roma 276 – Ancona 47 – Ascoli Piceno 79 – Macerata 27 – Pescara 113.

Palace senza rist, piazza Rosselli 6 ☎ 0733 810464, *palace@timropa.com, Fax 0733 810769* – . AE VISA JCB

37 cam 80/100.

◆ Ubicata di fronte alla stazione e recentemente rinnovata, una risorsa che offre un'ospitalità curata nelle sue camere ben insonorizzate e dotate di ogni confort.

Miramare, viale Matteotti 1 ☎ 0733 811511, *info@miramarecivitanova.it, Fax 0733 810637,* , , – , cam, – 100. AE VISA.

Pasto *(chiuso martedì e domenica sera in bassa stagione)* carta 29/47 – 8,50 – **77 cam** 74/110, 2 suites – ½ P 73.

◆ In posizione centrale, non lontano dal porto, una struttura di taglio moderno, buon confort e servizi adeguati; hall con comodi divani in pelle, camere funzionali. Il ristorante ha una sala classica, dove si propone cucina di terra, ma soprattutto di mare.

Acquamarina, viale Matteotti 47 ☎ 0733 810810, *info@hotelaquamarina.it, Fax 0733 810485* – . AE VISA JCB.

Pasto *(giugno-settembre)* carta 25/42 – 7 – **14 cam** 52/75 – ½ P 60.

◆ In un piacevole edificio centrale, non lontano dal mare, hotel a gestione familiare, inaugurato nel 1995; stanze di lineare, funzionale semplicità e bagni moderni.

Il Gatto che Ride, viale Vittorio Veneto 115 ☎ 0733 816667, *info@ilgattocheride.it, Fax 0733 811076* – . AE VISA.

chiuso mercoledì – **Pasto** specialità di mare carta 26/39.

◆ Se oltre a contemplare il mare, volete anche assaporarlo, un buon indirizzo è questo centrale e frequentato locale: un'unica sala con arredi recenti e servizio attento.

CIVITAVECCHIA *00053 Roma 563 P 17 G. Italia – 50 902 ab..*

per Golfo Aranci 26 marzo-settembre giornaliero (7 h) – Sardinia Ferries, Calata Laurenti ☎ 0766 500714, Fax 0766 500718; per Cagliari giornaliero (14 h 30 mn), Olbia giornaliero (da 4 h a 8 h) ed Arbatax 21 mercoledì e domenica (10 h 30 mn) – Tirrenia Navigazione, Stazione Marittima ☎ 0766 58191, Fax 0766 28804.

calata Laurenti (sul Porto) ☎ 0766 25348, Fax 0766 23078.

Roma 78 – Viterbo 59 – Grosseto 111 – Napoli 293 – Perugia 186 – Terni 117.

De la Ville, viale della Repubblica 4 ☎ 0766 580507, *delaville@roseshotels.it, Fax 0766 29282* – – 120. AE VISA. rist

Pasto al Rist. ***Filippo III*** *(chiuso agosto e venerdì)* carta 35/59 – **34 cam** 145/175, 5 suites – ½ P 112,50.

◆ Sul lungomare, raffinati interni d'epoca che ben si armonizzano con il palazzo ottocentesco che li ospita; confort di ottimo livello nelle camere spaziose ed eleganti. Ambiente di classe e arredamento in stile anche nella sala ristorante.

Mediterraneo Suisse senza rist, viale Garibaldi 38 ☎ 0766 23156, *mediterraneo@roses hotels.it, Fax 0766 29262* – . AE VISA. rist

53 cam 150/250 – ½ P 170.

◆ Struttura rinnovata negli ultimi anni, situata sul lungomare e dotata di parcheggio, adatta a clientela sia turistica che di passaggio; arredi recenti nelle camere.

La Scaletta, lungoporto Gramsci 65 ☎ 0766 24334, *Fax 0766 24334,* – AE VISA.

chiuso martedì – **Pasto** specialità di mare carta 37/51.

◆ Un classico della città, tra le mura del Sangallo, a ridosso del porto d'imbarco per le isole; curato ambiente interno o gradevole dehors estivo per sapori di mare.

L'Angoletto, via Pietro Guglielmotti 2 ang. viale della Vittoria ☎ 0766 32825, *Fax 0766 32825* – . AE VISA JCB

chiuso dal 23 dicembre all' 8 gennaio, domenica sera e lunedì – **Pasto** specialità di mare carta 25/51.

◆ Pesce freschissimo per le specialità di un locale classico, a gestione familiare, ubicato in una zona caratteristica da vecchio borgo marinaro, vicino al lungomare.

CIVITELLA ALFEDENA *67030 L'Aquila 563 Q 23 – 286 ab. alt. 1 110.*

Roma 162 – Frosinone 76 – L'Aquila 122 – Caserta 122 – Isernia 51.

Antico Borgo La Torre, via Castello ☎ 0864 890121, *info@albergolatorre.com, Fax 0864 890210,* – .

Pasto (solo per alloggiati) 13/18 – **19 cam** 40/52 – ½ P 42.

◆ Nel centro del paese, preservato nella sua integrità storica, due strutture divise dalla torre del '300 che dà il nome all'albergo; camere senza pretese, ma rinnovate.

CIVITELLA CASANOVA *65010 Pescara* 563 O 23 – *2 079 ab. alt. 400.*

Roma 209 – Pescara 33 – L'Aquila 97 – Teramo 100.

La Bandiera, contrada Pastini 4 (Est : 4 km) ☎ 085 845219, *marcello.spadone@labandiera.it, Fax 085 845789,* , prenotare –
chiuso dal 1° al 14 febbraio, dal 1° al 15 luglio, domenica sera e mercoledì – **Pasto** carta 22/36.

◆ Per gustare la «vera, autentica cucina abruzzese»: una grande casa ristrutturata nella campagna, sale interne di tono rustico-elegante e un piacevole dehors estivo.

CIVITELLA DEL LAGO *Terni* 563 O 18 – *Vedere Baschi.*

CIVITELLA DEL TRONTO *64010 Teramo* 563 N 23 – *5 416 ab. alt. 580.*

Roma 200 – Ascoli Piceno 24 – Ancona 123 – Pescara 75 – Teramo 18.

Zunica, piazza Filippi Pepe 14 ☎ 0861 91319, *tremonelle@hotelzunica.it, Fax 0861 918150,* vallata – , rist, .
chiuso dal 10 al 30 novembre – **Pasto** *(chiuso mercoledì)* carta 25/35 – **20 cam** 50/90 – 1/2 P 55.

◆ Una splendida piazza con belvedere sulle colline fa da cornice al palazzo ottocentesco che accoglie questa graziosa risorsa. Camere accoglienti e gestione cordiale. Al ristorante i sapori della cucina locale.

CIVITELLA IN VAL DI CHIANA *52040 Arezzo* 563 L 17 – *8 621 ab. alt. 523.*

Roma 209 – Siena 52 – Arezzo 18 – Firenze 72.

L'Antico Borgo, via di Mezzo 35 ☎ 0575 448160, *antborgo@supereva.it,* Coperti limitati; prenotare –
chiuso lunedì e martedì – **Pasto** carta 33/43.

◆ Nel borgo medioevale che domina la valle, gestione al femminile per un simpatico localino ricavato in un ex locale per la macina delle olive; cucina toscana stagionale.

CIVITELLA MARITTIMA *58045 Grosseto* 563 N 15 – *alt. 591.*

Roma 206 – Grosseto 33 – Perugia 142 – Siena 43.

Locanda nel Cassero con cam, via del Cassero 29/31 ☎ 0564 900680, *locanda.nel.cassero@libero.it, Fax 0564 900680,* , prenotare –
chiuso dal 10 novembre al 10 dicembre – **Pasto** *(chiuso martedì)* carta 24/37 – **4 cam** 60.

◆ E' incentrata sulla ristorazione questa piacevole, piccola locanda a fianco della chiesa del paese; ambiente caratteristico, conduzione giovane, cucina toscana.

CLANEZZO *Bergamo* 561 E 11 – *Vedere Ubiale Clanezzo.*

CLAVIERE *10050 Torino* 561 H 2 – *167 ab. alt. 1760 – a.s. febbraio-Pasqua, luglio-agosto e Natale – Sport invernali : 1 350/2 823 m 13 (Comprensorio Via Lattea 1 58) .*

(15 giugno-15 settembre) ☎ 011 2398346, Fax 011 2398324.

(chiuso mercoledì) via Nazionale 30 ☎ 0122 878856, claviere@montagnedoc.it, Fax 0122 878888.

Roma 758 – Bardonecchia 31 – Briançon 15 – Milano 230 – Sestriere 17 – Susa 40 – Torino 93.

'l Gran Bouc, via Nazionale 24/a ☎ 0122 878830, *granbouc@tiscalinet.it, Fax 0122 878730,* Rist. e pizzeria –
chiuso maggio, novembre e mercoledì in bassa stagione – **Pasto** 18,08/33,60 e carta 27/39.

◆ Ristorante-pizzeria con una sala rustica e un'altra più raffinata, in stile; piatti nazionali e piemontesi, con specialità (fondue, raclette, ecc.) su prenotazione.

CLERAN (KLERANT) *Bolzano – Vedere Bressanone.*

CLES *38023 Trento* 562 C 15 – *6 404 ab. alt. 658 – a.s. Pasqua e Natale.*

Dintorni *Lago di Tovel*★★★ *Sud-Ovest : 15 km.*

Roma 626 – Bolzano 68 – Passo di Gavia 73 – Merano 57 – Milano 284 – Trento 44.

Cles, piazza Navarrino 7 ☎ 0463 421300, *info@albergocles.com, Fax 0463 424342,* , – , rist, .
chiuso dal 3 al 16 giugno – **Pasto** *(chiuso domenica in bassa stagione)* carta 19/24 – 5 – **37 cam** 52/70 – 1/2 P 50.

◆ In Val di Non, la «valle delle mele», un albergo situato nella piazza principale, con un bel giardino interno; solida gestione (da oltre un secolo) e interni funzionali. Due graziose salette ristorante, di cui una comunica con il dehors estivo in giardino.

Agriturismo Deromedi senza rist, viale De Gasperi 118 (Sud : 1 km) ☎ 0463 423261, *Fax 0463 423261*, – ▣ P. AE ⓢ ⓞ ⓜ VISA JCB. ✂
6 cam ☕ 37/62.
◆ Tra i meleti della Val di Non, una struttura moderna con poche camere, ben accessoriate e arredate con mobilio anni '50. Assai godibili anche gli ambienti comuni.

CLUSANE SUL LAGO *Brescia* 561 F 12 – *Vedere Iseo*

CLUSONE *24023 Bergamo* 561 E 11 – *8 130 ab. alt. 648 – a.s. luglio-agosto.*

Roma 635 – Bergamo 36 – Brescia 64 – Edolo 74 – Milano 80.

Erica, viale Vittorio Emanuele II, 50 ☎ 0346 21667, *Fax 0346 25268* – |♦| ▣ ⇔ P. AE ⓢ ⓞ ⓜ VISA. ✂
chiuso dal 15 febbraio al 15 marzo – **Pasto** carta 25/37 – ☕ 5 – **23 cam** 44/70 – ½ P 60.
◆ Ubicato sulla statale, quindi comodo anche per clientela di passaggio, un hotel che dà il meglio di sé nel rinnovato settore camere, con arredi e accessori di qualità. Ampia e diversificata la zona ristorazione, con sale indipendenti adatte anche a banchetti.

COCCAGLIO *25030 Brescia* 561 F 11 – *7 234 ab. alt. 162.*

Roma 573 – Bergamo 35 – Brescia 20 – Cremona 69 – Milano 77 – Verona 88.

Touring, strada statale 11, via Vittorio Emanuele 40 ☎ 030 7721084, *Fax 030 723453*, , , , , , – |♦| ▤ ▣ ♿ ⇔ P – 🏛 300. AE ⓢ ⓞ ⓜ VISA. ✂
Pasto carta 31/40 – ☕ 8 – **83 cam** 75/85 – ½ P 75.
◆ Per affari o relax nella Franciacorta, un albergo di ottimo confort, con annesso centro sportivo; raffinata scelta di tessuti d'arredo negli eleganti interni in stile. Al ristorante ampi e luminosi ambienti curati.

COCCONATO *14023 Asti* 561 G 6 – *1 580 ab. alt. 491.*

Roma 649 – Torino 50 – Alessandria 67 – Asti 32 – Milano 118 – Vercelli 50.

Locanda Martelletti, piazza Statuto 10 ☎ 0141 907686, *info@locandamartelletti.it, Fax 0141 600033*, ≤, – ▣ ♿ P – 🏛 50. AE ⓢ ⓞ ⓜ VISA
chiuso dal 7 al 25 gennaio – **Pasto** carta 20/26 – **9 cam** ☕ 55/95.
◆ Una risorsa in cui spicca l'armonia tra le parti più antiche dell'edificio e le soluzioni più attuali di confort. La colazione viene servita in un delizioso giardino pensile. Le tre sale del ristorante sono intime e di taglio rustico elegante.

a Maroero *Nord : 3,8 km – ✉ 14023 Cocconato :*

Al Vecchio Castagno senza rist, strada Cocconito 1 ☎ 0141 907095, *Fax 0141 907024*, ≤ colline del Monferrato, , ▣ ⇔ P. AE ⓢ ⓞ ⓜ VISA JCB. ✂
chiuso dal 10 gennaio al 10 febbraio – **8 cam** ☕ 65/115.
◆ Accoglienza informale in una caratteristica casa di campagna, ristrutturata con cura e buon gusto e sita su un colle da cui godrete di un'estesa vista sul Monferrato.

COCOMARO DI CONA *Ferrara* 562 H 17 – *Vedere Ferrara.*

CODEMONDO *Reggio nell'Emilia – Vedere Reggio nell'Emilia.*

CODIGORO *44021 Ferrara* 562 H 18 – *13 129 ab..*

c/o Abbazia di Pomposa, Strada Statale 309 Romea ☎ 0533 719110, iatpomposa@libero.it.

Roma 404 – Ravenna 56 – Bologna 93 – Chioggia 53 – Ferrara 42.

La Capanna località Ponte Vicini Nord-Ovest : 8 km ☎ 0533 712154, *Fax 0533 713410*, Coperti limitati; prenotare – ▤ P. AE ⓢ ⓞ ⓜ VISA JCB. ✂
chiuso dal 15 agosto al 15 settembre, mercoledì e giovedì – **Pasto** carta 39/55.
◆ L'impegno e la passione di una famiglia dal 1922 hanno fatto di questa semplice osteria nella campagna un sicuro approdo per chi ama il pesce e in particolare l'anguilla.

Scriveteci...
Le vostre critiche e i vostri apprezzamenti saranno esaminati con la massima attenzione.
Verificheremo personalmente gli esercizi che ci vorrete segnalare
Grazie per la collaborazione !

CODROIPO *33033 Udine* 562 E 20 – *14 304 ab. alt. 44.*

Roma 612 – Udine 29 – Belluno 93 – Milano 351 – Treviso 86 – Trieste 77.

Ai Gelsi, via Circonvallazione Ovest 12 ☎ 0432 907064, *info@gelsi.com, Fax 0432 908512* – rist

Pasto *(chiuso lunedì)* carta 26/43 – ☐ 8,50 – **39 cam** 70/95 – ½ P 70.

◆ Non lontano dalla storica Villa Manin, un hotel recente, adatto ad una clientela sia di passaggio che turistica; camere semplici nella loro linearità, ma confortevoli. Ampi saloni banchetti di taglio moderno.

COGNE *11012 Aosta* 561 F 4 – *1 469 ab. alt. 1 534 – a.s. 9 gennaio-marzo, Pasqua e Natale – Sport invernali : 1 354/2 252 m 1 2,*.

piazza Chanoux 36 ☎ 0165 74040, aiat@cogne.org, Fax 0165 749125.

Roma 774 – Aosta 27 – Courmayeur 52 – Colle del Gran San Bernardo 60 – Milano 212.

Bellevue, via Gran Paradiso 22 ☎ 0165 74825, *bellevue@relaischateaux.com, Fax 0165 749192,* ≤ Gran Paradiso, – rist

chiuso dal 3 ottobre al 18 dicembre – **Pasto** carta 30/44 e al Rist. ***Le Petit Restaurant*** (Coperti limitati; prenotare *chiuso mercoledì in bassa stagione)* carta 43/59 – **35 cam** ☐ 220/330, 6 suites – ½ P 175.

◆ Elegante chalet con interni da fiaba: mobili d'epoca, boiserie, raffinata scelta di stoffe e colori e un piccolo museo d'arte popolare valdostana. Per i buongustai, in una parte della sala ristorante, l'alta gastronomia de Le Petit Restaurant.

Spec. Degustazione di foie gras. Sella di capriolo ai frutti rossi e cioccolato. Selezione di formaggi vaccini e ovini delle Alpi occidentali.

Miramonti, viale Cavagnet 31 ☎ 0165 74030 e rist. 0165 74017, *miramonti@miramonticogne.com, Fax 0165 749378,* ≤ Gran Paradiso, centro benessere, – – 100. rist

Pasto al Rist. ***Coeur de Bois*** carta 35/50 – **45 cam** ☐ 106/200 – ½ P 120.

◆ Soffitti a cassettoni, legno alle pareti, libri antichi, il calore del camino in un hotel che ha tutto il fascino della tradizione alpina; chiedete le camere più recenti. Ristorante che dispone anche di un'elegante stube.

Petit Hotel, viale Cavagnet 19 ☎ 0165 74010, *info@petithotel.net, Fax 0165 749131,* ≤ Gran Paradiso, – rist

5 dicembre-10 marzo e giugno-settembre – **Pasto** *(chiuso mercoledì)* 13/43 – **24 cam** ☐ 62/124 – ½ P 74.

◆ In posizione soleggiata di fronte al prato di Sant'Orso, un bell'edificio rifinito in pietra offre ampi spazi comuni, piscina coperta e comode camere in stile montano. Originale soffitto a cassettoni e ambiente signorile e curato nella grande sala ristorante.

La Madonnina del Gran Paradiso, via Laydetré 7 ☎ 0165 74078, *hotel@lamadonnina.com, Fax 0165 749392,* ≤ monti e vallata, – rist

11 dicembre-Pasqua e 16 giugno-9 ottobre – **Pasto** *(chiuso mercoledì)* carta 20/35 – **22 cam** ☐ 60/120 – ½ P 78.

◆ Accoglienti zone comuni, tra cui una taverna con tipici arredi valdostani, e graziose camere in legno di pino in un panoramico albergo vicinissimo alle piste di fondo. C'è tanto legno e una calda atmosfera montana nella sala ristorante.

Du Grand Paradis, via dottor Grappein 45 ☎ 0165 74070, *Fax 0165 749507,* – rist

21 dicembre-7 gennaio, febbraio-maggio e 10 giugno-20 settembre – **Pasto** 22/25,50 – **30 cam** ☐ 65/110 – ½ P 68.

◆ Hotel di lunga tradizione (dal 1910), totalmente ristrutturato, dispone di grazioso giardinetto, confortevoli spazi communi ben distribuiti e camere con arredi in abete. Atmosfera simpatica in sala ristorante.

Sant'Orso, via Bourgeois 2 ☎ 0165 74822, *info@cognevacanze.com, Fax 0165 749500,* ≤ Gran Paradiso, –

Pasto carta 20/26 – **28 cam** ☐ 166/174 – ½ P 109.

◆ Al limitare dei prati, d'inverno campi per sci di fondo, quindi ideale per famiglie con bambini, una confortevole struttura a conduzione diretta; camere funzionali. Ambiente di tono moderno nella sala ristorante.

Lo Stambecco senza rist, via des Clementines 21 ☎ 0165 74068, *Fax 0165 74684,* ≤ –

giugno-settembre – ☐ 12 – **14 cam** 62/88.

◆ Familiari la conduzione e l'ospitalità in una risorsa nel centro del paese, con ambienti comuni ridotti, ma curati; camere sobrie e confortevoli, bagni funzionali.

Le Bouquet senza rist, via Gran Paradiso 61/a ☎ 0165 749600, *hotel-lebouquet@tiscalinet.it, Fax 0165 749900,* ≤, –

6-11 dicembre, 23 dicembre-8 gennaio, febbraio, Pasqua e 28 giugno-24 settembre – **12 cam** ☐ 90/110.

◆ L'atmosfera tipica degli ambienti di montagna e deliziose camere con nomi di fiori in una piccola casa in legno e pietra ai margini del paese, inaugurata nel 1999.

Lou Ressignon, via des Mines 23 ☎ 0165 74034, *ressignon@tiscalinet.it, Fax 0165 74034* – P. AE ⓓ MC VISA
chiuso dal 1° al 10 giugno, dal 25 settembre al 5 ottobre, novembre, lunedì sera e martedì (in bassa stagione) – **Pasto** carta 23/33.
◆ Più che trentennale la gestione familiare di questo locale: un'accogliente sala di tono rustico, con camino, e una cucina valdostana che valorizza i prodotti tipici.

a Cretaz *Nord : 1,5 km* – ✉ *11012 Cogne :*

Notre Maison, ☎ 0165 74104, *hotel@notremaison.it, Fax 0165 749186,* ←, ⌂, ▢, 🛋 – |‡| TV ♿ 🚗 P. AE ⓓ MC VISA
20 dicembre-2 maggio e 11 giugno-25 settembre – **Pasto** carta 27/31 – **21 cam** ☐ 115/160, 2 suites – ½ P 100.
◆ In un giardino-solarium e collegati da un passaggio coperto, un caratteristico chalet e un corpo più recente, con il centro fitness e nuove camere molto confortevoli. Rustica e accogliente sala ristorante.

in Valnontey *Sud-Ovest : 3 km* – ✉ *11012 Cogne :*

La Barme ☎ 0165 749177, *labarme@tiscali.it, Fax 0165 749213,* ← Gran Paradiso, ⌂, 🛋 – TV ♿ 🚗. AE ⓓ MC VISA. ✗
chiuso ottobre e novembre – **Pasto** *(chiuso lunedì a mezzogiorno in bassa stagione)* carta 20/34 – **15 cam** ☐ 61,10/94 – ½ P 57.
◆ Se in montagna rifuggite dalla mondanità: ai piedi del Gran Paradiso, antiche baite in pietra e legno, calda e quieta atmosfera, e forse avvisterete anche gli stambecchi.

COGNOLA *Trento* – *Vedere Trento.*

COGOLETO *16016 Genova* 561 I 7 – *9 164 ab..*
Roma 527 – Genova 28 – Alessandria 75 – Milano 151 – Savona 19.

Trattoria Benita, Via Aurelia di Ponente 84 ☎ 010 9181916, prenotare – ✗. AE ⓓ ⓓ MC VISA
chiuso ottobre e martedì – **Pasto** carta 27/40.
◆ Alla periferia del paese, ambiente luminoso ed essenziale in un ristorante semplice, dove si fa cucina esclusivamente di pesce, secondo le disponibilità del mercato.

COGÒLO *Trento* 562 C 14 – *Vedere Peio.*

COGORNO *16030 Genova* 561 J 10 – *5 308 ab. alt. 217.*
Roma 443 – Genova 44 – La Spezia 68 – Milano 173.

A Pösa da l'Andann-a, frazione Breccanecca 82 b ☎ 0185 384858, ← mare e golfo. ⓓ MC VISA
chiuso dieci giorni in gennaio, dieci giorni in novembre e mercoledì, anche lunedì sera da ottobre a marzo – **Pasto** 22/40.
◆ Dopo alcuni chilometri di tornanti tra gli ulivi, una terrazza da cui si gode di una vista incantevole sul golfo. E in più un menù degustazione con genuini piatti liguri.

COLFIORITO *06030 Perugia* 563 M 20 – *alt. 760.*
Roma 182 – Perugia 62 – Ancona 121 – Foligno 26 – Macerata 66.

Villa Fiorita, via del Lago 9 ☎ 0742 681326, *info@hotelvillafiorita.com, Fax 0742 681327,* ←, ⛱, 🛋 – |‡| TV P – 🏛 130. AE ⓓ ⓓ MC VISA JCB
Pasto *(chiuso venerdì)* carta 15/29 – **38 cam** ☐ 47/83, 2 suites – ½ P 52.
◆ Il fiore all'occhiello di questa struttura, situata tra l'Umbria e le Marche, è il giardino, d'estate ben attrezzato, con piscina; gestione familiare e confort omogeneo. Semplice, ma luminosa sala ristorante.

COLFOSCO (KOLFUSCHG) *Bolzano* – *Vedere Corvara in Badia.*

COLICO *Lecco* 561 D 10 – *alt. 209.*
Vedere *Lago di Como* ★★★.
Roma 661 – Chiavenna 26 – Como 66 – Lecco 41 – Milano 97 – Sondrio 42.

COL INDES *Belluno* 562 D 19 – *Vedere Tambre.*

COLLALBO (KLOBENSTEIN) *Bolzano* – *Vedere Renon.*

COLLE *Vedere nome proprio del colle.*

COLLEBEATO *25060 Brescia* 561 F 12 – *4 445 ab. alt. 187.*

Roma 534 – Brescia 8 – Bergamo 54 – Milano 96 – Verona 73.

a Campiani *Ovest : 2 km – ✉ 25060 Collebeato :*

XXX **Carlo Magno,** via Campiani 9 ☎ 030 2519462, *info@carlomagno.it, Fax 030 2511107,* – P. AE ● ● ● VISA.
chiuso dal 1° al 15 gennaio, dall'8 al 20 agosto, lunedì e martedì – **Pasto** 50/65 e carta 41/55.
◆ In una possente, austera casa di campagna dell'800, sale di suggestiva eleganza d'epoca, con travi o pietra a vista, dove gustare piatti del territorio in chiave moderna.

COLLECCHIO *43044 Parma* 562 H 12 – *11 852 ab. alt. 106.*

La Rocca (chiuso lunedì e dal 20 dicembre a gennaio) a Sala Baganza ✉ 43038 ☎ 0521 834037, Fax 0521 834575, Sud-Est : 4 km.

Roma 469 – Parma 11 – Bologna 107 – Milano 126 – Piacenza 65 – La Spezia 101.

Ilga Hotel senza rist, via Pertini 39 ☎ 0521 802645, *info@ilgahotel.it, Fax 0521 802484* – AE ● ● ● VISA JCB
chiuso dal 7 al 22 agosto – **48 cam** 70/90.
◆ Ai margini della località, recente e funzionale, è dotato di moderni confort e camere omogenee; biciclette a disposizione dei clienti per gite in un vicino bosco.

Campus senza rist, via Mulattiera 1 ☎ 0521 802680, *info@hotelcampus.com, Fax 0521 802684* – cam, P. AE ● ● ● VISA JCB
chiuso dal 24 dicembre al 5 gennaio e dal 9 al 18 agosto – **52 cam** 100/120.
◆ Dispone di comodo parcheggio questa periferica struttura di concezione moderna, inaugurata nel 1999, che offre buoni servizi e spaziose camere confortevoli.

XXX **Villa Maria Luigia-di Ceci,** via Galaverna 28 ☎ 0521 805489, *villamarialuigia@iol.it, Fax 0521 805711,* – P – 100. AE ● ● ● VISA JCB.
chiuso dal 15 febbraio al 1° marzo, mercoledì sera e giovedì – **Pasto** carta 34/58.
◆ Da 40 anni questa vlla ottocentesca in un parco attira chi apprezza gli ambienti raffinati e una cucina fantasiosa su solide basi emiliane; servizio estivo all'aperto.
Spec. Medaglioni di fegato d'oca con crespelle di castagne e cipolla rossa al balsamico. Tagliatelle al limone con astice, porri brasati e salsa di burrata. Fassone battuto al coltello con zuppetta di asparagi, animelle e uovo poché.

a Gaiano *Sud-Ovest : 5 km – ✉ 43030 :*

X **Podere Miranta,** via Libertà 54 ☎ 0521 309401, , Coperti limitati; prenotare – P.
chiuso dal 24 al 27 dicembre, Pasqua, dal 25 luglio al 30 agosto, mercoledì e a mezzogiorno – **Pasto** carta 38/50.
◆ Tutta una famiglia impegnata in un ristorante ricavato all'interno di una cascina in aperta campagna, ma con ambiente di gusto moderno e proposte di cucina creativa.

a Cafragna *Sud-Ovest : 9 km – ✉ 43030 Gaiano :*

XX **Trattoria di Cafragna,** ☎ 0525 2363, *Fax 0525 39898,* , Coperti limitati; prenotare – P. AE ● ● ● VISA
chiuso dal 24 dicembre al 15 gennaio, agosto, lunedì e domenica sera, in luglio anche domenica a mezzogiorno – **Pasto** carta 29/42.
◆ Si respira aria di tradizione e di buona cucina del territorio in questo ambiente piacevole e accogliente, di sobria eleganza rustica, con servizio estivo all'aperto.

COLLE DI VAL D'ELSA *53034 Siena* 563 L 15 *G. Toscana – 19 292 ab. alt. 223.*

via Campana 43 ☎ 0577 922791, Fax 0577 922621.

Roma 255 – Firenze 50 – Siena 24 – Arezzo 88 – Pisa 87.

Relais della Rovere, via Piemonte 10 ☎ 0577 924696 e rist 0577 923707, *dellarovere@chiantiturismo.it, Fax 0577 924489,* , , , – P – 150. AE ● ● ● VISA.
marzo-3 novembre – **Pasto** al Rist. ***Il Cardinale*** *(chiuso mercoledì e quindici giorni in dicembre e novembre)* carta 28/39 – **29 cam** 218/290, 2 suites – ½ P 175.
◆ Eclettica fusione di stili e di design, tra antico e moderno, in un complesso di gran classe, nato dal recupero di un'antica dimora patrizia e di un'abbazia dell'XI sec. Ristorante con ameno dehors estivo, taverna-enoteca e una sala di raffinata classicità.

La Vecchia Cartiera senza rist, via Oberdan 5/9 ☎ 0577 921107, *cartiera@chiantiturismo.it, Fax 0577 923688* – AE ● ● ● VISA.
12 – **38 cam** 69/97.
◆ Quella che in tempi antichi (1200) era una fabbrica di carta pregiata, ora è una confortevole risorsa di taglio moderno, con ampi spazi comuni e camere funzionali.

XXX **Arnolfo** con cam, via XX Settembre 52 ✆ 0577 920549, *arnolfo@arnolfo.com, Fax 0577 920549*, Coperti limitati; prenotare – AE VISA.
✿✿ *chiuso dal 13 gennaio all'11 febbraio e dal 27 luglio all'11 agosto* – **Pasto** *(chiuso martedì, mercoledì, la sera di Natale e il mezzogiorno di Capodanno)* carta 74/100 – **4 cam** 130/160 – ½ P 170.
◆ Vola alta e sicura questa fantasiosa cucina, tra territorio rivisitato e creatività, in un palazzotto del '500: due salette raffinate e una terrazza per le sere d'estate.
Spec. Pici con ragù di capretto, fave e pecorino di Pienza (estate). Variazione di agnello alle olive taggiasche con tortino di melanzane e zucchine (estate). Torta con crema bianca alle arance, gelato di cioccolato amaro e mousse al latte (autunno-inverno).

XXX **L'Antica Trattoria,** piazza Arnolfo 23 ✆ 0577 923747, *Fax 0577 923747*, Coperti limitati; prenotare – AE VISA.
chiuso dal 22 dicembre al 10 gennaio, dal 13 al 21 agosto e martedì – **Pasto** carta 48/65.
◆ Boiserie e lampadari di Murano in un ristorante caldo ed elegante, che d'estate si espande nel dehors sulla piazza; piatti toscani rielaborati e altri più tradizionali.

COLLEPIETRA (STEINEGG) *39050 Bolzano* 561 C 16 – *alt. 820.*
frazione Collepietra 97 ✆ 0471 376574, info@steinegg.com, Fax 0471 376760.
Roma 656 – Bolzano 15 – Milano 314 – Trento 75.

Steineggerhof, Collepietra 128 (Nord-Est : 1 km) ✆ 0471 376573, *info@steineggerhof.com, Fax 0471 376661*, ← Dolomiti, VISA.
3 aprile-1º novembre – **Pasto** carta 14/21 – **34 cam** 125 – ½ P 65.
◆ Per ritemprarsi e rilassarsi in uno splendido scenario dolomitico, una panoramica e allegra casa tirolese, dai tipici interni montani, dove il legno regna sovrano. Curata sala ristorante dal soffitto ligneo.

COLLE SAN PAOLO *Perugia* 563 M 18 – *Vedere Panicale.*

COLLESECCO *Perugia* 563 N 19 – *Vedere Gualdo Cattaneo.*

COLLEVALENZA *Perugia – Vedere Todi.*

COLLOREDO DI MONTE ALBANO *33010 Udine* 562 D 21 – *2 193 ab. alt. 213.*
Roma 652 – Udine 15 – Tarvisio 80 – Trieste 85 – Venezia 141.

XXX **La Taverna,** piazza Castello 2 ✆ 0432 889045, *ristorantelataverna@yahoo.it, Fax 0432 889676*, ←, – AE VISA
✿ *chiuso domenica sera e mercoledì* – **Pasto** carta 53/67.
◆ Raffinatissimi sia l'ambiente di tono rustico che la fantasiosa cucina in questo locale di fronte al duecentesco castello; servizio estivo in terrazza-giardino con vista.
Spec. Petto e coscia di quaglia in confit, variazione di porro e vinaigrette di mele (estate-autunno). Gnocchi di patate e zafferano su crema di peperone dolce (estate). Carré d'agnello al forno in crosta di timo.

a Mels *Nord-Ovest : 3 km – ✉ 33030 :*

XX **La di Petrôs,** piazza del Tiglio 14 ✆ 0432 889626, *petros@quipo.it, Fax 0432 889626*, Coperti limitati; prenotare – AE VISA
chiuso luglio e martedì – **Pasto** carta 43/50.
◆ Attraversato un frequentato bar pubblico, vi ritroverete in una saletta elegante, con divanetti e camino; spunti creativi in una cucina di lunga tradizione familiare.

COLMEGNA *Varese* 219 ⑦ – *Vedere Luino.*

COLOGNA VENETA *37044 Verona* 562 G 16 – *7 905 ab. alt. 24.*
Roma 482 – Verona 39 – Mantova 62 – Padova 61 – Vicenza 36.

XX **La Torre** con cam, via Torcolo 8/10 ✆ 0442 410111, *hotellatorre@libero.it, Fax 0442 419245* – AE VISA.
Pasto *(chiuso lunedì)* carta 27/44 – **14 cam** 55/80 – ½ P 65.
◆ Ricavato in una torre cinquecentesca, ha una suggestiva sala sotto soffitti a volta con mattoni a vista, una cantina enoteca e camere confortevoli; cucina del territorio.

COLOGNE *25033 Brescia* 561 F 11 – *6 394 ab. alt. 184.*

Roma 575 – Bergamo 31 – Brescia 27 – Cremona 72 – Lovere 33 – Milano 74.

XXX **Cappuccini** con cam, via Cappuccini 54 (Nord : 1,5 km) 030 7157254, *info@cappuccini.it, Fax 030 7157257*, prenotare, – , rist, – 60. AE VISA JCB.

Pasto *(chiuso mercoledì)* 26/50 e carta 42/64 – 15 – **6 cam** 105/160, suites – ½ P 140.

◆ Un ristorante elegante e poche, esclusive camere in un convento del XVI secolo ristrutturato. Rigoglioso giardino con grazioso roseto, attrezzato centro benessere.

COLOGNO AL SERIO *24055 Bergamo* 561 F 11 – *9 585 ab. alt. 156.*

Roma 581 – Bergamo 14 – Brescia 45 – Milano 47 – Piacenza 66.

Antico Borgo la Muratella, località Muratella Nord-Est : 2,5 km 035 4872233, *info@lamuratella.com, Fax 035 4872885*, – – 150. AE VISA

chiuso dal 9 al 23 agosto – **Pasto** carta 36/46 – **31 cam** 90/170.

◆ Per un soggiorno di relax o di lavoro in un'atmosfera d'altri tempi, antico complesso rurale e padronale ristrutturato, con giardino e laghetto; curati interni in stile. Soffitti a travi di legno nelle grandi sale del ristorante, a vocazione banchettistica.

COLOGNOLA AI COLLI *37030 Verona* 562 F 15 – *6 897 ab. alt. 177.*

Roma 519 – Verona 17 – Milano 176 – Padova 68 – Venezia 101 – Vicenza 38.

sulla strada statale 11 *Sud-Ovest : 2,5 km :*

XX **Posta Vecia** con cam, via Strà 142 37030 045 7650243, *info@postavecia.com, Fax 045 6150859* – – 80. AE VISA.

chiuso agosto – **Pasto** *(chiuso domenica sera e lunedì)* carta 35/50 – 9 – **13 cam** 65/110, suite.

◆ Ambiente caratteristico in un edificio cinquecentesco con giardino e piccolo zoo; il tema è la caccia, nei trofei esposti all'interno e nei piatti di selvaggina in menù.

I prezzi

Per tutte le precisazioni sui prezzi indicati in questa guida, consultate le pagine introduttive.

COLOMBAIO *Siena – Vedere Siena.*

COLOMBARE *Brescia* 561 F 13 – *Vedere Sirmione.*

COLOMBARO *Brescia* 562 F 11 – *Vedere Corte Franca.*

COLONNA DEL GRILLO *Siena* 563 M 16 – *Vedere Castelnuovo Berardenga.*

COLORNO *43052 Parma* 562 H 13 – *8 068 ab. alt. 29.*

piazza Garibaldi 26 0521 312545, ufficioturisticocolorno@libero.it, Fax 0521 521370.

Roma 466 – Parma 16 – Bologna 104 – Brescia 79 – Cremona 49 – Mantova 47 – Milano 130.

Versailles senza rist, via Saragat 3 0521 312099, *info@hotelversailles.it, Fax 0521 816960* – AE VISA.

chiuso dal 23 dicembre al 10 gennaio ed agosto – 6,20 – **48 cam** 70/90.

◆ Nell'ex «Versailles dei Duchi di Parma», un albergo ad andamento familiare, comodo per clientela sia turistica che di lavoro; camere semplici, ma funzionali.

a Vedole *Sud-Ovest : 2 km – 43052 Colorno :*

XX **Al Vedel,** via Vedole 68 0521 816169, *vedole@libero.it, Fax 0521 312059* – – 40. AE VISA.

chiuso dal 24 dicembre al 5 gennaio, luglio, lunedì e martedì – **Pasto** carta 23/37.

◆ Si succedono le generazioni alla guida di questo ristorante, sempre fedeli alla sua lunga tradizione di ospitalità e buona cucina emiliana; produzione propria di salumi.

a Sacca *Nord : 4 km – 43052 Colorno :*

X **Stendhal-da Bruno,** via Sacca 80 0521 815493, *Fax 0521 814887*, – . AE VISA

chiuso dal 1° al 15 gennaio, dal 1° al 20 agosto e martedì – **Pasto** carta 30/40.

◆ Trattoria di campagna, con la stessa gestione familiare da oltre 50 anni; tre sale e un fresco pergolato per il servizio estivo; piatti tipici e vini locali.

COL SAN MARTINO *Treviso* 562 E 18 – *Vedere Farra di Soligo.*

COLTODINO *Rieti* 563 P 20 – *Vedere Fara in Sabina.*

COMABBIO *21020 Varese* 561 E 8, 219 ⑦ – *962 ab. alt. 307.*

Roma 634 – Stresa 35 – Laveno Mombello 20 – Milano 57 – Sesto Calende 10 – Varese 23.

al lago *Sud : 1,5 km :*

X **Cesarino,** via Labiena 1861 ✉ 21020 ☎ 0331 968472, *Fax 0331 968472,* ← – P. AE $ ⓓ ⓜⓒ VISA JCB. ✂
chiuso dal 1º al 20 agosto e mercoledì – **Pasto** carta 33/50.
◆ La stessa famiglia è da varie generazioni alla guida di questo ampio e luminoso ristorante, ubicato nel verde, a pochi metri dal lago; cucina tradizionale e lombarda.

Le pagine dell'introduzione
vi aiuteranno ad utilizzare meglio la vostra Guida Michelin.

COMACCHIO *44022 Ferrara* 562 H 18 *G. Italia – 21 778 ab. – 20 giugno-agosto.*

Dintorni *Abbazia di Pomposa★★ Nord : 15 km – Regione del Polesine★ Nord.*
piazza Folegatti 28 ☎ 0533 310161, iat@comune.comacchio.fe.it.
Roma 419 – Ravenna 37 – Bologna 93 – Ferrara 53 – Milano 298 – Venezia 121.

Al Ponticello senza rist, via Cavour 39 ☎ 0533 314080, *resca@libero.it, Fax 0533 314080* – |☰| ▤ TV ♿ P. ⓓ. ✂
chiuso dal 9 gennaio al 7 marzo e dal 4 novembre al 2 dicembre – **4 cam** ☕ 64/85.
◆ All'interno di un edificio d'epoca del centro, affacciato su un canale, una risorsa confortevole e accogliente. Gestione giovane, disponibile ad organizzare escursioni.

XX **La Barcaccia,** piazza XX Settembre 41 ☎ 0533 311081, *trattoriabarcaccia@libero.it, Fax 0533 311081* – ⊁ ▤. AE $ ⓓ ⓜⓒ VISA JCB. ✂
chiuso dal 7 al 15 gennaio, novembre e lunedì – **Pasto** 21,50/40 e carta 29/42.
◆ Nella piazza centrale, in un'accogliente sala, rinnovata in anni recenti, o nel dehors estivo gusterete piatti di pesce e l'anguilla, specialità del luogo e della casa.

a Porto Garibaldi *Est : 5 km – ✉ 44029.*

(giugno-settembre) via Ugo Bassi 36/38 ☎ 0533 310225

X **Bagno Sole,** via dei Mille 28 ☎ 0533 327924, *Fax 0533 325029,* 余, ▲ – ▤ P. AE $ ⓓ ⓜⓒ VISA. ✂
chiuso dal 6 al 15 novembre, lunedì sera e martedì (escluso dal 15 giugno a settembre) – **Pasto** carta 28/52.
◆ I punti di forza di questo locale sono la posizione direttamente sulla spiaggia e l'ampiezza dell'offerta gastronomica ittica, compresa l'anguilla in varie versioni.

X **Europa,** viale dei Mille 8 ☎ 0533 327362, *Fax 0533 326656,* ▲ – ▤. AE $ ⓓ ⓜⓒ VISA. ✂
chiuso settembre e venerdì – **Pasto** specialità di mare carta 32/45.
◆ Ambiente senza pretese e servizio familiare nel ristorante di uno stabilimento balneare, con casalinghe proposte di mare tipicamente locali, anche alla griglia.

a Lido degli Estensi *Sud-Est : 7 km – ✉ 44024.*

(giugno-settembre) via Ariosto 10 ☎ 0533 327464

Logonovo senza rist, viale delle Querce 109 ☎ 0533 327520, *logonovo@libero.it, Fax 0533 327531,* 🏊 – |☰| TV P – 🏛 50. AE $ ⓜⓒ VISA JCB. ✂
aprile-ottobre – **40 cam** ☕ 51/80, 4 suites.
◆ Ubicato in zona residenziale, a poca distanza dal mare, è un indirizzo adatto tanto ai vacanzieri, quanto alla clientela di lavoro; camere lineari, di buon confort.

a Lido di Spina *Sud-Est : 9 km – ✉ 44024 Lido degli Estensi :.*

(giugno-settembre) viale Leonardo da Vinci 112 ☎ 0533 333656

Caravel, viale Leonardo 56 ☎ 0533 330106, *hotelcaravel@tin.it, Fax 0533 330107,* 🌳 – |☰| ▤ TV P. AE $ ⓓ ⓜⓒ VISA JCB. ✂ rist
chiuso dal 24 dicembre al 6 gennaio – **Pasto** *(aprile-settembre)* (solo per alloggiati) 20/30 – ☕ 7,50 – **22 cam** 65/70 – ½ P 70.
◆ Garbo e professionalità caratterizzano l'ospitalità offerta da questo hotel familiare; ambienti comuni piacevoli e camere semplici, ma funzionali; giardino ombreggiato.

XX **Aroldo,** viale delle Acacie 26 ☎ 0533 330948, *belsandro@libero.it, Fax 0533 330050,* Rist. e pizzeria – AE CB VISA.
chiuso martedì escluso dal 15 maggio al 15 settembre – **Pasto** carta 22/65.
◆ Grande ristorante-pizzeria, con luminosa veranda, che agli ampi spazi a disposizione unisce la cura della presentazione dei suoi piatti, classici, locali e di pesce.

COMANO TERME *Trento* 562 D 14 – *alt. 395 – ✉ 38077 Ponte Arche – Stazione termale, a.s. Pasqua e Natale.*
Roma 586 – Trento 24 – Brescia 103 – Verona 106.

a Ponte Arche – *alt. 400 – ✉ 38077 :.*

via Cesare Battisti 38 ☎ 0465 702626, info@comano.to, Fax 0465 702281

Cattoni-Plaza, via Battisti 19 ☎ 0465 701442, *cattonihotelplaza@cattonihotelplaza.com, Fax 0465 701444,* ←, – rist, rist, TV P – 80. AE CB VISA.
18 dicembre-20 gennaio e 30 marzo-10 novembre – **Pasto** 20/23 – 10 – **75 cam** 52/98, 2 suites – ½ P 80.
◆ Albergo di tradizione e notevole confort: ampi spazi comuni, centro benessere, piscina coperta, con murale trompe l'oeil e vetrate, curate camere di diverse tipologie. Ambiente di classica e raffinata sobrietà nella luminosa sala del ristorante.

Angelo, piazza Mercato 6 ☎ 0465 709500, *hotelangelo@all-service.com, Fax 0465 701145,* – rist, rist, TV P. CB.
21 dicembre-10 gennaio e aprile-ottobre – **Pasto** carta 21/27 – 8,75 – **51 cam** 58/96 – ½ P 47,51.
◆ In posizione centrale, con gradevole giardino, un hotel signorile, a gestione diretta, che offre confortevoli stanze rinnovate; per i nottambuli c'è anche la discoteca. Tenui tonalità pastello nella sala ristorante.

a Campo Lomaso – *alt. 492 – ✉ 38070 Vigo Lomaso :*

Park Hotel Villa Luti , piazza Risorgimento 40 ☎ 0465 702061, *info@villaluti.it, Fax 0465 702410,* – rist, TV P – 40. AE CB VISA.
Pasto carta 25/32 – **42 cam** 55/100 – ½ P 60.
◆ Per un confortevole soggiorno termale nella suggestiva cornice di una dimora patrizia dell'800 con bel parco ombreggiato; camere funzionali e bagni di buona fattura. Le sale ristorante hanno mantenuto la fisionomia originaria, con tanto di soffitti affrescati.

COMELICO SUPERIORE *32040 Belluno* 562 C 19 – *2 531 ab. alt. (frazione Candide) 1 210 – Sport invernali : 1 214/1 656 m 5, .*
Roma 678 – Cortina d'Ampezzo 52 – Belluno 77 – Dobbiaco 32 – Milano 420 – Venezia 167.

a Padola *Nord-Ovest : 4 km da Candide – ✉ 32040 :*

D'la Varda , via Martini 29 ☎ 0435 67031, *Fax 0435 67031,* ← – P.
dicembre-15 aprile e 15 giugno-settembre – **Pasto** carta 17/20 – 3,50 – **22 cam** 39/70 – ½ P 51.
◆ Ideale per gli sciatori questo albergo ubicato di fronte agli impianti di risalita; gestione e ospitalità familiari, interni in stile alpino, semplici, ma accoglienti. Ristorante di ambientazione tipicamente montana.

COMMEZZADURA *38020 Trento* 218 ⑲ – *913 ab. alt. 852 – Sport invernali : 1 400/2 200 m 5 16 (Comprensorio sciistico Folgarida-Marilleva) .*
(dicembre-aprile e giugno-settembre) frazione Mestriago 1 ☎ 0463 974840, Fax 0463 974840.
Roma 656 – Bolzano 86 – Passo del Tonale 35 – Peio 32 – Pinzolo 54 – Trento 84.

Tevini , località Almazzago ☎ 0463 974985, *htevini@tin.it, Fax 0463 974892,* ←, – rist, TV P. AE CB VISA.
dicembre-Pasqua e giugno-settembre – **Pasto** 18/21 – **50 cam** 66/116 – ½ P 86.
◆ In Val di Sole, un soggiorno di sicuro confort in un albergo curato; spazi comuni rifiniti in legno e gradevole centro benessere; suggestiva la camera nella torretta. Boiserie e tende di pizzo alle finestre, affacciate sul verde, nella sala ristorante.

I prezzi
Per tutte le precisazioni sui prezzi indicati in questa guida, consultate le pagine introduttive.

COMO 22100 *P* 561 E 9 *G. Italia – 82 893 ab. alt. 202.*

Vedere *Lago*★★★ *– Duomo*★★ **Y** *– Broletto*★★ **Y A** *– Chiesa di San Fedele*★ **Y** *– Basilica di Sant'Abbondio*★ **Z** *–* ≤★ *su Como e il lago da Villa Olmo 3 km per ④.*

Villa d'Este (chiuso martedì, gennaio e febbraio) a Montorfano ✉ 22030 ℘ 031 200200, Fax 031 200786, per ② : 6 km;

e Monticello (chiuso lunedì e dal 7 al 29 gennaio) a Monticello di Cassina Rizzardi ✉ 22070 ℘ 031 928055, Fax 031 880207, per ③ : 10 km;

Carimate (chiuso lunedì) a Carimate ✉ 22060 ℘ 031 790226, Fax 031 790227, per ③ : 18 km;

La Pinetina (chiuso martedì e dal 17 dicembre al 14 gennaio) ad Appiano Gentile ✉ 22070 Carbonate ℘ 031 933202, Fax 031 890342, per ③ : 15 km.

per Tremezzo-Bellagio-Colico giornalieri (da 1 h 20 mn a 2 h 30 mn) e Tremezzo-Bellaggio (da 45 mn a 1 h 40 mn) – Navigazione Lago di Como, piazza Cavour 3 ℘ 031 304060 e 800 551801.

piazza Cavour 17 ℘ 031 269712, lakecomo@tin.it, Fax 031 240111.

A.C.I. *viale Masia 79 ℘ 031 573433.*

Roma 625 ③ – Bergamo 56 ② – Milano 48 ③ – Monza 42 ② – Novara 76 ③.

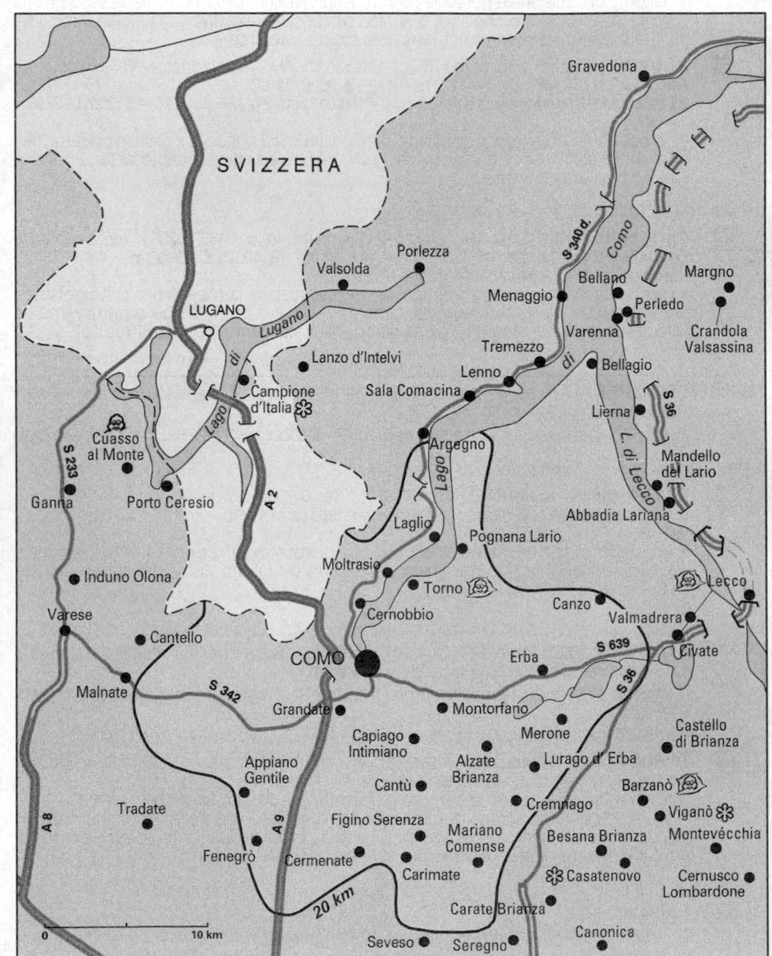

COMO

Ambrosoli (V.)	Z 2	Gallio (Via T.)	Y 14	Recchi (Via)	Y 29
Battisti (Vle Cesare)	Z 3	Garibaldi (Via)	Y 15	Rosselli (Viale F.)	Y 30
Carcano (Via)	Y 5	Giulio Cesare (Vle)	Z 16	S. Bartolomeo (Pza)	Z 32
Castelnuovo (Via)	Z 6	Leoni (Via Leone)	Z 18	S. Rochetto (Pzale)	Y 33
Cattaneo (Viale C.)	Z 7	Lucini (Via)	Z 19	Trento (Lgo Lario)	Y 36
Cavallotti (Viale)	Y 8	Manzoni (Via)	Y 21	Trieste (Lgo Lario)	Y 37
		Masia (Viale M.)	Y 22	Vittorio (Piazza)	Y 39
		Plinio (Via)	Y 26	Vittorio Emanuele II (Via)	Y 40
		Piave (Via)	Z 27	Volta (Piazza)	Y 42

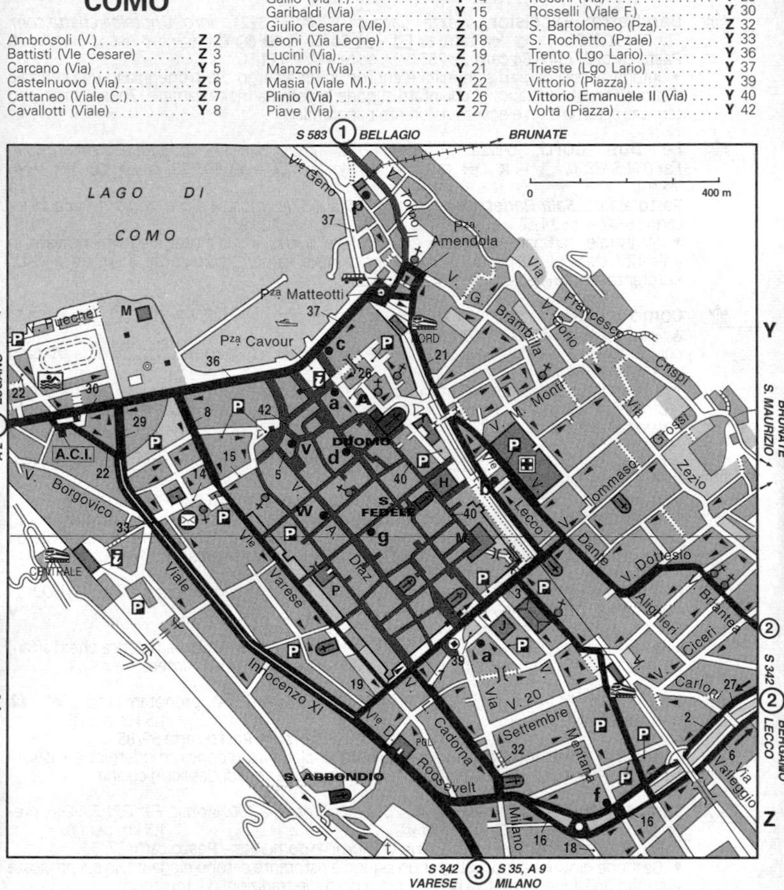

Grand Hotel di Como, via per Cernobbio ✆ 031 5161, *info@grandhoteldicomo.com, Fax 031 516600,* – cam, – 300. rist 2,5 km per ④
chiuso dal 22 dicembre al 6 gennaio – **Pasto** al Rist. ***Il Botticelli*** carta 36/46 – **153 cam** 110/230.
◆ La moderna efficienza delle attrezzature si coniuga con la generale raffinatezza degli interni in una struttura di classe; giardino e grande, attrezzato centro congressi. Al piano rialzato gli spaziosi ambienti curati del ristorante.

Villa Flori, via per Cernobbio 12 ✆ 031 33820 e rist ✆ 031 338233, *info@hotelvillaflori.it, Fax 031 570379,* ≤ lago, monti e città, – – 100. rist 2 km per ④
chiuso da dicembre a febbraio – **Pasto** al Rist. ***Raimondi*** *(chiuso lunedì e sabato a mezzogiorno)* carta 42/52 – 16 – **45 cam** 160/198.
◆ Sono ottocentesche sia la villa, ristrutturata, in splendida posizione panoramica sul lago, sia la sobria eleganza delle sale comuni. Camere tranquille, ma anche sulla strada. Romantica sala da pranzo con raffinati arredi; servizio estivo in riva al lago.

Terminus, lungo Lario Trieste 14 ✆ 031 329111, *info@albergoterminus.it, Fax 031 302550,* ≤ lago e monti, – rist Y c
Pasto al Rist. ***Bar delle Terme*** *(chiuso martedì)* carta 36/47 – 16 – **40 cam** 135/198.
◆ Dal '94 ritornato al suo originario splendore, prestigioso palazzo in stile liberty, dagli interni personalizzati ed eleganti: per un soggiorno esclusivo in riva al lago. Calda ambientazione d'epoca nella raccolta saletta del caffè-ristorante.

Barchetta Excelsior, piazza Cavour 1 ✆ 031 3221, *info2@hotelbarchetta.com, Fax 031 302622,* ← – |‡|, ⇹ cam, ▤ TV – 🏛 60. AE $ ① MC VISA JCB. ⊗ rist Y a
Pasto carta 27/34 – **84 cam** ☕ 253/297, suite – ½ P 171,50.
◆ Interni classici di gran signorilità e confort in un albergo che troneggia in una centrale piazza affacciata sul lago, di cui infatti si gode la vista da molte camere. Zona bistrot, con terrazza esterna e un elegante ristorante panoramico.

Le Due Corti, piazza Vittoria 12/13 ✆ 031 328111, *hotelduecorti@virgilio.it, Fax 031 328800,* ⛱ – |‡|, ⇹ cam, ▤ TV ♿ 🚗 P – 🏛 80. AE $ ① MC VISA JCB. ⊗ rist Z a
Pasto al Rist. ***Sala Radetzky*** *(chiuso dal 25 al 30 dicembre e a mezzogiorno in agosto)* carta 35/47 – ☕ 11,36 – **60 cam** 129,11/180,76 – ½ P 100,63.
◆ Magistrale, raffinato connubio di vecchio e nuovo in un hotel elegante ricavato in un'antica stazione di posta; mobili d'epoca nelle camere, con pareti in pietra a vista. Ristorante di sobria eleganza con arredi in stile.

Como, via Mentana 28 ✆ 031 266173, *hcomo@hcomo.it, Fax 031 266020,* ⛱ – |‡| ▤ TV ✆ ♿ 🚗 P – 🏛 80. AE $ ① MC VISA JCB. ⊗ rist Z f
chiuso dal 7 dicembre al 25 gennaio – **Pasto** al Rist. ***Il Pavone*** carta 30/43 – **70 cam** ☕ 114/141, 3 suites – ½ P 93,50.
◆ Il fiore all'occhiello della struttura è la terrazza fiorita e panoramica con piscina; arredi recenti sia negli spazi comuni che nelle spaziose camere, ben accessoriate. Ristorante classico di taglio moderno.

Tre Re, via Boldoni 20 ✆ 031 265374, *trere@tin.it, Fax 031 241349* – |‡| ▤ TV P. $ MC VISA. ⊗ Y d
chiuso dal 18 dicembre al 5 gennaio – **Pasto** 26 – ☕ 8 – **41 cam** 82/106 – ½ P 80.
◆ Potenziato e rinnovato in anni recenti, è un albergo confortevole, a conduzione familiare, che dispone di comodo parcheggio custodito; arredi moderni nelle stanze. Sale da pranzo con elementi (colonne e pitture murali) di un'antica struttura conventuale.

Firenze senza rist, piazza Volta 16 ✆ 031 300333, *info@albergofirenze.it, Fax 031 300101* – |‡| ▤ TV ♿. AE $ ① MC VISA JCB Y v
chiuso dal 22 al 29 dicembre – **44 cam** ☕ 95/130.
◆ In una centrale piazza pedonale, risorsa adatta ad una clientela sia turistica che d'affari, dispone di spazi comuni ridotti, ma funzionali, come le luminose camere.

Navedano, via Pannilani ✆ 031 308080, *Fax 031 3319016,* ⛱, prenotare la sera, 🌳 – P. AE $ ① MC VISA. ⊗ 1,5 km per ②
chiuso dal 7 al 27 gennaio, dal 10 al 20 agosto e martedì – **Pasto** carta 59/85 🍷.
◆ Addobbi floreali ovunque in un ambiente di eleganza d'epoca, modernità e rusticità perfettamente fuse; servizio estivo in terrazza e rivisitazioni di classici in cucina.

Sant'Anna 1907, via Turati 3 ✆ 031 505266, *santanna.1907@tin.it, Fax 031 505266,* prenotare la sera – ⇹ ▤. AE $ ① MC VISA 1,5 km per ③
chiuso dal 3 al 24 agosto, sabato a mezzogiorno e domenica – **Pasto** carta 37/53.
◆ Gestione giovane e motivata per un signorile ristorante di tono elegante, le cui proposte seguono una linea innovativa ben ancorata però alle tradizioni del territorio.

La Colombetta, via Diaz 40 ✆ 031 262703, *colombetta@fremail.it, Fax 031 262703,* prenotare – AE $ ① MC VISA JCB Y w
chiuso dal 10 al 20 agosto e domenica – **Pasto** specialità di mare e sarde carta 40/70.
◆ Fedeli alle proprie origini, le tre sorelle titolari preparano, su prenotazione, piatti sardi che, con quelli di pesce, sono le specialità del loro bel locale elegante.

Il Solito Posto, via Lambertenghi 9 ✆ 031 271352, *il.solito.posto@tin.it, Fax 031 265340,* ⛱, prenotare – ▤. AE $ ① MC VISA Y g
chiuso lunedì – **Pasto** carta 31/44.
◆ Atmosfera informale, tre salette moderne e un dehors estivo per un ristorante di buon tono, che propone ricette sia tradizionali che rivisitate, di carne e di pesce.

Terrazzo Perlasca, piazza De Gasperi 8 ✆ 031 303936, *terrazzoperlasca@virgilio.it, Fax 031 303936,* ← – ▤. AE $ ① MC VISA. ⊗ Y p
chiuso dal 6 al 20 agosto e lunedì – **Pasto** carta 36/51.
◆ Un terrazzo di nome e di fatto questa ampia ed elegante sala affacciata sul lago, dove tutta una famiglia propone da quasi 20 anni le sue specialità di pesce di lago.

Locanda dell'Oca Bianca, via Canturina 251 ✆ 031 525605, *locandaocabianca@tiscali.it, Fax 031 525605,* ⛱ – P. AE $ ① MC VISA JCB 5 km per ②
chiuso gennaio, dal 9 al 15 agosto, lunedì e a mezzogiorno – **Pasto** carta 30/42.
◆ Calda atmosfera e ambiente curato in un ristorante sulla strada per Cantù, dove d'estate si mangia all'aperto; dalla cucina variazioni fantasiose su temi nazionali.

XX **L'Angolo del Silenzio,** viale Lecco 25 ☎ 031 3372157, *Fax 031 302495*, 🏠 – AE 💲 ⓓ ⓜⓒ VISA JCB Y b
chiuso dal 10 al 24 gennaio, dal 10 al 24 agosto, lunedì e martedì a mezzogiorno – **Pasto** carta 31/41.
♦ Esperta gestione per un locale classico, con dehors estivo nel cortile; la cucina, di matrice lombarda, è senza fronzoli e fa della concretezza la sua arma vincente.

X **Crotto del Lupo,** località Cardina via Pisani Dossi 17 ☎ 031 570881, *Fax 031 570881*, 🏠, prenotare la sera – P. AE 💲 ⓓ ⓜⓒ VISA. ✻ 3 km per ④
chiuso agosto e lunedì – **Pasto** carta 26/36.
♦ Un edificio rustico immerso nel verde, semplice ambiente familiare e genuina cucina legata alle tradizioni locali; bella terrazza ombreggiata per il servizio estivo.

X **Osteria Rusticana,** via Carso 69 ☎ 031 306590, *Fax 031 3310827*, 🏠 – AE 💲 ⓓ ⓜⓒ VISA JCB. ✻ per via Valeggio Z
chiuso dal 1° al 7 gennaio, dal 14 al 28 agosto e domenica – **Pasto** 14,50/20,50 e carta 26/37.
♦ Conduzione familiare per un ristorantino in posizione decentrata, con due sale semplici, ma accoglienti e un dehors per la bella stagione; cucina del territorio.

X **Al Giardino,** via Monte Grappa 52 ☎ 031 265016, *Fax 031 300143*, 🏠, Osteria con cucina, Coperti limitati; prenotare – AE 💲 ⓓ ⓜⓒ VISA per via Valeggio Z
chiuso dal 1° al 14 gennaio, dal 16 agosto al 1° settembre e lunedì – **Pasto** carta 30/45.
♦ Una simpatica osteria con cucina del territorio, dove siete ben accetti «anche solo per degustare del buon vino in compagnia»; d'estate si mangia in giardino.

X **Namaste,** piazza San Rocco 8 ☎ 031 261642, *Fax 031 261642*, Rist. indiano prenotare – ▤. AE 💲 ⓓ ⓜⓒ VISA JCB. ✻ per ③
chiuso lunedì – **Pasto** 18/24.
♦ La semplicità di un'autentica ambientazione indiana, senza orpelli folcloristici, per provare specialità etniche che vengono da molto lontano: un'alternativa esotica.

Scriveteci...
Le vostre critiche e i vostri apprezzamenti saranno esaminati con la massima attenzione.
Verificheremo personalmente gli esercizi che ci vorrete segnalare
Grazie per la collaborazione !

COMO (Lago di) o LARIO *Como* 561 E 9 *G. Italia.*

CONA *Ferrara* 562 H 17 – *Vedere Ferrara.*

CONCA DEI MARINI *84010 Salerno* 564 F 25 – *700 ab. – a.s. Pasqua, giugno-settembre e Natale.*

Roma 272 – Napoli 58 – Amalfi 5 – Salerno 30 – Sorrento 35.

Belvedere ⛺, via Smeraldo 19 ☎ 089 831282, *belvedere@belvederehotel.it*, *Fax 089 831439*, ≤ mare e costa, 🏠, 🏊 con acqua di mare, 🌴 – 🛗 ▤ TV P. AE 💲 ⓓ ⓜⓒ VISA. ✻ rist
18 aprile-20 ottobre – **Pasto** carta 65/82 – **35 cam** ☕ 190/200 – ½ P 126.
♦ E' davvero splendida la vista che si gode da questa struttura lungo la costiera amalfitana, dotata di terrazza con piscina d'acqua di mare; camere di diverse tipologie. Dalla bella sala e dalla veranda del ristorante scorgerete la calma distesa d'acqua blu.

Le Terrazze ⛺, via Smeraldo 11 ☎ 089 831290, *info@hotelleterrazze.it*, *Fax 089 831296*, ≤ mare e costa – 🛗 ▤ TV 📞 P. AE 💲 ⓓ ⓜⓒ VISA JCB. ✻
Pasqua-ottobre – **Pasto** carta 27/45 – **27 cam** ☕ 110/136 – ½ P 93.
♦ A picco sul mare, quasi aggrappato alla roccia, un albergo in fase di rinnovo, con una terrazza panoramica mozzafiato; camere da poco ristrutturate, ampie e luminose.

CONCESIO *25062 Brescia* 561 F 12 – *12 793 ab. alt. 218.*

Roma 544 – Brescia 10 – Bergamo 50 – Milano 91.

XXX ✿✿ **Miramonti l'Altro,** via Crosette 34, località Costorio ☎ 030 2751063, *info@miramontilaltro.it*, *Fax 030 2753189*, prenotare – ▤ P. 💲 ⓓ ⓜⓒ VISA. ✻
chiuso dal 5 al 20 agosto e lunedì – **Pasto** carta 52/84 🍷.
♦ Nella cornice di un raffinato neoclassicismo moderno, due anime, tradizionale e innovativa, convivono e si amalgamano per regalare un'esperienza gastronomica memorabile.
Spec. Sfogliatina di lumache e funghi alla curcuma (primavera). Risotto ai formaggi dolci di montagna. Crescendo di agnello con finale di suo carré.

CONCO *36062 Vicenza* 562 E 16 – *2 294 ab. alt. 830 – Sport invernali : 1 050/1 250 m* 5, .
Roma 556 – Padova 72 – Belluno 94 – Trento 64 – Treviso 67 – Venezia 104 – Vicenza 39.

La Bocchetta, sulla strada per Asiago località Bocchetta 6 (Nord : 5 km) ℘ 0424 700024, *labocchetta@telemar.it, Fax 0424 700024,* , – ⊡ P. AE Ⓢ ⓞ ⓞ VISA. ✱ rist
chiuso dal 10 al 20 novembre – **Pasto** *(chiuso lunedì a mezzogiorno e martedì)* carta 25/39 – ☕ 10 – **12 cam** 60,50/83,50, 13 suites 75/120.
◆ Sono in stile tirolese sia la struttura che i caldi interni di questo albergo, in cui troverete camere e suite personalizzate, con boiserie e tessuti a motivi floreali. La zona ristorante si articola in varie salette e in un grande salone banchetti.

CONCORDIA SULLA SECCHIA *41033 Modena* 562 H 14 – *8 332 ab. alt. 22.*
Roma 429 – Bologna 68 – Ferrara 63 – Mantova 54 – Modena 45 – Parma 67.

Vicolo del Teatro, via della Pace 94 ℘ 0535 40330, *info@vicolodelteatro.it, Fax 0535 40330* – ▤. AE Ⓢ ⓞ ⓞ VISA JCB. ✱
chiuso dal 1º al 23 agosto, sabato a mezzogiorno e lunedì – **Pasto** carta 36/50.
◆ In un centrale palazzo restaurato, un piacevole ristorante con tocchi di moderna eleganza; dalla cucina proposte tradizionali e del territorio, di carne e di pesce.

CONCOREZZO *20049 Milano* 561 F 10, 219 ⑲ – *14 092 ab. alt. 171.*
Roma 587 – Milano 26 – Bergamo 33 – Como 43.

Via del Borgo, via Libertà 136 ℘ 039 6042615, *info@viadelborgo.it, Fax 039 6040823,* , Coperti limitati; prenotare – P. AE Ⓢ ⓞ ⓞ VISA JCB. ✱
chiuso dal 1º al 7 gennaio, due settimane in agosto, domenica sera e lunedì a mezzogiorno – **Pasto** carta 41/56.
◆ Nel centro, in una vecchia casa di ringhiera ristrutturata, una sala moderna con richiami al rustico e servizio estivo sotto il portico; piatti di impronta creativa.

La guida cambia, cambiate la guida ogni anno.

CONDINO *38083 Trento* 562 E 13 – *1 492 ab. alt. 444.*
Roma 598 – Brescia 65 – Milano 155 – Trento 64.

Rita, via Roma 140 ℘ 0465 621225, *hoteldarita@libero.it, Fax 0465 621225,* ←, – ✱ rist, ⊡ P. Ⓢ ⓞ VISA JCB. ✱
chiuso dal 20 al 31 agosto – **Pasto** *(chiuso lunedì)* carta 18/27 – ☕ 7 – **18 cam** 32/50 – ½ P 41.
◆ Realizzato alla fine degli anni '80, un hotel a conduzione diretta, dotato di gradevole giardino con vista sui monti; arredi recenti nelle camere, alcune mansardate. Di taglio classico e di stile moderno l'ampio ristorante.

CONEGLIANO *31015 Treviso* 562 E 18 *G. Italia – 35 194 ab. alt. 65.*
Vedere *Sacra Conversazione★ nel Duomo – ※★ dal castello – Affreschi★ nella Scuola dei Battuti.*
🅸 *via XX Settembre 61 ℘ 0438 21230, iat.conegliano@provincia.treviso.it, Fax 0438 428777.*
Roma 571 – Belluno 54 – Cortina d'Ampezzo 109 – Milano 310 – Treviso 28 – Udine 81 – Venezia 60 – Vicenza 88.

Canon d'Oro, via 20 Settembre 131 ℘ 0438 34246 e rist ℘ 0438 415166, *info@hotelcanondoro.it, Fax 0438 34249,* – ▤ ⊡ ℡ ♿ P. AE Ⓢ ⓞ ⓞ VISA
Pasto al Rist ***Canon d'Oro*** *(chiuso dal 7 al 12 gennaio, dal 5 al 25 luglio e sabato)* carta 32/43 – **51 cam** ☕ 55/100.
◆ Dispone di fiorita terrazza giardino questo hotel del centro storico, in un edificio del '500 con loggia e affreschi originali sulla facciata; camere in parte rinnovate. Sala ristorante di semplice ambientazione moderna.

Sporting Hotel Ragno d'Oro senza rist, via Diaz 37 ℘ 0438 412300, *info@hotelragnodoro.it, Fax 0438 412310,* , , , – ✱ ▤ ⊡ P – 30. AE Ⓢ ⓞ ⓞ VISA. ✱
chiuso dal 23 dicembre al 6 gennaio e dal 5 al 16 agosto – ☕ 6 – **17 cam** 69/98.
◆ In collina, una risorsa ideale per chi vuole la tranquillità, ma anche la vicinanza al centro città; soffitti in legno, grande «fogoler», giardino con piscina e tennis.

Città di Conegliano, via Parrilla 1 ℘ 0438 21440, *info@hcc.it, Fax 0438 410950* – ▤ ⊡ ℡ – 40. AE Ⓢ ⓞ ⓞ VISA JCB. ✱ rist
chiuso dal 31 luglio al 22 agosto – **Pasto** *(chiuso a mezzogiorno, venerdì, sabato e domenica)* (solo per alloggiati) 26 – ☕ 8 – **57 cam** 53/78 – ½ P 59.
◆ Funzionale struttura in posizione semicentrale, molto frequentata da clientela di lavoro; soddisfacente il livello di confort nelle camere, con arredi recenti.

XX **Tre Panoce,** via Vecchia Trevigiana 50 (Ovest : 2 km) ✆ 0438 60071, *trepanoce@online.it, Fax 0438 62230*, prenotare, – ▤ P. AE ⓢ ⓓ ⓜⓒ VISA. ✻
chiuso venti giorni in gennaio, venti giorni in agosto, domenica sera e lunedì – **Pasto** carta 27/32.
◆ In un antico casale ristrutturato, tra verdi colline, troverete un'accoglienza cordiale, un curato ambiente rustico, una cantina fornita e piatti veneti ben elaborati.

XX **Città di Venezia,** via 20 Settembre 77/79 ✆ 0438 23186, *Fax 0438 415784*, – ▤. AE ⓢ ⓓ ⓜⓒ VISA. ✻
chiuso dal 26 dicembre al 24 gennaio, dal 10 al 30 agosto, domenica sera e lunedì – **Pasto** specialità di mare carta 29/45 e al Rist. ***Osteria La Bea Venezia*** carta 15/21.
◆ Nel centro storico, un locale da poco ristrutturato con buon gusto, dove vi proporranno specialità di pesce in piacevoli sale del '400 e '600 o in un dehors estivo. A «La Bea Venezia», una piccola e accogliente osteria, piatti veloci in ambiente informale.

CONERO (Monte) *Ancona* 563 L 22 – *Vedere Sirolo.*

CONTIGLIANO *02043 Rieti* 563 O 20 – *3 402 ab. alt. 488.*
Roma 88 – Terni 26 – L'Aquila 68 – Avezzano 81 – Rieti 10.

Le Vigne, via della Repubblica 14 ✆ 0746 706213, *levigne@libero.it, Fax 0746 707077*, – TV ♿ P. AE ⓢ ⓓ ⓜⓒ VISA. ✻
Pasto vedere rist ***Le Vigne*** – **19 cam** ☐ 46,50/59 – ½ P 46.
◆ Comodo punto di appoggio per visitare questo curioso paese arroccato sul monte e, sembra, su se stesso, una semplice struttura a gestione familiare di buon confort.

XX **Le Vigne,** via della Repubblica 14 ✆ 0746 706213, *levigne@libero.it*, , – TV P. AE ⓢ ⓓ ⓜⓒ VISA. ✻
chiuso lunedì – **Pasto** carta 21/28.
◆ Punto di riferimento della ristorazione locale, dove assaporare gustosi piatti del territorio in una sala classica ed elegante, abbellita da piante e quadri.

CONVENTO *Vedere nome proprio del convento.*

CONVERSANO *70014 Bari* 564 E 33 – *24 037 ab. alt. 219.*
Roma 440 – Bari 31 – Brindisi 87 – Matera 68 – Taranto 80.

Gd H. D'Aragona, strada provinciale per Cozze ✆ 080 4952344, *info@grandhoteldaragona.it, Fax 080 4954265*, , – |♦| ▤ TV ✆ P – 1000. AE ⓢ ⓓ ⓜⓒ VISA JCB. ✻
Pasto carta 25/34 – **68 cam** ☐ 85/95 – ½ P 70.
◆ Un grande giardino con piscina circonda questo complesso di concezione moderna, che offre confort adeguato alla categoria sia nelle spaziose aree comuni che nelle camere. Raffinata sala ristorante.

CORATO *70033 Bari* 564 D 31 – *45 717 ab. alt. 232.*
Roma 414 – Bari 44 – Barletta 27 – Foggia 97 – Matera 64 – Taranto 132.

sulla strada statale 98 *Sud : 3 km :*

Appia Antica, ✉ 70033 ✆ 080 8722504, *appia@corato.net, Fax 080 8724053*, – |♦| ▤ TV P – 60. AE ⓢ ⓓ ⓜⓒ VISA JCB. ✻ rist
Pasto *(chiuso domenica sera)* carta 16/21 – **34 cam** ☐ 64,50/90 – ½ P 70.
◆ Una costruzione anni '70 ospita un albergo comodo sia per i turisti sia per la clientela d'affari; interni funzionali e confortevoli, arredi recenti nelle curate camere. Il ristorante dispone di un'accogliente sala d'impostazione classica.

CORBETTA *20011 Milano* 561 F 8 – *13 708 ab. alt. 140.*
Roma 589 – Milano 24 – Novara 23 – Pavia 59.

XXX **La Corte del Re-al Desco,** via Parini 4 ✆ 02 9771600, *cortedelre@libero.it, Fax 02 9771600* – ▤. AE ⓢ ⓓ ⓜⓒ VISA. ✻
chiuso dal 25 dicembre al 6 gennaio, dal 2 al 28 agosto, domenica sera e lunedì – **Pasto** carta 36/46.
◆ Per piacere o per lavoro, ambienti eleganti e curati, con annessa sala convegni, e dehors estivo in una tipica cascina lombarda restaurata; fantasiosa cucina stagionale.

Se cercate un hotel tranquillo
consultate prima le carte tematiche dell'introduzione
e trovate nel testo gli esercizi indicati con il simbolo

CORCIANO *06073 Perugia* 563 M 18 – *14 862 ab. alt. 308.*
Roma 138 – Perugia 11 – Arezzo 71 – Terni 92 – Viterbo 137.

a Solomeo *Sud : 8 km – ✉ 06073 Corciano :*

Locanda Solomeo, piazza Carlo Alberto Dalla Chiesa 1 ✆ 075 5293119, *solomeo@tin.it, Fax 075 5294090,* ≤, – 40. AE VISA JCB.
chiuso Natale e dal 10 al 31 gennaio – **Pasto** carta 22/27 – **12 cam** 90/125 – ½ P 83,50.
◆ Struttura in stile liberty, ristrutturata mantenendo inalterata la bellezza originale. Nel centro della località, camere ampie e «fresche», buon livello di confort.

CORGENO *Varese* 219 ⑰ – *alt. 270 – ✉ 21029 Vergiate.*
Roma 631 – Stresa 35 – Laveno Mombello 25 – Milano 54 – Sesto Calende 7 – Varese 22.

XXX **La Cinzianella** con cam, via Lago 26 ✆ 0331 946337, *info@lacinzianella.it, Fax 0331 948890,* ≤, – 80. AE VISA JCB.
chiuso da gennaio all'8 febbraio – **Pasto** *(chiuso martedì e da ottobre ad aprile anche lunedì sera)* carta 41/53 – **10 cam** 80/100 – ½ P 85.
◆ In riva al lago, ambienti freschi e luminosi in un locale di tono elegante, con servizio estivo serale in terrazza panoramica; cucina legata al territorio e innovativa.

CORIANO VERONESE *Verona – Vedere Albaredo d'Adige.*

CORICA *Cosenza – Vedere Amantea.*

Richiedete alla vostra libreria il catalogo delle pubblicazioni Michelin

CORIGLIANO CALABRO *87064 Cosenza* 564 I 31 – *36 748 ab. alt. 219.*
Roma 498 – Cosenza 80 – Potenza 204 – Taranto 147.

sulla strada statale 106 r *Nord : 12 km*

X **Zio Serafino,** contrada Salice ✉ 87064 ✆ 0983 851313, *Fax 0983 851210* – – 800. AE VISA.
chiuso lunedì escluso dal 15 giugno a settembre – **Pasto** carta 23/32.
◆ Ideale per una piacevole sosta durante un viaggio, una struttura di notevole capienza, quindi anche per banchetti; arredi moderni nelle sale e pesce fresco in cucina.

CORLO *Modena – Vedere Formigine.*

CORMONS *34071 Gorizia* 562 E 22 – *7 545 ab. alt. 56.*
Enoteca Comunale piazza 24 Maggio 21 ✆ 0481 630371, Fax 0481 630371.
Roma 645 – Udine 25 – Gorizia 13 – Milano 384 – Trieste 49 – Venezia 134.

Felcaro, via San Giovanni 45 ✆ 0481 60214, *hfelcaro@tin.it, Fax 0481 630255,* – 120. AE VISA
Pasto *(chiuso dal 3 al 24 gennaio, dal 23 al 30 giugno, dal 14 al 21 novembre e lunedì)* carta 22/40 – **58 cam** 58/120 – ½ P 73.
◆ Per godersi la verde tranquillità delle campagne del Collio, una villa dell'800 ristrutturata, con dépendance, che offre ampi spazi esterni e camere di diverse tipologie. Al ristorante una sala d'impostazione tradizionale e un elegante salone per banchetti.

XX **Al Cacciatore-della Subida,** località Subida 22 (Nord-Est : 2 km) ✆ 0481 60531, *info@lasubida.it, Fax 0481 61616,* VISA
chiuso dal 1° al 15 febbraio, dal 1° al 10 luglio, martedì, mercoledì e a mezzogiorno (escluso sabato-domenica) – **Pasto** carta 37/46.
◆ Caldo e accogliente ambiente caratteristico, con camino, in una trattoria inserita in un contesto agreste di grande fascino; piatti legati alla tradizione friulana.

XX **Al Giardinetto** con cam, via Matteotti 54 ✆ 0481 60257, *algiardinetto@tin.it, Fax 0481 630704,* Coperti limitati; prenotare – cam, AE VISA. cam
chiuso luglio – **Pasto** *(chiuso lunedì e martedì)* carta 30/45 – 3 suites 70/100.
◆ Due curate salette classiche e piacevole dehors estivo in un centrale ristorante di antica tradizione familiare; cucina del territorio rivisitata in chiave moderna.

CORNAIANO (GIRLAN) *Bolzano* 218 ⑳ – *Vedere Appiano sulla Strada del Vino.*

CORNEDO VICENTINO *36073 Vicenza* 562 F 16 – *10 547 ab. alt. 200.*

Roma 541 – Verona 60 – Trento 76 – Venezia 93 – Vicenza 28.

sulla strada statale 246 *Sud-Est : 4 km :*

XX **Due Platani** con cam, via Campagnola 16 ☎ 0445 947007, *Fax 0445 440509* – . *VISA*.
chiuso dal 10 al 31 agosto – **Pasto** *(chiuso sabato a mezzogiorno e domenica)* carta 24/29 – ☕ 5 – 12 cam 70/100.
◆ Un aspetto esterno non molto invitante nasconde al di là della soglia un moderno locale elegante; cucina classica, per lo più di terra, ma con «infiltrazioni» di mare.

CORNELIANO D'ALBA *12040 Cuneo* 561 H 5 – *1 875 ab. alt. 204.*

Roma 624 – Torino 59 – Asti 36 – Cuneo 63 – Milano 156.

Antico Casale Mattei senza rist, via Cristoforo Colombo 8 ☎ 0173 619920, *antico.casale.mattei@inwind.it, Fax 0173 619920,* – *VISA*
4 cam ☕ 47/67.
◆ Ottime camere che rispettano appieno la struttura originale dell'edificio d'origine settecentesca, così come la caratteristica balconata affacciata sul cortile interno.

CORNIGLIANO LIGURE *Genova – Vedere Genova.*

CORNIOLO *Forlì-Cesena* 562 K 17 – *Vedere Santa Sofia.*

CORONA *Gorizia – Vedere Mariano del Friuli.*

CORPO DI CAVA *Salerno* 564 E 26 – *Vedere Cava de' Tirreni.*

CORREGGIO *42015 Reggio nell'Emilia* 562 H 14 – *20 769 ab. alt. 33.*

Roma 422 – Bologna 60 – Milano 167 – Verona 88.

Dei Medaglioni, corso Mazzini 8 ☎ 0522 632233, *deimedaglioni.re@bestwestern.it, Fax 0522 693258* – . AE *VISA* JCB.
chiuso agosto e Natale – **Pasto** vedere rist ***Il Correggio*** – **35 cam** ☕ 130/167, 3 suites – ½ P 112.
◆ Fascino del passato con tutti i confort del presente negli eleganti interni di un palazzo sapientemente restaurato conservando dettagli in stile liberty; camere curate.

President, via Don Minzoni 61 ☎ 0522 633711 e rist. 0522 642900, *info@hotelpresident.re.it, Fax 0522 633777* – – 150. AE *VISA* JCB. rist
chiuso dal 22 dicembre al 7 gennaio e dal 10 al 25 agosto – **Pasto** al Rist. ***Le Querce*** *(chiuso domenica sera e lunedì)* carta 29/40 – **87 cam** ☕ 110/130, 3 suites – ½ P 90.
◆ Una bella hall con colonne vi accoglie in questa moderna struttura di recente realizzazione, dotata di confortevoli camere ben accessoriate; attrezzate sale convegni. Luminoso ristorante con un'originale soffittatura in legno.

XXX **Alquicosì** con cam, via Costituzione 75 (Est : 2 km zona industriale) ☎ 0522 633063, *Fax 0522 732377,* – . AE *VISA* JCB.
chiuso due settimane in dicembre e tre settimane in agosto – **Pasto** specialità di mare carta 47/62 – 8 cam ☕ 65/95.
◆ E' vero che ci si trova in zona industriale, ma questa risorsa è stata ricavata all'interno di una storica cascina completamente ristrutturata, ambientazione suggestiva.

XX **Il Correggio** - Hotel Dei Medaglioni, corso Mazzini 6 ☎ 0522 641000, *Fax 0522 635755* – . AE *VISA* JCB.
chiuso agosto, sabato a mezzogiorno e domenica – **Pasto** carta 36/58.
◆ Raffinata sinfonia di tonalità pastello nel suggestivo ristorante, che occupa lo spazio della corte dell'antico edificio in cui è situato; piatti di cucina emiliana.

CORSANICO *Lucca* 562 K 12 – *Vedere Massarosa.*

CORSIGNANO *Siena – Vedere Siena.*

CORTACCIA SULLA STRADA DEL VINO (KURTATSCH AN DER WEINSTRASSE) *39040 Bolzano* 562 D 15, 218 ⑳ – *2 052 ab. alt. 333.*

🅸 *piazza Schweiggl 8 ☎ 0471 880100, info@suedtiroler-unterland.it, Fax0471 80451.*
Roma 623 – Bolzano 20 – Trento 37.

Schwarz-Adler Turmhotel, Kirchgasse 2 ☎ 0471 880600, *info@turmhotel.it, Fax 0471 880601*, ≤ monti e valle, – . rist
chiuso dal 23 al 28 dicembre, dal 15 al 31 gennaio e dal 7 al 14 marzo – **Pasto** (solo per alloggiati) – **24 cam** 95/158 – ½ P 88.
◆ Si sono seguiti stilemi tradizionali con materiali moderni in questo hotel, che ha ampie camere di particolare confort, molte con loggia o balcone; giardino con piscina.

Zur Rose, Endergasse 2 ☎ 0471 880116, *Fax 0471 880116* – VISA
chiuso domenica e lunedì a mezzogiorno – **Pasto** carta 37/47.
◆ Edificio tipico che regala ambienti caldi, arredati con molto legno, in tipico stile tirolese. Ristorante che propone una valida cucina del territorio e un'ottima cantina.

CORTALE *Udine – Vedere Reana del Roiale.*

CORTE DE' CORTESI *26020 Cremona* 561 G 12 – *982 ab. alt. 61.*

Roma 535 – Brescia 42 – Piacenza 47 – Cremona 16 – Milano 72 – Parma 83.

Il Gabbiano, piazza Vittorio Veneto 10 ☎ 0372 95108, *info@trattoriailgabbiano.it, Fax 0372 95108*, – . VISA JCB
chiuso tre settimane in luglio-agosto e giovedì – **Pasto** carta 20/34.
◆ Trattoria di paese che si è rinnovata mantenendo la sua caratteristica atmosfera, ma con un tocco di eleganza; buona cantina e cucina cremonese, d'estate nel dehors.

CORTE FRANCA *25040 Brescia* 562 F 11 – *6 200 ab. alt. 214.*

Franciacorta (chiuso martedì) località Castagnola ✉ 25040 Corte Franca ☎ 030 984167, Fax 030 984393, Sud : 2 km.
Roma 576 – Bergamo 32 – Brescia 28 – Milano 76.

a Colombaro *Nord : 2 km – ✉ 25040 Corte Franca :*

Relaisfranciacorta, via Manzoni 29 ☎ 030 9884234 e rist. ☎ 030 9826461, *crisarpa @tin.it, Fax 030 9884224*, ≤, – – 220. VISA JCB. rist
Pasto al Rist. ***La Colombara*** *(chiuso lunedì sera e martedì)* carta 33/43 – **44 cam** 130/175, 2 suites.
◆ Adagiata in un vasto prato, una cascina seicentesca ristrutturata offre la tranquillità e i confort adatti ad un soggiorno sia di relax che d'affari; sale per convegni. Al ristorante suggestivi ambienti di diversa capienza e di tono elegante.

CORTEMILIA *12074 Cuneo* 561 I 6 – *2 515 ab. alt. 247 – a.s. giugno-agosto.*

Roma 613 – Genova 108 – Alessandria 71 – Cuneo 106 – Milano 166 – Savona 68 – Torino 90.

Villa San Carlo, corso Divisioni Alpine 41 ☎ 0173 81546, *info@hotelsancarlo.it, Fax 0173 81235*, – VISA.
chiuso dal 15 al 27 dicembre e dall'8 gennaio al 1º marzo – **Pasto** al Rist. ***San Carlino*** (solo su prenotazione; *chiuso lunedì e a mezzogiorno)* carta 28/35 – **23 cam** 70/103.
◆ Nelle Langhe, in un rilassante giardino con piscina, un albergo a conduzione familiare, confortevole e tranquillo, dotato di spaziose camere ben tenute. Un rinomato ristorante dall'ambiente elegante.

CORTERANZO *Alessandria – Vedere Murisengo.*

CORTINA *Piacenza – Vedere Alseno.*

CORTINA D'AMPEZZO *32043 Belluno* 562 C 18 *G. Italia – 6 427 ab. alt. 1 224 – a.s. febbraio-10 aprile e Natale – Sport invernali : 1 224/2 732 m* 6 28 *(Comprensorio Dolomiti superski Cortina d'Ampezzo)* .

Vedere *Posizione pittoresca★★★.*
Dintorni *Tofana di Mezzo : ✱★★★ 15 mn di funivia – Tondi di Faloria : ✱★★★ 20 mn di funivia – Belvedere Pocol : ✱★★ 6 km per ③.*
Escursioni *Dolomiti★★★ per ③.*

🅸 *piazzetta San Francesco 8 ☎ 0436 2711, cortina@infodolomiti.it, Fax 0436 3235.*
Roma 672 ② – Belluno 71 ② – Bolzano 133 ① – Innsbruck 165 ① – Milano 411 ② – Treviso 132 ②.

Cristallo, via Menardi 42 ☎ 0436 881111, *info@cristallo.it, Fax 0436 870110,* < conca di Cortina e Dolomiti, Centro benessere, – 80. AE VISA JCB. – *chiuso maggio e novembre* – **Pasto** carta 47/62 – **52 cam** 790/1120, 21 suites – ½ P 620. **Z a**

◆ Incantevole e celebre struttura in sontuoso stile montano, il bosco avvolge dolcemente la classe e l'eleganza degli ambienti. Servizi completi, ottimo wellness center. Elegante sala ristorante, proposte gastronomiche eclettiche.

Miramonti Majestic Grand Hotel, località Peziè 103 ☎ 0436 4201, *miramontimajestic@geturhotels.com, Fax 0436 867019,* < conca di Cortina e Dolomiti, – 120. AE VISA. rist 2 km per ②
22 dicembre-marzo e luglio-agosto – **Pasto** carta 62/80 – **105 cam** 246/418, 3 suites – ½ P 219.

◆ Tradizione e prestigio dal 1902 per un «must» di Cortina: vista unica, saloni enormi, lussuose camere in stile e parco giardino ombreggiato con laghetto e golf a 6 buche. Dalle finestre dell'elegante ristorante si contempla uno sontuoso scenario montano.

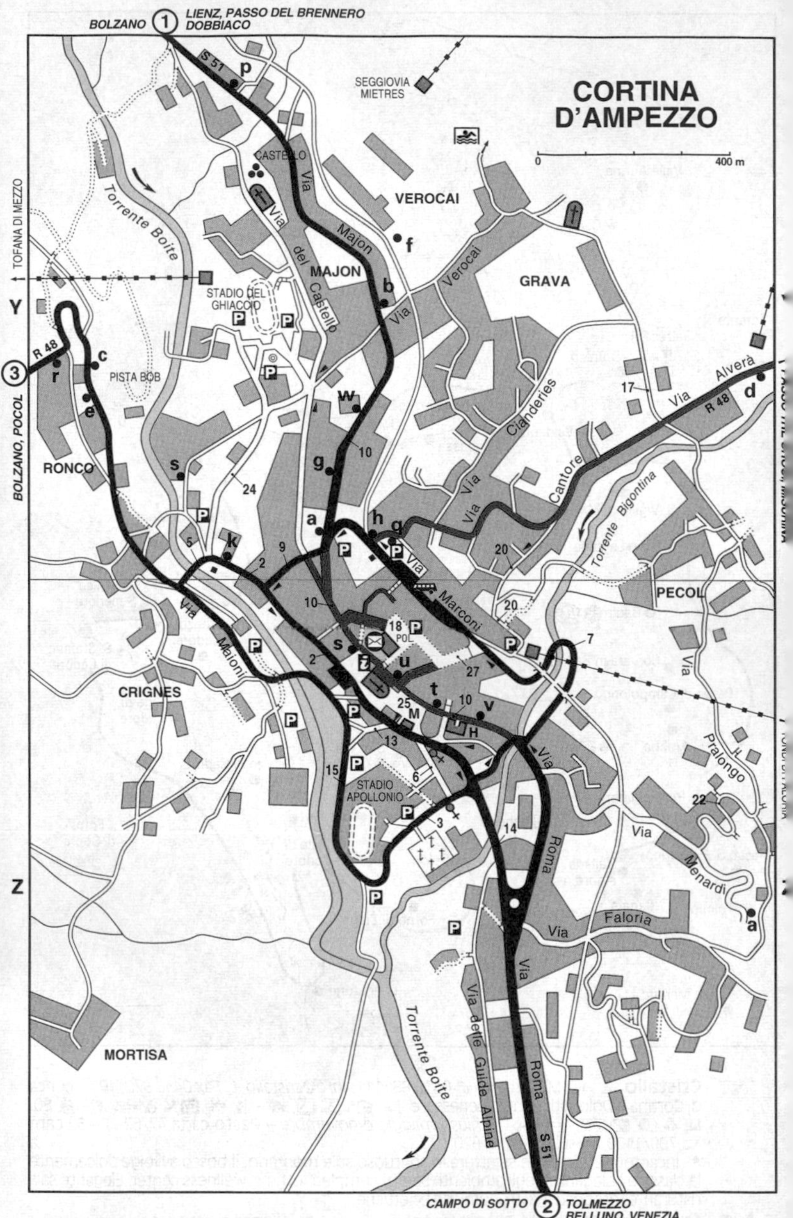

Battisti (V. Cesare) . . . . **YZ** 2	Italia (Corso) . . . . **YZ** 10	Ria de Zeto (Via) . . . . **YZ** 20
Campi (Via dei) . . . . **Z** 3	Mercato (Via). . . . . **Z** 13	Roma (Piazza) . . . . **Z** 21
Corona (Ponte) . . . . **Y** 5	Olimpia (Via) . . . . **Z** 14	Spiga (Via) . . . . **Z** 22
Difesa (Via della). . . . . **Z** 6	Parco (Via del). . . . . **Z** 15	Stadio (Via dello) . . . . **Y** 24
Franchetti (Via B.) . . . . **Z** 7	Pierosà (Via) . . . . **Y** 17	Venezia (Piazza) . . . . **Z** 25
Grohmann (Via). . . . . **Y** 9	Poste (Largo delle). . . . . **Z** 18	29 Maggio (Via) . . . . **Z** 27

Park Hotel Faloria, località Zuel 46 ✆ 0436 2959, *info@phfaloria.com, Fax 0436 866483,* ←, ... – ... 2,5 km per ②
dicembre-aprile e giugno-settembre – **Pasto** al Rist. ***Il Meloncino*** *(20 dicembre-Pasqua e 15 luglio-10 settembre)* carta 30/40 – 31 suites 300/440 – ½ P 240.
◆ Due grandi chalet collegati da un corpo centrale per un hotel esclusivo e di alta classe, con eleganti interni da villa privata; bella piscina coperta e centro benessere. Caldo e raffinato ambiente montano nella sala da pranzo.

Bellevue, corso Italia 197 ✆ 0436 883400 e rist ✆ 0436 866278, *h.bellevue@cortinanet.it, Fax 0436 867510,* – ... – 70. ... rist Y a
dicembre-aprile e luglio-settembre – **Pasto** al Rist. ***L'Incontro*** *(chiuso lunedì)* carta 41/65 – **16 cam** 336/346, 44 suites 435/1127 – ½ P 200.
◆ Punto di forza di questo hotel centrale, ristrutturato di recente, sono le suite e le camere, che uniscono ogni confort allo charme di un raffinatissimo stile ampezzano. Boiserie e bei soffitti a cassettoni e intarsiati nel ristorante.

De la Poste, piazza Roma 14 ✆ 0436 4271, *info@delaposte.it, Fax 0436 868435,* ← Dolomiti, ... Z s
20 dicembre-15 aprile e 15 giugno-settembre – **Pasto** al Rist. ***Grill del Posta*** *(20 dicembre-25 aprile e 20 luglio-15 settembre)* carta 49/73 – **76 cam** 183/334, 3 suites – ½ P 204.
◆ Uno degli storici capisaldi dell'hotellerie ampezzana, dove di generazione in generazione la stessa famiglia dal 1870 rinnova il rito di un'ospitalità elegante e attenta. Il «Grill del Posta» è un caldo scrigno di legno, sempre affollato.

Sporting Villa Blu ..., via Verocai 73 ✆ 0436 867541 e rist , *Fax 0436 867450, villablu@sunrise.it, Fax 0436 868129* , ← Dolomiti, ... Y f
20 dicembre-18 aprile e 26 giugno-19 settembre – **Pasto** 27,50/32 e al Rist. ***Amadeus*** *(22 dicembre-14 aprile e 3 luglio-11 settembre)* carta 31/54 – **44 cam** 187/234, 4 suites – ½ P 160.
◆ In zona tranquilla e soleggiata, circondato da un bosco di conifere, albergo con interni signorili e curati e camere ben accessoriate; servizio di navetta per il centro. L'impareggiabile calore del legno riveste la raffinata stube dell'Amadeus.

Ancora, corso Italia 62 ✆ 0436 3261, *info@hotelancoracortina.com, Fax 0436 3265,* ← Dolomiti – ... rist Z t
20 dicembre-Pasqua e giugno-settembre – **Pasto** *(dicembre-Pasqua e luglio-settembre)* carta 35/51 – **49 cam** 220/280, 11 suites – ½ P 191.
◆ Un vero gioiello, dove tutto, dai mobili antichi ai tessuti e ai dettagli concorre a creare quella sua atmosfera da raffinata casa privata, ricca di charme e di calore. Curata cucina classica a lume di candela, sotto le volte gotiche dell'ampia sala da pranzo.

Franceschi Park Hotel, via Cesare Battisti 86 ✆ 0436 867041, *h.franceschi@cortinanet.it, Fax 0436 2909,* ← Dolomiti, ... rist, ... Y k
20 dicembre-28 marzo e 19 giugno-19 settembre – **Pasto** 25/40 – **48 cam** 135/270 – ½ P 175.
◆ Storico hotel di lunga tradizione in un originale edificio con torrette d'angolo, cinto da un parco con tennis e solarium; belle stufe in maiolica nelle sale comuni. Accogliente sala da pranzo con arredi e rifiniture in legno.

Europa, corso Italia 207 ✆ 0436 3221, *heuropa@sunrise.it, Fax 0436 868204,* ← Dolomiti – ... rist Y g
chiuso dal 30 settembre al 19 dicembre – **Pasto** *(20 dicembre-marzo e luglio-agosto)* carta 56/88 – **49 cam** 186/320 – ½ P 195.
◆ Attenta gestione diretta in un'accogliente risorsa nei pressi del centro, dagli interni tutti in legno scuro con qualche pezzo d'antiquariato; signorili le camere. Ampia sala da pranzo classica e raccolti ambienti più informali per cene a lume di candela.

Columbia senza rist, via Ronco 75 ✆ 0436 3607, *info@hcolumbia.it, Fax 0436 3001,* ← Dolomiti, ... Y c
dicembre-10 aprile e 27 maggio-15 ottobre – 7,75 – **20 cam** 88/140.
◆ Sulla strada per il Falzarego, ha zone comuni limitate, ma accoglienti, ampio giardino e belle camere, calde e funzionali; colazione a buffet con torte fatte in casa.

Concordia Parc Hotel, corso Italia 28 ✆ 0436 4251, *info@concordiacortina.it, Fax 0436 868151,* ← – ... Z v
21 dicembre-marzo e luglio-agosto – **Pasto** 25/42 – **58 cam** 150/260 – ½ P 160.
◆ Centralissima, sulla via del passeggio, ma dotata di tranquillo parco ombreggiato, una gradevole struttura che offre ospitalità signorile in ambienti di buon confort.

Menardi, via Majon 110 ☎ 0436 2400, *info@hotelmenardi.it, Fax 0436 862183,* ≤ Dolomiti, – . Y p
20 dicembre-14 aprile e 20 maggio-19 settembre – **Pasto** carta 24/33 – **49 cam** 100/190 – ½ P 130.
◆ Casa della famiglia eponima, divenuta albergo negli anni '20, sfoggia pezzi di antiquariato locale e religioso negli interni e vellutati prati nel parco ombreggiato. Si affacciano sulla vegetazione esterna le vetrate della curata sala ristorante.

Pontechiesa , via Marangoni 3 ☎ 0436 2523, *hotelpontechiesa@dolomiti.it, Fax 0436 867343,* ≤ Dolomiti, – . Y s
dicembre-13 aprile e 15 giugno-27 settembre – **Pasto** carta 27/47 – **31 cam** 114/208 – ½ P 140.
◆ A pochi passi dal centro e dallo Stadio del ghiaccio, in posizione tranquilla, soleggiata e panoramica, una risorsa familiare, con piacevole giardino; camere curate.

Trieste, via Majon 28 ☎ 0436 2245, *info@hoteltriestecortina.it, Fax 0436 868173,* ≤ Dolomiti, , – . rist Y b
20 dicembre-marzo e luglio-20 settembre – **Pasto** carta 21/36 – **33 cam** 106/172.
◆ Familiari sia la conduzione che l'ambiente di una struttura semicentrale, non lontano dallo Stadio del ghiaccio, dotata di giardino e spazi comuni ampi e ben arredati. Sala ristorante molto luminosa.

Nord Hotel, via alla Verra 1 ☎ 0436 4707, *nord@cortinanet.it, Fax 0436 868164,* ≤ Dolomiti e conca di Cortina, – . rist 1,5 km per ①
6 dicembre-10 aprile e 20 giugno-20 settembre – **Pasto** 20/25 – 12 – **33 cam** 98/144 – ½ P 110.
◆ Si trova in posizione tranquilla, fuori del centro e vicino alle piste di fondo, e gode di splendida vista questa risorsa familiare, con giardino; camere confortevoli. Il ristorante dispone di una sala semplice, ma accogliente.

Natale senza rist, corso Italia 229 ☎ 0436 861210, *info@hotelnatale.it, Fax 0436 867730,* – . Y w
dicembre-5 maggio e giugno-5 novembre – **14 cam** 120/195.
◆ Per una sistemazione senza pretese, ma di buon confort, un albergo che della casa di montagna privata ha sia l'aspetto esterno che l'atmosfera; camere ben accessoriate.

Cornelio, via Cantore 1 ☎ 0436 2232, *cornelio@sunrise.it, Fax 0436 867360* – . rist Y h
chiuso dal 15 al 30 aprile e dal 9 al 29 novembre – **Pasto** *(chiuso dal 1° al 20 luglio e dal 15 settembre a novembre)* carta 27/33 – **20 cam** 85/150.
◆ Esperta gestione familiare da oltre 40 anni per un hotel abbastanza centrale, semplice, ma dai graziosi interni con arredi tipicamente montani e dal confort adeguato. Accogliente sala ristorante.

Montana senza rist, corso Italia 94 ☎ 0436 862126, *montana@cortina-hotel.com, Fax 0436 868211* – . Z u
chiuso dal 25 maggio al 25 giugno e dal 10 novembre al 15 dicembre – **30 cam** 65/124.
◆ Ospitalità cordiale e amichevole in una risorsa semplice, dove troverete tutto il necessario per una piacevole vacanza; arredi essenziali nelle camere ben tenute.

Oasi senza rist, via Cantore 2 ☎ 0436 862019, *info@hoteloasi.it, Fax 0436 879476* – . Y q
chiuso dal 30 settembre al 20 ottobre – **10 cam** 82/150.
◆ E' un indirizzo accogliente e molto curato questa piccola residenza privata, ristrutturata, a pochi passi dalla zona pedonale; stanze graziose e bagni moderni.

Tivoli, località Lacedel 34 ☎ 0436 866400, ≤ Dolomiti, , Coperti limitati; prenotare – . 2 km per ③
6 dicembre-Pasqua e 15 giugno-15 settembre; chiuso lunedì in bassa stagione – **Pasto** carta 49/82.
◆ Qui si domina non solo la conca, ma anche il panorama gastronomico di Cortina: moderna cucina di sperimentazione e ricerca in una raffinata sala o d'estate in terrazza.
Spec. Tartare di astice con finocchi marinati. Ravioli di patate rosolate con salsa al tartufo nero, speck croccante e porri fritti. Composizione di agnello con tortino di patate.

El Toulà, via Ronco 123 ☎ 0436 3339, *Fax 0436 2738,* ≤ conca di Cortina e Dolomiti, , prenotare – . Y r
20 dicembre-12 aprile e 20 luglio-5 settembre; chiuso lunedì in gennaio – **Pasto** carta 41/55 (13 %).
◆ Un'istituzione locale questo ambiente caratteristico ricavato in un vecchio fienile, con arredi caldi ed eleganti; in cucina si segue la tradizione nazionale e locale.

Baita Fraina con cam, via Fraina 1, località Fraina 0436 3634, *info@baitafraina.it, Fax 0436 876235,* ← Dolomiti, , , – rist, TV P. VISA.
dicembre-20 aprile e luglio-settembre – **Pasto** *(chiuso lunedì in bassa stagione)* carta 34/40 – **4 cam** 100/120 – ½ P 88. 2 km per ②
◆ Calde salette tipo stube, terrazza per l'estate e curati piatti del territorio: per chi vuole evadere dalla mondanità di Cortina nel silenzio di una baita isolata.

Leone e Anna, via Alverà 112 0436 2768, Cucina sarda, prenotare – AE VISA. Y d
dicembre-aprile e luglio-ottobre; chiuso martedì – **Pasto** carta 42/50.
◆ Autentici sapori e profumi di Sardegna tra le vette dolomitiche: è il riassunto dell'inusitata, ma piacevole esperienza che vivrete in questo raffinato ristorante.

Lago Scin, località lago Scin 0436 2391, *Fax 0436 2391,* – P. AE VISA. 3,5 km per S 48
5 dicembre-15 aprile e 10 giugno-settembre; chiuso mercoledì escluso agosto – **Pasto** carta 32/50.
◆ Dopo un casalingo pasto, magari a base di cacciagione, in accoglienti stube o d'estate all'aperto, potrete rilassarvi godendovi il silenzio e il verde del giardino.

Da Beppe Sello con cam, via Ronco 68 0436 3236, *beppesello@libero.it, Fax 0436 3237,* ← Dolomiti – rist, TV P. AE VISA. rist Y e
dicembre-marzo e 20 maggio-20 settembre – **Pasto** *(chiuso martedì in bassa stagione)* carta 32/45 – **13 cam** 93/180.
◆ Familiare e sobrio nell'ambiente, è un ristorante che offre una concreta, genuina cucina legata alle tradizioni regionali e accoglienti camere arredate in legno.

a Pocol *per ③ : 6 km – alt. 1 530 – ✉ 32043 Cortina d'Ampezzo :*

Pocol, 0436 2602, *hpocol@tin.it, Fax 0436 2707,* ← Dolomiti, – TV P. VISA. rist
dicembre-marzo e giugno-settembre – **Pasto** carta 24/32 – **30 cam** 78/150 – ½ P 86.
◆ Isolato sull'omonimo colle lungo la strada per il Falzarego, cinto da un ampio panorama, è un confortevole albergo dove regna un'atmosfera montana autentica e familiare. Boschi e monti «entrano» dalle finestre nel simpatico ambiente informale del ristorante.

al Passo Giau *per ③ : 16,5 km :*

Da Aurelio-Rifugio Piezza, ✉ 32020 Colle Santa Lucia 0437 720118, *ristoranteaurelio@tin.it, Fax 0437 720118,* ← Dolomiti, – P. AE VISA
Natale-Pasqua e 26 giugno-settembre – **Pasto** carta 30/43.
◆ Un rifugio in un paradisiaco angolo naturale: un locale con signorili interni in legno e terrazza panoramica per il servizio estivo; curata cucina della tradizione.

sulla strada statale 51 *per ① : 11 km :*

Ospitale, via Ospitale 1 ✉ 32043 0436 4585 – P. AE VISA.
dicembre-aprile e luglio-ottobre; chiuso lunedì (escluso Natale, febbraio ed agosto) – **Pasto** carta 31/43.
◆ E' il nome della località, ma anche una qualità dell'accoglienza che troverete in questo semplice ristorante rustico, dove gusterete piatti classici e locali.

Michelin non distribuisce targhe agli alberghi e ristoranti che segnala.

CORTONA

CORTONA *52044 Arezzo* 563 M 17 *G. Toscana – 22 491 ab. alt. 650.*

Vedere *Museo Diocesano★★ – Palazzo Comunale : sala del Consiglio★* **H** *– Museo dell'Accademia Etrusca★ nel palazzo Pretorio★* **M1** *– Tomba della Santa★ nel santuario di Santa Margherita – Chiesa di Santa Maria del Calcinaio★ 3 km per ②.*

via Nazionale 42 0575 630352, info@cortonantiquaria.com, Fax 0575 630656.

Roma 200 ② – Perugia 51 ② – Arezzo 29 ② – Chianciano Terme 55 ② – Firenze 117 ② – Siena 70 ②.

Pianta pagina seguente

Villa Marsili senza rist, via Cesare Battisti 13 0575 605252, *info@villamarsili.net, Fax 0575 605618,* ← – TV – 40. AE VISA. b
chiuso gennaio e febbraio – **27 cam** 130/217.
◆ Dal restauro di una struttura del '700 è nato nel 2001 un hotel raffinato, dove affreschi e mobili antichi si sposano con soluzioni impiantistiche moderne e funzionali.

San Michele senza rist, via Guelfa 15 0575 604348, *info@hotelsanmichele.net, Fax 0575 630147* – TV. AE VISA. a
chiuso dal 10 gennaio al 15 marzo – **43 cam** 100/150, 3 suites.
◆ In un palazzo cinquecentesco, un albergo che coniuga in giusta misura il fascino di interni d'epoca sapientemente restaurati e il confort offerto nei vari settori.

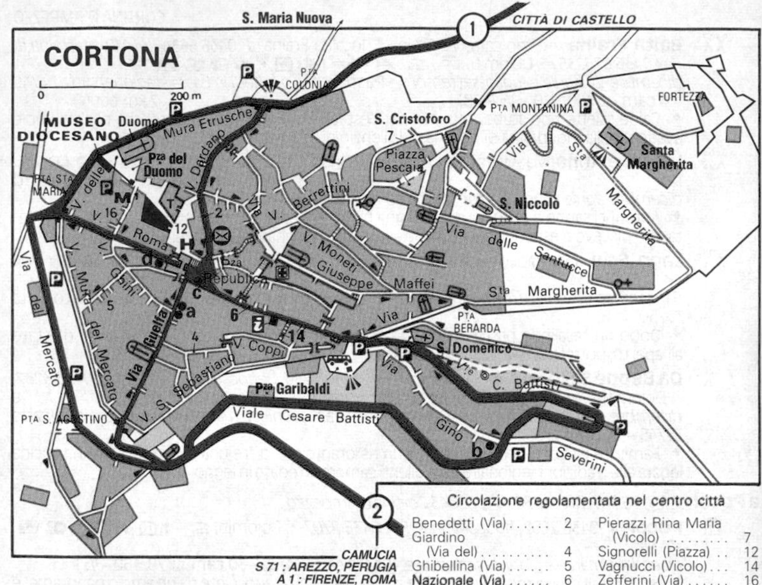

XX **Preludio,** via Guelfa 11 ☎ 0575 630104, *ristorantepreludio@libero.it, Fax 0575 631682* – ▤. AE ⓢ ⓞ ⓜⓒ VISA — a
chiuso a mezzogiorno e lunedì (escluso dal 15 marzo a settembre) – **Pasto** carta 33/50.
◆ Da qualche anno gestione nuova e giovane in un ristorante all'interno di un antico palazzo del centro; in cucina tradizioni locali, alleggerite e anche rivisitate.

X **La Grotta,** piazzetta Baldelli 3 ☎ 0575 630271, *Fax 0575 630271,* ▤. AE ⓢ ⓞ ⓜⓒ VISA — c
chiuso dal 7 gennaio 13 febbraio, dal 6 al 13 luglio e martedì – **Pasto** carta 21/40.
◆ Solida gestione familiare da oltre 20 anni per una centralissima e accogliente trattoria, con servizio estivo in piazzetta; casalinghi piatti del territorio.

a San Martino *Nord : 4,5 km* – ✉ *52044 Cortona :*

Il Falconiere Relais ⛯, ☎ 0575 612679, *ilfalcon@ilfalconiere.com, Fax 0575 612927,* <, ⛱, – ▤ TV ♿ P. AE ⓢ ⓜⓒ VISA JCB. ✗ rist
chiuso tre settimane in gennaio – **Pasto** vedere rist. ***Il Falconiere*** – **19 cam** ☕ 200/240, 2 suites – ½ P 185.
◆ All'interno di una vasta proprietà, una villa seicentesca ricca di fascino e munifica di suggestioni. Camere di raffinata e nobile eleganza, per un soggiorno straordinario.

XXX **Il Falconiere,** ☎ 0575 612679, *il falcon@ilfalconiere.com, Fax 0575 612927,* , prenotare – ▤ P. AE ⓢ ⓜⓒ VISA JCB. ✗
✿ *chiuso lunedì e martedì a mezzogiorno escluso da marzo ad ottobre* – **Pasto** carta 50/70.
◆ I colori, le pietre, la serenità di una Toscana antica in un incanto dove il tempo si è fermato: i piaceri della tavola in un'ex limonaia o in una terrazza panoramica.
Spec. Acquacotta etrusca con uovo, croste di parmigiano e olio d'oliva della casa (autunno-inverno). Pici con briciole di pane all'aglio e pomodorini appesi. Tegame di piccione e verdure con battuto di salvia, aglio e ginepro.

a Farneta *Ovest : 10 km* – ✉ *52044 Cortona :*

Relais Villa Petrischio ⛯, via del Petrischio 25 ☎ 0575 610316, *info@villapetrischio.it, Fax 0575 610317,* <, ⛱ – ▤ cam, TV ✆ P. AE ⓢ ⓜⓒ VISA. ✗
chiuso da gennaio a Pasqua – **Pasto** *(chiuso a mezzogiorno)* (solo per alloggiati) carta 35/48 – **13 cam** ☕ 100/140 – ½ P 110.
◆ Splendida villa ottocentesca in un parco di pini e cipressi, con piscina su terrazza panoramica; spazi comuni e camere di raffinata ambientazione tipicamente toscana.

sulla strada provinciale 35 verso Mercatale :

Villa di Piazzano ⛢, località Piazzano 7 (Est : 8 km) ✉ 52044 Cortona ☎ 075 826226, *info@villadipiazzano.com, Fax 075 826336,* ←, ⛱, 🌳 – |‡|, ≡ TV ☎ 🅿. AE Ⓢ ⓞ ⓜⓒ VISA. ⛔
chiuso gennaio e febbraio – **Pasto** *(chiuso a mezzogiorno e domenica)* (solo per alloggiati) 35 – **15 cam** ☕ 140/180, suite – ½ P 125.

◆ Voluta dal Cardinale Passerini come casino di caccia, una splendida villa patrizia del XVI secolo sita tra le colline della Val di Chiana, il Lago Trasimeno e Cortona.

verso Città di Castello *Nord-Est : 17 km* , :

Agriturismo da Domenico ⛢, località Teverina 24 ✉ 52044 Cortona ☎ 0575 616024, *info@agriturismodadomenico.com, Fax 0575 616011,* ⛱, 🌳 TV 🅿. ⛔
chiuso febbraio – **Pasto** (solo per alloggiati) carta 21/32 – **5 cam** ☕ 90/100.

◆ Si gode il panorama dei monti cortonesi dalla piscina di quest'antica casa di pietra ristrutturata, nel verde e nel silenzio: chiedete una delle camere con caminetto.

CORVARA IN BADIA

39033 Bolzano **562** C 17 *G. Italia – 1 268 ab. alt. 1 568 – a.s. Pasqua, agosto e Natale – Sport invernali : 1 568/2 778 m* 🚡 5 ⛷ 30, *(Comprensorio Dolomiti superski Alta Badia)* ⛷.

⛳ *Alta Badia (giugno-15 ottobre) località Tranzus* ✉ *39033 Corvara in Badia* ☎ *0471 836655, Fax 0471 836922.*

ℹ *via Col Alt 36 (Municipio)* ☎ *0471 836176, corvara@altabadia.org, Fax1 836540.*

Roma 704 – Cortina d'Ampezzo 36 – Belluno 85 – Bolzano 65 – Brunico 37 – Milano 364 – Trento 125.

La Perla, via Col Alt 105 ☎ 0471 831000, *laperla@altabadia.it, Fax 0471 836568,* ← Dolomiti, bar après ski, Fō, ≘s, ⛱ riscaldata, 🏊, 🌳 – |‡|, ≡ rist, TV 🚗 🅿. AE Ⓢ ⓞ ⓜⓒ VISA. ⛔ rist
3 dicembre-4 aprile e 18 giugno-21 settembre – **Pasto** carta 40/53 vedere anche Rist. ***La Stua de Michil*** – **52 cam** ☕ 182/444 – ½ P 232.

◆ Ospitalità calorosa, eleganza e tradizione nel curatissimo stile tirolese degli interni, giardino con piscina riscaldata: questo e altro in una perla di nome e di fatto. La cucina spazia con successo dalle radici ladine ai fondali marini.

Sassongher ⛢, strada Sassongher 45 ☎ 0471 836085, *info@sassongher.it, Fax 0471 836542,* ← gruppo Sella e vallata, Fō, ≘s, 🏊 – |‡|, ≡ rist, TV ☎ 🅿 – 🏛 95. Ⓢ ⓜⓒ VISA. ⛔
6 dicembre-12 aprile e 26 giugno-22 settembre – **Pasto** carta 32/49 – **53 cam** ☕ 162/269, 4 suites – ½ P 169.

◆ La recente operazione di restyling ha accentuato la sobria raffinatezza degli interni d'intonazione locale di un hotel il cui punto di forza è la posizione spettacolare. Una luminosa sala e tre antiche stube sono gli spazi di cui dispone il ristorante.

Posta-Zirm, strada Col Alto 95 ☎ 0471 836175, *info@postazirm.com, Fax 0471 836580,* ← gruppo Sella, Centro benessere, Fō, ≘s, 🏊 – |‡|, ≡ rist, TV 🚗 🅿 – 🏛 100. AE Ⓢ ⓞ ⓜⓒ VISA. ⛔
5 dicembre-10 aprile e 15 giugno-5 ottobre – **Pasto** carta 25/52 – **50 cam** ☕ 135/250, 17 suites – ½ P 145.

◆ Vicino agli impianti di sci, albergo storico dell'Alta Badia, costruito all'inizio dell'800 e dal 1908 gestito dalla stessa famiglia; confortevoli camere rinnovate. Il ristorante dispone di un'ampia sala e di due calde stube tipicamente tirolesi.

Sport Hotel Panorama ⛢, via Sciuz 1 ☎ 0471 836083, *info@sporthotel-panorama.com, Fax 0471 836449,* ← gruppo Sella e vallata, ≘s, 🏊, 🌳, 🎾 – |‡|, ≡ rist, TV 🚗 🅿. AE Ⓢ ⓜⓒ VISA. ⛔ rist
4 dicembre-28 marzo e 26 giugno-19 settembre – **Pasto** carta 26/41 – **52 cam** solo ½ P 156.

◆ Ubicazione soleggiata e tranquilla per una struttura con buona offerta di attrezzature sportive; arredi in stile montano moderno nelle camere, dotate di ogni confort. Raffinata sala da pranzo e caratteristica stube ladina.

Tablè, strada Col Alto 8 ☎ 0471 836144, *hotel@table.it, Fax 0471 836313,* ← gruppo Sella e Sassongher, ≘s – |‡| TV 🅿. Ⓢ ⓞ ⓜⓒ VISA. ⛔
20 dicembre-6 aprile e 20 giugno-20 settembre – **Pasto** *(chiuso a mezzogiorno)* (solo per alloggiati) – **30 cam** ☕ 180/190, suite – ½ P 119.

◆ Interni signorili caratterizzati da un'ariosa hall e da un frequentato bar-pasticceria; camere dotate di accessori e dotazioni aggiornati e completi. Ottime vacanze.

Villa Eden, strada Col Alt 47 ☎ 0471 836041, *eden@altabadia.it, Fax 0471 836489,* ← gruppo Sella e Sassongher, ≘s, 🌳 – |‡| TV 🅿. Ⓢ ⓜⓒ VISA. ⛔ rist
18 dicembre-10 aprile e 25 giugno-20 settembre – **Pasto** 20/26 – **33 cam** ☕ 105/180, suite – ½ P 110.

◆ Hotel di tradizione familiare, rinnovato negli anni, con piacevole giardino e accoglienti spazi comuni, compresa una fornita cioccolateria per «dolci» pause pomeridiane.

Col Alto, strada Col Alto 9 ☎ 0471 836009, *hotel.colalto@rolmail.net, Fax 0471 836066,* ← gruppo Sella, – TV P. VISA.
chiuso dal 15 aprile a maggio e novembre – **Pasto** 22/40 – **68 cam** 81/190 – ½ P 105.
◆ Sulla via principale, un tradizionale albergo di montagna, con tanto legno alle pareti e al soffitto; un sottopassaggio conduce alla zona relax con piscina coperta. Ampia e curata sala ristorante.

Alpenrose senza rist, strada Agà 20 ☎ 0471 836240, *garni.alpenrose@rolmail.net, Fax 0471 835652* – TV P. VISA.
dicembre-Pasqua e giugno-ottobre – **6 cam** 42/82.
◆ Una piccola e accogliente risorsa ubicata in posizione tranquilla e soleggiata. L'ospitalità dei gestori è riscontrabile da mille particolari dagli arredi al servizio.

La Stüa de Michil, strada Col Alt 105 ☎ 0471 831000, *laperla@altabadia.it, Fax 0471 836568,* Coperti limitati; prenotare – P. AE VISA.
12 dicembre-26 marzo e 25 giugno-21 settembre; chiuso a mezzogiorno e lunedì – **Pasto** carta 51/71.
◆ Una sinfonia di legni scuri antichi, luci soffuse e dettagli raffinati fa da suggestiva cornice a rivisitazioni di piatti locali; cantina ben fornita e «carta» dei sigari.
Spec. Risotto al sedano verde e mele con scaloppa di foie gras. Tagliatelle integrali con verza, salsa al vino rosso e petto di piccione. Pancetta di maialino in crosta di finocchi, pavé di patate e salsa alla menta.

a Colfosco (Kolfuschg) *Ovest : 3 km – alt. 1 645 – ✉ 39030.*
strada Peccëi 2 ☎ 0471 836145, colfosco@altabadia.org, Fax 0471 836744

Cappella e Residence, strada Pecei 17 ☎ 0471 836183, *info@hotelcappella.com, Fax 0471 836561,* ← gruppo Sella e vallata, – rist, TV P – 40. AE VISA.
20 dicembre-12 aprile e 21 giugno-21 settembre – **Pasto** carta 42/52 – **46 cam** 180/320, 9 suites – ½ P 175.
◆ Passione per l'arte e buon gusto regnano in questo albergo di tradizione, che sfoggia mostre permanenti e un settore notte nuovo e di curata eleganza; piacevole giardino. Raffinato ristorante, a mezzogiorno si può pranzare in terrazza.

Colfosco-Kolfuschgerhof, via Roenn 7, verso Passo Gardena Ovest : 2 km ☎ 0471 836188, *info@kolfuschgerhof.com, Fax 0471 836351,* ← gruppo Sella, – rist, rist, TV P. VISA. rist
5 dicembre-17 aprile e 8 giugno-settembre – **Pasto** carta 31/43 – **44 cam** 175/320, 30 suites 400 – ½ P 190.
◆ Dell'hotel colpisce non solo l'invidiabile posizione panoramica, ma anche il calore che avvolge gli ospiti nelle parti comuni; ampia offerta per lo sport e il benessere. Di particolare effetto la vista dalle sale da pranzo; bel dehors estivo.

Mezdì, strada Pecei 20 ☎ 0471 836079, *info@mezdi.it, Fax 0471 836657,* ← Gruppo Sella, – rist, TV P. VISA. rist
15 dicembre-marzo e luglio-15 settembre – **Pasto** carta 20/31 – **30 cam** 74/100 – ½ P 96.
◆ Ottimo punto di partenza per escursioni o sciate, una risorsa semplice, ma confortevole, a conduzione familiare; camere di buon livello e bagni nuovi. Grandi vetrate e comodi divanetti in sala da pranzo.

Stria, via Val 18 ☎ 0471 836620, prenotare la sera – P. AE VISA
chiuso novembre e lunedì in bassa stagione – **Pasto** carta 41/50.
◆ Atmosfera più informale a mezzogiorno, con frequentazione di sciatori, e di tono più classico la sera in un locale in stile tirolese; cucina locale con fantasia.

COSENZA *87100* P 564 J 30 *G. Italia – 73 341 ab. alt. 237.*

Vedere *Tomba d'Isabella d'Aragona★ nel Duomo* **Z.**
corso Mazzini 92 ☎ 0984 27485, aptcosenza@virgilio.it, Fax 0984 27304.
A.C.I. *via Tocci 2/a ☎ 0984 72834.*
Roma 519 ⑤ – Napoli 313 ⑤ – Reggio di Calabria 190 ⑤ – Taranto 205 ⑤.

Pianta pagina a lato

Centrale, senza rist, via del Tigrai 3 ☎ 0984 75750, *hotelcentrale@tin.it., Fax 0984 73684* – TV P. AE VISA. Y s
44 cam 90/115.
◆ Hotel di taglio moderno e di recentissima ristrutturazione, ricavato da un edificio alto e stretto. Gli spazi comuni sono ridotti, ma le camere dispongono di ogni confort.

L'Arco Vecchio, piazza Archi di Ciaccio 21 (centro storico) ☎ 0984 72564, *Fax 0984 28837,* prenotare – AE VISA JCB Z c
chiuso dal 10 al 18 agosto e domenica – **Pasto** carta 17/30.
◆ Nella suggestiva città vecchia, un rinomato e piacevole ristorante, che propone una sostanziosa cucina legata alle radici calabresi; servizio estivo all'aperto.

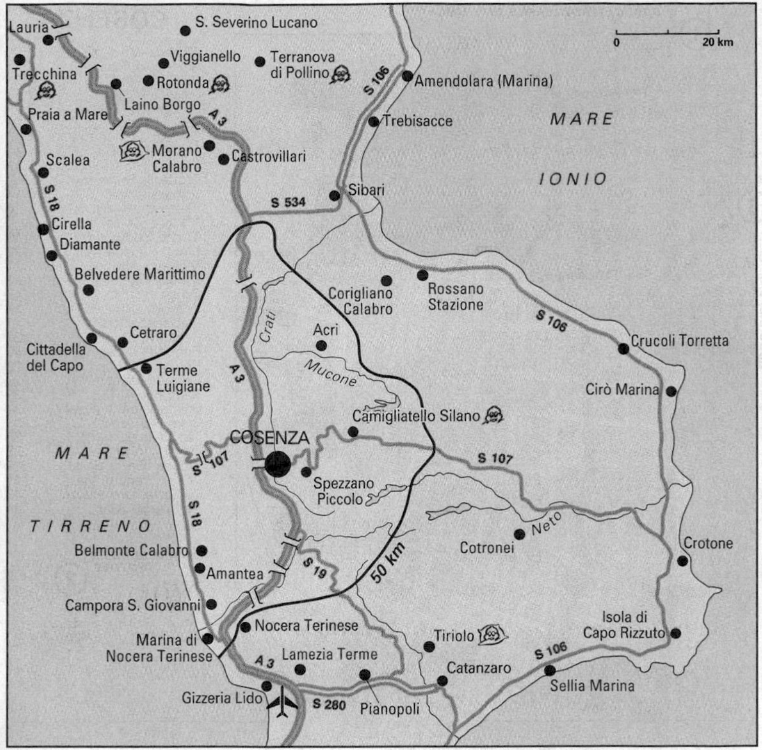

XX **Al Frantoio,** via Temesa ✆ 0984 31131, ☂, Rist. e pizzeria serale – P – 🏛 100. AE Ⓢ ⓓ ⓜⓒ VISA. ⚔ 1,5 km per via degli Stadi

chiuso dal 9 al 31 agosto – **Pasto** specialità di mare carta 23/34.

◆ All'interno di un antico frantoio ristrutturato con gusto, ristorante di tono, con dehors estivo. La cucina viaggia tra la terra e il mare, da cui arrivano le specialità.

X **Antica Locanda del Povero Enzo,** via Monte Santo 42 ✆ 0984 28861, Coperti limitati; prenotare – ▤. AE Ⓢ ⓓ ⓜⓒ VISA. ⚔ Y n

chiuso sabato a mezzogiorno e domenica, da ottobre a marzo aperto domenica a mezzogiorno – **Pasto** specialità toscane carta 23/38.

◆ Un angolo di Toscana nel profondo sud: è la descrizione di questo locale raccolto e signorile, che segue le tradizioni culinarie della regione d'origine della titolare.

in prossimità uscita A 3 Cosenza Nord - Rende :

Executive, via Marconi 59 ✉ 87036 Rende ✆ 0984 401010, *nhotel@tin.it, Fax 0984 402020,* ⛱ – ⇕ ▤ TV ✆ P – 🏛 300. AE Ⓢ ⓓ ⓜⓒ VISA. ⚔ rist

Pasto carta 28/38 – **96 cam** ☐ 116/156, 2 suites – 1/2 P 94.

◆ Geometrie cromatiche e prospettiche nella hall di una struttura moderna, punto di riferimento alberghiero in zona, ideale per clientela d'affari; confort di alto livello. Ampie vetrate affacciate sulla piscina conferiscono luminosità al ristorante.

San Francesco, via Ungaretti 2, contrada Commenda ✉ 87036 Rende ✆ 0984 461721, *hsf@hsf.it, Fax 0984 464520* – ⇕ ▤ TV ✆ P – 🏛 500. AE Ⓢ ⓓ ⓜⓒ VISA. ⚔

Pasto carta 20/28 – **120 cam** ☐ 85,50/122, 13 suites – 1/2 P 95,50.

◆ Risorsa nata negli anni '80, per la sua ubicazione è frequentata soprattutto da clientela di lavoro; arredi e bagni nuovi nella zona notte, ristrutturata di recente. Il ristorante dispone di due capienti sale classiche.

Sant'Agostino senza rist, via Modigliani 49, contrada Roges ✉ 87036 Rende ✆ 0984 461782, *hotelsantagostino@hotelcozza.it, Fax 0984 465358* – ▤ TV P. AE Ⓢ ⓓ ⓜⓒ VISA. ⚔ – **24 cam** ☐ 43/65.

◆ Poco fuori dal centro di Rende, un albergo semplice, ma funzionale, dotato di parcheggio privato; arredi essenziali nelle camere, pulite e ben tenute.

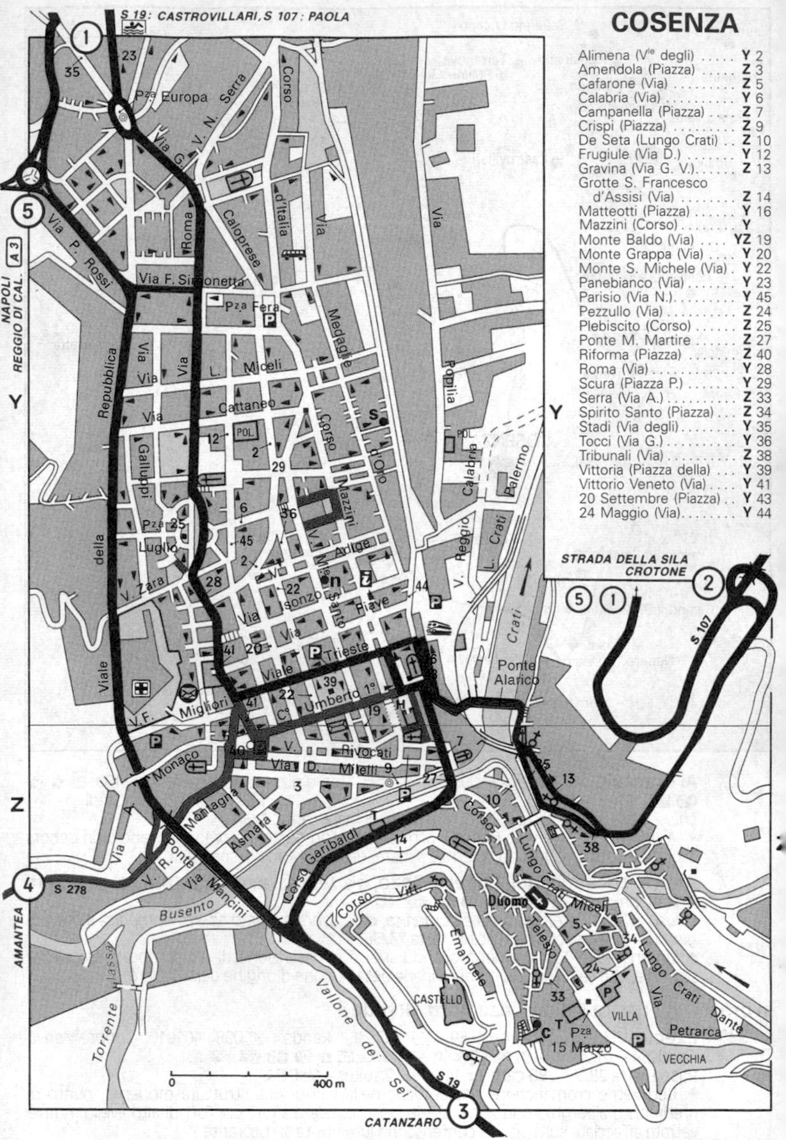

Il Setaccio-Osteria del Tempo Antico, contrada Santa Rosa 62 ✉ 87036 Rende ☎ 0984 837211, *Fax 0984 402090* – ⇹ rist, ▤ P. AE ⓢ ⓞ MC VISA JCB
chiuso dal 10 al 20 agosto e domenica – **Pasto** carta 19/28.

◆ Semplice arredamento rustico e ambiente familiare e informale in un ristorante dove le proposte, esposte a voce, sono caserecce e legate alle tradizioni calabresi.

I prezzi

Per tutte le precisazioni sui prezzi indicati in questa guida, consultate le pagine introduttive.

COSSANO BELBO *12054 Cuneo* 561 I 6 – *1 082 ab. alt. 244.*

Roma 614 – Genova 114 – Torino 90 – Alessandria 52 – Asti 31 – Cuneo 89.

Della Posta-da Camulin, via F.lli Negro 3 ☎ 0141 88126, *Fax 0141 88559* – AE ⓢ ⓓ ⓜⓒ VISA. ⚡
chiuso dal 24 dicembre al 5 gennaio, dal 15 luglio al 13 agosto, domenica sera e lunedì – **Pasto** carta 25/33.
◆ Tipico arredo da osteria, tavoli massicci e linee sobrie e un po' austere in una trattoria dove da molti anni si rinnovano le tradizioni culinarie langarole.

COSTABISSARA *36030 Vicenza* 562 F 16 – *5 703 ab. alt. 51.*

Roma 546 – Padova 47 – Milano 209 – Venezia 78 – Vicenza 7.

Da Lovise con cam, via Marconi 17/22 ☎ 0444 971026, *Fax 0444 971402*, – ▤ TV P. AE ⓢ ⓓ ⓜⓒ VISA JCB. ⚡
chiuso dal 6 al 25 agosto – **Pasto** *(chiuso lunedì)* carta 25/29 – **20 cam** ☐ 60/80.
◆ Trattoria dal 1893 e da allora condotta dalla stessa famiglia, offre servizio estivo in giardino all'ombra di un glicine centenario e casalinghi piatti d'impronta veneta.

COSTA DORATA *Sassari* 566 E 10 – *Vedere Sardegna (Porto San Paolo) alla fine dell'elenco alfabetico.*

COSTALOVARA (WOLFSGRUBEN) *Bolzano* – *Vedere Renon.*

In questa guida
uno stesso simbolo, una stessa parola
stampati in rosso o in nero,
hanno un significato diverso.
Leggete attentamente le pagine dell'introduzione.

COSTALUNGA (Passo di) (KARERPASS) *Trento* 562 C 16 *G. Italia* – *alt. 1 753* – ✉ *38039 Vigo di Fassa* – *a.s. febbraio-Pasqua e Natale* – *Sport invernali : 1 735/2 041 m* ⚡ *17 (Comprensorio Dolomiti superski Val di Fassa-Carezza)* ⛷.

Vedere ≤★ *sul Catinaccio* – *Lago di Carezza*★★★ *Ovest : 2 km.*

Roma 674 – Bolzano 28 – Cortina d'Ampezzo 81 – Milano 332 – Trento 93.

Savoy, ☎ 0471 612124, *info@hotelsavoy.biz, Fax 0471 612132*, ≤ Dolomiti e pinete, ≘s, ⛨, – |‡|, ⚡ rist, TV ⛍ P. AE ⓢ ⓓ ⓜⓒ VISA. ⚡
chiuso novembre – **Pasto** carta 25/35 – **35 cam** ☐ 50/95 – 1/2 P 55.
◆ Lungo la strada delle Dolomiti, un panoramico albergo degli anni '30, rinnovato nel tempo: atmosfera montana e confort sia negli spazi comuni che nelle curate camere. Soffitti di legno a cassettoni nelle signorili sale d'impostazione classica del ristorante.

COSTA MERLATA *Brindisi* 564 E 34 – *Vedere Ostuni.*

COSTA REI *Cagliari* 566 J 10 – *Vedere Sardegna (Castiadas) alla fine dell'elenco alfabetico.*

COSTA SMERALDA *Sassari* 566 D 10 – *Vedere Sardegna (Arzachena) alla fine dell'elenco alfabetico.*

COSTERMANO *37010 Verona* 562 F 14 – *2 894 ab. alt. 254.*

⛳18 ⛳9 *Cà degli Ulivi a Marciaga di Costermano* ✉ *37010* ☎ *045 6279030, Fax 045 6279039.*

Roma 531 – Verona 35 – Brescia 68 – Mantova 69 – Trento 78.

a Gazzoli *Sud-Est : 2,5 km* – ✉ *37010 Costermano :*

Da Nanni, via Gazzoli ☎ 045 7200080, *info@dananni.com, Fax 045 6200415*, – ⚡ ▤ P. AE ⓢ ⓓ ⓜⓒ VISA JCB
chiuso dal 17 febbraio al 3 marzo, due settimane a luglio, dal 18 al 30 novembre e lunedì – **Pasto** carta 30/69.
◆ Preparazioni classiche e venete con particolare attenzione al pesce di lago in un curato ambiente di tono rustico-signorile; d'estate si mangia piacevolmente all'aperto.

a Marciaga *Nord : 3 km – ✉ 37010 Costermano :*

Madrigale ⊗, via Ghiandare 1 ✆ 045 6279001, *madrigale@madrigale.it, Fax 045 6279125,* ≤ lago, ⛱, ⛱, 🏊, – |♦| ☰ TV P – 🏛 80. AE ⓘ ⓜ VISA. ✂ *marzo-novembre* – **Pasto** carta 33/42 – **59 cam** ☕ 145/191 – ½ P 109,50.
◆ Sul pendio di un monte, un'oasi di tranquillità con splendida vista sul lago, anche dalla piscina; fresche, ariose e accoglienti sia le zone comuni che le ampie camere. Sono panoramici sia la curata sala di tono moderno che il dehors estivo del ristorante.

verso San Zeno di Montagna :

La Casa degli Spiriti, via Monte Baldo 28 (Nord-Ovest : 5 km) ✆ 045 6200766, *sirfrederi ch@casadeglispiriti.it, Fax 045 6200760,* ≤ lago e monti – P. AE ⓢ ⓘ ⓜ VISA JCB. ✂ *chiuso lunedì, martedì (da Pasqua a settembre solo lunedì), la sera di Natale e a mezzogiorno di Capodanno* – **Pasto** 60/80 e carta 50/74.
◆ L'unico spirito che si aggira tra queste antiche mura è quello della buona cucina: un viaggio tra sapori scaligeri, lacustri e mediterranei con vista mozzafiato sul lago.

COSTIERA AMALFITANA *Napoli e Salerno* **564** F 25 *G. Italia.*

COSTOZZA *Vicenza – Vedere Longare.*

COTRONEI *88836 Crotone* **564** *J 32 – 5 554 ab. alt. 535.*
Roma 576 – Cosenza 90 – Catanzaro 115.

al lago Ampollino *Nord-Ovest 20 km :*

Del Lago, ✉ 88836 ✆ 0962 46075, *info@hoteldellago.net, Fax 0962 46076* – |♦| TV P. AE ⓢ ⓘ ⓜ VISA. ✂
Pasto carta 19/29 – ☕ 5 – **36 cam** 60/70 – ½ P 62.
◆ Sistemazione semplice, ma dignitosa in una struttura di stile vagamente montano, rinnovata in anni recenti, situata nei pressi del lago; camere sobrie e funzionali. Grande sala da pranzo che si sviluppa su due piani in altezza e una più intima tavernetta.

COURMAYEUR *11013 Aosta* **561** *E 2 G. Italia – 2 956 ab. alt. 1 228 – a.s. 26 marzo-Pasqua, 15 luglio-agosto e Natale – Sport invernali : 1 224/2 624 m* 8 9, *(Comprensorio in Val Ferret); anche sci estivo.*
Vedere *Località★★.*
Escursioni *Valle d'Aosta★★ : ≤★★★ per ②.*
⛳9 *(giugno-settembre) in Val Ferret* ✉ *11013 Courmayeur* ✆ *0165 89103, Fax 0165 89103, Nord-Est : 4 km* **BX.**
ℹ *piazzale Monte Bianco 13* ✆ *0165 842060, apt.montebianco@psw.it, Fax 0165 842072.*
Roma 784 ② – Aosta 35 ② – Chamonix 24 ① – Colle del Gran San Bernardo 70 ② – Milano 222 ② – Colle del Piccolo San Bernardo 28 ②.

Pianta pagina a lato

Gran Baita, Strada Larzey 2 ✆ 0165 844040, *granbaita@sogliahotels.com, Fax 0165 844805,* ≤ monti, ⛱, ≘s, 🏊 riscaldata, 🏊, – |♦| TV ♿ 🚗 – 🏛 100. AE ⓢ ⓘ ⓜ VISA. ✂ rist **BY e**
5 dicembre-marzo e 25 giugno-15 settembre – **Pasto** al Rist. ***La Sapiniere*** carta 58/77 – **54 cam** ☕ 220/372 – ½ P 206.
◆ Moderna «baita» di lusso, dai caldi interni con boiserie e pezzi antichi; terrazza panoramica con piscina riscaldata, coperta a metà: per un tuffo anche se fuori nevica. Ambiente signorile e servizio accurato nell'elegante sala ristorante.

Palace Bron ⊗, a Plan Gorret Est : 2 km ✆ 0165 846742, *hotelpb@tin.it, Fax 0165 844015,* ≤ Dente del Gigante, monti e vallata, – |♦|, ⊁ cam, TV P. AE ⓢ ⓘ ⓜ VISA. ✂ rist **BY u**
dicembre-aprile e luglio-24 settembre – **Pasto** *(chiuso lunedì)* carta 42/52 – ☕ 13 – **26 cam** 110/197, suite – ½ P 145.
◆ Dalle vetrate della bella sala relax, così come dal giardino e da molte camere dell'hotel, sito in pineta, va in scena ogni giorno lo spettacolo di un panorama unico. Un grande camino del '600 troneggia nella raffinata sala da pranzo.

Villa Novecento, viale Monte Bianco 64 ✆ 0165 843000, *info@villanovecento.it, Fax 0165 844030,* ≤ Monte Bianco, Ⅰ₆, ≘s – |♦| TV ✆ ♿ 🚗 P – 🏛 60. AE ⓢ ⓘ ⓜ VISA. ✂ rist **BY a**
dicembre-4 maggio e 10 giugno-4 ottobre – **Pasto** carta 41/57 – **26 cam** ☕ 205/260, suite – ½ P 190.
◆ Villa liberty completamente ristrutturata che presenta una hall raffinata attraverso cui accedere a camere accoglienti, dotate di ogni confort, con arredi ricercati. Elegante ristorante con un'ottima presentazione e cucina valdostana rivisitata.

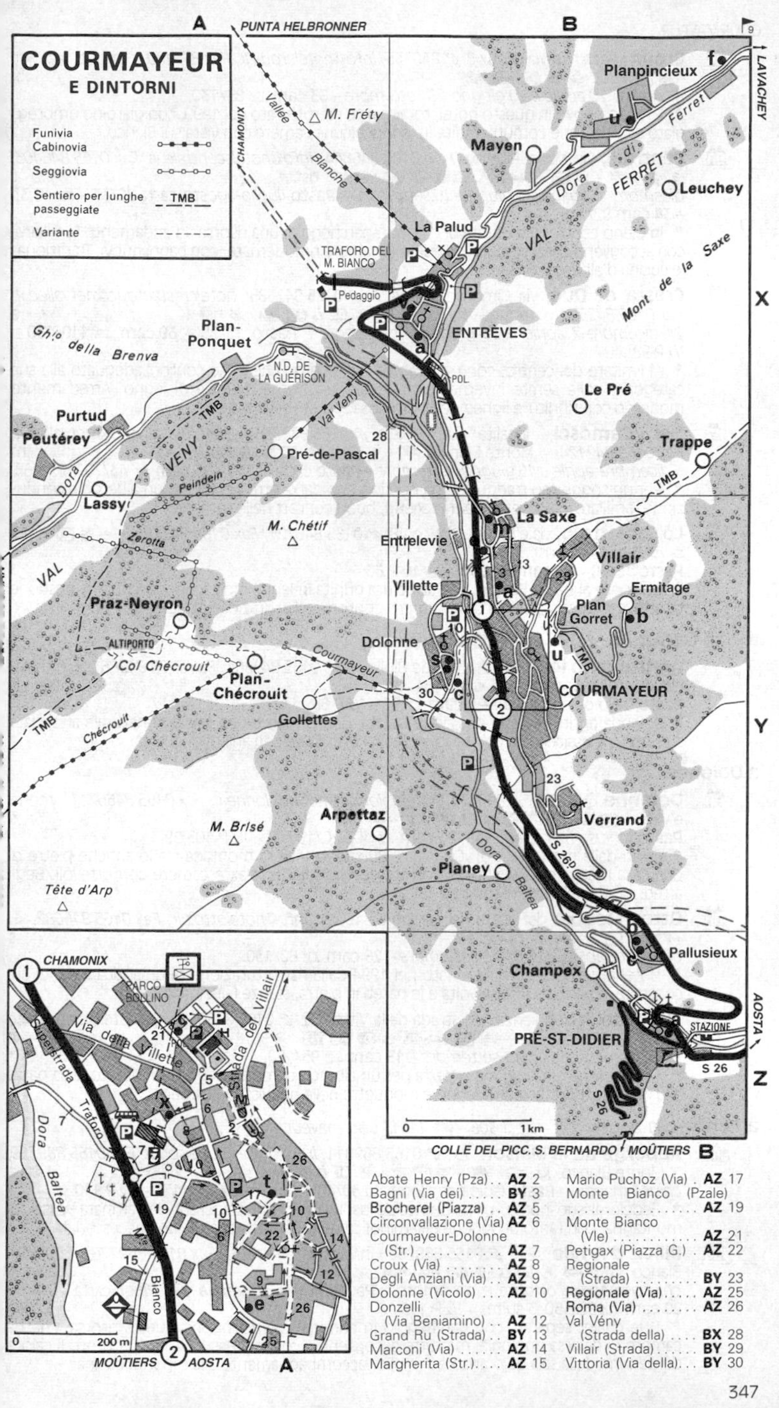

Abate Henry (Pza) . . AZ 2
Bagni (Via dei) . . . . BY 3
Brocherel (Piazza) . . . AZ 5
Circonvallazione (Via) AZ 6
Courmayeur-Dolonne (Str.) . . . . AZ 7
Croux (Via) . . . . AZ 8
Degli Anziani (Via) . . AZ 9
Dolonne (Vicolo) . . . AZ 10
Donzelli (Via Beniamino) . . AZ 12
Grand Ru (Strada) . . BY 13
Marconi (Via) . . . . AZ 14
Margherita (Str.). . . . AZ 15
Mario Puchoz (Via) . AZ 17
Monte Bianco (Pzale) . . . . AZ 19
Monte Bianco (Vle) . . . . AZ 21
Petigax (Piazza G.) . AZ 22
Regionale (Strada) . . . . BY 23
Regionale (Via). . . . . AZ 25
Roma (Via) . . . . AZ 26
Val Vény (Strada della) . . . . BX 28
Villair (Strada). . . . . . BY 29
Vittoria (Via della). . . BY 30

Croux senza rist, via Croux 8 ✆ 846735, *info@hotelcroux.it, Fax 845180,* ← monti, – P. AE VISA. AZ x
dicembre-20 aprile e 20 giugno-23 settembre – **33 cam** 85/130.
◆ E' tutto nuovo in questo hotel, totalmente ristrutturato nel 1999, con giardino ombreggiato e calde zone comuni rifinite in legno; alcune camere con vista sul Bianco.

Centrale, via Mario Puchoz 7 ✆ 0165 846644, *info@hotelscentrale.it, Fax 0165 846403,* ←, – P. AE VISA. rist AZ t
dicembre-15 maggio e giugno-15 settembre – **Pasto** *(luglio-agosto)* carta 26/37 – 10,33 – **34 cam** 82/115.
◆ In pieno centro, ma dotata di comodo parcheggio, una risorsa ad andamento familiare, con accoglienti spazi comuni; chiedete le camere rimodernate, con bagni nuovi. Tradizionale cucina d'albergo.

Cresta et Duc, via Circonvallazione 7 ✆ 0165 842585, *hotelcrestaetduc@netvallee.it, Fax 0165 842591,* ← monti – , rist, P. AE VISA. rist AZ e
21 dicembre-7 aprile e 30 giugno-8 settembre – **Pasto** 15/25 – **39 cam** 110/130 – ½ P 98.
◆ Al limitare del centro, con parcheggio, un albergo che offre confort adeguato alla sua categoria; nelle serate invernali è piacevole la taverna rivestita di legno. Arredamento moderno con rifiniture lignee nella luminosa sala del ristorante.

Dei Camosci, località La Saxe ✆ 0165 842338, *hoteldeicamosci@netvallee.it, Fax 0165 842124,* ← Monte Bianco, – P. AE VISA. BY m
4 dicembre-aprile e 15 giugno-settembre – **Pasto** carta 21/30 – **23 cam** 43/75 – ½ P 65.
◆ Per un soggiorno tranquillo, ma non lontano dal centro del paese, un albergo a conduzione familiare, rinnovato in anni recenti; buon confort nelle camere.

Lo Scoiattolo, viale Monte Bianco 48 ✆ 0165 846721, *Fax 0165 843785,* ← – P. AE VISA. rist AZ c
Pasto 15/20 – **24 cam** 98/110 – ½ P 60.
◆ Di fronte al Parco Bollino, una struttura rifinita in legno e pietra per un hotel a gestione diretta, con spazi comuni contenuti, ma confortevoli e graziose camere.

a Plan Gorret *Est : 2 km – ✉ 11013 Courmayeur :*

Agriturismo le Reve , rue de Biolley 3 ✆ 0165 842861, *Fax 0165 842861,* ← massiccio Monte Bianco, – P. VISA. BY b
Pasto (solo per alloggiati) – **8 cam** 90 – ½ P 65.
◆ Azienda agrituristica in posizione isolata, praticamente una terrazza naturale affacciata sull'intero massiccio del Bianco. Una decina di camere con arredi di qualità.

a Dolonne :

Dolonne , ✆ 0165 846674, *hoteldolonne@hoteldolonne.it, Fax 0165 846671,* ← monti e valle – P. AE VISA JCB. BY s
Pasto *(chiuso mercoledì)* 15 – **26 cam** 103,20/165,27 – ½ P 103,29.
◆ Fuori dalla mondanità di «Courma», quieta atmosfera montana fra le antiche pietre di una casa rustica del XVI secolo, con suggestive salette relax e camere confortevoli. Begli arredi rustici nella sala ristorante.

Ottoz Meublé senza rist, ✆ 0165 846681, *info@hotelottoz.it, Fax 0165 846682,* ←, – P. VISA. BY s
dicembre-aprile e luglio-15 settembre – **25 cam** 80/130.
◆ Hotel a gestione familiare, nato nel 1994 dalla ristrutturazione di un'antica casa, di cui conserva in parte i soffitti a volta e le pareti in pietra; stanze funzionali.

Stella del Nord senza rist, strada della Vittoria 2 ✆ 0165 848039, *info@stelladelnord.com, Fax 0165 845780,* ← – P. VISA. BY c
dicembre-aprile e luglio-settembre – **13 cam** 93/150.
◆ Conduzione giovane, ma esperta per un albergo di recente apertura, situato nella parte alta della frazione; arredi in legno e moquette nelle nuovissime camere.

ad Entrèves *Nord : 4 km – alt. 1 306 – ✉ 11013 Courmayeur :*

Auberge de la Maison , ✆ 0165 869811, *info@aubergemaison.it, Fax 0165 869759,* ← Monte Bianco, , , – P. AE VISA. BX a
chiuso maggio – **Pasto** (solo per alloggiati) 30/40 – **33 cam** 135/175 – ½ P 110.
◆ Fedele al suo nome, offre una calda ospitalità in un'atmosfera da raffinata «casa» di montagna, con tanto di boiserie e camino; camere personalizzate e ben accessoriate.

Pilier d'Angle , ✆ 0165 869760, *info@pilierdangle.it, Fax 0165 869770,* ← Monte Bianco – P. AE VISA JCB. BX v
chiuso maggio, ottobre e novembre – **Pasto** al Rist. ***Taverna del Pilier*** carta 29/46 – **20 cam** 92/150, 3 suites – ½ P 105.
◆ Due chalet separati, con parcheggio in comune, compongono questa risorsa, che ha camere di diversa tipologia, ma tutte accoglienti e con lo stesso livello di confort. Il calore del camino della sala da pranzo è il miglior accompagnamento alla saporita cucina.

 **La Grange** senza rist, strada La Brenva 1 0165 869733, *lagrange@mbtlc.it, Fax 0165 869744,* ← Monte Bianco, – BX v
dicembre-aprile e luglio-settembre – **23 cam** 130.
◆ Pietra, legno, vecchi arnesi da lavoro a ricreare antiche atmosfere negli interni di un fienile del XIV secolo recuperato con gusto; arredi in pino nelle graziose camere.

in Val Ferret :

Miravalle, località Planpincieux Nord :7 km 0165 869777, *hotelmiravalle@netvallee.it, Fax 0165 869729,* ← Monte Bianco e Grandes Jorasses, – cam BX f
dicembre-aprile e giugno-settembre – **Pasto** *(chiuso martedì in bassa stagione)* carta 23/35 – **11 cam** 90/100 – ½ P 75.
◆ Nella cornice di una valle unica al mondo, al cospetto di sua maestà il Monte Bianco, un semplice albergo familiare, con accoglienti camere in legno massiccio. La sala da pranzo ha un simpatico ambiente, in tipico stile di montagna.

La Clotze, località Planpincieux Nord : 7 km alt. 1 400 11013 0165 869720, *info@laclotze.com, Fax 0165 869785,* – BX u
chiuso dal 29 maggio al 30 giugno, dal 18 settembre al 6 ottobre, mercoledì e a mezzogiorno da luglio al 18 settembre – **Pasto** carta 40/51.
◆ Due sale graziose e raccolte, dove troverete sapori tipici del territorio, dalla fontina alla carne di cervo, anche rielaborati e ingentiliti; buona la carta dei vini.

COVIGLIAIO *50030 Firenze* 563 J 15 – *alt. 831.*

Roma 326 – Bologna 51 – Firenze 52 – Pistoia 67.

Il Cigno, strada statale 65 della Futa km 49,5 055 812481, *ilcigno@ilcigno.it, Fax 055 8124868,* ←,
chiuso dal 7 gennaio al 15 marzo – **Pasto** al Rist. ***Il Cerro*** *(chiuso martedì)* carta 27/48 – **28 cam** 120/145 – ½ P 100,50.
◆ Risorsa concepibile come l'elegante evoluzione di un agriturismo di lusso. Tutte le camere sono spaziose e dotate di accesso indipendente, spazi comuni accoglienti. Il monumentale camino «domina la scena» di questa ampia sala ristorante.

CRANDOLA VALSASSINA *23832 Lecco* 219 ⑩ – *257 ab. alt. 769.*

Roma 647 – Como 59 – Lecco 30 – Milano 87 – Sondrio 65.

Da Gigi con cam, piazza IV Novembre 4 0341 840124, *dagigi-crandola@libero.it,* ← – rist, rist
chiuso dal 15 al 30 giugno – **Pasto** *(chiuso mercoledì escluso luglio-agosto)* specialità e formaggi della Valsassina carta 30/40 – 6,20 – **8 cam** 44/49 – ½ P 47.
◆ Per gustare le specialità della Valsassina: un simpatico locale in posizione panoramica con due sale di tono rustico e una cucina attenta ai prodotti del territorio.

CRAVANZANA *12050 Cuneo* 561 I 6 – *404 ab. alt. 583.*

Roma 610 – Genova 122 – Alessandria 74 – Cuneo 48 – Mondovì 42 – Savona 72 – Torino 88.

Mercato-da Maurizio con cam, via San Rocco 16 0173 855019, *ristorantedamaurizio@libero.it, Fax 0173 855016,* , prenotare –
chiuso dal 13 gennaio al 7 febbraio e dal 30 giugno al 7 luglio – **Pasto** *(chiuso giovedì a mezzogiorno e mercoledì)* carta 19/29 – **9 cam** 45/60.
◆ Lunga tradizione familiare, dal 1902, per questa trattoria, dal '93 nell'attuale sede; ambiente semplice, due sale sobrie, d'estate la terrazza; cucina piemontese.

CREAZZO *36051 Vicenza* 562 F 16 – *10 145 ab. alt. 112.*

Roma 530 – Padova 40 – Verona 51 – Vicenza 7.

Al Cavallino, piazza Roma 5/7 località Creazzo Colle 0444 520797, *info@trattorialcavallino.com, Fax 0444 520797,* , prenotare –
chiuso dal 26 dicembre al 10 gennaio, dal 1° al 15 agosto, mercoledì e giovedì a mezzogiorno – **Pasto** carta 30/43.
◆ Trattoria di impronta elegante in un edificio del '700 con terrazza che si affaccia sulla valle, dove d'estate si mangia all'aperto; cucina di tradizione anche rivisitata.

Scriveteci...
Le vostre critiche e i vostri apprezzamenti saranno esaminati con la massima attenzione.
Verificheremo personalmente gli esercizi che ci vorrete segnalare
Grazie per la collaborazione !

CREMA *26013 Cremona* 561 F 11 – *33 176 ab. alt. 79.*

18 e 9 *(chiuso martedì)* ✆ *0373 298016, Fax 0373 230635.*

Roma 546 – Piacenza 40 – Bergamo 40 – Brescia 51 – Cremona 38 – Milano 44 – Pavia 52.

Il Ponte di Rialto, via Cadorna 5 ✆ 0373 82342, *info@pontedirialto.it, Fax 0373 83520* – |‡|, ⇔ cam, ▤ TV ♿ ⇔ P – 🏛 200. AE ⑤ ① MC VISA

chiuso agosto – **Pasto** *(chiuso domenica sera)* carta 26/56 – **21 cam** ⊆ 70/92, 12 suites – ½ P 70.

◆ Un giusto mix di moderno e classico in un'antica locanda cui un sapiente restauro ha dato nuovo lustro e splendore; tonalità pastello nelle camere di sobria eleganza. Nelle cantine del palazzo che ospita l'hotel, ristorante essenziale nel design, ma raffinato.

Palace Hotel senza rist, via Cresmiero 10 ✆ 0373 81487, *info@palacehotelcrema.com, Fax 0373 86876* – |‡| ▤ TV. AE ⑤ ① MC VISA

chiuso agosto – **43 cam** ⊆ 66/102.

◆ Nelle vicinanze del centro, un albergo ben tenuto, ideale per clientela d'affari, con comodi spazi comuni; recenti interventi di rinnovo nelle funzionali camere.

Il Ridottino, via A. Fino 1 ✆ 0373 256891, ☂ – ▤. AE ⑤ ① MC VISA JCB

chiuso dal 7 al 17 gennaio, agosto, domenica sera e lunedì – **Pasto** carta 35/58.

◆ Sotto i soffitti affrescati o a cassettoni di un centrale palazzo del '700, terra e mare in piatti tradizionali e anche creativi con prodotti da tutta l'Italia.

CREMENO *23814 Lecco* 561 E 10, 219 ⑩ – *1 000 ab. alt. 797 – Sport invernali : a Piani di Artavaggio : 650/1 910 m* ⛷ *1* ⛷ *6,* ⛷.

Roma 635 – Bergamo 49 – Como 43 – Lecco 14 – Milano 70 – Sondrio 83.

a Maggio *Sud-Ovest : 2 km* – ✉ *23814 :*

Maggio, piazza Santa Maria 20 ✆ 0341 910554, *albergomaggio@libero.it, Fax 0341 910554,* 🏊, 🌳 – ⇔ cam, TV P. MC VISA. ✈

Pasto *(chiuso martedì escluso luglio-agosto)* carta 24/31 – **14 cam** ⊆ 35/70 – ½ P 50.

◆ In una tranquilla località della Valsassina, struttura a conduzione familiare, semplice, ma accogliente, con giardino e piscina; chiedete le nuove camere moderne. Nella taverna è stato ricavato un ristorante, dove gustare anche piatti lombardi.

CREMNAGO *22040 Como* 219 ⑲ – *alt. 335.*

Roma 605 – Como 17 – Bergamo 44 – Lecco 23 – Milano 37.

Antica Locanda la Vignetta, via Garibaldi 15 ✆ 031 698212, *Fax 031 698212,* ☂ – P. ⑤ MC VISA. ✈

chiuso dal 2 al 26 agosto e martedì – **Pasto** carta 32/48.

◆ Familiari sia la gestione ultraventennale che l'accoglienza in un frequentato, simpatico locale con solida cucina del territorio; servizio estivo sotto un pergolato.

CREMOLINO *15010 Alessandria* 561 I 7 – *957 ab. alt. 405.*

Roma 559 – Genova 61 – Alessandria 50 – Milano 124 – Savona 71 – Torino 135.

Bel Soggiorno, via Umberto I, 69 ✆ 0143 879012, *gbenzo@tiscalinet.it, Fax 0143 879921,* ≤ colline, prenotare – P. AE ⑤ ① MC VISA. ✈

chiuso dal 10 al 25 gennaio, dal 15 al 30 luglio, mercoledì e giovedì a mezzogiorno – **Pasto** carta 31/46.

◆ Da oltre 30 anni fedeltà alle tradizioni culinarie piemontesi, i cui piatti tipici, stagionali, vengono proposti in una piacevole sala con vetrata affacciata sui colli.

CREMONA *26100* P 561 G 12 *G. Italia* – *71 421 ab. alt. 45.*

Vedere *Piazza del Comune*★★ **BZ** *: campanile del Torrazzo*★★★*, Duomo*★★*, Battistero*★ **BZ L** – *Palazzo Fodri*★ **BZ D** – *Museo Stradivariano* **ABY.**

9 *Il Torrazzo (chiuso lunedì e gennaio)* ✆ *0372 471563, Fax 0372 445280.*

ℹ *piazza del Comune 5* ✆ *0372 23233, info@aptcremona.it, Fax 0372 534080.*

A.C.I. *via 20 Settembre 19* ✆ *0372 41911.*

Roma 517 ④ – Parma 65 ③ – Piacenza 34 ④ – Bergamo 98 ② – Brescia 52 ② – Genova 180 ④ – Mantova 66 ② – Milano 95 ④ – Pavia 86 ④.

Pianta pagina a lato

Delle Arti senza rist, via Bonomelli 8 ✆ 0372 23131, *info@dellearti.com, Fax 0372 21654,* ⇔ – |‡| ⇔ ▤ TV ✆ ♿ – 🏛 30. AE ⑤ ① MC VISA JCB. ✈ **BZ a**

chiuso agosto – **33 cam** ⊆ 114/165.

◆ A pochi passi da Duomo, hotel di recentissima apertura; all'interno ambienti dal design contemporaneo e forme d'arte cosmopolita negli arredi. Camere confortevoli.

CREMONA

Boccaccino (Via)	BZ	3
Cadorna (Piazza L.)	AZ	4
Campi (Corso)	BZ	5
Cavour (Corso)	BZ	6
Comune (Piazza del)	BZ	7
Garibaldi (Corso)	AYZ	
Geromini (Via Felice)	BY	9
Ghinaglia (Via F.)	AY	12
Ghisleri (Via A.)	BY	13
Libertà (Piazza della)	BY	14
Mantova (Via)	BY	17
Manzoni (Via)	BY	18
Marconi (Piazza)	BZ	19
Marmolada (Via)	BZ	22
Matteotti (Corso)	BYZ	
Mazzini (Corso)	BZ	23
Melone (Via Altobello)	BZ	24
Mercatello (Via)	BZ	25
Monteverdi (Via Claudio)	BZ	27
Novati (Via)	BZ	28
Risorgimento (Piazza)	AY	29
S. Maria in Betlem (Via)	BZ	32
S. Rocco (Via)	BZ	33
Spalato (Via)	AY	35
Stradivari (Piazza)	BZ	37
Tofane (Via)	BZ	39
Ugolani Dati (Via)	BY	40
Vacchelli (Corso)	BZ	42
Verdi (Via)	BZ	43
Vittorio Emanuele II (Corso)	AZ	45
4 Novembre (Piazza)	BZ	46
20 Settembre (Corso)	BZ	48

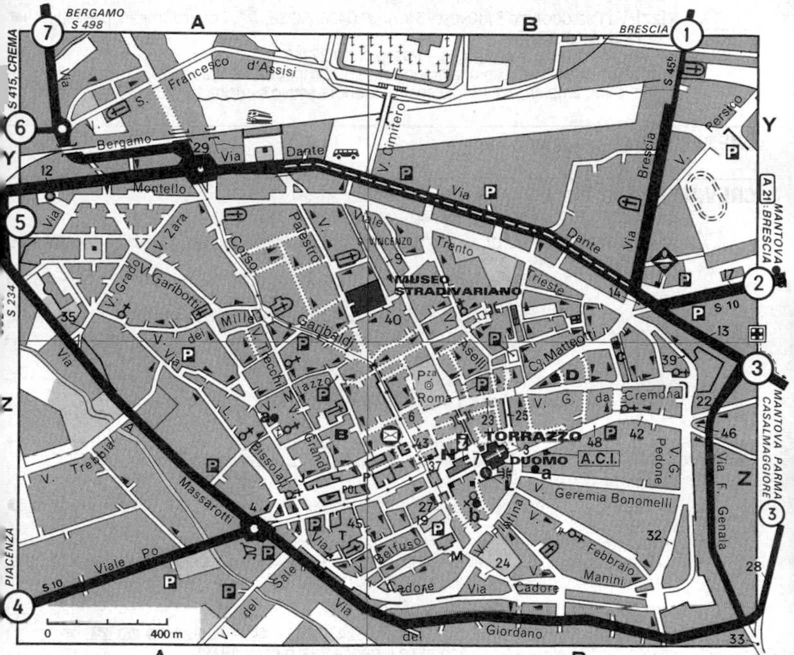

Ibis senza rist, via Mantova ℘ 0372 452222, *ibiscremona@accor-hotels.it, Fax 0372 452700* – |♦|, ⇔ cam, ▤ TV ♿ ⇔ – 🏔 100. AE ⓢ ⓞ ⓜ VISA JCB BY a
chiuso dal 20 dicembre al 6 gennaio e 20 giorni in agosto – **100 cam** ☕ 78/108.
♦ Non lontano dal centro, in un complesso con negozi e uffici, hotel ben tenuto, classico nel suo genere, con impostazione tipica della catena cui appartiene; camere funzionali.

Martinelli, via degli Oscasali 3 ℘ 0372 30350, *ristorantemartinelli@libero.it, Fax 0372 422450*, ☂, prenotare – AE ⓢ ⓞ ⓜ VISA JCB AZ a
chiuso agosto, domenica e mercoledì – **Pasto** carta 33/79.
♦ In un palazzo del '700, trionfo neoclassico di affreschi e cariatidi nei saloni per banchetti; meno decorate, ma eleganti le sale del ristorante; piatti locali e di mare.

La Borgata, via Bergamo 205 località Migliaro ℘ 0372 560960, *Fax 0372 563231* – ▤ – 🏔 50. AE ⓢ ⓜ VISA 2 km per ⑦
chiuso dal 1º al 7 gennaio, agosto, lunedì sera e martedì – **Pasto** specialità di mare carta 30/45.
♦ Clientela di affezionati habitué in un locale decentrato, organizzato su scala familiare; ambiente di tono moderno per una cucina tradizionale per lo più marinara.

La Sosta, via Sicardo 9 ℘ 0372 456656 – ▤. AE ⓢ ⓞ ⓜ VISA BZ b
chiuso febbraio, agosto, domenica sera e lunedì – **Pasto** carta 30/44.
♦ Praticamente affacciato sulla piazza del Comune, nella suggestiva cornice offerta dal Duomo, un ristorante di taglio classico con una linea gastronomica attenta al territorio.

La Locanda con cam, via Pallavicino 4 ☎ 0372 457835, *Fax 0372 457834*, prenotare la sera – ▤ TV. AE ⓢ ⓓ MC VISA. ✻ cam **BYZ c**
chiuso dal 10 al 31 agosto – **Pasto** *(chiuso martedì)* carta 30/38 – **9 cam** ☐ 42/63 – ½ P 58.
◆ Conduzione diretta e ambiente semplice in un ristorante con camere del centro storico; Affidabile linea gastronomica basata su piatti di cucina locale e non solo.

CRESPINO *45030 Rovigo* 562 H 17 – *2 110 ab.*.
Roma 460 – Padova 62 – Ravenna 100 – Ferrara 39 – Rovigo 17.

Rizzi, via Passodoppio 31 (Ovest : 3 km) ☎ 0425 77238, ♣, Coperti limitati; prenotare, ♣ – ▤ P. AE ⓢ ⓓ MC VISA
chiuso martedì e a mezzogiorno – **Pasto** carta 27/36.
◆ Una famiglia al lavoro in una grande casa di campagna, isolata, nelle vicinanze dell'argine del Po: caldo ambiente di tono elegante, dehors estivo e cucina tradizionale.

CRETAZ *Aosta* 561 F 4, 219 ⑫ – *Vedere Cogne.*

CREVALCORE *40014 Bologna* 562 H 15 – *11 780 ab. alt. 20.*
Roma 402 – Bologna 31 – Ferrara 49 – Milano 195 – Modena 25.

Antica Trattoria Papi, via Paltrinieri 62 ☎ 051 981651, *enotecapapi@libero.it*, ♣ – P. AE ⓢ ⓓ MC VISA. ✻
chiuso dal 25 dicembre al 6 gennaio, Pasqua, agosto, domenica e i giorni festivi – **Pasto** carta 26/38.
◆ Nel centro storico, tradizioni emiliane e qualche piatto pugliese serviti in un'accogliente sala color cipria e d'estate nel cortile, sotto un porticato coperto d'edera.

Richiedete alla vostra libreria il catalogo delle pubblicazioni Michelin

CREVOLADOSSOLA *28035 Verbania* 561 D 6, 219 ⑥ – *4 708 ab. alt. 337.*
Roma 714 – Stresa 49 – Domodossola 6 – Locarno 48 – Verbania 50.

La Stella, via Sempione 42 località Preglia ☎ 0324 33167, *Fax 0324 237247* – ▤. AE ⓢ ⓓ MC VISA
chiuso gennaio, lunedì sera e martedì – **Pasto** specialità di mare carta 23/37.
◆ E' sul passaggio per le valli dell'Ossola, ma la specialità di questo confortevole ristorante, rinnovato di recente, è il pesce, in un menù consigliato o alla carta.

ad Oira *Nord : 2,5 km* – ✉ *28865 Crevoladossola :*

Le Arcate, via Valle Formazza 15/17 ☎ 0324 338951, ♣ – P. AE ⓢ ⓓ MC VISA. ✻
chiuso dal 10 gennaio al 20 febbraio e lunedì – **Pasto** carta 19/31.
◆ Una sala rustica con camino all'interno di un vecchio edificio con un'amena terrazza per il servizio estivo per questo locale sulla strada per la Val Formazza.

CROCE DI MAGARA *Cosenza* 564 J 31 – *Vedere Camigliatello Silano.*

CROCERA *Cuneo* 561 H 4 – *Vedere Barge.*

CRODO *28862 Verbania* 561 D 6, 217 ⑲ – *1 496 ab. alt. 508.*
ℹ *località Bagni ☎ 0324 618831, Fax 0324 618831.*
Roma 712 – Stresa 46 – Domodossola 14 – Milano 136 – Novara 105 – Torino 179.

Marconi, piazza Marconi 3 ☎ 0324 618797 – AE ⓢ ⓓ MC VISA JCB. ✻
chiuso una settimana in gennaio, due settimane in giugno, una settimana in settembre e martedì – **Pasto** carta 27/35.
◆ Una giovane coppia conduce questo ristorante con passione e competenza. Due sale gradevoli, molto frequentate da chi vive in questa zona e apprezza la cucina del territorio.

a Viceno *Nord-Ovest : 4,5 km – alt. 896* – ✉ *28862 Crodo :*

Edelweiss ♨, ☎ 0324 618791, *edelweiss@verbania.com*, *Fax 0324 600001*, ≤, Ⓛ, ♨, ▢, ♣ – ▮ TV ☎ ♿ P. AE ⓢ ⓓ MC VISA JCB
chiuso dal 13 al 31 gennaio e dal 3 al 21 novembre – **Pasto** *(chiuso mercoledì escluso dal 15 giugno al 15 settembre)* carta 22/31 – **30 cam** ☐ 40/68 – ½ P 52.
◆ Albergo di recente potenziato e rinnovato nei vari settori; camere nuove con arredi in legno di stile montano, ottima zona relax con piscina coperta e centro fitness. Il ristorante dispone di accoglienti spazi d'impostazione classica.

Pizzo del Frate con cam, località Foppiano Nord-Ovest : 3,5 km alt. 1.250m ℘ 0324 61233, *pizzodelfrate@libero.it, Fax 0324 600991*, ≤ monti, prenotare, – P. AE VISA JCB
chiuso dal 2 novembre al 5 dicembre – **Pasto** *(chiuso martedì escluso dal 15 giugno al 15 settembre)* carta 19/29 – ☐ 3,10 – **15 cam** 22/43 – ½ P 39.
◆ In posizione tranquilla, una tipica struttura montana di ambiente rustico e familiare; la cucina è quella che ci si può aspettare qui: selvaggina, polenta, funghi.

CROSA *Vercelli* 561 E 6, 219 ⑥ – *Vedere Varallo.*

CROTONE *88900* P 564 J 33 *G. Italia – 59 757 ab..*
Sant'Anna ℘ 0962 794388, Fax 0962 794368.
via Torino 148 ℘ 0962 23185, Fax 0962 26700.
A.C.I. *via Corrado Alvaro (Palazzo Ruggero) A/2 ℘ 0962 26554.*
Roma 593 – Cosenza 112 – Catanzaro 73 – Napoli 387 – Reggio di Calabria 228 – Taranto 242.

Helios, via per Capocolonna Sud : 2 km ℘ 0962 901291, *helioskr@virgilio.it, Fax 0962 27997*, – P – 70. AE VISA.
Pasto carta 22/31 – **42 cam** ☐ 60/110 – ½ P 65.
◆ Fuori città, a pochi passi dalla spiaggia, un confortevole hotel di taglio moderno, adatto sia a clientela d'affari che turistica estiva; camere con terrazza vista mare. Ampia e luminosa sala da pranzo.

La Sosta da Marcello, via Corrado Alvaro ℘ 0962 902243, *Fax 0962 901083* – . AE VISA.
chiuso domenica sera da settembre a giugno, tutto il giorno negli altri mesi – **Pasto** carta 30/46 (10 %).
◆ In una zona residenziale, poco arretrato dal mare, ristorante curato, con fiori freschi sui tavoli; qui il pesce la fa da padrone, ma fatevi consigliare dal titolare.

Da Ercole, viale Gramsci 122 ℘ 0962 901425, *daercole@esperia.it, Fax 0962 901425*, – . AE VISA JCB.
chiuso mercoledì escluso luglio-agosto – **Pasto** specialità di mare carta 36/57.
◆ Il sapore e il profumo del mar Ionio esaltati nei piatti cucinati da Ercole nel suo accogliente locale classico sul lungomare: tra le specialità, da provare i risotti.

CRUCOLI TORRETTA *88812 Crotone* 564 I 33 – *alt. 367.*
Roma 576 – Cosenza 120 – Catanzaro 120 – Crotone 51.

Pollo d'Oro con cam, corso Garibaldi 87/89 ℘ 0962 34005, *Fax 0962 34005* – P. AE VISA. rist
chiuso domenica escluso da maggio a settembre – **Pasto** carta 19/33 – ☐ 5 – **12 cam** 35/56,50 – ½ P 46,50.
◆ Tradizioni calabresi, dai salumi alle paste, in questo ristorante familiare, con camere e piccola enoteca-distilleria; la specialità della casa è il pollo fritto.

CUASSO AL MONTE *21050 Varese* 561 E 8, 219 ⑧ – *3 033 ab. alt. 532.*
Roma 648 – Como 43 – Lugano 31 – Milano 72 – Varese 16.

Al Vecchio Faggio, via Garibaldi 8, località Borgnana Est : 1 km ℘ 0332 938040, *info@vecchiofaggio.com*, – P. AE VISA
chiuso dal 7 al 22 gennaio, dal 15 al 30 giugno e mercoledì – **Pasto** carta 23/44.
◆ Piacevoli e curate le sale interne, ma qui è particolarmente ameno il servizio estivo all'aperto, in una terrazza sotto gli alberi e con vista; cucina della tradizione.

a Cavagnano *Sud-Ovest : 2 km – ✉ 21050 Cuasso al Monte :*

Alpino, via Cuasso al Piano 1 ℘ 0332 939083, *Fax 0332 939094*, – P. VISA. cam
Pasto carta 27/40 – **19 cam** ☐ 60/80 – ½ P 65.
◆ Una risorsa accogliente nella sua semplicità, per un soggiorno tranquillo e familiare in una verde località prealpina; camere essenziali, ma pulite e ben tenute. Ambiente semplice di tono rustico, con soffitto di legno scuro, nella sala da pranzo.

a Cuasso al Piano *Sud-Ovest : 4 km – ✉ 21050 :*

Molino del Torchio, via Molino del Torchio 17 ℘ 0332 920318, *molinodeltorchio@hotmail.com, Fax 0332 921182* – P. AE VISA JCB
chiuso dal 1º al 25 gennaio, dal 16 al 30 agosto, lunedì e martedì – **Pasto** 34 bc.
◆ Recupero di antiche, tradizionali ricette lombarde, con menù fisso settimanale, in un «giusto» ambiente che pure vi riporterà al passato: un suggestivo, vecchio mulino.

CUMA *Napoli* 564 E 24 – *Vedere Pozzuoli.*

CUNEO *12100* P 561 I 4 – *54 602 ab. alt. 543.*

I Pioppi (marzo-novembre; chiuso mercoledì) località La Magnina ✉ 12020 Madonna dell'Olmo ☏ 0171 412825, Fax 0171 413944, Nord: 3 km;

(marzo-novembre; chiuso mercoledì escluso agosto) frazione Mellana ✉ 12012 Boves ☏ 071 387041, Fax 071 390763, Sud: 7 km.

via Roma 28 (Municipio) ☏ 0171 693258, Fax 0171 693258.

A.C.I. *corso Brunet 19/b ☏ 0171 695962.*

Roma 643 ② – Alessandria 126 ① – Briançon 198 ① – Genova 144 ② – Milano 216 ① – Nice 126 ③ – San Remo 111 ③ – Savona 98 ② – Torino 94 ①.

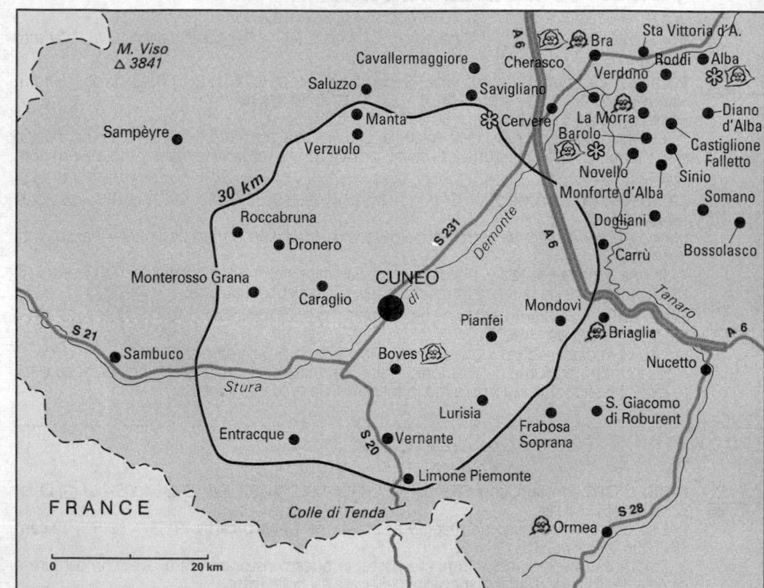

Lovera Palace, via Roma 37 ☏ 0171 690420, *info@loverapalace.com, Fax 0171 603435*, – cam, . AE VISA Y d

Pasto vedere rist ***Delle Antiche Contrade*** – **47 cam** ☐ 125/155 – ½ P 115,50.

◆ Nel cuore della città, un palazzo nobiliare del XVI sec. che ebbe illustri ospiti, ristrutturato totalmente è oggi un albergo raffinato; spaziose, eleganti camere in stile.

Principe senza rist, piazza Galimberti 5 ☏ 0171 693355, *info@hotel-principe.it, Fax 0171 67562* – – 40. AE VISA Z c

☐ 9 – **49 cam** 86/113.

◆ Dalla piazza principale un ingresso «importante» con scalinata di marmo introduce in un hotel di lunga storia, rinnovatosi nel tempo; moderne camere ben accessoriate.

Smeraldo senza rist, corso Nizza 27 ☏ 0171 696367, *Fax 0171 698076* – TV. AE VISA JCB. Z f

19 cam ☐ 60/80.

◆ Ubicato in una delle principali arterie della città, albergo ben tenuto, costantemente rinnovato negli anni, ma privo di ascensore; arredi recenti nelle camere.

Fiamma senza rist, via Meucci 36 ☏ 0171 66651, *hotelfiamma@libero.it, Fax 0171 66652* – TV. AE VISA Z a

☐ 7 – **13 cam** 60/75.

◆ Conduzione familiare attenta e precisa in un piccolo albergo alle spalle del complesso ospedaliero cittadino; mobili artigianali in noce nelle accoglienti camere.

CUNEO

Alba (Via) .... Y 2	Dronero (Via) .... Y 10	Mondovì (Via) .... Y 7
Audiffredi (Largo) .... Y 3	Foro Boario (Piazza) .... Y 12	Nizza (Corso) .... Z
Bellavista (Via) .... Y 4	Galimberti (Piazza) .... Z 13	Roma (Via) .... Y 21
Boves (Piazza) .... Y 6	Garibaldi (Corso) .... Z 14	Santa Maria (Via) .... Y 23
De Amicis (Largo Edmondo) . Y 8	Giovanni XXIII (Lungo Gesso) YZ 15	Savigliano (Via) .... Y 24
	Martiri d. Libertà (Piazza) .... Z 16	Virginio (Piazza) .... Y 26

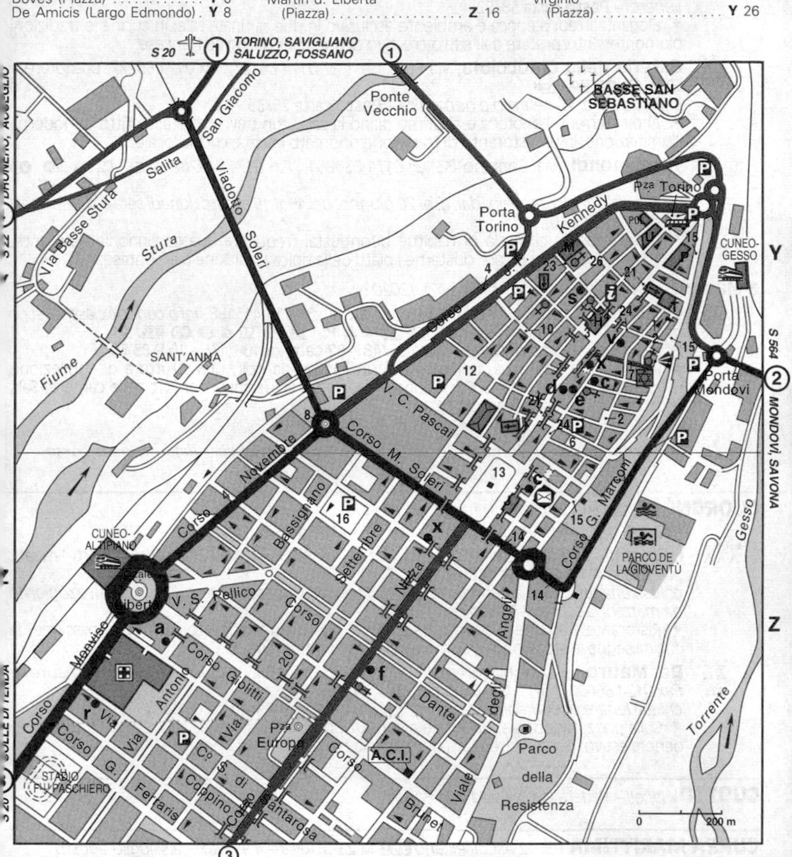

Siesta senza rist, via Vittorio Amedeo II, 2 ☎ 0171 681960, *albergosiesta@tin.it*, *Fax 0171 697128* – |‡| TV ♿. AE ⓢ ⓓ MC VISA JCB Z x
☕ 5 – **20 cam** 55/70.
◆ Professionale gestione diretta per una risorsa centrale, ma tranquilla, ristrutturata di recente; spazi comuni adeguati, di buon confort, essenziali camere sobrie.

Ligure, via Savigliano 11 ☎ 0171 681942, *info@ligurehotel.it*, *Fax 0171 634545* – ▤ rist, TV P. AE ⓢ MC VISA JCB. ✂ rist Y c
chiuso dal 10 gennaio al 4 febbraio – **Pasto** *(chiuso domenica sera)* carta 19/27 – **26 cam** ☕ 45/65 – ½ P 48.
◆ Una risorsa ubicata nel centro storico, gestita dalla stessa famiglia da vari decenni, per una sistemazione semplice, ma dignitosa; camere funzionali. Il signorile ristorante è la forza motrice dell'hotel.

San Michele, contrada Mondovì 2 ☎ 0171 681962, *Fax 0171 681962*, Coperti limitati; prenotare – ▤. AE ⓢ ⓓ MC VISA JCB Y x
chiuso dal 20 al 28 febbraio, dal 10 al 20 settembre e lunedì – **Pasto** 35/45.
◆ In un palazzo di antiche origini, si sviluppa su due piani questo locale, dove troverete un tranquillo ambiente di rustica eleganza e cucina piemontese anche rivisitata.

XXX **Delle Antiche Contrade** - Hotel Lovera Palace, via Savigliano 12 ☎ 0171 690429, *info@antichecontrade.com, Fax 0171 603435* – ▤ 🚗. AE 💲 ⓓ ⓜⓒ VISA. ✂ Y e
chiuso dal 2 al 7 gennaio, dal 27 luglio al 20 agosto, giovedì e i mezzogiorno di lunedì e venerdì – **Pasto** carta 38/52 🍷.
◆ Eleganti arredi d'epoca e ambiente esclusivo in due raffinate sale; in cucina le tradizioni piemontesi interpretate dall'estro creativo di uno chef di origine francese.

XX **Osteria della Chiocciola,** via Fossano 1 ☎ 0171 66277, *Fax 0171 66277*, prenotare – AE 💲 ⓓ ⓜⓒ VISA JCB Y s
chiuso dal 7 al 15 gennaio e domenica – **Pasto** carta 25/33.
◆ Al pianterreno l'enoteca e al primo piano la sala, con travi a vista al soffitto e moderna illuminazione, in un ristorante di tradizione rinomato in città; cucina locale.

X **Torrismondi,** via Coppino 33 ☎ 0171 630861, *Fax 0171 443267* – ▤. AE 💲 ⓓ ⓜⓒ VISA Z r
chiuso dal 1° al 10 gennaio, dal 12 al 20 giugno, dal 1° al 15 agosto, lunedì sera e domenica – **Pasto** carta 26/40.
◆ Un'affezionata clientela di habitué buongustai frequenta questo signorile ristorante, rinnovato pochi anni fa, per gustarne i piatti della tipica tradizione piemontese.

a Madonna dell'Olmo *per ① : 3 km – ✉ 12020 :*

ClassHotel Cuneo, via Cascina Magnina 3/a ☎ 0171 413188, *info.cuneo@classhotel.com, Fax 0171 411471* – |‡|, ⇐ cam, ▤ TV ☎ ♿ P – 🏛 80. AE 💲 ⓓ ⓜⓒ VISA. ✂
Pasto al Rist. ***Sapori di Cuneo*** carta 36/48 – **82 cam** ☕ 108/135 – ½ P 85,50.
◆ In posizione periferica, nei pressi di un campo da golf, una struttura di concezione moderna, inaugurata nel 2000; buone e funzionali soluzioni di confort nelle camere. Sala ristorante moderna e di ampio respiro.

Un automobilista previdente utilizza la Guida Michelin dell'anno in corso.

CUORGNÈ *10082 Torino* 561 *F 4 – 10 020 ab. alt. 414.*
Roma 700 – Torino 38 – Aosta 86 – Ivrea 24 – Milano 137 – Novara 90.

XXX **I Fratelli,** via F.lli Rosselli 77 (Nord-Ovest : 1 km) ☎ 0124 651613, 🏡, Coperti limitati; prenotare ▤ P. AE 💲 ⓓ ⓜⓒ VISA JCB. ✂
chiuso una settimana a gennaio, dal 10 al 31 agosto, domenica sera, lunedì e i mezzogiorno da martedì a sabato – **Pasto** carta 26/34.
◆ Ristorante elegante e curato, ospitato in una villetta e gestito con molta passione; la cucina segue le stagioni, le tradizioni locali e l'estro dei cuochi.

XX **Da Mauro,** piazza Martiri della Libertà ☎ 0124 666001, *info@astoria-damauro.it, Fax 0124 666001*, 🏡 – TV. AE 💲 ⓜⓒ VISA
chiuso le sere di domenica, lunedì, 25 e 26 dicembre – **Pasto** carta 19/43 🍷.
◆ Sulla piazza principale, un locale a conduzione diretta, con una sala classica e un ampio dehors estivo, per gustare piatti ben radicati nel territorio piemontese.

CUOTTO *Napoli – Vedere Ischia (Isola d') : Forio.*

CUPRA MARITTIMA *63012 Ascoli Piceno* 563 *M 23 G. Italia – 4 999 ab. – a.s. luglio-agosto.*
Dintorni *Montefiore dell'Aso : polittico★★ del Crivelli nella chiesa Nord-Ovest : 12 km.*
ℹ *piazza della Libertà 13 ☎ 0735 779193, iat.cupramarittima@provincia.ap.it, Fax 0735 779193.*
Roma 240 – Ascoli Piceno 47 – Ancona 80 – Macerata 60 – Pescara 78 – Porto San Giorgio 19.

Europa, via Gramsci 8 ☎ 0735 778034, *europa@supereva.it, Fax 0735 778033*, 🏖 – |‡| ▤ TV 🚗. 💲 ⓜⓒ VISA. ✂ rist
chiuso dal 1° al 20 novembre – **Pasto** *(chiuso lunedì)* carta 21/36 – **30 cam** ☕ 48/53 – ½ P 50.
◆ Un piacevole dehors nel verde vi accoglie nel cordiale ambiente familiare di un hotel anni '60 non distante dal mare, con spiaggia privata; stanze rinnovate. Ristorante con grandi vetrate, ampio e luminoso.

CURNO *24035 Bergamo* 561 *E 10,* 219 *⑳ – 7 223 ab. alt. 242.*
Roma 607 – Bergamo 6 – Lecco 28 – Milano 49.

XX **Trattoria del Tone,** via Roma 4 ☎ 035 613166, *Fax 035 613166*, prenotare – ▤ P. AE 💲 ⓓ ⓜⓒ VISA JCB. ✂
chiuso martedì e mercoledì – **Pasto** carta 34/50.
◆ Nato come trattoria di paese, si è trasformato in un ristorante di tono, mantenendo la genuinità e la schiettezza della proposta: territorio intelligentemente rivisitato.

CUSAGO *20090 Milano* 561 F 9 – *2 999 ab. alt. 126.*
Roma 582 – Milano 12 – Novara 45 – Pavia 40.

Le Moran, viale Europa 90 (Sud-Est : 2 km) ☏ 02 90119894, *info@hotel-lemoran.com, Fax 02 9016207* – ▯ ▯ ▯ ▯ ▯ ▯ – ▯ 300. AE ▯ ▯ ▯ VISA. ▯
Pasto carta 42/47 – **78 cam** ▯ 265, 2 suites – ½ P 152,50.
♦ Struttura di moderna concezione, con ampie ed eleganti zone comuni e camere spaziose, di buon livello; salone polivalente in una dépendance; idromassaggio nelle suite. Signorile sala ristorante.

Da Orlando, piazza Soncino 19 ☏ 02 90390318, *info@daorlando.com, Fax 02 90394879,* ▯, prenotare – ▯. AE ▯ ▯ ▯ VISA. ▯
chiuso dal 25 dicembre al 2 gennaio, agosto, sabato a mezzogiorno e domenica – **Pasto** carta 43/67 ▯.
♦ Bel locale, sulla piazza ove sorge il castello visconteo, con servizio estivo all'ombra di un meraviglioso glicine centenario. Cucina di sostanza, alleggerita con fantasia.
Spec. Variazione di tonno (maggio-settembre). Piccoli cannelloni di crespelle agli asparagi bianchi e storione su salsa di zucchine in fiore (aprile-maggio). Panna cotta all'antica profumata al limoncello.

CUSTOZA *Verona* 562 F 14 – *Vedere Sommacampagna.*

CUTIGLIANO *51024 Pistoia* 563 J 14 *G. Toscana* – *1 726 ab. alt. 670 – a.s. Pasqua, luglio-agosto e Natale – Sport invernali : 1 600/1 800 m* ▯ 2 ▯ 3, ▯.
▯ *piazza Catilina 22* ☏ *0573 68029, Fax 0573 68200.*
Roma 348 – Firenze 70 – Pisa 72 – Lucca 52 – Milano 285 – Modena 111 – Montecatini Terme 44 – Pistoia 38.

Trattoria da Fagiolino ▯ con cam, via Carega 1 ☏ 0573 68014, *Fax 0573 688724,* ← – ▯ ▯. AE ▯ ▯ ▯ VISA
chiuso novembre – **Pasto** *(chiuso martedì sera e mercoledì)* carta 20/31 – **4 cam** ▯ 47/72.
♦ E' subito positivo il primo impatto con il locale, che ha la cucina completamente a vista dall'ingresso; ambiente familiare e casereccі piatti della tradizione locale.

DARFO BOARIO TERME *25047 Brescia* 561 E 12 – *13 614 ab. alt. 221 – Stazione termale, a.s. giugno-settembre.*
▯ *a Boario Terme, piazza Einaudi 2* ☏ *0364 531609, Fax 0364 532280.*
Roma 613 – Brescia 54 – Bergamo 54 – Bolzano 170 – Milano 99 – Sondrio 89.

a Boario Terme – ✉ *25041 :*

Rizzi, via Carducci 5/11 ☏ 0364 531617, *Fax 0364 536135,* ▯ – ▯ ▯ ▯ ▯ ▯ ▯. AE ▯ ▯ ▯ VISA. ▯ rist
Pasto carta 25/43 – ▯ 7 – **70 cam** 69/89 – ½ P 75.
♦ Conduzione di grande esperienza in un albergo di prestigio recentemente ristrutturato, circondato da un bel giardino; camere eleganti e confortevoli, anche se non ampie. Ariosa, capiente sala da pranzo con eleganti tavoli rotondi.

Brescia, via Zanardelli 6 ☏ 0364 531409, *info@hotelbrescia.it, Fax 0364 532969* – ▯ ▯ ▯ ▯ – ▯ 50. AE ▯ ▯ ▯ VISA JCB. ▯ rist
Pasto carta 21/27 – ▯ 6 – **50 cam** 49,10/77,50.
♦ Imponente struttura con curati spazi comuni dai toni signorili, accoglienti e funzionali, con decorativi pavimenti a scacchiera; camere sobrie con arredi in stile moderno. Ambiente distinto nelle due sale del ristorante ben illuminate da grandi finestre.

Excelsior via Galilei 1 ☏ 0364 531741, *excelsiorboarioterme@libero.it, Fax 0364 531437,* ▯, ▯ – ▯, ▯ rist, ▯ ▯. AE ▯ ▯ VISA. ▯ rist
20 aprile-15 ottobre – **Pasto** 16/26 – **75 cam** ▯ 65/78 – ½ P 60.
♦ Possente edificio della metà degli anni '50, con hall e parti comuni luminose, recentemente rinnovate; camere ben tenute, alcune più moderne, altre con arredi originali. Davvero spaziosa la sala da pranzo, con eleganti e sottili colonne chiare.

Diana, via Manifattura 12 ☏ 0364 531403, *info@albergodiana.it, Fax 0364 533076* – ▯, ▯ rist, ▯ ▯. AE ▯ ▯ VISA. ▯ rist
aprile-ottobre – **Pasto** carta 21/28 – ▯ 6 – **43 cam** 39/62 – ½ P 45.
♦ Albergo del centro a pochi passi dalle terme, con un gradevole e raccolto cortiletto interno; al piano terra luci soffuse, grandi quadri alle pareti e comodi divani. Capiente sala ristorante con un bianco soffitto costellato di piccole luci.

Armonia, via Manifattura 11 ☏ 0364 531816, *hotel.armonia@libero.it, Fax 0364 531816,* ▯, ▯ – ▯, ▯ rist, ▯ ▯ ▯ ▯. AE ▯ ▯ ▯ VISA. ▯ rist
Pasto 14,50/19,60 – ▯ 5,16 – **28 cam** 36,15/61,97 – ½ P 47.
♦ In posizione centrale, ristrutturato pochi anni fa, alberghetto con piccola piscina su una terrazza; ambienti funzionali e camere non grandi, ma accoglienti.

La Montanina, via Colombo 57 ✆ 0364 531020, *Fax 0364 531020,* – ▮ TV P. ✻ rist
Pasto carta 19/24 – ☕ 6 – **51 cam** 37/60 – ½ P 40.
♦ In zona tranquilla e verdeggiante, un hotel semplice, di trentennale conduzione familiare, con una bella terrazza per la stagione estiva; comode ed essenziali le camere.

La Svolta, viale Repubblica 15 ✆ 0364 532580, , Rist. e pizzeria – AE ⑤ ⑩ MC VISA. ✻
chiuso a mezzogiorno e mercoledì – **Pasto** carta 23/38.
♦ Villa con un ampio terrazzo per il servizio estivo, graziosa e accogliente; sala di taglio semplice, tavoli curati. Cucina varia: pesce, piatti locali e pizza.

a Montecchio *Sud-Est : 2 km – ✉ 25047 Darfo Boario Terme*

La Storia, via Fontanelli 1 ✆ 0364 538787, *la_storia@e-mail.it, Fax 0364 538787,* – ▤ P. AE ⑤ MC VISA. ✻
Pasto carta 21/35.
♦ Villa periferica con un piccolo parco giochi per bambini e due ambienti gradevoli in cui provare una cucina con tocchi di originalità, a base di piatti di mare.

Inviateci il vostro parere sui ristoranti che vi consigliamo, sulle loro specialità e i loro vini regionali.

DEIVA MARINA *19013 La Spezia 561 J 10 – 1 486 ab..*

ℹ lungomare Cristoforo Colombo ✆ 0187 815858, deivamarina@libero.it, Fax 0187 815800.
Roma 450 – Genova 74 – Passo del Bracco 14 – Milano 202 – La Spezia 52.

Clelia, corso Italia 23 ✆ 0187 82626, *hotel@clelia.it, Fax 0187 816234,* , riscaldata, – ▮ ▤ TV P. AE ⑤ ⑩ MC VISA JCB. ✻ rist
chiuso dal 2 novembre al 20 dicembre – **Pasto** *(chiuso sino al 15 marzo)* carta 26/44 – **29 cam** ☕ 72/125, suite – ½ P 84.
♦ Ottima gestione familiare, ospitale e professionale, in un albergo non lontano dal mare, con bella piscina circondata da un giardino solarium; camere molto confortevoli. Cucina tradizionale, con alcuni piatti marinari, nella sala lineare dalle grandi vetrate.

Riviera, località Fornaci 12 ✆ 0187 815805, *hotelriviera@hotelrivieradeivamarina.it, Fax 0187 816433,* – ▤ rist, TV P. AE ⑤ ⑩ MC VISA. ✻
Pasqua-settembre – **Pasto** carta 20/25 – **28 cam** ☕ 68/103 – ½ P 73.
♦ A pochi passi dalle spiagge, un hotel a conduzione diretta, di recente ristrutturazione; zona comune semplice e camere essenziali, ma accoglienti e personalizzate.

Eden, corso Italia 39 ✆ 0187 815824, *hoteleden@tiscali.it, Fax 0187 826007,* – ▮ TV. AE ⑤ ⑩ MC VISA JCB. ✻ rist
Pasqua-ottobre – **Pasto** (solo per allogiati) 18/25 – **13 cam** ☕ 40/65 – ½ P 54.
♦ In centro paese, all'interno di una grande struttura, piccolo albergo a gestione familiare, con una piccola e graziosa hall e camere semplici, ma rinnovate e molto piacevoli.

DERUTA *06053 Perugia 563 N 19 – 8 081 ab. alt. 218.*

Roma 153 – Perugia 20 – Assisi 33 – Orvieto 54 – Terni 63.

Melody, strada statale 3 bis-E 45 (Sud-Ovest : 1,5 km) ✆ 075 9711022, *info@hotelmelody.it, Fax 075 9711018* – ▮, ▤ rist, TV P – 60. AE ⑤ ⑩ MC VISA. ✻
Pasto carta 18/34 – ☕ 7,75 – **56 cam** 60/70,50 – ½ P 56.
♦ A Deruta, dove la maiolica è arte, albergo fuori dal centro, con spazi comuni in stile lineare di fattura moderna e camere essenziali; sala per riunioni. Ariosa sala ristorante con grandi tavoli rotondi.

DESENZANO DEL GARDA *25015 Brescia 561 F 13 G. Italia – 24 385 ab. alt. 96 – a.s. Pasqua e luglio-15 settembre.*

Vedere *Ultima Cena★ del Tiepolo nella chiesa parrocchiale – Mosaici romani★ nella Villa Romana.*

27 Gardagolf (chiuso lunedì da novembre a marzo) a Soiano del Lago ✉ 25080 ✆ 0365 674707, Fax 0365 674788, Sud-Est : 10 km;

18 e 9 Arzaga località Carzago ✉ 25080 Cavalgese ✆ 030 6806266, Fax 030 6806473, Nord-Ovest : 10 km.

ℹ via Porto Vecchio 34 (Palazzo del Turismo) ✆ 030 9141510, Fax 030 9144209.
Roma 528 – Brescia 31 – Mantova 67 – Milano 118 – Trento 130 – Verona 43.

Park Hotel, lungolago Cesare Battisti 19 ✆ 030 9143494, *park@cerinihotels.it, Fax 030 9142280,* ← – ▮ ▤ TV – 80. AE ⑤ ⑩ MC VISA. ✻ rist
Pasto carta 33/43 – ☕ 10 – **57 cam** 110/145, 9 suites – ½ P 90.
♦ Servizio accurato in elegante albergo prospiciente il lago, ristrutturato pochi anni fa, con interni raffinati e camere arredate con gusto; ideale per turismo d'affari. Ambiente sobrio e distinto nella signorile sala da pranzo.

Lido International, via Dal Molin 63 ☎ 030 9141027, *info@lido-international.com, Fax 030 9143736,* ←, – *chiuso fino a febbraio* – **Pasto** *(aprile-ottobre; chiuso a mezzogiorno)* (solo per alloggiati) – **34 cam** 100/190, 2 suites – ½ P 105.

♦ In posizione invidiabile, hotel d'ispirazione contemporanea, recentemente rinnovato, con incantevole terrazza-giardino in riva al lago; camere non ampie, ma con balcone.

Estée, viale dal Molin 33 ☎ 030 9141318, *hotel.estee@inwind.it, Fax 030 9140322,* ←, Centro e metodo sheng, – rist **Pasto** carta 34/46 – **21 cam** 100/200 – ½ P 130.

♦ Di recente apertura, un albergo in posizione panoramica, sede di un attrezzato centro benessere dove curarsi con il metodo sheng; confortevoli camere di buon livello. Proposte culinarie a base di piatti tradizionali e di pesce nella curata sala.

Desenzano senza rist, viale Cavour 40/42 ☎ 030 9141414, *info@hoteldesenzano.it, Fax 030 9140294* – – 180. **40 cam** 85/120.

♦ Struttura di moderna concezione, non lontana dalla stazione e dal bacino lacustre, con accoglienti e piacevoli zone comuni ornate di tappeti; graziose camere confortevoli.

Piccola Vela, via Dal Molin 36 ☎ 030 9914666, *piccola-vela@gardalake.it, Fax 030 9914666,* – – 30. **Pasto** *(chiuso gennaio)* carta 26/36 – **41 cam** 110/150 – ½ P 90.

♦ Particolarmente adatta a una clientela d'affari, una bianca struttura abbellita da un verde giardino con piscina; all'interno spazi funzionali con tocchi d'eleganza. Luci soffuse, colori caldi, soffici tappeti nella dolce atmosfera della sala da pranzo.

City senza rist, via Nazario Sauro 29 ☎ 030 9911704, *info@hotelcity.it, Fax 030 9912837* – *chiuso dal 20 dicembre al 20 gennaio* – **39 cam** 70/110.

♦ Conduzione familiare di grande esperienza in questo hotel centrale, rinnovato da pochi anni e ben tenuto; accogliente hall, piacevoli camere dalle linee essenziali.

Esplanade, via Lario 10 ☎ 030 9143361, *Fax 030 9143361,* ←, , prenotare – *chiuso mercoledì, le sere di Natale, Capodanno e Pasqua* – **Pasto** carta 47/65.

♦ Ottima cucina e importante lista di vini in un ristorante raffinato, con una deliziosa sala da cui si gode un'incantevole vista; suggestivo servizio estivo in riva al lago.

Spec. Insalata di astice e melone con sedano e agretto alla menta (estate). Lasagnetta ai frutti di mare profumata al Traminer. Filetto di manzo in crosta di sale e pepe con olio al timo.

Bagatta alla Lepre, via Bagatta 33 ☎ 030 9142313 e wine-bar ☎ 030 9142259, *bagattalepre@libero.it, Fax 030 9142313,* Rist. e wine-bar serale, prenotare – *chiuso martedì e mercoledì a mezzogiorno* – **Pasto** carta 37/58.

♦ Due salette e zona wine-bar serale dall'ambiente moderno, con originali soluzioni di design nell'arredamento, nell'illuminazione e nelle decorazioni; buona la cantina.

La Contrada, via Bagatta 10/12 ☎ 030 9142514, *Fax 030 9141534* – **Pasto** carta 29/41.

♦ In una vietta del centro, un ristorante dagli arredi curati con mobilio d'antiquariato. Il recente cambio di sede ha accresciuto sensibilmente il livello di confort.

DEUTSCHNOFEN = Nova Ponente.

DEVINCINA *Trieste* – *Vedere Sgonigo.*

DIAMANTE *87023 Cosenza* 564 H 29 – *5 510 ab..*

Roma 444 – Cosenza 78 – Castrovillari 88 – Catanzaro 137 – Sapri 60.

Ferretti, via Poseidone 171 ☎ 0985 81428, *info@ferrettihotel.it, Fax 0985 81114,* ←, – rist *maggio-settembre* – **Pasto** carta 26/36 – **45 cam** 98/150 – ½ P 112.

♦ Struttura anni '70 in stile mediterraneo, situata proprio di fronte al mare; all'interno ampi spazi razionali e confortevoli camere ben arredate, quasi tutte vista mare. Gradevole servizio ristorante estivo sulla spiaggia.

Lo Scoglio, via Colombo ☎ 0985 81345, , Rist. e pizzeria – *chiuso dicembre e lunedì (escluso dal 15 giugno al 15 settembre)* – **Pasto** specialità di mare carta 23/39.

♦ Ristorante-pizzeria separato dall'arenile da una stradina: sala con tavoli rotondi, pareti bianche abbellite da quadri, vivaio con astici e aragoste: pescati freschi!

DIANO D'ALBA *12055 Cuneo* 561 I 6 – *3 001 ab. alt. 496.*

Roma 626 – Cuneo 65 – Torino 72 – Alessandria 73 – Asti 37.

verso Grinzane Cavour *Ovest : 2 km*

Agriturismo La Briccola, via Farinetti 9 ✉ 12055 Diano Marina ☎ 0173 468513, *labriccola@virgilio.it, Fax 0173 468812,* ≤, – 🅿. AE ● ● VISA. ✂ cam
chiuso gennaio – **Pasto** *(chiuso lunedì, martedì e a mezzogiorno escluso sabato-domenica)* carta 18/24 – **4 cam** ☐ 45/85 – ½ P 60.
◆ Imponente cascina di inizio '900 restaurata di recente, in splendida posizione, circondata dai vigneti. Camere con arredi a tema e vista incantevole sui dintorni. Il ristorante riproduce l'ambiente di un'elegante trattoria.

DIANO MARINA *18013 Imperia* 561 K 6 *G. Italia* – *6 273 ab..*

piazza Martiri della Libertà 1 ☎ 0183 496956, infodianomarina@rivieradeifiori.it, Fax 1083 496957.

Roma 608 – Imperia 6 – Genova 109 – Milano 232 – San Remo 31 – Savona 63.

Gd H. Diana Majestic ⊗, via degli Oleandri 25 ☎ 0183 402727, *grandhotel@dianamajestic.com, Fax 0183 403040,* ≤, , , – |‡| ▤ TV ♿ 🅿 – 40. AE ● ● ● VISA. ✂
chiuso dal 13 ottobre al 23 dicembre – **Pasto** (solo per alloggiati) 34/42 – **86 cam** ☐ 210/220 – ½ P 111.
◆ Davanti al mare, albergo ristrutturato di taglio moderno abbellito da un giardino-uliveto con piscina; ariosi e chiari interni dotati di ogni confort, camere accoglienti.

Bellevue et Mediterranée, via Generale Ardoino 2 ☎ 0183 4093, *postmaster@bellevueetmediterranee.it, Fax 0183 409385,* ≤, con acqua di mare riscaldata, – |‡|, ▤ cam, TV 🅿. AE ● ● ● VISA JCB. ✂ rist
chiuso da ottobre al 20 dicembre – **Pasto** 30/34 – **70 cam** ☐ 100/130 – ½ P 90,90.
◆ In centro, di fronte all'arenile, hotel signorile a conduzione familiare, dotato di piscina con acqua di mare riscaldata; grandi spazi comuni e camere ben tenute. Sala ristorante ariosa, aperta direttamente verso il mare.

Gabriella ⊗, via dei Gerani 9 ☎ 0183 403131, *info@hotelgabriella.com, Fax 0183 405055,* riscaldata, , – |‡|, ▤ rist, TV 🅿. AE ● ● ● VISA JCB. ✂ rist
chiuso da novembre al 27 dicembre – **Pasto** 18/23 – ☐ 5 – **50 cam** 72/134 – ½ P 85,50.
◆ Gestione professionale in un'imponente struttura posizionata direttamente sulla spiaggia e circondata da un verde giardino; a disposizione dei clienti biciclette e risciò.

Caravelle ⊗, via Sausette 34 ☎ 0183 405311, *info@hotelcaravelle.net, Fax 0183 405657,* ≤, , con acqua di mare, , , – |‡| TV 🅿. ● ● VISA. ✂ rist
21 aprile-20 ottobre – **Pasto** (solo per alloggiati) 27/40 – ☐ 13 – **58 cam** 120/135 – ½ P 93.
◆ Albergo fuori dal centro, in luogo tranquillo, situato proprio di fronte al mare; gradevole piscina con acqua di mare, aree comuni razionali e camere con balcone. Ristorante con vetrate che permettono allo sguardo di catturare il paesaggio esterno.

Eden Park, Via Generale Ardoino 70 ☎ 0183 403767, *info@edenparkdiano.it, Fax 0183 405268,* , , , – |‡| ▤ TV ♿ 🅿. AE ● ● ● VISA JCB. ✂ rist
Pasto carta 28/50 – **32 cam** ☐ 85/155 – ½ P 89.
◆ Per arrivare al bel giardino con piscina in riva al mare, si attraversano i gradevoli ambienti comuni di quest'hotel dotato di camere confortevoli, luminose e ben attrezzate.

Torino, via Milano 42 ☎ 0183 495106, *info@htorino.com, Fax 0183 493602,* – |‡| ▤ TV – 40. AE ● ● VISA JCB. ✂ rist
chiuso novembre e dicembre – **Pasto** (solo per alloggiati) 21/26 – ☐ 9 – **83 cam** 85/90 – ½ P 66.
◆ Servizio accurato in un signorile hotel centrale, dotato di spazi interni accoglienti e camere recentemente rinnovate, di buon confort; piccola discoteca a uso interno.

Jasmin, viale Torino 15 ☎ 0183 495300, *info@hoteljasmin.com, Fax 0183 495964,* ≤, – |‡| TV 🅿. AE ● ● ● VISA. ✂ rist
chiuso dal 15 ottobre al 20 dicembre – **Pasto** (solo per alloggiati) – ☐ 9 – **32 cam** 60/89 – ½ P 80.
◆ Si gode una panoramica vista sul mare da questa imponente struttura dai piacevoli e «freschi» ambienti; camere dagli arredi semplici, luminose e ben curate.

Arc en Ciel, viale Torino 21 ☎ 0183 495283, *hotelarcenciel@hotelarcenciel.it, Fax 0183 496930,* ≤, – |‡| TV. AE ● ● ● VISA JCB. ✂ rist
Pasqua-15 ottobre – **Pasto** 23 – ☐ 11 – **48 cam** 72/98 – ½ P 84.
◆ Appagante ubicazione per un hotel dotato di amene terrazze sul mare (una è solarium e l'altra per le colazioni estive); luminosi spazi comuni e camere funzionali.

Caprice, corso Roma est 25 ☎ 0183 495061, *caprice@uno.it*, *Fax 0183 498021* – |‡|, ▤ rist, TV P. AE ⑤ ⓜⓒ VISA JCB. ✂
chiuso novembre – **Pasto** carta 28/58 – ☐ 6 – **20 cam** 50/62.
◆ Ottima accoglienza in un albergo ubicato nel centro della località, con spazi comuni essenziali e camere dalle tonalità chiare, arredate in stile lineare. Al ristorante si servono specialità di mare.

Sasso senza rist, via Biancheri 17 ☎ 0183 494319, *info@hotelsassoresidence.com*, *Fax 0183 494310* – |‡| TV P. ⑤ ⓜⓒ VISA
chiuso dal 30 settembre al 21 dicembre – ☐ 5 – **42 cam** 44/70.
◆ Collocato nel cuore della cittadina, ma non lontano dal mare, hotel con interni spaziosi e confortevoli; camere non dell'ultima generazione, ma molto ben tenute.

Il Caminetto, via Olanda 1 ☎ 0183 494700, *ristcaminetto@libero.it*, ☂, ⛱ – P. AE ⑤ ⓞ ⓜⓒ VISA JCB
chiuso dal 10 novembre al 10 dicembre e lunedì (escluso giugno-settembre) – **Pasto** carta 28/44.
◆ Accogliente locale a gestione diretta, ubicato ai margini del centro; sale interne classiche, illuminate da grandi vetrate; servizio estivo serale in un fresco giardino.

DIGONERA *Belluno – Vedere Rocca Pietore.*

DIMARO *38025 Trento 562 D 14 – 1 163 ab. alt. 766 – Sport invernali : 1 400/2 200 m (Comprensorio sciistico Folgarida-Marilleva) 5 16 .*

piazza Giovanni Serra 10 ☎ 0463 974529, dimarovacanze@valdisole.net, Fax 0463 970500.
Roma 633 – Trento 62 – Bolzano 61 – Madonna di Campiglio 19 – Passo del Tonale 25.

Holiday Inn Dimaro, via Campiglio 4 ☎ 0463 973330, *info@holidayinndimaro.com*, *Fax 0463 974287*, ←, Fá, ≘s – |‡| ⇆, ▤ rist, TV ☎ ♿ 🚗 P – 🚶 100. AE ⑤ ⓞ ⓜⓒ VISA JCB. ✂
Pasto *(chiuso novembre)* carta 24/35 – **83 cam** ☐ 93/130 – ½ P 90.
◆ Classico hotel con servizi adeguati alla catena cui appartiene: spaziosa hall, salette relax, angolo benessere, sala conferenze e ampie camere, dotate di ogni confort. Per i pasti una cucina legata alla tradizione e piatti tipici del territorio.

Sporthotel Rosatti, via Campiglio 14 ☎ 0463 974885, *info@sporthotel.it*, *Fax 0463 973328*, ←, Fá, ≘s, ⛱ – |‡|, ⇆ rist, TV ♿ 🚗 P. AE ⑤ ⓞ ⓜⓒ VISA. ✂
dicembre-aprile e giugno-settembre – **Pasto** (solo per alloggiati) 12/25 – **32 cam** ☐ 65/100 – ½ P 70.
◆ Albergo recente, abbellito da un grazioso giardino; all'interno «caldi» ambienti con moquette e parquet, perlinato alle pareti e arredi in legno d'abete color miele.

Kaiserkrone senza rist, piazza Serra 3 ☎ 0463 973326, *info@kaiserkrone.it*, *Fax 0463 973016* – |‡| TV ♿ 🚗. AE ⑤ ⓞ ⓜⓒ VISA
chiuso maggio – **7 cam** ☐ 55/94.
◆ Accogliente casa ristrutturata con cura, situata nel centro del paese; piacevoli interni in stile montano e camere molto confortevoli, completamente rifinite in legno.

DIOLO *Parma – Vedere Soragna.*

DOBBIACO (TOBLACH) *39034 Bolzano 562 B 18 G. Italia – 3 294 ab. alt. 1 243 – Sport invernali : 1 250/1 500 m 4 (Comprensorio Dolomiti superski Alta Pusteria) .*

via Dolomiti 3 ☎ 0474 972132, info@toblach.it, Fax 0474 972730.
Roma 705 – Cortina d'Ampezzo 33 – Belluno 104 – Bolzano 105 – Brennero 96 – Lienz 47 – Milano 404 – Trento 165.

Santer, via Alemagna 4 ☎ 0474 972142, *info@hotel-santer.com*, *Fax 0474 972797*, ←, ☂, Fá, ≘s, ▢, ⛱ – |‡| TV ☎ P – 🚶 100. AE ⑤ ⓞ ⓜⓒ VISA. ✂ rist
chiuso da novembre al 5 dicembre – **Pasto** carta 26/39 – **50 cam** ☐ 170/180 – ½ P 90.
◆ Albergo circondato dai monti, con un invitante giardino; atmosfera vellutata nell'accogliente stube con importante soffitto in legno lavorato, moquette e soffici divani. Ambiente distinto nella raffinata sala con parete divisoria ad archi; cucina del luogo.

Park Hotel Bellevue, via Dolomiti 23 ☎ 0474 972101, *info@parkhotel-bellevue.com*, *Fax 0474 972807*, ≘s, ▢ – |‡|, ⇆ rist, TV ☎ P. AE ⑤ ⓞ ⓜⓒ VISA. ✂
20 dicembre-Pasqua e giugno-settembre – **Pasto** carta 25/34 – **43 cam** ☐ 80/130, 4 suites – ½ P 85.
◆ Albergo di tradizione nel centro della località, immerso in un parco ombreggiato; all'interno ambienti accoglienti, camere luminose e recente centro fitness con piscina. Ampie finestre nella sala da pranzo: arredi in stile lineare, con un tocco di eleganza.

Cristallo, via San Giovanni 37 ✆ 0474 972138, *info@hotelcristallo.com, Fax 0474 972755,* < Dolomiti, – rist, . rist
21 dicembre-24 marzo e 15 giugno-15 ottobre – **Pasto** carta 24/30 – **28 cam** 92/168 – ½ P 108.
◆ In bella posizione panoramica con vista sulle Dolomiti, graziosa struttura bianca immersa nel verde; interni confortevoli, piacevoli camere e attenta gestione ospitale. Sala ristorante ariosa e molto luminosa.

Monica-Trogerhof , via F.lli Baur 8 ✆ 0474 972216, *hotel.monica@hochpustertal.it, Fax 0474 972557,* < – .
6 dicembre-20 marzo e 15 maggio-28 ottobre – **Pasto** carta 25/33 – **30 cam** 75/100 – ½ P 75.
◆ Cordiale gestione diretta in un hotel in posizione centrale, ma tranquilla; atmosfera confortevole nelle piacevoli zone comuni in stile tirolese, camere semplici. Ambiente accogliente dai toni eleganti nella sala da pranzo con soffitto in legno lavorato.

Laurin, via al Lago 5 ✆ 0474 972206, *info@hotel-laurin.com, Fax 0474 973096,* <, – , rist, AE VISA. rist
19 dicembre-15 marzo e 15 maggio-15 ottobre – **Pasto** 14/18 – **27 cam** 71/126 – ½ P 70.
◆ Imponente costruzione incorniciata dai monti e dal verde, con grandi spazi esterni e gradevoli aree comuni; prevale il color legno chiaro nelle camere essenziali.

Urthaler, via Herbstenburg 5 ✆ 0474 972241, *info@hotel-urthaler.com, Fax 0474 973050* – VISA.
chiuso novembre – **Pasto** *(chiuso martedì da marzo a giugno)* carta 25/32 – **30 cam** 57/93 – ½ P 70.
◆ Ambiente e conduzione familiare in un albergo nel cuore della cittadina: aree interne con pareti rivestite in legno e soffitto con travi a vista; belle camere. Vi sarà gradito cenare nella sala illuminata dalla calda luce ambrata dei lampadari pendenti.

sulla strada statale 49 :

Hubertus Hof, Sud-Ovest : 1 km ✉ 39034 ✆ 0474 972276, *info@hotelhubertushof.it, Fax 0474 972313,* < Dolomiti, , – VISA.
20 dicembre-20 marzo e 25 maggio-20 ottobre – **Pasto** carta 27/39 – **25 cam** 87,80/175,60, suite – ½ P 90.
◆ In posizione periferica e soleggiata, un albergo in tipico stile locale con graziose aree comuni e ampie camere in parte rinnovate; molto gradevole il centro relax. Ampia sala ristorante con pavimento in parquet, completamente rivestita di perlinato.

Gratschwirt con cam, Sud-Ovest : 1,5 km ✉ 39034 ✆ 0474 972293, *info@gratschwirt.com, Fax 0474 972915,* , – AE VISA
8 dicembre-15 giugno e luglio-settembre – **Pasto** *(chiuso martedì)* carta 30/46 – **19 cam** solo ½ P 83, 2 suites.
◆ In una casa dalle origini centenarie ai margini della località, un ristorante con camere dagli interni curati: arredi in raffinato stile rustico nelle due stube.

a Santa Maria (Aufkirchen) *Ovest : 2 km – ✉ 39034 Dobbiaco :*

Oberhammer , Santa Maria 5 ✆ 0474 972195, *hotel.oberhammer@dnet.it, Fax 0474 972366,* < Dolomiti, , – VISA
chiuso da novembre al 5 dicembre – **Pasto** *(chiuso lunedì escluso febbraio e dal 15 luglio al 31 agosto)* carta 18/29 – **22 cam** 69/112 – ½ P 65.
◆ Albergo rinnovato negli ultimi anni, in bella posizione panoramica, dotato di terrazze esposte al sole; spazi interni in stile locale e camere arredate modernamente.

al monte Rota (Radsberg) *Nord-Ovest : 5 km – alt. 1 650 :*

Alpenhotel Ratsberg-Monte Rota , via Monte Rota 12 ✉ 39034 ✆ 0474 972213, *info@alpenhotel-ratsberg.com, Fax 0474 972916,* < Dolomiti e vallata, , , , – rist, .
20 dicembre-13 aprile e giugno-20 ottobre – **Pasto** carta 24/32 – **29 cam** 74/148 – ½ P 79.
◆ Ideale per le famiglie e per gli amanti dell'assoluta tranquillità, questo hotel a conduzione diretta che domina Dobbiaco e le valli; ambienti interni in stile montano. Sala da pranzo ristrutturata e ampliata; servizio estivo all'aperto.

DOGANA NUOVA *Modena* 562 J 13 – *Vedere Fiumalbo.*

I prezzi del pernottamento e della pensione possono subire aumenti in relazione all'andamento generale del costo della vita ; quando prenotate chiedete la conferma del prezzo.

DOGLIANI *12063 Cuneo* **561** I 5 – *4 611 ab. alt. 295.*
Roma 613 – Cuneo 42 – Asti 54 – Milano 178 – Savona 69 – Torino 70.

Il Giardino senza rist, viale Gabetti 106 ☎ 0173 742005, *hotelilgiardino@virgilio.it, Fax 0173 742033,* – TV P. AE ⓈⓄ MC VISA
chiuso dal 1º al 10 gennaio – **12 cam** ☕ 45/65.
◆ Piccola e dignitosa struttura a gestione familiare, situata a poche centinaia di metri dal centro della località; camere spaziose con arredi essenziali, ma ben tenuti.

DOGLIO *Perugia* **563** N 18 – *Vedere Monte Castello di Vibio.*

DOLCEACQUA *18035 Imperia* **561** K 4, **115** ⑲ – *1 911 ab. alt. 57.*
ℹ *via Barberis Colomba 1* ☎ *0184 206666.*
Roma 662 – Imperia 57 – Genova 163 – Milano 286 – San Remo 23 – Ventimiglia 9,5.

Agriturismo Terre Bianche, località Arcagna Est : 9 km ☎ 0184 31426, *terrebianche@terrebianche.com, Fax 0184 31230,* ≤ colline e dintorni, – P. AE ⓈⓄ MC VISA JCB
chiuso novembre – **Pasto** *(chiuso a mezzogiorno)* (solo per alloggiati) – **7 cam** ☕ 120 – ½ P 73.
◆ Una vacanza nella natura in un'azienda vinicola con produzione di Vermentino, Pigato e Rossese, da cui si gode una splendida vista su colline e dintorni; camere semplici.

Gastone, piazza Garibaldi 2 ☎ 0184 206577, *gastone@ristorantegastone.it, Fax 0184 205905,* – AE ⓈⓄ MC VISA JCB
chiuso lunedì e martedì (escluso agosto e giorni festivi) – **Pasto** tipica cucina ligure carta 21/38.
◆ Classico e luminoso ristorante affacciato sulla piazza del paese, nella quale si svolge il gradevole servizio estivo; gustose proposte culinarie legate al territorio.

Trattoria Re, via Patrioti Martiri 26 ☎ 0184 206137, *Fax 0184 206137,* Coperti limitati; prenotare – AE ⓈⓄ MC VISA JCB.
chiuso dal 7 al 27 gennaio, dal 1º al 5 aprile, dal 20 al 26 settembre e giovedì – **Pasto** carta 16/27.
◆ Trattoria nel centro del paese con una sala semplice, illuminata da grandi finestre, dove assaporare tipici piatti liguri; fornitissima enoteca e degustazione di vini.

DOLEGNA DEL COLLIO *34070 Gorizia* **562** D 22 – *448 ab. alt. 88.*
Roma 656 – Udine 25 – Gorizia 25 – Milano 396 – Trieste 61.

Agriturismo Venica e Venica-Casa Vino e Vacanze senza rist, via Mernico 42 (Nord : 1 km) ☎ 0481 60177, *venica@venica.it, Fax 0481 639906,* In collina tra i vigneti, , – TV P. AE ⓈⓄ MC VISA.
aprile-novembre – ☕ 12 – **6 cam** 70/75.
◆ Nella dolce tranquillità delle colline, un'azienda vinicola in un giardino con piscina e tennis; caratteristici spazi comuni in stile rustico, camere ampie e ben tenute.

a Ruttars *Sud : 6 km* – ✉ *34070 Dolegna del Collio :*

Castello di Trussio dell'Aquila d'Oro, via Ruttars 11 ☎ 0481 61255, *aquiladoro@tin.it, Fax 0481 60545,* , prenotare – P. AE ⓈⓄ MC VISA
chiuso Capodanno, dal 1º al 15 gennaio, dal 20 agosto al 10 settembre, domenica e lunedì – **Pasto** carta 52/71.
◆ Nel duecentesco Castello di Trussio, tre salette eleganti: pavimento in marmo, soffitto in legno, tavoli rotondi e poltroncine; ameno il servizio estivo all'aperto.

DOLO *30031 Venezia* **562** F 18 *G. Venezia – 14 522 ab..*
Dintorni *Villa Nazionale★ di Strà : Apoteosi della famiglia Pisani★★ del Tiepolo Sud-Ovest : 6 km.*
Escursioni *Riviera del Brenta★★ Est per la strada S 11.*
Roma 510 – Padova 18 – Chioggia 38 – Milano 249 – Rovigo 60 – Treviso 35 – Venezia 27.

Villa Ducale, riviera Martiri della Libertà 75 (Est : 2 km) ☎ 041 5608020, *info@villaducale.it, Fax 041 5608020* – TV P – 100. AE ⓈⓄ MC VISA JCB. rist
Pasto *(chiuso dal 12 al 25 agosto e martedì)* carta 42/80 – **11 cam** ☕ 120/180.
◆ Villa settecentesca sapientemente rinnovata, con piccolo parco abbellito da gigantesche magnolie; signorili zone comuni arredate in stile, grandi e accoglienti camere. Nell'elegante sala da pranzo viene proposta una linea culinaria tradizionale.

Villa Goetzen con cam, via Matteotti 6 ☎ 041 5102300, *villagoetzen@libero.it, Fax 041 412600,* – TV P. AE ⓈⓄ MC VISA. cam
Pasto *(chiuso agosto, giovedì e domenica sera)* carta 30/42 – **12 cam** ☕ 52/78.
◆ Ristorante con piacevoli camere in un villino settecentesco che sorge proprio sul canale del Brenta: raffinate sale in cui gustare piatti della tradizione.

DOLOMITI *Belluno, Bolzano e Trento.*

DOLONNE *Aosta – Vedere Courmayeur.*

DOMAGNANO – *Vedere San Marino (Repubblica di) alla fine dell'elenco alfabetico.*

DOMODOSSOLA *28845 Verbania* 561 D 6 – *18 394 ab. alt. 277.*

piazza Matteotti (stazione ferroviaria) ☏ 0324 248265, infossola@distrettolaghi.it, Fax 0324 227277.

Roma 698 – Stresa 32 – Locarno 78 – Lugano 79 – Milano 121 – Novara 92.

Eurossola, piazza Matteotti 36 ☏ 0324 481326, *info@eurossola.com, Fax 0324 248748,* – 20. AE VISA.

Pasto al Rist. ***da Sergio*** *(chiuso dal 15 gennaio al 20 febbraio)* carta 24/33 – 3 – **23 cam** 50/77 – ½ P 52.

◆ In centro città, una struttura confortevole a valida e intraprendente gestione familiare; zone comuni piacevoli e accoglienti camere con arredi di taglio moderno. Per i pasti: capiente sala in stile sobrio, invitante terrazza estiva e cucina genuina.

Corona, via Marconi 8 ☏ 0324 242114, *htcoronatin.it, Fax 0324 242842* – cam, – 70. AE VISA JCB

Pasto carta 21/31 – **32 cam** 72/104 – ½ P 72.

◆ Solida gestione familiare in un albergo di lunga tradizione, ubicato nel cuore della città; gradevoli interni d'ispirazione contemporanea e camere recentemente rinnovate. Ampia sala da pranzo di tono elegante.

Biglia, vicolo dell'Oro 22 ☏ 0324 248534, *ristorantebiglia@libero.it, Fax 0324 248534* – . AE VISA JCB

chiuso una settimana in gennaio, una settimana in luglio, una settimana in agosto, domenica sera e lunedì – **Pasto** 19/35 e carta 28/42.

◆ In un antico edificio un ristorante costituito da un'ampia sala arredata con buon gusto, con volta in pietra; cucina del territorio, varia e articolata.

Sciolla con cam, piazza Convenzione 5 ☏ 0324 242633, *rist.sciolla@libero.it, Fax 0324 242633,* – . AE VISA JCB

chiuso dall'8 al 20 gennaio e dal 23 agosto all'11 settembre – **Pasto** *(chiuso mercoledì)* cucina tipica locale carta 18/29 – **6 cam** 30/55 – ½ P 43.

◆ In un vecchio edificio di origine seicentesca, un ristorante centrale considerato un punto di riferimento nel campo della ristorazione cittadina; cucina del territorio.

La Meridiana, Via Rosmini 11 ☏ 0324 240858, *info@ristorantelameridiana.it, Fax 0324 240858,* prenotare – VISA

chiuso dal 7 al 28 giugno e lunedì – **Pasto** specialità di pesce e piatti di cucina spagnola carta 19/33.

◆ Una rarità in zona, la possibilità di gustare piatti di pesce preparati secondo la tradizione culinaria spagnola. Gradevole ambiente familiare, nel centro della località.

DOMUS DE MARIA *Cagliari* 566 K 8 – *Vedere Sardegna alla fine dell'elenco alfabetico.*

DONNINI *Firenze – Vedere Reggello.*

DONORATICO *Livorno* 563 M 13 – *Vedere Castagneto Carducci.*

DORGALI *Nuoro* 566 G 10 – *Vedere Sardegna alla fine dell'elenco alfabetico.*

DOSOLO *46030 Mantova* 561 H 13 – *3 108 ab. alt. 25.*

Roma 449 – Parma 37 – Verona 74 – Mantova 35 – Modena 50.

Corte Brandelli, via Argini dietro 11/A (Ovest : 2 km) ☏ 0375 89497, *Fax 0375 89497,* prenotare – . AE VISA

chiuso agosto, giovedì sera e domenica – **Pasto** carta 43/60.

◆ Cascina in aperta campagna, dall'ambiente tipicamente rustico, ma con tocchi d'eleganza, abbellito da oggetti caratteristici; piatti di cucina del territorio e tradizionale.

DOSSOBUONO *Verona* 562 F 14 – *Vedere Villafranca di Verona.*

DOSSON *Treviso – Vedere Casier.*

DOZZA *40050 Bologna* **562** I 16 – *5 605 ab. alt. 190.*

Roma 392 – Bologna 32 – Ferrara 76 – Forlì 38 – Milano 244 – Ravenna 52.

Monte del Re , via Monte del Re 43 (Ovest : 3 km) ✆ 0542 678400, *montedelre@tiscali.it, Fax 0542 678444*, ←, , – |‡| ▤ TV ♿ P – 200. AE ⓘ ⓓ ⓜⓒ VISA. ✂ rist
Pasto *(chiuso due settimane in gennaio e lunedì)* (solo su prenotazione) carta 35/67 – **38 cam** ☕ 170/215, 4 suites.
◆ Raffinato albergo di classe, in collina, in un convento ristrutturato del XIII secolo; notevoli il chiostro coperto e il pozzo originari del '200 e la terrazza panoramica. Atmosfera signorile nella sala da pranzo in stile classico.

Canè con cam, via XX Settembre 27 ✆ 0542 678120, *ristorantecane@tin.it, Fax 0542 678522*, ←, – ▤ TV P. AE ⓘ ⓓ ⓜⓒ VISA. ✂
chiuso dal 7 gennaio al 6 febbraio – **Pasto** *(chiuso lunedì)* carta 26/41 – ☕ 8 – **12 cam** 57/81 – ½ P 70.
◆ Nel centro storico, ristorante con due sale: una più classica ed elegante, l'altra più caratteristica, con decorazioni in mattoni; servizio estivo in terrazza «fiorita».

DRAGA SANT'ELIA *Trieste – Vedere Pesek.*

DRAGONI *81010 Caserta* **564** D 24 – *2 317 ab. alt. 150.*

Roma 177 – Avellino 92 – Benevento 51 – Campobasso 67 – Caserta 31 – Napoli 60.

Villa de Pertis , via Ponti 30 ✆ 0823 866619, *info@villadepertis.it, Fax 0823 866619*, ←, – AE ⓘ ⓜⓒ VISA JCB. ✂ rist
chiuso dal 9 gennaio all'8 marzo e dal 12 al 30 novembre – **Pasto** carta 19/29 – **5 cam** ☕ 57,50/68,50, 2 suites 117,50 – ½ P 47.
◆ In posizione tranquilla e panoramica, nel centro storico, un'incantevole dimora patrizia del '600: atmosfera familiare e deliziosi interni rustici di tono signorile. Ristorante dagli arredi lineari, abbellito da un piccolo camino.

Per visitare una città o una regione : utilizzate le Guide Verdi Michelin.

DRO *38074 Trento* **562** E 14 – *3 347 ab. alt. 123.*

via Torre c/o Municipio ✆ 0464 545511, Fax 0464 545520.

Roma 576 – Trento 27 – Brescia 86 – Verona 90 – Vicenza 91.

Agriturismo Maso Lizzone senza rist, via Lizzone, località Ceniga Sud : 1,5 km ✆ 0464 504793, *info@masolizzone.com, Fax 0464 504793*, – |‡| ♿ P. ⓘ ⓜⓒ VISA. ✂
chiuso dal 16 gennaio al 29 febbraio – **5 cam** ☕ 55/90.
◆ Tra ulivi e vigneti, nel pieno della campagna trentina, una caratteristica abitazione completamente ristrutturata e capace di offrire una sincera e familiare ospitalità.

DRONERO *12025 Cuneo* **561** I 4 – *7 035 ab. alt. 619.*

via 4 Novembre 1 ✆ 0171 917080, iatvallemaira@virgilio.it, Fax 0171 917080.

Roma 655 – Cuneo 20 – Colle della Maddalena 80 – Torino 84.

Cavallo Bianco, piazza Manuel 18 ✆ 0171 916590, *cavallo-bianco@libero.it, Fax 0171 916590* – TV. AE ⓘ ⓜⓒ VISA. ✂ rist
Pasto *(chiuso mercoledì)* carta 16/23 – ☕ 6 – **10 cam** 28/44 – ½ P 40.
◆ Nel centro storico, piccolo albergo a conduzione diretta situato in un palazzo d'epoca ristrutturato; spazi comuni con soffitti a volta affrescati, camere confortevoli. Ampia sala da pranzo con soffitto ad archi.

Rosso Rubino, piazza Marconi 2 ✆ 0171 905678, *ristoranterossorubino@interfree.it*, pesce su prenotazione – AE ⓘ ⓓ ⓜⓒ VISA
chiuso dal 17 al 31 marzo, dal 1° al 7 luglio e lunedì – **Pasto** carta 20/42.
◆ Un'unica sala classica ed elegante, un menù ristretto con interessanti proposte: alcune derivanti dalla tradizione, altre più decisamente creative; non manca il pesce.

DRUENTO *10040 Torino* **561** G 4 – *8 282 ab. alt. 285.*

(chiuso lunedì, Natale ed Epifania) ✆ 011 9844345, Fax 011 9844345.

Roma 678 – Torino 18 – Asti 73 – Pinerolo 38 – Susa 48.

Rosa d'Oro, viale Medici del Vascello 2 ✆ 011 9846675, *rosadoro@tin.it, Fax 011 9844383*, , – ▤ P. AE ⓘ ⓓ ⓜⓒ VISA. ✂
chiuso agosto, domenica sera e lunedì – **Pasto** 15/35.
◆ In posizione decentrata, ristorante con ameno giardino e diverse sale di tono classico dove assaporare ricette tradizionali; gradevole servizio estivo all'aperto.

DUINO AURISINA *34013 Trieste 562 E 22 – 9 017 ab..*

Roma 649 – Udine 50 – Gorizia 23 – Grado 32 – Milano 388 – Trieste 22 – Venezia 138.

Holiday Inn Trieste Duino, via Duino 78, sull'autostrada A 4 ✆ 040 208273, *holidayinn.trieste@alliancealberghi.com, Fax 040 208836,* – |‡|, ⅍ cam, ▤ TV P – 🏛 100. AE S ◎ MC VISA JCB. ✂ rist

Pasto carta 28/40 – **77 cam** ☕ 153,92/186,08.

♦ Raccolta intorno a un giardinetto, una curiosa struttura circolare di moderna concezione, rinnovata totalmente pochi anni fa; adatta anche per un turismo d'affari. Una comoda soluzione per il pasto: ampia sala, cucina eclettica.

Duino Park Hotel senza rist, frazione Duino 60/C ✆ 040 208184, *info@duinoparkhotel.it, Fax 040 208526,* <, , , – |‡| ▤ TV P. AE S ◎ MC VISA JCB. ✂

chiuso dal 15 dicembre al 15 febbraio – **18 cam** ☕ 95/140.

♦ Un esercizio in bella posizione panoramica, grazie alle sue terrazze-giardino, su una delle quali è sistemata la piscina; spazi comuni semplici e grandi camere lineari.

Gruden, località San Pelagio 49 Nord : 3 km ✉ 34011 San Pelagio ✆ 040 200151, *Fax 040 200854,* – AE S ◎ MC VISA. ✂

chiuso settembre, lunedì e martedì – **Pasto** (cucina carsolina) carta 19/27.

♦ Classica trattoria condotta dalla stessa famiglia fin dall'inizio del '900: due sale ben tenute, con arredi sobri in legno scuro; proposte di cucina carsolina.

DUNA VERDE *Venezia – Vedere Caorle.*

DUNO *21030 Varese 219 ⑦ – 138 ab. alt. 530.*

Roma 646 – Stresa 59 – Milano 76 – Novara 68 – Varese 24.

Dola B & B, via Roma 2/4 ✆ 0332 624773, *Fax 0332 624773,* , – TV. S MC VISA JCB. ✂ rist

chiuso dal 20 settembre al 25 ottobre – **Pasto** carta 20/27 – **4 cam** ☕ 50/90 – ½ P 65.

♦ Nel centro di un borgo circondato da boschi e silenzio, questa risorsa, piccola e accogliente, è gestita con simpatia e cortesia. Camere gradevoli, arredi in stile.

EAU ROUSSE *Aosta 219 ⑫ – Vedere Valsavarenche.*

EGADI (Isole) *Trapani 565 N 18 19 – Vedere Sicilia alla fine dell'elenco alfabetico.*

EGNA (NEUMARKT) *39044 Bolzano 562 D 15, 218 ⑳ – 4 325 ab. alt. 213.*

Roma 609 – Bolzano 19 – Trento 42 – Belluno 120.

Andreas Hofer, via delle Vecchie Fondamenta 21-23 ✆ 0471 812653, *info@hotelandreashofer.com, Fax 0471 812953,* – |‡| TV ♿ P. S MC VISA. ✂

chiuso dal 13 al 20 febbraio, dal 27 giugno al 10 luglio e dal 15 al 29 novembre – **Pasto** *(chiuso domenica)* carta 32/39 – **30 cam** ☕ 50/82 – ½ P 50.

♦ Nel centro storico e di fronte ai portici, albergo sviluppato su tre costruzioni adiacenti, in un curioso stile veneziano; ampie camere ricavate da alcuni antichi vani. La cucina offre proposte altoatesine.

ELBA (Isola d') *Livorno 563 N 12 13 G. Toscana – 30 371 ab. alt. da 0 a 1 019 (monte Capanne) – Stazione termale a San Giovanni (20 aprile-31 ottobre), a.s. 15 giugno-15 settembre.*

⛳9 Acquabona ✉ 57037 Portoferraio ✆ 0565 940066, Fax 0565 940066 Sud-Est: 7 km da Portoferraio.

✈ a Marina di Campo località La Pila (marzo-ottobre) ✆ 0565 976011.

⛴ vedere Portoferraio e Rio Marina.

⛴ vedere Portoferrario e Cavo.

ℹ vedere Portoferraio; Marina di Campo e Marciana

Pianta pagina a lato

Capoliveri 563 N 13 – *3 163 ab.* – ✉ *57031.*

Vedere ✲★★ *dei Tre Mari.*

Porto Azzurro 5 – Portoferraio 16.

Il Chiasso, vicolo Nazario Sauro 13 ✆ 0565 968709, *Fax 0565 968709,* , prenotare. AE S ◎ MC VISA

Pasqua-15 ottobre; chiuso a mezzogiorno – **Pasto** carta 40/60.

♦ Il «chiasso» e l'«informalità» del tessuto urbano esterno si riflettono in maniera davvero simpatica in ambiente caratteristico. Piatti di mare e di terra.

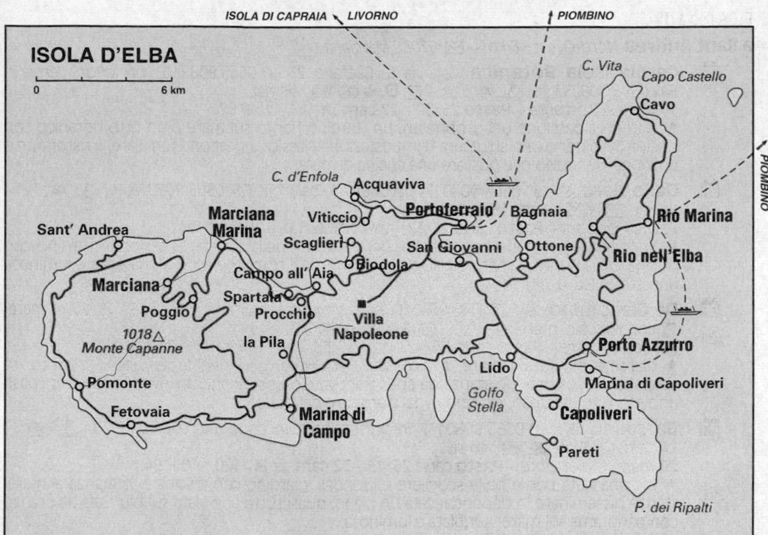

a Pareti *Sud : 4 km* – ✉ *57031 Capoliveri :*

Dino 🐕, ✆ 0565 939103, *hoteldino@elbalink.it, Fax 0565 968172*, ← mare e costa, ☂, ▲, ▬ – TV P. ⓢ ⓜ VISA. ✗
Pasqua-ottobre – **Pasto** carta 23/34 – ☕ 11 – **30 cam** 74/112 – ½ P 90.
◆ Buon rapporto qualità/prezzo per un albergo a gestione familiare e in posizione deliziosa; camere spaziose e luminose, tutte affacciate sul golfo. Piacevole ospitalità. Cucina classica servita in un'ampia sala e in una terrazza esterna.

a Marina di Capoliveri *Nord-Est : 4 km* – ✉ *57031 Capoliveri :*

Grand Hotel Elba International, ✆ 0565 946111, *info@elbainternational.it, Fax 0565 946662*, ← mare e Porto Azzurro, ⛱, ▲, ▬, ✗ – |‡| ▤ TV ✆ P. AE ⓢ ⓞ ⓜ VISA JCB. ✗ rist
23 aprile-15 ottobre – **Pasto** 25 – **125 cam** ☕ 125/220, 8 suites – ½ P 155.
◆ Una risorsa perfetta per godere di un indimenticabile soggiorno balneare: ascensore per la spiaggia, incantevole vista sulla distesa blu del mare e su Porto Azzurro. Grande ed elegante sale ristorante.

a Lido *Nord-Ovest : 7,5 km* – ✉ *57031 Capoliveri :*

Antares 🐕, ✆ 0565 940131, *info@elbahotelantares.it, Fax 0565 940084*, ←, ☂, ⛱, ▲, ▬, ✗ – TV P. ⓢ ⓜ VISA. ✗
27 aprile-7 ottobre – **Pasto** (solo per alloggiati) 20/36 – **49 cam** solo ½ P 115.
◆ Immerso nella vegetazione, a ridosso di un'insenatura, questo bianco complesso, con dépendance annessa, si affaccia sul mare; atmosfera gradevole e professionalità.

Marciana 563 N 12 – *2 281 ab. alt. 375* – ✉ *57030.*
Vedere ←★.
Dintorni *Monte Capanne*★★ : ✳★★.
Porto Azzurro 37 – Portoferraio 28.

a Poggio *Est : 3 km – alt. 300* – ✉ *57030 :*

Publius, piazza XX Settembre 6/7 ✆ 0565 99208, *Fax 0565 904174*, ← Marciana e golfo – AE ⓢ ⓞ ⓜ VISA
6 aprile-5 novembre; chiuso lunedì in bassa stagione – **Pasto** carta 33/43.
◆ Sito nell'entroterra, ma con magnifica vista su colline e mare, un locale caratteristico nell'arredo e nei piatti, di carne e pesce, con solide radici isolane e toscane.

a Sant'Andrea *Nord-Ovest : 6 km – ✉ 57030 Marciana :*

Cernia Isola Botanica ⛰, via S. Gaetano 23 ✆ 0565 908210, *info@hotelcernia.it, Fax 0565 908253,* ←, ⛱, ⛨, ✂ – TV P. ♿ MC VISA. ✂ rist
10 aprile-20 ottobre – **Pasto** 25/30 – **27 cam** ☕ 164 – ½ P 92.
◆ Nati dalla passione dei proprietari, un giardino fiorito sul mare e un orto botanico con piscina avvolgono una struttura d'impostazione classica a gestione familiare. Il ristorante è un luogo tranquillo ove gustare una cucina di mare.

Gallo Nero ⛰, ✆ 0565 908017, *gallonero@elbalink.it, Fax 0565 908078,* ←, ⛱, ⛨, ✂ – ▤ rist, TV P. ♿ ⓓ MC VISA. ✂ rist
Pasqua-ottobre – **Pasto** carta 21/32 – **29 cam** ☕ 135 – ½ P 90.
◆ Suggestiva posizione panoramica, ben sfruttata nella rigogliosa terrazza-giardino con piscina, ove il contesto naturale si fonde con gli spazi comodi e ariosi. Al ristorante luminose finestre e vista a 180°.

Da Giacomino ⛰, ✆ 0565 908010, *hgiacomino@tiscalinet.it, Fax 0565 908294,* ← mare, ⛱ con acqua di mare, ⛨, ✂ – TV 🚗 P. ♿ MC VISA. ✂ rist
Pasqua-ottobre – **Pasto** carta 25/42 – ☕ 15 – **33 cam** 70/79 – ½ P 85.
◆ Giardino pineta sul mare, a picco sulla scogliera: godimento per occhi e spirito. La simpatia del gestore e le stanze da poco rinnovate costituiscono un invito ideale. Per i pasti uno scenario delizioso, circondati dal giardino e dal mare.

Barsalini ⛰, ✆ 0565 908013, *info@hotelbarsalini.com, Fax 0565 908920,* ⛱, ⛨ – ▤ cam, TV P. ♿ MC VISA. ✂ rist
20 marzo-20 ottobre – **Pasto** carta 25/43 – **32 cam** ☕ 80/120 – ½ P 94.
◆ In zona nota per le belle scogliere e i fondali, giardino con piscina e vicinanza al mare; stanze disseminate in dépendance a un piano, quasi tutte con vista sul blu. Sala da pranzo con panorama sul mare, ventilata e luminosa.

a Spartaia *Est : 12 km – ✉ 57030 Procchio :*

Desiree ⛰, ✆ 0565 907311, *info@htdesiree.it, Fax 0565 907884,* ←, ⛱ con acqua di mare, 🏖, ⛨, ✂ – ▤ TV ♿ P – 🏛 80. AE ♿ ⓓ MC VISA JCB. ✂ rist
maggio-10 ottobre – **Pasto** (solo per alloggiati) – **78 cam** ☕ 150/240 – ½ P 169.
◆ Appartato, in un giardino in riva al mare affacciato sulla baia, si compone di camere spaziose, nuove, con accesso diretto alla spiaggia, in una tranquilla insenatura. Per i pasti un'ariosa sala, con belle e grandi vetrate.

Valle Verde ⛰, ✆ 0565 907287, *info@elbahotelvalleverde.it, Fax 0565 907965,* ←, 🏖, ⛨ – TV P. ♿ MC VISA. ✂ rist
24 aprile-10 ottobre – **Pasto** carta 21/33 – **45 cam** solo ½ P 113.
◆ E' il bianco a dominare le stanze, disposte su vari livelli, immerse nel giardino alberato che circonda l'hotel: per un soggiorno riposante e comodo, in bella posizione. Colori chiari e luminosi anche nella sala ristorante.

a Procchio *Est : 13,5 km – ✉ 57030 :*

Hotel del Golfo, ✆ 0565 9021, *info@hoteldelgolfo.it, Fax 0565 907898,* ←, ⛱ con acqua di mare, 🏖, ⛨, ✂ ⚓ – |‡| ▤ TV P – 🏛 100. AE ♿ MC VISA. ✂ rist
aprile-ottobre – **Pasto** carta 35/45 – **117 cam** ☕ 240/320, 4 suites – ½ P 197.
◆ Di lunga tradizione, di recente ristrutturato, aperto sulla baia e inserito in un giardino con piscina con acqua di mare; stanze nel corpo centrale e nelle dépendance. Unico il soffitto creato da Lucio Fontana negli anni '50 per l'elegante ristorante.

a Campo all'Aia *Est : 15 km – ✉ 57030 Procchio :*

Brigantino ⛰, via Di Gualdarone 9 ✆ 0565 907453, *brigantino@elbalink.it, Fax 0565 907994,* ⛱, 🏖, ⛨, ✂ – |‡| TV P. ♿ MC VISA. ✂ rist
10 aprile-10 ottobre – **Pasto** (solo per alloggiati) 16/30 – **43 cam** ☕ 122,50/140 – ½ P 86.
◆ Nel verde e nelle buganvillee, a pochi metri dal mare, un albergo semplice e a conduzione familiare. Interessante indirizzo per una confortevole soluzione economica.

a Pomonte *Sud-Ovest : 15 km – ✉ 57030 :*

Da Sardi, via Maestrale 1 ✆ 0565 906045, *sardi@elbalink.it, Fax 0565 906253* – ▤ rist, TV P. AE ♿ MC VISA. ✂ rist
Natale e marzo-4 novembre – **Pasto** *(chiuso mercoledì in bassa stagione)* carta 27/40 – **23 cam** ☕ 140/160.
◆ Edificio rosso mattone in posizione ideale anche per gli amanti del trekking; confortevoli le stanze di recente ristrutturate, alcune con un bel panorama della costa.

Corallo ⛰, via del Passatoio 28 ✆ 0565 906042, *info@elbacorallo.it, Fax 0565 906270,* ⛨ – ▤ TV ☎ P. AE ♿ ⓓ MC VISA. ✂ rist
marzo-10 novembre – **Pasto** carta 22/32 – **12 cam** ☕ 75/120 – ½ P 70.
◆ Piccola struttura di semplice impostazione, con numero di camere non elevato. Gestito da una giovane coppia, ben curato e gradevole. Mare vicino, entroterra invitante. Il ristorante offre una tipica cucina marinara elbana.

Marciana Marina 563 N 12 – *1 893 ab.* – ✉ *57033.*

(giugno-settembre) piazza Vittorio Emanuele 19 ☎ 0565 904244.

Porto Azzurro 29 – Portoferraio 20.

Gabbiano Azzurro 2 senza rist, viale Amedeo 94 ☎ 0565 997035, *info@gabbianoazzurrodue.it, Fax 0565 997034*, – P. AE VISA
aprile-14 ottobre – **20 cam** 214.
◆ Giardino con piscina, grandi spazi moderni dotati di ogni tipo di confort in atmosfera ricercata, luogo di eventi culturali: ospitalità coniugata alla bellezza isolana.

Marinella, viale Margherita 38 ☎ 0565 99018, *hotelmarinella@elbalink.it, Fax 0565 996895*, – P – 60. AE VISA.
aprile-ottobre – **Pasto** *(chiuso a mezzogiorno)* (solo per alloggiati) 20/40 – **57 cam** 100/150.
◆ Unico albergo sul lungomare di Marciana, ma circondato dal verde e non distante dal porticciolo e da una piccola spiaggia: un indirizzo confortevole e di lunga tradizione.

Capo Nord, al porto, località La Fenicia ☎ 0565 996983, *Fax 0565 996983*, scogliera, prenotare – AE VISA JCB
chiuso da gennaio a marzo, a mezzogiorno da giugno a settembre, lunedì negli altri mesi – **Pasto** carta 52/64.
◆ Professionalità, cordialità, elegante sobrietà per un locale da cui si godono panorama e tramonti davvero unici: il mare è protagonista, anche negli originali piatti.

La Vecchia Marina, piazza Vittorio Emanuele 18 ☎ 0565 99405, *Fax 0565 998735*, – AE VISA
chiuso dal 15 gennaio al 15 febbraio, dal 10 novembre al 10 dicembre e martedì in bassa stagione – **Pasto** carta 24/38 (10%).
◆ Affacciato sulla piazza principale del centro storico; servizio esterno, sotto ombrelloni, e in sala tra archi in mattoni e vecchie foto. Cucina di mare, anche creativa.

La Fenicia, viale Principe Amedeo ☎ 0565 996611, *Fax 0565 904107*, prenotare – AE VISA JCB
chiuso dall'8 gennaio al 28 febbraio e mercoledì (escluso luglio-agosto) – **Pasto** carta 34/45.
◆ Cordialità per il cliente e passione per il proprio lavoro connotano i gestori del locale: sala interna e all'aperto, per piatti elbani di pesce e paste fatte in casa.

Da Loris, via 20 Settembre 29 ☎ 0565 99496, – AE VISA JCB.
chiuso gennaio-febbraio – **Pasto** carta 28/49.
◆ Ambiente gradevolmente semplice e familiare per un buon indirizzo, nel centro, con travi ai soffitti e veranda coperta; ricette marinare e proposte di paste fresche.

Rendez-Vous da Marcello, piazza della Vittoria 1 ☎ 0565 99251, *Fax 0565 99298*, – AE VISA
chiuso da novembre a febbraio e mercoledì in bassa stagione – **Pasto** carta 30/40.
◆ Fronte al mare, sul porticciolo, all'aperto sotto una veranda o all'interno, in un locale che è punto di arrivo ideale per il passeggio sul lungomare.

Marina di Campo 563 N 12 – ✉ *57034.*

(maggio-settembre) piazza dei Granatieri 5 ☎ 0565 0977969, Fax 0565 0977969.

Marciana Marina 13 – Porto Azzurro 26 – Portoferraio 17.

Riva del Sole, viale degli Eroi 11 ☎ 0565 976316, *rivadelsole@elbalink.it, Fax 0565 976778* – P. AE VISA.
aprile-15 ottobre – **Pasto** carta 26/33 – **59 cam** 155/184 – ½ P 108.
◆ Pavimenti in cotto, travi lignee, colori caldi e tenui, arredi eleganti e lindore. Ampi gli spazi comuni e le stanze: proprio sul lungomare, un riferimento di classe. Ristorante arioso e gradevole con eleganti arredi in legno scuro.

Dei Coralli, viale degli Etruschi 567 ☎ 0565 976336, *hcoralli@tin.it, Fax 0565 977748*, – P. AE VISA.
15 aprile-15 ottobre – **Pasto** (solo per alloggiati) – **62 cam** 109/199 – ½ P 110.
◆ Edificio di moderna concezione, con servizi funzionali e buon livello di ospitalità. Non lontano dal centro cittadino e dal mare dal quale lo separa una fresca pineta.

Meridiana senza rist, viale degli Etruschi 465 ☎ 0565 976308, *meridi@elbalink.it, Fax 0565 977191*, – P. AE VISA
Pasqua-15 ottobre – **38 cam** 130/170.
◆ Inserito tra le verdi conifere di fronte al golfo, l'albergo, semplice e confortevole, offre quiete e spazi freschi; stanze nuove, con belle piastrelle mediterranee.

La Lucciola, viale Nomellini 64 ☎ 0565 976395, *Fax 0565 979819*, – AE VISA.
Pasqua-settembre; chiuso martedì in bassa stagione – **Pasto** carta 30/50.
◆ Tipico, simpatico riferimento per i bagnanti, il locale si «ritocca» e si trasforma per la sera con toni più discreti: sempre, comunque, cucina di pescato giornaliero.

a La Pila *Nord : 2,5 km – ✉ 57034 Marina di Campo :*

X **La Cantina,** via Giovanni XXIII, 37 ☎ 0565 977200, *ristorantecantina@supereva.it, Fax 0565 977200* – ▤. AE ⓢ ⓓ ⓜ VISA JCB
Pasqua-ottobre; chiuso a mezzogiorno (escluso venerdì, sabato e domenica) – **Pasto** carta 28/39.
◆ Cortesia, semplicità e accuratezza per un ambiente luminoso, creato da una sala e una veranda chiusa. Specialità nazionali e di pesce, con punto di forza nei molluschi.

a Fetovaia *Ovest : 8 km – ✉ 57030 Seccheto :*

Montemerlo ☎ 0565 988051, *Fax 0565 988036*, – rist, ▤ TV P. ⓢ VISA.
aprile-ottobre – **Pasto** (solo per alloggiati) 24 – ☕ 12 – **36 cam** 72/102 – ½ P 83.
◆ Stanze confortevoli e con arredi classici, ubicate nelle villette bianche sparse nel giardino e tra gli ulivi, in una posizione arretrata, ma non lontana dalla spiaggia.

Galli, ☎ 0565 988035, *info@hotelgalli.it, Fax 0565 988029*, ← – ▤ TV P. ⓢ ⓜ VISA.
Pasqua-15 ottobre – **Pasto** *(chiuso a mezzogiorno)* (solo per alloggiati) – **30 cam** ☕ 152 – ½ P 85.
◆ Insieme composito e ben ideato di logge, spazi chiusi e aperti sul bel panorama di Fetovaia: nel miglior stile isolano la genuinità di una solida gestione familiare.

Porto Azzurro 563 N 13 – *3 434 ab.* – ✉ *57036 :*

X **La Lanterna Magica,** via Vitaliani 5 ☎ 0565 958394, *Fax 0565 958394*, ← – ▤. AE ⓢ ⓜ VISA
chiuso dicembre-gennaio e lunedì (escluso da giugno a settembre) – **Pasto** carta 26/37.
◆ Veranda chiusa, semplice, direttamente sul mare, piatti di pesce e recupero di vecchie ricette elbane con uso di prodotti dell'azienda agricola dei gestori.

Portoferraio 563 N 12 – *11 999 ab.* – ✉ *57037.*

Dintorni *Villa Napoleone di San Martino★ Sud-Ovest : 6 km.*

Escursioni *Strada per Cavo e Rio Marina : ←★★.*

per Piombino giornalieri (1 h) – Toremar-agenzia Lari e Palombo, calata Italia 23 ☎ 0565 918080, Fax 0565 917444; Navarma-Moby Lines, viale Ninci 1 ☎ 0565 918101, Fax 0565 916758.

per Piombino giornalieri (40 mn) – Toremar-agenzia Lari e Palombo, calata Italia 23 ☎ 0565 918080, Fax 0565 917444.

calata Italia 35 ☎ 0565 914671, info@aptelba.it, Fax 0565 914672.

Marciana Marina 20 – Porto Azzurro 15.

Acquamarina senza rist, località Padulella Ovest : 1,2 km ☎ 0565 914057, *acquamarina@elbalink.it, Fax 0565 914057*, ← – TV P. ⓢ ⓓ ⓜ VISA JCB
Pasqua-ottobre – **35 cam** ☕ 118/176.
◆ Edificio d'impronta moderna, con camere di recente ristrutturazione, in posizione panoramica sulla baia. Terrazze attrezzate, discesa alla spiaggia, ampi spazi comuni.

Villa Ombrosa, via De Gasperi 9 ☎ 0565 914363, *info@villaombrosa.it, Fax 0565 915672*, ←, – TV P. ⓢ ⓜ VISA JCB. rist
Pasto 20/30 – **38 cam** ☕ 120/176 – ½ P 105.
◆ Rinnovato da poco e ubicato sulla discesa che conduce al centro cittadino, vicino alla zona dei lidi, con verde e quieto entroterra; camere di stile moderno. Due ambienti per la tavola, il più caratteristico ricorda una piacevole taverna.

XX **Stella Marina,** via Vittorio Emanuele II° 1 ☎ 0565 915983, *Fax 0565 915983*, prenotare – ▤. AE ⓢ ⓓ ⓜ VISA JCB
chiuso dal 6 gennaio al 6 febbraio e dal 24 novembre al 2 dicembre – **Pasto** carta 31/44.
◆ La posizione di questo ristorantino non è delle più invidiabili, la cucina di mare invece si dimostra affidabile e gustosa. Apprezzabili anche la cantina e il servizio.

X **Da Lido,** salita del Falcone 2 ☎ 0565 914650, *ristorante_lido@tin.it*, , prenotare – ▤. AE ⓢ ⓓ ⓜ VISA JCB.
chiuso dal 15 dicembre a gennaio e lunedì – **Pasto** carta 27/38 (10 %).
◆ Travi a vista all'interno e piccola balconata per i coperti esterni nel tipico locale del signor Lido, ora gestito dal figlio; piatti di pesce e paste.

X **La Barca,** via Guerrazzi 60-62 ☎ 0565 918036, , prenotare – ▤. AE ⓢ ⓓ ⓜ VISA.
chiuso febbraio e mercoledì, in luglio-agosto anche a mezzogiorno – **Pasto** carta 28/39 (10 %).
◆ Buon rapporto qualità/prezzo per un locale a gestione familiare, ubicato nel centro storico. Ambiente semplice, raccolto, sicuramente caratteristico. Cucina marinara.

a San Giovanni *Sud : 3 km – ✉ 57037 Portoferraio :*

Airone del Parco, ☎ 0565 929111, *info@airone.info, Fax 0565 917484*, ≤, con acqua di mare, – 120. rist
Pasto 25/50 – **85 cam** 128/170 – ½ P 134.
◆ Sul golfo, posta tra l'ampio giardino e la spiaggia, una struttura curatissima nei servizi offerti alla clientela. Quotidiane gite in barca ai vari lidi isolani. Sala ristorante d'impostazione tradizionale.

ad Acquaviva *Ovest : 4 km – ✉ 57037 Portoferraio :*

Acquaviva Park Hotel, ☎ 0565 915392, *acquaviva@elbalink.it, Fax 0565 916903*, ≤, –
24 aprile-3 ottobre – **Pasto** *(chiuso a mezzogiorno)* (solo per alloggiati) – **39 cam** 105/190 – ½ P 100.
◆ La panoramica posizione collinare, affacciata sul mare, offre percorsi nel bosco e nella macchia. Confort e tranquillità in una costruzione alquanto recente.

a Viticcio *Ovest : 5 km – ✉ 57037 Portoferraio :*

Viticcio, ☎ 0565 939058, *mailbox@hotelviticcio.it, Fax 0565 939032*, – rist, rist
aprile-ottobre – **Pasto** 32 – **32 cam** 125/195 – ½ P 125.
◆ Giardino-solarium con vista costa e mare per l'albergo di nuova gestione: una casa di pescatori ristrutturata e un edificio adiacente, entrambi bianchi con infissi blu.

a Biodola *Ovest : 9 km – ✉ 57037 Portoferraio :*

Hermitage, ☎ 0565 974811, *hermitage@elbalink.it, Fax 0565 969984*, ≤ baia, Golf 6 buche, con acqua di mare, – – 300. rist
aprile-ottobre – **Pasto** 35/45 – **129 cam** 320/490, 5 suites – ½ P 282.
◆ Un hotel esclusivo ed elegante, un parco-giardino con piscina con acqua di mare; tutti i confort in una struttura ineccepibile, completata dall'amenità della posizione. Un ristorante principale, uno per i bimbi e vari bungalow per succulente grigliate.

Biodola, via Biodola 21 ☎ 0565 974812, *biodola@elbalink.it, Fax 0565 969852*, ≤ mare e costa, Golf 6 buche, – rist
aprile-ottobre – **Pasto** 35/46 – **79 cam** 240/320 – ½ P 195.
◆ Giardino fiorito con piscina per questo complesso ubicato in una delle baie più esclusive dell'isola. Stile classico con servizi e ospitalità sicuramente ad alto livello. Specialità culinarie preparate e servite con professionalità e cura.

Casa Rosa ☎ 0565 969931, *casarosa@elbalink.it, Fax 0565 969857*, – rist
aprile-13 ottobre – **Pasto** 16 – **38 cam** 182 – ½ P 90.
◆ Camere a schiera, semplici e spaziose, in un parco digradante verso il mare. Buona soluzione per lasciarsi sedurre dalla dolcezza del sito senza una grande spesa. Ristorante e pizzeria, con piatti tradizionali, in un contesto pulito e senza pretese.

a Scaglieri *Ovest : 9 km – ✉ 57037 Portoferraio :*

Danila, golfo della Biodola ☎ 0565 969915, *info@hoteldanila.it, Fax 0565 969865*, – rist
aprile-15 ottobre – **Pasto** (solo per alloggiati) 25/45 – **27 cam** 120/140 – ½ P 110.
◆ Gestione familiare per questo «piccolo villaggio» che si snoda nel verde affacciato sul golfo. Camere disposte su vari livelli, piacevoli angoli relax all'aperto. Luminoso ristorante con grandi finestre che danno sulla vegetazione.

ad Ottone *Sud-Est : 11 km – ✉ 57037 Portoferraio :*

Villa Ottone, ☎ 0565 933042, *hotel@villaottone.com, Fax 0565 933257*, ≤, – rist
maggio-ottobre – **Pasto** (prenotare) 29/42 – 15 – **73 cam** 118/374, 2 suites – ½ P 217.
◆ Bianca villa ottocentesca, con porticato esterno, in un secolare parco ombreggiato e giardino botanico proprio sul mare; ambienti eleganti e stanze confortevoli. Ristorante illuminato da finestroni con ampie tende e da grossi lampadari circolari.

Rio Marina 563 N 13 – *2 267 ab.* – ✉ *57038.*

per Piombino giornalieri (45 mn) – Toremar-agenzia Lari e Palombo, calata dei Voltoni 4 ☎ 0565 962073, Fax 0565 962073.

a Cavo, per Piombino giornalieri (15 mn) – Toremar-agenzia Serafini, via Michelangelo 54 ☎ 0565 949871, Fax 0565 949871.

Porto Azzurro 12 – Portoferraio 20.

Mini Hotel Easy Time, via Panoramica del Porticciolo ☎ 0565 962531, *minihoteleasytime@libero.it, Fax 0565 925691*, ≤, – rist
Pasto *(aprile-settembre)* (solo per alloggiati) – 14 – **8 cam** 74/112.
◆ I due proprietari conducono in maniera attenta e ospitale questo piccolo comodo esercizio posizionato tra il verde della collina con un panorama sul mare e sul golfo.

La Canocchia, via Palestro 3 ☏ 0565 962432, prenotare – ▤. AE ⓓ MC VISA. ✗
febbraio-ottobre; chiuso lunedì in bassa stagione – **Pasto** carta 30/39.
◆ Centro cittadino, ma vicinanze di un parcheggio pubblico; due sale e cura per la clientela in un locale a gestione familiare con specialità marinare e del territorio.

a Cavo *Nord : 7,5 km – ✉ 57030 :*

Marelba ⛵, via Pietri ☏ 0565 949900, *Fax 0565 949776*, – TV P. ✗
25 maggio-20 settembre – **Pasto** (solo per alloggiati) – **52 cam** ☕ 140 – ½ P 90.
◆ Discosto dalla vivacità del lungomare, giardino ombreggiato in cui sono sparse le strutture di questo complesso in stile isolano; numerosi e confortevoli spazi comuni.

Pierolli, Lungomare Kennedy 1 ☏ 0565 931188, *info@hotelpierolli.it, Fax 0565 931044*, – TV P. AE ⓓ MC VISA. ✗
aprile-settembre – **Pasto** *(giugno-settembre)* (solo per alloggiati) 16/22 – **22 cam** ☕ 68/109 – ½ P 82.
◆ Gestito dalla proprietà, un indirizzo semplice e pulito, a pochi minuti di aliscafo da Piombino e in una posizione tranquilla vicino alla passeggiata e al porticciolo.

Rio nell'Elba 563 N 13 – *999 ab. alt. 165* – ✉ *57039.*

Porto Azzurro 8 – Porto Ferraio 15.

a Bagnaia *Sud-Est : 12 km – ✉ 57039 Rio nell'Elba :*

Locanda del Volterraio senza rist, località Bagnaia 1 ☏ 0565 961236, *bluriflesso@elbalink.it, Fax 0565 961289*, – ▤ TV ♿ – 🏨 40. AE MC VISA. ✗
aprile-settembre – **18 cam** ☕ 135/180.
◆ Recente complesso residenziale di moderna concezione, immerso nel verde fra uliveti e giardini fioriti, non lontano dalla spiaggia; ampie le camere di lineare sobrietà.

Le nostre guide alberghi e ristoranti, le nostre guide turistiche e le nostre carte stradali sono complementari. Utilizzatele insieme.

ELVAS *Bolzano – Vedere Bressanone.*

EMPOLI *50053 Firenze* 563 K 14 *G. Toscana – 44 458 ab. alt. 27.*

Roma 294 – Firenze 30 – Livorno 62 – Siena 68.

Cucina Sant'Andrea, via Salvagnoli 47 ☏ 0571 73657, *cucinasantandrea@tin.it, Fax 0571 536950* – ▤. AE ⓓ MC VISA JCB
chiuso dal 27 dicembre al 5 gennaio, agosto e lunedì – **Pasto** carta 27/40.
◆ Locale gestito da due giovani fratelli e «appoggiato» alla vecchia cinta muraria; sala con arredi di stile moderno, piatti nazionali e locali anche di pesce.

La Panzanella, via dei Cappuccini 10 ☏ 0571 922182, – ▤. AE ⓓ MC VISA JCB. ✗
chiuso Natale, dal 10 al 20 agosto e i mezzogiorno di sabato-domenica – **Pasto** specialità toscane carta 19/24.
◆ Il nome è già una garanzia per chi voglia degustare tipiche specialità toscane con una vasta scelta; l'ambiente è rustico-familiare e la posizione un po' decentrata.

ENNA P 565 O 24 – *Vedere Sicilia alla fine dell'elenco alfabetico.*

ENTRACQUE *12010 Cuneo* 561 J 4, 115 ⑦ – *868 ab. alt. 904 – a.s. luglio-agosto e Natale – Sport invernali :* ⛷.

piazza Giustizia e Libertà 3 ☏ 0171 978616, Fax 0171 978637.
Roma 667 – Cuneo 24 – Milano 240 – Colle di Tenda 40 – Torino 118.

Miramonti, viale Kennedy 2 ☏ 0171 978222, *Fax 0171 978222*, ← – TV P. AE ⓓ MC VISA JCB. ✗ rist
chiuso dal 10 al 25 novembre – **Pasto** *(24 dicembre-Pasqua e giugno-settembre)* (solo per alloggiati) 12/15 – ☕ 5 – **18 cam** 46,48/59,39 – ½ P 46.
◆ Tipica costruzione montana, con giardinetto antistante; condotto da lunga data dalla proprietaria, ha stanze ampie, essenziali, ove la pulizia è molto accurata.

ENTRÈVES *Aosta* 561 E 2 – *Vedere Courmayeur.*

EOLIE (Isole) *Messina* 565 L 26 27 – *Vedere Sicilia alla fine dell'elenco alfabetico.*

EPPAN AN DER WEINSTRASSE = Appiano sulla Strada del Vino.

ERACLEA *30020 Venezia* 562 F 20 – *12 479 ab..*
via Marinella 56 ☎ 0421 66134, infoeracleamare@tin.it, Fax 0421 66500.
Roma 569 – Udine 79 – Venezia 46 – Belluno 102 – Milano 308 – Padova 78 – Treviso 45 – Trieste 120.

a Torre di Fine *Sud-Est : 8 km – ✉ 30020 :*

Da Luigi con cam, via Dante 25 ☎ 0421 237407, *Fax 0421 237447* – P. VISA JCB.
chiuso ottobre – **Pasto** *(chiuso mercoledì escluso da giugno ad agosto)* specialità di mare alla griglia carta 20/34 – **10 cam** 54.
◆ Specialità di mare alla griglia in un piacevole locale con stanze; grande tradizione, famiglia in cucina e in sala e attenzione alla qualità delle materie prime.

ad Eraclea Mare *Sud-Est : 10 km – ✉ 30020 :*

Park Hotel Pineta, via della Pineta 30 ☎ 0421 66063, *info@parkhotelpineta.com, Fax 0421 66196,* – P. VISA.
15 maggio-25 settembre – **Pasto** (solo per alloggiati) carta 21/25 – **42 cam** 75/110 – ½ P 70.
◆ Immerso in un tranquillo giardino-pineta sul mare, un confortevole complesso ideale per le famiglie e composto da corpo centrale e dépendance con angoli relax nel verde.

ERBA *22036 Como* 561 E 9 – *16 580 ab. alt. 323.*
Roma 622 – Como 14 – Lecco 15 – Milano 44.

Castello di Casiglio, via Cantù 21 verso Albavilla Ovest: 1 km ☎ 031 627288, *info@hotelcastellodicasiglio.it, Fax 031 629649,* – P – 300. AE VISA.
Pasto carta 43/60 – **44 cam** 145/185 – ½ P 132,50.
◆ Immerso in un parco secolare con piscina, il felice recupero di un castello divenuto, oggi, suggestiva residenza e luogo ideale per attività congressuali e meeting. Al ristorante ampie sale che si prestano soprattutto a tavole dai notevoli numeri.

Leonardo da Vinci, via Leonardo da Vinci 6 ☎ 031 611556, *info@hotelleonardodavinci.com, Fax 031 611423,* – P – 250. AE VISA. rist
Pasto *(chiuso domenica sera)* carta 29/42 – **71 cam** 104 – ½ P 78.
◆ Grande struttura di stile moderno, poco fuori della città, dotata di ogni confort e adatta per esigenze di lavoro e congressi; stanze e spazi comuni ampi ed eleganti. Servizio e atmosfera ricercati nel ristorante e nella sala per meeting e banchetti.

Rovere, via Carlo Porta 1 b ☎ 031 644847, *Fax 031 644847* – VISA JCB.
chiuso agosto, lunedì sera e martedì – **Pasto** carta 28/43.
◆ Centro cittadino per un angolo familiare, a doppia vocazione e «veste» per l'ora del pranzo e della cena; pochi coperti e piatti soprattutto di mare anche rivisitati.

La Vispa Teresa, via XXV Aprile 115 ☎ 031 640141, *Fax 031 641667,* Rist. e pizzeria, prenotare – AE VISA
chiuso 25-26 dicembre, Pasqua, agosto e lunedì – **Pasto** 21/26 e carta 33/44.
◆ Riuscita gestione di tre fratelli che hanno creato un ambiente semplice e informale per un localino curato, in piena Erba: proposte classiche, regionali, pesce e pizze.

ERBUSCO *25030 Brescia* 561 F 11 – *6 927 ab. alt. 251.*
Roma 578 – Bergamo 35 – Brescia 22 – Milano 69.

L'Albereta, via Vittorio Emanauele 11 (Nord : 1,5 km) ☎ 030 7760550, *info@albereta.it, Fax 030 7760573,* – P – 250. AE VISA JCB.
Pasto vedere rist ***Gualtiero Marchesi*** – 24 – **48 cam** 385/505, 9 suites.
◆ In collina tra i vigneti della Franciacorta, una patronale villa di classe ove ricercatezza e relax sposano moderne infrastrutture; ampie stanze e suite personalizzate.

Gualtiero Marchesi, via Vittorio Emanuele 11 (Nord : 1,5 km) ☎ 030 7760562, *ristorante@marchesi.it, Fax 030 7760379,* lago e monti, Confort accurato; prenotare – P. AE VISA JCB.
chiuso dal 7 gennaio al 10 febbraio, domenica sera e lunedì – **Pasto** carta 69/123.
◆ Creazioni e accostamenti ricchi di fascino in uno dei templi della gastronomia italiana: per la gioia del gusto e della vista, nella ricercata e raffinata essenzialità.
Spec. Insalata di capesante allo zenzero. Raviolo aperto. Filetto di vitello alla Rossini secondo Gualtiero Marchesi.

La Mongolfiera dei Sodi, via Cavour 7 ☎ 030 7268303, *info@mongolfiera.it, Fax 030 7768329,* Coperti limitati; prenotare – AE VISA
chiuso dal 1° al 9 gennaio, dal 5 al 26 agosto, giovedì e la sere del 24-25-26 dicembre e di Pasqua – **Pasto** carta 42/71.
◆ Una bella cascina del seicento riconvertita in un tipico, ma distinto locale; quattro salette comunicanti e portico estivo, familiare cucina del territorio tra i filari.

ERCOLANO *80056 Napoli* 564 E 25 *G. Italia.*

Vedere *Terme★★★ – Casa a Graticcio★★ – Casa dell'Atrio a mosaico★★ – Casa Sannitica★★ – Casa del Mosaico di Nettuno e Anfitrite★★ – Pistrinum★★ – Casa dei Cervi★★ – Casa del Tramezzo carbonizzato★ – Casa del Bicentenario★ – Casa del Bel Cortile★ – Casa del Mobilio carbonizzato★ – Teatro★ – Terme Suburbane★.*

Dintorni *Vesuvio★★★ Nord-Est : 14 km e 45 mn a piedi AR.*

ERICE *Trapani* 565 M 19 – *Vedere Sicilia alla fine dell'elenco alfabetico.*

ESTE *35042 Padova* 562 G 16 *G. Italia – 16 987 ab. alt. 15.*

Vedere *Museo Nazionale Atestino★ – Mura★.*

via Negri 9 ☎ 0429 600462, iateste@virgilio.it.

Roma 480 – Padova 33 – Ferrara 64 – Mantova 76 – Milano 220 – Rovigo 29 – Venezia 69 – Vicenza 45.

Beatrice d'Este, viale delle Rimembranze 1 ☎ 0429 600533, *info@hotelbeatricedeste.com, Fax 0429 601957* – P – 150. AE VISA. rist

Pasto *(chiuso domenica sera)* carta 22/31 – 6,50 – **30 cam** 42/66 – ½ P 47.

◆ Presso l'omonimo Castello, una costruzione d'impronta moderna e di recente completamente ristrutturata: ideale base per visitare i dintorni e i Colli Euganei. Buon rapporto qualità/prezzo per il ristorante di sapore familiare e tranquillo.

ETNA *Catania* 565 N 26 – *Vedere Sicilia alla fine dell'elenco alfabetico.*

ETROUBLES *11014 Aosta* 561 E 3, 219 ② – *429 ab. alt. 1280 – a.s. Pasqua, 15 giugno-8 settembre e Natale.*

strada Nazionale Gran San Bernardo 13 località Gran San Bernardo ☎ 0165 78559, info@gransanbernardo.com, Fax 0165 78568.

Roma 760 – Aosta 14 – Colle del Gran San Bernardo 18 – Milano 198 – Torino 127.

Croix Blanche, via Nazionale Gran San Bernardo 10 ☎ 0165 78238, *Fax 0165 78219,* – P. VISA JCB

chiuso dal 31 maggio al 25 giugno, dal 2 novembre al 2 dicembre e mercoledì (escluso luglio-agosto e Natale) – **Pasto** carta 23/41.

◆ In una locanda del XVII secolo, con tipici tetti in losa del posto e ubicazione strategica verso il Gran S. Bernardo: ambiente rustico, sapori locali e nazionali.

FABBRICA CURONE *15050 Alessandria* 561 H 9 – *856 ab. alt. 480.*

Roma 545 – Alessandria 55 – Genova 79 – Milano 97 – Piacenza 74.

La Genzianella con cam, a Selvapiana, Sud-Est : 4 km ☎ 0131 780135, *ristgenzianella@libero.it, Fax 0131 780004,* prenotare – P. AE VISA

chiuso dal 13 al 26 settembre e martedì – **Pasto** 28/35 – **8 cam** 31/52 – ½ P 36.

◆ Caratteristico locale decisamente fuori mano. La cordiale gestione familiare (ormai alla terza generazione d'attività) presenta una valida formula di menù degustazione.

FABBRICO *42042 Reggio nell'Emilia* 562 H 14 – *5 447 ab. alt. 25.*

Roma 438 – Bologna 81 – Mantova 37 – Modena 43 – Verona 76.

San Genesio senza rist, via Piave 35 ☎ 0522 665240, *Fax 0522 650033* – P. AE VISA

chiuso dal 23 dicembre al 7 gennaio ed agosto – **16 cam** 52/85, 2 suites.

◆ Ideale «fil rouge» con il patrono e la chiesetta del Santo sita in campagna, un edificio d'inizio secolo scorso aggiornato nel confort ma fedele nello stile degli arredi.

FABRIANO *60044 Ancona* 563 L 20 *G. Italia – 29 639 ab. alt. 325.*

Vedere *Piazza del Comune★ – Piazza del Duomo★.*

Dintorni *Grotte di Frasassi★★ Nord : 11 km.*

corso della Repubblica 70 ☎ 0732 625067, iat.fabriano@regione.marche.it, Fax 0732 629791.

Roma 216 – Perugia 72 – Ancona 76 – Foligno 58 – Gubbio 36 – Macerata 69 – Pesaro 116.

Gentile da Fabriano, via Di Vittorio 13 ☎ 0732 627190, *info@hotelgentile.it, Fax 0732 627190* – P – 300. AE VISA JCB.

Pasto *(chiuso Natale e dal 6 al 20 agosto)* carta 27/44 – **90 cam** 64/109, 3 suites.

◆ La posizione decentrata e la capiente sala conferenze fanno dell'albergo un punto di riferimento soprattutto per una clientela d'affari; stanze funzionali e confortevoli. Grande sala ristorante, a vocazione anche banchettistica durante i fine settimana.

Hotel 2000 senza rist, viale Zonghi 29 ☎ 0732 251160, *info@2000hotel.it, Fax 0732 233329* – |‡| ▤ TV P. AE $ ① MC VISA. ✗
12 cam ☐ 60/85.
◆ Sorto come hotel solo in tempi recenti, un indirizzo con numero limitato di camere, una piccola hall e un parcheggio chiuso; confort e gestione di tipo familiare.

Agriturismo Gocce di Camarzano senza rist, località Camarzano, strada verso Moscano Nord-Est : 3,5 km ☎ 336 649028, *goccedicamarzano@libero.it, Fax 0732 628172,* ←, – P – 30. $ VISA. ✗
☐ 5 – **6 cam** 50/64.
◆ Immersa nella tranquillità della natura, una villa risalente al 1600 ubicata in posizione panoramica. Camere raffinate con un buon livello di confort.

sulla strada statale 76 :

Marchese del Grillo con cam, località Rocchetta Bassa Nord-Est : 6 km ✉ 60044 ☎ 0732 625690, *info@marchesedelgrillo.com, Fax 0732 627958,* – rist, ▤ cam, TV P – 40. $ ① MC VISA. ✗
Pasto *(chiuso dal 7 al 22 gennaio, domenica sera e lunedì)* carta 32/44 – **12 cam** ☐ 90/130, 4 suites.
◆ Villa patrizia del XVIII sec. con servizio serale estivo in terrazza; sale con soffitti a volta in mattoni, valide proposte del territorio e buone materie prime. Belle camere.

FAENZA *48018 Ravenna* 562 J 17 *G. Italia – 53 549 ab. alt. 35.*
Vedere *Museo Internazionale della Ceramica★★.*
piazza del Popolo 1 ☎ 0546 25231, prolocofaenza@racine.ra.it, Fax 0546 25231.
Roma 368 ② – Bologna 58 ④ – Ravenna 35 ① – Firenze 104 ③ – Milano 264 ① – Rimini 67 ①.

Vittoria, corso Garibaldi 23 ☎ 0546 21508, *info@hotel-vittoria.com, Fax 0546 29136,* – |‡| ▤ TV – 150. AE $ ① MC VISA JCB. ✗
Pasto *(chiuso mercoledì)* 20/40 – **43 cam** ☐ 65/170.
◆ Sorto sulle ceneri di precedenti ristori e qui dalla fine dell'800, un albergo che ha ospitato celebrità e oggi offre confort moderno in un contesto di taglio liberty. Anche la sala ristorante è impreziosita dalle decorazioni floreali tipiche dell'epoca.

Cavallino, via Forlivese 185 ☎ 0546 634411, *info@hotel-cavallino.it, Fax 0546 634440* – |‡| ▤ TV & P – 150. AE $ ① MC VISA. ✗ rist
Pasto carta 24/34 – **80 cam** ☐ 59/90 – ½ P 60.
◆ Un complesso alberghiero decentrato, rispetto alla località, e posizionato lungo la via Emilia; si dorme però tranquilli e le attrezzature di cui dispone sono complete. Una comoda soluzione per pasti sostanziosi.

al casello autostrada A 14 *Nord-Est : 2 km :*

ClassHotel Faenza, via San Silvestro 171 ✉ 48018 Faenza ☎ 0546 46662, *info.faenza@classhotel.com, Fax 0546 46676* – |‡|, cam, ▤ TV & P – 120. AE $ ① MC VISA. ✗
Pasto al Rist. ***Sapori di Romagna*** *(chiuso domenica)* carta 32/44 – **69 cam** ☐ 105/130 – ½ P 83.
◆ Posizionata strategicamente alle porte di Faenza, e nei pressi del casello autostradale, una risorsa utile al cliente d'affari o di passaggio; dotata di ogni comodità. Per gustare piatti della tradizione romagnola e preparazioni alla griglia.

FAGAGNA *33034 Udine* 562 D 21 – *6 079 ab. alt. 177.*
Roma 634 – Udine 14 – Gemona del Friuli 30 – Pordenone 54.

Al Castello, via San Bartolomeo 18 ☎ 0432 800185, *info@ristorantealcastello.com, Fax 0432 800185,* ←, – P. AE $ ① MC VISA. ✗
chiuso dal 12 al 31 gennaio e lunedì – **Pasto** carta 28/37.
◆ Zona di antiche tradizioni per un esercizio ricavato all'interno di una casa colonica del '700 e gestito con entusiasmo da una famiglia; piatti locali, ma creativi.

FAGNANO *Verona – Vedere Trevenzuolo.*

FAGNANO OLONA *21054 Varese* 561 F 8 – *10 485 ab. alt. 265.*
Roma 612 – Milano 40 – Bergamo 80 – Stresa 56 – Varese 23.

Menzaghi, via San Giovanni 74 ☎ 0331 361702, *Fax 0331 361702* – ▤. AE $ ① MC VISA
chiuso una settimana in gennaio, tre settimane in agosto, domenica sera e lunedì – **Pasto** carta 24/51.
◆ L'accesso avviene tramite un ampio disimpegno, con numerose bottiglie in bellavista, da cui si accede alla sala di taglio rustico-signorile. Menù vario e invitante.

FAI DELLA PAGANELLA *38010 Trento* 562 D 15 – *900 ab. alt. 958 – a.s. Natale, febbraio, Pasqua e luglio-agosto – Sport invernali : 1 000/2 125 m 1 20 (Consorzio Paganella-Dolomiti).*

via Villa 1 0461 583130, info@aptfaidellapaganella.com, Fax 0461 583410.

Roma 616 – Trento 33 – Bolzano 55 – Milano 222 – Riva del Garda 57.

Arcobaleno, via Cesare Battisti 29 0461 583306, *info@hotelarcobaleno.it, Fax 0461 583535,* ←, , – , rist, rist, .
chiuso da novembre all' 8 dicembre – **Pasto** carta 16/27 – 6 – **35 cam** 40/62 – 1/2 P 60.

◆ All'uscita della località, verso Andalo, questa struttura di taglio moderno offre camere sobrie e luminose, con balconi godibili e panoramici. Bel centro benessere. Ristorante con tavoli ben distanziati e finestroni sul paesaggio montano.

Negritella , via Benedetto Tonidandel 29 0461 583145, *info@hotelnegritella.it, Fax 0461 583145,* ← – rist,
dicembre-Pasqua e giugno-settembre – **Pasto** 17/20 – 6,50 – **20 cam** 35/60 – 1/2 P 53,50.

◆ Un bell'alberghetto a conduzione diretta, curato e ben tenuto, con una gradevole atmosfera familiare; spazi comuni contenuti, ma sufficienti e ben distribuiti. Cucina trentina e arredi in stile montano, eleganti e rustici al contempo.

FAITO (Monte) *Napoli* 564 E 25 *G. Italia – alt. 1 103.*

Vedere *** *dal Belvedere dei Capi –* *** *dalla cappella di San MicheleCastellammare di Stabia 15 (per strada a pedaggio) oppure 10 mn di funivia.*

FALCADE *32020 Belluno* 562 C 17 – *2 232 ab. alt. 1 145 – Sport invernali : 1 190/2 513 m 6 (Comprensorio Dolomiti superski Tre Valli).*

corso Roma 1 0437 599241, falcade@infodolomiti.it, Fax 0437 599242.

Roma 667 – Belluno 52 – Cortina d'Ampezzo 59 – Bolzano 64 – Milano 348 – Trento 108 – Venezia 156.

Molino , via Scola 16, località Molino 0437 599070, *molino@geturhotels.com, Fax 0437 599580,* ←, , – .
21 dicembre-29 marzo e luglio-agosto – **Pasto** carta 53/68 – **48 cam** 170/230.

◆ Grande struttura ubicata a ridosso degli impianti di risalita, completa di validi confort e servizi. Di ultima costruzione, offre stanze ampie, in elegante legno chiaro. Elegante l'ambiente riservato al ristorante: ricercata atmosfera montana.

Belvedere, via Garibaldi 28 0437 599021, *belvedere@dolomiti.com, Fax 0437 599081,* ← monti e vallata, , – – 50. . rist
dicembre-Pasqua e giugno-settembre – **Pasto** carta 21/31 – **37 cam** 130.

◆ Tripudio di legni per questa deliziosa e tipica casa di montagna già piacevole dall'esterno: in posizione solatia e quieta, non lontano dalle piste, buon gusto e calore. Caratteristiche «stue» d'epoca costituiscono splendidi inviti alla buona cucina.

Mulaz senza rist, via Agostino Murer 2 0437 599556, *mulaz@dolomiti.it, Fax 0437 599648* –
6 dicembre-25 aprile e 26 giugno-18 settembre – **13 cam** 42/75.

◆ Sito all'entrata della località, in un'area tranquilla e con un insieme che ha più della casa privata che dell'hotel, offre camere personalizzate e conduzione signorile.

FALCONARA MARITTIMA *60015 Ancona* 563 L 22 – *28 475 ab. – a.s. luglio-agosto.*

Ovest : 0,5 km 071 28271, Fax 071 2070096.

(giugno-settembre) via Flaminia 548/a 071 910458, iat.falconara@libero.it, Fax 071 9166532.

Roma 279 – Ancona 13 – Macerata 61 – Pesaro 63.

Touring , via degli Spagnoli 18 071 9160005, *info@touringhotel.it, Fax 071 913000,* , – – 200.
Pasto vedere rist ***Il Camino*** – **74 cam** 67/90 – 1/2 P 60.

◆ Ideale soprattutto per clienti di lavoro, l'albergo, di stampo moderno e non vicino al mare, ma verso Falconara alta, è dotato di confort e di stanze completamente rinnovate.

Villa Amalia con cam, via degli Spagnoli 4 071 9160550, *info@villa-amalia.it, Fax 071 912045* – – 25. .
chiuso 15 giorni a gennaio e 15 giorni a luglio – **Pasto** *(chiuso martedì e da ottobre a maggio anche domenica sera)* carta 36/46 – **7 cam** 85/110.

◆ In un villino d'inizio '900, a pochi metri dalla marina, tre sale di sobria eleganza e una veranda estiva: piatti tradizionali o creativi in particolare a base di pesce.

XX **Il Camino,** via Tito Speri 2 ☎ 071 9171647, *info@ristoranteilcamino.it, Fax 071 9164912* – ▤. AE ⓢ ⓞ ⓜ VISA JCB. ✂
chiuso domenica sera e lunedì a mezzogiorno escluso agosto – **Pasto** carta 25/44.
◆ Situato nella stessa struttura dell'hotel Touring, ma con accesso indipendente, offre un primo ambiente di tipo classico e una saletta, invece, d'intonazione rustica.

FALZES (PFALZEN) *39030 Bolzano* 562 B 17 – *2 243 ab. alt. 1 022 – Sport invernali : 1 022/2 273 m* 14 11 *(Comprensorio Dolomiti superski Plan de Corones)*.
ℹ *piazza del Municipio, Rathaus Plaz 1 ☎ 0474 528159, pfalzen@kronplatz.com, Fax 0474 528413.*
Roma 711 – Cortina d'Ampezzo 64 – Bolzano 65 – Brunico 5.

ad Issengo (Issing) *Nord-Ovest : 1,5 km* – ✉ *39030 Falzes :*

XX **Al Tanzer** con cam, via del Paese 1 ☎ 0474 565366, *info@tanzer.it, Fax 0474 565646,* prenotare, – TV P. AE ⓢ ⓜ VISA
Pasto *(chiuso martedì e mercoledì a mezzogiorno)* carta 25/40 – **20 cam** 39/102 – ½ P 80.
◆ Ambiente ovattato, caratteristico e molto grazioso, in eleganti stube, per una cucina d'impronta altoatesina, ma trasformata con fantasia; possibilità di alloggio.

a Molini (Mühlen) *Nord-Ovest : 2 km* – ✉ *39030 Chienes :*

XXX **Schöneck,** via Castello Schöneck 11 ☎ 0474 565550, *restaurant.schoeneck@dnet.it, Fax 0474 564167,* ←, , prenotare – P. AE ⓢ ⓞ ⓜ VISA JCB
✿ *chiuso dal 22 al 28 giugno, dal 18 al 25 ottobre, martedì a mezzogiorno e lunedì* – **Pasto** carta 45/67.
◆ Ogni piatto soddisfa e supera le aspettative di chi cerchi cibi tipici e creativi, ma semplici e dai sapori netti, sinceri; da non perdere il servizio estivo in terrazza.
Spec. Medaglioni di tonno scottati con sesamo e fagioli risina (primavera-estate). Tortelloni ripieni con fonduta di parmigiano (autunno-inverno). Sella di cervo arrosto in crosta di noci, purea di sedano rapa, cappucci rossi e polenta taragna.

La guida cambia, cambiate la guida ogni anno.

FANANO *41021 Modena* 562 J 14 – *2 905 ab. alt. 634.*
ℹ *piazza Marconi 1 ☎ 0536 68825, turismo@comunefanano.it, Fax 0536 68954.*
Roma 384 – Bologna 75 – Firenze 116 – Lucca 97 – Modena 72.

Park Hotel, via Campo del Lungo 198 ☎ 0536 69898, *parkhotel@database.it, Fax 0536 69740,* ←, , , – TV P. AE ⓢ ⓞ ⓜ VISA JCB. ✂
Pasto *(chiuso dal 5 al 20 ottobre)* carta 18/35 – **42 cam** 62/90 – ½ P 70.
◆ Sita nell'Alto Appennino Modenese ai confini con la Toscana, in un comprensorio che offre soluzioni di vacanza e relax, struttura montana confortevole e ben attrezzata. Tipica cucina d'albergo nel ristorante-pizzeria.

FANNA *33092 Pordenone* 562 D 20 – *1 516 ab. alt. 272.*
Roma 620 – Udine 50 – Belluno 75 – Pordenone 29.

Al Giardino, via Circonvallazione Nuova 3 ☎ 0427 77178, *info@algiardino.com, Fax 0427 778055,* – ▤ TV P – 40. AE ⓢ ⓞ ⓜ VISA. ✂
Pasto *(chiuso dal 10 gennaio al 10 febbraio e martedì)* carta 27/38 – **25 cam** 60/90 – ½ P 70.
◆ Il nome prelude all'indovinata cornice verde della struttura, ornata da uno specchio d'acqua concepito quasi alla maniera orientale; tutto spicca per l'estrema cura. Una sala con vocazione banchettistica aggiunta ad una più raccolta e alla veranda estiva.

FANO *61032 Pesaro e Urbino* 563 K 21 *G. Italia – 56 727 ab. – a.s. 25 giugno-agosto.*
Vedere *Corte Malatestiana*★ **Z M** – *Dipinti del Perugino*★ *nella chiesa di Santa Maria Nuova* **Z.**
ℹ *viale Cesare Battisti 10 ☎ 0721 803534, iat.fano@regione.marche.it, Fax 0721 824292.*
Roma 289 ③ – Ancona 65 ② – Perugia 123 ③ – Pesaro 11 ④ – Rimini 51 ②.

Elisabeth Due, piazzale Amendola 2 ☎ 0721 823146, *info@hotelelisabethdue.it, Fax 0721 823147,* ← – ▤ TV P. AE ⓢ ⓞ ⓜ VISA. ✂
Pasto al Rist. ***Il Galeone*** carta 26/49 – 10 – **28 cam** 90/120 – ½ P 100.
◆ A pochi metri dalla spiaggia, e fronte mare, una struttura sviluppata in verticale ospita l'albergo; la risorsa offre interni dignitosi e confort e servizi adeguati. Comodi, anche in veranda, per gustare specialità di mare e non solo.

Corallo, via Leonardo da Vinci 3 ✆ 0721 804200, *info@hotelcorallo-fano.it, Fax 0721 803637,* – |‡|, ▤ TV P – 100. AE ⓈⒹ MC VISA.
chiuso dal 24 dicembre al 6 gennaio – **Pasto** carta 24/30 – ☐ 8 – **37 cam** 47/70, 3 suites – 1/2 P 63.
◆ Una seria gestione e un ambiente confortevole vi accolgono in questo hotel posizionato non lontano dal lungomare; stanze in parte ristrutturate e valide. Poco distanti dalla marina, per una pausa gastronomica nell'ampia sala ristorante.

Angela, viale Adriatico 13 ✆ 0721 801239, *info@hotelangela.it, Fax 0721 803102,* ←, – |‡|, ▤ cam, TV. AE Ⓢ Ⓓ MC VISA.
Pasto *(chiuso dal 20 dicembre al 10 gennaio)* carta 30/76 – ☐ 6 – **37 cam** 44/60 – 1/2 P 60.
◆ Proprio sulla battigia, una palazzina ben tenuta; la conduzione familiare e i graziosi spazi comuni, ad iniziare dalla hall, vi danno il benvenuto. Funzionali le camere. Di mare e di terra, la cucina vi aspetta praticamente fronte spiaggia.

Casa Nolfi, via Gasparoli 59 ✆ 0721 827066, *info@casanolfi.it, Fax 0721 837217,* , prenotare – ▤. AE Ⓢ Ⓓ MC VISA.
chiuso domenica (escluso la sera in luglio-agosto) e lunedì a mezzogiorno – **Pasto** carta 31/45.
◆ In pieno centro storico, in prossimità delle Tombe Malatestiane, proposte in prevalenza a base di pesce; da gustare in un ambiente dall'atmosfera piuttosto contemporanea.

FARA IN SABINA *02030 Rieti* 563 P 20 – *10 653 ab. alt. 484.*

Roma 55 – Rieti 36 – Terni 65 – Viterbo 83.

a Coltodino *Sud-Ovest : 4 km – ✉ 02030 :*

Agriturismo Ille-Roif , località Talocci Ovest : 5,5 km ✆ 0765 386749, *ille-roif@linet.it, Fax 0765 386783,* ←, , , , – ▤ rist, TV ♿ P. AE Ⓢ Ⓓ MC VISA.
chiuso gennaio – **Pasto** 15/25 – **9 cam** ☐ 82/98 – 1/2 P 82.
◆ Un design moderno e originale caratterizza questa vasta risorsa dotata, inoltre, di uliveto e attrezzature sportive. Bizzarri e insoliti ambienti, davvero per tutti i gusti.

FARA VICENTINO *36030 Vicenza* 562 E 16 – *3 801 ab. alt. 202.*

Roma 539 – Padova 58 – Trento 72 – Treviso 66 – Vicenza 29.

Agriturimo Le Colline dell'Uva senza rist, via Alteo 15 (Nord-Est : 1,5 km) ✆ 0445 897651, *lecollinedelluva@hotmail.com, Fax 0445 897092,* – P.
6 cam ☐ 56/84.
◆ Sulle colline vicentine, una casa colonica completamente ristrutturata: interni curati e camere arredate con gusto; per una vacanza in campagna senza rinunciare al confort.

FARNETA *Arezzo* 563 M 17 – *Vedere Cortona.*

FARRA DI SOLIGO *31010 Treviso* 562 E 18 – *7 873 ab. alt. 163.*

Roma 590 – Belluno 40 – Treviso 35 – Venezia 72.

a Soligo *Est : 3 km – ✉ 31020 :*

Casa Rossa, località San Gallo ✆ 0438 840131, *casarossa@itinerarium.com, Fax 0438 840016,* ← vallata, , – P. AE Ⓢ Ⓓ MC VISA JCB.
chiuso dal 15 gennaio al 13 febbraio, mercoledì e giovedì, da giugno a settembre aperto giovedì sera – **Pasto** specialità allo spiedo carta 32/36.
◆ Una casa colonica in posizione panoramica tra i vigneti della tenuta San Gallo; servizio estivo in terrazza-giardino e cucina del territorio con specialità allo spiedo.

a Col San Martino *Sud-Ovest : 3 km – ✉ 31010 Farra di Soligo :*

Locanda da Condo, via Fontana 134 ✆ 0438 898106, *info@locandadacondo.it, Fax 0438 989701,* – . AE Ⓢ Ⓓ MC VISA.
chiuso luglio, martedì sera e mercoledì – **Pasto** carta 23/28.
◆ Un'antica locanda che una famiglia gestisce da almeno tre generazioni: oggi, con la moglie, il figlio del vecchio Giocondo, detto Condo, ne continua la cucina veneta.

FASANO *72015 Brindisi* 564 E 34 – *40 310 ab. alt. 111 – a.s. 20 giugno-agosto.*

Dintorni *Regione dei Trulli★★★ Sud.*

San Domenico ✆ 080 4827769, Fax 080 4827978.

piazza Ciaia 10 ✆ 080 4413086, Fax 080 4413086.

Roma 507 – Bari 60 – Brindisi 56 – Lecce 96 – Matera 86 – Taranto 49.

Agriturismo Masseria Marzalossa, contrada Pezze Vicine 65 (Sud-Est : 2,5 km) 080 4413780, *masseriamarzalossa@marzalossa.it, Fax 080 4413780,* – P. AE MC VISA.
25-31 dicembre e marzo-ottobre – **Pasto** (solo su prenotazione) 30 – **8 cam** 151/228, suite – 1/2 P 145.
◆ Raffinata masseria di origine seicentesca, abilmente rinnovata e cinta da un alto muro, quasi una fortificazione; offre un giardino interno con alberi da frutta e uliveto. Molti dei prodotti usati in cucina, vengono dalle coltivazioni della masseria stessa.

Rifugio dei Ghiottoni, via Nazionale dei Trulli 116 080 4414800, Rist. e pizzeria – . AE MC VISA JCB.
chiuso dal 1° al 20 luglio e mercoledì – **Pasto** carta 25/34.
◆ Un'invitante insegna in legno, in pieno centro storico, e un ambiente rustico con soffitti a volte; davvero un piacevole rifugio per ritrovare sapori casereccì, locali.

a Selva *Ovest : 5 km – alt. 396 – 72010 Selva di Fasano*

Sierra Silvana , via Don Bartolo Boggia 5 080 4331322, *Sierrasilvana@tin.it, Fax 080 4331207,* , – TV P – 350. AE MC VISA JCB. rist
Pasto carta 26/40 – **120 cam** 110/140 – 1/2 P 99.
◆ In una delle zone più attraenti della Puglia, un gradevole complesso di moderne palazzine e trulli in un giardino mediterraneo; arredi in midollino e bambù, validi spazi. Per ristorante un gazebo con buganvillee ed eleganti sale con bei soffitti a tendaggi.

a Speziale *Sud-Est : 10 km – alt. 84 – 72016 Montalbano di Fasano :*

Agriturismo Masseria Narducci, via Lecce 131 080 4810185, *agriturismo_narducci@yahoo.com, Fax 080 4810185,* – P. MC VISA.
Pasto *(chiuso a mezzogiorno; da ottobre a marzo aperto solo nei fine settimana escluso domenica sera)* (prenotare) carta 19/27 – **9 cam** 64 – 1/2 P 57.
◆ A pochi km dal mare, nella zona dei trulli e delle grotte, nella campagna pugliese più autentica, una tipica masseria con giardino-solarium e un'antica atmosfera rurale. Sotto le originali volte del soffitto, fatevi coccolare da sapori autentici.

*Un automobilista previdente utilizza **la Guida Michelin** dell'anno in corso.*

FASANO DEL GARDA *Brescia – Vedere Gardone Riviera.*

FAVIGNANA (Isola di) *Trapani* 565 N 18 – *Vedere Sicilia (Egadi, isole) alla fine dell'elenco alfabetico.*

FEISOGLIO *12050 Cuneo* 561 I 6 – *403 ab. alt. 706.*

Roma 616 – Genova 117 – Alessandria 69 – Cuneo 60 – Milano 163 – Savona 75 – Torino 87.

Piemonte-da Renato, via Firenze 19 0173 831116, solo su prenotazione – P.
Pasqua-15 dicembre – **Pasto** (menu suggeriti dal proprietario) 30/40.
◆ Solide radici nel territorio per un locale in cui funghi, tartufi e paste fresche, fatte in casa, rappresentano le specialità e i piatti del menù variano con le stagioni.

FELINO *43035 Parma* 562 H 12 – *7 104 ab. alt. 187.*

Roma 469 – Parma 17 – Cremona 74 – La Spezia 113 – Modena 76.

La Cantinetta, via Calestano 14 0521 831125, *lacantinetta@libero.it, Fax 0521 831125,* , prenotare – P. MC VISA JCB
chiuso Natale, agosto, lunedì e domenica sera; in luglio anche domenica a mezzogiorno – **Pasto** specialità di mare carta 48/61.
◆ Giovane e motivata gestione che ha trasformato una vecchia osteria in un tempio della cucina di mare senza tuttavia tralasciare interessanti proposte anche di terra.

Antica Osteria da Bianchini, via Marconi 4/a 0521 831165, *dabianchini@virgilio.it,* – AE MC VISA JCB
chiuso dal 1° al 15 gennaio, lunedì e martedì – **Pasto** carta 22/30.
◆ Simpatico locale guidato da sole donne: schietto e verace, ma accogliente e con tradizionali ricette locali, genuine e curate anche nella qualità dei prodotti.

a Casale *Nord : 2,5 km – 43035 Felino :*

La Porta di Felino, via Casale 28/B 0521 836839, *Fax 0521 335623,* – AE MC VISA.
chiuso dal 1° al 10 gennaio, dal 1° al 20 agosto e domenica – **Pasto** carta 23/31.
◆ Trattoria di campagna dallo stile luminoso e leggero. Dehors estivo affacciato sulla corte interna, dove accomodarsi a gustare una cucina legata alla tradizione.

a Barbiano *Sud : 4 km – ✉ 43035 :*

X **Trattoria Leoni,** via Riccò 42 ✆ 0521 831196, *leoni@trattorialeoni.it, Fax 0521 836641,* – P. AE Ś ⓓ ⓜ VISA JCB. ✻
chiuso dal 24 dicembre al 10 gennaio, dal 1º al 20 settembre e lunedì, anche martedì sera da novembre a marzo – **Pasto** carta 24/37.
◆ Solo minime variazioni stagionali nel menù con specialità parmensi: da gustare nella trattoria ubicata in un piccolo borgo e con servizio estivo in terrazza panoramica.

FELTRE *32032 Belluno* 562 D 17 *G. Italia – 19 515 ab. alt. 324.*
Vedere *Piazza Maggiore★ – Via Mezzaterra★.*
piazzetta Trento e Trieste 9 ✆ 043 902540, feltre@infodolomiti.it, Fax 043 902839.
Roma 593 – Belluno 32 – Milano 288 – Padova 93 – Trento 81 – Treviso 58 – Venezia 88 – Vicenza 84.

Doriguzzi senza rist, viale Piave 2 ✆ 0439 2003, *hoteldoriguzzi@virgilio.it, Fax 0439 83660 –* TV P – 60. AE Ś ⓓ ⓜ VISA JCB
23 cam ☕ 67,47/82,96.
◆ Di recente ristrutturazione, un valido punto di riferimento soprattutto per una clientela di lavoro. Vicino al centro, offre ambienti ben accessoriati e moderni.

FENEGRÒ *22070 Como* 219 ⑱ *– 2 547 ab. alt. 290.*
Roma 604 – Como 26 – Milano 34 – Saronno 10 – Varese 24.

XX **In,** via Monte Grappa 20 ✆ 031 935702, *Fax 031 935702,* prenotare – P. AE Ś ⓜ VISA
chiuso dal 26 dicembre al 4 gennaio, agosto, domenica sera e lunedì – **Pasto** carta 25/46.
◆ Un locale di tono moderno e accogliente, con interni signorili e un'atmosfera comunque familiare; un po' fuori paese, piatti di mare, ora più classici ora rivisitati.

FENER *32030 Belluno* 562 E 17 *– alt. 198.*
Roma 564 – Belluno 42 – Milano 269 – Padova 63 – Treviso 39 – Venezia 69.

Tegorzo, via Nazionale 25 ✆ 0439 779740 e rist. ✆ 0439 779547, *htltegorzo@tin.it, Fax 0439 779706,* – TV P – 50. AE Ś ⓓ ⓜ VISA. ✻
Pasto *(chiuso domenica sera)* carta 25/31 – **30 cam** 57/82 – ½ P 58.
◆ Ubicato nella prima periferia della località, un hotel a gestione familiare e di recente ristrutturazione; confortevole e ben tenuto, offre ambienti ospitali. Ristorante con proposte di cucina casereccia.

FENIS *11020 Aosta* 561 E4, 219 ③ *G. Italia – 1 612 ab. alt. 537.*
Roma 722 – Aosta 20 – Breuil-Cervinia 36 – Torino 82.

Comtes de Challant, frazione Chez Sapin 95 ✆ 0165 764353, *info@hcdc.it, Fax 0165 764762 –* rist, TV P – 40. AE Ś ⓓ ⓜ VISA. ✻
chiuso dal 7 al 30 gennaio e dal 25 giugno al 7 luglio – **Pasto** *(chiuso lunedì escluso dal 20 luglio al 15 settembre)* carta 19/45 – **28 cam** ☕ 70/88 – ½ P 68.
◆ Ubicazione tranquilla, ai piedi dell'omonimo Castello, per questa tipica costruzione di montagna con bei terrazzi esterni e camere confortevoli, nuove, con parquet. Proposte sia valdostane che nazionali in un classico ristorante d'albergo.

FERENTILLO *05034 Terni* 563 O 20 *G. Italia – 1 910 ab. alt. 252.*
Roma 122 – Terni 18 – Rieti 54.

XX **Piermarini,** via Ancaiano 23 ✆ 0744 780714, *ristorantepiermarini@libero.it, Fax 0744 780714,* prenotare la sera, – P. AE Ś ⓓ ⓜ VISA
chiuso settembre, domenica sera e lunedì – **Pasto** carta 27/46.
◆ Gestione familiare in una recente struttura sita poco fuori del centro: due sale, di cui una molto piccola, per specialità locali e piatti a base di tartufo nero di Norcia.

FERENTINO *03013 Frosinone* 563 Q 21 *– 20 535 ab. alt. 393.*
Dintorni *Anagni : cripta★★★ nella cattedrale★★, quartiere medioevale★, volta★ del palazzo Comunale Nord-Ovest : 15 km.*
Roma 75 – Frosinone 14 – Fiuggi 23 – Latina 66 – Sora 42.

Bassetto, via Casilina Sud al km 74,600 ✆ 0775 244931, *hotel.bassetto@flashnet.it, Fax 0775 244399 –* TV P – 100. AE Ś ⓓ ⓜ VISA. ✻
Pasto carta 28/37 – **99 cam** ☕ 62/85 – ½ P 55.
◆ Un esercizio storico da queste parti, ubicato sulla statale Casilina, ampliato e rinnovato in tempi recenti e con una gestione familiare ormai consolidata e capace. Un'ampia sala ristorante e ricette della consuetudine ciociara.

FERIOLO *28835 Verbania* 561 E 7, 219 ⑥ – *alt. 195 – a.s. 28 giugno-15 settembre.*
Roma 664 – Stresa 7 – Domodossola 35 – Locarno 48 – Milano 87 – Novara 63.

Carillon senza rist, strada nazionale del Sempione 2 ✆ 0323 28115, *hotelcarillon@tiscalinet.it, Fax 0323 28550,* ≤ lago, – P. VISA JCB
25 marzo-15 ottobre – 9 – **32 cam** 65/75 – ½ P 68.
◆ Ad alcune centinaia di metri dal centro, un grande giardino in riva al lago fa da contorno ad un hotel con tutte le stanze affacciate sull'acqua e da poco ristrutturate.

Il Battello del Golfo, strada statale n. 33 ✆ 0323 28122, *Fax 0323 28122,* ≤, prenotare – P. AE VISA
chiuso ottobre e martedì, da novembre a febbraio anche lunedì – **Pasto** carta 28/41 (10 %).
◆ Bizzarro locale su un battello ancorato a riva: ieri spola fra le sponde del lago, oggi, riallestito con eleganti boiserie, offre anche piatti creativi e del territorio.

Serenella con cam, via San Carlo 1 ✆ 0323 28112, *Fax 0323 28350,* – P. AE VISA
chiuso gennaio e febbraio – **Pasto** *(chiuso lunedì escluso da giugno ad ottobre)* carta 25/35 – **14 cam** 60/80 – ½ P 55.
◆ Sedie in legno stile «old America», tinte pastello e fiori in questo ristorante del centro, sulla statale verso Verbania; sapori della tradizione lacustre, ma non solo.

FERMIGNANO *61033 Pesaro e Urbino* 563 K 19 – *7 553 ab. alt. 199.*
Roma 258 – Rimini 70 – Ancona 99 – Gubbio 49 – Pesaro 43 – Urbino 8.

Bucci senza rist, via dell'Industria 13 (Nord-Est : 3,6 km) ✆ 0722 356050, *hotelbucci@libero.it, Fax 0722 356050* – P. AE VISA.
chiuso dal 1° al 15 settembre – senza – **16 cam** 42/68.
◆ Vicino ad Urbino, un piccolo albergo, recente e dotato di valide strutture, con stanze spaziose e confortevoli; nella vallata del fiume Metauro, un comodo riferimento.

FERMO *63023 Ascoli Piceno* 563 M 23 *G. Italia – 35 589 ab. alt. 321 – a.s. luglio-13 settembre.*
Vedere *Posizione pittoresca* ★ – *≤* ★★ *dalla piazza del Duomo* ★ – *Facciata* ★ *del Duomo.*
piazza del Popolo 6 ✆ 0734 228738, iat.fermo@regione.marche.it, Fax 0734 228325.
Roma 263 – Ascoli Piceno 75 – Ancona 69 – Macerata 41 – Pescara 102.

al lido *Nord-Est : 8 km :*

Royal, piazza Piccolomini 3 ✉ 63023 ✆ 0734 642244, *royal@timropa.com, Fax 0734 642254,* ≤, – , cam, – 230. AE VISA JCB. rist
Pasto al Rist. ***Nautilus*** *(chiuso lunedì da ottobre a marzo)* carta 43/65 – **56 cam** 85/115 – ½ P 90.
◆ Terrazza solarium con piccola piscina su questa bianca costruzione di stile moderno sita sul limitare della spiaggia: materiali pregiati, arredi di design, ogni confort. Tenuta impeccabile nell'arioso ristorante, elegante e moderno.

a Casabianca *Nord-Est : 12 km – ✉ 63023 Fermo :*

Emilio, via Girardi 1 ✆ 0734 640365, *ristoranteemilio@libero.it,* , Coperti limitati; prenotare – . AE VISA.
chiuso dal 23 dicembre al 3 gennaio, dal 25 al 31 agosto e lunedì – **Pasto** specialità di mare carta 42/62.
◆ Gestione familiare e ambiente curato in questo ristorante elegante d'impostazione classica, abbellito da una raccolta di opere d'arte contemporanea; gustosi piatti di mare.
Spec. Strozzapreti di grano saraceno con calamaretti, vongole e gamberetti. Frittura mista di pesce. Rombo in crosta di sale profumato al limone.

a Torre di Palme *Sud-Est : 12 km : – ✉ 63017 :*

Osteria il Galeone, via Piave 10 ✆ 0734 53631, , Coperti limitati; prenotare – AE VISA JCB.
chiuso lunedì (escluso luglio e agosto) e a mezzogiorno (escluso sabato-domenica e i giorni festivi) – **Pasto** carta 25/43.
◆ Servizio estivo in terrazza con vista mare per un piccolo locale, in pieno borgo medievale, gestito da giovane coppia; cucina del territorio con variazioni stagionali.

FERNO *21010 Varese* 561 F 8, 219 ⑰ – *6 484 ab. alt. 211.*
Roma 626 – Stresa 49 – Milano 45 – Como 49 – Novara 26 – Varese 27.

La Piazzetta, piazza Mons. Bonetta ✆ 0331 241536, *ristlapiazzetta@tiscali.it, Fax 0331 241536,* prenotare – AE VISA
chiuso dal 6 al 31 agosto e lunedì – **Pasto** carta 48/69.
◆ Un antico convento, poi dimora nobiliare, ora elegante locale gestito con grande passione; piatti creativi e continue variazioni, secondo il mercato e l'estro dello chef.

FERRARA *44100* P 562 H 16 *G. Italia – 131 713 ab. alt. 10.*

Vedere *Duomo*★★ **BYZ** – *Castello Estense*★ **BY B** – *Palazzo Schifanoia*★ **BZ E** *: affreschi*★★ *– Palazzo dei Diamanti*★ **BY** *: pinacoteca nazionale*★ *, affreschi*★★ *nella sala d'onore – Corso Ercole I d'Este*★ **BY** *– Palazzo di Ludovico il Moro*★ **BZ M1** *– Casa Romei*★ **BZ** *– Palazzina di Marfisa d'Este*★ **BZ N**.

℘ 0532 708520, Fax 0532 758585.

c/o Castello Estense, corso Giovecca 21 ℘ 0532 209370, infotur@provincia.fe.it, Fax 0532 212266.

A.C.I. *via Padova 17 ℘ 0532 52722.*

Roma 423 ③ – Bologna 51 ③ – Milano 252 ③ – Padova 73 ④ – Venezia 110 ④ – Verona 102 ④.

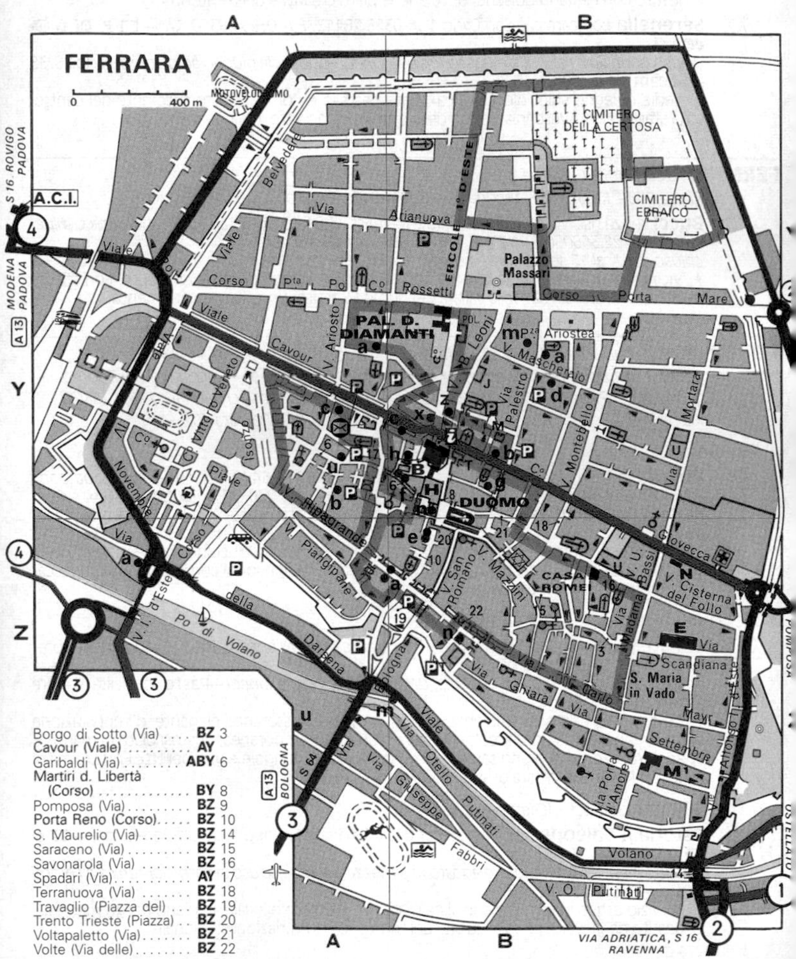

Duchessa Isabella, via Palestro 70 ℘ 0532 202121, *isabelld@tin.it, Fax 0532 202638,* **BY a**

chiuso agosto – **Pasto** *(chiuso le sere di domenica e lunedì)* carta 86/104 (20 %) – **27 cam** ☐ 254/294, suite – ½ P 186.

◆ Uno splendido omaggio alla sovrana d'Este, un relais di infinito charme in un palazzo del XV secolo; ovunque parrà d'essere in un ricco museo o in una dimora signorile. Nel ristorante soffittature a cassettoni con fregi in oro, arredi autentici e dipinti.

Annunziata senza rist, piazza Repubblica 5 ☎ 0532 201111, *info@annunziata.it*, *Fax 0532 203233* – |‡| ▤ 📺 📞 – 🚶 25. AE 💳 ⓪ MC VISA JCB **BY f**
23 cam ☕ 125/180, suite.
◆ Un pass per i clienti offre l'opportunità di avere un comodo parcheggio sebbene ci si trovi in pieno centro storico; di fronte al Castello, ospitalità e confort elevati.

Astra, viale Cavour 55 ☎ 0532 206088, *astra@mbox.4net.it, Fax 0532 247002* – |‡| ▤ 📺 📞 ♿ – 🚶 120. AE 💳 ⓪ MC VISA JCB. ✂ rist **AY c**
Pasto *(chiuso dal 1° al 20 agosto e domenica)* carta 24/40 – **66 cam** ☕ 150/207, 3 suites – ½ P 135.
◆ Un albergo di solida tradizione, alle porte dell'area storica della cittadina; ideale per una clientela d'affari, si presenta ben tenuto, secondo un'impostazione classica. Due capienti sale ristorante, di cui una a vocazione banchettistica.

Ripagrande, via Ripagrande 21 ☎ 0532 765250, *ripahotel@mbox.4net.it, Fax 0532 764377*, 🌳 – |‡| ▤ 📺 📞 – 🚶 80. AE 💳 ⓪ MC VISA. ✂ rist **ABZ a**
Pasto *(chiuso dal 10 al 25 agosto e martedì)* 20/30 – **40 cam** ☕ 120/185 – ½ P 112,50.
◆ Nell'affascinante cornice di un palazzo del XVI secolo, sito nel centro storico, un hotel elegante e confortevole, con tocchi antichi e dotato di camere di varia tipologia. Incantevole servizio ristorante estivo nel chiostro.

Orologio senza rist, via Darsena 67 ☎ 0532 769576, *info@hotelorologio.com, Fax 0532 769544* – |‡| 🚭 ▤ 📺 📞 ♿ 🅿 – 🚶 70. AE 💳 ⓪ MC VISA **AZ a**
46 cam ☕ 85/185, 2 suites.
◆ Albergo di recente realizzazione con interni di moderna ispirazione piacevolmente arredati; belle camere spaziose ben accessoriate, sala riunioni. Ideale per uomini d'affari.

Principessa Leonora, via Mascheraio 39 ☎ 0532 206020, *principessaleonora@tin.it, Fax 0532 242707*, 🏋, 🚗 – |‡| ▤ 📺 📞 ♿ – 🚶 80. AE 💳 ⓪ MC VISA **BY d**
Pasto vedere Hotel Duchessa Isabella – **22 cam** ☕ 106/181.
◆ Dimora del XV secolo nel cuore della città, tributo ad una storica figura femminile; il palazzo gentilizio e due edifici minori ospitano ricercate stanze personalizzate.

Ferrara, largo Castello 36 ☎ 0532 205048, *info@hotelferrara.com, Fax 0532 242372* – |‡| ▤ 📺 📞 ♿ – 🚶 90. AE 💳 ⓪ MC VISA. ✂ rist **BY h**
Pasto vedere rist ***Italia Big Night-da Giovanni*** – **42 cam** ☕ 110/160 – ½ P 131,50.
◆ Di fronte al Castello Estense, e sulle ceneri di un vecchio, glorioso hotel, una nuova risorsa che offre camere di taglio moderno, eleganti, con parziale vista sul maniero.

Il Duca D'Este, via Bologna 258 ☎ 0532 977676, *info@ilducadeste.it, Fax 0532 905786* – |‡| ▤ 📺 📞 ♿ 🅿 – 🚶 150. AE 💳 ⓪ MC VISA JCB. ✂ per ③
Pasto 20/30 – **73 cam** ☕ 88/100 – ½ P 75.
◆ Un albergo di recente apertura, dotato di ambienti d'ispirazione contemporanea, semplici, ma molto funzionali; accogliente l'ampia hall, belle camere spaziose.

Corte Estense senza rist, via Correggiari 4/a ☎ 0532 242176, *info@corteestense.it, Fax 0532 246405* – |‡| ▤ 📺 📞 ♿. AE 💳 ⓪ MC VISA JCB **BZ e**
18 cam ☕ 83/145.
◆ A pochi passi dalla Cattedrale e dal Castello, una nuova struttura ricavata dal sapiente restauro di un'antica dimora nobiliare del '600; confort moderni, nella storia.

Carlton senza rist, via Garibaldi 93 ☎ 0532 211130, *info@hotelcarlton.net, Fax 0532 205766* – |‡| ▤ 📺 ♿ – 🚶 80. AE 💳 ⓪ MC VISA **AY u**
58 cam ☕ 75/120.
◆ Albergo recentemente ristrutturato e d'impostazione classica, ubicato nel cuore del centro storico; offre un buon livello di confort e si conferma come indirizzo sicuro.

Europa senza rist, corso della Giovecca 49 ☎ 0532 205456, *info@hoteleuropaferrara.com, Fax 0532 212120* – |‡| ▤ 📺 ♿ 🅿 – 🚶 60. AE 💳 ⓪ MC VISA **BY b**
43 cam ☕ 72/112, 2 suites.
◆ Un palazzo del '700 con affreschi originali, in pieno centro; camere ampie, esposte sulla strada e con arredi d'epoca, e altre, più piccole, ma piacevoli, sul cortile.

Touring senza rist, viale Cavour 11 ☎ 0532 206200, *info@hoteltouringfe.it, Fax 0532 212000* – |‡| 📺. AE 💳 ⓪ MC VISA **BY c**
57 cam ☕ 70/110.
◆ Una struttura contemporanea, come gli edifici adiacenti, in posizione centrale, quasi a fianco del Castello, vicino ai giardini di viale Cavour e al Teatro Comunale.

De Prati senza rist, via Padiglioni 5 ☎ 0532 241905, *info@hoteldeprati.com, Fax 0532 241966* – |‡| ▤ 📺 📞. AE 💳 ⓪ MC VISA **BY z**
15 cam ☕ 70/105, suite.
◆ Qui, nella vecchia locanda, già dai primi del '900, trovavano ospitalità uomini di cultura e artisti di teatro; oggi, un hotel da poco rinnovato ne riprende la tradizione.

Daniela senza rist, via Arginone 198/A ✆ 0532 773104, *longhy@iol.it, Fax 0532 771398* – per ④
28 cam 52/72.
◆ Risorsa esternamente semplice, ma gradevole, funzionale e ben tenuta; strategicamente posizionata alla periferia della città e perciò facile da raggiungere in auto.

Locanda il Bagattino senza rist, via Porta Reno 24 ✆ 0532 241887, *info@ilbagattino.it, Fax 0532 217546* – BY n
6 cam 65/95.
◆ Poche camere confortevoli e dotate di ogni comodità, in questa piccola locanda che, dall'esterno, sembrerebbe una normale abitazione privata; ambientazione di charme.

Locanda d'Elite senza rist, via Francesco del Cossa 9 ✆ 0532 201053, *residence@delite.it, Fax 0532 214829* – AY a
7 – 5 cam 80/99.
◆ Una zona tranquilla e comunque centrale, dietro al Palazzo dei Diamanti e non distante dal Castello; una gestione familiare e una risorsa raccolta, dagli arredi originali.

Locanda Borgonuovo senza rist, via Cairoli 29 ✆ 0532 211100, *info@borgonuovo.com, Fax 0532 246328* – 100. BY g
4 cam 65/105.
◆ Ottima accoglienza e ricca prima colazione, quasi «personalizzata» a seconda dei desideri: una locanda ove vi troverete coccolati, tra arredi in stile, in pieno centro.

Locanda della Duchessina, vicolo del Voltino 11 ✆ 0532 206981, *isabelld@tin.it, Fax 0532 202638* – BY m
Pasto vedere rist Hotel Duchessa Isabella – **5 cam** 127/140.
◆ In un vicolo trecentesco si affaccia una locanda di rosa dipinta, romantica e modernamente concepita; poche stanze, per un'atmosfera curatissima, da casa delle bambole.

Dolcemela senza rist, via della Sacca 35 ✆ 0532 769624, *bb@dolcemela.it, Fax 0532 711007* – AY b
6 cam 100/120.
◆ Nel centro storico, a due passi dal Duomo, un antico stabile ristrutturato con buon gusto e originalità. Camere di sobria ricercatezza, dotate di ogni confort.

Corte dei Gioghi senza rist, via Pellegrina 8 ✆ 0532 745049, *info@cortedeigioghi.com, Fax 0532 745050* – 2 km per ②
chiuso gennaio – **3 cam** 50/73.
◆ Bel casale di campagna completamente restaurato, divenuto ora un accogliente bed and breakfast con camere confortevoli e spazio all'esterno per colazioni estive.

Il Don Giovanni, corso Ercole I D'Este ✆ 0532 421064, *ildongio@tin.it, Fax 0532 421064* – BY x
chiuso dall'8 al 16 gennaio, dal 25 giugno al 9 luglio, domenica sera, lunedì e a mezzogiorno – **Pasto** 31/54 e carta 43/59.
◆ Sapori del territorio, o di pesce o di carne, e anche intromissioni creative: qui c'è di tutto, e di più. Nuova ubicazione nel palazzo dell'ex Borsa di Commercio.
Spec. Terrina di canocchie con pomodori confit ai tre pesti. Germano reale farcito con anguilla e spinaci in salsa di saba (settembre-maggio). Spaghetti alla chitarra all'aglio e peperoncino su vellutata di parmigiano reggiano.

La Romantica, via Ripagrande 36 ✆ 0532 765975, *Fax 0532 761648,* – ABZ a
chiuso dal 1° al 15 gennaio, dal 1° al 22 luglio, domenica sera e mercoledì – **Pasto** carta 25/41.
◆ Ristorante caldo e accogliente, che propone in chiave moderna i piatti della tradizione ferrarese, presentati in modo curato, e anche pesce. Tra archi e soffitto in legno.

Italia Big Night-da Giovanni - Hotel Ferrara, via Largo Castello 38 ✆ 0532 242367, *Fax 0532 212200* – BY f
Pasto carta 27/51.
◆ Originale ubicazione all'interno di un cortile per questo apprezzato ristorante. Dalle grandi vetrate è possibile godere della vista sul castello. La cucina è del territorio.

Max, piazza Repubblica 16 ✆ 0532 209309, *Fax 0532 209309*, Coperti limitati; prenotare – BY h
chiuso dal 14 al 30 agosto, domenica a mezzogiorno e lunedì – **Pasto** specialità di mare carta 39/64.
◆ Un sito di nuova generazione quello che, proprio nel nucleo storico, si sta imponendo per i sapori di mare e i formaggi; spazi ridotti e qualche tavolo anche all'aperto.

Quel Fantastico Giovedì, via Castelnuovo 9 ✆ 0532 760570, *Fax 0532 760570*, Coperti limitati; prenotare – BZ n
chiuso dal 20 al 30 gennaio, dal 20 luglio al 20 agosto e mercoledì – **Pasto** carta 27/39.
◆ Un piccolo indirizzo d'atmosfera, di tono moderno e curato nel servizio e nella cucina, che ha proposte accattivanti, creative o più legate alle tradizioni del posto.

XX **Il Bagattino del Setaccio,** via Correggiari 6 ☎ 0532 206387, *ristoranteilbagattino@libero.it, Fax 0532 206387,* – AE ☉ ⓪ MC VISA JCB BZ e
Pasto carta 24/45.
◆ La dodicesima parte del «soldo», il Bagattino appunto, come era chiamata nel '300, regala il nome al locale: piatti di queste terre, conditi da cordialità emiliana.

XX **Trattoria il Testamento del Porco,** via Mulinetto 109-111 ☎ 0532 760460, *testporco@tin.it, Fax 0532 760460,* Coperti limitati; prenotare – ⊭ ▤. AE ☉ ⓪ MC VISA. ✂ AZ u
chiuso dal 1º al 22 agosto, sabato a mezzogiorno e domenica – **Pasto** carta 22/37.
◆ Minuta, ma accogliente trattoria, subito fuori della cinta muraria; propone ricette tipiche ferraresi, anche fantasiose, con uno spazio particolare per l'aceto balsamico.

X **Antica Trattoria Volano,** viale Volano 20 ☎ 0532 761421, *anticatrattoriavolano@interfree.it, Fax 0532 798436,* – ⊭ ▤. AE ☉ ⓪ MC VISA. ✂ ABZ m
chiuso venerdì – **Pasto** carta 25/34 (10 %).
◆ Sulla statale, un locale di antichissima tradizione in cui, oggi, viene offerta la più schietta cucina di Ferrara, nel contesto di un ambiente semplice e caratteristico.

a Pontegradella *Est : 3 km per via Giovecca* **BYZ** – ✉ *44030 :*

Corte Arcangeli, via Pontegradella 503 ☎ 0532 705052, *info@cortearcangeli.it, Fax 0532 758483* – TV P. AE ☉ ⓪ MC VISA. ✂
Pasto (prenotare) carta 28/55 – **6 cam** ☐ 70/95 – ½ P 70.
◆ Un'antica casa colonica, in campagna, cinta da un giardino: per un accogliente e raffinato bed and breakfast, ben gestito dalla famiglia, con stanze che sono una chicca.

a Porotto *Ovest : 5 km* – ✉ *44044 :*

Agriturismo alla Cedrara senza rist, via Aranova 104 ☎ 0532 593033, *agriturismo@allacedrara.it, Fax 0532 772293,* – ▤ TV P. AE ☉ ⓪ MC VISA JCB. ✂
4 cam ☐ 45/75.
◆ Nella tranquillità della campagna, un vecchio fienile, completamente ristrutturato e trasformato in un confortevole e curato agriturismo; belle camere arredate con gusto.

a Cocomaro di Cona *per ① : 6 km* – ✉ *44020 :*

Villa Regina, via Comacchio 402 ☎ 0532 740222, *villaregina@tin.it, Fax 0532 61085,* – ▤ TV P – 200. AE ☉ ⓪ MC VISA. ✂
Pasto *(chiuso domenica)* carta 20/33 – **22 cam** ☐ 78/104 – ½ P 65.
◆ Nei pressi della città, una grande ed elegante villa d'altri tempi immersa in un parco: qui, passato e presente convivono con buon gusto, negli spazi comuni e nelle camere. Al ristorante sale e salette, di diverse dimensioni e dall'atmosfera raffinata.

a Gaibanella *per ② : 8 km* – ✉ *44040 :*

Locanda della Luna senza rist, via Ravenna 571/5 ☎ 0532 719065, *info@locandadelluna.it, Fax 0532 717119,* – ▤ P. AE ☉ ⓪ MC VISA
chiuso dal 1º al 15 agosto – **4 cam** 98/129, 2 suites 149/216.
◆ Atmosfera familiare per un soggiorno dal confort decisamente elevato. Camere eleganti e raffinate all'interno di una villa di fine '800 con giardino e piscina.

a Cona *per ① : 9 km* – ✉ *44020 :*

Nelle Terre dell'Ariosto, via Comacchio 831 ☎ 0532 259333, *Fax 0532 259358,* prenotare – P. AE ☉ MC VISA. ✂
chiuso lunedì e a mezzogiorno – **Pasto** 42 e al Rist. ***La Caciotteria*** specialità salumi e formaggi 15/22.
◆ Ubicato sulle rive del Po di Volano, un ristorante caratteristico nello stile come nelle decorazioni. La cucina propone anche alcuni ricette della cucina estense del '500.

a Gaibana *per ② : 10 km* – ✉ *44040 :*

XX **Trattoria Lanzagallo,** via Ravenna 1048 ☎ 0532 718001 – ▤ P. ☉ MC VISA. ✂
chiuso dal 15 al 31 gennaio, dal 15 al 31 luglio, dal 1º al 15 settembre, domenica e lunedì – **Pasto** carta 27/44.
◆ In un paese di campagna, a poca distanza dalla città, troverete una trattoria con proposte legate alla tipica gastronomia emiliana e ferrarese, presentate con cura.

a Ravalle *per ④ : 16 km* – ✉ *44040 :*

XX **L'Antico Giardino,** via Martelli 28 ☎ 0532 412100, *Fax 0532 412587,* prenotare – ▤ P. AE ☉ ⓪ MC VISA JCB. ✂
chiuso dal 25 agosto all'8 settembre, lunedì e martedì a mezzogiorno – **Pasto** carta 27/40.
◆ Le specialità della casa sono a base di carne, funghi e tartufi: da assaporare all'interno o all'aperto. In piena campagna, lungo la strada che porta all'argine del Po.

FERRO DI CAVALLO *Perugia* 563 M 19 – *Vedere Perugia.*

FETOVAIA *Livorno* 563 N 12 – *Vedere Elba (Isola d') : Marina di Campo.*

FIANO ROMANO *00065 Roma* 563 P 19 – *8 057 ab. alt. 107.*

Roma 39 – L'Aquila 110 – Terni 81 – Viterbo 81.

Holiday Inn Rome Fiano, via Milano 15/A ✆ 0765 4014, *holidayinnromanord@metha.com, Fax 0765 453091,* – , cam, – 180. VISA .
Pasto *(chiuso domenica)* carta 25/40 – **84 cam** 195/215 – ½ P 131.
◆ Albergo nuovo con accoglienti ambienti lineari d'impronta contemporanea, come è nello stile della catena cui appartiene; dotato di camere luminose e varie sale riunioni. Elegante ed essenziale sala da pranzo.

in prossimità casello autostrada A 1 di Fiano Romano *Sud : 5 km :*

Eurohotel senza rist, località Bei Poggi ✉ 00065 ✆ 0765 455511, *info@eurohotel.it, Fax 0765 455333,* ← – – 80. VISA
100 cam 84/114.
◆ Struttura recente molto funzionale, frequentata soprattutto da clientela di lavoro e gruppi turistici; aree comuni spaziose, camere confortevoli e ben accessoriate.

Parkhotel , via Milano 33 ✆ 0765 453080, *info@parkhotelromanord.it, Fax 0765 453018,* , – – 80. VISA . rist
Pasto carta 37/50 – **70 cam** 93/114, 4 suites – ½ P 84.
◆ Linea architettonica tradizionale, ma di taglio moderno, e buona funzionalità in una sobria risorsa, ideale per clientela d'affari e di passaggio; piscina all'aperto. Luminoso ambiente di una certa eleganza al ristorante, affacciato sul verde.

Utilizzate la guida dell'anno in corso

FIASCHERINO *La Spezia* 561 J 11 – *Vedere Lerici.*

FIDENZA *43036 Parma* 562 H 12 *G. Italia – 23 140 ab. alt. 75.*

Vedere *Duomo* ★ *: portico centrale* ★★.

piazza Duomo 16 ✆ 0524 83377, infoturist@comune.fidenza.pr.it, Fax 0524 83377.

Roma 476 – Parma 21 – Piacenza 38 – Cremona 48 – Milano 103.

La Risacca, via Gramsci 78 ✆ 0524 84819, *larisacca.fidenza@libero.it,* Coperti limitati; prenotare – . VISA .
chiuso agosto e lunedì – **Pasto** specialità di mare carta 45/60.
◆ Locale accogliente, dagli spazi contenuti. Ne risulta un'atmosfera intima anche grazie alla cortese gestione familiare. Come preannuncia il nome, le specialità sono di mare.

FIÉ ALLO SCILIAR (VÖLS AM SCHLERN) *39050 Bolzano* 562 C 16 – *3 064 ab. alt. 880 – Sport invernali : 1 800/2 300 m* 1 14 *(Comprensorio Dolomiti superski Alpe di Siusi)* .

via Bolzano 4 ✆ 0471 725047, info@fiè.it, Fax 0471 725488.

Roma 657 – Bolzano 16 – Bressanone 40 – Milano 315 – Trento 76.

Emmy , via Putzes 5 ✆ 0471 725006, *info@hotel-emmy.com, Fax 0471 725484,* ← monti e pinete, , Centro salute ossigenoterapia, , , – , rist, rist, . VISA . rist
chiuso dal 4 novembre al 17 dicembre – **Pasto** carta 32/46 – **45 cam** 220/230 – ½ P 126.
◆ Fra i monti, notevole centro salute in un hotel tra i primi ad aver offerto trattamenti di ossigenoterapia; quieta posizione panoramica, stanze ampie, comode, zone relax. Diverse sale compongono un ristorante che gode di buona fama.

Turm , piazza della Chiesa 9 ✆ 0471 725014, *info@hotelturm.it, Fax 0471 725474,* ← monti e vallata, , , riscaldata, , – . VISA . rist
chiuso dal 17 novembre al 20 dicembre e dal 7 al 24 gennaio – **Pasto** *(chiuso giovedì)* carta 30/50 – **42 cam** 110/220, 8 suites – ½ P 132.
◆ Edificio civile medievale con raccolta di quadri d'autore, sulla caratteristica piazza del paese: zona pedonale ma parcheggio vicino. Atmosfera tipica anche nelle camere. Legno e stube funzionante fungono da cornice per una creativa cucina tirolese.

Heubad , via Sciliar 12 ✆ 0471 725020, *hotel.heubad@dnet.it, Fax 0471 725425,* ←, , Cura bagni di fieno, , riscaldata, – . VISA . rist
chiuso dal 4 novembre al 18 dicembre e dal 12 al 30 gennaio – **Pasto** *(chiuso mercoledì)* carta 24/29 – **43 cam** 74/160 – ½ P 91.
◆ Da menzionare, certamente, i bagni di fieno, metodo di cura qui da sempre praticato e da cui l'hotel trae il nome: per farsi viziare in un'atmosfera di coccolante relax. Cucina locale, diversi ambienti raccolti, stube originali.

Völser Hof, via del Castello 1 ✆ 0471 725421, *info@voelserhof.it, Fax 0471 725602,* ←, – |$| . VISA
chiuso dal 7 novembre al 20 dicembre – **Pasto** *(giugno-ottobre)* carta 27/50 – **30 cam** ☕ 77/110 – ½ P 79.
◆ Gestione giovane e motivata in un tipico albergo di montagna, in posizione centrale nel paese; camere spaziose e confortevoli e graziosi ambienti comuni. Sala da pranzo riccamente drappeggiata di tendaggi.

a San Costantino (St. Konstantin) *Nord : 3 km* – ✉ *39040 Siusi :*

Parc Hotel Miramonti , San Costantino 14 ✆ 0471 707035, *info@phmiramonti.it, Fax 0471 705422,* ←, – |$|, rist, . VISA JCB
chiuso dal 10 novembre al 5 dicembre – **Pasto** *(chiuso lunedì)* carta 25/37 – **55 cam** ☕ 147/196 – ½ P 95.
◆ Prima di Siusi, in zona un po' isolata, con uno scenario davvero magnifico, grande struttura di stile moderno, ma rispettosa delle tradizioni montane: ampi spazi, confort. Modernità e tradizione per un ristorante elegante e luminoso.

FIERA DI PRIMIERO

38054 Trento **562** D 17 – *526 ab. alt. 717 – a.s. Pasqua e Natale – Sport invernali : Vedere San Martino di Castrozza.*

via Dante 6 ✆ 0439 62407, infoprimiero@sanmartino.com, Fax 0439 62992.

Roma 616 – Belluno 65 – Bolzano 99 – Milano 314 – Trento 101 – Vicenza 103.

Iris Park Hotel, via Roma 26, frazione Tonadico ✆ 0439 762000, *info@parkhoteliris.com, Fax 0439 762204,* ←, – |$|, rist, . VISA.
5 dicembre-20 aprile e 10 giugno-10 ottobre – **Pasto** carta 20/29 – **64 cam** ☕ 50/120 – ½ P 80.
◆ Sito lungo la strada principale, ma in posizione leggermente arretrata, un hotel che presenta un ambiente montano davvero signorile e confortevole. Valido centro benessere. Calda atmosfera nella sala ristorante in comune con il vicino albergo Tressane.

Tressane, via Roma 30, frazione Tonadico ✆ 0439 762205, *info@hoteltressane.it, Fax 0439 762204,* – |$|, rist, – 70. VISA.
Pasto carta 20/29 – **35 cam** solo ½ P 75, 6 suites.
◆ Posizionata di fianco all'Iris Park Hotel, con cui condivide il centro benessere, una gradevole risorsa montana completamente rinnovata e cinta da un giardino ombreggiato.

Relais Orsingher, via Guadagnini 14 ✆ 0439 62816, *info@hotelrelaisorsingher.it, Fax 0439 64841,* – |$|, rist, – 100. VISA.
chiuso novembre – **Pasto** carta 23/42 – **40 cam** ☕ 116/170, 8 suites – ½ P 90.
◆ Complesso alberghiero di recente apertura che presenta un insieme composito capace di armonizzare elementi «d'epoca» con design moderno. Il confort è assolutamente attuale. Ristorante ampio, dalle tinte chiare con proposte eclettiche.

Castel Pietra , via Venezia 28 frazione Transacqua ✆ 0439 616911, *info@hotelcastelpietra.it, Fax 0439 616901,* – |$|, rist, . VISA.
dicembre-Pasqua e 15 maggio-ottobre – **Pasto** carta 20/32 – **21 cam** ☕ 45/90, 5 suites – ½ P 55.
◆ Gestione seria e familiare per questo piacevole albergo di costruzione alquanto recente, pur nel totale rispetto dello stile delle valli; in zona tranquilla e solatia. Il recente ristorante propone anche specialità del Trentino.

Mirabello, viale Montegrappa 2 ✆ 0439 64241, *info@hotelmirabello.it, Fax 0439 762366,* ←, – |$|, rist, .
20 dicembre-Pasqua e giugno-10 ottobre – **Pasto** carta 15/30 – **49 cam** ☕ 80/122, 2 suites – ½ P 85.
◆ Centrale, in pratica accanto al torrente, un'imponente struttura d'impostazione classica, gestita dai proprietari stessi; offre, tra l'altro, un'invitante piscina coperta. Sala ristorante riscaldata dai legni chiari e dall'illuminazione; piatti anche locali.

La Perla , via Venezia 26, frazione Transacqua ✆ 0439 762115, *info@hotelaperla.it, Fax 0439 762839* – |$|, rist, . VISA. rist
Pasto carta 16/27 – **57 cam** ☕ 52/88 – ½ P 60.
◆ In una piccola e tranquilla frazione poco distante dal centro di Primiero, una casa di recente ripotenziata e costituita da due corpi: atmosfera familiare, confortevole. Ampia sala da pranzo con soffitti e pareti impreziosite da pannelli in legno lavorato.

Rifugio Chalet Piereni con cam, località Pierenei 8, Val Canali ✉ 38054 ✆ 0439 62348, *chaletpiereni@primieroiniziative.it, Fax 0439 64792,* – . VISA. rist
chiuso dal 15 gennaio a Pasqua – **Pasto** *(chiuso mercoledì in bassa stagione)* carta 18/31 – **24 cam** ☕ 40/70 – ½ P 58.
◆ Una sorta di alpeggio al quale si giunge attraversato il bosco, qua e là piccole e vecchie malghe e, in posizione dominante, una bella casa, accogliente e «saporita».

FIESOLE *50014 Firenze* 563 K 15 *G. Toscana – 14 808 ab. alt. 295.*

Vedere *Paesaggio*** – ≤** su Firenze – Convento di San Francesco* – Duomo* : interno* e opere* di Mino da Fiesole – Zona archeologica : sito*, Teatro romano*, museo* – Madonna con Bambino e Santi* del Beato Angelico nella chiesa di San Domenico Sud-Ovest : 2,5 km* **BR***(pianta di Firenze).*

via Portigiani 3 ☎ 055 598720, info.turismo@comune.fiesole.ft.it, Fax 055 598822.

Roma 285 – Firenze 8 – Arezzo 89 – Livorno 124 – Milano 307 – Pistoia 45 – Siena 76.

Pianta di Firenze : percorsi di attraversamento.

Villa San Michele ⑤, via Doccia 4 ☎ 055 5678200, *reservation@villasanmichele.net, Fax 055 5678250,* ≤ Firenze e colli, ☂, ₣₆, ⛱ riscaldata, – ▤ TV P. AE ⓢ ⓓ MC VISA JCB. ✂ rist BR b

24 aprile-28 novembre – **Pasto** carta 100/137 – **42 cam** solo ½ P 558, 3 suites.

◆ Elegante, esclusiva costruzione quattrocentesca con parco e giardino: atmosfera di charme nell'ex monastero francescano con facciata michelangiolesca e maestoso panorama. Splendida sala e servizio ristorante estivo sulla magnifica terrazza protesa su Firenze.

Villa Fiesole via Beato Angelico 35 ☎ 055 597252, *info@villafiesole.it, Fax 055 599133,* ≤ Firenze e colli, ⛱ riscaldata, – |‡| ▤ TV ♿ P. AE ⓢ ⓓ MC VISA BR b

Pasto *(aprile-settembre)* (solo per alloggiati) carta 30/60 – **32 cam** ☕ 330/350.

◆ Sulle pendici dell'antica collina etrusca, una serra ristrutturata e una tipica villa toscana dell'800, con soffitti affrescati: riuscita soluzione per un hotel signorile.

Villa Aurora, piazza Mino da Fiesole 39 ☎ 055 59363, *h.aurora@fi.flashnet.it, Fax 055 59587,* ≤, ☂, – ▤ TV P – 🏃 150. AE ⓢ ⓓ MC VISA BR d

Pasto al Rist. ***Aurora*** carta 28/45 – **25 cam** ☕ 150/206.

◆ Storica risorsa con alle spalle un'attività centenaria, ubicata nel centro della località, ma impreziosita da una terrazza-giardino. In passato meta di soggiorni reali. Splendida ristorazione panoramica.

Villa dei Bosconi senza rist, via Francesco Ferrucci 51 ☎ 055 59578, *villadeibosconi@fiesolehotels.com, Fax 055 5978448,* – ▤ TV ♿ P. AE ⓢ ⓓ MC VISA JCB

21 cam ☕ 140/150. 2,5 km per via Faentina BR

◆ Una volta rinomato dancing, oggi tranquilla ed accogliente risorsa alberghiera. Condotta con professionalità ed inaugurata di recente, si presenta in modo apprezzabile.

Pensione Bencistà ⑤, via Benedetto da Maiano 4 ☎ 055 59163, *pensionebencista@iol.it, Fax 055 59163,* ≤ Firenze e colli, – |‡|, ✂ rist, P. MC VISA. ✂ rist BR c

chiuso dicembre e gennaio – **Pasto** (solo per alloggiati) 30/40 – **40 cam** solo ½ P 95.

◆ Di origini trecentesche, una vecchia villa fra gli oliveti, cinta da ampio parco-giardino a terrazza con panorama sulla città; atmosfera familiare e arredi d'epoca.

I' Polpa, piazza Mino da Fiesole 21/22 ☎ 055 59485, *Fax 055 59485,* prenotare – AE ⓢ MC VISA BR a

chiuso agosto, a mezzogiorno, domenica da giugno a settembre e mercoledì negli altri mesi – **Pasto** carta 31/36.

◆ Nella storica piazza di Fiesole, un ambiente familiare, tradizionale negli arredi, frequentato in prevalenza da stranieri, con proposte toscane e nazionali.

a Montebeni *Est : 5 km* **FT** – ✉ *50014 Fiesole :*

Tullio a Montebeni, via Ontignano 48 ☎ 055 697354, ☂ – AE ⓢ ⓓ MC VISA JCB. ✂

chiuso agosto, lunedì e a novembre anche a mezzogiorrono – **Pasto** carta 23/42.

◆ Corretto rapporto qualità/prezzo per piatti casalinghi offerti in semplice trattoria di paese, nella più genuina tradizione toscana; accoglienza sorridente e gioviale.

ad Olmo *Nord-Est : 9 km* **FT** – ✉ *50014 Fiesole :*

Dino, via Faentina 329 ☎ 055 548932, *info@hotel-dino.it, Fax 055 548934,* ≤, ✂ – TV P. AE ⓢ ⓓ MC VISA. ✂ rist

Pasto *(chiuso mercoledì e dal 12 al 30 novembre)* carta 17/23 (12 %) – ☕ 5 – **18 cam** 60/80 – ½ P 60.

◆ Tutto è all'insegna dell'accurata semplicità in quest'angolo di verde collina tranquilla: un albergo familiare, ben gestito, stanze con arredi sul rustico, ben tenute. Capiente sala ristorante.

La Panacea, via dei Bosconi 58/A (strada provinciale 54) ☎ 055 548972, *info@la-panacea.it, Fax 055 548973,* ☂ – P. AE ⓢ ⓓ MC VISA. ✂

chiuso lunedì – **Pasto** carta 25/46.

◆ Servizio estivo in terrazza con vista sulle colline fiesolane, struttura interna di taglio classico con più sale suddivise da volte ad arco. In menù carne e pesce.

Se cercate un hotel tranquillo consultate prima le carte tematiche dell'introduzione e trovate nel testo gli esercizi indicati con il simbolo ⑤

FIESSO D'ARTICO *30032 Venezia* 562 F 18 *G. Venezia – 5 749 ab..*
Roma 508 – Padova 15 – Milano 247 – Treviso 42 – Venezia 30.

Villa Giulietta senza rist, via Riviera del Brenta 169 ☎ 041 5161500, *info@villagiulietta.it, Fax 041 5161212,* – ⎮ ▤ TV ☏ ♿ P. AE ⓢ ⓓ ⓜ VISA JCB. ✂
☕ 8 – **57 cam** 70/100.
◆ Sulla direttrice tra Padova e Venezia, bassa struttura d'impostazione moderna all'esterno e negli interni, soprattutto l'area della hall; camere tutte disposte sul retro.

Da Giorgio, via Riviera del Brenta 228 ☎ 041 5160204, *info@dagiorgio.it, Fax 041 5161212* – ▤ P. AE ⓢ ⓓ ⓜ VISA JCB. ✂
chiuso agosto e mercoledì – **Pasto** specialità di mare carta 34/50.
◆ Specialità di pesce, con arrivi dal mercato di Chioggia, da assaporare nel locale ubicato vicino all'hotel Villa Giulietta: ambiente recente, toni caldi e accoglienti.

FIGINO SERENZA *22060 Como* 561 E 9, 219 ⑲ *– 4 616 ab. alt. 330.*
Roma 622 – Como 14 – Milano 34.

Park Hotel e Villa Argenta, via XXV Aprile 5/14 ☎ 031 780792, *park.villaargenta@tin.it, Fax 031 780117,* – ⎮ ▤ TV P – 200. AE ⓢ ⓓ ⓜ VISA JCB
chiuso dal 24 dicembre al 7 gennaio ed agosto – **Pasto** *(chiuso domenica)* carta 26/46 –
☕ 9,30 – **40 cam** 92,96/124.
◆ Un singolare complesso, quello costituito da queste due strutture adiacenti: un albergo di stampo moderno, ideale per clienti di lavoro, e una bella villa di inizi '800. Affidabile cucina d'albergo, per piccole o grandi occasioni.

FILANDARI *89851 Vibo Valentia* 564 L 30 *– 1 880 ab. alt. 440.*
Roma 594 – Reggio di Calabria 89 – Catanzaro 81 – Cosenza 111 – Gioia Tauro 34.

a Mesiano *Nord-Ovest : 3 km – ✉ 89851 Filandari :*

Frammichè, contrada Ceraso ☎ 338 8707476, , solo su prenotazione – P. ✂
chiuso luglio e a mezzogiorno, domenica in agosto-settembre e lunedì negli altri mesi – **Pasto** 15/20.
◆ Grande successo per un locale ove un lodevole sforzo ha recuperato l'atmosfera e l'ambiente della vecchia Calabria e ricette ormai perdute: il risultato è gradevolissimo.

FILICUDI *Messina* 565 L 25 *– Vedere Sicilia (Eolie, isole) alla fine dell'elenco alfabetico.*

FINALE LIGURE *17024 Savona* 561 J 7 *G. Italia – 12 300 ab..*
Vedere *Finale Borgo* Nord-Ovest : 2 km.*
Escursioni *Castel San Giovanni : <* 1 h a piedi AR (da via del Municipio).*
via San Pietro 14 ☎ 019 681019, finaleligure@inforiviera.it, Fax 019 681804.
Roma 571 – Genova 72 – Cuneo 116 – Imperia 52 – Milano 195 – Savona 26.

Punta Est, via Aurelia 1 ☎ 019 600611, *Fax 019 600611,* <, , – ⎮ ▤ TV P – 60. AE ⓢ ⓜ VISA. ✂
maggio-settembre – **Pasto** 40/80 – **42 cam** ☕ 170/250, 5 suites – ½ P 160.
◆ Antica dimora settecentesca in un parco ombreggiato da pini secolari e da palme; tutti da scoprire i deliziosi spazi esterni quali una caverna naturale con stalagmiti. Elegante sala da pranzo: soffitti a travi lignee, archi, camino centrale, dehors panoramico.

Moroni, via lungomare San Pietro 38 ☎ 019 692222, *info@hotelmoroni.com, Fax 019 680330* – ⎮ ▤ TV ♿ P. AE ⓢ ⓓ ⓜ VISA. ✂ rist
chiuso dal 13 ottobre al 24 dicembre – **Pasto** carta 27/51 – **57 cam** ☕ 104/180 – ½ P 120.
◆ Ubicato sul lungomare, un hotel rinnovato nelle stanze e dotato di zone comuni spaziose e luminose; ideale per chi voglia soggiornare a Finale o chi sia solo di passaggio. Variazioni sul menù per una cucina di stampo classico, servita in un ambiente decoroso.

Villa Italia-Careni, via Torino 111 ☎ 019 690617, *villa.italia@libero.it, Fax 019 680024,* – ⎮ ▤ TV ♿ . ⓢ ⓓ ⓜ VISA. ✂ rist
chiuso da ottobre al 28 dicembre – **Pasto** (solo per alloggiati) 25/40 – ☕ 15 – **70 cam** 100 – ½ P 85.
◆ Posizione centrale, ma a due passi dal mare per due strutture vicine recentemente rinnovate, dai «freschi» interni in tonalità pastello; gradevoli le due terrazze solarium.

Internazionale, via Concezione 3 ☎ 019 692054, *hinternazionale@tiscalinet.it, Fax 019 692053* – ⎮ ▤ TV. ⓢ ⓜ VISA JCB. ✂ rist
chiuso dal 3 novembre al 28 dicembre – **Pasto** carta 29/39 – ☕ 15 – **32 cam** 80/105 – ½ P 93.
◆ Gestione familiare per la struttura di moderna concezione, in zona centrale lungo la passeggiata fronte mare; arredi classici anche nelle camere, comode e funzionali. Luminosa sala da pranzo, sobria nell'impostazione.

Medusa, vico Bricchieri 7 ☏ 019 692545, *mail@medusahotel.it, Fax 019 695679*, – , rist, . . cam
Pasto *(chiuso novembre)* carta 32/38 – **32 cam** 77/130 – ½ P 83.
◆ Edificio di origine settecentesca nel centro della località, ma non distante dal lungomare; offre un numero contenuto di stanze, rinnovate, e un sereno ambiente familiare. Graziosa saletta ristorante in stile liberty, con bei soffitti a cassettoni, decorati.

Rosita, via Mànie 67 (Nord-Est : 3 km) ☏ 019 602437, *rositafinale@supereva.it, Fax 019 601762*, – . . rist
chiuso dal 5 al 30 gennaio, 10 giorni a febbraio e novembre – **Pasto** *(chiuso martedì e mercoledì)* carta 30/39 – 6 – **9 cam** 60/75 – ½ P 46.
◆ Panorama sul golfo, in ambiente familiare e tranquillo, per un piccolo albergo nella zona collinare vicina ad una verde oasi protetta dell'entroterra. Camere accoglienti. Piacevole il servizio ristorante estivo in terrazza con vista mare.

Harmony, corso Europa 67 ☏ 019 601728, *clienti@ristoranteharmony.it*, – .
chiuso novembre e martedì (escluso agosto) – **Pasto** carta 30/42.
◆ Poco fuori del centro storico, un locale di stampo classico: sala moderna, sui toni del rosa, e piatti nazionali, sia di mare che di terra, con qualche proposta locale.

La Lampara, vico Tubino 4 ☏ 019 692430, prenotare –
chiuso da novembre al 15 dicembre e mercoledì – **Pasto** carta 45/55.
◆ Ambiente rustico-marinaro per una trattoria situata in piena zona centrale; due salette, di cui una più raccolta, e classiche specialità di pesce.

a Finalborgo *Nord-Ovest : 2 km – ✉ 17024 Finale Ligure :*

Ai Torchi, via dell'Annunziata 12 ☏ 019 690531, *Fax 019 690531*, prenotare – .
chiuso dal 7 gennaio al 10 febbraio e martedì (escluso agosto) – **Pasto** specialità di mare carta 46/72.
◆ Antico frantoio in un palazzo del centro storico: in sala sono ancora presenti la macina in pietra e il torchio in legno. Atmosfera e servizio curati, cucina marinara.

Le principali vie commerciali figurano in rosso sugli stradari delle piante di città.

FINO DEL MONTE *24020 Bergamo* 561 E 11 – *1 113 ab. alt. 670.*

Roma 600 – Bergamo 38 – Brescia 61 – Milano 85.

Garden, via Papa Giovanni XXIII, 1 ☏ 0346 72369, *garden@fratelliferrari.com, Fax 0346 71641* – – 25. . cam
chiuso due settimane in gennaio – **Pasto** *(chiuso lunedì)* specialità di mare carta 35/47 – **20 cam** 50/90 – ½ P 68.
◆ In un angolo verdeggiante, tra l'Altopiano di Clusone e la Conca della Presolana, una comoda struttura alberghiera, nota da tempo, ma in recente fase di rinnovo. Confortevole ristorante disposto su due salette di stile classico.

FIORANO AL SERIO *24040 Bergamo* 561 E 11 – *2 830 ab. alt. 395.*

Roma 597 – Bergamo 22 – Brescia 65 – Milano 70.

Trattoria del Sole, piazza San Giorgio 20 ☏ 035 711443 – .
chiuso dal 1º al 10 gennaio, agosto, lunedì sera e martedì – **Pasto** carta 28/53.
◆ Mattoni, una botte in legno e altri elementi, tipici di un arredo rustico, ma qui in ambiente elegante; piatti talora ricercati, soprattutto nei freschi prodotti di base.

FIORANO MODENESE *41042 Modena* 562 I 14 – *16 046 ab. alt. 155.*

Roma 421 – Bologna 57 – Modena 15 – Reggio nell'Emilia 35.

Executive, circondariale San Francesco 2 ☏ 0536 832010 e rist. ☏ 0536 832673, *info@hotel-executive.it, Fax 0536 830229* – – 150. .
chiuso dal 9 al 23 agosto – **Pasto** al Rist. ***Exè*** *(chiuso sabato a mezzogiorno e domenica)* carta 28/39 – **60 cam** 103/160.
◆ Non lontano da Maranello e Modena, nel noto comprensorio ceramico, elegante hotel di nuova concezione, con camere spaziose e accessoriate, ideale per clientela d'affari. Ristorante dotato anche di una capiente sala a vocazione banchettistica.

Alexander senza rist, via della Resistenza 46, località Spezzano Ovest : 3 km ✉ 41040 Spezzano ☏ 0536 845911, *Fax 0536 845183* – . .
chiuso dal 10 al 20 agosto – **48 cam** 72/109.
◆ In area di fiorente tradizione industriale, tuttavia già conosciuta per la villeggiatura delle nobili famiglie modenesi, una struttura di stile moderno con molti confort.

FIORENZUOLA D'ARDA *29017 Piacenza* 562 H 11 – *13 537 ab. alt. 82.*

Roma 495 – Piacenza 24 – Cremona 31 – Milano 87 – Parma 37.

Concordia senza rist, via XX Settembre 54 ☎ 0523 982827, *h-concordia@libero.it, Fax 0523 984841* – TV. AE Ś ⓓ MC VISA JCB
☕ 4 – **20 cam** 47/67, 2 suites.
◆ Struttura alberghiera in pieno centro storico, rinnovata di recente. Ambiente piacevole ed intimo, arredato con gusto con mobilio in stile; attenta conduzione familiare.

Mathis con cam, via Matteotti 68 ☎ 0523 982850, *info@mathis.it, Fax 0523 981098* – ▤ rist, TV ☎ P. AE Ś ⓓ MC VISA
chiuso dal 10 al 20 agosto – **Pasto** *(chiuso domenica sera e lunedì)* carta 26/34 – **16 cam** ☕ 55/70.
◆ I proprietari, appassionati d'auto e moto d'epoca, hanno denominato il locale da un vecchio modello di torpedo; ricette classiche e piacentine.

La Campana, viale Prospero Verani 11 (via Emilia) ☎ 0523 943833, *ristlacampana@libero.it, Fax 0523 943833,* – ▤. AE Ś ⓓ MC VISA.
chiuso luglio e martedì – **Pasto** carta 24/35.
◆ Ristorante di tono moderno, ubicato lungo la via Emilia; a gestione familiare, offre un menù classico e specialità locali talvolta rivisitate con originalità.

I prezzi del pernottamento e della pensione possono subire aumenti in relazione all'andamento generale del costo della vita ; quando prenotate chiedete la conferma del prezzo.

FIRENZE

50100 🅟 **563** K 15 *G. Toscana – 374 501 ab. alt. 49.*

Roma 277 ③ – Bologna 105 ⑦ – Milano 298 ⑦.

INFORMAZIONI PRATICHE

via Cavour 1 r ✉ 50129 ☎ 055 290832, Fax 055 2760383.

piazza della Stazione 4 ✉ 50123 ☎ 055 212245, Fax 055 2381226.

A.C.I. *viale Amendola 36 ✉ 50121 ☎ 055 24861.*

✈ *Amerigo Vespucci Nord-Ovest : 4 km* **AR** *☎ 055 30615, Fax 055 2788400.*

Alitalia, vicolo dell'Oro 1, ✉ 50123 ☎ 055 27881, Fax 055 2788400.

9 *Parco di Firenze ☎ 348 0058590, Fax 055 785627, Nord : 4 km.*

18 *Dell'Ugolino (chiuso lunedì) a Grassina ✉ 50015 ☎ 055 2301009, Fax 055 2301141 Sud : 12 km* **BS.**

LUOGHI DI INTERESSE

Duomo★★★ **Y** *: esterno dell'abside★★★, cupola★★★ (※★★) – Campanile★★★* **Y B** *: ※★★ – Battistero★★★* **Y A** *: porte★★★, mosaici★★★ – Museo dell'Opera del Duomo★★* **Y M**[5] *– Piazza della Signoria★★* **Z** *– Loggia della Signoria★★* **Z K** *: Perseo★★★ di B. Cellini*

Palazzo Vecchio★★★ **Z H** *– Galleria degli Uffizi★★★* **EU M**[3] *– Palazzo e museo del Bargello★★★* **EU M**[10]

San Lorenzo★★★ **DU V** *: chiesa★★, Biblioteca Laurenziana★★, tombe dei Medici★★★ nelle Cappelle Medicee★★ – Palazzo Medici-Riccardi★★* **EU S**[2] *: Cappella★★★, sala di Luca Giordano★★*

Chiesa di Santa Maria Novella★★ **DU W** *: affreschi del Ghirlandaio★★★ – Ponte Vecchio★★* **Z** *– Palazzo Pitti★★* **DV** *: galleria Palatina★★★, museo degli Argenti★★, opere dei Macchiaioli★★ nella galleria d'Arte Moderna★ – Giardino di Boboli★* **DV** *: ※★ dal Forte del Belvedere*

Museo delle Porcellane★ **DV** *– Convento e museo di San Marco★★* **ET** *: opere★★★ del Beato Angelico – Galleria dell'Accademia★★* **ET** *: galleria delle opere di Michelangelo★★★*

Piazza della Santissima Annunziata★ **ET 168** *: affreschi★ nella chiesa, portico★★ ornato di medaglioni★★ nell'Ospedale degli Innocenti★ – Chiesa di Santa Croce★★* **EU** *: Cappella dei Pazzi★★ – Passeggiata ai Colli★★ : ※★★★ da piazzale Michelangiolo* **EFV**, *chiesa di San Miniato al Monte★★* **EFV.**

Palazzo Strozzi★★ **DU S**[4] *– Palazzo Rucellai★★* **DU S**[3] *– Affreschi di Masaccio★★★ nella Cappella Brancacci a Santa Maria del Carmine* **DUV** *– Cenacolo di Fuligno (Ultima Cena★)* **DT**, *Cenacolo di San Salvi★* **BS G** *– Orsanmichele★* **EU R** *: tabernacolo★★ dell'Orcagna – La Badia* **EU E** *: campanile★, bassorilievo in marmo★★, tombe★, Apparizione della Madonna a San Bernardo★ di Filippino Lippi – Cappella Sassetti★★ e cappella dell'Annunciazione★ nella chiesa di Santa Trinita* **DU X** *– Chiesa di Santo Spirito★* **DUV**

Cenacolo★ di Sant'Apollonia **ET** *– Ognissanti* **DU** *: Cenacolo★ del Ghirlandaio – Palazzo Davanzati★* **Z M**[4] *– Loggia del Mercato Nuovo★* **Z L** *– Musei : Archeologico★★ (Chimera di Arezzo★★, Vaso François★★)* **ET**, *di Storia della Scienza★* **EU M**[6] *– Museo Marino Marini★* **Z M**[7] *– Museo Bardini★* **EV** *– Museo La Specola★* **DV** *– Casa Buonarroti★* **EU M**[1] *– Opificio delle Pietre Dure★* **ET M**[9] *– Crocifissione★ del Perugino* **EU C** *– Museo Horne★* **EUV M**[11].

DINTORNI

Ville Medicee★★ : villa della Petraia★ **BR**, *villa di Castello★* **AR**, *villa di Poggio a Caiano★★ per S 66 : 17 km – Certosa del Galluzzo★★* **ABS.**

In occasione di alcune manifestazioni commerciali o turistiche i prezzi degli alberghi potrebbero subire un sensibile aumento (informatevi al momento della prenotazione).

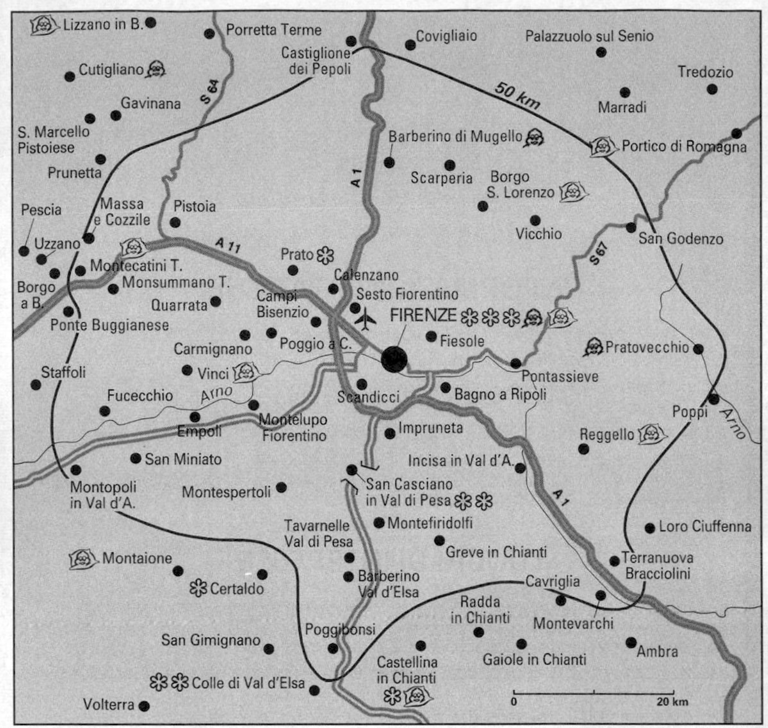

The Westin Excelsior, piazza Ognissanti 3 ✉ 50123 ✆ 055 264201, *excelsiorflorence.res043@starwoodhotel.com, Fax 055 210278* – |‡|, ⇷ cam, ▤ TV ✆ ♿ – 🏛 180. AE ⓢ ⓞ ⓜ VISA JCB. ✈ **DU b**
Pasto al Rist. ***Il Cestello*** carta 49/65 – ☕ 47 – **149 cam** 591/710, 11 suites.
◆ Sontuosi interni di un antico palazzo nobiliare sull'Arno, dove storia e tradizione si fondono con gli accessori più moderni, per un esclusivo soggiorno aristocratico. Ambiente principesco nella sala del ristorante.

Grand Hotel, piazza Ognissanti 1 ✉ 50123 ✆ 055 288781, *res045grandhotelflorence@luxurycollection.com, Fax 055 217400,* 🏠 – |‡|, ⇷ cam, ▤ TV ✆ ♿. AE ⓢ ⓞ ⓜ VISA JCB. ✈ **DU a**
Pasto al Rist. ***Incanto Cafè Restaurant*** carta 50/68 – ☕ 47 – **94 cam** 546/737, 7 suites.
◆ L'affascinante atmosfera della Firenze del Rinascimento, insieme alle comodità del XXI sec., negli eleganti interni di un prestigioso «gigante» dell'hotellerie cittadina. Il raffinato ristorante è attiguo alla hall, con terrazza sulla piazza e cucina a vista.

Grand Hotel Villa Medici, via Il Prato 42 ✉ 50123 ✆ 055 277171, *villa.medici@sinahotels.it, Fax 055 2381336,* 🏠, ⛹, 🏊, ⛱, 🌳 – |‡| ▤ TV – 🏛 90. AE ⓢ ⓞ ⓜ VISA JCB. ✈ **CT c**
Pasto carta 60/71 – ☕ 33 – **103 cam** 539, 14 suites.
◆ E' un'oasi nel centro di Firenze il giardino con piscina che circonda questo grande albergo di tradizione, in un palazzo del '700, con preziosi e curati interni in stile. Raffinata sala da pranzo interna e, d'estate, servizio all'aperto in giardino.

Regency, piazza Massimo D'Azeglio 3 ✉ 50121 ✆ 055 245247, *info@regency-hotel.com, Fax 055 2346735,* 🏠, 🌳 – |‡| ▤ TV ✆ 🚗. AE ⓢ ⓞ ⓜ VISA JCB. ✈ rist **FU a**
Pasto al Rist. ***Relais le Jardin*** (prenotare) carta 40/66 – **33 cam** ☕ 363/605, 2 suites.
◆ Una dimora di charme e confort offre riposo dalle fatiche turistiche nell'ovattata atmosfera di un elegantissimo salotto o in un quieto giardino nascosto agli sguardi. Una sala da pranzo con vetrate affacciate sul giardino e un'altra più ricca negli arredi.

FIRENZE

PERCORSI DI ATTRAVERSAMENTO E DI CIRCONVALLAZIONE

Agnelli (Via Giovanni) . . . . . . **BS** 4
Alberti (Piazza L.B.) . . . . **BS** 6
Aretina (V.) . . . . **BS** 13
Chiantigiana (Via) . . . . **BS** 36
Colombo (Lung C.) . . . . **BS** 37
D'Annunzio (Via G.) . . . . **BS** 41
De Amicis (Viale E.) . . . . **BS** 45
Europa (Viale) . . . . **BS** 49
Giannotti (Viale D.) . . . . **BS** 58
Guidoni (Viale A.) . . . . **AR** 67
Mariti (Via G. F.) . . . . **BR** 81
Novoli (Via di) . . . . **AR** 91
Panche (Via delle) . . . . **BR** 100
Paoli (Via) . . . . **AS** 103
Paoli (Viale Pasquale) . . . . . **BS** 105
Pietro Leopoldo (Piazza) . . . . **BR** 114
Poggio Imperiale (Viale) . . . . **BS** 118
Pollaiuolo (Via A. del) . . . . . **AS** 121
Salviati (Via) . . . . **BR** 144
S. Domenico (Via) . . . . **BR** 147
Villamagna (Via di) . . . . **BS** 196

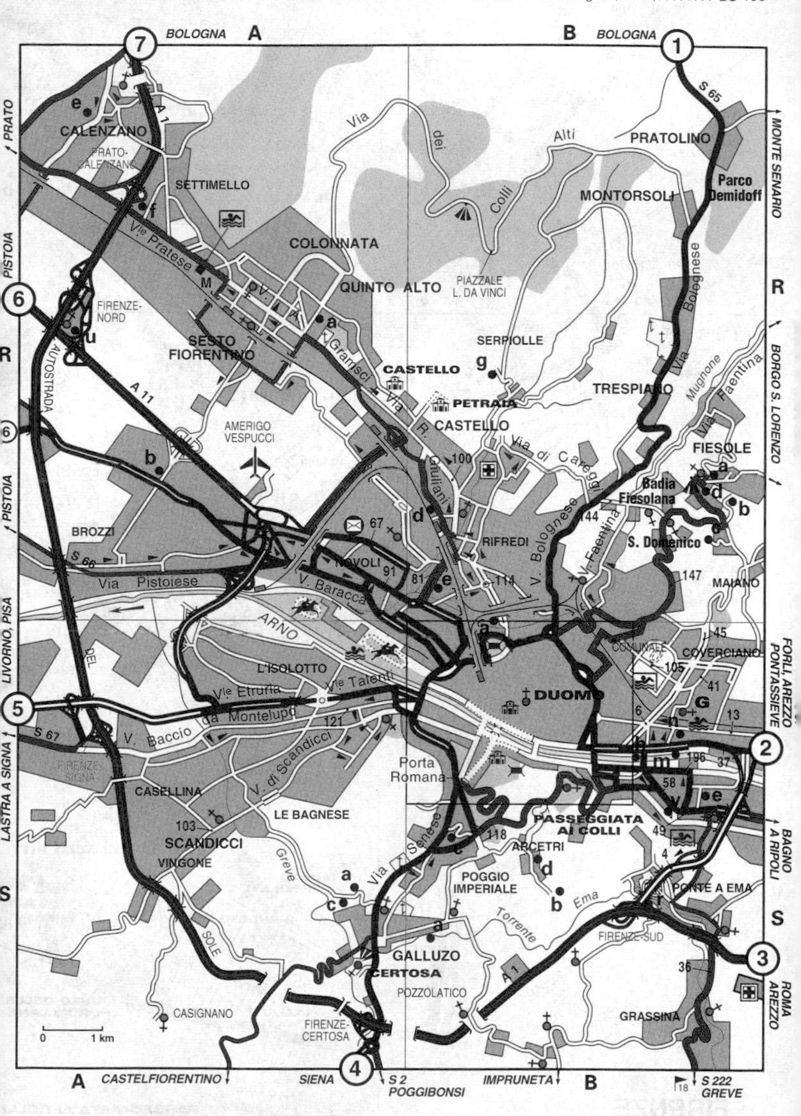

Le nostre guide alberghi e ristoranti, le nostre guide turistiche e le nostre carte stradali sono complementari. Utilizzatele insieme.

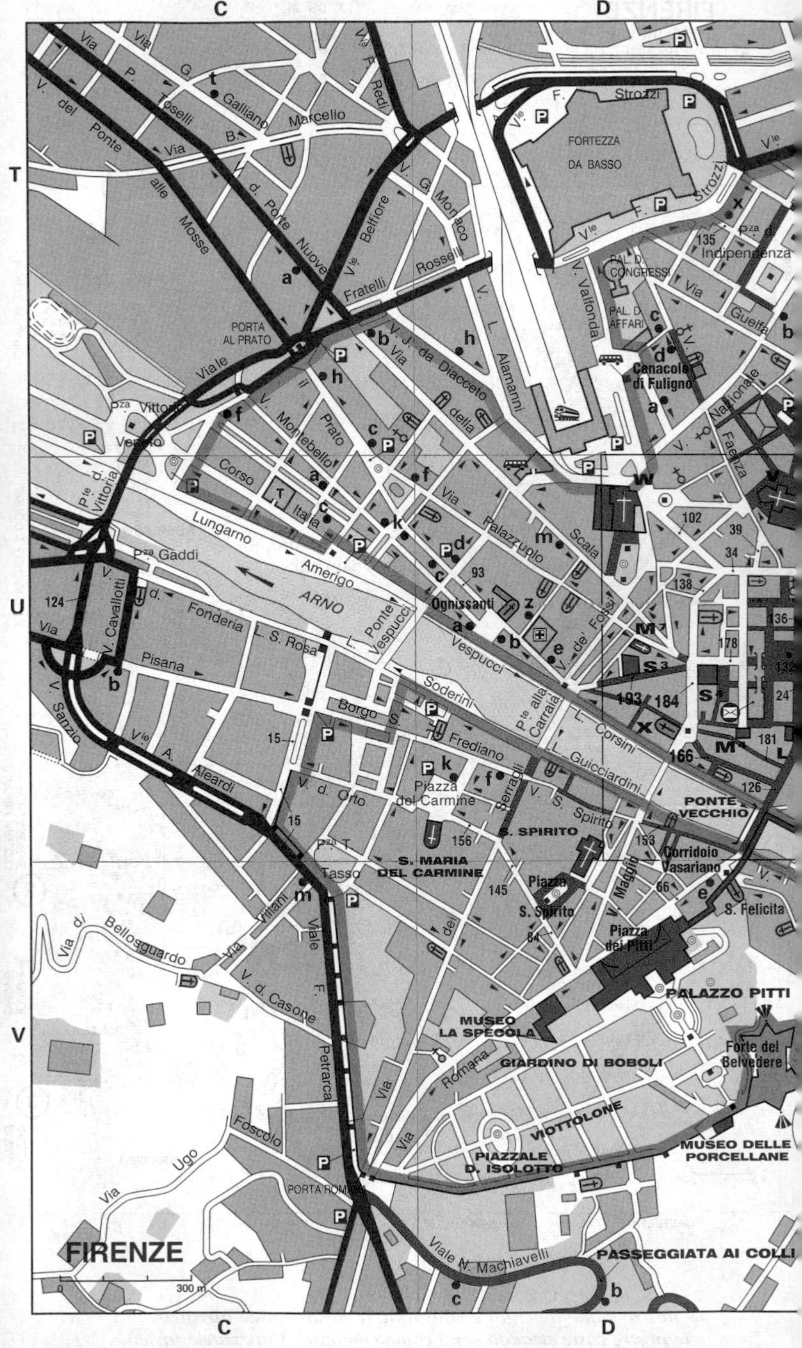
C
D
T
U
V
FIRENZE
FORTEZZA DA BASSO
PORTA AL PRATO
PAL. D. CONGRESSI
PAL. D. AFFARI
Cenacolo di Fuligno
ARNO
Ognissanti
Ponte Vespucci
Lungarno Amerigo Vespucci
L. Corsini
L. Guicciardini
PONTE VECCHIO
Corridoio Vasariano
S. SPIRITO
Piazza S. Spirito
Piazza del Carmine
S. MARIA DEL CARMINE
Piazza dei Pitti
PALAZZO PITTI
S. Felicita
MUSEO LA SPECOLA
GIARDINO DI BOBOLI
Forte del Belvedere
VIOTTOLONE
PIAZZALE D. ISOLOTTO
MUSEO DELLE PORCELLANE
PORTA ROMANA
Viale N. Machiavelli
PASSEGGIATA AI COLLI
Via di Bellosguardo
Via Ugo Foscolo
Viale F. Petrarca
V. d. Casone
P^za Vittorio Veneto
P^te d. Vittoria
P^za Gaddi
V. Cavallotti
Via Pisana
V^le A. Aleardi
V. Sanzio
Borgo S. Frediano
V. d. Orto
P^za T. Tasso
Via del Ponte alle Mosse
Via G. B. Galliano
Via Marcello
V. d. Porte Nuove
V^le Belfiore
V^le Fratelli Rosselli
V. J. da Diacceto
Via della Scala
Via Palazzuolo
V. Alamanni
V. Valfonda
V^le F. Strozzi
P^za d. Indipendenza
Via Guelfa
V. Nazionale
Via Faenza
Corso Italia
V. Montebello
Via il Prato
Via Romana
Via Maggio
V. S. Spirito
P^te alla Carraia
Serragli
0
300 m

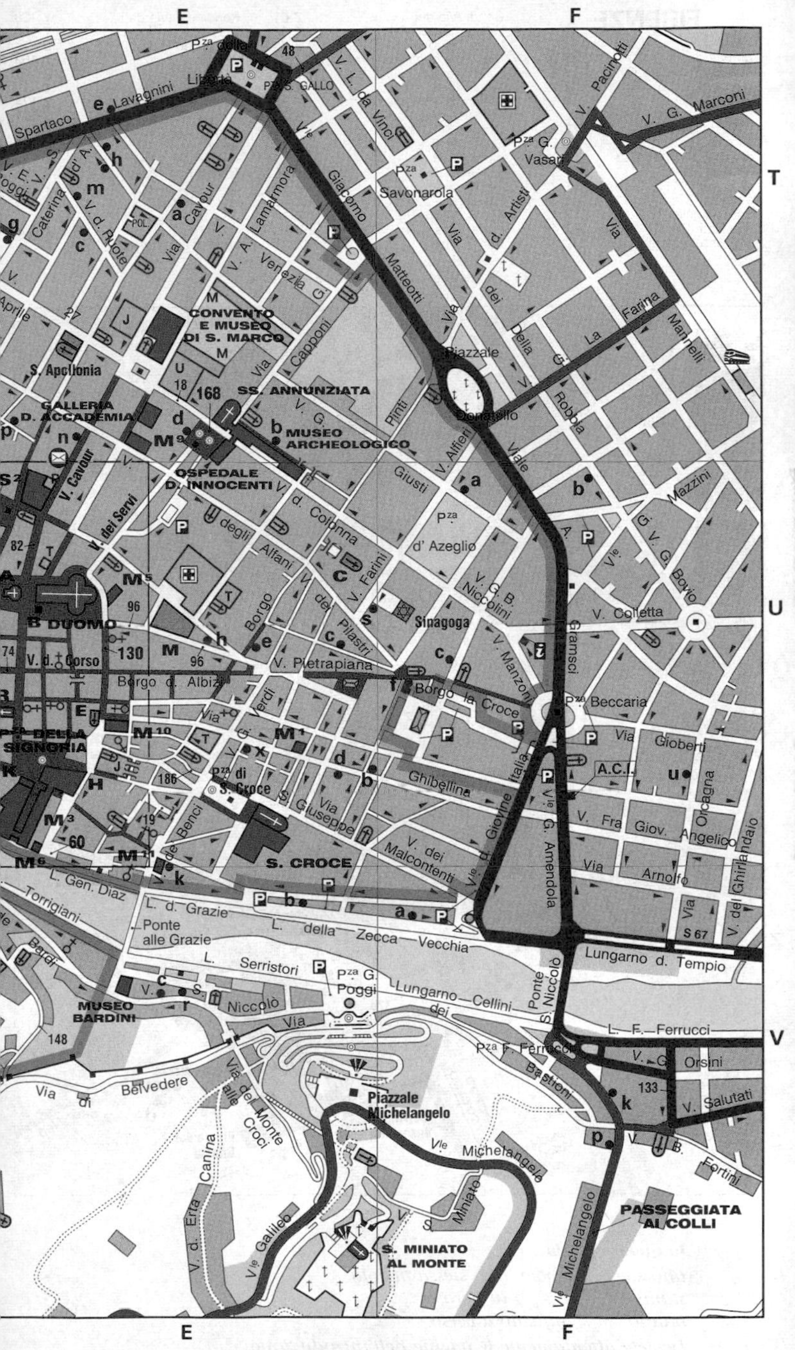
E
F
T
U
V
CONVENTO
E MUSEO
DI S. MARCO
S. Apollonia
SS. ANNUNZIATA
GALLERIA
D. ACCADEMIA
MUSEO
ARCHEOLOGICO
OSPEDALE
D. INNOCENTI
Sinagoga
DUOMO
P^za DELLA
SIGNORIA
S. CROCE
MUSEO
BARDINI
Piazzale
Michelangelo
S. MINIATO
AL MONTE
PASSEGGIATA
AI COLLI
Piazzale
Donatello
P^za della Libertà
P^ta S. GALLO
P^za G. Vasari
P^za Savonarola
P^za d' Azeglio
P^za Beccaria
P^za di S. Croce
P^za G. Poggi
P^za F. Ferrucci
Spartaco
Lavagnini
V.le Giacomo Matteotti
Viale G. Amendola
V.le d. Giovine Italia
Lungarno d. Tempio
Lungarno Cellini
L. della Zecca Vecchia
L. d. Grazie
L. Serristori
L. Gen. Diaz
L. Torrigiani
Ponte alle Grazie
Ponte S. Niccolò
V.le Michelangelo
V.le Galileo
Via di Belvedere
V. dei Servi
V. Cavour
V. Pietrapiana
Borgo d. Albizi
Borgo la Croce
V. Ghibellina
Via Gioberti
V. Fra Giov. Angelico
Via Arnolfo
V. dei Malcontenti
V. Colletta
V. G. Marconi
V. Pacinotti
Via Mannelli
Via La Farina
A.C.I.
168
96
130
186
60
148
133
S 67

FIRENZE

Agli (Via degli) . . . . Y 3
Antinori (Piazza degli) . . . . . . Y 10
Archibusieri (Lungarno). . . . . Z 12
Avelli (Via degli) . . . . Y 16
Brunelleschi
(Via de'). . . . . YZ 22
Calimala . . . . Z 24
Calzaiuoli (Via dei) . . . . YZ
Canto de' Nelli
(Via del) . . . . Y 27
Castellani (Via de'). . . . . Z 31
Dante Alighieri (Via). . . . . Z 42
Davanzati (Piazza) . . . . Z 43
Fiordaliso (Via del) . . . . Z 52
Gondi (Via dei) . . . . Z 61
Lambertesca (Via) . . . . Z 69
Leoni (Via dei). . . . . Z 70
Madonna degli Aldobrandini
(Piazza di) . . . . Y 75
Magazzini (Via dei). . . . . Z 76
Melarancio (Via del). . . . . Y 85
Monalda (Via) . . . . Z 88
Oriuolo (Via d.) . . . . Y 96
Orsanmichele (Via). . . . . Z 99
Parte Guelfa
(Piazza di). . . . . Z 106
Pellicceria (Via) . . . . Z 109
Pescioni (Via de'). . . . . YZ 111
Por S. Maria (Via). . . . . Z 126
Porta Rossa (Via) . . . . Z
Roma (Via) . . . . YZ
Rondinelli (Via de'). . . . . Y 138
S. Giovanni (Piazza). . . . . Y 150
S. Jacopo (Borgo) . . . . Z
S. Trinita (Piazza) . . . . Z 163
Sassetti (Via de') . . . . Z 171
Spada (Via della). . . . . Z 173
Speziali (Via degli) . . . . Z 174
Strozzi (Piazza) . . . . Z 177
Strozzi (Via degli) . . . . Z
Tavolini (Via dei) . . . . Z 180
Terme (Via delle) . . . . Z 181
Tornabuoni (Via) . . . . Z
Trebbio (Via del). . . . . Y 187
Uffizi (Piazzale degli). . . . . . . Z 188
Vaccherecchia
(Via). . . . . Z 189
Vecchio (Ponte) . . . . Z

Circolazione regolamentata nel centro città

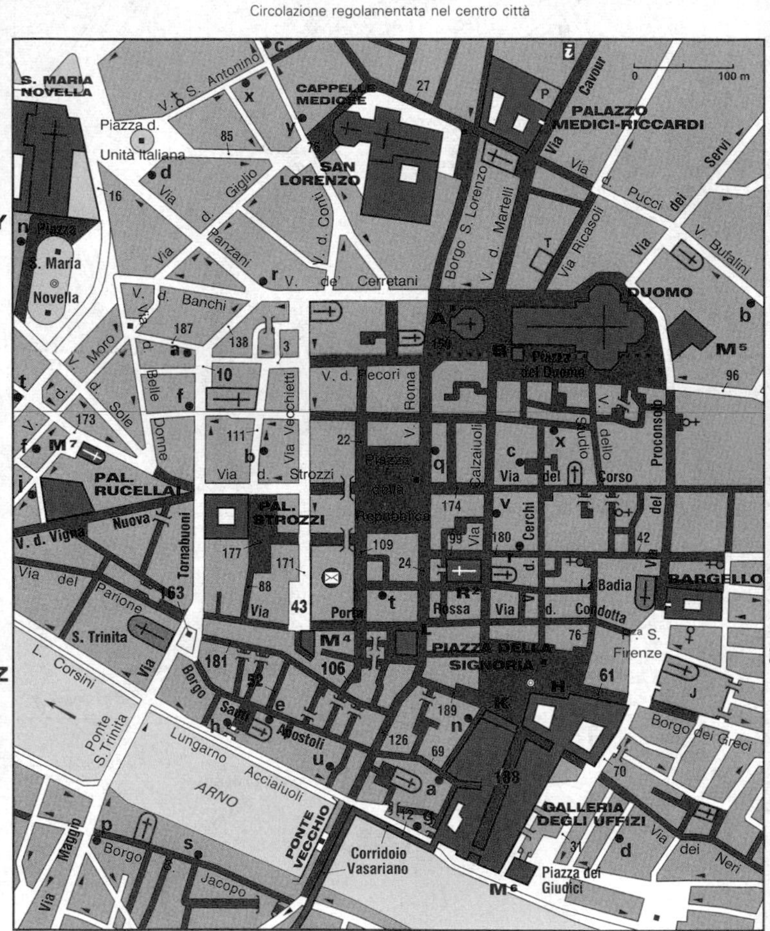

In questa guida
uno stesso simbolo, una stessa parola
stampati in rosso o in nero,
hanno un significato diverso.
Leggete attentamente le pagine dell'introduzione.

INDICE TOPONOMASTICO DELLE PIANTE DI FIRENZE

Acciaiuoli (Lungarno) **Z**
Agli (Via degli) **Y** 3
Agnelli (Via G.) **BS** 4
Alamanni (Via L.) **DT**
Alberti (Piazza L. B.) **BS** 6
Albizi (Borgo degli) **EU**
Aleardi (Viale A.) **CU**
Alfani (Via degli) **ETU**
Alfieri (Via V.) **FTU**
Amendola (Viale G.) **FUV**
Antinori (Piazza degli) **Y** 10
Archibusieri (Lungarno) **Z** 12
Aretina (Via) **BS** 13
Ariosto (Viale F.) **CU** 15
Arnolfo (Via) **FV**
Artisti (Via degli) **FT**
Avelli (Via degli) **Y** 16
Azeglio (Piazza d') **FU**
Baccio da Montelupo (Via) **AS**
Banchi (Via del) **Y**
Bardi (Via de) **DEV**
Barraca (Via) **AR**
Bastioni (Via dei) **EFV**
Battisti (Via C.) **ET** 18
Beccaria (Piazza) **FU**
Belfiore (Viale) **CT**
Belle Donne (Via delle) **Y**
Bellosguardo (Via di) **CV**
Belvedere (Via di) **EV**
Benci (Via de') **EUV**
Bentaccordi (Via) **EU** 19
Bolognese (Via) **BR**
Bovio (Via G.) **FU**
Brunelleschi (Via de') **YZ** 22
Bufalini (Via) **Y**
Calimala **Z, DU** 24
Calzaiuoli (Via dei) **YZ**
Canto de' Nelli (Via del) **Y** 27
Capponi (Via G.) **ET**
Careggi (Via di) **BR**
Carmine (Piazza del) **DU**
Carraia (Ponte alla) **DU**
Casone (Via del) **CV**
Castellani (Via de') **Z** 31
Cavallotti (Via F.) **CU**
Cavour (Via) **ETY**
Cellini (Lungarno) **FV**
Cerchi (Via de') **Z**
Cerretani (Via de') **Y, DU** 34
Chiantigiana (Via) **BS** 36
Colletta (Via P.) **FU**
Colli Alti (Via dei) **ABR**
Colombo (Lungarno C.) **BS** 37
Colonna (Via della) **EU**
Condotta (Via della) **Z**
Conti (Via de') **Y, DU** 39
Corsini (Lungarno) **Z, DU**
Corso (Via del) **Z, EU**
Croce (Borgo la) **FU**
D'Annunzio (Via G.) **BS** 41
Dante Alighieri (Via) **Z** 42
Davanzati (Piazza) **Z** 43
De Amicis (Viale E.) **BS** 45
Della Robbia (Via dei) **FT**
Diacceto (Via J. da) **DT**
Diaz (Lungarno Generale) **EV**
Don G. Minzoni (Viale) **ET** 48
Donatello (Piazzale) **FT**
Duomo (Piazza del) **Y**
Etruria (Viale) **AS**
Europa (Viale) **BS** 49
Faentina (Via) **BR**
Faenza (Via) **DTU**
Farina (Via G. La) **FT**
Farini (Via) **EFU**
Ferrucci (Lungarno F.) **FV**
Ferrucci (Piazza F.) **FV**
Fiordaliso (Via del) **Z** 52
Fonderia (Via della) **CU**
Fortini (Via B.) **FV**
Foscolo (Via U.) **CV**
Fossi (Via de') **DU**
Fra G. Angelico (Via) **FU**
Fratelli Rosselli (Viale) **CDT**
Gaddi (Piazza) **CU**
Galileo (Viale) **EV**
Galliano (Via G.) **CT**
Ghibellina (Via) **EFU**
Ghirlandaio (Via del) **FUV**
Giannotti (Viale D.) **BS** 58
Giglio (Via del) **Y**
Gioberti (Via V.) **FU**
Giovine Italia (Viale della) **FUV**
Giudici (Piazza dei) **Z, EU** 60
Giuliani (Via R.) **ABR**
Giusti (Via G.) **EFTU**
Gondi (Via dei) **Z** 61
Gramsci (Viale) **FTU**
Grazie (Lungarno delle) **EV**
Grazie (Ponte alle) **EV**
Greci (Borgo dei) **Z**
Guelfa (Via) **DET**
Guicciardini (Lungarno) **DU**
Guicciardini (Via de') **DV** 66
Guidoni (Viale A.) **AR** 67
Indipendenza (Piazza della) **DT**
Italia (Corso) **CU**
Lamarmora (Via A.) **ET**
Lambertesca (Via) **Z** 69
Lavagnini (Viale S.) **DET**
Leoni (Via dei) **Z** 70
Libertà (Piazza della) **ET**
Machiavelli (Viale N.) **CDV**
Madonna degli Aldobrandini (Piazza di) **Y** 75
Magazzini (Via dei) **Z** 76
Maggio (Via) **Z, DV**
Malcontenti (Via dei) **FUV**
Mannelli (Via) **FT**
Manzoni (Via A.) **FU**
Marcello (Via B.) **CT**
Marconi (Via G.) **FT**
Mariti (Via G. F.) **BR** 81
Martelli (Via de') **Y, EU** 82
Matteotti (Viale G.) **EFT**
Mazzetta (Via) **DV** 84
Mazzini (Viale G.) **FU**
Melarancio (Via del) **Y** 85
Michelangelo (Piazzale) **EFV**
Michelangelo (Viale) **FV**
Monaco (Via G.) **CDT**
Monalda (Via) **Z** 88
Monte alle Croci (Via del) **EV**
Montebello (Via) **CTU**
Moro (Via del) **Y**
Nazionale (Via) **DT**
Neri (Via dei) **Z**
Niccolini (Via G. B.) **FU**
Novoli (Via di) **AR** 91
Ognissanti (Borgo) **DU** 93
Orcagna (Via) **FUV**
Oriuolo (Via d.) **Y,EU** 96
Orsanmichele (Via) **Z** 99
Orsini (Via G.) **FV**
Orto (Via d.) **CU**
Pacinotti (Via A.) **FT**
Palazzuolo (Via) **DU**
Panche (Via delle) **BR** 100
Panzani (Via) **Y, DU** 102
Paoli (Via) **AS** 103
Paoli (Viale P.) **BS** 105
Parione (Via del) **Z**
Parte Guelfa (Piazza di) **Z** 106
Pecori (Via de') **Y**
Pellicceria (Via) **Z** 109
Pescioni (Via de') **YZ** 111
Petrarca (Viale F.) **CV**
Pietrapiana (Via) **EU**
Pietro Leopoldo (Piazza) **BR** 114
Pilastri (Via dei) **EFU**
Pinti (Borgo) **EFTU**
Pisana (Via) **CU**
Pistoiese (Via) **AR**
Pitti (Piazza dei) **DV**
Poggi (Via E.) **ET**
Poggi (Piazza G.) **EV**
Pollaiuolo (Via A. del) **AS** 121
Ponte alle Mosse (Via del) **CT**
Ponte Sospeso (Via del) **CU** 124
Por S. Maria (Via) **Z** 126
Porta Rossa (Via) **Z**
Porte Nuove (Via delle) **CT**
Pratese (Viale) **AR**
Prato (il) **CT**
Proconsolo (Via del) **EU** 130
Pucci (Via de') **Y**
Redi (Viale F.) **CT**
Repubblica (Piazza della) **Z, DU** 132
Ricasoli (Via) **Y**
Ricorboli (Via di) **FV** 133
Ridolfi (Via C.) **DT** 135
Roma (Via) **YZ, DU** 136
Romana (Via) **CDV**
Rondinelli (Via de') **Y** 138
Ruote (Via delle) **ET**
Salutati (Via C.) **FV**
Salviati (Via) **BR** 144
S. Agostino (Via) **DV** 145
S. Antonino (Via) **Y**
S. Caterina d'Alessandria (Via) **ET**
S. Croce (Piazza di) **EU**
S. Domenico (Via) **BR** 147
S. Firenze (Piazza) **Z**
S. Frediano (Borgo) **CDU**
S. Giorgio (Costa di) **EV** 148
S. Giovanni (Piazza) **Y** 150
S. Giuseppe (Via di) **EU**
S. Jacopo (Borgo) **Z, DU** 153
S. Leonardo (Via di) **DV** 154
S. Lorenzo (Borgo) **Y**
S. Maria Novella (Piazza) **Y**
S. Miniato (Via) **FV**
S. Monaca (Via) **DU** 156
S. Niccolò (Ponte) **FV**
S. Niccolò (Via) **EV**
S. Rosa (Lungarno di) **CU**
S. Spirito (Piazza) **DV**
S. Spirito (Via) **DU**
S. Trinita (Piazza) **Z** 163
S. Trinita (Ponte) **Z**
Salutati (Via) **FV**
Santi Apostoli (Borgo) **Z, DU** 166
Santissima Annunziata (Piazza della) **ET** 168
Sanzio (Viale R.) **CU**
Sassetti (Via de') **Z** 171
Savonarola (Piazza) **FT**
Scala (Via della) **DTU**
Scandicci (Via di) **AS**
Senese (Via) **ABS**
Serragli (Via de') **DUV**
Serristori (Lungarno) **EV**
Servi (Via dei) **Y, EU**
Signoria (Piazza della) **Z, EU**
Soderini (Lungarno) **CDU**
Sole (Via del) **YZ**
Spada (Via della) **Z** 173
Speziali (Via degli) **Z, EU** 174
Strozzi (Piazza) **Z** 177
Strozzi (Via degli) **Z, DU** 178
Strozzi (Viale F.) **DT**
Studio (Via dello) **YZ**
Talenti (Viale) **AS**
Tasso (Piazza T.) **CUV**
Tavolini (Via dei) **Z** 180
Tempio (Lungarno del) **FV**
Terme (Via delle) **Z** 181
Tornabuoni (Via) **Z, DU** 184
Torrigiani (Lungarno) **EV**
Torta (Via) **EU** 186
Toselli (Via P.) **CT**
Trebbio (Via del) **Y** 187
Uffizi (Piazzale degli) **Z** 188
Unità Italiana (Piazza d.) **Y**
Vaccherecia (Via) **Z** 189
Valfonda (Via) **DT**
Vasari (Piazza G.) **FT**
Vecchietti (Via de') **YZ**
Vecchio (Ponte) **Z, DU**
Veneto (Piazza Vittorio) **CT**
Venezia (Via) **ET**
Verdi (Via G.) **EU**
Vespucci (Lungarno A.) **CDU**
Vespucci (Ponte) **CU**
Vigna Nuova (Via della) **Z, DU** 193
Villamagna (Via di) **BS** 196
Villani (Via) **CV**
Vinci (Via L. da) **EFT**
Vittoria (Ponte della) **CU**
Zecca Vecchia (Lungarno della) **EFV**
27 Aprile (Via) **ET**

Le principali vie commerciali figurano in rosso sugli stradari delle piante di città.

Albani, via Fiume 12 ✉ 50123 ☎ 055 26030, *hotel.albani@firenzealbergo.it, Fax 055 211045* – |‡|, ⇔ cam, ▤ TV ☎ – 🏛 300. AE 💲 ⓞ MC VISA JCB. ✂ rist DT a
Pasto carta 34/45 – **98 cam** ☕ 335/350, 4 suites.
◆ Nei pressi della stazione, in un prestigioso palazzo dei primi del '900, rigorosa raffinatezza neoclassica negli ambienti stile impero di un hotel di notevole fascino. Pannelli policromi alle pareti dell'elegante sala ristorante.

Helvetia e Bristol, via dei Pescioni 2 ✉ 50123 ☎ 055 26651, *reservation.hbf@royaldemeure.com, Fax 055 288353* – |‡| ▤ TV. AE 💲 ⓞ MC VISA JCB. ✂ Z b
Pasto al Rist. ***Il Giardino d'inverno*** *(chiuso a mezzogiorno)* Coperti limitati; prenotare carta 42/66 – ☕ 29,70 – **45 cam** 297/550, 13 suites.
◆ L'avvolgente fascino del passato in un'elegante dimora dell'800, arredata con autentici pezzi d'antiquariato e dipinti fiorentini del '600, nei pressi di Palazzo Strozzi. Sedie di velluto rosso e tendaggi importanti nella sala del ristorante.

Plaza Hotel Lucchesi, lungarno della Zecca Vecchia 38 ✉ 50122 ☎ 055 26236, *phl@plazalucchesi.it, Fax 055 2480921,* ≤ – |‡| ⇔ ▤ TV ☎ 🚗 – 🏛 160. AE 💲 ⓞ MC VISA JCB. ✂ rist EV b
Pasto (solo per alloggiati) 21/33 – **97 cam** ☕ 237/387 – ½ P 226,50.
◆ Elegante albergo sul lungarno, ristrutturato nel rispetto dello stile dell'edificio in cui è ospitato. Incantevole vista sul fiume e su Santa Croce da numerose camere.

Savoy, piazza della Repubblica 7 ✉ 50123 ☎ 055 27351, *reservations@hotelsavoy.it, Fax 055 2735888,* 🏋 – |‡| ▤ TV ☎ ♿ – 🏛 80. AE 💲 ⓞ MC VISA JCB. ✂ Z q
Pasto al Rist. ***L'Incontro*** carta 45/70 – ☕ 26,40 – **98 cam** 407/803, 9 suites.
◆ Dopo la totale ristrutturazione, un grande albergo di storica tradizione (dal 1893) è tornato a nuova vita, offrendo un insieme di eleganza, confort e alta tecnologia. Il ristorante, in stile «brasserie», d'estate si apre nel gradevole dehors sulla piazza.

Gd H. Minerva, piazza Santa Maria Novella 16 ✉ 50123 ☎ 055 27230, *info@grandhotelminerva.com, Fax 055 268281,* 🏊 – |‡|, ⇔ cam, ▤ TV ☎ – 🏛 80. AE 💲 ⓞ MC VISA JCB. ✂ rist Y n
Pasto carta 43/68 – **98 cam** ☕ 270/370, 5 suites.
◆ Accanto alla chiesa di S.Maria Novella, un hotel moderno di grande confort, con piacevoli spazi comuni di ampio respiro; notevole il panorama dalla terrazza con piscina. Enorme vetrata sul giardino interno nella sala più grande del ristorante.

Grand Hotel Baglioni, piazza Unità Italiana 6 ✉ 50123 ☎ 055 23580, *info@hotelbaglioni.it, Fax 055 23588895* – |‡| ▤ TV ☎ – 🏛 200. AE 💲 ⓞ MC VISA JCB. ✂ Y d
Pasto carta 37/55 – **190 cam** ☕ 277/329, 3 suites – ½ P 218.
◆ Signorile, curata ospitalità e sobria eleganza negli interni, arredati in stile, di una grande struttura di tradizione, rinomata nel mondo, a pochi passi dalla stazione. Splendida la vista su Firenze che si gode dal ristorante roof-garden.

Lungarno, borgo Sant'Jacopo 14 ✉ 50125 ☎ 055 27261, *lungarno@lungarnohotels.com, Fax 055 268437,* ≤ – |‡|, ⇔ cam, ▤ TV ☎ – 🏛 25. AE 💲 ⓞ MC VISA JCB. ✂ rist Z s
Pasto *(chiuso agosto, domenica e a mezzogiorno)* carta 54/64 – **60 cam** ☕ 363/407, 13 suites.
◆ Impagabili «camere con vista» in un hotel proprio sull'Arno, dove tutto è all'insegna di una raffinatissima cura dei particolari; pregiata collezione di quadri moderni. Come l'omonimo hotel, è affacciata sul fiume anche la sala da pranzo.

Sofitel Firenze, via de' Cerretani 10 ✉ 50123 ☎ 055 2381301, *sofitel.firenze@accor-hotels.it, Fax 055 2381312* – |‡|, ⇔ cam, ▤ TV ☎ ♿. AE 💲 ⓞ MC VISA JCB. ✂ Y r
Pasto al Rist. ***Il Patio*** carta 32/42 – **83 cam** ☕ 380/420, suite – ½ P 252.
◆ Un palazzo patrizio del XVII sec. ristrutturato è ora un hotel dotato di ogni confort moderno, tra cui un'insonorizzazione sorprendente, vista la posizione centralissima. L'elegante sala ristorante si trova effettivamente in un patio coperto di vetrate.

Starhotel Michelangelo, viale Fratelli Rosselli 2 ✉ 50123 ☎ 055 2784, *michelangelo.fi@starhotels.it, Fax 055 2382232* – |‡|, ⇔ cam, ▤ TV ☎ ♿ – 🏛 250. AE 💲 ⓞ MC VISA JCB. ✂ CT f
Pasto al Rist ***Il David*** carta 40/60 – **119 cam** ☕ 259/289 – ½ P 225.
◆ Dopo la totale ristrutturazione è un hotel nuovo, che offre camere confortevoli con dotazioni di ottimo livello (c'è anche la TV nei bagni); sale riunioni ben attrezzate. Raffinata sala da pranzo.

De la Ville senza rist, piazza Antinori 1 ✉ 50123 ☎ 055 2381805, *delaville@firenze.net, Fax 055 2381809* – |‡| ▤ TV ☎ – 🏛 60. AE 💲 ⓞ MC VISA JCB Y f
71 cam ☕ 240/500, 4 suites.
◆ Nella via dello shopping elegante, un hotel di grande signorilità, il cui settore notte, completamente ristrutturato, presenta spaziose camere in stile e bagni moderni.

Palazzo Magnani Feroni senza rist, borgo San Frediano 5 ✉ 50124 ☎ 055 2399544, *info@florencepalace.it, Fax 055 2608908,* 🏋 – ▤ TV ☎. AE 💲 ⓞ MC VISA JCB. ✂ DU f
12 suites ☕ 320/590.
◆ In Oltrarno all'interno di un palazzo patrizio del XVI sec., raccolto attorno ad una piccola corte centrale. Dotato di terrazze panoramiche con vista a 360° sulla città.

Gallery Hotel Art, vicolo dell'Oro 5 ✉ 50123 ☎ 055 27263 e rist ☎ 055 27266987, *gallery@lungarnohotels.com, Fax 055 268557* – cam, . AE VISA JCB. rist Z u
Pasto al Rist. ***The Fusion Bar-Shozan Gallery*** *(chiuso lunedì)* carta 26/43 – **65 cam** 330/363, suite.
◆ Design contemporaneo di un noto architetto e arte cosmopolita, esposta come in un museo, sono gli ingredienti dell'unicità e del fascino di un hotel davvero «moderno». Ristorante sofisticato, attuale e di tendenza, cucina «fusion».

Degli Orafi senza rist, lungarno Archibusieri 4 ✉ 50122 ☎ 055 26622, *info@hoteldegliorafi.it, Fax 055 2662111* – . AE VISA JCB. Z g
42 cam 240/380.
◆ Struttura totalmente ristrutturata, elegante e ricca di storia, a pochi metri da Ponte Vecchio e dalla Galleria degli Uffizi. Indirizzo ideale per chi è a caccia di fascino.

Anglo American Hotel, via Garibaldi 9 ✉ 50123 ☎ 055 282114, *reservation.ghr@framon-hotels.it, Fax 055 268513* – – 90. AE VISA JCB CU a
Pasto carta 38/54 – 16,50 – **82 cam** 308/352, 15 suites – ½ P 232.
◆ Centrale, ma tranquillo, a poca distanza dal lungarno. Ambiente raccolto ed accogliente, caratterizzato da un originale soggiorno costituito da una lunga galleria a vetri. Suggestioni d'altri tempi in sala da pranzo.

Brunelleschi, piazza Santa Elisabetta 3 ✉ 50122 ☎ 055 27370, *info@hotelbrunelleschi.it, Fax 055 219653*, – cam, – 100. AE VISA JCB. rist Z c
Pasto *(chiuso domenica)* (solo per alloggiati) carta 35/40 – **87 cam** 235/340, 7 suites – ½ P 208,50.
◆ Sembra di toccare la cupola del Brunelleschi da alcune camere di un elegante, curioso albergo, che in una torre di origine bizantina vanta un piccolo museo privato.

Londra, via Jacopo da Diacceto 18 ✉ 50123 ☎ 055 27390, *info@hotellondra.com, Fax 055 210682*, – cam, – 200. AE VISA JCB. rist DT h
Pasto carta 45/60 – **166 cam** 250/335 – ½ P 197,50.
◆ Vicino alla stazione, struttura recente, funzionale e confortevole, dotata di ampi spazi comuni, business center e attrezzature congressuali; camere con arredi moderni. Sala da pranzo di taglio contemporaneo e un adiacente patio d'atmosfera più romantica.

J and J senza rist, via di Mezzo 20 ✉ 50121 ☎ 055 26312, *reservation@jandj.it, Fax 055 240282* – . AE VISA JCB. EU c
15 cam 315, 5 suites.
◆ Tutte diverse, spaziose, movimentate, anche su vari livelli e con pezzi antichi le camere di un hotel di atmosfera e grande originalità ricavato in un convento del '500.

UNA Hotel Vittoria, via Pisana 59 ✉ 50143 ☎ 055 22771, *una.vittoria@unahotels.it, Fax 055 22772* – cam, – 100. AE VISA JCB. rist CU b
Pasto carta 26/39 – **84 cam** 461 ½ P 269.
◆ Un albergo tecnologico dalle forme bizzarre, una miscela di confort e innovazione. La fantasia ha avuto pochi limiti e il risultato è particolare, suggestivo e unico. Sala da pranzo originale con un unico grande tavolo.

Pierre senza rist, via De' Lamberti 5 ✉ 50123 ☎ 055 216218, *pierre@remarhotels.com, Fax 055 2396573* – cam, . AE VISA JCB Z t
44 cam 265/370.
◆ Facciata antica e interni ristrutturati di recente per un comodo hotel in pieno centro storico; camere arredate con mobili recenti, ma in stile, fiorentino o veneziano.

Grand Hotel Adriatico, via Maso Finiguerra 9 ✉ 50123 ☎ 055 27931 e rist ☎ 055 294447, *info@hoteladriatico.it, Fax 055 289661* – – 150. AE VISA JCB. DU d
Pasto 20/35 e al Rist. ***La Vela*** carta 33/41 – **119 cam** 240/290, 3 suites – ½ P 168.
◆ Comodissima ubicazione centrale, parcheggio privato, interni di ampio respiro e ottimi confort per una grande struttura rinnovata; camere con arredi recenti o in stile. Piacevole ambiente d'impostazione classica al ristorante La Vela.

Berchielli senza rist, lungarno Acciaiuoli 14 ✉ 50123 ☎ 055 264061, *info@berchielli.it, Fax 055 218636*, – – 80. AE VISA JCB. Z h
76 cam 300/335.
◆ Soggiornare nel cuore di Firenze, ma sul lungarno e per di più in vista del Ponte Vecchio è l'invidiabile opportunità offerta da questo albergo signorile e confortevole.

Rivoli senza rist, via della Scala 33 ✉ 50123 ☎ 055 278601, *info@hotelrivoli.it, Fax 055 294041*, – cam, – 100. AE VISA JCB. DU m
69 cam 210/300.
◆ A pochi passi da piazza S.Maria Novella, hotel dotato di ampie zone comuni, camere spaziose e un gradevole patio interno con maxi vasca idromassaggio ad acqua riscaldata.

Ville sull'Arno, lungarno Colombo 3 ✉ 50136 ✆ 055 670971, *info@hotelvillesullarno.com, Fax 055 678244,* ≤, , – |‡| ▤ TV ✆ ♿ P – 25. AE ✆ ◑ MC VISA. ✂ rist BS m
Pasto (solo per alloggiati) carta 31/39 – **47 cam** ☕ 143/220 – ½ P 131.
◆ Sulle rive dell'Arno, una struttura composta da un edificio centrale e due corpi collegati; dispone di interni con arredi recenti e di un piccolo giardino con piscina.

Executive senza rist, via Curtatone 5 ✉ 50123 ✆ 055 217451, *info@hotelexecutive.it, Fax 055 268346* – |‡| ▤ TV – 35. AE ✆ ◑ MC VISA JCB CU k
38 cam ☕ 181/258.
◆ A breve distanza dal lungarno, un palazzo fine '800, ristrutturato, ospita un albergo che nei suoi accoglienti interni assicura confort, qualità e accessori moderni.

Il Guelfo Bianco senza rist, via Cavour 29 ✉ 50129 ✆ 055 288330, *info@ilguelfobianco.it, Fax 055 295203* – |‡| ▤ TV ✆ ♿. AE ✆ ◑ MC VISA. ✂ ET n
30 cam ☕ 135/210.
◆ Non lontano dal Duomo, in un palazzo del '500 restaurato, un hotel con spazi comuni limitati, ma di sobria raffinatezza; belle le camere, alcune con soffitti a cassettone.

Botticelli senza rist, via Taddea 8 ✉ 50123 ✆ 055 290905, *info@hotelbotticelli.it, Fax 055 294322* – |‡| ▤ TV ♿. AE ✆ ◑ MC VISA JCB ET p
34 cam ☕ 135/220.
◆ Vicino al mercato di S.Lorenzo, in un palazzo del '500, grazioso hotel con volte affrescate nelle zone comuni e una piccola terrazza coperta; camere con arredi recenti.

Palazzo Benci senza rist, piazza Madonna degli Aldobrandini 3 ✉ 50123 ✆ 055 213848, *palazzobenci@iol.it, Fax 055 288308,* – |‡| ▤ TV – 30. AE ✆ ◑ MC VISA JCB. ✂ Y y
35 cam ☕ 140/192.
◆ Adiacente a S.Lorenzo, un hotel che nei suoi spazi comuni conserva tracce della struttura originale cinquecentesca; grazioso cortiletto interno, camere confortevoli.

De Rose Palace Hotel senza rist, via Solferino 5 ✉ 50123 ✆ 055 2396818, *firenze@hotelderose.it, Fax 055 268249* – |‡| ▤ TV. AE ✆ ◑ MC VISA JCB CU c
18 cam ☕ 135/210.
◆ In un palazzotto dell'800 ristrutturato, un hotel dagli interni di sobria eleganza, con arredi d'epoca e bei lampadari veneziani; gradevole l'atmosfera familiare.

Loggiato dei Serviti senza rist, piazza SS. Annunziata 3 ✉ 50122 ✆ 055 289592, *info@loggiatodeiservitihotel.it, Fax 055 289595* – |‡| ▤ TV. AE ✆ ◑ MC VISA JCB ET d
38 cam ☕ 140/205, 4 suites.
◆ Nell'edificio del '500 gemello del loggiato brunelleschiano degli Innocenti, un hotel che ha conservato anche negli interni le sue affascinanti caratteristiche originali.

Morandi alla Crocetta senza rist, via Laura 50 ✉ 50121 ✆ 055 2344747, *welcome@hotelmorandi.it, Fax 055 2480954* – ▤ TV. AE ✆ ◑ MC VISA ET b
☕ 11 – **10 cam** 115/175.
◆ Atmosfera raccolta e signorile da dimora privata in un hotel dagli interni arredati in stile, con dettagli d'epoca, nel centro storico, adiacente al Museo Archeologico.

River senza rist, lungarno della Zecca Vecchia 18 ✉ 50122 ✆ 055 2343529, *hotelriver@hotelriver.com, Fax 055 2343531,* ≤ – |‡| ▤ TV ✆. AE ✆ ◑ MC VISA JCB. ✂ FV a
chiuso dal 15 al 27 dicembre – **38 cam** ☕ 190.
◆ Palazzina dell'Ottocento, in bella posizione sul lungarno. Le camere all'ultimo piano affacciate sul fiume dispongono di un godibilissimo terrazzino. Ben ristrutturato.

Malaspina senza rist, piazza dell'Indipendenza 24 ✉ 50129 ✆ 055 489869, *info@malaspinahotel.it, Fax 055 474809* – |‡| ▤ TV ♿. AE ✆ ◑ MC VISA. ✂ ET g
31 cam ☕ 130/199.
◆ Piacevole albergo nato dieci anni fa dalla ristrutturazione di un vecchio palazzo; accoglienti le aree comuni e le camere, arredate con mobili recenti, ma in stile.

Benivieni senza rist, via delle Oche 5 ✉ 50122 ✆ 055 2382133, *info@hotelbenivieni.it, Fax 055 2398248* – ▤ TV. AE ✆ ◑ MC VISA JCB Z x
15 cam ☕ 160/220.
◆ Palazzo del XV sec. a pochi passi dal Duomo, che dalla seconda metà dell'800 ospitò un oratorio ebraico. Piccolo giardino d'inverno ricavato dalla corte interna coperta.

Royal senza rist, via delle Ruote 52 ✉ 50129 ✆ 055 483287, *info@hotelroyalfirenze.it, Fax 055 490976,* – |‡| ▤ TV P. AE ✆ ◑ MC VISA JCB ET m
39 cam ☕ 120/200.
◆ E' piacevole la quiete di quest'antica dimora signorile, con ampio giardino e comodo parcheggio, ma in una zona ancora centrale della città; funzionali le camere.

Villa Azalee senza rist, viale Fratelli Rosselli 44 ✉ 50123 ✆ 055 214242, *villaazalee@fi.flashnet.it, Fax 055 268264,* – ▤ TV. AE ✆ ◑ MC VISA CT b
25 cam ☕ 158,64/170.
◆ Villa ottocentesca ubicata lungo i viali, vale a dire sulla principale via di scorrimento interna alla città, presenta interni intimi ed accoglienti. Grazioso giardinetto.

Select senza rist, via Giuseppe Galliano 24 ✉ 50144 ☎ 055 330342, *info@selecthotel.it, Fax 055 351506* – cam, – 25. CT t
chiuso dal 20 al 27 dicembre – **39 cam** 180/206,58.
◆ Fuori del centro, frequentato da turisti e da clientela di lavoro, hotel ben tenuto, con spazi comuni limitati, ma curati; funzionali le camere, con arredi in legno.

Porta Faenza senza rist, via Faenza 77 ✉ 50123 ☎ 055 217975, *info@hotelportafaenza.it, Fax 055 210101* – cam, – 30. DT d
25 cam 140/206.
◆ In un edificio settecentesco nei pressi del Palazzo dei Congressi, hotel accogliente, con camere molto curate per qualità degli arredi e del confort tecnologico offerto.

Galileo senza rist, via Nazionale 22/a ✉ 50123 ☎ 055 496645, *hgalileo@dada.it, Fax 055 496447* – DT b
15 – **31 cam** 175/230.
◆ Albergo recentemente rinnovato, presenta oggi una sala soggiorno che va ad integrare e completare la piccola reception. Camere confortevoli, arredate con mobilio in stile.

Calzaiuoli senza rist, via Calzaiuoli 6 ✉ 50122 ☎ 055 212456, *info@calzaiuoli.it, Fax 055 268310* – . Z v
45 cam 230/260.
◆ Nella via pedonale tra piazza del Duomo e piazza della Signoria, un hotel che ha spazi comuni ridotti, ma camere confortevoli e accoglienti, e bagni rinnovati di recente.

Grifone senza rist, via Pilati 22 ✉ 50136 ☎ 055 623300, *info@hgrifone.com, Fax 055 677628* – . BS n
57 cam 117/179, 10 suites.
◆ In un quartiere fuori del centro, è un albergo frequentato per lo più da clientela di lavoro; ampio parcheggio gratuito; mobili in legno chiaro nelle funzionali camere.

Rosary Garden senza rist, via di Ripoli 169 ✉ 50126 ☎ 055 6800136, *info@rosarygarden.it, Fax 055 6800458* – BS v
13 cam 98/200.
◆ «Sentirsi a casa stando in albergo» è lo slogan di un delizioso hotel molto inglese; camere con mobili in ciliegio e stampe alle pareti; non perdete il tè delle cinque.

Goldoni senza rist, via Borgo Ognissanti 8 ✉ 50123 ☎ 055 284080, *info@hotelgoldoni.com, Fax 055 282576* – DU e
20 cam 135/185.
◆ Al primo piano di un settecentesco palazzo a pochi minuti da Ponte Vecchio, con vista sull'Arno, un gradevole hotel che recentemente ha subito un salutare rinnovo.

David senza rist, viale Michelangiolo 1 ✉ 50125 ☎ 055 6811695, *info@davidhotel.com, Fax 055 680602*, – FV k
25 cam 88/150.
◆ Sembra di essere in un'accogliente casa privata sia nel salotto che nelle spaziose camere di questo villino ristrutturato, con giardino, all'inizio di viale Michelangelo.

Della Robbia senza rist, via dei della Robbia 7/9 ✉ 50132 ☎ 055 2638570, *info@hoteldellarobbia.it, Fax 055 2466371* – . FU b
chiuso agosto – **19 cam** 129/245.
◆ Suggestioni liberty sia nella fisionomia esterna sia nel décor dei signorili interni di una nuova risorsa, a conduzione diretta, ricavata in un villino di inizio '900.

City senza rist, via Sant'Antonino 18 ✉ 50123 ☎ 055 211543, *info@hotelcity.net, Fax 055 295451* – Y x
20 cam 150/189.
◆ Accoglienza cordiale in un albergo a gestione familiare nel quartiere storico di S. Lorenzo, in pieno centro (raggiungibile in auto con apposito permesso); arredi in stile.

Villa Liberty senza rist, viale Michelangiolo 40 ✉ 50125 ☎ 055 6810581, *info@hotelvillaliberty.com, Fax 055 6812595*, – FV p
16 cam 139/189, suite.
◆ Villetta dei primi del '900 con gradevole giardino, dove d'estate si serve la colazione, e comodo parcheggio interno; alcune camere, in stile, hanno soffitti affrescati.

Bonifacio senza rist, via Bonifacio Lupi 21 ✉ 50129 ☎ 055 4627133, *hbf.florence@hotelbonifacio.it, Fax 055 4627132* – . ET h
19 cam 103/175.
◆ Palazzo dell'Ottocento, completamente restaurato, di dimensioni ridotte, ma con un livello di confort attuale. Nella bella stagione la colazione è servita all'aperto.

Curtatone senza rist, via Curtatone 12 ✉ 50123 ☎ 055 2645171, *info@hotelcurtatone.it, Fax 055 2648875* – . CU k
12 cam 160/180.
◆ Piccolo albergo, molto personalizzato, in cui tutti gli ambienti manifestano una cura evidente verso i dettagli. Nelle stanze un gradito omaggio di cantucci e vin santo.

Silla senza rist, via dei Renai 5 ✉ 50125 ☎ 055 2342888, *hotelsilla@tin.it, Fax 055 2341437* – AE VISA EV r
36 cam ☐ 145/170.
◆ E' gradevole consumare d'estate la prima colazione o anche solo rilassarsi sull'ampia terrazza di questo albergo di ambiente familiare sito sulla riva sinistra dell'Arno.

Fiorino senza rist, via Osteria del Guanto 6 ✉ 50122 ☎ 055 210579, *fiorinohotel@tin.it, Fax 055 268929* – TV. AE VISA Z d
23 cam ☐ 84/125.
◆ Ambiente familiare e cortese, arredi semplici, ma decorosi in un alberghetto che occupa tre piani di un edificio in pieno centro, alle spalle degli Uffizi.

Vasari senza rist, via Cennini 9/11 ✉ 50123 ☎ 055 212753, *hotelvasari@box.it, Fax 055 294246* – TV P. AE VISA JCB DT c
30 cam ☐ 114/155.
◆ Hotel centrale, con «prezioso» parcheggio interno, che al piano terra conserva molte caratteristiche della struttura del '600 che lo ospita; funzionali le camere.

Orcagna senza rist, via Orcagna 57 ✉ 50121 ☎ 055 669959, *info@hotelorcagna.com, Fax 055 670500* – TV. AE VISA FU u
18 cam ☐ 115/125.
◆ Piccolo hotel dignitoso, pulito e ben tenuto, che offre un'ospitalità senza pretese, ma familiare e confortevole, con un settore notte recentemente migliorato.

Unicorno senza rist, via dei Fossi 27 ✉ 50123 ☎ 055 287313, *info@hotelunicorno.it, Fax 055 268332* – cam, TV. AE VISA JCB. Y t
27 cam ☐ 111/171.
◆ Nei pressi di piazza S.Maria Novella, un albergo che dispone di zone comuni contenute, ma di camere spaziose e confortevoli, con parquet e arredi recenti.

Le Residenze Johlea senza rist, via Sangallo 76/80 n ✉ 50129 ☎ 055 4633292, *johlea@johanna.it, Fax 055 4634552* – TV. ET a
12 cam ☐ 70/90.
◆ Cortesia, signorilità, tocco femminile e bei mobili d'epoca in due piccole, calde bomboniere; suggestivo il terrazzino da cui godrete di una splendida vista sul Duomo.

Relais Uffizi senza rist, chiasso de' Baroncelli-chiasso del Buco 16 ✉ 50122 ☎ 055 2676239, *info@relaisuffizi.it, Fax 055 2657909* – TV. AE VISA Z n
8 cam ☐ 160/180.
◆ Otto camere arredate con gusto in un palazzo della Firenze medievale e una sala colazioni davvero unica in città per la sua meravigliosa vista su piazza della Signoria.

Residenza Apostoli senza rist, borgo Santi Apostoli 8 ✉ 50123 ☎ 055 288432, *residenza.apostoli@infinito.it, Fax 055 268790* – VISA. Z e
6 cam ☐ 105/130.
◆ Ospitalità curata in confortevoli camere a pochi passi dal Ponte Vecchio: ve la offre un bed and breakfast al primo piano dello storico, trecentesco Palazzo del Siniscalco.

Tourist House Ghiberti senza rist, via Bufalini 1 ✉ 50122 ☎ 055 261171, *thghiberti@tiscali.it, Fax 055 264170,* – TV. AE VISA Y b
5 cam ☐ 135/150.
◆ Al primo piano di un palazzo a pochi passi dal Duomo, una risorsa dotata di cinque camere arredate con gusto moderno da una giovane coppia. Internet gratuito in camera.

Residenza Johanna senza rist, via Cinque Giornate 12 ✉ 50129 ☎ 055 473377, *cinquegiornate@johanna.it, Fax 055 473377* – P. BS a
6 cam ☐ 80.
◆ Poche stanze, graziose, curate negli arredi e nell'accostamento dei colori, in un ambiente raccolto e familiare, ma signorile; ottimo il parcheggio interno.

Residenza Hannah e Johanna senza rist, via Bonifacio Lupi 14 ✉ 50129 ☎ 055 481896, *lupi@johanna.it, Fax 055 482721* – . ET h
11 cam ☐ 50/80.
◆ Al primo piano di un palazzo dell'800 vi aspettano accoglienza cordiale e sorridente, ambiente familiare e camere confortevoli per un piacevole soggiorno informale.

Locanda di Firenze senza rist, via Faenza 12 ✉ 50123 ☎ 055 284340, *l.lagorio@tiscalinet.it, Fax 055 284352* – TV. VISA. Y c
6 cam ☐ 95/120.
◆ Un bell'esempio fra le alternative al classico hotel nate di recente anche in Italia: al 3° piano di un palazzo del '700, camere di buon confort e arredate con cura.

Residenza Giulia senza rist, via delle Porte Nuove 19 ✉ 50144 ☎ 055 3216646, *anna@residenzagiulia.com, Fax 055 3245149* – TV. AE VISA JCB CT a
6 cam ☐ 85/98.
◆ Al quinto piano di un condominio, una risorsa che offre la piacevole atmosfera di una residenza privata. Camere luminose, molte delle quali con terrazze. Curata e familiare.

XXXXX ✿✿✿ **Enoteca Pinchiorri,** via Ghibellina 87 ✉ 50122 ✆ 055 242777, *ristorante@enoteca.pinchiorri.com, Fax 055 244983,* , Coperti limitati; prenotare – . AE VISA JCB EU x
chiuso dicembre, agosto, domenica, lunedì e i mezzogiorno di martedì e mercoledì – **Pasto** carta 165/235.
◆ Impeccabili la raffinata eleganza dell'ambiente e della tavola, nonché il servizio, che d'estate è svolto anche all'aperto; cucina eccelsa, cantina celebre e ineguagliabile.
Spec. Gamberoni in tre versioni. Ravioli di ricotta e bietola con lingua stufata, arachidi, carote novelle e lamelle di ricotta salata. Composizione di coniglio all'aglio con fagiolini rifatti alla fiorentina e crostone di fegatini.

XXXX **Cibreo,** via A. Del Verrocchio 8/r ✉ 50122 ✆ 055 2341100, *cibreo.fi@tin.it, Fax 055 244966*, prenotare – . AE VISA JCB FU f
chiuso dal 31 dicembre al 6 gennaio, dal 26 luglio al 6 settembre, domenica e lunedì – **Pasto** carta 64/74 vedere anche rist ***Trattoria Cibrèo-Cibreino.***
◆ Ristorante sempre molto alla moda e frequentato per l'ambiente d'informale eleganza, il servizio giovane e spigliato e l'approccio curato e fantasioso in cucina.

XXX **Don Chisciotte,** via Ridolfi 4 r ✉ 50129 ✆ 055 475430, *Fax 055 485305*, Coperti limitati; prenotare – . AE VISA JCB. DT x
chiuso agosto, lunedì a mezzogiorno e domenica – **Pasto** carta 41/56.
◆ Presso la Fortezza da basso, un ambiente di sobria eleganza vi accoglie in uno dei migliori ristoranti cittadini; in cucina creative variazioni moderne su temi classici.

XXX **Taverna del Bronzino,** via delle Ruote 25/27 r ✉ 50129 ✆ 055 495220, *tavernadelbronzinorabottiumberto.191.it, Fax 055 4620076*, prenotare – . AE VISA ET c
chiuso Natale, Pasqua, agosto e domenica – **Pasto** carta 58/72.
◆ All'interno di un palazzo del '500, locale dove cortesia e ospitalità si fondono con la curata signorilità dell'ambiente nell'offrire una fantasiosa cucina di tradizione.

XXX **Alle Murate,** via Ghibellina 52 r ✉ 50122 ✆ 055 240618, *Fax 055 288950*, Coperti limitati; prenotare – . AE VISA JCB. EU b
chiuso dal 7 al 28 dicembre, lunedì e a mezzogiorno – **Pasto** 52/62 (15 %).
◆ Ristorante intimo con tocchi di raffinata eleganza; ambiente ovattato e luci soffuse. Insomma la situazione ideale per una cena a lume di candela. Cucina toscana.

XXX **Targa Bistrot Fiorentino,** lungarno Colombo 7 ✉ 50136 ✆ 055 677377, *info@targabistrot.net, Fax 055 676493*, prenotare – . AE VISA BS h
chiuso domenica – **Pasto** carta 35/50.
◆ Locale d'atmosfera e di tendenza ubicato proprio lungo l'Arno, in posizione suggestiva, avvolto da belle vetrate continue; servizio accurato, ma di tono informale.

XX **Osteria n. 1,** via del Moro 18/22 r ✉ 50123 ✆ 055 284897, *Fax 055 294318 –* . AE VISA JCB Z f
chiuso dal 3 al 26 agosto, lunedì a mezzogiorno e domenica – **Pasto** carta 34/57 (10 %).
◆ Ambiente di elegante signorilità, con luci soffuse e apparecchiatura curata, in un ristorante la cui cucina sforna piatti della tradizione in interessanti rielaborazioni.

XX **Osteria Farniente,** via della Mattonaia 19 r ✉ 50121 ✆ 055 2466473, *info@osteriafarniente.it, Fax 055 2009294,* – . AE VISA. FU c
chiuso agosto, domenica e a mezzogiorno – **Pasto** carta 29/38.
◆ Un locale ricavato su due livelli all'interno di un ex laboratorio artigiano. Al piano terra ampie vetrate e un lungo bancone refrigerato; di sopra enoteca e sala banchetti.

XX **Buca Lapi,** via del Trebbio 1 r ✉ 50123 ✆ 055 213768, *Fax 055 284862*, prenotare la sera – . AE VISA JCB Y a
chiuso agosto, a mezzogiorno e domenica – **Pasto** carta 48/65 (10 %).
◆ Nelle antiche cantine di palazzo Antinori, un ambiente caratteristico, dove un esperto ristoratore dedica grande cura alle materie prime dei suoi piatti tipici toscani.

XX **Enoteca Pane e Vino,** via San Niccolò 70 a/r ✉ 50125 ✆ 055 2476956, *paneevino@yahoo.it, Fax 055 2476956 –* . VISA. EV c
chiuso dal 7 al 21 agosto, domenica e a mezzogiorno – **Pasto** carta 31/39.
◆ Simpatico locale rustico, ma di tono signorile, di là d'Arno, per una cena a lume di candela; dalle cucine escono piatti della tradizione, rivisitati con fantasia.

XX **Il Cavaliere,** viale Lavagnini 20/A ✉ 50129 ✆ 055 471914, *Fax 055 471914,* , prenotare – . AE VISA JCB. ET e
chiuso mercoledì – **Pasto** carta 22/27.
◆ Piccolo locale con tocchi di classicità, piacevole zona estiva nel cortile-giardino interno dove viene svolto il servizio nella bella stagione. Buon rapporto qualità/prezzo.

XX **Paoli,** via dei Tavolini 12 r ✉ 50122 ✆ 055 216215, *Fax 055 216215*, prenotare – . AE VISA JCB Z r
chiuso agosto e martedì – **Pasto** carta 31/50.
◆ Tra il Duomo e piazza della Signoria, un ambiente rustico, caratteristico per le decorazioni architettoniche che imitano lo stile trecentesco; cucina toscana e nazionale.

La Baraonda, via Ghibellina 67 r ✉ 50122 ☎ 055 2341171, *labaraonda@tin.it, Fax 055 2341171*, prenotare – ▤. AE ⓘ ⓞ ⓜ VISA JCB EU d
chiuso dal 9 al 31 agosto, lunedì e a mezzogiorno – **Pasto** carta 34/49 (10 %).
◆ Nelle vicinanze di S.Croce, graziosa trattoria di tono rustico signorile, con salette raccolte e intime in cui troverete cucina toscana e fantasiosi piatti di pesce.

Antico Fattore, via Lambertesca 1/3 r ✉ 50122 ☎ 055 288975, *Fax 055 283341* – ▤. AE ⓘ ⓞ ⓜ VISA Z a
chiuso dal 15 luglio al 15 agosto e domenica – **Pasto** carta 25/36 (12 %).
◆ Arredamento sul classico nelle due curate salette di una trattoria a pochi metri dalla galleria degli Uffizi; i piatti proposti sono prevalentemente toscani.

La Carabaccia, via Palazzuolo 190 r ✉ 50123 ☎ 055 214782, *Fax 055 213203*, prenotare – ▤. AE ⓘ ⓞ ⓜ VISA JCB CDU f
chiuso lunedì a mezzogiorno e domenica – **Pasto** carta 30/47.
◆ Pavimento in cotto, tavolini serrati e ambiente familiare in un locale rustico dove si gustano i tipici sapori di una fragrante cucina toscana casereccia.

Cantina Barbagianni, via Sant'Egidio 13 r ✉ 50122 ☎ 055 2480508, *staff@cantinabarbagianni.it, Fax 055 2480508* – ▤. AE ⓘ ⓞ ⓜ VISA. ⚘ EU h
chiuso dal 28 luglio al 12 agosto e domenica – **Pasto** carta 31/43.
◆ Approccio fantasioso nei piatti di cucina toscana proposti nelle due salette di tono rustico, ma signorile di una «buca» fiorentina tra piazza Duomo e S.Croce.

Fiorenza, via Reginaldo Giuliani 51 r ✉ 50141 ☎ 055 412847, *Fax 055 416903* – ▤. AE ⓘ ⓞ ⓜ VISA JCB. ⚘ BR d
chiuso agosto, sabato a mezzogiorno e domenica – **Pasto** carta 31/51.
◆ E' frequentata da fiorentini e da clientela di lavoro questa accogliente trattoria fuori mano, che alle proposte tradizionali abbina una fragrante cucina di pesce.

Alla Vecchia Bettola, viale Vasco Pratolini 3/7 r ✉ 50124 ☎ 055 224158, *Fax 055 2276360* – ⚘ CV m
chiuso dal 23 dicembre al 2 gennaio, agosto, domenica e lunedì – **Pasto** carta 29/40.
◆ Ambiente caratteristico, con tavoloni di marmo e fiasco di chianti a consumo, in una simpaticissima trattoria di S.Frediano, dove la cucina è fiorentina e casalinga.

La Focaccia, viale Corsica 31 r ✉ 50127 ☎ 055 350663, *lafocaccia@infoblue.com, Fax 055 350242*, Coperti limitati; prenotare – ▤. AE ⓘ ⓞ ⓜ VISA. ⚘ BR e
chiusoagosto e domenica – **Pasto** carta 39/49.
◆ Gestione giovane ed appassionata, un localino fuori dagli abituali flussi turistici con una cucina ampia ed impeccabile. Il menù è una piccola, esilarante, opera letteraria.

Cammillo, borgo Sant'Jacopo 57 r ✉ 50125 ☎ 055 212427, *Fax 055 212963*, Trattoria tipica fiorentina – ▤. AE ⓘ ⓞ ⓜ VISA JCB Z p
chiusodal 20 dicembre al 7 gennaio, dal 1° al 20 agosto e mercoledì – **Pasto** carta 35/70.
◆ Trattoria a conduzione diretta, attiva da oltre cinquant'anni: cucina a vista, piatti della tradizione, alcuni dei quali a base di pesce. Due salette più intime e raccolte.

Del Fagioli, corso Tintori 47 r ✉ 50122 ☎ 055 244285, *Fax 055 244285*, Trattoria tipica toscana, prenotare – ▤. ⚘ EV k
chiuso agosto, sabato e domenica – **Pasto** carta 22/29.
◆ Accoglienza schietta in una rustica trattoria tipica toscana, dove un'intera famiglia, chi ai fornelli e chi in sala, propone una sana e tradizionale cucina fiorentina.

Il Profeta, borgo Ognissanti 93 r ✉ 50123 ☎ 055 212265, *Fax 055 212265* – ▤. AE ⓘ ⓞ ⓜ VISA DU c
chiuso dal 15 al 31 agosto e domenica – **Pasto** carta 28/46.
◆ Nel centro storico, ristorante classico, semplice e informale, con servizio attento e ben organizzato; le proposte culinarie sono tradizionali, toscane e nazionali.

Del Carmine, piazza del Carmine 18 r ✉ 50124 ☎ 055 218601, 斎, prenotare – AE ⓘ ⓞ ⓜ VISA JCB DU k
chiuso dal 7 al 21 agosto e domenica – **Pasto** carta 20/25.
◆ Salette con tavoli serrati e servizio familiare e informale in una trattoria nel quartiere di S.Frediano; la cucina è casalinga e tradizionale, toscana e nazionale.

Ruth's, via Farini 2 ✉ 50121 ☎ 055 2480888, prenotare – ▤. ⓘ VISA EU s
chiuso venerdì sera, sabato a mezzogiorno e le festività ebraiche – **Pasto** cucina ebraica kosher carta 18/23 (10 %).
◆ Un'alternativa originale questo locale a fianco della Sinagoga, dove sperimentare gli inusuali sapori di una fantasiosa cucina ebraica kasher, vegetariana e di pesce.

La Giostra, borgo Pinti 10 r ✉ 50121 ☎ 055 241341, *info@ristorantelagiostra.com, Fax 055 226871* – ▤. AE ⓘ ⓞ ⓜ VISA JCB EU e
Pasto carta 40/52.
◆ Piccolo ristorante dalla doppia personalità: affollato a pranzo, intimo e d'atmosfera per cena. Condotto con grande «savoir faire» e competenza da un vero principe!

Trattoria Cibrèo-Cibreino, via dei Macci 122/r ✉ 50122 ☎ 055 2341100, *cibreo.fi@tin.it*, Coperti limitati, senza prenotazione – AE VISA JCB FU f
chiuso dal 31 dicembre al 6 gennaio, dal 26 luglio al 6 settembre, domenica e lunedì – **Pasto** carta 23/33 vedere anche rist ***Cibreo.***
◆ La cucina della «casa madre» Cibreo in un ambiente informale, dove, superata la fila per entrare, si mangia su piccoli tavolini; piatti sfiziosi «raccontati» a voce.

Baldini, via il Prato 96 r ✉ 50123 ☎ 055 287663, *Fax 055 287663* – AE VISA. CT h
chiuso dal 24 dicembre al 3 gennaio, dal 1° al 20 agosto, sabato e domenica sera, in giugno-luglio anche domenica a mezzogiorno – **Pasto** carta 24/31.
◆ Nei pressi della Porta al Prato, frequentata trattoria semplice e familiare, che offre molta cortesia e cucina genuina, con tipici piatti fiorentini e altri nazionali.

Il Latini, via dei Palchetti 6 r ✉ 50123 ☎ 055 210916, *torlatin@tin.it, Fax 055 289794*, Trattoria tipica – AE VISA JCB. Z j
chiuso dal 24 dicembre al 5 gennaio e lunedì – **Pasto** carta 30/40.
◆ Davvero tipica questa trattoria fiorentina, non solo per la cucina, ma anche per la cordiale esuberanza del servizio e la rustica informalità di un ambiente alla buona.

Da Mamma Elissa, via Carlo D'Angiò 60/62 ✉ 50126 ☎ 055 6801370, *Fax 055 6801370* – AE VISA. BS e
chiuso dal 10 al 24 agosto e domenica a mezzogiorno (anche la sera in luglio-agosto) – **Pasto** specialità di mare carta 27/40.
◆ Informale a mezzogiorno, più curata la sera, trattoria di stile moderno, con gestione e ambiente familiari; specialità di pesce, cacciucco e paella da non perdere.

sui Colli :

Gd H. Villa Cora, viale Machiavelli 18 ✉ 50125 ☎ 055 2298451, *reservations@villacora.it, Fax 055 229086*, Servizio navetta per il centro città, – 50. AE VISA JCB. rist DV b
Pasto al Rist. ***Taverna Machiavelli*** carta 71/99 – **48 cam** 430/450, 9 suites – ½ P 275.
◆ E' tutta un susseguirsi di sale e salette affrescate, con marmi, stucchi e statue, questa dimora ottocentesca neorinascimentale, situata in un parco fiorito con piscina. Il ristorante offre curata cucina, con servizio estivo in veranda.

Villa Belvedere senza rist, via Benedetto Castelli 3 ✉ 50124 ☎ 055 222501, *reception@villa-belvedere.com, Fax 055 223163*, ≤ città e colli, – AE VISA JCB. BS c
marzo-20 novembre – **23 cam** 165/207, 3 suites.
◆ Villa degli anni '30, dotata di parco-giardino con piscina e splendida vista sulla città e sui colli, per un soggiorno tranquillo in un ambiente signorile, ma familiare.

Classic senza rist, viale Machiavelli 25 ✉ 50125 ☎ 055 229351, *info@classichotel.it, Fax 055 229353*, – AE VISA DV c
8 – **19 cam** 110/150.
◆ Lungo la «passeggiata ai colli», un villino ottocentesco con giardino trasformato da 10 anni in un hotel accogliente; graziose e calde le camere arredate in stile.

ad Arcetri *Sud : 5 km* **BS** – ✉ *50125 Firenze :*

Villa Montartino, via Silvani 151 ☎ 055 223520, *info@montartino.com, Fax 055 223495*, ≤ colli, dintorni e la Certosa, riscaldata, – 35. AE VISA. BS b
Pasto (solo per alloggiati e solo su prenotazione) 40/75 – **7 cam** 235/285.
◆ Atmosfera da raffinata dimora privata, con ricercati arredi d'epoca, in un'elegante, antica villa sui colli che un sapiente ripristino ha riportato a passati splendori.

Omero, via Pian de' Giullari 11 r ☎ 055 220053, *omero@ristoranteomero.it, Fax 055 2336183*, ≤, – AE VISA JCB. BS d
chiuso agosto e martedì – **Pasto** carta 39/45.
◆ Passando sotto i prosciutti appesi di una salumeria si entra in un curato ristorante di campagna con vista sui colli e servizio estivo serale in terrazza; cucina tipica.

a Galluzzo *Sud : 6,5 km* **BS** – ✉ *50124 Firenze :*

Marignolle Relais Charme senza rist, via di San Quirichino 16, località Marignolle ✉ 50124 ☎ 055 2286910, *relais@marignolle.it, Fax 055 2047396*, ≤ colli e dintorni, – AE VISA JCB. AS a
7 cam 225/255.
◆ Sono tutte diverse e sfoggiano raffinati accostamenti di tessuti vivaci le piacevoli camere di questo rustico in una tenuta sui colli; piscina panoramica nel verde.

Residenza la Torricella senza rist, via Vecchia di Pozzolatico 25 ☎ 055 2321818, *latorricella@tiscalinet.it, Fax 055 2047402* – VISA BS a
chiuso dal 20 gennaio al 20 marzo e dal 20 novembre al 20 dicembre – **8 cam** 100/140.
◆ La quiete della campagna a pochi km dalla città e un'accoglienza familiare in un'antica casa colonica ristrutturata, con pavimenti di cotto e travi a vista al soffitto.

Trattoria Bibe, via delle Bagnese 15 055 2049085, *info@trattoriabibe.com, Fax 055 2047167,* – AS c
chiuso dal 21 gennaio all'8 febbraio, dal 10 al 25 novembre, mercoledì e giovedì a mezzogiorno – **Pasto** carta 22/31.
◆ Anche Montale immortalò nei suoi versi questa schietta trattoria rustica, gestita dalla stessa famiglia dalla metà dell'800; piatti tipici e servizio estivo all'aperto.

a Settignano *Est : 7 km – 50135 :*

La Sosta del Rossellino, via del Rossellino 2 r 055 697245, *info@enotecarossellino.com, Fax 055 697245,* Enoteca-osteria con degustazione di formaggi –
chiuso quindici giorni in agosto, domenica e a mezzogiorno – **Pasto** carta 38/43.
◆ Ampia degustazione di vini e formaggi, nonché fantasiosi piatti legati alla tradizione in una rustica enoteca-osteria all'interno di un convento del '500 sulle colline.

a Serpiolle *Nord : 8 km* **BR** – *50141 Firenze :*

Lo Strettoio, via di Serpiolle 7 055 4250044, *info@lostrettoio.com, Fax 055 4250044,* , prenotare – BR g
chiuso agosto, domenica, lunedì e da novembre a febbraio anche a mezzogiorno – **Pasto** carta 46/54.
◆ Un'imponente villa seicentesca fra gli olivi ospita un locale di tono rustico, ma signorile, che ha servizio estivo con vista sulla città; cucina tradizionale rivisitata.

sull'autostrada al raccordo A 1 - A 11 Firenze Nord *Nord-Ovest : 10 km* **AR** :

Holiday Inn Florence North, 50013 Campi Bisenzio 055 447111, *holidayinn.firenze@alliancealberghi.com, Fax 055 4219015* – , cam, – 160. rist AR u
Pasto carta 23/35 – **151 cam** 189,28/222,85.
◆ Ideale per una clientela di lavoro e di passaggio, è una comoda struttura recente, con servizio navetta per il centro; confortevoli le camere, in parte ristrutturate. Il ristorante offre a mezzogiorno servizio self-service, di sera servizio alla carta.

in prossimità casello autostrada A1 Firenze Sud *Sud-Est : 6 km* **BS** :

Sheraton Firenze Hotel, via G. Agnelli 33 50126 055 64901, *dircom@sheraton.it, Fax 055 680747,* , – , cam, – 1300.
Pasto al Rist. ***Primavera*** carta 33/57 – **324 cam** 240/270, suite. BS r
◆ Facilmente raggiungibile dall'autostrada, grande complesso recente, ad alta ricettività, dotato di varie attrezzature, tra cui un centro congressi; spaziose camere moderne.

FISCHLEINBODEN = Campo Fiscalino.

FISCIANO *84084 Salerno* 564 E 26 – *12 252 ab. alt. 300.*

Roma 253 – Napoli 57 – Avellino 26 – Salerno 13.

a Gaiano *Sud-Est : 2 km – 84084 Fisciano :*

Agriturismo Barone Antonio Negri, via Teggiano 8 089 958561, *info@agrinegri.it, Fax 089 891180,* , , –
Pasto (prenotare) 23 – 10 – **7 cam** 50/90 – ½ P 65.
◆ Piacevole azienda agrituristica in posizione tranquilla e dominante, all'interno di un giardino ombreggiato con piccola piscina; camere semplici, nuove, fresche e pulite. Cucina casereccia, genuina, presentata su una lavagnetta posta all'ingresso.

FIUGGI *03014 Frosinone* 563 Q 21 – *8 985 ab. alt. 747 – Stazione termale (aprile-novembre).*

18 *(chiuso martedì) a Fiuggi Fonte 03015 0775 515250, Fax 0775 506742, Sud : 4 km.*
Roma 82 – Frosinone 33 – Avezzano 94 – Latina 88 – Napoli 183.

La Torre, piazza Trento e Trieste 29 0775 515382, *Fax 0775 547212,* – .
chiuso dal 7 al 21 gennaio, dal 25 giugno al 2 luglio, domenica sera e martedì – **Pasto** carta 32/45.
◆ Nella parte alta e vecchia di Fiuggi, proprio sulla piazza del Municipio, lontano dall'atmosfera più termale, pochi tavolini all'aperto e due sale, per piatti creativi.

Il Rugantino, via Diaz 300 0775 515400, *Fax 0775 505196* – .
chiuso mercoledì escluso da maggio a settembre – **Pasto** carta 18/33.
◆ Un bel localino, con spazi eleganti e tranquilli, fra i tornanti che s'inerpicano sulla città alta; conduzione familiare e una cucina anche del territorio oppure pizze.

La Locanda, via Padre Stanislao 4 0775 505855, *info@lalocandafiuggi.com, Fax 0775 505855.*
chiuso febbraio e lunedì – **Pasto** carta 20/30.
◆ Nelle cantine di un edificio del '400, un ambiente caratteristico: una sala dal gradevole tono rustico, sapori della tradizione ciociara e semplicità, nel centro storico.

a Fiuggi Fonte *Sud : 4 km – alt. 621 – ✉ 03015.*

piazza Frascara 4 ✆ 0775 515019, iat.fiuggi@apt.frosinone.it, Fax 0775 506647

Palazzo della Fonte, via dei Villini 7 ✆ 0775 5081, *information@palazzodellafonte.com, Fax 0775 506752*, – cam, – 430. VISA. rist
chiuso dal 2 gennaio al 15 marzo – **Pasto** carta 50/66 – **152 cam** 237/343, suite – ½ P 221.
◆ Sulla cima di un colle, un parco con piscina e una struttura liberty, già affascinante hotel dal 1912; stucchi e decorazioni, camere raffinate e splendidi bagni marmorei. Una sosta culinaria da sogno: ambienti che accolsero reali e personalità famose.

Fiuggi Terme, via Prenestina 9 ✆ 0775 515212, *info@hotelfiuggiterme.it, Fax 0775 506566*, – – 250. VISA JCB. rist
Pasto carta 25/45 – **64 cam** 120/190, 4 suites – ½ P 110.
◆ Leggermente periferico, un gradevole edificio bianco, luminoso e imponente, ma sobrio; interamente rinnovato, offre confort e stanze con arredi ricercati nell'estetica. Il ristorante presenta un'atmosfera molto curata, di classe.

Silva Hotel Splendid, corso Nuova Italia 40 ✆ 0775 515791, *silvasplendid@silvasplendid.it, Fax 0775 506546*, – – 350. VISA JCB. rist
chiuso dal 22 al 28 dicembre, gennaio e febbraio – **Pasto** carta 18/30 – **119 cam** 132/200 – ½ P 142.
◆ Centralissimo, ma contemporaneamente riparato dal traffico grazie ad un giardino ombreggiato con piscina; in fase di rinnovo le camere e ottime le strutture congressuali. Una piacevole e ampia sala ristorante, con vetrate affacciate sulla vegetazione esterna.

Ambasciatori, via dei Villini 8 ✆ 0775 514351, *ambasciatori@tin.it, Fax 0775 504282*, – – 500. VISA.
maggio-ottobre – **Pasto** carta 28/34 – **86 cam** 85/130 – ½ P 75.
◆ Graziosa terrazza con giardino pensile, quasi un roof garden romano nel cielo estivo di Fiuggi, e una splendida hall, con pianoforte, dove specchiarsi nei marmi lucenti. Ristorante particolare, immenso, con soffitti a lucernari in vetro colorato.

Casina dello Stadio, via 4 Giugno 19 ✆ 0775 515027, *info@casinastadio.it, Fax 0775 515176* – rist, – 180. VISA.
16 marzo-ottobre – **Pasto** carta 27/36 – 10 – **44 cam** 55/72 – ½ P 60.
◆ Recentemente ristrutturato, proprio di fronte al Palaterme e a pochi metri dalle Terme di Bonifacio e dal Circolo del Golf, un edificio basso e d'impostazione moderna. Proposte della tradizione gastronomica locale.

San Giorgio, via Prenestina 31 ✆ 0775 515313, *hotelsangiorgio@libero.it, Fax 0775 515012*, – – 200. VISA JCB.
aprile-novembre – **Pasto** carta 27/39 – **85 cam** 90/140 – ½ P 79.
◆ Tradizionale riferimento per la clientela termale, con il vantaggio di avere un giardino ombreggiato in pieno centro, un hotel oggi orientato anche ad habitué di lavoro. Sala da pranzo piuttosto ampia, anche a vocazione banchettistica.

Belsito, via Fiume 4 ✆ 0775 515038, *lidia.principia@tin.it, Fax 0775 515850*, – VISA. rist
maggio-ottobre – **Pasto** (solo per alloggiati) 16/20 – **31 cam** 41/52 – ½ P 40.
◆ Sito in centro, in una via di scarso traffico, un indirizzo comodo e interessante; piccolo spazio antistante, per briscolate serali all'aperto. Cortesia e familiarità.

Argentina, via Vallombrosa 22 ✆ 0775 515117, *hotel.argentina@libero.it, Fax 0775 515748*, – VISA.
chiuso dal 10 novembre al 25 febbraio – **Pasto** 15/20 – **54 cam** 40/65 – ½ P 45.
◆ Cinto dal verde di un piccolo parco ombreggiato che lo rende tranquillo, seppur ubicato a pochi passi dalle Fonti Bonifacio, un albergo semplice, a conduzione familiare. Ristorante ove è possibile trovare anche piatti della cucina ciociara.

FIUMALBO *41022 Modena 562 J 13 – 1 389 ab. alt. 935 – a.s. luglio-agosto e Natale.*

Roma 369 – Pisa 95 – Bologna 104 – Lucca 73 – Massa 101 – Milano 263 – Modena 88 – Pistoia 59.

a Dogana Nuova *Sud : 2 km – ✉ 41020 :*

Val del Rio, via Giardini 221 ✆ 0536 73901, *Fax 0536 73044*, – VISA.
chiuso dal 1° al 15 maggio – **Pasto** carta 24/33 – 6,20 – **31 cam** 50/75 – ½ P 54.
◆ Lungo la statale che conduce al Brennero, sul versante modenese del passo dell'Abetone, una struttura di taglio semplice, in stile montano, rinnovata recentemente. Atmosfera familiare per il ristorante a cui s'affianca uno spazio pizzeria.

Bristol, via Giardini 274 ✆ 0536 73912, *hotelbristol@abetone.com, Fax 0536 74136*, ≤, – TV P. AE Ş ① ⓜ VISA JCB. rist
chiuso ottobre e novembre – **Pasto** carta 22/25 – **23 cam** ☕ 41/72 – ½ P 62.
◆ Ambiente piacevole in un albergo gestito da una famiglia di trentennale esperienza; camere rimodernate, e altre costruite ex novo, con arredi in legno e confort. Il menù offre piatti della tradizione tosco-emiliana ancorati al territorio.

FIUME VENETO *33080 Pordenone* 562 E 20 – *10 091 ab. alt. 20.*

Roma 590 – Udine 51 – Pordenone 6 – Portogruaro 20 – Treviso 57 – Trieste 105.

L'Ultimo Mulino, via Molino 45, località Bannia (Sud-Est : 3,5 km) ✆ 0434 957911, *ultimo.mulino@adriacom.it, Fax 0434 958483*, – TV P – 50. AE Ş ① ⓜ VISA JCB. rist
chiuso dal 1º al 15 gennaio – **Pasto** *(chiuso domenica sera e lunedì)* carta 43/56 – **8 cam** ☕ 85/143 – ½ P 105.
◆ In un vecchio mulino di fine 1600, in zona verdeggiante con parco e laghetto: un'isola amena con il fascino e il calore della residenza di campagna, elegante e ricercata. Pareti in pietra grezza, travature del soffitto e sostanziosa cucina veneto-friulana.

FIUMICELLO DI SANTA VENERE *Potenza* 564 H 29 – *Vedere Maratea.*

FIUMICINO *00054 Roma* 563 Q 18.

Leonardo da Vinci, Nord-Est : 3,5 km ✆ 06 65631.

per Arbatax 19 luglio-5 settembre lunedì e mercoledì giornaliero (4 h 45 mn) e Golfo Aranci 22 giugno-9 settembre giornalieri (4 h) – Tirrenia Navigazione-agenzia DA.NI.MAR. Shipping, via Bignami 43 ✆ 06 6580351, Fax 06 6583060.

Roma 31 – Anzio 52 – Civitavecchia 66 – Latina 78.

Roma, via Tempio della Fortuna 60 ✆ 06 65029682, *h.roma@tiscalinet.it, Fax 06 65029682* – TV P – 100. AE Ş ① ⓜ VISA.
Pasto al Rist. ***Roma*** *(chiuso lunedì)* carta 40/53 – **20 cam** ☕ 183/200.
◆ Struttura moderna costituita da due corpi distinti, congiunti da una terrazza sostenuta da pilastri. Camere eleganti e confortevoli, alcune articolate su due livelli. Ristorante dagli arredi ricercati con inserti in vetro colorato, quadri e acquari.

Bastianelli al Molo, via della Torre Clementina 312 ✆ 06 6505358, *Fax 06 6507210*, ≤, – AE Ş ① ⓜ VISA.
chiuso lunedì – **Pasto** specialità di mare carta 55/85.
◆ Alla fine del porto canale, un grande locale elegante, con zona soggiorno e servizio estivo nella terrazza sul mare, di cui si gustano al meglio i prodotti.

Bastianelli dal 1929, via Torre Clementina 86/88 ✆ 06 6505095, *ristorazioni93@libero.it, Fax 06 6507113* – . AE Ş ① ⓜ VISA JCB
Pasto specialità di mare carta 30/45.
◆ Sinonimo di continuità e tradizione, con oltre 70 anni di onorata attività, è un ambiente classico e curato con bella esposizione del pescato giornaliero.

La Perla con cam, via Torre Clementina 214 ✆ 06 6505038, *Fax 06 6507701*, – TV P. AE Ş ① ⓜ VISA.
Pasto *(chiuso dal 20 agosto al 15 settembre e martedì)* specialità di mare carta 32/47 – ☕ 4,50 – **8 cam** 42/52.
◆ Gestito dalla stessa famiglia da quasi mezzo secolo, è un bel ristorante classico sul porto, che offre servizio estivo all'aperto e cucina di pesce con tocco creativo.

FIUMINATA *62025 Macerata* 563 M 20 – *1 568 ab. alt. 479.*

Roma 200 – L'Aquila 182 – Ancona 88 – Gubbio 56 – Macerata 55 – Perugia 78.

Graziella, piazza Vittoria 16 ✆ 0737 54428, *Fax 0737 54428* – . Ş ① ⓜ VISA.
chiuso dal 20 al 30 giugno, dal 25 settembre al 5 ottobre e mercoledì escluso luglio ed agosto – **Pasto** carta 19/30.
◆ La signora Graziella, cuoca e custode delle tradizioni locali, prepara da sempre tutto in casa, a partire dalle paste fresche; un ambiente familiare e ospitale.

In questa guida
uno stesso simbolo, una stessa parola
stampati in rosso o in nero,
hanno un significato diverso.
Leggete attentamente le pagine dell'introduzione.

FIVIZZANO *54013 Massa-Carrara* 563 J 12 – *9 219 ab. alt. 373.*

Roma 437 – La Spezia 40 – Firenze 163 – Massa 41 – Milano 221 – Parma 116 – Reggio nell'Emilia 94.

Il Giardinetto, via Roma 151 ✆ 0585 92060, *Fax 0585 92060,* – TV. MC VISA.
chiuso dal 4 al 30 ottobre – **Pasto** *(chiuso lunedì da novembre a giugno)* carta 15/20 – ☕ 3,62 – **17 cam** 25,82/46,48 – ½ P 41,32.
◆ Con oltre cento anni di storia, un albergo familiare, nel centro della località; offre una gradevole terrazza-giardino ombreggiata e un ambiente ove si respira il passato. Due sale da pranzo con una veranda a vetrate e sfogo sul verde esterno.

Se cercate un hotel tranquillo
consultate prima le carte tematiche dell'introduzione
e trovate nel testo gli esercizi indicati con il simbolo

FOGGIA *71100* P 564 C 28 *G. Italia* – *154 760 ab. alt. 70* – *a.s. Pasqua e agosto-settembre* – **Elicotteri**: *per Isole Tremiti* - ✆ *0881 617916.*

via Perrone 17 ✆ *0881 723141, aptfoggia@pugliaturismo.com, Fax 0881 725536.*

A.C.I. *via Mastelloni (Palazzo Insalata)* ✆ *0881 632838.*

Roma 363 ④ – Bari 132 ① – Napoli 175 ④ – Pescara 180 ①.

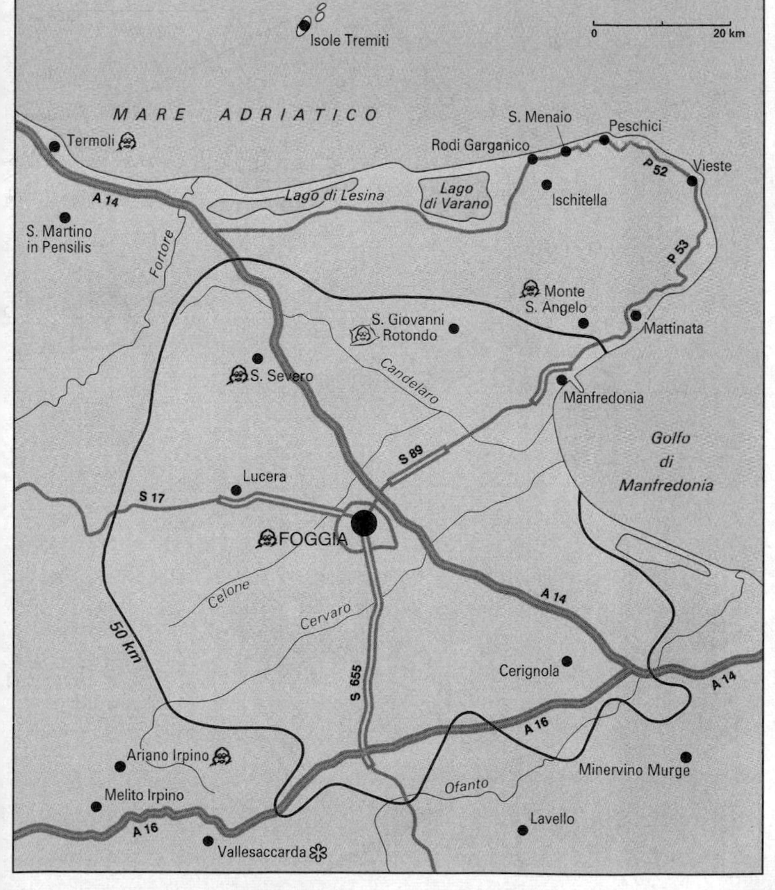

FOGGIA

Aporti (Viale Ferrante)	Z	2
Arpi (Via)	Y	
Conte Appiano (Via)	Y	4
Dante (Via)	Y	7
Della Rocca (Via Vincenzo)	Z	8
Di Vittorio (Viale G.)	X	9
Fuiani (Via Pasquale)	Y	10
Galliani (Via)	Z	12
Giardino (Via)	Z	13
La Marmora (Via A.)	Z	15
Lanza (Via V.)	Y	16
Lucera (Via)	X,Y	19
Michelangelo (Viale)	X	20
Oberdan (Via Guglielmo)	Y	21
Puglia (Piazzale)	Z	22
S. Lorenzo (Via)	Z	25
Scillitani (Via L.)	X,Y	27
Tiro a Segno (Via)	Z	28
Vittime Civili (Via)	X,Z	29
Vittorio Emanuele II (Corso)	Y	
1° Maggio (Viale)	X	30
4 Novembre (Via)	Z	31
20 Settembre (Piazza)	Y	32

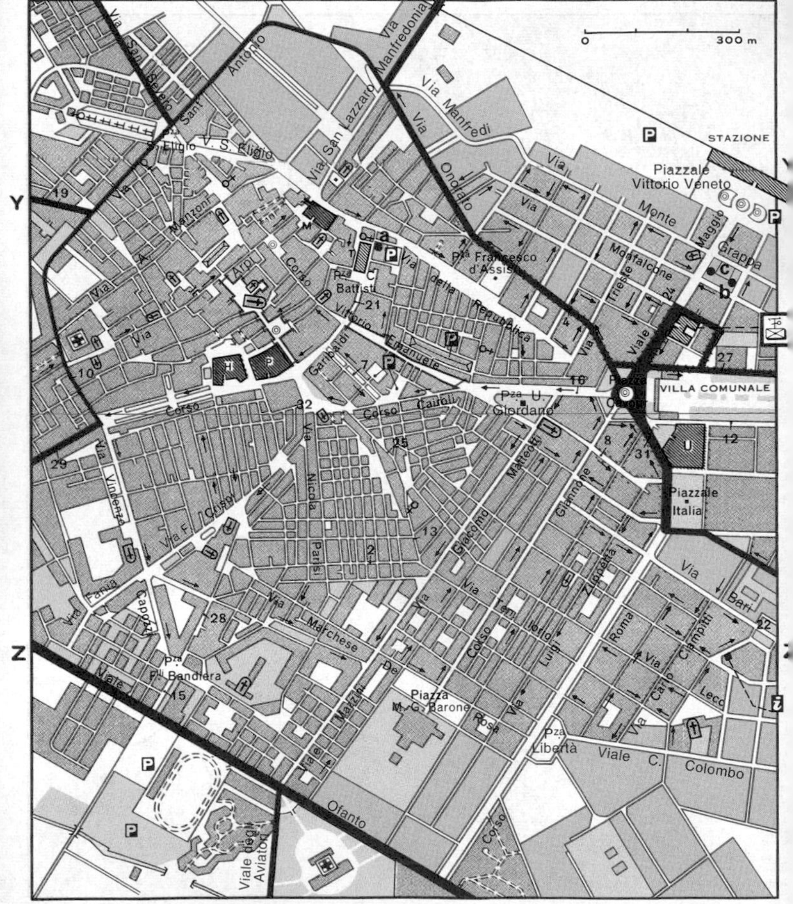

Cicolella, viale 24 Maggio 60 ☎ 0881 566111, *hotelcicolella@isnet.it, Fax 0881 778984* – – 130. Y c
Pasto *(chiuso dal 24 dicembre al 6 gennaio e dal 1° al 20 agosto)* carta 33/43 – 10 – **90 cam** 140/200, 12 suites – ½ P 155.
◆ Prestigioso hotel d'inizio secolo scorso, in centro città e nei pressi della stazione ferroviaria; da sempre ideale ed elegante riferimento per uomini d'affari e turisti. Al ristorante buoni prodotti, valida cucina e un ambiente signorile.

White House senza rist, via Monte Sabotino 24 ☎ 0881 721644, *Fax 0881 721646* – . Y b
40 cam 118,79/175,60.
◆ Delicate tonalità rosa e stoffe fiorate: nella zona centrale e vicina alla stazione, un indirizzo di classe, dall'atmosfera calda e accogliente, dotato di buoni confort.

President, via degli Aviatori 130 ☎ 0881 618010, *rinchtlpresident@libero.it, Fax 0881 617930* – – 500. . X a
Pasto *(chiuso dal 5 al 18 agosto)* carta 21/28 – **128 cam** 85/103 – ½ P 65.
◆ Una struttura d'impronta moderna, circondata da un'area verde, in felice posizione per raggiungere sia l'aeroporto che la città; adatto soprattutto a clientela di lavoro. Al ristorante vocazione in prevalenza banchettistica.

Atleti, via Bari al Km 2,3 ☎ 0881 630100, *hotelatleti@isnet.it, Fax 0881 630101* – . . 2,5 km per ③
Pasto *(chiuso domenica e a mezzogiorno)* 15 – **42 cam** 70/84 – ½ P 57.
◆ Nei pressi della zona industriale e della Fiera, edificio bianco, di stile moderno, con ingresso esterno dominato da due statue di atleti di classica reminiscenza. Sala da pranzo dall'ambiente semplice.

In Fiera-Cicolella, viale Fortore angolo via Bari ☎ 0881 632166, *hotelcicolella@isnet.it, Fax 0881 632167,* , Rist. e pizzeria serale, – . X r
chiuso dal 7 al 24 novembre, lunedì e martedì – **Pasto** carta 28/35.
◆ Nell'antica Capitanata, un tempo granaio del regno svevo, un nome certo noto ai buongustai per le specialità della tradizione pugliese e mediterranea; ampi spazi esterni.

Giordano-Da Pompeo, vico al Piano 14 ☎ 0881 724640, *Fax 0881 724640* – . Y a
chiuso dal 14 al 30 agosto e domenica – **Pasto** carta 22/32.
◆ Nel cuore della città, un ambiente semplice e ospitale, con cucina subito a vista e proposte legate al territorio, ben elaborate, a partire da prodotti di qualità.

I prezzi
Per tutte le precisazioni sui prezzi indicati in questa guida, consultate le pagine introduttive.

FOIANA (VOLLAN) *Bolzano* 218 ⑳ – *Vedere Lana.*

FOIANO DELLA CHIANA *52045 Arezzo* 563 M 17 – *8 396 ab. alt. 318.*
Roma 187 – Siena 55 – Arezzo 30 – Perugia 59.

a Pozzo *Nord : 4,5 km* – ✉ *52040 Foiano della Chiana :*

Villa Fontelunga senza rist, via Cunicchio 5 ☎ 0575 660410, *sales@tuscanholiday.com, Fax 0575 661963,* , – .
15 marzo-ottobre – **9 cam** 215/365.
◆ Signorile residenza di campagna in posizione tranquilla e panoramica, ristrutturata con buongusto e tratti di raffinatezza. Giardino con piscina a disposizione degli ospiti.

FOLGARIA *38064 Trento* 562 E 15 – *3 129 ab. alt. 1 168 – a.s. 4 febbraio-18 marzo, Pasqua e Natale – Sport invernali : 1 183/2 007 m* 18, .
(maggio-ottobre) ☎ 0464 720480, Fax 0464 720480, Nord-Est : 2 km.
via Roma 67 ☎ 0464 721133, apt.altipiani@trentino.to, Fax 0464 720250.
Roma 582 – Trento 29 – Bolzano 87 – Milano 236 – Riva del Garda 42 – Rovereto 20 – Verona 95 – Vicenza 73.

Villa Wilma , via della Pace 12 ☎ 0464 721278, *villawilma@tin.it, Fax 0464 720054,* ≤ monti e pineta, – , rist, .
dicembre-marzo e 15 giugno-20 settembre – **Pasto** carta 26/32 – 8 – **24 cam** 60/98, suite – ½ P 76.
◆ Una bella casa in classico stile tirolese, con balconi in legno ovunque, circondata dal verde e immersa nella tranquillità; gestione seria e sempre molto attenta. Sala ristorante calda e accogliente, ideale per una sosta culinaria.

Vittoria, via Cadorna 2/6 ☎ 0464 721122, *Fax 0464 720227*, ≤, ₣₺, ≘ – |‡|, ⇜ rist, ▤ rist, ▣ ♿ ℙ – 🏛 50. AE ⑤ ① ⓜⓒ VISA. ✂ rist
dicembre-marzo e 15 giugno-15 ottobre – **Pasto** carta 15/30 – **42 cam** ⊐ 63/100 – ½ P 75.
◆ Comoda posizione all'entrata del paese, a ridosso dell'inizio dell'area pedonale. Aggiornate di recente, le parti comuni sono oggi il fiore all'occhiello della risorsa. La sala ristorante si presenta con tratti chiari e luminosi ed un ampio uso di legno.

Rosalpina ⊗, via Strada Nuova 8 ☎ 0464 721240, *info@hrosalpina.com*, *Fax 0464 723703*, ≤, ⌐ – |‡|, ⇜ rist, ▣ ℙ. ⑤ ① ⓜⓒ VISA. ✂
dicembre-aprile e giugno-settembre – **Pasto** 14/18 – ⊐ 5 – **26 cam** ⊐ 60/90 – ½ P 70.
◆ Valida gestione familiare per questa casa gradevole già dall'esterno e ubicata in zona decentrata, ma tranquilla e raggiungibile dal centro; offre un confortevole ambiente.

a Guardia *Sud-Ovest : 11,5 km – alt. 875 – ✉ 38064 Folgaria :*

GrottStube, ☎ 0464 720190, *cgrott@libero.it*, Coperti limitati; prenotare – ℙ. ①. ✂
chiuso lunedì – **Pasto** carta 27/39.
◆ Piatti che mantengono anche salde radici nel territorio, ma vengono rivisitati con una certa fantasia: da provare in un contesto gradevole, dal classico stile di montagna.

FOLGARIDA

FOLGARIDA *Trento* 562 D 14, 218 ⑲ – *alt. 1 302* – ✉ *38025 Dimaro – a.s. febbraio-12 marzo, Pasqua e Natale – Sport invernali : 1 300/2 180 m* 2 9 *(Comprensorio sciistico Folgarida-Marilleva)*.

ℹ *piazzale Folgarida 18 ☎ 0463 986113, folgarida@valdisole.net, Fax 0463 986594.*

Roma 644 – Trento 66 – Bolzano 63 – Verona 158.

Alp Hotel Taller, strada del Roccolo 37 ☎ 0463 986234, *info@hoteltaller.it*, *Fax 0463 986219*, ₣₺, ≘, ▣ – |‡| ▣ ✆ ♿ ℙ. ⑤ ⓜⓒ VISA JCB. ✂
dicembre-Pasqua e luglio-15 settembre – **Pasto** carta 28/42 – ⊐ 7 – **27 cam** 97/105 – ½ P 72.
◆ Nella parte alta della località, di fronte al palazzo del ghiaccio, un hotel coinvolto di recente in un rinnovo radicale. Ampi spazi comuni, centro benessere, camere luminose. La conduzione è appassionata anche nella gestione del ristorante.

Se dopo le h 18,00 siete ancora in viaggio confermate la vostra prenotazione telefonicamente, è consuetudine ... ed è più sicuro.

FOLIGNO

FOLIGNO *06030 Perugia* 563 N 20 *G. Italia – 52 383 ab. alt. 234.*

Dintorni *Spello★ : affreschi★★ nella chiesa di Santa Maria Maggiore Nord-Ovest : 6 km – Montefalco★ : ※★★★ dalla torre Comunale, affreschi★★ nella chiesa di San Francesco (museo), affresco★ di Benozzo Gozzoli nella chiesa di San Fortunato Sud-Ovest : 12 km.*

ℹ *corso Cavour 126 ☎ 0742 354459, info@iat.foligno.pg.it, Fax 0742 340545.*

Roma 158 – Perugia 36 – Ancona 134 – Assisi 18 – Macerata 92 – Terni 59.

Poledrini, viale Mezzetti 3 ☎ 0742 341041, *Fax 0742 352973* – |‡| ▤ ▣ ♿ ⇔ – 🏛 200. AE ⑤ ① ⓜⓒ VISA. ✂ rist
Pasto 22 – **42 cam** ⊐ 77/110, suite – ½ P 77.
◆ Albergo di stile e impostazione classici, nel cuore della città e vicino alla stazione; buon livello di confort, camere anche con arredi d'epoca e ariosi spazi comuni. Ambiente di gusto per la sala ristorante, illuminata da luci soffuse.

Holiday Inn Express senza rist, via M. Arcamone 16 ☎ 0742 321666, *fogit@foligno.net*, *Fax 0742 321640* – |‡|, ⇜ cam, ▤ ▣ ✆ ♿ – 🏛 60. AE ⑤ ① ⓜⓒ VISA JCB. ✂ rist
89 cam ⊐ 110.
◆ Vicinanze del centro storico e posizione strategica nei pressi di uno svincolo stradale: una struttura recentissima con comode stanze e ottimo rapporto qualità/prezzo.

Le Mura, via Bolletta 27 ☎ 0742 357344 e rist. ☎ 0742 354648, *albmura@bcsnet.it*, *Fax 0742 353327* – ▤ ▣ ♿ ⇔ – 🏛 80. AE ⑤ ① ⓜⓒ VISA. ✂
Pasto *(chiuso dal 1° al 15 agosto e martedì)* carta 19/31 – **29 cam** ⊐ 72/83 – ½ P 57.
◆ Nome già eloquente sulla collocazione: a ridosso della chiesa romanica di S. Giacomo e all'interno delle mura medievali. Un accogliente albergo, facile da raggiungere. Ristorante rinomato per le specialità umbre; tipiche soffittature lignee.

Villa Roncalli ⊗ con cam, via Roma 25 (Sud : 1 km) ☎ 0742 391091, *Fax 0742 391001*, ⛱, prenotare, ⌇ – ▣ ✆ ℙ – 🏛 30. AE ⑤ ① ⓜⓒ VISA. ✂
chiuso dall'8 al 24 gennaio – **Pasto** *(chiuso dal 5 al 30 agosto e lunedì)* carta 35/50 – **10 cam** ⊐ 63/85 – ½ P 85.
◆ In una villa patrizia, parco con piscina e servizio estivo all'aperto: splendida cornice per un quadro elegante, con piatti di cucina locale, alleggerita e rivisitata.

sulla strada statale 77 *Nord-Est : 10 km*

Guesia, località Ponte Santa Lucia 46 ✉ 06030 Foligno ☎ 0742 311515, *info@guesia.com, Fax 0742 660216,* – 130. AE VISA.
Pasto *(chiuso lunedì)* carta 21/31 – **17 cam** 70/116 – 1/2 P 76.
◆ Sulla statale che porta verso il mare, una struttura di stile moderno, comoda, con grande giardino attrezzato e belle camere, arredate con gusto e soluzioni personali. Ampie sale ristorante, affacciate sul verde esterno.

FOLLINA *31051 Treviso* 562 E 18 – *3 652 ab. alt. 200.*
Roma 590 – Belluno 30 – Trento 119 – Treviso 36 – Venezia 72.

Villa Abbazia, via Martiri della Libertà ☎ 0438 971277, *info@hotelabbazia.it, Fax 0438 970001,* – cam, AE VISA.
chiuso dal 7 gennaio al 5 febbraio – **Pasto** vedere rist ***La Corte*** – **12 cam** 170/230, 6 suites 290/450.
◆ Un piccolo giardino fiorito, un delizioso rifugio nel contesto di una villa padronale del '600; ovunque, la ricercatezza dei particolari, il buon gusto e la signorilità.

Dei Chiostri senza rist, piazza 4 Novembre 20 ☎ 0438 971805, *info@hoteldeichiostri.com* – AE VISA.
chiuso dal 7 gennaio al 5 febbraio – **15 cam** 85/150.
◆ Hotel dal taglio particolare, pensato per soddisfare le esigenze di una clientela d'affari attenta all'estetica e ai particolari. Camere personalizzate e ricche di dettagli.

La Corte, via Roma 29 ☎ 0438 971761, *info@hotelabbazia.it, Fax 0438 970001,* , prenotare – AE VISA.
chiuso dal 7 gennaio al 5 febbraio e domenica – **Pasto** carta 40/59.
◆ Nel medesimo ambito dell'hotel Villa Abbazia, ma da esso indipendente, un ristorante con salette raffinate e una cucina rielaborata in chiave moderna.

Al Caminetto, via Martiri della Libertà 2 ☎ 0438 970402, *Fax 0438 970402* – AE VISA JCB.
chiuso Natale, dal 10 al 20 gennaio, luglio, martedì a mezzogiorno e lunedì – **Pasto** carta 27/39.
◆ Una semplice e accogliente trattoria gestita da due fratelli; un grande camino per grigliate e piatti casereccì, della tradizione locale, con paste e dolci fatti in casa.

a Pedeguarda *Sud-Est : 3 km* – ✉ *31050 :*

Villa Guarda senza rist, via San Nicolò 47 ☎ 0438 980834, *info@villaguarda.it, Fax 0438 980854,* – AE VISA JCB.
5 – **20 cam** 48/74.
◆ Sorge in posizione tranquilla e verdeggiante questo albergo con camere piacevoli e spaziose: arredi di qualità e validi confort. Grazioso giardino con pergolato.

FOLLONICA *58022 Grosseto* 563 N 14 *G. Toscana – 21 680 ab. – a.s. Pasqua e 15 giugno-15 settembre.*
Toscana (chiuso mercoledì escluso da aprile a settembre) a Gavorrano ✉ 58022 ☎ 0566 820471, Fax 0566 820472, Est : 13 km.
via Roma 51 ☎ 0566 52012, infofollonica@lamaremma.info, Fax 0566 53833.
Roma 234 – Grosseto 47 – Firenze 152 – Livorno 91 – Pisa 110 – Siena 84.

Aziza senza rist, lungomare Italia 142 ☎ 0566 44441, *azizahotel@libero.it, Fax 0566 40413,* – AE VISA
Pasqua-ottobre – **20 cam** 95/130.
◆ Bianco edificio, in zona nord della località, con giardino ombreggiato sulla parte esterna e spiaggia sul fronte; stanze comode, alcune con belle terrazze vista mare.

Parco dei Pini, via delle Collacchie 7 ☎ 0566 53280, *info@hotelparcodeipini.it, Fax 0566 53218* – AE VISA JCB. rist
chiuso gennaio e febbraio – **Pasto** *(chiuso martedì)* carta 25/34 – 8 – **25 cam** 65/90 – 1/2 P 87.
◆ Posizione un po' decentrata, nell'area sud, ma con fresca pineta a dividerla dal mare: una struttura d'impostazione moderna, essenziale, con spazi e arredi classici. Semplice sala da pranzo con ariose vetrate.

Il Veliero, via delle Collacchie 20, località Puntone Vecchio Sud-Est : 3 km ☎ 0566 866219, *info@ristoranteilveliero.it, Fax 0566 867700,* prenotare – rist, AE VISA JCB.
chiuso mercoledì da settembre a giugno, i mezzogiorno di mercoledì e giovedì in luglio-agosto – **Pasto** specialità di mare carta 30/49.
◆ Conduzione familiare e corretta proporzione qualità/prezzo per un classico ristorante con piatti tipicamente marinari, sito sulla via che conduce verso Punta Ala.

FONDI *04022 Latina* 563 R 22 – *33 431 ab..*
Roma 131 – Frosinone 60 – Latina 59 – Napoli 110.

Vicolo di Mblò, corso Appio Claudio 11 ✆ 0771 502385, *Fax 0771 502385* – AE VISA
chiuso dal 23 al 30 dicembre e martedì – **Pasto** carta 35/40.
◆ Proprio al termine del corso pedonale, dove si erge la torre con castello, un antico edificio di origine gonzaghesca nelle cui stalle è nato un ristorante caratteristico.

sulla strada statale 213 *Sud-Ovest : 14 km :*

Villa dei Principi, via Flacca km 1, uscita Terracina Sud ✉ 04020 Salto di Fondi ✆ 0771 57399, *villadeiprincipi@libero.it, Fax 0771 57624*, – 80. AE VISA.
Pasto *(chiuso mercoledì)* carta 27/35 – **32 cam** 100/130 – ½ P 91.
◆ Direttamente sul mare, con valide attrezzature sportive e ampi spazi esterni, un albergo recentemente ristrutturato e che si propone, inoltre, con apertura annuale. Luminosa sala da pranzo dove provare piatti del territorio.

FONDO *38013 Trento* 562 C 15 – *1 431 ab. alt. 988 – a.s. 5 febbraio-5 marzo, Pasqua e Natale.*
via Roma 21 ✆ 0463 830133, info@valledinon.tn.it, Fax 0463 83016130161.
Roma 637 – Bolzano 36 – Merano 39 – Milano 294 – Trento 55.

Lady Maria, via Garibaldi 20 ✆ 0463 830380, *ladymar@tin.it, Fax 0463 831013*, – rist, rist, – 100. AE VISA. rist
chiuso dal 15 novembre al 15 dicembre – **Pasto** carta 17/21 – **43 cam** 35/70, 2 suites – ½ P 50.
◆ Una struttura a seria conduzione familiare, posizionata in zona semi-centrale. Ambientazione e arredi tipicamente montani, con grande uso di legno, e camere funzionali. Specialità della cucina trentina.

Le pagine dell'introduzione vi aiuteranno ad utilizzare meglio la vostra Guida Michelin.

FONDOTOCE *Verbania* 561 E 7, 219 ⑥ – *Vedere Verbania.*

FONNI *Nuoro* 566 G 9 – *Vedere Sardegna alla fine dell'elenco alfabetico.*

FONTANA BIANCA (Lago di) (WEISSBRUNNER SEE) *Bolzano* 562 C 14, 218 ⑲ – *Vedere Ultimo-Santa Gertrude.*

FONTANAFREDDA *33074 Pordenone* 562 E 19 – *9 482 ab..*
Roma 596 – Belluno 60 – Pordenone 9 – Portogruaro 36 – Treviso 51 – Udine 63.

Luna senza rist, Via B. Osoppo 127, località Vigonovo ✆ 0434 565535, *hotel.luna@tin.it, Fax 0434 565537*, – – 60. AE VISA.
chiuso dal 24 al 30 dicembre – **34 cam** 50/70, 2 suites.
◆ Recente costruzione per una bella struttura, comoda, che si sviluppa in orizzontale e quasi ricorda uno di quei tipici motel americani; camere funzionali, piuttosto ampie.

FONTANASALSA *Trapani – Vedere Sicilia (Trapani) alla fine dell'elenco alfabetico.*

FONTANE *Treviso – Vedere Villorba.*

FONTANE BIANCHE *Siracusa* 565 Q 27 – *Vedere Sicilia (Siracusa) alla fine dell'elenco alfabetico.*

FONTANEFREDDE (KALTENBRUNN) *Bolzano* 562 D 16 – *alt. 950 – ✉ 39040 Montagna.*
Roma 638 – Bolzano 32 – Belluno 102 – Milano 296 – Trento 56.

Pausa, sulla statale Nord-Ovest : 1 km ✆ 0471 887035, *hotel.pausa@dnet.it, Fax 0471 887038*, – rist, VISA. rist
chiuso dal 10 al 25 gennaio e dal 10 al 25 giugno – **Pasto** *(chiuso martedì sera e mercoledì)* carta 19/25 – 8 – **30 cam** 42/64 – ½ P 48.
◆ Sulla direttrice per le Valli di Fiemme e di Fassa, una graziosa risorsa, ben gestita e periodicamente rinnovata, con camere anche mansardate e begli arredi in legno. Una tradizionale «pausa» gastronomica: cucina casereccia e piatti locali.

FONTANELLATO *43012 Parma* 562 H 12 – *6 321 ab. alt. 43.*

piazza Matteotti 1 ✆ 0521 829055, info@fontanellato.org, Fax 0521 824042.
Roma 470 – Parma 17 – Cremona 46 – Milano 114 – Piacenza 54.

Locanda Nazionale, via A. Costa 7 ✆ 0521 822602, prenotare – VISA
chiuso dal 24 dicembre al 16 gennaio e lunedì – **Pasto** carta 24/30.
◆ Nel cuore del centro storico, praticamente sul fossato della Rocca cittadina, cucina casereccia e del territorio in un localino semplice, ma curato; gestione familiare.

FONTANELLE *31043 Treviso* 562 E 19 – *5 405 ab. alt. 19.*

Roma 580 – Belluno 58 – Portogruaro 36 – Treviso 36 – Udine 88.

La Giraffa, via Roma 20 ✆ 422 809303, *Fax 0422 749018,* – P. AE VISA JCB.
chiuso lunedì sera e martedì – **Pasto** 16/40.
◆ Ricavato all'interno di una struttura che un tempo ospitava il Municipio, ristorante dall'atmosfera calda e accogliente, con specialità di mare preparate nella cucina a vista.

FONTANELLE *Cuneo* 561 J 4 – *Vedere Boves.*

FONTANELLE *Parma* 561, 429 H 12 – *Vedere Roccabianca.*

FONTANETO D'AGOGNA *28010 Novara* 561 F 7, 219 ⑯ – *2 600 ab. alt. 260.*

Roma 630 – Stresa 30 – Milano 71 – Novara 33.

Hostaria della Macina, via Borgomanero 7, località Molino Nuovo ✆ 0322 863582, *hos_macina@libero.it, Fax 0322 863582,* prenotare, – P. AE VISA.
chiuso dal 7 al 22 gennaio, dal 1° al 20 luglio, lunedì sera e martedì – **Pasto** carta 21/31.
◆ Un ex mulino, oggi poco riconoscibile, trasformato in una piacevole trattoria, di solida gestione, con proposte tradizionali e specialità della casa legate alle stagioni.

FONTEBLANDA *58010 Grosseto* 563 O 15 – – *a.s. Pasqua e 15 giugno-15 settembre.*

Maremma località Maremmello ✉ 58010 Fonteblanda ✆ 0564 886217, Fax 0564 886093, Nord-Est : 9 km.
Roma 163 – Grosseto 24 – Civitavecchia 87 – Firenze 164 – Orbetello 19 – Orvieto 112.

Rombino senza rist, via Aurelia Vecchia 40 ✆ 0564 885516, *Fax 0564 885524,* – TV P. AE VISA JCB.
chiuso novembre **40 cam** 103.
◆ Nel cuore della Maremma, fra Talamone e il Monte Argentario, un hotel a conduzione familiare, rinnovato qualche anno fa, con camere confortevoli e spiaggia non lontana.

sulla strada statale 1-via Aurelia *Sud : 2 km :*

Corte dei Butteri via Aurelia km 156 ✉ 58010 ✆ 0564 885546, *corte_dei_butteri@virgilio.it, Fax 0564 886282,* riscaldata, – TV P – 80. AE VISA. rist
maggio-ottobre – **Pasto** carta 39/49 – **54 cam** 93/322, 24 suites – ½ P 206.
◆ Ideale per famiglie, struttura immersa in parco con laghetto, piscina riscaldata direttamente sul mare: edifici per le stanze e corpo centrale affacciati sulla spiaggia. Sala ristorante con terrazza panoramica.

a Talamone *Sud-Ovest : 4 km – ✉ 58010 :*

Baia di Talamone senza rist, via della Marina 23 ✆ 0564 887310, *info@hotelbaiaditalamone.it, Fax 0564 887389,* – TV P. VISA.
9 aprile-ottobre – **10 cam** 110/130, 7 suites 165/200.
◆ Affacciata sul porticciolo turistico, una bella struttura color salmone, contenuta, ma comoda soprattutto a partire dall'ampio parcheggio; diverse stanze con salottino.

Il Telamonio senza rist, piazza Garibaldi 4 ✆ 0564 887008, *info@hoteliltelamonio.com, Fax 0564 887380* – TV. VISA.
Pasqua-settembre – 7,75 – **30 cam** 105/145.
◆ Pur sito in una piazzetta del centro storico, sotto la vecchia rocca, l'hotel, di tipo classico, dispone di una terrazza-solarium con vista panoramica sul piccolo golfo.

Da Flavia, piazza 4 Novembre 1/12 ✆ 0564 887091, *Fax 0564 887756,* – AE VISA.
chiuso dal 15 gennaio al 15 febbraio e martedì (escluso dal 15 giugno al 15 settembre) – **Pasto** specialità di mare carta 32/48.
◆ Potrete assaporare cibi marinari e avvalervi del servizio estivo in terrazza, nel locale ubicato al centro del paese; curata rusticità per le sale interne.

La Buca, via Garibaldi 1/3 ✆ 0564 887067, – ▤. AE 💲 ◑ MC VISA JCB. ⚒
chiuso novembre e lunedì (escluso maggio-settembre) – **Pasto** specialità di mare carta 30/51.
◆ Caratteristico locale posto a ridosso della porta che conduce all'area pedonale del centro storico; tavoli anche all'aperto e specialità culinarie a base di pescato.

FONTE CERRETO *L'Aquila 563 O 22 – Vedere Assergi.*

FOPPOLO *24010 Bergamo 561 D 11 – 205 ab. alt. 1 515 – a.s. luglio-agosto e Natale – Sport invernali : 1 600/2 200 m ⛷9, ⛷.*
🅸 Via Moia 24 ✆0345 74101, info@bremboski.it, Fax 0345 74101.
Roma 659 – Sondrio 93 – Bergamo 58 – Brescia 110 – Lecco 80 – Milano 100.

Des Alpes, via Cortivo 9 ✆ 0345 74037, *hoteldesalpes@libero.it, Fax 0345 74078*, ← – 🛗 📺 🅿 – 🎤 40. AE 💲 ◑ MC VISA. ⚒ rist
8 dicembre-25 aprile e 26 giugno-10 settembre – **Pasto** 20,65/23,24 – **30 cam** ☕ 46,48/82,63 – ½ P 64,56.
◆ Ubicato nella zona alta della località, in posizione panoramica e soleggiata, nei pressi delle piste da sci, un confortevole hotel di montagna, a gestione familiare. Una sala ristorante piuttosto vasta, con pavimento in parquet.

K 2, via Fopelle 42 ✆ 0345 74105, *kibok2@libero.it, Fax 0345 74333*, ← – 🅿. AE 💲 ◑ MC VISA JCB. ⚒
chiuso maggio-giugno ed ottobre-novembre (escluso sabato-domenica) – **Pasto** carta 22/39.
◆ Ambiente grazioso, con arredi in caldo legno chiaro e una curata rusticità; fuori del centro abitato, offre piatti locali, come la selvaggina, e una conduzione familiare.

I prezzi del pernottamento e della pensione possono subire aumenti in relazione all'andamento generale del costo della vita ; quando prenotate chiedete la conferma del prezzo.

FORIO *Napoli 564 E 23 – Vedere Ischia (Isola d').*

FORLÌ *47100 🅿 562 J 18 G. Italia – 107 827 ab. alt. 34.*
⛳ I Fiordalisi (chiuso martedì) a Magliano ✉ 47100 ✆ 0543 89553, Fax 0543 89324, per ② : 9 km.
🅸 piazza XC Pacifici 2 ✆ 0543 712435, iat@comune.forli.fo.it, Fax 0543 712755.
A.C.I. via Monteverdi 1 ✆ 0543 782449.
Roma 354 ③ – Ravenna 29 ① – Rimini 54 ② – Bologna 63 ④ – Firenze 109 ③ – Milano 282 ①.

Pianta pagina a lato

Globus City, Via Traiano Imperatore 4 ✆ 0543 722215, *info@hotelglobus.it, Fax 0543 774627*, 🏋, 🏊 – 🛗, ⛔ cam, ▤ 📺 📞 ♿ 🚗 🅿 – 🎤 240. AE 💲 ◑ MC VISA JCB. ⚒ rist 3,5 km per ①
Pasto carta 32/62 – **95 cam** ☕ 150/200, 3 suites.
◆ Recente risorsa, di stile moderno, sita in prossimità della statale, fra la città e il casello; una hall di grande respiro vi accoglie in un ambiente dai mille confort. Comodo ristorante con due ampie sale e proposte anche locali.

Masini senza rist, corso Garibaldi 28 ✆ 0543 28072, *info@hotelmasini.com, Fax 0543 456329* – 🛗 ⛔ ▤ 📺 📞 ♿ – 🎤 30. AE 💲 ◑ MC VISA c
☕ 8 – **51 cam** 105/136.
◆ Tutto ristrutturato, un valido hotel oggi di nuovo in auge: indirizzo già noto, in Forlì, sin da fine '800, offre spazi funzionali e confortevoli, di tono contemporaneo.

Michelangelo senza rist, via Buonarroti 4/6 ✆ 0543 400233, *info@hotelmichelangelo.fc.it, Fax 0543 400615* – 🛗 ⛔ ▤ 📺 📞 ♿ 🅿. AE 💲 ◑ MC VISA JCB. ⚒ b
☕ 10 – **24 cam** 100/135, 5 suites.
◆ Poco fuori del centro storico, un albergo con facciata esterna creata da vetrate a specchio; le camere sono ampie e ben accessoriate. Comodo per la clientela di lavoro.

Casa Rusticale dei Cavalieri Templari, viale Bologna 275 ✆ 0543 701888, *Fax 0543 701888*, – ⛔ ▤ 🅿. AE 💲 ◑ MC VISA. ⚒ 1 km per ④
chiuso dal 24 dicembre al 3 gennaio, agosto, domenica e lunedì – **Pasto** 22/42 e carta 30/55.
◆ Antico «hospitale» di S. Bartolo dei Cavalieri Templari sin dal XIII secolo, il bel locale continua la tradizione di accoglienza e cucina romagnola sotto l'egida di tre donne.

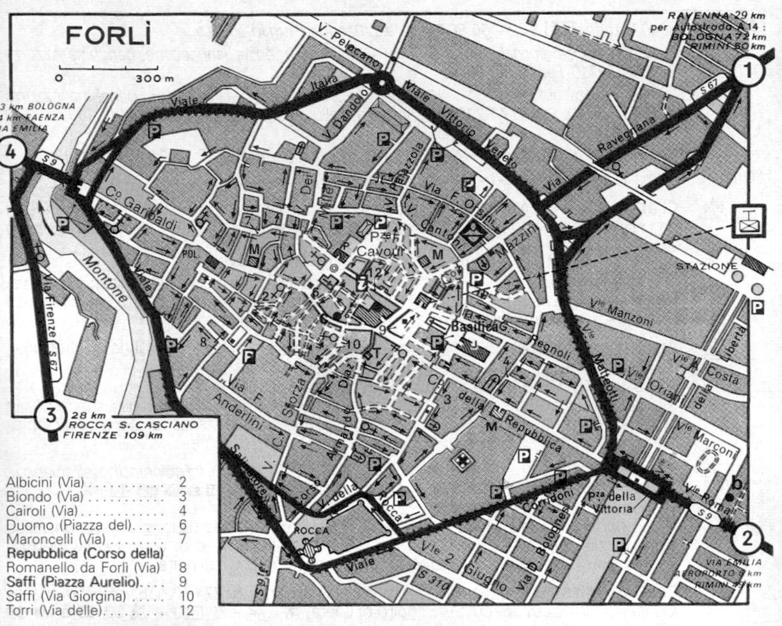

XX **Le Querce,** via Ravegnana 472 ✉ 47100 ✆ 0543 795695, *Fax 0543 795113,* ⛱, Rist. con pizzeria serale – ⇔ ▤ P. AE $ ⓘ ⓜ VISA JCB. ✂ 3 km per ①
chiuso dal 2 al 20 gennaio, 10 giorni a settembre e mercoledì – **Pasto** carta 21/35.
◆ Una grande casa di campagna, esternamente rifinita in mattoni e con il servizio estivo in giardino; lungo la via che porta a Ravenna, ambiente classico e pizze serali.

in prossimità casello autostrada A 14 *per ① : 4 km :*

S. Giorgio, via Ravegnana 538/d ✉ 47100 ✆ 0543 796699, *info@hotelsangiorgioforli.it, Fax 0543 796799,* ⛱ – |‡|, ⇔ cam, ▤ TV P – 🏛 110. AE $ ⓘ ⓜ VISA JCB. ✂
Pasto al Rist. ***Le Fontanelle*** carta 28/39 – **36 cam** ☕ 150.
◆ Sito nelle immediate vicinanze del casello autostradale, un hotel comodo per una sosta durante il viaggio o per un incontro di lavoro; rinnovi recenti in alcuni settori. Accomodati nella spaziosa sala, potrete scegliere tra varie specialità locali.

FORLIMPOPOLI *47034 Forlì-Cesena* 562 *J 18 – 11 394 ab. alt. 30.*
Roma 362 – Ravenna 42 – Rimini 50 – Bologna 71 – Cesena 11 – Forlì 8 – Milano 290 – Pesaro 80.

X **Edo** con cam, via Mazzini 10 ✆ 0543 745175, *Fax 0543 745249* – ▤ TV 🚗 P – 🏛 100. AE $ ⓘ ⓜ VISA JCB. ✂
Pasto *(chiuso dal 10 al 20 agosto, sabato e domenica sera)* carta 18/23 – **20 cam** ☕ 42/63 – ½ P 45.
◆ Nella patria del mitico Artusi, gestione trentennale ormai collaudata per questo ristorante posizionato lungo la via Emilia; paste fatte in casa e sapori di Romagna.

FORMAZZA *28863 Verbania* 561 *C 7,* 217 ⑲ *– 452 ab. alt. 1 280 – Sport invernali : 1 260/1780 m* ⛷4, ⛷ *(anche sci estivo).*
Roma 738 – Domodossola 40 – Milano 162 – Novara 131 – Torino 205 – Verbania 81.

Corno Brunni, località Ponte Formazza ✆ 0324 63114, *postmaster@cornobrunni.com, Fax 0324 630049,* ≤ monti, 🚲 – ⇔ TV P. $ ⓘ ⓜ VISA JCB
chiuso novembre – **Pasto** carta 18/35 – **14 cam** ☕ 40/52 – ½ P 39.
◆ Nella zona centrale del capoluogo dell'omonima valle, hotel familiare e accogliente, di recente rinnovato, e con anche un bar pubblico; camere sobrie, di taglio classico.

Le nostre guide alberghi e ristoranti, le nostre guide turistiche e le nostre carte stradali sono complementari. Utilizzatele insieme.

FORMIA *04023 Latina* 563 S 22 – *36 863 ab. – a.s. Pasqua e luglio-agosto.*

per Ponza giornalieri (2 h 30 mn) – Caremar-agenzia Jannaccone, banchina Azzurra ✆ 0771 22710, Fax 0771 21000.

per Ponza giornalieri (1 h 10 mn) – Caremar-agenzia Jannaccone, banchina Azzurra ✆ 0771 22710, Fax 0771 21000 e Agenzia Helios, banchina Azzurra ✆ 0771 700710, Fax 0771 700711.

viale Unità d'Italia 30/34 ✆ 0771 771490, info@aptlatinaturismo.it, Fax 0771 323275.

Roma 153 – Frosinone 90 – Caserta 71 – Latina 76 – Napoli 86.

Grande Albergo Miramare, via Appia 44 (Est : 2 km) ✆ 0771 320047, *info@grandealbergomiramare.it, Fax 0771 320050,* ←, ⛱, –, rist, TV P – 100. AE VISA.
Pasto carta 37/54 – 9 – **58 cam** 98/113, suite – ½ P 117.
◆ Un tempo di casa Savoia e successivamente ampliate, ville d'epoca in un grande parco di fronte al mare; stile, piacevolezza, accesso diretto al blu, fascino dell'antico. Sala da pranzo panoramica, con arredi in stile, resa luminosa da immense vetrate.

Appia Grand Hotel, via Appia, angolo Mergataro Est : 3 km ✆ 0771 726041, *agh@agh.it, Fax 0771 722156,* – TV P – 200. AE VISA JCB.
Pasto carta 23/36 – **76 cam** 100/110, 6 suites – ½ P 77.
◆ Attorno alla piscina, una struttura costruita in pietra grigia, dal taglio moderno; in posizione periferica, offre valide attrezzature congressuali e stanze funzionali. Ambientazione contemporanea ed elegante nelle due ampie sale ristorante.

Fagiano Palace , via Appia 80 (Est : 3 km) ✆ 0771 720900, *info@grandhotelfagiano.it, Fax 0771 723517,* ←, – TV P – 150. AE VISA.
Pasto carta 28/46 – **51 cam** 80/92 – ½ P 87.
◆ Alle porte di Formia, lungo la via Appia, un albergo comodo da raggiungere, un valido punto di riferimento in zona; dispone di camere dignitose e di una piccola spiaggia. Ristorante con servizio estivo all'aperto. Cucina del territorio e di mare.

Castello Miramare con cam, via Balze di Pagnano ✆ 0771 700138, *info@hotelcastellomiramare.it, Fax 0771 700139,* ← golfo di Gaeta, – TV P – 80. AE VISA JCB. rist
Pasto carta 47/62 – 9 – **10 cam** 119 – ½ P 114.
◆ All'interno di un parco-giardino con vegetazione mediterranea, nel contesto di un maniero edificato a inizi '900, un ristorante dall'offerta poliedrica, per ogni clientela.

Italo, via Unità d'Italia Ovest : 2 km ✆ 0771 771264, *ristorante.italo@tiscalinet.it, Fax 0771 21529* – P. AE VISA.
chiuso dal 21 dicembre al 4 gennaio e martedì, da novembre a marzo anche lunedì – **Pasto** carta 28/42.
◆ Per ogni esigenza, gastronomica, banchettistica o di semplice eleganza, un punto di riferimento di tutto rispetto qui a Formia; lungo la strada che affianca la costa.

Da Veneziano, via Tosti 120 ✆ 0771 771818, *ristveneziano@tin.it, Fax 0771 771818,* –. AE VISA
chiuso lunedì – **Pasto** specialità di mare carta 36/53.
◆ Al primo piano di un edificio rosa che si affaccia sulla piazza del mercato e sul lungomare, il ristorante prosegue la tradizione gastronomica marinara di famiglia.

Sirio, via Unità d'Italia Ovest : 3,5 km ✆ 0771 790047, *info@ristorantesirio.it, Fax 0771 772705,* – P. AE VISA
chiuso dal 15 dicembre al 15 gennaio, lunedì sera e martedì (escluso da aprile a settembre), martedì e mercoledì a mezzogiorno da giugno a settembre – **Pasto** carta 32/46.
◆ Abbandonati da tempo i grandi numeri della banchettistica, per concentrarsi sulla qualità di una cucina di sintesi tra il mare del golfo e i prodotti toscani.

Chinappi, via Anfiteatro 8 ✆ 0771 790002, *chinappi@chinappi.it, Fax 0771 772171,* – P. AE VISA JCB.
chiuso giovedì escluso da giugno a settembre e dicembre – **Pasto** specialità di mare carta 27/46.
◆ A Stefano, il merito di aver fatto fare il salto di qualità a quella che, sin dal 1957, era la pizzeria di famiglia; autentica passione per la cucina di pesce e paste.

FORMIGINE *41043 Modena* 562 I 14 – *29 827 ab. alt. 82.*

Roma 415 – Bologna 48 – Milano 181 – Modena 11.

La Fenice senza rist, via Gatti 3/73 ✆ 059 573344, *fenicehotel@libero.it, Fax 059 573455* – TV P – 120. AE VISA JCB.
48 cam 52/75.
◆ Sito nel contesto di un centro commerciale, nella strada laterale ad un percorso storico che conduce all'Appennino, albergo di stile moderno, adatto a clientela d'affari.

a Corlo *Ovest : 3 km – ✉ 41040 :*

Due Pini, Via Radici in Piano 177 (Est : 0,5 km) ☎ 059 572697, *info@hoteldupini.it, Fax 059 556904,* – 50.
Pasto *(chiuso sabato e domenica)* 15/20 – 8 – **56 cam** 67/90.
◆ Tra Modena e Sassuolo, una vecchia casa contadina con giardino, ristrutturata con classe e di recente ampliata con nuovi impianti; confort moderno in contesto d'epoca. Bella sala con ampi tavoli tondi, camino e finestre con tendaggi civettuoli.

FORNI DI SOPRA *33024 Udine* 562 C 19 – *1 159 ab. alt. 907 – a.s. 15 luglio-agosto e Natale – Sport invernali : 920/2 073 m 6, – via Cadore 1 ☎ 0433 886767, Fax 0433 886686.*
Roma 676 – Cortina d'Ampezzo 64 – Belluno 75 – Milano 418 – Tolmezzo 43 – Trieste 165 – Udine 95.

Edelweiss, via Nazionale 11 ☎ 0433 88016, *info@edelweiss-forni.it, Fax 0433 88017,*
chiuso ottobre e novembre – **Pasto** carta 21/33 – 7 – **27 cam** 50/78 – 1/2 P 55.
◆ Nel Parco delle Dolomiti Friulane, in una comoda posizione non lontana dal centro del paese e dagli impianti sciistici, classico hotel di montagna a conduzione familiare. Tipica cucina d'albergo.

Nuoitas , località Nuoitas Nord-Ovest : 2,8 km ☎ 0433 88387, *polentaefrico@libero.it, Fax 0433 886956,* – rist,
Pasto *(chiuso martedì in aprile-maggio e ottobre-novembre)* carta 17/26 – **18 cam** 36/66.
◆ Una risorsa ubicata nel verde che garantisce ai propri ospiti un soggiorno all'insegna della tranquillità e del relax. Struttura semplice e servizio di tono familiare. «Nuoitas» significa «polenta e frico»: specialità di questi posti e di questo ristorante.

FORNO DI ZOLDO *32012 Belluno* 562 C 18 – *2 912 ab. alt. 848.*
via Roma 1 ☎ 0437 787349, fornodizoldo@infodolomiti.it, Fax 0437 787340.
Roma 638 – Belluno 34 – Cortina d'Ampezzo 42 – Milano 380 – Pieve di Cadore 31 – Venezia 127.

a Mezzocanale *Sud-Est : 10 km – alt. 620 – ✉ 32012 Forno di Zoldo :*

Mezzocanale-da Ninetta, via Canale 22 ☎ 0437 78240, *Fax 0437 78379* –
chiuso dal 20 al 30 giugno, settembre e mercoledì – **Pasto** carta 22/31.
◆ Uno spazio con bar pubblico e un grande camino, un ambiente familiare davvero sempre piacevole da incontrare, con fragranti proposte di cucina casereccia.

FORNOVO DI TARO *43045 Parma* 562 H 12 – *6 013 ab. alt. 140.*
Roma 481 – Parma 22 – La Spezia 89 – Milano 131 – Piacenza 71.

Osteria Baraccone, piazza del Mercato 5 ☎ 0525 3427, *Fax 0525 400185* –
chiuso dal 23 dicembre al 7 gennaio, agosto, domenica sera e lunedì – **Pasto** carta 28/39.
◆ Nella piazza principale, ma in area periferica e ben servita da ampio parcheggio, simpatica trattoria con una cucina che rispetta le stagioni e le tradizioni locali.

FORTE DEI MARMI *55042 Lucca* 563 K 12 *G. Toscana – 8 617 ab. – a.s. Carnevale, Pasqua, 15 giugno-15 settembre e Natale.*
Versilia (chiuso dal 1º al 23 novembre, lunedì e martedì escluso da aprile ad ottobre) a Pietrasanta ✉ 55045 ☎ 0584 881574, Fax 0584 752272, Est : 1 km.
viale Achille Franceschi 8/b ☎ 0584 80091, forte@versilia.turismo.toscana, Fax 0584 83214.
Roma 378 – Pisa 35 – La Spezia 42 – Firenze 104 – Livorno 54 – Lucca 34 – Massa 10 – Milano 241 – Viareggio 14.

Augustus, viale Morin 169 ☎ 0584 787200, *augustus@versilia.toscana.it, Fax 0584 787102,* riscaldata, – 120. rist
29 aprile-10 ottobre – **Pasto** (solo per alloggiati) carta 40/70 e al Rist. ***Bambaissa*** carta 43/75 – **70 cam** 420/460, 5 suites – 1/2 P 270.
◆ Nel contesto di un parco fiorito con piscina, un complesso classico composto da due edifici principali e da ville di differenti dimensioni: un prestigioso rifugio d'élite.

Augustus Lido, viale Morin 72 ☎ 0584 787442, *augustus@versilia.toscana.it, Fax 0584 787102,* rist
29 aprile-27 settembre – **Pasto** vedere Hotel Augustus – **17 cam** 420/460 – 1/2 P 270.
◆ Dimora signorile, in un giardino ombreggiato; camere ricercate nei particolari, luminose, di classe. Alti livelli di confort e ospitalità, servizio ristorante in spiaggia.

Byron, viale Morin 46 ☎ 0584 787052, *info@hotelbyron.net, Fax 0584 787152,* – Pasto al Rist. ***La Magnolia*** *(chiuso dal 1° novembre al 15 dicembre e lunedì)* carta 39/59 – 24 – **28 cam** 277/554, 3 suites – ½ P 261.
◆ Tra il lungomare e le vie interne della modaiola località, un indirizzo esclusivo, con comodità e servigi al top: due amene ville di fine '800 e un giardino con piscina. D'estate s'apparecchia la tavola a bordo piscina, immersi nella quiete.

California Park Hotel, via Colombo 32 ☎ 0584 787121, *info@californiaparkhotel.com, Fax 0584 787268,* – cam, – 220. *aprile-ottobre* – **Pasto** (solo per alloggiati) 26/42 – **40 cam** 170/340 – ½ P 220.
◆ Nella zona esclusiva di Forte, e nei pressi della Versiliana, noto centro culturale, signorili edifici separati da una piscina e immersi in un ampio giardino ombreggiato.

Villa Roma Imperiale senza rist, via Corsica 9 ☎ 0584 78830, *info@villaromaimperiale.com, Fax 0584 80841,* riscaldata, – *Pasqua-ottobre* – **27 cam** 360/410.
◆ Un giardino con piscina riscaldata, un'area tranquilla: cornice ideale per quest'hotel di recente ristrutturato e impreziosito da una particolare cura nei raffinati arredi.

Hermitage, via Cesare Battisti 50 ☎ 0584 787144, *hermitage@versilia.toscana.it, Fax 0584 787044,* – *aprile-ottobre* – **Pasto** (solo per alloggiati) 40/56 – 23 – **56 cam** 180/295, 3 suites – ½ P 193.
◆ Tra il verde dei pini e dei lecci, cinto da un giardino con piscina, un albergo piacevole, sito in una zona quieta della località. Gestione solidissima per soggiorni relax.

President, via Caio Duilio ang. viale Morin ☎ 0584 787421, *Fax 0584 787519,* – rist *Pasqua-settembre* – **Pasto** (solo per alloggiati) 32/42 – 13 – **44 cam** 185/200 – ½ P 176.
◆ Nel cuore di Forte dei Marmi, a pochi passi dal mare, un indirizzo godibilissimo in virtù dei confort e dei servizi offerti; interni signorili e spaziosi nelle zone comuni. Un tradizionale ristorante d'albergo, di impostazione classica.

Il Negresco, viale Italico 82 ☎ 0584 78820, *info@hotelilnegresco.com, Fax 0584 787535,* – – 70. Pasto 25/40 – **39 cam** 332/359 – ½ P 205.
◆ Di recente completamente rinnovato, un piacevole hotel situato proprio sul lungomare; toni chiari, solari e avvolgenti, ambienti eleganti, luminosi. Per un mondano relax. Sala ristorante curata ed elegante, in cui prevalgono i colori caldi.

Ritz, via Flavio Gioia 2 ☎ 0584 787531, *reservations@ritzfortedeimarmi.com, Fax 0584 787522,* – cam, Pasto 30/45 – **32 cam** 250/380 – ½ P 220.
◆ Una sorta di villona d'impostazione liberty, coi caratteristici palmizi e un godibile giardino con piscina; dotata di salotto e veranda ampi e ben tenuti, camere spaziose. Ristorante circondato dal verde, non lontano dal mare.

Principe, viale Morin 67 ☎ 0584 787143, *hotel-principe@iol.it, Fax 0584 787143,* – *26 maggio-20 settembre* – **Pasto** (solo per alloggiati) 30/50 – **32 cam** 180/220 – ½ P 160.
◆ Uno degli hotel storici di Forte, nella prestigiosa zona di Roma Imperiale; in seconda fila rispetto al mare e in un giardino ombreggiato, ingloba una villa d'inizi '900.

St. Mauritius, via 20 Settembre 28 ☎ 0584 787131, *info@stmauritiushotel.com, Fax 0584 787157,* – *aprile-15 ottobre* – **Pasto** (solo per alloggiati) 32/47 – 18 – **48 cam** 155/180 – ½ P 180.
◆ Punto di forza della risorsa è il bel giardino con piscina da cui è cinta; sita nelle vie interne della località, costituisce un valido indirizzo per confort e ospitalità.

Alcione, viale Morin 137 ☎ 0584 787452, *info@hotelalcione.com, Fax 0584 787097,* – *aprile-ottobre* – **Pasto** (solo per alloggiati) 25/30 – **38 cam** 135/270 – ½ P 155.
◆ Gestione signorile, e ormai alla terza generazione, per quest'albergo sorto negli anni '20 del secolo scorso; in zona Roma Imperiale, parzialmente rinnovato nelle stanze.

Raffaelli Park Hotel, via Mazzini 37 ☎ 0584 787294, *infohotels@raffaelli.com, Fax 0584 787418,* alla spiaggia, – – 90. rist – *chiuso dal 21 dicembre al 7 gennaio* – **Pasto** *(aprile-ottobre)* carta 32/44 – **28 cam** 170/280 – ½ P 152.
◆ Nel contesto di un grande complesso turistico alberghiero che comprende anche un centro sportivo e una spiaggia con piscina, hotel immerso nel verde e prossimo al mare. Comodo ristorante con servizio estivo all'aperto.

Mirabeau, viale Morin 135 ✆ 0584 787813, *info@hotelmirabeau.it, Fax 0584 787561*, – rist
marzo-ottobre – **Pasto** (solo per alloggiati) 31 – **31 cam** 250/300 – ½ P 160.
◆ Ubicato in una zona residenziale, albergo che ha subito una recente e totale ristrutturazione; dispone di una piacevole piscina e di un giardino. Conduzione familiare.

Mignon, via Carducci 58 ✆ 0584 787495, *info@hotelmignon.it, Fax 0584 787494*, – rist
marzo-novembre – **Pasto** (solo per alloggiati) 32/50 – **34 cam** 125/175 – ½ P 115.
◆ Il verde della pineta e un grazioso giardino su cui s'affaccia l'ariosa veranda connotano questa piccola chicca: sapori quasi coloniali, signorilità, buon gusto. Ovunque.

Sonia, via Matteotti 42 ✆ 0584 787146, *Fax 0584 787409*, – cam,
Pasto (solo per alloggiati) – **20 cam** 120/150 – ½ P 105.
◆ Un indirizzo piacevolmente familiare, poco lontano dal centro e dal mare; una bella costruzione con una grande terrazza, curata in ogni particolare da madre e figlia.

Kyrton, via Raffaelli 16 ✆ 0584 787461, *info@hotelkyrton.it, Fax 0584 89632*, – rist
aprile-settembre – **Pasto** (solo per alloggiati) – 8 – **34 cam** 130/190 – ½ P 135.
◆ Grazie ad un rinnovamento piuttosto recente, questa semplice risorsa, a gestione familiare, si presenta linda e ben tenuta. Nel verde e nella quiete, ideale per famiglie.

Tirreno, viale Morin 7 ✆ 0584 787444, *info@hoteltirreno.fortedeimarmi.it, Fax 0584 787137*, –
Pasqua-settembre – **Pasto** (solo per alloggiati) carta 31/43 – **59 cam** 88/147 (solo 1/2 P in luglio-agosto) – ½ P 135.
◆ All'interno di un giardino ombreggiato, albergo a conduzione familiare, con un'ottima cucina e un accurato trattamento dei clienti; un indirizzo affidabile, in centro.

Piccolo Hotel, viale Morin 24 ✆ 0584 787433, *piccoloh@versilia.toscana.it, Fax 0584 787503*, – rist
aprile-settembre – **Pasto** *(maggio-settembre)* (solo per alloggiati) 30/40 – **36 cam** 150/225 – ½ P 150.
◆ In comoda posizione, vicino alla spiaggia e con accesso anche dal lungomare, un hotel a gestione familiare, che offre un valido livello di confort e sobria eleganza.

Tarabella, viale Versilia 13/b ✆ 0584 787070, *matteo@tarabellahotel.it, Fax 0584 787260*, – cam,
Pasqua-ottobre – **Pasto** (solo per alloggiati) – **32 cam** 120/180 – ½ P 110.
◆ Recentemente ristrutturata, una risorsa dal sapore familiare, che vi farà sentire come a casa vostra; confortevole e in posizione tranquilla, con clientela abituale.

Le Pleiadi, via Civitali 51 ✆ 0584 881188, *info@hotellepleiadi.it, Fax 0584 881653*, – cam,
aprile-10 ottobre – **Pasto** (solo per alloggiati) 20/38 – **30 cam** 90/165 – ½ P 99.
◆ Nella quiete delle vie più interne, un poco distante dal mare, questo albergo ha come indubbio punto di forza il grazioso e gradevole giardino-pineta; conduzione familiare.

Lorenzo, via Carducci 61 ✆ 0584 89671, *ristorantelorenzo@libero.it, Fax 0584 874030*, prenotare –
chiuso dal 15 dicembre a gennaio, lunedì e a mezzogiorno in luglio-agosto – **Pasto** carta 78/88 (10 %).
◆ Prodotti di qualità ed elaborazioni ben curate, proposte nel centro cittadino, nel signorile punto di riferimento della ristorazione della Versilia; per amanti del mare.
Spec. Soufflé di fagioli di Sorana con scampi. Tagliata di tonno alle erbe aromatiche con salsa d'ortica. Zuppa chiara di pesce.

Bistrot, viale Franceschi 14 ✆ 0584 89879, *bistrot@bistrotforte.it, Fax 0584 89963*, prenotare –
chiuso dal 5 al 30 novembre e martedì – **Pasto** carta 60/75.
◆ Tra spiaggia e lungomare, una vecchia gloria della cucina, rinata ed elegante, gestita con entusiasmo e professionalità; per gustare piatti a base di pesce, ma non solo.

La Barca, viale Italico 3 ✆ 0584 89323, *Fax 0584 83141*, –
chiuso dal 6 novembre al 6 dicembre, lunedì, martedì e giovedì a mezzogiorno dal 15 giugno al 15 settembre; lunedì a mezzogiorno e martedì negli altri mesi – **Pasto** carta 43/65.
◆ Dal lontano 1906, quando la barca-tartana che trasportava vino dall'Elba attraccò per sempre qui, trasformata in rifugio culinario, il pesce dimora sulle tavole di Forte.

Osteria del Mare, viale Franceschi 4 ✆ 0584 83661, *Fax 0584 788963*, Rist. con enoteca, prenotare –
chiuso 15 giorni nel periodo invernale e giovedì – **Pasto** carta 29/54.
◆ Tra la spiaggia e il centro della località, un bistrot-enoteca con un'appetitosa cucina di mare e un'ampia e nutrita scelta di vini. Ambiente informale, ma ben curato.

in prossimità casello autostrada A 12 - Versilia :

Versilia Holidays, via G.B. Vico 142 ✉ 55042 ☎ 0584 787100, *info@versiliaholidays.com, Fax 0584 787468*, , , , – – 400. VISA.
Pasto al Rist. ***La Vela*** 25/50 – **79 cam** 150/186.
◆ Comodo da raggiungere, nei pressi del casello, un hotel ideale anche per clienti di lavoro e attività congressuale; buona disponibilità di spazi, interni ed esterni. Tavoli all'aperto, sotto una sorta di enorme tendaggio, cucina eclettica.

FORZA D'AGRÒ *Messina* 565 N 27 – *Vedere Sicilia alla fine dell'elenco alfabetico.*

FOSSALTA MAGGIORE *Treviso* 562 E 19 – ✉ *31040 Chiarano.*

Roma 568 – Venezia 53 – Milano 307 – Pordenone 34 – Treviso 36 – Trieste 115 – Udine 84.

Tajer d'Oro, via Roma ☎ 0422 746392, *tajerdoro@libero.it, Fax 0422 746122* – . VISA.
chiuso dal 7 al 20 gennaio, dal 1° al 20 agosto, lunedì a mezzogiorno e martedì – **Pasto** specialità di mare carta 34/46.
◆ Un valido indirizzo, sia per l'ambiente curato, con arredamento stile marina inglese, sia per la cucina, fragrante e di pesce, con ottime materie prime e creatività.

FOSSOMBRONE *61034 Pesaro e Urbino* 563 K 20 – *9 584 ab. alt. 115.*

Roma 258 – Rimini 79 – Ancona 83 – Pesaro 35 – Urbino 19.

Santa Lucia, Via Roma 3 ☎ 0721 740801, *ristorantinos.lucia@libero.it, Fax 0721 741287* – . VISA JCB
chiuso martedì escluso luglio-agosto – **Pasto** carta 27/44.
◆ Nel centro storico della località, nei pressi dell'omonima chiesa, il ristorante è ospitato da un edificio della metà del '600. Le sale sono sobrie e la cucina innovativa.

FRABOSA SOPRANA *12082 Cuneo* 561 J 5 – *900 ab. alt. 891 – a.s. giugno-agosto e Natale – Sport invernali : 900/1 700 m* 6, .

piazza Municipio ☎ 0174 244010, comunedifrabosasoprana.c@tin.it, Fax 0174 244163.
Roma 632 – Cuneo 35 – Milano 228 – Savona 87 – Torino 96.

Miramonti , via Roma 84 ☎ 0174 244533, *info@miramonti.cn.it, Fax 0174 244534*, , , – . VISA. rist
chiuso ottobre – **Pasto** (prenotare) 15/28 – 8 – **47 cam** 65 – ½ P 57.
◆ Situata in un luogo tranquillo, una struttura «sana», con offerta anche di «vacanze-salute» sotto il controllo di un medico naturista; dotata di piccolo parco e terrazza. Proposta di piatti macrobiotici e vegetariani, su prenotazione.

FRANCAVILLA AL MARE *66023 Chieti* 563 O 24 – *24 654 ab. – a.s. 20 giugno-agosto.*

viale Nettuno 107 ☎ 085 817169, iat.francavilla@abruzzoturismo.it, Fax 085 816649.
Roma 216 – Pescara 7 – L'Aquila 115 – Chieti 19 – Foggia 171.

Sporting Hotel Villa Maria , contrada Pretaro Nord-Ovest : 3 km 66023 ☎ 085 450051, *villamaria@sportingvillamaria.it, Fax 085 693042*, , , navetta per la spiaggia, riscaldata, – – 200. VISA. rist
Pasto carta 30/44 – **66 cam** 106/144,50, 4 suites – ½ P 92,75.
◆ Sulle colline dell'immediato entroterra pescarese, un albergo dalla sobria eleganza e completo nei servizi; un'oasi di quiete il grande parco ombreggiato, curatissimo. La piacevolezza di un raffinato ristorante e di una magica veranda.

Punta de l'Est, viale Alcione 188 ☎ 085 4982076, *info@puntadelest.it, Fax 085 4981689*, , – . VISA JCB. rist
23 aprile-ottobre – **Pasto** carta 22/35 – **52 cam** 100/130.
◆ Due villette comunicanti, graziose a vedersi, posizionate direttamente sulla spiaggia; camere semplici, in parte rinnovate, e una solida gestione diretta. Quasi sul mare, la sala ristorante si apre verso l'esterno con grandi vetrate.

Mare Blu, viale Alcione 159 ☎ 085 810032, *info@marebluhotel.it, Fax 085 4918336*, – – 100. VISA.
chiuso dal 22 dicembre al 7 gennaio – **Pasto** 15/25 – **24 cam** 60/100 – ½ P 80.
◆ Pochi metri dal mare: un hotel d'atmosfera familiare, con un piccolo solarium sul retro, attrezzato con sdraio per l'estate, e stanze essenziali, alcune con balconcino. Ambiente semplice al ristorante, dove gusterete anche sapori di pesce e abruzzesi.

La Nave, viale Kennedy 2 ☎ 085 817115, *Fax 085 815688*, , – 40. VISA
chiuso mercoledì escluso luglio-agosto – **Pasto** specialità di mare carta 29/44.
◆ Una sorta di Titanic felliniano arenato sulla spiaggia di Francavilla questa nave-ristorante; sul «ponte», il servizio estivo e, nei piatti, i sapori del pesce.

FRANZENSFESTE = Fortezza.

FRAORE *Parma – Vedere Parma.*

FRASCATI *00044 Roma* 563 Q 20 *G. Roma – 20 758 ab. alt. 322.*

Vedere *Villa Aldobrandini★.*

Escursioni *Castelli romani★★ Sud, Sud-Ovest per la strada S 216 e ritorno per la via dei Laghi (circuito di 60 km).*

piazza Marconi 1 ☏ 06 9420331, iatfrascati@libero.it, Fax 06 9425498.

Roma 19 – Castel Gandolfo 10 – Fiuggi 66 – Frosinone 68 – Latina 51 – Velletri 22.

Flora senza rist, viale Vittorio Veneto 8 ☏ 06 9416110, *info@hotel-flora.it, Fax 06 9416546,* – . AE VISA.
37 cam 105/150.
◆ Poco fuori del centro storico, in un'antica residenza patrizia costruita a fine '800 e circondata da un giardino, un albergo dagli interni raffinati e confortevoli.

Colonna senza rist, piazza del Gesù 12 ☏ 06 94018088, *hotelcolonna@hotelcolonna.it, Fax 06 94018730* – . AE VISA.
20 cam 85/110, suite.
◆ Un centrale palazzo ristrutturato, affacciato sulla più bella piazza della località, ospita dal '99 un hotel moderno; arredi di buona fattura nelle piacevoli camere.

Poggio Regillo senza rist, via di Pietra Porzia 26 (Sud-Est : 2,5 km) ☏ 06 9417800, *posta @poggioregillo.it, Fax 06 94289786* – . AE VISA.
23 cam 67/90.
◆ Fuori del centro, una semplice casa di campagna dove vi verrà offerta un'ospitalità familiare e cortese; spazi comuni limitati, camere senza pretese, ma ben tenute.

Giadrina, via Diaz 15 ☏ 06 9401991, *Fax 06 9420440,* – . AE VISA JCB.
Pasto vedere rist ***Cacciani*** – **21 cam** 70/90.
◆ Centralissimo, con bella vista sui dintorni e sulla villa Aldrovandini, un albergo semplice, per habitué e clientela di lavoro; qualche camera con terrazza panoramica.

Cacciani, via Diaz 13 ☏ 06 9420378, *info@cacciani.it, Fax 06 9420440,* – AE VISA JCB.
chiuso dal 7 al 17 gennaio, dal 16 al 26 agosto, domenica sera (escluso da giugno a settembre) e lunedì – **Pasto** carta 40/43.
◆ Bella la vista sui colli Albani che si gode dalla terrazza, dove si mangia d'estate, di un locale classico in zona; piatti stagionali del territorio e di pesce.

Zarazà, viale Regina Margherita 45 ☏ 06 9422053, *Fax 06 9422053,* – AE VISA.
chiuso agosto, domenica sera (escluso da maggio a settembre) e lunedì – **Pasto** specialità tipiche romane carta 22/31.
◆ Ristorantino familiare, semplice, ma ben tenuto, situato nel centro storico, dove gustare, d'estate anche all'aperto, l'autentica, genuina cucina tipica romana.

FRATTA TODINA *06054 Perugia* 563 N 19 – *1 756 ab. alt. 214.*

Roma 139 – Perugia 43 – Assisi 55 – Orvieto 43 – Spoleto 53 – Terni 50 – Viterbo 96.

Altieri, via Tuderte 54/a ☏ 075 8745350, *hotel.altieri@tiscalinet.it, Fax 075 8745353,* – , cam, – 50. AE VISA.
Pasto carta 20/28 – **30 cam** 75/88 – 1/2 P 68.
◆ In comoda posizione, vicina ai maggiori centri commerciali e alle mete più turistiche, struttura moderna e funzionale, indirizzata a una clientela in prevalenza d'affari.

FRATTOCCHIE *Roma* 563 Q 19 – *Vedere Marino.*

FREGENE *00050 Roma* 563 Q 18 – *a.s. 15 giugno-luglio.*

Roma 37 – Civitavecchia 52 – Rieti 106 – Viterbo 97.

La Conchiglia, lungomare di Ponente 4 ☏ 06 6685385, *info@laconchiglia.it, Fax 06 66563185,* – – 40. AE VISA.
Pasto carta 27/35 – **42 cam** 93/145 – 1/2 P 93.
◆ Struttura recente, stile anni '70, immersa nel verde del giardino, con spaziose aree comuni e camere ampie; frequentata sia da turisti che da clientela di lavoro. Il ristorante ha una moderna sala invernale, ma anche servizio estivo in giardino.

FREIBERG *Bolzano – Vedere Merano.*

FREIENFELD = Campo di Trens.

FRONTONE 61040 Pesaro e Urbino 563 L 20 – 1 306 ab. alt. 416.

Roma 227 – Rimini 87 – Ancona 92 – Perugia 77 – Pesaro 65.

Taverna della Rocca, via Leopardi 20/22 (al castello) ✆ 0721 786218, *Fax 0721 786218,* Taverna rustica – ▤. AE ⑤ ⓓ ⓜ VISA JCB. ✂
chiuso dal 1º al 20 ottobre e mercoledì – **Pasto** carta 18/22.
◆ Una vera taverna, con bar, sita nei pressi del castello di questo antico borgo arroccato; schietta cucina del territorio e pomeridiano servizio da osteria, con salumi.

FROSINONE 03100 P 563 R 22 – 47 642 ab. alt. 291.

Dintorni *Abbazia di Casamari*★★ *Est : 15 km.*
via Aldo Moro 467/469 ✆ 0775 833836, info@apt.frosinone.it, Fax 0775 833837.
A.C.I. *via Firenze 51/57 ✆ 0775 250006.*
Roma 83 – Avezzano 78 – Latina 55 – Napoli 144.

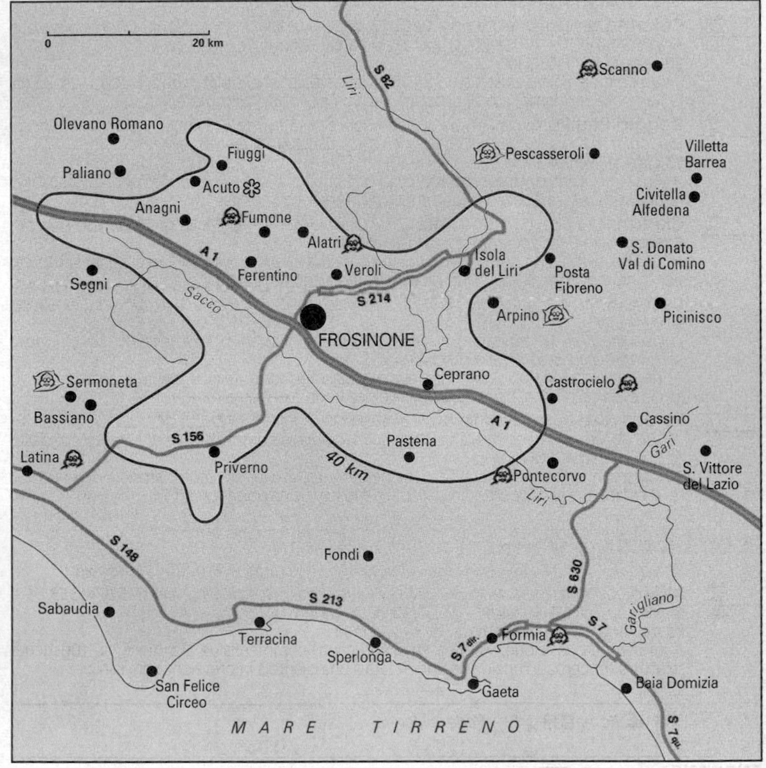

Cesari, in prossimità casello autostrada A 1 ✆ 0775 291581, *hotelcesari@libero.it, Fax 0775 293322* – |♿| ▤ TV P – 🏢 200. AE ⑤ ⓓ ⓜ VISA. ✂ rist
Pasto *(chiuso agosto)* carta 24/33 – **60 cam** ☐ 75/100 – ½ P 60.
◆ Un tradizionale hotel, ideale per soste nel corso di spostamenti veloci e di lavoro, proprio dinanzi al casello autostradale; in parte da poco rinnovato nel settore notte. Una vasta offerta di pesce, da gustare accomodati nella capiente sala ristorante.

Henry, via Piave 10 ✆ 0775 211222, *info@henryhotel.it, Fax 0775 853713,* – |♿| ▤ TV P – 🏢 300. AE ⑤ ⓓ ⓜ VISA JCB. ✂
Pasto carta 26/33 – **63 cam** ☐ 67/83 – ½ P 60.
◆ Comoda posizione tra casello e città, per un albergo dotato di ampio parcheggio e di spaziose zone comuni; si propone con andamento classico e servizi per il congressuale. Valida cucina, all'interno di una sala circolare delimitata da pareti-finestre.

Astor, via Marco Tullio Cicerone 200 ✆ 0775 270132, *astor_hotel@libero.it, Fax 0775 270135* – cam, 100.
Pasto carta 19/29 – **54 cam** 52/80, suite – ½ P 58.
♦ Per chi voglia trovare comodità e confort, una risorsa dotata di parcheggio e garage, in una zona centrale e trafficata. Spazi comuni con foto di celebrità passate di qui. Una cucina improntata alle tradizioni ciociare, nell'elegante sala da pranzo.

Memmina, via Maria 172 ✆ 0775 873548, *info@albergomemmina.it, Fax 0775 270138* – 100.
chiuso 25-26 dicembre e 1° gennaio – **Pasto** carta 19/25 – 5 – **37 cam** 60/70 – ½ P 50.
♦ Un nuovo albergo, ubicato lungo la via che porta a Sora; è rimasto il vecchio bar che lo precedeva, ma oggi, vi si aggiunge un ambiente semplice e tuttavia confortevole. Servizio self-service, per pasti veloci, o ristorante con piatti locali.

Palombella, via Maria 234 ✆ 0775 873549, *info@palombella.com, Fax 0775 270402*, –
Pasto carta 20/30.
♦ Esternamente, un tentativo di ricreare uno stile neoclassico-liberty; all'interno, tra vetrate colorate e colonne, un tripudio di specchi, marmi intarsiati, gessi e legni.

Il Quadrato, piazzale De Matthaeis 53 ✆ 0775 874474, *Fax 0775 820821* –
chiuso dal 9 al 15 agosto e domenica – **Pasto** carta 26/44.
♦ Nella zona nuova e commerciale della città, più ricca di hotel e ristoranti, un punto di riferimento ormai sicuro da anni; comodo parcheggio, solida gestione, habitué.

Se dopo le h 18,00 siete ancora in viaggio confermate la vostra prenotazione telefonicamente, è consuetudine ... ed è più sicuro.

FROSSASCO *10060 Torino* 561 H 4 – *2 693 ab. alt. 389.*

Roma 665 – Torino 36 – Asti 79 – Cuneo 71 – Milano 176.

La Locanda della Maison Verte, per via XX Settembre ✆ 0121 354610, *informati on@maisonvertehotel.com, Fax 0121 354614*, , , – , cam, – 50.
Pasto carta 24/33 – **27 cam** 78/115 – ½ P 65.
♦ In un parco con piscina, albergo con annesso centro benessere dalla pluriennale esperienza; calda atmosfera e profumi rilassanti negli interni, ampie camere arredate con cura. Intime e molto accoglienti le tre piccole e raffinate sale ristorante.

FUCECCHIO *50054 Firenze* 563 K 14 – *21 180 ab. alt. 25.*

Roma 302 – Firenze 38 – Pisa 49 – Livorno 52 – Pistoia 31 – Siena 72.

a Ponte a Cappiano *Nord-Ovest : 4 km – ✉ 50050 :*

Le Vedute, via Romana Lucchese 121 (località Le Vedute) ✆ 0571 297498, *info@ristorante levedute.it, Fax 0571 297201*, –
chiuso dal 1° al 7 gennaio, agosto e lunedì – **Pasto** carta 40/60 (12 %).
♦ Un bel ristorante classico, sito fuori del paese, al primo piano di una grande struttura; molto curato dal titolare, offre validi piatti, anche di pescato e locali.

FUMANE *37022 Verona* 562 F 14 – *3 747 ab. alt. 196.*

Roma 515 – Verona 18 – Brescia 69 – Mantova 52 – Trento 83.

Enoteca della Valpolicella con cam, via Osan 45 ✆ 0456 839146, *enoteca@valpoli cella.it, Fax 0456 831350* –
chiuso domenica sera e lunedì – **Pasto** carta 31/44 – **6 cam** 70/90.
♦ Tra i vigneti della Valpolicella, nel contesto di un villaggio tipico, un antico edificio rurale oggi enoteca-trattoria; atmosfera rustica e curata, per sapori del posto.

FUMONE *03010 Frosinone* 563 Q 21 – *2 167 ab. alt. 783.*

Roma 95 – Frosinone 24 – Avezzano 87 – Latina 65 – Pescara 93.

La Vecchia Mola, via Vicinale Piè del Monte Fumone Sud : 3 km ✆ 0775 49771, *Fax 0775 49771*, prenotare –
chiuso dall'8 al 20 gennaio, domenica sera e a mezzogiorno da lunedì a sabato – **Pasto** specialità di mare carta 26/39.
♦ In una piccola borgata di campagna, uno dei locali di maggior successo in Ciociaria: soffitti in legno, colonne in pietra, archi e proposte a base di pesce.

FUNES (VILLNOSS) *39040 Bolzano* 562 C 17 – *2 399 ab. alt. 1 159.*

frazione San Pietro 11 ✆ 0472 840180, info@villnoess.com, Fax 0472 840312.

Roma 680 – Bolzano 38 – Bressanone 19 – Milano 337 – Ortisei 33 – Trento 98.

Sport Hotel Tyrol, località Santa Maddalena 105 ✆ 0472 840104, *hotel_tyrol@dnet.it, Fax 0472 840536,* ← gruppo delle Odle e pinete, riscaldata, – 50. VISA.

20 maggio-4 novembre – **Pasto** carta 21/33 – **27 cam** solo ½ p 70.

◆ Immerso nei verdi prati e cinto dai monti: per godersi la tranquillità e la panoramicità del luogo, in un ambiente ricco di opere d'arte in legno create dal proprietario. Una sala da pranzo principale e due accessorie, sulla scia della tradizione.

Kabis, località San Pietro 9 ✆ 0472 840126, *hotel.kabis@rolmail.net, Fax 0472 840395,* ←, – VISA. rist

aprile-ottobre – **Pasto** *(chiuso mercoledì escluso da luglio a settembre)* carta 17/28 – **30 cam** 53/98 – ½ P 60.

◆ Conduzione familiare al centro del paese: una risorsa di antica tradizione, con interni in stile tirolese, in parte rinnovati, e una suggestiva ubicazione nella natura. Ampio ristorante con legno per pavimento e mobilio, ceramica per la stufa.

FUNO *Bologna – Vedere Argelato.*

FURLO (Gola del) *Pesaro e Urbino* 563 L 20 – *alt. 177 – a.s. 25 giugno-agosto.*

Roma 259 – Rimini 87 – Ancona 97 – Fano 38 – Gubbio 43 – Pesaro 49 – Urbino 19.

Furlo, via Furlo 66 ✉ 61041 Acqualagna ✆ 0721 700096, *info@anticofurlo.it, Fax 0721 700117,* prenotare – VISA JCB

chiuso lunedì sera e martedì – **Pasto** carta 35/58.

◆ Verso il Passo del Furlo, sulla via Flaminia, un vecchio edificio color salmone; all'interno, avvolti dall'atmosfera casereccia, sapori del territorio e tartufi.

Se cercate un hotel tranquillo
consultate prima le carte tematiche dell'introduzione
e trovate nel testo gli esercizi indicati con il simbolo

FURORE *84010 Salerno* 564 F 25 *G. Italia – 876 ab. alt. 300 – a.s. luglio-agosto.*

Vedere *Vallone*★★

Roma 264 – Napoli 55 – Salerno 35 – Sorrento 40.

Furore Inn Resort, via dell'Amore, contrada Sant'Elia ✆ 089 8304711, *information@furoreinn.it, Fax 089 8304777,* ← mare e costa, Centro benessere ed estetico, – 100. VISA JCB. rist

chiuso dal 1° al 15 febbraio e dal 15 al 30 novembre – **Pasto** al Rist. ***La Volpe Pescatrice*** carta 45/65 – **17 cam** 316/400, 5 suites 600/750 – ½ P 240.

◆ Nuovissima risorsa in ottima posizione, con una terrazza panoramica con piscina; attrezzata beauty farm, eleganza, confort, tradizioni e modernità che si fondono in armonia. Atmosfera e ambiente signorili al raffinato ristorante.

Hostaria di Bacco, via Lama 9 ✆ 089 830360, *info@baccofurore.it, Fax 089 830352,* ← mare, – cam, VISA JCB.

chiuso Natale e dall'8 al 14 novembre – **Pasto** *(chiuso venerdì in bassa stagione)* carta 28/40 – 7 – **18 cam** 63/75 – ½ P 70.

◆ Chi voglia scoprire il volto segreto della Costiera, si arrampichi fin qua: dove nel 1930 sorgeva una semplice osteria quasi a picco sul mare, oggi c'è un nido incantevole. Servizio ristorante estivo in terrazza panoramica.

Agriturismo S. Alfonso, via S. Alfonso 6 ✆ 089 830515, *info@agriturismosantalfonso.it, Fax 089 830515,* ← mare e costa, – cam, VISA JCB.

chiuso novembre – **Pasto** carta 19/25 – **10 cam** 80 – ½ P 56.

◆ Tra i tipici terrazzamenti della Costiera, un ex convento dell'800, ora agriturismo; conserva cappella, ceramiche, affreschi e forno a legna di quel periodo. Camere semplici. Servizio ristorante estivo in terrazza, con splendida vista di mare e costa.

FUSIGNANO *48010 Ravenna* 562 I 17 – *7 485 ab..*

Roma 372 – Bologna 68 – Ravenna 29 – Faenza 26 – Ferrara 64 – Forlì 43.

Cà Ruffo, via Leardini 8 ✆ 0545 954034, *albergo@caruffo.com, Fax 0545 954034* – VISA JCB.

chiuso dal 12 al 27 agosto – **Pasto** vedere rist ***La Voglia Matta*** – **8 cam** 93/124.

◆ Nel cuore della Romagna, un palazzotto nobiliare oggi trasformato in un piccolo hotel, curato: poche stanze, tutte personalizzate, per sentirsi coccolati con eleganza.

La Voglia Matta – Hotel Cà Ruffo, via Vittorio Veneto 21 ☎ 0545 50258, *lavogliamatta@caruffo.com, Fax 0545 954034*, , prenotare – . AE MC VISA JCB.
chiuso dal 12 al 27 agosto e domenica – **Pasto** carta 40/55.
◆ Al piano terra dell'albergo Ca' Ruffo, tonalità crema e dettagli moderni misti ad altri vagamente retrò: ambientazione di classe per proposte culinarie di tono creativo.
Spec. Maltagliati con gamberi e melanzane su vellutata di fagioli bianchi di Spello. Ventaglio di petto d'anatra con pomodorini verdi caramellati (primavera-autunno). Bigné fritti caramellati con crema al cedro e sciroppo agli agrumi.

GABBIANO *Firenze – Vedere Scarperia.*

GABICCE MARE *61011 Pesaro e Urbino 563 K 20 – 5 362 ab. – a.s. 25 giugno-agosto.*

viale della Vittoria 41 ☎ 0541 954424, iat.gabicce@regione.marche.it, Fax 0541 953500.
Roma 316 – Rimini 23 – Ancona 93 – Forlì 70 – Milano 342 – Pesaro 16.

Gd H. Michelacci, piazza Giardini Unità d'Italia 1 ☎ 0541 954361, *info@michelacci.com, Fax 0541 954544*, , , , – | TV P – 150. AE MC VISA. rist
Pasto carta 40/80 – **116 cam** 120/220, 4 suites – ½ P 120.
◆ Signorile e confortevole, un hotel in continuo ampliamento e potenziamento, chicca di una nota famiglia nell'hotellerie locale; centrale, impreziosito da marmi e antichità. Ampia sala da pranzo con colonne di classica reminiscenza e pareti a vetrata sul mare.

Alexander, via Panoramica 35 ☎ 0541 954166, *info@alexanderhotel.it, Fax 0541 960144*, , , riscaldata, – | TV P. AE MC VISA JCB. rist
aprile-ottobre – **Pasto** *(aprile-settembre)* (solo per alloggiati) 31/51 – **48 cam** 76/124 – ½ P 83.
◆ Ben posizionato, nella parte alta e panoramica della cittadina, e circondato dal verde, un albergo totalmente rinnovato qualche anno fa; valido confort e seria gestione.

Majestic, via Balneare 10 ☎ 0541 953744, *majestic@gabiccemare.com, Fax 0541 961358*, , , riscaldata – | TV P. AE MC VISA. rist
10 maggio-settembre – **Pasto** (solo per alloggiati) 15/28 – 8 – **55 cam** 60/105 – ½ P 82.
◆ Hotel composto da corpo centrale e dépendance separate dalla piscina; gli interni si presentano signorili, sebbene di non vaste dimensioni. Sito nella zona alta del paese.

Venus, via Panoramica 29 ☎ 0541 962601, *venus@gabiccemare.com, Fax 0541 952220*, , , , , – | TV P. AE MC VISA JCB. rist
aprile-settembre – **Pasto** (solo per alloggiati) – 10,33 – **43 cam** 111/227 – ½ P 105,50.
◆ Un albergo di recente ristrutturazione, ben posizionato nella parte alta e residenziale della località, a pochi passi dal centro; confortevole e accessoriato con gusto.

Sans Souci, viale Mare 9 ☎ 0541 950164, *sanssouci@parkhotels.it, Fax 0541 952612*, , , , – | TV P. AE MC VISA. rist
3 aprile-3 novembre – **Pasto** carta 36/48 – **50 cam** 124/156 – ½ P 110.
◆ Nella zona residenziale e alberghiera della località, un hotel moderno completamente ristrutturato che gode anche di una posizione panoramica. Percorso pedonale fino al mare.

Losanna, piazza Giardini Unità d'Italia 3 ☎ 0541 950367, *losanna@gabiccemare.com, Fax 0541 960120*, riscaldata, – | TV P. AE MC VISA. rist
10 maggio-settembre – **Pasto** (solo per alloggiati) 15,50/26 – 8 – **68 cam** 60/95 – ½ P 90.
◆ Ubicazione centrale, non lontano dal mare, per una risorsa gestita e diretta personalmente dai proprietari; grazie al recente «ritocco», è ideale per soggiorni balneari.

Bellavista, piazza Giardini Unità d'Italia 9 ☎ 0541 954640, *bellavista@gabiccemare.com, Fax 0541 950224*, – |, rist, TV P. MC VISA. rist
Pasqua-26 settembre – **Pasto** 20/35 – **65 cam** 80/105 – ½ P 70.
◆ Un hotel gestito da più di quarant'anni sempre dalla stessa famiglia; nel centro di Gabicce, a pochi passi dal mare, offre un nuovo maquillage nella facciata e nella hall. Ambiente semplice nella sala da pranzo ampliata e rimodernata qualche anno fa.

Thea, via Vittorio Veneto 11 ☎ 0541 950052, *info@hotelthea.it, Fax 0541 954518* – | TV . MC VISA. rist
Pasqua-25 settembre – **Pasto** 12/16 – **31 cam** 76/138 – ½ P 55.
◆ Centralissimo, con accesso diretto alla spiaggia, ad andamento e conduzione familiari, un albergo rinnovato negli ultimi anni e sempre piacevole nella sua semplicità. Ampio ristorante, da cui si può anche godere di una vista sul mare.

Marinella, via Vittorio Veneto 127 ☎ 0541 954571, *marinella@gabiccemare.com, Fax 0541 950426*, , , – |, rist, TV . AE MC VISA. rist
Pasqua-settembre – **Pasto** carta 20/30 – **43 cam** 60/75, 6 suites – ½ P 60,50.
◆ In pieno centro, zona pedonale serale, e di fronte alla distesa marina, risorsa oggetto di recenti ristrutturazioni e con lunga conduzione familiare, dinamica e attenta. Gradevole atmosfera al ristorante.

Nobel, via Vittorio Veneto 99 ☎ 0541 950640, *info@hotelnobel.it, Fax 0541 954039,* ← – |\$|, ▤ rist, TV P. ⑤ VISA. ✂ rist
15 maggio-settembre – **Pasto** (solo per alloggiati) 28 – ☕ 8 – **45 cam** 50/80 – ½ P 65.
◆ Ideale per soggiorni di relax e balneazione, data la posizione proprio in prima linea sul mare, sempre nel centro della cittadina, un hotel confortevole e senza pretese.

Bayon da Romano, via del Porto 20 ☎ 0541 950105, *Fax 0541 950105*, ☂, prenotare – AE ⑤ ⓞ MC VISA. ✂
chiuso dal 15 dicembre al 15 gennaio e lunedì (escluso da giugno a settembre) – **Pasto** specialità di mare carta 42/82.
◆ Sorto negli anni '60, e gestito sino ad oggi dallo stesso proprietario, un punto di riferimento per le specialità di mare e per il gradevole servizio estivo all'aperto.

Il Traghetto, via del Porto 27 ☎ 0541 958151, *Fax 0541 963622* – ▤. AE ⑤ ⓞ MC VISA. ✂
chiuso dal 15 novembre a dicembre e martedì (escluso da giugno a settembre) – **Pasto** carta 29/50.
◆ Nella zona del porto, un locale di taglio molto classico, ove trovare e provare una fragrante cucina di mare, ma elaborata secondo il pescato del giorno. Anche carni.

a Gabicce Monte *Est : 2,5 km – alt. 144 – ✉ 61011 Gabicce Mare :*

Posillipo ⛰, via dell'Orizzonte 1 ☎ 0541 953373, *info@hotelposillipo.com, Fax 0541 953095*, ☂, 🏋, 🏊, – |\$| ▤ TV ♿ P – 🏛 50. AE ⑤ ⓞ MC VISA. ✂
marzo-ottobre – **Pasto** *(chiuso a mezzogiorno)* carta 35/59 🍇 – **29 cam** ☕ 98/148 – ½ P 93.
◆ Incantevole ubicazione, con uno spaziare degli occhi senza fine e piscina in terrazza panoramica con vista su Gabicce e sulla costa; signorile hotel di recente rinnovato. Il mare e il suo profumo sembrano entrare nella bella sala da pranzo dalle ampie vetrate.

Osteria della Miseria, via Dei Mandorli 2 ☎ 0541 958308, *info@osteria.ws, Fax 0541 838224*, prenotare – P. AE ⑤ ⓞ MC VISA. ✂
chiuso mercoledì – **Pasto** carta 26/31.
◆ Un indirizzo insolito, caratteristico, situato fuori località; una sorta di «osteria» creata su due sale spartane, ma giovanili. Buona cantina e piatti secondo la stagione.

GABICCE MONTE *Pesaro* 563 K 20 – *Vedere Gabicce Mare.*

GADANA *Pesaro* – *Vedere Urbino.*

GAETA *04024 Latina* 563 S 23 *G. Italia* – *22 515 ab.* – *a.s. Pasqua e luglio-agosto.*
Vedere *Golfo★ – Duomo : Candelabro pasquale★.*
ℹ *via Filiberto 5 ☎ 0771 461165, Fax 0771 450779.*
Roma 141 – Frosinone 99 – Caserta 79 – Latina 74 – Napoli 94.

Gd H. Villa Irlanda, lungomare Caboto 6 (Nord : 4 km) ☎ 0771 712581, *villairlanda@villairlanda.com, Fax 0771 712172*, 🏊, – |\$| ▤ TV ♿ P – 🏛 150. AE ⑤ ⓞ MC VISA. ✂
Pasto carta 28/44 – **35 cam** ☕ 85,50/165, 5 suites – ½ P 102.
◆ A partire dalla piscina, in un parco con villa e convento d'inizio secolo, sino ai resti di una domus romana, un complesso di gran fascino, tra il mare e le prime alture. Sala da pranzo di armonica bellezza, ricavata da un'antica chiesa, ancora con il ciborio.

Antico Vico, vico 2 del Cavallo 2/4 ☎ 0771 465116, *anticovico@anticovico.it, Fax 0771 740228*, ☂ – ▤. AE ⑤ ⓞ MC VISA. ✂
chiuso dal 10 al 20 gennaio e mercoledì – **Pasto** specialità di mare carta 32/42.
◆ Nel cuore della città vecchia, al pianterreno di un edificio del '300 non distante dalla piazza del Duomo, un servizio estivo all'aperto nella cornice di palazzi d'epoca.

Trattoria la Cianciola, vico 2 Buonomo 16 ☎ 0771 466190, *Fax 0771 464784* ▤. AE ⑤ ⓞ MC VISA JCB. ✂
chiuso novembre e lunedì escluso agosto – **Pasto** specialità di mare carta 21/33.
◆ Il nome evoca l'antica pesca fatta dalle imbarcazioni con le lampare; oggi, un'eco nostalgica in uno stretto vicolo affacciato sul lungomare. Menù, come ovvio, di pesce.

sulla strada statale 213 :

Grand Hotel Le Rocce, via Flacca km 23,300 (Ovest : 6,8 km) ✉ 04024 ☎ 0771 740985, *info@lerocce.com, Fax 0771 741633*, ← mare e costa, ☂, 🏖, – ▤ TV P. AE ⑤ ⓞ MC VISA. ✂
maggio-settembre – **Pasto** *(chiuso a mezzogiorno)* carta 32/45 – **55 cam** ☕ 275, 2 suites – ½ P 170.
◆ Davvero una magnifica ambientazione, fra una natura rigogliosa e un'acqua cristallina, con una serie di ariose terrazze fiorite sul mare e strutture d'un bianco intenso. Sala da pranzo di rustica e sobria eleganza; incantevole vista dal dehors estivo.

Grand Hotel Il Ninfeo, via Flacca km 22,700 (Ovest : 7,4 km) ✉ 04024 ☎ 0771 742291, *info@grandhotelilninfeo.it, Fax 0771 740736*, ≤ mare e costa, – 50.
aprile-ottobre – **Pasto** carta 30/40 – ☕ 8 – **40 cam** 77,50/155 – ½ P 100.
◆ Proprio sulla spiaggia dell'incantevole insenatura di S. Vito, una bella struttura digradante sul mare attraverso la vegetazione; ambienti nuovi e luminosi, ben curati. Un vero quadro sulla marina blu la suggestiva sala ristorante.

GAGGIANO *20083 Milano* 561 F 9 – *8 183 ab. alt. 116.*

Roma 580 – Alessandria 92 – Milano 14 – Novara 37 – Pavia 33.

Rattattù, via Marta da Lodi 54, località San Vito Nord-Ovest : 2 km ☎ 02 9081598, *Fax 02 90844913*, – rist, .
chiuso dal 1º al 25 agosto, lunedì, martedì, mercoledì e sabato a mezzogiorno – **Pasto** specialità di mare carta 40/62.
◆ Bel locale in aperta campagna che da sempre, sotto una gestione esperta e appassionata, tra arredi in stile rustico classico, propone fresche e succulente specialità marinare.

Re Artù, via Roma 138 ☎ 02 9085123, *Fax 02 90844034*, – .
chiuso dal 7 al 25 gennaio, dal 16 al 29 agosto, giovedì a mezzogiorno e mercoledì – **Pasto** carta 35/53.
◆ Lungo la strada principale, all'interno di una vecchia casa, proposte di cucina che seguono le stagioni; tra il rustico e l'elegante, con servizio estivo in giardino.

Trattoria della Fratellanza, località San Vito Nord Ovest : 2 km ☎ 02 9085287, , prenotare –
chiuso dal 24 dicembre al 7 gennaio, agosto, lunedì sera e martedì – **Pasto** specialità milanesi e lombarde carta 27/34.
◆ Antica trattoria, semplice e accogliente, sulla piazza: da generazioni, la famiglia prepara specialità milanesi e lombarde e offre servizio estivo sotto un pergolato.

a Vigano *Sud : 3 km – ✉ 20083 Gaggiano :*

Antica Trattoria del Gallo, via Kennedy 1/3 ☎ 02 9085276, *trattoria.gallo@tiscalinet.it, Fax 02 90844210*, –
chiuso dal 25 dicembre al 10 gennaio, agosto, lunedì e martedì – **Pasto** carta 35/43.
◆ Nato a fine '800, un locale di vecchia tradizione rurale, rinnovato nelle strutture, con servizio estivo in giardino: i piatti mantengono salde matrici territoriali.

GAGGIO MONTANO *40041 Bologna* 562 J 14 – *4 717 ab. alt. 682.*

Roma 353 – Bologna 61 – Lucca 85 – Modena 76.

Agriturismo Ca' di Fos, via Ronchidoso 731 (Ovest : 3 km) ☎ 0534 37029, *cadifos@computermax.it, Fax 0534 38521*, ≤ vallata, – .
chiuso gennaio e febbraio – **Pasto** (solo su prenotazione) 25 – **8 cam** ☕ 40/80 – ½ P 50.
◆ In una zona montana, nelle vicinanze di Porretta Terme e con piacevole vista dei colli bolognesi, una piccola e accogliente struttura agrituristica, davvero ben tenuta. Ottimo il servizio ristorante gestito dalla proprietaria, cuoca «di un tempo».

GAIANO *Parma* 562 H 12 – *Vedere Collecchio.*

GAIANO *Salerno* 564 E 26 – *Vedere Fisciano.*

GAIBANA *Ferrara* 562 H 16 – *Vedere Ferrara.*

GAIBANELLA *Ferrara* 562 H 17 – *Vedere Ferrara*

GAIOLE IN CHIANTI *53013 Siena* 563 L 16 *G. Toscana – 2 412 ab. alt. 356.*

via Antonio Casabianca ☎ 0577 749411, Fax 0577 749411.

Roma 252 – Firenze 60 – Siena 28 – Arezzo 56.

Castello di Spaltenna, località Spaltenna 13 ☎ 0577 749483, *info@spaltenna.it, Fax 0577 749269*, ≤ colline e campagna, – rist, – 40.
chiuso dal 7 gennaio al 1º aprile – **Pasto** carta 48/73 – **30 cam** ☕ 204/280, 8 suites.
◆ La magica terra del Chianti, un antico borgo feudale con un monastero fortificato del 1200 e un maniero, oggi signorile albergo con stanze ricavate nelle varie strutture. Circondati da vigneti e boschi, nelle sere d'estate è possibile cenare nel chiostro.

L'Ultimo Mulino, località La Ripresa di Vistarenni Ovest : 6 km ☎ 0577 738520, *hotel mulino@chiantinet.it, Fax 0577 738659*, – AE VISA. rist
21 marzo-novembre – **Pasto** (solo per alloggiati e *chiuso a mezzogiorno*) carta 37/59 – **12 cam** 200/250, suite – ½ P 170.
◆ In fondo ad una vallata, tra Radda e Gaiole, un elegante rifugio pieno di charme e tranquillità, in un antico mulino medievale sapientemente restaurato: confort e storia.

Badia a Coltibuono, località Coltibuono Nord-Est : 5,5 km ☎ 0577 749031, *ristbadia@coltibuono.com, Fax 0577 749031*, – VISA.
chiuso dal 10 gennaio al 10 marzo e lunedì (escluso maggio-ottobre) – **Pasto** carta 35/44.
◆ L'«abbazia del buon raccolto», eretta dai monaci vallombrosani circa mille anni fa, offre servizio estivo in terrazza, con vista colline e dintorni e sapori di Toscana.

a San Sano *Sud-Ovest : 9,5 km – ✉ 53010 Lecchi :*

San Sano, località San Sano 6 ☎ 0577 746130, *info@sansanohotel.it, Fax 0577 746156*, – AE VISA JCB
chiuso gennaio-febbraio – **Pasto** *(chiuso a mezzogiorno)* (solo per alloggiati) 25 – **14 cam** 100/135 – ½ P 92,50.
◆ In un antico borgo, cinto dalla rilassante campagna, un edificio rustico, in parte del '300, rinnovato con grazia: arredi semplici, di buon gusto, e cordiale gestione.

a Lecchi *Sud : 10 km – ✉ 53010 :*

Borgolecchi senza rist, via San Martino 50 ☎ 0577 746903, *caltur@tiscalinet.it, Fax 0577 746814* – VISA.
15 marzo-15 novembre – **6 cam** 70/95.
◆ Nella parte centrale del borgo di Lecchi, una nuova e piccola risorsa, classica espressione della toscanità. Conduzione familiare e ambiente piacevole per i vostri soggiorni.

a Poggio San Polo *Sud-Ovest : 12 km – ✉ 53010 Lecchi :*

Il Poggio-da Giannetto, ☎ 0577 746135, *Fax 0577 746120*, – AE VISA
chiuso dal 27 dicembre al 10 marzo e lunedì – **Pasto** carta 30/38.
◆ In un vecchio casolare, un localino piacevole: la sala superiore, ricavata nell'ex fienile, e quella inferiore, a veranda, luminosa. Tavoli sulla terrazza panoramica.

sulla strada statale 408 al km 14,400 *Sud : 12 km – ✉ 53013 Gaiole in Chianti :*

Borgo Argenina senza rist, località Argenina, San Marcellino Monti ☎ 0577 747117, *borgoargenina@libero.it, Fax 0577 747228*, colline e vigneti, – AE VISA JCB.
4 marzo-9 novembre – **7 cam** 130/160, 2 suites.
◆ Un gioiellino romantico in un borgo medievale al confine, all'argine - da cui il nome - tra le terre del Chianti e della Berardenga; oggi restaurato, rifugio senza tempo.

GALATINA *73013 Lecce 564 G 36 G. Italia – 28 582 ab. alt. 78.*

Roma 588 – Brindisi 58 – Gallipoli 22 – Lecce 20 – Taranto 95.

Palazzo Baldi, corte Baldi 2 ☎ 0836 568345, *hbaldi@tin.it, Fax 0836 564835*, – – 80. AE VISA JCB. rist
Pasto (solo su prenotazione) carta 33/43 (15 %) – **10 cam** 80/150, 7 suites 250 – ½ P 96.
◆ Eleganti e ricercati ambienti in un palazzo cinquecentesco, antica residenza vescovile e patrizia; oggi restaurato in modo raffinato, vi accoglie in pieno centro storico. Una piccola sala ristorante, intima, con pareti bianche e soffitti a volta, in pietra.

GALLARATE *21013 Varese 561 F 8 – 46 870 ab. alt. 238.*

Roma 617 – Stresa 43 – Milano – 40 – Como 50 – Novara 34 – Varese 18.

Astoria senza rist, piazza Risorgimento 9/A ☎ 0331 791043, *hotel@astoria.ws, Fax 0331 772671* – VISA
7 – **50 cam** 104/124.
◆ Ubicato nel centro del paese, costituisce un valido punto d'appoggio per il vicinissimo aeroporto di Malpensa; rinnovato e ampliato nel corso degli ultimi anni.

Trattoria del Ponte, corso Sempione 99 ☎ 0331 777292, *info@trattoria-del-ponte.com, Fax 0331 789659*, Rist. e Pizzeria – AE VISA.
chiuso mercoledì – **Pasto** specialità di pesce carta 33/61.
◆ Lo stile degli arredi riproduce l'ambiente di un classico pub inglese, con l'aggiunta di una buona cura per la tavola. Dal forno a legna le pizze, dalla cucina il pesce.

GALLIANO *Firenze 563 J 15 – Vedere Barberino di Mugello.*

Vedere Barberino di Mugello.

Una prenotazione confermata per iscritto o per fax è sempre più sicura.

GALLIATE LOMBARDO 21020 Varese 219 ⑦ – 837 ab. alt. 335.

Roma 639 – Stresa 41 – Como 34 – Lugano 47 – Milano 58 – Varese 11.

XX **Antica Trattoria Monte Costone,** via IV Novembre 10 ✆ 0332 947104, *info@anticatrattoriamontecostone.it, Fax 0332 947104,* , Coperti limitati; prenotare – . AE VISA.
chiuso gennaio – **Pasto** carta 39/46.
◆ Una nuova e giovane gestione per questa realtà che offre un gradevole servizio estivo sulla terrazza soleggiata e pochi coperti; proposte creative, su base mediterranea.

GALLIERA VENETA 35015 Padova 562 F 17 – 6 638 ab. alt. 30.

Roma 535 – Padova 37 – Trento 109 – Treviso 32 – Venezia 71 – Vicenza 34.

XX **Al Palazzon,** via Cà Onorai 2 località Mottinello Nuovo ✆ 049 5965020, *alpalazzon@libero.it, Fax 049 5965931,* , solo su prenotazione domenica sera – P. AE VISA
chiuso agosto, domenica sera e lunedì – **Pasto** carta 23/34.
◆ Esternamente la struttura è quella di un cascinale, all'interno si scoprono tre salette eleganti, curate nei particolari; valida gestione familiare e piatti anche di pesce.

Se dopo le h 18,00 siete ancora in viaggio confermate la vostra prenotazione telefonicamente, è consuetudine ... ed è più sicuro.

GALLIO 36032 Vicenza 562 E 16 – 2 365 ab. alt. 1090 – Sport invernali : 1 080/1 730 m 45 (Altopiano di Asiago).

Roma 577 – Trento 68 – Belluno 88 – Padova 94 – Treviso 82 – Vicenza 61.

Gaarten, via Kanotole 13 ✆ 0424 445102, *info@hotelgaarten.it, Fax 0424 445452,* – TV P – 80. AE VISA.
Pasto al Rist. ***Ai Mulini*** carta 23/32 – **30 cam** 93/154.
◆ Struttura di recente realizzazione, in stile montano, d'impostazione moderna e decisamente confortevole. Per vacanze all'insegna del relax, ma anche per congressi in altura. Interessante menù con piatti classici, ma anche ispirati dal territorio.

XX **La Lepre Bianca** con cam, via Camona 46 ✆ 0424 445666, *lalepre@telemar.it, Fax 0424 445667* – TV P. AE VISA.
chiuso maggio o novembre – **Pasto** *(chiuso lunedì e martedì escluso dicembre-gennaio e luglio-agosto)* carta 39/45 – **13 cam** 78/155.
◆ Attenta e comprovata gestione familiare per un ristorante ove, in cucina, due donne si destreggiano tra i fornelli e l'arte della pasticceria: ricette rinomate.

GALLIPOLI 73014 Lecce 564 G 35 *G. Italia* – 21 089 ab..

Vedere *Interno★ della chiesa della Purissima.*

piazza Imbriani 10 ✆ 0833 262529.

Roma 628 – Brindisi 78 – Bari 190 – Lecce 37 – Otranto 47 – Taranto 93.

Palazzo del Corso, corso Roma 145 ✆ 0833 264040, *info@hotelpalazzodelcorso.it, Fax 0833 265052,* – TV P – 50. AE VISA JCB.
Pasto *(luglio-agosto; chiuso a mezzogiorno)* (roof garden e solo per alloggiati) carta 50/70 – 10 – **4 cam** 200/230, 3 suites 310/350.
◆ Elegante palazzo ottocentesco ristrutturato nel pieno rispetto dello stile originario. Dotato di poche signorili camere e terrazza roof-garden, per un soggiorno affascinante.

Relais Corte Palmieri senza rist, corte Palmieri 3 ✆ 0833 265318, *info@hotelpalazzodelcorso.it, Fax 0833 265052* – TV. AE VISA JCB.
aprile-novembre – **5 cam** 150/180, 4 suites 220.
◆ Un gioiello nel cuore di Gallipoli: in un palazzo del '700 restaurato nel pieno rispetto della struttura originaria, una risorsa unica, curata e ricca di personalizzazioni.

XX **Il Bastione,** riviera Nazario Sauro 28 ✆ 0833 263836, *Fax 0833 263836,* , prenotare, – AE VISA.
chiuso martedì escluso dal 15 giugno al 15 settembre – **Pasto** specialità di mare carta 28/42.
◆ Servizio estivo su nella piccola terrazza con vista mare e costa, spazi interni ampliati di recente mantenendo lo stile precedente. Pesce, all'interno degli antichi bastioni.

XX **La Puritate,** via Sant'Elia 18 ✆ 0833 264205 – . AE VISA
chiuso ottobre e mercoledì escluso da giugno a settembre – **Pasto** specialità di mare carta 28/39.
◆ Una sala interna e una veranda esterna, entrambe eleganti, compongono questo ristorante che propone soltanto cucina di mare a base di prodotti esclusivamente locali.

sulla strada Litoranea *Sud-Est : 6 km :*

Gd H. Costa Brada , litoranea per Santa Maria di Leuca ✉ 73014 ℘ 0833 202551, *direzione@grandhotelcostabrada.it, Fax 0833 202555*, ←, – 200. AE VISA.
Pasto carta 34/48 – **80 cam** 99/162 – ½ P 165.
◆ Posizione privilegiata, in prima fila sul mare, per una struttura bianca, di tono moderno, cinta da un giardino ombreggiato; ambienti signorili e confort superiori. Atmosfera fastosa negli spazi del ristorante.

Le Sirenuse , litoranea per Santa Maria di Leuca ✉ 73014 ℘ 0833 202536, *lesirenuse@attiliocaroli.it, Fax 0833 202539*, – – 300. AE VISA. rist
Pasto *(15 aprile-ottobre)* 30 – **120 cam** 114/130 – ½ P 104.
◆ In riva al mare, circondato da una verde pineta e dalla macchia mediterranea, un complesso alberghiero che ha subito, di recente, una ristrutturazione. Relax e quiete. Specialità gastronomiche della tradizione salentina da assaporare al ristorante.

GALLODORO *Messina* 565 N 27 – *Vedere Sicilia alla fine dell'elenco alfabetico.*

GALLUZZO *Firenze* 563 K 15 – *Vedere Firenze.*

GALZIGNANO TERME *35030 Padova* 562 G 17 – *4 208 ab. alt. 22 – Stazione termale (marzo-novembre).*
a Valsanzibio di Galzignano ✉ 35030 ℘ 049 9195100, Fax 049 9195660, Sud : 3 km.
Roma 477 – Padova 20 – Mantova 94 – Milano 255 – Rovigo 34 – Venezia 60.

verso Battaglia Terme *Sud-Est : 3,5 km :*

Sporting Hotel Terme , viale delle Terme 82 ✉ 35030 ℘ 049 9195000, *prenotazioni@galzignano.it, Fax 049 9195250*, ←, termale, – P. VISA.
Pasto 23/28 – **110 cam** 94/172, 2 suites – ½ P 100.
◆ Alle falde dei colli Euganei, poco lontano da Padova e Venezia, in luoghi già noti al Petrarca, una struttura di concezione moderna, di recente rinnovata nella zona notte.

Splendid Hotel Terme , viale delle Terme 90 ✉ 35030 ℘ 049 9196000, *prenotazioni@galzignano.it, Fax 049 9196250*, ←, termale, – P. VISA.
marzo-novembre – **Pasto** 23/28 – **90 cam** 90/162, suite – ½ P 93.
◆ Giardino ombreggiato con piscina termale per una grande risorsa alberghiera sempre inserita nel contesto delle Terme; confortevoli camere eleganti, nuove e accessoriate.

Majestic Hotel Terme , viale delle Terme 84 ✉ 35030 ℘ 049 9194000, *prenotazioni@galzignano.it, Fax 049 9194250*, ←, termale, – P – 100. VISA.
marzo-novembre – **Pasto** 23/28 – **115 cam** 70/124, 2 suites – ½ P 77.
◆ Veste classica anche per questa bella struttura che, con lo Splendid Hotel, divide il giardino ombreggiato con piscina termale; valida disposizione degli spazi comuni.

Green Park Hotel Terme , viale delle Terme 80 ✉ 35030 ℘ 049 9197000, *prenotazioni@galzignano.it, Fax 049 9197250*, ←, riscaldata, – P. VISA.
marzo-novembre – **Pasto** 23/28 – **93 cam** 70/124, suite – ½ P 77.
◆ Una hall che si estende per tutta la lunghezza dell'edificio, al piano terra; stanze di buon livello e con arredi recenti; giardino ombreggiato con piscina riscaldata.

GAMBARA *25020 Brescia* 561 G 12 – *4 491 ab. alt. 51.*
Roma 530 – Brescia 42 – Cremona 29 – Mantova 63 – Milano 97.

Gambara senza rist, via Campo Fiera 22 ℘ 030 9956260, *info@hotelgambara.it, Fax 030 9956271* – P – 20. AE VISA JCB
5 – **13 cam** 48/60.
◆ La tradizione alberghiera di questo edificio risale ai primi del '900; da poco rinnovato, assicura confort e atmosfera in un ambiente familiare. Belle camere personalizzate.

GAMBARARE *Venezia – Vedere Mira.*

Inviateci il vostro parere sui ristoranti che vi consigliamo, sulle loro specialità e i loro vini regionali.

GAMBARIE D'ASPROMONTE *89050 Reggio di Calabria* 564 M 29 – *alt. 1 300.*
Roma 672 – Reggio di Calabria 43.

Centrale, piazza Mangeruca 23 ☎ 0965 743133, *centralenet@tin.it, Fax 0965 743141* –
– 150. AE ⓓ MC VISA JCB
Pasto carta 21/30 – **48 cam** ☐ 50/59 – ½ P 52.
◆ Nel centro della località, un esercizio semplice e ben tenuto dagli ospitali proprietari; spaziose le stanze con rustico mobilio ligneo e graziosi gli ambienti comuni. Piatti da gustare in due sale ristorante, la più piccola ristrutturata di recente.

GAMBELLARA *36053 Vicenza* 562 F 16 – *3 244 ab. alt. 70.*
Roma 532 – Verona 37 – Padova 56 – Venezia 89 – Vicenza 25.

Trattoria Al Castello, via Castello 19, località Sorio Sud : 1 km ☎ 0444 444085, *Fax 0444 444986*, prenotare – P. AE ⓓ MC VISA JCB.
chiuso domenica sera e lunedì – **Pasto** carta 36/45.
◆ Trattoria di tradizione familiare che ultimamente, con la giovane gestione, ha ricevuto un tocco di originalità ed eleganza sia nell'ambiente che nell'impostazione del menù.

GAMBOLÒ *27025 Pavia* 561 G 8 – *8 264 ab. alt. 104.*
Roma 586 – Alessandria 71 – Milano 43 – Novara 36 – Pavia 32 – Vercelli 44.

Al Castello, via Molino della Roggia 8 ☎ 0381 938136, *Fax 0381 938136* – . AE ⓓ MC VISA.
chiuso dal 1° al 7 gennaio, agosto, martedì e mercoledì – **Pasto** 30/60.
◆ All'interno dell'armeria del Castello dei conti Litta, costruito fra il 1300 e il 1500, un ristorante con qualche tocco di ricercatezza e originalità, anche in cucina.

Da Carla, frazione Molino d'Isella 3 (Est : 6 km) ☎ 0381 930006, *info@trattoriadacarla.com, Fax 0381 930006,* – P. AE ⓓ VISA. – *chiuso una settimana in gennaio, dal 16 al 31 agosto e mercoledì* – **Pasto** carta 21/39.
◆ Due accoglienti sale, sul rustico, con soffitti in legno, pareti bianche lavorate in rilievo e camino; una trattoria di campagna, con in menù piatti a base di rane e oca.

GANNA *Varese* 561 E 8, 219 ⑧ – *alt. 456* – ✉ *21039 Valganna.*
Roma 645 – Como 36 – Lugano 20 – Milano 64 – Varese 11.

Villa Cesarina , via degli Alpini 7 ☎ 0332 719721, *villacesarina@libero.it, Fax 0332 719007,* , – P. ⓓ MC VISA
Pasto (solo per alloggiati) 25/35 – **7 cam** ☐ 90/130 – ½ P 90.
◆ Nel comune che dà nome alla Valle, sita nel verde e presso il laghetto di Ghirla, una signorile villa d'epoca liberty, non priva di fascino e arredata con ricercatezza.

GANZIRRI *Messina* 565 M 28 – *Vedere Sicilia (Messina) alla fine dell'elenco alfabetico.*

GARBAGNATE MILANESE *20024 Milano* 561 F 9, 219 ⑱ – *28 151 ab. alt. 179.*
Roma 588 – Milano 16 – Como 33 – Novara 48 – Varese 36.

La Refezione, via Milano 166 ☎ 02 9958942, *Fax 02 9958942*, Coperti limitati; prenotare – P. MC VISA.
chiuso dal 25 dicembre al 6 gennaio, agosto, domenica e lunedì a mezzogiorno – **Pasto** carta 45/61.
◆ Una fantasiosa cucina per l'elegante «club-house» all'interno di un centro sportivo; alla conduzione, due grandi appassionati di arte culinaria e di buona accoglienza.

GARDA *37016 Verona* 562 F 14 *G. Italia – 3 677 ab. alt. 68.*
Vedere *Punta di San Vigilio★★ Ovest : 3 km.*
18 e 9 *Cà degli Ulivi a Marciaga di Costermano ✉ 37010 ☎ 045 6279030, Fax 045 6279039, Nord : 3 km.*
via Don Gnocchi 23 ☎ 045 6270384, garda@aptgardaveneto.com, Fax 045 7256720.
Roma 527 – Verona 30 – Brescia 64 – Mantova 65 – Milano 151 – Trento 82 – Venezia 151.

Regina Adelaide, via San Franceso d'Assisi 23 ☎ 045 7255977, *hotel@regina-adelaide.it, Fax 045 7256263,* , , , , , – P – 60. AE MC VISA. rist
Pasto carta 32/40 – **59 cam** ☐ 143/180, 10 suites – ½ P 112,50.
◆ Recente rinnovo per uno tra gli alberghi più blasonati del Garda, dotato di ampi spazi comuni, eleganti, giardino con piscina, varie attrezzature sportive, ottime camere. Curato il settore ristorante; ambienti luminosi, con grandi vetrate e area all'aperto.

Poiano ⛰, via Fioria 7 (Est : 2 km) ☎ 045 7200100, *hotel@poiano.com, Fax 045 7200900*, ←, 🏨, 🚲, ♨, 🏊, 🌳, 🎾 – |♦| ▤ TV ☎ 🅿 – 🏛 200. AE 💲 ⓓ 🅜 VISA JCB. ✗
aprile-ottobre – **Pasto** 26/40 – **120 cam** ☐ 136,50/182 – ½ P 101.
◆ In collina tra il verde della vegetazione mediterranea, fuori del centro, non molto distante dal lago, varie strutture con spazi esterni a perdita d'occhio; ogni confort. Servizio ristorante all'aperto, nella rilassante atmosfera dell'entroterra lacustre.

Flora ⛰ senza rist, via Giorgione 27 ☎ 045 7255348, *info@floragarda.com, Fax 045 6277940*, 🏊, 🌳, 🎾 – |♦| TV 🅿. 🅜 VISA. ✗
29 aprile-3 ottobre – ☐ 12 – **60 cam** 90/180.
◆ Accattivante posizione per questo albergo, immerso in un giardino con piscine e minigolf, in una zona tranquilla, vicinissima al cuore della località e al lago stesso.

Bisesti, corso Italia 34 ☎ 045 7255766, *bisesti@infogarda.com, Fax 045 7255927*, 🏊, 🌳 – |♦|, ▤ rist, TV 🅿 – 🏛 150. 💲 🅜 VISA. ✗ rist
aprile-24 ottobre – **Pasto** carta 17/19 – **90 cam** ☐ 70/125 – ½ P 76,50.
◆ Uno degli hotel di più lunga tradizione a Garda; prossimo al centro storico, offre un ampio giardino con una piscina alimentata da acque sorgive; camere semplici, comode. Sale da pranzo con ampie arcate a scandire gli spazi, atmosfera dignitosa, senza pretese.

Gabbiano ⛰ senza rist, via dei Cipressi 24 ☎ 045 7256655, *info@hotelgabbianogarda.com, Fax 045 7255363*, 🏊, 🌳 – |♦| TV 🅿. 💲 🅜 VISA. ✗
aprile-settembre – **32 cam** ☐ 50/100.
◆ Sita in zona residenziale, sulla via tra Garda e Punta S. Vigilio, una struttura semplice, ad andamento e conduzione familiari; ideale per un relax nei pressi del lago.

San Marco, largo Pisanello 3 ☎ 045 7255008, *zimmer@hotelsanmarco.it, Fax 045 7256749*, 🏨 – ✗ rist, TV 🅿. 💲 🅜 VISA. ✗ cam
marzo-ottobre – **Pasto** carta 24/39 – **15 cam** ☐ 75/84 – ½ P 52.
◆ Albergo di tradizione familiare ormai da decenni, con il Garda al di là della strada e un settore notte ben isolato; ambienti sufficientemente confortevoli e decorosi. Sala ristorante connotata dalla ricchezza di quadri, decori alle pareti, arredi in stile.

Ancora senza rist, via Manzoni 7 ☎ 045 7255202, *Fax 045 6279863*, ← – |♦|. ✗
15 marzo-25 ottobre – **17 cam** ☐ 41/77.
◆ Ubicazione centralissima, a pochi metri dal lago; soluzione per un soggiorno senza pretese, ma con rara cura del cliente. Ottima la tenuta e simpatia nella gestione.

Tobago con cam, via Bellini 1 ☎ 045 7256340, *tobago@zaglio.it, Fax 045 7256753*, 🏨, 🌳 – ▤ TV 🅿. AE 💲 ⓓ 🅜 VISA JCB
Pasto *(chiuso martedì da ottobre a giugno)* specialità di mare carta 38/64 – **10 cam** ☐ 52/93 – ½ P 90.
◆ Ampia scelta di specialità di mare, compresi diversi tipi di ostriche e pesce crudo, serviti in una sala con camino o all'aperto; ambiente curato, andamento familiare.

GARDA (Lago di) o BENACO *Brescia, Trento e Verona* 561 F 13 *G. **Italia**.*

GARDONE RIVIERA *25083 Brescia* 561 F 13 *G. **Italia** – 2 519 ab. alt. 85 – a.s. Pasqua e luglio-15 settembre.*

Vedere *Posizione pittoresca★★ – Tenuta del Vittoriale★ (residenza e tomba di Gabriele d'Annunzio) Nord-Est : 1 km.*

⛳9 *Bogliaco (chiuso martedì escluso dal 15 aprile a settembre) ✉ 25088 Toscolano Maderno ☎ 0365 643006, Fax 0365 643006, Est : 10 km.*

ℹ *corso Repubblica 6 ☎ 0365 20347, Fax 0365 20347.*

Roma 551 – Brescia 34 – Bergamo 88 – Mantova 90 – Milano 129 – Trento 91 – Verona 66.

Grand Hotel, corso Zanardelli 84 ☎ 0365 20261, *ghg@grangardone.it, Fax 0365 22695*, ←, 🏨, ♨, 🏊 riscaldata, 🏖, 🌳 – |♦| ▤ TV ☎ 🅿 – 🏛 300. AE 💲 ⓓ 🅜 VISA. ✗ rist – *aprile-19 ottobre* – **Pasto** 35/45 – **180 cam** ☐ 120/260 – ½ P 150.
◆ Hotel storico dell'ospitalità gardesana, creato nel 1886; oggi unisce confort moderni alla magica posizione con terrazza-giardino fiorita sul lago e piscina riscaldata. Fascino e prestigio d'altri tempi anche nel ristorante con una veranda affacciata sul lago.

Savoy Palace, via Zanardelli 2/4 ☎ 0365 290588, *info@savoypalace.it, Fax 0365 290556*, ←, 🚲, ♨, 🏊, 🌳 – |♦| ▤ TV ♿ 🚗 – 🏛 90. AE 💲 ⓓ 🅜 VISA. ✗
aprile-ottobre – **Pasto** carta 36/43 – **60 cam** ☐ 160/245 – ½ P 130.
◆ Accorto il progetto di recente restauro che ha ravvivato una pietra miliare dell'hotellerie locale: il risultato, in un giardino con piscina sul lungolago, è encomiabile. Nella sala da pranzo resiste, nonostante il rinnovo, l'atmosfera d'altri tempi.

Villa Capri senza rist, corso Zanardelli 172 ☎ 0365 21537, *info@hotelvillacapri.com, Fax 0365 22720*, ←, 🏊, 🏖, 🌳 – |♦| ▤ TV 🅿. ✗
aprile-ottobre – **54 cam** ☐ 160/190.
◆ Magnifico parco in riva al lago con piscina e bella, raffinata struttura chiara, da poco rinnovata, annessa al corpo originario costituito da incantevole villa d'epoca.

Du Lac, via Repubblica 58 ✆ 0365 21558, *info@hotel_dulac.net, Fax 0365 21966,* ←, – . .
chiuso novembre – **Pasto** *(aprile-ottobre)* carta 25/40 – **39 cam** 86/115 – 1/2 P 73,50.
◆ Affaccio sul lungolago, in prossimità dell'attracco dei battelli di linea, e posizione centrale per la gialla costruzione; camere funzionali, d'impronta moderna. Sempre sul lago si apre la grande veranda, adibita a ristorante: ambienti curati, ariosi.

Bellevue, corso Zanardelli 81 ✆ 0365 290088, *hbellevue@tin.it, Fax 0365 290080,* ←, , – . . rist
aprile-10 ottobre – **Pasto** carta 23/45 – **30 cam** 70/110 – 1/2 P 70.
◆ A monte della strada, un albergo d'inizio secolo, molto ben tenuto e con stanze confortevoli. Curatissima e gradevole la parte esterna: un giardino fiorito con piscina. Mantiene il sapore delle cose antiche la sala da pranzo, decorosa, con pavimento in legno.

Dimora Bolsone senza rist, via Panoramica 23, Nord-Ovest : 2,5 km ✆ 0365 21022, info@bolsonedimora.com, *Fax 0365 63367,* ← Vittoriale; lago e dintorni, – . .
marzo-novembre – **5 cam** 150/180.
◆ Storico casale di campagna, le cui origini risalgono al XV sec., inserito in un grande parco che arriva a lambire il Vittoriale. «Giardino dei sensi» con piante di ogni tipo.

Villa Fiordaliso con cam, corso Zanardelli 150 ✆ 0365 20158, *info@villafiordaliso.it, Fax 0365 290011,* ←, , , – cam, . .
chiuso dal 20 novembre al 10 febbraio – **Pasto** *(chiuso lunedì e martedì a mezzogiorno)* carta 58/90 – **6 cam** 400, suite.
◆ Numerose personalità vissero nello stile liberty di questa villa storica avvolta da un piccolo parco; servizio estivo in terrazza sul lago e piatti per esigenti gourmet.
Spec. Carciofi con pennette ed aringa affumicata (maggio-giugno). Spaghetti alla chitarra con crema d'aglio al mortaio e sarde di lago. Anguilla del lago alla brace con cuore di finocchio e corona d'aglio candito.

Agli Angeli con cam, piazza Garibaldi 2, località Vittoriale ✆ 0365 20832, *info@agliangeli.com, Fax 0365 20746,* –
chiuso dal 15 novembre al 10 febbraio – **Pasto** *(chiuso lunedì e martedì dal 15 ottobre al 15 marzo)* carta 31/39 – **14 cam** 70/110.
◆ A Gardone alta, a due passi dal Vittoriale e in pieno centro storico, una trattoria, a conduzione familiare, con alcune stanze; cucina casereccia e lacustre.

Belvedere da Marietta, via Montecucco 78 ✆ 0365 20960, *Fax 0365 20960,* ← lago, – .
chiuso giovedì – **Pasto** carta 27/35.
◆ In una struttura del '900, ampliata nel corso degli anni, una graziosa sala in stile rustico con una grande vetrata panoramica; piatti legati al territorio e alle stagioni.

a Fasano del Garda *Nord-Est : 2 km* – ✉ *25083 :*

Gd H. Fasano e Villa Principe, corso Zanardelli 190 ✆ 0365 290220, *info@grand_hotel_fasano.it, Fax 0365 290221,* ← lago, , riscaldata, , – – 150. rist
maggio-5 ottobre – **Pasto** al Rist. ***Il Fagiano*** *(chiuso a mezzogiorno)* carta 40/50 – **80 cam** (**Villa Principe** 12 cam aprile-novembre) 165/275 – 1/2 P 170.
◆ Ex residenza di caccia della Casa Imperiale d'Austria, trae nome dalla «fasanerie» e ospita nel parco Villa Principe; terrazza-giardino sul lago con piscina riscaldata. Atmosfera di sobria eleganza nella sala ristorante, per gustare piatti anche lacustri.

Villa del Sogno , corso Zanardelli 107 ✆ 0365 290181, *info@villadelsogno.it, Fax 0365 290230,* ← lago, , , – , rist, – 30. .
aprile-18 ottobre – **Pasto** carta 55/75 – **28 cam** 210/370, 3 suites – 1/2 P 155.
◆ Indiscutibile il fascino della posizione, alta e panoramica sul lago, per questa bella villa liberty, ricca di parco e terrazze con piscina ad offrire un totale relax. Ambiente «fin de siècle» nella sala da pranzo, con soffitto decorato e bel pavimento ligneo.

GARGANO (Promontorio del) *Foggia* 564 B 28 30.
Vedere Guida Verde Italia.

GARGAZON = Gargazzone.

In questa guida
uno stesso simbolo, una stessa parola
stampati in rosso o in nero,
hanno un significato diverso.
Leggete attentamente le pagine dell'introduzione.

GARGAZZONE (GARGAZON) 39010 Bolzano 562 C 15, 218 ⑳ – 1 339 ab. alt. 267.

Roma 563 – Bolzano 17 – Merano 11 – Milano 315 – Trento 75.

Alla Torre-Zum Turm, via Nazionale 5 ☎ 0473 292325, *info@turmwirt.it, Fax 0473 292399,* – rist
chiuso dal 15 gennaio al 15 marzo – **Pasto** *(chiuso giovedì)* carta 22/28 – **23 cam** 35/75 – ½ P 47.
◆ Nella verde valle dell'Adige, tra Merano e Bolzano, un giardino-frutteto con piscina e un albergo di tono familiare, con camere anche nella tranquilla dépendance. Cucina del territorio con simpatiche «sagre» stagionali.

GARGNANO 25084 Brescia 561 E 13 G. Italia – 3 004 ab. alt. 98 – a.s. Pasqua e luglio-15 settembre.

Bogliaco (chiuso martedì escluso dal 15 aprile a settembre) ✉ 25088 Toscolano Maderno ☎ 0365 643006, Fax 0365 643006, Sud : 1,5 km.

Roma 563 – Verona 51 – Bergamo 100 – Brescia 46 – Milano 141 – Trento 79.

Grand Hotel a Villa Feltrinelli, via Rimembranze 38/40 ☎ 0365 798000, *grandhotel@villafeltrinelli.com, Fax 0365 798001,* – AE VISA.
15 marzo-15 novembre – **Pasto** (prenotare) carta 90/120 – **17 cam** 1800, 4 suites.
◆ Arredi d'epoca, preziose boiserie, vetrate policrome, affreschi: meravigliosa villa storica in un incantevole parco in riva al lago; ambienti da sogno per avere il meglio. Piccola, raffinatissima sala da pranzo per gustare fantasiosi sapori del territorio.

Villa Giulia, viale Rimembranza 20 ☎ 0365 71022, *info@villagiulia.it, Fax 0365 72774,* – AE VISA.
9 aprile-10 ottobre – **Pasto** (solo per alloggiati) carta 44/56 – **23 cam** 270.
◆ Posizione incantevole, leggermente decentrata, per un'ex residenza estiva in stile Vittoriano, avvolta da un curato giardino in riva al lago e con due piccoli annessi.

Meandro, via Repubblica 40 ☎ 0365 71128, *info@hotelmeandro.it, Fax 0365 72012,* – AE VISA.
chiuso da dicembre al 3 marzo – **Pasto** carta 20/33 – **38 cam** 76/114 – ½ P 61.
◆ Una bassa costruzione, di colore rosa, un po' arretrata rispetto al lago, ma con una bella vista e attorniata dal verde, in prossimità di una spiaggia pubblica. Semplice sala da pranzo affacciata sul delizioso panorama circostante.

Palazzina, via Libertà 10 ☎ 0365 71118, *info@hotelpalazzina.it, Fax 0365 71528,* lago, – AE VISA.
15 aprile-2 ottobre – **Pasto** *(chiuso a mezzogiorno)* carta 18/26 – **25 cam** 56/104 – ½ P 58.
◆ Sopraelevato rispetto al paese, un albergo dotato di piscina su terrazza panoramica protesa sul blu; conduzione familiare e clientela per lo più abituale. Ariosa sala da pranzo con bella visuale sul lago.

La Tortuga, via XXIV Maggio 5 ☎ 0365 71251, *la.tortuga@libero.it, Fax 0365 71938,* Coperti limitati prenotare – AE VISA.
chiuso dal 25 novembre al 28 febbraio e martedì – **Pasto** carta 75/100.
◆ Pochi tavoli, ambiente accogliente, di elegante rusticità, nell'area del porticciolo, ideale per la sera: imbarazzo della scelta tra il pesce di lago e menù degustazione.
Spec. Tagliolini di pasta fresca al ragù di pesce di lago. Filetti di pesce persico del Garda croccanti al rosmarino. Carpione al vapore (16 agosto-ottobre).

a Villa *Sud : 1 km – ✉ 25084 Gargnano :*

Baia d'Oro, via Gamberera 13 ☎ 0365 71171, *baiadorterzi@libero.it, Fax 0365 72568,* – cam,
15 marzo-15 ottobre – **Pasto** carta 27/44 – **10 cam** 70/115 – ½ P 78.
◆ Quasi una locanda esclusiva, un po' nascosta e per chi cerchi la quiete: una vecchia casa dai colori vivaci, con pontile privato; confortevoli e curate le camere. Servizio ristorante estivo in terrazza sul lago.

GARGONZA Arezzo 563 M 17 – Vedere Monte San Savino.

Scriveteci...
Le vostre critiche e i vostri apprezzamenti saranno esaminati con la massima attenzione.
Verificheremo personalmente gli esercizi che ci vorrete segnalare
Grazie per la collaborazione !

GARLENDA 17033 Savona 561 J 6 – 922 ab. alt. 70.

(chiuso mercoledì) ☎ 0182 580012, Fax 0182 580561.

via Roma 1 ☎ 0182 582114, garlenda@inforiviera.it.

Roma 592 – Imperia 37 – Albenga 10 – Genova 93 – Milano 216 – Savona 47.

La Meridiana, via ai Castelli ☎ 0182 580271, *meridiana@relaischateaux.com, Fax 0182 580150*, – 45. rist
marzo-novembre – **Pasto** al Rist. ***Il Rosmarino*** *(prenotare)* carta 65/90 – 20 – **12 cam** 190/320, 16 suites 330/750 – ½ P 240.
◆ Ospitalità ad alti livelli per una deliziosa residenza di campagna, curatissima negli interni e negli esterni, con camere personalizzate: ovunque eleganza e buon gusto. Ampio dehors sul giardino e una raffinata sala ristorante interna.

Hermitage, via Roma 152 ☎ 0182 582976, *ristorantehotelhermitage@virgilio.it, Fax 0182 582975*, coperti limitati; prenotare, – . cam
chiuso gennaio – **Pasto** *(chiuso lunedì e a mezzogiorno)* carta 30/50 – 10 – **11 cam** 76/125 – ½ P 90.
◆ Comode stanze per un ambiente curato e familiare, situato in un giardino alberato, poco fuori del centro; ideale per golfisti che desiderino sostare nei pressi del campo. Menù da provare nell'accogliente sala interna o nell'ampia veranda.

GASSINO TORINESE 10090 Torino 561 G 5 – 8 947 ab. alt. 219.

Roma 665 – Torino 16 – Asti 52 – Milano 130 – Vercelli 60.

a Bardassano *Sud-Est : 5 km – ✉ 10090 Gassino Torinese :*

Ristoro Villata, via Val Villata 25 (Sud : 1 km) ☎ 011 9605818, *Fax 011 9605818*, , solo su prenotazione – .
chiuso dal 12 al 28 agosto, venerdì e a mezzogiorno (escluso i giorni festivi) – **Pasto** carta 40/55.
◆ Da più generazioni, in questo defilato e raccolto locale, viene proposta una cucina rigorosamente piemontese che ha come punta di diamante il fritto misto di terra.

GATTEO A MARE 47043 Forlì-Cesena 562 J 19 – 6 739 ab. – a.s. 21 giugno-agosto.

piazza della Libertà 10 ☎ 0547 86083, iat@comune.gatteo.fo.it, Fax 0547 85393.

Roma 353 – Ravenna 35 – Rimini 18 – Bologna 102 – Forlì 41 – Milano 313.

Flamingo, viale Giulio Cesare 31 ☎ 0547 87171, *flamingo@hotel-flamingo.com, Fax 0547 680532*, riscaldata, – . rist
Pasqua-ottobre – **Pasto** (solo per alloggiati) – **48 cam** 59/85 – ½ P 77.
◆ Un risorsa che vi catturerà già dall'aspetto esterno, per la sua bizzarra architettura; a pochi metri dalla spiaggia, offre un ambiente senza pretese, confortevole.

Estense, via Gramsci 30 ☎ 0547 87068, *tonielli@hotelestense.net, Fax 0547 87489* – – 60. . rist
chiuso novembre – **Pasto** 15/25 – 6 – **36 cam** 42/73 – ½ P 52.
◆ Esternamente, un edificio lineare, di color bianco; luminosi e chiari anche gli interni, a iniziare dalla hall, camere ben tenute e accoglienti. Sito nel centro di Gatteo. Ambiente semplice nella sala da pranzo.

Imperiale, viale Giulio Cesare 82 ☎ 0547 86875, *hotelimperiale@libero.it, Fax 0547 86875*, – . rist
maggio-settembre – **Pasto** (solo per alloggiati) carta 23/38 – **34 cam** 110/130 – ½ P 65.
◆ Nel nome, un tributo all'omonimo e storico hotel di Addis Abeba ove, nei lontani anni '30, si conobbero i primi «creatori» di questa risorsa, ospitale bomboniera liberty. Una cucina attenta, curata, anche con menù vegetariani e dietetici.

Fantini, viale Matteotti 10 ☎ 0547 87009, *info@hotelfantini.it, Fax 0547 87009*, – , rist, . rist
24 aprile-20 settembre – **Pasto** (solo per alloggiati) 14/19 – **44 cam** 40/80 – ½ P 47.
◆ Centrale, l'hotel è caratterizzato da una gestione giovane e familiare; offre tre differenti linee di camere e alcune zone comuni come la veranda antistante l'edificio.

GATTINARA 13045 Vercelli 561 F 7 – 8 601 ab. alt. 265.

Roma 665 – Stresa 38 – Biella 30 – Milano 87 – Novara 42 – Torino 90.

Barone di Gattinara, corso Valsesia 238 ☎ 0163 827285, *info@baronedigattinara.it, Fax 0163 825535* – – 60. .
chiuso agosto – **Pasto** *(chiuso a mezzogiorno escluso sabato e domenica)* carta 27/34 – **17 cam** 75/99.
◆ Villa padronale ubicata in zona periferica e produttiva, dove la storia della struttura è stata sapientemente armonizzata con la modernità degli arredi e degli allestimenti. Ristorante di tono sobrio ed elegante.

Il Vigneto, piazza Paolotti 2 ✆ 0163 834803, *info@ristoranteilvigneto.it, Fax 0163 834803*, prenotare – ▤. AE ⑤ ⓞ ⓜⓒ VISA. ✻
chiuso dal 1° al 15 gennaio e lunedì – **Pasto** carta 35/45.
◆ Locale signorile che può contare su una sala ristorante raccolta e curata e su un ampio salone dedicato ai banchetti al primo piano. Cucina affidabile e senza sorprese.

Nuovo Impero, via F. Mattai 4 ✆ 0163 833234, prenotare – ▤. ⑤ ⓜⓒ VISA. ✻
chiuso dal 27 dicembre al 10 gennaio, dal 1° al 10 aprile, dal 1° al 10 agosto, martedì e sabato a mezzogiorno – **Pasto** carta 22/29.
◆ Nascosto nel centro del paese, piccolo e accogliente, con soffitto a volta di mattoni a vista; vi proporranno a voce piatti elaborati a seconda della spesa quotidiana.

GAVI *15066 Alessandria* 561 H 8 – *4 514 ab. alt. 215.*

Colline del Gavi (chiuso gennaio e martedì escluso giugno-agosto) ✉ *15060 Tassarolo* ✆ *0143 34226, Fax 0143 342342, Nord : 5 km.*

Roma 554 – Alessandria 34 – Genova 48 – Acqui Terme 42 – Milano 97 – Savona 84 – Torino 136.

Cantine del Gavi, via Mameli 69 ✆ 0143 642458, *Fax 0143 642458*, Coperti limitati; prenotare – ⑤ ⓞ ⓜⓒ VISA. ✻
chiuso dal 7 al 20 gennaio, dal 10 al 25 luglio, lunedì e martedì – **Pasto** carta 33/53.
◆ In queste dolci terre del vino, un locale che, qualche anno fa, ha cambiato sede spostandosi di qualche numero civico; un tempo atmosfera da taverna, oggi, molto signorile.

GAVINANA *51025 Pistoia* 563 J 14 *G. Toscana – alt. 820 – a.s. luglio-agosto.*

Roma 337 – Firenze 60 – Pisa 75 – Bologna 87 – Lucca 53 – Milano 288 – Pistoia 27.

Franceschi, piazza Ferrucci 121 ✆ 0573 66451, *ristfran@tin.it, Fax 0573 66452*, ≤ – ▤ TV. AE ⑤ ⓜⓒ VISA. ✻
chiuso dal 10 al 30 novembre – **Pasto** carta 20/32 – **28 cam** ☕ 51/78 – ½ P 52.
◆ Antiche origini per questo bianco edificio, posizionato nel cuore di un paesino medievale; rinnovato totalmente all'interno, offre un'atmosfera accogliente e familiare. Sala da pranzo di taglio moderno, con un camino in uno stile d'altri tempi.

GAVIRATE *21026 Varese* 561 E 8 – *9 406 ab. alt. 261.*

Roma 641 – Stresa 53 – Milano 66 – Varese 10.

Tipamasaro, via Cavour 31 ✆ 0332 743524, ☂, prenotare i giorni festivi – P
chiuso dal 16 al 31 agosto e lunedì – **Pasto** carta 24/33.
◆ Ambiente simpatico, ospitale e ben tenuto, a pochi passi dal lago, con servizio estivo sotto un fresco gazebo e tutta la famiglia coinvolta; caserecci piatti locali.

GAVOI *Nuoro* 566 G 9 – *Vedere Sardegna alla fine dell'elenco alfabetico.*

GAZZO *Imperia – Vedere Borghetto d'Arroscia.*

GAZZOLA *29010 Piacenza* 562 H 10 – *1 628 ab. alt. 222.*

Roma 528 – Piacenza 20 – Cremona 64 – Milano 87 – Parma 82.

a Rivalta Trebbia *Est : 3,5 km* – ✉ *29010 Gazzola :*

Agriturismo Croara Vecchia senza rist, località Croara Vecchia Sud : 1,5 km ✆ 333 2193845, *gmilanopc@tin.it, Fax 0523 957628*, maneggio, – ▤ TV P. ⑤ ⓜⓒ VISA
febbraio-ottobre – **12 cam** ☕ 70/85.
◆ In incantevole e quieta posizione in riva al fiume Trebbia, agriturismo ricavato in un antico convento; belle camere e deliziosi interni, per trattarsi bene anche in campagna.

GAZZOLI *Verona* 562 F 14 – *Vedere Costermano.*

GAZZO PADOVANO *35010 Padova* 562 F 17 – *3 458 ab. alt. 36.*

Roma 513 – padova 27 – Treviso 52 – Vicenza 17.

Villa Tacchi, via Dante 11, località Villalta Ovest: 3 km ✆ 049 9426111, *Fax 049 9426068 villatacchi@antichedimore.com*, – ▤ ✻ ▤ TV ♿ P – 200. AE ⑤ ⓞ ⓜⓒ VISA JCB
Pasto carta 42/56 – **49 cam** ☕ 143/202 – ½ P 139.
◆ Una splendida villa del XVII sec. circondata da un parco ombreggiato all'interno del quale è stata ricavata anche la piscina. Arredi in stile, camere calde ed accoglienti. Ampio ed elegante ristorante.

GELA *Caltanissetta* 565 P 24 – *Vedere Sicilia alla fine dell'elenco alfabetico.*

GEMONA DEL FRIULI *33013 Udine* 562 *D 21 – 11 137 ab. alt. 272.*

piazza del Municipio 5 ☎ 0432 981441, info@gemona.fvg.it, Fax 0432 981441.

Roma 665 – Udine 26 – Milano 404 – Tarvisio 64 – Trieste 98.

Pittini senza rist, piazzale della Stazione 10 ☎ 0432 971195, *info@hotelpittini.com, Fax 0432 971380* – [P]. AE VISA JCB.
16 cam 46/67.

◆ Rimesso completamente a nuovo, secondo criteri moderni, dopo il terremoto, e sito proprio di fronte alla stazione ferroviaria: un indirizzo semplice e confortevole.

GENOVA *16100* P 561 *I 8 G. Italia – 632 366 ab..*

Vedere *Porto*★★ **AXY** – *Quartiere dei marinai*★ **BY** – *Piazza San Matteo*★ **BY 85** – *Cattedrale di San Lorenzo*★★ *: facciata*★★ **BY K** – *Via Garibaldi*★★, *Pinacoteca*★ *nel palazzo Bianco* **BY D**, *Galleria d'arte*★ *nel palazzo Rosso* **BY E** – *Palazzo dell'Università*★ **AX U** – *Galleria Nazionale di palazzo Spinola*★ – *Acquario*★★ **AY** – *Campanile*★ *e Adorazione dei Magi*★★ *di Joos Van Cleve* **BY** *nella chiesa di San Donato* **BY L** – *San Sebastiano*★ *di Puget nella chiesa di Santa Maria di Carignano* **BZ N** – *Villetta Di Negro* **CXY** *:* ≤★ *sulla città e sul mare, museo Chiossone*★ **M1** – ≤★ *sulla città dal Castelletto* **BX** *per ascensore – Cimitero di Staglieno*★ **F.**

Escursioni *Riviera di Levante*★★★ *Est e Sud-Est.*

Cristoforo Colombo di Sestri Ponente per ④ : 6 km ☎ 010 60151 – Alitalia, via XII Ottobre 12 ✉ 16121 ☎ 010 54931.

per Cagliari 15 luglio-6 settembre giovedì e domenica (20 h) ed Olbia 22 luglio-10 settembre giornaliero e negli altri mesi lunedì, mercoledì e venerdì (da 6 h a 13 h 15 mn); per Arbatax giugno-settembre mercoledì e venerdì, negli altri mesi lunedì e venerdì (da 16 h 30 mn a 19 h) e Porto Torres giornalieri (da 6 h a 13 h) – Tirrenia Navigazione, Nuovo Terminal Traghetti, Via Milano 51 ✉ 16126 ☎ 010 26981, Fax 010 2698255; per Porto Torres (10 h), Olbia (10 h) 24 giugno-18 settembre giornalieri e per Palermo giornaliero, escluso domenica (20 h) – Grimaldi-Grandi Navi Veloci, via Fieschi 17 ✉ 16128 ☎ 010 589331, Fax 010 509225.

stazione Piazza Principe, piazza Acqua Verde ✉ 16126 ☎ 010 2462633, iat.principe@apt-.genova.it, Fax 010 2462633 – Aeroporto Cristoforo Colombo ✉ 16154 ☎ 010 6015247, iat.aeroporto@apt.genova.it – area Porto Antico (Ponte Spinola) ✉ 16126 ☎ 010 248711, iat.portoantico@apt.genova.it, Fax 010 2467658 – Stazione Marittima-Terminal Crociere ☎ 010 246368, Fax 010 2463686.

A.C.I. *viale Brigate Partigiane 1/a ✉ 16129 ☎ 010 53941.*

Roma 501 ② – Milano 142 ⑦ – Nice 194 ⑤ – Torino 170 ⑤.

In occasione di alcune manifestazioni commerciali o turistiche i prezzi degli alberghi potrebbero subire un sensibile aumento (informatevi al momento della prenotazione)

Pianta pagina seguente

Starhotel President, corte Lambruschini 4 ✉ 16129 ☎ 010 5727, *president.ge@starhotels.it, Fax 010 5531820,* – , cam, – 450. AE VISA JCB. **DZ c**
Pasto al Rist. ***La Corte*** carta 40/60 – **191 cam** 229/289, suite.

◆ Nel centro direzionale Corte Lambruschini, una torre di vetro e cemento ospita uno degli alberghi più moderni e di miglior confort della città; ampio centro congressi. Elegante sala da pranzo.

Jolly Hotel Marina, molo Ponte Calvi 5 ✉ 16124 ☎ 010 25391, *genova_marina jollyhotels.it, Fax 010 2511320,* – cam, – 180. AE VISA. rist **AY c**
Pasto al Rist. ***Il Gozzo*** carta 32/49 – **133 cam** 250/310, 7 suites – ½ P 193.

◆ Ardesia, mogano e acero sono il leitmotiv degli eleganti, caldi interni di questo moderno, ideale «vascello», costruito sul Molo Calvi, di cui restano tracce nella hall. Decorazioni che evocano vele e navi nel ristorante «a prua» dell'hotel; dehors estivo.

Jolly Hotel Plaza, via Martin Piaggio 11 ✉ 16122 ☎ 010 83161, *genova@jollyhotels.it, Fax 010 8391850* – , cam, – 140. AE VISA. rist **CY q**
Pasto carta 33/45 – **140 cam** 185/270, suite – ½ P 162.

◆ Una moderna hall fa da ponte tra i due edifici ottocenteschi restaurati che formano un albergo signorile, affacciato sulla centrale piazza Corvetto; sale per convegni. Al ristorante raffinato ambiente classico.

City Hotel, via San Sebastiano 6 ✉ 16123 ☎ 010 5545, *city.ge@bestwestern.it, Fax 010 586301* – , cam, – 70. AE VISA **CY e**
Pasto vedere rist ***Le Rune*** – **66 cam** 210/290.

◆ Vicino a piazza De Ferrari, confort omogeneo nei settori di un hotel ristrutturato negli anni '90; zone comuni di taglio classico, con tocchi di eleganza, camere sobrie.

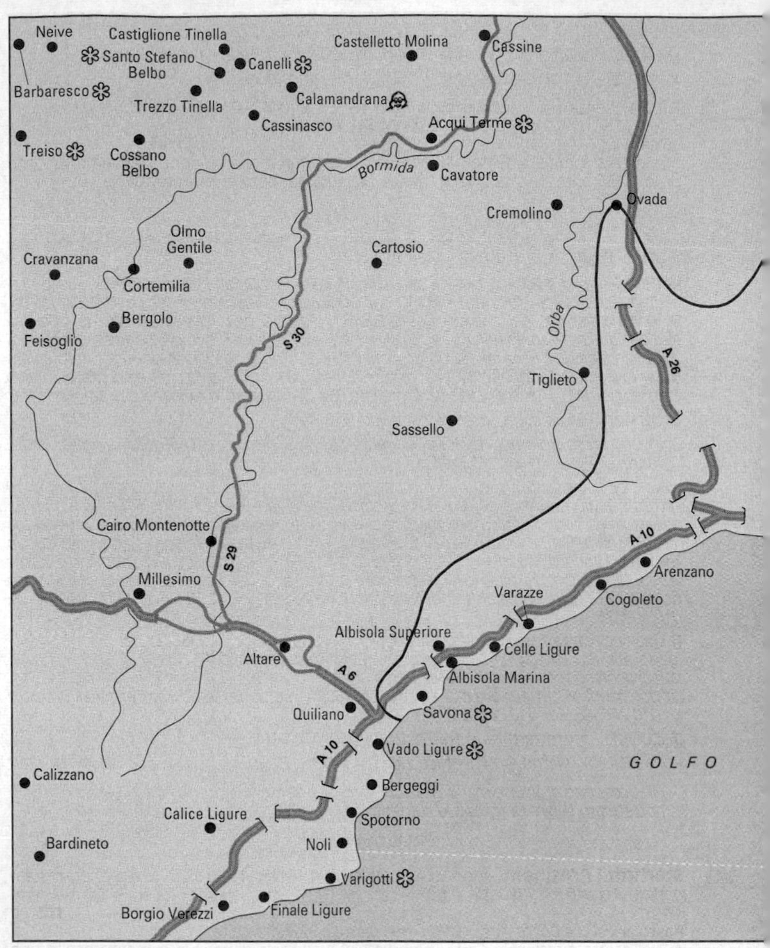

Bristol Palace, via 20 Settembre 35 ✉ 16121 ☎ 010 592541, *info@hotelbristolpalace.com, Fax 010 561756* – |$| ▤ TV ☎ – 🏛 220. AE ⓢ ⓞ ⓜⓒ VISA JCB — CY n
Pasto carta 37/59 – **128 cam** ☕ 195/280, 5 suites.
◆ Raffinatezza d'altri tempi in caratteristici ambienti fine '800, epoca cui risale il centrale palazzo che li ospita, raccolti intorno ad un originale scalone ellittico. Affreschi e stucchi al soffitto ed ambientazione in stile nella piccola sala ristorante.

AC Hotel Genova, corso Europa 1075 ✉ 16148 ☎ 010 3071180, *ac-genova@ac-hotels.com, Fax 010 3071275,* 🏋 – |$|, ⇔ cam, ▤ TV ☎ ♿ – 🏛 120. AE ⓢ ⓞ ⓜⓒ VISA. ✂ — G a
Pasto carta 37/55 – **139 cam** ☕ 190/220.
◆ Ambiente moderno e minimalista, due tipologie di camere (standard e business), bar self-service aperto 24 ore: una struttura capace di armonizzare innovazione e buon gusto.

Moderno Verdi, piazza Verdi 5 ✉ 16121 ☎ 010 5532104, *info@modernoverdi.it, Fax 010 581562* – |$| ▤ TV ☎ ♿ 🚗. AE ⓢ ⓞ ⓜⓒ VISA. ✂ rist — DY b
Pasto *(chiuso dal 20 dicembre al 6 gennaio, agosto, venerdì, sabato, domenica e a mezzogiorno)* (solo per alloggiati) carta 25/41 – **87 cam** ☕ 160/220 – ½ P 135.
◆ In un palazzo d'epoca di fronte alla stazione Brignole, atmosfera retrò negli interni classici, con dettagli liberty, di un hotel ristrutturato; curate camere in stile.

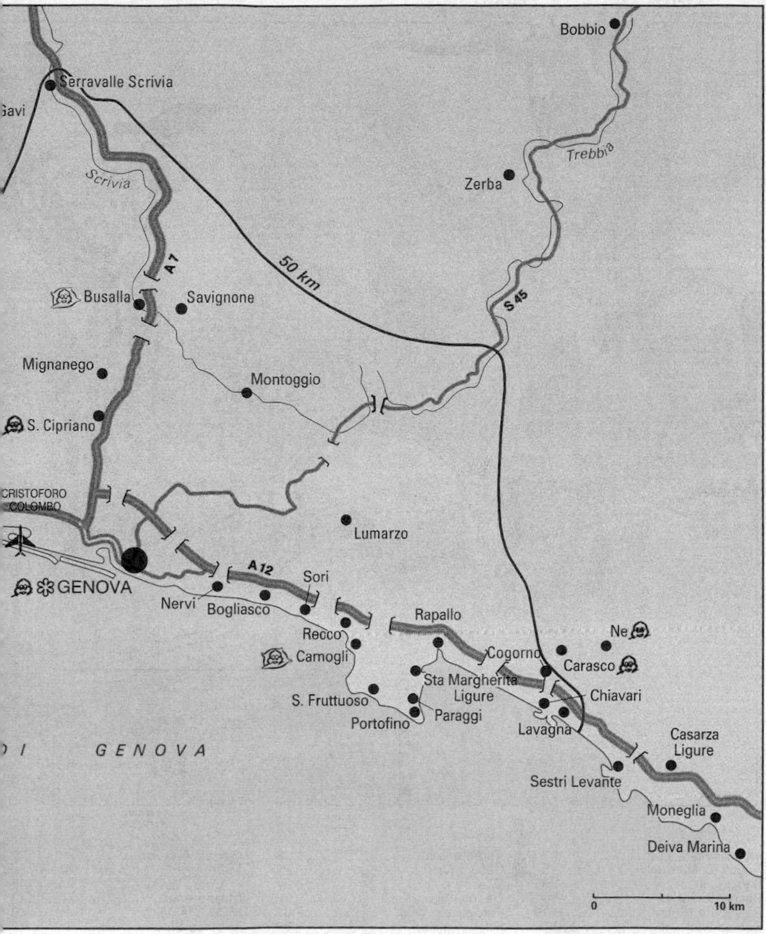

Bobbio
Serravalle Scrivia
Gavi
Trebbia
Scrivia
Zerba
A 7
50 km
S 45
Busalla
Savignone
Mignanego
Montoggio
S. Cipriano
CRISTOFORO COLOMBO
Lumarzo
A 12
Sori
GENOVA
Nervi
Bogliasco
Rapallo
Recco
Ne
Camogli
Cogorno
Carasco
Sta Margherita Ligure
Chiavari
S. Fruttuoso
Paraggi
Portofino
Lavagna
Casarza Ligure
GENOVA
Sestri Levante
Moneglia
Deiva Marina
0 10 km

Novotel Genova Ovest, via Cantore 8/C ✉ 16126 ☎ 010 64841, *novotelgenova@accor-hotels.it, Fax 010 6484844,* – – 200. AE VISA. rist — E b
Pasto al Rist. ***La Terrazza*** carta 33/39 – **223 cam** ☐ 226/313.
◆ Nelle immediate vicinanze dello svincolo autostradale, grande e comoda struttura di moderna concezione, che offre un confort adeguato agli standard della catena. Crea una rilassante, se pur fittizia vista il trompe l'oeil di mare al tramonto nel ristorante.

Ramada Hotel, via Balbi 38 ✉ 16126 ☎ 010 26991, *info.genova@advancehotel.com, Fax 010 2462942,* – – 50. AE VISA JCB — AX a
Pasto *(chiuso venerdì, sabato, domenica e a mezzogiorno)* (solo per alloggiati) 19/24 – **89 cam** ☐ 179/239, 9 suites – ½ P 191,50.
◆ Vicino alla stazione di Principe, struttura di taglio moderno; nata come residence, dispone di zone comuni ridotte, ma di camere spaziose, con eventuale angolo cottura.

Metropoli senza rist, piazza Fontane Marose ✉ 16123 ☎ 010 2468888, *metropoli.ge@bestwestern.it, Fax 010 2468686* – . AE VISA. — BY c
48 cam ☐ 108/180.
◆ In una suggestiva piazza del centro storico, un albergo in continuo miglioramento; dotate di ogni confort le camere rinnovate, con parquet o moquette e arredi recenti.

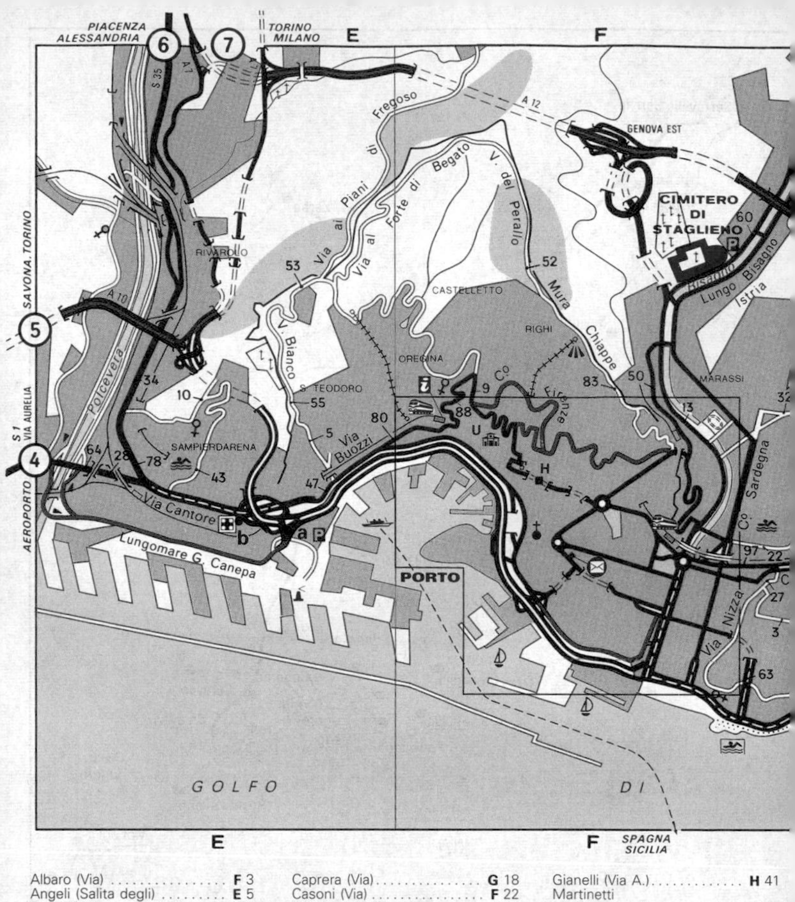

Albaro (Via) . . . . **F** 3
Angeli (Salita degli) . . . . **E** 5
Barrili (Via) . . . . **G** 6
Bassi (Corso U.) . . . . **F** 9
Belvedere (Corso) . . . . **E** 10
Bobbio (Via) . . . . **F** 13
Boselli (Via) . . . . **G** 14
Caprera (Via) . . . . **G** 18
Casoni (Via) . . . . **F** 22
Dassori (Via F.) . . . . **F** 27
Degola (Via) . . . . **E** 28
Fereggiano (Via) . . . . **F** 32
Fillak (Via W.) . . . . **E** 34
Fontanarossa (Via S.) . . . . **G** 35
Gianelli (Via A.) . . . . **H** 41
Martinetti (Corso L. A.) . . . . **E** 43
Milano (Via) . . . . **E** 47
Mille (Via dei) . . . . **G** 48
Monaco Simone (Via) . . . . **G** 49
Montaldo (Via L.) . . . . **F** 50

Columbus Sea, via Milano 63 ✉ 16126 ☎ 010 265051, *info@columbussea.com, Fax 010 255226,* ← – 🛗 ▤ TV ♿ P – 🏛 90. AE ⓢ ⓓ ⓜ VISA JCB. ✂ rist **E a**
Pasto *(chiuso sabato e domenica a mezzogiorno)* carta 32/42 – **77 cam** ☕ 168/202, 3 suites – ½ P 118.
♦ Stile genovese con pietre bianche e nere in versione moderna in una struttura recente, affacciata sul porto e vicina all'autostrada; interni di sobria funzionalità. Gode di vista sul porto la luminosa sala del ristorante.

Galles senza rist, via Bersaglieri d'Italia 13 ✉ 16126 ☎ 010 2462820, *hotelgalles@hotmail.com, Fax 010 2462822* – 🛗 ▤ TV. AE ⓢ ⓓ ⓜ VISA JCB **AX s**
20 cam ☕ 75/95.
♦ Nelle adiacenze della stazione di Principe, un hotel piccolo e raccolto, con buone soluzioni di confort in ogni settore; arredi recenti nelle funzionali camere.

Alexander senza rist, via Bersaglieri d'Italia 19 ✉ 16126 ☎ 010 261371, *info@hotelalexander-genova.it, Fax 010 265257* – 🛗 ▤ TV. AE ⓢ ⓓ ⓜ VISA JCB **AX u**
35 cam ☕ 80/108.
♦ Non lontano dall'ex stazione marittima Ponte dei Mille e da quella ferroviaria di Principe, un albergo di taglio classico moderno, con spazi comuni confortevoli.

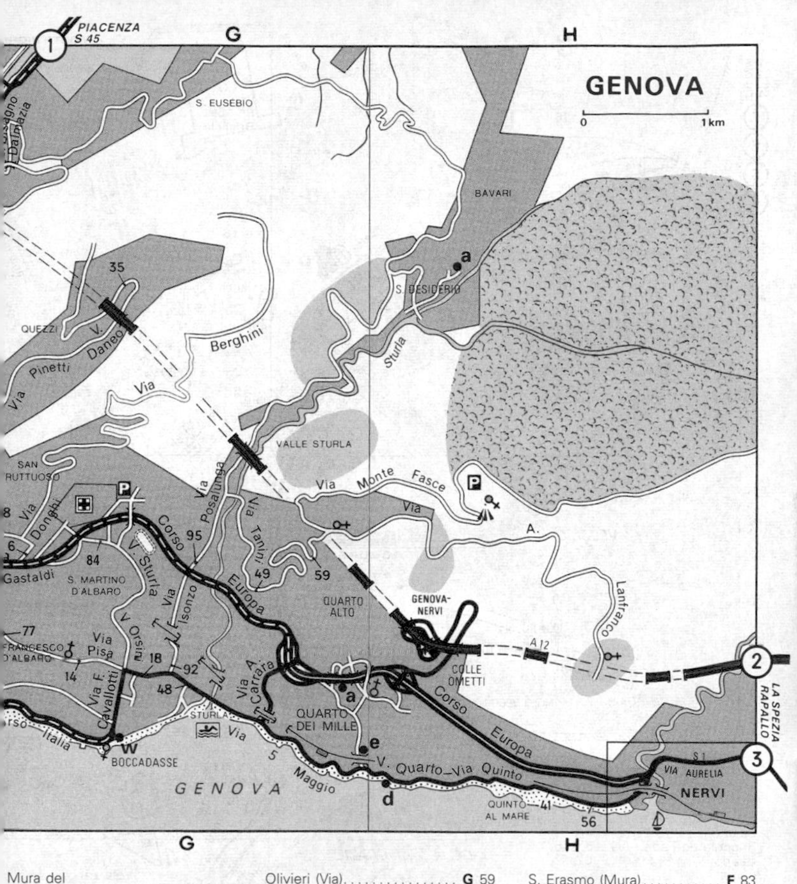

Mura del
Castellaccio (Via) .... F 52
Mura di
Granorolo (Via) .... E 53
Mura di
Porta Murata (Via delle) ... E 55
Murcarolo (Via) .... H 56
Olivieri (Via) .... G 59
Piacenza (Via) .... F 60
Piave (Via) .... F 63
Pieragostini (Via R.) .... E 64
Ricci (Via) .... G 77
Rolando (Via C.) .... E 78
S. Benedetto (Via) .... EF 80
S. Erasmo (Mura) .... F 83
S. Martino (Via) .... G 84
S. Ugo (Via) .... F 88
Sturla (Via) .... G 92
Timavo (Via) .... G 95
Tolemaide (Via) .... F 97
Torti (Via G.) .... G 98

Viale Sauli senza rist, viale Sauli 5 ⊠ 16121 ✆ 010 561397, *info@hotelsauli.it, Fax 010 590092* – . CY f
56 cam ☕ 90/140.
◆ Non lontano dalla stazione di Brignole, un albergo che si sviluppa su 4 piani di uno stabile di uffici; spazi comuni ridotti, camere con arredi essenziali.

Locanda di Palazzo Cicala senza rist, piazza San Lorenzo 16 ⊠ 16123 ✆ 010 2518824, *palazzocicala@mentelocale.it, Fax 010 2467414* – . – **10 cam** ☕ 130/180. BY g
◆ Una recente apertura, nel cuore della città storica, proprio dinnanzi al Duomo. Tra high-tech e stile moresco, l'armonia del design moderno in un palazzo cinquecentesco.

La Bitta nella Pergola, via Casaregis 52/r ⊠ 16129 ✆ 010 588543, *labittanellapergola@libero.it, Fax 010 588543*, Coperti limitati; prenotare – . DZ a
chiuso dal 1° al 7 gennaio, dall'8 al 31 agosto, domenica sera e lunedì; in luglio chiuso anche domenica a mezzogiorno – **Pasto** carta 45/88.
◆ Caldo stile marinaro in un elegante ristorante gestito da una famiglia napoletana da decenni a Genova; cucina di mare sapiente, non priva di elaborazioni originali.
Spec. Tonno brasato con spezie e mesciua di legumi. Genovesini ziti su vellutata di fagioli di Pigna, pancetta croccante e dadolata di gamberi della Riviera. Burrida di pesce con prebog-gion, cipolla rossa glassata e pappa al pomodoro.

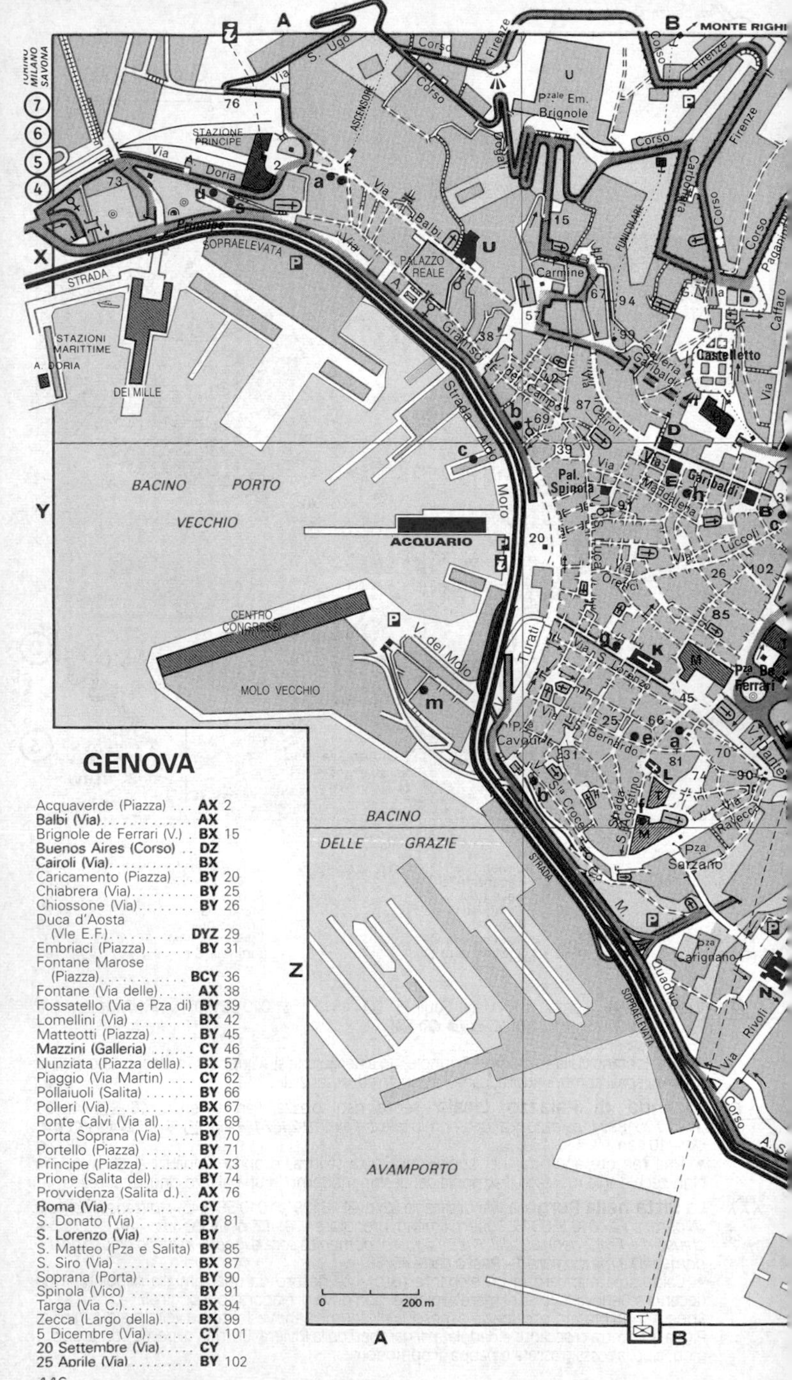

GENOVA

Acquaverde (Piazza) .... **AX** 2
Balbi (Via) .... **AX**
Brignole de Ferrari (V.) .. **BX** 15
Buenos Aires (Corso) .. **DZ**
Cairoli (Via) .... **BX**
Caricamento (Piazza) .... **BY** 20
Chiabrera (Via) .... **BY** 25
Chiossone (Via) .... **BY** 26
Duca d'Aosta
(Vle E.F.) .... **DYZ** 29
Embriaci (Piazza) .... **BY** 31
Fontane Marose
(Piazza) .... **BCY** 36
Fontane (Via delle) ...... **AX** 38
Fossatello (Via e Pza di) **BY** 39
Lomellini (Via) .... **BX** 42
Matteotti (Piazza) .... **BY** 45
Mazzini (Galleria) .... **CY** 46
Nunziata (Piazza della) .. **BX** 57
Piaggio (Via Martin) ..... **CY** 62
Pollaiuoli (Salita) .... **BY** 66
Polleri (Via) .... **BX** 67
Ponte Calvi (Via al) ..... **BX** 69
Porta Soprana (Via) ..... **BY** 70
Portello (Piazza) .... **BY** 71
Principe (Piazza) .... **AX** 73
Prione (Salita del) ...... **BY** 74
Provvidenza (Salita d.) .. **AX** 76
Roma (Via) .... **CY**
S. Donato (Via) .... **BY** 81
S. Lorenzo (Via) .... **BY**
S. Matteo (Pza e Salita) **BY** 85
S. Siro (Via) .... **BX** 87
Soprana (Porta) .... **BY** 90
Spinola (Vico) .... **BY** 91
Targa (Via C.) .... **BX** 94
Zecca (Largo della) ...... **BX** 99
5 Dicembre (Via) .... **CY** 101
20 Settembre (Via) ..... **CY**
25 Aprile (Via) .... **BY** 102

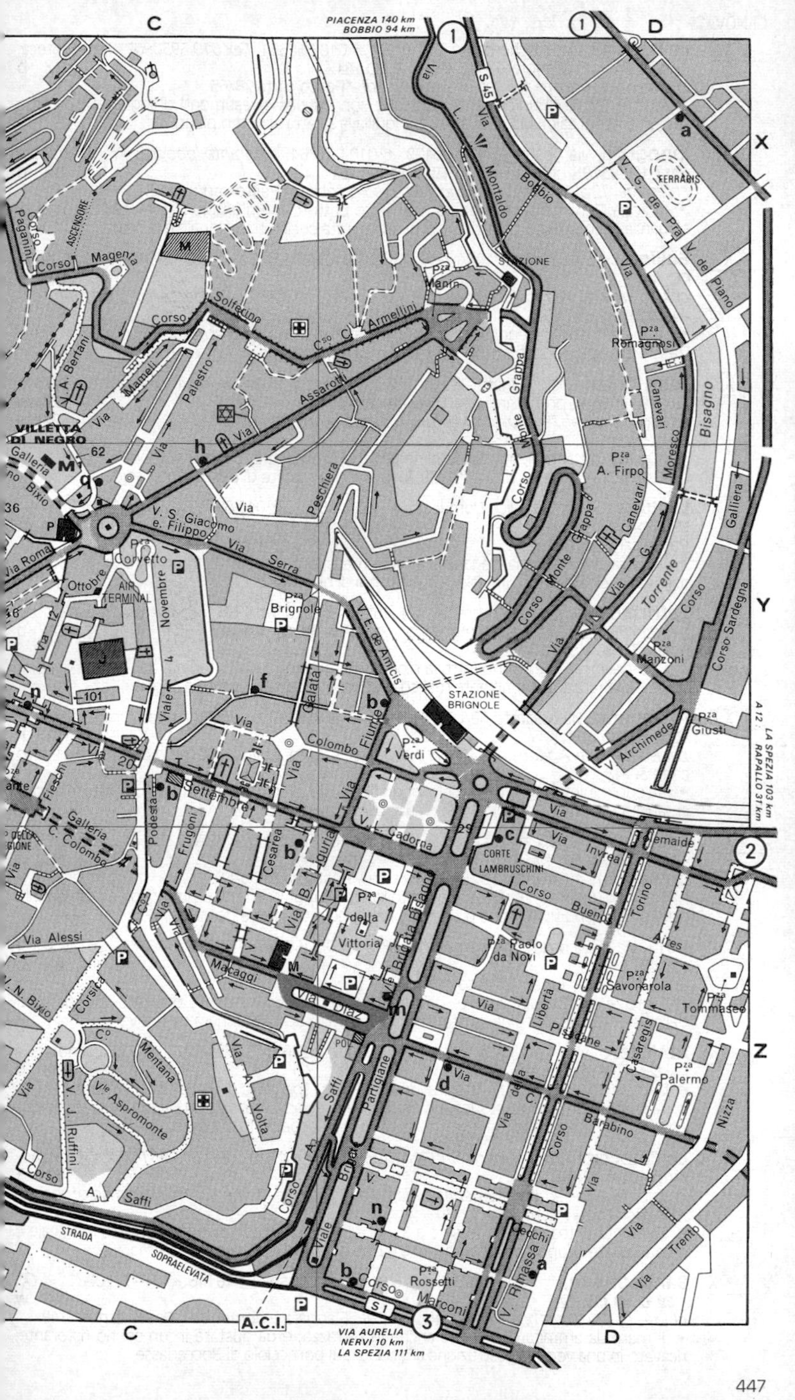

PIACENZA 140 km
BOBBIO 94 km
C
D
X
Y
Z
STAZIONE
STAZIONE BRIGNOLE
VILLETTA DI NEGRO
FERRARIS
AIR TERMINAL
CORTE LAMBRUSCHINI
A.C.I.
STRADA SOPRAELEVATA
VIA AURELIA
NERVI 10 km
LA SPEZIA 111 km
A 12: LA SPEZIA 103 km
RAPALLO 31 km
Corso Magenta
Corso Solferino
Cso Armellini
Via Assarotti
Via Serra
Via Peschiera
Via Palestro
Via Mameli
Via Montaldo
Via Bobbio
Corso Monte Grappa
Torrente Bisagno
Corso Sardegna
Corso Torino
Corso Buenos Aires
Via XX Settembre
Via Galata
Via Colombo
Via Fiume
Via Cesarea
Via Macaggi
Via Diaz
Corso A. Saffi
Via Brigate Partigiane
Via Alessi
Corso Mentana
Vle Aspromonte
Via A. Volta
Pza Corvetto
Pza Brignole
Pza Verdi
Pza Manin
Pza Romagnosi
Pza A. Firpo
Pza Manzoni
Pza Giusti
Pza della Vittoria
Pza Paolo da Novi
Pza Savonarola
Pza Tommaseo
Pza Palermo
Pza Rossetti
Corso Marconi
Via Barabino
Via Nizza
Via Trento

XXX **Le Perlage,** via Mascherpa 4/r ✉ 16129 ☎ 010 588551, *Fax 010 5950807*, Rist.-enoteca, Coperti limitati; prenotare – ▤. AE ⓢ ⓓ MC VISA **DZ** b
chiuso dal 13 agosto al 3 settembre e lunedì – **Pasto** carta 28/65.
◆ Piccolo locale di un'eleganza ricercata, con preziosi rivestimenti di legno alle pareti e tessuti dai toni caldi; più esclusiva e tranquilla la saletta al primo piano.

XXX **Ippogrifo,** via Gestro 9/r ✉ 16129 ☎ 010 592764, *ristorante.ippogrifo@fastwebnet.it, Fax 010 593185*, prenotare – ▤. AE ⓢ ⓓ MC VISA **DZ** n
chiuso dal 12 al 24 agosto e giovedì (escluso ottobre) – **Pasto** carta 38/55.
◆ In zona Fiera, boiserie e lampade in ferro battuto in un ampio ristorante non privo di eleganza, frequentato da estimatori di una curata cucina tradizionale e di mare.

XXX **Edilio,** corso De Stefanis 104/r ✉ 16139 ☎ 010 880501, *Fax 010 811260* – ▤ P. AE ⓢ ⓓ MC VISA **DX** a
chiuso dal 1° al 22 agosto, domenica sera e lunedì, in luglio anche domenica a mezzogiorno – **Pasto** carta 30/57.
◆ Vicino allo stadio, legni scuri e tavoli distanziati in un piacevole locale curato; qualità e freschezza dei prodotti sono il punto di forza della genuina cucina di mare.

XX **Gran Gotto,** viale Brigate Bisagno 69/r ✉ 16129 ☎ 010 564344, *grangotto@libero.it, Fax 010 585644*, prenotare – ▤. AE ⓢ ⓓ MC VISA. ✻ **DZ** m
chiuso dall'11 al 29 agosto, sabato a mezzogiorno, domenica ed i giorni festivi – **Pasto** carta 36/61.
◆ Due luminosi ambienti, moderni negli arredi, con quadri contemporanei, in un locale di tradizione, presente in città dal 1938; invoglianti proposte di pesce e non solo.

XX **Le Rune** - Hotel City, vico Domoculta 14/r ✉ 16123 ☎ 010 594951, *Fax 010 586301* – ▤. AE ⓢ MC VISA. ✻ **BY** d
Pasto carta 36/61.
◆ Varie salette di sobria eleganza, raffinate nella loro semplicità, in un ristorante centrale, dalla cui cucina escono fantasiose rivisitazioni di piatti liguri.

XX **Zeffirino,** via XX Settembre 20 ✉ 16121 ☎ 010 591990, *info@ristorantezeffirino.it, Fax 010 586464*, Rist. rustico moderno – ▤. AE ⓢ ⓓ MC VISA JCB **CY** b
Pasto 30/60 e carta 51/71.
◆ Uno dei locali che hanno fatto la storia della gastronomia cittadina, dal 1939 di generazione in generazione; ambiente rustico moderno, cucina ligure e nazionale.

XX **Papageno,** via Assarotti 60/r ✉ 16122 ☎ 010 8392999, Coperti limitati; prenotare – ▤. AE ⓢ ⓓ MC VISA **CY** h
chiuso dal 1° al 7 gennaio, dal 10 al 20 agosto, sabato a mezzogiorno e domenica – **Pasto** carta 36/48.
◆ Arredi «minimalisti» in un piccolo, originale locale, elegante nella sua informalità; ricerca e creatività applicate con spirito innovativo alla cucina ligure.

XX **Pansön dal 1790,** piazza delle Erbe 5/r ✉ 16123 ☎ 010 2468903, *Fax 010 2468903*, ☂ – ▤. AE ⓢ ⓓ MC VISA **BY** a
chiuso dall'11 al 24 agosto e domenica sera – **Pasto** carta 30/50.
◆ Nei «carruggi» del centro, sobrio ristorante di lunghissima tradizione, con ampio dehors estivo; nel menù figurano le più tradizionali specialità liguri e genovesi.

XX **Rina,** via Mura delle Grazie 3/r ✉ 16128 ☎ 010 2466475, *Fax 010 2466475* – ▤. AE ⓢ ⓓ MC VISA. ✻ **BY** b
chiuso agosto e lunedì – **Pasto** carta 35/40.
◆ Sotto le caratteristiche volte del '400 di una trattoria presente dal 1946, un «classico» della ristorazione cittadina, gusterete una schietta cucina marinara e genovese.

X **Al Veliero,** via Ponte Calvi 10/r ✉ 16124 ☎ 010 2465773, *Fax 010 2770722*, prenotare – ▤. AE ⓢ ⓓ MC VISA JCB **ABX** b
chiuso dal 1° al 7 gennaio, agosto e lunedì – **Pasto** specialità di mare carta 31/50.
◆ Al limitare del centro storico, un ristorante in sobrio stile «marina», con una frequentazione di affezionati habitué, che apprezzano le sue specialità di pesce.

X **Le Chiocciole,** piazza Negri 5/r ✉ 16123 ☎ 010 2511289, *Fax 010 2511289*, ☂, prenotare – AE ⓢ MC VISA **BY** f
chiuso dal 24 dicembre al 6 gennaio, dal 15 al 30 agosto, domenica e (fino a marzo) anche a mezzogiorno – **Pasto** carta 22/30.
◆ Di fronte al teatro della Tosse e a S. Agostino, un simpatico locale raccolto, originale e creativo nelle proposte gastronomiche e non solo; frequenti serate a tema.

X **Santa Chiara,** via Capo Santa Chiara 69/r, a Boccadasse ✉ 16146 ☎ 010 3770081, ←, ☂ – AE ⓢ ⓓ MC VISA **G** w
chiuso dal 20 dicembre al 7 gennaio, dal 5 al 25 agosto e domenica – **Pasto** carta 39/49.
◆ Il mare da ammirare, d'estate anche in terrazza, e da gustare in un sobrio ristorante, ricavato in una vecchia costruzione affacciata sul porticciolo di Boccadasse.

Antica Cantina i Tre Merli, vico dietro il coro della Maddalena 26/r ✉ 16124 ☎ 010 2474095, *info@itremerli.it, Fax 010 2474042,* prenotare – ▤. AE ⓢ ⓓ ⓜⓒ VISA. ✻ BY h
chiuso sabato a mezzogiorno e domenica – **Pasto** carta 22/40.
◆ In un palazzo d'epoca nelle viuzze del centro, simpatico locale di tendenza molto in voga; ambiente rustico da taverna e oltre 300 etichette per rendere onore a Bacco.

Sola, via Carlo Barabino 120/r ✉ 16129 ☎ 010 594513, *info@vinotecasola.it, Fax 010 594513,* Rist.-enoteca, prenotare – ▤. AE ⓢ ⓓ ⓜⓒ VISA JCB. ✻ DZ d
chiuso agosto e domenica – **Pasto** carta 29/41.
◆ Un piccolo locale stile bistrot, nato come enoteca e poi trasformatosi anche in ristorante: un indirizzo ideale per chi ama il vino e la cucina ligure casalinga.

Lupo Antica Trattoria, vico Monachette 20/r ✉ 16124 ☎ 010 267036, *ristolupomary @msn.com, Fax 010 267036* – ▤. AE ⓢ ⓓ ⓜⓒ VISA JCB AX r
Pasto carta 25/47.
◆ La nuova gestione appassionata ha saputo rivitalizzare questa piacevole trattoria in zona Principe; invitante il menù, con piatti genovesi e creazioni d'autore.

Pintori, via San Bernardo 68/r ✉ 16123 ☎ 010 2757507, prenotare la sera – ⓢ ⓓ ⓜⓒ VISA. ✻ BY e
chiuso dal 24 dicembre al 7 gennaio, agosto, domenica e lunedì – **Pasto** carta 28/45.
◆ Interessanti sia la cucina, sarda e ligure, che la ricca cantina di una simpatica, familiare trattoria rustica in un antico palazzo nei «carruggi» della città vecchia.

Da Tiziano, via Granello 27/r ✉ 16121 ☎ 010 541540, *Fax 010 541540* – ▤. AE ⓢ ⓓ ⓜⓒ VISA CZ b
chiuso dal 9 al 31 agosto, sabato a mezzogiorno e domenica – **Pasto** carta 28/46.
◆ Una trattoria semplice, ma piacevole, dove da pochi anni si è insediato un ristoratore con esperienza ormai quarantennale; proposte culinarie liguri e di pesce.

Antica Osteria di Vico Palla, vico Palla 15/r ✉ 16128 ☎ 010 2466575, *Fax 010 3624458,* prenotare la sera – ▤. AE ⓢ ⓓ ⓜⓒ VISA AY m
chiuso Natale, Capodanno, dal 10 al 20 agosto e lunedì – **Pasto** carta 28/36.
◆ Simpatica accoglienza familiare in un locale rustico, adiacente all'acquario e alla moderna zona del Porto vecchio; cucina locale con buon rapporto qualità/prezzo.

verso Molassana *per ① : 6 km :*

La Pineta, via Gualco 82, a Struppa ✉ 16165 ☎ 010 802772, *Fax 010 802772* – P. AE ⓢ ⓓ ⓜⓒ VISA. ✻
chiuso dal 21 al 28 febbraio, agosto, domenica sera e lunedì – **Pasto** specialità alla brace carta 25/35.
◆ Un gran camino troneggia in questa luminosa e calda trattoria che sorge in una zona verdeggiante e panoramica; cucina casalinga tradizionale e specialità alla brace.

all'aeroporto Cristoforo Colombo *per ④ : 6 km* **E** *:*

Sheraton Genova, via Pionieri ed Aviatori d'Italia 44 ✉ 16154 ☎ 010 65491, *direzione@ sheratongenova.com, Fax 010 6549055,* ←, ⛹, ≘ – |♦|, ⇔ cam, ▤ TV ☎ ♿ ⇔ P – 🏛 1000. AE ⓢ ⓓ ⓜⓒ VISA. ✻ rist
Pasto al Rist. ***Il Portico*** carta 38/50 – **273 cam** ☐ 263/299, 2 suites.
◆ Originale contrasto tra la modernità della struttura e delle installazioni e la classicità dei raffinati interni di un hotel in zona aeroportuale; ampio centro congressi. Calda ed elegante sala ristorante in stile.

a Quarto dei Mille *per ② o ③ : 7 km* **GH** – ✉ *16148 Genova :*

Iris senza rist, via Rossetti 3/5 ☎ 010 3760703, *hoteliris@melink.it, Fax 010 3773914* – |♦| ▤ TV P – 🏛 40. AE ⓢ ⓓ ⓜⓒ VISA G e
20 cam ☐ 85/106.
◆ Struttura totalmente rinnovata, a un centinaio di metri dal mare, che dispone di un solarium attrezzato e di un comodo parcheggio; camere piacevoli e con buone dotazioni.

Antica Osteria del Bai, via Quarto 12 ☎ 010 387478, *bai@publinet.it, Fax 010 392684,* ←, prenotare – ▤. AE ⓢ ⓓ ⓜⓒ VISA. ✻ H d
chiuso dal 10 al 20 gennaio, dal 1° al 20 agosto e lunedì – **Pasto** carta 44/65.
◆ Tanto legno in un caldo ed elegante locale storico d'Italia, in un antico fortilizio sopra la spiaggia da cui salparono i Mille di Garibaldi; cucina di mare e non solo.

a Cornigliano Ligure *per ④ : 7 km* – ✉ *16152 Genova :*

Da Marino, via Rolla 36/r ☎ 010 6518891, *Fax 010 6518891,* Rist. d'habituès, solo su prenotazione la sera – AE ⓢ ⓓ ⓜⓒ VISA
chiuso agosto, sabato e domenica – **Pasto** carta 30/53.
◆ Decorazioni semplici, ma raffinate in un ristorante di tradizione, molto frequentato da clientela abituale di lavoro; cucina ligure e di mare, con variazioni giornaliere.

a San Desiderio *Nord-Est : 8 km per via Timavo* H – ✉ *16133 Genova :*

Bruxaboschi, via Francesco Mignone 8 ☎ 010 3450302, *info@bruxaboschi.com, Fax 010 3451429,* , solo su prenotazione a mezzogiorno – AE ⓢ ⓞ MC VISA H a
chiuso dal 24 dicembre al 5 gennaio, agosto, domenica sera e lunedì – **Pasto** carta 32/44.
◆ Dal 1862 la tradizione si è perpetuata di generazione in generazione in una trattoria con servizio estivo in terrazza; cucina del territorio e inserimenti di pesce.

a Sestri Ponente *per ④ : 10 km – ✉ 16154 Genova :*

Baldin, piazza Tazzoli 20/r ☎ 010 6531400, *ristorante.baldin@libero.it, Fax 010 6504818,* Coperti limitati; prenotare – . AE ⓢ ⓞ MC VISA
chiuso domenica e lunedì – **Pasto** carta 36/50.
◆ Volte a vela, parquet e boiserie di betulla in un accogliente locale rinnovato in senso minimalista; proposte di mare in sapiente equilibrio fra tradizione e creatività.

Toe Drûe, via Corsi 44/r ☎ 010 6500100, *toedrue@libero.it, Fax 010 6500100,* prenotare la sera – . AE ⓢ ⓞ MC VISA.
chiuso dal 5 al 25 agosto, sabato a mezzogiorno e domenica – **Pasto** carta 25/46.
◆ C'è un fonte battesimale dell'800 nell'ingresso di una trattoria alla moda, d'atmosfera romantica, nonostante sia nella zona industriale; cucina ligure rivisitata.

a Voltri *per ④ : 18 km – ✉ 16158 Genova :*

Sirenella, via Don Giovanni Verità 4 a/r ☎ 010 6132760 e rist ☎ 010 6136406, *reception@sirenella.it, Fax 010 6132776,* ←, – , P – 45. AE ⓢ ⓞ MC VISA.
Pasto *(chiuso mercoledì)* carta 26/49 – 12 – **23 cam** 90/115, 2 suites.
◆ Sorge praticamente sulla spiaggia privata questo albergo recente, nato sull'onda del successo conquistato dall'omonimo ristorante; buon confort in ogni settore. Vetrate lato mare e tante piante al ristorante, dove gustare pesce in preparazioni classiche.

Il Gigante, via Lemerle 12/r ✉ 16158 ☎ 010 6132668 – . AE ⓢ MC VISA.
chiuso dal 7 al 14 gennaio, dal 15 agosto al 10 settembre e lunedì – **Pasto** specialità di mare carta 27/45.
◆ Un ex olimpionico di pallanuoto appassionato di pesca gestisce questo simpatico locale: due salette di taglio classico e sobria semplicità e piatti, ovviamente, di mare.

Ostaia da ü Santü, via al Santuario delle Grazie 33 (Nord : 1,5 km) ☎ 010 6130477, *Fax 010 6130477,* ←, – P. ⓢ MC VISA.
chiuso dal 25 dicembre al 31 gennaio, dal 16 al 30 settembre, domenica sera, lunedì, martedì e le sere di mercoledì e giovedì da ottobre a giugno – **Pasto** carta 20/25.
◆ Molto piacevole il pergolato sotto cui si svolge il servizio estivo di questa trattoria di campagna in posizione tranquilla e panoramica; cucina genovese casalinga.

GENZANO DI LUCANIA *85013 Potenza 564 E 30 – 6 135 ab. alt. 588.*

Roma 383 – Potenza 56 – Bari 98 – Foggia 101.

Kristall, piazza Municipio 8 ☎ 0971 774363, *hotel.kristal@virgilio.it, Fax 0971 775284* – rist, P. ⓢ MC VISA. rist
Pasto carta 13/16 – 3 – **19 cam** 25/40 – ½ P 40.
◆ Un piccolo albergo a conduzione familiare, con camere semplici e un buon senso di ospitalità; vicino al centro cittadino, ma in una piazzetta un po' defilata, tranquilla. Sala ristorante con proposte di cucina casereccia; e nei fine settimana, anche pizza.

GENZANO DI ROMA *00045 Roma 563 Q 20 – 22 577 ab. alt. 435.*

Roma 28 – Anzio 33 – Castel Gandolfo 7 – Frosinone 71 – Latina 39.

Gd H. Primus, via Giuseppe Pellegrino 12 ☎ 06 9364932, *info@grandhotelprimus.it, Fax 06 9364231,* – , cam, P – 300. AE ⓢ ⓞ MC VISA.
Pasto al Rist. ***Il Galeone*** carta 30/38 – **92 cam** 67,50/93 – ½ P 66,50.
◆ Albergo moderno e funzionale, dotato di ottimi servizi e camere con balcone ben accessoriate e insonorizzate; piscina e solarium su terrazza panoramica. Luminoso e panoramico anche il raffinato ristorante al sesto piano del Grand Hotel Primus.

Villa Robinia, viale Fratelli Rosselli 19 ☎ 06 9364400, *hotelvillarobinia@inwind.it, Fax 06 9396409,* , – P – 50. AE ⓢ ⓞ MC VISA.
Pasto *(chiuso a mezzogiorno escluso giugno-settembre)* 18/25 – 5 – **31 cam** 42/60 – ½ P 45.
◆ Sulla via principale che attraversa il paese, un alberghetto semplice e familiare, adatto sia a turisti che a clientela di lavoro; grazioso il piccolo giardino. Per il pasto potrete scegliere tra una moderna sala e un locale pizzeria con forno a vista.

Enoteca La Grotta, via Belardi 31 ☎ 06 9364224, *Fax 06 9364224,* , Rist. enoteca, prenotare – AE ⓢ ⓞ MC VISA.
chiuso mercoledì – **Pasto** carta 34/42.
◆ Attraverso una piccola enoteca si accede alle salette di tono rustico-moderno di un locale centralissimo, ideale per cene a lume di candela; cucina locale e di mare.

GERACE *89040 Reggio di Calabria* 564 M 30 – *2 890 ab. alt. 475.*

Roma 695 – Reggio di Calabria 96 – Catanzaro 107 – Crotone 160.

La Casa di Gianna, via Paolo Frascà 4 ☎ 0964 355024, *info@lacasadigianna.it, Fax 0964 355081*, – cam, . AE VISA JCB.
Pasto carta 21/35 – **9 cam** 90/110 – ½ P 75.
◆ Una casa incantevole, un angolo pittoresco in questo spaccato del nostro Mezzogiorno; un'antica dimora gentilizia rinnovata con grande stile e ovunque pervasa dal passato. I sapori della cucina locale si fondono, su tavole dalle ricche tovaglie.

GERENZANO *21040 Varese* 561 F 9, 219 ⑱ – *9 004 ab. alt. 225.*

Roma 603 – Milano 26 – Como 24 – Lugano 53 – Varese 27.

Concorde senza rist, via Clerici 97/A ☎ 02 9682317, *info@hconcorde.com, Fax 02 9681002* – – 100. AE VISA
44 cam 150/200.
◆ Un buon punto di riferimento per una clientela di lavoro, data la vicinanza alle autostrade, agli aeroporti, a Milano e Varese; una confortevole risorsa di tono moderno.

GEROLA ALTA *23010 Sondrio* 561 D 10 – *255 ab. alt. 1 050.*

Roma 689 – Sondrio 39 – Lecco 71 – Lugano 85 – Milano 127 – Passo dello Spluga 80.

Pineta, località di Fenile Sud-Est : 3 km alt. 1 350 ☎ 0342 690050, *albergopineta@tin.it, Fax 0342 690500*, – P. VISA.
chiuso novembre – **Pasto** *(chiuso martedì escluso da giugno a settembre)* carta 22/29 – 8 – **20 cam** 29/40.
◆ Marito valligiano e moglie inglese gestiscono questo piccolo albergo in stile montano, semplice e ben tenuto, comodo punto di partenza per escursioni. Al ristorante atmosfera da baita e pochi piatti, scelti con cura fra quelli di una genuina cucina locale.

GHEDI *25016 Brescia* 561 F 12 – *15 516 ab. alt. 85.*

Roma 525 – Brescia 21 – Mantova 56 – Milano 118 – Verona 65.

Antico Castello, via Trento 19 ☎ 030 9032542, *Fax 030 9032542*, prenotare – . AE VISA
chiuso martedì – **Pasto** carta 27/35.
◆ Piatti fantasiosi da gustare in un piccolo locale, di taglio rustico, ma con toni moderni, posizionato in centro, alle spalle dell'imponente chiesa parrocchiale.

Trattoria Santi, via Calvisano 73 (Sud-Est : 4 km) ☎ 030 901345, *Fax 030 901345*, – P – 60. AE VISA.
chiuso gennaio, martedì sera e mercoledì – **Pasto** specialità alla brace carta 16/23.
◆ Grande, frequentata trattoria in piena campagna; d'estate, una delle sale si apre quasi del tutto all'esterno. Esperta gestione familiare, specialità di carne alla brace.

GHIFFA *28823 Verbania* 561 E 7, 219 ⑦ – *2 369 ab. alt. 202.*

Roma 679 – Stresa 22 – Locarno 33 – Milano 102 – Novara 78 – Torino 153.

Ghiffa, corso Belvedere 88 ☎ 0323 59285, *info@hotelghiffa.com, Fax 0323 59585*, lago e monti, riscaldata, – , cam, P. AE VISA JCB. rist
10 aprile-20 ottobre – **Pasto** *(chiuso a Pasqua)* carta 22/56 – **39 cam** 140/160 – ½ P 115.
◆ Bella struttura di fine '800, signorile, lambita dalle acque del lago e dotata di terrazza-giardino con piscina riscaldata; ottimi i confort e la conduzione professionale. Pavimento in parquet nella sala da pranzo con grandi vetrate aperte sulla terrazza.

Park Hotel Paradiso, via Guglielmo Marconi 20 ☎ 0323 59548, *Fax 0323 59878*, riscaldata – P
20 marzo-15 ottobre – **Pasto** 35 – 11 – **16 cam** 65/99 – ½ P 80.
◆ Una villa liberty con piccolo parco, vista lago, e piscina riscaldata; leggermente sopraelevata rispetto al paese e tranquilla, offre un trattamento familiare. Al ristorante ambiente ricco di fascino, con richiami ai primi del secolo scorso.

GHIRLANDA *Grosseto* – *Vedere Massa Marittima.*

GHISLARENGO *13030 Vercelli* 561 F 7 – *842 ab. alt. 206.*

Roma 654 – Stresa 48 – Biella 30 – Torino 81 – Vercelli 25.

Ponte Vecchio, via Vittorio Emanuele II 30 (Est : 0,5 km) ☎ 0161 860143, *ristopontevecchio@libero.it, Fax 0161 860143* – P. AE VISA JCB.
chiuso dal 27 dicembre al 9 gennaio, dal 10 al 31 agosto e martedì – **Pasto** carta 28/41.
◆ Camino, travi lignee, pentole di rame, attrezzi contadini alle pareti: lasciatevi consigliare dai proprietari nella sapiente rivisitazione di sapori e ricette locali.

GIARDINI NAXOS *Messina* 565 N 27 – *Vedere Sicilia alla fine dell'elenco alfabetico.*

GIAU (Passo di) *Belluno* 562 C 18 – *Vedere Cortina d'Ampezzo.*

GIAVENO *10094 Torino* 561 G 4 – *14 537 ab. alt. 506 – a.s. luglio-agosto.*

piazza San Lorenzo 34 ✆ 011 9374053, Fax 011 9374053.

Roma 698 – Torino 38 – Milano 169 – Susa 38.

River senza rist, via Canonico Pio Rolla 90 ✆ 011 9364888, *Fax 011 9364336* – – 25. AE VISA JCB
78 cam ☐ 62/80.
◆ Una grande, sobria struttura, sita alle porte della località, ideale per clienti di lavoro; dotata di camere tutte doppie, arredate in modo funzionale, e di validi spazi.

Valsangone con cam, piazza Molines 45 ✆ 011 9376286, AE VISA. cam
Pasto *(chiuso mercoledì)* carta 27/41 – **15 cam** ☐ 48/65 – ½ P 50.
◆ Andamento familiare e cucina d'impronta piemontese, servita in due sale di recente rinnovate: un ristorante semplice, sulla piazza principale del paese.

GIGLIO (Isola del) *Grosseto* 563 O 14 *G. Toscana – 1 553 ab. alt. da 0 a 498 (Poggio della Pagana) – a.s. Pasqua e 15 giugno-15 settembre.*

La limitazione d'accesso degli autoveicoli è regolata da norme legislative.

Giglio Porto 563 O 14 – ✉ *58013.*

per Porto Santo Stefano giornalieri (1 h) – Toremar-agenzia Cavero, al porto ✆ 0564 809349, Fax 0564 809349.

Demo's, via Thaon De Revel ✆ 0564 809235, *demos@hoteldemos.com, Fax 0564 809319*, – . AE VISA. rist
aprile-settembre – **Pasto** carta 24/41 – **28 cam** ☐ 93/125.
◆ Costruzione di stampo moderno, ubicata in comoda posizione centrale, poco distante dall'imbarcadero; piacevoli spazi comuni all'interno e alcune stanze con vista mare. Zona ristorante nella veranda affacciata sul blu; servizio all'aperto sotto un pergolato.

Castello Monticello, bivio per Arenella Nord : 1 km ✆ 0564 809252, *info@hotelcastello monticello.com, Fax 0564 809473*, – cam, VISA. rist
aprile-settembre – **Pasto** (solo per alloggiati) 15,50/21 – **29 cam** ☐ 67/130 – ½ P 87.
◆ Castello in zona decentrata rispetto al paese e, tuttavia, collegato ad esso e alla spiaggia da servizio navetta; inserito nella vegetazione, gode di un bel panorama.

Arenella, via Arenella 5, Nord-Ovest : 2,5 km ✆ 0564 809340, *info@albergoarenella.it, Fax 0564 809443*, mare e costa, – AE VISA. cam
marzo-novembre – **Pasto** carta 25/45 – **26 cam** ☐ 110/130.
◆ Attorniato dal verde, in una posizione tranquilla, a mezza costa sulla scogliera e degradante verso una delle spiagge più note, un albergo tipicamente familiare. Terrazza panoramica sul mare e sala da pranzo con ampio affaccio su di essa.

Bahamas senza rist, via Cardinale Oreglia 22 ✆ 0564 809254, *info@bahamashotel.it, Fax 0564 809254*, – AE VISA.
chiuso dal 20 al 26 dicembre – **28 cam** ☐ 70/90.
◆ Struttura bianca, sviluppata su piani sfalsati e con terrazze esterne; in posizione tranquilla, ma centralissima, non distante dalla chiesa. Conduzione familiare.

La Vecchia Pergola, via Thaon de Revel 31 ✆ 0564 809080, *Fax 0564 809080*, – VISA
marzo-ottobre; chiuso martedì – **Pasto** carta 25/39.
◆ Decisamente gradevole quest'angolo tipicamente mediterraneo: il servizio estivo sotto un pergolato, la vista sul blu, le proposte marinaresche. In un paesino isolano.

a Giglio Castello *Nord-Ovest : 6 km* – ✉ *58012 Giglio Isola :*

Da Maria, via della Casa Matta ✆ 0564 806062, *Fax 0564 806105* – AE VISA JCB
chiuso gennaio, febbraio e mercoledì – **Pasto** specialità di mare carta 34/45.
◆ Nel suggestivo e panoramico centro medievale del Castello, un indirizzo che è più di un'istituzione in loco; cucina prettamente del posto, con specialità di mare.

Da Santi, via Marconi 20 ✆ 0564 806188, *Fax 0564 806216*, Coperti limitati; prenotare – AE VISA JCB
chiuso febbraio e lunedì (escluso dal 15 giugno al 15 settembre) – **Pasto** carta 33/50.
◆ Nella parte alta dell'isola, tra le strette viuzze, caratteristiche del borgo, un ristorantino per pochi intimi, con clientela affezionata e un simpatico titolare.

a Campese *Nord-Ovest : 8,5 km – ✉ 58012 Giglio Isola :*

Campese, ✆ 0564 804003, *welcome@hotelcampese.com, Fax 0564 804093*, ←, – ▤ TV P. VISA. rist
Pasqua-settembre – **Pasto** carta 30/45 – **39 cam** ☕ 65/110 – ½ P 84.
◆ Direttamente sulla spiaggia, in una posizione unica e tranquilla; di recente, le camere sono state parzialmente rinnovate negli arredi. Gestione diretta e ben rodata. Nell'ariosa sala ristorante o in veranda potrete respirare il mare che vi circonda, ovunque.

GIGNOD *11010 Aosta* 561 E 3 – *1 303 ab. alt. 994.*

Aosta Arsanières (aprile-novembre; chiuso mercoledì escluso luglio-agosto) località Arsanières ✉ 11010 Gignod ✆ 0165 56020, Fax 0165 56020.

Roma 753 – Aosta 7 – Colle del Gran San Bernardo 25.

La Clusaz con cam, località La Clusaz Nord-Ovest : 4,5 km ✆ 0165 56075, *laclusaz@libero.it, Fax 0165 56426*, solo su prenotazione – TV P. AE VISA.
chiuso dal 18 maggio al 18 giugno e dal 3 novembre al 3 dicembre – **Pasto** *(chiuso martedì e a mezzogiorno escluso sabato, i giorni festivi ed agosto)* cucina tipica valdostana 30/38 – ☕ 6 – **14 cam** 80/110 – ½ P 80.
◆ In un ostello di fondazione medievale, con facciata affrescata, lungo la strada che conduce al Gran San Bernardo, un tradizionale e caratteristico ristorante con camere.

GIOIA DEL COLLE *70023 Bari* 564 E 32 – *27 395 ab. alt. 358.*

Roma 443 – Bari 39 – Brindisi 107 – Taranto 35.

Villa Duse, strada statale 100 km 39 ✆ 080 3481212, *villadus@tin.it, Fax 080 3482112* – ▤ TV P – 60. AE VISA JCB. rist
Pasto carta 23/38 – **32 cam** ☕ 85/115.
◆ Omaggio alla Duse, tra le muse ispiratrici di D'Annunzio che da qui decollò in missione nel 1917, una villa in stile neoclassico moderno, funzionale e vicina al centro. Sobria ed elegante sala da pranzo.

Svevo, via per Santeramo 319 ✆ 080 3482739, *hotelsvevo@hotelsvevo.it, Fax 080 3482797*, – ▤ TV P – 150. AE VISA.
Pasto carta 25/34 – **79 cam** ☕ 69/88 – ½ P 69.
◆ Nel cuore dell'antica Puglia Peuceta, uno stile iper moderno; poco distante dal casello autostradale, dalla stazione e dall'aeroporto. Stanze spaziose e confortevoli. Modernità quasi da astronave spaziale per la sala ristorante.

Federico II, via Gioberti 35 ✆ 080 3430879, prenotare – ▤
chiuso martedì – **Pasto** carta 15/20.
◆ Trattoria nel centro del paese: due sale con soffitti a volta e ambiente rustico ma curato. Ottima cortesia e simpatica gestione per piatti del posto, anche rivisitati.

GIOVI *Arezzo* 563 L 17 – *Vedere Arezzo.*

GIOVINAZZO *70054 Bari* 564 D 32 *G. Italia – 20 858 ab..*

Dintorni *Cattedrale* di Bitonto Sud : 9 km.*

Roma 432 – Bari 21 – Barletta 37 – Foggia 115 – Matera 62 – Taranto 106.

L'Osteria dei Poeti, piazza Meschino ✆ 080 3946554, , Coperti limitati; prenotare – ▤. VISA JCB.
chiuso dal 7 al 31 gennaio e mercoledì – **Pasto** carta 36/51 e al Rist. ***La Luna nel Pozzo-Il Gastrò*** 40/60.
◆ L'Osteria dei Poeti è accolta da un edificio quattrocentesco, servizio estivo all'aperto. Ricette rielaborate da tradizioni pugliesi alla Luna nel Pozzo.

GIOVO *38030 Trento* 562 D 15 – *2 433 ab. alt. 496.*

Roma 593 – Trento 14 – Bolzano 52 – Vicenza 102.

a Palù *Ovest : 2 km – ✉ 38030 Palù di Giovo :*

Agriturismo Maso Pomarolli, località Maso Pomarolli 10 ✆ 0461 684571, *Fax 0461 684570*, ← monti e valle di Cembra, – rist, P.
chiuso dall'11 gennaio a febbraio – **8 cam** ☕ 37/65 – ½ P 47,50.
◆ In puro stile montano, una bella casetta strutturata su un balcone naturale con bella vista sulla valle di Cembra. Piacevole risorsa con arredi tipici, a conduzione diretta.

Michelin non distribuisce targhe agli alberghi e ristoranti che segnala.

GIULIANOVA LIDO *64022 Teramo* 563 N 23 – *22 104 ab. – a.s. luglio-agosto.*

via Mamiani 2 ✆ 085 8003013, iat.giulianova@abruzzoturismo.it, Fax 085 8003013.

Roma 209 – Ascoli Piceno 50 – Pescara 47 – Ancona 113 – L'Aquila 100 – Teramo 27.

Gd H. Don Juan, lungomare Zara 97 ✆ 085 8008341, *info@hoteldonjuan.it, Fax 085 8004805,* ←, ... – 250. AE VISA. rist *aprile-ottobre* – **Pasto** 30/32 – **148 cam** 144/216 – ½ P 110.

◆ Non lontano dal centro, in area residenziale, sul mare, costruzione bianca, in moderno stile mediterraneo: quasi «un'isola in città» per varietà di offerte e di confort. Luminosissime e con pareti a vetrate, le ampie sale da pranzo.

Cristallo, lungomare Zara 73 ✆ 085 8003780, *info@hcristallo.it, Fax 085 8005953,* ←, ... – 60. AE VISA.
Pasto *(chiuso dal 21 dicembre al 2 gennaio)* carta 29/52 – **55 cam** 82/150, 2 suites – ½ P 99.

◆ Sul lungomare e ristrutturato pochi anni fa, è frequentato da clientela d'affari in inverno e da turisti d'estate; spazi comuni e camere molto comode, moderne e spaziose. Ben rinomato il ristorante, sistemato in una bella sala, elegante e curata.

Sea Park Resort, via Arenzano ✆ 085 8025323, *info@hotelseapark.com, Fax 085 8027080,* ... – 50. AE VISA JCB.
Pasto carta 20/60 – **50 cam** 76/99 – ½ P 91.

◆ Una moderna e originale struttura in una via parallela al lungomare. Terrazze pensili, piscina, palestra e camere di tipologie differenti, confort e prezzi conseguenti. Al ristorante piatti locali e non solo.

Promenade, lungomare Zara 119 ✆ 085 8003338, *info@hotelpromenade.com, Fax 085 8005983,* ←, ... VISA.
15 maggio-settembre – **Pasto** 21 – 8 – **70 cam** 65/97.

◆ Nel cuore di un giardino-pineta con piscina che funge quasi da cuscinetto rispetto alla passeggiata mare, un hotel d'impostazione moderna, accogliente e tranquillo. Dalla sala da pranzo si gode una visuale del piacevole giardino.

Parco dei Principi, lungomare Zara ✆ 085 8008935, *info@giulianovaparcodeiprincipi.it, Fax 085 8008773,* ... rist, ... AE VISA. rist
22 maggio-18 settembre – **Pasto** (solo per alloggiati) carta 33/58 – **78 cam** 80/150 – ½ P 94.

◆ Imponente struttura in stile mediterraneo con balconcini rotondi affacciati sul mare. Camere molto spaziose, funzionali e ben tenute; piscina contornata da statue classiche.

Europa, lungomare Zara 57 ✆ 085 8003600, *info@htleuropa.it, Fax 085 8000091,* ←, ... – 50. AE VISA. rist
Pasto carta 25/46 – **72 cam** 70/90 – ½ P 75.

◆ Affacciata sul lungomare adorno di palme, una bianca struttura ben nota anche a clienti d'affari nella stagione invernale; da poco rinnovate alcune delle camere. Ampie sale ristorante, ideali anche per banchetti.

Baltic, lungomare Zara ✆ 085 8008241, *info@hotelbaltic.com, Fax 085 8008241,* ... AE VISA. rist
15 maggio-settembre – **Pasto** carta 16/20 – **75 cam** 40/70 – ½ P 89.

◆ Fiore all'occhiello è il giardino-pineta con piscina, quieto e fresco; le valide proposte di formule diverse e i servizi offerti lo rendono ideale per famiglie e bimbi. Sala ristorante affacciata sul verde.

Da Beccaceci, via Zola 18 ✆ 085 8003550, *andrea.beccaceci2@tin.it, Fax 085 8007073,* prenotare – AE VISA JCB
chiuso dal 30 dicembre al 12 gennaio, lunedì e martedì a mezzogiorno in luglio-agosto, domenica sera e lunedì negli altri mesi – **Pasto** specialità di mare carta 41/62.

◆ Sito in piena Giulianova e ormai un'istituzione, sin dall'inizio secolo scorso, per chi voglia togliersi la soddisfazione di pesce in città; ambiente moderno ed elegante.

L'Ancora, via Turati 142, angolo via Cermignani ✆ 085 8005321, *Fax 085 8001715* – AE VISA.
chiuso dal 16 agosto al 7 settembre e domenica (escluso da giugno a settembre) – **Pasto** specialità di mare carta 20/43.

◆ Arredo e atmosfera originali, una sorta di piccolo Beaubourg con tubi a vista, nel locale a gestione familiare, noto per la qualità gastronomica e con fedele clientela.

Lu Scucchiarill, via Vespucci ✆ 085 8004929 – VISA.
chiuso novembre e martedì – **Pasto** carta 24/40.

◆ In posizione centrale, un locale spazioso e di taglio classico. Dalla cucina proposte esclusivamente di pesce, diverse di giorno in giorno in base all'offerta del mercato.

GIUSTINO *Trento* 562 D 14 – *Vedere Pinzolo.*

Le pagine dell'introduzione
vi aiuteranno ad utilizzare meglio la vostra Guida Michelin.

GIZZERIA LIDO *88040 Catanzaro* 564 K 30 – *4 071 ab.*.

Roma 576 – Cosenza 60 – Catanzaro 39 – Lamezia Terme (Nicastro) 13 – Paola 57 – Reggio di Calabria 132.

sulla strada statale 18 :

XX **Pesce Fresco** con cam, via Nazionale Nord-Ovest : 2 km ✉ 88040 ☎ 0968 466200, *pescefresco2002@libero.it, Fax 0968 466383* – ▤ TV P. AE ⑤ ◑ ⓂⒸ VISA JCB
Pasto *(chiuso domenica sera)* carta 27/39 – **20 cam** ☕ 56/72 – ½ P 68.
◆ Il nome è già una garanzia: fresco pescato giornaliero alla base dei piatti, seppur non manchino le carni. Semplice e comodo, sulla statale, non lontano dal mare.

GLORENZA (GLURNS) *39020 Bolzano* 562 C 13, 218 ⑧ – *874 ab. alt. 920.*

ℹ *Palazzo Comunale ☎ 0473 831097, glurns@suedtirol.com, Fax 0473 835224.*

Roma 720 – Sondrio 119 – Bolzano 83 – Milano 260 – Passo di Resia 24.

Posta, via Flora 15 ☎ 0473 831208, *www.hotel-post-glurns.com, Fax 0473 830432*, ≘s – |‡| TV P. AE ⑤ ⓂⒸ VISA. ✂ rist
chiuso dal 7 gennaio al 20 marzo – **Pasto** carta 28/41 – **30 cam** ☕ 40/80 – ½ P 56.
◆ All'interno della cinta muraria di una cittadina pittoresca, un albergo di antichissime tradizioni con un fascino che trapela sia dagli spazi comuni che dalle stanze. Ambienti caratteristici nelle sale ristorante e nelle stube originarie.

GLURNS = Glorenza.

GODIA *Udine – Vedere Udine.*

GOITO *46044 Mantova* 561 G 14 – *9 481 ab. alt. 30.*

Roma 487 – Verona 38 – Brescia 50 – Mantova 16 – Milano 141.

XXX ✿ **Al Bersagliere**, via Statale Goitese 260 ☎ 0376 60007, *info@albersaglieregoito.it, Fax 0376 689589*, 🏠, 🍴 – ▤ P. AE ⑤ ◑ ⓂⒸ VISA JCB
chiuso 24-25 dicembre, dal 9 al 31 agosto, lunedì e martedì – **Pasto** carta 68/93 🍷.
◆ Affacciato direttamente sul Mincio, storico locale giunto alla quinta generazione familiare nella conduzione; un approdo per esigenti e amanti dei sapori del territorio.
Spec. Insalata di trippa con risina di Spello e maggiorana. Luccio in salsa alla mantovana con verdure in agrodolce e polenta abbrustolita. Piccione al forno con scaloppa di fegato grasso d'oca e timballo di verdure.

GOLFO ARANCI *Sassari* 566 E 10 – *Vedere Sardegna alla fine dell'elenco alfabetico.*

GONELLA *Asti – Vedere Antignano d'Asti.*

GORGO AL MONTICANO *31040 Treviso* 562 E 19 – *3 979 ab. alt. 11.*

Roma 574 – Venezia 60 – Treviso 32 – Trieste 116 – Udine 85.

Villa Revedin 🐑, via Palazzi 4 ☎ 0422 800033, *info@villarevedin.it, Fax 0422 800272* – |‡| ▤ TV P – 🏛 200. AE ⑤ ◑ ⓂⒸ VISA. ✂
Pasto vedere rist ***Revedin*** – ☕ 7 – **32 cam** 65/96 – ½ P 80.
◆ Antica dimora dei nobili Foscarini, una villa veneta del XVII secolo in un parco secolare, ampio, tranquillo: un'atmosfera raffinata e rilassante per sostare nella storia. Al ristorante ambientazione di classe e sapori a base di pesce.

XX **Revedin**, via Palazzi 4 ☎ 0422 800033, *info@villarevedin.it* – ▤ P. AE ⑤ ◑ ⓂⒸ VISA
chiuso dal 7 al 22 gennaio, dal 2 al 20 agosto, domenica sera e lunedì – **Pasto** specialità di mare 27/50 e carta 34/42.

GORINO VENETO *Rovigo* 562 H 19 – ✉ *45012 Ariano nel Polesine.*

Roma 436 – Ravenna 82 – Ferrara 78 – Rovigo 62 – Venezia 97.

XX **Stella del Mare**, via Po 36 ☎ 0426 388323, *info@stelladelmare.com, Fax 0426 388797*, 🏠 – ▤ P. AE ⑤ ◑ ⓂⒸ VISA JCB. ✂
chiuso a mezzogiorno in luglio, lunedì e martedì a mezzogiorno negli altri mesi – **Pasto** carta 31/50.
◆ Siamo presso le foci del Po di Goro, nel Polesine più profondo: un paesino di pochissime case, un locale molto noto nei dintorni, con una cucina gustosa.

GORIZIA 34170 P 562 E 22 – *37 072 ab. alt. 86.*

San Floriano (chiuso lunedì) a San Floriano ✉ 34070 ☎ 0481 884252, Fax 0481 884052, Nord : 5 km.

di Ronchi dei Legionari Sud-Ovest : 25 km ☎ 0481 773224, Fax 0481 474150.

via Roma 5 (Palazzo della Regione) ☎ 0481 3862225, arpt–go1@regione.fvg.it, Fax 0481 386277.

A.C.I. *via Trieste 171 ☎ 0481 522061.*

Roma 649 – Udine 35 – Ljubljana 113 – Milano 388 – Trieste 45 – Venezia 138.

XX **Trattoria da Majda,** via Duca D'Aosta 71/73 ☎ 0481 30871, *Fax 0481 530906*, – AE VISA

chiuso dal 13 al 27 agosto e mercoledì – **Pasto** carta 20/30.

◆ La recente ristrutturazione ha trasformato l'antica trattoria in un elegante locale in stile rustico-moderno, dall'ambiente molto piacevole. Sempre, invece, piatti goriziani.

X **Rosenbar,** via Duca d'Aosta 96 ☎ 0481 522700, *rosenbar@activeweb.it, Fax 0481 522700*, , prenotare – AE VISA

chiuso domenica e lunedì – **Pasto** carta 27/33.

◆ Un piacevole bistrot con cucina che propone un menù giornaliero basato su una cucina d'impostazione classica, ma rivisitata in chiave moderna. Bel giardino estivo.

GOZZANO *Novara* 561 E 7 – *alt. 359.*

Dintorni *Santuario della Madonna del Sasso★★ Nord-Ovest : 12,5 km.*

Roma 653 – Stresa 32 – Domodossola 53 – Milano 76 – Novara 38 – Torino 112 – Varese 44.

I prezzi del pernottamento e della pensione possono subire aumenti in relazione all'andamento generale del costo della vita ; quando prenotate chiedete la conferma del prezzo.

GRADARA 61012 *Pesaro e Urbino* 563 K 20 *G. Italia – 3 311 ab. alt. 142.*

Vedere *Rocca★.*

Roma 315 – Rimini 28 – Ancona 89 – Forlì 76 – Pesaro 15 – Urbino 44.

Villa Matarazzo , via Farneto 1, località Fanano ☎ 0541 964645, *info@villamatarazzo.com, Fax 0541 823056*, ← mare e costa, , , – – 110. AE VISA.

chiuso dal 22 dicembre al 25 gennaio – **Pasto** al Rist. ***Il Farneto*** *(chiuso lunedì escluso giugno-agosto)* carta 38/46 – **15 cam** 110/210.

◆ Su un colle di fronte al castello di Gradara, una serie di terrazze con vista panoramica su mare e costa; un complesso esclusivo, raffinato, piccolo paradiso nella natura. A tavola lasciatevi catturare dalle suggestioni di un ambiente curato ed elegante.

XXX **La Botte,** piazza V Novembre 11 ☎ 0541 964404, *labotte@gradara.com, Fax 0541 964404*, , solo su prenotazione a mezzogiorno, – AE VISA JCB

chiuso novembre e mercoledì (escluso da giugno ad agosto) – **Pasto** carta 27/41 e al Rist. ***Osteria del Borgo*** carta 20/25.

◆ Dolce entroterra marchigiano e storico piccolo borgo: qui, tra muri antichi che sussurrano il passato, un caratteristico ambiente medievale. Servizio estivo in giardino. Atmosfera più informale all'Osteria del Borgo (anche enoteca).

GRADISCA D'ISONZO 34072 *Gorizia* 562 E 22 – *6 760 ab. alt. 32 – a.s. agosto-settembre.*

Roma 639 – Udine 33 – Gorizia 12 – Milano 378 – Trieste 42 – Venezia 128.

Al Ponte, viale Trieste 124 (Sud-Ovest : 2 km) ☎ 0481 961116, *info@albergoalponte.it, Fax 0481 93795*, , – , cam, – 50. AE VISA.

chiuso dal 22 al 28 dicembre – **Pasto** vedere rist ***Al Ponte*** – 8 – **38 cam** 75/110 – ½ P 75.

◆ Di stile moderno, molto comodo da raggiungere, l'hotel offre un elevato livello di ospitalità: camere spaziose e luminose, buoni spazi comuni. C'è persino un'elipiattaforma.

Franz senza rist, viale Trieste 45 ☎ 0481 99211, *info@hotelfranz.it, Fax 0481 960510* – – 95. AE VISA

10 – **49 cam** 86/110, suite.

◆ Elegante e moderno albergo ubicato in posizione strategica; curato nei dettagli, ottimo confort, buone infrastrutture per meeting. Ideale per una clientela d'affari.

XX **Al Ponte,** viale Trieste 122 (Sud-Ovest : 2 km) ☎ 0481 99213, *Fax 0481 99213*, – P. AE VISA JCB.

chiuso luglio, lunedì sera e martedì – **Pasto** carta 25/49 .

◆ Taglio rustico-moderno: tre sale distinte, di cui una per non fumatori. Cucina del posto di lunga tradizione per la famiglia dei gestori, servizio estivo sotto un pergolato.

GRADO *34073 Gorizia* **562** E 22 *G. Italia – 8 926 ab. – Stazione termale (giugno-settembre), a.s. luglio-agosto.*

Vedere *Quartiere antico★ : postergale★ nel Duomo.*

località Rotta Primiero ✉ 34073 Grado ☎ 0431 896896, Fax 0431 896897, Nord-Est : 5 km.

viale Dante Alighieri 72 ☎ 0431 877111, info@gradoturismo.info, Fax 0431 83509.

Roma 646 – Udine 50 – Gorizia 43 – Milano 385 – Treviso 122 – Trieste 54 – Venezia 135.

Gd H. Astoria, largo San Grisogono 3 ☎ 0431 83550, *info@hotelastoria.it, Fax 0431 83355,* Centro benessere, , , riscaldata, – – 220. AE VISA JCB. rist

Capodanno e marzo-novembre – **Pasto** al Rist. ***Settimo Cielo*** carta 28/43 – **120 cam** 105/140, 5 suites – ½ P 101.

◆ Piscina riscaldata panoramica e un ampio solarium, al settimo piano di un albergo storico nella tradizione turistica dell'«Isola del Sole», ristrutturato in tempi moderni. Ristorante sulla terrazza roof-garden, per godere di una vista davvero esclusiva.

Fonzari senza rist, piazza Biagio Marin ☎ 0431 877753, *gradohotel@fonzari.com, Fax 0431 877746,* – . AE VISA

aprile-ottobre – 60 suites 140/180.

◆ Tutta composta da suite e dotata di una terrazza con piscina per nuotate e relax con vista a 360°, una risorsa modernissima, sorta sulle ceneri di un omonimo Grand Hotel.

Metropole senza rist, piazza San Marco 15 ☎ 0431 876207, *info@gradohotel.com, Fax 0431 876223* – . AE VISA.

chiuso dal 10 gennaio al 20 febbraio – **15 cam** 100/128, 4 suites.

◆ Mitico albergo di Grado, meta di vacanze degli Asburgo e della nobiltà mitteleuropea: ora del tutto rinnovato, dopo anni di inattività, e con giovane, capace gestione.

Hannover, piazza 26 Maggio ☎ 0431 82264, *hannover@wavenet.it, Fax 0431 82141,* , – – 50. AE VISA. rist

chiuso gennaio – **Pasto** *(aprile-ottobre)* (solo per alloggiati) – **26 cam** 130/160 – ½ P 90.

◆ Affacciata sul porticciolo, in pieno centro storico, una piacevole risorsa, intima e raccolta, con camere di ottimo confort e un ambiente di sobria eleganza.

Abbazia, via Colombo 12 ☎ 0431 80038, *info@hotel-abbazia.com, Fax 0431 81722,* – . AE VISA. rist

aprile-ottobre – **Pasto** 21/31 – 11 – **51 cam** 88/145 – ½ P 93.

◆ Calda e distinta casa di tono familiare, ai margini della zona pedonale, a pochi passi dalla spiaggia; gestione signorile e arredi curati, soprattutto nelle aree comuni. Tocco di classe e buon gusto nelle sale da pranzo, ampie e accoglienti.

Diana, via Verdi 1 ☎ 0431 82247, *info@hoteldiana.it, Fax 0431 83330* – , cam, . AE VISA. rist

aprile-ottobre – **Pasto** carta 24/35 – 10 – **63 cam** 74/140 – ½ P 82.

◆ Nell'area commerciale e chiusa al traffico della cittadina, un hotel a conduzione immutata nel tempo e sempre molto dignitosa; settore notte recentemente ristrutturato. Classiche proposte d'albergo, con divagazioni marine, al ristorante.

Villa Venezia, via Venezia 6 ☎ 0431 877118, *info@gradohotel.com, Fax 0431 877126* – . AE VISA. rist

aprile-ottobre – **Pasto** (solo per alloggiati) 15/20 – **25 cam** 90/136 – ½ P 83.

◆ Albergo dai confort moderni, completamente rinnovato, nelle vicinanze della zona pedonale. Per i più esigenti c'è anche il solarium con idromassaggio al quinto piano.

Eden, via Marco Polo 2 ☎ 0431 80136, *info@hoteledengrado.it, Fax 0431 82087,* – . AE VISA JCB.

(Pasqua-15 ottobre) – **Pasto** *(maggio-settembre)* (solo per alloggiati) 20 – 8 – **39 cam** 55/91 – ½ P 69.

◆ Rivolta alla laguna, una risorsa d'impostazione moderna, vicina al Palazzo dei Congressi e al Parco delle Rose. Attenta conduzione familiare, ambiente classico.

Antares senza rist, via delle Scuole 4 ☎ 0431 84961, *info@antareshotel.info, Fax 0431 82385,* , – P

chiuso dal 20 novembre al 10 febbraio – 15 – **19 cam** 88/126.

◆ Ai margini del centro storico, nei pressi del mare, una comoda struttura di dimensioni contenute; camere tradizionali e spazi corretti uniti ad una valida gestione.

Park Spiaggia senza rist, via Mazzini 1 ☎ 0431 82366, *info@hotelparkspiaggia.it, Fax 0431 85811* – . VISA JCB.

28 aprile-10 ottobre – **28 cam** 60/96.

◆ Come evoca il nome, è felicemente situato in prossimità della spiaggia, nel cuore dell'area pedonale e di quello che a sera diviene il «passeggio»; semplicità e confort.

Serena senza rist, riva Sant'Andrea 31 ☎ 0431 80697, *serenahotel@libero.it, Fax 0431 85199* – . AE VISA

marzo-novembre – **12 cam** 70/100.

◆ Piccolo hotel che ha subito di recente parziali modifiche; posizionato nella lagunare Isola della Schiusa, di fronte al centro cittadino, ma raggiungibile in auto.

Villa Rosa senza rist, via Carducci 12 ✆ 0431 81100, *Fax 0431 83330* – AE VISA
aprile-ottobre – ☕ 10 – **25 cam** 56/104.
◆ Quasi a metà strada tra la Riva prospiciente l'Isola della Schiusa e il Lungomare verso la spiaggia principale, una risorsa rinnovata, gradevole e accogliente.

Tavernetta all'Androna, calle Porta Piccola 6 ✆ 0431 80950, *info@androna.it, Fax 0431 80950,* – AE VISA JCB
chiuso dal 1º gennaio al 15 febbraio e martedì (escluso aprile-ottobre) – **Pasto** carta 39/52.
◆ Tra le calli della parte più caratteristica di Grado, un ristorante dall'ambiente raffinato dove due fratelli propongono una fresca cucina di mare. Servizio estivo all'aperto.

De Toni, piazza Duca d'Aosta 37 ✆ 0431 80104, *info@trattoriadetoni.it, Fax 0431 877858,* – AE VISA.
chiuso gennaio e mercoledì – **Pasto** carta 31/48.
◆ Valida lista di vini che s'accompagna a ricette gradesi e a piatti di pesce, classici o preparati secondo tradizioni locali; impostazione casalinga, nel centro storico.

Al Canevon, calle Corbatto 11 ✆ 0431 81662, *info@ristorantealcanevon.it, Fax 0431 81662,* – AE VISA
chiuso e mercoledì – **Pasto** carta 31/40.
◆ In prossimità del Duomo, un indirizzo familiare, con proposte di mare; due salette interne e, all'esterno, tavoli nel dehors e nella tipica «Corte» gradese sul retro.

Alla Buona Vite, località Boscat N : 10 km ✆ 0431 88090, *Fax 0431 88305,* – P. AE VISA.
chiuso gennaio, febbraio e giovedì (escluso giugno-settembre) – **Pasto** carta 27/38.
◆ Una famiglia di viticoltori che gestisce una trattoria di campagna, con annessa azienda agricola; piacevole servizio estivo sotto un pergolato e piccolo parco-giochi.

alla pineta *Est : 4 km :*

Mar del Plata, viale Andromeda 5 ✆ 0431 81081, *info@hotelmardelplata.it, Fax 0431 85400,* – P. AE VISA. rist
Pasqua e 15 maggio-settembre – **Pasto** 25 – **35 cam** ☕ 70/120 – ½ P 69.
◆ Bella posizione in pineta con validi spazi all'esterno: giardino con piscina e terrazza per colazioni. Non distante dalla spiaggia, un verde angolo, comodo e quieto. Finestre direttamente aperte sulla natura circostante e ambiente tranquillo al ristorante.

GRADOLI *01010 Viterbo* 563 O 17 – *1 499 ab. alt. 470.*
Roma 130 – Viterbo 42 – Siena 112.

La Ripetta con cam, via Roma 38 ✆ 0761 456100, *info@laripetta.it, Fax 0761 456817,* – P. AE VISA JCB.
Pasto *(chiuso lunedì e martedì a mezzogiorno)* specialità di mare carta 31/45 – **16 cam** ☕ 60/90 – ½ P 60.
◆ Ristorante classico, con camere, sito all'ingresso della località lungo la strada principale; terrazza per servizio estivo e piatti di pescato, sia di lago che di mare.

GRANCONA *36040 Vicenza* 562 F 16 – *1 735 ab. alt. 36.*
Roma 553 – Padova 54 – Verona 42 – Vicenza 24.

a Pederiva *Est : 1,5 km – ✉ 36040 Grancona :*

Isetta con cam, via Pederiva 96 ✆ 0444 889521, *info@trattoriaalbergoisetta.it, Fax 0444 889992* – rist, P. AE VISA.
chiuso luglio – **Pasto** *(chiuso martedì sera e mercoledì)* carta 26/38 – ☕ 8 – **10 cam** 36/46.
◆ Dalla madre Isetta, l'attuale gestore ha appreso l'amore per le tradizioni nostrane; dalla cucina a vista, con camino, escono succulente carni alla griglia.

sulla strata statale per San Vito *Nord-Est : 3 km :*

Vecchia Ostaria Toni Cuco, via Arcisi 12 ✉ 36040 ✆ 0444 889548, *Fax 0444 601350,* , Coperti limitati; prenotare – P. VISA.
chiuso dieci giorni in gennaio, agosto, lunedì sera e martedì – **Pasto** carta 21/27.
◆ Aperta campagna per una vecchia trattoria dall'elegante e rustico ambiente, con travi lignee e camini, ove assaggiare fantasiose rivisitazioni di ricette vicentine.

GRANDATE *22070 Como* 561 E 9, 219 ⑧ – *2 914 ab. alt. 342.*
Roma 614 – Como 6 – Bergamo 65 – Lecco 35 – Milano 43.

Arcade, strada statale dei Giovi 38 ✆ 031 450100, *arcade@lariohotel.it, Fax 031 450100* – P. AE VISA
chiuso agosto e domenica – **Pasto** carta 23/34.
◆ Locale semplice, sulla strada per Como, con una conduzione tipicamente familiare e mamma ai fornelli; si possono gustare specialità lombarde e pesci freschi del lago.

GRANDZON *Aosta* 561 E 4 – *Vedere Verrayes.*

GRANIGA *Verbania* 561 P57D 6 – *Vedere Bognanco (Fonti).*

GRAN SAN BERNARDO (Colle del) *Aosta* 561 E 3, 219 ② – *alt. 2 469 – a.s. Pasqua, luglio-agosto e Natale.*

Roma 778 – Aosta 41 – Genève 148 – Milano 216 – Torino 145 – Vercelli 151.

Italia ⊠ 11010 Saint Rhémy ✆ 0165 780908, *Fax 0165 780063* – P. AE VISA
giugno-25 settembre – **Pasto** carta 20/29 – ☕ 6,50 – **16 cam** 50/75 – ½ P 48.
◆ Per i più ardimentosi amanti della vera montagna, sferzata dai venti e dalla neve anche in estate, un albergo alpino con caratteristici interni in legno, qui dal 1933. Se fuori fa freddo, all'interno delle tre calde sale ristorante troverete un sicuro rifugio.

GRAPPA (Monte) *Belluno, Treviso e Vicenza* G. Italia – *alt. 1 775.*

Vedere *Monte***.*

GRAVEDONA *22015 Como – 428 D 9 2 633 ab. alt. 202.*

Roma 683 – Como 54 – Sondrio 52 – Lugano 46 – Milano 114.

La Villa, Via Regina Ponente 21 ✆ 0344 89017, *hotellavilla@tiscalinet.it, Fax 0344 89027,* – TV P. AE MC VISA.
chiuso dal 22 dicembre al 12 febbraio – **Pasto** *(chiuso da novembre al 15 marzo)* carta 22/37 – **14 cam** ☕ 60/90.
◆ Un vecchio albergo portato a nuova vita nel confort dei tempi moderni, ma con il fascino di una deliziosa casa d'epoca; lo circonda un godibile giardino con bella piscina. Sala da pranzo di taglio e atmosfera moderni, con pareti a vetrate affacciate sul verde.

GRAVINA IN PUGLIA *70024 Bari* 564 E 31 – *41 436 ab. alt. 350.*

Roma 417 – Bari 58 – Altamura 12 – Matera 30 – Potenza 81.

Madonna della Stella, via Madonna della Stella ✆ 080 3256383, *madonnadellastella@hotmail.com, Fax 080 3223302,* ≤ città antica, , Rist. e pizzeria – TV P. AE MC VISA JCB
Pasto *(chiuso martedì)* carta 19/35.
◆ In zona archeologica, a strapiombo sul torrente Gravina, suggestivo locale in una grotta naturale con panorama sulla città antica; piatti pugliesi e pasta fatta in casa.

GRAZZANO BADOGLIO *14035 Asti* 561 G 6 – *659 ab. alt. 299.*

Roma 616 – Alessandria 43 – Asti 25 – Milano 101 – Torino 68 – Vercelli 47.

Il Giardinetto, via Dante 16 ✆ 0141 925114, *Fax 0141 925114,* prenotare – . AE MC VISA.
chiuso mercoledì – **Pasto** carta 29/39.
◆ In centro, con una bella terrazza da cui si domina la vallata e la collina antistante; piatti del territorio, rivisitati solo nelle presentazioni, e valide materie prime.

GREMIASCO *15056 Alessandria – 374 ab. alt. 395.*

Roma 563 – Alessandria 52 – Genova 70 – Piacenza 92.

Belvedere, via Dusio 5 ✆ 0131 787159, *Fax 0131 787159,* , prenotare – P. AE MC VISA.
chiuso dal 15 febbraio al 10 marzo e martedì – **Pasto** carta 15/27.
◆ In una gradevole abitazione sulle pendici di una collina, un locale ricavato da una vecchia osteria trasformata; menù che ripercorre creativamente le tradizioni del posto.

GRESSAN *Aosta* 561 E 3, 219 ② – *Vedere Aosta.*

GRESSONEY LA TRINITÉ *11020 Aosta* 561 E 5 – *306 ab. alt. 1 639 – a.s. 13 febbraio-13 marzo, luglio-agosto e Natale – Sport invernali : 1 637/2 970 m 3 5 .*

piazza Tache (Municipio) ✆ 0125 366143, Fax 0125 366323.

Roma 733 – Aosta 86 – Ivrea 58 – Milano 171 – Torino 100.

Jolanda Sport, località Edelboden Superiore 31 ✆ 0125 366140, *info@hoteljolandasport.com, Fax 0125 366202,* ≤, – TV. AE MC VISA.
chiuso maggio, ottobre e novembre – **Pasto** carta 27/34 – ☕ 8 – **31 cam** 70/98 – ½ P 70.
◆ Alla partenza della seggiovia di Punta Jolanda, costruita negli anni '50 dal papà dell'attuale proprietaria, una risorsa di lunga tradizione, apprezzata dagli sciatori. Di recente ampliata la capiente sala per ristorarsi con la gastronomia locale.

Lysjoch, località Fohre ✆ 0125 366150, *htllysjoch@hotellysjoch.com, Fax 0125 366365,* ←, ⛷, – TV P – 25. VISA.
dicembre-aprile e 25 giugno-15 settembre – **Pasto** (solo per alloggiati) – **12 cam** 53/100 – ½ P 75.
◆ Direttamente sulle piste, in questa località a nord di Gressoney La Trinité, piccola struttura con un ambiente familiare e accogliente, reso ancor più caldo dal legno.

GRESSONEY SAINT JEAN
11025 Aosta **561** E 5 – *816 ab. alt. 1 385 – a.s. febbraio-Pasqua, luglio-agosto e Natale – Sport invernali : 1 385/2 020 m* 1, .
Monte Rosa (giugno-settembre) ✆ *0125 356314, Fax 0125 359835.*
Villa Margherita 1 ✆ *0125 355185, aptwalser@libero.it, Fax 0125 355895.*
Roma 727 – Aosta 80 – Ivrea 52 – Milano 165 – Torino 94.

Gressoney, via Lys 3 ✆ 0125 355986, *info@hotelgressoney.com, Fax 0125 356427,* ← Monte Rosa, , – TV P. AE VISA. rist
26 dicembre-22 aprile e 15 giugno-31 agosto – **Pasto** 24/29 – **25 cam** 124/190 – ½ P 110.
◆ Costruzione nuova, confortevole, in un puro stile montano e vicina al fiume Lys; una bella serra, non grande, attorno alla quale si sviluppa internamente tutto l'albergo. Elegantemente curato l'ambiente del ristorante.

Gran Baita , strada Castello Savoia 26, località Gresmatten ✆ 0125 356441, *info@hotelgranbaita.it, Fax 0125 356441,* ← Monte Rosa, prenotare, – TV P.
dicembre-aprile e 25 giugno-15 settembre – **Pasto** 25/35 – **12 cam** 82/110.
◆ Non lontano dal Castello Savoia e dalla passeggiata della Regina Margherita, in una baita del XVIII secolo, un'atmosfera da sogno ove coccolarsi a lungo tra ogni confort. Proposte nella tradizione gastronomica dei Walser.

Gressoney Sporting, località Bieltschocke 26 (Sud : 1,5 km) ✆ 0125 355432, *info@hotelsgressoney.com, Fax 0125 356428,* ←, , – TV AE VISA. rist
dicembre-aprile e giugno-agosto – **Pasto** (solo per alloggiati) carta 17/20 – **23 cam** 98/150 – ½ P 85.
◆ Camere signorili, arredate con buon gusto, all'interno di uno stabili di grande dimensioni in cui trovano posto anche appartamenti privati. Hall spaziosa e fornita area relax.

Principe, piazza Beck Peccoz 3 ✆ 0125 355117, *Fax 0125 355117* – AE VISA JCB.
chiuso maggio, settembre, lunedì e martedì (escluso alta stagione) – **Pasto** carta 28/50.
◆ Non fatevi ingannare dall'insegna, qui la pizza non c'è più. In compenso la tavola propone gustose specialità regionali legate alla stagionalità dei prodotti.

Il Braciere, località Ondrò Verdebio 2 ✆ 0125 355526, *Fax 0125 359977* – AE VISA.
chiuso dal 15 giugno al 4 luglio, da novembre al 4 dicembre e mercoledì (escluso luglio-agosto) – **Pasto** carta 26/30.
◆ In zona residenziale fuori del paese, un locale rustico, semplice, con proposte di cucina valligiana e piemontese, a ricordo dell'origine cuneese del titolare.

GREVE IN CHIANTI
50022 Firenze **563** L 15 *G. Toscana – 13 096 ab. alt. 241.*
viale Giovanni da Verrazzano 59 ✆ *055 8546287, info@chiantiechianti.it, Fax 055 8544149.*
Roma 260 – Firenze 31 – Siena 43 – Arezzo 64.

Villa Vignamaggio senza rist, strada per Lamole Sud-Est : 4 km ✆ 055 854661, *agriturismo@vignamaggio.com, Fax 055 8544468,* , , , – cam, TV P. AE VISA.
15 marzo-10 dicembre – 15 – **5 cam** 150, 18 suites 200/450.
◆ Un elegante podere ubicato fra vigneti e uliveti del Chianti, una villa-fattoria quattrocentesca che racchiude la memoria del Rinascimento toscano, un'ospitalità da sogno.

a Panzano *Sud : 6 km – alt. 478 – ✉ 50020 :*

Villa Sangiovese, piazza Bucciarelli 5 ✆ 055 852461, *villa.sangiovese@libero.it, Fax 055 852463,* ←, , , – cam. VISA.
chiuso da Natale a febbraio – **Pasto** *(chiuso mercoledì)* carta 23/31 – **17 cam** 86/153, 2 suites.
◆ Gestione svizzera per una signorile villa ottocentesca, con annessa casa colonica, site nel centro del paese e con una visuale di ampio respiro sui bei colli circostanti. Servizio ristorante estivo in terrazza-giardino panoramica.

Villa le Barone , Est : 1,5 km ✆ 055 852621, *info@villalebarone.it, Fax 055 852277,* ←, , , – rist, P. AE VISA.
aprile-ottobre – **Pasto** *(chiuso a mezzogiorno)* (solo per alloggiati) – **30 cam** solo ½ P 135.
◆ In un'antica dimora di campagna, una villa padronale di proprietà dei Della Robbia: tra uliveti e vigne, cuore del Chianti Classico, distensione e atmosfera di classe.

a Strada in Chianti *Nord : 9 km – ✉ 50027 :*

XX **Il Caminetto del Chianti,** via della Montagnola 52 (Nord : 1 km) ✆ 055 8588909, *susanna.zucchi@chiantipop.net, Fax 055 8586062,* – P. AE MC VISA JCB.
chiuso martedì e mercoledì a mezzogiorno, in luglio-agosto chiuso a mezzogiorno (escluso domenica) – **Pasto** carta 24/37.
◆ Fuori del centro della località, lungo la strada che porta a Firenze, un ristorante con piatti in prevalenza toscani; tre salette, un piccolo camino, pavimenti in cotto.

a La Panca *Nord-Est : 10 km – ✉ 52022 Greve in Chianti :*

XX **Le Cernacchie,** via Cintola Alta 11 ✆ 055 8547968, *lecernacchie@tin.it, Fax 055 8547968,* AE MC VISA.
chiuso dal 23 febbraio al 7 marzo e lunedì – **Pasto** carta 29/44.
◆ All'interno di un'antica dimora, un locale di taglio rustico-elegante con caminetto. Apprezzabile servizio estivo in giardino per una cucina toscana con tocchi creativi.

GREZZANA *37023 Verona* 562 F 15 – *9 939 ab. alt. 166.*

Roma 514 – Verona 12 – Milano 168 – Venezia 125.

La Pergola, via La Guardia 1 ✆ 045 907071, *Fax 045 907111,* – TV P. AE MC VISA
Pasto *(chiuso dal 31 dicembre al 6 gennaio)* carta 19/28 – 9,30 – **35 cam** 46/68 – ½ P 52.
◆ Familiare l'andamento di questo albergo, ideale soprattutto per una clientela di lavoro; poco lontano da Verona, una seria conduzione e un confortevole settore notte. Ampia sala da pranzo di tono moderno; decorazioni alle pareti e soffitti futuristici.

a Stallavena *Nord : 4 km – ✉ 37020 :*

XX **Antica Pesa,** via Chiesuola 2 ✆ 045 907183, *info@anticapesa.com, Fax 045 8669847* – AE MC VISA.
chiuso domenica sera e lunedì – **Pasto** carta 35/43.
◆ Due salette classiche con qualche tocco di eleganza per un ristorante gestito dalla stessa famiglia da più generazioni; proposte soprattutto venete e del posto, rivisitate.

Se dopo le h 18,00 siete ancora in viaggio
confermate la vostra prenotazione telefonicamente,
è consuetudine ... ed è più sicuro.

GRICCIANO *Roma – Vedere Cerveteri.*

GRIGNANO *34010 Trieste* 562 E 23 – *alt. 74.*

Roma 677 – Udine 59 – Trieste 8 – Venezia 150.

Riviera e Maximilian's, strada costiera 22 ✆ 040 224551, *info@hotelrivieraemaximilian.com, Fax 040 2248000,* – TV P – 150. AE MC VISA.
Pasto carta 31/46 – **70 cam** 123/178, 6 suites.
◆ A pochi minuti dal Castello di Miramare, di cui si gode una bella vista, direttamente sulla costa e affacciata sul blu, struttura d'inizio secolo con un'ala più recente. Servizio ristorante estivo in terrazza panoramica e antistante ascensore per la spiaggia.

GRISIGNANO DI ZOCCO *36040 Vicenza* 562 F 17 – *4 233 ab. alt. 23.*

Roma 499 – Padova 17 – Bassano del Grappa 48 – Venezia 57 – Verona 63 – Vicenza 18.

Magnolia, via Mazzini 1 ✆ 0444 414222, *magnolia.hotel@inwind.it, Fax 0444 414227* – TV P – 60. AE MC VISA JCB.
Pasto *(chiuso dal 25 dicembre al 6 gennaio, agosto, venerdì, sabato e domenica)* carta 19/34 – **29 cam** 85/128.
◆ Frequentato da clientela d'affari, quasi unicamente abituale, un albergo di stile classico, comodo e con camere spaziose, sulla statale Padova-Vicenza, vicino al casello. Confortevole e moderna anche l'area ristorante.

GRÖDNER JOCH = Gardena (Passo di).

GROLE *Mantova – Vedere Castiglione delle Stiviere.*

GROPPO *La Spezia* 561 57 J 11 – *Vedere Manarola.*

GROSIO *23033 Sondrio* 561 D 12 – *4 840 ab. alt. 653.*
Roma 739 – Sondrio 40 – Milano 178 – Passo dello Stelvio 44 – Tirano 14.

XX **Sassella** con cam, via Roma 2 ☎ 0342 847272, *hotelsassella@libero.it, Fax 0342 847550* – |$|, ▤ rist, TV – 50. AE VISA
Pasto *(chiuso lunedì dal 15 settembre al 15 giugno)* carta 22/31 – ☐ 7 – **22 cam** 35/56 – ½ P 53.
◆ Un ristoro, con camere, ormai storico per l'alta Valtellina: proposte culinarie che riflettono il territorio, indovinata e piacevole scelta suddivisa in vari menù a tema.

GROSSETO *58100* P 563 N 15 *G. Toscana – 72 601 ab. alt. 10.*
Vedere *Museo Archeologico e d'Arte della Maremma*★.
ℹ *viale Monterosa 206 ☎ 0564 462611, info@lamaremma.info, Fax 0564 454606.*
A.C.I. *via Mazzini 105 ☎ 0564 415777.*
Roma 187 – Livorno 134 – Milano 428 – Perugia 176 – Siena 73.

San Vincenzo
Orcia
Campiglia d'Orcia
Civitella Marittima
Seggiano
Follonica
Castel del Piano
Scarlino
S 1
30 km
S 223
Campagnatico
Arcidosso
Santa Fiora
Punta Ala
GROSSETO
Castiglione della Pescaia
Semproniano
Marina di Grosseto
Ombrone
Scansano
Saturnia
Montemerano
Magliano in Toscana
M A R E
Albegna
Manciano
S 74
Fonteblanda
T I R R E N O
Albinia
Capalbio
Orbetello
Porto Santo Stefano
S 1
Porto Ercole
Giglio Porto
I. del Giglio
I. di Giannutri
0
20 km

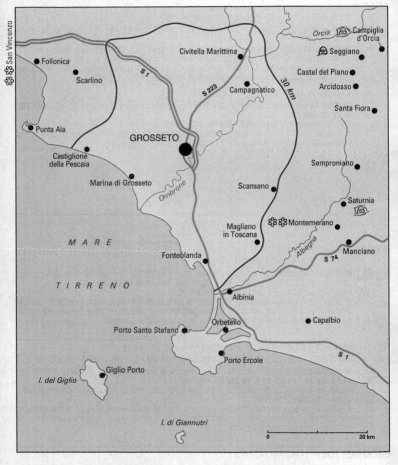

Bastiani Grand Hotel senza rist, piazza Gioberti 64 ☎ 0564 20047, *info@hotelbastiani.com, Fax 0564 29321* – |$| ▤ TV. AE VISA.
48 cam ☐ 147/169, 3 suites.
◆ Nel cuore della località, all'interno della cinta muraria medicea, una gradevole risorsa in un signorile palazzo d'epoca; dotata di confortevoli ed eleganti camere.

Granduca, via Senese 170 ✆ 0564 453833, *info@hotelgranduca.com, Fax 0564 453843* – 300. rist
Pasto carta 28/43 – **71 cam** 60/120, suite – ½ P 78.
◆ In posizione semiperiferica, ma comoda, struttura di stile moderno il cui ingresso, sul piazzale, è segnalato da una fontana; ampi spazi, ideale per la clientela d'affari. Sapore attuale anche per gli ambienti del ristorante, vasti e usati anche per banchetti.

Airone senza rist, via Senese 35 ✆ 0564 412441, *hotelairone@tin.it, Fax 0564 418370* –
36 cam 60/120.
◆ Albergo ideale per la clientela d'affari, a pochi minuti d'auto dal centro storico, ma anche dalla superstrada. Confort moderno con soluzioni d'arredo di taglio classico.

Nuova Grosseto senza rist, piazza Marconi 26 ✆ 0564 414105, *nuovagrosseto@tin.it, Fax 0564 414105* –
40 cam 45/90.
◆ Le recenti ristrutturazioni gli hanno conferito, negli spazi comuni, un'originale atmosfera, mista tra l'orientale e gli anni '30-'40. Accogliente e confortevole.

Sanlorenzo senza rist, via Piave 22 ✆ 0564 27918, *hotelsanlorenzo@supereva.it, Fax 0564 25338* –
31 cam 57/103.
◆ Nato in tempi odierni dal rifacimento di un palazzo storico del centro, conserva quasi il sapore di una casa privata: ovunque, mobilio d'epoca e oggettistica varia.

Canapone, piazza Dante 3 ✆ 0564 24546, *Fax 0564 28535,* –
chiuso dal 22 al 31 gennaio,dal 5 al 19 agosto e domenica – **Pasto** carta 40/54 e al Rist. ***Enoteca Canapino*** carta 20/30 –.
◆ Nel cuore del centro storico della «capitale» della Maremma, un ristorante completamente ristrutturato che oggi si presenta con un aspetto elegante e raffinato. All'Enoteca Canapino una buona scelta di piatti tradizionali a prezzo contenuto.

Buca San Lorenzo-da Claudio, via Manetti 1 ✆ 0564 25142, *Fax 0564 25142*, Coperti limitati; prenotare –
chiuso dal 6 al 20 gennaio, dal 7 al 21 luglio, domenica e lunedì – **Pasto** carta 32/45.
◆ Ricavato nelle mura medicee, un punto di riferimento molto quotato nella città; specialità marinare e locali proposte a voce, servite in ambiente curato ed elegante.

a Principina Terra *Sud-Ovest : 6 km – ✉ 58046 Marina di Grosseto :*

Fattoria La Principina, via San Rocco 465 ✆ 0564 44141, *info@fattorialaprincipina.it, Fax 0564 400375,* – 1600. rist
Pasto carta 25/36 – **194 cam** 120/160 – ½ P 100.
◆ Grande complesso alberghiero ubicato all'interno di un'azienda agricola ed agrituristica. Ampio ed imponente soprattutto nella zona dedicata all'attività congressuale.

a Istia d'Ombrone *Est : 7 km – ✉ 58040 :*

Terzo Cerchio, piazza del Castello 2 ✆ 0564 409235, *terzocerchio@virgilio.it, Fax 0564 409235,* , prenotare –
chiuso dall'8 al 23 gennaio e lunedì – **Pasto** cucina tipica maremmana carta 24/37.
◆ Antica fragranza delle buone cose nostrane in piatti che ripropongono anche vecchie ricette maremmane; un locale semplice, familiare, nel cuore di un territorio storico.

GROSSETO (Marina di) *58046 Grosseto* 563 N 14 – *a.s. Pasqua e 15 giugno-15 settembre.*

Roma 196 – Grosseto 14 – Firenze 153 – Livorno 125 – Orbetello 53 – Siena 85.

Rosmarina, via delle Colonie 35 ✆ 0564 34408, *hotel@rosmarina.it, Fax 0564 34684,* –
Pasto carta 25/33 – 10 – **35 cam** 90/110 – ½ P 95.
◆ A pochi passi dal litorale marino, in una zona molto tranquilla, una risorsa di recente ristrutturata, totalmente immersa nel verde della rigogliosa macchia mediterranea. Ristorante ubicato nel seminterrato, rinnovato da poco, sala curata e cucina locale.

a Principina a Mare *Sud : 6 km – ✉ 58046 Marina di Grosseto :*

Principe, via dello Squalo 100 ✆ 0564 31400, *hotelprincipe@famigliafacondini.it, Fax 0564 31027,* – 120.
Pasqua-10 ottobre – **Pasto** carta 37/48 – 13,50 – **57 cam** 130/138,50, 3 suites.
◆ Su una delle vie che conducono al mare, e tuttavia sprofondato in pineta, un buon indirizzo per trascorrere brevi o lunghi soggiorni in un'amena cornice mediterranea. Il settore ristorazione offre saporite specialità di carne e di pesce; servizio esperto.

GROTTA *Parma – Vedere Salsomaggiore Terme.*

GROTTA... GROTTE *Vedere nome proprio della o delle grotte.*

GROTTAFERRATA *00046 Roma* 563 Q 20 *G. Roma – 18 753 ab. alt. 329.*

Roma 21 – Anzio 44 – Frascati 3 – Frosinone 71 – Latina 49 – Terracina 83.

Park Hotel Villa Grazioli, via Umberto Pavoni 19 ✆ 06 945400, *info@villagrazioli.com, Fax 06 9413506*, ← Roma, – 100. . rist
Pasto al Rist. ***Villa Grazioli*** carta 50/78 – **56 cam** 240/260, 2 suites – ½ P 174.
◆ Una sapiente ristrutturazione ha riportato al suo splendore questa villa cinquecentesca, con affreschi originali, giardini all'italiana e splendida vista su Roma. Ristorante di tono elegante, nell'affascinante e storica cornice dell'hotel in cui è ubicato.

Gd H. Villa Fiorio, viale Dusmet 25 ✆ 06 94548007, *villaflorio@tin.it, Fax 06 94548009*, – 30. .
Pasto carta 36/43 – **24 cam** 150/240, 3 suites – ½ P 100.
◆ Atmosfera da raffinata casa privata nei caldi interni di una villa nobiliare d'epoca, arredata in stile e circondata da un parco secolare con piscina. Affacciato sul parco dell'albergo in cui si trova, un ristorante di sobria raffinatezza.

Verdeborgo senza rist, via Anagnina 10 ✆ 06 945404, *info@hotelverdeborgo.it, Fax 06 94546193* – . .
18 cam 110/130.
◆ Villa d'epoca inserita in un giardino lussureggiante ingentilito dal profilo di pini, cipressi e palme. L'interno è arredato con buon gusto e materiali di qualità.

Al Fico-La locanda dei Ciocca, via Anagnina 134 ✆ 06 94315390, *info@alfico.it, Fax 06 9410133*, – 80. .
Pasto *(chiuso mercoledì e domenica sera)* carta 31/42 – **20 cam** 138/160.
◆ Quiete, personalizzate camere in stile, tutte diverse una dall'altra in una raffinata struttura, dove assaporare il relax in un'atmosfera di grande calore e charme. Ristorante country, ma di tono elegante, con camini e servizio estivo nel bel giardino-pineta.

Da Mario-La Cavola d'Oro, via Anagnina 35 (Ovest : 1,5 km) ✆ 06 94315755, *Fax 06 94315755*, –
chiuso dal 5 al 22 agosto e lunedì – **Pasto** carta 26/32.
◆ Vista sulla campagna romana dalla terrazza, camino e soffitti di legno nelle curate sale interne; piatti tradizionali regionali e, martedì e venerdì, pesce di mare.

Taverna dello Spuntino, via Cicerone 20 ✆ 06 9459366, *info@tavernadellospuntino.com, Fax 06 94315985* – . .
chiuso dal 10 al 31 agosto e mercoledì – **Pasto** carta 36/46.
◆ Caratteristici sia l'ambiente che le cantine di una tipica taverna rustica con arredi in legno e una buona scelta di tradizionali piatti laziali.

Nando, via Roma 4 ✆ 06 9459989, *info@ristorantenando.it, Fax 06 9459989* – . .
chiuso lunedì – **Pasto** carta 29/44.
◆ Curiose la collezione di cavatappi e la cantina caratteristica (con possibilità di degustazione); la cucina, di impronta locale, segue le stagioni.

GROTTAGLIE *74023 Taranto* 564 F 34 – *32 332 ab. alt. 133.*

Roma 514 – Brindisi 49 – Bari 96 – Taranto 22.

Gill senza rist, via Brodolini 75 ✆ 099 5638207, *gillhotel@tin.it, Fax 099 5638756* – – 40.
48 cam 42/55.
◆ Buon indirizzo all'insegna della semplicità e dell'ospitalità familiare; fa della pulizia la sua arma migliore e offre camere senza pretese, generose di spazi e confort.

GROTTAMMARE *63013 Ascoli Piceno* 563 N 23 – *14 272 ab. – a.s. luglio-agosto.*

piazzale Pericle Fazzini 6 ✆ 0735 631087, iat.grottammare@regione.marche.it, Fax 0735 631087.

Roma 236 – Ascoli Piceno 43 – Ancona 84 – Macerata 64 – Pescara 72 – Teramo 53.

Locanda Borgo Antico, via Santa Lucia 1, Grottammare Alta ✆ 0735 634357, *locandaborgoantico@libero.it, Fax 0735 778255*, – .
chiuso novembre e martedì escluso giugno-settembre – **Pasto** carta 35/50.
◆ Città alta. In un antico frantoio, cura per le materie prime e l'elaborazione dei cibi; panorama, estivo, dai tavoli nel vicoletto esterno. Complice, una giovane coppia.

Osteria dell'Arancio, piazza Peretti, Grottammare Alta ✆ 0735 631059, *oste@osteriadellarancio.it*, , prenotare – .
chiuso 24-25 dicembre, mercoledì e a mezzogiorno (escluso domenica e ifestivi da gennaio a giugno) – **Pasto** 35.
◆ Nella piazzetta di Grottammare Alta, una vecchia insegna recita ancora «Tabacchi e alimentari»: oggi, un locale caratteristico con menù tipico, fisso, abbinato ai vini.

verso San Benedetto del Tronto :

Parco dei Principi, lungomare De Gasperi 90 (Sud : 1 km) ✉ 63013 ☎ 0735 735066, *htl parcodeiprincipi@tiscalinet.it, Fax 0735 735080,* – 170. AE
VISA JCB.
chiuso dal 21 dicembre al 15 gennaio – **Pasto** *(chiuso sabato, domenica e a mezzogiorno da ottobre ad aprile)* carta 37/43 – **54 cam** 80/110 – ½ P 88.
◆ Assai moderno nello stile, sul lungomare e fuori del centro; ideale anche per clienti d'affari, offre un settore notte confortevole, con parquet in corridoi e camere. Dalla sala da pranzo vista di mare, verde e piscina fiancheggiata da statue classicheggianti.

Roma, lungomare De Gasperi 60 ☎ 0735 631145, *info@hotelromagrottammare.com, Fax 0735 633249,* – . AE VISA. rist
Pasqua-15 novembre – **Pasto** carta 25/36 – **59 cam** 57/76 – ½ P 73.
◆ Nel corso del 2003 l'albergo è stato riaperto dopo aver subito un rinnovo completo. Oggi si presenta come una struttura fresca e attuale, sul lungomare con piccolo giardino.

Palmino, via Ponza 4 (Sud : 2 km) ✉ 63013 ☎ 0735 594720, *Fax 0735 578324,* – .
AE VISA.
chiuso dal 7 al 19 gennaio e lunedì – **Pasto** specialità di mare carta 31/51.
◆ Un po' arretrato rispetto al lungomare e all'interno di un complesso che comprende un residence e un centro sportivo, un buon locale con tradizione di pesce. Ma non solo.

Tropical, lungomare De Gasperi 59 (Sud : 2 km) ✉ 63013 ☎ 0735 581000, *tropical@posti no.it, Fax 0735 581302,* – VISA
chiuso dal 24 dicembre al 15 gennaio, domenica sera (escluso luglio-agosto) e lunedì – **Pasto** specialità di mare 26/47 e carta 33/50.
◆ Proprio al limitare della spiaggia, gestita dallo stesso titolare e a cui si può accedere dalla bella veranda esterna; per scorpacciate di pesce, fresco e gustoso.

Lacchè via Procida 1/3 (Sud : 2,5 km) ✉ 63013 ☎ 0735 582728, – . AE VISA
JCB.
chiuso dal 24 dicembre al 6 gennaio e lunedì – **Pasto** carta 39/55.
◆ Menù a voce, sulla base del mercato ittico giornaliero, e alla carta: uno degli indirizzi più «gettonati» in paese, ove lasciarsi sedurre da sapori strettamente marini.

GROTTE DI CASTRO *01025 Viterbo* 563 *N 17 – 2 984 ab. alt. 463.*

Roma 140 – Viterbo 47 – Grosseto 100 – Orvieto 27 – Siena 99.

Agriturismo Castello di Santa Cristina senza rist, località Santa Cristina Ovest : 3,5 km ☎ 0763 78011, *info@santacristina.it, Fax 0763 78011,* – . VISA.
chiuso dal 15 gennaio al 28 febbraio – **14 cam** 100/110.
◆ Nel cuore della Tuscia antica, vicino al Lago di Bolsena e ai Monti Volsini, un signorile casale settecentesco ai piedi del castello; arredi di gusto con mobili d'epoca.

GRUGLIASCO *10095 Torino* 561 *G 4 – 39 539 ab. alt. 293.*

Roma 672 – Torino 10 – Asti 68 – Cuneo 97 – Sestriere 92 – Vercelli 89.

L'Antico Telegrafo, via G. Lupo 29 ☎ 011 786048, – AE VISA JCB FT t
chiuso agosto, domenica sera e lunedì – **Pasto** carta 31/46.
◆ Nell'isola pedonale, al primo piano di un edificio sulla piazza della chiesa: quieto dehors sul retro e proposte, di pesce e locali, che seguono il mercato giornaliero.

GSIES = Valle di Casies.

GUALDO CATTANEO *06035 Perugia* 563 *N 19 – 6 049 ab. alt. 535.*

Roma 160 – Perugia 48 – Assisi 28 – Foligno 32 – Orvieto 77 – Terni 54.

Agriturismo il Rotolone , via Sant'Anna 3 (Est : 2 km) ☎ 0742 91992, *agriturismo@ aziendabenincasa.com, Fax 0742 91992,* – .
Pasto 21 – **10 cam** 62 – ½ P 47.
◆ Nella pace dell'aperta campagna, ma a soli 2 Km da Gualdo, un antico casale completamente ristrutturato; piacevoli ambienti in stile rustico, camere essenziali e ben tenute. Antichi sapori e profumi alla base di genuini piatti del territorio.

a Collesecco *Sud-Ovest : 9 km – ✉ 06030 Marcellano :*

La Vecchia Cucina, via delle Scuole 2 Frazione Marcellano ☎ 0742 97237, – . AE
VISA JCB.
chiuso dal 24 al 27 dicembre e da 6 al 31 agosto – **Pasto** carta 21/40.
◆ Nella villetta di una piccola frazione, ove la campagna umbra dà il meglio di sé, una sala colorata e allegra per portarsi a casa un ricordo gastronomico locale.

a San Terenziano *Sud-Ovest : 11 km – ✉ 06058 :*

Dei Pini, via Roma 9 ☎ 0742 98122, *info@deipini.it, Fax 0742 98378*, – AE VISA.
Pasto carta 22/33 – **50 cam** 74/98 – ½ P 69.
◆ Ex colonia scolastica ristrutturata e mutata in hotel: fiore all'occhiello è il vasto e attrezzato parco con laghetto. Una vacanza nel verde senza uscire dai cancelli. Ospitali sale per degustare appieno le specialità della cucina umbra.

GUALTIERI *42044 Reggio nell'Emilia* 562 H 13 – *6 133 ab. alt. 22.*
Roma 450 – Parma 32 – Mantova 36 – Milano 152 – Modena 48 – Reggio nell'Emilia 25.

A. Ligabue, piazza 4 Novembre ☎ 0522 828120, *albergo.ligabue@virgilio.it, Fax 0522 829294* – AE VISA JCB. rist
chiuso Natale e dal 10 al 25 agosto – **Pasto** carta 25/37 (10 %) – **40 cam** 48/74 – ½ P 53.
◆ Nell'antico borgo fortificato dei Bentivoglio, sito «a lato» del loro cinquecentesco palazzo, imponente albergo dell'800, con facciata ocra chiaro, di recente rinnovato.

GUARDIA *Trento* 562 E 15 – *Vedere Folgaria.*

GUARDIAGRELE *66016 Chieti* 563 P 24 – *9 833 ab. alt. 577.*
Roma 230 – Pescara 41 – Chieti 25 – Lanciano 23.

Villa Maiella con cam, via Sette Dolori 30 (Sud-Ovest : 1,5 km) ☎ 0871 809362, *info@villamaiella.it, Fax 0871 809319* – – 80. AE VISA JCB.
chiuso domenica sera e lunedì – **Pasto** carta 22/41 – **14 cam** 50/90.
◆ Un edificio rosa, moderno, ai margini della montagna e del Parco della Maiella; due giovani proprietari che propongono una gastronomia di qualità, su base abruzzese.

Ta Pù, via Modesto della Porta 37 ☎ 0871 83140, *Fax 0871 807445* – AE VISA JCB.
chiuso lunedì da aprile a settembre, anche la domenica sera negli altri mesi – **Pasto** carta 30/45.
◆ Curato nei particolari, un ristorantino con leccornie locali e stagionali e uso di prodotti di nicchia: all'interno di una sala allungata, sotto gli archi del soffitto.

GUARDISTALLO *56040 Pisa* 563 M 13 – *1 029 ab. alt. 294.*
Roma 276 – Pisa 65 – Grosseto 100 – Livorno 44 – Siena 83.

a Casino di Terra *Nord-Est : 5 km – ✉ 56040 :*

Mocajo, strada statale 68 ☎ 0586 655018, *tiscali@ristorantemocajo.it, Fax 0586 655018*, , Coperti limitati; prenotare – AE VISA JCB
chiuso dal 15 gennaio al 15 febbraio e mercoledì (escluso agosto) – **Pasto** 30/34 e carta 34/51.
◆ Sito comodamente sulla statale Cecina-Volterra, un locale che dà il meglio all'interno: ambiente pulito e gradevole, con piatti del territorio. Solida gestione familiare.

GUASTALLA *42016 Reggio nell'Emilia* 562 H 13 – *13 946 ab. alt. 25.*
piazza Mazzini 1/a ☎ 0522 219812, iatguast@libero.it, Fax 0522 219708.
Roma 453 – Parma 35 – Bologna 91 – Mantova 33 – Milano 156 – Modena 51 – Reggio nell'Emilia 28.

sulla strada per Novellara *Sud : 5 km :*

La Briciola, via Sacco e Vanzetti 17 ☎ 0522 831378, *Fax 0522 831378*, Rist. e pizzeria, – AE VISA.
chiuso dal 9 al 23 gennaio e martedì – **Pasto** specialità di mare ed emiliane 23/30.
◆ Giovane conduzione in un bel locale con ampi spazi esterni; la cucina, piuttosto varia, improntata soprattutto su ricette di mare ed emiliane, soddisferà tutte le esigenze.

Scriveteci...
Le vostre critiche e i vostri apprezzamenti saranno esaminati con la massima attenzione.
Verificheremo personalmente gli esercizi che ci vorrete segnalare
Grazie per la collaborazione !

GUBBIO *06024 Perugia* 563 L 19 *G. Italia – 31 559 ab. alt. 529.*

Vedere *Città vecchia*★★ *– Palazzo dei Consoli*★★ B *– Palazzo Ducale*★ *– Affreschi*★ *di Ottaviano Nelli nella chiesa di San Francesco – Affresco*★ *di Ottaviano Nelli nella chiesa di Santa Maria Nuova.*

piazza Oderisi 6 ☎ 075 9220693, info@iat.gubbio.pg.it, Fax 075 9273409.

Roma 217 ② – Perugia 40 ③ – Ancona 109 ② – Arezzo 92 ④ – Assisi 54 ③ – Pesaro 92 ④.

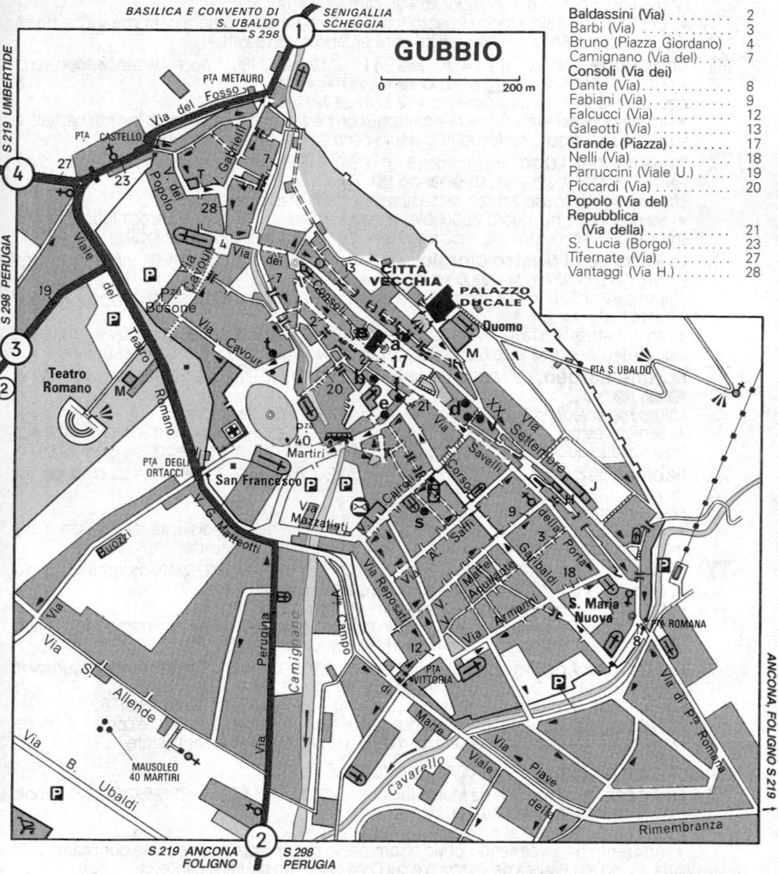

GUBBIO

Baldassini (Via)	2
Barbi (Via)	3
Bruno (Piazza Giordano)	4
Camignano (Via del)	7
Consoli (Via dei)	
Dante (Via)	8
Fabiani (Via)	9
Falcucci (Via)	12
Galeotti (Via)	13
Grande (Piazza)	17
Nelli (Via)	18
Parruccini (Viale U.)	19
Piccardi (Via)	20
Popolo (Via del)	
Repubblica (Via della)	21
S. Lucia (Borgo)	23
Tifernate (Via)	27
Vantaggi (Via H.)	28

Park Hotel ai Cappuccini 🍃, via Tifernate ☎ 075 9234, *inf@parkhotelaicappuccini.it, Fax 075 9220323,* ≤ città e campagna, ⛳, ⛶, 🏋, 🌳, 🎾 – 🛗 ▤ TV 📞 ♿ 🚗 🅿 – 🎤 500. AE 💳 ⓓ ⓜⓒ VISA. ✂ per ④

Pasto carta 23/36 – **95 cam** ☕ 160/260 – ½ P 191.

◆ In un antico convento completamente ristrutturato, pur conservando il fascino delle strutture di un tempo, offre i più elevati confort per ospitare al meglio il cliente. Ambiente raffinato nelle varie sale ristorante, con opere d'arte moderna e arredi d'epoca.

Relais Ducale 🍃 senza rist, via Galeotti 19 ☎ 075 9220157, *info@relaisducale.com, Fax 075 9220159,* 🌳 – 🛗 ✂ ▤ TV ♿ – 🎤 50. AE 💳 ⓓ ⓜⓒ VISA. ✂ a

30 cam ☕ 114/155.

◆ Nella parte più nobile di Gubbio, giardino pensile con vista città e colline per un hotel di classe, ricavato da un complesso di tre antichi palazzi del centro storico.

Villa Montegranelli, località Monteluiano 075 9220185, *villa.montegranelli@tin.it, Fax 075 9273372,* città e campagna, – 50. AE VISA JCB
Pasto carta 35/46 – **21 cam** 98/130 – ½ P 95,50. 4 km per via Buozzi
◆ Sulle ridenti colline prospicienti la località umbra, entro una villa settecentesca di campagna che conserva il nome dell'originario proprietario e la cappella familiare. Due sale da pranzo: una più intima e raffinata, nelle antiche cantine dell'edificio.

Bosone Palace senza rist, via 20 Settembre 22 075 9220688, *hotel.bosone@libero.it, Fax 075 9220552* – . AE VISA. d
chiuso dal 15 gennaio al 29 febbraio – **25 cam** 82/99.
◆ L'hotel sorge nello storico Palazzo Raffaelli, famiglia patrizia della città che vanta, fra gli altri, due illustri Bosone; belli i soffitti originali, ancora affrescati.

Gattapone senza rist, via Beni 11 075 9272489, *hotel.gattapone@libero.it, Fax 075 9272417,* – . AE VISA JCB. b
chiuso dall'8 gennaio all'8 febbraio – **18 cam** 78/100.
◆ In edificio medievale di pietra e mattoni, con persiane ad arco, camere in tinte pastello e scorci sui pittoreschi vicoli eugubini e sulla centrale chiesa di S. Giovanni.

Taverna del Lupo, via Ansidei 6 075 9274368, *mencarelli@mencarelligroup.com, Fax 075 9271269,* – . AE VISA JCB f
chiuso lunedì (escluso agosto, settembre e festivi) – **Pasto** carta 35/50.
◆ Storico locale nel cuore di Gubbio, «legato» al Santo di Assisi e al feroce lupo, per una storica coppia di ristoratori; antichi ambienti e succulenta gastronomia locale.

La Fornace di Mastro Giorgio, via Mastro Giorgio 2 075 9221836, *info@rosatihotels.com, Fax 075 9276604* – AE VISA JCB. v
chiuso dal 7 al 31 gennaio, martedì, mercoledì a mezzogiorno (escluso da giugno a ottobre) – **Pasto** carta 30/58.
◆ Archi vetusti e travi a vista nell'elegante fornace trecentesca che vide le maioliche dipinte del celebre Mastro Giorgio: oggi, una giovane gestione e prelibatezze umbre.

Bosone Garden, via Mastro Giorgio 1 075 9221246, *Fax 075 922146,* – AE VISA. d
chiuso mercoledì escluso da giugno a settembre – **Pasto** carta 30/42.
◆ Servizio estivo in giardino: nel verde, l'ingresso al ristorante, sito in Palazzo Raffaelli e legato ai due nobili Bosone, membri della casata. Spazi con arredi d'epoca.

Fabiani, piazza 40 Martiri 26 A/B 075 9274639, *Fax 075 9220638,* – AE VISA JCB t
chiuso gennaio e martedì – **Pasto** carta 19/33.
◆ In Palazzo Fabiani, di illustre casato locale, ambienti eleganti dislocati in varie sale e una magnifica «scenografia» cittadina per il servizio estivo nella piazzetta.

Federico da Montefeltro, via della Repubblica 35 075 9273949, *montefeltro@easygubbio.it, Fax 075 9272341,* – AE VISA JCB. e
chiuso giovedì escluso agosto-settembre – **Pasto** carta 28/40.
◆ Una caratteristica insegna annuncia un indirizzo tipico per l'autentica tradizione culinaria umbra, con piatti schietti, serviti nel cortile interno o tra legni e pietra.

Grotta dell'Angelo con cam, via Gioia 47 075 9273438, *grottadellangelo@jumpy.it, Fax 075 9273438,* – . AE VISA. cam s
chiuso dal 10 al 31 gennaio – **Pasto** carta 28/40 – 5 – **18 cam** 40/60 – ½ P 60.
◆ Nella grotta duecentesca è stata ricavata una rustica enoteca, familiare come l'atmosfera del locale; tra i vicoletti del centro, ma con un bel giardinetto per l'estate.

a Monte Ingino *per ① : 4 km – alt. 827 – 06024 :*

La Rocca senza rist, via Monte Ingino 15 075 9221222, *Fax 075 9221222,* Gubbio e dintorni – . VISA.
chiuso dal 12 gennaio al 1° marzo – **12 cam** 80/90.
◆ Ambiente piacevolmente sobrio e sommesso per un hotel in posizione dominante sulla città, vicino alla Basilica del Patrono e sul Colle celebrato dai versi danteschi.

a Pisciano *Nord-Ovest : 14 km – alt. 640 – 06024 Gubbio :*

Agriturismo Le Cinciallegre, frazione Fisciano 075 9255957, *ciucc@lecincialle gre.it, Fax 075 9255957,* – . AE VISA.
chiuso dal 10 gennaio al 10 febbraio – **Pasto** *(chiuso a mezzogiorno)* (solo per alloggiati) – **8 cam** 60/90 – ½ P 70.
◆ In un angolo fuori del mondo, un'accogliente dimora che gode di una posizione panoramica, quieta; una piccola bomboniera con gran cura dei dettagli e delle forme originali.

a Scritto *Sud : 14 km – 06020 :*

Agriturismo Castello di Petroia località Scritto 075 920287, *castellodipetroia@castellodipetroia.com, Fax 075 920108,* – . AE VISA. rist
aprile-dicembre – **Pasto** *(chiuso a mezzogiorno)* (solo per alloggiati) 28/35 – **3 cam** 95/125, 3 suites 135/180 – ½ P 95.
◆ Nell'assoluta tranquillità e nel verde, incantevole castello medioevale ricco di storia (nel 1422 vi nacque Federico da Montefeltro); ambienti raffinati con arredi in stile.

a Santa Cristina *Sud-Ovest : 21,5 km – ✉ 06024 Gubbio :*

Locanda del Gallo Country House, località Santa Cristina ✆ 075 9229912, *info@locandadelgallo.it, Fax 075 9229912,* – P. VISA.
chiuso dal 10 dicembre a febbraio – **Pasto** (solo per alloggiati) – **10 cam** 84/112 – ½ P 76.
◆ Antica magione nobiliare, immersa nel verde della campagna umbra; ideale punto di partenza per le visite nelle località d'arte. Atmosfera e arredi accattivanti, orientali.

GUDO VISCONTI *20088 Milano* 561 F 9 – *1 321 ab. alt. 111.*

Ambrosiano (chiuso martedì e dal 5 al 21 agosto) a Bubbiano ✉ 20080 ✆ 02 90840820, Fax 02 90849365, Nord: 8 km.
Roma 590 – Alessandria 86 – Milano 21 – Novara 37 – Pavia 35.

Il Visconte, a Cascina Longoli di Sotto Ovest : 2 km ✆ 02 94940266, *info@ilvisconte.it,* Coperti limitati; prenotare – P. AE VISA
chiuso agosto, lunedì, martedì, mercoledì e i mezzogiorno da giovedì a sabato – **Pasto** carta 36/56.
◆ All'interno di un bel cascinale di campagna validamente ristrutturato con buon gusto, un'appassionata gestione e proposte selezionate, di taglio moderno e creativo.

GUGLIONESI *86034 Campobasso* 563 Q26 – *5 270 ab. alt. 370.*
Roma 271 – Campobasso 59 – Foggia 103 – Isernia 103 – Pescara 108 – Termoli 15.

verso Termoli *Nord-Est : 5,5 km :*

Ribo, contrada Malecoste 7 ✉ 86034 ✆ 0875 680655, *bobo_ribo@yahoo.it, Fax 0875 680655,* – P. AE VISA JCB.
chiuso lunedì – **Pasto** carta 26/45.
◆ Il rosso e il nero, Bobo e Rita, due figure veraci e «politiche»; in campagna, sulle colline molisane. E, nei piatti, una grande passione e maniacale ricerca della qualità.

GUIDONIA MONTECELIO *00012 Roma – 69 617 ab. alt. 95.*
Roma 33 – Frosinone 81 – Rieti 69 – Tivoli 15.

Guidonia.

Fabio Hotel senza rist, Via Colle Ferro 39/A ✆ 0774 300727, *info@fabiohotel.it, Fax 0774 309553,* – P. AE VISA.
25 cam 68/83.
◆ Da qui la capitale è facilmente raggiungibile, come altre località turistiche vicine; sito in centro, nei pressi della stazione, albergo comodo, di recente costruzione.

GUSSAGO *25064 Brescia* 561 F 12 – *14 316 ab. alt. 180.*
Roma 539 – Brescia 14 – Bergamo 45 – Milano 86.

L'Artigliere, via Forcella 6 ✆ 030 2770373, *davidebotta@libero.it, Fax 030 2770373,* prenotare – AE VISA.
chiuso dal 1° al 10 gennaio, dal 15 luglio al 15 agosto, lunedì e martedì – **Pasto** 42/68 e carta 40/53.
◆ Un antico glicine nodoso ombreggia la corte di un cascinale, in parte risalente al '400, ove è un locale elegante, con una lunga storia e una cucina ricca di fantasia.
Spec. Tortelli di polenta e taleggio con funghi porcini. Medaglioni di maiale al curry con salsa al Porto. Blinis di castagne con gelato ai marroni e salsa ai caki.

HAFLING = Avelengo.

IDRO *25074 Brescia* 561 E 13 – *1 706 ab. alt. 391 – Pasqua e luglio-15 settembre.*
Roma 577 – Brescia 45 – Milano 135 – Salò 33.

Alpino con cam, via Lungolago 14, località Crone ✆ 0365 83146, *hotelalpino@libero.it, Fax 0365 839887,* – AE VISA JCB.
chiuso dal 7 gennaio al 15 febbraio – **Pasto** *(chiuso martedì)* carta 28/37 – 9 – **24 cam** 46/65 – ½ P 56.
◆ Sul lago, edificio con un'ala in pietra viva e l'altra esternamente dipinta di rosa: due sale interne, di cui una con camino, per piatti anche locali e di pesce lacustre.

IESA *Siena – Vedere Monticiano.*

IGEA MARINA *Rimini* 563 J 19 – *Vedere Bellaria Igea Marina.*

ILLASI *37031 Verona* 562 F 15 – *4 931 ab. alt. 174.*
Roma 517 – Verona 20 – Padova 74 – Vicenza 44.

a Cellore *Nord : 1,5 km* – ✉ *37030 :*

Dalla Lisetta, via Mezzavilla 12 ✆ 045 7834059, *ristdallalisetta@tin.it, Fax 045 7834059,* – . AE VISA.
chiuso dal 4 al 19 agosto, domenica sera e martedì – **Pasto** carta 18/27.
◆ La classica trattoria che esiste da sempre: piacevole, della stessa famiglia ormai da generazioni, offre piatti del territorio, stagionali; servizio estivo nel cortiletto.

IMOLA *40026 Bologna* 562 I 17 – *64 926 ab. alt. 47.*
via Mazzini 14/16 ✆ 0542 602207, iat@comune.imola.bo.it, Fax 0542 602310.
Roma 384 – Bologna 35 – Ferrara 81 – Firenze 98 – Forlì 30 – Milano 249 – Ravenna 44.

Donatello Imola, via Rossini 25 ✆ 0542 680800 e rist ✆ 0542 680300, *info@imolahotel.it, Fax 0542 680514,* – 300. AE VISA. rist
Pasto al Rist. ***Il Veliero*** *(chiuso dal 1° al 20 agosto e martedì)* carta 25/35 – **150 cam** 90/130.
◆ In area residenziale della zona periferica sud di Imola, più vicina ai colli appenninici che al casello autostradale, una palazzina con camere spaziose e sale conferenze. Al ristorante ambiente ampio, d'impostazione tradizionale.

San Domenico, via Sacchi 1 ✆ 0542 29000, *sandomenico@sandomenico.it, Fax 0542 39000,* Coperti limitati; prenotare – . AE VISA
chiuso domenica sera e lunedì, da giugno ad agosto anche i mezzogiorno di sabato-domenica – **Pasto** 40 (a mezzogiorno esclusi festivi)/80 e carta 82/112.
◆ Siamo in una delle piazze più belle del centro storico, tra il verde dei giardini, il rosso degli edifici; su tutto trionfa la chiesa omonima e una cucina unica ed elegante.
Spec. Code di scampi e caviale con tortino di patate all'olio di peperoni dolci e basilico. Riso mantecato all'olio d'oliva e parmigiano con lardo di Arnad e strigoli di fosso (erbe salvatiche). Guanciale di bue brasato al vino bianco con purea di cipolla.

Osteria Callegherie, via Callegherie 13 ✆ 0542 33507, *Fax 0542 33507,* Coperti limitati; prenotare – . AE VISA JCB.
chiuso gennaio, agosto, sabato a mezzogiorno e domenica – **Pasto** carta 28/36.
◆ Un valido riferimento nel panorama culinario cittadino; ambiente di stile moderno, tonalità crema, faretti per la luce, sulle ceneri di una vecchia conceria.

Naldi, via Santerno 13 ✆ 0542 29581, *ristorante.naldi@tin.it, Fax 0542 22291* – . AE VISA JCB
dal 1° al 7 gennaio, dal 5 al 18 agosto e domenica – **Pasto** carta 29/38.
◆ Uno dei punti fermi della tradizione gastronomica imolese: proposte della tradizione locale, con buona offerta di piatti di pesce, servite con grandi sottopiatti decorati.

Hostaria 900, viale Dante 20 ✆ 0542 24211, *hosteria900@tin.it, Fax 0542 612356,* – . AE VISA JCB.
chiuso 10 giorni a fine gennaio, 20 giorni in agosto, sabato a mezzogiorno e giovedì – **Pasto** carta 28/36.
◆ Una villa d'inizio '900 in mattoni rossi, circondata da giardino rigoglioso che d'estate accoglie il servizio all'aperto. All'interno due sale, la più raccolta al primo piano.

Osteria del Vicolo Nuovo, vicolo Codronchi 6 ✆ 0542 32552, *ambra@vicolonuovo.it, Fax 0542 613628,* Rist.-enoteca – AE VISA.
chiuso da luglio al 25 agosto, domenica e lunedì – **Pasto** carta 26/34.
◆ Varcato un piccolo ingresso, ecco la prima sala, lunga e stretta, adorna di legni e richiami al tempo che fu, la seconda è ancor più suggestiva. Cucina eclettica.

E Parlamintè, via Mameli 33 ✆ 0542 30144, *parlaminte@katamail.com, Fax 0542 30144,* – . AE VISA
chiuso dal 25 dicembre al 6 gennaio, dal 15 luglio al 20 agosto, domenica sera e lunedì; da maggio ad agosto anche domenica a mezzogiorno – **Pasto** carta 23/33.
◆ Una parte della storia politica italiana è passata di qui, a discutere sotto le stesse travi dell'800 ove, oggi, si gustano il pesce e i piatti della tradizione emiliana.

in prossimità casello autostrada A 14 *Nord : 4 km :*

Molino Rosso, strada statale Selice 49 ✉ 40026 ✆ 0542 63111, *info@molinorosso.it, Fax 0542 631163,* – cam, – 150. AE VISA. rist
Pasto carta 31/45 (15 %) – 10 – **120 cam** 110/150 – ½ P 80.
◆ Comodo soprattutto per chi desideri trovare alloggio all'uscita dell'autostrada o preferisca, comunque, evitare il centro, un albergo con stanze di differenti tipologie. Vaste sale da pranzo con ambientazioni diverse, più raccolte o a vocazione banchettistica.

Questa Guida non contiene pubblicità a pagamento.

IMPERIA *18100* P 561 K 6 – *40 252 ab..*

viale Matteotti 37 ☎ 0183 660140, infoimperia@rivieradeifiori.it, Fax 0183 666247.

A.C.I. *piazza Unità Nazionale 23 ☎ 0183 720052.*

Roma 615 ② – Genova 116 ② – Milano 239 ② – San Remo 23 ④ – Savona 70 ② – Torino 178 ②.

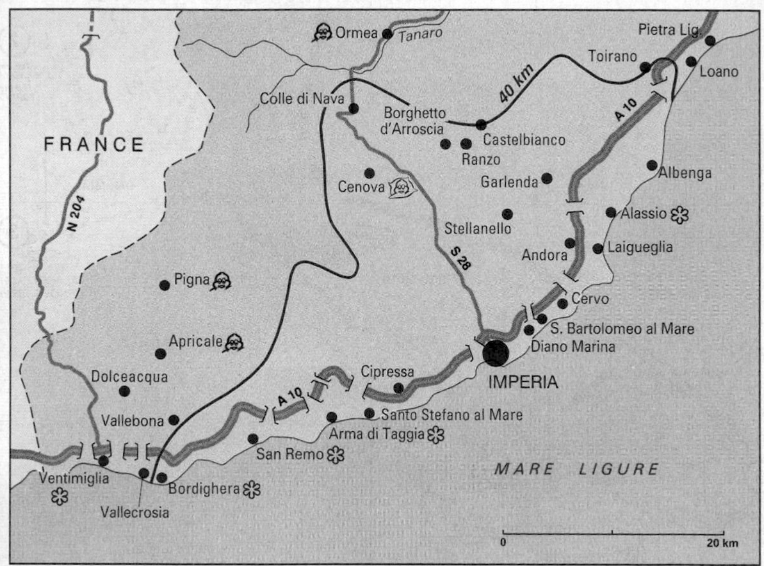

ad Oneglia – ✉ *18100 Imperia :*

XX **Chez Braccio Forte,** via Des Genejs 46 ☎ 0183 294752 – ▤. AE ⓢ ⓓ MC VISA AZ a
chiuso gennaio e lunedì – **Pasto** carta 42/60 (10 %).
◆ Doppio ingresso, uno sul porto, uno sulla strada interna: dentro, arredi simili a quelli di una nave. Tono marinaresco che preannuncia la cucina, soprattutto di pesce.

XX **Salvo-Cacciatori,** via Vieusseux 12 ☎ 0183 293763, *ristorantecacciatori@virgilio.it, Fax 0183 765500,* Rist. di tradizione – AE ⓢ ⓓ MC VISA AZ e
chiuso dal 25 luglio al 10 agosto, domenica sera (escluso da giugno a settembre) e lunedì – **Pasto** carta 26/38.
◆ Un locale storico nato come piccola osteria annessa alla mescita di vini e cresciuto negli anni '60. L'epopea di una famiglia e di sapori liguri, di terra e di mare.

X **Enoteca Pane e Vino,** via de Geneys 52 ☎ 0183 290044, *Fax 0183 290044* – AE ⓢ ⓓ MC VISA JCB AZ c
chiuso dal 1º al 26 dicembre, mercoledì e i mezzogiorno di domenica e giorni festivi – **Pasto** carta 23/34.
◆ Sotto le arcate che fronteggiano il porto, un'ampia scelta di vini accompagnata da piatti di mare e di terra preparati con semplicità e genuinità; conduzione diretta.

X **Clorinda,** via Garessio 98 ☎ 0183 291982, *Fax 0183 291982* – ⓢ MC VISA JCB BX u
chiuso agosto e lunedì – **Pasto** carta 18/27.
◆ Una semplice trattoria familiare, sita in zona semi-periferica; viene proposta una cucina casereccia, quasi esclusivamente di carne, con pesce su prenotazione.

a Porto Maurizio – ✉ *18100 Imperia :*

Corallo, corso Garibaldi 29 ☎ 0183 666264, *info@hotelcorallo.com, Fax 0183 666265,* ← – |‡| TV P – 🏔 35. AE ⓢ ⓓ MC VISA JCB. ✂ BZ n
Pasto al rist ***El Pizzarò*** *(chiuso dal 1º al 15 novembre, a mezzogiorno e venerdì)* carta 33/51 – **42 cam** ☕ 110/140 – ½ P 90.
◆ Comodo, posizionato lungo il corso principale, e in un certo senso a picco sul mare, un edificio bianco, una risorsa ideale soprattutto per una clientela di lavoro. Ristorante d'impostazione classica, che propone anche pizze.

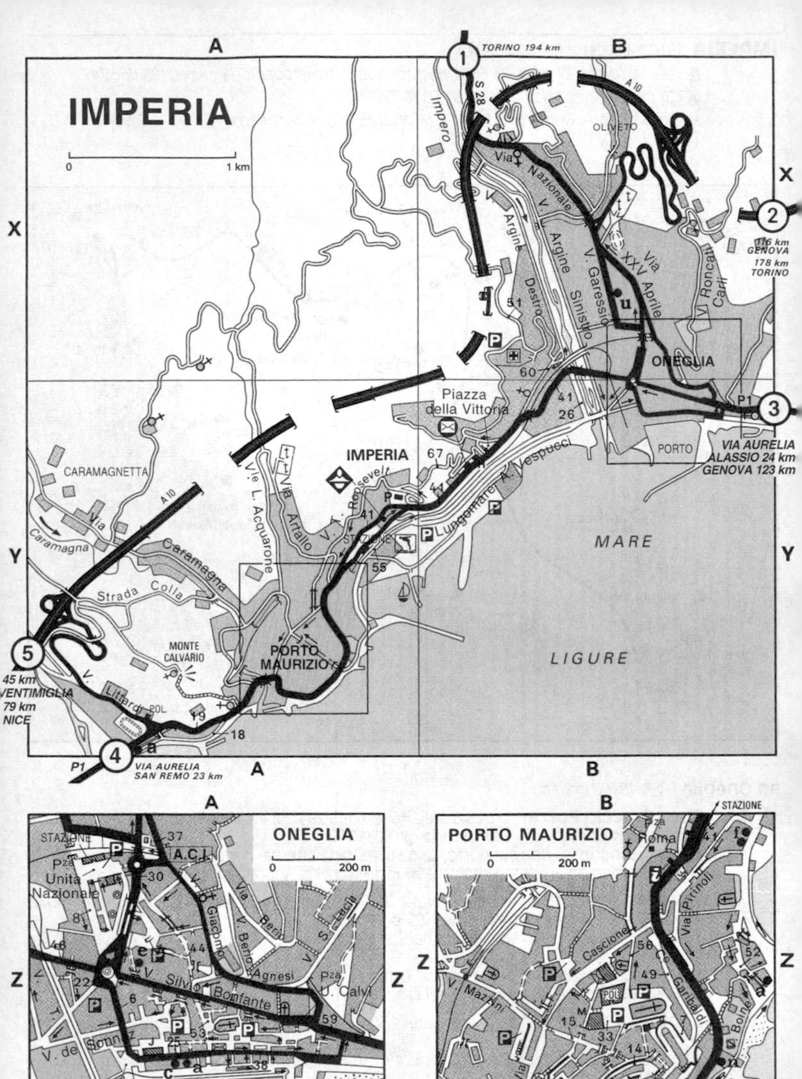

Belgrano (Via Gen.) . . . . **AZ** 6
Benza (Via Elia) . . . . **BZ** 7
Berio (Via Giuseppe) . . . . **AZ** 8
Bonfante (Via Silvio) . . . . **AZ**
Carceri (Via) . . . . **BZ** 14
Carducci (Via Giosue) . . . . . . **BZ** 15
Cascione (Via Felice) . . . . **BZ**
Colombo (Lungomare C.) . . . . **AY** 18
D'Annunzio (Via G.) . . . . **AY** 19
Dante (Piazza A.) . . . . **AZ** 22
Des Geneys (Via) . . . . **AZ** 25
Delbecchi (Via A.) . . . . **BY** 26
Don Abbo il Santo (Via) . . . . . **AZ** 30
Duomo (Piazza) . . . . **BZ** 33
Magenta (Via) . . . . **AZ** 37
Maresca (Via) . . . . **AZ** 38
Matteotti (Viale G.) . . . . **BY** 41
Ospedale (Via dell') . . . . **AZ** 44
Parrasio (Via) . . . . **BZ** 45
Repubblica (Via della) . . . . . . **AZ** 46
Saffi (Via Aurelio) . . . . **BZ** 49
S. Agata (Strada) . . . . **BX** 51
S. Antonio (Piazza e Via) . . . . **BZ** 52
S. Giovanni (Via) . . . . **AZ** 53
S. Lazzaro (Via) . . . . **AY** 55
S. Maurizio (Via) . . . . **BZ** 56
Serrati (Via G.M.) . . . . **AZ** 59
Trento (Via) . . . . **BX** 60
Vianelli (Via A.) . . . . **BZ** 64
Vittorio Veneto (Vle) . . . . **BY** 67

Croce di Malta, via Scarincio 148 ✆ 0183 667020, *info@hotelcrocedimalta.com, Fax 0183 63687*, ≤, – |‡| ▤ TV ✆ P – 80. AE ⓢ ⓞ ⓞⓞ VISA. ✂ rist BZ a
Pasto 18/25 – **39 cam** ☕ 87/130 – ½ P 70.
◆ Richiamo, nel nome, all'antico «Borgo Marina» di Porto Maurizio, ove sorgeva la chiesa dei Cavalieri Maltesi; un valido albergo di stampo moderno, a pochi passi dal mare. Confortevole indirizzo per una sosta gastronomica.

Lucio a Casetta, strada Lamboglia 16 (Borgo Prino) ✆ 0183 652523, *info@ristoranteluci oacasetta.it, Fax 0183 62865*, prenotare – ▤. AE ⓢ ⓞ ⓞⓞ VISA AY a
chiuso mercoledì escluso luglio-agosto – **Pasto** cucina di tradizione marinara carta 33/48.
◆ Un grazioso villino bianco, tra il lungomare e l'Aurelia: luminoso, invitante, con una sala principale e una sorta di piccola veranda. Sapori della tradizione marinara.

Al Gambero, borgo Marina via Scarincio 16/18 ✆ 0183 667413, *Fax 0183 667413* – ▤ P. AE ⓢ ⓞ ⓞⓞ VISA BZ f
chiuso dal 10 al 31 gennaio e lunedì – **Pasto** specialità di mare carta 38/49.
◆ Molto ben posizionato, fronte mare, un localino a conduzione familiare: disimpegno con cucina a vista e sala principale, rustica, ove gustare piatti liguri, caserecci.

verso Vasia *Nord-Ovest : 7 km*

Relais San Damian senza rist, strada Vasia 47 ✉ 18100 Imperia ✆ 0183 280309, *info@s an-damian.com, Fax 0183 280571*, – TV P. ⓢ ⓞⓞ VISA. ✂
chiuso novembre – **9 cam** ☕ 110/180.
◆ Ottimamente posizionata e dominante fra gli uliveti, un'oasi di pace e signorilità in un contesto confortevole e sobriamente elegante; terrazza-giardino con piscina.

IMPRUNETA *50023 Firenze* 563 K 15 – *14 775 ab. alt. 275.*

Roma 276 – Firenze 14 – Arezzo 79 – Siena 66.

Relais Villa Olmo senza rist, via Imprunetana 19 ✆ 055 2311311, *florence.chianti@d ada.it, Fax 055 2311313*, ≤, – ▤ TV P. AE ⓢ ⓞⓞ VISA. ✂
☕ 10 – 10 suites 143/180.
◆ Poco fuori del centro, una fattoria del '700 con origini cinquecentesche; completamente rinnovata, offre appartamenti accoglienti, alcuni con piccola piscina privata.

INCISA IN VAL D'ARNO *50064 Firenze* 563 L 16 – *5 628 ab. alt. 122.*

Roma 248 – Firenze 30 – Siena 62 – Arezzo 52.

Galileo, località Prulli 103/b in prossimità area di servizio Reggello ✆ 055 863341, *hotelgali leo@supereva.it, Fax 055 863238*, – |‡| ▤ TV P – 100. AE ⓢ ⓞ ⓞⓞ VISA. ✂
Pasto *(chiuso domenica e a mezzogiorno)* carta 22/28 – ☕ 9 – **63 cam** 63/96 – ½ P 86.
◆ Hotel di stile moderno, funzionale e agevolmente raggiungibile dall'autostrada; offre uno standard buono di ospitalità tanto ad una clientela d'affari quanto al turista. Vasta sala da pranzo interna, rischiarata da vetrate continue.

INDUNO OLONA *21056 Varese* 561 E 8, 219 ⑧ – *9 751 ab. alt. 397.*

Roma 638 – Como 30 – Lugano 29 – Milano 60 – Varese 4,5.

Villa Castiglioni, via Castiglioni 1 ✆ 0332 200201, *info@hotelvillacastiglioni.it, Fax 0332 201269*, – ▤ cam, TV P – 140. AE ⓢ ⓞ ⓞⓞ VISA. ✂
Pasto al Rist. ***Al Bersò*** carta 39/57 – **30 cam** ☕ 100/166, 5 suites – ½ P 116.
◆ Soggiorno di personaggi del Risorgimento italiano e molti altri, una villa ottocentesca con parco secolare, oggi rifugio di charme per una sosta fra storia ed eleganza. Sale da pranzo ricche di fascino antico, tra soffitti decorati e arredi d'epoca.

Olona-da Venanzio, via Olona 38 ✆ 0332 200333, *info@davenanzio.com, Fax 0332 200333*, prenotare, – P. AE ⓢ ⓞ ⓞⓞ VISA. ✂
chiuso dal 7 al 20 gennaio, lunedì e le sere di Natale e Capodanno – **Pasto** carta 27/46 (5 %).
◆ Indirizzo di grande tradizione, con cucina del territorio, rivisitata, e ottima scelta di vini; un ambiente familiare e signorile al contempo, con annesso un bocciodromo.

Scriveteci...
Le vostre critiche e i vostri apprezzamenti saranno esaminati con la massima attenzione.
Verificheremo personalmente gli esercizi che ci vorrete segnalare
Grazie per la collaborazione !

INNICHEN = San Candido.

INTRA *Verbania* 561 E 7, 219 ⑦ – *Vedere Verbania.*

INVERNO-MONTELEONE *27010 Pavia* 561 G 10 – *1 074 ab. alt. 74.*
Roma 543 – Piacenza 35 – Milano 44 – Pavia 30.

Monteleone – ✉ *27010 :*

Trattoria Righini, via Miradolo 108 ✆ 0382 73032, *Fax 0382 758942*, prenotare venerdì, sabato e domenica – ▤ P
chiuso dal 7 al 30 gennaio, agosto, lunedì, martedì, i mezzogiorno di giovedì-venerdì e le sere di mercoledì-domenica – **Pasto** 18/35.
◆ All'opera da ormai quattro generazioni, una trattoria familiare, nel contesto di una cascina nel centro della frazione; proposte tipiche locali, sempre vincenti.

INVORIO *28045 Novara* 561 E 7, 219 ⑥ – *3 726 ab. alt. 416.*
Roma 649 – Stresa 20 – Novara 42 – Varese 40.

Villa Germana, via Monte Rosa 9 ✆ 0322 254008, , – P. VISA
chiuso dal 15 gennaio al 15 febbraio e mercoledì – **Pasto** carta 19/32.
◆ Una villetta del centro della località, adibita a ristorante e gestita da una coppia appassionata. Bella terrazza esterna, con griglia, e sala di tono signorile.

Utilizzate la guida dell'anno in corso

ISCHIA DI CASTRO *01010 Viterbo* 563 O 17 – *2 506 ab. alt. 410.*
Roma 135 – Viterbo 39 – Grosseto 80 – Siena 132.

Ranuccio II, piazza Immacolata 26 ✆ 0761 425119, *info@ranuccioii.com, Fax 0761 425119* – AE VISA JCB.
chiuso dal 1° al 15 luglio e giovedì (escluso festivi e agosto) – **Pasto** carta 28/38.
◆ Al primo piano di una casa situata nel centro della località; nell'unica sala, confortevole, vengono proposti piatti del territorio, rivisitati e presentati con cura.

ISCHIA (Isola d') *Napoli* 564 E 23 *G. Italia – 52 829 ab. alt. da 0 a 788 (monte Epomeo) – Stazione termale, a.s. luglio-settembre.*
La limitazione d'accesso degli autoveicoli è regolata da norme legislative.
per Napoli (1 h 25 mn), Pozzuoli (1) e Procida (25 mn), giornalieri – Caremar-agenzia Travel and Holidays, banchina del Redentore ✆ 081 984818, Fax 081 5522011; per Pozzuoli (1 h) e Napoli (1 h 20 mn) giornalieri – Linee Lauro, banchina del Redentore ✆ 081 992803, Fax 081 991889.
per Napoli giornalieri (da 30 mn a 40 mn) – Alilauro ✆ 081 991888, Fax 081 99178, Linee Lauro ✆ 081 992803, Fax 081 991990 al porto e Caremar-agenzia Travel and Holidays, banchina del Redentore ✆ 081 984818, Fax 081 5522011; per Capri aprile-ottobre giornaliero (40 mn).
– Alilauro, al porto ✆ 081 991888, Fax 081 991781; per Procida-Napoli giornalieri (40 mn) – Aliscafi SNAV-ufficio Turistico Romano, via Porto 5/9 ✆ 081 991215, Fax 081 991167; per Procida giornalieri (15 mn) – Caremar-agenzia Travel and Holidays, banchina del Redentore ✆ 081 984818, Fax 081 5522011.

Pianta pagina a lato

Barano 564 E 23 – *8 214 ab. alt. 224* – ✉ *80070 Barano d'Ischia – a.s. luglio-settembre.*
Vedere *Monte Epomeo★★★ 4 km Nord-Ovest fino a Fontana e poi 1 h e 30 mn a piedi AR.*

a Maronti *Sud : 4 km* – ✉ *80070 Barano d'Ischia :*

Parco Smeraldo Terme, spiaggia dei Maronti ✆ 081 990127, *info@hotelparcosmeraldo.com, Fax 081 905022*, ←, , termale, , , – ▤ TV P – 50. VISA. U a
3 aprile-ottobre – **Pasto** (solo per alloggiati) – **65 cam** 110/208 – ½ P 114.
◆ Davvero bella l'ubicazione a ridosso della rinomata spiaggia dei Maronti: terrazza fiorita con piscina termale, camere rinnovate e buoni spazi comuni soprattutto esterni.

San Giorgio Terme, spiaggia dei Maronti ✆ 081 990098, *info@hotelsangiorgio.com, Fax 081 906515*, ←, termale, , – ▤ TV P. VISA. U b
3 aprile-ottobre – **Pasto** (solo per alloggiati) – **80 cam** 80/148 – ½ P 84.
◆ Nato dalla fusione di due vecchi alberghi, in posizione dominante, in cima ad una corta, ma ripida salita; terrazza fiorita con piscina termale e panorama suggestivo.

Casamicciola Terme 564 E 23 – *7 490 ab.* – ✉ *80074.*

Stefania Terme 🐦, piazzetta Nizzola 16 ✆ 081 994130, *Fax 081 994295*, – P. AE ⓢ ⓞ ⓜ VISA. — Y d
aprile-ottobre – **Pasto** (solo per alloggiati) – **30 cam** ☐ 65/106 – ½ P 70.
◆ Una piccola risorsa familiare, con ubicazione decentrata e tranquilla, attigua ad uno stabilimento termale, tuttavia dotata di un proprio settore cure.

Forio 564 E 23 – *14 465 ab.* – ✉ *80075.*

Vedere *Spiaggia di Citara*★.

Mezzatorre Resort 🐦, via Mezzatorre 23, località San Montano Nord : 3 km ✆ 081 986111, *info@mezzatorre.it, Fax 081 986015*, ← mare, con acqua di mare riscaldata, – P. AE ⓢ ⓞ ⓜ VISA. — Z c
aprile-ottobre – **Pasto** carta 51/93 – **59 cam** ☐ 470/500, 3 suites – ½ P 280.
◆ Complesso a picco sul blu, sorto intorno all'antica torre saracena del XVI secolo: grande eleganza, tinte solari e piscina con acqua di mare riscaldata in parco-pineta. Difficile non abbandonarsi alla bellezza del ristorante, anche sulla raffinata terrazza.

La Bagattella Terme 🐦, via Tommaso Cigliano 8, località San Francesco ✆ 081 986072, *labagattella@flashnet.it, Fax 081 989637*, – P. AE ⓢ ⓞ ⓜ VISA. — U m
17 aprile-ottobre – **Pasto** carta 33/43 – **51 cam** ☐ 102/146, suite – ½ P 89.
◆ Famiglia storica, una villa baronale, ristrutturata con cura nei particolari, e villini sparsi in un giardino fiorito con piscina: un hotel sofisticato e personalizzato. Candelabri, arazzi e putti: a tavola, con classe!

Zaro 🐦, via Tommaso Cigliano 85, località San Francesco ✆ 081 987110, *hotelzaro@libero.it, Fax 081 989395*, ←, riscaldata, – P. AE ⓢ ⓞ ⓜ VISA JCB. rist — U c
aprile-ottobre – **Pasto** 10/15 – **61 cam** ☐ 100/120 – ½ P 75.
◆ Camere ampie e luminose, andamento familiare verace, spazi esterni ben curati e giardino con piscina riscaldata; a dominare la baia di S. Francesco. Specialità gastronomiche della tradizione ischitana, immersi nel verde.

Agriturismo Il Vitigno 🐦, via Bocca 31 ✆ 081 998307, *Fax 081 998307*, ←, – P. — U r
marzo-novembre – **Pasto** (prenotare) 15/20 – **15 cam** ☐ 65/80 – ½ P 50.
◆ Un nome, un programma: immerso nel verde di viti e uliveti, un complesso rurale ospitale e familiare, per soggiorni rilassati, a contatto con la natura. Eleganza, agreste.

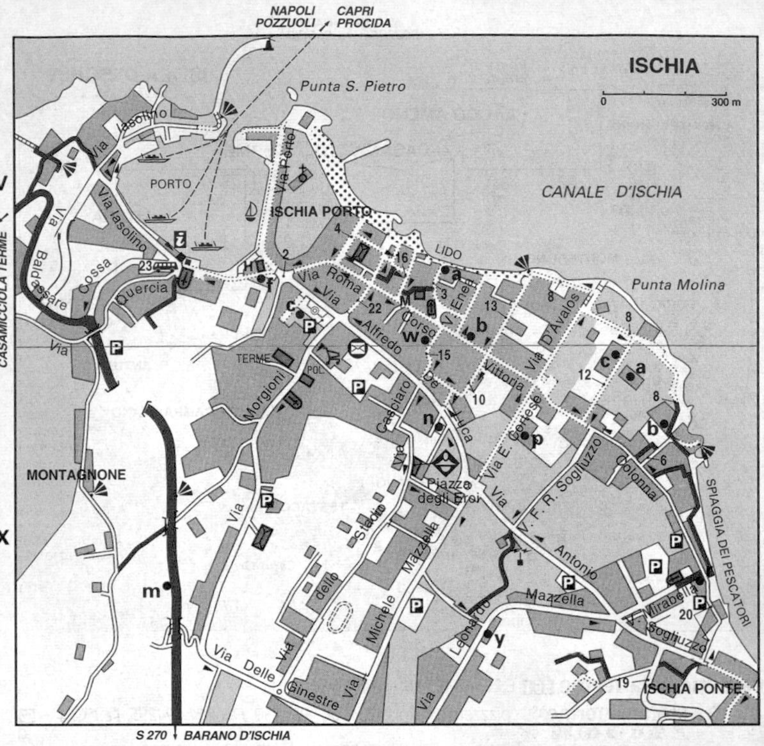

ISCHIA

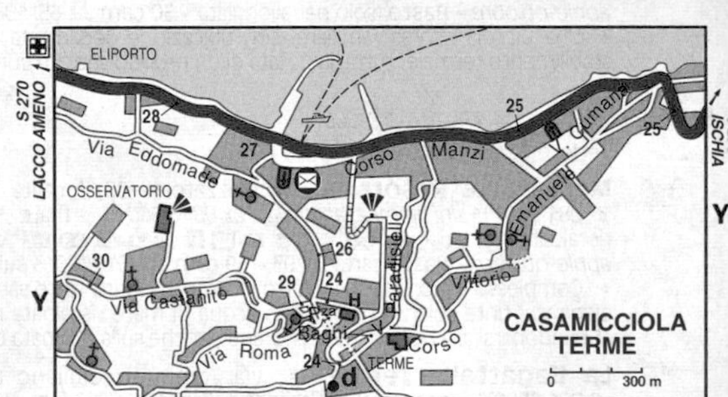

CASAMICCIOLA TERME

LACCO AMENO

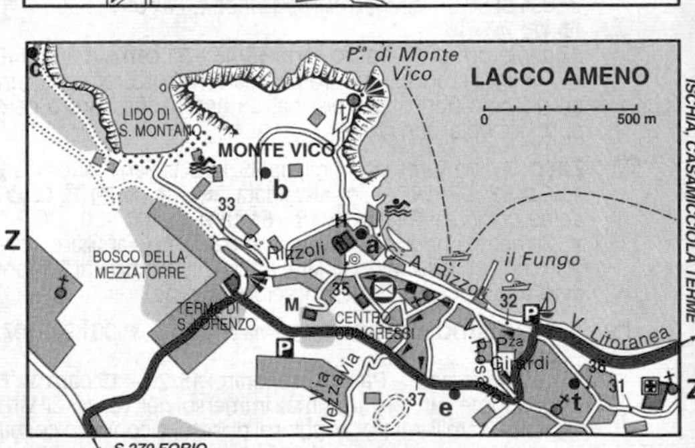

XX **Umberto a Mare** con cam, via Soccorso 2 081 997171, *umbertoamare@pointel.it, Fax 081 997171*, ≤ mare, . AE VISA JCB. U c
chiuso dal 6 gennaio al 14 marzo – **Pasto** carta 33/49 (10 %) – **11 cam** 120/150 – ½ P 90.
◆ Dal 1936, un ristorante in posizione splendida, con servizio estivo in terrazza a picco sul mare; ora in mano alle nuove generazioni della stessa famiglia di sempre.

X **Da "Peppina" di Renato,** via Montecorvo 42 081 998312, *dapeppinadirenato@libero.it, Fax 081 998312*, , Ambiente caratteristico, prenotare – P. AE VISA JCB U p
marzo-ottobre; chiuso a mezzogiorno e mercoledì escluso da giugno a settembre – **Pasto** carta 20/41.
◆ La non agevole strada per arrivarvi è poi ampiamente compensata dall'amenità e tipicità del luogo; servizio estivo in terrazza con vista mare e piatti di terra locali.

a Citara *Sud : 2,5 km – 80075 Forio :*

Providence Terme , via Giovanni Mazzella 1 081 997477, *hotelprovidence@katamail.com, Fax 081 998007*, ≤, termale, , – , rist, P. VISA. U g
aprile-ottobre – **Pasto** 16/24 – 10 – **68 cam** 85/95 – ½ P 72.
◆ Un'ubicazione panoramica, una terrazza-solarium con piscina termale, sul mare, nei pressi della spiaggia di Citara; quieto e molto frequentato da clientela tedesca. Cucina anche casereccia e pizze, da assaporare nell'ariosa sala.

Capizzo, via Provinciale Panza 161 081 907168, *hcapizzo@tin.it, Fax 081 909019*, ≤, termale – P. AE VISA. U e
3 aprile-ottobre – **Pasto** (solo per alloggiati) 25/40 – **34 cam** 80/122 – ½ P 76.
◆ Sull'ampia baia, piccola struttura bianca con persiane e infissi rossi, dotata di una terrazza con piscina termale; ben tenuta e di recente rinnovata in alcune camere.

XX **Il Melograno,** via Giovanni Mazzella 110 081 998450, *ilmelograno@inwind.it, Fax 081 5071984*, , Coperti limitati; prenotare, – P. AE VISA U g
chiuso dal 7 gennaio al 15 marzo, lunedì da ottobre a gennaio, anche martedì e mercoledì a mezzogiorno da novembre a gennaio – **Pasto** carta 43/63 (10 %).
◆ Bella casa bianca, fra gli ulivi, con servizio estivo in giardino e due sale con camino: un ottimo locale, con giovane e appassionata gestione, e cucina di alto livello.
Spec. Pesce crudo e marinato. Pasta con broccoli, frutti di mare e peperoncino. Pesce bianco impanato e arrostito con bucce di agrumi.

a Cuotto *Sud : 3 km – 80075 Forio :*

Hotel Paradiso Terme e Garden Resort , via San Giuseppe 10 081 907014, *info@hotelparadisoterme.it, Fax 081 907913*, , , , termale, , , , – P. AE VISA JCB. U x
aprile-ottobre – **Pasto** *(chiuso a mezzogiorno)* (solo per alloggiati) – **48 cam** 120/200 – ½ P 125.
◆ Piscina termale in terrazza-solarium con vista mare suggestiva e zone esterne molto curate; all'interno, spazi eleganti e luminosi, mediterranei, con arredi in midollino.

a Panza *Sud : 4,5 km – alt. 155 – 80070 :*

Punta Chiarito , via Sorgeto 51 (Sud : 1 km) 081 908102, *puntachiarito@pointel.it, Fax 081 909277*, ≤ costa, mare e Punta Sant'Angelo, , , termale – P. AE VISA. rist U d
Pasto *(chiuso dall'11 gennaio al 21 marzo e dal 6 novembre a Natale)* carta 27/51 – **25 cam** 150/200 – ½ P 100.
◆ Ben inserito fra roccia e vegetazione, isolato e a picco sul mare su un promontorio suggestivo e incantevole, quello di Punta Chiarito: panorama a 360°, eccezionale. A tavola la vista spazia tra la costa, il mare e Punta S. Angelo.

X **Da Leopoldo,** via Scannella 12 (Ovest : 0,5 km) 081 907086, ≤, , Rist. e pizzeria – P. VISA. U h
marzo-novembre – **Pasto** carta 24/45.
◆ Specialità locali e di mare, da provare con il servizio estivo in terrazza panoramica o nel rustico interno, sotto travi e paglia, immersi tra piante e con vista sul blu.

Ischia 564 E 23 – *18 309 ab.* – *80077 Porto d'Ischia.*
Vedere *Castello*★★.
corso Colonna 116 081 5074231, aacs@metiss.it

Gd H. Punta Molino Terme , lungomare Cristoforo Colombo 23 081 991544, *reservations@puntamolino.it, Fax 081 991562*, ≤ mare, , , , termale, , , – P – 150. AE VISA. X b
3 aprile-23 ottobre – **Pasto** carta 60/72 – **91 cam** 200/400, 2 suites – ½ P 190.
◆ Nell'omonima baia, parco-pineta e terrazza fiorita con piscina termale; estrema signorilità, ricercatezza negli arredi, servizi esclusivi per una clientela d'elite. Per cena, a lume di candela, ad un elegante tavolo sulla terrazza estiva.

Grand Hotel Excelsior, via Emanuele Gianturco 19 081 991522, *excelsior@leohotels.it, Fax 081 984100*, riscaldata, – AE VISA JCB. rist X a
24 aprile-17 ottobre – **Pasto** (solo per alloggiati) – **78 cam** 209/270, 6 suites – ½ P 150.
♦ Parco-pineta con piscina riscaldata che, tra la vegetazione, fa capolino sul mare: una vecchia gloria dell'hotellerie ischitana, oggi «rinfrescata» dalla nuova gestione.

Continental Terme, via Michele Mazzella 74 081 3336111, *contiterme@leohotels.it, Fax 081 3336276*, termale, – 450. AE VISA JCB. rist U e
Natale-Capodanno e marzo-ottobre – **Pasto** 25/50 – **245 cam** 120/180 – ½ P 120.
♦ Complesso tra i più grandi e i più completi dell'isola, composto da diverse costruzioni in stile mediterraneo, disposte in un vasto giardino fiorito con piscina termale. Davvero molto vaste le sale ristorante, tradizionale cucina d'albergo.

Il Moresco, via Emanuele Gianturco 16 081 981355, *moresco@leohotels.it, Fax 081 992338*, termale, – AE VISA JCB. X c
24 aprile-16 ottobre – **Pasto** (solo per alloggiati) 47/70 – **68 cam** 179/368, 3 suites – ½ P 150.
♦ Ottima gestione che mantiene sempre aggiornata questa bella, confortevole risorsa, immersa in un giardino con piscina termale; vicina al mare, tra il Lido e la piazzetta. Arioso ristorante che, con vetri scorrevoli, si apre sull'area piscina.

Jolly Hotel Delle Terme, via Alfredo De Luca 42 081 991744, *ischia@jollyhotels.it, Fax 081 993156*, termale, – 350. AE VISA. V c
chiuso dal 7 gennaio al 26 marzo – **Pasto** carta 36/45 – **194 cam** 165/280, suite – ½ P 175.
♦ Nel centro di Ischia Porto, ma in posizione tranquilla, circondato da un ampio giardino mediterraneo, un hotel elegante, completo di stabilimento termale e centro benessere. Ristorante di tono elegante.

Hermitage e Park Terme, via Leonardo Mazzella 80 081 984242, *hermitage@fabahotels.it, Fax 081 983506*, termale, – 80. AE VISA. X y
aprile-ottobre – **Pasto** (solo per alloggiati) 25/40 – **104 cam** 120/225 – ½ P 125.
♦ Recentemente ammodernato, circondato da un grande parco e strutturato in una serie di terrazze-giardino con piscina termale; piacevoli zone comuni e angoli relax.

Regina Palace Terme, via Cortese 20 081 991344, *regina@fabahotels.it, Fax 081 983597*, termale, – cam, – 80. AE VISA JCB. X p
chiuso sino al 15 marzo – **Pasto** (solo per alloggiati) – **61 cam** 120/210 – ½ P 120.
♦ In stile mediterraneo, gradevole struttura rosa, riconvertita da una grande residenza privata; a pochi passi dalla centralissima piazzetta, giardino con piscina termale.

La Villarosa, via Giacinto Gigante 5 081 991316, *hotel@lavillarosa.it, Fax 081 992425*, termale, – AE VISA. rist VX w
aprile-ottobre – **Pasto** (solo per alloggiati) 22/32 – **37 cam** 104/182 – ½ P 102.
♦ Nel giardino ombreggiato con piscina termale, villini per le suite e un'ex casa colonica, con angoli curati come in un'elegante abitazione privata, tra antichi arredi.

Floridiana Terme, corso Vittoria Colonna 153 081 991014, *floridiana@flashnet.it, Fax 081 981014*, termale, – AE VISA. rist V b
10 aprile-30 ottobre – **Pasto** (solo per alloggiati) – **70 cam** 118,50/234 – ½ P 107.
♦ Villa d'inizio secolo scorso, ampliata e restaurata, con un buon livello di confort e tranquilli spazi comuni, sia interni che esterni; aree verdi e piacevoli camere.

Central Park Hotel Terme, via De Luca 6 081 993517, *info@centralparkhotel.it, Fax 081 984215*, termale, – VISA. rist X n
Pasqua-ottobre – **Pasto** 30/50 – 11 – **50 cam** 120/155 – ½ P 103.
♦ In zona semicentrale, un'attraente struttura dotata di fresco giardino rigoglioso, ampie zone comuni e stanze decorose; servizio semplice e simpatico. Per i pasti un ambiente gradevolmente familiare, menù esposto a voce.

Le Querce, via Baldassarre Cossa 29 081 982378, *info@albergolequerce.it, Fax 081 993261*, mare, – AE VISA. U f
15 marzo-ottobre – **Pasto** 30 – **65 cam** 135/230 – ½ P 116.
♦ Nella parte occidentale della località, a valle della strada e direttamente sul lato mare: un'ottima posizione, a picco sul blu. Disposto a terrazze-giardino con piscina.

Mare Blu, via Pontano 36 081 982555, *info@hotelmareblu.it, Fax 081 982938*, termale, – AE VISA. rist X r
23 aprile-23 ottobre – **Pasto** (solo per alloggiati) 20/50 – **44 cam** 138/306 – ½ P 168.
♦ Un edificio rosato, prospiciente il mare, proprio in prima fila, di fronte al Castello degli Aragona; camere di taglio moderno e funzionale, gradevoli spazi comuni.

Solemar Terme, via Battistessa 49 081 991822, *info@hotelsolemar.it, Fax 081 991047*, termale, – . rist V a
aprile-ottobre – **Pasto** (solo per alloggiati) – **78 cam** 120/200 – ½ P 98.
◆ Direttamente sulla spiaggia, con alcune stanze affacciate su di essa, e una piscina confinante con l'arenile, risorsa d'impostazione moderna, fedele allo stile isolano.

Villa Hermosa, via Osservatorio 4 081 992078, *villa_hermosa@yahoo.it, Fax 081 992078* – . V f
21 aprile-ottobre – **Pasto** (solo per alloggiati) – 5,16 – **20 cam** 80/100 – ½ P 70.
◆ Clientela abituale per questa risorsa, vicina al porto e al centro, di sapore e ospitalità familiari; ambienti raccolti e interni accoglienti e luminosi.

Damiano, via Variante Esterna S.S. 270 081 983032, città e mare – X m
aprile-settembre; chiuso a mezzogiorno, da ottobre a dicembre aperto solo sabato sera e domenica – **Pasto** carta 39/80.
◆ Arredo rustico per una grande sala affacciata su Ischia e sul mare; cucina del territorio che propone il pesce senza dimenticare i tradizionali piatti di carne.

Lacco Ameno 564 E 23 – *4 351 ab.* – *80076*

Regina Isabella e Royal Sporting, piazza Restituta 1 081 994322, *info@reginaisabella.it, Fax 081 900190*, mare, termale, – 500. rist Z a
chiuso dal 7 gennaio al 7 aprile – **Pasto** 57/69 – **123 cam** 301/602, 6 suites – ½ P 322.
◆ Lampadari in vetro di Murano, piastrelle di Capodimonte, prezioso mobilio antico, ospiti illustri sin dagli anni '50: uno dei luoghi più prestigiosi nella magica Ischia. Suggestiva ambientazione per le zone pranzo, raffinate e aperte sul «porticciolo».

San Montano, via Nuova Montevico, Nord-Ovest : 1,5 km 081 994033, *info@sanmontano.com, Fax 081 980242*, mare e costa, termali, – . rist Z b
aprile-ottobre – **Pasto** 60 – **65 cam** 215/400 – ½ P 220.
◆ Mobilio e ambientazioni in stile marina, terrazze ombreggiate con piscine termali, un servizio inappuntabile; e, dal promontorio di Monte Vico, un'invidiabile vista a 360°. In sala o sull'incantevole terrazza potrete gustare anche specialità di pesce.

Grazia Terme, via Borbonica 2 (Sud : 1,5 km) 081 994333, *info@hotelgrazia.it, Fax 081 994153*, – – 50. rist U y
aprile-ottobre – **Pasto** (solo per alloggiati) carta 23/27 – **70 cam** 146/186 – ½ P 96.
◆ Situata sulla Via Borbonica, un po' decentrata e con bella vista, risorsa in continua fase di potenziamento; terrazza solarium con piscine termali e ottime zone esterne.

Don Pepe, via Circumvallazione 39 081 994397, *info@hoteldonpepe.it, Fax 081 996696*, termale, – – 100. . Z e
marzo-ottobre – **Pasto** (solo per alloggiati) – **68 cam** solo ½ P 120.
◆ Hotel completamente rinnovato nel 2000, ubicato lungo un'importante direttrice della località, offre un buon confort oltre alla disponibilità dei trattamenti termali.

Villa Angelica, via 4 Novembre 28 081 994524, *angelica@pointel.it, Fax 081 980184*, termale, – . Z t
15 marzo-ottobre – **Pasto** (solo per alloggiati) – **20 cam** 80/140 – ½ P 80.
◆ Raccolto attorno ad un ricco giardinetto con piscina in parte coperta, un piccolo e grazioso albergo in posizione centrale. Dettagli curati e valida gestione familiare.

Sant'Angelo – *80070.*

Vedere *Serrara Fontana : ★★ su Sant'Angelo Nord : 5 km.*

Miramare, via Comandante Maddalena 29 081 999219, *hotel@hotelmiramare.it, Fax 081 999325*, mare, – . U n
aprile-4 novembre – **Pasto** 31/52 – **55 cam** 188/346,50 – ½ P 225.
◆ In pieno centro storico, ma con posizione eccezionale sul blu; ricavato dall'unione di diverse strutture, offre confort signorile e ha tocchi di piacevole originalità. In un angolo di paradiso a picco sul mare, servizio ristorante estivo in terrazza.

La Palma, via Comandante Maddalena 15 081 999215, *contact@lapalmatropical.it, Fax 081 999526*, mare – , rist, . rist U v
chiuso dal 10 gennaio a marzo – **Pasto** carta 33/41 – **43 cam** 90/150 – ½ P 110.
◆ Articolata in unità architettoniche collegate da terrazze fiorite con punti panoramici di relax: nel centro della località, sul mare, una risorsa simpatica e accogliente. Proposte marinare da assaporare nella gradevole atmosfera del ristorante.

Loreley, via Sant'Angelo 50 081 999313, *info@hotelloreley.it, Fax 081 999065*, mare e costa, termale – . U s
10 aprile-17 settembre – **Pasto** (solo per alloggiati) – **28 cam** 92/132 – ½ P 80.
◆ Terrazze solarium con piscina termale affacciate sul mare, sopra il porticciolo di Sant'Angelo: posizione di quiete e panoramicità. Stanze con arredi freschi e piacevoli.

Casa Celestino, via Chiaia di Rose 20 ✆ 081 999213, *info@hotelcelestino.it, Fax 081 999805*, ←, – . rist U t
20 aprile - 20 ottobre – **Pasto** carta 27/41 – **20 cam** 110/130 – ½ P 100.
◆ In prossimità del centro, ma già nell'area pedonale, una piccola struttura familiare, parzialmente rinnovata: per godersi l'unicità di questi luoghi tranquilli. Simpatico ristorante, a ridosso della spiaggia, con una bellissima terrazza.

Casa Sofia, via Sant'Angelo 29/B ✆ 081 999310, *info@hotelcasasofia.com, Fax 081 999859*, ← mare e costa, – . U v
15 marzo-10 novembre – **Pasto** *(chiuso a mezzogiorno)* (solo per alloggiati) 15 – **11 cam** 50/100 – ½ P 65.
◆ Un piccolo albergo a conduzione familiare, in posizione panoramica, adatto a vacanze tranquille. Ambienti comuni freschi e graziosi, camere personalizzate.

Lo Scoglio, via Cava Ruffano 58 ✆ 081 999529, *lo.scoglio@virgilio.it, Fax 081 999419*, ← mare – U q
aprile-novembre – **Pasto** carta 21/39.
◆ Piatti di mare, con intrusioni di terra, nel locale realizzato entro una parete in tufo a strapiombo sul mare; in estate, via le vetrate e la sala diviene terrazza.

ISEO *25049 Brescia* 561 F 12 – *8 383 ab. alt. 198 – a.s. Pasqua e luglio-15 settembre.*

Vedere *Lago*★.
Escursioni *Monte Isola*★★ : ★★ *dal santuario della Madonna della Ceriola (in battello).*
lungolago Marconi 2/c ✆ 030 980209, Fax 030 981361.
Roma 581 – Brescia 22 – Bergamo 39 – Milano 80 – Sondrio 122 – Verona 96.

Iseolago, via Colombera 2 (Ovest : 1 km) ✆ 030 98891, *info@iseolagohotel.it, Fax 030 9889299*, accesso diretto al lago, , , , – , cam, – 165.
Pasto al Rist. ***L'Alzavola*** carta 28/43 – 11 – **66 cam** 103/158 – ½ P 95.
◆ Recente ed elegante complesso alberghiero, inserito nel verde di un vasto impianto turistico alle porte della località, con accesso diretto al lago, camere gradevoli. Ristorante con begli ambienti di classe e una deliziosa saletta riservata.

Araba Fenice, località Pilzone D'Iseo Nord-Est : 1,5 km ✆ 030 9822004, *info@arabafenicehotel.it, Fax 030 9868536*, ← lago e dintorni, , – , cam, – 150. . rist
Pasto al Rist. ***Bella Iseo*** carta 33/52 – **43 cam** 110/170 – ½ P 110.
◆ Albergo completamente ristrutturato e rinnovato, presenta oggi interni molto signorili soprattutto negli spazi comuni. Le camere sono ampie e hanno arredi standard. Ristorante di tono elegante con terrazza esterna.

Ambra senza rist, porto Gabriele Rosa 2 ✆ 030 980130, *ambrahotel@tiscalinet.it, Fax 030 9821361*, ← – .
8 – **31 cam** 47/80.
◆ Centralissimo e affacciato sul porticciolo, un comodo riferimento per chi cerchi una gestione professionale, confort soddisfacente e stanze pulite ove riposare.

Il Paiolo, piazza Mazzini 9 ✆ 030 9821074 – .
chiuso dal 15 al 28 febbraio, dal 26 agosto al 9 settembre e martedì – **Pasto** carta 27/37.
◆ E' con entusiasmo che un parmense di Busseto, con moglie ai fornelli, gestisce un localino davvero curato, in pieno centro storico: specialità della casa è il culatello.

Al Castello, via Mirolte 53 ✆ 030 981285, *Fax 030 981285*, –
chiuso dal 14 al 28 febbraio, dal 20 agosto al 12 settembre, martedì e a mezzogiorno (escluso i giorni festivi) – **Pasto** carta 27/39.
◆ Vicino al Castello Oldofredi, e ricavato nelle cantine di un palazzo del '600, ambiente caratteristico, con servizio estivo all'aperto e piatti locali o alla griglia.

Il Volto, via Mirolte 33 ✆ 030 981462, *ilvolto@libero.it, Fax 030 981874*, prenotare – . .
chiuso dal 2 al 21 luglio, mercoledì e giovedì a mezzogiorno – **Pasto** carta 33/57 .
◆ Una cordiale trattoria-osteria, viva e ben frequentata, con mescita di vini pregiati, a calice, e cucina di alto livello in grado però di esprimere preparazioni semplici.
Spec. Sfogliatina di patate e caviale. Insalata di mozzarella di bufala e ostriche (escluso luglio-agosto). Filetto di baccalà croccante, gelato al baccalà e salsa allo zafferano.

a Clusane sul Lago *Ovest : 5 km – ✉ 25049 :*

Relais Mirabella, via Mirabella 34 (Sud : 1,5 km) ✆ 030 9898051, *mirabella@relaismirabella.it, Fax 030 9898052*, ← lago e monti, , , – – 100. .
chiuso gennaio e febbraio – **Pasto** carta 35/46 vedere anche rist ***La Catilina*** – 10 – **28 cam** 90/130, suite – ½ P 100.
◆ Un borgo di antiche case coloniche, ora un'elegante oasi di tranquillità con eccezionale vista sul lago, giardino e piscina; chiedete le camere con terrazzino panoramico. Raffinato e d'atmosfera il ristorante dispone di sala interna e dehors estivo.

XX **Punta-da Dino,** via Punta 39 ✆ 030 989037, *Fax 030 989037,* – P. AE ⓢ ⓓ MC VISA JCB. ✂
chiuso novembre e mercoledì (escluso da giugno ad agosto) – **Pasto** carta 23/33.
◆ Solida gestione familiare per un locale moderno e accogliente, con dehors estivo; le proposte sono ovviamente incentrate sul pesce di lago, ma non disdegnano la carne.

XX **La Catilina,** via Mirabella 38 (Sud : 2 km) ✆ 030 9829242, *mirabella@relaismirabella.it, Fax 030 9829242,* ≤ lago e monti, – P. AE ⓢ ⓓ MC VISA. ✂
chiuso gennaio, febbraio e lunedì – **Pasto** carta 35/46.
◆ Si domina il lago da questo ristorante, con terrazza coperta dove si mangia nella bella stagione; cucina del territorio, non manca la famosa «tinca alla clusanese».

X **Al Porto,** piazza Porto dei Pescatori 12 ✆ 030 989014, *info@alportoclusane.it, Fax 030 9829090,* prenotare – . AE ⓢ ⓓ MC VISA JCB
chiuso mercoledì (escluso agosto) – **Pasto** carta 26/35.
◆ Un ristorante con oltre 100 anni di storia: in una villetta fine secolo, di fronte all'antico porticciolo, calde salette di buon gusto, cucina locale e lacustre.

X **Villa Giuseppina,** via Cava 8 (Ovest : 1 km) ✆ 030 989172, *Fax 030 989172,* , prenotare – P. AE ⓢ ⓓ MC VISA JCB. ✂
chiuso dal 10 gennaio al 1° febbraio, dal 26 al 31 agosto e mercoledì – **Pasto** carta 28/48.
◆ Familiari l'ambiente e l'accoglienza in un villino con giardino, a monte della statale; ai fornelli la proprietaria, che propone pesce di lago, ma non solo.

sulla strada provinciale per Polaveno :

I Due Roccoli , via Silvio Bonomelli Est : 6 km ✉ 25049 ✆ 030 9822977, *relais@iduero ccoli.com, Fax 030 9822980,* ≤ lago e colline, , , – TV P – 120. AE ⓢ ⓓ MC VISA. ✂ rist
15 marzo-ottobre – **Pasto** carta 35/50 – ☕ 9,50 – **19 cam** 140/156 – ½ P 103.
◆ All'interno di una vasta proprietà affacciata sul lago, un'antica ed elegante residenza di campagna con parco, adeguata alle più attuali esigenze e con locali curati. Ristorante raffinato, con angoli intimi, camino moderno e uno spazio all'aperto, «sull'aia».

ISERNIA *86170* P 564 C 24 – *21 192 ab. alt. 457.*

via Farinacci 9 ✆ 0865 3992, Fax 0865 50771.

A.C.I. *strada statale 17 38/42 ✆ 0865 50732.*

Roma 177 – Avezzano 130 – Benevento 82 – Campobasso 50 – Latina 149 – Napoli 111 – Pescara 147.

Grand Hotel Europa, strada statale per Campobasso (svincolo Isernia Nord) ✆ 0865 411450 e rist ✆ 0865 2126, *grandhot@tin.it, Fax 0865 413243* – TV P – 210. AE ⓢ ⓓ MC VISA JCB
Pasto al Rist. ***Pantagruel*** carta 19/42 – **61 cam** ☕ 110, 6 suites – ½ P 78.
◆ Nei pressi dell'entrata principale in Isernia, dalla tangenziale, un hotel d'impostazione moderna; profusione di marmi, stanze ben accessoriate, strutture congressuali. Ambienti molto ampi per il ristorante, di tono contemporaneo.

a Pesche *Est : 3 km* – ✉ *86090 :*

Santa Maria del Bagno, viale Santa Maria del Bagno 1 ✆ 0865 460136, *Fax 0865 460129,* ≤, – TV P. AE ⓢ ⓓ MC VISA JCB. ✂
Pasto *(chiuso lunedì)* carta 18/29 – ☕ 5 – **42 cam** 50/57 – ½ P 47.
◆ Un enorme edificio spicca alle falde del bianco borgo medievale arroccato sui monti; vi accoglierà la gestione familiare, tra i confort degli spazi comuni e delle camere. Due vaste sale da pranzo, disposte su differenti livelli.

ISIATA *Venezia – Vedere San Donà di Piave.*

IS MOLAS *Cagliari – Vedere Sardegna (Pula) alla fine dell'elenco alfabetico.*

ISOLA... ISOLE *Vedere nome proprio della o delle isole.*

ISOLA D'ASTI *14057 Asti* 561 H 6 – *2 059 ab. alt. 245.*

Roma 623 – Torino 72 – Asti 10 – Genova 124 – Milano 130.

Castello di Villa senza rist, via Bausola 2 località Villa (Est : 2,5 km) ✆ 0141 958006, *inf o@castellodivilla.it, Fax 0141 958005,* ≤, , – TV P. AE ⓢ ⓓ MC VISA JCB
chiuso dal 16 dicembre al 14 febbraio – **14 cam** ☕ 160/220.
◆ Un'affascinante residenza patrizia del XVII secolo, splendidamente restaurata: ambienti eleganti con arredi stile impero, cura nei dettagli e magia di Monferrato e Langhe.

sulla strada statale 231 *Sud-Ovest : 2 km :*

Il Cascinalenuovo con cam, statale Asti-Alba 15 ✉ 14057 ☎ 0141 958166, *info@ilcascinalenuovo.it, Fax 0141 958828*, prenotare, – . *chiuso dal 26 dicembre al 20 gennaio e dal 7 al 19 agosto* – **Pasto** *(chiuso domenica sera, lunedì e a mezzogiorno escluso i festivi)* carta 47/62 – 10 – **15 cam** 75/100 – 1/2 P 110.

◆ Un locale che rivela sicuramente la parte migliore all'interno: atmosfera minimalista, colori chiari e una cucina ai massimi livelli in Piemonte. Creatività e tradizione.

Spec. Filetto di rombo su zucchine con passata di mandorle all'olio extravergine (estate). Risotto con ragù di piccione, coscia farcita al fegato grasso d'oca (autunno). Stinchetto d'agnello al Barolo (autunno).

ISOLA DEL GRAN SASSO D'ITALIA *64045 Teramo 563 O 22 – 4 959 ab. alt. 415.*

Escursioni *Gran Sasso** Sud-Ovest : 6 km.*

Roma 190 – L'Aquila 64 – Pescara 69 – Teramo 30.

a San Gabriele dell'Addolorata *Nord : 1 km – ✉ 64048 :*

Paradiso, via San Gabriele ☎ 0861 975864, *paradisohotel@libero.it, Fax 0861 975864* – rist, . VISA.

Pasto *(chiuso mercoledì escluso da giugno ad ottobre)* carta 21/27 – **30 cam** 30/50 – 1/2 P 35.

◆ Meta per il turista religioso che voglia recarsi al vicino Santuario di S. Gabriele, ma anche per chi desideri trascorrere qualche giorno di relax tra i monti abruzzesi. Da non perdere l'appuntamento con la buona tavola, in ambiente moderno.

Inviateci il vostro parere sui ristoranti che vi consigliamo, sulle loro specialità e i loro vini regionali.

ISOLA DELLE FEMMINE *Palermo 565 M 21 – Vedere Sicilia alla fine dell'elenco alfabetico.*

ISOLA DEL LIRI *03036 Frosinone 563 Q 22 – 12 669 ab. alt. 217.*

Dintorni *Abbazia di Casamari** Ovest : 9 km.*

Roma 107 – Frosinone 23 – Avezzano 62 – Isernia 91 – Napoli 135.

Scala, piazza De' Boncompagni 10 ☎ 0776 808384, *Fax 0776 808584* – . VISA.

Pasto *(chiuso mercoledì escluso da giugno a settembre)* carta 17/23 – 5 – **11 cam** 26/42 – 1/2 P 40.

◆ Una risorsa alberghiera di ridotte dimensioni, con poche camere ben tenute, alcune particolarmente spaziose, e pulite; sulla piazza principale, proprio sopra la banca. Sul fiume e vicino alle cascate, un riferimento gastronomico d'impostazione classica.

Ratafià, vicolo Calderone 8 ☎ 0776 808033, Coperti limitati; prenotare – VISA.

chiuso lunedì – **Pasto** carta 25/42.

◆ In una piccola traversa di una strada più trafficata, varcato un arco, un locale con proposte di tipo creativo, ma non solo; soprattutto gradevole in estate, con i fiori.

ISOLA DI CAPO RIZZUTO *88841 Crotone 564 K 33 – 13 175 ab. alt. 196.*

Roma 612 – Cosenza 125 – Catanzaro 58 – Crotone 17.

a Le Castella *Sud-Ovest : 10 km – ✉ 88841 Isola di Capo Rizzuto :*

Annibale, ☎ 0962 795004, *Fax 0962 795384*, – , cam, – 70. VISA JCB.

Pasto carta 27/37 – **20 cam** 72,30/82,63 – 1/2 P 62.

◆ Tutto sotto il vigile controllo del signor Annibale: una risorsa familiare, dignitosa, con camere in bel legno chiaro, nel piccolo borgo marinaresco di Le Castella. Ai fornelli, la moglie di Annibale: cucina calabra in una sala caratteristica.

ISOLA DOVARESE *26031 Cremona 561 G 12 – 1231 ab. alt. 34.*

Roma 500 – Parma 48 – Brescia 75 – Cremona 27 – Mantova 46.

Caffè La Crepa, piazza Matteotti 13 ☎ 0375 396161, *Fax 0375 946396*, bistrot-wine bar, prenotare – VISA.

chiuso dal 10 al 23 gennaio, dall'11 al 24 settembre, lunedì sera e martedì – **Pasto** specialità di formaggi 18/23 e carta 24/33.

◆ Sulla piazza principale, un locale storico dove troverete proposte legate al territorio, anche sfiziose, e pesce d'acqua dolce; a pranzo menù ridotto con primi e salumi.

ISOLA RIZZA *37050 Verona* 562 G 15 – *2 799 ab. alt. 23.*
Roma 487 – Verona 27 – Ferrara 91 – Mantova 55 – Padova 84.

all'uscita superstrada 434 verso Legnago :

XXX ✿✿ **Perbellini,** via Muselle 11 ✉ 37050 ☎ 045 7135352, *ristorante@perbellini.com, Fax 045 7135899,* prenotare – ⇐ ▤ P. ✿ ◑ ⓂⒸ VISA
chiuso 10 giorni in gennaio, dall'8 al 31 agosto, domenica sera, lunedì e martedì a mezzogiorno; in luglio-agosto anche domenica a mezzogiorno – **Pasto** 55 (solo a mezzogiorno escluso festivi)/105 e carta 83/116.
◆ Sapori creativi e di mare, nati dall'utilizzo di prodotti di alta qualità; una gioia per il palato, insospettabile in quest'area industriale, alle spalle di un capannone.
Spec. Colori e sapori del mare. Wafer al sesamo con tartare di branzino e caprino all'erba cipollina, sensazioni di liquirizia. Filetto rosa di manzo bollito al sale grosso e puré al limone.

ISOLA ROSSA *Sassari – Vedere Sardegna (Trinità d'Agultu) alla fine dell'elenco alfabetico.*

ISOLA SUPERIORE (dei Pescatori) *Novara* 219 ⑦ – *Vedere Borromee (Isole).*

ISPRA *21027 Varese* 561 E 7, 219 ⑦ – *4 740 ab. alt. 220.*
Roma 650 – Stresa 40 – Locarno 69 – Milano 69 – Novara 53 – Varese 22.

XX ✿ **Schuman,** via Piave 5/7 ☎ 0332 781981, *Fax 0332 960123,* ⛱, Coperti limitati; prenotare – ▤. AE ✿ ◑ ⓂⒸ VISA. ✂
chiuso dal 1° al 21 gennaio, dal 1° al 7 agosto, domenica sera e lunedì – **Pasto** carta 55/76.
◆ Da poco tempo, al primo piano di un edificio nel centro del paese, un giovane, ma esperto cuoco presenta piatti fantasiosi e leggeri, con radici nella tradizione locale.
Spec. Marbré di coniglio alle erbe (estate-autunno). Raviolone con foie gras e cipollotto. Collo d'anatra farcito alle mele.

ISSENGO (ISSENG) *Bolzano – Vedere Falzes.*

ISSOGNE *11020 Aosta* 561 F 5 *G. Italia – 1 360 ab. alt. 387.*
Vedere *Castello*★.
Roma 713 – Aosta 41 – Milano 151 – Torino 80.

X **Al Maniero,** frazione Pied de Ville 58 ☎ 0125 929219, *almaniero@tiscalinet.it, Fax 0125 929219,* ⛱ – P. AE ✿ ◑ ⓂⒸ VISA. ✂
chiuso lunedì escluso agosto – **Pasto** carta 23/33.
◆ Giovane coppia, pugliese lui, ferrarese lei, nei pressi del maniero valdostano: ambiente semplice, con piatti del territorio e, tre giorni alla settimana, pescato fresco.

ISTIA D'OMBRONE *Grosseto* 563 N 15 – *Vedere Grosseto.*

IVREA *10015 Torino* 561 F 5 *G. Italia – 24 247 ab. alt. 267.*
ℹ *corso Vercelli 1 ☎ 0125 618131, info@canavese-vallilanzo.it, Fax 01225 618140.*
A.C.I. *via dei Mulini 3 ☎ 0125 641375.*
Roma 683 – Aosta 68 – Torino 49 – Breuil-Cervinia 74 – Milano 115 – Novara 69 – Vercelli 50.

a Banchette d'Ivrea *Ovest : 2 km* – ✉ *10010 :*

🏨 **Ritz,** via Castellamonte 45 ☎ 0125 611200, *info@ritzhotelivrea.it, Fax 0125 611323* – ⇅ ▤ TV ☎ ♿ P – 🏛 80. AE ✿ ◑ ⓂⒸ VISA. ✂
Pasto (solo per alloggiati) carta 26/35 – **57 cam** ☕ 68/90.
◆ Per una sosta, di lavoro o turistica, nel Canavese, un comodo e confortevole albergo sito nelle vicinanze del casello autostradale e del Centro Direzionale.

al lago Sirio *Nord : 2 km :*

🏨 **Sirio** 🐦, via lago Sirio 85 ✉ 10015 ☎ 0125 424247, *info@hotelsirio.it, Fax 0125 48980,* ≤, 🌳 – ⇅ TV 🚗 P – 🏛 30. AE ✿ ◑ ⓂⒸ VISA JCB
Pasto *(chiuso dal 31 dicembre al 15 gennaio, dal 15 al 31 agosto, domenica e a mezzogiorno)* carta 35/43 – **53 cam** ☕ 75/98 – ½ P 73,50.
◆ Appena fuori Ivrea, in posizione panoramica nei pressi del lago, fra il verde e la tranquillità, una risorsa di stampo moderno, curata e con camere spaziose e luminose. Un piacevole ristorante con ingresso indipendente e un menù ben fornito.

a San Bernardo *Sud : 3 km* – ✉ *10090 :*

🏨 **La Villa** senza rist, via Torino 334 ☎ 0125 631696, *info@ivrealavilla.com, Fax 0125 631950* – ▤ TV P. AE ✿ ◑ ⓂⒸ VISA
22 cam ☕ 67/85.
◆ Accogliente spazio moderno e calda atmosfera familiare in questa recente villa, quasi una casa privata, in zona periferica, ma ben posizionata vicino a stabilimenti.

JESI *60035 Ancona* 563 L 21 *G. Italia – 39 241 ab. alt. 96.*

Vedere *Palazzo della Signoria★ – Pinacoteca★.*

Roma 260 – Ancona 32 – Gubbio 80 – Macerata 41 – Perugia 116 – Pesaro 72.

Federico II, via Ancona 100 ✆ 0731 211079 e rist ✆ 0731 211084, *info@hotelfederico2.it, Fax 0731 57221*, – cam, – 480. rist

Pasto carta 31/46 – **105 cam** 125/190, 21 suites – ½ P 115.

◆ Reca il nome del grande sovrano a cui Jesi diede i natali, l'enorme complesso immerso nel verde e nella quiete; per un soggiorno all'insegna di ogni confort possibile. Ambiente moderno al ristorante con cucina d'albergo.

Mariani senza rist, via Orfanotrofio 10 ✆ 0731 207286, *hmariani@tin.it, Fax 0731 200011*

33 cam 56/80.

◆ Situato nella parte alta della località, a pochi passi dall'anima del centro storico, un indirizzo comodo, con stanze ospitali e confortevoli e gradevoli zone comuni.

Tana Libera Tutti, piazza Baccio Pontelli 1 ✆ 0731 59237, *Fax 0731 59237*,

chiuso dal 1° all'8 gennaio, dal 26 agosto al 6 settembre e domenica – **Pasto** carta 23/48.

◆ Vicino alla stazione, all'interno delle mura della città vecchia, ristorante ospitato da un palazzo dell'Ottocento. Gestione appassionata e simpatica, menù di carne e pesce.

JESOLO *30016 Venezia* 562 F 19 – *22 936 ab. – luglio-settembre.*

(chiuso lunedì) ✆ 0421 37279, Fax 0421 373284.

Roma 560 – Venezia 41 – Belluno 106 – Milano 299 – Padova 69 – Treviso 50 – Trieste 125 – Udine 94.

Da Guido, via Roma Sinistra 25 ✆ 0421 350380, *daguido@libero.it, Fax 0421 369049*,

chiuso dal 15 dicembre al 15 gennaio, martedì a mezzogiorno e lunedì – **Pasto** 55 e carta 45/71.

◆ Locale di tono moderno, elegante, costituito da una sala, luminosa e affacciata sul giardino, e da una veranda climatizzata; offre piatti di mare, curati dal proprietario.

Al Ponte de Fero, via Colombo 1 ✆ 0421 350785, *Fax 0421 350645*,

chiuso febbraio, novembre e lunedì – **Pasto** carta 22/42.

◆ Menù impostato quasi esclusivamente sui sapori che vengono dal mare e con il fritto come specialità; proposto in un edificio d'epoca riconvertito in ristorante.

KALTENBRUNN = Fontanefredde.

KALTERN AN DER WEINSTRASSE = Caldaro sulla Strada del Vino.

KARERPASS = Costalunga (Passo di).

KARERSEE = Carezza al Lago.

KASTELBELL TSCHARS = Castelbello Ciardes.

KASTELRUTH = Castelrotto.

KIENS = Chienes.

KLAUSEN = Chiusa.

KURTATSCH AN DER WEINSTRASSE = Cortaccia sulla Strada del Vino.

Se cercate un hotel tranquillo
consultate prima le carte tematiche dell'introduzione
e trovate nel testo gli esercizi indicati con il simbolo

LABICO *00030 Roma* 563 Q 20 – *3 532 ab. alt. 319.*
Roma 39 – Avezzano 116 – Frosinone 44 – Latina 50 – Tivoli 41.

Antonello Colonna, via Roma 89 ☎ 06 9510032, *antonellolabico@antonellocolonna.com, Fax 06 9511000*, Coperti limitati; prenotare – ▤. AE ⓢ ⓞ ⓜ VISA JCB
chiuso agosto, domenica sera e lunedì – **Pasto** carta 68/98.
◆ Un'eleganza essenziale (pareti bianche, qualche mobile antico) in un ristorante per gourmet (con enoteca), dove la tradizione si sposa felicemente con la creatività.
Spec. Ravioli di pecorino e trippa alla romana (autunno-inverno). Pasta e patate con ragù di salsiccia e santoreggia, caviale asetra. Pancetta di maialino con farro e mele cotogne.

LA CALETTA *Nuoro* 566 F 11 – *Vedere Sardegna (Siniscola) alla fine dell'elenco alfabetico.*

LACCO AMENO *Napoli* 564 E 23 – *Vedere Ischia (Isola d').*

LACES (LATSCH) *39021 Bolzano* 562 C 14, 218 ⑲ – *4 907 ab. alt. 639 – Sport invernali : 1 250/ 2 250 m* ⛷4, ⛷.
via Principale 38 ☎ 0473 623109, iatschsuedtirol.com, Fax 0473 622042.
Roma 692 – Bolzano 54 – Merano 26 – Milano 352.

Paradies ⓢ, via Sorgenti 12 ☎ 0473 622225, *info@hotelparadies.com, Fax 0473 622228*, ←, ☂, Centro benessere, ℱ, ≘s, ☒, ☒, ℛ, ℵ – |♦|, ✂ rist, ▤ rist, TV ℂ P. ⓢ ⓜ VISA. ✂ rist
23 marzo-10 novembre – **Pasto** carta 27/41 – **43 cam** ☐ 98/182, 12 suites – ½ P 106.
◆ In una posizione davvero paradisiaca, bella struttura nella pace dei frutteti e di un giardino ombreggiato con piscina; accoglienti ambienti interni e curato centro benessere. Elegante sala da pranzo, piacevole servizio estivo all'aperto.

LADISPOLI *00055 Roma* 563 Q 18 – *27 316 ab. – a.s. 15 giugno-agosto.*
Dintorni *Cerveteri : necropoli della Banditaccia** Nord : 7 km.*
via Bracciano 11 ☎ 06 9913049, unpli@tiscalinet.it.
Roma 39 – Civitavecchia 34 – Ostia Antica 43 – Tarquinia 53 – Viterbo 79.

La Posta Vecchia ⓢ, località Palo Laziale Sud : 2 km ☎ 06 9949501, *info@lapostavecchia.com, Fax 06 9949507*, ←, ☒, ℛ – |♦| ▤ TV P – 🏛 50. AE ⓢ ⓞ ⓜ VISA. ✂
19 marzo-10 novembre – **Pasto** (solo su prenotazione) carta 69/114 – **16 cam** ☐ 570, 3 suites.
◆ Calda armonia nei lussuosi interni di una dimora del Seicento, in riva al mare e con parco, per sentirsi ospiti non di un hotel, ma di una residenza nobiliare privata. Davvero particolare e di un lusso sontuoso la sala da pranzo del ristorante con vista mare.

Sora Olga, via Odescalchi 99 ☎ 06 99222006, Rist. e pizzeria – ▤. ⓢ ⓞ ⓜ VISA. ✂
chiuso mercoledì escluso da giugno a settembre – **Pasto** carta 32/45.
◆ Ristorante classico centrale, con una linea di cucina per tutti i gusti: per chi ama la carne o il pesce, ma anche per chi non rinuncia alle tradizionali pizze.

LAGLIO *22010 Como* 561 E 9, 219 ⑨ – *906 ab. alt. 202.*
Roma 638 – Como 13 – Lugano 41 – Menaggio 22 – Milano 61.

Plinio au Lac, via Regina 101 ☎ 031 401271, *Fax 031 401278*, ←, ☂, ≘s, ☒ – |♦| ▤ TV. AE ⓢ ⓜ VISA. ✂
marzo-ottobre – **Pasto** al Rist. ***L'Attracco*** carta 37/45 – **26 cam** ☐ 120/140 – ½ P 100.
◆ All'entrata del caratteristico paesino, in luogo panoramico proprio di fronte al bacino lacustre, un hotel di moderna concezione; piacevoli camere con arredi essenziali. Luminosa sala con arredamento lineare e pareti ornate da piccoli quadri e oggetti.

LAGO *Vedere nome proprio del lago.*

LAGOLO *38072 Trento* 562 D 15 – *alt. 936.*
Roma 600 – Trento 28 – Bolzano 85 – Brescia 120 – Milano 213.

Floriani ⓢ, via Lago 2 ☎ 0461 564241, *albergo.floriani@tin.it, Fax 0461 563156*, ← lago, ℛ – |♦|, ✂ rist, ▤ rist, TV P. AE ⓢ ⓞ ⓜ VISA. ✂ rist
chiuso novembre – **Pasto** carta 27/38 – **18 cam** ☐ 64/110 – ½ P 65.
◆ Ambiente curato e familiare in un piccolo albergo immerso nella tranquillità di un verde paesaggio, in riva al lago; camere con travi a vista e parquet, molto piacevoli. Sembra di essere «a casa di amici» nella graziosa sala da pranzo dalla calda atmosfera.

LAGO MAGGIORE o VERBANO *Novara, Varese e Cantone Ticino* 561 E 7 *G. Italia.*

LAGONEGRO 85042 Potenza 564 G 29 – 6 152 ab. alt. 666.

Roma 384 – Potenza 111 – Cosenza 138 – Salerno 127.

in prossimità casello autostrada A 3 - Lagonegro Sud *Nord : 3 km :*

Midi, viale Colombo 76 ✉ 85042 ☎ 0973 41188, *midi@lagonet.it, Fax 0973 41186,* – rist, – 250. AE VISA JCB.
Pasto carta 21/30 – 4 – **36 cam** 44/62 – ½ P 44.
◆ Vicino allo svincolo autostradale, albergo d'ispirazione contemporanea particolarmente adatto a una clientela di lavoro; camere essenziali e funzionali. Ampia sala da pranzo lineare di tono classico; salone banchetti con capienza fino a 500 persone.

LAGUNDO (ALGUND) 39022 Bolzano 562 B 15, 218 ⑩ – 4 103 ab. alt. 400.

via Vecchia 33/b ☎ 0473 448600, info@algund.com, Fax 0473 448917.

Roma 667 – Bolzano 30 – Merano 2 – Milano 328.

Pianta: Vedere Merano.

Ludwigshof , via Breitofen 9 ☎ 0473 220355, *info@ludwigshof.com, Fax 0473 220420,* ←, , , – AE VISA. rist A b
marzo-5 novembre – **Pasto** *(chiuso a mezzogiorno)* (solo per alloggiati) – **23 cam** 50/100, 4 suites – ½ P 69.
◆ In un'oasi di tranquillità, incorniciato dal Gruppo del Tessa, albergo a gestione familiare con un invitante giardino; tappeti, quadri e soffitti in legno all'interno.

Agriturismo Plonerhof senza rist, via Peter Thalguter 11 ☎ 0473 448728, *info@plonerhof.it, Fax 0473 499220,* , –
6 cam 28/52.
◆ Non lontano dal centro, circondata da una riposante natura, casa contadina del XIII secolo con tipiche iscrizioni di motti tirolesi; interessanti arredi di epoche diverse.

Utilizzate la guida dell'anno in corso

LAIGUEGLIA 17053 Savona 561 K 6 – 2 268 ab..

via Roma 2 ☎ 0182 690059, laigueglia@inforiviera.it, Fax 0182 691798.

Roma 600 – Imperia 19 – Genova 101 – Milano 224 – San Remo 44 – Savona 55.

Splendid Mare, piazza Badarò 3 ☎ 0182 690325, *info@splendidmare.it, Fax 0182 690894,* , – AE VISA.
Pasqua-settembre – **Pasto** 32 – **48 cam** 80/164 – ½ P 97.
◆ Un soggiorno rilassante negli ambienti signorili di un edificio risalente al 1400, ristrutturato nel 1700, che conserva il fascino di un antico passato; camere piacevoli. Sala da pranzo con pozzo in pietra, originale elemento decorativo tra tavoli rotondi.

Mediterraneo , via Andrea Doria 18 ☎ 0182 690240, *mediterraneo@hotelmedit.it, Fax 0182 499739* – VISA. rist
chiuso dal 15 ottobre al 22 dicembre – **Pasto** (solo per alloggiati) 16/20 – 8,50 – **32 cam** 70/110 – ½ P 75.
◆ La gestione famigliare, le camere grandi, ben arredate con i bagni rinnovati, la posizione comoda e tranquilla e la grande terrazza solarium: buone vacanze!

Mambo, via Asti 5 ☎ 0182 690122, *Fax 0182 690907* –
chiuso da ottobre al 20 dicembre – **Pasto** carta 16/25 – **25 cam** 53 – ½ P 63.
◆ Ambiente familiare in una struttura semplice, ma confortevole situata poco fuori dal centro della località: interni in stile moderno e grandi camere ben arredate. Ariosa sala da pranzo di taglio lineare.

Baiadelsole, piazza Cavour 8 ☎ 0182 480026, *Fax 0182 690237,* , prenotare – VISA.
26 dicembre-8 gennaio e Pasqua-ottobre; chiuso lunedì e a mezzogiorno – **Pasto** carta 40/50.
◆ Locale signorile di fronte alla spiaggia: saletta interna con soffitto a volta in mattoni a vista e ameno servizio estivo in terrazza sul mare; piatti di mare rivisitati.

LAINATE 20020 Milano 561 F 9, 219 ⑧ – 23 386 ab. alt. 176.

Green Club ☎ 02 9370869, Fax 02 9374401.

Roma 599 – Milano 19 – Como 32 – Novara 49 – Pavia 51.

Armandrea, via Litta 66 ☎ 02 9372057, *armandrea@libero.it, Fax 02 9372899,* Rist. e pizzeria serale – AE VISA JCB
chiuso dal 4 al 27 agosto e domenica – **Pasto** carta 34/52.
◆ Locale a gestione diretta, con ingresso «arredato» da bottiglie di distillati e ampia sala luminosa in cui gustare una cucina legata a prodotti di stagione e pizze.

LAINO BORGO *87014 Cosenza – 2 300 ab. alt. 250.*

Roma 445 – Cosenza 115 – Potenza 131 – Lagonegro 54 – Mormanno 17 – Sala Consilina 94 – Salerno 185.

Chiar di Luna con cam, località Cappelle ✆ 0981 82550, *Fax 0981 82550*, Rist. e pizzeria, – ▤ TV P. AE ⓢ ⓞ ⓜⓒ VISA JCB. ✻

Pasto carta 15/22 – **7 cam** ☐ 35/60 – ½ P 40.

◆ Valida gestione familiare in una piacevole trattoria, situata in zona tranquilla: una grande sala curata dove sono proposti piatti stagionali e della tradizione.

LAIVES (LEIFERS) *39055 Bolzano* 562 C 16, 218 ⑳ *– 15 069 ab. alt. 257.*

Roma 634 – Bolzano 8 – Milano 291 – Trento 52.

Rotwand, via Gamper 2 (Nord-Est : 2 km) ✉ 39050 Pineta di Laives ✆ 0471 954512, *info@rotwand.com, Fax 0471 954295*, ≤, – |‡| TV P. ⓢ ⓞ ⓜⓒ VISA

Pasto *(chiuso dal 4 gennaio al 4 febbraio e lunedì)* carta 18/33 – **35 cam** ☐ 50/90 – ½ P 52.

◆ Conduzione diretta in una bella struttura in quieta e panoramica zona residenziale, immersa nel verde; ambienti tradizionali e camere arredate in modo essenziale. Piacevole servizio ristorante estivo in terrazza.

LALLIO *24040 Bergamo* 561 E 11 *– 3 676 ab. alt. 216.*

Roma 576 – Bergamo 7 – Lecco 34 – Milano 44 – Piacenza 105.

Donizetti, via Aldo Moro ✆ 035 201227, *booking@hoteldonizetti.com, Fax 035 691361* – |‡|, cam, ▤ TV P. – 80. AE ⓢ ⓞ ⓜⓒ VISA JCB. ✻

Pasto *(chiuso domenica)* carta 45/58 – **30 cam** ☐ 160 – ½ P 111.

◆ Particolarmente adatto a una clientela d'affari, questo albergo moderno inserito in un complesso residenziale; interni piacevoli, camere di tono elegante e ben arredate. Impostazione classica di tono signorile per la curata sala ristorante.

LAMA *Taranto* 564 F 33 – *Vedere Taranto.*

LA MAGDELEINE *Aosta* 561 E 4, 219 ③ *– 91 ab. alt. 1 640 –* ✉ *11020 Antey Saint André – a.s. Pasqua, luglio-agosto e Natale – Sport invernali : 1 665/1825 m* 1, .

Roma 738 – Aosta 44 – Breuil-Cervinia 28 – Milano 174 – Torino 103.

Miravidi, località Artaz 8 ✆ 0166 548259, *info@miravidi.com, Fax 0166 549963*, ≤ vallata e monti, – P. AE ⓢ ⓞ ⓜⓒ VISA. ✻

chiuso aprile e ottobre – **Pasto** carta 19/36.

◆ In bella posizione panoramica con splendida vista sulla vallata, un ristorante dove sono proposti piatti tipici valdostani e il caratteristico pane nero fatto in casa.

LAMA MOCOGNO *41023 Modena* 562 J 14 *– 3 040 ab. alt. 812.*

Roma 382 – Bologna 88 – Modena 58 – Pistoia 76.

Vecchia Lama, via XXIV Maggio 11 ✆ 0536 44662 – AE ⓢ ⓞ ⓜⓒ VISA. ✻

chiuso dal 1° al 20 giugno e lunedì – **Pasto** carta 20/38.

◆ Giovane conduzione diretta e cordiale ambiente familiare in un ristorante con gradevoli giardini antistanti; proposte di cucina del territorio e discreta scelta di vini.

LAMEZIA TERME *88046 Catanzaro* 564 K 30 *– 71 624 ab. alt. 210 (frazione Nicastro).*

a Sant'Eufemia Lamezia ✆ 0968 51766 – Alitalia, via Aeroporto 1, ✉ 88040 ✆ 0968 51641, Fax 0968 53687.

Roma 580 – Cosenza 66 – Catanzaro 44.

a Nicastro – ✉ *88046 :*

Novecento, Largo Sant'Antonio 5 ✆ 0968 448625, *ristorante.novecento@tiscali.it, Fax 0968 448625* – ▤. AE ⓢ ⓞ ⓜⓒ VISA. ✻

chiuso dal 10 al 25 agosto, sabato a mezzogiorno e domenica – **Pasto** carta 24/39.

◆ Il pianoforte, il vecchio grammofono, i mattoni a vista e il servizio attento, regalano una calda ospitalità che accompagna degnamente i numerosi piatti della tradizione.

Da Enzo, via Generale Dalla Chiesa ✆ 0968 23349, *Fax 0968 23349* – ▤ P. AE ⓢ ⓜⓒ VISA JCB. ✻

chiuso dal 24 dicembre al 6 gennaio, dal 10 al 25 agosto, domenica e le sere di giovedì, venerdì e sabato – **Pasto** carta 17/24.

◆ Ambiente informale in una semplice e accogliente trattoria ad andamento familiare con interni in stile essenziale, ma curati; proposte di piatti della tradizione.

LA MORRA *12064 Cuneo* 561 I 5 – *2 591 ab. alt. 513.*
Roma 631 – Cuneo 62 – Asti 45 – Milano 171 – Torino 63.

Corte Gondina senza rist, via Roma 100 ✆ 0173 509781, *info@cortegandina.it, Fax 0173 509782,* – cam, . AE VISA
chiuso dal 1° gennaio al 15 febbraio – **14 cam** 80/115.
◆ La sapiente ristrutturazione di una cascina ha fatto nascere questa curata risorsa che dispone di una quindicina di camere curate e ricche di personalizzazioni.

Villa Carita senza rist, via Roma 105 ✆ 0173 509633, *info@villacarita.it, Fax 0173 509633,* ← colline e vigneti, – P.
chiuso gennaio e febbraio – **4 cam** 90/115, suite.
◆ Bella casa d'inizio '900 con splendida vista su colline e vigneti, su cui si affacciano le camere; ambienti raffinati con arredi eleganti, per un soggiorno memorabile.

Belvedere, piazza Castello 5 ✆ 0173 50190, *ris.belvedere@areacom.it, Fax 0173 509580,* ← – AE VISA JCB
chiuso gennaio, febbraio, domenica sera e lunedì – **Pasto** carta 31/50.
◆ In pieno centro, un locale recentemente ristrutturato, sito in un edificio d'epoca: ambienti in caldo stile rustico di tono elegante dove provare cucina tipica del luogo.

a Santa Maria *Nord-Est :4 km* – ✉ *12064 La Morra :*

L'Osteria del Vignaiolo con cam, ✆ 0173 50335, *osteriavignaiolo@ciaoweb.it, Fax 0173 50335,* – . AE VISA
chiuso dal 10 gennaio al 14 febbraio e dal 15 al 31 luglio – **Pasto** *(chiuso mercoledì e giovedì)* carta 24/31 – **5 cam** 55/70.
◆ In questa piccola frazione nel cuore della zona del Barolo, un piacevole edificio in mattoni ospita quella che è divenuta un'elegante osteria. Notevole carta dei vini.

a Annunziata *Est : 4 km* – ✉ *12064 La Morra :*

Agriturismo La Cascina del Monastero senza rist, cascina Luciani 112/a ✆ 0173 509245, *ascinadelmonastero@libero.it, Fax 0173 500861,* – P. VISA.
chiuso dal 15 dicembre al 15 gennaio – **10 cam** 70/85.
◆ Una cascina utilizzata dai frati per produrre vino, già nel '600. Ebbene oggi è possibile soggiornarvi, non ci sono più i frati, ma il vino continua ad essere servito.

Osteria Veglio, frazione Annunziata 9 ✆ 0173 509341, *Fax 0173 509341,* – P. AE VISA
chiuso febbraio, dal 7 al 31 agosto, mercoledì a mezzogiorno e martedì – **Pasto** carta 39/47.
◆ Cucina genuina che segue le tradizioni delle Langhe e servizio estivo viene svolto su di una terrazza da cui si gode della bella vista sulle colline e i vigneti circostanti.

LAMPEDUSA (Isola di) *Agrigento* 565 U 19 – *Vedere Sicilia alla fine dell'elenco alfabetico.*

LANA *Bolzano* 562 C 15 – *9 641 ab. alt. 289* – ✉ *39011 Lana d'Adige – Sport invernali : a San Vigilio : 1 485/1 839 m* 1 2, .
Lana Merano (chiuso gennaio) ✆ *0473 564696, Fax 0473 565399.*
via Andreas Hofer 7/b ✆ *0473 561770, info@lana.com, Fax 0473 561979.*
Roma 661 – Bolzano 24 – Merano 9 – Milano 322 – Trento 82.

Gschwangut, via Treibgasse 12 ✆ 0473 561527, *info@gschwangut.it, Fax 0473 564155,* ←, , , , , , – P. AE VISA JCB. rist
15 marzo-15 novembre – **Pasto** (solo per alloggiati) – **20 cam** 110/140, 4 suites – ½ P 80.
◆ Il suggestivo giardino fiorito con piscina è soltanto una delle gradevoli caratteristiche di questa risorsa dove risulterà semplice trascorrere un'ottima vacanza.

Eichhof, via Querce 4 ✆ 0473 561155, *info@eichhof.net, Fax 0473 563710,* , , , , , – P. VISA.
aprile-5 novembre – **Pasto** (solo per alloggiati) – **21 cam** 51/100 – ½ P 65.
◆ A pochi passi dal centro, un piccolo albergo immerso in un ameno giardino ombreggiato con piscina; accoglienti e razionali gli spazi comuni in stile, spaziose le camere.

Mondschein, Gampenstrasse 6 ✆ 0473 552700, *info@mondschein.it, Fax 0473 552727,* – P. AE VISA
chiuso dal 23 al 27 dicembre – **Pasto** *(chiuso lunedì)* carta 25/42 – **30 cam** 63/104, suite – ½ P 58.
◆ Hotel leggermente penalizzato dalla posizione, certo non delle più affascinanti, ma assolutamente apprezzabile per il confort moderno e l'accoglienza professionale. Sala ristorante di taglio contemporaneo.

Rebgut senza rist, via Brandis 3 (Sud : 2,5 km) ✆ 0473 561430, *rebgut@rolmail.net, Fax 0473 565108,* riscaldata, – P. VISA.
marzo-ottobre – **12 cam** 46/84.
◆ Nella tranquillità della campagna, in mezzo ai frutteti, una graziosa casa nel verde con un'invitante piscina; ambienti in stile rustico con arredi in legno chiaro.

a Foiana (Völlan) *Sud-Ovest : 5 km – alt. 696 – ✉ 39011 Lana d'Adige :*

Völlanerhof, via Prevosto 30 ✆ 0473 568033, *info@voellanerhof.com, Fax 0473 568143*, ←, Centro benessere, riscaldata, – cam, . rist
20 marzo-20 novembre – **Pasto** (solo per alloggiati) – **45 cam** 110/200, 6 suites – ½ P 119.
◆ Un'oasi di pace nella cornice di una natura incantevole: piacevole giardino con piscina riscaldata, confortevoli interni d'ispirazione moderna, attrezzato centro fitness.

Waldhof, via Mayenburg 32 ✆ 0473 568081, *info@waldhof.net, Fax 0473 568142*, ← monti, Centro benessere, – rist, AE VISA. rist
marzo-6 gennaio – **Pasto** 31/39 – **28 cam** 97/172, 2 suites – ½ P 101.
◆ In splendida posizione panoramica, in un superbo parco, albergo dai raffinati ambienti stile tirolese; bella collezione di minerali, ampie camere con soggiorno e balcone. Tipica sala ristorante in stile montano.

Kirchsteiger con cam, via Prevosto Wieser 5 ✆ 0473 568044, *info@kirchsteiger.com, Fax 0473 568198*, ←, Coperti limitati; prenotare, – AE VISA. rist
chiuso dal 12 gennaio al 13 febbraio – **Pasto** *(chiuso giovedì)* carta 32/50 – **8 cam** 40/82 – ½ P 54.
◆ Tipico stile tirolese nella bella sala classica e nella stube di una graziosa casa immersa nel verde: atmosfera romantica in cui assaporare cucina innovativa imperdibile.

LANCIANO *66034 Chieti* 563 P 25 – *35 723 ab. alt. 283 – a.s. 20 giugno-agosto.*
piazza del Plebiscito 51 ✆ 0872 717810, iat.lanciano@abruzzoturismo.it, Fax 0872 717810.
Roma 199 – Pescara 51 – Chieti 48 – Isernia 113 – Napoli 213 – Termoli 73.

Excelsior, viale della Rimembranza 19 ✆ 0872 713013, *reception@hotelexcelsiorlanciano.it, Fax 0872 712907* – 100. AE VISA. rist
Pasto *(chiuso venerdì e a mezzogiorno escluso dal 15 luglio al 31 agosto)* carta 27/38 – **70 cam** 93/124, 4 suites – ½ P 77,50.
◆ Imponente struttura di dieci piani nel centro della località; gradevoli spazi comuni abbelliti da mobili d'epoca e comode poltrone; camere con arredi in stile lineare. Panoramica vista sulla città dalla sala ristorante all'ultimo piano.

Anxanum senza rist, via San Francesco d'Assisi 8/10 ✆ 0872 715142, *hotelanxanum@tin.it, Fax 0872 715142*, – 100. AE VISA JCB
8 – **42 cam** 70/80.
◆ Albergo in zona residenziale, vocato ad una clientela di lavoro; all'interno una spaziosa hall che si affaccia piacevolmente sulla piscina e grandi camere sobrie.

Corona di Ferro, corso Roma 28 ✆ 0872 713029, *Fax 0872 713029*, Coperti limitati; prenotare – AE VISA.
chiuso dal 3 al 14 gennaio, domenica sera e lunedì – **Pasto** carta 21/27.
◆ Un locale elegante dall'atmosfera raffinata in un palazzo dell'800: tre sale con affreschi originali dove si propongono cucina di mare e alcuni piatti di carne.

Ribot, via Milano 58/60 ✆ 0872 712205, *ristoranteribot@tin.it, Fax 0872 712205*, – AE VISA JCB
chiuso dal 20 al 30 dicembre, dal 20 luglio al 10 agosto e venerdì – **Pasto** carta 21/27.
◆ Ristorante al piano terra di un condominio in zona residenziale, fuori dal centro storico; sobria sala inondata di luce, con stampe a tema equestre sulle pareti.

LANGHIRANO *43013 Parma* 562 I 12 – *8 442 ab. alt. 262.*
Roma 476 – Parma 23 – La Spezia 119 – Modena 81.

La Ghiandaia, località Berzola Sud : 3 km ✆ 0521 861059, *Fax 0521 861059*, ←, prenotare la sera, – AE VISA
chiuso gennaio, dal 17 al 24 agosto, martedì a mezzogiorno e lunedì – **Pasto** specialità di mare carta 35/50.
◆ Originale collocazione in un fienile ristrutturato, in cui approfittare anche del servizio estivo all'aperto, accomodati nel giardino in riva al fiume; specialità marinare.

a Pilastro *Nord : 9 km – alt. 176 – ✉ 43010 :*

Ai Tigli, via Parma 44 ✆ 0521 639006, *aitigli@hotelaitigli.it, Fax 0521 637742*, – 100. AE VISA. rist
Pasto *(chiuso agosto)* carta 21/31 – **40 cam** 60/90 – ½ P 88.
◆ Ideale per una clientela d'affari, albergo a consolidata gestione diretta, recentemente ampliato con nuove camere in una struttura distaccata; piacevoli interni. Ampia sala da pranzo, dove gustare cucina della tradizione.

LANGTAUFERS = *Vallelunga.*

LANZADA *23020 Sondrio* 561 D 11, 218 ⑮ – *1 457 ab. alt. 981.*
Roma 707 – Sondrio 16 – Bergamo 131 – Saint-Moritz 95.

a Campo Franscia *Nord-Est : 8 km –* ✉ *23020 Lanzada :*

Fior di Roccia, ☎ 0342 453303, *alb.fiordiroccia@iol.it, Fax 0342 451008* – TV . VISA.
Pasto *(chiuso martedì)* carta 22/27 – ☕ 5 – **16 cam** 27/50.
◆ In una frazione isolata, un piccolo hotel a gestione diretta, molto confortevole, completamente ristrutturato; camere luminose e spaziose, in stile essenziale. Ambiente semplice nella sala da pranzo; gradevole il servizio estivo all'aperto.

LANZO D'INTELVI *22024 Como* 561 E 9, 219 ⑧ *G. Italia – 1 319 ab. alt. 907.*
Dintorni *Belvedere di Sighignola*** : ≤ sul lago di Lugano e le Alpi Sud-Ovest : 6 km.*
(aprile-5 novembre; chiuso lunedì) ☎ *031 839117, Fax 031 839060, Est : 1 km.*
piazza Novi (palazzo Comunale) ☎ *031 840143.*
Roma 653 – Como 30 – Argegno 15 – Menaggio 30 – Milano 83.

Milano, via Martino Novi 26 ☎ 031 840119, *Fax 031 841200*, – TV P. VISA.
chiuso novembre – **Pasto** *(chiuso mercoledì)* carta 20/25 – ☕ 7 – **30 cam** 40/70 – ½ P 50.
◆ Solida gestione familiare ormai generazionale in un albergo classico abbracciato da un fresco giardino ombreggiato; spazi comuni razionali e camere ben accessoriate. Pareti in caldo color ocra ornate da piccoli quadri nella bella sala ristorante.

Rondanino, via Rondanino 1 (Nord : 3 km) ☎ 031 839858, *rondanino@libero.it, Fax 031 833640*, ≤, – TV P. AE VISA
Pasto *(chiuso mercoledì escluso dal 15 giugno al 15 settembre)* carta 18/34 – ☕ 5 – **14 cam** 40/50 – ½ P 50.
◆ Nell'assoluta tranquillità dei prati e delle pinete che lo circondano, un rustico caseggiato ristrutturato: spazi interni gradevoli e camere complete di ogni confort. Accogliente sala da pranzo riscaldata da un camino in mattoni; servizio estivo in terrazza.

LANZO TORINESE *10074 Torino* 561 G 4 – *5 186 ab. alt. 515.*
via Umberto I 9 ☎ *0123 28080, lanzoatl@libero.it, Fax 0123 28091.*
Roma 689 – Torino 28 – Aosta 131 – Ivrea 68 – Vercelli 94.

Trattoria del Mercato, via Diaz 29 ☎ 0123 29320, *Fax 0123 27823* – VISA.
chiuso dal 15 al 30 giugno e giovedì – **Pasto** carta 22/34.
◆ In pieno centro, ristorante nato nel 1938 e gestito sempre dalla stessa famiglia; ambiente semplice e arredi essenziali nelle due sale, dove provare piatti piemontesi.

LA PANCA *Firenze – Vedere Greve in Chianti.*

LA PILA *Livorno* 563 N 12 – *Vedere Elba (Isola d') : Marina di Campo.*

LAPIO *Vicenza* 562 F 16 – *Vedere Arcugnano.*

L'AQUILA *67100* P 563 O 22 *G. Italia – 70 005 ab. alt. 721.*
Vedere *Basilica di San Bernardino*** **Y** – *Castello** **Y** *: museo Nazionale d'Abruzzo** – Basilica di Santa Maria di Collemaggio** **Z** *: facciata** – Fontana delle 99 cannelle**Z.
Dintorni *escursione al Gran Sasso****.*
piazza Santa Maria di Paganica 5 ☎ *0862 410808, presidio.aquila@abruzzoturismo.it, Fax 0862 65442 – via XX Settembre 8* ☎ *0862 22306, iat.aquila@abruzzoturismo.it, Fax 0862 27486.*
A.C.I. *via Donadei 3* ☎ *0862 411056.*
Roma 119 ① *– Napoli 242* ① *– Pescara 105* ② *– Terni 94* ①.

Pianta pagina a lato

San Michele senza rist, via dei Giardini 6 ☎ 0862 420260, *info@stmichelehotel.it, Fax 0862 27060* – TV . AE VISA Z a
32 cam ☕ 63/90.
◆ Hotel centrale ricavato dalla ristrutturazione di una casa privata. Gli spazi comuni comprendono un piccolo soggiorno e una saletta colazioni a buffet. Camere confortevoli.

La Grotta di Aligi, viale Rendina 2 ☎ 0862 65260, *Fax 0862 65260* – . AE VISA. Z c
chiuso domenica – **Pasto** carta 24/55.
◆ Locale di lunga tradizione, meta di personaggi celebri: elegante sala ben tenuta e curata negli arredi, con esposizione di bottiglie, dove gustare piatti del territorio.

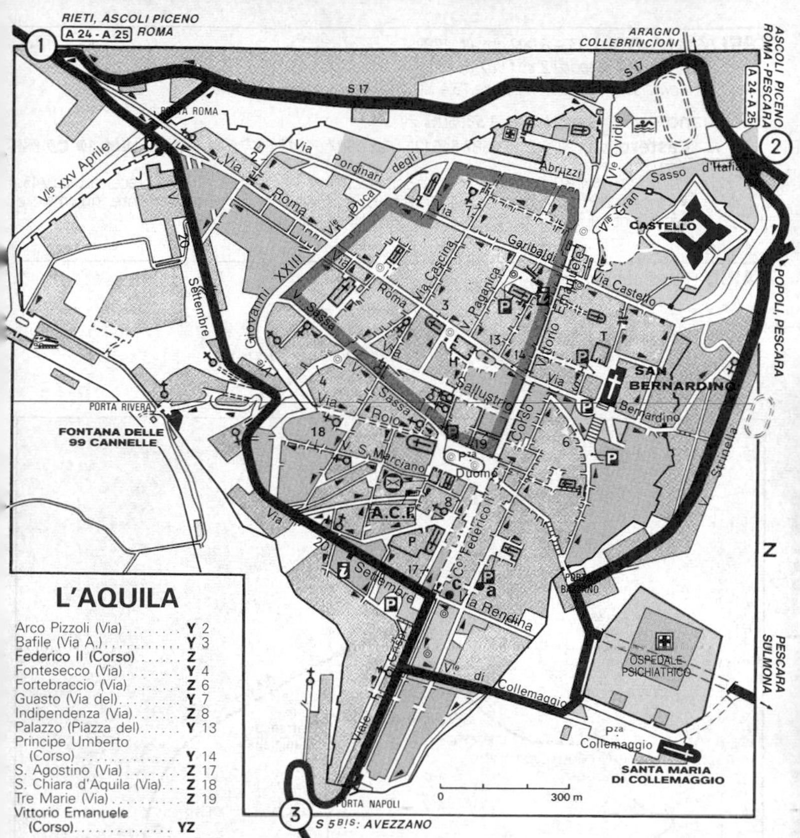

X **Antiche Mura,** via XXV Aprile 2 ang. via XX Settembre ✆ 0862 62422, *Fax 0862 319391* – P. ⓢ MC VISA JCB. ✗ — Y b

chiuso dal 23 al 29 dicembre e domenica – **Pasto** cucina tipica aquilana carta 27/35.

◆ Ambiente caratteristico in un'antica trattoria arredata in stile locale: sale rese particolari dall'esibizione di utensili, oggetti antichi e foto d'epoca; cucina aquilana.

a Preturo *Nord-Ovest : 8 km – ✉ 67010 :*

XX **Il Rugantino,** strada statale 80 ✆ 0862 461401 – ✗ ▤ P. AE ⓢ ⓓ MC VISA JCB

chiuso domenica e mercoledì sera (dal 1° maggio al 15 agosto chiuso anche mercoledì a mezzogiorno) – **Pasto** carta 27/31.

◆ Nella tranquillità dell'aperta campagna, una villetta con due sale curate e accoglienti: ambiente allegro e «colorato», camino sempre acceso e cucina del territorio.

a Paganica *Nord-Est : 9 km – ✉ 67016 :*

Parco delle Rose senza rist, strada statale 17 bis ✆ 0862 680128, *hotelpdr@inwind.it, Fax 0862 680142* – |‡| ▤ TV P. AE ⓢ ⓓ MC VISA. ✗

16 cam ☕ 62/83, suite.

◆ In tranquilla e ottima posizione, a pochi chilometri dall'autostrada, piccolo caseggiato di recente costruzione; spaziose zone comuni, camere funzionali in stile moderno.

a Camarda *Nord-Est : 14 km – ✉ 67010 :*

XX **Elodia,** strada statale 17 bis del Gran Sasso ✆ 0862 606219, *elodiar@tin.it, Fax 0862 608839,* ☂ – ✗. AE ⓢ ⓓ MC VISA JCB. ✗

chiuso dal 1° al 15 luglio, domenica sera e lunedì – **Pasto** carta 31/43.

◆ Nell'antico paese di Camarda, interamente costruito in pietra, una villetta moderna: una sala semplice con una stufa-camino al centro; piatti tipici locali da provare.

LARI *56035 Pisa* 563 L 13 – *8 092 ab. alt. 129.*
piazza Matteotti 2 ✆ 0587 685515.
Roma 335 – Pisa 37 – Firenze 75 – Livorno 33 – Pistoia 59 – Siena 98.

a Lavaiano *Nord-Ovest : 9 km – ✉ 56030 :*

Castero, via Galilei 2 ✆ 0587 616121, *Fax 0587 616121*, – AE JCB VISA
chiuso dal 15 al 30 agosto, domenica sera e lunedì – **Pasto** specialità alla brace carta 30/45.
◆ Locale all'interno di una villa d'epoca con un ameno giardino; ambiente informale e accogliente dove assaporare piatti tipici toscani e specialità alla brace.

LARIO *Vedere Como (Lago di).*

Se cercate un hotel tranquillo
consultate prima le carte tematiche dell'introduzione
e trovate nel testo gli esercizi indicati con il simbolo

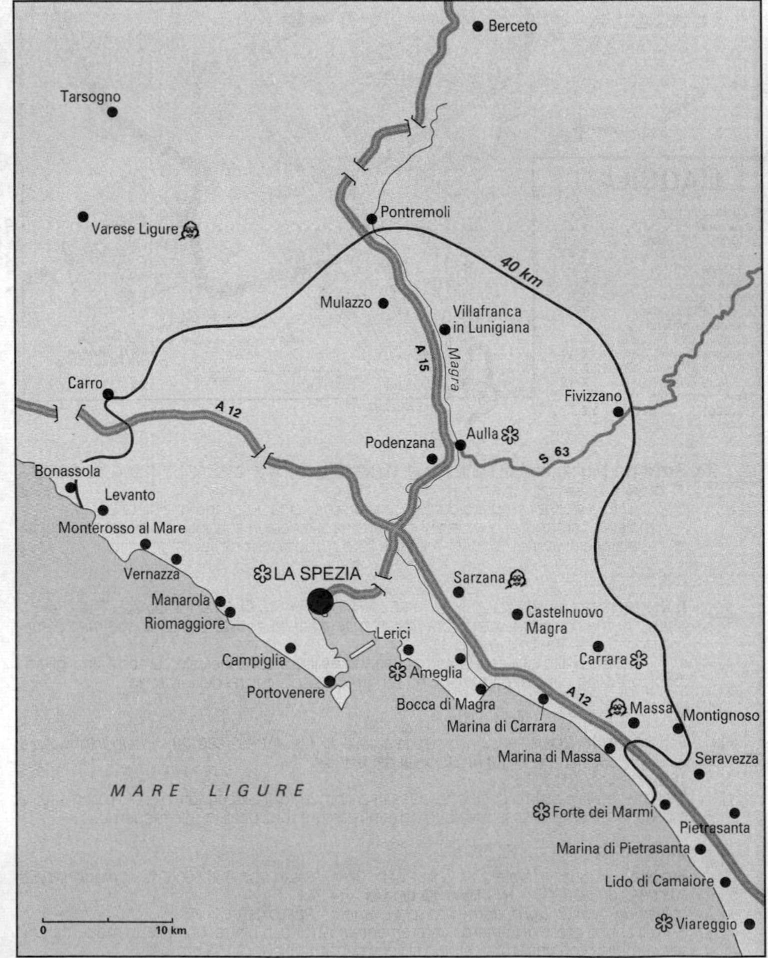

LA SPEZIA *19100* P 561 J 11 *G. Italia – 95 091 ab..*

Escursioni *Riviera di Levante* ★★★ *Nord-Ovest.*

Marigola (chiuso lunedì) a Lerici ✉ 19032 ☎ 0187 970193, Fax 0187 970193 per ③ : 6 km.

per Golfo Aranci 22 giugno-9 settembre giornaliero (5 h 30 mn) – Tirrenia Navigazione-agenzia Lardon, viale San Bartolomeo 109 ☎ 0187 551111, Fax 0187 551301.

via Mazzini 45 ☎ 0187 770900, info@aptcinqueterre.sp.it, Fax 0187 770908.

A.C.I. *via Costantini 18 ☎ 0187 511098.*

Roma 418 ② – Firenze 144 ② – Genova 103 ② – Livorno 94 ② – Milano 220 ② – Parma 115 ②.

LA SPEZIA

Battisti (Piazza Cesare) ...... **AB** 2
Beverini (Piazza G.) .... **A** 3
Brin (Piazza Benedetto) .... **A** 4
Caduti del Lavoro (Piazzale) ... **A** 6
Cavour (Corso e Piazza) ..... **AB**
Chiodo (Pza e Via Domenico) **B** 8
Colli (Via dei) .... **AB** 9
Da Passano (Via) .... **B** 10
Europa (Piazza) .... **B** 12
Fieschi (Viale Nicolò) .... **A** 13
Fiume (Via) .... **A** 14
Manzoni (Via) .... **B** 15
Milano (Via) .... **A** 16
Mille (Via dei) .... **A** 17
Napoli (Via) .... **A** 18
Prione (Via del) .... **AB**
Rosselli (Via Flli) .... **A** 20
Spallanzani (Via e Salita) ..... **A** 22
Verdi (Pza Giuseppe) .... **B** 23
20 Settembre (Via) .... **B** 24
27 Marzo (Via) .... **AB** 26

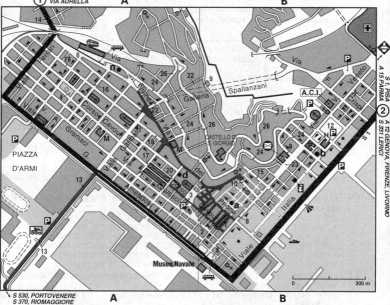

Jolly Hotel La Spezia, via 20 Settembre 2 ✉ 19124 ☎ 0187 739555, *la_spezia@jollyhotels.it, Fax 0187 22129,* <, ⛱ – |♦|, ⊭ cam, ▤ TV – 🏔 300. AE ⊕ ⊙ MC VISA JCB. ✗ rist — B b

Pasto carta 30/53 – **108 cam** ☐ 150/185, 2 suites – ½ P 122,50.

◆ In posizione panoramica di fronte al mare, imponente hotel vocato all'attività congressuale; luminosa hall, spaziosa e signorile e camere ornate in stile moderno. Possibilità di un pasto rilassante nell'ampia sala.

Firenze e Continentale senza rist, via Paleocapa 7 ✉ 19122 ☎ 0187 713210, *hotel_firenze@hotelfirenzecontinentale.it, Fax 0187 714930* – |♦| ⊭ ▤ TV ♿ – 🏔 30. AE ⊕ ⊙ MC VISA — A n

chiuso dal 24 al 27 dicembre – **66 cam** ☐ 76/114.

◆ Albergo in un palazzo d'inizio '900, vicino alla stazione ferroviaria; gradevoli aree comuni arredate in modo confortevole, con indovinati accostamenti di colori.

Genova senza rist, via Fratelli Rosselli 84 ✉ 19121 ☎ 0187 732972, *hgenova@col.it, Fax 0187 731766* – |♦| ▤ TV. AE ⊕ ⊙ MC VISA JCB. ✗ — A d

36 cam ☐ 73/108.

◆ Cordiale gestione familiare in un hotel in pieno centro, ristrutturato di recente; spazi comuni accoglienti e camere semplici, ma arredate in modo personalizzato.

XX **Il Sogno di Angelo,** via del Popolo 39 ✉ 19126 ☎ 0187 514041, *ilsognodiangelo@libero.it, Fax 0187 514041*, Coperti limitati; prenotare – ▤. AE 𝐒 ⓓ MC VISA. ⋇
chiuso dal 15 al 31 agosto e domenica – **Pasto** carta 49/67. per ②
◆ Nuova valida gestione in un locale d'impronta elegante: una sala ben tenuta dove gustare un'interessante linea gastronomica con piatti di mare rivisitati con fantasia.
Spec. Riso all'olio d'oliva con scampi, carciofi e limone (novembre-febbraio). Millefoglie di panissa (focaccia), zucchine e triglie con battuto di olive e pomodori (maggio-settembre). San Pietro profumato all'arancia con carciofi e bottarga di muggine (inverno).

XX **Il Ristorantino di Bayon,** via Felice Cavallotti 23 ✉ 19121 ☎ 0187 732209, Coperti limitati; prenotare – ▤. AE 𝐒 ⓓ MC VISA JCB B a
chiuso domenica – **Pasto** 13/18 e carta 21/44.
◆ Gestione giovane e atmosfera raccolta in un locale del centro storico, nei pressi del teatro cittadino, con interni arredati in stile rustico; cucina di terra e di mare.

LA STRADA CASALE *Ravenna* 562 J 17 – *Vedere Brisighella.*

I prezzi
Per tutte le precisazioni sui prezzi indicati in questa guida, consultate le pagine introduttive.

LA THUILE *11016 Aosta* 561 E 2 – *758 ab. alt. 1441 – a.s. febbraio-marzo, Pasqua, 11 luglio-11 settembre e Natale – Sport invernali : 1 450/2 642 m 1 13 (impinati collegati con La Rosière - Francia)*.

via Collomb 4 ☎ 0165 884179, info@lathuile.it, Fax 0165 885196.

Roma 789 – Aosta 40 – Courmayeur 15 – Milano 227 – Colle del Piccolo San Bernardo 13.

Chateau Blanc senza rist, località Entrèves 39 ☎ 0165 885341, *chateaublanc@lathuile.it, Fax 0165 885343*, ←, Ⅎ₆, ≘s, – |‡| ⋇ TV ⇔ P. AE 𝐒 ⓓ MC VISA. ⋇
dicembre-aprile e luglio-10 settembre – **13 cam** ☐ 144.
◆ Una piccola bomboniera tra le Alpi questa vecchia casa ristrutturata: caldi interni rifiniti in legno, morbida moquette, soffici divani e un invitante angolo fitness.

Martinet senza rist, frazione Petite Golette 159 ☎ 0165 883009, *Fax 0165 885763*, ← – TV ⇔ P. ⋇
chiuso maggio, giugno e novembre – **10 cam** ☐ 46/85.
◆ Piccolo albergo ubicato in una frazione di La Thuile, immerso nella pace e nel silenzio dei monti, in posizione panoramica; spazi interni semplici e lineari.

XX **Maison de Laurent,** località Bathieu 71 ☎ 0165 883030, solo su prenotazione – P. 𝐒 MC VISA. ⋇
chiuso mercoledì – **Pasto** menu suggeriti dal proprietario 70/90.
◆ Una casa di montagna restaurata, dall'ambiente accogliente, non privo di una certa classe; la cucina è fantasiosa e stimolante, il menù «imposto» e molto ben presentato.
Spec. Terrina di foie gras e morchelle, datteri in agro-dolce con pane speziato (autunno-inverno). Petto d'anatra in crosta brisé, ristretto di prugna, fichi, cioccolato e pinoli (estate-autunno). Gratin di mele e arance su crema di mascarpone (primavera).

XX **La Bricole,** località Entréves ☎ 0165 884149, *oglienco@hotmail.com, Fax 0165 884149* – ⋇ P. 𝐒 MC VISA. ⋇
chiuso maggio, ottobre, novembre e lunedì (escluso da giugno a settembre) – **Pasto** carta 31/38 (5 %).
◆ Locale dall'ambiente rustico all'interno di un vecchio fienile: pavimento in legno, pareti in pietra, soffitto con travi a vista; piatti tipici valdostani e nazionali.

LATINA *04100* P 563 R 20 – *115 019 ab. alt. 21.*

piazza Del Popolo 14 ☎ 0773 480672, info@aptlatinaturismo.it.

A.C.I. *via Aurelio Saffi 123 ☎ 0773 697701.*

Roma 68 – Frosinone 52 – Napoli 164.

Victoria Residence Palace, via Vincenzo Rossetti 24 ☎ 0773 663966, *victoria.palace@liber.it, Fax 0773 489592*, Ⅎ₆, , – |‡| ▤ TV P – 180. AE 𝐒 ⓓ MC VISA. ⋇ rist
Pasto carta 23/33 – **150 cam** ☐ 95/100, 2 suites – 1/2 P 75.
◆ Imponente struttura che offre grandi camere dalla duplice funzione di albergo e residence; valido centro congressi, buone attrezzature sportive, gradevoli ambienti comuni. Grandi vetrate inondano di luce la sala da pranzo in stile lineare.

Rose senza rist, via dei Volsini 28 ☎ 0773 268744, *info@rose-latina.it, Fax 0773 264667* – |‡| ⋇ ▤ TV & P – 60. AE 𝐒 ⓓ MC VISA. ⋇
75 cam ☐ 90/100.
◆ Ideale per la clientela d'affari, così come per quella turistica, un hotel ubicato in zona semi-centrale dotato di camere luminose e funzionali. Buone dotazioni tecnologiche.

XX **Enoteca dell'Orologio,** piazza del Popolo 20 ☎ 0773 473684, *Fax 0773 417625*, ☂, Coperti limitati; prenotare – ▤. AE ⓢ ⓓ ⓜⓒ VISA. ✂
chiuso dal 25 al 30 dicembre, dall'11 al 26 agosto, lunedì a mezzogiorno e domenica – **Pasto** carta 35/46.
◆ Due accoglienti sale di tono elegante in un locale completamente rinnovato negli ultimi anni, dove provare piatti tradizionali, serviti d'estate sotto il porticato.

X **Hosteria la Fenice,** via Bellini 8 ☎ 0773 240225 – ▤. AE ⓢ ⓜⓒ VISA. ✂
chiuso dal 23 dicembre al 3 gennaio, mercoledì e domenica sera da giugo a settembre – **Pasto** carta 29/42.
◆ In comoda posizione stradale, ma non in centro, un ristorante dall'ambientazione davvero peculiare. Cucina del territorio con un approccio fantasioso e creativo.

X **Impero,** piazza della Libertà 19 ☎ 0773 693140 – ▤. AE ⓢ ⓓ ⓜⓒ VISA. ✂
chiuso dal 7 al 30 agosto, domenica sera e lunedì – **Pasto** carta 19/26.
◆ Situato nel cuore della città, ristorante di tradizione con capiente sala arredata in modo semplice, dove si servono proposte di cucina del territorio e nazionale.

al Lido di Latina *Sud : 9 km* – ✉ *04010 Borgo Sabotino :*

Miramare senza rist, via Lungomare, località Capo Portiere ☎ 0773 273470, *Fax 0773 273862*, ≤, – TV 🚗 P. AE ⓢ ⓓ ⓜⓒ VISA. ✂
Pasqua-15 dicembre – **25 cam** ☕ 52/62.
◆ Collocato direttamente sulla spiaggia, albergo da cui si gode una bella vista sul mare, con «colorati» ambienti d'ispirazione contemporanea; camere lineari.

XX **Il Tarantino,** via Lungomare 150, località Foce Verde ☎ 0773 273253, *Fax 0773 273253*, ≤ – ▤. AE ⓢ ⓓ ⓜⓒ VISA. ✂
chiuso gennaio e mercoledì – **Pasto** carta 30/46.
◆ Valida conduzione in un locale tradizionale con spazi interni curati: una capiente sala dove potrete gustare una saporita cucina a base di crostacei e di pesce.

XX **Il Funghetto,** a Borgo Grappa Sud-Est : 9 km ☎ 0773 208009, *ilfunghetto@libero.it*, *Fax 0773 208237*, ☂, – P. AE ⓢ ⓓ ⓜⓒ VISA. ✂
chiuso 15 giorni ad ottobre, mercoledì e domenica sera (escluso luglio-agosto) – **Pasto** carta 39/47.
◆ Dietro i fornelli e in sala lavora ormai la seconda generazione della medesima famiglia, e lo stile del locale continua a migliorare, tanto tra i tavoli quanto in cucina.

a Borgo Faiti *Est : 10 km* – ✉ *04010 Borgo Faiti :*

XX **Locanda del Bere,** via Foro Appio 64 ☎ 0773 258620, Coperti limitati; prenotare – ▤. AE ⓢ ⓓ ⓜⓒ VISA. ✂
chiuso dal 15 al 30 agosto e domenica – **Pasto** carta 25/45.
◆ Solida gestione e curata cucina casereccia con piatti di carne, ma soprattutto di pesce, in un ristorante con enoteca e un'accogliente saletta dalla calda atmosfera.

LATISANA *33053 Udine* 562 E 20 – *11 685 ab. alt. 9 – a.s. luglio-agosto.*

Roma 598 – Udine 41 – Gorizia 60 – Milano 337 – Portogruaro 14 – Trieste 80 – Venezia 87.

Bella Venezia, via del Marinaio 3 ☎ 0431 59647 e rist ☎ 0431 50216, *info@hotelbellavenezia.it*, *Fax 0431 59649*, ☂, – |‡|, ▤ cam, TV P – 🏛 50. AE ⓢ ⓓ ⓜⓒ VISA JCB
chiuso dal 23 dicembre all'8 gennaio – **Pasto** al Rist. ***Bella Venezia*** *(chiuso dal 1° al 20 gennaio e lunedì)* carta 24/39 – **23 cam** ☕ 59/89.
◆ Una lineare costruzione bianca abbellita da un rilassante giardino ombreggiato: spazi interni ariosi e confortevoli, arredati in modo essenziale; camere tradizionali. Arredi semplici nell'ampia e accogliente sala da pranzo.

LATSCH = Laces.

LAURA *Caserta* 564 F 26 – *Vedere Paestum.*

LAURIA *Potenza* 564 G 29 – *13 866 ab. alt. 430.*

Roma 406 – Cosenza 126 – Potenza 129 – Napoli 199.

a Pecorone *Nord : 5 km* – ✉ *85040 :*

XX **Da Giovanni,** ☎ 0973 821003, *dagiovanni.rist@tiscali.it*, *Fax 0973 821483* – P. AE ⓢ ⓓ ⓜⓒ VISA. ✂
Pasto carta 14/18.
◆ Recente trasferimento nella nuova sede, in una struttura edificata da poco: ambiente familiare nella sala arredata con gusto e resa luminosa da un'ampia vetrata.

Per visitare una città o una regione : utilizzate le Guide Verdi Michelin.

LAVAGNA *16033 Genova* 561 J 10 – *12 985 ab..*

piazza della Libertà 48/a ☏ 0185 395070, iatlavagna@apttigullio.liguria.it, Fax 010 392442.

Roma 464 – Genova 41 – Milano 176 – Rapallo 17 – La Spezia 66.

Tigullio, via Matteotti 1 ☏ 0185 392965, *Fax 0185 390277*, – . *chiuso dal 21 al 29 marzo e dal 3 all'8 maggio* – **Pasto** 17/22 – **37 cam** 50/80 – 1/2 P 62.

◆ Nuova ed esperta gestione diretta in una struttura anni '50, rimodernata nel corso degli anni, situata in zona centrale; arredi non nuovi, ma tenuti in modo impeccabile. Pareti dipinte con paesaggi marini nella semplice sala ristorante.

Il Gabbiano, via San Benedetto 26 (Est : 1,5 km) ☏ 0185 390228, *Fax 0185 390228*, ≤ mare e golfo, – . VISA

chiuso dal 7 al 20 gennaio, dal 21 al 28 febbraio, dal 20 al 30 novembre e lunedì – **Pasto** carta 26/34.

◆ In splendida posizione sulle colline prospicienti il mare, locale a gestione familiare dove gustare specialità marinare e liguri; servizio estivo in terrazza panoramica.

a Cavi *Sud-Est : 3 km – ✉ 16030 :.*

via Lombardia 53 ☏ 0185 395680

Martin Pescatore, via del Cigno 1 ☏ 0185 390026, *Fax 0185 390026*, ≤, – VISA.

chiuso da lunedì a giovedì da ottobre a maggio, a mezzogiorno (escluso sabato e domenica) negli altri mesi – **Pasto** carta 35/44.

◆ Conduzione giovane in un ristorante felicemente ubicato sulla spiaggia di Cavi; cucina a base di ottimi prodotti ittici freschi, servizio estivo in terrazza sul mare.

LAVAGNO *37030 Verona* 561 F 15 – *5 916 ab. alt. 70.*

Roma 520 – Verona 15 – Milano 174 – Padova 733 – Vicenza 43.

Antica Trattoria Il Busolo, via Busolo 1, località Vago ☏ 045 982146, *il.busolo@aruba.it, Fax 045 8999420*, prenotare – . VISA JCB.

chiuso giovedì – **Pasto** carta 28/42.

◆ Valida gestione giovane in un locale all'interno di una casa in tipico stile del luogo: due salette classiche e una più caratteristica, dove gustare cucina del territorio.

Antica Ostaria de Barco, località Barco di Lavagno 5 ✉ 37030 San Briccio ☏ 045 8980420, ≤ dintorni, – . VISA

chiuso dal 26 dicembre al 7 gennaio, dal 9 al 22 agosto, sabato a mezzogiorno e domenica – **Pasto** carta 23/34.

◆ In campagna tra i vigneti, in una casa colonica riadattata conservando l'architettura originale, un ristorante dall'ambiente gradevole, con servizio estivo in terrazza.

LAVAIANO *Pisa* 563 L 13 – *Vedere Lari.*

LA VALLE (WENGEN) *39030 Bolzano* 562 C 17 – *1 235 ab. alt. 1353 – Sport invernali : Vedere Badia (Comprensorio sciistico Alta Badia).*

c/o Municipio ☏ 0471 843072, lavalle@altabadia.org, Fax 0471 843277.

Roma 698 – Cortina d'Ampezzo 40 – Bolzano 67 – Brunico 24.

Plan Murin , strada San Schese 5 ☏ 0471 843138, *info@plan-murin.com, Fax 0471 843285*, ≤ Monte Croce e vallata, – , rist, rist, VISA.

dicembre-aprile e giugno-15 ottobre – **Pasto** *(chiuso a mezzogiorno)* (solo per alloggiati) – **21 cam** 65/90 – 1/2 P 55.

◆ Piacevole struttura raccolta intorno a una torre cilindrica, con apprezzabile vista sul Monte Croce e sulla vallata; gradevoli spazi interni in «fresco» stile moderno.

LAVARIANO *33050 Udine* 562 E 21 – *alt. 49.*

Roma 615 – Udine 14 – Trieste 82 – Venezia 119.

Blasut, via Aquileia 7 ☏ 0432 767017, *Fax 0432 767200*, , Coperti limitati; prenotare –

chiuso dall'8 al 22 gennaio, dal 10 al 25 agosto, domenica sera e lunedì – **Pasto** carta 35/43.

◆ Trattoria con sala dalle sobrie decorazioni, arredata in modo semplice, ma con tocchi di raffinatezza ed eleganza; cucina del territorio rivisitata in chiave moderna.

LAVARONE *38046 Trento* 562 E 15 – *1 063 ab. alt. 1 172 – a.s. Pasqua e Natale – Sport invernali : 1 100/1 550 m 5, .*

frazione Gionghi 73 ☏ 0464 783226, apt.altipiani.lavarone@trentino.to, Fax 0464 783118.

Roma 592 – Trento 33 – Milano 245 – Rovereto 29 – Treviso 115 – Verona 104 – Vicenza 64.

Caminetto, frazione Bertoldi ✆ 0464 783214, *hotel.caminetto@cr-surfing.net, Fax 0464 780668,* – rist, . rist
dicembre-Pasqua e giugno-settembre – **Pasto** carta 18/28 – 7 – **18 cam** 39/67 – ½ P 54.
◆ Cordiale gestione familiare in una tipica casa d'altura che si affaccia sulla piazza centrale della frazione; confortevoli spazi interni, camere recentemente rinnovate. Calda atmosfera nella gradevole sala da pranzo.

LAVELLO *85024 Potenza* 564 D 29 – *13 679 ab. alt. 313.*
Roma 359 – Foggia 68 – Bari 104 – Napoli 166 – Potenza 77.

San Barbato, Sud-Ovest : 1,5 km ✆ 0972 81392, *Fax 0972 83813,* – – 100. VISA.
Pasto *(chiuso venerdì, sabato e domenica solo su prenotazione)* carta 19/25 – 6 – **38 cam** 52/80 – ½ P 57.
◆ Struttura circondata da un piacevole giardino con piscina, in cui si tengono corsi di nuoto; all'interno spazi comuni in stile moderno e ampie camere con arredi lineari. Capiente sala da pranzo rischiarata da grandi vetrate che la inondano di luce.

LAVENO MOMBELLO *21014 Varese* 561 E 7 *G. Italia – 8 905 ab. alt. 200.*
Vedere *Sasso del Ferro★★ per cabinovia.*
per Verbania-Intra giornalieri (20 mn) – Navigazione Lago Maggiore, ✆ *0332 667128.*
piazza Italia 18 (palazzo Municipale) ✆ *0332 666666.*
Roma 654 – Stresa 22 – Bellinzona 56 – Como 49 – Lugano 39 – Milano 77 – Novara 69 – Varese 22.

Il Porticciolo con cam, via Fortino 40 (Ovest : 1,5 km) ✆ 0332 667257, *ilportic@tin.it, Fax 0332 666753,* lago, , prenotare – VISA JCB. cam
chiuso dal 23 gennaio al 6 febbraio – **Pasto** *(chiuso martedì e mercoledì a mezzogiorno, in luglio-agosto solo i mezzogiorno di martedì e mercoledì)* carta 43/56 – **10 cam** 95/160 – ½ P 105.
◆ Splendida vista sulla calma distesa d'acqua e ambiente raffinato nella sala con soffitto a volte e pilastri in pietra a vista; ameno servizio estivo in terrazza sul lago.

LA VILLA (STERN) *Bolzano – Vedere Badia.*

LAVIS *38015 Trento* 562 D 15 – *7 603 ab. alt. 232.*
Roma 587 – Trento 9 – Bolzano 49 – Verona 101 – Vicenza 96.

a Sorni *Nord : 6,5 km – 38015 Lavis :*

Trattoria Vecchia Sorni, piazza Assunta 40 ✆ 0461 870541, *Fax 0461 870541.* VISA
chiuso dal 7 al 31 gennaio, domenica sera e lunedì – **Pasto** carta 26/33.
◆ Un tranquillo e affidabile ristorantino nel centro della piccola frazione. Curata cucina trentina e servizio estivo all'aperto nella gradevolissima terrazza panoramica.

LAZISE *37017 Verona* 562 F 14 – *5 996 ab. alt. 76.*
18 e 9 Cà degli Ulivi a Marciaga di Costermano 37010 ✆ *045 6279030, Fax 045 6279039, Nord : 13 km.*
via Francesco Fontana 14 ✆ *045 7580114, lazise@aptgardaveneto.com, Fax 045 7581040.*
Roma 521 – Verona 22 – Brescia 54 – Mantova 60 – Milano 141 – Trento 92 – Venezia 146.

Lazise senza rist, via Esperia 38/a ✆ 045 6470466, *info@hotellazise.it, Fax 045 6470190,* – VISA.
aprile-ottobre – **74 cam** 85/125.
◆ Piacevole atmosfera negli ampi e luminosi ambienti d'ispirazione contemporanea di questo hotel sul lago; camere dotate di ogni confort, ristrutturate negli ultimi anni.

Cangrande senza rist, corso Cangrande 16 ✆ 045 6470410, *cangrandehotel@tiscalinet.it, Fax 045 6470390* – VISA.
chiuso dal 20 dicembre al 10 febbraio – **17 cam** 108.
◆ In un bell'edificio del 1930, sorto come sede di cantine vinicole, dove tuttora si produce il Bardolino, un albergo con camere di taglio moderno, ben arredate.

Villa Cansignorio senza rist, corso Cangrande 30 ✆ 045 7581339, *cansignorio@artedelbere.com, Fax 045 6479413,* – VISA.
chiuso dal 6 gennaio a febbraio – **8 cam** 104/115.
◆ Elegante villa in pieno centro, con un ameno giardino, raffinati interni di recente concezione e poche camere molto piacevoli e ben arredate, dotate di tutti i confort.

Le Mura senza rist, via Bastia 4 ✆ 045 6479133, *info@hotel-lemura.com, Fax 045 7580189*, – . VISA.
marzo-novembre – 9 – **23 cam** 56/79.
♦ Poco fuori le mura che circondano la cittadina, hotel semplice, ma ben tenuto: piccola piscina esterna, spazi comuni in stile lineare e camere confortevoli.

Giulietta Romeo senza rist, via Dosso 1/2 ✆ 045 7580288, *giuliettaromeo@gardalake.it, Fax 045 7580115*, , – . AE VISA.
marzo-novembre – **34 cam** 85/115.
♦ Calorosa accoglienza in un albergo fuori dal centro (comunque raggiungibile a piedi), immerso in un grande giardino con piscina; interni accoglienti e camere rinnovate.

Botticelli, via Porta del Lion 13 ✆ 045 7581194, *Fax 045 7581194*, – AE VISA
chiuso gennaio e lunedì (escluso da luglio a settembre) – **Pasto** specialità di mare carta 25/45.
♦ A ridosso delle mura cittadine, locale dall'ambiente rustico, di tono elegante: sala con mattoni a vista, pareti ornate di quadri e oggetti; specialità di mare e di lago.

Alla Grotta con cam, via Fontana 8 ✆ 045 7580035, *allagrotta@iol.it, Fax 045 7580035*, , prenotare – VISA. cam
chiuso dal 15 dicembre al 15 febbraio – **Pasto** *(chiuso martedì)* carta 24/42 – 8 – **12 cam** 55/67.
♦ Proposte ittiche marinare e lacustri in un ristorante con camere accessoriate, all'interno di un edificio d'epoca sul lungolago; gradevole il servizio estivo all'aperto.

Il Porticciolo, lungolago Marconi 22 ✆ 045 7580254, *Fax 045 7580254*, ←, – . AE VISA.
chiuso dal 23 dicembre al 1° febbraio e martedì – **Pasto** carta 25/37.
♦ Un locale in posizione panoramica, ideale per gli appassionati del pesce d'acqua dolce: gustose proposte di piatti del territorio in un ambiente curato e distinto.

sulla strada statale 249 *Sud : 1,5 km :*

Casa Mia, località Risare 1 ✉ 37017 ✆ 045 6470244, *info@hotelcasamia.com, Fax 045 7580554*, , , , , – , cam, – 60. AE VISA.
Pasto carta 27/37 – **43 cam** 100/124 – ½ P 84.
♦ Un soggiorno d'affari o di svago, lontano dal centro animato, in un grande complesso con uno splendido giardino; bella sala conferenze e camere funzionali. Ambiente semplice nella classica e spaziosa sala da pranzo.

LE CASTELLA *Crotone* 564 K 33 – *Vedere Isola di Capo Rizzuto.*

LECCE *73100* P 564 F 36 *G. Italia – 97 458 ab. alt. 51.*

Vedere *Basilica di Santa Croce*★★ **Y** – *Piazza del Duomo*★★ *: pozzo*★ *del Seminario* **Y** – *Museo provinciale*★ *: collezione di ceramiche*★★ **Z M** – *Chiesa di San Matteo*★ **Z** – *Chiesa del Rosario*★ **YZ** – *Altari*★ *nella chiesa di Sant'Irene* **Y**.

Acaja (chiuso lunedì) ✉ 73020 Acaya ✆ 0832 861378, Fax 0832 861378 Est : 14 km.

corso Vittorio Emanuele 24 ✆ 0832 248092, aptlecce@pugliaturismo.com, Fax 0832 310238.

A.C.I. *via Candido 2 ✆ 0832 241568.*

Roma 601 ① – Brindisi 38 ① – Napoli 413 ① – Taranto 86 ⑦.

Pianta pagina a lato

President, via Salandra 6 ✆ 0832 456111, *info@hotelpresidentlecce.it, Fax 0832 456632* – , cam, – 400. AE VISA JCB. rist **X n**
Pasto carta 34/45 – **150 cam** 102/162, 2 suites – ½ P 110.
♦ Gestione competente in un hotel ubicato in zona residenziale e commerciale: ampi spazi impreziositi da alcune belle opere d'arte moderna e buon settore congressuale. Ambiente distinto nella vasta e ariosa sala da pranzo di taglio lineare.

Patria Palace Hotel, piazzetta Gabriele Riccardi 13 ✆ 0832 245111, *patria.palace.hotel @mail.clio.it, Fax 0832 245002* – – 140. AE VISA JCB. **Y b**
Pasto carta 27/37 – **67 cam** 160/220 – ½ P 135.
♦ In pieno centro storico, in un palazzo nobiliare del '700 ristrutturato, un moderno albergo di prestigio con eleganti interni in originale stile d'ispirazione liberty. Accogliente e raffinata sala ristorante.

Gd H. Tiziano e dei Congressi, viale Porta d'Europa ✆ 0832 272111, *info@grandhotel tiziano.it, Fax 0832 272841*, , , – – 800. AE VISA. **X f**
Pasto 17 – **191 cam** 93/130, 12 suites – ½ P 85.
♦ Alle porte della città, un albergo a vocazione congressuale e banchettistica: grande hall d'ideazione contemporanea, varie sale riunioni, belle camere confortevoli. In un ex-distilleria dell'800 sala da pranzo con soffitto a volte sorrette da massicce colonne.

LECCE

Alfieri (Viale V.)	X	2
Aragona (Via F. d')	YZ	3
Boito (Via A.)	X	4
Bonifacio (Via G.B.)	X	5
Calasso (Via Francesco)	X	6
Caracciolo (Via Roberto)	Z	7
Cavallotti (Viale F.)	Y	8
Costadura (Via M.C.)	X,Y	9
Fazzi (Via Vito)	Y	12
Foscolo (Viale Ugo)	X	13
Imperatore Adriano (V.)	X,Y	14
Imperatore Augusto (V.)	Y	15
Jacobis (V. Agostino de)	X,Z	17
Liberta (Via della)	X	19
Ludovico (Via)	Y	21
Marche (Viale)	X	22
Mazzini (Piazza G.)	X	23
Nazario Sauro (Via)	X	24
Orsini del Balzo (Via)	X,Z	25
Palazzo dei Conti di Lecce (Via del)	Z	26
Pettorano (Via)	X	27
Pietro (Via M. de)	X,Y	28
Realino (Via Bernardino)	X	29
Regina Elena (Via)	X	30
Rossini (Viale G.)	X	31
Rubichi (Via Francesco)	Y	32
Salandra (Via)	X	33
S. Lazzaro (Via)	X	34
S. Oronzo (Piazza)	Y	
Taranto (Via)	Y	38
Trinchese (Via Salvatore)	X	41
Vitt. Emanuele (Cso)	Y	42
Vitt. Emanuele (Pza)	Y	43
25 Luglio (Via)	Y	44

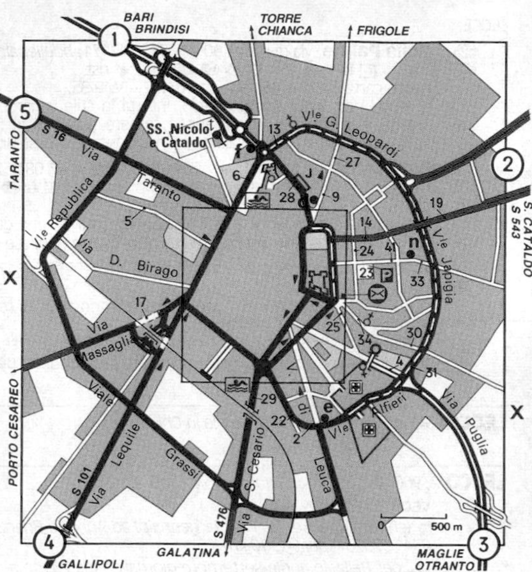

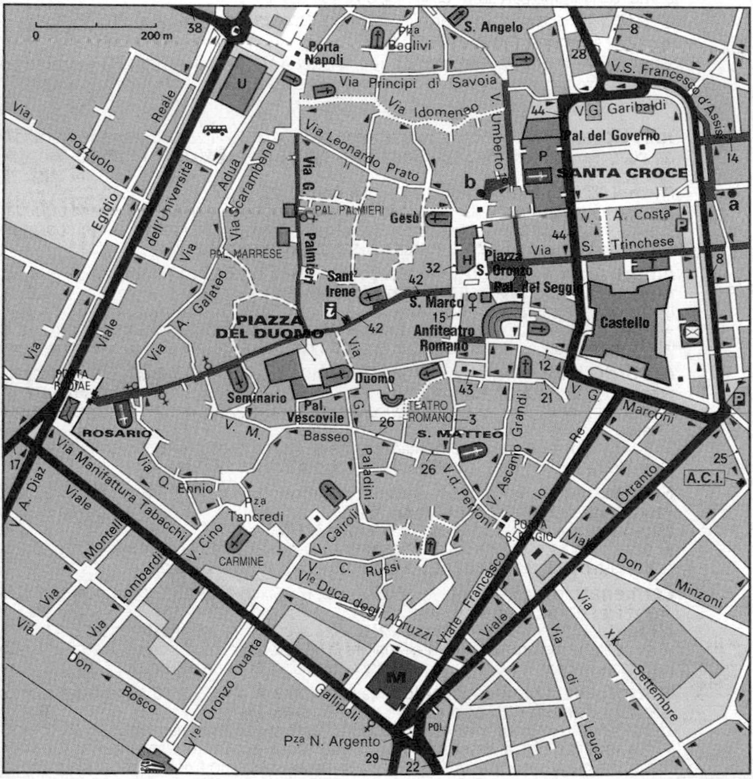

0 200 m
Porta Napoli
S. Angelo
P^za Baglivi
Via Principi di Savoia
Via Idomeneo
Via Leonardo Prato
V. Umberto I
V.G. Garibaldi
V.S. Francesco d'Assisi
Pal. del Governo
SANTA CROCE
Via G. Palmieri
PAL. PALMIERI
Gesù
PAL. MARRESE
Piazza S. Oronzo
Pal. del Seggio
Sant' Irene
S. Marco
Anfiteatro Romano
Castello
PIAZZA DEL DUOMO
Duomo
Seminario
Pal. Vescovile
TEATRO ROMANO
S. MATTEO
PORTA RUDIAE
ROSARIO
Via Pozzuolo
Viale dell'Università
Via Adua
Via Scarambone
Via A. Galateo
Via Egidio Reale
V.A. Costa
Via S. Trinchese
V.G. Marconi
V. M. Basseo
G. Paladini
V.d. Peroni
V. Ascanio Grandi
Via Q. Ennio
P^za Tancredi
CARMINE
V. Cairoli
V. C. Russi
V^le Duca degli Abruzzi
Viale Francesco Lo Re
PORTA S. BIAGIO
Via Otranto
Via Don Minzoni
A.C.I.
Via A. Diaz
Viale Manifattura Tabacchi
Via Montello
Via Lombardia
Via Don Bosco
V^le Oronzo Quarta
Via Gallipoli
P^za N. Argento
POL.
Via di Leuca
Via XX Settembre
Y
Z

Delle Palme, via di Leuca 90 ☎ 0832 347171, *hdellepalme@tiscalinet.it, Fax 0832 347171* – |♦| ▤ TV P – 150. AE ⓢ ⓓ ⓜ VISA. rist X e
Pasto carta 18/25 – **96 cam** ☕ 76/112 – ½ P 85.
◆ Hotel non lontano dal centro: interni in stile vagamente spagnoleggiante, con forte presenza di cuoio e legno; ariose camere con letti in ferro battuto e mobili decorati. Atmosfera raffinata nella sala da pranzo con pareti pastello ravvivate da grandi quadri.

Osteria degli Spiriti, via Cesare Battisti 4 ☎ 0832 246274, *info@osteriadelispiriti.it, Fax 0832 344928,* Coperti limitati; prenotare – ▤. AE ⓢ ⓓ ⓜ VISA JCB. Y a
chiuso domenica sera – **Pasto** carta 18/37.
◆ Trattoria con tovaglie a quadrettoni, gestita da una giovane coppia e ricavata dalle ex stalle di una masseria. Ambiente raccolto, cucina pugliese genuina e non rivisitata.

Trattoria Casareccia, via Costadura 19 ☎ 0832 245178, *Fax 0832 245178,* prenotare – ▤. ⓢ ⓓ ⓜ VISA JCB. X d
chiuso dal 24 dicembre al 6 gennaio, dal 30 agosto al 15 settembre, domenica sera e lunedì – **Pasto** cucina regionale casalinga 13/25.
◆ Nuova gestione, ma immutato ambiente familiare, semplice e curato, in una trattoria accogliente e cordiale, che propone piatti casalinghi di cucina pugliese.

LECCHI *Siena* 563 L 16 – *Vedere Gaiole in Chianti.*

LECCO *23900* P 561 E 10 *G. Italia – 45 827 ab. alt. 214.*

Vedere *Lago*★★★.

18 *(chiuso lunedì e dal 1° al 21 gennaio) ad Annone Brianza ✉ 23841 ☎ 0341 579525, Fax 0341 575787, per ④ : 10 km.*

per Bellagio aprile-settembre giornalieri (da 25 mn a 1 h 15 mn) – Navigazione Lago di Como, Lungo Lario Battisti ☎ 0341 364036 e 800 551801.

via Nazario Sauro 6 ☎ 0341 362360, info@aptlecco.com, Fax 0341 286231.

A.C.I. *via Amendola 4 ☎ 0341 357911.*

Roma 621 – Como 29 – Bergamo 33 – Lugano 61 – Milano 56 – Sondrio 82 – Passo dello Spluga 97.

Pianta pagina a lato

Jolly Hotel Pontevecchio, via Azzone Visconti 84 ☎ 0341 238000, *pontevecchio@jolly hotels.it, Fax 0341 286632* – |♦|, ⇔ cam, ▤ TV ☎ ♿ – 200. AE ⓢ ⓓ ⓜ VISA JCB. rist BZ a
Pasto al Rist. ***I Due Laghi*** carta 29/47 – **109 cam** ☕ 198, 2 suites – ½ P 134,50.
◆ Circondato dai monti, albergo moderno a vocazione congressuale, con amena terrazza-solarium: spazi comuni di taglio lineare ed eleganti camere d'ispirazione contemporanea. Ariosa sala da pranzo dalle linee essenziali; servizio in terrazza con vista sull'Adda.

Alberi senza rist, lungo Lario Isonzo 4 ☎ 0341 350992, *info@hotelalberi.lecco.it, Fax 0341 350895,* ≤ – |♦| ▤ TV ♿. AE ⓢ ⓓ ⓜ VISA. AZ a
chiuso dal 23 dicembre al 7 gennaio – ☕ 8 – **20 cam** 55/75.
◆ Hotel di recente costruzione a gestione diretta, in posizione panoramica di fronte al lago: aree comuni essenziali, belle camere di tono moderno, spaziose e confortevoli.

Al Porticciolo, via Valsecchi 5/7 ☎ 0341 498103, *Fax 0341 258438,* , Coperti limitati; prenotare – AE ⓢ ⓓ ⓜ VISA. per via Palestro BY
chiuso dal 1° al 10 gennaio, agosto, lunedì, martedì e a mezzogiorno (escluso i giorni festivi) – **Pasto** solo specialità di mare 47/63 e carta 22/43.
◆ Cucina a base di specialità di mare servite in un'accogliente sala con grande camino, tavoli alquanto distanziati, pareti bianche e soffitto in mattoni a vista.

Nicolin, via Ponchielli 54, località Maggianico Sud : 3,5 km ☎ 0341 422122, *Fax 0341 422122,* – P. AE ⓢ ⓓ ⓜ VISA per ②
chiuso agosto e martedì – **Pasto** 20/35 e carta 31/40.
◆ Gestito dalla stessa famiglia da oltre trent'anni, locale con proposte tradizionali affiancate da piatti più fantasiosi e da buona cantina; servizio estivo in terrazza.

Cermenati, corso Matteotti 71 ☎ 0341 283017, *Fax 0341 283017,* , Coperti limitati; prenotare – AE ⓢ ⓜ VISA JCB. BY r
chiuso dal 24 dicembre al 4 gennaio, dal 10 al 22 agosto e lunedì – **Pasto** carta 29/47.
◆ Cordiale accoglienza e ambiente familiare in un ristorante a conduzione diretta, arredato in modo semplice, ma curato; piatti classici e stagionali di carne e di pesce.

Trattoria Vecchia Pescarenico, via Pescatori 8 ☎ 0341 368330, *vecchiapescarenico @libero.it, Fax 0341 355677,* prenotare ▤. AE ⓢ ⓓ ⓜ VISA BZ b
chiuso agosto, 10 giorni in gennaio e lunedì – **Pasto** specialità di mare carta 31/48.
◆ Nel vecchio borgo di pescatori de «I Promessi Sposi», una trattoria semplice, dall'ambiente simpatico e accogliente; gustosa cucina di mare e, su prenotazione, pesce di lago.

LECCO

Adda (V.) . . . . **AZ** 2
Affari (Pza degli) . . . . **AY** 4
Airoldi (V. Almicare) . . . . **AY** 5
Anghileri (V.) . . . . **AY** 7
Appiani (V. Andrea) . . . . **BZ** 8
Bezzeca (V.) . . . . **AZ** 10
Cali (V.) . . . . **AY** 12
Cattaneo (V. Carlo) . . . . **ABY**
Cavour (V.) . . . . **AY**
Cellini (V.) . . . . **BY** 14
Cornelio (V.) . . . . **AZ** 15
Dante (Vle) . . . . **BZ**
D'Oggiono (V. Marco) . . . . . . **BY**
Europa (Largo) . . . . **AY** 17
Fiumicella (V.) . . . . **BY** 19
Foggazzaro (V.) . . . . **BY** 20
Fratelli Cairoli (V.) . . . . **ABY**
Legnano (V.) . . . . **AY** 25
Malpensata (V.) . . . . **AY** 27
Mascari (V. Antonio) . . . . **AY**
Montanara (V.) . . . . **BY** 29
Montenero (Largo) . . . . **AY** 30
Nazario Sauro (V.) . . . . **AY** 32
Ongania (V.) . . . . **AY** 35
Pozzo (V. del) . . . . **AY** 37
Promessi Sposi (Cso) . . . . **BY** 38
Resinelli (V.) . . . . **AY** 40
Roma (V.) . . . . **AYZ**
S. Francesco (V.) . . . . **AZ** 42
S. Marta (Pza) . . . . **AY** 43
Sassi (V. Salvatore) . . . . **BY** 45
Sirtori (V.) . . . . **AY** 46
Stoppani (Pza) . . . . **AY** 48
Torre (Viccolo della) . . . . **AY** 52
Torri Tarelli (V.) . . . . **AY** 53
Varese (V.) . . . . **BZ** 56
4 Novembre (Lungo lario) . . . . **AY** 58
20 Settembre (Pza) . . . . **AY** 60

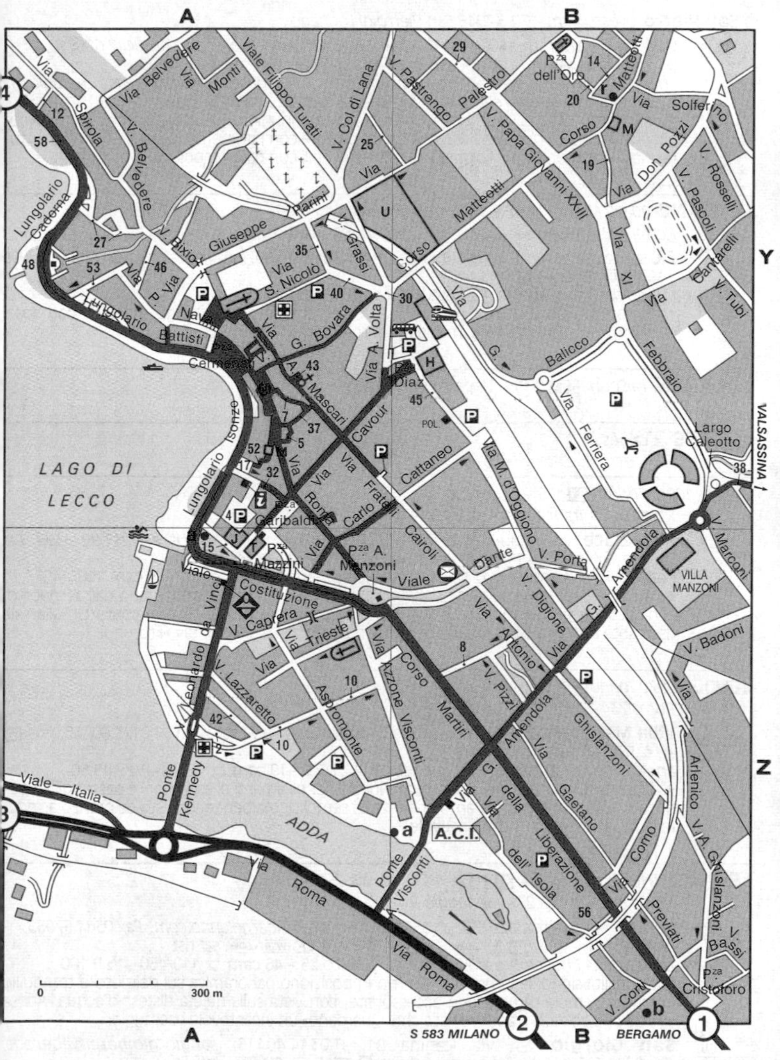

LE CLOTES *Torino – Vedere Sauze d'Oulx.*

LEGNAGO *37045 Verona* 562 G 15 – *25 091 ab. alt. 16.*

Roma 476 – Verona 43 – Mantova 44 – Milano 195 – Padova 64 – Rovigo 45 – Venezia 101 – Vicenza 49.

Salieri senza rist, viale dei Caduti 64 ✆ 0442 22100, *Fax 0442 23422* – AE MC VISA.

3 **28 cam** 54,23/72,30.

◆ Albergo collocato in comoda posizione centrale, non lontano dalla stazione, con spazi interni arredati in stile lineare ed essenziali camere classiche.

a San Pietro *Ovest : 3 km – ✉ 37048 San Pietro di Legnago :*

Pergola, via Verona 140 ✆ 0442 629103, *info@hotelpergola.com, Fax 0442 629110,* – 150. AE MC VISA JCB.

chiuso dal 26 dicembre al 10 gennaio e dal 1° al 23 agosto – **Pasto** *(chiuso mercoledì a mezzogiorno e venerdì sera)* carta 30/49 – **78 cam** 82,30/101,20 – ½ P 72.

◆ Valida conduzione in un hotel ben tenuto, sito in zona industriale, con ambienti accoglienti e luminosi; gradevoli e accessoriate camere con pavimento in parquet. Ben strutturata la zona ristorazione, formata da sale separabili con pareti mobili.

LEGNANO *20025 Milano* 561 F 8, 219 ⑱ – *54 396 ab. alt. 199.*

Roma 605 – Milano 28 – Como 33 – Novara 37 – Varese 32.

2 C senza rist, via Colli di Sant'Erasmo 51 ✆ 0331 440159, *info@hotel2c.it, Fax 0331 440090* – AE MC VISA.

chiuso dal 2 al 25 agosto – 6,20 – **24 cam** 55/100.

◆ In comoda posizione di fronte all'ospedale cittadino, un albergo semplice con spazi comuni funzionali e camere in stile moderno, non grandi, ma confortevoli.

LE GRAZIE *La Spezia* 561 J 11 – *Vedere Portovenere.*

LEIFERS = Laives.

LEINÌ *10040 Torino* 561 G 5 – *12 057 ab. alt. 245.*

Roma 665 – Torino 15 – Aosta 104 – Asti 72 – Novara 88.

Air Palace, via Torino 100 ✆ 011 9977777, *info@airpalacehotel.it, Fax 011 9973398,* – cam, – 180. AE MC VISA. rist

Pasto al Rist. ***Ikaro*** *(chiuso dall' 8 al 24 agosto)* carta 28/40 – 11 – **65 cam** 110/145.

◆ Abituale sede della squadra del Torino, un hotel moderno non lontano dall'aeroporto, con accoglienti e ariosi spazi comuni e ampie camere dotate di ogni confort. Bella sala ristorante elegante e ben arredata, con ampie vetrate e raffinati tavoli rotondi.

LEMIE *10070 Torino* 561 G 3 – *224 ab. alt. 957.*

Roma 734 – Torino 52 – Milano 180.

Villa Margherita, via San Giuseppe 2, località Villa Sud-Est : 2 km ✆ 0123 60225, ← – VISA. rist

aprile-ottobre – **Pasto** *(chiuso lunedì)* carta 21/29 – **19 cam** 48/76 – ½ P 49,50.

◆ Situato nella valle di Viù, un indirizzo ideale per gli amanti di escursioni e passeggiate tra i boschi; gradevoli camere e ambienti interni semplici, ma ben tenuti. Sala da pranzo arredata in modo essenziale, ma piacevole.

LENNO *22016 Como* 561 E 9, 219 ⑨ – *1 777 ab. alt. 200.*

Roma 652 – Como 27 – Menaggio 8 – Milano 75.

Lenno, via Lomazzi 23 ✆ 0344 57051, *info@albergolenno.com, Fax 0344 57055,* ← lago, – – 60. AE MC VISA JCB. rist

chiuso dall'11 novembre al 20 febbraio – **Pasto** 25 – **46 cam** 110/150 – ½ P 100.

◆ Ospitalità signorile in hotel moderno in posizione panoramica sul delizioso e tranquillo lungolago; ampie camere ben accessoriate, con vista sulla quieta distesa d'acqua. Ariosa sala da pranzo, con grandi vetrate che «guardano» un incantevole paesaggio.

San Giorgio, via Regina 81 ✆ 0344 40415, *sangiorgio.hotel@libero.it, Fax 0344 41591,* ← lago e monti, – AE MC VISA.

aprile-ottobre – **Pasto** (solo per alloggiati) 30 – 10,50 – **26 cam** 82/118 – ½ P 90.

◆ Splendida veduta su lago e monti da un albergo circondato da un piccolo parco ombreggiato digradante sull'acqua; accoglienti interni signorili ricchi di arredi d'epoca.

LENTATE SUL SEVESO 20030 Milano 561 E 9 – 14 344 ab. alt. 250.

Roma 599 – Milano 26 – Bergamo 59 – Como 18 – Lecco 40.

XX **Le Groane**, via Nazionale dei Giovi 101 ✆ 0362 572119, *ristorantelegroane@virgilio.it*, *Fax 0362 572119*, , Coperti limitati; prenotare, – P. AE ⓢ ⓞ ⓜ VISA. *chiuso dal 6 al 27 agosto, sabato a mezzogiorno e martedì* – **Pasto** carta 37/47.

◆ Al piano terra di un villino periferico, elegante e luminosa sala ornata da numerose piante che la rendono ancora più «fresca»; molto gradevole il servizio estivo in giardino.

LE REGINE *Pistoia* 563 J 14 – *Vedere Abetone.*

LERICI *19032 La Spezia* 561 J 11 *G. Italia – 11 757 ab..*

Marigola (chiuso lunedì) ✆ 0187 970193, Fax 0187 970193.

via Biagini 6 ✆ 0187 967346, Fax 0187 967346.

Roma 408 – La Spezia 11 – Genova 107 – Livorno 84 – Lucca 64 – Massa 25 – Milano 224 – Pisa 65.

Doria Park Hotel, via privata Doria 2 ✆ 0187 967124, *doriahotel@tamnet.it*, *Fax 0187 966459*, golfo, , – , cam, P. AE ⓢ ⓞ ⓜ VISA JCB. rist
Pasto *(chiuso dal 15 dicembre al 15 gennaio, a mezzogiorno e domenica)* (solo per alloggiati) carta 39/53 – **53 cam** 120/140.

◆ In posizione tranquilla, sulla collina che domina Lerici, un hotel dotato di terrazza con suggestiva vista sul golfo; piacevoli interni ben accessoriati, camere luminose.

Florida senza rist, lungomare Biaggini 35 ✆ 0187 967332, *florida@hotelflorida.it*, *Fax 0187 967344*, golfo – . AE ⓢ ⓞ ⓜ VISA JCB.
chiuso dal 20 dicembre al 1º marzo – **37 cam** 110/145.

◆ Gestione familiare attenta e dinamica in un albergo tradizionale, di fronte al mare; nuova, elegante hall e camere funzionali, in parte rimodernate, quasi tutte vista mare.

Shelley e Delle Palme senza rist, lungomare Biaggini 5 ✆ 0187 968205, *info@hotelshelley.it*, *Fax 0187 964271*, golfo, – – 40. AE ⓢ ⓞ ⓜ VISA JCB.
49 cam 98/135.

◆ Invidiabile ubicazione davanti alla spiaggia, con veduta del golfo, per una struttura con interni classici, accoglienti e signorili; rinnovate camere in stile moderno.

Europa, via Carpanini 1 ✆ 0187 967800, *europa@europahotel.it*, *Fax 0187 965957*, golfo, – P – 40. AE ⓢ ⓞ ⓜ VISA.
Pasto *(aprile-ottobre, chiuso a mezzogiorno)* carta 21/31 – **33 cam** 125/155, suite – ½ P 110.

◆ Quieta e suggestiva posizione panoramica in un confortevole albergo ubicato nella parte alta della località: ampi e luminosi spazi comuni, camere arredate con gusto. Ampia sala da pranzo essenziale, con grandi finestre e colonne centrali.

XX **2 Corone**, via Vespucci 1 ✆ 0187 967417, *Fax 0187 967417*, – AE ⓢ ⓞ ⓜ VISA JCB
chiuso dal 7 gennaio all'8 febbraio, martedì a mezzogiorno da luglio asettembre, tutto il giorno negli altri mesi – **Pasto** specialità di mare carta 26/71.

◆ Ristorante a solida conduzione diretta: una sala raccolta, di tono elegante, con piccole finestre sul lungomare e esposizione di bottiglie; ricette marinare e creative.

XX **Il Frantoio**, via Cavour 21 ✆ 0187 964174, *Fax 0187 952227*, prenotare – . AE ⓢ ⓞ ⓜ VISA JCB.
chiuso dal 16 al 26 febbraio, dal 15 al 30 luglio e lunedì – **Pasto** specialità di mare carta 34/46.

◆ Conduzione affidabile in un esercizio del centro, con due sale dall'ambiente caratteristico, dove vengono servite preparazioni a base di pesce e di prodotti del luogo.

X **La Calata**, via Mazzini 7 ✆ 0187 967143, *Fax 0187 969616*, , – AE ⓢ ⓜ VISA JCB
chiuso dicembre e martedì – **Pasto** specialità di mare carta 34/45.

◆ Ristorante in zona portuale dove gustare specialità di mare preparate con pescato di ottima qualità; servizio estivo in terrazza con fantastica vista su golfo e dintorni.

a Fiascherino *Sud-Est : 3 km – ✉ 19030 :*

Fiascherino, via Byron 13 ✆ 0187 967283, *hotelfiascherino@libero.it*, *Fax 0187 964721*, , con acqua di mare, , , – P. ⓢ ⓜ VISA.
Pasto *(chiuso novembre, lunedì e a mezzogiorno; dal 1ºottobre al 15 giugno aperto solo nei fine settimana e giorni festivi)* carta 38/50 – **14 cam** 83/156 (solo ½ P dal 15 giugno a settembre) – ½ P 108.

◆ Paradisiaca e tranquilla ubicazione in una pittoresca insenatura per un albergo circondato dal verde; camere non ampie, ma graziose e confortevoli, tutte con balconcino. Spaziosa sala da pranzo con grandi vetrate.

Cristallo, via Fiascherino 158 ✆ 0187 967291, *albergo.cristallo@libero.it*, *Fax 0187 964269*, – P. AE ⓢ ⓞ ⓜ VISA. rist
aprile-novembre – **Pasto** carta 31/46 – **35 cam** 78/119 – ½ P 78.

◆ Circondata da ulivi, struttura di recente costruzione collocata in posizione tranquilla e panoramica, sulla strada per Fiascherino; camere con balcone ben accessoriate.

a Tellaro *Sud-Est : 4 km – ✉ 19030 :*

Miramare, via Fiascherino 22 ☎ 0187 967589, *Fax 0187 966534*, ←, – P. AE Ⓢ ⓪ ⓜ VISA. cam
22 dicembre-8 gennaio e Pasqua-ottobre – **Pasto** carta 20/36 – ☕ 6 – **20 cam** 43/65 – ½ P 60.
◆ Ambiente familiare e semplice in una classica pensione a valida gestione diretta; ben tenuti e arredati con gusto gli spazi interni, graziosa la terrazza-giardino. Grande sala da pranzo in stile lineare rischiarata da grandi finestre.

Miranda con cam, via Fiascherino 92 ☎ 0187 968130, *locandamiranda@libero.it*, *Fax 0187 964032*, Coperti limitati; prenotare – TV P. AE Ⓢ ⓪ ⓜ VISA.
chiuso dal 12 gennaio al 18 febbraio – **Pasto** *(chiuso lunedì)* carta 42/70 – **5 cam** ☕ 120, 2 suites – ½ P 97.
◆ Nella splendida cornice del Golfo dei Poeti, locanda con interni raffinati e una sala ristorante che sembra un salotto, dove assaporare idilliache rielaborazioni culinarie.

Nta' Grita, piazza Figoli 3 ☎ 0187 964713, *roberto@ntagrita.it* – ▤. AE Ⓢ ⓪ ⓜ VISA JCB
chiuso dal 7 gennaio al 7 febbraio e martedì – **Pasto** specialità di mare carta 26/39 (10%).
◆ Ubicato nella raccolta e suggestiva piazzetta della località, ristorante dall'ambiente semplice e curato, con gradevoli arredi essenziali; casalinga cucina di mare.

LESA *28040 Novara* 561 E 7, 219 ⑦ – *2 389 ab. alt. 196.*
via Vittorio Veneto 21 ☎ 0322 772078, Fax 0322 77139.
Roma 650 – Stresa 7 – Locarno 62 – Milano 73 – Novara 49 – Torino 127.

Aries, via Sempione 37 ☎ 0322 77137, *info@arieshotel.net*, *Fax 0322 77139*, – |‡| TV . Ⓢ ⓪ ⓜ VISA
27 dicembre-4 gennaio e 11 marzo-14 novembre – **Pasto** carta 25/37 – **29 cam** ☕ 55/78 – ½ P 58.
◆ Apprezzabile gestione diretta in un confortevole e accogliente hotel, ristrutturato negli ultimi anni; spaziose zone comuni e camere arredate in piacevole stile moderno. Ampia sala da pranzo con grandi finestre che la pervadono di luce.

Lago Maggiore con cam, via Vittorio Veneto 27 ☎ 0322 7259, *info@lagomaggiorehotel.com*, *Fax 0322 77976*, ←, – TV P. Ⓢ ⓪ ⓜ VISA JCB
marzo-novembre – **Pasto** carta 27/42 (5%) – **16 cam** ☕ 55/80 – ½ P 62.
◆ In pieno centro, ristorante di lunga tradizione, con camere essenziali; ariosa sala ben illuminata e, in estate, servizio su piccola terrazza che si protende sul lago.

verso Comnago *Ovest : 2 km :*

Al Camino, via per Comnago 30 ✉ 28040 ☎ 0322 7471, *alcaminolesa@hotmail.com*, *Fax 0322 7471*, , Coperti limitati; prenotare – AE Ⓢ ⓪ ⓜ VISA
chiuso dal 15 dicembre a gennaio, mercoledì e a mezzogiorno – **Pasto** carta 28/35.
◆ Cordiale gestione diretta in un ristorante poco lontano dal paese, circondato dal verde e dai fiori; curato ambiente familiare e servizio estivo in terrazza panoramica.

LESIGNANO DE' BAGNI *43037 Parma* 562 I 12 – *3 781 ab. alt. 252.*
Roma 476 – Parma 23 – La Spezia 117 – Modena 81.

a Santa Maria del Piano *Nord-Est : 2 km – ✉ 43030 :*

Molinazzo, via Bassa 121 (Ovest 1 km) ☎ 0521 850636, *Fax 0521 850780*, , prenotare – P. AE Ⓢ ⓪ ⓜ VISA
chiuso dal 23 al 30 dicembre, domenica, lunedì e a mezzogiorno – **Pasto** carta 38/63.
◆ Locale dall'ambiente rustico di tono elegante in un fienile ristrutturato sulle rive del torrente Parma; approccio fantasioso in cucina e carta dei vini molto ampia.

a San Michele Cavana *Sud : 9 km – ✉ 43013 :*

Locanda del Sale, località La Maestà 11 ☎ 0521 857170, *Fax 0521 857170* – P. AE Ⓢ ⓪ ⓜ VISA JCB.
chiuso dal 7 al 23 gennaio e lunedì – **Pasto** carta 29/35.
◆ Gestione giovane ed esperta in una piccola e confortevole locanda in aperta campagna: sala dall'ambiente semplice, ma curato; cucina del territorio e bella proposta di vini.

LEVADA *Treviso* 562 E 19 – *Vedere Ponte di Piave.*

I prezzi
Per tutte le precisazioni sui prezzi indicati in questa guida, consultate le pagine introduttive.

LEVANTO *19015 La Spezia* **561** J 10 – *5 749 ab..*

piazza Mazzini 1 ☎ 0187 808125, Fax 0187 808125.

Roma 456 – La Spezia 32 – Genova 83 – Milano 218 – Rapallo 59.

Stella Maris, via Marconi 4 ✉ 19015 ☎ 0187 808258, *renza@hotelstellamaris.it, Fax 0187 807351* – AE VISA. rist

chiuso novembre – **Pasto** (solo per alloggiati) 35 – **8 cam** solo ½ P 105.

◆ Bel giardino con palme, ambiente e decorazioni fine 1800, atmosfera caratteristica ed elegante negli interni con soffitti affrescati e mobili originali in stile classico.

Nazionale, via Jacopo da Levanto 20 ☎ 0187 808102, *hotel@nazionale.it, Fax 0187 800901,* – P. AE VISA. rist

24 marzo-5 novembre – **Pasto** carta 28/38 – **37 cam** 80/131, suite – ½ P 86.

◆ Solida gestione diretta in un accogliente albergo dall'ambiente familiare: piacevoli spazi comuni e camere in stile lineare, recentemente rinnovate, arredate con gusto. Grazioso angolo giardino per il servizio estivo all'aperto.

Agriturismo Villanova senza rist, località Villanova Est : 1,5 km ☎ 0187 802517, *ma ssola@iol.it, Fax 0187 803519,* – P. AE VISA.

27 febbraio-3 novembre – 6 – **6 cam** 100/120, 2 suites.

◆ All'interno di un rustico immerso nel verde, una risorsa agrituristica dall'ambiente molto curato e signorile, ideale per gli amanti della tranquillità e della natura.

La Loggia, piazza del Popolo 7 ☎ 0187 808107, *locandalaloggia@hotmail.it, Fax 0187 808107,* – AE VISA.

chiuso febbraio e mercoledì (escluso da luglio a settembre) – **Pasto** carta 28/40.

◆ Dinamica gestione giovane e curata semplicità in un confortevole locale dai toni classici, ubicato nel centro della località; proposte di piatti di mare e tradizionali.

Tumelin, via Grillo 32 ☎ 0187 808379, *info@tumelin.com, Fax 0187 808088,* – AE VISA JCB

chiuso dal 7 gennaio al 7 febbraio e giovedì escluso dal 15 giugno al 15 settembre – **Pasto** specialità di mare carta 35/49.

◆ Interni ben tenuti in un ristorante collocato nel cuore della cittadina, con una sala lineare dove si propone una classica cucina di mare, con alcune personalizzazioni.

a Mesco *Sud : 2,5 km – ✉ 19015 Levanto :*

La Giada del Mesco senza rist, ☎ 0187 802674, *lagiadadelmesco@libero.it, Fax 0187 802673,* ≤ mare e costa, – P. AE VISA

12 cam 130/160.

◆ In splendida posizione su un promontorio da cui si gode un'incantevole vista di mare e coste, edificio dell'800 ristrutturato; camere nuove, amena terrazza per colazioni.

LEVICO TERME *38056 Trento* **562** D 15 – *6 274 ab. alt. 506 – Stazione termale (aprile-ottobre), a.s. Pasqua e Natale – Sport invernali : a Panarotta (Vetriolo Terme) : 1 500/2 002 m 3,* .

viale Vittorio Emanuele 3 ☎ 0461 706101, apt@valsugana.nu, Fax 0461 706004.

Roma 610 – Trento 21 – Belluno 90 – Bolzano 82 – Milano 266 – Venezia 141.

Imperial Grand Hotel Terme , via Silva Domini 1 ☎ 0461 706104, *imperial.grandho tel@tin.it, Fax 0461 706350,* , , , , , – , rist, rist, P – 130. AE VISA. rist

aprile-ottobre – **Pasto** carta 35/45 – **81 cam** 115/230 – ½ P 110.

◆ Imponente villa, antica residenza della famiglia reale austriaca, immersa in uno splendido e ampio parco-giardino: fasto e raffinatezza per un soggiorno «imperiale». Spaziosa sala da pranzo di tono elegante, sobriamente arredata.

Gd H. Bellavista, via Vittorio Emanuele III° 7 ☎ 0461 706136, *info@ghbellavista.com, Fax 0461 706474,* ≤, , , riscaldata, – , rist, P – 120. AE VISA. rist

Pasto carta 23/29 – 10 – **85 cam** 97/172, suite – ½ P 96.

◆ Bella posizione panoramica in pieno centro, un gradevole giardino ombreggiato ed eleganti interni in un hotel quasi completamente ristrutturato; camere spaziose. Signorile sala da pranzo: parquet, agili colonne centrali e pareti con decorazioni floreali.

Al Sorriso , lungolago Segantini 14 ☎ 0461 707029, *info@hotelsorriso.ithotelalsorriso @valsugana.com, Fax 0461 706202,* ≤, , , riscaldata, , , – , rist, P. AE VISA. rist

Pasqua-novembre – **Pasto** carta 27/40 – **63 cam** 78/130, 2 suites – ½ P 78.

◆ Attorniata da un grande giardino ombreggiato, bella costruzione in zona residenziale a pochi passi dal lago; zona soggiorno con comodi divani e rifiniture in legno. Elegante sala, molto spaziosa, inondata di luce proveniente dalle maestose vetrate.

Liberty, via Vittorio Emanuele 18 ☎ 0461 701521, *info@hotelliberty.it, Fax 0461 701818* – , rist, rist, . AE VISA. rist

Pasto *(chiuso dal 4 novembre al 1° maggio)* carta 30/38 – **32 cam** 70/90 – ½ P 60.

◆ Situata nelle vicinanze dello stabilimento termale, struttura dalla gradevole facciata color rosa antico; spazi comuni non ampi, ma accoglienti, camere funzionali. Sala ristorante lineare, con travi a vista e grandi quadri alle pareti.

Lucia, viale Roma 20 ✆ 0461 706229, *info@luciahotel.it, Fax 0461 706452,* rist, rist, *VISA*. rist
Pasqua-ottobre – **Pasto** 18/24 – **33 cam** 58/78 – 1/2 P 55.
◆ Ambiente familiare in un hotel circondato da un delizioso, piccolo parco con piscina; interni semplicemente arredati in modo piacevole, camere in parte ristrutturate. Classica e ariosa sala da pranzo in stile essenziale.

Scaranò con cam, verso Vetriolo Terme Nord : 2 km ✆ 0461 706810, *Fax 0461 701733,* vallata, – rist, rist, *VISA*.
chiuso domenica sera e lunedì escluso da luglio al 20 settembre – **Pasto** carta 20/30 – **33 cam** 35/50 – 1/2 P 47.
◆ Si gode una splendida vista sulla vallata da un ristorante fuori paese, con un'unica sala panoramica di taglio moderno; gustose proposte culinarie legate al territorio.

a Vetriolo Terme *Nord : 13,5 km – alt. 1 490 – ✉ 38056 Levico Terme :*

Compet, località Compet 26 (Sud : 1,5 km) ✆ 0461 706466, *hotel@hotelcompet.it, Fax 0461 707815,* – rist, *VISA*.
chiuso dal 27 ottobre al 30 novembre – **Pasto** carta 24/35 – **39 cam** 38,70/78 – 1/2 P 54,50.
◆ Ambiente e conduzione familiari in un albergo situato in posizione tranquilla: accoglienti spazi comuni con rifiniture in legno e camere funzionali, in parte rinnovate. Classica sala da pranzo in stile montano d'ispirazione contemporanea.

I prezzi del pernottamento e della pensione possono subire aumenti in relazione all'andamento generale del costo della vita ; quando prenotate chiedete la conferma del prezzo.

LIDO *Livorno* 563 N 13 – *Vedere Elba (Isola d') : Capoliveri.*

LIDO DEGLI ESTENSI *Ferrara* 563 I 18 – *Vedere Comacchio.*

LIDO DI CAMAIORE *55043 Lucca* 563 K 12 *G. Toscana – a.s. Carnevale, Pasqua, 15 giugno-15 settembre e Natale.*
viale Colombo 342 ang. piazza Umberto ✆ 0584 617397, lido@versilia.tturismo.toscana.it, Fax 0584 618696.
Roma 371 – Pisa 23 – La Spezia 57 – Firenze 97 – Livorno 47 – Lucca 27 – Massa 23 – Milano 251.

Villa Ariston, viale Colombo 355 ✆ 0584 610633, *info@villaariston.it, Fax 0584 610631,* – 300. *VISA* JCB.
marzo-ottobre – **Pasto** *(aprile-ottobre)* carta 40/60 – **47 cam** 250/350, 14 suites – 1/2 P 215.
◆ Concedetevi una vacanza indimenticabile in una magnifica villa d'inizio '900, circondata da uno splendido parco con piscina; raffinati interni in stile, camere signorili. Atmosfera di classe nell'elegante sala ristorante; ameno servizio ristorante all'aperto.

Dune Hotel, viale Colombo 259 ✆ 0584 618011, *dunehot@versilia.toscana.it, Fax 0584 618985,* – – 400. *VISA*. rist
Pasto carta 22/35 – 15 – **50 cam** 210 – 1/2 P 135.
◆ Imponente e moderna struttura a vocazione congressuale, con giardino: spazi comuni molto ampi e funzionali, camere d'ispirazione contemporanea, ben accessoriate. Classica e capiente sala da pranzo rischiarata da finestre che corrono lungo tutta la parete.

Caesar, viale Colombo 325 ✆ 0584 617841, *info@caesarhotel.it, Fax 0584 610888,* – – 60. *VISA* JCB.
Pasto *(maggio-ottobre)* (solo per alloggiati) – **53 cam** 195/245 – 1/2 P 135.
◆ Fuori dal centro, hotel con parco giochi per bambini, campo da calcetto e bocce; all'interno gradevole zona soggiorno e camere di diversa tipologia, in stile marinaresco.

Grandhotel e Riviera, lungomare Pistelli 59 ✆ 0584 617571, *info@grandhotelriviera.it, Fax 0584 619533,* – – 100. *VISA*. rist
aprile-ottobre – **Pasto** (solo per alloggiati) 30 – **64 cam** 90/160, 7 suites – 1/2 P 130.
◆ In posizione panoramica sul lungomare, albergo dotato di una bella piscina con solarium; accogliente hall luminosa e camere non nuove, ma ben tenute e confortevoli.

Giulia, lungomare Pistelli 77 ✆ 0584 617518, *giuliahotel@tiscalinet.it, Fax 0584 617724,* – *VISA* JCB. rist
25 aprile-15 ottobre – **Pasto** carta 26/35 – 11 – **40 cam** 109 – 1/2 P 95.
◆ Felicemente ubicato di fronte al mare, hotel completamente ristrutturato pochi anni fa; zone comuni dagli arredi curati e camere spaziose, molte con balconcino abitabile.

Alba sul Mare, lungomare Pistelli 15 ☎ 0584 67423, *albasulmare@tin.it, Fax 0584 66811,* ← – |‡| ▤ TV. AE Ⓢ MC VISA. ✂
chiuso da novembre a gennaio – **Pasto** (solo per alloggiati) 27 – **19 cam** ☕ 90/104 – ½ P 86.
◆ Curato ambiente familiare in una costruzione con facciata in mattoni e ampi interni accoglienti, di tono signorile; camere molto grandi, rinnovate con gusto.

Bracciotti, viale Colombo 366 ☎ 0584 618401, *hotelbracciotti@bracciotti.com, Fax 0584 617173,* ⛱, – |‡| TV P – 110. AE Ⓢ ⓓ MC VISA. ✂
Pasto (solo per alloggiati) 20/30 – ☕ 10 – **65 cam** 120 – ½ P 80.
◆ Gestione dinamica in un albergo adatto sia a una clientela turistica che d'affari; luminosi spazi comuni e gradevoli camere, più recenti quelle nella dépendance.

Piccadilly, lungomare Pistelli 101 ☎ 0584 617441, *info@piccadillyhotel.it, Fax 0584 617102,* ← – |‡| ▤ TV. AE Ⓢ ⓓ MC VISA. ✂
Pasto (solo per alloggiati) 30/33 – ☕ 15 – **40 cam** 90/120 – ½ P 110.
◆ Hotel classico a lunga conduzione familiare, in posizione privilegiata di fronte al mare: piacevoli interni con comodi divani e stanze non nuove, ma confortevoli.

Villa Iolanda, lungomare Pistelli 127 ☎ 0584 617296, *informazione@villajolanda.com, Fax 0584 618549,* ←, ⛱ – |‡| ▤ TV ♿ P – 70. AE Ⓢ ⓓ MC VISA. ✂ rist
aprile-ottobre – **Pasto** 23/30 – ☕ 10 – **55 cam** 100/130 – ½ P 95.
◆ Costruzione di taglio moderno da cui si ha una bella veduta panoramica; spazi comuni arredati in modo lineare e camere essenziali, ma di recente fattura. Classica sala ristorante, sobriamente arredata.

Bacco ⛰, via Rosi 24 ☎ 0584 619540, *baccohotel@tin.it, Fax 0584 610897,* – |‡| ▤ TV P. AE Ⓢ ⓓ MC VISA. ✂
Pasqua-15 ottobre – **Pasto** (solo per alloggiati) – ☕ 9 – **25 cam** 88/130 – ½ P 102.
◆ Ampi e verdi spazi esterni, posizione tranquilla e appartata, ma non lontano dalla spiaggia, per un piccolo hotel a gestione diretta, dotato di camere accoglienti.

Sylvia ⛰, via Manfredi 15 ☎ 0584 617994, *info@hotelsylvia.it, Fax 0584 617995,* – |‡| TV P. AE Ⓢ MC VISA. ✂
aprile-settembre – **Pasto** (solo per alloggiati) 15/20 – **36 cam** ☕ 100 – ½ P 70.
◆ Semplice e simpatico albergo familiare, immerso nella quiete della natura offerta dal grazioso giardino. Interni piacevoli, camere luminose e abbastanza spaziose.

Tony, via Carducci 7 ☎ 0584 617735, *info@hoteltony.it, Fax 0584 618133,* – |‡| TV. AE ⓓ MC VISA JCB. ✂ rist
chiuso dal 23 al 27 dicembre – **Pasto** *(chiuso dal 4 novembre al 28 dicembre)* (solo per alloggiati) – **24 cam** ☕ 86/115 – ½ P 73.
◆ Un giardino alberato dove passare momenti rilassanti abbellisce questo albergo a pochi passi dal mare, ristrutturato pochi anni fa; ampie zone comuni, camere essenziali.

Ariston Mare, viale Colombo 660 ☎ 0584 904747, *info@aristonmare.it, Fax 0584 612167,* – P. AE Ⓢ ⓓ MC VISA JCB. ✂
chiuso lunedì e a mezzogiorno escluso venerdì, sabato e domenica; da giugno a settembre sempre aperto – **Pasto** carta 35/52.
◆ Suggestiva ubicazione a ridosso della spiaggia e gestione giovane in un locale arioso, piacevolmente rinnovato, dove gustare cucina a base di prodotti ittici.

Da Clara, via Aurelia 289 (Est : 1 km) ☎ 0584 904520, *Fax 0584 612921* – ▤ P. AE Ⓢ ⓓ MC VISA. ✂
chiuso dall'8 al 31 gennaio e mercoledì – **Pasto** carta 39/61.
◆ Ambiente di tono rustico inondato di luce dalle grandi finestre in un ristorante classico di lunga tradizione, con proposte culinarie di terra e soprattutto di mare.

LIDO DI CLASSE *Ravenna* 562 J 19 – ✉ *48020 Savio – a.s. Pasqua e 18 giugno-agosto e Natale.*
(giugno-settembre) viale Fratelli Vivaldi 51 ☎ 0544 939278, lidodiclasse.iat@libero.it.
Roma 384 – Ravenna 19 – Bologna 96 – Forlì 30 – Milano 307 – Rimini 40.

Astor, viale F.lli Vivaldi 94 ☎ 0544 939437, *hotelastor.lidodiclasse@tin.it, Fax 0544 939437,* ←, – |‡|, ▤ rist, TV P. AE Ⓢ ⓓ MC VISA JCB. ✂ rist
15 maggio-15 settembre – **Pasto** (solo per alloggiati) 13/15 – ☕ 6,50 – **27 cam** 90 – ½ P 53.
◆ Costruzione sul mare in posizione panoramica, abbellita da un gradevole giardino verde; interni dall'atmosfera familiare arredati semplicemente, camere essenziali. Grandi vetrate riempiono di luce la sala da pranzo in stile lineare.

Se dopo le h 18,00 siete ancora in viaggio confermate la vostra prenotazione telefonicamente, è consuetudine ... ed è più sicuro.

LIDO DI JESOLO *30017 Venezia* 562 F 19 *G. Italia.*

(chiuso lunedì) a Jesolo ✉ 30017 ☎ 0421 37279, Fax 0421 373284, Nord : 3 km.

piazza Brescia 13 ☎ 0421 370601, info.apt@jesolo.it, Fax 0421 370606.

Roma 564 – Venezia 44 – Belluno 110 – Milano 303 – Padova 73 – Treviso 54 – Trieste 129 – Udine 98.

Park Hotel Brasilia, via Levantina (2° accesso al mare) ☎ 0421 380851, *info@parkhotelbrasilia.com, Fax 0421 92244,* ≤, – rist
febbraio-ottobre – **Pasto** *(maggio-ottobre)* carta 31/77 – **46 cam** 198/248, 18 suites – ½ P 152.

◆ Professionale gestione diretta in un'imponente struttura bianca che lambisce e domina la spiaggia; vivaci e signorili interni in stile, grandi camere tutte con balcone. Linee essenziali nella piacevole sala da pranzo ornata in modo semplice, ma curato.

Delle Nazioni, via Padova 55 ☎ 0421 971920, *nazioni@nazioni.it, Fax 0421 971940,* ≤, – 50.
maggio-10 ottobre – **Pasto** 25/40 – **54 cam** 102,50/200 – ½ P 119.

◆ Maestosa e slanciata torre con confortevoli zone comuni di moderna concezione, eleganti e luminose; camere non ampie, ma ben tenute, tutte con splendida visuale sul mare. Atmosfera molto raffinata nell'arioso ristorante con pregevole pavimento in parquet.

Byron Bellavista, via Padova 83 ☎ 0421 371023, *Fax 0421 371073,* ≤, – rist, – rist
maggio-settembre – **Pasto** (solo per alloggiati) carta 24/28 – **56 cam** 130/180, 5 suites – ½ P 105.

◆ Vista sul mare e gestione capace in una struttura ben tenuta, con distinti spazi comuni in stile classico, illuminati da ampie vetrate ornate da tendaggi importanti.

Europa, via Bafile 361 (21° accesso al mare) ☎ 0421 371631, *hoteleuropajesolo@tin.it, Fax 0421 370910,* riscaldata, – 60. rist
aprile-settembre – **Pasto** 23/52 – **78 cam** 123,60/208 – ½ P 115,20.

◆ Imponente e funzionale hotel di moderna concezione ristrutturato di recente: ambienti con arredi in elegante stile lineare e spaziose camere d'ispirazione contemporanea. Capiente sala da pranzo ornata in modo essenziale.

Cavalieri Palace, via Mascagni 1 ☎ 0421 971969, *hotelcavalieri@libero.it, Fax 0421 971970,* ≤, riscaldata, – rist
Pasqua-settembre – **Pasto** carta 32/42 – **56 cam** 119/168 – ½ P 89.

◆ In panoramica posizione di fronte al mare, albergo con interni classici di tono distinto, pareti rivestite in legno e pavimenti abbelliti da tappeti; camere sobrie. Servizio accurato nell'ampia ed elegante sala ristorante.

Rivamare, via Bafile (17° accesso al mare) ☎ 0421 370432, *rivamare@libero.it, Fax 0421 370761,* ≤, –
10 maggio-settembre – **Pasto** (solo per alloggiati) – **57 cam** 75/136 – ½ P 72.

◆ Conduzione familiare di grande esperienza in un albergo fronte mare, con zone comuni accoglienti e abbellite da tappeti; camere in stile moderno recentemente rinnovate.

Montecarlo, via Bafile 5 (16° accesso al mare) ☎ 0421 370200, *montecarlohotel@iol.it, Fax 0421 370201,* ≤, –
maggio-24 settembre – **Pasto** (solo per alloggiati) 15/22 – **43 cam** 70/90, suite – ½ P 64.

◆ Buon rapporto qualità/prezzo in una struttura di tono distinto, rimodernata negli ultimi anni, da cui si gode una bella vista sul mare; spazi interni, curati e signorili.

Universo, via Treviso 11 ☎ 0421 972298, *info@hotel-universo.it, Fax 0421 371300,* ≤, – rist, rist
aprile-settembre – **Pasto** carta 26/40 – **56 cam** 78/140, 4 suites – ½ P 70.

◆ Hotel in posizione panoramica, ingentilito da un giardino che lambisce la spiaggia; interni con soffitti e pareti parzialmente rivestiti in legno, camere accoglienti. Grande sala da pranzo resa ancor più ampia da una parete a specchio.

Termini Beach Hotel, via Altinate 4 (2° accesso al mare) ☎ 0421 960100, *jesolo@hoteltermini.it, Fax 0421 960150,* ≤, –
Pasqua-settembre – **Pasto** 30/40 – **44 cam** 150/180, 7 suites – ½ P 90.

◆ Albergo che domina il mare, completamente rinnovato e ampliato in anni recenti; eleganti e ariosi gli spazi comuni ornati in modo essenziale, confortevoli le camere. Massicce colonne bianche nella «fresca» sala ristorante in stile lineare.

Atlantico, via Bafile 11 (3° accesso al mare) ☎ 0421 381273, *hatlantico@libero.it, Fax 0421 380655,* ≤, – rist
10 maggio-20 settembre – **Pasto** (solo per alloggiati) 20/28 – **70 cam** 72/145 – ½ P 91,50.

◆ Cordiale accoglienza in una struttura classica in bella posizione davanti alla spiaggia; zone interne essenziali, spaziose camere arredate in sobrio stile moderno.

Bellariva, via Bafile XI,(8° accesso al mare) ℘ 0421 370673, *info@hotel-bellariva.com, Fax 0421 370739,* ≤, – |‡|, ▤ rist, TV P. AE ⓢ ⓞ MC VISA JCB. ✗ rist
15 aprile-30 settembre – **Pasto** carta 20/30 – **55 cam** ☕ 100/120 – ½ P 65.
◆ Ubicazione centrale, di fronte alla quieta distesa d'acqua, per una bella costruzione d'ispirazione contemporanea, ben tenuta: interni accoglienti e ariose camere lineari. Sembra quasi di pasteggiare all'aperto nella capiente sala dalle grandi vetrate.

Beny, via Levantina 3 (4° accesso al mare) ℘ 0421 362892, *info@beny.it, Fax 0421 961959,* ≤, – |‡| ▤ TV P. AE ⓢ ⓞ MC VISA. ✗ rist
maggio-settembre – **Pasto** (solo per alloggiati) 20/40 – **75 cam** ☕ 60/111 – ½ P 73.
◆ Funzionalità ed efficienza in un imponente albergo di fronte al mare, ristrutturato negli ultimi anni; eleganti parti comuni con bianchi divani a muro, camere luminose.

Ril, via Zanella 2 ℘ 0421 972861, *info@riljesolo.com, Fax 0421 972861,* ≤, riscaldata, – |‡| ▤ TV P. AE ⓢ ⓞ MC VISA. ✗ rist
maggio-settembre – **Pasto** carta 38/49 – ☕ 12 – **48 cam** 100/140.
◆ Hotel di recente concezione in posizione panoramica: piacevoli e chiari interni in stile contemporaneo, con tocchi d'eleganza; camere semplici, ma confortevoli e ariose. Zona ristorazione ornata in modo essenziale.

Tortuga, piazzale Tommaseo 15 ℘ 0421 93319, *Fax 0421 93319,* – ▤. AE ⓢ ⓞ MC VISA JCB
chiuso dal 15 novembre al 15 gennaio, lunedì sera e martedì (escluso da giugno a settembre) – **Pasto** specialità di mare carta 35/55.
◆ Ristorante classico a gestione diretta: atmosfera piacevole nelle due sale dove si propone un prodotto ittico di buona qualità; ameno il servizio estivo all'aperto.

a Jesolo Pineta *Est : 6 km* – ✉ *30017 Lido di Jesolo :*

Negresco, via Bucintoro 8 ℘ 0421 961137, *info@hotelnegresco.it, Fax 0421 961025,* ≤, – |‡| ▤ TV P – 25. ⓢ MC VISA. ✗
10 maggio-25 settembre – **Pasto** carta 39/46 – **54 cam** ☕ 90/180 – ½ P 108.
◆ Gestione dinamica in un distinto ed esclusivo hotel di moderna concezione con spazi interni ampi e signorili, pienamente godibili; camere con arredi sobri e funzionali. Raffinata sala da pranzo; delizioso il servizio all'aperto in terrazza.

Mediterraneo, via Oriente 106 ℘ 0421 961175, *info@mediterraneojesolo.com, Fax 0421 961176,* riscaldata, – |‡| ▤ TV P. AE ⓢ MC VISA. ✗ rist
15 maggio-settembre – **Pasto** carta 37/47 – ☕ 15 – **60 cam** 100/170.
◆ Albergo circondato dalla quiete di un lussureggiante giardino-pineta che lambisce la spiaggia; gradevoli e «freschi» interni, infrastrutture sportive di buon livello. Sembra di pranzare nel parco nella sala ristorante con vetrate che si aprono sul verde.

Bellevue ⛶, via Oriente 100 ℘ 0421 961233, *info@hbjesolo.it, Fax 0421 961238,* ≤, riscaldata, – |‡| ▤ TV P. AE ⓢ ⓞ MC VISA. ✗
aprile-ottobre – **Pasto** carta 35/48 – **58 cam** ☕ 103/234, 6 suites – ½ P 130,00.
◆ Posizione tranquilla e panoramica per una struttura a conduzione familiare circondata da un grande parco-pineta; ampi e luminosi spazi interni, camere confortevoli. Pasti ristoratori serviti nel fresco spazio all'aperto.

Gallia ⛶, via del Cigno Bianco 5 ℘ 0421 961018, *info@hotelgallia.com, Fax 0421 363033,* riscaldata, – |‡| ▤ TV P. AE ⓢ ⓞ MC VISA. ✗ rist
24 maggio-15 settembre – **Pasto** (solo per alloggiati) 25 – **52 cam** ☕ 105/170 – ½ P 105.
◆ Nuova gestione in un albergo recentemente rinnovato, immerso nella pace di un giardino-pineta: ben arredate le zone comuni spaziose e razionali, accoglienti le camere.

Bauer, via Bucintoro 6 ℘ 0421 961333, *info@hotelbauer.it, Fax 0421 362977,* ≤, – |‡| ▤ TV P. AE ⓢ VISA. ✗
maggio-settembre – **Pasto** (solo per alloggiati) – **35 cam** ☕ 85/160 – ½ P 88.
◆ In felice posizione di fronte al mare, un albergo piacevolmente immerso nel verde dei pini e dotato di un rilassante giardino; gradevoli gli interni di taglio moderno.

Viña del Mar, via Oriente 58 ℘ 0421 961182, *Fax 0421 362872,* – |‡| ▤ TV P – 40. ⓢ ⓞ MC VISA. ✗
15 maggio-settembre – **Pasto** 21/35 – **46 cam** ☕ 140 – ½ P 95.
◆ Hotel rinnovato da poco, circondato da un ameno giardino ombreggiato: eleganti ambienti decorati e ornati in modo originale con oggetti in ceramica; ampie camere. Piacevole servizio ristorante estivo in terrazza; fornita enoteca in stile rustico.

Danmark ⛶, via Airone 1 ℘ 0421 961013, *hoteldanmark@libero.it, Fax 0421 362389,* ≤, – |‡|, ▤ cam, TV P. ⓢ MC VISA. ✗ rist
maggio-settembre – **Pasto** 15,50/25,80 – ☕ 10 – **50 cam** 60/90 – ½ P 60.
◆ Valida conduzione in un classico albergo in posizione isolata e tranquilla, quasi sulla spiaggia; ariosi spazi comuni arredati in stile semplice, camere funzionali.

Alla Darsena, via Oriente 166 ℘ 0421 980081, *Fax 0421 980081,* – P. AE ⓢ ⓞ MC VISA. ✗
chiuso dal 15 novembre al 10 dicembre, mercoledì e giovedì (escluso dal 15 maggio al 15 settembre) – **Pasto** carta 26/41.
◆ Cucina del territorio in una grande costruzione circondata dal verde: grandi spazi interni dagli arredi curati e salone banchetti; «fresco» servizio estivo all'aperto.

Ai Pescatori, via Oriente 174 ☎ 0421 980021, *sarasoncin@libero.it, Fax 0421 980081,* – P. AE Ⓢ ⓓ ⓜⓒ VISA.
chiuso novembre, martedì sera e mercoledì escluso dal 15 maggio al 15 settembre – **Pasto** carta 26/41.
◆ Piatti di mare di schietta e semplice elaborazione serviti in una sala con vetrate panoramiche; molto gradevole il servizio estivo in terrazza sulla foce del Piave.

LIDO DI LATINA *Latina* 563 R 20 – *Vedere Latina.*

LIDO DI METAPONTO *75010 Matera* 564 F 32.
Roma 471 – Bari 102 – Matera 48 – Potenza 112 – Taranto 51.

Sacco, piazzale Lido 7 ☎ 0835 741955, *hotel-sacco@palacehotel-matera.it, Fax 0835 745589,* ←, – TV P. AE Ⓢ ⓓ ⓜⓒ VISA.
maggio-settembre – **Pasto** 20/25 – **75 cam** 65/85 – ½ P 65.
◆ A pochi metri dal mare, in una zona abbastanza tranquilla, un hotel completamente ristrutturato adatto soprattutto per trascorrere serene vacanze in famiglia. Camere curate. Grande sala ristorante con ampia scelta di piatti.

LIDO DI NOTO *Siracusa* 565 Q 27 – *Vedere Sicilia (Noto) alla fine dell'elenco alfabetico.*

LIDO DI OSTIA o LIDO DI ROMA *00121 Roma* 563 Q 18 *G. Italia – a.s. 15 giugno-agosto.*
Vedere *Scavi*★★ *di Ostia Antica Nord : 4 km.*
Roma 36 – Anzio 45 – Civitavecchia 69 – Frosinone 108 – Latina 70.

LIDO DI PORTONUOVO *Foggia* 564 B 30 – *Vedere Vieste.*

LIDO DI SAVIO *48020 Ravenna* 562 J 19 – *a.s. 18 giugno-agosto.*
(giugno-settembre) viale Romagna 244/a ☎ 0544 949063, lidodisavio.iat@libero.it.
Roma 385 – Ravenna 20 – Bologna 98 – Forlì 32 – Milano 309 – Rimini 38.

Strand Hotel Colorado, viale Romagna 201 ☎ 0544 949002, *info@strandhotelcolorado.com, Fax 0544 939827,* ←, , , – , rist, TV P. Ⓢ ⓜⓒ VISA. rist
24 aprile-24 settembre – **Pasto** 21/26 – 10 – **44 cam** 51/105 – ½ P 90.
◆ Si respira la frizzante aria marina anche all'interno di questo albergo, dove si ritrova la briosità del paesaggio esterno negli ariosi ambienti lineari, colmi di luce. Bianche vele scivolano sul tappeto d'acqua blu: dolce vista da godere pasteggiando.

Primavera, via Cesena 30 ☎ 0544 948099, *admin@hotelprimavera.com, Fax 0544 948209,* ←, , , , – , rist, TV P. AE Ⓢ ⓜⓒ VISA. rist
Pasqua-20 settembre – **Pasto** *(chiuso sino al 10 maggio)* 15/35 – **40 cam** 76/140 – ½ P 92.
◆ Conduzione attenta e dinamica in questo albergo, da cui sembra di poter toccare il mare con un dito: spiaggia privata e ambienti gradevoli per un soggiorno rilassante.

Concord, via Russi 1 ☎ 0544 949115, *hotelconcord@libero.it, Fax 0544 949115,* ←, , , – , rist, TV P. ⓜⓒ VISA.
10 maggio-15 settembre – **Pasto** 18 – 7,50 – **55 cam** 53/82 – ½ P 65,50.
◆ Grande costruzione, con bella vista sul mare, abbellita da un verde giardino; «freschi» spazi interni di moderna concezione, dai colori vivaci e camere molto spartane.

Asiago Beach, viale Romagna 217 ☎ 0544 949187, *hotelasiago@libero.it, Fax 0544 949110,* ←, , , riscaldata, , – , rist, TV P. AE Ⓢ ⓜⓒ VISA. rist
8 aprile-settembre – **Pasto** (solo per alloggiati) carta 18/21 – **50 cam** 43/80 – ½ P 60.
◆ In posizione panoramica direttamente sull'arenile, bianca struttura di taglio moderno con interni arredati in modo semplice e funzionale; camere di stile lineare. Ariosa sala ristorante con bella vista sul mare.

Mediterraneo, via Sarsina 11 ☎ 0544 949018, *info@hotel-mediterraneo.com, Fax 0544 949527,* ←, – , rist, TV P. AE Ⓢ ⓜⓒ VISA. cam
15 maggio-15 settembre – **Pasto** 18 – **73 cam** 54,60/84 – ½ P 55,50.
◆ Gestito da più di trent'anni dalla stessa famiglia, albergo in ottima posizione, praticamente «nella sabbia»; accoglienti spazi comuni con arredi rinnovati. Ristorante tradizionale con spazi scanditi da colonne.

LIDO DI SOTTOMARINA *Venezia* – *Vedere Chioggia.*

LIDO DI SPINA *Ferrara* 562 I 18 – *Vedere Comacchio.*

LIDO DI SPISONE *Messina – Vedere Sicilia (Taormina) alla fine dell'elenco alfabetico.*

LIDO DI TARQUINIA *Viterbo* 563 P 17 – *Vedere Tarquinia.*

LIDO DI VENEZIA *Venezia – Vedere Venezia.*

LIDO RICCIO *Chieti* 563 O 25 – *Vedere Ortona.*

LIERNA *23827 Lecco* 561 E 9, 219 ⑨ – *1 964 ab. alt. 205.*
Roma 636 – Como 45 – Bergamo 49 – Lecco 16 – Milano 72 – Sondrio 66.

XXX **La Breva,** via Roma 24 ℘ 0341 741490, *Fax 0341 741490,* – P. AE ⓢ ⓓ MC VISA JCB.
chiuso gennaio, lunedì sera e martedì (escluso da giugno a settembre) – **Pasto** carta 30/60.
◆ Nuova sede per questo locale, ora all'interno di un ex-casa privata totalmente rinnovata; due salette interne di tono elegante, servizio estivo in terrazza con bella vista.

X **Crotto di Lierna,** via Ducale 42 ℘ 0341 740134, *Fax 0341 740134,* – P. AE ⓢ ⓓ MC VISA JCB.
chiuso dal 7 al 20 gennaio, lunedì sera e martedì (escluso giugno e agosto) – **Pasto** specialità alla brace carta 33/43 (10%).
◆ Ristorante di tradizione familiare ultracentenaria, con luminosa sala di tono rustico; cucina a base di paste fresche e specialità alla brace, servizio estivo all'aperto.

I prezzi del pernottamento e della pensione possono subire aumenti in relazione all'andamento generale del costo della vita ; quando prenotate chiedete la conferma del prezzo.

LIGNANO SABBIADORO *33054 Udine* 562 E 21 *G. Italia – 6 543 ab. – a.s. luglio-agosto.*
Vedere *Spiaggia★★★.*
18 ℘ *0431 428025, Fax 0431 423230.*
(maggio-settembre) a Lignano Pineta, via dei Pini 53 ℘ 0431 422169, info@aiatlignano.it, Fax 0431 422616.
Roma 619 – Udine 61 – Milano 358 – Treviso 95 – Trieste 100 – Venezia 108.

Atlantic, lungomare Trieste 160 ℘ 0431 71101, *info@hotelatlantic.it, Fax 0431 71103,* , riscaldata, , – , cam, TV P. AE ⓢ ⓓ MC VISA. rist
12 maggio-19 settembre – **Pasto** 30 – 14 – **61 cam** 105/160 – ½ P 92.
◆ Cordiale e premurosa accoglienza in un albergo classico di fronte alla celebre e rinomata spiaggia, della cui vista si gode anche dalle camere recentemente rinnovate. Luminosa ed essenziale sala da pranzo.

Bellavista, lungomare Trieste 70 ℘ 0431 71313, *info@bellavistalignano.it, Fax 0431 720602,* , , – TV . ⓢ MC VISA. rist
aprile-ottobre – **Pasto** *(14 maggio-25 settembre)* carta 27/35 – **45 cam** 130/176, 4 suites – ½ P 101.
◆ Soggiorno rilassante in un albergo sul lungomare, con piscina e terrazza solarium; comode poltrone e tappeti negli spazi comuni, camere da poco rimesse a nuovo. Pareti color pastello, ampie vetrate, colonne a specchio nella spaziosa sala ristorante.

Palace, via Carinzia 13 ℘ 0431 720900, *info@palace-hotel.it, Fax 0431 720920,* , – TV P. ⓢ MC VISA JCB. rist
10 maggio-20 settembre – **Pasto** (solo per alloggiati) – 8 – **76 cam** 84/136 – ½ P 70.
◆ Struttura d'ispirazione contemporanea che abbraccia una zona verde quasi totalmente occupata da due piscine; ambienti ariosi e confortevoli, camere lineari.

Florida, via dell'Arenile 22 ℘ 0431 720101, *mail@hotelflorida.net, Fax 0431 71222,* , – TV P. ⓢ MC VISA. rist
30 aprile-26 settembre – **Pasto** (solo per alloggiati) 19/24 – 10 – **75 cam** 100/128 – ½ P 77.
◆ In posizione leggermente arretrata rispetto al lungomare, albergo formato da due corpi adiacenti: spazi interni in stile recente e camere non ampie, ma ben tenute.

XX **Bidin,** viale Europa 1 ℘ 0431 71988, *info@ristorantebidin.com, Fax 0431 720738,* Coperti limitati; prenotare – P. AE ⓢ ⓓ MC VISA JCB.
chiuso mercoledì a mezzogiorno dal 10 maggio a settembre, tutto il giorno negli altri mesi – **Pasto** carta 38/49.
◆ Celebre ristorante della località, con annessa enoteca: ambiente accogliente e romantico connubio di rustico e moderno nell'elegante sala; piatti di mare e alla brace.

a Lignano Pineta *Sud-Ovest : 5 km – ✉ 33054 Lignano Sabbiadoro.*

via dei Pini 53 ☎ 0431 422169, Fax 0431 422616

Greif, arco del Grecale 25 ☎ 0431 422261, *lignano@greifgroup.net, Fax 0431 427271,* riscaldata, – – 300. VISA. rist
chiuso dal 20 dicembre a febbraio – **Pasto** *(aprile-ottobre)* 45/75 – **74 cam** 320/400, 18 suites – ½ P 200.
◆ Grande complesso circondato da parco-pineta con piscina riscaldata; raffinati interni di taglio contemporaneo, grande sala riunioni per un esclusivo «soggiorno d'affari». Spaziosa e raffinata sala da pranzo lineare con ampie vetrate che si aprono sul verde.

Park Hotel, viale delle Palme 41 ☎ 0431 422380, *info@hotelpark.com, Fax 0431 428079,* – VISA.
15 aprile-25 settembre – **Pasto** *(15 maggio-25 settembre)* (solo per alloggiati) 24 – 15 – **37 cam** 114/196, 5 suites – ½ P 90.
◆ Albergo di recente ristrutturazione, con ambienti essenziali e luminosi, dal design d'ispirazione moderna; camere color legno, semplici e funzionali.

Medusa Splendid, raggio dello Scirocco 33 ☎ 0431 422211, *info@hotelmedusa.it, Fax 0431 422251,* – VISA. rist
maggio-settembre – **Pasto** 25/40 – **56 cam** 96/150 – ½ P 99.
◆ Albergo classico all'interno di un grande giardino con piscina: originali interni dove tonalità verdi e blu ben si sposano con il prevalente bianco; camere razionali. Fresca e piacevole sala ristorante, con tende policrome che «vestono» sobrie vetrate.

Bella Venezia, arco del Grecale 18/a ☎ 0431 422184, *bellavenezia@ltl.it, Fax 0431 422352,* – rist, VISA. rist
15 maggio-15 settembre – **Pasto** (solo per alloggiati) 22 – **45 cam** 93/126 – ½ P 71.
◆ Struttura rinnovata negli ultimi anni, con piscina dotata di vasca idromassaggio; ampi interni lineari e camere funzionali in stile moderno. Salda gestione familiare.

Erica, arco del Grecale 21/23 ☎ 0431 422123, *info@ericahotel.it, Fax 0431 427363,* – VISA. rist
24 aprile-20 settembre – **Pasto** 20 – **40 cam** 81/115 – ½ P 71.
◆ Cordiale conduzione familiare in un albergo con spazi comuni da poco rimessi a nuovo e arredati in modo essenziale; sobrie e razionali le luminose camere. Ristorante dall'atmosfera fresca e soave, proposte gastronomiche di carne e di pesce.

a Lignano Riviera *Sud-Ovest : 7 km – ✉ 33054 Lignano Sabbiadoro :*

Marina Uno, viale Adriatico 7 ☎ 0431 427171, *info@marinauno.it, Fax 0431 427171,* – – 100. VISA. rist
aprile-15 novembre – **Pasto** vedere rist ***Newport*** – **78 cam** 120/180, 9 suites – ½ P 103.
◆ In zona residenziale, vicino al porticciolo turistico, struttura di concezione contemporanea con interni ampi e signorili; bella terrazza-piscina e piccolo beauty center.

President , calle Rembrandt 2 ☎ 0431 424111, *president@sabbiadoro.com, Fax 0431 424299,* riscaldata, – VISA. rist
6 marzo-2 novembre – **Pasto** (solo per alloggiati) – **30 cam** 150/200, 12 suites 210/250 – ½ P 115.
◆ Ideale per i frequentatori del vicino Golf Club con campo a 18 buche, un hotel signorile felicemente circondato da una «verde» quiete e provvisto di piscina riscaldata. Ambiente distinto nella sala da pranzo.

Meridianus, viale della Musica 7 ☎ 0431 428561, *meridianus@tin.it, Fax 0431 428570,* – VISA. rist
8 maggio-21 settembre – **Pasto** (solo per alloggiati) 21 – **80 cam** 88/119.
◆ Accogliente albergo centrale, immerso nella natura, dotato di una grande piscina a copertura mobile; ampi spazi comuni luminosi, abbelliti da quadri moderni.

Smeraldo, viale della Musica 4 ☎ 0431 428781, *info@hotelsmeraldo.net, Fax 0431 423031,* – VISA.
10 maggio-15 settembre – **Pasto** (solo per alloggiati) 22 – 11 – **59 cam** 72/110 – ½ P 75.
◆ Nella tranquilla zona residenziale, una struttura rinnovata di recente e circondata dal verde; all'interno pareti rivestite in legno e comodi divani fantasia nella hall.

Newport, viale Adriatico 7 ☎ 0431 427171, *info@marinauno.it, Fax 0431 427171,* – .
VISA.
Pasqua-settembre – **Pasto** carta 30/39.
◆ Ambiente signorile in un'ampia sala con vetrate panoramiche che si aprono sul porto turistico; curate proposte culinarie e preparazione di pesce e carne sulla pietra.

Le principali vie commerciali figurano in rosso sugli stradari delle piante di città.

LIMANA *32020 Belluno* 562 D 18 – *4 460 ab. alt. 319.*
Roma 614 – Belluno 12 – Padova 117 – Trento 101 – Treviso 72.

Piol, via Roma 116/118 ✆ 0437 967471, *piol@dolomiti.it, Fax 0437 967103,* – rist, – 200. VISA
Pasto *(chiuso dal 2 al 6 gennaio)* carta 20/34 – 6 – **23 cam** 45/70 – ½ P 57.
◆ Gestione familiare e ambiente semplice in una struttura lineare ubicata in centro paese; funzionali camere in stile essenziale, con rivestimenti in perlinato. Caratteristica sala da pranzo con pareti e soffitto ricoperti di legno; terrazza per servizio estivo.

LIMIDI *Modena – Vedere Soliera.*

LIMITO *Milano* 561 F 9, 219 ⑲ – *Vedere Pioltello.*

LIMONE PIEMONTE *12015 Cuneo* 561 J 4 – *1 565 ab. alt. 1 010 – a.s. febbraio-Pasqua, luglio-15 settembre e Natale – Sport invernali : 1 000/2 050 m* 15, .
Cò di Paris (giugno-settembre) ✆ 0171 929166, Fax 0171 929166.
via Roma 32 ✆ 0171 929515, iat@limonepiemonte.it, Fax 0171 929505.
Roma 670 – Cuneo 28 – Milano 243 – Nice 97 – Colle di Tenda 6 – Torino 121.

Grand Palais Excelsior, largo Roma 9 ✆ 0171 929002 e rist ✆ 0171 929074, *staff@grandexcelsior.com, Fax 0171 92425,* – . VISA. cam
chiuso dal 2 al 25 maggio e dal 6 ottobre a novembre – **Pasto** al Rist. ***Il San Pietro*** *(chiuso dal 4 al 29 novembre e mercoledì dal 20 marzo al 2 maggio e dal 15 settembre al 4 novembre)* carta 26/34 – 8 – 28 suites 120/160 – ½ P 90.
◆ Elegante albergo-residence ristrutturato pochi anni fa, con tipiche decorazioni a graticcio sulle pareti esterne; all'interno raffinati ambienti di moderna concezione. Un grande camino e parquet «riscaldato» da morbidi tappeti nella sala ristorante.

Le Ginestre, via Nizza 68 (strada statale Sud : 1 km) ✆ 0171 927596, *Fax 0171 927597,* , prenotare, – . VISA.
dicembre-Pasqua e luglio-agosto – **Pasto** (solo per alloggiati) 18/20 – 5,50 – **20 cam** 72,30/90.
◆ Fuori dal centro, in posizione panoramica, hotel ad attenta gestione diretta: ben tenuti gli spazi interni semplici, ma funzionali; graziosa terrazza-giardino.

Lu Taz, via San Maurizio 5 (Ovest : 1 km) ✆ 348 4446062, , prenotare –
chiuso dal 10 al 30 giugno, dal 7 al 14 novembre, martedì e a mezzogiorno in bassa stagione – **Pasto** carta 31/40.
◆ Locale dall'ambiente caratteristico di tono elegante in una casa di montagna in solida pietra e legno, completamente ristrutturata; proposte di cucina della tradizione.

LIMONE SUL GARDA *25010 Brescia* 561 E 14 *G. Italia – 1 038 ab. alt. 66 – a.s. Pasqua e luglio-15 settembre.*
Vedere ★★★ *dalla strada panoramica*★★ *dell'altipiano di Tremosine per Tignale.*
via Comboni 15 ✆ 0365 954070, Fax 0365 954689.
Roma 586 – Trento 54 – Brescia 65 – Milano 160 – Verona 97.

Park H. Imperial , via Tamas 10/b ✆ 0365 954591, *info@parkhotelimperial.com, Fax 0365 954382,* , Centro benessere di medicina orientale, , , , , , – VISA.
chiuso dall'8 al 28 dicembre – **Pasto** carta 39/64 – **50 cam** 166/216, 11 suites – ½ P 122.
◆ Hotel di forma semicircolare, raccolto intorno a un piacevole giardino con piscina; raffinati interni in stile moderno, attrezzato centro benessere di medicina orientale. Soffitto con decorazioni a ventaglio nella sala da pranzo di sobria eleganza.

Ilma, via Caldogno 1 ✆ 0365 954041, *info@hotelilma.it, Fax 0365 954535,* lago e monti, , , , – VISA. rist
marzo-novembre – **Pasto** (solo per alloggiati) 15 – **89 cam** 90/130 – ½ P 75.
◆ Struttura di stile lineare con splendida vista su lago e monti, dotata di piscina; classici spazi comuni, con pareti color legno, ampie camere luminose e funzionali.

LIPARI (Isola) *Messina* 565 L 26 – *Vedere Sicilia (Eolie, isole) alla fine dell'elenco alfabetico.*

LIVIGNO *23030 Sondrio* 561 C 12 – *5 039 ab. alt. 1 816 – Sport invernali : 1 800/2 900 m* 3 23, .
via dala Gesa 65 ✆ 0342 996379, info@aptlivigno.it, Fax 0342 996881.
Roma 801 – Sondrio 74 – Bormio 38 – Milano 240 – Passo dello Stelvio 54.

Baita Montana, via Mont da la Nef 87 ☎ 0342 990611, *direzione@hotelbaitamontana.com, Fax 0342 990660,* ← paese e montagne, 🏔, ≋ – |⇅|, ▤ rist, TV ♿ 🚗 P. ṡ MC VISA. ✂
chiuso novembre – **Pasto** *(chiuso lunedì da settembre ad ottobre)* carta 18/30 – **36 cam** ☕ 68/105 – ½ P 71.
♦ Valida gestione in un hotel completamente rinnovato, con bella vista su paese e montagne; spazi comuni sui toni chiari del legno, luminose e recenti camere con balcone. Ampia sala da pranzo di tono elegante, con caratteristici arredi in legno.

Bivio, via Plan 422/4 ☎ 0342 996137, *holiday@hotelbivio.it, Fax 0342 997621,* ≋, 🏊 – |⇅|, ✂ rist, TV ♿ 🚗 P. AE ṡ ⓓ MC VISA. ✂ cam
chiuso maggio e novembre – **Pasto** al Rist. ***Cheseta Veglia*** carta 29/41 – **28 cam** ☕ 95/150, 2 suites – ½ P 85.
♦ In pieno centro storico, hotel a conduzione diretta dagli interni piacevoli e accoglienti, con pareti rivestite in perlinato; gradevoli camere in moderno stile montano. Atmosfera informale nel curato ristorante rustico; romantica la stube originaria dell'800.

Concordia, via Plan 114 ☎ 0342 990100, *hconcordia@lungolivigno.com, Fax 0342 990300,* ≋ – |⇅| TV ☎ ♿ P. AE ṡ ⓓ MC VISA. ✂ rist
Pasto 15/21 – **24 cam** ☕ 98/160, 4 suites.
♦ Nel cuore della località, albergo di recente ristrutturazione, con interni curati dove il legno, lavorato o decorato, è l'elemento essenziale; confort di alto livello. Divanetti a parete e atmosfera distinta nell'ampia sala da pranzo.

Bucaneve, Via strada statale, 194 ☎ 0342 996201, *bucaneve@talacci.it, Fax 0342 997588,* ←, Ⅎ₅, ≋, 🏊, 🏋 – |⇅|, ▤ rist, TV ♿ 🚗 P. ṡ MC VISA. ✂ rist
dicembre-aprile e 25 giugno-30 settembre – **Pasto** carta 17/28 – **49 cam** ☕ 67/130 – ½ P 68.
♦ In posizione panoramica alle porte del paese, grande struttura dagli interni caratteristici, rimodernata negli ultimi anni; gradevole piccola piscina e centro fitness.

Spöl, via dala Gesa 245 ☎ 0342 996105, *info@hotelspol.it, Fax 0342 970205,* ←, ≋, 🏊, 🏋 – |⇅| TV 🚗 P. AE ṡ ⓓ MC VISA. ✂
dicembre-5 maggio e 20 giugno-15 ottobre – **Pasto** carta 23/35 – **32 cam** ☕ 86/156 – ½ P 120.
♦ Hotel di tono famillare, dotato di servizi e accessori tali da rendere piacevole una vacanza invernale, quanto estiva. Camere di differenti tipologie, sempre confortevoli. La cucina propone i piatti della tradizione culinaria italiana.

Posta, plaza dal Comun 4 ☎ 0342 996076, *hotelposta@livnet.it, Fax 0342 970097,* ←, ≋, ✂ – |⇅| TV ♿ 🚗 P. AE ṡ ⓓ MC VISA. ✂ rist
2 dicembre-aprile e 2 luglio-14 ottobre – **Pasto** carta 24/40 – **32 cam** ☕ 95/160.
♦ Nel cuore del paese, vicino ai campi da sci, un esercizio ristrutturato da poco, dall'ambiente essenziale e funzionale, ideale per gli amanti degli sport invernali. Calda atmosfera nella sala da pranzo.

Palù, via Ostaria 313 ☎ 0342 996232, *info@palùhotel.it, Fax 0342 996233,* ← – |⇅| TV 🚗 P. AE ṡ ⓓ MC VISA. ✂
chisuo maggio e novembre – **Pasto** carta 21/37 – **33 cam** ☕ 95/130 – ½ P 85.
♦ Camere ampie e luminose con arredi in pino e abete, bagni di grandi dimensioni e spazi comuni accoglienti caratterizzano questa risorsa ubicata accanto alle piste da sci. Luminosa sala ristorante con vetrate su impianti e discese.

Francesin senza rist, via Ostaria 442 ☎ 0342 970320, *frances@livnet.it, Fax 0342 970139,* Ⅎ₅, ≋ – TV ♿ 🚗 P. AE ṡ ⓓ MC VISA
14 cam ☕ 54/88.
♦ Accoglienza e servizio familiari in un albergo di recente costruzione, con spaziose aree comuni; ampie camere, nuovo e attrezzato centro fitness al piano interrato.

Krone, via Bondi 60 ☎ 0342 996015, *info@kronehotel.com, Fax 0342 970215* – |⇅| TV 🚗 P. AE ṡ ⓓ MC VISA. ✂
Pasto 20 – **14 cam** ☕ 55/110 – ½ P 70.
♦ Nel centro della località, hotel dai gradevoli spazi comuni in stile montano, con pavimenti in cotto e graziosi lampadari pendenti; camere lineari e ben tenute.

Chalet Mattias 🐌 con cam, via Canton 124 ☎ 0342 997794, *info@chaletmattias.com, Fax 0342 974016,* ←, 🏔 – 🚗 P. AE ṡ ⓓ MC VISA JCB. ✂ cam
chiuso novembre – **Pasto** *(chiuso martedì escluso da Natale a Pasqua e agosto)* (prenotare) carta 30/39 🍷 – **5 cam** ☕ 75/150.
♦ Ristorante ospitato da un piccolo chalet nel quale trovano posto anche quattro belle camere. Gestito da una giovane coppia che propone una cucina del territorio rivisitata.

Camana Veglia con cam, via Ostaria 583 ☎ 0342 996310, *camana.veglia@mottini.com, Fax 0342 996904* – TV ♿ P. AE ṡ VISA
chiuso maggio e novembre – **Pasto** *(chiuso martedì escluso da gennaio a marzo ed agosto)* carta 22/36 – ☕ 9 – **12 cam** 77/122 – ½ P 98.
♦ Caratteristici interni in legno e ricercatezza nei particolari, in un locale tipico con camere «a tema» di recente ristrutturazione; proposte di cucina valtellinese.

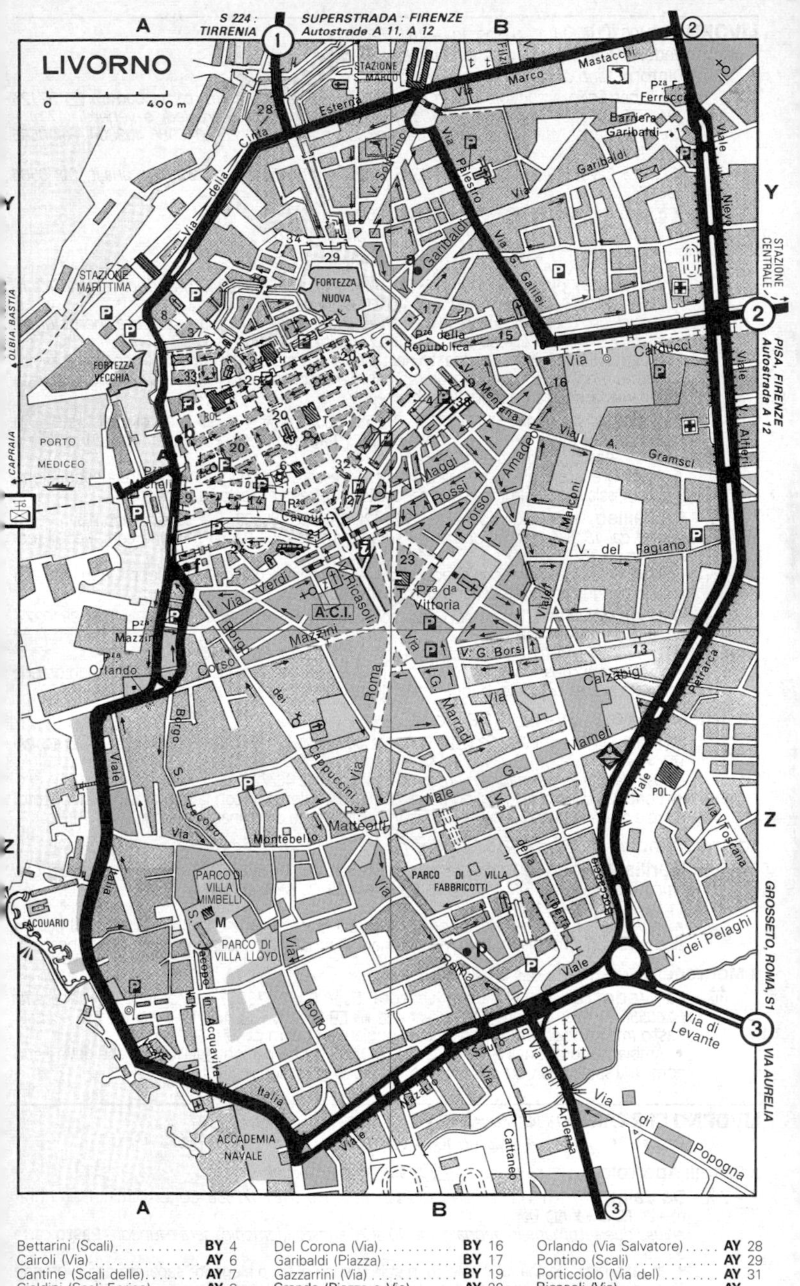

Bettarini (Scali) . . . . **BY** 4
Cairoli (Via) . . . . **AY** 6
Cantine (Scali delle). . . . . **AY** 7
Cialdini (Scali Enrico). . . . . . . **AY** 8
Cisternone (Piazza del) . . . . . **BY** 10
Coccoluto Ferrigni (Via P.) . . . . **BZ** 13
D'Azeglio (Scali) . . . . **AY** 14
De Larderel (Via) . . . . **BY** 15
Del Corona (Via). . . . . **BY** 16
Garibaldi (Piazza) . . . . **BY** 17
Gazzarrini (Via) . . . . **BY** 19
Grande (Piazza e Via) . . . . . . **AY** 20
Indipendenza (Via) . . . . **AY** 21
Magenta (Via). . . . . **BY** 23
Manzoni (Scali). . . . . **AY** 24
Municipio (Piazza) . . . . **AY** 25
Olandesi (Scali degli) . . . . . **ABY** 27
Orlando (Via Salvatore) . . . . . **AY** 28
Pontino (Scali) . . . . **AY** 29
Porticciolo (Via del) . . . . **AY** 31
Ricasoli (Via) . . . . **AY**
Saffi (Scali Aurelio) . . . . **AY** 32
S. Giovanni (Via). . . . . **AY** 33
S. Marco (Via). . . . . **AY** 34
Venezia (Via). . . . . **AY** 37
20 Settembre (Piazza) . . . . . **BY** 38

LIVORNO *57100* P 563 L 12 *G. Toscana – 161 288 ab..*

Vedere *Monumento★ a Ferdinando I de' Medici* **AY A.**

Dintorni *Santuario di Montenero★ Sud : 9 km.*

per Golfo Aranci giornalieri (da 6 a 9 h) – Sardinia Ferries, calata Carrara ✉ 57123 ☎ 0586 881380, Fax 0586 896103; per Palermo lunedì, mercoledì e venerdì (17 h) – Grimaldi-Grandi Navi Veloci, varco Galvani Darsena 1 ✉ 57123 ☎ 0586 409804, Fax 0586 429717.

piazza Cavour 6 ✉ 57126 ☎ 0586 204611, info@livorno.turismo.toscana.it, fax 0586 896173.

A.C.I. *via Verdi 32 ✉ 57126 ☎ 0586 829090.*

Roma 321 ③ – Pisa 24 ① – Firenze 85 ① – Milano 294 ②.

Pianta pagina precedente

Gran Duca, piazza Micheli 16 ✉ 57123 ☎ 0586 891024, *granduca@granduca.it, Fax 0586 891153,* – 40. AE VISA. rist AY b
Pasto *(chiuso dal 27 dicembre al 6 gennaio e lunedì, da giugno a settembre aperto lunedì sera)* carta 31/44 (10 %) – **80 cam** 86/124, suite – ½ P 83.
◆ Albergo di buon livello, realizzato nel tipico ambiente del Bastione Mediceo: spaziosa hall e camere eterogenee negli arredi, ma parimenti confortevoli. Di fronte al mare, con vista sulla darsena, ristorante con sale ben arredate.

Da Rosina, via Roma 251 ✉ 57127 ☎ 0586 800200, –. AE VISA BZ p
chiuso dal 24 dicembre al 1º gennaio, dal 10 agosto al 1º settembre, domenica sera e giovedì – **Pasto** specialità di mare carta 30/43.
◆ Ambiente informale e specialità a base di pescato fresco in un ristorante a conduzione familiare; sala molto luminosa con esposizione di pesci e crostacei al centro.

Da Galileo, via della Campana 20 ✉ 57122 ☎ 0586 889009 –. AE VISA BY a
chiuso dal 16 al 30 luglio, domenica sera e mercoledì – **Pasto** trattoria con specialità di pesce carta 25/37 (10 %).
◆ Trattoria di tradizione con specialità di pesce, meta di personaggi celebri e non, che vi si recano per gustare piatti di autentica cucina livornese a prezzi interessanti.

Osteria del Mare, borgo dei Cappuccini 5 ✉ 57126 ☎ 0586 881027, *Fax 0586 881027* – . AE VISA. AY f
chiuso dal 25 agosto al 10 settembre e giovedì – **Pasto** carta 22/36.
◆ Semplice atmosfera e arredi lineari in due piccole, ma accoglienti sale, in un'osteria collocata in area portuale; buona scelta di cucina marinara, senza spendere troppo.

ad Ardenza *per ③ : 4 km – ✉ 57128 Livorno :*

Ciglieri, via Franchini 38 ☎ 0586 508194, *ciglieri@tin.it, Fax 0586 589091* –. AE VISA JCB.
chiuso dal 7 al 31 gennaio e mercoledì – **Pasto** carta 46/72.
◆ Continua ricerca dei migliori prodotti toscani valorizzati con la preparazione di piatti di mare e qualche piatto di carne, serviti in un ambiente di raffinata eleganza.

ad Antignano *per ③ : 5 km – ✉ 57128 Livorno :*

Marilia Residence Hotel senza rist, via Sarti 61 ☎ 0586 877777, *mariliaresidencehotel @tin.it, Fax 0586 877677,* – P. AE VISA JCB.
8 – 25 suites 100/115.
◆ In verde zona residenziale, non lontano dal mare, grande complesso dotato di piscina all'aperto con idromassaggio; ampie camere di moderna concezione, luminose e lineari.

a Montenero *Sud : 10 km – ✉ 57128 Livorno :*

La Vedetta, via della Lecceta 5 ☎ 0586 579957, *info@hotellavedetta.it, Fax 0586 579969,* ≤ mare e costa, – P – 120. AE VISA. rist
Pasto *(maggio-settembre)* (solo per alloggiati) – **31 cam** 77/134 – ½ P 83.
◆ Ambiente curato nell'ampia villa del '700 che ospitò personaggi illustri e che deve il suo nome alla splendida vista su mare e costa; sobri e funzionali gli interni.

LIVORNO FERRARIS *13046 Vercelli* 561 G 6 – *4 353 ab. alt. 189.*

Roma 673 – Torino 41 – Milano 104 – Vercelli 42.

a Castell'Apertole *Sud-Est : 10 km : – ✉ 13046 Livorno Ferraris :*

Da Balin, ☎ 0161 47121, *balin1959@libero.it, Fax 0161 477536,* Coperti limitati; prenotare – P. AE VISA
chiuso due settimane in gennaio, dal 10 al 20 agosto, domenica sera e lunedì – **Pasto** carta 30/35.
◆ In un'antica cascina, due salette in stile rustico di tono elegante separate da un grande camino, dove si propone una cucina legata alle tradizioni piemontesi.

LIZZANO IN BELVEDERE *40042 Bologna* 562 J 14 – *2 263 ab. alt. 640 – a.s. luglio-agosto e Natale – Sport invernali : a Corno alle Scale : 1 358/1 945 m* 4, .
c/o Municipio 0534 51052, iatlizzano@cosea.bo.it, Fax 0534 51052.
Roma 361 – Bologna 68 – Firenze 87 – Lucca 93 – Milano 271 – Modena 102 – Pistoia 51.

Tibidi via 3 Novembre 97 0534 51162, *info@tibidi.com, Fax 0534 51662,* , Rist. e pizzeria – AE VISA.
chiuso lunedì, martedì ed a mezzogiorno (escluso agosto, sabato e domenica) – **Pasto** carta 22/31.
◆ Tre sale, ambienti rustici, una in legno le altre due con grosse travi al soffitto, tavoli ampi, ma ravvicinati. La cucina è espressione del territorio, ma non solo.

a Vidiciatico *Nord-Ovest : 4 km – alt. 810 – ✉ 40049 :*

Montegrande, via Marconi 27 0534 53210, *info@montegrande.it, Fax 0534 54024* – TV. AE VISA.
chiuso dal 2 al 20 maggio e dal 15 ottobre al 30 novembre – **Pasto** carta 20/27 – 6,50 – **14 cam** 56 – ½ P 46.
◆ Ideale per una vacanza semplice e tranquilla un albergo dall'atmosfera familiare a gestione pluriennale; spazi non ampi, ma curati e accoglienti, camere dignitose. Piacevole sala ristorante con camino; piatti del territorio, con funghi e tartufi in stagione.

a Rocca Corneta *Nord-Ovest : 8 km – alt. 631 – ✉ 40040 :*

Antica Trattoria Corsini, 0534 53104, *info@hotelcorsini.com, Fax 0534 53111,* ≤ Appennini, , – TV P. VISA. rist
chiuso ottobre – **Pasto** *(chiuso martedì escluso luglio e agosto)* carta 20/40 – 5 – **8 cam** 45/60 – ½ P 45.
◆ Bella veduta sugli Appennini in una piccola struttura a solida e dinamica conduzione diretta: ambiente alla buona e camere confortevoli, rinnovate pochi anni fa. Cucina locale con un buon rapporto qualità/prezzo, sala panoramica.

Un automobilista previdente utilizza la Guida Michelin dell'anno in corso.

LOANO *17025 Savona* 561 J 6 *G. Italia – 11 284 ab..*
corso Europa 19 019 676007, loano@inforiviera.it, Fax 019 676818.
Roma 578 – Imperia 43 – Genova 79 – Milano 202 – Savona 33.

Grand Hotel Garden Lido, lungomare Nazario Sauro 9 019 669666, *info@gardenlido.com, Fax 019 668552,* ≤, , , , – TV P – 60. AE VISA.
chiuso dal 24 ottobre al 23 dicembre – **Pasto** carta 35/50 – **77 cam** 97,50/150 – ½ P 129.
◆ Albergo di fronte al porto turistico, ristrutturato negli ultimi anni, immerso in un giardino con piscina; ariosi spazi comuni in stile moderno, camere funzionali. Quadri alle pareti e grandi finestre nella sobria sala da pranzo.

Perelli, lungomare Garbarino 13 019 675708, *Fax 019 675722,* ≤, – TV. VISA. rist
Pasqua-settembre – **Pasto** carta 27/35 – **41 cam** 54/88 – ½ P 76.
◆ Valida gestione in un hotel di tradizione collocato sul lungomare, nel centro della località; zona ricevimento non ampia, ma piacevole, camere dagli arredi essenziali. Capiente ed elegante sala con grandi vetrate, cornici della rigogliosa natura esterna.

Villa Beatrice, via Sant'Erasmo 6 (via Aurelia) 019 668244, *hvbeatrice@tin.it, Fax 019 668244,* , , riscaldata, – TV P. VISA. rist
chiuso da ottobre al 15 dicembre – **Pasto** *(chiuso martedì)* carta 20/29 – 8 – **30 cam** 47/78 – ½ P 68.
◆ Si respira il «profumo» del passato e del non lontano mare, in questa struttura di origine ottocentesca, con interni in stile e un lussureggiante giardino fiorito. Sala da pranzo ornata in modo essenziale.

Villa Mary, viale Tito Minniti 6 019 668368, *hvmary@tin.it* – TV P. VISA. rist
chiuso dal 27 settembre al 19 dicembre – **Pasto** *(chiuso martedì)* carta 20/29 – 8 – **30 cam** 40/76 – ½ P 64.
◆ Gestione cordiale e ambiente familiare in un albergo fuori dal centro con spazi comuni non grandi, ma abbelliti da tappeti e comode poltrone; camere funzionali.

LOCOROTONDO *70010 Bari* 564 E 33 *G. Italia – 14 069 ab. alt. 410.*
Dintorni *Valle d'Itria★★ (strada per Martina Franca) – ≤★ sulla città dalla strada di Martina Franca.*
Roma 518 – Bari 70 – Brindisi 68 – Taranto 36.

Centro Storico, via Eroi di Dogali 6 080 4315473 – AE VISA
chiuso dal 5 al 15 marzo e mercoledì – **Pasto** carta 18/26.
◆ In pieno centro storico, cordiale accoglienza in una trattoria alla buona che offre un ambiente piacevole, in stile rustico; proposte di casalinga cucina barese.

LOCRI *89044 Reggio di Calabria* **564** M 30 – *12 681 ab..*
Roma 654 – Reggio Calabria 110 – Catanzaro 102 – Crotone 155.

a Moschetta *Sud-Ovest : 5 km –* ✉ *89044 Locri :*

La Fontanella, contrada Moschetta 13 ☎ 0964 390005, *Fax 0964 22568* – ▤. AE ⓢ ⓞ MC VISA JCB. ✂
chiuso dal 20 ottobre al 20 novembre e lunedì – **Pasto** 15/22.
◆ Locanda di lunga tradizione, ubicata nel cuore della piccola contrada, a pochi chilometri da Locri, che propone cucina casereccia legata al territorio e alla stagione.

LODI *26900* P **561** G 10 – *41 319 ab. alt. 80.*
ℹ *piazza Broletto 4* ☎ *0371 421391, Fax 0371 421313.*
Roma 548 – Milano 37 – Piacenza 38 – Bergamo 49 – Brescia 67 – Cremona 54 – Pavia 36.

UNA Hotel Lodi, via Emilia, località San Grato Nord-Ovest : 4 km ☎ 0371 410461, *una.lo@unahotels.it, Fax 0371 410464* – |♦|, ⇔ cam, ▤ TV P – 🏛 240. AE ⓢ ⓞ MC VISA JCB. ✂ rist
Pasto al Rist. ***Una Restaurant*** carta 23/29 – **62 cam** ☕ 163/190 – ½ P 147.
◆ Alle porte della città, struttura rinnovata, nello stile dell'omonima catena: arredi funzionali di moderna concezione e servizi all'altezza di una clientela congressuale.

Concorde Lodi Centro senza rist, piazzale Stazione 2 ☎ 0371 421322, *lodi@hotel-concorde.it, Fax 0371 420703* – |♦| ▤ TV ☎. AE ⓢ ⓞ MC VISA JCB
30 cam ☕ 72/98, suite.
◆ Hotel centrale, situato proprio di fronte alla stazione ferroviaria, ristrutturato di recente in base ai dettami di un sobrio buongusto. Conduzione affidabile ed esperta.

Anelli senza rist, viale Vignati 7 ☎ 0371 421354, *albergo.anelli@libero.it, Fax 0371 422156* – ▤ TV ☎. AE ⓢ ⓞ MC VISA. ✂
chiuso Natale e dal 7 al 23 agosto – **29 cam** ☕ 76/110.
◆ In prossimità del centro, un albergo a conduzione diretta pluridecennale, rimodernato negli ultimi anni; grande sala colazioni e graziose camere funzionali, con parquet.

3 Gigli-All'Incoronata, piazza della Vittoria 47 ☎ 0371 421404, *tregigli@libero.it, Fax 0371 422692*, prenotare – ▤. AE ⓢ VISA
chiuso dal 26 dicembre al 7 gennaio, dal 6 agosto al 1° settembre, domenica sera e lunedì – **Pasto** 25/60 e carta 39/51.
◆ Nella bella piazza centrale della località, ecco il paradiso del palato: tre salette di taglio moderno dove lasciarsi viziare con piatti di cucina creativa.
Spec. Formaggi lodigiani con pere in diverse maniere (inverno). Ravioli ripieni di pesto con sorbetto al pomodoro e foglie di mentuccia (estate). Gallinella di mare arrostita con verdure primaverili ed il suo brodetto al limone e zenzero (primavera-estate).

La Quinta, viale Pavia 76 ☎ 0371 35041, *Fax 0371 35041*, ☂ – ▤. AE ⓢ ⓞ MC VISA JCB. ✂
chiuso dal 27 dicembre al 5 gennaio, agosto, domenica sera e lunedì – **Pasto** carta 31/51 🍷.
◆ Accogliente atmosfera ovattata e consolidata gestione trentennale in un ristorante classico, trasferitosi da non molto nella nuova ed elegante sede; cucina lodigiana.

Isola Caprera, via Isola Caprera 14 ☎ 0371 421316, *info@isolacaprera.com, Fax 0371 421316* – P – 🏛 200. AE ⓢ ⓞ MC VISA
chiuso dal 1° al 15 gennaio, dal 16 al 31 agosto, martedì sera e mercoledì – **Pasto** carta 32/42.
◆ Competenza e professionalità in un locale a vocazione banchettistica, non lontano dal centro, circondato da un rigoglioso spazio verde; servizio estivo all'aperto.

LODRONE *Trento* **562** E 13 – *Vedere Storo.*

LOIANO *40050 Bologna* **562** J 15 – *4 002 ab. alt. 714 – a.s. luglio-13 settembre.*
⛳9 *Molino del Pero (chiuso lunedì) a Monzuno* ✉ *40036* ☎ *051 6770506, Fax 051 6770125, Ovest : 9 km.*
Roma 359 – Bologna 36 – Firenze 85 – Milano 242 – Pistoia 100.

Palazzo Loup 🐦, via Santa Margherita 21, località Scanello Est : 3 km ☎ 051 6544040, *info@palazzo-loup.it, Fax 051 6544040*, ≤ colline e dintorni, ☂, ⛱ – |♦| TV ☎ ♿ P – 🏛 180. AE ⓢ ⓞ MC VISA. ✂
chiuso dal 23 dicembre al 10 febbraio – **Pasto** *(chiuso lunedì escluso da giugno a settembre)* (prenotare) carta 26/41 – **39 cam** ☕ 156/225 – ½ P 125.
◆ Incredibile fusione di passato e presente, in una struttura di origine medioevale, con splendido parco ombreggiato e vista su colline e dintorni, per un soggiorno unico. Atmosfera raffinata nell'elegante sala da pranzo con camino; grande salone per cerimonie.

LONATO *25017 Brescia* **561** F 13 – *12 121 ab. alt. 188 – a.s. Pasqua e luglio-15 settembre.*
Roma 530 – Brescia 23 – Mantova 50 – Milano 120 – Verona 45.

XX **Il Rustichello** con cam, viale Roma 92 ☎ 030 9130107, *Fax 030 9131145*, – rist, P. AE VISA JCB
Pasto *(chiuso dal 2 all'8 gennaio, una settimana in luglio e mercoledì)* carta 29/37 – **13 cam** 50/70 – ½ P 48.
◆ Circondato da un grazioso giardino, ristorante con camere lineari; stile rustico di tono elegante nell'ampia sala, con bianche pareti e soffitto in scuro perlinato.

a Barcuzzi *Nord : 3 km – ✉ 25017 Lonato :*

XX **Da Oscar,** via Barcuzzi 16 ☎ 030 9130409, *info@daoscar.it, Fax 030 9130409*, ←, – P. AE VISA JCB.
chiuso dal 27 dicembre al 27 gennaio, lunedì, martedì a mezzogiorno – **Pasto** carta 37/47.
◆ Sulle colline che guardano il Lago di Garda, bel locale spazioso di tono raffinato, con incantevole servizio estivo sulla terrazza, da cui si gode uno splendido panorama.

LONGA *Vicenza – Vedere Schiavon.*

LONGARE *36023 Vicenza* **562** F 16 – *5 300 ab. alt. 29.*
Roma 528 – Padova 28 – Milano 213 – Verona 60 – Vicenza 10.

a Costozza *Sud-Ovest : 1 km – ✉ 36023 Longare :*

XX **Aeolia,** piazza Da Schio 1 ☎ 0444 555036, *aeolia@aeolia.com, Fax 0444 953172*, – AE VISA.
chiuso dal 1° al 18 novembre e martedì – **Pasto** carta 17/36.
◆ Eolo troneggia nei suggestivi affreschi della saletta quasi circolare di un edificio del XVI sec., antica foresteria della villa Trento-Carli; proposta di carni esotiche.

LONGARONE *32013 Belluno* **562** D 18 – *4 136 ab. alt. 474.*
Roma 619 – Belluno 18 – Cortina d'Ampezzo 50 – Milano 358 – Udine 119 – Venezia 108.

Posta senza rist, piazza IX ottobre 16 ☎ 0437 770702, *info@hotelpostalongarone.it, Fax 0437 771661* – . AE VISA.
8 – **24 cam** 58/85.
◆ Cordiale accoglienza in un albergo in pieno centro, ideale per il turista di passaggio e d'affari; spazi comuni non ampi, ma ben arredati, camere ben accessoriate.

LONGIANO *47020 Forlì-Cesena* **562** J 18 – *5 467 ab. alt. 179.*
Roma 350 – Rimini 28 – Forlì 32 – Ravenna 46.

X **Dei Cantoni,** via Santa Maria 19 ☎ 0547 665899, *Fax 0547 666040* – . AE VISA.
chiuso gennaio e mercoledì – **Pasto** 15/27.
◆ Simpatica gestione e proposte di cucina del territorio in un locale del centro storico, a ridosso delle mura del castello malatestiano; piacevole servizio in veranda.

LONIGO *36045 Vicenza* **562** F 16 – *14 086 ab. alt. 31.*
Roma 533 – Verona 33 – Ferrara 95 – Milano 186 – Padova 56 – Vicenza 24.

XXX **La Peca,** via Principe Giovanelli 2 ☎ 0444 830214, *rilapeca@tin.it, Fax 0444 438763*, , Coperti limitati; prenotare – P. AE VISA.
chiuso dal 21 al 31 gennaio, dal 5 al 25 agosto, domenica sera e lunedì, in luglio anche domenica a mezzogiorno – **Pasto** carta 59/80.
◆ Tra le dolci colline vicentine, un ristorante elegante, di moderna concezione, con un tocco di originalità, che propone gustosa cucina locale accanto a piatti più estrosi.
Spec. Involtini di piccione su pan bagnato e pecorino dolce con succo di pomodoro verde. Spaghetti ai frutti di mare in cassopipa. Sella di cervo con scaloppa di fegato grasso grigliato e salsa di stracotto.

LOREGGIA *35010 Padova* **562** F 17 – *5 622 ab. alt. 26.*
Roma 504 – Padova 26 – Venezia 30 – Treviso 36.

X **Locanda Aurilia** con cam, via Aurelia 27 ☎ 049 5790395 e hotel ☎ 049 9300677, *Fax 049 5790395* – P. AE VISA.
Pasto *(chiuso dal 1° al 6 gennaio, dal 5 al 20 agosto e martedì)* carta 24/30 – 3,50 – **17 cam** 31/67,20 – ½ P 50.
◆ Nelle vicinanze di alcune superbe ville venete, una locanda di lunga tradizione familiare, con confortevoli camere lineari; proposte di cucina del territorio.

LORETO *60025 Ancona* 563 L 22 *G. Italia– 11 372 ab. alt. 125 – a.s. Pasqua, 15 agosto-10 settembre e 7-12 dicembre.*

Vedere *Santuario della Santa Casa*** – *Piazza della Madonna** – *Opere del Lotto** *nella pinacoteca* **M.**

via Solari 3 ✆ 071 970276, iat.loreto@regione.marche.it, Fax 071 970020.

Roma 294 ② – Ancona 31 ① – Macerata 31 ② – Pesaro 90 ② – Porto Recanati 5 ①.

Pellegrino e Pace, piazza della Madonna 51 ✆ 071 977106, *info@pellegrinoepace.it, Fax 071 978252* – rist, TV. AE VISA JCB. rist
chiuso febbraio – **Pasto** *(chiuso lunedì)* 14/18 – 5 – **28 cam** 63/80 – ½ P 73.
◆ Piacevolmente collocato nella bella piazza dominata dal Santuario, un albergo dal nome «profetico», dove trovare ristoro in sobri ambienti, funzionali e accoglienti. Pasti ristoratori nella sala in stile lineare.

Vecchia Fattoria con cam, via Manzoni 19 ✆ 071 978976, *lavecchiafattoriasrl@virgilio.it, Fax 071 978962,* – TV P. AE VISA.
chiuso dal 7 al 30 gennaio – **Pasto** *(chiuso lunedì)* carta 23/35 – 1,81 – **13 cam** 43,90/56,81 – ½ P 51,65.
◆ Un nome che è già un'esauriente presentazione per un locale ai piedi del colle lauretano, lontano dal centro storico; proposte di terra e di mare negli eleganti interni.

Andreina, via Buffolareccia 14 ✆ 071 970124, *info@ristoranteandreina.it, Fax 071 7501051,* – P. AE VISA
chiuso martedì – **Pasto** specialità selvaggina carta 29/37.
◆ Familiare ambiente rustico in una casa in mattoni fuori dalla cittadina; originale offerta di piatti a base di selvaggina, cotta su spiedo con carboni ardenti.

LORETO APRUTINO *65014 Pescara* 563 O 23 – *7 578 ab. alt. 294.*

Roma 226 – Pescara 24 – Teramo 77.

Castello Chiola senza rist, via degli Aquino 12 ✆ 085 8290690, *info@castellochiolahotel.com, Fax 085 8290677,* – TV P – 140. AE VISA JCB.
32 cam 107/160, 4 suites.
◆ Si respira una romantica atmosfera nelle sale ricche di fascino di un'incantevole, antica residenza medioevale, nella parte panoramica della cittadina; camere raffinate.

Agriturismo le Magnolie , contrada Fiorano 83 (Est : 4,5 km) ✆ 085 8289534, *lemagnolie@tin.it, Fax 085 8289534,* – cam, P – 50. AE VISA JCB.
chiuso dal 15 dicembre a gennaio – **Pasto** *(chiuso a mezzogiorno)* 23/30 – **2 cam** 50/55, 8 suites – ½ P 50.
◆ Un casolare del '600, completamente ristrutturato, posizionato al centro di una grande tenuta agricola dove si producono olio, frutta e ortaggi. Clima familiare.

Carmine, contrada Remartello 52 (Est : 6,5 km) ✆ 085 8208553, *Fax 085 8208553* – . AE VISA.
chiuso dal 23 febbreio al 2 marzo, dal 18 al 27 luglio, dal 7 al 21 novembre, martedì a mezzogiorno e lunedì – **Pasto** specialià di mare carta 26/43.
◆ Competente gestione giovane in un grazioso locale sulla strada che porta al paese: due salette, una con veranda, dove gustare piatti di mare a base di ricette del luogo.

LORNANO *Siena – Vedere Monteriggioni.*

LORO CIUFFENNA *52024 Arezzo* 563 L 16 – *5 092 ab. alt. 330.*

Roma 238 – Firenze 54 – Siena 63 – Arezzo 31.

Il Cipresso-da Cioni con cam, via De Gasperi 28 ✆ 055 9171127, *gabriele@ilcipresso.it, Fax 055 9172067* – rist, TV P. AE VISA
chiuso dal 13 al 28 febbraio – **Pasto** *(chiuso sabato a mezzogiorno dal 16 giugno al 14 settembre, tutto il giorno negli altri mesi)* carta 30/35 – 6 – **22 cam** 32/55 – ½ P 50.
◆ Ristorante a gestione familiare generazionale, con camere semplici in stile rustico e due sale rinnovate dove si servono piatti del territorio abbinati a vini di pregio.

LORO PICENO *62020 Macerata* 563 M 22 – *2 488 ab. alt. 436.*

Roma 248 – Ascoli Piceno 74 – Ancona 73 – Macerata 22.

Girarrosto, via Ridolfi 4 ✆ 0733 509119. AE VISA.
chiuso dal 9 al 26 luglio e mercoledì – **Pasto** 24/30.
◆ Nel centro storico di questo paese inerpicato su una collina, un locale dove gustare specialità alla brace servite nel caratteristico ambiente di una sala in mattoni.

LOTZORAI *Nuoro* 566 H 10 – *Vedere Sardegna alla fine dell'elenco alfabetico.*

LOVENO *Como* 219 ⑨ – *Vedere Menaggio.*

LOVERE *24065 Bergamo* 561 E 12 *G. Italia – 5 508 ab. alt. 200 – a.s. luglio-agosto.*

Vedere *Lago d'Iseo★.*

Dintorni *Pisogne★ : affreschi★ nella chiesa di Santa Maria della Neve Nord-Est : 7 km.*

piazza 13 Martiri ✆ 035 962178, turismo.lovere@apt.bergamo.it, Fax 035 962525.

Roma 611 – Brescia 49 – Bergamo 41 – Edolo 57 – Milano 86.

Continental, viale Dante 3 ✆ 035 983585, *Fax 035 983675* – cam, – 60. AE VISA. rist

Pasto al Rist.-pizzeria ***le Quattro Stagioni*** *(chiuso a mezzogiorno)* carta 30/45 – **42 cam** 91/115 – ½ P 72.

◆ In un piccolo centro commerciale, hotel di recente costruzione, vocato a una clientela d'affari; tappeti e comodi divani nei luminosi spazi comuni, camere confortevoli. Ricavato nei locali dell'ex pub annesso all'albergo, capiente ristorante e pizzeria.

Moderno, piazza 13 Martiri 21 ✆ 035 960607, *info@albergomoderno.bg.it, Fax 035 961451,* – – 100. AE VISA

Pasto carta 23/37 (10 %) – 8,20 – **24 cam** 65/85 – ½ P 65.

◆ Davanti al lungolago, hotel storico recentemente ristrutturato, dalla piacevole facciata rosa che guarda la piazza centrale del paese; camere molto spaziose e funzionali. Accogliente sala da pranzo sobriamente arredata.

Inviateci il vostro parere sui ristoranti che vi consigliamo, sulle loro specialità e i loro vini regionali.

LUCCA *55100* P 563 K 13 *G. Toscana – 85 487 ab. alt. 19.*

Vedere *Duomo★★* **C** *– Chiesa di San Michele in Foro★★ : facciata★★* **B** *– Battistero e chiesa dei Santi Giovanni e Raparata★* **B B** *– Chiesa di San Frediano★* **B** *– Città vecchia★* **BC** *– Passeggiata delle mura★.*

Dintorni *Giardini★★ della villa reale di Marlia e parco★★ di villa Grabau per ① : 8 km – Parco★ di villa Mansi e villa Torrigiani★ per ② : 12 km.*

piazza Santa Maria 35 ✆ 0583 919931, info@luccaturismo.it, Fax 0583 469964.

A.C.I. *via Catalani 59 ✆ 0583 582626.*

Roma 348 ⑤ – Pisa 22 ④ – Bologna 157 ⑤ – Firenze 74 ⑤ – Livorno 46 ⑤ – Massa 45 ⑤ – Milano 274 ⑤ – Pistoia 43 ⑤ – La Spezia 74 ⑤.

Piante pagine seguenti

Gd H. Guinigi, via Romana 1247 ✆ 0583 4991, *info@grandhotelguinigi.it, Fax 0583 499800,* – – 350. AE VISA JCB. rist per ③

Pasto carta 25/50 – **151 cam** 130/210, 11 suites – ½ P 130.

◆ Albergo moderno ubicato fuori dal centro, ideale per una clientela di lavoro, ma adatto anche al turista di passaggio; ambienti ampi e luminosi, dotati di ogni confort. Colori ambrati e arredi essenziali nella sala da pranzo con colonne e soffitto ad archi.

Ilaria senza rist, via del Fosso 26 ✆ 0583 47615, *info@hotelilaria.com, Fax 0583 991961* – . AE VISA JCB C z

30 cam 150/230.

◆ Ricavato nelle antiche scuderie di Villa Buonvisi (ora Bottini), hotel moderno con strutture all'avanguardia; grandi e confortevoli le camere, alcune con vista sul parco.

AC Hotel, viale Europa 1135 ✆ 0583 31781, *aclucca@ac-hotels.com, Fax 0583 317894,* – cam, – 40. AE VISA JCB. rist per ⑤

Pasto *(chiuso agosto e domenica)* (solo per alloggiati) carta 19/45 – **67 cam** 130/204.

◆ Una risorsa recente, completamente rinnovata secondo criteri di modernità e funzionalità. Camere di buon confort, attenzioni particolare per la clientela d'affari.

Celide senza rist, viale Giuseppe Giusti 25 ✆ 0583 954106, *info@albergocelide.it, Fax 0583 954304* – – 30. AE VISA JCB. D a

62 cam 98/145.

◆ In comoda posizione, di fronte alle antiche mura, un hotel rinnovato da poco; spazi comuni in stile moderno, arredati con poltrone confortevoli, camere luminose.

San Marco senza rist, via San Marco 368 ✆ 0583 495010, *hotelsanmarcolu@onenet.it, Fax 0583 490513* – . AE VISA per ①

11,50 – **42 cam** 78,50/107.

◆ Moderno e originale edificio in mattoni che esternamente ricorda quasi una chiesa; all'interno ariosi ambienti in essenziale stile contemporaneo e pavimenti in parquet.

Napoleon senza rist, viale Europa 536 ✆ 0583 316516, *info@hotelnapoleonlucca.com, Fax 0583 418398* – – 35. AE VISA JCB. A b

55 cam 93/140.

◆ Posizionata tra il centro e l'uscita autostradale, una struttura poco appariscente all'esterno, che si fa apprezzare soprattutto per le nuove e confortevoli camere.

LUCCA

Circolazione regolamentata nel centro città

Anfiteatro (Pza dell') .... C 2
Angeli (Via degli) .... B 3
Antelminelli (Pza) .... C 4
Asili (Via degli) .... B 5
Battistero (Via del) .... B 6
Battisti (Via C.) .... B 7
Beccheria (Via) .... B 8
Bernardini (Pza dei) .... C 9
Boccherini (Pza L.) .... A 10
Cadorna (Viale) .... D 12
Calderia (Via) .... B 13
Catalani (Via) .... A 15
Civitali (Via M.) .... C 17
Fillungo (Via) .... BC
Fratta (Via della) .... C 18
Garibaldi (Corso) .... AB 19
Giglio (Pza del) .... B 20
Guinigi (Via) .... C 21
Indipendenza (Piazza dell') .... B 22
Luporini (Viale) .... A 23
Mordini (Via A.) .... C 24
Napoleone (Pza) .... B 25
Portico (Via del) .... C 27
Quarquonia (Via della) .... D 28
Repubblica (Viale) .... B 29
Risorgimento (Pza) .... B 30
Roma (Via) .... B 31
S. Andrea (Via) .... C 32
S. Gemma Galgani (Via) .... C 33
S. Giorgio (Via) .... B 34
S. Giovanni (Pza) .... B 35
S. Martino (Pza) .... B 36
S. Michele (Pza) .... B 38
S. Pietro (Pza) .... C 40
Servi (Pza dei) .... C 42
Varanini (Pza L.) .... D 43
Verdi (Pzale G.) .... A 45
Vittorio Emanuele II (Via) .... AB 47
Vittorio Veneto (Via) .... B 50

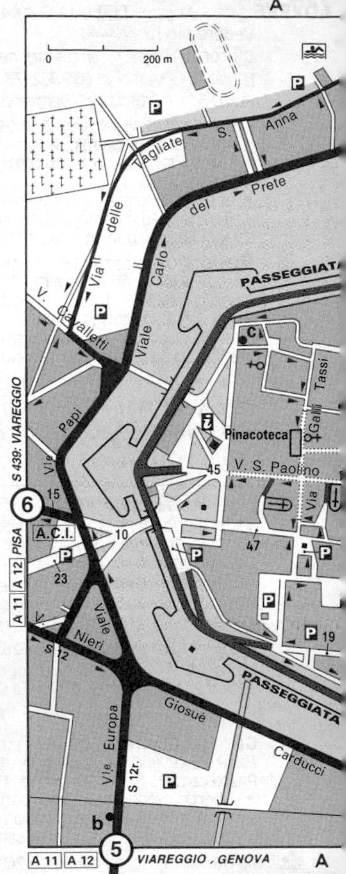

La Luna senza rist, via Fillungo-Corte Compagni 12 ☎ 0583 493634, *laluna@onenet.it, Fax 0583 490021* – AE VISA JCB. — B u
chiuso dal 7 gennaio al 7 febbraio – 10,50 – **29 cam** 80/110, suite.
◆ A pochi passi dalla celebre piazza dell'Anfiteatro, un albergo ristrutturato negli ultimi anni, con interni non ampi, ma accoglienti e ben tenuti; camere funzionali.

Rex senza rist, piazza Ricasoli 19 ☎ 0583 955443, *info@hotelrexlucca.com, Fax 0583 954348* – AE VISA JCB — C c
10 – **25 cam** 80/110.
◆ Valida e dinamica gestione diretta in un albergo strategicamente ubicato di fronte alla stazione ferroviaria; all'interno «freschi» ambienti in stile moderno.

San Martino senza rist, via Della Dogana 9 ☎ 0583 469181, *albergosanmartino@albergosanmartino.it, Fax 0583 991940* – AE VISA JCB — B m
8 – **9 cam** 75/110.
◆ Si organizzano visite guidate del centro storico in un hotel completamente rinnovato, nelle vicinanze del Duomo; camere personalizzate e complete di ogni confort.

Piccolo Hotel Puccini senza rist, via di Poggio 9 ☎ 0583 55421, *info@hotelpuccini.com, Fax 0583 53487* – AE VISA JCB — B c
3,50 – **14 cam** 58/82.
◆ Cortese ospitalità in un albergo all'interno di un palazzo nel cuore della città, con ambienti non molto spaziosi, ma dalla tenuta impeccabile; ampie invece le camere.

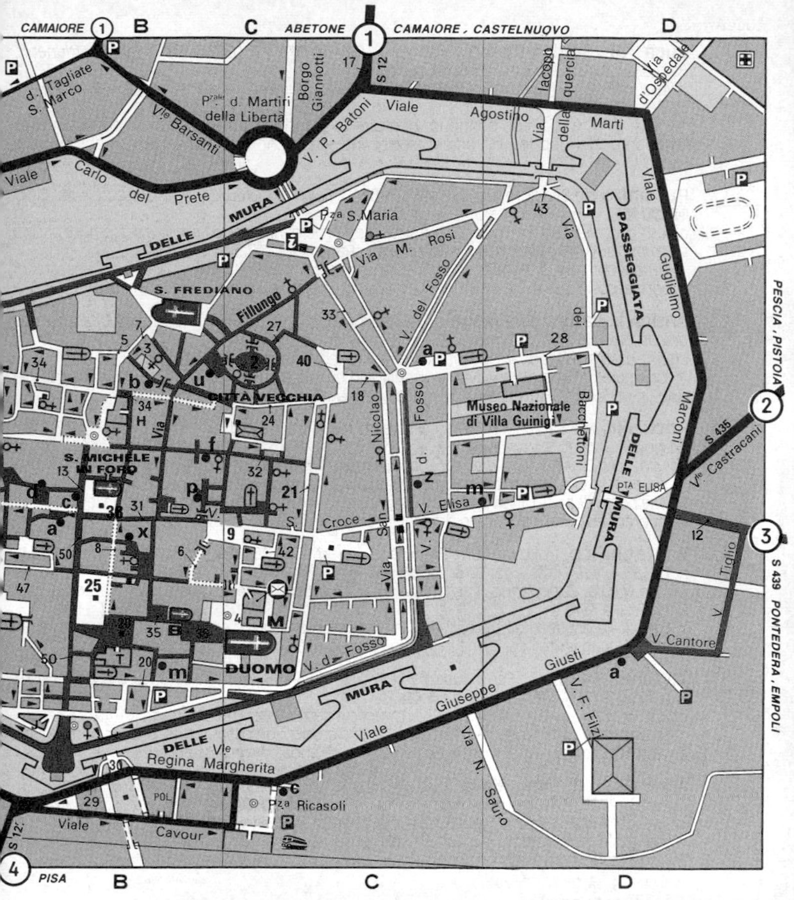

Stipino senza rist, via Romana 95 ✆ 0583 495077, *Fax 0583 490309* – TV P. AE Ś MC VISA. 🚭 per ③
☕ 12,50 – **20 cam** 50/72.
◆ A poche centinaia di metri dalle antiche mura, struttura semplice, dall'ambiente familiare; spazi comuni in stile, con colori decisi alle pareti e camere personalizzate.

Alla Corte degli Angeli senza rist, via degli Angeli 23 ✆ 0583 469204, *info@allacortedegliangeli.com, Fax 0583 991989* – |‡| ▤ TV ✆. AE Ś ⓓ MC VISA JCB B b
☕ 8 – **6 cam** 103/150, suite.
◆ Ambienti di fascino, dotati di ottimi confort: davvero un piccolo angolo di paradiso, nel cuore del centro storico, a due passi dalla celebre piazza dell'Anfiteatro.

La Romea senza rist, vicolo delle Ventaglie 2 ✆ 0583 464175, *info@laromea.com, Fax 0583 471280* – AE Ś ⓓ MC VISA C a
5 cam ☕ 100/120.
◆ Al primo piano di un antico palazzo del centro storico, cinque belle camere, arredate con mobilio d'antiquariato. Molto gradevole anche la zona soggiorno e la sala colazioni.

Villa Romantica senza rist, via Barbantini 246, località Stadio ✆ 0583 496872, *info@villaromantica.it, Fax 0583 957600*, 🏊, 🌳 – ▤ TV ✆ P. AE Ś ⓓ MC VISA. 🚭
chiuso 20 giorni in febbraio – ☕ 11 0,5 km per via Castracani D
6 cam 79/98, 2 suites 98/138.
◆ Il nome è già un'eloquente presentazione per questa bella villa d'inizio secolo: piacevoli interni personalizzati e un grande giardino, per passeggiate poetiche.

XXX **Buca di Sant'Antonio,** via della Cervia 1/5 ☎ 0583 55881, *la.buca@lunet.it, Fax 0583 312199* – ⊟. AE VISA JCB B a
chiuso dal 12 al 19 gennaio, dall'11 al 19 luglio, domenica sera e lunedì – **Pasto** carta 30/36.
◆ Travi a vista da cui pendono pentole e prosciutti personalizzano piacevolmente l'ambiente del locale, di origini settecentesche, che propone piatti tradizionali e tipici.

XXX **Puccini,** corte San Lorenzo 1 ☎ 0583 316116, *Fax 0583 316031*, prenotare – ⊟. AE VISA B d
chiuso gennaio, febbraio, mercoledì a mezzogiorno e martedì; da luglio a settembre chiuso solo i mezzogiorno di martedì e mercoledì – **Pasto** carta 27/54.
◆ Gradevole sala di moderna concezione: «calde» pareti di color giallo, tappezzate di quadri, esposizione di bottiglie, pavimento in parquet; piatti di terra e di mare.

XX **Antica Locanda dell'Angelo,** via Pescheria 21 ☎ 0583 467711, *antica@locandadellangelo.it, Fax 0583 495445*, prenotare – AE VISA JCB. B x
chiuso dal 6 al 31 gennaio, domenica sera e lunedì – **Pasto** carta 34/43.
◆ Originale fusione di creatività e classicità in cucina e un occhio di riguardo al mondo del vino, in un locale di lunga tradizione, dall'ambiente rustico di tono elegante.

XX **Botticelli,** via Sarzanese 55, località Sant'Anna ☎ 0583 515571, *Fax 0583 517253*, prenotare – ⊟ P. AE VISA JCB 1,5 km per ⑥
chiuso dal 12 al 20 gennaio, dal 9 al 20 agosto, mercoledì e giovedì a mezzogiorno, in luglio-agosto chiuso a mezzogiorno – **Pasto** specialità di mare carta 32/47.
◆ Alle porte della città, un ristorante dagli interni signorili e curati, con arredi in legno, dove assaporare elaborate proposte culinarie, per lo più a base di pesce.

XX **Il Magnifico,** piazza San Francesco 1 ☎ 0583 464659, *infoilmagnifico@tiscali.it, Fax 0583 471161*, – ⊟. AE VISA JCB B f
chiuso Natale, Capodanno, Pasqua, dal 1º al 21 agosto, lunedì e martedì a mezzogiorno – **Pasto** carta 33/51.
◆ Bel locale ospitato da un edificio cinquecentesco. La sala, con mattoni a vista e travi in legno, è accogliente così come lo spazio esterno riservato al servizio estivo.

X **All'Olivo,** piazza San Quirico 1 ☎ 0583 496264, *ristoranteolivo@msn.com, Fax 0583 493129*, – ⊟. AE VISA. B p
chiuso febbraio e mercoledì (escluso da luglio a settembre) – **Pasto** carta 29/40.
◆ In una delle caratteristiche piazze del centro storico, un ristorantino che propone cucina del territorio di terra e di mare e un servizio in veranda davvero piacevole.

X **Agli Orti di Via Elisa,** via Elisa 17 ☎ 0583 491241, *info@ristorantegliorti.it, Fax 0583 958037*, Trattoria e pizzeria serale – . AE VISA JCB CD m
chiuso dal 7 al 20 luglio, mercoledì e a mezzogiorno – **Pasto** carta 17/22.
◆ Un locale giovane nella gestione e nelle proposte, con due ampie sale in cui gustare una linea gastronomica tradizionale, ma anche pizze (solo alla sera).

sulla strada statale 12 r B:

Locanda l'Elisa, via Nuova per Pisa per ④ : *4,5 km* ✉ 55050 Massa Pisana ☎ 0583 379737, *info@locandalelisa.it, Fax 0583 379019*, « Giardino ombreggiato con » – ⊟ TV P. AE VISA JCB.
chiuso dal 7 gennaio all'11 febbraio – **Pasto** vedere rist ***Gazebo*** – **10 cam** 200/450.
◆ Splendida villa ristrutturata ai primi dell'800, immersa in un lussureggiante giardino ombreggiato con piscina; spazi interni di rara eleganza, ornati con mobili d'epoca.

Villa la Principessa, via Nuova per Pisa 1616 per ④ : *4,5 km* ✉ 55050 Massa Pisana ☎ 0583 370037, *info@hotelprincipessa.com, Fax 0583 379136*, – ⊟ TV P – 90. AE VISA. rist
3 aprile-2 novembre – **Pasto** *(chiuso a mezzogiorno e martedì)* carta 54/70 – **35 cam** 200/290, 8 suites.
◆ Soggiorno principesco nel raffinato lusso di un'antica dimora originaria del 1300 (fu la corte di Castruccio Castracani), abbracciata da un magnifico parco con piscina. Eleganza e cura della tavola sotto le volte ad arco della suggestiva sala ristorante.

Villa San Michele senza rist, località San Michele in Escheto per ④ : *4 km* ✉ 55050 Massa Pisana ☎ 0583 370276, *htlvillasmichele@tin.it, Fax 0583 370277*, – ⊟ TV P. AE VISA.
aprile-novembre – 15 – **19 cam** 155/195.
◆ Un'oasi di tranquillità: villa settecentesca con un parco ombreggiato di piante secolari; all'interno un felice sposalizio di colori caldi abbellito da arredi in stile.

XXX **Gazebo** - Hotel Locanda l'Elisa, via Nuova per Pisa per ④ : *4,5 km* ✉ 55050 Massa Pisana ✆ 0583 379737, *locanda.elisa@lunet.it, Fax 0583 379019,* Coperti limitati; prenotare – ▤ P. AE ⓢ ⓜⓒ VISA. ✗
chiuso dal 7 gennaio all'11 febbraio e domenica – **Pasto** carta 50/66.
◆ Ambiente raffinato all'interno dell'originale gazebo circondato dal grande, rigoglioso parco: una sala che sembra una bomboniera, dove gustare una cucina fantasiosa.

XX **La Cecca,** località Coselli per ④ : *5 km* ✉ 55060 Capannori ✆ 0583 94284, *info@lacecca.it, Fax 0583 948819,* – ▤ P. AE ⓢ ⓓ ⓜⓒ VISA. ✗
chiuso dal 1° al 10 gennaio, agosto, lunedì e mercoledì sera – **Pasto** cucina casalinga carta 25/33.
◆ Antica trattoria di campagna di tono elegante, che mantiene le caratteristiche originali dopo la recente ristrutturazione; saporite proposte di genuina cucina casalinga.

sulla strada statale 12 A :

XX **Villa Bongi,** località Cocombola ✉ 55015 Montuolo ✆ 0583 510479, *Fax 0583 510479,* , – P. AE ⓢ ⓓ ⓜⓒ VISA 9 km per via Nieri **A**
chiuso dal 20 al 30 gennaio, dal 10 al 31 ottobre, martedì a mezzogiorno e lunedì – **Pasto** carta 24/42.
◆ Cucina tradizionale e toscana in un raffinato ristorante classico, in una villa dolcemente «posta» sui tondeggianti rilievi lucchesi; ameno servizio estivo all'aperto.

X **Mecenate,** via della Chiesa 707, località Gattaiola ✉ 55050 Gattaiola ✆ 0583 512167, *Fax 0583 512167,* – P. AE ⓢ ⓓ ⓜⓒ VISA JCB 2 km per via Nieri **A**
chiuso dal 5 al 15 novembre, dal 7 al 17 gennaio e lunedì – **Pasto** carta 29/41.
◆ Tra le verdi colline che incorniciano la città, trattoria a cordiale gestione familiare, dall'ambiente semplice e dignitoso; piatti della tradizione e del luogo.

ad Arsina *per ① : 5 km – ✉ 55100 Lucca :*

Villa Alessandra senza rist, via Arsina 1100/b ✆ 0583 395171, *villa.ale@mailcity.com, Fax 0583 395828,* ≤ colline e dintorni, – P. AE ⓢ ⓜⓒ VISA. ✗
6 cam ☕ 120/140.
◆ Splendida villa del 1800 in collina, circondata da oliveti e vigne, abbellita da un giardino fiorito con piscina; raffinati interni in stile per un soggiorno esclusivo.

a Ponte a Moriano *per ① : 9 km – ✉ 55029 :*

XXX **La Mora,** via Sesto di Moriano 1748, a Sesto di Moriano Nord-Ovest : 2,5 km ✆ 0583 406402, *info@ristorantelamora.it, Fax 0583 406135,* – AE ⓢ ⓓ ⓜⓒ VISA. ✗
chiuso dal 1° al 12 gennaio, dal 14 al 26 giugno e mercoledì – **Pasto** specialità lucchesi e garfagnine carta 32/47.
◆ Antico punto di sosta ai piedi dell'Appennino, è ora un confortevole locale di tono che propone un'esaltante cucina lucchese e garfagnina, intelligentemente rivisitata.
Spec. Insalata di polipo con crema di patate. Ravioli alle erbette. Piccione in casseruola.

X **Antica Locanda di Sesto,** via Lodovica 1660, a Sesto di Moriano Nord-Ovest : 2,5 km ✆ 0583 578181, *anticalocandadisesto@virgilio.it, Fax 0583 579103* – P. AE ⓢ ⓓ ⓜⓒ VISA JCB
chiuso dal 24 al 31 dicembre, Pasqua, agosto e sabato – **Pasto** carta 22/40.
◆ Simpatica e calorosa gestione familiare in una vecchia locanda storica che ha saputo conservare autenticità e genuinità, riproposte in gustosi piatti regionali.

a Capannori *per ③ : 6 km – ✉ 55013 :*

Le Ville senza rist, viale Europa 154, a Lammari ✆ 0583 963411, *info@hotelleville.it, Fax 0583 963496* – ▤ TV P. AE ⓢ ⓓ ⓜⓒ VISA. ✗
23 cam ☕ 98/150.
◆ Hotel moderno di realizzazione molto recente, adatto a una clientela d'affari, ma anche turistica; piacevoli interni ariosi e vivaci, con confort dell'ultima generazione.

XX **Forino,** via Carlo Piaggia 15 ✆ 0583 935302, *rforino@iol.it, Fax 0583 935302,* – ▤ P. AE ⓢ ⓓ ⓜⓒ VISA. ✗
chiuso dal 26 dicembre al 6 gennaio, dal 5 al 20 agosto, domenica sera e lunedì – **Pasto** specialità di mare carta 34/51.
◆ Simpatica e competente gestione diretta in un ristorante semplice, rinomato nella zona per la sua cucina di mare sapientemente elaborata, con uso di materie prime scelte.

a Carignano *per ① : 5 km – ✉ 55056 :*

Carignano, via per Sant'Alessio 3680 ✆ 0583 329618, *hotelcarignano@tin.it, Fax 0583 329848* – ▤ TV P – 200. AE ⓢ ⓓ ⓜⓒ VISA JCB. ✗
Pasto vedere rist ***La Cantina di Carignano*** – **26 cam** ☕ 83/114 – ½ P 62.
◆ Sorge in posizione tranquilla questo albergo di taglio moderno e recente costruzione, che offre ariosi e lineari spazi comuni; camere funzionali, ampie e molto luminose.

La Cantina di Carignano, via per Sant'Alessio 3680 ✆ 0583 59030, , Rist. e pizzeria – P. AE VISA JCB.
chiuso giovedì – **Pasto** carta 17/23.
◆ Ambiente caratteristico in una trattoria rustica: travi a vista, bianche pareti ornate di oggetti dell'arte venatoria, esposizione di bottiglie; piatti locali e pizze.

a Pieve Santo Stefano *per ⑥ : 9 km – ✉ 55100 Lucca :*

Vipore, località Pieve Santo Stefano 4469 ✆ 0583 394065, *Fax 0583 394065,* – P. VISA
chiuso lunedì ed a mezzogiorno escluso sabato-domenica – **Pasto** carta 30/42.
◆ Tra i «morbidi» pendii del paesaggio vicino a Lucca, ristorante dall'ambiente essenziale in cui gustare saporite e genuine specialità tipiche; servizio estivo all'aperto.

Lombardo, ✆ 0583 394268, ←, – P. VISA.
chiuso dal 7 al 31 gennaio, martedì a mezzogiorno e lunedì, da ottobre a maggio chiuso a mezzogiorno anche da mercoledì a venerdì – **Pasto** carta 22/29.
◆ Semplice locale a gestione familiare, piacevolmente «accolto» nel verde delle colline lucchesi; propone una cucina del territorio e piatti basati sulla stagionalità.

a Cappella *per ① : 10 km – ✉ 55060 :*

La Cappella senza rist, via dei Tognetti 469, località Ceccuccio ✆ 0583 394347, *lacappella@lacappellalucca.it, Fax 0583 395870,* ← colline e dintorni, , – P. VISA
4 cam 100/150, suite.
◆ Un antico convento, a lungo abbandonato, oggi rinato come accogliente e signorile rifugio per chi è a caccia di tranquillità. Bella piscina, escurisoni organizzate.

Scriveteci...

Le vostre critiche e i vostri apprezzamenti saranno esaminati con la massima attenzione.
Verificheremo personalmente gli esercizi che ci vorrete segnalare
Grazie per la collaborazione !

LUCERA *71036 Foggia* 564 C 28 *G. Italia – 35 840 ab. alt. 240.*
Vedere *Castello★ – Museo Civico: statua di Venere★.*
Roma 345 – Foggia 20 – Bari 150 – Napoli 157.

Sorriso senza rist, viale Raffaello-Centro Incom ✆ 0881 540306, *hotelsorriso@tiscali.it, Fax 0881 530565* – . AE VISA JCB.
15 cam 52/93.
◆ Giovane e intraprendente gestione che in breve tempo ha reso questo hotel una delle strutture più aggiornate della provincia. Interno completamente rinnovato, camere eleganti.

L'Alhambra, via De Nicastri 10/14 ✆ 0881 547066, *alhambranet@libero.it, Fax 0881 547066* – . AE VISA
chiuso lunedì – **Pasto** specialità di mare carta 20/30.
◆ Soffitti a volta in mattoni e ambiente caratteristico di tono signorile, in un locale del pieno centro storico, di fronte al Duomo, che propone specialità marinare.

LUGANA *Brescia – Vedere Sirmione.*

LUGHETTO *Venezia – Vedere Campagna Lupia.*

LUGO *48022 Ravenna* 562 I 17 – *31 612 ab. alt. 15.*
Roma 385 – Bologna 61 – Ravenna 32 – Faenza 19 – Ferrara 62 – Forlì 31 – Milano 266.

San Francisco senza rist, via Amendola 14 ✆ 0545 22324, *info@sanfranciscohotel.it, Fax 0545 32421* – cam, . AE VISA JCB.
chiuso dal 24 dicembre al 1º gennaio e dal 4 al 24 agosto – **28 cam** 75/96, suite.
◆ Interni arredati con design anni '70, dove l'essenzialità non è mancanza del superfluo, ma capacità di giocare con linee e volumi per creare confortevole piacevolezza.

Ala d'Oro, corso Matteotti 56 ✆ 0545 22388, *info@aladoro.it, Fax 0545 30509* – P – 200. AE VISA. rist
Pasto *(chiuso agosto, lunedì e a mezzogiorno)* carta 26/41 – 7 – **40 cam** 77,50/110 – ½ P 73.
◆ All'interno di un palazzo nobiliare del '700, nel cuore della città, un albergo vocato a una clientela d'affari e all'attività banchettistica; camere funzionali e curate. Sala da pranzo con arredi essenziali di tono elegante.

XX **I Tre Fratelli,** via Di Giù 56 (Nord : 1 km) ☎ 0545 23328, *Fax 0545 26054,* – P. AE $ ⓓ MC VISA. ✂
chiuso lunedì e dal 15 al 30 agosto – **Pasto** carta 25/30.
◆ Realmente gestito da tre fratelli e dalle rispettive famiglie, ristorante classico in curato stile contemporaneo, fuori dal centro; cucina locale e paste fatte in casa.

XX **Antica Trattoria del Teatro,** vicolo del Teatro 6 ☎ 0545 35164, *Fax 0545 369333.* AE $ ⓓ MC VISA JCB
chiuso dal 1° al 15 gennaio, giugno e lunedì – **Pasto** carta 24/31.
◆ Come preannuncia il nome, si trova proprio di fianco al teatro comunale questa accogliente trattoria a conduzione familiare dove gusterete piatti di cucina locale.

LUINO *21016 Varese* 561 E 8 – *13 734 ab. alt. 202.*

via Piero Chiara 1 ☎ 0332 530019, Fax 0332 530019.
Roma 661 – Stresa 73 – Bellinzona 40 – Lugano 23 – Milano 84 – Novara 85 – Varese 28.

Camin Hotel Luino, viale Dante 35 ☎ 0332 530118, *caminlui@tin.it, Fax 0332 537226,* – P – 30. AE $ ⓓ MC VISA
chiuso dal 21 dicembre al 1° febbraio – **Pasto** *(chiuso dicembre, gennaio e lunedì)* carta 38/52 – **13 cam** 120/170, 4 suites – ½ P 115.
◆ Atmosfera romantica in una bella villa d'epoca, in centro alla località, cinta da un piacevole giardino; confortevoli e raffinati interni in stile, con decori liberty. Si respira aria d'altri tempi nell'elegante sala da pranzo rischiarata da grandi finestre.

Internazionale senza rist, viale Amendola ☎ 0332 530193, *hotelinternazionalehote@tin.it, Fax 0332 537882* – P. $ MC VISA
chiuso gennaio e febbraio – 7 – **40 cam** 45/59.
◆ In centro, a pochi passi dalla stazione ferroviaria, un albergo dall'ambiente familiare: spazi arredati semplicemente in stile lineare e camere accoglienti.

a Colmegna *Nord : 2,5 km – ✉ 21016 Luino :*

Camin Hotel Colmegna, via Palazzi 1 ☎ 0332 510855, *camincol@tin.it, Fax 0332 501687,* ≤, – P. AE $ ⓓ MC VISA
marzo-ottobre – **Pasto** carta 33/42 – **25 cam** 120/135 – ½ P 95.
◆ Villa d'epoca in splendida posizione panoramica, circondata da un maestoso parco in riva al lago; arredi classici e interni signorili, per un soggiorno piacevole e rilassante. Gradevole terrazza sul lago per il servizio estivo del ristorante.

LUMARZO *16024 Genova* 561 I 9 – *1 520 ab. alt. 353.*

Roma 491 – Genova 24 – Milano 157 – Rapallo 27 – La Spezia 93.

a Pannesi *Sud-Ovest : 4 km – alt. 535 – ✉ 16024 Lumarzo :*

XX **Fuoco di Bosco,** via Provinciale 235 ☎ 0185 94048 – P. $ MC VISA. ✂
chiuso dal 6 gennaio al 15 marzo e giovedì – **Pasto** carta 24/35.
◆ Locale rustico, ma di tono elegante in un villino all'interno di un bosco: una saletta con camino e una veranda che guarda la pineta; specialità ai funghi e alla brace.

LUMELLOGNO *Novara* 561 F 7 – *Vedere Novara.*

LUNGHEZZA *Roma* 563 Q 20 – *Vedere Roma.*

LURAGO D'ERBA *22040 Como* 561 E 9 – *4 794 ab. alt. 351.*

Roma 613 – Como 14 – Bergamo 42 – Milano 38.

XXX **La Corte** con cam, via Mazzini 20 ☎ 031 699690, *lacorte91@hotmail.com, Fax 031 699755,* – P. AE $ ⓓ MC VISA JCB. ✂
chiuso dal 25 dicembre al 5 gennaio e 20 giorni in agosto – **Pasto** *(chiuso domenica sera e mercoledì)* carta 44/77 – **8 cam** 80/129.
◆ Cucina creativa proposta nelle raffinate sale in stile rustico-moderno di un locale all'interno di una vecchia corte settecentesca, attigua alla suggestiva villa Sormani.

I prezzi del pernottamento e della pensione possono subire aumenti in relazione all'andamento generale del costo della vita ; quando prenotate chiedete la conferma del prezzo.

LURISIA *Cuneo* 561 J 5 – *alt. 660* – ✉ *12088 Roccaforte Mondovì – Stazione termale (giugno-settembre), a.s. febbraio, Pasqua, luglio-15 settembre e Natale – Sport invernali : 900/1 768 m* 1 6, .

piazza San Luca ✆ 0174 583701, lurisiainsieme@libero.it.

Roma 630 – Cuneo 22 – Milano 226 – Savona 85 – Torino 94.

Reale, via delle Terme 13 ✆ 0174 583005, *info@hotelreale.it, Fax 0174 583004,* – 150. AE VISA.
chiuso dal 30 ottobre al 15 dicembre – **Pasto** *(chiuso mercoledì in bassa stagione)* carta 17/35 – **82 cam** 50/90 – ½ P 58.
◆ Conduzione dinamica in una grande costruzione immersa nel verde, ideale per un turismo congressuale, ma con buone infrastrutture anche per una piacevole vacanza di relax. Spaziosi tavoli rotondi elegantemente ornati nella capiente sala da pranzo.

LUSERNA *38040 Trento* 562 E 15 – *328 ab. alt. 1 333.*

Roma 590 – Trento 52 – Bolzano 103 – Verona 110 – Vicenza 83.

Montana, via Cima Nora 31 ✆ 0464 789704, , prenotare – .
chiuso dal 10 al 25 giugno e giovedì – **Pasto** cucina di tradizione casalinga carta 18/23.
◆ Cucina di tradizione casalinga in un ristorante dall'ambiente familiare, con una piccola saletta interna e un gradevole dehors per il servizio estivo.

LUSIA *45020 Rovigo* 562 G 16 – *3 618 ab. alt. 12.*

Roma 461 – Padova 47 – Ferrara 45 – Rovigo 12 – Venezia 85.

in prossimità strada statale 499 :

Trattoria al Ponte, via Bertolda 27, località Bornio Sud : 3 km ✉ 45020 ✆ 0425 669890, *alponte@polesineinnovazione.it, Fax 0425 650161* – . AE VISA JCB.
chiuso agosto e lunedì – **Pasto** carta 19/24.
◆ Una grande casa nel verde, dove sarete accolti con cordialità: una sala in stile essenziale di taglio moderno dove provare piatti del territorio; salone per banchetti.

LUTAGO (LUTTACH) *Bolzano – Vedere Valle Aurina.*

MACERATA *62100* P 563 M 22 – *41 833 ab. alt. 311 – a.s. 10 luglio-13 settembre.*

piazza della Libertà 12 ✆ 0733 234807, iat.macerata@regione.marche.it, Fax 0733 234487.

A.C.I. *via Roma 139 ✆ 0733 31141/2.*

Roma 256 – Ancona 51 – Ascoli Piceno 92 – Perugia 127 – Pescara 138.

Claudiani senza rist, vicolo Ulissi 8 ✆ 0733 261400, *info@hotelclaudiani.it, Fax 0733 261380* – – 80. AE VISA JCB.
11 – **38 cam** 90/125.
◆ Un blasonato palazzo del centro storico che nei suoi interni offre agli ospiti sobria, ovattata eleganza e raffinate atmosfere del passato, rivisitate in chiave moderna.

Arcadia senza rist, via Padre Matteo Ricci 134 ✆ 0733 235961, *hotelarcadia@libero.it, Fax 0733 235962* – . AE VISA JCB
28 cam 65/95.
◆ Nei pressi del Teatro e dell'Università, frequentato da artisti e accademici, propone accoglienti stanze di varie tipologie, alcune dotate anche di angolo cottura.

Le Case con cam, contrada Mozzavinci 16/17 (Nord-Ovest : 6 km) ✆ 0733 231897, *ristorantelecase@tin.it, Fax 0733 268911,* – – 150. AE VISA.
chiuso dal 7 al 24 gennaio, dal 7 al 27 agosto, domenica sera e lunedì – **Pasto** carta 33/55 – **14 cam** 90/120.
◆ L'ombra dei cipressi conduce ad un suggestivo complesso rurale del X sec. in cui eleganza, buon gusto e arte contadina fanno da cornice a pasti e soggiorni di classe.

MACERATA FELTRIA *61023 Pesaro e Urbino* 563 K 19 – *2 024 ab. alt. 321 – a.s. 25 giugno-agosto.*

Roma 305 – Rimini 48 – Ancona 145 – Arezzo 106 – Perugia 139 – Pesaro 46.

Pitinum, via Matteotti 16 ✆ 0722 74496, *info@pitinum.com, Fax 0722 729056* – rist, . AE VISA.
chiuso dal 1º novembre al 15 dicembre – **Pasto** *(chiuso lunedì)* 15/20 – 3,50 – **19 cam** 50 – ½ P 44.
◆ Pavimenti in parquet e arredi in legno dalle chiare tonalità, per concludere al meglio una giornata alle vicine terme o per meno rilassanti impegni di lavoro. Sapori locali o di respiro nazionale, ma anche l'intramontabile pizza.

MACUGNAGA *28876 Verbania* 561 E 5 – *648 ab. alt. (frazione Staffa) 1 327 – a.s. 20 luglio-agosto e Natale – Sport invernali : 1 300/3 000 m* 2 9, .

frazione Staffa, piazza Municipio 42 0324 65119, Fax 0324 65119.

Roma 716 – Aosta 231 – Domodossola 39 – Milano 139 – Novara 108 – Orta San Giulio 65 – Torino 182.

Alpi, frazione Borca 243 0324 65135, *Fax 0324 65135*, <, – . *20 dicembre-15 gennaio, Carnevale, Pasqua e 10 giugno-10 settembre* – **Pasto** (solo per alloggiati) – 7 – **13 cam** 43/76 – ½ P 65.

◆ In fondo alla Valle Anzasca e ai piedi del Monte Rosa, una risorsa ben gestita, semplice e perfettamente in linea con la sobrietà dello spirito di montagna più autentico.

MADDALENA (Arcipelago della) *Sassari* 566 D 10 – *Vedere Sardegna alla fine dell'elenco alfabetico.*

MADERNO *Brescia – Vedere Toscolano-Maderno.*

MADESIMO *23024 Sondrio* 561 C 10 – *580 ab. alt. 1 536 – Sport invernali : 1 550/2 948 m* 3, 12, .

Escursioni *Strada del passo dello Spluga★★ : tratto Campodolcino-Pianazzo★★★ Sud e Nord.*

via alle Scuole 0343 53015, aptmadesimo@provincia.so.it, Fax 0343 53782.

Roma 703 – Sondrio 80 – Bergamo 119 – Milano 142 – Passo dello Spluga 15.

Andossi, via A. De Giacomi 45 0343 57000, *andossi@madesimo.com, Fax 0343 54536*, – – 25. AE VISA. *dicembre-Pasqua e luglio-agosto* – **Pasto** (solo per alloggiati) 25/30 – **44 cam** 100/180 – ½ P 110.

◆ Riapre dopo una completa ristrutturazione questo hotel non lontano dal centro; ambienti in stile montano di taglio moderno e camere semplici, ma funzionali; centro benessere.

Emet, via Carducci 28 0343 53395, *emet@hotel-emet.com, Fax 0343 53303* – . VISA. *dicembre-1° maggio e luglio-agosto* – **Pasto** 25/35 – 11 – **39 cam** 90/113 – ½ P 105.

◆ Interni di ottimo livello che, con eleganza, contribuiscono a creare un'atmosfera ovattata e silenziosa. In ottima posizione: centrale, ma vicino alle piste da sci. Sala ristorante d'impostazione classica.

La Meridiana, via Carducci 8 0343 53160, *info@hotel-lameridiana.com, Fax 0343 54632*, , , – . AE VISA JCB. rist *dicembre-aprile e 15 giugno-15 settembre* – **Pasto** al Rist. ***La Tavernetta*** carta 22/40 – 11 – **25 cam** 55/110 – ½ P 110.

◆ Caratteristico hotel di montagna, con arredi tipici. Una grande accogliente baita per godere appieno delle bellezze naturali della zona. Bel giardino-solarium estivo. Ristorante di medie dimensioni, terrazza per i mesi estivi.

Il Cantinone con cam, via A. De Giacomi 39 0343 56120, *Fax 0343 54536*, , – . AE VISA. *dicembre-aprile e 15 giugno-15 settembre* – **Pasto** carta 43/53 – **8 cam** 120/160 – ½ P 110.

◆ Locale elegante con belle camere e una luminosa sala da pranzo d'impostazione classica, «riscaldata» dall'ampio uso del legno; piccolo, ma attrezzato centro benessere.

a Pianazzo *Ovest : 2 km – 23020 :*

Bel Sit con cam, via Nazionale 19 0343 53365, *Fax 0343 53365* – . AE VISA JCB. *chiuso ottobre* – **Pasto** *(chiuso giovedì)* carta 20/36 – 8 – **10 cam** 42/52 – ½ P 52.

◆ Ristorante ubicato lungo una strada di passaggio, presenta ambienti di estrema semplicità. Noto in zona per la cucina tradizionale, con ampio utilizzo di selvaggina.

MADONNA DELL'OLMO *Cuneo – Vedere Cuneo.*

MADONNA DEL MONTE *Massa Carrara – Vedere Mulazzo.*

MADONNA DI BAIANO *Perugia* 563 N 20 – *Vedere Spoleto.*

Leggete attentamente l'introduzione : e la « chiave » della guida.

MADONNA DI CAMPIGLIO *38084 Trento* **562** D 14 *G. Italia – alt. 1522 – a.s. dicembre-Epifania e febbraio-Pasqua – Sport invernali : 1 500/2 500 m 4 16,* .

Vedere *Località*★★.

Escursioni *Massiccio di Brenta*★★★ *Nord per la strada S 239.*

Carlo Magno (luglio-settembre) a Campo Carlo Magno 0465 420622, Fax 0465 440622, Nord : 2,5 km.

via Pradalago 4 0465 442000, info@campiglio.net, Fax 0465 440404.

Roma 645 – Trento 82 – Bolzano 88 – Brescia 118 – Merano 91 – Milano 214.

Spinale Club Hotel, via Monte Spinale 39 0465 441116, *hotspinale@editeltn.it, Fax 0465 442189,* <, , , – |, rist, – 40. .
5 dicembre-13 aprile e luglio-10 settembre – **Pasto** 35/45 – 20 – **59 cam** 200/250 – 1/2 P 190.
◆ Soffici tappeti e preziose illuminazioni, centro benessere con piscina e servizio di baby-sitting... ai piedi delle piste da sci e a pochi passi dal centro della località. Atmosfera di raffinata eleganza in sala da pranzo.

Lorenzetti, viale Dolomiti di Brenta 119 (Sud : 1,5 km) 0465 441404, *hotellorenzetti@hotellorenzetti.com, Fax 0465 440688,* <, , , – |, rist, – 40. .
dicembre-aprile e luglio-settembre – **Pasto** carta 28/40 – **54 cam** 200/360, 4 suites – 1/2 P 210.
◆ Sarete coccolati e viziati come non mai in questa struttura calda e accogliente, in cui buon gusto e cura dei particolari si uniscono a servizio e confort di livello. Per una cena di classe, in un ambiente tipicamente trentino.

Hermitage Chalet , via Castelletto Inferiore 69 (Sud : 1,5 km) 0465 441558, *info@chalethermitage.com, Fax 0465 441618,* < cime del Brenta, bioarchitetture, , , – .
dicembre-Pasqua e luglio-settembre – **Pasto** *(chiuso a mezzogiorno)* carta 36/58 – **29 cam** 90/120, suite – 1/2 P 115.
◆ In splendida posizione panoramica, con giardino e pineta, hotel ristrutturato e arredato con tecniche e materiali naturali, secondo i dettami della bio-architettura. Una tradizionale stube per apprezzare la cucina genuina.

Bertelli, via Cima Tosa 80 0465 441013, *info@hotelbertelli.it, Fax 0465 440564,* <, , , – |, rist, . rist
5 dicembre-14 aprile e luglio-15 settembre – **Pasto** 18/30 – **49 cam** 146/244 – 1/2 P 187.
◆ Sobrio ed elegante, propone confort di livello e la comodità della vicinanza agli impianti di risalita e al centro; oltre alla possibilità di un tuffo in piscina. Originale sala ristorante: circolare e illuminata da un imponente lampadario.

Laura, via Pradalago 21 0465 441246, *info@hotellaura.com, Fax 0465 441576,* – | .
dicembre-aprile e luglio-settembre – **Pasto** (solo per alloggiati) – **26 cam** 95/180, suite – 1/2 P 120.
◆ Stile tirolese negli arredi e nei decori, con rivisitazioni in chiave moderna; camere luminose con mobilio artigianale in legno. A due passi dalla piazza principale.

Oberosler, via Monte Spinale 27 0465 441136, *hoteloberosler@tin.it, Fax 0465 443220,* <, , – |, rist, .
dicembre-20 aprile e 27 giugno-15 settembre – **Pasto** 20/35 – **41 cam** 114/190 – 1/2 P 172.
◆ Parti comuni forse un po' retrò, ma l'accoglienza e l'accuratezza degli arredi nelle camere, alcune delle quali con pareti dipinte, valgono sicuramente il soggiorno. Al ristorante ci si può illudere di essere immersi nella lussureggiante natura circostante.

Grifone, via Vallesinella 7 0465 442002, *info@hotelgrifone.it, Fax 0465 440540,* – |, rist, . rist
dicembre-19 aprile e 9 luglio-10 settembre – **Pasto** carta 25/35 – 12 – **40 cam** 123/205 – 1/2 P 178.
◆ Rivestito in legno anche esternamente, propone camere e spazi comuni dalle metrature generose e dal sapore anni '70 ed è dotato di una piacevole zona relax. Ampia sala da pranzo.

Cerana , via Fevri 16 0465 440552, *info@hotelcerana.com, Fax 0465 440587,* , – |, rist, .
dicembre-20 aprile e luglio-20 settembre – **Pasto** (solo per alloggiati) – **30 cam** 110/180 – 1/2 P 105.
◆ Immerso in una pineta, nei pressi del centro e a 50 m dalla telecabina Spinale, è adatto a vacanze sia estive che invernali. Tradizione e cura dei particolari.

Vidi, via Cima Tosa 50 ✆ 0465 443344, *info@hotelvidi.it, Fax 0465 440686,* ≤, – |ǂ|, rist, [TV] [P]. ✻
dicembre-aprile e luglio-20 settembre – **Pasto** carta 23/30 – 8 – **25 cam** 60/100.
◆ In stile montano contemporaneo, camere funzionali e gradevoli zone comuni che invitano a socializzare. Angolo benessere e area riservata al divertimento dei bimbi. Il ristorante è una piacevole rivisitazione della classica stube.

Crozzon, viale Dolomiti di Brenta 96 ✆ 0465 442222, *info@hotelcrozzon.com, Fax 0465 442636,* ≤, – |ǂ|, rist, [TV] [P] – 50. AE ⓈⓄ MO VISA. ✻ rist
dicembre-aprile e giugno-settembre – **Pasto** carta 21/35 – **26 cam** 93/155 – ½ P 120.
◆ Un albergo gradevole e accogliente, con arredi e rifiniture in legno, sulla strada principale della località. A disposizione degli ospiti anche un angolo benessere. Cucina del territorio proposta in una calda sala dalle pareti perlinate.

Dello Sportivo senza rist, via Pradalago 29 ✆ 0465 441101, *info@dellosportivo.com, Fax 0465 440800* – [TV] [P]. Ⓢ MO VISA. ✻
dicembre-aprile e luglio-settembre – **15 cam** 50/90.
◆ Ambiente simpatico in un hotel dotato di buoni confort e gestito con passione. Ben posizionata tra impianti di risalita e centro, vi consentirà piacevoli soggiorni.

La Baita, piazza Brenta Alta 17 ✆ 0465 441066, *albergolabaita@tin.it, Fax 0465 440750* – |ǂ|, rist, [TV]. AE ⓈⓄ MO VISA. ✻
dicembre-aprile e luglio-settembre – **Pasto** *(chiuso a mezzogiorno)* (solo per alloggiati) – **20 cam** 77,47/144,61 – ½ P 118,79.
◆ Albergo dalla serena atmosfera familiare e dai tipici interni caratterizzati dal legno e da caldi colori per una gradevole vacanza all'insegna del totale relax.

Arnica senza rist, via Cima Tosa 32 ✆ 0465 442227, *info@hotelarnica.com, Fax 0465 440377* – |ǂ| [TV]. AE MO VISA. ✻
23 cam 95/144.
◆ Prima colazione nella luminosa sala affacciata sulla piazza principale, mentre le calde atmosfere della tradizione riscaldano gli spazi comuni e le funzionali stanze.

Chalet dei Pini senza rist, via Campanil Basso 24 ✆ 0465 441489, *info@chaletdeipini.com, Fax 0465 441658* – |ǂ| [TV] [P]. Ⓢ MO VISA. ✻
dicembre-10 aprile e luglio-15 settembre – **11 cam** 85/110.
◆ Piccola casa di montagna, ubicata in una silenziosa pineta, vicina al centro e alle piste da sci; prima colazione a base di torte fatte in casa e allietata dagli scoiattoli.

Dei Fiori senza rist, via Vallesinella 18 ✆ 0465 442310, *garnideifiori@campiglioweb.com, Fax 0465 441015* – |ǂ| [TV] [P]. AE ⓈⓄ MO VISA
dicembre-20 aprile e 20 giugno-28 settembre – **8 cam** 85/140.
◆ Il recente cambio di gestione non ha mutato lo spirito di questa risorsa dotata di spazi comuni ridotti, tra cui spicca la luminosa e graziosa sala colazioni. Arredi in legno.

Da Alfiero, via Vallesinella 5 ✆ 0465 440117, *Fax 0465 443279* – AE ⓈⓄ MO VISA. ✻
dicembre-aprile e giugno-settembre – **Pasto** carta 34/45.
◆ Tre salette in stile provenzale, in cui regnano sovrani il legno e allegri colori pastello; proposte creative e della tradizione e servizio classico.

Al Sottobosco, via Carè Alto 15 (Sud : 1 km) ✆ 0465 440737 – [P]. AE ⓈⓄ MO VISA. ✻
dicembre-aprile e luglio-settembre – **Pasto** carta 20/34.
◆ Su comode sedie di velluto carminio, tra pareti di stucco rosa, potrete sbizzarrirvi anche nella scelta degli spaghetti: per uscire dai soliti schemi.

a Campo Carlo Magno *Nord : 2,5 km – alt. 1682 – ✉ 38084 Madonna di Campiglio.*
Vedere *Posizione pittoresca★★ – ✻★★ sul massiccio di Brenta dal colle del Grostè Sud-Est per funivia.*

Golf Hotel , via Cima Tosa 3 ✆ 0465 441003, *golfhotel@golfhotelcampiglio.it, Fax 0465 440294,* ≤ monti e pinete, – |ǂ| [TV] [P] – 200. AE ⓈⓄ MO VISA. ✻ rist
dicembre-aprile e giugno-settembre – **Pasto** 30/80 – **114 cam** 150/320, 8 suites.
◆ Tra prati e boschi, fasti asburgici inalterati nel tempo, ma adeguati alle moderne esigenze di una clientela di livello. Per chi ama il golf e lo sci, ma anche il lusso. Ristorante dall'atmosfera elegante.

MADONNA DI DOSSOBUONO *Verona* 562 F 14 – *Vedere Verona.*

In questa guida
uno stesso simbolo, una stessa parola
stampati in rosso o in nero,
hanno un significato diverso.
Leggete attentamente le pagine dell'introduzione.

MAGENTA *20013 Milano* **561** F 8 – *23 069 ab. alt. 141.*

Roma 599 – Milano 26 – Novara 21 – Pavia 43 – Torino 114 – Varese 46.

Excelsior Magenta, via Cattaneo 67 ✆ 02 97298651, *excelsiormagenta@inwind.it, Fax 02 97291617,* – – 80. rist

Pasto *(chiuso agosto, sabato, domenica e a mezzogiorno)* carta 31/53 – **65 cam** 100/150.

◆ Accolti in un'ampia e luminosa hall, alloggerete in camere spaziose dallo stile moderno e funzionale e potrete anche rilassarvi in un'attrezzata palestra. Ristorante adatto per colazioni e cene di lavoro.

Trattoria alla Fontana, via Petrarca 6 ✆ 02 9792614, *Fax 02 97284055,* Coperti limitati; prenotare – . AE VISA JCB.

chiuso dal 26 dicembre al 4 gennaio, dal 16 al 30 agosto, sabato a mezzogiorno e domenica – **Pasto** carta 37/60.

◆ Cornice di sobria e classica eleganza, con qualche puntata nel design più moderno, e servizio curato per proposte legate alla stagionalità dei prodotti, tutti di qualità.

MAGGIO *Lecco* **561** E 10, **219** ⑩ – *Vedere Cremeno.*

MAGGIORE (Lago) – *Vedere Lago Maggiore.*

MAGIONE *06063 Perugia* **563** M 18 – *12 456 ab. alt. 299.*

Roma 193 – Perugia 20 – Arezzo 58 – Orvieto 87 – Siena 90.

Bella Magione senza rist, viale Cavalieri di Malta 22 ✆ 075 8473088, *info@bellamagione.it, Fax 075 8473088,* – . AE VISA JCB

6 cam 93/132.

◆ Tra le colline che incorniciano il lago Trasimeno, una villa signorile apre le sue porte agli ospiti; ricchi tessuti e finiture di pregio, biblioteca, giardino con piscina.

Al Coccio, via del Quadrifoglio 12/a ✆ 075 841829, *alcoccio@alcoccio.it, Fax 075 841829,* – . AE VISA JCB.

chiuso dal 20 ottobre al 4 novembre e lunedì – **Pasto** carta 25/40.

◆ Ristorante dagli ambienti raccolti e accoglienti. Dalla cucina le proposte della tradizione umbra, ideale sia per palati vegetariani che per gli amanti di carni e formaggi.

a San Feliciano *Sud-Ovest : 8 km – ✉ 06060 :*

Da Settimio con cam, via Lungolago 1 ✆ 075 8476000, *Fax 075 8476275,* ←, .

chiuso dal 15 novembre a dicembre – **Pasto** *(chiuso giovedì escluso dal 15 luglio ad agosto)* carta 23/30 – **12 cam** 62.

◆ Sul lungolago, un indirizzo consigliato a chi predilige i sapori di una cucina prettamente lacustre. E, per una sosta più lunga, semplici, ma confortevoli stanze.

a Montemelino *Sud-Est : 9 km – ✉ 06063 Magione :*

La Locanda delle Fontanelle Country House , località Fontanelle 25 ✆ 075 8472674, *locandafontanelle@tiscalinet.it, Fax 075 8478287,* ←, , – . AE VISA

Pasto (solo per alloggiati) – **6 cam** 61/94 – ½ P 62.

◆ Di recente apertura, un casale tipico sapientemente ristrutturato, ubicato fuori dal paese, in posizione tranquilla. Con tanto di curato giardino e piscina, godibilissimi.

MAGLIANO ALFIERI *12050 Cuneo* **561** H 6 – *1 687 ab. alt. 328.*

Roma 613 – Torino 60 – Alessandria 60 – Asti 24 – Cuneo 71.

Agriturismo Cascina San Bernardo senza rist, via Adele Alfieri 31 ✆ 0173 66427, *info@cascinasanbernardo.com, Fax 0173 66427,* ← colline, – .

chiuso dal 20 dicembre al 30 gennaio – **6 cam** 52/77,50.

◆ Più che un'azienda agricola, una villa patrizia di campagna anticipata da un imponente volta d'ingresso in mattoni. In posizione dominante con vista sulle colline.

MAGLIANO IN TOSCANA *58051 Grosseto* **563** O 15 *G. Toscana* – *3 750 ab. alt. 130.*

Roma 163 – Grosseto 28 – Civitavecchia 118 – Viterbo 106.

Antica Trattoria Aurora, via Lavagnini 12/14 ✆ 0564 592774, , – AE VISA.

marzo-novembre; chiuso mercoledì – **Pasto** carta 37/49.

◆ Con una caratteristica (e più che fornita) cantina direttamente scavata nella roccia, questo ristorante entro le mura propone anche gradevoli cene estive in giardino.

MAGLIANO SABINA *02046 Rieti* 563 O 19 *– 3 755 ab. alt. 222.*

Roma 69 – Terni 42 – Perugia 113 – Rieti 54 – Viterbo 48.

Degli Angeli con cam, località Madonna degli Angeli Nord : 3 km ☎ 0744 91377, *rhangeli @libero.it, Fax 0744 91892,* ← vallata, – ≡ .
Pasto *(chiuso dal 1º al 7 luglio, domenica sera e lunedì)* carta 26/41 (10 %) – **8 cam** 67/83.
◆ E' conosciuta da tempo la qualità della cucina, tipicamente locale, che potrete provare in ampie sale arredate con gusto, da cui si gode una splendida vista sulla vallata.

sulla strada statale 3 - via Flaminia *Nord-Ovest : 3 km :*

La Pergola, via Flaminia km 64 ✉ 02046 ☎ 0744 919841, *lapergola@katamail.com, Fax 0744 919842,* – ≡ – 150.
Pasto *(chiuso martedì)* carta 30/44 – **23 cam** 56,81/87,80.
◆ Letti in ferro battuto, archi di mattoni a vista, nonostante sia ubicato sulla via Flaminia, si ha la piacevole impressione di alloggiare in un relais di campagna. Alti soffitti con travi di legno, pareti di pietra e archi in mattoni nella sala da pranzo.

MAGNANO IN RIVIERA *33010 Udine* 562 D 21 *– 2 343 ab. alt. 200.*

Roma 658 – Udine 20 – Milano 397 – Trieste 91 – Venezia 147.

Green Hotel , via dei Colli 1 (Sud-Ovest : 2 km) ☎ 0432 792308, *info@greenhotel.it, Fax 0432 792312,* , , – ≡ – 350.
Pasto carta 28/35 – 7,75 – **66 cam** 86/109, 4 suites – ½ P 67.
◆ Punti di forza di questa grande struttura di taglio moderno sono gli ampi e confortevoli spazi e la tranquillità dell'ubicazione; campi da tennis e centro congressi.

Le piante di città
sono orientate con il Nord verso l'alto.

MAGOMADAS *Nuoro* 566 G 7 *– Vedere Sardegna alla fine dell'elenco alfabetico.*

MAIORI *84010 Salerno* 564 E 25 *– 5 859 ab. – a.s. Pasqua, 15 giugno-15 settembre e Natale.*

Dintorni *Capo d'Orso* Sud-Est : 5 km.*

corso Reginna 73 ☎ 089 877452, info@aziendaturismo-maiori.it, Fax 089 853672.

Roma 267 – Napoli 65 – Amalfi 5 – Salerno 20 – Sorrento 39.

San Francesco, via Santa Tecla 54 ☎ 089 877070, *info@hotel-sanfrancesco.it, Fax 089 877070,* , – , ≡ cam, . rist
15 marzo-3 novembre – **Pasto** carta 25/36 – 8 – **44 cam** 72/115 – ½ P 98.
◆ Una struttura tipica degli anni '60, completamente rinnovata e rimodernata. A pochi metri dalla spiaggia privata, è particolarmente adatta a famiglie con bambini. Ambiente e servizio familiari al ristorante con immense vetrate che guardano il giardino.

Casa Raffaele Conforti senza rist, via Casa Mannini 10 ☎ 089 853547, *info@casaraffaele conforti.it, Fax 089 852048* – ≡ .
marzo-novembre – **9 cam** 68/136.
◆ Era la dimora privata di un limonicoltore questa casa d'inizio ottocento e ne conserva gli originali mobili in stile e le camere affrescate; grande charme e buon confort.

Mammato, lungomare Amendola ☎ 089 853683, *Fax 089 877036,* , Rist. e pizzeria – .
chiuso martedì escluso da giugno a settembre – **Pasto** carta 22/41.
◆ Le vetrate dell'ampia, moderna sala vengono aperte nella bella stagione e il ristorante-pizzeria si trasforma in un'unica grande terrazza affacciata sul lungomare.

sulla costiera amalfitana *Sud-Est : 4,5 km*

Il Faro di Capo d'Orso, via Diego Taiani 48 ☎ 089 877022, *info@capodorso.org, Fax 089 852360,* ← mare e costa – ≡ – 40.
chiuso gennaio e martedì – **Pasto** carta 56/77.
◆ In posizione privilegiata, su un promontorio con spettacolare vista su Ravello e Amalfi, ristorante con sala per piccole cerimonie e un'altra con belle vetrate panoramiche.

MAJANO *33030 Udine* 562 D 21 *– 5 937 ab. alt. 166.*

Roma 659 – Udine 23 – Pordenone 54 – Tarvisio 77 – Venezia 147.

Dal Asìn, via Ciro di Pers 63 ☎ 0432 948107, *Fax 0432 948116,* –
chiuso dal 1º al 20 febbraio – **Pasto** carta 19/32 – 6 – **17 cam** 50/80 – ½ P 55.
◆ La tradizionale ospitalità friulana reinterpretata in chiave attuale: legno a profusione, ma linee moderne ed essenziali. E un rigoglioso, secolare giardino ombreggiato. Ristorante rustico-elegante con un bel camino.

MALALBERGO *40058 Bologna* 562 I 16 – *7 026 ab. alt. 12.*
Roma 403 – Bologna 33 – Ferrara 12 – Ravenna 84.

XX **Rimondi,** via Nazionale 376 ☎ 051 872012, *Fax 051 872012* – ⇐ ▤. AE ⓘ ⓞ ⓜ VISA. ✂
chiuso dal 10 al 20 febbraio, dal 10 al 31 luglio, domenica sera, lunedì e i mezzogiorno di martedì e sabato – **Pasto** specialità di mare carta 28/46.
◆ Sale dagli scuri arredi d'epoca, grandi camini e suggestive atmosfere di un tempo. Pesce fresco due volte la settimana, ma è consigliato anche a chi ama la carne.

ad Altedo *Sud : 5 km* – ✉ *40051* :

⌂ **Agriturismo Il Cucco** ⛰, via Nazionale 83 ☎ 051 6601124, *ilcucco.bo@libero.it, Fax 051 6601124*, ⛱, 🌳 – ⇐ rist, ▤ TV ♿ P. AE ⓘ ⓞ VISA. ✂ rist
chiuso agosto – **Pasto** *(chiuso domenica e mercoledì sera)* (prenotare) carta 22/27 – **5 cam** ☕ 55/75 – ½ P 67.
◆ Poche centinaia di metri di strada sterrata e giungerete in un casolare, completo di orto e pollame, che offre stanze arredate con bei mobili di arte povera e antiquariato.

MALBORGHETTO *33010 Udine* 562 C 22 – *1 025 ab. alt. 787.*
Roma 710 – Udine 82 – Tarvisio 12 – Tolmezzo 50.

a Valbruna *Est : 6 km* – ✉ *33010* :

XX **Renzo** ⛰ con cam, via Saisera 11/13 ☎ 0428 60123, *info@hotelrenzo.com, Fax 0428 660884* – TV ♿ P. AE ⓘ ⓞ ⓜ VISA. ✂ cam
Pasto *(chiuso lunedì escluso da Natale a gennaio, luglio ed agosto)* carta 20/39 – **8 cam** ☕ 45/80 – ½ P 50.
◆ In posizione un po' isolata, costituisce una buona occasione per godere di tranquillità e relax e gustare, in un ambiente familiare, sapori di mare e di terra.

MALCESINE *37018 Verona* 562 E 14 *G. Italia – 3 498 ab. alt. 90 – Sport invernali : 1 400/1 850 m* ⛷7, ⛷.
Vedere ☼★★★ *dal monte Baldo E : 15 mn di funivia – Castello Scaligero★.*
ℹ *via Capitanato 6/8 ☎ 045 7400044, malcesine@aptgardaveneto.com, Fax 045 7401633.*
Roma 556 – Trento 53 – Brescia 92 – Mantova 93 – Milano 179 – Venezia 179 – Verona 67.

🏨 **Park Hotel Querceto** ⛰, località Campiano 17/19 (Est : 5 km), alt. 378 ☎ 045 7400344, *info@parkhotelquerceto.com, Fax 045 7400848*, ≤ lago e monti, ⛱, ⛲, 🏊, 🌳 – |≡|, ▤ rist, TV P. ⓘ ⓜ VISA. ✂
19 maggio-6 ottobre – **Pasto** (solo per alloggiati) – **22 cam** ☕ 110/160 – ½ P 90.
◆ In posizione elevata, assai fuori dal paese e quindi tranquillissimo. Contraddistinguono gli arredi interni pietra, legno e un fine gusto per le cose semplici. Servizio ristorante estivo nella splendida terrazza.

🏨 **Maximilian** ⛰, località Val di Sogno 6 (Sud : 2 km) ☎ 045 7400317, *info@hotelmaximilian .com, Fax 045 6570117*, ≤ lago e costa, 🏋, ⛲, 🏊, 🏊, 🎾, 🌳, ✂ – ▤ rist, TV 🚗. ⓘ ⓜ VISA. ✂
Pasqua-ottobre – **Pasto** carta 35/45 – ☕ 13 – **33 cam** 80/160 – ½ P 130.
◆ Gestione sempre attenta ad ampliare la gamma di servizi per i clienti; spiccano il giardino-uliveto in riva al lago ed il completo centro benessere con vista panoramica. Sala da pranzo caratterizzata da uno stile non attuale, ma gradevole.

🏨 **Val di Sogno** ⛰, località Val di Sogno 16 (Sud : 2 km) ☎ 045 7400108, *info@hotelvaldiso gno.com., Fax 045 7401694*, ≤ lago, ⛱, 🏋, ⛲, 🏊 riscaldata, 🎾, 🌳 ⚓ – |≡|, ▤ rist, TV ♿ 🚗 P – 🎪 30. AE ⓘ ⓞ ⓜ VISA. ✂
Pasqua-ottobre – **Pasto** carta 29/49 – **38 cam** ☕ 172,50/235 – ½ P 147.
◆ Il giardino con piscina riscaldata in riva al lago, testimonia della magnifica posizione in cui questo hotel è collocato. Bella zona comune e servizio di livello notevole. Sala ristorante ampliata di recente per aumentare ulteriormente il livello di confort.

🏨 **Bellevue San Lorenzo,** località Dos de Feri Sud : 1,5 km ☎ 045 7401598, *info@bellevue -sanlorenzo.it, Fax 045 7401055*, ≤ lago e costa, 🏋, ⛲, 🏊, 🌳 – |≡| TV P. AE ⓘ ⓞ ⓜ VISA JCB. ✂
10 marzo-10 novembre – **Pasto** (solo per alloggiati) 16 – **49 cam** ☕ 190, suite – ½ P 95.
◆ Villa d'epoca in posizione elevata, con diverse dépendance collocate, come la piscina, nell'ombreggiato giardino. Da qui il panorama sul lago è d'impareggiabile bellezza.

🏨 **Alpi** ⛰, località Campogrande ☎ 045 7400717, *hotelapi@malcesine.com, Fax 045 7400529*, ⛲, 🏊, 🌳 – |≡|, ▤ rist, TV P. ⓘ ⓜ VISA. ✂
28 dicembre-20 gennaio e aprile-10 novembre – **Pasto** *(chiuso lunedì)* carta 19/26 – ☕ 10 – **45 cam** 70/90 – ½ P 60.
◆ Ci troviamo a monte della statale gardesana, non lontano dal centro della località, ma comunque in posizione silenziosa. Hotel confortevole dotato di giardino e piscina. Nella bella stagione si pranza anche nella terrazza all'aperto.

Vega, viale Roma 7 ☎ 045 6570355, *hotelvega@malcesine.com, Fax 045 7401604*, ≤, – ▤ TV P. ⚘ MC VISA. ✂
aprile-2 novembre – **Pasto** *(chiuso a mezzogiorno)* 20/30 – ☕ 10 – **18 cam** 62/135 – ½ P 71.
◆ Risorsa ideale per la clientela che desidera risiedere in pieno centro senza però rinunciare alla natura. E' splendida la verdeggiante terrazza-solarium proprio sul lago. Ristorante d'impostazione tradizionale.

Erika senza rist, via Campogrande 8 ☎ 045 7400451, *Fax 045 7400451*, – TV. ✂
marzo-ottobre – **14 cam** ☕ 61/80.
◆ Tranquillo alberghetto a gestione familiare, dotato di tutti i confort necessari per trascorrere un soggiorno piacevole. Le camere sono funzionali ed accoglienti.

Trattoria Vecchia Malcesine, via Pisort 6 ☎ 045 7400469, *Fax 045 6570389*, , Coperti limitati; prenotare – AE ⚘ MC VISA
chiuso febbraio, mercoledì e a mezzogiorno – **Pasto** carta 50/64.
◆ Servizio estivo all'aperto con bella vista panoramica; una cucina con proposte legate alle stagioni e alla riscoperta delle tradizioni gastronomiche del territorio.

sulla strada statale 249 *Nord : 3,5 km :*

Piccolo Hotel, via Molini di Martora 28 ✉ 37018 ☎ 045 7400264, *info@navene.com, Fax 045 7400264*, ≤ lago e costa, , – ▤ TV P. AE ⚘ MC VISA. ✂ rist
25 marzo-3 novembre – **Pasto** 18/22 – ☕ 10 – **30 cam** 45/90 – ½ P 55.
◆ Hotel a gestione familiare affacciato sul lago, situato appena oltre la strada; dispone di camere con arredi rinnovati di recente. Attenzioni particolari per i surfisti. Classico ristorante d'albergo, con una lista che varia spesso.

MALÈ *38027 Trento* 562 C 14 – *2 087 ab. alt. 738 – a.s. febbraio-Pasqua e Natale – Sport invernali : 1 400/2 200 m* 5 16 *(Comprensorio sciistico Folgarida-Marilleva)*.
piazza del Municipio ☎ 0463 901280, info@valdisole.net, Fax 0463 902911.
Roma 641 – Bolzano 65 – Passo di Gavia 58 – Milano 236 – Sondrio 106 – Trento 59.

Michela, via degli Alpini 12/14 ☎ 0463 901366, *info@hotelmichela.com, Fax 0463 901869*, , , – , rist, TV P. AE ⚘ MC VISA. ✂
dicembre-aprile e giugno-settembre – **Pasto** (solo per alloggiati) 15/20 – **28 cam** ☕ 52/75 – ½ P 60.
◆ Sulle prime colline di Malè, albergo ristrutturato di recente gestito da sempre dalla stessa simpatica famiglia. In estate è possibile godere del bel giardino attrezzato. Cucina di fattura casalinga, lista ristretta, ambiente familiarmente curato.

Conte Ramponi, piazza San Marco 38, località Magras Nord-Est : 1 km ☎ 0463 901989, *ramprada@virgilio.it, Fax 0463 901989* – AE ⚘ MC VISA. ✂
chiuso dal 1° al 20 giugno, dal 1° al 20 ottobre e lunedì (escluso dicembre e agosto) – **Pasto** carta 25/39.
◆ Nella piazza centrale della piccola frazione, quasi nascosto agli sguardi esterni, raffinato e confortevole ristorante situato al primo piano di un palazzo cinquecentesco.

La Segosta con cam, via Trento 59 ☎ 0463 901390, *segosta@tin.it, Fax 0463 900675* – , rist, TV P. AE ⚘ MC VISA
chiuso dal 1° al 18 giugno, dal 21 settembre al 21 ottobre, lunedì sera e martedì (escluso da Natale a Pasqua e luglio-agosto) – **Pasto** carta 20/26 – **8 cam** ☕ 62/104 – ½ P 62.
◆ Un ristorante «per tutte le tasche», con proposte legate alle tradizioni del territorio, come alla cucina di altre regioni. Ricavato da un grazioso e appariscente edificio.

MALEO *26847 Lodi* 561 G 11 – *3 323 ab. alt. 58.*
Roma 527 – Piacenza 19 – Cremona 23 – Milano 60 – Parma 77 – Pavia 51.

Sole con cam, via Monsignor Trabattoni 22 ☎ 0377 58142, *Fax 0377 458058*, , Coperti limitati; prenotare, – rist, ▤ cam, TV. ⚘ MC VISA
chiuso gennaio ed agosto – **Pasto** *(chiuso domenica sera e lunedì)* carta 42/54 – **3 cam** ☕ 70/120, suite.
◆ Locanda di antica tradizione affacciata su un cortile interno, ricco di un pittoresco giardino. Nella bella stagione vale la pena di approfittare del servizio all'aperto.

MALESCO *28854 Verbania* 561 D 7, 219 ⑥⑦ – *1 460 ab. alt. 761 – Sport invernali : a Piana di Vigezzo : 800/2 064* 1 4, .
Roma 718 – Stresa 53 – Domodossola 20 – Locarno 29 – Milano 142 – Novara 111 – Torino 185.

Ramo Verde, via Conte Mellerio 5 ☎ 0324 95012, *ristoranteramoverde@tiscalinet.it, Fax 0324 95012* – AE ⚘ MC VISA. ✂
chiuso novembre e mercoledì (escluso da giugno a settembre) – **Pasto** carta 17/23.
◆ Classica trattoria di paese, gestita dalla medesima famiglia da varie generazioni. Cucina d'impronta casalinga con «infiltrazioni» di pesce, d'acqua dolce e salata.

MALLES VENOSTA (MALS) *39024 Bolzano* 562 B 13 – *4 861 ab. alt. 1 050 – Sport invernali : 1 750/2 500 m 5,* .

via San Benedetto 1 0473 831190, malles@suedtirol.com, Fax 0473 831901.

Roma 721 – Sondrio 121 – Bolzano 84 – Bormio 57 – Milano 252 – Passo di Resia 22 – Trento 142.

Garberhof, via Statale 25 0473 831399, *info@garberhof.com, Fax 0473 831950,* monti e vallata, , , , , – , rist, . rist
chiuso dal 10 novembre al 20 dicembre – **Pasto** *(chiuso lunedì)* carta 28/50 – **28 cam** 71/126 – ½ P 80.
◆ Albergo rinnovato di recente che si propone con un classico stile di montagna, con l'aggiunta di accogliere un fantastico centro relax. Le camere sono spaziose e luminose. Ottima cura degli ambienti e cucina con specialità del territorio.

Panorama, via Nazionale 5 0473 831186, *info@hotel-panorama-mals.it, Fax 0473 831215,* monti e vallata, , , – .
chiuso dal 10 novembre al 15 dicembre e dal 15 gennaio al 22 febbraio – **Pasto** *(chiuso martedì)* carta 25/41 – **29 cam** solo ½ P 68.
◆ Un albergo che presenta il meglio di sé negli interni, ordinati, curati e confortevoli. Due tipologie di camere, entrambe in grado di offrire un buon relax. Gestione esperta. In cucina ottimi prodotti, le verdure provengono dall'orto di famiglia.

Greif, via Verdross 40/A 0473 831429, *info@hotel-greif.com, Fax 0473 831906,* – , rist, . . rist
chiuso dal 10 novembre al 6 dicembre – **Pasto** *(chiuso a mezzogiorno)* 25/30 – **17 cam** 70/120 – ½ P 65.
◆ Hotel centralissimo, che oltre all'ottima posizione offre ai propri clienti un pregevole ristorante con un'interessante linea gastronomica. Buon confort generale.

a Burgusio (Burgeis) *Nord : 3 km alt. 1 215 – 39024 Malles Venosta.*

frazione Burgusio 77 0473 831422, burgeis@rolmail.net, Fax 0473 831690

Plavina , 0473 831223, *mohren-plavina@rolmail.net, Fax 0473 830406,* , , , – .
chiuso dal 10 novembre al 26 dicembre, dal 10 al 22 gennaio e dal 2 al 20 maggio – **Pasto** vedere rist ***Al Moro*** – **33 cam** 42/84 – ½ P 60.
◆ Risorsa tranquilla, senza pretese particolari, ma accogliente, confortevole e dotata di camere ampie. Punto di appoggio adatto per godere della bellezza delle montagne.

Al Moro-Zum Mohren con cam, 0473 831223, *mohren-plavina@rolmail.net* –
chiuso dal 10 novembre al 26 dicembre, dal 10 al 22 gennaio e dal 2 al 20 maggio – **Pasto** *(chiuso martedì e mercoledì a mezzogiorno)* carta 20/26 – **13 cam** 36/80 – ½ P 50.
◆ In un tipico paesino di montagna, una soluzione che presenta la possibilità di sperimentare una sobria e schietta cucina locale. Servizio alla mano, arredi semplici.

MALNATE *21046 Varese* 561 E 8, 219 ⑧ – *15 538 ab. alt. 355.*

Roma 618 – Como 21 – Lugano 32 – Milano 50 – Varese 6.

Crotto Valtellina, via Fiume 11, località Valle 0332 427258, *crottovaltellina@katamail.com, Fax 0332 861247,* , prenotare – .
chiuso dal 27 dicembre al 12 gennaio, dal 22 al 28 giugno, dal 16 al 30 agosto, martedì e mercoledì – **Pasto** specialità valtellinesi 28/37 e carta 32/53.
◆ All'ingresso la zona bar-cantina, a seguire la sala rustica ed elegante nel contempo. Cucina di rigida osservanza valtellinese e servizio estivo a ridosso della roccia.

MALOSCO *38013 Trento* 562 C 15, 218 ⑳ – *377 ab. alt. 1041 – a.s. 5 febbraio-5 marzo, Pasqua e Natale.*

Roma 638 – Bolzano 33 – Merano 40 – Milano 295 – Trento 56.

Bel Soggiorno , via Miravalle 7 0463 831205, *info@h-belsoggiorno.it, Fax 0463 831205,* , – , rist, – 50. . rist
Pasto carta 19/26 – 6 – **42 cam** 31/50 – ½ P 45.
◆ Un tipico edificio di montagna in posizione rialzata e luminosa. Ampio soggiorno, sporgente e ricco di luce, con arredi in stile e trofei di caccia. Camere eterogenee. Menù molto ristretto, in cui però non mancano alcune delle specialità trentine.

Rosalpina, viale Belvedere 34 0463 831186, *hotelrosalpina@virgilio.it, Fax 0463 831186,* , – , rist, .
22 dicembre-10 gennaio e 25 giugno-15 settembre – **Pasto** 13,50 – **19 cam** 51/86 – ½ P 56.
◆ Attivo dal 1957, un esercizio che è riuscito a conquistarsi una clientela di fedeli habitué. Semplice e sicura gestione familiare in grado di offrire relax e tranquillità.

MALS = Malles Venosta.

MANAROLA *19010 La Spezia* 561 J 11 *G. Italia.*

Vedere *Passeggiata*★★ *(15 mn a piedi dalla stazione).*

Dintorni *Regione delle Cinque Terre*★★ *Nord-Ovest e Sud-Est per ferrovia.*

Roma 434 – La Spezia 14 – Genova 119 – Milano 236.

Ca' d'Andrean senza rist, via Discovolo 101 ☎ 0187 920040, *cadandrean@libero.it, Fax 0187 920452,* – .
chiuso dal 15 novembre al 20 dicembre – 6 – **10 cam** 63/85.
◆ Alberghetto a gestione familiare, nel centro pedonale del grazioso borgo di mare, dotato anche di un giardino piccolo, ma carino. Risorsa semplice, ma assolutamente valida.

La Torretta senza rist, piazza della Chiesa - Vico Volto 20 ☎ 0187 920327, *torretta@cdh.it, Fax 0187 760024,* ← – . VISA.
chiuso gennaio – **10 cam** 70/100.
◆ Tra i romantici color pastello delle tipiche case della zona, un piacevole bed and breakfast con camere funzionali da cui si ammira il mare; piccola terrazza per colazioni.

Marina Piccola con cam, via lo Scalo 16 ☎ 0187 920103, *info@hotelmarinapiccola.com, Fax 0187 920966,* ←, – . AE VISA. cam
chiuso novembre – **Pasto** *(chiuso martedì)* carta 25/51 – 10 – **13 cam** 65/80 – ½ P 80.
◆ Ristorante con gradevole servizio all'aperto in riva al mare, per apprezzare lo spirito delle Cinque Terre, passando dalla tavola. In cucina dominano i prodotti ittici.

a Groppo *Nord : 3 km* – ✉ *19010 Manarola :*

Cappun Magru, via Volastra 19 ☎ 0187 920563, *Fax 0187 920563,* , Coperti limitati; prenotare – AE VISA JCB
chiuso dicembre-gennaio, lunedì, martedì e a mezzogiorno (escluso domenica) – **Pasto** carta 31/54.
◆ Lasciatevi guidare dallo chef alla scoperta dei sapori del Levante, nei piccoli e accoglienti ambienti di un ristorante ricavato da una casa privata, che sembra ancora tale.

a Volastra *Nord-Ovest : 7 km* – ✉ *19010 Manarola :*

Il Saraceno senza rist, ☎ 0187 760081, *hotel@thesaraceno.com, Fax 0187 760791* – . AE VISA.
chiuso gennaio – **7 cam** 55/92,95.
◆ Struttura di recente costruzione, circondata dal verde e dalla quiete; spazi comuni lineari, ampie camere di moderna essenzialità negli arredi, piacevole solarium.

MANCIANO *58014 Grosseto* 563 O 16 – *7 093 ab. alt. 443.*

Roma 141 – Grosseto 61 – Orvieto 65 – Viterbo 69.

Il Poderino, strada statale 74 (Ovest : 1 km) ☎ 0564 625031, *ilpoderino@katamail.com, Fax 0564 625031,* , , – VISA.
chiuso dall'8 gennaio al 15 febbraio – **Pasto** *(chiuso martedì da febbraio a marzo e da ottobre a novembre)* carta 27/40 – **7 cam** 85/105 – ½ P 76.
◆ Una semplice dimora di campagna in pietra e mattoni, riadattata per accogliere turisti in cerca dei profumi della suggestiva natura toscana. Sobria, genuina e curata. Sala ristorante di lineare austerità, servizio estivo in terrazza panoramica, cucina toscana.

Rossi, via Gramsci 3 ☎ 0564 629248, *info@hotelrossi.it, Fax 0564 629248* – . AE VISA.
chiuso una settimana in luglio – **Pasto** (solo per alloggiati) – **13 cam** 87,50 – ½ P 60.
◆ Circa ottant'anni di storia alle spalle, un tono molto tranquillo, senza particolari pretese; adatto alla clientela d'affari. Piano terra rinnovato di recente.

Da Paolino, via Marsala 41 ☎ 0564 629388, , Coperti limitati; prenotare – . AE VISA JCB.
chiuso dal 1º al 13 febbraio e lunedì – **Pasto** carta 25/37 (10%).
◆ Trattoria di stile familiare, dove gustare pasta fatta in casa e piatti della tradizione. Invitanti profumi e stuzzicanti sapori: appetito sincero, soddisfazione vera.

sulla strada provinciale 32 per Farnese :

Le Pisanelle , Sud-Est : 3,8 km ✉ 58014 Manciano ☎ 0564 628286, *lepisanelle@laltramaremma.it, Fax 0564 625840,* ← colline e dintorni, , , , – AE VISA JCB.
chiuso dal 7 al 31 gennaio, dal 7 al 20 luglio, dal 15 al 30 novembre, dal 20 al 25 dicembre – **Pasto** *(chiuso domenica e a mezzogiorno)* (solo per alloggiati) 32 – **8 cam** 102/112 – ½ P 88.
◆ In un podere verde di ulivi e frutteti, antico casale del 1700 con arredi d'epoca in grado di regalare atmosfere speciali. La gestione è amabile, la clientela numerosa.

Agriturismo Poggio Tortollo senza rist, Sud-Est : 4 km ✉ 58014 Manciano ☎ 0564 620209, *poggiotortollo@hotmail.com, Fax 0564 620949,* ←, , – AE VISA
chiuso dal 10 gennaio al 10 febbraio – **5 cam** 46,60/75.
◆ Nel verde delle splendide colline, una piccola risorsa che abbina bene confort di livello elevato, al clima più genuinamente casalingo e familiare. Sincerità innanzitutto.

sulla strada statale 74-Marsiliana *Ovest : 15 km*

Agriturismo Galeazzi senza rist, ✉ 58010 Manciano ✆ 0564 605017, *demio@agriturismogaleazzi.com, Fax 0564 605017*, ←, laghetto con pesca sportiva, – P.
9 cam ☐ 50/62.
◆ A mezza strada tra il mare e le terme di Saturnia, un agriturismo ottimamente tenuto, ideale per una vacanza nella campagna toscana. Laghetto per la pesca sportiva.

MANDELLO DEL LARIO *23826 Lecco 561 E 9, 219 ⑨ – 10 136 ab. alt. 203.*

Roma 631 – Como 40 – Bergamo 44 – Milano 67 – Sondrio 71.

XXX **Villa delle Rose** con cam, strada statale 125/127 ✆ 0341 731304, *villadellerose@villadellerose.com, Fax 0341 731304*, prenotare – P. AE VISA. rist
chiuso gennaio, domenica sera e lunedì – **Pasto** 45/60 e carta 48/70 – **6 cam** ☐ 110/140.
◆ Elegante ristorante, ospitato da una villa padronale di fine ottocento, ristrutturata in stile palladiano. Il parco scende dolcemente fino al lago e alla darsena privata.

a Olcio *Nord : 2 km – ✉ 23826 Mandello del Lario :*

XX **Ricciolo,** via Provinciale 165 ✆ 0341 732546, , Coperti limitati; prenotare – P. AE VISA JCB.
chiuso dal 26 dicembre al 15 gennaio, dal 1° al 15 settembre, domenica sera, lunedì e a mezzogiorno da martedì a venerdì – **Pasto** specialità pesce d'acqua dolce carta 39/52.
◆ Pochi coperti in questo gradevole ristorante familiare dove affidarsi a una gestione di grande esperienza. Pregevole il servizio estivo all'aperto in riva al lago.

Se cercate un hotel tranquillo
consultate prima le carte tematiche dell'introduzione
e trovate nel testo gli esercizi indicati con il simbolo

MANERBA DEL GARDA *25080 Brescia 561 F 13 – 3 780 ab. alt. 132 – a.s. Pasqua e luglio-15 settembre.*

Roma 541 – Brescia 32 – Mantova 80 – Milano 131 – Trento 103 – Verona 56.

XXX **Capriccio,** piazza San Bernardo 6, località Montinelle ✆ 0365 551124, *info@ristorantecapriccio.it, Fax 0365 551124*, solo su prenotazione a mezzogiorno – P. AE VISA
✿ *chiuso gennaio, febbraio e martedì* – **Pasto** 50/73 e carta 63/81.
◆ Raffinato ristorante ricavato da una villetta del centro. Due sale comunicanti e una terrazza per il servizio estivo con vista panoramica eccezionale. Cucina notevole.
Spec. Millefoglie di coda di rospo leggermente affumicata con caponata di verdure e pinoli. Scaloppa di branzino di lenza in riduzione di vongole, pomodorini vesuviani ed alga in tempura. Variazione di cioccolati con cuore al cacao rosso e ristretto al balsamico.

XX **Il Moro Bianco,** via Campagnola 2 (Ovest : 2,5 km) ✆ 0365 552500, *ilmorobianco@libero.it*, , Coperti limitati, prenotare – P. VISA
chiuso a mezzogiorno (escluso i giorni festivi) e mercoledì – **Pasto** carta 35/46.
◆ Ristorante che deriva il proprio nome da un grande gelso che ombreggia il parcheggio. Cucina di qualità, ambienti luminosi e caldi, pochi tavoli, ampi e ben distanziati.

MANFREDONIA *71043 Foggia 564 C 29 G. Italia – 57 864 ab. – a.s. luglio-13 settembre.*

Vedere *Chiesa di Santa Maria di Siponto★ Sud : 3 km.*
Dintorni *Portale★ della chiesa di San Leonardo Sud : 10 km.*
Escursioni *Isole Tremiti★ (in battello) : ←★★★ sul litorale.*
per le Isole Tremiti giugno-settembre giornaliero (2 h) – Adriatica di Navigazione-agenzia Galli, corso Manfredi 4/6 ✆ 0884 582520, Fax 0884 581405.
piazza del Popolo 10 ✆ 0884 581998, Fax 0884 581998.
Roma 411 – Foggia 44 – Bari 119 – Pescara 211.

Gargano, viale Beccarini 2 ✆ 0884 587621, *Fax 0884 586021*, ←, , – P – 100. AE VISA
Pasto *(chiuso martedì)* carta 25/36 (10 %) – **46 cam** ☐ 82/107 – ½ P 80.
◆ Edificio anni '60, in parte ripotenziato e rimodernato, presenta ambienti accoglienti, anche se non proprio «all'ultimo grido». Camere ampie e ordine impeccabile. La cucina predilige la proposta di preparazioni a base di mare.

X **Coppola Rossa,** via dei Celestini 13 ✆ 0884 582522, prenotare – . AE VISA
chiuso da Natale al 10 gennaio, domenica sera e lunedì – **Pasto** carta 26/34.
◆ Manfredonia è uno dei più importanti porti pescherecci pugliesi e questo locale non si è fatto sfuggire l'occasione: ottimo pesce in un ambiente allegro e familiare.

a Sciale delle Rondinelle *Sud : 5 km – ✉ 71043 Manfredonia :*

Del Golfo, strada statale 159 al km 3,5 ✆ 0884 571470, *Fax 0884 571206*, –
Pasto carta 27/43 – **78 cam** 80/85, 2 suites – ½ P 70.
◆ Nuova costruzione, all'interno di un villaggio di villette, ubicata a ridosso della spiaggia. Spazi esterni gradevoli, camere sobrie, il tutto adatto alla clientela turistica. Sala ristorante luminosa ed elegante.

MANTA *12030 Cuneo* 561 I 4 – *3 390 ab. alt. 404.*
Roma 637 – Cuneo 28 – Torino 64 – Asti 79 – Milano 199.

La Piola del Barbon, via Garibaldi 190 ✆ 0175 88088, *Fax 0175 88088* – VISA.
chiuso dal 27 dicembre al 5 gennaio, dal 10 al 31 luglio, martedì sera e mercoledì – **Pasto** carta 18/25.
◆ Se si cercano sapori ruspanti, questo ristorante non lascerà delusi. Ambiente semplice con forti, voluti, richiami alle trattorie di campagna d'una volta. Buona cantina.

MANTOVA *46100* P 561 G 14 *G. Italia – 47 969 ab. alt. 19.*
Vedere *Palazzo Ducale**** **BY** – *Piazza Sordello** **BY 21** – *Piazza delle Erbe* : Rotonda di San Lorenzo** **BZ B** – *Basilica di Sant'Andrea** **BYZ** – *Palazzo Te** **AZ.**
Dintorni *Sabbioneta* Sud-Ovest : 33 km.*
piazza Andrea Mantegna 6 ✆ 0376 328253, aptmantova@iol.it, Fax 0376 363292.
A.C.I. *piazza 80° Fanteria 13 ✆ 0376 325691.*
Roma 469 ③ – Verona 42 – Brescia 66 ① – Ferrara 89 ② – Milano 158 ① – Modena 67 ③ – Parma 62 ④ – Piacenza 199 ④ – Reggio nell'Emilia 72 ③.

Pianta pagina seguente

San Lorenzo senza rist, piazza Concordia 14 ✆ 0376 220500, *hotel@hotelsanlorenzo.it, Fax 0376 327194* – 50. VISA. BZ e
32 cam 190/240.
◆ Inaugurato a fine anni Sessanta, in un palazzo del centro storico, è situato in posizione invidiabile e dotato di una affascinante terrazza panoramica. Arredi eterogenei.

Rechigi senza rist, via Calvi 30 ✆ 0376 320781, *info@rechigi.com, Fax 0376 220291* – 70. VISA. BZ c
54 cam 114/176, suite.
◆ Risorsa totalmente rinnovata negli ultimi anni, si caratterizza per una particolarità, infatti i suggestivi spazi comuni raccolgono una collezione d'arte contemporanea.

Aquila Nigra, vicolo Bonacolsi 4 ✆ 0376 327180, *informazioni@aquilanigra.it, Fax 0376 226490*, prenotare – . VISA. BY b
chiuso 15 giorni in agosto, domenica e lunedì (in aprile, maggio, settembre, ottobre aperto domenica a mezzogiorno) – **Pasto** 50/60 e carta 44/68.
◆ In un vicolo medievale del centro storico, un locale classico con soffitti a cassettoni decorati e affreschi alle pareti. Cucina mantovana, con aperture verso il mare.
Spec. Capesante gratinate al burro d'erbe su salsa alla lattuga (aprile-settembre). Risotto morbido alle rane e luartis (primavera-estate). Spiedino di quaglia e pancetta al finocchietto selvatico con il suo uovo in insalata (primavera-estate).

Il Cigno Trattoria dei Martini, piazza Carlo d'Arco 1 ✆ 0376 327101, *Fax 0376 328528* – . VISA AY u
chiuso dal 1° al 5 gennaio, agosto, lunedì e martedì – **Pasto** carta 31/51.
◆ Lunga tradizione familiare, in una casa del Quattrocento, ovviamente classica, ma magicamente accogliente. Le proposte partono dal territorio per arrivare in tavola.

Grifone Bianco, piazza Erbe 6 ✆ 0376 365423, *info@grifonebianco.it, Fax 0376 326590*, – . VISA. BZ z
chiuso dal 21 al 28 febbraio, dal 15 al 31 luglio, martedì e mercoledì a mezzogiorno – **Pasto** carta 33/42.
◆ Il nome deriva dalla contrada quattrocentesca in cui è ubicato, la cucina invece propina tanto la tradizione, quanto le stagioni rielaborate con creatività. Caratteristico.

Hosteria dei Canossa, vicolo Albergo 3 ✆ 0376 221750, *danycanossa@jumpy.it, Fax 0376 221750*, Coperti limitati; prenotare . VISA JCB. AY b
chiuso mercoledì – **Pasto** carta 27/34.
◆ Collocazione splendida, nell'ala del seicentesco palazzo Canossa, per questo ristorante dall'atmosfera quasi monastica, ma molto suggestiva. Cucina del territorio.

Fragoletta, piazza Arche 5/a ✆ 0376 323300, *lafragoletta@libero.it, Fax 0376 323300* – . VISA. BZ r
chiuso dal 29 gennaio al 12 febbraio, dal 25 giugno al 9 luglio e lunedì – **Pasto** carta 22/28.
◆ Due semplici sale dove vengono servite specialità mantovane, talvolta rielaborate con gusto; notevole assortimento di formaggi da gustarsi con l'immancabile mostarda.

MANTOVA

Accademia (Via) . . . . **BY** 2
Acerbi (Via) . . . . **AZ** 3
Broletto (Via e Piazza) . . . . **BZ** 4
Canossa (Piazza) . . . . **AY** 5
Don Leoni (Piazza) . . . . **AZ** 6
Don Tazzoli (Via Enrico) . . . . **BZ** 7
Erbe (Piazza delle) . . . . **BZ** 8
Fratelli Cairoli (Via) . . . . **BY** 10
Libertà (Corso) . . . . **AZ** 12
Mantegna (Piazza Andrea) . . **BZ** 13
Marconi (Piazza) . . . . **ABZ** 15
Martiri di Belfiore (Piazza) . . . . **AZ** 16
Matteotti (Via) . . . . **AZ** 17
Roma (Via) . . . . **AZ**
S. Giorgio (Via) . . . . **BY** 20
Sordello (Piazza) . . . . **BY** 21
Umberto (Corso) . . . . **AZ**
Verdi (Via Giuseppe) . . . . **AZ** 24
Virgilio (Via) . . . . **AY** 25
20 Settembre (Via) . . . . **BZ** 27

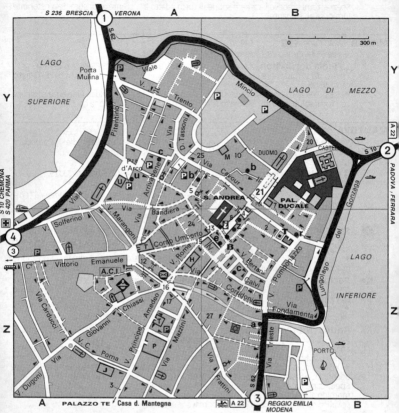

Cento Rampini, piazza delle Erbe 11 ☎ 0376 366349, *centorampini@libero.it, Fax 0376 321924*, – AE $ ⓓ ⓜ VISA. **BZ** z
chiuso dal 26 al 31 gennaio, dal 1° al 15 agosto, domenica sera e lunedì – **Pasto** carta 30/41.
◆ Uno dei locali storici della città, in splendida posizione centrale: fortunatamente non ha ceduto alle lusinghe della moda rustico-chic. Cucina tradizionalmente «ortodossa».

L'Ochina Bianca, via Finzi 2 ☎ 0376 323700, *Fax 0376 327077* – . AE $ ⓓ ⓜ VISA. **AY** c
chiuso dal 1° al 5 gennaio, dal 5 al 30 agosto e lunedì – **Pasto** carta 24/35.
◆ Locale moderno ed accogliente, nonostante il tono di generale semplicità e schiettezza. Tavoli ravvicinati, menù mantovano non particolarmente esteso, cantina interessante.

Antica Osteria ai Ranari, via Trieste 11 ☎ 0376 328431, *info@ranari.it, Fax 0376 364917* – AE $ ⓓ ⓜ VISA JCB. **BZ** a
chiuso dal 17 luglio al 7 agosto e lunedì – **Pasto** carta 23/28. ◆ Piccoli tavoli in legno, tovagliette di carta con stampato il menù che segue il succedersi delle stagioni, nel solco della tradizione. Trattoria sobria e ben considerata.

a Porto Mantovano *per ① : 3 km – ✉ 46047 :*

Abacus, senza rist, strada Martorelli 92/94 ✆ 0376 399142, *info@hotelbacus.net, Fax 0376 442021* – AE VISA.
30 cam 90/120.
◆ Un hotel capace di coniugare la tranquillità tipica di una zona residenziale, con la vicinanza a strutture produttive e industriali, molto apprezzata dalla clientela d'affari.

a Cerese di Virgilio *per ③ : 4 km : – ✉ 46030 Virgilio :*

Antica Locanda Corte Bertoldo, strada statale Cisa 116 ✆ 0376 448003 – AE VISA.
chiuso dal 1° al 15 gennaio, dal 24 al 30 giugno, sabato a mezzogiorno, domenica sera e lunedì – **Pasto** carta 28/36.
◆ Appassionata gestione, autodidatta, ma con pregevoli, fantasiosi risultati. Collocazione non fortunatissima, ma arredi ed atmosfera assolutamente tipici e gradevoli.

in prossimità casello autostrada A 22 Mantova Nord *Nord-Est : 5 km :*

ClassHotel Mantova senza rist, via Bachelet 18 ✉ 46030 S. Giorgio di Mantova ✆ 0376 270222, *info.mantova@classhotel.com, Fax 0376 372681* – 60. AE VISA.
66 cam 105/130.
◆ Comoda risorsa per chi non desidera avventurarsi in città, edificata pochi anni or sono, ad un solo piano. Hall spaziosa, arredata con divani, camere più ordinarie.

a Pietole di Virgilio *per ③ : 7 km – ✉ 46030 :*

Paradiso senza rist, via Piloni 13 ✆ 0376 440700, *paradiso.hotel@tin.it, Fax 0376 449253,* – 50. VISA JCB.
chiuso dal 20 dicembre al 2 gennaio – **16 cam** 53/80.
◆ Inaspettata e semplice risorsa ricavata da una bella villetta familiare in posizione defilata e tranquilla. Camere carine e spaziose, soprattutto quelle della dépendance.

MARANELLO *41053 Modena* 562 *I 14 – 15 819 ab. alt. 137.*

Roma 411 – Bologna 53 – Firenze 137 – Milano 179 – Modena 16 – Reggio nell'Emilia 30.

Domus senza rist, piazza Libertà 38 ✆ 0536 941071, *info@hoteldomus.it, Fax 0536 942343* – AE VISA.
44 cam 73/98.
◆ In pieno centro, proprio di fianco al municipio, presenta un livello eterogeneo di camere, spazi comuni ridotti, ma decisamente curati. Gestione salda e professionale.

William, via Flavio Gioia 1 ✆ 0536 941027, *ristorantewilliam@virgilio.it, Fax 0536 941027* – AE VISA.
chiuso dall'1 all'8 gennaio, dal 4 al 28 agosto, lunedì e domenica sera – **Pasto** specialità di mare carta 33/61.
◆ Bella risorsa nel cuore della località, moderna negli arredi, spaziosa e luminosa. La cucina si esprime prevalentemente attraverso i sapori del mare, il menù è di giornata.

Cavallino, via Abetone Inferiore 1 (di fronte alle Officine Ferrari) ✆ 0536 941160, *Fax 0536 942324* – AE VISA.
chiuso dal 24 al 30 dicembre, dal 5 al 25 agosto e domenica – **Pasto** carta 29/39.
◆ Appendice gastronomica della nota casa automobilistica, con ricca dotazione di cimeli di ogni tipo un po' dovunque. «Sbrigativo» a pranzo, più curato e intimo per cena.

sulla strada statale 12 - Nuova Estense *Sud-Est : 4 km :*

La Locanda del Mulino, via Nuova Estense 3430 ✉ 41053 ✆ 0536 948895, – AE VISA.
chiuso a mezzogiorno in agosto, sabato a mezzogiorno e mercoledì negli altri mesi – **Pasto** carta 21/37.
◆ Nuova gestione, giovane e motivata, al «comando» di questo simpatico locale, ricavato all'interno di un vecchio mulino, con servizio estivo all'aperto. Cucina tradizionale.

MARANO LAGUNARE *33050 Udine* 562 *E 21 – 2 039 ab. – a.s. luglio-agosto.*

Roma 626 – Udine 43 – Gorizia 51 – Latisana 21 – Milano 365 – Trieste 71.

Jolanda, via Udine 7/9 ✆ 0431 67700, *hotel-jolanda@libero.it, Fax 0431 67988* – AE VISA
Pasto *(chiuso dal 10 al 31 gennaio e lunedì, da ottobre a marzo anche domenica sera)* specialità di mare carta 25/45 – 5,50 – **29 cam** 52/83 – ½ P 69.
◆ Hotel completamente rinnovato, facilmente accessibile e molto funzionale. Ubicato in zona arretrata rispetto al mare, è frequentato per lo più da chi viaggia per lavoro. La ristorazione, il vero cuore di questo esercizio, soprattutto a base di prodotti ittici.

MARANZA (MERANSEN) *Bolzano* 562 *B 16 – Vedere Rio di Pusteria.*

MARATEA *85046 Potenza* 564 H 29 *G. Italia* – *5 282 ab. alt. 311.*

Vedere *Località*★★ – ✻★★ *dalla basilica di San Biagio.*

piazza del Gesù 32 ✉ 85040 Fiumicello di Santa Venere ✆ 0973 876908, maratea@apt-basilicata.it, Fax 0973 877454.

Roma 423 – Potenza 147 – Castrovillari 88 – Napoli 217 – Reggio di Calabria 340 – Salerno 166 – Taranto 231.

La Locanda delle Donne Monache, via Carlo Mazzei 4 ✆ 0973 877487, *locanda@mondomaratea.it, Fax 0973 877687*, , , – ▤ TV P – 35. AE ⓓ ⓜ MC VISA. rist
Pasto carta 48/62 – **24 cam** ☕ 155/310, 4 suites – ½ P 185.
◆ In un ex convento del XVIII sec., ottimamente restaurato, risorsa con camere sobrie, alcune con un ampio terrazzo privato, ma sempre nel rispetto della storia dell'edificio. Grazioso ristorante a bordo piscina.

a Fiumicello di Santa Venere *Ovest : 5 km* – ✉ *85040 :*

Santavenere, via Santavenere snc ✆ 0973 876910, *santavenere@mondomaratea.it, Fax 0973 877654*, ≤ mare e costa, , , – ▤ TV P – 100. AE ⓓ ⓜ MC VISA. rist
aprile-ottobre – **Pasto** carta 65/85 – **37 cam** ☕ 645/781 – ½ P 436.
◆ In posizione ineguagliabile, all'interno di un parco con pineta affacciato sulla scogliera. Camere con pavimenti in ceramica di Vietri, finestre come quadri aperti sul mare. Si mangia fra cielo e mare, sospesi nella semplice magia del panorama.

Settebello, via Fiumicello 52 ✆ 0973 876277, *hotelsettebello@yahoo.it, Fax 0973 877204*, ≤ – ▤ TV P – 35. MC VISA.
aprile-ottobre – **Pasto** *(giugno-settembre)* carta 20/42 – ☕ 9 – **28 cam** 77/97 – ½ P 88.
◆ Totalmente rinnovato da poco dalla dinamica e capace gestione, presenta camere semplici, senza nulla più dello stretto indispensabile, ma spaziose e molto luminose. Sala ristorante interna e terrazza esterna: colori freschi, atmosfera leggera.

Zà Mariuccia, via Grotte 2 (al Porto) ✆ 0973 876163, ≤, , prenotare – AE ⓓ ⓜ MC VISA.
marzo-novembre; chiuso giovedì (escluso agosto) e da giugno ad agosto anche a mezzogiorno – **Pasto** specialità di mare carta 28/46.
◆ Piccolo e caratteristico ristorante, in grado di coniugare felicemente il pesce sempre fresco, al piacere dell'ambientazione, una piccola terrazza affacciata sul porto.

ad Acquafredda *Nord-Ovest : 10 km* – ✉ *85041 :*

Villa del Mare, strada statale Sud : 1,5 km ✆ 0973 878007, *villadelmare@tiscalinet.it, Fax 0973 878102*, ≤ mare e costa, , – ▤ TV P – 300. AE ⓓ ⓜ MC VISA JCB.
aprile-15 ottobre – **Pasto** carta 25/45 – **73 cam** ☕ 150/200 – ½ P 145.
◆ Risorsa sulla scogliera a picco sul mare, che è raggiungibile con un comodo ascensore che «atterra» in spiaggia. Terrazze fiorite per consentire ai più pigri di sognare. Sempre un ospite in più alla vostra tavola, il paesaggio.

Villa Cheta Elite, via Timpone 46 (Sud : 1,5 km) ✆ 0973 878134, *villacheta@tin.it, Fax 0973 878135*, ≤, , – ▤ TV P. AE ⓓ ⓜ MC VISA. rist
chiuso gennaio-febbraio – **Pasto** carta 36/48 – **20 cam** ☕ 160/220 – ½ P 125.
◆ Pregevole villa liberty d'inizio secolo, dove vivere una dolce atmosfera vagamente retrò. O dove assaporare la fragranza delicata delle meravigliose terrazze fiorite. Sala sobria ma elegante e servizio ristorante estivo nell'incantevole giardino.

Gabbiano, via Luppa 24 ✆ 0973 878011, *hotelgabbiano@tiscalinet.it, Fax 0973 878076*, ≤, , – ▤ TV P. AE ⓓ ⓜ MC VISA JCB.
aprile-ottobre – **Pasto** 21/28 – ☕ 11 – **39 cam** 68/100 – ½ P 101.
◆ L'hotel è affacciato direttamente sul mare e nulla si frappone alla spiaggia, tranne la terrazza; abbondanti spazi comuni, camere spaziose, conduzione familiare alla mano.

a Castrocucco *Sud-Est : 10 km* – ✉ *85040 Maratea Porto :*

La Tana, ✆ 0973 871770, *latana@tiscalinet.it, Fax 0973 871720*, , – TV P. AE ⓓ ⓜ MC VISA JCB.
chiuso dal 7 al 27 gennaio – **Pasto** vedere rist ***La Tana*** – **39 cam** ☕ 70/90 – ½ P 70.
◆ In questa splendida località della Basilicata, una risorsa di dimensioni modeste, dove trascorrere soggiorni all'insegna del relax, specialmente nel bel giardino fiorito.

La Tana, ✆ 0973 871770, *latana@tiscalinet.it, Fax 0973 871720*, – ▤ P. AE ⓓ ⓜ MC VISA JCB.
chiuso dal 7 al 27 gennaio e giovedì (escluso dal 15 giugno al 15 settembre) – **Pasto** carta 22/30.
◆ Concedetevi una sosta e provate le proposte culinarie a base di pesce fresco di giornata, servite nell'ampia e luminosa sala d'impostazione classica di questo ristorante.

MARCELLI *Ancona* 563 L 22 – *Vedere Numana.*

MARCELLISE *Verona* 562 F 15 – *Vedere San Martino Buon Albergo.*

MARCIAGA *Verona – Vedere Costermano.*

MARCIANA e MARCIANA MARINA *Livorno* 563 N 12 – *Vedere Elba (Isola d').*

MARCON *30020 Venezia* 562 F 18 – *12 136 ab..*
Roma 522 – Venezia 22 – Padova 46 – Treviso 16.

Gamma senza rist, viale Trento Trieste 53/55 ☏ 041 4567400, *info@hotelgamma.com, Fax 041 4567393* – AE VISA
15 – **27 cam** 100/150.
◆ Albergo dall'aspetto moderno, ottimamente curato in ogni settore. La gestione si dimostra molto seria ed attenta, cercando di offrire il massimo del confort possibile.

MAREBELLO *Rimini* 563 J 19 – *Vedere Rimini.*

MARGHERA *Venezia – Vedere Mestre.*

MARGNO *23832 Lecco* 561 D 10, 219 ⑩ – *366 ab. alt. 730 – Sport invernali : a Pian delle Betulle : 1 500/1 800 m 1 4, .*
Roma 650 – Como 59 – Sondrio 63 – Lecco 30 – Milano 86.

a Pian delle Betulle *Est : 5 mn di funivia – alt. 1 503 :*

Baitock , via Sciatori 8 ✉ 23832 ☏ 0341 803042, *Fax 0341 803035*, ≤ monti e pinete, – AE VISA JCB
chiuso dal 6 al 26 settembre – **Pasto** *(chiuso giugno, settembre e lunedì)* carta 25/35 – **11 cam** 40/55 – ½ P 45.
◆ Ci si arriva a piedi o in funivia: di sicuro la vostra visuale sul paesaggio non verrà deturpata da automobili e parcheggi. Per un contatto vero con i monti lecchesi. Al ristorante sapori delle tradizioni locali: salumi, formaggi, selvaggina, frutti di bosco.

MARIANO COMENSE *22066 Como* 561 E 9, 219 ⑲ – *20 005 ab. alt. 250.*
Roma 619 – Como 17 – Bergamo 54 – Lecco 32 – Milano 32.

La Rimessa, via Cardinal Ferrari 13/bis ☏ 031 749668, *Fax 031 750210*, – AE VISA
chiuso dal 2 al 10 gennaio, agosto, domenica sera e lunedì – **Pasto** 21/45 bc e carta 36/58 .
◆ In una villa di fine '800, all'interno della ex rimessa per le carrozze, un caratteristico ristorante, con una ulteriore, intima saletta, ricavata nel fienile soppalcato.

MARIANO DEL FRIULI *34070 Gorizia* 562 E 22 – *1 556 ab. alt. 34.*
Roma 645 – Udine 27 – Gorizia 19 – Trieste 40 – Venezia 123.

a Corona *Est : 1,7 km – ✉ 34070 Mariano del Friuli :*

Al Piave, via Cormons 6 ☏ 0481 69003, *Fax 0481 69340*, Coperti limitati; prenotare – VISA.
chiuso lunedì e martedì – **Pasto** carta 23/36.
◆ Classica osteria-trattoria, dove è possibile godersi un bicchiere di vino, nell'attesa di accomodarsi a tavola. Cucina semplice e sostanziosa, nel segno della tradizione.

MARINA DEL CANTONE *Napoli* 564 F 25 – *Vedere Massa Lubrense.*

MARINA DELLA LOBRA *Napoli – Vedere Massa Lubrense.*

MARINA DI ARBUS *Cagliari* 566 H 7 – *Vedere Sardegna alla fine dell'elenco alfabetico.*

MARINA DI ASCEA *84058 Salerno* 564 G 27.
Roma 348 – Potenza 151 – Napoli 145 – Salerno 90 – Sapri 61.

Iscairia, località Velia ☏ 0974 972241, *iscairia@libero.it, Fax 0974 972372*, – VISA
Pasto (solo per alloggiati) 25 – **11 cam** 58,80/84 – ½ P 67.
◆ Risorsa piuttosto grande, con un discreto numero di camere, situata nel complesso industriale degli stessi proprietari. Camere spaziose e personalizzate, piacevole giardino.

MARINA DI BIBBONA *Livorno* 563 M 13 – *Vedere Bibbona (Marina di).*

MARINA DI CAMEROTA *84059 Salerno* 564 G 28 – *a.s. luglio-agosto.*

Roma 385 – Potenza 148 – Napoli 179 – Salerno 128 – Sapri 36.

Delfino, via Bolivar 45 ✆ 0974 932239, *info@albergodelfino.it, Fax 0974 932979* – TV P. AE VISA JCB. rist

Pasto *(aprile-ottobre)* (solo per alloggiati) – 6 – **22 cam** 60 – 1/2 P 57.

◆ A piano terra ci sono la piccola hall, il bar e la sala ristorante riservata agli ospiti dell'albergo. Le stanze, abbastanza spartane, sono ai tre piani superiori.

Da Pepè con cam, via Nazionale 41 ✆ 0974 932461, *Fax 0974 939670*, , , – cam, P. AE VISA. rist

Pasqua-settembre – **Pasto** specialità di mare carta 29/51 – **34 cam** 40/80.

◆ Lungo la strada che conduce a Palinuro, ricavato in un edificio circondato da un uliveto, in cui trovano posto anche alcune camere-bungalow. Specialità di pesce.

MARINA DI CAMPO *Livorno* 563 N 12 – *Vedere Elba (Isola d').*

MARINA DI CAPOLIVERI *Livorno – Vedere Elba (Isola d') : Capoliveri.*

MARINA DI CARRARA *Massa-Carrara* 563 J 12 *G. Toscana – Vedere Carrara (Marina di).*

MARINA DI CASTAGNETO *Livorno* 563 M 13 – *Vedere Castagneto Carducci.*

Scriveteci...

Le vostre critiche e i vostri apprezzamenti saranno esaminati con la massima attenzione.

Verificheremo personalmente gli esercizi che ci vorrete segnalare

Grazie per la collaborazione !

MARINA DI CECINA *Livorno* 563 M 13 – *Vedere Cecina (Marina di).*

MARINA DI GIOIOSA IONICA *89046 Reggio di Calabria* 564 M 30 – *6 426 ab..*

Roma 639 – Reggio di Calabria 108 – Catanzaro 93 – Crotone 148 – Siderno 4.

Gambero Rosso, via Montezemolo 65 ✆ 0964 415806, *rist.gamberorosso@tiscali.it, Fax 0964 411091* – . AE VISA JCB

chiuso lunedì – **Pasto** specialità di mare carta 34/46.

◆ Ristorante d'impostazione assolutamente classica, situato lungo la via principale della località, propone una valida cucina basata su freschi e appetitosi prodotti ittici.

MARINA DI GROSSETO *Grosseto* 563 N 14 – *Vedere Grosseto (Marina di).*

MARINA DI LEUCA *73030 Lecce* 564 H 37 – *a.s. luglio-agosto.*

Roma 676 – Brindisi 109 – Bari 219 – Gallipoli 48 – Lecce 68 – Taranto 141.

Terminal, lungomare Colombo 59 ✆ 0833 758242, *terminal@attiliocaroli.it, Fax 0833 758246*, , , – TV – 150. AE VISA.

Pasto *(15 aprile-ottobre)* carta 20/25 – **55 cam** 97/115.

◆ Albergo in buona posizione, proprio sul lungomare, ristrutturato di recente con ampio ricorso all'artigianato e ai materiali decorativi tipici della tradizione pugliese. La sala ristorante ha toni chiari e freschi, richiami continui alle tradizioni locali.

L'Approdo, via Panoramica ✆ 0833 758548, *hotelapprodo@hotelapprodo.com, Fax 0838 758599*, , , , – TV P – 150. AE VISA. rist

Pasto carta 27/41 – **54 cam** 160/220 – 1/2 P 120.

◆ Bella terrazza-giardino con piscina, affacciata sul porticciolo. La hall è arredata con mobilio in midollino, le stanze sono semplici, ma estremamente ordinate. Ingredienti di prima qualità e molta passione in cucina.

MARINA DI MARATEA *Potenza* 564 H 29 – *Vedere Maratea.*

MARINA DI MASSA *Massa-Carrara* 563 J 12 *G. Toscana – Vedere Massa (Marina di).*

MARINA DI MODICA *Ragusa – Vedere Sicilia alla fine dell'elenco alfabetico.*

MARINA DI MONTENERO DI BISACCIA *Campobasso* 564 A 26 – ✉ *86036 Montenero di Bisaccia.*
Roma 280 – Pescara 78 – L'Aquila 184 – Campobasso 104 – Chieti 87 – Foggia 127.

Strand , via Costa Verde ✆ 0873 803106, *informazioni@hotelstrand.it, Fax 0873 803450,* ←, , , – |♿| TV P. ♿ MC VISA.
maggio-settembre – **Pasto** carta 21/31 – **36 cam** ☕ 34/57 – ½ P 54.
◆ Albergo per vacanzieri estivi, che a differenza di molti altri rispetta un lungo periodo d'apertura. Gestione familiare, installazioni recenti, a ridosso della spiaggia. La sala ristorante è così curata da arrivare ad essere elegante.

MARINA DI NOCERA TERINESE *88040 Catanzaro* 564 J 30.
Roma 537 – Cosenza 63 – Catanzaro 67 – Reggio di Calabria 159.

sulla strada statale 18 *Nord : 3 km :*

L'Aragosta, villaggio del Golfo ✉ 88040 ✆ 0968 93385, *info@ristorantelaragosta.com, Fax 0968 938975,* – P. AE MC VISA
chiuso lunedì escluso luglio-agosto – **Pasto** specialità di mare carta 33/54.
◆ Un'unica sala classica priva di personalizzazioni particolari e all'ingresso un banco con esposto il pesce fresco di giornata; per gustare piatti fragranti.

MARINA DI PIETRASANTA *Lucca* 563 K 12 *G. Toscana – Vedere Pietrasanta (Marina di).*

MARINA DI PISA *Pisa* 563 K 12 *G. Toscana – Vedere Pisa (Marina di).*

MARINA DI RAGUSA *Ragusa – Vedere Sicilia (Ragusa, Marina di) alla fine dell'elenco alfabetico.*

MARINA DI RAVENNA *Ravenna* 563 I 18 – *Vedere Ravenna (Marina di).*

MARINA DI SAN SALVO *Chieti* 563 P 26 – *Vedere San Salvo.*

MARINA DI SAN VITO *66035 Chieti* 563 P 25 – *a.s. 20 giugno-agosto.*
Roma 234 – Pescara 30 – Chieti 43 – Foggia 154 – Isernia 127.

Garden, contrada Portelle 69 ✆ 0872 61164, *hotelgardensrl.hotelgarden@tin.it, Fax 0872 618908,* ←, – |♿| TV P. AE MC VISA. rist
chiuso Natale – **Pasto** carta 25/32 – **46 cam** ☕ 60/75 – ½ P 55.
◆ Lungo la Statale Adriatica, appena fuori dal centro, albergo con ottime attrezzature sia per la clientela turistica, che per chi viaggia per lavoro. Proprio sul mare.

L'Angolino da Filippo, via Sangritana 1 ✆ 0872 61632, *info@langolinodafilippo.it, Fax 0872 618908* – . AE MC VISA.
chiuso dal 24 al 30 dicembre e lunedì – **Pasto** specialità di mare carta 28/45.
◆ L'ambiente è rustico-elegante, la tavola curata, la cucina marinaresca improntata sulla freschezza dei prodotti. A pochi metri dal mare, affacciato sulla piazza centrale.

MARINA DI VASTO *Chieti* 563 P 26 – *Vedere Vasto (Marina di).*

MARINA EQUA *Napoli – Vedere Vico Equense.*

MARINA GRANDE *Napoli* 564 F 24 – *Vedere Capri (Isola di).*

MARINA TORRE GRANDE *Oristano* 566 H 7 – *Vedere Sardegna (Oristano) alla fine dell'elenco alfabetico.*

MARINA VELCA *Viterbo* 563 P 17 – *Vedere Tarquinia.*

MARINELLA *Trapani* 565 O 20 – *Vedere Sicilia (Selinunte) alla fine dell'elenco alfabetico.*

Le nostre guide alberghi e ristoranti, le nostre guide turistiche e le nostre carte stradali sono complementari. Utilizzatele insieme.

MARINO *00047 Roma* 563 Q 19 – *36 344 ab. alt. 355.*
Roma 26 – Frosinone 73 – Latina 44.

a Frattocchie *Ovest : 9 km – ✉ 00040 :*

Dei Consoli, vicolo del Divino Amore 13 ☎ 06 93541170, *info@consolihotel.it, Fax 06 93542041*, – 250.
Pasto carta 18/26 – **43 cam** 75/110 – ½ P 75.
◆ Nuovissimo albergo, di taglio moderno, concepito in modo tale da poter corrispondere al meglio alle esigenze della clientela d'affari. Lungo la Statale Nettunense.

MARLENGO (MARLING) *39020 Bolzano* 562 C 15, 218 ⑩ ⑳ – *2 196 ab. alt. 363.*
piazza Chiesa 5 ☎ 0473 447147, marlengo@info, Fax 0473 221775.
Roma 668 – Bolzano 31 – Merano 3 – Milano 329.

Pianta : vedere Merano.

Oberwirt, vicolo San Felice 2 ☎ 0473 447111, *info@oberwirt.com, Fax 0473 447130*, riscaldata, – A n
15 marzo-15 novembre – **Pasto** carta 35/49 – **25 cam** 94,60/176, 10 suites 158/235,40 – ½ P 113.
◆ Nel centro del paese, lungo la via principale, due edifici congiunti da un passaggio sotterraneo. Cinquecento anni di vita: tradizione elegante, ma anche confort moderni. Apprezzabilissimo servizio ristorante estivo in giardino.

Marlena, via Tramontana 6 ☎ 0473 222266, *info@marlena.it, Fax 0473 447441*, ≤ monti e Merano, riscaldata, rist, – 45. rist A k
marzo-novembre – **Pasto** 20/40 – **44 cam** 92/164 – ½ P 110.
◆ Struttura dall'architettura innovativa, in linea con il moderno design degli interni. Ovviamente il confort non ne risente per nulla, anzi acquista un sapore contemporaneo.

Sporthotel Nörder, via Tramontana 15 ☎ 0473 447000, *info@noerder.it, Fax 0473 447370*, ≤ monti e Merano, riscaldata, rist, – 30. A e
15 marzo-15 novembre – **Pasto** *(chiuso martedì)* carta 34/43 – **27 cam** 82/148, 18 suites 200 – ½ P 112.
◆ Alle porte del paese, con una bella vista sui monti e Merano, albergo ben accessoriato, costituito da un complesso di edifici; settore notte di livello assai apprezzabile. Piacevole e ariosa sala ristorante.

Jagdhof, via San Felice 18 ☎ 0473 447177, *info@jagdhof.it, Fax 0473 445404*, ≤ monti e Merano, rist, rist, rist A m
marzo-novembre – **Pasto** (solo per alloggiati) – **22 cam** 85/192, 2 suites – ½ P 107.
◆ Proprio sopra l'ippodromo di Merano, completamente circondata dal bosco e abbellita da un giardino con piscina, risorsa con interni piacevolmente arredati e camere funzionali. Elegante sala da pranzo; servizio estivo in terrazza.

MARLING = Marlengo.

MARMOLADA (Massiccio della) *Belluno e Trento C. Italia.*

MAROERO *Asti – Vedere Cocconato.*

MARONTI *Napoli* 564 E 23 – *Vedere Ischia (Isola d') : Barano.*

MAROSTICA *36063 Vicenza* 562 E 16 *C. Italia – 12 819 ab. alt. 105.*
Vedere *Piazza Castello*★.
Roma 550 – Padova 60 – Belluno 87 – Milano 243 – Treviso 54 – Venezia 82 – Vicenza 28.

Due Mori senza rist, corso Mazzini 73 ☎ 0424 471777, *info@duemori.com, Fax 0424 476920* –
chiuso dal 1° al 7 gennaio e la settimana di Ferragosto – 8 – **10 cam** 90/140.
◆ Edificio del '700 all'interno delle mura cittadine, a due passi dalla celebre piazza della Scacchiera. Totalmente ristrutturato seguendo soluzioni di design moderno.

a Valle San Floriano *Nord : 3 km – alt. 127 – ✉ 36063 :*

La Rosina con cam, via Marchetti 4 Nord : 2 km ☎ 0424 470360, *info@larosina.it, Fax 0424 470290*, ≤ – 120.
chiuso dal 3 al 28 agosto – **Pasto** *(chiuso lunedì e martedì)* carta 27/38 – **12 cam** 55/75.
◆ Il nome deriva dalla capostipite della famiglia, che nel 1917 iniziò ad offrire vino e piatti casalinghi. Oggi? Un elegante ristorante, con un monumentale camino.

MAROTTA *61035 Pesaro e Urbino* 563 K 21 – *a.s. 25 giugno-agosto.*

(luglio-agosto) piazzale della Stazione ✆ 0721 96591, iat.marotta@regione.marche.it, Fax 0721 96591.

Roma 305 – Ancona 38 – Perugia 125 – Pesaro 25 – Urbino 61.

Imperial, lungomare Faà di Bruno 119 ✆ 0721 969445, *info@hotel-imperial.it, Fax 0721 96617,* – *aprile-ottobre* – **Pasto** (solo per alloggiati) 18/25 – 7,50 – **42 cam** 80/110 – ½ P 70.

◆ Hotel completo di buoni confort, di spazi generosi nelle parti comuni, di camere signorili e di fattura moderna, nonché di un bel giardino attorno alla godibile piscina. Cucina d'impronta casalinga, a prezzi contenuti.

Caravel, lungomare Faà di Bruno 135 ✆ 0721 96670, *info@hotel-caravel.it, Fax 0721 968434,* – *aprile-settembre* – **Pasto** (solo per alloggiati) 18/20 – 7 – **32 cam** 42/75 – ½ P 61.

◆ Albergo di mare, a pochi passi dalla spiaggia, dall'atmosfera rilassata ed informale. Il bar e la hall sono a piano terra, ai piani superiori camere semplici e accoglienti.

La Paglia, via Tre Pini 40 (Nord-Ovest : 1,5 km) ✆ 0721 967632, *info@lapagliaristorante.it, Fax 0721 967632,* – *chiuso 1 settimana in aprile, 3 settimane in novembre e martedì* – **Pasto** specialità di mare carta 34/45.

◆ Ristorante ubicato in campagna e contornato da un piacevole giardino ombreggiato. Le proposte della cucina seguono l'offerta ittica di giornata, trionfa la freschezza.

MARRADI *50034 Firenze* 563 J 16 – *3 650 ab. alt. 328.*

Roma 332 – Firenze 58 – Bologna 85 – Faenza 36 – Milano 301 – Ravenna 67.

Il Camino, viale Baccarini 38 ✆ 055 8045069, *Fax 055 8045069* – *chiuso dal 3 al 10 giugno, dal 25 agosto al 10 settembre e mercoledì* – **Pasto** carta 15/31.

◆ Ristorante dall'atmosfera familiare con proposte di una cucina che prende spunto dalle tradizioni culinarie tosco-romagnole. Preparazioni genuine di fattura casalinga.

MARSALA *Trapani* 565 N 19 – *Vedere Sicilia alla fine dell'elenco alfabetico.*

MARTA *01010 Viterbo* 563 O 17 – *3 462 ab. alt. 315.*

Roma 118 – Viterbo 21 – Grosseto 113 – Siena 127.

Da Gino al Miralago, viale Marconi 58 ✆ 0761 870910, *Fax 0761 870910,* – *chiuso martedì escluso dal 20 luglio al 30 agosto* – **Pasto** specialità di mare e di lago carta 20/31.

◆ Ristorante di taglio classico, situato di fronte al lago di Bolsena, ammirabile dall'accogliente veranda. In cucina le specialità sono di pesce, d'acqua dolce e salata.

MARTANO *73025 Lecce* 564 G 36 – *9 572 ab. alt. 91.*

Roma 588 – Brindisi 63 – Lecce 26 – Maglie 16 – Taranto 133.

La Lanterna, via Ofanto 53 ✆ 0836 571441, , Rist. e pizzeria serale – *chiuso dal 10 al 20 settembre, mercoledì escluso in agosto* – **Pasto** carta 17/28.

◆ Locale molto conosciuto in città, ma in posizione discosta e decentrata, ricavato al piano terra di una palazzina. Una trattoria con piatti casalinghi a prezzi contenuti.

MARTINA FRANCA *74015 Taranto* 564 E 34 *G. Italia* – *47 023 ab. alt. 431.*

Vedere *Via Cavour★.*

Dintorni *Terra dei Trulli★★★ Nord e Nord-Est.*

piazza Roma 37 ✆ 080 4805702, apt2000@libero.it.

Roma 524 – Brindisi 57 – Alberobello 15 – Bari 74 – Matera 83 – Potenza 182 – Taranto 32.

Park Hotel San Michele, viale Carella 9 ✆ 080 4807053, *phsmichele@tin.it, Fax 080 4808895,* – 350. rist

Pasto carta 25/45 – **81 cam** 85/125 – ½ P 110.

◆ Hotel posizionato in pieno centro, ma immerso in un parco secolare, dove si trova anche la piscina. Dotazioni complete e ideali per una clientela d'affari e congressuale. Per i pasti: salone per banchetti, sale ristorante e anche il giardino esterno.

Dell'Erba, viale dei Cedri 1 ✆ 080 4301055, *info@dellerba.it, Fax 080 4301639,* –

Pasto carta 24/34 (15 %) – **41 cam** 75/85,22 – ½ P 61,97.

◆ Ubicata nell'immediata periferia della città, lungo la strada statale per Taranto, una grande e completa struttura, con una gestione tipicamente familiare, ma molto capace. Varie sale dedicate alla ristorazione.

Villa Ducale, piazzetta Sant'Antonio ☎ 080 4805055, *hotelvilladucale@libero.it, Fax 080 4805885* – ▤ TV. AE ⓈⓄ ⓂⒸ VISA JCB. ✂
Pasto *(maggio-settembre)* carta 25/34 – **24 cam** ☕ 62/88 – ½ P 62.
◆ In centro, ma silenziosamente circondata dai giardini comunali, una struttura accogliente e funzionale, risalente alla seconda metà degli anni Cinquanta. Camere moderne. Il ristorante viene allestito esclusivamente durante i mesi estivi.

Villaggio In, via Arco Grassi 8 ☎ 080 4805911, *info@villaggioin.it, Fax 080 4805017* – ▤ cam, TV. AE ⓈⓄ ⓂⒸ VISA. ✂
chiuso tre settimane in novembre – **Pasto** vedere rist ***In*** – **46 cam** ☕ 68, 2 suites – ½ P 52.
◆ Una cinquantina di originali soluzioni, in appartamenti e camere distribuite nel centro storico. Il livello di confort è apprezzabile ed omogeneo, variano le dimensioni.

In, via Arco Grassi 23 ☎ 080 4805021, *villaggioin@libero.it, Fax 080 4805017*, prenotare – AE ⓈⓄ ⓂⒸ VISA. ✂
chiuso 3 settimane in novembre e lunedì – **Pasto** carta 21/30.
◆ Elegante ristorante che dispone di una bella terrazza roof-garden assolutamente godibile durante i mesi estivi; la notte viene utilizzata come piano-bar. Cucina locale.

La Tana, via Mascagni 2 ☎ 080 4805320 – ▤. Ⓢ ⓂⒸ VISA. ✂
chiuso martedì – **Pasto** carta 21/32.
◆ Nel corpo centrale del barocco Palazzo Ducale, in quelli che una volta erano gli uffici del dazio, un locale informale e molto accogliente. Specialità locali rivisitate.

Trattoria delle Ruote, via Monticello 1 (Est : 4,5 km) ☎ 080 4837473, Coperti limitati; prenotare – P. ✂
chiuso lunedì – **Pasto** carta 25/27.
◆ Un locale semplice e familiare, ubicato in campagna, dove approfittare con piacere del servizio estivo all'aperto. Piatti della cucina casereccia e tradizionale.

MARTINSICURO *64014 Teramo* 563 N 23 – *14 168 ab. – a.s. luglio-agosto.*

Roma 227 – Ascoli Piceno 35 – Ancona 98 – L'Aquila 118 – Pescara 64 – Teramo 45.

Sympathy, lungomare Europa 26 ☎ 0861 760222, *sympathyhotel@tin.it, Fax 0861 760222*, – ▤ TV. Ⓢ ⓂⒸ VISA JCB. ✂
18 maggio-23 settembre – **Pasto** carta 22/36 – **40 cam** ☕ 80/90 – ½ P 70.
◆ L'unico albergo nel centro della località ad affacciarsi sul mare. Gestione familiare intraprendente, capace di personalizzare la risorsa con un ricorrente tema a scacchi. Valida cucina d'albergo che si esprime in una lista abbastanza ristretta.

Leon d'Or, via Aldo Moro 55/57 ☎ 0861 797070, *leondor@advcom.it, Fax 0861 797695*, prenotare – ▤. AE ⓈⓄ ⓂⒸ VISA JCB. ✂
chiuso agosto, Natale, domenica sera e lunedì – **Pasto** specialità di mare carta 32/47.
◆ Ristorante tradizionale con cucina di mare proposta da un menù che si modella anche in base alle disponibilità del pescato fresco di giornata. Ambiente piacevole.

a Villa Rosa *Sud : 5 km* – ✉ *64010 :*

Paradiso, via Ugo La Malfa 14 ☎ 0861 713888, *info@hotelparadiso.it, Fax 0861 751775*, – ▤ TV P. Ⓢ ⓂⒸ VISA. ✂
15 maggio-19 settembre – **Pasto** (solo per alloggiati) 16/30 – **67 cam** ☕ 45/75 – ½ P 72.
◆ Un classico albergo per vacanze all'insegna delle certezze derivanti da una gestione esperta ed intraprendente. L'accoglienza è modellata sulle esigenze delle famiglie.

Olimpic, lungomare Italia 72 ☎ 0861 712390, *olimpic@hotelolimpic.it, Fax 0861 710597*, – ▤ TV P. ✂ rist
10 maggio-25 settembre – **Pasto** carta 28/31 – **68 cam** ☕ 50/60 – ½ P 75.
◆ Sul lungomare, come gli altri alberghi della località, offre in più il vantaggio di un giardino che lo separa dalla strada. Edificio spartano, con una hall accogliente. Sala da pranzo avvolta da vetrate.

Haway, lungomare Italia 62 ☎ 0861 712649, *info@hotelhaway.it, Fax 0861 713923*, – ▤ rist, TV P. AE ⓈⓄ ⓂⒸ VISA JCB. ✂ rist
18 maggio-23 settembre – **Pasto** (solo per alloggiati) 16 – **52 cam** ☕ 60/110 – ½ P 77.
◆ Albergo posizionato sul lungomare, si distingue da altre risorse per l'attenzione riservata ai più piccoli tra gli ospiti, i bambini: è quindi ideale per famiglie.

Il Sestante, lungomare Italia ☎ 0861 713268 – ▤. AE ⓈⓄ ⓂⒸ VISA
chiuso dal 23 dicembre al 7 gennaio, agosto, domenica sera e lunedì – **Pasto** 30/33 e carta 34/50.
◆ Uno chalet in legno, a ridosso della battigia, con ampie vetrate affacciate verso il mare. Arredamento in stile marinaresco e cucina esclusivamente a base di pesce.

MARZOCCA *Ancona* 563 K 21 – *Vedere Senigallia.*

MASARÈ *Belluno* 562 C 18 – *Vedere Alleghe.*

MASER *Treviso* 562 E 17 *G. Italia – alt. 147.*
Vedere *Villa★★★ del Palladio.*

MASERADA SUL PIAVE *31052 Treviso* 562 E 18 – *7 269 ab. alt. 33.*
Roma 553 – Venezia 44 – Belluno 74 – Treviso 13.

XX **Antica Osteria Zanatta,** località Varago Sud : 1,5 km ✆ 0422 778048, *info@anticaosteriazanatta.com, Fax 0422 777687,* ☂, ⌂ – ▤ P. AE ⑤ ⊙ MC VISA JCB. ✂
chiuso dal 5 al 12 gennaio, dal 2 al 23 agosto, domenica sera e lunedì – **Pasto** carta 21/40.
◆ Una casa colonica di paese che presenta interni rustici ma molto eleganti. Cucina nel solco della tradizione e all'inseguimento delle stagioni; buona scelta di vini.

MASIO *15024 Alessandria* 561 H 7 – *1 444 ab. alt. 142.*
Roma 607 – Alessandria 22 – Asti 14 – Milano 118 – Torino 80.

X **Trattoria Losanna,** via San Rocco 36 (Est : 1 km) ✆ 0131 799525, *Fax 0131 799074* – P. AE ⑤ ⊙ MC VISA. ✂
chiuso dal 27 dicembre al 13 gennaio, agosto, domenica sera e lunedì – **Pasto** carta 18/41.
◆ Questa sì è un'autentica trattoria: spazi ristretti, gran vociare e una scelta limitata a pochi piatti, ma rigorosamente legati alla tradizione gastronomica locale.

MASSA *54100* P 563 J 12 *G. Toscana – 68 005 ab. alt. 65 – a.s. Pasqua e luglio-agosto.*
A.C.I. *via Aurelia Ovest 193 ✆ 0585 831942/3.*
Roma 367 – La Spezia 37 – Carrara 8 – Firenze 114 – Pisa 45.

X **Osteria del Borgo,** via Beatrice 17 ✆ 0585 810680, *Fax 0585 886970* – ▤. AE ⑤ MC VISA JCB
chiuso due settimane in settembre, 24-25-26 dicembre e a mezzogiorno in luglio-agosto – **Pasto** carta 26/38 ♛.
◆ Bottiglie e vecchie foto alle pareti, l'enoteca al piano interrato e la tavola sobria e gradevole, insomma una semplicità accattivante. La cucina saldamente del territorio.

Una prenotazione confermata per iscritto o per fax è sempre più sicura.

MASSACIUCCOLI (Lago di) *Lucca* 563 K 13 – *Vedere Torre del Lago Puccini.*

MASSA E COZZILE *51010 Pistoia* 563 K 14 – *7 127 ab. alt. 223.*
Roma 323 – Firenze 50 – Pisa 53 – Bologna 129 – Pistoia 20.

XXX **La Cala del Ghiotto,** via Croci 1 ✆ 0572 60051, *caladelghiotto@interfree.it, Fax 0572 60051,* ☂, prenotare – P. ⑤ ⊙ MC VISA. ✂
chiuso quindici giorni in agosto, giovedì e a mezzogiorno (escluso domenica e festivi) – **Pasto** carta 40/66.
◆ La gestione è giovane e appassionata, il locale moderno ed elegante e la cucina, soprattutto di pesce, offre vari spunti creativi. Tranquillo e piacevole dehors estivo.

MASSAFRA *74016 Taranto* 564 F 33 – *31 067 ab. alt. 110.*
Roma 508 – Bari 76 – Brindisi 84 – Matera 64 – Taranto 18.

sulla strada statale 7 *Nord-Ovest : 2 km :*

Appia Palace Hotel, ✉ 74016 ✆ 099 8851501, *Fax 099 8851506,* ⛳, 🏊, ✂ – ⇅ ▤ TV ♿ P – 🎤 350. AE ⑤ ⊙ MC VISA JCB. ✂
Pasto carta 21/27 – **119 cam** ☐ 64/85 – ½ P 62,50.
◆ Grande struttura alberghiera, ubicata lungo la strada per Taranto, ideale sia per chi viaggia per motivi di lavoro che per il turista di passaggio. Ampie zone comuni. Tipico ristorante d'albergo, dallo stile moderno.

MASSA LUBRENSE *80061 Napoli* 564 F 25 *G. Italia – 13 104 ab. alt. 120 – a.s. aprile-settembre piazza Vescovado 2 ✆ 081 8089571, uffturistico@libero.it, Fax 081 8089571.*
Roma 263 – Napoli 55 – Positano 21 – Salerno 56 – Sorrento 6.

Delfino 🐬, via Nastro d'Oro 2 (Sud-Ovest : 3 km) ✆ 081 8789261, *info@hoteldelfino.com, Fax 081 8089074,* ← mare ed isola di Capri, 🏊 con acqua di mare, ⛱, ⌂ – ⇅ ▤ TV P. AE ⑤ ⊙ MC VISA JCB. ✂
aprile-ottobre – **Pasto** (snack a mezzogiorno) carta 30/37 – **65 cam** ☐ 132/200 – ½ P 116.
◆ In una pittoresca insenatura con terrazze e discesa a mare, un albergo da cui godere di un panorama eccezionale sull'isola di Capri. Struttura d'impostazione classica. Ariosa sala ristorante ed elegante salone banchetti.

Bellavista, via Partenope 26 (Nord : 1 km) ✆ 081 8789696 e rist ✆ 081 8789181, *info@francischiello.it, Fax 081 8089341,* ≤ mare ed isola di Capri, – | ▤ TV P – 100. AE VISA JCB. ✻
Pasto al Rist. ***Riccardo Francischiello*** *(chiuso martedì da ottobre a marzo)* carta 26/41 – **33 cam** 130/150 – ½ P 85.
◆ Una salda e capace gestione familiare la cui intraprendenza ha portato ad un rinnovo complessivo della struttura, svolto negli ultimi anni. Terrazza-solarium con piscina. Ristorante dedito anche all'attività banchettistica: ampia sala e salone per ricevimenti.

Antico Francischiello-da Peppino e Hotel Villa Pina con cam, via Partenope 27 (Nord : 1,5 km) ✆ 081 5339780, *info@francischiello.com, Fax 081 8071813,* ≤ mare ed isola di Capri – ▤ TV P. AE VISA JCB. ✻
Pasto *(chiuso mercoledì escluso da giugno a settembre)* carta 32/52 (15%) – **26 cam** 85/90.
◆ Ambiente caratteristico, carico di storia e arredato con abbondanza di oggetti e suppellettili. La cucina segue la tradizione con una predilezione per i piatti di mare.

a Marina della Lobra *Ovest : 2 km – ✉ 80061 Massa Lubrense :*

Piccolo Paradiso, piazza Madonna della Lobra 5 ✆ 081 8789240, *info@piccolo-paradiso.com, Fax 081 8089056,* ≤, – | TV. VISA. ✻ rist
15 marzo-15 novembre – **Pasto** carta 25/40 (12%) – **54 cam** 79/106 – ½ P 75.
◆ Nella piccola frazione costiera, albergo fronte mare dotato anche di una bella piscina disposta lungo un'ampia terrazza. Gestione familiare seria e professionale. Impostazione semplice, ma confortevole, nella grande sala ristorante dai «sapori» mediterranei.

a Santa Maria Annunziata *Sud : 2,5 km – ✉ 80061 Massa Lubrense :*

La Torre, piazza Annunziata, 7 ✆ 081 8089566, *Fax 081 5330203,* – AE VISA
chiuso dal 7 al 30 gennaio e martedì (escluso luglio e agosto) – **Pasto** carta 25/57.
◆ Una semplice trattoria ad andamento familiare, proprio di fronte a una torre, in una piazzetta, dove si mangia in estate; all'interno una sala ben tenuta e piatti partenopei.

a Nerano-Marina del Cantone *Sud-Est : 11 km – ✉ 80068 Termini :*

Taverna del Capitano con cam, piazza delle Sirene 10/11 ✆ 081 8081028, *tavdelcap@inwind.it, Fax 081 8081892,* ≤, prenotare, – ▤ TV. AE VISA JCB. ✻
chiuso 24-25 dicembre e dal 7 gennaio al 27 febbraio – **Pasto** *(chiuso lunedì e martedì a mezzogiorno escluso da giugno a settembre)* carta 53/82 – 15 – **12 cam** 90/130, 2 suites – ½ P 115.
◆ Un ristorante affacciato a mare, con uno stile sobrio di elegante semplicità; in un edificio attiguo è ospitata una consistente cantina. Cucina di mare innovativa.
Spec. Palamita cruda, cotta e il suo fegato con aceto balsamico tradizionale di Modena. Cornetti di pasta ripieni di gamberi con salsa ai frutti di mare. "Annecchia alla genovese" (vitello) con caponata di verdure, olive e capperi dei Galli.

Quattro Passi con cam, via Vespucci 13/n (Nord : 1 km) ✆ 081 8082800, *ristorantequattropassi@inwind.it, Fax 081 8081271,* – ▤ TV. AE VISA. ✻
chiuso dal 4 novembre al 26 dicembre, mercoledì e martedì sera da ottobre a marzo – **Pasto** carta 50/113 (10%) – **3 cam** 140.
◆ Ristorante ubicato in posizione isolata, con una lussureggiante terrazza-giardino dove viene espletato il servizio estivo. Proposte di pesce particolarmente gustose.
Spec. Paccheri di Gragnano con cozze, patate e fiorilli di zucchini (primavera-estate). Tocchetti di pesce alle mele annurche e buccia di arancia cotti sui sassi di mare. Perla di scampi in guazzetto di frutti di mare su tortino di spinaci.

MASSA (Marina di) *54037 Massa-Carrara* 563 J 12 – *a.s. Pasqua e luglio-agosto.*

viale Vespucci 24 ✆ 0585 240063, info@aptmassacarrara.it, Fax 0585 869015.
Roma 388 – Pisa 41 – La Spezia 32 – Firenze 114 – Livorno 64 – Lucca 44 – Massa 5 – Milano 234.

Excelsior, via Cesare Battisti 1 ✆ 0585 8601, *info@hotelexcelsior.it, Fax 0585 869795,* – | ▤ TV – 80. AE VISA JCB. ✻ rist
chiuso sino a febbraio – **Pasto** carta 40/57 – **64 cam** 140/200, 6 suites – ½ P 130.
◆ Struttura di taglio contemporaneo situata sul lungomare, si dimostra particolarmente attiva ed attenta per soddisfare le esigenze della clientela d'affari e congressuale. Cucina eclettica per palati di ogni provenienza.

Maremonti, viale lungomare di Levante 19, località Ronchi ✉ 54039 Ronchi ✆ 0585 241008, *info@hotelmaremonti.com, Fax 0585 241009,* – ▤ TV P. AE VISA. ✻
aprile-settembre – **Pasto** (solo per alloggiati) – 10 – **24 cam** 180/200 – ½ P 145.
◆ Di fronte al mare, villa ottocentesca tipica della Versilia, con parco e piscina. Camere personalizzate con gusto, ognuna diversa dall'altra, ambienti comuni eleganti.

Cavalieri del Mare, via Verdi 23, località Ronchi ✉ 54039 Ronchi ☎ 0585 868010, *info@cavalieridelmare.com, Fax 0585 868015*, – – ▤ TV ♿ P. AE VISA.
Pasto *(aprile-ottobre)* (solo per alloggiati) carta 39/47 – **26 cam** 180 – 1/2 P 130.
◆ Gradevolmente immerso in un giardino con piscina, un hotel ricavato da una villa del '700 ristrutturata in toto e «ripensata» per accogliere al meglio i propri ospiti. Al ristorante atmosfera rilassante ed accogliente.

Matilde, via Tagliamento 4 ☎ 0585 241441, *info@hotelmatilde.it, Fax 0585 240488*, – TV P. AE VISA JCB.
Pasto *(giugno-settembre)* (solo per alloggiati) carta 30/45 – 10 – **12 cam** 90/115 – 1/2 P 95.
◆ Un hotel ubicato in zona residenziale, convincente sia dal punto di vista strutturale che gestionale. Camere dotate di ogni confort, anche per la clientela d'affari.

Gabrini, via Don Luigi Sturzo 19 ☎ 0585 240505, *hgabrini@tin.it, Fax 0585 246661*, – ▤ TV P. AE VISA.
10 aprile-ottobre – **Pasto** (solo per alloggiati) 18/22 – **43 cam** 52/90 – 1/2 P 67,50.
◆ Albergo del centro storico, a gestione familiare, caratterizzato da uno stile sobrio, ma comunque assolutamente godibile, grazie alla cura e alla passione profuse.

Da Riccà, lungomare di Ponente ☎ 0585 241070, *ristorantedaricca@it, Fax 0585 241070*, – P. AE VISA JCB.
chiuso dal 20 dicembre al 10 gennaio e lunedì – **Pasto** specialità di mare carta 45/63.
◆ Ristorantino aperto negli anni Sessanta che ha sempre mantenuto la medesima valida gestione; una cinquantina di posti in sala e altrettanti in terrazza. Specialità di mare.

La Péniche, via Lungo Brugiano 3 ☎ 0585 240117, *info@lapeniche.com*, Rist. e pizzeria – AE VISA JCB.
Pasto carta 29/49.
◆ Originale collocazione su una palafitta e arredi curiosi con richiami a Parigi e alla Senna. La cucina offre piatti di pesce, dal forno invece una buona lista di pizze.

Le nostre guide alberghi e ristoranti, le nostre guide turistiche e le nostre carte stradali sono complementari. Utilizzatele insieme.

MASSA MARITTIMA *58024 Grosseto* 563 M 14 *G. Toscana – 8 779 ab. alt. 400.*

Vedere *Piazza Garibaldi★★ – Duomo★★ – Torre del Candeliere★, Fortezza ed Arco senesi★.*
via Parenti 22 ☎ 0566 902756, Fax 0566 940095.
Roma 249 – Siena 62 – Firenze 132 – Follonica 19 – Grosseto 52.

Residence La Fenice senza rist, corso Diaz 63 ☎ 0566 903941, *info@residencelafenice.it, Fax 0566 904202* – ▤ TV ♿. AE VISA.
4 cam 85/120, 14 suites 135/160.
◆ Risorsa nata come residence, ora funziona come hotel: appartamenti di diverse tipologie, ma tutti con angolo cottura e zona soggiorno. Piacevoli interni dai colori caldi.

Duca del Mare senza rist, piazza Dante Alighieri 1/2 ☎ 0566 902284, *info@ducadelmare.it, Fax 0566 901905*, ←, , , – ▤ TV ♿ P. AE VISA.
chiuso dal 6 gennaio al 15 febbraio – **28 cam** 52/93.
◆ Una casetta appena fuori le mura del centro storico, ristrutturata di recente, impostata e diretta secondo una conduzione familiare notevolmente intraprendente.

Taverna del Vecchio Borgo, via Parenti 12 ☎ 0566 903950, *Fax 0566 903950* – AE VISA JCB.
chiuso dal 15 gennaio al 15 febbraio, lunedì e a mezzogiorno, da ottobre a maggio anche domenica sera – **Pasto** carta 25/40.
◆ Caratteristico locale, o meglio, tipica taverna ricavata nelle antiche cantine di un palazzo sorto nel Seicento. Insieme gestito con cura, specialità della cucina toscana.

Osteria da Tronca, vicolo Porte 5 ☎ 0566 901991 – ▤. VISA.
chiuso dal 15 dicembre al 1° marzo, mercoledì e a mezzogiorno – **Pasto** carta 22/29.
◆ «Amo talmente il vino che maledico chi mangia l'uva», così si legge su una lavagna posta all'ingresso. Cucina del territorio, ambiente rustico e ovviamente... vino a volontà.

a Ghirlanda *Nord-Est : 2 km* – ✉ *58020 :*

Da Bracali, via di Perolla 2 ☎ 0566 902318, *ristorantebracali@libero.it, Fax 0566 940302*, Rist. con enoteca, Coperti limitati; prenotare – ▤ P. AE VISA JCB.
chiuso dal 15 gennaio al 15 febbraio, lunedì e martedì – **Pasto** carta 80/108.
◆ Sulla via per Siena, un elegante ristorante con pochi coperti, condotto con maestria, dove le proposte derivano la propria realizzazione dalla fantasia e dalla creatività.
Spec. Crema di riso alla parmigiana e alici, brunoise di pere, pasta orientale, porcini e capesanta (estate). Pappardelle profumate all'aglio con ragù di quaglia marinata al Vin Santo su crema di carciofi e pere (primavera). Variazione di agnello.

verso Prata *Nord-Est : 6 km*

Vittoria, località Borgo Pian dei Mucini Nord-Est : 5 km 0566 915550, *info@hotel-vittoria.org, Fax 0566 915453*, ←, , – P. AE VISA. rist
27 dicembre-6 gennaio e 15 febbraio-ottobre – **Pasto** al Rist. ***Il Ponticino*** carta 24/40 – **50 cam** 91/140 – ½ P 92.
◆ Nella quiete della campagna, tra boschi e colline, un albergo da poco rinnovato; dispone di grandi spazi all'aperto e ampie camere silenziose, arredate con mobili antichi. Ambiente caratteristico al ristorante, con tavoli rustici e portico per l'estate.

Agriturismo Podere Riparbella, località Sopra Pian di Mucini Nord-Est : 6 km 0566 915557, *riparbella@riparbella.com, Fax 0566 915558*, ←, – P.
Natale-Capodanno e 15 marzo-novembre – **Pasto** *(chiuso a mezzogiorno)* (solo per alloggiati) 15 – **11 cam** 80/104 – ½ P 67.
◆ Una casetta tipica, ma arredata secondo uno stile moderno, in campagna, in posizione isolata e tranquillissima. Per un agriturismo puro, con agricoltura biologica.

a Prata *Nord-Est : 12 km – ✉ 58020 :*

La Schiusa, via Basilicata 29/31 0566 914012, *laschiusa@libero.it, Fax 0566 914012* – P. AE VISA
chiuso dal 26 gennaio al 4 marzo e mercoledì (escluso da giugno a settembre) – **Pasto** carta 17/25 (10 %).
◆ All'ingresso del piccolo borgo medievale, un ristorante d'impostazione classica, con un ambiente rustico e curato. Nell'ampia carta i piatti della cucina del territorio.

a Valpiana *Sud-Ovest : 12,5 km – ✉ 58020 :*

Agriturismo Fiordaliso, località Cura Nuova 69 0566 918058, *Fax 0566 918049*, ←, , – P. AE VISA.
marzo-5 novembre – **Pasto** (solo per alloggiati) – **7 cam** 65/130 – ½ P 65.
◆ Entusiasta gestione giovane in una risorsa recente e di dimensioni contenute, ma in grado di offrire buoni confort. Giardino e suggestiva piscina con ambientazione in roccia.

MASSAROSA *55054 Lucca* 563 K 12 – *20 426 ab. alt. 15 – a.s. Carnevale, Pasqua, 15 giugno-15 settembre e Natale.*
via Sarzanese 157 (usciata autostradale) 0584 937284, Fax 0584 937288.
Roma 363 – Pisa 29 – Livorno 52 – Lucca 19 – La Spezia 60.

La Chandelle, via Casa Rossa 1 0584 938290, ←, , prenotare, – P. VISA.
chiuso dal 6 al 20 gennaio e lunedì – **Pasto** carta 30/39.
◆ Un bell'edificio, in posizione dominante, circondato da un giardino fiorito. Cucina di mare e di terra con un ottimo rapporto qualità/prezzo. Conduzione familiare.

Da Ferro, via Sarzanese, località Piano di Conca Nord-Ovest : 5,5 km 0584 996622, – P. AE VISA JCB.
chiuso dal 5 ottobre al 3 novembre e martedì – **Pasto** carta 20/27.
◆ Ristorante d'impronta classica, con una cucina tradizionale e servizio estivo all'aperto. A pranzo è spesso affollato; gestione familiare, prezzi interessanti.

a Massaciuccoli *Sud : 4 km – ✉ 55050 Quiesa :*

Le Rotonde, via del Porto 15 0584 975439, *info@lerotonde.it, Fax 0584 975754*, , – P. AE VISA.
Pasto *(chiuso novembre e giovedì da ottobre a Pasqua)* carta 22/31 – **14 cam** 80/95 – ½ P 65.
◆ Nelle vicinanze di un'oasi naturalistico-ornitologica, un albergo a gestione familiare, con poche, semplici camere. Struttura circondata da un giardino ombreggiato. Notevoli attenzioni per l'attività banchettistica e cucina del territorio.

a Bargecchia *Nord-Ovest : 9 km – ✉ 55040 Corsanico :*

Rino con cam, via della Chiesa 8 0584 954000, *Fax 0584 954000*, , , – P. AE VISA.
Pasto *(chiuso martedì da ottobre a giugno)* carta 14/22 – 2,58 – **19 cam** 30,99/51,65.
◆ Gradevole ristorante con cucina a vista, piatti toscani con paste fresche e carni alla griglia. Ambiente di tono discreto con impostazione classica; nel centro del paese.

a Corsanico *Nord-Ovest : 10 km – ✉ 55040 :*

Agriturismo Le Querce di Corsanico, via delle Querce 200 0584 954680, *info@quercedicorsanico.com, Fax 0584 954682*, ← mare e Versilia », , – P. VISA JCB.
Pasqua-20 novembre – **Pasto** (solo per alloggiati) 20 – **9 cam** 59,40/118,40.
◆ Edificio rustico in collina tra gli ulivi. Posizione panoramica sulla costa e sul mare aperto. Interni ristrutturati con risultati positivi, a vantaggio del confort.

MASSINO VISCONTI 28040 Novara 561 E 7, 219 ⑦ – 1 055 ab. alt. 465.

via Ing. Viotti 2 ✆ 0322 219713, Fax 0322 219713.

Roma 654 – Stresa 11 – Milano 77 – Novara 52.

Lo Scoiattolo, via per Nebbiuno 8 ✆ 0322 219184, *hotelloscoiattolo@tin.it, Fax 0322 219113,* – – 80. AE VISA.

Pasto *(chiuso lunedì)* carta 23/30 – 8 – **30 cam** 60/77 – ½ P 52.

◆ Un albergo di concezione moderna con un bel giardino, in posizione collinare tale da offrire una vista eccezionale sul lago e i dintorni. Camere spaziose e ben arredate. Sala ristorante ampia e adatta ad accogliere anche comitive numerose.

Trattoria San Michele, via Roma 51 ✆ 0322 219101, Coperti limitati; prenotare – AE VISA JCB.

chiuso dal 10 al 25 gennaio, dal 30 agosto al 20 settembre, lunedì sera, martedì, Natale e Capodanno – **Pasto** carta 17/32.

◆ Nel centro storico della piccola e graziosa località, un ristorantino ubicato all'interno di un caseggiato rustico. La cucina offre genuine specialità locali.

MATELICA 62024 Macerata 563 M 21 – 10 140 ab. alt. 354.

Roma 209 – Ancona 80 – Fabriano 28 – Foligno 59 – Macerata 42 – Perugia 90.

Al Teatro, via Umberto I 7 ✆ 0737 786099, *Fax 0737 84927* – AE VISA

chiuso mercoledì – **Pasto** carta 26/32.

◆ In un palazzo quattrocentesco, situato nel centro della località, un locale che presenta un ambiente rustico con travi antiche. Dalla cucina le specialità marchigiane.

MATERA 75100 P 564 E 31 *G. Italia* – 57 311 ab. alt. 401.

Vedere *I Sassi★★ – Strada dei Sassi★★ – Duomo★ – ≤★★ sulla città dalla strada delle chiese rupestri Nord-Est : 4 km.*

via De Viti de Marco 9 ✆ 0835 331983, matera@aptbasilicata.it, Fax 0835 333452.

A.C.I. *viale delle Nazioni Unite 47 ✆ 0835 382322.*

Roma 461 – Bari 67 – Cosenza 222 – Foggia 178 – Napoli 255 – Potenza 104.

Del Campo, via Lucrezio ✆ 0835 388844, *info@hoteldelcampo.it, Fax 0835 388757,* , – P. AE VISA.

Pasto al Rist. ***Le Spighe*** carta 22/29 – **17 cam** 95,50/129 – ½ P 85,25.

◆ Ricavato dove nel '700 sorgeva una villa, di cui rimangono alcuni resti nel bel giardino, un albergo che coniuga professionalità e personalità ad ottimi livelli. Ristorante elegante, suddiviso in tre salette a tutto vantaggio di un'atmosfera dolcemente intima.

Palace Hotel, piazza Michele Bianco ✆ 0835 330598, *info@palacehotel-matera.it, Fax 0835 337782* – – 350. AE VISA.

Pasto *(chiuso agosto)* carta 25/30 – **55 cam** 100/120, 10 suites – ½ P 110.

◆ Albergo recente, situato in zona centrale, a pochi minuti a piedi dal centro storico. Camere confortevoli sfruttate per lo più da clienti in viaggio per motivi di lavoro. Ristorante di tono garbato, accogliente con qualche piccolo tocco d'eleganza.

Italia, via Ridola 5 ✆ 0835 333561, *albergoitalia@tin.it, Fax 0835 330087,* ≤ I Sassi – – 90. AE VISA JCB. rist

Pasto al Rist. ***Basilico*** *(chiuso quindici giorni in agosto e venerdì)* carta 19/33 – **46 cam** 75/98 – ½ P 55.

◆ Nel centro storico, in un palazzo d'epoca ottimamente restaurato che oggi appare come una struttura di tono moderno, peraltro affacciata direttamente sui celebri Sassi. Ristorante dall'aspetto fresco e contemporaneo, ripartito in tre salette.

De Nicola, via Nazionale 158 ✆ 0835 385111, *info@hoteldenicola.it, Fax 0835 385113* – , cam, – 200. AE VISA. rist

Pasto carta 17/23 – 5 – **105 cam** 68/86 – ½ P 63.

◆ Lungo una strada centrale, ma un po' trafficata, un albergo d'impostazione decisamente classica, con un centinaio di stanze di cui circa la metà ristrutturate di recente. Ristorante senza fronzoli, arredato con essenziale semplicità.

Casa del Pellegrino-Le Monacelle senza rist, via Riscatto 10 ✆ 0835 344097, *lemonacelle@hotmail.com, Fax 0835 336541,* ≤ Gravina – – 130. AE VISA JCB

9 cam 43/60.

◆ A ridosso del Duomo e nei pressi dei Sassi, un hotel connotato dall'ampiezza degli ambienti comuni, come delle stanze. Due camerate sono destinate ad uso ostello.

Sassi Hotel senza rist, via San Giovanni Vecchio 89 ✆ 0835 331009, *hotelsassi@virgilio.it, Fax 0835 333733,* ≤ Sassi e cattedrale – . AE VISA JCB.

22 cam 55/95, suite.

◆ Risorsa ideale per chi vuole scoprire l'attrazione più famosa della città, i Sassi. Hotel che si inserisce al meglio in questo straordinario tessuto urbanistico.

Locanda di San Martino senza rist, via Fiorentini 71 ✆ 0835 256600, *info@locandadisanmartino.it, Fax 0835 256472*, ← Sassi – 🛗 ▤ 📺 ✆ – 🏛 30. AE ⓢ ⓪ MC VISA. ✂
20 cam ☕ 85/100, suite.
◆ Nel cuore del celebre centro storico di Matera, una struttura originale con le camere disposte su quattro piani ed accesso indipendente. Arredi sobri ed eleganti.

Casino del Diavolo-da Francolino, via La Martella Ovest : 1,5 km ✆ 0835 261986, *Fax 0835 261986*, 🍽, Rist. e pizzeria – ▤ P. ✂
chiuso lunedì – **Pasto** carta 20/36.
◆ Attraversato un giardino con ulivi, si accede all'ampia sala dove è possibile assaporare i tipici piatti locali, dopo aver gustato i numerosi antipasti a buffet.

Trattoria Lucana, via Lucana 48 ✆ 0835 336117 – ▤. AE ⓢ ⓪ MC VISA JCB. ✂
chiuso dal 22 al 27 settembre e domenica (escluso da marzo ad ottobre) – **Pasto** carta 22/30.
◆ Le genuine specialità lucane servite in un ristorante dall'ambiente simpatico e informale. Sia in cucina che in sala domina un gradevole «andazzo» tipicamente familiare.

a Borgo Venusio *Nord : 7 km – ✉ 75100 Matera :*

Venusio, via Lussemburgo 2/4 ✆ 0835 259081, *info@ristorantevenusio.it, Fax 0835 259082*, 🍽 – ▤ P. AE ⓢ ⓪ MC VISA
chiuso dal 1º al 15 agosto, domenica sera e lunedì – **Pasto** specialità di mare carta 25/48.
◆ Vale la pena di allontanarsi da Matera per gustare il pesce fresco servito in abbondanti porzioni e preparato in modo semplice e gustoso. Due sale comode e accoglienti.

MATIGGE *Perugia – Vedere Trevi.*

MATTINATA *71030 Foggia 564 B 30 G. Italia – 6 365 ab. alt. 77 – a.s. luglio-13 settembre.*

Roma 430 – Foggia 58 – Bari 138 – Monte Sant'Angelo 19 – Pescara 222.

Apeneste, piazza Turati 3/4 ✆ 0884 550743, *info@hotelapeneste.it, Fax 0884 550341*, navetta per la spiaggia, 🏊, 🌳 ▤ 📺 P. AE ⓢ ⓪ MC VISA. ✂
Pasto carta 24/34 – **26 cam** ☕ 78/120 – ½ P 72.
◆ Piccolo albergo rinnovato nel corso degli ultimi tempi. Spazi comuni leggermente sacrificati, ma compensati dalle camere graziose, le cui pareti sono decorate con stencil. Al ristorante apprezzerete con facilità i sapori genuini della cucina locale.

Trattoria dalla Nonna, Contrada Funni al lido Est : 1 km ✆ 0884 559205, *dallanonna@libero.it*, ←, rist.- pizzeria, 🏖 – ✂ ▤ P. AE ⓢ ⓪ MC VISA JCB
chiuso dal 7 al 16 gennaio, dal 17 al 28 novembre e lunedì (escluso da giugno a settembre) – **Pasto** carta 24/40.
◆ Tappa gastronomica consigliabile per chi desidera gustare specialità di mare basate sull'ottima qualità del pescato, nonché su elaborazioni «semplicemente» curate.

sulla strada litoranea *Nord-Est : 17 km :*

Baia delle Zagare 🐦, località Baia dei Mergoli ✉ 71030 ✆ 0884 550155, *info@hotelbaiadellezagare.it, Fax 0884 550884*, ←, 🏊, 🏖, 🎾 – ▤ cam, 📺 P – 🏛 300. ⓢ MC VISA. ✂ rist
giugno-20 settembre – **Pasto** 26 – **143 cam** ☕ 80/100 (solo ½ P dal 2 al 22 agosto) – ½ P 120.
◆ Complesso alberghiero costituito da palazzine disposte tra gli ulivi. In posizione splendida a picco sul mare, collegato alla spiaggia tramite comodi ascensori. Rilassante! Sala da pranzo davvero capiente, adatta anche ad ospitare banchetti.

Dei Faraglioni 🐦, località Baia dei Mergoli ✉ 71030 ✆ 0884 559584, *info@hoteldeifaraglioni.it, Fax 0884 559651*, 🏊, 🎾 – ▤ 📺 P. ⓢ ⓪ MC VISA. ✂
aprile-ottobre – **Pasto** (solo per alloggiati) carta 18/25 – **64 cam** ☕ 200/250, 10 suites – ½ P 175.
◆ La posizione di questo hotel offre una piacevole tranquillità, ci si trova a pochi passi dalla spiaggia della baia di Mergoli, con una vista incantevole sui faraglioni.

MAULS = Mules.

MAZARA DEL VALLO *Trapani 565 O 19 – Vedere Sicilia alla fine dell'elenco alfabetico.*

MAZZANO ROMANO *00060 Roma 563 P 19 – 2 542 ab. alt. 200.*

Roma 43 – Viterbo 41 – Perugia 147 – Terni 80.

Valle del Treja, località Fantauzzo ✆ 06 9049869, *valledeltreja@lcnet.it, Fax 06 9049091*, ←, 🍽 – P. AE ⓢ ⓪ MC VISA. ✂
chiuso dal 27 dicembre al 7 gennaio, dal 1º al 28 agosto e lunedì – **Pasto** carta 23/27.
◆ Trattoria a collaudata conduzione familiare, che alla sala originaria ha aggiunto sale per banchetti e una veranda-portico all'esterno; cucina del territorio.

MAZZARÒ *Messina* 565 N 27 – *Vedere Sicilia (Taormina) alla fine dell'elenco alfabetico.*

MAZZO DI VALTELLINA *23030 Sondrio* 561 D 12, 218 ⑰ – *1 079 ab. alt. 552.*

Roma 734 – Sondrio 34 – Bolzano 172 – Bormio 29 – Milano 173.

La Rusticana, via Albertinelli 3 ☎ 0342 860121, prenotare – AE $ ⊙ MC VISA

chiuso lunedì – **Pasto** carta 22/39.

◆ Ambiente semplice, proposta tipica fatta di pochi piatti, realizzati con appassionata genuinità; la capace gestione familiare assicura gentilezza e simpatia. Pub annesso.

MEDEA *34076 Gorizia* 562 E 22 – *930 ab. alt. 35.*

Roma 630 – Udine 27 – Gorizia 17 – Trieste 48 – Venezia 123.

Agriturismo Kogoj senza rist, via Zorutti 10 ☎ 0481 67440, *kogoj@kogoj.it, Fax 0481 67440*, – TV P. AE $ ⊙ MC VISA.

chiuso dal 7 al 30 settembre – **5 cam** 58/78.

◆ Per chi ama godere di un'ospitalità sincera e di tono familiare, all'interno di un ambiente accogliente e veracemente rustico: un'attiva ed elegante azienda vinicola.

MEDESANO *43014 Parma* 562 H 12 – *9 043 ab. alt. 136.*

Roma 473 – Parma 20 – La Spezia 103 – Mantova 83 – Piacenza 61.

a Sant'Andrea Bagni *Sud-Ovest : 8 km* – ✉ *43048 :*

Salus, piazza C. Ponci 7 ☎ 0525 431221, *Fax 0525 431398* – TV. AE $ ⊙ MC VISA JCB

Pasto *(chiuso dal 7 al 31 gennaio)* carta 24/33 – **51 cam** 70/90 – 1/2 P 60.

◆ Una gestione professionale, in grado di accontentare al meglio l'eterogenea clientela. Hotel sobrio e funzionale, con arredi classici, nei pressi dell'autodromo di Varano. Ristorante con una notevole capacità ricettiva.

MEDOLAGO *24030 Bergamo* 561 E 10 – *2 011 ab. alt. 246.*

Roma 591 – Bergamo 18 – Milano 47 – Como 48 – Lecco 32.

Solaf, via Mattei 1 ☎ 035 4946120 e rist. ☎ 035 4948008, *solaf.bg@bestwestern.it, Fax 035 4946125* – cam, TV P – 80. AE $ ⊙ MC VISA.

Pasto al Rist. ***L'Incontro*** *(chiuso dal 10 al 22 agosto e domenica)* carta 14/20 – **34 cam** 106/155.

◆ Ubicato in un piccolo centro commerciale, un albergo moderno, strutturato in modo tale da poter corrispondere al meglio alle varie esigenze della clientela d'affari. Ristorante ubicato al piano terra dell'albergo Solaf.

MEDUNO *33093 Pordenone* 562 D 20 – *1 739 ab. alt. 322.*

Roma 633 – Udine 46 – Belluno 76 – Cortina D'Ampezzo 108 – Pordenone 37.

Stella con cam, via Principale 38 ☎ 0427 86124, *Fax 0427 86124* – TV. AE $ ⊙ MC VISA.

chiuso dal 1° al 10 gennaio, dal 17 settembre al 7 ottobre, domenica sera e mercoledì – **Pasto** carta 31/50 – 10 – **4 cam** 55/100.

◆ Piccola trattoria di paese, dove una famiglia piena di passione propone una cucina con radici nella tradizione, attenzione alle stagioni e simpatiche serate a tema.

MEINA *28046 Novara* 561 E 7 – *2 298 ab. alt. 214.*

Roma 645 – Stresa 12 – Milano 68 – Novara 44 – Torino 120.

Villa Paradiso, via Sempione 125 ☎ 0322 660488, *paradiso@intercom.it, Fax 0322 660544*, ≤ lago, – TV P – 60. AE $ ⊙ MC VISA. rist

marzo-10 novembre – **Pasto** carta 29/41 – **58 cam** 110/130 – 1/2 P 80.

◆ Grande costruzione fine secolo, in posizione panoramica, avvolta da un parco, in cui è inserita la piscina, dotata anche di spiaggetta privata. Gestione intraprendente. Al ristorante le ricercatezze negli arredi donano all'atmosfera una certa eleganza.

MELDOLA *47014 Forlì-Cesena* 562 J 18 – *9 284 ab. alt. 57.*

Roma 418 – Ravenna 41 – Rimini 64 – Forlì 13.

Il Rustichello, via Vittorio Veneto 7 ☎ 0543 495211, *Fax 0543 495211*, – . AE $ ⊙ MC VISA JCB.

chiuso agosto, lunedì e martedì – **Pasto** carta 20/28.

◆ Classico ristorante di provincia, con proposte strettamente legate alla tradizione gastronomica emiliano-romagnola. Paste e dolci fatti in casa e specialità di carne.

MELEGNANO *20077 Milano* 561 F 9, 219 ⑲ *– 16 087 ab. alt. 88.*

Roma 548 – Milano 17 – Piacenza 51 – Pavia 29.

Il Telegrafo, via Zuavi 54 ☎ 02 9834002, *info@hoteliltelegrafo.it, Fax 02 98231813,* – TV P. AE ⓢ ⓓ MC VISA

chiuso agosto – **Pasto** *(chiuso domenica)* carta 29/40 – ☐ 8 – **32 cam** 57/78 – ½ P 57,50.

◆ Una volta era un'antica locanda con stazione di posta, oggi rimane un riferimento affidabile, nel centro della cittadina, personalizzata e perfettamente attrezzata. Ristorante semplice, curato, dal clima ruspante.

MELENDUGNO *73026 Lecce* 564 G 37 *– 9 573 ab. alt. 36 – a.s. luglio-agosto.*

Roma 581 – Brindisi 55 – Gallipoli 51 – Lecce 19 – Taranto 105.

a San Foca *Est : 7 km – ✉ 73026 :*

Côte d'Est, lungomare Matteotti ☎ 0832 881146, *hotelcotedest@libero.it, Fax 0832 881148,* ← – |‡| ▤ TV. ⓢ MC VISA. ✻ rist

Pasto (solo per alloggiati) 20 – ☐ 5 – **33 cam** 80/90 – ½ P 65.

◆ Albergo situato sul lungomare, dall'aspetto sobrio e funzionale; camere ristrutturate di recente arredate con mobilio moderno, come del resto anche le parti comuni.

MELETO *Arezzo* 563 L 16 *– Vedere Cavriglia.*

MELFI *85025 Potenza* 564 E 28 *– 16 745 ab. alt. 531.*

Roma 325 – Bari 132 – Foggia 60 – Potenza 52 – Salerno 142.

in prossimità strada statale 658 *Ovest : 1,5 km :*

Novecento, Contrada Incoronata ☎ 0972 237470, *Fax 0972 237470,* – ▤ P. AE ⓢ ⓓ MC VISA. ✻

chiuso dal 15 al 31 luglio, domenica sera e lunedì – **Pasto** carta 22/29.

◆ Appena fuori dal centro della cittadina, un ristorante classico nell'arredamento, dove apprezzare piatti del territorio rivisitati e alleggeriti. Gestione diretta.

Inviateci il vostro parere sui ristoranti che vi consigliamo, sulle loro specialità e i loro vini regionali.

MELITO IRPINO *83030 Avellino* 564 D 27 *– 2 052 ab. alt. 242.*

Roma 255 – Foggia 70 – Avellino 55 – Benevento 45 – Napoli 108 – Salerno 87.

Di Pietro, corso Italia 8 ☎ 0825 472010, *Fax 0825 472010* – ▤. AE ⓢ ⓓ MC VISA. ✻

chiuso settembre e mercoledì – **Pasto** cucina casalinga irpina carta 18/26.

◆ Trattoria con alle spalle una lunga tradizione familiare, completamente ristrutturata in anni recenti. Cucina casalinga campana, preparata e servita con grande passione.

MELIZZANO *82030 Benevento* 564 D 25 *– 1 888 ab. alt. 190.*

Roma 203 – Napoli 50 – Avellino 70 – Benevento 35 – Caserta 29.

Agriturismo Mesogheo, contrada Valle Corrado 4 ☎ 0824 944356, *info@mesogheo.com, Fax 0824 944130,* – TV P. ⓢ MC VISA. ✻ rist

Pasto (solo per alloggiati) 26 – **10 cam** ☐ 55/90 – ½ P 70.

◆ Antica masseria brillantemente ristrutturata, immersa nel verde del Sannio. Ideale per vacanze o brevi soggiorni a contatto con la natura e assolutamente rilassanti.

MELS *Udine – Vedere Colloredo di Monte Albano.*

MELZO *20066 Milano* 561 F 10, 219 ⑳ *– 18 682 ab. alt. 119.*

Roma 578 – Bergamo 34 – Milano 21 – Brescia 69.

Visconti senza rist, via Colombo 3/a ☎ 02 95731328, *hvisconti@tiscalinet.it Fax 02 95736041* – |‡| ▤ TV ♿ P. AE ⓢ ⓓ MC VISA. ✻

chiuso Natale e tre settimane in agosto – **40 cam** ☐ 95/126.

◆ La gestione di questa risorsa è seria e preparata, la struttura è nuovissima e quindi omogenea in tutte le sue parti. Servizi e dotazioni completi e al passo coi tempi.

MENAGGIO *22017 Como* 561 D 9 *G. Italia – 3 057 ab. alt. 203.*

Vedere *Località★★.*

(marzo-novembre) a Grandola e Uniti ✉ 22010 ☏ 0344 32103, Fax 0344 30780, Ovest : 5 km.

per Varenna giornalieri (15 mn) – Navigazione Lago di Como, piazza Garibaldi ☏ 0344 32255.

per Varenna aprile-ottobre giornalieri (15 mn) Navigazione Lago di Como, piazza Garibaldi ☏ 0344 32255 e 800 551801.

piazza Garibaldi 8 ☏ 0344 32924, infomenaggio@tiscalinet.it, Fax 0344 32924.

Roma 661 – Como 35 – Lugano 28 – Milano 83 – Sondrio 68 – St-Moritz 98 – Passo dello Spluga 79.

Gd H. Menaggio, via 4 Novembre 77 ☏ 0344 30640, *info@grandhotelmenaggio.com, Fax 0344 30619,* ≤ lago e dintorni, Pontile d'attracco, riscaldata, – 30. VISA. rist

marzo-ottobre – **Pasto** carta 38/60 – **91 cam** 170/260 – ½ P 161.

◆ Prestigioso hotel affacciato direttamente sul lago, presenta ambienti di grande signorilità ed eleganza e una terrazza con piscina dalla meravigliosa vista panoramica. Le emozioni di un pasto consumato in compagnia della bellezza del lago.

Gd H. Victoria, lungolago Castelli 7 ☏ 0344 32003 e rist ☏ 0344 31166, *hotelvictoria@palacehotel.it, Fax 0344 32992,* ≤, – 100. VISA.

Pasto al Rist. ***Le Tout Paris*** carta 40/56 – **51 cam** 130/220, 2 suites – ½ P 140.

◆ Grand hotel in stile liberty, capace di regalare sogni e suggestioni di un passato desiderabile. Nelle zone comuni abbondanza di stucchi, specchi e decorazioni. Il ristorante si apre sul giardino antico e curato dell'hotel.

a Nobiallo *Nord : 1,5 km – ✉ 22017 Menaggio :*

Garden, via Diaz 30 ☏ 0344 31616, *hotelgarden@blu.it, Fax 0344 31616,* ≤, – VISA

Pasqua-ottobre – **Pasto** *(chiuso a mezzogiorno)* (solo per alloggiati) 19 – **13 cam** 70/75 – ½ P 52.

◆ Una dozzina di camere affacciate sul lago, così come il bel giardino. Una villa ben tenuta, con esterni di un rosa leggero, e spazi interni sobri e confortevoli.

a Loveno *Nord-Ovest : 2 km – alt. 320 – ✉ 22017 Menaggio :*

Royal, largo Vittorio Veneto 1 ☏ 0344 31444, *info@royalcolombo.com, Fax 0344 30161,* ≤, – VISA. rist

26 marzo-ottobre – **Pasto** al Rist. ***Chez Mario*** *(chiuso martedì)* carta 29/40 – 12 – **18 cam** 80/90 – ½ P 80.

◆ Nel verde di un curato giardino con piscina, in posizione tranquilla e soleggiata, un hotel in grado di offrire soggiorni rilassanti in una cornice familiare, ma signorile. Al ristorante ambiente distinto, arredi disposti per offrire calore e intimità.

MENFI *Agrigento* 565 O 20 – *Vedere Sicilia alla fine dell'elenco alfabetico.*

MERAN = Merano.

MERANO (MERAN) *39012 Bolzano* 562 C 15 *G. Italia – 34 236 ab. alt. 323 – Stazione termale – Sport invernali : a Merano 2000* **B** *: 1 600/2 300 m 2 5,* .

Vedere *Passeggiate d'Inverno e d'Estate★★* **D 24** – *Passeggiata Tappeiner★★* **CD** – *Volte gotiche★ e polittici★ nel Duomo* **D** – *Via Portici★* **CD** – *Castello Principesco★* **C C** – *Merano 2000★ accesso per funivia, E : 3 km* **B** – *Tirolo★ N : 4 km* **A.**

Dintorni *Avelengo★ SE : 10 km per via Val di Nova* **B** – *Val Passiria★* **B.**

(chiuso gennaio) a Lana ✉ 39011 ☏ 0473 564696, Fax 0473 565399, per ② : 9 km;

Passiria (marzo-novembre) a San Leonardo in Passiria ✉ 39015 ☏ 0473 641488, Fax 0473 641489, per ① : 20 km.

corso della Libertà 45 ☏ 0473 272000, info@meraninfo.it, Fax 0473 258917.

Roma 665 ② – Bolzano 28 ② – Brennero 73 ① – Innsbruck 113 ① – Milano 326 ② – Passo di Resia 79 ③ – Passo dello Stelvio 75 ③ – Trento 86 ②.

Piante pagine seguenti

Grand Hotel Palace - Schloss Maur, via Cavour 2 ☏ 0473 271000, *info@palace.it, Fax 0473 271100,* ≤, Centro benessere, – rist, – 60. VISA. rist **D h**

Pasto 48/67 e al Rist. ***Maria Theresia*** carta 52/68 – **125 cam** 166/290, 12 suites – ½ P 156.

◆ Gli ampi e sontuosi saloni, le dotazioni perfette, il servizio impeccabile, la stupenda beauty farm e poi il parco ombreggiato con piscina. Una permanenza esclusiva. Ristorante speciale, per chi ancora ama sognare ad occhi aperti.

MERANO
E DINTORNI

Castel Gatto (Via)	**B** 3
Christomannos	**B** 5
Dante Alighieri (Via)	**B** 7
Grabmayr (Via)	**B** 9
Marlengo (Ponte di)	**A** 14
Mayr-Nusser (Via Josef)	**B** 16
Monte Benedetto (Via)	**B** 17
Monte S. Zeno (Via)	**B** 18
Parrocchia (Via della)	**B** 20
Piave (Via)	**B** 27
S. Caterina (Via)	**B** 31
S. Maria del Conforto (Via)	**B** 32
S. Valentino (Via)	**B** 34
Val di Nova (Via)	**B** 38
Virgilio (Via)	**B** 39
IV Novembre (Via)	**A** 41

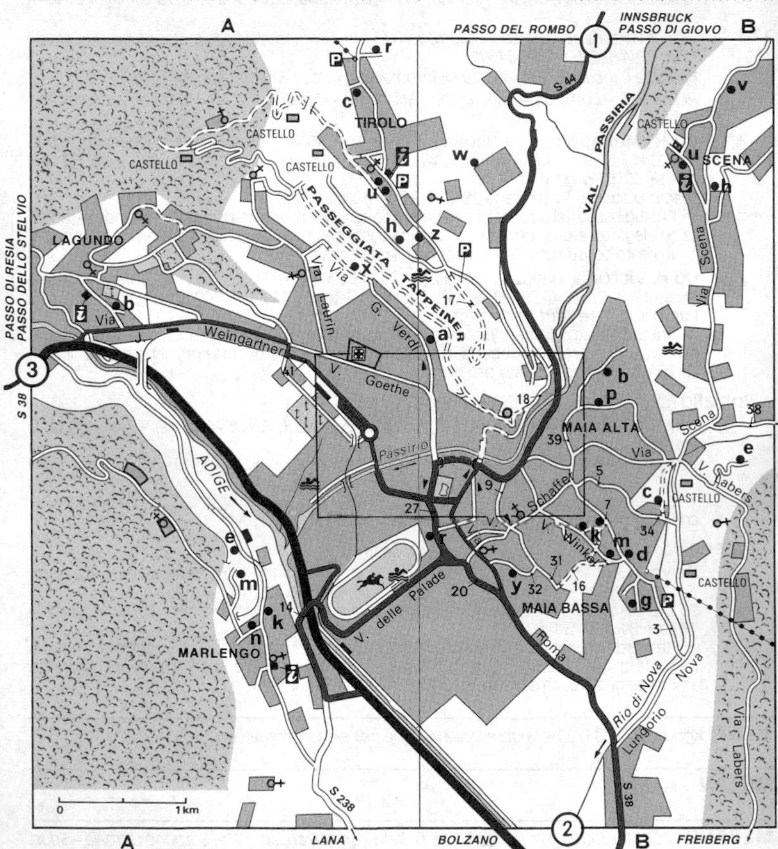

Meister's H. Irma, via Belvedere 17 ☎ 0473 212000, *info@hotel-irma.it*, *Fax 0473 231355*, ←, Centro benessere, riscaldate, – rist, rist, . rist — B p
15 marzo-15 dicembre – **Pasto** (solo per alloggiati) 24,50/37,50 – **75 cam** 106/212, 17 suites – ½ P 126.
◆ Meraviglioso centro benessere, spaziosa zona comune con una bella sala lettura, camere rinnovate e poi il parco-giardino con piscine riscaldate. Soggiorno indimenticabile.

Park Hotel Mignon, via Grabmayr 5 ☎ 0473 230353, *info@hotelmignon.com*, *Fax 0473 230644*, ←, Centro benessere, riscaldata, – , rist, . VISA. rist — D v
20 marzo-15 novembre – **Pasto** (solo per alloggiati) 35/55 – **49 cam** 128/250, 9 suites – ½ P 142.
◆ Dopo aver subito recentemente alcune migliorie nelle parti comuni, questo hotel si presenta come un indirizzo affidabile. Grazioso parco-giardino con piscina riscaldata.

Castel Rundegg Hotel, via Scena 2 ☎ 0473 234100, *info@rundegg.com*, *Fax 0473 237200*, – – 30. VISA. — D a
Pasto (solo per alloggiati) 36,50/57 – **28 cam** 127/290, 2 suites – ½ P 126.
◆ Le origini di questo castello risalgono al XII sec., nel 1500 la struttura si è ampliata e oggi è possibile godere di una stupenda dimora, cinta da un giardino ombreggiato.

MERANO
CENTRO

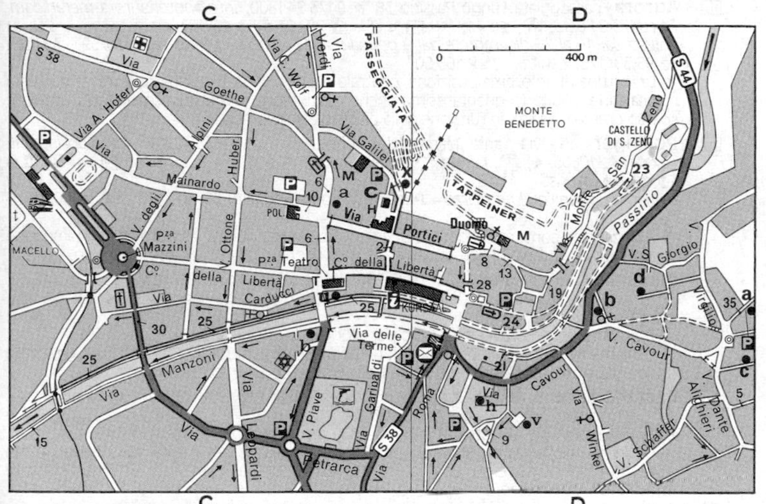

Meranerhof, via Manzoni 1 ✆ 0473 230230, *info@meranerhof.com, Fax 0473 233312,* , riscaldata, – , – 70. VISA. rist C b
chiuso dal 6 gennaio al 31 marzo – **Pasto** (solo per alloggiati) carta 38/49 – **68 cam** 102/200 – ½ P 113.

◆ Un albergo che, per posizione e qualità dei servizi, può essere sfruttato con soddisfazione sia dalla clientela d'affari che dai turisti. Giardino con piscina riscaldata.

Bavaria, via salita alla Chiesa 15 ✆ 0473 236375, *bavaria@dnet.it, Fax 0473 236371,* , , – , rist, VISA JCB. rist D b
28 marzo-10 novembre – **Pasto** (solo per alloggiati) carta 21/28 – **50 cam** 91/178 – ½ P 103.

◆ Hotel ospitato da un caratteristico edificio, dall'architettura tipica. Un bel giardino con tanto di esotiche palme avvolge le facciate azzurre e i balconi fioriti.

Adria , via Gilm 2 ✆ 0473 236610, *info@hotel-adria.com, Fax 0473 236687,* , , , – , rist, rist, VISA. rist D d
27 marzo-8 novembre – **Pasto** (solo per alloggiati) – **45 cam** 100/200, 2 suites – ½ P 110.

◆ All'interno di un edificio in stile liberty, in zona residenziale, con un grazioso centro benessere. Così si presenta questo hotel, dotato di stanze arredate con gusto.

Villa Tivoli , via Verdi 72 ✆ 0473 446282, *info@villativoli.it, Fax 0473 446849,* monti, , , , – – 20. VISA. A x
28 marzo-15 novembre – **Pasto** al Rist. ***Artemis*** carta 31/42 – **15 cam** 100/150, 5 suites – ½ P 95.

◆ Risorsa di buon livello, in posizione soleggiata e isolata, connotata da un piacevole stile d'ispirazione mediterranea e da un lussureggiante parco-giardino digradante. Sala di medie dimensioni e luminosa terrazza per il servizio ristorante estivo.

Pienzenau am Schlosspark , via Pienzenau 1 ✆ 0473 234030, *info@hotelpienzenau.com, Fax 0473 212028,* , Centro benessere, , , riscaldata, – , rist, VISA. B d
aprile-15 novembre – **Pasto** (solo per alloggiati) 30/45 – **25 cam** 150/220, suite – ½ P 125.

◆ In un appartato angolo della cittadina, una risorsa a gestione familiare di dimensioni contenute. Roof-garden panoramico, giardino ombreggiato, stube originale.

Anatol, via Castagni 3 ℘ 0473 237511, *Fax 0473 237110*, riscaldata, – rist B c
7 aprile-2 novembre – **Pasto** (solo per alloggiati) 15/35 – **42 cam** 89/178 – ½ P 124.
◆ Tra i vigneti, nella zona più elevata della località, albergo che si propone con un insieme di buona fattura, camere luminose e una zona comune classica e spaziosa.

Aurora, passeggiata Lungo Passirio 38 ℘ 0473 211800, *info@hotel-aurora-meran.com, Fax 0473 211113*, – 20. rist C u
chiuso dal 19 al 26 dicembre e dal 9 gennaio al 12 marzo – **Pasto** carta 30/59 – **36 cam** 95,50/175, 2 suites – ½ P 105,50.
◆ La fortuna di un'ottima posizione, centrale e lungo la passeggiata. La terrazza bar, vista l'ubicazione, risulta frequentatissima anche da turisti e avventori occasionali. Ristorante spesso preso d'assalto, in funzione della piacevole ambientazione.

Pollinger, via Santa Maria del Conforto 30 ℘ 0473 270004, *info@pollinger.it, Fax 0473 210665*, riscaldata, – rist, rist, rist B y
chiuso da gennaio al 14 marzo – **Pasto** (solo per alloggiati) 35/40 – **33 cam** 80/130 – ½ P 85.
◆ L'ubicazione consente di godere di una notevole tranquillità, aspetto che certamente è apprezzato dagli ospiti di questa ben attrezzata risorsa. Balconi in tutte le camere.

Alexander via Dante 110 ℘ 0473 232345, *hotel.alexander@dnet.it, Fax 0473 211455*, monti e vallata, – rist, rist B g
15 marzo-15 novembre – **Pasto** (solo per alloggiati) – **19 cam** 71/150 – ½ P 107.
◆ Elegante albergo familiare, in posizione periferica e panoramica, a tutto vantaggio della tranquillità e della piacevole ubicazione tra i vigneti. Ricco di accessori.

Castello Labers, via Labers 25 ℘ 0473 234484, *Fax 0473 234146*, vigneti e città, riscaldata, – B e
8 aprile-7 novembre – **Pasto** carta 33/48 – **33 cam** 115/260, suite – ½ P 130.
◆ Un meraviglioso castello le cui origini affondano nella storia e che dal 1885 è divenuto un albergo di fascino estremo. Una risorsa suggestiva, originale e curata. Servizio ristorante estivo anche in giardino.

Juliane, via dei Campi 6 ℘ 0473 211700, *info@juliane.it, Fax 0473 230176*, riscaldata, – rist, rist B k
15 marzo-5 novembre – **Pasto** (solo per alloggiati) 20/35 – **34 cam** 90/160 – ½ P 90.
◆ Albergo tradizionale, ubicato in una zona residenziale della città. Molto tranquillo e silenzioso pone a disposizione degli ospiti un giardino con piscina riscaldata.

Ansitz Plantitscherhof, via Dante 56 ℘ 0473 230577, *info@ansitz-plantitscherhof.com, Fax 0473 211922*, – rist, rist, B k
chiuso dal 10 gennaio al 15 febbraio – **Pasto** (solo per alloggiati) – **26 cam** 134/188 – ½ P 109.
◆ Una risorsa composta da due blocchi distinti, uno d'epoca e uno più recente. Il complesso risulta armonico e piacevole, impreziosito anche dal giardino-vigneto con piscina.

Sonnenhof, via Leichter 3 ℘ 0473 233418, *sonnenhof.meran@rolmail.net, Fax 0473 233383*, riscaldata, – D c
chiuso dal 7 gennaio al 19 marzo e dal 15 al 26 novembre – **Pasto** (solo per alloggiati) – **14 cam** 68/120, 2 suites – ½ P 69.
◆ Hotel edificato secondo uno stile che richiama alla mente una una fiabesca dimora-castello. Gli interni sono accoglienti, soprattutto le camere, tutte rimodernate.

Isabella, via Piave 58 ℘ 0473 234700, *Fax 0473 211360* – rist B r
marzo-5 novembre – **Pasto** (solo per alloggiati) – **30 cam** 57/93, suite – ½ P 58.
◆ Hotel centralissimo, non distante dall'ippodromo, presenta gradevoli stanze con caldi arredi in legno e una confortevole sala da pranzo. La gestione è familiare.

Zima senza rist, via Winkel 83 ℘ 0473 230408, *info@hotelzima.com, Fax 0473 236469*, riscaldata, – cam, B m
marzo-dicembre – **23 cam** 51,50/94.
◆ La zona dove è situato questo hotel offre il vantaggio di non presentare problemi di parcheggio. Ambienti dall'atmosfera calda e familiare, camere accoglienti e ordinate.

Agriturismo Sittnerhof senza rist, via Verdi 60 ℘ 0473 221631, *info@bauernhofurlaub.it, Fax 0473 206520*, – B a
marzo-5 novembre – **5 cam** 58.
◆ Lungo una via residenziale tranquilla e ombreggiata, uno splendido edificio, le cui fondamenta risalgono all'XI sec.. Camere di taglio moderno con arredi funzionali.

Sissi, via Galilei 44 ℘ 0473 231062, *Fax 0473 237400*, Coperti limitati; prenotare – C x
chiuso dal 10 gennaio a febbraio e lunedì – **Pasto** carta 37/55.
◆ Proprio di fronte al castello principesco, in pieno centro, all'interno di un edificio liberty, un ristorante luminoso e accogliente, dove apprezzare una cucina fantasiosa.

a Freiberg *Sud-Est : 7 km per via Labers* **B** – *alt. 800* – ✉ *39012 Merano :*

Castel Fragsburg 🔊, via Fragsburg 3 ☎ 0473 244071, *info@fragsburg.com, Fax 0473 244493,* ≤ monti e vallata, 🏖, ≘s, 🏊 riscaldata, 🌳 – |♦| ✈ 📺 P. AE 💳 VISA. ✂
aprile-7 novembre – **Pasto** *(chiuso lunedì)* carta 35/55 – **10 cam** ☕ 120/220, 8 suites 240/280 – ½ P 125.
◆ Il fascino di una dimora storica, divenuta un caldo e confortevole rifugio, dove un'eleganza semplice e discreta è la compagna fedele di ogni soggiorno. Vista eccezionale. Sala da pranzo con arredi tipici, cucina legata al territorio.

MERATE *23807 Lecco* **561** E 10, **219** ⑳ – *14 105 ab. alt. 288.*
Roma 594 – Bergamo 31 – Como 34 – Lecco 18 – Milano 38.

Melas Hotel senza rist, via Bergamo 37 ☎ 039 9903048, *info@melashotel.it, Fax 039 9903017* – |♦| ▤ 📺 ♿ 🚗 – 🏛 90. AE 💳 VISA. ✂
chiuso agosto – **47 cam** ☕ 75/120.
◆ All'interno di un centro commerciale, un hotel di recente costruzione. Si presenta come una risorsa attuale e funzionale, contraddistinta da una generale omogeneità.

MERCATALE *Firenze* **563** L 15 – *Vedere San Casciano in Val di Pesa.*

MERCENASCO *10010 Torino* **561** F 5 – *1 170 ab. alt. 249.*
Roma 680 – Torino 40 – Aosta 82 – Milano 119 – Novara 73.

XX **Darmagi,** via Rivera 7 ☎ 0125 710094 – P. 💳 VISA JCB. ✂
chiuso dal 15 giugno al 2 luglio, dal 16 al 31 agosto, lunedì e martedì – **Pasto** carta 23/31 🍷.
◆ Villetta in posizione defilata caratterizzata da una calda atmosfera familiare, soprattutto nella bella sala con camino. La cucina è ricca di proposte della tradizione.

Le principali vie commerciali figurano in rosso sugli stradari delle piante di città.

MERCOGLIANO *83013 Avellino* **564** E 26 – *11 435 ab. alt. 550.*
Roma 242 – Napoli 55 – Avellino 6 – Benevento 31 – Salerno 45.

in prossimità casello autostrada A16 Avellino Ovest *Sud : 3 km :*

Gd H. Irpinia, via Nazionale ✉ 83013 ☎ 0825 683672, *grandhotelirpiniadellape@tin.it, Fax 0825 683674,* 🏖, Lö, ≘s, 🏊 – |♦| ▤ 📺 🚗 P – 🏛 160. AE 💳 VISA JCB. ✂ rist
Pasto carta 18/39 – **66 cam** ☕ 55/85, suite – ½ P 65.
◆ All'interno di un edificio recente, in posizione ideale per chi giunge in automobile, una risorsa che offre servizi efficienti e completi a prezzi concorrenziali. Ampia sala ristorante di taglio assolutamente contemporaneo.

MERGOZZO *28802 Verbania* **561** E 7, **219** ⑥ – *2 083 ab. alt. 204.*
ℹ *corso Roma 20* ☎ *0323 800798, Fax 0323 800935.*
Roma 673 – Stresa 13 – Domodossola 20 – Locarno 52 – Milano 105 – Novara 76.

Due Palme e Casa Bettina, via Pallanza 1 ☎ 0323 80112, *hotelduepalme@libero.it, Fax 0323 80298,* ≤ lago e monti, 🏖, 🏖 – |♦| 📺. AE 💳 VISA JCB. ✂ rist
chiuso gennaio e febbraio – **Pasto** carta 39/49 – **45 cam** ☕ 85/120 – ½ P 65.
◆ Una residenza d'epoca con tanto di terrazza e veranda, adattata alle esigenze di clienti a caccia di confort. Stanze di taglio classico con qualche tocco d'eleganza. Ristorante che, per impostazione e decorazioni, riporta indietro nel tempo.

XX **La Quartina** con cam, via Pallanza 20 ☎ 0323 80118, *laquartina@libero.it, Fax 0323 80743* – 📺 P. AE 💳 VISA JCB
chiuso da dicembre a febbraio e lunedì (escluso giugno-agosto) – **Pasto** carta 29/48 – **10 cam** ☕ 74/108 – ½ P 78.
◆ Il servizio estivo in terrazza con eccezionale vista sul lago, gli arredi originali, la cucina che si esprime con specialità lacustri e poi le camere estremamente curate.

a Bracchio *Nord : 2 km* – *alt. 282* – ✉ *28802 Mergozzo :*

X **Le Oche di Bracchio** 🔊 con cam, via Bracchio 46 ☎ 0323 80122, *hdtga@tin.it, Fax 0323 80122,* 🏖, prenotare, 🌳 – P. AE 💳 VISA
chiuso dal 10 gennaio al 15 febbraio e mercoledì – **Pasto** specialità tradizionali e vegetariane carta 22/33 – **16 cam** ☕ 57/94 – ½ P 52.
◆ Il giardino ombreggiato avvolge il ristorante, ma anche le strutture dove sono ospitati corsi di discipline orientali e alcune camere. Cucina vegetariana e macrobiotica.

MERONE *22046 Como* 561 E 9, 219 ⑨ ⑲ – *3 511 ab. alt. 284.*
Roma 611 – Como 18 – Bellagio 32 – Bergamo 47 – Lecco 19 – Milano 43.

Il Corazziere, via Mazzini 4 e 7 ✆ 031 617181 e rist. ✆ 031 650141, *info@corazziere.it, Fax 031 617217*, – |‡| ▤ TV ♿ P – 150. AE ● ◑ ● VISA JCB
chiuso dal 2 al 24 agosto – **Pasto** al Rist. ***Il Corazziere*** *(chiuso martedì)* carta 29/39 –
37 cam ☐ 65/100, 2 suites.
◆ Struttura moderna e signorile, ubicata in riva al fiume Lambro. Un hotel che per dotazioni è adatto ad ospitare tanto l'uomo d'affari, quanto il turista di passaggio. Per gustare i piatti di un menù classico, con proposte di pesce.

MESAGNE *72023 Brindisi* 564 F 35 – *29 081 ab. alt. 72.*
Roma 574 – Brindisi 15 – Bari 125 – Lecce 42 – Taranto 56.

Castello senza rist, piazza Vittorio Emanuele II 2 ✆ 0831 777500, *hotelcastello@interfree.it, Fax 0831 777500* – |‡| ▤ TV ♿ . AE ● ◑ ● VISA JCB
12 cam ☐ 50/65.
◆ Confortevole e familiare alberghetto in centro paese, ospitato da un edificio del XV sec. che in origine accolse un convento francescano. Gestione salda e affidabile.

MESCO *La Spezia* 561 J 10 – *Vedere Levanto.*

MESE *Sondrio – Vedere Chiavenna.*

MESIANO *Vibo Valentia* 564 L 30 – *Vedere Filandari.*

MESSADIO *Asti* 561 H 6 – *Vedere Montegrosso d'Asti.*

MESSINA P 565 M 28 – *Vedere Sicilia alla fine dell'elenco alfabetico.*

MESTRE *Venezia* 562 F 18 – ✉ *Venezia Mestre.*
18 e 9 Cá della Nave (chiuso martedì) a Martellago ✉ 30030 ✆ 041 5401555, Fax 041 5401926, per ⑧ :8 km.
Marco Polo di Tessera, per ③ : 8 km ✆ 041 2606111 – Alitalia, via Sansovino 7 ✆ 041 2581111, Fax 041 2581246.
rotonda Marghera ✉ 30175 ✆ 041 937764.
A.C.I. *via Cà Marcello 67/D ✉ 30172 ✆ 041 5310362.*
Roma 522 ⑦ – Venezia 9 ④ – Milano 259 ⑦ – Padova 32 ⑦ – Treviso 21 ① – Trieste 150 ②.
Pianta pagina a lato

Laguna Palace, viale Ancona 2 ✆ 041 8296111, *info@lagunapalace.com, Fax 041 8296112*, – |‡|, cam, ▤ TV ♿ – 650. AE ● ◑ ● VISA JCB. BY a
Pasto al Rist. ***Laguna Restaurant*** carta 46/57 – **213 cam** ☐ 196/242.
◆ Una struttura avveniristica, in cui si è voluto dare risalto all'integrazione tra luce e acqua, attraverso l'uso di forme e materiali innovativi. Realtà moderna e suggestiva. Ristorante di tono elegante, cucina curata.

Michelangelo senza rist, via Forte Marghera 69 ✉ 30173 ✆ 041 986600, *Fax 041 986052* – |‡| ▤ TV P – 150. AE ● ◑ ● VISA JCB BX x
51 cam ☐ 176/240.
◆ Hotel signorile e tranquillo, servizio accurato assicurato da uno staff particolarmente attento. Periodicamente rinnovato, garantisce un'ospitalità confortevole ed elegante.

Plaza, viale Stazione 36 ✉ 30171 ✆ 041 929388, *info@hotelplazavenice.com, Fax 041 929385* – |‡|, cam, ▤ TV ♿ – 80. AE ● ◑ ● VISA JCB. AY f
Pasto (solo per alloggiati) carta 25/44 – **226 cam** ☐ 133/255.
◆ Albergo di respiro internazionale confortevole e versatile nell'offerta, come dimostrano i due ristoranti a disposizione della clientela. Gestione seria e capace.

Ambasciatori, corso del Popolo 221 ✉ 30172 ✆ 041 5310699, *info@ambasciatori.it, Fax 041 5310074* – |‡|, cam, ▤ TV P – 130. AE ● ◑ ● VISA JCB. BY b
Pasto carta 33/40 – **91 cam** ☐ 145/217, 2 suites – ½ P 170.
◆ Albergo elegante, totalmente rinnovato, si caratterizza per una ricerca di uno stile personalizzato, nonché per la cordialità della gestione. Gradevoli stanze moderne. Sala da pranzo luminosa e davvero accogliente.

President senza rist, via Forte Marghera 99/a ✉ 30173 ✆ 041 985655, *info@hppresident.com, Fax 041 985655* – |‡| ▤ TV P. AE ● ◑ ● VISA JCB BXY t
50 cam ☐ 115/150, suite.
◆ Ottimo rapporto qualità/prezzo per questo albergo dall'aspetto classico, con vari tocchi d'eleganza. L'insieme si presenta in modo funzionale e moderno. Gestione esperta.

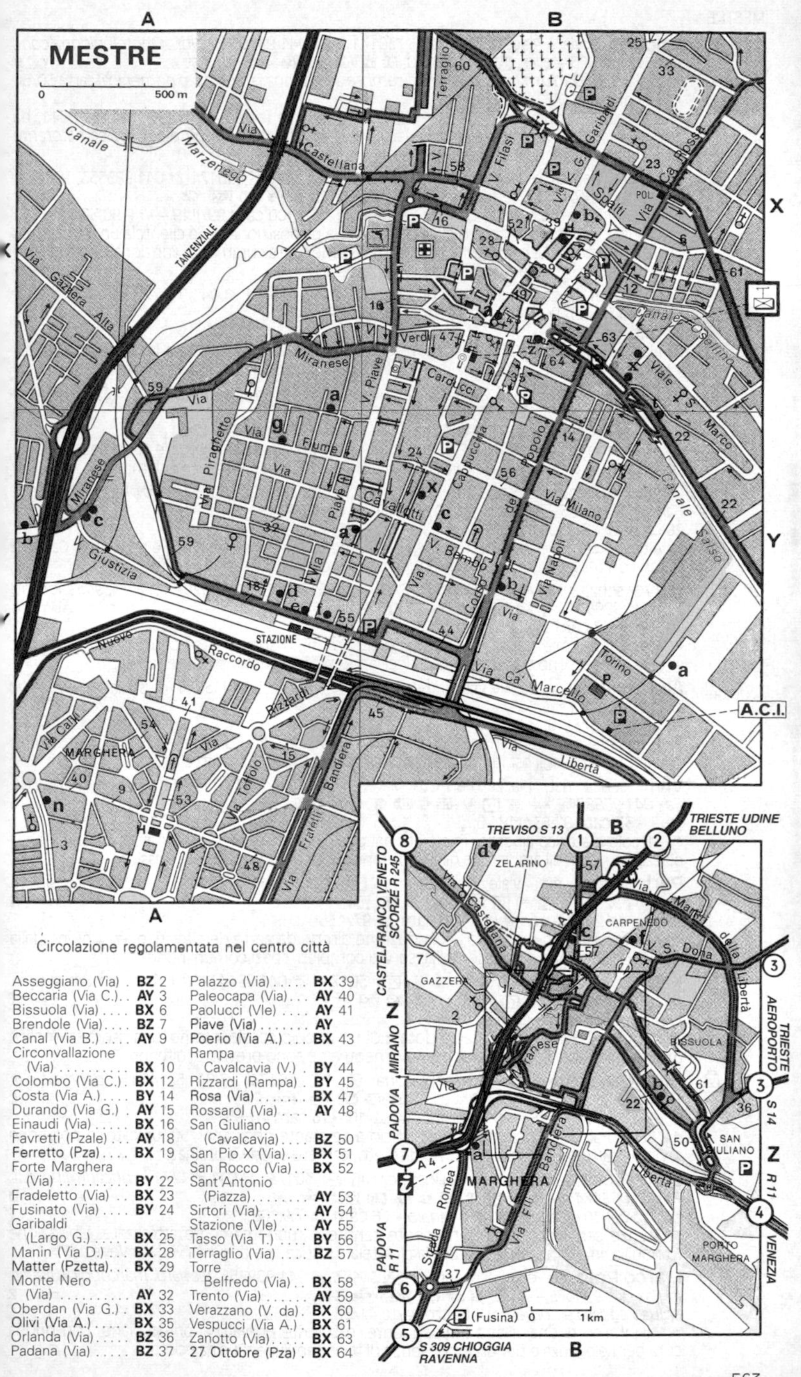
MESTRE
0
500 m
A
B
X
Y
Z
Canale
Marzenego
TANGENZIALE
Via Gazzera Alta
Via Castellana
Terraglio
V. Filasi
Via G. Garibaldi
Spalti
Via Ca' Rossa
POL
Canale Osellino
Viale S. Marco
Canale Salso
Via Miranese
Via Piraghetto
Via Fiume
V. Piave
Via Piave
Verdi
Carducci
Cappuccina
Corso del Popolo
Via Cavallotti
V. Bembo
Via Milano
Via Napoli
Via Torino
Via Ca' Marcello
Via Trento
Giustizia
STAZIONE
Nuovo Raccordo
Rampa Rizzardi
Via Libertà
Via Fratelli Bandiera
Via Calvi
MARGHERA
Via Toffolo
A.C.I.
TREVISO S 13
TRIESTE UDINE BELLUNO
CASTELFRANCO VENETO SCORZÈ R 245
ZELARINO
CARPENEDO
Via Martiri della Libertà
V. S. Donà
GAZZERA
BISSUOLA
TRIESTE AEROPORTO
S 14
SAN GIULIANO
R 11
VENEZIA
PORTO MARGHERA
MIRANO
PADOVA
PADOVA R 11
Strada Romea
S 309 CHIOGGIA RAVENNA
(Fusina)
0
1 km
Circolazione regolamentata nel centro città
Asseggiano (Via) . BZ 2
Beccaria (Via C.) . . AY 3
Bissuola (Via) . . . . BX 6
Brendole (Via) . . . . BZ 7
Canal (Via B.) . . . . AY 9
Circonvallazione (Via) . . . . BX 10
Colombo (Via C.) . BX 12
Costa (Via A.) . . . . BY 14
Durando (Via G.) . AY 15
Einaudi (Via) . . . . . BX 16
Favretti (Pzale) . . . AY 18
Ferretto (Pza) . . . . BX 19
Forte Marghera (Via) . . . . BY 22
Fradeletto (Via) . . BX 23
Fusinato (Via) . . . . BY 24
Garibaldi (Largo G.) . . . . . BX 25
Manin (Via D.) . . . . BX 28
Matter (Pzetta) . . . BX 29
Monte Nero (Via) . . . . AY 32
Oberdan (Via G.) . BX 33
Olivi (Via A.) . . . . . BX 35
Orlanda (Via) . . . . . BZ 36
Padana (Via) . . . . . BZ 37
Palazzo (Via) . . . . . BX 39
Paleocapa (Via) . . . AY 40
Paolucci (Vle) . . . . AY 41
Piave (Via) . . . . AY
Poerio (Via A.) . . . . BX 43
Rampa Cavalcavia (V.) . . . BY 44
Rizzardi (Rampa) . BY 45
Rosa (Via) . . . . BX 47
Rossarol (Via) . . . . AY 48
San Giuliano (Cavalcavia) . . . . BZ 50
San Pio X (Via) . . . BX 51
San Rocco (Via) . . BX 52
Sant'Antonio (Piazza) . . . . AY 53
Sirtori (Via) . . . . . . AY 54
Stazione (Vle) . . . . AY 55
Tasso (Via T.) . . . . BY 56
Terraglio (Via) . . . . BZ 57
Torre Belfredo (Via) . . BX 58
Trento (Via) . . . . . . AY 59
Verazzano (V. da) . BX 60
Vespucci (Via A.) . BX 61
Zanotto (Via) . . . . . BX 63
27 Ottobre (Pza) . BX 64

Bologna, via Piave 214 ✉ 30171 ☎ 041 931000, *info@hotelbologna.com, Fax 041 931095* – AE VISA JCB. rist AY e
Pasto al Rist. ***Da Tura*** *(chiuso dal 25 dicembre al 6 gennaio, agosto e domenica)* carta 30/50 – **112 cam** 134/232, 9 suites.
◆ Hotel in comoda posizione, di fronte alla stazione ferroviaria, in attività dal 1911, ha sempre mostrato la capacità di rinnovarsi per stare al passo coi tempi. Dinamico ristorante dalla cucina curata, con specialità venete.

Venezia, via Teatro Vecchio 5 angolo piazza 27 Ottobre ✉ 30171 ☎ 041 985533, *hotel@venezia.to, Fax 041 985490* – 70. AE VISA. BX z
Pasto *(chiuso a mezzogiorno)* carta 28/37 – 10 – **100 cam** 99/119 – 1/2 P 90,50.
◆ Comodo albergo del centro città che mette a disposizione della clientela un parcheggio privato e gratuito. Le camere non sono amplissime, ma sicuramente funzionali. Accogliente sala da pranzo, «riscaldata» dall'atmosfera familiare.

Club Hotel senza rist, via Villafranca 1 (Terraglio) ✉ 30174 ☎ 041 957722, *info@club-hotel.it, Fax 041 983990* – AE VISA JCB BZ c
30 cam 80/115.
◆ Albergo in posizione decentrata, ma comunque vantaggiosa, vista la vicinanza all'autostrada. Lo stile è elegante e raffinato ed inoltre è circondato da una cornice di verde.

Ai Pini, via Miranese 176 ✉ 30174 ☎ 041 917722, *info@aipini.it, Fax 041 912390,* – 50. AE VISA JCB. AY b
Pasto (solo per alloggiati) carta 34/40 – 12,50 – **44 cam** 102/178.
◆ Agevolmente raggiungibile dalla tangenziale, una grande villa dalle linee neoclassiche, circondata da un parco. Gli interni presentano soluzioni a caccia di modernità.

Garibaldi senza rist, viale Garibaldi 24 ✉ 30173 ☎ 041 5350455, *info@hotelgaribaldi.it, Fax 041 5347565* – cam, AE VISA BX b
28 cam 89/135.
◆ Albergo centrale, d'impostazione sobria, molto curato nei dettagli e nello stile. Camere lineari con tessuti coordinati, ammodernate di recente. Gestione cordiale.

Piave senza rist, via Col Moschin 6/10 ✉ 30171 ☎ 041 929287, *piave@3starshotel.it, Fax 041 929651* – AE VISA JCB ABY a
9,50 – **47 cam** 90/121.
◆ Risorsa centrale, caratterizzata da parti comuni in stile tirolese con tanto di stube. Le stanze invece, sono d'impostazione decisamente più semplice e tradizionale.

Alla Giustizia senza rist, via Miranese 111 ✉ 30171 ☎ 041 913511, *giustizia@hotelgiustizia.com, Fax 041 5441421* – AE VISA. AY c
20 cam 77/115.
◆ Nei pressi della tangenziale, una struttura d'epoca, che dispone di interni ristrutturati con cura e offre agli ospiti camere graziose ed accoglienti, a tratti eleganti.

Vivit senza rist, piazza Ferretto 73 ✉ 30174 ☎ 041 951385, *hotelvivit@libero.it, Fax 041 958891* – AE VISA. BX a
9 – **33 cam** 82,63/118,70.
◆ Piccolo e storico albergo, in attività dai primi del Novecento, affacciato sulla suggestiva piazza Ferretto. Gli ambienti e gli arredi sono moderni, ma di sapore classico.

Paris senza rist, viale Venezia 11 ✉ 30171 ☎ 041 926037, *info@hotelparis.it, Fax 041 926111* – AE VISA AY d
chiuso dal 23 al 30 dicembre – **18 cam** 97/135.
◆ Albergo classico-moderno, a conduzione diretta da parte dei titolari, poco lontano dalla stazione ferroviaria. Arredi semplici, servizi completi, spazi comuni ridotti.

Kappa senza rist, via Trezzo 8 ✉ 30174 ☎ 041 5343121, *info@hotelkappa.com, Fax 041 5347103* – AE VISA JCB BZ f
chiuso gennaio – **19 cam** 70/104.
◆ In una palazzina ottocentesca dotata di un piccolo cortile interno, una risorsa semplice ma confortevole. Sono in corso rinnovamenti e ne sono previsti di ulteriori.

Da Tito senza rist, via Cappuccina 67 ✉ 30174 ☎ 041 5314581, *datito@tin.it, Fax 041 5311215* – AE VISA JCB BY c
chiuso dal 21 dicembre al 12 gennaio – 10 – **16 cam** 70/95.
◆ Piccolo albergo, ricavato in un edificio a sé stante degli anni '50, ubicato in posizione centrale. Offre un'ospitalità di tono discreto, camere sobrie e ordinate.

Delle Rose senza rist, via Millosevich 46 ✉ 30173 ☎ 041 5317711, *htlcarli@libero.it, Fax 041 5317433* – AE VISA JCB. BZ b
chiuso dal 10 dicembre al 15 gennaio – **26 cam** 77/108.
◆ Stanze semplici, ma perfettamente tenute e modernamente attrezzate. Ubicazione tranquilla, in ottima posizione per la clientela turistica che desidera visitare Venezia.

XX **Marco Polo,** via Forte Marghera 67 ✉ 30173 ☎ 041 989855, *leonardi.marcopolo@libero.it, Fax 041 954075* – AE VISA JCB. BX x
chiuso agosto e domenica – **Pasto** carta 41/58.
◆ All'interno di una villetta indipendente, ristorante ricavato al primo piano, con buona cura per l'eleganza e per un'accoglienza di tono familiare. Cucina eclettica.

XX **Dall'Amelia,** via Miranese 113 ✉ 30171 ☎ 041 913955, *info@boscaratoristorazione.it, Fax 041 5441111,* – ▤. AE ⓢ ⓓ ⓜ VISA AY c
chiuso mercoledì – **Pasto** carta 37/52.
◆ Ristorante di grande tradizione che offre una cucina prevalentemente di mare, arricchita anche da numerose specialità venete. Bella veranda affacciata sul giardino.

XX **Da Luca,** via Monte Grappa 42 ✉ 30170 ☎ 041 957122, *ristorantedaluca@libero.it* – ▤. AE ⓢ ⓓ ⓜ VISA JCB. AX a
chiuso domenica – **Pasto** carta 33/51.
◆ Locale classico-elegante, con spazi piacevolmente distribuiti, si propone con una cucina tipica veneziana con alcune incursioni nella tradizione gastronomica giapponese.

XX **Hostaria Dante,** via Dante 53 ✉ 30171 ☎ 041 959421, *Fax 041 951000* – ▤ P. AE ⓢ ⓓ ⓜ VISA JCB BY x
chiuso dal 10 al 17 agosto, domenica, i giorni festivi e in luglio-agosto anche sabato a mezzogiorno – **Pasto** carta 31/42.
◆ Trattoria di fine '800, da qualche tempo è sparito il campo da bocce, ma persiste la dolce, calda e familiare atmosfera d'una volta. Specialità della tradizione veneta.

X **Osteria la Pergola,** via Fiume 42 ✉ 30171 ☎ 041 974932, *Fax 041 5067946,* , prenotare – ⓢ ⓜ VISA JCB. AY g
chiuso dal 20 gennaio al 15 febbraio, dal 10 al 24 agosto, domenica e sabato a mezzogiorno; tutto il giorno in giugno-agosto – **Pasto** carta 22/33.
◆ In zona residenziale, una caratteristica osteria che nei mesi più caldi offre l'opportunità di godere di un fresco pergolato. Cucina locale, buon rapporto qualità/prezzo.

a Marghera *Sud : 1 km* **BZ** – ✉ *30175 Venezia Mestre :*

Holiday Inn Venice Marghera, rotonda Romea 1/2 ☎ 041 5092311, *holidayinn.venice@alliancealberghi.com, Fax 041 936960,* – |‡|, cam, ▤ TV ♿ P – 180. AE ⓢ ⓓ ⓜ VISA JCB. rist BZ a
Pasto carta 30/35 – **187 cam** 213,20/247,73.
◆ Hotel ideale per la clientela d'affari vista la posizione e la completezza e la tipologia di dotazioni e accessori presenti. Dispone anche di un'attrezzata palestra. Sala da pranzo di medie dimensioni a disposizione della clientela di passaggio.

Roma senza rist, via Beccaria 11 ☎ 041 924070, *info@hotelromavenezia.it, Fax 041 921837* – |‡| ▤ TV P. AE ⓢ ⓓ ⓜ VISA JCB AY n
20 cam 80/150.
◆ Albergo ospitato da un tipico edificio anni '50, costantemente rinnovato nel corso del tempo, tanto da presentarsi perfettamente attuale. Atmosfera gradevole e familiare.

a Zelarino *Nord : 2 km* **BZ** – ✉ *30174 Venezia Mestre :*

XX **Al Cason,** via Gatta 112 ✉ 30174 ☎ 041 907907, *alcason@alcason.it, Fax 041 908908,* , – P. AE ⓢ ⓓ ⓜ VISA BZ d
chiuso dal 26 dicembre al 10 gennaio, dal 5 al 31 agosto, domenica sera e lunedì – **Pasto** specialità di mare carta 46/78.
◆ Ristorante-trattoria dallo stile piacevolmente rustico, affacciato sul giardino, dove nei mesi estivi viene praticato il servizio all'aperto. In cucina domina il pesce.

a Chirignago *Ovest : 2 km* – ✉ *30030 :*

XX **Ai Tre Garofani,** via Assegiano 308 ☎ 041 991307, *Fax 041 991307,* , Coperti limitati; prenotare – P. ⓢ ⓓ ⓜ VISA JCB.
chiuso dal 1° al 7 gennaio, dal 10 al 30 agosto, lunedì e a mezzogiorno (escluso domenica) – **Pasto** carta 32/55.
◆ Edificio di campagna, con un bel pergolato per il servizio estivo. L'ambiente è elegante e raffinato, le proposte seguono una linea gastronomica di mare e di campagna.

a Campalto *per ③ : 5 km* – ✉ *30030 :*

Antony, via Orlanda 182 ☎ 041 5420022, *antony@antonyhotel.it, Fax 041 901677,* ← – |‡|, cam, ▤ TV ♿ P – 100. AE ⓢ ⓓ ⓜ VISA. rist
Pasto *(chiuso a mezzogiorno)* (solo per alloggiati) carta 25/37 – **114 cam** 115/205.
◆ Grande struttura dalle linee moderne con alle spalle uno sfondo d'eccezione, la laguna e l'incantevole Venezia con i suoi campanili. Camere spaziose e funzionali.

Cà Nova senza rist, via Bagaron 1 ☎ 041 900033, *Fax 041 5420420* – ▤ TV P. AE ⓢ ⓓ ⓜ VISA JCB.
7 cam 60/100.
◆ Piccola villa settecentesca, riconvertita ad albergo, con uno stile grazioso e gradevole. La gestione è a carattere familiare, ma salda e assolutamente affidabile.

X **Trattoria da Vittoria,** via Gobbi 311 ☎ 041 900550 – ▤. AE ⓢ ⓓ ⓜ VISA
chiuso dal 26 dicembre al 12 gennaio, dal 2 al 25 agosto e domenica, anche sabato in luglio-agosto – **Pasto** carta 28/37 (15 %).
◆ Accogliente trattoria in stile classico-moderno con specialità di carne, offerte ogni giorno su di un fornitissimo carrello di bolliti e arrosti: il menù bandisce il pesce.

META 80062 Napoli 564 F 25 – 7 726 ab. – a.s. aprile-settembre.

Roma 253 – Napoli 44 – Castellammare di Stabia 14 – Salerno 45 – Sorrento 5.

La Conchiglia, via Cosenza 108 ☎ 081 8786402, *Fax 081 8786402,* ←, – AE ⓘ MC VISA
chiuso gennaio e lunedì – **Pasto** carta 26/50.
◆ Ambiente semplice caratterizzato da uno stile eterogeneo. In posizione invidiabile, offre un piacevole servizio estivo in terrazza, a picco sul mare. Piatti casalinghi.

METANOPOLI *Milano – Vedere San Donato Milanese.*

MEZZANA Trento 562 D 14, 218 ⑱ ⑲ – 876 ab. alt. 941 – ✉ 38020 Mezzana in Val di Sole – a.s. febbraio-Pasqua e Natale – Sport invernali : 1 400/2 200 m 5 16 (Comprensorio sciistico Folgarida-Marilleva).

via 4 Novembre 77 ☎ 0463 757134, mezzana@valdisole.net, Fax 0463 757095.
Roma 652 – Trento 69 – Bolzano 76 – Milano 239 – Passo del Tonale 20.

Palace Hotel Ravelli, via 4 Novembre 20 ☎ 0463 757122, *palaceravelli@tin.it, Fax 0463 757467,* ←, – |‡|, rist, TV P. AE ⓘ MC VISA.
5 dicembre-15 aprile e giugno-15 ottobre – **Pasto** 17/30 bc – **61 cam** 125/180, suite – ½ P 127.
◆ In posizione centrale, una struttura ricca di ogni confort, rimodernata di recente sia internamente che esternamente; gli spazi sono ben distribuiti e gli arredi curati. Ristorante luminoso, d'impostazione classica.

Val di Sole, via 4 Novembre 135 ☎ 0463 757240, *hotelvaldisole@valdisole.it, Fax 0463 757071,* ←, – |‡|, rist, TV P. AE ⓘ MC VISA JCB.
dicembre-20 aprile e giugno-settembre – **Pasto** carta 17/24 – 9,50 – **66 cam** 46/72 – ½ P 80.
◆ In posizione rientrante, ma sempre lungo la via principale del paese, un hotel di medie dimensione a conduzione familiare. Aspetto caratteristico, confort moderno. Il ristorante propone una cucina di fattura casalinga.

Eccher, via 4 Novembre 84 ☎ 0463 757146, *hotelecccher@tin.it, Fax 0463 757301,* ←, – |‡|, rist, TV P. MC VISA.
dicembre-aprile e giugno-settembre – **Pasto** carta 16/26 – **21 cam** 60/80 – ½ P 68.
◆ Alberghetto a gestione diretta, situato lungo la strada principale all'uscita della località. Al piano terra i contenuti spazi comuni, ai piani superiori le camere. Il menù presenta alcune delle più tipiche specialità altoatesine.

MEZZANE DI SOTTO 37030 Verona 562 F 15 – 1 907 ab. alt. 129.

Roma 519 – Verona 19 – Milano 173 – Padova 83 – Vicenza 53.

Bacco d'Oro, via Venturi 14 ☎ 045 8880269, *info@baccodoro.com, Fax 045 8889051,* , Centro sportivo, – P. AE ⓘ MC VISA.
chiuso dal 10 gennaio al 10 febbraio, lunedì sera e martedì – **Pasto** carta 29/38.
◆ Bella residenza di campagna con un'amena vista sui vigneti circostanti. Due salette, un salone per banchetti e una gradevole terrazza giardino per la bella stagione.

MEZZANO SCOTTI 29020 Piacenza 561 H 10 – alt. 259.

Roma 541 – Piacenza 40 – Alessandria 93 – Genova 96 – Pavia 92.

Filietto con cam, località Costa Filietto 1 (Nord-Est : 7 km alt. 600) ☎ 0523 937104, *info@filietto.it, Fax 0523 937613,* ← – TV P. MC VISA.
chiuso dal 16 novembre al 6 dicembre – **Pasto** *(chiuso martedì)* carta 21/25 – 3,60 – **12 cam** 31/46 – ½ P 39.
◆ Posizione panoramica e tranquilla per questo ristorante in collina che presenta una lista impreziosita dalla produzione propria di salumi e vino. Servizio cordiale.

MEZZOCANALE *Belluno – Vedere Forno di Zoldo.*

MEZZOCORONA 38016 Trento 562 D 15 – 4 666 ab. alt. 219 – a.s. dicembre-aprile.

Roma 604 – Bolzano 44 – Trento 21.

La Cacciatora, via Canè 133, in riva all'Adige Est : 2 km ☎ 0461 650124, *cacciatora@interline.it, Fax 0461 651080,* – P – 30. AE ⓘ MC VISA JCB.
chiuso dal 15 al 31 luglio e mercoledì – **Pasto** carta 30/37.
◆ Situato fuori paese, in riva all'Adige, un ristorante accogliente, gestito con grande professionalità. Da non perdere i bolliti e le specialità a base di selvaggina.

MEZZOLAGO Trento 562 E 14 – *Vedere Pieve di Ledro.*

MIANE *31050 Treviso* 562 E 18 – *3 412 ab. alt. 259.*

Roma 587 – Belluno 33 – Milano 279 – Trento 116 – Treviso 39 – Udine 101 – Venezia 69.

XX **Da Gigetto,** via De Gasperi 4 ✆ 0438 960020, *Fax 0438 960111* – ▤ P. AE ↻ ⓞ ⓜⓞ VISA
chiuso dal 7 al 25 gennaio, dal 1º al 25 agosto, lunedì sera e martedì – **Pasto** carta 30/40 ✿.
◆ Ristorante gradevole, con un'atmosfera familiare che non contrasta, anzi esalta, gli ambienti in stile rustico-elegante. La cucina attinge alla tradizione, ottima cantina.

MIGLIARA *Napoli – Vedere Capri (Isola di) : Anacapri.*

MIGNANEGO *16018 Genova – 3 503 ab. alt. 180.*

Roma 516 – Genova 20 – Alessandria 73 – Milano 126.

al Santuario della Vittoria *Nord-Est : 5 km :*

XX **Belvedere,** via alla Vittoria 39 ✉ 16010 Giovi ✆ 010 7792285, *Fax 010 7792128,* ≤, Coperti limitati; prenotare – ⊁
chiuso dal 1º al 15 marzo, dal 10 al 25 settembre e mercoledì – **Pasto** carta 30/47.
◆ Locale condotto con dedizione e professionalità, dove apprezzare una cucina del territorio rielaborata con raffinatezza. La sala si affaccia sulla piccola veranda estiva.

Scriveteci...
Le vostre critiche e i vostri apprezzamenti saranno esaminati con la massima attenzione.
Verificheremo personalmente gli esercizi che ci vorrete segnalare
Grazie per la collaborazione !

MILANO

20100 P 561 F 9, 46 G. Italia– 1 301 551 ab. alt. 122.

Roma 572 ⑦ – Genève 323 ⑫ – Genova 142 ⑨ – Torino 140 ⑫.

UFFICIO INFORMAZIONI TURISTICHE

via Marconi 1 ✉ 20123 ☏ 02 72524301, Fax 02 72524350.

Stazione Centrale ✉ 20124 ☏ 02 72524360.

A.C.I. *corso Venezia 43 ✉ 20121 ☏ 02 77451.*

INFORMAZIONI PRATICHE

Forlanini di Linate Est : 8 km **CP** *☏ 02 74852200*
Malpensa per ⑬ : 45 km ☏ 02 74852200.
Alitalia Sede ☏ 02 24991, corso Como 15 ✉ 20154 ☏ 02 24992500, Fax 02 24992525 e via Albricci 5 ✉ 20122 ☏ 02 24992700, Fax 02 8056757.

27 (chiuso lunedì) al Parco di Monza ✉ 20052 Monza ☏ 039 303081, Fax 039 304427, per ② : 20 km ;

18 Molinetto (chiuso lunedì) a Cernusco sul Naviglio ✉ 20063 ☏ 02 92105128, Fax 02 92106635, per ④ : 14 km ;

18 Barlassina (chiuso lunedì) via Privata Golf 42 ✉ 20030 Birago di Camnago, ☏ 0362 560621, Fax 0362 560934, per ① : 26 km ;

18 (chiuso lunedì) a Zoate di Tribiano ✉ 20067 ☏ 02 90632183, Fax 02 90631861, per ⑥ : 20 km ;

18 Le Rovedine (chiuso lunedì) a Noverasco di Opera ✉ 20090 ☏ 02 57606420, Fax 02 57606405, per via Ripamonti **BP.**

In occasione di alcune manifestazioni commerciali o turistiche i prezzi degli alberghi potrebbero subire un sensibile aumento (informatevi al momento della prenotazione).

LUOGHI DI INTERESSE

Duomo★★★ **MZ** – *Museo del Duomo*★★ **MZ M**^{1} – *Via e Piazza Mercanti*★ **MZ 155** – *Teatro alla Scala*★★ **MZ** – *Casa del Manzoni*★ **MZ M**^{7}– *Pinacoteca di Brera*★★★ **KV**

Castello Sforzesco★★★ **JV** – *Pinacoteca Ambrosiana*★★ **MZ** : *cartone preparatorio*★★★ *di Raffaello e Canestra di frutta*★★★ *di Caravaggio* – *Museo Poldi-Pezzoli*★★**KV M**^{2} : *ritratto di donna*★★★ *del Pollaiolo* – *Palazzo Bagatti Valsecchi*★★ **KV L** – *Museo di Storia Naturale*★ **LV M**^{6} – *Museo Nazionale della Scienza e della Tecnica Leonardo da Vinci*★ **HX M**^{4} – *Chiesa di Santa Maria delle Grazie*★ **HX** : *Ultima Cena*★★★ *di Leonardo da Vinci* – *Basilica di Sant'Ambrogio*★★ **HJX** : *paliotto*★★

Chiesa di Sant'Eustorgio★ **JY** : *cappella Portinari*★★ – *Ospedale Maggiore*★ **KXYU**

Basilica di San Satiro★ : *cupola*★ **MZ** – *Chiesa di San Maurizio*★★ **JX** – *Basilica di San Lorenzo Maggiore*★ **JY**.

DINTORNI

Abbazia di Chiaravalle★ *Sud-Est : 7 km* **BP** – *Autodromo al Parco di Monza per* ② *: 20 km,* ☏ *039 24821.*

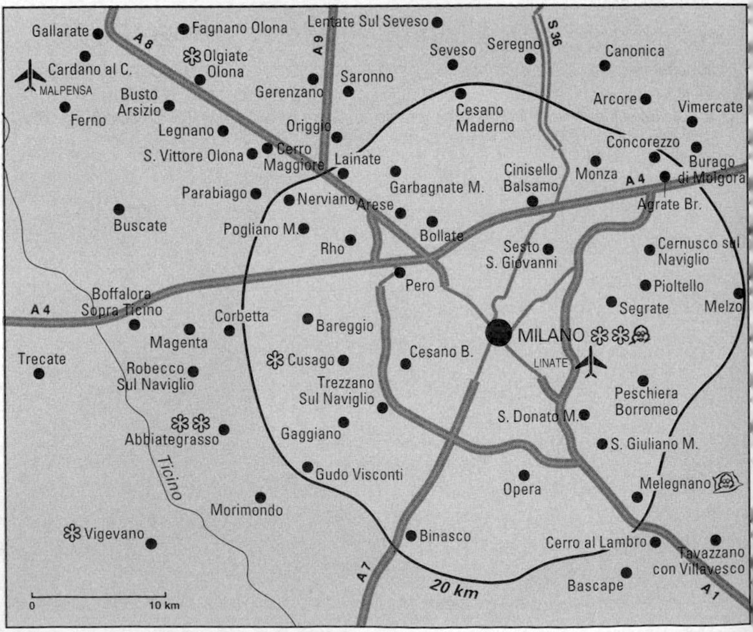

Gallarate
Fagnano Olona
Lentate Sul Seveso
A 8
A 9
S 36
Olgiate Olona
Seveso
Seregno
Canonica
Cardano al C.
MALPENSA
Saronno
Busto Arsizio
Gerenzano
Cesano Maderno
Arcore
Vimercate
Ferno
Legnano
Origgio
Concorezzo
S. Vittore Olona
Cerro Maggiore
Lainate
Cinisello Balsamo
Monza
Burago di Molgora
A 4
Parabiago
Garbagnate M.
Nerviano
Arese
Agrate Br.
Buscate
Pogliano M.
Bollate
Sesto S. Giovanni
Cernusco sul Naviglio
Rho
Pero
Pioltello
Boffalora Sopra Ticino
Segrate
Melzo
A 4
Corbetta
Bareggio
Magenta
MILANO
Trecate
Cesano B.
LINATE
Robecco Sul Naviglio
Cusago
Trezzano Sul Naviglio
Peschiera Borromeo
S. Donato M.
Abbiategrasso
Gaggiano
S. Giuliano M.
Ticino
Gudo Visconti
Opera
Melegnano
Morimondo
Vigevano
Binasco
Cerro al Lambro
Tavazzano con Villavesco
A 7
20 km
Bascape
A 1
0
10 km

Centro Storico

Duomo, Scala, Castello Sforzesco, corso Magenta, via Torino, corso Vittorio Emanuele, via Manzoni **(Pianta : Milano p. 12 13 e 15)**

Four Seasons, via Gesù 8 ✉ 20121 ☎ 02 77088, *milano@fourseasons.com, Fax 02 77085000,* – 280. AE VISA JCB.
Pasto al Rist. ***La Veranda*** carta 64/94 vedere anche rist ***Il Teatro*** – ☐ 26,50 – **77 cam** 627/737, 25 suites 1100/4675. **KV a**

◆ Nel «triangolo d'oro» milanese, celato in un convento del '400 che conserva elementi decorativi originali, l'albergo di maggior fascino ed esclusiva eleganza della città. Ristorante affacciato sul verde del giardino interno, ambiente raffinato.

Grand Hotel et de Milan, via Manzoni 29 ✉ 20121 ☎ 02 723141, *infos@grandhoteletdemilan.it, Fax 02 86460861,* – 50. AE VISA JCB **KV g**
Pasto al Rist. ***Caruso*** *(chiuso la sera)* carta 42/59 vedere anche rist ***Don Carlos*** – ☐ 31,82 – **95 cam** 517/605, 8 suites.

◆ Lo spirito di Verdi, che vi abitò, aleggia ancora nei sontuosi interni fine '800 di un prestigioso hotel storico restaurato; camere raffinate con pregiati mobili antichi. Luminoso ristorante dedicato al tenore che in questo albergo registrò il suo primo disco.

Carlton Hotel Baglioni, via Senato 5 ✉ 20121 ☎ 02 77077, *carlton.milano@baglionihotels.com, Fax 02 783300,* – cam, – 80. AE VISA JCB. **KV b**
Pasto al Rist. ***Il Baretto al Baglioni*** carta 65/90 – ☐ 23 – **84 cam** 451/605, 8 suites.

◆ Raffinati dettagli e mobili d'epoca, tessuti preziosi dai toni caldi nelle sale comuni e nelle camere di un'elegantissima «bomboniera» nel cuore della Milano della moda. Ristorante composto di varie sale, raccolte ed eleganti, con pareti rivestite in legno.

Grand Hotel Duomo, via San Raffaele 1 ✉ 20121 ☎ 02 8833, *bookings@grandhotelduomo.com, Fax 02 86462027,* ≤ Duomo, – cam, – 100. AE VISA JCB **MZ u**
Pasto carta 50/63 – **141 cam** ☐ 320/430, 21 suites.

◆ Décor anni '50 negli interni di raffinata eleganza di un albergo in posizione unica accanto al Duomo, le cui guglie si possono «toccare» da molte camere e dalla terrazza. Ambiente esclusivo nella raffinata sala da pranzo con vetrate affacciate su piazza Duomo.

Starhotel Rosa, via Pattari 5 ✉ 20122 ☎ 02 8831, *rosa.mi@starhotels.it, Fax 02 8057964* – cam, – 130. AE VISA JCB. **NZ v**
Pasto carta 46/56 – **246 cam** ☐ 299/359, 2 suites.

◆ Vicino al Duomo, risorsa recentemente ristrutturata, ha uno spazioso ed elegante piano terra, con marmi e stucchi, e camere funzionali; attrezzato il centro congressi. Raffinata ambientazione in stile classico nella sala ristorante.

Jolly Hotel President, largo Augusto 10 ✉ 20122 ☎ 02 77461, *milano_president@jollyhotels.it, Fax 02 783449* – cam, – 100. VISA JCB. rist **NZ q**
Pasto al Rist. ***Il Verziere*** carta 37/54 – **241 cam** ☐ 268/327, 16 suites – ½ P 200,50.

◆ In una piazza centralissima, grande albergo di taglio internazionale, dispone di attrezzature congressuali; camere spaziose, con accessori adeguati alla sua categoria. Sala ristorante elegante e signorile.

Brunelleschi, via Baracchini 12 ✉ 20123 ☎ 02 88431, *Fax 02 804924* – AE VISA JCB. rist **MZ z**
chiuso dal 4 al 26 agosto – **Pasto** carta 37/68 – **123 cam** ☐ 240/310, 5 suites.

◆ L'austero rigore di marmi bianchi e neri nella luminosa hall di un albergo d'ispirazione neoclassica moderna; toni soft nelle confortevoli camere di sobria eleganza. Colonne, vetrate e specchi nel raffinato ristorante, situato nel seminterrato.

UNA Hotel Cusani, via Cusani 13 ✉ 20121 ☎ 02 85601, *una.cusani@unahotels.it, Fax 02 8693601* – AE VISA JCB. **JV a**
Pasto carta 34/54 – **87 cam** ☐ 381/447, 5 suites.

◆ Posizione privilegiata, di fronte al Castello Sforzesco, per una confortevole struttura, che dispone di camere molto ampie, con arredi recenti in mogano e tinte pastello. Piccola sala ristorante, luminosa e raffinata.

De la Ville, via Hoepli 6 ✉ 20121 ☎ 02 8791311 e rist ☎ 02 8051231, *reservationsdlv@sinahotels.it, Fax 02 866609,* – cam, – 60. AE VISA JCB. **NZ h**
Pasto al Rist. ***L'Opéra*** *(chiuso domenica)* carta 39/51 – **105 cam** ☐ 306,90/356,40, suite.

◆ Calda atmosfera da salotto elegante d'impronta inglese, con boiserie, velluti e moquette fantasia, negli interni di un hotel centralissimo; raffinate camere in stile. Ambiente di classe anche al ristorante.

Sir Edward, via Mazzini 4 ✉ 20123 ☎ 02 877877, *siredward@libero.it, Fax 02 877844,* – cam, AE VISA JCB. **MZ h**
Pasto solo snack serale – **38 cam** ☐ 210/262.

◆ Una rilassante nicchia verde acqua introduce in un hotel dallo stile esclusivo e personale; spazi comuni limitati, ma camere ampie, ben accessoriate per l'uomo d'affari.

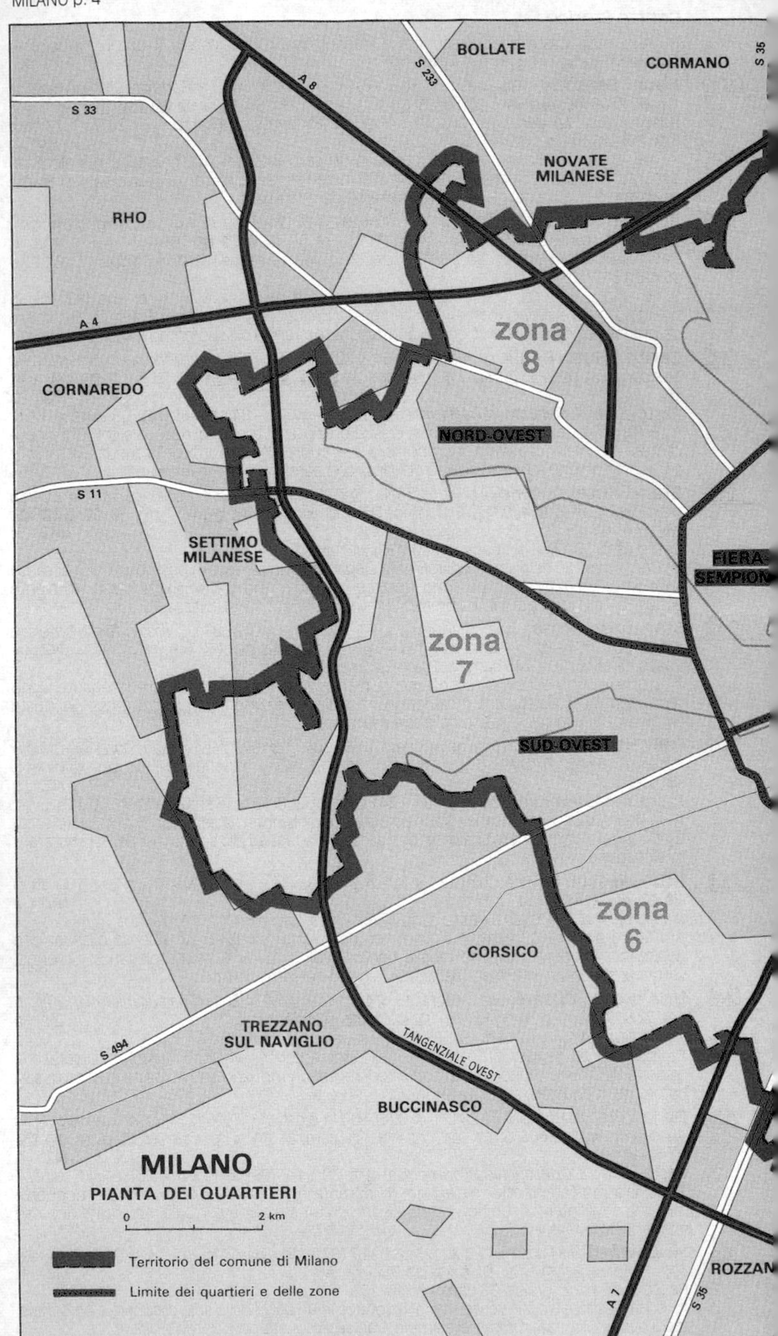
BOLLATE
CORMANO
S 35
S 233
A 8
S 33
NOVATE MILANESE
RHO
A 4
zona 8
CORNAREDO
NORD-OVEST
S 11
SETTIMO MILANESE
FIERA SEMPION
zona 7
SUD-OVEST
zona 6
CORSICO
TREZZANO SUL NAVIGLIO
S 494
TANGENZIALE OVEST
BUCCINASCO
MILANO
PIANTA DEI QUARTIERI
0
2 km
Territorio del comune di Milano
Limite dei quartieri e delle zone
A 7
S 35
ROZZAN

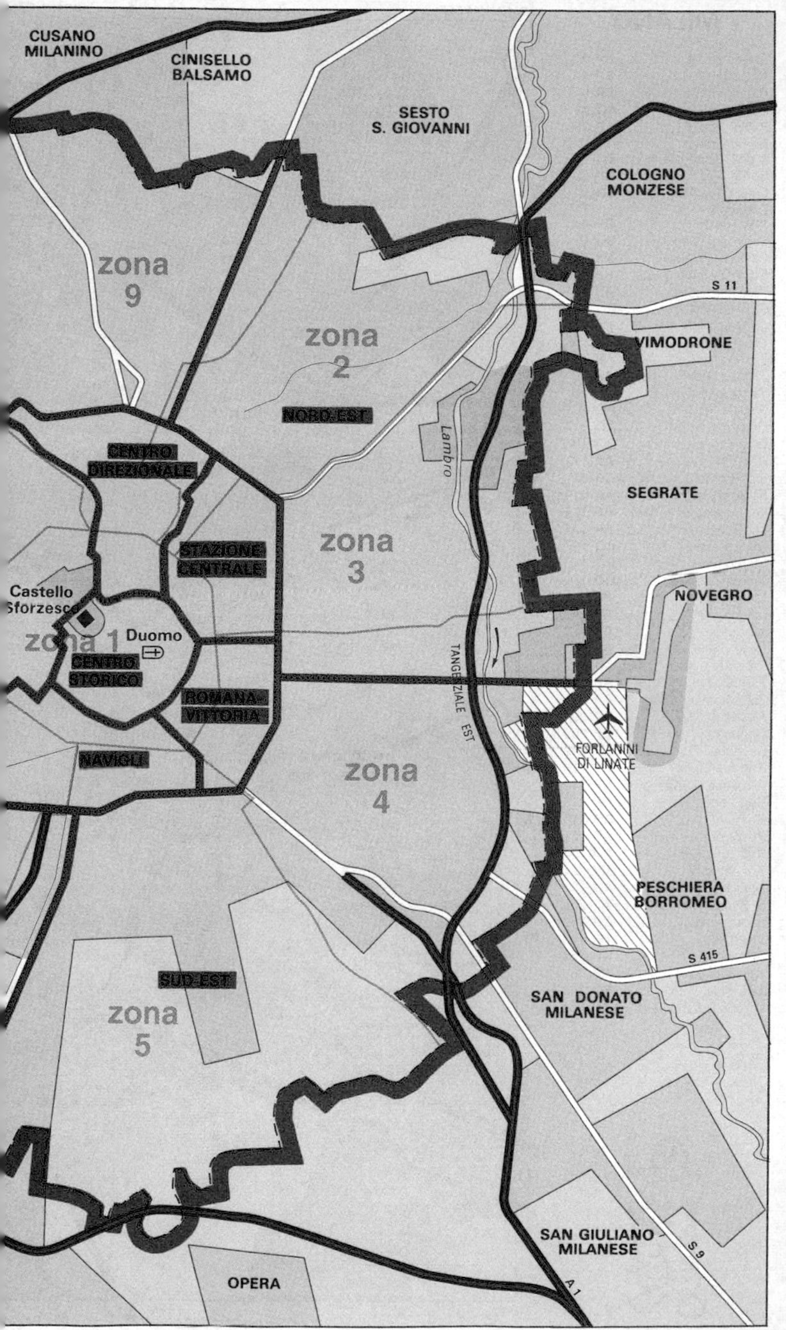
CUSANO MILANINO
CINISELLO BALSAMO
SESTO S. GIOVANNI
COLOGNO MONZESE
zona 9
zona 2
S 11
VIMODRONE
NORD-EST
CENTRO DIREZIONALE
Lambro
SEGRATE
zona 3
STAZIONE CENTRALE
Castello Sforzesco
NOVEGRO
zona 1
Duomo
CENTRO STORICO
TANGENZIALE EST
ROMANA-VITTORIA
FORLANINI DI LINATE
NAVIGLI
zona 4
PESCHIERA BORROMEO
S 415
SUD-EST
SAN DONATO MILANESE
zona 5
SAN GIULIANO MILANESE
S 9
A 1
OPERA

MILANO

Agrate (V. M. d')	**BP**	2
Antonini (V. G.)	**BP**	8
Arcangelo Corelli (V.)	**CP**	9
Bartolini (V.)	**AO**	18
Bellini (V. G.)	**AP**	23
Benefattori dell' Ospedale (V.)	**BO**	24
Berna (V.)	**AP**	29
Cà Granda (Vle)	**BO**	44
Cardinale A. Sforza (V.)	**BP**	50
Casiraghi (Vle Flli)	**BO**	51
Cassinis (V. G. B.)	**BP**	53
Cermenate (V. G. da)	**BP**	60
Chiesa Rossa (V.)	**AP**	62
Comasinella (V.)	**BO**	68
Corsica (Vle)	**BP**	74
Don L. Milani (Cavalcavia)	**AP**	78
Faenza (Vle)	**AP**	89
Famagosta (Vle)	**AP**	90
Girardengo (V.)	**AO**	103
Grassi (V. G. B.)	**AO**	107
Graziano Imperatore	**BO**	108
Harar (V.)	**AP**	112
Ippodromo (V.)	**AOP**	117
La Spezia (V.)	**AP**	119
Legioni Romane (Vle)	**AP**	125
Lucania (Vle)	**BP**	134
Mambretti (V.)	**AO**	137
Marconi (V.)	**BO**	143
Marelli (Vle)	**BO**	146
Marochetti (V.)	**BP**	149
Milano (V.)	**AP**	161
Montegani (V.)	**BP**	173
Omero (Vle)	**BP**	186
Palizzi (V.)	**AO**	192
Parenzo (V.)	**AP**	194
Patroclo (V.)	**AP**	196
Picardi (V. Flli)	**BO**	200
Quaranta (V. B.)	**BP**	209
Ravenna (V.)	**BP**	212
Rembrandt (V.)	**AP**	213
Rivoltana (Strada)	**CP**	216
Rogoredo (V.)	**CP**	218
Roma (V.)	**BO**	219
Rospigliosi (V. dei)	**AP**	221
Rubicone (Vle)	**BO**	224
S. Arialdo (V.)	**CP**	227
S. Elia (V. A.)	**AO**	233
S. Rita da Cascia (V.)	**AP**	239
Sauro (V. N.)	**AO**	242
Solaroli (V.)	**BP**	249
Stratico (V. S.)	**AP**	252
Tucidide (V.)	**CP**	263
Valassina (V.)	**BO**	265
Vittorio Emanuele (V.)	**AP**	276

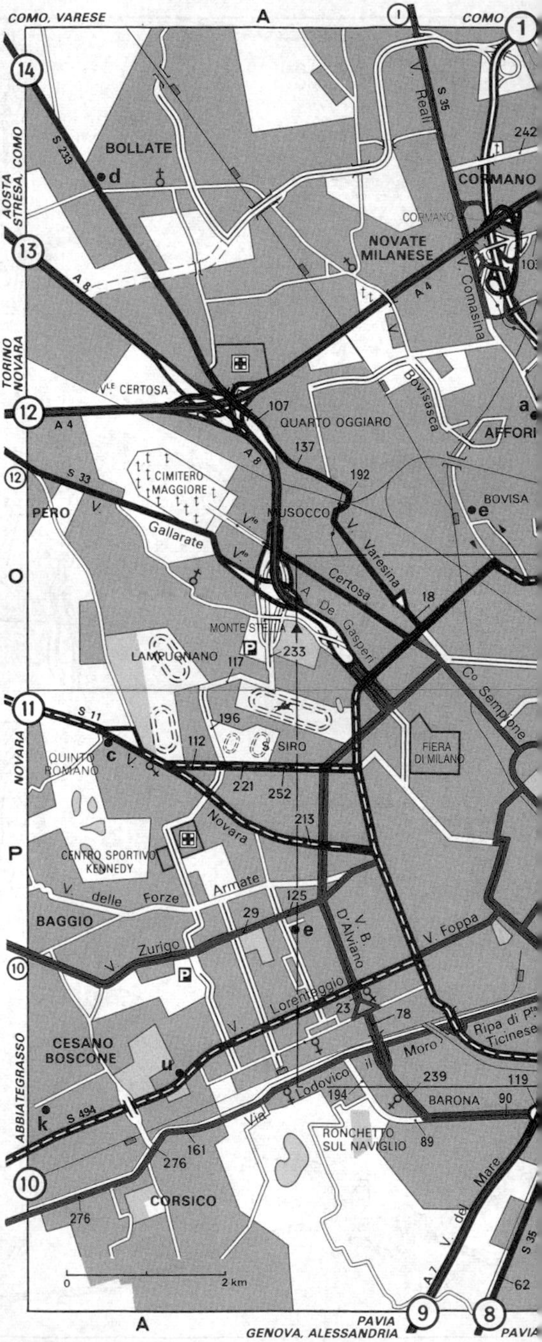

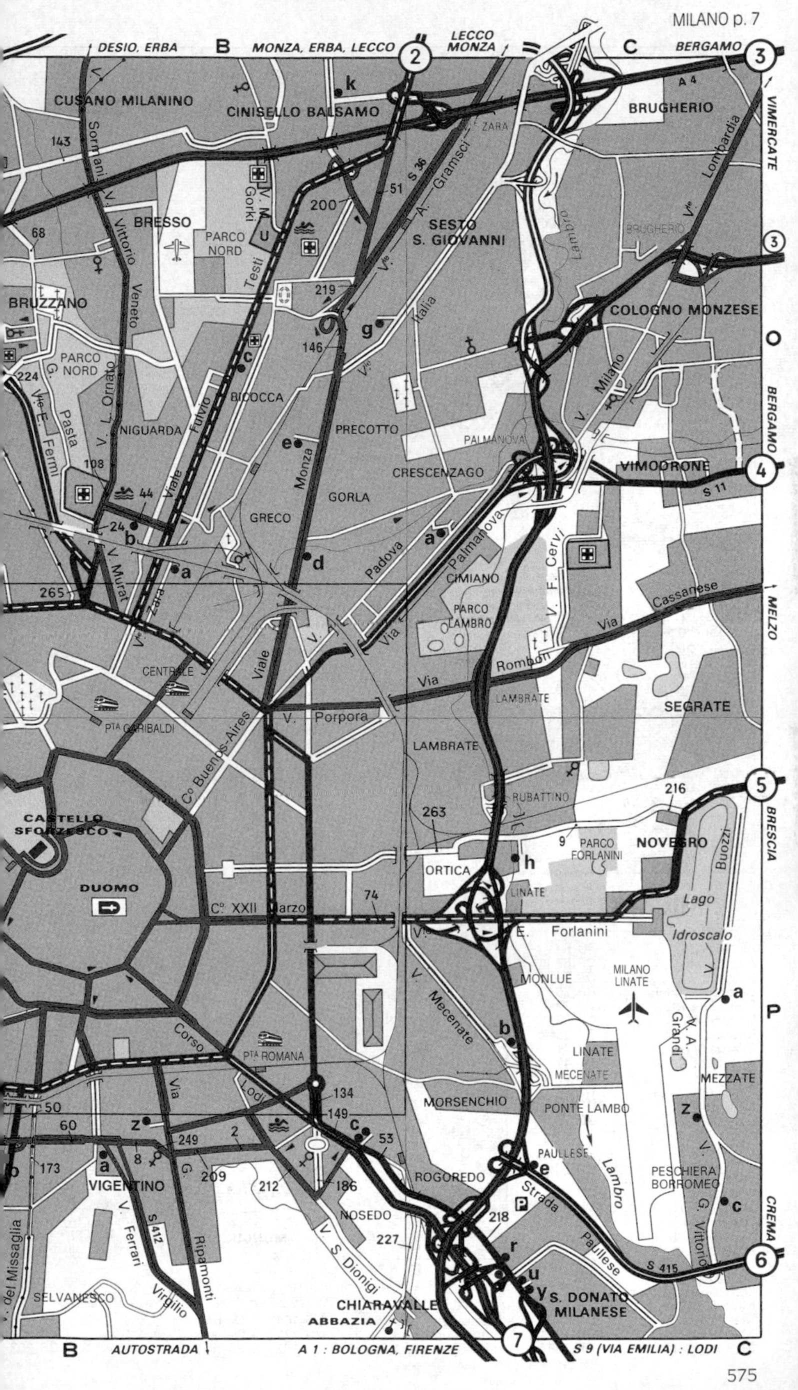
DESIO, ERBA
B
MONZA, ERBA, LECCO
LECCO MONZA
C
BERGAMO
CUSANO MILANINO
CINISELLO BALSAMO
BRUGHERIO
VIMERCATE
BRESSO
PARCO NORD
SESTO S. GIOVANNI
BRUZZANO
COLOGNO MONZESE
BICOCCA
NIGUARDA
PRECOTTO
BERGAMO
PALMANOVA
CRESCENZAGO
VIMODRONE
GORLA
GRECO
CIMIANO
PARCO LAMBRO
MELZO
CENTRALE
LAMBRATE
SEGRATE
CASTELLO SFORZESCO
RUBATTINO
BRESCIA
NOVEGRO
ORTICA
PARCO FORLANINI
DUOMO
LINATE
Lago Idroscalo
MONLUE
MILANO LINATE
LINATE
MEZZATE
MORSENCHIO
PONTE LAMBO
ROGOREDO
PAULLESE
PESCHIERA BORROMEO
VIGENTINO
NOSEDO
CREMA
SELVANESCO
CHIARAVALLE ABBAZIA
S. DONATO MILANESE
B
AUTOSTRADA
A 1 : BOLOGNA, FIRENZE
S 9 (VIA EMILIA) : LODI
C

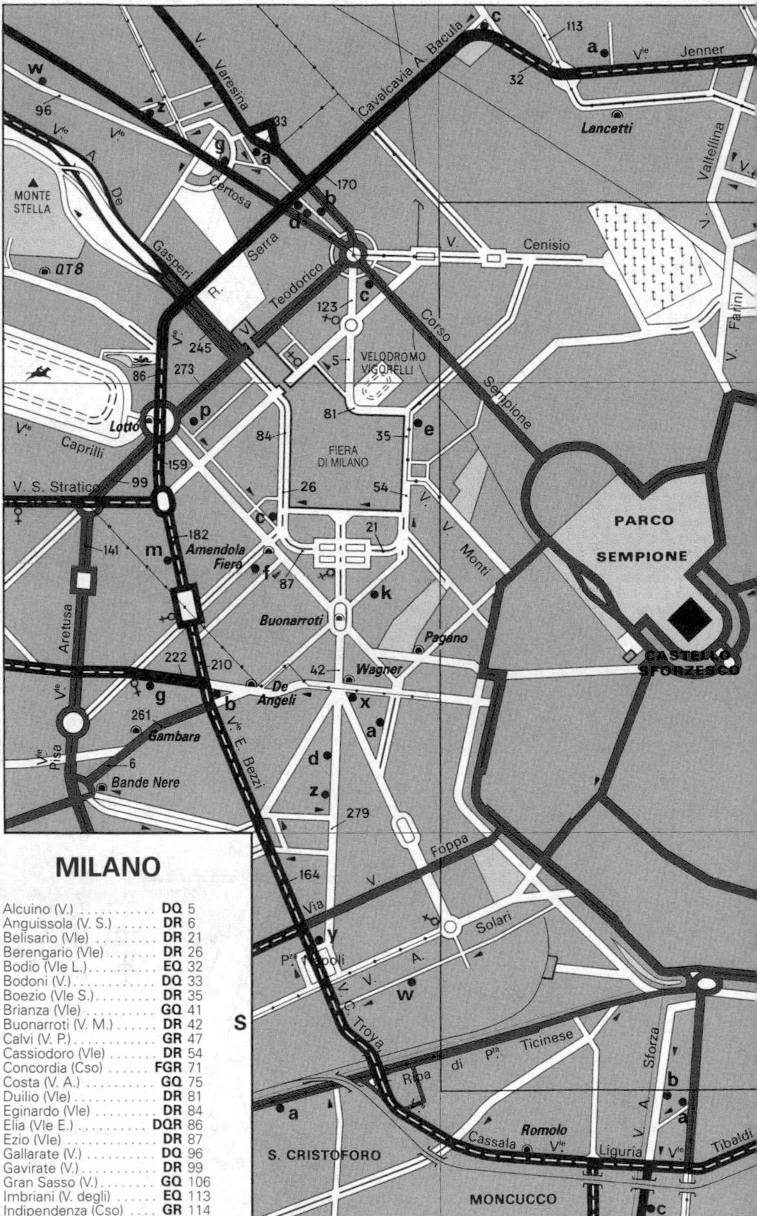

MILANO

Alcuino (V.) .... **DQ** 5
Anguissola (V. S.) ...... **DR** 6
Belisario (Vle) .... **DR** 21
Berengario (Vle) .... **DR** 26
Bodio (Vle L.) .... **EQ** 32
Bodoni (V.) .... **DQ** 33
Boezio (Vle S.) .... **DR** 35
Brianza (Vle) .... **GQ** 41
Buonarroti (V. M.) ...... **DR** 42
Calvi (V. P.) .... **GR** 47
Cassiodoro (Vle) .... **DR** 54
Concordia (Cso) ...... **FGR** 71
Costa (V. A.) .... **GQ** 75
Duilio (Vle) .... **DR** 81
Eginardo (Vle) .... **DR** 84
Elia (Vle E.) .... **DQR** 86
Ezio (Vle) .... **DR** 87
Gallarate (V.) .... **DQ** 96
Gavirate (V.) .... **DR** 99
Gran Sasso (V.) .... **GQ** 106
Imbriani (V. degli) ...... **EQ** 113
Indipendenza (Cso) .... **GR** 114
Lauria (V. R. di) .... **DQ** 123
Leoncavallo (V.) .... **GQ** 126
Lomellina (V.) .... **GR** 131
Maffei (V. A.) .... **FR** 135
Mar Jonio (Vle) .... **DR** 141
Melzo (V.) .... **FGR** 152
Migliara (Vle) .... **DR** 159
Misurata (Vle) .... **DS** 164
Monte Ceneri (Vle) .... **DQ** 170
Murillo (Vle) .... **DR** 182
Omboni (V.) .... **GR** 185
Plebisciti (Cso) .... **GR** 201
Poerio (V.) .... **GR** 203

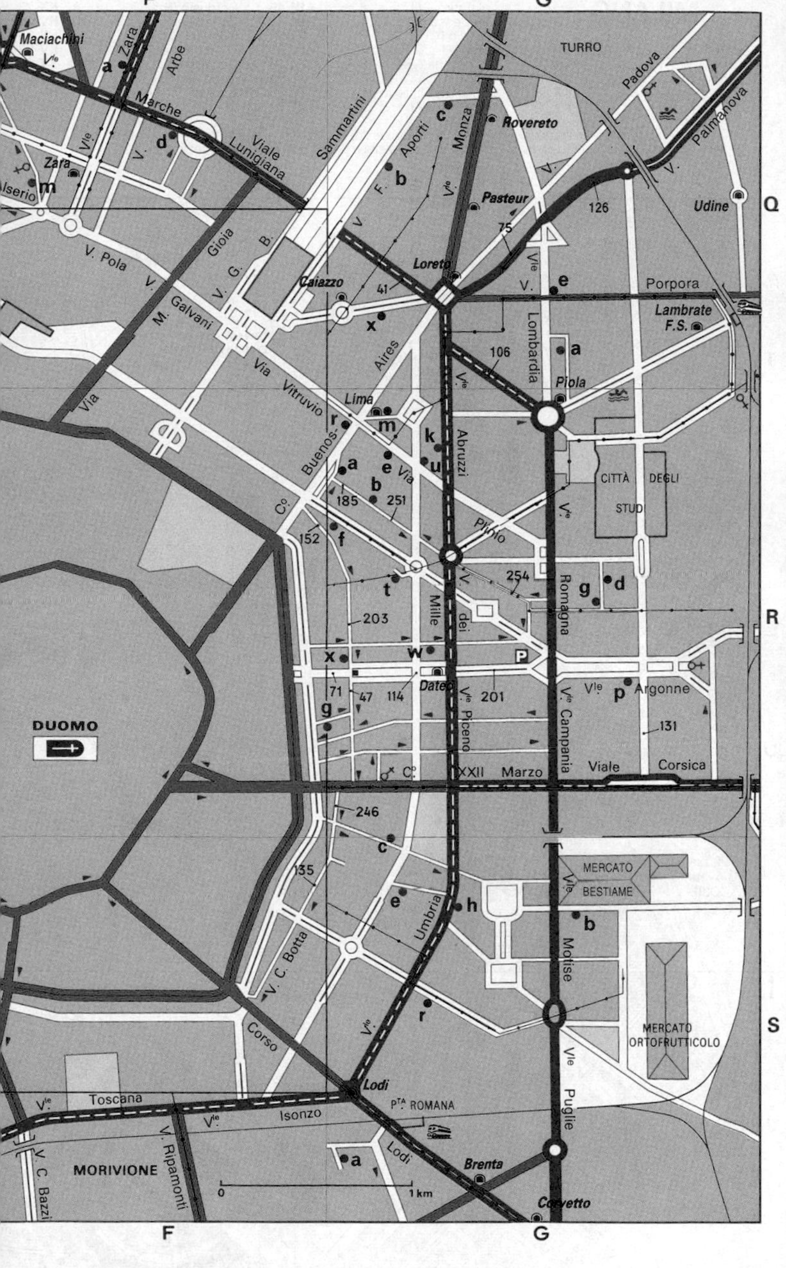

Ranzoni (Vle D.) . . . . **DR** 210
Rubens (V.) . . . . **DR** 222
Scarampo (V. L.) . . . . **DQ** 245
Sciesa (V. A.) . . . . **FGR** 246
Stoppani (V. A.) . . . . **GR** 251
Tiepolo (V.) . . . . **GR** 254
Trivulzio (V. A. T.) . . . . **DR** 261
Vigliani (V.P.O.) . . . . **DQR** 273
Washington (V. G.) . . . . . . **DRS** 279

MILANO

Aurispa (V.) . . . . **JY** 14
Battisti (V. C.) . . . . **KLX** 20
Bocchetto (V.) . . . . **JX** 30
Borgogna (V.) . . . . **KX** 36
Borgonuovo (V.) . . . . **KV** 38
Calatafimi (V.) . . . . **JY** 45
Caradosso (V.) . . . . **HX** 49
Ceresio (V.) . . . . **JU** 59
Circo (V.) . . . . **JX** 63
Col di Lana (Vle) . . . . **JY** 65
Col Moschin (V.) . . . . **JY** 66
Conca del Naviglio (V.) . . . . . . **JY** 69
Copernico (V.) . . . . **LT** 72
Cordusio (Pza) . . . . **KX** 73
Curie (Vle P. M.) . . . . **HV** 77
Dugnani (V.) . . . . **HY** 80
Fatebenefratelli (V.) . . . . **KV** 92
Garigliano (V.) . . . . **KT** 98
Generale Fara (V.) . . . . **KT** 100
Ghisleri (V. A.) . . . . **HY** 101
Giardini (V. dei) . . . . **KV** 102

All'interno della zona delimitata da un retino verde, la città è divisa in settori il cui accesso è segnalato lungo tutta la cerchia. Non è possibile passare in auto da un settore all'altro.

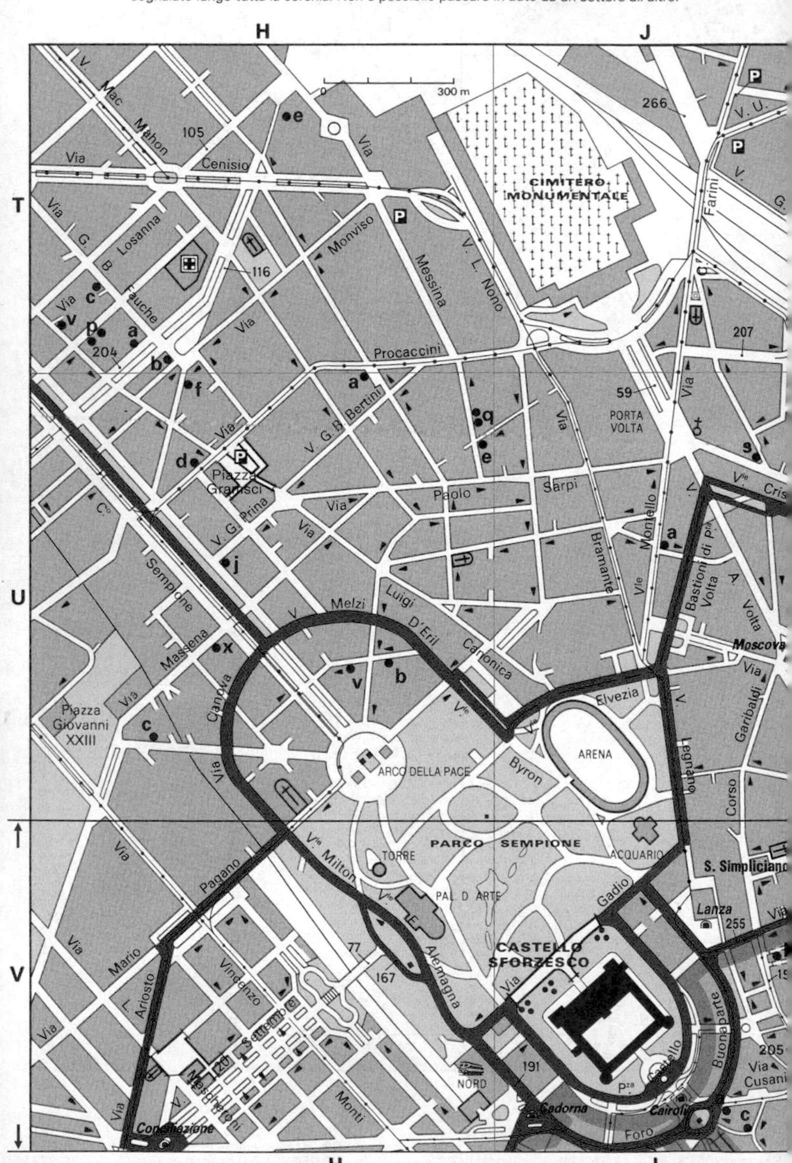

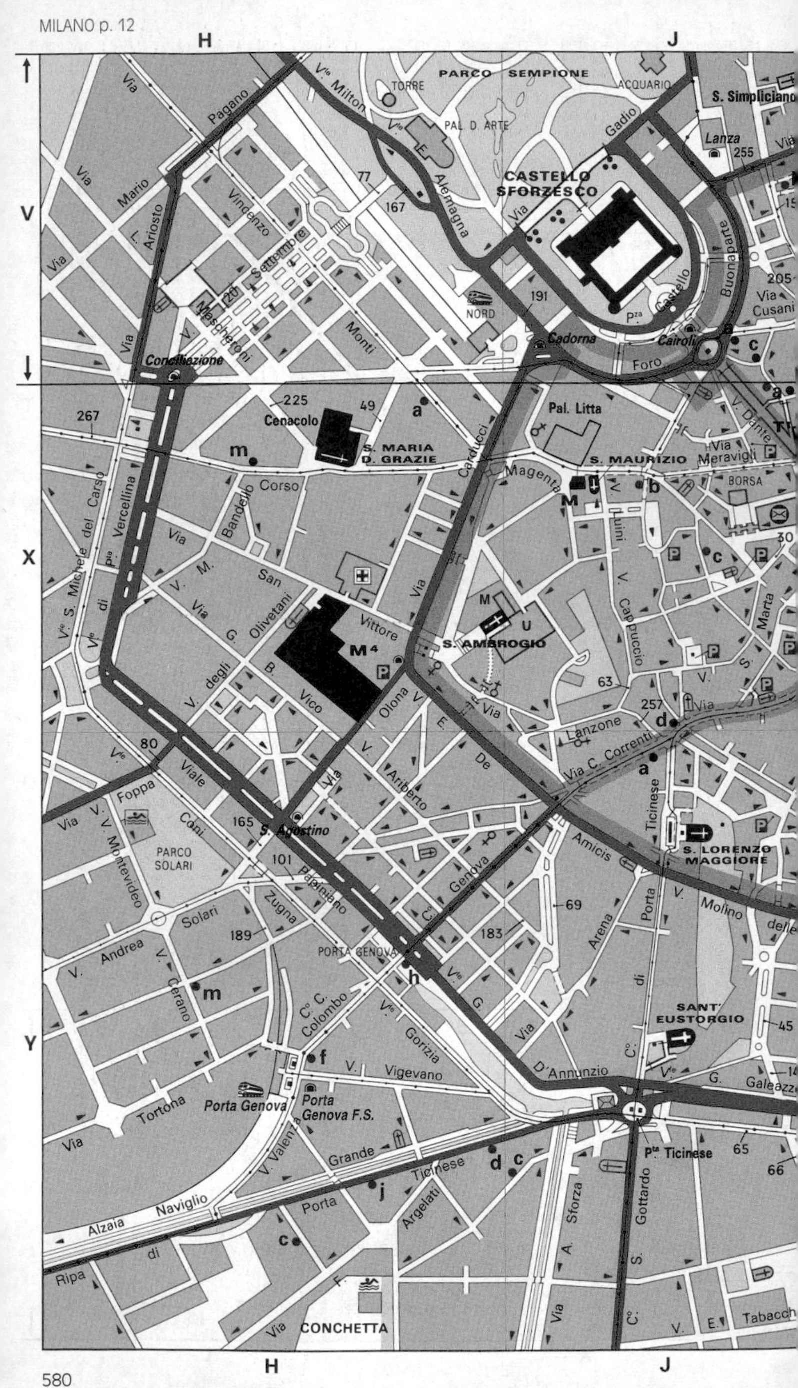
H
J
PARCO SEMPIONE
TORRE
ACQUARIO
PAL. D. ARTE
CASTELLO SFORZESCO
S. Simpliciano
Lanza
NORD
Cadorna
Cairoli
Conciliazione
Cenacolo
S. MARIA D. GRAZIE
Pal. Litta
S. MAURIZIO
BORSA
S. AMBROGIO
S. Agostino
PARCO SOLARI
S. LORENZO MAGGIORE
PORTA GENOVA
SANT' EUSTORGIO
Porta Genova
Porta Genova F.S.
Pta Ticinese
CONCHETTA
V
X
Y

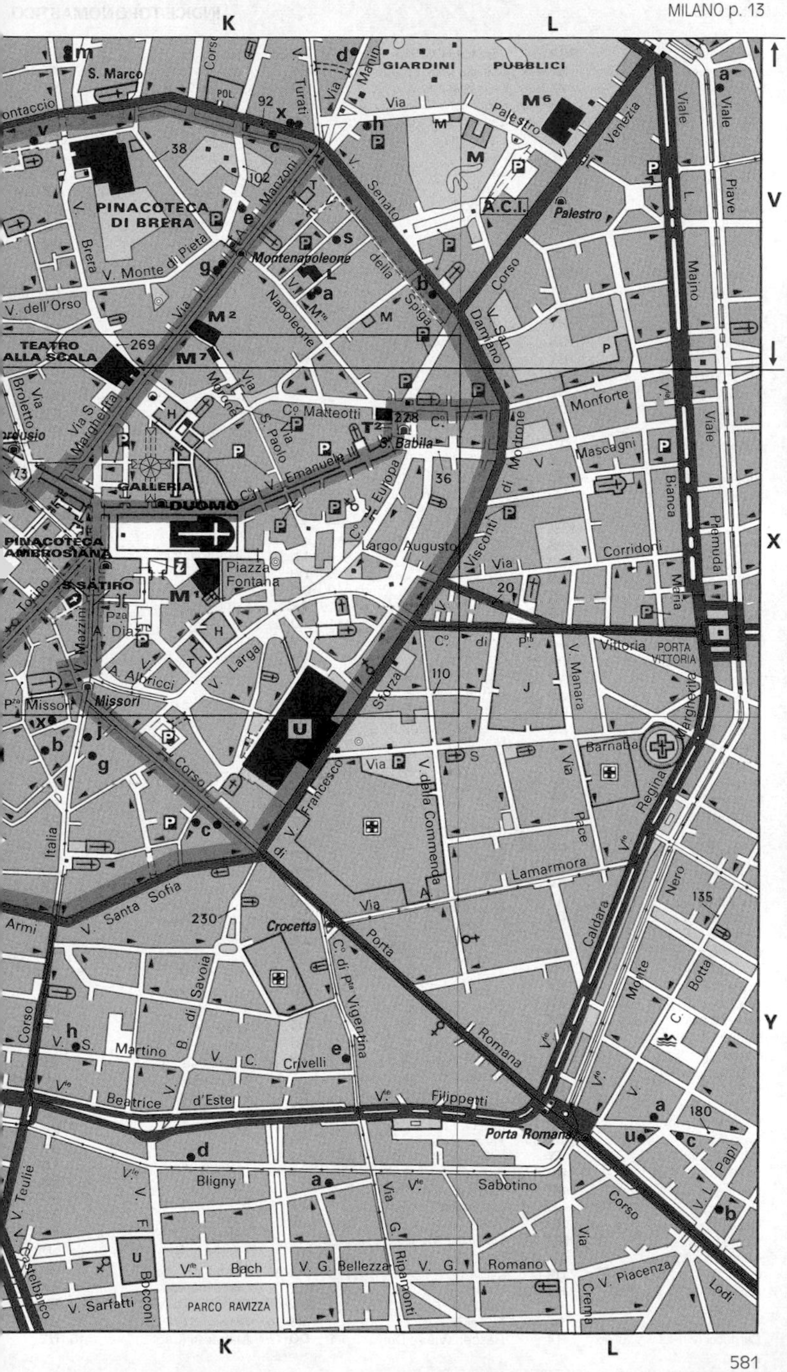

K
L

S. Marco
GIARDINI
PUBBLICI
V. Turati
Via Manin
Via Palestro
M[6]
POL
92
Corso
V. Senato
Venezia
Viale
Viale Piave
38
102
Manzoni
PINACOTECA DI BRERA
A.C.I.
Palestro
V. Brera
V. Monte di Pietà
Montenapoleone
V. della Spiga
Corso
V. dell'Orso
Napoleone
V. San Damiano
Maino
V
TEATRO ALLA SCALA
269
M[2]
M[7]
Via Morone
Via Brolletto
Via S. Margherita
Cordusio
Cº Matteotti
228
Cº
S. Babila
V. S. Paolo
Cº V. Emanuele II
Monforte
Viale
Mascagni
36
Cº Europa
V. di Modrone
V. Bianca
GALLERIA
DUOMO
73
PINACOTECA AMBROSIANA
Largo Augusto
Visconti
Premuda
X
Corridoni
Piazza Fontana
Via
V. Torino
S. SATIRO
M[1]
20
Maria
Pza A. Diaz
V. Mazzini
Cº di Pta Vittoria
PORTA VITTORIA
V. Larga
110
V. Manara
V. A. Albricci
Sforza
J
Pza Missori
Missori
U
Margherita
Barnaba
Via Francesco
Via
V. della Commenda
Via Pace
Regina
Corso
Italia
di
Lamarmora
Vle
Nero
V. Armi
V. Santa Sofia
230
Via
Crocetta
Cº di Pta Vigentina
Porta
135
Caldara
Monte
Botta
Corso
Savoia
Romana
Y
C.
B. di
V. S. Martino
V. C. Crivelli
Vle
Vle Beatrice d'Este
Vle Filippetti
V.
180
Porta Romana
Vle Bligny
Vle Sabotino
Via G. Ripamonti
V. L. Papi
V. V. Teulié
V. F.
Corso
Via Crema
V. Castelbarco
U
Vle Bach
V. G. Bellezza
V. G. Romano
V. Piacenza
V. Sarfatti
Bocconi
PARCO RAVIZZA
Lodi

K
L

MILANO

Albricci (V. A.) . . . . **MZ** 3
Arcivescovado (V.) . . . . **MNZ** 10
Augusto (Largo) . . . . **NZ** 12
Baracchini (V.) . . . . **MZ** 17
Bergamini (V.) . . . . **NZ** 27
Borgogna (V.) . . . . **NZ** 36
Cantù (V. C.) . . . . **MZ** 48
Cordusio (Pza) . . . . **MZ** 73
Edison (Pza) . . . . **MZ** 83
Festa del Perdono (V.) . . . . **NZ** 93
Gonzaga (V.) . . . . **MZ** 104
Laghetto (V.) . . . . **NZ** 120
Manzoni (V. A.) . . . . **MZ** 140
Marconi (V.) . . . . **MZ** 144
Marino (Pza) . . . . **MZ** 147
Mengoni (V.) . . . . **MZ** 153
Mercanti (Pza) . . . . **MZ** 155
Mercanti (V.) . . . . **MZ** 156
Missori (Pza) . . . . **MZ** 162
Monforte (Cso) . . . . **NZ** 168
Monte Napoleone (V.) . . . . . **NZ** 171
Morone (V.) . . . . **MNZ** 176
Orefici (V.) . . . . **MZ** 188
Pattari (V.) . . . . **NZ** 197
S. Clemente (NZ) . . . . **NZ** 231
S. Radegonda (V.) . . . . **MZ** 237
S. Stefano (Pza) . . . . **NZ** 240
Sforza (V. F.) . . . . **NZ** 248
Unione (V.) . . . . **MZ** 264
Verdi (V.) . . . . **MZ** 269
Verziere (V.) . . . . **NZ** 270
Visconti di Modrone (V.) . . . . **NZ** 275

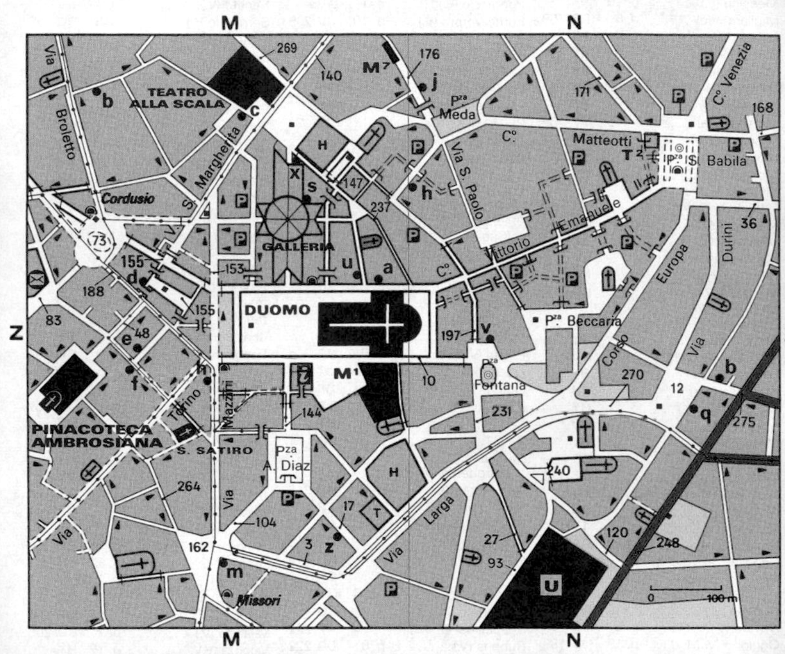

Scriveteci...
Le vostre critiche e i vostri apprezzamenti saranno esaminati con la massima attenzione.
Verificheremo personalmente gli esercizi che ci vorrete segnalare
Grazie per la collaborazione !

Elenco alfabetico degli alberghi e ristoranti

Q - R

S

T

U

V - W

Z

I prezzi del pernottamento e della pensione possono subire aumenti in relazione all'andamento generale del costo della vita ; quando prenotate chiedete la conferma del prezzo.

Spadari al Duomo, via Spadari 11 ✉ 20123 ☎ 02 72002371, *reservation@spadarihotel.com, Fax 02 861184* – |‡|, ⇔ cam, ▤ TV ☎. AE $ ⓓ ⓞ VISA JCB. ✂ MZ f
chiuso a Natale – **Pasto** solo snack – **40 cam** ☐ 238/268, suite.
◆ Compie 10 anni il primo albergo d'arte in Italia: piccolo, elegante e di atmosfera esclusiva, ospita una pregevole raccolta di opere d'arte contemporanea e di design.

Cavour, via Fatebenefratelli 21 ✉ 20121 ☎ 02 620001, *booking@hotelcavour.it, Fax 02 6592263* – |‡|, ⇔ cam, ▤ TV ☎ – 🔔 80. AE $ ⓓ ⓞ VISA JCB. ✂ KV x
chiuso dal 24 dicembre al 6 gennaio ed agosto – **Pasto** vedere rist ***Conte Camillo*** – **113 cam** ☐ 205/235, 5 suites.
◆ Un'ampia hall con colonne introduce in una risorsa gestita da decenni da una famiglia storica dell'hotellerie milanese; di ottimo livello le camere, rinnovate di recente.

Dei Cavalieri, piazza Missori 1 ✉ 20123 ☎ 02 88571, *hc@hoteldeicavalieri.com, Fax 02 72021683* – |‡|, ⇔ cam, ▤ TV ☎ – 🔔 250. AE $ ⓓ ⓞ VISA JCB. ✂ MZ m
Pasto carta 46/71 – **177 cam** ☐ 282/366, 3 suites.
◆ L'hotel, che nel 1999 ha compiuto 50 anni di vita, ha zone comuni non amplissime, ma un settore notte razionale, ristrutturato di recente; bella terrazza panoramica. Il ristorante dispone di signorili spazi di impostazione classica.

Regina senza rist, via Cesare Correnti 13 ✉ 20123 ☎ 02 58106913, *info@hotelregina.it, Fax 02 58107033* – |‡| ▤ TV ♿ – 🔔 40. AE $ ⓓ ⓞ VISA JCB JY a
chiuso dal 23 dicembre al 7 gennaio ed agosto – **43 cam** ☐ 185/250.
◆ La corte di un edificio settecentesco, coperta da una piramide di vetro, è diventata la hall di un albergo dagli interni di tono moderno; parquet nelle curate camere.

Carrobbio senza rist, via Medici 3 ✉ 20123 ☎ 02 89010740, *info@hotelcarrobbio.it, Fax 02 8053334* – |‡| ▤ TV ♿ – 🔔 30. AE $ ⓓ ⓞ VISA JCB JX d
chiuso dal 22 dicembre al 6 gennaio ed agosto – **56 cam** ☐ 180/256.
◆ In centro, ma in posizione appartata, un hotel funzionale di buon livello, rinnovato negli ultimi anni, offre camere ben equipaggiate, con arredi recenti.

Ascot senza rist, via Lentasio 3/5 ✉ 20122 ☎ 02 58303300, *info@hotelascotmilano.it, Fax 02 58303203* – |‡| ▤ TV ☎ – 🔔 75. AE $ ⓓ ⓞ VISA. ✂ KY c
chiuso dal 23 dicembre al 6 gennaio – **64 cam** ☐ 235/350.
◆ Nuova gestione solida e competente per un albergo centrale, dotato di comode zone comuni e di camere non ampie, ma confortevoli, con mobili recenti e dotazioni complete.

Manzoni senza rist, via Santo Spirito 20 ✉ 20121 ☎ 02 76005700, *info@hotelmanzoni.com, Fax 02 784212* – |‡| ▤ TV ☎ 🚗. AE $ ⓓ ⓞ VISA JCB. ✂ KV s
chiuso dal 24 dicembre al 4 gennaio e agosto – ☐ 15 – **49 cam** 120/163, 3 suites.
◆ Accoglienza familiare, come la gestione, in un hotel ben tenuto vicino a via Montenapoleone, con comodo garage privato; camere di taglio classico, sobrie ed essenziali.

Lloyd senza rist, corso di Porta Romana 48 ✉ 20122 ☎ 02 58303332, *info@lloydhotelmilano.it, Fax 02 58303365* – |‡| ▤ TV – 🔔 100. AE $ ⓓ ⓞ VISA JCB. ✂ KY c
chiuso dal 22 dicembre al 6 gennaio – **56 cam** ☐ 235/350, suite.
◆ Di fronte alla basilica di S.Nazaro Maggiore, un albergo che dopo la recente ristrutturazione presenta un buon livello di funzionalità e confort; piccole sale convegni.

Zurigo senza rist, corso Italia 11/a ✉ 20122 ☎ 02 72022260, *zurigo@brerahotels.it, Fax 02 72000013* – |‡| ▤ TV ☎. AE $ ⓓ ⓞ VISA JCB. ✂ KY j
chiuso dal 20 dicembre al 7 gennaio – **39 cam** ☐ 140/200.
◆ Vicino a piazza Missori, struttura d'epoca per una risorsa dagli interni recenti, con camere silenziose e ben accessoriate; a disposizione biciclette in uso gratuito.

Rovello senza rist, via Rovello 18 ✉ 20121 ☎ 02 86464654, *htlrovel@tin.it, Fax 02 72023656* – ▤ TV ☎. AE $ ⓓ ⓞ VISA. ✂ JV c
chiuso dal 23 al 29 dicembre – ☐ 15 – **15 cam** 108/186.
◆ Nella via dello storico Piccolo Teatro, al 1° piano di un immobile con accesso da una piccola corte, un alberghetto semplice, con stanze ben tenute e di buon confort.

Star senza rist, via dei Bossi 5 ✉ 20121 ☎ 02 801501, *information@hotelstar.it, Fax 02 861787* – |‡| ▤ TV. AE $ ⓓ ⓞ VISA JCB. ✂ MZ b
chiuso dal 24 dicembre al 6 gennaio ed agosto – **30 cam** ☐ 120/165.
◆ Gestione diretta attenta e interessata, costante sforzo di rinnovamento e accoglienza cordiale in un hotel centralissimo, semplice, ma dignitoso e ben tenuto.

Antica Locanda dei Mercanti senza rist, via San Tomaso 6 ✉ 20121 ☎ 02 8054080, *locanda@locanda.it, Fax 02 8054090* – AE $ ⓞ VISA. ✂ JX a
☐ 9 – **14 cam** 160/250.
◆ Un indirizzo signorile e accogliente, con camere personalizzate, di un'eleganza essenziale, curate nella scelta dei tessuti, alcune hanno terrazzino e vista sui tetti.

Savini, galleria Vittorio Emanuele II ✉ 20121 ☎ 02 72003433, *savini@thi.it, Fax 02 72022888,* Locale storico-gran tradizione, prenotare – ▤. AE $ ⓓ ⓞ VISA JCB MZ s
chiuso dal 1° al 6 gennaio, dal 6 al 27 agosto e domenica – **Pasto** carta 53/75 (12 %).
◆ Nella prestigiosa Galleria milanese, lusso d'altri tempi, tra velluti rosso porpora, lampadari di cristallo e specchiere, in un locale storico di grande tradizione.

XXXX ✿✿ **Cracco-Peck,** via Victor Hugo 4 ✉ 20123 ☎ 02 876774, *cracco-peck@peck.it, Fax 02 876774*, Coperti limitati; prenotare – ▤. AE ⓢ ⓓ MC VISA JCB. ✂ MZ e
chiuso dal 22 dicembre al 10 gennaio, tre settimane in agosto, domenica e sabato a mezzogiorno; tutto il giorno dal 15 giugno ad agosto – **Pasto** carta 69/115.
◆ Un mitico nome della gastronomia milanese e un famoso chef: un binomio di successo per un ristorante tutto nuovo; eleganza classica, servizio perfetto e cucina ai vertici.
Spec. Musetto di maiale con scampi e pomodori verdi. Risotto allo zafferano con midollo. Vitello impanato alla milanese con pomodoro e zucchine.

XXXX **Il Teatro** - Hotel Four Seasons, via Gesù 8 ✉ 20121 ☎ 02 77088, *milano@fourseasons.com*, prenotare – ▤. AE ⓢ ⓓ MC VISA JCB. ✂ KV a
chiuso agosto, domenica e a mezzogiorno – **Pasto** carta 56/90.
◆ Ambiente esclusivo ed estremamente elegante nel ristorante accolto nei meravigliosi ambienti dell'hotel Four Seasons. La cucina si afferma attraverso interpretazioni creative.

XXX **Don Carlos** - Grand Hotel et de Milan, via Manzoni 29 ✉ 20121 ☎ 02 72314640, *banqueting@grandhoteletdemilan.it, Fax 02 86460861*, Soupers, prenotare – ▤. AE ⓢ ⓓ MC VISA JCB KV g
chiuso agosto e a mezzogiorno – **Pasto** carta 74/99.
◆ Atmosfera raccolta e di lusso raffinato, con boiserie, applique rosse e tanti quadri e foto dell'epoca di Verdi; curati piatti stagionali, milanesi e d'impronta creativa.

XXX **Conte Camillo** - Hotel Cavour, via Fatebenefratelli 21 (galleria di Piazza Cavour) ✉ 20121 ☎ 02 6570516, *booking@hotelcavour.t, Fax 02 6592263* – ▤. AE ⓢ ⓓ MC VISA JCB. ✂ KV x
chiuso dal 24 dicembre al 6 gennaio, agosto e domenica – **Pasto** carta 37/49.
◆ Servizio attento e un'elegante sala classica, intima e accogliente, dove gustare cucina di tradizione elaborata in chiave moderna, con proposte di «itinerari a tema».

XXX **Marino alla Scala,** piazza della Scala 5 (palazzo Trussardi) ✉ 20121 ☎ 02 80688201, *ristorante@marinoallascala.it, Fax 02 80688287*, prenotare – ⇅ ▤. AE ⓢ ⓓ MC VISA MZ c
chiuso dal 25 dicembre al 6 gennaio, due settimane in agosto, sabato a mezzogiorno e domenica – **Pasto** carta 34/83.
◆ Tradizione e innovazione si amalgamano nel curato ambiente di design e nelle proposte culinarie di un raffinato ristorante nel palazzo accanto al teatro simbolo di Milano.

XXX **Antico Ristorante Boeucc,** piazza Belgioioso 2 ✉ 20121 ☎ 02 76020224, *Fax 02 796173*, prenotare – ▤. AE. ✂ NZ j
chiuso dal 24 dicembre al 2 gennaio, dal 13 al 17 aprile, agosto, sabato e domenica a mezzogiorno – **Pasto** carta 50/66.
◆ Nelle ex scuderie del settecentesco Palazzo Belgioioso, un elegante locale storico d'Italia, da 300 anni prestigioso ritrovo dell'élite meneghina; cucina tradizionale.

XX **Armani/Nobu,** via Pisoni 1 ✉ 20121 ☎ 02 62312645, *Fax 02 62312674*, prenotare – ⚹ ▤. AE ⓢ ⓓ MC VISA JCB. ✂ KV e
chiuso dal 25 dicembre al 7 gennaio, agosto, domenica e i mezzogiorno di lunedì – **Pasto** cucina giapponese con influenza sudamericana carta 48/76 (10 %).
◆ Un esotico connubio tra moda e gastronomia: cucina giapponese «fusion», con influssi sudamericani, in un raffinato ambiente essenziale, ispirato al design nipponico.

XX **Bistrot Duomo,** via San Raffaele 2 (7° piano Rinascente Duomo) ✉ 20121 ☎ 02 877120, *bistrotduomo@gmristorazione.it, Fax 02 877035*, ⛱, prenotare – ⇅ ▤. AE ⓢ ⓓ MC VISA JCB MZ a
chiuso dal 5 al 25 agosto, domenica e lunedì a mezzogiorno – **Pasto** carta 44/60.
◆ Affascinante incontro ravvicinato con le gotiche guglie del Duomo, sia dalla sala che dalla bella terrazza panoramica, gustando un'equilibrata cucina di impronta moderna.

XX **Nabucco,** via Fiori Chiari 10 ✉ 20121 ☎ 02 860663, *info@nabucco.it, Fax 02 8361014*, prenotare – ▤. AE ⓢ ⓓ MC VISA JCB KV v
Pasto carta 42/61 (10 %).
◆ In una caratteristica viuzza del quartiere Brera, interessanti proposte gastronomiche, sia di carne che di pesce, in un locale dove la sera si cena a lume di candela.

XX **Tandur,** via Maddalena 3/5 ✉ 20122 ☎ 02 8056192, *Fax 02 89010737*, prenotare – ▤. AE ⓢ ⓓ MC VISA KY g
chiuso domenica a mezzogiorno e lunedì – **Pasto** cucina indiana carta 26/37.
◆ Piatti tipici dell'India in un piacevole ristorante d'atmosfera signorile, dove da un paio d'anni due signore indiane propongono l'autentica cucina del loro paese.

XX **L'Assassino,** via Amedei 8, angolo via Cornaggia ✉ 20123 ☎ 02 8056144, *Fax 02 86467374*, prenotare – ▤. AE ⓢ MC VISA KY x
chiuso dal 23 dicembre al 2 gennaio, venerdì sera e sabato in luglio-agosto, lunedì negli altri mesi – **Pasto** carta 34/47.
◆ Nel palazzo Recalcati, un locale classico della città, sempre molto animato; la cucina, di terra e di mare, segue la tradizione; le paste sono fresche e fatte in casa.

XX **La Felicità,** via Rovello 3 ✉ 20121 ✆ 02 865235, *Fax 02 865235*, Rist. cinese – ▤. AE ⑤ ⓓ ⓜ VISA JCB. ✗ JX a
Pasto 15/20 e carta 19/26.
◆ Cucina cantonese e d'ispirazione vietnamita, tailandese e coreana in un curato ambiente dai raffinati riferimenti orientali; più raccolta e romantica la zona soppalcata.

XX **Alla Collina Pistoiese,** via Amedei 1 ✉ 20123 ✆ 02 877248, *Fax 02 877248* – ▤. AE ⑤ ⓓ ⓜ VISA KY b
chiuso dal 24 dicembre al 2 gennaio, Pasqua, dal 10 al 20 agosto, venerdì e sabato a mezzogiorno – **Pasto** carta 36/57.
◆ Ambiente vecchia Milano in uno storico locale di tradizione, gestito dalla stessa famiglia dal 1938; cucina di respiro nazionale, con specialità toscane e milanesi.

XX **Al Mercante,** piazza Mercanti 17 ✉ 20123 ✆ 02 8052198, *Fax 02 86465250*, ☂ – ▤. AE ⑤ ⓓ ⓜ VISA MZ d
chiuso dal 1° al 7 gennaio, dal 1° al 27 agosto e domenica – **Pasto** carta 36/43.
◆ Vivace locale in una suggestiva, quieta piazzetta medievale, dove d'estate si svolge il gradevole servizio all'aperto; cucina del territorio e ricco buffet di antipasti.

X **La Tavernetta-da Elio,** via Fatebenefratelli 30 ✉ 20121 ✆ 02 653441, *tavernetta@enter.it, Fax 02 6597610* – ▤. AE ⑤ ⓓ ⓜ VISA JCB KV c
chiuso dal 24 dicembre al 2 gennaio, agosto, sabato a mezzogiorno, domenica e i giorni festivi – **Pasto** specialità toscane carta 30/40.
◆ Gestione consolidata, da oltre 40 anni, per un semplice ristorante, vivace e accogliente, frequentato da habitué; piatti classici e specialità toscane.

X **Hostaria Borromei,** via Borromei 4 ✉ 20123 ✆ 02 86453760, *Fax 02 86452178*, ☂, prenotare – AE ⑤ ⓓ ⓜ VISA. ✗ JX c
chiuso dal 24 dicembre al 7 gennaio, dall'8 agosto al 1° settembre, sabato a mezzogiorno e domenica – **Pasto** specialità mantovane carta 29/40.
◆ Nella corte di un edificio centrale, locale tipico con gradevole dehors estivo; la cucina, stagionale, segue la tradizione lombarda, in particolare mantovana.

X **La Brisa,** via Brisa 15 ✉ 20123 ✆ 02 86450521, *Fax 02 86450521* – AE ⑤ ⓓ ⓜ VISA. ✗
chiuso dal 23 dicembre al 3 gennaio, dall'8 agosto all' 8 settembre, sabato e domenica a mezzogiorno – **Pasto** carta 40/48.
◆ Di fronte ad un sito archeologico d'epoca romana, trattoria moderna con cucina anche del territorio; d'estate la veranda si apre nel giardino per il servizio all'aperto.

X **Trattoria Torre di Pisa,** via Fiori Chiari 21/5 ✉ 20121 ✆ 02 874877, *Fax 02 804483* – ▤. AE ⑤ ⓓ ⓜ VISA. ✗ JV b
chiuso sabato a mezzogiorno e domenica – **Pasto** specialità cucina toscana carta 35/41.
◆ Una familiare trattoria toscana, nel cuore del caratteristico quartiere di Brera. A prezzi concorrenziali la possibilità di assaporare la cucina della terra di Dante.

X **Papà Francesco,** via Marino 7 angolo piazza della Scala ✉ 20121 ✆ 02 862177, *papafrancesco@tiscalinet.it, Fax 02 45409112*, ☂ – ▤. ⑤ ⓓ ⓜ VISA JCB. ✗ MZ x
chiuso dal 1° al 20 gennaio, lunedì e martedì a mezzogiorno – **Pasto** carta 35/70.
◆ Gestione di lunga esperienza in questo locale nei pressi di Piazza della Scala: sala da pranzo ben illuminata, decorata con foto di personaggi famosi; ideale come dopo teatro.

X **L'Albero del Pepe,** Largo Augusto 7 ✆ 02 76000657, *Fax 02 76000657*, Rist. e pizzeria – ▤. AE ⑤ ⓓ ⓜ VISA JCB. ✗ NZ b
chiuso dal 10 al 26 agosto e domenica – **Pasto** carta 28/41.
◆ A due passi dal Duomo, nel cuore della città, un ristorante di grandi dimensioni che propone una buona gamma di piatti e pizze a prezzi contenuti. Per chi «va di fretta».

Centro Direzionale

via della Moscova, via Solferino, via Melchiorre Gioia, viale Zara, via Carlo Farini **(Pianta : Milano p. 10 11 12 e 13)**

Grand Hotel Verdi, via Melchiorre Gioia 6 ✉ 20124 ✆ 02 62371, *mail@grandhotelverdi.com, Fax 02 6237050* – |♦| ▤ TV ✆ ⇔ – 🏛 25. AE ⑤ ⓓ ⓜ VISA JCB KU n
chiuso dall'11 al 24 agosto – **Pasto** carta 45/61 – **96 cam** ☐ 299/316, 3 suites – ½ P 193.
◆ Rosso antico è il colore dominante negli interni, moderni, ma con richiami d'arredamento al Teatro alla Scala, di una nuova struttura dalle installazioni di alta qualità. Cucina di buon livello nell'elegante ristorante dove ricorrono i colori rosso e bianco.

Executive, viale Luigi Sturzo 45 ✉ 20154 ✆ 02 62942807, *prenotazioni@hotel-executive.com, Fax 02 62942713* – |♦|, ⇔ cam, ▤ TV ✆ – 🏛 800. AE ⑤ ⓓ ⓜ VISA JCB. ✗ KU e
Pasto carta 38/59 – **414 cam** ☐ 264/304, 6 suites.
◆ Di fronte alla stazione Garibaldi, un grande albergo anni '70, con centro congressi ben attrezzato (18 sale); piacevoli e luminose le camere, in parte ristrutturate. Elegante sala ristorante di taglio moderno arredata in stile lineare.

UNA Hotel Tocq, via A. de Tocqueville 7/D ✉ 20154 ✆ 02 62071, *una.tocq@unahotels.it, Fax 02 6570780* – |♦| ▤ TV ✆ – 🏛 110. AE ⑤ ⓓ ⓜ VISA JCB. ✗ KU k
Pasto carta 33/43 – **122 cam** ☐ 323/380, suite.
◆ Sofisticato design e tecnologia moderna sono il perno di una struttura dagli arredi volutamente minimalisti, non «invadenti», che rispondono alle esigenze contemporanee. Sala principale del ristorante dai colori solari e parquet di quercia danese naturale.

Four Points Sheraton Milan Center, via Cardano 1 ✉ 20124 ✆ 02 667461, *booking @fourpointsmilano.it, Fax 02 6703024*, – |‡|, ✈ cam, ▤ TV ✆ ♿ – 🏛 180. AE ⑤ ① ⑩ VISA JCB. ✂ rist KT b
Pasto carta 32/54 – ☕ 15 – **195 cam** 250/310, 10 suites.
◆ All'interno di una struttura architettonica recente troverete arredi di sobria eleganza nei riposanti spazi comuni; belle camere confortevoli, tutte completamente rinnovate. Grandi vetrate nella luminosa e raffinata sala ristorante arredata con gusto.

Sunflower senza rist, piazzale Lugano 10 ✉ 20158 ✆ 02 39314071, *sunflower.hotel@tiscalinet.it, Fax 02 39320377* – |‡| ▤ TV ♿ 🚗 – 🏛 100. AE ⑤ ① ⑩ VISA JCB. ✂ EQ c
chiuso dal 24 dicembre al 6 gennaio e dal 5 al 27 agosto – ☕ 10,33 – **55 cam** 123,95/175,60.
◆ Una delle più recenti realizzazioni in città, solida e sobria struttura di pratica funzionalità e buon confort; camere con arredi di legno e pavimenti di ceramica.

Antica Locanda Solferino senza rist, via Castelfidardo 2 ✉ 20121 ✆ 02 6570129, *info @anticalocandasolferino.it, Fax 02 6571361* – TV. AE ⑤ ⑩ VISA. ✂ KU c
chiuso dal 5 al 20 agosto – **11 cam** ☕ 140/170.
◆ In una delle vie più «in», vicino a Brera, calda atmosfera e arredi inizio '900 nelle camere di una dimora signorile e di charme: ottima alternativa al classico hotel.

Santini, via San Marco 3 ✉ 20121 ✆ 02 6555587, *info@ristorantesantini.it, Fax 02 6592589* – ▤ 🚗. AE ⑤ ① ⑩ VISA JCB KV m
chiuso dal 9 al 25 agosto, sabato a mezzogiorno e domenica – **Pasto** 30 bc (solo a mezzogiorno) carta 63/78.
◆ Elegante locale di concezione e design moderni, che dispone anche di due salette più classiche d'atmosfera; la cucina approccia con fantasia sapori e abbinamenti.

Casa Fontana-23 Risotti, piazza Carbonari 5 ✉ 20125 ✆ 02 6704710, *trattoria@23risotti.it, Fax 02 66800465*, Coperti limitati; prenotare – ▤. AE ⑤ ① ⑩ VISA. ✂ FQ d
chiuso dal 1° al 6 gennaio, Natale, Pasqua, agosto, lunedì, sabato a mezzogiorno e in luglio anche sabato sera e domenica – **Pasto** specialità risotti carta 31/41.
◆ Val la pena spingersi fino a questo piccolo e accogliente locale periferico e aspettare i canonici 25 minuti per assaggiare uno dei risotti che sono la specialità.

Alla Cucina delle Langhe, corso Como 6 ✉ 20154 ✆ 02 6554279, *Fax 02 29006859* – ✈ ▤. AE ⑤ ① ⑩ VISA JCB. ✂ KU d
chiuso agosto, domenica e in luglio anche sabato – **Pasto** specialità lombarde e piemontesi carta 41/51.
◆ Bella trattoria di taglio caratteristico, la cui atmosfera tipica è consona alla linea gastronomica: piatti di solida tradizione, con specialità lombarde e piemontesi.

Antica Osteria il Calessino, via Thaon de Revel 9 ✉ 20159 ✆ 02 6684935, *Fax 02 6684935*, 🌳, Musica dal vivo e cabaret – ▤. AE ⑤ ① ⑩ VISA FQ m
chiuso dal 1° al 10 gennaio, lunedì e a mezzogiorno – **Pasto** carta 48/67.
◆ Soffitti di legno in un ambiente rustico d'atmosfera, allietato tutte le sere da musica dal vivo e cabaret; d'estate si cena in cortile; cucina d'impronta lombarda.

Rigolo, largo Treves ang. via Solferino 11 ✉ 20121 ✆ 02 86463220, *ristorante.rigolo@tiscalinet.it, Fax 02 86463220*, Rist. d'habitués – ✈ ▤. AE ⑤ ① ⑩ VISA. ✂ KU b
chiuso agosto e lunedì – **Pasto** carta 29/42.
◆ Gestito dalla stessa famiglia da oltre 40 anni, rimodernato di recente, è un ristorante d'habitué, in una zona molto «in» del centro, con piatti di terra e di mare.

Antica Trattoria della Pesa, viale Pasubio 10 ✉ 20154 ✆ 02 6555741, *Fax 02 29006859*, Tipica trattoria vecchia Milano – ▤. AE ⑤ ① ⑩ VISA JCB. ✂ JU s
chiuso domenica – **Pasto** cucina lombarda carta 48/64.
◆ Piacevole atmosfera démodé in una tipica trattoria vecchia Milano, locale storico d'Italia, con una cucina da sempre fedele alle tradizioni cittadine e lombarde.

Serendib, via Pontida 2 ✉ 20121 ✆ 02 6592139, *Fax 02 6592139*, prenotare – ▤. ⑤ ⑩ VISA JU b
chiuso dal 10 al 20 agosto e a mezzogiorno – **Pasto** cucina indiana e cingalese 13/18 e carta 24/27.
◆ Fedeltà alle origini sia nelle decorazioni che nella cucina, indiana e cingalese, di un piacevole locale che porta l'antico nome dello Sri Lanka («rendere felici»).

Fuji, viale Montello 9 ✉ 20154 ✆ 02 29008349, Rist. giapponese, prenotare – ▤. ⑤ ① ⑩ VISA JCB. ✂ JU a
chiuso dal 24 dicembre al 2 gennaio, Pasqua, dal 1° al 23 agosto, domenica e a mezzogiorno – **Pasto** carta 34/58.
◆ Azzeccata «joint venture» tra un italiano e un nipponico per condurre da quasi 10 anni un ristorante giapponese, sobrio e senza fronzoli; annesso anche un sushi bar.

Timè, via San Marco 5 ✉ 20121 ✆ 02 29061051, *Fax 02 29061051* – ▤. AE ⑤ ⑩ VISA KU x
chiuso agosto, da Natale al 6 gennaio, sabato a mezzogiorno e domenica – **Pasto** carta 37/47.
◆ La sala è ariosa, gli spazi dinamici e gli arredi fondono con gusto elementi classici a spunti più attuali. Il servizio attento e pronto a raccontare l'affidabile cucina.

Stendhal Antica Osteria, via Ancona angolo via San Marco ✉ 20121 ☎ 02 6572059, *Fax 02 6592589,* – . KV m

Pasto carta 37/53.

◆ Una semplice signorilità contraddistingue l'ambiente di questo piacevole ristorante costituito da una sala raccolta, con un caratteristico bancone bar in legno.

Stazione Centrale

corso Buenos Aires, via Vittor Pisani, piazza della Repubblica **(Pianta : Milano p. 9 11 e 13)**

Principe di Savoia, piazza della Repubblica 17 ✉ 20124 ☎ 02 62301, *principe@hotelprincipedisavoia.com, Fax 02 6595838,* , , – , – 700. . KU a

Pasto al Rist. ***Galleria*** carta 76/99 – 46 – **404 cam** 651/814, 63 suites.

◆ Una fastosa opulenza regna negli interni di questo scrigno di pregiati arredi d'epoca, dove tutto è studiato per i gusti più raffinati; regale suite con piscina privata. Ristorante di un lusso, principesco, con preziosi mobili e oggetti d'epoca.

The Westin Palace, piazza della Repubblica 20 ✉ 20124 ☎ 02 63361, *westin.palacemilan@westin.com, Fax 02 654485,* – , cam, – 250. . rist LU b

Pasto al Rist. ***Casanova Grill*** *(chiuso agosto)* prenotare carta 68/82 – 39 – **228 cam** 443/594, 7 suites.

◆ Una moderna torre cela al suo interno broccati, dorature, boiserie e preziosi dettagli che arredano i sontuosi e opulenti spazi in stile di un hotel di altissimo livello. Tavoli distanziati, divanetti, toni morbidi, atmosfera ovattata nell'elegante ristorante.

Excelsior Gallia, piazza Duca d'Aosta 9 ✉ 20124 ☎ 02 67851, *sales@excelsiorgallia.it, Fax 02 66713239,* , – , cam, – 700. . rist LT a

Pasto 49 – 33 – **237 cam** 445/545, 13 suites.

◆ Accanto alla stazione centrale, si erge dal 1932 un gigante dell'hotellerie milanese, simbolo di ospitalità discreta, sobrio lusso rigoroso e prestigiose frequentazioni. Ristorante dalla raffinata atmosfera, all'altezza della blasonata struttura che lo ospita.

Hilton Milan, via Galvani 12 ✉ 20124 ☎ 02 69831, *sales.milan@hilton.com, Fax 02 66710810* – , cam, – 180. . LT c

Pasto carta 46/58 – 26 – **319 cam** 455/475.

◆ Dopo la recente, accurata opera di rinnovo, è ora una struttura moderna nel confort e nelle installazioni, sia nelle zone comuni che nelle camere; nuovo centro congressi. Sala ristorante d'ispirazione contemporanea.

Starhotel Ritz, via Spallanzani 40 ✉ 20129 ☎ 02 2055, *ritz.mi@starhotels.it, Fax 02 29518679* – , cam, – 180. . GR a

Pasto al Rist ***La Loggia*** carta 55/65 – **195 cam** 259/319, 6 suites.

◆ Centrale, ma tranquillo, hotel recente, che si è rinnovato negli ultimi anni e offre sia negli ampi spazi comuni che nelle camere un ottimo livello di finiture e confort.

UNA Hotel Century, via Fabio Filzi 25/b ✉ 20124 ☎ 02 675041, *una.century@unahotels.it, Fax 02 66980602,* – , cam, – 80. . LT f

Pasto carta 31/49 – 144 suites 315/370.

◆ Una torre di 17 piani, ex residence, è diventata un albergo moderno, con ottime installazioni; le camere, tutte suites, hanno zona soggiorno separabile da quella notte. Atmosfera rilassante nell'elegante sala da pranzo.

Michelangelo, via Scarlatti 33 ang. piazza Luigi di Savoia ✉ 20124 ☎ 02 67551, *michelangelo@milanhotel.it, Fax 02 6694232* – , cam, – 500. . rist LT s

Pasto carta 47/58 – **303 cam** 280/330, 10 suites – ½ P 240.

◆ Una delle strutture cittadine più funzionali ha stanze di sobria eleganza, spaziose e modernamente attrezzate; ottimo spazio congressuale con sale modulari e polivalenti. Sala ristorante dall'ambiente raffinato.

Jolly Hotel Touring, via Tarchetti 2 ✉ 20121 ☎ 02 6335, *milano_touring@jollyhotels.it, Fax 02 6592209* – , cam, – 120. . KU f

Pasto al Rist. ***Amadeus*** carta 34/48 – **282 cam** 250/310, 7 suites.

◆ Tra piazza della Repubblica e i giardini di via Palestro, hotel di ottimo livello, vocato al lavoro congressuale e con gruppi; curate le camere, in gran parte rinnovate. Ambiente raccolto di stile classico, con moquette e tavoli rotondi, nel ristorante.

Sheraton Diana Majestic, viale Piave 42 ✉ 20129 ☎ 02 20581 e rist ☎ 02 20582033, *sheraton.diana.majestic@starwood.com, Fax 02 20582058,* , , – , cam, – 180. . LV a

Pasto al Rist. ***Il Milanese Curioso*** carta 39/72 – 36 – **107 cam** 388/450, suite.

◆ Atmosfera e stile del primo '900 e confort moderni negli interni di uno storico albergo cittadino, recentemente ristrutturato e potenziato; bello il giardino ombreggiato. Ristorante elegante, che d'estate offre servizio all'aperto.

Jolly Hotel Machiavelli, via Lazzaretto 5 ✉ 20124 ☎ 02 631141 e rist ☎ 02 63114921, *machiavelli@jollyhotels.it, Fax 02 6599800* – |‡|, ⅌ cam, ▤ TV ☎ ♿ – 🏛 80. AE ⓢ ⓞ ⓜ VISA JCB **LU** a
Pasto al Rist. ***Caffè Niccolò*** carta 37/52 – **103 cam** ☕ 216/256 – ½ P 143.
◆ Un arioso e armonico «open space», che ingloba tutte le zone comuni, introduce in una nuova struttura di moderna concezione e confort completo; caldi arredi nelle camere. Signorile ambiente stile bistrot al ristorante; angolo enoteca per degustazione vini.

Doria Grand Hotel, viale Andrea Doria 22 ✉ 20124 ☎ 02 67411411, *info@doriagrandhotel.it, Fax 02 6696669* – |‡|, ⅌ cam, ▤ TV ☎ ♿ – 🏛 120. AE ⓢ ⓞ ⓜ VISA JCB. ⅌ **GQ** x
Pasto *(chiuso dal 24 dicembre al 6 gennaio e dal 27 luglio al 23 agosto)* carta 40/67 – **118 cam** ☕ 305/400, 2 suites – ½ P 230.
◆ Gestione attenta all'intrattenimento degli ospiti in un hotel nuovo e confortevole, con arredi primo Novecento negli eleganti spazi comuni; calde tinte soft nelle stanze. Boiserie di legno chiarissimo e specchiere nella raffinata sala ristorante.

Manin, via Manin 7 ✉ 20121 ☎ 02 6596511, *info@hotelmanin.it, Fax 02 6552160*, 🌳 – |‡| ▤ TV ☎ – 🏛 100. AE ⓢ ⓞ ⓜ VISA JCB. ⅌ rist **KV** d
chiuso dal 6 al 29 agosto – **Pasto** al Rist. ***Il Bettolino*** *(chiuso sabato)* carta 32/46 – **112 cam** ☕ 175/230, 6 suites – ½ P 155.
◆ Raro e inaspettato il giardino con platani in un albergo centrale dall'esistenza quasi centenaria e rimodernato negli ultimi anni; camere classiche di ottimo livello. Ambiente raccolto e raffinato nel gradevole ristorante dai colori caldi.

Bristol senza rist, via Scarlatti 32 ✉ 20124 ☎ 02 6694141, *hotel.bristol@comm2000.it, Fax 02 6702942* – |‡| ▤ TV ☎ – 🏛 60. AE ⓢ ⓞ ⓜ VISA. ⅌ **LT** m
chiuso dal 24 dicembre al 2 gennaio ed agosto – **68 cam** ☕ 150/200.
◆ Accoglienti spazi comuni arredati con buon gusto e pezzi antichi, camere di stile classico dotate di ogni confort in un hotel a pochi passi dalla stazione centrale.

Sanpi senza rist, via Lazzaro Palazzi 18 ✉ 20124 ☎ 02 29513341, *info@hotelsanpimilano.it, Fax 02 29402451*, 🌳 – |‡|, ⅌ cam, ▤ TV ♿ 🚗 – 🏛 30. AE ⓢ ⓞ ⓜ VISA JCB. ⅌ **LU** e
chiuso dal 24 dicembre al 2 gennaio e dal 9 al 25 agosto – **79 cam** ☕ 235/295.
◆ Particolare cura dei dettagli d'arredo nelle luminose zone comuni, affacciate su un grazioso giardino, di una piacevole struttura moderna; tinte pastello nelle camere.

Auriga senza rist, via Pirelli 7 ✉ 20124 ☎ 02 66985851, *auriga@auriga-milano.com, Fax 02 66980698* – |‡|, ⅌ cam, ▤ TV ☎ – 🏛 25. AE ⓢ ⓞ ⓜ VISA JCB. ⅌ **LTU** k
chiuso dal 24 dicembre al 2 gennaio ed agosto – **52 cam** ☕ 190/250.
◆ Di indubbio effetto scenografico il mix di stili e colori che impronta questo albergo, dalla eclatante facciata agli stravaganti interni comuni alle più classiche camere.

Mediolanum senza rist, via Mauro Macchi 1 ✉ 20124 ☎ 02 6705312, *info@mediolanumhotel.com, Fax 02 66981921* – |‡| ▤ TV ☎. AE ⓢ ⓞ ⓜ VISA JCB. ⅌ **LU** n
51 cam ☕ 225/285, suite.
◆ Accoglienza cordiale in un comodo hotel ben tenuto, gestito direttamente dal proprietario; ristrutturato pochi anni fa, ha camere sobrie e funzionali, con arredi recenti.

Augustus senza rist, via Napo Torriani 29 ✉ 20124 ☎ 02 66988271, *info@augustushotel.it, Fax 02 6703096* – |‡| ▤ TV. AE ⓢ ⓞ ⓜ VISA JCB **LU** q
chiuso dal 23 al 28 dicembre e dal 1° al 18 agosto – **56 cam** ☕ 165/215.
◆ In una via ad alta densità alberghiera vicino alla stazione centrale, un albergo con confortevoli spazi comuni e camere accoglienti, dai toni morbidi, tranquillissime.

Atlantic senza rist, via Napo Torriani 24 ✉ 20124 ☎ 02 6691941, *booking@atlantichotel.it, Fax 02 6706533* – |‡| ▤ TV ☎ 🚗 – 🏛 25. AE ⓢ ⓞ ⓜ VISA JCB. ⅌ **LU** h
62 cam ☕ 160/250.
◆ Nelle adiacenze della stazione centrale, una funzionale risorsa di taglio classico e buon confort; camere spaziose e abbastanza tranquille, con installazioni complete.

Galles, via Ozanam 1 ang. corso Buenos Aires ✉ 20124 ☎ 02 204841, *reception@galles.it, Fax 02 2048422*, 🏋, ≘s – |‡|, ⅌ cam, ▤ TV ☎ – 🏛 120. AE ⓢ ⓞ ⓜ VISA JCB. ⅌ rist **GR** m
Pasto *(chiuso domenica)* carta 40/70 – **150 cam** ☕ 268/375, 5 suites.
◆ In un palazzo d'epoca in una zona commerciale della città, hotel di moderna concezione, dopo la recente ristrutturazione, dagli interni curati; sale riunioni polivalenti. Ariosa sala da pranzo affacciata sui tetti di Milano e circondata da un giardino pensile.

Grand Hotel Puccini senza rist, corso Buenos Aires 33, galleria Puccini ✉ 20124 ☎ 02 29521344, *reservation@grandhotelpuccini.it, Fax 02 2047825* – |‡|, ⅌ cam, ▤ TV ☎ ♿. AE ⓢ ⓞ ⓜ VISA JCB **GR** r
65 cam ☕ 135/186.
◆ Un bell'albergo d'atmosfera, elegante, rinnovato in anni recenti; ogni piano di camere ha un diverso colore dominante e porta il nome di un'opera del compositore toscano.

Fenice senza rist, corso Buenos Aires 2 ✉ 20124 ☎ 02 29525541, *fenice@hotelfenice.it, Fax 02 29523942* – |‡| ▤ TV. AE ⓢ ⓓ MC VISA. ✂ LU x
chiuso dal 6 al 28 agosto – **46 cam** ☕ 114/166.
◆ In una zona etnicamente variegata, all'inizio di un'arteria commerciale, un hotel recente, dagli interni sobri e accoglienti; camere funzionali, con arredi moderni.

Albert senza rist, via Tonale 2 ang. via Sammartini ✉ 20125 ☎ 02 66985446, *alberthotel@libero.it, Fax 02 66985624* – |‡| ▤ TV ♿ – 🏛 35. AE ⓢ ⓓ MC VISA. ✂ LT t
chiuso due settimane a Natale e due settimane in agosto – **62 cam** ☕ 128/178.
◆ Di fianco alla stazione, nata dalla ristrutturazione di un alberghetto d'epoca, è una risorsa confortevole, con camere signorili, di taglio classico e razionale.

Demidoff senza rist, via Plinio 2 ✉ 20129 ☎ 02 29513889, *demidoff@milanohotels.com, Fax 02 29405816* – |‡| ▤ TV ☎. AE ⓢ ⓓ MC VISA GR e
chiuso agosto – **40 cam** ☕ 115/150.
◆ Nei pressi del metrò, un comodo albergo con spazi comuni limitati, ma arredati con cura; pratico e funzionale il mobilio nelle camere, dotate di buoni confort.

Mini Hotel Aosta senza rist, piazza Duca d'Aosta 16 ✉ 20124 ☎ 02 6691951, *aosta@minihotel.it, Fax 02 6696215* – |‡| ▤ TV. AE ⓢ ⓓ MC VISA. ✂ LT p
63 cam ☕ 115/175.
◆ Un po' datati, ma ancora confortevoli gli interni di un albergo prospiciente la stazione Centrale; camere in parte abbellite di recente; bella sala colazioni panoramica.

New York senza rist, via Pirelli 5 ✉ 20124 ☎ 02 66985551, *info@hotelnewyorkspa.com, Fax 02 6697267* – |‡| ▤ TV. AE ⓢ ⓓ MC VISA. ✂ LTU k
chiuso dal 24 dicembre al 5 gennaio e dal 1° al 28 agosto – **69 cam** ☕ 115/179.
◆ In una zona ad alta densità alberghiera, una risorsa che offre buon confort sia negli spazi comuni, che nelle camere, di taglio moderno; più tranquille quelle interne.

San Carlo senza rist, via Napo Torriani 28 ✉ 20124 ☎ 02 6693236, *sancarlo@sancarlo-hotel.it, Fax 02 6703116* – |‡| ▤ TV – 🏛 40. AE ⓢ ⓓ MC VISA JCB. ✂ LU u
75 cam ☕ 180/220.
◆ In posizione strategica a pochi passi dalla stazione centrale, hotel funzionale, frequentato per lo più da clientela di lavoro; camere con arredi moderni, rinnovate.

Sempione, via Finocchiaro Aprile 11 ✉ 20124 ☎ 02 6570323 e rist ☎ 02 6552715, *hsempione@hotelsempione.it, Fax 02 6575379* – |‡| ▤ TV. AE ⓢ ⓓ MC VISA JCB. ✂ rist LU r
chiuso dal 1° al 25 agosto – **Pasto** al Rist. ***Piazza Repubblica*** carta 31/45 – **43 cam** ☕ 130/190 – ½ P 110.
◆ In una casa d'epoca, una risorsa a gestione familiare da oltre 30 anni, che offre strutture semplici, ma di confort adeguato; camere lineari, con mobili moderni. Ristorante dall'ambiente sobrio.

Florida senza rist, via Lepetit 33 ✉ 20124 ☎ 02 6705921, *info@hotelfloridamilan.com, Fax 02 6692867* – |‡| ▤ TV. AE ⓢ ⓓ MC VISA LT p
55 cam ☕ 113/160, suite.
◆ Vicino alla stazione centrale, in una via poco trafficata, hotel di buon confort, frequentato da clientela di lavoro; arredi moderni nelle zone comuni e nelle camere.

XXX **La Terrazza di Via Palestro,** via Palestro 2 ✉ 20121 ☎ 02 76002186, *terrazzapalestro@gmristorazione.it, Fax 02 76003328,* ←, 🏖, prenotare – ▤ – 🏛 200. AE ⓢ ⓓ MC VISA JCB KV h
chiuso dal 23 dicembre all'8 gennaio, dal 10 agosto al 2 settembre, sabato e domenica – **Pasto** carta 46/66.
◆ Raffinata eleganza moderna e servizio estivo in terrazza; tra le originali proposte, da non perdere il sushi mediterraneo, elaborazione all'italiana di quello giapponese.

XX **Piccolo Sogno,** via Stoppani 5 angolo via Zambelletti ✉ 20129 ☎ 02 2046003, prenotare – ▤. AE ⓢ ⓓ MC VISA JCB. ✂ GR b
chiuso dal 1° al 10 gennaio, 20 giorni in agosto, sabato a mezzogiorno e domenica – **Pasto** carta 42/64.
◆ Recente cambio di gestione e di nome in questo ristorante, dove verrete accolti con cordialità in un ambiente sobrio e curato; piatti tradizionali di terra o di mare.

XX **Mediterranea,** piazza Cincinnato 4 ✉ 20124 ☎ 02 29522076, *Fax 02 201156* – ▤. AE ⓢ ⓓ MC VISA JCB. ✂ LU d
chiuso dal 1° al 10 gennaio, dal 5 al 25 agosto, domenica e lunedì a mezzogiorno – **Pasto** specialità di mare carta 41/61 🍇.
◆ Il tocco di stile «marino» è dato da una tettoia di vetro azzurro illuminato lungo tutto il locale e dalle vasche con crostacei; schietta e saporita cucina solo di pesce.

Joia, via Panfilo Castaldi 18 ✉ 20124 ☎ 02 29522124, *Fax 02 2049244*, prenotare –
P. AE ⓢ ⓓ ⓜ VISA JCB LU c
chiuso dal 4 al 25 agosto, sabato a mezzogiorno e domenica – **Pasto** cucina vegetariana e piatti di pesce carta 43/73.
◆ Parquet scuro e lucernari nella sala principale per non fumatori; da vedere prima che da gustare la creativa cucina «concettuale» vegetariana, con piatti di pesce.
Spec. Elogio alla Sicilia. Grande raviolo rinascimentale. Riso basmati e melanzane in cinque gusti (primavera-estate).

Torriani 25, via Napo Torriani 25 ✉ 20124 ☎ 02 67479548, *torriani25@tiscali.it, Fax 02 67077890*, prenotare – AE ⓢ ⓓ ⓜ VISA JCB. LU t
chiuso dal 25 dicembre al 1º gennaio, dal 1º al 25 agosto, sabato a mezzogiorno e domenica – **Pasto** specialità di mare carta 34/54.
◆ Ampi spazi in questo locale di taglio moderno, con cucina a vista e un buffet in entrata, allettante premessa alle gustose elaborazioni culinarie che vi saranno proposte.

I Malavoglia, via Lecco 4 ✉ 20124 ☎ 02 29531387, Coperti limitati; prenotare – . AE ⓢ ⓓ ⓜ VISA JCB. LU g
chiuso dal 24 dicembre al 4 gennaio, Pasqua, 1º maggio, agosto, domenica e a mezzogiorno – **Pasto** specialità marinare e siciliane carta 45/56.
◆ Dal 1973 due coniugi, lui in sala e lei ai fornelli, conducono questo gradevole locale signorile di buon gusto; cucina siciliana e di mare, alleggerita in chiave moderna.

Da Ilia, via Lecco 1 ✉ 20124 ☎ 02 29521895, *ristdailia@tin.it, Fax 02 29409165*, – AE ⓢ ⓓ ⓜ VISA JCB LU d
chiuso dal 26 dicembre al 5 gennaio, Pasqua, agosto, venerdì e sabato a mezzogiorno – **Pasto** carta 30/35.
◆ Gestione familiare e ambiente dal tono informale, in un ristorante dove gustare saporite proposte culinarie, classiche ma anche con radici nella tradizione milanese.

Giglio Rosso, piazza Luigi di Savoia 2 ✉ 20124 ☎ 02 6696659, *Fax 02 6694174*, – . AE ⓢ ⓓ ⓜ VISA LT p
chiuso dal 24 dicembre al 6 gennaio, agosto, sabato e domenica a mezzogiorno – **Pasto** carta 28/39 (12 %).
◆ In una zona di grandi e piccoli alberghi e quindi frequentatissimo, un ristorante classico, caldo e accogliente; cucina di ampio respiro, sia di mare che di terra.

Osteria la Risacca 2, viale Regina Giovanna 14 ✉ 20129 ☎ 02 29531801, prenotare la sera – . AE ⓢ ⓜ VISA JCB. GR f
chiuso agosto, sabato a mezzogiorno e domenica – **Pasto** specialità di mare carta 41/60.
◆ L'esposizione di pesce all'ingresso indica subito quali sono le specialità, marinare appunto, di questo frequentato locale di taglio moderno, confortevole e luminoso.

Sukrity, via Panfilo Castaldi 22 ✉ 20124 ☎ 02 201315, *sukrity@sukrity.com*, Rist. indiano, prenotare la sera – . AE ⓢ ⓓ ⓜ VISA JCB. LU f
Pasto carta 21/25.
◆ Sarete guidati con molta cortesia alla scoperta delle suggestioni della cucina dell'India nel primo locale del genere aperto a Milano; menù anche vegetariano.

Da Giannino-L'Angolo d'Abruzzo, via Pilo 20 ✉ 20129 ☎ 02 29406526, *Fax 02 29406526*, prenotare la sera – . AE ⓢ ⓓ ⓜ VISA JCB. GR t
Pasto specialità abruzzesi carta 23/30.
◆ Calda accoglienza familiare in un locale semplice e luminoso, con la stessa conduzione da oltre 45 anni; genuina cucina di stretta osservanza abruzzese a prezzi modici.

La Cantina di Manuela, via Poerio 3 ✉ 20129 ☎ 02 76318892, *la_cantina_di_manuela 4@tin.it, Fax 02 76312971*, , Rist. wine-bar – AE ⓢ ⓜ VISA GR x
chiuso domenica – **Pasto** carta 25/32.
◆ Prodotti di qualità ed etichette interessanti in un locale informale; alto gradimento per le variegate proposte, dai piatti di salumi e formaggi al tradizionale menù.

I 4 Toscani, via Plinio 33 ✉ 20129 ☎ 02 29518130, *i4toscani@tiscalinet.it, Fax 02 29518130*, – . AE ⓢ ⓓ ⓜ VISA GR u
chiuso tre settimane in agosto – **Pasto** carta 31/42.
◆ Ristorante-trattoria con due salette e un dehors estivo, che d'inverno diventa una veranda chiusa; nel menù, di cucina tradizionale, spiccano le specialità toscane.

Da Bimbi, viale Abruzzi 33 ✉ 20131 ☎ 02 29526103, *Fax 02 29522051* – . AE ⓢ ⓓ ⓜ VISA. GR k
chiuso dal 25 dicembre al 1º gennaio, dal 1º al 21 agosto, domenica e lunedì a mezzogiorno – **Pasto** carta 38/55.
◆ Su un viale di circonvallazione, un piccolo ristorante classico, frequentato da habitué; la linea di cucina è tradizionale, con un menù di carne e uno di pesce.

La Tana del Lupo, viale Vittorio Veneto 30 ✉ 20124 ☎ 02 6599006, *Fax 02 6572168*, prenotare – . ⓢ ⓜ VISA KU q
chiuso dal 1º al 7 gennaio, agosto, domenica e a mezzogiorno – **Pasto** specialità montanare venete 38 bc.
◆ Abbondante menù con specialità montanare venete e fisarmonicista che trascina i clienti al canto (i testi sono forniti dalla casa) in una taverna caratteristica.

Romana-Vittoria

corso Porta Romana, corso Lodi, corso XXII Marzo, corso Porta Vittoria **(Pianta : Milano p. 9 e 13)**

UNA Hotel Mediterraneo, via Muratori 14 ✉ 20135 ☎ 02 550071, *una.mediterraneo@unahotel.it, Fax 02 550072217* – |♦|, ⇔ cam, ▤ TV ☎ – 🏛 75. AE ⓢ ⓓ ⓜⓒ VISA JCB. ✂ **LY c**
Pasto carta 31/43 – **93 cam** ☐ 245/288.
♦ Nella zona di Porta Romana, vicino al metrò, un hotel totalmente ristrutturato, moderno nello stile delle installazioni e del confort; rilassanti camere insonorizzate.

Da Giacomo, via B. Cellini ang. via Sottocorno 6 ✉ 20129 ☎ 02 76023313, *Fax 02 76024305* – ▤. AE ⓢ ⓓ ⓜⓒ VISA. ✂ **FGR g**
chiuso dal 23 dicembre al 7 gennaio, agosto, lunedì e martedì a mezzogiorno – **Pasto** specialità di mare carta 42/57.
♦ Curato locale in stile bistrot, con tavoli ravvicinati, a conduzione familiare; nell'ampia carta predominano le specialità di mare, ma è presente anche la carne.

Isola dei Sapori, via Anfossi 10 ✉ 20135 ☎ 02 54100708, *Fax 02 54100708*, prenotare la sera – ▤. AE ⓢ ⓜⓒ VISA. ✂ **GS c**
chiuso dal 26 dicembre al 4 gennaio, agosto, domenica e lunedì a mezzogiorno – **Pasto** carta 33/46.
♦ Una piacevole novità da due anni sulla piazza milanese grazie a tre giovani sardi che hanno impostato una linea marinara di buon livello in ambienti di tono moderno.

Masuelli San Marco, viale Umbria 80 ✉ 20135 ☎ 02 55184138, *masuelli.trattoria@tin.it, Fax 02 54124512*, Trattoria tipica, prenotare la sera – ▤. AE ⓢ ⓓ ⓜⓒ VISA JCB **GS h**
chiuso dal 25 dicembre al 6 gennaio, dal 16 agosto al 10 settembre, domenica e lunedì a mezzogiorno – **Pasto** specialità lombardo-piemontesi carta 36/45.
♦ Ambiente rustico di tono signorile in una trattoria tipica, con la stessa gestione dal 1921; linea di cucina saldamente legata alle tradizioni lombardo-piemontesi.

Trattoria la Piola, via Perugino 18 ✉ 20135 ☎ 02 55195945, *info@lapiola.it, Fax 02 2481090* – ▤. AE ⓢ ⓓ ⓜⓒ VISA. ✂ **GS e**
chiuso dal 24 dicembre al 2 gennaio, Pasqua, dal 10 al 31 agosto, domenica e a mezzogiorno – **Pasto** specialità di mare carta 31/43.
♦ La freschezza delle materie prime è il punto di forza di questo semplice locale, che tra le sue fragranti proposte di mare ha una notevole offerta di specialità crude.

Dongiò, via Corio 3 ✉ 20135 ☎ 02 5511372, *Fax 02 5401869*, prenotare la sera – ⇔ ▤. AE ⓢ ⓓ ⓜⓒ VISA **LY u**
chiuso agosto, sabato a mezzogiorno e domenica – **Pasto** carta 25/37.
♦ Una vera e propria trattoria come ormai se ne trovano poche, semplice, di ambiente e gestione familiari; le specialità sono paste fresche, carni e prodotti calabresi.

Al Merluzzo Felice, via Lazzaro Papi 6 ✉ 20135 ☎ 02 5454711, prenotare – AE ⓢ ⓓ ⓜⓒ VISA JCB. ✂ **LY b**
chiuso dal 7 al 31 agosto, domenica e lunedì a mezzogiorno – **Pasto** specialità siciliane carta 28/45.
♦ E' proprio minuscolo, ma caldo e accogliente questo angolo di Trinacria, dove in un ambiente semplice e familiare gusterete una ricca e saporita cucina siciliana.

Giulio Pane e Ojo, via Muratori 10 ✉ 20135 ☎ 02 5456189, *info@giuliopaneojo.com, Fax 02 45494646*, 🏠, Coperti limitati; prenotare – ▤. AE ⓢ ⓓ ⓜⓒ VISA JCB **LY a**
chiuso dal 10 agosto al 17 agosto e domenica – **Pasto** specialità romane carta 26/32.
♦ Osteria piccola e informale, gestita da giovani, con prezzi interessanti e una cucina tipicamente romana. Visto il successo di cui gode, per cena è essenziale prenotare.

Navigli

via Solari, Ripa di Porta Ticinese, viale Bligny, piazza XXIV Maggio **(Pianta : Milano p. 8 12 e 13)**

D'Este senza rist, viale Bligny 23 ✉ 20136 ☎ 02 58321001, *reception@hoteldestemilano.it, Fax 02 58321136* – |♦| ⇔ ▤ TV ☎ – 🏛 80. AE ⓢ ⓓ ⓜⓒ VISA. ✂ **KY d**
79 cam ☐ 150/220.
♦ Luminosa hall in stile anni '80 e ampi spazi comuni in una struttura che ha camere di stili diversi, ma equivalenti nel confort; ben insonorizzate quelle su strada.

Crivi's senza rist, corso Porta Vigentina 46 ✉ 20122 ☎ 02 582891, *crivis@tin.it, Fax 02 58318182* – |♦| ▤ TV ☎ 🚗 – 🏛 120. AE ⓢ ⓓ ⓜⓒ VISA JCB **KY e**
chiuso agosto – **86 cam** ☐ 170/240, 3 suites.
♦ In comoda posizione centrale e vicino al metrò, una confortevole risorsa dalle gradevoli zone comuni; arredi recenti nelle camere, adeguate nei confort e negli spazi.

Liberty senza rist, viale Bligny 56 ✉ 20136 ☎ 02 58318562, *reserve@hotelliberty-milano.com, Fax 02 58319061* – |♦| ▤ TV. AE ⓢ ⓓ ⓜⓒ VISA. ✂ **KY a**
chiuso dal 1º al 24 agosto – ☐ 10,33 – **52 cam** 131,70/232,40.
♦ Vicino all'Università Bocconi, albergo elegante, con spazi comuni ispirati allo stile da cui prende il nome e qualche mobile antico; molte camere con vasca idromassaggio.

Des Etrangers senza rist, via Sirte 9 ✉ 20146 ☎ 02 48955325, *info@hoteldesetrangers.it, Fax 02 48955325* – DS y
96 cam ☕ 95/150.
◆ Si scendono alcuni gradini per entrare in una risorsa totalmente rinnovata, ubicata in una via tranquilla; buon confort e funzionalità nelle aree comuni e nelle camere.

Sadler, via Ettore Troilo 14 angolo via Conchetta ✉ 20136 ☎ 02 58104451, *sadler@sadler.it, Fax 02 58112343,* prenotare – ES a
chiuso dal 1° al 12 gennaio, dall'8 agosto al 2 settembre, domenica e a mezzogiorno – **Pasto** carta 66/114.
◆ Razionalismo architettonico e gastronomico nell'elegante locale, dal design moderno, di un nome ormai famoso della ristorazione milanese; creatività rigorosa in cucina.
Spec. Filetti di alici dorate in crosta di patate all'aceto di lamponi e salsa verde (primavera-estate). Ravioli di coniglio e borraggine, tartufo nero e asparagi (primavera). Crostatina di pomodori verdi con gelato di yogurt e barbabietole (estate).

Al Porto, piazzale Generale Cantore ✉ 20123 ☎ 02 89407425, *alportodimilano@acena.it, Fax 02 8321481,* prenotare – HY h
chiuso dal 24 dicembre al 3 gennaio, agosto, domenica e lunedì a mezzogiorno – **Pasto** specialità di mare carta 42/65.
◆ All'interno di quello che nell'800 era il casello del Dazio di Porta Genova, ristorante rustico d'intonazione marinara, molto noto in città, con proposte solo di pesce.

Osteria di Porta Cicca, ripa di Porta Ticinese 51 ✉ 20143 ☎ 02 8372763, *Fax 02 8372763,* Coperti limitati; prenotare – HY j
chiuso sabato a mezzogiorno e domenica – **Pasto** carta 36/51.
◆ Dal 1995 i nuovi, giovani gestori di questo ristorante propongono, in un piacevole ambiente sobrio e accogliente, una cucina tradizionale rivisitata in chiave moderna.

Tano Passami l'Olio, via Vigevano 32/a ✉ 20144 ☎ 02 8394139, *info@tanopassamilolio.it, Fax 02 83240104,* Coperti limitati ; prenotare – HY f
chiuso dal 24 dicembre al 6 gennaio, agosto, domenica e a mezzogiorno – **Pasto** carta 57/80.
◆ Luci soffuse, atmosfera romantica in una saletta intima, dove si gusta una cucina leggera, tutta a base di olio extra-vergine, con fantasiosi piatti di carne e di pesce.

Il Torchietto, via Ascanio Sforza 47 ✉ 20136 ☎ 02 8372910, *info@il.torchietto.com, Fax 02 8372000* – ES b
chiuso dal 26 dicembre al 3 gennaio, agosto e lunedì e sabato a mezzogiorno – **Pasto** specialità mantovane carta 34/45.
◆ Ampia trattoria elegante sul Naviglio Pavese, che si è rinnovata negli anni; linea gastronomica che segue le stagioni e le ricette regionali, in particolare mantovane.

Il Navigante, via Magolfa 14 ✉ 20143 ☎ 02 89406320, *info@navigante.it, Fax 02 89420897* – JY c
chiuso agosto, domenica a mezzogiorno e lunedì – **Pasto** carta 38/61.
◆ In una via alle spalle del Naviglio, musica dal vivo tutte le sere in un locale, gestito da un ex cuoco di bordo, con un curioso acquario nel pavimento; cucina di mare.

Le Buone Cose, via San Martino 8 ✉ 20122 ☎ 02 58310589, *lebuonecose@hotmail.com, Fax 02 58310589,* Coperti limitati; prenotare – KY h
chiuso agosto, sabato a mezzogiorno e domenica – **Pasto** specialità di mare carta 30/50.
◆ Un piccolo, elegante ed accogliente salotto familiare, con frequentazione in gran parte abituale, per gustare una tradizionale, ma saporita cucina di mare.

Trattoria Trinacria, via Savona 57 ✉ 20144 ☎ 02 4238250, *trattoria.trinacria@libero.it,* prenotare – DS w
chiuso domenica e a mezzogiorno – **Pasto** specialità siciliane carta 35/43.
◆ Ultimo arrivato dalla Sicilia, è un locale nuovo, accogliente nella sua semplicità; menù in dialetto con «sottotitoli» in italiano per presentare le specialità isolane.

Trattoria Aurora, via Savona 23 ✉ 20144 ☎ 02 8323144, *trattoriaurora@libero.it, Fax 02 89404978,* – HY m
chiuso lunedì – **Pasto** cucina tipica piemontese 15 (solo a mezzogiorno) 35 bc (solo la sera).
◆ Ristorante d'atmosfera, che d'estate si apre su un bel giardino per il servizio all'aperto; molto frequentato da habitué estimatori della cucina tipica piemontese.

Grand Hotel Osteria, via Ascanio Sforza 75 ✉ 20141 ☎ 02 89511586, *Fax 02 8372920,* – ES c
chiuso lunedì e a mezzogiorno (escluso domenica) – **Pasto** carta 28/45.
◆ Sul Naviglio Pavese, osteria solo serale, la cui veranda si affaccia su un giardinetto con campi da bocce; cucina del territorio e ampia proposta di formaggi e vini.

Ponte Rosso, Ripa di Porta Ticinese 23 ✉ 20143 ☎ 02 8373132, Trattoria-bistrot – HY d
chiuso agosto, domenica e lunedì a mezzogiorno – **Pasto** carta 27/32.
◆ Dal 2003 una nuova gestione persegue con originalità il progetto di proporre una sintesi reinterpretata della cucina regionale italiana. Ambiente caldo e atmosfera familiare.

Shri Ganesh, via Lombardini 8 ✉ 20143 ☎ 02 58110933, *shriganesh@virgilio.it, Fax 02 58110949,* Rist. indiano – ▤. AE Ⓢ ⓓ ⓜ VISA JCB HY c
chiuso dal 14 al 18 agosto, domenica in luglio-agosto e a mezzogiorno – **Pasto** carta 20/30.
◆ Dedicato al dio indù con la testa d'elefante, la cui immagine è di buon auspicio, locale dall'atmosfera orientaleggiante, con piatti e bevande della tradizione indiana.

Fiera-Sempione

corso Sempione, piazzale Carlo Magno, via Monte Rosa, via Washington **(Pianta : Milano p. 8 e 10)**

Hermitage, via Messina 10 ✉ 20154 ☎ 02 318170, *hermitage.res@monrifhotels.it, Fax 02 33107399,* – ▤, ⇔ cam, ▤ TV – 200. AE Ⓢ ⓓ ⓜ VISA JCB. HU q
chiuso agosto – **Pasto** vedere rist ***Il Sambuco*** – **119 cam** ☐ 247/314, 12 suites.
◆ Raffinatezza e confort sono i pregi di un hotel che unisce in sè l'atmosfera di curati interni in stile e la modernità delle installazioni; frequentato da modelle e vip.

Melià Milano, via Masaccio 19 ✉ 20149 ☎ 02 44406, *melia.milano@solmelia.com, Fax 02 44406600* – ⇔ cam, ▤ TV – 500. AE Ⓢ ⓓ ⓜ VISA JCB. DR p
Pasto al Rist. ***Alacena*** *(chiuso Natale. Capodanno, Pasqua, agosto e domenica)* cucina spagnola carta 39/66 e al Rist. ***Il Patio*** *(chiuso la sera)* carta 38/48 – ☐ 26 – **288 cam** 350, 6 suites.
◆ Hotel moderno di gran prestigio; trionfo di marmi, lampadari di cristallo, arazzi antichi nella hall; camere stile impero, dotate di ogni confort. Per un soggiorno esclusivo. Specialità spagnole d'alta gastronomia al raffinato ristorante «Alacena».

Milan Marriott Hotel, via Washington 66 ✉ 20146 ☎ 02 48521 e rist. ☎ 02 48522834, *marriot@tin.it, Fax 02 4818925,* – ▤, ⇔ cam, ▤ TV – 1300. AE Ⓢ ⓓ ⓜ VISA JCB. DR d
Pasto al Rist. ***La Brasserie de Milan*** carta 40/66 – ☐ 18 – **322 cam** 425/690, suite.
◆ Originale contrasto tra struttura esterna moderna e grandiosi interni classicheggianti in un hotel vocato al lavoro congressuale e fieristico; funzionali camere in stile. Sala ristorante, con cucina a vista, in stile classico.

UNA Hotel Scandinavia, via Fauchè 15 ✉ 20154 ☎ 02 336391, *una.scandinavia@unahotels.it, Fax 02 33104510,* – ▤, ⇔ cam, ▤ TV – 170. AE Ⓢ ⓓ ⓜ VISA JCB. HT c
Pasto al Rist. ***Una Restaurant*** carta 32/42 – **153 cam** ☐ 310/364.
◆ Elegante albergo non lontano dalla Fiera, che offre soluzioni confortevoli e moderne in ogni settore; raffinate camere in stile classico; attrezzato centro conferenze. Il ristorante arredato in stile, con marmi e mogano, si affaccia sul giardino interno.

Gd H. Fieramilano, viale Boezio 20 ✉ 20145 ☎ 02 336221, *prenotazioni@grandhotelfieramilano.com, Fax 02 314119* – ▤ ⇔ ▤ TV – 220. AE Ⓢ ⓓ ⓜ VISA. rist DR e
chiuso agosto – **Pasto** al Rist. ***Ambrosiano*** *(chiuso a mezzogiorno)* carta 40/60 – **238 cam** ☐ 235/295.
◆ Di fronte alla Fiera, la struttura, rinnovata con buon gusto, offre ora dotazioni moderne e un ottimo confort; d'estate la colazione è servita in un gazebo in giardino. Tranquilla ed elegante sala da pranzo.

Enterprise Hotel, corso Sempione 91 ✉ 20154 ☎ 02 318181 e rist ☎ 02 31818855, *info@enterprisehotel.com, Fax 02 31818811* – ▤ ▤ TV – 350. AE Ⓢ ⓓ ⓜ VISA JCB DQ c
Pasto al Rist. ***Sophia's*** *(chiuso agosto)* carta 40/70 – **109 cam** ☐ 390, 2 suites.
◆ Rivestimento esterno in marmo e granito, arredi disegnati su misura, grande risalto alla geometria: un hotel di eleganza attuale con attenzione al design e ai particolari. Uno spazio gradevole e originale per pranzi e cene.

Capitol Millennium, via Cimarosa 6 ✉ 20144 ☎ 02 438591, *info@capitolmillenium.com, Fax 02 4694724,* – ▤ ▤ TV – 70. AE Ⓢ ⓓ ⓜ VISA JCB DR a
Pasto (solo per alloggiati) carta 37/50 – ☐ 18 – **66 cam** 245/365, 5 suites – ½ P 240.
◆ Dallo sventramento dell'hotel precedente è nato un piccolo, elegante gioiello moderno, con caldi dettagli classici, sia nelle zone comuni che nelle dotatissime camere.

Regency senza rist, via Arimondi 12 ✉ 20155 ☎ 02 39216021, *regency@regency-milano.com, Fax 02 39217734* – ▤ ▤ TV – 50. AE Ⓢ ⓓ ⓜ VISA JCB. DQ b
chiuso dal 24 dicembre al 7 gennaio e dal 5 al 25 agosto – **71 cam** ☐ 180/230.
◆ Un angolo di charme questa dimora nobiliare di fine '800, con grazioso cortiletto; interni arredati con raffinato buon gusto, come il soggiorno con camino scoppiettante.

Poliziano Fiera senza rist, via Poliziano 11 ✉ 20154 ☎ 02 3191911, *info@hotelpoliziano fiera.it, Fax 02 3191931* – ▤, ⇔ cam, ▤ TV – 90. AE Ⓢ ⓓ ⓜ VISA JCB. HT a
chiuso dal 18 dicembre al 7 gennaio e dal 25 luglio al 25 agosto – **98 cam** ☐ 333/377, 2 suites.
◆ Ristrutturazione totale in un albergo non grande, ma d'impostazione moderna, per un'ospitalità cordiale e attenta; belle e spaziose camere nei toni verde chiaro e sabbia.

Domenichino senza rist, via Domenichino 41 ✉ 20149 ☎ 02 48009692, *hd@hoteldomenichino.it, Fax 02 48003953* – ▮ ▤ TV ☎ 🚗 – 🏛 50. AE ⊕ ⓪ MC VISA **DR f**
chiuso dal 23 dicembre al 6 gennaio e dal 6 al 22 agosto – **77 cam** ☐ 130/185, 2 suites.
◆ In una via alberata a due passi dalla Fiera, un hotel signorile che offre servizi di buon livello; spazi comuni limitati, ma camere confortevoli, modernamente arredate.

Mozart senza rist, piazza Gerusalemme 6 ✉ 20154 ☎ 02 33104215, *info@hotelmozartmilano.it, Fax 02 33103231* – ▮ ▤ TV 🚗 – 🏛 35. AE ⊕ ⓪ MC VISA. ✻ **HT b**
chiuso dal 24 dicembre al 2 gennaio e dal 31 luglio al 22 agosto – **119 cam** ☐ 195/248, 3 suites.
◆ Sobria eleganza classica e ospitalità attenta in una struttura, recentemente rinnovata, nei pressi della Fiera; arredi moderni nelle camere, dotate di ogni confort.

Metrò senza rist, corso Vercelli 61 ✉ 20144 ☎ 02 4987897, *hotelmetro@tin.it, Fax 02 48010295* – ▮ ▤ TV – 🏛 35. AE ⊕ ⓪ MC VISA **DR x**
40 cam ☐ 115/150.
◆ Conduzione familiare per una risorsa in una delle vie più rinomate per lo shopping; spazi comuni curati, camere piuttosto eleganti, con ottima dotazione di cortesia.

Astoria senza rist, viale Murillo 9 ✉ 20149 ☎ 02 40090095, *info@astoriahotelmilano.com, Fax 02 40074642* – ▮ ⇔ ▤ TV ☎ – 🏛 30. AE ⊕ ⓪ MC VISA **DR m**
chiuso dal 28 luglio al 28 agosto – **68 cam** ☐ 130/210, suite.
◆ Lungo un viale di circonvallazione, albergo rinnovato di recente, frequentato da turisti e clientela di lavoro; camere con arredi moderni e ottima insonorizzazione.

Mini Hotel Tiziano senza rist, via Tiziano 6 ✉ 20145 ☎ 02 4699035, *tiziano@minihotel.it, Fax 02 4812153* – ▮ ▤ TV 🚗 P. AE ⊕ ⓪ MC VISA. ✻ **DR k**
54 cam ☐ 140/195.
◆ Hotel in posizione strategica per la Fiera, ma anche tranquilla, ha nel piccolo parco sul retro un «plus» rispetto ad altre strutture in zona; camere con buoni confort.

Berlino senza rist, via Plana 33 ✉ 20155 ☎ 02 324141, *hotelberlino@traveleurope.it, Fax 02 39210611* – ▮ ▤ TV ☎. AE ⊕ ⓪ MC VISA **DQ d**
47 cam ☐ 135/225.
◆ Confortevole albergo in zona Fiera, ideale quindi per una clientela di lavoro, con classici ambienti comuni e camere di moderna concezione, in gran parte rinnovate.

Lancaster senza rist, via Abbondio Sangiorgio 16 ✉ 20145 ☎ 02 344705, *h.lancaster@tin.it, Fax 02 344649* – ▮, ⇔ cam, ▤ TV ☎. AE ⊕ ⓪ MC VISA JCB **HU c**
chiuso Natale, Capodanno ed agosto – **30 cam** ☐ 109/170.
◆ Un edificio ottocentesco situato in una tranquilla zona residenziale ospita una piacevole risorsa con spazi comuni limitati, ma accoglienti, e sobrie camere ben tenute.

Antica Locanda Leonardo senza rist, corso Magenta 78 ✉ 20123 ☎ 02 48014197, *desk@leoloc.com, Fax 02 48019012* – ▤ TV ☎. AE ⊕ ⓪ MC VISA JCB. ✻ **HX m**
chiuso dal 31 dicembre al 6 gennaio e dal 5 al 25 agosto – **20 cam** ☐ 165/190.
◆ L'atmosfera signorile si sposa con l'accoglienza familiare in un albergo affacciato su un piccolo cortile interno, in ottima posizione vicino al Cenacolo leonardesco.

XXX **Il Sambuco** - Hotel Hermitage, via Messina 10 ✉ 20154 ☎ 02 33610333, *info@ilsambuco.it, Fax 02 33611850* – ▤. AE ⊕ ⓪ MC VISA JCB **HU q**
chiuso dal 25 dicembre al 3 gennaio, dal 1° al 20 agosto, sabato a mezzogiorno e domenica – **Pasto** specialità di mare carta 43/85 ꙮ.
◆ Come l'hotel in cui si trova, il ristorante offre un ambiente di tono elegante e servizio accurato; cucina rinomatissima per le specialità di mare, classiche e moderne.

XX **Alfredo-Gran San Bernardo,** via Borgese 14 ✉ 20154 ☎ 02 3319000, *Fax 02 29006859*, prenotare la sera – ▤. AE ⊕ ⓪ MC VISA JCB **HT e**
chiuso dal 20 dicembre al 7 gennaio, agosto, domenica ed in giugno-luglio anche sabato – **Pasto** specialità milanesi carta 45/59.
◆ Inossidabile ai tempi e alle mode, è lo storico «luogo» della cucina milanese, un ambiente caldo e accogliente dove gustare piatti tipici, alleggeriti con intelligenza.

XX **Montecristo,** corso Sempione angolo via Prina ✉ 20154 ☎ 02 3495049, *Fax 02 312760* – ▤. ⊕ ⓪ MC VISA. ✻ **HU j**
chiuso dal 25 dicembre al 2 gennaio, agosto, martedì e sabato a mezzogiorno – **Pasto** specialità di mare carta 40/59.
◆ Nella sala al pianterreno, con esposizione di pesce, o nella più intima atmosfera della taverna nel seminterrato, gusterete una tradizionale e fragrante cucina marinara.

XX **Arrow's,** via Mantegna 17/19 ✉ 20154 ☎ 02 341533, *Fax 02 33106496*, 🌂, prenotare – ⇔ ▤. AE ⊕ ⓪ MC VISA. ✻ **HU f**
chiuso agosto, domenica e lunedì a mezzogiorno – **Pasto** specialità di mare carta 36/61.
◆ Affollato anche a mezzogiorno, per lo più da clientela di lavoro, d'atmosfera più intima la sera, un locale vicino a corso Sempione; cucina di pesce tradizionale.

XX **Sadler Wine e Food,** via Monte Bianco 2/A ✉ 20149 ☎ 02 4814677, *winefood@cri.fost webnet.it,* Rist. con enoteca, prenotare – ≡. AE ⓢ ⓓ ⓜ VISA JCB DR c
chiuso dal 1 al 26 agosto e domenica – **Pasto** carta 30/40.
◆ Atmosfera molto «trendy» in un moderno ristorante con enoteca, che all'agilità del servizio unisce proposte di qualità, dai salumi e formaggi ai piatti del «gourmet».

XX **Battibecco,** via Massena 1 ✉ 20145 ☎ 02 316102, *Fax 02 316102* – ≡. AE ⓢ ⓓ ⓜ VISA JCB HU x
chiuso dal 25 dicembre al 7 gennaio, dal 5 al 25 agosto, sabato a mezzogiorno e domenica – **Pasto** carta 40/58.
◆ Due sale accoglienti: pavimenti in cotto vestiti da morbidi tappeti e tavoli distanziati ai quali gustare curati piatti di mare; frequentato da personaggi dello spettacolo.

XX **El Crespin,** via Castelvetro 18 ✉ 20154 ☎ 02 33103004, *Fax 02 33103004,* prenotare – ≡. AE ⓢ ⓓ ⓜ VISA. HT p
chiuso dal 26 dicembre al 7 gennaio, agosto, sabato a mezzogiorno e domenica – **Pasto** carta 37/57.
◆ Da un ingresso con foto d'epoca alle pareti si entra in un ambiente arredato con sobrio buon gusto, dove viene proposta una cucina che segue l'evolversi delle stagioni.

XX **Da Stefano il Marchigiano,** via Arimondi 1 angolo via Plana ✉ 20155 ☎ 02 33001863 – ≡. AE ⓢ ⓓ ⓜ VISA JCB. DQ d
chiuso agosto, venerdì sera e sabato – **Pasto** carta 31/57.
◆ Da oltre 20 anni questo locale di taglio classico è frequentato da chi ama una curata cucina tradizionale, di terra e di mare, attenta alla qualità delle materie prime.

XX **Osteria del Borgo Antico,** via Piero della Francesca 40 ✉ 20154 ☎ 02 3313641, *osteri a@borgoantico.net* – ≡. AE ⓢ ⓓ ⓜ VISA. HT v
chiuso agosto, sabato a mezzogiorno e domenica – **Pasto** specialità di mare carta 41/54.
◆ Nato da un paio d'anni, un piccolo ristorante dalla calda atmosfera classica, curato e arredato con buon gusto; la proposta gastronomica è basata sul pesce.

XX **Le Pietre Cavate** via Castelvetro 14 angolo via Pier della Francesca ✉ 20154 ☎ 02 344704, *Fax 02 344704* – ≡. AE ⓢ ⓓ ⓜ VISA. HT p
chiuso dal 26 dicembre al 2 gennaio, agosto, mercoledì e giovedì a mezzogiorno – **Pasto** carta 34/48.
◆ Gestione ventennale per un ristorante classico di allestimento gradevole; nell'ampio menù, d'impostazione toscana, figurano carni, funghi, tartufo, ma prevale il pesce.

X **Montina,** via Procaccini 54 ✉ 20154 ☎ 02 3490498, – ≡. AE ⓢ ⓓ ⓜ VISA HU d
chiuso dal 30 dicembre al 9 gennaio, dall'8 agosto al 1° settembre, domenica e lunedì a mezzogiorno – **Pasto** carta 24/39.
◆ Simpatica atmosfera bistrot, tavoli vicini, luci soffuse la sera in un locale gestito da due fratelli gemelli; piatti nazionali e milanesi che seguono le stagioni.

X **Al Vecchio Porco,** via Messina 8 ✉ 20154 ☎ 02 313862, *Fax 02 313862,* – ≡. AE ⓢ ⓓ ⓜ VISA. HU e
chiuso dal 24 dicembre al 2 gennaio, dal 1° al 25 agosto, domenica e amezzogiorno – **Pasto** carta 33/43.
◆ Oggetti che si rifanno al maiale decorano un ristorante simpatico e caratteristico, con taverna interrata, in cui si trova un unico tavolone; piacevole dehors estivo.

X **Quadrifoglio,** via Procaccini 21 angolo via Aleardi ✉ 20121 ☎ 02 341758, prenotare – ≡. ⓢ ⓓ ⓜ VISA. HU a
chiuso dal 24 dicembre al 5 gennaio, dal 5 al 28 agosto, martedì e mercoledì a mezzogiorno – **Pasto** carta 34/54.
◆ Originali decorazioni (ceramiche dipinte e quadri) personalizzano le sale di questo ristorante, con il taglio della bella trattoria; da provare i gustosi piatti unici.

X **Tara,** via Cirillo 16 ✉ 20154 ☎ 02 3451635, *tucoolit@yahoo.it,* Rist. indiano, prenotare – ≡. AE ⓢ ⓓ ⓜ VISA. HU b
chiuso dall' 11 al 20 agosto – **Pasto** carta 25/32.
◆ Sperimenterete tutta la gentilezza degli Indiani e gli intensi profumi e sapori della loro cucina in questo piacevole e tranquillo locale; menù anche vegetariano.

X **Pace,** via Washington 74 ✉ 20146 ☎ 02 43983058, *Fax 02 468567,* – ≡. AE ⓢ ⓓ ⓜ VISA. DR z
chiuso dal 24 dicembre al 5 gennaio, Pasqua, dal 1° al 24 agosto, sabato a mezzogiorno e mercoledì – **Pasto** carta 25/37.
◆ Da oltre 30 anni ospitalità cordiale nell'ambiente semplice, ma curato di una trattoria familiare; cucina d'impostazione tradizionale, con piatti di carne e di pesce.

X **Old America,** via Vincenzo Monti 15 ☎ 02 48000718, *Fax 02 433060,* prenotare – ≡. AE ⓢ ⓓ ⓜ VISA JCB HX a
chiuso domenica a mezzogiorno – **Pasto** carta 27/39.
◆ Se desiderate respirare l'aria di Brooklyn, nel cuore di Milano, eccovi accontentati, l'atmosfera è quella giusta! Grigliate, pasta e pizze possono accontentare ogni palato.

Osteria della Cagnola, via Cirillo 14 ✉ 20154 ☎ 02 3319428, *Fax 02 3319428*, Coperti limitati; prenotare – ▤. AE MC VISA JCB HU v
chiuso dal 24 dicembre al 4 gennaio, dal 23 luglio al 26 agosto e domenica – **Pasto** carta 33/44.
◆ Accoglienza cortese e gestione professionale in un piccolo, simpatico locale rustico; la cucina, di terra e di mare, segue le stagioni e le tradizioni del territorio.

Zone periferiche

Zona urbana Nord-Ovest

viale Fulvio Testi, Niguarda, viale Fermi, viale Certosa, San Siro, via Novara **(Pianta : Milano p. 6 7 e 8)**

Grand Hotel Brun, via Caldera 21 ✉ 20153 ☎ 02 452711, *brun.res@monrifhotels.it, Fax 02 48204746* – |≑|, ⇋ cam, ▤ TV ☎ 🚗 – 🔬 500. AE MC VISA. ✗ AP c
chiuso dal 23 dicembre al 4 gennaio – **Pasto** al Rist. ***Don Giovanni*** *(chiuso sabato, domenica e a mezzogiorno)* carta 50/75 e al Rist. ***La Terrazza*** carta 30/40 – **309 cam** ☕ 250/320, 6 suites.
◆ In tranquilla posizione periferica, ideale per clientela di lavoro e attività congressuale, struttura dagli ampi spazi comuni; camere funzionali; capienti sale riunioni. Toni pastello nel raffinato ristorante abbellito da soavi trompe l'oeil.

Rubens, via Rubens 21 ✉ 20148 ☎ 02 40302, *rubens@antareshotels.com, Fax 02 48193114* – |≑|, ⇋ cam, ▤ TV ☎ P – 🔬 35. AE MC VISA JCB. ✗ rist DR g
Pasto (solo per alloggiati) 30/40 – **87 cam** ☕ 210/265.
◆ Artisti contemporanei hanno realizzato gli affreschi che decorano gli spazi comuni e le camere di questo albergo di discreta eleganza, funzionale e curato nei dettagli.

Accademia, viale Certosa 68 ✉ 20155 ☎ 02 39211122, *accademia@antareshotels.com, Fax 02 33103878* – |≑| ⇋ ▤ TV ☎ 🚗 – 🔬 70. AE MC VISA JCB. ✗ DQ g
Pasto (solo per alloggiati) 20/50 – **67 cam** ☕ 225/295.
◆ Bella struttura ricca di personalità, che offre una buona miscela di modernità e classicità nei confortevoli spazi comuni e nelle camere, affrescate con recenti trompe-l'oeil.

Blaise e Francis, via Butti 9 ✉ 20158 ☎ 02 66802366, *info@hotelblaiseefrancis.it, Fax 02 66802909* – |≑|, ⇋ cam, ▤ TV ☎ ♿ 🚗 – 🔬 200. AE MC VISA JCB. ✗ rist EQ a
Pasto *(chiuso a mezzogiorno)* (solo per alloggiati) carta 32/45 – **110 cam** ☕ 260/295.
◆ Si gode una discreta vista della città dagli ultimi piani di un hotel recente, in posizione decentrata, che si sviluppa in altezza (14 piani); camere di buon confort.

Novotel Milano Nord-Cà Granda, viale Suzzani 13 ✉ 20162 ☎ 02 641151, *novotelmilanonord@accor-hotels.it, Fax 02 66101961*, 🏋, 🏊 – |≑|, ⇋ cam, ▤ TV ☎ ♿ 🚗 – 🔬 500. AE MC VISA JCB. ✗ rist BO b
Pasto carta 30/40 – **172 cam** ☕ 247.
◆ Decentrata, ma in comoda posizione, struttura recente con buon livello di confort e di servizio; camere secondo gli standard della catena, funzionali e senza fronzoli. Spaziosa e moderna la sala del ristorante dell'omonimo albergo, menù eclettico.

Mirage senza rist, via Casella 61 angolo viale Certosa ✉ 20156 ☎ 02 39210471, *mirage@gruppomirage.it, Fax 02 39210589* – |≑| ▤ TV ☎ – 🔬 50. AE MC VISA JCB. ✗ DQ z
chiuso dal 1° al 24 agosto – **86 cam** ☕ 160/220.
◆ Decentrato, ma non distante dalla Fiera, ideale per una clientela di lavoro, risorsa in fase di ampliamento; spazi comuni di ambientazione moderna, camere confortevoli.

Valganna senza rist, via Varé 32 ✉ 20158 ☎ 02 39310089, *info@hotelvalganna.it, Fax 02 39312566* – |≑| ▤ TV ☎ 🚗. AE MC VISA JCB AO e
36 cam ☕ 113/165.
◆ Vicino al nuovo polo universitario della Bovisa e ad una fermata del Malpensa Express, un confortevole albergo a conduzione familiare; buon rapporto qualità/prezzo.

Affori, via Astesani ang. via Novaro ✉ 20161 ☎ 02 66208629, *tolesavi@jumpy.it, Fax 02 66280414*, prenotare – ▤ P. AE MC VISA JCB AO a
chiuso dal 4 al 25 agosto e lunedì – **Pasto** carta 27/41.
◆ Gestione giovane e motivata e cucina di gusto moderno elaborata su basi mediterranee in un ristorante elegante: una novità per cui val la pena spingersi fuori del centro.

Innocenti Evasioni, via privata della Bindellina ✉ 20155 ☎ 02 33001882, *ristorante@innocentievasioni.com, Fax 02 33001882*, 🏠, prenotare, 🌳 – ▤. AE MC VISA JCB DQ a
chiuso dal 3 al 9 gennaio, agosto, domenica, lunedì e a mezzogiorno – **Pasto** carta 35/44.
◆ Da un poco promettente vicolo periferico si entra in un piacevole locale alla moda, con luci soffuse e grande vetrata sul piccolo giardino; estro e creatività in cucina.

La Pobbia, via Gallarate 92 ✉ 20151 ☎ 02 38006641, *lapobbia@tiscali.it, Fax 02 38000724*, 🏠, Antico ristorante milanese – ▤ – 🔬 30. AE MC VISA. ✗ DQ w
chiuso agosto e domenica – **Pasto** carta 42/55.
◆ Gestione di grande esperienza (dal 1920) in questo storico ristorante cittadino dall'ambiente rustico-elegante; servizio estivo all'aperto, cucina lombarda e internazionale.

Al Molo 13, via Rubens 13 ✉ 20148 ☎ 02 4042743, *Fax 02 40072616* – ▤. AE Ⓢ ⓞ ⓜ VISA JCB DR b
chiuso dal 31 dicembre al 9 gennaio, dal 2 agosto al 2 settembre, domenica e lunedì a mezzogiorno – **Pasto** specialità di mare carta 40/71.
◆ Il buffet di pesce fresco all'ingresso è un buon «biglietto da visita» per questo accogliente locale moderno; frutti di mare crudi, ma anche specialità sarde.

Zona urbana Nord-Est

viale Monza, via Padova, via Porpora, viale Romagna, viale Argonne, viale Forlanini **(Pianta : Milano p. 7 e 9)**

Concorde, viale Monza 132 ✉ 20125 ☎ 02 26112020, *concorde@antareshotels.com, Fax 02 26147879* – |‡|, ▤ TV ☏ ⇔ – 🏛 160. AE Ⓢ ⓞ ⓜ VISA JCB. ✗ BO d
Pasto (solo per alloggiati) carta 42/65 – **120 cam** ☐ 208/260.
◆ In posizione periferica, adatto ad una clientela di lavoro o all'attività congressuale, risorsa confortevole, con camere di recente rinnovate; sale riunioni polivalenti.

Starhotel Tourist, viale Fulvio Testi 300 ✉ 20126 ☎ 02 6437777, *tourist.mi@starhotels.it, Fax 02 6472516*, 🏋 – |‡|, ✗ cam, ▤ TV ⇔ P – 🏛 150. AE Ⓢ ⓞ ⓜ VISA JCB. ✗
Pasto carta 40/50 – **140 cam** ☐ 215/255. BO c
◆ Decentrato, ma in zona comoda per le autostrade, albergo omogeneo agli standard della catena cui appartiene; ampio piano terra ristrutturato, sale riunioni attrezzate. Ristorante che svolge anche attività banchettistica e dispone di moderne sale signorili.

Lombardia, viale Lombardia 74 ✉ 20131 ☎ 02 2824938, *hotelomb@tin.it, Fax 02 2893430* – |‡|, ✗ cam, ▤ TV ☏ ⇔ – 🏛 100. AE Ⓢ ⓞ ⓜ VISA JCB. ✗ rist
chiuso dal 4 al 19 agosto – **Pasto** *(chiuso a mezzogiorno, sabato e domenica)* (solo per alloggiati) 22/32 – **80 cam** ☐ 105/180 – ½ P 110. GQ e
◆ Nella zona di piazzale Loreto, una risorsa ben tenuta, dotata di ampia, luminosa hall e camere con arredi recenti, disposte internamente, quindi tranquille.

Agape senza rist, via Flumendosa 35 ✉ 20132 ☎ 02 27200702, *info@agapehotel.com, Fax 02 27203435* – |‡| ▤ TV – 🏛 30. AE Ⓢ ⓞ ⓜ VISA JCB. ✗ CO a
43 cam ☐ 155/160.
◆ Hotel in comoda posizione, in zona residenziale, non lontano dalle grandi direttrici stradali. Gestione capace ed intraprendente, prezzi interessanti nei fine settimana.

Città Studi 🐕 senza rist, via Saldini 24 ✉ 20133 ☎ 02 744666, *hcs@hotelcittàstudi.it, Fax 02 713122* – |‡| ▤ TV. AE Ⓢ ⓜ VISA JCB GR d
☐ 8 – **45 cam** 78/120.
◆ Vicina ad uno dei poli universitari della città, una struttura semplice, ma di discreto confort, con funzionali arredi recenti nelle zone comuni e nelle camere.

Gala 🐕 senza rist, viale Zara 89 ✉ 20159 ☎ 02 66800891, *Fax 02 66800463* – |‡| ▤ TV P. AE Ⓢ ⓞ ⓜ VISA. ✗ FQ a
chiuso agosto – ☐ 10 – **22 cam** 88/134.
◆ Preceduto da un giardinetto, un piccolo hotel a gestione familiare in quieta posizione defilata, ma comoda rispetto alle autostrade; camere spaziose e confortevoli.

Il Girasole senza rist, via Doberdò 19 ✉ 20126 ☎ 347 1469721, *bbilgirasole@hotmail.com, Fax 02 27080738* – TV P. ✗ BO e
chiuso dal 6 al 24 agosto – **6 cam** ☐ 70/100.
◆ Decentrato, ma vicino al metrò, un recente bed and breakfast, con camere più o meno semplici, ma sempre curate: per un soggiorno milanese informale a prezzi concorrenziali.

Tre Pini, via Tullo Morgagni 19 ✉ 20125 ☎ 02 66805413, *Fax 02 66801346*, 🏠, prenotare – ▤. AE Ⓢ ⓞ ⓜ VISA BO a
chiuso dal 9 al 22 agosto e sabato – **Pasto** specialità alla brace carta 39/48.
◆ Rinnovato completamente, ha un'ampia sala con vetrate sul dehors per il servizio estivo sotto un pergolato; cucina con specialità alla brace, preparate a vista.

Centro Ittico, via Ferrante Aporti 35 ✉ 20125 ☎ 02 26823449, *Fax 02 26143774*, prenotare la sera – ▤. Ⓢ ⓞ ⓜ VISA. ✗ GQ b
chiuso dal 25 dicembre al 7 gennaio, agosto, domenica e lunedì a mezzogiorno – **Pasto** specialità di mare carta 34/70.
◆ Ubicato sotto i binari della stazione centrale, locale nato da una pescheria, con bancone in bella vista; ambiente semplice, ma pesce freschissimo, offerto al meglio.

La Baia dei Pescatori, via Popoli Uniti 7 ✉ 20127 ☎ 02 2619434, *labaiadeipescatorisrl@tin.it, Fax 02 2619434* – ✗ ▤. AE Ⓢ ⓞ ⓜ VISA JCB GQ c
chiuso dal 10 al 25 agosto e lunedì – **Pasto** specialità di mare carta 25/53.
◆ Ristorante di recente apertura, semplice, ma accogliente, che, come denota l'arredamento in stile marinaro, con reti, lampare e timoni, offre specialità di mare.

Charmant, via G. Colombo 42 ✉ 20133 ☎ 02 70100136, Coperti limitati; prenotare – ▤. AE Ⓢ ⓞ ⓜ VISA. ✗ GR g
chiuso domenica – **Pasto** specialità di mare carta 39/55.
◆ In zona Città Studi, ambiente di sobria eleganza in un ristorantino di quartiere; le specialità sono di mare, nelle preparazioni classiche della cucina mediterranea.

Osteria da Francesca, viale Argonne 32 ✉ 20133 ☎ 02 730608, Trattoria con coperti limitati; prenotare – ▤. AE ⓢ ⓓ MC VISA JCB GR p
chiuso agosto e domenica – **Pasto** solo specialità di mare giovedì sera e venerdì carta 43/54.
◆ Ambiente familiare in una minuscola e accogliente trattoria, frequentata da habitué; cucina casalinga stagionale; giovedì sera e venerdì solo specialità di pesce.

Baia Chia, via Bazzini 37 ✉ 20131 ☎ 02 2361131, prenotare – ▤. ⓢ MC VISA. GQ a
chiuso dal 24 dicembre al 2 gennaio, Pasqua, tre settimane in agosto, domenica e lunedì a mezzogiorno – **Pasto** specialità di mare e sarde carta 26/36.
◆ Si è ampliato con una nuova saletta questo gradevole locale di tono familiare, dove potrete gustare una buona cucina di pesce e alcune saporite specialità sarde.

Zona urbana Sud-Est

viale Molise, corso Lodi, via Ripamonti, corso San Gottardo **(Pianta : Milano p. 7 e 9)**

Quark, via Lampedusa 11/a ✉ 20141 ☎ 02 84431, *commerciale@quarkhotel.com, Fax 02 8464190*, – cam, ▤ TV P – 1000. AE ⓢ ⓓ MC VISA JCB. BP a
chiuso dal 1° all'8 gennaio – **Pasto** carta 40/50 – **190 cam** 189/233, 92 suites 199/243.
◆ Un'enorme struttura recente, nata come residence e quindi in grado di offrire camere assai spaziose e molte suite; ha uno dei più grandi centri congressi in città. Ampie finestre e colori pastello nel moderno ristorante.

Starhotel Business Palace, via Gaggia 3 ✉ 20139 ☎ 02 53545, *business.mi@starhotels.it, Fax 02 57307550*, – ▤ TV – 200. AE ⓢ ⓓ MC VISA JCB. BP c
Pasto (solo per alloggiati) carta 35/50 – **248 cam** 229/259, 33 suites.
◆ Vicino alla tangenziale e al metrò, un riuscito esempio di riconversione da complesso industriale ad albergo, con ampi, ariosi spazi comuni; forte vocazione congressuale.

Novotel Milano Est Aeroporto, via Mecenate 121 ✉ 20138 ☎ 02 507261, *novotel.milanoest@accor-hotels.it, Fax 02 58011086*, – ▤ TV P – 350. AE ⓢ ⓓ MC VISA. rist CP b
Pasto carta 28/50 – **206 cam** 225/269 – 1/2 P 164,50.
◆ Vicino alla tangenziale e a Linate, clientela congressuale, di lavoro e di passaggio in una struttura in linea con gli standard di confort della catena; piscina scoperta. Ristorante di taglio moderno; cucina italiana e internazionale.

Mec senza rist, via Tito Livio 4 ✉ 20137 ☎ 02 5456715, *hotelmec@tiscalinet.it, Fax 02 5456718*, – ▤ TV. AE ⓢ ⓓ MC VISA JCB GS r
40 cam 126/190.
◆ Gestione giovane e dinamica per un piccolo, accogliente albergo periferico, ma non lontano dal metrò; dopo il recente rinnovo ha interni con arredi moderni e funzionali.

Garden senza rist, via Rutilia 6 ✉ 20141 ☎ 02 55212838, *Fax 02 57300678* – TV P. AE ⓢ ⓓ MC VISA BP z
chiuso agosto – senza – **23 cam** 80/92,50.
◆ Non lontano dalla tangenziale ovest e dall'Università Bocconi, una risorsa tranquilla, semplice, ma dignitosa, dotata di un piccolo giardino-parcheggio con aiuole.

La Plancia, via Cassinis 13 ✉ 20139 ☎ 02 5390558, *info@laplancia.it, Fax 02 5390558*, Rist. e pizzeria – ▤. AE ⓢ ⓓ MC VISA JCB BP c
chiuso dal 1° al 6 gennaio, agosto e domenica – **Pasto** specialità di mare carta 28/41.
◆ Luminoso e moderno ristorante-pizzeria, con pesce in esposizione e vasca dei crostacei; linea di cucina marinara, oltre alle tradizionali pizze, anche a mezzogiorno.

Nuovo Macello, via Cesare Lombroso 20 ✉ 20137 ☎ 02 59902122, *Fax 02 59902122*, prenotare – ▤ GS b
chiuso sabato a mezzogiorno e domenica – **Pasto** carta 41/47.
◆ Trattoria di quartiere da oltre 40 anni, rinnovata nel 1998 sia nell'ambiente, sempre caldo e familiare, sia nella cucina, creativa, ma con radici nel territorio.

Taverna Calabiana, via Calabiana 3 ✉ 20139 ☎ 02 55213075, Rist. e pizzeria – ▤. AE ⓢ ⓓ VISA. GS a
chiuso dal 24 dicembre al 5 gennaio, Pasqua, agosto, domenica e lunedì – **Pasto** carta 24/32.
◆ Accoglienti salette di stile rustico, con tavoloni in legno massiccio; piatti stagionali di varie cucine regionali (piemontesi, liguri) e pizzeria con forno a legna.

Zona urbana Sud-Ovest

viale Famagosta, viale Liguria, via Lorenteggio, viale Forze Armate, via Novara **(Pianta : Milano p. 6 e 7)**

Holiday Inn, via Lorenteggio 278 ✉ 20152 ☎ 02 413111, *sales@holidayinn-milano.it, Fax 02 413113*, – ▤ TV – 85. AE ⓢ ⓓ MC VISA. AP u
Pasto al Rist. ***Il Molinetto*** carta 29/45 – 20 – **119 cam** 302/334.
◆ Una struttura recente tutta vetro e cemento, di taglio americano, che secondo gli standard della compagnia offre un buon livello di confort; camere con ottime dotazioni. Proposte culinarie italiane e internazionali nell'accogliente sala ristorante.

Dei Fiori senza rist, via Renzo e Lucia 14, raccordo autostrada A7 ✉ 20142 ✆ 02 8436441, *hoteldeifiori@hoteldeifiori.com, Fax 02 89501096* – AE VISA JCB
53 cam 95/116. BP b
◆ Vicino allo svincolo dell'autostrada Milano-Genova e al metrò, un albergo rinnovato negli ultimi anni, con spazi comuni limitati; camere dotate di utili doppi vetri.

Il luogo di Aimo e Nadia, via Montecucculi 6 ✉ 20147 ✆ 02 416886, *info@aimoenadia.com, Fax 02 48302005*, Coperti limitati; prenotare – AE VISA. AP e
chiuso dal 1° all'8 gennaio, agosto, sabato a mezzogiorno e domenica – **Pasto** 33 (a mezzogiorno) 77 e carta 67/131.
◆ Nel panorama gastronomico cittadino spicca questo ristorante, che nelle due salette con dipinti moderni d'autore alle pareti propone una cucina notevole per piglio creativo.
Spec. Tagliolini di pasta fresca con pesce di scoglio e verdure al basilico. Scamone di vitello piemontese sanato farcito di prosciutto di cinta senese e fegato d'oca. Sformato caldo di cioccolato venezuelano all'olio extravergine con granita di caffè.

L'Ape Piera, Via Lodovico il Moro 11 ✉ 20143 ✆ 02 89126060, *info@ape-piera.com*, Coperti limitati; prenotare – AE VISA DS a
chiuso dal 3 agosto al 3 settembre, domenica e a mezzogiorno – **Pasto** carta 45/73.
◆ In un luogo tipico della «vecchia» Milano una moderna novità gastronomica che, grazie ad una squadra di alto livello, si piazza in poco tempo ai vertici della classifica.

Dintorni di Milano

sulla strada statale 35-quartiere Milanofiori *per ⑧ : 10 km* :

Royal Garden Hotel, via Di Vittorio ✉ 20090 Assago ✆ 02 457811, *garden.res@monrifhotels.it, Fax 02 45702901*, – 180. AE VISA.
chiuso dal 24 dicembre al 5 gennaio e agosto – **Pasto** carta 40/62 – **121 cam** 207/298, 33 suites.
◆ L'originale estro architettonico dell'hotel si rivela appena si entra nella moderna hall alta 25 m, con fontana e scale mobili; soluzioni innovative di grande confort. Anche al ristorante un'insolita ambientazione modernissima e scenografica.

Jolly Hotel Milanofiori, Strada 2 ✉ 20090 Assago ✆ 02 82221, *milanofiori@jollyhotels.it, Fax 02 89200946*, – 110. AE VISA. rist
chiuso dal 24 dicembre al 6 gennaio ed agosto – **Pasto** carta 38/49 – **255 cam** 198/288.
◆ Recente struttura sobria e funzionale, rivolta ad una clientela congressuale e di passaggio; collegato al Centro Congressi Milanofiori; comode camere con arredi moderni. Luminosa e ampia sala del ristorante, di taglio contemporaneo.

al Parco Forlanini (lato Ovest) *Est : 10 km (Pianta : Milano p. 7* **CP***)* :

Osteria I Valtellina, via Taverna 34 ✉ 20134 Milano ✆ 02 7561139, *Fax 02 7560436*, prenotare – AE VISA. CP h
chiuso dal 26 dicembre al 7 gennaio, dal 4 al 24 agosto e lunedì – **Pasto** specialità valtellinesi carta 41/59.
◆ Tocchi di eleganza in un bel locale accogliente, dove gusterete una genuina e saporita cucina «di campagna» e specialità valtellinesi; servizio estivo sotto un pergolato.

sulla tangenziale ovest-Assago *per ⑩* : 14 km :

Holiday Inn Milan Assago, ✉ 20090 Assago ✆ 02 488601, *holidayinn.assago@alliancealberghi.com, Fax 02 48843958*, – 300. AE VISA JCB. rist
Pasto al Rist. ***Alla "Bell'Italia"*** carta 35/50 – **203 cam** 189,28/222,85.
◆ In posizione strategica sulla tangenziale, in un moderno centro polifunzionale, struttura confortevole, molto utilizzata per eventi promozionali, riunioni e congressi. Ambiente classico al ristorante; proposte alla carta, oppure buffet, con griglia a vista.

MILANO MARITTIMA *Ravenna* 563 J 19 – *Vedere Cervia.*

MILAZZO *Messina* 565 M 27 – *Vedere Sicilia alla fine dell'elenco alfabetico.*

MILETO *89852 Vibo Valentia* 564 L 30 – *7 307 ab. alt. 356.*
Roma 562 – Reggio di Calabria 84 – Catanzaro 107 – Cosenza 110 – Gioia Tauro 28.

Il Normanno, via Duomo 12 ✆ 0963 336398, *information@ilnormanno.com, Fax 0963 336398*, Rist. e pizzeria AE VISA JCB
chiuso dal 1° al 20 settembre e lunedì (escluso agosto) – **Pasto** carta 17/25.
◆ Nel cuore della località, una graziosa trattoria con due salette ben tenute con perlinato ai muri e arredi essenziali, dove si propongono caserecci piatti del luogo.

Una prenotazione confermata per iscritto o per fax è sempre più sicura.

MILLESIMO *17017 Savona* 561 I 6 – *3 276 ab. alt. .*

Roma 553 – Genova 81 – Cuneo 62 – Imperia 91 – Savona 27.

Msetutta, località Monastero 8 ℘ 019 564226, *msetutta@libero.it* – P. AE \$ ⓞ MC VISA JCB. ✻

chiuso 15 giorni in gennaio, mercoledì e a mezzogiorno (escluso domenica e festivi) – **Pasto** 45/55.

◆ Centrale ristorante molto in voga e frequentato per le sapienti e fantasiose rivisitazioni di cucina tradizionale che compongono il suo giornaliero menù degustazione.

MINERBIO *40061 Bologna* 562 I 16 – *7 536 ab. alt. 16.*

Roma 399 – Bologna 23 – Ferrara 30 – Modena 59 – Ravenna 93.

Nanni, via Garibaldi 28 ℘ 051 878276, *info@hotelnanni.com, Fax 051 876094,* – ‖, ✻ cam, ▤ TV ℡ P – 25. AE \$ ⓞ MC VISA. ✻

Pasto *(chiuso dal 24 dicembre al 7 gennaio, dall'8 al 21 agosto e sabato)* carta 24/32 – ☕ 6 – **35 cam** 90/145.

◆ In centro paese, un albergo a solida tradizione familiare: luminosi interni di moderna concezione, arredati in modo molto piacevole, belle camere rinnovate pochi anni fa. Capiente e classica sala da pranzo in stile lineare.

a Ca' de Fabbri *Ovest : 4 km* – ✉ *40061 Minerbio :*

Primhotel, via Nazionale 33 ℘ 051 6604108, *info@primhotel.bo.it, Fax 051 6606210* – ‖, ✻ cam, ▤ TV ♿ P – 25. AE \$ ⓞ MC VISA. ✻

Pasto *(chiuso domenica e a mezzogiorno)* 22/35 – **47 cam** ☕ 150.

◆ Accogliente atmosfera e attenta cura dei particolari in un hotel che è un piccolo gioiello nella sua categoria: ampie zone comuni abbellite da tappeti, graziose camere. Caldi colori nella sala da pranzo ricca di fantasie floreali.

La guida cambia, cambiate la guida ogni anno.

MINERVINO MURGE *70055 Bari* 564 D 30 – *10 160 ab. alt. 445.*

Roma 364 – Foggia 68 – Bari 75 – Barletta 39 – Matera 75.

La Tradizione, via Imbriani 11/13 ℘ 0883 691690 – ▤. \$ MC VISA JCB. ✻

chiuso dal 21 al 28 febbraio, dal 1° al 15 settembre e giovedì – **Pasto** carta 14/21.

◆ Celebre trattoria del centro storico, accanto alla chiesa dell'Immacolata. Ambiente piacevole, in stile rustico, foto d'epoca alle pareti; piatte tipici del territorio.

MINORI *84010 Salerno* 564 E 25 – *3 007 ab. – a.s. Pasqua, 15 giugno-15 settembre e Natale.*

Roma 269 – Napoli 67 – Amalfi 3 – Salerno 22.

Santa Lucia, via Nazionale 44 ℘ 089 853636, *hslucia@tiscalinet.it, Fax 089 877142* – ‖ ▤ TV. AE \$ ⓞ MC VISA. ✻ rist

Pasto *(marzo-ottobre)* carta 25/35 (10%) – **30 cam** ☕ 95 – ½ P 75.

◆ Nella ridente cittadina dell'incantevole costiera Amalfitana, un albergo a gestione familiare, completamente ristrutturato e migliorato nelle sue dotazioni; camere nuove. Capiente sala da pranzo dai colori caldi e dagli arredi essenziali.

Giardiniello, corso Vittorio Emanuele 17 ℘ 089 877050, *giardiniello@amalfinet.it, Fax 089 877050,* , Rist. e pizzeria serale – AE \$ ⓞ MC VISA

chiuso mercoledì (escluso da giugno a settembre) – **Pasto** carta 26/46.

◆ Ristorante e pizzeria (la sera) situato nel centro della località, dove gustare piatti del luogo, soprattutto di mare; gradevole servizio estivo sotto un pergolato.

L'Arsenale, via San Giovanni a Mare 20/25 ℘ 089 851418, *Fax 089 851418.* AE \$ ⓞ MC VISA JCB. ✻

chiuso dal 18 gennaio al 10 febbraio – **Pasto** carta 35/51 (10%).

◆ Ambiente di tono rustico in un locale lungo la strada principale del paese: vengono proposti piatti del territorio e nazionali, prevalentemente a base di pesce.

MIRA *30034 Venezia* 562 F 18 *G. Venezia – 36 118 ab..*

Vedere *Sala da ballo★ della Villa Widmann Foscari.*

Escursioni *Riviera del Brenta★★ per la strada S11.*

via Nazionale 420 (Villa Widmann Foscari) ℘ 041 5298711, Fax 041 423844.

Roma 514 – Padova 22 – Venezia 20 – Chioggia 39 – Milano 253 – Treviso 35.

Villa Franceschi senza rist, via Don Minzoni 28 ℘ 041 4266531, *villafranceschi@tin.it, Fax 041 5608996,* – ‖ ▤ TV ℡ ♿ P – 120. AE \$ ⓞ MC VISA

25 cam ☕ 150/230, 2 suites.

◆ Splendida villa del XVI secolo contornata da un rigoglioso parco e impreziosita da giardini all'italiana. Camere nel corpo principale e in una piacevole dépendance. Signorile ristorante, particolari raffinati.

Villa Margherita senza rist, via Nazionale 416 ✉ 30030 Mira Porte ✆ 041 4265800, *hvillam@tin.it, Fax 041 4265838* – ▤ TV P. AE ⓈⓄ MC VISA JCB. ✂
19 cam ☐ 135/220.
◆ Un soggiorno di classe in una splendida villa seicentesca in un parco: eleganti ambienti in stile, riccamente ornati e abbelliti da affreschi, accoglienti camere raffinate.

Riviera dei Dogi senza rist, via Don Minzoni 33 ✉ 30030 Mira Porte ✆ 041 424466, *rivieradeidogihotel@tiscalinet.it, Fax 041 424428* – ▤ TV P. AE ⓈⓄ MC VISA JCB. ✂
43 cam ☐ 57/99.
◆ Palazzo di origine seicentesca che si affaccia sulla Riviera del Brenta, dotato di cortiletto interno; piacevoli interni d'atmosfera, camere signorili molto ben arredate.

Isola di Caprera senza rist, riviera Silvio Trentin 13 ✆ 041 4265255, *info@isoladicaprera.com, Fax 041 4265348* – ▤ TV P. AE ⓈⓄ MC VISA. ✂
chiuso dal 28 dicembre al 3 gennaio e dal 3 al 9 agosto – **16 cam** ☐ 100/130, suite.
◆ Struttura fine '800, un tempo sede del dopolavoro della Mira Lanza, ora è un albergo dagli interni eleganti ornati con gusto; belle camere nelle tonalità del nocciola.

XXX **Margherita,** via Nazionale 312 ✉ 30030 Mira Porte ✆ 041 420879, *ristorantemargherita@tin.it, Fax 041 4265838,* ☂, ☂ – ▤ P. AE ⓈⓄ MC VISA. ✂
chiuso dal 7 al 27 gennaio, martedì sera e mercoledì – **Pasto** specialità di mare carta 46/65.
◆ In una casa d'epoca all'interno di un vasto parco privato, un ristorante con tre classiche salette con tocchi di raffinatezza; piatti di mare, servizio estivo all'aperto.

XX **Nalin,** via Argine sinistro Novissimo 29 ✆ 041 420083, *Fax 041 5600037,* ☂ – ▤ P. AE ⓈⓄ VISA. ✂
chiuso dal 26 dicembre al 6 gennaio, agosto, domenica sera e lunedì – **Pasto** specialità di mare carta 32/47.
◆ Accogliente ambiente rustico in un locale di lunga tradizione (dal 1914), dotato di una bella veranda luminosa e un'ampia zona disimpegno; cucina a base di pescato.

XX **Dall'Antonia,** via Argine Destro 75 (Sud : 2 km) ✆ 041 5675618 – ▤ P. AE ⓈⓄ MC VISA. ✂
chiuso gennaio, agosto, domenica sera e martedì – **Pasto** carta 27/42.
◆ Ambiente originale con numerose piante in vaso e formelle in vetro artistico nella capiente ed elegante sala, dove gustare interessanti piatti a base di pescato.

X **Anna e Otello,** località Piazza Vecchia 36 (Sud-Est : 3 km) ✆ 041 5675335, *Fax 041 5675335* – ▤. ⓈⓄ MC VISA. ✂
chiuso dal 1° al 21 gennaio, martedì a mezzogiorno e lunedì – **Pasto** specialità di mare carta 26/33.
◆ Ubicata in una piccola frazione, classica trattoria a conduzione familiare di provata esperienza, con una grande sala di tono rustico; cucina esclusivamente di mare.

a Gambarare *Sud-Est : 3 km* – ✉ *30030 :*

Poppi, via Romea 80 (strada statale 309) ✆ 041 5675661, *info@hotelpoppi.com, Fax 041 5676482* – |♦|, ⇹ cam, ▤ TV ✆ ♿ ⇔ P. AE ⓈⓄ MC VISA. ✂
Pasto *(chiuso dal 1° al 15 gennaio e lunedì)* carta 31/60 – **98 cam** ☐ 95/165, 2 suites – ½ P 90.
◆ Lungo la statale Romea, un hotel regolarmente rinnovato nel corso del tempo, in grado di offrire un confort adeguato alla clientela commerciale e turistica. Gestione esperta. Ristorante conosciuto e apprezzato, specializzato nelle preparazioni di mare.

MIRAMARE *Rimini* 563 J 19 – *Vedere Rimini.*

MIRANDOLA *41037 Modena* 562 H 15 – *22 077 ab. alt. 18.*

Roma 436 – Bologna 56 – Ferrara 58 – Mantova 55 – Milano 202 – Modena 32 – Parma 88 – Verona 70.

Pico senza rist, via Statale Sud 20 ✆ 0535 20050, *info@hotelpico.it, Fax 0535 26873* – |♦| ▤ TV ✆ P. AE ⓈⓄ MC VISA. ✂
chiuso dal 7 al 22 agosto – **26 cam** ☐ 80/105.
◆ Valida conduzione in una struttura di taglio moderno, adatta anche a una clientela d'affari; nuovo ingresso con rivestimenti in legno, camere rimodernate.

MIRANO *30035 Venezia* 562 F 18 *G. Venezia – 26 193 ab. alt. 9.*

Roma 516 – Padova 26 – Venezia 21 – Milano 253 – Treviso 30 – Trieste 158.

Park Hotel Villa Giustinian senza rist, via Miranese 85 ✆ 041 5700200, *info@villagiustinian.com, Fax 041 5700355,* ☼ – |♦| ▤ TV P – ⚑ 60. AE ⓈⓄ MC VISA
39 cam ☐ 62/120, 2 suites.
◆ In un bel parco con piscina, villa del '700 con due dipendenze: ambienti rilassanti e funzionali, riccamente ornati in stile, camere piacevoli; anche per turismo d'affari.

Leon d'Oro ⊗, via Canonici 3 (Sud : 3 km) ☎ 041 432777, *info@leondoro.it, Fax 041 431501,* ≘, ⛱, 🌳 – ⇔ cam, ▤ TV ♿ P. ⑤ MC VISA. ⚹ rist
Pasto *(febbraio-ottobre; chiuso a mezzogiorno)* carta 26/40 – **34 cam** ☕ 88/130 – 1/2 P 93.
◆ Per gli amanti del confort e dell'originalità un hotel in una raffinata residenza di campagna, in posizione molto tranquilla; interni curati, camere personalizzate.

Villa Patriarca senza rist, via Miranese 25 ☎ 041 430006, *info@villapatriarca.com, Fax 041 5702077,* ⛱, 🌳, ⚹ – ▤ TV. AE ⓪ MC VISA JCB
25 cam ☕ 103,29/123,95.
◆ Villa del XVIII secolo ristrutturata e dotata di un grande giardino con piscina e campi da tennis; ambienti comuni dai gradevoli colori chiari, camere in stile lineare.

19 al Paradiso, via Luneo 37 (Nord : 2 km) ☎ 041 431939, *Fax 041 5701235,* 🏠 – P. AE ⑤ MC VISA. ⚹
chiuso agosto, domenica sera e lunedì – **Pasto** carta 29/41.
◆ Bella trattoria di paese accogliente e simpatica, con interni dalle decorazioni originali, dove gustare una linea culinaria tipicamente veneta; servizio estivo in veranda.

a Scaltenigo *Sud-Ovest : 4,8 km – ✉ 30030 :*

Trattoria la Ragnatela, via Caltana 79 ☎ 041 436050, *Fax 041 436050* – ▤ P. ⑤ MC VISA JCB
Pasto carta 24/40.
◆ Una cooperativa dalla clientela eterogenea: una sala semplice e decorosa dove si propongono tradizionali piatti di terra, talvolta con un tocco di originalità.

MISANO ADRIATICO *47843 Rimini* 562 K 20 – *9 876 ab. – a.s. 15 giugno-agosto.*

🅘 *viale Platani 22 ☎ 0541 615520, iat@comune.misano-adriatico.rn.it, Fax 0541 613295.*
Roma 318 – Rimini 13 – Bologna 126 – Forlì 65 – Milano 337 – Pesaro 20 – Ravenna 68 – San Marino 38.

Atlantic, via Sardegna 28 ☎ 0541 614161, *info@atlantichotelmisano.com, Fax 0541 613748,* ⛱ riscaldata – |♦| ▤ TV P. AE ⑤ ⓪ MC VISA JCB. ⚹ rist
Pasqua-settembre – **Pasto** (solo per alloggiati) 20/40 – **39 cam** ☕ 85/130 – 1/2 P 83.
◆ Struttura di taglio moderno dotata di solarium con piscina riscaldata; all'interno ariosi e «freschi» spazi comuni per un piacevole relax, camere rinnovate di recente.

Haway, via Sardegna 21 ☎ 0541 610309, *hotelhaway@libero.it, Fax 0541 600505* – |♦| ▤ TV P. ⑤ MC VISA. ⚹
15 maggio-20 settembre – **Pasto** (solo per alloggiati) 15/18 – **39 cam** ☕ 52/75 – 1/2 P 49.
◆ Non lontano dal mare e in zona centrale, un albergo d'ispirazione familiare: ambienti ben tenuti, con vari divani nella hall; camere funzionali di confort essenziale.

Taverna del Marinaio, via dei Gigli 16 (Portoverde) ☎ 0541 615658, ≤, 🏠 – P. AE ⑤ ⓪ MC VISA. ⚹
chiuso dal 15 ottobre al 12 dicembre e martedì (escluso da giugno al 15 settembre) – **Pasto** specialità di mare 35/45.
◆ Nei pressi di Portoverde, un classico ristorante di mare, con una spaziosa sala essenziale, con pareti formate da vetrate che si aprono trasformandola in veranda/terrazza.

a Misano Monte *Ovest : 5 km – ✉ 47843 :*

Locanda I Girasoli ⊗ con cam, via Ca' Rastelli 13 ☎ 0541 610724, *girasoli@guest.it, Fax 0541 610724,* 🏠, ⛱ riscaldata, 🌳, ⚹ – ▤ TV ☎ P. AE ⑤ ⓪ MC VISA. ⚹
Pasto *(chiuso novembre e martedì)* carta 39/48 – **6 cam** ☕ 120/142.
◆ Nell'assoluta quiete della campagna, in un giardino ombreggiato con piscina riscaldata e tennis, un ristorante con festosi interni color dei girasoli; cucina romagnola.

MISSIANO (MISSIAN) *Bolzano* 218 ⑳ – *Vedere Appiano sulla Strada del Vino.*

MISURINA *32040 Belluno* 562 C 18 *G. Italia – alt. 1 756 – Sport invernali : 1 756/2 200 m* ⛷2 *(Comprensorio Dolomiti superski Cortina d'Ampezzo)* ⛷.

Vedere *Lago★★ – Paesaggio pittoresco★★★.*
Roma 686 – Cortina d'Ampezzo 14 – Auronzo di Cadore 24 – Belluno 86 – Milano 429 – Venezia 176.

Grand Hotel Misurina ⊗, via Montepiana 21 ☎ 0435 39191, *reservation.ghm@framon-hotels.it, Fax 0435 39194,* ≤ Dolomiti e lago, 🏋, ≘, ⛱ – |♦| TV 🚗 – 🏛 50. AE ⑤ ⓪ MC VISA JCB
15 dicembre-marzo e 8 giugno-20 settembre – **Pasto** carta 38/56 – ☕ 13,20 – **88 cam** 165/203,50, 3 suites – 1/2 P 148.
◆ Bella struttura in splendida posizione di fronte al lago: ampi e signorili saloni dove è protagonista il legno in tutti i suoi colori; raffinate camere ben accessoriate. Ambiente elegante nella sala ristorante dalle calde tonalità nocciola.

Lavaredo, via M. Piana 11 ☏ 0435 39227, *info@lavaredohotel.it, Fax 0435 39127*, ≤ Dolomiti e lago, ... – *chiuso dal 22 aprile al 20 maggio e novembre* – **Pasto** carta 20/49 – ☕ 8 – **31 cam** 85/114 – ½ P 75.

◆ Davanti all'amena distesa lacustre, un albergo con incantevole vista sulle Dolomiti e accoglienti interni spaziosi in stile montano; confortevoli camere rinnovate. Sala ristorante arredata in modo essenziale.

MOCRONE *Massa-Carrara – Vedere Villafranca in Lunigiana.*

MODENA *41100* P 562 I 14 *G. Italia – 176 965 ab. alt. 35.*

Vedere *Duomo**** **AY** – *Metope** nel museo del Duomo* **ABY M1** – *Galleria Estense**, biblioteca Estense*, sala delle medaglie* nel palazzo dei Musei* **AY M2** – *Palazzo Ducale** **BY A**.

18 e 18 *(chiuso martedì) a Colombaro di Formigine* ✉ *41050* ☏ *059 553482, Fax 059 553696, per* ④ *: 10 km.*

piazza Grande 17 ☏ *059 206660, iatmo@comune.modena.it, Fax 059 206659.*

A.C.I. *via Verdi 7* ☏ *059 247611.*

Roma 404 ④ *– Bologna 40* ③ *– Ferrara 84* ④ *– Firenze 130* ④ *– Milano 170* ⑤ *– Parma 56* ⑤ *– Verona 101* ⑤.

Pianta pagina a lato

Real Fini, via Emilia Est 441 ☏ 059 2051511, *hotel.real.fini@hrf.it, Fax 059 364804*, ... cam, ... – 600. ... per ③
chiuso dal 22 dicembre al 7 gennaio e agosto – **Pasto** vedere rist ***Fini*** – ☕ 16 – **87 cam** 136/195, 2 suites.

◆ Nell'antica città estense, hotel fuori dal centro, completamente ristrutturato: accoglienti interni e ampio centro congressi; servizio limousine per il Ristorante Fini.

Canalgrande, corso Canalgrande 6 ☏ 059 217160 e rist. ☏ 059 223313, *info@canalgrandehotel.it, Fax 059 221674*, ... – 200. ... rist **BZ v**
Pasto al Rist. ***La Secchia Rapita*** *(chiuso agosto)* carta 30/45 – **68 cam** ☕ 118/169, 2 suites.

◆ Convento nel '500, poi residenza nobiliare nella seconda metà dell'800, infine hotel negli anni '70: bel giardino ombreggiato e splendide sale settecentesche all'interno. Sale da pranzo con soffitto a volta in cotto.

Raffaello, via per Cognento 5 ☏ 059 357035, *info@raffaellohotel.com, Fax 059 354522* – ... – 300. ... 3 km per via Giardini **AZ**
chiuso agosto – **Pasto** carta 21/39 – **113 cam** ☕ 130/156, 14 suites.

◆ Un grande albergo di moderna concezione, ristrutturato, dotato di ampie zone comuni e di un'attrezzata area congressi; spaziose camere arredate in modo semplice. Arioso ristorante illuminato da grandi vetrate.

Donatello senza rist, via Giardini 402 ☏ 059 344550, *Fax 059 342803* – ... – 40. ... rist per via Giardini **AZ**
74 cam ☕ 65/89,35.

◆ Fuori dal centro storico, ma in comoda posizione, un hotel ideale per una clientela di lavoro: interni ben tenuti, in stile essenziale, omogenee camere lineari. Sala da pranzo con soffitto in legno a cassettoni.

Libertà senza rist, via Blasia 10 ☏ 059 222365, *info@hotelliberta.it, Fax 059 222502* – ... **BY e**
chiuso Natale, Capodanno ed agosto – **50 cam** ☕ 57/87, suite.

◆ Nel cuore della cittadina, ma raggiungibile anche in macchina, albergo a gestione familiare con funzionali spazi comuni di contemporanea ispirazione e piacevoli camere.

Daunia senza rist, via del Pozzo 158 ☏ 059 371182, *info@hoteldaunia.it, Fax 059 374807* – ... per ③
42 cam ☕ 70/100.

◆ In comoda posizione proprio di fronte al Policlinico, una bianca struttura di taglio lineare con interni arredati semplicemente e sobrie camere in stile essenziale.

Centrale senza rist, via Rismondo 55 ☏ 059 218808, *info@hotelcentrale.com, Fax 059 238201* – ... **ABY m**
chiuso dal 1° al 20 agosto – ☕ 10 – **40 cam** 60/100.

◆ Albergo felicemente ubicato nel cuore della città: gradevoli spazi comuni nelle tonalità del nocciola con pavimenti a scacchiera e arredi sobri; camere funzionali.

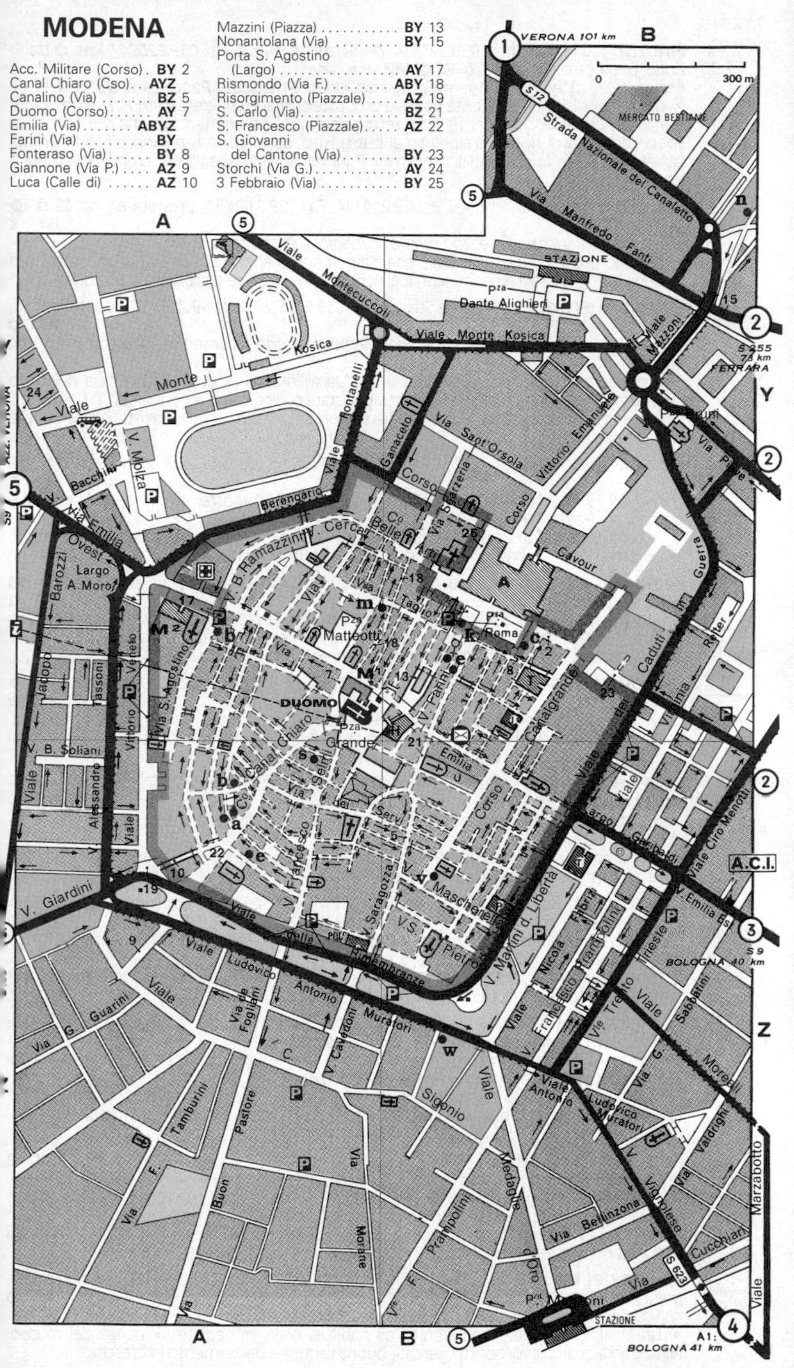
MODENA
Acc. Militare (Corso) . BY 2
Canal Chiaro (Cso) . . AYZ
Canalino (Via) . . . . BZ 5
Duomo (Corso) . . . . . . AY 7
Emilia (Via) . . . . ABYZ
Farini (Via) . . . . BY
Fonteraso (Via) . . . . . . BY 8
Giannone (Via P.) . . . . AZ 9
Luca (Calle di) . . . . . . AZ 10
Mazzini (Piazza) . . . . BY 13
Nonantolana (Via) . . . . BY 15
Porta S. Agostino
(Largo) . . . . AY 17
Rismondo (Via F.) . . . . ABY 18
Risorgimento (Piazzale) . . . . AZ 19
S. Carlo (Via) . . . . BZ 21
S. Francesco (Piazzale) . . . . AZ 22
S. Giovanni
del Cantone (Via) . . . . BY 23
Storchi (Via G.) . . . . AY 24
3 Febbraio (Via) . . . . BY 25
VERONA 101 km
B
0
300 m
MERCATO BESTIAME
Strada Nazionale del Canaletto
Via Manfredo Fanti
STAZIONE
Pza Dante Alighieri
Viale Montecuccoli
Viale Monte Kosica
Viale Mazzoni
S 255
73 km
FERRARA
Y
Z
A
Viale Monte Kosica
Viale Fontanelli
Ganaceto
Via Sant'Orsola
Corso Vittorio Emanuele
Corso Cavour
Viale Berengario
V. Molza
Viale Bacchini
V. Emilia Ovest
Largo A. Moro
Barozzi
Jacopo
Tassoni
Vittorio Veneto
V. B. Soliani
Viale Alessandro
Via S. Agostino
V. B. Ramazzini
V. Cerca
Pza Matteotti
DUOMO
Pza Grande
Pza Roma
Co Canal Chiaro
Viale Caduti in Guerra
Canalgrande
Corso
Via dei Servi
Maschierella
V.S. Pietro
Largo Garibaldi
Viale Ciro Menotti
A.C.I.
V. Emilia Est
S 9
BOLOGNA 40 km
V. Giardini
Viale delle Rimembranze
Viale Ludovico Antonio Muratori
Via G. Guarini
Via de Fogliani
V. Caselloni
Viale Sigonio
V. Martiri d. Libertà
Nicola Fabrizi
Francesco Prampolini
Trieste
Viale Trento
Sabbatini
Morelli
Via G.
Viale Antonio Ludovico Muratori
Via Vignolese
Via Valdrighi
Marzabotto
Via Bellinzona
Via Cucchiari
Tamburini
Pastore
Buon
Via F.
Morane
Prampolini
Medaglie d'Oro
S 623
Pzza Manzoni
STAZIONE
A1:
BOLOGNA 41 km
Viale
A
B

Fini, rua Frati Minori 54 ☎ 059 223314, *hotel.real.fini@hrf.it, Fax 059 220247*, Rist. di tradizione, prenotare – P. AE VISA JCB. AZ e
chiuso dal 20 dicembre al 7 gennaio, agosto, lunedì e martedì – **Pasto** carta 60/79.
◆ Grande tradizione per qualità sia delle proposte culinarie che del servizio in un ristorante elegante e di classe, nato nel 1912 nel retrobottega dell'omonima salumeria.
Spec. Tortelloni di ricotta d'alpeggio al burro fuso, parmigiano reggiano e fondo bruno. Carrello dei sette tagli di bollito (inverno). Pera farcita allo zabaglione, crema pasticcera e mandorle tritate.

Borso d'Este, piazza Roma 5 ☎ 059 214114, *Fax 059 2138035*, prenotare – AE VISA. BY k
chiuso agosto, sabato a mezzogiorno e domenica – **Pasto** carta 33/45.
◆ Nel cuore della città, ristorante che deve il nome al primo Duca quattrocentesco di Modena e Reggio: sala elegante con luci soffuse dove provare piatti della tradizione.

Osteria la Francescana, via Stella 22 ☎ 059 210118, *Fax 059 220286*, Coperti limitati; prenotare – AE VISA. AZ b
chiuso dal 1º al 7 gennaio, agosto, sabato a mezzogiorno e domenica – **Pasto** carta 50/64.
◆ Appassionata gestione giovane in un locale all'interno di una vecchia casa del tutto ristrutturata: sala con tavoli spaziati ai quali gustare cucina creativa di qualità.
Spec. Quattro stagionature del parmigiano. Tortelli di burro e salvia rivisti. Zuppa inglese scomposta.

Bianca, via Spaccini 24 ☎ 059 311524, *Fax 059 315520*, – AE VISA. BY n
chiuso dal 23 dicembre al 1º gennaio, Pasqua, dal 1º al 20 agosto, sabato a mezzogiorno e domenica – **Pasto** carta 35/49.
◆ Ristorante di lunga tradizione familiare, con interni dall'atmosfera calda e accogliente; linea gastronomica a base di preparazioni della tradizione, fatte in casa.

Zelmira, largo San Giacomo 17 ☎ 059 222351, , prenotare – AE VISA AZ a
chiuso 15 giorni in marzo o in aprile, 15 giorni in ottobre e mercoledì – **Pasto** carta 36/51.
◆ Giovane, ma esperta gestione in un locale in una gradevole e semplice casa: proposte di cucina emiliana e qualche ricetta innovativa; servizio estivo in piazzetta.

L'Incontro, largo San Giacomo 32 ☎ 059 218536, *Fax 059 218536*, prenotare – AE VISA. AZ a
chiuso agosto, domenica sera e lunedì – **Pasto** carta 30/62.
◆ Piccolo e accogliente ristorante classico con interni d'ispirazione contemporanea, in cui si propone una linea gastronomica legata al territorio e alle stagioni.

Le Temps Perdu, via Sadoleto 3 ☎ 059 220353, *Fax 059 210420*, , prenotare, – AE VISA BZ w
chiuso dal 10 al 24 agosto, domenica e lunedì – **Pasto** specialità di mare; cucina mediterranea 40/60 (10 %).
◆ Lunga esperienza parigina per il proprietario di questo locale dall'ambiente raccolto, dove gustare fresche specialità di mare e mediterranee; servizio estivo in giardino.

Oreste, piazza Roma 31 ☎ 059 243324, *Fax 059 243324*, Rist. di tradizione – 40. AE VISA BY c
chiuso dal 26 dicembre al 6 gennaio, dal 10 al 31 luglio, domenica sera e mercoledì – **Pasto** carta 29/43.
◆ In pieno centro cittadino, ristorante di tradizione con sale dal piacevole ambiente un po' retrò, in cui provare specialità del territorio e pasta fatta in casa.

Al Boschetto-da Loris, via Due Canali Nord 202 ☎ 059 251759, *Fax 059 251759*, , solo su prenotazione la sera, – P. AE VISA. per ②
chiuso mercoledì e le sere di lunedì, martedì e domenica da ottobre ad aprile, sabato e domenica sera negli altri mesi – **Pasto** carta 23/28.
◆ Nell'antico Casino di caccia del duca d'Este, cinto da piante secolari, un locale ben tenuto, dove gustare pochi, ma curati piatti caserecci; servizio estivo in giardino.

Hosteria Giusti, vicolo Squallore 46 ☎ 059 222533, *Fax 059 222533*, solo su prenotazione. AE VISA. BY e
chiuso dicembre, agosto, domenica, lunedì e la sera – **Pasto** carta 42/55.
◆ Accanto all'omonima salumeria, la più antica d'Europa (1598), un locale rustico: soffitto con travi a vista e pochi tavoli per gustare cucina della tradizione emiliana.
Spec. Insalata di cappone in agrodolce con pinoli e aceto balsamico stravecchio. Tagliolini fatti a mano con asparagi (marzo-maggio). Mousse al cioccolato.

Cucina del Museo, via Sant'Agostino 7 ☎ 059 217429, *Fax 059 237443*, Coperti limitati; prenotare – AE VISA JCB. AY b
chiuso agosto e lunedì – **Pasto** 25/50 e carta 51/66.
◆ Un localino raccolto, frequentato da habitué, nelle immediate vicinanze del museo. Piatti tradizionali con prodotti ricercati, buona cantina e decisamente in crescita.

sulla strada statale 9 - via Emilia Est *per ③ : 4 km località Fossalta*

Rechigi Park Hotel senza rist, via Emilia Est 1581 ✉ 41100 Modena ☎ 059 283600, *info@rechigiparkhotel.it, Fax 059 283910* – 100. *chiuso dal 7 al 21 agosto* – **74 cam** 125/190, 2 suites.
◆ In un'antica residenza nobiliare totalmente ristrutturata mantenendo lo stile e i colori del passato, un hotel dotato di buoni confort e piacevoli camere in stile lineare.

Antica Moka, via Emilia Est 1581 ✉ 41100 Modena ☎ 059 284008, *info@anticamoka.it, Fax 059 284048*, prenotare – .
chiuso Natale, agosto, sabato a mezzogiorno e domenica – **Pasto** carta 40/73.
◆ Un locale elegante con due accoglienti e sobrie salette dove provare gustosi piatti classici e del territorio. Alla ricerca di antichi sapori e nuovi abbinamenti.

Vinicio, via Emilia Est 1526 ✉ 41100 Modena ☎ 059 280313, *vinicio.ristorante@tin.it, Fax 059 281902*, – .
chiuso dal 24 dicembre al 6 gennaio, agosto e lunedì – **Pasto** carta 33/41.
◆ In una fattoria rimodernata alle porte della città, ristorante con ampi interni adatti a ogni esigenza; si propongono piatti del luogo, serviti all'aperto d'estate.

La Quercia di Rosa, via Scartazza 22 ✉ 41100 Modena ☎ 059 280730, *querciadirosa@libero.it, Fax 059 2861398*, , prenotare, – .
chiuso dal 24 al 26 dicembre, dal 4 al 24 agosto, martedì e domenica sera – **Pasto** carta 29/36.
◆ Locale raffinato felicemente ubicato in una villa di fine '800 restaurata, dotata di ampi spazi esterni; servizio estivo all'aperto in giardino ombreggiato con laghetto.

sulla strada statale 486 *per ⑤ - via Giardini* **AZ** *:*

Mini Hotel Le Ville, via Giardini 1270 (Sud : 4,5 km) ✉ 41100 Modena ☎ 059 510051, *leville@tin.it, Fax 059 511187*, – 50. .
chiuso dal 4 al 19 agosto – **Pasto** vedere rist ***Le Ville*** – **46 cam** 95/150 (dependance 12 cam 68/98).
◆ Albergo recente abbellito da un rigoglioso giardino con piscina: accoglienti spazi comuni rischiarati da grandi vetrate ornate da morbide tende, gradevoli camere.

Le Ville, via Giardini 1272 (Sud : 4,5 km) ✉ 41100 Modena ☎ 059 512240, *Fax 059 5139021*, Coperti limitati; prenotare – .
chiuso dal 1° all'8 gennaio, dall'8 al 30 agosto, sabato a mezzogiorno e domenica – **Pasto** carta 34/56.
◆ Esperta gestione in un bel locale curato, sito proprio di fronte all'omonimo hotel; una sala elegante dove si servono piatti di stampo classico, ma anche innovativi.

Al Caminetto-da Dino, strada Martiniana 240 (Sud : 7,5 km) ✉ 41100 Modena ☎ 059 512278, – per via Giardini
chiuso dal 23 al 30 dicembre, dal 5 al 20 agosto, sabato a mezzogiorno e lunedì – **Pasto** carta 33/44.
◆ Ristorante totalmente ristrutturato, che non ha perso le sue caratteristiche di familiarità, inserite però in un contesto più elegante; proposte di cucina tradizionale.

sulla strada statale 623 Vignolese *per ④ : 7 km località San Donnino :*

Acetaia Malpighi, via Vignolese 1487 (San Donnino) ☎ 059 469830, *info@acetaiamalpighi.it, Fax 059 467568*, prenotare –
chiuso 15 giorni in gennaio, agosto, lunedì sera e martedì – **Pasto** carta 32/54.
◆ Di recente apertura, locale raffinato, con abbinata un'acetaia tra le più rinomate della città; interessanti e fantasiosi piatti, spesso insaporiti dall'aceto balsamico.

Antica Trattoria la Busa, via Medicina 2284 (San Vito) ✉ 41100 ☎ 059 469422, *Fax 059 469422*, – .
chiuso dal 10 al 25 agosto e lunedì – **Pasto** carta 29/34.
◆ In comoda posizione vicino al casello autostradale, una trattoria di campagna dove gustare genuini piatti del territorio e classici; servizio estivo all'aperto.

in prossimità casello autostrada A1 Modena Nord *per ⑤ : 7 km :*

Holiday Inn Modena, via Tre Olmi 19 (area servizio A 1 - Secchia) ✉ 41010 Modena ☎ 059 8890111, *holidayinn.modena@alliancealberghi.com, Fax 059 848522* – cam, – 40. rist
Pasto carta 23/35 – **184 cam** 153,92/186,08.
◆ Classica struttura autostradale, con confort adeguati alla catena di cui fa parte; interni di moderna concezione rinnovati negli ultimi anni, camere confortevoli.

La Piola strada Cave di Ramo 248 ✉ 41010 Modena ☎ 059 848052, *osterialapiola@libero.it*, – .
chiuso agosto, lunedì, martedì ed a mezzogiorno (escluso domenica) – **Pasto** (menù suggeriti dal proprietario) antica cucina contadina modenese 17/25.
◆ Semplicità, genuinità e attaccamento alle tradizioni in una trattoria tipica che propone piatti della più autentica cucina locale; ameno servizio estivo all'aperto.

per strada statale 12 *per ④ : 8 km:*

Europa 92, stradello Nava 8 ✉ 41010 Vaciglio ✆ 059 460067, *Fax 059 464031*, prenotare, – – 70. AE VISA JCB.
chiuso dal 1° al 20 gennaio, dal 1° al 23 agosto, lunedì e martedì a mezzogiorno – **Pasto** carta 35/56.
◆ A pochi passi dal Centro Ippico che ospita il Pavarotti International, ristorante con eleganti sale in stile rustico dalla raffinata atmosfera; piatti di cucina modenese.

sulla strada statale 9 - via Emilia Ovest *per ⑤ :*

La Masseria, via Chiesa 61, località Marzaglia Ovest : 9 km ✆ 059 389262, *Fax 059 389309*, prenotare la sera – . AE VISA JCB.
chiuso dal 24 dicembre al 5 gennaio e martedì – **Pasto** cucina tipica pugliese carta 30/43.
◆ Gestione diretta di lunga esperienza in un locale all'interno di un mulino del '700 restaurato: curati interni con pietra e mattoni a vista; servizio estivo in giardino.

Strada Facendo, via Emilia Ovest 622 ✉ 41100 Modena ✆ 059 334478, *stradafacend@libero.it, Fax 059 334478*, Coperti limitati; prenotare – . AE VISA
chiuso dal 1° al 10 gennaio, dal 1° al 24 agosto, sabato a mezzogiorno e domenica – **Pasto** 28bc e carta 36/53.
◆ Strada facendo, incontrerete questo piccolo e grazioso ristorante con due salette di tono elegante, curate nei particolari; piatti fantasiosi e ricca carta dei vini.

MODICA *Ragusa* 565 Q 26 – *Vedere Sicilia alla fine dell'elenco alfabetico.*

MOENA *38035 Trento* 562 C 16 *G. Italia – 2 622 ab. alt. 1 184 – a.s. febbraio-Pasqua, Natale – Sport invernali : ad Alpe Lusia e San Pellegrino (Passo) : 1 200/2 500 m 3 18 (Comprensorio Dolomiti superski Tre Valli).*
piazza Cesare Battisti 33 ✆ 0462 573122, infomoena@fassa.com, Fax 0462 574342.
Roma 671 – Belluno 71 – Bolzano 44 – Cortina d'Ampezzo 74 – Milano 329 – Trento 89.

Maria, via dei Colli 7 ✆ 0462 573265, *info@hotelmaria.com, Fax 0462 573434*, ←, Centro benessere, , – , rist, . AE VISA JCB.
dicembre-aprile e 13 giugno-ottobre – **Pasto** (solo per alloggiati) 20 – **41 cam** 78/130, 4 suites – ½ P 113.
◆ Risorsa in fase di completo rinnovo, a partire dall'ottimo centro benessere. Camere molto accoglienti, calda atmosfera montana nella sala da pranzo rivestita in legno.

Patrizia, via Rif 2 ✆ 0462 573185, *info@hotelpatrizia.tn.it, Fax 0462 574087*, ← monti, Centro benessere, , – , rist, . AE VISA.
20 dicembre-Pasqua e 20 giugno-20 settembre – **Pasto** (solo per alloggiati) 20/26 – 10 – **34 cam** 70/115 – ½ P 94.
◆ Nella parte alta della località, in posizione tranquilla, con splendida vista dei monti, una struttura in stile montano d'ispirazione contemporanea; camere gradevoli..

Alle Alpi, via Moene 47 ✆ 0462 573194, *info@hotelallealpi.it, Fax 0462 574412*, ←, , , – , rist, – 50. AE VISA.
19 dicembre-marzo e 15 giugno-20 settembre – **Pasto** carta 30/40 – **38 cam** 95/180 – ½ P 110.
◆ Situato nella parte superiore della località, albergo con confortevoli interni in stile montano di taglio moderno; godibile centro benessere, camere accoglienti. Capiente sala ristorante dai toni freschi e luminosi.

Stella Alpina, via Enrosadira 1 ✆ 0462 573351, *info@hotelstellaalpina.it, Fax 0462 573431*, ←, , – , rist, . AE VISA.
2 dicembre-18 aprile e 20 giugno-settembre – **Pasto** (solo per alloggiati) 32/42 – 20 – **27 cam** 95, 3 suites – ½ P 85.
◆ In posizione privilegiata a pochi passi dal centro, ma in luogo tranquillo e soleggiato, bella struttura nel verde; accogliente ambiente familiare e camere curate.

Park Hotel Leonardo, via Ciroch 5 ✆ 0462 573355, *info@hotelleonardo.it, Fax 0462 574611*, ← Dolomiti, , , – rist . AE VISA. rist
dicembre-aprile e giugno-settembre – **Pasto** 25/50 – **24 cam** 80/150, 3 suites – ½ P 90.
◆ In posizione tranquilla con bella vista delle cime dolomitiche, un hotel quasi interamente rifatto con spazi e ambienti luminosi, sia nelle parti comuni che nelle camere. Capiente sala da pranzo con pavimento in parquet e soffitto ligneo.

Post Hotel senza rist, piazza Italia 10 ✆ 0462 573760, *info@posthotelmoena.it, Fax 0462 573281* – . AE VISA.
dicembre-aprile e giugno-ottobre – 15 suites 132,60.
◆ Nel cuore della località, hotel a gestione diretta che dispone di un settore notte costituito da piccoli appartamenti in stile montano, totalmente rifiniti in legno.

Cavalletto, via Carezza 1 ✆ 0462 573164, *h.cavalletto@tin.it, Fax 0462 574625* – rist, . *dicembre-aprile e giugno-settembre* – **Pasto** 13/18 – **35 cam** 46/88 – ½ P 70.

◆ Ubicato in posizione centrale, albergo dall'ambiente familiare, completamente ristrutturato pochi anni or sono; piacevoli ambienti di taglio moderno, camere funzionali. Soffitto con travi a vista nella grande e lunga sala da pranzo.

Malga Panna, via Costalunga 56 località Sorte ✆ 0462 573489, *Fax 0462 574142,* Dolomiti, prenotare – . *dicembre-aprile e luglio-settembre; chiuso lunedì (escluso luglio-agosto)* – **Pasto** carta 39/57.

◆ Al limitare del bosco, da dove domina la valle, invitante malga ristrutturata: due accoglienti sale rifinite in legno, dove provare eccellenti piatti trentini rivisitati.

Spec. Tartara di cervo con crema al gorgonzola e pane alle noci. Zuppa al crescione di torrente con schiacciata di patate e anguilla. Sella di cervo al profumo di sesamo e pancetta.

Tyrol, piazza Italia 10 ✆ 0462 573760, *info@posthotelmoena.it, Fax 0462 573281* – . – *dicembre-aprile e giugno-ottobre; chiuso martedì* – **Pasto** carta 33/41.

◆ Un'unica sala, grande e luminosa, con travi a vista sul soffitto e arredi essenziali, dove gustare una cucina basata su proposte del luogo rivisitate anche in chiave moderna.

sulla strada statale 48 *Sud : 3 km :*

Foresta, Via Nazionale 1 ✆ 0462 573260, *info@hotelforesta.it, Fax 0462 573260,* – rist, . rist – *chiuso dal 9 al 25 dicembre e dal 26 giugno al 18 luglio* – **Pasto** *(chiuso venerdì)* carta 22/33 – **18 cam** 55/100 – ½ P 75.

◆ Una bella casa, ubicata lungo la strada, che offre un'accoglienza calorosa tanto nella stagione sciistica quanto nei mesi estivi. Spazi comuni caratteristici, camere ampie. Valido ristorante con cucina tipica e serate a tema.

MOGGIONA *Arezzo* 563 K 17 – *Vedere Poppi.*

MOGLIANO VENETO *31021 Treviso* 562 F 18 – *26 608 ab..*

18 e 9 *Villa Condulmer (chiuso lunedì) ✆ 041 457062, Fax 041 457062, Nord-Est : 4 km;*
9 *Zerman (chiuso lunedì) ✆ 041 457369, Fax 041 457369, Nord-Est : 4 km.*
Roma 529 – Venezia 17 – Milano 268 – Padova 38 – Treviso 12 – Trieste 152 – Udine 121.

Villa Stucky senza rist, via Don Bosco 47 ✆ 041 5904528, *info@villastucky.it, Fax 041 5904566* – – 40. . **28 cam** 110/181.

◆ Hotel moderno in un'elegante villa d'epoca, splendidamente restaurata, all'interno di un piccolo parco; ambienti in stile ricchi di fascino e belle camere personalizzate.

Duca d'Aosta senza rist, piazza Duca d'Aosta 31 ✆ 041 5904990, *hotel-ducadaosta@libero.it, Fax 041 5904381* – – 80. . **43 cam** 102/155.

◆ Bella costruzione d'ispirazione contemporanea, situata nel cuore della cittadina; piacevoli e curati spazi comuni dai colori chiari, ben arredati, camere lineari.

MOIA DI ALBOSAGGIA *Sondrio* – *Vedere Sondrio.*

MOIANO *Napoli* 564 F 25 – *Vedere Vico Equense.*

MOLA DI BARI *70042 Bari* 564 D 33 – *26 623 ab..*

Roma 436 – Bari 21 – Brindisi 93 – Taranto 105.

Niccolò Van Westerhout, via De Amicis 3/5 ✆ 080 4744253, *Fax 080 4746989,* – . *chiuso martedì e dal 15 giugno ad agosto anche a mezzogiorno* – **Pasto** carta 27/39.

◆ Nel centro della località, un ristorante di stampo tradizionale, con due sale ben tenute dove gustare proposte culinarie anche a base di piatti di mare.

MOLFETTA *70056 Bari* 564 D 31 *G. Italia* – *63 401 ab..*

Roma 425 – Bari 30 – Barletta 30 – Foggia 108 – Matera 69 – Taranto 115.

Garden, via provinciale Terlizzi ✆ 080 3341722, *info@gardenhotel.org, Fax 080 3349291,* – – 80. . **Pasto** *(chiuso sabato e domenica)* carta 19/25 – **60 cam** 52/77 – ½ P 53.

◆ Particolarmente adatto a una clientela di lavoro, albergo recente ubicato alle porte della cittadina; buoni confort negli interni di taglio moderno, camere accoglienti. Gradevole sala da pranzo arredata in modo essenziale.

Borgo Antico, piazza Municipio 20 ☎ 080 3974379, *Fax 080 3974379*, – ▤. AE ⓢ ⓞ Ⓜ VISA JCB. ✗
chiuso dal 9 al 22 novembre e lunedì – **Pasto** carta 31/57.
◆ In pieno centro storico, ma non lontano dal mare, locale all'interno di un fortilizio del XV secolo, con piacevoli ambienti signorili; piatti tradizionali rielaborati.

Isola di Sant'Andrea, via Dante Alighieri 98 ☎ 080 3354312 – ▤. AE ⓢ ⓞ Ⓜ VISA JCB. ✗
chiuso dal 10 al 30 agosto e martedì – **Pasto** carta 19/30.
◆ Cordiale accoglienza in un ristorante classico, a pochi passi dal molo, dove si propone una linea gastronomica legata alla tradizione, ma anche ricette personalizzate.

MOLINELLA *40062 Bologna* 562 I 17 – *13 428 ab.*.

Roma 413 – Bologna 38 – Ferrara 34 – Ravenna 54.

Mini Palace senza rist, via Circonvallazione Sud 2 ☎ 051 881180, *mpalace@tin.it*, *Fax 051 880877*, – TV P – 80. AE ⓢ ⓞ Ⓜ VISA. ✗
chiuso dal 23 dicembre al 3 gennaio e dal 10 al 20 agosto – **21 cam** 114/141.
◆ Piccolo edificio abbellito da un ameno giardino incorniciato da alberi; luminosi interni nelle piacevoli tonalità del beige, camere semplici, ma ben tenute.

MOLINI (MÜHLEN) *Bolzano* – *Vedere Falzes.*

Vedere Falzes.

MOLLIÈRES *Torino* – *Vedere Cesana Torinese.*

MOLTRASIO *22010 Como* 561 E 9, 219 ⑧ ⑨ – *1 825 ab. alt. 247.*

Roma 634 – Como 9 – Menaggio 26 – Milano 57.

Grand Hotel Imperiale, via Durini ☎ 031 346111, *grandimp@tin.it*, *Fax 031 346120*, ≤, riscaldata, – , cam, ▤ TV – 200. AE ⓢ ⓞ Ⓜ VISA. ✗
marzo-novembre – **Pasto** carta 28/40 – **90 cam** 163/209, 2 suites – ½ P 124.
◆ Imponente hotel moderno, nato nel 1926, poi ampliato e ristrutturato, dotato di piscina riscaldata in riva al lago; confortevoli interni signorili, camere piacevoli. Per una cena a base di specialità del luogo nell'ampia e luminosa sala.

Imperialino, via Antica Regina 26 ☎ 031 346600, *Fax 031 346606*, ≤, – P. AE ⓢ ⓞ Ⓜ VISA
chiuso gennaio, febbraio e lunedì (escluso da giugno a settembre) – **Pasto** 35 e carta 40/52.
◆ Atmosfera raffinata in un piccolo e accogliente villino in stile liberty: ambiente gradevole dove gustare piatti locali; ameno servizio estivo in terrazza in riva al lago.

Posta con cam, piazza San Rocco 5 ☎ 031 290444, *info@hotel-posta.it*, *Fax 031 290657*, ≤, – ▤ TV. AE ⓢ ⓞ Ⓜ VISA. ✗ rist
chiuso gennaio e febbraio – **Pasto** *(chiuso mercoledì)* specialità pesce di lago carta 32/46 – **17 cam** 104/124 – ½ P 82.
◆ In centro paese, ristorante a gestione diretta, con camere in parte ristrutturate: sala di tono elegante dove gustare pesce lacustre; «fresco» servizio estivo all'aperto.

MOLVENO *38018 Trento* 562 D 14 *G. Italia* – *1 080 ab. alt. 864* – *a.s. Natale, Pasqua e luglio-agosto* – *Sport invernali : 864/1 528 m* 1 20 *(Consorzio Paganella-Dolomiti)*.

Vedere *Lago*★★.

piazza Marconi 5 ☎ 0461 586924, info@aptmolveno.com, Fax 0461 586221.

Roma 627 – Trento 44 – Bolzano 65 – Milano 211 – Riva del Garda 46.

Alexander H. Cima Tosa, piazza Scuole 7 ☎ 0461 586928, *info@alexandermolveno.com*, *Fax 0461 586950*, ≤ Gruppo del Brenta e lago, – , rist, TV P – 70. AE ⓢ ⓞ Ⓜ VISA. ✗
20 dicembre-8 gennaio e 8 aprile-2 novembre – **Pasto** carta 23/34 – **34 cam** 75/126, 6 suites – ½ P 80.
◆ Splendida vista del gruppo Brenta e del lago da un hotel nel centro della località, con un verde giardino dove rilassarsi; caldi ambienti rifiniti in legno, belle camere. Al ristorante soffitto con travi a vista e bianche pareti ornate da quadri.

Dolomiti, via Lungolago 12 ☎ 0461 586057, *info@alledolomiti.com*, *Fax 0461 586985*, ≤, riscaldata, – , rist, TV P – 100. AE ⓢ ⓞ Ⓜ VISA. ✗ rist
20 dicembre-marzo, Pasqua e giugno-settembre – **Pasto** 19/22 – **40 cam** 57/93 (solo 1/2 P in luglio-agosto) – ½ P 73.
◆ Albergo felicemente ubicato sul lungolago e ingentilito da un giardino fiorito, con piscina riscaldata; confortevoli interni, sala benessere e camere in stile lineare. Gradevole atmosfera retrò nella sala da pranzo.

Lido, via Lungolago 10 ✆ 0461 586932, *info@hotel-lido.it, Fax 0461 586143,* ≤, – |♦|, rist, TV P – 100. AE VISA.
15 maggio-15 ottobre – **Pasto** carta 24/34 – **59 cam** ☐ 68/118 – ½ P 79.
◆ Ubicato davanti allo specchio d'acqua in cui si riflettono i monti che lo circondano, hotel immerso in un grande giardino ombreggiato; confortevoli interni familiari.

Belvedere, via Nazionale 9 ✆ 0461 586933, *info@belvedereonline.com, Fax 0461 586044,* ≤, , , , – |♦|, rist, TV P. VISA.
chiuso da novembre al 20 dicembre e marzo – **Pasto** carta 25/34 – **60 cam** ☐ 75/170 – ½ P 106.
◆ Nella parte bassa della località, in zona panoramica e circondata dal verde, bella struttura di taglio moderno con accoglienti spazi comuni e piacevoli camere con parquet.

Du Lac, via Nazionale 4 ✆ 0461 586965, *info@hoteldulac.it, Fax 0461 586247,* ≤, , riscaldata, – |♦|, rist, TV P. AE VISA JCB.
aprile-ottobre – **Pasto** carta 17/25 – **43 cam** ☐ 70/120 – ½ P 80.
◆ Situato alle porte del paese, lungo la strada principale, albergo con accoglienti interni in stile montano d'ispirazione contemporanea; camere semplici in stile lineare. Ampie vetrate e morbidi tendaggi avvolgono la sala del ristorante.

El Filò, piazza Scuole 5 ✆ 0461 586151, *Fax 0461 586151* – AE VISA JCB.
Natale-6 gennaio e maggio-ottobre – **Pasto** carta 18/26.
◆ Incantevole caratteristica stube, completamente rifinita in legno: luci soffuse, divanetti a muro rossi e proposte di cucina tipica, ma anche piatti legati alla stagione.

MOMBELLO MONFERRATO *15020 Alessandria – 1 133 ab. alt. 294.*

Roma 626 – Alessandria 48 – Asti 38 – Milano 95 – Torino 61 – Vercelli 39.

Dubini, via Roma 34 ✆ 0142 944116, *Fax 0142 944116* – . VISA.
chiuso agosto e mercoledì – **Pasto** carta 33/40.
◆ Gestione diretta di grande ospitalità e simpatia in un locale ubicato tra le splendide colline del Monferrato; ambiente familiare e proposta di piatti del territorio.

Hostaria dal Paluc, via San Grato 30, località Zenevreto Nord : 2 km ✆ 0142 944126, *Fax 0142 944126,* , solo su prenotazione – AE VISA.
chiuso da gennaio al 14 febbraio, lunedì e martedì – **Pasto** carta 28/36.
◆ Atmosfera raffinata nella sala di tono rustico, con camino e arredi semplici, dove gustare piatti del luogo rivisitati; servizio estivo all'aperto con vista panoramica.

MOMO *28015 Novara 561 F 7 – 2 758 ab. alt. 213.*

Roma 640 – Stresa 46 – Milano 66 – Novara 15 – Torino 110.

Macallè con cam, via Boniperti 2 ✆ 0321 926064, *Fax 0321 926828,* prenotare – TV P. AE VISA.
chiuso dal 5 al 20 gennaio e dal 16 al 30 agosto – **Pasto** *(chiuso mercoledì)* carta 40/58 – ☐ 8 – **8 cam** 62/90.
◆ Elegante locale storico della zona, con alcune accoglienti stanze e un'ampia sala luminosa di taglio moderno, dove si propongono ricercati piatti della tradizione.

MOMPIANO *Cuneo – Vedere Trezzo Tinella.*

MONASTEROLO DEL CASTELLO *24060 Bergamo 561 E 11 – 996 ab. alt. 347.*

Roma 585 – Bergamo 28 – Brescia 61 – Milano 72.

Locanda del Boscaiolo con cam, via Monte Grappa 41 ✆ 035 814513, *Fax 035 814513,* ≤, , prenotare – P. AE VISA
chiuso novembre – **Pasto** *(chiuso martedì escluso da giugno ad agosto)* carta 24/40 – ☐ 7 – **11 cam** 40/47 – ½ P 44.
◆ Locanda «vecchia maniera», con camere semplici, in posizione panoramica: genuine proposte culinarie tipiche del luogo e servizio estivo sotto un pergolato in riva al lago.

MONASTIER DI TREVISO *31050 Treviso 562 F 19 – 3 531 ab..*

Roma 548 – Venezia 30 – Milano 287 – Padova 57 – Treviso 17 – Trieste 125 – Udine 96.

Menegaldo, località Pralongo Est : 4 km ✆ 0422 798025, *menegaldo@sevenonline.it, Fax 0422 898802* – P. AE VISA
chiuso dal 20 al 28 febbraio, agosto e mercoledì – **Pasto** specialità di mare carta 22/41.
◆ Ambiente familiare e buona accoglienza in un locale molto conosciuto nella zona: all'interno ampie salette e saloni curati, con arredi rustici e semplici; piatti di mare.

Questa Guida non contiene pubblicità a pagamento.

MONCALIERI *10024 Torino* 561 G 5 – *56 185 ab. alt. 260.*

(chiuso martedì) ✆ 011 6479918, Fax 011 6423656;

I Ciliegi (chiuso martedì e gennaio) a pecetto ✉ 10020 ✆ 011 8609802, Fax 011 8609048, Nord-Est : 8 km.

Roma 662 – Torino 10 – Asti 47 – Cuneo 86 – Milano 148.

Pianta d'insieme di Torino.

Holiday Inn Turin South, strada Palera 96 ✆ 011 6477801, *holidayinn.turinsouth@allia ncealberghi.com, Fax 011 6813344* – |♦|, cam, ▤ TV ♿ P – 🏛 100. AE ⓢ ⓓ ⓜ VISA JCB. rist HU x

Pasto carta 19/42 – **80 cam** ☕ 153,92/186,08.

♦ In zona periferica, hotel a vocazione congressuale, da poco ristrutturato; interni di taglio moderno con confort adeguati alla catena cui appartiene, camere accoglienti. Grande sala da pranzo particolarmente luminosa.

La Maison Delfino, via Lagrange 4 - Borgo Mercato ✆ 011 642552, *maisondelfino@infin ito.it, Fax 011 642552,* solo su prenotazione ▤. AE ⓢ ⓓ VISA

chiuso domenica, lunedì e a mezzogiorno – **Pasto** specialità di mare carta 53/68.

♦ In un edificio fuori dal centro, piccolo ed elegante locale gestito con passione da due fratelli: tavoli rotondi e ambiente curato in cui gustare specialità di mare.

Al Borgo Antico, via Santa Croce 34 ✆ 011 644455, *Fax 011 644455,* Coperti limitati, prenotare – ▤. AE ⓢ ⓓ ⓜ VISA

chiuso dal 15 luglio al 15 agosto, domenica sera e lunedì – **Pasto** carta 27/39.

♦ Ristorante ubicato all'interno del centro storico, in un bel locale rustico: una sala non grande, ma molto ben arredata e curata nei particolari; piatti della tradizione.

Ca' Mia, strada Revigliasco 138 ✆ 011 6472808, *camia@camia.it, Fax 011 6472808,* – ▤ P – 🏛 70. AE ⓢ ⓓ ⓜ VISA JCB HU c

chiuso 15 giorni in agosto e mercoledì – **Pasto** carta 22/35.

♦ Alle pendici della collina di Moncalieri, locale classico ideale per ogni occasione, dal pranzo di lavoro a banchetti e matrimoni; cucina tradizionale e del territorio.

Le pagine dell'introduzione vi aiuteranno ad utilizzare meglio la vostra Guida Michelin.

MONCALVO *14036 Asti* 561 G 6 – *3 344 ab. alt. 305.*

Roma 633 – Alessandria 48 – Asti 21 – Milano 98 – Torino 74 – Vercelli 42.

L'Osteria Aleramo, piazza Carlo Alberto 19 ✆ 0141 921344, *Fax 0141 921344,* – AE ⓢ ⓓ ⓜ VISA

chiuso dal 26 gennaio al 12 febbraio, dal 30 agosto al 14 settembre, lunedì e martedì a mezzogiorno – **Pasto** 32/42.

♦ Recente locale nel pieno centro della cittadina, che si articola in due salette ben tenute, poste a lato di una zona bar, nelle quali provare piatti e vini piemontesi.

MONDAVIO *61040 Pesaro e Urbino* 563 K 20 – *3 802 ab. alt. 280.*

Roma 264 – Ancona 56 – Macerata 106 – Pesaro 44 – Urbino 45.

La Palomba, via Gramsci 13 ✆ 0721 97105, *info@lapalomba.it, Fax 0721 977048* – TV. AE ⓢ ⓓ ⓜ VISA JCB.

Pasto *(chiuso domenica sera da novembre a marzo)* carta 23/32 – ☕ 5 – **20 cam** 35/55 – 1/2 P 45.

♦ E' un punto di riferimento per l'ospitalità della zona questa piacevole realtà familiare ubicata di fronte all'antica Rocca Roveresca; interni curati, camere funzionali. Ristorante con camino incorniciato da mattoni a vista.

MONDELLO *Palermo* 565 M 21 – *Vedere Sicilia alla fine dell'elenco alfabetico.*

MONDOVÌ *Cuneo* 561 I 5 – *21 877 ab. alt. 559* – ✉ *12084 Mondovì Breo.*

via Vico 2 (piazza) ✆ 0174 47428, monregaletour@libero.it, Fax 0174 47428.

Roma 616 – Cuneo 27 – Genova 117 – Milano 212 – Savona 71 – Torino 80.

Alpi del Mare, piazza Mellano 7 ✆ 0174 553134, *info@hotelalpidelmare.it, Fax 0174 553136* – |♦| ▤ TV ♿ P – 🏛 30. AE ⓢ ⓓ ⓜ VISA.

Pasto *(chiuso dal 9 al 23 agosto, domenica sera e lunedì a mezzogiorno)* carta 17/30 – **35 cam** ☕ 52/73 – 1/2 P 46.

♦ Albergo ristrutturato negli ultimi anni, adatto a una clientela d'affari; spazi comuni di moderna concezione con arredi di essenziale linearità, ampie camere razionali. Lunga sala da pranzo dalla quale si accede a un piccolo soppalco che ospita il bar.

Park Hotel, via Delvecchio 2 ℘ 0174 46666, *info@parkhotel.cn.it, Fax 0174 47771* – |‡|, ▤ rist, TV 🚗 P – 🏛 200. AE 💳 MC VISA. ✂ rist
Pasto *(chiuso dal 10 al 20 agosto e domenica)* carta 25/35 – ☕ 8 – **54 cam** 39/65 – ½ P 41.
◆ Hotel ubicato nei pressi del centro, dotato di soluzioni funzionali, ideali per un turismo di transito o di lavoro; accoglienti ambienti interni, camere semplici. Capiente ristorante d'ispirazione contemporanea.

Marchese d'Ormea, via Carassone 18 ℘ 0174 552540, *Fax 0174 569330* – AE 💳 ⓪ MC VISA
chiuso dal 7 al 14 gennaio, luglio, domenica sera e lunedì – **Pasto** carta 35/42.
◆ Non solo un'indicazione, ma un appassionato consiglio: prenotare un tavolo vicino alle finestre con vista sulle colline e sull'infinito. Nell'area più antica della località.

La Borsarella, via del Crist 2 (Nord-Est : 2,5 km) ℘ 0174 42999, *info@laborsarella.it, Fax 0174 555161*, ≤, 🏡 – ▤ P – 🏛 50. AE 💳 MC VISA
chiuso domenica sera e lunedì – **Pasto** 20/25 e carta 29/38.
◆ Ristorante ricavato da un cascinale di origine settecentesca, nel cui terreno si trova anche un laghetto artificiale. Cucina piemontese, sapori della tradizione.

MONEGLIA *16030 Genova 561 J 10 – 2 731 ab..*

corso Longhi 32 ℘ 0185 490576.
Roma 456 – Genova 58 – Milano 193 – Sestri Levante 12 – La Spezia 58.

Mondial 🐚, via Venino 16 ℘ 0185 49265, *info@mondialhotel.it, Fax 0185 49943*, ≤, 🏊, 🌳 – |‡| ▤ TV ♿ P
15 marzo-ottobre – **Pasto** (solo per alloggiati) carta 23/33 – ☕ 13 – **54 cam** 90/110 – ½ P 82.
◆ Struttura rinnovata negli ultimi anni, in posizione panoramica circondata dal verde, a pochi minuti dal centro e dal mare; interni ben arredati e con buoni confort. Sala ristorante in stile lineare.

Villa Edera 🐚, via Venino 12/13 ℘ 0185 49291, *info@villaedera.com, Fax 0185 49470*, ≤, 🚲, ≘s, 🏊, 🌳 – |‡| ▤ TV 🚗 P. AE 💳 MC VISA. ✂
15 marzo-5 novembre – **Pasto** (solo per alloggiati) 20/28 – **27 cam** ☕ 110/145 – ½ P 95.
◆ Esperta conduzione in un hotel d'ispirazione contemporanea non lontano dal mare; hall con poltrone in bambù e pareti dalle calde tonalità; camere arredate semplicemente.

Piccolo Hotel, corso Longhi 19 ℘ 0185 49374, *laura@piccolohotel.it, Fax 0185 401292*, 🏊 – |‡| ▤ TV ♿ 🚗 P. AE 💳 ⓪ MC VISA. ✂
8 marzo-4 novembre – **Pasto** (solo per alloggiati) carta 25/40 – ☕ 9 – **38 cam** 100/114 – ½ P 79.
◆ Valido albergo del centro che si sviluppa su due edifici collegati tra loro, a pochi passi dalla spiaggia; accoglienti spazi comuni e belle camere di moderna concezione. Piacevole e grande la luminosa sala da pranzo.

Villa Argentina, via Torrente San Lorenzo 2 ℘ 0185 49228, *info@villa-argentina.it, Fax 0185 49228*, 🌳 – |‡| ▤ TV 📞 P. AE 💳 MC VISA. ✂
Pasto carta 22/39 – **18 cam** ☕ 60/93 – ½ P 70.
◆ Confortevole hotel di concezione moderna con belle camere, frutto di una profonda e riuscita ristrutturazione. Salda gestione familiare, cordiale e professionale. Ariosa e fresca sala ristorante.

verso Lemeglio *Sud-Est : 2 km :*

La Ruota, via per Lemeglio 6, alt. 200 ✉ 16030 ℘ 0185 49565, *la_ruota@libero.it*, ≤ mare e Moneglia, Coperti limitati; prenotare – P. 💳 MC VISA
chiuso novembre, mercoledì ed a mezzogiorno – **Pasto** specialità di mare 46/67.
◆ Bella vista del mare e di Moneglia, da un locale dall'ambiente familiare, accogliente e originale: la sala è una veranda con pareti di vetro sui tre lati; piatti di pesce.

MONFALCONE *34074 Gorizia 562 E 22 – 27 065 ab..*

✈ *di Ronchi dei Legionari Nord-Ovest : 5 km ℘ 0481 773224, Fax 0481 474150.*
Roma 641 – Udine 42 – Gorizia 24 – Grado 24 – Milano 380 – Trieste 30 – Venezia 130.

Lombardia, piazza della Repubblica 21 ℘ 0481 411275, *info@hotelombardia.it, Fax 0481 411709* – |‡| ▤ TV 📞 ♿ 🚗. AE 💳 ⓪ MC VISA JCB. ✂
chiuso dal 21 dicembre al 7 gennaio – **Pasto** *(chiuso lunedì)* carta 30/54 – **21 cam** ☕ 78/103.
◆ Nella piazza del municipio, all'interno di un palazzo d'epoca ristrutturato, un albergo moderno con belle camere che presentano originali e armoniche soluzioni di design. Gradevole ristorante con grandi vetrate ad arco.

Ai Campi di Marcello, via Napoli 7 ☎ 0481 481937, *Fax 0481 720192*, prenotare, cam, Pasto 15/18 e al Rist ***Locanda ai Campi di Marcello*** carta 27/59 – ☕ 6 – **14 cam** 40/70 – ½ P 57.
◆ Una numero limitato di camere, tutte graziosamente arredate e molto curate, dotate di confort moderni. Gestione attiva ed intraprendente, per una risorsa apprezzabile. Ristorante con una bella sala, ampia e luminosa.

Ai Castellieri, via dei Castellieri 7 (Nord-Ovest : 2 km) ☎ 0481 475272, *Fax 0481 475272*,
chiuso dal 1º al 15 gennaio, agosto, martedì e mercoledì – **Pasto** carta 33/40.
◆ Accogliente locale ricavato in una casa colonica rinnovata con gusto ed eleganza; cucina soprattutto di terra, interpretata con fantasia nel rispetto della tradizione.

MONFORTE D'ALBA *12065 Cuneo 561 I 5 – 1 940 ab. alt. 480.*

Delle Langhe Cagliassi (chiuso mercoledì, gennaio e febbraio) località Sant'Anna ✉ 12065 Monforte d'Alba ☎ 0173 789856, Fax 0173 789856.

Roma 621 – Cuneo 62 – Asti 46 – Milano 170 – Savona 77 – Torino 75.

Villa Beccaris senza rist, via Bava Beccaris 1 ☎ 0173 78158, *villa@villabeccaris.it, Fax 0173 78190*, 70.
chiuso 23 dicembre al 27 gennaio – **22 cam** ☕ 190/205, suite.
◆ Splendida villa settecentesca con parco, ristrutturata con gusto: interni signorili e camere personalizzate, alcune con affreschi d'epoca, tutte con pezzi d'antiquariato.

Agriturismo Cascina Amalia senza rist, località Sant'Anna Est : 2,5 km ☎ 0173 789013, *cascina.amalia@ virgilio.it, Fax 0173 789950*, colline,
chiuso dal 15 dicembre al 13 febbraio – **8 cam** ☕ 75/100.
◆ Risorsa ideale per i turisti che vogliano immergersi nei caratteri più tipici delle Langhe. Splendidamente isolata, circondata dalle colline, ammirabili da alcune camere.

Il Grillo Parlante senza rist, frazione Rinaldi 47, località Sant'Anna Est : 2 km ☎ 0173 789228, *mauroclerico@libero.it, Fax 0173 789228*,
☕ 8 – **5 cam** 47/58.
◆ Occorre percorrere una stradina sterrata avvolta dalla campagna langarola per giungere a questa risorsa. Vita agreste senza fronzoli in ambienti raccolti e curati.

Trattoria della Posta, località Sant'Anna 87 (Est : 2 km) ☎ 0173 78120, *Fax 0173 78120*, prenotare –
chiuso dal 1º al 28 febbraio, una settimana a luglio e giovedì – **Pasto** 35 e carta 25/39.
◆ Fuori dal paese, bel locale in una casa di campagna: una luminosa sala raffinata dove provare piatti del luogo e tradizionali; servizio estivo in terrazza panoramica.

La Collina, piazza Umberto I 3 ☎ 0173 78297, *collinarist@libero.it, Fax 0173 78601*, prenotare –
chiuso martedì e mercoledì a mezzogiorno – **Pasto** carta 32/41.
◆ Sulla piazza principale della località, ristorante elegante con due salette dagli arredi molto curati, una delle quali con un unico tavolo; cucina del territorio rivisitata.

Giardino-da Felicin con cam, via Vallada 18 ☎ 0173 78225, *albrist@felicin.it, Fax 0173 787377*, colline e vigneti, prenotare – rist,
chiuso dal 9 dicembre al 9 febbraio e dal 1º al 14 luglio – **Pasto** *(chiuso domenica sera, lunedì e a mezzogiorno escluso sabato e domenica)* 28/45 – ☕ 10 – **13 cam** 75/105 – ½ P 105.
◆ Ristorante confortevole con vista sui vigneti: due eleganti sale classiche per gustare una cucina che ha fatto storia nella zona; servizio estivo sotto un pergolato.

MONFUMO *31010 Treviso 562 E 17 – 1 441 ab. alt. 230.*

Roma 561 – Belluno 57 – Treviso 38 – Venezia 78 – Vicenza 54.

Osteria alla Chiesa-da Gerry, via Chiesa 14 ☎ 0423 545077, *gerry@sevenonline.it, Fax 0423 945818*, prenotare la sera –
chiuso 10 giorni in gennaio, 15 giorni in settembre, lunedì e martedì a mezzogiorno – **Pasto** carta 27/45 (10%).
◆ Ubicata in centro paese, una bella trattoria dall'ambiente rustico, raccolto e signorile; interessanti proposte di cucina del territorio rivisitata e buona scelta di vini.

MONGARDINO *Bologna 562 I 15 – Vedere Sasso Marconi.*

I prezzi del pernottamento e della pensione possono subire aumenti in relazione all'andamento generale del costo della vita ; quando prenotate chiedete la conferma del prezzo.

MONGHIDORO *40063 Bologna* **562** J 15 – *3 647 ab. alt. 841.*

via Matteotti 1 ☎ 051 6555132, turismo@tuttoservizispa.it, Fax 051 6552268.

Roma 333 – Bologna 43 – Firenze 65 – Imola 54 – Modena 86.

Da Carlet, via Vittorio Emanuele 20 ☎ 051 6555506, *Fax 051 6554664,* – AE VISA

chiuso dal 10 al 25 settembre, lunedì sera e martedì, dal 10 settembre a giugno anche la sera di mercoledì e giovedì – **Pasto** carta 22/28.

◆ In questo paese degli Appennini, un locale con bancone bar all'ingresso e sala quadrata con pareti ornate da pentole di rame; proposte di casereccia cucina emiliana.

in Valle Idice *Nord : 10 km*

Agriturismo La Cartiera dei Benandanti, via Idice 13 (strada provinciale 7 km 28) ✉ 40063 Monghidoro ☎ 051 6551498, *lacartiera@tin.it, Fax 051 6551498,* – P. AE VISA

chiuso dal 15 gennaio al 20 marzo – **Pasto** (prenotare) 15/21 – **5 cam** 44/78 – ½ P 65.

◆ Bella struttura in pietra immersa nel verde: piacevoli ambienti rustici, arredati in modo essenziale e rifiniti in legno; graziose camere con letti in ferro battuto. Il caratteristico ristorante è ubicato nell'antica stalla e nel sovrastante fienile.

Utilizzate la guida dell'anno in corso

MONGUELFO (WELSBERG) *39035 Bolzano* **562** B 18 – *2 526 ab. alt. 1 087 – Sport invernali : 1 022/2 273 m 14 11 (Comprensorio Dolomiti superski Plan de Corones)* .

Palazzo del Comune ☎ 0474 978436, tv.gsis@dnet.it, Fax 0474 978226.

Roma 732 – Cortina d'Ampezzo 42 – Bolzano 94 – Brunico 17 – Dobbiaco 11 – Milano 390 – Trento 154.

Bad Waldbrunn, via Bersaglio 7 (Sud : 1 km) ☎ 0474 944177, *info@hotelbadwaldbrunn.com, Fax 0474 944229,* ≤ monti e vallata, , , – , rist, . AE VISA. rist

chiuso da novembre a Natale e dal 21 aprile al 19 maggio – **Pasto** (solo per alloggiati) 24/45 – **19 cam** 62/120 – ½ P 68.

◆ Albergo moderno, rinnovato di recente, felicemente ubicato in zona quieta e dominante la vallata; gradevoli interni, centro fitness e belle camere ben accessoriate.

a Tesido (Taisten) *Nord : 2 km – alt. 1 219 – ✉ 39035 Monguelfo :*

Alpenhof, Ovest : 1 km ☎ 0474 950020, *alpenhof.taisten@dnet.it, Fax 0474 950071,* ≤ monti, , riscaldata, – P. VISA. rist

12 dicembre-12 aprile e 20 maggio-2 novembre – **Pasto** (solo per alloggiati) 12/18 – **21 cam** 55/104 – ½ P 61.

◆ Un soggiorno all'insegna del relax, nella tranquillità delle valli dolomitiche: accogliente e luminosa zona comune riscaldata da un camino, camere confortevoli.

MONIGA DEL GARDA *25080 Brescia* **561** F 13 – *1 713 ab. alt. 128 – a.s. Pasqua e luglio-15 settembre.*

Roma 537 – Brescia 28 – Mantova 76 – Milano 127 – Trento 106 – Verona 52.

Quintessenza, piazza San Martino 3 ☎ 0365 502116; *Fax 0365 504350,* , prenotare – AE VISA.

chiuso martedì – **Pasto** carta 29/41.

◆ Ristorantino nel cuore del paese, con un bel dehors. L'interno, complettamente ristrutturato, presenta un'unica sala, curata e signorile. Cucina affidabile e promettente.

Al Porto, via Porto 29 ☎ 0365 502069, *info@trattoriaporto.com, Fax 0365 502069,* ≤, . AE VISA.

febbraio-ottobre; chiuso mercoledì – **Pasto** solo specialità di lago carta 42/63.

◆ In un'antica stazione doganale nei pressi del porticciolo, un locale gradevole, dove gustare specialità lacustri; servizio estivo su una terrazza in riva al lago.

MONOPOLI *70043 Bari* **564** E 33 – *48 581 ab. – a.s. 21 giugno-settembre.*

Roma 494 – Bari 45 – Brindisi 70 – Matera 80 – Taranto 60.

Vecchio Mulino, viale Aldo Moro 192 ☎ 080 777133, *info@vecchiomulino.it, Fax 080 777654,* , – – 150. AE VISA.

Pasto *(chiuso a mezzogiorno dal 20 giugno al 31 agosto)* 21/30 – **31 cam** 130/155, suite – ½ P 95.

◆ Recente struttura di moderna concezione ubicata alle porte della località: all'interno gradevoli spazi comuni razionali e ben organizzati, camere arredate con buon gusto. Soffitto a volta nella piacevole sala da pranzo dai sobri arredi.

sulla strada per Alberobello *Sud-Est : 11 km :*

Il Melograno , contrada Torricella 345 (Sud-Ovest : 4 km) 080 6909030, *melograno @melograno.com, Fax 080 747908,* , Navetta per la spiaggia, , , – 250. *VISA*.
19 marzo-9 novembre – **Pasto** carta 60/78 – **31 cam** 260/450, 6 suites – ½ P 270.
◆ Immerso in una quieta oasi verde, un albergo in un'antica masseria fortificata: raffinata atmosfera negli incantevoli e signorili interni rustici e nelle belle camere. Elegante sala ristorante, illuminata da ampie vetrate e abbellita da grandi tappeti.

La Mia Terra, contrada Impalata 309 70043 080 6900969, *info@miaterra.it, Fax 080 6900969,* , Rist. e pizzeria, – . *VISA*.
chiuso dal 5 al 20 novembre e mercoledì – **Pasto** carta 21/33.
◆ In campagna, in un caseggiato ristrutturato, ristorante e pizzeria dall'accogliente ambiente familiare; cucina classica e stagionale, servizio estivo in giardino.

MONREALE *Palermo* 565 M 21 – *Vedere Sicilia alla fine dell'elenco alfabetico.*

MONRUPINO *34016 Trieste* 562 E 23 – *853 ab. alt. 418.*
Roma 669 – Udine 69 – Gorizia 45 – Milano 408 – Trieste 16 – Venezia 158.

Furlan, località Zolla 19 040 327125, *Fax 040 327538,* – . *VISA*.
chiuso febbraio, luglio, lunedì, martedì e i mezzogiorno di mercoledì-giovedì – **Pasto** cucina carsolina carta 26/38.
◆ Ristorante di tradizione con tutta la famiglia impegnata nella gestione: due sale al piano terra e un salone banchetti a quello superiore; cucina del territorio.

Krizman con cam, Rupingrande 76 040 327115, *info@hotelkrizman.com, Fax 040 327370,* , – . *VISA*.
chiuso dal 1° al 15 gennaio e dal 1° al 15 novembre – **Pasto** *(chiuso lunedì a mezzogiorno e martedì)* carta 25/35 – **17 cam** 52/75 – ½ P 52.
◆ Accogliente ambiente rustico in un locale a lunga gestione diretta, rinnovato una decina di anni fa e tuttora molto attuale e piacevole; servizio estivo in giardino.

Le nostre guide alberghi e ristoranti, le nostre guide turistiche e le nostre carte stradali sono complementari. Utilizzatele insieme.

MONSANO *60030 Ancona* 563 L 21 – *2 707 ab. alt. 191.*
Roma 249 – Ancona 31 – Gubbio 76 – Macerata 41 – Perugia 107 – Pesaro 70.

2000, via Veneto 1 (Est : 2 km) 0731 605565, *info@albergo2000.it, Fax 0731 605568* – . *VISA*.
Pasto *(chiuso lunedì e a mezzogiorno)* carta 22/32 – **86 cam** 47/60.
◆ Ideale per una clientela di lavoro, albergo in posizione periferica, dotato di comodo parcheggio e di bar pubblico al piano terra; arredi funzionali nelle camere.

MONSELICE *35043 Padova* 562 G 17 *G. Italia* – *17 495 ab..*
Vedere ≤★ *dalla terrazza di Villa Balbi.*
piazza Mazzini 15 0429 783026.
Roma 471 – Padova 23 – Ferrara 54 – Mantova 85 – Venezia 64.

Ceffri, via Orti 7/b 0429 783111, *info@ceffri.it, Fax 0429 783100,* , – , cam, – 220. *VISA*.
Pasto al Rist. ***Villa Corner*** carta 21/35 – **44 cam** 70/120 – ½ P 69.
◆ In zona periferica, un albergo abbellito da un giardino con piscina, adatto a un turismo d'affari; accoglienti ambienti comuni con arredi d'epoca, camere confortevoli. Piacevole atmosfera un po' retrò nella spaziosa sala da pranzo.

La Torre, piazza Mazzini 14 0429 73752, *Fax 0429 783643,* prenotare – . *VISA*.
chiuso dal 24 al 30 dicembre, agosto, domenica sera e lunedì – **Pasto** carta 31/53.
◆ Locale classico in pieno centro storico, nella piazza principale della città, nel quale provare piatti di cucina della tradizione e ricette a base di prodotti pregiati.

MONSUMMANO TERME *51015 Pistoia* 563 K 14 *G. Toscana* – *19 949 ab. alt. 23 – a.s. 18 luglio-settembre.*
18 *Montecatini (chiuso martedì) località Pievaccia 51015 Monsummano Terme 0572 62218, Fax 0572 617435.*
Roma 323 – Firenze 46 – Pisa 61 – Lucca 31 – Milano 301 – Pistoia 13.

Grotta Giusti Terme, via Grotta Giusti 1411 (Est : 2 km) ✆ 0572 90771, *info@grottagiustispa.com, Fax 0572 9077200,* Complesso termale con amene grotte naturali, – 100. AE VISA JCB. rist
chiuso dal 4 febbraio al 18 marzo – **Pasto** al Rist. ***La Veranda*** carta 70/80 – **64 cam** 265/430 – ½ P 225.
◆ Nella quiete di un grande parco fiorito con piscina, all'interno del celebre complesso termale con grotte naturali, un hotel di tono, completo nei servizi; camere lineari. Elegante e ariosa sala da pranzo.

MONTÀ *12046 Cuneo* 561 H 5 – *4 299 ab. alt. 316.*
Roma 544 – Torino 48 – Asti 29 – Cuneo 76.

Belvedere, vicolo San Giovanni 3 ✆ 0173 976156, *info@albergobelvedere.com, Fax 0173 975587,* – AE VISA JCB.
chiuso 10 giorni a gennaio e 20 giorni a luglio – **Pasto** 20 – **10 cam** 58/80 – ½ P 64.
◆ Nel cuore del Roero, tra frutteti e vigne, albergo a gestione familiare, con camere di rara ampiezza, alcune con vista sulle colline e arredi originali fine '800. Suggestivo il servizio ristorante estivo in terrazza coperta.

MONTAGNA (MONTAN) *39040 Bolzano* 562 D 15, 218 ⑳ – *1 478 ab. alt. 500.*
Roma 630 – Bolzano 24 – Milano 287 – Ora 6 – Trento 48.

Tenz, via Doladizza 3 (Nord : 2 km) ✆ 0471 819782, *info@hotel-tenz.com, Fax 0471 819728,* ← monti e vallata, – VISA.
chiuso dal 15 novembre al 15 dicembre – **Pasto** *(chiuso martedì)* carta 25/37 – **53 cam** 55/95 – ½ P 65.
◆ Si gode una bella vista su monti e vallata da un albergo a gestione familiare dotato di accoglienti ambienti in stile montano di taglio moderno e luminose camere semplici. Al ristorante la cucina del territorio.

MONTAGNA IN VALTELLINA *Sondrio – Vedere Sondrio.*

MONTAGNANA *Firenze* 563 K 15 – *Vedere Montespertoli.*

MONTAGNANA *Modena – Vedere Serramazzoni.*

MONTAGNANA *35044 Padova* 562 G 16 *G. Italia – 9 417 ab. alt. 16.*
Vedere *Cinta muraria★★.*
Roma 475 – Padova 49 – Ferrara 57 – Mantova 60 – Milano 213 – Venezia 85 – Verona 58 – Vicenza 45.

Aldo Moro con cam, via Marconi 27 ✆ 0429 81351, *info@hotelaldomoro.com, Fax 0429 82842* – – 30. AE VISA.
chiuso dal 3 al 12 gennaio e dal 1° al 18 agosto – **Pasto** *(chiuso lunedì)* carta 30/45 – 9 – **14 cam** 64/94, 10 suites 105/130 – ½ P 78.
◆ Nel centro storico, caratteristico ed elegante ristorante con camere arredate con mobili d'epoca; splendida e raffinata sala in stile dove gustare piatti del territorio.

Hostaria San Benedetto, via Andronalecca 13 ✆ 0429 800999, *info@ristorantesanbenedetto.it, Fax 0429 809508,* – AE VISA.
chiuso dal 1° al 7 gennaio, dal 15 al 30 agosto e mercoledì – **Pasto** carta 30/42.
◆ Locale ubicato nel cuore della «città murata»: una sala di tono signorile in cui provare proposte di cucina del luogo rivisitata; servizio estivo all'aperto.

MONTAIONE *50050 Firenze* 563 L 14 *G. Toscana – 3 444 ab. alt. 342.*
Vedere *Convento di San Vivaldo★ Sud-Ovest : 5 km.*
Castelfalfi (chiuso martedì e dal 7 al 31 gennaio) località Castelfalfi ✉ 50050 Montaione ✆ 0571 698093, Fax 0571 698098.
Roma 289 – Firenze 59 – Siena 61 – Livorno 75.

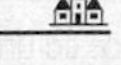
UNA Palazzo Mannaioni, via Marconi 2 ✆ 0571 698300, *info@mannaioni.com, Fax 0571 698299,* ← – cam, – 40. AE VISA
chiuso dal 6 gennaio al 1° marzo – **Pasto** 20/50 – **29 cam** 160/299 – ½ P 200.
◆ In un antico palazzo del centro completamente ristrutturato, un hotel abbellito da un giardino con piscina; eleganti interni in stile rustico, confortevoli camere in stile. Suggestivo soffitto a volte nella raffinata sala ristorante.

Vecchio Mulino senza rist, viale Italia 10 ☎ 0571 697966, *info@hotelvecchiomulino.it, Fax 0571 697966*, ← vallata, – TV P. AE Ⓢ ⓓ MC VISA.
15 cam ☐ 46,50/77,50.
◆ Albergo dall'accogliente ambiente familiare, piacevolmente ubicato all'interno di un ex-mulino, in posizione dominante la vallata; funzionali camere in stile lineare.

a San Benedetto *Nord-Ovest : 5 km – ✉ 50050 Montaione :*

XX **Casa Masi,** via Collerucci 53 ☎ 0571 677170, *casamasi@nautilo.it, Fax 0571 677042*, – P. AE Ⓢ ⓓ MC VISA
chiuso dal 26 gennaio al 26 febbraio, lunedì e a mezzogiorno (escluso sabato e domenica) – **Pasto** carta 27/38.
◆ Una caratteristica fattoria toscana, vale a dire un borgo agricolo con villa e diversi casolari; in uno di questi è stato ricavato questo caratteristico e piacevole locale.

MONTALBANO *Rimini – Vedere Santarcangelo di Romagna.*

MONTALCINO *53024 Siena* 563 M 16 *G. Toscana – 5 123 ab. alt. 564.*

Vedere *Rocca★★, Palazzo Comunale★.*
Dintorni *Abbazia di Sant'Antimo★ Sud : 10 km.*
costa del Municipio 1 ☎ 0577 849331, info@prolocomontalcino.it, Fax 0577 849331.
Roma 213 – Siena 41 – Arezzo 86 – Firenze 109 – Grosseto 57 – Perugia 111.

Vecchia Oliviera senza rist, via Landi 1 ☎ 0577 846028, *info@vecchiaoliviera.com, Fax 0577 846029*, ← vallata, TV P. AE Ⓢ ⓓ MC VISA JCB
chiuso dal 27 novembre al 26 dicembre – **10 cam** ☐ 85/175, suite.
◆ Come il nome fa intuire, si tratta di un antico frantoio, diventato di recente una risorsa con eleganti e curati interni in stile, piscina e bella terrazza panoramica.

Il Giglio, via Soccorso Saloni 5 ☎ 0577 848167, *hotelgiglio@tin.it, Fax 0577 848167*, ← – TV. AE Ⓢ ⓓ MC VISA JCB
chiuso dal 7 al 28 gennaio – **Pasto** *(chiuso martedì e a mezzogiorno)* carta 26/40 – ☐ 6,50 – **12 cam** 53/83 – ½ P 66.
◆ A pochi passi dal Palazzo Comunale, tipica ambientazione toscana, con travi e mattoni a vista, in un albergo di antica tradizione, accogliente nella sua semplicità. Piccolo ristorante di ambiente rustico e informale; casereccia cucina toscana.

Bellaria senza rist, via Osticcio 19 ☎ 0577 849326, *hotelbellaria@tin.it, Fax 0577 846050*, – TV P. AE Ⓢ ⓓ MC VISA JCB.
chiuso dall'8 al 27 gennaio – ☐ 5 – **25 cam** 62/82.
◆ Fuori del centro abitato, una struttura a gestione familiare, dotata di piscina panoramica; letti in ferro battuto e mobili di arte povera nelle spaziose stanze.

X **Boccon di Vino,** località Colombaio Tozzi 201 (Est : 1 km) ☎ 0577 848233, *boccon-di-vino@libero.it, Fax 0577 846570*, ← colline, , prenotare – P. Ⓢ MC VISA.
chiuso martedì – **Pasto** carta 37/45.
◆ In una casa colonica alle porte del paese, sala rustica, con tavoli e sedie di design moderno, o bella terrazza estiva con vista per autentici sapori del territorio.

a Podernovi *Sud-Est : 5 km – ✉ 53024 Montalcino :*

X **Taverna dei Barbi,** fattoria dei Barbi ☎ 0577 841200, *info@fattoriadeibarbi.it, Fax 0577 841112*, , prenotare – P. AE Ⓢ ⓓ MC VISA
chiuso dal 7 al 31 gennaio e mercoledì, anche martedì sera da ottobre a marzo – **Pasto** carta 28/42.
◆ Nell'omonima fattoria, regna una genuina atmosfera rurale nel caratteristico ambiente di questa trattoria, con un imponente camino. Piatti della tradizione locale.

a Poggio Antico *Sud-Ovest : 5 km – ✉ 53024 Montalcino :*

XXX **Poggio Antico,** ☎ 0577 849200, *rist.poggio.antico@libero.it, Fax 0577 849200*, , prenotare – P. Ⓢ MC VISA
chiuso dal 7 gennaio al 2 febbraio, domenica sera e lunedì (escluso aprile-ottobre) – **Pasto** 35/46 e carta 65/83 (12 %).
◆ In un casolare con vista sulle colline, ristorante di elegante ambientazione classica, dove le finestre inquadrano la verde campagna; fantasia e piglio sicuro in cucina.

a Pieve di San Sigismondo *Sud-Ovest : 11 km – ✉ 53024 Montalcino :*

XXX **Osteria del Vecchio Castello** con cam, ☎ 0577 816026, *osteriavecchiocastello@virgilio.it, Fax 0577 816073*, ←, Coperti limitati; prenotare – P. AE Ⓢ ⓓ MC VISA JCB.
✿ *chiuso dal 15 febbraio al 15 marzo* – **Pasto** *(chiuso martedì)* 32/55 e carta 41/54 – senza ☐ – 4 suites 95/160.
◆ E' immersa tra i vigneti del Brunello la pieve del 1200 che fa da suggestiva cornice ad un angolo di eleganza e sapienza culinaria, dove l'estro reinventa la tradizione.
Spec. Ravioli di coniglio nel suo fondo con finocchio selvatico (primavera-estate). Filetto di maiale di cinta senese con carciofi, salsa al vino rosso e senape con tempura di patate. Parfait di croccante di sesamo con arance candite e zucchero in cristalli.

a Sant'Angelo in Colle *Sud-Ovest : 11 km – ✉ 53020 :*

Agriturismo Il Poderuccio senza rist, via Poderuccio 52 (Ovest : 1,5 km) ✆ 0577 844052, *Fax 0577 844150*, ←, ⛱, – TV P. VISA.
Pasqua-novembre – **6 cam** 80/85.
◆ Tra il verde di vigne e uliveti, solo il gracidare delle rane turba la quiete di quest'oasi bucolica in un tipico casale ristrutturato, con rustiche, comode camere.

a Poggio alle Mura *Sud-Ovest : 19 km – ✉ 53024 Montalcino :*

XXX **Il Castello,** località Sant'Angelo Scalo ✆ 0577 816054, *banfi@banfi.it, Fax 0577 816054,* Coperti limitati; prenotare – P. AE VISA.
chiuso gennaio, agosto, domenica, lunedì e a mezzogiorno – **Pasto** 91/127 bc e carta 49/69 e al Rist. ***Taverna Banfi*** *(chiuso da Natale al 31 gennaio, Ferragosto e domenica sera)* 40/55 bc e carta 25/35.
◆ Nel contesto di uno dei più bei castelli vinicoli italiani, risale al '200, un ristorante ricco di fascino ed eleganza. Cucina ambiziosa e servizio all'altezza. Alla Taverna cucina schiettamente tradizionale, ma fascino invariato.
Spec. Filetto di spigola con caviale su panna acida e insalata verde. Quaglia farcita con fegato grasso su spinaci, salsa al Porto. Tortino caldo alle albicocche con gelato alla crema.

MONTALI *Perugia* 563 M 18 – *Vedere Panicale.*

MONTALTO *42030 Reggio nell'Emilia* 562 I 13 – *alt. 396.*
Roma 449 – Parma 50 – Milano 171 – Modena 47 – Reggio nell'Emilia 22 – La Spezia 113.

X **Hostaria Venturi,** località Casaratta ✆ 0522 600157, *Fax 0522 200414*, ← – P. AE
chiuso dall'8 al 23 gennaio ed agosto – **Pasto** carta 25/35.
◆ Sono familiari la conduzione e l'ambiente di questa semplice trattoria: due sale gradevoli e ben tenute dove gusterete piatti tipici della cucina reggiana.

In questa guida
uno stesso simbolo, una stessa parola
stampati in rosso o in nero,
hanno un significato diverso.
Leggete attentamente le pagine dell'introduzione.

MONTALTO PAVESE *27040 Pavia* 561 H 9 – *973 ab. alt. 384.*
Roma 558 – Piacenza 61 – Alessandria 62 – Genova 116 – Milano 70 – Pavia 31.

X **Trattoria del Povero Nando,** piazza Vittorio Veneto 15 ✆ 0383 870119, , solo su prenotazione da lunedì a giovedì – AE VISA JCB.
chiuso gennaio, dal 16 al 30 agosto e mercoledì – **Pasto** carta 21/34.
◆ E' tutto fatto rigorosamente in casa in questa vera trattoria «all'antica», gestita dal titolare e cuoco con una grande passione per le vecchie tradizioni culinarie.

MONTAN = Montagna.

MONTE (BERG) *Bolzano* 218 ⑳ – *Vedere Appiano sulla Strada del Vino.*

MONTE ... MONTI *Vedere nome proprio del o dei monti.*

MONTEBELLO *Rimini* 562 K 19 – *Vedere Torriana.*

MONTEBELLO VICENTINO *36054 Vicenza* 562 F 16 – *5 744 ab. alt. 48.*
Roma 534 – Verona 35 – Milano 188 – Venezia 81 – Vicenza 17.

a Selva *Nord-Ovest : 3 km – ✉ 36054 Montebello Vicentino :*

XX **La Marescialla,** via Capitello 3 ✆ 0444 649216, *marescialla1@libero.it, Fax 0444 686456*, ←, – P. AE VISA.
chiuso dal 28 gennaio al 12 febbraio, dal 15 al 22 agosto, domenica sera e lunedì – **Pasto** piatti di pesce e vegetariani carta 22/30.
◆ Giovane gestione da qualche tempo per un locale di tradizione, che offre piatti del territorio, di pesce e vegetariani; in una sala rustica o nel dehors estivo.

MONTEBELLUNA *31044 Treviso* 562 E 18 – *27 163 ab. alt. 109.*

Dintorni *Villa del Palladio★★★ a Maser Nord : 12 km.*

Roma 548 – Padova 52 – Belluno 82 – Trento 113 – Treviso 22 – Venezia 53 – Vicenza 49.

Bellavista senza rist, via Zuccareda 20, località Mercato Vecchio ✆ 0423 301031, *info@bellavistamontebelluna.it, Fax 0423 303612*, ≤, Lô, ≘s, – |‡| ▤ TV ✆ P – 50. AE ⓈⒹ MC VISA JCB. ✂
chiuso dal 23 al 30 dicembre e dal 10 al 20 agosto – **42 cam** ☐ 95/145, 2 suites.
◆ In una tranquilla e panoramica zona residenziale, una struttura polifunzionale, con un'ampia offerta di servizi; spaziose e confortevoli le zone comuni e le stanze.

Al Tiglio d'Oro, località Mercato Vecchio ✆ 0423 22419, *Fax 0423 22419*, – ▤ P. AE Ⓢ Ⓓ MC VISA. ✂
chiuso dal 2 al 7 gennaio, dall'8 al 25 agosto e venerdì – **Pasto** carta 25/36.
◆ In collina, un locale classico con ampie capacità ricettive e un piacevole servizio estivo all'aperto; stagionale cucina del territorio e predilezione per la griglia.

MONTEBENI *Firenze – Vedere Fiesole.*

MONTEBENICHI *Arezzo* 563 L 15 – *alt. 508* – ✉ *52020 Pietraviva.*

Roma 205 – Siena 31 – Arezzo 40 – Firenze 73.

Castelletto di Montebenichi senza rist, piazza Gorizia 19 ✆ 055 9910110, *info@castelletto.it, Fax 055 9910113*, ≘s, , – , ▤ TV ✆ P P. AE Ⓢ Ⓓ MC VISA. ✂
aprile-3 novembre – **7 cam** ☐ 250, 2 suites.
◆ L'emozione di soggiornare nei ricchi interni di un piccolo castello privato in un borgo medioevale, tra quadri e reperti archeologici; panoramico giardino con piscina.

Osteria L'Orciaia, via Capitan Goro 10 ✆ 055 9910067, *Fax 055 9910067*, , Coperti limitati; prenotare – Ⓢ MC VISA JCB
15 marzo-10 novembre; chiuso martedì – **Pasto** carta 24/49.
◆ Caratteristico localino rustico all'interno di un edificio cinquecentesco, con un raccolto dehors estivo. Cucina tipica toscana elaborata partendo da ottimi prodotti.

Inviateci il vostro parere sui ristoranti che vi consigliamo, sulle loro specialità e i loro vini regionali.

MONTECALVO VERSIGGIA *27047 Pavia* 561 H 9 – *571 ab. alt. 410.*

Roma 557 – Piacenza 44 – Genova 133 – Milano 76 – Pavia 38.

Prato Gaio, località Versa Est : 3 km (bivio per Volpara) ✆ 0385 99726 – P
chiuso gennaio, lunedì e martedì – **Pasto** carta 30/36.
◆ Sono ristoratori da oltre un secolo i titolari di questo locale, classico con tocchi di eleganza; cucina del territorio rivisitata, ampia scelta di vini dell'Oltrepò.

MONTECARLO *55015 Lucca* 563 K 14 – *4 296 ab. alt. 163.*

Roma 332 – Pisa 45 – Firenze 58 – Livorno 65 – Lucca 17 – Milano 293 – Pistoia 27.

Antica Casa dei Rassicurati senza rist, via della Collegiata 2 ✆ 0583 228901, *peperosa@email.it, Fax 0583 22498* – TV. Ⓢ MC VISA. ✂
6 cam ☐ 50/73.
◆ In un centrale palazzo di questo tranquillo borgo medioevale, poche accoglienti camere di buon confort per un soggiorno in un ambiente di calda ospitalità familiare.

Nina , via San Martino 54 Nord-Ovest : 2,5 km ✆ 0583 22178, *infolanina@libero.it, Fax 0583 22178*, – TV P. AE Ⓢ Ⓓ MC VISA JCB. ✂
Pasto vedere rist ***La Nina*** – senza ☐ – **10 cam** 45/68.
◆ Nella quiete dei colli e del suo giardino, una casa padronale ristrutturata offre camere molto confortevoli, arredate in stile, a prezzi davvero interessanti.

Antico Ristorante Forassiepi, via della Contea 1 ✆ 0583 229475, *info@ristoranteforassiepi.it, Fax 0583 229475*, – P. Ⓢ MC VISA
chiuso dal 15 gennaio al 15 febbraio, martedì e mercoledì a mezzogiorno, in luglio-agosto chiuso a mezzogiorno (escluso sabato e festivi) – **Pasto** carta 34/43.
◆ E' molto panoramica la terrazza estiva di questo locale di antica tradizione, rinnovato negli arredi, di tono rustico-signorile, e nella gestione; cucina tipica toscana.

La Nina, via San Martino 54 (Nord-Ovest : 2,5 km) ✆ 0583 22178, *infolanina@libero.it, Fax 0583 22178*, , prenotare – P. AE Ⓢ Ⓓ MC VISA JCB. ✂
chiuso dal 15 al 30 gennaio, dal 7 al 23 agosto, lunedì sera e martedì – **Pasto** carta 23/33.
◆ In bella posizione tra le colline, un accogliente ristorante, che propone una linea culinaria basata sulle solide tradizioni locali e sulla stagionalità dei prodotti.

MONTECAROTTO 60036 Ancona 563 L 21 – 2 140 ab. alt. 388.

Roma 248 – Ancona 50 – Foligno 95 – Gubbio 74 – Pesaro 67.

Le Busche, Contrada Busche 2 (Sud-Est : 4 km) ☎ 0731 89172, *lebusche@libero.it, Fax 0731 899140,* ≤, ☂, prenotare – ▤ 🅿 – 🏔 80. AE ⓢ ⓞ ⓜ VISA. ✂
chiuso domenica sera e lunedì – **Pasto** specialità di mare carta 42/62.
◆ In una graziosa cascina ristrutturata, circondata da vigneti di cui assaggerete i vini, classiche variazioni su tema ittico in una luminosa e curata sala rustica.
Spec. Gnocchi rigati con triglie e finocchietto selvatico. Trancio di spigola all'ostrica in crosta di erbe aromatiche addolcite con sorprese del mare. Flan di cioccolato bianco all'arancia con salsa di melanzane e olio alle clementine.

MONTECASTELLI PISANO 56040 Pisa 563 M 14 – alt. 494.

Roma 296 – Siena 57 – Pisa 122.

Santa Rosa-da Caterina, località Santa Rosa 10 (Sud : 1 km) ☎ 0588 29929, *ristorantesantarosa@libero.it, Fax 0588 29929,* ☂ – 🅿. AE ⓢ ⓞ ⓜ VISA. ✂
chiuso dal 1° al 15 ottobre e lunedì – **Pasto** carta 17/25.
◆ Casalinghi piatti toscani e atmosfera accogliente in una semplice trattoria di campagna, a gestione familiare, nel pittoresco paesaggio delle colline metallifere.

MONTE CASTELLO DI VIBIO 06057 Perugia 563 N 19 – 1 627 ab. alt. 422.

Roma 143 – Perugia 43 – Assisi 54.

Il Castello ♨, piazza Marconi 5 ☎ 075 8780660 e rist ☎ 075 8780560, *info@hotelilcastello.it, Fax 075 8780676,* ≤, ⛱ – |‡| ▤ 📺 – 🏔 200. ⓢ ⓞ ⓜ VISA. ✂
chiuso gennaio – **Pasto** al Rist. ***Lo Scudiero*** *(chiuso martedì escluso da aprile ad ottobre)* carta 37/47 – **20 cam** ☕ 90/119 – 1/2 P 85.
◆ Nella quiete dell'antico borgo, un albergo ricavato da una dimora patrizia del 1500: piacevoli ambienti con decorazioni che ricordano un tempo ormai trascorso; camere sobrie. Unione di fantasia e tradizione nei piatti serviti nella sala in stile medioevale.

a Doglio *Sud-Ovest : 9,5 km – ✉ 06057 Monte Castello di Vibio :*

Agriturismo Fattoria di Vibio ♨, località Buchella 9 ☎ 075 8749607, *info@fattoriadivibio.com, Fax 075 8780014,* ≤ colline e vallata, ☂, ⛱, ⛱ – 📺 ♿ 🅿. AE ⓢ ⓞ ⓜ VISA. ✂ rist
chiuso dal 6 gennaio al 26 febbraio – **Pasto** (solo su prenotazione) carta 32/45 (10%) – **14 cam** ☕ 90/150 – 1/2 P 95.
◆ Calda, informale ospitalità in un antico casale ristrutturato e trasformato in una raffinata residenza di campagna; eleganza e cura dei dettagli nei confortevoli interni. Nelle ex stalle, ora sale di elegante rusticità, bontà a base di prodotti dell'azienda.

MONTECATINI TERME 51016 Pistoia 563 K 14 *G. Toscana – 20 600 ab. alt. 27 – Stazione termale (maggio-ottobre), a.s. 18 luglio-settembre.*

⛳18 *(chiuso martedì) località Pievaccia ✉ 51015 Monsummano Terme ☎ 0572 62218, Fax 0572 617435, Sud-Est : 9 km.*

ℹ *viale Verdi 66/68 ☎ 0572 772244, apt@montecatini.turismo.toscana.it, Fax 0572 70109.*

Roma 323 ② – Firenze 48 ② – Pisa 55 ② – Bologna 110 ① – Livorno 73 ② – Milano 301 ② – Pistoia 15 ①.

Pianta pagina seguente

Gd H. & la Pace ♨, via della Torretta 1 ☎ 0572 9240, *info@grandhotellapace.it, Fax 0572 78451,* ☂, 🏋, ≘s, ⛱ riscaldata, 🎾 – |‡| ▤ 📺 🅿 – 🏔 360. AE ⓢ ⓞ ⓜ VISA. ✂ rist AZ y
aprile-ottobre – **Pasto** 38/47 – ☕ 20 – **122 cam** 195/300, 15 suites – 1/2 P 215.
◆ Storico, prestigioso albergo belle époque, considerato uno dei vanti dell'hotellerie nazionale, offre tono e servizi di alto livello; parco fiorito con piscina riscaldata. Il ristorante sfoggia pregevoli elementi decorativi liberty.

Gd H. Croce di Malta, viale 4 Novembre 18 ☎ 0572 9201, *info@crocedimalta.com, Fax 0572 767516,* 🏋, ⛱ riscaldata, ⛱ – |‡| ▤ 📺 – 🏔 150. AE ⓢ ⓞ ⓜ VISA JCB. ✂ rist AY x
Pasto (solo per alloggiati) 33/45 – ☕ 15 – **133 cam** 115/210, 11 suites – 1/2 P 140.
◆ Hotel di gran classe, dove confort elevato, raffinatezza delle ambientazioni e ampiezza degli spazi si amalgamano alla perfezione. Piacevole giardino con piscina riscaldata.

Gd H. Tamerici e Principe, viale 4 Novembre 4 ☎ 0572 71041, *info@hoteltamerici.it, Fax 0572 72992,* Raccolta di dipinti ottocenteschi, ≘s, ⛱, ⛱ – |‡| ▤ 📺 🚗 🅿 – 🏔 250. AE ⓢ ⓞ ⓜ VISA. ✂ rist AY g
chiuso da gennaio al 10 marzo – **Pasto** (solo per alloggiati) carta 34/38 – ☕ 14 – **140 cam** 88/170, 16 suites – 1/2 P 109.
◆ Albergo di solida tradizione, che nei suoi interni in stile sfoggia una collezione di oggetti artistici e dipinti ottocenteschi. Giardino con piscina e centro convegni..

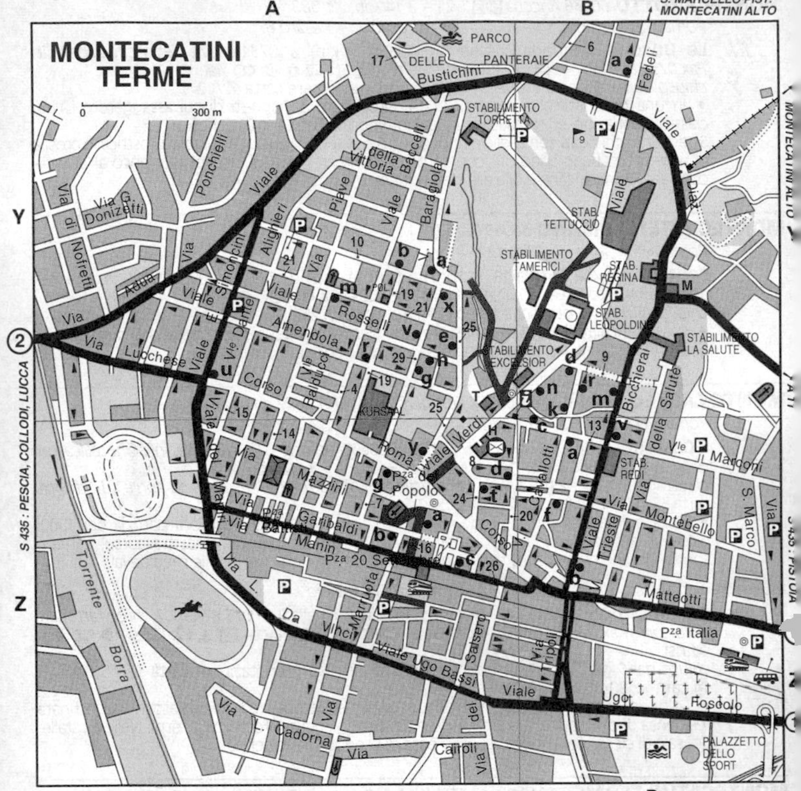

Bovio (Via G.)	AY 4	Manzoni (Viale)	BZ 13	Saline (Via delle)	ABZ 20
Bruceto (Via)	BY 6	Martini (Viale)	AZ 14	S. Francesco d'Assisi (Viale)	AY 21
Cavour (Via)	AZ 7	Matteotti (Corso)	ABZ	S. Martino (Via)	AZ 24
D'Azeglio (Piazza M.)	AZ 8	Melani (Viale)	AYZ 15	Torretta (Via della)	AYZ 25
Grocco (Via)	BY 9	Minzoni (Viale Don)	AZ 16	Toti (Via)	AZ 26
Libertà (Viale della)	AY 10	Panteraie (Via)	AY 17	4 Novembre (Viale)	AY 29
		Puccini (Viale)	AY 19		

Gd H. Vittoria, viale della Libertà 2/a ✆ 0572 79271, *vittoria@hotelvittoria.it, Fax 0572 910520*, – 500. rist AY b
Pasto (solo per alloggiati) – **84 cam** 110/180 – ½ P 115.
◆ Per soggiorni termali o congressuali, bell'edificio d'epoca i cui punti di forza sono l'attrezzato centro convegni e il fitness center; immancabile giardino con piscina.

Francia e Quirinale, viale 4 Novembre 77 ✆ 0572 70271, *info@franciaequirinale.it, Fax 0572 70275*, – – 80. rist AY v
aprile-ottobre – **Pasto** (solo per alloggiati) 26/31 – 10,32 – **118 cam** 93/124 – ½ P 93.
◆ Nei pressi dei principali stabilimenti termali, struttura di tono che coniuga bene la funzionalità dei servizi con la sobria eleganza degli interni; ampie camere moderne..

Tettuccio, viale Verdi 74 ✆ 0572 78051, *info@hoteltettuccio.it, Fax 0572 75711*, – – 80. rist BY n
Pasto carta 43/61 – **74 cam** 114/204 – ½ P 120.
◆ Di fronte alle terme Excelsior, esiste dal 1894 questo grande e vecchio albergo, «nobile» nell'ampiezza e sviluppo delle sale comuni; gradevole la terrazza ombreggiata. Al ristorante si respira un'aria fin de siècle.

Ercolini e Savi, via San Martino 18 ☎ 0572 70331, *info@ercoliniesavi.it, Fax 0572 71624* – 70. rist AZ t
Pasto (solo per alloggiati) 27/38 – **81 cam** 86/128 – ½ P 80.
◆ Conduzione diretta dinamica ed efficiente in un hotel classico e di tradizione, che offre belle camere ariose, in parte moderne, in parte in stile, e bagni nuovi.

Michelangelo, viale Fedeli 9 ☎ 0572 74571, *info@hotelmichelangelo.org, Fax 0572 72885,* rist BY a
aprile-ottobre – **Pasto** (solo per alloggiati) carta 32/43 – **69 cam** 65/85 – ½ P 70.
◆ Una risorsa capace di offrire un valido compromesso tra livello di confort e aggiornamento delle dotazioni a disposizione degli ospiti. Buoni spazi comuni interni ed esterni.

Adua, viale Manzoni 46 ☎ 0572 78134, *info@hoteladua.it, Fax 0572 78138,* cam, – 100. rist BZ a
Capodanno e marzo-novembre – **Pasto** (solo per alloggiati) 25 – 10 – **72 cam** 75/130 – ½ P 77.
◆ Cordiale gestione familiare in un albergo centrale, completamente rinnovato negli ultimi anni, con comodi spazi comuni in stile; stanze ampie, luminose e moderne.

Parma e Oriente, via Cavallotti 135 ☎ 0572 72135, *info@hotelparmaoriente.it, Fax 0572 72137,* riscaldata, rist BY k
27 dicembre-6 gennaio e 25 marzo-10 novembre – **Pasto** (solo per alloggiati) 19/25 – 7 – **64 cam** 60/100, suite – ½ P 70.
◆ Un soggiorno termale in un ambiente ospitale in questo hotel, gestito da una storica famiglia di albergatori, sottoposto a recente ristrutturazione; camere in stile.

Grande Bretagne senza rist, viale Don Minzoni 3 ☎ 0572 771951, *info@ercoliniesavi.it, Fax 0572 910725* – AZ a
11 marzo-9 novembre – **32 cam** 106/128, suite.
◆ Regna un'atmosfera da elegante dimora privata negli accoglienti interni in stile di questo palazzo d'epoca ubicato nel centro. Camere ben arredate, molte con salotto.

Settentrionale Esplanade, via Grocco 2 ☎ 0572 70021, *info@settentrionaleesplanade.it, Fax 0572 767486,* – 130. rist BY d
marzo-novembre – **Pasto** (solo per alloggiati) – **100 cam** 106/175 – ½ P 93.
◆ Albergo di tradizione, nato negli anni '20 e da allora gestito dalla stessa famiglia, con ampi e signorili spazi comuni e stanze non grandi, ma luminose e ben tenute.

Cappelli, viale Bicchierai 139 ☎ 0572 71151, *hotelcappelli@italway.it, Fax 0572 71154,* – 50. rist BY m
aprile-15 novembre – **Pasto** (solo per alloggiati) 16/25 – **73 cam** 63/115 – ½ P 63.
◆ Tradizione di ospitalità dal 1928 per la famiglia che dà il nome a questa signorile risorsa, con giardino, piscina riscaldata e piacevoli, caldi interni in stile.

San Marco, viale Rosselli 3 ☎ 0572 71221, *info@sanmarco-hotel.it, Fax 0572 770577* – rist AY h
aprile-novembre – **Pasto** (solo per alloggiati) 20/24 – **61 cam** 52/100 – ½ P 68.
◆ Un albergo che offre ai suoi ospiti una confortevole e luminosa zona comune e servizi all'altezza della propria categoria; camere accoglienti, in via d'aggiornamento..

Manzoni, viale Manzoni 28 ☎ 0572 70175, *info@hotelmanzoni.it, Fax 0572 911012,* rist BZ c
28 dicembre-4 gennaio e marzo-15 novembre – **Pasto** (solo per alloggiati) 20 – 6 – **70 cam** 52/90, 3 suites – ½ P 60.
◆ Possiede un certo fascino retrò questa casa, arredata con mobili in stile e qualche pezzo d'antiquariato; piacevole il relax nel piccolo giardino intorno alla piscina.

Corallo, via Cavallotti 116 ☎ 0572 79642, *info@golfhotelcorallo.it, Fax 0572 78288,* – 100. rist BY r
Pasto 21/30 – **54 cam** 65/100 – ½ P 65.
◆ Consolidata conduzione familiare per una struttura semplice, ma ben tenuta e accogliente, in zona centrale; piacevole terrazza con piscina e biciclette a disposizione. Tradizionale cucina d'albergo al ristorante.

Brennero e Varsavia, viale Bicchierai 70/72 ☎ 0572 70086, *info@hotelbrenneroevarsavia.it, Fax 0572 74459* – rist BZ v
marzo-novembre – **Pasto** (solo per alloggiati) 18/25 – 8 – **54 cam** 45/80 – ½ P 60.
◆ In comoda posizione per il centro e per le terme, una risorsa a gestione familiare che, dopo la recente ristrutturazione, offre camere confortevoli e bagni moderni.

Columbia, corso Roma 19 ☎ 0572 70661, *info@hotelcolumbia.it, Fax 0572 771293,* – rist AZ g
15 febbraio-novembre – **Pasto** (solo per alloggiati) carta 33/53 – 11 – **63 cam** 85/120, suite.
◆ Le eleganti sale comuni di questo centralissimo hotel mantengono l'aspetto dello stile liberty che caratterizza il bell'edificio; camere calde e molto confortevoli.

Boston, viale Bicchierai 16 ☎ 0572 70379, *info@hotelboston.it, Fax 0572 770208,* – BZ b
aprile-ottobre – **Pasto** (solo per alloggiati) 18/22 – **60 cam** 60/95 – 1/2 P 65.
◆ Il punto di forza di questo gradevole albergo in continuo rinnovamento è senz'altro la bella terrazza panoramica con solarium e piscina; camere lineari e luminose.

Mediterraneo, via Baragiola 1 ☎ 0572 71321, *mediterraneo@taddeihotels.com, Fax 0572 71323,* – rist AY a
aprile-ottobre – **Pasto** (solo per alloggiati) 20/28 – 8 – **33 cam** 50/90 – 1/2 P 65.
◆ Ventennale conduzione diretta in una risorsa affacciata sul parco delle terme e dotata di un proprio giardino con pergolato, dove d'estate vi piacerà fare colazione.

Metropole, via della Torretta 13 ☎ 0572 70092, *info@hotel-metropole.it, Fax 0572 910860,* – AY e
aprile-ottobre – **Pasto** (solo per alloggiati) 16/25 – **40 cam** 55/90 – 1/2 P 58.
◆ Ha un giardino privato all'interno del parco delle terme questo edificio d'epoca, nei cui spazi comuni sopravvivono gli originali pavimenti e soffitti di inizio '900.

Reale, via Palestro 7 ☎ 0572 78073, *info@hotel-reale.it, Fax 0572 78076,* – 50. rist AZ d
chiuso gennaio e febbraio – **Pasto** (solo per alloggiati) – 7 – **52 cam** 62/104 – 1/2 P 62.
◆ Albergo costituito da un corpo d'epoca e da un altro più recente, raccolti intorno ad un piccolo giardino con piscina; confortevoli e ben disposti gli spazi comuni.

La Pia, via Montebello 30 ☎ 0572 78600, *info@lapiahotel.it, Fax 0572 771382* – BZ f
aprile-ottobre – **Pasto** (solo per alloggiati) 25/40 – 8 – **37 cam** 55/110 – 1/2 P 75.
◆ Una bella atmosfera familiare, che promette un'ospitalità premurosa, in una risorsa ubicata in zona tranquilla, con dehors nell'antistante piazza; camere ben tenute.

Villa Splendor, viale San Francesco d'Assisi 15 ☎ 0572 78630, *Fax 0572 78216* – rist AY m
aprile-ottobre – **Pasto** (solo per alloggiati) 20/30 – 3 – **27 cam** 42/70 – 1/2 P 40.
◆ Clientela abituale per questa simpatica pensione familiare, ubicata in una tranquilla zona residenziale; stanze spartane e curate, bagni ampi ristrutturati di recente.

Villa le Magnolie senza rist, viale Fedeli 15 ☎ 0572 911700, *Fax 0572 72885,* – BY a
6 cam 70/95.
◆ Sei camere complete di ogni confort, zona soggiorno molto raccolta e curata, sala colazioni con un'unica grande tavola. Disponibili tutti i servizi dell'hotel Michelangelo.

Gourmet, viale Amendola 6 ☎ 0572 771012, *rist.gourmet@tiscalinet.it, Fax 0572 771012,* Coperti limitati; prenotare la sera – AY r
chiuso dal 7 al 20 gennaio, dal 1° al 16 agosto e martedì – **Pasto** carta 44/68 (12 %).
◆ Ambiente di tono in un ristorante la cui vasta carta non trascura i sapori di terra, ma predilige quelli di mare, in preparazioni tradizionali o in più audaci variazioni.

Enoteca Giovanni, via Garibaldi 25/27 ☎ 0572 73080, *Fax 0572 71695,* Servizio estivo all'aperto solo la sera – AZ b
chiuso dal 15 al 28 febbraio, dal 16 al 31 agosto e lunedì – **Pasto** carta 46/78.
◆ Piatti di carne e di pesce e ottimi vini da gustare in due sale, una più spaziosa ed elegante, l'altra più informale, o nel dehors estivo per il servizio solo serale.

San Francisco, corso Roma 112 ☎ 0572 79632, *info@sanfrancisco.it, Fax 0572 771227,* prenotare – AY u
chiuso giovedì e a mezzogiorno – **Pasto** carta 35/46.
◆ Ambientazione rustico-signorile con luci soffuse in un locale dove un'esperta coppia di coniugi, lei in sala e lui ai fornelli, propongono curata cucina tradizionale.

Il Cucco, via del Salsero 3 angolo Corso Matteotti ☎ 0572 72765, *Fax 0572 72765,* prenotare – AZ c
chiuso martedì e mercoledì a mezzogiorno – **Pasto** carta 40/57.
◆ Ormai un punto di riferimento nel panorama della ristorazione cittadina, un ristorante moderno e accogliente, in pieno centro, offre cucina del territorio rivisitata.

a Traversagna *per ② : 2 km – ✉ 51010 :*

Da Angiolo, via del Calderaio 2 ☎ 0572 913771, *Fax 0572 913771,* prenotare –
chiuso dal 3 al 31 agosto, lunedì e a mezzogiorno (escluso i giorni festivi) – **Pasto** specialità di mare carta 32/42 (10 %).
◆ Due soci, uno in cucina, l'altro in sala, conducono con successo questo ristorante di impostazione classica: per una cena a base di pesce freschissimo.

a Montecatini Alto *Nord-Est : 5 km* **BY** – ✉ *51016 :*

XX **La Torre,** piazza Giusti 8/9 ☎ 0572 70650, *info@latorre-montecatinialto.it, Fax 572 73208,* – AE VISA JCB
chiuso martedì – **Pasto** carta 27/36.
◆ E' la torre medievale nella piazza principale del borgo a dare il nome a questo locale, che unisce la solidità delle proposte tradizionali all'attenzione per i vini.

sulla via Marlianese *per viale Fedeli* **BY** *:*

X **Montaccolle,** via Marlianese 27 (Nord : 6,5 km) ✉ 51016 ☎ 0572 72480, – P. AE VISA.
chiuso dal 2 novembre al 6 dicembre, 10 giorni in luglio, lunedì e a mezzogiorno (escluso i giorni festivi) – **Pasto** carta 26/36.
◆ Schietta trattoria sulle colline che circondano la località. La piacevolezza del panorama, in particolare d'estate dalla terrazza, è pari alla genuinità dei cibi.

a Nievole *per viale Fedeli* **BY** – ✉ *51010 :*

X **Da Pellegrino,** località Renaggio 6 (Nord : 7 km) ☎ 0572 67158, *dapellegrino@aruba.it, Fax 0572 67158,* , Rist. e pizzeria serale – P. AE VISA
chiuso dal 15 febbraio al 5 marzo e mercoledì – **Pasto** cucina casalinga toscana carta 22/34.
◆ In una frazione isolata, simpatico locale di arredamento rustico e ambiente familiare, dove gusterete una casalinga cucina toscana che segue le stagioni.

MONTECCHIA DI CROSARA *37030 Verona* 562 F 15 – *4 190 ab. alt. 87.*

Roma 534 – Verona 34 – Milano 188 – Venezia 96 – Vicenza 33.

XXX **Baba-Jaga,** via Cabalao ☎ 045 7450222, *babajaga@tin.it,* ←, – P. AE VISA.
chiuso gennaio, dal 1° al 15 agosto, domenica sera, lunedì e da ottobre a marzo anche domenica a mezzogiorno – **Pasto** carta 39/53.
◆ Porta il nome di una creatura fatata delle fiabe russe questo luminoso locale di tono, con un silenzioso giardino che fa da cornice ideale alle creazioni dello chef.

XX ✿ **La Terrazza,** Via Cesari 1 ☎ 045 7450940, *info@laterrazza.vr.it, Fax 045 6544175,* , prenotare – P. AE VISA.
chiuso dal 15 al 30 giugno, dal 1° all'8 novembre, domenica sera e lunedì – **Pasto** carta 30/54.
◆ Sulle colline, ambiente di sobria eleganza e terrazza panoramica per il servizio estivo in un ristorante dove gusterete pesce e crostacei di rara freschezza e fragranza.
Spec. Capesante marinate al limone con tartufo nero cotto al Porto. Terrina di foie gras d'anatra della casa. Scampi dell'alto Adriatico grigliati "al ghiaccio".

MONTECCHIO *05020 Terni* 563 O 18 – *1 718 ab. alt. 377.*

Roma 114 – Terni 51 – Viterbo 43 – Orvieto 25 – Perugia 68.

Agriturismo Poggio della Volara , via Volara 1, località Volara Nord : 4,5 km ☎ 0744 951820, *Fax 0744 951820,* ← monti e vallata, – P.
marzo-ottobre – **Pasto** (solo per alloggiati) – **5 cam** 60/90 – ½ P 65.
◆ A pochi chilometri da Orvieto, un'azienda agrituristica semplice, ma ubicata in zona panoramica, con ampi spazi esterni, una bella piscina e camere di buon confort.

MONTECCHIO *Brescia* 561 E 12 – *Vedere Darfo Boario Terme.*

MONTECCHIO MAGGIORE *36075 Vicenza* 562 F 16 **G. Italia** – *20 942 ab. alt. 72.*

Vedere ←★ *dai castelli – Salone★ della villa Cordellina-Lombardi.*

Roma 544 – Verona 43 – Milano 196 – Venezia 77 – Vicenza 13.

sulla strada statale 11 *Est : 3 km :*

Castelli, viale Trieste 89 ✉ 36041 Alte di Montecchio Maggiore ☎ 0444 697366, *info@hotelcastelli.it, Fax 0444 490489,* , – P – 250. AE VISA JCB.
chiuso dal 24 dicembre al 7 gennaio – **Pasto** *(chiuso a mezzogiorno)* carta 26/35 – **150 cam** 125/150, 24 suites.
◆ Grande, confortevole complesso di concezione moderna, con un'attrezzata zona congressuale di buon livello e camere funzionali; accesso ad un attiguo fitness center. Accogliente e signorile sala ristorante.

in prossimità casello autostrada A4 - Montecchio Sud *Sud-Est : 3 km :*

Castagna, via Archimede 2 ✉ 36041 Alte di Montecchio Maggiore ☎ 0444 490540, *classa lte@goldnet.it, Fax 0444 499677* – 90. VISA.
Pasto al Rist. ***Mr. Merlino*** *(chiuso domenica)* carta 25/43 – **56 cam** 119/145 – 1/2 P 86,50.
◆ Nei pressi del casello autostradale, struttura di recente realizzazione, dotata di piattaforma eliporto; ideale per clientela d'affari, ha stanze dalle linee classiche. Ambientazione moderna per la luminosa sala da pranzo.

MONTECCHIO PRECALCINO *36030 Vicenza* 562 F 16 – *4 615 ab. alt. 86.*
Roma 544 – Padova 57 – Trento 84 – Treviso 67 – Vicenza 17.

XXX **La Locanda di Piero,** via Roma 32, strada per Dueville Sud : 1 km ☎ 0445 864827, *locandadipiero@keycomm.it, Fax 0445 864828,* prenotare – VISA
chiuso dal 1° al 10 marzo, dal 1° al 10 novembre, domenica e i mezzogiorno di lunedì e sabato – **Pasto** carta 37/52.
◆ Un villino alle porte della località ospita un elegante e intimo angolo per gourmet, dove uno chef emergente sa esplicare il suo estro nell'alveo delle tradizioni locali.
Spec. Gnocchi di patate con anguilla, arancia e zenzero. Tortelloni di verdure e mandorle al tartufo nero (primavera-estate). Guanciale di vitello brasato con funghi (autunno-inverno).

MONTECHIARO D'ASTI *14025 Asti* 561 G 6 – *1 377 ab. alt. 290.*
Roma 627 – Torino 78 – Alessandria 58 – Asti 20 – Milano 147 – Vercelli 100.

XX **Tre Colli,** piazza del Mercato 3/5 ☎ 0141 901027, *info@trecolli.com, Fax 0141 999987,* , prenotare – VISA
chiuso dal 30 dicembre a Capodanno, dal 6 al 13 gennaio, dal 26 luglio al 14 agosto e mercoledì – **Pasto** carta 24/30.
◆ Un ristorante che esiste dal 1898: salette rivestite di legno, con toni morbidi e accoglienti e tavoli massicci, e panoramica terrazza estiva per proposte piemontesi.

Se cercate un hotel tranquillo
consultate prima le carte tematiche dell'introduzione
e trovate nel testo gli esercizi indicati con il simbolo

MONTE COLOMBO *47854 Rimini* 562 K 19 – *1 953 ab. alt. 315.*
Roma 331 – Rimini 25 – Ancona 102 – Pesaro 36 – Ravenna 68.

Villa Leri, via Canepa 172, località Croce Nord-Est : 5 km ☎ 0541 985262, *info@villaleri.it, Fax 0541 985126,* – rist, VISA.
Pasto 36/62 – **36 cam** 76/140, 2 suites – 1/2 P 92.
◆ In un complesso, con teatro e museo, in riva ad un laghetto, un confortevole albergo dall'atmosfera ovattata, ideale per un soggiorno salutista di «remise en forme». Una cucina «per la salute», realizzata con prodotti biologici.

X **La Grotta della Giamaica,** via Canepa 174, località Croce Nord-Est : 5 km ☎ 0541 985580, *info@villaleri.it, Fax 0541 985126,* , Rist. e pizzeria – VISA.
chiuso lunedì, martedì, mercoledì e a mezzogiorno (escluso domenica) – **Pasto** carta 20/30.
◆ Nella campagna alle spalle di Rimini, per una serata informale, locale di proprietà, come l'attiguo hotel, di un'associazione «no profit»; piatti tradizionali e pizze.

MONTECOSARO *62010 Macerata* 563 M 22 – *5 124 ab. alt. 252.*
Roma 266 – Ancona 60 – Macerata 25 – Perugia 147 – Pescara 121.

Luma, via Cavour 1 ☎ 0733 229466, *info@laluma.it, Fax 0733 229457,* – VISA.
Pasto vedere rist ***La Luma*** – **11 cam** 62/77, suite.
◆ In una struttura medievale, un delizioso alberghetto d'atmosfera, con terrazza panoramica e suggestive grotte tufacee nei sotterranei; camere in stile, alcune con vista.

XXX **La Luma,** via Bruscantini 1 ☎ 0733 222273, *lumamontecosaro@hotmail.com, Fax 0733 229701,* – VISA.
chiuso dal 15 al 31 gennaio, martedì e a mezzogiorno (escluso sabato-domenica) – **Pasto** carta 30/38.
◆ Locale dal décor raffinato, ma spartano, consono allo spazio in cui si trova: i sotterranei di un centrale edificio settecentesco, con pareti e volte in mattoni e pietra.

MONTECRETO *41025 Modena* 562 J 14 – *934 ab. alt. 868 – a.s. luglio-agosto e Natale.*
Roma 387 – Bologna 89 – Milano 248 – Modena 79 – Pistoia 77 – Reggio nell'Emilia 93.

ad Acquaria *Nord-Est : 7 km – ✉ 41020 :*

Monteverde, via Provinciale 11 ☎ 0536 65052, *Fax 0536 65156,* prenotare – AE VISA.
chiuso dal 10 al 20 dicembre, dal 20 giugno al 10 luglio e mercoledì – **Pasto** specialità ai funghi e al tartufo carta 17/26.
◆ Piacevole e accogliente locale dove madre e figlio, lei ai fornelli e lui in sala, propongono specialità a base di funghi e tartufi lungo tutto l'arco dell'anno.

MONTE CROCE DI COMELICO (Passo) (KREUZBERGPASS) *Belluno e Bolzano* 562 C 19 – *Vedere Sesto.*

MONTEDORO *Bari – Vedere Noci.*

MONTEFALCO *06036 Perugia* 563 N 19 *G. Italia – 5 696 ab. alt. 473.*
Roma 145 – Perugia 46 – Assisi 30 – Foligno 12 – Orvieto 79 – Terni 57.

Villa Pambuffetti, via della Vittoria 20 ☎ 0742 379417, *villabianca@interbusiness.it, Fax 0742 379245,* ←, – P – 50. AE VISA.
Pasto *(chiuso gennaio-marzo e a mezzogiorno)* (solo su prenotazione) 46,20 – **15 cam** 137/190 – ½ P 133,50.
◆ Un curato parco ombreggiato con piscina circonda la villa ottocentesca che ospita un hotel con un alto livello di confort; mobili antichi negli interni di sobria eleganza. Ambientazione di austera raffinatezza al ristorante.

Agriturismo Camiano Piccolo, località Camiano Piccolo 5 ☎ 0742 379492, *camiano@bcsnet.it, Fax 0742 371077,* ←, – P – 30. AE VISA JCB.
Pasto (solo per alloggiati) 20/25 – **10 cam** 60/80 – ½ P 62.
◆ Un borgo ristrutturato, immerso tra ulivi secolari, a poche centinaia di metri dalle mura della località. Bella piscina scoperta in giardino per chi è in cerca di relax.

Coccorone, largo Tempestivi ☎ 0742 379535, *coccorone@libero.it, Fax 0742 379016,* – . VISA
chiuso mercoledì escluso da luglio a settembre – **Pasto** carta 26/48.
◆ Un ristorante «tipico», come recita l'insegna, sia nell'ambientazione, con archi in mattoni e pietre a vista, sia nella cucina, del territorio, con secondi alla brace.

MONTEFIASCONE *01027 Viterbo – 12 704 ab. alt. 633.*
Vedere *Chiesa di San Flaviano★.*
Roma 96 – Viterbo 17 – Orvieto 28 – Perugia 95 – Terni 71.

Urbano V senza rist, corso Cavour 107 ☎ 0761 831094, *info@hotelurbano-v.it, Fax 0761 834152* – . AE VISA JCB.
22 cam 60/80.
◆ Palazzo storico seicentesco, completamente ristrutturato, raccolto attorno ad un cortiletto interno e impreziosito da una terrazza con vista quasi a 360° su tetti e colline.

MONTEFIORE CONCA *47834 Rimini* 562 K 19 – *1 777 ab. alt. 385.*
via Roma (Rocca Malatestiana) ☎ 0541 980035, Fax 0541 980206.
Roma 300 – Rimini 22 – Ancona 100 – Pesaro 34.

Locanda della Corona con cam, piazza della Libertà 12 ☎ 0541 980340, *Fax 0541 980340* – AE VISA. rist
chiuso martedì – **Pasto** carta 27/42 – **5 cam** 90/120.
◆ Un bel ristorantino, ubicato nel centro del paese, con origini che risalgono «alla notte dei tempi». Possibilità di alloggio in camere di buon tono con arredi d'epoca.

MONTEFIORINO *41045 Modena* 562 I 13 – *2 337 ab. alt. 796.*
Roma 409 – Bologna 95 – Modena 57 – Lucca 116 – Reggio nell'Emilia 60.

Lucenti con cam, via Mazzini 38 ☎ 0536 965122, *lucenti@pianeta.it, Fax 0536 965122,* ← vallata, Coperti limitati; prenotare – . AE VISA
chiuso dal 1° al 10 giugno e dal 15 al 30 settembre – **Pasto** *(chiuso lunedì e martedì a mezzogiorno escluso luglio-agosto)* carta 30/43 – 6 – **7 cam** 28/45 – ½ P 38.
◆ Troverete una curata sala dai caldi colori pastello e una cucina radicata nel territorio, ma con approccio moderno, in questo locale di secolare tradizione familiare.

MONTEFIRIDOLFI *50020 Firenze* 563 L15.

Roma 289 – Firenze 27 – Siena 57 – Livorno 90.

Fonte de' Medici, località S. Maria a Macerata 41 (Sud-Est : 3 km) ✆ 055 8244700, *mail@fontedemedici.com, Fax 055 8244701,* ← colline e vigneti, prenotare, – 80. rist
Pasto 15/30 – **11 cam** 150/180, 15 suites 170/210.
◆ Risorsa armoniosamente distribuita all'interno di tre antichi poderi dell'azienda vinicola Antinori. Per una vacanza difficile da dimenticare, tra viti e campagne. Intima sala da pranzo con forti richiami bucolici.

MONTEFOLLONICO *53040 Siena* 563 M 17 – *alt. 567.*

Roma 187 – Siena 61 – Firenze 112 – Perugia 75.

La Costa, via Coppoli 15 ✆ 0577 669488, *info@lacosta.it, Fax 0577 668800,* ← Val di Chiana, , prenotare la sera – .
chiuso dal 10 al 26 dicembre e dal 7 gennaio al 28 febbraio – **Pasto** al Rist. ***Il Medioevo*** carta 35/57 – **12 cam** 81/130, 3 suites.
◆ Risorsa recentemente ampliata ma dalle caratteristiche immutate. Camere rustiche ma eleganti, alcune con vista incantevole sulla Val di Chiana. Per i pasti ci si accomoda tra archi di pietra e mattoni degli ex granai o nella terrazza estiva.

La Chiusa con cam, via della Madonnina 88 ✆ 0577 669668, *info@ristorantelachiusa.it, Fax 0577 669593,* ← monti e vallata, Coperti limitati; prenotare, –
chiuso dal 10 al 25 dicembre e dal 10 gennaio al 25 marzo – **Pasto** *(chiuso martedì)* 60/100 e carta 64/77 (15 %) – **13 cam** 150/200, 2 suites.
◆ Giardino-oliveto, tipica cascina con frantoio, splendida vista sulla valle: un angolo di sogno, dove le camere e la cucina sono pari per piacevolezza, cura ed eleganza.

13 Gobbi, via Lando di Duccio 5 ✆ 0577 669755, , Coperti limitati; prenotare –
chiuso dal 6 al 31 gennaio e mercoledì (escluso da Pasqua a settembre) – **Pasto** carta 24/42.
◆ Arredo rustico informale, con travature a vista e dehors estivo in un ristorantino a conduzione familiare; carta del territorio con sporadiche «intrusioni» marinare.

Se dopo le h 18,00 siete ancora in viaggio
confermate la vostra prenotazione telefonicamente,
è consuetudine ... ed è più sicuro.

MONTEFORTINO *63047 Ascoli Piceno* 563 N 22 – *1 318 ab. alt. 639.*

Roma 195 – Ascoli Piceno 33 – Ancona 112 – Perugia 138 – Pescara 125.

Agriturismo Antico Mulino, località Tenna 2 (Nord : 2 km) ✆ 0736 859530, *anticomulino@virgilio.it, Fax 0736 859530* – .
24 dicembre-6 gennaio e Pasqua-5 novembre – **Pasto** (solo per alloggiati) 15/25 – **15 cam** 30/60 – 1/2 P 45.
◆ Un mulino ad acqua fortificato, con origini trecentesche, ristrutturato per accogliere una struttura caratteristica, di tono sobrio e con arredi in «arte povera».

MONTEGABBIONE *05010 Terni* 563 N 18 – *1 256 ab. alt. 594.*

Roma 149 – Perugia 40 – Orvieto 39 – Terni 106 – Viterbo 88.

sulla strada per Parrano *Sud-Ovest : 9 km*

Agriturismo Il Colombaio, località Colombaio ✆ 0763 838495, *irmaco@tin.it, Fax 0763 838495,* – rist, – 400.
chiuso dal 6 gennaio al 15 febbraio – **Pasto** *(chiuso mercoledì)* 20 – **19 cam** 58/104.
◆ Immerso nel verde di grandi prati, una risorsa ospitata da una struttura in pietra, a conduzione familiare. Camere curate e confortevoli, ampia terrazza e bella piscina. Piccola sala ristorante di tono rustico.

MONTEGIORGIO *63025 Ascoli Piceno* 563 M 22 – *6 904 ab. alt. 411.*

Roma 249 – Ascoli Piceno 69 – Ancona 81 – Macerata 30 – Pescara 124.

a Piane di Montegiorgio *Sud : 5 km – ✉ 63025 :*

Oscar e Amorina, via Faleriense Ovest 69 ✆ 0734 967351, *info@oscareamorina.it, Fax 0734 968345,* – – 60.
Pasto *(chiuso lunedì)* carta 25/33 – **19 cam** 45/80 – 1/2 P 60.
◆ Cinto da un grazioso giardino con piscina, un accogliente hotel che si contraddistingue per la garbata eleganza degli ambienti. Ottime camere a prezzi più che competitivi. Sale ristorante di taglio moderno, cucina tipica marchigiana.

MONTEGRIDOLFO *47837 Rimini* 562 K 20 – *918 ab. alt. 290.*

Roma 297 – Rimini 35 – Ancona 89 – Pesaro 24 – Ravenna 110.

Palazzo Viviani, via Roma 38 ☎ 0541 855350, *montegridolfo@montegridolfo.com, Fax 0541 855340*, ←, , , – cam, TV P. AE Ⓢ ⓞ ⓜ VISA
Pasto *(chiuso lunedì e a mezzogiorno)* carta 40/75 – **55 cam** 110/220, 15 suites – ½ P 140.
◆ In un antico borgo di origini medievali, uno storico palazzo sapientemente restaurato per offrire un'ospitalità raffinata in interni d'epoca di grande charme e suggestione. Tra le pareti di pietra delle ex cantine è stato ricavato l'elegante ristorante.

L'Osteria dell'Accademia, via Roma 38 ☎ 0541 855335, *Fax 0541 855335*, – AE Ⓢ ⓜ VISA.
chiuso dal 7 al 21 gennaio e mercoledì – **Pasto** carta 25/34.
◆ Trattoria tradizionale che si esprime attraverso un'autentica e semplice cucina del territorio. Particolarmente gradevole il servizio estivo sulla terrazza panoramica.

MONTEGROSSO *Bari* 564 D 30 – *Vedere Andria.*

MONTEGROSSO D'ASTI *14048 Asti* 561 H 6 – *2 095 ab. alt. 244.*

Roma 616 – Alessandria 45 – Asti 9 – Torino 70 – Genova 136 – Novara 106.

Hotel dei Vini senza rist, piazza della Stazione ☎ 0141 953970, *info@hoteldeivini.com, Fax 0141 952861* – TV P. AE Ⓢ ⓞ ⓜ VISA
chiuso dal 22 dicembre al 15 gennaio – **16 cam** 55/80.
◆ Una risorsa ideale sia per una clientela di lavoro che turistica, soprattutto alla luce della comoda, anche se non amena, ubicazione. Camere raccolte, moderne e funzionali.

a Messadio *Sud-Ovest : 3 km – ✉ 14048 Montegrosso d'Asti :*

Locanda del Boscogrande con cam, via Boscogrande 47 ☎ 0141 956390, *locanda @locandaboscogrande.com, Fax 0141 956800*, ← colline del Monferrato, , prenotare, , – TV P. AE Ⓢ ⓞ ⓜ VISA JCB.
chiuso dal 7 gennaio al 7 febbraio – **Pasto** *(chiuso martedì)* 40 – **7 cam** 95/130 – ½ P 100.
◆ Per godersi il rilassante panorama delle colline del Monferrato, cascinetta ristrutturata con un ottimo equilibrio tra qualità gastronomica e confort delle camere.

MONTEGROTTO TERME *35036 Padova* 562 F 17 *G. Italia – 10 502 ab. alt. 11 – Stazione termale.*

viale Stazione 60 ☎ 049 793384, infomontegrotto@termeeuganeeapt.net, Fax 049 795276.

Roma 482 – Padova 14 – Mantova 97 – Milano 246 – Monselice 12 – Rovigo 32 – Venezia 49.

International Bertha, largo Traiano 1 ☎ 049 8911700, *info@bertha.it, Fax 049 8911771*, Centro benessere, , , termale, , , , – TV P – 120. AE Ⓢ ⓞ ⓜ VISA. rist
chiuso dal 10 gennaio al 1° marzo – **Pasto** carta 27/42 – **98 cam** 80/140, 5 suites – ½ P 95.
◆ Una grande hall, elegante e arredata in stile come le altre zone comuni, introduce degnamente in una struttura con servizi di alto livello; giardino con piscina termale. D'impostazione classica e di moderna eleganza il ristorante.

Garden Terme, viale delle Terme 7 ☎ 049 8911699, *garden@gardenterme.it, Fax 049 8910182*, Centro benessere, , , termale, , , , – TV P. AE Ⓢ ⓞ ⓜ VISA. rist
marzo-novembre – **Pasto** carta 27/33 – 7 – **110 cam** 95,50/126, 7 suites – ½ P 85,50.
◆ In un parco-giardino con piscina termale, un bel complesso, che offre un'ampia e interessante gamma di cure rigenerative; eleganti interni, con un'esotica «sala indiana». Pareti vetrate che si affacciano sul verde cingono la sala da pranzo.

Grand Hotel Terme, viale Stazione 21 ☎ 049 8911444, *info@grandhotelterme.it, Fax 049 8911444*, , , termale, , , , – TV P – 50. AE Ⓢ ⓞ ⓜ VISA JCB. rist
Pasto (solo per alloggiati) 38 – 13,50 – **116 cam** 83/123 – ½ P 92.
◆ Moderni confort in un grande albergo, di recente rinnovato, con giardino e piscine termali, scoperte e coperte; eleganti spazi comuni e ristorante panoramico al 7° piano.

Continental, via Neroniana 8 ☎ 049 793522, *hotelcontinental@tin.it, Fax 049 8910683*, , , termale, , , – TV P – 80. AE Ⓢ ⓜ VISA JCB. rist
chiuso dal 7 gennaio al 15 febbraio – **Pasto** 23 – **110 cam** 58/98, 65 suites 116,60 – ½ P 70.
◆ Parco con piscine termali e confortevoli interni classici, con qualche pezzo antico, in un albergo completo per le cure, per il relax e per lo sport; eleganti le suite.

Apollo, via S.Pio X 4 049 8911677, *apollo@termeapollo.it, Fax 049 8910287*, Centro benessere, , , termale, , , – , rist, . .
chiuso dal 14 dicembre al 1º marzo – **Pasto** (solo per alloggiati) – **193 cam** 59/103 – ½ P 74.
◆ La tranquillità, fondamentale in un soggiorno termale, è assicurata in questa signorile risorsa dotata di parco con piscine termali; attrezzata la zona cure e benessere.

Augustus Terme, viale Stazione 150 049 793200, *info@hotelaugustus.com, Fax 049 793518*, centro benessere, , termale, , , , – – 100. . rist
Pasto 28/55 – 8 – **112 cam** 59/91, 9 suites – ½ P 80.
◆ Trascorrerete piacevoli momenti di relax sulla terrazza panoramica con piscina termale di un'imponente struttura nata negli anni '70; moderni confort in ogni settore. Originali lampadari «a cascata» pendono dal soffitto della sala ristorante.

Terme Sollievo, viale Stazione 113 049 793600, *info@hotelsollievoterme.com, Fax 049 8910910*, , termale, , , – , rist, . . rist
chiuso dal 22 novembre al 22 dicembre – **Pasto** (solo per alloggiati) 25 – **108 cam** 72/134 – ½ P 78.
◆ Risorsa centrale che da oltre 40 anni offre ai clienti una signorile ospitalità e servizi ben organizzati; il relax è garantito nel parco con piscina termale e tennis.orativo della sala da pranzo.

Terme Petrarca, piazza Roma 23 049 8911744, *petrarca@hotelpetrarca.it, Fax 049 8911698*, , , termale, , , , – , rist, – 300. . rist
Pasto carta 28/39 – 8 – **126 cam** 55/90, 16 suites – ½ P 70.
◆ Agli ampi spazi esterni, con piscina olimpionica, all'attrezzato reparto per le cure e al rinnovato settore notte l'hotel unisce anche un organizzato centro congressi. Al ristorante c'è anche un pianoforte per serate particolari.

Terme Neroniane, via Neroniana 21/23 049 8911666, *terme.neroniane@tin.it, Fax 049 8911715*, , , termale, , , – . rist
chiuso dall'8 gennaio al 6 marzo – **Pasto** 25 – **91 cam** 70/132 – ½ P 76.
◆ Tradizione di accoglienza per questa risorsa in un grande parco ombreggiato con reperti romani e belle piscine; confortevoli zone comuni e attrezzato reparto cure. Signorile sala da pranzo.

Antoniano, via Fasolo 12 049 794177, *antoniano@termeantoniano.it, Fax 049 794257*, , , termale, , , , – . rist
chiuso dal 3 novembre al 20 dicembre – **Pasto** (solo per alloggiati) 25 – **170 cam** 58/100 – ½ P 68.
◆ Fuori del centro, una struttura dotata di ampi spazi comuni, sia interni, sia esterni, con buone attrezzature sportive; efficiente settore cure e camere rinnovate.

Terme Olympia, viale Stazione 25 049 793499, *olympia@iol.it, Fax 049 8911100*, , , termale, , , – .
chiuso dal 6 gennaio al 3 marzo e dal 25 novembre al 22 dicembre – **Pasto** (solo per alloggiati) – **108 cam** 120 – ½ P 68.
◆ Giovane conduzione al femminile e ospitalità familiare in un albergo ben accessoriato, con ampi spazi comuni, un completo reparto di cure e una scenografica piscina.

Terme Preistoriche, via Castello 5 049 793477, *termepreistoriche@termepreistoriche.it, Fax 049 793647*, , , termale, , , – – 50. . rist
7 marzo-12 dicembre – **Pasto** (solo per alloggiati) 22/27 – **47 cam** 59/98 – ½ P 72.
◆ Nato all'inizio del '900, un hotel che anche negli interni conserva ancora il fascino e l'atmosfera delle sue origini; rilassante parco-giardino con piscina termale.

Terme Cristallo, via Roma 69 049 8911788, *info@hotelcristallo.it, Fax 049 8910291*, , termale, , , , – , rist, . . rist
marzo-novembre – **Pasto** (solo per alloggiati) carta 23/34 – 6,50 – **122 cam** 53,50/87 – ½ P 60.
◆ Per un piacevole soggiorno termale in un ambiente signorile, ma informale, comodo albergo centrale, dotato di tutti i confort; accoglienti gli interni comuni.

Eliseo, viale Stazione 12/a 049 793425, *eliseo@eliseo.it, Fax 049 795332*, , , termale, , , – , rist, . . rist
chiuso dal 7 gennaio a febbraio e dal 28 novembre al 26 dicembre – **Pasto** 18 – **85 cam** 47/80 – ½ P 55.
◆ Conduzione familiare diretta (la stessa da 45 anni) in un hotel di discreto confort, sul viale principale. Bella piscina esterna comunicante con quella interna.

Da Mario, viale delle Terme 4 049 794090, *Fax 049 8911329*, – .
chiuso dal 1º al 15 febbraio, dal 1º al 16 luglio, martedì e mercoledì a mezzogiorno – **Pasto** carta 31/37.
◆ All'entrata della località, una sala con ampie vetrate che danno sui giardini pubblici e un dehors estivo per una linea gastronomica tradizionale, di terra e di mare.

Da Cencio, via Fermi 11 (Ovest : 1,5 km) ☎ 049 793470, *Fax 049 793039*, – AE ⓢ ⓪ ⓜ VISA JCB
chiuso dal 25 gennaio al 10 febbraio, dal 21 agosto al 4 settembre e lunedì – **Pasto** carta 30/38.
◆ Affezionata clientela di habitué per questo ristorante di impostazione classica, fuori del centro, che propone cucina del territorio e qualche piatto di pesce.

MONTE INGINO *Perugia – Vedere Gubbio.*

MONTE ISOLA *Brescia* 561 E 12 *G. Italia – 1 797 ab. alt. 190 – ✉ 25050 Peschiera Maraglio – a.s. Pasqua e luglio-15 settembre.*
Vedere ✻★★ *dal santuario della Madonna della CeriolaDa Sulzano 10 mn di barca; da Sulzano : Roma 586 – Brescia 28 – Bergamo 44 – Milano 88.*

Trattoria del Sole, a Sensole ☎ 030 9886101, *Fax 030 9886101*, ←, , – AE ⓢ ⓪ ⓜ VISA.
chiuso dal 1° al 20 dicembre e mercoledì (escluso luglio-agosto) – **Pasto** carta 28/37.
◆ In un ampio giardino, con area per picnic, rustica trattoria a carattere familiare, il cui punto di forza è il servizio estivo in terrazza sul lago; specialità lacustri.

I prezzi del pernottamento e della pensione possono subire aumenti in relazione all'andamento generale del costo della vita ; quando prenotate chiedete la conferma del prezzo.

MONTELEONE *Pavia* 561 G 10 – *Vedere Inverno-Monteleone.*

MONTELPARO *63020 Ascoli Piceno* 563 M 22 – *974 ab. alt. 585.*
Roma 285 – Ascoli Piceno 46 – Ancona 108.

La Ginestra , contrada Coste Est : 3 km ☎ 0734 780449, *info@laginestra.it, Fax 0734 780706*, ← valli e colline, , , – P. AE ⓢ ⓪ ⓜ VISA
Pasto *(15 marzo-5 novembre)* carta 21/29 – ☕ 6,50 – **13 cam** 70/80, 13 suites 180 – ½ P 62.
◆ Nella tranquilla campagna marchigiana, bel recupero di un caratteristico complesso rurale, con piscina, tennis, maneggio e minigolf: per una vacanza tra sport e natura. Soffitto con travi a vista nella simpatica sala ristorante.

MONTELUPO FIORENTINO *50056 Firenze* 563 K 15 *G. Toscana – 11 189 ab. alt. 40.*
⛳9 *(chiuso lunedì)* ☎ *0571 541004, Fax 0571 911948.*
Roma 295 – Firenze 22 – Livorno 66 – Siena 75.

Baccio da Montelupo senza rist, via Roma 3 ☎ 0571 51215, *info@hotelbaccio.it, Fax 0571 51171* – P. AE ⓢ ⓪ ⓜ VISA JCB.
chiuso agosto – **22 cam** ☕ 78/109.
◆ Realizzato negli anni '80, un albergo centrale, dotato di parcheggio, comoda risorsa per clientela d'affari; ambiente familiare e settore notte pulito e funzionale.

MONTEMAGNO *14030 Asti* 561 G 6 – *1 211 ab. alt. 259.*
Roma 617 – Alessandria 47 – Asti 18 – Milano 102 – Torino 72 – Vercelli 50.

La Braja, via San Giovanni Bosco 11 ☎ 0141 653925, *braia@tin.it, Fax 0141 63605*, Coperti limitati; prenotare – P. AE ⓢ ⓪ ⓜ VISA.
chiuso dal 7 al 27 gennaio, dal 26 luglio al 20 agosto, lunedì e martedì – **Pasto** carta 37/47.
◆ Un invitante ingresso con divanetti e camino e varie sale curate con quadri alle pareti in un locale elegante, che in cucina segue le stagioni nella tradizione locale.

MONTEMAGNO *Lucca* 563 K 12 – *Vedere Camaiore.*

MONTEMARANO *83040 Avellino* 564 E 26 – *3 160 ab. alt. 820.*
Roma 272 – Avellino 26 – Foggia 119 – Napoli 84 – Salerno 57.

MONTEMARCELLO *La Spezia* 563 J 11 – *Vedere Ameglia.*

MONTEMARCIANO *Arezzo – Vedere Terranuova Bracciolini.*

MONTEMARZINO *15050 Alessandria* 561 H 8 – *337 ab. alt. 448.*
Roma 585 – Alessandria 41 – Genova 89 – Milano 89 – Piacenza 85.

X **Da Giuseppe,** via 4 Novembre 7 ✆ 0131 878135, *info@ristorantedagiuseppe.it, Fax 0131 878914* – AE VISA.
chiuso gennaio, martedì sera e mercoledì – **Pasto** 42 bc e carta 27/38.
◆ Gestione familiare e piacevole sala rustica con camino in un ristorante tra le colline, che propone i classici piemontesi nella formula del menù degustazione.

MONTEMELINO *Perugia* 563 M18 – *Vedere Magione.*

MONTEMERANO *58050 Grosseto* 563 O 16 – *alt. 303.*
Roma 189 – Grosseto 50 – Orvieto 79 – Viterbo 85.

Relais Villa Acquaviva, strada Scansanese 10 Nord : 2 km ✆ 0564 602890, *info@relaisvillaacquaviva.com, Fax 0564 602895,* ≤ campagna e colli, prenotare, – TV P. VISA. rist
Pasto al Rist. ***La Limonaia*** *(chiuso lunedì e a mezzogiorno)* carta 36/43 – **22 cam** 78/155, 3 suites – ½ P 95.
◆ Tra vigneti e uliveti, gode di una splendida vista sui colli questa antica casa ristrutturata, con giardino ombreggiato e piscina; raffinata rusticità negli interni. Caratteristico ristorante che utilizza in abbondanza i prodotti naturali dell'azienda.

Agriturismo Le Fontanelle, località Poderi di Montemerano Sud : 3 km ✆ 0564 602762, *le.fontanelle@tiscali.it, Fax 0564 602762,* ≤, – TV P. VISA. rist
Pasto *(chiuso a mezzogiorno)* (solo per alloggiati) 20/25 – **13 cam** 49,20/82 – ½ P 61.
◆ Una tipica casa di campagna offre tranquillità, semplici, ma accoglienti interni rustici e, per completare il paesaggio bucolico, un laghetto con animali selvatici.

XXX ✿✿ **Da Caino** con cam, via della Chiesa 4 ✆ 0564 602817, *caino@dacaino.it, Fax 0564 602807,* Rist. con enoteca, Coperti limitati; prenotare – TV. AE VISA.
chiuso 24-26 dicembre, dal 7 gennaio al 5 febbraio e dal 1° al 22 luglio – **Pasto** *(chiuso mercoledì e giovedì a mezzogiorno)* carta 85/100 – **3 cam** 135/165.
◆ Vale la pena visitare questo borgo medievale anche per provare piacevoli emozioni in un locale elegante, dove una mano di donna coniuga tradizione maremmana e creatività.
Spec. Lumache con lardo di Colonnata e passata di cannellini (autunno-primavera). Ravioli di cinta senese in brodetto di gallina e castagne (autunno-inverno). Costoletta di agnello su cagliata di latte di pecora, melanzane e peperoncini farciti (estate).

XX **Trattoria Verdiana** con cam, località Ponticello di Montemerano ✆ 0564 602576, *trattoria.verdiana@virgilio.it, Fax 0564 602576,* , prenotare – cam, TV P. AE VISA
chiuso sette giorni in novembre e sette giorni in luglio – **Pasto** *(chiuso mercoledì)* carta 33/60 – **7 cam** 80/120.
◆ Locale che ricrea un ambiente rustico, con un grande camino, ma con arredi di qualità e dettagli di una certa eleganza. Cucina rivisitata e cantina di gran valore.

MONTENERO *Livorno* 563 L 13 – *Vedere Livorno.*

MONTE OLIVETO MAGGIORE *53020 Siena* 563 M 16 *G. Toscana – alt. 273.*
Vedere *Affreschi★★ nel chiostro grande dell'abbazia – Stalli★★ nella chiesa abbaziale.*
Roma 223 – Siena 37 – Firenze 104 – Perugia 121 – Viterbo 125.

X **La Torre,** ✆ 0577 707022, *Fax 0577 707066,* – AE VISA.
chiuso martedì – **Pasto** carta 20/40 (10 %).
◆ Ubicazione suggestiva per questa frequentata trattoria in una torre quattrocentesca nel complesso dell'Abbazia famosissima per i suoi affreschi; ampio dehors estivo.

MONTEPAONE LIDO *88060 Catanzaro* 564 K 31 – *4 406 ab..*
Roma 632 – Reggio di Calabria 158 – Catanzaro 33 – Crotone 85.

Il Pescatore, via del Pescatore 23 ✆ 0967 576303, *pescatore@hotelpescatore.it, Fax 0967 576304,* – TV – 70. VISA.
Pasto *(chiuso lunedì da ottobre a maggio)* carta 23/30 – 5 – **27 cam** 70/130 – ½ P 85.
◆ La stessa conduzione familiare da oltre 25 anni in una risorsa centrale, semplice, ma ben tenuta; lineare essenzialità nelle stanze. Pulmino per la spiaggia. Ambiente di tono rustico e informale nella sala da pranzo.

sulla strada per Petrizzi *Sud-Ovest : 2,5 km :*

XX **Il Cantuccio,** via G. di Vittorio 6 ✆ 0967 22087, , prenotare – . AE VISA
chiuso dal 15 ottobre al 15 novembre e mercoledì – **Pasto** specialità di mare 35/40.
◆ Frequentazione anche locale in un ristorante curato, ma di ambiente familiare, che utilizza un'ottima materia prima, cioè pesce, per una cucina elaborata con cura.

sulla strada statale 106 *Sud : 3 km :*

A' Lumera con cam, via Don Luigi Sturzo 7 ✉ 88060 ☎ 0967 576090, *Fax 0967 578161* – P. AE VISA.
Pasto *(chiuso a mezzogiorno, escluso domenica, da ottobre a maggio)* carta 25/44 – **21 cam** 60/120 – ½ P 67.
◆ Fuori dal centro, un'ampia sala, che dopo il recente rinnovo si presenta moderna e accogliente, e camere dignitose in una struttura adiacente; specialità calabresi.

MONTEPERTUSO *Salerno* 564 F 25 – *Vedere Positano.*

MONTE PORZIO CATONE *00040 Roma* 563 Q 20 – *8 195 ab. alt. 451.*

Pallavicina (chiuso martedì) località Casali della Pallavicina ✉ 00030 Colonna, ☎ 06 9545355, Fax 06 9545355, Nord : 7 km.
Roma 24 – Frascati 4 – Frosinone 64 – Latina 55.

Villa Vecchia, via Frascati 49 (Ovest : 3 km) ☎ 06 94340096, *info@villavecchia.it, Fax 06 9420568,* – P – 160. AE VISA JCB.
Pasto carta 39/45 – **88 cam** 130/178, 9 suites – ½ P 110.
◆ Adagiato sui colli, un convento del '500 ampliato e ristrutturato totalmente, quieta cornice ideale per congressi e convegni; camere nuovissime, dotate di ogni confort. Ristorante ricavato sotto volte cinquecentesche nelle ex cantine dell'edificio.

Da Franco, via Duca degli Abruzzi 19 ☎ 06 9449205, *Fax 06 9449234,* – VISA.
chiuso dal 15 al 31 luglio, giovedì e la sera dei giorni festivi – **Pasto** carta 21/32.
◆ Ristorante della tradizione, con ampi spazi, grandi vetrate e vista sulla valle; le specialità sono locali e seguono la stagionalità dei prodotti; dehors estivo.

MONTEPULCIANO *53045 Siena* 563 M 17 *G. Toscana – 13 904 ab. alt. 605.*

Vedere *Città Antica★ – Piazza Grande★★ : ★★★ dalla torre del palazzo Comunale★, palazzo Nobili-Tarugi★, pozzo★ – Chiesa della Madonna di San Biagio★★ Sud-Est : 1 km.*
Roma 176 – Siena 65 – Arezzo 60 – Firenze 119 – Perugia 74.

San Biagio, via San Bartolomeo 2 ☎ 0578 717233, *info@albergosanbiagio.it, Fax 0578 716524,* – P. VISA. rist
Pasto *(marzo-novembre; chiuso a mezzogiorno)* (solo per alloggiati) 24 – **27 cam** 93/113 – ½ P 80.
◆ Una confortevole struttura di recente realizzazione e di concezione moderna, arredata con gusto sia negli spazi comuni che nelle camere; giardino e bella piscina coperta.

Il Marzocco senza rist, piazza Savonarola 18 ☎ 0578 757262, *albergomarzocco@cretedisiena.com, Fax 0578 757530* – AE VISA
chiuso dal 15 gennaio al 15 febbraio – **16 cam** 75/90.
◆ Il fascino di un'antica casa dentro le mura per un albergo di lunga tradizione, con interni di ambientazione piacevolmente retrò; chiedete le stanze con terrazzo.

Villa Poggiano senza rist, via di Poggiano 7 (Ovest : 2 km) ☎ 0578 758292, *info@villapoggiano.com, Fax 0578 715635,* – P. AE VISA.
marzo-novembre – **3 cam** 180/200, 6 suites 230/285.
◆ Un vasto parco, con pochi eguali in zona, accoglie gli ospiti tra silenzio e profumi. Nel mezzo una villa del '700 che ha mantenuto intatta l'atmosfera della dimora storica.

La Grotta, località San Biagio 16 (Ovest : 1 km) ☎ 0578 757479, *ristorante.lagrotta.@tiscali.it, Fax 0578 757607,* – AE VISA.
chiuso gennaio, febbraio e mercoledì – **Pasto** 42/45 e carta 38/52.
◆ Proprio di fronte alla chiesa di S.Biagio, è un luogo suggestivo questo locale in un edificio cinquecentesco, con bel servizio estivo in giardino; cucina tipica toscana.

Borgo Buio, via Borgo Buio 10 ☎ 0578 717497, *borgobuio@bccmp.com, Fax 0578 756784,* Enoteca con cucina – AE VISA JCB.
chiuso gennaio, novembre e giovedì – **Pasto** carta 28/46.
◆ In un edificio del XIII sec., caratteristica enoteca, con cucina, che propone piatti della tradizione locale; curiosa la grande cisterna che fungeva da ghiacciaia.

MONTERIGGIONI *53035 Siena* 563 L 15 *G. Toscana – 7 792 ab. alt. 274.*

Roma 245 – Siena 15 – Firenze 55 – Livorno 103 – Pisa 93.

Il Piccolo Castello, via Colligiana 8 (Ovest : 1 km strada prov. per Colle Val d'Elsa) ☎ 0577 307300, *info@ilpiccolocastello.com, Fax 0577 306126,* – P – 150. AE VISA JCB. rist
Pasto carta 33/50 (10 %) – **50 cam** 130/180 – ½ P 126.
◆ Nuova risorsa attenta sì alla clientela turistica, ma anche a chi viaggia per lavoro. Ampia gamma di servizi e dotazioni e servizio attento e professionale. Cemere curate.

Monteriggioni senza rist, via 1° Maggio 4 ☎ 0577 305009, *info@hotelmonteriggioni.net, Fax 0577 305011*, – AE VISA JCB.
chiuso dal 7 gennaio al 28 febbraio – **12 cam** 110/220.
◆ Nel cuore della città dalle 14 torri, intelligente recupero di antiche case per un piccolo hotel dai raffinati interni tipicamente toscani; giardino oliveto con piscina.

Il Pozzo, piazza Roma 20 ☎ 0577 304127, *ilpozzo@ilpozzo.net, Fax 0577 304701*, – AE VISA
chiuso dal 7 gennaio al 7 febbraio, dal 30 luglio al 5 agosto e lunedì – **Pasto** carta 28/38 (10 %).
◆ Nella bellissima piazza del borgo, salette di tono rustico-elegante, dehors estivo e servizio curato in un locale la cui linea gastronomica segue le tradizioni locali.

a Abbadia Isola *Sud-Ovest : 4 km – ✉ 53035 Monteriggioni :*

Ristorante La Leggenda Dei Frati, piazza Garfonda 7 ☎ 0577 301222, *laleggendadeifrati@libero.it, Fax 0577 301222*, Coperti limitati; prenotare – AE VISA
chiuso dal 3 novembre al 4 dicembre e lunedì – **Pasto** carta 38/52.
◆ Nella suggestiva cornice di un antico complesso abbaziale, ristorantino elegante dai toni caldi e raffinati, dove la cucina è di matrice toscana, ma di tocco creativo.

a Strove *Sud-Ovest : 4 km – ✉ 53035 Monteriggioni :*

Casalta, via Matteotti ☎ 0577 301002, *casalta@chiantiturismo.it, Fax 0577 301002* – VISA
15 marzo-ottobre – **Pasto** vedere rist ***Casalta*** – 8 – **10 cam** 65/98.
◆ In un borgo antico con case fortezza addossate le une alle altre, una struttura semplice e familiare; sala di soggiorno con camino e arredi rustici nelle stanze.

Agriturismo Castel Pietraio senza rist, loc. Castelpietraio strada di Strove 33 (Sud Ovest : 4 km) ☎ 0577 300020, *castelpietraio@tin.it, Fax 0577 300977*, – VISA.
chiuso dal 20 al 25 gennaio – **8 cam** 145/185.
◆ Dalla ristrutturazione di un insediamento di origine medioevale, con tanto di castello e cappella, è nata questa risorsa, con camere sobrie e luminose e ottimi bagni.

Casalta, via Matteotti ☎ 0577 301171, *rist-casalta@libero.it, Fax 0577 301171*, prenotare – VISA
chiuso dal 10 gennaio al 10 febbraio e mercoledì – **Pasto** carta 39/54.
◆ Un signorile ristorante classico di ambientazione rustica con tocchi di ricercatezza per gustare curati piatti del territorio; gradevole servizio estivo nel cortile.

a Lornano *Est : 8 km – ✉ 53035 Monteriggioni :*

La Bottega di Lornano, località Lornano 10 ☎ 0577 309146, *info@bottegadilornano.it, Fax 0577 309146*, – AE VISA JCB.
chiuso dal 12 novembre al 2 dicembre, dall'8 al 15 luglio, domenica sera e lunedì (escluso da giugno a settembre) – **Pasto** carta 26/42 (10 %).
◆ Del suo passato di negozio di alimentari ha conservato l'atmosfera familiare e alcuni vecchi mobili caratteristici; accoglienti salette, dehors estivo e piatti locali.

MONTEROSSO AL MARE *19016 La Spezia* 561 J 10 *G. Italia – 1 604 ab..*

c/o Stazione FS ☎ 0187 817059, Fax 0187 817151.
Roma 450 – La Spezia 30 – Genova 93 – Milano 230.

Porto Roca, via Corone 1 ☎ 0187 817502, *portoroca@portoroca.it, Fax 0187 817692*, ≤ mare e costa, – AE VISA JCB. rist
marzo-ottobre – **Pasto** carta 31/45 – **43 cam** 250/275 – ½ P 155.
◆ Davvero unica e paradisiaca la posizione di questa struttura abbarbicata alla scogliera a strapiombo sul mare; suggestiva atmosfera un po' démodé negli interni in stile. Vista spettacolare del mare e della costa anche dalla sala ristorante.

Cinque Terre senza rist, via IV Novembre 21 ☎ 0187 817543, *info@hotel5terre.com, Fax 0187 818380*, – AE VISA
aprile-ottobre – **54 cam** 120/150.
◆ Dedicato alla 5 «perle» liguri, un albergo che, al discreto confort nei vari settori, unisce la comodità di un parcheggio e la piacevolezza di un giardino ombreggiato.

La Colonnina senza rist, via Zuecca 6 ☎ 0187 817439, *info@lacolonninacinqueterre.it, Fax 0187 817788*, – .
Pasqua-ottobre – 10 – **19 cam** 85/95.
◆ Nei tranquilli «carruggi» pedonali, hotel familiare, con piccolo giardino ombreggiato e camere rinnovate. Ottima base per andare alla scoperta di queste magiche terre.

Ca' du Gigante senza rist, via IV Novembre 11 ☎ 0187 817401, *ilgigante@ilgigantecinqueterre.it, Fax 0187 817375* – AE VISA.
6 cam 130/150.
◆ Complesso residenziale di taglio moderno, con interni nuovi dove l'utilizzo di materiali locali aiuta a creare una certa atmosfera; per non rinunciare a confort ed eleganza.

Locanda il Maestrale senza rist, via Roma 37 ✆ 0187 817013, *maestrale@monterosso net.com, Fax 0187 817084* – TV. AE MC VISA.
6 cam 70/139.
◆ In un palazzo del 1800, un rifugio raffinato e romantico: soffitti affrescati nella sala comune e nelle due suite, belle camere in stile, terrazza per colazioni all'aperto.

Miki, via Fegina 104 ✆ 0187 817608, *miki@ristorantemiki.it, Fax 0187 817608*, Rist. e pizzeria – . AE MC VISA JCB
marzo-novembre; chiuso martedì escluso agosto – **Pasto** carta 33/49.
◆ Per chi vuole gustare del pesce fresco o per chi non sa rinunciare alla pizza, confortevole ristorante moderno, ubicato fronte mare, con servizio estivo all'aperto.

MONTEROSSO GRANA *12020 Cuneo* 561 I 3 – *573 ab. alt. 720 – a.s. agosto.*

Roma 664 – Cuneo 25 – Milano 235 – Colle di Tenda 45 – Torino 92.

A la Posta, via Mistral 41 ✆ 0171 98720, *Fax 0171 98720*, – TV P. AE MC VISA JCB
chiuso febbraio – **Pasto** carta 15/25 – **50 cam** 35/60.
◆ Nel centro di questa tranquilla località di mezza montagna, conduzione familiare in un albergo pulito e ben tenuto, che dispone di un piacevole giardino ombreggiato. Impostazione classica per il capiente ristorante.

MONTEROTONDO *00015 Roma* 563 P 19 – *34 354 ab. alt. 165.*

Roma 27 – Rieti 55 – Terni 84 – Tivoli 32.

Dei Leoni, via Vincenzo Federici 23 ✆ 06 90623591, *info@albergodeileoni.it, Fax 06 90623599*, – rist, TV. AE MC VISA JCB
Pasto carta 18/28 – **35 cam** 60/80 – 1/2 P 48.
◆ Nel centro della località, una risorsa ad andamento familiare, semplice, ma ben tenuta, che offre camere nuove e funzionali, con arredi recenti. Il ristorante dispone di un piacevole servizio estivo all'aperto, specialità carne alla brace.

MONTE SAN PIETRO (PETERSBERG) *Bolzano – Vedere Nova Ponente.*

MONTE SAN SAVINO *52048 Arezzo* 563 M 17 *G. Toscana – 8 133 ab. alt. 330.*

Roma 191 – Siena 41 – Arezzo 21 – Firenze 83 – Perugia 74.

La Terrasse, via di Vittorio 2/4 ✆ 0575 844111, *laterrasse@tin.it, Fax 0575 844111* – . AE MC VISA JCB
chiuso dal 5 al 15 novembre e mercoledì – **Pasto** carta 19/36.
◆ Questo gradevole e curato ristorante, sul limitare del centro storico, dispone anche di una zona american bar e di una veranda estiva; cucina toscana e buona lista di vini.

a Gargonza *Ovest : 7 km – alt. 543 – ✉ 52048 Monte San Savino :*

Castello di Gargonza , ✆ 0575 847021, *gargonza@gargonza.it, Fax 0575 847054*, ←, – P – 120. AE MC VISA.
chiuso dall'8 gennaio al 14 febbraio e dal 3 novembre al 1° dicembre – **Pasto** vedere rist ***La Torre di Gargonza*** – **21 cam** 150/171 – 1/2 P 115.
◆ Borgo medievale fortificato, con un unico ingresso che introduce ad un ambiente dall'atmosfera davvero fuori dal comune. Un soggiorno nella storia, con confort attuali.

La Torre di Gargonza, ✆ 0575 847065, *gargonza@gargonza.it, Fax 0575 847054*, ←, – P. AE MC VISA.
chiuso dal 7 al 31 gennaio, novembre e martedì – **Pasto** carta 29/41.
◆ Tipicamente toscano sia nell'ambientazione, con pietre e travi a vista, sia nella cucina questo locale vicino all'omonimo Castello; d'estate si mangia in veranda.

MONTE SANT'ANGELO *71037 Foggia* 564 B 29 *G. Italia – 14 184 ab. alt. 843 – a.s. luglio-13 settembre.*

Vedere *Posizione pittoresca★★ – Santuario di San Michele★ – Tomba di Rotari★.*
Escursioni *Promontorio del Gargano★★★ Est e Nord-Est.*
Roma 427 – Foggia 59 – Bari 135 – Manfredonia 16 – Pescara 203 – San Severo 57.

Palace Hotel San Michele, via Madonna degli Angeli ✆ 0884 565653, *palacesanmichel e@gargano.it, Fax 0884 565737*, ←, riscaldata, – TV P – 250. AE MC VISA.
Pasto *(Pasqua-dicembre)* carta 30/45 – **55 cam** 105/132, 2 suites.
◆ Sulla sommità del paese, da dove pare di dominare il Gargano fino al mare, un hotel completamente nuovo in cui è stato fatto largo uso di marmi e materiali pregiati. Ristorazione disponibile in vari ambienti, interni e all'aperto, ugualmente curati.

Da Costanza, corso Garibaldi 67 ☎ 0884 561313, *Fax 0884 561313* – AE VISA JCB.
chiuso venerdì da ottobre a marzo – **Pasto** carta 19/24 bc.
◆ Nella via centrale, all'interno di vecchie cantine, una trattoria tipica, con una pluriennale gestione familiare, per gustare casalinghe specialità pugliesi.

Medioevo, via Castello 21 ☎ 0884 565356, *info@ristorantemedioevo.it, Fax 0884 565356* – AE VISA JCB.
chiuso lunedì escluso da luglio a settembre – **Pasto** carta 16/34.
◆ Ristorante del centro storico che si raggiunge solo a piedi; accoglienza attenta, servizio curato e cucina della tradizione locale oculata nella scelta dei prodotti.

Taverna de li Jalantuùmene, piazza de Galganis 5 ☎ 0884 565484, *Fax 0884 565484,* – AE VISA JCB.
chiuso dall'8 al 28 gennaio e martedì da ottobre a marzo – **Pasto** carta 28/39.
◆ Fedeltà alla cultura gastronomica del proprio territorio, ma con spirito di ricerca in un rustico ristorante in una caratteristica piazza; piacevole dehors estivo.

MONTESARCHIO *82016 Benevento* 564 D 25 – *13 351 ab. alt. 300.*

Roma 223 – Napoli 53 – Avellino 54 – Benevento 18 – Caserta 30.

Cristina Park Hotel, via Benevento 102 Est : 1 km ☎ 0824 835888, *info@cristinaparkhotel.it, Fax 0824 835888,* – TV P – 300. AE VISA.
Pasto *(chiuso dal 24 dicembre al 6 gennaio, venerdì e domenica sera)* carta 27/38 – **16 cam** 70/93, suite – ½ P 62.
◆ A breve distanza da Benevento, una struttura con giardino, rinnovata in anni recenti, che offre curati interni in stile classico, con boiserie, marmi e mobili d'epoca. Un'eleganza neoclassica accomuna tutte le belle sale del ristorante.

MONTESCANO *27040 Pavia* 561 G 9 – *399 ab. alt. 208.*

Roma 597 – Piacenza 42 – Alessandria 69 – Genova 142 – Pavia 27.

Al Pino, via Pianazza ☎ 0385 60479, *info@ristorantealpino.it, Fax 0385 60479,* ← colline, Coperti limitati; prenotare – P. AE VISA
chiuso dal 1° al 10 gennaio, dal 15 al 30 luglio, lunedì e martedì – **Pasto** carta 38/52.
◆ In zona collinare troverete un elegante salotto da casa privata, dove da 20 anni lo chef titolare elabora una cucina creativa con forti radici nel territorio. Risotti celebri!

MONTESCUDAIO *56040 Pisa* 563 M 13 – *1 490 ab. alt. 242.*

via della Madonna 2 ☎ 0586 651942.
Roma 281 – Pisa 59 – Cecina 10 – Grosseto 108 – Livorno 45 – Piombino 59 – Siena 80.

Perbacco, via Vittorio Veneto 30 ☎ 0586 650324, *ristper@tin.it, Fax 0586 683451* – VISA JCB
chiuso lunedì e a mezzogiorno (escluso domenica) – **Pasto** carta 30/40.
◆ Gestione familiare, due fratelli sommelier e la madre in cucina, in un luminoso ristorante di ambiente moderno; ampia scelta di vini e piatti toscani in parte rivisitati.

Il Frantoio, via della Madonna 9 ☎ 0586 650381, *Fax 0586 655358* – AE VISA.
chiuso dal 20 gennaio al 10 febbraio, e martedì – **Pasto** carta 22/34.
◆ Accoglienza calorosa in un simpatico locale con volte in pietra; marito e moglie, lei in sala e lui ai fornelli, propongono cucina del territorio, anche di pesce.

MONTESILVANO MARINA *65016 Pescara* 563 O 24 – *41 013 ab. – a.s. luglio-agosto.*

via Romagna 6 ☎ 085 4458859, iat.montesilvano@abruzzoturismo.it, Fax 085 4455347.
Roma 215 – Pescara 13 – L'Aquila 112 – Chieti 26 – Teramo 50.

Promenade, viale Aldo Moro 63 ☎ 085 4452221, *info@hotelpromenadeonline.com, Fax 085 834800,* ←, – TV P – 180. AE VISA.
Pasto carta 24/42 – **84 cam** 86/130 – ½ P 88,50.
◆ Ubicato direttamente sulla spiaggia, privata e attrezzata, hotel rinnovato negli ultimi anni, con eleganti arredi classici sia negli spazi comuni che nelle belle camere. La luminosità e la vista del mare caratterizzano la sala ristorante.

Ariminum, via Carlo Maresca 3 ☎ 085 4452213, *ariminum@ariminum.com, Fax 085 4452213* – TV P. AE VISA JCB.
Pasto 10/18 – **27 cam** 46/70 – ½ P 65.
◆ A pochi passi dal mare, una risorsa di recente ristrutturata, semplice ma accogliente, a carattere familiare; colazione in veranda e biciclette a disposizione.

Per i vostri viaggi d'affari o di turismo,
La Guida MICHELIN : EUROPA.

MONTESPERTOLI 50025 Firenze 563 L 15 – *11 353 ab. alt. 257.*

Roma 287 – Firenze 34 – Siena 60 – Livorno 79.

L'Artevino, via Sonnino 28 ☎ 0571 608488, *Fax 0571 658356*, Coperti limitati; prenotare – AE VISA.
chiuso gennaio, mercoledì e giovedì a mezzogiorno – **Pasto** carta 26/46.
◆ Due coniugi, lei in cucina e lui in sala, gestiscono questo piacevole localino centrale: curato ambiente raccolto, piatti del territorio con rivisitazioni personali.

a Montagnana *Nord-Est : 7 km – ✉ 50025 Montespertoli :*

Il Focolare, via Volterrana Nord 175 ☎ 0571 671132, *Fax 0571 675041*, – AE VISA
chiuso agosto, lunedì sera e martedì – **Pasto** carta 38/49.
◆ Una trattoria nata nel 1936 e da allora gestita dalla medesima famiglia. Due salette rustiche, piacevole servizio estivo in giardino e cucina della tradizione toscana.

MONTESPLUGA 23020 Sondrio 561 C 9, 218 ⑬ ⑭ – *alt. 1 908.*

Roma 711 – Sondrio 89 – Milano 150 – Passo dello Spluga 3.

Posta con cam, via Dogana 8 ☎ 0343 54234, *salafaustoenoteca@tiscalinet.it*, *Fax 0343 54234*, prenotare – AE VISA.
chiuso gennaio e febbraio – **Pasto** carta 26/40 – 6 – **10 cam** 50/70 – ½ P 59.
◆ In un paesino sulle rive dell'omonimo lago, quasi al confine svizzero, un'accogliente sala in stile montano con molto legno, camere personalizzate e cucina locale.

Michelin non distribuisce targhe agli alberghi e ristoranti che segnala.

MONTEU ROERO 12040 Cuneo 561 H 5 – *1 598 ab. alt. 360.*

Roma 625 – Torino 53 – Asti 33 – Cuneo 65 – Milano 157.

Cantina dei Cacciatori, località Villa Superiore 59 (Nord-Ovest : 2 km) ☎ 0173 90815, *Fax 0173 90815* – AE VISA.
chiuso lunedì e martedì a mezzogiorno – **Pasto** carta 22/34.
◆ Bel recupero di una vecchia trattoria ubicata fuori del paese: cucina piemontese in un ambiente caldo, con tipiche volte in mattoni e sobri mobili di legno massiccio.

MONTEVARCHI 52025 Arezzo 563 L 16 *G. Toscana – 22 182 ab. alt. 144.*

Roma 233 – Firenze 49 – Siena 50 – Arezzo 39.

Valdarno senza rist, via Traquandi 13/15 ☎ 055 9103489, *hotel.valdarno@val.it*, *Fax 055 9103499* – – 120. AE VISA.
59 cam 80/98.
◆ Struttura recente che coniuga la modernità dei confort e delle infrastrutture con la sobria ed elegante classicità delle scelte d'arredo; belle camere ben insonorizzate.

MONTEVECCHIA 23874 Lecco – *2 477 ab. alt. 479.*

Roma 602 – Como 34 – Bergamo 44 – Lecco 24 – Milano 27.

Passone, via del Pertevano 10 (Est : 1 km) ☎ 039 9930075, *info@ristorantepassone.it*, *Fax 039 9930181*, , prenotare, – AE VISA.
chiuso dal 2 al 5 gennaio, dal 16 al 20 agosto e mercoledì – **Pasto** carta 36/54.
◆ Il fascino di antiche atmosfere e di un'elegante rusticità, tra soffitti in legno, pietra a vista e vetrate policrome, in un caldo locale un tempo ritrovo di guardacaccia.

MONTEVIORE *Nuoro – Vedere Sardegna (Dorgali) alla fine dell'elenco alfabetico.*

MONTICCHIELLO *Siena* 563 M 17 – *Vedere Pienza.*

MONTICELLI D'ONGINA 29010 Piacenza 562 G 11 – *5 282 ab. alt. 40.*

Roma 530 – Parma 57 – Piacenza 23 – Brescia 63 – Cremona 11 – Genova 171 – Milano 77.

a San Pietro in Corte *Sud : 3 km – ✉ 29010 Monticelli d'Ongina :*

Le Giare, via San Pietro in Corte Secca 6 ☎ 0523 820200, Coperti limitati; prenotare – AE VISA JCB.
chiuso dal 1° al 10 gennaio, dal 1° al 21 agosto, domenica sera e lunedì – **Pasto** carta 27/54.
◆ In una casa colonica, sulle ceneri di una vecchia osteria è nata questa trattoria familiare, semplice nello stile e tradizionale nella proposta, di terra e di mare.

MONTICELLI TERME *43023 Parma* 562 H 13 – *alt. 99 – Stazione termale (marzo-15 dicembre), a.s. 10 agosto-25 ottobre.*

via Marconi 16 bis ☎ *0521 657519, turismo@comune.montechiarugolo.it, Fax 0521 659463.*

Roma 452 – Parma 13 – Bologna 92 – Milano 134 – Reggio nell'Emilia 25.

Delle Rose, via Montepelato 4 ☎ 0521 657425, *info@rosehotel.it, Fax 0521 658245,* , , coperta, con acqua termale, – , rist, – 100. AE VISA JCB.
chiuso dal 6 al 27 gennaio – **Pasto** carta 26/37 – **78 cam** 97/142 – 1/2 P 75.
♦ In un parco-pineta, una struttura con piacevoli spazi comuni e una piscina termale coperta. Per chi è in cura alle terme, ma anche per clientela d'affari e di passaggio. Ampie sale da pranzo di tono moderno, ma di diversa ambientazione.

MONTICHIARI *25018 Brescia* 561 F 13 – *18 649 ab. alt. 104.*

Roma 490 – Brescia 20 – Cremona 56 – Mantova 40 – Verona 52.

Elefante, via Trieste 41 ☎ 030 9962550, *info@albergoelefante.it, Fax 030 9981015* – – 60. AE VISA JCB
Pasto *(chiuso dal 26 dicembre al 10 gennaio, dal 3 al 25 agosto, lunedì e s abato a mezzogiorno)* carta 23/38 – **20 cam** 78/100 – 1/2 P 55.
♦ Gestita con passione, una piccola e accogliente risorsa sorta dalla ristrutturazione di uno storico albergo locale; ordine, efficienza e confort in ogni settore. Sala ristorante accogliente e confortevole.

Garda senza rist, via Brescia 128 ☎ 030 9651571, *info@infogardahotel.it, Fax 030 9960334,* , – – 300. AE VISA.
82 cam 85/125.
♦ Sale riunioni, camere spaziose, servizio efficiente e un'ottima ubicazione di fronte alla fiera e vicino all'aeroporto, insomma un hotel ideale per chi viaggia per lavoro.

Le piante di città sono orientate con il Nord verso l'alto.

MONTICIANO *53015 Siena* 563 M 15 – *1 485 ab. alt. 381.*

Dintorni *Abbazia di San Galgano★★ Nord-Ovest : 7 km.*

Roma 186 – Siena 37 – Grosseto 60.

Da Vestro con cam, via Senese 4 ☎ 0577 756618, *info@davestro.it, Fax 0577 756466,* , , – . AE VISA. rist
chiuso 15 giorni in febbraio – **Pasto** *(chiuso lunedì)* carta 20/33 – 6,50 – **14 cam** 50/60 – 1/2 P 62.
♦ Tipico rustico in pietra della campagna toscana, circondato da un ampio giardino ombreggiato; tipici locali anche i piatti, nella calda sala interna o nella terrazza.

a Iesa *Sud -Est : 13,5 km* – ✉ *53015 Monticiano :*

L'Aia di Gino, via dell'Arco 8 ☎ 0577 758047, *Fax 0577 758800,* – . AE VISA
chiuso febbraio, martedì e da aprile al 15 settembre anche a mezzogiorno – **Pasto** carta 22/27.
♦ In un minuscolo borgo medioevale fuori del tempo, un piacevole ristorantino, che offre servizio estivo in terrazza panoramica e cucina del territorio rivisitata.

MONTICOLO (laghi) (MONTIGGLER SEE) *Bolzano* 218 ⑳ – *Vedere Appiano sulla Strada del Vino.*

MONTIERI *58026 Grosseto* 563 M 15 – *1 273 ab. alt. 750.*

Roma 269 – Siena 50 – Grosseto 51.

Rifugio Prategiano , località Prategiano 45 ☎ 0566 997700, *info@prategiano.com, Fax 0566 997891,* ≤, Turismo equestre, , – . VISA.
20 marzo-5 novembre – **Pasto** 16/20 – **24 cam** 89/122 – 1/2 P 78.
♦ Vi aspettano salutari passeggiate a piedi, in bicicletta o a cavallo soggiornando in questo accogliente hotel nel verde maremmano; per i più pigri, il relax in piscina. Semplice ambiente rustico e atmosfera conviviale nella sala da pranzo.

La Meridiana-Locanda in Maremma , strada provinciale 5 Le Galleraie Sud-Est : 2,5 km ☎ 0566 997018, *direzione@lameridiana.net, Fax 0566 997017,* ≤, , prenotare, , – – 30. VISA.
Pasto carta 22/36 – **13 cam** 105/160 – 1/2 P 100.
♦ Antico casolare ristrutturato, ora elegante casa di campagna, arredato con buon gusto in stile essenziale; camere con letto in ferro battuto e ampio scrittoio in travertino. Stile lineare anche nel ristorante, con divanetti che guardano la vallata.

MONTIGNOSO *54038 Massa-Carrara* 563 J 12 – *9 903 ab. alt. 132.*

Roma 386 – Pisa 39 – La Spezia 38 – Firenze 112 – Lucca 42 – Massa 5 – Milano 240.

XXXX **Il Bottaccio** con cam, via Bottaccio 1 ℘ 0585 340031, *info@bottaccio.it, Fax 0585 340103*, prenotare, – cam, TV P. AE VISA JCB
Pasto carta 39/72 – 15,50 – 8 suites 360/620 – ½ P 395.
◆ Una sala con piscina e dehors nel verde, suite esclusive, cucina creativa: il trionfo della raffinatezza toscana dietro le ruvide pietre di un frantoio ad acqua del '700.

a Cinquale *Sud-Ovest : 5 km – ✉ 54030 – a.s. Pasqua e luglio-agosto :*
via Grillotti ℘ 0585 808751

Villa Undulna, viale Marina angolo via Gramsci ℘ 0585 807788, *hotel@villaundulna.com, Fax 0585 807791*, centro benessere; con acqua termale e riscaldata, , , , – TV P – 90. AE VISA. rist
chiuso sino al 15 marzo – **Pasto** carta 36/52 – **20 cam** 350, 24 suites 410/770 – ½ P 210.
◆ Ampi spazi per il relax, attrezzature sportive e un centro benessere con cure termali caratterizzano l'offerta di questa elegante struttura, con camere grandi e curate. Impostazione classica nelle due sobrie e signorili sale ristorante.

Eden, via Gramsci 26 ℘ 0585 807676, *info@edenhotel.it, Fax 0585 807594*, , – TV P – 120. AE VISA JCB. rist
chiuso dal 15 dicembre al 15 gennaio – **Pasto** al Rist. ***Il Giardino dell'Eden*** carta 24/35 – **31 cam** 105/180 – ½ P 110.
◆ In un giardino ombreggiato da pini e a pochi passi dal mare, simpatica risorsa di taglio moderno, ideale anche per famiglie; arredi recenti nelle funzionali camere. Una luminosa e accogliente sala e un gradevole dehors estivo per il servizio ristorante.

Giulio Cesare senza rist, via Giulio Cesare 29 ℘ 0585 309318, *hotelgiuliocesare@tiscali.it, Fax 0585 309319*, – TV P. VISA.
Pasqua-settembre – **12 cam** 86/99.
◆ Un piccolo giardino vi accoglie all'ingresso di questo semplice hotel di ambiente familiare, ubicato in zona tranquilla; camere e bagni di recente rinnovati.

MONTISI *Siena – Vedere San Giovanni d'Asso.*

MONTOGGIO *16026 Genova* 561 I 9 – *1 999 ab. alt. 440.*

Roma 538 – Genova 38 – Alessandria 84 – Milano 131.

XX **Roma,** via Roma 15 ℘ 010 938925, *Fax 010 938925*, – . VISA
chiuso dal 1º al 15 luglio e giovedì, da ottobre a maggio anche le sere di lunedì-martedì e mercoledì – **Pasto** carta 25/33.
◆ Esperta gestione familiare in questo accogliente locale: un grazioso salottino prima di accedere alla luminosa sala con vetrate su tre lati; la cucina è d'impronta ligure.

MONTONE *06014 Perugia* 563 L 18 – *1 561 ab. alt. 485.*

Roma 205 – Perugia 39 – Arezzo 58.

La Locanda del Capitano , via Roma 7 ℘ 075 9306521, *info@ilcapitano.com, Fax 075 9306455*, – TV. AE VISA. rist
chiuso gennaio e febbraio – **Pasto** *(chiuso lunedì e a mezzogiorno escluso sabato e domenica)* carta 20/36 – **8 cam** 78/120 – ½ P 70.
◆ Un antico edificio, ultima dimora del capitano di ventura Fortebraccio, per assaporare l'incanto e la quiete fuori del tempo di un borgo medievale tra confort attuali. Delizie tipiche locali (funghi, tartufo) in piatti rivisitati con approccio personale.

MONTOPOLI DI SABINA *02034 Rieti* 563 P 20 – *3 774 ab. alt. 331.*

Roma 52 – Rieti 43 – Terni 79 – Viterbo 76.

sulla strada statale 313 *Sud-Ovest : 7 km :*

X **Il Casale del Farfa,** via Ternana 53 ✉ 02034 ℘ 0765 322047, *casaledelfarfa@libero.it, Fax 0765 322047*, , – P. VISA
chiuso dal 22 dicembre al 4 gennaio, dal 10 al 31 luglio e martedì – **Pasto** carta 19/25.
◆ Risorsa esternamente semplice, con sale rustiche dove gustare genuini piatti tradizionali preparati con i prodotti della vicina fattoria; ameno servizio estivo in terrazza.

MONTOPOLI IN VAL D'ARNO *56020 Pisa* 563 K 14 – *9 578 ab. alt. 98.*

piazza Michele da Montopoli ℘ 0571 449024.

Roma 307 – Firenze 45 – Pisa 39 – Livorno 44 – Lucca 40 – Pistoia 41 – Pontedera 12 – Siena 76.

XX **Quattro Gigli** con cam, piazza Michele da Montopoli 2 ☎ 0571 466878, *info@quattrogigli.it, Fax 0571 466879*, – cam, . **VISA**. cam
Pasto *(chiuso dal 10 gennaio al 10 febbraio, dal 18 al 31 agosto e lunedì)* cucina tipica con specialità rinascimentali carta 32/57 – ☕ 8 – **24 cam** 65/85 – ½ P 75.
◆ Nel caratteristico borgo, locale con interni decorati da originali terrecotte e una terrazza estiva con vista sulle colline; cucina tipica con specialità rinascimentali.

MONTORFANO *22030 Como* **561** E 9, **219** ⑨ – *2 556 ab. alt. 410.*

Villa d'Este (chiuso martedì, gennaio e febbraio) ☎ 031 200200, Fax 031 200786.
Roma 631 – Como 9 – Bergamo 50 – Lecco 24 – Milano 49.

XXX **Santandrea Golf Hotel** con cam, via Como 19 ☎ 031 200220, *Fax 031 200220*, ←, , prenotare, – **VISA**.
chiuso dal 20 dicembre al 15 febbraio – **Pasto** carta 33/42 – **10 cam** ☕ 110/120 – ½ P 80.
◆ Un parco che digrada fino alle rive del lago, eleganti sale con vetrate, veranda estiva e camere personalizzate: per chi desidera quiete, raffinatezza, sapori innovativi.

MONTORO *Terni* **563** O 19 – *Vedere Narni.*

MONTORO INFERIORE *83025 Avellino* **564** E 26 – *9 086 ab. alt. 195.*

Roma 265 – Napoli 55 – Avellino 18 – Salerno 20.

La Foresta, via Turci 118, svincolo superstrada ✉ 83025 Piazza di Pàndola ☎ 0825 521005, *info@hotelaforesta.com, Fax 0825 523666*, , , – – 300. **VISA**
chiuso dal 23 al 31 dicembre e dal 12 al 18 agosto – **Pasto** carta 21/36 – **41 cam** ☕ 80/95, 2 suites – ½ P 55.
◆ Confortevole complesso moderno e ben accessoriato, che ha continuato a potenziarsi nel corso degli anni per un'offerta completa e di qualità, turistica e congressuale. Nucleo originario dell'albergo, il ristorante dispone ora di capienti sale.

MONTRIGIASCO *Novara* **561** E 7 – *Vedere Arona.*

MONTÙ BECCARIA *27040 Pavia* **561** G 9 – *1 714 ab. alt. 277.*

Roma 544 – Piacenza 34 – Genova 123 – Milano 66 – Pavia 28.

XX **La Locanda dei Beccaria**, via Marconi 10 ☎ 0385 262310, *info@lalocandadeibeccaria.it, Fax 0385 262310* – . **VISA** JCB.
chiuso gennaio, lunedì e martedì – **Pasto** carta 27/40.
◆ All'interno della Cantina Storica della località, ristorante signorile, che da tre anni propone le sue moderne creazioni in due rustiche, calde sale con soffitti in legno.

XX **Colombi**, località Loglio di Sotto 1 (Sud-Ovest : 5 km) ☎ 0385 60049, *info@ristorantecolombi.it, Fax 0385 241787* – – 40. **VISA**
Pasto carta 26/36.
◆ A ridosso delle prime colline pavesi, per una gita domenicale fuori porta, locale classico, gestito da oltre 45 anni dalla stessa famiglia. Tradizione anche in cucina.

MONZA *20052 Milano* **561** F 9 *G. Italia* – *120 900 ab. alt. 162.*

Vedere *Duomo★ : facciata★★, corona ferrea★★ dei re Longobardi – Parco★★ della Villa Reale. Nella parte settentrionale Autodromo ☎ 039 22366.*
(chiuso lunedì) al Parco ☎ 039 303081, Fax 039 304427, Nord : 5 km;
Brianza (chiuso martedì) a Usmate Velate ✉ 20040 ☎ 039 6829079, Fax 039 6829059, Nord-Est : 17 km.
Roma 592 – Milano 21 – Bergamo 38.

De la Ville, viale Regina Margherita 15 ☎ 039 382581, *info@hoteldelaville.com, Fax 039 367647*, – – 200. **VISA**.
chiuso dal 23 dicembre al 6 gennaio e dal 31 luglio al 24 agosto – **Pasto** vedere rist ***Derby Grill*** – ☕ 22 – **62 cam** 190/360, suite.
◆ Un lusso discreto tutto inglese avvolge gli ospiti (tra cui VIP della Formula Uno) in un grande albergo di fronte alla Villa Reale; collezione di oggetti d'antiquariato.

Della Regione, via Elvezia (Rondò) 4 ☎ 039 387205, *info@hoteldellaregione.it, Fax 039 380254* – – 100. **VISA** JCB
chiuso dal 23 dicembre al 6 gennaio – **Pasto** *(chiuso domenica)* carta 34/48 – **90 cam** ☕ 115/170 – ½ P 110.
◆ Vicino allo svincolo della superstrada Monza-Lecco, hotel funzionale di tono moderno, dotato di comodo parcheggio e di ampi spazi comuni; arredi recenti nelle stanze. Caldo pavimento in parquet al ristorante.

XXX **Derby Grill,** viale Regina Margherita 15 ☎ 039 382581, *info@hoteldelaville.com, Fax 039 367647*, Coperti limitati; prenotare – ▤ TV P. AE 💲 ◑ MC VISA. ✂
chiuso dal 24 dicembre al 6 gennaio, dal 31 luglio al 24 agosto e i mezzogiorno di sabato-domenica – **Pasto** carta 45/59.
◆ Boiserie, quadri di soggetto equestre, argenti e porcellane in un raffinatissimo ristorante, perfetto per un pranzo d'affari o una cena romantica; creatività in cucina.

MONZAMBANO *46040 Mantova* 561 F 14 – *4 444 ab. alt. 88.*
Roma 511 – Verona 30 – Brescia 51 – Mantova 31 – Milano 140.

a Castellaro Lagusello *Sud-Ovest : 2 km* – ✉ *46040 Monzambano :*

X **La Dispensa,** via Castello 15 ☎ 0376 88850, *info@ladispensasnc.it, Fax 0376 845035*, 🍽 – ▤. ✂
chiuso a mezzogiorno (escluso sabato e domenica), lunedì, martedì e mercoledì – **Pasto** carta 31/46.
◆ In un delizioso paese con case d'epoca restaurate e un castello, trattoria nata come negozio di alimentari; piatti di tradizione autentica e ampia selezione di formaggi.

MORANO CALABRO *87016 Cosenza* 564 H 30 – *4 967 ab. alt. 694.*
Roma 445 – Cosenza 82 – Catanzaro 175 – Potenza 148.

⌂ **Agriturismo la Locanda del Parco** 🐌, contrada Mazzicanino 12 (Nord-Est : 4 km) ☎ 0981 31304, *info@lalocandadelparco.it, Fax 0981 31304*, ≤ monti del Pollino, 🍽, 🏊 – P. 💲 MC VISA. ✂
Pasto (solo su prenotazione) 20 – **12 cam** ☕ 30/60 – ½ P 45.
◆ Signorile ed accogliente centro per il turismo equestre, ma anche sede di corsi di cucina. Un villino circondato dalla campagna e incorniciato dai monti del Parco del Pollino.

MORBEGNO *23017 Sondrio* 561 D 10 – *11 101 ab. alt. 255.*
Roma 673 – Sondrio 25 – Bolzano 194 – Lecco 57 – Lugano 71 – Milano 113 – Passo dello Spluga 66.

🏠 **La Ruota,** via Stelvio 180 ☎ 0342 610117, *Fax 0342 614046* – |‡| TV 🚗 P. AE 💲 ◑ MC VISA JCB
Pasto *(chiuso domenica sera)* carta 21/31 – **23 cam** ☕ 39/50 – ½ P 45.
◆ Una risorsa funzionale e confortevole, ben tenuta, molto frequentata anche da clientela d'affari, grazie alla comoda ubicazione sulla statale dello Stelvio.

XX **Osteria del Crotto,** via Pedemontana 22-24 ☎ 0342 614800, *info@osteriadelcrotto.it, Fax 0342 637088*, ≤, 🍽 – P. AE 💲 ◑ MC VISA
chiuso dal 24 agosto al 13 settembre e domenica – **Pasto** carta 23/29.
◆ Una moderna osteria, curata nell'ambiente e soprattutto nella proposta: ottime materie prime ben elaborate, anche con creatività. Una valida risorsa, buon appetito!

MORCIANO DI ROMAGNA *47833 Rimini* 562 K 19 – *5 875 ab. alt. 83.*
Roma 323 – Rimini 27 – Ancona 95 – Ravenna 92.

XX **Tuf-Tuf** 🐌, via Panoramica 34 ☎ 0541 988770, *Fax 0541 853500*, Coperti limitati; prenotare – ▤ TV P. AE 💲 ◑ MC VISA
chiuso dal 24 maggio al 9 giugno, lunedì e a mezzogiorno – **Pasto** carta 42/62.
◆ La tranquillità di una villetta sulle colline alle spalle di Cattolica e una sala con tocchi di eleganza; spunti di fantasia in piatti stagionali del territorio.

MORDANO *40027 Bologna* 562 I 17 – *4 165 ab. alt. 21.*
Roma 396 – Bologna 45 – Ravenna 45 – Forlì 35.

🏨 **Ville Panazza,** via Lughese 269 ☎ 0542 51434, *info@hotelpanazza.it, Fax 0542 52165*, 🍽, 🚲, 🏊, 🎾 – |‡| ▤ TV ♿ P – 🏛 120. AE 💲 ◑ MC VISA JCB. ✂
Pasto al Rist. ***Panazza*** carta 24/46 – **45 cam** ☕ 103/150 – ½ P 105.
◆ Nel verde di un piccolo parco con laghetto e piscina, camere di diverse tipologie in due edifici d'epoca, tra cui una villa dell'800 ristrutturata; sale per congressi. Il ristorante dispone di una sala affrescata e di una luminosa veranda.

MORGEX *11017 Aosta* 561 E 3 – *1 907 ab. alt. 1001.*
Roma 771 – Aosta 27 – Courmayeur 9.

XX **Cafe Quinson "Vieux Bistrot",** piazza Principe Tommaso 9 ☎ 0165 809499, *info@cafequinson.it, Fax 0165 807917*, Coperti limitati; prenotare – ▤. AE 💲 ◑ MC VISA. ✂
chiuso martedì, mercoledì e a mezzogiorno – **Pasto** 40/60 e carta 60/80 🍇.
◆ La passione per i vini e per i formaggi qui si unisce ad una saggia carta di prodotti locali, anche interpretati con fantasia; caldo legno scuro e pietra a vista in sala.

MORIMONDO *20081 Milano* 561 F 8 – *1 164 ab. alt. 109.*
Roma 587 – Alessandria 81 – Milano 30 – Novara 37 – Pavia 27 – Vercelli 55.

XX **Della Commenda,** via Pampuri 2 ℘ 02 94961991, *chmelani@libero.it, Fax 02 94961991,* – P. AE ⓘ ⓞ MC VISA JCB.
chiuso dal 1º al 15 gennaio, dal 5 al 25 agosto e martedì – **Pasto** carta 38/52.
◆ Una residenza di campagna del 1600 con curato giardino, intime salette con camino e atmosfera rilassante. La linea gastronomica è tradizionale, d'impronta lombarda.

X **Trattoria Basiano,** località Basiano Sud : 3 km ℘ 02 945295, *trat.basiano@inwind.it, Fax 02 945295,* – P. AE ⓘ ⓞ MC VISA.
chiuso dal 24 al 26 dicembre, dal 1º al 7 gennaio, dal 16 agosto al 10 settembre, lunedì sera e martedì – **Pasto** carta 25/39.
◆ Ristorante semplice e familiare, con un ampio dehors estivo; la semplicità regna anche nella cucina, che propone piatti stagionali del territorio e di pesce.

MORNAGO *21020 Varese* 561 E 8, 219 ⑰ – *4 111 ab. alt. 281.*
Roma 639 – Stresa 37 – Como 37 – Lugano 45 – Milano 58 – Novara 47 – Varese 11.

XX **Alla Corte Lombarda,** via De Amicis 13 ℘ 0331 904376, Coperti limitati; prenotare – P. AE ⓘ ⓞ MC VISA
chiuso dal 1º al 10 gennaio, dal 1º al 15 settembre, lunedì e martedì – **Pasto** 13 (solo a mezzogiorno) 38 e carta 26/50.
◆ In un rustico ai margini del paese, un vecchio fienile ristrutturato racchiude un locale suggestivo; servizio di tono familiare, cucina fedele alle tradizioni locali.

Se cercate un hotel tranquillo consultate prima le carte tematiche dell'introduzione e trovate nel testo gli esercizi indicati con il simbolo

MORRANO *Terni* 563 N 18 – *Vedere Orvieto.*

MORTARA *27036 Pavia* 561 G 8 *G. Italia* – *14 319 ab. alt. 108.*
Roma 601 – Alessandria 57 – Milano 47 – Novara 24 – Pavia 38 – Torino 94 – Vercelli 32.

San Michele, corso Garibaldi 20 ℘ 0384 98614, *info@albristosanmichele.it, Fax 0384 99106* – TV P. AE ⓘ ⓞ MC VISA.
chiuso dall'8 al 26 agosto – **Pasto** *(chiuso lunedì)* carta 25/48 – 7 – **17 cam** 52/77, suite – ½ P 50.
◆ Rinnovato negli anni, albergo familiare nel centro della località, con parcheggio interno; le camere, diversificate negli arredi, danno sulle balconate in cortile. Mobilio e calda atmosfera da casa privata nelle due sale ristorante.

XX **Guallina,** località Guallina Est : 4 km ℘ 0384 91962, *guallina@guallina.com, Fax 0384 292371,* Coperti limitati; prenotare – P. AE ⓘ ⓞ MC VISA JCB
chiuso una settimana in gennaio, dal 20 giugno al 10 luglio e martedì – **Pasto** carta 24/38.
◆ In una casetta di una frazione di campagna, ambiente raccolto e accogliente dove gustare proposte di cucina legate alle stagioni e al territorio; ottima la cantina.

MOSCHETTA *Reggio Calabria* – *Vedere Locri.*

MOSCIANO *Firenze* 563 K 15 – *Vedere Scandicci.*

MOSCIANO SANT'ANGELO *64023 Teramo* 563 N 23 – *100 ab. alt. 227.*
Roma 191 – Ascoli Piceno 39 – Pescara 48 – L'Aquila 77 – Teramo 25.

Casale delle Arti senza rist, strada Selva Alta Sud : 4 km ℘ 085 8072043, *casalearti@tin.it, Fax 085 8072776,* – P. ⓘ ⓞ MC VISA
16 cam 45/75.
◆ Casolare elegantemente ristrutturato, situato su un colle da cui si domina la campagna circostante, in cui ammirare una raccolta d'arte contemporanea. Camere spaziose.

XX **Borgo Spoltino,** strada Selva Alta Sud : 3 km ℘ 085 8071021, *info@borgospoltino.it, Fax 085 8071021,* – P. AE ⓘ ⓞ MC VISA JCB
chiuso domenica sera, lunedì e martedì – **Pasto** carta 25/38.
◆ Un minuscolo, antico, borgo contadino riconvertito alle esigenze di una moderna ristorazione. In sala soffitto a volte e ampie vetrate da cui ammirare il verde incontaminato.

MOSO (MOOS) *Bolzano* – *Vedere Sesto.*

MOSSA *34070 Gorizia* 562 E 22 – *1 616 ab. alt. 73.*
Roma 656 – Udine 31 – Gorizia 6 – Trieste 49.

Blanch, via Blanchis 35 (Nord-Ovest : 1 km) ☎ 0481 80020, *Fax 0481 808463,* – P. AE MC *VISA.*
chiuso dal 26 agosto al 22 settembre, martedì sera e mercoledì – **Pasto** carta 20/28.
◆ Una famiglia dal 1904 si tramanda di generazione in generazione questa accogliente trattoria e la scrupolosa ricerca delle materie prime per piatti della tradizione.

MOTTA DI LIVENZA *31045 Treviso* 562 E 19 – *9 676 ab..*
Roma 562 – Venezia 55 – Pordenone 32 – Treviso 36 – Trieste 109 – Udine 69.

Bertacco con cam, via Ballarin 18 ☎ 0422 861400, *hotelbertacco@hotmail.com, Fax 0422 861790,* prenotare – TV P – 25. AE MC *VISA* JCB. rist
Pasto *(chiuso dal 1° al 10 gennaio, dall'11 agosto al 3 settembre, domenica sera e lunedì)* carta 26/41 – **21 cam** 55/78 – ½ P 60.
◆ In un bel palazzo ristrutturato, un ristorante con camere capace di offrire un ambiente caldo e personalizzato. Per gli amanti di vini è disponibile una saletta-enoteca.

MOZZO *24030 Bergamo* 219 ⑳ – *6 867 ab. alt. 252.*
Roma 607 – Bergamo 8 – Lecco 28 – Milano 49.

La Caprese, via Garibaldi 1, località Borghetto ☎ 035 4376661, *Fax 035 4155633,* – .
AE MC *VISA*
chiuso dal 22 dicembre al 4 gennaio, dal 1° al 20 settembre, domenica, lunedì e a mezzogiorno – **Pasto** specialità di mare 50/150.
◆ Nuova emanazione, ma stessa gestione dell'ex Caprese, di cui prende il nome, è una piccola bomboniera per raffinate cene di pesce: sapori e profumi di Capri nel menù.

La Trattoria Caprese, via Crocette 38 (statale Briantea) ☎ 035 611148, *Fax 035 4155633,* prenotare – P. AE MC *VISA*
chiuso dal 22 dicembre al 3 gennaio, dal 10 al 31 agosto, domenica sera e lunedì – **Pasto** specialità di mare 30/100.
◆ Una sala e una veranda chiusa di semplice, ma caldo ambiente rustico, dove la cucina di mare viene proposta nella tradizione mediterranea con specialità campane.

MUGGIA *34015 Trieste* 562 F 23 *G. Italia* – *13 299 ab..*
(maggio-settembre) via Roma 20 ☎ 040 273259.
Roma 684 – Udine 82 – Milano 423 – Trieste 11 – Venezia 173.

Trattoria Risorta, Riva De Amicis 1/a ☎ 040 271219, *Fax 040 273394,* – MC *VISA* JCB.
chiuso dal 1° al 21 gennaio, lunedì e domenica sera, in luglio-agosto anche domenica a mezzogiorno – **Pasto** specialità di mare carta 40/54.
◆ Nel porticciolo della località, variazioni classiche sul tema pesce in un trattoria rustica con qualche tocco di ricercatezza; d'estate si mangia in terrazza sul mare.

a Santa Barbara *Sud-Est : 3 km* – ✉ *34015 Muggia :*

Taverna da Stelio Cigui , via Colarich 92/D ☎ 040 273363, *pcigui@tiscali.it, Fax 040 9279224,* , solo su prenotazione, – P. AE MC *VISA*
chiuso dal 1° al 15 gennaio – **Pasto** *(chiuso mercoledì e da ottobre a maggio anche martedì sera)* carta 30/45 – **6 cam** 40/80.
◆ In una zona verdeggiante, locale di tradizione e di ambiente familiare, dove gustare una cucina casalinga che segue le stagioni; servizio estivo in terrazza-giardino.

MÜHLWALD = Selva dei Molini.

MULAZZO *54026 Massa-Carrara* 563 J 11 *G. Toscana* – *2 589 ab. alt. 350.*
Roma 444 – La Spezia 42 – Genova 93 – Livorno 120 – Parma 83.

a Madonna del Monte *Nord-Ovest : 8 km – alt. 870* – ✉ *54026 Mulazzo :*

Rustichello con cam, Crocetta di Mulazzo ☎ 0187 439759, *Fax 0187 439759,* ←, prenotare – P. AE MC *VISA.*
chiuso dall'8 gennaio all'8 febbraio e martedì (escluso giugno-settembre) – **Pasto** carta 17/23 – 5,15 – **7 cam** 52 – ½ P 48.
◆ Tranquillità assicurata in questo chalet di montagna su un colle panoramico; simpatica conduzione familiare, interni rustici e caserecci piatti tipici del territorio.

Utilizzate la guida dell'anno in corso

MULES (MAULS) *Bolzano* 562 B 16 – *alt. 905* – ✉ *39040 Campo di Trens* – *Sport invernali : Vedere Vipiteno.*

Roma 699 – Bolzano 56 – Brennero 23 – Brunico 44 – Milano 360 – Trento 121 – Vipiteno 9.

Stafler, ☎ 0472 771136, *romantikhotel@stafler.com, Fax 0472 771094,* – 40.
chiuso dal 26 gennaio al 17 febbraio, dal 25 giugno all'8 luglio e dall'8 novembre al 3 dicembre – **Pasto** *(chiuso mercoledì in bassa stagione)* carta 28/43 – **36 cam** 78/131, 6 suites – ½ P 103.
◆ Risale al 1270 la stazione di posta in seguito trasformata in locanda e poi in romantico, elegante hotel di calda e tipica atmosfera tirolese; piccolo parco con laghetto. Il ristorante presenta raffinate, intime e avvolgenti stube.

MURANO *Venezia* – *Vedere Venezia.*

MURAVERA *Cagliari* 566 I 10 – *Vedere Sardegna alla fine dell'elenco alfabetico.*

MURISENGO *15020 Alessandria* 561 G 6 – *1 544 ab. alt. 338.*

Roma 641 – Torino 51 – Alessandria 57 – Asti 28 – Vercelli 45.

a Corteranzo *Nord : 3 km alt. 377* – ✉ *15020 Murisengo :*

Cascina Martini, via Gianoli 15 ☎ 0141 693015, *cascinamartini@cascinamartini.com, Fax 0141 693015,* – .
chiuso dal 1° al 15 gennaio, dal 16 al 31 agosto, domenica sera e lunedì – **Pasto** 24,79/32,70.
◆ Ricavato nelle stalle ristrutturate di un'antica cascina, il ristorante si propone con un'ottima e accurata ricerca dei piatti del territorio, a volte anche alleggeriti.

MURO LUCANO *85054 Potenza* 564 E 28 – *6 217 ab. alt. 654.*

Roma 357 – Potenza 48 – Bari 198 – Foggia 113.

Delle Colline con cam, via Belvedere ☎ 0976 2284, *hoteldellecolline@tiscalinet.it, Fax 0976 2192,* <, Rist. e pizzeria – rist, .
Pasto *(chiuso venerdì sera)* carta 13/19 – 4 – **18 cam** 33/46 – ½ P 36.
◆ In bella posizione con vista sul paese e sulla rocca, tradizionali sia l'ambiente del ristorante sia la sua cucina, con piatti locali; camere semplici, ma ben tenute.

MUSSOLENTE *36065 Vicenza* 562 E 17 – *6 625 ab. alt. 127.*

Roma 548 – Padova 51 – Belluno 85 – Milano 239 – Trento 93 – Treviso 42 – Venezia 72 – Vicenza 40.

Villa Palma , via Chemin Palma 30, località Casoni Sud : 1,5 km ☎ 0424 577407, *villapalmasrl@tin.it, Fax 0424 87687,* , – – 60. rist
Pasto *(chiuso dal 5 al 19 gennaio, dal 9 al 23 agosto, lunedì e a mezzogiorno)* carta 36/46 – **21 cam** 110/160 – ½ P 115.
◆ Settecentesca dimora di campagna trasformata in elegante albergo, per clientela d'affari anche in cerca di relax; bei tessuti nelle ricche e ricercate camere in stile. Soffitto con travi a vista e grandi vetrate nella raffinata sala ristorante.

Volpara , via Volpara 3 (Nord-Est : 2 km) ☎ 0423 567766, *info@volpara.com, Fax 0423 968841,* < – .
Pasto vedere rist ***Volpara-Malga Verde*** – 4,50 – **10 cam** 30/45.
◆ Offre tranquilli soggiorni in un ambiente familiare questa casa in stile rurale veneto circondata di boschi; camere arredate con semplicità, ma pulite e ben tenute.

Volpara-Malga Verde, via Volpara 3 (Nord-Est : 2 km) ☎ 0424 577019, *info@volpara.com,* <, – – 30. .
chiuso dal 1° al 20 agosto e mercoledì – **Pasto** carta 16/24.
◆ Conduzione familiare con oltre 30 anni di tradizione per questa trattoria, con grandi spazi modulabili, adatti anche ai banchetti; cucina casalinga del territorio.

MUTIGNANO *Teramo* 563 O 24 – *Vedere Pineto.*

MÜHLBACH = Rio di Pusteria.

NAGO *Trento* – *Vedere Torbole-Nago.*

NAPOLI

80100 P 564 E 24 G. Italia – 1 000 470 ab. – a.s. aprile-ottobre.

Roma 219 ③ – Bari 261 ④.

UFFICIO INFORMAZIONI TURISTICHE

via San Carlo 9 ✉ 80132 ☎ 081 402394.

Stazione Centrale ✉ 80142 ☎ 081 268779.

piazza del Gesù Nuovo 7 ✉ 80135 ☎ 081 5523328.

Stazione Mergellina ✉ 80122 ☎ 081 7612102.

A.C.I. *piazzale Tecchio 49/d ✉ 80125 ☎ 081 7253811.*

INFORMAZIONI PRATICHE

Ugo Niutta di Capodichino Nord-Est : 6 km **CT** *☎ 081 7805697*
Alitalia, viale Ruffo di Calabria ✉ 80144 ☎ 081 7899150, Fax 081 7899150.

per Capri (1 h 15 mn), Ischia (1 h 25 mn) e Procida (1 h), giornalieri – Caremar-Travel and Holidays, molo Beverello ✉ 80133 ☎ 081 5513882, Fax 081 5522011;

per Cagliari 19 giugno-14 luglio giovedì e sabato, 15 luglio-11 settembre giovedì e martedì (15 h 45 mn) e Palermo giornaliero (11 h) – Tirrenia Navigazione, Stazione Marittima, molo Angioino ✉ 80133 ☎ 081 2514740, Fax 081 2514767;

per Ischia giornalieri (1 h 20 mn) – Linee Lauro, molo Beverello ✉ 80133 ☎ 081 5522838, Fax 081 5513236

per le Isole Eolie mercoledì e venerdì, dal 15 giugno al 15 settembre lunedì, martedì, giovedì, venerdì, sabato e domenica (14 h) – Siremar-agenzia Genovese, via Depetris 78 ✉ 80133 ☎ 081 5512112, Fax 081 5512114.

per Capri (45 mn), Ischia (45 mn) e Procida (35 mn), giornalieri – Caremar-Travel and Holidays, molo Beverello ✉ 80133 ☎ 081 5513882, Fax 081 5522011

per Ischia (30 mn) e Capri (40 mn) giornalieri – Alilauro, via Caracciolo 11 ✉ 80122 ☎ 081 7611004, Fax 081 7614250 e Linee Lauro, molo Beverello ✉ 80133 ☎ 081 5522838, Fax 081 5513236

per Capri giornalieri (40 mn) – Navigazione Libera del Golfo, molo Beverello ✉ 80133 ☎ 081 5520763, Fax 081 5525589

per Capri giornalieri (45 mn), per le Isole Eolie giugno-settembre giornaliero (4 h)
per Procida-Ischia giornalieri (35 mn) – Aliscafi SNAV, via Caracciolo 10 ✉ 80122 ☎ 081 7612348, Fax 081 7612141.

(chiuso martedì) ad Arco Felice ✉ 80078 ☎ 081 412881, Fax 081 2520438, per ⑧ : 19 km.

LUOGHI DI INTERESSE

Museo Archeologico Nazionale★★★ **KY** – *Castel Nuovo*★★ **KZ** – *Porto di Santa Lucia*★★ **BU** : ⩽★★ *sul Vesuvio e sul golfo* – ⩽★★★ *notturna dalla via Partenope sulle colline del Vomero e di Posillipo* **FX** – *Teatro San Carlo*★ **KZ T1** – *Piazza del Plebiscito*★ **JKZ** – *Palazzo Reale*★ **KZ** – *Certosa di San Martino*★★ **JZ**.

Spaccanapoli e Decumano Maggiore★★ **KLY** – *Tomba*★★ *del re Roberto il Saggio e Chiostro*★★ *nella chiesa di Santa Chiara*★ **KY** – *Duomo*★ **LY** – *Sculture*★ *nella cappella Sansevero* **KY** – *Arco*★, *tomba*★ *di Caterina d'Austria, abside*★ *nella chiesa di San Lorenzo Maggiore* **LY** – *Palazzo e galleria di Capodimonte*★★ **BT**

Mergellina★ **BU** : ⩽★★ *sul golfo* – *Villa Floridiana*★ **EVX** : ⩽★ – *Catacombe di San Gennaro*★★ **BT** – *Chiesa di Santa Maria Donnaregina*★ **LY** – *Chiesa di San Giovanni a Carbonara*★ **LY** – *Porta Capuana*★ **LMY** – *Palazzo Cuomo*★ **LY** – *Sculture*★ *nella chiesa di Sant'Anna dei Lombardi* **KYZ** – *Posillipo*★ **AU** – *Marechiaro*★ **AU** – ⩽★★ *sul golfo dal parco Virgiliano (o parco della Rimembranza)* **AU.**

ESCURSIONI

Golfo di Napoli★★★ *verso Campi Flegrei*★★ *per* ⑦ , *verso penisola Sorrentina per* ⑥ – *Isola di Capri*★★★ – *Isola d'Ischia*★★★.

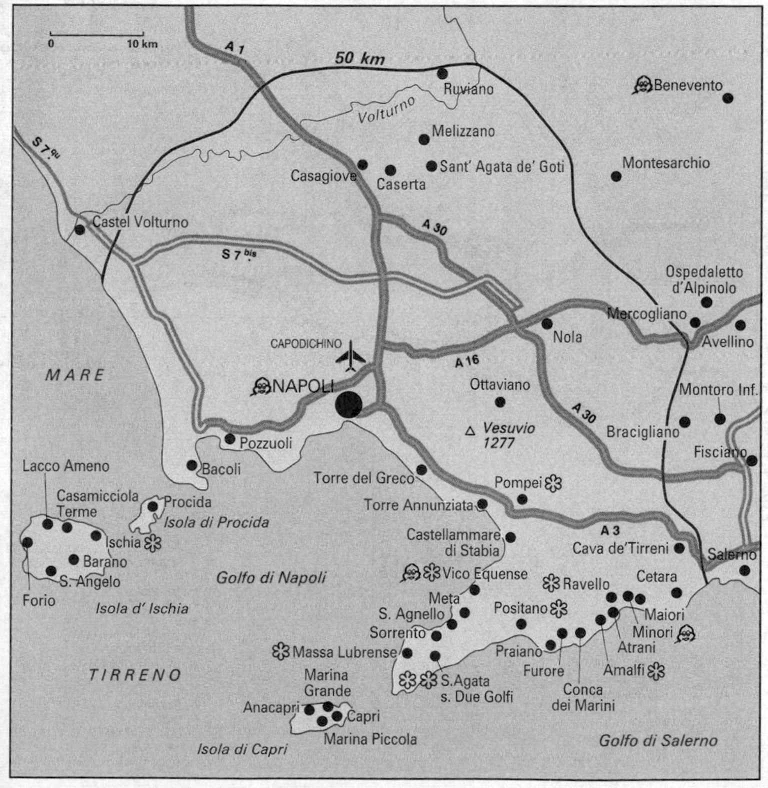

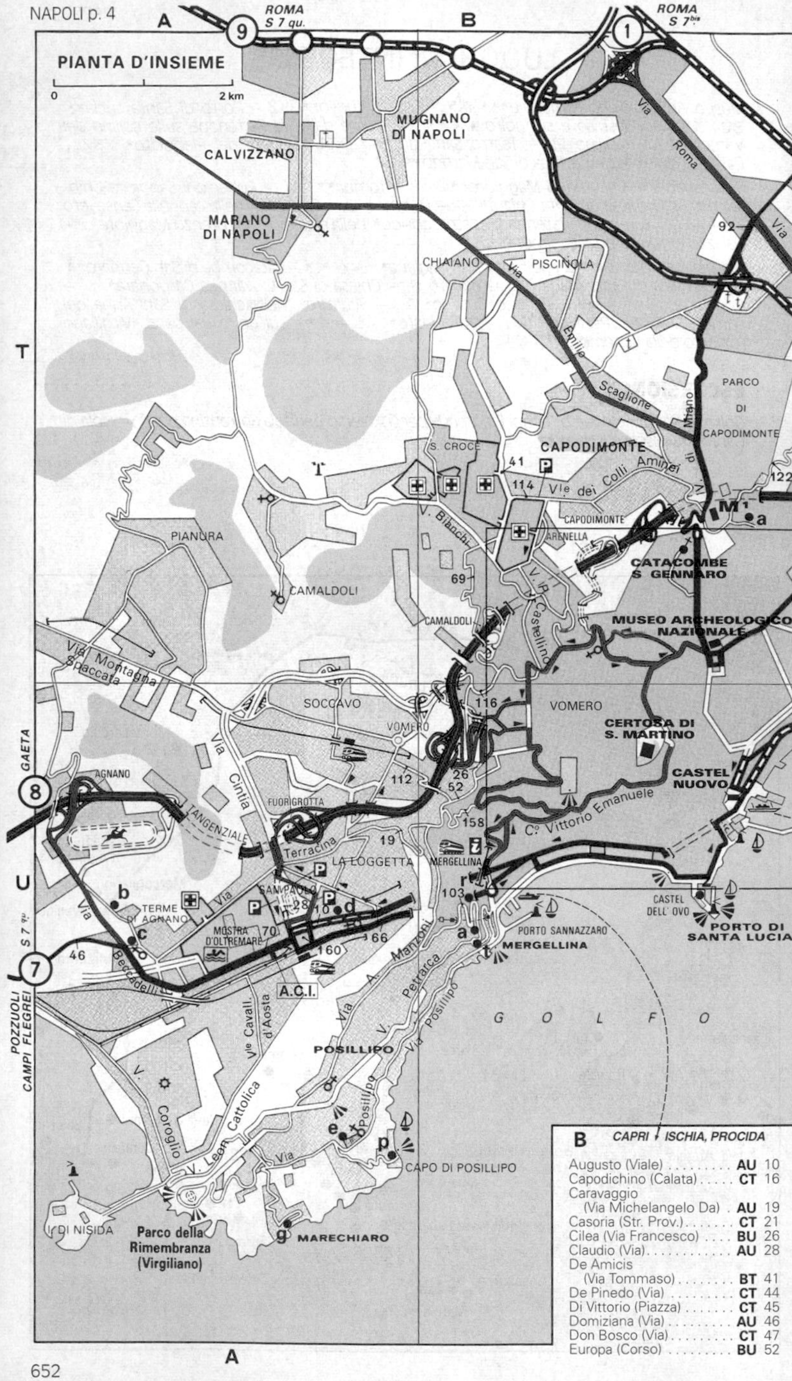

B

Augusto (Viale)	AU	10
Capodichino (Calata)	CT	16
Caravaggio (Via Michelangelo Da)	AU	19
Casoria (Str. Prov.)	CT	21
Cilea (Via Francesco)	BU	26
Claudio (Via)	AU	28
De Amicis (Via Tommaso)	BT	41
De Pinedo (Via)	CT	44
Di Vittorio (Piazza)	CT	45
Domiziana (Via)	AU	46
Don Bosco (Via)	CT	47
Europa (Corso)	BU	52

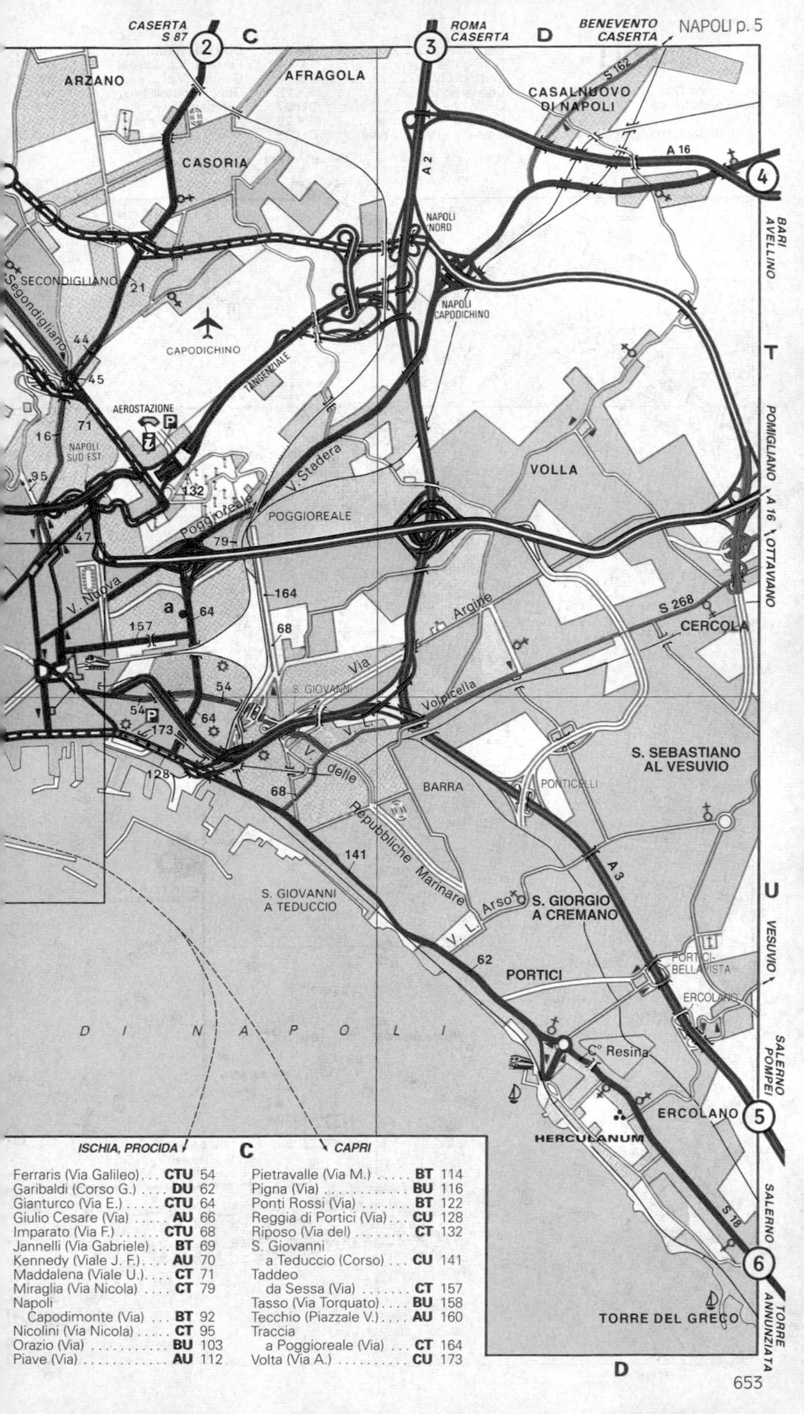

Ferraris (Via Galileo) . . . **CTU** 54
Garibaldi (Corso G.) . . . . **DU** 62
Gianturco (Via E.) . . . . . **CTU** 64
Giulio Cesare (Via) . . . . . **AU** 66
Imparato (Via F.) . . . . . . **CTU** 68
Jannelli (Via Gabriele) . . . **BT** 69
Kennedy (Viale J. F.) . . . . **AU** 70
Maddalena (Viale U.) . . . . **CT** 71
Miraglia (Via Nicola) . . . . **CT** 79
Napoli
Capodimonte (Via) . . . **BT** 92
Nicolini (Via Nicola) . . . . **CT** 95
Orazio (Via) . . . . **BU** 103
Piave (Via) . . . . **AU** 112

Pietravalle (Via M.) . . . . . **BT** 114
Pigna (Via) . . . . **BU** 116
Ponti Rossi (Via) . . . . **BT** 122
Reggia di Portici (Via) . . . **CU** 128
Riposo (Via del) . . . . **CT** 132
S. Giovanni
a Teduccio (Corso) . . . **CU** 141
Taddeo
da Sessa (Via) . . . . **CT** 157
Tasso (Via Torquato) . . . . **BU** 158
Tecchio (Piazzale V.) . . . . **AU** 160
Traccia
a Poggioreale (Via) . . . **CT** 164
Volta (Via A.) . . . . **CU** 173

NAPOLI

Circolazione regolamentata nel centro città

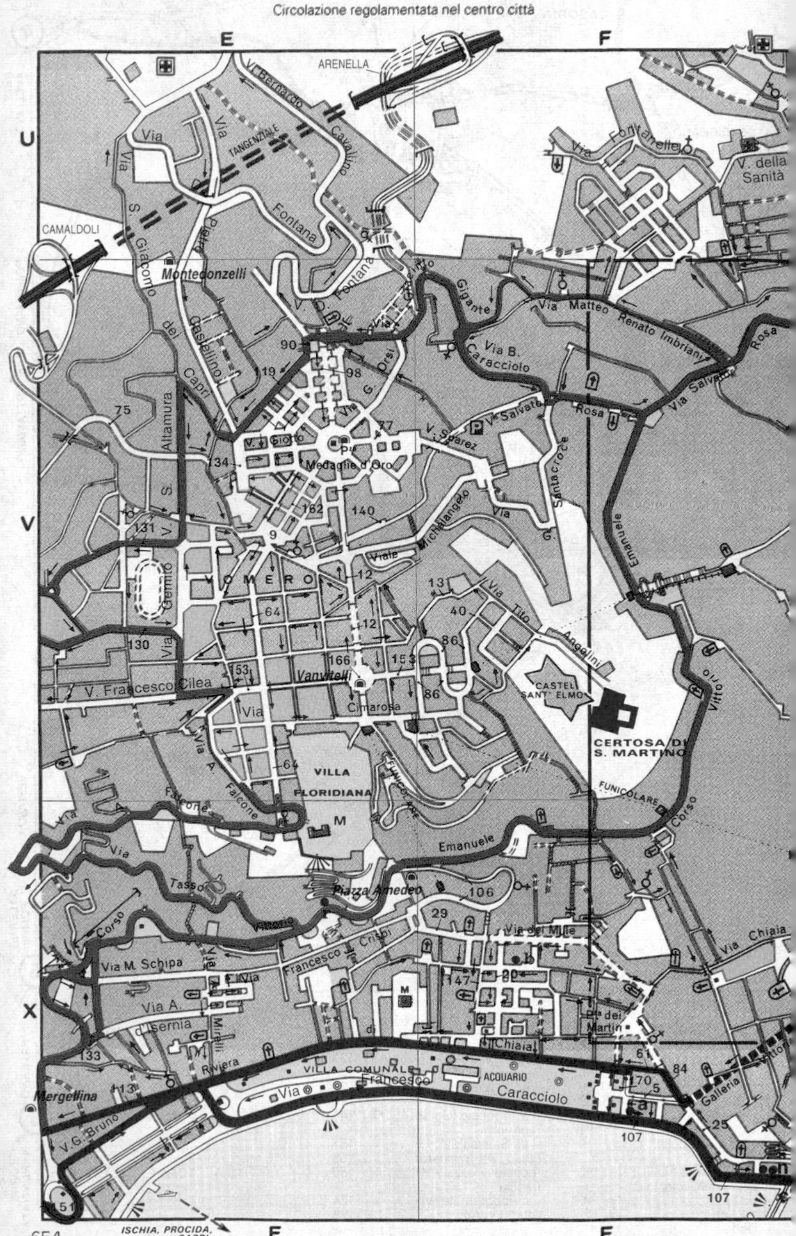

ISCHIA, PROCIDA, CAPRI

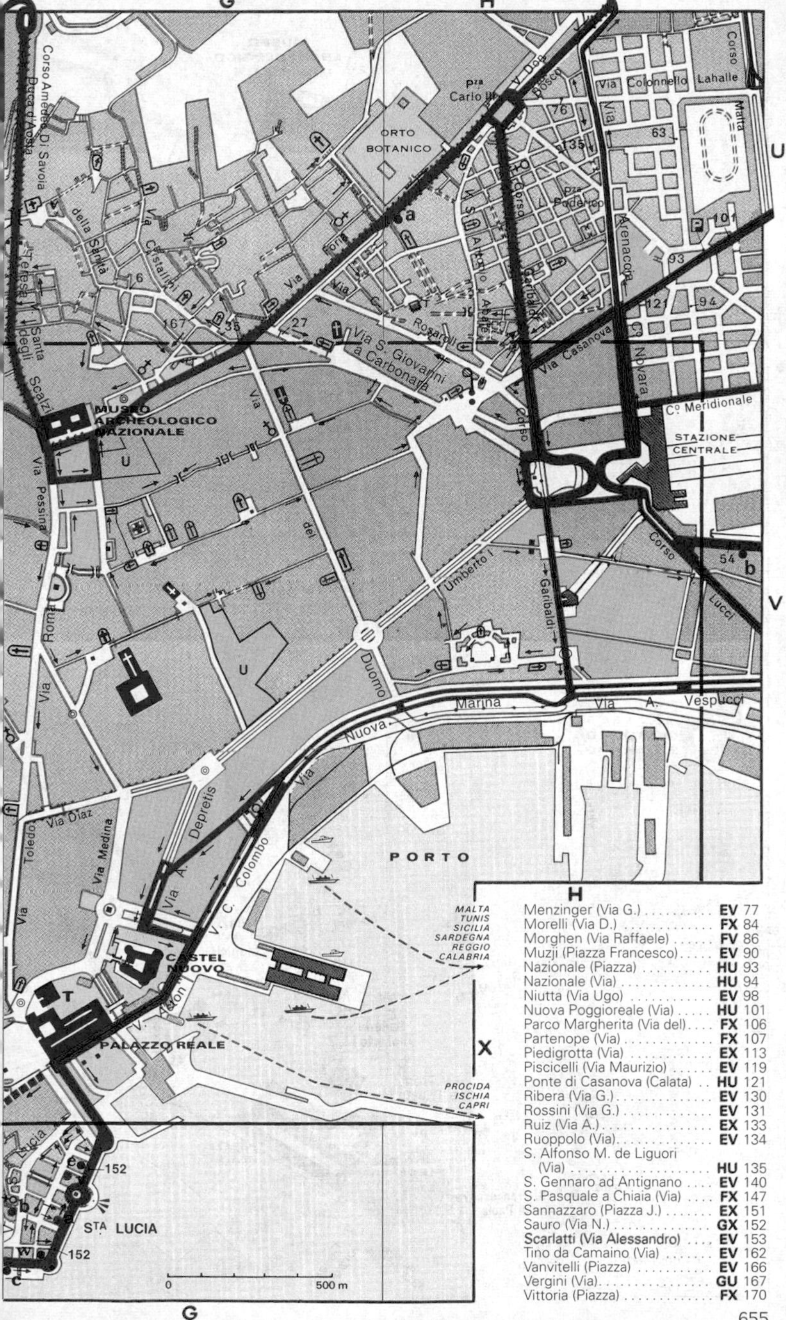

Menzinger (Via G.)	**EV**	77
Morelli (Via D.)	**FX**	84
Morghen (Via Raffaele)	**FV**	86
Muzji (Piazza Francesco)	**EV**	90
Nazionale (Piazza)	**HU**	93
Nazionale (Via)	**HU**	94
Niutta (Via Ugo)	**EV**	98
Nuova Poggioreale (Via)	**HU**	101
Parco Margherita (Via del)	**FX**	106
Partenope (Via)	**FX**	107
Piedigrotta (Via)	**EX**	113
Piscicelli (Via Maurizio)	**EV**	119
Ponte di Casanova (Calata)	**HU**	121
Ribera (Via G.)	**EV**	130
Rossini (Via G.)	**EV**	131
Ruiz (Via A.)	**EX**	133
Ruoppolo (Via)	**EV**	134
S. Alfonso M. de Liguori (Via)	**HU**	135
S. Gennaro ad Antignano	**EV**	140
S. Pasquale a Chiaia (Via)	**FX**	147
Sannazzaro (Piazza J.)	**EX**	151
Sauro (Via N.)	**GX**	152
Scarlatti (Via Alessandro)	**EV**	153
Tino da Camaino (Via)	**EV**	162
Vanvitelli (Piazza)	**EV**	166
Vergini (Via)	**GU**	167
Vittoria (Piazza)	**FX**	170

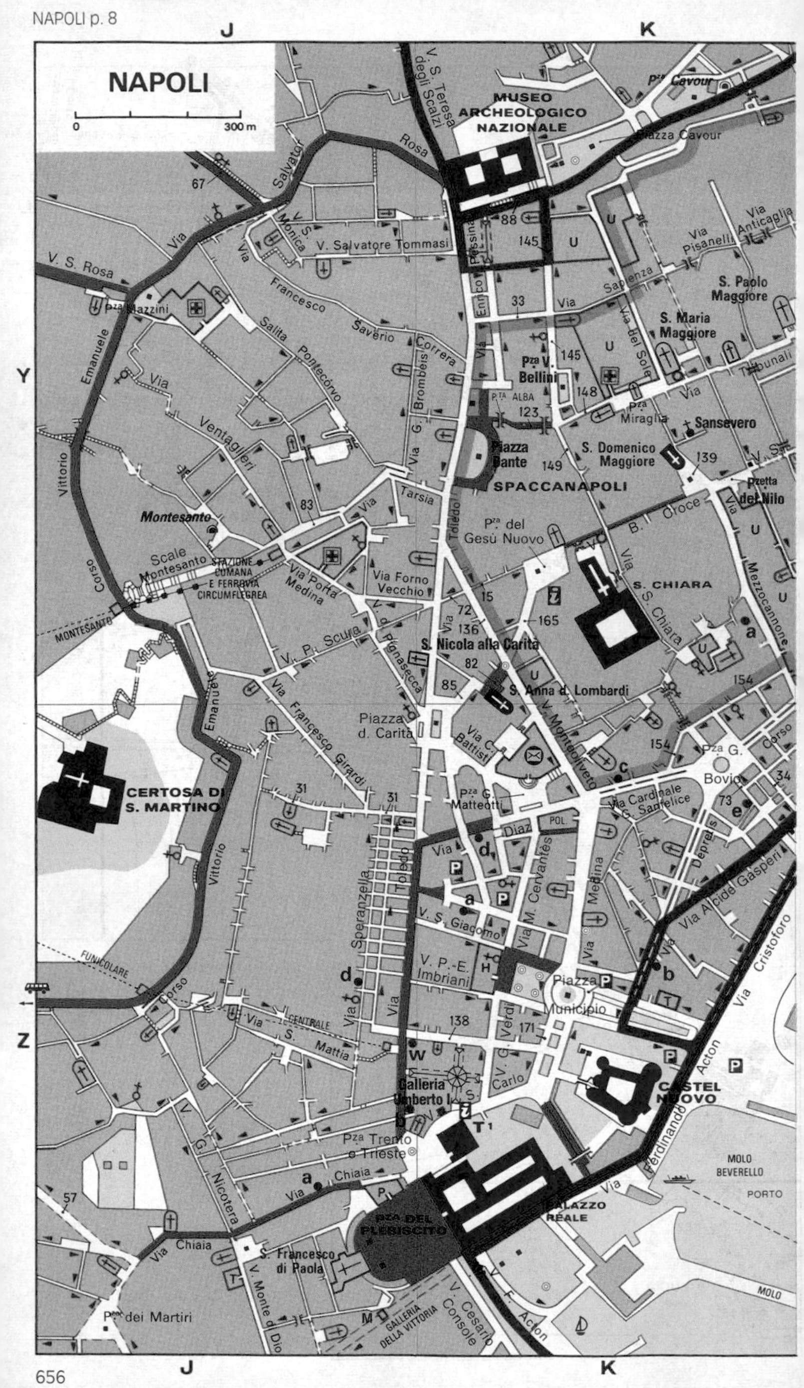
NAPOLI
0
300 m
J
K
Y
Z
MUSEO ARCHEOLOGICO NAZIONALE
Pza Cavour
Piazza Cavour
V. S. Teresa degli Scalzi
Rosa
Salvator
Via Pisanelli
Via Anticaglia
Via Sapienza
S. Paolo Maggiore
S. Maria Maggiore
Via del Sole
Tribunali
V. S. Monica
V. Salvatore Tommasi
V. S. Rosa
Pza Mazzini
Via Francesco Saverio Correra
Salita Pontecorvo
Via Ventaglieri
Emanuele
Vittorio
Corso
Via G. Brombeis
Pza V. Bellini
P.TA ALBA
Pza Miraglia
Sansevero
Piazza Dante
S. Domenico Maggiore
SPACCANAPOLI
Pzetta del Nilo
Tarsia
Montesanto
Scale Montesanto
STAZIONE CUMANA E FERROVIA CIRCUMFLEGREA
MONTESANTO
Via Porta Medina
Via Forno Vecchio
Pza del Gesù Nuovo
B. Croce
S. CHIARA
Via S. Chiara
Mezzocannone
V. P. Scura
Pignasecca
S. Nicola alla Carità
S. Anna d. Lombardi
V. Monteoliveto
Via Francesco Girardi
Piazza d. Carità
Via C. Battisti
CERTOSA DI S. MARTINO
Pza G. Matteotti
Diaz
POL.
Pza G. Bovio
Via Cardinale G. Sanfelice
Depretis
Corso
Via M. Cervantes
Medina
Via Alcide de Gasperi
Via Cristoforo
V. S. Giacomo
V. P.-E. Imbriani
Speranzella
Toledo
FUNICOLARE
Piazza Municipio
Via Verdi
CENTRALE
Via S. Mattia
Galleria Umberto I
V. S. Carlo
CASTEL NUOVO
Via Ferdinando Acton
Pza Trento e Trieste
Via Chiaia
MOLO BEVERELLO
PORTO
Pza DEL PLEBISCITO
PALAZZO REALE
V. G. Nicotera
Via Chiaia
S. Francesco di Paola
V. Monte di Dio
GALLERIA DELLA VITTORIA
V. Cesario Console
V. F. Acton
MOLO
Pza dei Martiri
Via Toledo
Via S. Carlo

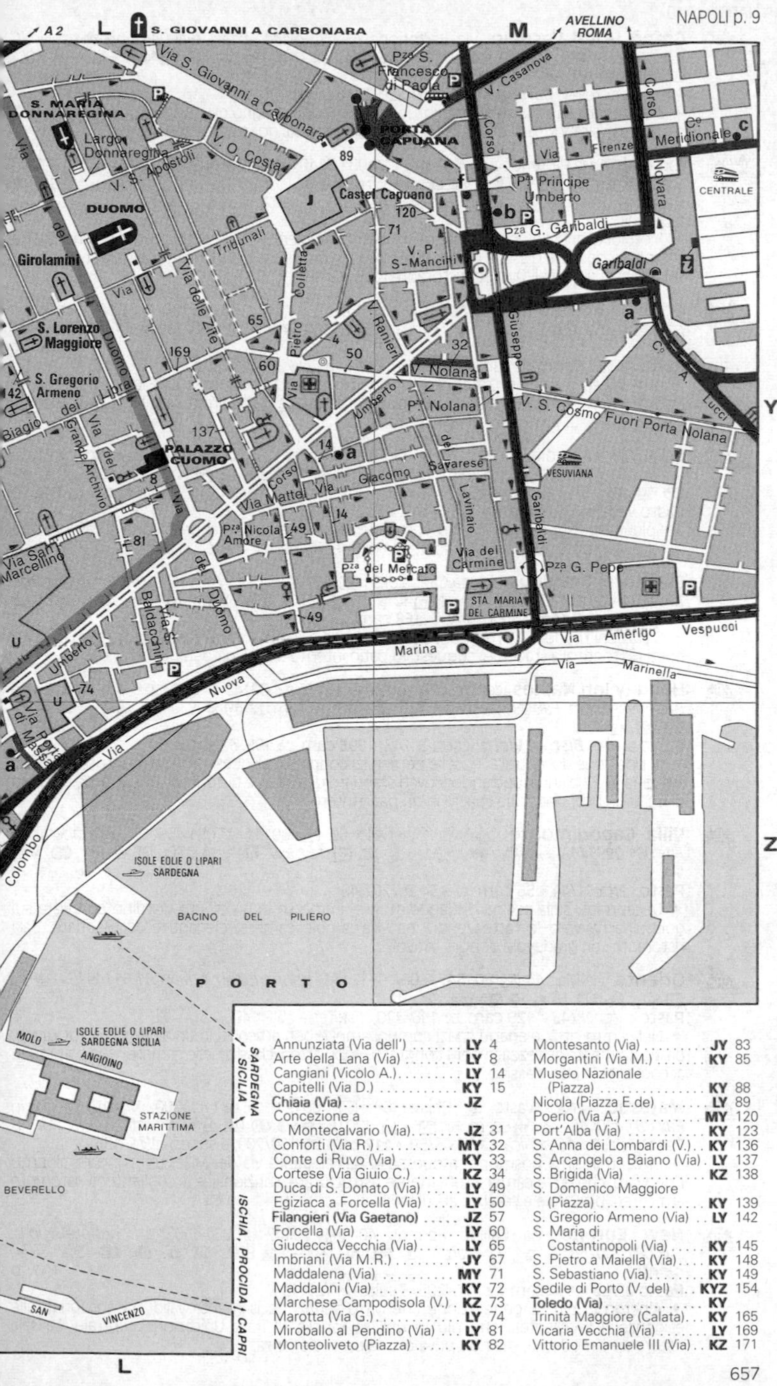

Annunziata (Via dell') . . . . **LY** 4
Arte della Lana (Via) . . . . **LY** 8
Cangiani (Vicolo A.). . . . . **LY** 14
Capitelli (Via D.) . . . . **KY** 15
Chiaia (Via). . . . . **JZ**
Concezione a
Montecalvario (Via). . . . . . . **JZ** 31
Conforti (Via R.). . . . . **MY** 32
Conte di Ruvo (Via) . . . . **KY** 33
Cortese (Via Giuio C.) . . . . . . **KZ** 34
Duca di S. Donato (Via) . . . . . **LY** 49
Egiziaca a Forcella (Via) . . . . . **LY** 50
Filangieri (Via Gaetano) . . . . . **JZ** 57
Forcella (Via) . . . . **LY** 60
Giudecca Vecchia (Via). . . . . . **LY** 65
Imbriani (Via M.R.) . . . . **JY** 67
Maddalena (Via) . . . . **MY** 71
Maddaloni (Via). . . . . **KY** 72
Marchese Campodisola (V.) . **KZ** 73
Marotta (Via G.). . . . . **LY** 74
Miroballo al Pendino (Via) . . . **LY** 81
Monteoliveto (Piazza) . . . . . . **KY** 82
Montesanto (Via) . . . . **JY** 83
Morgantini (Via M.) . . . . **KY** 85
Museo Nazionale
(Piazza). . . . . **KY** 88
Nicola (Piazza E.de) . . . . **LY** 89
Poerio (Via A.) . . . . **MY** 120
Port'Alba (Via) . . . . **KY** 123
S. Anna dei Lombardi (V.) . . **KY** 136
S. Arcangelo a Baiano (Via) . **LY** 137
S. Brigida (Via) . . . . **KZ** 138
S. Domenico Maggiore
(Piazza) . . . . **KY** 139
S. Gregorio Armeno (Via) . . **LY** 142
S. Maria di
Costantinopoli (Via) . . . . . **KY** 145
S. Pietro a Maiella (Via). . . . **KY** 148
S. Sebastiano (Via). . . . . **KY** 149
Sedile di Porto (V. del) . . **KYZ** 154
Toledo (Via). . . . . **KY**
Trinità Maggiore (Calata). . . **KY** 165
Vicaria Vecchia (Via) . . . . **LY** 169
Vittorio Emanuele III (Via) . . **KZ** 171

Grand Hotel Vesuvio, via Partenope 45 ✉ 80121 ✆ 081 7640044, *info@vesuvio.it, Fax 081 7644483,* ≤ golfo e Castel dell'Ovo, ⅼ₆, ≘s – |‡|, ⇹ cam, ▤ TV ✆ ♿ 🚗 – 🏛 400. AE ⑤ ⓓ ⓜⓒ VISA. ✂ **FX n**
Pasto vedere rist ***Caruso*** – **146 cam** ☐ 320/400, 17 suites.
◆ L'immutato charme degli antichi splendori in uno scrigno di squisita eleganza, dal 1882 prestigioso simbolo dell'ospitalità napoletana; vista sul golfo e Castel dell'Ovo.

Excelsior, via Partenope 48 ✉ 80121 ✆ 081 7640111, *info@excelsior.it, Fax 081 7649743* – |‡|, ⇹ cam, ▤ TV ✆. AE ⑤ ⓓ ⓜⓒ VISA JCB. ✂ rist **GX w**
Pasto al Rist. ***La Terrazza*** *(chiuso domenica)* carta 48/66 – **109 cam** ☐ 270/330, 12 suites.
◆ Morbidi echi belle époque nei raffinatissimi ambienti in stile di una gloria dell'hotellerie cittadina, che rivive i fasti di un tempo; lusso di gran classe nelle camere. La vista mozzafiato sul golfo e Castel dell'Ovo dal ristorante roof-garden.

Gd H. Parker's, corso Vittorio Emanuele 135 ✉ 80121 ✆ 081 7612474, *info@grandhotelparkers.it, Fax 081 663527* – |‡|, ⇹ cam, ▤ TV ✆ 🚗 – 🏛 250. AE ⑤ ⓓ ⓜⓒ VISA JCB. ✂ **EX r**
Pasto al Rist. ***George's*** carta 45/71 – **73 cam** ☐ 260/350, 10 suites.
◆ Armonioso connubio tra confort moderno e austera eleganza classica in un hotel di tradizione, ristrutturato nel '90; ogni piano di camere sfoggia arredi di stile diverso. Incomparabile vista sul golfo dal raffinato ristorante.

Gd H. Santa Lucia, via Partenope 46 ✉ 80121 ✆ 081 7640666, *reservations@santalucia.it, Fax 081 7648580,* ≤ golfo e Castel dell'Ovo – |‡|, ⇹ cam, ▤ TV ✆ ♿ – 🏛 100. AE ⑤ ⓓ ⓜⓒ VISA. ✂ **GX c**
Pasto vedere rist ***Megaris*** – **88 cam** ☐ 382/392, 8 suites.
◆ Splendida vista sul golfo e su Castel dell'Ovo, interni di grande fascino e raffinatezza classica; ospitalità curata in una struttura di fine '800 con camere all'altezza.

Starhotel Terminus, piazza Garibaldi 91 ✉ 80142 ✆ 081 7793111, *terminus.na@starhotels.it, Fax 081 206689* – |‡| ⇹ ▤ TV ✆ 🚗 – 🏛 300. AE ⑤ ⓓ ⓜⓒ VISA JCB. ✂ **MY a**
Pasto al Rist. ***Odeon*** carta 35/45 – **168 cam** ☐ 159/179.
◆ Dotazioni moderne, arredi di sobria eleganza classica e attrezzature congressuali in un hotel di fronte alla stazione; suggestivo patio interno e roof-garden panoramico.

Holiday Inn Naples, centro direzionale Isola E/6 ✉ 80143 ✆ 081 2250111, *hinaples@hotel-invest.com, Fax 081 2250683,* ⅼ₆, ≘s – |‡|, ⇹ cam, ▤ TV ✆ ♿ 🚗 – 🏛 320. AE ⑤ ⓓ ⓜⓒ VISA JCB. ✂ **CT a**
Pasto al Rist. ***Bistrot Victor*** carta 31/42 – **298 cam** ☐ 195, 32 suites.
◆ In posizione decentrata, eccelle nei servizi congressuali questa moderna struttura che si sviluppa su 22 piani rispettando elevati standard di qualità e di confort. Il ristorante dispone di un luminoso, piacevole spazio in un patio interno.

Villa Capodimonte 🐦, via Moiariello 66 ✉ 80131 ✆ 081 459000, *villacap@tin.it, Fax 081 299344,* ≤, ☂, 🌳, 🎾 – |‡| ▤ TV ✆ 🚗 P – 🏛 130. AE ⑤ ⓓ ⓜⓒ VISA. ✂ **BT a**
Pasto carta 31/44 – **56 cam** ☐ 154,25/207,46.
◆ Decentrato, sulla collina di Capodimonte, immerso in un quieto giardino con vista sul golfo, ha davvero le fattezze di una villa; ampie camere, eleganti e accessoriate. Sala ristorante con gradevole dehors estivo.

Oriente, via Diaz 44 ✉ 80134 ✆ 081 5512133, *ghorient@tin.it, Fax 081 5514915* – |‡| ▤ TV ✆ – 🏛 300. AE ⑤ ⓓ ⓜⓒ VISA. ✂ **KZ d**
Pasto carta 38/49 – **129 cam** ☐ 155/220, 2 suites – ½ P 140.
◆ Nel centro città, eleganti spazi comuni ampi e ben articolati in un albergo ristrutturato, particolarmente attrezzato per i congressi; sobri arredi classici nelle camere. Sala da pranzo accogliente in stile classico.

Majestic, largo Vasto a Chiaia 68 ✉ 80121 ✆ 081 416500, *info@majestic.it, Fax 081 410145* – |‡|, ⇹ cam, ▤ TV – 🏛 120. AE ⑤ ⓓ ⓜⓒ VISA JCB. ✂ rist **FX b**
Pasto *(chiuso domenica)* carta 43/59 – **112 cam** ☐ 160/200, 6 suites – ½ P 136.
◆ In centralissima posizione, a due passi dall'elegante via dei Mille, un signorile albergo rinnovato, che offre camere totalmente ristrutturate, funzionali e accoglienti. Al ristorante atmosfera piacevole e servizio accurato.

New Europe, via Galileo Ferraris 40 ✉ 80142 ✆ 081 3602111, *nehotel@tin.it, Fax 081 200758* – |‡|, ⇹ cam, ▤ TV ✆ ♿ – 🏛 800. AE ⑤ ⓓ ⓜⓒ VISA JCB. ✂ rist **HV b**
Pasto 25/35 – **156 cam** ☐ 170/205, 3 suites – ½ P 134.
◆ Albergo di ultima generazione che offre servizi decisamente validi e appropriati alle esigenze della clientela che più lo utilizza, quella d'affari. Ubicazione centrale. La sala ristorante è moderna, ma non priva di una certa eleganza.

Paradiso, via Catullo 11 ✉ 80122 ☎ 081 2475111, *paradiso.na@bestwestern.it, Fax 081 7613449*, ≤ golfo, città e Vesuvio, – |‡|, cam, – 80. rist BU a
Pasto carta 35/44 – **72 cam** 120/200 – ½ P 120.
◆ E' davvero paradisiaca la vista su golfo, città e Vesuvio da questo hotel in posizione impagabile sulla collina di Posillipo; comode camere di taglio classico moderno. Piccolo e accogliente, il ristorante ha una terrazza per il servizio estivo.

Mercure Angioino senza rist, via Depretis 123 ✉ 80133 ☎ 081 4910111, *prenotazioni.mercurenapoliangioino@accor-hotels.it, Fax 081 5529509* – |‡| – 30. KZ b
85 cam 152/180.
◆ Nei pressi del Maschio Angioino, personale giovane e sorridente vi accoglie in un funzionale albergo recente; camere confortevoli, ricco buffet per la prima colazione.

Miramare senza rist, via Nazario Sauro 24 ✉ 80132 ☎ 081 7647589, *info@hotelmiramare.com, Fax 081 7640775*, ≤ golfo e Vesuvio – |‡| GX e
30 cam 190/299.
◆ In un palazzo nobiliare di inizio '900, con roof-garden e splendida vista sul golfo e sul Vesuvio, raccolta risorsa elegante, personalizzata negli arredi e nel confort.

Mediterraneo, via Nuovo Ponte di Tappia 25 ✉ 80133 ☎ 081 7970001, *info@mediterraneonapoli.com, Fax 081 2520079* – |‡|, cam, – 81. KZ a
Pasto *(chiuso agosto e domenica)* carta 28/48 – 20 – **227 cam** 199/259 – ½ P 154,50.
◆ Spazi comuni distribuiti su più livelli quasi a rappresentare la dinamicità della nuova gestione. Settore notte completamente rinnovato, servizio attento e puntuale. Ristorante all'ultimo piano sulla terrazza panoramica.

Montespina Park Hotel, via San Gennaro 2 ✉ 80125 ☎ 081 7629687, *info@montespina.it, Fax 081 5702962*, – |‡| – 100. AU c
Pasto carta 27/51 (10%) – **43 cam** 160/220 – ½ P 120.
◆ E' un'oasi nel traffico cittadino questo albergo su una collinetta, immerso nel verde di un parco con piscina, vicino alle Terme di Agnano; camere dallo stile gradevole. Una curata sala da pranzo, ma anche spazi per banchetti e cerimonie.

Serius, viale Augusto 74 ✉ 80125 ☎ 081 2394844, *prenotazioni@hotelserius.it, Fax 081 2399251* – |‡| AU d
Pasto 30/50 – **69 cam** 100/135 – ½ P 90.
◆ Hotel che di recente ha subito una radicale e «salutare» ristrutturazione; nelle vicinanze dello stadio, mette a disposizione dei propri ospiti un garage gratuito. Sala da pranzo moderna e funzionale.

Hotel del Real Orto Botanico, via Foria 192 ✉ 80139 ☎ 081 4421528, *hoteldelreal@hotmail.com, Fax 081 4421346*, – |‡| HU a
Pasto *(chiuso a mezzogiorno)* (solo per alloggiati) carta 28/49 – **32 cam** 99/162, 4 suites – ½ P 101.
◆ All'interno di un palazzo dall'aspetto signorile, una risorsa che si distingue per le camere spaziose, di diverse tipologie e per l'ampia e curata sala colazioni.

Chiaia Hotel de Charme senza rist, via Chiaia 216 ✉ 80121 ☎ 081 415555, *info@hotelchiaia.it, Fax 081 422344* – JZ a
27 cam 95/175.
◆ Ricavato al primo piano di un edificio di una delle zone più caratteristiche di Napoli, un hotel dallo stile davvero personalizzato: quasi un enorme, meravigliosa casa.

Suite Esedra senza rist, via Cantani 12 ✉ 80133 ☎ 081 287451, *Fax 081 287451*, – |‡| LY a
17 cam 114/140, suite.
◆ Saletta biblioteca, prima colazione intorno ad un gran tavolo dell'800, camere dedicate ai segni zodiacali: questo e altro in una nuova perla dell'hotellerie cittadina.

Nuovo Rebecchino senza rist, corso Garibaldi 356 ✉ 80142 ☎ 081 5535327, *nuovorebecchino@napleshotels.na.it, Fax 081 268026* – |‡| MY b
58 cam 105/140.
◆ In zona stazione, all'interno di un palazzo d'epoca, albergo dai gradevoli e curati spazi comuni; camere ampie e ben arredate, più tranquille quelle sul retro.

Gd H. Europa senza rist, corso Meridionale 14 ✉ 80143 ☎ 081 267511, *info@grandhoteleuropa.com, Fax 081 5634643* – |‡| MY c
80 cam 93/135.
◆ I pregi? Eccoli: buona distribuzione degli spazi comuni, camere personalizzate con pitture murali e l'insonorizzazione efficace ed indispensabile vista l'ubicazione.

Il Convento senza rist, via Speranzella 137/a ✉ 80132 ☎ 081 403977, *info@hotelilconvento.com, Fax 081 400332* – |‡| JZ d
14 cam 114/150.
◆ Nei caratteristici quartieri spagnoli, a pochi passi dalla frequentatissima via Toledo, un piccolo albergo dallo stile molto ricercato. Gradevoli ambienti per la colazione.

Executive senza rist, via del Cerriglio 10 ✉ 80134 ☎ 081 5520611, *Fax 081 5520611*, – . KZ c
19 cam ☕ 120/160.
◆ Un centrale edificio del '700 ospita un piccolo, confortevole albergo, rinnovato ed omogeneo; camere con arredi moderni; simpatico bar sulla terrazza roof-garden.

Parteno senza rist, via Partenope 1 ✉ 80121 ☎ 081 2452095, *bnb@parteno.it, Fax 081 2471303* – . FX a
6 cam ☕ 110/165.
◆ Per descrivere questa struttura, ubicata sul lungomare, si potrebbe dire che è un bed and breakfast di alto livello e ciò soprattutto per la qualità dei servizi offerti.

Caruso - Hotel Grand Hotel Vesuvio, via Partenope 45 ✉ 80121 ☎ 081 76400044, *info@vesuvio.it, Fax 081 7644483*, ≤ golfo e Castel dell'Ovo, – . FX n
chiuso dal 5 al 25 agosto e lunedì – **Pasto** carta 42/78.
◆ Dedicato al grande tenore che fu ospite del Grand Hotel Vesuvio, il raffinato ristorante roof-garden propone una cucina napoletana e nazionale di ottimo livello.

Megaris - Hotel Gd H. Santa Lucia, via Santa Lucia 175 ✉ 80121 ☎ 081 7640511, *megaris@santalucia.it, Fax 081 7648580* – . GX c
chiuso agosto e domenica – **Pasto** carta 36/50.
◆ Ha il nome dell'isoletta di Castel dell'Ovo che ammirerete dalle sue finestre questo curato ristorante di notevole eleganza; cucina ricercata, sia di carne che di pesce.

La Cantinella, via Cuma 42 ✉ 80132 ☎ 081 7648684, *la.cantinella@lacantinella.it, Fax 081 7648769*, prenotare la sera – . GX v
chiuso 24-25 dicembre, dal 12 al 27 agosto e domenica (escluso da novembre a maggio) – **Pasto** carta 39/60.
◆ C'è tanto bambù (soffitti, sedie, pareti) in questo elegante locale sito su uno dei lungomare più belli del mondo; importante proposta di vini, cucina di terra e di mare.

'A Fenestella, via Calata del Ponticello a Marechiaro 23 ✉ 80123 ☎ 081 7690020, *afenestella@tin.it, Fax 081 5750686*, ≤ mare e golfo, – . AU g
chiuso dal 14 al 16 agosto, domenica sera e mercoledì a mezzogiorno, in luglio-agosto chiuso domenica; in agosto aperto solo la sera – **Pasto** carta 29/43 (15 %).
◆ Dedicato alla famosa «finestrella» della canzone di Salvatore Di Giacomo, locale a strapiombo sul mare con vista sul golfo; servizio estivo in terrazza, cucina locale.

Giuseppone a Mare, via Ferdinando Russo 13-Capo Posillipo ✉ 80123 ☎ 081 5756002, *Fax 081 5756002*, ≤ città e golfo – . AU p
chiuso 24-25 dicembre, dal 18 agosto al 4 settembre, domenica sera e lunedì – **Pasto** carta 23/45.
◆ Bella posizione nella parte più signorile di Napoli per un classico cittadino. Un locale panoramico con grandi vetrate affacciate sul golfo e sulla città; cucina di mare.

Mimì alla Ferrovia, via Alfonso d'Aragona 21 ✉ 80139 ☎ 081 5538525, *info@mimiallaferrovia.it, Fax 081 289004* – . MY f
chiuso dal 13 al 22 agosto e domenica – **Pasto** carta 27/35 (15 %).
◆ Vicino alla stazione centrale, animato ristorante di taglio elegante, rinnovato di recente, frequentato da gente di spettacolo; tradizionale cucina napoletana e di mare.

Don Salvatore, strada Mergellina 4 A ✉ 80122 ☎ 081 681817, *donsalvatore@virgilio.it, Fax 081 661241*, Rist. e pizzeria – . BU t
chiuso mercoledì – **Pasto** carta 34/47.
◆ Lunga tradizione familiare per un vivace, moderno ristorante-pizzeria di taglio classico; buffet di antipasti, esposizione di pesce e forno per le pizze a vista.

Rosolino-Il Posto Accanto, via Nazario Sauro 2/7 ✉ 80132 ☎ 081 7649873, *info@rosolino.it, Fax 081 7649870*, Rist. e pizzeria – – 70. . GX a
chiuso domenica sera – **Pasto** carta 24/45.
◆ Moderno di tono elegante, ristorante-pizzeria «polivalente», con sale più raccolte e altre più spaziose per banchetti; ampia scelta di piatti napoletani e di mare.

Ciro a Santa Brigida, via Santa Brigida 73 ✉ 80132 ☎ 081 5524072, *Fax 081 5528992*, Rist. e pizzeria – . JZ w
chiuso dal 7 al 25 agosto e domenica (escluso dicembre) – **Pasto** carta 28/34.
◆ Nel vecchio cuore di Napoli, è un'istituzione cittadina questo movimentato ristorante-pizzeria, moderno nell'aspetto tradizionale; cucina di terra e di mare.

Transatlantico, via Luculliana-borgo Marinari ✉ 80132 ☎ 081 7648842, *Fax 081 7649201*, – . BU z
chiuso dal 21 gennaio al 4 febbraio e martedì – **Pasto** carta 23/28.
◆ Nel borgo caratteristico dove sorge Castel dell'Ovo, suggestivo locale di stile classico elegante; servizio estivo sul porto di Santa Lucia, cucina tradizionale.

Le Due Palme, via Agnano Astroni 30 ✉ 80125 ☎ 081 5706040, *info@leduepalme.it, Fax 081 7626128*, , Rist. e pizzeria, – . AU b
chiuso lunedì e a mezzogiorno e la domenica in agosto – **Pasto** carta 24/52.
◆ Adiacente alle Terme di Agnano, ampio e luminoso ristorante-pizzeria a gestione familiare, con parcheggio e servizio estivo in giardino; cucina di mare e stagionale.

X **Taverna dell'Arte,** rampe San Giovanni Maggiore 1/A ✉ 80134 ☎ 081 5527558, *Fax 081 5527558*, prenotare – ▤. ✿ MC VISA **KY a**
chiuso dal 4 al 25 agosto e domenica – **Pasto** carta 20/35.
◆ Di fianco all'Università, una vera e propria taverna, ispirata a quelle aragonesi del '600, dove ritrovare riti conviviali e antichi sapori della tradizione partenopea.

X **L'Europeo di Mattozzi,** via Campodisola 4/6/8 ✉ 80133 ☎ 081 5521323, *Fax 081 5521323*, Rist. e pizzeria – ▤. AE ✿ ⓓ MC VISA JCB. ✗ **KZ e**
chiuso dal 15 al 31 agosto, sabato sera e domenica dal 1º luglio al 15 agosto, le sere di lunedì, martedì e mercoledì negli altri mesi – **Pasto** carta 35/50 (12 %).
◆ Habitué o no, sarete comunque coccolati dal titolare di un frequentato, semplice ristorante-pizzeria, da decenni con la stessa gestione familiare; cucina locale.

X **Al Poeta,** piazza Salvatore di Giacomo 134/135 ✉ 80123 ☎ 081 5756936, *Fax 081 5756936* – ▤. AE ✿ ⓓ MC VISA. ✗ **AU e**
chiuso dal 10 al 25 agosto e lunedì – **Pasto** carta 19/42 (15 %).
◆ Dopo oltre 30 anni di attività, questo ristorante ha clientela e nomea ormai ben consolidate; impostazione informale, tavoli vicini, cucina locale, di mare e pizze.

X **Marino,** via Santa Lucia 118/120 ✉ 80132 ☎ 081 7640280, *Fax 081 7640280*, Rist. e pizzeria – ▤. AE ✿ MC VISA JCB. ✗ **GX b**
chiuso agosto e lunedì – **Pasto** carta 18/26 (15 %).
◆ Da più di 60 anni della stessa famiglia, è un semplice, tradizionale ristorante-pizzeria molto frequentato; cucina di mare e buffet di antipasti ricco di sfiziosità.

X **Sbrescia,** rampe Sant'Antonio a Posillipo 109 ✉ 80122 ☎ 081 669140, *Fax 081 669140*, ≤ città e golfo, Rist.-pizzeria – AE ✿ ⓓ MC VISA. ✗ **BU r**
chiuso lunedì – **Pasto** carta 15/45 (13 %).
◆ Ristorante-pizzeria tipico, a gestione familiare, con notevole vista sulla città e sul golfo e belle vasche di pesci e crostacei; proposte di mare e pizze.

X **La Chiacchierata,** piazzetta Matilde Serao 37 ✉ 80132 ☎ 081 411465, prenotare – AE ✿ ⓓ MC VISA JCB. ✗ **JZ b**
chiuso Natale, Capodanno, agosto, la sera (escluso venerdì), da giugno a settembre anche sabato e domenica – **Pasto** carta 37/49 (10 %).
◆ Appassionata gestione familiare da oltre 10 anni e accoglienza cordiale in una minuscola e centralissima trattoria; cucina casalinga con specialità napoletane.

In questa guida
uno stesso simbolo, una stessa parola
stampati in rosso o in nero,
hanno un significato diverso.
Leggete attentamente le pagine dell'introduzione.

NAPOLI (Golfo di) *Napoli* 564 E 24 *G. Italia.*

NARNI *05035 Terni* 563 O 19 – *20 166 ab. alt. 240.*
Roma 89 – Terni 13 – Perugia 84 – Viterbo 45.

X **Il Cavallino,** via Flaminia Romana 220 (Sud : 3 km) ☎ 0744 761020, ䷀ – P. AE ✿ ⓓ MC VISA. ✗
chiuso dal 20 al 25 dicembre, dal 16 al 31 luglio e martedì – **Pasto** carta 21/29.
◆ Ambiente semplice nelle due salette di una trattoria a gestione familiare, fuori dal centro, che propone una casereccia cucina del territorio e piatti di cacciagione.

a Narni Scalo *Nord : 2 km – ✉ 05036 Narni Stazione :*

Terra Umbra Hotel, via Maratta Bassa 61 (Nord-Est : 3 km) ☎ 0744 750304 e rist ☎ 0744 750871, *info@terraumbra.it, Fax 0744 751014*, Fá, ≘s, ⛱ – |‡| ▤ TV ☎ ♿ P – 🏛 150. AE ✿ ⓓ MC VISA. ✗
Pasto al Rist ***Al Canto del Gallo*** *(chiuso lunedì)* carta 20/35 – **27 cam** ☕ 86/99, 2 suites – ½ P 70.
◆ Hotel moderno a vocazione congressuale, con confortevoli interni in elegante stile rustico, dove il caldo color legno ben si armonizza con i prevalenti toni del giallo. Sala ristorante con travi a vista e arredi in legno di stile essenziale.

a Montoro *Sud-Ovest : 8 km – ✉ 05027 :*

XX **Il Feudo,** via del Forno 10 ☎ 0744 735168, *info@ristoranteilfeudo.it, Fax 0744 735168* – ▤. ✿ MC VISA. ✗
chiuso lunedì – **Pasto** carta 22/35.
◆ Nel pieno centro storico della città, un locale dal raffinato ambiente rustico: tre salette distribuite su due livelli, dove gustare un'interessante cucina del territorio.

NATURNO (NATURNS) *39025 Bolzano* 562 C 15, 218 ⑨ ⑲ – *5 069 ab. alt. 554.*

via Municipio 1 ☎ 0473 666077, naturns@meranerland.com, Fax 0473 666369.

Roma 680 – Bolzano 41 – Merano 15 – Milano 341 – Passo di Resia 64 – Trento 101.

Lindenhof, via della Chiesa 2 ☎ 0473 666242, *info@lindenhof.it, Fax 0473 668298*, Centro benessere, riscaldata, – rist, rist – 25. VISA. rist

marzo-novembre – **Pasto** carta 34/41 – **25 cam** 108,50/218, 18 suites 258 – ½ P 130.

◆ Uno splendido giardino con piscina riscaldata, centro benessere e ambienti eleganti, felice connubio di moderno e tradizionale, per regalarvi un soggiorno esclusivo. Sala da pranzo molto luminosa.

Sunnwies, via Kleeberg 7 ☎ 0473 667157, *info@sunnwies.it, Fax 0473 667941*, – rist, rist, – 30. VISA. rist

13 marzo-6 novembre – **Pasto** (solo per alloggiati) – **38 cam** 80,50/161 – ½ P 88,50.

◆ Immersa in un giardino con laghetto, una struttura che offre diversi spazi per il relax, lo sport, la lettura e anche per i bambini; spaziose camere classiche.

Feldhof, via Municipio 4 ☎ 0473 666366, *info@feldhof.com, Fax 0473 667263*, Centro benessere, – rist, VISA. rist

23 marzo-10 novembre – **Pasto** (solo per alloggiati) – **37 cam** 103/139, 2 suites – ½ P 108.

◆ Albergo centrale a gestione diretta, circondato da un ameno giardino con piscina; interni in stile tirolese, graziose camere in parte rinnovate e centro benessere.

Preidlhof, via San Zeno 13 ☎ 0473 666251, *info@preidlhof.it, Fax 0473 666105*, – rist, VISA. rist

15 marzo-24 novembre – **Pasto** (solo per alloggiati) – **38 cam** 99/210, 7 suites – ½ P 120.

◆ Dolce quiete e incantevole paesaggio sono i primi ingredienti di un soggiorno indimenticabile; un bel giardino con piscina e spazi confortevoli sono un'ulteriore garanzia.

Funggashof, via al Fossato 1 ☎ 0473 667161, *Fax 0473 667930*, Centro benessere, – rist, rist, AE VISA. rist

Natale e marzo-novembre – **Pasto** 30/50 – **28 cam** 77/154, 4 suites – ½ P 86.

◆ In posizione panoramica, hotel immerso in un giardino-frutteto con piscina, ideale per gli amanti della quiete; eleganti ambienti «riscaldati» dal sapiente uso del legno. Pareti rivestite di legno e arredi in stile nella sala da pranzo.

NATURNS = Naturno.

NAVA (Colle di) *Imperia* 561 J 5, 115 ⑩ – *alt. 934.*

Roma 620 – Imperia 35 – Cuneo 95 – Genova 121 – Milano 244 – San Remo 60.

Colle di Nava-Lorenzina, via Nazionale 65 ✉ 18020 Case di Nava ☎ 0183 325044, *lorenzina@uno.it, Fax 0183 325044*, – AE VISA JCB. rist

chiuso dal 15 gennaio a febbraio – **Pasto** *(chiuso martedì)* carta 22/31 – 7 – **37 cam** 34/56 – ½ P 50.

◆ Ambiente informale in una semplice struttura a conduzione familiare ormai generazionale; accoglienti spazi comuni d'ispirazione contemporanea, camere lineari. Due capienti sale da pranzo dove gustare cucina casereccia a base di tipici prodotti di montagna.

NAZ SCIAVES (NATZ SCHABS) *39040 Bolzano* 562 B 17 – *2 403 ab. alt. 891.*

frazione Naz 67 ☎ 0472 415020, tv-natz-schabs@dnet.it, Fax 0472 415122.

Roma 678 – Bolzano 49 – Bressanone 8 – Merano 78.

Mühlwaldhof, ☎ 0472 415204, *info@landhotel-muehlwaldhof.com, Fax 0472 415095*, riscaldata, – AE VISA.

chiuso novembre – **Pasto** (solo per alloggiati) – **29 cam** 56/90,10 – ½ P 50,50.

◆ Risorsa sorta di recente all'estremità della località, immersa tra le piantagioni di meli, da cui si gode di una bella vista. Gestione cordiale, per una vacanza serena.

NE *16040 Genova* 561 I 10 – *2 371 ab. alt. 186.*

Roma 473 – Genova 50 – Rapallo 26 – La Spezia 75.

La Brinca, località Campo di Ne 58 ☎ 0185 337480, *labrinca@libero.it, Fax 0185 337639*, prenotare – AE VISA JCB.

chiuso lunedì e a mezzogiorno (escluso sabato-domenica ed i giorni festivi) – **Pasto** carta 29/37.

◆ Ha il nome dell'antica proprietaria della casa dell'800 che la ospita, l'elegante trattoria con qualificata enoteca; piatti del territorio reinventati in chiave moderna.

Antica Trattoria dei Mosto, piazza dei Mosto 15/1, località Conscenti ✆ 0185 337502, *mosto@libero.it, Fax 0185 337502*, prenotare – ✂. AE ⓢ ⓓ ⓜ VISA JCB
chiuso 10 giorni in giugno, 4 settimane tra settembre ed ottobre, mercoledì e a mezzogiorno in luglio-agosto – **Pasto** carta 21/28.
◆ Tipica risorsa ubicata al primo piano di un edificio in centro paese: già locanda ai primi del '900, è poi divenuta un accogliente locale in cui provare cucina ligure.

NEBBIUNO *28010 Novara* 561 E 7 – *1 554 ab. alt. 430.*

Roma 650 – Stresa 12 – Milano 84 – Novara 50.

Tre Laghi ⛰, via G. Marconi 3 ✆ 0322 58025, *info@trelaghihotel.it, Fax 0322 58703*, ≤ lago e monti, ☂, 🌳 – |♦| 📺 – 🏛 200. ⓢ ⓓ ⓜ VISA JCB. ✂ rist
marzo-ottobre – **Pasto** al Rist. ***Azalea*** *(marzo-ottobre e chiuso lunedì escluso giugno-settembre)* carta 27/37 – **43 cam** ☕ 117 – ½ P 85.
◆ Albergo di tradizione familiare ultracentanaria, da cui si gode una splendida vista su lago e monti; ampie e razionali zone comuni, piacevoli camere ben arredate. Imperdibile il servizio estivo in terrazza panoramica.

NEGRAR *37024 Verona* 562 F 14 – *16 222 ab. alt. 190.*

Roma 517 – Verona 12 – Brescia 72 – Milano 160 – Trento 94.

Relais La Magioca ⛰ senza rist, località Moron 3 (Sud : 3 km) ✆ 045 6000167, *info@magioca.it, Fax 045 6000840*, 🌳 – ▤ 📺 📞 P. AE ⓢ ⓓ ⓜ VISA
chiuso dal 15 dicembre al 15 gennaio – **5 cam** ☕ 270.
◆ In un piccolo parco-giardino con chiesetta originaria del XIII secolo, un antico casale in elegante stile rustico per un soggiorno romantico, in ambienti ricchi di fascino.

NEIVE *12057 Cuneo* 561 H 6 – *2 957 ab. alt. 308.*

Roma 643 – Genova 125 – Torino 70 – Asti 31 – Cuneo 96 – Milano 155.

La Contea con cam, piazza Cocito 8 ✆ 0173 67126, *lacontea@la-contea.it, Fax 0173 67367*, ☂, prenotare – 📺 P. AE ⓢ ⓓ ⓜ VISA
chiuso dal 24 al 30 dicembre e dal 31 gennaio al 15 marzo – **Pasto** *(chiuso domenica sera e lunedì escluso da settembre a novembre)* 26/60 e carta 46/57 🍇 – **13 cam** solo ½ P 90,38.
◆ Cucina piemontese rivisitata in chiave moderna in un ristorante di tono signorile, con camere tutte diverse tra loro, sito in un antico palazzo in pieno centro storico.

La Luna nel Pozzo, piazza Italia ✆ 0173 67098, *ristorante@lalunanelpozzo-neive.it, Fax 0173 67098*, prenotare – AE ⓢ ⓓ ⓜ VISA JCB
chiuso dal 27 dicembre al 5 gennaio, dal 15 giugno al 15 luglio, martedì sera e mercoledì – **Pasto** carta 37/48 🍇.
◆ Nel cuore del paese un locale classico a valida conduzione familiare: una sobria saletta di taglio rustico, con pavimento in cotto, dove gustare piatti delle Langhe.

NEMI *00040 Roma* 563 Q 20 *G. Roma* – *1 826 ab. alt. 521.*

Roma 33 – Anzio 39 – Frosinone 72 – Latina 41.

Diana Park Hotel ⛰, via Nemorense 44 (Sud : 3 km) ✆ 06 9364041, *info@hoteldiana.com, Fax 06 9364063*, ☂, 🌳 – |♦| ▤ 📺 P – 🏛 250. AE ⓢ ⓓ ⓜ VISA. ✂
Pasto *(chiuso novembre)* carta 36/52 – **24 cam** ☕ 70/120 – ½ P 80.
◆ In posizione tranquilla e panoramica sul lago di Nemi, albergo recente, di tono classico e alquanto elegante, ideale per chi vuole visitare la zona dei castelli. Servizio ristorante estivo in terrazza con splendida vista del bacino lacustre e dei dintorni.

NERANO *Napoli* – *Vedere Massa Lubrense.*

NERVESA DELLA BATTAGLIA *31040 Treviso* 562 E 18 – *6 689 ab. alt. 78.*

Roma 568 – Belluno 68 – Milano 307 – Treviso 20 – Udine 95 – Venezia 51 – Vicenza 65.

La Panoramica, strada Panoramica Nord-Ovest : 1 km ✆ 0422 885170, *info@ristorantelapanoramica.com, Fax 0422 885274*, ≤, ☂, 🌳 – P. AE ⓢ ⓜ VISA. ✂
chiuso dal 21 gennaio al 6 febbraio, dal 28 luglio al 12 agosto, lunedì e martedì – **Pasto** carta 25/40.
◆ Il nome non mente: davvero bella posizione panoramica per questo ristorante in una casa colonica in mezzo alla campagna e ai vigneti; ameno servizio estivo all'aperto.

Da Roberto Miron, piazza Sant'Andrea 26 ✆ 0422 885185, *ristorante.miron@libero.it, Fax 0422 885165*, ☂ – ▤. AE ⓢ ⓓ ⓜ VISA JCB
chiuso dal 1° al 15 gennaio, dal 15 al 30 luglio, domenica sera e lunedì – **Pasto** specialità funghi carta 33/45 🍇.
◆ Locale classico, gestito dal 1935 dalla stessa famiglia; tavoli rotondi e pareti ornate da molti quadri e altri oggetti nella sala, dove provare le specialità ai funghi.

NERVI *Genova* 561 I 9 *G. Italia* – ✉ *16167 Genova-Nervi.*
Roma 495 ① – Genova 11 ② – Milano 147 ② – Savona 58 ② – La Spezia 97 ①.

Villa Pagoda, via Capolungo 15 ✆ 010 3726161 e rist ✆ 010 323200, *info@villapagoda.it, Fax 010 321218,* ≤, – ▤ – 250. rist
Pasto al Rist. ***Il Roseto*** carta 32/58 – ☕ 13 – **13 cam** 190/230, 4 suites – ½ P 150.
◆ Vacanze esclusive in una panoramica villa ottocentesca, circondata da un piccolo parco ombreggiato; grande raffinatezza negli interni signorili dall'atmosfera romantica. Arioso ristorante dove il tempo sembra essersi fermato in un momento di dolce serenità.

Astor, viale delle Palme 16 ✆ 010 329011, *astor@astorhotel.it, Fax 010 3728486,* – ▤ – 100.
Pasto carta 40/50 – **55 cam** ☕ 145/190 – ½ P 120.
◆ Hotel immerso in un piccolo parco secolare, con eleganti interni di taglio moderno, ideale per una clientela d'affari, ma anche per gli amanti di un soggiorno rilassante. Servizio ristorante estivo sulla fresca veranda.

Esperia, via Val Cismon 1 ✆ 010 3726071, *info@hotelesperia.it, Fax 010 3291006,* – ▤ cam, – 35. rist
Pasto *(chiuso dal 15 ottobre al 15 novembre)* (solo per alloggiati) 18/25 – **27 cam** ☕ 88/108 – ½ P 92.
◆ Albergo fine anni '50, completamente ristrutturato in chiave moderna nel corso degli ultimi anni: funzionali interni d'ispirazione contemporanea, camere lineari.

La Ruota, via Oberdan 215 r ✆ 010 3726027, *Fax 010 3726027* – ▤.
chiuso dal 1° al 15 agosto e lunedì – **Pasto** carta 22/34.
◆ Dopo una passeggiata sul lungomare potrete gustare i piatti marinari serviti nell'ambiente semplice ed essenziale di una classica trattoria a conduzione familiare.

NERVIANO *20014 Milano* 561 F 8, 219 ⑱ – *16 830 ab. alt. 175.*
Roma 600 – Milano 25 – Como 45 – Novara 34 – Pavia 57.

Antica Locanda del Villoresi, strada statale Sempione 4 ✆ 0331 559450, *info@locandavilloresi.it, Fax 0331 491906* – ▤ rist
chiuso agosto – **Pasto** *(chiuso sabato a mezzogiorno e lunedì)* carta 27/35 – **16 cam** ☕ 85/120 – ½ P 55.
◆ Vecchia cascina completamente rinnovata, lungo la strada del Sempione; curati spazi interni d'impronta moderna, lineari e confortevoli, camere accoglienti e sobrie. Arioso ristorante arredato in modo gradevole.

La Guardia, via 20 Settembre 73 angolo statale Sempione ✆ 0331 587615, *info@ristorantelaguardia.it, Fax 0331 580260* – ▤
chiuso dal 1° al 10 gennaio, dal 7 al 28 agosto e lunedì – **Pasto** carta 36/48.
◆ In zona industriale e periferica, un villino indipendente, arredato secondo uno stile rustico-elegante e ingentilito da una bella veranda con spioventi di legno.

NETTUNO *00048 Roma* 563 R 19 *G. Italia – 39 290 ab..*
(chiuso mercoledì) ✆ 06 9819419, Fax 06 98988142.
Roma 55 – Anzio 3 – Frosinone 78 – Latina 22.

Marocca, via della Liberazione ✆ 06 9854241, *hotelmarocca.it@hotelmarocca.it, Fax 06 9854241,* ≤ – ▤
chiuso 24-26 dicembre – **Pasto** carta 19/28 – ☕ 15 – **38 cam** 80/100 – ½ P 80.
◆ Bianca struttura di stile contemporaneo in prossimità della spiaggia, adatta anche a una clientela di lavoro; spazi interni funzionali, camere classiche. Panoramiche vetrate da cui si gode una bella vista sul mare nella sala da pranzo.

NETTUNO (Grotta di) *Sassari* 566 F 6 – *Vedere Sardegna alla fine dell'elenco alfabetico.*

NEUMARKT = Egna.

NEUSTIFT = Novacella.

NEVEGAL *Belluno* 562 D 18 – *alt. 1 000* – ✉ *32100 Belluno – a.s. febbraio-7 aprile, 14 luglio-agosto e Natale – Sport invernali : 1 050/1 680 m 11,* .
Roma 616 – Belluno 13 – Cortina d'Ampezzo 78 – Milano 355 – Trento 124 – Treviso 76 – Udine 116 – Venezia 105.

Olivier, ✆ 0437 908165, *olivier@dolomiti.it, Fax 0437 908162,* ≤, Campo da calcio, – – 200.
dicembre-15 aprile e giugno-settembre – **Pasto** 22/45 – **54 cam** ☕ 72,30/92,96 – ½ P 72,30.
◆ Fuori dal centro, albergo immerso nel verde, in posizione strategica, vicino agli impianti di risalita, dotato di confortevoli spazi comuni e campo da calcio. Ariosa sala ristorante.

NEVIANO DEGLI ARDUINI *43024 Parma* 561 I 12 – *3 687 ab. alt. 500.*
Roma 463 – Parma 32 – Modena 65 – Reggio nell'Emilia 35.

Trattoria Mazzini, via Ferrari 84 ✆ 0521 843102, *trattoriamazzini@katamail.com*, prenotare la sera – VISA
chiuso ottobre e giovedì – **Pasto** carta 22/43.
◆ Simpatico e originale ristorantino con una saletta molto accogliente e personalizzata, con composizioni di fiori secchi e ceramiche alle pareti; gustosi piatti parmigiani.

NICASTRO *Catanzaro* 564 K 30 – *Vedere Lamezia Terme.*

NICOLOSI *Catania* 565 O 27 – *Vedere Sicilia alla fine dell'elenco alfabetico.*

NICOSIA *Enna* 565 N 25 – *Vedere Sicilia alla fine dell'elenco alfabetico.*

NIEDERDORF = Villabassa.

NIEVOLE *Pistoia – Vedere Montecatini Terme.*

Scriveteci...
Le vostre critiche e i vostri apprezzamenti saranno esaminati con la massima attenzione.
Verificheremo personalmente gli esercizi che ci vorrete segnalare
Grazie per la collaborazione !

NIZZA MONFERRATO *14049 Asti* 561 H 7 – *9 919 ab. alt. 138.*
Roma 604 – Alessandria 32 – Asti 28 – Genova 106 – Torino 82.

Doc senza rist, via Tripoli 25 ✆ 0141 727600, *Fax 0141 727612* – AE VISA JCB
12 cam ☐ 70/100.
◆ Piccolo albergo rinnovato di recente, sito nel centro della cittadina: interni di taglio moderno, semplice e funzionale, camere eterogenee nello stile dell'arredamento.

NOALE *30033 Venezia* 562 F 18 – *14 612 ab. alt. 18.*
Roma 522 – Padova 25 – Treviso 22 – Venezia 20.

Due Torri Tempesta, via dei Novale 59 ✆ 041 5800750, *hotelduetorritemp@tiscalinet.it, Fax 041 5801100* – P. AE VISA. cam
chiuso dal 1° al 7 gennaio e dal 9 al 15 agosto – **Pasto** *(chiuso domenica)* carta 24/30 – ☐ 5,16 – **40 cam** 62/94 – ½ P 67,14.
◆ Originale design d'impronta contemporanea in un hotel ampliato da poco; piacevole connubio di passato e presente nell'indovinato abbinamento del legno a insolite geometrie. Una sorta di curiosa «ossatura» centrale in legno curvato domina la sala da pranzo.

Garden, via Giacomo Tempesta 124 ✆ 041 4433299, *info@hotelgarden.it, Fax 041 442104* – P – 50. AE VISA JCB. rist
Pasto *(chiuso a mezzogiorno)* carta 25/35 – **66 cam** ☐ 70/95 – ½ P 61.
◆ Grande albergo a vocazione congressuale, ma adatto anche al turista di passaggio; spaziose zone soggiorno dalla calda atmosfera, camere semplici e funzionali. Al ristorante sala lineare con arredi essenziali.

NOBIALLO *Como* 561 D 9 – *Vedere Menaggio.*

NOCCHI *Lucca* 563 K 13 – *Vedere Camaiore.*

NOCERA TERINESE *88047 Catanzaro* 564 J 30 – *4 894 ab. alt. 485.*
Roma 560 – Cosenza 47 – Catanzaro 59 – Reggio di Calabria 152.

verso Falerna *Sud : 5 km*

Agriturismo Vota, contrada Vota 3 ✆ 0968 91517, *vota@agrivota.it, Fax 0968 91517*, – P. AE VISA.
Pasto 13/26 – ☐ 3 – **12 cam** 28,41/56,82 – ½ P 51,14.
◆ Nella dolce quiete degli uliveti, una risorsa agrituristica dotata di terrazza-giardino con piscina e vista mare e dintorni; piacevoli interni e camere accoglienti. Proposte di cucina casereccia servite nell'ampia sala da pranzo.

NOCETO *43015 Parma* 562 H 12 – *10 523 ab. alt. 76.*

Roma 472 – Parma 13 – Bologna 110 – Milano 120 – Piacenza 59 – La Spezia 104.

Aquila Romana, via Gramsci 6 ☎ 0521 625398, *aquila.romana@libero.it, Fax 0521 625398,* prenotare – AE ⓢ ⓓ ⓜ VISA JCB
chiuso 24-25 dicembre, dal 1° al 14 agosto, lunedì e martedì – **Pasto** carta 30/55.
◆ Cordiale accoglienza in un locale storico di lunga tradizione familiare: sala ornata con quadri e suppellettili di ogni tipo, dove assaporare piatti di cucina del luogo.

NOCI *70015 Bari* 564 E 33 – *19 481 ab. alt. 424.*

piazza Plebiscito 43 ☎ 080 4978889.

Roma 497 – Bari 49 – Brindisi 79 – Matera 57 – Taranto 47.

Cavaliere, via Tommaso Siciliani 47 ☎ 080 4977589, *hotelcavaliere@tin.it, Fax 080 4949025* – P – 50. AE ⓢ ⓓ ⓜ VISA.
Pasto carta 29/44 – 5,16 – **33 cam** 56,81/77,47 – ½ P 54,23.
◆ Una completa ristrutturazione ha riconsegnato un albergo accogliente, con stanze eleganti dalle linee classiche e una bella terrazza per piacevoli serate o per il relax. Due ampie sale da pranzo, molto luminose.

Agriturismo Le Casedde, sulla strada statale 604 Ovest : 2,5 km ☎ 080 4978946, *info@lecasedde.com, Fax 080 4978946,* – P.
Pasto (solo su prenotazione) 15/21 – 4,50 – **8 cam** 47/57 – ½ P 52.
◆ All'interno di caratteristici trulli, una risorsa agrituristica semplice nelle strutture, ma con piacevoli interni d'ispirazione contemporanea, curati e accoglienti. Piatti preparati con prodotti locali, nella sala ristorante con camino centrale.

L'Antica Locanda, via Spirito Santo 49 ☎ 080 4972460 – AE ⓢ ⓓ ⓜ VISA.
chiuso domenica sera e martedì – **Pasto** carta 19/28.
◆ Nel centro storico, trattoria con tre ambienti comunicanti ricavati nelle vecchie cantine: pareti in pietra, quadri, ambiente accogliente; proposte culinarie tipiche pugliesi.

a Montedoro *Sud-Est : 3 km – ✉ 70015 Noci :*

Il Falco Pellegrino, ☎ 080 4974304, *falcogest@inwind.it, Fax 080 4974304,* , Rist. e pizzeria, prenotare, – P. AE ⓢ ⓓ ⓜ VISA.
chiuso lunedì – **Pasto** carta 19/32.
◆ Ristorante all'interno di una bella villetta in mezzo alla campagna; specialità di pesce, proposte di cucina locale e, alla sera, pizze; invitante servizio estivo in giardino.

NOLA *80035 Napoli* 564 E 25 – *33 131 ab. alt. 40.*

Roma 217 – Napoli 33 – Benevento 55 – Caserta 34 – Salerno 56.

in prossimità casello autostrada A 30 :

Ferrari, via Nazionale 349, località San Vitaliano Ovest : 1,5 km ☎ 081 5198083, *info@hotelferrari.it, Fax 081 5197021* – P – 300. AE ⓢ ⓓ ⓜ VISA JCB.
Pasto 20/30 – **102 cam** 110/144 – ½ P 92.
◆ Hotel moderno a vocazione soprattutto congressuale, in comoda posizione, non lontano dal casello autostradale di Nola; piacevoli ambienti interni e camere confortevoli.

Dei Platani, via Nazionale delle Puglie 300 ☎ 081 5122522, *info@hoteldeiplatani.it, Fax 081 5122522* – P – 100. AE ⓢ ⓓ ⓜ VISA JCB. rist
Pasto (solo per alloggiati) carta 21/27 – **50 cam** 65/90 – ½ P 63.
◆ Ideale per una clientela di lavoro questa struttura di taglio lineare, a conduzione familiare: ambienti comuni luminosi e spaziose camere essenziali; capiente sala riunioni.

NOLI *17026 Savona* 561 J 7 *G. Italia* – *2 902 ab..*

corso Italia 8 ☎ 019 7499003, noli@inforiviera.it, Fax 019 7499300.

Roma 563 – Genova 64 – Imperia 61 – Milano 187 – Savona 18.

Miramare, corso Italia 2 ☎ 019 748926, *Fax 019 748927,* ←, – . AE ⓢ ⓓ ⓜ VISA. rist
chiuso novembre – **Pasto** carta 23/43 – **28 cam** 69/95 – ½ P 79.
◆ In un edificio storico del 1500, abbellito da un rigoglioso giardino e situato a pochi passi dal mare, un hotel con interni d'ispirazione contemporanea e camere spaziose. Proposte culinarie della tradizione nell'ampia sala da pranzo.

Ines, via Vignolo 1 ☎ 019 7485428, *Fax 019 748086* – . ⓢ ⓓ ⓜ VISA.
Pasto *(chiuso lunedì)* specialità di mare carta 34/44 – **16 cam** 71 – ½ P 54.
◆ Nel cuore della località, di fianco alla cattedrale di S.Pietro, albergo con camere semplici, ma tenute in modo impeccabile; piacevoli spazi comuni di taglio moderno. Ambiente familiare nella piacevole e luminosa sala da pranzo dalle linee essenziali.

Residenza Palazzo Vescovile, via al Vescovado 13 ☎ 019 7499059, *info@vescovado.net, Fax 019 7499059,* « Servizio estivo in terrazzo con ≤ su Noli e mare » – ▣ ♿. AE ⓢ ⓓ ⓜⓒ VISA JCB. ✗ rist
chiuso novembre – **Pasto** *(chiuso martedì)* carta 44/85 – **14 cam** ☕ 80/170 – ½ P 125.
◆ Una suggestiva e indimenticabile vacanza nell'antico Palazzo Vescovile, in ambienti ricchi di fascino, alcuni impreziositi da affreschi e con splendidi arredi d'epoca. Atmosfera d'altri tempi nelle tre superbe sale da pranzo ricavate dalle camere del Vescovo.

Italia con cam, corso Italia 23 ☎ 019 748971, *info@hotelitalianoli.it, Fax 019 7491859,* ☂ – ▣. AE ⓢ ⓓ ⓜⓒ VISA. ✗ cam
chiuso dal 5 novembre al 7 febbraio – **Pasto** *(chiuso giovedì)* carta 35/50 – **15 cam** ☕ 80/94 – ½ P 70.
◆ In centro, di fronte alla passeggiata a mare, un ristorante con belle camere ristrutturate e una sala molto luminosa; felice unione di tradizione e creatività in cucina.

Da Pino, via Cavalieri di Malta 37 ☎ 019 7490065, ☂, Coperti limitati; prenotare – AE ⓢ ⓓ ⓜⓒ VISA JCB. ✗
chiuso novembre, martedì e lunedì a mezzogiorno – **Pasto** specialità di mare carta 39/65.
◆ Professionale conduzione familiare in un locale di tono signorile con arredi curati e di moderna ispirazione; proposte a base di pescato, servite all'aperto in estate.

a Voze *Nord-Ovest : 4 km – ✉ 17026 Noli :*

Lilliput, Regione Zuglieno 49 ☎ 019 748009, *Fax 019 748009,* ☂, 🌳 – P. AE ⓢ ⓜⓒ VISA
chiuso dal 7 gennaio al 30 gennaio, dal 2 al 27 novembre, lunedì e a mezzogiorno (escluso sabato-domenica e i giorni festivi) – **Pasto** 40/50 e carta 36/61.
◆ In una piacevole casa circondata da un giardino ombreggiato con minigolf, un locale dall'ambiente curato che propone piatti di mare; servizio estivo in terrazza.

NONANTOLA *41015 Modena* 562 H 15 *G. Italia – 12 323 ab. alt. 24.*

Vedere *Sculture romaniche⋆ nell'abbazia.*
Roma 415 – Bologna 34 – Ferrara 62 – Mantova 77 – Milano 180 – Modena 10 – Verona 111.

Osteria di Rubbiara, località Rubbiara Sud : 5 km ☎ 059 549019, *Fax 059 548520,* ☂, Coperti limitati; prenotare – P. AE ⓢ ⓜⓒ VISA. ✗
chiuso dal 20 dicembre al 10 gennaio, agosto, martedì e la sera (escluso venerdì-sabato) – **Pasto** 20/30 bc e carta 15/16.
◆ In aperta campagna, osteria pluricentenaria dall'ambiente tipico, con sala in stile rustico; annessa azienda agricola visitabile, che produce vino e aceto balsamico.

NORCIA *06046 Perugia* 563 N 21 – *4 912 ab. alt. 604.*

Roma 157 – Ascoli Piceno 56 – L'Aquila 119 – Perugia 99 – Spoleto 48 – Terni 68.

Salicone senza rist, viale Umbria ☎ 0743 828076, *info@bianconi.com, Fax 0743 828081,* Ⅎ₆, ≘s, ⛱, 🌳, 🎾 – |‡| ⇆ ▤ ▣ 📞 ♿ 🚗 P – 🔬 50. AE ⓢ ⓓ ⓜⓒ VISA JCB. ✗
71 cam ☕ 160/178.
◆ Alle porte della cittadina, nei pressi del centro sportivo, albergo moderno di recente realizzazione dotato di ogni confort, con ambienti d'ispirazione contemporanea.

Grotta Azzurra, via Alfieri 12 ☎ 0743 816513 e rist ☎ 0743 816590, *info@bianconi.com, Fax 0743 817342* – |‡| ▤ ▣ 📞 🚗 – 🔬 100. AE ⓢ ⓓ ⓜⓒ VISA JCB
Pasto al Rist. ***Granaro del Monte*** carta 24/56 – **46 cam** ☕ 80/120 – ½ P 66.
◆ Semplice alberghetto in pieno centro storico, in un edificio d'epoca, dove è stata ricreata l'atmosfera del tempo passato con arredi in stile antico; camere funzionali. Nelle sale del ristorante oggetti, dipinti, decorazioni ricordano un tempo ormai lontano.

Agriturismo Casale nel Parco dei Monti Sibillini 🐎, Località Fontevena 8 (Nord : 1,5 km) ☎ 0743 816481, *agriumbria@casalenelparco.com, Fax 0743 816481,* ≤, ⛱, 🌳 – ▣ P. ⓢ ⓜⓒ VISA JCB. ✗ cam
chiuso dal 10 gennaio al 10 febbraio – **Pasto** (solo per alloggiati) 25/30 – **7 cam** ☕ 50/70 – ½ P 60.
◆ Si respira l'aria della campagna in questo casale immerso nella quiete a solo un chilometro da Norcia; accoglienti ambienti in stile rustico, spazi esterni godibili, piscina.

Taverna de' Massari, via Roma 13 ☎ 0743 816218, *info@tavernademassari.com, Fax 0743 816218* – ▤. AE ⓢ ⓓ ⓜⓒ VISA. ✗
chiuso martedì escluso da luglio a settembre – **Pasto** carta 19/45.
◆ Taverna nel cuore della località: una piccola saletta con tre tavoli, da cui si accede alla sala principale, con soffitti ad arco e affreschi; piatti della tradizione.

Dal Francese, via Riguardati 16 ☎ 0743 816290, *Fax 0743 816290* – ▤. AE ⓢ ⓜⓒ VISA. ✗
chiuso dal 7 al 22 gennaio, dal 1° al 13 luglio e venerdì (escluso da luglio a settembre) – **Pasto** carta 21/46.
◆ A lato del Duomo, una trattoria che è la roccaforte del tartufo, ingrediente base dei piatti proposti agli avventori, nella sala lunga e stretta, arredata semplicemente.

NORGE POLESINE *Rovigo* 562 G 18 – *Vedere Rosolina.*

NOSADELLO *Cremona – Vedere Pandino.*

NOTARESCO *64024 Teramo* 563 O 23 – *6 773 ab. alt. 250.*
Roma 180 – Ascoli Piceno 59 – Chieti 55 – Pescara 42 – Teramo 22.

sulla strada statale 150 *Sud : 5 km :*

XX **3 Archi,** via Antica Salara 25 ✉ 64020 ☎ 085 898140, *Fax 085 898140* – ▤ P. AE S O VISA.
chiuso novembre, martedì sera e mercoledì – **Pasto** specialità alla griglia carta 23/30.
◆ Posto caldo e accogliente, con grande disimpegno piacevolmente arredato sul rustico; due sale con spazio per la cottura di carni alla griglia, a vista; piatti abruzzesi.

NOTO *Siracusa* 565 Q 27 – *Vedere Sicilia alla fine dell'elenco alfabetico.*

NOVACELLA (NEUSTIFT) *39040 Bolzano* 562 B 16 *G. Italia – alt. 590 – Sport invernali : La Plose-Plancios : 1 503/2 500 m 1 8 (Comprensorio Dolomiti superski Val d'Isarco).*
Vedere *Abbazia*★★.
Roma 685 – Bolzano 44 – Brennero 46 – Cortina d'Ampezzo 112 – Milano 339 – Trento 103.

Pacher, via Pusteria 6 ☎ 0472 836570, *info@hotel-pacher.com, Fax 0472 834717,* – rist, TV P. S MC VISA. rist
chiuso dal 6 al 25 novembre – **Pasto** *(chiuso lunedì)* carta 24/40 – **44 cam** ☐ 54/102 – ½ P 64.
◆ Sarà piacevole soggiornare in questa bianca struttura circondata dal verde, con gradevoli interni in moderno stile tirolese; ariose camere rinnovate di recente. Ampia sala da pranzo completamente rivestita in legno; servizio ristorante estivo in giardino.

Ponte-Brückenwirt, Stiftstrasse 2 ☎ 0472 836692, *brückenwirt@tin.it, Fax 0472 837587,* riscaldata – TV P. S O VISA. cam
chiuso febbraio – **Pasto** *(chiuso mercoledì)* 13/18,60 – **12 cam** ☐ 44/88 – ½ P 54.
◆ A pochi passi dalla famosa abbazia, hotel immerso in un piccolo parco con piscina riscaldata: accoglienti spazi comuni arredati in stile locale, belle camere mansardate. Ambiente raffinato nella grande sala ristorante molto luminosa.

NOVAFELTRIA *61015 Pesaro e Urbino* 563 K 18 – *6 676 ab. alt. 293 – a.s. 25 giugno-agosto.*
Roma 315 – Rimini 32 – Perugia 129 – Pesaro 83 – Ravenna 73.

XX **Due Lanterne** con cam, frazione Torricella 215 (Sud : 2 km) ☎ 0541 920200, *Fax 0541 920200,* <, prenotare – P. AE S O MC VISA.
chiuso dal 1° al 10 settembre – **Pasto** *(chiuso lunedì)* carta 23/29 – **12 cam** ☐ 34/52 – ½ P 42.
◆ Capace gestione familiare in una struttura ben tenuta, situata poco fuori dalla località; sala con arredi semplici, ma curati e presentazione di piatti piemontesi.

X **Del Turista-da Marchesi** con cam, località Cà Gianessi 7 (Ovest : 4 km) ☎ 0541 920148, *Fax 0541 920148,* prenotare la sera ed i festivi – ▤ cam, TV P. AE S O MC VISA JCB
chiuso dal 15 al 30 giugno – **Pasto** *(chiuso martedì)* carta 18/27 – **9 cam** ☐ 31/41.
◆ Proposte di casereccia cucina del territorio, con paste fatte in casa, in una trattoria familiare con camere dignitose e un gradevole ambiente di tono rustico.

NOVA LEVANTE (WELSCHNOFEN) *39056 Bolzano* 562 C 16 *G. Italia – 1 806 ab. alt. 1 182 – Sport invernali : 1 200/2 350 m 14 (Vedere anche Carezza al Lago e passo di Costalunga).*
Dintorni *Lago di Carezza*★★★ *Sud-Est : 5,5 km.*
9 Carezza (10 maggio-19 ottobre) località Carezza ✉ 39056 Nova Levante ☎ 0471 612200, Fax 0471 618614, Sud-Est : 8 km.
via Carezza 21 ☎ 0471 613126, info@nova-levante.com, Fax 0471 613360.
Roma 665 – Bolzano 19 – Cortina d'Ampezzo 89 – Milano 324 – Trento 85.

Engel, via San Valentino 3 ☎ 0471 613131, *resort@hotel-engel.com, Fax 0471 613404,* <, , , , , – , ▤ rist, TV P. AE S O MC VISA. rist
19 dicembre-17 aprile e 16 maggio-3 novembre – **Pasto** 15/30 – **67 cam** ☐ 105/218, 4 suites – ½ P 109.
◆ Hotel completamente ristrutturato e ampliato per l'occasione, offre servizi completi con un centro benessere tra i più belli della zona. Belle camere, spaziose e signorili. Al ristorante vanno in tavola le specialità locali.

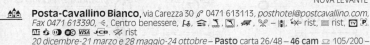

 **Posta-Cavallino Bianco,** via Carezza 30 ☎ 0471 613113, *posthotel@postcavallino.com, Fax 0471 613390,* ≤, Centro benessere, ⅈ, ≘, ⅃, ⊠, ☞, ✂ – |‡|, ⇹ rist, ▤ rist, TV P. AE ⓢ ⓓ ⓜ VISA JCB. ✂ rist
20 dicembre-21 marzo e 28 maggio-24 ottobre – **Pasto** carta 26/48 – **46 cam** ☐ 105/200 – ½ P 110.
◆ Hotel di antica tradizione, dal 1875 gestito dalla stessa famiglia: vetri panoramici e calda atmosfera nelle eleganti zone comuni; camere accoglienti, centro benessere. Ampio ristorante con pavimenti in parquet.

Panorama ⛰ senza rist, via Pretzenberg 13 ☎ 0471 613232, *panorama-plank@dnet.it, Fax 0471 613480,* ≤, ≘, ☞ – TV ⇔ P. ✂
26 dicembre-11 gennaio e giugno-24 ottobre – **15 cam** ☐ 47/88.
◆ In un'oasi di pace da cui si gode una splendida vista, albergo familiare con interni classici e luminosi; camere semplici, arredate in piacevole stile moderno.

In questa guida
uno stesso simbolo, una stessa parola
stampati in rosso o in nero,
hanno un significato diverso.
Leggete attentamente le pagine dell'introduzione.

NOVA PONENTE (DEUTSCHNOFEN) *39050 Bolzano* 562 C 16 – *3 566 ab. alt. 1 357 – Sport invernali : a Obereggen : 1 512/2 500 m* ⛷ 1 ⛷ 7 *(Comprensorio Dolomiti superski Val di Fassa-Obereggen)* ⛷.
Petersberg (30 aprile-2 novembre) ✉ *39040 Petersberg* ☎ *0471 615122, Fax 0471 615229, Ovest : 8 km.*
via Castello Thurm 1 ☎ *0471 616567, info@eggental.com, Fax 0471 616727.*
Roma 670 – Bolzano 25 – Milano 323 – Trento 84.

Pfösl ⛰, via Rio Nero 2 (Est : 1,5 km) ☎ 0471 616537, *info@pfoesl.it, Fax 0471 616760,* ≤ Dolomiti, ☂, ⅈ, ≘, ⊠, ☞ – |‡| TV ♿ P. ⓜ VISA. ✂ rist
chiuso dal 17 aprile al 15 maggio e da novembre al 15 dicembre – **Pasto** *(chiuso martedì)* carta 22/39 – **31 cam** ☐ 112,50/194 – ½ P 97,50.
◆ Ambiente cordiale in una grande casa in stile montano, in mezzo al verde, con incantevole veduta delle Dolomiti; camere rinnovate di recente, accessoriato centro relax. Piacevole sala ristorante con vetri ad arco che si aprono sulla verde vallata.

Stella-Stern, Centro 18 ☎ 0471 616518, *hotel.stern@rolmail.net, Fax 0471 616766,* ≤, ≘, ⊠ – |‡| TV ⇔ P. AE ⓢ ⓜ VISA. ✂
chiuso novembre – **Pasto** *(chiuso martedì)* carta 20/36 – ☐ 9 – **28 cam** 50/90.
◆ Nella piazza in centro al paese, albergo di tradizione a gestione diretta: parquet e soffitto in perlinato nella stube d'impronta moderna, camere funzionali.

a Monte San Pietro (Petersberg) *Ovest : 8 km – alt. 1 389 –* ✉ *39040 :*

Peter, Centro 24 ☎ 0471 615143, *hotel.peter@rolmail.net, Fax 0471 615246,* ≤, ☂, ≘, ⊠, ☞, ✂ – |‡| TV ⇔ P. ⓢ ⓜ VISA
chiuso dal 10 al 30 aprile e dal 2 novembre al 20 dicembre – **Pasto** *(chiuso lunedì)* 38/50 – **32 cam** ☐ 70/140, 3 suites – ½ P 80.
◆ Tipico albergo tirolese in una graziosa struttura bianca immersa nel verde e nella tranquillità; romantici spazi interni, camere confortevoli, attrezzata zona fitness. Soffitto in legno a cassettoni nella sala da pranzo.

NOVARA *28100* P 561 F 7 *G. Italia – 102 243 ab. alt. 159.*
Vedere *Basilica di San Gaudenzio*★ **AB** *: cupola*★★ *– Pavimento*★ *del Duomo* **AB.**
località Castello di Cavagliano ✉ *28100 Cavagliano* ☎ *0321 927834, Fax 0321 927834, per ① : 10 km.*
Baluardo Quintino Sella 40 ☎ *0321 394059, novaratl@tin.it, Fax 0321 631063.*
A.C.I. *via Rosmini 36* ☎ *0321 30321/2.*
Roma 625 ① – Stresa 56 ① – Alessandria 78 ⑤ – Milano 51 ① – Torino 95 ⑥.

Pianta pagina seguente

Italia, via Paolo Solaroli 8/10 ☎ 0321 399316, *italia@panciolihotels.it, Fax 0321 399310* – |‡| ▤ TV – 🏛 200. AE ⓢ ⓓ ⓜ VISA. ✂ cam **B x**
Pasto al Rist. ***La Famiglia*** carta 31/38 – **63 cam** ☐ 120/155.
◆ Ambiente signorile in una costruzione di taglio moderno, dotata di un'accessoriata area convegni, articolata in più sale; hall e zone comuni spaziose, camere accoglienti. Al ristorante elegante sala per cene rilassanti.

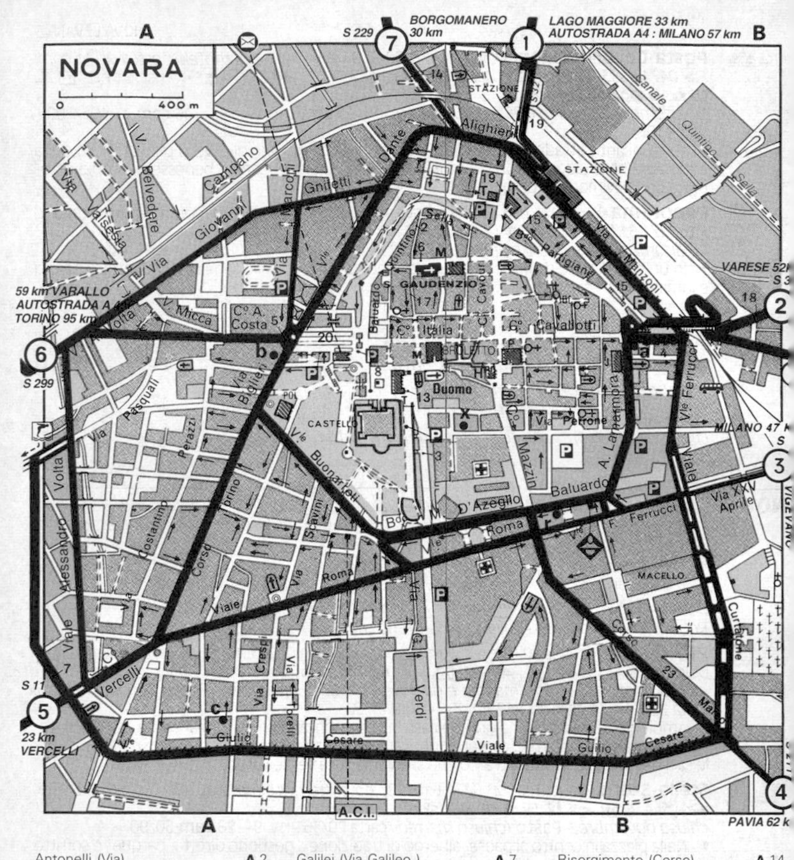

Antonelli (Via)	A 2	Galilei (Via Galileo)	A 7	Risorgimento (Corso)	A 14
Bellini (Largo)	A 3	**Italia (Corso)**	AB	San Francesco d'Assisi (Via)	B 15
Cavallotti (Corso F.)	B 4	Martiri della Libertà (Piazza)	A 8	San Gaudenzio (Via)	A 17
Cavour (Corso)	B	**Mazzini (Corso)**	B	Trieste (Corso)	B 18
Don Minzoni (Largo)	A 5	Puccini (Via)	A 13	Vittoria (Corso della)	B 19
Ferrari (Via G.)	A 6			20 Settembre (Corso)	A 20

La Bussola, via Boggiani 54 ✆ 0321 450810, *bussola@labussolanovara.it, Fax 0321 452786* – 300. rist A c
chiuso agosto – **Pasto** al Rist. ***Al Vecchio Pendolo*** *(chiuso domenica sera e a mezzogiorno)* carta 29/39 – **94 cam** 120/150 – ½ P 80.
◆ Storica struttura che, sotto una nuova gestione, ha subito una prodigiosa serie di rinnovi e migliorie. Obiettivi ambiziosi e risultati in arrivo, a cominciare dalle camere. Curato ristorante di tono elegante.

Europa senza rist, corso Cavallotti 38/a ✆ 0321 35801, *hoteleu@tin.it, Fax 0321 629933* – 160. B a
chiuso dal 22 dicembre al 6 gennaio – **64 cam** 80/108.
◆ Adatto all'uomo d'affari, hotel di recente ristrutturazione ubicato in centro: hall spaziosa e signorile, capiente salone congressi, camere confortevoli.

Croce di Malta senza rist, via Biglieri 2/a ✆ 0321 32032, *Fax 0321 623475* – 25. – *chiuso agosto* – **20 cam** 59/103. A b
◆ In posizione centrale, albergo di recente realizzazione vocato a una clientela di lavoro: sobri interni di moderna ispirazione, saletta per riunioni e camere spaziose.

La Granseola, Baluardo Lamarmora 6 ✆ 0321 620214, *Fax 0321 620214*, prenotare – . B r
chiuso agosto, domenica sera e lunedì – **Pasto** carta 29/39.
◆ Non distante dal centro, un locale in un antico palazzo dove si propone una linea gastronomica a base di ricette di mare della tradizione con qualche personalizzazione.

a Lumellogno *per ⑤ : 6 km – ✉ 28060 :*

XXX **Tantris,** via Pier Lombardo 35 ✆ 0321 469153, *tantris.ristorante@starnova.it, Fax 0321 469153*, Coperti limitati; prenotare – ▤. AE ⓢ ⓓ ⓜⓒ VISA. ✂
✿ *chiuso dal 1° al 15 gennaio, dal 4 al 31 agosto, domenica sera e lunedì* – **Pasto** carta 48/67.
◆ Una cornice di raffinata eleganza in cui far esultare il palato con un equilibrato connubio di fantasia e tradizione, che si materializza in gustosa cucina rielaborata.
Spec. Quaglia affumicata al tè verde, crema di patate, prugne e cracker (priavera-estate). Il merluzzo in tre versioni: fresco, essicato, salato; in padella, in umido, mantecato. Millefili di pesche al forno, miele, gelato allo zafferano (estate).

NOVA SIRI MARINA *75020 Matera* 564 G 31 – *6 432 ab..*

Roma 498 – Bari 144 – Cosenza 126 – Matera 76 – Potenza 139 – Taranto 78.

Imperiale, via Pietro Nenni ✆ 0835 536900, *Fax 0835 536505* – ⇅ ▤ TV ✆ ♿ 🚗 P – 🏛 200. AE ⓢ ⓓ ⓜⓒ VISA. ✂
Pasto carta 21/40 – **31 cam** ☕ 55/70 – ½ P 70.
◆ Imponente struttura di taglio moderno, costruita pochi anni fa, con ampi spazi per meeting e banchetti; piacevoli aree comuni in stile contemporaneo, camere confortevoli. Luminosa, classica sala da pranzo, con sobri arredi in stile lineare.

X **La Trappola,** viale Marittimo ✆ 0835 877021, ☂ – P. AE ⓢ ⓓ VISA
chiuso dal 2 al 20 novembre e lunedì (escluso da maggio a settembre) – **Pasto** carta 16/37.
◆ Sulla spiaggia di Nova, ristorante a conduzione diretta che propone ricette a base di pesce fresco proposto in preparazioni non elaborate; servizio estivo all'aperto.

NOVELLO *12060 Cuneo* 561 I 5 – *922 ab. alt. 471.*

Roma 620 – Cuneo 63 – Asti 56 – Milano 170 – Savona 75 – Torino 78.

Barbabuc senza rist, via Giordano 35 ✆ 0173 731298, *info@barbabuc.it, Fax 0173 731490* – AE ⓢ ⓓ ⓜⓒ VISA JCB
chiuso dal 7 al 31 gennaio – ☕ 8 – **9 cam** 78/88.
◆ Conduzione familiare in un hotel di piccole dimensioni dall'ambiente semplice, come il fiore di campo da cui prende il nome; interni arredati in modo originale.

Abbazia il Roseto senza rist, via Roma 38 ✆ 0173 744016, *info@abbaziailroseto.com, Fax 0173 744016*, ←, ⇌, 🌳 – P. ✂
chiuso gennaio – **6 cam** ☕ 60/75.
◆ Abbazia e roseti oggi sono visibili solo con l'aiuto della fantasia, ma di certo si può vivere un soggiorno in una casa accogliente con tratti di antica e sobria eleganza.

Agriturismo il Noccioleto 🐎, località Chiarene 4 Ovest : 2,5 km ✆ 0173 731323, *info@ilnoccioleto.com, Fax 0173 731251*, 🏊, 🌳 – TV ♿ P. ⓢ ⓓ ⓜⓒ VISA
chiuso a gennaio – **Pasto** *(chiuso lunedì)* carta 14/23 – **7 cam** ☕ 40/70 – ½ P 42.
◆ Una bella struttura con camere confortevoli e spazi comuni in quantità. L'ubicazione è adatta a chi cerca quiete e relax, in piena campagna circondati da vigne e noccioli. Ampio ristorante, piatti del territorio, menù a prezzo fisso.

NOVENTA DI PIAVE *30020 Venezia* 562 F 19 – *5 864 ab..*

Roma 554 – Venezia 41 – Milano 293 – Treviso 30 – Trieste 117 – Udine 86.

Omniahotel, senza rist, via Calnova 140/a ✆ 0421 307305, *info@omniahotel.it, Fax 0421 307785*, 🏋 – ⇅ ⇷ ▤ TV ✆ ♿ 🚗 P – 🏛 100. AE ⓢ ⓓ ⓜⓒ VISA JCB. ✂
66 cam ☕ 67/93, 2 suites.
◆ All'uscita dell'autostrada un hotel nato da poco, secondo una concezione moderna e funzionale. Gestione affidabile, servizi e confort sobri ma completi.

XX **Guaiane,** via Guaiane 146 (Est : 2 km) ✆ 0421 65002, *info@guaiane.com, Fax 0421 658818*, ☂ – ▤ P – 🏛 50. AE ⓢ ⓓ ⓜⓒ VISA. JCB. ✂
chiuso dal 1° al 20 gennaio, dal 1° al 20 agosto, lunedì e martedì sera – **Pasto** carta 32/46 e al Rist. ***L' Hosteria*** specialità venete carta 19/26.
◆ Locale con quasi cinquant'anni di storia: nato come osteria, si è evoluto fino a diventare uno dei migliori indirizzi della zona; ambiente rustico e cucina tradizionale. L'Hosteria è una taverna che funge da valida alternativa al ristorante classico.

NOVENTA PADOVANA *35027 Padova* 562 F 17 *G. Venezia* – *8 186 ab. alt. 14.*

Roma 501 – Padova 8 – Venezia 37.

XX **Boccadoro,** via della Resistenza 49 ✆ 049 625029, *info@boccadoro.it, Fax 049 625782* – ⇷ ▤. AE ⓢ ⓓ ⓜⓒ VISA. ✂
chiuso dal 1° al 15 gennaio, dal 5 al 25 agosto, martedì sera e mercoledì – **Pasto** carta 31/44.
◆ Quadri alle pareti e graziosi lampadari pendenti nella sala arredata sobriamente, ma in modo curato e con tocchi di eleganza; proposte di cucina tipica del territorio.

verso Stra *Est : 4 km :*

Paradiso, via Oltrebrenta 40 ✉ 35027 ☎ 049 9801366, *paradis@libero.it, Fax 049 9801371* –
chiuso dal 22 al 29 dicembre – **Pasto** *(chiuso dal 9 al 20 agosto, sabato, domenica e a mezzogiorno)* (solo per alloggiati) carta 22/27 – 6,50 – **23 cam** 50/73 – ½ P 65.
◆ Alberghetto a gestione familiare non lontano dal centro di Strà: spazi interni dalle linee moderne, arredati in modo semplice; camere ben accessoriate.

NOVENTA VICENTINA *36025 Vicenza* 562 G 16 – *8 234 ab. alt. 16.*
Roma 479 – Padova 47 – Ferrara 68 – Mantova 71 – Verona 50 – Vicenza 43.

Alla Busa con cam, corso Matteotti 70 ☎ 0444 887120, *allabusa@tin.it, Fax 0444 887287,* – cam, – 25.
Pasto *(chiuso lunedì)* carta 26/36 – **19 cam** 50/80, suite – ½ P 62.
◆ Nel centro storico, ristorante di lunga tradizione ristrutturato, con due originali salette decorate con numerosi falsi d'autore; cucina della tradizione e rivisitata.

NOVERASCO *Milano – Vedere Opera.*

NOVI LIGURE *15067 Alessandria* 561 H 8 – *28 411 ab. alt. 197.*
Colline del Gavi (chiuso gennaio e martedì escluso giugno-agosto) ✉ *15060 Tassarolo* ☎ *0143 342264, Fax 0143 342342, Nord-Ovest : 4 km;*
Villa Carolina (chiuso lunedì e gennaio) a Capriata d'Orba ✉ *150060* ☎ *0143 5467355, Fax 0143 46284, Sud-Ovest : 12 km.*
via Paolo da Novi 49 ☎ *0143 72585, innovando@retecivica.novi-ligure.al.it, Fax 0143 72585.*
Roma 552 – Alessandria 24 – Genova 58 – Milano 87 – Pavia 66 – Piacenza 94 – Torino 125.

Relais Villa Pomela, via Serravalle 69 (Sud : 2 km) ☎ 0143 329910, *dopomela@tin.it, Fax 0143 329912,* – 120. rist
chiuso dal 22 dicembre al 10 gennaio e dal 5 al 22 agosto – **Pasto** carta 28/42 – **45 cam** 125/185, 2 suites – ½ P 121,50.
◆ In collina, a pochi chilometri da Novi, un'elegante villa ottocentesca avvolta nel soave silenzio di un parco; ambienti signorili, sale per congressi, camere accoglienti. Due sale ristorante arredate in modo essenziale, ma con gusto.

Corona Forlino, corso Marenco 11 ☎ 0143 322364, *Fax 0143 767935* – – 50.
chiuso dal 10 al 25 agosto e lunedì – **Pasto** carta 35/45.
◆ Un edificio del XVIII secolo accoglie questo elegante ristorante diviso in due sale: una ampia con soffitti a volta e una più piccola e caratteristica abbellita da stampe.

Il Fattore, via Cassano 126 (Est : 4 km) ☎ 0143 78289, *info@fattore.it, Fax 0143 78289* – – 60.
chiuso 15 giorni in gennaio – **Pasto** carta 27/49.
◆ In un edificio del '700 in campagna, un locale con due sale raccolte e raffinate, con soffitto a volta dipinto; cucina piemontese e risotto, vera specialità della casa.

a Pasturana *Ovest : 4 km* – ✉ *15060 :*

Locanda San Martino, via Roma 26 ☎ 0143 58444, *Fax 0143 58445,* –
chiuso dal 1° al 20 gennaio, dal 1° al 10 settembre, lunedì sera e martedì – **Pasto** carta 27/45.
◆ Nel verde dei campi, locanda dove trovare il piacere dell'ambiente rustico, ma di tono elegante e gustare piatti di cucina del territorio; servizio estivo all'aperto.

NUCETTO *12070 Cuneo* 561 I 6 – *479 ab. alt. 450.*
Roma 598 – Cuneo 52 – Imperia 77 – Savona 53 – Torino 98.

Osteria Vecchia Cooperativa, via Nazionale 54 ☎ 0174 74279, Coperti limitati; prenotare –
chiuso lunedì, martedì e le sere di mercoledì-giovedì – **Pasto** carta 25/35.
◆ Piccola trattoria a conduzione familiare: interni con travi a vista, atmosfera calda e informale; proposte di cucina piemontese con elaborazioni casalinghe.

I prezzi del pernottamento e della pensione possono subire aumenti in relazione all'andamento generale del costo della vita ; quando prenotate chiedete la conferma del prezzo.

NUMANA *60026 Ancona* 563 L 22 – *3 563 ab. – a.s. luglio-agosto.*

Conero (chiuso martedì e dal 7 gennaio all'8 febbraio) a Sirolo ✉ 60020 ☎ 071 7360613, Fax 071 7360380, Sud : 2 km.

(Pasqua-settembre) piazza Santuario 24 ☎ 071 9330612, iat.numana@regione.marche.it, Fax 071 9330612.

Roma 303 – Ancona 20 – Loreto 15 – Macerata 42 – Porto Recanati 10.

Scogliera, via del Golfo 21 ☎ 071 9330622, *info@hotelscogliera.it, Fax 071 9331403,* ≤, con acqua di mare, – P. AE VISA.
aprile-15 ottobre – **Pasto** carta 36/53 – **36 cam** 100/160 (solo 1/2 P in luglio-agosto) – 1/2 P 110.
◆ Valida gestione in un albergo collocato a ridosso del porto turistico, non lontano dalla spiaggia; le camere, tutte spaziose, hanno pregevoli arredi rinnovati di recente. Ariosa e capiente sala da pranzo con graziosi tavolini rotondi e pilastri a specchio.

Eden Gigli, viale Morelli 11 ☎ 071 9330652, *info@giglihotels.com, Fax 071 9330930,* ≤ mare, Accesso diretto alla spiaggia, con acqua di mare, – P – 200. AE VISA.
aprile-ottobre – **Pasto** carta 28/41 – **36 cam** 70/110 – 1/2 P 100.
◆ Un vero paradiso di tranquillità: hotel immerso in un parco con tennis e piscina con acqua di mare, in splendida posizione panoramica; accesso diretto a spiaggia privata. Sala ristorante arredata con semplicità.

La Spiaggiola senza rist, via Colombo 12 ☎ 071 7360271, *laspiaggiola@tin.it, Fax 071 7360271,* ≤, – P. VISA.
Pasqua-settembre – **21 cam** 90.
◆ Bella vista sul mare da una struttura in stile lineare, di fronte all'arenile e a pochi passi dal centro paese; interni semplici e camere essenziali, ma ben tenute.

La Costarella, via 4 Novembre 35 ☎ 071 7360297, *Fax 071 7360297,* prenotare – AE VISA.
Pasqua-ottobre; chiuso martedì (escluso da giugno a settembre) – **Pasto** specialità di mare carta 43/58.
◆ Sembra di entrare in una delle case private che si affacciano sulla caratteristica via a gradini e ci si trova in una sala sobria dove provare curati piatti marinari.

Da Alvaro, via La Torre 30 ☎ 071 9330749, *trattoria_alvaro@yahoo.it,* – VISA.
marzo-novembre; chiuso lunedì a mezzogiorno dal 5 giugno al 15 settembre, tutto il giorno negli altri mesi – **Pasto** specialità di mare carta 30/45.
◆ Gustose specialità marinare in un ristorante a gestione familiare, rinnovato da poco: piccola sala interna, raccolta e curata, delizioso servizio estivo all'aperto.

a Marcelli *Sud : 2,5 km* – ✉ *60026 Numana :*

(giugno-settembre) via Litoranea ☎ 071 7390179, iat.marcelli@regione.marche.It, Fax 071 7390179

Marcelli, via Litoranea 65 ☎ 071 7390125, *Fax 071 7391322,* ≤, – P. AE VISA.
20 aprile-settembre – **Pasto** *(giugno-settembre)* (solo per alloggiati) 25/30 – **38 cam** 100/160 – 1/2 P 110.
◆ Albergo a conduzione diretta situato davanti al mare, dotato di gradevole terrazza sulla spiaggia con piscina; hall d'ispirazione contemporanea e spaziose camere.

Alexander senza rist, via Litoranea 232 ☎ 071 7391350, *info@ha-alexander.it, Fax 071 7391354,* – P. AE VISA.
chiuso dicembre – **20 cam** 80/120.
◆ Piccola e moderna struttura di colore rosa, proprio di fronte alla spiaggia; arredi lineari in stile moderno negli spazi comuni, camere essenziali, molte con balcone.

Il Saraghino, via Litoranea 209/a ☎ 071 7391596, *Fax 071 7391596,* ≤, – P. AE VISA JCB.
chiuso dal 10 dicembre a febbraio e lunedì – **Pasto** specialità di mare carta 45/53.
◆ Capace gestione giovane in un esercizio poco fuori dal centro, sul lungomare: ambiente semplice, ben illuminato da ampie vetrate, per gustare specialità a base di pescato.

Mariolino, via Capri 17 ☎ 071 7390135, *somarsi@tin.it, Fax 071 7390135,* ≤ – AE VISA.
chiuso novembre e lunedì – **Pasto** specialità di mare carta 32/50.
◆ Porta degnamente il nome dell'ex proprietario, punto di riferimento della gastronomia locale, un ristorante che propone saporiti piatti di mare e pasta fatta in casa.

NUORO P 566 G 9 – *Vedere Sardegna alla fine dell'elenco alfabetico.*

OBEREGGEN = San Floriano.

OCCHIEPPO SUPERIORE *13898 Biella* 561 F 6, 219 ⑮ *– 2 896 ab. alt. 456.*

Roma 679 – Aosta 98 – Biella 3 – Novara 59 – Stresa 75 – Vercelli 45.

Cip e Ciop, via Martiri della Libertà 71 ☎ 015 592740, Coperti limitati; prenotare – ▤. AE ⓢ MC

chiuso dal 17 febbraio al 5 marzo, dal 1º al 17 settembre e domenica – **Pasto** carta 23/33.

◆ Sfiziosa cucina che spazia con una certa eclletticità da piatti tradizionali ad altri più fantasiosi, in un ristorantino a gestione familiare, ubicato in centro paese.

OCCHIOBELLO *45030 Rovigo* 562 H 16 *– 9 877 ab..*

Roma 432 – Bologna 57 – Padova 61 – Verona 90.

Savonarola, via Eridania 36 (prossimità casello autostrada A 13) ☎ 0425 750767, *info@hotelsavonarola.it, Fax 0425 750797,* – ▤ ▤ TV ♿ P – 250. AE ⓢ ⓓ MC VISA.

Pasto *(chiuso dal 1º al 20 gennaio, dal 1º al 15 agosto, domenica sera e lunedì)* carta 23/35 – 120 cam ☕ 78/104.

◆ In comoda posizione non lontano dal casello autostradale, albergo all'interno di una cascina ristrutturata, ideale per una clientela d'affari; ampie e curate le camere. Grande sala da pranzo con sobri arredi in legno.

a Santa Maria Maddalena *Sud-Est : 4,5 km – ✉ 45030 :*

La Pergola via Malcantone 15 ☎ 0425 757766, *Fax 0425 759371,* , Coperti limitati; prenotare – AE ⓢ MC VISA.

chiuso agosto, sabato e domenica – **Pasto** carta 24/40.

◆ Ambiente caldo e accogliente, quasi fosse il salotto di casa, in un locale proprio sotto l'argine del Po: indirizzo ideale per provare una gustosa cucina del territorio.

Una prenotazione confermata per iscritto o per fax è sempre più sicura.

ODERZO *31046 Treviso* 562 E 19 *– 17 182 ab. alt. 16.*

piazza Castello 1 ☎ 0422 815251, iat.oderzo@provincia.treviso.it, Fax 0422 814081.

Roma 559 – Venezia 54 – Treviso 27 – Trieste 120 – Udine 75.

Primhotel senza rist, via martiri di Cefalonia 13 ☎ 0422 713699, *primhotel@iol.it, Fax 0422 713890* – ▤ ▤ TV ♿ P – 90. AE ⓢ ⓓ MC VISA.

☕ 8 – 50 cam 60/85.

◆ Recente albergo moderno a vocazione congressuale, con ampie zone comuni ben tenute, in stile lineare di taglio contemporaneo; camere confortevoli e funzionali.

Gellius, calle Pretoria 6 ☎ 0422 713577, *ristorante.gellius@tin.it, Fax 0422 810756,* prenotare – ▤. AE ⓢ ⓓ MC VISA JCB.

chiuso dal 6 al 20 gennaio, dal 4 al 18 agosto, domenica sera e lunedì – **Pasto** carta 47/62.

◆ Cucina rielaborata in chiave moderna, in uno splendido locale, elegante e raffinato, ricavato all'interno di un sito storico-archeologico: ambientazione unica e suggestiva.

Spec. Riso croccante con peperoni, astice e crema di finocchio. Piccione alla diavola leggermente affumicato. Tortino morbido di mandorle con gelato all'amaretto.

OIRA *Verbania – Vedere Crevoladossola.*

OLANG = Valdaora.

OLBIA *Sassari* 566 E 10 *– Vedere Sardegna alla fine dell'elenco alfabetico.*

OLCIO *Lecco – Vedere Mandello del Lario.*

OLEGGIO CASTELLO *28040 Novara* 561 E 7 *– 1 657 ab. alt. 315.*

Roma 639 – Stresa 20 – Milano 72 – Novara 43 – Varese 39.

Bue D'Oro, via Vittorio Veneto 2 ☎ 0322 53624, , prenotare – P. AE ⓢ ⓓ MC VISA.

chiuso dal 1º al 10 gennaio, dal 16 agosto al 4 settembre e mercoledì – **Pasto** carta 25/43.

◆ Bel locale a solida gestione familiare, con una sala dall'ambiente rustico-elegante, dove si propongono piatti della tradizione rivisitati e cucina stagionale.

Il Bicchierino, via Vittorio Veneto 23 ☎ 0322 53245, *info@ilbicchierino.it,* , Trattoria-enoteca – AE ⓢ ⓓ MC VISA

chiuso martedì – **Pasto** carta 27/42.

◆ Una storia sempre più comune ma comunque affascinante: una coppia decide di aprire una ristorante in proprio e ci riesce con un certo successo. Complimenti e buon appetito!

OLEVANO ROMANO *00035 Roma* 563 Q 21 – *100 ab. alt. 571.*
Roma 60 – Frosinone 46 – L'Aquila 97 – Latina 64.

XX **Sora Maria e Arcangelo,** via Roma 42 ✆ 06 9564043, *soramaria@libero.it, Fax 06 9562402* – rist, . AE VISA.
chiuso dal 10 al 30 luglio, lunedì e mercoledì – **Pasto** carta 32/38.
◆ Chi giudica dalle apparenze cambi indirizzo. Tutti gli altri possono varcare la soglia di questo locale dagli interni curati, per gustare una genuina cucina della tradizione.

OLGIATE OLONA *21057 Varese* 561 F 8, 219 ⑱ – *10 762 ab. alt. 239.*
Roma 604 – Milano 32 – Como 35 – Novara 38 – Varese 29.

XX **Ma.Ri.Na.,** piazza San Gregorio 11 ✆ 0331 640463, *Fax 0331 640463,* Coperti limitati; prenotare – P. AE VISA JCB.
chiuso dal 25 dicembre al 5 gennaio, agosto, mercoledì e a mezzogiorno (escluso i giorni festivi) – **Pasto** carta 61/100.
◆ Un edificio come altri che si affaccia sulla piazza ovale: all'interno un'elegante sala di taglio moderno, cornice raffinata in cui assaporare delizie a base di pesce.
Spec. Gran piatto di pesce crudo. Ravioli colorati ripieni di cernia con bottarga. Fritto misto di pesce.

OLIENA *Nuoro* 566 G 10 – *Vedere Sardegna alla fine dell'elenco alfabetico.*

Scriveteci...
Le vostre critiche e i vostri apprezzamenti saranno esaminati con la massima attenzione.
Verificheremo personalmente gli esercizi che ci vorrete segnalare
Grazie per la collaborazione !

OLLOMONT *11010 Aosta* 561 E 3 – *165 ab. alt. 1 560.*
Roma 735 – Aosta 15 – Milano 200 – Torino 126.

X **Locanda della Vecchia Miniera** con cam, frazione Rey 11 ✆ 0165 73414, *info@locandavecchiaminiera.it, Fax 0165 73414,* Coperti limitati; prenotare, P. VISA.
chiuso dal 26 maggio al 15 giugno e dal 22 settembre al 13 ottobre – **Pasto** *(chiuso domenica sera e lunedì)* carta 25/32 – **4 cam** 68 – ½ P 64.
◆ Una risorsa ospitata da una casa rurale del '700, sapientemente ristrutturata, dove recarsi per gustare una cucina regionale rivisitata. Possibilità di alloggio.

OLMO *Firenze* 563 K 16 – *Vedere Fiesole.*

OLMO *Perugia – Vedere Perugia.*

OLMO GENTILE *14050 Asti* 561 I 6 – *112 ab. alt. 615.*
Roma 606 – Genova 103 – Acqui Terme 33 – Asti 52 – Milano 163 – Torino 103.

X **Della Posta,** via Roma 4 ✆ 0144 953613, , prenotare
chiuso 25-26 dicembre, dal 1° al 15 gennaio e domenica sera – **Pasto** (cucina casalinga) 14/28.
◆ Un piccolo paese, poche case intorno a un piazzale e questa tipica trattoria dall'ambiente familiare con una sala classica, dove provare casalinghe specialità piemontesi.

OME *25050 Brescia* 561 F 12 – *2 839 ab. alt. 240.*
Roma 544 – Brescia 17 – Bergamo 45 – Milano 93.

XXX **Villa Carpino,** via Maglio 15 (alle terme Ovest : 2,5 km) ✆ 030 652114, *Fax 030 6852526,* – P. AE VISA
chiuso dal 27 dicembre al 6 gennaio, dal 7 al 20 agosto e lunedì – **Pasto** carta 25/47.
◆ In una grande villa circondata da un giardino curato, locale a gestione diretta, con eleganti ambienti dallo stile ricercato; cucina con solide radici nel territorio.

ONEGLIA *Imperia – Vedere Imperia.*

ONIGO DI PIAVE *Treviso – Vedere Pederobba.*

OPERA *20090 Milano* 561 F 9, 219 ⑲ – *13 338 ab. alt. 99.*

Le Rovedine (chiuso lunedì) a Noverasco di Opera ✉ 20090 ✆ 02 57606420, Fax 02 57606405, Nord : 2 km.

Roma 567 – Milano 14 – Novara 62 – Pavia 24 – Piacenza 59.

a Noverasco *Nord : 2 km – ✉ 20090 Opera :*

Sporting, via Sporting Mirasole 56 ✆ 02 5768031, *htlsporting@tin.it, Fax 02 57601416,* – cam, – 200. AE VISA.
Pasto *(chiuso a mezzogiorno)* carta 33/51 – 8 – **82 cam** 190/250 – 1/2 P 154.
◆ Alle porte di Milano, imponente struttura a vocazione congressuale, da poco rinnovata; confortevoli spazi comuni di moderna concezione e piacevoli camere funzionali.

OPICINA *34016 Trieste* 562 E 23 *G. Italia – alt. 348.*

Vedere ≤★★ *su Trieste e il golfo.*

Dintorni *Grotta Gigante★ Nord-Ovest : 3 km.*

Roma 664 – Udine 64 – Gorizia 40 – Milano 403 – Trieste 11 – Venezia 153.

Nuovo Hotel Daneu, strada per Vienna 55 ✆ 040 214214, *info@hoteldaneu.com, Fax 040 214215,* – P. AE VISA
Pasto vedere rist ***Daneu*** – **26 cam** 105/135, 2 suites.
◆ Vicino all'uscita autostradale, recente hotel d'ispirazione contemporanea, con annessa zona sportiva dotata di piscina, sauna e bagno turco; camere sobrie e accoglienti.

Daneu con cam, strada per Vienna 76 ✆ 040 211241, *Fax 040 214215,* – P. AE VISA
Pasto *(chiuso lunedì)* carta 21/38 – **17 cam** 60/80.
◆ Locale di lunga tradizione generazionale, con camere non nuove, ma spaziose; piacevole sala dai colori caldi con camino e ameno servizio estivo all'aperto.

ORA (AUER) *39040 Bolzano* 562 C 15 – *2 975 ab. alt. 263.*

piazza Principale 5 ✆ 0471 810231, info@castelfeder.info, Fax 0471 811138.

Roma 617 – Bolzano 20 – Merano 49 – Trento 40.

Amadeus, via Capitello 23 ✆ 0471 810053, *office@hotel-amadeus.it, Fax 0471 810000,* – . AE VISA.
marzo-10 novembre – **Pasto** (solo per alloggiati) carta 28/47 – **32 cam** 55/94 – 1/2 P 55.
◆ Un tipico maso, di medie dimensioni, di aspetto decisamente gradevole. In questa risorsa il soggiorno è allietato anche da una gestione familiare particolarmente ospitale.

ORBASSANO *10043 Torino* 561 G 4 – *21 854 ab. alt. 273.*

Roma 673 – Torino 17 – Cuneo 99 – Milano 162.

Pianta d'insieme di Torino.

Il Vernetto, via Nazario Sauro 37 ✆ 011 9015562, *Fax 011 9015562,* solo su prenotazione – . VISA **EU e**
chiuso domenica sera e lunedì – **Pasto** 33/45 (10 %).
◆ Sembra di essere in un salotto caldo e accogliente in questo locale familiare ed elegante: soffitti affrescati, poltroncine e mobili in stile; gustosa cucina fantasiosa.

ORBETELLO *58015 Grosseto* 563 O 15 *G. Toscana – 15 236 ab. – a.s. Pasqua e 15 giugno-15 settembre.*

piazza della Repubblica 1 ✆ 0564 860447, proorbet@ouverture.it, Fax 0564 860447.

Roma 152 – Grosseto 44 – Civitavecchia 76 – Firenze 183 – Livorno 177 – Viterbo 88.

Relais San Biagio senza rist, via Dante 34 ✆ 0564 860543, *sanbiagiorelais@sanbiagiorelais.com, Fax 0564 867787* – . AE VISA
17 cam 240, 2 suites.
◆ In un antico palazzo nobiliare del centro, completamente rifatto, un albergo con interni signorili finemente arredati con mobili d'epoca; camere distinte e confortevoli.

sulla strada statale 1 - via Aurelia *Nord-Est : 7 km :*

Locanda di Ansedonia con cam, via Aurelia ✉ 58016 Orbetello Scalo ✆ 0564 881317, *info@locandadiansedonia.it, Fax 0564 881727,* – . AE VISA. rist
chiuso febbraio – **Pasto** *(chiuso martedì escluso luglio-agosto)* carta 27/37 – **12 cam** 103/124.
◆ Vecchia trattoria riadattata, con grazioso giardino e camere arredate con mobili d'epoca; proposte di cucina di mare e maremmana, servite in una grande sala luminosa.

ORIAGO *30030 Venezia* 562 F 18 *G. Venezia.*
Roma 519 – Padova 26 – Venezia 16 – Mestre 8 – Milano 258 – Treviso 29.

Il Burchiello, via Venezia 19 ☎ 041 429555, *hotel@burchiello.it, Fax 041 429728* – P – 80. AE VISA JCB.
Pasto vedere rist ***Il Burchiello*** – ☐ 14 – **63 cam** 94/160.
◆ E' un comodo punto di partenza per escursioni sulla riva del Brenta, questo hotel recentemente ristrutturato; grande hall con ampie vetrate sul verde, camere accessoriate.

Il Burchiello con cam, via Venezia 40 ☎ 041 472244, *ristorante@burchiello.it, Fax 041 472929* – P. AE VISA
chiuso 15 giorni in gennaio e 10 giorni in luglio – **Pasto** *(chiuso lunedì e martedì sera)* carta 25/62 – ☐ 7,75 – **11 cam** 52/74,50.
◆ Elegante ristorante con camere, vocato all'attività banchettistica: luminose e capienti sale piacevolmente arredate con gusto; cucina prevalentemente di mare.

Nadain, via Ghebba 26 ☎ 041 429665 – P. AE VISA.
chiuso luglio e mercoledì – **Pasto** carta 29/43.
◆ Cordiale accoglienza e ambiente familiare nell'ampia sala di una trattoria a conduzione diretta, che propone piatti curati e talvolta innovativi, a base di pesce.

ORIGGIO *21040 Varese* 561 F 9, 219 ⑱ – *6 279 ab. alt. 193.*
Roma 589 – Milano 21 – Bergamo 62 – Como 27 – Novara 51 – Varese 31.

La Piazzetta, via Circonvallazione 31 ☎ 02 96732007, *Fax 02 96739349* – P. AE VISA
chiuso agosto, sabato a mezzogiorno e domenica – **Pasto** carta 31/49.
◆ Sarete ricevuti in modo ospitale in un locale di taglio moderno, con interni signorili, dove provare una linea gastronomica con piatti di terra e di mare rivisitati.

ORISTANO P 566 H 7 – *Vedere Sardegna alla fine dell'elenco alfabetico.*

ORMEA *12078 Cuneo* 561 J 5 – *1 988 ab. alt. 719 – a.s. luglio-agosto e Natale – Sport invernali : 750/1 600 m.*
via Roma 3 ☎ 0174 392157, comune.ormea@libero.it, Fax 0174 392157.
Roma 626 – Cuneo 80 – Imperia 45 – Milano 250 – Torino 126.

sulla strada statale 28 verso Ponte di Nava *Sud-Ovest : 4,5 km :*

San Carlo, via Nazionale 23 ✉ 12078 Ormea ☎ 0174 399917, *albergosancarlo@cnnet.it, Fax 0174 399917,* – P. VISA. rist
26 febbraio-ottobre – **Pasto** *(chiuso martedì)* carta 20/30 – ☐ 8 – **36 cam** 36/57 – ½ P 52.
◆ In posizione panoramica poco fuori del paese, albergo al centro di una riserva di pesca privata; atmosfera informale, camere parzialmente rimodernate. Semplice sala dove gustare cucina ligure e piemontese.

a Ponte di Nava *Sud-Ovest : 6 km* – ✉ *12070 :*

Ponte di Nava-da Beppe con cam, frazione Ponte di Nava 32 ☎ 0174 399924, *albergo pontedinava@cnnet.it, Fax 0174 399007,* – P. AE VISA.
chiuso dal 7 gennaio al 7 febbraio e dal 10 al 20 giugno – **Pasto** *(chiuso mercoledì)* carta 21/33 – ☐ 5 – **15 cam** 45/60 – ½ P 45.
◆ Al confine tra Piemonte e Liguria, un ristorante di antica tradizione familiare, con una capiente sala dall'ambiente caldo e accogliente; cucina del territorio.

ORNAGO *20060 Milano* 219 ⑳ – *3 445 ab. alt. 193.*
Roma 610 – Bergamo 22 – Milano 30 – Lecco 31.

Prestige senza rist, via per Bellusco 45 ☎ 039 6919062, *info@hotelprestige.it, Fax 039 6919733* – P. AE VISA.
72 cam ☐ 120/188.
◆ Nuova struttura che si sviluppa su un solo piano, frequentata soprattutto da una clientela d'affari; ambienti funzionali e camere doppie, ciascuna con posto auto.

Osteria della Buona Condotta, via per Cavenago 2 ☎ 039 6919056, *buonacondotta @virgilio.it, Fax 039 6010426,* Rist. enoteca – P. AE VISA JCB
chiuso dal 24 dicembre al 6 gennaio, dal 5 al 25 agosto, domenica sera e lunedì – **Pasto** carta 37/47.
◆ Vecchia osteria di paese totalmente rinnovata, mantenendo l'antica atmosfera; pregevole e vasta cantina, ottima varietà di formaggi, antipasti e piatti di carne.

OROSEI *Nuoro* 566 F 11 – *Vedere Sardegna alla fine dell'elenco alfabetico.*

ORTA SAN GIULIO *28016 Novara* 561 E 7 *G. Italia – 1 133 ab. alt. 293 – a.s. Pasqua e luglio-15 settembre.*

Vedere *Lago d'Orta★★ – Palazzotto★ – Sacro Monte d'Orta★.*

Escursioni *Isola di San Giulio★★ : ambone★ nella chiesa.*

via Panoramica 24 ☎ 0322 905163, inforta@distrettolaghi.it, Fax 0322 905273.

Roma 661 – Stresa 28 – Biella 58 – Domodossola 48 – Milano 84 – Novara 46 – Torino 119.

San Rocco, via Gippini 11 ☎ 0322 911977, *info@hotelsanrocco.it, Fax 0322 911964*, ← isola San Giulio, ... – 160. AE VISA.
Pasto carta 46/58 – **74 cam** 182/221,50 – ½ P 150,75.
◆ Esclusivo albergo con incantevole vista sull'isola di San Giulio, in posizione molto tranquilla; interni signorili e amena terrazza fiorita in riva al lago con piscina. Ambiente raffinato nella sala da pranzo con massicce travi di legno a vista.

Santa Caterina senza rist, via Marconi 10 (Est : 1,7 km) ☎ 0322 915865, *Fax 0322 90377* – ... AE VISA
15 marzo-3 novembre – **28 cam** 75/97, 2 suites.
◆ Gestione giovane e dinamica in un piccolo e grazioso hotel a pochi minuti dal centro, con luminosi spazi interni di taglio moderno, confortevoli e ben curati.

La Bussola, via Panoramica 24 ☎ 0322 911913, *hotelbussola@tin.it, Fax 0322 911934*, ← isola San Giulio, ... AE VISA JCB. rist
chiuso novembre – **Pasto** *(chiuso martedì escluso da marzo ad ottobre)* carta 28/39 – **23 cam** 90/130 – ½ P 80.
◆ A ridosso del centro in posizione elevata, un hotel dall'atmosfera vacanziera con una bella vista sul lago e sull'isola di San Giulio. Camere recenti, bella piscina. La sala ristorante si apre sulla terrazza e sul panorama.

Contrada dei Monti senza rist, via dei Monti 10 ☎ 0322 905114, *lacontradadeimonti@libero.it, Fax 0322 905863*, ... AE VISA.
chiuso gennaio – **17 cam** 80/100.
◆ Affascinante risorsa, ricca di stile e cura per i dettagli. Un nido ideale per soggiorni romantici dove si viene accolti con cordialità familiare e coccolati dal buon gusto.

Orta, piazza Motta 1 ☎ 0322 90253, *info@hotelorta.it, Fax 0322 905646*, ← isola San Giulio – ... AE VISA
Pasqua-ottobre – **Pasto** carta 26/43 – 10 – **35 cam** 65/100 – ½ P 77.
◆ Albergo di grande tradizione in un edificio divenuto monumento storico, ubicato nella piazzetta centrale e lambito dalle acque lacustri; accoglienti interni d'atmosfera. Ampia sala ristorante con invidiabile vista del paesaggio lacustre.

XXX ✿ **Villa Crespi** con cam, via Fava 18 (Est : 1,5 km) ☎ 0322 911902, *villacrespi@tin.it, Fax 0322 911919*, ... AE VISA. rist
chiuso due settimane in dicembre e da gennaio al 14 febbraio – **Pasto** *(chiuso martedì e mercoledì a mezzogiorno escluso luglio-agosto)* carta 53/74 – **6 cam** 170/230, 6 suites 235/480 – ½ P 161.
◆ Un angolo d'oriente in riva la lago: affascinante locale in un'incantevole dimora ottocentesca in stile moresco con parco, dove gustare fantasiose proposte culinarie.
Spec. Sinfonia di pesci e crostacei del Mediterraneo con erbette e caviale. Ravioli d'anatra con cipolle rosse e fegato grasso. Quaglia farcita al foie gras con verdure di stagione.

X **Taverna Antico Agnello,** via Olina 18 ☎ 0322 90259, *agnello.orta@tiscalinet.it, Fax 0322 90259* – AE VISA
chiuso dall'11 dicembre al 12 febbraio e martedì (escluso agosto) – **Pasto** carta 23/38.
◆ Ristorantino che si sviluppa su due piani di una caratteristica struttura del centro storico: ambiente semplice, dove si servono piatti del territorio e tradizionali.

al Sacro Monte *Est : 1 km :*

XX **Sacro Monte,** via Sacro Monte 5 ✉ 28016 ☎ 0322 90220, *ristorantesacromonte@tiscalinet.it, Fax 0322 90220*, Coperti limitati; prenotare – AE
chiuso dal 7 al 30 gennaio, martedì (escluso agosto) e da novembre a Pasqua anche lunedì sera – **Pasto** carta 27/38 (10 %).
◆ Antica locanda dal tipico ambiente rustico, in uno splendido sito d'arte e naturalistico; atmosfera d'altri tempi nelle sale con mattoni a vista e luminose vetrate.

ORTE *01028 Viterbo* 563 O 19 – *7 878 ab. alt. 134.*

Roma 88 – Terni 33 – Perugia 103 – Viterbo 35.

Agriturismo La Chiocciola, località Seripola Nord-Ovest : 4 km ☎ 0761 402734, *info@lachiocciola.net, Fax 0761 490254*, ... VISA.
marzo-15 novembre – **Pasto** *(aperto sabato e domenica a mezzogiorno)* 26/31 – **8 cam** 67/104.
◆ In zona verdeggiante e boschiva, antico casale ristrutturato: accoglienti camere semplici, sala da pranzo con grande camino del 1600, angolo relax con sala biliardo. Per i pasti, prodotti coltivati in fattoria e ricette che seguono la tradizione.

ORTISEI (ST. ULRICH) *39046 Bolzano* 562 C 17 *G. Italia – 4 457 ab. alt. 1 236 – Sport invernali : della Val Gardena : 1 236/2 518 m* 8 36 *(Comprensorio Dolomiti superski Val Gardena),* .

Dintorni *Val Gardena*** per la strada S 242 – Alpe di Siusi** per funivia.*

strada Rezia 1 *0471 796328, ortisei@valgardena.it, Fax 0471 796749.*

Roma 677 – Bolzano 36 – Bressanone 32 – Cortina d'Ampezzo 79 – Milano 334 – Trento 95 – Venezia 226.

Gardena-Grödnerhof, strada Vidalong 3 0471 796315, *info@gardena.it, Fax 0471 796513,* ←, Centro benessere, , , , – , cam, – 120. VISA.
7 dicembre-13 aprile e 14 maggio-24 ottobre – **Pasto** al Rist. ***Anna Stuben*** carta 34/51 – **46 cam** 320/360, 5 suites – ½ P 195.
♦ Una struttura ampia e capiente con numerosi spazi ben strutturati e ben arredati a disposizione dei propri ospiti. Ottimo confort, per trascorrere splendide vacanze. Ristorante con un'ampia sala e un'intima stube.

Adler, via Rezia 7 0471 775000, *info@hotel-adler.com, Fax 0471 775555,* ←, Centro benessere, , , – , rist, rist, . VISA.
5 dicembre-12 aprile e 15 maggio-4 novembre – **Pasto** (solo per alloggiati) – **123 cam** 167/302, 6 suites – ½ P 161.
♦ Sontuoso hotel storico nel cuore della località, dotato di un attrezzato centro benessere, cinto da un grazioso parco; all'interno, eleganti ambienti in stile montano.

Genziana-Enzian, via Rezia 111 0471 796246, *info@hotel-genziana.com, Fax 0471 797598,* Centro benessere, , , – . VISA.
Natale-20 aprile e 15 maggio-15 ottobre – **Pasto** carta 22/37 – **49 cam** 240/262, suite – ½ P 141.
♦ In pieno centro, bella struttura completamente rinnovata negli ultimi tempi; piacevoli e ampi spazi comuni, originale zona fitness in stile pompeiano, camere ben arredate. Finestre abbellite da tendaggi importanti, nella sala da pranzo di taglio moderno.

Alpenhotel Rainell , strada Vidalong 19 0471 796145, *info@rainell.com, Fax 0471 796279,* ← monti e Ortisei, , , – , rist, . VISA.
20 dicembre-Pasqua e 15 giugno-15 ottobre – **Pasto** *(chiuso a mezzogiorno)* 15/30 – **22 cam** 110/170 – ½ P 100.
♦ Albergo in posizione isolata, con splendida vista su Ortisei e sulle Dolomiti e ampio giardino, attrezzato in estate; interni caratteristici e camere ristrutturate. Al ristorante soffitto in legno lavorato e ampie finestre.

Angelo-Engel, via Petlin 35 0471 796336, *info@angelo-engel.com, Fax 0471 796323,* ←, , – . VISA. rist
chiuso novembre – **Pasto** (solo per alloggiati) – **35 cam** 90/180 – ½ P 110.
♦ Posizione panoramica e un ameno, ampio giardino in cui rilassarsi, con accesso diretto alla via pedonale del centro, in questo hotel in stile montano di taglio moderno.

Grien , via Mureda 178 (Ovest : 1 km) 0471 796340, *info@hotel-grien.com, Fax 0471 796303,* ← Gruppo Sella e Sassolungo, , , – , rist, VISA.
chiuso dal 15 aprile al 20 maggio e novembre – **Pasto** (solo per alloggiati) carta 26/41 – **25 cam** 250/270 – ½ P 135.
♦ Nella quiete della zona residenziale, struttura circondata dal verde, da cui si gode una superba vista del Gruppo Sella e di Sassolungo; accogliente ambiente tirolese.

Hell , via Promeneda 3 0471 796785, *info@hotelhell.it, Fax 0471 798196,* ←, , , – , rist, . VISA. rist
15 dicembre-21 aprile e 30 giugno-15 ottobre – **Pasto** *(chiuso a mezzogiorno)* (solo per alloggiati) 22/32 – **27 cam** 140/220 – ½ P 120.
♦ Nei pressi di una pista da sci per bimbi e principianti, albergo in tipico stile locale d'ispirazione contemporanea, abbellito da un ameno giardino; camere confortevoli.

Luna Mondschein, via Purger 81 0471 796214, *info@hotel-luna.com, Fax 0471 796697,* ←, Centro benessere, , , – , rist, . AE VISA JCB.
20 dicembre-7 aprile e 23 giugno-15 ottobre – **Pasto** carta 27/58 – 16 – **41 cam** 195/250, 2 suites – ½ P 160.
♦ Albergo di grande fascino, in un palazzo d'epoca con giardino interno, gestito dalla stessa famiglia da quattro generazioni; spazi comuni classici, deliziose le camere.

La Perla, strada Digon 8 (Sud-Ovest : 1 km) 0471 796421, *laperla@val-gardena.com, Fax 0471 798198,* ←, , , – . AE VISA. rist
dicembre-aprile e giugno-ottobre – **Pasto** (solo per alloggiati) – 8 – **36 cam** 65/90 – ½ P 60.
♦ Una vacanza all'insegna del relax in questo hotel tradizionale, ubicato fuori paese; spazi comuni in classico stile montano, camere lineari di taglio moderno.

Fortuna senza rist, via Stazione 11 ☎ 0471 797978, *Fax 0471 798326*, ≤ – |‡| TV ⇔ P. ⊕ MC VISA. ✗
chiuso dal 5 al 30 novembre – **15 cam** ☑ 89/128.
♦ In prossimità del centro, piccolo hotel a valida conduzione diretta: ambienti arredati in modo semplice ed essenziale, secondo lo stile del luogo, camere lineari.

Villa Park senza rist, via Rezia 222 ☎ 0471 796911, *villapark@dnet.it, Fax 0471 797532*, ≤, – |‡| TV ♿ P. ⊕ MC VISA. ✗
chiuso novembre – **10 cam** ☑ 120.
♦ Nel cuore della località, albergo recente, con gradevoli interni di moderna concezione, illuminati da grandi vetrate; camere classiche, alcune con angolo cottura.

Cosmea, via Setil 1 ☎ 0471 796464, *friends@hotelcosmea.it, Fax 0471 797805*, – |‡| TV ⇔ P. ⊕ MC JCB. ✗ cam
chiuso dal 25 ottobre al 5 dicembre – **Pasto** *(chiuso domenica in aprile, maggio, giugno ed ottobre)* carta 23/34 – **21 cam** ☑ 75/140 – ½ P 86.
♦ Piccolo hotel a gestione diretta con spazi comuni dagli arredi essenziali, dove prevale l'utilizzo del legno; funzionali camere rimodernate, d'ispirazione contemporanea. Divanetti a muro e graziosi lampadari in sala da pranzo.

Ronce ⛰, via Ronce 1 (Sud : 1 km) ☎ 0471 796383, *info@hotelronce.com, Fax 0471 797890*, ≤ monti e Ortisei, Fö, ≘s, – |‡|, ⇔ rist, TV ♿ ⇔ P. ⊕ MC VISA. ✗ rist
8 dicembre-Pasqua e 15 giugno-15 ottobre – **Pasto** (solo per alloggiati) – **22 cam** ☑ 50/100 – ½ P 73.
♦ Appagherà i vostri occhi la splendida veduta di Ortisei e dei monti e il vostro spirito la posizione isolata di questa struttura; all'interno, piacevole semplicità.

Pra' Palmer senza rist, via Promenade 5 ☎ 0471 796710, *palmer@ortisei.com, Fax 0471 797900*, ≤, ≘s, – |‡| TV P. VISA. ✗
dicembre-Pasqua e 10 giugno-ottobre – **22 cam** ☑ 52/92.
♦ Presso gli impianti di risalita, albergo circondato dal verde: interni in stile alpino di moderna ispirazione e piccola sauna; camere sobrie, alcune con angolo cottura.

Villa Luise ⛰, via Grohmann 43 ☎ 0471 796498, *info@villaluise.com, Fax 0471 796217*, ≤ monti e Sassolungo – TV ⇔ P. AE ⊕ ⊙ MC VISA. ✗
15 dicembre-14 maggio e luglio-19 ottobre – **Pasto** (solo per alloggiati) – **13 cam** ☑ 70/120 – ½ P 83.
♦ Cordiale e simpatica accoglienza in una pensione familiare in una piccola casa di montagna; ambiente alla buona e camere in stile lineare, ben tenute.

Evelyn ⛰ senza rist, via Vidalong 13 ☎ 0471 796860, *garni-evelyn@val-gardena.com, Fax 0471 789420*, ≤ monti e Ortisei, – TV ⇔. ⊕ MC VISA. ✗
dicembre-Pasqua e giugno-ottobre – ☑ 6,50 – **5 cam** 64/88.
♦ Ristrutturato recentemente, posizionato in zona tranquilla, poche camere graziose e funzionali, accoglienza familiare. Insomma non manca nulla per godere di vacanze serene.

Concordia, via Roma 41 ☎ 0471 796276, *Fax 0471 796276* – ⊕ MC VISA
dicembre-Pasqua e giugno-ottobre – **Pasto** carta 28/39 ⚘.
♦ Conduzione e ambiente familiare e linea gastronomica legata al territorio in un ristorante poco distante dal centro, completamente rinnovato negli ultimi anni.

Tubladel, via Trebinger 22 ☎ 0471 796879, *tubladel@dnet.it, Fax 0471 796879*, – P. ⊕ MC VISA
chiuso giugno, ottobre e lunedì in aprile-maggio e settembre – **Pasto** carta 29/38.
♦ Se la cucina segue i dettami della più tipica tradizione altoatesina, anche gli arredi non sono da meno. Suggestivo e caratteristico ristorante con una buona cantina.

a Bulla (Pufels) *Sud-Ovest : 6 km – alt. 1 481 – ✉ 39046 Ortisei :*

Sporthotel Platz ⛰, via Bulla 12 ☎ 0471 796935, *info@sporthotelplatz.com, Fax 0471 798228*, ≤ Ortisei e monti, ≘s, ⛱, ⛱, – P. AE ⊕ MC VISA
16 dicembre-4 marzo e 6 giugno-12 ottobre – **Pasto** carta 25/36 – **23 cam** ☑ 76/136 – ½ P 75.
♦ Un angolo di quiete in un paesino fuori Ortisei: un hotel dall'ambiente familiare in posizione panoramica, immerso nella natura; caldo legno negli interni in stile alpino. Accogliente atmosfera e tipici arredi montani nella sala ristorante.

Uhrerhof-Deur ⛰, Bulla 26 ☎ 0471 797335, *info@uhrerhof.com, Fax 0471 797457*, ≤ Ortisei e monti, Fö, ≘s, – |‡| ⇔ TV ☎ ⇔ P. MC VISA. ✗
chiuso dal 13 al 23 aprile e dal 2 novembre al 18 dicembre – **Pasto** carta 26/45 – **11 cam** solo ½ P 99, 2 suites 74,80/99.
♦ Una cornice di monti maestosi e una grande casa di cui vi innamorerete subito: calore, tranquillità, romantici arredi curati nei dettagli, per vivere come in una fiaba. Incantevole sala ristorante, interamente rivestita in legno.

Le nostre guide alberghi e ristoranti, le nostre guide turistiche e le nostre carte stradali sono complementari. Utilizzatele insieme.

ORTONA *66026 Chieti* 563 O 25 – *23 527 ab. – a.s. 20 giugno-agosto.*

per le Isole Tremiti giugno-settembre giornaliero (2 h 45 mn) – Adriatica di Navigazione-agenzia Fratino, via Porto 34 ☎ 085 9063855 Fax 085 9064186.

piazza della Repubblica 9 ☎ 085 9063841, iat.ortona@abruzzoturismo.it, Fax 085 9063882.

Roma 227 – Pescara 20 – L'Aquila 126 – Campobasso 139 – Chieti 36 – Foggia 158.

Ideale senza rist, corso Garibaldi 65 ☎ 085 9063735, *info@hotel-ideale.it, Fax 085 9066153,* – AE VISA.
6 – **24 cam** 64/78.
◆ A pochi metri dalla centrale Piazza della Repubblica, un albergo semplice, con camere essenziali recentemente rinnovate, alcune con vista sul porto di Ortona e sul mare.

Miramare, largo Farnese 15 ☎ 085 9066556, *miramare.ortona@inwind.it, Fax 085 9066556* – AE VISA.
chiuso da Natale a Capodanno, lunedì e da ottobre a marzo anche domenica sera – **Pasto** carta 24/54.
◆ In centro, nel cinquecentesco Palazzo Farnese, un piacevole locale di lunga tradizione, con pochi tavoli sotto archi in mattoni; cucina prevalentemente di mare.

a Lido Riccio *Nord-Ovest : 5,5 km – ✉ 66026 Ortona :*

Mara, ☎ 085 9190416, *marahotl@tin.it, Fax 085 9190522,* – 350. VISA.
15 maggio-20 settembre – **Pasto** 21/31 – **102 cam** 87/105, 9 suites – ½ P 100.
◆ Grande hotel di fronte alla spiaggia, ristrutturato pochi anni fa, dotato di uno splendido giardino con piscina; interni di taglio moderno, eleganti camere ben arredate. Proposte di cucina marinaresca.

ORVIETO *05018 Terni* 563 N 18 *G. Italia – 20 684 ab. alt. 315.*

Vedere *Posizione pittoresca★★★ – Duomo★★★ – Pozzo di San Patrizio★★ – Palazzo del Popolo★ – Quartiere vecchio★ – Palazzo dei Papi★* **M2** *– Collezione etrusca★ nel museo Archeologico Faina* **M1.**

piazza Duomo 24 ☎ 0763 341772, info@iat.orvieto.tr.it, Fax 0763 344433.

Roma 121 ① – Perugia 75 ① – Viterbo 50 ② – Arezzo 110 ① – Milano 462 ① – Siena 123 ① – Terni 75 ①.

Pianta pagina seguente

Maitani senza rist, via Maitani 5 ☎ 0763 342011, *Fax 0763 342012* – AE VISA. n
chiuso dal 7 al 31 gennaio – 10 – **39 cam** 75/124.
◆ Un hotel che è parte della storia della città: ampi spazi comuni dalla piacevole atmosfera un po' démodé, terrazza colazione con bella vista sul Duomo, camere in stile.

Palazzo Piccolomini senza rist, piazza Ranieri 36 ☎ 0763 341743, *piccolomini.hotel@orvienet.it, Fax 0763 391046* – – 50. AE VISA JCB. s
chiuso dal 15 al 31 gennaio – 11 – **34 cam** 86/118.
◆ Palazzo del XVI sec completamente ristrutturato: austera zona ricevimento con pavimenti in cotto, moderni arredi ispirati allo stile classico, camere confortevoli.

Aquila Bianca senza rist, via Garibaldi 13 ☎ 0763 341246, *hotelaquilabianca@libero.it, Fax 0763 342273* – – 60. AE VISA JCB. m
8 – **36 cam** 80/85.
◆ E' situato proprio nel cuore del centro storico, questo albergo di tradizione all'interno di un edificio d'epoca: spazi comuni in stile lineare e camere ariose.

Duomo senza rist, vicolo Maurizio 7 ☎ 0763 341887, *hotelduomo@tiscalinet.it, Fax 0763 394973* – AE VISA. a
18 cam 70/100.
◆ A pochi passi dal Duomo, una palazzina da poco completamente restaurata, con facciata in stile liberty; hall ornata con opere del pittore Valentini, camere accoglienti.

Corso senza rist, corso Cavour 343 ☎ 0763 342020, *hotelcorso@libero.it, Fax 0763 342020* – AE VISA d
chiuso 24-25 dicembre – 6,50 – **16 cam** 60/82.
◆ In un edificio in pietra che si affaccia sul centrale Corso Cavour, un piccolo hotel dall'ambiente familiare, con camere semplici e funzionali, arredate in legno.

Filippeschi senza rist, via Filippeschi 19 ☎ 0763 343275, *albergofilippeschi@tiscalinet.it, Fax 0763 343275* – AE VISA JCB c
chiuso Natale – 6 – **15 cam** 56/82.
◆ Nel cuore della cittadina, un albergo piacevolmente collocato in un palazzo con origini settecentesche; accogliente hall con pavimento in cotto, camere lineari.

Circolazione regolamentata nel centro città

Alberici (Via degli)	2	Duomo (Pza del)	7	Nebbia (Via)	14
Cava (Via della)	5	**Duomo (Via del)**	9	Orvieto (Via A.da)	15
Cavallotti (Via Felice)	6	Garibaldi (Via)	10	Popolo (Piazza del)	16
Cavour (Corso)		Maitani (Via)	12	Pza del Popolo (Via di)	17
		Malabranca (Via)	13	Repubblica (Pza della)	19

XXX **Giglio d'Oro,** piazza Duomo 8 ℘ 0763 341903, *ilgigliodoro@libero.it*, prenotare – AE VISA e
chiuso mercoledì – **Pasto** carta 43/58.
◆ Ristorante elegante, con una saletta dagli arredi essenziali, pareti bianche e raffinati tavoli con cristalli e argenteria; incantevole servizio estivo in piazza Duomo.

XX **I Sette Consoli,** piazza Sant'Angelo 1/A ℘ 0763 343911, *Fax 0763 343911*, prenotare, – AE VISA. g
chiuso dal 24 al 26 dicembre, dal 15 al 28 febbraio, mercoledì e domenica sera (escluso luglio-agosto) – **Pasto** 40 e carta 40/50.
◆ Indimenticabili proposte di cucina creativa e servizio estivo serale in giardino con splendida vista del Duomo, in un locale dal sobrio ambiente rustico di tono signorile.

XX **Osteria dell'Angelo,** piazza XXIX Marzo 8/a ℘ 0763 341805, *Fax 0763 341805*, prenotare – VISA JCB.
chiuso dal 28 luglio al 16 agosto e martedì – **Pasto** carta 27/45.
◆ Una sala minimalista volutamente spoglia, con arredi nelle tonalità del bianco; protagoniste assolute: imperdibile cucina del luogo e creativa, una pregevole cantina.

XX **Osteria San Patrizio,** corso Cavour 312 ℘ 0763 341245, *osteriapatrizio@wooow.it, Fax 0763 341245* – AE VISA. b
chiuso dal 16 al 28 febbraio, dal 10 al 25 luglio, domenica sera e lunedì – **Pasto** carta 27/38.
◆ Gestione di grande esperienza in un piccolo locale sul corso principale, anche se in posizione decentrata; ambiente curato e cucina sia del luogo che internazionale.

XX **La Taverna de' Mercanti,** via Loggia de' Mercanti 34 ℘ 0763 393327, *funaromercanti@libero.it, Fax 0763 342898* – AE VISA. s
chiuso dal 1° al 15 febbraio, dal 1° al 15 luglio e martedì – **Pasto** carta 30/40.
◆ Ristorantino dall'ambiente raccolto: due salette con pareti e volta in tufo dove assaporare piatti del territorio e tradizionali, rivisitati, sia di carne che di pesce.

X **Del Moro,** via San Leonardo 7 ℘ 0763 342763, *Fax 0763 342763* – AE VISA. r
chiuso dal 1° al 15 luglio e venerdì – **Pasto** 15 e carta 18/29 (10%).
◆ Ambiente informale in un ristorante del centro: quattro salette su tre livelli all'interno di un palazzo cinquecentesco ristrutturato; casereccia cucina del luogo.

La Volpe e l'Uva, via Ripa Corsica 1/2 0763 341612, *Fax 0763 341612* – . VISA h
chiuso gennaio, lunedì e martedì – **Pasto** carta 22/27.
◆ Accogliente ristorantino con due semplici, ma graziose sale, una abbellita da una serie di stampe alle pareti; proposta di piatti prevalentemente locali e buon vino.

ad Orvieto Scalo *per ① : 3 km – 05019*

Villa Acquafredda, località Acquafredda 1 0763 393073, *villacquafredda@libero.it, Fax 0763 390226,* , – VISA. rist
Pasto *(giugno-settembre; chiuso a mezzogiorno)* (solo per alloggiati) – **12 cam** 65 – ½ P 45,50.
◆ Fuori del centro, vecchio casale di campagna totalmente ristrutturato: saletta comune con camino, camere nuove stile «arte povera» in legno chiaro, ambiente familiare.

a Sferracavallo *per ① : 3 km – 05010 :*

Oasi dei Discepoli , via Piave 12 0763 3330, *oasideidiscepoli@libero.it, Fax 0763 333403* – – 100. VISA JCB.
Pasto carta 19/29 – **71 cam** 103/113 – ½ P 75.
◆ Risorsa ricavata dalla ristrutturazione di un ex istituto religioso dell'ordine dei «Discepoli», da cui deriva il nome. Camere di buon taglio, spaziose e confortevoli.

sulla strada statale 71 :

Villa Ciconia , via dei Tigli 69 per ① *: 4 km* 05019 Orvieto Scalo 0763 305582, *villa ciconia@libero.it, Fax 0763 302077,* – VISA JCB.
Pasto *(chiuso dal 7 gennaio al 28 febbraio e lunedì)* carta 22/39 – **12 cam** 145/155 – ½ P 95,50.
◆ In suggestiva posizione alla confluenza di due fiumi, elegante villa cinquecentesca in un parco secolare: ampi spazi sapientemente restaurati e bei mobili d'epoca. Ambiente raffinato nella sala da pranzo dove gustare cucina umbra.

Girarrosto del Buongustaio, per ② *: 5 km* 05018 Orvieto 0763 341935, *Fax 0763 341935,* , Rist. e pizzeria serale – VISA
chiuso dal 10 gennaio al 1º febbraio e mercoledì – **Pasto** specialità alla brace e paste fatte in casa carta 21/31.
◆ Specialità alla griglia e pasta fatta in casa, in un locale in collina, semplice e familiare, con pizzeria serale; servizio estivo in terrazza con vista panoramica.

a Morrano *Nord : 11 km – 05010 :*

Agriturismo Borgo San Faustino, Borgo San Faustino 11/12 0763 215303, *borgo sf@tin.it, Fax 0763 215745,* , , – VISA
chiuso dall'8 al 30 gennaio – **Pasto** 20/30 – **15 cam** 90 – ½ P 70.
◆ Davvero un piccolo borgo nel classico stile delle case umbre, che a confort alberghieri unisce la tipica offerta agrituristica; chiedete le camere con letto a baldacchino. Non sarà deluso chi s'aspetta una sana cucina realizzata con prodotti coltivati in loco.

OSIMO *60027 Ancona* 563 L 22 – *29 598 ab. alt. 265.*

piazza del Comune 1 071 7249247, info@comune.osimo.an.it, Fax 071 7249271.
Roma 308 – Ancona 19 – Macerata 28 – Pesaro 82 – Porto Recanati 19.

Gustibus, piazza del Comune 11 071 714450, *Fax 071 714450,* – . VISA.
chiuso martedì – **Pasto** carta 22/42.
◆ Ristorante wine-bar ubicato nel cuore dello splendido centro storico, tra gli austeri palazzi della piazza del municipio. Gradevole e moderno locale dal design minimalista.

sulla strada statale 16 *Est : 7,5 km :*

Cristoforo Colombo, strada statale 16 km 310.400 60027 Osimo Scalo 071 7108990 e rist 071 7108651, *info@cristoforo-colombo.com, Fax 071 7108994* – – 80. VISA.
chiuso dal 24 al 30 dicembre – **Pasto** al Rist. ***La Cantinetta del Conero*** *(chiuso dal 6 al 22 agosto, sabato a mezzogiorno e domenica sera)* carta 30/55 – 10 – **30 cam** 100/150, 2 suites – ½ P 100.
◆ Albergo vocato a una clientela d'affari, in comoda posizione vicino all'uscita autostradale; piccola e graziosa hall e camere rinnovate da poco, arredate semplicemente. Al ristorante archi profilati di mattoni e ampie vetrate.

Se cercate un hotel tranquillo
consultate prima le carte tematiche dell'introduzione
e trovate nel testo gli esercizi indicati con il simbolo

OSIO SOTTO *24046 Bergamo* 561 F 10, 219 ⑳ *– 10 606 ab. alt. 184.*

Roma 579 – Bergamo 11 – Lecco 38 – Milano 37.

La Lucanda con cam, via Risorgimento 15/17 ✆ 035 808692, *info@lalucanda.it, Fax 035 4181063*, Coperti limitati; prenotare – . *chiuso due settimane in gennaio e due settimane in giugno od agosto* – **Pasto** *(chiuso sabato a mezzogiorno e domenica)* carta 50/80 – **8 cam** 100/130.

◆ Intelligente cucina creativa con radici nel territorio in un piccolo locale dall'ambiente semplice ed elegante, dalle calde tonalità nocciola; servizio estivo all'aperto.

Spec. Tortelli di mandorle amare al tartufo nero bergamasco. Maialino da latte croccante con crudité di verdure (estate). Guancia di vitello al Valcalepio con scalogni glassati.

OSOPPO *33010 Udine* 562 D 21 *– 2 851 ab. alt. 185.*

Roma 665 – Udine 31 – Milano 404.

Pittis, via Andervolti 2 ✆ 0432 975346, *info@hotelpittis.com, Fax 0432 975916* – . rist

Pasto *(chiuso domenica, dal 25 dicembre al 7 gennaio e dal 9 al 22 agosto)* carta 22/30 – 6 – **40 cam** 43/61 – ½ P 52.

◆ Accoglienza cordiale in un albergo del centro storico a conduzione diretta con interni in stile lineare arredati con cura; confortevoli camere essenziali.

OSPEDALETTO *38050 Trento* 562 D 16 *– 845 ab. alt. 340.*

Roma 539 – Belluno 67 – Padova 89 – Trento 45 – Treviso 84.

Va' Pensiero, località Pradanella 7/bis (Est : 35 km) ✆ 0461 768383, *Fax 0461 768270*, – .

chiuso mercoledì – **Pasto** carta 27/33.

◆ Un vecchio fienile fuori paese, completamente ristrutturato, è ora un piacevole locale con due salette semplici e ben tenute; cucina del luogo e gustosi piatti di carne.

OSPEDALETTO *Verona – Vedere Pescantina.*

OSPEDALETTO D'ALPINOLO *83014 Avellino* 564 E 26 *– 1 634 ab. alt. 725.*

Roma 248 – Napoli 59 – Avellino 8 – Salerno 44.

Osteria del Gallo e della Volpe, piazza Umberto I 14 ✆ 0825 691225, Coperti limitati; prenotare – .

chiuso dal 23 al 31 dicembre, dal 1º al 15 luglio, domenica sera, lunedì e a mezzogiorno – **Pasto** carta 21/28.

◆ Una sale accogliente, pochi tavoli e molto spazio. Conduzione familiare, servizio curato e cordiale, menù che propone la tradizione locale con alcune personalizzazioni.

OSPEDALICCHIO *Perugia* 563 M 19 *– Vedere Bastia Umbra.*

OSPITALETTO *25035 Brescia* 561 F 12 *– 10 873 ab. alt. 155.*

Roma 550 – Brescia 12 – Bergamo 45 – Milano 96.

Hosteria Brescia, via Brescia 22 ✆ 030 640988, *Fax 030 640988* – .

chiuso dal 1º al 7 gennaio, dal 1º al 22 agosto e lunedì – **Pasto** 9,50/18 (solo a mezzogiorno escluso sabato e domenica) e carta 26/41.

◆ Antica locanda di paese rinnovata negli ultimi anni: ambiente in stile rustico, ma ben curato, dove gustare una cucina a base di piatti della tradizione.

OSSANA *38026 Trento* 562 D 14 *– 780 ab. alt. 1 003 – a.s. 29 gennaio-Pasqua e Natale – Sport invernali : Vedere Tonale (Passo del).*

✆ 0463 751301, Fax 0463 750266.

Roma 659 – Trento 74 – Bolzano 82 – Passo del Tonale 17.

Pangrazzi, frazione Fucine alt. 982 ✆ 0463 751108, *Fax 0463 751359*, , , – , rist, rist, .

dicembre-aprile e 15 giugno-10 settembre – **Pasto** carta 19/31 – **30 cam** 40/70 – ½ P 60.

◆ Gialla struttura rifinita in legno e pietra con invitanti spazi comuni in stile montano. Abbellita da un gradevole piccolo giardino è ideale per un turismo familiare. Ambiente familiare in cui si servono piatti del territorio e tradizionali.

Antica Osteria, via Venezia 11 ☎ 0463 751713, solo su prenotazione – ⇆. ♿ MC VISA. ✂
chiuso quindici giorni in giugno e mercoledì – **Pasto** carta 29/34.
◆ Ambiente caratteristico nelle due piccole sale rivestite in legno. Pochi tavoli (la prenotazione è indispensabile) per apprezzare un'originale cucina del territorio.

OSTELLATO *44020 Ferrara* 562 H 17 – *7 043 ab.*.
Roma 395 – Ravenna 65 – Bologna 63 – Ferrara 33.

Villa Belfiore ⛰, via Pioppa 27 ☎ 0533 681164, *agriturismobelfiore@libero.it, Fax 0533 681172*, ⛰, 🏊, 🌳 – ▤ TV 📞 P. AE ♿ ⓘ MC VISA
Pasto *(chiuso gennaio, febbraio e a mezzogiorno escluso domenica)* 26/28 – **18 cam** ☕ 70/85 – ½ P 70.
◆ In un'oasi di tranquillità, non lontano da Ostellato, ma già immerso nella campagna, un albergo con ambiente e arredi rustici, ricchi di fascino; belle e ampie camere.

Locanda della Tamerice con cam, via Argine Mezzano 2 (Est : 1 km) ☎ 0533 680795, *info@tamerice.it, Fax 0533 681962*, prenotare, 🏊, 🌳 – ▤ TV P. AE ♿ ⓘ MC VISA. ✂
Pasto *(chiuso 15 giorni in gennaio, 15 giorni in novembre, martedì e mercoledì)* carta 73/95 – ☕ 10 – **6 cam** 78/93.
◆ Nelle amene valli di Ostellato, una locanda con camere confortevoli e una sala dai colori vivaci, recentemente rinnovata, dove provare un'interessante cucina fantasiosa.

OSTERIA GRANDE *Bologna* 562 I 16 – *Vedere Castel San Pietro Terme.*

OSTIA ANTICA *Roma* 563 Q 18 *G. Roma.*
Vedere *Piazzale delle Corporazioni**** – *Capitolium*** – *Foro*** – *Domus di Amore e Psiche*** – *Schola del Traiano*** – *Terme dei Sette Sapienti** – *Terme del Foro** – *Casa di Diana** – *Museo** – *Thermopolium*** – *Horrea di Hortensius** – *Teatro** – *Mosaici*** *nelle Terme di Nettuno.*

OSTIGLIA *46035 Mantova* 561 G 15 – *7 176 ab. alt. 15.*
Roma 460 – Verona 46 – Ferrara 56 – Mantova 33 – Milano 208 – Modena 56 – Rovigo 63.

sulla strada statale 12 *Nord : 6 km :*

Pontemolino-da Trida, ✉ 46035 ☎ 0386 802380, 🌳 – P. AE ♿ MC VISA
chiuso dal 7 al 31 gennaio, dal 10 luglio al 6 agosto, lunedì e martedì – **Pasto** carta 26/33.
◆ Antica trattoria con la stessa gestione familiare da sempre, dove il tempo sembra essersi fermato; proposte di piatti mantovani a base di pesce di lago e risotti.

OSTUNI *72017 Brindisi* 564 E 34 *G. Italia – 32 810 ab. alt. 207 – a.s. luglio-15 settembre.*
Vedere *Facciata** *della Cattedrale.*
Dintorni *Regione dei Trulli**** *Ovest.*
ℹ *corso Mazzini 8 ☎ 0831 3010831, Fax 0831 301268.*
Roma 530 – Brindisi 42 – Bari 80 – Lecce 73 – Matera 101 – Taranto 52.

Novecento ⛰, contrada Ramunno Sud : 1,5 km ☎ 0831 305666, *hotelnovecento@tiscali.it, Fax 0831 305668*, 🏊, 🌳 – ▤ TV P. AE ♿ ⓘ MC VISA. ✂ rist
Pasto carta 19/28 – **16 cam** ☕ 100/120.
◆ In posizione tranquilla, all'interno di una splendida villa d'epoca, con una bella, grande piscina e un'amena terrazza, un albergo signorile con interni confortevoli. La cornice è suggestiva e la sala ristorante ne risente positivamente.

Tutosa ⛰ senza rist, contrada Tutosa Nord-Ovest : 7,5 km ☎ 0831 359046, *tutosa@libero.it, Fax 0831 330630*, 🏊, 🌳 ▤ TV P. AE ♿ ⓘ MC VISA. ✂
☕ 8 – **14 cam** 93/155, 4 suites.
◆ Una vacanza di tutto relax in un'antica masseria fortificata, con giardino e piscina: spazi esterni molto piacevoli, poche camere semplici ed essenziali, ma confortevoli.

Agriturismo Il Frantoio ⛰, strada statale 16 km 874 Nord-Ovest : 5 km ☎ 0831 330276, *armando@trecolline.it, Fax 0831 330276*, solo su prenotazione, 🌳 – P. ♿ MC VISA. ✂
Pasto *(chiuso dal 10 gennaio al 10 febbraio)* 49 bc – **8 cam** ☕ 97/194.
◆ Ha il fascino dell'abitazione privata questa elegante masseria di origine cinquecentesca con un antico frantoio ipogeo: raffinati salotti e camere con mobili d'epoca. Cena preparate con i prodotti coltivati nell'azienda; d'estate servite le stelle.

Porta Nova, via Petrarolo 38 ☎ 0831 338983, *Fax 0831 338983*, 🏠 – ▤ – 🎤 50. AE ♿ ⓘ MC VISA. ✂
chiuso dal 15 al 31 gennaio e mercoledì – **Pasto** carta 33/50.
◆ Felice ubicazione nel centro storico della cittadina: locale con soffitto a volte e arredi tradizionali; ameno servizio estivo in terrazza panoramica, cucina di mare.

Osteria del Tempo Perso, via G. Tanzarella Vitale 47 ☏ 0831 303320, *osteriadeltempo perso@libero.it, Fax 0831 303320*, prenotare – ▤. AE Ġ ⓓ ⓜⓒ VISA JCB. ✂
chiuso dal 10 al 31 gennaio, lunedì e a mezzogiorno (escluso domenica e i giorni festivi) – **Pasto** carta 30/45.
◆ Suggestiva atmosfera in una tipica taverna del centro, in un antico mulino con grotta scavata nel tufo; più tradizionale la sala ornata con oggetti di vita contadina.

Spessite, via Clemente Brancasi 43 ☏ 0831 302866, *Fax 0831 302866*, prenotare – AE Ġ ⓜⓒ VISA. ✂
chiuso dal 15 ottobre al 15 novembre e mercoledì (escluso luglio-agosto) – **Pasto** 18/23 bc.
◆ In un antico frantoio, ristorante dall'ambiente caratteristico: soffitto a botte con volte in pietra e camino sempre acceso in fondo alla sala; piatti della tradizione.

a Costa Merlata *Nord-Est : 15 km – ✉ 72017 :*

Gd H. Masseria Santa Lucia, strada statale 379 km 23,500 ☏ 0831 3560, *info@mas seriasantalucia.it, Fax 0831 304090*, – ▤ TV ♿ P – 1000. AE Ġ ⓓ ⓜⓒ VISA JCB. ✂
Pasto carta 49/82 – **137 cam** ☐ 290/350, 4 suites.
◆ In un'antica masseria rurale fortificata, immersa nel verde e a pochi passi dal mare, un albergo di taglio moderno a vocazione congressuale; camere spaziose e funzionali. Ampio ristorante di tono elegante e d'ispirazione contemporanea.

sulla strada provinciale 14 per Martina Franca *Sud-Ovest : 19,5 km :*

Osteria Cantone, contrada Fantese ☏ 080 4446902, *osteriacantone@libero.it, Fax 080 4446902*, Coperti limitati; prenotare, – P. AE Ġ ⓓ ⓜⓒ VISA. ✂
chiuso dal 2 al 16 novembre, a mezzogiorno e lunedì – **Pasto** carta 27/39.
◆ Signorile masseria con rigoglioso giardino; ambienti distinti, arredati come una casa privata: salotti in pelle, caminetti, mobili antichi; proposte di cucina locale.

Questa Guida non contiene pubblicità a pagamento.

OTRANTO *73028 Lecce* 564 G 37 *G. Italia – 5 341 ab..*

Vedere *Cattedrale★ : pavimento★★★.*
Escursioni *Costa meridionale★ Sud per la strada S 173.*
piazza Castello 5 ☏ 0836 801436.
Roma 642 – Brindisi 84 – Bari 192 – Gallipoli 47 – Lecce 41 – Taranto 122.

Rosa Antico senza rist, strada statale 16 ☏ 0836 801563, *info@hotelrosantico.it, Fax 0836 801563*, – ▤ TV P. AE Ġ ⓓ ⓜⓒ VISA JCB. ✂
28 cam ☐ 130.
◆ Alberghetto nella prima periferia cittadina, situato in una vecchia villa fine '800, abbellita da un piacevole giardino agrumeto; camere arredate semplicemente.

Valle dell'Idro senza rist via Giovanni Grasso 4 ☏ 0836 804427, *hotelvalledellidro@hotma il.com, Fax 0836 804532*, ←, – ▤ TV. AE Ġ ⓓ ⓜⓒ VISA
27 cam ☐ 70/110.
◆ Bianca costruzione in stile mediterraneo con arredi di rigorosa semplicità. Piccolo giardino con pergolato e terrazza con bella vista sulla città vecchia e sul mare.

Tenuta il Gambero con cam, litoranea per Porto Badisco Sud : 3 km ☏ 0836 801107, *Fax 0836 801303*, ←, prenotare, – ▤ TV P. AE Ġ ⓓ ⓜⓒ VISA JCB. ✂
Pasto specialità di mare carta 39/52 – **14 cam** ☐ 77/120.
◆ In una masseria di origini duecentesche, nella tranquillità di una zona isolata e verdeggiante, un locale dall'atmosfera raffinata, che propone gustosi piatti marinari.

Acmet Pascià, via Lungomare degli Eroi ☏ 0836 801282, *Fax 0836 801282*, ←, . Ġ ⓜⓒ VISA. ✂
chiuso lunedì escluso dal 15 giugno al 15 settembre – **Pasto** carta 31/40.
◆ Caratteristico ristorante sul lungomare, nei pressi del centro storico, con due sale di taglio elegante; gradevole servizio estivo in terrazza panoramica, cucina di mare.

OTTAVIANO *80044 Napoli* 564 E 25 – *23 445 ab. alt. 190.*

Roma 240 – Napoli 22 – Benevento 70 – Caserta 47 – Salerno 42.

Augustus, viale Giovanni XXIII 61 ☏ 081 5288455, *prenotazioni@augustus-hotel.com, Fax 081 5288454* – ▤ TV – 25. AE Ġ ⓓ ⓜⓒ VISA JCB. ✂
Pasto *(chiuso a mezzogiorno)* (solo per alloggiati) 20/32 – **41 cam** ☐ 90/120 – ½ P 80.
◆ Adatto a una clientela d'affari, albergo in posizione centrale con ambienti in stile lineare d'ispirazione contemporanea; ampie e funzionali le camere.

OTTONE *Livorno – Vedere Elba (Isola d') : Portoferraio.*

OVADA *15076 Alessandria* **561** I 7 – *11 844 ab. alt. 186.*

Dintorni *Strada dei castelli dell'Alto Monferrato★ (o strada del vino) verso Serravalle Scrivia.*

via Cairoli 103 ✆ 0143 821043, iat@comune.ovada.al.it, Fax 0143 821043.

Roma 549 – Genova 50 – Acqui Terme 24 – Alessandria 40 – Milano 114 – Savona 61 – Torino 125.

La Volpina, strada Volpina 1 ✆ 0143 86008, *rist.lavolpina@libero.it,* , Coperti limitati; prenotare – P. VISA

chiuso dal 22 dicembre al 10 gennaio, dall'8 al 29 agosto, la sera dei giorni festivi e lunedì – **Pasto** carta 36/49 (10%).

◆ Vicino all'uscita autostradale, ma in tranquilla posizione collinare, ristorante all'interno di una villetta; saporita cucina piemontese, servizio estivo all'aperto.

OVINDOLI *67046 L'Aquila* **563** P 22 – *1 234 ab. alt. 1 375 – a.s. 15 dicembre-12 aprile e luglio-22 settembre – Sport invernali : 1 445/2 223 m 6,* .

via della Fonte ✆ 0863 706079, iat.ovindoli@abruzzoturismo.it, Fax 0863 705439.

Roma 129 – Frosinone 109 – L'Aquila 36 – Pescara 119 – Sulmona 55.

Il Pozzo, via Monumento dell'Alpino ✆ 0863 710191, prenotare – AE VISA.

chiuso dal 12 al 19 giugno, dal 22 settembre al 5 ottobre e mercoledì (escluso Natale e agosto) – **Pasto** carta 20/35.

◆ Ambiente caratteristico in una vecchia stalla restaurata, che mantiene il fascino della rusticità, in un contesto di arredamento moderno e gradevole; piatti locali.

Un automobilista previdente utilizza la Guida Michelin dell'anno in corso.

OZZANO DELL'EMILIA *40064 Bologna* **562** I 16 – *10 403 ab. alt. 66.*

Roma 399 – Bologna 15 – Forlì 63 – Modena 60 – Ravenna 67.

Eurogarden Hotel, via dei Billi 2/a ✆ 051 794511 e rist ✆ 051 790062, *info@eurogardenhotel.com, Fax 051 794594,* – , cam, P – 100. AE VISA.

chiuso dal 23 dicembre al 2 gennaio ed agosto – **Pasto** al Rist. ***La Corte dell'Ulivo*** *(chiuso dal 6 al 22 agosto)* carta 34/42 – **72 cam** 175/233 – ½ P 166,50.

◆ Recente albergo moderno a vocazione congressuale, in comoda posizione sulla via Emilia; interni arredati in ciliegio e dotati di ogni confort, belle camere accoglienti. Cene a base di specialità del luogo.

PACENTRO *67030 L'Aquila* **563** P 23 – *1 294 ab. alt. 650.*

Roma 171 – Pescara 78 – Avezzano 66 – Isernia 82 – L'Aquila 76.

Taverna De Li Caldora, piazza Umberto I 13 ✆ 0864 41139, *Fax 0864 410944,* , prenotare – . AE VISA.

chiuso domenica sera e martedì – **Pasto** carta 30/51.

◆ Nel centro storico di questo bel paese di origine medievale, un palazzo del '500 con servizio estivo in terrazza panoramica e una cucina con salde radici territoriali.

PADENGHE SUL GARDA *25080 Brescia* **561** F 13 – *3 600 ab. alt. 115.*

Roma 526 – Brescia 36 – Mantova 53 – Verona 43.

Locanda Santa Giulia, via Marconi 78 ✆ 030 99950, *info@visconti.info, Fax 030 9995100,* , , – , cam, P – 150. AE VISA JCB.

Pasto *(chiuso lunedì)* carta 29/36 – **22 cam** 114/140, 28 suites 124/232.

◆ Grande struttura, di recente realizzazione, inserita all'interno di un complesso residenziale affacciato su piscina e vicinissimo al lago; dotata di moderni confort. Ristorante dagli ambienti luminosi; gradevole servizio estivo all'aperto.

PADERNO DEL GRAPPA *31010 Treviso* **562** E 17 – *286 alt. 1 955 ab..*

Roma 547 – Padova 61 – Treviso 41 – Venezia 72 – Verona 103.

San Giacomo senza rist, piazza Martiri 13 ✆ 0423 930366, *info@hotelsangiacomo.com, Fax 0423 939567* – P. AE VISA

30 cam 51/103.

◆ Hotel dall'aspetto fresco e attuale, ma con piacevoli riferimenti ad una sobria classicità. Camere funzionali, originale e luminosa sala colazioni ricavata in mansarda.

PADERNO DI PONZANO *Treviso* – *Vedere Ponzano Veneto.*

PADERNO FRANCIACORTA *25050 Brescia* 561 F 12 – *3 383 ab. alt. 183.*
Roma 550 – Brescia 15 – Milano 84 – Verona 81.

Franciacorta senza rist, via Donatori di Sangue 10 ☎ 030 6857085, *hotelfranciacorta@libero.it, Fax 030 6857082* – |♦| ▤ TV ⇔ P. AE ⓢ ◑ ⓜⓞ VISA. ✂
chiuso agosto – ☕ 7 – **24 cam** 70/90.
◆ In zona strategica, facile da raggiungere, una risorsa di concezione moderna, quasi confusa fra le molte altre ville dell'area residenziale in cui si trova.

PADOLA *Belluno – Vedere Comelico Superiore.*

PADOVA *35100* P 562 F 17 *G. Italia – 209 641 ab. alt. 12.*
Vedere *Affreschi di Giotto★★★, Vergine★ di Giovanni Pisano nella cappella degli Scrovegni* **DY** – *Basilica del Santo★★* **DZ** – *Statua equestre del Gattamelata★★* **DZ A** – *Palazzo della Ragione★* **DZ J** *: salone★★* – *Pinacoteca Civica★* **DY M** – *Chiesa degli Eremitani★* **DY** *: affreschi di Guariento★★* – *Oratorio di San Giorgio★* **DZ B** – *Scuola di Sant'Antonio★* **DZ B** – *Piazza della Frutta★* **DZ 25** – *Piazza delle Erbe★* **DZ 20** – *Torre dell'Orologio★ (in piazza dei Signori* **CYZ**) – *Pala d'altare★ nella chiesa di Santa Giustina* **DZ.**
Dintorni *Colli Euganei★ Sud-Ovest per ⑥.*
27 *Montecchia (chiuso lunedì) a Selvazzano Dentro ✉ 35030 ☎ 049 8055550, Fax 049 8055737, Ovest : 8 km;*
18 *Frassanelle (chiuso martedì da dicembre a febbraio e da giugno ad agosto) ✉ 35030 Frassanelle di Rovolon ☎ 049 9910722, Fax 049 9910691, Sud-Ovest : 20 km;*
27 *(chiuso gennaio e lunedì escluso marzo-maggio ed ottobre) a Valsanzibio di Galzignano ✉ 35030 ☎ 049 9130078, Fax 049 9131193, Est : 21 km.*
Stazione Ferrovie Stato ✉ 35131 ☎ 049 8752077, infostazione@turismopadova.it, Fax 049 8755008 – (aprile-ottobre) piazza del Santo ✉ 35123 ☎ 049 8753087 – Galleria Pedrocchi ☎ 049 8767927, infopedrocchi@turismopadova.it.
A.C.I. *via Enrico degli Scrovegni 19/21 ✉ 35131 ☎ 049 654733.*
Roma 491 – Milano 234 – Venezia 42 – Verona 81.

Pianta pagina seguente

Grand'Italia senza rist, corso del Popolo 81 ✉ 35131 ☎ 049 8761111, *info@hotelgranditalia.it, Fax 049 8750850* – |♦| ▤ TV ☎ – 🏛 70. AE ⓢ ◑ ⓜⓞ VISA JCB **DY a**
58 cam ☕ 145/198, 3 suites.
◆ Trasformato in hotel negli anni '20, Palazzo Folchi rappresenta un mirabile esempio di stile liberty, conservato all'esterno e all'interno e oggi unito a moderni confort.

Plaza, corso Milano 40 ✉ 35139 ☎ 049 656822, *plaza@plazapadova.it, Fax 049 661117*, , Ⅎ6 – |♦|, ⇔ cam, ▤ TV ☎ ♿ ⇔ – 🏛 150. AE ⓢ ◑ ⓜⓞ VISA. ✂ rist **CY m**
Pasto *(chiuso agosto, domenica e a mezzogiorno)* carta 34/43 – **134 cam** ☕ 132/195, 5 suites.
◆ Vantaggiosa posizione, in prossimità del centro storico e commerciale: buon servizio e ottima gestione per una comodissima e piacevole risorsa dall'atmosfera elegante. Ristorante raffinato frequentato in prevalenza da clienti d'affari.

Milano, via Bronzetti 62 ✉ 35138 ☎ 049 8712555 e rist ☎ 049 8715804, *info@hotelmilano-padova.it, Fax 049 8713923* – |♦| ▤ TV ♿ P. AE ⓢ ◑ ⓜⓞ VISA. ✂ **CY g**
Pasto al Rist. ***Porta Savonarola*** *(chiuso sabato sera e domenica)* carta 27/35 – **80 cam** ☕ 114/163.
◆ Offre un insieme funzionale e ha caratteristiche tipiche degli alberghi dell'ultima generazione, con tutti i confort e le modernità, in un'area cittadina molto comoda. Ampie sale ristorante, gestione familiare, cucina del territorio.

Donatello senza rist, via del Santo 102/104 ✉ 35123 ☎ 049 8750634, *info@hoteldonatello.net, Fax 049 8750829*, ≤, 🏠 – |♦| ▤ TV ⇔ – 🏛 35. AE ⓢ ◑ ⓜⓞ VISA JCB **DZ z**
chiuso dal 15 dicembre al 6 gennaio – ☕ 13 – **45 cam** 168.
◆ Nel cuore storico della città, una struttura d'inizio secolo scorso gestita, da generazioni, dalla medesima famiglia; recenti rinnovamenti e bella vista da alcune stanze.

Majestic Toscanelli, via dell'Arco 2 ✉ 35122 ☎ 049 663244, *majestic@toscanelli.com., Fax 049 8760025* – |♦| ▤ TV ☎ – 🏛 70. AE ⓢ ◑ ⓜⓞ VISA JCB. ✂ rist **DZ b**
Pasto *(chiuso dal 15 luglio al 15 agosto)* carta 18/26 – **31 cam** ☕ 95/154, 3 suites.
◆ Uno dei vecchi alberghi nel centro cittadino, con una zona comune incentrata sulla hall e stanze, di fattura diversa, con arredi che riprendono vari stili d'epoca.

Europa, largo Europa 9 ✉ 35137 ☎ 049 661200 e rist ☎ 049 8760868, *hotele@libero.it, Fax 049 661508* – |♦| ▤ TV ☎ – 🏛 50. AE ⓢ ◑ ⓜⓞ VISA **DY c**
Pasto vedere rist ***Zaramella*** – **64 cam** ☕ 113/138.
◆ Cappella degli Scrovegni e centro storico sono a pochi metri, così anche la stazione: comodissimo hotel, vicino ad un garage convenzionato, ideale per clienti d'affari.

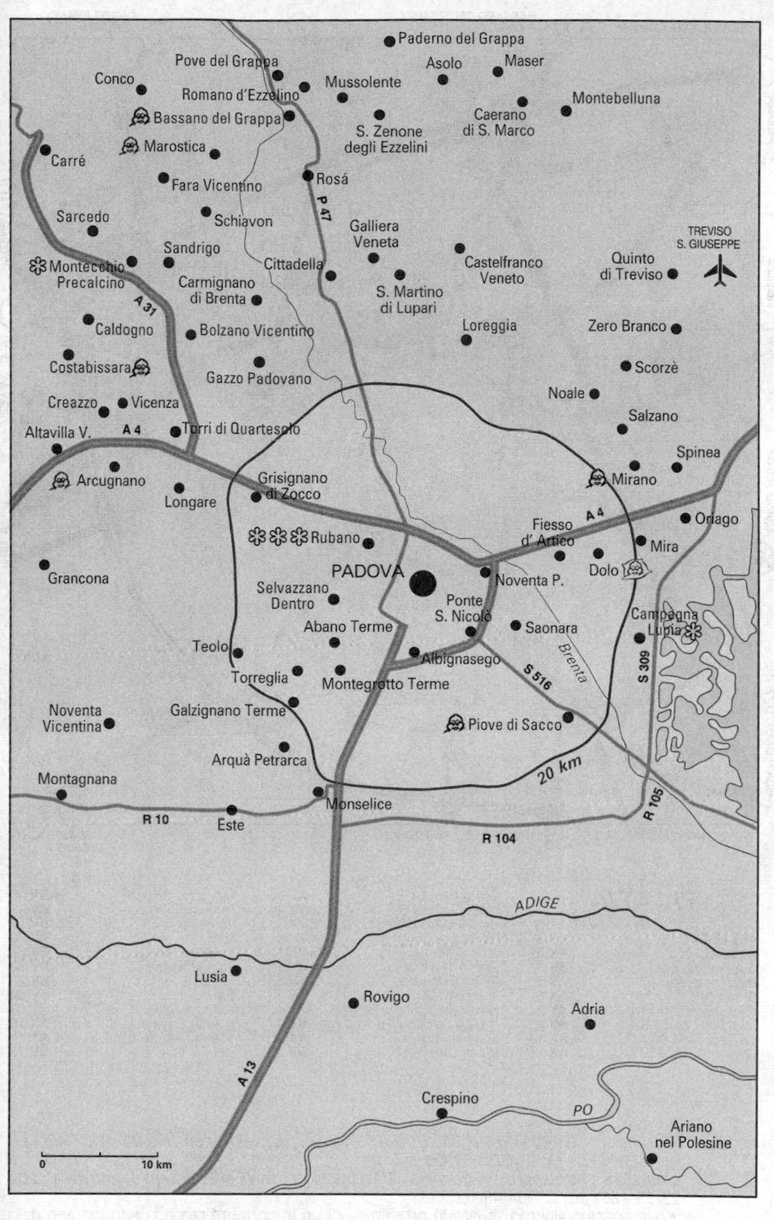

I prezzi del pernottamento e della pensione possono subire aumenti in relazione all'andamento generale del costo della vita ; quando prenotate chiedete la conferma del prezzo.

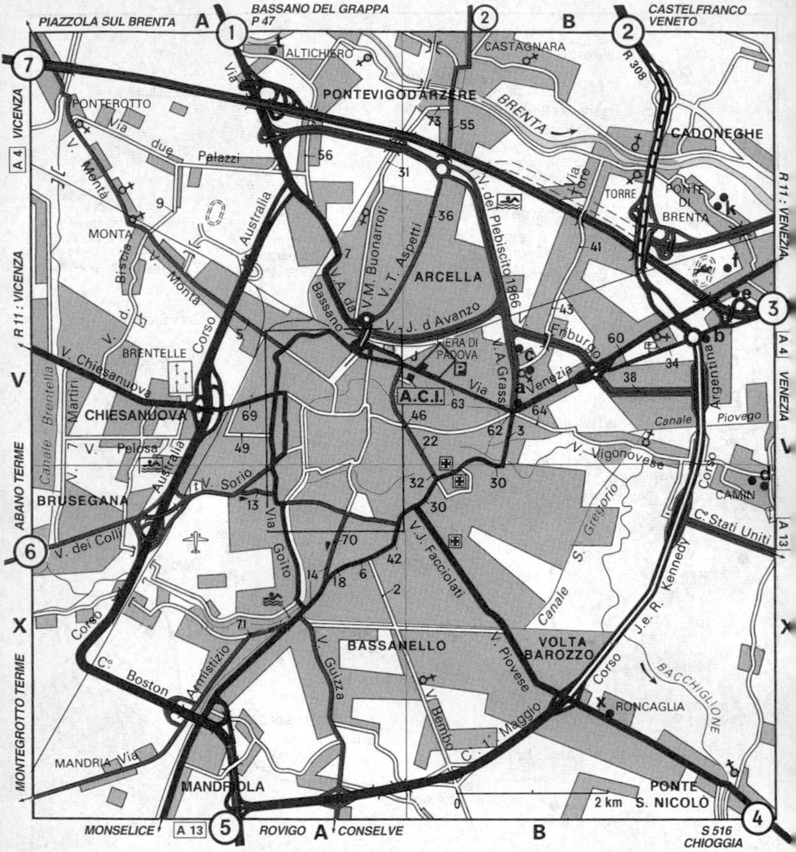

PADOVA

Biri, via Grassi 2 ✉ 35129 ✆ 049 8067700, *hotelbiri@hotelbiri.com, Fax 049 8067748,* – 50. AE VISA. **BV a**
chiuso dal 24 dicembre al 6 gennaio – **Pasto** *(chiuso dal 15 al 22 agosto e domenica)* carta 22/33 – **86 cam** 99/149, 6 suites.

◆ Un enorme albergo situato in prossimità di un importante crocevia non lontano dalla zona fieristica; risorsa di buon livello, con camere in gran parte rimesse a nuovo. Proposte che spaziano dalla pizza ai menù a prezzi contenuti, ai piatti di pesce.

Giovanni, via Mamiani 17 ✉ 35129 ✆ 049 8073382, *hotelgiovanni@tin.it, Fax 049 8075657* – AE VISA **BV c**
chiuso agosto – **Pasto** vedere rist ***Giovanni*** – **33 cam** 85/125.

◆ Una risorsa piuttosto recente, dotata di camere ben accessoriate e piacevoli zone comuni di taglio decisamente moderno. Valido punto d'appoggio in zona decentrata.

PADOVA

Altinate (Via) . . . . **DYZ**
Carmine (Via del) . . . . **DY** 10
Cavour (Piazza e Via) . . . . **DY** 15
Cesarotti (Via M) . . . . **DZ** 17
Dante (Via) . . . . **CY**
Erbe (Piazza delle) . . . . **DZ** 20
Eremitani (Piazza) . . . . **DY** 21
Filiberto (Via E.) . . . . **DY** 24
Frutta (Piazza della) . . . . **DZ** 25
Garibaldi (Corso) . . . . **DY** 27
Garibaldi (Piazza) . . . . **DY** 28
Gasometro
(Via dell'ex) . . . . **DY** 29
Guariento (Via) . . . . **DY** 35
Insurrezione (Piazza) . . . . **DY** 39
Monte di Pietà
(Via del) . . . . **CZ** 45
Petrarca (Via) . . . . **CY** 50
Ponte Molino (Vicolo) . . . . **CY** 52
Ponti Romani (Riviera dei) . **DYZ** 53
Roma (Via) . . . . **DZ**
S. Canziano (Via) . . . . **DZ** 57
S. Fermo (Via) . . . . **DY**
S. Lucia (Via) . . . . **DY** 59
Vandelli (Via D.) . . . . **CZ** 66
Verdi (Via G.) . . . . **CY** 67
Vittorio Emanuele II
(Corso) . . . . **CZ** 70
8 Febbraio (Via) . . . . **DZ** 74
58 Fanteria (Via) . . . . **DZ** 75

Igea senza rist, via Ospedale Civile 87 ✉ 35121 ☎ 049 8750577, *hoteligeapd@iol.it, Fax 049 660865* – ▯ ▯ ▯ ▯. AE ▯ ▯ ▯ VISA JCB DZ d
▯ 8 – **54 cam** 110.
◆ Un buon hotel che lavora molto con la clientela dell'Ospedale Civile di fronte a cui è posizionato: un'area comunque centralissima anche per le varie mete turistiche.

Al Fagiano senza rist, via Locatelli 45 ✉ 35123 ☎ 049 8753396, *info@alfagiano.it, Fax 049 8753396* – ▯ ▯ ▯. AE ▯ ▯ ▯ VISA DZ n
▯ 6,50 – **29 cam** 58/81.
◆ Ciò che vorremmo trovare in ogni città, arrivando come turisti con tutta la famiglia: un buon hotel, un po' nascosto, in pieno centro, con ottimo rapporto qualità/prezzo.

Al Cason, via Frà Paolo Sarpi 40 ✉ 35138 ☎ 049 662636, *info@hotelalcason.com, Fax 049 8754217* – ▯ ▯ ▯ ▯ ▯ – ▯ 30. AE ▯ ▯ ▯ VISA. ▯ cam CDY d
Pasto *(chiuso dal 24 dicembre al 6 gennaio, dal 28 luglio al 3 settembre, sabato e domenica)* carta 27/31 – **48 cam** ▯ 73/105 – ½ P 90.
◆ Periferica e tuttavia molto comoda, in prossimità della stazione ferroviaria, una risorsa a conduzione familiare ormai da parecchi anni, dotata di confort essenziali. Tanta storia per un semplice ristorante moderno.

Antico Brolo, corso Milano 22 ✉ 35139 ☎ 049 664555, *Fax 049 656088*, prenotare – ▯. AE ▯ ▯ VISA CY a
chiuso lunedì – **Pasto** carta 39/61 (18 %).
◆ Sul sito dell'antico Brolo del Monastero di S. Maria della Misericordia, un caldo, elegante ambiente gestito da coppia romagnola; piatti locali e creativi, dehors estivo.

Belle Parti, via Belle Parti 11 ✉ 35139 ☎ 049 8751822, *Fax 049 8751822*, prenotare – ▯. AE ▯ ▯ ▯ VISA JCB. ▯ CDY e
chiuso domenica – **Pasto** carta 49/52.
◆ Un'unica sala divisa a metà da due piccoli archi: molti quadri alle pareti, specchi, legno per il pavimento e il soffitto. Atmosfera raffinata, con specialità stagionali.

La Vecchia Enoteca, via San Martino e Solferino 32 ✉ 35122 ☎ 049 8752856, *Fax 049 8752856*, Coperti limitati; prenotare – ▯. ▯ ▯ VISA. ▯ DZ f
chiuso dal 27 luglio al 15 agosto, domenica e lunedì a mezzogiorno – **Pasto** carta 32/42.
◆ Proposte gastronomiche tradizionali, con piatti di mare e di terra e divagazioni nella cucina veneta: in un localino ben arredato e curato, nella zona degli antiquari.

Ai Porteghi, via Cesare Battisti 105 ✉ 35121 ☎ 049 8761720, *Fax 049 8761720*, prenotare – ▯. AE ▯ ▯ ▯ VISA JCB. ▯ DZ e
chiuso agosto, lunedì a mezzogiorno e domenica – **Pasto** carta 30/54.
◆ In centro, in un ambiente riservato, con un'atmosfera un po' da pub inglese e un tripudio di legni, una cucina di taglio classico che segue il ritmo delle stagioni.

Bastioni del Moro, via Bronzetti 18 ✉ 35138 ☎ 049 8710006, *info@bastionidelmoro.it, Fax 049 8710006*, ▯ – ▯. AE ▯ ▯ ▯ VISA. ▯ CY b
chiuso dal 10 al 23 agosto e domenica – **Pasto** carta 24/38.
◆ Due piacevoli salette arredate classicamente e una gestione sicura e familiare; proposte culinarie legate al territorio, appena fuori delle mura e a lato dei bastioni.

Zaramella - Hotel Europa largo Europa 10 ✉ 35137 ☎ 049 8760868, *Fax 049 661508* – ▯. AE ▯ ▯ ▯ VISA DY c
chiuso agosto, sabato a mezzogiorno e domenica – **Pasto** carta 28/38.
◆ Elegante sala di un rilassante color verde acqua e di tono moderno, ma con piacevoli tocchi dal passato quali il vecchio comò o le decorazioni alle pareti; cucina eclettica.

Trattoria San Pietro, via San Pietro 95 ✉ 35139 ☎ 049 8760330, prenotare la sera – ▯. ▯ ▯ VISA CY d
chiuso dal 25 dicembre al 6 gennaio, luglio, domenica e da giugno a settembre anche sabato – **Pasto** carta 30/41.
◆ Una piacevole e signorile trattoria, ubicata nel centro cittadino; un ambiente curato, con numero limitato di posti e menù giornaliero con invitanti piatti casalinghi.

Per Bacco, piazzale Ponte Corvo 10 ✉ 35121 ☎ 049 8754664, *per-bacco@per-bacco.it*, Rist. enoteca – ▯. AE ▯ ▯ ▯ VISA JCB DZ a
chiuso dall'11 al 25 agosto e lunedì, in estate chiuso domenica e lunedì a mezzogiorno – **Pasto** carta 36/50 ▯.
◆ Bottiglie esposte all'ingresso, libri e riviste a tema, tutto favorisce un piacevole incontro con la divinità che dà il nome a questo simpatico ed accogliente locale.

Giovanni - Hotel Giovanni, via Maroncelli 22 ✉ 35129 ☎ 049 772620, *Fax 049 772620* – ▯ ▯. AE ▯ ▯ ▯ VISA. ▯ BV c
chiuso dal 24 dicembre al 2 gennaio, dal 26 luglio al 26 agosto, sabato a mezzogiorno e domenica – **Pasto** carta 32/35.
◆ A pochi metri dall'hotel Giovanni, un po' periferico, uno dei locali più tradizionali di Padova: cucina del posto e paste fatte in casa. Bei carrelli di bolliti e arrosti.

a Camin *Est : 4 km per A 4* **BX** – ✉ *35127 :*

Admiral senza rist, via Vigonovese 90 ✆ 049 8700240, *info@hoteladmiral.it, Fax 049 8700330* – 65. BX d
40 cam 70/105.
◆ Sito nella zona industriale, sull'arteria principale che attraversa la località, un albergo di fattura moderna, ideale per clienti d'affari; camere ben accessoriate.

Bion, via Vigonovese 427 ✆ 049 8790064, *Fax 049 8797575,* 2 km per via Vigonovese
chiuso dal 26 dicembre al 7 gennaio, dal 4 al 18 agosto e domenica – **Pasto** carta 28/33.
◆ Un locale tradizionale che negli anni, pur migliorando, ha mantenuto un piacevole tono familiare; cucina casereccia con paste fatte in casa e un ricco carrello di bolliti.

Vecchia Pesa, via Vigonovese 92 ✆ 049 8702070, *Fax 049 8702070* – BX d
chiuso agosto, sabato a mezzogiorno e domenica – **Pasto** carta 24/30.
◆ Inserito nel contesto dell'hotel Admiral, ma indipendente da esso, un ristorantino a conduzione familiare, con una linea gastronomica più veneziana che padovana.

in prossimità casello autostrada A 4 *Nord-Est : 5 km per S 11* **BV** *:*

Sheraton Padova Hotel, corso Argentina 5 ✉ 35129 ✆ 049 8998299, *hotel@sheratonpadova.it, Fax 049 8070660,* cam, 600. rist BV b
Pasto al Rist. ***Les Arcades*** carta 39/52 – **230 cam** 220/260, 6 suites.
◆ In posizione felice per scoprire sia Padova che Venezia, un hotel che riesce a soddisfare la clientela turistica e d'affari; ogni tipo di confort, in linea con la catena. Al ristorante raffinata atmosfera ovattata.

ad Altichiero *Nord : 6 km per S 47* **AV** – ✉ *35135 Padova :*

Antica Trattoria Bertolini, via Altichiero 162 ✆ 049 600357, *info@bertolini1849.it, Fax 049 600357,* AV t
chiuso 3 settimane in agosto, venerdì sera e sabato – **Pasto** carta 25/32.
◆ Buon rapporto qualità/prezzo per un locale attivo ormai da generazioni. Proposte del territorio in cui non mancano i carrelli di bolliti; in funzione c'è anche uno spiedo.

a Ponte di Brenta *Nord-Est : 6 km per S 11* **BV** – ✉ *35129 :*

Le Padovanelle, via Chilesotti 1 ✆ 049 625622, *hotel@lepadovanelle.com, Fax 049 625320,* 200. BV f
chiuso agosto – **Pasto** *(chiuso domenica sera e lunedì)* carta 32/38 – **40 cam** 128/175.
◆ In prossimità dello svincolo autostradale, ma in zona piuttosto tranquilla, immersa nel verde e proprio a ridosso dell'ippodromo, una risorsa della tradizione padovana. Ristorante rinomato, ubicato proprio ai bordi della pista di trotto.

Brenta senza rist, strada San Marco 128 ✆ 049 629800, *Fax 049 628988* – BV e
61 cam 93/140.
◆ Hotel d'impostazione moderna, sito nei pressi del casello e in area periferica, tuttavia abbastanza lontano dalla strada e quieto: una risorsa comoda e ben accessoriata.

Sagittario, via Randaccio 6, località Torre ✆ 049 725877, *hsagit@hotelsagittario.com, Fax 049 8932112,* 30. BV k
chiuso dal 24 dicembre al 6 gennaio ed agosto – **Pasto** vedere rist ***Dotto di Campagna*** – 8 – **41 cam** 72/95.
◆ Decentrato, ma immerso nel verde, un valido appoggio per chi sia soltanto di passaggio o chi desideri visitare meglio le località vicine; camere semplici.

Dotto di Campagna, via Randaccio 4, località Torre ✆ 049 625469, *risdotto@hotelsagittario.com, Fax 049 8954337,* BV k
chiuso dal 26 dicembre al 6 gennaio, agosto, domenica sera e lunedì – **Pasto** carta 26/42.
◆ Un simpatico indirizzo, un po' fuori città, ove poter assaporare i piatti della tradizione veneta nella più completa rilassatezza e in un ambiente di elegante rusticità.

PAESTUM *84063 Salerno* 564 F 27 *G. Italia – a.s. Pasqua e 15 giugno-15 settembre.*

Vedere *Rovine**** – *Museo***.

via Magna Grecia 887/891 (zona Archeologica) ✆ 0828 811016, aast@neonline.it, Fax 0828 722322.

Roma 305 – Potenza 98 – Napoli 99 – Salerno 48.

Ariston Hotel, via Laura 13 ✆ 0828 851333, *sales@hotelariston.com, Fax 0828 851596,* 1000. cam
Pasto carta 30/38 – 13 – **111 cam** 114/130, suite – ½ P 103.
◆ Un grande complesso turistico alberghiero con ogni sorta di struttura, da quella congressuale a quella sportivo-salutare; camere molto spaziose, dotate di tutti i confort. Sale da pranzo per ogni necessità del cliente, soprattutto per attività banchettistica.

Schuhmann, via Marittima 0828 851151, *info@hotelschuhmann.com, Fax 0828 851183*, – 100. VISA JCB.
Pasto (solo per alloggiati) – **53 cam** 100/150 – ½ P 105.
◆ Terrazza giardino in riva al mare, per questa piacevole risorsa, molto comoda per chi cerchi anche il relax e la tranquillità del verde e della spiaggia a portata di mano.

Esplanade, via Poseidonia 0828 851043, *hotelesplanade@yahoo.it, Fax 0828 851600*, – cam, – 120. VISA.
Pasto carta 29/40 – **28 cam** 77/104 – ½ P 86.
◆ Il punto di forza dell'hotel è costituito dal gradevolissimo giardino con piscina e dall'ampia zona verde che conduce direttamente alla spiaggia; settore notte ben tenuto. Al ristorante ambienti e atmosfere signorili, di taglio moderno.

Helios, via Nettuno 1, zona archeologica 0828 811451, *helioshotel@tiscali.it, Fax 0828 811600*, – – 100. VISA.
Pasto carta 21/51 – **20 cam** 83 – ½ P 68.
◆ Albergo nella zona archeologica, a pochi metri dalle mura di cinta; si presenta come un insieme di varie casette bianche, per le stanze, inserite fra profumi mediterranei.

Le Palme, via Sterpina 33 0828 851025, *info@lepalme.it, Fax 0828 851507*, – – 250. VISA.
15 marzo-ottobre – **Pasto** carta 26/41 – **84 cam** 88/126 – ½ P 92.
◆ Fuori dall'area dell'antica Poseidonia e non lontano dal mare, una risorsa anni '70 in parte rinnovata nel corso degli anni; offre un settore notte con camere spaziose.

Paistos, via Laura Mare 39 0828 851683, *paistos@paestum.it, Fax 0828 851661*, – VISA. rist
Pasto *(maggio-settembre)* (solo per alloggiati) 20/45 – **10 cam** 70/80 – ½ P 75.
◆ Una recente struttura in stile mediterraneo, bianca e con dimensioni contenute; la spiaggia si trova a pochi metri e l'ambiente è di sobria eleganza. Confort familiare.

Villa Rita, zona archeologica 0828 811081, *Fax 0828 722555*, – VISA.
15 marzo-ottobre – **Pasto** (solo per alloggiati) 14 – **12 cam** 62/83 – ½ P 56.
◆ Nella campagna prospiciente le antiche mura, immerso in un parco-giardino, un tranquillo alberghetto a conduzione familiare in cui si respira semplicità e sobrietà.

Nettuno, zona archeologica 0828 811028, *ristnettuno@tiscalinet.it, Fax 0828 811028*, – VISA JCB.
chiuso dal 12 al 26 novembre, 24-25 dicembre e la sera (escluso il venerdì e sabato in luglio-agosto) – **Pasto** carta 28/54 (10 %).
◆ Una casa colonica di fine '800, già punto di ristoro negli anni '20, un servizio estivo in veranda con vista su Basilica e tempio di Nettuno; a tavola, fra l'archeologia.

Oasi, via Magna Grecia 72, zona archeologica 0828 811935, *rist_oasi@mail.xcom.it, Fax 0828 811935*, Rist. e pizzeria – VISA JCB.
chiuso martedì escluso da aprile a settembre – **Pasto** carta 19/43 (10 %).
◆ Servizio pizzeria e ristorante, con piatti d'impostazione classica o della tradizione campana: proposte per tutte le tasche, in una zona strategica e turistica.

sulla strada statale 166 : *Nord-Est : 7,5 km*

Le Trabe, via Capodifiume 1 0828 724165, – VISA.
chiuso martedì escluso da Pasqua a settembre – **Pasto** carta 31/50 (10 %).
◆ All'interno di un parco-giardino lungo il corso di un fiume, vecchia centrale idroelettrica sapientemente restaurata da due giovani fratelli; piatti creativi e di mare.

PAGANICA *L'Aquila* 563 O 22 – *Vedere L'Aquila.*

PALADINA *Bergamo – Vedere Almè*

PALAGIANELLO *74018 Taranto* 564 F 32 – *7 585 ab. alt. 157.*

Roma 477 – Bari 62 – Matera 44 – Taranto 33.

La Strega, via F.lli Bandiera 61 099 8444678, *lastregaristorante@katamail.it, Fax 099 8444678* – VISA
chiuso dal 7 al 21 giugno, lunedì e martedì a mezzogiorno – **Pasto** carta 34/45.
◆ Le migliori materie prime del Sud vengono trasformate dal giovane e abile chef in preparazioni capaci di regalare emozioni sincere. La Puglia si presenta, a tavola!
Spec. Orecchiette con pomodori al forno, rucola e cacioricotta. Scaloppa di dentice in umido di vongole veraci con purè al basilico. Tortino freddo di cioccolato e caffè con ragù di frutti di bosco e sciroppo d'acero.

PALAU *Sassari* 566 D 10 – *Vedere Sardegna alla fine dell'elenco alfabetico.*

PALAZZOLO SULL'OGLIO *25036 Brescia* 561 F 11 – *17 288 ab. alt. 166.*

Roma 581 – Bergamo 26 – Brescia 32 – Cremona 77 – Lovere 38 – Milano 69.

XXX **Italia,** piazza Roma 31 ☎ 030 7401112, *Fax 030 7401112*, ☂, Coperti limitati; prenotare ▤. AE ⓓ MC VISA. ✂

chiuso dal 1° all'8 gennaio, agosto, domenica sera e lunedì – **Pasto** carta 29/46.

◆ In un vicoletto sulla piazza centrale del paese, due salette comunicanti, con pianoforte e camino: eleganti, con accostamento di antico e moderno. Fantasia in cucina.

XX **La Corte,** via San Pancrazio 41 ☎ 030 7402136, *Fax 030 7402136*, prenotare – ✂ ▤ P. AE $ ⓓ MC VISA JCB. ✂

chiuso dal 7 al 17 gennaio, dal 7 al 30 agosto, sabato a mezzogiorno e lunedì – **Pasto** carta 30/41.

◆ Ricavati da una vecchia casa colonica ristrutturata, ambienti rustici e accoglienti, in cui assaporerete originali proposte culinarie, anche legate al territorio.

X **Osteria della Villetta** con cam, via Marconi 104 ☎ 030 7401899, *Fax 030 732316*, ☂ – TV ♿. $ MC VISA

chiuso dal 1° al 15 agosto – **Pasto** *(chiuso domenica e lunedì)* carta 27/38 – **5 cam** ▭ 45/65 – ½ P 52,50.

◆ A pochi metri dalla stazione, antica osteria dagli inizi del secolo scorso: lunghi tavoloni massicci, bancone per la mescita del vino e tosto casereccio, come i cibi.

a San Pancrazio *Nord-Est : 3 km – ✉ 25036 Palazzolo sull'Oglio :*

XX **Hostaria al Portico,** piazza Indipendenza 9 ☎ 030 7386164, *Fax 030 738183*, ☂, ☂. AE $ ⓓ MC VISA. ✂

chiuso dal 1° al 10 gennaio, agosto, domenica sera e lunedì – **Pasto** carta 50/70.

◆ Legati al luogo e mutati quotidianamente, i menù di due fratelli che gestiscono la trattoria sulla piazza centrale della frazione; alle spalle, un insospettabile giardino.

Scriveteci...
Le vostre critiche e i vostri apprezzamenti saranno esaminati con la massima attenzione.
Verificheremo personalmente gli esercizi che ci vorrete segnalare
Grazie per la collaborazione !

PALAZZUOLO SUL SENIO *50035 Firenze* 563 J 16 – *1 329 ab. alt. 437.*

Roma 318 – Bologna 86 – Firenze – 56 – Faenza 46.

Locanda Senio ⛰, borgo dell'Ore 1 ☎ 055 8046019, *info@locandasenio.it*, *Fax 055 8043949*, ☂, prenotare, ≘s, ⛱ riscaldata – TV. AE $ ⓓ MC VISA

chiuso gennaio e febbraio – **Pasto** *(chiuso a mezzogiorno escluso sabato-domenica e lunedì-martedì-mercoledì da novembre ad aprile)* carta 34/45 – **6 cam** ▭ 95/165, 2 suites 155/195 – ½ P 110.

◆ Come cornice un caratteristico borgo medievale, come note salienti la cura, le personalizzazioni, la bella terrazza con piscina... insomma un soggiorno proprio piacevole. Al ristorante piatti del territorio e antiche ricette medievali riscoperte con passione.

Agriturismo Le Panare ⛰, località Scheta Sud-Ovest : 5 km ☎ 055 8046346, *lepanare @tin.it*, ≤, ☂ – P. ✂ rist

maggio-ottobre – **Pasto** (solo per alloggiati) 10/12 – **4 cam** ▭ 50/60 – ½ P 45.

◆ All'interno di un antico borgo rurale, una risorsa ispirata alla semplicità, ubicata in un'area isolata e quindi decisamente tranquilla. Piccolo museo dedicato al medioevo. Sala ristorante di dimensioni contenutissime, dominata da un grande camino.

PALERMO P 565 M 22 – *Vedere Sicilia alla fine dell'elenco alfabetico.*

PALESE *70057 Bari* 564 D 32 – *a.s. 21 giugno-settembre.*

✈ *Sud-Est : 2 km ☎ 080 5316186, Fax 080 5316212.*

Roma 441 – Bari 10 – Foggia 124 – Matera 66 – Taranto 98.

Vittoria Parc Hotel, via Nazionale 10/f ☎ 080 5306300, *avasi@tin.it*, *Fax 080 5301300*, ⛱ – |‡| ▤ TV ♿ ⇔ P – 🏛 200. AE $ ⓓ MC VISA JCB. ✂

Pasto carta 29/36 – **101 cam** ▭ 145.

◆ Ottimo riferimento per i clienti d'affari che ruotano su Bari e l'aeroporto poco distante; di costruzione recente, offre spazi funzionali, ampi, con arredi iper moderni. Anche al ristorante atmosfera e sale signorili, d'ispirazione contemporanea.

PALESTRINA *00036 Roma* 563 Q 20 *G. Roma – 17 822 ab. alt. 465.*
Roma 39 – Anzio 69 – Frosinone 52 – Latina 58 – Rieti 91 – Tivoli 27.

Stella, piazzale della Liberazione 3 ✆ 06 9538172, *info@hotelstella.it, Fax 06 9573360* – rist, . AE VISA JCB.
Pasto carta 19/25 (12 %) – 4,50 – **28 cam** 42/55 – ½ P 41.
◆ Camere semplici, in parte rinnovate, in un curato alberghetto di paese, gestito da quarant'anni dalla stessa famiglia; clientela per lo più di lavoro. Lunga tradizione culinaria al ristorante d'impostazione classica.

Il Piscarello, via del Piscarello 2 ✆ 06 9574326, *Fax 06 9537751,* – P. AE VISA.
chiuso dal 30 luglio al 14 agosto e lunedì – **Pasto** carta 45/55.
◆ In piena campagna, un ristorante con un salone semplice, ma curato, e un gazebo esterno; proposte di cucina laziale, funghi, pesce; notevole selezione di grappe.

PALIANO *03018 Frosinone* 563 Q 21 – *7 789 ab. alt. 476.*
Roma 61 – Frosinone 36 – Avezzano 55 – Latina 62.

verso Colleferro *Sud-Ovest : 8 km :*

Il Cardinale, località La Selva ✆ 0775 533611, *Fax 0775 533697,* – P. AE VISA
chiuso martedì – **Pasto** carta 28/37.
◆ A pochi km dall'uscita autostradale, una porta sulla Ciociaria, un ristorante che, tra verdi colline, preannuncia sapori di questa terra, uniti al pesce, con rusticità.

PALINURO *84064 Salerno* 564 G 27 – *a.s. luglio-agosto.*
(marzo-ottobre) piazza Virgilio ✆ 0974 938144.
Roma 376 – Potenza 173 – Napoli 170 – Salerno 119 – Sapri 49.

King's Residence Hotel, Piano Faracchio, località Buondormire ✆ 0974 931324, *hotelking@xcom.it, Fax 0974 931418,* – P – 400. AE VISA.
aprile-ottobre – **Pasto** carta 27/47 – **67 cam** 165/240 – ½ P 140.
◆ In posizione davvero suggestiva, a dominare Baia del Buondormire, il cui nome già dice tutto in fatto di quiete, e con una serie di terrazze fiorite con vista mare e costa. Pizze o carne e pesce alla brace sull'incantevole terrazza esterna.

Gd H. San Pietro, via Pisacane ✆ 0974 931914, *info@grandhotelsanpietro.com, Fax 0974 931919,* ≤ mare e costa, – P – 200. AE VISA.
aprile-ottobre – **Pasto** (solo per alloggiati) carta 35/46 – **49 cam** 204/210 – ½ P 137.
◆ Un'ubicazione tranquilla, dalla quale è possibile ammirare il Tirreno e la costa del Cilento: in zona centrale, direttamente sulla distesa marina. Camere spaziose.

Lido Ficocella, via Ficocella ✆ 0974 931051, *info@ficocellahotel.it, Fax 0974 931997* – . AE VISA.
Pasqua-ottobre – **Pasto** (solo per alloggiati) carta 15/25 – 4,50 – **31 cam** 30/58 – ½ P 55.
◆ Albergo familiare, situato ancora in centro, rispetto alla località, ma al contempo appartato e direttamente sulla scogliera che scende all'omonima spiaggetta.

PALLANZA *Verbania* 561 E 7 – *Vedere Verbania.*

PALLUSIEUX *Aosta* 219 ① – *Vedere Pré-Saint-Didier.*

PALMANOVA *33057 Udine* 562 E 21 – *5 363 ab. alt. 26.*
Roma 612 – Udine 31 – Gorizia 33 – Grado 28 – Pordenone 57 – Trieste 50.

Commercio, borgo Cividale 15 ✆ 0432 928200, *albcommercio@libero.it, Fax 0432 923568* – . AE VISA JCB
Pasto vedere rist ***Da Gennaro*** – **33 cam** 37/55 – ½ P 36.
◆ Centralissima, all'interno della cittadina a pianta stellata, una comoda risorsa rinnovata negli ultimi anni; buon rapporto qualità/prezzo, semplici stanze, ben tenute.

Al Convento, borgo Aquileia 10 ✆ 0432 923042, *Fax 0432 923042,* prenotare – . AE VISA.
chiuso domenica – **Pasto** carta 23/43.
◆ All'interno di un palazzo del 1600, a pochi metri dalla suggestiva Piazza Grande, un locale di taglio signorile, con atmosfera da bistrot. Piatti classici, rivisitati.

Da Gennaro, borgo Cividale 17 ✆ 0432 928740, *Fax 0432 923568,* , Rist. e pizzeria – . AE VISA.
Pasto carta 19/27.
◆ Entro lo stesso immobile dell'hotel Commercio, ma totalmente autonomo rispetto ad esso, un ristorante di buon tono, che lavora anche come pizzeria.

PALU' *Trento – Vedere Giovo.*

PALUS SAN MARCO *Belluno* 562 C 18 – *Vedere Auronzo di Cadore.*

PANAREA (Isola) *Messina* 565 L 27 – *Vedere Sicilia (Eolie,isole) alla fine dell'elenco alfabetico.*

PANCHIÀ *38030 Trento* 562 D 16 – *687 ab. alt. 981 – a.s. 23 gennaio-Pasqua e Natale – Sport invernali : Vedere Cavalese (Comprensorio sciistico Val di Fiemme-Obereggen).*
(luglio-agosto) via Nazionale 32 ✆ 0462 815005.
Roma 656 – Bolzano 50 – Trento 59 – Belluno 84 – Canazei 31 – Milano 314.

Rio Bianco, via Nazionale 42 ✆ 0462 813077, *hotel.rio.bianco@interline.it, Fax 0462 815045,* ←, riscaldata, – rist, P. AE VISA.
dicembre-20 aprile e 20 giugno-15 settembre – **Pasto** (solo per alloggiati) 25/30 – 10 – **32 cam** 67/115 – ½ P 82.
◆ Sorto nella seconda metà dell'800 e gestito sempre dalla stessa famiglia attraverso le generazioni, un albergo con invitante giardino ombreggiato con piscina riscaldata.

PANDINO *26025 Cremona* 561 F 10 – *7 755 ab. alt. 85.*
Roma 556 – Bergamo 36 – Cremona 52 – Lodi 12 – Milano 35.

a Nosadello *Ovest : 2 km – ✉ 26025 Pandino :*

Volpi, via Indipendenza 36 ✆ 0373 90100, *Fax 0373 91400,* – P. AE VISA.
chiuso dal 1° al 15 gennaio, dal 15 al 30 agosto, sabato a mezzogiorno, domenica sera e lunedì – **Pasto** carta 26/33.
◆ In una piccola frazione, lungo la strada per Spino, un locale lanciatissimo e preso di mira anche a mezzogiorno, in virtù di proposte particolarmente concorrenziali.

PANICALE *06064 Perugia* 563 M 18 – *5 445 ab. alt. 441.*
Lamborghini (chiuso martedì escluso da marzo ad ottobre) ✆ 075 837582, Fax 075 837582.
Roma 158 – Perugia 39 – Chianciano Terme 33.

Le Grotte di Boldrino, via Virgilio Ceppari 30 ✆ 075 837161, *grottediboldrino@libero.it, Fax 075 837166,* – . AE VISA
Pasto *(chiuso mercoledì da ottobre ad aprile)* carta 23/40 – 5 – **11 cam** 57/72 – ½ P 57.
◆ Adiacente alla cinta muraria del castello medievale, nel borgo umbro dove la storia si è fermata e il paesaggio entra nel cuore, risorsa in stile rustico con arredi d'epoca. Semplice sala da pranzo con pietra a vista; piacevole servizio in giardino.

Villa le Mura senza rist località Villa le Mura 1 (Nord-Est : 1 km) ✆ 075 837134, *villalemura@libero.it, Fax 075 837134,* ←, , – P.
Natale, Capodanno e aprile-ottobre – **3 cam** 100/120, 3 suites 150/180.
◆ Grande villa nobiliare, contornata da un curato giardino fiorito e avvolta da un parco secolare. All'interno ambienti di notevole fascino, saloni sontuosi e camere affrescate.

Agriturismo La Rosa Canina, via dei Mandorli 23, frazione Casalini Nord-Est : 10 km ✆ 075 8350660, *info@larosacanina.it, Fax 075 8350660,* ←, maneggio, , – P. AE VISA.
marzo-novembre – **Pasto** (solo per alloggiati) – **8 cam** 70,50/100 – ½ P 68.
◆ Nella quiete delle colline, un classico agriturismo a gestione familiare, con maneggio; ambiente rustico e camere con arredi d'arte povera. Prodotti dell'orto e del pollaio.

verso Montali – *✉ 06064 Panicale :*

Villa di Monte Solare, via Montali 7, località Colle San Paolo Est : 11 km ✆ 075 8355818, *info@villamontesolare.it, Fax 075 8355462,* ← colline, , , – P. AE VISA JCB. rist
Pasto *(chiuso lunedì)* carta 38/50 – **21 cam** 96/190, 7 suites – ½ P 126.
◆ All'interno di un'area sottoposta a vincolo paesaggistico e archeologico, una villa patrizia di fine '700 e annessa fattoria; elevata ospitalità e cura dei particolari. Accogliente sala da pranzo riscaldata da un bel camino; gustosi piatti del territorio.

Agriturismo Montali, via Montali 23, località Montali Nord-Est : 15 km ✆ 075 8350680, *montali@montalionline.com, Fax 075 8350144,* ←, , – P. VISA.
aprile-ottobre – **Pasto** cucina vegetariana 30 – **10 cam** solo ½ P 100.
◆ Una strada panoramica non asfaltata e, sull'altopiano con una vista che spazia sul Lago Trasimeno, il basso Senese e il Perugino, un complesso rurale in posizione isolata. Elegante sala ristorante di rustica signorilità.

PANNESI *Genova – Vedere Lumarzo.*

PANTELLERIA (Isola di) *Trapani* 565 Q 17, 18 – *Vedere Sicilia alla fine dell'elenco alfabetico.*

PANZA *Napoli – Vedere Ischia (Isola d') : Forio.*

PANZANO *Firenze – Vedere Greve in Chianti.*

PARABIAGO *20015 Milano* 561 F 8, 219 ⑱ – *24 171 ab. alt. 180.*
Roma 598 – Milano 21 – Bergamo 73 – Como 40.

Del Riale senza rist, via San Giuseppe 1 ✆ 0331 554600, *hotelriale@hotelriale.it, Fax 0331 490667* – |‡| ▤ TV ♿ – 🏔 90. AE ⑤ ◎ ⓂⒸ VISA
chiuso dal 5 al 27 agosto – ☕ 10,33 – **37 cam** 98,13/149,77.
◆ Confortevole hotel, di taglio moderno, che trae il suo nome da quello di un ruscello caro alla popolazione del luogo sin da età longobarda; camere decorose e funzionali.

Da Palmiro, via del Riale 16 ✆ 0331 552024, *dapalmiro@tin.it, Fax 0331 492612* – ▤. AE ⑤ ◎ ⓂⒸ VISA.
chiuso dal 1º al 7 gennaio, dal 10 al 31 agosto, domenica sera e lunedì – **Pasto** specialità di mare 21,50 e carta 35/52.
◆ In posizione centrale, una vera chicca per gli amanti della cucina di mare: ampia scelta di pescato sempre fresco e vario. Non manca qualche piatto stagionale, di terra.

PARADISO *Udine – Vedere Pocenia.*

I prezzi
Per tutte le precisazioni sui prezzi indicati in questa guida, consultate le pagine introduttive.

PARAGGI *16038 Genova* 561 J 9.
Roma 484 – Genova 35 – Milano 170 – Rapallo 7 – La Spezia 86.

Paraggi, lungomare Paraggi 17 ✆ 0185 289961, *hotelparaggi@libero.it, Fax 0185 286745,* ≤, ☂, 🏖 – |‡| ▤ TV. AE ⑤ ◎ ⓂⒸ VISA. rist
chiuso da novembre a gennaio – **Pasto** carta 45/80 (10%) – ☕ 16 – **18 cam** 207/362 – ½ P 233.
◆ In una delle baie più esclusive della Penisola, tra Portofino e S. Margherita, con una bella posizione affacciata sul mare, ambiente signorile, tale da offrire ogni confort. Ristorante elegante, in veranda, a ridosso della spiaggia.

PARATICO *25030 Brescia* 561 F 11 – *3 380 ab. alt. 232 – a.s. Pasqua e luglio-15 settembre.*
Roma 582 – Bergamo 28 – Brescia 33 – Cremona 78 – Lovere 29 – Milano 70.

Ulivi senza rist, viale Madruzza 11 ✆ 035 912918, *ulivihotel@libero.it, Fax 035 4261969,* ≤ lago d'Iseo, 🏊, – |‡| ▤ TV ✆ ♿ . AE ⑤ ◎ ⓂⒸ VISA.
22 cam ☕ 76/136.
◆ Una costruzione un po' atipica, ad un piano, che chiude a ferro di cavallo il giardino e la piscina affacciati proprio sul lago; l'ambiente è nuovissimo e accogliente.

PARCINES (PARTSCHINS) *39020 Bolzano* 562 B 15, 218 ⑨ – *3 178 ab. alt. 641.*
ℹ *via Spauregg 10 ✆ 0473 967157, info@partschins.com, Fax 0473 967798.*
Roma 674 – Bolzano 35 – Merano 8,5 – Milano 335 – Trento 95.

a Tel (Töll) *Sud-Est : 2 km* – ✉ *39020 :*

Museumstube Bagni Egart-Onkel Taa, via Stazione 17 ✆ 0473 967342, *onkeltaa@dnet.it, Fax 0473 967771,* ☂, prenotare – P. AE ⑤ ⓂⒸ VISA JCB
chiuso dal 15 gennaio al 15 marzo, dal 15 novembre al 3 dicembre, domenica sera e lunedì – **Pasto** specialità lumache carta 26/45.
◆ Uno dei locali storici d'Italia, un ambiente rustico con raccolta di oggetti d'antiquariato della storia asburgica, per un originale chef, celebrato «re della lumaca».

a Rablà (Rabland) *Ovest : 2 km* – ✉ *39020 :*

Hanswirt, piazza Gerold 3 ✆ 0473 967148, *info@hanswirt.com, Fax 0473 968103,* 🏊 riscaldata, – |‡| TV ✆ ♿ P. ⑤ ⓂⒸ VISA
chiuso dal 10 gennaio al 20 marzo – **Pasto** vedere rist ***Hanswirt*** – **21 cam** ☕ 110/160 – ½ P 97.
◆ Struttura molto recente che va ad arricchire l'offerta dell'omonimo ristorante. Il numero non elevato delle camere, rapportato agli spazi, garantisce un ottimo soggiorno.

Roessl, via Venosta 26 ✆ 0473 967143, *info@roessl.com, Fax 0473 968072*, ≤, , , , , – , rist, rist, . *chiuso 23 dicembre al 5 febbraio* – **Pasto** *(chiuso martedì)* carta 20/31 – **29 cam** 106,80/194 – ½ P 106,80.

◆ Decorato e sito lungo la via principale, con alcune stanze però affacciate anche verso i frutteti, un albergo con buone attrezzature e un piacevole giardino con piscina. Specialità sudtirolesi, in sala o immersi nell'ambiente tipico delle stube.

Hanswirt, piazza Gerold 3 ✆ 0473 967148, *info@hanswirt.com, Fax 0473 968103*, – . *chiuso dal 10 gennaio al 20 marzo e mercoledì* – **Pasto** carta 31/47.

◆ Ricavato all'interno di un antico maso, stazione di posta, un locale elegante e piacevole, dall'ambiente caldo e tipicamente tirolese, con possibilità di alloggio.

PARCO NAZIONALE D'ABRUZZO *L'Aquila-Isernia-Frosinone* 563 Q 23 *G. Italia.*

PARETI *Livorno – Vedere Elba (Isola d') : Capoliveri.*

PARGHELIA *89861 Vibo Valentia* 564 K 29 – *1 401 ab..*

Roma 600 – Reggio di Calabria 106 – Catanzaro 87 – Cosenza 117 – Gioia Tauro 50.

Porto Pirgos , località Marina di Bordila Nord-Est : 3 km ✆ 0963 600351, *info@portopirgos.com, Fax 0963 600690*, , , , , – . *15 maggio-settembre* – **Pasto** (solo per alloggiati) 47 – **18 cam** 279/529 (solo ½ P luglio-agosto) – ½ P 275.

◆ Un piccolo gioiello ad alti livelli, molto curato, personalizzato, di grande impatto: dal restauro di un'antica dimora signorile, sopra un promontorio con discesa a mare.

Inviateci il vostro parere sui ristoranti che vi consigliamo, sulle loro specialità e i loro vini regionali.

PARMA *43100* P 562 H 12 *G. Italia* – *170 031 ab. alt. 52.*

Vedere *Complesso Episcopale**** **CY** : *Duomo***, *Battistero*** **A** – *Galleria nazionale***, *teatro Farnese***, *museo nazionale di antichità** *nel palazzo della Pilotta* **BY** – *Affreschi*** *del Correggio nella chiesa di San Giovanni Evangelista* **CYZ D** – *Camera del Correggio** **CY** – *Museo Glauco Lombardi** **BY M1** – *Affreschi** *del Parmigianino nella chiesa della Madonna della Steccata* **BZ E** – *Parco Ducale** **ABY** – *Casa Toscanini** **BY M2.**

La Rocca (chiuso lunedì e dal 20 dicembre a gennaio) a Sala Baganza ✉ 43038 ✆ 0521 834037, Fax 0521 834575, Sud-Ovest : 14 km.

via Melloni 1/b ✆ 0521 218889, turismo@comune.parma.it, Fax 0521 234735.

A.C.I. *via Cantelli 15/A ✆ 0521 220311.*

Roma 458 ① – Bologna 96 ① – Brescia 114 ① – Genova 198 ⑤ – Milano 122 ① – Verona 101 ①.

In occasione di alcune manifestazioni commerciali o turistiche i prezzi degli alberghi potrebbero subire un sensibile aumento (informatevi al momento della prenotazione)

Pianta pagina seguenti

Starhotel Du Parc, viale Piacenza 12/c ✆ 0521 292929, *duparc.pr@starhotels.it, Fax 0521 292828* – , cam, – 600. . **AY a**

Pasto al Rist. ***Canova*** carta 40/60 – **169 cam** 199/229, 6 suites.

◆ Un possente edificio del 1921, affacciato sul Parco Ducale, ospita questa stella della hotellerie cittadina: signorilità e ogni genere di comodità, a pochi passi dal centro. Ristorante dall'ambiente raffinato e curato.

Palace Hotel Maria Luigia, viale Mentana 140 ✆ 0521 281032 e rist. ✆ 0521 235466, *reservationsml@sinahotels.it, Fax 0521 231126* – – 150. . **CY z**

Pasto al Rist. ***Maxim's*** *(chiuso domenica)* carta 34/45 – **90 cam** 176/242, 4 suites.

◆ Rinnovati di recente alcuni settori di questo hotel accogliente ed elegante, con buon livello di confort generale, pur nella diversità di stile delle varie installazioni. Moderna sala da pranzo con tocchi raffinati.

Jolly Hotel Stendhal, piazzetta Bodoni 3 ✆ 0521 208057, *stendhal.htl@rsadvnet.it, Fax 0521 285655* – , cam, – 100. . rist **BY r**

Pasto al Rist. ***La Pilotta*** *(chiuso dal 1° al 12 gennaio, dal 1 al 23 agosto, domenica sera e lunedì)* carta 28/43 – **62 cam** 128/210 – ½ P 115.

◆ Nel cuore di Parma, edificata su un'area cortilizia dell'antico Palazzo della Pilotta, una risorsa da poco ristrutturata, con arredi d'epoca diversi nelle varie stanze. Luminosa sala ristorante in stile lineare.

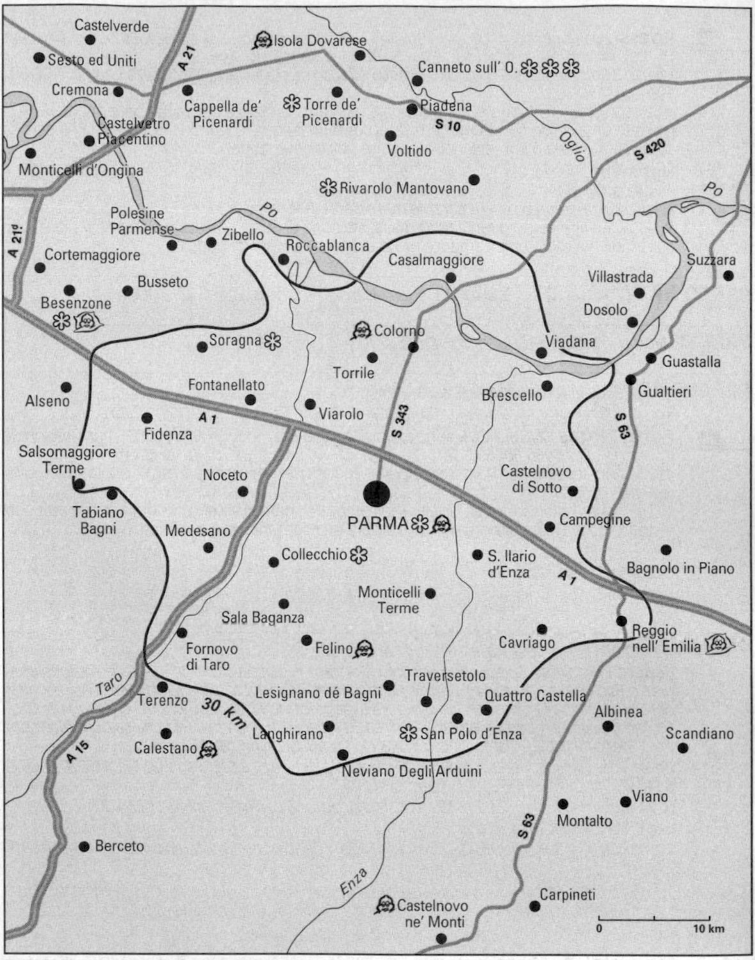

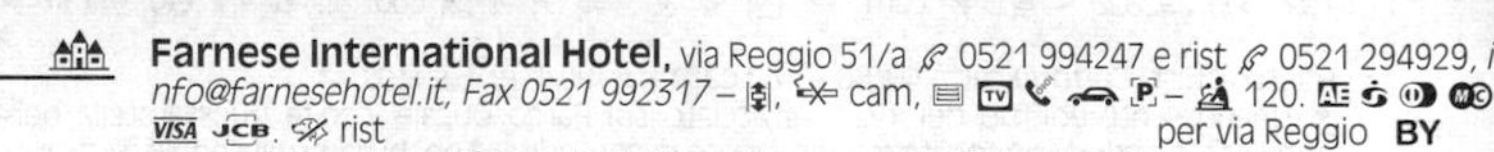

Farnese International Hotel, via Reggio 51/a ☎ 0521 994247 e rist ☎ 0521 294929, *info@farnesehotel.it, Fax 0521 992317* – |‡|, ⇆ cam, TV P – 120. AE VISA JCB. rist per via Reggio **BY**
Pasto al Rist. ***Cherubino*** carta 32/42 – **76 cam** 90/135 – ½ P 90.
◆ Un valido indirizzo per una clientela di lavoro: ubicato poco fuori del centro, con un ampio parcheggio, consente di raggiungere agevolmente stazione, aeroporto e fiera. Sale ristorante di taglio moderno.

Verdi senza rist, via Pasini 18 ☎ 0521 293539, *info@hotelverdi.it, Fax 0521 293559* – |‡| TV P. AE VISA. **AY** b
chiuso dal 24 dicembre al 10 gennaio e dal 9 al 24 agosto – 12 – **20 cam** 145/185, 3 suites.
◆ Dal rinnovo di un edificio in stile liberty, di cui si notano gli echi nei begli esterni color glicine e negli interni, un comodo albergo prospiciente il Parco Ducale.

Park Hotel Toscanini senza rist, viale Toscanini 4 ☎ 0521 289141, *info@hoteltoscanini.com, Fax 0521 283143*, ≤ – |‡| TV P – 60. AE VISA JCB **BZ** e
48 cam 125/185.
◆ Bella la posizione sul Lungo Parma, vicinissima al centro: una struttura di taglio moderno, curata nell'arredo delle camere e con una giovane e professionale conduzione.

Villa Ducale, Via Moletolo 53/a ✆ 0521 272727, *info@villaducalehotel.com, Fax 0521 780756*, – . – 250. . *chiuso dal 23 dicembre al 2 gennaio* – **Pasto** *(chiuso a mezzogiorno e in agosto)* (solo per alloggiati) 35/55 – **46 cam** 129/169. 2 km per ①

◆ Fra il centro cittadino e il casello autostradale, l'hotel è ricavato nel contesto di una gradevole villa inserita nel verde di un piccolo parco; accoglienza familiare.

Astoria Executive Hotel, via Trento 9 ✆ 0521 272717, *info@piuhotels.com, Fax 0521 272724* – – 25. . CY a

Pasto vedere rist ***San Barnaba*** – **88 cam** 120/176, suite – ½ P 106.

◆ A pochi passi dalla stazione e lungo un'arteria che collega il centro cittadino e l'autostrada, un albergo ideale per clienti d'affari, con camere omogenee, essenziali.

Daniel, via Gramsci 16 ang. via Abbeveratoia ✆ 0521 995147, *hdaniel@libero.it, Fax 0521 292606* – . . per ⑤

chiuso dal 24 al 26 dicembre e dal 2 al 25 agosto – **Pasto** vedere rist ***Cocchi*** – **32 cam** 88/122 – ½ P 80.

◆ Valida struttura gestita da una famiglia con lunga esperienza nel settore; vicinissima al complesso ospedaliero, sulla via Emilia, costituisce un comodo riferimento.

Savoy senza rist, via 20 Settembre 3/a ✆ 0521 281101, *info@savoyparma.it, Fax 0521 281103* – . . CY x

chiuso dal 7 al 15 gennaio ed agosto – **27 cam** 100/130.

◆ Ricavato in uno stabile del centro storico, in posizione privilegiata, ma con l'inconveniente del parcheggio, dispone di stanze diverse per confort; gestito da due fratelli.

Button senza rist, via della Salina 7 ✆ 0521 208039, *Fax 0521 238783* – . – *chiuso dal 23 dicembre al 2 gennaio e luglio* – **40 cam** 76/108. BZ a

◆ Parzialmente rimodernato, con camere discrete, offre la comodità di trovarsi nel cuore di Parma, nei pressi dei maggiori teatri, dell'Università e altre mete cittadine.

Angiol d'Or, vicolo Scutellari 1 ✆ 0521 282632, *info@angioldor.it, Fax 0521 282747*, – . . CY b

chiuso dal 22 al 28 dicembre, dal 12 al 19 agosto e domenica – **Pasto** carta 39/52.

◆ Un taglio intimo ed esclusivo, un servizio estivo all'aperto in posizione seducente, in un angolo della piazza più bella della città: proposte stagionali e territorlall.

Parizzi, via Repubblica 71 ✆ 0521 285952, *parizzi.rist@libero.it, Fax 0521 285027*, prenotare – . . CZ h

chiuso 24-25 dicembre, dall'8 al 15 gennaio, dal 4 al 24 agosto e lunedì – **Pasto** carta 36/56.

◆ Sebbene la nuova generazione abbia ormai le redini in mano, padre e figlio continuano la tradizione di un locale assai noto; specialità cittadine, con ardite innovazioni.

Spec. Terrina di verdure e cernia con pesto leggero al basilico (primavera-estate). Mezza pernice in crosta di patate con chutney al coriandolo (inverno). Terrina al cioccolato bianco con salsa all'arancia e gelatina al caffé (autunno).

Santa Croce, via Pasini 20 ✆ 0521 293529, *Fax 0521 293520*, – . AY b

chiuso la sera di Natale, dal 6 al 31 agosto, sabato a mezzogiorno e domenica – **Pasto** carta 38/47.

◆ Annesso all'hotel Verdi ma da esso completamente autonomo, un locale con proposte del luogo e di pesce; ambienti eleganti e curati, con pezzi d'epoca e molte piante.

La Greppia, strada Garibaldi 39/a ✆ 0521 233686, *Fax 0521 221315*, prenotare – . . BY e

chiuso dal 23 dicembre al 7 gennaio, luglio, lunedì e martedì – **Pasto** carta 41/53.

◆ Una sala rettangolare e, in fondo, la cucina a vista: moglie ai fornelli, marito in sala. A tener sempre vivo un punto di riferimento in Parma, tra sapori del territorio.

Il Cortile, borgo Paglia 3 ✆ 0521 285779, *ilcortile@tin.it, Fax 0521 507192* – . . AZ a

chiuso dal 24 dicembre al 2 gennaio, dal 10 al 22 agosto e domenica – **Pasto** carta 20/35.

◆ Un locale accogliente, di tono rustico-elegante, ancora in centro, ma più quieto, con il cortile trasformato in una veranda. Piatti tradizionali con novità del «mercato».

L'Approdo, via Silvio Pellico 13/a ✆ 0521 945112, *info@ristoranteapprodo.it, Fax 0521 944739* – . . AZ b

chiuso dal 24 dicembre al 2 gennaio, dal 20 al 25 aprile, agosto e lunedì – **Pasto** specialità di mare 32/40 e carta 34/47.

◆ Locale recente, luminoso, a poca distanza dal centro. Piante in abbondanza a sottolineare la dinamicità trasmessa dai giochi architettonici della sala. Preparazioni di mare.

Parma Rotta, via Langhirano 158 ✆ 0521 966738, *parmarotta@tiscalinet.it, Fax 0521 968167*, – . . per viale Rustici BZ

chiuso dal 24 dicembre al 14 gennaio, al 18 al 31 agosto, domenica da giugno ad agosto, lunedì negli altri mesi – **Pasto** specialità alla brace carta 29/60.

◆ Entro una vecchia casa colonica, ormai fagocitata dalla città, tante salette con servizio estivo sotto un pergolato; piatti cotti su una griglia ben visibile ai clienti.

PARMA

Allende (Piazzale S.) .... **CY**
Antonio Fratti (Viale) .... **CY**
Aurelio Saffi (Strada) .... **CYZ**
Barbieri (Piazzale) .... **AZ**
Basetti (Viale) .... **BZ**
Berenini (Viale) .... **BZ**
Bottego (Viale) .... **BCY**
Cairoli (V.) .... **CZ**
Caprera (Viale) .... **AZ**
Cavallotti (Strada) .... **CY**
Cavour (Str.) .... **BY** 3
Cocconcelli (V.) .... **AYZ**
Colonne (Borgo d.) .... **CYZ**
Costituente (V. della) .... **AZ**
Delmazia (V.) .... **CY**
Duca Alessandro (Viale) .... **CZ**
Duomo (Pza) .... **CY**
Duomo (Str. al) .... **CY** 8
Farini (Str.) .... **BZ**
Felino (Borgo) .... **BCZ**
Fonderie (Strada d.) .... **BY**
Garibaldi (Pza) .... **BZ** 9
Garibaldi (V.) .... **BCY**
Gorizia (Viale) .... **ABZ**
Imbriani (Strada) .... **AZ**
Kennedy (V.) .... **AY**
La Spezia (V.) .... **AZ**
Lalatta (Borgo) .... **CZ**
Maria Luigia (Viale) .... **BZ**
Maria Rossi (Viale P.) .... **CZ**
Mariotti (Viale) .... **BY**
Martiri della Libertà (Viale) .... **BCZ**
Massimo d'Azeglio (V.) .... **ABY**
Matteotti (Pza) .... **AZ**
Mazzini (V.) .... **BZ** 13
Mentana (Viale) .... **CYZ**
Milazzo (Viale) .... **AZ**
Mille (Viale dei) .... **AZ**
Naviglio (Borgo del) .... **CY**
Nino Bixio (Strada) .... **AZ**
Pace (Pza della) .... **BY** 15
Padre Onorio Rosi (V.) .... **CZ**
Palermo (V.) .... **CY**
Paolo Toschi (Viale) .... **BY**
Parma (Borgo R. da) .... **BCZ**
Partigiani d'Italia (Viale) .... **CZ**
Pasini (V. A.) .... **AY**
Passo Buole (V.) .... **CZ**
Piacenza (Viale) .... **AY**
Piacenza Nuova (Viale) .... **AY**
Picelli (Pza G.) .... **AZ**
Pilotta (Pza) .... **BY** 17
Ponte Caprazucca .... **BZ** 19
Ponte Italia .... **BZ** 20
Ponte Verdi .... **BY** 22
Ponte di Mezzo .... **BZ** 21
Quartiere (Strada d.) .... **AZ**
Regale (Borgo) .... **CZ**
Reggio (V.) .... **BY** 23
Repubblica (Str. della) .... **CZ**
Risorgimento (Piazzale) .... **CZ**
Rondani (Pza) .... **BZ**
Rustici (Viale G.) .... **BZ** 24
S. Giuseppe (Borgo) .... **AZ**
S. Michele (Viale) .... **CZ**
Salnitrara (Borgo) .... **BZ** 26
Savani (V.) .... **AY**
Sta Croce (Pza) .... **AY**
Studi (Borgo degli) .... **CY** 27
Tanara (Viale) .... **CYZ**

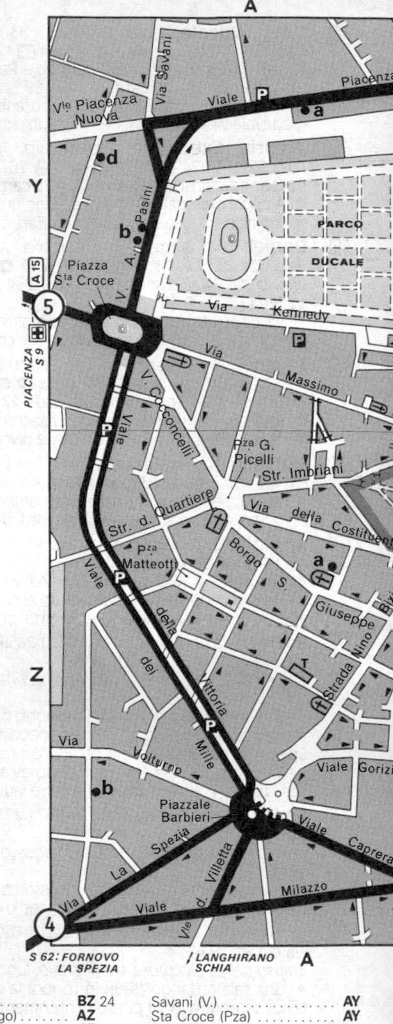

XX ✿ **Al Tramezzo,** via Del Bono 5/b ✆ 0521 487906, *altramezzo@libero.it, Fax 0521 484196,* – ▤. AE ⓢ ⓞ ⓜ VISA JCB 3 km per ③
chiuso dal 1º al 15 luglio e domenica – **Pasto** carta 36/48 ✿.
◆ Forse non facile da trovare e un po' defilato, è sempre un valido locale, ove il recente cambio dello storico chef non fa mutare la solita vena creativa delle proposte.
Spec. Prosciutto crudo e culatello dop 36 e 24 mesi di stagionatura. Gamberi affumicati con false tagliatelle e crema di patate. Tortelli parmigiani con nocciole ed olio di Brisighella.

XX **Cocchi** - Hotel Daniel, via Gramsci 16/a ✆ 0521 981990, *hdaniel@libero.it, Fax 0521 292606* – ▤ P. AE ⓢ ⓞ ⓜ VISA JCB. ✂ per ⑤
chiuso dal 24 dicembre al 6 gennaio, agosto e sabato, anche domenica in giugno-luglio – **Pasto** carta 31/42.
◆ Annessa all'hotel Daniel, una gloria cittadina che, in due ambienti raccolti e rustici, propone la tipica cucina parmense con i piatti della tradizione più collaudati.

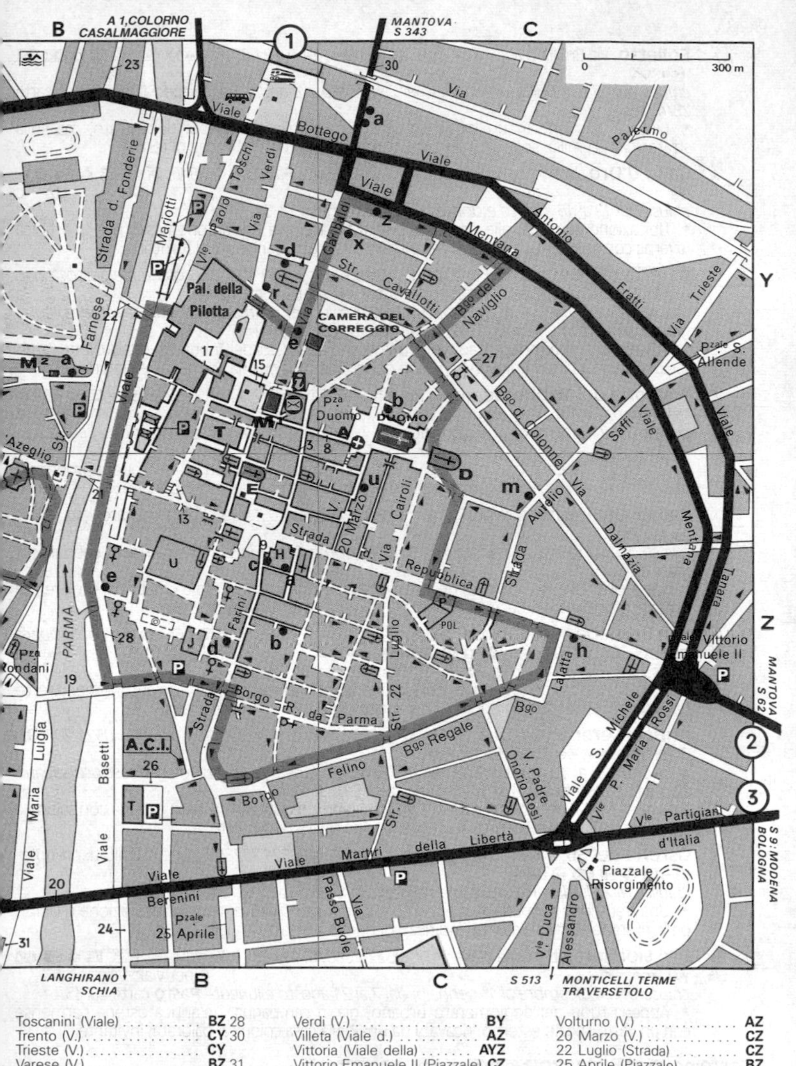

Toscanini (Viale)	BZ 28	Verdi (V.)	BY	Volturno (V.)	AZ
Trento (V.)	CY 30	Villeta (Viale d.)	AZ	20 Marzo (V.)	CZ
Trieste (V.)	CY	Vittoria (Viale della)	AYZ	22 Luglio (Strada)	CZ
Varese (V.)	BZ 31	Vittorio Emanuele II (Piazzale)	CZ	25 Aprile (Piazzale)	BZ

XX **Il Trovatore,** via Affò 2/A ✆ 0521 236905, *info@iltrovatoreristorante.com, Fax 0521 236905*, prenotare – ▤. AE ⚬ ⓓ ⓜ VISA JCB **BY d**
chiuso 24-26 dicembre, dal 5 al 25 agosto e domenica – **Pasto** carta 29/49.
◆ Un omaggio a Verdi per questa recente e appassionata gestione che ha rinnovato, anche nel nome, un vecchio locale in pieno centro. Vari i piatti, dal parmense al mare.

XX **La Filoma,** via 20 Marzo 15 ✆ 0521 206181, *info@lafiloma.com, Fax 0521 206181*, Coperti limitati; prenotare – ▤. AE ⚬ ⓓ ⓜ VISA. ✗ **CZ u**
chiuso sabato e domenica dal 1º luglio al 25 agosto, martedì e mercoledì a mezzogiorno negli altri mesi – **Pasto** carta 27/41.
◆ A pochi passi dal Duomo, un vecchio, glorioso ristorante della città è stato di recente preso in gestione da due donne: mano ai fornelli e di nuovo in carreggiata.

XX **Folletto,** via Emilia Ovest 17/A ✆ 0521 981893, *Fax 0521 981893* – ✕. ▤ P. AE ⓢ ⓪ ⓜⓒ VISA JCB. ✂ per ⑤
chiuso dal 23 al 28 dicembre, dal 1° al 25 agosto e lunedì – **Pasto** specialità di mare carta 28/43 ⌂.
◆ Giovane gestione in un locale semplice e accogliente, un po' decentrato, ma sulla strategica via Emilia; specialità di mare, tuttavia con proposte anche di terra.

X **Gallo d'Oro,** borgo della Salina 3 ✆ 0521 208846, *Fax 0521 208846,* ☂ – AE ⓢ ⓪ ⓜⓒ. VISA BZ c
chiuso dal 12 al 15 agosto e domenica – **Pasto** carta 22/32.
◆ Ubicazione centrale, alle spalle della Piazza cittadina per antonomasia, per una tipica taverna con volte antiche e ambiente informale: cucina ancorata al territorio.

X **Osteria del Gesso,** via Ferdinando Maestri 11 ✆ 0521 230505, *osteriadelgesso@tin.it, Fax 0521 385370,* Coperti limitati; prenotare ✕ ▤. AE ⓢ ⓜⓒ VISA BZ b
chiuso dal 21 luglio al 4 agosto, domenica e lunedì da marzo ad ottobre, mercoledì e giovedì a mezzogiorno negli altri mesi – **Pasto** carta 33/42.
◆ Strutturalmente molto gradevole, un'osteria nei pressi del Tribunale; conduzione familiare, supportata da un giovane e valido cuoco, per una cucina parmense e stagionale.

X **Trattoria del Tribunale,** vicolo Politi 5 ✆ 0521 285527, *Fax 0521 238991* – AE ⓢ ⓪ ⓜⓒ VISA JCB. ✂ BZ d
chiuso dal 24 dicembre al 6 gennaio, dal 7 al 17 agosto, lunedì e martedì – **Pasto** carta 25/31.
◆ Nel cuore del centro storico, troverete una trattoria tradizionale, con buoni prodotti e una gestione affidabile; sapori cittadini e molto lavoro con il vicino Tribunale.

X **Casablanca,** via Marchesi 25 A ✆ 0521 993752, *Fax 0521 993752,* prenotare – ▤. AE ⓢ ⓪ ⓜⓒ VISA AY d
chiuso dal 20 luglio al 20 agosto, mercoledì e domenica a mezzogiorno – **Pasto** specialità di mare carta 35/47.
◆ Alle spalle del Parco Ducale, un ristorantino semplice, condotto e creato dal titolare, un simpatico siciliano qui da anni; piatti forti di mare con divagazioni sicule.

X **San Barnaba** - Hotel Astoria Executive, via Trento 11 ✆ 0521 270365, *sanbarnaba@libero.it, Fax 0521 272724* – ▤. AE ⓢ ⓪ ⓜⓒ VISA JCB. ✂ CY a
chiuso dal 15 al 30 luglio e lunedì – **Pasto** 17 e carta 21/31.
◆ Tonalità rosa un po' ovunque, nel localino attiguo all'Astoria e da esso autonomo: diretto da un'energica, esperta signora, offre anche piatti locali, senza fronzoli.

X **Antica Cereria,** via Tanzi 5 ✆ 0521 207387, *anticacereria@libero.it, Fax 0521 207387,* Osteria tipica – ✕. AE ⓢ ⓪ ⓜⓒ VISA BY a
chiuso dal 20 al 30 gennaio, dal 10 al 20 agosto, lunedì e a mezzogiorno (escluso sabato, domenica, festivi e prefestivi) – **Pasto** carta 21/33.
◆ Osteria tipica, nel borgo natio di Toscanini, con specialità locali, bella cantina con salumi a stagionare e vini che il cliente si sceglie; cucina sino a tarda notte.

X **Osteria del 36,** via Saffi 26/a ✆ 0521 287061, *Fax 0521 232863,* Coperti limitati; prenotare – AE ⓢ ⓪ ⓜⓒ VISA JCB CZ m
chiuso dal 21 luglio al 16 agosto e domenica – **Pasto** carta 21/34.
◆ Una tradizione culinaria locale, con qualche tocco creativo, anche d'ispirazione d'Oltralpe, e riferimenti stagionali; un indirizzo di nuovo in risalita.

X **I Tri Siochett,** strada Farnese 74 ✆ 0521 968870, *Fax 0521 968870,* ☂ – P. AE ⓢ ⓪ ⓜⓒ VISA JCB. ✂ per viale Villetta AZ
chiuso dal 24 dicembre al 1° gennaio, dal 7 al 21 agosto e lunedì – **Pasto** carta 20/33.
◆ Appena fuori dell'agglomerato urbano, già in campagna, un'antica osteria parmense con un vasto spazio esterno; ricavata da una bella casa colonica, colorata, invitante.

a Castelnovo di Baganzola *per ① : 6 km – ✉ 43031 :*

XX **Le Viole,** strada nuova di Castelnuovo 60/a ✆ 0521 601000, *Fax 0521 601673,* ☂, Coperti limitati; prenotare – ▤ P. AE ⓢ ⓪ ⓜⓒ VISA JCB. ✂
chiuso dal 15 gennaio all'8 febbraio, dal 12 al 18 agosto, mercoledì e giovedì da settembre a giugno, domenica e lunedì negli altri mesi – **Pasto** carta 24/33.
◆ Un simpatico indirizzo alle porte di Parma, vicino alla fiera; gestito da due pimpanti sorelle, con uno dei mariti in cucina, propone piatti fantasiosi e genuini.

a Ponte Taro *per ⑤ : 10 km – ✉ 43010 :*

San Marco, via Emilia Ovest 42 ✆ 0521 615072 e rist. ✆ 0521 615076, *info@hotels-marco.com, Fax 0521 615012,* ⛶, ≘s – |‡|, ✕ cam, ▤ TV ✆ ⇔ P – 🔏 200. AE ⓢ ⓪ ⓜⓒ VISA JCB. ✂
Pasto al Rist. ***San Marco*** carta 27/45 – **112 cam** ⊐ 90,50/129, 14 suites.
◆ In posizione strategica, nei pressi dello svincolo autostradale e della fiera, un nuovo hotel, rinnovato di recente e funzionale, con tonalità gialle un po' ovunque. Piacevole sala da pranzo, ravvivata dal simpatico pavimento «scozzese».

a Fraore *per ⑤ : 5 km – ✉ 43010 :*

Parma & Congressi, via Emilia Ovest 281/A ☎ 0521 676011, *info@hotelparmaecongressi.it, Fax 0521 675642,* – cam, – 400. AE VISA. rist
chiuso agosto – **Pasto** al Rist. ***Falstaff*** carta 39/59 – **110 cam** 150/190.
◆ Il nome è già una buona presentazione: risorsa perfetta per soggiorni d'affari; stile elegantemente informale e arredi di design, anche nelle belle camere funzionali. Atmosfera elegante in sala da pranzo, per piacevoli cene di lavoro o di piacere.

PARONA DI VALPOLICELLA *Verona* 562 F 14 – *Vedere Verona.*

PARTSCHINS = Parcines.

PASIANO DI PORDENONE *33087 Pordenone* 562 E 19 – *7 308 ab. alt. 13.*
Roma 570 – Udine 66 – Belluno 75 – Pordenone 11 – Portogruaro 24 – Treviso 45 – Venezia 72.

a Cecchini di Pasiano *Nord-Ovest : 3 km – ✉ 33087 :*

Hostaria Vecchia Cecchini , via Sant'Antonio 9 ☎ 0434 610668, *info@newhotelpn.com, Fax 0434 620976,* – 30. AE VISA JCB.

vedere rist ***Hostaria Vecchia Cecchini da Marco e Nicola*** – **30 cam** 47/75.
◆ A pochi chilometri da Pordenone, in una zona tranquilla, un albergo di recente realizzazione: confortevole, con stanze sobrie e di taglio moderno. Sala ristorante d'impostazione tradizionale.

Hostaria Vecchia Cecchini da Marco e Nicola - Hostaria Vecchia Cecchini, via Sant'Antonio 9 ☎ 0434 610668, *Fax 0434 620976* – P. AE VISA JCB
chiuso sabato a mezzogiorno e domenica – **Pasto** carta 37/49.
◆ Ambiente raffinato, cucina di mare con proposte che puntano su prodotti ittici ricercati. Il ristorante si compone ingresso, due sale da pranzo e una saletta per fumare.

a Rivarotta *Ovest : 6 km – ✉ 33087 :*

Villa Luppis , via San Martino 34 ☎ 0434 626969, *hotel@villaluppis.it, Fax 0434 626228,* – 180. AE VISA JCB.
Pasto al Rist. ***Cà Lupo*** *(chiuso dal 1° al 18 gennaio, martedì e mercoledì a mezzogiorno)* carta 47/63 – **39 cam** 140/230 – ½ P 158.
◆ Lungo il corso del Livenza, in un antico convento immerso nel verde di un grande parco, una raffinata dimora di campagna con arredi d'antiquariato di una nobile famiglia. Ristorante che non rinuncia ai toni caldi e ospitali di una grande casa privata.

PASSAGGIO *Perugia* 563 M 19 – *Vedere Bettona.*

PASSIGNANO SUL TRASIMENO *06065 Perugia* 563 M 18 – *5 114 ab. alt. 289.*
Roma 211 – Perugia 27 – Arezzo 48 – Siena 80.

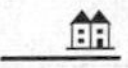

Lidò, via Roma 1 ☎ 075 827219, *lido@umbriahotels.com, Fax 075 827251,* – cam, – 40. AE VISA. rist
marzo-ottobre – **Pasto** carta 22/34 – **53 cam** 75/120 – ½ P 77.
◆ Hotel ubicato proprio in riva al lago, la cui vista risulta essere una piacevole compagnia durante il soggiorno. Le camere sono state ristrutturate di recente. Il ristorante presenta specialità basate sul pesce d'acqua dolce.

Kursaal, via Europa 24 ☎ 075 828085, *info@kursaalhotel.net, Fax 075 827182,* – VISA.
chiuso dicembre, gennaio e febbraio – **Pasto** *(chiuso dicembre e gennaio)* carta 29/47 – **18 cam** 70/86 – ½ P 63.
◆ Hotel affacciato su di un giardino fiorito in riva al lago; rinnovato di recente, offre camere arredate con gusto combinando una sobria eleganza all'atmosfera vacanziera. Servizio ristorante estivo effettuato in veranda sul lungolago.

Cavalieri, via delle Ginestre 5 (Est : 1,5 km) ☎ 075 829292, *hotelcavalieri@hotelcavalieri.it, Fax 075 829009,* lago, – 35. VISA. rist
Pasto al Rist. ***Sosta dei Templari*** *(chiuso lunedì escluso da aprile-ottobre)* carta 22/32 – **35 cam** 75/104 – ½ P 72.
◆ Vista sul lago Trasimeno dalla terrazza con piscina e solarium di questo confortevole hotel da poco tutto rinnovato; buona cura dei dettagli e comoda posizione elevata. Ristorante con ingresso indipendente che dispone di un'ampia sala rustica.

La Vela, via Rinascita 2 ✆ 075 827221 e rist. ✆ 075 8296133, *info@hotellavela.it, Fax 075 828211*, – |‡| ▤ TV 🚗 P. AE Ⓢ ⓓ MC VISA. ✗ rist
chiuso dal 14 al 30 gennaio – **Pasto** al Rist. ***Il Passo di Giano*** *(chiuso martedì)* carta 18/28 – **29 cam** ☕ 45/75 – ½ P 55.
◆ Poco lontano dal lago e dal centro storico, una risorsa a gestione familiare, senza pretese, ma funzionale nei confort, negli arredi e negli spazi. Un ristorante ove gustare tipiche specialità lacustri.

Trasimeno senza rist, via Roma 16/a ✆ 075 829355, *info@hoteltrasimeno.com, Fax 075 829267* – |‡| ▤ TV ✆ P. AE Ⓢ ⓓ MC VISA
chiuso dal 15 dicembre al 30 gennaio – **30 cam** ☕ 60/80.
◆ Gestito da due giovani fratelli, un indirizzo semplice, ubicato a poca distanza dalla passeggiata-lago: stanze con mobilio in legno, essenziali, pulite.

Il Fischio del Merlo, località Calcinaio 17/A (Est : 3 km) ✆ 075 829283, *Fax 075 829283*, , Coperti limitati; prenotare, – ▤ P. AE Ⓢ ⓓ MC VISA JCB
chiuso novembre e martedì – **Pasto** specialità di mare carta 30/48.
◆ Fuori del paese, in un elegante rustico, mura in pietra, grandi finestre e sala soppalcata, o un gradevole servizio all'aperto con cucina del territorio e sapori di pesce.

Locanda del Galluzzo, via Castel Rigone 12/A, località Trecine Nord-Est : 8,5 km ✆ 075 845352, *locandagalluzzo@hotmail.com, Fax 075 845352*, ≤, , prenotare, – P. AE Ⓢ ⓓ MC VISA JCB
chiuso martedì sera e a mezzogiorno (escluso domenica e i giorni festivi) – **Pasto** carta 21/33.
◆ In posizione panoramica in cima ad un colle, con terrazza estiva sull'aperta campagna, spazi accoglienti in tono con lo stile agreste del posto e leccornie locali.

a Castel Rigone *Est : 10 km – ✉ 06060 :*

Relais la Fattoria , via Rigone 1 ✆ 075 845322, *info@relaislafattoria.com, Fax 075 845197*, ≤, – |‡| TV P – 120. AE Ⓢ ⓓ MC VISA. ✗ rist
Pasto al Rist. ***La Corte*** *(chiuso dal 7 al 28 gennaio)* carta 23/40 – **30 cam** ☕ 83/155 – ½ P 98.
◆ Una villa del 1600 inserita in un piccolo, placido borgo medioevale sui colli vicini al lago Trasimeno; belle stoffe nelle camere accoglienti e curate negli arredi. Soffitto con grosse travi grezze a vista nella calda sala ristorante.

Una prenotazione confermata per iscritto o per fax è sempre più sicura.

PASSO *Vedere nome proprio del passo.*

PASSO SELLA *Trento* 562 C 17 – *Vedere Canazei.*

PASTENA *03020 Frosinone* 563 R 22 – *1 677 ab. alt. 317.*
Roma 114 – Frosinone 32 – Latina 86 – Napoli 138.

Mattarocci, piazza Municipio ✆ 0776 546537, ≤, – AE. ✗
Pasto specialità sott'olio carta 16/19.
◆ Vicoli stretti in cima al paese, poi la piazza del Municipio: qui un bar-tabacchi. All'interno, un localino noto per le leccornie sott'olio. Servizio estivo in terrazza.

PASTRENGO *37010 Verona* 561 F 14 – *2 372 ab. alt. 192.*
Roma 509 – Verona 18 – Garda 16 – Mantova 49 – Milano 144 – Trento 82 – Venezia 135.

Stella d'Italia, piazza Carlo Alberto 25 ✆ 045 7170034, *info@stelladitalia.it, Fax 045 6779399*, , prenotare – ▤. AE Ⓢ ⓓ MC VISA. ✗
chiuso domenica sera e lunedì – **Pasto** carta 35/43.
◆ Specialità del territorio, tra cui non mancano lumache e luccio, in uno storico indirizzo, un tempo locanda, ora elegante locale sotto la direzione del signor Umberto.

a Piovezzano *Nord : 1,5 km – ✉ 37010 Pastrengo :*

Eva, via Due Porte 45 ✆ 045 7170110, *Fax 045 7170294*, – P. AE Ⓢ ⓓ MC VISA. ✗
chiuso dall'11 al 19 agosto, martedì sera e sabato – **Pasto** carta 22/28.
◆ Nelle colline appena fuori del paesino, una trattoria vecchia maniera, con ampia sala e alti soffitti, gestione familiare e piatti locali, tra cui i bolliti al carrello.

PASTURANA *Alessandria* – *Vedere Novi Ligure.*

PAVARETO *La Spezia* 561 J 10 – *Vedere Carro.*

PAVIA *27100* P 561 G 9 *G. Italia – 73 893 ab. alt. 77.*

Vedere *Castello Visconteo★* **BY** – *Duomo★* **AZ** D – *Chiesa di San Michele★★* **BZ** B – *San Pietro in Ciel d'Oro★ : Arca di Sant'Agostino★ – Tomba★ nella chiesa di San Lanfranco Ovest : 2 km.*

Dintorni *Certosa di Pavia★★★ per ① : 9 km.*

via Fabio Filzi 2 ✆ 0382 22156, info@apt.pv.it, Fax 0382 32221.

A.C.I. *piazza Guicciardi 5 ✆ 0382 301381.*

Roma 563 ③ – Alessandria 66 ③ – Genova 121 ④ – Milano 38 ⑤ – Novara 62 ④ – Piacenza 54 ③.

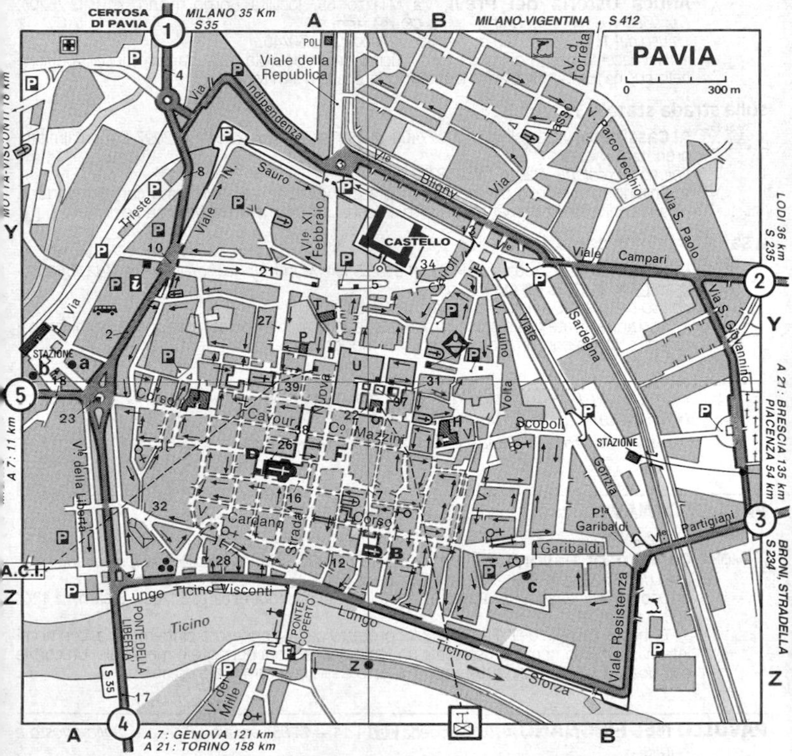

Battisti (Viale) . . . . **AY** 2
Borgo Calvenzano (Piazza) . . **AY** 3
Brambilla (Viale A.) . . . . **AY** 4
Castello (Piazza) . . . . **BY** 5
Cavallotti (Via) . . . . **BZ** 7
Cavour (Corso) . . . . **AZ**
Chiesa (Viale Damiano) . . . . . **AY** 8
Dante (Piazza) . . . . **AY** 10
Diacono (Via P.) . . . . **AZ** 12
Filiberto (Piazza E.) . . . . **BY** 13
Gatti (Via B.) . . . . **AZ** 16
Giulietti (Via M. G.) . . . . **AZ** 17
Manzoni (Corso) . . . . **AYZ** 18
Matteotti (Viale) . . . . **AY** 21
Mentana (Via) . . . . **ABZ** 22
Minerva (Piazzale) . . . . **AZ** 23
Omodeo (Via) . . . . **AZ** 26
Petrarca (Piazza) . . . . **AY** 27
Porta Pertusi (Via) . . . . **AZ** 28
Sacchi (Via) . . . . **BYZ** 31
S. Margherita (Via) . . . . **AZ** 32
S. Maria alle Pertiche (Via) . . . . **BY** 34
Strada Nuova . . . . **AZ**
Vinci (Piazza Leonardo da) . . **BZ** 37
Vittoria (Piazza) . . . . **AZ** 38
20 Settembre (Via) . . . . **AZ** 39

Moderno, viale Vittorio Emanuele 41 ✆ 0382 303401, *moderno@hotelmoderno.it, Fax 0382 25225* – 45. AE VISA JCB. **AY** a
chiuso dal 24 dicembre al 4 gennaio e dal 7 al 22 agosto – **Pasto** al Rist. ***Liberty*** *(chiuso dal 26 dicembre al 6 gennaio, dal 1° al 28 agosto e i mezzogiorno di sabato-domenica)* carta 26/41
53 cam ☕ 103/138, suite – 1/2 P 90.
◆ Sul piazzale della stazione, un albergo d'epoca, degli inizi del '900 e ristrutturato, offre validi confort adeguati ai tempi; lunga conduzione familiare, comode stanze. Piccolo e piacevole ristorante dall'ambiente vagamente liberty.

Excelsior senza rist, piazza Stazione 25 ✆ 0382 28596, *info@excelsiorpavia.com, Fax 0382 26030* – . AY b
6 – **32 cam** 50/73.
◆ Risorsa recentemente potenziata nel numero delle camere, offre un buon rapporto qualità prezzo, comoda ubicazione semi-centrale, gestione seria. Spazi comuni ridotti.

Il Cigno, via Massacra 2 ✆ 0382 301093, Coperti limitati; prenotare – . BZ c
chiuso dal 1° al 5 gennaio, agosto e lunedì – **Pasto** carta 36/61.
◆ Atmosfera signorile e gestione familiare per un locale dalle dimensioni contenute, costituito da due salette in legno e cotto, con camino; piatti creativi, moderni.

Antica Osteria del Previ, via Milazzo 65, località Borgo Ticino ✆ 0382 26203, *Fax 0382 483368*, prenotare – . ABZ z
chiuso dal 1° al 10 gennaio ed agosto – **Pasto** carta 30/40.
◆ Nel vecchio borgo di Pavia lungo il Ticino, una piacevole trattoria con specialità tipiche della cucina lombarda; travi in legno, focolare, aria d'altri tempi.

sulla strada statale 35 : *per ① : 4 km :*

Al Cassinino, via Cassinino 1 ✉ 27100 ✆ 0382 422097, *Fax 0382 422097*, Coperti limitati; prenotare – .
chiuso mercoledì – **Pasto** carta 58/79.
◆ Proprio sul Naviglio pavese, tra la città e la Certosa, elegante casa con una sorta di veranda chiusa, direttamente sul corso d'acqua; sapori anche del territorio e di mare.

a San Martino Siccomario *per ④ : 1,5 km – ✉ 27028 :*

Plaza senza rist, strada statale 35 ✆ 0382 559413, *info@plazahotel.it, Fax 0382 556085* – .
chiuso dal 10 al 20 agosto – **51 cam** 95/134.
◆ Posizione strategica e comoda per arterie stradali, aeroporto, stazione, a pochi km dal centro città; un confortevole hotel di stile moderno, ideale per clienti d'affari.

I prezzi del pernottamento e della pensione possono subire aumenti in relazione all'andamento generale del costo della vita ; quando prenotate chiedete la conferma del prezzo.

PAVONE CANAVESE *10018 Torino* 561 F 5, 219 ⑭ – *3 875 ab. alt. 262.*

Roma 668 – Torino 45 – Aosta 65 – Ivrea 5 – Milano 110.

Castello di Pavone, via Ricetti 1 ✆ 0125 672111, *info@castellodipavone.com, Fax 0125 672114*, ≤, – cam, cam, – 150. .
chiuso dal 9 al 15 agosto – **Pasto** (Coperti limitati; prenotare) carta 51/66 – **8 cam** 124/158, 4 suites 212.
◆ Fiabesco castello dell'XI e XIV secolo, protetto da una poderosa cinta muraria, con ricchi interni splendidamente conservati e un'atmosfera ancora pulsante e medievale. Un cortile con pozzo, per il servizio ristorante all'aperto e sale con camini affrescate.

PAVULLO NEL FRIGNANO *41026 Modena* 562 I 14 – *14 851 ab. alt. 682 – a.s. luglio-agosto e Natale.*

Roma 411 – Bologna 77 – Firenze 137 – Milano 222 – Modena 47 – Pistoia 101 – Reggio nell'Emilia 61.

Vandelli, via Giardini Sud 7 ✆ 0536 20288, *info@hotelvandelli.it, Fax 0536 23608* – , rist, – 120. . rist
Pasto *(chiuso martedì e a mezzogiorno)* carta 24/36 – 8 – **40 cam** 50/75 – ½ P 55.
◆ Un tripudio di arredi, decori e tocchi personalizzati, nelle camere e negli ambienti comuni, con un originale richiamo allo stile liberty: nel verde di una vallata. Ampie sale da pranzo, adatte anche per banchetti: pareti con nicchie, colori, cornici dorate.

Ferro di Cavallo, via Bellini 4 ✆ 0536 20098, *info@hotelferrodicavallo.it, Fax 0536 22383*, , – . . rist
chiuso gennaio – **Pasto** *(chiuso lunedì)* 20/35 – 10 – **22 cam** 65/90 – ½ P 65.
◆ Un unico grande spazio accoglie hall, reception, bar e ristorante, l'ambiente è curato e gli arredi gradevoli. Hotel gestito direttamente dai proprietari, camere accoglienti. Cucina genuina, piatti appetitosi.

Parco Corsini, viale Martiri 11 ✆ 0536 20129, *Fax 0536 20129* – .
chiuso dal 7 al 27 gennaio, dal 1° al 15 luglio, lunedì e martedì – **Pasto** carta 23/32.
◆ Sapori di cucina casereccia e proposte ligie alle tradizioni locali e alle stagioni; in un'atmosfera classica, piacevolmente retrò, quasi a ricordo dei seducenti anni '60.

PECCIOLI *56037 Pisa* 563 L 14 – *4 884 ab. alt. 144.*

Roma 300 – Pisa 40 – Firenze 73 – Livorno 43 – Pistoia 67.

Portavaldera senza rist, strada provinciale della Fila Nord-Ovest : 1 km ☎ 0587 672102, *info@hotelportavaldera.it, Fax 0587 670740* – 80.
30 cam 63/75.

◆ Nel cuore del Parco dell'Alta Valdera un hotel di taglio moderno e funzionale. Interni dal design attuale, camere standard dalle tinte pastello con pavimenti in parquet.

PECORONE *Potenza* 564 G 29 – *Vedere Lauria.*

PEDARA *Catania* 565 O 27 – *Vedere Sicilia alla fine dell'elenco alfabetico.*

PEDEGUARDA *Treviso* 562 E 18 – *Vedere Follina.*

PEDEMONTE *Verona* 562 F 14 – *Vedere San Pietro in Cariano.*

PEDENOSSO *Sondrio – Vedere Valdidentro.*

PEDERIVA *Vicenza – Vedere Grancona.*

PEDEROBBA *31040 Treviso* 562 E 17 – *7 076 ab. alt. 225.*

Dintorni *Possagno : Deposizione★ nel tempio di Canova Ovest : 8,5 km.*

Roma 560 – Belluno 46 – Milano 265 – Padova 59 – Treviso 35 – Venezia 66.

ad Onigo di Piave *Sud-Est : 3 km – ✉ 31050 :*

Le Rive, via Rive 46 ☎ 0423 64267,
chiuso dal 7 al 31 gennaio, martedì e mercoledì – **Pasto** carta 18/22.

◆ Una piccola casa di campagna con servizio estivo all'aperto e ambienti interni piacevoli e raccolti: camino, soffitti in legno e locali piatti casalinghi esposti a voce.

PEDRACES (PEDRATSCHES) *Bolzano – Vedere Badia.*

PEGOGNAGA *46020 Mantova* 561 H 14 – *6 526 ab. alt. 22.*

Roma 446 – Verona 61 – Bologna 86 – Mantova 29 – Reggio nell'Emilia 41.

Fattorie San Lorenzo senza rist, viale San Lorenzo 40 ☎ 0376 550582, *hotel@fattoriesanlorenzo, Fax 0376 550021* – 80.
12 cam 46,50/67.

◆ Imponente edificio d'inizio anni '60 con camere semplici e senza fronzoli ma decisamente spaziose. Accanto allo spaccio di carne biologica della medesima proprietà.

PEIO *38020 Trento* 562 C 14 *G. Italia – 1 845 ab. alt. 1 389 – Stazione termale, a.s. 29 gennaio-12 marzo, Pasqua e Natale – Sport invernali : 1 200/2 400 m 1 5,.*

alle Terme, via delle Acque Acidule 8 ☎ 0463 753100, pejo@valdisole.net, Fax 0463 753180.

Roma 669 – Sondrio 103 – Bolzano 93 – Passo di Gavia 54 – Milano 256 – Trento 87.

a Cògolo *Est : 3 km – ✉ 38024 :*

Kristiania, via Sant'Antonio 18 ☎ 0463 754157, *info@hotelkristiania.it, Fax 0463 746510,* rist, 30.
dicembre-aprile e 10 giugno-25 settembre – **Pasto** carta 23/36 – **48 cam** 90/125 – ½ P 90.

◆ Un gradevole complesso in perfetto stile montano, invitante già dall'esterno; buona la disposizione degli spazi comuni, due piani di centro benessere e ogni confort. Un'ampia sala ristorante dalla calda atmosfera.

Cevedale, via Roma 33 ☎ 0463 754067, *info@hotelcevedale.it, Fax 0463 754544,* rist, 45.
chiuso maggio e novembre – **Pasto** carta 18/23 – **33 cam** 75/90 – ½ P 65.

◆ Nato come osteria con camere e poi trasformatosi nel corso di un secolo in un vero e proprio hotel, un bell'albergo in pieno centro, gestito sempre dalla stessa famiglia. Accogliente sala da pranzo, capiente e tutta rivestita in legno chiaro.

Gran Zebrù, via Casarotti 92 ✆ 0463 754433, *hotelgranzebrù@tin.it, Fax 0463 754563*, ≤ – rist, . *VISA*.
dicembre-aprile e 10 giugno-settembre – **Pasto** carta 17/29 – **18 cam** 85/110 – ½ P 58.
◆ Se cercate un ambiente familiare e un contesto ospitale, dotato di ogni comodità, ecco una risorsa ancora piuttosto recente e sita vicino alle piste di fondo e pattinaggio. Al ristorante atmosfera di gradevole familiarità.

Chalet Alpenrose, via Malgamare, località Masi Guilnova Nord: 1,5 km ✆ 0463 754088, *alpenrose@tin.it, Fax 0463 746535*, , – . *VISA*. rist
chiuso dal 15 al 30 aprile e novembre – **Pasto** *(chiuso lunedì e a mezzogiorno in bassa stagione)* carta 28/38 – **10 cam** 70/90 – ½ P 50.
◆ Davvero una piccola bomboniera, sita fuori località, in un luogo tranquillo, fra il verde; in un maso settecentesco, completamente ristrutturato, estrema cura e intimità. Ambienti caldi, rifiniti in legno e ben curati in ogni particolare nella zona ristorante.

a Celledizzo *Est : 3,5 km – ✉ 38020 Peio :*

Genziana, via al Sant 2 ✆ 0463 746050, *info@hotelchaletgenziana.it, Fax 0463 746605*, – . *VISA*.
20 dicembre-13 aprile e 15 giugno-18 settembre – **Pasto** (solo per alloggiati) – **10 cam** 75/130.
◆ Maso ottocentesco totalmente ristrutturato e trasformato in un caldo e accogliente chalet adatto per un soggiorno all'insegna del confort e del relax. Gestione appassionata.

PELLESTRINA (Isola di) *Venezia* **562** G 18 – *Vedere Venezia.*

PENANGO *14030 Asti – 534 ab. alt. 264.*
Roma 609 – Alessandria 52 – Asti 19 – Milano 102 – Vercelli 41.

a Cioccaro *Est : 3 km – ✉ 14030 Cioccaro di Penango :*

Relais Il Borgo senza rist, via Biletta 60 ✆ 0141 921272, *Fax 0141 923067*, ≤, , – . *VISA*.
chiuso dal 15 dicembre al 31 gennaio – **8 cam** 90/100.
◆ Un piccolo borgo costruito ex novo con fedeli richiami alla tradizione piemontese. Le camere sono disposte lungo la balconata a ringhiera affacciata sulla graziosa corte.

Locanda del Sant'Uffizio, strada Sant'Uffizio 1 ✆ 0141 916292, *santuffizio@thi.it, Fax 0141 916068*, ≤, , , – – 80. *VISA*.
Pasto carta 45/57 – **31 cam** 190/230, 2 suites – ½ P 172.
◆ Nel cuore del Monferrato, un edificio seicentesco, ex convento domenicano, all'interno di un parco con piscina e campo da tennis; camere personalizzate e totale relax. Eleganti salette ristorante, con begli arredi antichi, protese sul verde esterno.

PENNA ALTA *Arezzo – Vedere Terranuova Bracciolini.*

PERA *Trento – Vedere Pozza di Fassa.*

PERGINE VALSUGANA *38057 Trento* **562** D 15 – *16 534 ab. alt. 482 – a.s. Pasqua e Natale.*
(giugno-settembre) viale Venezia 2/F ✆ 0461 531258, Fax 0461 531258.
Roma 599 – Trento 12 – Belluno 101 – Bolzano 71 – Milano 255 – Venezia 152.

Castel Pergine con cam, via al Castello 10 (Est : 2,5 km) ✆ 0461 531158, *verena@castelpergine.it, Fax 0461 531329*, ≤, – . *VISA*. rist
2 aprile-7 novembre – **Pasto** *(chiuso lunedì a mezzogiorno)* carta 31/39 – **21 cam** 50/100 – ½ P 67.
◆ Un insolito ristorante, con camere, posizionato proprio all'interno di un castello del X secolo; vista appagante e piena tranquillità, fra proposte gastronomiche locali.

PERIASC *Aosta* **561** E 5, **219** ④ – *Vedere Ayas.*

PERLEDO *23828 Lecco* **219** ⑨ – *901 ab. alt. 407.*
Roma 644 – Como 53 – Bergamo 57 – Chiavenna 47 – Lecco 24 – Milano 80 – Sondrio 62.

Il Caminetto, viale Progresso 4, località Gittana ✆ 0341 815225, *info@ilcaminettoonline.com, Fax 0341 815225*, Coperti limitati; prenotare – . *VISA*
chiuso mercoledì – **Pasto** carta 26/40.
◆ In posizione defilata, tra legno e rame, un ambiente rustico, a gestione familiare, con specialità di cucina soprattutto locale, pesce di lago e paste fatte in casa.

PERO *20016 Milano* **561** F 9 – *10 494 ab. alt. 144.*

Roma 578 – Milano 10 – Como 29 – Novara 40 – Pavia 45 – Torino 127.

Embassy Park Hotel senza rist, via Giovanni XXIII 15 ☎ 02 38100386, *Fax 02 33910424*, 🏊, 🌳 – 🛗 ▤ TV 🚗 🅿 – 🏛 50. AE 💳 ⓓ MC VISA JCB. ✂ – **86 cam** ☕ 80/120.

◆ Buon albergo, di recente ampliato e potenziato, nella zona industriale appena fuori Milano: comodo per Fiera, autostrada, metropolitana. Dotato di giardino con piscina.

PERUGIA *06100* 🅿 **563** M 19 *G. Italia – 158 282 ab. alt. 493.*

Vedere *Piazza 4 Novembre*★★ **BY** : *fontana Maggiore*★★, *palazzo dei Priori*★★ **D** *(galleria nazionale dell'Umbria*★★*)* – *Chiesa di San Pietro*★★ **BZ** – *Oratorio di San Bernardino*★★ **AY** – *Museo Archeologico Nazionale dell'Umbria*★★ **BZ M1** – *Collegio del Cambio*★ **BY E** : *affreschi*★★ *del Perugino* – ≤★★ *dai giardini Carducci* **AZ** – *Porta Marzia*★ *e via Bagliona Sotterranea*★ **BZ Q** – *Chiesa di San Domenico*★ **BZ** – *Porta San Pietro*★ **BZ** – *Via dei Priori*★ **AY** – *Chiesa di Sant'Angelo*★ **AY R** – *Arco Etrusco*★ **BY K** – *Via Maestà delle Volte*★ **ABY 29** – *Cattedrale*★ **BY F** – *Via delle Volte della Pace*★ **BY 55.**

Dintorni *Ipogeo dei Volumni*★ *per* ② : *6 km.*

⛳18 *Umbria strada San Giovanni del Pantano* ✉ *06070 Antognolla* ☎ *075 6059563, Fax 075 6059562;*

⛳18 *Perugia (chiuso lunedì) località Santa Sabina* ✉ *06074 Ellera Umbra* ☎ *075 5172204, Fax 075 5172370, per* ③ : *9 km.*

✈ *di Sant'Egidio Est per* ② : *17 km* ☎ *075 592141, Fax 075 6929562.*

ℹ *piazza 4 Novembre 3* ✉ *06123* ☎ *075 5736458, info@iat.perugia.it, Fax 075 5739386.*

A.C.I. *via Corcianese 262/4 Torri* ☎ *075 5172687.*

Roma 172 ② *– Firenze 154* ③ *– Livorno 222* ③ *– Milano 449* ③ *– Pescara 281* ② *– Ravenna 196* ②.

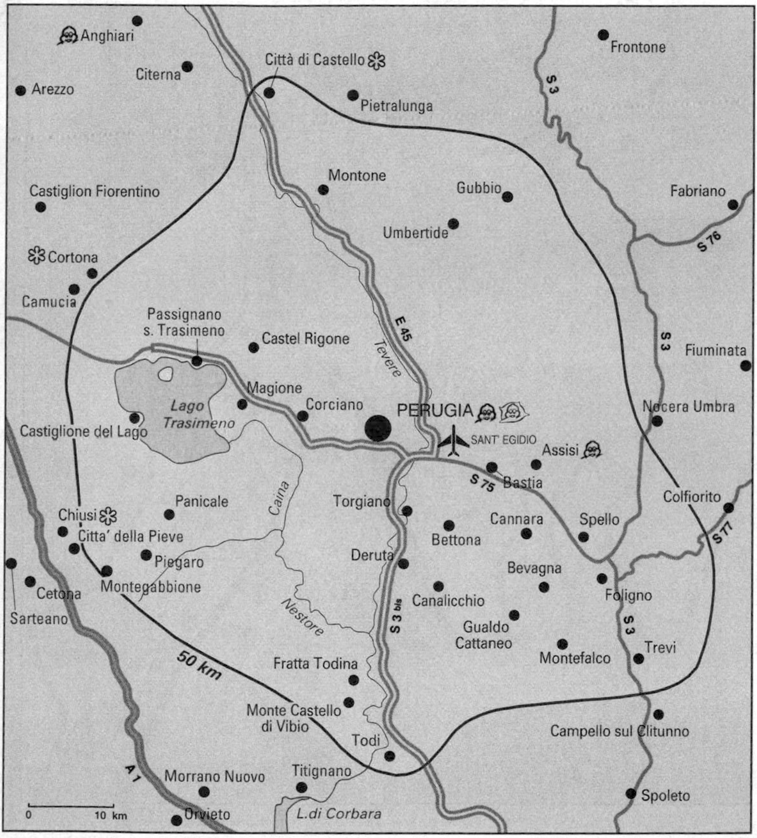

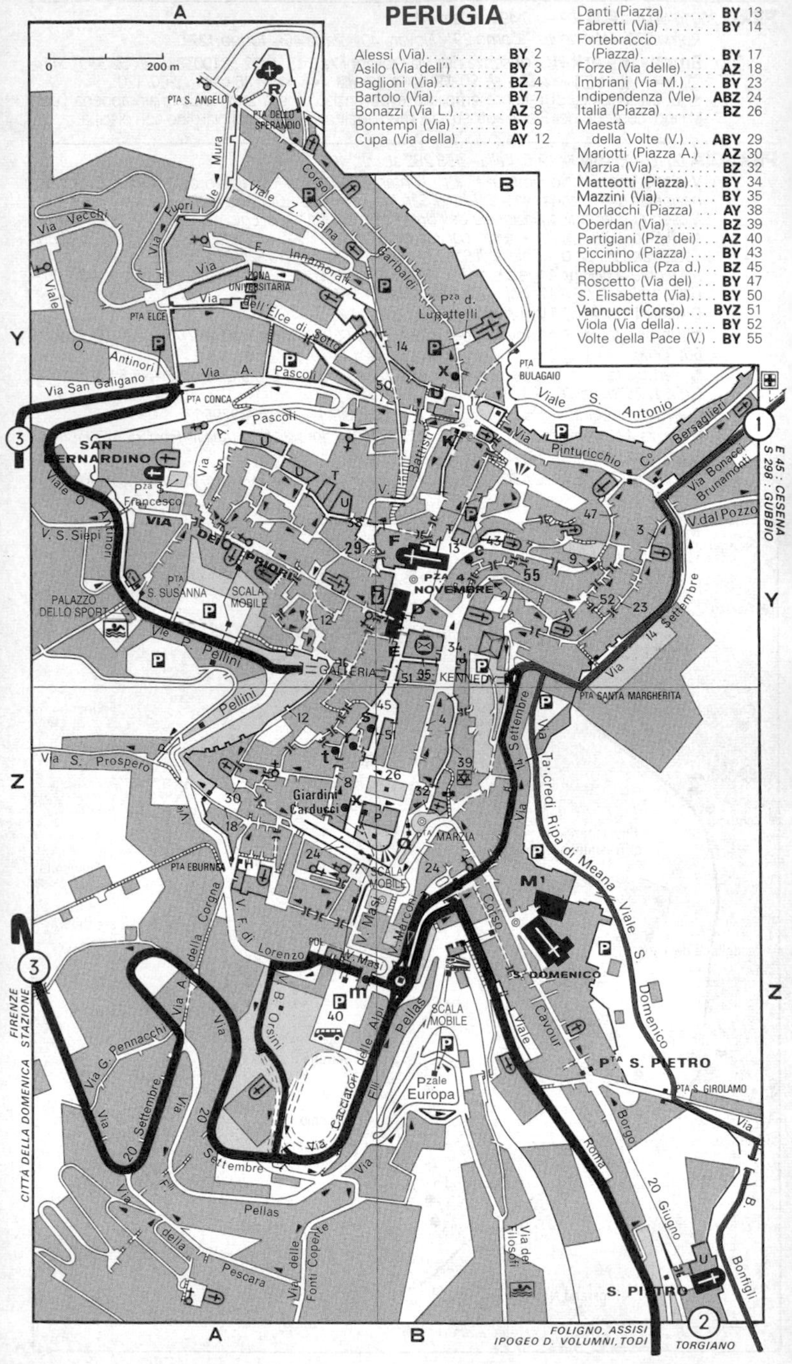
PERUGIA
Alessi (Via) . . . . BY 2
Asilo (Via dell') . . . . BY 3
Baglioni (Via) . . . . BZ 4
Bartolo (Via) . . . . BY 7
Bonazzi (Via L.) . . . . AZ 8
Bontempi (Via) . . . . BY 9
Cupa (Via della) . . . . AY 12
Danti (Piazza) . . . . BY 13
Fabretti (Via) . . . . BY 14
Fortebraccio (Piazza) . . . . BY 17
Forze (Via delle) . . . . . . AZ 18
Imbriani (Via M.) . . . . BY 23
Indipendenza (Vle) . ABZ 24
Italia (Piazza) . . . . BZ 26
Maestà della Volte (V.) . . . ABY 29
Mariotti (Piazza A.) AZ 30
Marzia (Via) . . . . BZ 32
Matteotti (Piazza) . . . . BY 34
Mazzini (Via) . . . . BY 35
Morlacchi (Piazza) . . . . AY 38
Oberdan (Via) . . . . BZ 39
Partigiani (Pza dei) . . . . AZ 40
Piccinino (Piazza) . . . . . BY 43
Repubblica (Pza d.) . . BZ 45
Roscetto (Via del) . . . . BY 47
S. Elisabetta (Via) . . . . BY 50
Vannucci (Corso) . . . BYZ 51
Viola (Via della) . . . . . . BY 52
Volte della Pace (V.) . BY 55
E 45 : CESENA
S 298 : GUBBIO
FIRENZE STAZIONE
CITTÀ DELLA DOMENICA
FOLIGNO, ASSISI
IPOGEO D. VOLUMNI, TODI
TORGIANO

Brufani Palace, piazza Italia 12 ✉ 06121 ☎ 075 5732541, *reservationbrn@sinahotels.it, Fax 075 5720210*, ←, ⌂, Ⓛ, ⌂, ☐ – |‡|, ⇹ rist, ▤ ▣ ✆ ♿ ⇐ – ⚹ 100. AE ⓢ ⓞ ⓜ VISA JCB. ⚹ rist AZ x

Pasto al Rist. ***Collins*** carta 31/44 – ☐ 24,20 – **110 cam** 231/346,50, 10 suites.

◆ Storico e sontuoso hotel della Perugia alta, in splendida posizione, impreziosito da un roof-garden da cui godere di una vista incantevole sulla città e i dintorni. Prelibatezze, anche umbre, in questo ristorante in piena città vecchia.

Sangallo Palace Hotel, via Masi 9 ✉ 06121 ☎ 075 5730202, *hotel@sangallo.it, Fax 075 5730068*, ←, Ⓛ, ☐ – |‡|, ⇹ cam, ▤ ▣ ✆ ♿ – ⚹ 140. AE ⓢ ⓞ ⓜ VISA JCB. ⚹ rist AZ m

Pasto carta 26/34 – **98 cam** ☐ 130/170, suite – ½ P 104.

◆ Nel centro storico, hotel di stampo moderno, completamente ristrutturato, dotato di buoni spazi comuni e di camere confortevoli tutte con richiami al Rinascimento. Ristorante connotato da tonalità verdi che si rincorrono negli elementi architettonici.

Perugia Plaza Hotel, via Palermo 88 ✉ 06129 ☎ 075 34643, *perugiaplaza@umbriahotels.com, Fax 075 30863*, ⌂, ☐ – |‡| ▤ ▣ ♿ ⇐ Ⓟ – ⚹ 160. AE ⓢ ⓞ ⓜ VISA. ⚹ rist per via dei Filosofi BZ

Pasto 22/26 e al Rist. ***Fortebraccio*** carta 25/36 – **108 cam** ☐ 140/180 – ½ P 110.

◆ Struttura moderna nello stile, comoda da raggiungere all'uscita della superstrada; ambienti ben distribuiti e stanze con ogni confort. Ideale per una clientela d'affari. Ristorante ove, oltre alla carta tradizionale, si consulta quella di oli e aceti.

La Rosetta, piazza Italia 19 ✉ 06121 ☎ 075 5720841, *larosetta@perugiaonline.com, Fax 075 5720841*, ⌂ – |‡| ▤ ▣ ✆ – ⚹ 80. AE ⓢ ⓞ ⓜ VISA JCB AZ r

Pasto carta 23/37 (15 %) – **90 cam** ☐ 79/159 – ½ P 100,50.

◆ Centralissimo, gestito dalla medesima famiglia ormai da tre generazioni, un riferimento per chi desideri la città «a portata di mano»; diverse le tipologie di stanze. La cucina propone anche specialità regionali umbre.

Giò Arte e Vini, via Ruggero D'Andreotto 19 ✉ 06124 ☎ 075 5731100, *hotelgio@interbusiness.it, Fax 075 5731100* – |‡| ▤ ▣ ♿ Ⓟ – ⚹ 150. AE ⓢ ⓞ ⓜ VISA. ⚹ per ③

Pasto *(chiuso domenica sera e lunedì a mezzogiorno)* carta 23/29 ⚘ – **130 cam** ☐ 73/120 – ½ P 76.

◆ Una vera esposizione di vini e opere di artisti vari in ognuna delle camere di questo originale albergo; un omaggio, senza riserve, all'enoturismo. Poco fuori del centro. Un approdo per gli appassionati di enogastronomia.

Locanda della Posta senza rist, corso Vannucci 97 ✉ 06121 ☎ 075 5728925, *novelber@tin.it, Fax 075 5732562* – |‡| ▤ ▣. AE ⓢ ⓞ ⓜ VISA AZ s

39 cam ☐ 108/170.

◆ Sullo storico corso Vannucci, in un palazzo nobiliare, già dal '700 meta per la sosta delle diligenze, amato da letterati e teste coronate, un famoso indirizzo in città.

Fortuna senza rist, via Bonazzi 19 ✉ 06123 ☎ 075 5722845, *fortuna@umbriahotels.com, Fax 075 5735040* – |‡| ▤ ▣. AE ⓢ ⓞ ⓜ VISA. ⚹ AZ t

45 cam ☐ 96/124.

◆ La ristrutturazione cui la nuova gestione ha sottoposto l'hotel, ha portato alla luce affreschi del 1700. Risorsa di taglio classico, nel cuore di Perugia.

Antica Trattoria di San Lorenzo, piazza Danti 19/A ✉ 06122 ☎ 075 5721956, *info@trattoriasanlorenzo.com, Fax 075 5721956*, Coperti limitati; prenotare – ▤. AE ⓢ ⓞ ⓜ VISA JCB. ⚹ BY c

chiuso domenica escluso Natale e giugno-ottobre – **Pasto** carta 30/38 (10 %).

◆ Ristorante centralissimo, alle spalle del Duomo: ottenuto nelle salette a volta di un antico palazzo, offre un ambiente intimo e raccolto e piatti fortemente creativi.

Dal Mi' Cocco, corso Garibaldi 12 ✉ 06123 ☎ 075 5732511, *Fax 075 5732511*, Coperti limitati; prenotare – ⚹ BY x

chiuso dal 25 luglio al 15 agosto e lunedì – **Pasto** 13.

◆ Entro un'antica stalla, un posto schietto e popolare, autentico nella sua poesia vernacolare e nei piatti dialettali, umbri, per un menù imposto con cadenza settimanale.

a San Marco *Nord-Ovest: 5 km per via Vecchi* **AY** – ✉ *06131* :

Sirius ⛭, via Padre Guardino 9 (Ovest: 1 km) ☎ 075 690921, *mail@siriush.com, Fax 075 690923*, ←, ⌂, ⚹ – ⇹ rist, ▣ Ⓟ – ⚹ 50. AE ⓢ ⓞ ⓜ VISA JCB. ⚹

Pasto *(chiuso a mezzogiorno)* (solo per alloggiati) 16/18 – **15 cam** ☐ 53/75 – ½ P 50.

◆ Alberghetto situato in campagna, tra il verde e sulla sommità di una collina, poco fuori Perugia; conduzione familiare molto gradevole, camere funzionali.

verso Ponte Felcino *per ① : 5 km*

Agriturismo San Felicissimo ⛭ senza rist, strada Poggio Pelliccione 5 ☎ *075 6919400, sanfelicissimo@aruba.it, Fax 075 6919400*, ← vallata, solo su prenotazione, ☐, ⌂ ▣ Ⓟ. AE ⓢ ⓞ ⓜ VISA. ⚹

– **10 cam** ☐ 60/90.

◆ Un piccolo agriturismo periferico, raggiungibile dopo un breve tratto di strada sterrata; edificio rurale, con arredi rustici, tutto rinnovato e cinto da colline e uliveti.

a Ferro di Cavallo *per ③ : 6 km – alt. 287 – ✉ 06074 Ellera Umbra :*

Hit Hotel, strada Trasimeno Ovest 159 z/10 ✆ 075 5179247, *info@hit-hotel.com, Fax 075 5178947,* – cam, – 300.
Pasto *(chiuso 15 giorni in agosto e martedì)* carta 30/40 – **82 cam** 100/150 – ½ P 96.
◆ Lungo una strada di forte passaggio, ma ben insonorizzato, un albergo pratico e di fattura moderna, che fa della posizione strategica il proprio punto di forza. Ristorante con ampi spazi, rivolto in particolare alla clientela d'affari.

a Ponte San Giovanni *per ② : 7 km – alt. 189 – ✉ 06087 :*

Park Hotel, via Volta 1 ✆ 075 5990444, *info@perugiaparkhotel.com, Fax 075 5990455,* – cam, – 260.
chiuso dal 24 al 27 dicembre – **Pasto** 25/35 – 8 – **140 cam** 110/150 – ½ P 100.
◆ Una torre «spaziale» unita a un corpo centrale: una grande struttura, soprattutto per clientela d'affari e congressuale. Camere con ogni confort e curate nei particolari. Stile moderno anche per le sale del ristorante.

Decohotel, via del Pastificio 8 ✆ 075 5990950, *info@decohotel.it, Fax 075 5990970,* – – 100.
chiuso da 23 al 26 dicembre – **Pasto** vedere rist ***Deco*** – **35 cam** 86/130 – ½ P 83.
◆ Un invitante albergo in una villetta degli anni '30, all'interno di un giardino con piante secolari e dépendance annessa; stanze arredate con cura e attenta gestione.

Augusta, via dei Prati 5 ✆ 075 5990033, *hotelaugusta@libero.it, Fax 075 5996449* – – 100.
Pasto *(chiuso agosto)* 16/20 – **35 cam** 42/73.
◆ All'esterno, un piccolo, gradevole condominio, nell'ansa dello svincolo del raccordo per Ponte S. Giovanni; camere ospitali appena rinnovate, cordiale gestione familiare. Conduzione schiettamente familiare anche al ristorante.

Tevere, via Manzoni 421/E ✆ 075 394341, *mail@tevere.it, Fax 075 394342,* – – 100.
Pasto *(chiuso sabato)* carta 27/37 – **49 cam** 60/100 – ½ P 65.
◆ Allo svincolo del raccordo stradale, e dunque assai pratico da raggiungere, un hotel di recente rinnovato, in particolare nella zona notte, essenziale, ma accogliente. Nella veranda o nelle sale moderne, gusterete la cucina del territorio.

Deco, via del Pastificio 8 ✆ 075 5990950, *info@decohotel.it, Fax 075 5990950,* –
chiuso dal 23 al 26 dicembre, dal 10 al 20 agosto e domenica sera – **Pasto** carta 30/41.
◆ Sito entro il Decohotel, ma in una struttura a parte, un ristorante classico, di tono elegante, che propone anche cucina locale e ittica. Servizio estivo all'aperto.

a Cenerente *Ovest : 8 km per via Vecchi* **AY** – ✉ *06070 :*

Castello dell'Oscano, strada Forcella 37 ✆ 075 584371, *info@oscano.com, Fax 075 690666,* – rist, cam, – 60. rist
Pasto *(chiuso a mezzogiorno)* (solo per alloggiati) 30/45 – **22 cam** 210/230, 4 suites – ½ P 180.
◆ Un'elegante residenza d'epoca in un grande parco secolare, favoloso; salottini, biblioteche, angoli sempre da scoprire, una terrazza immensa. E stanze con arredi antichi.

ad Olmo *per ③ : 8 km – alt. 284 – ✉ 06073 Corciano :*

Relais dell'Olmo senza rist, strada Olmo Ellera 2/4 ✆ 075 5173054, *info@relaisolmo.com, Fax 075 5172907,* – – 100.
32 cam 85/130.
◆ Una casa colonica radicalmente ristrutturata e trasformata in una struttura alberghiera moderna e funzionale. Ampia gamma di servizi, arredi curati e di stile elegante.

Osteria dell'Olmo, strada Olmo Ellera 8 ✆ 075 5179140, *osteriaolmo@mail.osteriaolmo.it, Fax 075 5179903,* – – 100.
chiuso lunedì – **Pasto** carta 31/46.
◆ Varcando il cortile, troverete un'oasi di pace: un casale del '600, con servizio estivo all'aperto, e un'atmosfera rustica-elegante. Vera Umbria, con gestione bolognese.

a San Martino in Campo *Sud : 9 km per viale Roma* **BZ** – ✉ *06079 :*

Alla Posta dei Donini, via Deruta 43 ✆ 075 609132 e rist. ✆ 075 6099460, *info@postadonini.it, Fax 075 609132,* – – 60. rist
Pasto al Rist. ***Pantagruel*** carta 31/41 – **48 cam** 176/204 – ½ P 157.
◆ Una villa settecentesca con interni affrescati, inserita in un parco secolare: da antica e fine dimora nobiliare, ad elegante ed esclusivo hotel. Per inseguire la bellezza. Il ristorante? Quando l'essenzialità si trasforma in fine eleganza.

a Ponte Valleceppi *per ① : 10 km – alt. 192 – ✉ 06078 :*

Vegahotel, sulla strada statale 318 (Nord-Est : 2 km) ☎ 075 6929534, *info@vegahotel.net, Fax 075 6929507,* – rist, – 70. rist
chiuso dal 24 dicembre al 7 gennaio – **Pasto** *(chiuso lunedì)* carta 27/38 – **44 cam** 70/88 – ½ P 62.
◆ A conduzione familiare, questa risorsa in comoda posizione stradale, dotata di una zona notte con arredi semplici, ma gradevoli, e di bei pavimenti in parquet. Sala ristorante con parquet e sedie anni '50.

a Bosco *per ① : 12 km – ✉ 06080 :*

Relais San Clemente , ☎ 075 5915100, *info@relais.it, Fax 075 5915001,* – – 200.
Pasto carta 27/37 – **64 cam** 170/200, suite – ½ P 130.
◆ Un'antica dimora in un grande parco, un relais che trae il nome dalla chiesa ancora compresa nel complesso; camere senza fronzoli, ineccepibili per tenuta e confort. Ristorante orientato al comparto congressuale e banchettistico.

PESARO *61100* P 563 K 20 *G. Italia – 89 408 ab. – a.s. 25 giugno-agosto.*

Vedere *Museo Civico★ : ceramiche★★* **Z.**

viale Trieste 164 ☎ 0721 69341, iat.pesaro@regione.marche.it, Fax 0721 30462 – via Mazzolari 4 ☎ 0721 359501, Fax 0721 33930.

A.C.I. *via San Francesco 44 ☎ 0721 33368.*

Roma 300 ① – Rimini 39 ② – Ancona 76 ① – Firenze 196 ② – Forlì 87 ② – Milano 359 ② – Perugia 134 ① – Ravenna 92 ②.

Pianta pagina seguente

Vittoria, via Vespucci 2 ☎ 0721 34343 e rist ☎ 0721 30285, *vittoria@viphotels.it, Fax 0721 65204,* – . rist Y e
Pasto al Rist. ***Agorà*** *(chiuso domenica escluso luglio-agosto)* carta 31/41 – 16 – **16 cam** 210/273, 9 suites 286/394.
◆ Nei pressi di Piazza della Libertà, terrazza protesa sul mare, uno dei riferimenti storici in città, hotel di epoca liberty di recente rinnovato, mondano e confortevole. Ristorante signorile, vocato all'attività banchettistica.

Flaminio, via Parigi 8 ☎ 0721 400303, *flaminio@pesaro.com, Fax 0721 403757,* – – 600. per ②
Pasto carta 25/30 – **74 cam** 130/175, 4 suites – ½ P 107.
◆ Una grande hall quasi avveniristica, su tonalità chiare, molto luminosa e di un raffinato minimalismo, stanze dotate di ogni confort, imponenti strutture congressuali. Ristorante modernissimo, curato, con splendide vetrate sull'Adriatico.

Cruiser Congress Hotel, viale Trieste 281 ☎ 0721 3881, *cruiser@cruiser.it, Fax 0721 388600,* riscaldata – – 180.
rist Y m
Pasto *(giugno-settembre)* (solo per alloggiati) 21/35 – **88 cam** 137/214, 32 suites – ½ P 160.
◆ Una grande struttura d'impostazione moderna, sita proprio sul lungomare e ideale per una clientela di lavoro o turistica; camere spaziose e roof garden con bella vista.

Savoy, viale della Repubblica 22 ☎ 0721 67440 e rist ☎ 0721 67449, *savoy@viphotels.it, Fax 0721 64429,* – – 400. rist Z n
Pasto al Rist. ***Fai Vivere*** carta 19/25 – 13 – **51 cam** 116/172, 10 suites – ½ P 116.
◆ Proprietà e gestione di una famiglia nobiliare per questo confortevole albergo sito lungo la via che conduce a Piazza della Libertà; rinnovato e valido il settore notte. Ampia sala da pranzo con arredi in legno, che ricordano lo stile marina.

Bristol senza rist, piazzale della Libertà 7 ☎ 0721 30355, *bristol@vacanzamica.com, Fax 0721 33893* – . Y c
23 cam 140/180.
◆ A lato di quel vasto spazio, che è Piazza della Libertà, dominato dalla scultura di Pomodoro, direttamente fronte mare, camere molto confortevoli, grandi, con parquet.

Atlantic, viale Trieste 365 ☎ 0721 370333, *info@hatlantic.com, Fax 0721 370373,* – . rist Y w
Pasto (solo per alloggiati) 16/30 – **45 cam** 87/114 – ½ P 63.
◆ Una bianca struttura di taglio moderno, posizionata sul lungomare e prospiciente la spiaggia; dispone di stanze di varie tipologie. Costanti migliorie e seria conduzione. Grande sala ristorante ove ristorarsi in occasioni di lavoro o di svago.

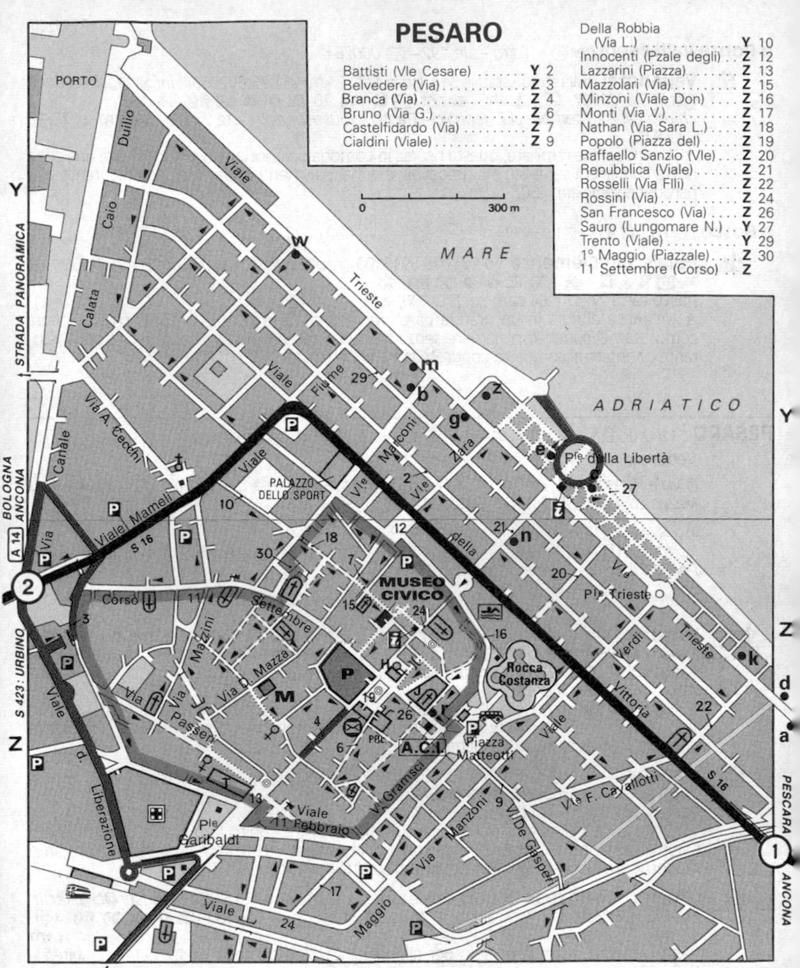

Imperial Sport Hotel, via Ninchi 6 ✆ 0721 370077, *info@imperialsporthotel.it, Fax 0721 34877,* ≤, cam — Y z
aprile-ottobre – **Pasto** (solo per alloggiati) 15/40 – **48 cam** 75/100 – ½ P 65.
♦ Particolare attenzione, nei programmi e nelle attrezzature, verso i piccoli ospiti: ideale, perciò, per famiglie con bimbi. A pochi metri dal mare e con due piscine. Capiente sala da pranzo; servizio ristorante a bordo piscina.

Spiaggia, viale Trieste 76 ✆ 0721 32516, *hotelspiaggia@hotelspiaggia.com, Fax 0721 35419,* ≤, riscaldata – rist, VISA. rist — Z d
maggio-settembre – **Pasto** (solo per alloggiati) – **78 cam** 45/63 – ½ P 58.
♦ Il nome è preludio di ciò che vi attende: una bella posizione lungo la via che costeggia la spiaggia. Una struttura anni '60, a gestione familiare, con zona per i bimbi.

Bellevue, viale Trieste 88 ✆ 0721 31970, *info@ bellevuehotel.net, Fax 0721 370144,* ≤, VISA. rist — Z k
5 aprile-10 ottobre – **Pasto** carta 23/27 – 7,50 – **55 cam** 54/83 – ½ P 61,50.
♦ Terrazza con piscina protesa sulla spiaggia, settore notte decoroso e comodo, attrezzature per il fitness, miniclub per i piccoli ospiti: una valida risorsa per il relax.

Le Terrazze, via panoramica Ardizio 121 ☎ 0721 390318, *Fax 0721 391782*, ≤ mare – TV P. AE VISA JCB. 6 km per ①
Pasto vedere rist ***Da Alceo*** – **20 cam** 55/86.
◆ Ubicata in una zona panoramica tra Pesaro e Fano, una recente risorsa attrezzata anche per incontri di lavoro al suggestivo piano attico; più che dignitoso il settore notte.

Clipper, viale Marconi 53 ☎ 0721 30915, *Fax 0721 33525* – rist, TV P. AE VISA. rist Y b
26 maggio-15 settembre – **Pasto** (solo per alloggiati) 20 – **54 cam** 90/120 – 1/2 P 64.
◆ In «seconda fila» rispetto alla battigia, ma a pochi passi dal mare, l'hotel offre stanze con arredi essenziali e un piacevole terrazzo ombreggiato; gestione familiare.

Gala, via Trieste 49 ☎ 0721 35114, *gala@vacanzamica.com, Fax 0721 68384* – TV P – 80. AE VISA JCB. rist Z a
Pasto (solo per alloggiati) 13 – **40 cam** 58/100 – 1/2 P 52,70.
◆ In una struttura lineare, tradizionale albergo del lungomare, recentemente rinnovato; interni di moderna ispirazione e camere funzionali; dotato di sala riunioni.

Villa Serena , strada San Nicola 6/3 ☎ 0721 55211, *info@villa-serena.it, Fax 0721 55927*, ≤, – P – 250. AE VISA JCB. 9 km per ① Z
chiuso dal 2 al 25 gennaio – **Pasto** (solo su prenotazione) carta 33/58 – 10 – **7 cam** 110/170, suite – 1/2 P 120.
◆ Proprietà e gestione di una famiglia nobiliare per questa bella villa d'epoca immersa in un parco, sui colli fuori del centro cittadino; atmosfera signorile, originale. Ambiente distinto anche nella sala ristorante.

Lo Scudiero, via Baldassini 2 ☎ 0721 64107, *Fax 0721 34248* – AE VISA JCB. Z r
chiuso dal 1° al 7 gennaio, luglio e domenica – **Pasto** carta 45/65.
◆ Sito nelle «cantine» di un bel palazzo cinquecentesco, in pieno centro, con volte e pareti in mattoni e arredo di elegante sobrietà, propone sapori di pesce e di carne.

Da Alceo - Hotel Le Terrazze, via Panoramica Ardizio 121 ☎ 0721 51360, *ralceo@libero.it, Fax 0721 391782*, ≤, , prenotare – P. AE VISA JCB. 6 km per ①
chiuso domenica sera e lunedì – **Pasto** specialità di mare carta 43/73.
◆ Una strada isolata che costeggia il mare, in posizione rialzata, un giardino introduce ad una piccola casa: fragranze dell'Adriatico e servizio estivo in terrazza panoramica.
Spec. Scampi del Conero al vapore e crudi. Tagliolini della casa alla granseola. San Pietro al timo in guazzetto bianco di verdure.

Commodoro, viale Trieste 269 ☎ 0721 32680, *Fax 0721 64926* – AE VISA JCB Y g
chiuso dal 7 al 16 gennaio, dal 1° all'11 luglio e lunedì – **Pasto** specialità di mare carta 34/54.
◆ Ninnoli e ambientazione marinaresca per questo locale che promuove una cucina mediterranea di qualità, basata sulle materie prime del luogo; lunga ed esperta conduzione.

Bristolino, piazzale della Libertà 7 ☎ 0721 31609, *bristolinopesaro@libero.it, Fax 0721 375132*, ≤, – AE VISA. Y c
chiuso domenica escluso agosto – **Pasto** specialità di mare carta 35/61.
◆ Attiguo all'hotel Bristol, ma con accesso autonomo e gestione totalmente separata, un ristorante ove gustare specialità di pesce, direttamente fronte mare.

in prossimità casello autostrada A 14 *Ovest : 5 km :*

Locanda di Villa Torraccia senza rist, strada Torraccia 3 ✉ 61100 ☎ 0721 21852, *info@villatorraccia.it, Fax 0721 21852*, ≤, – TV P. AE VISA
chiuso dal 20 al 28 dicembre – 8,50 – 5 suites 100/150.
◆ In un'antica torre di avvistamento del XIII secolo, divenuta poi faro per i viandanti notturni e contornata dal verde, un piccolo hotel di fascino, rustico e originale.

PESCANTINA *37026 Verona* 562 F 14 – *12 096 ab. alt. 80.*
Roma 503 – Verona 14 – Brescia 69 – Trento 85.

ad Ospedaletto *Nord-Ovest : 3 km – ✉ 37026 Pescantina :*

Villa Quaranta Park Hotel, via Ospedaletto 57 ☎ 045 6767300, *info@villaquaranta.com, Fax 045 6767301*, – TV P – 180. AE VISA JCB.
chiuso dal 24 dicembre al 6 gennaio – **Pasto** al Rist. ***Borgo Antico*** *(chiuso domenica sera da dicembre a marzo)* carta 40/50 – **68 cam** 118/232, 4 suites – 1/2 P 140.
◆ Ricavato da un complesso con strutture d'epoca, tra cui una chiesetta dell'XI secolo, in un parco con piscina e attrezzature sportive, hotel in costante fase di rinnovo. Elegante ambiente d'altri tempi al ristorante nel contesto di Villa Quaranta.

Goethe senza rist, via Ospedaletto 8 ☎ 045 6767257, *info@hotelgoethe.com, Fax 045 6702244*, – TV P. AE VISA.
chiuso gennaio – **26 cam** 67/120.
◆ Per scoprire il dolce paesaggio della Valpolicella, coi suoi vini e i suoi prodotti tipici, una risorsa familiare, comoda da raggiungere, in parte rinnovata di recente.

Alla Coà, via Ospedaletto 70 ☎ 045 6767402, *Fax 045 6767402*, prenotare – ▤. AE ● ⓓ ⓜ VISA JCB. ✂
chiuso dal 10 gennaio al 10 febbraio, agosto, domenica e lunedì – **Pasto** carta 32/40.
◆ Una vecchia casa di paese lungo una strada piuttosto trafficata; all'interno, un locale gradevole, con buona cura dei particolari e stagionali proposte del territorio.

PESCARA *65100* P 563 0 24 – *115 448 ab. – a.s. luglio-agosto.*

Cerreto (chiuso lunedì) a Miglianico ✉ 66010 ☎ 0871 950566, Fax 0871 950363, Sud : 11 km.

Pasquale Liberi per ② : 4 km ☎ 085 4313323, Fax 085 4312213.

lungofiume Paolucci (Palazzo Qadrifoglio) ☎ 085 4219981, presidio.pescara@abruzzoturismo.it, Fax 085 4228533 – aeroporto Pescara ☎ 085 4322120, iat.aeroporto@abruzzoturismo.it, Fax 085 4322120 – piazza I Maggio 1 ☎ 085 4210188.

A.C.I. *via del Circuito 61/63 ✉ 65121 ☎ 085 4223842.*

Roma 208 ② – Ancona 156 ④ – Foggia 180 ① – Napoli 247 ② – Perugia 281 ④ – Terni 198 ②.

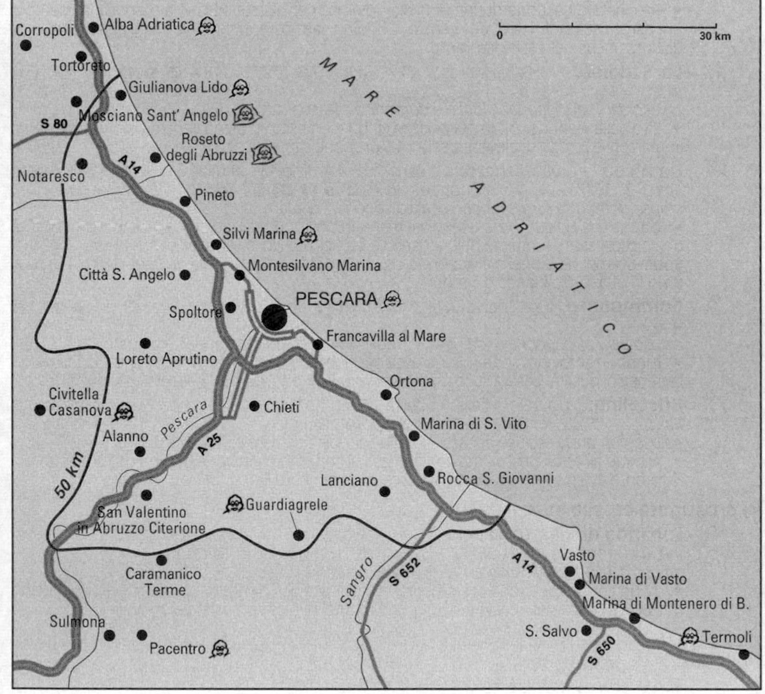

Esplanade, piazza 1° Maggio 46 ✉ 65122 ☎ 085 292141, *hotel@esplanade.net, Fax 085 4217540*, ≤, – |‡| ▤ TV – 🔔 200. AE ● ⓓ ⓜ VISA JCB. ✂ AX a
Pasto *(chiuso a mezzogiorno)* carta 27/41 – **150 cam** ☕ 105/150, 6 suites – ½ P 85.
◆ Vicino al mare, un edificio del 1905 ristrutturato ospita un hotel elegante dagli interni - aree comuni e camere - spaziosi, curati e con arredi in stile classico. Luminoso ristorante, al sesto piano, in posizione panoramica.

Maja senza rist, viale della Riviera 201 ✉ 65123 ☎ 085 4711545, *hmaja@tin.it, Fax 085 77930*, ≤, – |‡| ▤ TV P – 🔔 60. AE ● ⓓ ⓜ VISA. ✂
47 cam ☕ 75/110. per viale della Riviera AX
◆ Reca il nome di un'opera del pescarese D'Annunzio questa confortevole struttura recente, situata sul lungomare di fronte alla propria spiaggia privata; camere rinnovate.

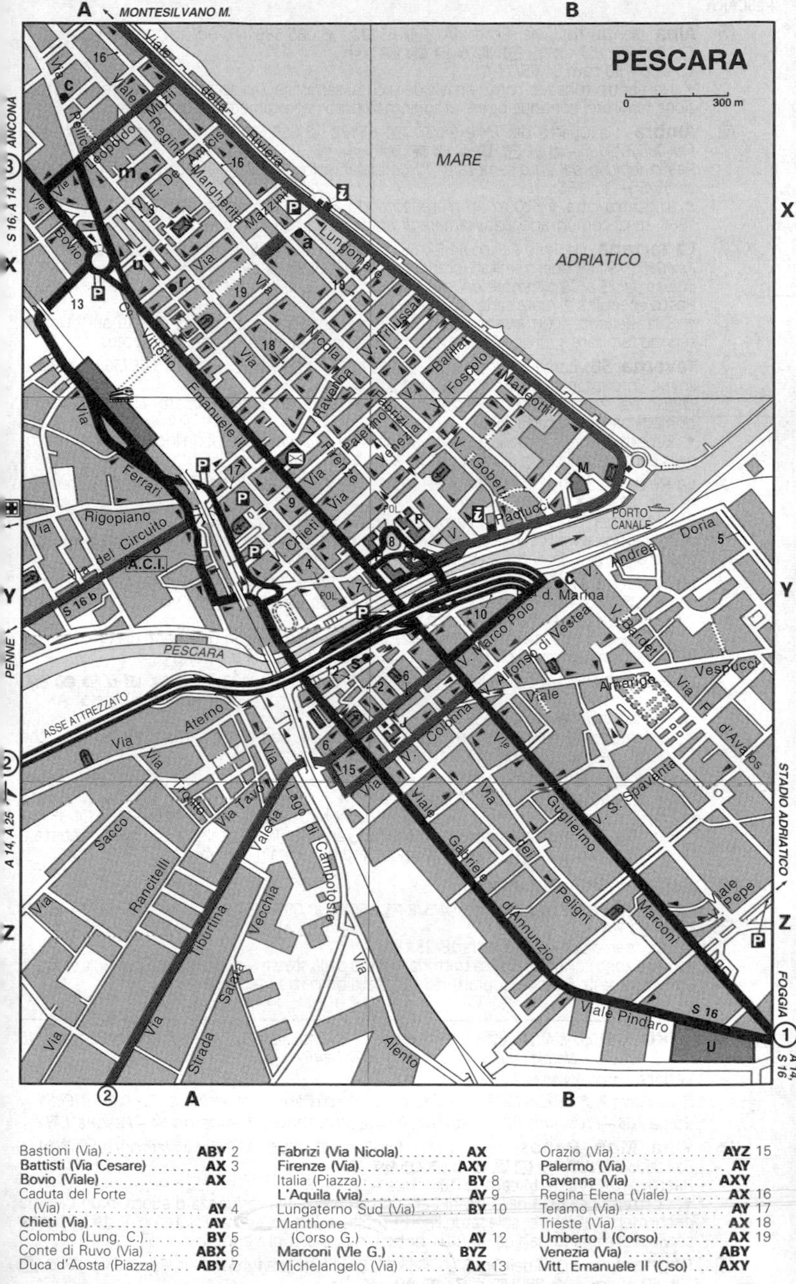

Bastioni (Via) . . . . **ABY** 2
Battisti (Via Cesare) . . . . **AX** 3
Bovio (Viale) . . . . **AX**
Caduta del Forte
(Via) . . . . **AY** 4
Chieti (Via) . . . . **AY**
Colombo (Lung. C.) . . . . **BY** 5
Conte di Ruvo (Via) . . . . . . **ABX** 6
Duca d'Aosta (Piazza) . . . . **ABY** 7

Fabrizi (Via Nicola) . . . . **AX**
Firenze (Via) . . . . **AXY**
Italia (Piazza) . . . . **BY** 8
L'Aquila (via) . . . . **AY** 9
Lungaterno Sud (Via) . . . . . . **BY** 10
Manthone
(Corso G.) . . . . **AY** 12
Marconi (Vle G.) . . . . **BYZ**
Michelangelo (Via) . . . . **AX** 13

Orazio (Via) . . . . **AYZ** 15
Palermo (Via) . . . . **AY**
Ravenna (Via) . . . . **AXY**
Regina Elena (Viale) . . . . **AX** 16
Teramo (Via) . . . . **AY** 17
Trieste (Via) . . . . **AX** 18
Umberto I (Corso) . . . . **AX** 19
Venezia (Via) . . . . **ABY**
Vitt. Emanuele II (Cso) . . . . **AXY**

Questa Guida non contiene pubblicità a pagamento.

Alba senza rist, via Forti 14 ✉ 65122 ☏ 085 389145, *info@hotelalba.pescara.it, Fax 085 292163* – AE VISA JCB AX r
2,58 – **50 cam** 51,65/77,47.
◆ Nel centro turistico-commerciale della città, semplice, ma accogliente albergo a conduzione familiare; continue opere di aggiornamento nelle camere di buon confort.

Ambra, via Quarto dei Mille 28/30 ✉ 65122 ☏ 085 378247, *info@hotelambrapalace, Fax 085 378183* – AE VISA JCB. AX u
Pasto *(chiuso dal 20 dicembre al 10 gennaio)* (solo per alloggiati) carta 17/34 – **61 cam** 55/85 – 1/2 P 56.
◆ In centro città, a 300 m dal mare, comodo albergo a gestione familiare, in attività dal 1963; spazi comuni adeguati, camere rinnovate, con bagni completi e funzionali.

La Tartana, via Silvio Pellico 11 ✉ 65123 ☏ 085 4211905, *lacontentabar@katamail.com, Fax 085 27921*, Coperti limitati; prenotare – P. AE VISA JCB. AX c
chiuso dal 25 al 28 dicembre, dal 1° al 3 gennaio, dal 16 al 18 agosto, domenica sera e lunedì – **Pasto** specialità di mare carta 39/71.
◆ Sala elegante, con arredamento moderno, ampie vetrate e luci dirette sui tavoli, e servizio familiare in un locale centrale, con specialità di mare secondo il mercato.

Taverna 58, corso Manthoné 46 ✉ 65127 ☏ 085 690724, *Fax 085 4515695*, Coperti limitati; prenotare – AE VISA. ABY s
chiuso dal 24 dicembre al 1° gennaio, agosto, i giorni festivi, sabato a mezzogiorno e domenica – **Pasto** carta 21/33.
◆ Reperti di epoca romana e medievale nella cantina, visitabile, di un locale di tono rustico, nella parte vecchia della città; cucina legata alle tradizioni locali.

La Rete, via De Amicis 41 ✉ 65123 ☏ 085 27054, *Fax 085 27054*, Coperti limitati; prenotare – AE VISA JCB. AX m
chiuso domenica sera e lunedì a mezzogiorno – **Pasto** carta 30/41.
◆ Moderno, semplice locale, di tono e andamento familiari; specialità di mare secondo il pescato giornaliero, carne su prenotazione, cantina con vini regionali.

La Taverna Antica, largo Madonna 56 ✉ 65125 ☏ 085 413256, *info@latavernantica.com, Fax 085 412088*, Rist. e pizzeria – AE VISA. per via Rigopiano AY
chiuso settembre e martedì – **Pasto** carta 21/31.
◆ In una zona poco turistica di Pescara, ambiente rustico, con pavimenti di cotto e arredi di pino, in un ristorante-pizzeria con dehors estivo. Piatti del territorio.

La Furnacelle, via Colle Marino 25 ✉ 65125 ☏ 085 4212102, – AE VISA. per via Michelangelo AX
chiuso giovedì – **Pasto** carta 24/34.
◆ Andamento familiare in un ristorante tradizionale, ben tenuto, in attività dal 1971, che propone una linea gastronomica di terra e specialità abruzzesi.

Grotta del Marinaio, via Bardet 6 ✉ 65126 ☏ 085 690454, *Fax 085 690454*, Coperti limitati; prenotare – AE VISA. BY c
chiuso a mezzogiorno (escluso domenica), domenica sera e lunedì – **Pasto** carta 24/35.
◆ Cordiale, sorridente accoglienza e servizio familiare in una saletta con ampie vetrate e tavoli ravvicinati; pesce sempre fresco per piatti di cucina marinara.

ai colli *Ovest : 3 km per via Rigopiano* **AY** :

La Terrazza Verde, via Tiberi 4/6/8 ✉ 65125 ☏ 085 413239, *Fax 085 4171473* – AE VISA.
chiuso mercoledì – **Pasto** carta 18/23.
◆ Nella zona collinare, rustica trattoria, gestita dalla stessa famiglia dal 1969; ampia scelta di primi con paste fresche, soprattutto carne alla brace tra i secondi.

PESCASSEROLI

PESCASSEROLI *67032 L'Aquila* 563 Q 23 *G. Italia* – *2 267 ab. alt. 1 167 – a.s. febbraio-22 aprile, 15 luglio-agosto e Natale – Sport invernali : 1 167/1 945 m 4; a Opi .*
Vedere *Parco Nazionale d'Abruzzo★★★.*
via Piave 2 ☏ 0863 910097, presidio.pescasseroli@abruzzoturismo.it, Fax 0863 910461.
Roma 163 – Frosinone 67 – L'Aquila 109 – Castel di Sangro 42 – Isernia 64 – Pescara 128.

Villa Mon Repos, viale Colli dell'Oro ☏ 0863 912858, *villamonrepos@tin.it, Fax 0863 912830* – P. AE VISA. rist
Pasto carta 28/35 – **14 cam** 166, suite – 1/2 P 108.
◆ Costruita nel 1919 dallo zio di Benedetto Croce, una residenza d'epoca in un parco a pochi metri dal centro; stile tardo liberty, molto eclettico, anche all'interno. Piatti abruzzesi serviti nell'elegante sala dai soffitti a botte e dai caldi toni aranciati.

Pagnani, viale Colli dell'Oro 5 ☏ 0863 912866, *h.pagnani@ermes.it, Fax 0863 912870,* – – 220. AE VISA.
Pasto (solo per alloggiati) 19/25 – **37 cam** 92/110 – 1/2 P 81.
◆ Nascosto tra qualche pino, verso gli impianti sciistici, hotel d'impostazione moderna, nel rispetto dell'atmosfera montana del sito; ricavate di recente nuove camere.

Paradiso, via Fonte Fracassi 4 ✆ 0863 910422, *info@albergo-paradiso.it, Fax 0863 910498,* – |‡| TV P. AE ⓢ ⓞ MC VISA JCB. ✂ rist
chiuso dal 3 al 30 novembre – **Pasto** carta 18/26 – ☕ 6 – **21 cam** 75/90 – ½ P 70.
◆ Questo hotel è il risultato dell'unione di due villini, circondati dal verde, a poco più di un chilometro dal centro. Ambienti curati in stile rustico tirolese.

Il Bucaneve via Colli dell'Oro ✆ 0863 910098, *info@hotelbucaneve.net, Fax 0863 911622,* ≤, – TV P. AE ⓢ ⓞ MC VISA JCB. ✂ cam
Pasto carta 21/29 – **15 cam** ☕ 40/55 – ½ P 57.
◆ Deliziosa villetta rosa a poco più di un chilometro dal centro verso gli impianti di risalita; ingresso accattivante, camere con arredi in arte povera, andamento familiare. Simpatica atmosfera informale nella sala da pranzo, con un grande camino sempre acceso.

Edelweiss, viale Colli dell'Oro ✆ 0863 912577, *Fax 0863 912798,* – |‡| TV P. ⓢ MC VISA JCB. ✂
Pasto 16/30 – **23 cam** ☕ 82,80/103,62 – ½ P 72,30.
◆ Tradizionale albergo di montagna, in zona tranquilla e gestito direttamente dal proprietario; separato dalla strada da un giardino, ha grandi terrazze al primo piano. Cucina di qualità premiata più volte, servita in un ambiente semplice, con vetrate sul verde.

Alle Vecchie Arcate, via della Chiesa 57/a ✆ 0863 910618, *Fax 0863 912598* – |‡| TV – 100. ⓢ VISA. ✂
dicembre-aprile e giugno-settembre – **Pasto** (solo per alloggiati) – **32 cam** ☕ 50/70 – ½ P 65.
◆ Un sapiente restauro conservativo ha ricavato un hotel all'interno di un edificio d'epoca in pieno centro storico; gestione familiare, camere con arredi in legno.

Villa La Ruota senza rist, Colle Massarello 3 ✆ 0863 910516, *bnb@Villalaruota.it, Fax 081 2471303,* ≤, – P. AE ⓢ ⓞ MC VISA JCB
7 cam ☕ 55/80.
◆ Grande villa circondata da un parco, per un soggiorno ricco di atmosfere tranquille e riservate. Confort ed eleganza superiori dagli abituali standard alberghieri.

Alle Vecchie Arcate, via della Chiesa 41 ✆ 0863 910781, *Fax 0863 912873* – AE ⓢ ⓞ MC VISA
chiuso dal 5 novembre al 5 dicembre e lunedì – **Pasto** carta 19/27.
◆ Di proprietà della stessa famiglia che gestisce l'omonimo albergo, il locale offre sapori abruzzesi e piatti invece più tradizionali. Sala con arcate in mattoni e camino.

PESCHE *Isernia* 564 C 24 – *Vedere Isernia.*

PESCHICI *71010 Foggia* 564 B 30 *G. Italia* – *4 369 ab. – a.s. luglio-13 settembre.*
Escursioni *Promontorio del Gargano*** Sud-Est.*
Roma 400 – Foggia 114 – Bari 199 – Manfredonia 80 – Pescara 199.

D'Amato, località Spiaggia Ovest : 1 km ✆ 0884 963415, *hoteldamato@hoteldamato.it, Fax 0884 963391,* , , – |‡| TV P – 300. ⓢ ⓞ MC VISA. ✂ rist
Pasqua-15 ottobre – **Pasto** (solo per alloggiati) 20/25 – **74 cam** ☕ 104/160 – ½ P 95.
◆ Ubicata nella suggestiva baia di Peschici, a pochi metri dal mare, una bianca costruzione in stile mediterraneo; un hotel ospitale, ripotenziato di recente.

Peschici , via San Martino 31 ✆ 0884 964195, *www.residencem3.com, Fax 0884 964195,* ≤ mare – |‡|, rist, TV P. AE ⓢ ⓞ MC VISA. ✂
30 aprile-ottobre – **Pasto** (solo per alloggiati) – ☕ 8 – **40 cam** 45/75 – ½ P 66.
◆ Un albergo con posizione panoramica, praticamente sulla scogliera a picco sul mare, per una vacanza di sole e bagni nel blu; conduzione familiare e atmosfera semplice.

La Grotta delle Rondini, via al molo Ovest : 1 km ✆ 0884 964007, *Fax 0884 915007,* – AE ⓢ ⓞ MC VISA JCB. ✂
aprile-ottobre – **Pasto** specialità di mare carta 27/40.
◆ Sul porto, in una grotta naturale con servizio estivo in terrazza e vista mare, un rinomato locale: piatti di pesce, elaborato in modo classico, e paste tirate in casa.

sulla litoranea per Vieste:

Park Hotel Paglianza e Paradiso , località Manacore Est : 10,5 km ✉ 71010 ✆ 0884 911018, *parkhotel@grupposaccia.it, Fax 0884 911032,* , , – |‡| TV P – 200. ⓢ ⓞ MC VISA. ✂ rist
aprile-15 ottobre – **Pasto** (solo per alloggiati) – **116 cam** ☕ 55/70 – ½ P 91.
◆ In una piacevole pineta, nei pressi della spiaggia, un hotel con camere decorose, ben accessoriate; bell'offerta esterna, diversificata, fra verde, mare, complessi sportivi.

Solemar , località San Nicola Est : 3 km ✉ 71010 ✆ 0884 964186, *hotel.solemar@tiscalinet.it, Fax 0884 964188,* ≤, , – rist, TV P. AE ⓢ ⓞ MC VISA JCB. ✂ rist
20 maggio-20 settembre – **Pasto** (solo per alloggiati) – ☕ 5 – **65 cam** 49/78 – ½ P 75.
◆ Affacciata su una baia privata e posizionata in pineta, un'accogliente struttura bianca, sviluppata attorno ad una piscina; ideale per soggiorni balneari rilassanti.

La Collinetta con cam, località Madonna di Loreto Sud-Est : 2 km ✉ 71010 ☎ 0884 964151, *lacollinetta@yahoo.it, Fax 0884 964151*, prenotare – cam, P. VISA.
15 marzo-settembre – **Pasto** specialità di mare carta 28/42 – **13 cam** 60/69 – ½ P 62.
♦ Sulla litoranea, un gradevole servizio estivo in terrazza panoramica, affacciata sul blu, e una gestione capace e appassionata: per ottimi e fragranti piatti di pescato.

PESCHIERA BORROMEO *20068 Milano 561 F 9, 219 ⑲ – 20 492 ab. alt. 103.*

Roma 573 – Milano 18 – Piacenza 66.

Pianta d'insieme di Milano.

Montini senza rist, via Giuseppe di Vittorio 39 ☎ 02 5475031, *hotelmontini@hotelmontini.com, Fax 02 55300610* – P. AE VISA JCB CP c
chiuso dal 24 dicembre al 6 gennaio e dal 6 al 22 agosto – **51 cam** 110/160.
♦ Nella zona industriale alle spalle dell'aeroporto di Milano Linate, giovane conduzione familiare che mantiene sempre aggiornata una valida risorsa, comoda e confortevole.

Holiday Inn Milan Linate, via Buozzi 2 (all'idroscalo-lato Est) ☎ 02 553601, *holidayinn.linate@alliancealberghi.com, Fax 02 55302980* – cam, P – 70. AE VISA JCB. rist CP a
Pasto carta 30/60 – **142 cam** 183,04/216,36.
♦ Adeguato agli standard della catena, un hotel rinnovato e pratico, sito nella zona aeroportuale e vicino all'Idroscalo che è sede estiva di manifestazioni e concerti. Ambiente elegante e ordinato, per gustare una classica cucina d'albergo.

La Viscontina con cam, via Grandi 5, località Canzo ☎ 02 5470391, *Fax 02 55302460*, – P. AE VISA CP z
chiuso dal 5 al 29 agosto e domenica sera – **Pasto** carta 37/47 – **14 cam** 93/129 – ½ P 98.
♦ Un ristorante, con qualche camera, semplice e a gestione familiare, per proposte quotidiane che seguono le stagioni, la disponibilità del mercato e l'estro dello chef.

Trattoria dei Cacciatori, via Trieste 2, località Longhignana Nord : 4 km ☎ 02 7531154, *info@trattoriacacciatori.it, Fax 02 7531274*, – P. AE VISA
chiuso dal 31 dicembre al 6 gennaio, dal 9 al 25 agosto, domenica sera e lunedì – **Pasto** carta 35/38.
♦ Nell'antico cascinale all'interno del castello medievale di Longhignana, antica residenza di caccia della famiglia Borromeo; cucina legata alle tradizioni e grigliate.

Se cercate un hotel tranquillo
consultate prima le carte tematiche dell'introduzione
e trovate nel testo gli esercizi indicati con il simbolo

PESCHIERA DEL GARDA *37019 Verona 562 F 14 – 8 923 ab. alt. 68.*

piazza Municipio ☎ 045 7551673, peschiera@aptgardaveneto.com, Fax 045 7550381.
Roma 513 – Verona 23 – Brescia 46 – Mantova 52 – Milano 133 – Trento 97 – Venezia 138.

Fortuna, via Venezia 26 ☎ 045 7550111, *info@fortunahotel.it, Fax 045 7550111*, – P – 150. AE VISA. cam
Pasto *(chiuso gennaio, febbraio e domenica)* carta 30/60 – 11 – **42 cam** 109/119 – ½ P 90.
♦ Sulla strada d'ingresso a Peschiera, proprio al bivio della statale che porta a Gardaland, una grossa struttura d'impostazione moderna; camere spaziose con letti comodi. Ristorante con vetrate continue che danno sulla terrazza per il servizio all'aperto.

Puccini senza rist, via Puccini 2 ☎ 045 6401428, *info@hotelpuccini.it, Fax 045 6401419*, – P. AE VISA JCB.
8 – **32 cam** 106.
♦ Piacevole hotel, con bella piscina e giardino, posizionato in prossimità del lungolago, defilato dal centro; ampie stanze, ben tenute, con arredi in prevalenza sul rosso.

Vecchio Viola, via Milano 5/7 ☎ 045 7551666, *Fax 045 6400063* – P. AE VISA.
chiuso dal 7 gennaio al 10 febbraio e dal 6 novembre al 6 dicembre – **Pasto** *(chiuso martedì e a mezzogiorno)* 16/25 – 7,75 – **20 cam** 39/60 – ½ P 53.
♦ Gestione semplice e familiare per una risorsa che offre confort decorosi e un settore notte con camere piuttosto spaziose e curate; a pochi passi dalla zona centrale.

Piccolo Mondo, riviera Carducci 6 ☎ 045 7550025, *Fax 045 7552260* – . VISA JCB
chiuso dal 7 al 23 gennaio, dal 22 giugno al 3 luglio, martedì e mercoledì – **Pasto** specialità di mare carta 33/47.
♦ Pesce, di mare e di ottima qualità, esposto in vetrina e servito in una sala con vista sul lago, oggi ancor più luminosa grazie all'ultimo rinnovo; conduzione diretta.

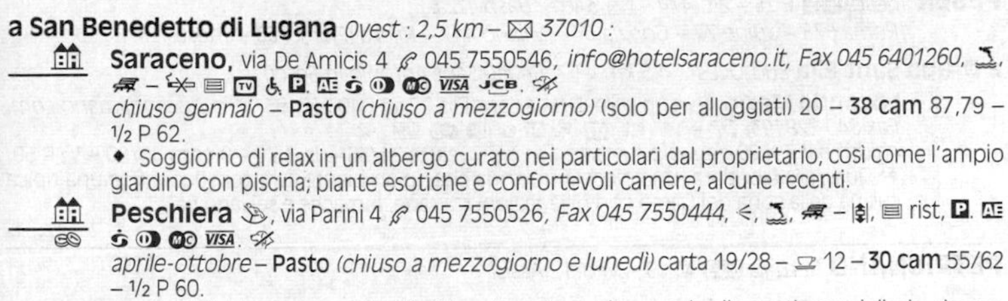

a San Benedetto di Lugana *Ovest : 2,5 km – ✉ 37010 :*

Saraceno, via De Amicis 4 ✆ 045 7550546, *info@hotelsaraceno.it, Fax 045 6401260,* – . AE VISA JCB.
chiuso gennaio – **Pasto** *(chiuso a mezzogiorno)* (solo per alloggiati) 20 – **38 cam** 87,79 – ½ P 62.
◆ Soggiorno di relax in un albergo curato nei particolari dal proprietario, così come l'ampio giardino con piscina; piante esotiche e confortevoli camere, alcune recenti.

Peschiera, via Parini 4 ✆ 045 7550526, *Fax 045 7550444,* ←, – , rist, P. AE VISA.
aprile-ottobre – **Pasto** *(chiuso a mezzogiorno e lunedì)* carta 19/28 – 12 – **30 cam** 55/62 – ½ P 60.
◆ Hotel che lavora ormai da più di trent'anni, ma che, grazie alle continue migliorie, rimane sempre comodo punto di riferimento; atmosfera semplice, nei pressi del lago. Piatti del territorio, da provare in questo «rifugio mangereccio» dall'ambiente essenziale.

Papa con cam, via Bell'Italia 40 ✆ 045 7550476, *alb.papa@peschiera.com, Fax 045 7550589,* , – P. AE VISA.
chiuso dal 4 novembre al 14 dicembre – **Pasto** *(chiuso mercoledì)* carta 18/27 – **19 cam** 52/72 – ½ P 49.
◆ Un ristorante tradizionale, di quelli che esistono da sempre, con clienti soprattutto habitué; cibi locali, di lago e alla brace, serviti magari sotto un bel glicine.

Trattoria al Combattente, strada Bergamini 60 ✆ 045 7550410, *lucabaschi@tiscali.it, Fax 045 7550410,* – AE VISA. – *chiuso novembre e lunedì* – **Pasto** carta 24/36.
◆ Per gli amanti del solo pesce lacustre, elaborato secondo le ricette classiche e legate all'offerta del mercato giornaliero; clientela affezionata e atmosfera familiare.

PESCIA *51017 Pistoia* 563 K 14 *G. Toscana – 18 044 ab. alt. 62.*

Roma 335 – Firenze 57 – Pisa 39 – Lucca 19 – Milano 299 – Montecatini Terme 8 – Pistoia 30.

Villa delle Rose, via del Castellare 21, località Castellare ✉ 51012 Castellare di Pescia ✆ 0572 4670, *hotelvilladellerose@tin.it, Fax 0572 444003,* – P – 120. AE VISA JCB.
Pasto al Rist. ***Piazza Grande*** *(chiuso a mezzogiorno, lunedì e martedì)* carta 20/28 – 8 – **103 cam** 67/93, 3 suites.
◆ Una signorile e tranquilla villa nobiliare di fine '700, così denominata per la dedizione contadina alla coltivazione floreale; ubicata nel verde di un parco con piscina. Nella struttura vicino alla villa, ristorante con eleganti ambienti, ampi o più raccolti.

San Lorenzo Hotel e Residence, località San Lorenzo 15/24 (Nord : 2 km) ✆ 0572 408340, *s.lorenzo@rphotels.com, Fax 0572 408333,* ←, , – P. AE VISA. rist
Pasto *(chiuso martedì)* carta 24/31 – 9 – **34 cam** 56/83, 2 suites.
◆ Ubicato sulle pendici del borgo S. Lorenzo, l'albergo è stato inserito in una cartiera del 1700 affacciata sul fiume Pescia; ambienti rustici, molto ben ristrutturati. Sala ristorante con soffitti a volte; simpatica enoteca con vecchi macchinari.

Cecco, via Forti 96 ✆ 0572 477955, – . AE VISA
chiuso dal 12 al 22 gennaio, dal 28 giugno al 22 luglio e lunedì – **Pasto** carta 21/35.
◆ Storica trattoria, molto semplice nell'ambiente, ma che risulta particolarmente accattivante nella proposta, fortemente tipica e genuina, con le carni in primo piano.

La Fortuna, via Colli per Uzzano 32/34 ✆ 0572 477121, ←, , Coperti limitati; prenotare – P. AE VISA JCB.
chiuso agosto, lunedì e a mezzogiorno (escluso i giorni festivi) – **Pasto** carta 23/49.
◆ In collina, nel verde, una terrazza estiva panoramica e un locale familiare, gestito da una coppia di coniugi; cibi invoglianti, legati alla tradizione e alle stagioni.

PESCOCOSTANZO *67033 L'Aquila* 563 Q 24 *– 1 236 ab. alt. 1 360.*

vico delle Carceri 4 ✆ 0864 641440, iat.pescocostanzo@abruzzoturismo.it, Fax 0864 641440.

Roma 198 – Campobasso 94 – L'Aquila 101 – Chieti 89 – Pescara 102 – Sulmona 33.

Le Torri, corso Roma 21 ✆ 0864 642040, *info@letorrihotel.it, Fax 0864 641573,* – . AE VISA. – **Pasto** carta 29/39 – **22 cam** 166 – ½ P 95.
◆ Un'antica dimora baronale del '600 nel cuore del paese; all'interno, un hotel interamente giocato sul contrasto tra storico e moderno con risultati originali e mai banali. Anche al ristorante ambiente contemporaneo, dalle linee pulite ed essenziali.

Archi del Sole senza rist, via Porta di Berardo 9 ✆ 0864 640007, *archidelsole@virgilio.it, Fax 0864 640007,* – . VISA JCB
chiuso dal 15 al 30 giugno – **10 cam** 70/85.
◆ Sorto dalla ristrutturazione di due vecchi edifici del centro, un piccolo albergo di fascino a due passi dalla piazza del Municipio; camere intitolate ad un fiore diverso.

PESEK *Trieste* 562 F 23 – *alt. 474* – ✉ *34012 Basovizza.*
Roma 678 – Udine 77 – Gorizia 54 – Milano 417 – Rijeka (Fiume) 63 – Trieste 13.

a Draga Sant'Elia *Sud-Ovest : 4,5 km* – ✉ *34010 Sant'Antonio in Bosco :*

Locanda Mario con cam, Draga Sant'Elia 22 ☎ 040 228193, *info@locandamario.com, Fax 040 228193,* – rist, P. AE VISA.
chiuso dal 7 al 20 gennaio e martedì – **Pasto** carta 21/33 – ☕ 3,70 – **9 cam** 40/60 – ½ P 50.
◆ Quasi alla frontiera, una piccola trattoria che, in ambiente caratteristico, offre una tipica cucina della zona del Carso con divagazioni tra rane, lumache e selvaggina.

PETRIGNANO *Perugia* 563 M 19 – *Vedere Assisi.*

PETRIGNANO DEL LAGO *Perugia* 563 M 17 – *Vedere Castiglione del Lago.*

PETROGNANO *Firenze* 563 L 15 – *Vedere Barberino Val d'Elsa.*

PETROIO *Firenze* – *Vedere Vinci.*

PETROSA 564 G 27 – *Vedere Ceraso.*

PETROSINO *Trapani* 565 N 19 – *Vedere Sicilia alla fine dell'elenco alfabetico.*

PETTENASCO *28028 Novara* 561 E 7, 219 ⑥ – *1 317 ab. alt. 301.*
Roma 663 – Stresa 25 – Milano 86 – Novara 48 – Torino 122.

L'Approdo, corso Roma 80 ☎ 0323 89345, *info@hotelapprodo.it, Fax 0323 89338,* , riscaldata, – TV P – 300. AE VISA. rist
chiuso dal 7 gennaio a febbraio – **Pasto** *(chiuso lunedì a mezzogiorno da novembre al 15 marzo)* carta 28/43 – **54 cam** ☕ 90/160, 8 suites – ½ P 105.
◆ Con un grande sviluppo orizzontale e un grazioso giardino con vista lago e monti, completamente protesa sull'acqua, una valida risorsa per clienti d'affari e turisti. Al ristorante ambienti curati e di tono o una gradevole terrazza esterna.

Giardinetto, via Provinciale 1 ☎ 0323 89118 e rist. ☎ 0323 89118, *hotelgiardinetto@tin.it, Fax 0323 89219,* ≤ lago, – TV P. AE VISA JCB. rist
6 aprile-24 ottobre – **Pasto** al Rist. ***Giardinetto*** carta 35/46 – **60 cam** ☕ 75/150, suite – ½ P 80.
◆ Un bianco albergo lambito dalle acque del lago, una struttura confortevole dotata di camere più che discrete, con arredi classici di buona funzionalità. Posizione invidiabile per la bella veranda sul lago, sotto un gazebo.

PETTINEO *Messina* 565 N24 – *Vedere Sicilia alla fine dell'elenco alfabetico.*

PEZZO *Brescia* 561 D 13 – *Vedere Ponte di Legno.*

PFALZEN = Falzes.

PIACENZA *29100* P 562 G 11 *G. Italia – 98 407 ab. alt. 61.*
Vedere *Il Gotico★★ (palazzo del comune) : Statue equestri★★* **B D** – *Duomo★* **B E.**
La Bastardina (chiuso lunedì) ✉ *29010 Agazzano* ☎ *0523 975373, Fax 0523 975373, per ③ : 19 km;*
Croara (chiuso martedì e dal 7 gennaio al 6 febbraio) a Croara di Gazzola ✉ *29010* ☎ *0523 977105, Fax 0523 977100, per ④ : 21 km.*
(chiuso lunedì) piazzetta dei Mercanti 7 ☎ *0523 329324, iat@comune.piacenza.it, Fax 0523 306727.*
A.C.I. *via Chiapponi 37* ☎ *0523 335343/4.*
Roma 512 ② – Bergamo 108 ① – Brescia 85 ② – Genova 148 ④ – Milano 64 ① – Parma 62 ②.

Pianta pagina a lato

Grande Albergo Roma, via Cittadella 14 ☎ 0523 323201, *hotel@grandealbergoroma.it, Fax 0523 330548,* cam, TV – 200. AE VISA JCB **B a**
Pasto vedere rist ***Piccolo Roma*** – **76 cam** ☕ 170/215, 4 suites – ½ P 129,50.
◆ Proprio all'interno dell'antica Cittadella, un'importante risorsa, sapientemente restaurata e ridisegnata in uno stile sobrio, essenziale; esperta e signorile conduzione.

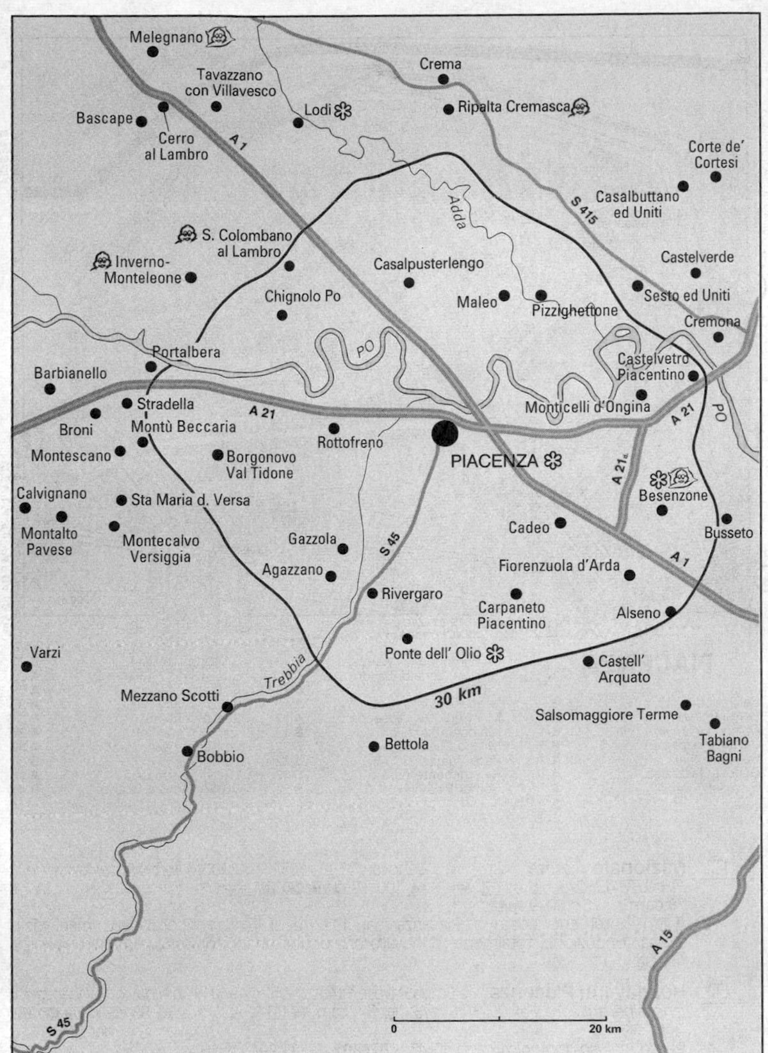

Park Hotel, strada Valnure 7 ✆ 0523 712600 e rist. ✆ 0523 756664, *info@parkhotelpiacenza.com, Fax 0523 453024,* – cam, – 300. AE VISA. rist per ③

Pasto al Rist. ***La Veranda*** *(chiuso domenica)* carta 30/48 – **94 cam** 150/170, 6 suites – ½ P 110.

◆ Taglio estremamente moderno per questa struttura comoda e facile da raggiungere da centro storico, autostrada e tangenziale; confort in linea con la catena cui appartiene. Nel contesto del Park Hotel, un ristorante elegante e contemporaneo.

Ovest senza rist, via I Maggio 82 ✆ 0523 712222, *info@hotelovest.com, Fax 0523 711301* – rist, – 45. AE VISA. per ④

53 cam 104/141.

◆ Tre giovani gestori e un'insonorizzazione perfetta, malgrado la posizione stradale tuttavia praticissima; tono generale signorile e moderno, servizi e confort completi.

PIACENZA

Nazionale senza rist, via Genova 35 ☎ 0523 712000, *info@hotelnazionale.it, Fax 0523 456013* – |‡|, ▤ TV 🚗 – 🏛 100. AE ⓢ ⓞ ⓜ VISA JCB — A c

78 cam ☕ 75/160, 9 suites.

◆ Un hotel che esiste a Piacenza dal 1932 e si trova ancora nelle mani della stessa conduzione; totalmente rinnovato una decina di anni or sono, rimane una valida risorsa.

Holiday Inn Piacenza, via Emilia Pavese 114 A ☎ 0523 493811, *holidayinn.piacenza@alliancealberghi.com, Fax 0523 499115* – |‡|, ⇹ cam, ▤ TV ☎ ♿ 🚗 – 🏛 55. AE ⓢ ⓞ ⓜ VISA JCB. ⚔ rist — per ④

Pasto *(chiuso domenica)* carta 30/45 – **70 cam** ☕ 141,44/173,10.

◆ Nello standard della catena, l'albergo offre attrezzature e comodità di tutto rispetto, atte a soddisfare ogni esigenza. Felice anche la posizione nel tessuto urbano.

City senza rist, via Emilia Parmense 54 ☎ 0523 579752, *info@hotelcitypc.it, Fax 0523 579784* – |‡|, ▤ TV 🚗 – 🏛 25. AE ⓢ ⓞ ⓜ VISA JCB — 3 km per ②

60 cam ☕ 73/100.

◆ Comoda ubicazione per questa recente struttura, di stile moderno e all'interno di un piccolo spazio verde in area residenziale; accogliente e con stanze ben arredate.

XXX ✿ **Antica Osteria del Teatro,** via Verdi 16 ☎ 0523 323777, *menu@anticaosteriadelteatro.it, Fax 0523 304934,* Coperti limitati; prenotare – ▤. ⓢ ⓜ VISA. ⚔ — B f

chiuso dal 1º al 7 gennaio, dal 1º al 25 agosto, domenica e lunedì – **Pasto** carta 60/90 🍷.

◆ Un palazzo del '400 vicino al Teatro Comunale, un locale elegante e curatissimo, che coniuga tocchi rustici, moderni, antichi; dietro le quinte, un giovane chef creativo.

Spec. Medaglione di fegato grasso d'anatra marinato al Porto. Treccia di branzino all'olio extravergine, pomodoro, timo e sale grosso. Costolette d'agnello pré salé agli aromi.

XXX **Piccolo Roma** - Hotel Grande Albergo Roma, via Cittadella 14 ✆ 0523 323201, *hotel@grandealbergoroma.it, Fax 0523 330548* – ▤. AE ⓢ ⓓ ⓜ VISA JCB. ✂ B a
chiuso agosto, domenica sera e lunedì – **Pasto** carta 29/43.
◆ Al piano rialzato dell'albergo, un ristorante che offre specialità emiliane: da assaporare seduti tra arredi d'epoca e, alla sera, romanticamente a lume di candela.

XX **Vecchia Piacenza,** via C.ne San Bernardo 1 ✆ 0523 305462, *Fax 0523 305462*, Coperti limitati; prenotare – ⓢ ⓓ ⓜ VISA JCB. ✂ A b
chiuso luglio e domenica – **Pasto** carta 38/57.
◆ Sulla via per il centro storico, un ambiente caratteristico, affrescato e decorato dalla sapiente mano della titolare; il marito, in cucina, realizza piatti fantasiosi.

XX **Peppino,** via Roma 183 ✆ 0523 329279, *Fax 0523 316119*, prenotare – ▤. AE ⓢ ⓓ ⓜ VISA JCB. ✂ B d
chiuso lunedì ed in agosto anche domenica – **Pasto** specialità di mare carta 33/52.
◆ Una sala lunga e stretta, ben curata, un valido punto di riferimento in città: il gestore, siciliano, si è col tempo specializzato prevalentemente in piatti marinari.

X **Osteria del Trentino,** via Castello 71 ✆ 0523 324260, 佘 – ⓢ ⓜ VISA A d
chiuso dal 10 al 30 agosto – **Pasto** carta 24/47.
◆ Una trattoria di quartiere con un insieme caratteristico e un gradevole servizio estivo all'aperto. Sfiziosa cucina del territorio, ma anche preparazioni a base di pesce.

a Borghetto *per ② (via Emilia) : 10 km – ✉ 29010 :*

X **Vecchia Osteria di Borghetto,** via Ferdinando di Borbone 117 ✆ 0523 504133, *Fax 0523 504133* – P. AE ⓢ ⓓ ⓜ VISA
chiuso dal 10 al 15 gennaio, dal 1° al 20 agosto, domenica sera e lunedì – **Pasto** carta 20/27.
◆ Bella osteria alle porte di Piacenza: proposte legate al territorio, abbinate ai vini regionali. Il tutto servito in diverse salette, sviluppate su due piani.

PIADENA *26034 Cremona* 561 G 13 – *3 505 ab. alt. 35.*
Roma 489 – Parma 41 – Cremona 28 – Mantova 38 – Milano 124.

X **Dell'Alba,** via del Popolo 31, località Vho Est : 1 km ✆ 0375 98539, *trattoriadellalba@libero.it*, Coperti limitati; prenotare – ⇜ ▤. ⓢ ⓜ VISA. ✂
chiuso dal 25 dicembre al 1° gennaio, agosto, domenica sera e lunedì – **Pasto** carta 21/31 🍇.
◆ Tradizionale osteria di paese con mescita a bicchiere, solidi tavoli antichi e piatti casalinghi. Le specialità ovviamente derivano dal territorio: oca, arrosti e bolliti.

PIANAZZO *Sondrio – Vedere Madesimo.*

PIANCAVALLO *Pordenone* 562 D 19 – *alt. 1 267 – ✉ 33081 Aviano – a.s. 5 febbraio-4 marzo, 22 luglio-20 agosto e Natale – Sport invernali : 1 260/1 830 m ⛷ 11, ⛸.*
⛳9 *Castel d'Aviano (chiuso martedì) a Castel d'Aviano ✉ 33081 ✆ 0434 652305, Fax 0434 660496, Sud : 2 km.*
ℹ *piazzale della Puppa ✆ 0434 655191, info@piancavallo.com, Fax 0434 655354.*
Roma 618 – Belluno 68 – Milano 361 – Pordenone 30 – Treviso 81 – Udine 81 – Venezia 111.

🏨 **Antares,** via Barcis ✆ 0434 655265, *info@antarespiancavallo.it, Fax 0434 655595*, ≤, ⛸, ≘s – |‡| TV ♿ 🚗 P. AE ⓢ ⓓ ⓜ VISA JCB. ✂ rist
dicembre-aprile e giugno-settembre – **Pasto** 18,08 – ☕ 7,75 – **62 cam** 82,64 – ½ P 73,85.
◆ Un albergo di notevoli dimensioni, che si presenta all'esterno come tipica costruzione montana a sviluppo orizzontale; un appoggio per gli sciatori e i turisti estivi. Accogliente ristorante di tono rustico, riscaldato da un camino scoppiettante.

PIAN DELLE BETULLE *Lecco* 219 ⑩ – *Vedere Margno.*

PIANE DI MONTEGIORGIO *Ascoli Piceno – Vedere Montegiorgio.*

Scriveteci...
Le vostre critiche e i vostri apprezzamenti saranno esaminati con la massima attenzione.
Verificheremo personalmente gli esercizi che ci vorrete segnalare
Grazie per la collaborazione !

PIANFEI *12080 Cuneo* 561 I 5 – *1 822 ab. alt. 503.*
Roma 629 – Cuneo 15 – Genova 130 – Imperia 114 – Torino 93.

La Ruota, strada statale Monregalese 5 ✆ 0174 585701, *laruota@mtrade.com, Fax 0174 585700*, – P – 300. AE VISA JCB
Pasto (solo per alloggiati) carta 22/35 – **67 cam** 70/90, 6 suites – ½ P 70.
◆ Sulla statale Cuneo-Mondovì, una grossa struttura di color bianco e d'impostazione moderna. Particolarmente indicata per accogliere clientela d'affari e gruppi numerosi.

PIANO D'ARTA *Udine – Vedere Arta Terme.*

PIANOPOLI *88040 Catanzaro* 564 K 31 – *2 373 ab. alt. 250.*
Roma 594 – Cosenza 81 – Catanzaro 33.

Agriturismo Le Carolee, contrada Gabella 1 (Est : 3 km) ✆ 0968 35076, *lecarolee@lecarolee.it, Fax 0968 35076*, P. VISA. rist
Pasto 25/30 – **7 cam** 50/88 – ½ P 66.
◆ Una casa padronale ottocentesca fortificata, in splendida posizione e immersa nel silenzio degli ulivi; il passato della terra di Calabria riproposto in chiave moderna. Dalla sala da pranzo volgerete lo sguardo ed ecco solo uliveti, colline e terra coltivata.

PIANORO *40065 Bologna* 562 I 16 – *16 195 ab. alt. 187.*
Roma 370 – Bologna 16 – Firenze 96 – Modena 59 – Prato 94.

a Rastignano *Nord : 8 km – ✉ 40067 :*

Osteria Dal Minestraio, via Costa 7 ✆ 051 742017, *Fax 051 742017*, solo su prenotazione – VISA.
chiuso agosto, a mezzogiorno (escluso domenica da settembre a maggio), lunedì, anche domenica in giugno-luglio – **Pasto** solo primi piatti carta 25/35.
◆ Due salette, calde e accoglienti, precedute da un ingresso con bancone-bar. A poca strada da Bologna, per apprezzare un'allettante scelta esclusivamente di primi piatti.

Se dopo le h 18,00 siete ancora in viaggio
confermate la vostra prenotazione telefonicamente,
è consuetudine ... ed è più sicuro.

PIANO TORRE *Palermo – Vedere Sicilia (Piano Zucchi) alla fine dell'elenco alfabetico.*

PIANO ZUCCHI *Palermo* 565 N 23 – *Vedere Sicilia alla fine dell'elenco alfabetico.*

PIAZZA *Siena* 563 L 15 – *Vedere Castellina in Chianti.*

PIAZZA ARMERINA *Enna* 565 O 25 – *Vedere Sicilia alla fine dell'elenco alfabetico.*

PICEDO *Brescia – Vedere Polpenazze del Garda.*

PICERNO *85055 Potenza* 564 F 28 – *6 238 ab. alt. 721.*
Roma 307 – Potenza 24 – Bari 165 – Foggia 128.

in prossimità Superstrada Basentana *Ovest : 3 km :*

Bouganville, strada provinciale 83 ✆ 0971 991084, *info@hotelbouganville.it, Fax 0971 990921*, – P – 50. AE VISA.
Pasto carta 22/31 – **36 cam** 62/85 – ½ P 60.
◆ Proprio sulla statale provinciale e facile da raggiungere, una risorsa ai migliori livelli tra gli alberghi della zona: offre degli ampi spazi comuni e ottime camere. Al ristorante eleganti ambienti, vasti e luminosi, con affaccio esterno.

PICINISCO *03040 Frosinone* 563 R 23 – *1 420 ab. alt. 725.*
Roma 145 – Frosinone 61 – Isernia 74 – Napoli 128.

Villa Il Noce senza rist, via Antica 1, verso Borgo Costellone Ovest : 2 km ✆ 0776 66259, *villailnoce@hotmail.com, Fax 0776 22902*, – P. AE VISA.
4 cam 60/80.
◆ Nella valle ai piedi della località, una risorsa nella quale è facile sentirsi come a casa propria. Ambiente rilassante con un ampio e curato giardino con piscina.

PIEGARO *06066 Perugia* 563 N 18 – *3 648 ab. alt. 356.*

Roma 155 – Perugia 33 – Arezzo 82 – Chianciano Terme 28 – Orvieto 45.

Ca' de Principi senza rist, via Roma 43 ☎ 075 8358040, *cadeprincipi@hotmail.com, Fax 075 8358040* – 40. AE VISA JCB.
20 cam 77/114.
◆ Un edificio settecentesco, appartenuto alla nobile famiglia dei Pallavicini, con affreschi d'epoca, all'interno di un borgo ricco di fascino. Insieme di notevole pregio.

PIENZA *53026 Siena* 563 M 17 *G. Toscana – 2 257 ab. alt. 491.*

Vedere *Cattedrale★ : Assunzione★★ del Vecchietto – Palazzo Piccolomini★.*

corso Rossellino 59 ☎ 0578 749071, infopienza@quipo.it, Fax 0578 749071.

Roma 188 – Siena 52 – Arezzo 61 – Chianciano Terme 22 – Firenze 120 – Perugia 86.

Il Chiostro di Pienza, corso Rossellino 26 ☎ 0578 748400, *ilchiostrodipienza@virgilio.it, Fax 0578 748440,* ≤ campagna e colline, – rist, – 35. AE VISA JCB. rist
chiuso dal 7 gennaio al 15 marzo – **Pasto** al Rist. ***La Terrazza del Chiostro*** carta 32/45 (10 %) – **37 cam** 130/190.
◆ Nel cuore di questo gioiellino toscano voluto da Pio II Piccolomini, un chiostro quattrocentesco incastonato in un convento: per soggiornare nella suggestione della storia. Sala da pranzo raccolta ed elegante, con dehors estivo sulla terrazza panoramica.

San Gregorio Residence, via della Madonnina 4 ☎ 0578 748175, *sangregoriopienza@libero.it, Fax 0578 748354* – . AE VISA. rist
Pasto carta 22/37 – **3 cam** 70/86, 16 suites 106/176 – 1/2 P 61.
◆ La città rinascimentale progettata dal Rossellino, il vecchio teatro del 1935, oggi riproposto come risorsa ricettiva: dormire tra decorazioni murali e arredi in stile.

Piccolo Hotel La Valle, senza rist, via di Circonvallazione 7 ☎ 0578 749402, *info@piccolohotellavalle.it, Fax 0578 749863,* ≤ – . AE VISA.
15 cam 85/115.
◆ Ambienti comuni dagli spazi contenuti, camere dagli ambienti funzionali e moderni, arredi nuovi in tutti i locali. Una risorsa in comoda posizione, semplice ma accogliente.

La Buca delle Fate, corso Rossellino 38/a ☎ 0578 748272, *Fax 0578 748448* – AE VISA
chiuso dal 7 al 30 gennaio, dal 15 al 30 giugno e lunedì – **Pasto** carta 20/30.
◆ Proposte culinarie semplici e schiette, legate al territorio, nel contesto di un edificio del XV secolo: trattoria a pochi passi da Piazza Pio II, atmosfera informale.

sulla strada statale 146 :

Relais La Saracina senza rist, strada statale 146 km 29,7 (Nord-Est : 7,5 km) ☎ 0578 748022, *info@lasaracina.it, Fax 0578 748018,* ≤, – . AE VISA.
chiuso dal 10 gennaio al 1° marzo – **5 cam** 300, suite.
◆ In un antico podere tra l'ocra senese degli antichi pendii, la suggestiva magia di un ambiente di rustica signorilità, per godere pienamente di un sogno diventato reale.

a Monticchiello *Sud-Est : 6 km – ✉ 53020*

L'Olmo, podere Ommio 27 ☎ 0578 755133, *info@olmopienza.it, Fax 0578 755124,* ≤ colline e borghi circostanti, – . AE VISA.
aprile-15 novembre – **Pasto** *(chiuso a mezzogiorno)* (solo per alloggiati e su prenotazione) 40 – 6 suites 235/270.
◆ Locanda seicentesca in mezzo alla campagna, piccola bomboniera perfettamente incastonata nel paesaggio toscano e nello spirito di un'agreste raffinatezza, di amena quiete.

PIETOLE DI VIRGILIO *Mantova* 561 G 14 – *Vedere Mantova.*

PIETRACAMELA *64047 Teramo* 563 O 22 – *304 ab. alt. 1 005 – a.s. febbraio-marzo, 23 luglio-agosto e Natale – Sport invernali : a Prati di Tivo: 1 450/2 912 m 7.*

Roma 174 – L'Aquila 61 – Pescara 78 – Rieti 104 – Teramo 31.

a Prati di Tivo *Sud : 6 km – alt. 1 450 – ✉ 64047 Pietracamela :*

Gran Sasso 3, piazzale Amorocchi ☎ 0861 959639, *gransasso3@ciaoweb.it, Fax 0861 959669,* ≤, – . AE VISA.
chiuso dal 15 al 30 ottobre – **Pasto** carta 20/30 – 5,50 – **10 cam** 35/60 – 1/2 P 56.
◆ Qui nulla vi nasconderà che siete in montagna, nella splendida cornice dei Prati di Tivo: dal nome al diffuso utilizzo di legni nelle camere, ospitali, in stile chalet. La nomea del ristorante ha oltrepassato anche i confini della località.

PIETRA LIGURE *17027 Savona* 561 J 6 – *9 206 ab..*

piazza San Nicolò ☎ 019 629003, pietraligure@inforiviera.it, Fax 019 629790.

Roma 576 – Imperia 44 – Genova 77 – Milano 200 – Savona 31.

XX **Buca di Bacco,** corso Italia 113 ☎ 019 615307, *bucadibacco@beactive.it, Fax 019 618965*, prenotare – P. AE VISA
chiuso dall'8 gennaio all'8 febbraio e lunedì (escluso luglio-agosto) – **Pasto** specialità di mare carta 36/54.
◆ Le specialità marinare, la cura nella scelta delle materie prime e l'originalità del proprietario caratterizzano questo locale, sito nel seminterrato di un edificio.

PIETRALUNGA *06026 Perugia* 563 L 19 – *2 378 ab. alt. 565.*

Roma 225 – Perugia 54 – Arezzo 64 – Gubbio 24.

Agriturismo La Cerqua, località San Salvatore 27 (Ovest : 2,2 km) alt. 650 ☎ *075 9460283, info@cerqua.it, Fax 075 9462033*, ← monti e vallata, passeggiate a cavallo, – P. AE VISA
chiuso gennaio e febbraio – **Pasto** *(chiuso a mezzogiorno escluso domenica) (solo su prenotazione)* 18/25 – **20 cam** 90 – ½ P 60.
◆ Sulle spoglie di un antico monastero in cima ad un colle, un casolare tipico, nel rispetto delle antiche forme, per una vacanza tutta relax e belle passeggiate a cavallo.

PIETRANSIERI *L'Aquila* 563 Q 24 – *Vedere Roccaraso.*

PIETRAPIANA *Firenze – Vedere Reggello.*

PIETRASANTA *55045 Lucca* 563 K 12 *G. Toscana – 24 397 ab. alt. 20 – a.s. Carnevale, Pasqua, 15 giugno-15 settembre e Natale.*

Versilia (chiuso dal 1à al 23 novembre, lunedì e martedì escluso da aprile ad ottobre) ☎ 0584 881574, Fax 0584 752272.

piazza Statuto ☎ 0584 283284, Fax 0584 283284.

Roma 376 – Pisa 30 – La Spezia 45 – Firenze 104 – Livorno 54 – Lucca 34 – Massa 11 – Milano 241.

Pietrasanta senza rist, via Garibaldi 35 ☎ 0584 793726, *a.pietrasanta@versilia.toscana.it, Fax 0584 793728*, – – 30. AE VISA JCB
chiuso dal 6 gennaio a febbraio – 20 – **19 cam** 300/360, 5 suites.
◆ In pieno centro storico, in un palazzo seicentesco con giardino, una gradevole atmosfera da abitazione privata e grande eleganza e gusto nell'unione fra antico e moderno.

Palagi senza rist, piazza Carducci 23 ☎ 0584 70249, *Fax 0584 71198* – . AE VISA JCB
10 – **18 cam** 85/150.
◆ Posizione centrale e comoda, nei pressi della stazione ferroviaria, per questo albergo a gestione familiare; offre valide zone comuni e arredi dal sapore moderno.

XX **Martinatica,** località Baccatoio Sud : 1 km ☎ 0584 792534, – P. AE VISA JCB
chiuso lunedì – **Pasto** 35/45.
◆ Proposte giornaliere, di mare e di terra, legate alle tradizioni toscane, in un antico frantoio ristrutturato; cucina a vista e ambiente di rustica signorilità.

X **Meccheristorante 2001,** via Pirandello 31 ☎ 0584 742338, *meccheristorante@virgilio.it*, , Coperti limitati; prenotare – P. AE VISA.
chiuso martedì, mercoledì (escluso da marzo a ottobre) e a mezzogiorno – **Pasto** carta 30/38.
◆ Una coppia giovane e motivata gestisce con passione questo ristorante, piccolo e accogliente. Cucina con tocchi originali, piacevole dehors estivo, ampio parcheggio.

X **Enoteca Marcucci,** via Garibaldi 40 ☎ 0584 791962, *enoteca.marcucci@tiscalinet.it, Fax 0584 791962*, , Enoteca con ristorazione, prenotare – AE VISA
chiuso novembre, lunedì e a mezzogiorno – **Pasto** carta 34/44.
◆ Un locale giovane e sbarazzino, di gran moda, imperniato su una vasta e interessante selezione di vini; attorno all'originaria mescita ruota una cucina semplice e sfiziosa.

PIETRASANTA (Marina di) *55044 Lucca* 563 K 12 – *a.s. Carnevale, Pasqua, 15 giugno-15 settembre e Natale.*

Versilia (chiuso dal 1° al 23 novembre, lunedì e martedì escluso da aprile ad ottobre) ✉ 55045 Pietrasanta ☎ 0584 881574, Fax 0584 752272, Nord : 36 km.

piazza America 2 ☎ 0584 20331, Fax 0584 24555.

Roma 378 – Pisa 33 – La Spezia 53 – Firenze 104 – Livorno 54 – Lucca 34 – Massa 18 – Milano 246.

Ermione, viale Roma 183, località Tonfano ☎ 0584 745852, *Fax 0584 745906*, ←, riscaldata, – |‡| ▤ TV ☎ P. AE $ ⓞ ⓜ VISA. ✗ rist
24 maggio-settembre – **Pasto** (solo per alloggiati) – **46 cam** ☐ 130/160 – ½ P 110.
◆ Solida gestione familiare e ampi spazi esterni quali il giardino con piscina riscaldata: davvero dei punti di forza per un hotel curato e personalizzato anche negli interni.

Lombardi, viale Roma 27, località Fiumetto ☎ 0584 745848, *lombardi@remarhotels.com*, *Fax 0584 23382*, ←, riscaldata, – |‡| ▤ TV P. AE $ ⓞ ⓜ VISA. ✗ rist
aprile-settembre – **Pasto** (solo per alloggiati) 47 – **38 cam** ☐ 195/283 – ½ P 180.
◆ Tra Marina di Pietrasanta e Forte dei Marmi, in prima linea sul mare, un albergo totalmente ristrutturato qualche anno fa; offre gradevoli aree comuni, anche all'aperto.

Joseph, viale Roma 323, località Motrone ☎ 0584 745862, *hoteljoseph@bracciotti.com*, *Fax 0584 22265*, ←, – |‡| ▤ TV P. AE $ ⓞ ⓜ VISA. ✗
aprile-ottobre – **Pasto** 20/30 – ☐ 10 – **66 cam** 70/125, 2 suites – ½ P 85.
◆ Una terrazza-solarium con piscina direttamente affacciata sul lungomare, spazi verdi, camere ben accessoriate e confortevoli, capace e valida conduzione, nella signorilità. Il giardino sembra quasi «entrare» dalle ampie vetrate della moderna sala ristorante.

Battelli, viale Versilia 189, località Motrone ☎ 0584 20010, *info@albergobattelli.it*, *Fax 0584 23592*, – |‡| TV P. AE $ VISA. ✗
15 maggio-15 settembre – **Pasto** (solo per alloggiati) – ☐ 13 – **38 cam** 82/97 – ½ P 95.
◆ Una tipica villa della Versilia d'inizio secolo scorso e una grande dépendance più recente, immerse in un giardino ombreggiato; spiaggia vicina e relax assicurato.

Venezia, via Firenze 48, località Motrone ☎ 0584 745757, *albergovenezia@interfree.it*, *Fax 0584 745373*, – |‡| ▤ TV P. $ ⓜ VISA. ✗
aprile-20 settembre – **Pasto** (solo per alloggiati) 25/30 – ☐ 10 – **66 cam** 80/110 – ½ P 95.
◆ Albergo d'impostazione tradizionale, ubicato in una zona residenziale tranquilla e attorniata dal verde; arredi di tipo classico, essenziali, e conduzione familiare.

Mediterraneo, a Tonfano, viale Catalani 52 ☎ 0584 746926, *Fax 0584 746915*, – |‡| TV P. ✗
aprile-ottobre – **Pasto** (solo per alloggiati) – **33 cam** ☐ 85/150 – ½ P 68.
◆ Un po' defilata, in area verdeggiante e quieta, una risorsa che ha di recente subito una ristrutturazione negli interni; atmosfera semplice, ma curata e piacevole.

Grande Italia, via Torino 5, a Tonfano ☎ 0584 20046, *Fax 0584 24350*, – P. ✗
giugno-19 settembre – **Pasto** (solo per alloggiati) 18/22 – ☐ 8 – **28 cam** 46/78 – ½ P 67.
◆ Un caseggiato d'inizio secolo scorso, praticamente immutato nella sua veste esterna; ad esso, nel giardino, è stata poi affiancata una dépendance più recente.

PIETRAVAIRANO *81050 Caserta* 564 D 24 – *3 017 ab. alt. 250*.
Roma 165 – Avellino 95 – Benevento 65 – Campobasso 74 – Caserta 44 – Napoli 70.

XX **La Caveja** con cam, via SS. Annunziata 10 ☎ 0823 984824, *albergoristorantecaveja@virgilio.it*, *Fax 0823 982977*, – |‡|, ✗ rist, ▤ TV ♿ P. AE $ ⓞ ⓜ VISA. ✗ rist
Pasto *(chiuso domenica sera e lunedì)* carta 21/31 – **13 cam** ☐ 60/80.
◆ Grande cascinale con ampi spazi e una buona terrazza per il servizio estivo; un ottimo locale che offre una concreta cucina del territorio elaborata con ottimi prodotti.

PIETRELCINA *82020 Benevento* 564 D 26 – *3 010 ab. alt. 345*.
Roma 253 – Benevento 13 – Foggia 109.

Lombardi Park Hotel, via Nazionale 1 ☎ 0824 991206, *lombardihotel@libero.it*, *Fax 0824 991253*, – |‡|, ✗ cam, ▤ TV ♿ P – 90. AE $ ⓞ ⓜ VISA. ✗
Pasto al Rist. ***Cosimo's*** *(chiuso martedì)* carta 21/31 (10 %) – **51 cam** ☐ 87/93, 4 suites.
◆ Nel paese natale di Padre Pio, vicino al convento dei Padri Cappuccini, un complesso di moderna concezione, a valida gestione familiare, con servizio davvero impeccabile. Atmosfera tranquilla al ristorante, curato e ampliato di recente.

PIEVE A NIEVOLE *Pistoia* 563 K 14 – *Vedere Montecatini Terme.*

PIEVE D'ALPAGO *32010 Belluno* 562 D 19 – *2 048 ab. alt. 690.*
Roma 608 – Belluno 17 – Cortina d'Ampezzo 72 – Milano 346 – Treviso 67 – Venezia 96.

XXX **Dolada** con cam, via Dolada 21, località Plois alt. 870 ☎ 0437 479141, *dolada@tin.it*, *Fax 0437 478068*, ←, prenotare, – TV P. AE $ ⓞ ⓜ VISA. ✗ rist
Pasto *(chiuso lunedì e martedì a mezzogiorno escluso luglio-agosto)* carta 46/72 – ☐ 13 – **6 cam** 78/103, suite – ½ P 100.
◆ Una gran bella casa familiare, elegante e ospitale, infinita cura nei dettagli e negli arredi; una bella coppia di coniugi, lui in cucina, lei in sala, e sapori creativi.
Spec. Salumi misti della casa. Lasagne con scampi, capesante, calamaretti e funghi, ristretto di crostacei. Dal capo al cuore: percorso guidato nell'agnello dell'Alpago.

PIEVE DI CENTO *40066 Bologna* 562 H 15 – *6 649 ab. alt. 14.*

Roma 408 – Bologna 32 – Ferrara 37 – Milano 209 – Modena 39 – Padova 105.

Nuovo Gd H. Bologna e dei Congressi, via Ponte Nuovo 42 ✆ 051 6861070 e rist ✆ 051 973757, *info@grandhotelbologna.com, Fax 051 974835,* – – 1600. AE VISA.
Pasto al Rist. ***I Gabbiani*** carta 28/40 – **142 cam** 150/220, 12 suites.
◆ Pochi km fuori del centro: davvero un grande albergo, dotato di tutti i confort adeguati ad una clientela di lavoro, soprattutto congressuale, ma anche turistica. Il ristorante è un punto di riferimento per gradevoli soste culinarie.

Locanda le Quattro Piume senza rist, via XXV Aprile 15 ✆ 051 6861500, *lequattropiume@libero.it, Fax 051 974191,* – AE VISA
chiuso dal 24 dicembre al 7 gennaio ed agosto – **16 cam** 96/116.
◆ A pochi metri da una delle porte della località, un ambiente semplice e familiare per immergersi nella storia e nello spirito della Bassa; camere essenziali, ben tenute.

Buriani dal 1967, via Provinciale 2/a ✆ 051 975177, *info@ristoranteburiani.com, Fax 051 973317,* Coperti limitati; prenotare – . AE VISA JCB.
chiuso dal 18 al 25 agosto, martedì e mercoledì – **Pasto** carta 36/52.
◆ Sobria eleganza e atmosfera accogliente nel locale presso Porta Bologna: qui, la famiglia Buriani vi avvolge con inebrianti sapori che padroneggiano tradizione e ricerca.

PIEVE DI CHIO *Arezzo – Vedere Castiglion Fiorentino.*

PIEVE DI LEDRO *38060 Trento* 562 E 14 – *586 ab. alt. 661.*

Roma 584 – Trento 53 – Brescia 87 – Verona 98.

a Mezzolago *Est : 2 km – alt. 665 – ✉ 38060 :*

Mezzolago, via lungolago 2 ✆ 0464 508181, *Fax 0464 508689,* ←, – , rist, VISA JCB.
marzo-novembre – **Pasto** *(chiuso mercoledì)* carta 19/26 – **38 cam** 25/48 – 1/2 P 40.
◆ Situato lungo una strada di passaggio, proprio di fronte al lago, un hotel semplice e d'impostazione familiare. Le camere dispongono di arredi moderni in legno chiaro. Ristorante da cui è possibile godere di una riposante vista sull'acqua.

PIEVE DI LIVINALLONGO *32020 Belluno* 562 C 17 – *alt. 1 475 – a.s. 15 febbraio-15 aprile, 15 luglio-agosto e Natale – Sport invernali : Vedere Arabba (Comprensorio Dolomiti superski Arabba-Marmolada) – Roma 716 – Belluno 68 – Cortina d'Ampezzo 28 – Milano 373 – Passo del Pordoi 17 – Venezia 174.*

Cèsa Padon , via Sorarù 62 ✆ 0436 7109, *info@cesa-padon.it, Fax 0436 7460,* ← monti e pinete, – rist, VISA. – *chiuso dal 20 ottobre al 4 dicembre* – **Pasto** *(chiuso a mezzogiorno)* carta 22/37 – **21 cam** 60/93 – 1/2 P 65.
◆ Un accogliente hotel, a gestione familiare, ubicato in una zona tranquilla e panoramica; perfetto punto di partenza per sciate e passeggiate estive sulle Dolomiti. Molto legno e impronta montana anche per la sala ristorante.

PIEVE DI SAN SIGISMONDO *Siena – Vedere Montalcino.*

PIEVE DI SOLIGO *31053 Treviso* 562 E 18 – *10 514 ab. alt. 132.*

Roma 579 – Belluno 38 – Milano 318 – Trento 124 – Treviso 31 – Udine 95 – Venezia 68.

Contà senza rist, Corte delle Caneve 4 ✆ 0438 980435, *hotelconta@nline.it, Fax 0438 980896,* – – 100. AE VISA JCB
chiuso dall' 4 al 24 agosto – **45 cam** 80/130, 2 suites.
◆ Un delizioso edificio d'epoca, con porticato e bel color rosa antico in facciata, prospiciente il corso d'acqua nel centro storico di Pieve: all'interno, confort moderni.

Delparco , via Suoi 4 (Nord-Est : 2 km) ✆ 0438 82880, *hoteldelparco@cusianaveneta.it, Fax 0438 83675,* , – , rist, – 150. AE VISA.
Pasto al Rist. ***Loris*** *(chiuso martedì e domenica sera)* carta 34/44 – **36 cam** 85/120 – 1/2 P 83.
◆ Nel verde di un giardino dotato di un campo di calcio, in aperta campagna con relativa tranquillità, un hotel dall'atmosfera quieta e familiare; a due minuti dal centro. Ristorante in una casa colonica d'inizio '900 ristrutturata; gradevole pergolato estivo.

Corte del Medà, corte del Medà 15 ✆ 0438 840605, enoteca con uso di cucina – . AE VISA.
chiuso dal 1° al 7 gennaio, una settimana a pasqua,tre settimane in agosto e domenica – **Pasto** carta 21/28.
◆ Una semplice e informale enoteca con una zona degustazione all'ingresso e una sala ove, invece, trovare proposte culinarie fragranti, alla buona, ma curate.

a Solighetto *Nord : 2 km – ✉ 31050 :*

XX **Da Lino** con cam, via Brandolini 31 ☎ 0438 82150, *dalino@tmn.it, Fax 0438 980577,* – ▤ TV P – 150. AE ⓢ ⓓ MC VISA JCB – *chiuso sette giorni in febbraio e luglio* – **Pasto** *(chiuso lunedì)* carta 33/44 – **10 cam** ☕ 70/90, 7 suites 100/120 – ½ P 95.
◆ Un caratteristico ambiente ai piedi delle Prealpi Trevigiane: caloroso tripudio di vecchi rami alle pareti e dal soffitto, quadri e sapori caserecci per peccati di gola.

PIEVEPELAGO *41027 Modena* 562 J 13 – *2 150 ab. alt. 781 – a.s. luglio-agosto e Natale.*
Roma 373 – Pisa 97 – Bologna 100 – Lucca 77 – Massa 97 – Milano 259 – Modena 84 – Pistoia 63.

Bucaneve, via Giardini Sud 31 ☎ 0536 71383, *albergobucaneve@tiscalinet.it, Fax 0536 71383* – TV P. AE ⓢ MC VISA.
chiuso novembre – **Pasto** *(chiuso martedì)* carta 17/21 – ☕ 5 – **25 cam** 33/50 – ½ P 45.
◆ Rimane sempre una corretta risorsa a cui far riferimento, questo piccolo albergo di mezza montagna; di tono familiare, guidato da gestori giovani e intraprendenti. Atmosfera semplice e casalinga per gustare piatti classici, alla buona.

PIEVE SANTO STEFANO *Lucca – Vedere Lucca.*

PIEVESCOLA *Siena* 563 M 15 – *Vedere Casole d'Elsa.*

PIGENO (PIGEN) *Bolzano* 218 ⑳ – *Vedere Appiano sulla Strada del Vino.*

PIGNA *18037 Imperia* 561 K 4, 115 ⑲ – *989 ab. alt. 280.*
Roma 673 – Imperia 72 – Genova 174 – Milano 297 – San Remo 34 – Ventimiglia 21.

Gd H. Pigna Antiche Terme , regione lago Pigo ☎ 0184 240010, *info@termedipigna.it, Fax 0184 240949,* beauty-farm, , , termale, , – , cam, TV – 110. AE ⓢ ⓓ MC VISA. rist
26 dicembre-7 gennaio e 12 marzo-ottobre – **Pasto** 30/40 – **97 cam** ☕ 140/200 – ½ P 120.
◆ Un complesso valido sotto ogni aspetto, una gestione molto attenta, professionale; un vero paradiso per ristabilire corpo e spirito tra Riviera dei Fiori e Costa Azzurra. Al ristorante i sapori di una cucina dietetica e attenta, uniti a piatti del territorio.

X **Terme,** via Madonna Assunta Sud-Est : 0,5 km ☎ 0184 241046, *cllante@tin.it, Fax 0184 241046* – P. AE ⓢ ⓓ MC VISA – *chiuso dal 13 gennaio al 13 febbraio e mercoledì (escluso agosto); da novembre a marzo la sera solo su prenotazione* – **Pasto** carta 23/33.
◆ Nell'entroterra ligure, un ristorante-trattoria che offre una serie di piatti ben fatti e fragranti; ambiente piacevole, di rustica semplicità, e gestione familiare.

PIGNOLA *85010 Potenza* 564 F 29 – *5 506 ab. alt. 927.*
Roma 370 – Potenza 9.

XX **Amici Miei,** strada comunale Pantano 6 ☎ 0971 420488, *Fax 0971 421984,* ≤, prenotare, – P. AE ⓢ ⓓ MC VISA – *chiuso lunedì* – **Pasto** carta 25/35.
◆ In una villa di campagna, con giardino e vista, appena fuori Pignola, un locale che cerca di recuperare i sapori della cucina lucana più tipica; gradevole atmosfera.

PILASTRO *Parma* 562 H 12 – *Vedere Langhirano.*

PINARELLA *Ravenna* 563 J 19 – *Vedere Cervia.*

PINEROLO *10064 Torino* 561 H 3 – *34 080 ab. alt. 376.*
ℹ *viale Giolitti 7/9 ☎ 0121 794003, pinerolo@montagnedoc.it, Fax 0121 794932.*
Roma 694 – Torino 41 – Asti 80 – Cuneo 63 – Milano 185 – Sestriere 55.

Regina, piazza Barbieri 22 ☎ 0121 322157, *hotel.regina@noicom.net, Fax 0121 393133* – ▤ rist, TV P. AE ⓢ ⓓ MC VISA JCB
chiuso dal 1° al 21 agosto – **Pasto** *(chiuso sabato sera e domenica)* carta 25/39 – ☕ 7,50 – **15 cam** 52/76 – ½ P 74.
◆ Un albergo comodo, con una posizione centralissima per chi debba soggiornare in città; offre camere semplici, ma decorose e ben insonorizzate; conduzione familiare. Ambiente e atmosfera un po' «vecchio Piemonte» al ristorante, con sala d'intonazione classica.

XX **Taverna degli Acaja,** corso Torino 106 ✆ 0121 794727, *acaia@tavernadegliacaia.it, Fax 0121 794727*, prenotare – AE 🅢 ⓓ ⓜⓒ VISA JCB. ✂
chiuso dal 1º al 6 gennaio, dal 15 al 30 agosto, domenica e lunedì a mezzogiorno – **Pasto** carta 29/38.
◆ Pochi coperti in un locale di stampo tradizionale e ben curato, sito di fronte al Museo della Cavalleria; a gestire e cucinare, due giovani soci. Pesci e carni.

PINETO *64025 Teramo* 563 O 24 – *13 210 ab. – a.s. luglio-agosto.*
via Mazzini 50 ✆ 085 9491745, iat.pineto@abruzzoturismo.it, Fax 085 9491745.
Roma 216 – Ascoli Piceno 74 – Pescara 31 – Ancona 136 – L'Aquila 101 – Teramo 37.

Ambasciatori, via XXV Aprile ✆ 085 9492900, *ambasc@tin.it, Fax 085 9493250*, ←, – ▤ TV P. 🅢 ⓓ ⓜⓒ VISA. ✂
Pasto *(aprile-settembre)* (solo per alloggiati) 15,49/25,82 – **31 cam** ☐ 78/93 – 1/2 P 91.
◆ Poco fuori del centro, in zona più quieta, in un giardino sulla spiaggia con piscina: proprio sul mare, un piccolo edificio che risplende ancora della recente costruzione.

XX **La Conchiglia d'Oro,** via Cesare De Titta 16 ✆ 085 9492333, – ▤. AE 🅢 ⓓ ⓜⓒ VISA JCB. ✂
chiuso dal 10 al 30 novembre e lunedì – **Pasto** specialità di mare carta 26/39.
◆ Solo pesce, e rigorosamente locale, servito in questo ristorante in posizione leggermente periferica; nato da non molto, si presenta in una veste sobria, ma elegante.

a Mutignano *Sud-Ovest : 6,5 km* – ✉ *64038 :*

X **Bacucco D'Oro,** via del Pozzo 6 ✆ 085 936227, *info@bacuccodoro.com, Fax 085 936227* – AE 🅢 ⓜⓒ VISA
chiuso dal 10 novembre al 10 dicembre, a mezzogiorno (escluso sabato-domenica) e dal 15 settembre a Pasqua anche mercoledì – **Pasto** carta 22/35.
◆ Piccolo ristorante di tono rustico a conduzione familiare, dalla cui terrazza estiva si gode una splendida vista della costa. Cucina tipica a base di prodotti locali.

PINO TORINESE *10025 Torino* 561 G 5 – *8 534 ab. alt. 495.*
Dintorni ←★★ *su Torino dalla strada per Superga.*
Roma 655 – Torino 10 – Asti 41 – Chieri 6 – Milano 149 – Vercelli 79.

Pianta d'insieme di Torino.

XX **Pigna d'Oro,** via Roma 130 ✆ 011 841019, *pignadoro@hotmail.com, Fax 011 841053*, – P. AE 🅢 ⓓ ⓜⓒ VISA JCB **HT t**
chiuso gennaio, lunedì e martedì a mezzogiorno – **Pasto** carta 29/49.
◆ In un bell'edificio rustico, tipico delle campagne piemontesi, servizio estivo in terrazza panoramica con pergolato sulle colline e cucina ruspante di questa landa.

XX **La Griglia,** via Roma 77 ✆ 011 842540, *micolcosta@libero.it, Fax 011 842540* – AE 🅢 ⓓ ⓜⓒ VISA JCB. ✂ – *chiuso agosto e mercoledì* – **Pasto** carta 31/41. **HT p**
◆ Sulla via principale, superato un piccolo ingresso, ecco l'unica sala di questo locale. Gestione esperta con lunghi trascorsi nella ristorazione classica e di qualità.

PINZOLO *38086 Trento* 562 D 14 – *3 035 ab. alt. 770 – a.s. 5 febbraio-Pasqua e Natale – Sport invernali : 800/2 100 m* 1 4.
Dintorni *Val di Genova*★★★ *Ovest – Cascata di Nardis*★★ *Ovest : 6,5 km.*
Rendena (aprile-novembre) località Ischia ✉ 38080 Bocenago ✆ 0465 806049, Fax 0465 8060368, Sud : 4 km.
piazza Ciclamino 32 ✆ 0465 501007, apt.pinzolo@trentino.to, Fax 0465 502778.
Roma 629 – Trento 56 – Bolzano 103 – Brescia 103 – Madonna di Campiglio 14 – Milano 194.

Quadrifoglio, via Sorano 53 ✆ 0465 503600, *info@hotelquadrifoglio.com, Fax 0465 501245*, ←, , – , rist, TV P. AE 🅢 ⓓ ⓜⓒ VISA. ✂ rist
dicembre-marzo e giugno-settembre – **Pasto** (solo per alloggiati) – **30 cam** ☐ 88/144 – 1/2 P 104.
◆ Albergo recente, con validi livelli di confort, poco fuori del centro della località e, inoltre, nelle immediate vicinanze degli impianti sciistici; camere confortevoli.

Europeo, corso Trento 63 ✆ 0465 501115, *europeo@hoteleuropeo.com, Fax 0465 502616*, ←, – , rist, TV P. 🅢 ⓜⓒ VISA. ✂
20 dicembre-23 marzo e giugno-20 settembre – **Pasto** carta 31/41 – **50 cam** ☐ 75/125 – 1/2 P 98.
◆ Tutta rinnovata nelle zone comuni e in buona parte delle stanze, una risorsa accogliente, con profusione di legno chiaro; lungo la strada principale, ma un po' arretrata. Caldo ambiente in legno anche al ristorante, con imponenti soffitti a travi e cassettoni.

Centro Pineta, via Matteotti 43 ✆ 0465 502758, *info@centropineta.com, Fax 0465 502311*, – rist, .
chiuso dal 12 ottobre a novembre – **Pasto** 22/32 – **24 cam** 146 – ½ P 93.
◆ Facciata spiovente, stile «scivolo», per un complesso alberghiero in posizione decentrata e piuttosto tranquilla; camere di sobria funzionalità e gradevole giardino. Al ristorante caratteristico e gradevole ambiente, rifinito con travi lignee scure.

Corona, corso Trento 27 ✆ 0465 501030, *hotcorona@libero.it, Fax 0465 503853*, – , rist, . rist
dicembre-aprile e giugno-settembre – **Pasto** carta 26/33 – 12 – **45 cam** 56/94 – ½ P 80.
◆ A conduzione familiare, anziana, ma sempre validamente al passo coi tempi in quanto a nuove proposte per la clientela, un albergo comodo con camere in parte rinnovate. Ampia sala da pranzo di taglio classico, con pareti perlinate in legno.

Alpina, via XXI Aprile 1 ✆ 0465 501010, *hotelalpina@pinzolo.it, Fax 0465 501010* – , rist, .
dicembre-Pasqua e 15 giugno-15 settembre – **Pasto** carta 25/32 – **30 cam** 52,50/79,50 – ½ P 72,50.
◆ Davvero un bell'edificio, già dall'impatto esterno; ben tenuti e calorosi anche gli spazi interni, in uno stile montano quasi contemporaneo, lineare; centralissimo.

Binelli senza rist, via Genova 49 ✆ 0465 503208, *info@binelli.it, Fax 0465 5503465*, –
dicembre-5 maggio e 15 giugno-settembre – **16 cam** 47/90.
◆ In posizione abbastanza tranquilla, ma non lontana dal centro, una piacevole casetta montana con balconcini in legno scuro; confort e stanze mansardate all'ultimo piano.

La Briciola, via Bolognini 25 ✆ 0465 501443, *la.briciola@tiscalinet.it, Fax 0465 501443*, –
chiuso giugno, novembre e martedì in bassa stagione – **Pasto** carta 19/37.
◆ Sulla via principale, al piano terra di un hotel ma da esso autonomo, un grazioso ristorante gestito da una coppia dinamica che propone piatti della tradizione locale.

a Giustino *Sud : 1,5 km – alt. 770 – ✉ 38086 Pinzolo :*

Mildas, via Rosmini 7, località Vadaione Sud : 1 km ✆ 0465 502104, *mildas@cr-surfing.net, Fax 0465 500654*, , Coperti limitati; prenotare –
dicembre-aprile e luglio-settembre; chiuso a mezzogiorno da dicembre ad aprile – **Pasto** carta 31/56.
◆ Una cucina prevalentemente di fantasia, con uso di sapori mediterranei; tuttavia, non mancano alcune proposte del territorio, rielaborate e personalizzate dallo chef.

a Sant'Antonio di Mavignola *Nord-Est : 6 km – alt. 1 122 – ✉ 38086 :*

Maso Doss , via Brenta 72 (Nord-Est : 2,5 km) ✆ 0465 502758, *info@masodoss.com, Fax 0465 502311*, , , – .
chiuso novembre – **Pasto** (solo per alloggiati) 21/31 – **6 cam** 146 – ½ P 94.
◆ Un ambiente rustico e davvero suggestivo, quello ricreato in un antico maso immerso nella natura; pochissime stanze, ben curate, e un'accattivante atmosfera ovattata.

PIOBESI D'ALBA *12040 Cuneo 561 H 5 – 1 030 ab. alt. 199.*

Roma 623 – Torino 60 – Asti 35 – Cuneo 62 – Milano 155.

Locanda le Clivie , località Carreta 2 ✆ 0173 619261, *leclivie@libero.it, Fax 0173 619261*, – .
chiuso 20 giorni in gennaio e 15 giorni in agosto – **Pasto** *(chiuso a mezzogiorno, domenica sera e lunedì)* carta 40/52.
◆ La nuova sede, inaugurata nel 2003, ha accresciuto il confort senza nulla togliere all'atmosfera. La cucina conferma le valide aperture alla fantasia e alla creatività.
Spec. Uovo «verticale» con vellutata di burro e tartufo bianco d'Alba (autunno). Piccione di cascina disossato e scaloppa di fegato grasso d'oca al Moscato passito (autunno-inverno). Soffice di nocciole Piemonte, crema di mascarpone e caffè, gelato alla vaniglia.

PIODE *13020 Vercelli 561 E 6, 219 ⑤ – 193 ab. alt. 752.*

Roma 699 – Aosta 184 – Milano 125 – Novara 79 – Torino 141 – Varallo 20 – Vercelli 85.

Giardini, via Umberto I 9 ✆ 0163 71135, *ristorantegiardini@virgilio.it, Fax 0163 71135*, Coperti limitati; prenotare – .
chiuso dal 1° al 15 settembre e lunedì (escluso luglio e agosto) – **Pasto** carta 22/28.
◆ Piccolo locale con zona bar all'ingresso e due salette per i pasti; gestione familiare e piatti del posto, legati alle stagioni. Vicino al ponte sulla statale per Alagna.

PIOLTELLO *20096 Milano* 561 F 9, 219 ⑲ *– 33 331 ab. alt. 123.*
Roma 563 – Milano 17 – Bergamo 38.

a Limito *Sud : 2,5 km – ✉ 20090 :*

XX **Antico Albergo,** via Dante Alighieri 18 ☎ 02 9266157, *Fax 02 92161161,* – ▤. AE ⓈⒹ ⓂⒸ VISA
chiuso dal 26 dicembre al 6 gennaio, agosto, sabato a mezzogiorno e domenica – **Pasto** carta 35/49.
◆ Papà Elio, con la moglie, ha trasmesso ai figli l'amore per la cucina lombarda e l'ospitalità, in quest'antica, elegante, locanda con servizio estivo sotto un pergolato.

PIOMBINO *57025 Livorno* 563 N 13 *G. Toscana – 34 521 ab. – a.s. 15 giugno-15 settembre.*
Escursioni *Isola d'Elba★.*
per l'Isola d'Elba-Portoferraio giornalieri (1 h) – Navarma-Moby Lines, piazzale Premuda ☎ 0565 221212, Fax 0565 220781; per l'Isola d'Elba-Portoferraio aprile-settembre giornalieri (25 mn) – Rio Marina-Porto Azzurro giornalieri (da 45 mn a 1 h 20 mn); Toremar-agenzia Dini e Miele, piazzale Premuda 13 ☎ 0565 31100, Fax 0565 35294.
per l'Isola d'Elba-Portoferraio giornalieri (40 mn) e l'Isola d'Elba-Cavo giornalieri (15 mn) – Toremar-agenzia Dini e Miele, piazzale Premuda 13 ☎ 0565 31100, Fax 0565 35294.
al Porto, via Stazione Marittima ☎ 0565 225639, apt7piombinoporto@livorno.turismo.toscana.it.
Roma 264 – Firenze 161 – Grosseto 77 – Livorno 82 – Milano 375 – Pisa 101 – Siena 114.

Centrale, piazza Verdi 2 ☎ 0565 220188 e rist ☎ 0565 221825, *info@hotel-centrale.net, Fax 0565 220220* – ▤ TV – 60. AE Ⓢ Ⓓ ⓂⒸ VISA.
Pasto al Rist. ***Centrale*** *(chiuso dal 22 dicembre al 7 gennaio, sabato e domenica)* carta 27/44 – **40 cam** 110/180, suite – 1/2 P 115.
◆ Facile da raggiungere, forse con qualche problema per il parcheggio, questo famoso hotel di Piombino, nel centro storico; in lontananza si possono scorgere Elba e mare. Ampia sala ristorante ben illuminata dalle vetrate affacciate sulla città vecchia.

Collodi senza rist, via Collodi 7 ☎ 0565 224272, *Fax 0565 224382* – TV. Ⓢ ⓂⒸ VISA
chiuso dal 22 dicembre al 7 gennaio – 5 – **24 cam** 41,32/56,81.
◆ Prossimo sia al porto che alla stazione, un indirizzo semplice e una buona soluzione economica, dignitosa e pulita; stanze eterogenee e rinnovate, con arredi chiari.

a Populonia *Nord-Ovest : 13,5 km – ✉ 57020 :*

XX **Il Lucumone,** al Castello ☎ 0565 29471 – ▤. AE Ⓢ Ⓓ ⓂⒸ VISA.
chiuso domenica sera e lunedì da ottobre a maggio; lunedì e martedì a mezzogiorno da giugno a settembre – **Pasto** specialità di mare carta 41/81.
◆ In questa storica zona, il nome del locale non poteva non richiamarsi ad un'antica carica etrusca; nel delizioso borgo, vista impagabile sul mare e specialità di pescato.

PIOPPI *84060 Salerno* 564 G 27 *– a.s. luglio-agosto.*
Dintorni *Rovine di Velia★ Sud-Est : 10 km.*
Roma 350 – Potenza 150 – Acciaroli 7 – Napoli 144 – Salerno 98 – Sapri 108.

La Vela, via Caracciolo 96 ☎ 0974 905025, *Fax 0974 905140,* ←, , , – ▤ TV P. ⓂⒸ.
marzo-novembre – **Pasto** carta 24/31 (10 %) – **42 cam** 77/110 – 1/2 P 74.
◆ Nel centro del paese, lungo la strada principale, albergo a conduzione familiare, rinnovato in gran parte del settore notte; per un soggiorno marino semplice e gradevole. Servizio ristorante estivo sotto un pergolato, su una bella terrazza affacciata sul blu.

PIOSSASCO *10045 Torino* 561 H 04 *– 16 152 ab. alt. 304.*
Roma 662 – Torino 27 – Cuneo 87 – Milano 163.

XXX **Ai Nove Merli,** via Rapida al Castello 10 ☎ 011 9041388, *novemerli@novemerli.it, Fax 011 9042577,* prenotare, – P. AE Ⓢ Ⓓ ⓂⒸ VISA
chiuso domenica sera e lunedì – **Pasto** 37/47 e carta 44/56.
◆ Un maniero del '500 che domina le colline, fiabeschi ambienti che riportano agli antichi fasti della dimora dei conti di Piossasco; per la regia di uno chef creativo.

PIOVE DI SACCO *35028 Padova* 562 G 18 *– 17 375 ab..*
Roma 514 – Padova 19 – Ferrara 88 – Venezia 43.

Point Hotel senza rist, via Adige 2 ☎ 049 9705279, *info@pointhotel.it, Fax 049 9715736* – ▤ TV P – 95. AE Ⓢ Ⓓ ⓂⒸ VISA.
71 cam 92/124.
◆ Albergo moderno ubicato in posizione periferica, nei pressi di un centro commerciale. Ideale per la clientela d'affari, è un riferimento utile anche per turisti itineranti.

Alla Botta, via Botta 6 ✆ 049 5840827, *Fax 049 9703761* – ▤ 🅿. AE ⓢ ⓓ ⓜⓒ VISA. 🚭
chiuso dal 10 al 25 agosto, lunedì sera e martedì – **Pasto** specialità di mare carta 28/60.
◆ Nell'omonima via, un ristorante tradizionale con ambiente classico per una classica mangiata di pesce: all'interno di due moderne sale ben illuminate.

PIOVEZZANO *Verona – Vedere Pastrengo.*

PISA *56100* 🅿 563 K 13 *G. Toscana – 91 977 ab..*

Vedere *Torre Pendente*★★★ **AY** – *Battistero*★★★ **AY** – *Duomo*★★ **AY** *: facciata*★★★, *pulpito*★★★ *di Giovanni Pisano – Camposanto*★★ **AY** *: ciclo affreschi Il Trionfo della Morte*★★★, *Il Giudizio Universale*★★, *L'Inferno*★ – *Museo dell'Opera del Duomo*★★ **AY M1** – *Museo di San Matteo*★★ **BZ** – *Chiesa di Santa Maria della Spina*★★ **AZ** – *Museo delle Sinopie*★ **AY M2** – *Piazza dei Cavalieri*★ **AY** *: facciata*★ *del palazzo dei Cavalieri* **ABY N** – *Palazzo Agostini*★ **ABY** – *Facciata*★ *della chiesa di Santa Caterina* **BY** – *Facciata*★ *della chiesa di San Michele in Borgo* **BY V** – *Coro*★ *della chiesa del Santo Sepolcro* **BZ** – *Facciata*★ *della chiesa di San Paolo a Ripa d'Arno* **AZ.**

Dintorni *San Piero a Grado*★ *per* ⑤ *: 6 km.*

⛳18 *Cosmopolitan (chiuso lunedì escluso dal 15 giugno al 15 settembre)a Tirrenia* ✉ *56018* ✆ *050 33633, Fax 050 384707, Sud-Ovest : 11 km;*

⛳9 *(chiuso martedì escluso luglio-agosto) a Tirrenia* ✉ *56018* ✆ *050 37518, Fax 050 33286, Sud-ovest : 11 km.*

✈ *Galileo Galilei Sud : 3 km* **BZ** ✆ *050 500707, Fax 050 500857.*

ℹ *piazza Miracoli* ✉ *56126* ✆ *050 560464, pisa.turismo@traveleurope.it – piazza Stazione* ✉ *56125* ✆ *050 42291 – Aeroporto Galileo Galilei* ✆ *050 503700.*

A.C.I. *via Cisanello 168* ✉ *56124* ✆ *050 950111.*

Roma 335 ③ *– Firenze 77* ③ *– Livorno 22* ⑤ *– Milano 275* ① *– La Spezia 75* ①.

Pianta pagina seguente

Relais dell'Orologio, via dellla Faggiola 12/14 ✉ 56126 ✆ 050 830361, *info@hotelrelaisorologio.com, Fax 050 551869* – |‡|, ⇋ cam, ▤ TV ✆ 🚗. AE ⓢ ⓓ ⓜⓒ VISA. 🚭 AY s
Pasto *(chiuso la domenica)* (solo per alloggiati) carta 40/55 – ☕ 25 – **21 cam** 225/326, 2 suites – ½ P 228.
◆ Una casa-torre trecentesca, nel cuore della città, da sempre appartenuta alla medesima famiglia, ma da poco aperta a pochi, fortunati, ospiti. Imperdibile sala di lettura.

Jolly Hotel Cavalieri, piazza Stazione 2 ✉ 56125 ✆ 050 43290, *pisa@jollyhotels.it, Fax 050 502242* – |‡|, ⇋ cam, ▤ TV 🚗 – 🎤 60. AE ⓢ ⓓ ⓜⓒ VISA JCB. 🚭 rist AZ a
Pasto carta 33/48 – **100 cam** ☕ 173/226, 3 suites.
◆ A pochi metri dalla stazione ferroviaria e dall'air terminal, valida ospitalità (soprattutto per una clientela internazionale), adeguata al gruppo cui l'hotel appartiene. Buon punto di riferimento per chi desideri trovare proposte culinarie toscane.

Royal Victoria Hotel senza rist, lungarno Pacinotti 12 ✉ 56126 ✆ 050 940111, *mail@royalvictoria.it, Fax 050 940180* – |‡| TV ✆ 🚗 – 🎤 150. AE ⓢ ⓓ ⓜⓒ VISA JCB. 🚭 AY a
48 cam ☕ 104/124.
◆ Albergo in attività dal 1837, in cui si respira appieno la piacevole atmosfera ottocentesca. Tutt'oggi ospita illustri personalità del mondo dell'arte e della cultura.

Verdi senza rist, piazza Repubblica 5/6 ✉ 56127 ✆ 050 598947, *hotelverdi@sirius.pisa.it, Fax 050 598944* – |‡| ▤ TV. AE ⓢ ⓓ ⓜⓒ VISA. 🚭 BYZ m
32 cam ☕ 85/110.
◆ A gestione familiare, una struttura dagli interni confortevoli e ben tenuti, ubicata nel cuore storico della città, vicina all'Arno e di fronte al Palazzo di Giustizia.

Europa Park Hotel senza rist, via Pisano 23 ✉ 56122 ✆ 050 500732, *Fax 050 554930*, 🌳 – TV. AE ⓢ ⓓ ⓜⓒ VISA JCB. 🚭 AY b
chiuso dal 15 dicembre al 7 gennaio – ☕ 10 – **13 cam** 72/98.
◆ Un originale e curioso villino degli anni '30, in zona residenziale ma vicino a Piazza dei Miracoli. Gli interni presentano un'interessante omogeneità di arredi.

Leonardo senza rist, via Tavoleria 17 ✉ 56126 ✆ 050 579946, *hotelleonardo@csinfo.it, Fax 050 598969* – |‡| ▤ TV ♿. AE ⓢ ⓓ ⓜⓒ VISA JCB. 🚭 ABY u
32 cam ☕ 85/115.
◆ Nato dalla ristrutturazione di uno stabile in precedenza adibito ad abitazione privata, un albergo centralissimo, posizionato tra i Lungarni; stanze semplici.

Amalfitana senza rist, via Roma 44 ✉ 56126 ✆ 050 29000, *Fax 050 25218* – |‡| ▤ TV. AE ⓢ ⓜⓒ VISA. 🚭 AY z
☕ 6 – **21 cam** 60/70.
◆ Nel nome, un riferimento alle antiche Repubbliche Marinare; in pieno centro storico, in un antico edificio ristrutturato, gestione familiare e gradevole servizio.

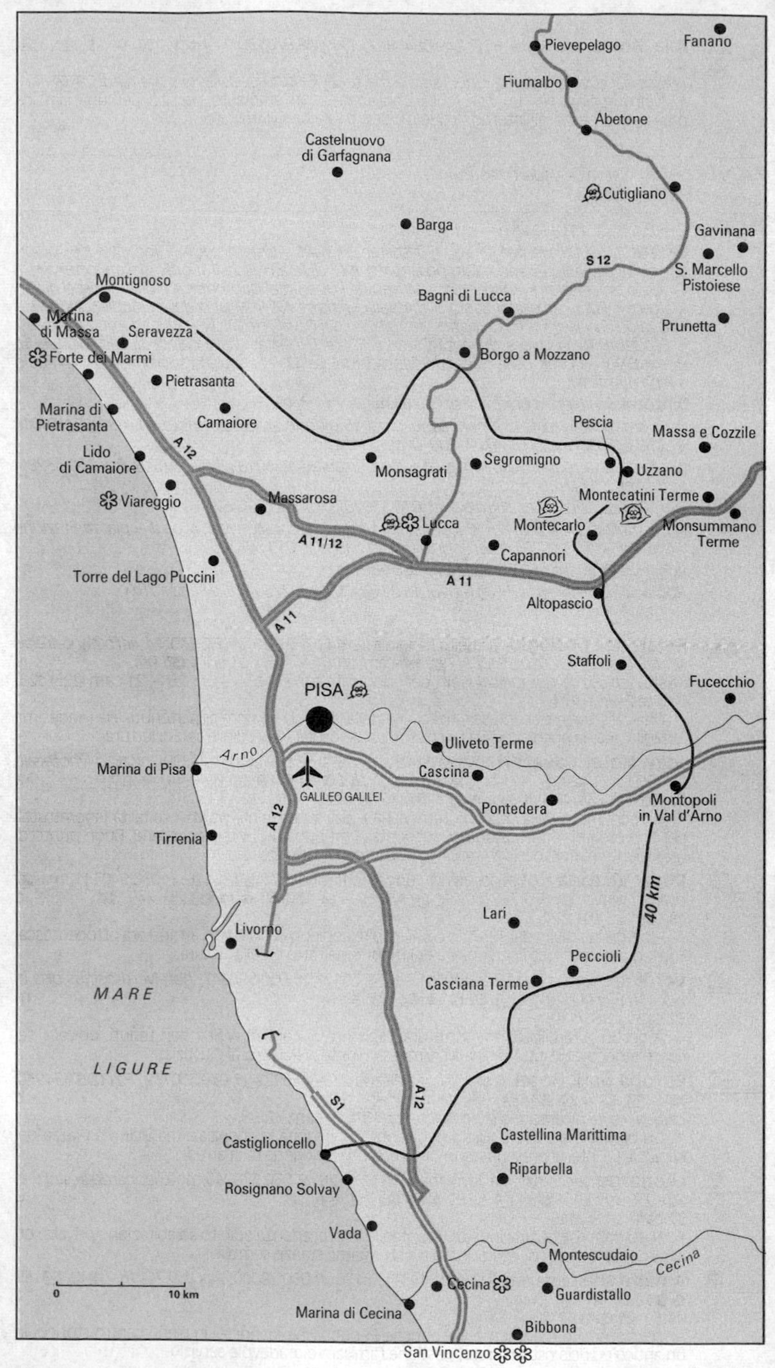
Pievepelago
Fanano
Fiumalbo
Abetone
Castelnuovo di Garfagnana
Cutigliano
Barga
Gavinana
S 12
S. Marcello Pistoiese
Montignoso
Bagni di Lucca
Marina di Massa
Seravezza
Prunetta
Forte dei Marmi
Borgo a Mozzano
Pietrasanta
Marina di Pietrasanta
Camaiore
Pescia
Massa e Cozzile
A 12
Lido di Camaiore
Monsagrati
Segromigno
Uzzano
Viareggio
Massarosa
Montecatini Terme
Lucca
Montecarlo
Monsummano Terme
A 11/12
Capannori
Torre del Lago Puccini
A 11
Altopascio
A 11
Staffoli
PISA
Fucecchio
Uliveto Terme
Arno
Marina di Pisa
Cascina
GALILEO GALILEI
Pontedera
Montopoli in Val d'Arno
A 12
Tirrenia
40 km
Lari
Livorno
Peccioli
Casciana Terme
MARE
LIGURE
S1
A 12
Castellina Marittima
Castiglioncello
Riparbella
Rosignano Solvay
Vada
Montescudaio
Cecina
0
10 km
Cecina
Guardistallo
Marina di Cecina
Bibbona
San Vincenzo

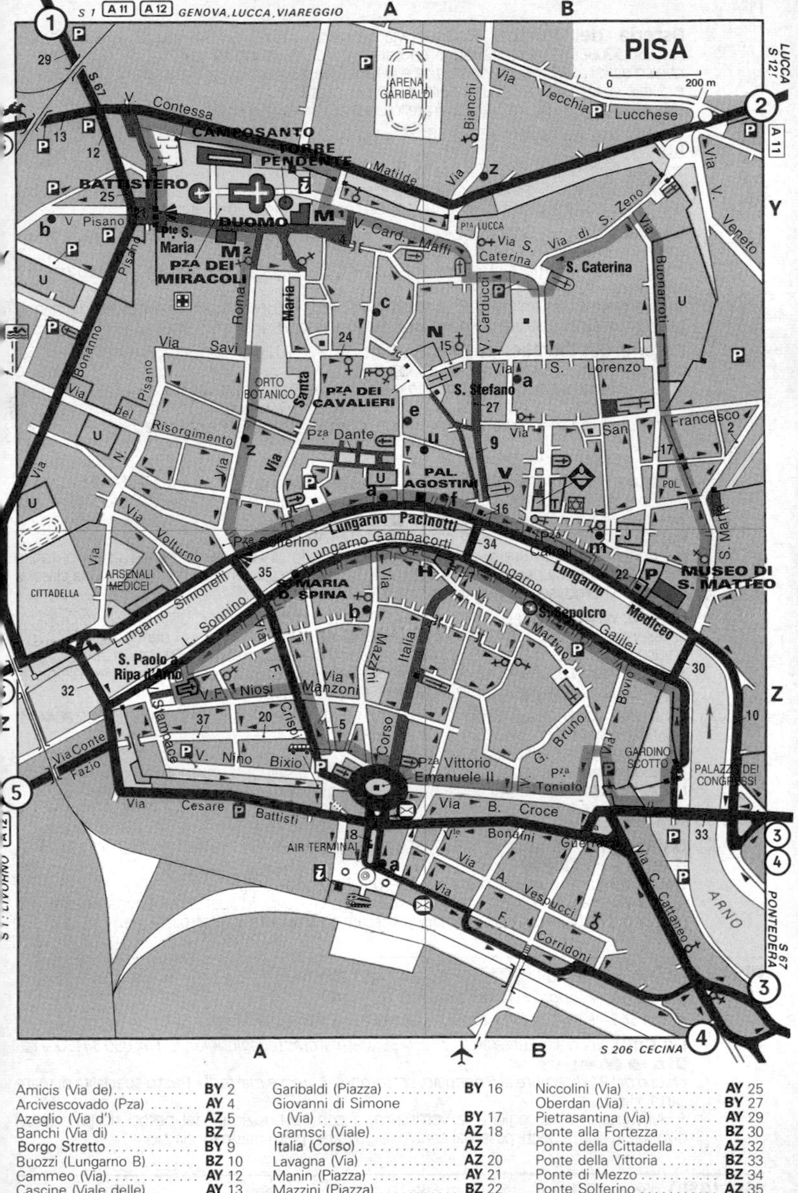

XX **A Casa Mia,** via provinciale Vicarese 10, località Ghezzano ✉ 56010 Ghezzano ☎ 050 879265, *Fax 050 879265*, – . AE Ⓓ VISA. 1 km per ②
chiuso dal 1° al 7 gennaio, agosto, sabato a mezzogiorno e domenica – **Pasto** 33/40 e carta 30/52.
◆ All'interno di una piccola villetta privata, atmosfera curata e molto familiare, con una cucina d'impostazione classica, del luogo, rielaborata con ottimi prodotti.

X **Osteria del Porton Rosso,** via Porton Rosso 11 ✉ 56126 ✆ 050 580566, *Fax 050 580566*, Coperti limitati; prenotare – ▤. AE ⓢ ◑ MC VISA. ✗ BY f
chiuso dal 1° al 18 agosto, domenica e lunedì – **Pasto** cucina marinara carta 27/34 (10 %).
◆ Nelle strette viuzze di una delle zone più caratteristiche e popolari di Pisa, un rustico angolo gastronomico. In cucina, fratello e sorella, in tavola, solo pesce.

X **Da Bruno,** via Bianchi 12 ✉ 56123 ✆ 050 560818, *Fax 050 550607* – ▤. AE ⓢ ◑ MC VISA BY z
chiuso lunedì sera e martedì – **Pasto** carta 32/43 (12 %).
◆ Storico indirizzo, a trentennale gestione familiare: marito in sala e moglie ai fornelli per una formula vincente e accattivante. Sapori toscani e pisani, davvero veraci.

X **La Clessidra,** via Santa Cecilia 34 ✉ 56127 ✆ 050 540160, *Fax 050 540160*, Coperti limitati; prenotare – ▤. AE ⓢ ◑ MC VISA JCB BY a
chiuso dal 24 dicembre al 7 gennaio, dal 26 luglio al 18 agosto, sabato a mezzogiorno e domenica – **Pasto** carta 19/25 (10 %).
◆ Due salette con un numero limitato di coperti, ai fornelli mani esperte che già hanno creato nel campo ristorativo: per proposte interessanti, anche toscane.

X **Osteria dei Cavalieri,** via San Frediano 16 ✉ 56126 ✆ 050 580858, *Fax 050 581259*, Coperti limitati; prenotare – AE ⓢ ◑ MC VISA AY e
chiuso agosto, sabato a mezzogiorno e domenica – **Pasto** carta 24/33.
◆ A pochi passi dall'Università, un localino impostosi in virtù di una cucina casereccia e fragrante, a prezzi veramente interessanti. Ospitalità informale e calorosa.

sulla strada statale 1 - via Aurelia :

Holiday Inn Pisa Migliarino, via Aurelia km 342, per ① *: 8,5 km* ✉ 56010 Migliarino Pisano ✆ 050 8008100, *holidayinn.pisa@alliancealberghi.com, Fax 050 803315* – |‡|, ✗ cam, ▤ TV & P – 🏛 50. AE ⓢ ◑ MC VISA JCB. ✗ rist
Pasto carta 25/35 – ☕ 13 – **62 cam** 141,44/173,10.
◆ Lungo la statale Aurelia, a pochi passi dal casello di Pisa nord, una struttura di taglio moderno, comoda per raggiungere l'autostrada, la città, l'aeroporto e il mare. Una classica cucina d'albergo, servita nella vasta sala al piano terra.

XXX **Sergio,** via Aurelia per ① *: 4 km* ✉ 56010 Madonna dell'Acqua ✆ 050 894068, *info@ristorantesergio.it, Fax 050 894932* – ✗ ▤ P. AE ⓢ ◑ MC VISA per ① *: 4 km*
chiuso dal 22 dicembre al 18 gennaio, domenica e a mezzogiorno – **Pasto** carta 46/64.
◆ Nel contesto di una realtà ricettiva alberghiera, torna alla grande una delle vecchie glorie della ristorazione italiana; servizio curato e proposte di mare e di terra.

XX **La Rota,** via Aurelia 276 per ① *: 6,5 km* ✉ 56010 Madonna dell'Acqua ✆ 050 804443, *Fax 050 803181*, – ▤ P. AE ⓢ ◑ MC VISA. ✗
chiuso martedì – **Pasto** carta 22/34 (10 %).
◆ Non lontano dall'uscita di Pisa Nord, un edificio a sviluppo orizzontale: ampio e confortevole locale, offre piatti di pesce e carni alla griglia, ben elaborati.

sulla strada statale 206 *per ④ : 10 km :*

X **Da Antonio,** via Arnaccio 105 ✉ 56023 Navacchio ✆ 050 740396, *Fax 050 742494*, – ▤ P. AE ⓢ ◑ MC VISA
chiuso dal 3 al 23 agosto, giovedì e venerdì – **Pasto** carta 25/37.
◆ Storica e familiare questa trattoria sita ad un crocevia, in aperta campagna. Semplice, a gestione diretta, vi delizierà con sapori toscani e carni fatte al girarrosto.

PISA (Marina di) *56013 Pisa* 563 K 12 – *a.s. luglio-agosto.*
via Moriconi angolo Via Minorca ✆ 050 311116.
Roma 346 – Pisa 13 – Firenze 103 – Livorno 16 – Viareggio 31.

X **Da Gino,** via delle Curzolari 2 ✆ 050 35408, *ristorantedagino@tin.it, Fax 050 34150* – ▤. AE ⓢ ◑ MC VISA JCB. ✗
chiuso dal 24 dicembre al 6 gennaio, settembre, lunedì e martedì – **Pasto** specialità di mare carta 31/51.
◆ All'ingresso vi accoglierà la vetrina-frigo con l'esposizione del pesce: accomodatevi dunque in sala, a pochi passi dal centro, e gustate i piatti marinari, classici.

PISCIANO *Perugia* 563 L 19 – *Vedere Gubbio.*

PISSIGNANO ALTO *Perugia* 563 N 20 – *Vedere Campello sul Clitunno.*

Se cercate un hotel tranquillo
consultate prima le carte tematiche dell'introduzione
e trovate nel testo gli esercizi indicati con il simbolo

PISTOIA *51100* ℙ 563 K 14 *G. Toscana – 85 890 ab. alt. 65.*

Vedere *Duomo*★ **B** *: dossale di San Jacopo*★★★ *– Battistero*★ **B** *– Chiesa di Sant'Andrea*★ **A** *: pulpito*★★ *di Giovanni Pisano – Basilica della Madonna dell'Umiltà*★ **A** D *– Fregio*★★ *dell'Ospedale del Ceppo* **B** *– Visitazione*★★ *(terracotta invetriata di Luca della Robbia), pulpito*★ *e fianco Nord*★ *della chiesa di San Giovanni Fuorcivitas* **B** R *– Facciata*★ *del palazzo del comune* **B** H *– Palazzo dei Vescovi*★ **B.**

ℹ *piazza del Duomo c/o Palazzo dei Vescovi ℘ 0573 21622, aptpistoia@tiscalinet.it, Fax 0573 34327.*

A.C.I. *via Ricciardetto 2 ℘ 0573 975282.*

Roma 311 ④ – Firenze 36 ④ – Bologna 94 ① – Milano 295 ① – Pisa 61 ④ – La Spezia 113 ④.

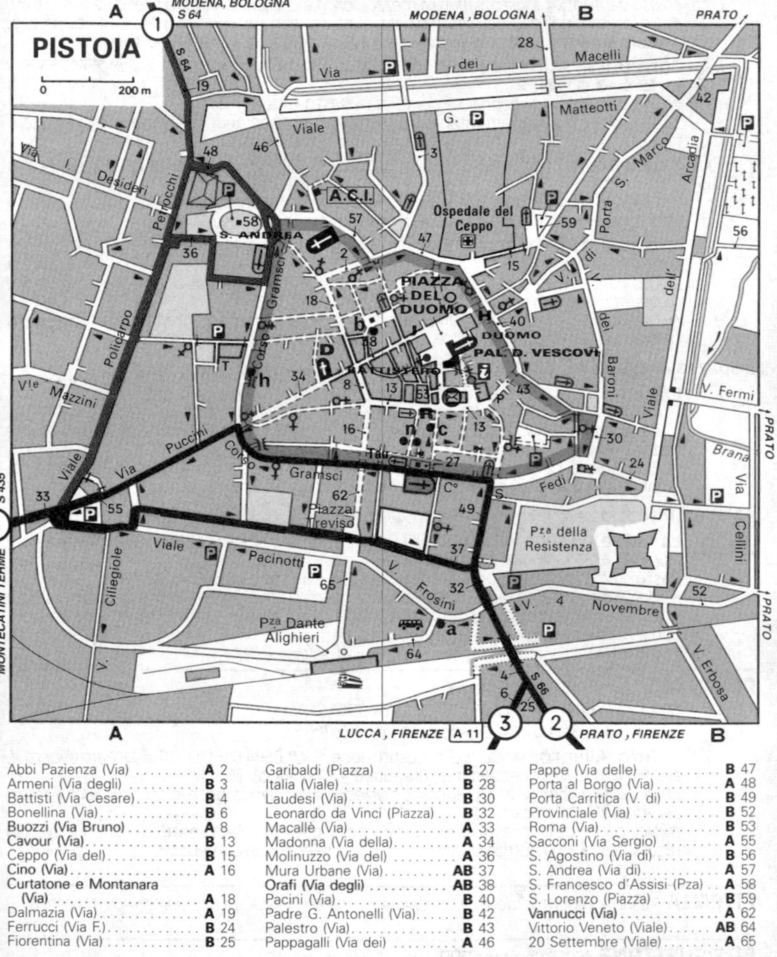

Patria senza rist, via Crispi 8 ℘ 0573 25187, *info@patriahotel.com, Fax 0573 368168* – TV. AE ⑤ ⓓ ⓜ VISA **B** n
28 cam ☕ 72/113.
◆ Nel pieno centro, una risorsa sempre valida, con camere confortevoli; pur trovandosi in zona a traffico limitato, sono a disposizione pass per le auto dei clienti.

Leon Bianco senza rist, via Panciatichi 2 ✆ 0573 26675, *Fax 0573 26704* – AE MC VISA JCB B c
8 – 27 cam 70/100.
◆ Permessi accordati alle vetture degli alloggiati; a due passi dal Duomo, un hotel ove l'ordine e la pulizia spiccano ovunque. Recenti lavori di rinnovo.

Agriturismo Tenuta di Pieve a Celle, via di Pieve a Celle 158, località Pontelungo ✉ 51030 Pontelungo ✆ 0573 913087, *info@tenutadipieveacelle.it, Fax 0573 910280,* – cam, P. AE MC VISA. 2,5 km per via Mazzini A
Pasto *(chiuso a mezzogiorno)* (solo per alloggiati) 26/30 – **5 cam** 104/120 – ½ P 86.
◆ Splendida tenuta di campagna, alle porte della città, completamente circondata da boschi e vigneti. Camere molto gradevoli, suggestivi spazi esterni, gestione signorile.

Manzoni, corso Gramsci 112 ✆ 0573 28101, *Fax 0573 993053* – . AE MC A h
chiuso dal 10 al 24 agosto, sabato a mezzogiorno e domenica – **Pasto** specialità di mare 40.
◆ Un ottimo indirizzo per scorpacciate di pesce, con un buon rapporto qualità/prezzo; prodotti eccellenti, con preparazioni semplici e fragranti, per piatti esposti a voce.

Corradossi, via Frosini 112 ✆ 0573 25683, *loriscorradossi@virgilio.it, Fax 0573 25683* – . AE MC VISA. B a
chiuso da Natale al 1° gennaio e domenica – **Pasto** carta 27/35.
◆ Gradevole, in un intramontabile stile senza tempo, ben quotato in città, molto frequentato a pranzo. A cena, invece, l'ambiente quasi si trasforma: più curato, di tono.

S. Jacopo, via Crispi 15 ✆ 0573 27786, *Fax 0573 507428* – . AE MC VISA. B n
chiuso lunedì e martedì a mezzogiorno – **Pasto** carta 18/32.
◆ Centrale, si sviluppa su due sale con tavoli un po' ravvicinati; caratteristiche volte e travi a vista, proposte tra il tipico e il classico, menù anche in lingua straniera.

Trattoria dell'Abbondanza, via dell'Abbondanza 10/14 ✆ 0573 368037, , prenotare la sera – MC VISA A b
chiuso dal 31 dicembre al 2 gennaio, dal 6 al 21 maggio, dal 2 al 17 ottobre, mercoledì e giovedì a mezzogiorno – **Pasto** cucina toscana carta 20/24.
◆ Un'osteria di recente apertura, che offre, in un'atmosfera accogliente e simpatica, piatti casereccì e della tradizione locale, a prezzi interessanti.

a Spazzavento *per ④ : 4 km – ✉ 51100 Pistoia :*

Il Punto, via Provinciale Lucchese 301 ✆ 0573 570267, *ilpuntoristorante@bigfoot.com, Fax 0573 570267,* – . AE MC VISA JCB
chiuso dal 1° al 7 febbraio, dal 14 al 20 giugno, lunedì e a mezzogiorno (escluso domenica e festivi) – **Pasto** carta 31/38.
◆ Sulla statale per Lucca, un punto di ristoro a gestione appassionata e competente. Gradevole servizio all'aperto e cucina che si apre con piacere alla creatività.

a Villa di Piteccio *Nord : 10 km – ✉ 51030 : Pistoia*

La Volpe e l'Uva-Villa Vannini, via di Villa 6 ✆ 0573 42031, *info@villavannini.it, Fax 0573 42551,* , – P. AE VISA
Pasto *(chiuso a mezzogiorno prenotare)* 40/50 – **8 cam** 60/95 – ½ P 77.
◆ Una bella residenza, adagiata sulle colline pistoiesi, che dispone di una decina di camere graziose e curate. Cortese ed appassionata gestione familiare, gradevole giardino. Ristorante d'atmosfera, genuina cucina casalinga.

PITIGLIANO *58017 Grosseto* 563 O 16.

piazza Garibaldi 51 ✆ 0564 617111, Fax 0564 617111.
Roma 153 – Viterbo 48 – Grosseto 78 – Orvieto 51.

Il Tufo Allegro, vicolo della Costituzione 5 ✆ 0564 616192, *iltufoallegro@libero.it, Fax 0564 617318,* Coperti limitati; prenotare – AE MC VISA.
chiuso dal 10 gennaio al 18 febbraio, martedì e mercoledì a mezzogiorno (escluso agosto-settembre) – **Pasto** carta 32/47.
◆ Nel cuore della località etrusca, nei pressi della Sinagoga: piatti toscani, un piccolo ristorante con una nutrita cantina di vini e due salette ricavate nel tufo.

PITRIZZA *Sassari – Vedere Sardegna (Arzachena : Costa Smeralda) alla fine dell'elenco alfabetico.*

PIZZIGHETTONE *26026 Cremona* 561 G 11 – *6 741 ab. alt. 46.*

Roma 526 – Piacenza 23 – Cremona 22 – Lodi 33 – Milano 68.

Da Giacomo, piazza Municipio 2 ✆ 0372 730260, *Fax 0372 730260,* Coperti limitati; prenotare – . MC VISA
chiuso 15 giorni a gennaio, 20 giorni in agosto e lunedì – **Pasto** carta 26/35.
◆ Nel centro storico di questa pittoresca località cinta da mura, un ristorantino che esprime una riuscita miscela di rusticità e design. Cucina del territorio reinterpretata.

PIZZO *89812 Vibo Valentia* 564 K 30 – *8 366 ab. alt. 107.*
Roma 603 – Reggio di Calabria 105 – Catanzaro 59 – Cosenza 88 – Lamezia Terme (Nicastro) 33 – Paola 85.

Marinella, contrada Marinella Prangi Nord : 4 km ☎ 0963 534864, *hotel_marinella@libero.it, Fax 0963 534884,* – ▯ ▤ TV P. AE ⓓ ⓞ ⓜ VISA JCB. ✂
Pasto carta 22/32 – **45 cam** ☕ 65/88 – ½ P 70.
◆ Costruzione bianca, tipo grande casa privata, sita fuori del centro e non lontana dal casello; tre piani per le stanze, di cui l'ultimo mansardato, e colazione all'aperto. Ampie sale da pranzo e bella terrazza esterna, direttamente sotto le travi del tetto.

Isolabella, riviera Prangi Nord : 4 km ☎ 0963 264128, *giuseppe.isolabella@tin.it, Fax 0963 264128,* – ▤ P. AE ⓓ ⓞ ⓜ VISA. ✂
chiuso lunedì escluso luglio ed agosto – **Pasto** specialità di mare carta 23/33.
◆ Lungo la strada litoranea a nord della località, un punto di riferimento, a Pizzo, per chi desideri trovare pesce elaborato in forma tradizionale. Bel giardino estivo.

A Casa Janca, riviera Prangi Nord : 3,5 km ☎ 0963 264364, *acasajanca@katamail.com, Fax 0963 264364,* – P. AE ⓓ ⓞ ⓜ VISA. ✂
chiuso dal 5 novembre al 5 dicembre e dal 10 gennaio al 10 febbraio – **Pasto** carta 20/30.
◆ In campagna, cucina calabra, casereccia, concreta, in un ambiente tipico con servizio estivo in un giardino-agrumeto; drappi appesi ai muri, verdura e frutta esposte.

PLANAVAL *Aosta* 219 ⑪ – *Vedere Valgrisenche.*

PLAN GORRET *Courmayeur* 561 E 2 – *Vedere Courmayeur.*

PLOSE *Bolzano G. Italia – alt. 2 446.*
Vedere ✳★★★.

POCENIA *33050 Udine* 562 E 21 – *2 592 ab..*
Roma 607 – Udine 35 – Gorizia 53 – Milano 346 – Pordenone 51 – Trieste 73.

a Paradiso *Nord-Est : 7 km – ✉ 33050 Pocenia :*

Al Paradiso, via S. Ermacora 1 ☎ 0432 777000, *trattoriaparadiso@libero.it, Fax 0432 777270* – ▤ P. ⓓ ⓜ VISA
chiuso dal 7 al 25 gennaio, dal 1° al 25 luglio, lunedì e martedì – **Pasto** carta 29/42.
◆ In un antico casolare del 1500 ristrutturato, tra spiedi e antichi rami, troverete sale molto belle e signorili; un'atmosfera accurata per piatti di stampo locale.

POCOL *Belluno – Vedere Cortina d'Ampezzo.*

PODENZANA *54010 Massa-Carrara* 563 J 11 – *1 843 ab. alt. 32.*
Roma 419 – La Spezia 24 – Genova 108 – Parma 99.

La Gavarina d'Oro, via Castello ☎ 0187 410021, *Fax 0187 411935,* ≤ – P. ⓓ ⓜ VISA. ✂
chiuso dal 19 agosto al 15 settembre, dal 20 febbraio al 7 marzo e mercoledì – **Pasto** carta 18/24.
◆ Un ristorante tradizionale, un punto di riferimento nella zona, ove poter assaggiare anche la tipica cucina della Lunigiana e specialità come i panigacci. Nella rusticità.

PODERNOVI *Siena – Vedere Montalcino.*

POGGIBONSI *53036 Siena* 563 L 15 – *27 701 ab. alt. 115.*
Roma 262 – Firenze 44 – Siena 29 – Livorno 89 – Pisa 79.

Villa San Lucchese ⌂, località San Lucchese 5 (Sud : 1,5 km) ☎ 0577 937119, *villasanlucchese@etr.it, Fax 0577 934729,* ≤ colline, – ▯ ▤ TV P – 70. AE ⓓ ⓞ ⓜ VISA JCB. ✂
chiuso dal 10 gennaio al 10 febbraio – **Pasto** *(solo buffet a mezzogiorno)* carta 34/50 – **38 cam** ☕ 120/184 – ½ P 122.
◆ Un'antica dimora patrizia del '400, immersa in un parco e affacciata sulle colline senesi; ristrutturata con sobria eleganza, offre un ambiente di charme e confort. Si respira la storia anche al ristorante, in sale più vicine a noi o più ancorate al passato.

La Galleria, galleria Cavalieri Vittorio Veneto 20 ☎ 0577 982356, *Fax 0577 982356,* – ▤. AE ⓓ ⓞ ⓜ VISA JCB. ✂
chiuso dal 25 aprile al 5 maggio, agosto e domenica – **Pasto** specialità di pesce carta 26/46.
◆ Un bel localino che ha saputo imporsi grazie alla qualità e alla varietà di quanto proposto; cucine a vista, andamento familiare e professionale, impostazione classica.

POGGIO *Livorno* 563 N 12 – *Vedere Elba (Isola d') : Marciana.*

POGGIO A CAIANO *59016 Prato* 563 K 15 *G. Toscana – 8 591 ab. alt. 57.*

Vedere *Villa*★.

ℹ *via Lorenzo il Magnifico ✉ 59016 ☎ 055 8798779, Fax 055 8779807.*

Roma 293 – Firenze 17 – Livorno 99 – Milano 300 – Pisa 75 – Pistoia 18.

Hermitage ⛰, via Ginepraia 112 ☎ 055 877040, *info@hotelhermitageprato.it, Fax 055 8797057,* ≤, ⛱ – |≑| ▤ TV P – 🏞 150. AE Ⓢ ⓘ ⓜ VISA JCB. ✂ rist
Pasto *(chiuso agosto, venerdì e a mezzogiorno)* carta 23/35 – **58 cam** ☕ 77,50/103,30 – ½ P 70.
◆ Nei pressi della magnifica villa medicea del XV secolo, fra le colline e il verde, una serie di strutture sfruttate per lo più da chi viaggia per affari. Tono funzionale. Immerso fra i cipressi e i pini, un ristorante per degustare specialità della zona.

POGGIO ALLE MURA *Siena – Vedere Montalcino.*

POGGIO ANTICO *Siena – Vedere Montalcino.*

POGGIO BERNI *47030 Rimini* 562 J 19 – *2 896 ab. alt. 155.*

Roma 321 – Rimini 16 – Forlì 53 – Pesaro 54 – Ravenna 54.

XXX **I Tre Re** ⛰ con cam, via Cervi 1 ✉ 47824 ☎ 0541 629760, *hotel@itrere.com, Fax 0541 629368,* , 🌳, 🛋 – |≑| ▤ TV 📞 ♿ P – 🏞 70. AE Ⓢ ⓘ ⓜ VISA JCB. ✂ rist
Pasto *(chiuso mercoledì e a mezzogiorno escluso i giorni festivi)* carta 31/43 – **15 cam** ☕ 74/116.
◆ Sulle prime colline alle spalle di Rimini, là ove ancora si vede il mare, un'antica struttura, imponente, di fascino. Si mangia all'aperto con accompagnamento musicale.

POGGIO MIRTETO STAZIONE *02040 Rieti* 563 P 20 – *alt. 242.*

⛳9 *Colle dei Tetti (chiuso lunedì) strada statale 313, località Collicchia ✉ 02040 Poggio Catino ☎ 0765 26267, Fax 0765 26268, Nord : 4,5 km.*

Roma 59 – Rieti 47 – Terni 44 – Viterbo 73.

sulla strada statale 313 *Nord : 4 km :*

Borgo Paraelios ⛰, località Valle Collicchia di Poggio Catino ✉ 02040 ☎ 0765 26267, *info@borgoparaelios.it, Fax 0765 26268,* 🌳, 🏋, ≘s, ⛱, ⛱, ✂ – ▤ TV P. AE Ⓢ ⓘ ⓜ VISA JCB. ✂ rist
Pasto (prenotare) carta 87/113 – **18 cam** ☕ 230/280 – ½ P 190.
◆ Nella Sabina più vera, più antica, parco e terrazze panoramiche con piscina; un casale ristrutturato con gran gusto, per un incessante susseguirsi di sale e angoli ameni. Il sogno continua attorno a un tavolo, nel piacevolissimo e suggestivo relais.

POGGIORSINI *70020 Bari* 564 E 30 – *1 539 ab. alt. 461.*

Roma 379 – Bari 68 – Altamura 32 – Matera 50 – Potenza 86.

Agriturismo Masseria Il Cardinale ⛰, località Contrada Capoposto Sud-Ovest : 5 km ☎ 080 3237279, *info@ilcardinale.it, Fax 080 3237279,* Centro ippico, solo su prenotazione, ⛱, ✂ – TV ♿ P – 🏞 100. Ⓢ ⓜ VISA. ✂ rist
chiuso dal 7 gennaio al 28 febbraio – **Pasto** 30 – **2 cam** ☕ 49,50/69, 10 suites 49,50/69 – ½ P 57,50.
◆ Cinta da mura, un'antica masseria con parco, piscina e laghetto; nella villa padronale, ampi e freschi saloni, stanze affacciate su cortili porticati e cappella del '400. A tavola, sapori locali e prodotti provenienti dall'azienda agricola stessa.

POGGIO SAN POLO *Siena – Vedere Gaiole in Chianti.*

POGLIANO MILANESE *20010 Milano* 219 ⑱ – *7 878 ab. alt. 162.*

Roma 595 – Milano 20 – Como 41.

XX **La Corte,** via Chiesa 36 ☎ 02 93258018, *info@lacorteristorante.it, Fax 02 93258018,* Coperti limitati; prenotare – ▤. AE Ⓢ ⓜ VISA. ✂
chiuso dal 29 dicembre al 5 gennaio, agosto, domenica sera e lunedì – **Pasto** 38/65 e carta 49/69 🍷.
◆ Una piccola bomboniera nel cuore dell'industrializzato hinterland milanese; a condurla con passione e professionalità, due giovani e capaci fratelli, davvero creativi.

POGNANA LARIO 22020 Como 561 E 9, 219 ⑨ – 909 ab. alt. 307.

Roma 638 – Como 12 – Milano 61.

La Meridiana, via Aldo Moro 1 ☎ 031 378333, *Fax 031 309607*, – P. AE VISA
chiuso dal 24 dicembre al 31 gennaio, dal 10 al 31 ottobre, mercoledì (escluso dal 15 giugno al 7 settembre) e da novembre a marzo anche martedì sera – **Pasto** carta 24/43.
◆ Un po' inerpicato sulla costa, rialzato rispetto alla strada, locale semplice che offre un servizio estivo in terrazza-giardino con vista lago e monti; sapori casalinghi.

POLESINE PARMENSE 43010 Parma 562 G 12 – 1 532 ab. alt. 35.

Roma 496 – Parma 43 – Bologna 134 – Cremona 23 – Milano 97 – Piacenza 35.

Al Cavallino Bianco, via Sbrisi 2 ☎ 0524 96136, *info@cavallinobianco.it, Fax 0524 96416*, – P. AE VISA
chiuso dal 7 al 22 gennaio e martedì – **Pasto** carta 24/35 e al Rist. ***Tipico di Casa Spigaroli*** *(chiuso la sera e martedì)* 12/15.
◆ Siamo lungo le rive del grande fiume, in una provincia ove la cucina è quasi un atto religioso, nella terra del culatello: due fratelli se ne fanno creativi portavoce. Al «Tipico di Casa Spigaroli» piatti locali e cibi di loro produzione, ma solo a pranzo.

POLICORO 75025 Matera 564 G 32 – 15 300 ab. alt. 31.

Roma 487 – Bari 134 – Cosenza 136 – Matera 67 – Potenza 129 – Taranto 68.

Callà 2, via Lazio ☎ 0835 981098, *info@hotelcalla.it, Fax 0835 981098* – TV. AE VISA. rist
Pasto *(chiuso venerdì)* carta 17/27 – **21 cam** 60/83 – ½ P 62.
◆ Ai margini di questa località ubicata sul Golfo di Taranto, una struttura d'impronta quasi mediterranea, bianca, con stanze discrete e omogenee per spazi e confort. Due vaste sale ristorante: una a vocazione banchettistica e l'altra d'impostazione classica.

al lido *Sud-Est : 4 km :*

Heraclea , Viale Del Lido ✉ 75025 ☎ 0835 910144, *hotelheraclea@heraclea.com, Fax 0835 910147*, – TV P. AE VISA.
chiuso dal 20 al 27 dicembre – **Pasto** carta 22/30 – **86 cam** 51/92 – ½ P 64.
◆ Reca il nome dell'antica colonia della Magna Grecia su cui sorse in seguito Policoro, questo valido hotel a pochi metri dalla spiaggia; buoni spazi comuni soprattutto esterni.

POLIGNANO A MARE 70044 Bari 564 E 33 – 16 757 ab. – a.s. 21 giugno-settembre.

Roma 486 – Bari 36 – Brindisi 77 – Matera 82 – Taranto 70.

Covo dei Saraceni, via Conversano 1/1 A ☎ 080 4241177, *info@covodeisaraceni.com, Fax 080 4247010*, – TV – 200. AE VISA JCB.
Pasto al Rist. ***Il Bastione*** carta 23/39 – **34 cam** 95/120, 2 suites – ½ P 90.
◆ Nel centro, affacciato comunque sul mare, un comodo albergo che diventa valido punto di riferimento sia per il turista che per il cliente di passaggio; rinnovo totale. Piacevoli sale ristorante, da cui godere un'ottima vista sul blu; terrazza sugli scogli.

Grotta Palazzese , via Narciso 59 ☎ 080 4240677, *grottapalazzese@grottapalazzese.it, Fax 080 4240767*, – TV. AE VISA JCB.
Pasto carta 48/65 – **25 cam** 98/144 – ½ P 97.
◆ Puglia, terra anche di trulli e di grotte: nell'antico borgo di Polignano, un hotel costruito sugli scogli, proprio a strapiombo sul blu; per dormire cullati dalle onde. Suggestivo servizio ristorante estivo in una grotta sul mare.

Castellinaria , località cala San Giovanni (complanare SS 16 NO : 2 km) ☎ 080 4240233, *info@hotelcastellinaria.it, Fax 080 4240489*, – TV P. AE VISA.
Pasto *(chiuso dal 23 al 29 dicembre e a mezzogiorno escluso da aprile ad ottobre)* carta 27/46 – 8,50 – **32 cam** 120/149 – ½ P 105.
◆ Protesi su una deliziosa cala sabbiosa cinta dalle rocce, gruppo di villini circondati da un giardino mediterraneo con cascatelle artificiali, digradante fino al mare. Sala banchetti con una parte del pavimento in vetro, sospeso su una grotta naturale.

Da Tuccino, via Santa Caterina 69/F (Ovest : 1,5 km) ☎ 080 4241560, *info@tuccino.it, Fax 080 4251023*, – P. AE VISA.
chiuso dal 16 dicembre al 15 febbraio, lunedì a mezzogiorno in agosto, tutto il giorno negli altri mesi – **Pasto** specialità di pesce e frutti di mare crudi carta 35/85.
◆ Punti di forza del locale sono l'ottima cucina marinara, schietta e fragrante, con prodotti di qualità impeccabile, e un bel dehors panoramico, sul nostro Mediterraneo.

L'Osteria di Chichibio, largo Gelso 12 ☎ 080 4240488, *Fax 080 5431606*, – . AE VISA JCB.
chiuso dal 23 dicembre al 7 gennaio, dal 19 agosto al 2 settembre e lunedì – **Pasto** carta 20/36.
◆ Boccaccesca memoria per il nome di un piccolo locale del centro storico, ma con un dehors da cui si scorge il mare; sapori di pesce e forno a legna, in ambiente gradevole.

POLLEIN *Aosta – Vedere Aosta.*

POLLENZO *Cuneo* 561 H 5 – *Vedere Bra.*

POLLONE *13814 Biella* 561 F 5 – *2 185 ab. alt. 622.*
Roma 671 – Aosta 92 – Biella 9 – Novara 62 – Torino 86 – Vercelli 52.

Il Patio, via Oremo 14 ✆ 015 61568, *ilpatio@libero.it, Fax 015 61568,* , prenotare, – P. AE VISA JCB
chiuso lunedì, martedì, dal 15 al 30 agosto e dal 1° al 15 gennaio – **Pasto** carta 30/43 .
◆ Celato nel parco di un hotel, locale ricavato entro vecchie stalle: soffitti in pietra, mangiatoie, anelli di fissaggio alle pareti. Classe e, in cucina, vena creativa.
Spec. Sauté di scorfano, finferli e zucchine. Ravioli di tarassaco (erbette). Sella di coniglio al rosmarino con verdure primaverili.

Il Faggio, via Oremo 54 ✆ 015 61252, *ilfaggio@libero.it, Fax 015 2563763* – P. AE VISA
chiuso gennaio, dal 25 agosto al 5 settembre e lunedì – **Pasto** carta 30/40.
◆ Un villino liberty ospita questo ristorante rinnovato di recente. Gli interni sono di tono classico, molto signorile. Nel piatto viene servito il Piemonte rivisitato.

POLPENAZZE DEL GARDA *25080 Brescia* 561 F 13 – *1 960 ab. alt. 207.*
Roma 540 – Brescia 36 – Mantova 79 – Milano 129 – Trento 104.

a Picedo *Est : 1,5 km – ✉ 25080 Polpenazze del Garda :*

Taverna Picedo, via Sottoraso 7 ✆ 0365 674103, *slavieros@libero.it, Fax 0365 676947,* – VISA
chiuso dal 7 gennaio al 2 febbraio, i mezzogiorno di lunedì-martedì da maggio a settembre, lunedì a mezzogiorno e martedì negli altri mesi – **Pasto** specialità fritto di verdure e carni alla griglia carta 25/36.
◆ Qui troverete, tra i piatti forti, il fritto di verdure e le carni preparate alla griglia; nel contesto di un ambiente simpatico, con la possibilità di mangiare all'aperto.

Inviateci il vostro parere sui ristoranti che vi consigliamo, sulle loro specialità e i loro vini regionali.

POLTU QUATU *Sassari* 566 D 10 – *Vedere Sardegna (Arzachena : Costa Smeralda) alla fine dell'elenco alfabetico.*

POLVANO *Arezzo – Vedere Castiglion Fiorentino.*

POLVERINA *Macerata* 563 M 21 – *Vedere Camerino.*

POMARANCE *56045 Pisa* 563 M 14 – *6 613 ab. alt. 367.*
piazza della Costituzione ✆ 0588 63187.
Roma 273 – Siena 69 – Firenze 96 – Livorno 70 – Pisa 80.

La Burraia, via Garibaldi 40 ✆ 0588 65617, *burraia@tiscalinet.it, Fax 0588 65618,* , – , cam, P. VISA
Pasto *(chiuso martedì)* carta 19/27 – **29 cam** 60/76 – ½ P 54.
◆ Hotel di recente costruzione, sulla statale per Larderello; offre camere nuove, confortevoli e curate nella pulizia. Frequentato da una clientela turistica e di lavoro. Bella sala da pranzo al piano terra; servizio estivo all'aperto.

POMEZIA *00040 Roma* 563 Q 19 – *47 716 ab. alt. 108.*
Marediroma (chiuso lunedì) a Marina di Ardea ✉ 00040 ✆ 06 9133250, Fax 06 9133250, Sud : 8 km.
Roma 28 – Anzio 31 – Frosinone 105 – Latina 41 – Ostia Antica 32.

Selene, via Pontina km 30 ✆ 06 911701, *info@hotelselene.com, Fax 06 91170557,* , , – , cam, P – 500. AE VISA.
Pasto al Rist. ***La Brace*** *(chiuso dal 5 al 28 maggio)* carta 30/45 – **185 cam** 180/230, 13 suites – ½ P 150.
◆ Lungo un'arteria a scorrimento veloce, imponente struttura alberghiera recente, dotata di giardino con piscina, ampie, eleganti sale comuni e funzionale centro congressi. Ristorante di taglio moderno; vasta scelta di specialità alla griglia.

Enea, via del Mare 83 ☎ 06 9107021, *eneahotel@tiscalinet.it, Fax 06 9107805,* – cam, – 350.
Pasto carta 27/54 – **96 cam** 113/144 – ½ P 139.
◆ Funzionale risorsa recente, in comoda posizione tra la statale Pontina e il mare di Torvaianica, con interni di signorile classicità; piscina e attrezzature congressuali. Capienti sale da pranzo di tono raffinato, adatte anche per banchetti.

POMONTE *Livorno* 563 N 12 – *Vedere Elba (Isola d') : Marciana.*

POMPAGNANO *Perugia* 563 N 20 – *Vedere Spoleto.*

POMPEI *80045 Napoli* 564 E 25 *G. Italia – 25 891 ab. alt. 16 – a.s. maggio-15 ottobre.*

Vedere *Foro★★★ : Basilica★★, Tempio di Apollo★★, Tempio di Giove★★ – Terme Stabiane★★★ – Casa dei Vettii★★★ – Villa dei Misteri★★★ – Antiquarium★★ – Odeon★★ – Casa del Menandro★★ – Via dell'Abbondanza★★ – Fullonica Stephani★★ – Casa del Fauno★★ – Porta Ercolano★★ – Via dei Sepolcri★★ – Foro Triangolare★ – Teatro Grande★ – Tempio di Iside★ – Termopolio★ – Casa di Loreius Tiburtinus★ – Villa di Giulia Felice★ – Anfiteatro★ – Necropoli fuori Porta Nocera★ – Pistrinum★ – Casa degli Amorini Dorati★ – Torre di Mercurio★ : ≤★★ – Casa del Poeta Tragico★ – Pitture★ nella casa dell'Ara Massima – Fontana★ nella casa della Fontana Grande.*

Dintorni *Villa di Oplontis★★ a Torre Annunziata Ovest : 6 km.*

via Sacra 1 ☎ 081 8507255, pompei@uniplan.it, Fax 081 8632401.

Roma 237 – Napoli 29 – Avellino 49 – Caserta 50 – Salerno 29 – Sorrento 28.

Amleto senza rist, via Bartolo Longo 10 ☎ 081 8631004, *info@hotelamleto.it, Fax 081 8635585* – – 50.
26 cam 80/150.
◆ Giovane gestione per un recente hotel, nei pressi degli scavi; terrazza solarium, pavimento con riproduzione di mosaici e decorazioni parietali in stile pompeiano.

Maiuri senza rist, via Acquasalsa 20 ☎ 081 8562716, *info@maiuri.it, Fax 081 8562716* – – 70.
24 cam 75/100.
◆ Forse un omaggio all'antica Pompei, nella ripresa del nome di un famoso archeologo italiano; certo un hotel nuovo, molto comodo, dai toni pastello anche negli interni.

Giovanna senza rist, via Acquasalsa 18 ✉ 80045 ☎ 081 8506161, *hotelgiovanna@uniplan.it, Fax 081 8507323,* –
24 cam 70/90.
◆ Ideale per clienti d'affari e turisti che desiderino la praticità e la quiete, albergo sorto da poco, immerso in un bel giardino; camere spaziose e confortevoli.

Forum senza rist, via Roma 99 ☎ 081 8501170, *pompei@hotelforum.it, Fax 081 8506132,* –
35 cam 70/90.
◆ Praticamente di fronte all'area archeologica e vicino al famoso Santuario, un simpatico edificio lineare, con un gradevole giardinetto interno; conduzione appassionata.

Iside senza rist, via Minutella 27 ☎ 081 8598863, *info@hoteliside.it, Fax 081 8598863* –
18 cam 56/80.
◆ Comodo per la visita alla città storica e ad altre mete turistiche, un punto d'appoggio nuovo, familiare, con ambienti luminosi e camere semplici, ma accoglienti.

Pompei senza rist, via Moro I Traversa 18 ☎ 081 8567057, *info@pompeibedandbreakfast.com, Fax 1782227909,* –
7 cam 60/90.
◆ In zona residenziale, appena fuori dal centro, un bed and breakfast di nuova apertura e buon confort generale; gradevoli spazi comuni e graziose camere lineari.

XXX **Il Principe,** piazza Bartolo Longo 8 ☎ 081 8505566, *info@ilprincipe.com, Fax 081 8633342* –
chiuso dal 23 al 26 dicembre, dal 1º al 20 agosto, domenica sera e lunedì – **Pasto** carta 60/77.
◆ Una celebre coppia di coniugi, un raffinato e vivace indirizzo per le prelibatezze della tradizione campana, anche rivisitata, con un occhio rivolto alle antiche ricette.
Spec. Soffiato di mozzarella di bufala con verdure grigliate e salsa di pecorino di Carmasciano. Lasagne al garum pompeiano. Parmigiana di melanzane e zucchine con piccoli peperoncini (estate-autunno).

XX **President,** piazza Schettini 12/13 ✆ 081 8507245, *info@ristorantepresident.it, Fax 081 8638147* – . AE VISA JCB.
chiuso dal 23 al 26 dicembre, dal 10 al 25 agosto, domenica sera e lunedì – **Pasto** specialità di mare carta 34/44.
◆ Accoglienza familiare e informale, ambiente semplice ma confortevole e una cucina che propone piatti di mare che nascono dalla disponibilità quotidiana del pescato.

XX **Dei Platani,** via Colle San Bartolomeo 4 ✆ 081 8633973, *ristorantedeiplatani@libero.it, Fax 081 8633973,* – . AE VISA
chiuso mercoledì escluso da agosto a ottobre – **Pasto** carta 21/36.
◆ I platani che costeggiano la via hanno dato nome al ristorante: una risorsa esistente già da tempo, ma ristrutturata di recente. Specialità stagionali e di pescato.

PONDERANO *13875 Biella* 219 ⑮ – *3 808 ab. alt. 357.*

Roma 673 – Aosta 85 – Biella 4 – Milano 100 – Vercelli 40.

X **Da Valdo,** via Mazzini 63 ✆ 015 541979 – . AE VISA.
chiuso dal 28 luglio al 22 agosto e mercoledì – **Pasto** carta 25/38.
◆ Con giacca e cappellone da cuoco il signor Valdo, chef e titolare del locale, uomo di lungo rodaggio nel ramo, vi accoglie con piatti familiari, di matrice toscana.

PONT *Aosta* 219 ⑫ – *Vedere Valsavarenche.*

PONTASSIEVE *50065 Firenze* 563 K 16 – *20 825 ab. alt. 101.*

Roma 264 – Firenze 18 – Arezzo 67 – Pistoia 61 – Siena 88.

X **Girarrosto,** via Garibaldi 29 ✆ 055 8368055 – . AE VISA.
chiuso dal 7 al 31 agosto e lunedì – **Pasto** carta 24/31.
◆ Una valida ristrutturazione ha portato ad un locale ampio ed allegro. La sala, grande ed ariosa, è decorata con numerosi acquerelli. In menù specialità del territorio.

PONTE A CAPPIANO *Firenze* 563 K 14 – *Vedere Fucecchio.*

PONTE A MORIANO *Lucca* 563 K 13 – *Vedere Lucca.*

PONTE ARCHE *Trento* 562 D 14 – *Vedere Comano Terme.*

PONTECAGNANO *84098 Salerno* 564 F 26 – *23 796 ab. alt. 28 – a.s. luglio-agosto.*

Roma 273 – Potenza 92 – Avellino 48 – Napoli 68 – Salerno 9.

sulla strada statale 18 *Est : 2 km :*

1 + 1, via Vespucci 35 ✉ 84090 Sant'Antonio di Pontecagnano ✆ 089 384177, *Fax 089 849123* – – 50. AE VISA.
Pasto carta 19/25 – 4 – **40 cam** 45/60 – 1/2 P 50.
◆ Fuori del centro, lungo la statale che conduce a Battipaglia, un hotel dotato di ampio e comodo parcheggio; a conduzione familiare, senza pretese, ma decoroso. Al ristorante ambienti spaziosi, puliti e ordinati.

PONTECORVO *03037 Frosinone* 563 R 22 – *13 394 ab. alt. 97.*

Roma 121 – Frosinone 43 – Gaeta 50 – Isernia 65 – Napoli 110.

X **Primavera,** piazzale Porta Pia 8 ✆ 333 2038986, *ristoranteprimavera@inwind.it* – . AE VISA JCB
chiuso dal 12 al 31 agosto, lunedì e la sera escluso sabato – **Pasto** carta 18/27.
◆ Piccola gestione familiare, per piatti della memoria locale, fatti al momento, con qualche tocco creativo o proposte, invece, nel solco della classicità; ambiente semplice.

PONTE DELL'OLIO *29028 Piacenza* 561 H 10 – *4 797 ab. alt. 210.*

Roma 548 – Piacenza 22 – Genova 127 – Milano 100.

XX **Riva,** via Riva 16 (Sud : 2 km) ✆ 0523 875193, *ardelli.carla@libero.it, Fax 0523 875193,* , Coperti limitati; prenotare – . AE VISA JCB.
chiuso martedì a mezzogiorno e lunedì – **Pasto** carta 44/57.
◆ In un piccolo borgo con tanto di affascinante castello merlato, vicino all'antica rocca, una cucina raffinata e leggera, misurato equilibrio di territorio e creatività.
Spec. Terrina di tacchinella e prosciutto crudo. Pennette fatte a mano con fili di coppa, pomodorini ed erbe fini. Scamone di manzo piemontese con lardo e pesto.

Locanda Cacciatori con cam, località Castione Est : 3 km 0523 875105, *Fax 0523 875105*, , – – 60. .
chiuso gennaio – **Pasto** carta 15/30 – **13 cam** 25/35.
◆ Da più di trent'anni, una locanda gestita dalla stessa famiglia e rimasta immutata nella sua veste interna nel corso del tempo; propone leccornie tipiche della zona.

PONTEDERA *56025 Pisa* 563 L 13 – *25 989 ab. alt. 14.*

Roma 314 – Pisa 25 – Firenze 61 – Livorno 32 – Lucca 28 – Pistoia 45 – Siena 86.

Armonia senza rist, piazza Caduti Div. Acqui, Cefalonia e Corfù 11 0587 278511, *recepti on@hotelarmonia.it, Fax 0587 278540* – – 100. .
23 cam 118/147, 4 suites.
◆ Oggi ristrutturato, uno storico edificio per una storica accoglienza, in città, sin da metà '800; ospiti illustri, atmosfere eleganti, qualità impeccabile e signorile.

Il Falchetto senza rist, piazza Caduti Div. Acqui, Cefalonia e Corfù 3 0587 212183, *Fax 0587 212183* – .
7 – **17 cam** 55/85.
◆ Un valido indirizzo, molto ben gestito da una coppia di coniugi che ne ha piacevolmente cura quasi come fosse una casa privata; spazi personalizzati, discreto confort.

Aeroscalo, via Roma 8 0587 52024 – . .
chiuso agosto e lunedì – **Pasto** carta 28/35.
◆ Centralissimo e in zona pedonale, un punto di riferimento generazionale in Pontedera: due sale arredate con buon gusto, intime e familiari, e piatti toscani, rivisitati.

I prezzi
Per tutte le precisazioni sui prezzi indicati in questa guida, consultate le pagine introduttive.

PONTE DI BRENTA *Padova* 562 F 17 – *Vedere Padova.*

PONTE DI LEGNO *25056 Brescia* 561 D 13 – *1 870 ab. alt. 1 258 – a.s. febbraio, Pasqua, luglio-agosto e Natale – Sport invernali : 1 260/3 069 m 5, ; (anche sci estivo) collegato con impianti del Passo del Tonale.*

9 (giugno-settembre) 0364 900269, Fax 0364 900555.
corso Milano 41 0364 91122, Fax 0364 91949.
Roma 677 – Sondrio 65 – Bolzano 107 – Bormio 42 – Brescia 119 – Milano 167.

Mirella, via Roma 21 0364 900500, *hotelmirella@pontedilegno.it, Fax 0364 900530*, , , , , – – 300. .
chiuso ottobre e novembre – **Pasto** *(chiuso maggio, ottobre e novembre)* carta 38/56 – **61 cam** 100/170 – ½ P 100.
◆ Nato nei primi anni '70, classico, possente albergo di montagna che offre come punto di forza gli ampi spazi comuni, interni ed esterni, ideali per un soggiorno di relax. Imponente sala ristorante con un'infilata di finestroni panoramici.

Sorriso , via Piazza 6 0364 900488, *info@hotelsorriso.com, Fax 0364 91538*, , , , – . .
dicembre-Pasqua e giugno-settembre – **Pasto** (solo per alloggiati) – **20 cam** 120/180 – ½ P 115.
◆ Una piccola casa soleggiata, dal caratteristico stile alpino, decentrata e tranquilla, affacciata sulla vallata; una conduzione signorile e accurata per un buon confort.

Mignon, via Corno d'Aola 11 0364 900480, *hotel.mignon@vallecamonica.it, Fax 0364 900480*, , – . . rist
Pasto *(chiuso da maggio al 20 giugno, ottobre e novembre)* carta 23/28 – 7 – **38 cam** 48/80 – ½ P 73.
◆ Sorta come residenza dei proprietari e poi trasformata in hotel, una risorsa in continua evoluzione, posta ai margini del paese; gestione strettamente familiare.

San Marco, piazzale Europa 18 0364 91036, *sanmarcosome@virgilio.it, Fax 0364 902273* – .
chiuso lunedì escluso dal 20 dicembre al 15 gennaio, da luglio al 15 settembre e dal 25 settembre all'8 ottobre – **Pasto** carta 27/37.
◆ Centrale, ma non nella zona storica della cittadina, e al piano terra di una villetta; taglio rustico e una cucina di sapore mutevole, tra il camuno e il «tirolese».

Sporting, viale Venezia 46 0364 91775, *serini-gianpietro@tiscali.it, Fax 0364 91775*, , Rist. e pizzeria, – . .
chiuso dal 5 al 20 giugno e martedì in bassa stagione – **Pasto** carta 24/32.
◆ Piatti della casa e cacciagione, vicino ai campi da tennis; una sala per pizze, con forno a legna, e l'altra, per il ristorante vero e proprio, con menù su lavagna.

a Pezzo (strada del Gavia) *Nord : 5,5 km – ✉ 25056 Ponte di Legno :*

Da Giusy, via Ercavallo 39 ✆ 0364 92153, *Fax 0364 92153*, Coperti limitati; prenotare. AE VISA.
chiuso martedì (escluso luglio-agosto), ottobre e novembre aperto solo nei fine settimana – **Pasto** carta 23/27.
◆ Un buon ambiente rustico, ultra familiare, in cui è possible gustare specialità camune e cucina casereccia; un locale un po' fuori Ponte, sulla strada per il Passo Gavia.

PONTE DI NAVA *Cuneo 561 J 5 – Vedere Ormea.*

PONTE DI PIAVE *31047 Treviso 562 E 19 – 6 961 ab. alt. 10.*

Roma 563 – Venezia 47 – Milano 302 – Treviso 19 – Trieste 126 – Udine 95.

a Levada *Nord : 3 km – ✉ 31047 Ponte di Piave :*

Agriturismo Cà de Pizzol, via Vittoria 92 ✆ 0422 853230, *info@cadeipizzol.com*, *Fax 0422 853462*, – rist, P. VISA JCB.
Pasto *(aperto le sere di venerdì-sabato e domenica a mezzogiorno)* (prenotare) carta 17/31 – **5 cam** 30/45.
◆ Un caratteristico casolare di campagna, ristrutturato con cura e passione, fa da sfondo a soggiorni dedicati agli amanti autentici della natura e della quiete. La sala ristorante occupa il piano terra, è qui che si gustano i genuini prodotti dell'azienda.

Al Gabbiano con cam, via della Vittoria 45 ✆ 0422 853725, *info@algabbiano.it*, *Fax 0422 853540*, – P. AE VISA. rist
Pasto *(chiuso domenica)* carta 26/49 – 10 – **27 cam** 60/85, suite – ½ P 60.
◆ Nel cuore della Marca Trevigiana, in un edificio rosa e bianco, ben tenuto, un ristorante con annesso piano bar; servizio estivo e giardinetto, tra piatti anche locali.

a San Nicolò *Est : 3,5 km – ✉ 31047 Ponte di Piave :*

Agriturismo Rechsteiner, via Montegrappa 3 ✆ 0422 807128, *rechsteiner@rechsteiner.it*, *Fax 0422 752155* – cam, P. AE VISA.
Pasto carta 18/24 – **10 cam** 39/62 – ½ P 53.
◆ Deliziosa casa colonica, ristrutturata, sita nel verde della campagna, fra i vitigni lungo il Piave; di un'antica e nobile famiglia, offre buoni confort e molta quiete.

PONTEGRADELLA *Ferrara 562 H 16 – Vedere Ferrara.*

PONTE IN VALTELLINA *23026 Sondrio 562 D 11 – 2 262 ab. alt. 500.*

Roma 709 – Sondrio 9 – Edolo 39 – Milano 148 – Passo dello Stelvio 78.

Cerere, via Guicciardi 7 ✆ 0342 482294, *Fax 0342 482780*, ← – . AE VISA.
chiuso dal 7 al 20 gennaio, dal 1° al 25 luglio e mercoledì (escluso agosto) – **Pasto** carta 24/31.
◆ Elegante, sito in un palazzo del XVII secolo, locale d'impostazione classica, con «inserti» rustici, che non si limita ad offrire solo piatti di tradizione valtellinese.

PONTE NELLE ALPI *32014 Belluno 562 D 18 – 7 895 ab. alt. 392.*

Roma 609 – Belluno 8 – Cortina d'Ampezzo 63 – Milano 348 – Treviso 69 – Udine 109 – Venezia 98.

sulla strada statale 51 :

Da Benito con cam, località Pian di Vedoia Nord : 3 km ✉ 32014 ✆ 0437 99420, *da-benito@libero.it*, *Fax 0437 990472*, ←, – P. – 80. AE VISA.
chiuso dal 26 dicembre al 6 gennaio e dal 4 al 25 agosto – **Pasto** *(chiuso domenica sera e lunedì)* carta 25/37 – 5 – **22 cam** 50/70 – ½ P 70.
◆ Tra Belluno e Cortina, comodo sulla strada, un caseggiato bianco: all'interno, un ambiente ordinato, con legno chiaro e sorprendenti sapori di pesce. Ma non solo.

Alla Vigna, località Cadola 19 (Est : 2 km) ✉ 32014 ✆ 0437 990559, *orneliom@tin.it*, *Fax 0437 990559* – AE VISA JCB.
chiuso dal 20 al 28 aprile, dal 22 agosto al 7 settembre, martedì sera e mercoledì – **Pasto** carta 27/40.
◆ Salette intime, rustiche, con soffitto a travi, tavoli e divanetti lungo i muri, oggetti vari; gestione diretta e un occhio anche ai piatti di stagione e della zona.

PONTENUOVO DI CALENZANO *Firenze 563 K 15 – Vedere Calenzano.*

PONTERANICA *24010 Bergamo* 561 E 11 – *6 952 ab. alt. 381.*

Roma 608 – Bergamo 8 – Milano 55.

Parco dei Colli, via Fustina 13 ☎ 035 572227, *Fax 035 690588*, Rist. e pizzeria serale – P. AE VISA.
chiuso dal 5 al 25 agosto e mercoledì – **Pasto** carta 28/35.
◆ Bella carta con piatti in prevalenza di pesce, ma anche carni e, solo alla sera, pizza fragrante dal forno a legna; gestito da due cognati, locale semplice, alla buona.

PONTE SAN GIOVANNI *Perugia* 563 M 19 – *Vedere Perugia.*

PONTE SAN NICOLÒ *35020 Padova* 562 F 17 – *11 907 ab. alt. 11.*

Roma 498 – Padova 8 – Venezia 40.

Pianta : vedere Padova.

Marconi, via Marconi 186 località Roncaglia ☎ 049 8961422, *hotel.marconi@tin.it, Fax 049 8961514* – TV P – 100. AE VISA JCB. rist
Pasto *(chiuso da venerdì a domenica e a mezzogiorno)* (solo per alloggiati e su prenotazione) carta 22/34 – **56 cam** 74/90 – ½ P 83. **BX x**
◆ A Roncaglia, pochi km dal centro di Padova, facile da raggiungere da autostrada e tangenziale, una comoda risorsa con camere spaziose e ben accessoriate.

PONTE TARO *Parma* 562 H 12 – *Vedere Parma.*

In questa guida
uno stesso simbolo, una stessa parola
stampati in rosso o in nero,
hanno un significato diverso.
Leggete attentamente le pagine dell'introduzione.

PONTE VALLECEPPI *Perugia* 563 M 19 – *Vedere Perugia.*

PONTIDA *24030 Bergamo* 561 E 10 – *2 944 ab. alt. 313.*

Roma 609 – Bergamo 18 – Como 43 – Lecco 26 – Milano 52.

Hosteria la Marina, via Don Aniceto Bonanomi 283, frazione Grombosco Nord : 2 km ☎ 035 795063, *Fax 035 796079* – AE VISA.
chiuso martedì – **Pasto** carta 24/33.
◆ Sulle colline alle spalle di Pontida, una semplice trattoria per piatti ruspanti e saporiti, anche legati alle tradizioni locali. Potrete scegliere il vino nella cantina.

PONTREMOLI *54027 Massa-Carrara* 563 I 11 *G. Toscana* – *8 068 ab. alt. 236.*

Roma 438 – La Spezia 41 – Carrara 53 – Firenze 164 – Massa 55 – Milano 186 – Parma 81.

Agriturismo Costa D'Orsola, località Orsola, Sud-Ovest : 2 km ☎ 0187 833332, *info@costadorsola.it, Fax 0187 833332*, <, , , – P. VISA. rist
15 marzo-6 novembre – **Pasto** *(chiuso a mezzogiorno)* carta 22/31 – **14 cam** 68/96 – ½ P 62.
◆ Camere di buona fattura, ricavate nei caratteristici locali di un antico borgo rurale restaurato con cura. Gestione familiare cortese, atmosfera tranquilla e rilassata. Ristorante suggestivo, con ampi spazi esterni.

Cà del Moro con cam, via Casa Corvi 9 ☎ 0187 830588, *info@cadelmoro.it, Fax 0187 830588*, – TV P. AE VISA.
chiuso dal 7 al 31 gennaio – **Pasto** *(chiuso due settimane in gennaio, una settimana in luglio, due settimane in novembre, domenica sera e lunedì)* carta 22/31 – **5 cam** 45/80 – ½ P 58.
◆ Affascinante ristorante con camere, in campagna, ideale per gli amanti del golf che possono mantenersi in allenamento tra le quattro buche del campo. Cucina del territorio.

Da Bussè, piazza Duomo 31 ☎ 0187 831371, prenotare –
chiuso dal 1° al 20 luglio, la sera (escluso sabato-domenica) e venerdì – **Pasto** carta 25/31.
◆ Una vera trattoria, sita all'inizio di una vietta di fianco al Duomo; da ormai settant'anni è gestita sempre dalla medesima famiglia. Piatti pontremolesi, casalinghi.

PONZA (Isola di) *Latina 563 LT G. Italia – 3 355 ab. alt. da 0 a 280 (monte Guardia) – a.s. Pasqua e luglio-agosto.*

La limitazione d'accesso degli autoveicoli è regolata da norme legislative.

Vedere *Località★.*

per Anzio 16 giugno-15 settembre giornalieri (2 h 30 mn) e Formia giornalieri (2 h 30 mn) – Caremar-agenzia Regine, molo Musco ☎ 0771 80565, Fax 0771 809875; per Terracina giornaliero (2 h 15 mn) – Trasporti Marittima Mazzella, via Santa Maria ☎ 0771 809965 e Anxur Tours, al porto ☎ 0771 725536, Fax 0771 726691.

per Formia giornalieri (1 h 20 mn) – Caremar-agenzia Regine, molo Musco ☎ 0771 80565, Fax 0771 809875 e Agenzia Helios, molo Musco ☎ 0771 80549; per Anzio giornalieri (1 h 10 mn).

– Trasporti Marittimi Mazzella, via Santa Maria ☎ 0771 809965 e Agenzia Helios, molo Musco ☎ 0771 80549.

Ponza – ✉ *04027 :.*

molo Musco ☎ 0771 80031, Fax 0771 80031

Grand Hotel Santa Domitilla, via Panoramica ☎ 0771 809951, *info@santadomitilla.com, Fax 0771 809955*, – 150. AE VISA JCB.
aprile-ottobre – **Pasto** *(chiuso a mezzogiorno da giugno a settembre)* (prenotare) carta 45/70 – **50 cam** 280/310, 2 suites.
◆ Strategicamente posizionato, dotato di terrazza-giardino con piscina, un hotel signorile, nel verde, a pochi passi dal centro e da una delle spiagge più belle dell'isola. Ampia sala ristorante.

Bellavista, via Parata 1 ☎ 0771 80036, *hotelbellavista@tin.it, Fax 0771 80395*, ≤ scogliera e mare – VISA.
chiuso dal 15 dicembre al 15 gennaio – **Pasto** *(Pasqua-settembre)* carta 40/53 – **24 cam** 180/200 – ½ P 130.
◆ Il nome non tradisce le attese e premia con una vista intrigante su speroni e roccia, a picco sul mare; non lontano dal porto, ecco un rifugio familiare e curato. Ambiente classico in sala da pranzo; tavoli disposti fra le arcate, affacciati sulla marina.

Gennarino a Mare, via Dante 64 ☎ 0771 80593, *gennarinoamare@yahoo.it, Fax 0771 80140*, ≤ mare e porto, pontile per attracco natanti – AE VISA.
chiuso dal 20 dicembre al 20 gennaio – **Pasto** *(aprile-ottobre)* (solo su prenotazione) carta 49/63 – **12 cam** 195/245.
◆ Affacciate su uno dei tre lati dell'edificio, e tutte con terrazzino, poche camere, arredate con gusto, in questo piccolo hotel, bianco e blu, al termine del lungomare. Ristorante in posizione invidiabile; servizio estivo in terrazza sul mare.

Acqua Pazza, piazza Carlo Pisacane ☎ 0771 80643, *acquapazza@ponza.com, Fax 0771 80643*, ≤, Coperti limitati; prenotare – AE VISA.
chiuso da novembre a febbraio e a mezzogiorno – **Pasto** specialità di mare carta 34/72.
◆ A pochi metri dal molo, all'aperto, pesce fresco e fragrante: rapiti dalle architetture mediterranee e colorate delle abitazioni isolane e dallo scenario di mare e costa.

Orestorante, via Dietro la Chiesa 4 ☎ 0771 80338, *orestorante@tiscalinet.it, Fax 0771 80338*, ≤, – VISA JCB
Pasqua-settembre; chiuso a mezzogiorno – **Pasto** specialità di mare 60 e carta 55/80.
◆ Dal porto, salendo verso la chiesa, un edificio bianco: all'interno, atmosfera marinara bianca e blu e terrazze esterne sul promontorio con panorama e tanto pescato.

Il Tramonto, via Campo Inglese Nord : 4 km ☎ 0771 808563, *fabioaltieri@libero.it, Fax 0771 808563*, – VISA
aprile-settembre; chiuso a mezzogiorno – **Pasto** specialità di mare carta 38/51.
◆ Servizio estivo in terrazza con vista mare, costa e Palmarola; uno dei più bei panorami che possiate trovare, per gustare pescato locale nelle preparazioni più semplici.

PONZANO *Firenze – Vedere Barberino Val d'Elsa.*

PONZANO VENETO *31050 Treviso 562 E 18 – 9 598 ab. alt. 28.*

Roma 546 – Venezia 40 – Belluno 74 – Treviso 5 – Vicenza 62.

a Paderno di Ponzano *Nord-Ovest : 2 km – ✉ 31050 Ponzano Veneto :*

Relais Monaco, via Postumia 63 (Nord : 1 km) ☎ 0422 9641, *mailbox@relaismonaco.it, Fax 0422 964500*, prenotare, – cam, – 280. AE VISA JCB.
Pasto carta 37/47 – 9,50 – **60 cam** 149/165, suite.
◆ Tra i colli della campagna veneta più dolce, lungo la storica via Postumia, un'antica villa rinnovata con estrema signorilità e confort, immersa in un parco con piscina. Al ristorante ambienti e atmosfere eleganti.

Trattoria da Sergio, via Fanti 14 ✆ 0422 967000, *Fax 0422 967000*, prenotare – P. AE S O MC VISA JCB.
chiuso dal 23 dicembre al 6 gennaio, dal 1° al 20 agosto, i giorni festivi, sabato a mezzogiorno e domenica – **Pasto** carta 23/36.
◆ Superate l'aspetto esteriore del locale e varcatene la soglia: una cordiale e simpatica gestione familiare, mamma ai fornelli e figlio in sala. La cucina è casereccia.

POPPI *52014 Arezzo* 563 K 17 *G. Toscana – 5 877 ab. alt. 437.*

Vedere *Cortile★ del Castello★.*

Casentino (chiuso martedì escluso luglio-agosto) ✆ 0575 529810, Fax 0575 520167.

Roma 247 – Arezzo 33 – Firenze 58 – Ravenna 118.

Parc Hotel, via Roma 214, località Ponte a Poppi ✉ 52013 ✆ 0575 529994 e rist ✆ 0575 529101, *info@parchotel.it, Fax 0575 529984*, – TV P – 50. AE S O MC VISA.
chiuso dal 4 al 25 novembre – **Pasto** al Rist. ***Parc*** *(chiuso lunedì escluso agosto)* carta 21/36 – **43 cam** 53/95 – 1/2 P 63.
◆ Una valida risorsa, di tipo tradizionale, sia per la clientela d'affari che per i turisti di passaggio nel Casentino; settore notte rinnovato di recente, confort moderni. I menù spaziano dalla classica cucina d'albergo, alla gastronomia locale, alle pizze.

La Torricella, località Torricella 14, Ponte a Poppi ✆ 0575 527045, *la_torricella@technet.it, Fax 0575 527046*, ≤ centro storico e vallata, – TV P. AE S O MC VISA JCB.
Pasto carta 17/26 – **13 cam** 45/70 – 1/2 P 46.
◆ Sulla cima di una collina panoramica, a due passi dal rinomato borgo medievale ove sorge il castello dei Conti Guidi, in un tipico casolare toscano ben ristrutturato. Sala da pranzo rustica con travi in legno e veranda panoramica.

Campaldino con cam, via Roma 95, località Ponte a Poppi ✉ 52013 ✆ 0575 529008, *priccica@virgilio.it, Fax 0575 529032* – TV P. AE S O MC VISA.
Pasto *(chiuso dal 1° al 20 luglio e mercoledì escluso agosto)* carta 19/29 – **10 cam** 52/60 – 1/2 P 48,50.
◆ Un tributo, nel nome, alla storica Piana ove si tenne la battaglia tra Guelfi e Ghibellini immortalata nei versi danteschi; un'antica stazione di posta, oggi ristorante.

a Moggiona *Nord-Est : 10 km – ✉ 52010 :*

Il Cedro, via di Camaldoli 20 ✆ 0575 556080, *Fax 0575 556080*, ≤, prenotare
chiuso Natale, Capodanno e lunedì (escluso dal 15 luglio ad agosto) – **Pasto** carta 19/27.
◆ A pochi chilometri dal suggestivo convento di Camaldoli, piccola trattoria, familiare per gestione e ambiente; cucina del territorio, con funghi e tartufi in stagione.

POPULONIA *Livorno* 563 N 13 – *Vedere Piombino.*

PORCIA *33080 Pordenone* 562 E 19 – *13 531 ab. alt. 29.*

Roma 608 – Belluno 67 – Milano 333 – Pordenone 4 – Treviso 54 – Trieste 117.

Casetta, via Colombo 35, località Palse Sud : 1 km ✆ 0434 922720, *fab.casetta@inwind.it, Fax 0434 922720*, Coperti limitati; prenotare – P. AE S O MC VISA JCB.
chiuso dal 1° al 6 gennaio, agosto e mercoledì – **Pasto** carta 27/32.
◆ Aperto qualche anno fa su iniziativa di una coppia di coniugi appassionati di cucina, offre piatti di carne legati alle stagioni, entro un elegante villino ben curato.

PORDENONE *33170* P 562 E 20 – *48 798 ab. alt. 24.*

Castel d'Aviano (chiuso martedì) a Castel d'Aviano ✉ 33081 ✆ 0434 652305, Fax 0434 660496, Nord-Ovest : 10 km.

di Ronchi dei Legionari ✆ 0481 773224, Fax 0481 474150.

corso Vittorio Emanuele II,38 ✆ 0434 21912, arpt–pn1@regione.fvg.it, fax 0434 523814.

A.C.I. *viale Dante 40 ✆ 0434 208965.*

Roma 605 – Udine 54 – Belluno 66 – Milano 343 – Treviso 54 – Trieste 113 – Venezia 93.

Palace Hotel Moderno, viale Martelli 1 ✆ 0434 28215, *info@palacehotelmoderno.it, Fax 0434 520315*, – TV – 120. AE S O MC VISA JCB.
Pasto *(chiuso dal 2 al 24 agosto, sabato a mezzogiorno e domenica)* carta 30/45 – 11 – **91 cam** 73/113, 3 suites – 1/2 P 84,50.
◆ Totalmente rinnovato, un punto di riferimento per l'ospitalità nella cittadina friulana: dotato di strutture nuove, l'albergo offre un valido livello di confort e servizi. Due ampie sale ristorante.

Villa Ottoboni, piazzetta Ottoboni 2 ☎ 0434 208891, *villaottoboni@geturhotels.com, Fax 0434 208148* – 100. AE VISA JCB. rist
Pasto *(chiuso agosto)* carta 27/42 – **93 cam** 76/98, 3 suites – ½ P 70.
◆ Per una clientela in prevalenza d'affari, una risorsa che spicca nell'ambito del panorama cittadino, molto classica nello sviluppo delle parti comuni e nel settore notte. La zona dedicata alla ristorazione offre grandi spazi.

Minerva senza rist, piazza XX Settembre 5 ☎ 0434 26066, *mail@hotelminerva.it, Fax 0434 29748* – 70. AE VISA JCB.
43 cam 100/170.
◆ Comodo hotel nel cuore di Pordenone, a pochi passi dai poli della vita socioculturale della località nonché dalla stazione ferroviaria e dei bus; rinnovato di recente.

Park Hotel senza rist, via Mazzini 43 ☎ 0434 27901, *parkhotel.pn@tin.it, Fax 0434 522353* – 70. AE VISA JCB
chiuso dal 20 dicembre al 7 gennaio – **66 cam** 76/130.
◆ Per chi arrivi in città col treno, un albergo molto pratico da raggiungere a piedi, vicino al centro storico; confort e servizi in linea con la catena a cui appartiene.

La Vecia Osteria del Moro, via Castello 2 ☎ 0434 28658, *Fax 0434 20671* – AE VISA JCB
chiuso dal 1° al 10 gennaio, dal 10 al 25 agosto e domenica – **Pasto** carta 27/33.
◆ Centrale, una tipica trattoria che, come insegna la tradizione da queste parti, funziona anche come osteria; in ambiente caldo e coinvolgente, piatti friulani ruspanti.

PORDOI (Passo del) *Belluno e Trento G. Italia – alt. 2 239.*

Vedere *Posizione pittoresca***.*

PORETA *Perugia 563 N 20 – Vedere Spoleto.*

PORLEZZA *22018 Como 561 D 9, 219 ⑨ – 4 184 ab. alt. 271.*

Vedere *Lago di Lugano**.*
Roma 673 – Como 47 – Lugano 16 – Milano 95 – Sondrio 80.

Regina, lungolago Matteotti 11 ☎ 0344 61228, *hotel.regina@mclink.it, Fax 0344 72031,* – AE VISA JCB
marzo-2 novembre – **Pasto** *(chiuso lunedì a mezzogiorno escluso da luglio al 15 settembre)* carta 35/45 – **29 cam** 55/90 – ½ P 60.
◆ Direttamente affacciato sul lungolago, un albergo con stanze forse non ampie, ma piacevoli negli arredi, e una terrazza all'aperto per la bella stagione. Confortevole sala da pranzo rustica con ampia vista sul lago.

POROTTO *Ferrara 562 H 16 – Vedere Ferrara.*

PORRETTA TERME *40046 Bologna 562 J 14 – 4 768 ab. alt. 349 – Stazione termale (maggio-ottobre), a.s. luglio-20 settembre.*

piazza Libertà 11 ☎ 0534 22021, iat.porretta@cosea.bo.it, Fax 0534 22328.
Roma 345 – Bologna 59 – Firenze 72 – Milano 261 – Modena 92 – Pistoia 35.

Santoli, via Roma 3 ☎ 0534 23206, *hotelsantoli@libero.it, Fax 0534 22744,* – 150. AE VISA.
chiuso Natale e Pasqua – **Pasto** al Rist. ***Il Bassotto*** *(chiuso Natale, Pasqua, e a mezzogiorno da ottobre a marzo)* (prenotare) carta 26/35 – 7,75 – **48 cam** 67/103 – ½ P 58.
◆ Un grande complesso adiacente alle terme, in grado di rispondere alle esigenze di una clientela di lavoro, turistica, o qui per la salute; pulizia, serietà e ampi spazi. Al ristorante ambiente capiente, ornato da decorazioni stagionali tematiche, semplice.

PORTALBERA *27040 Pavia 561 G 9 – 1 352 ab. alt. 64.*

Roma 540 – Piacenza 42 – Alessandria 68 – Genova 120 – Milano 61 – Pavia 20.

Osteria dei Pescatori, località San Pietro 13 ☎ 0385 266085 – AE VISA
chiuso dal 1° al 15 gennaio, dal 15 al 31 luglio e mercoledì – **Pasto** carta 19/29.
◆ Una classica e piacevole trattoria di paese, con marito in cucina e moglie in sala, in questa piccola frazione del Pavese; bar pubblico all'ingresso e sapori caserecci.

PORTESE *Brescia – Vedere San Felice del Benaco.*

PORTICELLO *Palermo 565 M 22 – Vedere Sicilia (Santa Flavia) alla fine dell'elenco alfabetico.*

PORTICO DI ROMAGNA *47010 Forlì-Cesena* 562 J 17 – *alt. 301.*

Roma 320 – Firenze 75 – Forlì 34 – Ravenna 61.

Al Vecchio Convento, via Roma 7 ✆ 0543 967014, *info@vecchioconvento.it, Fax 0543 967157* – rist, TV. AE Ⓢ MC. rist
chiuso dal 12 gennaio al 12 febbraio – **Pasto** *(chiuso mercoledì)* carta 26/36 – ☕ 8,50 – **15 cam** 50/73 – ½ P 74.
◆ Un palazzotto ottocentesco nel centro di questa piccola località: rinnovato, consente ancora di respirare un'atmosfera piacevolmente retrò, del buon tempo antico. Tre salette ristorante rustiche, con camini, cotto a terra e soffitto a travi.

PORTO AZZURRO *Livorno* 563 N 13 – *Vedere Elba (Isola d').*

PORTOBUFFOLÈ *31019 Treviso* 562 E 19 – *706 ab. alt. 11.*

Roma 567 – Belluno 58 – Pordenone 15 – Treviso 37 – Udine 63 – Venezia 45.

Villa Giustinian, via Giustiniani 11 ✆ 0422 850244, *villagiustinian@libero.it, Fax 0422 850260,* , , – TV P – 150. AE Ⓢ MC VISA.
chiuso dal 5 al 19 gennaio – **Pasto** al Rist. ***Ai Campanili*** *(chiuso dal 5 al 19 gennaio, dal 14 al 21 agosto, domenica sera e lunedì)* carta 37/57 – **35 cam** ☕ 105/150, 8 suites – ½ P 110.
◆ Nella Marca Trevigiana, prestigiosa villa veneta del XVII secolo, sita in un parco; offre suite ampie e di rara suggestione, decorate da fastosi stucchi e affreschi. Attenta cura del servizio al ristorante ricavato nella barchessa della nobile dimora.

Le principali vie commerciali figurano in rosso sugli stradari delle piante di città.

PORTO CERESIO *21050 Varese* 561 E 8 – *3 024 ab. alt. 280.*

Roma 639 – Como 39 – Bergamo 107 – Milano 67 – Varese 14.

Trattoria del Tempo Perso, piazza Bossi 17 ✆ 0332 917136, *Fax 0332 917136,* – Ⓢ MC VISA.
chiuso mercoledì – **Pasto** carta 18/32.
◆ Semplice e decorosa trattoria dall'ambiente raccolto e familiare. Cucina tradizionale in versione casereccia: pane, pasta e dolci sono fatti a mano. Una piccola perla.

PORTO CERVO *Sassari* 566 D 10 – *Vedere Sardegna (Arzachena : Costa Smeralda) alla fine dell'elenco alfabetico.*

PORTO CESAREO *73010 Lecce* 564 G 35 – *4 751 ab. – a.s. luglio-agosto.*

Roma 600 – Brindisi 55 – Gallipoli 30 – Lecce 27 – Otranto 59 – Taranto 65.

Lo Scoglio, isola Lo Scoglio (raggiungibile in auto) ✆ 0833 569079, *isolalos@isolaloscoglio.it, Fax 0833 569078,* , , , – TV P. AE Ⓢ MC VISA.
Pasto *(chiuso novembre e martedì escluso da giugno a settembre)* carta 30/35 – ☕ 6 – **45 cam** 60/99 – ½ P 73,53.
◆ Un albergo con una suggestiva e pittoresca ubicazione su un isolotto raggiungibile in auto; ideale per una vacanza balneare e rilassante, cinti dal mare e da un giardino.

Il Veliero, litoranea Sant'Isidoro ✆ 0833 569201, *ilvelieroristorante@libero.it, Fax 0833 569201* – . AE Ⓢ MC VISA.
chiuso novembre e martedì escluso luglio-agosto – **Pasto** carta 23/33.
◆ Grande locale di stampo moderno, sulla litoranea di fronte al mare, piacevole e luminoso; offre anche una cucina legata alle tradizioni della Puglia, di carne e di pesce.

PORTO CONTE *Sassari* 566 F 6 – *Vedere Sardegna (Alghero) alla fine dell'elenco alfabetico.*

PORTO D'ASCOLI *Ascoli Piceno* 563 N 23 – *Vedere San Benedetto del Tronto.*

PORTO ERCOLE *58018 Grosseto* 563 O 15 *G. Toscana* – *a.s. Pasqua e 15 giugno-15 settembre.*

Roma 159 – Grosseto 50 – Civitavecchia 83 – Firenze 190 – Orbetello 7 – Viterbo 95.

Don Pedro, via Panoramica 7 ✆ 0564 833914, *hoteldonpedro@tin.it, Fax 0564 833129,* porto, – , cam, TV P – 60. AE Ⓢ MC VISA JCB.
Pasqua-ottobre – **Pasto** *(Pasqua-settembre)* carta 29/44 – **44 cam** ☕ 130/140 – ½ P 90.
◆ In posizione dominante il porto, con una bella visuale dell'intera insenatura, vi godrete ampi spazi comuni e stanze con arredi in uno stile «moresco», tipico negli anni '70. Piatti toscani e pesce, anche stando accomodati nella grande veranda esterna.

XX **Osteria dei Nobili Santi,** via dell'Ospizio 8/10 ✆ 0564 833015, prenotare – ▤. AE ⓢ ⓓ ⓜ VISA JCB. ✂
chiuso lunedì e martedì a mezzogiorno, da luglio a settembre aperto la sera – **Pasto** specialità di mare carta 34/57.
◆ Nome singolare che si riallaccia allo stesso proprietario; un posto moderno, in pieno centro, con tocchi e specialità unicamente di mare. Forti, gli antipasti e i primi.

XX **Il Gambero Rosso,** lungomare Andrea Doria 62 ✆ 0564 832650, *Fax 0564 837049*, ≤, – AE ⓢ ⓓ ⓜ VISA JCB
chiuso dal 15 novembre al 15 febbraio e mercoledì – **Pasto** specialità di mare carta 34/49.
◆ Un punto di riferimento per il pesce, a Porto Ercole, e preso d'assalto nei fine settimana; un classico locale sulla passeggiata, con servizio estivo in terrazza sul porto.

sulla strada Panoramica *Sud-Ovest : 4,5 km :*

Il Pellicano, località Lo Sbarcatello ✉ 58018 ✆ 0564 858111, *info@pellicanohotel.com, Fax 0564 833418*, ≤ mare e scogliere, , Ascensore per la spiaggia, , , riscaldata, , , – ▤ TV – 60. AE ⓢ ⓓ ⓜ VISA. ✂
2 aprile-26 ottobre – **Pasto** carta 80/110 – **41 cam** 486, 9 suites – ½ P 407.
◆ Nato come un inno all'amore di una coppia anglo-americana che qui volle creare un nido, uno dei posti più esclusivi della Penisola; villini indipendenti, tra verde e ulivi. Vista totale sul mare dall'esclusiva sala da pranzo, creata sotto un'unica tenda.

PORTOFERRAIO *Livorno* 563 N 12 – *Vedere Elba (Isola d').*

PORTOFINO *16034 Genova* 561 J 9 *G. Italia* – *556 ab..*

Vedere *Località e posizione pittoresca*** – ≤*** dal Castello.*

Dintorni *Passeggiata al faro*** Est : 1 h a piedi AR – Strada panoramica*** per Santa Margherita Ligure Nord – Portofino Vetta** Nord-Ovest : 14 km (strada a pedaggio) – San Fruttuoso** Ovest : 20 mn di motobarca.*

via Roma 35 ✆ 0185 269024, iatportofino@apttigullio.liguria.it, Fax 0185 269024.

Roma 485 – Genova 38 – Milano 171 – Rapallo 8 – Santa Margherita Ligure 5 – La Spezia 87.

Splendido (dipendenza: **Splendido Mare**), viale Baratta 16 ✆ 0185 267801, *reservations@splendido.net, Fax 0185 267806*, ≤ promontorio e mare, , , riscaldata, – ▤ TV – 100. AE ⓢ ⓓ ⓜ VISA JCB. ✂ rist
25 marzo-14 novembre – **Pasto** carta 81/101 – **59 cam** solo ½ P 1007/1370, 7 suites.
◆ In origine villa nobiliare, un hotel esclusivo, di prestigio internazionale, cinto da un rigoglioso parco mediterraneo ombreggiato e affacciato sul promontorio di Portofino. Al ristorante, elitario rifugio di classe, piatti di ligure memoria.

Splendido Mare, via Roma 2 ✆ 0185 267802, *reservations@splendido.net, Fax 0185 267807*, – ▤ TV. AE ⓢ ⓓ ⓜ VISA JCB. ✂ rist
aprile-ottobre – **Pasto** carta 70/86 – **14 cam** 536,80/825, 2 suites – ½ P 484.
◆ Posizionato proprio sulla nota piazzetta di questa capitale della mondanità, un gioiellino dell'hotellerie locale: per soggiornare nel pieno confort e nella comoda eleganza. Sarà piacevole pasteggiare al ristorante, in un contesto di tono e solo per pochi.

Piccolo Hotel, via Duca degli Abruzzi 31 ✆ 0185 269015, *dopiccol@tin.it, Fax 0185 269621*, ≤, – , rist, ▤ TV . AE ⓢ ⓓ ⓜ VISA. ✂ rist
15 marzo-ottobre – **Pasto** (solo per alloggiati) 31 – **22 cam** 230/310 – ½ P 185.
◆ Deliziose terrazze-giardino sulla scogliera, con discesa a mare, camere spaziose, quasi tutte con angolo salotto: in un edificio dei primi del '900, oggi hotel di charme.

PORTOFINO (Promontorio di) *Genova - G. Italia.*

PORTO GARIBALDI *Ferrara* 563 H 18 – *Vedere Comacchio.*

PORTOGRUARO *30026 Venezia* 562 E 20 *G. Italia* – *24 354 ab..*

Vedere *corso Martiri della Libertà** Municipio*.*

corso Martiri della Libertà 19-21 ✆ 0421 73558, Fax 0421 72235.

Roma 584 – Udine 50 – Belluno 95 – Milano 323 – Pordenone 28 – Treviso 60 – Trieste 93 – Venezia 73.

Antico Spessotto senza rist, via Roma 2 ✆ 0421 71040, *info@hotelspessotto.com, Fax 0421 71053* – ▤ TV . AE ⓢ ⓓ ⓜ VISA. ✂
6,50 – **46 cam** 50/70.
◆ Ben ubicato nel centro storico, hotel di lunga tradizione, rinnovato in anni recenti pur conservando lo stampo della risorsa di prestigio; ambienti in stile, accoglienti. Piatti del territorio in un contesto ospitale dal sapore di antica, semplice familiarità.

La Meridiana senza rist, viale della Stazione ☎ 0421 760250, *albergolameridiana@libero.it, Fax 0421 760259* – |♦| ▤ TV P. AE Ⓢ ⓞ ⓜⓒ VISA. ✂
chiuso dal 22 al 30 dicembre – ☕ 8 – **13 cam** 49/73.
◆ Un villino, dei primi del '900, che sorge proprio di fronte alla stazione; una comoda risorsa, con poche camere, accoglienti e personalizzate. Familiare, senza pretese.

PORTOMAGGIORE *44015 Ferrara* 562 H 17 – *11 956 ab. alt. 3.*
Roma 398 – Bologna 67 – Ferrara 25 – Ravenna 54.

a Quartiere *Nord-Ovest : 4,5 km* – ✉ *44010 :*

La Chiocciola con cam, via Runco 94/F ☎ 0532 329151, *Fax 0532 329151*, , prenotare – ▤ P. AE Ⓢ ⓞ ⓜⓒ VISA. ✂
chiuso dal 1º al 15 gennaio, dal 1º al 15 luglio e dal 2 al 16 settembre – **Pasto** *(chiuso domenica sera e lunedì, in luglio-agosto anche domenica a mezzogiorno)* carta 29/41 – **6 cam** ☕ 40/65.
◆ Un locale ricavato con originalità da un ex magazzino per lo stoccaggio del grano; curato nei particolari e nell'invitante cucina, che mantiene solide radici nel territorio.

PORTO MANTOVANO *Mantova – Vedere Mantova.*

PORTO MAURIZIO *Imperia* 561 K 6 – *Vedere Imperia.*

PORTONOVO *Ancona* 563 L 22 – *Vedere Ancona.*

Scriveteci...
Le vostre critiche e i vostri apprezzamenti saranno esaminati con la massima attenzione.
Verificheremo personalmente gli esercizi che ci vorrete segnalare
Grazie per la collaborazione !

PORTOPALO DI CAPO PASSERO *Siracusa* 565 Q 27 – *Vedere Sicilia alla fine dell'elenco alfabetico.*

PORTO POTENZA PICENA *62016 Macerata* 563 L 22.
ℹ *via Ettore Bocci 4 ☎ 0733 687927, iat.portopotenza@libero.it, Fax 0733 687927.*
Roma 276 – Ancona 36 – Ascoli Piceno 88 – Macerata 32 – Pescara 129.

La Terrazza, via Rossini 86 ☎ 0733 688208, *info@hotellaterrazza.it, Fax 0733 688364* – |♦| ▤ TV ♿ P. AE Ⓢ ⓞ ⓜⓒ VISA. ✂
Pasto *(chiuso mercoledì)* carta 25/48 – **21 cam** ☕ 55/80 – ½ P 65.
◆ Entro un piacevole edificio liberty-moderno, una piccola risorsa, da poco rinnovata e a gestione familiare, in una tranquilla via interna, comunque non distante dal mare. In una bella sala dai toni eleganti proverete una rinomata cucina di pescato.

PORTO RECANATI *62017 Macerata* 563 L 22 – *9 861 ab. – a.s. luglio-agosto.*
ℹ *corso Matteotti 111 ☎ 071 9799084, iat.portorecanati@regione.marche.it, Fax 071 9799084.*
Roma 292 – Ancona 29 – Ascoli Piceno 96 – Macerata 32 – Pescara 130.

Enzo senza rist, corso Matteotti 21/23 ☎ 071 7590734, *info@hotelenzo.it, Fax 071 9799029* – |♦| ▤ TV ♿ – 🏛 30. AE Ⓢ ⓞ ⓜⓒ VISA
☕ 6 – **23 cam** 62/99.
◆ Porto Recanati, un «salotto sul mare» della Riviera del Conero: il suo centro, il suo porto e il mare, il suo entroterra. Per goderne, un indirizzo confortevole, curato.

Mondial, viale Europa 2 ☎ 071 9799169, *mondial@mondialhotel.com, Fax 071 7590095* – |♦| ▤ TV 🚗 P – 🏛 50. AE Ⓢ ⓞ ⓜⓒ VISA JCB. ✂
Pasto *(chiuso dal 20 dicembre al 10 gennaio)* carta 21/31 (10%) – **41 cam** ☕ 70/110 – ½ P 68.
◆ Alle porte della località, arrivando da sud, una risorsa di recente rinnovata, con camere spaziose, lineari ed essenziali. Pratica per il turista e il cliente di lavoro. Luminosa sala con vivaci pareti gialle e vetrinette d'esposizione per l'oggettistica.

sulla strada per Numana *Nord : 4 km :*

XX **Dario,** via Scossicci 9 ✉ 62017 ☎ 071 976675, *Fax 071 976675* – P. AE ⓢ ⓓ ⓜ VISA. ✻

chiuso dal 23 dicembre al 26 gennaio, lunedì e domenica sera escluso luglio-agosto – **Pasto** specialità di mare carta 28/55.

◆ Sulla spiaggia, a poche centinaia di metri prima dei monti del Conero, una graziosa casetta con persiane rosse: il pesce dell'Adriatico e una trentennale gestione.

PORTO ROTONDO *Sassari* 566 D 10 – *Vedere Sardegna (Olbia) alla fine dell'elenco alfabetico.*

PORTO SAN GIORGIO *63017 Ascoli Piceno* 563 M 23 – *16 080 ab. – a.s. luglio-agosto.*

i via Oberdan 6 ☎ 0734 678461, iat.portosangiorgio@regione.marche.it, Fax 0734 678461.

Roma 258 – Ancona 64 – Ascoli Piceno 61 – Macerata 42 – Pescara 95.

David Palace, via Spontini 10 ☎ 0734 676848, *info@hoteldavidpalace.it, Fax 0734 676468,* ←, – ▯ ▤ TV ✆ ♿ – 🅐 100. AE ⓢ ⓓ ⓜ VISA JCB. ✻

Pasto carta 23/35 – **50 cam** ☐ 98/146 – ½ P 80,50.

◆ Una delle strutture più recenti della località, ubicata proprio di fronte al porto turistico; un'ampia zona hall e un confortevole settore notte, con camere fronte mare. Ristorante rinomato per le sue specialità marchigiane.

Il Timone, via Kennedy 61 ☎ 0734 679505, *timone@timropa.com, Fax 0734 679556,* – ▯ ▤ TV P – 🅐 100. AE ⓢ ⓓ ⓜ VISA JCB. ✻ rist

Pasto *(chiuso venerdì da ottobre a marzo)* carta 34/50 – **75 cam** ☐ 75/110 – ½ P 84.

◆ Un hotel costituito da due corpi separati e dotato di ogni confort; anche per questo molto frequentato da una clientela d'affari e da squadre calcistiche in ritiro. Spaziose sale da pranzo, classiche ed eleganti.

Il Caminetto, lungomare Gramsci 365 ☎ 0734 675558, *hotel.ilcaminetto@libero.it, Fax 0734 673477,* ← – ▯ ▤ TV ✆ P – 🅐 100. AE ⓢ ⓓ ⓜ VISA JCB. ✻ cam

Pasto *(chiuso lunedì)* carta 30/50 – ☐ 10 – **34 cam** 75/115 – ½ P 83.

◆ Direttamente sul lungomare e a pochissimi metri dal porto turistico, un gradevole alberghetto a conduzione prevalentemente familiare, con stanze vaste e semplici. Due ampie sale ristorante, al piano terra, con proposte in prevalenza a base di pesce.

Tritone, via San Martino 36 ☎ 0734 677104, *info@hotel-tritone.it, Fax 0734 677962,* ←, – ▯ ▤ TV P. AE ⓢ ⓓ ⓜ VISA. ✻

chiuso dal 22 dicembre al 2 gennaio – **Pasto** *(chiuso dal 2 al 12 gennaio e martedì)* carta 24/36 – ☐ 5 – **36 cam** 45/70 – ½ P 64.

◆ All'interno di un verde giardino con piscina, di fronte alla marina turistica, una tipica struttura anni '60, con solida gestione familiare: ambiente senza pretese, pulito. Sala da pranzo curata.

XX **Damiani e Rossi,** via della Misericordia 7 (Ovest : 2 km) ☎ 0734 674401, *trattoriadamiani erossi@libero.it, Fax 0734 684581,* prenotare – P

chiuso gennaio, lunedì, martedì e a mezzogiorno escluso domenica – **Pasto** 35.

◆ Una piacevole «casetta» situata un po' fuori della località, in area tranquilla; qualche mobile d'epoca, atmosfera curata e ospitale per piatti tipici e fantasiosi.

Michelin non distribuisce targhe agli alberghi e ristoranti che segnala.

PORTO SAN PAOLO *Sassari* 566 E 10 – *Vedere Sardegna alla fine dell'elenco alfabetico.*

PORTO SANTA MARGHERITA *Venezia – Vedere Caorle.*

PORTO SANT'ELPIDIO *63018 Ascoli Piceno* 563 M 23 – *22 645 ab..*

Roma 265 – Ancona 53 – Ascoli Piceno 70 – Pescara 103.

XX **Il Gambero,** via Mazzini 1 ☎ 0734 900238, *Fax 0734 905280,* – ▤ P. AE ⓢ ⓓ ⓜ VISA JCB. ✻

chiuso dal 24 dicembre al 6 gennaio, dal 10 al 31 agosto, domenica sera e lunedì – **Pasto** specialità di mare carta 30/53.

◆ Cucina marinara, improntata su elaborazioni semplici e prodotti di buona qualità, per questo valido ristorante, all'interno di un tipico rustico marchigiano restaurato.

XX **La Lampara,** via Potenza 22 ☎ 0734 900241 – ▤. AE ⓢ ⓓ ⓜ VISA

chiuso dal 1° al 15 settembre, dal 23 al 29 dicembre e lunedì – **Pasto** specialità di mare carta 37/55.

◆ A pochi metri dal blu, rinnovato da poco in uno stile luminoso e adatto al posto, un noto locale con una linea gastronomica nettamente ispirata al mare.

Il Pescatore, via Napoli 8 ☎ 0734 993653, *Fax 0734 905952*, prenotare – ▤. AE ⓢ ⓓ ⓜ VISA JCB. ✗
chiuso da agosto al 15 settembre, domenica sera e lunedì – **Pasto** specialità di mare carta 34/46.
◆ A conduzione strettamente familiare, una minuscola trattoria che offre piatti marinari elaborati con un tocco d'inventiva, a partire solo da pesce fresco.

PORTO SANTO STEFANO *58019 Grosseto* 563 O 15 *G. Toscana – a.s. Pasqua e 15 giugno-15 settembre.*

Vedere ≤★ *dal forte aragonese.*

⛴ *per l'Isola del Giglio giornalieri (1 h) – Toremar-agenzia Agemar, piazzale Candi 1* ☎ *0564 810803, Fax 0564 818455.*

ℹ *corso Umberto 55/a* ☎ *0564 814208, infoargentario@lamaremma.info, Fax 0564/ 814052.*

Roma 162 – Grosseto 41 – Civitavecchia 86 – Firenze 193 – Orbetello 10 – Viterbo 98.

Baia d'Argento, località Pozzarello 27 (Est : 2 km) ☎ 0564 812643, *baiadargento@baiadargento.com, Fax 0564 810926*, ≤, – ▤ TV P – 60. AE ⓢ ⓓ ⓜ VISA. ✗ rist
marzo-ottobre – **Pasto** *(chiuso a mezzogiorno escluso giugno-agosto)* carta 31/46 – 36 cam ☕ 115/169, 4 suites.
◆ All'ingresso della località, fronte mare, e sito in una deliziosa baietta del comprensorio dell'Argentario, un bianco albergo che è stato rinnovato di recente. Sala ristorante ampia e luminosa, con arredi e tendaggi dalle tonalità chiare.

Armando, via Marconi 1/3 ☎ 0564 812568, *Fax 0564 811259*, – AE ⓢ ⓜ VISA. ✗
chiuso dal 1° al 25 dicembre e mercoledì – **Pasto** specialità di mare carta 38/50.
◆ Centrale, di fronte all'imbarcadero, un indirizzo di lunga tradizione ormai; legno scuro, tipo taverna, dehors vivace, piatti di pesce, famiglia in sala e in cucina.

La Fontanina, Sud : 3 km ☎ 0564 825261, *Fax 0564 825261*, ≤, – P. AE ⓢ ⓓ ⓜ VISA
chiuso due settimane a gennaio, dal 5 al 30 novembre e mercoledì – **Pasto** carta 28/47 (12 %).
◆ Servizio estivo sotto un pergolato: siamo in aperta campagna, attorniati da vigneti e frutteti. Solo la musica di cicale e grilli, accompagnamento a leccornie di pesce.

a Santa Liberata *Est : 4 km* – ✉ *58010 :*

Villa Domizia, strada statale 440 Orbetellana ☎ 0564 812735, *villadomizia@grifonline.it, Fax 0564 811119*, ≤ mare e costa, – ▤ TV P. AE ⓢ ⓓ ⓜ VISA JCB. ✗
marzo-dicembre – **Pasto** carta 25/42 – **34 cam** ☕ 160 – ½ P 100.
◆ Pochi km separano la località da Orbetello e Porto Santo Stefano. Qui, una villetta proprio sul mare e una caletta privata: lasciatevi incantare dall'amenità del posto. Accattivante ubicazione della sala da pranzo: sarà come mangiare sospesi nell'azzurro.

a Cala Piccola *Sud-Ovest : 10 km* – ✉ *58019 Porto Santo Stefano :*

Torre di Cala Piccola ⛵, ☎ 0564 825111, *prenotazioni@torredicalapiccola.com, Fax 0564 825235*, ≤ mare, scogliere ed Isola del Giglio, – ▤ TV P – 60. AE ⓢ ⓓ ⓜ VISA. ✗
aprile-ottobre – **Pasto** (solo su prenotazione) carta 40/66 – **51 cam** ☕ 260/340 – ½ P 205.
◆ Attorno ad una torre saracena, nucleo di rustici villini nel verde di un promontorio panoramico: mare, scogliera, Giglio e Giannutri davanti a voi. Un angolo incantato. Veranda ristorante in stile rustico, con travi a vista e pareti in pietra.

PORTOSCUSO *Cagliari* 566 J 7 – *Vedere Sardegna alla fine dell'elenco alfabetico.*

PORTO TOLLE *45018 Rovigo* 562 H 18 – *10 689 ab..*

ℹ *largo Europa 2* ☎ *0426 81150.*

Roma 430 – Ravenna 73 – Ferrara 68 – Padova 79 – Vicenza 116.

Ponte Molo con cam, via Borgo Molo 5, località Ca' Tiepolo ☎ 0426 81333, *pontemo@deltapocard.it, Fax 0426 81238* – ✗ cam, ▤ TV ♿ P. AE ⓢ ⓓ ⓜ VISA JCB
Pasto *(chiuso lunedì sera)* specialità di mare carta 24/37 – ☕ 10 – **17 cam** 62/82 – ½ P 52.
◆ Ristorante con camere che propone una cucina tradizionale di mare. Possibilità di scelta con menù a prezzi interessanti, molto apprezzati dalla numerosa clientela.

In questa guida
uno stesso simbolo, una stessa parola
stampati in rosso o in nero,
hanno un significato diverso.
Leggete attentamente le pagine dell'introduzione.

PORTO TORRES *Sassari* 566 E 7 – *Vedere Sardegna alla fine dell'elenco alfabetico.*

PORTO VALTRAVAGLIA *21010 Varese* 561 E 8 – *2 445 ab. alt. 199.*

Roma 661 – Stresa 80 – Bellinzona 49 – Como 60 – Lugano 31 – Milano 77 – Novara 77 – Varese 36.

Del Sole, piazza Imbarcadero 18 ℘ 0332 549000, *Fax 0332 547630*, ≤ – |‡| TV ♿. AE MC VISA

23 marzo-15 ottobre – **Pasto** *(chiuso a mezzogiorno)* carta 30/39 – **20 cam** ☕ 75/130 – ½ P 78.

◆ Nella piazza centrale di Porto Valtravaglia, fronte lago, ampie e diverse camere, con vista, in un piccolo, ma accogliente hotel di recente ristrutturazione. Accogliente, sobrio e curato ristorante.

PORTOVENERE *19025 La Spezia* 561 J 11 *G. Italia – 4 258 ab..*

Vedere *Località*★★.

🅘 *piazza Bastreri 7 ℘ 0187 790691, Fax 0187 790215.*

Roma 430 – La Spezia 15 – Genova 114 – Massa 47 – Milano 232 – Parma 127.

Royal Sporting, via dell'Olivo 345 ℘ 0187 790326, *royal@royalsporting.com, Fax 0187 777707*, ≤, ☂, ⛱, ✿, ✕ – |‡| ▤ TV ⛟ – 🅐 70. AE ⊕ ⓓ MC VISA JCB

15 marzo-ottobre – **Pasto** al Rist. ***Dei Poeti*** carta 35/48 – **51 cam** ☕ 135/190, 4 suites – ½ P 134.

◆ Un po' defilato rispetto al minuto e pittoresco borgo, ma sul lungomare e dotato di una magica piscina su terrazza panoramica, un albergo direttamente affacciato sul blu. Servizio pranzo, oltre alla colazione, ai bordi della piscina con acqua di mare.

Grand Hotel Portovenere, via Garibaldi 5 ℘ 0187 792610, *ghp@village.it, Fax 0187 790661*, ≤, ☂, ⛹ – |‡| ▤ TV ⛟ – 🅐 250. AE ⊕ ⓓ MC VISA JCB. ✗

Pasto al Rist. ***Al Convento*** *(marzo-ottobre; solo nei fine settimana negli altri mesi)* carta 29/36 – **44 cam** ☕ 139/240, 10 suites – ½ P 145.

◆ Ricavata all'interno di un monastero del 1300, una seducente finestra sul variopinto porticciolo di Portovenere: un ambiente signorile, con interni moderni. Per sognare. Ristorante nel refettorio dell'antico convento; servizio estivo in terrazza panoramica.

Paradiso, via Garibaldi 34/40 ℘ 0187 790612, *info@paradisohotel.net, Fax 0187 792582*, ≤, ☂ – |‡|, ▤ cam, TV ♿. AE ⊕ ⓓ MC VISA JCB. ✗ rist

Pasto carta 27/52 – **21 cam** ☕ 130/160 – ½ P 95.

◆ Davvero un angolo di paradiso questo grazioso albergo sito in un tipico edificio ligure, rosa, che conserva intatto il proprio antico fascino; nel verde, sul mare. Ristorante affacciato sul piccolo porto, e, in estate, sull'ariosa terrazza.

Le Bocche, Calata Doria 102 ℘ 0187 790622, *pbercini@tin.it, Fax 0187 766056*, ≤ mare, costa e isola di Palmaria, ☂ – AE ⊕ ⓓ MC VISA

chiuso a mezzogiorno (escluso sabato e domenica) dal 15 giugno al 7 agosto, martedì negli altri mesi – **Pasto** specialità di mare carta 80/135.

◆ Sulla punta estrema della località, nei bastioni dell'antica cittadella del 1100, con suggestiva vista sulla costa e sull'isola di Palmaria, stile contemporaneo minimalista.

Trattoria La Marina-da Antonio, piazza Marina 6 ℘ 0187 790686, *Fax 0187 790686*, ☂ – AE ⊕ ⓓ MC VISA. ✗

chiuso novembre e giovedì – **Pasto** specialità di mare carta 31/41.

◆ Una tradizionale trattoria sul porto, semplice e familiare, proprio sulla piazzetta di Portovenere, con un dehors estivo e cucina di pescato da gustare in simpatia.

a Le Grazie *Nord : 3 km* – ✉ *19022 Le Grazie Varignano :*

Della Baia, via Lungomare Est 111 ℘ 0187 790797, *hbaia@baiahotel.com, Fax 0187 7900340187 790034*, ≤, ☂, ⛱ – |‡| ▤ TV ☎ ♿. AE ⊕ ⓓ MC VISA JCB

Pasto *(chiuso gennaio e febbraio)* carta 30/39 – **34 cam** ☕ 106/144 – ½ P 104.

◆ In quel gioiellino che è il porticciolo delle Grazie, con la sua tranquilla caletta e l'antico borgo, un hotel da poco rinnovato, con buoni confort e affaccio sul mare. La vecchia osteria sulle cui ceneri è sorto l'albergo riecheggia nella zona ristorante.

Le Grazie, via Roma 43 ℘ 0187 790017, *info@hotellegrazie.com, Fax 0187 792530* – |‡| TV ♿ 🅿. AE ⊕ ⓓ MC VISA. ✗ rist

aprile-ottobre – **Pasto** carta 28/36 – **36 cam** ☕ 80/100 – ½ P 68.

◆ Un edificio rosa salmone su cui spiccano le persiane verdi; in posizione centrale, a due passi comunque dall'acqua, quiete, semplicità, funzionalità e camere fresche.

I prezzi del pernottamento e della pensione possono subire aumenti in relazione all'andamento generale del costo della vita ; quando prenotate chiedete la conferma del prezzo.

POSADA *Nuoro* 566 F 11 – *Vedere Sardegna alla fine dell'elenco alfabetico.*

POSITANO *84017 Salerno* 564 F 25 *G. Italia – 3 886 ab. – a.s. Pasqua, giugno-settembre e Natale.*
Vedere *Località*★★.
Dintorni *Vettica Maggiore* : ≤★★ *Sud-Est : 5 km.*
via del Saracino 4 ☎ 089 875066, positanoaast@posinet.it, Fax 089 875760.
Roma 266 – Napoli 57 – Amalfi 17 – Salerno 42 – Sorrento 17.

Le Sirenuse, via Colombo 30 ☎ 089 875066, *info@sirenuse.it, Fax 089 811798*, ≤ mare e costa, , , , riscaldata, – , cam, TV P. AE VISA JCB.
chiuso dal 19 al 31 gennaio – **Pasto** al Rist. ***La Sponda*** *(marzo-novembre)* carta 70/110 – **61 cam** 680/950, suite – ½ P 555.
◆ Nel centro della località, un'antica dimora patrizia trasformata in raffinato e storico hotel negli anni '50: terrazza panoramica con piscina riscaldata e charme, ovunque. Imperdibile una cena a lume di candela nell'ambiente ricco di fascino del ristorante.

Covo dei Saraceni, via Regina Giovanna 5 ☎ 089 875400, *info@covodeisaraceni.it, Fax 089 875878*, ≤ mare e costa, , con acqua di mare – TV. AE VISA.
rist
aprile-2 novembre – **Pasto** carta 41/69 – **61 cam** 362 – ½ P 180.
◆ Un'antica casa di pescatori, al limitar del mare, legata alla saga saracena: oggi, una terrazza solarium con piscina d'acqua di mare e signorili angoli, da sogno. Indimenticabili pasti all'aperto avvolti dalla brezza marina sotto il pergolato.

Marincanto senza rist, via Colombo 50 ☎ 089 875130, *info@marincanto.it, Fax 089 875595*, ≤ mare e costa, – TV P. AE VISA JCB
aprile-3 novembre – **25 cam** 165/195, suite.
◆ Completamente restaurato, elegante hotel impreziosito da una bella terrazza-giardino; invitanti poltrone bianche nella hall, arredi stile mediterraneo, camere con vista mare.

Posa Posa, viale Pasitea 165 ☎ 089 8122377, *info@hotelposaposa.com, Fax 089 8122089*, ≤ mare e Positano – TV P – 20. AE VISA.
Pasto (solo per alloggiati) carta 35/50 – **24 cam** 240/260.
◆ Delizioso edificio a terrazze nel tipico stile di Positano, con una splendida veduta del mare e della città; arredi in stile esotico nelle camere, dotate di ogni confort.

Poseidon, via Pasitea 148 ☎ 089 811111, *info@hotelposeidonpositano.it, Fax 089 875833*, ≤ mare e costa, , , , riscaldata, – , cam, TV. AE VISA JCB. rist
chiuso dal 4 gennaio al 6 aprile – **Pasto** 40 – **46 cam** 274/284, 3 suites – ½ P 182.
◆ Una grande casa mediterranea anni '50, sorta come abitazione e, successivamente, trasformata in hotel; dispone di una terrazza-giardino panoramica con piscina riscaldata. Incantevole pergolato dai profumi della natura mediterranea, per pasti memorabili.

Le Agavi, località Belvedere Fornillo ☎ 089 875733, *agavi@agavi.it, Fax 089 875965*, ≤ mare e costa, , Ascensore per la spiaggia, , – TV P – 150. AE VISA.
13 aprile-ottobre – **Pasto** carta 49/114 – **62 cam** 299/310, 3 suites – ½ P 202.
◆ Poco fuori Positano, lungo la Costiera, una serie di terrazze digradanti sino al mare, con una vista mozzafiato; una riuscita sintesi tra elegante confort e piena natura. Sala da pranzo dalle tonalità mediterranee e ristorante estivo in spiaggia.

Palazzo Murat, via dei Mulini 23 ☎ 089 875177, *hpm@starnet.it, Fax 089 811419*, ≤, , – TV. AE VISA JCB
aprile-ottobre – **Pasto** vedere rist ***Al Palazzo*** – **31 cam** 250/450.
◆ A Positano, Murat scelse qui la sua dimora, in questo palazzo in barocco napoletano, nel cuore del borgo antico; una terrazza-giardino, tra lo charme e scorci incantevoli.

Villa Franca e Residence, viale Pasitea 318 ☎ 089 875655, *info@villafrancahotel.it, Fax 089 875735*, ≤ mare e costa, , , – TV. AE VISA.
aprile-ottobre – **Pasto** carta 34/59 – **28 cam** 170/340 – ½ P 210.
◆ Nella parte alta della località, tripudio di bianco, di blu, di giallo, di luce che penetra ovunque: un'ambientazione molto elegante e una terrazza panoramica con piscina. Pavimenti in ceramica, vasi in terracotta, marmi del Vesuvio nella sala da pranzo.

Punta Regina, senza rist, viale Pasitea 224 ☎ 089 812020, *info@puntaregina.com, Fax 089 8123161*, ≤ – TV. AE VISA
aprile-novembre – **16 cam** 195/255.
◆ Hotel rinnovato, che prende il nome dallo scoglio che chiude Positano ad Ovest; gradevoli le camere, quelle al primo piano con terrazzi molto ampi e abbelliti da piante.

Buca di Bacco, via Rampa Teglia 4 ☎ 089 875699, *info@bucadibacco.it, Fax 089 875731*, ≤ mare e costa, – , cam, TV. AE VISA.
marzo-novembre – **Pasto** *(aprile-ottobre)* carta 31/63 – **47 cam** 192/226.
◆ Da un'originaria taverna, sorta ai primi del '900 come covo di artisti, hotel creato da tre corpi collegati, estesi dalla piazzetta alla spiaggia; dispone di stanze diverse. Una veranda, una terrazza protesa sul blu: a tavola, con un teatro naturale davanti.

L'Ancora senza rist, via Colombo 36 ☎ 089 875318, *info@htl ancora.it, Fax 089 811784,* ≤ mare e costa – |♦| ▤ TV P. AE ś ⓞ MC VISA
aprile-2 novembre – **18 cam** ☐ 240.
◆ Piccolo albergo interamente restaurato, con zone comuni non ampie, «compensate» dalle incantevoli camere in stile mediterraneo; ammaliante vista del mare e della costa.

Miramare senza rist, via Trara Genoino 27 ☎ 089 875002, *miramare@starnet.it, Fax 089 875219,* ≤ mare e costa – ▤ TV P. AE ś ⓞ MC VISA JCB
aprile-3 novembre – **15 cam** ☐ 180/290.
◆ Totalmente rinnovato, un rifugio da cui godere della posizione tranquilla e della vista sulla spiaggia, sul mare e sulla costa, persino da alcuni bagni con vetrate a 360°.

Casa Albertina , via della Tavolozza 3 ☎ 089 875143, *info@casalbertina.it, Fax 089 811540,* ≤ mare e costa – |♦| ▤ TV. AE ś ⓞ MC VISA JCB. ✻
Pasto *(chiuso a mezzogiorno)* (solo per alloggiati) 28/45 – **18 cam** ☐ 150/200 – ½ P 120.
◆ Sul percorso della mitica Scalinatella, che da Punta Reginella conduce alla parte alta della località, una tipica dimora positanese: intima, quieta, di familiare eleganza.

Royal Prisco, senza rist, viale Pasitea 102 ☎ 089 8122022, *info@royalprisco.com, Fax 089 8123042* – ▤ TV. AE ś ⓞ MC VISA
Pasqua-5 novembre – **12 cam** ☐ 120/140.
◆ Giovane gestione familiare in questo albergo integralmente rinnovato; un importante scalone conduce alle camere, nuove e spaziose, dove vi sarà anche servita la colazione.

Savoia senza rist, via Colombo 73 ☎ 089 875003, *info@savoiapositano.it, Fax 089 811844,* ≤ – |♦| ▤ TV. AE ś MC VISA JCB
chiuso dal 2 novembre al 29 dicembre – **39 cam** ☐ 120/195, 3 suites.
◆ Una tipica costruzione locale, con pavimenti in maiolica e soffittature costituite da volte a cupola; una gestione piacevolmente familiare, per vivere il cuore di Positano.

Montemare, viale Pasitea 119 ☎ 089 875010, *montemare@starnet.it, Fax 089 811251,* ≤ – ▤ TV P. AE ś ⓞ MC VISA. ✻ rist
Pasto al Rist. ***Il Capitano*** *(chiuso da novembre al 26 dicembre)* carta 41/53 – **16 cam** ☐ 170/200, 2 suites – ½ P 135.
◆ Tavoli sulla terrazza con vista che spazia sul mare e sulla costa, ambienti dalla semplice gradevolezza, essenziali e funzionali, andamento familiare; a metà del paese. Servizio ristorante estivo in terrazza panoramica, ove il bianco spicca sul blu del mare.

La Reginella senza rist, via Pasitea 154 ☎ 089 875324, *info@reginellahotel.it, Fax 089 875324,* ≤ mare e costa – TV. AE ś MC VISA. ✻
8 cam ☐ 80/150.
◆ Bella vista di mare e costa da un hotel a gestione diretta, con camere semplici, ma ampie, tutte rivolte verso il mare; un'offerta più che dignitosa a un prezzo interessante.

Villa Rosa senza rist, via Colombo 127 ☎ 089 811955, *info@villarosapositano.it, Fax 089 812112,* ≤ mare e Positano – ▤ TV. AE ś ⓞ MC VISA JCB. ✻
30 marzo-5 novembre – **14 cam** ☐ 140.
◆ Una bella villa a terrazze digradanti verso il mare, nel tipico stile di Positano, con vista su un panorama da sogno; ampie camere luminose, con piacevoli arredi chiari.

Villa La Tartana senza rist, vicolo Vito Savino 6/8 ☎ 089 812193, *info@villalatartana.it, Fax 089 8122012,* ≤ – ▤ TV. AE ś ⓞ MC VISA JCB. ✻
30 marzo-5 novembre – **8 cam** ☐ 150, suite.
◆ A due passi dalla spiaggia e al tempo stesso nel centro della località, bianca struttura dai «freschi» interni nei colori chiari e mediterranei; piacevoli e ariose le camere.

La Fenice senza rist, via Marconi 4 (Est : 1 km) ☎ 089 875513, *bebfenicepositano@tin.it, Fax 089 811309,* ≤, acqua di mare, – . ✻
12 cam ☐ 125.
◆ Due ville distinte, una ottocentesca, l'altra d'inizio '900, impreziosite dalla flora mediterranea che fa del giardino un piccolo orto botanico; camere arredate semplicemente.

XXX **Al Palazzo** - Hotel Palazzo Murat, via Dei Mulini 23/25 ☎ 089 875177, *risto@palazzomurat.it, Fax 089 811419,* , – AE ś ⓞ MC VISA. ✻
1° aprile-2 novembre; chiuso a mezzogiorno – **Pasto** carta 50/74.
◆ Prelibati piatti fantasiosi da assaporare all'aperto in un piccolo angolo di paradiso, un incantevole giardino botanico; piccole eleganti salette per cene all'interno.

XX **Le Terrazze,** via Grotte dell'Incanto 51 ☎ 089 875874, *info@leterrazzerestaurant.it,* , ▤. AE ś ⓞ MC VISA JCB. ✻
Pasqua-ottobre; chiuso a mezzogiorno – **Pasto** carta 41/77.
◆ Ristorante in incantevole posizione sul mare; all'ingresso elegante wine bar, al primo piano due sale con vista su Praiano e Positano; suggestiva cantina scavata nella roccia.

XX **Chez Black,** via del Brigantino 19/21 ☎ 089 875036, *info@chezblack.it, Fax 089 875789,* ≤, , Rist. e pizzeria – AE ś ⓞ MC VISA JCB. ✻
chiuso dal 7 gennaio al 7 febbraio – **Pasto** carta 32/48 (12 %).
◆ Una sorta di veranda fissa, in uno dei posti più strategici di Positano, proprio di fronte alla spiaggia; ampia sala marinara, aperta, fusione continua tra dentro e fuori.

XX **La Cambusa,** piazza Vespucci 4 ☎ 089 812051, *Fax 089 875432,* ≤, 🏛 – AE $ ⓓ MC VISA. ✗
chiuso dal 7 al 30 gennaio – **Pasto** carta 45/62.
◆ Nel cuore di Positano, nella piazzetta di fronte alla spiaggia, una specie di terrazza-veranda, un ambiente di sobria classicità; per gustare piatti legati al territorio.

X **Saraceno D'Oro,** viale Pasitea 254 ☎ 089 812050, *Fax 089 812050,* 🏛, Rist. e pizzeria
chiuso gennaio e febbraio – **Pasto** carta 20/32.
◆ Il passato saraceno della città è evocato sia dal nome che dalle decorazioni arabeggianti del locale; di gran successo il «take-away» per pizze e per ogni tipo di portata.

sulla costiera Amalfitana *Est : 2 km :*

San Pietro ⑤, via Laurito 2 ☎ 089 875455, *reservations@ilsanpietro.it, Fax 089 811449,* ≤ mare e costa, Ascensore per la spiaggia, 🏛, ⅈ₆, ≘, ⛱, 🏖, ✗ – |♦|, ▤ cam, TV ☎ P. AE $ ⓓ MC VISA. ✗
aprile-3 novembre – **Pasto** carta 65/86 (15 %) – **58 cam** ☐ 465/480, 4 suites.
◆ Un'osmosi totale tra l'ambiente naturale e antropizzato, un'indovinata magia di scambio tra terrazze fiorite, rocce, verde e piattaforme: per un raffinato rifugio d'élite. Sulla romantica terrazza e nella vasta sala ornata di buganvillee, tavoli per sognare.
Spec. Fusilli di Pimonte con pesce azzurro, zucchini e cedro. Mezze lune di patate con salvia e ragù di agnello. Zeppole di Angela con miele e gelato allo yogurt.

a Montepertuso *Nord : 4 km – alt. 355 – ✉ 84017 Positano :*

X **Donna Rosa,** via Montepertuso 97/99 ☎ 089 811806, *donnarosaristorante@libero.it, Fax 089 811806,* ≤, 🏛, prenotare ▤ P. AE $ ⓓ MC VISA
chiuso dall'8 gennaio al 10 marzo e martedì, in giugno-luglio e settembre lunedì e martedì a mezzogiorno, in agosto solo a mezzogiorno – **Pasto** 45/65 e carta 42/74.
◆ Gestione familiare, padre e figlie in sala e madre ai fornelli, in questo grazioso locale: due curate salette con pavimento di parquet e piatti campani, soprattutto di pesce.

POSTA FIBRENO *03030 Frosinone* 563 Q 23 – *1 315 ab. alt. 430.*

Roma 121 – Frosinone 40 – Avezzano 51 – Latina 91 – Napoli 130.

sulla strada statale 627 *Ovest : 4 km :*

XXX **Il Mantova del Lago,** località La Pesca 9 ✉ 03030 ☎ 0776 887344, *ilmantovadellago@libero.it, Fax 0776 887345,* 🚗 – ▤ P. AE $ ⓓ MC VISA. ✗
chiuso dall'11 al 17 agosto, novembre, domenica sera e lunedì – **Pasto** carta 24/33.
◆ In riva al piccolo lago, all'interno di un edificio rustico ben restaurato e cinto da un parco, un'elegante oasi di pace: soffitti decorati, sapori di pesce e di carne.

POSTAL (BURGSTALL) *39014 Bolzano* 562 C 15, 218 ⑳ – *1 394 ab. alt. 268.*

ℹ *via Roma 48 ☎ 0473 291343, Fax 0473 292440.*
Roma 658 – Bolzano 26 – Merano 11 – Milano 295 – Trento 77.

Sporthotel Muchele, vicolo Maier 1 ☎ 0473 291135, *muchele@dnet.it, Fax 0473 291248,* ≤, 🏛, ≘, ⛱ riscaldata, 🚗, ✗ – |♦|, ⛔ rist, ▤ TV ☎ ♿, 🚗 P. AE $ ⓓ MC VISA
20 marzo-15 novembre – **Pasto** carta 28/43 – **29 cam** ☐ 120/150, 4 suites – ½ P 85.
◆ In questo ameno angolo di Sud Tirolo, immerso tra le montagne e circondato da un giardino fiorito con piscina riscaldata, un bel complesso con numerose offerte sportive. Possibilità di assaporare le delizie culinarie dell'Alto Adige.

XX **Hidalgo,** via Roma 7 (Nord : 1 km) ☎ 0473 292292, *hidalgo@rolmail.net, Fax 0473 290410,* 🏛 – P. AE $ ⓓ MC VISA JCB
chiuso domenica e lunedì a mezzogiorno – **Pasto** 29/45 e carta 33/48 ✿.
◆ Bizzarro, trovare qui un locale che si proponga con una cucina in prevalenza orientata alla tradizione mediterranea; colore bianco e luce ovunque, notevole cantina.

POTENZA *85100* P 564 F 29 *G. Italia – 69 655 ab. alt. 823.*

Vedere *Portale★ della chiesa di San Francesco* **Y.**
ℹ *via del Gallitello 89 ☎ 0971 507622, info@aptbasilicata.it, Fax 0971 507601.*
A.C.I. *viale del Basento ☎ 0971 56466.*
Roma 363 ③ – Bari 151 ② – Foggia 109 ① – Napoli 157 ③ – Salerno 106 ③ – Taranto 157 ②.

Pianta pagina seguente

Grande Albergo, corso 18 Agosto 46 ☎ 0971 410220, *grandealbergo@tin.it, Fax 0971 34879,* ≤ – |♦|, ▤ rist, TV – 🏛 150. AE $ ⓓ MC VISA. ✗ Y a
Pasto *(chiuso agosto)* carta 23/33 – **63 cam** ☐ 73/100 – ½ P 70.
◆ Nei pressi del centro storico, una struttura costituita da diversi piani e con vista sulle colline circostanti; ampie e funzionali le aree comuni, comode le stanze. Calde tonalità nella vasta ed elegante sala ristorante, con poltroncine blu.

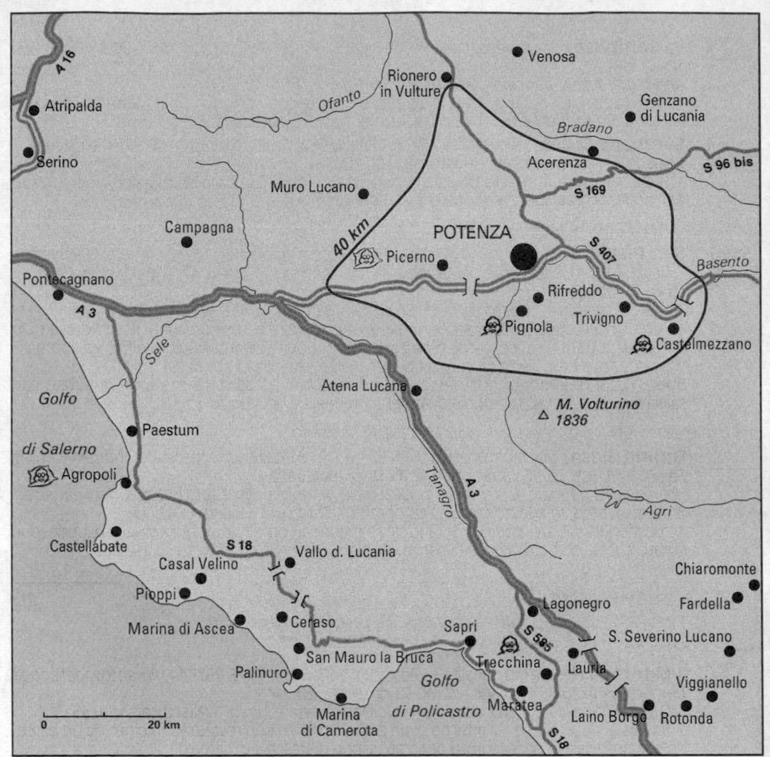

Vittoria, via della Tecnica ☎ 0971 56632, *hotelvittoriapotenza@virgilio.it, Fax 0971 56802* – |‡|, ≡ rist, TV P. AE Ś ⓓ MO VISA. ✱ per ③
Pasto *(chiuso domenica e a mezzogiorno)* carta 17/25 – **45 cam** ☕ 62/78 – ½ P 54.
◆ Quest'hotel, situato all'interno di un edificio basso e di costruzione piuttosto recente, vi accoglie non lontano dalla Basentana: confort sobrio e discreta quiete. Zona ristorante dall'ambiente moderno e luminoso.

Antica Osteria Marconi, viale Marconi 235 ☎ 0971 56900, *tr.ank@katamail.com, Fax 0971 56900,* , Coperti limitati; prenotare. AE Ś ⓓ MO VISA Z c
chiuso dal 30 dicembre al 7 gennaio e dal 10 al 25 agosto – **Pasto** carta 35/45.
◆ In un piccolo stabile, sulle ceneri di un precedente negozio, superato un disimpegno si aprono due salette separate da un arco: piatti creativi, su basi locali, e pesce.

Taverna Oraziana, via Orazio Flacco 2 ☎ 0971 24518, *Fax 0971 24518* – AE Ś ⓓ MO VISA JCB. ✱ Z a
chiuso domenica sera – **Pasto** carta 21/33.
◆ In via Orazio Flacco, ai limiti del centro storico, giovane gestione in un locale ben curato; paste fresche del posto e secondi piatti di carne alla radice delle offerte.

Mimì, via Rosica 22 ☎ 0971 37592. AE Ś ⓓ MO VISA JCB. ✱ Z b
chiuso dal 10 al 25 agosto, domenica sera e lunedì – **Pasto** carta 25/41.
◆ Ubicazione centralissima, nel cuore della città, per questo accogliente indirizzo ove poter trovare proposte gastronomiche della Basilicata, soprattutto nei primi piatti.

sulla strada statale 407 *Est : 4 km :*

La Primula , loc. Bucaletto 61-62/a ✉ 85100 ☎ 0971 58310, *info@albergolaprimula.it, Fax 0971 470902,* – |‡| ≡ TV P – 70. AE Ś ⓓ MO VISA JCB. ✱
Pasto carta 22/41 – **46 cam** ☕ 73/96.
◆ Qui si cerca di ricreare l'atmosfera di casa anche nell'accoglienza; stanze personalizzate, arredi di gusto creati da artigiani del posto, ottimi inoltre gli spazi esterni. Al ristorante ambiente elegante e ospitale.

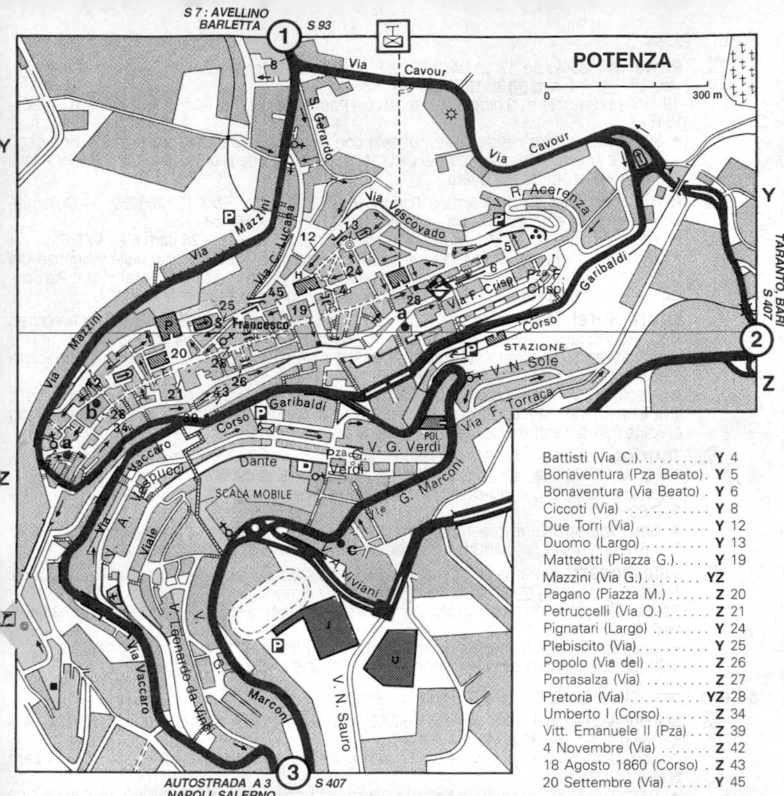

Un automobilista previdente utilizza la Guida Michelin dell'anno in corso.

POVE DEL GRAPPA *36020 Vicenza* 562 E 17 – *2 824 ab. alt. 163.*
Roma 536 – Padova 50 – Belluno 69 – Treviso 51 – Vicenza 41.

Miramonti, via Marconi 1 ☎ 0424 550186, *miramonti-hotel@libero.it, Fax 0424 554666,* ← – |♦| ▤ TV ☏ ♿ P. AE ⓢ ⓓ ⓜⓒ VISA. ✂ rist
Pasto carta 18/25 – **15 cam** ☐ 52/78 – ½ P 53.
◆ Camere di buon tono, con arredi e bagni del tutto nuovi, tranquille e silenziose. Zona comune «alla vecchia maniera» con un bar pubblico frequentato da avventori abituali. I pasti sono serviti nella sala interna e nel nuovo spazio all'aperto.

POZZA DI FASSA *38036 Trento* 562 C 17 – *1 774 ab. alt. 1 315 – a.s. 28 gennaio-11 marzo e Natale – Sport invernali : 1 320/2 354 m* ⛟ *1* ⛷ *4 (Comprensorio Dolomiti superski Val di Fassa)* ⛷.
ℹ *piazza Municipio 1* ☎ *0462 764136, infopozza@fossa.com, Fax 0462 763717.*
Roma 677 – Bolzano 40 – Canazei 10 – Milano 335 – Moena 6 – Trento 95.

Ladinia, via Chieva 9 ☎ 0462 764201, *info@hotelladinia.com, Fax 0462 764896,* ← monti, ⛹, ≘s, ⛱, ⛱, ✂ – |♦|, ⇆ rist, TV ☏ ♿ P. ⓢ ⓜⓒ VISA. ✂
15 dicembre-aprile e giugno-settembre – **Pasto** (solo per alloggiati) carta 25/36 – **40 cam** ☐ 95/170 – ½ P 100.
◆ Seria e appassionata la conduzione familiare per quest'albergo già gradevole dall'esterno; valide e confortevoli le aree comuni e le camere, accogliente l'atmosfera.

Gran Baita, via Roma 57 ☎ 0462 764163, *gran.baita@rolmail.net, Fax 0462 764745,* ←, Centro benessere, ≘s, ⛱ – ⇆ rist, TV ☏ ♿ 🚗 P – 🏛 100. AE ⓢ ⓓ ⓜⓒ VISA. ✂
dicembre-15 aprile e 15 maggio-15 ottobre – **Pasto** (solo per alloggiati) – **58 cam** ☐ 112/190 – ½ P 120.
◆ Lungo la via principale, all'ingresso del paese, hotel in fase di totale rinnovo e ampliamento: alla caratteristica casa ladina si è affiancata una struttura recente.

René, via Avisio 17 0462 764258, *hotel.rene@fassaweb.net, Fax 0462 763594*, , – , rist, .
18 dicembre-aprile e 20 giugno-settembre – **Pasto** carta 17/23 – 5,50 – **34 cam** 50/60 – ½ P 63.
◆ Hotel sito in zona residenziale, tuttavia con una buona tranquillità; sorto alla fine degli anni '70, è andato migliorandosi nei vari settori, nel corso degli ultimi anni. Ottima cura della cucina, sala ristorante rinnovata.

Antico Bagno, via Antico Bagno 0462 763232, *Fax 0462 763232*, Dolomiti, Centro termale e benessere, – , rist, .
chiuso dal 5 ottobre al 4 dicembre – **Pasto** carta 26/44 – 15 – **24 cam** 69 – ½ P 65.
◆ Alquanto tranquilla l'ubicazione di quest'albergo, fuori del centro e nelle vicinanze del torrente e di una fonte termale; comodo parcheggio privato e atmosfera familiare. Particolarmente curata la cucina dietro la regia del titolare, giovane e affermato chef.

Sport Hotel Majarè, via Buffaure 21/B 0462 764760, *hotelmajarè@fassaweb.net, Fax 0462 763565*, , Centro benessere – , rist, .
dicembre-aprile e giugno-settembre – **Pasto** *(chiuso mercoledì in bassa stagione)* carta 27/35 – 7,75 – **33 cam** 44/82 – ½ P 61.
◆ A soli 100 m dagli impianti di risalita del Buffaure, risorsa a gestione familiare, offre ambienti ispirati alla tradizione tirolese. Centro benessere di buon livello. Caldo legno avvolge pareti e soffitto della grande sala ristorante.

Touring, via Col da Prà 34 (Sud : 2 km) 0462 763268, *mail@touringhotel.info, Fax 0462 763697*, , – , rist, . rist
dicembre-aprile e giugno-ottobre – **Pasto** (solo per alloggiati) 15 – **27 cam** 98/130 – ½ P 80.
◆ Gradevole struttura, decentrata, nei pressi della strada per Vigo; rinnovata qualche anno fa, offre una terrazza solarium, un piccolo centro benessere, camere decorose.

Villa Mozart, via Roma 65 0462 763555, *info@hotelvillamozart.com, Fax 0462 763555*, , – , rist, .
Pasto *(dicembre-marzo e luglio-settembre)* (solo per alloggiati) – **21 cam** 62/93 – ½ P 72.
◆ Una risorsa con una decina di anni di vita, a conduzione familiare, posizionata alle porte della località, lungo la statale; dispone di un confortevole settore notte.

a Pera *Nord : 1 km – 38030 Pera di Fassa :*

Soreje, via Dolomiti 17/b 0462 764882, *hotel.soreie@rolmail.net, Fax 0462 763790*, – , rist, . rist
chiuso da maggio al 9 giugno e dal 5 ottobre al 30 novembre – **Pasto** 16 – 10 – **21 cam** 60/68 – ½ P 57.
◆ Balconi in legno e decori in facciata per quest'hotel a gestione familiare, ubicato in una piccola frazione lungo la statale; bell'angolo soggiorno dotato di stube. Una sala ristorante piuttosto ampia e decisamente invitante.

POZZILLI *86077 Isernia 564 C 24 – 2 185 ab. alt. 235.*

Roma 153 – Avezzano 154 – Benevento 90 – Campobasso 68 – Isernia 36 – Napoli 91.

sulla strada statale 85 *Sud-Est : 4 km :*

Dora, 86077 0865 908006, *info@hoteldora.it, Fax 0865 927215* – – 250.
Pasto carta 40/65 – **49 cam** 60/75, 2 suites – ½ P 50.
◆ Ristrutturato in anni piuttosto recenti e in comoda posizione per una clientela di passaggio, un albergo con camere ben accessoriate e piscina aperta al pubblico. Al ristorante ambiente di tono moderno, con vasti spazi.

POZZO *Arezzo 563 57 M 17 – Vedere Foiano della Chiana.*

POZZOLO *46040 Mantova 561 G 14 – alt. 49.*

Roma 488 – Verona 34 – Brescia 149 – Mantova 20.

Ancilla, via Ponte 3 0376 460007, *rist.ancilla@katamail.com, Fax 0376 460007* – .
chiuso lunedì sera e martedì – **Pasto** carta 22/32.
◆ Malgrado il nome e la lunga vita con la medesima gestione familiare, una trattoria di taglio moderno, proprio sulla piazza centrale: due sale e molto pesce d'acqua dolce.

I prezzi del pernottamento e della pensione possono subire aumenti in relazione all'andamento generale del costo della vita ; quando prenotate chiedete la conferma del prezzo.

POZZUOLI *80078 Napoli 564 E 24 G. Italia – 82 152 ab. – Stazione termale, a.s. maggio-15 ottobre.*

Vedere *Anfiteatro★★ – Tempio di Serapide★ – Tempio di Augusto★ – Solfatara★★ Nord-Est : 2 km.*

Dintorni *Rovine di Cuma★ : Acropoli★★, Arco Felice★ Nord-Ovest : 6 km – Lago d'Averno★ Nord-Ovest : 7 km.*

Escursioni *Campi Flegrei★★ Sud-Ovest per la strada costiera – Isola d'Ischia★★★ e Isola di Procida★.*

per Procida (30 mn) ed Ischia (1 h), giornalieri – Caremar-agenzia Ser.Mar. e Travel, banchina Emporio ☎ 081 5262711, Fax 081 5261335 e Alilauro, al porto ☎ 081 5267736, Fax 081 526841; Ischia (1 h), giornalieri – Linee Lauro, al porto ☎ 081 5267736, Fax 081 5268411.

per Procida giornaliero (15 mn) – Caremar-agenzia Ser.Mar. e Travel, banchina Emporio ☎ 081 5262711, Fax 081 5261335.

piazza Matteotti 1/a ☎ 081 5266639, aziendaturismopozzuoli@libero.it, Fax 081 5265068.

Roma 235 – Napoli 16 – Caserta 48 – Formia 74.

Solfatara, via Solfatara 163 ☎ 081 5262666, *info@hotelsolfatara.it, Fax 081 5263365,* ← – 100. AE VISA. rist
Pasto carta 22/34 – **31 cam** 80/103 – ½ P 67.
◆ Nel cuore dei Campi Flegrei una struttura impreziosita da una vista incantevole sulle isole di Ischia e Procida. Confort accresciuto dal recente rinnovo. Ristorante d'impostazione tradizionale, con in lista specialità del territorio.

Tiro a Volo senza rist, via San Gennaro 69/A (Est : 3 km) ☎ 081 5704540, *hoteltiroavolo@tin.it, Fax 081 5704540* – AE VISA
41 cam 55/75.
◆ Tranquillissimo hotel, ubicato in una zona silenziosa e verdeggiante, che continua a dimostrare una buona tenuta generale, da cui consegue un discreto livello di confort.

Trattoria Ludovico, via Fasano 6 ☎ 081 5268255 – AE VISA JCB.
chiuso dal 24 al 31 dicembre e lunedì – **Pasto** specialità di mare carta 40/50 (15 %).
◆ Poco distante dal porto, un ristorante che ovviamente propone una cucina marinara, che si impone in particolare per la freschezza dei prodotti. Ambiente di stile classico.

La Cucina, largo San Paolo 17/20 (al porto) ☎ 081 5269060, *Fax 081 8531353,* – VISA
chiuso martedì escluso dal 19 marzo al 19 settembre – **Pasto** specialità di mare carta 25/35 (10 %).
◆ Gran bel locale, con caratteristica unica: l'ingresso principale è in cucina. La sala si trova al primo piano; di qui, scorcio sul mare e sulla costa, con piatti di pesce.

La Cucina degli Amici, corso Umberto I 47 ☎ 081 5269393, *Fax 081 5269393,* Coperti limitati; prenotare – AE VISA JCB
chiuso il 24, 25 e 31 dicembre – **Pasto** carta 26/39.
◆ Ristorante piccolo e raccolto, proprio sul lungomare, con un ambiente semplice, ma ordinato; dispone anche di dehors estivo e offre una casereccia cucina marinara.

a Cuma *Nord-Ovest : 10 km – ✉ 80070 :*

Villa Giulia, via Cuma Licola 178 ☎ 081 8540163, *info@villagiulia.info, Fax 081 8044356,* ←, – VISA
Pasto (solo per alloggiati) 15/25 – **6 cam** 45/120.
◆ Villa in tufo immersa nel verde di un curato giardino, a poca distanza dai resti archeologici di Cuma. Arredi curati e di buon gusto, un'atmosfera ottima.

POZZUOLO *Perugia 563 M 17 – Vedere Castiglione del Lago.*

PRADELLA *Bergamo – Vedere Schilpario.*

PRADIPOZZO *30020 Venezia 562 E 20 –.*

Roma 587 – Udine 56 – Venezia 63 – Milano 328 – Pordenone 33 – Treviso 49 – Trieste 98.

Tavernetta del Tocai, via Fornace 93 ☎ 0421 204280, *Fax 0421 204264* – AE VISA.
chiuso dal 1º al 23 agosto, domenica sera e lunedì – **Pasto** specialità alla griglia carta 23/39.
◆ Il nome è già un invito: anche viticoltori, i componenti della famiglia, tutti coinvolti, vi accolgono in un ambiente semplice, ruspante. Griglia e stagioni a rotazione.

PRAGS = Braies.

PRAIA A MARE *87028 Cosenza* 564 H 29 – *6 646 ab..*

Escursioni *Golfo di Policastro*** *Nord per la strada costiera.*

Roma 417 – Cosenza 100 – Napoli 211 – Potenza 139 – Salerno 160 – Taranto 230.

Garden, via Roma 8 ✆ 0985 72828, *hotelgarden@webus.it, Fax 0985 74171,* – . rist

aprile-ottobre – **Pasto** carta 15/26 – **39 cam** 50/78 – ½ P 63.

◆ Per un soggiorno spiaggia-sole-mare, questa è la soluzione ideale: quasi direttamente sulla sabbia, un ambiente familiare, ben curato, con un bel giardinetto interno. Cucina genuinamente calabra; dehors estivo.

Rex, via Colombo 56 ✆ 0985 72191, *info@rexhotel.it, Fax 0985 776855,* – . . rist

chiuso febbraio e novembre – **Pasto** (solo per alloggiati) 18/20 – **19 cam** 75/85.

◆ Tutta rinnovata, una piccola risorsa a conduzione familiare e appassionata; inoltre, dalla cucina, i prodotti dell'azienda agricola di proprietà. Non sul mare, ma godibile.

Taverna Antica, piazza Dei Martiri 3 ✆ 0985 72182, *Fax 0985 72182,* , prenotare la sera – . .

chiuso martedì escluso giugno-ottobre – **Pasto** carta 18/33.

◆ Un'impresa familiare unita ad una gestione esperta e intraprendente: nel centro di Praia, rinnovata la vecchia casa dei genitori, i figli offrono piatti locali, di pesce.

sulla strada statale 18 *Sud-Est : 3 km :*

New Hotel Blu Eden, località Foresta ✉ 87028 ✆ 0985 779174, *blueden@webus.it, Fax 0985 779280,* ≤ mare e costa, – . .

Pasto carta 16/31 – 4 – **16 cam** 85/93 – ½ P 70.

◆ Praticamente ancora fresco di costruzione, un hotel di stile avveniristico, sito in una frazioncina sopra Praia, con appagante vista sul mare e ampia terrazza-solarium. La zona ristorante, con ambienti moderni e luminosi, si apre sul blu del Tirreno.

PRAIANO *84010 Salerno* 564 F 25 – *1 961 ab. – a.s. Pasqua, giugno-settembre e Natale.*

Roma 274 – Napoli 64 – Amalfi 9 – Salerno 34 – Sorrento 25.

Tramonto d'Oro, via Gennaro Capriglione 119 ✆ 089 874955, *info@tramontodoro.it, Fax 089 874670,* ≤ mare e costa, , , – . . rist

Pasto *(aprile-ottobre)* carta 33/45 – **40 cam** 150/240 – ½ P 153.

◆ Un hotel dal nome già indicativo sulla possibilità di godere di suggestivi tramonti dalla bella terrazza-solarium con piscina; una costruzione mediterranea confortevole. Due ampie sale ristorante al piano terra.

Onda Verde , via Terra Mare 3 ✆ 089 874143, *reservations@ondaverde.it, Fax 089 8131049,* ≤ mare e costa – . .

27 dicembre-7 gennaio e 20 marzo-4 novembre – **Pasto** carta 26/44 – **20 cam** 140/170 – ½ P 110.

◆ Poco fuori della località, lungo la costa, ubicazione tranquilla e suggestiva, a dominare il mare e uno dei panorami più incantevoli della Penisola. Conduzione diretta.

La Brace, via Capriglione 146 ✆ 089 874226, *labrace.@divinacostiera.it,* ≤, , Rist. e pizzeria serale – . .

chiuso mercoledì escluso dal 15 marzo al 15 ottobre – **Pasto** carta 20/34 (10 %).

◆ Ristorantino familiare, meta di abitanti della Costiera e di turisti: nel centro di Praiano, una rampa di scale vi introduce in un locale semplice, per mangiate alla buona.

sulla costiera amalfitana *Ovest : 2 km :*

Tritone , via Campo 5 ✉ 84010 ✆ 089 874333, *tritone@tritone.it, Fax 089 813024,* ≤ mare e costa, , riscaldata, – – 120. . rist

12 aprile-20 ottobre – **Pasto** carta 50/65 – **57 cam** 260/290, 7 suites – ½ P 190.

◆ Tra Amalfi e Positano, adagiato sulla scogliera dominante il mare e con ascensore per la spiaggia, un confortevole punto di riferimento per i congressi e le vacanze sul blu. A picco sulla Costiera, capiente sala da pranzo; servizio ristorante in terrazza.

PRALBOINO *25020 Brescia* 561 I 8 – *2 637 ab. alt. 47.*

Roma 550 – Brescia 44 – Cremona 24 – Mantova 61 – Milano 127.

Leon d'Oro, via Gambara 6 ✆ 030 954156, *Fax 030 9521191,* prenotare la sera – . .

chiuso dieci giorni in gennaio, agosto, domenica sera e lunedì – **Pasto** carta 50/80.

◆ In questa cornice il tempo è rallentato; concedetevi una pausa in un edificio del '600, con la geniale regia di una famiglia e gli antichi sapori protagonisti. Da sempre.

Spec. Sauté di gamberi rossi, polentina e fondente di prezzemolo. Riso carnaroli mantecato con ragù di melanzane, capperi e bagoss (estate-autunno). Padellata di lumache con funghi ed erbette (estate-inverno).

PRALORMO *10040 Torino* 561 H 5 – *1 777 ab. alt. 303.*

Roma 654 – Torino 37 – Asti 40 – Cuneo 82 – Milano 165 – Savona 129.

Lo Scoiattolo, frazione Scarrone 15 bis - strada statale 29 (Nord : 1 km) 011 9481148, *info@hotelscoiattolo.com, Fax 011 9481481,* – P. AE VISA JCB.

Pasto *(chiuso a mezzogiorno e domenica sera)* 15/25 – **52 cam** 54/75 – ½ P 48.

◆ Lungo la strada verso le Langhe, un alberghetto familiare, di buon tono, dotato di validi spazi esterni; offre camere semplici, pulite e ben attrezzate. Sala ristorante senza pretese, capiente, d'impostazione classica.

PRAMAGGIORE *30020 Venezia* 562 E 20 – *3 942 ab. alt. 11.*

Roma 571 – Udine 64 – Venezia 65 – Pordenone 34 – Treviso 47 – Trieste 91.

a Blessaglia *Sud-Ovest : 1,5 km – 30020 Pramaggiore :*

Al Cacciatore, piazza Marconi 1 0421 799855, *Fax 0421 200036* – . AE VISA.

chiuso dal 1° al 20 agosto, martedì sera e mercoledì – **Pasto** carta 17/35.

◆ Il nome del locale non vi tragga in inganno: carni, certo, ma soprattutto molto pesce. Una calda, sana trattoria di paese, che è sempre un piacere poter ancora trovare.

PRATA *Grosseto* 563 M 14 – *Vedere Massa Marittima.*

PRATI DI TIVO *Teramo* 563 O 22 – *Vedere Pietracamela.*

PRATO *59100* P 563 K 15 *G. Toscana – 174 513 ab. alt. 63.*

Vedere *Duomo★ : affreschi★★ dell'abside (Banchetto di Erode★★★) – Palazzo Pretorio★ – Affreschi★ nella chiesa di San Francesco* **D** – *Pannelli★ al museo dell'Opera del Duomo* **M** – *Castello dell'Imperatore★* **A.**

18 Le Pavoniere (chiuso lunedì) località Tavola 59100 Prato 0574 620855, Fax 0574 624558.

piazza delle Carceri 15 0574 24112, apt@prato.turismo.toscana.it, 0574 24112.

A.C.I. *via dei Fossi 14/C 0574 625435.*

Roma 293 ④ – Firenze 17 ④ – Bologna 99 ② – Milano 293 ② – Pisa 81 ④ – Pistoia 18 ④ – Siena 84 ④.

Pianta pagina seguente

Art Hotel Museo, viale della Repubblica 289 0574 5787, *arthotel@arthotel.it, Fax 0574 578880,* – cam, – 150. AE VISA JCB. rist — per viale Monte Grappa

Pasto *(chiuso agosto e domenica)* carta 29/35 – **110 cam** 145/180 – ½ P 110.

◆ Vicino al Museo d'Arte Contemporanea Pecci, già edificio dalla struttura avveniristica, hotel di tono modernissimo; minimalista, ma con tocchi di colore, e ogni confort. La linea gastronomica: cucina fantasiosa, sempre a partire dalla tradizione.

President, via Simintendi 20 (ang. via Baldinucci) 0574 30251, *info@hotel-president.net, Fax 0574 36064* – – 80. AE VISA. rist — a

Pasto *(chiuso a mezzogiorno e domenica)* (solo per alloggiati) carta 27/43 – **78 cam** 115/155 – ½ P 85.

◆ Frequentazione soprattutto da parte di una clientela d'affari per un indirizzo comodo, a pochi passi dal centro storico, facile da raggiungere e di recente rinnovato.

Datini, viale Marconi 80 0574 562348, *hoteldatini@texnet.it, Fax 0574 527976* – cam, P – 200. AE VISA — per viale Monte Grappa

Pasto *(chiuso agosto e domenica)* carta 25/40 – **80 cam** 140/160 – ½ P 99.

◆ Funzionalità, efficienza e sobrietà in questa struttura recente e ben gestita. Ideale per la clientela d'affari, considerata anche la comoda ubicazione stradale.

Art Hotel Milano, via Tiziano 15 0574 23371, *hmilano@ala.it, Fax 0574 27706* – – 60. AE VISA. rist — d

Pasto *(chiuso domenica)* carta 18/30 – **70 cam** 85/109 – ½ P 73.

◆ Storico hotel recentemente rinnovato, a ridosso della cinta muraria della città e quindi a pochi passi dal centro. Alcune camere affacciano sul fiume e le colline. Ristorante classico di taglio semplice e sobrio.

Giardino senza rist, via Magnolfi 4 0574 606588, *info@giardinohotel.com, Fax 0574 606591* – . AE VISA — f

28 cam 90/130.

◆ All'interno delle mura fortificate e praticamente nella piazza del Duomo, un albergo situato in un bell'edificio d'epoca: gestione cordiale e belle stanze raccolte e curate.

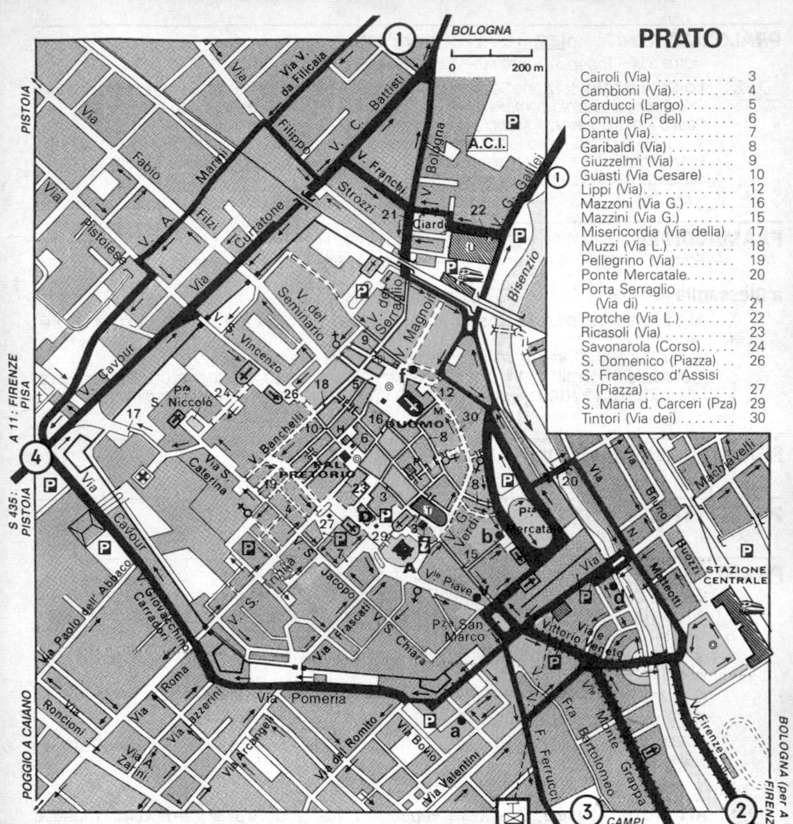

🏨 **San Marco** senza rist, piazza San Marco 48 ✆ 0574 21321, *info@hotelsanmarcoprato.com, Fax 0574 22378* – 🛗 ▤ TV 📞 P. AE 💲 ⓓ MC VISA JCB. 🚭 v
40 cam ☕ 65/95.

◆ Al limitare del cuore della città, facile da raggiungere, una risorsa dotata di confort essenziali, semplice, familiare, avvolta dal calore e dall'ospitalità dei gestori.

XXX ✿ **Il Piraña,** via G. Valentini 110 ✆ 0574 25746, *Fax 0574 25746*, prenotare – ▤. AE 💲 ⓓ MC VISA. 🚭 per via Valentini
chiuso agosto, sabato a mezzoziorno e domenica – **Pasto** specialità di mare carta 39/52.

◆ Sulla cresta dell'onda da anni, con una denominazione che riconduce immediatamente a quello che è il cavallo di battaglia delle sue proposte, il tempio del pesce fresco.
Spec. Polpo alla ligure con pinoli. Taglierini con gamberi e fiori di zucca. Scorfano alla mediterranea.

XX **Tonio,** piazza Mercatale 161 ✆ 0574 21266, *Fax 0574 21266*, ☂ – 🚭 ▤. AE 💲 ⓓ MC VISA JCB. 🚭 b
chiuso dal 23 dicembre al 7 gennaio, dal 7 al 29 agosto, sabato a mezzogiorno, domenica sera e lunedì – **Pasto** specialità di mare carta 31/46 (10%).

◆ Ambiente pulito, classico e senza sorprese, sulla piazza da una cinquantina d'anni con la stessa conduzione familiare; sempre con sapori marinari e prodotti freschi.

X **Logli Mario,** località Filettole ✆ 0574 23010, *Fax 0574 23010*, ☂ – AE 💲 ⓓ MC VISA JCB. 🚭 2 km per via Machiavelli
chiuso dal 1° al 7 gennaio, agosto, lunedì sera e martedì – **Pasto** carta 28/37.

◆ Profumo di carne alla griglia già all'ingresso: un'invitante accoglienza per farvi accomodare nella bella trattoria rustica, sui colli, con servizio estivo in terrazza.

Trattoria la Fontana, località Filettole ✆ 0574 27282, *info@lafontanatrattoria.it, Fax 0574 400876,* – P. AE VISA JCB.
chiuso dal 26 dicembre al 4 gennaio, dal 7 al 30 agosto, domenica sera e lunedì – **Pasto** carta 26/41. 2 km per via Machiavelli
◆ In questa graziosa frazione sulle colline attorno alla città, saletta interna e veranda estiva che diventa un giardino d'inverno; piatti del giorno e tradizione toscana.

PRATO DELLE MACINAIE *Grosseto – Vedere Castel del Piano.*

PRATOVECCHIO *52015 Arezzo 563 K 17 – 3 131 ab. alt. 420.*

Roma 261 – Firenze 47 – Arezzo 46 – Ravenna 129.

Gliaccaniti, via Fiorentina 12 ✆ 0575 583345, *gliaccaniti@katamail.com,* Coperti limitati; prenotare – VISA.
chiuso dal 3 al 20 novembre e martedì – **Pasto** 25/60.
◆ Un locale ubicato proprio sull'argine dell'Arno, con un servizio estivo quasi sulle acque; piccolo, ben curato, con menù legato al territorio e possibilità di pesce.

I prezzi

Per tutte le precisazioni sui prezzi indicati in questa guida, consultate le pagine introduttive.

PREDAZZO *38037 Trento 562 D 16 – 4 267 ab. alt. 1 018 – a.s. 25 gennaio-Pasqua e Natale – Sport invernali : 1 372/2 415 m 1 6 (Comprensorio Dolomiti superski Val di Fiemme).*

via Cesare Battisti 4 ✆ 0462 501237, info.predazzo@valdifiemme.info, Fax 0462 502093.

Roma 662 – Bolzano 55 – Belluno 78 – Cortina d'Ampezzo 83 – Milano 320 – Trento 80.

Ancora, via IX Novembre 1 ✆ 0462 501651, *info@ancora.it, Fax 0462 502745,* – , rist, – 100. AE VISA.
chiuso maggio e novembre – **Pasto** carta 22/32 – **36 cam** 89/145, suite – ½ P 84.
◆ Sito nel centro della località, un hotel di lunga tradizione nell'ospitalità di Predazzo; una bella casa di montagna, con arredi classici in legno, e un centro salute. Due sale da pranzo rivestite di caldo legno e con atmosfera tipica di questi luoghi.

Sporthotel Sass Maor, via Marconi 4 ✆ 0462 501538, *info@Sassmaor.com, Fax 0462 501538,* , – , rist, P. AE VISA.
chiuso dal 10 al 30 novembre – **Pasto** carta 17/30 – **27 cam** 55/85 – ½ P 50.
◆ Dotata di camere confortevoli e pulitissime, in stile montano, e di un curato piano terra, oltre ad un comodo parcheggio privato, una risorsa davvero gradevole. Due piccole e graziose sale ristorante.

Montanara, via Indipendenza 110 ✆ 0462 501116, *Fax 0462 502658,* , , , – , rist, P. AE VISA. rist
dicembre-aprile e giugno-ottobre – **Pasto** 13/21 – **40 cam** 99 – ½ P 62.
◆ Zona un po' decentrata, quasi in uscita dalla località, per questo hotel; offre un soggiorno ospitale, una simpatica taverna e un piccolo centro benessere con palestra. Gestione familiare anche per l'area riservata al ristorante.

PREGANZIOL *31022 Treviso 562 F 18 – 14 612 ab. alt. 12.*

Roma 534 – Venezia 22 – Mestre 13 – Milano 273 – Padova 43 – Treviso 7.

Park Hotel Bolognese-Villa Pace, via Terraglio 175 (Nord : 3 km) ✆ 0422 490390, *info@hotelbolognese.com, Fax 0422 383637,* , riscaldata – P – 250. AE VISA.
Pasto *(chiuso lunedì)* carta 25/34 – **95 cam** 130/220.
◆ All'interno di un grande parco ombreggiato, due corpi di stile diverso: l'uno, il principale, di fine '800, l'altro, più moderno, con sauna e piscina parzialmente coperta. Ristorante con bell'affaccio sul verde esterno.

Crystal, via Baratta Nuova 1 (Nord : 1 km) ✆ 0422 93375, *info@crystalhotel.it, Fax 0422 93713* – P – 100. AE VISA.
Pasto carta 21/29 – **30 cam** 60/90 – ½ P 61.
◆ Albergo moderno di recente realizzazione, sviluppato in orizzontale secondo un impianto con richiami ad uno stile sobrio e minimalista. Ambienti ariosi e camere lineari. Sala ristorante ampia e dalle delicate tinte pastello.

Magnolia, Nord : 1 km ✆ 0422 633131, *info@magnoliaristorante.com, Fax 0422 330176,* , – P. AE VISA
chiuso dal 5 al 20 agosto, domenica sera e lunedì – **Pasto** carta 23/49.
◆ Nel contesto dell'omonimo hotel, ma da esso completamente indipendente, un ristorante a valida gestione familiare con specialità venete, soprattutto a base di pesce.

a San Trovaso *Nord : 2 km – ✉ 31022 :*

Sole senza rist, via Silvio Pellico 1 ✆ 0422 383126, *sole@hotelalsole.com, Fax 0422 383126* – AE VISA.
18 cam ☐ 47/80.
◆ Piccola e accogliente risorsa ubicata in periferia; recentemente ristrutturata, si presenta davvero ben tenuta e ospitale, quasi come una confortevole casa privata.

Ombre Rosse, via Franchetti 78 ✆ 0422 490037, *Fax 0422 499574*, , Bistrot-enoteca, Coperti limitati; prenotare – VISA.
chiuso a mezzogiorno e domenica – **Pasto** carta 22/31.
◆ Nato quasi per caso dalla passione del proprietario per i vini, e divenuto prima una sorta di wine-bar, oggi, in stile «bistrot», accogliente, vanta fragranti leccornie.

PREMENO *28818 Verbania* 561 *E 7,* 219 *⑦ – 775 ab. alt. 817.*

Piandisole (aprile-novembre; chiuso mercoledì escluso dal 15 giugnno al 15 settembre) ✆ 0323 587100, Fax 0323 587763.

Roma 681 – Stresa 30 – Locarno 49 – Milano 104 – Novara 81 – Torino 155 – Verbania 11.

Premeno , viale Bonomi 31 ✆ 0323 587021, *info@premeno.com, Fax 0323 587328*, ←, , – AE VISA.
aprile-15 ottobre – **Pasto** *(giugno-settembre)* 18/29 – ☐ 5 – **57 cam** 56/85 – ½ P 56.
◆ Un giardino ombreggiato, in posizione elevata rispetto al lago, più a valle, cinge un albergo ormai non più recentissimo, ma semplice e rilassante. Gestione diretta.

PRÉ SAINT DIDIER *11010 Aosta* 561 *E 2,* 219 *① – 973 ab. alt. 1 000 – a.s. febbraio-Pasqua, 12 luglio-agosto e Natale.*

Roma 779 – Aosta 30 – Courmayeur 5 – Milano 217 – Colle del Piccolo San Bernardo 23.

Pianta : vedere Courmayeur.

a Pallusieux *Nord : 2,5 km – alt. 1 100 – ✉ 11010 Pré Saint Didier :*

Le Grand Hotel Courmaison, route Mont Blanc ✆ 0165 831400, *info@hotel-courmaison.it, Fax 0165 847670*, ← Monte Bianco, centro benessere, , , , , – , cam, – 140. AE VISA.
dicembre-aprile e 15 giugno-20 settembre – **Pasto** carta 30/43 – **55** ☐ 170/240 – ½ P 150.
◆ Una struttura recente in cui la fresca aria di nuovo si è armoniosamente miscelata con la tradizione degli arredi e delle rifiniture. Grandi piscina e camere ampie. Sala ristorante tradizionale, menù con ispirazioni diverse.

Beau Séjour , ✆ 0165 87801, *info@hotelbeausejour.it, Fax 0165 87961*, ← Monte Bianco, – AE VISA. **BYZ b**
dicembre-aprile e 15 giugno-settembre – **Pasto** 18/25 – **33 cam** ☐ 50/80 – ½ P 60.
◆ Condotto, da tanti anni, dalla mano esperta di una famiglia, un hotel comodo sia per l'estate che per l'inverno, con giardino ombreggiato e bella vista sul Bianco. Accomodatevi in sala da pranzo tra legno, pietra e piatti locali.

Le Marmotte , ✆ 0165 87820, *albergo.le.marmotte@branche.it, Fax 0165 87049*, ← Monte Bianco – . **BZ c**
dicembre-aprile e 15 giugno-ottobre – **Pasto** (solo per alloggiati) 18/24 – **20 cam** ☐ 50/80 – ½ P 57.
◆ Un piccolo albergo che offre una visuale sulla catena più alta d'Europa e un'atmosfera deliziosamente familiare; calde stanze in pino chiaro, stile chalet.

PRESOLANA (Passo della) *Bergamo e Brescia* 562 *E 12 – alt. 1 289 – a.s. 15 luglio-agosto e Natale – Sport invernali : 1 289/2 220 m 3, .*

Roma 650 – Brescia 97 – Bergamo 49.

Del Passo, via Cantoniera 19 ✉ 24020 Colere ✆ 0346 32081 –
chiuso ottobre (escluso sabato e domenica) e martedì (escluso dal 15 giugno al 15 settembre) – **Pasto** carta 20/31.
◆ In prossimità del Passo, una trattoria semplice che ruota attorno alla figura del simpatico titolare; specialità di carne e verdura cotte «alla pietra», su prenotazione.

PRETURO *L'Aquila* 563 *O 21 – Vedere L'Aquila.*

PRIMIERO *Trento – Vedere Fiera di Primiero.*

PRINCIPINA A MARE *Grosseto* 563 *N 15 – Vedere Grosseto (Marina di).*

PRIOCCA D'ALBA *12040 Cuneo* 561 H 6 – *1 935 ab. alt. 253.*
Roma 631 – Torino 59 – Alessandria 56 – Asti 24 – Cuneo 76.

XX **Il Centro,** via Umberto I 5 ☎ 0173 616112, *Fax 0173 616112,* prenotare – ▤. AE ⑤ ⓓ ⓜ VISA
chiuso dal 27 dicembre al 10 gennaio, dal 22 luglio al 5 agosto e martedì – **Pasto** carta 28/40.
◆ In una casa ristrutturata nel centro storico della piccola località, una «trattoria» di alto livello, curata e ben frequentata, per assaggiare il Piemonte più tipico.

XX **Locanda del Borgo,** via Pirio 30 ☎ 0173 6168680, Coperti limitati; prenotare – P. AE ⑤ ⓓ ⓜ VISA. ✂
chiuso dal 15 luglio al 15 settembre, mercoledì e a mezzogiorno escluso sabato, domenica e festivi – **Pasto** specialità di mare 49 e carta 36/45.
◆ Qui vengono proposti solo piatti di mare, grazie agli arrivi di pesce dalla Sardegna; della stessa isola, nel bell'edificio colonico, sono portati a tavola altri sapori.

PRIVERNO *04015 Latina* 563 R 21 – *13 711 ab. alt. 150.*
Roma 104 – Frosinone 28 – Latina 28 – Napoli 163.

sulla strada statale 156 *Nord-Ovest : 3,5 km*

XX **Antica Osteria Fanti,** località Ceriara ☎ 0773 924015, *antic_osteria_fanti@libero.it, Fax 0773 924015* – ▤ P. AE ⑤ ⓓ ⓜ VISA JCB. ✂
chiuso 25-26 dicembre, dal 20 al 30 ottobre e giovedì – **Pasto** carta 31/47.
◆ Conduzione familiare diretta, con moglie in cucina, marito e figlio in sala, per un locale curato che propone una linea culinaria legata al territorio e attenta alle stagioni.

PROCCHIO *Livorno* 563 N 12 – *Vedere Elba (Isola d') : Marciana.*

PROCIDA (Isola di) *Napoli* 564 E 24 *G. Italia – 10 776 ab. – a.s. maggio-15 ottobre.*
– La limitazione d'accesso degli autoveicoli è regolata da norme legislative.
⛴ *per Napoli giornalieri (1 h); per Pozzuoli ed Ischia (30 mn), giornalieri – Caremar-agenzia Lubrano, al porto ☎ 081 8967280, Fax 081 8967280; per Pozzuoli giornalieri (30 mn) – Alilauro, al porto ☎ 081 5267736, Fax 081 5268411.*
⛴ *per Napoli giornalieri (35 mn), Pozzuoli ed Ischia giornaliero (15 mn) – Caremar-agenzia Lubrano, al porto ☎ 081 8967280, Fax 081 8967280.*
ℹ *via Roma 92 ☎ 081 8969594*

Procida – ✉ *80079 :*

La Casa sul Mare ♨ senza rist, via Salita Castello 13 ☎ 081 8968799, *lacasasulmare@virgilio.it, Fax 081 8968799,* ≤ mare e costa – ▤ TV. AE ⑤ ⓓ ⓜ VISA JCB
chiuso dal 23 al 26 dicembre – **10 cam** ☕ 160.
◆ Piccolo, accogliente, in ottima posizione dominante, un albergo senza pretese, che vi offre, come punti forti, il sole, la vista e il relax di una casa fresca e gradevole.

X **Gorgonia,** località Marina Corricella ☎ 081 8101060, *Fax 081 8101060,* ☂, Coperti limitati; prenotare – AE ⑤ ⓓ ⓜ VISA
aprile-ottobre; chiuso lunedì – **Pasto** specialità di mare carta 27/37.
◆ Un posticino familiare, sito proprio sul porticciolo dei pescatori: sulla banchina si svolge quasi tutto il servizio. A voce, proposte locali e di pescato giornaliero.

X **Scarabeo,** via Salette 10 località Ciraccio ☎ 081 8969918, *Fax 081 8969918,* ☂, 🌳 – P. AE ⑤ ⓓ ⓜ VISA. ✂
chiuso dal 1° novembre al 25 dicembre – **Pasto** carta 26/38.
◆ Piacevole e semplice locale con servizio estivo nel giardino-limonaia e una cucina che s'adatta a quanto il mercato del pesce propone quotidianamente. Gestione familiare.

PROH *Novara* 219 ⑯ – *Vedere Briona.*

PRUNETTA *51020 Pistoia* 563 J 14 – *alt. 958 – a.s. luglio-agosto.*
Roma 327 – Firenze 51 – Pisa 82 – Lucca 48 – Milano 291 – Pistoia 17 – San Marcello Pistoiese 14.

Parcohotel Le Lari, via statale Mammianese 403 ☎ 0573 672931, *parcohotellelari@tin.it, Fax 0573 672931,* ☂, 🌳 – P. ⑤ ⓜ VISA. ✂
10 aprile-ottobre – **Pasto** 14/25 – ☕ 3,50 – **24 cam** 39 – ½ P 38.
◆ Già stazione climatica sin da tempi remoti, Prunetta offre questo indirizzo familiare, con gradevole e tranquillo giardino sul retro; un vecchio convento ristrutturato. Cucina toscana, con attenzione ai piatti stagionali dell'Appennino.

PUIANELLO *Reggio Emilia* 562 I 13 – *Vedere Quattro Castella.*

PULA *Cagliari* 566 J 9 – *Vedere Sardegna alla fine dell'elenco alfabetico.*

PULFERO *33046 Udine* 562 D 22 – *1 256 ab. alt. 221.*

Roma 662 – Udine 28 – Gorizia 42 – Tarvisio 66.

Al Vescovo, via Capoluogo 67 ☎ 0432 726375, *info@alvescovo.com, Fax 0432 726375* – TV ♿. AE VISA
chiuso febbraio – **Pasto** *(chiuso martedì sera in inverno e mercoledì)* carta 26/35 – ☐ 5 – **18 cam** 40/58 – ½ P 37.
◆ Struttura potenziata negli ultimi anni sia per quanto riguarda gli spazi, che il livello di confort. Le stanze arredate con molto legno, risultano decisamente graziose. Al ristorante madre e due figli continuano una saga familiare iniziata nel 1820.

PUNTA ALA *58040 Grosseto* 563 N 14 *G. Toscana – a.s. Pasqua e 15 giugno-15 settembre.*

18 ☎ *0564 922121, Fax 0564 920182.*

Roma 225 – Grosseto 43 – Firenze 170 – Follonica 18 – Siena 102.

Gallia Palace Hotel, via delle Sughere ☎ 0564 922022, *info@galliapalace.it, Fax 0564 920229*, riscaldata, – TV ♿ P. AE VISA JCB. rist
14 maggio-settembre – **Pasto** carta 43/56 e al Rist. ***La Pagoda*** *(chiuso la sera)* buffet a mezzogiorno sulla spiaggia – **78 cam** ☐ 220/420, 4 suites – ½ P 225.
◆ In un giardino fiorito con piscina riscaldata, un raffinato gioiellino ove potersi godere tutta l'amenità del luogo e la piacevolezza di un'ospitalità curata e di classe. Per pasti più informali, il fresco e particolare ristorante sulla spiaggia «La Pagoda».

Alleluja, via del Porto ☎ 0564 922050, *alleluja.puntaala@baglionihotels.com, Fax 0564 920734*, – TV P. AE VISA JCB.
25 aprile-15 ottobre – **Pasto** carta 40/50 – **38 cam** ☐ 435/650 – ½ P 325.
◆ Una casa di particolare bellezza, una struttura bassa, elegante, mimetizzata all'interno di un parco ombreggiato, a pochi metri dal mare; un'estrema cura nei particolari. Servizio ristorante estivo all'aperto, in una suggestiva loggia o sulla bianca spiaggia.

Cala del Porto, via del pozzo ☎ 0564 922455, *info@hotelcaladelporto.com, Fax 0564 920716*, ←, – TV P – 60. AE VISA JCB.
8 aprile-settembre – **Pasto** carta 50/72 – **35 cam** ☐ 400/530, 6 suites – ½ P 295.
◆ Posizione leggermente sopraelevata rispetto al porto e alla costa sottostanti: una vista preziosa, da un gran palcoscenico, eccezionale, di classe. Confort di qualità. Atmosfere eleganti nella bella sala panoramica; servizio ristorante estivo in terrazza.

Lo Scalino, località Il Porto ☎ 0564 922168, *loscalino@virgilio.it, Fax 0564 922168*, ←, Coperti limitati; prenotare – AE VISA
chiuso dal 10 al 31 dicembre, mercoledì (escluso giugno-settembre) e la sera da gennaio-Pasqua e novembre-10 dicembre – **Pasto** specialità di mare carta 35/56.
◆ Proprio nel contesto del porto turistico della moderna e lussuosa località, inserito in una baia ove la costa sinuosa accarezza l'acqua, un riferimento per piatti marini.

PUNTA DEL LAGO *Viterbo* 563 P 18 – *Vedere Ronciglione.*

PUNTALDIA *Nuoro – Vedere Sardegna (San Teodoro) alla fine dell'elenco alfabetico.*

PUOS D'ALPAGO *32015 Belluno* 562 D 19 – *2 303 ab. alt. 419.*

Roma 605 – Belluno 20 – Cortina d'Ampezzo 75 – Venezia 95.

Locanda San Lorenzo con cam, via IV Novembre 79 ☎ 0437 454048, *info@locandasanlorenzo.it, Fax 0437 454049*, prenotare – TV P. AE VISA JCB
chiuso dal 15 gennaio al 12 febbraio – **Pasto** *(chiuso mercoledì escluso agosto)* carta 39/50 – **11 cam** ☐ 63/94, 2 suites – ½ P 74.
◆ Due fratelli con le famiglie, sapori del luogo rivisitati, un'antica locanda tra la foresta del Cansiglio e il Lago di S. Croce: piacevole scoperta nel cuore dell'Alpago.
Spec. Candele di Gragnano con peperoni e tartufo nero (primavera-estate). Tatakj di manzo con verdure croccanti (inverno). Minestra lusja con erbe spontanee (primavera).

QUADRIVIO *Salerno – Vedere Campagna.*

Se cercate un hotel tranquillo
consultate prima le carte tematiche dell'introduzione
e trovate nel testo gli esercizi indicati con il simbolo

QUAGLIUZZO *10010 Torino* 561 F 5, 219 ⑭ *– 327 ab. alt. 344.*

Roma 674 – Torino 44 – Aosta 72 – Ivrea 9 – Milano 120.

XX **Michel,** piazza XX Settembre 9 ✆ 0125 76204, *ristomichel@virgilio.it, Fax 0125 76204* – . AE Ⓢ ⓓ ⓜ VISA.

chiuso dal 15 agosto al 5 settembre e a mezzogiorno dal 15 luglio al 15 agosto – **Pasto** specialità di mare 25/37 e carta 29/42.

◆ Conduzione familiare in un locale classico sulla piazza del piccolo abitato: due accoglienti e luminose sale dove assaporare cucina marinara di buon livello.

QUARONA *13017 Vercelli* 561 E 6, 219 ⑥ *– 4 247 ab. alt. 415.*

Roma 668 – Stresa 49 – Milano 94 – Torino 110.

XX **Italia,** piazza della Libertà 27 ✆ 0163 430147 – AE Ⓢ ⓓ ⓜ VISA JCB.

chiuso dal 1° al 21 agosto e lunedì – **Pasto** carta 26/37.

◆ E' una piacevole sorpresa scoprire l'ambiente curato, di taglio moderno, di questo ristorante in una casa del centro della località; piatti di creativa cucina piemontese.

QUARRATA *51039 Pistoia* 561 K 14 *– 22 395 ab. alt. 48.*

Roma 299 – Firenze – Milano 35314 – Pistoia 14 – Prato 28.

a Catena *Est : 4 km – ✉ 51030 :*

XX **La Bussola-da Gino** con cam, via Vecchia Fiorentina 328 ✆ 0573 743128, *Fax 0573 743128,* – TV P. AE Ⓢ ⓓ ⓜ VISA. rist

Pasto *(chiuso agosto sabato a mezzogiorno e domenica)* carta 25/34 – 4 – **10 cam** 55/70 – ½ P 55.

◆ Vecchia locanda di paese, divenuta ora un valido ristorante con accoglienti camere, ristrutturate da poco, che propone una linea gastronomica tipica del territorio.

QUARTACCIO *Viterbo – Vedere Civita Castellana.*

QUARTIERE *Ferrara* 562 H 17 *– Vedere Portomaggiore.*

QUARTO CALDO *Latina – Vedere San Felice Circeo.*

QUARTO D'ALTINO *30020 Venezia* 562 F 19 *– 7 224 ab..*

Roma 537 – Venezia 24 – Milano 276 – Treviso 17 – Trieste 134.

Park Hotel Junior, via Roma 93 ✆ 0422 823777, *parkhoteljunior@iol.it, Fax 0422 826840* – TV P. AE Ⓢ ⓓ ⓜ VISA JCB.

chiuso dal 20 al 26 dicembre – **Pasto** vedere rist ***Da Odino*** – **15 cam** 120/150.

◆ Originale costruzione a un piano, in ampio parco ombreggiato: raffinati interni in stile modernamente attrezzati e curate camere spaziose, con un'intera parete in vetro.

Villa Odino senza rist, via Roma 146 ✆ 0422 823117, *info@villaodino.it, Fax 0422 823235,* – TV P – 50. AE Ⓢ ⓓ ⓜ VISA JCB

chiuso dal 23 dicembre al 7 gennaio – **23 cam** 140/155, 2 suites.

◆ In una verde oasi di pace, bella villa in splendida posizione sulla riva del fiume Sile: eleganti ambienti dalla calda atmosfera, arredati con gusto, camere accoglienti.

Holiday Inn Express senza rist, via Pascoli 1 ✆ 0422 825000, *expressbyhivenice@iol.it, Fax 0422 780650* TV P – 30. AE Ⓢ ⓓ ⓜ VISA JCB

80 cam 125.

◆ Nuova e moderna struttura all'uscita dell'autostrada, ideale per il turista di passaggio: dotata di ogni confort, dispone di camere funzionali e comode.

XX **Da Odino** - Park Hotel Junior, via Roma 87 ✆ 0422 824258, *ristorantedaodino@iol.it, Fax 0422 826840* – P. AE Ⓢ ⓓ ⓜ VISA JCB

chiuso martedì sera e mercoledì – **Pasto** specialità di mare carta 46/70.

◆ Locale con ampio parco ombreggiato e due sale: una più classica, l'altra più particolare, con grande volta circolare rivestita in legno, sorretta da pali; piatti marinari.

XX **Cà delle Anfore,** via Marconi 51 (Sud-Est : 3 km) ✆ 0422 824153, *Fax 0422 828839,* , – P. Ⓢ ⓜ VISA.

chiuso gennaio, lunedì e martedì – **Pasto** carta 25/40.

◆ In un caseggiato di campagna con giardino e laghetto, un ristorante che prende il nome da una delle sale, decorata con anfore romane (oggi copie); cucina di mare.

XX **Cosmori,** viale Kennedy 15 ✆ 0422 825326, – P. AE Ⓢ ⓓ ⓜ VISA JCB

chiuso dal 5 al 20 gennaio, dal 5 al 20 agosto e lunedì – **Pasto** carta 25/35.

◆ Accogliente locale di taglio moderno, a gestione diretta: ampia sala impreziosita da numerose formelle in vetro lavorato, dove si propongono gustosi piatti di pesce.

QUARTO DEI MILLE *Genova – Vedere Genova.*

QUARTU SANT'ELENA *Cagliari* 566 J 9 – *Vedere Sardegna alla fine dell'elenco alfabetico.*

QUATTRO CASTELLA *42020 Reggio nell'Emilia* 562 I 13 – *11 103 ab. alt. 162.*

Roma 443 – Parma 29 – Bologna 83 – Modena 40 – Reggio Emilia 15.

a Puianello *Est : 8 km – ✉ 42030 Quattro Castella :*

XX **La Cantina,** via Taddei 11 ✆ 0522 889560, *Fax 0522 889560*, Coperti limitati; prenotare – ▤. AE ⓈⓄ VISA. ✻
chiuso 20 giorni in agosto e lunedì – **Pasto** carta 32/40.
◆ Una discreta cantina con la possibilità di bere vino a bicchiere, per accompagnare una cucina che segue le stagioni assecondando anche la fantasia dello chef.

QUERCEGROSSA *Siena* 563 L 15 – *Vedere Siena.*

QUERCETA *Lucca* 563 K 12 – *Vedere Seravezza.*

QUILIANO *17047 Savona* 561 J 7 – *7 139 ab. alt. 28.*

Roma 559 – Genova 60 – Asti 101 – Cuneo 84 – Savona 9.

a Roviasca *Ovest : 5 km – ✉ 17047 :*

XX **Da ö Grixo,** via Cavassuti 6 ✆ 019 887076, 余 – AE Ⓢ ⓄⒸ VISA JCB
chiuso dal 2 gennaio al 2 febbraio – **Pasto** carta 22/36.
◆ Nel centro della graziosa frazione, locale accogliente di tono informale, dove si servono piatti della tradizione sapientemente rielaborati; servizio estivo in terrazza.

I prezzi
Per tutte le precisazioni sui prezzi indicati in questa guida, consultate le pagine introduttive.

QUINCINETTO *10010 Torino* 561 F 5 – *1 096 ab. alt. 295.*

Roma 694 – Aosta 55 – Ivrea 18 – Milano 131 – Novara 85 – Torino 60.

🏠 **Mini Hotel Praiale** ✎ senza rist, via Umberto I, 5 ✆ 0125 757188, *info@hotelpraiale.it*, *Fax 0125 757349* – TV. AE Ⓢ Ⓞ ⓄⒸ VISA. ✻
☕ 6 – 9 cam 39/47.
◆ Tra vie strette e tranquille, nel cuore della città, una piccola struttura dall'ambiente semplice e familiare; interni arredati in modo essenziale, camere accoglienti.

X **Da Marino,** via Montellina 7, località Montellina ✆ 0125 757952, *rist.marino@tiscali.it*, ≤, 余 – P. AE Ⓢ Ⓞ ⓄⒸ VISA JCB
chiuso dal 16 gennaio al 4 febbraio, dal 1° al 15 settembre e lunedì – **Pasto** carta 25/34 (5 %).
◆ Gestione diretta di lunga esperienza in un piacevole locale in posizione panoramica; legno alle pareti, sedie in vimini e ampie vetrate che inondano di luce la sala.

QUINTO DI TREVISO *31055 Treviso* 562 F 18 – *9 361 ab. alt. 17.*

Roma 548 – Padova 41 – Venezia 36 – Treviso 7 – Vicenza 57.

XX **Locanda Righetto,** via Ciardi 2 ✆ 0422 470080, *info@locandarighetto.it*, *Fax 0422 470080* – ▤ P. AE Ⓢ Ⓞ ⓄⒸ VISA
chiuso dal 1° al 10 gennaio, dal 13 al 18 agosto e lunedì – **Pasto** specialità anguilla carta 23/34.
◆ Affidabile ristorante a gestione familiare generazionale; ambiente in stile rustico, cucina del territorio e tradizionale, con specialità a base d'anguilla.

QUINTO VERCELLESE *13030 Vercelli* – *425 ab..*

Roma 638 – Alessandria 60 – Milano 70 – Novara 17 – Pavia 70 – Vercelli 7.

XX **Bivio,** via Bivio 2 ✆ 0161 274131, *ristorantebivio@hotmail.com*, *Fax 0161 274264*, Coperti limitati; prenotare – ▤ P. Ⓢ ⓄⒸ VISA. ✻
chiuso dall'8 al 22 gennaio, dal 1° al 23 agosto, lunedì e martedì – **Pasto** carta 37/49 ✿.
◆ Ristorante di recente rinnovo, con una luminosa saletta dagli arredi di taglio moderno e pochi tavoli ben distanziati, dove apprezzare creativi piatti locali.

QUISTELLO *46026 Mantova* 561 G 14 – *5 901 ab. alt. 17.*
Roma 458 – Verona 65 – Ferrara 61 – Mantova 29 – Milano 203 – Modena 56.

XXXX ✿✿ **Ambasciata,** via Martiri di Belfiore 33 ✆ 0376 619169, *ristoranteambasciata@ristoranteambasciata.it, Fax 0376 618255,* Confort accurato; prenotare – ▤ P. AE ⓢ ⓞ ⓜ VISA. ✄
chiuso dal 29 dicembre al 19 gennaio, dal 3 al 30 agosto, domenica sera, lunedì e le sere di Natale e Pasqua – **Pasto** carta 68/151.
◆ Un'esperienza culinaria indimenticabile in uno storico locale dell'alta gastronomia italiana, dove concedersi il lusso di viziarsi con sontuosi piatti di cucina mantovana.
Spec. Fagottino di filetto di puledro ripieno di formaggi lombardi. Agnolini cotti nel brodo di cappone e serviti asciutti con parmigiano reggiano. Faraona del vicariato di Quistello con uva, arance, melograno e mostarda di mele campanine.

XX **All'Angelo,** via Martiri di Belfiore 20 ✆ 0376 618354, *all.angelo@tin.it, Fax 0376 619955,* Coperti limitati; prenotare – ▤. AE ⓢ ⓞ ⓜ VISA. ✄
chiuso dal 13 al 24 gennaio, dal 16 luglio all'6 agosto, domenica sera e lunedì – **Pasto** carta 22/43.
◆ Trattoria centrale che propone specialità del territorio, piatti tipici della zona e una pregevole carta dei vini; gradevole il salone per banchetti.

RABLÀ (RABLAND) *Bolzano – Vedere Parcines.*

RACCONIGI *12035 Cuneo* 561 H 5 – *9 961 ab. alt. 253.*
ℹ *piazza Carlo Alberto 1 ✆ 0172 84562, nuovipercorsi@tiscalinet.it, Fax 0172 85875.*
Roma 634 – Torino 43 – Asti 65 – Cuneo 47 – Sestriere 88.

X **La Torre,** via Carlo Costa 17/a ✆ 0172 811539, *elio@ristorantelatorre.info, Fax 0172 811539* – ▤ P. ⓢ ⓞ ⓜ VISA
chiuso luglio, lunedì sera e martedì – **Pasto** carta 26/35.
◆ Una sosta ideale per una gita in questa deliziosa località, a poche decine di metri dal maestoso castello un tempo frequentato dai Savoia. Menù tipicamente piemontese.

RACINES (RATSCHINGS) *39040 Bolzano* 219 ⑩ – *3 982 ab. alt. 1 290 – Sport invernali : 1 260/2 250 m* ⛷8, ⛷.
ℹ *via Giovo 1, località Casateia ✆ 0472 760608, info@ratschings.org, Fax 0472 760616.*
Roma 700 – Bolzano 70 – Cortina d'Ampezzo 111 – Merano 102.

Sonklarhof ⛰, località Ridanna alt. 1342 ✆ 0472 656212, *Fax 0472 656224,* ←, ⛱, ⛹, ⛆, ⛺, ⛶, ⛱, ✂ – ⛽, ✄ rist, ▭ ✆ P. ⓢ ⓜ VISA. ✄ rist
chiuso dal 9 novembre al 18 dicembre, dal 30 marzo al 12 aprile e dal 27 aprile al 4 maggio – **Pasto** *(chiuso la sera)* 15/30 – **55 cam** ☕ 104/140, 5 suites – ½ P 70.
◆ Struttura ben organizzata, in grado di offrire un'accoglienza di buon livello in tutte le sue parti. Apprezzabile il confort delle camere e la dolce atmosfera tirolese. Ambiente ospitale nella colorata e confortevole sala da pranzo.

Gasteigerhof, via Giovo 24, località Casateia ✆ 0472 779090, *info@hotel-gasteigerhof.com, Fax 0472 779043,* ←, ⛱, ⛆, ⛶, ⛱ – ⛽ ✄ ▭ ✆ ♿ P. ⓢ ⓞ ⓜ VISA
chiuso da novembre al 14 dicembre – **Pasto** carta 28/32 – **22 cam** ☕ 70/120, 4 suites – ½ P 55.
◆ Hotel completamete rinnovato di recente, presenta oggi una struttura con elementi contemporanei accostati ad evidenti richiami alla tradizione. Camere confortevoli. Accogliente sala ristorante, specialità altoatesine.

RADDA IN CHIANTI *53017 Siena* 563 L 16 *G. Toscana – 1 652 ab. alt. 531.*
ℹ *piazza Ferrucci 1 ✆ 0577 738494, proradda@chiantinet.it, Fax 0577 738494.*
Roma 261 – Firenze 54 – Siena 33 – Arezzo 57.

Fattoria Vignale, via Pianigiani 9 ✆ 0577 738300, *vignale@vignale.it, Fax 0577 738592,* ←, ⛱, ⛹ riscaldata, ⛱ – ▤ ▭ P – ⛹ 25. AE ⓢ ⓞ ⓜ VISA. ✄
chiuso dal 7 gennaio al 14 marzo – **Pasto** *(chiuso mercoledì)* carta 41/52 – **35 cam** ☕ 165/300, 5 suites.
◆ Una dimora elegante, una curata casa di campagna, un'accogliente risorsa arredata con buon gusto e stile tipicamente toscani. Molte definizioni, una sola bella realtà. Al ristorante accoglienti e caratteristici gli ambienti, puntuale il servizio.

Palazzo Leopoldo, via Roma 33 ✆ 0577 735605, *leopoldo@chiantinet.it, Fax 0577 738031,* ⛱, ⛆ – ▤ ▭ ♿ 30 P. AE ⓢ ⓞ ⓜ VISA. ✄ rist
chiuso gennaio e febbraio – **Pasto** al Rist. ***La Perla del Palazzo*** *(marzo-novembre; chiuso mercoledì)* carta 35/65 – **12 cam** ☕ 200/220, 5 suites 290/490 – ½ P 145.
◆ Un ottimo esempio di conservazione di un palazzo di origine medievale, capace di riproporre, con sobrietà ed eleganza immutate, stili ed atmosfere cariche di storia. Ristorante dalla forte impronta locale, sia negli ambienti che nelle proposte gastronomiche.

Vignale, via XX Settembre 23 ☎ 0577 738094, *Fax 0577 738094*, prenotare – ▤. AE $ ⓓ ⓜ VISA. ✗
15 marzo-15 dicembre; chiuso giovedì – **Pasto** carta 48/79.
◆ Le proposte di questo locale derivano da profonde radici nel territorio e ruotano attorno alle stagioni. La sala è al primo piano di un edificio della via principale.

Le Vigne, podere Le Vigne Est : 1 km ☎ 0577 738640, *Fax 0577 738809*, ←, –
TV P. AE $ ⓓ ⓜ VISA. ✗
chiuso gennaio e febbraio – **Pasto** carta 25/32 (15 %).
◆ Un ristorante d'impostazione classica, ma posizionato tra gli armoniosi vigneti di Toscana. Appena fuori dal paese, in zona panoramica, con gradevole servizio all'aperto.

verso Volpaia :

La Locanda, località Montanino Nord : 10,5 km ☎ 0577 738833, *info@lalocanda.it, Fax 0577 739263*, ← colline, – TV P. AE $ ⓓ ⓜ VISA JCB. ✗
chiuso dal 10 novembre al 30 marzo – **Pasto** *(chiuso lunedì, giovedì e a mezzogiorno)* (solo per alloggiati e su prenotazione) 30 – **6 cam** 220/240, suite.
◆ Recente realizzazione, ricavata da un podere, che appare come una vera e propria oasi di pace. La vista sulle splendide colline circostanti è davvero eccezionale.

Agriturismo Podere Terreno, Nord : 5,5 km ✉ 53017 Radda in Chianti ☎ 0577 738312, *podereterreno@chiantinet.it, Fax 0577 738400*, ←, – P. AE $ ⓜ VISA
chiuso dal 20 al 27 dicembre – **7 cam** solo ½ P 95.
◆ Una casa colonica del Cinquecento, lo spirito verace di una terra ospitale ed aperta. Uno stile inconfondibile, si mangia con i proprietari, attorno ad una grande tavola.

Agriturismo Castelvecchi, Nord : 6 km ✉ 53017 Radda in Chianti ☎ 0577 738050, *castelvecchi@castelvecchi.com, Fax 0577 738608*, – P. $ ⓜ VISA. ✗
aprile-novembre – **Pasto** (solo per alloggiati) 19/30 – **10 cam** 90/110.
◆ Struttura inserita in un'antica tenuta vitivinicola, un grazioso borgo di campagna con un bel giardino. Gli ambienti e gli arredi sono di rustica ed essenziale finezza.

sulla strada provinciale 429 *Ovest : 6,5 km :*

Vescine senza rist, località Vescine ✉ 53017 ☎ 0577 741144, *vescine@chiantinet.it, Fax 0577 740263*, ← colline, – ▤ TV P. AE $ ⓓ ⓜ VISA
Capodanno e 10 marzo-15 novembre – **17 cam** 139/198, 7 suites.
◆ Uno stupendo borgo del XIII sec., adagiato in una zona panoramica e tranquilla. Le stanze, molto caratteristiche, sono state ricavate dalle ex abitazioni dei contadini.

RADEIN = Redagno.

RADICOFANI *53040 Siena* 563 N 17 *G. Toscana – 1 221 ab. alt. 896.*
Roma 169 – Siena 71 – Arezzo 93 – Perugia 113.

La Palazzina senza rist, località Le Vigne Est : 6 km ☎ 0578 55771, *fattorialapalazzina@virgilio.it, Fax 0578 55771*, ←, Azienda agrituristica, – P. $ ⓜ VISA
15 marzo-2 novembre – **10 cam** 67,14/123,95.
◆ In splendida posizione, sulla sommità di una collina, una risorsa del XVIII sec., a metà tra la fattoria e la villa di campagna. Grandissima cura anche per i dettagli.

RADICONDOLI *53030 Siena* 563 M 15 – *980 ab. alt. 510.*
Roma 270 – Siena 44 – Firenze 80 – Livorno 95.

Agriturismo Fattoria Solaio, località Solaio Sud-Ovest : 12 km ☎ 0577 791029, *info@fattoriasolaio.it, Fax 0577 791015*, ←, – P – 25. AE $ ⓜ VISA. ✗
chiuso dal 7 gennaio al 15 marzo e dal 5 novembre al 26 dicembre – **Pasto** *(chiuso a mezzogiorno)* (solo per alloggiati) 20 bc – **9 cam** 90 – ½ P 65.
◆ L'antica fattoria, vecchia di circa cinquecento anni, la villa padronale di epoca successiva e la chiesetta ottocentesca. Il tutto è avvolto da un giardino all'italiana.

RAGONE *Ravenna* 561 I 18 – *Vedere Ravenna.*

RAGUSA P 565 Q 26 – *Vedere Sicilia alla fine dell'elenco alfabetico.*

RAGUSA (Marina di) – *Vedere Sicilia alla fine dell'elenco alfabetico.*

Le pagine dell'introduzione vi aiuteranno ad utilizzare meglio la vostra Guida Michelin.

RANCIO VALCUVIA *21030 Varese* 561 E 8, 219 ⑦ – *874 ab. alt. 296.*
Roma 651 – Stresa 59 – Lugano 28 – Luino 12 – Milano 74 – Varese 18.

XX **Gibigiana,** via Roma 19 ✆ 0332 995085, *Fax 0332 995085*, prenotare – P. AE Ⓢ ⓓ ⓜⓒ VISA.
chiuso dal 1° al 15 agosto e martedì – **Pasto** specialità alla brace carta 26/38.
◆ L'ambiente e la gestione sono di impronta tipicamente familiare. La cucina è affidabile ed incentrata su specialità tradizionali lombarde e su preparazioni di stagione

RANCO *21020 Varese* 561 E 7, 219 ⑦ – *1 139 ab. alt. 214.*
Roma 644 – Stresa 37 – Laveno Mombello 21 – Milano 67 – Novara 51 – Sesto Calende 12 – Varese 27.

Conca Azzurra ⚓, via Alberto 53 ✆ 0331 976526, *info@concazzurra.it*, *Fax 0331 976721*, ≤, – ⛫ TV P – 150. AE Ⓢ ⓓ ⓜⓒ VISA JCB.
rist
chiuso dal 20 dicembre al 10 febbraio – **Pasto** al Rist. ***Alla Veranda*** *(chiuso venerdì da ottobre a maggio)* carta 35/52 – **29 cam** ☐ 80/140.
◆ Un albergo che nell'insieme si presenta con un'ottima offerta di servizi a disposizione dei clienti. Ideale per un rilassante e panoramico soggiorno in riva al lago. Sala da pranzo classica e ampia terrazza con vetrate apribili nei mesi estivi.

XXX ✿ **Il Sole di Ranco** ⚓ con cam, piazza Venezia 5 ✆ 0331 976507, *Fax 0331 976620*, ≤, Coperti limitati; prenotare, – ⛫, cam, TV P. AE Ⓢ ⓓ ⓜⓒ VISA.
chiuso dal 10 dicembre al 14 febbraio – **Pasto** *(chiuso lunedì a mezzogiorno e martedì da aprile ad ottobre, anche lunedì sera negli altri mesi)* carta 70/117 – **4 cam** ☐ 166/180, 10 suites 309/361 – ½ P 154.
◆ Creatività sapiente in cucina, un'ottima cantina, eleganza e ricercatezza nella sala ristorante, un accogliente spazio esterno sotto al pergolato per il servizio estivo.
Spec. Insalata di astice al profumo di arancia, mozzarella di bufala e melone. Trancio di salmone affumicato sulla sua pelle. Costata di bufala italiana dorata all'olio e rosmarino con il suo carpaccio.

In questa guida

uno stesso simbolo, una stessa parola
stampati in rosso o in nero,
hanno un significato diverso.
Leggete attentamente le pagine dell'introduzione.

RANDAZZO *Catania* 565 N 26 – *Vedere Sicilia alla fine dell'elenco alfabetico.*

RANZANICO *24060 Bergamo* 561 E 11 – *1 049 ab. alt. 510.*
Roma 622 – Bergamo 30 – Brescia 62 – Milano 94.

XXX **Abacanto,** via Nazionale 2741 ✆ 035 819377, *info@abacanto.com*, *Fax 035 829821*, ≤, – P. AE Ⓢ ⓓ ⓜⓒ VISA.
chiuso marzo, mercoledì e giovedì a mezzogiorno – **Pasto** carta 42/63.
◆ Locale in cui si impone un'eleganza opulenta e vistosa, con spazi ben distribuiti e molta cura negli arredi. Grande volontà di riuscire a realizzare una cucina fantasiosa.

RANZO *18028 Imperia* 561 J 6 – *544 ab. alt. 300.*
Roma 597 – Imperria 30 – Genova 104 – Milano 228 – Savona 59.

XX **Il Gallo della Checca,** località Ponterotto 31 (Est : 1 km) ✆ 0183 318197, *Fax 0183 318921*, Rist. enoteca, Coperti limitati; prenotare – P. AE Ⓢ ⓓ ⓜⓒ VISA
chiuso lunedì – **Pasto** carta 24/42.
◆ Ristorante-enoteca che offre interessanti proposte gastronomiche sull'onda di una cucina moderna e creativa. In sala bottiglie esposte ovunque: cantina di buon livello.

RAPALLO *16035 Genova* 561 I 9 *G. Italia – 29 357 ab. – a.s. 15 dicembre-febbraio, Pasqua e luglio-ottobre.*
Vedere *Lungomare Vittorio Veneto★.*
Dintorni *Penisola di Portofino★★★ per la strada panoramica★★ per Santa Margherita Ligure e Portofino Sud-Ovest per ②.*
18 *(chiuso martedì)* ✆ *0185 261777, Fax 0185 261779, per ④ : 2 km.*
Lungomare Vittorio Veneto 7 ✆ *0185 230346, iatrapallo@apttigullio.liguria.it, Fax 0185 63051.*
Roma 477 ④ – Genova 37 ④ – Milano 163 ④ – Parma 142 ① – La Spezia 79 ④.

RAPALLO

Assereto (Cso) 2
Aurelia Levante (V.) 3
Aurelia Ponente (V.) ....
Betti (V.) ....
Bolzano (V.) ....
Cavour (Pza) 4
Colombo (Cso C.) ....
Don Minzoni (V.) ....
Garibaldi (Pza) 6
Gramsci (V.) 7
Italia (Cso) 8
Lamarmora (V.) 10
Libertà (V. della) ....
Maggiocco (V.) ....
Mameli (V.) 12
Marconi (Rotonde) ....
Matteotti (Cso) 13
Mazzini (V.) 14
Milite Ignoto (V.) 15
Montebello (Viale) 16
Pastene (Pza) 17
Veneto (L. Vitt.) ....
Zunino (V.) 20

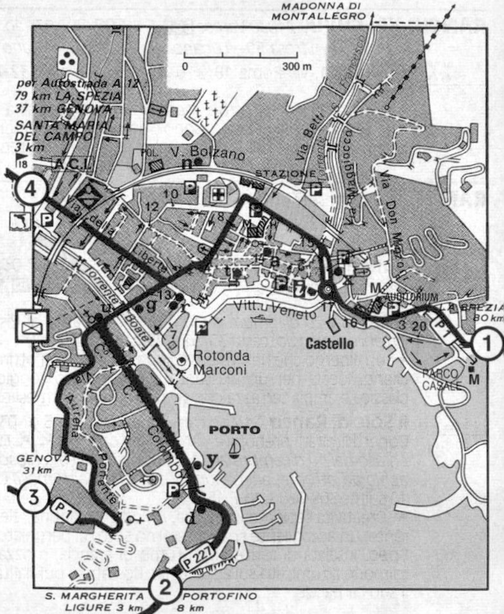

Excelsior Palace Hotel, via San Michele di Pagana 8 ☎ 0185 230666, *excelsior@thi.it, Fax 0185 230214*, ≤ Golfo del Tigullio e monte di Portofino, – 450. d
Pasto carta 56/73 e al Rist. ***Eden Roc*** *(maggio-settembre* prenotare*)* carta 62/81 – **127 cam** 450/685, 4 suites – ½ P 394,50.
◆ Struttura composita, con una ricca storia e un insieme eclettico di stili. Lusso, raffinata eleganza e tocchi di classe ovunque. In posizione unica, con vista mozzafiato. All'Eden Roc ambienti prestigiosi e proposte culinarie legate alla tradizione ligure.

Europa, via Milite Ignoto 2 ☎ 0185 669521, *info@hoteleuropa-rapallo.com, Fax 0185 669847*, – – 60. x
Pasto al Rist. ***Il Trattato*** carta 30/54 – **60 cam** 138,50/185 – ½ P 119,50.
◆ Dimora patrizia del XVII sec. riconvertita con gusto a moderna struttura alberghiera. Camere ampie di gradevole effetto, molto curate nei dettagli, decorate con stucchi. Uno stile di semplice raffinatezza caratterizza ambiente e atmosfera del ristorante.

Astoria senza rist, via Gramsci 4 ☎ 0185 273533, *astoriarapallo@mclink.it, Fax 0185 62793*, ≤ – – 40. r
22 cam 145/175.
◆ Edificio in stile liberty rinnovato con l'adozione di soluzioni moderne e funzionali, in posizione centrale, ma con vista sul mare. Piccola e attrezzata sala convegni.

Riviera, piazza 4 Novembre 2 ☎ 0185 50248, *info@hotelriviera.biz, Fax 0185 65668*, ≤ – . rist r
chiuso da novembre al 22 dicembre – **Pasto** carta 37/53 – **20 cam** 110/150 – ½ P 110.
◆ Struttura d'epoca, completamente rinnovata, affacciata sul mare, dotata di ampi e luminosi ambienti. La stanze sono decisamente di buon livello, così come il servizio. Pregevole ristorante, dove alla gradevolezza della sala, si unisce il valore della cucina.

Stella senza rist, via Aurelia Ponente 6 ☎ 0185 50367, *reservations@hotelstella-riviera.com, Fax 0185 272837* – . u
chiuso dal 13 gennaio al 20 febbraio – **27 cam** 63/105.
◆ In posizione centrale, all'inizio della via Aurelia di ponente, dotato di validi sistemi di insonorizzazione. Stanze semplici e funzionali, buona accoglienza generale.

Luca, via Langano 32 (porto Carlo Riva) ☎ 0185 60323, *rist-luca@ifree.it, Fax 0185 60323* – . y
chiuso febbraio e martedì – **Pasto** carta 37/60.
◆ Risorsa ubicata proprio lungo il porticciolo turistico della cittadina. La conduzione, di tipo familiare, è attenta e premurosa; l'ambiente è originale e caratteristico.

XX **Hostaria Vecchia Rapallo,** via Cairoli 20/24 ✆ 0185 50053, *info@vecchiarapallo.com, Fax 0185 50053* – ▤. AE ⓢ ⊕ ⓜ VISA t
chiuso dal 13 al 30 marzo, dal 13 al 23 ottobre, lunedì e a mezzogiorno (escluso sabato, domenica e i giorni festivi) – **Pasto** carta 33/56.
◆ Locale in pieno centro storico accogliente e raffinato. La cucina è eclettica, ricca di proposte classiche, ma anche liguri: tante le preparazioni a base di pesce.

XX **Eden,** via Diaz 5 ✆ 0185 50553, *Fax 0185 50553,* ☂ – ⓢ ⓜ VISA g
chiuso dal 24 dicembre al 7 gennaio, dal 10 febbraio al 1° marzo, mercoledì a mezzogiorno in luglio, tutto il giorno negli altri mesi (escluso agosto) – **Pasto** specialità di mare carta 42/62.
◆ Ristorante di mare con solida tradizione in città, situato sulle sponde del torrente Boate, ma a pochi passi dal mare e dal porto turistico. Cucina tradizionale di pesce.

XX **La Goletta,** via Magenta 28 ✆ 0185 669261, *ristorantelagoletta@libero.it,* ☂ – AE ⓢ ⊕ ⓜ VISA a
chiuso 15 giorni in novembre, 15 giorni in febbraio e lunedì – **Pasto** carta 30/53.
◆ In posizione defilata rispetto al lungomare, un ristorante tranquillo, in stile marinaresco, in cui spiccano accoglienza e servizio. Cucina di mare, prodotti di qualità.

X **Roccabruna,** via Sotto La Croce 6, località Savagna ✆ 0185 261400, *Fax 0185 57245,* ⩤, ☂, Coperti limitati; prenotare – ▤ P. ⓢ ⓜ VISA 5 km per ④
chiuso dal 7 al 21 gennaio, lunedì e a mezzogiorno (escluso domenica da ottobre a giugno) – **Pasto** carta 33/48.
◆ A pochi minuti d'auto dal centro, ma già in aperta campagna. Impossibile rinunciare al servizio in terrazza durante la bella stagione, tante e gustose specialità di pesce.

X **Antica Cucina Genovese,** via Santa Maria del Campo 133 ✆ 0185 206036, *anticacucina @libero.it, Fax 0185 206338,* ☂ P. AE ⓢ ⊕ ⓜ VISA JCB 3 km per ④
chiuso dal 10 gennaio al 4 febbraio e lunedì – **Pasto** carta 21/34.
◆ Locale semplice, spazioso e luminoso, dove lasciarsi conquistare dalla passione per la gastronomia dispensata a piene mani dal titolare. Cucina ligure genuina.

X **Sotto la Scala,** via Cerisola 7 ✆ 0185 53630, *sottolascala@libero.it,* prenotare – ⓢ ⊕ ⓜ VISA n
chiuso a mezzogiorno (escluso i giorni festivi), domenica sera e lunedì (escluso luglio-agosto) – **Pasto** carta 28/37.
◆ Oggetti ed utensili d'antiquariato, per arredare i locali di questo caratteristico ristorantino ricavato in una villa d'epoca situata oltre la ferrovia. Cucina ligure.

a San Massimo *per ④ : 3 km – ✉ 16035 Rapallo :*

X **U Giancu,** via San Massimo 78 ✆ 0185 260505, *ugiancu@ugiancu.it, Fax 0185 260505,* ☂, prenotare – P. ⓢ ⊕ ⓜ VISA
chiuso dal 20 dicembre al 1° gennaio, mercoledì (escluso agosto) e a mezzogiorno; dal 2 gennaio a Pasqua aperto venerdì-sabato-domenica – **Pasto** carta 23/35.
◆ Una collezione di tavole con fumetti originali, ha ispirato le numerose decorazioni della sala di questo ristorante. Cucina ligure di campagna e grande attenzione ai bambini.

RAPOLANO TERME *53040 Siena* 563 M 16 – *4 757 ab. alt. 334.*

Roma 202 – Siena 27 – Arezzo 48 – Firenze 96 – Perugia 81.

🏨 **2 Mari,** via Giotto 1, località Bagni Freddi ✆ 0577 724070, *info@hotel2mari.com, Fax 0577 725414,* ☂, ⛱, ♣ – ▮ ▣ P – 🏛 150. AE ⓢ ⊕ ⓜ VISA JCB. ✂
chiuso dall'8 al 30 gennaio – **Pasto** *(chiuso martedì)* carta 23/33 – **60 cam** ☕ 55/95 – ½ P 60.
◆ Nella località famosa per gli stabilimenti termali, una comoda risorsa attenta soprattutto alla clientela d'affari e congressuale. Non manca però il giardino con piscina. Sala da pranzo d'impostazione classica, dall'atmosfera vagamente retrò.

RASEN ANTHOLZ = Rasun Anterselva.

RASTELLINO *Modena* – *Vedere Castelfranco Emilia.*

RASTIGNANO *Bologna* – *Vedere Pianoro.*

Se dopo le h 18,00 siete ancora in viaggio
confermate la vostra prenotazione telefonicamente,
è consuetudine ... ed è più sicuro.

RASUN ANTERSELVA (RASEN ANTHOLZ) *39030 Bolzano* 562 B 18 – *2 699 ab. alt. 1 000 – Sport invernali : 1 000/2 273 m 13 16 (Comprensorio Dolomiti superski Plan de Corones)* .
Roma 728 – Cortina d'Ampezzo 50 – Bolzano 87 – Brunico 13 – Lienz 66 – Milano 382.

a Rasun (Rasen) – *alt. 1 030 – ✉ 39030.*

a Rasun di Sotto ☎ 0474 496269, info@rasen.it, Fax 0474 498099

Alpenhof, a Rasun di Sotto ☎ 0474 496451, *alpenhof@dnet.it, Fax 0474 498047*, ≤, , , – P. AE VISA JCB. rist
chiuso dal 3 al 28 novembre – **Pasto** carta 28/31 – **29 cam** 120/240 – ½ P 151.
◆ Il punto di forza dell'hotel è rappresentato decisamente dal buon livello delle camere, connotate da spunti di vera e propria eleganza. Non così brillanti le parti comuni. E' possibile cenare presso caratteristiche stube tirolesi, o in un'ariosa e calda sala.

Ansitz Heufler con cam, a Rasun di Sopra ☎ 0474 498582, *info@heufler.com, Fax 0474 498046*, ≤, – P. AE VISA. rist
chiuso aprile e novembre – **Pasto** carta 32/47 – **5 cam** 73/164, 4 suites 184/204 – ½ P 109.
◆ E' imponente e pieno di fascino nel suo splendore d'altri tempi, questo castelletto del XVI sec. All'interno i caratteristici ambienti e arredi della tradizione tirolese.

ad Anterselva (Antholz) – *alt. 1 100 – ✉ 39030.*

ad Anterselva di Mezzo ☎ 0474 492116, info@antholtzertal.com, Fax 0474 492370

Santéshotel Wegerhof, ad Anterselva di Mezzo ☎ 0474 492130, *info@santeshotel.com, Fax 0474 492479*, Centro benessere, , , – , cam, P. AE VISA. rist
Natale-Pasqua e maggio-ottobre – **Pasto** al Rist. ***Peter Stube*** carta 19/42 – **27 cam** 65/140, 2 suites – ½ P 120.
◆ Struttura caratterizzata da una gestione attenta, capace di mantenersi sempre al passo coi tempi. Grande considerazione per le esigenze dei «grandi» come dei più piccoli. Piccola e intima stube per apprezzare una genuina cucina del territorio.

Bagni di Salomone-Bad Salomonsbrunn, ad Anterselva di Sotto Sud-Ovest : 1,5 km ☎ 0474 492199, *bagnidisalomone@dnet.it, Fax 0474 492378*, , – rist, P. AE VISA. rist – *4 dicembre-1°maggio e giugno-5 ottobre* – **Pasto** *(chiuso giovedì)* carta 19/29 – **24 cam** 59/122 – ½ P 61.
◆ Gestione familiare, piena di vitalità, in una bella casa d'epoca: al primo piano, il più caratteristico, c'è un ampio corridoio ricco di arredi e quadri di famiglia. I pasti sono serviti in una sala di taglio decisamente classico-elegante.

RATSCHINGS = Racines.

RAVALLE *Ferrara* 562 H 16 – *Vedere Ferrara.*

RAVELLO *84010 Salerno* 564 F 25 *G. Italia – 2 524 ab. alt. 350 – a.s. Pasqua, giugno-settembre e Natale* – **Vedere** *Posizione e cornice pittoresche*** – Villa Rufolo*** : *** – Villa Cimbrone*** : *** – Pulpito** e porta in bronzo* del Duomo – Chiesa di San Giovanni del Toro*.*
piazza Duomo 10 ☎ 089 857096, aziendaturismo@ravello.it, Fax 089 857977.
Roma 276 – Napoli 59 – Amalfi 6 – Salerno 29 – Sorrento 40.

Palazzo Sasso , via San Giovanni del Toro 28 ☎ 089 818181, *info@palazzosasso.com, Fax 089 858900*, ≤ mare e costa, riscaldata – – 60. AE VISA JCB.
marzo-ottobre – **Pasto** al Rist ***Caffè dell'Arte*** carta 75/100 e vedere anche rist ***Rossellinis*** – **44 cam** 600, 2 suites.
◆ Senza dubbio uno dei migliori alberghi della costiera: grande eleganza e servizio di livello eccellente. Ambienti comuni raffinati, stanze perfette, panorama mozzafiato. Leggere proposte culinarie, da gustare in una distinta saletta o in terrazza.

Palumbo , via San Giovanni del Toro 16 ☎ 089 857244, *reception@hotelpalumbo.it, Fax 089 858133*, ≤ golfo, Capo d'Orso e monti, , – P. AE VISA JCB.
Pasto *(aprile-ottobre)* carta 66/85 – **11 cam** solo ½ P 315, suite.
◆ Volte, nicchie, passaggi, corridoi e colonne in stile arabo-orientale. Una dimora del XII sec. con terrazza-giardino fiorita: spazi imprevedibili e piaceri sorprendenti. Imperdibile sosta culinaria al ristorante con terrazze; interni comunque molto eleganti.

Rufolo , via San Francesco 1 ☎ 089 857133, *info@hotelrufolo.it, Fax 089 857935*, ≤ golfo, Capo d'Orso e monti, , , – P. AE VISA JCB. rist
Pasto *(chiuso gennaio e febbraio)* carta 35/44 – **24 cam** 225/300, 6 suites – ½ P 200.
◆ La piscina è inserita in una delle terrazze-giardino che come molte camere si affaccia sul parco di Villa Rufolo e sul golfo sottostante. Nel cuore del centro storico. Sala ristorante con ampie superfici occupate dalla vetrate: per cenare tra cielo e mare.

Villa Maria, via Santa Chiara 2 089 857255, *villamaria@villamaria.it, Fax 089 857071*, – .
Pasto *(chiuso 24 e 25 dicembre)* carta 24/43 (15 %) – **23 cam** 175/215 – ½ P 140.
◆ Struttura signorile ubicata in una zona tranquilla del paese e raggiungibile soltanto a piedi (il parcheggio è molto vicino). Dotata di un'elegante zona soggiorno comune. Servizio ristorante estivo sotto un pergolato con una stupefacente vista di mare e costa.

Villa Cimbrone senza rist, via Santa Chiara 26 089 857459, *info@villacimbrone.it, Fax 089 857777*, ≤ mare e costa, – – 50.
aprile-15 novembre – **19 cam** 280/500.
◆ Villa patrizia originaria dell'XI sec., immersa in un parco-giardino, da cui è possibile godere di una vista eccezionale sul mare e sulla costa. Risorsa affascinante.

Giordano senza rist, 089 857255, *giordano@giordanohotel.it, Fax 089 857071*, – .
aprile-ottobre – **33 cam** 145/165 – ½ P 115.
◆ A pochi passi dalla piazza, nella direzione di Villa Cimbrone, facilmente raggiungibile in auto e dotato di parcheggio. Camere sobrie e funzionali, grazioso giardino.

Graal, via della Repubblica 8 089 857222, *info@hotelgraal.it, Fax 089 857551*, ≤ golfo, Capo d'Orso e monti, – – 250. rist
Pasto *(Natale e marzo-ottobre)* carta 26/44 (15 %) – **36 cam** 200/242 – ½ P 121.
◆ Vicino al centro storico, in posizione tale da regalare una visuale notevole sul golfo e sui monti circostanti. Struttura recente, dotata di camere di varie tipologie. La sala ristorante colpisce per la luminosità dell'ambiente dovuta alle ampie vetrate.

Rossellinis - Hotel Palazzo Sasso, via San Giovanni del Toro 28 089 818181, *info@palazzorosso.com, Fax 089 858900*, – .
marzo-ottobre; chiuso a mezzogiorno – **Pasto** carta 75/115.
◆ Cucina di alto livello che propone rielaborazioni creative, in una saletta con cantina a vista, nell'incantevole cornice di Palazzo Sasso; ameno servizio estivo all'aperto.
Spec. Capesante arrostite con asparagi e caviale, crema tiepida di finocchio (primavera). Chitarrine alla clorofilla di basilico con ragù di spada, calamaretti ed olive (estate). Agnello in crosta di pane e formaggiocon confettura di violette (primavera-estate).

Palazzo della Marra, via della Marra 7/9 089 858302, *studiodama@ecostieramalfitana.it, Fax 089 858390*, , prenotare la sera –
chiuso dal 15 gennaio al 15 febbraio e martedì (escluso da aprile ad ottobre) – **Pasto** carta 42/59 (15 %).
◆ Nell'omonimo palazzo risalente alla fine del XII sec., un ristorante con collezione di quadri d'arte moderna; proposte gastronomiche legate al territorio e alle stagioni.

sulla costiera amalfitana *Sud : 6 km :*

Marmorata, località Marmorata 84010 089 877777, *info@marmorata.it, Fax 089 851189*, ≤ golfo, – – 50. rist
marzo-ottobre – **Pasto** carta 29/47 – **41 cam** 205/220 – ½ P 139.
◆ Arroccato sugli scogli, proprio a picco sul mare, albergo ricavato dall'abile ristrutturazione di un'antica cartiera. Gli arredi interni sono in stile vecchia marina. Ambiente curato nella sala ristorante con soffitto a volte, dalla forma particolare.

Villa San Michele, via Carusiello 2 089 872237, *smichele@starnet.it, Fax 089 872237*, ≤ golfo e Capo d'Orso, – .
chiuso dal 7 gennaio al 14 febbraio – **Pasto** *(aprile-ottobre)* (solo per alloggiati) 26/35 – **12 cam** 130/150 – ½ P 98.
◆ Hotel letteralmente affacciato sul mare, a ridosso degli scogli, inserito in un verde giardino. In perfetta armonia con la natura: per un soggiorno dalle forti emozioni.

RAVENNA *48100* P 562 I 18 – *139 771 ab..*

Vedere *Mausoleo di Galla Placidia**** **Y** – *Chiesa di San Vitale** : mosaici**** **Y** – *Battistero Neoniano* : mosaici**** **Z** – *Basilica di Sant'Apollinare Nuovo* : mosaici**** **Z** – *Mosaici*** nel Battistero degli Ariani* **Y D** – *Cattedra d'avorio** e cappella arcivescovile** nel museo dell'Arcivescovado* **Z M2** – *Mausoleo di Teodorico** **Y B** – *Statua giacente* nella Pinacoteca Comunale* **Z.**

Dintorni *Basilica di Sant'Apollinare in Classe** : mosaici*** per ③ : 5 km.*

via Salara 8 0544 35404, ravennaintorno@mail.provincia.ra.it, Fax 506024 – (maggio-settembre) via delle Industrie 14 (Mausoleo di Teodorico) 0544 451539.

A.C.I. *piazza Mameli 4 0544 37333.*

Roma 366 ④ – Bologna 74 ⑤ – Ferrara 74 ⑤ – Firenze 136 ④ – Milano 285 ⑤ – Venezia 145 ①.

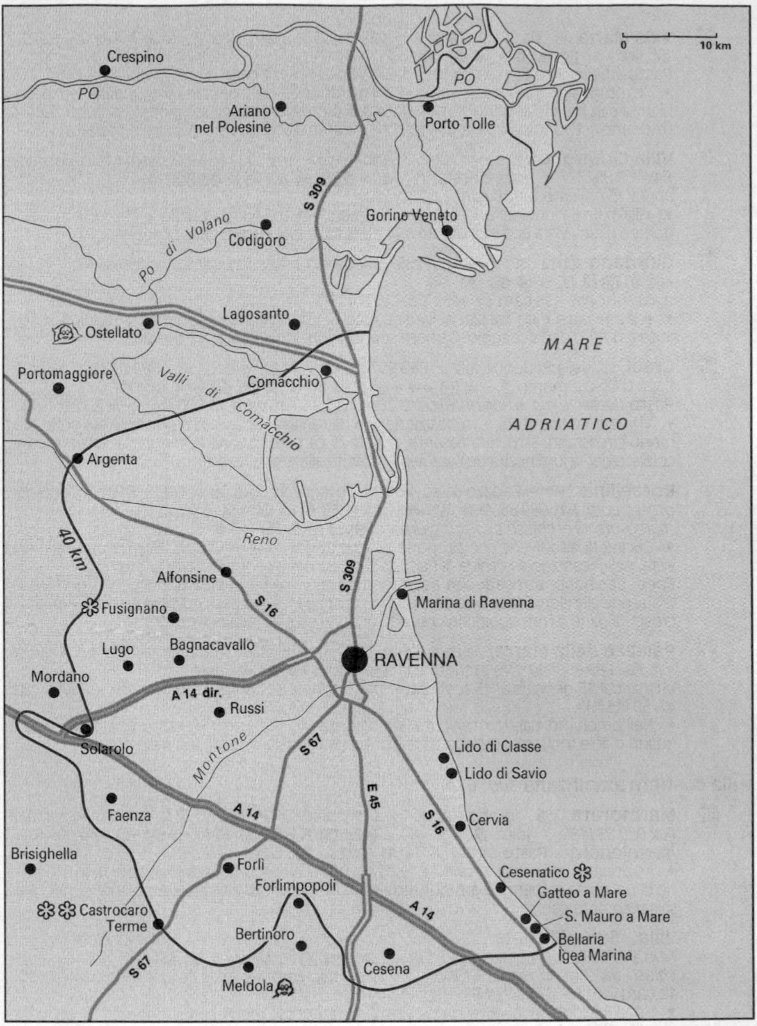

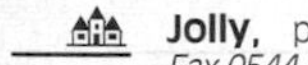

Jolly, piazza Mameli 1 ☏ 0544 35762 e rist ☏ 0544 213161, *ravenna@jollyhotels.it, Fax 0544 216055* – |‡|, ⇹ cam, ▤ TV ☏ ♿ – 🎤 120. AE ⓢ ⓞ ⓜ VISA. ✂ rist **Y c**

Pasto carta 29/40 – **80 cam** ☕ 108/162, 4 suites – ½ P 106.

◆ Una risorsa che si è sempre mantenuta a buoni livelli di confort grazie ai periodici lavori di riammodernamento. Camere accoglienti con arredi classici di buona fattura. Ristorante senza particolari fronzoli, ma con proposte adatte a una clientela varia.

ClassHotel Ravenna, via della Lirica 141, prossimità strada statale 16 ☏ 0544 270290 e rist ☏ 0544 270230, *info.ravenna@classhotel.com, Fax 0544 270170* – |‡| ▤ TV – 🎤 60. AE ⓢ ⓞ ⓜ VISA. ✂ per ④

Pasto carta 24/31

69 cam ☕ 105/130, suite – ½ P 83.

◆ Hotel moderno, comodamente raggiungibile in automobile e per questo particolarmente indicato per una clientela di lavoro. Servizi e dotazioni recenti e apprezzabili. Ristorante frequentato soprattutto da ospiti dell'hotel e da uomini d'affari.

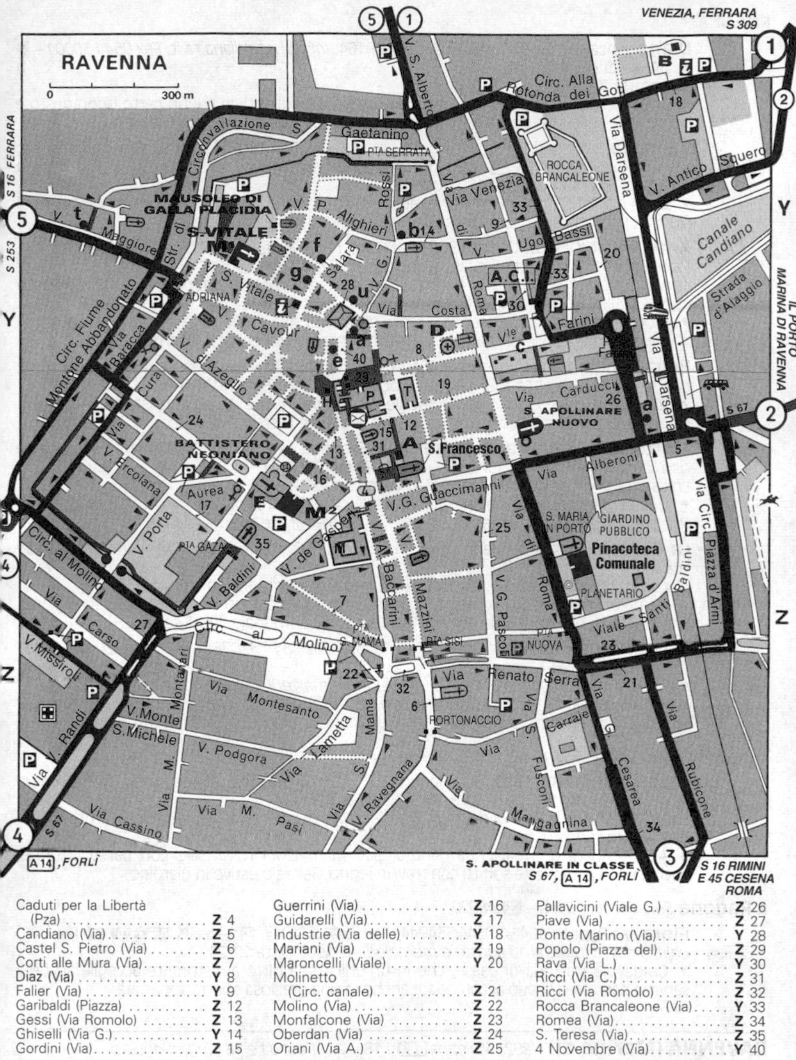

Caduti per la Libertà (Pza) . . . . Z 4
Candiano (Via) . . . . Z 5
Castel S. Pietro (Via) . . . . Z 6
Corti alle Mura (Via) . . . . Z 7
Diaz (Via) . . . . Y 8
Falier (Via) . . . . Y 9
Garibaldi (Piazza) . . . . Z 12
Gessi (Via Romolo) . . . . Z 13
Ghiselli (Via G.) . . . . Y 14
Gordini (Via) . . . . Z 15
Guerrini (Via) . . . . Z 16
Guidarelli (Via) . . . . Z 17
Industrie (Via delle) . . . . Y 18
Mariani (Via) . . . . Z 19
Maroncelli (Viale) . . . . Y 20
Molinetto (Circ. canale) . . . . Z 21
Molino (Via) . . . . Z 22
Monfalcone (Via) . . . . Z 23
Oberdan (Via) . . . . Z 24
Oriani (Via A.) . . . . Z 25
Pallavicini (Viale G.) . . . . Z 26
Piave (Via) . . . . Z 27
Ponte Marino (Via) . . . . Y 28
Popolo (Piazza del) . . . . Z 29
Rava (Via L.) . . . . Y 30
Ricci (Via C.) . . . . Z 31
Ricci (Via Romolo) . . . . Z 32
Rocca Brancaleone (Via) . . . . . Y 33
Romea (Via) . . . . Z 34
S. Teresa (Via) . . . . Z 35
4 Novembre (Via) . . . . Y 40

Bisanzio senza rist, via Salara 30 ✆ 0544 217111, *info@bisanziohotel.com*, *Fax 0544 32539* – |♿|, ⇆ cam, ▤ TV ✆ – 🏛 40. AE 💲 ⓪ MC VISA JCB Y f
38 cam ☕ 98/154.

◆ Nel centro della località, nei pressi della Basilica di San Vitale, un albergo con interni d'impostazione classica; camere lineari e complete nei servizi.

Italia, viale Pallavicini 4/6 ✆ 0544 212363 e rist ✆ 0544 32518, *hitalia@hitalia.it*, *Fax 0544 217004* – ▤ TV ✆ ♿ P. AE 💲 ⓪ MC VISA Z a
Pasto al Rist. ***Cerchio dei Golosi*** *(chiuso sabato a mezzogiorno e domenica)* 15/20 – ☕ 8 –
45 cam 100/135.

◆ A pochi passi dalla stazione ferroviaria, un albergo totalmente rinnovato pochi anni or sono, dispone di camere funzionali e accoglienti. Adatto a chi viaggia per lavoro. L'atmosfera della sala ristorante è «riscaldata» dal bel pavimento in parquet.

Diana senza rist, via G. Rossi 47 ☎ 0544 39164, *info@hoteldiana.ra.it, Fax 0544 30001* – AE VISA Y b
33 cam 77/114.
◆ Hotel del centro città, che presenta ambienti accoglienti, in cui un certo buon gusto è percepibile dallo stile degli arredi. Camere con mobili classici in legno pregiato.

Cappello senza rist, via IV Novembre 41 ☎ 0544 219813, *info@albergocappello.it, Fax 0544 219814* – – 100. AE VISA JCB Y a
5 cam 135/150, 2 suites 180.
◆ E' un piacere, quasi un privilegio, quello di concedersi un soggiorno in una città ricca di fascino, ospitati da una risorsa con camere così eleganti e confortevoli.

Antica Trattoria al Gallo 1909, via Maggiore 87 ☎ 0544 213775, *algallo1909@libero.it, Fax 0544 211077*, Coperti limitati; prenotare – AE VISA. Y t
chiuso dal 20 dicembre al 10 gennaio, Pasqua, domenica sera, lunedì e martedì – **Pasto** carta 27/37.
◆ Storica trattoria con quasi un secolo di attività alle spalle, che è ormai divenuta un riferimento ineludibile nel panorama della ristorazione ravennate. Interni liberty.

Bella Venezia, via 4 Novembre 16 ☎ 0544 212746, – . AE VISA Y e
chiuso dal 22 dicembre al 22 gennaio e domenica – **Pasto** carta 26/37.
◆ Ristorante classico, di taglio signorile, suddiviso in due accoglienti salette, situato in pieno centro storico. Cucina in cui spiccano le carni e l'assenza di pesce.

Trattoria Vecchia Falegnameria, via Faentina 54 ☎ 0544 501870, *vecchiafalegnameria@libero.it, Fax 0544 501870*, – . VISA JCB. per ⑤
chiuso dal 1° al 15 agosto e martedì – **Pasto** carta 20/28.
◆ Una ex-falegnameria sapientemente restaurata e trasformata in un accogliente locale in stile rustico, abbellito da utensili alle pareti e da oleografie a tema «lirico».

La Gardèla, via Ponte Marino 3 ☎ 0544 217147, *Fax 0544 37098*, – . AE VISA JCB Y u
chiuso dal 10 al 20 gennaio, dal 10 al 25 giugno e giovedì – **Pasto** carta 19/33.
◆ L'ambiente ha un taglio classico, in questo ristorante che presenta proposte sia regionali che di respiro più ampio. Nelle vicinanze della torre comunale del XII secolo.

L'OsteBacco, via Salara 20 ☎ 0544 35363, *Fax 0544 37098* – . AE VISA Y g
chiuso dal 10 al 20 gennaio, dal 1° al 10 giugno e martedì – **Pasto** carta 21/35.
◆ Un'unica saletta, raccolta, intima con un arredamento che riproduce un'atmosfera familiare. Cucina di terra e di mare, forte di alcune delle specialità del territorio.

a San Michele *Ovest : 8 km* – ✉ *48100 Ravenna*

Osteria al Boschetto, via Faentina 275 ☎ 0544 414312, *al-boschetto2002@libero.it, Fax 0544 414312*, , prenotare, – AE VISA
chiuso dal 7 al 14 gennaio, dal 1° al 15 settembre, giovedì ed in agosto anche a mezzogiorno – **Pasto** carta 30/45.
◆ All'interno di una palazzina d'inizio '900 in mattoni rossi, sale con pareti colorate, pavimenti in ceramica e soffitti con travi in legno. Servizio estivo in giardino.

a Ragone *Sud-Ovest : 15 km* – ✉ *48020 :*

Flora, via Ragone 104 ☎ 0544 534044, *Fax 0544 534044*, – P. AE VISA.
chiuso dal 20 luglio al 10 agosto e mercoledì – **Pasto** carta 19/24.
◆ Gradevole trattoria di paese, che in un'unica sala oltre al ristorante accoglie anche il servizio bar; ma ci si può accomodare anche in una graziosa saletta appartata.

RAVENNA (Marina di) *48023 Ravenna* 563 I 18 – *a.s. Pasqua e 18 giugno-agosto.*

(giugno-settembre) viale delle Nazioni 159 ☎ 0544 530117.
Roma 390 – Ravenna 12 – Bologna 103 – Forlì 42 – Milano 314 – Rimini 61.

Bermuda senza rist, viale della Pace 363 ☎ 0544 530560, *hotelbermuda@libero.it, Fax 0544 531643* – . AE VISA JCB.
chiuso dal 20 dicembre al 10 gennaio – 8 – **23 cam** 75/90.
◆ Ubicato lungo la strada che conduce a sud in direzione di Punta Marina, questo alberghetto conferma il proprio carattere semplice e familiare, ma sempre affidabile.

Al Porto, viale delle Nazioni 2 ☎ 0544 530105, *fbinazz@tin.it, Fax 0544 537329* – P. AE VISA
chiuso lunedì – **Pasto** specialità di mare carta 28/41.
◆ Ristorante d'impostazione classica, gestito dalla stessa famiglia sin dal 1936. L'ubicazione, di fronte al mercato del pesce, offre un suggerimento sulle specialità.

RAZZES (RATZES) *Bolzano* – *Vedere Siusi allo Sciliar.*

RECCO *16036 Genova* 561 I 9 – *10 495 ab.*

via Ippolito D'Aste 2A ℘ 0185 722440, iat.recco@apt.genova.it, Fax 0185 721958.

Roma 484 – Genova 32 – Milano 160 – Portofino 15 – La Spezia 86.

Manuelina-La Villa senza rist, via Roma 272 ℘ 0185 720779, *manuelina@menuelina.it, Fax 0185 721095,* – – 120. VISA JCB
23 cam 120/135.
◆ Una risorsa di taglio moderno ricavata però in una villa d'epoca in tipico stile genovese, cui recentemente è stata aggiunta una nuova ala; il confort è ben distribuito.

Da ö Vittorio con cam, via Roma 160 ℘ 0185 74029, *info@daövittorio.it, Fax 0185 723605* – , rist, . VISA. cam
chiuso dal 22 novembre al 14 dicembre – **Pasto** *(chiuso giovedì)* carta 25/59 – 5,50 – **26 cam** 52/85 – 1/2 P 65.
◆ Anticamente era una stazione di posta, oggi un caratteristico ristorante con camere; la sala si sviluppa lungo due ali con veranda. Dalla cucina molte specialità liguri.

Vitturin 1860, via dei Giustiniani 48 (Nord : 1,5 km) ℘ 0185 720225, *vitturin@libero.it, Fax 0185 723686,* – – 80. VISA JCB
chiuso dal 18 febbraio al 6 marzo, dal 7 al 18 luglio e lunedì – **Pasto** 25/45 e carta 30/49.
◆ Luci e arredi concorrono a creare un'atmosfera calda e rilassante. Bella veranda dove è possibile accomodarsi anche nei mesi invernali; cucina del territorio, ma non solo.

Scriveteci...
Le vostre critiche e i vostri apprezzamenti saranno esaminati con la massima attenzione.
Verificheremo personalmente gli esercizi che ci vorrete segnalare
Grazie per la collaborazione !

RECOARO TERME *36076 Vicenza* 562 E 15 – *7 481 ab. alt. 445 – Stazione termale (giugno-settembre) – Sport invernali : a Recoaro Mille : 1 000/1 700 m 1 3, .*

via Roma 25 ℘ 0445 75070, informazioni.recoaro@tiscalinet.it, Fax 0445 75158.

Roma 576 – Verona 72 – Milano 227 – Trento 78 – Venezia 108 – Vicenza 44.

Trettenero , via V. Emanuele 18 ℘ 0445 780380, *trettenero@recoaroterme.com, Fax 0445 780350,* – . VISA JCB. rist
Pasto (prenotare) carta 19/23 – **54 cam** 52/80 – 1/2 P 65.
◆ Sorto all'inizio dell'Ottocento, prende il nome dal suo fondatore. Si distingue per l'originalità dei decori, per gli ampi spazi a disposizione e per il piccolo parco. Molto capiente la sala da pranzo: colpisce per l'altezza del soffitto e per le decorazioni.

Verona, via Roma 52 ℘ 0445 75010, *hverona@recoaroterme.com, Fax 0445 75065* – . VISA. rist
maggio-settembre – **Pasto** carta 21/27 – **35 cam** 50/75 – 1/2 P 52.
◆ Albergo centralissimo che presenta un livello di confort e un grado di ospitalità più che discreto, sotto ogni aspetto. In particolare le stanze sono semplici ma moderne. Luminosa sala ristorante classica.

Carla, via Campogrosso 25 ℘ 0445 780700, *info@hotelcarla.it, Fax 0445 780777* – . VISA JCB.
Pasto al Rist. ***55*** *(chiuso domenica sera e lunedì)* carta 24/39 – 8 – **30 cam** 46/59 – 1/2 P 46.
◆ Tranquillo hotel a gestione familiare, con un buon livello di confort. La semplicità degli ambienti comuni e la funzionalità delle stanze risultano comunque apprezzabili. Al ristorante genuinità dei prodotti, preparazioni casalinghe e proposte del territorio.

RECORFANO *Cremona – Vedere Voltido.*

REDAGNO (RADEIN) *39040 Bolzano* 562 C 16 – *alt. 1 566.*

Roma 630 – Bolzano 38 – Belluno 111 – Trento 60.

Zirmerhof , Oberradein 59 ℘ 0471 887215, *info@zirmerhof.com, Fax 0471 887225,* monti e vallata, , , – . VISA.
26 dicembre-15 gennaio e maggio-6 novembre – **Pasto** (prenotare) carta 23/43 – **32 cam** 90/170, suite – 1/2 P 99.
◆ Un albergo di ricca tradizione ricavato da un antico maso tra i pascoli: in pratica un'oasi di pace con bella vista su monti e vallate. Arredi d'epoca e quadri antichi. Sala ristorante davvero suggestiva, grazie a legni e decorazioni.

REGGELLO *50066 Firenze* 563 K 16 – *14 058 ab. alt. 390.*
Roma 250 – Firenze 38 – Siena 69 – Arezzo 58 – Forlì 128 – Milano 339.

a Pietrapiana *Nord : 3,5 km* – ✉ *50066 :*

Archimede, strada per Vallombrosa ✆ 055 869055, *archimede@val.it, Fax 055 868584*, – TV P. AE VISA.
chiuso dal 3 al 10 gennaio – **Pasto** vedere rist ***Da Archimede*** – **18 cam** 56,80/87,80, suite – ½ P 62.
◆ Albergo sorto a metà anni Ottanta, che si caratterizza per la solida struttura in pietra. Arredi di taglio classico, bella hall anche se di dimensioni contenute.

Da Archimede - Hotel Archimede, strada per Vallombrosa ✆ 055 8667500, *archimede@val.it*, – P. AE VISA.
chiuso dal 3 al 10 gennaio e martedì escluso da luglio al 15 settembre – **Pasto** carta 28/44.
◆ Ristorante tipico, apprezzato dai clienti del luogo ma ancor più da avventori provenienti dalle città. Per gustare i piatti più tradizionali della cucina toscana.

a Vaggio *Sud-Ovest : 5 km* – ✉ *50066 :*

Villa Rigacci, via Manzoni 76 ✆ 055 8656718, *hotel@villarigacci.it, Fax 055 8656537*, – TV P. VISA. rist
Pasto al Rist. ***Relais le Vieux Pressoir*** (prenotare) carta 26/38 – **28 cam** 90/150, 5 suites – ½ P 90.
◆ Incantevole villa di campagna quattrocentesca, completamente immersa nel verde. Un luogo ideale per trascorrere un soggiorno indimenticabile nell'amena terra toscana. Due calde, accoglienti sale da pranzo ricche d'atmosfera.

a Donnini *Nord-Ovest : 10 km* – ✉ *50060 :*

Villa Pitiana, via Provinciale per Tosi 7 ✆ 055 860259, *pitiana@villapitiana.com, Fax 055 860326*, – TV P. AE VISA JCB.
15 marzo-15 novembre – **Pasto** carta 46/60 – **43 cam** 140/190 – ½ P 125.
◆ Complesso costituito da un monastero del XII sec. e da una villa settecentesca, che risulta ulteriormente impreziosito dal bel parco-giardino botanico con piscina. Suggestiva sala ristorante.

Scriveteci...
Le vostre critiche e i vostri apprezzamenti saranno esaminati con la massima attenzione.
Verificheremo personalmente gli esercizi che ci vorrete segnalare
Grazie per la collaborazione !

REGGIO DI CALABRIA *89100* P 564 M 28 *G. Italia – 179 509 ab.*
Vedere *Museo Nazionale*** **Y** *: Bronzi di Riace**** – *Lungomare** **YZ.**
di Ravagnese per ③ : 4 km ✆ 0965 643291 – Alitalia all'aeroporto ✆ 0965 643095, Fax 0965 640977.
per Messina giornalieri (45 mn) – Stazione Ferrovie Stato, ✆ 0965 97957.
per Messina-Isole Eolie giornalieri (da 15 mn a 2 h circa) – Aliscafi SNAV, Stazione Marittima ✉ 89100 ✆ 0965 29568.
corso Garibaldi 329 ✉ 89127 ✆ 0965 892012 – all'Aeroporto ✆ 0965 64329 – Stazione Centrale ✆ 0965 27120.
A.C.I. *via De Nava 43 ✉ 89122 ✆ 0965 811925.*
Roma 705 ② – Catanzaro 161 ② – Napoli 499 ②.

Piante pagine seguenti

Gd H. Excelsior, via Vittorio Veneto 66 ✉ 89121 ✆ 0965 812211, *excelsior@reggiocalabriahotels.it, Fax 0965 893084*, – TV – 300. AE VISA. **Y c**
Pasto carta 30/45 – **76 cam** 170/195, 8 suites.
◆ Struttura dei primi anni '60 assolutamente al passo con i tempi: un punto di riferimento nel panorama dell'ospitalità alberghiera cittadina. Confort e dotazioni ottimi. Sala ristorante panoramica, posizionata sul terrazzo dell'albergo.

Miramare, via Fata Morgana 1 ✉ 89127 ✆ 0965 812444, *miramare@reggiocalabriahotels.it, Fax 0965 812450* – TV – 200. AE VISA. rist **YZ u**
Pasto 21 – **94 cam** 115/150, 2 suites.
◆ Arredi in stile classico che donano agli spazi comuni un'atmosfera elegante ed austera, in linea con lo stile tardo liberty della struttura. Le stanze sono confortevoli. Elegante ristorante, di dimensioni notevoli.

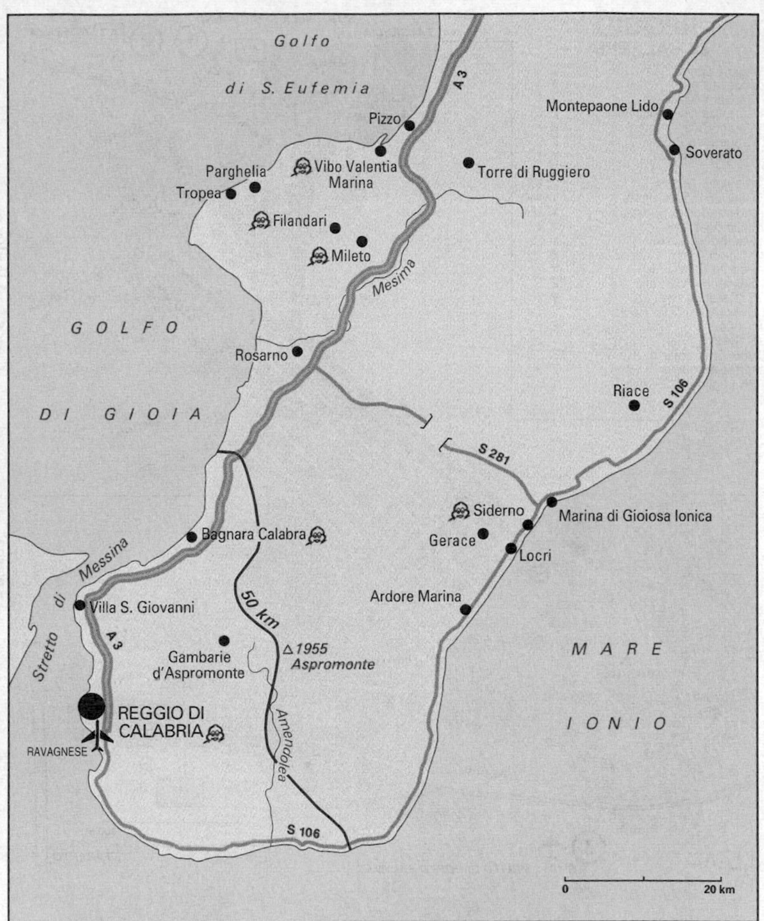

Palace Hotel Masoanri's, senza rist, via Vittorio Veneto 95 ✉ 89121 ☎ 0965 26433, *palace@reggiocalabriahotels.it, Fax 0965 26436* – |☰| ▤ TV ☏ ♿ – 🏊 50. AE ⑤ ⓪ ⓜ VISA JCB. ✂ Y f

65 cam ☕ 85/105.

◆ Con una gestione assai disponibile, una comoda posizione centrale, un buon livello di confort, questo hotel appare particolarmente indicato per la clientela d'affari.

Baylik, vico Leone 1 ✉ 89121 ☎ 0965 48624, *infobaylik@libero.it, Fax 0965 45525* – ▤. AE ⑤ ⓪ ⓜ VISA JCB per ①

chiuso dal 10 al 24 agosto e giovedì – **Pasto** carta 23/42.

◆ Situato in zona decentrata è ideale per gustare specialità di mare in un ambiente moderno. Discreta scelta di proposte classiche e tradizionali, sempre affidabili.

a Bocale Secondo *Sud : 16 km* – ✉ *89060 :*

La Baita, viale Paolo Renosto 4 ☎ 0965 676017, *Fax 0965 676102*, ≤, 🏖, prenotare – ▤. AE ⑤ ⓪ ⓜ VISA JCB

chiuso ottobre, martedì e a mezzogiorno (escluso domenica) – **Pasto** specialità di mare carta 44/53.

◆ Il nome non è forse dei più azzeccati per un locale che offre una cucina di mare, che presenta un ambiente grazioso e soprattutto situato proprio al limite della spiaggia.

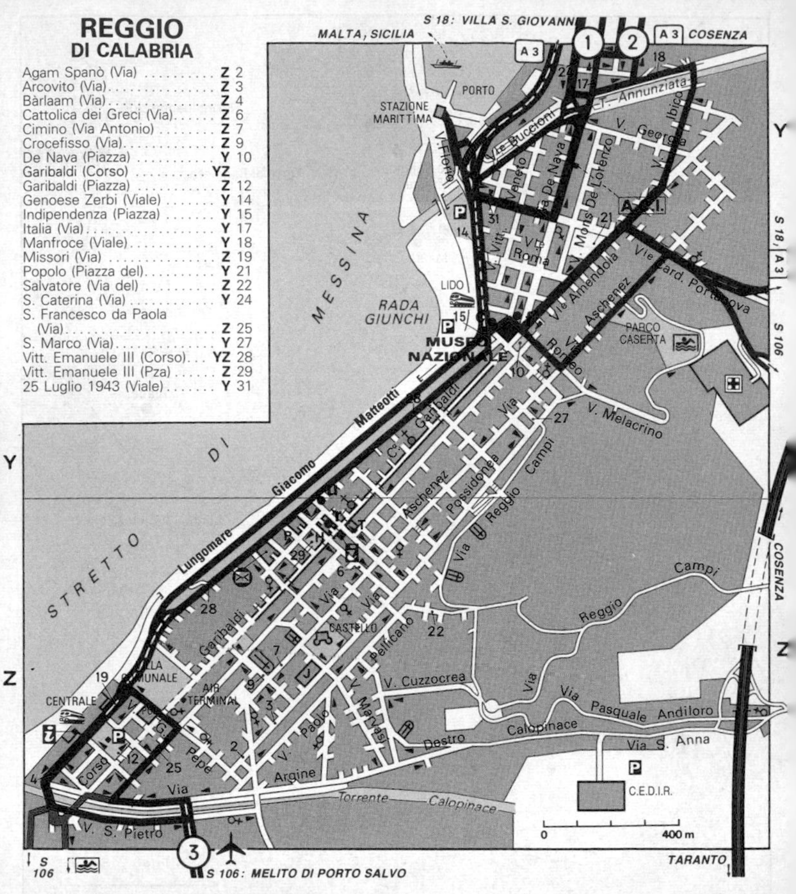

Se dopo le h 18,00 siete ancora in viaggio
confermate la vostra prenotazione telefonicamente,
è consuetudine ... ed è più sicuro.

REGGIOLO *42046 Reggio nell'Emilia* 562 H 14 – *8 477 ab. alt. 20.*
Roma 434 – Bologna 80 – Mantova 39 – Modena 36 – Verona 71.

Nabila, via Marconi 4 ☎ 0522 973197, *info@hotelnabila.it, Fax 0522 971222,* – ▤ TV P. AE ⓢ ⓓ ⓜⓒ VISA JCB.
chiuso dal 23 dicembre al 3 gennaio e dal 5 al 19 agosto – **Pasto** vedere rist ***Il Rigoletto*** – ☕ 7 – **26 cam** 57/84.
◆ Villa di fine Settecento dall'insieme curato, di taglio moderno, ma con una notevole rispetto per gli elementi architettonici originali. Gestione giovane e brillante.

XXX ✿ **Il Rigoletto,** piazza Martiri 29 ☎ 0522 973520, *ilrigoletto@libero.it, Fax 0522 213019,* , Coperti limitati; prenotare, – ▤ P. AE ⓢ ⓓ ⓜⓒ VISA JCB.
chiuso dal 1° al 7 gennaio, dal 5 al 25 agosto, domenica sera e lunedì da ottobre a maggio, anche domenica a mezzogiorno da giugno a settembre – **Pasto** carta 61/87.
◆ Il servizio in giardino nella bella stagione, la villa di campagna settecentesca, gli ambienti eleganti, l'ottima cantina, e poi la cucina creativa. Atmosfera intima.
Spec. Calamaretti farciti con cipolle borretane, crema di patate al nero di seppia, uovo in camicia e tartufo nero. Lasagnetta con frutti di mare, pesce spinato e calamaretti fritti. Piccione con mele annurche, ravi olo di castagne e cioccolato (autunno-inverno).

Cavallo Bianco con cam, via Italia 5 ☎ 0522 972177, *acb@pragmanet.it*, *Fax 0522 973798* – cam
chiuso dal 1° al 10 gennaio ed agosto – **Pasto** *(chiuso sabato-domenica dal 15 giugno a luglio)* carta 30/47 – **16 cam** 65/85.
◆ Edificio storico, adibito a locanda fin dal Seicento, oggi si presenta come una struttura perfettamente funzionale e ricca di confort moderni. Ottima gestione familiare. Sala ristorante d'impostazione classica, cucina stagionale.

verso Gonzaga *Nord-Est : 3,5 km :*

Trattoria al Lago Verde, via Caselli 24 ✉ 42046 ☎ 0522 973560, *lago.verde@tin.it*, *Fax 0522 971577*, –
chiuso dal 1° al 5 gennaio, dal 7 al 21 agosto, lunedì e sabato a mezzogiorno – **Pasto** carta 25/36.
◆ Trattoria di campagna aperta pochi anni or sono, in posizione isolata e tranquilla. L'ambiente è molto accogliente e la cucina si fa apprezzare per la propria genuinità.

verso Guastalla *Ovest : 3 km*

Villa Montanarini, via Mandelli 29, località Villa Rotta ✉ 42010 Luzzara ☎ 0522 820001, *villamontanarini@virgilio.it*, *Fax 0522 820338*, – – 35.
chiuso dal 24 dicembre al 1° gennaio e dal 5 al 26 agosto – **Pasto** al Rist. ***Il Torchio*** *(domenica)* carta 39/51 – **16 cam** 95/150.
◆ Villa del settecento, completamente restaurata, immersa in un ampio parco: atmosfera di classe negli interni in stile, arredati con gusto; camere ampie e confortevoli. Raffinata eleganza in sala da pranzo.

REGGIO NELL'EMILIA *42100* P 562 H 13 *G. Italia – 146 092 ab. alt. 58.*

Vedere *Galleria Parmeggiani** **AY M1.**

Fattoria del Golf (chiuso martedì e gennaio) a Canali ✉ 42100 ☎ 0522 569531, Fax 0522 360698, Sud : 4 km;

Matilde di Canossa (chiuso lunedì) ☎ 0522 371295, Fax 0522 371204, per ④: 6 km.

piazza Prampolini 5/c c/o Comune ☎ 0522 451152, iat@municipio.re.it, Fax 0522 436739.

A.C.I. *via Secchi 9 ☎ 0522 452565.*

Roma 427 ② – Parma 29 ⑤ – Bologna 65 ② – Milano 149 ②.

Piante pagine seguenti

Albergo delle Notarie, via Palazzolo 5 ☎ 0522 453500, *notarie@albergonotarie.it*, *Fax 0522 453737* – – 65. **AZ r**
chiuso 3 settimane in agosto – **Pasto** vedere rist ***Delle Notarie*** – 12,50 – **48 cam** 130/195, 3 suites.
◆ Tanto parquet, travi a vista e un'inconsueta dinamicità degli spazi. Edificio storico, dalle vicende complesse, ristrutturato con intelligenza: un soggiorno speciale.

Gd H. Astoria Mercure, viale Nobili 2 ☎ 0522 435245, *prenotazioni@mercurehotelastoria.com*, *Fax 0522 453365*, – , cam, – 350. rist
Pasto al Rist. ***Le Terrazze*** *(chiuso dal 23 dicembre al 6 gennaio, dal 20 luglio ad agosto, sabato e domenica)* carta 31/43 – **108 cam** 180/225, 3 suites. **AY f**
◆ Una risorsa ben organizzata, in cui lo standard di confort e di accoglienza è notevole: ambienti comuni spaziosi e gradevoli, stanze ampie e luminose. Rinnovato di recente. Una luminosa veranda affacciata sul verde fa da cornice alla sala ristorante.

Posta senza rist, piazza Del Monte 2 (già piazza Cesare Battisti) ☎ 0522 432944, *booking@hotelposta.re.it*, *Fax 0522 452602* – – 100. **AZ c**
33 cam 135/175, 9 suites.
◆ Risorsa piena di fascino perché ricavata dal medievale Palazzo del Capitano del Popolo. Meravigliose sale, ricercata eleganza, plurisecolare tradizione nell'ospitare.

Cristallo, viale Regina Margherita 30 ☎ 0522 511811 e rist ☎ 0522 515274, *Fax 0522 513073* – – 80. per ②
chiuso dal 23 dicembre al 2 gennaio, Pasqua e dall' 11 al 17 agosto – **Pasto** al Rist. ***Cristallo*** *(chiuso domenica e dal 1° al 25 agosto)* carta 26/36 – **80 cam** 70/100.
◆ Hotel di concezione abbastanza recente, facilmente raggiungibile dall'autostrada, frequentato e apprezzato dalla clientela d'affari, offre camere ampie e confortevoli. Ristorante di taglio classico-moderno.

Scudo di Francia, stradone del Vescovado 5 ☎ 0522 406173, *info@scudodifrancia.com*, *Fax 0522 406205* – **AZ a**
Pasto *(chiuso lunedì)* carta 33/46 – **24 cam** 130/140.
◆ Ospitato in un edificio ristrutturato di recente, ubicato in pieno centro, offre camere signorili e ben accessoriate. Per un soggiorno, comodo e informale, ma di classe. Ampia sala ristorante, utilizzata anche per le prime colazioni.

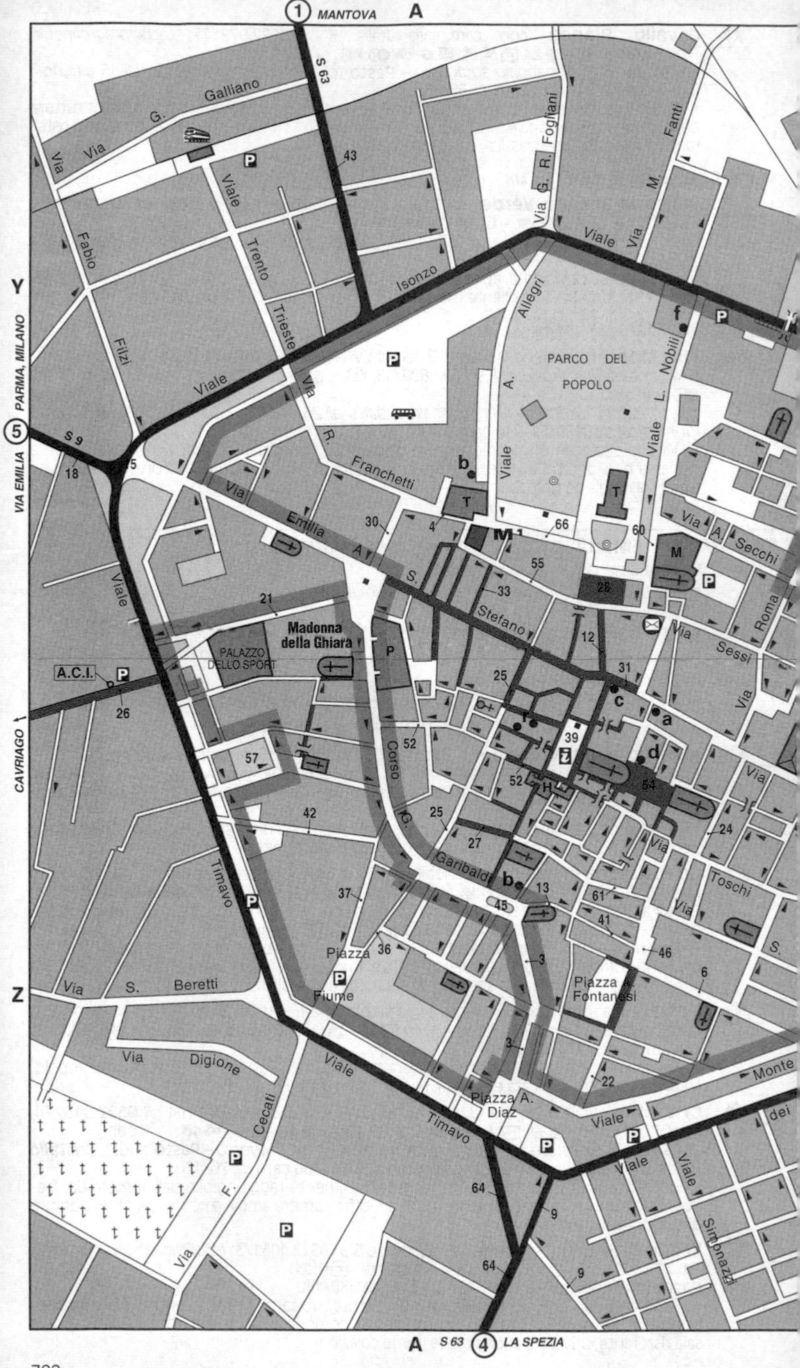
MANTOVA
A
S 63
Via G. Galliano
Viale Trento
Viale Trieste
Viale Isonzo
Via Fabio Filzi
Via R. Franchetti
Via G. R. Fogliani
Via M. Fanti
Viale A. Allegri
Viale L. Nobili
PARCO DEL POPOLO
Y
PARMA, MILANO
VIA EMILIA
S 9
Via Emilia A S. Stefano
Madonna della Ghiara
PALAZZO DELLO SPORT
A.C.I.
CAVRIAGO
Corso G. Garibaldi
Via A. Secchi
Via Sessi
Via Roma
Via Toschi
Via S.
Piazza Fiume
Piazza A. Fontanesi
Via S. Beretti
Z
Viale Timavo
Via Digione
Via F. Cecati
Piazza A. Diaz
Viale Monte
Viale dei
Viale Simonazzi
S 63
LA SPEZIA

REGGIO NELL'EMILIA

Street	Grid	No.
Adua (Via)	BY	
Alighieri (Via D.)	BYZ	
Allegri (Viale A.)	AY	
Ariosto (Via L.)	AZ	3
Beretti (Via S.)	AZ	
Cairoli (Corso B.)	AY	4
Campo Marzio (Via)	AZ	6
Campo Samarotto (Via)	BY	7
Cassoli (Via F.)	AZ	9
Cecati (Via F.)	AZ	
Crispi (Via F.)	AYZ	12
Cristo (Via del)	AZ	13
Diaz (Piazza A.)	AZ	
Digione (Via)	AZ	
Duca d'Aosta (Piazza)	AY	15
Duca degli Abruzzi (Piazza)	BY	16
Emilia all'Angelo (Via)	AY	18
Emilia all'Ospizio (Via)	BZ	19
Emilia A S. Pietro (Via)	ABZ	
Emilia A S. Stefano (Via)	AY	
Eritrea (Via)	BZ	
Fanti (Via M.)	AY	
Filzi (Via F.)	AY	
Fiume (Piazza)	AZ	
Fogliani (Via G. R.)	AY	
Fontanelli (Via)	BZ	
Fontanesi (Piazza A.)	AZ	
Franchetti (Via R.)	AY	
Gabbi (Via)	BZ	
Galliano (Via G.)	AY	
Garibaldi (Corso G.)	AYZ	
Guasco (Via)	AY	21
Guazzatoio (Via)	AZ	22
Guidelli (Via)	AZ	24
Guido da Castello (Via)	AZ	25
Isonzo (Viale)	ABY	
Magenta (Viale)	AZ	26
Makallè (Via)	BY	
Malta (Via)	AZ	27
Martiri del 7 Luglio (Piazza)	AY	28
Matteotti (Via G.)	BZ	
Mazzini (Via G.)	AY	30
Mille (Viale dei)	ABZ	
Monte (Piazza del)	AZ	31
Monte Grappa (Viale)	ABZ	
Monte S. Michele (Viale)	BZ	
Monzermone (Via)	AYZ	33
Nobili (Via L.)	AY	
Olimpia (Viale)	BZ	34
Panciroli (Via G.)	AZ	36
Piave (Viale)	BYZ	
Porta Brenone (Via)	AZ	37
Prampolini (Piazza C.)	AZ	39
Quattro Novembre (Viale)	BZ	40
Quinziane (Via delle)	AZ	41
Racchetta (Via della)	AZ	42
Ramazzini (Viale B.)	BY	
Regina Elena (Viale)	AY	43
Regina Margherita (Viale)	BY	
Risorgimento (Viale)	BZ	
Roma (Via)	ABY	
Roversi (Piazza L.)	AZ	45
S. Carlo (Via)	AZ	46
S. Domenico (Via)	BZ	48
S. Filippo (Via)	ABZ	
S. Girolamo (Via)	BZ	49
S. Martino (Via)	BZ	51
S. Pietro Martire (Via)	AZ	52
S. Prospero (Piazza)	AZ	54
S. Rocco (Via)	AY	55
S. Zenone (Piazza)	AZ	57
Secchi (Via A.)	AY	
Sessi (Via)	AYZ	
Sforza (Via G.)	BY	58
Simonazzi (Viale E.)	AZ	
Spallanzani (Via L.)	AY	60
Squadroni (Via)	AZ	61
Timavo (Viale)	AYZ	
Toschi (Via)	AZ	
Trento Trieste (Viale)	AY	
Tricolore (Piazza)	BZ	63
Umberto I (Viale)	AZ	64
Veneri (Via A.)	BY	
Vittoria (Piazza della)	AY	66
Zaccagni (Via)	BZ	67

Airone, via dell'Aeronautica 20 ☎ 0522 924111, *aironehotel@virgilio.it, Fax 0522 515119* – 100. per via Adua **BY**
Pasto *(chiuso dall'8 al 20 agosto, domenica e a mezzogiorno)* (solo per alloggiati) 16/18 – **56 cam** 70/99 – ½ P 60.
◆ L'ubicazione nei pressi della tangenziale, ma a soli due chilometri dal centro, fa di questo albergo recente un punto d'appoggio ideale per una clientela d'affari.

Park Hotel, via De Ruggero 1/b ☎ 0522 292141, *parkhotel@virgilio.it, Fax 0522 292143* – 40. rist per ④
Pasto *(chiuso 15 giorni in agosto, sabato o domenica e a mezzogiorno)* (solo per alloggiati) 15/18 – **62 cam** 73/98, suite – ½ P 55.
◆ Hotel che sorge in un quartiere residenziale e signorile, tale da consentire un soggiorno all'insegna della tranquillità. Ambienti di serena semplicità, freschi e colorati.

Del Vescovado senza rist, stradone Vescovado 1 ☎ 0522 430157, *frabergomi@yahoo.com, Fax 0522 430143* – **AZ d**
chiuso agosto – **4 cam** 57/78.
◆ Entrando in questa risorsa si assapora la piacevole sensazione di sentirsi a casa; lo stesso vale per le camere, arredate con mobili in stile. A due passi dalla cattedrale.

Delle Notarie - Albergo delle Notarie, via Aschieri 4 ☎ 0522 453700, *notarie@albergonotarie.it, Fax 0522 453737*, prenotare – **AZ r**
chiuso agosto e domenica – **Pasto** carta 30/44 (10 %).
◆ Ristorante raccolto, elegante e curato, propone piatti della tradizione con interessanti «escursioni» verso il mare e l'innovazione. In sala tanta attenzione e cordialità.

5 Pini-da Pelati, viale Martiri di Cervarolo 46 ☎ 0522 553663, *mapelat@tin.it, Fax 0522 553614*, prenotare – per viale Simonazzi **AZ**
chiuso dal 2 all'8 gennaio, dal 1° al 23 agosto, martedì sera e mercoledì – **Pasto** carta 34/51.
◆ Locale di lunga tradizione, che ha saputo rinnovarsi col tempo, pur mantenendosi sempre legato alle proprie origini. Cucina del territorio con spunti di creatività.

Caffe' Arti e Mestieri, via Emilia San Pietro 16 ☎ 0522 432202, *Fax 0522 432224*, Rist. e caffetteria – **BZ y**
chiuso dal 24 al 30 dicembre, dal 7 al 28 agosto, domenica e lunedì – **Pasto** carta 25/42.
◆ Esposizioni d'arte temporanee alle pareti della sala che si snoda lungo il perimetro del cortile interno di un palazzo storico; proposte differenziate tra pranzo e cena.

Alti Spiriti, viale Regina Margherita 1/c ☎ 0522 922147, Rist.-enoteca – **BY a**
chiuso dal 1° al 6 gennaio, dal 10 al 24 agosto, sabato a mezzogiorno e domenica – **Pasto** carta 36/54.
◆ Proposte differenti tra pranzo e cena, come tra le due diverse sale: dallo spuntino alla cena elegante. Fantasiosi piatti del territorio con corretta attenzione alle stagioni.

Il Pozzo, viale Allegri 7 ☎ 0522 451300, *ilpozzo@libero.it, Fax 0522 451300*, Rist. con enoteca; cucina anche oltre la mezzanotte – **AY b**
chiuso dall'11 giugno al 3 luglio, domenica a mezzogiorno, lunedì, in luglio-agosto anche sabato a mezzogiorno – **Pasto** carta 25/41.
◆ Ristorante con enoteca abbinata: ottima la carta dei vini. La cucina rivisita il territorio attraverso preparazioni casalinghe e può essere gustata fino a tarda ora.

Trattoria della Ghiara, vicolo Folletto 1/C ☎ 0522 435755, *Fax 0522 435755* **AZ b**
chiuso dal 1° al 10 gennaio, dal 1° al 21 agosto e domenica – **Pasto** carta 28/42.
◆ Ambiente rinnovato pochi anni or sono alla ricerca di un tono moderno e di una nuova e migliore accoglienza per le due sale del ristorante. Cucina attenta alle stagioni.

sulla strada statale 9 - via Emilia *per ③ : 4 km :*

Classic Hotel, via Pasteur 121 ✉ 42029 San Maurizio ☎ 0522 355411, *classic-hotel@bestwestern.it, Fax 0522 333410* –
Pasto al Rist. ***L'Amorotto*** *(chiuso domenica e lunedì a mezzogiorno)* carta 25/46 – **71 cam** 145/170, 2 suites – ½ P 91.
◆ Nuovo hotel che manifesta esplicitamente l'intenzione di dedicare attenzioni particolari alla clientela d'affari e congressuale. Comoda ubicazione, buoni servizi e confort. Sala ristorante di taglio attuale e confortevole.

a Codemondo *Ovest : 6 km – ✉ 42020 :*

La Brace, via Carlo Teggi 29 ☎ 0522 308800, *info@ristorantelabrace.it, Fax 0522 308800* –
chiuso dal 24 dicembre al 6 gennaio, agosto, sabato a mezzogiorno e domenica – **Pasto** 35/40.
◆ Risorsa accogliente connotata da complementi d'arredo di tono moderno. La gestione è a carattere genuinamente familiare, le specialità derivano dal nome del locale.

RENON (RITTEN) *Bolzano* 562 C 16 – *6 932 ab. alt. (frazione Collalbo) 1 154* – *Sport invernali : 1 538/2 260 m* 1 3, .
Da Collalbo : Roma 664 – Bolzano 16 – Bressanone 52 – Milano 319 – Trento 80.

a Collalbo (Klobenstein) – – ✉ *39054.*
via Paese 16 c/o Municipio ✆ 0471 356100, info@renon.com, Fax 0471 356799

Bemelmans Post , via Paese 8 ✆ 0471 356127, *info@bemelmans.com., Fax 0471 356531*, , , riscaldata, – , rist, – 40. VISA. rist
chiuso dal 1º marzo al 10 aprile – **Pasto** *(chiuso sabato)* 20/26 – **44 cam** 59/86, 6 suites – ½ P 72.
◆ Un bel parco e un'affascinante fusione di antico e contemporaneo, le stufe originali e i complementi d'arredo più moderni. Può annoverare Sigmund Freud tra i suoi ospiti. Un'ampia sala da pranzo principale e tre stube più piccole ed intime.

Kematen , località Caminata 29 (Nord-Ovest : 2,5 km) ✆ 0471 356356, *kematen@dnet.it, Fax 0471 356363*, ≤ Dolomiti, Laghetto, , – . VISA JCB
chiuso dal 13 novembre al 6 dicembre e dal 16 al 31 gennaio – **Pasto** 19/48 – **22 cam** 90,80/128,60 – ½ P 95,50.
◆ Tipiche stube neogotiche, mobilio e decorazioni in perfetto e omogeneo stile tirolese; posizione meravigliosa e incantevole vista su boschi, pascoli e cime dolomitiche. Due raccolte sale ristorante molto gradevoli grazie all'estrema cura dei dettagli.

Kematen, località Caminata 29 (Nord-Ovest : 2,5 km) ✆ 0471 356356, *kematen@dnet.it, Fax 0471 356363*, ≤ Dolomiti, – . VISA JCB
chiuso dal 17 novembre al 7 dicembre, dal 16 al 31 gennaio e lunedì – **Pasto** carta 34/46.
◆ In un antico fienile, circondato da pascoli e boschi, un ristorante con proposte del territorio e specialità di stagione. In estate c'è anche una bella terrazza panoramica.

a Costalovara (Wolfsgruben) *Sud-Ovest : 5 km – alt. 1 206* – ✉ *39059 Soprabolzano :*

Lichtenstern , via Stella 8 (Nord-Est : 1 km) ✆ 0471 345147, *info@lichtenstern.it, Fax 0471 345635*, ≤ Dolomiti e pinete, , , riscaldata, – rist, . VISA. rist
chiuso dal 15 gennaio al 15 aprile – **Pasto** *(chiuso martedì)* carta 26/37 – **27 cam** 61/122 – ½ P 72.
◆ Un'oasi di pace, con uno stupendo panorama sulle Dolomiti. Conduzione familiare caratterizzata da uno spiccato senso dell'ospitalità; ambienti curati, freschi e luminosi. Accoglienti sale da pranzo rivestite in legno e una bella e ariosa veranda coperta.

Am Wolfsgrubener See , Costalovara 14 ✆ 0471 345119, *info@hotel-wolfsgrubenersee.com, Fax 0471 345065*, ≤, , – . VISA
chiuso marzo e novembre – **Pasto** *(chiuso lunedì)* carta 19/32 – **25 cam** 55/110 – ½ P 67.
◆ Gli spazi interni sono generalmente molto ampi, e così le camere, luminose e arredate secondo lo stile altoatesino. In riva ad un lago che cinge l'albergo su tre lati. Molto apprezzato il servizio ristorante all'aperto nella bella terrazza a bordo lago.

Maier , Costalovara 2 ✆ 0471 345114, *hotel@maier.it, Fax 0471 345615*, ≤, , riscaldata, , – . VISA. rist
aprile-5 novembre – **Pasto** (solo per alloggiati) – **24 cam** 54/102 – ½ P 62.
◆ L'edificio risale ai primi anni del XVI sec., non stupisce dunque l'atmosfera così caratteristica di alcuni degli ambienti interni. Giardino con piscina riscaldata e tennis.

a Soprabolzano (Oberbozen) *Sud-Ovest : 7 km – alt. 1 221* – ✉ *39059.*
via Paese 16 ✆ 0471 345245

Park Hotel Holzner, via Paese 18 ✆ 0471 345231, *info@parkhotel-holzner.com, Fax 0471 345593*, ≤ Dolomiti e vallata, , , riscaldata, – . VISA JCB. rist
25 dicembre-6 gennaio e 8 aprile-7 novembre – **Pasto** *(chiuso lunedì)* carta 30/42 – **34 cam** 134/268, 6 suites – ½ P 144.
◆ Struttura d'inizio secolo sorta con la costruzione della ferrovia a cremagliera che raggiunge la località. Parco con tennis e piscina riscaldata; indicato per famiglie. Gradevole la sala ristorante interna, così come la zona pranzo esterna.

Fink, via Paese 15 ✆ 0471 345340, *pension.fink@dnet.it, Fax 0471 345074*, ≤ Dolomiti e vallata, – . rist
3 dicembre-9 gennaio e aprile-4 novembre – **Pasto** *(chiuso a mezzogiorno)* (solo per alloggiati) – **15 cam** 55/110 – ½ P 70.
◆ Un insieme molto razionale che ben si addice a questa risorsa a conduzione familiare, con un numero di camere non elevato, un ordine e una cura d'impronta teutonica.

Regina , via Paese 27 ✆ 0471 345142, *hotel.regina@dnet.it, Fax 0471 345596*, ≤ Dolomiti e vallata, – . VISA. rist
aprile-novembre – **Pasto** (solo per alloggiati) – **27 cam** 70/134 – ½ P 73.
◆ Arredi in tipico stile tirolese, ma di fattura moderna, per ornare gli spazi comuni e le camere di questa bella casa, in centro paese, ma avvolta da prati e conifere.

RESCHEN = Resia.

RESIA (RESCHEN) *Bolzano* 562 B 13, 218 ⑧ – *alt. 1 494* – ✉ *39027 Resia all'Adige* – *Sport invernali : 1 500/2 500 m* 1, 5, .

via Nazionale 22 località Curon Venosta ✆ *0473 633101, reschen@rolmail.net, Fax 0473 633140.*

Roma 742 – Sondrio 141 – Bolzano 105 – Landeck 49 – Milano 281 – Trento 163.

Al Moro-Zum Mohren, via Nazionale 30 ✆ 0473 633120, *info@mohren.com, Fax 0473 633550*, , – . VISA.
chiuso dal 25 aprile al 5 maggio e da novembre al 15 dicembre – **Pasto** carta 24/31 – **26 cam** 67/134.
◆ Classico e tradizionale albergo di montagna altoatesino, a salda conduzione familiare. Oltre che per la cura generale, si fa apprezzare anche per il completo centro relax. Spaziosa zona ristorante, con tocchi di tipicità e tradizione.

REVERE *46036 Mantova* 561 G 15 – *2 523 ab. alt. 15.*

Roma 458 – Verona 48 – Ferrara 58 – Mantova 35 – Milano 210 – Modena 54.

Il Tartufo, via Guido Rossa 13 ✆ 0386 846166, *tartufo2000@libero.it, Fax 0386 846076*, , Coperti limitati; prenotare – . VISA JCB.
chiuso dal 20 febbraio al 10 marzo e giovedì – **Pasto** carta 24/57.
◆ Ristorante accolto da una villetta nella zona residenziale del paese. Cucina mantovana di ricerca, con specialità a base di tartufo. Atmosfera appartata e intima.

Questa Guida non contiene pubblicità a pagamento.

REVIGLIASCO D'ASTI *14010 Asti* 561 H 6 – *866 ab. alt. 203.*

Roma 626 – Torino 63 – Alessandria 49 – Asti 11 – Cuneo 91.

Il Rustico, piazza Vittorio Veneto 2 ✆ 0141 208210, *robebogg@libero.it, Fax 0141 208266*, solo su prenotazione – VISA.
chiuso dal 5 al 20 gennaio, martedì e a mezzogiorno (escluso domenica) – **Pasto** 30/50.
◆ Un servizio curato con rara cortesia, all'interno di una sala così intima e raccolta da donare l'illusione di essere ospitati da amici. Cucina piemontese rivisitata.

REVINE *31020 Treviso* 562 D 18 – *alt. 260.*

Roma 590 – Belluno 37 – Milano 329 – Trento 131 – Treviso 50.

Hotel Giulia , via Grava 2 ✆ 0438 523011, *info@cadelach.it, Fax 0438 524000*, , , , , , – – 40. VISA.
chiuso dal 10 al 31 gennaio – **Pasto** al Rist. ***Ai Cadelach*** *(chiuso lunedì escluso da maggio a settembre)* carta 28/34 – 7,75 – **35 cam** 55/80 – ½ P 60.
◆ Il giardino con piscina e tennis, il continuo potenziamento della struttura e delle dotazioni, la gestione particolarmente attenta. Presente sicuro, futuro promettente. Sala da pranzo di stile rustico-tirolese, con buona cura per decorazioni e arredi.

REZZATO *25086 Brescia* 561 F 12 – *12 457 ab. alt. 147.*

Roma 522 – Brescia 9 – Milano 103 – Verona 63.

La Pina, via Garibaldi 98 (Sud : 1 km) ✆ 030 2591443, *info@lapina.it, Fax 030 2591937*, – – 70. VISA.
Pasto *(chiuso agosto e lunedì)* carta 25/36 – **28 cam** 52/65 – ½ P 46.
◆ Edificio anni '40 completamente ristrutturato con buona cura per dettagli e tecnologia; grande attenzione per la clientela d'affari, gestione affidabile e intraprendente. Due sale ristorante, la più grande per l'attività banchettistica.

RHÊMES-NOTRE-DAME *11010 Aosta* 561 F 3 – *107 ab. alt. 1 723* – *a.s. Pasqua, luglio-settembre e Natale* – *Sport invernali : 1 696/2 200 m* 2, .

Roma 779 – Aosta 31 – Courmayeur 45 – Milano 216.

a Chanavey *Nord : 1,5 km – alt. 1 696 –* ✉ *11010 Rhêmes-Notre-Dame :*

Granta Parey , loc. Chanavey ✆ 0165 936104, *info@rhemesgrantaparey.com, Fax 0165 936144*, ≤ monti e vallata, , , – . VISA JCB. rist
chiuso novembre – **Pasto** carta 23/31 – 8 – **27 cam** 60/80 – ½ P 62.
◆ Nelle camere i pavimenti sono in legno e gli arredi in pino. Lo stesso calore, senza ricercatezze, lo si ritrova negli ambienti comuni. A pochi metri dalla pista di fondo. Offerta di ristorazione differenziata, per ogni esigenza.

RHO *20017 Milano* 561 F 9, 219 ⑱ – *51 435 ab. alt. 158.*

Green Club, a Lainate ✉ 20020 ☎ 02 9370869, Fax 02 9374401, Nord : 6 km.

Roma 590 – Milano 16 – Como 36 – Novara 38 – Pavia 49 – Torino 127.

La Barca, via Ratti 54 ☎ 02 9303976, *Fax 02 93186531*, prenotare – ▤. AE ⓢ ⓞ ⓜⓒ VISA. ⛔
chiuso agosto e martedì – **Pasto** specialità di mare carta 45/68.

◆ Moderno ristorante, ristrutturato di recente, dalle linee sobrie ma gradevoli. La cucina trae ispirazione esclusivamente dal mare con aperture alla tradizione pugliese.

Locanda dell'Angelo, via Matteotti 7 ☎ 02 9303897, prenotare – ▤. ⓢ ⓜⓒ VISA JCB. ⛔
chiuso dal 4 al 27 agosto, mercoledì e sabato a mezzogiorno – **Pasto** specialità milanesi e lombarde carta 30/40.

◆ Locale storico, sorto alla fine dell'Ottocento, che presenta arredi e decorazioni d'epoca. Proposte di cucina milanese e lombarda, con buona scelta di piatti del giorno.

RIACE *89040 Reggio di Calabria* 564 L 31 – *1 673 ab. alt. 300.*

Roma 662 – Reggio di Calabria 128 – Catanzaro74 – Crotone 128.

a Riace Marina *Sud-Est : 9 km – ✉ 89040 Riace :*

Federica, strada statale 106 ☎ 0964 771302, *hotelfederica@bagetur.it, Fax 0964 771305*, ←, ▲, ▲, – ▤ TV. AE ⓢ ⓞ ⓜⓒ VISA. ⛔
Pasto carta 21/37 – **15 cam** ☐ 50/75 – ½ P 68.

◆ Struttura recente, direttamente sulla spiaggia, a pochi metri dal mare blu dello Ionio. Condotta in modo serio e professionale da una giovane e frizzante gestione. Curata sala da pranzo con una grande capacità ricettiva; servizio all'aperto sotto un pergolato.

RICCIONE *47838 Rimini* 562 J 19 – *34 180 ab. – a.s. 15 giugno-agosto.*

piazzale Ceccarini 10 ☎ 0541 693302, iat@comune.riccione.rn.it, Fax 0541 605752.

Roma 326 – Rimini 13 – Bologna 120 – Forlì 59 – Milano 331 – Pesaro 30 – Ravenna 64.

Gd H. Des Bains, viale Gramsci 56 ☎ 0541 601650, *info.reception@grandhoteldesbains.com, Fax 0541 697772*, ▲, Fá, ≘s, ⛱, ⛱, – |‡| ▤ TV ☎ – 🏛 500. AE ⓢ ⓞ ⓜⓒ VISA JCB. ⛔ rist
Pasto *(chiuso a mezzogiorno escluso da giugno a settembre)* (solo per alloggiati) carta 48/71 – **58 cam** ☐ 165/260, 6 suites – ½ P 165.

◆ Struttura sfarzosa, abbondano dorature, stucchi e marmi; le camere sono ampie e gli arredi essenziali. Terrazza con piscina sfruttata anche dai numerosi congressisti.

Atlantic, lungomare della Libertà 15 ☎ 0541 601155, *info@hotel-atlantic.com, Fax 0541 606402*, ←, ⛱ riscaldata – |‡| ▤ TV ☎ – 🏛 250. AE ⓢ ⓞ ⓜⓒ VISA. ⛔
Pasto (solo per alloggiati) carta 40/55 – **65 cam** ☐ 170/230, 4 suites – ½ P 135.

◆ Risorsa decisamente apprezzabile per il tenore generale del confort: begli arredi, talvolta personalizzati, accessori e dotazioni all'avanguardia. Gestione attentissima.

Nautico, lungomare della Libertà 19 ☎ 0541 601237, *info@nauticohotel.it, Fax 0541 606638*, ←, ≘s, ⛱ riscaldata – |‡| ▤ TV P – 🏛 300. AE ⓢ ⓞ ⓜⓒ VISA JCB. ⛔ rist
chiuso dal 10 al 27 dicembre – **Pasto** (solo per alloggiati) 22/38 – ☐ 13 – **68 cam** 135/160 – ½ P 142.

◆ Hotel con due vocazioni, perfettamente realizzate: turistica e d'affari. C'è la terrazza panoramica con piscina riscaldata e solarium, ma anche l'ottimo centro congressi.

Lungomare, lungomare della Libertà 7 ☎ 0541 692880, *lungomare@lungomare.com, Fax 0541 692354*, ←, Fá, ≘s – |‡|, ⛔ cam, ▤ TV ☎ P – 🏛 200. AE ⓢ ⓞ ⓜⓒ VISA JCB. ⛔ rist
chiuso dal 19 al 27 dicembre – **Pasto** *(20 maggio-20 settembre)* carta 43/50 – **56 cam** ☐ 130/150 – ½ P 108.

◆ Risorsa che si contraddistingue per una signorilità dai toni e dall'atmosfera da primi anni Settanta. Una gestione familiare di classe, con tante piccole attenzioni. All'ultimo piano dell'hotel suggestivo ristorante panoramico.

Luna, viale Ariosto 5 ☎ 0541 692150, *info@lunariccione.it, Fax 0541 692897*, ⛱ riscaldata, – |‡| ▤ TV ☎ P. AE ⓢ ⓞ ⓜⓒ VISA JCB. ⛔
aprile-ottobre – **Pasto** *(maggio-settembre)* (solo per alloggiati) 28/35 – **39 cam** ☐ 145/210, 7 suites – ½ P 115.

◆ In pieno centro, un albergo gestito con capacità, da poco completamente rinnovato in ogni settore; confortevoli gli spazi comuni molto luminosi, belle le camere.

Des Nations senza rist, lungomare Costituzione 2 ☎ 0541 647878, *info@desnations.it, Fax 0541 645154*, ←, Fá, ≘s – |‡|, ⛔ cam, ▤ TV ☎ P – 🏛 25. AE ⓢ ⓞ ⓜⓒ VISA. ⛔
28 cam ☐ 175/270, 4 suites.

◆ Varcare la soglia di quest'hotel, significa entrare in contatto con uno spirito d'ospitalità davvero alto: mobili d'epoca, dotazioni di ottimo livello, dettagli raffinati.

Diamond, viale Fratelli Bandiera 1 ✆ 0541 602600, *info@hoteldiamond.it, Fax 0541 602935,* – |‡| ≡ TV P. AE ⓢ MC VISA. ✻ rist
Pasqua-settembre – **Pasto** (solo per alloggiati) 26/32 – **40 cam** ☐ 80/150 – ½ P 89.
◆ Un hotel confortevole, rinnovato periodicamente, circondato da un bel giardino. Negli interni colpiscono alcuni tocchi di raffinatezza negli arredi e tra le decorazioni.

Corallo, viale Gramsci 113 ✆ 0541 600807, *corallo@riccione.net, Fax 0541 606400,* riscaldata, , – |‡| ≡ TV P – 200. AE ⓢ ⓞ MC VISA. ✻ rist
Pasto (solo per alloggiati) 25/35 – **74 cam** ☐ 119/168, 4 suites – ½ P 140.
◆ Albergo di classe, ubicato in zona residenziale. Offre interni ben rifiniti, arredati e decorati con estro artistico. Le camere sono spaziose e talvolta personalizzate.

Suite Maestrale, via Carducci 2 ✆ 0541 602726, *info@hotelmaestrale.com, Fax 0541 603979,* – |‡| ≡ TV P. AE ⓢ ⓞ MC VISA. ✻
Pasto (solo per alloggiati) – **16 cam** ☐ 180, 10 suites 180 – ½ P 105.
◆ Albergo di recente realizzazione, offre ai propri ospiti un notevole confort, anche attraverso una dotazione di accessori molto moderni. Ubicato a due passi dal lungomare.

Abner's, lungomare della Repubblica 7 ✆ 0541 600601, *abners.rn@bestwestern.it, Fax 0541 605400,* ≤, riscaldata, – |‡|, cam, ≡ TV P. AE ⓢ ⓞ MC VISA JCB. ✻
Pasto *(chiuso venerdì escluso giugno-settembre)* carta 24/49 – **60 cam** ☐ 155/195 – ½ P 112.
◆ Una palazzina di otto piani, con dotazioni complete, anche se non dell'ultimissima generazione. Un servizio e una gestione di grande e affermata professionalità. Bella sala da pranzo, con vista panoramica su spiaggia e mare; interessanti proposte culinarie.

Roma, lungomare della Libertà 12 ✆ 0541 693222, *hotelroma@hotelroma.it, Fax 0541 692503,* ≤, riscaldata, – |‡| ≡ TV P. AE ⓢ ⓞ MC VISA JCB. ✻ rist
Pasto *(20 maggio-25 settembre)* (solo per alloggiati) 20/35 – **36 cam** ☐ 120/180 – ½ P 96.
◆ Un bell'edificio di primi Novecento, vicino sulla spiaggia, a due passi dal celebre viale Ceccarini, confinante con un fresco parco pubblico. Servizio e ambienti signorili.

President senza rist, viale Virgilio 12 ✆ 0541 692662, *presidenthotel@libero.it, Fax 0541 692662* – |‡| ≡ TV. AE ⓢ ⓞ MC VISA
aprile-ottobre – ☐ 13 – **26 cam** 98/168.
◆ Hotel centrale, molto ben rifinito. Condotto da una gestione attiva e intraprendente che regolarmente potenzia e migliora le varie dotazioni. Camere con ampie terrazze.

Dory, viale Puccini 4 ✆ 0541 642896, *hoteldory@hoteldory.it, Fax 0541 644588,* , , – |‡| ≡ TV P. AE ⓢ ⓞ MC VISA. ✻ rist
chiuso da novembre al 25 dicembre e dal 6 gennaio a febbraio – **Pasto** (solo per alloggiati) – **47 cam** ☐ 80/140 – ½ P 88.
◆ Albergo ben ristrutturato, in cui la conduzione ha un'impostazione familiare, ma capacità e professionalità di alto livello. Tante iniziative e proposte per gli ospiti.

Novecento, viale D'Annunzio 30 ✆ 0541 644990, *info@hotelnovecento.it, Fax 0541 666490,* , – |‡| ≡ TV ♿ P – 50. AE ⓢ ⓞ MC VISA. ✻ rist
chiuso novembre – **Pasto** *(15 maggio-settembre)* (solo per alloggiati) 10/20 – ☐ 8 – **33 cam** 65/110, 7 suites – ½ P 83.
◆ Edificio d'inizio secolo arricchito da una bella facciata in stile liberty. All'interno un'ampia e luminosa hall e ambienti molto ben rifiniti e di ottima fattura.

Arizona, viale D'Annunzio 22 ✆ 0541 644422, *info@hotelarizona.com, Fax 0541 644108,* ≤, , riscaldata – |‡|, rist, ≡ TV P – 80. AE ⓢ MC VISA. ✻
chiuso novembre – **Pasto** (solo per alloggiati) 22/35 – ☐ 12 – **56 cam** 80/120 – ½ P 100.
◆ Camere spaziose e ben arredate, la hall rimodernata pochi anni or sono, il generale tono moderno e funzionale. Insomma una gestione familiare, ma attenta all'innovazione.

Michelangelo, via Ponchielli 1 ✆ 0541 642887, *hotel@michelangeloriccione.it, Fax 0541 643456,* ≤, riscaldata – |‡| ≡ TV P – 60. AE ⓢ ⓞ MC VISA. ✻
Pasto *(chiuso da ottobre a Pasqua)* (solo per alloggiati) 23/30 – **36 cam** ☐ 110/216 – ½ P 120.
◆ Arredi in stile moderno, camere improntate ad una sapiente funzionalità comprensiva di buone rifiniture. Altro punto di forza è la posizione: sul mare, ma centrale.

Select, viale Gramsci 89 ✆ 0541 600613, *info@hotelselectriccione.com, Fax 0541 600256,* – |‡| ≡ TV P. ⓢ MC VISA. ✻ rist
Natale-Capodanno e marzo-ottobre – **Pasto** (solo per alloggiati) 10/20 – **47 cam** ☐ 95/180 – ½ P 100.
◆ Un ombroso giardino e alberi ad alto fusto a circondare l'edifico. Oltre alla vicinanza al mare e ai viali cittadini, anche la possibilità di una fresca siesta pomeridiana.

Apollo senza rist, viale D'Annunzio 34 ✆ 0541 647580, *info@hotelapollo.net, Fax 0541 647622* – |‡| ≡ TV ♿ P. AE ⓢ ⓞ MC VISA
42 cam ☐ 90/170.
◆ Recentissima apertura per questa struttura che offre camere confortevoli e ben accessoriate, con arredi personalizzati; da provare l'originale brunch offerto ai clienti.

Poker, viale D'Annunzio 61 ✆ 0541 647744, *hotelpoker@hotelpoker.it, Fax 0541 648699,* riscaldata – |‡|, rist, ▤ TV P. AE ⓢ ⓞ ⓜ VISA. rist
chiuso novembre e dicembre – **Pasto** (solo per alloggiati) 20/40 – **60 cam** ☐ 70/140 – ½ P 72.
◆ Hotel di lunga tradizione, con gestione familiare solida e affidabile. Gli ambienti sono arredati con brio e freschezza. Indicato anche per una clientela d'affari.

Soraya, via Bramante 2 ✆ 0541 600917, *hsoraya@libero.it, Fax 0541 694033,* ←, – |‡|, rist, ▤ rist, TV P. ⓢ ⓜ VISA.
15 maggio-settembre – **Pasto** (solo per alloggiati) 19/27 – **44 cam** ☐ 85/93 – ½ P 81.
◆ Spazi comuni dalle dimensioni generose, aspetto generale molto ordinato, anche negli esterni. E poi il verde del bel giardino: insomma una risorsa apprezzabile.

Strand Hotel, viale D'Annunzio 92 ✆ 0541 646590, *info@hotelstrand.net, Fax 0541 643488* – |‡| ▤ TV P. AE ⓢ ⓞ ⓜ VISA JCB. rist
Pasto (solo per alloggiati) carta 13/20 – **47 cam** ☐ 60,50/106 – ½ P 65.
◆ Struttura accogliente, a gestione familiare, in cui la ricerca di personalizzazione è evidente, pur con toni di grande semplicità. Dotazioni sempre al passo coi tempi.

Margareth, viale Mascagni 2 ✆ 0541 645300, *hmargareth@hotelmargareth.com, Fax 0541 645369,* ←, – |‡| ▤ TV ♿ P. AE ⓢ ⓞ ⓜ VISA JCB. rist
Pasqua-settembre – **Pasto** (solo per alloggiati) 20/30 – **50 cam** ☐ 84/110 – ½ P 74.
◆ Apparentemente simile a molte altre risorse della costa di Romagna, si fa apprezzare per la parte notte confortevole e ben accessoriata e per il servizio assai accurato.

Club Hotel, viale D'Annunzio 58 ✆ 0541 648082, *info@hotelclub.it, Fax 0541 643240,* ←, riscaldata – |‡| ▤ TV P. AE ⓢ ⓞ ⓜ VISA. rist
Pasqua-settembre – **Pasto** (solo per alloggiati) – ☐ 8 – **68 cam** 140/150.
◆ Sulla spiaggia, a poche file di ombrelloni dal mare, un riferimento adatto per un soggiorno rilassante in perfetto stile da Riviera Romagnola. Accogliente e curato.

Admiral, viale D'Annunzio 90 ✆ 0541 642202, *info@hoteladmiral.com, Fax 0541 642018* – |‡| ▤ TV P.
15 maggio-27 settembre – **Pasto** (solo per alloggiati) – ☐ 10 – **44 cam** 53/98 – ½ P 66.
◆ Un hotel che la proprietà cura proprio come fosse una casa privata: davvero una valida gestione familiare. Camere non molto ampie, ma funzionali e accoglienti.

Gemma, viale D'Annunzio 82 ✆ 0541 643436, *info@hotelgemma.it, Fax 0541 644910,* ←, riscaldata, – |‡| ▤ TV P. AE ⓢ ⓞ ⓜ VISA. rist
Pasto *(marzo-ottobre)* (solo per alloggiati) 18/32 – **41 cam** ☐ 55/102 – ½ P 75.
◆ La passione della gestione, interamente rivolta all'accoglienza degli ospiti, è visibile tanto negli esterni, quanto negli ambienti comuni e nelle confortevoli stanze.

Maestri, viale Gorizia 4 ✆ 0541 691390, *info@hotelmaestri.com, Fax 0541 691444,* Fs, ≘s – |‡| ▤ TV P. ⓢ ⓞ ⓜ VISA JCB.
Pasqua-25 settembre – **Pasto** (solo per alloggiati) 22/28 – ☐ 8 – **53 cam** 74/103 – ½ P 85.
◆ Hotel ubicato a poca distanza dal mare, in una tranquilla zona residenziale. Tipica gestione familiare da riviera: ruspante e professionale; camere sobrie, ma confortevoli.

Mon Cheri, viale Milano 9 ✆ 0541 601104, *Fax 0541 601692* – |‡| ▤ TV P. ⓢ. rist
Pasqua-settembre – **Pasto** (solo per alloggiati) – ☐ 7,75 – **52 cam** 49,06/92,96 – ½ P 64,55.
◆ La gestione sa dimostrare un tale entusiasmo e una tale disponibilità verso gli ospiti, che fa presto dimenticare i piccoli limiti strutturali di questa risorsa.

Romagna, viale Gramsci 64 ✆ 0541 600604, *romagnariccione@libero.it, Fax 0541 691612* – |‡| ▤ TV P. AE ⓢ ⓞ VISA. rist
25 maggio-15 settembre – **Pasto** (solo per alloggiati) 19/30 – **50 cam** 62/100 – ½ P 66.
◆ Semplicità, affidabilità, cortesia familiare: una risorsa capace di trasmettere con impeccabile immediatezza lo spirito più sincero della celebre ospitalità romagnola.

De Londres, via Leopardi 7 ✆ 0541 648074, *info@ghotels.it, Fax 0541 648242* – |‡| ▤ TV.
Pasqua, maggio-settembre – **Pasto** (solo per alloggiati) 15/18 – ☐ 6 – **42 cam** 60/75 – ½ P 68.
◆ Gestione familiare d'esperienza in questo albergo in parte rinnovato, con ambienti comuni arredati in modo semplice, ma piacevole; camere lineari di taglio moderno.

New Age senza rist, viale D'Annunzio 54 ✆ 0541 648492, *info@hotelnewage.it, Fax 0541 664238,* riscaldata – |‡| ▤ TV P. AE ⓢ ⓞ ⓜ VISA
chiuso dal 15 ottobre al 28 dicembre – ☐ 8 – **18 cam** 66/115.
◆ Il risultato di un radicale riammodernamento si fa apprezzare tutt'oggi; specialmente per quanto riguarda il confort delle camere. Gestione intraprendente e capace.

Ardea, viale Monti 77 ✆ 0541 641846, *info@ghotels.it, Fax 0541 641846,* riscaldata – |‡| ▤ TV.
Pasqua e maggio-settembre – **Pasto** (solo per alloggiati) 15/18 – ☐ 6 – **40 cam** 50/75 – ½ P 68.
◆ Nei pressi della passeggiata pedonale di via Dante, ma comunque non lontano dal mare. La gestione particolarmente attiva, compensa appieno alcuni lievi limiti strutturali.

Atlas, viale Catalani 28 ☎ 0541 646666, *hotel.atlas@libero.it, Fax 0541 647674* – |‡|, ▤ rist, TV P. ✗
10 maggio-25 settembre – **Pasto** (solo per alloggiati) 18 – ☐ 9 – **39 cam** 45/90.
◆ Una di quelle strutture che hanno contribuito a costruire la fama e la forza della riviera. Gestione familiare, spazi estremamente raccolti, molta attenzione e passione.

Ida, viale D'Annunzio 59 ☎ 0541 647510, *info@hotelida.com, Fax 0541 647510* – |‡|, ▤ rist, TV P. AE VISA. ✗
giugno-settembre – **Pasto** (solo per alloggiati) 10/20 – **37 cam** ☐ 100/106 – ½ P 55.
◆ Simpatica gestione familiare che, se vede limitata la possibilità d'intervento nelle ridotte parti comuni, concentra la propria attenzione sulle ampie e comode camere.

Lugano, viale Trento Trieste 75 ☎ 0541 606611, *info@hotellugano.com, Fax 0541 606004,* – |‡|, ▤ rist, TV P. VISA. ✗ rist
15 maggio-settembre – **Pasto** (solo per alloggiati) – ☐ 5 – **30 cam** 40/60.
◆ Tutte le zone di questo semplice alberghetto sono state ristrutturate pochissimi anni or sono. Risulta apprezzabile soprattutto la zona notte: un'ottima semplicità.

Cannes, via Pascoli 6 ☎ 0541 692450, *hotelcannes@hotelcannes.net, Fax 0541 425644* – |‡| ▤ TV P. AE VISA JCB. ✗ rist
aprile-10 ottobre – **Pasto** *(15 maggio-settembre)* (solo per alloggiati) 15/20 – **27 cam** ☐ 60/120 – ½ P 63.
◆ Gestione giovane in un albergo completamente rinnovato, in posizione centrale; ambienti resi ancor più accoglienti dalle calde tonalità delle pareti e degli arredi.

Il Casale, viale Abruzzi (Riccione alta) ☎ 0541 604620, *Fax 0541 694016,* – P. AE VISA JCB. ✗
chiuso lunedì escluso giugno-settembre – **Pasto** carta 30/35.
◆ Fuori dal caos e dalla frenesia della Riccione conosciuta ai più, una piacevole oasi di pace, immersa nel verde. Solo piatti di carne e ameno servizio in veranda panoramica.

Al Pescatore, via Ippolito Nievo 11 ☎ 0541 692717, *info@alpescatore.net, Fax 0541 693298,* – ▤ P. AE VISA JCB
Pasto specialità di mare 30/49.
◆ In zona centrale, a pochi passi da viale Ceccarini, ristorante dalla simpatica atmosfera romagnola, in cui gustare tradizionali proposte marinare e d'ispirazione giapponese.

Carlo, lungomare della Repubblica (zona 72) ☎ 0541 692896, *info@carloristorante.com, Fax 0541 475280,* ≤, – AE VISA JCB. ✗
marzo-ottobre – **Pasto** specialità di mare carta 22/41.
◆ Nella struttura del bagno 72, un piacevole locale con una sala-terrazza al piano superiore e un'altra al piano terra, con un'atmosfera più «da spiaggia»; piatti di mare.

Da Alfredo, viale Monti 81 ☎ 0541 641303, *Fax 0541 646688* – ▤. AE VISA
chiuso martedì da ottobre a marzo – **Pasto** specialità di mare 35/50.
◆ Cordiale accoglienza in un ristorante non lontano dal centro, con una grande sala d'impostazione classica, abbellita da acquari; naturalmente pesce anche a tavola.

Da Bibo, via Parini 14 ☎ 0541 692526, *Fax 0541 695917* – ▤. AE VISA
chiuso giovedì da ottobre ad aprile – **Pasto** carta 34/58.
◆ Molte proposte a base di pesce elaborate in modo classico partendo da buoni prodotti. Locale tradizionale, ubicato a poca distanza dalla zona pedonale di via Dante.

RIETI *02100* P 563 O 20 *G. Italia – 46 342 ab. alt. 402.*

Vedere *Giardino Pubblico★ in piazza Cesare Battisti – Volte★ del palazzo Vescovile.*
Belmonte (chiuso lunedì) località Zoccani ✉ 02020 Belmonte ☎ 0765 77377, Fax 0765 77377;
Centro d'Italia ☎ 0746 229035, Fax 0746 229035.
piazza Vittorio Emanuele, portici del Comune ☎ 0746 203220, aptrieti@apt.rieti.it.
A.C.I. *via Lucandri 22/26 ☎ 0746 203339.*
Roma 78 – Terni 32 – L'Aquila 58 – Ascoli Piceno 113 – Milano 565 – Pescara 166 – Viterbo 99.

Park Hotel Villa Potenziani, via Colle San Mauro ☎ 0746 202765, *info@villapotenziani.it, Fax 0746 257924,* ≤, – |‡| ▤ TV P – 150. AE VISA JCB. ✗
Pasto al Rist. ***Belle Epoque*** *(chiuso 15 giorni in agosto e a mezzogiorno escluso sabato e domenica)* carta 31/46 – **27 cam** ☐ 113/129, suite – ½ P 90,50.
◆ Signorile villa settecentesca con amena terrazza, cinta da un ampio e rigoglioso parco; soluzioni personalizzate in ogni ambiente, tali da regalare un soggiorno esclusivo. Sontuosa sala da pranzo con immenso camino, pregevoli rivestimenti e soffitti in legno.

Miramonti, piazza Oberdan 5 ☎ 0746 201333 e rist. ☎ 0746 204271, *Fax 0746 205790* – |‡| ▤ TV – 40. AE VISA JCB. ✗ rist
Pasto al Rist. ***Da Checco al Calice d'Oro*** *(chiuso lunedì)* carta 24/31 – **24 cam** ☐ 65/90, 3 suites.
◆ Il più antico edificio di Rieti, oggi monumento nazionale. Un soggiorno peculiare, che consente di respirare la storia a pieni polmoni. Belle stanze, di sobria eleganza. Ristorante che si sviluppa in più sale: ambiente gradevole e specialità della tradizione.

Grande Albergo Quattro Stagioni senza rist, piazza Cesare Battisti 14 ℘ 0746 271071, *hotelquattrostagioni@libero.it, Fax 0746 271090* – AE VISA.
42 cam 77/98, suite.
◆ Struttura storica, ubicata nella piazza principale della città. Si distingue per la ricercatezza degli arredi in stile, l'eleganza degli ambienti e il confort delle camere.

Bistrot, piazza San Rufo 25 ℘ 0746 498798, *Fax 0746 498798*, Caratteristico ambiente, Coperti limitati; prenotare – AE VISA JCB
chiuso dal 20 ottobre al 15 novembre, domenica e lunedì a mezzogiorno – **Pasto** carta 29/38.
◆ In una graziosa e tranquilla piazzetta nel centro della cittadina, un locale piccolo, accogliente e caratteristico, dove gustare specialità della tradizione locale.

La Pecora Nera, via Terminillo 33 (Nord-Est : 1 km) ℘ 0746 497669, *ristlapecoranera@hotmail.com, Fax 0746 497669*, – P. AE VISA.
chiuso dal 24 dicembre al 1º gennaio, dal 10 al 31 agosto e domenica – **Pasto** 21/26.
◆ Sala moderna, in cui domina il bianco, con arredi essenziali. In cucina invece prevale la tradizione più autentica, quella sabina. Anche la cantina è interessante.

RIFREDDO *85010 Potenza* 564 F 29 – *alt. 1 090.*

Roma 370 – Potenza 12.

Giubileo, strada statale 92 ℘ 0971 479910, *hgiubile@tin.it, Fax 0971 594584*, – 300. AE VISA.
Pasto carta 23/36 – **70 cam** 100/130 – ½ P 73.
◆ Hotel di taglio moderno, inserito, quasi mimetizzato, in un parco boscoso. Propone una vasta gamma di validi servizi complementari alla semplice ospitalità alberghiera. Ampia sala ristorante rischiarata da grandi vetrate affacciate sul parco.

Una prenotazione confermata per iscritto o per fax è sempre più sicura.

RIMINI *47900* P 562 J 19 *G. Italia – 131 705 ab. – a.s. 15 giugno-agosto.*

Vedere *Tempio Malatestiano*★ **ABZ A.**

18 *a Villa Verucchio* ✉ *47827 ℘ 0541 678122, Fax 0541 670572, Sud-Ovest : 14 km.*

di Miramare per ① : 5 km ℘ 0541 715711, Fax 0541 373649 – Alitalia, Aeroporto Miramare ℘ 0541 715711.

piazzale Cesare Battisti 1 (alla stazione) ℘ 0541 51331, infostazione@comune.rimini.it, Fax 0541 27927.

A.C.I. *via Italia 29/b ℘ 0541 742961.*

Roma 334 ① – Ancona 107 ① – Milano 323 ④ – Ravenna 52 ④.

Piante pagine seguenti

Duomo senza rist, via Giordano Bruno 28/d ℘ 0541 24215, *info@hotelduomo.com, Fax 0541 27842* – 50. AE VISA AZ r
45 cam 99/139.
◆ Tra l'Arco di Augusto e il ponte di Tiberio, un punto di riferimento per l'ospitalità in centro città. Ben tenuto, arredato con gusto, diretto con competenza e serietà.

Acero Rosso, viale Tiberio 11 ℘ 0541 53577, *info@acerorosso.it, Fax 0541 55461*, prenotare – AE VISA JCB. AY a
chiuso dal 23 al 26 dicembre, dal 12 al 16 agosto, a mezzogiorno (escluso domenica e i giorni festivi) e lunedì, anche domenica sera da ottobre a maggio – **Pasto** carta 46/78 e 48/66.
◆ Eccoci in uno dei templi gastronomici della costa romagnola. Ambiente piacevole e raffinato, cucina di terra e mare, nel solco di una rispettosa e fantasiosa ricerca.
Spec. Prosciutto d'anatra, pecorino di fossa, pomodori confit e bocconcini di fegato d'oca (estate). Tortelli ripieni ai ricci di mare, crema spumosa ai finocchi. Piccione con timballo di tortellini ai fegatini e verdure al vapore con olio di noce.

Europa Piero e Gilberto, viale Roma 51 ℘ 0541 28761, *info@ristoranteeuropa.net, Fax 0541 28761* – AE VISA. BZ e
chiuso domenica – **Pasto** carta 32/47.
◆ Ubicato in centro e dunque facilmente raggiungibile da ogni direzione, presenta ambienti eleganti e accoglienti. La cucina offre specialità di mare; buona cantina.

Trattoria Marinelli-da Vittorio, viale Valturio 39 ℘ 0541 783289, *Fax 0541 783289* – AE VISA AZ h
chiuso 25-26 dicembre, lunedì e martedì – **Pasto** specialità di mare carta 42/67.
◆ Classico locale riminese a gestione diretta: tradizionale ambiente di trattoria, con tavoli un po' serrati, ai quali si servono tipiche proposte culinarie marinaresche.

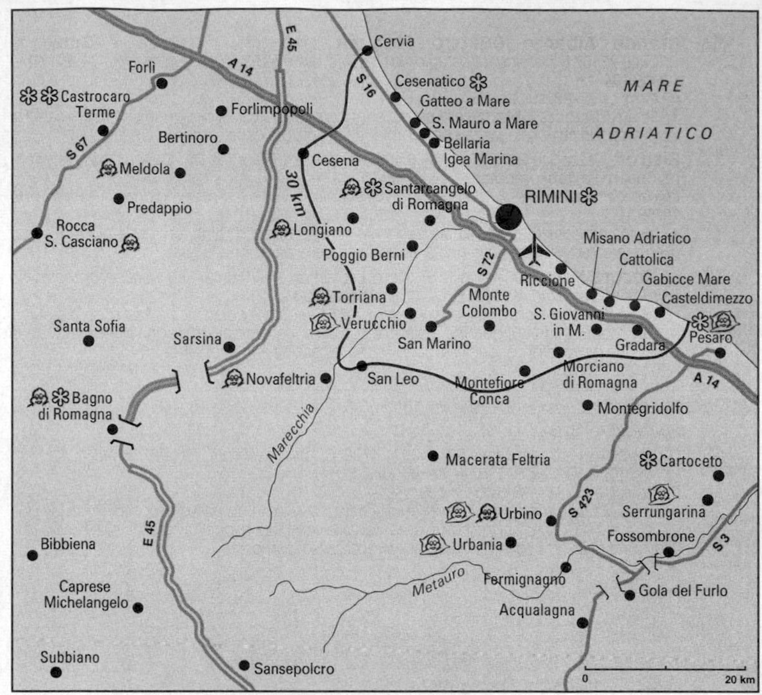

al mare :

piazzale Fellini 3 ☎ 0541 56902, infomarinacentro@comune.rimini.it, Fax 0541 56598

Grand Hotel, parco Fellini 1 ☎ 0541 56000, *info@grandhotelrimini.com, Fax 0541 56866,* ≤, riscaldata, – 350. AE VISA JCB. BY g

Pasto carta 42/80 – **164 cam** 259/339, 4 suites – ½ P 214,50.

◆ Un hotel entrato nel mito grazie al cinema felliniano: ambienti ricchi di charme d'altri tempi. Impossibile dimenticare il giardino ombreggiato con piscina riscaldata. Magica atmosfera al ristorante: lusso, finezza ed eleganza avvolgono ogni cosa.

Holiday Inn, viale Vespucci 16 ☎ 0541 52255, *info@hirimini.com, Fax 0541 28806,* ≤, – 220. AE VISA JCB. rist BY k

Pasto carta 59/75 – **64 cam** 149/199 – ½ P 139.

◆ Hotel moderno in cui l'ottima organizzazione, unitamente all'eleganza degli ambienti, garantiscono un soggiorno di livello elevato anche alla clientela più esigente. Al ristorante panoramico impeccabile cura sia per gruppi che per clienti in cerca d'intimità.

Le Meridien Rimini, lungomare Murri 13 ☎ 0541 396600 e rist ☎ 0541 395842, *reservation@lemeridienrimini.it, Fax 0541 396601,* ≤, – cam, – 300. AE VISA JCB. BZ d

Pasto al Rist. ***Soleiado*** carta 47/65 – **109 cam** 260/300, suite.

◆ Impronta moderna con eleganti rifiniture, in questo edificio a forma irregolare e dinamica, tale da consentire alle belle camere di affacciarsi al mare con ampi balconi. Al ristorante ambiente di raffinatezza minimale e sobrietà ricercata.

De Londres senza rist, viale Vespucci 24 ☎ 0541 50114, *info@hoteldelondres.it, Fax 0541 50168* – – 200. AE VISA BY w

48 cam 138/188.

◆ Il bianco candore degli esterni e i caldi ed accoglienti arredi interni. Una delle ristrutturazioni più recenti e radicali della zona: il risultato è assai apprezzabile.

Ambasciatori, viale Vespucci 22 ☎ 0541 55561, *info@hotelambasciatori.it, Fax 0541 23790,* ≤, – – 200. AE VISA. rist BY e

Pasto carta 44/55 – **64 cam** 130/210, 4 suites – ½ P 140.

◆ Hotel di lunga tradizione, gestito con scrupolosità estrema, alla ricerca di un pieno appagamento della clientela. Ambienti di tono moderno e signorile. Ampia sala da pranzo, con molta luce naturale e l'attenzione per tanti piccoli accorgimenti.

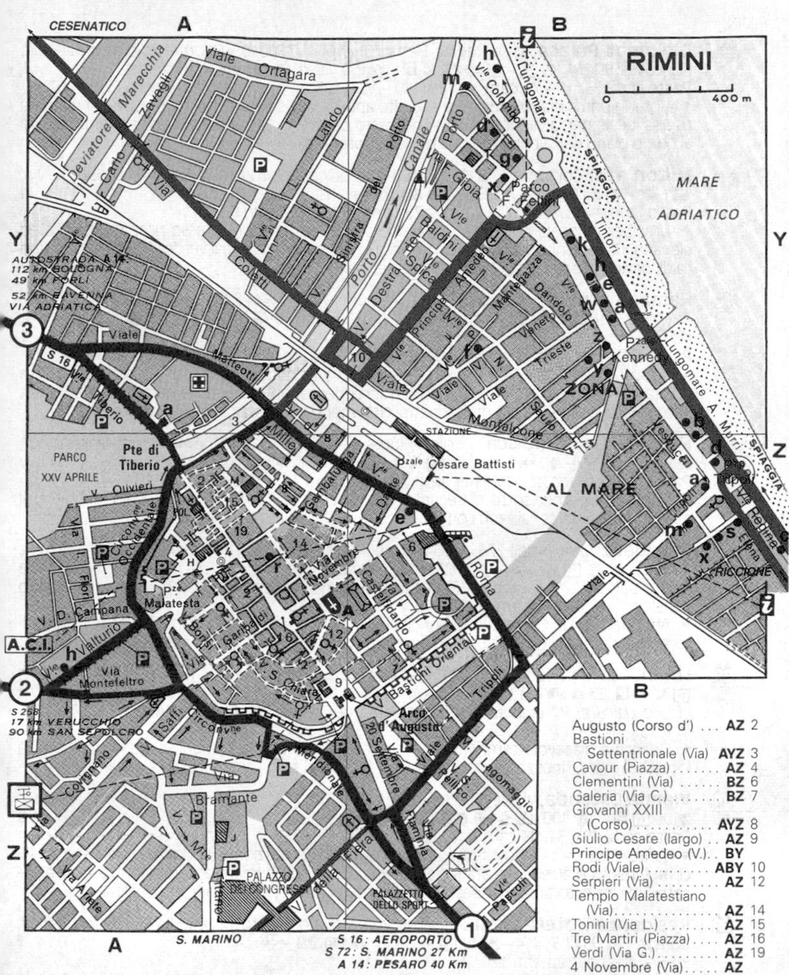

National, viale Vespucci 42 ✆ 0541 390944, *info@nationalhotel.it, Fax 0541 390954,* ←, riscaldata, – |♦|, ⇹ cam, – 250. rist
BYZ b
chiuso dal 5 dicembre al 15 gennaio – **Pasto** *(maggio-ottobre)* (solo per alloggiati) 29/45 – **83 cam** ☐ 95/185, 3 suites – ½ P 117.
◆ Perché regni l'armonia in un hotel è necessario un buon edificio, arredato con gusto, con dotazioni attuali e facilmente fruibili e infine una gestione attenta: benvenuti.

Waldorf, viale Vespucci 28 ✆ 0541 54725, *info@waldorf.it, Fax 0541 53153,* riscaldata, – |♦|, ⇹ cam, – 150. rist
BY a
Pasto *(chiuso domenica)* carta 26/42 – **60 cam** ☐ 96/187 – ½ P 124.
◆ Il bel giardino con allettanti attrezzature sportive, la terrazza panoramica in cui è stata «incastonata» anche una piscina. Per gli ospiti tanti servizi e accessori. Molto suggestive le cene organizzate in giardino accanto alla piscina.

Del Parco (dipendenza del Grand Hotel) senza rist, parco Fellini ✆ 0541 29262, *info@grandhotelrimini.com, Fax 0541 21118,* – |♦|
BY x
51 cam ☐ 212/282, 3 suites.
◆ Nuovo elegante e signorile hotel, ospitato in un imponente e sobrio edificio neoclassico, all'interno del parco Fellini. Condivide i servizi esterni con il Grand Hotel.

Diplomat Palace, viale Regina Elena 70 ☎ 0541 380011, *diplomat@diplomatpalace.it, Fax 0541 380414,* – 50. rist
Pasto carta 33/41 – **75 cam** 120/180 – ½ P 105. per viale Regina Elena **BZ**
◆ Hotel in prima fila sul lungomare: molto apprezzato dai turisti nei mesi estivi, si rivela una risorsa ideale per la clientela d'affari nel resto dell'anno. Ben diretto. Sala ristorante situata al primo piano dell'albergo, in posizione panoramica.

Milton, viale Colombo 2 ☎ 0541 54600, *info@hotelmilton.com, Fax 0541 54698,* – 90. rist **BY d**
Pasto *(aprile-ottobre)* carta 40/48 – **75 cam** 190/260 – ½ P 160.
◆ Un albergo ideale per tutti coloro che amano soggiornare presso risorse classiche ed eleganti. Gli esterni decorati in stile gotico fiorito, sono avvolti dal verde. Al ristorante colori caldi, pavimento in parquet, eleganza essenziale.

Ramada Rimini Villarosa, viale Vespucci 71 ☎ 0541 22506, *inforosa@metha.com, Fax 0541 27940,* – cam, – 150. rist **BY z**
Pasto al Rist. ***M'Ami*** *(chiuso lunedì)* carta 34/47 – **60 cam** 124/169 – ½ P 83.
◆ Dopo un periodo poco brillante, è tornato a splendere l'astro di questo albergo. La ricetta giusta: una gestione seria ed intraprendente, un intelligente riammodernamento. Accogliente sala da pranzo di fine semplicità, molto luminosa grazie alle ampie vetrate.

Mercure-La Gradisca, viale Fiume 1 ☎ 0541 25200, *info@hotellagradisca.it, Fax 0541 56299* – cam, – 150. rist **BY y**
Pasto *(giugno-agosto)* (solo per alloggiati) – **52 cam** 114/179 – ½ P 110.
◆ Originale albergo, sorto di recente, impreziosito dall'utilizzo di materiali decorativi di qualità. Interni personalizzati con tante icone felliniane: omaggi al Maestro.

President, viale Tripoli 276 ☎ 0541 391000, *hotel@presidenthotel.net, Fax 0541 391680,* – rist **BZ a**
chiuso dal 22 al 28 dicembre – **Pasto** *(chiuso a mezzogiorno escluso giugno-agosto)* (solo per alloggiati) 18 – **58 cam** 94/146, 2 suites – ½ P 91.
◆ Affacciata su una delle piazze principali del lungomare riminese, una risorsa rinnovata di recente e dotata di camere di varie tipologie, adatte ad ogni tipo di clientela.

Luxor, viale Tripoli 203 ✉ 47900 ☎ 0541 390990, *luxor@iper.net, Fax 0541 392490* – **BZ m**
chiuso dall'8 al 27 dicembre – **Pasto** (solo per alloggiati) 15/25 – **34 cam** 85/130 – ½ P 75.
◆ Quanto è piacevole camminare su un bel pavimento in parquet, anche in una classica località di mare; finezza, gusto, dinamicità e minimalismo sono diffusi in ogni ambiente.

Vienna Ostenda, via Regina Elena 11 ☎ 0541 391744, *hvienna@tin.it, Fax 0541 391032* – – 100. rist **BZ s**
Pasto carta 18/33 – **43 cam** 180/250.
◆ Tanto rosa un po' dovunque, accompagna l'impostazione omogenea nella scelta dei complementi d'arredo. Le stanze appaiono come bomboniere accuratamente «confezionate». La sala ristorante manifesta un'evidente ricerca di eleganza e personalità.

Residence Hotel Parioli senza rist, viale Vittorio Veneto 14 ☎ 0541 55078, *info@tonihotels.it, Fax 0541 55454* – **BY f**
6 – 40 appartamenti 120/160.
◆ Una soluzione originale, interessante, per un soggiorno non privo di confort. Non le solite camere, ma poco più di una quarantina di appartamenti, completi e ben rifiniti.

Ariminum, viale Regina Elena 159 ☎ 0541 380472, *info@ariminumhotels.it, Fax 0541 389301,* – rist, – 120. rist
Pasto (solo per alloggiati) 15 per viale Regina Margherita **BZ**
47 cam 85/105 – ½ P 70.
◆ La nuova hall, moderna e accogliente, le camere di diversa tipologia e un susseguirsi di spazi dinamici. In poche parole un'affidabile risorsa, con una salda gestione diretta.

Levante, viale Regina Elena 88 ☎ 0541 392554, *rimini@hotel-levante.it, Fax 0541 383074,* – rist, – 30.
Pasto *(maggio-settembre)* (solo per alloggiati) carta 32/47 – 15 – **55 cam** 90/110 – ½ P 98. per viale Regina Elena **BZ x**
◆ Stessa spiaggia, stesso mare cantava una famosa canzone di diversi anni fa. E questo hotel si offre come un riferimento familiare per vacanzieri in cerca di sole e relax.

Acasamia senza rist, viale Parisano 34 ☎ 0541 391370, *info@hotelacasamia.it, Fax 0541 391816* – **BZ x**
40 cam 82/120.
◆ Se il servizio non è dei più «efficaci», sono senza dubbio apprezzabili l'ampiezza delle camere, ben accesoriate, le dotazioni recenti, e l'ubicazione centrale.

Villa Bianca, viale Regina Elena 24 ✉ 47900 ☎ 0541 381458, *info@tonihotels.it, Fax 0541 381348*, , – ▮ ▤ TV ♿ P. AE Ⓢ ⓓ MC VISA. ✂ BZ c
aprile-ottobre – **Pasto** (solo per alloggiati) carta 23/27 – **64 cam** ☕ 65/100 – ½ P 75.
◆ L'ammodernamento della zona riservata alle camere ha sortito un effetto positivo davvero notevole, attenuato soltanto in minima parte dalla limitatezza degli spazi.

Tiberius, viale Cormons 6 ☎ 0541 54226, *info@hoteltiberius.it, Fax 0541 27631* – ▮ ▤ TV P – 🏛 80. AE Ⓢ ⓓ MC VISA. ✂ rist BY y
Pasto *(maggio-settembre)* (solo per alloggiati) – **81 cam** ☕ 90/110 – ½ P 70.
◆ Hotel confortevole, pratico, funzionale e ben posizionato. Anche se la struttura non è delle più recenti, sono state eseguite numerose opere di ristrutturazione.

Perù, via Metastasio 3 ☎ 0541 381677, *info@hotelperu.it, Fax 0541 381380* – ▮, ⇎ cam, ▤ TV P – 🏛 60. AE Ⓢ ⓓ MC VISA. ✂ rist per viale Regina Elena BZ
Pasto *(maggio-settembre)* (solo per alloggiati) 16/31 – **37 cam** ☕ 67/100 – ½ P 75.
◆ Il segreto di questa accattivante risorsa? Aver puntato su una gestione giovane, dinamica e particolarmente intraprendente, che riserva numerose sorprese ai propri ospiti.

Marittima senza rist, via Parisano 24 ☎ 0541 392525, *marittima@tiscalinet.it, Fax 0541 390892* – ▮ ⇎ ▤ TV. AE Ⓢ ⓓ MC VISA. ✂ BZ s
40 cam ☕ 44/82.
◆ Se la semplicità e la sobrietà, sono unite, fuse, con la professionalità che scaturisce da un sincero spirito d'accoglienza, il soggiorno risulta senza dubbio gradevole.

Rondinella e Dependance Viola, via Neri 3 ☎ 0541 380567, *info@hotelrondinella.it, Fax 0541 380567*, – ▮ ▤ TV P. AE Ⓢ ⓓ MC VISA. ✂ per viale Regina Elena BZ
Pasto *(Pasqua-settembre)* (solo per alloggiati) 12/15 – ☕ 4 – **52 cam** 39/68 – ½ P 48.
◆ In seconda fila rispetto al mare, albergo a gestione familiare che, di stagione in stagione, cerca di offrire un soggiorno sempre più confortevole ai numerosi turisti.

Lo Squero, lungomare Tintori 7 ☎ 0541 27676, *Fax 0541 53881*, ≤, 🏖 – AE Ⓢ ⓓ MC VISA. ✂ BY h
chiuso da novembre al 15 gennaio e martedì in bassa stagione – **Pasto** specialità di mare carta 48/65.
◆ Piacevole ristorante ubicato proprio sul lungomare. Nell'accogliente ambiente interno, così come nell'ampio spazio esterno, propone un'ampia scelta di piatti di mare.

Da Oberdan-il Corsaro, via Destra del Porto 159 ☎ 0541 27802, *Fax 0541 55002* – ▤. AE Ⓢ ⓓ MC VISA. ✂ BY m
chiuso a Natale e lunedì – **Pasto** specialità di mare carta 34/52.
◆ Ristorante tradizionale, affacciato sul porto, con in lista numerose proposte di mare. Piatti curati ed elaborati con una certa fantasia; prodotti genuini e di qualità.

a Rivabella *per ④ : 3 km – ✉ 47037 :*

Caesar Paladium, viale Toscanelli 15 ☎ 0541 54213, *info@hotelcaesarpaladium.it, Fax 0541 54268*, ≤, 🏋, ≘s, riscaldata – ▮ ▤ TV P – 🏛 50. AE Ⓢ ⓓ MC VISA. ✂ rist
Pasto (solo per alloggiati) 20/30 – **38 cam** ☕ 85/116 – ½ P 65.
◆ Ubicata di fronte al mare, struttura di taglio moderno; camere ben arredate, buone attrezzature sportive e sala riunioni: sia per sportivi vacanzieri che per uomini d'affari.

a Marebello *per ① : 3 km – ✉ 47900 Rimini :*

Carlton senza rist, viale Regina Margherita 6 ☎ 0541 372361, *info@hotelcarlton-rn.it, Fax 0541 374540*, ≤ – ▮, ⇎ rist, ▤ TV P – 🏛 80. Ⓢ MC VISA. ✂
67 cam ☕ 70/84.
◆ Ambienti in cui prevale in generale una gamma di note cromatiche vivaci ed allegre. La scelta è azzeccata perché il clima vacanziero è contagioso e irresistibile.

Aran, viale Siracusa 38 ☎ 0541 372334, *aran@iper.net, Fax 0541 372334*, , 🌳 – ▮, ⇎ rist, TV P. ✂ rist
20 maggio-15 settembre – **Pasto** (solo per alloggiati) 12/15 – ☕ 4 – **29 cam** 52/60 – ½ P 55.
◆ Un albergo con la bella caratteristica di essere circondato da un ampio giardino alberato in cui si trova anche la piscina. All'interno ambienti semplici e ordinati.

a Rivazzurra *per ① : 4 km – ✉ 47831 :*

De France, viale Regina Margherita 48 ☎ 0541 379711, *hoteldefrance@libero.it, Fax 0541 379700*, ≤, riscaldata – ▮ ▤ TV ♿ P. AE Ⓢ ⓓ MC VISA. ✂ rist
9 aprile-ottobre – **Pasto** *(chiuso a mezzogiorno)* (solo per alloggiati) 16,50/30 – **66 cam** ☕ 80/125 – ½ P 98.
◆ Una profonda ristrutturazione, svolta con estrema scrupolosità, ha reso questo hotel ancor più confortevole e adatto a soddisfare le esigenze di una clientela esigente.

sulla strada statale 256-Marecchiese *per ③ : 4,5 km – ✉ 47037 Vergiano di Rimini :*

La Baracca, via Marecchiese 373 ☎ 0541 727483, *info@labaracca.com, Fax 0541 727155,* – P. AE ⓢ ⓓ ⓜ VISA JCB
chiuso mercoledì – **Pasto** carta 18/27.
◆ Ristorante molto conosciuto in zona, ubicato in una frazione di campagna della cittadina. Frequentato dalla clientela d'affari, presenta un buon rapporto qualità/prezzo.

a Viserba *per ④ : 5 km – ✉ 47811.*

(giugno-settembre) viale G. Dati 180/a ☎ 0541 738115, infoviserba@comune.rimini.it, Fax 0541 27927

Zeus, viale Porto Palos 1 ☎ 0541 738410, *zeusviserba@libero.it, Fax 0541 733452,* ← – TV P. AE ⓢ ⓓ ⓜ VISA JCB. rist
marzo-ottobre – **Pasto** carta 32/38 – **48 cam** ☕ 60/80 – ½ P 55.
◆ In prima fila davanti al mare, classico albergo con accesso diretto alla spiaggia; camere arredate con semplicità, ma ben accessoriate; capace gestione familiare. Capiente sala ristorante.

La Torre senza rist, via Dati 52 ☎ 0541 732855, *info@albergolatorre.it, Fax 0541 732283* – TV P. AE ⓢ ⓓ ⓜ VISA
☕ 5 – **16 cam** 50/100.
◆ Una bella villa di fine Ottocento, molto diversa dallo stile della maggior parte degli hotel della zona. Frequentata da una clientela d'affari, è ordinata e confortevole.

a Miramare *per ① : 5 km – ✉ 47831 Miramare di Rimini.*

(giugno-settembre) viale Martinelli 11/a ☎ 0541 372112, infomiramare@comune.rimini.it, Fax 0541 27927

Nettunia, via Regina Margherita 203 ☎ 0541 372067, *info@hotelnettunia.it, Fax 0541 377877,* – TV – 30. AE ⓢ ⓓ ⓜ VISA JCB. rist
Pasto *(giugno-settembre)* (solo per alloggiati) 16/30 – **44 cam** ☕ 140 – ½ P 90.
◆ Un'originale rielaborazione di stili architettonici che arriva a fondere elementi neoclassici con altri déco. Interni ricercati, ambienti personalizzati, tanti accessori.

Carolin, via Locatelli 22 ☎ 0541 371425, *hotelcarolin@libero.it, Fax 0541 470752* – TV . AE ⓢ ⓓ ⓜ VISA JCB. rist
Pasto (solo per alloggiati) 10/15 – ☕ 5 – **30 cam** 35/60 – ½ P 57.
◆ Nuovissimo albergo dall'aspetto esterno spiritoso e «balneare». Ubicato in una zona silenziosa, a pochi passi dal mare, presenta ambienti intimi dall'atmosfera ovattata.

Giglio, viale Principe di Piemonte 18 ☎ 0541 372073, *gigliohotel@libero.it, Fax 0541 377490,* ←, , – P. ⓢ ⓜ VISA. rist
Pasqua-15 settembre – **Pasto** (solo per alloggiati) 17/20 – ☕ 5,50 – **42 cam** 46,50/75 – ½ P 50.
◆ La limitatezza di spazio riservato agli ambienti comuni, è controbilanciata dall'accogliente comodità offerta delle camere. Salda gestione familiare, a due passi dal mare.

a Viserbella *per ④ : 6 km – ✉ 47811 :*

Apollo, via Spina 3 ☎ 0541 734639, *info@apollohotel.it, Fax 0541 733370,* , , – , rist, TV P. AE ⓢ ⓓ ⓜ VISA.
15 maggio-15 settembre – **Pasto** 18/20 – **58 cam** ☕ 96 – ½ P 56.
◆ Ad un centinaio di metri dalla spiaggia, in posizione tranquilla, un albergo dall'arredo curato e sobrio, ma ricco di dotazioni e servizi a disposizione dei clienti.

Life, via Porto Palos 34 ☎ 0541 738370, *info@hotellife.it, Fax 0541 734810,* ←, – TV P. ⓢ ⓜ VISA.
Pasqua-20 settembre – **Pasto** (solo per alloggiati) 15/30 – **52 cam** ☕ 65/100 – ½ P 58,50.
◆ Un edificio recente che mostra il meglio di sé al proprio interno, infatti se le camere sono confortevoli, i diversi spazi comuni sono ampi, moderni e ben rifiniti.

Albatros, via Porto Palos 170 ☎ 0541 720300, *albatros@infotel.it, Fax 0541 720549,* ←, riscaldata – TV P. AE ⓢ ⓜ VISA.
10 maggio-20 settembre – **Pasto** (solo per alloggiati) 18/22 – **40 cam** ☕ 42/65 – ½ P 60.
◆ Schiettezza e simpatia ben si sposano con la professionalità di questa gestione familiare. L'albergo è condotto con passione e l'insieme è sobriamente confortevole.

Diana, via Porto Palos 15 ☎ 0541 738158, *dianaht@tin.it, Fax 0541 738096,* ←, riscaldata – TV P. AE ⓢ ⓓ ⓜ VISA JCB. rist
marzo-ottobre – **Pasto** (solo per alloggiati) 15/20 – ☕ 7 – **38 cam** 50/66 – ½ P 56.
◆ Una struttura a due piani, sviluppata in orizzontale, proprio di fronte alla spiaggia da cui è separata soltanto dalla piscina riscaldata. Solida gestione familiare.

a Torre Pedrera *per ④ : 7 km – ✉ 47812.*

(giugno-settembre) viale San Salvador 65/d ☎ 0541 720182, infotorrepedrera@comune.rimini.it, Fax, 0541 27927

Punta Nord, via Tolemaide 4 ☎ 0541 720227, *info@hotelpuntanord.it, Fax 0541 720565,* – 800. VISA. rist
Pasto carta 30/35 – **144 cam** 95/115 – ½ P 71.
◆ Un grande complesso, capace di rispondere anche alle esigenze di una clientela fatta di grandi numeri; camere accoglienti, angolo relax con piscina e tennis, centro congressi. Al ristorante spazi che sembrano infiniti, ideali per banchetti e congressi.

Avila In, via San Salvador 192 ☎ 0541 720173, *info@hotelavila.it, Fax 0541 721182,* riscaldata, – VISA JCB. rist
Pasto 18/35 – **65 cam** 85/110 – ½ P 65.
◆ In prima fila sul mare, con ampi spazi verdi e notevoli attrezzature sportive. Una risorsa interessante, diretta con spirito d'intraprendenza e professionalità. Sala ristorante dallo stile discreto, omogeneo e complessivamente convincente.

Graziella, via San Salvador 56 ☎ 0541 720316, *info@hotelgraziella.com, Fax 0541 720316,* – VISA.
20 maggio-15 settembre – **Pasto** (solo per alloggiati) 21 – 7,50 – **81 cam** 50/82 – ½ P 72.
◆ Tutto è molto ordinato, lindo e disposto con cura. Hotel che oltre per una notevole funzionalità di ambienti e dotazioni, si distingue per l'intraprendenza della gestione.

Bolognese, via San Salvador 134 ☎ 0541 720210, *bolognese@iper.net, Fax 0541 721240,* – VISA.
Pasto *(aprile-ottobre)* (solo per alloggiati) 20/50 – **44 cam** 57/90 – ½ P 55.
◆ Valida gestione diretta in un tradizionale albergo sul mare di Rimini; luminosi ambienti comuni arredati con semplicità, camere essenziali di taglio moderno.

Du Lac, via Lago Tana 12 ☎ 0541 720462, *hdulac@tin.it, Fax 0541 720274* – rist, rist, VISA JCB.
15 maggio-20 settembre – **Pasto** (solo per alloggiati) 20/25 – **52 cam** 50/80 – ½ P 51.
◆ Accoglienti camere con balcone, seppur semplici, affacciate su una zona tranquilla. Una risorsa che consente di godere di una buon relax e dell'agognato, meritato riposo.

sulla superstrada per San Marino *per ① : 11 km :*

Cucina della Nonna, via Santa Aquilina 77 ✉ 47900 ☎ 0541 759125, *Fax 0541 759125,* – VISA.
chiuso dal 1° al 15 luglio e mercoledì – **Pasto** 22/30.
◆ L'ambientazione è quella di una villetta familiare immersa nel verde, con vista panoramica sulla campagna. La cucina è romagnola e si accompagna ad una discreta cantina.

Michelin non distribuisce targhe agli alberghi e ristoranti che segnala.

RIO DI PUSTERIA (MÜHLBACH) *39037 Bolzano* 562 B 16 – *2 605 ab. alt. 777 – Sport invernali : a Maranza e Valles : 1 350/2 512 m 2 14 (Comprensorio Dolomiti superski Valle Isarco)* .
via Katerina Lanz 90 ☎ 0472 849467, mvs@dnet.it, Fax 0472 849849.
Roma 689 – Bolzano 48 – Brennero 43 – Brunico 25 – Milano 351 – Trento 112.

Giglio Bianco-Weisse Lilie, piazza Chiesa 2 ☎ 0472 849740, *Fax 0472 849730* – VISA
chiuso dal 10 al 30 novembre – **Pasto** (solo per alloggiati) – **13 cam** 36/72 – ½ P 45.
◆ Semplice alberghetto a gestione familiare, collocato nella piazzetta pedonale del caratteristico centro storico della località montana. Poche funzionali camere.

a Valles (Vals) *Nord-Ovest : 7 km – alt. 1 354 – ✉ 39037 Rio di Pusteria :*

Masl, Valles 44 ☎ 0472 547187, *info@hotel-masl.com, Fax 0472 547045,* – rist, VISA. rist
dicembre-aprile e giugno-ottobre – **Pasto** (solo per alloggiati) carta 16/21 – **41 cam** 40/70 – ½ P 70.
◆ Modernità e tradizione con secoli di vita alle spalle (le origini risalgono al 1680). Hotel da sempre circondato da boschi e prati, verdi o innevati in base alle stagioni.

Huber , ☎ 0472 547186, *info@hotelhuber.com, Fax 0472 547240,* – rist, rist, VISA. rist
chiuso dal 15 aprile al 17 maggio e dal 3 novembre al 24 dicembre – **Pasto** carta 24/31 – **35 cam** 60/100 – ½ P 70.
◆ L'inestimabile bellezza delle verdissime vallate, fa da sfondo naturale a vacanze serene e tranquille. Struttura particolarmente indicata per famiglie con bambini. Diverse sale da pranzo accomunate dal calore degli arredi e dell'accogliente gestione familiare.

a Maranza (Meransen) *Nord : 9 km – alt. 1 414 – ✉ 39037 Rio di Pusteria.*

frazione Maranza 123 ✆ 0472 520197, info@meransen.com, Fax 0472 520125

Gitschberg, via Maranza 48 ✆ 0472 520170, *info@gitschberg.it, Fax 0472 520288,* ≤ monti e vallata, , , , – |‡|, ≡ rist, . cam
19 dicembre-18 aprile e giugno-ottobre – **Pasto** carta 19/32 – **31 cam** solo ½ P 73.
◆ In ottima posizione, adagiato sui prati, con bella vista panoramica sui monti circostanti. Ottimo livello generale della struttura e delle dotazioni per gli ospiti. Sala ristorante, anche con servizio bar, a disposizione dei clienti di passaggio.

RIOLA SARDO *Oristano* 566 H 7 – *Vedere Sardegna alla fine dell'elenco alfabetico.*

RIOLO TERME *48025 Ravenna* 562 J 17 – *5 274 ab. alt. 98 – Stazione termale (15 aprile-ottobre), a.s. 20 luglio-settembre.*

(chiuso lunedì) ✆ 0546 74035, Fax 0546 74076.

corso Matteotti 40 ✆ 0546 71044, Fax 0546 71932.

Roma 368 – Bologna 52 – Ferrara 97 – Forlì 30 – Milano 265 – Ravenna 48.

Gd H. Terme, via Firenze 15 ✆ 0546 71041, *grandhotel@lamiarete.com, Fax 0546 71215,* – |‡|, ≡ rist, – 250. rist
chiuso gennaio – **Pasto** carta 30/35 – **63 cam** 71/120, 2 suites – ½ P 65.
◆ All'interno del grande parco ombreggiato delle terme, un albergo sorto nel 1870, dotato di sontuosi ambienti comuni. Attrezzatissimo centro termale, servizio adeguato. L'eleganza dell'ambiente al ristorante è frutto dell'attenzione per i piccoli particolari.

Golf Hotel delle Terme, via Belvedere 6 ✆ 0546 71447, *htgolf@libero.it, Fax 0546 77021* – |‡| – 150. rist
chiuso gennaio e febbraio – **Pasto** *(chiuso lunedì)* 23 – 13 – **32 cam** 56/85 – ½ P 50.
◆ Edificio del centro storico, già albergo nei primi del Novecento. Piano terra signorile, con lampadari di Murano nella hall e camere confortevoli con arredi recenti. La dovizia di arredi primi '900 originali donano alla sala da pranzo un'aria davvero elegante.

RIOMAGGIORE *19017 La Spezia* 561 J 11 *G. Italia – 1 823 ab..*

c/o Stazione FS ✆ 0187 660091, parconazionale5terre@libero.it, Fax 0187 660092.

Roma 432 – La Spezia 10 – Genova 119 – Milano 234 – Massa.

Due Gemelli, via Litoranea 1, località Campi Est : 4,5 km ✆ 0187 920678, *duegemelli@tin.it, Fax 0187 920111,* ≤ mare – .
Pasto 25/35 – 6 – **13 cam** 70/80 – ½ P 70.
◆ Camere spaziose, tutte con balconi affacciati su uno dei tratti di costa più incontaminati della Liguria. Gli ambienti non sono recenti ma mantengono ancora un buon confort. Ristorante dotato di una sala ampia, di taglio decisamente classico.

RIO MARINA *Livorno* 563 N 13 – *Vedere Elba (Isola d').*

RIO NELL'ELBA *Livorno* 563 N13 – *Vedere Elba (Isola d').*

RIONERO IN VULTURE *85028 Potenza* 564 E 29 – *13 412 ab. alt. 662.*

Roma 364 – Potenza 43 – Foggia 133 – Napoli 176 – Bari 46.

San Marco, via Largo Fiera ✆ 0972 724121 – |‡| ≡ .
Pasto carta 18/24 – 5 – **25 cam** 36/45 – ½ P 36.
◆ A poca strada dai Laghi di Monticchio, un albergo recente, dagli spazi omogenei. La conduzione familiare è in grado di offrire un soddisfacente rapporto qualità/prezzo. Specialità lucane, oltre alla classica cucina italiana, nell'ampia sala da pranzo.

RIPALTA CREMASCA *26010 Cremona* 561 G 11 – *3 103 ab. alt. 77.*

Roma 542 – Piacenza 36 – Bergamo 44 – Brescia 55 – Cremona 39 – Milano 48.

a Bolzone *Nord-Ovest : 3 km – ✉ 26010 Ripalta Cremasca :*

Via Vai, via Libertà 18 ✆ 0373 268232, *Fax 0373 258690,* , Coperti limitati; prenotare
chiuso agosto, martedì, mercoledì ed a mezzogiorno (escluso domenica ed i giorni festivi) – **Pasto** carta 27/38.
◆ Una giovane gestione che in cucina ravviva le antiche usanze cremasche; le specialità ruotano intorno ad un prelibato volatile, l'oca. Ambiente semplice, ma piacevole.

RIPARBELLA *56046 Pisa* 563 L 13 – *1 318 ab. alt. 216.*
Roma 283 – Pisa 63 – Firenze 116 – Livorno 41 – Pistoia 124.

La Cantina, via XX Settembre 10 ☎ 0586 699072. VISA
chiuso dal 10 al 20 settembre e martedì – **Pasto** carta 21/28.
◆ Ristorante posizionato proprio sulla via principale del paese, presenta un ambiente sobrio, con tavoli comodi, una buona cantina e la tradizionale cucina toscana.

RIPATRANSONE *63038 Ascoli Piceno* 563 N 23 – *4 366 ab. alt. 494.*
Roma 242 – Ascoli Piceno 38 – Ancona 90 – Macerata 77 – Teramo 69.

a San Savino *Sud : 6 km – ✉ 63038 Ripatransone :*

I Calanchi, contrada Verrame 1 ☎ 0735 90244, *i.calanchi@tiscalinet.it, Fax 0735 907030,* colline, – 60. VISA.
chiuso dal 7 gennaio all'8 febbraio – **Pasto** carta 20/38 – **16 cam** 77/119 – ½ P 72.
◆ Sulle panoramiche colline dell'entroterra, una risorsa ricavata da una casa colonica, attorniata da un paesaggio suggestivo. Una vera e propria oasi di tranquillità. Pur essendo a poca distanza dal mare, il ristorante propone soprattutto sapori della terra.

RISCONE (REISCHACH) *Bolzano* 562 B 17 – *Vedere Brunico.*

RITTEN = Renon.

RIVABELLA *Forlì* 562 J 19 – *Vedere Rimini.*

RIVA DEL GARDA *38066 Trento* 562 E 14 *G. Italia – 14 726 ab. alt. 70 – a.s. dicembre-20 gennaio e Pasqua.*
Vedere *Lago di Garda★★★ – Città vecchia★.*
Giardini di Porta Orientale 8 ☎ 0464 554444, info@gardatrentino.it, Fax 0464 520308.
Roma 576 – Trento 43 – Bolzano 103 – Brescia 75 – Milano 170 – Venezia 199 – Verona 87.

Du Lac et Du Parc, viale Rovereto 44 ☎ 0464 551500, *info@hoteldulac-riva.it, Fax 0464 555200,* Centro benessere, riscaldata, – rist, – 250. VISA. rist
31 marzo- 5 novembre – **Pasto** carta 31/47 – **159 cam** 125/290, 5 suites – ½ P 170.
◆ Nel grande parco piante pregiate, fiori, numerosi laghetti, cascatelle d'acqua e la piscina riscaldata: un paradiso terrestre. L'albergo è lussuosamente confortevole. Ristorante che regala, senza riserve, ambienti e accoglienza di primo livello.

Luise, viale Rovereto 9 ☎ 0464 550858, *info@hotelluise.com, Fax 0464 554250,* – – 70. VISA. rist
Pasto *(chiuso a mezzogiorno)* (solo per alloggiati) carta 29/47 – **76 cam** 189/230 – ½ P 140.
◆ Albergo in continuo rinnovo, ricco di attrezzature e accessori, con attenzioni particolari per gli appassionati di mountain bike. Buon confort generale.

Miravalle, via Monte Oro 9 ☎ 0464 552335, *info@hotel-miravalle.it, Fax 0464 521707,* – VISA.
aprile-ottobre – **Pasto** carta 32/54 – **29 cam** 90/124.
◆ Giardino ombreggiato con piscina, che avvolge questo hotel dagli esterni gradevoli. Le parti comuni risultano recenti e quindi accoglienti e confortevoli; camere piacevoli. Ristorante molto curato, atmosfera intima e raccolta.

Parc Hotel Flora senza rist, viale Rovereto 54 ☎ 0464 553221, *info@parchotelflora.it, Fax 0464 571555* – – 45. VISA
32 cam 90/140.
◆ Architettura di fine anni '80, senza fronzoli, ma anzi all'insegna della funzionalità. All'esterno un godibile giardino, con piscina riscaldata, all'ombra delle palme.

Europa, piazza Catena 9 ☎ 0464 555433, *europa@rivadelgarda.com, Fax 0464 521777,* – – 60. VISA. rist
marzo-novembre – **Pasto** *(aprile-ottobre)* carta 19/28 – **63 cam** 73/130 – ½ P 75.
◆ Una decisa impronta classica per questa caratteristica risorsa, affacciata sul lago, in pieno centro storico. Bella facciata colorata, interni curati e ordinati. Si pranza accomodati in veranda al primo piano, vista lago.

Mirage, viale Rovereto 97/99 ☎ 0464 552671, *mirage@rivadelgarda.com, Fax 0464 553211,* – rist, – 100. VISA. rist
Pasqua-ottobre – **Pasto** 20 – **64 cam** 124 – ½ P 72.
◆ Struttura contemporanea, situata di fronte al porto turistico, dotata di ampio e comodo parcheggio, così come di una grande hall. Gestione seria ed intraprendente. Grande sala da pranzo, cucina con aperture internazionali.

Venezia senza rist, viale Rovereto 62 ☎ 0464 552216, *venezia@rivadelgarda.com, Fax 0464 556031*, – AE VISA
10 marzo-ottobre – **21 cam** 90/120.
◆ All'ingresso della località provenendo dalla sponda orientale del lago, struttura risalente agli anni '70, ancora ben tenuta. Giardino con piscina giustamente apprezzato.

Gabry senza rist, via Longa 6 ☎ 0464 553600, *hgabry@tin.it, Fax 0464 553624*, – VISA.
aprile-ottobre – **39 cam** 70/96.
◆ In zona periferica e tranquilla, consente di godere di un soggiorno all'insegna del riposo e del relax, magari approfittando dell'invitante giardino con piscina.

Ancora, via Montanara 2 ☎ 0464 522131, *hotelancora@rivadelgarda.com, Fax 0464 550050*, – rist, . AE VISA
Pasto *(chiuso giovedì escluso da giugno a settembre)* carta 29/57 – **11 cam** 57/88.
◆ Piccolo e grazioso albergo del centro storico: poche camere ordinate e ben curate. L'atmosfera è decisamente piacevole ed intima un po' dovunque, anche nelle parti comuni. Cucina eclettica e servizio di pizzeria.

Villa Negri, via Bastione 31/35 ☎ 0464 555061, *info@villanegri.it, Fax 0464 551618*, ← lago e Riva del Garda, , Servizio navetta, – . AE VISA JCB
chiuso a mezzogiorno e martedì da novembre a febbraio – **Pasto** carta 56/78 e al Bistrot ***Ai Germandri*** *(aprile-ottobre)* carta 15/40.
◆ Ristorante in posizione favolosa, tale da dominare il lago. Particolarmente apprezzabile durante i mesi estivi, quando il servizio viene espletato su terrazze panoramiche.
Spec. Tortelli di branzino su fumetto emulsionato allo zafferano. Medaglione di tonno steccato all'erba limone su spuma di zucchine al pepe e germogli. Selezione di formaggi a latte crudo con mostarde di frutta e pandolce.

Al Volt, via Fiume 73 ☎ 0464 552570, *Fax 0464 552570* – AE VISA JCB
chiuso dal 15 febbraio al 15 marzo e lunedì – **Pasto** carta 29/38.
◆ Nel cuore del centro storico, una casa d'epoca che presenta un ambiente rustico e nello stesso tempo ricercato. La cucina si ispira per lo più al territorio, lago compreso.

La Rocca, piazza Cesare Battisti ☎ 0464 552217, *Fax 0464 552217*, – AE VISA JCB.
chiuso dal 1° novembre al 5 gennaio e mercoledì in bassa stagione – **Pasto** carta 28/40.
◆ In posizione invidiabile, all'interno della rocca ubicata su un isolotto congiunto alla terra ferma, ideale per gustare pesci d'acqua dolce in giardino, quasi a bordo lago.

RIVA DEL SOLE *Grosseto 563 N 14 – Vedere Castiglione della Pescaia.*

RIVA DI SOLTO *24060 Bergamo 561 E 12 – 826 ab. alt. 190.*

Roma 604 – Brescia 55 – Bergamo 40 – Lovere 7 – Milano 85.

Zu', via XXV Aprile 53, località Zu' Sud : 2 km ☎ 035 986004, *ristorantezu@tin.it, Fax 035 986004*, – . AE VISA JCB.
chiuso mercoledì escluso da giugno ad agosto – **Pasto** carta 31/43.
◆ Servizio in veranda panoramica con vista eccezionale sul lago d'Iseo. Locale d'impostazione classica, che non si limita ad offrire esclusivamente le specialità lacustri.

a Zorzino *Ovest : 1,5 km – alt. 329 – ✉ 24060 Riva di Solto :*

Miranda con cam, via Cornello 8 ☎ 035 986021, *info@albergomiranda.it, Fax 035 980055*, ← lago e Monte Isola, , , – , rist, . AE VISA
Pasto carta 34/45 – 7 – **25 cam** 46/72 – ½ P 55.
◆ Il servizio estivo viene effettuato anche in terrazza, affacciati su un giardino in cui si trova la piscina dell'hotel. Cucina che privilegia i prodotti di mare e di lago.

RIVALTA SCRIVIA *Alessandria 561 H 8 – Vedere Tortona.*

RIVALTA TREBBIA *Piacenza 562 H 10 – Vedere Gazzola.*

RIVANAZZANO *27055 Pavia 561 H 9 – 4 360 ab. alt. 157.*

Salice Terme (chiuso martedì e gennaio) ☎ 0383 933370, Fax 0383 933217.
Roma 581 – Alessandria 36 – Genova 87 – Milano 71 – Pavia 39 – Piacenza 71.

Selvatico con cam, via Silvio Pellico 11 ☎ 0383 944720, *info@albergoselvatico.com, Fax 0383 91444* – . AE VISA.
chiuso dal 2 all'8 gennaio – **Pasto** *(chiuso domenica sera e lunedì)* carta 29/37 – 5 – **21 cam** 35/52 – ½ P 40.
◆ Locale con gestione centenaria, si snoda tra ambienti eleganti in cui spiccano graziosi mobili d'epoca. La cucina si fonda sulla tradizione, con specialità di stagione.

RIVAROLO MANTOVANO *46017 Mantova* 561 G 13 – *2 802 ab. alt. 24.*
Roma 484 – Parma 34 – Brescia 61 – Cremona 30 – Mantova 40.

XX **Enoteca Finzi,** piazza Finzi 1 ✆ 0376 99656, *enotecafinzi@hotmail.com, Fax 0376 959140* – ▤. AE ● ◑ ◎ VISA JCB
✿ *chiuso dal 12 al 26 gennaio, dal 12 luglio al 2 agosto, lunedì e martedì* – **Pasto** carta 34/66.
◆ Un'antica stazione di posta, riaperta da poco, dopo un radicale restauro. La cucina affonda le proprie radici nel territorio, ma spesso si libra sulle ali della fantasia.
Spec. Luccio in salsa di prezzemolo, capperi e acciughe. Pollo di Bresse in padella con peperoni e patate. Noci di capriolo con purè di castagne e salsa ai frutti di bosco.

RIVAROTTA *Pordenone* 562 E 20 – *Vedere Pasiano di Pordenone.*

RIVA TRIGOSO *Genova* – *Vedere Sestri Levante.*

RIVAZZURRA *Rimini* 563 J 19 – *Vedere Rimini.*

RIVERGARO *29029 Piacenza* 561 H 10 – *5 438 ab. alt. 140.*
Roma 531 – Piacenza 18 – Bologna 169 – Genova 121 – Milano 84.

XX **Castellaccio,** località Marchesi di Travo Sud-Ovest : 3 Km ✆ 0523 957333, *ristorante@castellaccio.it, Fax 0523 956424,* ≤, ⛱ – P. ● ◑ ◎ VISA JCB. ✂
chiuso dal 27 dicembre al 10 gennaio, dal 10 al 25 agosto, martedì, mercoledì e i mezzogiorno di lunedì, giovedì e venerdì – **Pasto** carta 35/47.
◆ Locale luminoso ed accogliente, dispone anche di una sala per la degustazione dei sigari. La cucina dimostra salde radici nel territorio, sapientemente reinterpretate.

RIVIERA DI LEVANTE *Genova e La Spezia G. Italia.*

RIVIGNANO *33050 Udine* 562 E 21 – *3 977 ab. alt. 16.*
Roma 599 – Udine 37 – Pordenone 33 – Trieste 88 – Venezia 93.

XX **Al Ferarùt,** via Cavour 34 ✆ 0432 775039, *ferarut@adriacom.it, Fax 0432 774245* – ▤ P. AE ● ◑ ◎ VISA JCB. ✂
chiuso dal 7 al 12 gennaio, dal 15 al 31 luglio, martedì sera e mercoledì – **Pasto** specialità di mare carta 49/59 ✾.
◆ In cucina domina il mare, con tante specialità alla griglia: interessanti serate tematiche dedicate al pesce azzurro. Ambiente elegante e buona cantina.

XX **Dal Diaul,** via Garibaldi 20 ✆ 0432 776674, *diaul@tiscalinet.it, Fax 0432 774035,* ⛱, Coperti limitati; prenotare, ⛱ – AE ● ◑ ◎ VISA. ✂
chiuso gennaio, giovedì e venerdì a mezzogiorno – **Pasto** 35/55 ✾.
◆ Nei mesi estivi il servizio viene effettuato anche in giardino, durante tutto l'anno ci si può accomodare all'interno, in una sala dall'atmosfera intima e confortevole.

RIVISONDOLI *67036 L'Aquila* 563 Q 24 *G. Italia – 718 ab. alt. 1 310 – a.s. febbraio-20 aprile, 20 luglio-25 agosto e Natale – Sport invernali : a Monte Pratello : 1 370/2 100 m* ⛷ 1 ⛷ 5, ⛷.
ℹ *via Marconi 21* ✆ *0864 69351, iat.rivisondoli@abruzzoturismo.it, Fax 0864 69351.*
Roma 188 – Campobasso 92 – L'Aquila 101 – Chieti 96 – Pescara 107 – Sulmona 34.

🏨 **Como,** via Dante Alighieri 45 ✆ 0864 641942, *info@hotelcomo.com, Fax 0864 640023,* ≤, ⛱ – ▤ TV ♿ P. AE ● ◑ ◎ VISA. ✂
16 dicembre-14 aprile e 27 giugno-16 settembre – **Pasto** *(chiuso lunedì)* (solo per alloggiati) 18/23 – **45 cam** ☕ 66/102 – ½ P 78.
◆ Albergo ubicato nella parte bassa della località, a salda gestione familiare, presenta camere spartane, dagli arredi essenziali, ma sempre ordinate e ben tenute.

XX **Reale,** viale Regina Elena 49 ✆ 0864 69382, *Fax 0864 69382,* Coperti limitati; prenotare – ▤. AE ● ◑ ◎ VISA. ✂
chiuso dal 15 maggio al 15 giugno, dal 1º al 7 ottobre, lunedì e martedì in bassa stagione – **Pasto** carta 29/41.
◆ Giovanissimo ristorante a pochi passi dalla piazza del Municipio. L'attuale gestione familiare ama lavorare i prodotti della tradizione con accostamenti innovativi.

X **Da Giocondo,** via Suffragio 2 ✆ 0864 69123, *enogio@tiscalinet.it, Fax 0864 642136,* Coperti limitati; prenotare – AE ● ◑ ◎ VISA. ✂
chiuso dal 15 al 30 giugno e martedì – **Pasto** carta 21/32.
◆ Nel centro storico cittadino, la tradizione gastronomica abruzzese di montagna. Il locale dispone di un'unica sala dai toni caldi e dal clima particolarmente conviviale.

RIVODORA *Torino – Vedere Baldissero Torinese.*

RIVODUTRI *02010 Rieti* 563 O 20 – *1 293 ab. alt. 560.*
Roma 97 – Terni 28 – L'Aquila 73 – Rieti 17.

La Trota, via Santa Susanna 33, località Piedicolle Sud : 4 km ✆ 0746 685078, *Fax 0746 685078,* , – – 30. AE VISA JCB.
chiuso novembre, domenica sera e mercoledì – **Pasto** carta 33/45.
◆ Ristorante elegante, impreziosito da un grazioso giardino in riva al fiume. Cucina fantasiosa con alcune proposte, tra le varie in lista, a base di pesce d'acqua dolce.

RIVOIRA *Cuneo – Vedere Boves.*

RIVOLI *10098 Torino* 561 G 4 *G. Italia – 51 797 ab. alt. 386.*
Roma 678 – Torino 15 – Asti 64 – Cuneo 103 – Milano 155 – Vercelli 82.

Pianta d'insieme di Torino.

Rivoli senza rist, corso Primo Levi 150 ✆ 011 9566586, *info@rivolihotel.191.it, Fax 011 9531338,* riscaldata, – – 120. AE VISA JCB. ET b
163 cam 75/100.
◆ Albergo ospitato in una struttura recente impostata secondo criteri di funzionalità: essenziale e comodo, consente un buon riposo senza particolari suggestioni estetiche.

Combal.zero, piazza Mafalda di Savoia ✆ 011 9565225, *combal.zero@virgilio.it, Fax 011 9565248,* prenotare – . AE VISA.
chiuso dal 24 dicembre al 3 gennaio, tre settimane in agosto, lunedì e martedì – **Pasto** carta 56/79.
◆ Nuova ubicazione per questo ristorante che ha, tuttavia, conservato la stessa gestione e lo stesso staff in cucina; per continuare a «gustare» la fantasia in cucina.
Spec. Risotto allo zafferano con mozzarella di bufala e acciughe. Lingua di vitello brasata al Barolo con patate fondenti al burro di Bretagna e limone. Tortino al cioccolato fondente su schiuma di latte montata a freddo.

RIVOLTA D'ADDA *26027 Cremona* 561 F10 – *7 027 ab. alt. 102.*
Roma 560 – Bergamo 31 – Milano 26 – Brescia 59 – Piacenza 63.

La Rosa Blu, via Giulio Cesare 56 ✆ 0363 79290, *rosablu@telemacus.it, Fax 0363 79290,* – . AE VISA.
chiuso dall'8 gennaio al 2 febbraio, martedì sera e mercoledì – **Pasto** carta 32/43.
◆ Una proposta gastronomica tradizionale, basata su prodotti genuini e su preparazioni classiche. Il locale si presenta curato e accogliente, il servizio è cordiale.

ROANA *36010 Vicenza* 562 E 16 – *3 823 ab. alt. 992 – Sport invernali : 1 000/2 000 m 45 (Altopiano di Asiago) .*
Roma 588 – Trento 64 – Asiago 6 – Milano 270 – Venezia 121 – Vicenza 54.

All'Amicizia, via Roana di Sopra 32 ✆ 0424 66014, *Fax 0424 66014* – .
Pasto *(chiuso mercoledì)* carta 21/23 – **25 cam** 35/62 – 1/2 P 45.
◆ Antica stazione di posta dal caldo e caratteristico stile di montagna. La stessa famiglia da tre generazioni, sempre con l'invariato impegno e la stessa voglia di fare.

ROBECCO SUL NAVIGLIO *20087 Milano* 561 F 8 – *6 173 ab. alt. 129.*
Roma 590 – Milano 28 – Novara 24 – Pavia 53.

L'Antica Trattoria, via Santa Croce 16 ✆ 02 9470871, *Fax 02 94975635* – . VISA
chiuso dal 2 al 7 gennaio, dal 16 al 31 agosto e martedì – **Pasto** carta 22/41.
◆ Ristorante interamente rivestito con perlinato color miele. L'aspetto rustico contrasta con una cucina capace di offrire suggestioni di ampio respiro, dalla terra al mare.

ROCCABIANCA *43010 Parma* 562 G 12 – *3 139 ab. alt. 32.*
Roma 486 – Parma 32 – Cremona 34 – Mantova 73 – Piacenza 55.

a Fontanelle *Sud : 5 km –* ✉ *43010 :*

Hostaria da Ivan, via Villa 73 ✆ 0521 870113, *Fax 0521 370191,* prenotare – AE VISA.
chiuso dal 20 luglio al 20 agosto, lunedì e martedì – **Pasto** carta 27/40.
◆ Né più, né meno che una semplice e schietta trattoria di campagna. Alle proposte della cucina fortemente legata al territorio, si affianca un'interessante e valida cantina.

ROCCABRUNA *12020 Cuneo* 561 I 3 – *1 470 ab. alt. 700.*

Roma 673 – Cuneo 30 – Genova 174 – Torino 103.

a Sant'Anna *Nord : 6 km – alt. 1 250 – ✉ 12020 Roccabruna :*

La Pineta con cam, piazzale Sant'Anna 6 ☎ 0171 905856, *Fax 0171 916622*, prenotare – TV P. AE 🕤 ⓓ ⓜ VISA JCB. 🚫
chiuso dal 7 gennaio al 15 febbraio – **Pasto** *(chiuso lunedì sera e martedì escluso dal 20 giugno al 20 settembre)* 20/30 – ☕ 3 – **12 cam** 40/60 – ½ P 48.
◆ Tranquillissimo ristorante con camere immerso nel verde, ai bordi di una pineta. La cucina denota un'impronta gustosamente casalinga appropriata alla gestione familiare.

ROCCA CORNETA *Bologna* 561 I 14 – *Vedere Lizzano in Belvedere.*

ROCCA D'ARAZZO *14030 Asti* 561 H 6 – *984 ab. alt. 193.*

Roma 617 – Alessandria 30 – Asti 8 – Genova 107 – Novara 89 – Torino 66.

Villa Conte Riccardi via al Monte 7 ☎ 0141 408565, *Fax 0141 408565*, ←, 🏊, 🌳, 🎾 – 🛗 ▤ TV P. – 🏛 100. AE 🕤 ⓓ ⓜ VISA. 🚫
Pasto *(chiuso lunedì)* (prenotare) 22/35 – ☕ 6 – **32 cam** 48/79,50 – ½ P 67,75.
◆ Residenza d'epoca inserita in un parco sulla sommità di una collina sovrastante il paese. Ampie ed articolate zone comuni, suddivise in più ambienti; stanze spaziose. La zona ristorante si compone di più sale affacciate sull'area in cui è collocata la piscina.

ROCCA DI MEZZO *67048 L'Aquila* 563 P 22 – *1 537 ab. alt. 1 329.*

Roma 138 – Frosinone 103 – L'Aquila 27 – Sulmona 61.

Altipiano delle Rocche, strada statale 5 bis 47 (traversa) ☎ 0862 917065, *albergo@inwind.it, Fax 0862 914930*, 🌳 – 🛗 TV P. AE 🕤 ⓓ ⓜ VISA JCB. 🚫
Pasto *(chiuso la sera in agosto e a mezzogiorno negli altri mesi)* carta 18/30 – **28 cam** ☕ 55/78 – ½ P 49.
◆ Costruzione relativamente recente in gradevole stile alpino, non eccessivamente accentuato; arredi rustici anche nelle stanze, quattro delle quali sono mansardate. Ampia e semplice sala ristorante, contigua alla hall dell'hotel.

ROCCA DI ROFFENO *Bologna* 562 J 15 – *Vedere Castel d'Aiano.*

ROCCANTICA *02040 Rieti* 563 P 20 – *643 ab. alt. 457.*

Roma 59 – Terni 43 – Rieti 35 – Viterbo 72.

La Rocca, via del Campanile 18 ☎ 0765 63671, 🍽, prenotare – AE 🕤 ⓓ ⓜ VISA JCB. 🚫
chiuso dal 12 al 24 gennaio, dal 16 agosto al 4 settembre, lunedì e martedì – **Pasto** carta 25/33.
◆ Un locale semplice, a gestione familiare, ubicato in un palazzo nobiliare situato lungo le mura del paese. Due sale interne per assaporare la tradizionale cucina sabina.

ROCCA PIETORE *32020 Belluno* 562 C 17 – *1 485 ab. alt. 1 142 – Sport invernali : a Malga Ciapela : 1 446/3 265 m (Marmolada)* 🚡 2 ⛷ 2 *(anche sci estivo)*, ⛷.

Dintorni *Marmolada*★★★ : ☀★★★ *sulle Alpi per funivia Ovest : 7 km – Lago di Fedaia*★ *Nord-Ovest : 13 km.*

ℹ *via Roma 15 ☎ 0437 721319, roccapietore@infodolomiti.it, Fax 0437 721290.*

Roma 671 – Cortina d'Ampezzo 37 – Belluno 56 – Milano 374 – Passo del Pordoi 30 – Venezia 162.

Villa Eden, località Col di Rocca 57 Ovest : 2 km, alt. 1 184 ☎ 0437 722033, *villaeden@marmolada.com, Fax 0437 722240*, ←, 🌳 – 🚭 rist, TV P. AE 🕤 ⓓ ⓜ VISA JCB. 🚫 rist
chiuso dal 5 maggio al 15 giugno, ottobre e novembre – **Pasto** 18/25 – **18 cam** ☕ 62/90 – ½ P 57.
◆ La posizione è tale da regalare ai clienti di questa risorsa tanto sole, d'estate come d'inverno. E per le serate, piacevoli ambienti interni dagli arredi caratteristici. Nell'informale sala da pranzo simpatica e calda ambientazione tipicamente montana.

a Bosco Verde *Ovest : 3 km – alt. 1 200 – ✉ 32020 Rocca Pietore :*

Rosalpina, via Bosco Verde 21 ☎ 0437 722004, *rosalpin@marmolada.com, Fax 0437 722049*, ←, ≘s – 🚭 rist, TV P. 🕤 ⓜ VISA. 🚫
20 dicembre-15 aprile e 19 giugno-15 settembre – **Pasto** carta 17/24 – **30 cam** ☕ 55/100 – ½ P 70.
◆ Una risorsa che si distingue per la particolare cortesia che la gestione, di stile familiare, riserva alla propria clientela. Un piacevole e confortevole soggiorno. L'ambiente ristorante arredato con una semplicità che non toglie alcun calore all'atmosfera.

a Digonera *Nord : 5,5 km – alt. 1 158 – ✉ 32020 Laste di Rocca Pietore :*

Digonera, ✆ 0437 529120, *info@digonera.com, Fax 0437 529150,* ≤, – |‡|, cam, TV ♿ P. AE $ ① MC VISA. ✻
chiuso dal 22 aprile al 20 maggio e dal 5 novembre al 6 dicembre – **Pasto** *(chiuso lunedì)* 25/35 – **30 cam** ☕ 50/95 – 1/2 P 60.
◆ Ubicato in una frazione di passaggio, presenta la comodità di essere a pochi minuti d'auto da quattro diversi comprensori sciistici. Raccolto e molto accogliente. Sala ristorante davvero caratteristica.

ROCCARASO *67037 L'Aquila* 563 *Q 24 – 1 608 ab. alt. 1 236 – a.s. febbraio-20 aprile, 20 luglio-25 agosto e Natale – Sport invernali : 1 650/2 140 m 1 22,* .

via Mori 1 (palazzo del Comune) ✆ 0864 62210, iat.roccaraso@abruzzoturismo.it, Fax 0864 62210.

Roma 190 – Campobasso 90 – L'Aquila 102 – Chieti 98 – Napoli 149 – Pescara 109.

Suisse, via Roma 22 ✆ 0864 602347, *info@hotelsuisse.com, Fax 0864 619008* – |‡|, rist, TV . $ VISA. ✻
chiuso maggio – **Pasto** *(dicembre-aprile e luglio-settembre)* carta 21/25 – **45 cam** ☕ 74/84 – 1/2 P 88.
◆ Affacciato sulla strada più importante della località, si presenta completamente ristrutturato. Le camere, abbastanza sobrie, hanno arredi in legno scuro e ottimi bagni. Sala ristorante con inserti in legno e pannelli affrescati.

Iris, viale Iris 5 ✆ 0864 602366, *iris@roccaraso.net, Fax 0864 602366* – |‡| TV. AE $ ① MC VISA JCB. ✻
dicembre-aprile e giugno-settembre – **Pasto** carta 26/36 – ☕ 6 – **52 cam** 75/93 – 1/2 P 93.
◆ Centrale, ma contemporaneamente in una posizione tale da offrire una discreta quiete, presenta esterni completamente ristrutturati e stanze in via di ammodernamento. Sala ristorante di tono abbastanza sobrio.

Excelsior, via Roma 27 ✆ 0864 602351, *Fax 0864 602351* – |‡| TV P. AE $ ① MC VISA. ✻
21 dicembre-Pasqua e 30 giugno-15 settembre – **Pasto** 21/26 – ☕ 7 – **38 cam** 68/104 – 1/2 P 94.
◆ Lungo la centrale via Roma, saliti alcuni gradini, si accede ad un hotel a gestione familiare, con stanze variamente arredate. Risulta prezioso il parcheggio privato. Luminosa sala ristorante d'impostazione classica.

Petite Fleur senza rist, viale dello Sport 5 c ✆ 0864 602010, *petitefleur@roccaraso.net, Fax 0864 602010,* – TV ♿ . AE $ ① MC VISA JCB. ✻
11 cam ☕ 120/160.
◆ Struttura molto recente realizzata con pannelli di rivestimento tecnologici anche se non proprio montani. Hall piccola ed elegante, camere molto accoglienti e curate.

a Pietransieri *Est : 4 km – alt. 1 288 – ✉ 67030 :*

La Preta, via Adua ✆ 0864 62716, *lapreta@interfree.it, Fax 0864 62716,* Coperti limitati; prenotare – AE $ ① MC VISA JCB. ✻
chiuso martedì in bassa stagione – **Pasto** carta 24/34.
◆ Piccolo ristorante familiare, con proposte che oscillano tra tradizione e creatività. All'interno un ambiente sobrio e rustico con foto in bianco e nero alle pareti.

ad Aremogna *Sud-Ovest : 9 km – alt. 1 622 – ✉ 67037 :*

Pizzalto , via Aremogna 12 ✆ 0864 602383, *pizzalto@pizzalto.com, Fax 0864 602383,* ≤, , – |‡|, rist, TV P – 40. AE $ ① MC VISA JCB. ✻
chiuso maggio, giugno e dal 15 settembre a novembre – **Pasto** (solo per alloggiati) 30/45 – **53 cam** ☕ 120.
◆ Grande albergo di montagna a ridosso degli impianti sciistici, è strutturato in modo tale da presentare servizi e dotazioni di ogni tipo, soprattutto estetico e sportivo. Sala da pranzo ampia ed elegante.

Boschetto , via Aremogna 42 ✆ 0864 602367, *h.boschetto@roccaraso.it, Fax 0864 602382,* ≤, , , – |‡| TV P. AE $ ① MC VISA. ✻
Pasto carta 43/73 – ☕ 10 – **48 cam** 60/100 – 1/2 P 105.
◆ Per una vacanza tranquilla ed isolata, perfetta anche per gli amanti dello sci. Albergo con sale comuni ampie e diverse; camere sobrie, in via di ammodernamento. Sala ristorante dall'ambiente suggestivo, grazie all'incantevole vista sui monti.

I prezzi del pernottamento e della pensione possono subire aumenti in relazione all'andamento generale del costo della vita ; quando prenotate chiedete la conferma del prezzo.

ROCCA SAN CASCIANO *47017 Forlì-Cesena* 562 J 17 – *2 103 ab. alt. 210.*

Roma 326 – Rimini 81 – Bologna 91 – Firenze 81 – Forlì 28.

La Pace, piazza Garibaldi 16 ☎ 0543 951344, Trattoria con ambiente famigliare – AE MC VISA. rist
chiuso lunedì sera e martedì – **Pasto** carta 16/24.
◆ Affacciata sulla piazza principale della località, trattoria che presenta uno stile semplice e familiarmente accogliente. Dal territorio le specialità di stagione.

ROCCA SAN GIOVANNI *66020 Chieti* 563 P 25 – *2 378 ab. alt. 155.*

Roma 263 – Pescara 41 – Chieti 60 – Isernia 113 – Napoli 199 – Termoli 91.

in prossimità casello autostrada A 14 *Nord-Ovest : 6 km :*

Villa Medici, contrada Santa Calcagna ✉ 66020 ☎ 0872 717645, *htlmedici@tiscalinet.it, Fax 0872 709122*, – P – 100. AE MC VISA JCB.
Pasto *(chiuso a mezzogiorno escluso agosto)* carta 28/47 – **46 cam** 89/105.
◆ Hotel di recentissima costruzione, unisce confort di alto livello a dotazioni ed accessori completi. Vista anche la comoda posizione, è ideale per la clientela d'affari. Al ristorante notevolissima capacità ricettiva per tutte le occasioni.

ROCCHETTA TANARO *14030 Asti* 561 H 7 – *1 434 ab. alt. 107.*

Roma 626 – Alessandria 28 – Torino 75 – Asti 17 – Genova 100 – Novara 114.

I Bologna, via Nicola Sardi 4 ☎ 0141 644600, *Fax 0141 644197*, , solo su prenotazione –
chiuso dal 10 gennaio al 10 febbraio e martedì – **Pasto** 36.
◆ Affermato ristorante che riscuote un discreto successo in zona, grazie alla tipica cucina piemontese, alla formula del menù fisso e all'ambiente caratteristico.

Scriveteci...

Le vostre critiche e i vostri apprezzamenti saranno esaminati con la massima attenzione.
Verificheremo personalmente gli esercizi che ci vorrete segnalare
Grazie per la collaborazione !

RODDI *12060 Cuneo* 561 H 5 – *1 318 ab. alt. 284.*

Roma 650 – Cuneo 61 – Torino 63 – Asti 35.

Cascina Toetto senza rist, località Toetto 2 (Ovest : 1,5 km) ☎ 0173 615622, *info@cascinatoetto.it, Fax 0173 620002*, – P. MC VISA JCB
5 cam 50/65.
◆ Risorsa inaugurata da pochi anni, ricavata da una cascina degli anni Quaranta alla quale la gestione ha dedicato, e dedica tuttora, una cura impeccabile. Mobilio d'epoca.

La Cròta, piazza Principe Amedeo 1 ☎ 0173 615187, *lacrota@yahoo.it, Fax 0173 615187*, – AE MC VISA
chiuso dal 15 luglio al 7 agosto, lunedì sera e martedì – **Pasto** carta 22/38.
◆ Nel cuore del paese, locale su due piani ispirato alla «cantina» da cui prende il nome, mentre in estate si può usufruire di una gradevole terrazza all'aperto.

RODI GARGANICO *71012 Foggia* 564 B 29 – *3 831 ab. – a.s. luglio-13 settembre.*

Roma 385 – Foggia 100 – Bari 192 – Barletta 131 – Pescara 184.

Bella Rodi, via Scalo Marittimo 49/51 ☎ 0884 965786, *Fax 0884 965786* – . AE MC VISA.
chiuso dal 23 dicembre al 2 gennaio, dal 15 al 25 ottobre e mercoledì escluso da giugno a settembre – **Pasto** carta 27/37.
◆ Trattoria familiare ubicata in prossimità del porto; in tavola è il mare a farla da padrone, secondo una tradizione «casereccia» schietta e ruspante. Solida gestione.

ROLETTO *10060 Torino* 561 H 3-4 – *1 965 ab. alt. 412.*

Roma 683 – Torino 37 – Asti 77 – Cuneo 67 – Sestriere 62.

Il Ciabot, via Costa 7 ☎ 0121 542132, , prenotare la sera –
chiuso agosto, domenica sera e lunedì – **Pasto** carta 22/30.
◆ Piccolo locale condotto da una giovane ed appassionata gestione familiare. La cucina sa prendere spunto dalle tradizioni, così come elaborare i prodotti con fantasia.

ROMA

00100 P 563 Q 19 38 – 2 655 970 ab. alt. 20.

Distanze : nel testo delle altre città elencate nella Guida è indicata la distanza chilometrica da Roma.

INFORMAZIONI PRATICHE

via Parigi 5 ✉ 00185 ☎ 06 36004399, Fax 06 419316.
Stazione Termini ☎ 06 47825194.

A.C.I. *via Cristoforo Colombo 261 ✉ 00147 ☎ 06 514971 e via Marsala 8 ✉ 00185 ☎ 06 49981, Fax 06 49982234.*

di Ciampino Sud-Est : 15 km **BR** *☎ 06 794941*
Leonardo da Vinci di Fiumicino per ⑧ : 26 km ☎ 06 65631
Alitalia, via Bissolati 20 ✉ 00187 ☎ 06 65621 e viale Alessandro Marchetti 111 ✉ 00148 ☎ 06 65643.

18 e 9 *Parco de' Medici (chiuso martedì) ✉ 00148 Roma ☎ 06 6553477, Fax 06 6553344, Sud-Ovest : 4,5 km* **BR.**

18 *Parco di Roma via Due Ponti 110 ✉ 00191 Roma ☎ 06 33653396, Fax 06 33660931, Nord : 4,5 km.*

18 e 9 *Marco Simone a Guidonia Montecelio ✉ 00012 ☎ 0774 366469, Fax 0774 366476, per ③ : 17 km.*

18 e 9 *Arco di Costantino (chiuso lunedì) ✉ 00188 Roma ☎ 06 33624440, Fax 06 33612919 per ② : 15 km.*

18 e 9 *(chiuso lunedì) ad Olgiata ✉ 00123 Roma ☎ 06 30889141, Fax 06 30889968, per ⑩ : 19 km.*

18 *Fioranello (chiuso mercoledì) a Santa Maria delle Mole ✉ 00134 Roma ☎ 06 7138080, Fax 06 7138212, per ⑤ : 19 km.*

In occasione di alcune manifestazioni commerciali o turistiche i prezzi degli alberghi potrebbero subire un sensibile aumento (informatevi al momento della prenotazione).

LUOGHI DI INTERESSE

Galleria Borghese★★★ OU **M**[6] – *Villa Giulia*★★★ DS – *Catacombe*★★★ BR – *Santa Sabina*★★ MZ – *Villa Borghese*★★ NOU – *Terme di Caracalla*★★★ ET – *San Lorenzo Fuori Le Mura*★★ FST **E** – *San Paolo Fuori Le Mura*★★ BR – *Via Appia Antica*★★ BR – *Galleria Nazionale d'Arte Moderna*★ DS **M**[7] – *Piramide di Caio Cestio*★ DT – *Porta San Paolo*★ DT **B** – *Sant'Agnese e Santa Costanza*★ FS **C** – *Santa Croce in Gerusalemme*★ FT **D** – *San Saba*★ ET – *E.U.R.*★ BR – *Museo della Civiltà Romana*★★ BR **M**[8].

ROMA ANTICA

Colosseo★★★ OYZ – *Foro Romano*★★★ NOY – *Basilica di Massenzio*★★★ OY **B** – *Fori Imperiali*★★★ NY – *Colonna Traiana*★★★ NY **C** – *Palatino*★★★ NOYZ – *Pantheon*★★★ MVX – *Area Sacra del Largo Argentina*★★ MY – *Ara Pacis Augustae*★★ LU – *Domus Aurea*★★ PY – *Tempio di Apollo Sosiano*★★MY **X** – *Teatro di Marcello*★★ MY – *Tempio della Fortuna Virile*★ MZ **Y** – *Tempio di Vesta*★ MZ **Z** – *Isola Tiberina*★ MY.

ROMA CRISTIANA

Chiesa del Gesù★★★ MY – *Santa Maria Maggiore*★★★ PX – *San Giovanni in Laterano*★★★ FT – *Santa Maria d'Aracoeli*★★ NY **A** – *San Luigi dei Francesi*★★ LV – *Sant'Andrea al Quirinale*★★ OV **F** – *San Carlo alle Quattro Fontane*★★ OV **K** – *San Clemente*★★ PZ – *Sant'Ignazio*★★ MV **L** – *Santa Maria degli Angeli*★★ PV **N** – *Santa Maria della Vittoria*★★ PV – *Santa Susanna*★★ OV – *Santa Maria in Cosmedin*★★ MNZ – *Santa Maria in Trastevere*★★ KZ **S** – *Santa Maria sopra Minerva*★★ MX **V** – *Santa Maria del Popolo*★★ MU **D** – *Chiesa Nuova*★ KX – *Sant'Agostino*★ LV **G** – *San Pietro in Vincoli*★ OY – *Santa Cecilia*★ MZ – *San Pietro in Montorio*★ JZ ⋞★★★ – *Sant'Andrea della Valle*★★ LY **Q** – *Santa Maria della Pace*★ KV **R**.

PALAZZI E MUSEI

Musei Capitolini★★★ ; *Palazzo Nuovo*★★★ NY **H** – *Castel Sant'Angelo*★★★ JKV – *Museo Nazionale Romano*★★★ : *Aula Ottagona*★★★ PV **M**[9], *Palazzo Massimo alle Terme* PV e *Palazzo Altemps*★★★ KLV – *Palazzo della Cancelleria*★★ KX **A** – *Palazzo Farnese*★★ KY – *Palazzo del Quirinale*★★ NOV – *Palazzo Barberini*★★ OV – *Villa Farnesina*★★ KY – *Palazzo Venezia*★ MY **M**[3] –

Palazzo Braschi★ KX **M**[4] – *Palazzo Doria Pamphili*★ MX **M**[5] – *Palazzo Spada*★ KY – *Museo Napoleonico*★ KV.

CITTÀ DEL VATICANO

Piazza San Pietro★★★ HV – *Basilica di San Pietro*★★★ *(Cupola* ⋞★★★*)* GV – *Musei Vaticani*★★★ *(Cappella Sistina*★★★*)* GHUV – *Giardini Vaticani*★★★ GV.

PASSEGGIATE

Pincio ⋞★★★ MU – *Piazza del Campidoglio*★★★ MNY – *Piazza di Spagna*★★★ MNU – *Piazza Navona*★★★ LVX – *Fontana dei Fiumi*★★★ LV **E** – *Fontana di Trevi*★★★ NV – *Monumento a Vittorio Emanuele II (Vittoriano)* ⋞★★ MNY – *Piazza del Quirinale*★★ NV – *Piazza del Popolo*★★ MU – *Gianicolo*★ JY – *Via dei Coronari*★ KV – *Ponte Sant'Angelo*★ JKV – *Piazza Bocca della Verità*★ MNZ – *Piazza Campo dei Fiori*★ KY **28** – *Piazza Colonna*★ MV **46** – *Porta Maggiore*★ FT – *Piazza Venezia*★ MNY.

Per una visita turistica più dettagliata consultate la guida Verde Michelin Italia e in particolare la guida Verde Roma.

Pour une visite touristique plus détaillée, consultez le Guide Vert Italie et plus particulièrement le guide Vert Rome.

Eine ausführliche Beschreibung aller Sehenswürdigkeiten Inden Sie im Grünen Reiseführer Italien.

For a more complete visit consult the Green Guides Italy and Rome.

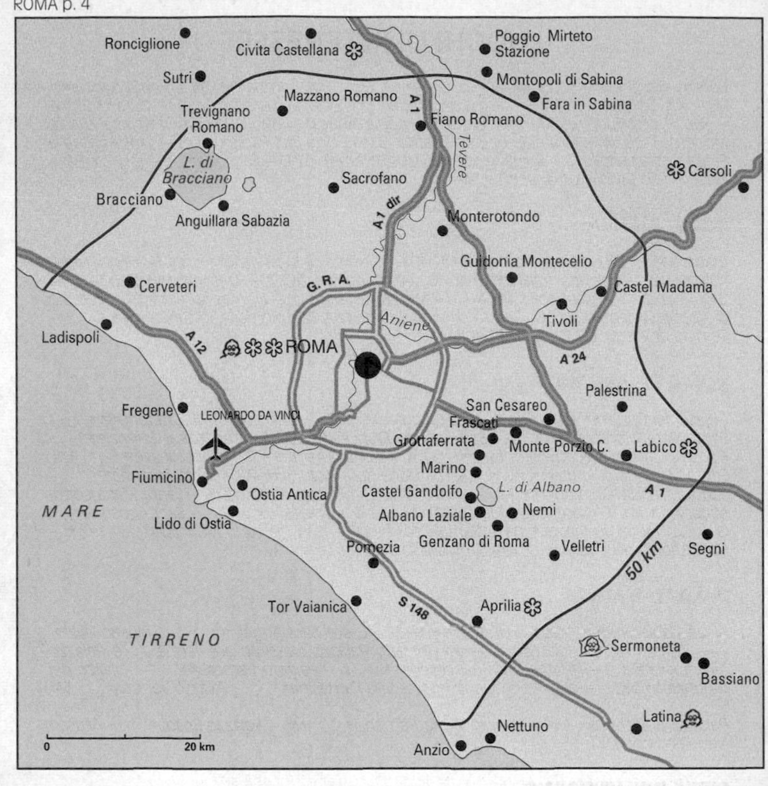

INDICE TOPONOMASTICO DELLE PIANTE DI ROMA

INDICE TOPONOMASTICO DELLE PIANTE DI ROMA

ROMA
PERCORSI DI ATTRAVERSAMENTO E DI CIRCONVALLAZIONE

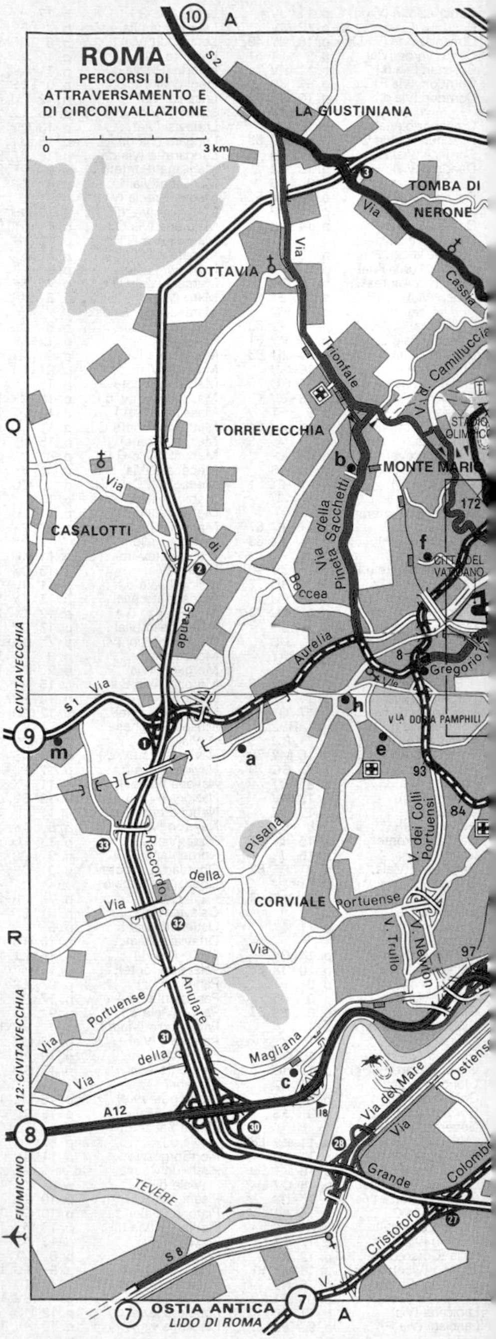

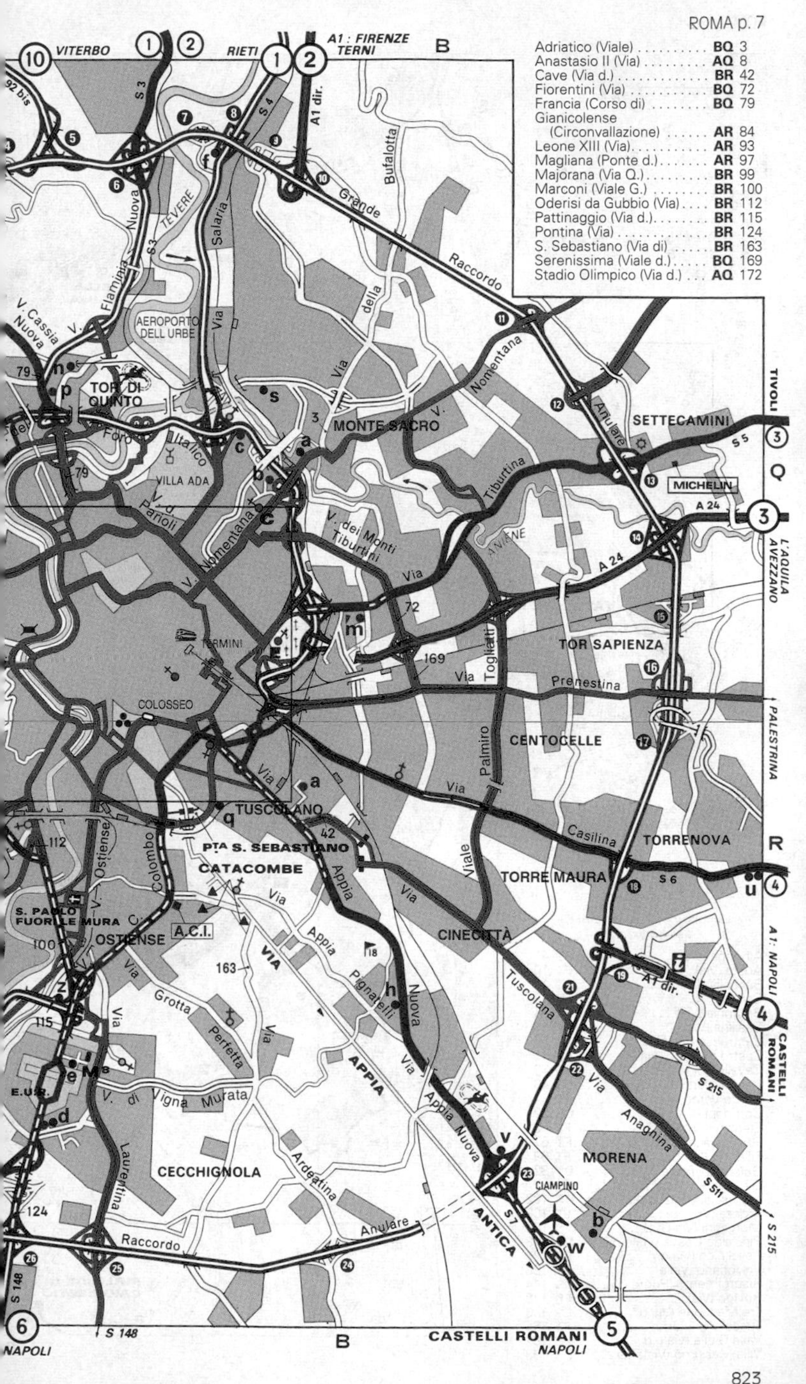

Adriatico (Viale)	BQ	3
Anastasio II (Via)	AQ	8
Cave (Via d.)	BR	42
Fiorentini (Via)	BQ	72
Francia (Corso di)	BQ	79
Gianicolense (Circonvallazione)	AR	84
Leone XIII (Via)	AR	93
Magliana (Ponte d.)	AR	97
Majorana (Via Q.)	BR	99
Marconi (Viale G.)	BR	100
Oderisi da Gubbio (Via)	BR	112
Pattinaggio (Via d.)	BR	115
Pontina (Via)	BR	124
S. Sebastiano (Via di)	BR	163
Serenissima (Viale d.)	BQ	169
Stadio Olimpico (Via d.)	AQ	172

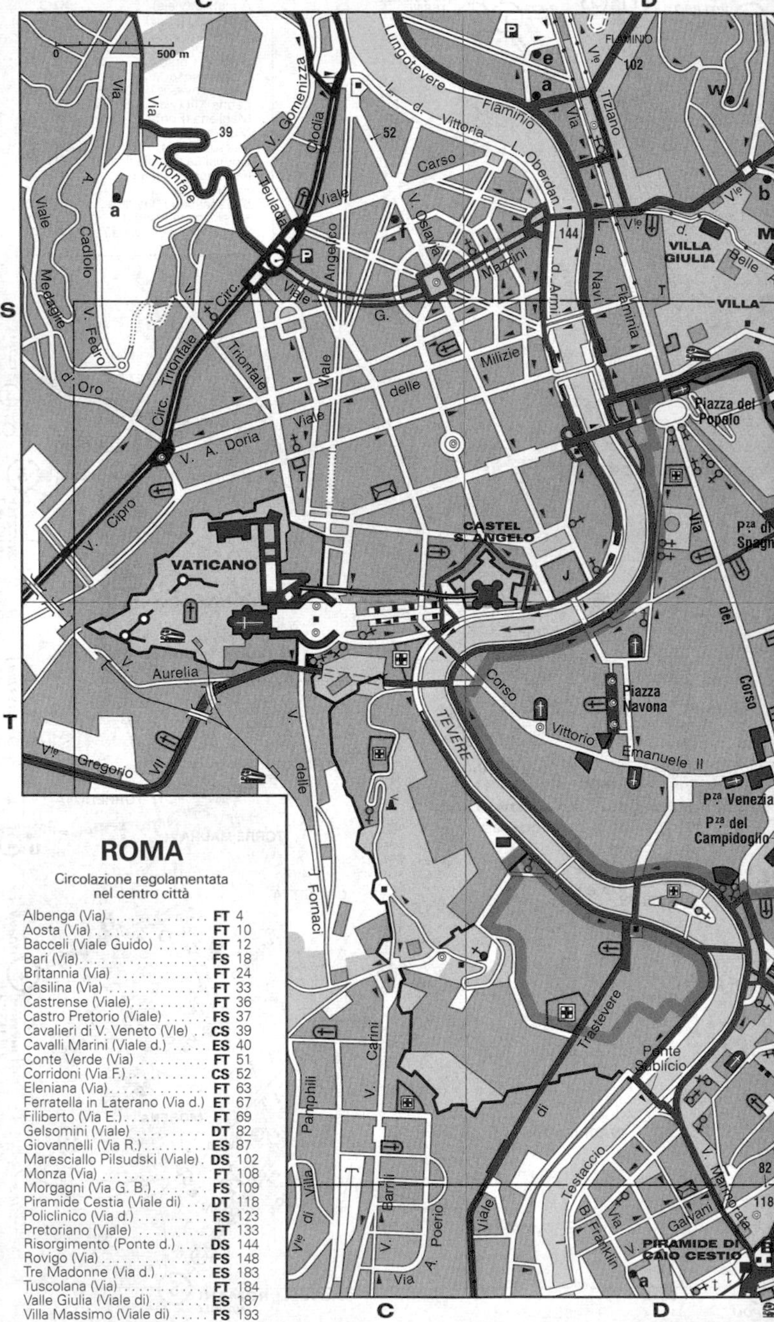

ROMA

Circolazione regolamentata
nel centro città

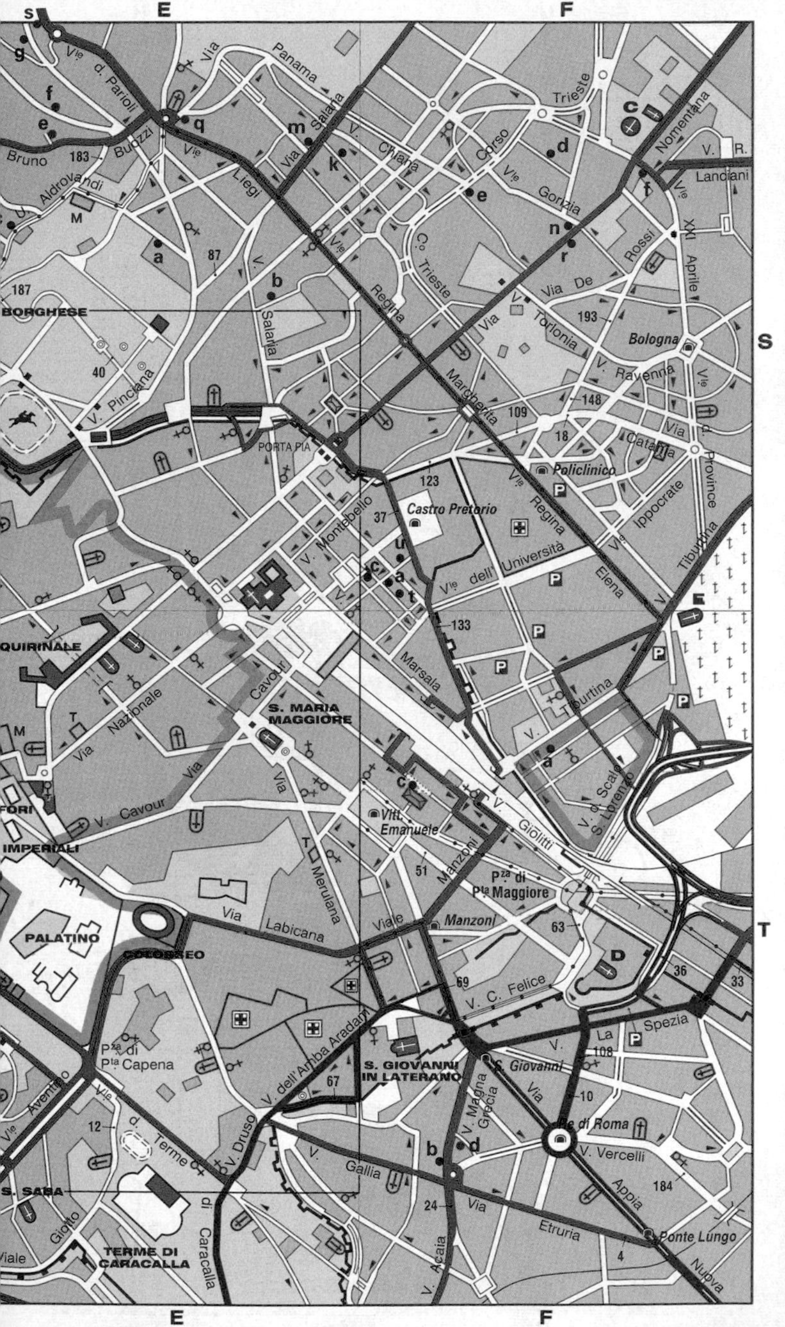
E
F
S
T
BORGHESE
PORTA PIA
Castro Pretorio
Policlinico
Bologna
QUIRINALE
S. MARIA MAGGIORE
FORI IMPERIALI
PALATINO
COLOSSEO
S. GIOVANNI IN LATERANO
TERME DI CARACALLA
S. SABA
Vitt. Emanuele
Manzoni
S. Giovanni
Re di Roma
Ponte Lungo
Pza di Pta Maggiore
Pza di Pta Capena
Via Nazionale
V. Cavour
Via Labicana
Merulana
V. dell'Amba Aradam
Via Salaria
Vle Regina Margherita
Via Nomentana
Via Appia Nuova
Via Etruria
V. C. Felice
Vle Manzoni
V. Giolitti
Via Tiburtina
Vle dell' Università
V. Montebello
Marsala
Corso Trieste
Via Panama
Vle Parioli
Vle Liegi
Via Chiana
Vle Gorizia
Via De Rossi
Via Torlonia
Vle XXI Aprile
V. Ravenna
Via Catania
Vle d. Province
Vle Ippocrate
Via Magna Grecia
V. Vercelli
V. Gallia
Via Acaia
V. Druso
Vle d. Terme di Caracalla
Vle Aventino
Viale Giotto
V. Pinciana
Via Bruno Buozzi
U. Aldrovandi
V. La Spezia
V. d. Scalo S. Lorenzo
V. R. Landiani

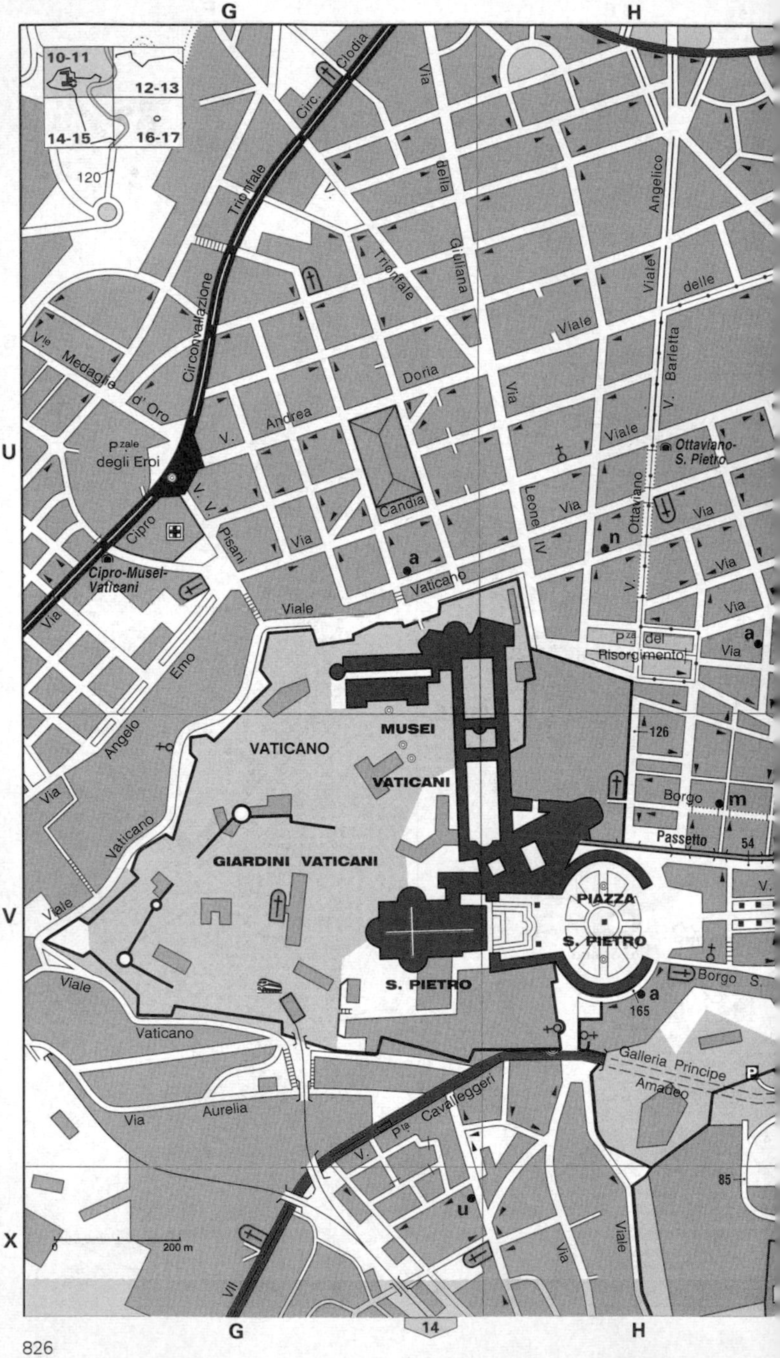

G H

10-11
12-13
14-15
16-17
120

Circ. Clodia
Via della Giuliana
Viale Angelico
Trionfale
Circonvallazione Trionfale
V. Trionfale
Viale delle Medaglie d'Oro
Viale delle
Viale Doria
V. Andrea Doria
V. Barletta
Pzale degli Eroi
Ottaviano-S. Pietro
Via Candia
V. V. Pisani
Cipro
Via Leone IV
Viale Ottaviano
V. Ottaviano
Via
n
a
Cipro-Musei-Vaticani
Viale Vaticano
Via Emo
Via Angelo Emo
Pza del Risorgimento
Via
a
126
MUSEI
VATICANO
VATICANI
Borgo
m
Passetto
54
Via Vaticano
GIARDINI VATICANI
PIAZZA
S. PIETRO
V.
Viale Vaticano
Viale Vaticano
Borgo S.
S. PIETRO
a
165
Galleria Principe Amadeo
P
Via Aurelia
Pta Cavalleggeri
V.
85
u
Via
Viale
0 200 m
VII

U
V
X

G 14 H

J
K
L
Ponte
G. Matteotti
Lungotevere
L. A. da
Brescia
Michelangelo
V. L. di Savoia
Beccaria
Pza DEL POPOLO
Milizie
V. Damiata
V. Lepanto
Cesare
Lepanto
Via
Giulio
Scipioni
Pompeo
Magno
Colonna
Rienzo
Pza della Libertà
Germanico
Gracchi
di
dei
Cola
V. Virgilio
Cicerone
V. F. Cesi
L. dei Mellini
L. in Augusta
TEVERE
ARA PACIS AUGUSTAE
Crescenzio
Piazza Cavour
Ponte Cavour
Piazza Adriana
Prati
CASTEL SANT'ANGELO
Pio
Conciliazione
Umberto I
Ponte
Marzio
Ponte S. Angelo
L. Tor di Nona
Spirito
L. in Sassia
Via dei Coronari
PAL. ALTEMPS
Lgo Tassoni
Co Vittorio
CHIESA NUOVA
S. LUIGI D. FRANCESI
PIAZZA NAVONA
PALAZZO MADAMA
Via Giulia
Emanuele II
L. del Sangallo
V. della Gianicolense
Ripetta
V. di
Scrofa
V. d.
U
V
X
12
15

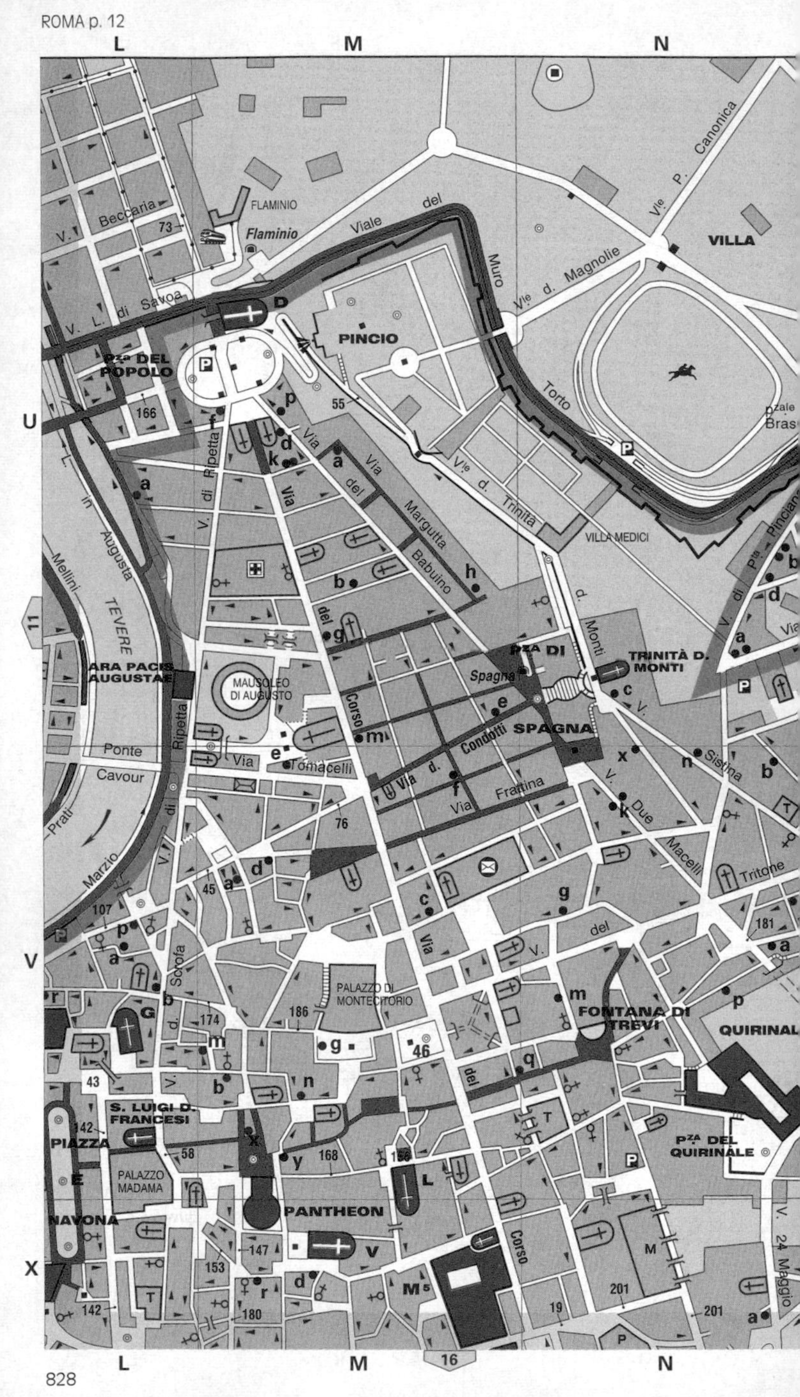
L
M
N
FLAMINIO
Flaminio
Viale del Muro Torto
V. Beccaria
73
V. L. di Savoa
D
PINCIO
P.za DEL POPOLO
166
U
55
p
d
k
f
a
Via del Babuino
Via Margutta
V. di Ripetta
V.le d. Trinità
VILLA MEDICI
V.le d. Magnolie
V.le P. Canonica
VILLA
P.zale Brasi
Via
Lungotevere in Augusta
Mellini
TEVERE
11
b
h
g
del
V. d. Monti
P.za DI Spagna
TRINITÀ D. MONTI
ARA PACIS AUGUSTAE
MAUSOLEO DI AUGUSTO
Ripetta
Corso
m
e
c
SPAGNA
Condotti
Via Tomacelli
Ponte Cavour
Via d. Frattina
V. Sistina
V. Due Macelli
x
n
Tritone
Prati
Marzio
76
45
107
181
V
Scrofa
V. d. Scrofa
174
G
r
PALAZZO DI MONTECITORIO
186
46
FONTANA DI TREVI
QUIRINALE
43
S. LUIGI D. FRANCESI
142
PIAZZA NAVONA
58
168
156
PALAZZO MADAMA
L
PANTHEON
y
P.ZA DEL QUIRINALE
147
153
v
Corso
M
X
M5
180
201
19
V. 24 Maggio
16

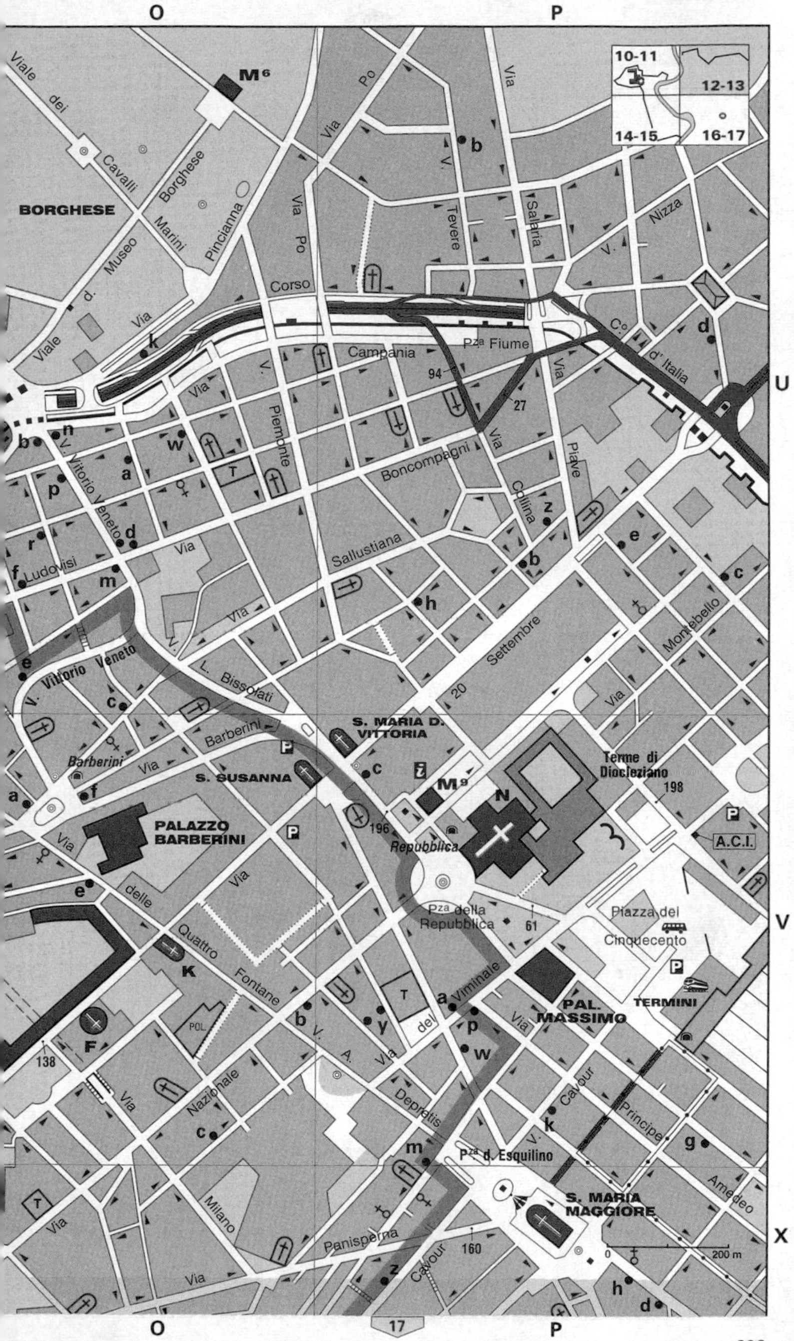
O
P
U
V
X
10-11
12-13
14-15
16-17
M6
BORGHESE
Viale dei Cavalli
Borghese
Marini
Pinciana
Viale d. Museo
Via
Viale
Via Po
Via Po
Corso
V. Tevere
Via Salaria
V. Nizza
Co d'Italia
Pza Fiume
Campania
V. Piemonte
Via
94
27
Via Piave
Boncompagni
Via Collina
V. Vittorio Veneto
Via Ludovisi
Via Sallustiana
Via
V.
L. Bissolati
20 Settembre
Via Montebello
Via
V. Vittorio Veneto
Barberini
Via Barberini
S. MARIA D. VITTORIA
S. SUSANNA
M9
N
Terme di Diocleziano
198
A.C.I.
PALAZZO BARBERINI
196
Repubblica
Pza della Repubblica
61
Piazza dei Cinquecento
Via delle Quattro Fontane
K
F
138
POL.
Via
Via Nazionale
V. A. Depretis
Via del Viminale
PAL. MASSIMO
TERMINI
Via Cavour
V. Principe Amedeo
Pza d. Esquilino
S. MARIA MAGGIORE
Via Milano
Via
Panisperna
Via
Cavour
160
0
200 m
17

G
10
H
X
Y
Z
0
200 m
85
Viale Gregorio VII
Via
Viale delle Mura Aurelie
Viale delle Fornaci
S. PIETRO
Passeggiata di Gianicolo
Via Aurelia Antica
VILLA DORIA PAMPHILI
Via di S. Pancrazio
V. del Vascello
V.le di Villa Pamphili
Via Vitellia
Via Fonteiana
V. Dezza
V. Carini
V. Barili
V.
25
171
10-11
12-13
14-15
16-17

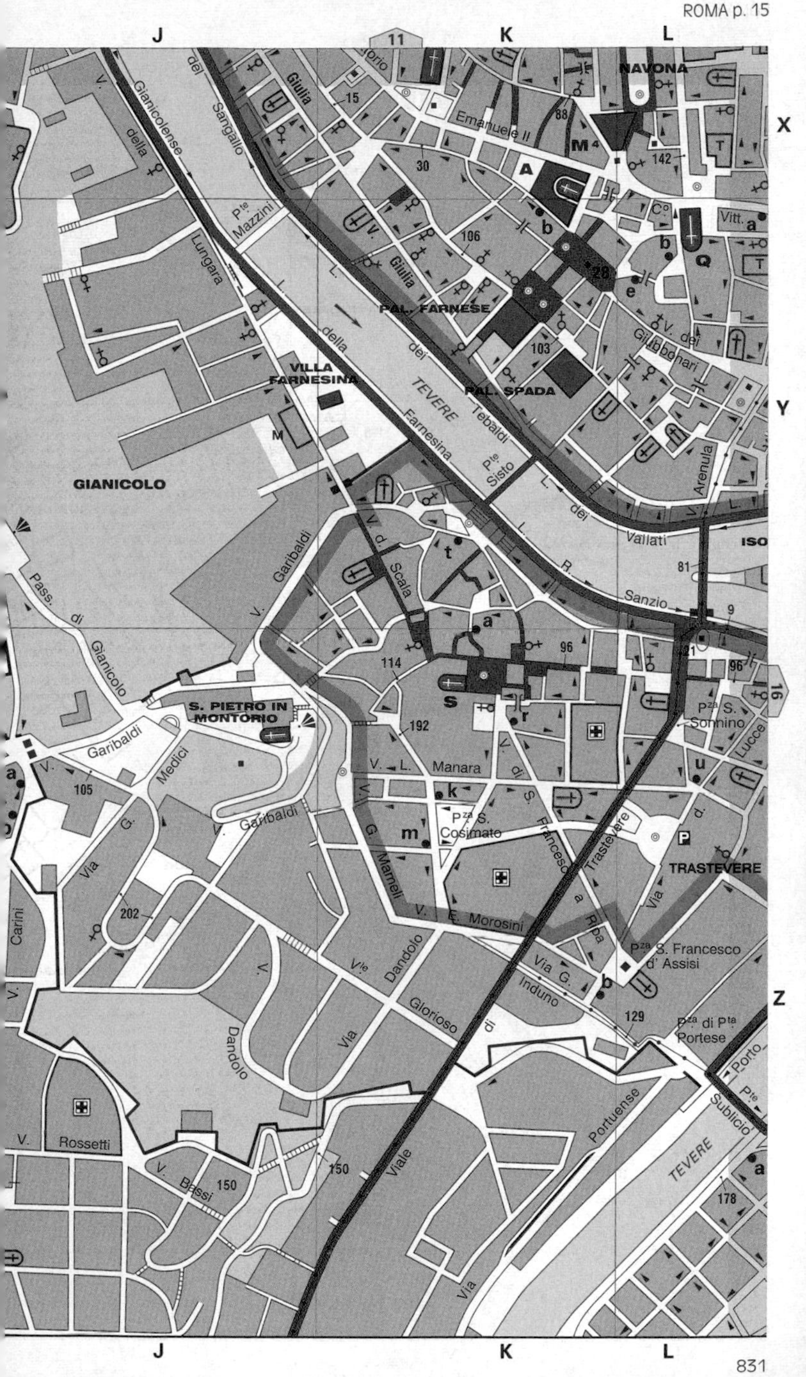

J
K
L
X
Y
Z
NAVONA
Giulia
Emanuele II
PAL. FARNESE
PAL. SPADA
VILLA FARNESINA
TEVERE
GIANICOLO
S. PIETRO IN MONTORIO
TRASTEVERE
Pza S. Cosimato
Pza S. Sonnino
Pza S. Francesco d' Assisi
Pza di Pta Portese
Lungara
Mazzini
Tebaldi
Farnesina
Sisto
Vallati
Sanzio
Arenula
Giubbonari
Garibaldi
Scala
Manara
Trastevere
Morosini
Dandolo
Glorioso
Induno
Portuense
Sublicio
Rossetti
Bassi
Carini
Medici
Mameli
Gianicolo
Gianicolense
Sangallo

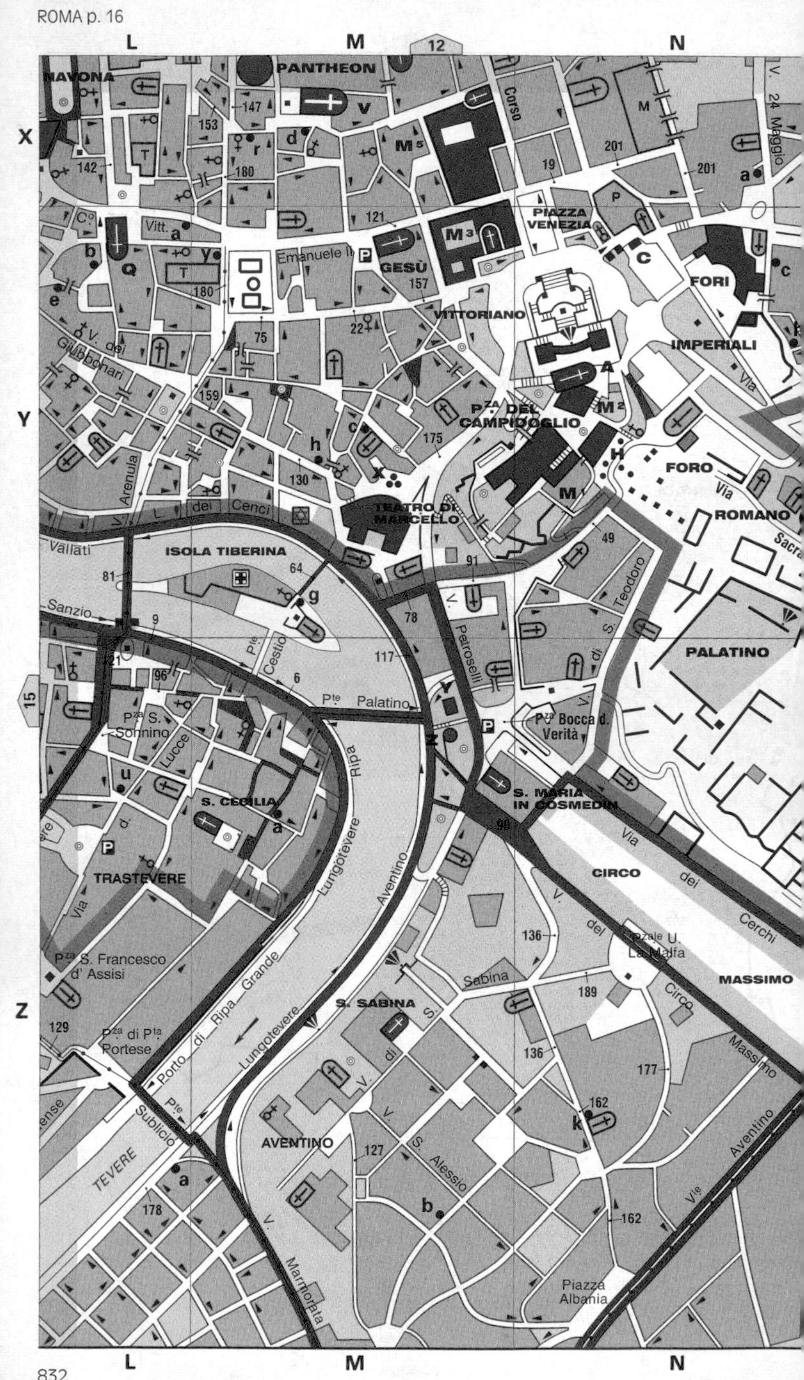

L
M
N
12
X
Y
Z
15
NAVONA
PANTHEON
PIAZZA VENEZIA
GESÙ
VITTORIANO
FORI
IMPERIALI
P^za DEL CAMPIDOGLIO
FORO
ROMANO
PALATINO
TEATRO DI MARCELLO
ISOLA TIBERINA
S. CECILIA
TRASTEVERE
S. MARIA IN COSMEDIN
CIRCO
MASSIMO
S. SABINA
AVENTINO
TEVERE
Corso
V. 24 Maggio
Vitt. Emanuele II
V. dei Giubbonari
Arenula
L. dei Cenci
Vallati
Sanzio
P^te Cestio
P^te Palatino
Petroselli
V. di S. Teodoro
Via Sacra
P^za Bocca d. Verità
P^za S. Sonnino
Lucce
Ripa
Lungotevere Aventino
Via dei Cerchi
V. del Circo Massimo
P^zale U. La Malfa
Sabina
V. di S.
V. S. Alessio
V^le Aventino
Piazza Albania
P^za S. Francesco d' Assisi
P^za di P^ta Portese
Porto di Ripa Grande
Lungotevere
P^te Sublicio
V. Marmorata

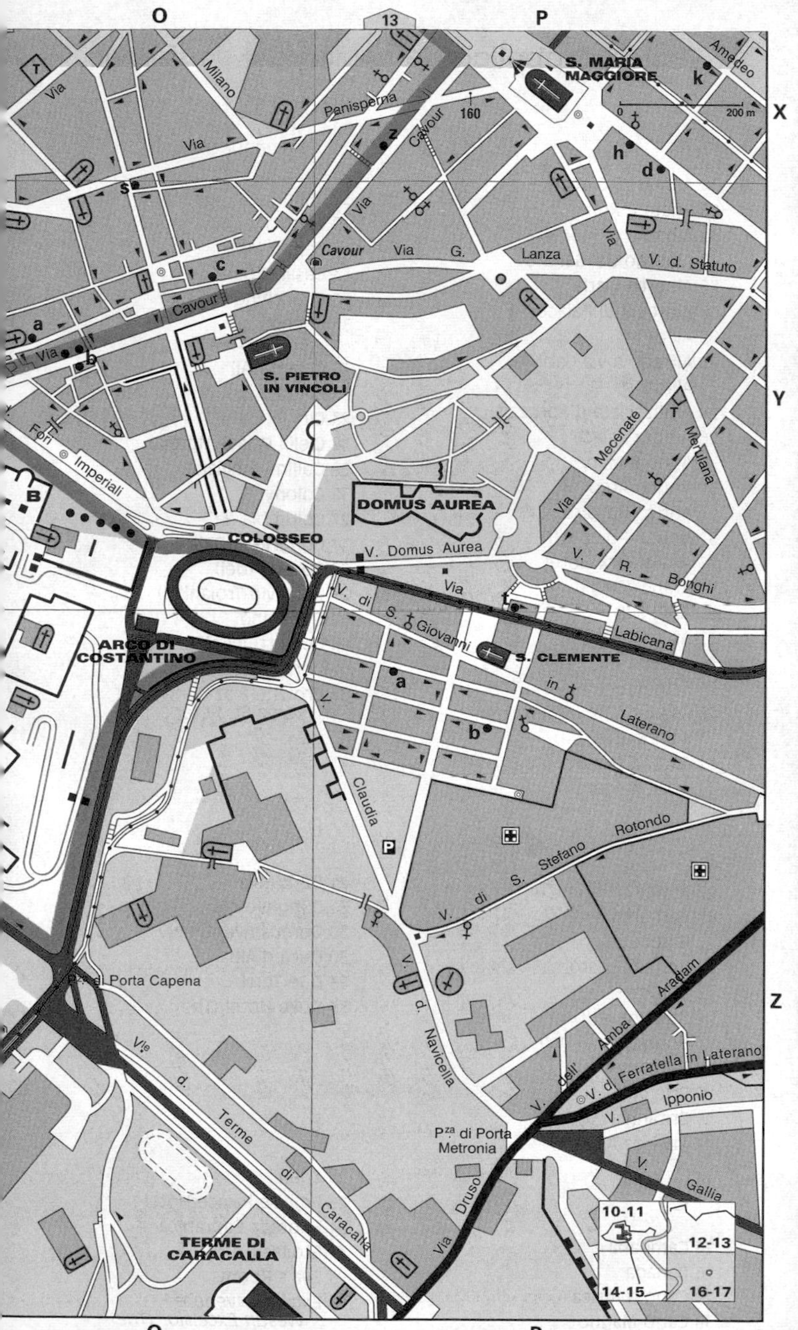
O
P
13
S. MARIA MAGGIORE
Amedeo
Milano
Via
Panisperna
Cavour
160
0
200 m
X
Via
Cavour
Via
G.
Lanza
V. d. Statuto
Cavour
Via
S. PIETRO IN VINCOLI
Y
Fori
Imperiali
B
DOMUS AUREA
Mecenate
Merulana
Via
COLOSSEO
V. Domus Aurea
Via
V.
R.
Bonghi
V. di S. Giovanni
Labicana
ARCO DI COSTANTINO
S. CLEMENTE
in
Laterano
Claudia
V. di S. Stefano Rotondo
P
V. d. Navicella
Z
P^za di Porta Capena
V^le d. Terme di Caracalla
V. dell' Amba Aradam
V. d. Ferratella in Laterano
Ipponio
V.
P^za di Porta Metronia
V. Gallia
Via Druso
TERME DI CARACALLA
10-11
12-13
14-15
16-17
O
P

Elenco alfabetico degli alberghi e ristoranti

Centro Storico

Corso Vittorio Emanuele, Piazza Venezia, Pantheon e Quirinale, Piazza di Spagna, Piazza Navona **(Pianta : Roma p. 11, 12, 15 e 16)**

Hassler Villa Medici, piazza Trinità dei Monti 6 ✉ 00187 ☎ 06 699340, *booking@hotelhassler.it, Fax 06 6789991,* – – 100. p. 12 **NU** c
Pasto carta 105/148 – ☐ 45 – **99 cam** 566/860, 13 suites.
◆ Domina la scalinata di Trinità dei Monti l'hotel più lussuoso di Roma, dove grande tradizione, prestigio ed eleganza si coniugano con una sacra attenzione per il cliente. Pranzo, cena o brunch domenicale nel roof-restaurant: memorabili!

De Russie, via del Babuino 9 ✉ 00187 ☎ 06 328881 e rist ☎ 06 32888870, *reservations@hotelderussie.it, Fax 06 32888888,* , , , – , cam, – 90. p. 12 **MU** p
Pasto al Rist. ***Le Jardin du Russie*** carta 60/79 – ☐ 25,30 – **125 cam** 450/810, 31 suites.
◆ Elegante eclettismo di stili contemporanei in una gamma di tinte soft per un leggendario albergo cosmopolita, risorto con il suo «giardino segreto» disegnato da Valadier. Ristorante raffinato con finestre che si aprono sulla terrazza giardino.

Grand Hotel de la Minerve, piazza della Minerva 69 ✉ 00186 ☎ 06 695201, *minerva@hotel-invest.com, Fax 06 6794165,* – , cam, – 120. p. 12 **MX** d
Pasto al Rist. ***La Cesta*** carta 60/81 – ☐ 27 – **116 cam** 360/550, 19 suites.
◆ Minerva campeggia nel soffitto liberty della hall di uno degli hotel più completi di Roma, che unisce ambienti d'un lusso raffinato ad accessori dell'ultima generazione. Il ristorante offre una carta fantasiosa d'impronta tradizionale.

Gd H. Plaza, via del Corso 126 ✉ 00186 ☎ 06 69921111, *plaza@grandhotelplaza.com, Fax 06 69941575* – – 400. p. 12 **MU** m
Pasto al ***Bar-Mascagni*** carta 42/58 – **200 cam** ☐ 350/430, 15 suites.
◆ Sorto a metà '800 e completamente rivoluzionato in epoca liberty, una risorsa di gran fascino, affaciata su Trinità dei Monti. Sontuoso salone impreziosito da stucchi. Atmosfera d'altri tempi anche nella suggestiva sala ristorante.

D'Inghilterra, via Bocca di Leone 14 ✉ 00187 ☎ 06 699811 e rist ☎ 06 69981500, *reservation.hir@royaldemeure.com, Fax 06 69922243* – . p. 12 **MV** f
Pasto al Rist. ***Cafè Romano*** carta 56/69 – ☐ 31 – **98 cam** 286/495, 8 suites.
◆ In un'antica foresteria principesca, hotel di grande tradizione, con arredi d'epoca e tanti quadri negli eleganti interni; camere personalizzate, molto «stile inglese». Ristorante totalmente rinnovato, con proposte di cucina fusion internazionale.

Nazionale, piazza Montecitorio 131 ✉ 00186 ☎ 06 695001, *hotel@nazionaleroma.it, Fax 06 6786677* – – 800. rist p. 12 **MV** g
Pasto al Rist. ***Al Vicario*** *(chiuso lunedì)* carta 34/51 – **90 cam** ☐ 265/321, suite.
◆ Affacciato sulla piazza di Montecitorio, un hotel dagli interni classici e assai ben curati. Il risultato della congiunzione di due distinti edifici in un unico armonioso. Confortevole sala ristorante dove apprezzare un menù tradizionale.

Dei Borgognoni senza rist, via del Bufalo 126 ✉ 00187 ☎ 06 69941505, *info@hotelborgognoni.it, Fax 06 69941501* – – 60.
54 cam ☐ 255/315. p. 12 **NV** g
◆ In un palazzo ottocentesco rimodernato, signorile albergo di atmosfera raffinata, con ampi spazi comuni, camere confortevoli e un imprevedibile angolo di verde interno.

Piranesi-Palazzo Nainer senza rist, via del Babuino 196 ✉ 00187 ☎ 06 328041, *info@hotelpiranesi.com, Fax 06 3610597,* , – .
32 cam ☐ 263/310. p. 12 **MU** d
◆ Hotel aperto di recente, d'impostazione classica ed elegante. Il marmo bianco degli interni accresce notevolmente la luminosità che pone in risalto i begli arredi.

White senza rist, via In Arcione 77 ✉ 00187 ☎ 06 6991242, *white@travelroma.com, Fax 06 6788451* – . p. 12 **NV** p
40 cam ☐ 215/400.
◆ Nelle adiacenze della fontana di Trevi e del Quirinale, un hotel confortevole, con interni moderni e installazioni all'avanguardia; mobili di legno chiaro nelle stanze.

Valadier, via della Fontanella 15 ✉ 00187 ☎ 06 3611998 e rist. ☎ 06 3610880, *info@hotelvaladier.com, Fax 06 3201558,* – , cam, – 35. p. 12 **MU** k
Pasto al Rist. ***La Terrazza della Luna*** carta 36/46 vedere anche rist ***Il Valentino*** – **55 cam** ☐ 270/370, 5 suites – 1/2 P 220.
◆ Albergo elegante nei pressi di piazza del Popolo; interni raffinati, curati nei dettagli, con profusione di legno e di specchi anche nelle camere; panoramico roof-garden.

Delle Nazioni, via Poli 7 ✉ 00187 ☎ 06 6792441 e rist. ☎ 06 6795761, *nazioni@remarhotels.com, Fax 06 6782400* – |‡| ▤ TV ♿ – 🏊 50. AE Ⓢ ⓓ ⓜⓒ VISA JCB. ✂ p. 12 **NV** m
Pasto al Rist. ***Le Grondici*** carta 38/48 – **83 cam** ☕ 280/320.
◆ A pochi metri dalla fontana di Trevi, all'interno di un palazzo di fine Settecento una suggestiva hall tutta in granito accoglie in un hotel con confort di buon livello. Pareti bianche e soffitti di legno nel signorile ristorante.

Albergo del Senato senza rist, piazza della Rotonda 73 ✉ 00186 ☎ 06 6784343, *info@albergodelsenato.it, Fax 06 69940297,* ≤ Pantheon – |‡| ⇔ ▤ TV ☎ – 🏊 45. AE Ⓢ ⓓ ⓜⓒ VISA. ✂ p. 12 **MV** y
53 cam ☕ 195/295, 3 suites.
◆ In un palazzo ottocentesco affacciato sul Pantheon, un hotel rinnovato negli ultimi anni, con elegante ambientazione in stile sia negli spazi comuni che nelle camere.

The Inn at the Spanish Steps senza rist, via dei Condotti 85 ✉ 00187 ☎ 06 69925657, *spanishstep@tin.it, Fax 06 6786470* – |‡| ▤ TV ☎. AE Ⓢ ⓓ ⓜⓒ VISA JCB. ✂ p. 12 **MU** e
18 cam ☕ 385/550.
◆ Nello stesso palazzo settecentesco che ospita il celebre Caffè Greco, una risorsa che incarna i sogni di tutti i turisti che giungono a Roma con il mito di «Vacanze Romane».

Santa Chiara senza rist, via Santa Chiara 21 ✉ 00186 ☎ 06 6872979, *stchiara@tin.it, Fax 06 6873144* – |‡| ▤ TV ☎ – 🏊 40. AE Ⓢ ⓓ ⓜⓒ VISA JCB. ✂ p. 12 **MX** r
96 cam ☕ 170/256, 3 suites.
◆ Dal 1830 ininterrotta tradizione familiare di ospitalità in un albergo completamente ristrutturato, alle spalle del Pantheon; gradevole e signorile ambiente classico.

Della Torre Argentina senza rist, corso Vittorio Emanuele 102 ✉ 00186 ☎ 06 6833886, *info@dellatorreargentina.com, Fax 06 68801641* – |‡| ⇔ ▤ TV ☎. AE Ⓢ ⓓ ⓜⓒ VISA JCB. ✂ p. 12 **LY** a
52 cam ☕ 152/220, suite.
◆ Ubicato tra il centro storico e la Roma antica, un albergo di buon confort generale, rinnovato negli ultimi anni, che si presenta funzionale e curato nei dettagli.

Portoghesi senza rist, via dei Portoghesi 1 ✉ 00186 ☎ 06 6864231, *info@hotelportoghesiroma.com, Fax 06 6876976* – |‡| ▤ TV ☎. Ⓢ ⓜⓒ VISA JCB p. 11 **LV** b
27 cam ☕ 145/185.
◆ Adiacente alla chiesa di S.Antonio dei Portoghesi, un albergo classico che, dopo la recente ristrutturazione totale, offre moderni confort e curati interni signorili.

Mozart senza rist, via dei Greci 23/b ✉ 00187 ☎ 06 36001915, *info@hotelmozart.com, Fax 06 36001735* – |‡| ▤ TV ☎. AE Ⓢ ⓓ ⓜⓒ VISA JCB. ✂ p. 12 **MU** b
56 cam ☕ 165/225.
◆ In un palazzo dell'800 in pieno centro, un albergo ristrutturato che sfoggia eleganti arredi in stile sia nelle zone comuni che nelle stanze; bella terrazza-solarium.

Fontanella Borghese senza rist, largo Fontanella Borghese 84 ✉ 00186 ☎ 06 68809504, *fontanellaborghese@interfree.it, Fax 06 6861295* – ▤ TV ☎. AE Ⓢ ⓓ ⓜⓒ VISA JCB. ✂ p. 12 **MV** d
24 cam ☕ 135/215.
◆ In posizione centrale, ma tranquilla, al 2° e 3° piano di un edificio storico affacciato su Palazzo Borghese, un hotel signorile e raffinato, con rifiniture di classe.

Bolivar senza rist, via della Cordonata 6 ✉ 00187 ☎ 06 6791614, *bolivar@travel.it, Fax 06 6791025* – |‡| ▤ TV ☎ P. AE Ⓢ ⓓ ⓜⓒ VISA JCB p. 12 **NX** a
35 cam ☕ 258/310.
◆ In posizione centralissima, a pochi passi da piazza Venezia, ma tranquilla, una gradevole risorsa, con camere rinnovate; sala colazioni panoramica all'ultimo piano.

Internazionale senza rist, via Sistina 79 ✉ 00187 ☎ 06 69941823, *info@hotelinternazionale.com, Fax 06 6784764* – |‡| ▤ TV. AE Ⓢ ⓜⓒ VISA JCB p. 12 **NV** n
40 cam ☕ 145/235, 2 suites.
◆ In una struttura di origini molto antiche, di cui il sapiente ripristino ha conservato dettagli architettonici, una risorsa originale, con camere di diverse tipologie.

Manfredi senza rist, via Margutta 61 ✉ 00187 ☎ 06 3207676, *info@hotelmanfredi.it, Fax 06 3207736* – |‡| ▤ TV ☎. AE Ⓢ ⓓ ⓜⓒ VISA JCB. ✂ p. 12 **MU** h
18 cam ☕ 230/300.
◆ Il punto di forza di questo hotel, ubicato in una delle vie più caratteristiche del centro, sono le camere, tutte ristrutturate: comode e gradevoli, con arredi classici.

Del Corso senza rist, via del Corso 79 ✉ 00186 ☎ 06 36006233, *info@hoteldelcorsoroma.com, Fax 06 32600034* – |‡| ⇔ ▤ TV. AE Ⓢ ⓜⓒ VISA. ✂ p. 12 **MU** g
18 cam ☕ 160,10/268,56.
◆ Nuova apertura che si distingue per una gestione a carattere strettamente familiare. Spazi comuni ridotti, camere in stile, bagni in marmo, colazione servita in terrazza.

Teatro di Pompeo senza rist, largo del Pallaro 8 ✉ 00186 ✆ 06 68300170, *hotel.teatro dipompeo@tiscalinet.it, Fax 06 68805531* – ⧉ ▤ TV. AE ◑ MC VISA JCB. ✂ p. 15 **LY** b
13 cam ☕ 150/190.
◆ Albergo ubicato sulle vestigia del Teatro di Pompeo, le cui volte sono visibili nelle zone comuni; soffitti di legno e pavimenti di cotto nelle confortevoli camere.

Due Torri senza rist, vicolo del Leonetto 23 ✉ 00186 ✆ 06 6876983, *hotelduetorri@inter free.it, Fax 06 6865442* – ⧉ ▤ TV. AE $ ◑ MC VISA JCB. ✂ p. 11 **LV** a
26 cam ☕ 120/195.
◆ Accogliente atmosfera da casa privata con arredi in stile e ospitalità di tono in un angolo tranquillo della vecchia Roma; graziose e curate le stanze, con parquet.

City senza rist, via Due Macelli 97 ✉ 00187 ✆ 06 6784037, *Fax 06 6797972* – ⧉ ▤ TV. AE $ ◑ MC VISA JCB. ✂ p. 12 **NV** k
33 cam ☕ 160/193.
◆ Gestione e accoglienza familiari, cura dei particolari e camere ampie, con parquet e signorili arredi classici, caratterizzano l'hotel, vicino a piazza di Spagna.

Gregoriana senza rist, via Gregoriana 18 ✉ 00187 ✆ 06 6794269, *Fax 06 6784258* – ⧉ ▤ TV p. 12 **NV** x
20 cam ☕ 124/217.
◆ Ubicazione strategica, a pochi passi da Trinità dei Monti, per un piccolo albergo, semplice e familiare, ma confortevole, all'interno di un ex convento del XVII secolo.

Parlamento senza rist, via delle Convertite 5 ✉ 00187 ✆ 06 69921000, *hotelparlamento @libero.it, Fax 06 69921000* – ⧉ ▤ TV. AE $ ◑ MC VISA JCB p. 12 **MV** c
23 cam ☕ 113/130.
◆ Nel cuore della Roma politica, piccolo hotel familiare al 3° e 4° piano di un palazzo seicentesco; ascensore privato, camere semplici, ma con tutto il necessario.

Pensione Barrett senza rist, largo Torre Argentina 47 ✉ 00186 ✆ 06 6868481, *Fax 06 6892971* – ▤ TV. ✂ p. 16 **MY** y
☕ 5,20 – **20 cam** 85/110.
◆ Comoda ubicazione centrale, ambiente e atmosfera da affittacamere all'inglese, premurosa ospitalità familiare e prezzi competitivi in un indirizzo davvero interessante.

Eva's Rooms senza rist, via dei Due Macelli 31 ✉ 00187 ✆ 06 69190078, *evarooms@tisc ali.it, Fax 06 45421810* – ▤ TV. AE $ ◑ MC VISA p. 12 **NV** k
10 cam ☕ 130/160.
◆ A due passi da trinità dei Monti, una risorsa di tono familiare e professionale in cui apprezzare un buon confort a scapito della disponibilità di spazi comuni.

Fellini senza rist, via Rasella 55 ✉ 00187 ✆ 06 42742732, *info@fellinibnb.com, Fax 06 49382675* – ▤ TV. AE $ ◑ MC VISA. ✂ p. 12 **NV** a
5 cam ☕ 120/150.
◆ A poca distanza dal Quirinale e dalla Fontana di Trevi, al quarto piano di uno stabile ordinario, una risorsa rinnovata e molto curata con terrazzino estivo per le colazioni.

XXXX **Hostaria dell'Orso,** via dei Soldati 25/c ✉ 00186 ✆ 06 68301192, *hostaria@marchesi.it, Fax 06 68217063*, Rist. elegante; prenotare – ▤. AE $ ◑ MC VISA. ✂ p. 11 **KV** c
chiuso agosto, domenica e a mezzogiorno – **Pasto** 65/135 e carta 60/98 ⚘.
◆ Torna ai passati splendori uno storico riferimento della mondanità romana. Edificio del '400 con decorazioni in stile per un locale elegante: ristorante, piano-bar, discoteca.

XXX **El Toulà,** via della Lupa 29/b ✉ 00186 ✆ 06 6873498, *toula2@libero.it, Fax 06 6871115*, Rist. elegante, prenotare – ▤. AE $ ◑ MC VISA JCB. ✂ p. 12 **MV** a
chiuso dal 24 al 26 dicembre, agosto, domenica, lunedì e sabato a mezzogiorno – **Pasto** carta 53/79 (15 %).
◆ Nel centro politico della capitale, un vecchio e glorioso ristorante dagli interni eleganti e raffinati; cucina rivisitata, affiancata da un menù della tradizione veneta.

XXX **Antico Bottaro,** via Passeggiata di Ripetta 15 ✉ 00186 ✆ 06 3236763, *anticobottaro@a nticobottaro.it, Fax 06 3236763* – ▤. AE $ ◑ MC VISA JCB. ✂ p. 12 **LU** a
chiuso dal 4 al 25 agosto e lunedì – **Pasto** carta 63/79.
◆ Palazzo del '600 con pavimenti in cotto e pareti a stucco rosa, per la rinnovata e ambiziosa gestione di questo spazio che ospita un ristorante da circa 130 anni.

XXX ✿ **Il Convivio-Troiani,** vicolo dei Soldati 31 ✉ 00186 ✆ 06 6869432, *info@ilconviviotroiani .com, Fax 06 6869432*, prenotare – ▤. AE $ ◑ MC VISA JCB. ✂ p. 11 **KLV** r
chiuso dal 9 al 15 agosto, domenica e lunedì a mezzogiorno – **Pasto** carta 65/86 ⚘.
◆ Moderno piglio creativo nelle preparazioni, di pesce e di carne, proposte nelle tre sale di sobria eleganza di un ristorante nascosto nelle viuzze del centro storico.
Spec. Lasagnetta con crostacei, trippa di maiale, menta e pecorino. Trancio di spigola con salsa di yogurt e ostriche. Tartelletta di mele e amaretti con salsa di cannella e gelato al mandarino.

Enoteca Capranica, piazza Capranica 99/100 00186 06 69940992, *Fax 06 69940989,* prenotare la sera – . AE VISA JCB. p. 12 **MV** n
chiuso sabato a mezzogiorno e domenica; in agosto aperto la sera – **Pasto** carta 44/64.
◆ A pochi passi da Montecitorio, un'enoteca trasformata in un ristorante esclusivo ed elegante, dove gustare piatti di tradizionale cucina mediterranea. Ottima cantina.

Il Valentino - Hotel Valadier, via della Fontanella 14 00187 06 3610880, *Fax 06 3201558* – . AE VISA JCB. p. 12 **MU** k
Pasto carta 36/46.
◆ Boiserie chiara e colori caldi nella raffinata sala del ristorante. La cucina, creativa e di ricerca, ben si adatta all'ambiente elegante del locale. Servizio accurato.

La Rosetta, via della Rosetta 9 00187 06 6861002, *larosetta@tin.it, Fax 06 68215116,* prenotare – . AE VISA JCB. p. 12 **MV** x
chiuso dal 10 al 18 agosto, sabato a mezzogiorno e domenica – **Pasto** specialità di mare carta 53/103.
◆ Invitante l'esposizione del freschissimo pescato giornaliero, all'ingresso del locale; l'alta frequentazione non rende meno curata e piacevole l'atmosfera delle sale.
Spec. Antipasti di mare crudi e cotti. Strozzapreti con calamaretti e bottarga di muggine. Filetto di San Pietro con medaglioni di astice e sformato di zucchine.

Dal Bolognese, piazza del Popolo 1/2 00187 06 3611426, *Fax 06 3222799,* – . AE VISA JCB p. 12 **MU** f
chiuso Natale, Capodanno, dal 5 al 25 agosto e lunedì – **Pasto** carta 43/60.
◆ Per assaporare i piatti della tradizione emiliana impossibile ignorare questo storico riferimento della ristorazione romana. Dehor estivo in «bella vista» sulla piazza.

Quirino, via delle Muratte 84 00187 06 6794108, *eliquirino@libero.it, Fax 06 6791888,* – . AE VISA JCB. p. 12 **MNV** q
chiuso agosto e domenica – **Pasto** specialità romane e siciliane carta 35/40 (10 %).
◆ In una delle vie che conducono alla fontana di Trevi, elegante ristorante classico, gastronomicamente basato sulla tradizione romana e su sfiziose specialità siciliane.

Quinzi Gabrieli, via delle Coppelle 6 00186 06 6879389, *quinzigabrieli@tin.it, Fax 06 6874940,* , Coperti limitati; prenotare – . AE VISA. p. 12 **MV** b
chiuso Natale, agosto, domenica e a mezzogiorno – **Pasto** specialità di mare carta 88/110.
◆ Tutta la fragranza dei profumi e dei sapori del mare senza spostarsi dalla città: è l'esperienza offerta da un locale di alto livello, sempre affollato e alla moda.
Spec. Selezione di frutti di mare (ottobre-giugno). Paccheri di Gragnano con tartufi di mare e broccoletti siciliani. Nastri di seppie con carciofi croccanti (novembre-maggio).

Il Margutta Vegetariani dal 1979, via Margutta 118 00187 06 32650577, *staff @ilmargutta.it, Fax 06 36003287* – . AE VISA JCB. p. 12 **MU** a
Pasto cucina vegetariana carta 28/41.
◆ Coniugare gastronomia, rigorosamente vegetariana, e pittura è l'idea base di un moderno locale, che ospita mostre d'arte contemporanea e offre un menù ampio e fantasioso.

Da Pancrazio, piazza del Biscione 92 00186 06 6861246, *dapancrazio@tin.it, Fax 06 97840235* – . AE VISA JCB p. 15 **LY** e
chiuso Natale, dal 5 al 25 agosto e mercoledì – **Pasto** carta 31/50.
◆ Si respirano duemila anni di storia in un caratteristico locale costruito su parte dei ruderi dell'antico Teatro di Pompeo: una taverna-museo con cucina del territorio.

Myosotis, vicolo della Vaccarella 3/5 00186 06 6865554, *marsili@libero.it, Fax 06 6865554* – . AE VISA JCB. p. 12 **MV** m
chiuso dal 2 al 9 gennaio, dal 10 al 24 agosto, domenica e lunedì a mezzogiorno – **Pasto** carta 29/53.
◆ In un suggestivo vicolo tra piazza Navona e Montecitorio, ristorante rustico-signorile con cucina di mare e di terra consolidata da una lunga esperienza familiare.

Vecchia Roma, via della Tribuna di Campitelli 18 00186 06 6864604, *Fax 06 6864604,* – . AE p. 16 **MY** c
chiuso dal 10 al 25 agosto e mercoledì – **Pasto** specialità romane e di mare carta 40/56.
◆ Nelle vicinanze del Campidoglio, piccole, raccolte salette signorili in un ristorante di tradizione, che offre una cucina basata sulle specialità romane e di mare.

Reef, piazza Augusto Imperatore 47 00186 06 68301430, *info@ristorantereef.it, Fax 06 68217532,* – . AE VISA JCB. p. 12 **MV** e
chiuso a mezzogiorno escluso sabato-domenica – **Pasto** specialità di mare carta 58/75.
◆ Una ventata di novità nella Città Eterna: un recente e alternativo locale dal design contemporaneo-concettuale, che di moderno ha anche le specialità, a base di pesce.

Campana, vicolo della Campana 18 00186 06 6867820, *ristlacampana@genie.it, Fax 06 6867820,* Trattoria d'habitués – . AE VISA JCB p. 11 **LV** p
chiuso agosto e lunedì – **Pasto** carta 29/43.
◆ E' un classico della ristorazione cittadina questa trattoria con clientela di affezionati habitué; servizio disinvolto, tavoli serrati e cucina romana tradizionale.

Al Bric, via del Pellegrino 51 ✉ 00186 ☎ 06 6879533, *Fax 06 6879533* – ▤. AE MC VISA p. 15 **KY** b
chiuso a mezzogiorno escluso domenica da ottobre a maggio – **Pasto** carta 29/47 (10 %).
◆ Pavimenti di cotto e alle pareti i coperchi delle casse di legno con impressi nomi di vini e case vinicole, in un originale locale dove sperimentare una cucina moderna.

Giggetto-al Portico d'Ottavia, via del Portico d'Ottavia 21/a ✉ 00186 ☎ 06 6861105, *Fax 06 6832106*, Trattoria tipica – ▤. AE MC VISA. p. 16 **MY** h
chiuso dal 14 al 27 luglio e lunedì – **Pasto** specialità romane ed ebraiche carta 28/44.
◆ Dalle casereccie specialità culinarie all'ambiente, tutto è «romanità» all'ennesima potenza in una storica trattoria tipica, nei pressi del Teatro di Marcello.

Stazione Termini

via Vittorio Veneto, via Nazionale, Viminale, Santa Maria Maggiore, Porta Pia **(Pianta : Roma p. 9, 12, 13 e 17)**

St. Regis Grand, via Vittorio Emanuele Orlando 3 ✉ 00185 ☎ 06 47091 e rist ☎ 06 47092736, *stregisgrandrome@stregis.com, Fax 06 4747307*, – ▤ TV – 300. AE MC VISA JCB. p. 13 **PV** c
Pasto al Rist. ***Vivendo*** *(chiuso agosto e domenica)* carta 50/90 – 43 – **161 cam** 753,50/962,50, 8 suites.
◆ Affreschi, tessuti pregiati e antiquariato stile Impero nelle lussuose camere e negli sfarzosi saloni di un hotel tornato agli antichi splendori delle sue origini (1894). Atmosfera di un prestigioso passato al ristorante.

The Westin Excelsior, via Vittorio Veneto 125 ✉ 00187 ☎ 06 47081, *excelsiorrome@westin.com, Fax 06 4826205*, cam, ▤ TV – 600. AE MC VISA JCB. p. 13 **OU** d
Pasto carta 50/70 – 42 – **292 cam** 730/815, 24 suites.
◆ Grande albergo di tradizione e prestigio per una clientela raffinata ed esigente. Sontuosi e curati gli interni con arredi d'epoca; è qui la suite più grande d'Italia. Broccato, velluto e cristalli nelle eleganti sale del ristorante.

Eden, via Ludovisi 49 ✉ 00187 ☎ 06 478121, *reservations@hotel-eden.it, Fax 06 4821584*, – ▤ TV – 80. AE MC VISA JCB. p. 12 **NU** a
Pasto vedere rist ***La Terrazza*** – 49,50 – **121 cam** 495/715, 13 suites.
◆ Classe e sobrietà per un grande albergo dove l'eleganza e il tono non escludono il calore dell'accoglienza. Servizio e camere all'altezza della clientela più esigente.

Sofitel, via Lombardia 47 ✉ 00187 ☎ 06 478021, *prenotazioni.sofitelroma@accor-hotels.it, Fax 06 4821019* – cam, ▤ TV – 45. AE MC VISA JCB. p. 12 **NU** d
Pasto carta 47/70 – **111 cam** 334/496 – ½ P 288.
◆ Palazzo storico, nella cornice di via Veneto, interni ispirati ad uno stile neoclassico imperiale-romano con statue e calchi disseminati ovunque. Terrazza con vista su Roma. Elegante ristorante dai soffitti a volta perché ricavato nelle ex stalle del palazzo.

Splendide Royal, porta Pinciana 14 ✉ 00187 ☎ 06 421689, *reservations@splendideroyal.com, Fax 06 42168800*, – ▤ TV – 90. AE MC VISA. p. 12 **NU** b
Pasto vedere rist ***Mirabelle*** – **52 cam** 480/580, 8 suites.
◆ Stucchi dorati, tessuti damascati e sontuosi arredi antichi decorano gli interni di un nuovo, esclusivo albergo di livello internazionale, in uno storico palazzo d'epoca.

Aleph, via San Basilio 15 ✉ 00187 ☎ 06 422901, *boscolo.hotels@boscolo.com, Fax 06 42290777*, – cam, ▤ TV P – 50. AE MC VISA JCB. p. 13 **OU** c
Pasto al Rist. ***Maremoto*** carta 58/92 – 25 – **95 cam** 481/578, suite.
◆ Prestigiosa risorsa inserita nel gruppo dei «design hotels». Hall inconsueta per concezione e scelta cromatica, camere dalle linee innovative, valido centro benessere. Ristorante d'impostazione moderna con arredi minimalisti.

Regina Hotel Baglioni, via Vittorio Veneto 72 ✉ 00187 ☎ 06 421111, *regina.roma@baglionihotels.com, Fax 06 42012130* – cam, ▤ TV – 80. AE MC VISA JCB. p. 13 **OU** m
Pasto carta 65/80 (10 %) – 27,50 – **143 cam** 319/605, 6 suites.
◆ In un edificio in stile liberty ristrutturato, un hotel storico, che offre ambienti di classe e tono e servizi di alto livello; splendide le camere, sobrie, ma eleganti. Atmosfera calda e raffinata al ristorante, cucina internazionale.

Majestic, via Vittorio Veneto 50 ✉ 00187 ☎ 06 421441, *info@hotelmajestic.com, Fax 06 4880984* – ▤ TV – 150. AE MC VISA JCB. p. 13 **OU** e
Pasto al Rist. ***La Veranda*** *(chiuso agosto e domenica)* carta 63/80 e al Rist.-bistrot ***La Ninfa*** carta 50/70 – 40 – **78 cam** 460/610, 13 suites.
◆ Lusso ed eleganza di livello internazionale coniugati con il calore dell'osp negli ambienti di grande classe di uno dei migliori alberghi della capitale. Calc lini e argenti nella raffinata sala del ristorante La Veranda.

Bernini Bristol, piazza Barberini 23 ✉ 00187 ✆ 06 488931 e rist ✆ 06 488933288, *reservationsbb@sinahotels.it, Fax 06 4824266,* – , cam, – 100. AE VISA JCB. p. 13 **OV** f
Pasto al Rist. ***L'Olimpo*** carta 76/101 – ☐ 26 – **110 cam** 330/510,40, 10 suites.
◆ Un perfetto connubio tra il raffinato fascino del passato e i vantaggi della moderna ospitalità vi attende negli interni di uno degli hotel più eleganti della capitale. Ristorante roof-garden con dehors estivo e splendida vista sulla Città Eterna.

Marriott Grand Hotel Flora, via Vittorio Veneto 191 ✉ 00187 ✆ 06 489929, *Fax 06 4820359,* – , cam, – 150. AE VISA JCB. p. 13 **OU** b
Pasto solo buffet a mezzogiorno e carta 39/80 – ☐ 22 – **156 cam** 478, 7 suites.
◆ Dopo la totale ristrutturazione, l'hotel, alla fine di via Veneto, si presenta come un armonioso e funzionale insieme di sobria eleganza classica e di rifiniture moderne. Caldo parquet e altre finiture in legno nell'elegante sala ristorante.

Jolly Hotel Vittorio Veneto, corso d'Italia 1 ✉ 00198 ✆ 06 84951, *roma_vittoriovene to@jollyhotels.it, Fax 06 8841104* – , cam, – 380. AE VISA JCB. rist p. 13 **OU** k
Pasto (solo per alloggiati) carta 39/53 – **200 cam** ☐ 232/341.
◆ Struttura di moderna concezione, che coniuga i vantaggi della posizione centrale con i criteri dell'ospitalità attuale; camere ampie, alcune con vista su Villa Borghese.

Empire Palace Hotel, via Aureliana 39 ✉ 00187 ✆ 06 421281, *gold@empirepalacehot el.com, Fax 06 42128400,* – , cam, – 50. AE VISA JCB. p. 13 **PU** h
Pasto *(chiuso domenica)* carta 38/62 – **113 cam** ☐ 275/396, 5 suites.
◆ Sofisticata fusione di elementi dell'ottocentesca struttura e di design contemporaneo, con collezione d'arte moderna negli spazi comuni; sobria classicità nelle camere. Boiserie di ciliegio e lampadari rossi e blu in sala da pranzo.

Rose Garden Palace senza rist, via Boncompagni 19 ✉ 00187 ✆ 06 421741, *info@rose gardenpalace.com, Fax 06 4815608,* design moderno e minimalista – – 50. AE VISA JCB. p. 13 **OU** d
65 cam ☐ 248/374.
◆ Il design moderno di tono minimalista ha ispirato lo stile degli arredi di questa risorsa ricavata di recente all'interno di un palazzo d'inizio Novecento. Originale!

Mecenate Palace Hotel senza rist, via Carlo Alberto 3 ✉ 00185 ✆ 06 44702024, *info@ mecenatepalace.com, Fax 06 4461354* – – 45. AE VISA JCB p. 13 **PX** h
62 cam ☐ 258/362, 3 suites.
◆ I caldi, eleganti interni in stile non tradiscono lo spirito dell'ottocentesca struttura che ospita questo hotel recente, con servizi e confort moderni di alto livello.

Starhotel Metropole, via Principe Amedeo 3 ✉ 00185 ✆ 06 4774, *metropole.rm@star hotels.it, Fax 06 4740413* – – 200. AE VISA JCB. p. 13 **PV** p
Pasto carta 45/65 – **243 cam** ☐ 249/289, 8 suites.
◆ Una struttura recente, agile, dai servizi completi e di ottimo livello, in prossimità della stazione Termini; ampi spazi comuni, centro congressuale ben organizzato. Moderno ristorante, cucina eclettica.

Canada senza rist, via Vicenza 58 ✉ 00185 ✆ 06 4457770, *info@hotelcanadaroma.com, Fax 06 4450749* – . AE VISA JCB. p. 9 **FS** u
70 cam ☐ 132/155.
◆ In un palazzo d'epoca nei pressi della stazione Termini, un hotel di sobria eleganza, con arredi in stile; stanze signorili: chiedete quelle con il letto a baldacchino.

Artemide, via Nazionale 22 ✉ 00184 ✆ 06 489911, *hotel.artemide@tiscalinet.it, Fax 06 48991700* – , cam, – 120. AE VISA JCB. p. 13 **OV** b
Pasto 30/47 – **85 cam** ☐ 237/325 – ½ P 190.
◆ In un pregevole edificio liberty ristrutturato, un hotel di raffinatezza classica, che soddisfa le esigenze di una moderna ospitalità; spazi congressuali ben organizzati.

Britannia senza rist, via Napoli 64 ✉ 00184 ✆ 06 4883153, *info@hotelbritannia.it, Fax 06 4882343* – . AE VISA JCB p. 13 **PV** y
33 cam ☐ 210/290.
◆ Solida gestione familiare per un albergo di piccole dimensioni, ma curato nei particolari e dai servizi adeguati. Camere originali, in stili compositi, di buon confort.

Ambra Palace, via Principe Amedeo 257 ✉ 00185 ✆ 06 492330, *booking@ambrapalace hotel.com, Fax 06 49233100* – – 40. AE VISA JCB. rist p. 9 **FT** c
Pasto *(chiuso a mezzogiorno)* (solo per alloggiati) carta 40/52 – **78 cam** ☐ 206/289.
◆ La struttura è quella di un palazzo di metà Ottocento, la risorsa è stata impostata per poter corrispondere al meglio prevalentemente alle esigenze della clientela d'affari.

Barberini senza rist, via Rasella 3 ✉ 00187 ☎ 06 4814993, *info@hotelbarberini.com, Fax 06 4815211* – |\$| ▤ TV. AE ⑤ ⓞ MC VISA JCB. ✻ p. 13 **OV** e
☕ 20 – **35 cam** 226/298.
◆ Vicino all'omonimo Palazzo, una risorsa nata di recente in un edificio d'epoca ristrutturato; bei marmi, tessuti raffinati e rifiniture in legno negli eleganti interni.

The Bailey's Hotel senza rist, via Flavia 39 ✉ 00187 ☎ 06 42020486, *info@hotelbailey.com, Fax 06 42020170* – |\$| ▤ TV ☏. AE ⑤ ⓞ MC VISA. ✻ p. 13 **PU** b
29 cam ☕ 181/284.
◆ Camere con arredi in stile e bagni in marmo... e poi raffinatezza e buon gusto che si fondono con gli accessori più innovativi. Un fortunato restauro, un ottimo risultato.

Royal Court senza rist, via Marghera 51 ✉ 00185 ☎ 06 44340364, *theroyal@tin.it, Fax 06 4469121* – |\$| ▤ TV ☏. AE ⑤ ⓞ MC VISA JCB. ✻ p. 9 **FS** a
25 cam ☕ 130/165.
◆ La calda atmosfera di una curata ambientazione in stile in una nuova struttura signorile, con confort aggiornati. Vicino alla stazione Termini, ma in zona residenziale.

Marcella Royal Hotel senza rist, via Flavia 106 ✉ 00187 ☎ 06 42014591, *info@marcellaroyalhotel.com, Fax 06 4815832*, ☂ – |\$| ▤ TV. AE ⑤ ⓞ MC VISA. ✻ p. 13 **PU** z
75 cam ☕ 150/200.
◆ Non lontano dalla stazione Termini e dal centro, hotel curato e confortevole, sia negli spazi comuni che nelle camere; servizio colazioni nel panoramico roof-garden.

Astoria Garden, via Bachelet 8/10 ✉ 00185 ☎ 06 4469908, *astoria.garden@flashnet.it, Fax 06 4453329*, ☘ – |\$| ▤ TV ☏. AE ⑤ ⓞ MC VISA JCB. ✻ p. 9 **FS** c
Pasto (solo per alloggiati) 25/37 (10 %) – **34 cam** ☕ 130/150 – ½ P 87,50.
◆ Nelle vicinanze della stazione Termini, una risorsa accogliente, ristrutturata di recente, con ampio e tranquillo giardino interno; bagni con vasca idromassaggio.

Ludovisi Palace senza rist, via Ludovisi 43 ✉ 00187 ☎ 06 42020396, *info@ludovisipalacehotel.com, Fax 06 42020741* – |\$| ✻ ▤ TV ☏ ♿ – 🔺 30. AE ⑤ ⓞ MC VISA p. 13 **OU** f
57 cam ☕ 248/390.
◆ Una gestione esperta e appassionata che non trascura nemmeno i più minuti dettagli. Sicuramente un valore in più per questa funzionale, ma comodissima, risorsa.

Ariston senza rist, via Turati 16 ✉ 00185 ☎ 06 4465399, *hotelariston@hotelariston.it, Fax 06 4465396* – |\$| ▤ TV ☏ ♿ – 🔺 100. AE ⑤ ⓞ MC VISA JCB. ✻ p. 13 **PV** g
97 cam ☕ 170/235.
◆ In comoda posizione nelle vicinanze della stazione Termini, un albergo di tradizionale e solida gestione familiare, con buon livello di confort e servizi moderni.

La Residenza senza rist, via Emilia 22-24 ✉ 00187 ☎ 06 4880789, *la.residenza@thegiannettihotelsgroup.com, Fax 06 485721* – |\$| ▤ TV. AE ⑤ MC VISA. ✻ p. 13 **OU** t
25 cam ☕ 93/195.
◆ Ubicato tra via Veneto e Villa Borghese, un hotel di piccole dimensioni, che unisce servizi alberghieri di buon livello all'atmosfera di un'elegante abitazione privata.

Venezia senza rist, via Varese 18 ✉ 00185 ☎ 06 4457101, *info@hotelvenezia.com, Fax 06 4957687* – |\$| TV. AE ⑤ ⓞ MC VISA JCB. ✻ p. 9 **FS** t
60 cam ☕ 114/154.
◆ Una gestione familiare che accoglie con professionalità e calore la clientela in un hotel dotato di spazi comuni curati, con bei mobili in legno e stoffe raffinate.

Virgilio senza rist, via Palermo 30 ✉ 00184 ☎ 06 4884360, *mail@hotelvirgilio.it, Fax 06 4884360* – |\$| ▤ TV ☏. AE ⑤ ⓞ MC VISA JCB. ✻ p. 13 **OV** c
32 cam ☕ 120/180.
◆ Nelle vicinanze di via Nazionale, ambiente elegante, ma nello stesso tempo familiare in un accogliente albergo recentemente ristrutturato in stile neoclassico.

Barocco senza rist, via della Purificazione 4 ang. piazza Barberini ✉ 00187 ☎ 06 4872001, *hotelbarocco@hotelbarocco.it, Fax 06 485994* – |\$| ▤ TV ♿. AE ⑤ ⓞ MC VISA JCB. ✻ p. 13 **OV** a
33 cam ☕ 216/325.
◆ Tra i palazzi di piazza Barberini è incastonato un piccolo, raffinato albergo, che, a dispetto delle dimensioni, offre spazi comuni curati e servizi di alto livello.

Morgana senza rist, Via Turati 31/37 ✉ 00041 ☎ 06 4467230, *hmorgana@tin.it, Fax 06 4469142* – |\$| ▤ TV. AE ⑤ ⓞ MC VISA JCB. ✻ p. 13 **PV** a
106 cam ☕ 160/200.
◆ Nata come piccola pensione familiare, poi ristrutturata, si presenta oggi nella nuova veste di una risorsa signorile, con confort di buon livello; belle stanze in stile.

Columbia senza rist, via del Viminale 15 ✉ 00184 ☎ 06 4883509, *info@hotelcolumbia.com, Fax 06 4740209* – |\$| ▤ TV ☏. AE ⑤ ⓞ MC VISA JCB. ✻ p. 13 **PV** a
45 cam ☕ 140/154.
◆ Camere calde e accoglienti in una confortevole risorsa, completamente rinnovata, nei pressi della stazione Termini; prima colazione sulla terrazza roof-garden.

Centro senza rist, via Firenze 12 ✉ 00184 ☎ 06 4828002, *info@hotelcentro.com, Fax 06 4871902* – |‡| ⇔ ▤ TV. AE $ ⓓ MC VISA JCB. ✂ p. 13 **PV** y
39 cam ☐ 140/180.
◆ Nei pressi di via Nazionale e non lontano dalla stazione Termini, hotel completamente rinnovato, con belle, curate camere di aspetto moderno e livello superiore.

Valle senza rist, via Cavour 134 ✉ 00184 ☎ 06 4815736, *info@hotelvalle.it, Fax 06 4885837* – |‡| ▤ TV ♿. AE $ ⓓ MC VISA JCB p. 13 **PX** z
42 cam ☐ 130/180.
◆ Spazi limitati, ma ospitalità cordiale e di buon livello in questo albergo nelle vicinanze della basilica di S.Maria Maggiore; curate e gradevoli le camere.

Laurentia senza rist, largo degli Osci 63 ✉ 00185 ☎ 06 4450218, *info@hotellaurentia.com, Fax 06 4453821* – |‡| ▤ TV – 🎤 50. AE $ ⓓ MC VISA JCB. ✂ p. 9 **FT** a
41 cam ☐ 110/120.
◆ Nel quartiere di S.Lorenzo, in comoda posizione tra la stazione e la città universitaria, piccolo hotel confortevole, adatto sia all'uomo d'affari che al turista.

Invictus senza rist, via Quintino Sella 15 ✉ 00187 ☎ 06 42011433, *info@hotelinvictus.com, Fax 06 42011561* – |‡| ▤ TV. AE $ ⓓ MC VISA. ✂ p. 13 **PU** f
13 cam ☐ 110/170.
◆ Ubicato al primo piano di un palazzo non lontano da via Veneto, un piccolo albergo semplice, ma curato e rifinito, con gradevoli camere ben arredate.

Modigliani senza rist, via della Purificazione 42 ✉ 00187 ☎ 06 42815226, *info@hotelmodigliani.com, Fax 06 42814791* – |‡| ▤ TV – 🎤 50. AE $ ⓓ MC VISA JCB. ✂ p. 12 **NV** b
24 cam ☐ 194/232.
◆ Una simpatica coppia di artisti gestisce questo tranquillo hotel ubicato in una via silenziosa, ma a due passi da via Veneto. Parti comuni ridotte, bel cortile interno.

Igea senza rist, via Principe Amedeo 97 ✉ 00185 ☎ 06 4466913, *igea@venere.it, Fax 06 4466911* – |‡| ▤ TV. AE $ ⓓ MC VISA JCB. ✂ p. 13 **PX** k
☐ 5 – **42 cam** 90/140.
◆ Solida gestione familiare e ottima pulizia in un albergo semplice, ma confortevole, in comoda posizione vicino alla stazione Termini, ma in una via tranquilla.

XXXX ✿ **La Terrazza** - Hotel Eden, via Ludovisi 49 ✉ 00187 ☎ 06 47812752, *reservations@hotel-eden.it, Fax 06 47812718*, prenotare – ▤. AE $ ⓓ MC VISA JCB. ✂ p. 12 **NU** a
Pasto carta 101/142.
◆ Il fulcro della moderna sala di sobria eleganza, con roof-garden, è il suggestivo panorama di Roma, sfondo ideale per deliziarsi di una cucina creativa di alto livello.
Spec. Spaghettoni con stinco d'agnello e bagoss. Coda di rospo avvolta in prosciutto di Parma croccante, olive taggiasche e finocchi. Tagliata di capriolo con polenta concia e salsa di Barolo.

XXXX **Mirabelle** - Hotel Splendide Royal, porta Pinciana 14 ✉ 00187 ☎ 06 42168838, ☂, prenotare – ▤. AE $ ⓓ MC VISA. ✂ p. 12 **NU** b
Pasto carta 65/94.
◆ C'è tutto lo charme di una lussuosa ambientazione d'epoca in questa nuova «terrazza» che domina Roma; servizio estivo all'aperto e cucina moderna su basi mediterranee.

XXX **Harry's Bar**, via Vittorio Veneto 150 ✉ 00187 ☎ 06 484643, *info@harrysbar.it, Fax 06 4883117*, ☂, Coperti limitati; prenotare – ▤ – 🎤 40. AE $ ⓓ MC VISA JCB. ✂ p. 13 **OU** b
chiuso domenica – **Pasto** carta 60/112.
◆ Ancora e sempre di alto livello l'eleganza, la frequentazione e la cucina del locale, mondanissimo ai tempi della «dolce vita»; approfittate dell'ottimo bar per un drink.

XXX ✿ **Agata e Romeo**, via Carlo Alberto 45 ✉ 00185 ☎ 06 4466115, *ristorante@agataeromeo.it, Fax 06 4465842*, Coperti limitati; prenotare – ⇔ ▤. AE $ ⓓ MC VISA JCB. ✂ p. 13 **PX** d
chiuso dal 1° al 13 gennaio, dal 7 al 28 agosto, sabato e domenica – **Pasto** carta 57/78.
◆ Piccolo locale elegante e curatissimo, per una cucina dai due volti: uno rivolto alla tradizione, l'altro alla creatività. La scelta dei vini è tra le migliori di Roma.
Spec. Sformato di formaggio di fossa con salsa di pere e miele (estate-inverno). Vignarola (specialità romana a base di fave, piselli e carciofi; primavera). Baccalà islandese in quattro modi.

XXX **Asador Cafè Veneto**, via Vittorio Veneto 116 ✉ 00187 ☎ 06 4827107, *cafeveneto@hotmail.com, Fax 06 42011240*, ☂, Rist.-cocktail bar – ▤. AE $ ⓓ MC VISA JCB. ✂ p. 13 **OU** p
chiuso dal 10 al 31 agosto e lunedì – **Pasto** specialità argentine alla brace la sera e domenica a mezzogiorno carta 40/58.
◆ Tra le proposte gastronomiche di via Veneto e dintorni, un elegante ristorante-cocktail bar, con piatti classici e specialità argentine (carne direttamente dalla Pampa).

XX **Al Grappolo d'Oro**, via Palestro 4/10 ✉ 00185 ☎ 06 4941441, *Fax 06 4452350* – ▤. AE $ ⓓ MC VISA JCB. ✂ p. 13 **PU** c
chiuso agosto, sabato a mezzogiorno e domenica – **Pasto** carta 32/46.
◆ Non lontano dalle Terme di Diocleziano, un ristorante classico, che recenti ritocchi hanno migliorato e raffinato, con un ampio menù di proposte tradizionali.

Girarrosto Fiorentino, via Sicilia 46 ✉ 00187 ✆ 06 42880660, *girarrostofiorentino@yahoo.it, Fax 06 42010078* – ▤. AE Ⓢ ⓪ MC VISA JCB. ✻ p. 13 **OU** f
Pasto carta 37/56.
◆ In un ambiente particolarmente caldo per la boiserie alle pareti, si possono gustare piatti tradizionali toscani, specialità di carne alla brace, ma anche di mare.

Monte Caruso Cicilardone, via Farini 12 ✉ 00185 ✆ 06 483549 – ⊭ ▤. AE Ⓢ ⓪ MC VISA. ✻ p. 13 **PV** k
chiuso agosto, lunedì a mezzogiorno e domenica – **Pasto** specialità lucane carta 33/51.
◆ I sapori del sud in un locale caldo e accogliente a conduzione familiare, con una carta basata sulle specialità lucane, realizzate in modo semplice e genuino.

Papà Baccus, via Toscana 32/36 ✉ 00187 ✆ 06 42742808, *papabaccus@papabaccus.com, Fax 06 42010005*, prenotare – ⊭ ▤. AE Ⓢ ⓪ MC VISA JCB. ✻ p. 13 **OU** w
Pasto specialità toscane carta 45/69.
◆ Nella zona di via Veneto, ristorante d'impostazione classica, assai frequentato, con invitanti proposte di mare e di cucina toscana (carne chianina garantita).

Giovanni, via Marche 64 ✉ 00187 ✆ 06 4821834, *Fax 06 4817366* – ▤. AE Ⓢ ⓪ MC VISA p. 13 **OU** a
chiuso agosto, venerdì sera e sabato – **Pasto** carta 32/60.
◆ L'indirizzo già rivela l'origine delle specialità, marchigiane appunto, di un ristorante di habitué che nella sua accogliente sala propone anche piatti romani.

Hostaria da Vincenzo, via Castelfidardo 6 ✉ 00185 ✆ 06 484596, *Fax 06 4870092* – ▤. AE Ⓢ ⓪ MC VISA JCB p. 13 **PU** e
chiuso agosto e domenica – **Pasto** carta 25/37.
◆ Classiche qui tanto l'impostazione che le proposte, sia di carne che di pesce. Ambiente simpatico e accogliente, clientela di lavoro e di habitué.

Taverna Urbana, via Urbana 137 ✉ 00184 ✆ 06 4884439, *Fax 06 7010605* – ▤. AE Ⓢ ⓪ MC VISA JCB. ✻ p. 13 **PVX** m
chiuso agosto e lunedì – **Pasto** specialità di mare carta 24/40.
◆ Non lontano dalla stazione Termini, un ristorante classico, con piatti tipici laziali e specialità di pesce, tutti realizzati con materie prime freschissime.

Peppone, via Emilia 60 ✉ 00187 ✆ 06 483976, *Fax 06 483976*, Rist. di tradizione – ▤. AE Ⓢ ⓪ MC VISA JCB. ✻ p. 13 **OU** r
chiuso Natale, Ferragosto, sabato e domenica in agosto, solo domenica negli altri mesi – **Pasto** carta 30/40 (15 %).
◆ Gestito dalla stessa famiglia dal 1890, è un punto di riferimento per chi voglia gustare in un ambiente classico piatti della tradizione e qualche proposta tipica.

Colline Emiliane, via degli Avignonesi 22 ✉ 00187 ✆ 06 4817538, *Fax 06 4817538*, prenotare – ▤. Ⓢ MC VISA JCB p. 12 **NV** d
chiuso agosto e venerdì – **Pasto** specialità emiliane carta 27/34.
◆ Come sanno gli habitué, questo piccolo, semplice, ma accogliente locale a calorosa gestione familiare è l'ideale per gustare i piatti della tradizione emiliana.

Roma Antica

Colosseo, Fori Imperiali, Aventino, Terme di Caracalla, Porta San Paolo, Monte Testaccio
(Pianta : Roma p. 8, 9, 16 e 17)

Capo d'Africa senza rist, via Capo d'Africa 54 ✉ 00184 ✆ 06 772801, *info@hotelcapodafrica.com, Fax 06 77280801*, – |‡| ▤ TV ☎ ♿ – 🏛 70. AE Ⓢ ⓪ MC VISA JCB. ✻
64 cam ☕ 290/320, suite. p. 17 **PZ** b
◆ Le camere suddivise in due tipologie in base alla metratura, ma la finezza degli arredi e le tinte tenui contraddistinguono tutta la struttura. A due passi dal Colosseo.

Forum, via Tor de' Conti 25 ✉ 00184 ✆ 06 6792446, *info@hotelforum.com, Fax 06 6786479* – |‡| ▤ TV – 🏛 100. AE Ⓢ ⓪ MC VISA JCB. ✻ p. 17 **OY** a
Pasto *(chiuso domenica sera)* carta 58/78 – **79 cam** ☕ 230/330.
◆ Posizione unica, a pochi metri dai Fori Imperiali e vicino al Colosseo, e stile di buon livello per un albergo con eleganti spazi comuni e bella terrazza panoramica. Pranzare o cenare con i Fori ai propri piedi non è cosa di tutti i giorni.

Borromeo senza rist, via Cavour 117 ✉ 00184 ✆ 06 485856, *borromeo@travel.it, Fax 06 4882541* – |‡| ▤ TV ☎ ♿. AE Ⓢ ⓪ MC VISA JCB p. 17 **PX** z
30 cam ☕ 230/260, 3 suites.
◆ Nelle vicinanze della basilica di S.Maria Maggiore, un albergo confortevole; spaziose e ben accessoriate camere con arredi in stile classico e piacevole roof-garden.

Villa San Pio 🐎 senza rist, via di Santa Melania 19 ✉ 00153 ✆ 06 5743547, *info@aventinohotels.com, Fax 06 5741112*, ⛱ – |‡| ▤ TV ♿ P – 🏛 25. AE Ⓢ ⓪ MC VISA JCB. ✻ p. 16 **MZ** b
78 cam ☕ 199,10/216,70.
◆ Con altri due hotel della stessa proprietà la struttura condivide il gradevole giardino e la fisionomia di quieta villa residenziale; bella hall spaziosa, camere nuove.

Duca d'Alba senza rist, via Leonina 12/14 ✉ 00184 ☎ 06 484471, *info@hotelducadalba.com, Fax 06 4884840* – p. 17 **OY c**
8 – 27 cam 130/185.
◆ Nel pittoresco quartiere anticamente detto della Suburra, l'albergo, completamente ristrutturato, è dotato di camere complete, con arredi classici eleganti.

Celio senza rist, via dei Santi Quattro 35/c ✉ 00184 ☎ 06 70495333, *info@hotelcelio.com, Fax 06 7096377* – p. 17 **PZ a**
19 cam 230/290.
◆ Un armonioso mix di atmosfera, raffinatezza e confort in questa accogliente risorsa, che offre eleganti stanze personalizzate. E in quattro passi siete al Colosseo.

Domus Aventina senza rist, via Santa Prisca 11/b ✉ 00153 ☎ 06 5746135, *info@domus-aventina.com, Fax 06 57300044* – p. 16 **NZ k**
26 cam 125/205.
◆ In posizione tranquilla nel quartiere aventino, non lontano dal Circo Massimo, un albergo con camere ampie e moderne; spazi comuni più limitati, ma confortevoli.

Mercure Hotel Roma Delta Colosseo senza rist, via Labicana 144 ✉ 00184 ☎ 06 770021, *mercure.romacolosseo@accor-hotels.it, Fax 06 7005781*, – 60. p. 17 **PYZ t**
160 cam 171/274.
◆ Bizzarro contrasto tra la Roma antica e l'edificio contemporaneo di un hotel che ha il suo punto di forza nella piscina su terrazza panoramica con vista sul Colosseo.

Cilicia senza rist, via Cilicia 5/7 ✉ 00179 ☎ 06 7005554, *hotelcilicia@tin.it, Fax 06 77250016* – p. 7 **BR q**
58 cam 103/150.
◆ Nata nel 2000 da una sapiente opera di ristrutturazione, risorsa moderna, con comodo parcheggio; bella boiserie negli interni in stile e camere dotate di ogni confort.

Piccadilly senza rist, via Magna Grecia 122 ✉ 00183 ☎ 06 77207017, *piccadilly.rm@bestwestern.it, Fax 06 70476686* – p. 9 **FT b**
55 cam 112/165.
◆ Si inizia bene la giornata facendo colazione nella sala panoramica al nono piano di un hotel funzionale, ben ubicato nei pressi di S.Giovanni in Laterano e del metrò.

Solis Invictus senza rist, via Cavour 311 ✉ 00184 ☎ 06 69920587, *hotelsolis@tin.it, Fax 06 69923395* – p. 17 **OY b**
16 cam 170/225.
◆ Dispone ora di una hall al piano terra questo signorile, piccolo albergo raccolto, nelle adiacenze del Colosseo; camere ampie, ben arredate, con ogni confort moderno.

Nerva senza rist, via Tor de' Conti 3/4/4 a ✉ 00184 ☎ 06 6781835, *hotelnerva@libero.it, Fax 06 69922204* – p. 16 **NY h**
19 cam 160/220.
◆ Spazi comuni limitati, ma graziosi, e camere confortevoli in una piccola risorsa a conduzione familiare, ubicata in una via che si affaccia sui Fori Imperiali.

Sant'Anselmo senza rist, piazza Sant'Anselmo 2 ✉ 00153 ☎ 06 5748119, *info@aventinohotels.com, Fax 06 5783604*, – p. 16 **MZ m**
45 cam 119,90/182,60.
◆ Nel quartiere Aventino, una villa in stile liberty con piccolo giardino interno, tranquilla e signorile, che conserva una gradevole atmosfera inizio secolo.

Paba senza rist, via Cavour 266 ✉ 00184 ☎ 06 47824902, *info@hotelpaba.com, Fax 06 47881225* – p. 17 **OY b**
7 cam 95/125.
◆ Al secondo piano di un vecchio palazzo, una risorsa molto contenuta negli spazi, condotta da un'esperta gestione familiare. Prezzi decisamente interessanti.

Anne & Mary senza rist, via Cavour 325 ✉ 00184 ☎ 06 69941187, *info@anne-mary.com, Fax 06 6780629* – p. 17 **OY**
3 cam 100/125.
◆ La gestione affidabile e signorile ha saputo imprimere un'impronta omogenea a questa piccola e graziosa risorsa. Belle camere, al primo piano di un palazzo vicino ai Fori.

Checchino dal 1887, via Monte Testaccio 30 ✉ 00153 ☎ 06 5746318, *checchino_roma@tin.it, Fax 06 5743816*, Locale storico, prenotare – p. 8 **DT a**
chiuso dal 24 dicembre al 2 gennaio, agosto, domenica e lunedì – **Pasto** cucina romana carta 35/59.
◆ Nel caratteristico quartiere di Testaccio, un indirizzo veramente storico per gustare alcune tipiche specialità della cucina romana, basate su carni e frattaglie.

Maharajah, via dei Serpenti 124 ✉ 00184 ☎ 06 4747144, *maharajah@maharajah.it, Fax 06 47885393* – p. 17 **OY s**
Pasto cucina indiana carta 27/33 (10 %).
◆ Luci soffuse, tappeti, stampe indiane e tendaggi creano la giusta atmosfera, in questo ristorante orientale, per gustare la «vera» cucina indiana non europeizzata.

Papok, salita del Grillo 6/b ✉ 00184 ☎ 06 69922183, *papok@tiscali.it, Fax 06 69922183* – ▤. AE ⓢ ⓞ ⓜ VISA. ✂ p. 16 **NY** c
chiuso dal 3 al 31 agosto e lunedì – **Pasto** carta 39/53.
◆ Nella zona dei Fori, ambientazione classica con rifiniture rustiche in un ristorante, di esperta gestione, che propone terra, ma soprattutto mare secondo la tradizione.

Lo Scopettaro, lungotevere Testaccio 7 ✉ 00153 ☎ 06 5742408, *Fax 06 5757912* – ▤. AE ⓢ ⓞ ⓜ VISA JCB. ✂ p. 15 **LZ** a
Pasto cucina romana casalinga carta 21/36.
◆ Ambiente rustico e accoglienza cordiale in una trattoria gestita da tre generazioni della stessa famiglia; tipica cucina romana d'impronta casalinga.

San Pietro (Città del Vaticano)

Gianicolo, Monte Mario, Stadio Olimpico **(Pianta : Roma p. 8, 10 e 11)**

Cavalieri Hilton, via Cadlolo 101 ✉ 00136 ☎ 06 35091, *fom_rome@hilton.com, Fax 06 35092241*, ≤ città, ⛱, Collezione d'arte privata, ⛳, ≘s, ⛱, ⛱, ✂ – |♦|, ⇔ cam, ▤ TV ☎ ♿ ⇔ P – 🏛 2000. AE ⓢ ⓞ ⓜ VISA JCB. ✂ rist p. 8 **CS** a
Pasto al Rist. ***Il Giardino dell'Uliveto*** carta 79/144 vedere anche rist ***La Pergola*** – ☕ 45 – **354 cam** 695/745, 17 suites.
◆ Vista dall'alto sulla città, terrazze solarium e parco con piscina, collezioni d'arte: solo alcune delle prerogative di un grande albergo che offre il massimo in tutto. Ai bordi della piscina, ristorante di ambiente informale per cenare con musica dal vivo.

Jolly Hotel Villa Carpegna, via Pio IV 6 ✉ 00165 ☎ 06 393731, *roma_villacarpegna@jollyhotels.it, Fax 06 636856*, ⛱ – |♦|, ⇔ cam, ▤ TV ☎ ♿ P – 🏛 330. AE ⓢ ⓞ ⓜ VISA JCB. ✂ rist p. 6 **AQ** a
Pasto (solo per alloggiati) carta 29/51 – **201 cam** ☕ 220/250, 2 suites – ½ P 161.
◆ Il nuovo nato in città della grande catena alberghiera è un complesso di notevole modernità, con piscina all'aperto, comodo parcheggio e un attrezzato centro congressi.

Visconti Palace senza rist, via Federico Cesi 37 ✉ 00193 ☎ 06 3684, *viscontipalace@italyhotel.com, Fax 06 3200551* – |♦|, ⇔ cam, ▤ TV ☎ ♿ ⇔ – 🏛 150. AE ⓢ ⓞ ⓜ VISA JCB. ✂ p. 11 **KU** b
234 cam ☕ 270/300, 13 suites.
◆ Grande struttura anni '70, via via rimodernata, elegante e funzionale, che si presta ad una clientela sia di lavoro che turistica; camere spaziose dotate di ogni confort.

Jolly Leonardo da Vinci, via dei Gracchi 324 ✉ 00192 ☎ 06 328481, *roma_leonardodavinci@jollyhotels.it, Fax 06 3610138* – |♦|, ⇔ cam, ▤ TV ☎ – 🏛 180. AE ⓢ ⓞ ⓜ VISA. ✂ p. 11 **KU** a
Pasto (solo per alloggiati) carta 31/46 – **239 cam** ☕ 209/268, 5 suites – ½ P 172.
◆ La struttura garantisce un elevato standard di confort sia alla numerosa clientela congressuale e d'affari che a quella turistica. Hall rinnovata, così come numerose camere.ddisfacente possibilità di scelta.

Atlante Star, via Vitelleschi 34 ✉ 00193 ☎ 06 6873233, *atlante.star@atlantehotels.com, Fax 06 6872300* – |♦| ▤ TV ⇔ – 🏛 50. AE ⓢ ⓞ ⓜ VISA JCB p. 11 **JV** c
Pasto vedere rist ***Les Etoiles*** – **70 cam** ☕ 280/325, 3 suites – ½ P 212,50.
◆ Vi sembrerà di toccare la cupola di S.Pietro dal verde roof-garden di un albergo situato tra Castel Sant'Angelo e il Vaticano; interni arredati con cura e signorilità.

Giulio Cesare senza rist, via degli Scipioni 287 ✉ 00192 ☎ 06 3210751, *Fax 06 3211736*, ⛱ – |♦| ▤ TV ☎ – 🏛 40. AE ⓢ ⓞ ⓜ VISA JCB. ✂ p. 11 **KU** d
80 cam ☕ 250/300.
◆ Eleganza sobria per l'esterno e per gli interni di un hotel accogliente, ubicato in una villa patrizia con piccolo giardino interno; raffinati arredi in stile Luigi XVI.

Farnese senza rist, via Alessandro Farnese 30 ✉ 00192 ☎ 06 3212553, *hotel.farnese@mclink.it, Fax 06 3215129* – |♦| ▤ TV ☎ P. AE ⓢ ⓞ ⓜ VISA. ✂ p. 11 **KU** e
23 cam ☕ 180/248.
◆ La tranquillità del quartiere Prati e la comodità del metrò a 50 m. per una risorsa ospitata in una palazzina patrizia ristrutturata; eleganti, curati interni in stile.

Starhotel Michelangelo, via Stazione di San Pietro 14 ✉ 00165 ☎ 06 398739, *michelangelo.rm@starhotels.it, Fax 06 632359* – |♦|, ⇔ cam, ▤ TV ♿ – 🏛 150. AE ⓢ ⓞ ⓜ VISA JCB. ✂ p. 10 **GX** u
Pasto carta 50/80 – **171 cam** ☕ 223/253, 8 suites.
◆ Nelle vicinanze di S.Pietro, albergo che offre confort e servizi adeguati alla sua categoria; arredi in stile sia nelle spaziose zone comuni che nelle curate camere. L'ambientazione di sobria classicità caratterizza anche il ristorante.

Residenza Paolo VI senza rist, via Paolo VI 29 ✉ 00193 ☎ 06 68134108, *info@residenzapaoloVI.com, Fax 06 6867428*, ≤ – ▤ TV. AE ⓢ ⓞ ⓜ VISA. ✂ p. 14 **HV** a
29 cam ☕ 195/249.
◆ Una terrazza affacciata su San Pietro, uno dei panorami più esclusivi e maestosi della Città Eterna. All'interno di un ex monastero, garbo e fascino particolari.

Grand Hotel Tiberio, via Lattanzio 51 ✉ 00136 ☎ 06 399629, *info@ghtiberio.com, Fax 06 39735202,* – 120. **Pasto** carta 26/38 – **89 cam** 250/287 – ½ P 140. p. 6 **AQ** f

◆ Hotel costruito ex novo in una tranquilla zona residenziale dove un tempo sorgeva un insediamento industriale. Hall ampia con grandi vetrate, camere spaziose e confortevoli. Sala da pranzo confortevole, ricca di piante e fiori.

Dei Consoli senza rist, via Varrone 2/d ✉ 00193 ☎ 06 68892972, *info@hoteldeiconsoli.com, Fax 06 68212274* – p. 10 **HU** a
28 cam 200/290.

◆ Un palazzetto totalmente ristrutturato ospita dal 2000 un hotel raccolto, curato nei particolari, per una clientela di gusti raffinati; eleganti camere in stile impero.

Sant'Anna senza rist, Borgo Pio 133 ✉ 00193 ☎ 06 68801602, *santanna@travel.it, Fax 06 68308717* – p. 10 **HV** m
20 cam 150/200.

◆ Originali murali trompe l'oeil e grazioso cortiletto interno in un piccolo e accogliente albergo, ubicato in un palazzetto cinquecentesco a pochissimi passi da S.Pietro.

Arcangelo senza rist, via Boezio 15 ✉ 00192 ☎ 06 6874143, *hotel.arcangelo@travel.it, Fax 06 6893050,* ≤ Basilica di San Pietro – p. 11 **JU** f
33 cam 140/206.

◆ Buon gusto e cura dei dettagli negli spazi comuni, con calda boiserie, di una palazzina di epoca umbertina; terrazza solarium con vista sulla Basilica di S.Pietro.

Gerber senza rist, via degli Scipioni 241 ✉ 00192 ☎ 06 3216485, *info@hotelgerber.it, Fax 06 3217048* – p. 11 **JU** h
27 cam 100/135.

◆ Nelle vicinanze del metrò, un albergo classico, a conduzione familiare; legno chiaro sia negli accoglienti spazi comuni che nelle camere, essenziali, ma graziose.

Alimandi senza rist, via Tunisi 8 ✉ 00192 ☎ 06 39723948, *alimandi@tin.it, Fax 06 39723943,* – p. 10 **GU** a
chiuso dall'8 gennaio al 10 febbraio – **35 cam** 100/155.

◆ Risorsa totalmente rimodernata, con camere semplici, ma nuove e funzionali, e una bella terrazza su cui d'estate si fa colazione; a due passi dai Musei Vaticani.

Ara Pacis senza rist, via Vittoria Colonna 11 ✉ 00193 ☎ 06 3204446, *arapacis@libero.it, Fax 06 3211325* – p. 11 **KUV** t
37 cam 170/199.

◆ Ci sono alcuni soffitti lignei originali in questo hotel al 3° piano di un palazzo dell'800, vicino al Tevere; buon livello di confort, per clienti d'affari e turisti.

La Pergola - Hotel Cavalieri Hilton, via Cadlolo 101 ✉ 00136 ☎ 06 35092152, *lapergola@hilton.com, Fax 06 35092165,* ≤ città, prenotare – p. 8 **CS** a
chiuso dal 1° al 26 gennaio, dall'8 al 23 agosto, domenica, lunedì e a mezzogiorno – **Pasto** 120/135 e carta 92/144.

◆ Lussuosa, ma raffinata eleganza, servizio impeccabile, ampio e suggestivo panorama della Città Eterna: una cena in questo roof-restaurant è un'esperienza davvero unica.
Spec. Carpaccio di scampi con caviale ed erba cipollina. Tortellini di ricotta con pecorino e fave (primavera). Crepinette di piccione e fegato grasso d'anatra.

Les Etoiles - Hotel Atlante Star, via dei Bastioni 1 ✉ 00193 ☎ 06 6893434, *les.etoiles@atlantehotels.com, Fax 06 6872300,* – p. 11 **JV** c
Pasto carta 79/117.

◆ Dal ristorante, ubicato nell'hotel Atlante Star, godrete di un'incomparabile vista sui tetti di Roma e sulla Basilica di S.Pietro, soprattutto dal roof-garden estivo.

Il Simposio-di Costantini, piazza Cavour 16 ✉ 00193 ☎ 06 32111131, *Fax 06 3211502,* Rist.-enoteca – p. 11 **KU** c
chiuso agosto, sabato a mezzogiorno e domenica – **Pasto** carta 39/54.

◆ Ristorante-enoteca dove è possibile bere un bicchiere di vino al banco o optare per l'elegante sala e scegliere tra piatti freddi e caldi; ampia selezione di formaggi.

Antico Arco, piazzale Aurelio 7 ✉ 00152 ☎ 06 5815274, *anticoarco@tiscali.it, Fax 06 5815274,* prenotare – p. 15 **JZ** a
chiuso dall'8 al 22 agosto e domenica – **Pasto** carta 38/55.

◆ Locale alla moda, molto affollato, completamente rinnovato secondo uno stile minimalista. All'ingresso il bar, il ristorante è suddiviso su due piani; servizio attento.

Taverna Angelica, piazza Amerigo Capponi 6 ✉ 00193 ☎ 06 6874514, Rist-soupers, cucina fino a mezzanotte, prenotare – p. 11 **JV** t
chiuso dal 10 al 20 agosto e a mezzogiorno – **Pasto** carta 28/48.

◆ Ideale per una cenetta romantica a lume di candela, anche dopo teatro; un locale intimo e accogliente con interessanti proposte inventive di cucina nazionale.

L'Antico Porto, via Federico Cesi 36 ✉ 00193 ☎ 06 3233661, *Fax 06 3203483* – p. 11 **KU** b
chiuso agosto, sabato a mezzogiorno e domenica – **Pasto** carta 42/68.

◆ La gestione, seria ed affidabile ha deciso di puntare sul pesce e il successo non è mancato. Il ristorante è raccolto, d'impostazione classica, complessivamente gradevole.

Dal Toscano-al Girarrosto, via Germanico 58 00192 ✆ 06 39725717, *info@ristorantedaltoscano.it, Fax 06 39730748,* , Rist. d'habitues – . AE VISA.
chiuso dal 24 dicembre al 3 gennaio, dal 10 agosto al 1º settembre e lunedì – **Pasto** specialità toscane carta 28/40 (12 %). p. 10 **HU** n
◆ Atmosfera da trattoria, servizio cordiale, clientela di habitué, carni e altri alimenti a vista in un ristorante specializzato nella cucina toscana; dehors estivo.

Da Cesare, via Crescenzio 13 ✉ 00193 ✆ 06 6861227, *cesarrst@tin.it, Fax 06 68130351* – . AE VISA. p. 11 **KUV** s
chiuso Natale, Pasqua, agosto, domenica sera e lunedì – **Pasto** specialità toscane e di mare 30/60 carta 36/53.
◆ Come allude il giglio di Firenze sui vetri all'ingresso, le specialità di questo locale sono toscane, oltre che di mare. Ambiente accogliente, ampia la carta dei vini.

Delle Vittorie, via Montesanto 58/64 ✉ 00195 ✆ 06 37352776, *Fax 06 37515447,* – . AE VISA. p. 8 **CS** f
chiuso dal 24 dicembre al 7 gennaio e domenica – **Pasto** carta 28/39.
◆ Due sale semplici, rallegrate da piatti di ceramica e quadretti alle pareti; il forte della cucina, nazionale e locale, sono gli antipasti presentati in ricco buffet.

Parioli

via Flaminia, Villa Borghese, Villa Glori, via Nomentana, via Salaria **(Pianta : Roma p. 7, 8, 9 e 13)**

Grand Hotel Parco dei Principi, via Gerolamo Frescobaldi 5 ✉ 00198 ✆ 06 854421, *principi@parcodeiprincipi.com, Fax 06 8845104,* , , riscaldata – – 600. AE VISA. rist p. 9 **ES** a
Pasto al Rist. ***Pauline Borghese*** carta 56/74 – **165 cam** 450/620, 20 suites.
◆ Affacciato sul grande parco di Villa Borghese, l'hotel è un'oasi di verde tranquillità nel cuore di Roma; interni caldi ed eleganti, cura dei dettagli e servizio attento. Esclusivo ristorante che propone una cucina eclettica ben interpretata.

Lord Byron , via De Notaris 5 ✉ 00197 ✆ 06 3220404, *info@lordbyronhotel.com, Fax 06 3220405* – . AE VISA JCB. p. 8 **DS** b
Pasto al Rist ***Sapori*** *(chiuso domenica)* carta 50/66 – **27 cam** 363/445,50, 9 suites.
◆ Più che un hotel, una dimora per un soggiorno esclusivo: interni eleganti e raffinati, camere che fondono lusso e confort moderni, servizio impeccabile di alto livello. Sala da pranzo dall'ambiente molto signorile, ideale anche per cene intime e raccolte.

Aldrovandi Palace, via Ulisse Aldrovandi 15 ✉ 00197 ✆ 06 3223993, *hotel@aldrovandi.com, Fax 06 3221435,* , – – 300. AE VISA JCB. p. 9 **ES** c
Pasto carta 105/130 – 27,50 – **122 cam** 500/600, 13 suites.
◆ In un elegante palazzo fine '800 con vista su Villa Borghese, ha un piccolo parco ombreggiato con piscina, lussuosi interni d'epoca e camere di signorile raffinatezza.

The Duke Hotel, via Archimede 69 ✉ 00197 ✆ 06 367221, *theduke@thedukehotel.com, Fax 06 36004104* – – 60. AE VISA JCB. rist p. 9 **DS** w
Pasto (solo per alloggiati) carta 48/70 – **64 cam** 362/410, 14 suites.
◆ Discreta, ovattata atmosfera da raffinato club inglese negli interni in stile di un albergo nuovo, dotato di accessori moderni; il tè delle 5 è servito davanti al camino.

Albani senza rist, via Adda 45 ✉ 00198 ✆ 06 84991, *hotelalbani@flashnet.it, Fax 06 8499399* – – 90. AE VISA JCB. p. 9 **ES** b
157 cam 186/270.
◆ Affacciato sul parco dell'antica Villa Albani, non lontano da via Veneto, hotel di concezione moderna e di spazi comuni confortevoli, come l'ampia e luminosa hall.

Mercure Roma Corso Trieste senza rist, via Gradisca 29 ✉ 00198 ✆ 06 852021, *mercure.romatrieste@accor-hotels.it, Fax 06 8412444* – – 30. AE VISA p. 9 **FS** d
97 cam 180/200.
◆ Camere moderne, spaziose e confortevoli in questo hotel dall'insolita ubicazione in un quartiere quasi esclusivamente residenziale. All'ultimo piano palestra e solarium.

Degli Aranci, via Oriani 11 ✉ 00197 ✆ 06 8070202, *hotel.degliaranci@flashnet.it, Fax 06 8070704,* – – 40. AE VISA JCB. p. 9 **ES** g
Pasto carta 25/75 – **54 cam** 135/240, 2 suites – ½ P 145.
◆ Nei pressi di viale Parioli, in zona verde e piuttosto tranquilla, una risorsa signorile, con zone comuni in stile, gradevoli e curate; camere dotate di ogni confort. Sala ristorante con le finestre affacciate sul verde.

Villa Grazioli senza rist, via Salaria 241 ✉ 00199 ✆ 06 8416587, *info@villagrazioli.it, Fax 06 8413385* – . AE VISA p. 9 **ES** m
30 cam 140/180.
◆ Tra i parchi di Villa Ada e Villa Borghese, albergo di nuova costruzione, dotato di spazi comuni gradevoli, con originali soffitti a cassettoni, e camere confortevoli.

Fenix, viale Gorizia 5 ✉ 00198 ☎ 06 8540741, *info@fenixhotel.it, Fax 06 8543632,* – . p. 9 **FS** n
Pasto *(chiuso agosto, sabato sera e domenica)* carta 24/40 – **76 cam** 130/200.
◆ Vicino al parco di Villa Torlonia, una risorsa con zone comuni curate e molto signorili, stanze arredate con gusto e ben rifinite; piacevole il giardino interno. Tenui e raffinate le tonalità di colore che dominano nella sala ristorante.

Hotel Astrid senza rist, largo Antonio Sarti 4 ✉ 00196 ☎ 06 3236371, *info@hotelastrid.com, Fax 06 3220806* – . p. 8 **DS** a
44 cam 100/140.
◆ Gestione cordiale e professionale, camere di buona fattura, rinnovate e ben accessoriate; ma soprattutto le piccola colazione servita sulla bella terrazza panoramica.

Villa del Parco senza rist, via Nomentana 110 ✉ 00161 ☎ 06 44237773, *info@hotelvilladelparco.it, Fax 06 44237572,* – . p. 9 **FS** r
29 cam 120/160.
◆ In una graziosa villa fine '800 circondata da un giardino, un hotel accogliente, che ha nella gestione familiare e nella cura del servizio i suoi punti di forza.

Villa Glori senza rist, via Celentano 11 ✉ 00196 ☎ 06 3227658, *Fax 06 3219495* – . p. 8 **DS** e
58 cam 165/232,41.
◆ Nelle vicinanze del Tevere, in comoda posizione, un indirizzo familiare e accogliente, con interni signorili e funzionali; camere con ogni comodità.

Santa Costanza senza rist, viale 21 Aprile 4 ✉ 00162 ☎ 06 8600602, *santacostanza@tiscalinet.it, Fax 06 8602786,* – . p. 9 **FS** f
74 cam 118/160.
◆ Nelle immediate vicinanze della via Nomentana, offre spazi comuni gradevoli, servizio efficiente e camere ristrutturate dotate di ogni confort; grazioso giardino.

Buenos Aires senza rist, via Clitunno 9 ✉ 00198 ☎ 06 8554854, *info@hotelbuenosaires.it, Fax 06 8415272* – 35. p. 9 **ES** k
51 cam 160/210.
◆ In zona tranquilla e facilmente raggiungibile, una comoda risorsa, che offre confort e servizi adeguati alla categoria; per una clientela sia turistica che di lavoro.

A Casa di Giorgia senza rist, corso Trieste 62 ✉ 00198 ☎ 06 8548797, *Fax 06 8548797.* p. 9 **FS** e
chiuso gennaio ed agosto – **4 cam** 50/80.
◆ Al secondo piano di un palazzo signorile, ubicato in un quartiere residenziale, quattro belle camere di cui solo una con bagno privato. La colazione è servita in camera.

Gallura, via Giovanni Antonelli 2 ✉ 00198 ☎ 06 8072971, *Fax 06 8078110,* – . p. 9 **ES** f
chiuso dal 10 al 25 agosto, dal 1°al 10 gennaio e lunedì – **Pasto** carta 61/87.
◆ Ampio e gradevolissimo servizio estivo all'aperto per questo locale ben ubicato, leggermente rialzato rispetto al livello stradale. Cucina prevalentemente di mare.

Al Ceppo, via Panama 2 ✉ 00198 ☎ 06 8551379, *info@ristorantealceppo.it, Fax 06 85301370,* prenotare – . p. 9 **ES** q
chiuso dall'8 al 24 agosto e lunedì – **Pasto** carta 41/54.
◆ Tono rustico, ma elegante, cucina tradizionale, con piatti anche in chiave moderna, e accoglienza familiare caratterizzano un locale assai frequentato da habitué.

La Scala, viale dei Parioli 79/d ✉ 00197 ☎ 06 8083978, *Fax 06 8084463,* Rist. e pizzeria serale – . p. 9 **ES** s
chiuso dal 6 al 21 agosto e mercoledì – **Pasto** carta 27/42.
◆ Gestito dalla stessa famiglia da trent'anni, è un ristorante classico che offre tradizionale cucina nazionale; a cena, possibilità di gustare anche una pizza.

Ambasciata d'Abruzzo, via Pietro Tacchini 26 ✉ 00197 ☎ 06 8078256, *info@ambasciata-di-abruzzo.it, Fax 06 8074964,* – . p. 9 **ES** e
Pasto carta 29/40.
◆ Un «ambasciatore» della cucina abruzzese, che non disdegna però classici piatti laziali e di pesce, in un ambiente rustico e familiare; gradevole il dehors estivo.

Al Fogher, via Tevere 13/b ✉ 00198 ☎ 06 8417032, *Fax 06 8558097* – . p. 13 **PU** b
chiuso agosto, sabato a mezzogiorno e domenica – **Pasto** specialità venete carta 37/47.
◆ Risi e bisi, pasta e fasioi, fegato alla veneziana sono alcune delle tipiche specialità venete che gusterete in questo piacevole locale rustico «fuori le mura».

Coriolano, via Ancona 14 ✉ 00198 ☎ 06 44249863, *Fax 06 44249724,* Trattoria elegante, Coperti limitati; prenotare – . p. 13 **PU** d
chiuso dall'8 agosto al 1°settembre – **Pasto** carta 41/63.
◆ L'omonimo proprietario ha festeggiato i 50 anni di attività di questa trattoria di tono elegante, ma di impronta familiare, con un ambiente piacevole e ben curato.

X **Al Chianti,** via Ancona 17 ✉ 00198 ☎ 06 44291534, Trattoria toscana con taverna, prenotare – ▤. AE ⓓ ⓞ MC VISA p. 13 **PU** d
chiuso dal 6 al 22 agosto e domenica – **Pasto** carta 27/38.
◆ C'è molto legno nell'ambiente caldo e accogliente di una trattoria con taverna di tono rustico-signorile, che propone le specialità tipiche della cucina toscana.

Zona Trastevere

(quartiere tipico) **(Pianta : Roma p. 15 e 16)**

Santa Maria senza rist, vicolo del Piede 2 ✉ 00153 ☎ 06 5894626, *hotelsantamaria@libero.it, Fax 06 5894815,* – ▤ TV ♿. AE ⓓ ⓞ MC VISA JCB. p. 15 **KYZ** a
19 cam ☕ 155/207.
◆ Si sviluppa su un piano intorno ad un cortile-giardino questa nuova, tranquilla risorsa, nata dove c'era un chiostro del '400. A pochi passi da S.Maria in Trastevere.

San Francesco senza rist, via Jacopa de' Settesoli 7 ✉ 00153 ☎ 06 58300051, *hotelsanfrancesco@tin.it, Fax 06 58333413* – |‡| ▤ TV. AE ⓓ MC VISA. p. 15 **KZ** b
24 cam ☕ 165/190.
◆ Un ex ostello collegato alla chiesa confinante, oggi completamente ristrutturato e riconvertito ad hotel. Bella sala colazioni, camere nuove e ben accessoriate.

XXX **Alberto Ciarla,** piazza San Cosimato 40 ✉ 00153 ☎ 06 5818668, *alberto@albertociarla.com, Fax 06 5884377,* , prenotare – ▤. AE ⓓ ⓞ MC VISA JCB. p. 15 **KZ** k
chiuso una settimana a gennaio, una settimana ad agosto, a mezzogiorno e domenica – **Pasto** specialità di mare 47/80 e carta 50/63.
◆ Piatti della cucina romana si sono aggiunti alle tradizionali specialità di pesce (crudo e non) in un elegante locale nel cuore di Trastevere. Buona la scelta dei vini.

XX **Corsetti-il Galeone,** piazza San Cosimato 27 ✉ 00153 ☎ 06 5816311, *Fax 06 5896255,* – ▤. AE ⓓ ⓞ MC VISA JCB. p. 15 **KZ** m
chiuso mercoledì a mezzogiorno – **Pasto** specialità romane e di mare 27/32 bc e carta 29/54.
◆ Molto caratteristica l'ambientazione, in un antico galeone, di una delle varie sale del ristorante, gestito dalla stessa famiglia dal 1922. Specialità romane e di mare.

XX **Sora Lella,** via di Ponte Quattro Capi 16 (Isola Tiberina) ✉ 00186 ☎ 06 6861601, *Fax 06 6861601* – ▤. AE ⓓ ⓞ MC VISA JCB. p. 16 **MY** g
chiuso dal 24 al 26 dicembre, Capodanno, Pasqua, agosto e domenica – **Pasto** cucina tradizionale romana carta 41/58.
◆ Figlio e nipoti della famosa «Sora Lella», ora scomparsa, perpetuano degnamente la tradizione sia nel calore dell'accoglienza che nella tipicità romana delle proposte.

XX **Paris,** piazza San Callisto 7/a ✉ 00153 ☎ 06 5815378, *Fax 06 5815378,* – ▤. AE ⓓ ⓞ MC VISA JCB. p. 15 **KZ** r
chiuso agosto, domenica sera e lunedì – **Pasto** specialità romane carta 30/55.
◆ Nel cuore di Trastevere, piacevole locale raccolto e signorile, che offre piatti tipici della tradizione romana rivisti e ingentiliti. Buona scelta di vini.

XX **Pastarellaro,** via di San Crisogono 33 ✉ 00153 ☎ 06 5810871, *Fax 06 5810871*, Rist.-enoteca con musica serale al piano – ▤. AE ⓓ ⓞ MC VISA. p. 15 **LZ** u
chiuso a mezzogiorno (escluso domenica) – **Pasto** specialità romane e di mare carta 36/74 (10%).
◆ Ristorante-enoteca dove la sera si cena con l'accompagnamento del pianoforte, gustando una saporita cucina romana tradizionale e piatti di pesce.

X **Asinocotto,** via dei Vascellari 48 ✉ 00153 ☎ 06 5898985, *Fax 06 5898985* – ▤. AE ⓓ ⓞ MC VISA p. 16 **MZ** a
chiuso dal 15 al 31 gennaio, lunedì e a mezzogiorno (escluso domenica) – **Pasto** carta 42/64.
◆ Locale accogliente e curato nella sua semplicità, dove assaggerete interessanti rivisitazioni creative di piatti tradizionali e dove tutto è rigorosamente fatto in casa.

X **Checco er Carettiere,** via Benedetta 10 ✉ 00153 ☎ 06 5817018, *osteria@tin.it, Fax 06 5884282,* , Rist. tipico – ▤. AE ⓓ ⓞ MC VISA. p. 15 **KY** t
chiuso domenica sera, anche lunedì a mezzogiorno in luglio-agosto – **Pasto** specialità romane e di mare carta 35/61.
◆ Tipica trattoria del pittoresco quartiere di Trastevere, che propone, in un ambiente rustico, ma al tempo stesso curato, specialità di mare e della cucina romana.

Zona Urbana Nord-Ovest

via Flaminia, via Cassia, Balduina, Prima Valle, via Aurelia **(Pianta : Roma p. 6 e 7)**

Colony senza rist, via Monterosi 18 ✉ 00191 ☎ 06 36301843, *colony@iol.it, Fax 06 36309495,* – |‡| ▤ TV P – 90. AE ⓓ ⓞ MC VISA JCB p. 7 **BQ** n
72 cam ☕ 130/150.
◆ Nella prima periferia, hotel ideale sia per una clientela di lavoro che per turisti di passaggio; camere confortevoli, in stile coloniale, sale riunione ben studiate.

Sisto V senza rist, via Lardaria 10 ✉ 00168 ✆ 06 35072185, *hotel.sistov@tiscalinet.it, Fax 06 35072186* – |♦| ▤ ▣ ⇌. AE ❍ ◑ ◎ VISA. ✻ p. 6 AQ b
22 cam ☐ 83/171.
◆ Nelle vicinanze del Policlinico Gemelli, struttura inaugurata nel 2000, dotata di comodo garage e di moderne camere funzionali; confort adeguati alla categoria.

L'Ortica, via Flaminia Vecchia 573 ✉ 00191 ✆ 06 3338709, *Fax 06 3338709,* ☂ – ✈. AE ❍ ◑ ◎ VISA JCB p. 7 BQ p
chiuso 2 settimane in agosto, domenica e a mezzogiorno; da ottobre ad aprile aperto domenica a mezzogiorno – **Pasto** specialità napoletane tradizionali carta 40/60.
◆ Un ottimo indirizzo per gustare «sfizi» di Napoli e in generale della cucina campana in un ambiente caldo e gradevole, arredato con curiosi oggetti di modernariato.

Zona Urbana Nord-Est

via Salaria, via Nomentana, via Tiburtina **(Pianta : Roma p. 7)**

Hotel la Giocca, via Salaria 1223 ✉ 00138 ✆ 06 8804411 e rist ✆ 06 8804503, *hotel@lagiocca.it, Fax 06 8804495,* ☂ – |♦| ▤ ▣ ✆ P – 🏛 180. AE ❍ ◑ ◎ VISA. ✻ p. 7 BQ f
Pasto al Rist. ***Pappa Reale*** specialità romane e di mare carta 29/38 – **88 cam** ☐ 136,34/167,85, 3 suites.
◆ Moderni confort e funzionalità in un albergo di recente ristrutturazione, ideale per una clientela di lavoro e di passaggio; arredi classici nelle camere, rinnovate. Ristorante con una notevole capacità ricettiva e servizio pizzeria.

Carlo Magno senza rist, via Sacco Pastore 13 ✉ 00141 ✆ 06 8603982, *desk@carlomagnohotel.com, Fax 06 8604355* – |♦| ▤ ▣ ✆ – 🏛 40. AE ❍ ◑ ◎ VISA JCB. ✻ p. 7 BQ a
60 cam ☐ 105/125.
◆ Comoda ubicazione, lungo la via Nomentana, per una risorsa completamente rinnovata, con interni ben rifiniti e di buon confort; ampia terrazza all'ultimo piano.

La Pergola senza rist, via dei Prati Fiscali 55 ✉ 00141 ✆ 06 8107250, *info@hotellapergola.com, Fax 06 8124353,* ☂ – |♦| ▤ ▣. AE ❍ ◑ ◎ VISA p. 7 BQ s
96 cam ☐ 130/160.
◆ Familiari sia la gestione che la cortese ospitalità in un hotel confortevole, nei pressi della via Salaria; nelle camere curate arredamento moderno con tinte pastello.

Gabriele, via Ottoboni 74 ✉ 00159 ✆ 06 4393498, *ristorantegabriele@virgilio.it, Fax 06 43535366,* prenotare – ▤. AE ❍ ◑ ◎ VISA. ✻ p. 7 BQ m
chiuso agosto, sabato, domenica e i giorni festivi – **Pasto** carta 40/60.
◆ Ristorante classico di stile moderno, a conduzione familiare da 40 anni, con cucina tradizionale, nazionale e romana, di carne e di pesce; discreta scelta di vini.

Mamma Angelina, viale Arrigo Boito 65 ✉ 00199 ✆ 06 8608928, *mammangelina@libero.it* – ▤. AE ❍ ◑ ◎ VISA. ✻ p. 7 BQ c
chiuso agosto e mercoledì – **Pasto** carta 30/48.
◆ E' il pesce ad avere un leggero sopravvento sulle proposte in menù, ma le preparazioni di carne non mancano. Buon rapporto qualità/prezzo, ambiente classico e informale.

Zona Urbana Sud-Est

via Appia Antica, via Appia Nuova, via Tuscolana, via Casilina **(Pianta : Roma p. 7 e 9)**

Appia Park Hotel senza rist, via Appia Nuova 934 ✉ 00178 ✆ 06 716741, *info@appiaparkhotel.it, Fax 06 7182457,* ☂ – |♦| ▤ ▣ ✆ ♿ ⇌ – 🏛 90. AE ❍ ◑ ◎ VISA. ✻
81 cam ☐ 130/160. p. 7 BR h
◆ Ideale per chi vuol stare fuori città, un albergo con un ameno giardino, non lontano dal complesso archeologico dell'Appia Antica; arredi classici nelle confortevoli camere.

Rinaldo all'Acquedotto, via Appia Nuova 1267 ✉ 00178 ✆ 06 7183910, *Fax 06 7182968,* ☂ – ▤ P. AE ❍ ◑ ◎ VISA. ✻ p. 7 BR v
chiuso dal 16 al 24 agosto e martedì – **Pasto** carta 31/51.
◆ Locale moderno e luminoso di cucina tradizionale e di mare; curiosa la sala «veranda» con vetrate scorrevoli, costruita intorno a due alberi che bucano il tetto.

Profumo di Mirto, viale Amelia 8/a ✉ 00181 ✆ 06 78395192 – ▤. AE ❍ ◎ VISA. ✻ p. 7 BR a
chiuso agosto e lunedì – **Pasto** specialità sarde e di mare carta 24/40.
◆ Un ristorante moderno dall'atmosfera familiare, gestito con cura ed entusiasmo, i cui titolari propongono specialità di mare e della Sardegna, loro terra di origine.

Alfredo a via Gabi, via Gabi 36/38 ✉ 00183 ✆ 06 77206792, *Fax 06 77206792,* ☂ – ▤. AE ❍ ◑ ◎ VISA p. 9 FT d
chiuso agosto e martedì – **Pasto** carta 26/35.
◆ Trattoria vecchio stile, gestita dal 1952 dalla stessa famiglia, che offre una sana cucina tradizionale, con piatti sia nazionali che laziali, di carne e di pesce.

Zona Urbana Sud-Ovest

via Aurelia Antica, E.U.R., Città Giardino, via della Magliana, Portuense **(Pianta : Roma p. 6 e 7)**

Sheraton Roma Hotel, viale del Pattinaggio 100 ✉ 00144 ✆ 06 54531, *res497.sheraton.roma@sheraton.com, Fax 06 5940689,* – cam, – 2000. p. 7 **BR** z
Pasto carta 75/112 – **634 cam** 317/508, 13 suites.
◆ Un imponente complesso moderno e funzionale che offre camere di tipologia varia e completa; ideale per le attività congressuali grazie alle innumerevoli sale modulari. Ristorante elegante, dove gustare specialità italiane e internazionali.

Crowne Plaza Rome St. Peter's, via Aurelia Antica 415 ✉ 00165 ✆ 06 66420, *cpstpeters@hotel-invest.com, Fax 06 6637190,* – cam, – 260. p. 6 **AQR** h
Pasto al Rist. ***Le Jardin d'Hiver*** specialità internazionali carta 34/54 – 18 – **321 cam** 277/327.
◆ Una grande struttura dotata di ampio parcheggio e tranquillo giardino con piscina, che offre confort di ottimo livello sia nelle zone comuni che nelle spaziose camere. Le Jardin d'Hiver offre un menù sia di livello nazionale che internazionale.

Melià Roma Aurelia Antica , via degli Aldobrandeschi 223 ✉ 00163 ✆ 06 665441, *melia.roma@solmelia.com, Fax 06 66544467,* – – 750. p. 6 **AR** a
Pasto carta 28/50 – **270** 309/325, suite – ½ P 188.
◆ Hotel costruito a tempo di record con un risultato più che soddisfacente: alto livello di confort, panorama completo di servizi in previsione. Ottima struttura congressuale. Ristorante che offrire ai propri ospiti un elevato standard di confort.

Villa Pamphili , via della Nocetta 105 ✉ 00164 ✆ 06 6602, *prenotazioni@hotelvillapamphili.com, Fax 06 66157747,* (coperta d'inverno), – cam, – 500. p. 6 **AR** e
Pasto carta 37/53 – **248 cam** 190/250, 10 suites.
◆ Ubicazione tranquilla, accanto al parco di Villa Doria Pamphili, per una struttura recente con piacevoli spazi esterni; servizio navetta per piazza Risorgimento. Moderno ristorante con due accoglienti sale.

Gd H. del Gianicolo senza rist, viale Mura Gianicolensi 107 ✉ 00152 ✆ 06 58333405, *info@grandhotelgianicolo.it, Fax 06 58179434,* – – 120. p. 15 **JZ** b
47 cam 160/230.
◆ Un'elegante palazzina dotata di curato giardino con piscina, ospita questo hotel di alto livello con camere confortevoli e spaziose e ambienti comuni raffinati.

Shangri Là-Corsetti, viale Algeria 141 ✉ 00144 ✆ 06 5916441, *info@shangrilacorsetti.it, Fax 06 5413813,* – – 80. p. 7 **BR** d
Pasto vedere rist ***Shangri Là-Corsetti*** – **52 cam** 170/216.
◆ Bianchi i soffitti a vela, i marmi e i divani nella hall di un hotel anni '60, nei pressi dell'EUR, frequentato soprattutto da clientela di lavoro; bel giardino alberato.

Dei Congressi, viale Shakespeare 29 ✉ 00144 ✆ 06 5926021, *info@hoteldeicongressiroma.com, Fax 06 5911903,* – – 250. p. 7 **BR** e
chiuso dal 30 luglio al 30 agosto – **Pasto** al Rist. ***La Glorietta*** *(chiuso dal 28 luglio al 25 agosto e sabato)* carta 30/49 – **105 cam** 135/200.
◆ Nelle vicinanze del palazzo dei Congressi all'EUR, una struttura funzionale, con un confortevole settore notte, rinnovato di recente, e numerose sale conferenze. Ristorante d'albergo con sala e cucina classiche e gradevole servizio estivo esterno.

XXX **Shangri Là-Corsetti,** viale Algeria 141 ✉ 00144 ✆ 06 5918861, *Fax 06 5413813,* – p. 7 **BR** d
chiuso dal 9 al 24 agosto – **Pasto** specialità romane e di mare carta 38/60.
◆ Tre ampie sale moderne, confortevoli e curate, e gradevole servizio estivo esterno; il menù spazia dalle ricette tradizionali, ai sapori di mare a quelli internazionali.

Dintorni di Roma

sulla strada statale 6 - via Casilina *Est : 13 km* **(Pianta : Roma p. 7) :**

Myosotis , piazza Pupinia 2, località Torre Gaia ✉ 00133 ✆ 06 2054470, *info@marsilihotels.com, Fax 06 2053671,* – – 35. p. 7 **BR** u
Pasto vedere rist ***Villa Marsili*** – **19 cam** 78/114.
◆ In posizione tranquilla nel verde, in una villa fine ottocento ben ristrutturata troverete una piacevole ambientazione da signorile casa familiare e buoni confort.

XX **Villa Marsili,** via Casilina 1604 ✉ 00133 ✆ 06 2050200, *info@marsilihotels.com, Fax 06 2055176* – p. 7 **BR** u
chiuso dal 15 al 25 agosto – **Pasto** specialità alla brace carta 35/50.
◆ Sala rustica, ma signorile con soffitti in legno, sale per banchetti e piacevole servizio estivo in giardino; la brace è qui la protagonista di una solida cucina.

sulla strada statale 1 - via Aurelia *Ovest : 13 km* **(Pianta : Roma p. 6) :**

XX **R 13 Da Checco,** via Aurelia 1249 al km 13 (uscita zona commerciale) ✉ 00166 ✆ 06 66180096, *informazioni@ristorantecheccoal13.com, Fax 06 66182547,* – ▤ P. AE ⓢ ⓓ ⓜ VISA. ✂ p. 6 **AR m**
chiuso agosto, domenica sera e lunedì – **Pasto** carta 32/42.
◆ Ristorante di lunga tradizione, grande, ma con stile e impianto da trattoria familiare e clientela di habitué; cucina tradizionale, anche di pesce, e romana.

a Ciampino *Sud-Est : 15 km* **(Pianta Roma p. 7) :** – ✉ *00043 :*

Villa Giulia senza rist, via Dalmazia 9 ✆ 06 79321874, *hotelvillagiulia@tin.it, Fax 06 79321994* – ▤ TV ✆. AE ⓢ ⓓ ⓜ VISA JCB. ✂ p. 7 **BR b**
☕ 6 – **23 cam** 80/130.
◆ Ottimo punto di riferimento per l'aeroporto di Ciampino, un piccolo albergo di recente realizzazione, semplice, ma con camere funzionali e ben accessoriate.

X **Da Giacobbe,** via Appia Nuova 1681 ✆ 06 79340131, *Fax 06 79340859,* , prenotare – ▤ P. AE ⓢ ⓓ ⓜ VISA. ✂ p. 7 **BR w**
chiuso dal 10 al 30 agosto, lunedì e alla sera (escluso il sabato) – **Pasto** cucina casalinga e alla brace carta 27/35.
◆ Solide e collaudate sia la gestione familiare di antica data (1835) che la cucina casalinga di una trattoria gradevole nella semplicità dell'ambiente e assai ben tenuta.

a Lunghezza *Est : 16 km* – ✉ *00010 :*

XXX **Castello di Lunghezza,** via della Tenuta del Cavaliere 112 ✆ 06 22483390, *castellodilunghezza@libero.it, Fax 06 22483390,* , prenotare – P. AE ⓢ ⓓ ⓜ VISA. ✂ per ③
chiuso due settimane in gennaio, due settimane in agosto o settembre, domenica sera e lunedì – **Pasto** carta 28/54.
◆ Sotto le volte ad arco di un suggestivo castello dei secoli XII-XVI si gustano, la sera a lume di candela, piatti nazionali elaborati con tocco creativo; dehors estivo.

a Borghesiana *Est : 16 km* – ✉ *00133 :*

Clelia Palace Hotel senza rist, via di Vermicino 133 ✆ 06 209441, *info@hotelcleliapalace.com, Fax 06 20944404* – |‡| ▤ TV ✆ ♿ P. AE ⓢ ⓓ ⓜ VISA JCB. ✂
Pasto *(chiuso domenica e a mezzogiorno)* carta 24/32 – **63 cam** ☕ 134/186 – ½ P 95.
◆ Albergo aperto pochi anni or sono, strutturalmente molto valido e dotato di camere confortevoli e ben accessoriate. Senza dubbio un buon riferimento in zona.

a Spinaceto *Sud : 13 km* – ✉ *00128 :*

Four Points Hotel Sheraton Roma West, via Eroi di Cefalonia 301 ✆ 06 50834111, *info@fourpointssheratonroma.com, Fax 06 50834701* – |‡| ▤ TV ✆ ♿ – 450. AE ⓢ ⓓ ⓜ VISA. ✂
Pasto 26,50/42,50 – **240 cam** ☕ 220/286, 6 suites – ½ P 179.
◆ Hotel che si sviluppa orizzontalmente e che dimostra un'ottima e moderna impostazione generale. Particolarmente indicato per i congressi e la clientela d'affari. Un classico ristorante d'albergo ampio e luminoso.

ROMAGNANO SESIA *28078 Novara* 561 *F 7 – 4 192 ab. alt. 268.*

Roma 650 – Biella 32 – Milano 76 – Novara 30 – Stresa 40 – Torino 94 – Vercelli 37.

X **Alla Torre,** via 1° Maggio 75 ✆ 0163 826411, *Fax 0163 826411,* – ✂ ▤. AE ⓢ ⓓ ⓜ VISA
chiuso dal 27 dicembre al 10 gennaio e lunedì – **Pasto** carta 24/30.
◆ Una trattoria di centro paese, ricavata all'interno di una torre del XV secolo, piacevolmente rustica ed informale. Cucina attuale, anche se nel solco della tradizione.

ROMANO D'EZZELINO *36060 Vicenza* 562 *E 17 – 13 852 ab. alt. 132.*

Roma 547 – Padova 54 – Belluno 81 – Milano 238 – Trento 89 – Treviso 51 – Venezia 80 – Vicenza 39.

XX **Cá Takea,** via Col Roigo 17 ✆ 0424 33426, *Fax 0424 33426,* , Coperti limitati; solo su prenotazione a mezzogiorno, – ⓢ ⓜ VISA
chiuso 10 giorni in marzo, luglio, ottobre – **Pasto** carta 33/47.
◆ Un ristorante caratteristico, simile ad un cottage inglese, con un grande camino. In estate il servizio viene effettuato anche in giardino, tra sculture moderne.

XX **Al Pioppeto,** via San Gregorio Barbarigo 13, località Sacro Cuore (Sud : 4 km) ✆ 0424 570502, *pioppeto@tin.it, Fax 0424 570733,* , – ✂ rist, P. AE ⓢ ⓓ ⓜ VISA. ✂
chiuso dal 1° all' 8 gennaio, dal 3 al 20 agosto e martedì – **Pasto** carta 23/29.
◆ Risorsa che si propone secondo uno stile classico di buon tono, le due sale dispongono di ampi spazi. Linea gastronomica d'ispirazione tradizionale, servizio attento.

ROMAZZINO *Sassari – Vedere Sardegna (Arzachena : Costa Smeralda) alla fine dell'elenco alfabetico.*

RONCADELLE *Brescia – Vedere Brescia.*

RONCIGLIONE *01037 Viterbo* 563 P 18 – *7 937 ab. alt. 441.*

Vedere *Lago di Vico★ Nord-Ovest : 2 km.*

Dintorni *Caprarola : scala elicoidale★★ della Villa Farnese★ Nord-Est : 6,5 km.*

Roma 60 – Viterbo 20 – Civitavecchia 65 – Terni 80.

sulla via Cimina al km 19 *Nord-Ovest : 2 km :*

Santa Lucia da Armando, ✉ 01037 ☎ 0761 612169, Rist. e pizzeria, – P. AE VISA.
chiuso dal 10 al 30 giugno, dal 10 al 25 dicembre e mercoledì – **Pasto** carta 26/35.
◆ Dal ristorante alla pizzeria, con gradevole servizio estivo in giardino. La lista presenta un'ampia scelta di piatti sia a base di pesce (mare e lago) che di carne.

RONZONE *38010 Trento* 562 C 15, 218 ⑳ – *366 ab. alt. 1097 – a.s. Pasqua e Natale.*

Roma 634 – Bolzano 33 – Merano 43 – Milano 291 – Trento 52.

Orso Grigio, via Regole 10 ☎ 0463 880625, *Fax 0463 880634*, Coperti limitati; prenotare – P. AE VISA JCB
chiuso dal 10 gennaio al 10 febbraio e martedì – **Pasto** carta 38/42.
◆ Situato poco fuori il paese, al limitare del bosco, lungo la strada che porta al passo della Mendola. Tavoli spaziosi ed arredi eleganti, ottimo servizio e buona cantina.

ROSARNO *89025 Reggio di Calabria* 564 L 29 – *14 393 ab. alt. 61.*

Roma 644 – Reggio di Calabria 65 – Catanzaro 100 – Cosenza 129.

Vittoria, via Nazionale 148 ☎ 0966 712041, *hvittoria@net.it, Fax 0966 712043* – TV P – 200. AE VISA JCB. rist
chiuso Natale, Capodanno e Pasqua – **Pasto** carta 21/28 – **68 cam** 50/60 – ½ P 45.
◆ La struttura esterna, così come gli arredi interni, non sono certo tra i più attuali, ma nel complesso questo hotel dimostra una buona tenuta. Per una clientela d'affari. Sala da pranzo di medie dimensioni per un numero di coperti non eccessivo.

ROSETO DEGLI ABRUZZI *64026 Teramo* 563 N 24 – *22 207 ab. – a.s. luglio-agosto.*

piazza della Libertà 37/38 ☎ 085 8931608, iat.roseto@abruzzoturismo.it, Fax 085 8991157.

Roma 214 – Ascoli Piceno 59 – Pescara 38 – Ancona 131 – L'Aquila 99 – Chieti 51 – Teramo 32.

Tonino-da Ada, via Mazzini 15 ☎ 085 8993110, *Fax 085 8997142* – TV P. AE VISA. cam
Pasqua-settembre – **Pasto** *(chiuso lunedì)* carta 24/39 – 3,50 – **18 cam** 37/44 – ½ P 49.
◆ Da fuori questa risorsa assomiglia maggiormente ad un condominio piuttosto che ad un hotel e la stessa «aria di casa» è respirabile anche dopo aver varcato l'ingresso. Semplicità quasi esemplare degli arredi nella sala da pranzo.

Tonino-da Rosanna con cam, via Volturno 11 ☎ 085 8990274, *Fax 085 8990274* – TV. AE VISA. cam
chiuso dal 20 dicembre al 6 gennaio e dal 15 al 30 settembre – **Pasto** *(chiuso martedì e mercoledì escluso da giugno a settembre)* specialità di mare carta 29/48 – 4 – **7 cam** 30/40 – ½ P 50.
◆ La freschezza del mare da godere in ambienti di taglio diverso, ma di eguale piacevolezza: dal pranzo veloce, alla cena romantica, passando per l'evento speciale.

ROSIGNANO SOLVAY *57013 Livorno* 563 L 13 – *a.s. 15 giugno-15 settembre.*

via Berlinguer ☎ 0586 767215, apt7solvay@livorno.turismo.toscana.it, Fax 0586 767215.

Roma 294 – Pisa 43 – Grosseto 107 – Livorno 24 – Siena 104.

Elba Hotel senza rist, via Aurelia 301 ☎ 0586 760939, *info@elbahotel.net, Fax 0586 760915* – TV P. AE VISA JCB.
26 cam 65/100.
◆ Probabilmente l'ubicazione non è tale da offrire una grande tranquillità, ma arredi, colori e accessori donano una generale piacevole sensazione di pulizia ed ariosità.

ROSOLINA *45010 Rovigo 562 G 18 – 6 167 ab..*

Albarella (chiuso gennaio e martedì escluso da aprile a settembre) all'Isola Albarella ✉ 45010 Rosolina ☎ 0426 330124, Fax 0426 330830, Est : 16 km.

a Rosolina mare, Viale dei Pini 4 ☎ 0462 68012, iat.rosolina@provincia.rovigo.it, Fax 0462 326007.

Roma 493 – Venezia 67 – Milano 298 – Ravenna 78 – Rovigo 39.

a Norge Polesine *Sud-Ovest : 2,5 km – ✉ 45010 Rosolina :*

Sottovento, via Fenilone 114 ☎ 0426 340138, Coperti limitati; prenotare – VISA JCB.
chiuso martedì – **Pasto** specialità di mare carta 23/38.
◆ Benché la posizione non sia delle più fortunate, questo ristorante è in grado di proporre specialità di mare da gustarsi in una sala semplice, ma con soffitti decorati.

ROSSANO STAZIONE *87068 Cosenza 564 I 31.*

Roma 503 – Cosenza 96 – Potenza 209 – Taranto 154.

Scigliano, viale Margherita 257 ☎ 0983 511846, *hscigliano@hotelscigliano.it, Fax 0983 511847* – 50. VISA JCB.
Pasto carta 21/27 – **36 cam** 54/85 – ½ P 58.
◆ In una moderna palazzina nella zona centrale e commerciale della località, dove le camere possono offrire un buon relax, in piccola parte inficiato dal traffico stradale. Sala ristorante dalle linee essenziali e dallo stile votato alla funzionalità.

Agriturismo Trapesimi, contrada Amica Est : 4 km ☎ 0983 64392, *info@agriturismotrapesimi.it* – rist
Pasto (solo su prenotazione) 12/18 – **7 cam** 35/70 (solo 1/2 P in luglio-agosto) – ½ P 50.
◆ Caratteristica risorsa ricavata dalla ristrutturazione di un antico casale circondato da ulivi. Offre una grande tranquillità, accompagnata dai piaceri di una cucina genuina.

Una prenotazione confermata per iscritto o per fax è sempre più sicura.

ROSTA *10090 Torino 561 G 4 – 3 669 ab. alt. 399.*

Roma 677 – Torino 17 – Alessandria 106 – Col du Mont Cenis 65 – Pinerolo 34.

Sirio, strada statale 25 del Moncenisio 55 (Nord : 3,5 km) ☎ 011 9567760, *info@siriorestaurant.it, Fax 011 9542122* – VISA.
chiuso dal 24 dicembre al 7 gennaio, dal 5 al 28 agosto, sabato a mezzogiorno e domenica – **Pasto** carta 31/43.
◆ Dopo aver varcato l'ingresso ci si trova in una raccolta zona ricevimento con esposizione di vini. La sala è piccola e accogliente, la cucina insegue le stagioni.

ROTA D'IMAGNA *24037 Bergamo 561 E 10, 219 ⑩ – 856 ab. alt. 665 – a.s. luglio-agosto.*

Roma 628 – Bergamo 26 – Lecco 40 – Milano 64.

Miramonti, via alle Fonti 5 ☎ 035 868000, *hotel-miramonti@bitbit.it, Fax 035 868000*, ← Valle d'Imagna, – rist, VISA. rist
23 dicembre-7 gennaio e 15 marzo-15 ottobre – **Pasto** carta 21/28 – **50 cam** 38/60 – ½ P 50.
◆ Le camere sono state rinnovate di recente, sono confortevoli ed in generale consentono di godere di una bella vista sulla valle. Frequentato soprattutto in estate. Al ristorante un'ampia sala, un vasto salone per banchetti e una grande terrazza estiva.

Posta via Calchera 4 ☎ 035 868322, *info@hotelristoranteposta, Fax 035 868333*, ← – VISA. rist
Pasto *(chiuso martedì in bassa stagione)* carta 22/29 – **36 cam** 35/55 – ½ P 45.
◆ Vecchia stazione di posta che dal 1896 alloggia passanti e negli ultimi decenni molti turisti. Classica e sobria risorsa a gestione familiare, per una quieta vacanza. Due rustiche sale da pranzo: clima conviviale di schietta semplicità e piatti locali.

ROTA (Monte) (RADSBERG) *Bolzano* – *Vedere Dobbiaco.*

ROTONDA *85048 Potenza 564 H 30 – 3 937 ab. alt. 634.*

Roma 423 – Cosenza 102 – Lagonegro 45 – Potenza 128

Da Peppe, corso Garibaldi 13 ☎ 0973 661251, *dapeppe@ristdapeppe.it, Fax 0973 661251* – VISA JCB
chiuso lunedì escluso agosto – **Pasto** carta 19/28.
◆ Cucina legata ai prodotti del territorio, funghi, tartufi e poi varie paste fresche. Una sala più ampia a piano terra, e una più intima e curata al primo piano.

ROTTOFRENO *29010 Piacenza* 561 G 10 – *8 634 ab. alt. 65.*
Roma 517 – Piacenza 13 – Alessandria 73 – Genova 136 – Milano 53 – Pavia 40.

XX **Trattoria la Colonna,** via Emilia Est 6, località San Nicolò Est : 5 km ☎ 0523 768343, *ristorante.colonna@libero.it, Fax 0523 760940* – – 60. VISA JCB.
chiuso agosto, domenica sera e martedì – **Pasto** carta 32/61.
◆ Un ristorante che ha saputo approfittare di un recente ampliamento, per accrescere il livello complessivo della propria offerta. Cucina di mare e di terra in eguale misura.

X **Antica Trattoria Braghieri,** località Centora 21 (Sud : 2 km) ☎ 0523 781123, *Fax 0523 781123* – P. AE VISA.
chiuso dal 1° al 15 gennaio, dal 25 luglio al 25 agosto, lunedì e la sera (escluso venerdì-sabato) – **Pasto** carta 21/28.
◆ Trattoria di campagna ariosa e luminosa, in cui le donne della stessa famiglia, da ormai quattro generazioni, sono impegnate nella preparazione dei piatti del territorio.

ROVATO *25038 Brescia* 561 F 11 – *14 395 ab. alt. 172.*
Roma 556 – Brescia 20 – Bergamo 33 – Milano 76.

XX **Due Colombe,** via Roma 1 ☎ 030 7721534, *duecolombe@libero.it, Fax 030 7703957* – . AE VISA.
chiuso dal 1° al 6 gennaio, dal 10 al 25 agosto, domenica sera e lunedì – **Pasto** carta 34/69.
◆ Ricavato da un vecchio mulino ad acqua, un ristorante aperto di recente e da subito alla ricerca di un'identità basata su uno stile raffinato e sulla fantasia in cucina.

ROVENNA *Como – Vedere Cernobbio.*

ROVERETO *38068 Trento* 562 E 15 – *34 199 ab. alt. 212 – a.s. dicembre-aprile.*
corso Rosmini 6 ☎ 0464 430363, rovereto@apt.rovereto.tn.it, Fax 0464 435528.
Roma 561 – Trento 22 – Bolzano 80 – Brescia 129 – Milano 216 – Riva del Garda 22 – Verona 75 – Vicenza 72.

Leon d'Oro senza rist, via Tacchi 2 ☎ 0464 437333, *info@hotelleondoro.it, Fax 0464 423777* – TV P – 70. AE VISA JCB
56 cam 110/125.
◆ Hotel munito di accogliente piano terra con vari ambienti comuni a disposizione degli ospiti e zona notte confortevole con camere dotate di arredi classici-contemporanei.

Rovereto, corso Rosmini 82 d ☎ 0464 435222 e rist 0464 435454, *info@hotelrovereto.it, Fax 0464 439644,* – TV P – 200. AE VISA
Pasto al Rist. ***Novecento*** *(chiuso gennaio, dal 1° al 20 agosto e domenica)* carta 29/40 – **49 cam** 80/115 – ½ P 77,50.
◆ Il completo rinnovo delle camere, avvenuto pochi anni or sono, ha accresciuto il confort delle stanze che ora si distinguono esclusivamente per le diverse metrature. Al ristorante originale ambientazione, fatta di tendaggi, piante, lampade e trompe-l'oeil.

XX **San Colombano,** via Vicenza 30 (strada statale 46 Est : 1 km) ☎ 0464 436006, *Fax 0464 487042* – P. AE VISA JCB.
chiuso dal 6 al 21 agosto, dal 28 dicembre al 6 gennaio, domenica sera e lunedì – **Pasto** carta 30/39.
◆ Situato fuori città lungo la strada che porta a Vicenza, dispone di arredi contemporanei e tanto rosa nella sala principale, maggiore intimità nella saletta al primo piano.

ROVETA *Firenze – Vedere Scandicci.*

ROVIASCA *Savona – Vedere Quiliano.*

ROVIGO *45100* P 562 G 17 – *50 576 ab..*
(chiuso lunedì e dal 1° al 18 agosto) ☎ 0425 411230, Fax 0425 411230.
via Dunant 10 ☎ 0425 386290, iatrovigo@provincia.rovigo.it, Fax 0425 386270.
A.C.I. *piazza 20 Settembre 9 ☎ 0425 25833.*
Roma 457 ④ – Padova 41 ① – Bologna 79 ④ – Ferrara 33 ③ – Milano 285 ① – Venezia 78 ①.

Villa Regina Margherita, viale Regina Margherita 6 ☎ 0425 361540, *info@hotelvillareginamargherita.it, Fax 0425 31301* – TV P – 120. AE VISA JCB. rist
chiuso dal 2 al 22 agosto – **Pasto** *(chiuso dal 2 al 10 gennaio, dal 6 al 20 agosto e martedì)* carta 22/28 – **22 cam** 78/100.
◆ Villa in stile liberty a poca distanza dal centro storico. Interni decorati, camere ordinarie ma di livello più che apprezzabile. Gestione e servizio motivati e affidabili. Sala ristorante con delicate decorazioni.

Cristallo, viale Porta Adige 1 ☎ 0425 30701, *cristallo.ro@bestwestern.it, Fax 0425 31083* – |♦|, ⇔ cam, ▤ ▣ ☏ P – 🎓 200. AE ⓢ ⓞ ⓜ VISA JCB
Pasto carta 24/39 – **48 cam** ☕ 99/148 – 1/2 P 105.
◆ Non lontano dalla tangenziale e dunque in posizione facilmente raggiungibile in auto, un hotel d'impronta recente, con accessori e dotazioni al passo con i tempi. Ristorante che anche se può apparire datato negli arredi, è ancora confortevole.

Corona Ferrea senza rist, via Umberto I 21 ☎ 0425 422433, *hotelcoronaferrea@hotmail.com, Fax 0425 422292* – |♦| ▤ ▣. AE ⓢ ⓞ ⓜ VISA
30 cam ☕ 83/124.
◆ Spazi comuni leggermente sacrificati, compensati da un ottimo servizio e da camere tutte simili, ma ben arredate. Prossimo al centro storico, ma in un palazzo moderno.

Europa, viale Porta Po 92 ☎ 0425 474797, *hoteleuropa.ro@tin.it, Fax 0425 474888* – |♦|, ⇔ cam, ▤ ▣ ☏ P – 🎓 350. AE ⓢ ⓞ ⓜ VISA JCB. ✂
Pasto carta 23/37 – **56 cam** ☕ 99/148 – 1/2 P 85.
◆ Hotel ristrutturato recentemente, ubicato in periferia, presenta spazi, dotazioni e servizi pensati soprattutto per la clientela d'affari. Camere raccolte, ma curate. La classica cucina d'albergo.

Granatiere senza rist, corso del Popolo 235 ☎ 0425 22301, *Fax 0425 29388* – |♦|, ▤ ▣. AE ⓢ ⓞ ⓜ VISA JCB
☕ 6 – **23 cam** 67/88.
◆ Prossima al centro storico, soluzione in grado di offrire un discreto confort ad ottimi prezzi. Per turisti di passaggio, come uomini d'affari, a caccia di semplicità.

Tavernetta Dante, corso del Popolo 212 ☎ 0425 26386, ☂, Coperti limitati; prenotare – ⇔. ⓢ ⓜ VISA. ✂
chiuso dal 10 al 30 agosto e domenica – **Pasto** carta 22/38.
◆ Risorsa del centro indicata per chi ama frequentare ristoranti ove riscoprire le tradizioni culinarie locali più genuine. Cucina di mare e di terra, sala curata.

RUBANO *35030 Padova* 562 F 17 – *13 611 ab. alt. 18.*

Roma 490 – Padova 8 – Venezia 49 – Verona 72 – Vicenza 27.

La Bulesca ⛰, via Fogazzaro 2 ☎ 049 8976388, *mail@labulesca.it, Fax 049 8975543*, 🚗 – |♦| ▤ ▣ ☏ P – 🎓 70. AE ⓢ ⓞ ⓜ VISA JCB. ✂
Pasto vedere rist ***La Bulesca*** – ☕ 8,50 – **54 cam** 72/123.
◆ L'ampia hall introduce alla discreta zona comune di questo confortevole hotel, dotato di arredi di grande solidità, anche nelle camere rinnovate. Adatto a clienti d'affari.

Maccaroni senza rist, via Liguria 1/A, località Sarmeola ☎ 049 635200, *reception@hotelmaccaroni.it, Fax 049 633026* – |♦| ▤ ▣ P. AE ⓢ ⓞ ⓜ VISA
chiuso dal 7 al 22 agosto – **33 cam** ☕ 75/135, suite.
◆ Un albergo senza particolari pretese, ma comunque affidabile grazie alla solida gestione. Le stanze, d'impostazione tradizionale, sono complete di tutti i confort.

XXX ✿✿✿ **Le Calandre**, strada statale 11, località Sarmeola ☎ 049 630303, *alajmo@calandre.com, Fax 049 633000*, prenotare – ▤ P. AE ⓢ ⓞ ⓜ VISA. ✂
chiuso dal 1° al 21 gennaio, dal 7 al 30 agosto, domenica e lunedì – **Pasto** carta 70/110 🍷.
◆ In un ambiente classico-moderno, luminoso e connotato da un'ottima cura per i particolari, una delle cucine più interessanti e fantasiose, a caccia dei sogni del gusto.
Spec. Cappuccino di seppie al nero. Risotto bianco con polvere di caffè e capperi di Pantelleria. Cannelloni croccanti di ricotta e mozzarella di bufala con passata di pomodoro.

XX **La Bulesca**, via Fogazzaro 2 ☎ 049 8975297, *info@ristorante-labulesca.it, Fax 049 8976747*, ☂, prenotare – ▤ P – 🎓 400. AE ⓢ ⓞ ⓜ VISA JCB. ✂
chiuso dal 1° al 10 gennaio, dal 1° al 25 agosto, domenica sera e lunedì – **Pasto** carta 27/53.
◆ Un ristorante che in particolari occasioni può arrivare a ricevere diverse centinaia di persone, ma che sa esprimere una buona accoglienza anche in situazioni più intime.

RUBIERA *42048 Reggio nell'Emilia* 562 I 14 – *11 041 ab. alt. 55.*

Roma 415 – Bologna 61 – Milano 162 – Modena 12 – Parma 40 – Reggio nell'Emilia 13.

✿ **Arnaldo**, piazza 24 Maggio 3 ☎ 0522 626124, *arnaldo@clinicagastronomica.com, Fax 0522 628145* – |♦| ▣. AE ⓢ ⓞ ⓜ VISA JCB. ✂
chiuso dal 24 dicembre al 2 gennaio, Pasqua ed agosto – **Pasto** al Rist. ***Arnaldo-Clinica Gastronomica*** *(chiuso domenica e lunedì a mezzogiorno)* (prenotare) specialità al carrello carta 31/52 (15 %) – ☕ 12 – **32 cam** 62/95.
◆ Antica locanda di posta, da sempre votata all'ospitalità: lo stesso spirito e lo stesso stile di una volta, ma continue novità per quanto riguarda confort e accessori. Il ristorante è un riferimento «classico» della ristorazione emiliana (e non solo).
Spec. Tortelli di zucca. Faraona all'indiana. Crostate.

RUBIZZANO *Bologna* – *Vedere San Pietro in Casale.*

RUDA *33050 Udine* 562 E 22 – *2 972 ab. alt. 12.*

Roma 624 – Udine 37 – Trieste 47.

XX **Osteria Altran,** località Cortona 19 (Sud-Est : 4 km) ✆ 0431 969402, *osteria.altran@libero.it, Fax 0431 967597*, – P. AE VISA

chiuso dal 6 al 16 luglio, dal 5 al 15 novembre, dal 2 al 12 febbraio, lunedì e martedì – **Pasto** carta 33/48.

◆ In un tipico e caratteristico borgo di campagna, questa non è la classica osteria friulana ma un locale dalle tonalità calde, in cui la cucina è originale e sorprendente.

RUSSI *48026 Ravenna* 562 I 18 – *10 490 ab. alt. 13.*

Roma 374 – Ravenna 17 – Bologna 67 – Faenza 16 – Ferrara 82 – Forlì 20 – Milano 278.

a San Pancrazio *Sud-Est : 5 km – ✉ 48020 :*

X **La Cucoma,** via Molinaccio 175 ✆ 0544 534147, *Fax 0544 534440* – P. AE VISA.

chiuso agosto, domenica sera e lunedì – **Pasto** specialità di mare carta 33/41.

◆ Ubicato lungo la strada principale del paese, ristorante familiare con proposte che traggono ispirazione dal mare e ricco buffet di verdure. Sala riservata ai non fumatori.

RUTA *Genova – Vedere Camogli.*

RUTIGLIANO *70018 Bari* 564 D 33 – *17 598 ab. alt. 122.*

Roma 463 – Bari 19 – Brindisi 100 – Taranto 87.

X **La Locanda,** via Leopardi 71 ✆ 080 4761152, *Fax 080 4762297* – . AE VISA

chiuso dal 15 luglio al 15 agosto e martedì – **Pasto** carta 18/27.

◆ Il soddisfacente rapporto qualità/prezzo, consente di apprezzare con soddisfazione le proposte di questo ristorante dallo stile rustico, seppur con arredi curati.

RUTTARS *Gorizia – Vedere Dolegna del Collio.*

RUVIANO *81010 Caserta* 564 D 25 – *1 952 ab. alt. 80.*

Roma 195 – Napoli 56 – Benevento 41 – Campobasso 77 – Caserta 22.

ad Alvignanello *Sud-Est : 4 km – ✉ 81010 Ruviano*

Agriturismo le Olive di Nedda, via Superiore Crucelle 14 ✆ 0823 863052, *info@olinedda.it, Fax 0823 863052*, ←, , – P. AE VISA.

Pasto 24 – **7 cam** 40/66 – ½ P 55.

◆ Immerso tra verdeggianti colline e cinto da uliveti, una casa accogliente ideale per godersi al meglio una vacanza rilassante. Arredi rustici con mobilio in «arte povera». Ristorante con terrazza e vista sui colli, cucina locale stagionale.

RUVO DI PUGLIA *70037 Bari* 564 D 31 *G. Italia* – *25 698 ab. alt. 256.*

Vedere *Cratere di Talos★★ nel museo Archeologico Jatta – Cattedrale★.*

Roma 441 – Bari 36 – Barletta 32 – Foggia 105 – Matera 64 – Taranto 117.

X **U.P.E.P.I.D.D.E.,** corso Cavour ang. Trapp. Carmine ✆ 080 3613879, *info@upepidde.it, Fax 080 3601360* – AE VISA.

chiuso dal 10 luglio al 10 agosto e lunedì – **Pasto** carta 21/30.

◆ Centrale, all'interno delle vecchie mura aragonesi del XVI secolo, è suddiviso in cinque distinte salette, tutte contraddistinte da un ambiente molto caratteristico.

SABAUDIA *04016 Latina* 563 S 21 *G. Italia* – *16 548 ab. – a.s. Pasqua e luglio-agosto.*

Roma 97 – Frosinone 54 – Latina 28 – Napoli 142 – Terracina 21.

sul lungomare *Sud-Ovest : 2 km :*

Le Dune, via Lungomare 16 ✉ 04016 ✆ 0773 51291, *ledune@rdn.it, Fax 0773 5129251*, ←, , , , , , , – | P – 150. AE VISA.

17 marzo-ottobre – **Pasto** carta 51/72 (10 %) – **76 cam** 240/320, 2 suites – ½ P 200.

◆ Cinto dal verde, affacciato sulla chiara spiaggia, proprio sul cordone di dune che separa il mare e il lago di Paola, un bianco, confortevole hotel in stile mediterraneo. Un'ariosa terrazza protesa sul blu: godersi la quiete, a tavola.

Torre Paola senza rist, via Casali di Paola Sud : 6 km ✆ 0773 596947, *hotel@torrepaola.it, Fax 0773 596949*, – P. – 120. AE VISA JCB

Pasqua-settembre – **17 cam** 185/229.

◆ Una dimora di classe, con molto verde intorno e a poca distanza dal mare, in grado di offrire un soggiorno appropriato ad ospiti in cerca di semplice finezza e tranquillità.

SACCA *Parma – Vedere Colorno.*

SACERNO *Bologna – Vedere Calderara di Reno.*

SACILE *33077 Pordenone* 562 E 19 – *18 033 ab. alt. 25.*
Roma 596 – Belluno 53 – Treviso 45 – Trieste 126 – Udine 64.

Due Leoni senza rist, piazza del Popolo 24 ☎ 0434 788111, *info@hoteldueleoni.com, Fax 0434 788112* – 130. AE VISA JCB.
60 cam ☕ 88/114.
◆ Un bell'edificio porticato, sulla piazza centrale. Qui, la storia riecheggia nei due leoni litici trovati nella ristrutturazione dell'hotel: antichità e moderni confort.

Il Pedrocchino, piazza 4 Novembre 4 ☎ 0434 70034, *ilpedrocchino@srl.it, Fax 0434 70034,* – AE VISA JCB.
chiuso 15 giorni in gennaio – **Pasto** carta 45/65.
◆ Tre eleganti salette comunicanti, una con camino e un'altra con l'esposizione della cantina del giorno; scansione rigorosa dei prodotti, a seconda dei mesi. In centro.

SACROFANO *00060 Roma* 563 P 19 – *5 886 ab. alt. 260.*
Roma 29 – Viterbo 59.

Al Grottino, piazza XX Settembre 9 ☎ 06 9086263, – VISA
chiuso dal 16 al 28 agosto e mercoledì – **Pasto** specialità alla brace 25/30.
◆ Familiare ambiente caratteristico di notevole capienza, molto frequentato soprattutto la domenica, con dehors estivo; il motto della cucina qui è «tutto alla brace».

Le pagine dell'introduzione vi aiuteranno ad utilizzare meglio la vostra Guida Michelin.

SACRO MONTE *Novara* 219 ⑥ – *Vedere Orta San Giulio.*

SACRO MONTE *Vercelli* 561 E 6, 219 ⑥ – *Vedere Varallo.*

SAINT CHRISTOPHE *Aosta* 561 E 4, 219 ② – *Vedere Aosta.*

SAINT PIERRE *11010 Aosta* 561 E 3, 219 ② – *2 560 ab. alt. 731.*
Roma 747 – Aosta 9 – Courmayeur 31 – Torino 122.

La Meridiana Du Cadran Solaire, località Chateau Feuillet 17 ☎ 0165 903626, *info@albergomeridiana.it, Fax 0165 903626* – P. AE VISA. rist
chiuso dal 7 al 14 settembre e novembre – **Pasto** *(Natale, Capodanno, Pasqua, luglio-agosto)* (solo per alloggiati) – **18 cam** ☕ 65/120 – ½ P 65.
◆ In questa località, sita fra Aosta e Courmayeur e famosa per i suoi castelli, un gradevole hotel, in pietra e legno, semplice e confortevole; una piccola casa familiare.

Lo Fleyè senza rist, frazione Bussan Dessus 91 (Nord :1 km) ☎ 0165 904625, *info@lofleye.com, Fax 0165 909714,* ≤ monti e valle – P. AE VISA JCB
chiuso 15 giorni in gennaio e 15 giorni in ottobre – **13 cam** ☕ 50/95.
◆ Un gradevole edificio in pietra, al cui ingresso si trova una piccola hall e una saletta colazioni dalle cui vetrate si gode una vista sul castello. Camere luminose.

La Tour, rue du Petit St. Bernard 16 ☎ 0165 903808, *Fax 0165 909663,* prenotare – AE VISA.
chiuso dal 1° al 15 giugno, dal 1° al 7 settembre, martedì sera e mercoledì – **Pasto** 36/42 e carta 41/51.
◆ Un ristorante rustico ed elegante, ove potrete gustare piatti del territorio, rivisitati e ingentiliti, e anche qualche proposta creativa. Ubicato lungo la statale.

SAINT RHEMY EN BOSSES *11010 Aosta* 561 E 3 – *397 ab. alt. 1 632 – Sport invernali : 1 640/2 450 m* 2, .
Roma 760 – Aosta 20 – Colle del Gran San Bernardo 24 – Martigny 50 – Torino 122.

Suisse con cam, via Roma 21 ☎ 0165 780906, *info@hotelsuisse.biz, Fax 0165 780714* – AE VISA
chiuso maggio e ottobre-novembre – **Pasto** carta 29/43 – ☕ 6,50 – **8 cam** 50/65 – ½ P 67.
◆ A un passo dalla frontiera, in un agglomerato di poche abitazioni incuneate fra due monti, una casa tipica del XVII secolo per assaporare le specialità valdostane.

SAINT VINCENT *11027 Aosta* 561 E 4 *G. Italia – 4 792 ab. alt. 575 – Stazione termale (maggio-ottobre), a.s. 20 giugno-settembre e Natale.*

via Roma 48 ☎ 0166 512239, aptsaintvincent@libero.it, Fax 0166 511335.

Roma 722 – Aosta 28 – Colle del Gran San Bernardo 61 – Ivrea 46 – Milano 159 – Torino 88 – Vercelli 97.

De La Ville senza rist, via Aichino ang. via Chanoux ☎ 0166 511502, *info@lhoteldelaville.it, Fax 0166 512142* – AE VISA JCB.
chiuso dal 16 al 25 dicembre – 8,50 – **41 cam** 75/120, suite.
◆ Nei pressi della centrale Via Chanoux, in area pedonale, un raffinato rifugio, curato e di buon gusto, con arredi in legno scuro, confort moderni ed estrema cordialità.

Paradise senza rist, viale Piemonte 54 ☎ 0166 510051, *hotelparadise@tiscali.it, Fax 0166 510051*, – P. AE VISA JCB.
24 cam 62/110.
◆ Graziosa hall con ricevimento, salottino e angolo per le colazioni, camere nuove, in legno chiaro e toni azzurri o salmone, comode; vicina al Casinò, una valida risorsa.

Elena senza rist, piazza Monte Zerbion ☎ 0166 512140, *hotel.elena@libero.it, Fax 0166 537459* – P. AE VISA.
chiuso dall'8 al 25 dicembre – **46 cam** 58/93.
◆ Un hotel anni '60, situato in pieno centro e ristrutturato nel corso degli anni; offre stanze spaziose, confortevoli, e una cortese gestione familiare. Ambientazione di gusto piacevolmente retrò al ristorante.

Olympic, via Marconi 2 ☎ 0166 512377, *hotel.olympic@galactica.it, Fax 0166 512785*, – AE VISA. cam
chiuso dal 1º al 10 giugno e dal 25 ottobre al 15 novembre – **Pasto** *(chiuso martedì)* carta 31/47 – **12 cam** 57/93 – ½ P 70.
◆ Completamente rinnovato, un vecchio alberghetto centrale, a conduzione e andamento familiari; piccolo ricevimento e settore notte con camere nuove e comode. Salettina ristorante curata.

Les Saisons senza rist, via Ponte Romano 186 ☎ 0166 537335, *lessaisons@inwind.it, Fax 0166 512573*, – P. VISA
22 cam 57/83.
◆ Posizione piuttosto tranquilla e panoramica, ai margini della cittadina: una casetta di recente costruzione, pulita e funzionale, con atmosfera familiare.

Nuovo Batezar-da Renato, via Marconi 1 ☎ 0166 513164, *Fax 0166 512378*, prenotare – AE VISA JCB.
chiuso dal 15 al 30 novembre, dal 20 giugno al 10 luglio, mercoledì e a mezzogiorno (escluso sabato, domenica e i giorni festivi) – **Pasto** carta 48/73.
◆ Una cucina generosa di sapori che mantiene saldi legami con le tradizioni valligiane rivedendole con fantasia; un caldo ambiente rustico ed elegante, noto ai buongustai.
Spec. Mezzelune di patate ai formaggi con mostarde (dicembre-giugno). Funghi porcini con polenta (giugno-novembre). Gallo di Bresse al Barbaresco con purè.

Del Viale, viale Piemonte 7 ☎ 0166 512569, *Fax 0166 512569*, , Coperti limitati; prenotare – VISA.
chiuso dal 25 maggio al 15 giugno, dal 1º al 20 ottobre, giovedì e a mezzogiorno – **Pasto** carta 57/75.
◆ Sulla via parallela a quella del Casinò, una sala raccolta, con boiserie, e una veranda; candele ai tavoli e una linea gastronomica stagionale con piatti anche creativi.

SALA BAGANZA *43038 Parma* 562 H 12 – *4 610 ab. alt. 162.*

Dintorni *Torrechiara* : affreschi* e ≤* dalla terrazza del Castello Sud-Est : 10 km.*

La Rocca ☎ 0521 834037, Fax 0521 834575.

Roma 472 – Parma 12 – Milano 136 – La Spezia 105.

I Pifferi, via Zappati 36 (Ovest : 1 km) ☎ 0521 833243, *Fax 0521 831050*, , – P – 200. AE VISA JCB
chiuso 24-25 dicembre e lunedì – **Pasto** carta 19/32.
◆ Posizione periferica per questa casa in stile rustico; offre un servizio estivo all'aperto o all'interno di quattro sale. Conduzione familiare e anche sapori parmensi.

SALA BOLOGNESE *40010 Bologna* 562 I 15 – *5 966 ab. alt. 23.*

Roma 393 – Bologna 20 – Ferrara 54 – Modena 42.

La Taiadèla, via Longarola 25, località Bonconvento Est : 4 km ☎ 051 828143, *Fax 051 829416*, – P. AE VISA JCB – *chiuso agosto e domenica* – **Pasto** carta 24/42.
◆ Localino isolato, in una piccola frazione nel verde della Bassa: semplice bar all'ingresso e tre sale, di cui una con veranda estiva, vecchi oggetti e piatti emiliani.

SALA COMACINA *22010 Como* 561 E 9, 219 ⑨ – *583 ab. alt. 213.*

Roma 643 – Como 26 – Lugano 39 – Menaggio 11 – Milano 65 – Varese 49.

La Tirlindana, piazza Matteotti 5 ✆ 0344 56637, *Fax 0344 56344*, prenotare – AE VISA JCB

chiuso lunedì a mezzogiorno da marzo a settembre, aperto solo venerdì, sabato e domenica negli altri mesi – **Pasto** carta 38/47.

◆ Tirlindana, una lunga lenza per la pesca in acque dolci: un nome indovinato per un elegante locale, con servizio estivo in riva al lago e sapori di pesce e di Francia.

SALEA *Savona* 561 J 6 – *Vedere Albenga.*

SALE MARASINO *25057 Brescia* 561 E 12 – *3 192 ab. alt. 190.*

Roma 558 – Brescia 31 – Bergamo 46 – Edolo 67 – Milano 90 – Sondrio 112.

Villa Kinzica senza rist, via Provinciale 1 ✆ 030 9820975, *villakinzica@tiscalinet.it, Fax 030 9820990*, ≤, – P. AE VISA JCB

18 cam 95/135, suite.

◆ Affacciata sul lago d'Iseo e separata da esso e dalla strada da un grazioso giardino, una bella villa con un patio esterno, ambienti e confort curati in ogni dettaglio.

Della Corona, via Roma 7 ✆ 030 9867153, *Fax 030 9867071*, prenotare – AE VISA

chiuso martedì e a mezzogiorno – **Pasto** carta 29/40.

◆ Signorile gestione familiare, con moglie in cucina, marito in sala e figlia a coordinare; in un edificio del '400, proposte moderatamente creative, passione e ospitalità.

SALERNO *84100* P 564 E 26 *G. Italia* – *141 724 ab..*

Vedere *Duomo*★★ **B** – *Via Mercanti*★ **AB** – *Lungomare Trieste*★ **AB.**

Escursioni *Costiera Amalfitana*★★★.

piazza Vittorio Veneto 1 ✆ 089 231432, eptinfo@xcom.it, Fax 089 231432 – via Roma 258 ✆ 089 224744, Fax 089 252576.

A.C.I. *via Giacinto Vicinanza 11 ✆ 089 232339.*

Roma 263 ④ – Napoli 52 ④ – Foggia 154 ①.

Pianta pagina a lato

Mediterranea Hotel, via Salvador Allende ✉ 84131 ✆ 089 3066111, *info@mediterraneahotel.it, Fax 089 5223056*, – P – 300. AE VISA.

Pasto carta 27/45 – **60 cam** 100/130 – ½ P 88. 4,5 km per ②

◆ E' ancora tutto nuovo in questa moderna e funzionale struttura recente, decentrata, sulla strada che costeggia il mare; camere confortevoli. Attrezzato centro congressi. Il ristorante dispone di capienti sale di raffinata impostazione moderna.

Jolly, lungomare Trieste 1 ✉ 84121 ✆ 089 225222, *salerno@jollyhotels.it, Fax 089 237571*, ≤ – – 120. AE VISA. rist **A a**

Pasto carta 34/47 – **104 cam** 122/142 – ½ P 105.

◆ All'inizio del lungomare, nelle vicinanze del centro e del porto, hotel con livello di confort adeguato agli standard della catena; comode poltrone nella luminosa lobby. Tradizionale ristorante d'albergo.

Fiorenza senza rist, via Trento 145, località Mercatello ✉ 84131 ✆ 089 338800, *fiorealb@tin.it, Fax 089 338800* – P – 150. AE VISA 3,5 km per ②

8 – **30 cam** 62/88.

◆ In posizione periferica, risorsa di buon confort, internamente rimodernata negli ultimi anni, ideale per clientela d'affari; camere funzionali e bagni ben rifiniti.

Plaza senza rist, piazza Ferrovia o Vittorio Veneto ✉ 84123 ✆ 089 224477, *info@plazasalerno.it, Fax 089 237311* – . AE VISA JCB.

42 cam 63/94. per corso Vittorio Emanuele **B**

◆ Un classico albergo di città, che occupa parte di un palazzo fine '800 di fronte alla stazione ferroviaria, comodo per la clientela di passaggio; camere essenziali.

Italia senza rist, corso Vittorio Emanuele 84 ✉ 84123 ✆ 089 226653, *albergo-italia@tiscali.it, Fax 089 233659* – . AE **B c**

5 – **22 cam** 65/85.

◆ Ubicata in una centrale isola pedonale, è una risorsa ad andamento familiare, ristrutturata in anni recenti; spazi comuni ridotti, camere con arredi contemporanei.

Al Cenacolo, piazza Alfano I, 4/6 ✉ 84125 ✆ 089 238818, *Fax 089 238818*, prenotare – . AE VISA JCB. **B a**

chiuso 3 settimane in agosto, dal 24 dicembre al 2 gennaio, domenica sera e lunedì – **Pasto** carta 35/50.

◆ In questo ristorante proprio di fronte al Duomo troverete un ambiente tranquillo e raccolto, dove apprezzare al meglio i suoi piatti campani, rivisitati e ingentiliti.

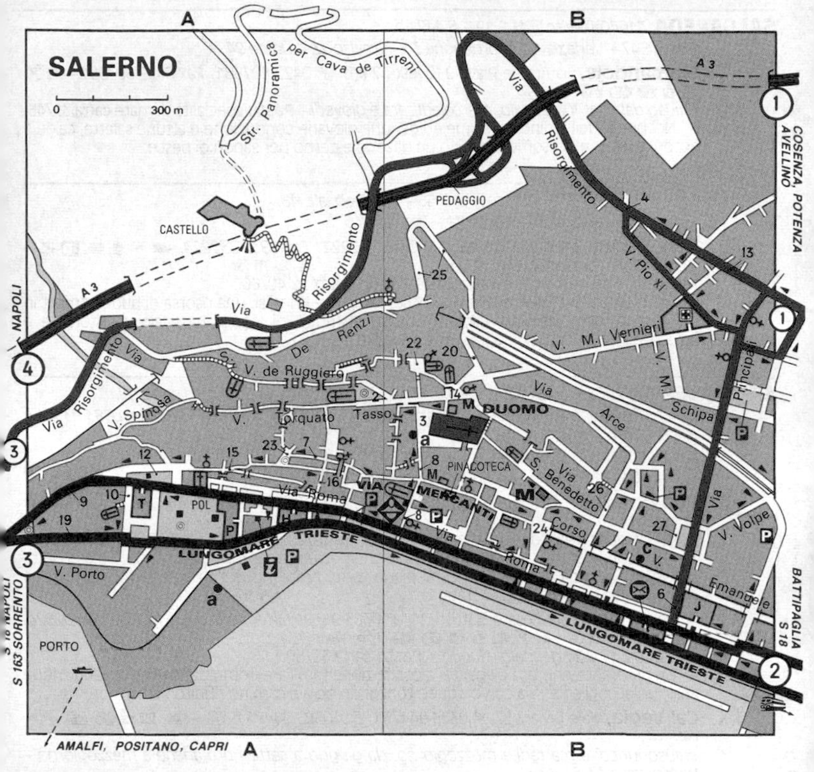

Circolazione regolamentata nel centro città

Abate Coforti (Largo) . . . . . . **AB** 2	Luciani (Piazza M.) . . . . **A** 12	S. Tommaso d'Aquino (Largo) . . . . **B** 22
Alfano 1° (Piazza) . . . . **B** 3	Mercanti (Via) . . . . **AB**	Sedile del Campo (Largo) . . . **A** 23
Cavaliero (Via L.) . . . . **B** 4	Paglia (Via M.) . . . . **B** 13	Sedile di Pta. Nuova (Pza) . . . **B** 24
Cilento (Via A.) . . . . **B** 6	Plebiscito (Largo) . . . . **B** 14	Sorgente (Via Camillo) . . . . . . **B** 25
Dogana Vecchia (Via) . . . . **A** 7	Portacatena (Via) . . . . **A** 15	Velia (Via) . . . . **B** 26
Duomo (Via) . . . . **B** 8	Porta di Mare (Via) . . . . **A** 16	Vittorio Emanuele (Corso) . . . **B**
Indipendenza (Via) . . . . **A** 9	Sabatini (Via A.) . . . . **A** 19	24 Maggio (Piazza) . . . . **B** 27
Lista (Via Stanislas) . . . . **A** 10	S. Eremita (Via) . . . . **B** 20	

XX **Il Timone,** via Generale Clark 29/35 ✉ 84131 ☎ 089 335111, *Fax 089 335111*, prenotare – ▤. AE Ⓢ ⓓ ⓜⓒ VISA. ✗ 4,5 km per ②
chiuso domenica sera e lunedì – **Pasto** specialità di mare carta 31/40.
◆ Animazione e servizio veloce in un locale sempre molto frequentato, ideale per gustare del buon pesce fresco, che sta in mostra in sala e lì viene scelto dal cliente.

XX **Sea Garden,** via Torre Angellara ✉ 84131 ☎ 089 339553, *info@ristoranteseagarden.it, Fax 089 339553*, prenotare la sera – ▤ 🅿. AE Ⓢ ⓓ ⓜⓒ VISA JCB. ✗ per ②
chiuso dal 7 al 21 gennaio, domenica sera e lunedì escluso da giugno a settembre – **Pasto** carta 23/48.
◆ In prossimità della spiaggia e adiacente ad uno stabilimento balneare, curato locale di tono, articolato in vari spazi, che offre cucina di terra e soprattutto di mare.

X **Simposium,** corso Garibaldi 29 ✉ 84123 ☎ 089 233738, *info@ristorantes-imposium.it, Fax 089 233738*, prenotare – ▤. AE Ⓢ ⓓ ⓜⓒ VISA JCB. ✗ per ②
chiuso agosto e domenica – **Pasto** carta 28/37.
◆ Ristorante con interessante proposte: tante paste fatte in casa e un'ampia gamma di carni, tra cui selvaggina e struzzo, in preparazioni tradizionali o rivisitate.

I prezzi del pernottamento e della pensione possono subire aumenti in relazione all'andamento generale del costo della vita ; quando prenotate chiedete la conferma del prezzo.

SALGAREDA *31040 Treviso* 562 E 19 – *5 449 ab..*

Roma 547 – Venezia 42 – Pordenone 36 – Treviso 23 – Udine 94.

Marcandole, via Argine Piave 9 (Ovest : 2 km) ☎ 0422 807881, *Fax 0422 807881* – P. AE VISA JCB.
chiuso dal 1° al 10 gennaio, mercoledì sera e giovedì – **Pasto** specialità di mare carta 32/45.
◆ Nei pressi dell'argine del fiume Adige, una giovane conduzione e alcune salette, calde e accoglienti, con bei soffitti lignei, o un gazebo esterno per sapori di pesce.

SALICE SALENTINO *73015 Lecce* 564 F 35 – *8 967 ab. alt. 48.*

Roma 566 – Brindisi 34 – Lecce 21 – Taranto 70.

Villa Donna Lisa, via Marangi ☎ 0832 732222, *Fax 0832 732224*, – TV P – 60. AE VISA. rist
Pasto *(chiuso domenica sera)* carta 20/31 – **20 cam** 40/66.
◆ Fra i vigneti del Salento, vicina a Lecce, Taranto e Brindisi, una risorsa di buon confort in un verdeggiante giardino; camere con solidi mobili di legno massiccio. Il ristorante è arredato in stile «spagnoleggiante», tra rustico e antico.

SALICE TERME *27056 Pavia* 561 H 9 – *alt. 171 – Stazione termale (marzo-dicembre).*

(chiuso martedì e gennaio) a Rivanazzano ✉ 27055 ☎ 0383 933370, Fax 0383 933217, Nord-Ovest : 4 km.

via Marconi 20 ☎ 0383 91207, aptsalice@tiscali.it, Fax 0383 944540.

Roma 583 – Alessandria 39 – Genova 89 – Milano 73 – Pavia 41.

Roby, via Egidio Gennaro 13 ☎ 0383 91323, *Fax 0383 91323* – TV P. VISA. rist
aprile-ottobre – **Pasto** *(chiuso mercoledì)* 15,15/25,25 – 5 – **27 cam** 38/48 – ½ P 38.
◆ Nella zona centrale di Salice, un edificio che potrebbe sembrare un condominio privato, preceduto da una sorta di portico al piano terra. Ambiente semplice e familiare. La zona pranzo è senza pretese, ma curata.

Il Caminetto, via Cesare Battisti 11 ☎ 0383 91391, *ilcaminetto@iol.it, Fax 0383 92924*, Rist. enoteca – P. AE VISA JCB.
chiuso dal 1° al 21 gennaio e lunedì – **Pasto** carta 35/50.
◆ Un ristorante-enoteca elegante, a conduzione familiare immutata da ormai venticinque anni; un'accogliente sala con parquet, toni giallo ocra e camino rifinito in marmo.

Ca' Vegia, viale Diviani 27 ☎ 0383 944731, *Fax 0383 944731*, – . AE VISA JCB.
chiuso lunedì e martedì a mezzogiorno, da giugno a settembre anche a mezzogiorno – **Pasto** carta 37/51.
◆ In zona centrale, tuttavia prossimo ad aree di parcheggio, un locale con servizio estivo all'aperto e sale di elegante rusticità; piatti anche creativi e del territorio.
Spec. Terrina di foie gras e astice con misticanza e pan brioche caldo. Risotto al limone e menta fresca con ostriche crude. Agnello da latte con salsa di marasche.

Guado, viale delle Terme 57 ☎ 0383 91223, *Fax 0383 91223*, , prenotare – AE VISA.
chiuso dal 20 dicembre al 10 gennaio, mercoledì e giovedì a mezzogiorno – **Pasto** carta 27/37.
◆ Proposte d'impostazione classica con paste fresche e carni al forno tra le specialità; un ambiente accogliente, con saletta-ingresso e sala pranzo raccolta e familiare.

SALINA (Isola) *Messina* 565 L 26 – *Vedere Sicilia (Eolie, isole) alla fine dell'elenco alfabetico.*

SALINE DI VOLTERRA *Pisa – Vedere Volterra.*

SALÒ *25087 Brescia* 561 F 13 *G. Italia – 9 980 ab. alt. 75 – a.s. Pasqua e luglio-15 settembre.*

Vedere *Lago di Garda*★★★ – *Polittico*★ *nel Duomo.*

Gardagolf (chiuso lunedì da novembre a marzo) a Soiano del Lago ✉ 25080 ☎ 0365 674707, Fax 0365 674788, Nord : 12 km.

lungolago Zanardelli 52 (presso Palazzo Comunale) ☎ 0365 21423, iat@comune.salò.bs.it, Fax 0365 21423.

Roma 548 – Brescia 30 – Bergamo 85 – Milano 126 – Trento 94 – Venezia 173 – Verona 63.

Salò du Parc, via Cure del Lino 1 ☎ 0365 290043, *duparc@gardanet.it, Fax 0365 520390*, , Centro salute e benessere, , , , – TV . AE VISA.
15 febbraio-ottobre – **Pasto** carta 32/50 – **34 cam** 142/206 – ½ P 250.
◆ Un grande complesso di tono elegante, ambientato in un curato giardino con piscina in riva al lago; confortevole in ogni settore e dotato di un centro salute e benessere.

Laurin, viale Landi 9 ☎ 0365 22022, *laurinbs@tin.it, Fax 0365 22382,* – 30. AE VISA
chiuso dal dicembre al 20 febbraio – **Pasto** carta 56/82 – 15 – **33 cam** 200/375 – ½ P 275.
◆ Bella villa liberty con saloni affrescati e giardino con piscina; interni con arredi, oggetti, dettagli dal repertorio dell'Art Nouveau, per un romantico relax sul Garda. Piatti classici rivisitati serviti fra un tripudio di decori floreali, dipinti, colonne.

Duomo, lungolago Zanardelli 91 ☎ 0365 21026, *info@hotelduomosalo.it, Fax 0365 290418,* – . AE VISA JCB. rist
Pasto *(chiuso dall'8 gennaio al 17 marzo, dal 10 novembre al 27 dicembre e martedì)* carta 38/53 – **22 cam** 140/180 – ½ P 110.
◆ Proprio sul lungolago, un hotel rinnovato con buon gusto; pavimento in marmo e comode poltrone nella hall, confortevoli camere impreziosite da alcuni mobili antichi. Sala da pranzo essenziale e gradevole veranda per gustare il gustoso pesce di lago.

Vigna senza rist, lungolago Zanardelli 62 ☎ 0365 520144, *hotel@hotelvigna.it, Fax 0365 20516,* – . AE VISA
chiuso dal 15 dicembre al 15 gennaio – **27 cam** 100/140.
◆ Cordiale accoglienza in una storica locanda, oggi una risorsa con un settore notte totalmente ristrutturato, quindi nuovo e moderno; bella sala colazioni panoramica.

Benaco, lungolago Zanardelli 44 ☎ 0365 20308, *hbenaco@tin.it, Fax 0365 21049,* – . AE VISA. rist
chiuso dicembre e gennaio – **Pasto** carta 40/45 – **19 cam** 75/110 – ½ P 70.
◆ Un albergo da poco rinnovato, in felice posizione sul lungolago, in area chiusa al traffico: centrale, ma tranquillo, offre camere confortevoli e conduzione familiare. Fresca veranda con un panorama delizioso, sul Garda e il territorio, per pasti estivi.

Antica Trattoria alle Rose, via Gasparo da Salò 33 ☎ 0365 43220, *roseorologio@numerica.it, Fax 0365 43220* – . AE VISA JCB
chiuso dicembre e mercoledì – **Pasto** carta 31/44.
◆ Di recente ristrutturata totalmente, una trattoria dallo stile tra il rustico e il moderno, ove confort e tradizione si uniscono; proposte gastronomiche lacustri.

Alla Campagnola, via Brunati 11 ☎ 0365 22153, *angelodalbon@tin.it, Fax 0365 299588,* , prenotare la sera – AE VISA
chiuso dal 6 gennaio al 10 febbraio e martedì a mezzogiorno – **Pasto** carta 31/38.
◆ Non direttamente sul lago, un ambiente piacevole, dai toni caldi, tipici di certe vecchie osterie, e tuttavia oggi raffinato; impronta familiare e ampia terrazza-veranda.

Lepanto con cam, lungolago Zanardelli 67 ☎ 0365 20428, *Fax 0365 20428,* – AE VISA.
chiuso dal 15 gennaio a febbraio – **Pasto** *(chiuso giovedì)* carta 33/41 – **8 cam** 60.
◆ Nella parte di lungolago aperta al traffico, e con un comodo parcheggio pubblico, un locale con gradevole servizio estivo all'aperto e piatti sia classici che lacustri.

Il Melograno, via Panorama 5, località Campoverde Ovest : 1 km ☎ 0365 520421, *info@ilmelogranoristorante.it, Fax 0365 524140,* – AE VISA JCB
chiuso novembre, lunedì sera e martedì – **Pasto** specialità di lago carta 29/51.
◆ Bel ristorante familiare, sito in una vecchia casa con pietra viva: sale di tono rustico, articolate su due livelli, e giardinetto esterno. Cucina legata al territorio.

Gallo Rosso, vicolo Tomacelli 4 ☎ 0365 520757, *Fax 0365 520757,* Coperti limitati; prenotare – . AE VISA JCB
chiuso dal 7 al 14 gennaio, dal 20 al 30 giugno e mercoledì – **Pasto** 25 bc.
◆ Un ambiente piccolo e curato, un localino del centro storico che offre un ottimo rapporto qualità/prezzo; lo chef e titolare è un professionista di grande esperienza.

Osteria dell'Orologio, via Butturini 26 ☎ 0365 290158, *roseorologio@numerica.it, Fax 0365 43220,* Enoteca con cucina – AE VISA JCB
chiuso dal 18 giugno al 20 luglio e mercoledì – **Pasto** carta 27/36.
◆ Al piano terra una vera e propria enoteca, con alcuni tavoli per spuntini veloci; al piano superiore, invece, la sala ristorante. Atmosfera caratteristica e accogliente.

a Barbarano *Nord-Est : 2,5 km verso Gardone Riviera* – ✉ *25087 Salò :*

Spiaggia d'Oro, via Spiaggia d'oro 15 ☎ 0365 290034, *info@hotelspiaggiadoro.com, Fax 0365 290092,* – – 25. AE VISA JCB.
Pasto carta 40/55 – **36 cam** 150/230 – ½ P 150.
◆ Prospiciente il porticciolo di Barbarano e dotato di un giardino direttamente sul lago, con piscina, un hotel con validi spazi comuni, ampi, e camere funzionali.

a Serniga *Nord : 6 km – ✉ 25087 Salò :*

Agriturismo Fattoria il Bagnolo ⛰, località Bagnolo Ovest : 1 km ✆ 0365 20290, *info@ilbagnolo.it, Fax 0365 21877,* ← lago, ⛱, prenotare, 🚗 – TV P. AE Ⓢ ⓒ VISA JCB
Pasto carta 36/44 – **9 cam** ☕ 90/110 – ½ P 80.
◆ Incantevole posizione, immersa nel verde, per questo complesso rurale di alto livello; eleganti arredi e piatti di carne proveniente dall'azienda agricola stessa.

SALSOMAGGIORE TERME *43039 Parma* 562 H 11 – *18 594 ab. alt. 160 – Stazione termale, a.s. agosto-25 ottobre.*

⛳ *(chiuso gennaio) località Contignaco-Pontegrosso ✉ 43039 Salsomaggiore Terme ✆ 0524 574128, Fax 0524 578649, Sud : 5 km.*

ℹ *viale Romagnosi 7 ✆ 0524 580211, turismo@comune.salsomaggiore-terme.pr.it, Fax 0524 580219.*

Roma 488 ① – Parma 30 ① – Piacenza 52 ① – Cremona 57 ① – Milano 113 ① – La Spezia 128 ①.

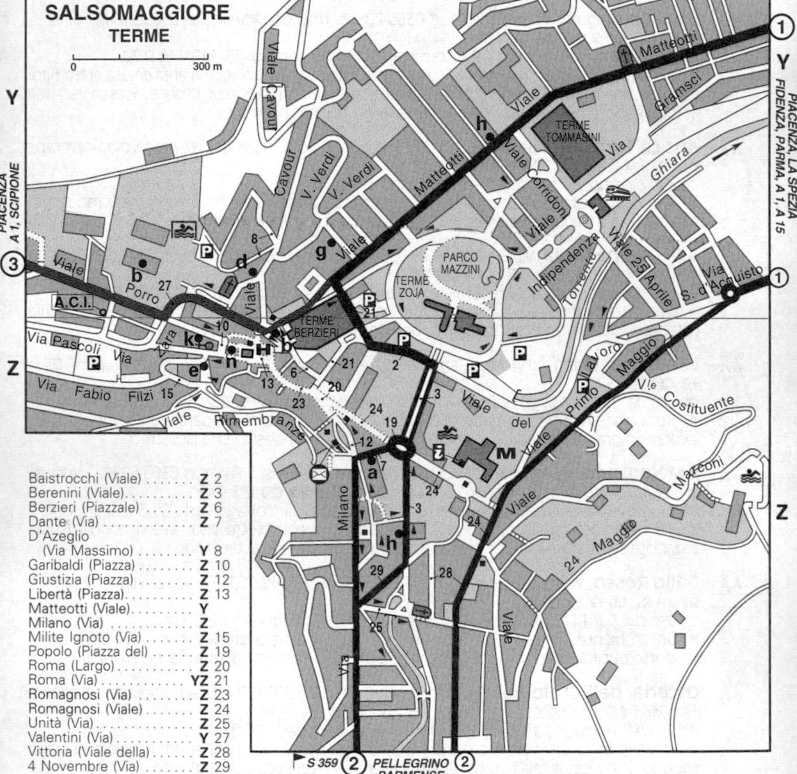

Gd H. et de Milan, via Dante 1 ✆ 0524 572241, *info@delmilan.it, Fax 0524 573884,* 🏋, ♨, 🏊, 🌳 – 🛗, ≡ rist, TV 📞 ♿ P – 🏢 100. AE Ⓢ ⓓ ⓒ VISA JCB. ✂ **Z a**
aprile-dicembre – **Pasto** (solo per alloggiati) 35/45 – **110 cam** ☕ 137/278 – ½ P 176.
◆ Lunga tradizione di signorile accoglienza per un rinomato e bell'albergo di epoca liberty, immerso in un piccolo parco ombreggiato con piscina e dotato di eleganti spazi. Ristorante dalle raffinate atmosfere d'inizio secolo scorso.

Grand Hotel Porro, viale Porro 10 ☎ 0524 578221, *info@grandhotel-porro.it, Fax 0524 577878*, – |‡|, rist, – 50. . rist Y b
Pasto (solo per alloggiati) – **85 cam** 130/200, 6 suites – ½ P 135.
◆ Architetture in stile liberty cinte da un vasto parco ombreggiato; interni di classe, da poco rinnovati e rivisitati anche in chiave moderna, e valido centro benessere.

Cristallo, viale Matteotti 5 bis ☎ 0524 577241, *info@hotel-cristallo.it, Fax 0524 574022*, – 40. . Y g
Pasto *(marzo-novembre)* carta 31/39 – **78 cam** 88/125.
◆ Una risorsa che ha subito ristrutturazioni piuttosto recenti, con un'impostazione moderna; ideale per clienti non solo interessati al centro salute, ma qui anche per lavoro. Ampia sala ristorante, a cui si accede attraverso un sinuoso scalone.

Excelsior, viale Berenini 3 ☎ 0524 575641, *info@hotelexcelsiorsalsomaggiore.it, Fax 0524 573888*, – rist, – 40. . rist Z h
chiuso dicembre e gennaio – **Pasto** (solo per alloggiati) 15/25 – **60 cam** 62/103,30 – ½ P 61,96.
◆ Gestione familiare competente e di lunga tradizione per questo albergo ubicato centralmente, nei pressi del Palazzo dei Congressi e delle Terme; comodo e funzionale.

Kursaal, via Romagnosi 1 ☎ 0524 584090, *info@hotelkursaalsalso.it, Fax 0524 583057* – – 30. . Z b
Pasto 23/34 – **40 cam** 67,50/114 – ½ P 72,50.
◆ Edificio totalmente ristrutturato e riaperto di recente. Marmo, parquet, illuminazione, design, tutto è all'insegna di eleganza e modernità e il risultato è apprezzabile. Ristorante in stile minimal-chic, cucina eclettica.

Ritz, viale Milite Ignoto 5 ☎ 0524 577744, *hotelritzsalso@libero.it, Fax 0524 574410*, – – 60. . Z e
26 dicembre-7 gennaio e marzo-15 novembre – **Pasto** 25/30 – 7 – **34 cam** 65/88 – ½ P 65.
◆ Un edificio di color chiaro, che offre spazi e servizi decorosi in un'atmosfera corretta e familiare; di recente ristrutturato e sito vicino agli impianti termali. Luminosa sala da pranzo, semplice e ospitale.

Elite, viale Cavour 5 ☎ 0524 579436, *info@albergoelite.it, Fax 0524 572988* – . . rist Y d
chiuso dal 16 dicembre al 15 febbraio – **Pasto** 19/26 – 10 – **28 cam** 57/95 – ½ P 55.
◆ Sobrietà e funzionalità per gli ambienti di questo piccolo hotel: sorto da non molto tempo, si presenta con un'originale architettura in parte con pietra a vista. Ristorante di lineare e sobria semplicità.

Nazionale, viale Matteotti 43 ☎ 0524 573757, *info@albergonazionalesalsomaggiore.it, Fax 0524 573114*, – rist, . . rist Y h
26 dicembre 6 gennaio e marzo-7 novembre – **Pasto** carta 24/32 – 8 – **42 cam** 70/100 – ½ P 64.
◆ Con un giardinetto antistante, un edificio d'epoca oggi rinnovato e aggiornato nei confort: valido il servizio e buona la tenuta generale con continue manutenzioni.

De la Ville, piazza Garibaldi 1 ☎ 0524 573526, *info@hoteldelavillesalsomaggiore.it, Fax 0524 576449* – . . rist Z n
26 dicembre-6 gennaio e 15 aprile-15 novembre – **Pasto** (solo per alloggiati) 18/30 – **40 cam** 55/85 – ½ P 55.
◆ In una tranquilla isola pedonale del centro storico, nelle vicinanze delle Terme, hotel sorto in parte all'interno di una struttura d'epoca successivamente ampliata. Ristorante d'atmosfera vagamente liberty.

a Cangelasio *Nord-Ovest : 3,5 km – ✉ 43039 Salsomaggiore Terme :*

Agriturismo Antica Torre, case Bussandri 197 ☎ 0524 575425, *info@anticatorre.it, Fax 0524 575425*, – – 30.
marzo-novembre – **Pasto** *(chiuso a mezzogiorno)* (solo per alloggiati) 20 – **12 cam** 100 – ½ P 70.
◆ Sulle colline attorno a Salsomaggiore, un complesso rurale seicentesco con torre militare risalente al 1300: bella e piacevole realtà di campagna ove l'ospitalità è di casa.

a Grotta *Sud-Ovest : 5 km – ✉ 43047 Pellegrino Parmense :*

Antica Trattoria La Grotta, località Grotta 37/A ☎ 0524 64156, *la.grotta@libero.it, Fax 0524 64161*, – . .
chiuso dal 2 al 12 luglio e lunedì – **Pasto** carta 21/26.
◆ Piatti della tradizione gastronomica della terra d'Emilia, variabili in base alla stagionalità dei prodotti, da assaporare in una vecchia trattoria a giovane conduzione.

SALTUSIO (SALTAUS) *Bolzano* **218** ⑩ – *Vedere San Martino in Passiria.*

SALUZZO *12037 Cuneo 561 I 4 – 15 741 ab. alt. 395.*

Il Bricco (aprile-novembre; chiuso lunedì escluso luglio-agosto) a Vernasca ✉ 12020 ☎ 0175 567565, Fax 0171 567565, Nord-Ovest : 16 km.

via Torino 51 ☎ 0175 46710, iat@comune.saluzzo.cn.it, Fax 0175 46718.

Roma 662 – Cuneo 32 – Torino 58 – Asti 76 – Milano 202 – Sestriere 86.

Astor senza rist, piazza Garibaldi 39 ☎ 0175 45506, *astor@mtrade.com, Fax 0175 47450* – AE VISA
chiuso agosto – 10 – **24 cam** 65/93.
◆ Pratico hotel nel centro storico, ma vicino alla stazione ferroviaria e all'area commerciale; settore notte sviluppato su sei piani, zone comuni ampie e gestione cordiale.

Griselda senza rist, corso 27 Aprile 13 ☎ 0175 47484, *griselda@mtrade.com, Fax 0175 47489* – P – 80. AE VISA JCB.
34 cam 85/98.
◆ Alle porte della città, una struttura in vetro e cemento, con ricevimento e salette per la colazione al piano terra e stanze funzionali e confortevoli.

La Gargotta del Pellico, piazzetta Mondagli 5 ☎ 0175 46833, *Fax 0175 240507*, Coperti limitati; prenotare – AE VISA.
chiuso martedì e a mezzogiorno (escluso domenica e festivi) – **Pasto** carta 28/39.
◆ Due salette, con pochi tavoli, un arredo essenziale, ma curato, in pieno centro, a due passi dalla casa natale del Pellico. Sapori piemontesi, rivisitati, fra la storia.

L'Ostu dij Baloss, via Gualtieri 38 ☎ 0175 248618, *Fax 0175 475469* – VISA JCB.
chiuso dal 7 al 20 gennaio, domenica (escluso maggio e settembre) e lunedì a mezzogiorno – **Pasto** 26/38 e carta 28/48.
◆ Proposte gastronomiche legate al territorio, rinnovate con periodicità, e possibilità di partecipare a corsi di degustazione: in un antico palazzo del centro storico.

Taverna San Martino, corso Piemonte 109 ☎ 0175 42066, Coperti limitati; prenotare – AE VISA JCB
chiuso dal 1° al 15 agosto, martedì sera e mercoledì – **Pasto** carta 16/19.
◆ Un piccolo ristorante con un'unica saletta, ordinata e curata nei particolari; qualche quadro, travi in legno, sedie impagliate e piatti anche locali, con serate a tema.

SALVAROSA *Treviso – Vedere Castelfranco Veneto.*

SALZANO *30030 Venezia 562 F 18 – 11 577 ab. alt. 11.*

Roma 520 – Padova 30 – Venezia 14 – Treviso 34.

verso Noale *Nord-Ovest : 4 km :*

Da Flavio e Fabrizio, ✉ 30030 ☎ 041 440645, *flavioefabrizio@libero.it* – P. AE VISA JCB.
chiuso dal 5 al 26 agosto, lunedì, in giugno e luglio anche domenica sera – **Pasto** specialità di mare carta 29/37.
◆ A dare il nome, una coppia di fratelli, coadiuvati ai fornelli dalla madre; un ristorantino accogliente, con una cucina di ampio respiro in cui è il pesce a fare da re.

SAMBOSETO *Parma – Vedere Busseto.*

SAMBUCO *12010 Cuneo 561 I 3 – 90 ab. alt. 1184.*

Roma 657 – Cuneo 46 – Alessandria 171 – Asti 136 – Torino 132.

Della Pace con cam, via Umberto I 32 ☎ 0171 96550, *Fax 0171 96628*, ← – – 70. VISA
chiuso una settimana in giugno e 20 giorni in ottobre – **Pasto** *(chiuso lunedì escluso da giugno a settembre)* carta 21/26 – 6 – **11 cam** 35/62 – ½ P 46.
◆ Una bella sala luminosa con pareti bianche e numerose finestre, tavoli ben distanziati e soprattutto un menù con proposte del territorio e di tradizione occitana.

SAMPÈYRE *12020 Cuneo 561 I 3 – 1 212 ab. alt. 976 – a.s. luglio-agosto e Natale.*

Roma 680 – Cuneo 49 – Milano 238 – Torino 88.

Torinetto , borgata Calchesio 7 (Ovest : 1,5 km) ☎ 0175 977181, *hoteltorinetto@tiscalinet.it, Fax 0175 977104*, ←, – P – 100. AE VISA. rist
Pasto carta 18/25 – 5 – **74 cam** 50/65 – ½ P 48.
◆ Un hotel grande, di montagna, recente, poco lontano dalla statale e in posizione comunque tranquilla; arredi in legno, ambiente sobrio e accogliente. Vaste sale comuni. Ampia sala ristorante al piano terra dell'albergo: luminosa, semplice.

SAN BARTOLOMEO AL MARE *18016 Imperia 561 K 6 – 3 117 ab..*

piazza XXV Aprile 1 ☎ 0183 400200, infosanbartolomeo@rivieradeifiori.org, Fax 0183 403050.

Roma 606 – Imperia 7 – Genova 107 – Milano 231 – San Remo 34.

Bergamo, via Aurelia 15 ☎ 0183 400060, *info@hotel-bergamo.com, Fax 0183 401021,* – . AE VISA.
aprile-10 ottobre – **Pasto** 23/28 – 10,50 – **52 cam** 55/75 – ½ P 68.
◆ Hotel confortevole, vicino al mare, ormai in auge da parecchi anni; sempre ben tenuto e dignitoso, offre un ambiente accogliente e vasti spazi comuni. Gestione familiare. Sala ristorante arieggiata e illuminata da grandi vetrate.

SAN BENEDETTO *Firenze – Vedere Montaione.*

SAN BENEDETTO DEL TRONTO *63039 Ascoli Piceno 563 N 23 – 45 435 ab. – a.s. luglio-settembre.*

viale delle Tamerici 3/5 ☎ 0735 592237, iat.sanbenedetto@regione.marche.it, Fax 0735 582893.

Roma 231 – Ascoli Piceno 39 – Ancona 89 – L'Aquila 122 – Macerata 69 – Pescara 68 – Teramo 49.

Regent senza rist, viale Gramsci 31 ☎ 0735 582720, *info@hotelregent.it, Fax 0735 582805* – . AE VISA.
chiuso dal 24 dicembre all'11 gennaio – **25 cam** 68/110.
◆ Un valido servizio, cura e confort, offerti da un albergo già gradevole dall'esterno; nei pressi del centro e del lungomare, nonché della stazione, cortesia e comodità.

Solarium, viale Scipioni 102 ☎ 0735 81733, *info@hotelsolarium.it, Fax 0735 81616,* – , rist, . AE VISA. rist
chiuso dal 15 dicembre al 15 gennaio – **Pasto** *(chiuso lunedì a mezzogiorno)* carta 23/39 – **55 cam** 65/90 – ½ P 85.
◆ Una struttura di color giallo, affacciata direttamente sulla passeggiata mare e rinnovata di recente in molti settori; è ideale punto di riferimento per tutto l'anno. Moderno ambiente nella sala da pranzo, con vetrate continue e colonne rosse.

Arlecchino, viale Trieste 22 ☎ 0735 85635, *arlecchino@hotelarlecchino.it, Fax 0735 85682* – . AE VISA JCB.
Pasto *(15 giugno-15 settembre)* (solo per alloggiati) – 5 – **30 cam** 52/77 – ½ P 75.
◆ Lungo il viale che costeggia la marina, una risorsa impreziosita da una luminosa veranda esterna per le prime colazioni; settore notte non molto ampio, ma confortevole.

Progresso, viale Trieste 40 ☎ 0735 83815, *info@hotelprogresso.it, Fax 0735 83980,* – . AE VISA JCB. rist
chiuso Natale – **Pasto** (solo per alloggiati) 20/25 – **39 cam** 50/85 – ½ P 75.
◆ Sul lungomare, un hotel degli anni '20 che ha mantenuto lo stile architettonico dell'epoca. Gli interni, rinnovati e aggiornati, offrono un confort decisamente attuale.

Locanda di Porta Antica senza rist, piazza Dante 7 ☎ 0735 595253, *info@locandadiportaantica.it, Fax 0735 576631* – . AE VISA.
5 cam 62/140.
◆ Nella parte più antica della località, all'interno di un edificio composito e ricco di storia, poche camere graziose e ricche di personalità, buon gusto ed eleganza.

Messer Chichibio, via Tiepolo 5 ☎ 0735 584001, *info@messerchichibio.it, Fax 0735 584001,* – . AE VISA JCB.
chiuso dal 20 dicembre al 6 gennaio e lunedì – **Pasto** specialità di mare carta 40/57.
◆ Tutto rinnovato nella nuova e recente sede, facile da raggiungere seguendo le indicazioni per la Capitaneria di Porto, un locale luminoso e moderno con degustazione di vini.

Da Vittorio con cam, via della Liberazione 31 ☎ 0735 81114, *info@ilristorantino.it, Fax 0735 81114* – – 50. AE VISA JCB. cam
Pasto *(chiuso lunedì)* specialità di mare carta 35/60 ed al Wine Bar ***Tre Bicchieri*** 15/25 – **4 cam** 85.
◆ Ambiente accogliente ed elegante connotato da vivaci tonalità pastello, con wine-bar con cucina al piano inferiore. A disposizione degli ospiti anche alcune belle camere.

a Porto d'Ascoli *Sud : 5 km – 63037*

Sporting, via Paganini 23 ☎ 0735 656545, *info@hsporting.com, Fax 0735 650875,* , – – 25. AE VISA. rist
chiuso dal 15 dicembre al 15 gennaio – **Pasto** carta 30/50 – **63 cam** 80/93 – ½ P 75.
◆ Un gradevole giardino-pineta, fresco e ombreggiato, ove potersi godere la quiete di questo albergo in posizione rientrante rispetto alla spiaggia; confort e tranquillità.

SAN BENEDETTO DI LUGANA *Verona – Vedere Peschiera del Garda.*

SAN BENEDETTO PO *46027 Mantova* 561 *G 14 – 7 534 ab. alt. 18.*

Roma 457 – Verona 58 – Mantova 23 – Modena 60.

Agriturismo Corte Medaglie d'Oro senza rist, strada Argine Secchia 63 (Sud-Est : 4 km) ☎ 0376 618802, *cobellini.claudio@libero.it, Fax 0376 5879595,* – P.
7 cam 40/64.

◆ Un angolo incontaminato della Bassa più autentica, a pochi metri dall'argine del Secchia. Originale atmosfera rurale, immersi tra i frutteti e accolti con passione.

XX **L'Impronta,** via Gramsci 10 ☎ 0376 615843, *ritorante.impronta@libero.it,* – P. AE VISA.
chiuso lunedì – **Pasto** carta 22/32.

◆ Un grazioso edificio d'epoca, restaurato e tinteggiato d'azzurro. In cucina uno chef che ama proporre una cucina personalizzata con estro, partendo dai prodotti del mantovano.

a San Siro *Est : 6 Km – ✉ 46027 San Benedetto Po :*

X **Al Caret,** via Schiappa 51 ☎ 0376 612141 –
chiuso dal 10 al 20 agosto e lunedì – **Pasto** specialità carne di bufala carta 19/22.

◆ Calda accoglienza e gestione familiare in questa trattoria di paese: una sala semplice, ma ben tenuta, dove gustare piatti locali e carne di bufala, la specialità della casa.

SAN BERNARDO *Torino – Vedere Ivrea.*

SAN BERNARDO *Genova – Vedere Bogliasco.*

SAN BIAGIO DI CALLALTA *31048 Treviso* 562 *E 19 – 11 397 ab. alt. 10.*

Roma 547 – Venezia 40 – Pordenone 43 – Treviso 11 – Trieste 134.

X **Da Procida,** strada per Monastier Est : 1 km ☎ 0422 797818, Trattoria con cucina casalinga – P. VISA.
chiuso dal 6 al 13 gennaio, agosto, lunedì e martedì sera – **Pasto** carta 25/31.

◆ Semplice e accogliente trattoria familiare che propone una cucina casereccia e del territorio; fra le specialità, trippa e bolliti misti. Bar pubblico all'entrata.

SAN BONIFACIO *37047 Verona* 562 *F 15 – 17 258 ab. alt. 31.*

Roma 523 – Verona 24 – Milano 177 – Rovigo 71 – Venezia 94 – Vicenza 31.

XXX **Relais Villabella** con cam, via Villabella 72 (Ovest : 2 km) ☎ 045 6101777, *relaisvilla@libero.it, Fax 045 6101799,* , , – P – 70. AE VISA JCB. rist
chiuso novembre – **Pasto** *(chiuso domenica e lunedì)* carta 33/52 – **10 cam** 83/207 – ½ P 133,50.

◆ Tra i vigneti della Bassa Veronese, un relais di campagna ricavato da una struttura colonica di pregevole e armonioso insieme; elegante sosta culinaria nell'amena natura.

SAN CANDIDO (INNICHEN) *39038 Bolzano* 562 *B 18 G. Italia – 3 112 ab. alt. 1 175 – Sport invernali : 1 175/1 600 m 4, ; a Versciaco Monte Elmo : 1 132/2 205 m 2 5 (Comprensorio Dolomiti superski Alta Pusteria).*

piazza del Magistrato 1 ☎ 0474 913149, info@innichen.it, Fax 0474 913677.

Roma 710 – Cortina d'Ampezzo 38 – Belluno 109 – Bolzano 110 – Lienz 42 – Milano 409 – Trento 170.

Panoramahotel Leitlhof , via Pusteria 29 ☎ 0474 913440, *info@leitlhof.com, Fax 0474 914300,* ≤ Dolomiti e vallata, , , – | P. VISA. rist
5 dicembre-13 aprile e 28 maggio-3 ottobre – **Pasto** (solo per alloggiati) – **38 cam** 145/233 – ½ P 128.

◆ In tranquilla posizione periferica, con un bel panorama su valle e Dolomiti, un hotel recentemente ampliato e ristrutturato; eleganti interni, attrezzato centro benessere. Atmosfera signorile nell'accogliente sala da pranzo in stile montano. Specialità locali.

Orso Grigio-Grauer Bär, via Rainer 2 ☎ 0474 913115, *info@orsohotel.it, Fax 0474 914182,* ≤, , – | P. AE VISA.
5 dicembre-Pasqua e 15 giugno-10 ottobre – **Pasto** carta 34/40 – **24 cam** 210 – ½ P 110.

◆ Da oltre 250 anni proprietà della medesima famiglia, un albergo storico di vecchia memoria: muri spessi, grandi spazi ove l'antico e il moderno si fondono per il confort. Al ristorante immutati i profumi, i sapori e le atmosfere di una volta.

Parkhotel Sole Paradiso-Sonnenparadies , via Sesto 13 ☎ 0474 913120, *info@soleparadiso.com, Fax 0474 913193,* , , – |, rist, P – 80. VISA.
dicembre-marzo e aprile-settembre – **Pasto** carta 28/46 – **35 cam** 126/163, 8 suites – ½ P 91,50.

◆ Un caratteristico chalet in un parco pineta, un hotel d'inizio secolo scorso in cui entrare e sentirsi riportare indietro nel tempo; fascino, anche con ritocchi moderni.

Posta-Post, via Sesto 1 ✆ 0474 913133, *info@posthotel.it, Fax 0474 913635*, rist, .
20 dicembre-15 aprile e 10 giugno-15 ottobre – **Pasto** (solo per alloggiati) – **49 cam** 104/204 – ½ P 106.
◆ Un esercizio di antica tradizione, rinnovato in tempi recenti; camere ampie, solari e gradevoli spazi comuni. Amena la terrazza-solarium con bella vista sui dintorni.

Cavallino Bianco-Weisses Rossl, via Duca Tassilo 1 ✆ 0474 913135, *info@cavallinobianco.org, Fax 0474 913733*, rist,
19 dicembre-27 marzo e 21 giugno-28 settembre – **Pasto** carta 29/38 – **14 cam** 108/216, 16 suites 240 – ½ P 170.
◆ Le Dolomiti dell'Alta Pusteria fanno da cornice a questo piacevole hotel del centro, nella zona pedonale: un susseguirsi di sorprese e cortesia, soprattutto per famiglie.

Sporthotel Tyrol, via P.P. Rainer 12 ✆ 0474 913198, *info@sporthoteltyrol.it, Fax 0474 913593*, rist, .
5 dicembre-31 marzo e 29 maggio-5 ottobre – **Pasto** *(chiuso lunedì)* 24/35 e al Rist. ***Picnic*** carta 27/39 – **28 cam** 132/204 – ½ P 103.
◆ In parte rinnovato, con stanze che offrono validi confort e buoni arredi, l'albergo, pur trovandosi in centro, vanta alcune gradevoli aree esterne, anche per lo sport. Zona riservata alla ristorazione nel solco della più pura tradizione di queste vallate.

Villa Stefania, via Duca Tassilo 16 ✆ 0474 913588, *info@villastefania.com, Fax 0474 916255*, 60. rist
chiuso dal 18 aprile al 18 maggio e dal 6 al 27 ottobre – **Pasto** (solo per alloggiati) – **31 cam** 94/178 – ½ P 100.
◆ Una bell'atmosfera familiare, pronta ad accoglervi in un caldo, ospitale abbraccio, a prendervi per mano per farvi scordare lo stress e illustrarvi le gioie dei monti.

Letizia senza rist, via Firtaler 5 ✆ 0474 913190, *hotel.letizia@dnet.it, Fax 0474 913372*, . rist
chiuso dal 9 al 24 dicembre e giugno – **13 cam** 62/106.
◆ Un piccolo e piacevole albergo sito in zona residenziale, in pieno centro; si propone con una conduzione familiare e diretta. A coordinare, la simpatica signora Letizia.

Kupferdachl, via Sesto 20 ✆ 0474 913711, *Fax 0474 913711*,
chiuso 15 giorni a giugno, 15 giorni a novembre e giovedì – **Pasto** carta 20/39.
◆ Ben conosciuto in loco, sia da una clientela turistica che di lavoro, ristorantino dall'atmosfera familiare, che si presenta con una lista di piatti tipici territoriali.

SAN CANZIAN D'ISONZO *34075 Gorizia* 562 E 22 – *5 705 ab..*

Roma 635 – Udine 46 – Gorizia 31 – Grado 21.

Arcimboldo, via Risiera S. Sabba 17 ✆ 0481 76089, *info@arcimboldo.go.it, Fax 0481 76089* – .
chiuso dal 30 dicembre al 2 gennaio, dal 29 luglio al 21 agosto, domenica sera e lunedì – **Pasto** cucina di carne e vegetariana carta 18/22.
◆ Ispirato alla figura del noto Arcimboldo, pittore che immortalò coi pennelli frutta e ortaggi, il locale offre un menù scandito in particolare dalle verdure; ma non solo.

SAN CASCIANO DEI BAGNI *53040 Siena* 563 N 17 – *1 794 ab. alt. 582.*

Roma 158 – Siena 90 – Arezzo 91 – Perugia 58.

Sette Querce senza rist, viale Manciati 2 ✆ 0578 58174, *settequerce@ftbcc.it, Fax 0578 58172* –
chiuso da 15 al 31 gennaio – **9 cam** 190/250.
◆ All'ingresso del paese, un'antica locanda totalmente ristrutturata con buon gusto ed eleganza: tinte vivaci e gran cura dei particolari in questo quieto angolo di Toscana.

Daniela, piazza Matteotti 7 ✆ 0578 58041, – . .
chiuso dal 15 gennaio al 15 febbraio, mercoledì a mezzogiorno in maggio-giugno ed ottobre, tutto il giorno da novembre ad aprile – **Pasto** carta 28/38 (10 %).
◆ Sulla piazza, nei vecchi magazzini del castello, due ambienti rustici e alternativi, con soffitti a botte e pavimento in pietra grezza: sapori del posto fra eleganti colori.

a Celle sul Rigo *Ovest : 5 km* 563 N 17 – ✉ *53040 :*

Poggio con cam, ✆ 0578 53748, *ilpoggio@ftbcc.it, Fax 0578 53587*, colline, centro per turismo equestre, 50. .
chiuso dal 15 gennaio a febbraio – **Pasto** carta 31/44 – 5 suites 155/220 – ½ P 140.
◆ Qui troverete succulente proposte della tradizionale cucina del territorio, da gustare nello scenario delle crete senesi, accomodati in un ambiente rustico e curato.

La guida cambia, cambiate la guida ogni anno.

SAN CASCIANO IN VAL DI PESA *50026 Firenze* 563 L 15 *G. Toscana – 16 284 ab. alt. 306.*
Roma 283 – Firenze 17 – Siena 53 – Livorno 84.

Villa il Poggiale senza rist, via Empolese 69 (Nord-Ovest : 1 km) 055 828311, *info@villailpoggiale.it, Fax 055 8294296,* colline, – – 50. VISA JCB.
chiuso febbraio – **20 cam** 140/190, 2 suites.
◆ Dimora storica cinquecentesca adagiata tra le colline del paesaggio toscano più tipico e affascinante. Un soggiorno da sogno, tra ambienti originali, a prezzi molto corretti.

Locanda Barbarossa , via Sorripa 2 (Nord-Ovest : 1 km) 055 8290109, *info@locandabarbarossa.it, Fax 055 8290891,* , , – cam, . VISA.
chiuso dal 10 gennaio al 15 febbraio – **Pasto** *(chiuso lunedì e a mezzogiorno escluso giugno-settembre)* carta 29/36 – **3 cam** 90/130, 3 suites 210/260 – ½ P 105.
◆ Una casa colonica elegantemente ristrutturata, circondata da un ampio e curatissimo giardino con piscina, dove godere di un soggiorno bucolico e rilassante. Ristorante d'atmosfera dalle massicce mura in pietra, con piccola «vineria» per degustazioni.

a Talente *Nord-Ovest : 2,5 km – 50026 San Casciano Val di Pesa :*

Villa Talente senza rist, via Empolese 107 055 8259484, *villatalente@tin.it, Fax 055 8259856,* colline, – – 25. VISA
12 – **7 cam** 130/160, suite.

a Mercatale *Sud-Est : 4 km : – 50024 :*

Salvadonica senza rist, via Grevigiana 82 055 8218039, *info@salvadonica.com, Fax 055 8218043,* , , , – . VISA.
15 marzo-6 novembre – **5 cam** 100/110, 10 suites 125/180.
◆ Un'oasi di tranquillità e di pace questo piccolo borgo agrituristico fra gli olivi; semplicità e cortesia familiare, in un ambiente rustico molto rilassante, accogliente.

a Cerbaia *Nord-Ovest : 6 km – 50020 :*

La Tenda Rossa, piazza del Monumento 9/14 055 826132, *latendarossa@tin.it, Fax 055 825210,* prenotare – . VISA JCB.
chiuso Natale, agosto, lunedì a mezzogiorno e domenica – **Pasto** carta 66/96.
◆ Un nucleo familiare ben composito e organizzato, sulla scena e dietro le quinte di un locale assai noto; un angolo gastronomico elegante per farsi sorprendere dai sapori.
Spec. Astice al sale e spezzatino di ostriche allo zafferano in vellutata di carciofi (settembre-aprile). Raviolini d'anatra con sfoglia alle olive nere, zabaglione al pecorino (autunno-inverno). Piccione farcito di fegato grasso con salsa al Porto.

SAN CASSIANO (ST. KASSIAN) *Bolzano – Vedere Badia.*

SAN CESAREO *00030 Roma* 563 Q 20 – *9 696 ab. alt. 312.*
Roma 33 – Avezzano 108 – Frosinone 55 – Latina 55 – Terni 125.

Osteria di San Cesario con cam, via Corridoni 60 06 9587950, *osteriadisancesareo@yahoo.it, Fax 06 9587950,* , prenotare – rist, . VISA JCB
chiuso dal 16 al 30 agosto, domenica sera e lunedì – **Pasto** carta 24/33 – **6 cam** *(chiuso luglio-agosto)* 60/80 – ½ P 60.
◆ Una piccola località lungo la Casilina, una validissima trattoria ove si possono gustare i veri piatti della campagna romana, genuini e accompagnati da buon vino.

SAN CIPRIANO *Genova* 561 I 8 – *alt. 239 – 16010 Serra Riccò.*
Roma 511 – Genova 16 – Alessandria 75 – Milano 136.

Ferrando, via Carli 110 010 751925, *ferrandopiero@libero.it, Fax 010 7268071,* – .
VISA.
chiuso 10 giorni a gennaio, dal 20 luglio al 10 agosto, domenica sera, lunedì, martedì e mercoledì – **Pasto** 20 e carta 18/31.
◆ Ristorante rustico rallegrato da un grande focolare e da molte piante in vaso; un bel giardino per un aperitivo o un breve relax e piatti liguri con uso di erbe aromatiche.

SAN CIPRIANO (ST. ZYPRIAN) *Bolzano – Vedere Tires.*

SAN CLEMENTE A CASAURIA (Abbazia di) *Pescara* 563 P 23 *G. Italia.*
Vedere *Abbazia★★ : ciborio★★★.*

Inviateci il vostro parere sui ristoranti che vi consigliamo, sulle loro specialità e i loro vini regionali.

SAN COLOMBANO AL LAMBRO *20078 Milano* 561 G 10 – *7 301 ab. alt. 80.*

Roma 527 – Piacenza 30 – Bergamo 63 – Brescia 111 – Cremona 47 – Lodi 15 – Milano 47 – Pavia 33.

Il Giardino, via Mazzini 43 ☎ 0371 89288,
chiuso dal 16 al 23 agosto – **Pasto** carta 26/34.
◆ Nel centro del paese, con giardino per la bella stagione, un ambiente tipico, da trattoria della Bassa: i tavoloni nella zona bar, la sala, i sapori caserecci del posto.

SAN COSTANTINO (ST. KONSTANTIN) *Bolzano - Vedere Fiè allo Sciliar.*

SAN COSTANZO *61039 Pesaro e Urbino* 563 K 21 – *4 037 ab. alt. 150.*

Roma 268 – Ancona 43 – Fano 12 – Gubbio 96 – Pesaro 23 – Urbino 52.

Da Rolando, corso Matteotti 123 ☎ 0721 950990, *Fax 0721 950990*, , Coperti limitati; prenotare, – P. AE VISA.
chiuso mercoledì – **Pasto** 30/60.
◆ Servizio estivo in giardino e proposte gastronomiche legate alla tradizione del territorio, con alcuni menù fissi; all'ingresso della località, lungo la strada principale.

a Cerasa *Ovest : 4 km* – ✉ *61039* :

Locanda la Breccia senza rist, via Caminate 43 ☎ 0721 935121, *info@locandalabreccia.com, Fax 0721 935121*, ← campagna e colline, , – P. AE VISA.
chiuso gennaio – **5 cam** 80/120.
◆ Tipico casolare di campagna con veranda, in posizione panoramica e tranquilla. Camere di elegante modernità, semplici e luminose. Piccola piscina in giardino.

SAN DAMIANO D'ASTI *14015 Asti* 561 H 6 – *7 675 ab. alt. 179.*

Roma 604 – Torino 51 – Alessandria 52 – Asti 17 – Milano 136.

Casa Buffetto senza rist, frazione Lavezzole 67 direzione Cava (Nord-Est : 2 km) ☎ 0141 971808, *info@casa-buffetto.com, Fax 0141 980152*, ← colline, , , – P. VISA.
chiuso due settimane in gennaio – **7 cam** 110.
◆ Sulla sommità di una collina, a dominare il Monferrato, sorge quest'imponente cascina splendidamente ristrutturata. Sapori antichi, confort moderni, gestione sapiente.

SAN DANIELE DEL FRIULI *33038 Udine* 562 D 21 – *7 958 ab. alt. 252.*

via Roma 3 ☎ 0432 940765, info@infosandaniele.it, Fax 0432 940765.

Roma 632 – Udine 27 – Milano 371 – Tarvisio 80 – Treviso 108 – Trieste 92 – Venezia 120.

Al Picaron , via S.Andrat 3, località Picaron Nord : 1 km ☎ 0432 940688, *info@alpicaron.it, Fax 0432 940670*, ← San Daniele e vallata, , – P – 80. AE VISA JCB.
Pasto *(chiuso lunedì)* carta 27/38 – **35 cam** 60/95, suite – 1/2 P 62.
◆ Sulla sommità di una collina, con eccezionale panorama su San Daniele e sulla vallata, una struttura imponente, completamente rinnovata, cinta da un ampio giardino. All'interno sala per la degustazione del mitico prosciutto locale.

Alla Torre senza rist, via del Lago 1 ☎ 0432 954562, *hotelallatorre@libero.it, Fax 0432 954562* – . AE VISA.
7 – **26 cam** 60/80.
◆ Gestione familiare e ospitale in questo valido punto di riferimento, sia per clienti di lavoro che per clienti di passaggio qui per soste culinarie, in pieno centro.

Al Cantinon, via Cesare Battisti 2 ☎ 0432 955186, *ristorantealcantinon@tin.it, Fax 0432 955186* – . AE VISA
chiuso dal 27 gennaio al 17 febbraio e giovedì, anche venerdì a mezzogiorno da settembre ad aprile – **Pasto** carta 31/45.
◆ Un ambiente rustico, nelle cantine di un antico palazzo nel centro; qui si viene anche per il tradizionale «taglietto», ma, nella convivialità, ci si ferma per la cucina.

Alle Vecchie Carceri, via D'Artegna 16 ☎ 0432 957403, *mail@allevecchiecarceri.it, Fax 0432 942256*, , prenotare – AE VISA.
chiuso dal 16 al 27 febbraio, dall' 8 al 19 novembre, lunedì e martedì (escluso da aprile a settembre) – **Pasto** carta 27/44.
◆ Un servizio estivo in cortile e proposte gastronomiche d'impronta locale e stagionale, anche rivisitate; conduzione familiare e atmosfera moderna e accogliente.

Antica Osteria Al Ponte, via Tagliamento 13 ☎ 0432 954909, *Fax 0432 942298*, , prenotare, – P. AE VISA JCB
chiuso lunedì – **Pasto** specialità allo spiedo (inverno) e brace (estate) carta 26/40.
◆ Zona bar, il classico fogolar friulano e l'immancabile affettatrice: il prosciutto fa da re in cucina e nello spirito. Servizio estivo in giardino sotto un fresco gazebo.

SAN DESIDERIO *Genova – Vedere Genova.*

SANDIGLIANO *13876 Biella* 561 F 6, 219 ⑮ – *2 738 ab. alt. 323.*

Roma 682 – Aosta 112 – Biella 6 – Novara 62 – Stresa 78 – Torino 68.

Cascina Era, via Casale 5 ☎ 015 2493085, *hotel@cascinaera.it, Fax 015 2493266*, – 200. AE VISA. rist
chiuso 3 settimane in agosto – **Pasto** carta 33/43 – **15 cam** 78/99, 14 suites 88/109 – 1/2 P 69,50.
◆ Di fronte al castello medievale della Rocchetta, in un antico cascinale ristrutturato con buon gusto, un angolo di confort e relax elegante; notevoli le spaziose camere. Ristorante raffinato e gestito con serietà.

Cascina Casazza, via Garibaldi 5 ☎ 015 2493330, *info@hotelcasazza.it, Fax 015 2493360*, – 140. AE VISA JCB.
Pasto *(chiuso dal 10 al 20 agosto)* carta 25/34 – **64 cam** 77,47/98,13, 3 suites.
◆ Un insieme variegato, con vasti spazi esterni, un settore notte di ottimo livello, stanze arredate classicamente, eleganti e di tipologia diversa; in una storica cascina. Atmosfera bucolica per gustare i sapori di sempre.

SAND IN TAUFERS = Campo Tures.

SAN DOMENICO *Verbania – Vedere Varzo.*

Michelin non distribuisce targhe agli alberghi e ristoranti che segnala.

SAN DOMINO (Isola) *Foggia* 564 B 28 – *Vedere Tremiti (Isole).*

SAN DONÀ DI PIAVE *30027 Venezia* 562 F 19 – *36 046 ab..*

Roma 558 – Venezia 38 – Lido di Jesolo 20 – Milano 297 – Padova 67 – Treviso 34 – Trieste 121 – Udine 90.

Forte del 48, via Vizzotto 1 ☎ 0421 44018, *hotelfortedel48@libero.it, Fax 0421 44244* – – 200. AE VISA JCB.
Pasto *(chiuso dal 1° al 15 gennaio e domenica)* carta 21/36 – **46 cam** 53/80 – 1/2 P 47.
◆ Sull'angolo della strada, all'incrocio, il vecchio corpo dell'hotel accanto al quale svetta, ormai, una struttura dei tempi più recenti; un comodo indirizzo per sostare. Ristorante dominato da un soffitto con lucernari in vetro.

a Isiata *Sud-Est : 4 km – ✉ 30027 San Donà di Piave :*

Siesta Ramon, via Tabina 57 ☎ 0421 239030, *Fax 0421 239030*, – . AE VISA.
chiuso dal 27 dicembre al 10 gennaio, dal 5 al 31 agosto, martedì e lunedì sera – **Pasto** specialità di mare carta 27/40.
◆ Specialità di pesce, elaborato dai titolari stessi, in questo rustico locale in una frazione di San Donà; in un villino, con servizio estivo sotto un porticato.

SAN DONATO IN POGGIO *Firenze* 563 L 15 – *Vedere Tavarnelle Val di Pesa.*

SAN DONATO MILANESE *20097 Milano* 561 F 9, 219 ⑲ – *33 190 ab. alt. 102.*

Roma 566 – Milano 10 – Pavia 36 – Piacenza 57.

Pianta d'insieme di Milano.

Regent Hotel, via Milano 2 (tangenziale Est,uscita S.S. Paullese) ☎ 02 51628184, *info@regenthotel.it, Fax 02 51628216* – , cam, – 150. AE VISA. CP e
chiuso dal 4 al 26 agosto – **Pasto** al Rist. ***I Sapori de Milan*** carta 40/52 – **102 cam** 210/245.
◆ Posizione davvero strategica per questo efficiente ed elegante hotel, di stile moderno, funzionale; offre camere spaziose e signorili, con accessori di qualità, completi. Ristorante che si propone con un ambiente di classe.

Santa Barbara senza rist, piazzale Supercortemaggiore 4 ☎ 02 518911, *santabarbarahotel@tiscali.it, Fax 02 5279169* – . AE VISA CP u
147 cam 155/190, 6 suites.
◆ In parte rinnovato nelle stanze e nelle zone comuni, un albergo con differenti livelli di confort; ideale per clienti di lavoro e di passaggio, comodo da raggiungere.

XX **Osterietta,** via Emilia 26 ☏ 02 5275082, *Fax 02 55600831* – ▤ P. AE ⓢ ⓓ ⓜ VISA. ✗ CP V
chiuso domenica – **Pasto** carta 26/50.
◆ Lungo la via Emilia, un classico ristorante a conduzione familiare, ricavato in una vecchia cascina ristrutturata; le proposte di cucina seguono stagioni e tradizioni.

X **I Tri Basei,** via Emilia 54 ☏ 02 512227, ☂, prenotare – ✗ ▤. ⓢ ⓜ VISA CP
chiuso dal 15 al 31 agosto, sabato e domenica – **Pasto** carta 24/32.
◆ Sempre un gradevole indirizzo, semplice, frequentato in prevalenza da una clientela di lavoro soprattutto a pranzo; due salette, un dehors e piatti di tipo classico.

sull'autostrada A 1 - Metanopoli o per via Emilia :

Crowne Plaza Milan Linate, via Adenauer 3 ✉ 20097 San Donato Milanese ☏ 02 516001, *crowneplaza@crowneplaza.it, Fax 02 510115,* Ⅎ, ≘ – |♦| ✗ ▤ TV ☎ ♿ P – 🏛 1800. AE ⓢ ⓓ ⓜ VISA JCB. ✗ rist CP V
Pasto al Rist. ***Il Giardino*** *(chiuso agosto)* carta 30/50 e al Rist.-buffet ***La Bottega del Buongustaio*** 27/41 – **439 cam** ☕ 236,08/271,52, 22 suites.
◆ Ottime attrezzature per riunioni e congressi, valido punto di riferimento per clienti d'affari o di passaggio; zona notte moderna e funzionale, eleganti gli spazi comuni. Al «La Bottega del Buongustaio» un ricco buffet sia a pranzo che a cena.

SAN DONATO VAL DI COMINO *03046 Frosinone* 563 *Q 23 – 2 196 ab. alt. 728.*

Roma 127 – Frosinone 54 – Avezzano 57 – Latina 111 – Napoli 125.

Villa Grancassa ⛰, via Roma 8 ☏ 0776 508915, *villagrancassa@libero.it, Fax 0776 508914,* ←, ☂, 🌳, ✗ – |♦| TV P – 🏛 100. AE ⓢ ⓓ ⓜ VISA JCB
Pasto *(chiuso lunedì da dicembre a marzo)* 18/25 – **27 cam** ☕ 75/114 – ½ P 65.
◆ Seicentesca, questa suggestiva e antica residenza vescovile in un parco; corridoi e sale importanti, impregnate di storia, spazi ove godere della tranquillità e del verde. Servizio ristorante estivo in terrazza con vista e ambienti signorili.

SANDRIGO *36066 Vicenza* 562 *F 16 – 7 871 ab. alt. 68.*

Roma 530 – Padova 47 – Bassano del Grappa 20 – Trento 85 – Treviso 62 – Vicenza 14.

XX **Antica Trattoria Due Spade,** via Roma 5 ☏ 0444 659948, *Fax 0444 758182,* prenotare – P. ⓢ ⓓ ⓜ VISA JCB
chiuso dal 1° al 7 gennaio, agosto, lunedì sera e martedì – **Pasto** specialità baccalà carta 22/25.
◆ Sede storica della Venerabile Confraternita del Baccalà, un'antica trattoria sorta in una vecchia stalla con porticato e vasta aia. Superfluo dire quale sia la specialità.

SAN FELICE CIRCEO *04017 Latina* 563 *S 21 – 8 759 ab. – a.s. Pasqua e luglio-agosto.*

Roma 106 – Frosinone 62 – Latina 36 – Napoli 141 – Terracina 18.

Circeo Park Hotel, via Lungomare Circe 49 ☏ 0773 548814 e rist ☏ 0773 547276, *hotel@circeopark.it, Fax 0773 548028,* ←, ☂, ⛱ con acqua di mare, 🏖, 🌳, ⚓ – |♦| ▤ TV P – 🏛 120. AE ⓢ ⓓ ⓜ VISA JCB. ✗
Pasto al Rist. ***La Stiva*** *(chiuso dal 7 al 21 gennaio)* specialità di mare carta 35/55 – ☕ 12 – **48 cam** 190/240, 4 suites – ½ P 145.
◆ Un edificio a forma esagonale, a due passi dal mare, con il pregio del verde di palme, pini marittimi e piante tropicali. Dotato anche di strutture per attività congressuali. Ristorante che si estende luminoso e bianco lungo la spiaggia.

a Quarto Caldo *Ovest : 4 km – ✉ 04017 San Felice Circeo :*

Punta Rossa ⛰, via delle Batterie 37 ☏ 0773 548085, *punta_rossa@iol.it, Fax 0773 548075,* ←, ⛱ di Talassoterapia, ≘, ⛱, 🏖, 🌳 – ▤ TV P – 🏛 40. AE ⓢ ⓓ ⓜ VISA. ✗
marzo-novembre – **Pasto** carta 31/60 – **27 cam** solo ½ P 155, 7 suites.
◆ Sulla scogliera, con giardino digradante a mare, il luogo ideale per chi sia alla ricerca di una vacanza isolata, sul promontorio del Circeo; linee mediterranee e relax. Al ristorante una tavola panoramica da sogno.

SAN FELICE DEL BENACO *25010 Brescia* 561 *F 13 – 2 965 ab. alt. 119 – a.s. Pasqua e luglio-15 settembre.*

Roma 544 – Brescia 36 – Milano 134 – Salò 7 – Trento 102 – Verona 59.

Garden Zorzi ⛰, viale delle Magnolie 10, località Porticcioli Nord : 3,5 km ☏ 0365 521450, *info@hotelzorzi.it, Fax 0365 41489,* ← Salò e lago, Boa d'attracco e scivolo di alaggio, 🏖, 🌳 ⚓ – ▤ rist, P. ⓢ ⓜ VISA. ✗
29 marzo-10 ottobre – **Pasto** (solo per alloggiati) – ☕ 7,50 – **26 cam** 57/108 – ½ P 75.
◆ Una terrazza-giardino sul lago, una bella vista sulla cittadina di Salò, un punto d'attracco privato; in un albergo tranquillo e con un'atmosfera e gestione familiari.

a Portese *Nord : 1,5 km – ✉ 25010 San Felice del Benaco :*

Bella Hotel e Leisure ⛺, via Preone 6 ✆ 0365 626090, *info@bellahotel.com, Fax 0365 559358,* ≤, – ▤ TV P. AE ⓢ ⓓ ⓞ VISA. rist
marzo-15 ottobre – **Pasto** carta 38/50 – **22 cam** ☕ 115/140 – ½ P 115.
◆ Un piccolo hotel, affacciato sull'acqua, con andamento familiare e buon confort nelle stanze e nelle aree comuni, esterne; offre un servizio estivo in terrazza sul lago.

Piccolo Grill, via Cesare Battisti 4 ✆ 0365 62462 – ▤
chiuso mercoledì e giovedì a mezzogiorno – **Pasto** 40.
◆ Nel centro storico di Portese, un minuscolo locale specializzatosi nella preparazione di pesce di lago; una saletta interna e una verandina con qualche tocco di eleganza.

SAN FELICIANO *Perugia* 563 M 18 – *Vedere Magione.*

SAN FLORIANO (OBEREGGEN) *Bolzano* 562 C 16 – *alt. 1 512 – ✉ 39050 Ponte Nova – Sport invernali : 1 357/2 500 m 1 7 (Comprensorio Dolomiti superski Obereggen)* .

località Obereggen 16 Nova Ponente ✆ 0471 615795, info@eggental.com, Fax 0471 615848.

Roma 666 – Bolzano 22 – Cortina d'Ampezzo 103 – Milano 321 – Trento 82.

Sonnalp ⛺, ✆ 0471 615842, *info@sonnalp.com, Fax 0471 615909,* ≤ monti e pineta, Centro benessere, – TV ⓢ ⓞ VISA.
6 dicembre-18 aprile e 5 giugno-3 ottobre – **Pasto** (solo per alloggiati) 40/45 – **30 cam** ☕ 134/194, 6 suites – ½ P 112.
◆ Gestione familiare, sempre presente e professionale, in quest'angolo tranquillo, direttamente sulle piste da sci e sui prati, ben soleggiato e con il massimo dei confort.

Cristal ⛺, Obereggen 31 ✆ 0471 615511, *info@hotelcristal.com, Fax 0471 615522,* ≤ monti e pinete, Centro benessere, – , ▤ rist, TV ⓢ ⓞ VISA.
6 dicembre-22 aprile e 7 giugno-12 ottobre – **Pasto** carta 30/42 – **46 cam** ☕ 135/176, 3 suites – ½ P 103.
◆ Belle stanze spaziose, moderne, con arredi in legno chiaro e piacevolmente accessoriate; molte zone relax per il trattamento del corpo e dello spirito, conduzione seria. La cucina rivela una notevole cura e fantasia.

Royal ⛺ senza rist, Obereggen 32 ✆ 0471 615891, *hotel.royal@rolmail.net, Fax 0471 615893,* – , ▤ rist, TV P. AE ⓢ ⓞ VISA
8 dicembre-aprile e 15 giugno-15 ottobre – **21 cam** ☕ 65/80 – ½ P 60,78.
◆ Nei pressi degli impianti di risalita, un tipico albergo di montagna, ben condotto e ordinato, con buoni confort sia nel settore notte che nelle aree comuni.

Maria, via Obereggen 12 ✆ 0471 615772, *info@hotel-maria.it, Fax 0471 615694,* ≤, – TV P. ⓢ VISA.
dicembre-aprile e giugno-15 ottobre – **Pasto** (solo per alloggiati) 15/33 – **18 cam** ☕ 84/130 – ½ P 75.
◆ Quasi un'abitazione privata dall'esterno: una tipica costruzione di queste valli, amorevolmente tenuta e condotta dalla famiglia dei proprietari; presso le piste da sci.

Bewallerhof ⛺, verso Pievalle (Bewaller) Nord-Est : 2 km ✆ 0471 615729, *info@bewallerhof.it, Fax 0471 615840,* ≤ monti e pinete, – rist, TV P.
chiuso maggio e novembre – **Pasto** (solo per alloggiati) – **19 cam** solo ½ P 70.
◆ Una gradevole casa, bianca, circondata dal verde e con una notevole vista sulle vette che creano un suggestivo scenario; un caldo ambiente, curato, come a casa vostra.

SAN FOCA *Lecce* 564 G 37 – *Vedere Melendugno.*

SAN FRUTTUOSO *Genova* 561 J 9 *G. Italia – ✉ 16030 San Fruttuoso di Camogli.*

Vedere *Posizione pittoresca** Camogli 30 mn di motobarca – Portofino 20 mn di motobarca.*

Da Giovanni, ✆ 0185 770047, *Fax 0185 770047,* ≤ piccolo golfo, prenotare – ⓢ ⓓ ⓞ VISA
chiuso novembre e da dicembre a febbraio aperto solo il sabato e la domenica – **Pasto** carta 36/61.
◆ Non semplice da raggiungere, ma con una posizione impagabile e invidiabile, tra il monte di Portofino e la baia di S. Fruttuoso, un rifugio per la cucina ligure, di mare.

SAN GABRIELE DELL'ADDOLORATA *Teramo* 563 O 22 – *Vedere Isola del Gran Sasso d'Italia.*

SAN GENESIO ED UNITI *27010 Pavia* 561 G 9 – *100 ab. alt. 87.*

Roma 563 – Alessandria 78 – Milano 34 – Pavia 7.

Riz senza rist, via dei Longobardi 3 ✆ 0382 580280, *info@hotelrizpavia.com, Fax 0382 580004* – AE VISA
64 cam 68/90.

◆ In comoda posizione stradale una risorsa funzionale di taglio moderno, ideale per la clientela d'affari. Camere spaziose di stile omogeneo, ben accessoriate.

SAN GERMANO CHISONE *10065 Torino* 561 H 3 – *1 819 ab. alt. 486.*

Roma 696 – Torino 48 – Asti 87 – Cuneo 71 – Sestriere 48.

Malan-Locanda del Postale, via Ponte Palestro 11, Sud-Est : 1 km ✆ 0121 58822, *rist malan@libero.it, Fax 0121 58822,* – P. AE VISA
chiuso dal 1° al 15 gennaio, dal 1° al 15 novembre e lunedì – **Pasto** 25/35 e carta 34/44.

◆ Un tempo cambio della posta, una struttura con origini risalenti all'800, oggi adibita a ristorante: alcune salette rustiche, raccolte, per piatti piemontesi e creativi.

SAN GIACOMO *Cuneo – Vedere Boves.*

SAN GIACOMO *Trento* 562 E 14 – *Vedere Brentonico.*

SAN GIACOMO DI ROBURENT *Cuneo* 561 J 5 – *alt. 1 011 – ✉ 12080 Roburent – a.s. luglio-agosto e Natale – Sport invernali : 1 000/1 610 m 8, .*

Roma 622 – Cuneo 52 – Savona 77 – Torino 92.

Nazionale, via Sant'Anna 111 ✆ 0174 227127, *infonobru@.it, Fax 0174 227127,* – P. AE VISA JCB. rist
chiuso da novembre al 23 dicembre – **Pasto** carta 20/28 – 5 – **33 cam** 42/78 – 1/2 P 58.

◆ Una risorsa di semplice funzionalità, con lavoro in prevalenza con i gruppi in inverno e, d'estate, con clientela soprattutto abituale; posizione centrale e solatia. Semplicità e proposte gastronomiche legate al territorio.

I prezzi del pernottamento e della pensione possono subire aumenti in relazione all'andamento generale del costo della vita ; quando prenotate chiedete la conferma del prezzo.

SAN GIMIGNANO *53037 Siena* 563 L 15 *G. Toscana – 7 021 ab. alt. 332.*

Vedere *Località★★★ – Piazza della Cisterna★★ – Piazza del Duomo★★ :affreschi★★ di Barna da Siena nella Collegiata di Santa Maria Assunta★, ≤★★ dalla torre del palazzo del Popolo★* H *– Affreschi★★ nella chiesa di Sant'Agostino.*

piazza Duomo 1 ✆ 0577 940008, prolocsg@tin.it, Fax 0577 940903.

Roma 268 ② – Firenze 57 ② – Siena 42 ② – Livorno 89 ① – Milano 350 ② – Pisa 79 ①.

Pianta pagina seguente

La Collegiata , località Strada 27 ✆ 0577 943201, *collegia@tin.it, Fax 0577 940566,* ≤ campagna e San Gimignano, , , – P. AE VISA. rist 1,5 km per ①
chiuso gennaio e febbraio – **Pasto** carta 58/76 – 20 – **19 cam** 516, suite – 1/2 P 328.

◆ Un cinquecentesco convento francescano, edificio rinascimentale con giardino all'italiana, oggi relais da favola, raffinato e curato in ogni particolare, in amena quiete. Ambiente suggestivo ed elegante per pasteggiare immersi nella storia.

Relais Santa Chiara senza rist, via Matteotti 15 ✆ 0577 940701, *rsc@rsc.it, Fax 0577 942096,* ≤, , – P – 60. AE VISA. 0,5 km per ②
6 marzo-22 novembre – **40 cam** 140/190, 2 suites.

◆ Appena fuori delle mura, un angolo di tranquillità attorniato dal verde della campagna e dotato di giardino con piscina; troverete ogni confort e i servizi più accurati.

L'Antico Pozzo senza rist, via San Matteo 87 ✆ 0577 942014, *info@anticopozzo.com, Fax 0577 942117* – . AE VISA. a
chiuso dal 20 gennaio al 20 febbraio – **18 cam** 95/160.

◆ In un palazzo del '400, in pieno centro, stanze affrescate, con pavimenti in cotto, antiche travi, arredi del tempo che fu, raffinati e di buon gusto; familiare eleganza.

Leon Bianco senza rist, piazza della Cisterna 13 ✆ 0577 941294, *info@leonbianco.com, Fax 0577 942123* – . AE VISA JCB. s
chiuso dal 20 novembre al 25 dicembre e dal 15 gennaio a febbraio – **26 cam** 80/100.

◆ Un albergo ricavato in un edificio d'epoca, di cui, nelle aree comuni soprattutto, conserva alcune peculiarità; atmosfere sobrie, eleganti, sulla leggendaria Piazza.

SAN GIMIGNANO

Circolazione stradale regolamentata nel centro città

Berignano (V.)	
Bonda (V. di)	2
Capassi (V.)	
Castello (V. del)	3
Cisterna (Pza della)	
Diacceto (V.)	4
Duomo (Pza del)	
Folgore da S. Gimignono (V.)	
Fonti (V. delle)	
Fossi (V. dei)	
Garibaldi (V.)	
Ghiacciaia (V.)	
Mainardi	7
Martiri di Montemaggio (Piazzale dei)	
Pecori (Pza Luigi)	
Piandornella (V.)	
Quercecchio (V. di)	8
Romite (V. delle)	
S. Giovanni (V.)	
S. Matteo (V.)	
Santo Stefano (V.)	12
20 Settembre (V.)	13

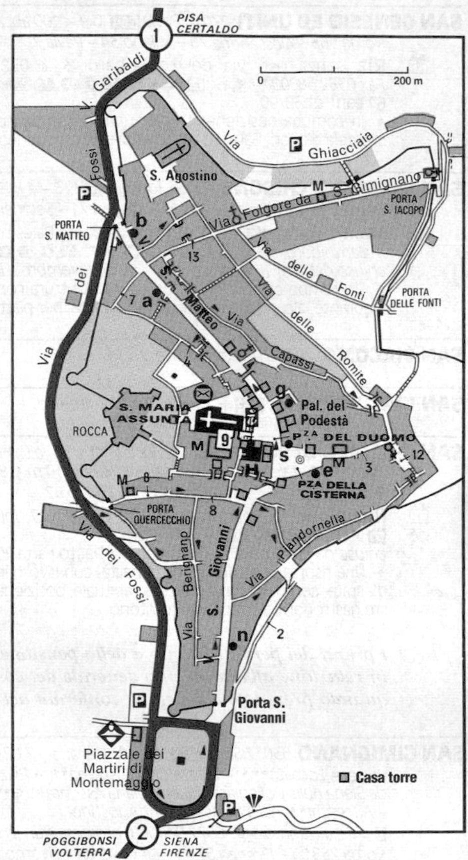

Bel Soggiorno, via San Giovanni 91 ✆ 0577 940375, *hbelsog@libero.it, Fax 0577 907521,* ←, prenotare la sera – |‡| ▤ TV. AE ⓢ ⓓ MC VISA. ✗ n
chiuso dall'8 gennaio al 23 febbraio – **Pasto** *(chiuso dall'8 gennaio all'8 marzo e mercoledì)* carta 43/60
20 cam ☕ 78/104, 2 suites.
♦ Presso la Porta S. Giovanni, all'interno delle mura, un confortevole hotel con camere di diversa tipologia, alcune dotate di una bella terrazza che spazia sulla campagna. Ristorante panoramico, rustico, per piatti tipici toscani.

La Cisterna, piazza della Cisterna 24 ✆ 0577 940328, *info@hotelcisterna.it, Fax 0577 942080,* ← – |‡| TV. AE ⓢ ⓓ MC VISA JCB. ✗ e
chiuso dal 7 gennaio al 3 marzo – **Pasto** *(chiuso martedì e mercoledì a mezzogiorno)* carta 28/43
49 cam ☕ 70/120 – ½ P 85.
♦ Nell'omonima e vivace piazza, all'interno di un edificio medievale, uno storico albergo, «mosso» su vari corpi, panoramico e con una suggestiva sala in stile trecentesco. Glorioso passato culinario che continua tuttora.

Sovestro, località Sovestro 63 (Est : 2 km) ✆ 0577 943153, *info@hotelsovestro.com, Fax 0577 943089,* ⛱, 🏊, 🌳 – ▤ TV ♿ 🚗 P – 🎤 50. AE ⓢ ⓓ MC VISA. ✗
chiuso dal 20 gennaio al 28 febbraio – **Pasto** al Rist. ***Da Pode*** *(chiuso lunedì)* carta 31/42 –
40 cam ☕ 76/108 – ½ P 82.
♦ Sorto in anni piuttosto recenti, e a soli 2 km da S. Gimignano, hotel immerso nel verde della campagna con una struttura sviluppata in orizzontale; per un moderno relax. Servizio ristorante estivo all'aperto, sale rustiche, con pietra e mattoni a vista.

Agriturismo Fattoria di Pietrafitta senza rist, località Cortennano 54 (Est : 3 km) 0577 943200, *info@pietrafitta.com, Fax 0577 943150*, colli e San Gimignano, . *chiuso dal 7 gennaio al 14 marzo* – **9 cam** 100/130.

◆ Casolare fortificato sin dall'anno 1000, poi villa quattrocentesca passata in varie proprietà sino ai Savoia; oggi, azienda agricola modello per un relax di classe.

Dorandò, vicolo dell'Oro 2 0577 941862, *info@ristorantedorando.it, Fax 0577 941862*, Coperti limitati; prenotare – . g
chiuso dal 10 gennaio al 28 febbraio e lunedì (escluso da Pasqua ad ottobre) – **Pasto** carta 43/60.

◆ Rispolverati antichi ricettari, questo locale abbellito dall'esposizione di quadri di pittori toscani, offre una schietta cucina toscana, correttamente alleggerita.

Il Pino con cam, via Cellolese 8/10 0577 942225, *info@ristoranteilpino.it, Fax 0577 940415* – . b
chiuso dal 20 novembre al 28 dicembre – **Pasto** *(chiuso giovedì)* carta 37/50 – **7 cam** 45/55.

◆ Locale di lunga tradizione, con gestione capace e professionale, tramandata da una generazione all'altra; offre i sapori più tipici di questa terra, in atmosfera antica.

verso Castel San Gimignano :

Casolare Le Terre Rosse, località San Donato 0577 902001, *info@hotelterreross e.com, Fax 0577 902200*, , , – – 60. . rist 5 km per ②
10 marzo-5 novembre – **Pasto** *(chiuso a mezzogiorno)* (solo per alloggiati) 20 – **42 cam** 80/124 – ½ P 82.

◆ Una posizione strategica, tra S. Gimignano e Volterra: un po' defilato, cinto dalla natura, un grosso casolare con tocchi rustici, ma contemporanei, e vasti spazi esterni.

verso Certaldo :

Le Renaie, località Pancole 10/b 53037 Pancole 0577 955044 e rist 0577 955072, *lerenaie@iol.it, Fax 0577 955126*, , , , – . rist 6 km per ①
chiuso da novembre al 28 dicembre – **Pasto** al Rist. ***Leonetto*** *(chiuso martedì)* carta 33/44 – **25 cam** 79/136 – ½ P 90.

◆ Ambienti interni dallo stile sobrio, con tocchi di ricercatezza, e colori tenui; stanze non amplissime, ma ben accessoriate e una posizione tranquilla, nella campagna. Ristorante con sale di tono rustico e caminetto.

Agriturismo Il Casale del Cotone, via Cellone 59 0577 943236, *info@casaledelcot one.com, Fax 0577 943236*, , , – . rist
chiuso dal 2 novembre al 23 dicembre – **Pasto** (solo per alloggiati) 30 – **11 cam** 70/98 – ½ P 79.

◆ Un complesso rurale di fine '600, cinto da ettari ed ettari coltivati a vino e olivi; un'elegante residenza campestre per trascorrere una familiare vacanza nel verde.

Agriturismo Il Rosolaccio, località Capezzano 0577 944465, *music@rosolaccio. com, Fax 0577 944467*, colline e campagna, , , – . rist
Pasto *(chiuso da novembre al 15 marzo, martedì e a mezzogiorno)* (solo per alloggiati) 27 – **6 cam** 90/102 – ½ P 78.

◆ Quasi fuori del mondo, nella più bella campagna toscana, in una posizione dominante e tranquilla, un casolare che, nella propria eleganza, conserva un'agreste rusticità.

Agriturismo Podere Villuzza senza rist, località Strada 25 0577 940585, *info@p oderevilluzza.it, Fax 0577 942247*, colli e San Gimignano, , , – .
6 cam 99.

◆ E' un'oasi di pace ideale per una bucolica vacanza di tutto relax questo tipico casale toscano, che regala la vista delle torri di San Gimignano; curati interni rustici.

Agriturismo Fattoria Poggio Alloro, via Sant'Andrea 23 località Ulignano 0577 950153, *info@fattoriapoggioalloro.com, Fax 0577 950290*, campagna e San Gimignano, , solo su prenotazione, , – . 5 km per ⑤
chiuso dal 6 al 31 gennaio – **Pasto** *(chiuso a mezzogiorno)* (solo per alloggiati) 29/34 bc – **10 cam** 90 – ½ P 75.

◆ Un'azienda per la produzione di olio, vino e l'allevamento di pregiati bovini di razza Chianina; una gestione schietta e cortese, una splendida vista su campagna e storia.

a Castel San Gimignano *Sud : 12 km* – *53030 :*

Tre Archi, via Castel San Gimignano 35/B 0577 953099, *Fax 0577 953099* – .
chiuso dal 20 dicembre a febbraio e martedì – **Pasto** specialità toscane carta 29/42.

◆ Un bel localino, a carattere familiare, che propone una tradizionale cucina regionale toscana con piccole specialità della casa; arredi moderni con qualche tocco rustico.

SAN GIORGIO (ST. GEORGEN) *Bolzano* 562 B 17 – *Vedere Brunico.*

SAN GIORGIO *Verona – Vedere Sant'Ambrogio di Valpolicella.*

SAN GIORGIO DI LIVENZA *Venezia – Vedere Caorle.*

SAN GIORGIO MONFERRATO *15020 Alessandria* 561 G 7 – *1 281 ab. alt. 281.*

Roma 610 – Alessandria 33 – Milano 83 – Pavia 74 – Torino 75 – Vercelli 31.

XXX **Castello di San Giorgio** con cam, via Cavalli d'Olivola 3 ☎ 0142 806203, *info@castellodisangiorgio.it, Fax 0142 806505*, prenotare – TV P – 60. AE VISA JCB. rist *chiuso dal 27 dicembre al 10 gennaio e dal 1° al 20 agosto* – **Pasto** *(chiuso lunedì)* carta 43/55 – **10 cam** 105/155, suite – ½ P 127,50.

◆ All'interno di un piccolo parco ombreggiato, sulla sommità di una collina, svetta una costruzione d'epoca; sale eleganti e dal tocco antico, a tavola, sapori piemontesi.

SAN GIOVANNI *Livorno – Vedere Elba (Isola d'): Portoferraio.*

SAN GIOVANNI AL NATISONE *33048 Udine* 562 E 22 – *5 800 ab. alt. 66.*

Roma 653 – Udine 18 – Gorizia 19.

Campiello, via Nazionale 40 ☎ 0432 757910, *Fax 0432 757426* – TV P. AE VISA JCB.

chiuso dal 1° al 10 gennaio e dall'8 al 28 agosto – **Pasto** *(chiuso domenica)* specialità di mare carta 35/43 – 7,75 – **19 cam** 55/90 – ½ P 75.

◆ Una palazzina sita lungo la statale: all'interno, un hotel che offre un buon livello di confort, con stanze ben tenute, gradevoli, ideale per clienti di lavoro o turisti. Al ristorante poltroncine in legno, imbottite, tavoli tondi, parquet a terra.

SAN GIOVANNI D'ASSO *53020 Siena* 563 M 16 – *913 ab. alt. 322.*

Roma 209 – Siena 42 – Arezzo 58 – Firenze 110 – Perugia 86.

La Locanda del Castello, piazza Vittorio Emanuele II 4 ☎ 0577 802939, *info@lalocandadelcastello.com, Fax 0577 802942* – cam, TV. AE VISA.

Pasto *(chiuso lunedì)* carta 20/47 – **10 cam** 60/100.

◆ Sulla vasta piazza della rocca del paese, adiacente al castello, una nuova risorsa ricca di fascino e storia. Camere accoglienti, ricche di colori, con pavimenti in legno. Sala ristorante affascinante, con menù di stagione a base di tartufo.

a Montisi *Est : 7 km – ✉ 53020 :*

La Locanda di Montisi senza rist, ☎ 0577 845906, *info@lalocandadimontisi.it, Fax 0577 845821* – TV. VISA JCB.

7 cam 78/124.

◆ In un borgo di pietra e mattoni, nel tipico paesaggio naturalistico toscano, un edificio del '700 con una caratteristica sala colazioni e camere con cotto e travi a vista.

SAN GIOVANNI IN MARIGNANO *47842 Rimini* 562 K 20 – *7 760 ab. alt. 29.*

Roma 310 – Rimini 21 – Ancona 85 – Pesaro 20 – Ravenna 72.

XX **Il Granaio,** via R. Fabbro 18 ☎ 0541 957205, Coperti limitati; prenotare – AE VISA.

chiuso martedì – **Pasto** carta 25/34.

◆ Nel centro storico di S. Giovanni, un tempo zona di granai del castello, un edificio restaurato, con camino e travi a vista; gusterete piatti dell'entroterra romagnolo.

SAN GIOVANNI IN PERSICETO *40017 Bologna* 562 I 15 – *23 900 ab. alt. 21.*

Roma 392 – Bologna 21 – Ferrara 49 – Milano 193 – Modena 23.

X **Osteria del Mirasole,** via Matteotti 17/a ☎ 051 821273, Coperti limitati; prenotare – AE VISA.

chiuso dal 10 al 25 agosto, lunedì e a mezzogiorno (escluso domenica) – **Pasto** carta 36/48.

◆ A pochi passi dal Duomo, un'osteria con due salette, strette e allungate, e una profusione di legni scuri, vecchie foto, utensili vari; sul fondo, una piccola brace.

X **Giardinetto,** circonvallazione Italia 20 ☎ 051 821590, *Fax 051 821590*, Coperti limitati; prenotare – AE VISA.

chiuso dal 16 agosto al 10 settembre e lunedì – **Pasto** carta 27/38.

◆ Una sana conduzione familiare, anche in cucina, con le donne intente a tirar la pasta; oggi, Nicoletta ne continua la saga, ormai un'istituzione gastronomica in loco.

SAN GIOVANNI LA PUNTA *Catania* 565 O 27 – *Vedere Sicilia alla fine dell'elenco alfabetico.*

SAN GIOVANNI LUPATOTO *37057 Verona* 562 F 15 – *21 288 ab. alt. 42.*

Roma 507 – Verona 9 – Mantova 46 – Milano 157.

Tryp Verona, via Monte Pastello 28 ☎ 045 8754111, *sales.tryp.verona@solmelia.com, Fax 045 8754120* – |♦|, ⇆ cam, ▤ 📺 ✆ ♿ 🅿 – 🏔 300. AE 💲 ⓞ ⓜ VISA JCB. ✱
Pasto carta 36/61 – **196 cam** ☕ 197/217.
◆ Ideale per soggiorni di lavoro, imponente struttura dalle linee moderne; tutto è nuovo negli ariosi interni in stile contemporaneo e nelle confortevoli camere; sale congressi. Due ristoranti, dove si propongono piatti classici rivisitati, soprattutto di mare.

Leone d'Oro, località Camacici Ovest : 1,5 km ☎ 045 8775028, *leonedoro@easyasp.it, Fax 045 8751335* – ▤ 🅿. AE 💲 ⓞ ⓜ VISA. ✱
chiuso dal 6 al 13 gennaio, agosto, domenica sera e lunedì – **Pasto** carta 30/38.
◆ Lasciatevi conquistare dalla calda atmosfera e dall'ambiente raffinato di questo locale arredato con gusto, all'interno di una bella villa di fine '800 in stile veneziano.

Alla Campagna con cam, via Bellette 28 (Ovest : 1 km) ☎ 045 545513, *hotelallacampagna@libero.it, Fax 045 9250680*, ✱ – ▤ 📺 🚗 🅿. AE 💲 ⓞ ⓜ VISA
Pasto *(chiuso domenica)* carta 22/36 – ☕ 8 – **13 cam** 85/115 – ½ P 80.
◆ Un ristorantino d'impostazione classica, con una sala senza pretese, ben curata, moderna e luminosa; in zona periferica, gestione familiare e sapori anche di pesce.

SAN GIOVANNI ROTONDO *71013 Foggia* 564 B 29 – *26 053 ab. alt. 557 – a.s. 18 agosto-settembre.*

ℹ *piazza Europa 104 ☎ 0882 456240, Fax 0882 456240.*
Roma 352 – Foggia 43 – Bari 142 – Manfredonia 23 – Termoli 86.

Gd H. Degli Angeli, prolungamento viale Padre Pio ☎ 0882 454646, *info@grandhotelgliangeli.it, Fax 0882 454645*, ←, 🌳 – |♦| ▤ 📺 🚗 🅿. AE 💲 ⓞ ⓜ VISA JCB. ✱
chiuso dal 29 dicembre al 12 febbraio – **Pasto** carta 32/41 – **98 cam** ☕ 100/119.
◆ Ubicato alle porte della località, e a due passi dal Santuario di Santa Maria delle Grazie, un hotel di costruzione piuttosto recente, signorile e con ogni confort. Ristorante a gestione diretta, interessata e capace.

Parco delle Rose, via Aldo Moro 71 ☎ 0882 456709, *hotel@parcodellerose.com, Fax 0882 456405*, 🏊, 🌳, ✱ – |♦|, ▤ rist, 📺 ♿ 🅿 – 🏔 500. AE 💲 ⓞ ⓜ VISA. ✱ rist
Pasto *(chiuso venerdì)* carta 23/29 – **200 cam** ☕ 80.
◆ Grande complesso alberghiero sorto negli anni '70, ma da poco ristrutturato in tutte le sue parti; piuttosto vicino al centro, è ideale per gruppi e clienti individuali. Sale ristorante molto ampie.

Le Terrazze sul Gargano, via San Raffaele 9 ☎ 0882 457883, *info@leterrazzesulgargano.it, Fax 0882 459001*, ← – |♦| ▤ 📺 ♿ 🚗 🅿. AE 💲 ⓞ ⓜ VISA. ✱
Pasto carta 16/26 – **32 cam** ☕ 57/80 – ½ P 54.
◆ Risorsa aperta di recente ad un centinaio di metri dal santuario, ma in posizione panoramica e tranquilla sulle pendici del monte. Atmosfera raccolta e familiare. Luminosa sala ristorante con pavimenti in marmo.

Cassano, viale Cappuccini 115 ☎ 0882 454921, *hotelcassano@tiscali.it, Fax 0882 457685* – |♦| ▤ 📺 ♿ 🚗. AE 💲 ⓞ ⓜ VISA JCB. ✱
Pasto carta 16/36 – ☕ 6 – **13 cam** 46/76 – ½ P 63.
◆ A pochi metri dal Santuario di Padre Pio e dall'Ospedale, hotel inaugurato solo qualche anno fa; una risorsa di taglio moderno, con servizi e confort di ottima qualità. Scelta tra menù giornalieri, anche pugliesi.

Colonne, viale Cappuccini 135 ☎ 0882 412936, *hotelcolonne@libero.it, Fax 0882 413268* – |♦| ▤ 📺 🚗. AE 💲 ⓞ ⓜ VISA. ✱
Pasto *(chiuso martedì)* carta 19/28 – ☕ 6 – **27 cam** 52/68 – ½ P 57.
◆ Conduzione familiare, solida e nel settore da sempre; per una struttura alberghiera d'impostazione tradizionale, con piccole e continue migliorie annuali. Accogliente.

Da Costanzo, via Santa Croce 29 ☎ 0882 452285, *Fax 0882 452285* – ⇆ ▤. AE 💲 ⓜ VISA. ✱
chiuso domenica sera e lunedì – **Pasto** carta 22/32.
◆ Un ospitale punto di riferimento, in San Giovanni, per gli appuntamenti culinari; una gestione professionale e proposte di mare e di terra, classiche o sfiziose.

SAN GIULIANO MILANESE *20098 Milano* 561 F 9, 219 ⑲ – *32 271 ab. alt. 97.*

Roma 562 – Milano 12 – Bergamo 55 – Pavia 33 – Piacenza 54.

La Ruota, via Roma 57 ☎ 02 9848394, *Fax 02 98241914*, 🏠 – ⇆ ▤ 🅿. AE 💲 ⓞ ⓜ VISA. ✱
chiuso 3 settimane in agosto e martedì – **Pasto** specialità alla brace e alla griglia carta 26/37.
◆ Rustico, luminoso e vasto locale, con prevalenza di cotture alla brace sia per il pesce che per la carne; ben attrezzato per ospitare banchetti e cerimonie, anche estivi.

sulla strada statale 9 - via Emilia *Sud-Est : 3 km : 20098 San Giuliano Milanese :*

La Rampina, ✉ **via Emilia, Frazione Rampina 3** 20098 ✆ 02 9833273, *rampina@rampi na.it, Fax 02 98231632,* – P. AE VISA.
chiuso mercoledì – **Pasto** carta 46/60.
◆ Da quasi trent'anni, in un cascinale del '500, rinnovato con cura, due fratelli, tra passione e competenza, propongono piatti stagionali e lombardi, spesso rivisitati.

SAN GIUSEPPE AL LAGO (SANKT JOSEPH AM SEE) *Bolzano* 562 C 15 – *Vedere Caldaro sulla Strada del Vino.*

SAN GIUSTO CANAVESE *10090 Torino* 561 G 5 – *3 121 ab. alt. 264.*

Roma 667 – Torino 35 – Ivrea 24 – Milano 133.

all'uscita autostrada A 5 - San Giorgio Canavese :

Santa Fé, via Anna Magnani 1 ✉ 10090 ✆ 0124 494666, *info.hotelsantafe.it, Fax 0124 494690,* – P – 80. AE VISA.
– **Pasto** *(chiuso agosto, sabato e a mezzogiorno)* 23 – **95 cam** 86/96 – 1/2 P 65.
◆ Ideale per una clientela di lavoro, albergo nuovo di taglio moderno; grandi spazi sia nei confortevoli ambienti comuni che nelle belle camere con arredi in legno scuro. Piccola e semplice sala da pranzo lineare.

SAN GODENZO *50060 Firenze* 563 K 16 – *1 165 ab. alt. 430.*

Roma 290 – Firenze 46 – Arezzo 94 – Bologna 121 – Forlì 64 – Milano 314 – Siena 129.

Agnoletti, via Forlivese 64 ✆ 055 8374016 – VISA.
chiuso dal 7 al 21 settembre, martedì escluso dal 15 giugno al 6 settembre – **Pasto** carta 13/22.
◆ Un ristorante familiare, situato nel centro del paese; da più generazioni, un ambiente semplice, ma accogliente, per sapori caserecci, anche dalla tradizione toscana.

SAN GREGORIO *Lecce* 564 H 36 – ✉ *73053 Patù.*

Roma 682 – Brindisi 112 – Lecce 82 – Taranto 141.

Monte Callini senza rist, via provinciale San Gregorio-Patù ✆ 0833 767927, *info@albe rgomontecallini.it, Fax 0833 767851,* – P. AE VISA.
chiuso dal 10 gennaio a Pasqua – **22 cam** 120.
◆ Struttura in stile mediterraneo, appena aperta, dotate di camere belle e spaziose, tutte con balcone, arredate con largo impiego di mobilio in bambù e ferro battuto.

Da Mimì, via del Mare ✆ 0833 767861, *Fax 0833 765197,* , solo su prenotazione la sera da ottobre a marzo – AE VISA
chiuso novembre – **Pasto** specialità di mare carta 24/32.
◆ Servizio estivo su terrazza ombreggiata con vista mare: trattoria gestita da una famiglia campana trasferitasi qui una trentina di anni fa. Schiettezza, piatti di pesce.

SAN GREGORIO NELLE ALPI *32030 Belluno* 562 D 18 – *1 578 ab. alt. 527.*

Roma 588 – Belluno 21 – Padova 94 – Pordenone 91 – Trento 95 – Venezia 99.

Locanda a l'Arte, via Belvedere 43 ✆ 0437 800124, *Fax 0437 800124,* , prenotare – P. AE VISA JCB.
chiuso lunedì e martedì a mezzogiorno – **Pasto** carta 29/39.
◆ In campagna, in un caseggiato rustico, interni signorili e gradevole servizio estivo in giardino; proposte del territorio e stagionali, con un pizzico di fantasia.

SANKTA CHRISTINA IN GRÖDEN = Santa Cristina Valgardena.

SANKT JOSEPH AM SEE = San Giuseppe al lago.

SANKT LEONHARD IN PASSEIER = San Leonardo in Passiria.

SANKT MARTIN IN PASSEIER = San Martino in Passiria.

SANKT ULRICH = Ortisei.

SANKT VALENTIN AUF DER HAIDE = San Valentino alla Muta.

SANKT VIGIL ENNEBERG = San Vigilio di Marebbe.

SAN LAZZARO DI SAVENA *40068 Bologna* 562 I 16 – *29 185 ab. alt. 62.*
Roma 390 – Bologna 8 – Imola 27 – Milano 219.

Pianta d'insieme di Bologna.

XX **La Pietra Cavata,** via Emilia 516, località Idice ☎ 051 6258181, *Fax 051 6256243*, 🏠 – ▤. AE 🅢 ⓓ ⓜ VISA JCB. ✂ rist
chiuso dal 1° al 6 gennaio, luglio, agosto e a mezzogiorno – **Pasto** carta 29/41.
◆ Eleganza e calore caratterizzano l'ambientazione in stile classico di questo ristorante, dove d'estate potrete anche mangiare all'aperto; piatti della tradizione locale.

XX **Il Cerfoglio,** via Kennedy 11 ☎ 051 463339, *Fax 051 455684*, Coperti limitati; prenotare – ▤. AE 🅢 ⓓ ⓜ VISA JCB. ✂ **HV** c
chiuso dal 27 dicembre al 10 gennaio, dal 1° al 26 agosto, sabato a mezzogiorno e domenica – **Pasto** carta 39/53.
◆ Un punto di riferimento per sedersi a tavola, qui a S. Lazzaro, un locale piacevole, nella sala e negli arredi, e soprattutto nella cucina, emiliana o di pesce del giorno.

SAN LEO *61018 Pesaro e Urbino* 563 K 19 *G. Italia – 2 744 ab. alt. 589 – a.s. 25 giugno-agosto.*
Vedere *Posizione pittoresca*** – Forte* : ※***.*
🅸 *piazza Dante (palazzo Mediceo) ☎ 0541 916306, comune.sa-leo@provincia.ps.it, Fax 0541 926973.*
Roma 320 – Rimini 31 – Ancona 142 – Milano 351 – Pesaro 70 – San Marino 24.

🏠 **Castello** 🐦, piazza Dante 11/12 ☎ 0541 916214, *albergo-castello@libero.it, Fax 0541 926926* – 📺. AE 🅢 ⓓ ⓜ VISA. ✂
chiuso dal 15 novembre al 15 dicembre e dal 15 gennaio al 15 febbraio – **Pasto** *(chiuso giovedì da ottobre a giugno)* carta 20/26 – ☕ 6 – **14 cam** 52/73 – ½ P 56.
◆ Alberghetto familiare con bar pubblico, situato in pieno centro, nella piazzetta principale; offre camere semplici, ma funzionali, in un angolo medievale del Montefeltro. Ristorante non molto ampio con caminetto e atmosfera casereccia.

verso Piega *Nord-Ovest : 5 km*

🏠 **Agriturismo Locanda San Leone** 🐦, strada Sant'Antimo 102 ✉ 61018 ☎ 0541 912194, *Fax 0541 912348*, 🏊, 🌳 – 📺 🅿. AE 🅢 ⓜ VISA. ✂
marzo-dicembre – **Pasto** *(chiuso dal lunedì al mercoledì e a mezzogiorno escluso domenica)* 25 – ☕ 10 – **5 cam** 100/130, suite.
◆ Un antico cascinale, già mulino del Montefeltro, posizionato in una piccola e verde valle nei pressi del fiume Marecchia; ospitalità signorile, in mezzo alla natura. Al ristorante si respira un raffinato charme d'epoca.

SAN LEONARDO IN PASSIRIA (ST. LEONHARD IN PASSEIER) *39015 Bolzano* 562 B 15, 218 ⑩ *G. Italia – 3 466 ab. alt. 689.*
Dintorni *Strada del Passo di Monte Giovo* : ←** verso l'Austria Nord-Est : 20 km – Strada del Passo del Rombo* Nord-Ovest.*
🅸 *via Passiria 40 ☎ 0473 656188, info@passeiertal.org, Fax 0473 656624.*
Roma 685 – Bolzano 47 – Brennero 53 – Bressanone 65 – Merano 20 – Milano 346 – Trento 106.

verso Passo di Monte Giovo *Nord-Est : 10 km – alt. 1 269 :*

X **Jägerhof** 🐦 con cam, località Valtina 80 ✉ 39010 Valtina ☎ 0473 656250, *info@jagerhof.net, Fax 0473 656822*, ←, 🏠, 🛏 – ✂ rist, 📺 🅿. 🅢 ⓓ ⓜ VISA JCB. ✂ rist
chiuso da novembre al 6 dicembre – **Pasto** *(chiuso lunedì)* carta 21/33 – **21 cam** ☕ 45/80 – ½ P 59.
◆ Piacevole atmosfera semplice e familiare, un ambiente tipicamente montano: tanto legno chiaro, arredi tirolesi, divanetti accanto alle finestre. Sapori locali, originali.

SAN LEONE *Agrigento* 565 P 22 – *Vedere Sicilia (Agrigento) alla fine dell'elenco alfabetico.*

SAN LORENZO *Macerata* 563 M 21 – *Vedere Treia.*

Se dopo le h 18,00 siete ancora in viaggio confermate la vostra prenotazione telefonicamente, è consuetudine ... ed è più sicuro.

SAN LORENZO IN BANALE *38078 Trento* 562 D 14 – *1 117 ab. alt. 720 – a.s. Pasqua e Natale.*
(Natale e aprile-ottobre) via Prato 24 ✆ 0465 734040 Fax 0465 730277.
Roma 609 – Trento 37 – Brescia 109 – Milano 200 – Riva del Garda 35.

Soran, via Glolo 6 ✆ 0465 734330, *info@hotelsoran.it, Fax 0465 734372* – rist, . . *VISA*.
aprile-10 ottobre – **Pasto** carta 17/27 – **16 cam** 60/80 – ½ P 50.
◆ Un'antica dimora padronale da poco rinnovata, una serie di archi che si aprono sull'esterno, il gruppo delle Dolomiti del Brenta e il lago di Molveno vicino. Hotel relax. Sala ristorante raccolta, con volte basse, nicchie e archi.

SAN LORENZO IN CAMPO *61047 Pesaro e Urbino* 563 L 20 – *3 384 ab. alt. 209 – a.s. 25 giugno-agosto.*
Roma 257 – Ancona 64 – Perugia 105 – Pesaro 51.

Giardino, via Mattei 4 (Ovest : 1,5 km) ✆ 0721 776803, *giardino@puntomedia.it, Fax 0721 735323,* , – . *VISA* JCB.
chiuso 24-25 dicembre, dal 10 gennaio al 10 febbraio e dal 27 giugno al 3 luglio – **Pasto** *(chiuso domenica sera e lunedì)* (prenotare) carta 32/44 – **20 cam** 58/82 – ½ P 75.
◆ Davvero una bella realtà, quest'albergo a gestione familiare e in un contesto confortevole; camere ben arredate e rifinite anche nei particolari, poco fuori del paese. E' nella cucina che risiede la vera forza della casa!

SAN MAMETE *Como* 219 ⑧ – *Vedere Valsolda.*

Questa Guida non contiene pubblicità a pagamento.

SAN MARCELLO PISTOIESE *51028 Pistoia* 563 J 14 *G. Toscana – 7 224 ab. alt. 623 – a.s. luglio-agosto.*
via Marconi ✆ 0573 630145, Fax 0573 622120.
Roma 340 – Firenze 67 – Pisa 71 – Bologna 90 – Lucca 50 – Milano 291 – Pistoia 30.

Il Cacciatore, via Marconi 727 ✆ 0573 630533, *info@albergoilcacciatore.it, Fax 0573 630134* – – 40. *VISA*.
chiuso dal 10 al 31 gennaio e dal 5 al 30 novembre – **Pasto** *(chiuso lunedì)* carta 21/32 – **25 cam** 52/70 – ½ P 57.
◆ Ubicato sul passaggio per l'Abetone, un albergo che offre un ambiente familiare, all'insegna della semplicità; settore notte con arredi ben tenuti e stanze pulite. Piatti caserecci in un contesto gradevole.

SAN MARCO *Perugia* 563 M 19 – *Vedere Perugia.*

SAN MARCO *Salerno* 564 G 26 – *Vedere Castellabate.*

SAN MARINO (Repubblica di) 562 K 19 – *Vedere alla fine dell'elenco alfabetico.*

SAN MARTINO *Arezzo* 563 57 M 17 – *Vedere Cortona.*

SAN MARTINO AL CIMINO *Viterbo* 563 O 18 – *Vedere Viterbo.*

SAN MARTINO BUON ALBERGO *37036 Verona* 562 F 15 – *13 109 ab. alt. 45.*
Roma 505 – Verona 8 – Milano 169 – Padova 73 – Vicenza 43.

in prossimità casello autostrada A 4 Verona Est

Holiday Inn Verona Congress Centre, viale del Lavoro ✆ 045 995000, *Fax 045 8781526* – , cam, – . *VISA*.
Pasto carta 28/35 – **132 cam** 122/170 – ½ P 105.
◆ All'uscita autostradale, un hotel d'impostazione classica, elegante e valido punto di riferimento per una clientela di lavoro; sontuosa zona comune, camere confortevoli. Tradizionale cucina d'albergo al ristorante, non particolarmente ampio.

Antica Trattoria da Momi, via Serena 38 ✆ 045 990752, *momiristo@libero.it* – *VISA*.
chiuso dal 13 al 21 agosto, lunedì e in luglio-agosto anche domenica – **Pasto** carta 18/26.
◆ In realtà, di antico ha ben poco; sito fuori del centro, non lontano dal casello dell'autostrada, presenta un ambiente semplice, gestione familiare e piatti del luogo.

a Marcellise *Nord : 4 km – alt. 102 – ✉ 37036 :*

Trattoria Grobberio con cam, via Mezzavilla 69 ☎ 045 8740096, *Fax 045 8740963*, – |♦|, ▤ cam, TV P. VISA.
Pasto *(chiuso venerdì e sabato a mezzogiorno)* carta 16/27 – ☐ 6 – **14 cam** 37/62.
◆ In una piccola frazione, in zona verdeggiante e tranquilla, una risorsa a conduzione familiare, potenziata da poco con valide camere; sapori locali e atmosfera gradevole.

SAN MARTINO DELLA BATTAGLIA *25010 Brescia* 561 F 13 – *alt. 87.*

Roma 515 – Brescia 37 – Verona 35 – Milano 125.

Da Renato, via Unità d'Italia 73 ☎ 030 9910117 – ▤ P. AE VISA.
chiuso dal 1° al 15 luglio, martedì sera e mercoledì – **Pasto** carta 15/23.
◆ Una tipica trattoria di paese con bar pubblico, frequentato anche dai locali; offre una sala di stile classico, ampia, luminosa, e piatti casereccì e ancorati al posto.

SAN MARTINO DI CASTROZZA *38058 Trento* 562 D 17 *G. Italia – alt. 1467 – a.s. 19 dicembre-Epifania, febbraio e Pasqua – Sport invernali : 1 450/2 380 m 3 10, ; al passo Rolle : 1 884/2 300 m 5,(Comprensorio Dolomiti superski San Martino di Castrozza) .*

Vedere *Località*★★.

ℹ *via Passo Rolle 165 ☎ 0439 768867, info@sanmartino.com, Fax 0439 768814.*

Roma 629 – Belluno 79 – Cortina d'Ampezzo 90 – Bolzano 86 – Milano 349 – Trento 109 – Treviso 105 – Venezia 135.

Regina, via Passo Rolle 154 ☎ 0439 68221, *info@hregina.it, Fax 0439 68017,* ← gruppo delle Pale, , , – |♦|, rist, TV P. AE VISA. rist
20 dicembre-20 aprile e 15 giugno-20 settembre – **Pasto** carta 18/30 – ☐ 10 – **48 cam** 105/180 – ½ P 130.
◆ Gestita sin dal 1922 dalla medesima famiglia, una risorsa andata migliorandosi negli anni; accoglienti e gradevoli i luoghi comuni, in parte rinnovate le stanze. Classica cucina d'albergo, con qualche divagazione nelle proposte locali.

San Martino, via Passo Rolle 279 ☎ 0439 68011, *info@hotelsanmartino.it, Fax 0439 68550,* ← gruppo delle Pale e vallata, , , , – |♦|, rist, TV P – 30. VISA. rist
20 dicembre-20 aprile e 25 giugno-15 settembre – **Pasto** (solo per alloggiati) 20/25 – **47 cam** ☐ 90/160, 3 suites – ½ P 105.
◆ Ubicato all'ingresso della località, non molto vicino al centro, un albergo familiare, che dispone di confortevoli camere, con arredi funzionali, e validi spazi comuni. Il ristorante offre un'appagante vista sul gruppo delle Pale e sulla vallata.

Vienna, via Herman Panzer 1 ☎ 0439 68078, *info@hvienna.com, Fax 0439 769165,* ←, , – |♦|, rist, TV P. VISA.
dicembre-aprile e giugno-settembre – **Pasto** 20 – **41 cam** ☐ 132/220, 3 suites – ½ P 99.
◆ Una struttura molto recente, situata ai margini della pista da fondo; conduzione gentile, di lunga esperienza, settore notte molto confortevole e piacevole centro fitness.

Letizia, via Colbricon 6 ☎ 0439 768615, *hotel@hletizia.it, Fax 0439 767112,* ←, , – |♦|, rist, TV P. VISA. rist
4 dicembre-Pasqua e 20 giugno-20 settembre – **Pasto** 15/25 – **25 cam** ☐ 70/140, 2 suites – ½ P 92.
◆ Hotel grazioso, in posizione centrale, con luoghi comuni rifiniti in legno e accoglienti, un parcheggio privato coperto, camere di diversa tipologia e atmosfera familiare. Con comoda ubicazione in centro, il ristorante offre una sala in stile montano.

Panorama, via Cavallazza 14 ☎ 0439 768667, *hotel@panorama.it, Fax 0439 768668,* ←, – |♦|, rist, TV P. AE VISA.
20 dicembre-15 aprile e 28 giugno-16 settembre – **Pasto** carta 21/27 – **22 cam** ☐ 105 – ½ P 87.
◆ Un albergo familiare, a pochi passi dalla zona centrale del paese, lungo la strada che conduce alla pista da fondo; dispone di un comodo parcheggio e di camere funzionali.

SAN MARTINO DI LUPARI *35018 Padova* 562 F 17 – *11 415 ab. alt. 60.*

Roma 516 – Padova 35 – Belluno 101 – Treviso 41 – Venezia 50.

Da Belie con cam, via Brenta 7 località Campagnalta Nord : 1 km ☎ 049 9461088, *belie@etics.it, Fax 049 9462188,* – ▤ TV P. AE VISA.
Pasto *(chiuso, agosto, sabato sera e domenica)* carta 21/25 – **18 cam** ☐ 50/70 – ½ P 50.
◆ Un ristorante sito sulla statale, al crocevia per San Martino. Ambiente luminoso, per assaporare anche piatti del territorio e la specialità della casa: i bolliti al carrello.

SAN MARTINO IN CAMPO *Perugia* 563 M 19 – *Vedere Perugia.*

SAN MARTINO IN PASSIRIA (ST. MARTIN IN PASSEIER) *39010 Bolzano* 562 B 15, 218 ⑩ – *2 842 ab. alt. 597.*

Roma 682 – Bolzano 43 – Merano 16 – Milano 342 – Trento 102.

Quellenhof-Forellenhof e Landhaus, via Passiria 47 (Sud : 5 km) ☎ 0473 645474, *info@quellenhof.it, Fax 0473 645499,* ←, , Centro benessere, Golf 3 buche e maneggio, , , riscaldata, , , – , rist, VISA
marzo-17 novembre – **Pasto** carta 38/52 – **63 cam** 70/150, 10 suites – 1/2 P 90.
◆ Un complesso molto grande e articolato, sviluppato su alcune case che hanno in comune la zona relax, il giardino e numerose attrezzature sportive; ogni confort e servizi. Ristorante con arredi e atmosfera tipicamente montana.

Alpenschlössl , via del Sole 2 (Sud : 5 km) ☎ 0473 645474, *Fax 0473 645499,* ←, Golf 3 buche e maneggio, , , , , – , rist, . VISA. rist
marzo-novembre – **Pasto** (solo per alloggiati) carta 36/50 – 10 – **17 cam** 100/140, 4 suites – 1/2 P 120.
◆ Recente realizzazione, all'avanguardia sia nei materiali utilizzati sia nell'immagine d'insieme, moderna e con dotazioni di prim'ordine; ottima l'area per il relax.

Sonnenalm , via del Sole 3 (Sud : 5 km) ☎ 0473 645474, *ifo@guellenhof.it, Fax 0473 645499,* ←, Golf 3 buche e maneggio, , , , , , – rist, VISA. rist
marzo-novembre – **Pasto** carta 36/50 – **21 cam** 60/150, 2 suites – 1/2 P 90.
◆ Un complesso completamente rinnovato: si presenta ora forte di tutti i confort desiderabili, offrendo stanze gradevoli, bella piscina all'aperto e strutture sportive.

a Saltusio (Saltaus) *Sud : 8 km – alt. 490 – ✉ 39010 :*

Castel Saltauserhof, via Passiria 6 ☎ 0473 645403, *info@saltauserhof.com, Fax 0473 645515,* ←, , , , , , – VISA
marzo-10 novembre – **Pasto** carta 17/24 – **37 cam** 80/130, 2 suites – 1/2 P 72.
◆ Una casa con origini che si perdono nel tempo e un ambiente tipico con ottimi confort; un settore notte molto piacevole, con alcuni bagni enormi, e centro fitness. Caratteristiche stube per i pasti.

Se cercate un hotel tranquillo
consultate prima le carte tematiche dell'introduzione
e trovate nel testo gli esercizi indicati con il simbolo

SAN MARTINO IN PENSILIS *86046 Campobasso* 564 B 27 – *4 829 ab. alt. 282.*

Roma 285 – Campobasso 66 – Foggia 80 – Isernia 108 – Pescara 110 – Termoli 12.

Santoianni, via Tremiti ☎ 0875 605023, *Fax 0875 605023* – VISA.
Pasto *(chiuso venerdì)* carta 17/25 – 3 – **15 cam** 35/50.
◆ Una casa di contenute dimensioni, con un insieme di validi confort e una tenuta e manutenzione davvero lodevoli; a gestione totalmente familiare, una piacevole risorsa. Capiente ristorante di classica impostazione.

SAN MARTINO SICCOMARIO *Pavia* 561 G 9 – *Vedere Pavia.*

SAN MARZANO OLIVETO *14050 Asti* 561 H 6 – *1 008 ab. alt. 301.*

Roma 603 – Alessandria 40 – Asti 26 – Genova 110 – Milano 128 – Torino 87.

Agriturismo Le Due Cascine, regione Mariano 22 (Sud-Est : 3 km) ☎ 0141 824525, *info@leduecascine, Fax 0141 829028,* – VISA JCB.
Pasto carta 18/22 – **10 cam** 35/60.
◆ Una risorsa con una bella storia al femminile dove, immersi tra i vigneti, sono disponibili camere sobrie e per lo più spaziose. Particolarmente adatta per famiglie. Per i pasti ci si accomoda nell'unica luminosa sala con travi a vista e camino.

Del Belbo-da Bardon, valle Asinari 25 (Sud-Est : 4 km) ☎ 0141 831340, *Fax 0141 829035,* – VISA.
chiuso dal 20 dicembre al 12 gennaio, dal 20 al 30 agosto, mercoledì e giovedì – **Pasto** carta 27/43 .
◆ In una casa di campagna, cucina della tradizione astigiana elaborata con prodotti di allevatori e coltivatori del territorio; un'ex osteria con stallaggio, nata nell'800.

SAN MASSIMO *Genova* – *Vedere Rapallo.*

SAN MASSIMO ALL'ADIGE *Verona* – *Vedere Verona.*

SAN MAURIZIO CANAVESE 10077 Torino 561 G 4 – 7 201 ab. alt. 317.

Roma 697 – Torino 17 – Aosta 111 – Milano 142 – Vercelli 72.

La Credenza, via Cavour 22 ✆ 011 9278014, *credenza@tin.it, Fax 011 9278014* – AE VISA JCB
chiuso dal 27 dicembre al 4 gennaio, dal 7 al 28 agosto e martedì – **Pasto** carta 29/43.
◆ In centro, un ambiente accogliente e confortevole, con una sala principale, dal curioso soffitto a botte, e due accessorie: per piatti creativi, sia di carne che pesce.

SAN MAURIZIO D'OPAGLIO 28017 Novara 561 E 7, 219 ⑥ – 3 057 ab. alt. 373.

Roma 657 – Stresa 34 – Alessandria 65 – Genova 118 – Milano 41 – Novara 43 – Piacenza 63.

La Cruna del Lago, via Bellosta 1 ✆ 0322 967435, *lacrunadellago@bpistore.it,* Rist. enoteca, prenotare – AE VISA
chiuso dal 1° al 6 gennaio, dal 10 al 26 agosto, sabato a mezzogiorno e domenica – **Pasto** carta 25/37.
◆ Nato come enoteca, un localino gestito da due giovani amici, professionalmente ben avviati e pieni di entusiasmo; propone sfiziosi menù, fantasiosi, anche dal territorio.

SAN MAURO A MARE 47030 Forlì-Cesena 562 J 19 – a.s. 21 giugno-agosto.

via Repubblica 8 ✆ 0541 346392, sanmauromare@libero.it, Fax 0541 342252.

Roma 353 – Rimini 16 – Bologna 103 – Forlì 42 – Milano 314 – Ravenna 36.

Internazionale, via Vincenzi 23 ✆ 0541 346475, *info@internazionalehotel.com, Fax 0541 340726,* – P. AE VISA. rist
Pasqua-settembre – **Pasto** (solo per alloggiati) – **36 cam** 95 – ½ P 65.
◆ A pochi metri dal mare, e dotata di spiaggia privata, una risorsa ideale per chi cerchi sole e bagni; gestione cordiale, per giornate da trascorrere in semplice serenità.

SAN MAURO LA BRUCA 84070 Salerno 564 G 27 – 815 ab. alt. 450.

Roma 364 – Potenza 128 – Napoli 160 – Salerno 105.

Azienda Agricola Prisco, contrada Valle degli Elci Sud-Est : 2,5 km ✆ 0974 974153, *info@mieledelcilento.com, Fax 0974 974928,* – P. AE VISA JCB.
Pasto (solo per alloggiati) 15/25 bc – **7 cam** 80/118 – ½ P 63.
◆ Nel parco del Cilento, ospitalità familiare in un'azienda agricola biologica, specializzata nell'apicoltura, che di recente ha rinnovato le proprie strutture ricettive.

SAN MAURO TORINESE 10099 Torino 561 G 5 – 18 147 ab. alt. 211.

Roma 666 – Torino 9 – Asti 54 – Milano 136 – Vercelli 66.

Pianta d'insieme di Torino.

Glis, corso Lombardia 42 ✆ 011 2740151, *info@hotelglis.it, Fax 011 2740375* – P – 90. AE VISA.
chiuso dal 14 al 22 agosto – **Pasto** carta 18/28 – **76 cam** 105/120, 2 suites.
◆ Nella zona industriale del paese, una risorsa creata non da molto e a vocazione prevalentemente congressuale; ideale per una clientela di lavoro, offre confort adeguati. Zona ristorante di stampo classico.

La Pace senza rist, via Roma 36 ✆ 011 8221945, *info@hotelapace.it, Fax 011 8222677* – cam, P. AE VISA. **HT s**
35 cam 55/70.
◆ Un piccolo albergo posizionato lungo la strada di attraversamento di San Mauro; un comodo punto di riferimento con strutture e servizi aggiornati e gradevoli.

Frandin, via Settimo 14 ✆ 011 8221177, *Fax 011 8221177,* – P. AE VISA JCB. **HT a**
chiuso dal 16 agosto al 10 settembre e lunedì – **Pasto** carta 22/37.
◆ Cucina piemontese, con le classiche specialità di stagione, per questo posticino in zona periferica, quasi sulle rive del fiume; una piacevole trattoria familiare.

SAN MENAIO 71010 Foggia 564 B 29 – a.s. luglio-13 settembre.

Roma 389 – Foggia 104 – Bari 188 – San Severo 71.

Park Hotel Villa Maria senza rist, via del Carbonaro 15 ✆ 0884 968700, *Fax 0884 968800* – P. AE VISA.
aprile-settembre – **15 cam** 85/105.
◆ Ristrutturato con buon gusto e linearità, un bel villino d'inizio secolo scorso, immerso nella quiete di una pineta, a pochi passi dal lungomare; camere spaziose, comode.

SAN MICHELE (ST. MICHAEL) Bolzano 218 ⑳ – *Vedere Appiano sulla Strada del Vino.*

SAN MICHELE *Ravenna* 562 I 18 – *Vedere Ravenna.*

SAN MICHELE ALL'ADIGE *38010 Trento* 562 D 15 – *2 358 ab. alt. 229 – a.s. dicembre-aprile.*

Roma 603 – Trento 15 – Bolzano 417 – Milano 257 – Moena 70.

sulla strada statale 12 in località Masetto *Nord : 1 km :*

Lord Hotel senza rist, località Masetto 2 ✉ 38010 ☎ 0461 650120, *lordhotel@virgilio.it, Fax 0461 650138,* ‹, – P. AE VISA JCB.
chiuso dal 24 dicembre al 6 gennaio – ☐ 3,60 – **33 cam** 40/64.
◆ Poco fuori del paese e dotato di un comodo parcheggio, hotel anni '60, lungo la strada statale; ben tenuto e pulito, si propone come risorsa semplice, senza pretese.

SAN MICHELE CANAVA *Parma – Vedere Lesignano de' Bagni.*

SAN MICHELE DEL CARSO *Gorizia – Vedere Savogna d'Isonzo.*

SAN MICHELE DI GANZARIA *Catania* 565 P25 – *Vedere Sicilia alla fine dell'elenco alfabetico.*

SAN MICHELE EXTRA *Verona* 562 F 14 – *Vedere Verona.*

SAN MINIATO *56027 Pisa* 563 K 14 *G. Toscana – 26 480 ab. alt. 140.*

Fontevivo ☎ 0571 419012, Fax 0571 419012.
piazza del Popolo 3 ☎ 0571 42745.
Roma 297 – Firenze 37 – Siena 68 – Livorno 52 – Pisa 42.

Il Convio-San Maiano, via San Maiano 2 (Sud-Est : 1,5 km) ☎ 0571 408114, *Fax 0571 408112,* – P. AE VISA JCB
Pasto carta 26/39.
◆ Fuori paese, alle spalle di S. Miniato, casale di campagna con servizio estivo all'aperto e vista colline e dintorni; interni rustici e moderni per piatti del territorio.

SAN NICOLÒ (ST. NIKOLAUS) *Bolzano* 561 C 10, 218 ⑲ – *Vedere Ultimo.*

SAN NICOLÒ *Treviso* 562 E 19 – *Vedere Ponte di Piave.*

SAN NICOLÒ DI RICADI *Vibo Valentia* 564 L 29 – *Vedere Tropea.*

SAN PANCRAZIO *Brescia – Vedere Palazzolo sull'Oglio.*

SAN PANCRAZIO *Ravenna* 563 I 18 – *Vedere Russi.*

SAN PANTALEO *Sassari* 566 D 10 – *Vedere Sardegna alla fine dell'elenco alfabetico.*

SAN PAOLO (ST. PAULS) *Bolzano* 218 ⑳ – *Vedere Appiano sulla Strada del Vino.*

SAN PELLEGRINO (Passo di) *Trento* 562 C 17 – *alt. 1 918 – ✉ 38030 Soraga – a.s. febbraio-Pasqua e Natale – Sport invernali : 1 918/2 513 m* 3 18 *(Comprensorio Dolomiti superski Tre Valli)* .

Roma 682 – Belluno 59 – Cortina d'Ampezzo 67 – Bolzano 56 – Milano 340 – Trento 100.

Monzoni, ☎ 0462 573352, *info@hotelmonzoni.it, Fax 0462 574490,* ‹ Dolomiti, , – , rist, P – 120. AE VISA JCB.
20 dicembre-14 aprile e 10 luglio-5 settembre – **Pasto** carta 32/40 – **80 cam** ☐ 100/139, 3 suites – 1/2 P 128.
◆ Una lunga tradizione per quest'originario rifugio alpino d'inizio secolo scorso, divenuto poi albergo; ampi gli spazi comuni, di stampo classico le camere, molto legno. Due sale ristorante con atmosfera di rustica eleganza.

Rifugio Fuciade con cam, ☎ 0462 574281, *Fax 0462 574281,* ‹ Dolomiti, , Servizio navetta invernale con motoslitta dal rifugio Miralago, prenotare alla sera, – . cam
Natale-Pasqua e 15 giugno-15 ottobre – **Pasto** carta 30/42 – **7 cam** ☐ 80 – 1/2 P 72.
◆ A 1980 m, un rifugio in un alpeggio da cui si gode un panorama splendido sulle Dolomiti che lo incorniciano; servizio ristorante estivo anche all'aperto, con vista incantevole.

SAN PELLEGRINO TERME *24016 Bergamo* 561 E 10 *G. Italia – 5 037 ab. alt. 354 – Stazione termale (maggio-settembre), a.s. luglio-agosto e Natale.*

Dintorni *Val Brembana* Nord e Sud per la strada S 470.*

viale Papa Giovanni XXIII 18 ☎ 0345 23344, Fax 0345 23344.

Roma 626 – Bergamo 24 – Brescia 77 – Como 71 – Milano 67.

Terme, via Bartolomeo Villa 26 ☎ 0345 21125, *Fax 0345 23497*, – – 50. AE VISA.

22 maggio-settembre – **Pasto** 26/34 – 7 – **49 cam** 65/75 – ½ P 75.

◆ Un gradevole contesto, con le terme a fianco, il verde, il traffico lontano: un classico albergo, di lunga tradizione e correttamente tenuto, per un soggiorno salutare. Consueta cucina d'hotel, con qualche divagazione locale.

SAN PIERO IN BAGNO *Forlì* 562 K 17 – *Vedere Bagno di Romagna.*

SAN PIETRO *Verona – Vedere Legnago.*

SAN PIETRO IN CARIANO *37029 Verona* 562 F 14 – *12 494 ab. alt. 160.*

via Indelheim 7 ☎ 045 7701920, Fax 045 7701920.

Roma 510 – Verona 19 – Brescia 77 – Milano 164 – Trento 85.

a Pedemonte *Ovest : 4 km – ✉ 37020 :*

Villa del Quar, via Quar 12 (Sud-Est : 1,5 km) ☎ 045 6800681, *info@hotelvilladelquar.it, Fax 045 6800604*, – – 100. AE VISA.

chiuso dall'8 gennaio al 10 marzo – **Pasto** al Rist. ***Arquade*** *(chiuso lunedì e martedì a mezzogiorno dal 1° ottobre al 27 maggio)* carta 65/89 – **21 cam** 300/320, 6 suites.

◆ Villa secolare nella campagna veneta, con straordinari arredi, tutti originali, recuperati personalmente dal proprietario; eccezionale accoglienza e aria davvero di magia. Servizio ristorante estivo in veranda, nel fascino dei vigneti della Valpolicella.

Spec. Tagliatelle con ragù di piccione, creste di gallo e fegato d'oca (inverno). Croccante di maialino da latte, caprino di yogurt e cipollotti (primavera). Pernice rossa all'aglio confit in zuppa di porcini e polenta croccante al tartufo bianco (inverno).

SAN PIETRO IN CASALE *40018 Bologna* 562 H 16 – *9 723 ab. alt. 17.*

Roma 397 – Bologna 25 – Ferrara 26 – Mantova 111 – Modena 52.

Dolce e Salato con cam, piazza L. Calori 16/18 ☎ 051 811111, *elisabetta@dolcesalato.org, Fax 051 818818* – rist, . AE VISA JCB

Pasto *(chiuso giovedì)* specialità paste fresche carta 35/54 – 7 – **11 cam** 98.

◆ Piazza del mercato: una vecchia casa, in parte ricoperta dall'edera, con salette rallegrate da foto d'altri tempi. Tante paste fresche e schietti piatti del territorio.

Tubino, via Pescerelli 98 ☎ 051 811484, *Fax 051 973103* – . AE VISA JCB

chiuso dal 6 al 13 gennaio, venerdì e sabato a mezzogiorno – **Pasto** carta 22/35.

◆ A fare da protagonista qui è la cucina, in modo assoluto: fedele ai sapori della vera tradizione emiliana, con una notevole ricerca di prodotti. Simpatia e pochi tavoli.

a Rubizzano *Sud-Est : 3 km – ✉ 40018 San Pietro in Casale :*

Tana del Grillo, via Rubizzano 1812 ☎ 051 811648, *Fax 051 811648*, Coperti limitati; prenotare – . AE VISA JCB.

chiuso dal 1° al 10 gennaio, agosto, lunedì sera e martedì, in luglio anche domenica – **Pasto** carta 30/48.

◆ Una frazione di poche case, un'osteria a fianco del bar del paese; all'ingresso, vi accolgono una rossa affettatrice e il profumo del pane. Poi, ghiottonerie casalinghe.

SAN PIETRO IN CORTE *Piacenza – Vedere Monticelli d'Ongina.*

SAN PIETRO (Isola di) *Cagliari* 566 J 6 – *Vedere Sardegna alla fine dell'elenco alfabetico.*

SAN POLO *Parma – Vedere Torrile.*

I prezzi

Per tutte le precisazioni sui prezzi indicati in questa guida, consultate le pagine introduttive.

SAN POLO D'ENZA *42020 Reggio Emilia* 562 I 13 – *5 293 ab. alt. 66.*

Roma 452 – Parma 24 – Modena 43 – Reggio Emilia 20.

XX **Mamma Rosa,** via 24 Maggio 1 ☎ 0522 874760, *Fax 0522 252009,* – ⊞ P. AE ⓢ ⓞ ⓜ VISA. ✻

chiuso Natale, dal 7 al 20 gennaio, dal 18 agosto al 10 settembre, lunedì e martedì – **Pasto** specialità di mare carta 50/80.

♦ Lasciatasi alle spalle la zona commerciale-industriale sull'Emilia, ove iniziano le prime colline e la quiete, un ambiente gradevole per farsi ammaliare da fresco pesce.

Spec. Polpo caldo con purè di patate, pinoli arrostiti ed olio extravergine (ottobre-aprile). Pappardelle verdi di basilico con ragù di calamari e verdure. Taglio nobile di pesce d'amo con patate e salsa di porri al Porto.

SAN POLO DI PIAVE *31020 Treviso* 562 E 19 – *4 499 ab. alt. 27.*

Roma 563 – Venezia 54 – Belluno 65 – Cortina d'Ampezzo 120 – Milano 302 – Treviso 23 – Udine 99.

La Locanda Gambrinus, via Roma 20 ☎ 0422 855043, *lalocanda@gambrinus.it, Fax 0422 855044* – ⊞ TV P. AE ⓢ ⓞ ⓜ VISA JCB. ✻

chiuso dal 7 al 21 gennaio – **Pasto** vedere rist ***Gambrinus*** – **6 cam** ☐ 60/90 – 1/2 P 80.

♦ Risorsa recente, frutto della completa e accurata ristrutturazione di un edificio ottocentesco, consente di alloggiare in camere ampie, arredate con mobili in stili.

XX **Parco Gambrinus,** località Gambrinus 18 ☎ 0422 855043, *gambrinus@gambrinus.it, Fax 0422 855044,* , prenotare – ⊞ P – 80. AE ⓢ ⓞ ⓜ VISA JCB. ✻

chiuso dal 7 al 21 gennaio, dal 4 al 19 agosto e lunedì (escluso i giorni festivi) – **Pasto** carta 36/46.

♦ Locale signorile ed elegante, alle porte del piccolo paese; piacevolissimo il servizio estivo nel parco con voliere e ruscello; piatti creativi nella campagna trevigiana.

SAN POSSIDONIO *41039 Modena* 562 H 14 – *3 497 ab. alt. 20.*

Roma 426 – Bologna 65 – Ferrara 60 – Mantova 58.

a Bellaria *Sud : 2 km* – ✉ *41039 San Possidonio :*

XX **La Tabernula,** via Matteotti 231 ☎ 0535 38189, *Fax 0535 38675* – ⊞ P. AE ⓢ ⓞ ⓜ VISA

chiuso dal 15 al 30 gennaio, dal 15 al 30 agosto, martedì e sabato a mezzogiorno – **Pasto** carta 25/45.

♦ Qui troverete una cucina tradizionale, legata essenzialmente al territorio, con qualche tocco creativo, proposta in una carta piuttosto ampia; grande e comodo parcheggio.

SAN POTITO SANNITICO *81010 Caserta* 564 C 25 – *1 942 ab. alt. 230.*

Roma 188 – Benevento 49 – Campobasso 60 – Caserta 42 – Napoli 73.

Agriturismo San Cassiano, via San Cassiano 9 ☎ 0823 912583, *Fax 0823 912583,* agriturismo, – ⊞ rist, P. ⓢ ⓞ ⓜ VISA. ✻

Pasto (prenotare) 20/25 – **7 cam** ☐ 40/50 – 1/2 P 40.

♦ Una vera azienda agricola, estesa per ettari fra bovini, pollai e frutteti; un'accoglienza cordiale e familiare, per un soggiorno in stanze gradevoli e ben accessoriate. Cucina schiettamente casereccia, offerta in ambiente rustico.

SAN PROSPERO SULLA SECCHIA *41030 Modena* 562 H 15 – *4 490 ab. alt. 22.*

Roma 415 – Bologna 58 – Ferrara 63 – Mantova 69 – Modena 20.

X **Bistrò,** via Canaletto 38/a ☎ 059 906096, *Fax 059 8080161,* Rist. e pizzeria serale – ⊞ P. ⓢ ⓞ ⓜ VISA. ✻

chiuso dal 27 dicembre al 7 gennaio, dall'8 al 31 agosto e mercoledì – **Pasto** carta 23/30.

♦ Un semplice locale dall'atmosfera e andamento familiari, con proposte di cucina casereccia; comodo, in quanto posizionato lungo una strada di gran scorrimento.

SAN QUIRICO D'ORCIA *53027 Siena* 563 M 16 *G. Toscana* – *2 478 ab. alt. 424.*

ℹ *via Dante Alighieri 33 ☎ 0577 897211, Fax 0577 897211.*

Roma 196 – Siena 44 – Chianciano Terme 31 – Firenze 111 – Perugia 96.

Relais Palazzo del Capitano, via Poliziano 18 ☎ 0577 899028, *info@palazzodelcapitano.com, Fax 0577 899028,* , ⊞ TV. ⓢ ⓜ VISA. ✻ cam

Pasto *(chiuso martedì)* carta 27/33 – **9 cam** ☐ 110/180, 2 suites.

♦ In pieno centro, all'interno di un palazzo del '400, una nuova realtà che si avvicina ai sogni di chi ricerca, fascino, storia ed eleganza. Il giardino è fonte di meraviglie. Piccola e graziosa sala ristorante.

Casanova, località Casanova 6/c 0577 898177, *info@residencecasanova.it, Fax 0577 898190*, vallata, – 120. VISA JCB
chiuso novembre, gennaio e febbraio – **Pasto** vedere rist ***Taverna del Barbarossa*** – 10,50 – **70 cam** 122/172.
◆ Una vera e propria terrazza affacciata sulla Val d'Orcia, questa risorsa dotata anche di valide infrastrutture per lo sport, il relax e i meeting. Confort, tra i colli.

Palazzuolo, via Santa Caterina da Siena 43 0577 897080, *info@hotelpalazzuolo.it, Fax 0577 898264*, – 200. VISA. rist
chiuso febbraio – **Pasto** carta 18/31 – **42 cam** 68,30/107 – 1/2 P 76.
◆ Fuori delle mura, in campagna, con posizione panoramica e tranquilla, un originario casolare ripotenziato e ampliato; alcune stanze con camino, bel giardino con piscina. Imponenti travi in legno scuro e arredo rusticheggiante in sala ristorante.

Agriturismo Il Rigo, località Casabianca Sud-Ovest : 4,5 km 0577 897291, *ilrigo@iol.it, Fax 0577 898236*, colli e vallate,
chiuso dal 10 al 31 gennaio – **Pasto** (solo per alloggiati) 12/24 – **15 cam** 70/100 – 1/2 P 70.
◆ In aperta campagna, in un antico casale in cima ad un colle da cui si gode una suggestiva vista sul paesaggio circostante, ambienti semplici, ma ospitali. Clima conviviale. Atmosfera familiare in sala da pranzo, dove si gustano i prodotti dell'azienda.

Taverna del Barbarossa - Hotel Casanova, località Casanova 8 0577 898299, *t.barbarossa@libero.it, Fax 0577 898299*, vallata, VISA JCB.
chiuso gennaio, febbraio, novembre e lunedì – **Pasto** carta 32/46.
◆ Un borgo medievale, nella terra delle «dune» di creta; attiguo all'hotel Casanova, un cascinale antico da cui godersi la vallata, seduti a tavola, nel totale relax.

Trattoria Vecchio Forno, via Piazzola 8 0577 897380, *Fax 0577 897380*, VISA
chiuso gennaio e mercoledì – **Pasto** carta 26/35.
◆ Se cercate un indirizzo per mangiare in centro a prezzi contenuti, siete arrivati a destinazione. Ambiente accattivante, in tipico stile da trattoria. Bel giardino estivo.

a Bagno Vignoni *Sud-Est : 5 km* – *53020* :

Posta-Marcucci, via Ara Urcea 43 0577 887112, *info@hotelpostamarcucci.it, Fax 0577 887119*, termale, – 40. VISA. rist
Pasto carta 28/39 – **35 cam** 90/145 – 1/2 P 92.
◆ Gradevole albergo, dal taglio «domestico», ospitale e personalizzato. Camere semplici, funzionali e, non solo in estate, una zona all'aperto con grande piscina termale.

La Locanda del Loggiato senza rist, piazza del Monetto 30 0577 888925, *locanda@loggiato.it, Fax 0577 888370* – VISA.
8 cam 130.
◆ Edificio del '400, in pieno centro, confinante con la vasca d'acqua che un tempo fu piscina termale; rivisitato da alcuni giovani, offre oggi un rifugio davvero grazioso.

Osteria del Leone, piazza del Moretto 0577 887300, *info@illeone.com, Fax 0577 887300*, Coperti limitati; prenotare – VISA.
chiuso dal 10 al 30 gennaio, dal 15 novembre al 5 dicembre e lunedì – **Pasto** carta 27/35.
◆ Caratteristica osteria d'antica tradizione, già locanda dalla metà del '700, oggi con giovane conduzione; tre salette e piccolo dehors in giardino, per piatti locali.

SAN QUIRINO *33080 Pordenone* 562 D 20 – *3 794 ab. alt. 116.*

Roma 613 – Udine 65 – Belluno 75 – Milano 352 – Pordenone 9 – Treviso 63 – Trieste 121.

La Primula con cam, via San Rocco 47 0434 91005, *Fax 0434 917563*, Coperti limitati; prenotare – VISA JCB.
Pasto *(chiuso dal 1° al 15 gennaio, dal 10 al 31 luglio, domenica sera e lunedì)* carta 44/56 – 10 – **8 cam** 47/73.
◆ Atmosfera calda e accogliente, in ambiente elegante e raffinato; oltre cent'anni di attività ormai, per piatti sempre molto curati e guizzanti di fantasiosa creatività.
Spec. Astice con timballo di pomodorini ciliegia e latti di seppia. Tortelli di formaggio di capra della Pedemontana con pomodoro fresco ed erba santolina. Petto d'anatra nostrana con salsa alla noce moscata e ciliege all'aceto.

Osteria alle Nazioni, via San Rocco 47/1 0434 91005, *Fax 0434 917563* – VISA JCB.
chiuso dal 15 al 31 gennaio, dal 1° al 20 agosto, domenica sera e lunedì – **Pasto** carta 22/28.
◆ Simpaticissima osteria che, pur nell'attuale taglio moderno, ha saputo conservare quell'aria di rusticità che l'ha connotata sin dalla lontana nascita; leccornie locali.

Un automobilista previdente utilizza la Guida Michelin dell'anno in corso.

SAN REMO *18038 Imperia* 561 K 5 *G. Italia* – *55 974 ab..*

Vedere *Località*★★ – *La Pigna*★ *(città alta)* **B** : ≤★ *dal santuario della Madonna della Costa.*

Dintorni *Monte Bignone*★★ : ✻★★ *Nord : 13 km.*

Degli Ulivi (chiuso martedì) ✆ 0184 557093, Fax 0184 557388, Nord : 5 km.

largo Nuvoloni 1 ✆ 0184 59059, infosanremo@rivieradeifiori.org, Fax 0184 507649.

A.C.I. *corso Raimondo 57 ✆ 0184 500295.*

Roma 638 ① – Imperia 30 ① – Milano 262 ① – Nice 59 ② – Savona 93 ①.

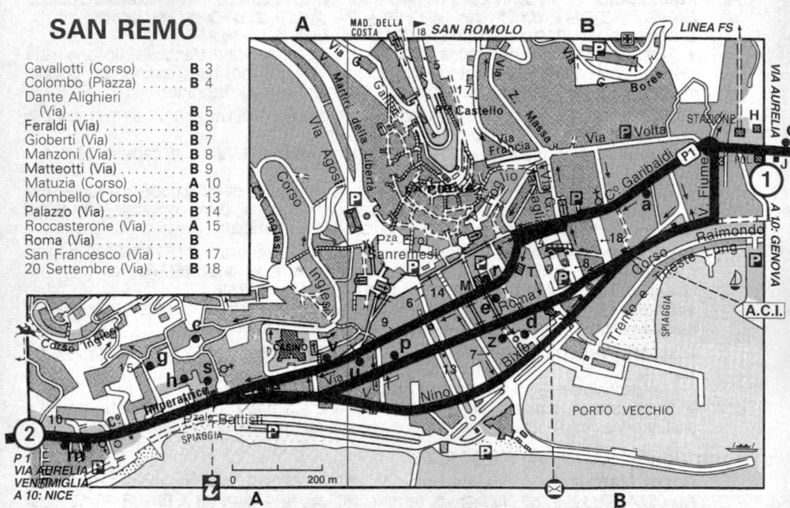

Royal Hotel, corso Imperatrice 80 ✆ 0184 5391, *reservations@royalhotelsanremo.com, Fax 0184 661445*, ≤, ☂, Ⓕ, ⛱ riscaldata, ⛌, ✂ – |♦| ▤ TV ✆ P – 🎓 200. AE ⓢ ⓞ ⓜⓞ VISA JCB. ✂ A h

chiuso dal 4 ottobre al 17 dicembre – **Pasto** carta 60/84 – **120 cam** ⊐ 266/380, 17 suites – ½ P 250.

◆ Grand hotel di centenaria tradizione, gestito dalla fine dell'800 dalla stessa famiglia; atmosfera e interni molto signorili e un giardino fiorito con piscina riscaldata. Per una sosta gastronomica davvero esclusiva.

Nazionale, via Matteotti 3 ✆ 0184 577577 e rist. ✆ 0184 541612, *nazionale.in@bestwestern.it, Fax 0184 541535*, ⛌ – |♦| ▤ TV ♿ – 🎓 70. AE ⓢ ⓞ ⓜⓞ VISA JCB. ✂ rist A v

Pasto al Rist. ***Rendez Vous*** *(chiuso mercoledì)* carta 37/64 – ⊐ 11 – **70 cam** 165/196, 15 suites – ½ P 132.

◆ In pieno centro, di fianco al Casinò, e di recente ristrutturato, un elegante punto di riferimento nella modaiola località, confortevole e ben tenuto sotto ogni aspetto. Impostazione di signorile classicità per il ristorante.

Europa, corso Imperatrice 27 ✆ 0184 578170, *aleuropa@tin.it, Fax 0184 508661* – |♦| ▤ TV. AE ⓢ ⓞ ⓜⓞ VISA A e

Pasto *(chiuso dal 1° giugno al 15 luglio, dal 4 novembre al 4 dicembre e mercoledì)* (solo per alloggiati) 25/35 (10 %) – **57 cam** ⊐ 120/180, 8 suites – ½ P 112,50.

◆ Dal 1923, in questa palazzina tardo Liberty nei pressi del Casinò e della stazione ferroviaria, un albergo oggi rinnovato; offre gradevoli interni di taglio classico. Un comodo indirizzo per una sosta culinaria.

Lolli Palace Hotel, corso Imperatrice 70 ✆ 0184 531496, *info@lollihotel.it, Fax 0184 541574*, ≤ – |♦| ▤ TV. AE ⓢ ⓞ ⓜⓞ VISA JCB. ✂ A s

chiuso dal 4 novembre al 20 dicembre – **Pasto** 18/30 – ⊐ 10 – **51 cam** 90/120 – ½ P 84.

◆ Direttamente sulla mitica Passeggiata Imperatrice, il fascino del periodo Liberty rivive in quest'albergo dagli interni rinnovati e dalle stanze con graziosa atmosfera. Accattivante e piacevolissimo roof-restaurant con vista mare.

Villa Mafalda senza rist, corso Nuvoloni 18 ✆ 0184 572572, *info@hotelmafalda.com, Fax 0184 572574*, ⛌ – |♦| TV 🚗. AE ⓢ ⓞ ⓜⓞ VISA. ✂ A c

⊐ 11 – **34 cam** 130.

◆ Un bell'edificio di epoca Liberty, con una facciata colorata e ricca di decorazioni, ubicato nella parte alta della cittadina, alle spalle della passeggiata a mare.

Morandi, corso Matuzia 51 ☎ 0184 667641, *info@hotelmorandi.com, Fax 0184 666567,* – |ǂ|, rist, . – rist A m
Pasto carta 26/34 – 14,50 – **32 cam** 92/129 – ½ P 102.
◆ Nelle vicinanze del lungomare, una risorsa alberghiera di inizi '900; frequentata per lo più da clientela abituale, è connotata da una gestione familiare e professionale. Variazioni sul menù, da scegliere tra lampadari d'epoca e parquet.

Paradiso , via Roccasterone 12 ☎ 0184 571211, *paradisohotel@sistel.it, Fax 0184 578176,* , – |ǂ| – 45. . rist A g
Pasto carta 27/36 – 13 – **41 cam** 90/125 – ½ P 106.
◆ Un hotel di antiche tradizioni, inserito in una bella struttura di inizio secolo scorso e posizionato nella parte alta e verdeggiante di San Remo; quieto, confortevole. Spaziosa sala ristorante affacciata sul verde.

Eveline-Portosole senza rist, corso Cavallotti 111 ☎ 0184 503430, *hotel@evelineportosole.com, Fax 0184 503431* – |ǂ| . B c
chiuso dal 7 al 28 gennaio – **22 cam** 130/240.
◆ Sito fuori del centro, un valido hotel curato e personalizzato negli arredi interni con tocchi romantici e familiari; ha il proprio punto di forza nella prima colazione.

Bobby Executive, corso Marconi 208 ☎ 0184 660255, *htlbobby@sistel.it, Fax 0184 660296,* , , , – |ǂ| – .
chiuso dal 15 ottobre al 27 dicembre – **Pasto** carta 25/42 – **96 cam** 150/160 – ½ P 97. per ② *: 2 km*
◆ La bella e moderna hall, frutto di una recente ristrutturazione, introduce ad un hotel che dispone di una settantina di camere assai confortevoli. Posizione trafficata.

Bel Soggiorno, corso Matuzia 41 ☎ 0184 667631, *info@hotelbelsoggiorno.net, Fax 0184 667471* – |ǂ|, rist, . . A m
Pasto 16/30 – **36 cam** 65/104 – ½ P 65.
◆ A un centinaio di metri dal mare, a pochi passi dal centro e dal Casinò, una bella struttura d'epoca, esternamente rosa, ben tenuta e da poco rinnovata in ogni settore. Ampia sala da pranzo con pavimento in parquet, stucchi e decorazioni.

Eletto, via Matteotti 44 ☎ 0184 531548, *info@elettohotel.it, Fax 0184 531506* – |ǂ| . . rist B u
Pasto *(chiuso a novembre)* (solo per alloggiati) 20 – 5 – **23 cam** 60/80 – ½ P 70.
◆ Una risorsa semplice, familiare e soprattutto centralissima, nei pressi del Casinò e del Teatro Ariston; con comodo parcheggio, offre spazi completi e ben tenuti.

Paolo e Barbara, via Roma 47 ☎ 0184 531653, *paolobarbara@libero.it, Fax 0184 545266,* Coperti limitati; prenotare – . B p
chiuso dal 15 al 26 dicembre, dall'11 al 23 gennaio, dal 28 giugno al 16 luglio, mercoledì e giovedì – **Pasto** 47 (solo a mezzogiorno) 75 e carta 67/94.
◆ Una coppia di intraprendenti coniugi ha creato questo elegante tempietto del gusto, in pieno centro, noto in particolare agli amanti del pesce, anche crudo e rielaborato.
Spec. Pesce crudo del golfo di San Remo. Moscardini e totanetti saltati su "gran pistau" e fagioli bianchi di Pigna. Cappon magro (composizione di pesci, verdure e crostacei in salsa verde genovese).

Il Bagatto, via Matteotti 145 ☎ 0184 531925, *Fax 0184 531925,* Coperti limitati; prenotare – . B r
chiuso dal 30 giugno al 30 luglio e domenica – **Pasto** carta 38/53 (15 %).
◆ Piatti liguri, sia di terra che di mare, e preparazioni di pesce, classiche o più fantasiose; un'intera famiglia coinvolta, un ambiente signorile, di fronte all'Ariston.

Tony's, corso Garibaldi 130 ☎ 0184 504609, *Fax 0184 504609,* Rist. e pizzeria – . B a
chiuso ottobre e mercoledì – **Pasto** carta 29/45 (10 %).
◆ Accogliente, con interni moderni e confortevoli, un ristorante ove troverete proposte di stampo tradizionale, ligure, e classiche in genere; possibilità di pizza.

Da Vittorio, piazza Bresca 16 ☎ 0184 501924, – B d
chiuso dal 10 al 30 novembre e mercoledì – **Pasto** specialità di mare carta 48/78.
◆ A pochi passi dal porto, un locale sempre sulla cresta dell'onda nella cittadina rivierasca; sito all'interno di una vecchia stalla, offre cucina prettamente marinara.

Vela d'Oro, via Gaudio 9 ☎ 0184 504302, Coperti limitati; prenotare – . B e
chiuso dall'8 al 19 marzo, dal 3 al 15 ottobre e domenica (escluso luglio e agosto) – **Pasto** carta 33/55.
◆ Pochi tavoli sistemati in un ambiente dal taglio moderno, molto curato e personalizzato pur nella semplicità; nell'area storica, specialità marinare e della casa.

Da Carluccio-Osteria del Marinaio, via Gaudio 28 ☎ 0184 501919, Coperti limitati; prenotare – B z
chiuso lunedì e a mezzogiorno – **Pasto** carta 45/71 (15 %).
◆ Un angolino gastronomico nel centro storico, una cucina a base di pesce fresco: in un locale minuscolo, a stretta conduzione familiare, per gli amanti della genuinità.

a Bussana *Est : 5,5 km – ✉ 18032 :*

XX **La Kambusa,** via al Mare 87 ☎ 0184 514537, *Fax 0184 514537,* ☂ – ▤. AE $ ⓞ ⓜⓒ VISA. ✂
chiuso dal 12 al 18 gennaio, dal 22 settembre al 14 ottobre, mercoledì e a mezzogiorno – **Pasto** carta 35/50.
◆ Proposte di mare e di terra, sia con radici nel territorio che nel filone invece più classico, da gustare fronte mare; interni graziosi e gestione appassionata.

a San Romolo *Nord-Ovest : 15 km* **B** *– alt. 786 – ✉ 18038 San Remo :*

X **Dall'Ava,** piazzale San Romolo 1 ☎ 0184 669998, *dallava-sanromolo@libero.it, Fax 0184 669998,* prenotare, ☂ – AE $ ⓞ ⓜⓒ VISA. ✂
chiuso dal 15 al 27 febbraio, dal 15 al 27 novembre e giovedì – **Pasto** carta 19/31 (10 %).
◆ A 800 m d'altitudine e a un quarto d'ora dalla nota località rivierasca, un giardino ombreggiato con minigolf e un'atmosfera rustica per piatti anche liguri, di terra.

SAN ROCCO *Genova – Vedere Camogli.*

SAN ROMOLO *Imperia* 115 ⑳ *– Vedere San Remo.*

SAN SALVO *66050 Chieti* 563 *P 26 – 17 209 ab. alt. 106.*
Roma 280 – Pescara 83 – Campobasso 90 – Termoli 31.

a San Salvo Marina *Nord-Est : 4,5 km – ✉ 66050 San Salvo :*

XX **Falcon's,** complesso le Nereidi ☎ 0873 803431, Coperti limitati; prenotare – AE $ ⓞ ⓜⓒ VISA JCB. ✂
chiuso dal 24 dicembre al 2 gennaio, domenica sera e lunedì – **Pasto** specialità di mare carta 28/40.
◆ Curiosa ubicazione per questo locale all'interno di un complesso residenziale; pochi tavoli, una gestione familiare e, ogni giorno, menù degustazione con prodotti marini.

SAN SANO *Siena – Vedere Gaiole in Chianti.*

SAN SAVINO *Ascoli Piceno* 563 *M 23 – Vedere Ripatransone.*

SANSEPOLCRO *52037 Arezzo* 563 *L 18 G. Toscana – 15 788 ab. alt. 330.*
Vedere *Museo Civico★★ : opere★★★ di Piero della Francesca – Deposizione★ nella chiesa di San Lorenzo – Case antiche★.*
Roma 258 – Rimini 91 – Arezzo 39 – Firenze 114 – Perugia 69 – Urbino 71.

Borgo Palace Hotel, via Senese Aretina 80 ☎ 0575 736050, *borgopalace@tin.it, Fax 0575 740341* – ▤ ▣ ☏ ♿ P – 🏛 350. AE $ ⓞ ⓜⓒ VISA. ✂ rist
Pasto al Rist. ***Il Borghetto*** *(chiuso agosto)* carta 27/38 – **74 cam** ☕ 83/125, suite – ½ P 79.
◆ Alle porte della città, una moderna struttura con due ascensori panoramici. Interni di sapore neoclassico con camere di confort avvolgente, nulla a che vedere con l'esterno! Sala ristorante ricca di tendaggi, specchi ed ornamenti.

La Balestra, via Montefeltro 29 ☎ 0575 735151, *balestra@labalestra.it, Fax 0575 740282,* ☂ – |♦| ▤ ▣ 🚗 P – 🏛 150. AE $ ⓞ ⓜⓒ VISA JCB. ✂
Pasto al Rist. ***La Balestra*** *(chiuso dal 28 luglio al 12 agosto, domenica sera e lunedì)* carta 21/33 – **51 cam** ☕ 66/84 – ½ P 58,50.
◆ Arredi e confort di tipo classico, conduzione diretta e professionale a connotare questo valido punto di riferimento nella località, appena fuori del centro storico. Ristorante dotato anche di spazio all'aperto.

XX **Oroscopo di Paola e Marco** con cam, via Togliatti 68, località Pieve Vecchia Nord-Ovest : 1 km ☎ 0575 734875, *info@relaisoroscopo.com, Fax 0575 734875,* Coperti limitati; prenotare – ▣ P. $ ⓞ ⓜⓒ VISA JCB. ✂ rist
chiuso dal 2 al 10 gennaio – **Pasto** *(chiuso dal 2 al 10 gennaio, dal 20 giugno al 10 luglio, domenica e a mezzogiorno)* carta 43/59 – **12 cam** ☕ 50/92.
◆ Nella patria di Piero della Francesca, due giovani coniugi hanno creato questo elegante nido in cui poter anche pernottare ma, soprattutto, assaporare piatti creativi.

X **Da Ventura** con cam, via Aggiunti 30 ☎ 0575 742560, *Fax 0575 742560* – AE $ ⓞ ⓜⓒ VISA. ✂
chiuso dall'8 al 20 gennaio, dal 1° al 20 agosto, domenica sera e lunedì – **Pasto** carta 24/35 – ☕ 4 – **7 cam** 29/47 – ½ P 47.
◆ Locale tradizionale, con andamento familiare e ambiente rustico, ben curato; offre una cucina legata al territorio, con bolliti, arrosti, funghi e tartufi in stagione.

Fiorentino, via Luca Pacioli 60 ☎ 0575 742033, *Fax 0575 742033* – *chiuso dal 5 al 30 luglio e mercoledì* – **Pasto** carta 20/31 (10 %).
◆ Gestione con cinquant'anni di mestiere che si adopera con professionalità e abilità per accogliere al meglio i propri ospiti in un locale che di anni ne ha circa duecento.

SAN SEVERINO LUCANO *85030 Potenza* 564 G 30 – *1 988 ab. alt. 884.*

Roma 406 – Cosenza 152 – Potenza 113 – Matera 139 – Sapri 90 – Taranto 142.

Paradiso, via San Vincenzo ☎ 0973 576586, *hotel.paradiso@tiscalinet.it, Fax 0973 576587,* ← monti del Pollino, – , rist, . VISA.
Pasto carta 17/28 – **62 cam** 55/84 – ½ P 62.
◆ Ideale punto di partenza per gite, motorizzate, a piedi o a cavallo, nel Parco del Pollino; una risorsa ben dotata di strutture sportive all'aperto. Camere semplici. Immersi tra natura ancora vera, una sosta gastronomica lucana.

SAN SEVERINO MARCHE *62027 Macerata* 563 M 21 – *12 983 ab. alt. 343.*

Roma 228 – Ancona 72 – Foligno 71 – Macerata 30.

Servanzi Confidati senza rist, via Cesare Battisti 13/15 ☎ 0733 633551, *servanzi.confidati@libero.it, Fax 0733 637015* – – 300. VISA JCB.
chiuso dal 22 al 28 dicembre – **23 cam** 67/108, suite.
◆ Nato di recente in seguito al restauro dell'omonimo palazzo nobiliare, in pieno centro, un hotel creato in primis per attività congressuali; sobria eleganza nella quiete.

Locanda Salimbeni con cam, strada statale 361 (Ovest : 4 km) ☎ 0733 634047, *info@locandasalimbeni.it, Fax 0733 633901,* – – 40. VISA.
Pasto *(chiuso mercoledì)* carta 22/32 – **9 cam** 48/65 – ½ P 52.
◆ Oriundi di S. Severino, i fratelli Salimbeni, fra gli artisti più notevoli del '400, danno nome al locale ove l'arte è rievocata sui muri e le Marche rivivono nei piatti.

Due Torri con cam, via San Francesco 21 ☎ 0733 645419, *info@duetorri.it, Fax 0733 645139* – – 25. VISA JCB.
chiuso dal 20 al 26 dicembre e dal 20 al 30 giugno – **Pasto** *(chiuso domenica sera e lunedì)* carta 23/30 – **14 cam** 50/65 – ½ P 48.
◆ Nella parte più alta e vecchia del paese, vicino al castello, proposte culinarie selezionate con cura, una cucina familiare alla scoperta delle fragranze del territorio.

SAN SEVERO *71016 Foggia* 564 B 28 – *54 828 ab. alt. 89 – a.s. 25 giugno-luglio e settembre.*

Roma 320 – Foggia 36 – Bari 153 – Monte Sant'Angelo 57 – Pescara 151.

La Fossa del Grano, via Minuziano 63 ☎ 0882 241122, *lafossadelgrano@tin.it,* prenotare – . VISA.
chiuso dall'8 al 21 agosto, Natale, Pasqua, sabato-domenica in luglio-agosto, domenica sera e martedì negli altri mesi – **Pasto** carta 25/35.
◆ Lungo l'arteria centrale della zona storica della località, un ristorante con un'unica sala dal soffitto ad archi con volta in mattoni. Cucina pugliese con ottimi antipasti.

SAN SIRO *Mantova – Vedere San Benedetto Po.*

SANTA BARBARA *Trieste – Vedere Muggia.*

SANTA CATERINA VALFURVA *23030 Sondrio* 561 C 13 – *alt. 1 738 – Sport invernali : 1 738/2 727 m 6, .*

piazza Magliavaca ☎ 0342 935598, apt.santa.caterina@provincia.so.it Fax 0342 925549.
Roma 776 – Sondrio 77 – Bolzano 136 – Bormio 13 – Milano 215 – Passo dello Stelvio 33.

Baita Fiorita di Deborah, via Frodolfo 3 ☎ 0342 925119, *deborah@valtline.it, Fax 0342 925050,* – , rist, . VISA
chiuso maggio e novembre – **Pasto** carta 35/63 – 15 – **19 cam** 150/220 – ½ P 135.
◆ Albergo centrale, di antica tradizione, ristrutturato con buon gusto ed eleganza. A condurlo, la famiglia della grande campionessa di sci. Fra romanticismo e comodità. Al ristorante legni, decorazioni e specialità valtellinesi.

Santa Caterina, via Freita 9 ☎ 0342 925123, *info@hotelsantacaterina.net, Fax 0342 925110,* ←, , – . VISA.
dicembre-aprile e 20 giugno-20 settembre – **Pasto** (solo per alloggiati) carta 23/31 – 10 – **36 cam** 65/83 – ½ P 75.
◆ Una posizione tranquilla e comoda, ai piedi delle piste, per questo albergo che offre dei validi spazi comuni, curati e ideali per rilassarsi, e camere dotate di confort.

Nordik, via Frodolfo 16 ☎ 0342 935300, *info@nordik.it, Fax 0342 935407* – |‡|, TV, ♿, 🚗. 💳 MC VISA. ✗
chiuso dal 1° maggio al 15 giugno e dal 15 settembre al 30 novembre – **Pasto** 13/26 – **27 cam** ☕ 60/100 – ½ P 70.
◆ Di recente costruzione, una vasta casa di montagna, ideale per un soggiorno all'insegna dell'ospitalità e del confort; gradevole essenzialità e atmosfera familiare. Una cucina semplice, casereccia, da gustare al sobrio ristorante.

SANTA CATERINA VILLARMOSA

Caltanissetta **565** O 24 – *Vedere Sicilia alla fine dell'elenco alfabetico.*

SANTA CRISTINA

Perugia **563** M 19 – *Vedere Gubbio.*

SANTA CRISTINA VALGARDENA

(ST. CHRISTINA IN GRÖDEN) *39047 Bolzano* **562** C 17 *G. Italia – 1 756 ab. alt. 1 428 – Sport invernali : 1 236/2 518 m 8 36 (Comprensorio Dolomiti superski Val Gardena)* ⛷.

Alpenroyal (maggio-ottobre) a Selva di Val Gardena ✉ 39048 ☎ 0471 795555, Fax 0471 794161, Est : 3 km.

strada Chemun 9 ☎ 0471 793046, santacristina@valgardena.it, Fax 0471 793198.

Roma 681 – Bolzano 41 – Cortina d'Ampezzo 75 – Milano 338 – Trento 99.

Interski ⛰, strada Cisles 51 ☎ 0471 793460, *Fax 0471 793391*, ← Sassolungo e vallata, ≘s, 🏊, 🌳 – |‡|, ✗ rist, TV ♿ 🚗 P. MC VISA. ✗
20 dicembre-15 aprile e 30 giugno-5 ottobre – **Pasto** *(chiuso a mezzogiorno)* (solo per alloggiati) 28/38 – **21 cam** ☕ 135/200, 2 suites – ½ P 127.
◆ Un completo rinnovo, piuttosto recente, connota questo albergo, già gradevolissimo dall'esterno; stanze di ottimo confort, con legno chiaro e un panorama di raro fascino.

Uridl ⛰, via Chemun 43 ☎ 0471 793215, *info@uridl.it, Fax 0471 793554*, ←, 🌳 – |‡|, ✗ rist, TV P. 💳 ⓓ MC VISA. ✗ cam
20 dicembre-2 aprile e 20 giugno-settembre – **Pasto** carta 26/39 – **15 cam** ☕ 65/120 – ½ P 86.
◆ Hotel di lunga tradizione, ubicato nella parte alta della località e con vista sul Sassolungo: offre camere ora più moderne ora più tradizionali e possibilità di relax. Zona ristoro con tipica stube, avvolta nel caldo legno.

Sporthotel Maciaconi, strada Plan da Tieja 10 ✉ 39048 Selva di Val Gardena ☎ 0471 793500, *sporthotel@maciaconi.com, Fax 0471 793535*, Ⅎ, ≘s, 🌳 – |‡| TV 🚗 P. 💳 MC VISA. ✗ cam
dicembre-Pasqua e maggio-ottobre – **Pasto** carta 34/56 – **33 cam** ☕ 89/162 – ½ P 90.
◆ La posizione è centrale per questa bella casa, decorata esternamente; cinta da un gradevole spazio verde per il relax, è dotata anche di un piccolo centro fitness. Sala da pranzo di grandi dimensioni, arricchita da specchi e tendaggi.

Villa Martha, strada Cisles 145 ☎ 0471 792088, *villamartha@val-gardena.com, Fax 0471 792173*, ← Sassolungo – TV 🚗 P. 💳 MC VISA. ✗ rist
Natale-Pasqua e giugno-settembre – **Pasto** *(chiuso a mezzogiorno)* (solo per alloggiati) – **16 cam** ☕ 50/100 – ½ P 68.
◆ Familiare, non troppo grande, con un'ambientazione accogliente ed estrema cura nei particolari, anche decorativi, sia all'interno che all'esterno; un valido albergo.

Geier ⛰ senza rist, via Chemun 36 ☎ 0471 793370, *garni-geier@valgardena.com, Fax 0471 793370*, ←, Ⅎ, ≘s – TV 🚗. AE 💳 ⓓ MC VISA JCB. ✗
maggio-novembre – **8 cam** ☕ 86.
◆ Una risorsa che si fa apprezzare per varie ragioni, innanzitutto la cordialità della famiglia che la gestisce. Stile sobrio, non senza accessori e dotazioni di buon livello.

all'arrivo della funivia Ruacia Sochers *Sud-Est : 10 mn di funivia – alt. 1 985 :*

Sochers Club ⛰, ✉ 39048 Selva di Val Gardena ☎ 0471 792101, *sochers@hotelsochers.com, Fax 0471 793537*, ← Sassolungo – |‡| TV. AE MC VISA. ✗
8 dicembre-12 aprile – **Pasto** (solo per alloggiati) – **24 cam** solo ½ P 120.
◆ Direttamente sito sulla pista 'Saslong', un hotel ideale per una vacanza «ski-total»; si propone come un insieme elegante, con camere di diverse dimensioni, confortevoli.

sulla strada statale 242 *Ovest : 2 km :*

Diamant, via Skasa 1 ✉ 39047 ☎ 0471 796780, *info@hoteldiamant.it, Fax 0471 793580*, ← Sassolungo e pinete, Centro benessere, Ⅎ, ≘s, 🏊, 🌳, 🎾 – |‡|, ✗ rist, TV P – 🏛 50. 💳 MC VISA. ✗ rist
3 dicembre-Pasqua e 20 giugno-10 ottobre – **Pasto** (solo per alloggiati) – **35 cam** ☕ 200/300, 4 suites – ½ P 160.
◆ Una grande struttura, affacciata su una strada, ma con stanze ben posizionate e un giardino sul retro che assicura la quiete; centro benessere con varie proposte.

SANTA FIORA *58037 Grosseto* 563 N 16 – *2 791 ab. alt. 687.*

piazza Garibaldi 39 ✆ 0564 977036.

Roma 189 – Grosseto 67 – Siena 84 – Viterbo 75.

Il Barilotto, via Carolina 24 ✆ 0564 977089 – AE Ⓢ ⓘ ⓜ VISA JCB. ✂

chiuso dal 15 al 30 giugno, dal 20 novembre al 7 dicembre e mercoledì – **Pasto** carta 19/31.

◆ Atmosfera e andamento familiari, nel centro storico del paese; piatti del territorio che hanno il proprio punto forte nel periodo autunnale, con funghi e tartufi.

SANTA FLAVIA *Palermo* 565 M 22 – *Vedere Sicilia alla fine dell'elenco alfabetico.*

SANT'AGATA DE' GOTI *82019 Benevento* 564 D 25 – *11 600 ab. alt. 159.*

Roma 220 – Napoli 48 – Benevento 35 – Latina 36 – Salerno 79.

Mustilli, piazza Trento 40 ✆ 0823 717433, *info@mustilli.com, Fax 0823 717619* – ▤ cam, TV P – 🏛 100. AE Ⓢ ⓘ ⓜ VISA

Pasto (solo per alloggiati) 20/30 – **5 cam** ☕ 50/70, suite – ½ P 55.

◆ Una magica combinazione di fascino, storia e accoglienza familiare e cordiale. Un'elegante dimora nobiliare settecentesca, in pieno centro, gestita con cura e passione.

SANT'AGATA SUI DUE GOLFI *80064 Napoli* 564 F 25 *G. Italia* – *alt. 391* – *a.s. aprile-settembre.*

Dintorni *Penisola Sorrentina*★★ *(circuito di 33 km) : ⩽★★ su Sorrento dal capo di Sorrento (1 h a piedi AR), ⩽★★ sul golfo di Napoli dalla strada S 163.*

Roma 266 – Napoli 55 – Castellammare di Stabia 28 – Salerno 56 – Sorrento 9.

Sant'Agata, via dei Campi 8/A ✆ 081 8080800, *info@hotelsantagata.com, Fax 081 5330749* – |♦|, ▤ rist, TV P. AE Ⓢ ⓘ ⓜ VISA. ✂

15 marzo-ottobre – **Pasto** carta 22/28 – **33 cam** ☕ 60/85 – ½ P 62.

◆ Totalmente rinnovato in alcuni settori, in tempi piuttosto recenti, un confortevole albergo, comodissimo per spostarsi o soggiornare in Costiera; bel porticato esterno. Ambiente curato al ristorante: sale capienti con arredi piacevoli.

Don Alfonso 1890 con cam, corso Sant'Agata 11 ✆ 081 8780026, *donalfonso@syrene.it, Fax 081 5330226,* prenotare, 🌳 – ⇆, ▤ rist, TV P. AE Ⓢ ⓘ ⓜ VISA JCB. ✂

chiuso 24-25 dicembre e dal 7 gennaio al 10 marzo – **Pasto** *(chiuso lunedì e martedì a mezzogiorno da giugno a settembre, lunedì e martedì negli altri mesi)* carta 74/99 🍷 – 5 suites ☕ 195.

◆ Una cucina ospitale, che denota fantasia spiccata e capacità di interpretare al meglio i prodotti locali; un'elaborazione sapiente nel creare gusti unici, di terra campana.

Spec. Ravioli di caciotta fresca con maggiorana e pomodorini del Vesuvio. Casseruola di pesce di scoglio, crostacei e frutti di mare. Capretto lucano alle erbe fresche mediterranee.

SANTA GIUSTINA *32035 Belluno* 562 D 18 – *6 425 ab. alt. 308.*

Roma 586 – Belluno 17 – Trento 91 – Treviso 64.

All'Angelo, piazza dell'Angelo 5 ✆ 0437 888039, *ristoranteallangelo@libero.it, Fax 0437 888039* – AE Ⓢ ⓘ ⓜ VISA

chiuso lunedì sera e martedì – **Pasto** carta 26/37.

◆ Una semplice trattoria che propone una lista di specialità locali e casalinghe, a prezzi onesti; il tutto offerto in un ambiente confortevole e informale.

SANT'AGNELLO *80065 Napoli* 564 F 25 – *8 466 ab.* – *a.s. aprile-settembre.*

a Sorrento, via De Maio 35 ✆ 081 8074033, info@sorrentotourism.com, Fax 081 8773397.

Roma 255 – Napoli 46 – Castellammare di Stabia 17 – Salerno 48 – Sorrento 2.

Grand Hotel Cocumella, via Cocumella 7 ✆ 081 8782933, *info@cocumella.com, Fax 081 8783712,* ⛱, Ascensore per la spiaggia, 🏋, ♨, 🏊, 🌳, 🌳, 🎾 – |♦| ▤ TV P – 🏛 550. AE Ⓢ ⓘ ⓜ VISA. ✂

aprile-ottobre – **Pasto** al Rist. ***La Scintilla*** *(chiuso a mezzogiorno dal 15 maggio ad agosto)* carta 49/68 – **45 cam** ☕ 290/340, 8 suites.

◆ La Penisola Sorrentina, il verde che lambisce la scogliera, un complesso raffinato e affascinante, ex convento gesuita, immerso in un giardino-agrumeto sul mare, con piscina. Verdi paesaggi dipinti sulle pareti abbelliscono la raffinata sala da pranzo.

Caravel, corso Marion Crawford 61 ✆ 081 8782955, *info@hotelcaravel.com, Fax 081 8071557,* 🏊 – |♦| ▤ TV P. AE Ⓢ ⓘ ⓜ VISA. ✂

marzo-15 novembre – **Pasto** (solo per alloggiati) 21/32 – **93 cam** ☕ 110/190 – ½ P 100.

◆ Nella zona residenziale della località, un hotel d'ispirazione classica, tranquillo e confortevole, con delle piacevoli aree comuni e una valida gestione.

Mediterraneo, via Mario Crowford 85 ☎ 081 8781352, *info@mediterraneohotel.it, Fax 081 8781581,* ←, Ascenzore per la spiaggia, – – P – 60. AE VISA JCB. rist
chiuso gennaio e febbraio – **Pasto** carta 35/50 – **70 cam** 210 – ½ P 130.
◆ Fronte mare e abbellito da un ameno giardino con piscina, hotel storico ristrutturato che conserva l'immagine e il fascino di un tempo, offrendo confort adeguati al presente.

Il Capanno, rione Cappuccini 58 ☎ 081 8782453, *paolocapanno@tin.it, Fax 081 8073911,* – AE VISA JCB.
chiuso dal 15 dicembre a gennaio e lunedì (escluso da luglio al 20 settembre) – **Pasto** carta 30/47 (10%).
◆ Un'unica grande veranda, con un settore esclusivamente estivo, per gustare piatti campani con specialità di pesce, paste fresche e pizze; conduzione familiare.

SANT'AGOSTINO *44047 Ferrara* 562 H 16 – *6 112 ab. alt. 15.*

Roma 428 – Bologna 46 – Ferrara 23 – Milano 220 – Modena 50 – Padova 91.

Trattoria la Rosa, via del Bosco 2 ☎ 0532 84098, *Fax 0532 84098,* prenotare – . AE VISA JCB.
chiuso dal 1º al 15 gennaio, dal 3 al 23 agosto, domenica sera, lunedì e da giugno ad agosto anche sabato a mezzogiorno – **Pasto** carta 27/42.
◆ Nato come trattoria all'inizio del secolo scorso, un locale evolutosi nell'ambiente e nella proposta gastronomica che mantiene salde radici nella tradizione, rivisitata.
Spec. Zuppetta di zucca con crostini (estate-autunno). Pasta doppia (di spessore) con piselli sgranati e ricotta di pecora (primavera-estate). Lombo di maialino da latte con funghi di bosco (primavera-autunno).

SANTA LIBERATA *Grosseto* 563 O 15 – *Vedere Porto Santo Stefano.*

SANTA LUCIA DEI MONTI *Verona – Vedere Valeggio sul Mincio.*

SANTA MARGHERITA *Cagliari* 566 K 8 – *Vedere Sardegna (Pula) alla fine dell'elenco alfabetico.*

SANTA MARGHERITA LIGURE *16038 Genova* 561 J 9 *G. Italia – 10 593 ab. – a.s. 15 dicembre-15 gennaio, Pasqua e giugno-settembre.*

Dintorni *Penisola di Portofino★★★ per la strada panoramica★★ Sud – Strada panoramica★★ del golfo di Rapallo Nord.*

via XXV Aprile 2/b ☎ 0185 287485, iatSantaMargheritaligure@apttigullio.liguria.it, Fax 0185 283034.

Roma 480 – Genova 40 – Milano 166 – Parma 149 – Portofino 5 – La Spezia 82.

Imperiale Palace Hotel, via Pagana 19 ☎ 0185 288991, *info@hotelimperiale.com, Fax 0185 284223,* ← golfo, , riscaldata, , – – 200. AE VISA.
Pasqua-ottobre – **Pasto** carta 55/70 – **84 cam** 215/419, 3 suites – ½ P 274.
◆ Imponente struttura fine '800 a monte dell'Aurelia, ma con spiaggia privata; parco-giardino sul mare con piscina riscaldata e fascino di una pietra miliare dell'hotellerie. Suggestiva sala da pranzo: stucchi e decorazioni davvero unici; signorilità infinita.

Gd H. Miramare, lungomare Milite Ignoto 30 ☎ 0185 287013, *miramare@grandhotelmiramare.it, Fax 0185 284651,* ← golfo, riscaldata, – – 400. AE VISA JCB. rist
Pasto al Rist. ***La Terrasse*** 47 – **75 cam** 195/320, 4 suites – ½ P 197.
◆ Un'icona dell'ospitalità di «Santa»: teste coronate e celebrità qui dagli inizi del secolo scorso, raffinatezza liberty per relax di lusso; parco fiorito e piscina. Prestigioso ristorante con occasionali pasti in terrazza.

Metropole, via Pagana 2 ☎ 0185 286134, *hotel.metropole@metropole.it, Fax 0185 283495,* ←, , – P – 80. AE VISA JCB. rist
chiuso novembre – **Pasto** carta 33/39 – **59 cam** 100/198, 4 suites – ½ P 119.
◆ Con un parco fiorito, digradante sul mare, e terrazze solatie, tutto il fascino di un hotel d'epoca e la piacevolezza di una grande professionalità unita all'accoglienza. Elegante sala ristorante dove gusterete anche piatti liguri di terra e di mare.

Continental, via Pagana 8 ☎ 0185 286512, *continental@hotel-continental.it, Fax 0185 284463,* ← golfo, , – P. AE VISA. rist
chiuso dal 7 gennaio al 1º marzo – **Pasto** 31/43 – **72 cam** 126/220 – ½ P 130.
◆ Hotel inizio secolo scorso con grande parco sul mare; lo caratterizza una conduzione attenta e signorile da parte della stessa famiglia, da sempre proprietaria della casa. La sala da pranzo è quasi un tutt'uno con la terrazza, grazie alle ampie vetrate aperte.

Jolanda, via Luisito Costa 6 ☎ 0185 287513, *manager@hoteljolanda.it, Fax 0185 284763,* – – 40.. rist
chiuso da novembre al 20 dicembre – **Pasto** (solo per alloggiati) 25/33 – **47 cam** 110/140, 3 suites – 1/2 P 85.
◆ Rinnovatosi di recente, l'albergo gode di una posizione arretrata rispetto al mare, raggiungibile però in pochi minuti, e di un servizio attento e premuroso. Camere nuove.

Minerva, via Maragliano 34/d ☎ 0185 286073, *hminerva@tiscalinet.it, Fax 0185 281697*, – ..
Pasto carta 25/42 – **35 cam** 110/140 – 1/2 P 90.
◆ Ubicazione tranquilla, a pochi minuti a piedi dalla marina: una risorsa d'impostazione classica, condotta con professionalità, passione e attenzione per la clientela. Signorile sala ristorante d'impronta classica.

Fiorina, piazza Mazzini 26 ☎ 0185 287517, *fiorinasml@libero.it, Fax 0185 281855* –, rist,..
chiuso da novembre al 21 dicembre – **Pasto** *(chiuso lunedì)* carta 37/45 – **55 cam** 90/120 – 1/2 P 90.
◆ Camere tutte ammodernate nel corso degli anni, semplici e funzionali, gestione familiare di lunga tradizione, clientela per lo più abituale; una classica risorsa di mare. Spaziosa sala da pranzo ricca di luce.

Tigullio et de Milan, viale Rainusso 3 ☎ 0185 287455, *info@hoteltigullioetdemilan.it, Fax 0185 281860* – ..
chiuso da novembre al 26 dicembre – **Pasto** (solo per alloggiati) 23 – **42 cam** 95/126 – 1/2 P 88.
◆ Un albergo rinnovato nel corso degli ultimi anni; offre validi confort, strutture funzionali, ambienti signorili e resi piacevoli dalle tonalità azzurre, terrazza-solarium.

Fasce senza rist, via Bozzo 3 ☎ 0185 286435, *hotelfasce@hotelfasce.it, Fax 0185 283580* – ..
chiuso gennaio e febbraio – **16 cam** 88/101.
◆ Un piccolo e ospitale albergo caratterizzato da una conduzione di grande esperienza che farà il possibile per farvi sentire a vostro aglo; a pochi minuti dal mare.

Nuova Riviera senza rist, via Belvedere 10/2 ☎ 0185 287403, *info@nuovariviera.com, Fax 0185 287403*, – ..
chiuso dal 3 novembre al 26 dicembre – **9 cam** 85/95.
◆ In zona residenziale, non lontano dal mare, hotel a gestione prettamente familiare in un villino liberty del 1921; ampie camere dagli alti soffitti, essenziali, ma ben tenute.

Agriturismo Roberto Gnocchi, via Romana 53, località San Lorenzo della Costa (Ovest : 3 km) ☎ 0185 283431, *roberto.gnocchi@tin.it, Fax 0185 283431*, , prenotare, –. rist
15 aprile-15 ottobre – **Pasto** *(chiuso a mezzogiorno)* (solo per alloggiati) 18 – **9 cam** 70/94 – 1/2 P 65.
◆ E' come essere ospiti in una casa privata negli accoglienti interni di questa risorsa in posizione incantevole: vista del mare dalla terrazza-giardino, anche durante i pasti.

La Stalla, via G. Pino 27, frazione Nozarego Sud-Ovest : 2 km ☎ 0185 289447, *Fax 0185 289447*, , prenotare – .
chiuso novembre, lunedì e martedì a mezzogiorno – **Pasto** carta 50/64 (10 %).
◆ Ristorante esclusivo, caratteristico e accogliente, in posizione panoramica sulla collina; servizio estivo in terrazza con vista sul golfo del Tigullio e piatti locali.

Le Cicale, via San Lorenzo 60, località San Lorenzo della Costa (Ovest : 3 km) ☎ 0185 293284, –
chiuso novembre e lunedì – **Pasto** carta 46/59.
◆ Sapori creativi, in un posticino invitante e curato, trasformato da semplice trattoria, grazie alla passione di due giovani; servizio estivo in terrazza panoramica.

Oca Bianca, via XXV Aprile 21 ☎ 0185 288411, *Fax 0185 288411*, Coperti limitati; prenotare – .
chiuso dal 7 gennaio al 13 febbraio, lunedì e a mezzogiorno da martedì a giovedì – **Pasto** solo piatti di carne carta 46/64 (10 %).
◆ Dedicato agli estimatori di tutto ciò che non è di mare, un locale con proposte di carni, verdure e formaggi, elaborati anche con fantasia; ambiente raccolto e piacevole.

Trattoria Cesarina, via Mameli 2/c ☎ 0185 286059, prenotare –
chiuso dal 20 dicembre a gennaio, martedì e in luglio-agosto anche a mezzogiorno – **Pasto** 35/75.
◆ Nel centro storico, elegante trattoria familiare che offre piatti di mare, liguri, legati alla disponibilità del mercato giornaliero; tavoli anche sotto un bel porticato.

XX **L'Approdo da Felice,** via Cairoli 26 ☎ 0185 281789, *Fax 0185 281789,* , prenotare – . AE VISA.
chiuso dal 10 al 27 dicembre, marzo, lunedì e martedì a mezzogiorno – **Pasto** carta 48/68.
◆ Un ristorantino che offre non solo un interno in stile «marinaro», ma anche un piccolo giardino ombreggiato; troverete una cucina di mare basata sull'offerta quotidiana.

XX **Skipper,** calata del Porto 6 ☎ 0185 289950, *Fax 0185 289950,* <, , Coperti limitati; prenotare – AE   VISA
chiuso febbraio e mercoledì, in luglio-agosto i mezzogiorno di martedì-mercoledì – **Pasto** carta 46/60.
◆ Nel porticciolo turistico, con possibilità di sedersi a tavola anche su una zattera galleggiante, un rifugio gastronomico accogliente. Per gli amanti non solo del pesce.

X **La Paranza,** via Ruffini 46 ☎ 0185 283686, *Fax 0185 282339* – AE   VISA
chiuso dal 10 al 25 novembre e lunedì – **Pasto** carta 35/60.
◆ Una trattoria quasi di fronte al blu, tradizionale nelle sue offerte gastronomiche, elencate a voce dai proprietari e a base di pesce; dispone di un'accogliente verandina.

SANTA MARIA *Cuneo* – *Vedere La Morra.*

SANTA MARIA (AUFKIRCHEN) *Bolzano* – *Vedere Dobbiaco.*

SANTA MARIA *Salerno* 564 G 26 – *Vedere Castellabate.*

SANTA MARIA ANNUNZIATA *Napoli* – *Vedere Massa Lubrense.*

SANTA MARIA DEGLI ANGELI *Perugia* 563 M 19 – *Vedere Assisi.*

SANTA MARIA DELLA VERSA *27047 Pavia* 561 H 9 – *2 596 ab. alt. 216.*

c/o Municipio ☎ 0385 278011.
Roma 554 – Piacenza 47 – Genova 128 – Milano 71 – Pavia 33.

XX **Sasseo,** località Sasseo 3 (Sud : 3 km) ☎ 0385 278349, *sasseoristorante@betan.it, Fax 0385 278805,* < colline e vigneti, , prenotare, – P. AE   VISA.
chiuso dal 16 al 30 agosto, 15 giorni in novembre, lunedì e a mezzogiorno da settembre a maggio, lunedì e martedì a mezzogiorno negli altri mesi – **Pasto** carta 47/54.
◆ In un'area panoramica fra i vigneti, all'interno di un piccolo borgo ristrutturato, un ambiente rustico elegante; la gestione è giovane, creativa e appassionata.

XX **Al Ruinello,** località Ruinello Nord : 3 km ☎ 0385 798164, *Fax 0385 798164,* , Coperti limitati; prenotare, – P. AE   VISA.
chiuso dal 7 al 17 gennaio, luglio, lunedì sera e martedì – **Pasto** carta 28/35.
◆ Si ha l'impressione di essere a casa propria in questo ristorantino, a conduzione familiare, in una villetta privata; piatti del territorio, con attenzione alle stagioni.

SANTA MARIA DEL MONTE (Sacro Monte) *Varese* 561 E 8, 219 ⑦ – *Vedere Varese.*

SANTA MARIA DEL PIANO *Parma* – *Vedere Lesignano de' Bagni.*

SANTA MARIA DI LEUCA *Lecce* 564 H 37 – *Vedere Marina di Leuca.*

SANTA MARIA LA LONGA *33050 Udine* 562 E 21 – *2 316 ab. alt. 39.*

Roma 619 – Udine 17 – Trieste 56 – Venezia 112.

a Tissano *Nord-Ovest : 4 km* – ✉ *33050 Santa Maria La Longa :*

Villa di Tissano , piazza Caimo 4 ☎ 0432 990399, *info@villaditissano.it, Fax 0432 990435,* , – P.   VISA JCB
chiuso gennaio e febbraio – **Pasto** al Rist. ***Osteria Villa di Tissano*** *(chiuso martedì)* carta 24/31 – **22 cam** 95/140.
◆ Antica villa settecentesca immersa in un rigoglioso parco: hall signorile, grandi saloni in stile, camere semplici, ma personalizzate e suggestivo dehors per la colazione. Proposte di piatti friulani nel ristorante a soli 50 mt. dall'hotel.

SANTA MARIA MADDALENA *Rovigo* 562 H16 – *Vedere Occhiobello.*

SANTA MARIA MAGGIORE *28857 Verbania* 561 D 7 – *1 213 ab. alt. 816 – a.s. luglio-agosto e Natale – Sport invernali : a Piana di Vigezzo : 800/2 064 m* 1 4, .

piazza Risorgimento 5 0324 95091, Fax 0324 95091.

Roma 715 – Stresa 50 – Domodossola 17 – Locarno 32 – Milano 139 – Novara 108 – Torino 182.

Miramonti, piazzale Diaz 3 0324 95013, *hall@miramontihotels.com, Fax 0324 94283,* – – 50. AE VISA JCB. rist

chiuso novembre – **Pasto** carta 32/41 – **31 cam** 66/96 – 1/2 P 71.

◆ Un tipico stile montano per questa struttura posizionata nel centro della località e sviluppata su due corpi adiacenti. Troverete un'accoglienza familiare e signorile. La zona ristorante, come il bar, è dislocata nella parte «storica» dell'albergo.

XX **Le Colonne,** via Benefattori 7 0324 94893, *Fax 0324 98132*, Coperti limitati; prenotare – AE VISA

chiuso Natale, martedì e mercoledì, da giugno a settembre solo il mercoledì – **Pasto** carta 30/47.

◆ Nel piccolo centro storico della località, una coppia di grande esperienza gestisce questo ristorante sobrio e curato, dove viene proposta una cucina eclettica.

SANT'AMBROGIO DI VALPOLICELLA *37010 Verona* 562 F 14 – *9 558 ab. alt. 180.*

Roma 511 – Verona 20 – Brescia 65 – Garda 19 – Milano 152 – Trento 80 – Venezia 136.

XX **Groto de Corgnan,** via Corgnano 41 045 7731372, *grotodecorgnan@libero.it, Fax 045 7731372*, Coperti limitati; prenotare – VISA

chiuso domenica e lunedì a mezzogiorno – **Pasto** carta 35/50 .

◆ In una piacevole casa di paese, con un piccolo dehors, un ambiente decoroso e rallegrato dal camino; troverete cibi ancorati alla tradizione locale, ligi alle stagioni.

a San Giorgio *Nord-Ovest : 1,5 km – ✉ 37010 Sant'Ambrogio di Valpolicella :*

X **Dalla Rosa Alda** con cam, strada Garibaldi 4 045 6800411, *alda@valpollicella.it, Fax 045 6801786*, – . AE VISA JCB. cam

chiuso sino a marzo – **Pasto** *(chiuso domenica sera e lunedì)* carta 24/41 – **8 cam** 60/80 – 1/2 P 60.

◆ Una saletta, d'impostazione classica, aperta direttamente sulla cucina a vista, e altri due vani, anch'essi semplici; bello spazio all'aperto e sapori del territorio.

SANT'ANDREA *Livorno* 563 N 12 – *Vedere Elba (Isola d') : Marciana.*

SANT'ANDREA *Cagliari* 566 J 9 – *Vedere Sardegna (Quartu Sant'Elena) alla fine dell'elenco alfabetico.*

SANT'ANDREA BAGNI *Parma* 562 H 12 – *Vedere Medesano.*

SANT'ANGELO *Macerata* 563 M 21 – *Vedere Castelraimondo.*

SANT'ANGELO *Napoli* 564 E 23 – *Vedere Ischia (Isola d').*

SANT'ANGELO IN COLLE *Siena* 563 N 16 – *Vedere Montalcino.*

SANT'ANGELO IN PONTANO *62020 Macerata* 563 M 22 – *1 485 ab. alt. 473.*

Roma 192 – Ascoli Piceno 65 – Ancona 119 – Macerata 29.

X **Pippo e Gabriella,** località contrada l'Immacolata 33 0733 661120, *pippoegabriella@libero.it, Fax 0733 661675* – . VISA.

chiuso dal 10 gennaio al 10 febbraio, dal 3 al 9 luglio e lunedì – **Pasto** carta 19/25.

◆ Uno degli indirizzi più consolidati in zona, ove i clienti sono trattati come amici in un clima casereccio e informale; specialità marchigiane e, su richiesta, romane.

SANT'ANNA *Cuneo – Vedere Roccabruna.*

SANT'ANNA *Como – Vedere Argegno.*

SANT'ANTIOCO *Cagliari* 566 J 7 – *Vedere Sardegna alla fine dell'elenco alfabetico.*

SANT'ANTONIO DI MAVIGNOLA *Trento – Vedere Pinzolo.*

SANTARCANGELO DI ROMAGNA *47822 Rimini* 562 J 19 – *19 055 ab. alt. 42.*

(maggio-settembre) via Cesare Battisti 5 ☎ *0541 624270, sauiat@liberro.it, Fax 0541 622570.*

Roma 345 – Rimini 10 – Bologna 104 – Forlì 43 – Milano 315 – Ravenna 53.

Della Porta senza rist, via Andrea Costa 85 ☎ 0541 622152, *info@hoteldellaporta.com, Fax 0541 622168,* – 80. AE VISA JCB
18 cam 70/110, suite.
◆ Alle porte del suggestivo centro storico, piacevole equilibrio fra modernità e tradizione del buon tempo che fu; interni ben rifiniti, accoglienza familiare e ospitale.

XX **Osteria la Sangiovesa,** piazza Simone Balacchi 14 ☎ 0541 620710, *sangiovesa@sangiovesa.it, Fax 0541 620854,* – . AE VISA JCB.
chiuso Natale e 1° gennaio – **Pasto** carta 26/32 e all' ***Osteria*** 18/25.
◆ Un ambiente caratteristico, che racchiude in sé molto dello spirito locale; si può assaporare un'ottima cucina tipica, romagnola, elaborata con fantasia e cura.

sulla strada statale 9 *via Emilia Est : 2 km*

San Clemente, senza rist, via Ferrari 1 ☎ 0541 680804, *info@infosanclemente.com, Fax 0541 681366* – . AE VISA JCB
32 cam 80/170.
◆ Lungo la via Emilia, un complesso inaugurato pochi anni or sono e progettato pensando soprattutto a chi viaggia per lavoro. Insieme curato, dotazioni complete.

a Sant'Ermete *Sud-Est : 5 km* – ✉ *47828 :*

XXX **Al Palazzo,** via Guidi 195 ☎ 0541 757640, *info@alpalazzo.it, Fax 0541 758879,* , Coperti limitati; prenotare, – . AE VISA JCB.
chiuso a mezzogiorno (escluso domenica) – **Pasto** carta 57/79 .
◆ In un casale cinquecentesco, immerso nella campagna malatestiana, una neo-nata cucina di ricerca e creatività, offerta in eleganti sale arredate con raffinate intuizioni.
Spec. Culatello dop con insalatina e squacquerone romagnolo. Terrina di fegato grasso d'oca con scalogni glassati al Porto ed amarene. Lasagnette verdi scomposte e gratinate.

a Montalbano *Ovest: 6 km* – ✉ *47822 Santarcangelo di Romagna :*

Agriturismo Locanda Antiche Macine , via Provinciale Sogliano 1540 ☎ 0541 627161, *macine.montalbano@tin.it, Fax 0541 686562,* , , – . AE VISA JCB. cam
chiuso dal 2 al 31 gennaio e dal 31 ottobre al 4 novembre – **Pasto** carta 30/42 – **9 cam** 80/125 – ½ P 100.
◆ Immerso nel verde della campagna dell'entroterra riminese, una locanda calda ed accogliente dove godere di un soggiorno ricco di fascino, eleganza e ricercatezze. Un'ottima opportunità per gustare la cucina del territorio.

SANTA REPARATA *Sassari* 566 D 9 – *Vedere Sardegna (Santa Teresa Gallura) alla fine dell'elenco alfabetico.*

SANTA RUFINA *Rieti* 563 O 20 – *Vedere Cittaducale.*

SANTA SOFIA *47018 Forlì-Cesena* 562 K 17 – *4 239 ab. alt. 257.*

Roma 291 – Rimini 87 – Firenze 89 – Forlì 41 – Perugia 125.

a Corniolo *Sud-Ovest : 15 km – alt. 589* – ✉ *47010 :*

Leonardo , località Lago ☎ 0543 980015, *info@hotelleonardo.net, Fax 0543 980015,* , – . VISA.
Pasto carta 27/36 – **19 cam** 55/68 – ½ P 57.
◆ Hotel a gestione familiare e calorosa, situato fuori della località, in una zona tranquilla di fianco al torrente; dispone di un comodo giardino, attrezzato per i bimbi. Due semplici sale ristorante, con cucina familiare.

SANTA TECLA *Catania* 565 O 27 – *Vedere Sicilia (Acireale) alla fine dell'elenco alfabetico.*

SANTA TERESA GALLURA *Sassari* 566 D 9 – *Vedere Sardegna alla fine dell'elenco alfabetico.*

SANTA TRADA DI CANNITELLO *Reggio di Calabria* 564 M 29 – *Vedere Villa San Giovanni.*

Le principali vie commerciali figurano in rosso sugli stradari delle piante di città.

SANTA VITTORIA D'ALBA *12069 Cuneo* **561** H 5 – *2 546 ab. alt. 346.*

Roma 655 – Cuneo 55 – Torino 57 – Alba 10 – Asti 37 – Milano 163.

Castello di Santa Vittoria, via Cagna 4 ☎ 0172 478198, *hotel@santavittoria.org, Fax 0172 478465*, ←, 🏊, – 🛗 TV P – 120. AE 🅢 ⓓ MC VISA
chiuso gennaio – **Pasto** vedere rist ***Al Castello*** – **40 cam** ☕ 100/120 – ½ P 86.
◆ Adiacente ad un'antica torre di avvistamento e difesa, in posizione dominante e con bella vista su Langhe e Roero, un elegante albergo con stanze sobrie, ma accoglienti.

Al Castello, via Cagna 4 ☎ 0172 478147, *hotel@santavittoria.org, Fax 0172 478465*, – P. AE 🅢 ⓓ MC VISA.
chiuso gennaio e mercoledì a mezzogiorno – **Pasto** carta 32/47.
◆ Antichi affreschi che affiorano da pareti e soffitti, un nobile camino e arredi d'epoca per un ristorante raffinato e d'atmosfera; servizio estivo in terrazza panoramica.

SANT'ELIA *Palermo* **565** N 25 – *Vedere Sicilia (Santa Flavia) alla fine dell'elenco alfabetico.*

SANT'ELPIDIO A MARE *63019 Ascoli Piceno* **563** M 23 – *15 353 ab. alt. 251.*

Roma 267 – Ancona 49 – Ascoli Piceno 85 – Macerata 33 – Pescara 123.

Il Melograno, via Gherardini 9 ☎ 0734 858088, *Fax 0734 817611*, , prenotare – 🅢 MC VISA.
chiuso martedì – **Pasto** carta 23/38.
◆ Un palazzo del Seicento in cui sorgono oggi ambienti ospitali, sulle calde tonalità dell'ocra e del bianco: per scoprire sapori casalinghi. Vista panoramica incantevole.

Utilizzate la guida dell'anno in corso

SANTENA *10026 Torino* **561** H 5 – *10 253 ab. alt. 237.*

Roma 651 – Torino 20 – Asti 37 – Cuneo 89 – Milano 162.

Andrea con cam, via Torino 48 ☎ 011 9492783, *Fax 011 9493257* – 🛗 TV P. AE 🅢 MC VISA
chiuso dal 30 luglio al 20 agosto – **Pasto** *(chiuso martedì)* carta 22/33 – **12 cam** ☕ 46/63 – ½ P 48.
◆ Sale ampie e luminose, una delle quali anche con camino, per assaporare una cucina che segue le stagioni e la tradizione piemontese e in cui gli asparagi fanno da re.

SAN TEODORO *Nuoro* **566** E 11 – *Vedere Sardegna alla fine dell'elenco alfabetico.*

SAN TERENZIANO *Perugia* **563** N 19 – *Vedere Gualdo Cattaneo.*

SANT'ERMETE *Savona* **561** J 7 – *Vedere Vado Ligure.*

SANT'ERMETE *Rimini* **562** J 19 – *Vedere Santarcangelo di Romagna.*

SANT'EUFEMIA DELLA FONTE *Brescia – Vedere Brescia.*

SANT'EUFEMIA LAMEZIA *Catanzaro* **564** K 30 – *Vedere Lamezia Terme.*

SANT'ILARIO D'ENZA *42049 Reggio nell'Emilia* **562** H 13 – *9 691 ab. alt. 58.*

Roma 444 – Parma 12 – Bologna 82 – Milano 134 – Verona 113.

Forum, via Roma 4/A ☎ 0522 671480, *info@forumhotel.it, Fax 0522 671475* – 🛗 TV ♿ P – 80. AE 🅢 ⓓ MC VISA JCB. rist
Pasto al Rist. ***L'Agorà*** *(chiuso dal 10 al 17 agosto e domenica)* carta 31/50 – **54 cam** ☕ 60/100 – ½ P 70.
◆ Nell'ambito di una struttura che, dall'esterno, non offre il meglio di sé, e in cui sono ospitati anche uffici e negozi, hotel confortevole, ideale per clienti d'affari. Due sale di stile classico, menù sia di terra che di mare.

Prater, via Roma 39 ☎ 0522 672375, *prater@internetpiu.com, Fax 0522 671236* – P. AE 🅢 ⓓ MC VISA JCB.
chiuso dal 1° al 25 agosto, sabato a mezzogiorno, domenica in giugno-luglio, mercoledì negli altri mesi – **Pasto** carta 31/45.
◆ Proposte radicate nella saga gastronomica di questa terra e accompagnate da una nutrita offerta di vini; da gustare in questo elegante locale in pieno centro storico.

SANT'OMOBONO IMAGNA 24038 Bergamo 561 E 10, 219 ⑩ – 3 189 ab. alt. 498.

Roma 625 – Bergamo 23 – Lecco 39 – Milano 68.

Villa delle Ortensie, viale alle Fonti 117 ✆ 035 851114, *info@villaortensie.com, Fax 035 851148*, ≤, ... – AE VISA JCB.
chiuso dal 9 al 26 dicembre e dall' 11 gennaio al 19 febbraio – **Pasto** 25/35 – **39 cam** 90/150 – ½ P 88.
◆ In posizione leggermente rialzata rispetto al paese, entro una villa dell'800, una struttura notevole per dimensioni e servizi offerti, soprattutto in ambito salutistico. La cucina propone menù vegetariani, oltre a sapori locali.

Posta, viale Vittorio Veneto 169 ✆ 035 851134, *Fax 035 851134* – AE VISA JCB
chiuso dal 1° al 15 luglio e martedì (escluso dal 15 luglio al 15 settembre) – **Pasto** carta 32/45.
◆ Un piccolo ristorante composto da due sale, di taglio moderno, raggiungibili dopo aver superato il bar d'ingresso; vengono offerti cibi d'ispirazione fantasiosa.

Taverna 800, località Mazzoleni ✆ 035 851162, *Fax 035 851162*, – AE VISA JCB
chiuso martedì – **Pasto** carta 25/42.
◆ Paste fatte in casa e altri piatti locali, serviti in ambiente rustico, con tocchi eleganti, arricchito da quadri, foto e arredi tipici di campagna; gestione familiare.

SANTO STEFANO AL MARE 18010 Imperia 561 K 5 – 2 154 ab..

Roma 628 – Imperia 18 – Milano 252 – San Remo 12 – Savona 83 – Torino 193.

La Riserva, via Roma 51 ✆ 0184 484134, *Fax 0184 484134*, – AE VISA JCB
chiuso ottobre domenica sera e lunedì (escluso agosto), da maggio a settembre solo lunedì – **Pasto** carta 37/53.
◆ Sito nel centro della località, nei seminterrati di un edificio con origini risalenti al '400, un ambiente caratteristico per gustare menù liguri, soprattutto di mare.

La Cucina, piazza Cavour 7 ✆ 0184 4850400184 485040, – VISA JCB
chiuso dal 7 al 21 marzo, dal 5 al 20 novembre, lunedì e in luglio-agosto anche a mezzogiorno da lunedì a venerdì – **Pasto** carta 29/40.
◆ Un'unica saletta con volte a vela, proprio nella piazzetta della parte vecchia del paese; proposte locali, in prevalenza marinare, in un'atmosfera semplice e familiare.

SANTO STEFANO BELBO 12058 Cuneo 561 H 6 4 059 ab. alt. 175.

Roma 573 – Alessandria 48 – Genova 100 – Asti 26 – Torino 81.

Relais San Maurizio, località San Maurizio Ovest : 3 km ✆ 0141 841900, *info@relaissanmaurizio.it, Fax 0141 843833*, ≤ colline, ... – 150. AE VISA JCB.
chiuso gennaio e febbraio – **Pasto** vedere rist ***Il Ristorante di Guido di Costigliole*** – **20 cam** 210/259, 11 suites 360.
◆ Monastero del 1600 splendidamente collocato sulla sommità della collina prospiciente il paese natale di Cesare Pavese. Interni incantevoli con soffitti affrescati.

Il Ristorante di Guido di Costigliole, località San Maurizio Ovest : 3 km ✆ 0141 841900, *info@guidodacostigliole.it, Fax 0141 844001*, prenotare, – AE VISA
chiuso dal 10 gennaio al 10 febbraio, domenica sera e lunedì a mezzogiorno – **Pasto** carta 52/67.
◆ Un lungo corridoio conduce alle cantine dell'ex monastero, l'unica elegante e suggestiva sala da pranzo. La meravigliosa cucina piemontese con i migliori prodotti langaroli.
Spec. Gli agnolotti di Lidia. Tagliata di vitella delle Langhe. Selezione di formaggi piemontesi.

SANTO STEFANO DI CADORE 32045 Belluno 562 C 19 – 2 881 ab. alt. 908.

piazza Roma 37 ✆ 0435 62230, santostefano@infodolomiti.it, Fax 0435 62077.

Roma 653 – Cortina d'Ampezzo 45 – Belluno 62 – Lienz 78 – Villach 146 – Udine 104.

Monaco Sport Hotel, via Lungo Piave 60 ✆ 0435 420440, *info@monacosporthotel.com, Fax 0435 62218*, ≤, ... rist, ... AE VISA.
chiuso dal 4 novembre al 7 dicembre e dal 14 aprile al 3 maggio – **Pasto** *(chiuso domenica sera e lunedì)* carta 22/29 – **26 cam** 70/95 – ½ P 74.
◆ Fuori del centro, oltre il fiume, un tipico albergo di montagna con un'atmosfera molto familiare e gradevoli aree comuni; camere semplici, confortevoli, e legno ovunque. Un'ampio e luminoso ristorante con ricco soffitto a cassettoni lignei.

SANTO STEFANO DI CAMASTRA Messina 565 M 25 – *Vedere Sicilia alla fine dell'elenco alfabetico.*

SAN TROVASO *Treviso – Vedere Preganziol.*

SANTUARIO *Vedere nome proprio del santuario.*

SAN VALENTINO ALLA MUTA (ST. VALENTIN AUF DER HAIDE) *39020 Bolzano* 562 B 13, 218 ⑧ *– alt. 1 488 – Sport invernali : 1 500/2 700 m 1 4,* .

via Principale ☎ 0473 634603, st.valentin@suedtirol.com, Fax 0473 634713.

Roma 733 – Sondrio 133 – Bolzano 96 – Milano 272 – Passo di Resia 10 – Trento 154.

Stocker, via Principale 42 ☎ 0473 634632, *g.stocker@rolmail.net, Fax 0473 634668*, ≤, – , rist, VISA.

16 dicembre-aprile e giugno-13 ottobre – **Pasto** (chiuso lunedì) 14/19 – **34 cam** 53/83,50, 3 suites – 1/2 P 56,50.

◆ Una bella casa di montagna a conduzione familiare, ampliata e rimodernata nel corso degli anni; offre camere di diversa tipologia, alcune completamente in legno. Una sala ristorante classica e una più calda e più tipica.

SAN VALENTINO IN ABRUZZO CITERIORE *65020 Pescara* 563 P 24 *– 1 963 ab. alt. 457.*

Roma 185 – Pescara 40 – Chieti 28 – L'Aquila 76.

Antichi Sapori, contrada Cerrone-Solcano 2 (Nord : 2 km) ☎ 085 8544053, *opsnc@tin.it, Fax 085 8544053*, , Rist. e pizzeria – VISA.

chiuso lunedì escluso dal 15 giugno al 15 settembre – **Pasto** carta 21/30.

◆ Paste fatte in casa, ma anche pizze e soprattutto il desiderio di ripercorrere le tradizioni della cucina abruzzese. Ambiente sobrio, ma curato, servizio cordiale.

SAN VIGILIO DI MAREBBE (ST. VIGIL ENNEBERG) *39030 Bolzano* 562 B 17 *G. Italia – alt. 1 201 – Sport invernali : 1 200/2 275m 14 11 (Comprensorio Dolomiti superski Plan de Corones)* .

Ciasa Dolomites, via al Plan 97 ☎ 0474 501037, info@sanvigilio.com, Fax 0474 501566.

Roma 724 – Cortina d'Ampezzo 54 – Bolzano 87 – Brunico 18 – Milano 386 – Trento 147.

Excelsior , via Valiares 44 ☎ 0474 501036, *info@myexcelsior.com, Fax 0474 501655*, ≤ Alpi di Sennes e Fanes, Centro benessere, , , , – , rist, VISA JCB.

dicembre-22 aprile e 5 giugno-17 ottobre – **Pasto** carta 37/54 – **31 cam** 128/141, 5 suites – 1/2 P 133.

◆ In zona tranquilla e panoramica, un hotel già invitante dall'esterno, con bei balconi in legno e una struttura movimentata; gradevoli spazi comuni ed eleganti stanze. Legni chiari e massicci, per gustare specialità culinarie locali o più classiche.

Almhof-Hotel Call, via Plazores 8 ☎ 0474 501043, *info@almhof-call.com, Fax 0474 501569*, ≤ monti, Centro benessere, , , – VISA.

dicembre-17 aprile e giugno-20 ottobre – **Pasto** 45/70 – **46 cam** 160/280, 8 suites – 1/2 P 115.

◆ Un piacevolissimo rifugio montano, un valido punto di riferimento per concedersi un soggiorno all'insegna della natura, del relax e del benessere, coccolati dal confort. Al ristorante per un curato momento dedicato al palato.

Al Sole, via Catarina Lanz 8 ☎ 0474 501012, *hotel@sonnen-hof.com, Fax 0474 501704*, ≤, – , rist, rist, VISA. cam

dicembre-aprile e luglio-ottobre – **Pasto** carta 22/47 – **21 cam** 70/130 – 1/2 P 98.

◆ Esternamente molto accattivante, con tanto legno lavorato e decorazioni, offre camere moderne e ospitali, con differenti tipologie e metrature; piacevoli spazi relax. Proposte e iniziative gastronomiche ispirate anche alla tradizione culinaria tirolese.

Monte Sella, strada Caterina Lanz 7 ☎ 0474 501034, *info@monte-sella.com, Fax 0474 501714*, ≤, , – , rist, VISA. rist

dicembre-15 aprile e 15 giugno-settembre – **Pasto** (solo per alloggiati) – **30 cam** 90/160, 5 suites – 1/2 P 95.

◆ Un'elegante casa di inizio secolo, uno degli hotel più vecchi della località, in cui si è cercato di mantenere il più possibile intatta l'atmosfera del buon tempo che fu.

Tabarel, via Catarina Lanz 28 ☎ 0474 501210, *tabarel78@yahoo.com, Fax 0474 506578*, Rist. con enoteca e bistrot – . VISA JCB

dicembre-aprile e giugno-novembre – **Pasto** carta 34/43.

◆ Un locale polifunzionale, sulla piazza del paese; possibilità di scegliere tra l'ambiente rustico-elegante, il bistrot per pasti veloci, l'enoteca serale; piatti ladini.

SAN VINCENZO *57027 Livorno* 563 M 13 *G. Toscana – 6 837 ab. – a.s. 15 giugno-15 settembre.*

via Beatrice Alliata 2 ☎ 0565 701533, apt7sanvincenzo@livorno.turismo.toscana.it, Fax 0565 706914.

Roma 260 – Firenze 146 – Grosseto 73 – Livorno 60 – Piombino 21 – Siena 109.

Riva degli Etruschi, via della Principessa 120 (Sud : 2,5 km) 0565 702351, *info@rivadeglietruschi.it, Fax 0565 704011*, riscaldata, – VISA.
Pasto 26/31 – **87 cam** 125/175 – ½ P 160.
◆ Complesso residenziale costituito da un'infinità di villette in un grande parco sul mare; macchia mediterranea verde e silenziosa, spiaggia immensa, sull'antica riva. Ampia sala ristorante illuminata da vetrate affacciate sulla vegetazione.

Kon Tiki, via Umbria 2 0565 701714, *vacanze@kontiki.toscana.it, Fax 0565 705014*, – VISA JCB.
chiuso gennaio – **Pasto** *(aprile-settembre)* carta 18/30 – **25 cam** 90/130 – ½ P 100.
◆ Nel nome, un omaggio alla famosa zattera norvegese che raggiunse la Polinesia: qui, tra il mare e le conifere, un po' isolato, un hotel semplice, con camere spaziose. Elegante sobrietà nello spazio ristorante.

Il Delfino senza rist, via Cristoforo Colombo 15 0565 701179, *info@hotelildelfino.it, Fax 0565 701383*, <, – AE VISA.
53 cam 100/150.
◆ Solo una strada poco trafficata la separa dal blu; una struttura con spazi comuni non immensi, ma pieni di luce, e stanze rinnovate negli ultimi anni, confortevoli.

Il Pino, via della Repubblica 19 0565 701649, *il pino@etruscan.li.it, Fax 0565 701649*, – VISA.
Pasqua-10 ottobre – **Pasto** carta 22/31 – 9 – **25 cam** 90/125 – ½ P 100.
◆ Del tutto ristrutturato di recente, un albergo sito nella zona residenziale di San Vincenzo: un'area verde e tranquilla, ideale cornice per una casa familiare e semplice.

La Coccinella senza rist, via Indipendenza 1 0565 701794, *coccinella@infol.it, Fax 0565 701794*, – VISA.
20 aprile-settembre – **27 cam** 118.
◆ Indirizzo raccolto e semplice, con una gestione familiare e attenta; raggiungibile facilmente, lungo la strada che porta a Piombino, nella natura e vicino alla spiaggia.

XXX ✿✿ **Gambero Rosso**, piazza della Vittoria 13 0565 701021, *Fax 0565 704542*, <, Coperti limitati; prenotare – AE VISA
chiuso dal 27 ottobre al 10 gennaio, lunedì e martedì – **Pasto** carta 90/125.
◆ L'eleganza sobria di un locale storico, sul porto di San Vincenzo, riflette i caratteri di una cucina raffinata e fantasiosa che ha saputo però rimanere solida e concreta.
Spec. Sandwich di spigola. Penne al salmone. Muflone ai profumi di Maremma.

XX **La Bitta**, via Vittorio Emanuele II 119 0565 704080, *Fax 0565 704080*, <, – AE VISA.
chiuso dicembre, domenica sera e lunedì, da giugno ad agosto chiuso solo a mezzogiorno – **Pasto** specialità di mare carta 50/80 (3 %).
◆ Sul lungomare, con terrazza panoramica estiva e sala con grandi vetrate sul blu, una coppia di coniugi, abbandonata la nebbiosa Lombardia, propone scelta di pesce fresco.

sulla strada per San Carlo *Est : 2 km :*

X **Dal Conte**, strada San Bartolo 23/A 57027 0565 705430, *Fax 0565 703813*, < San Vincenzo e dintorni, prenotare – VISA
chiuso gennaio, febbraio, novembre, lunedì (escluso agosto) e a mezzogiorno; da dicembre a marzo aperto solo i week-end – **Pasto** specialità toscane carta 32/50.
◆ Una villetta là ove inizia la collina per San Carlo, un ambiente simpatico e giovanile, per sentirsi a casa propria, con vista mozzafiato e sapori toscani, autentici.

SAN VITO *Livorno* 563 F 4 – *Vedere San Vincenzo.*

SAN VITO AL TAGLIAMENTO *33078 Pordenone* 562 E 20 – *13 171 ab. alt. 31.*

Roma 600 – Udine 42 – Belluno 89 – Milano 339 – Trieste 109 – Venezia 89.

Patriarca, via Pascatti 6 0434 875555, *patriarca@friulalberghi.it, Fax 0434 875353* – – 180. AE VISA. rist
Pasto *(chiuso lunedì)* carta 18/24 – **29 cam** 67/103, suite – ½ P 58.
◆ In prossimità delle mura e della Torre Raimonda, fatta erigere dal Patriarca a fine '200, un bell'edificio per un hotel centralissimo e confortevole; gestione familiare. Sala da pranzo classica: un comodo e gradevole punto di riferimento nella località.

SAN VITO DI CADORE *32046 Belluno* 562 C 18 *G. Italia – 1 712 ab. alt. 1 010 – Sport invernali : 1 000/1 536 m 3 (Comprensorio Dolomiti superski Cortina d'Ampezzo).*

via Nazionale 9 0436 9119, sanvito@infodolomiti.it, Fax 0436 99345.
Roma 661 – Cortina d'Ampezzo 11 – Belluno 60 – Milano 403 – Treviso 121 – Venezia 150.

Ladinia, via Ladinia 14 ☎ 0436 890450, *ladinia@sunrise.it, Fax 0436 99211*, ≤ Dolomiti e pinete, –
20 dicembre-20 aprile e 15 giugno-15 settembre – **Pasto** (solo per alloggiati) – ☕ 10,50 – **36 cam** 105/180.
◆ Ben posizionato, nella parte alta e soleggiata della località, in zona tranquilla e panoramica, un hotel completo di ogni confort e con un validissimo centro benessere. Un'ampia sala ristorante, semplicità montana.

Dolomiti, via Roma 33 ☎ 0436 890184, *info@hoteldolomiti.com, Fax 0436 890186*, ≤, –
20 dicembre-Pasqua e 20 giugno-20 settembre – **Pasto** carta 16/24 – **30 cam** ☕ 90/124 – 1/2 P 70.
◆ Ben gestito dalla stessa famiglia sin dal 1931, accogliente albergo che, negli ultimi anni, si è migliorato e potenziato soprattutto nella zona notte. Legno e calore. Ospitale sala ristorante scandita da colonne.

Nevada, corso Italia 26 ☎ 0436 890400, *nevadah@tin.it, Fax 0436 890400* –
chiuso maggio e novembre – **Pasto** carta 22/28 – ☕ 7 – **31 cam** 52/90 – 1/2 P 72.
◆ Una risorsa a conduzione familiare, semplice e curata, posizionata nel centro di San Vito, sulla strada per Cortina; dispone di camere spaziose e rinnovate di recente. Legno e tocchi di modernità al ristorante.

Rifugio Larin, località Senes Ovest : 3 km ☎ 0436 9112, *carmen.devido@libero.it*, ≤ valle e dolomiti, –
giugno-settembre – **Pasto** 20/32.
◆ Aperto, come ristorante, solo in estate, un classico rifugio panoramico, raggiungibile anche in auto; ordinato, pulito, con piatti della tradizione montana e cadorina.

SAN VITO DI LEGUZZANO *36030 Vicenza* 562 E 16 – *3 358 ab. alt. 158.*

Roma 540 – Verona 67 – Bassano del Grappa 38 – Padova 62 – Trento 70 – Venezia 97 – Vicenza 20.

Antica Trattoria Due Mori con cam, via Rigobello 39 ☎ 0445 671635, *Fax 0445 511611* –
chiuso agosto – **Pasto** *(chiuso lunedì)* carta 25/30 – ☕ 11 – **10 cam** 52/62.
◆ Una linea gastronomica basata sulla memoria veneta, con sfizioserie locali e alcune specialità della casa. Saga familiare e trattoria storica, in un edificio del '700.

SAN VITO LO CAPO *Trapani* 565 M 20 – *Vedere Sicilia alla fine dell'elenco alfabetico.*

SAN VITTORE DEL LAZIO *03040 Frosinone* 563 R 23 – *2 704 ab. alt. 210.*

Roma 137 – Frosinone 62 – Caserta 62 – Gaeta 65 – Isernia 38 – Napoli 91.

All'Oliveto, via Passeggeri ☎ 0776 335226, *info@ristoranteal loliveto.com, Fax 0776 335447*, –
chiuso lunedì – **Pasto** specialità di mare carta 28/41.
◆ Proprio ai margini di questo bel paese, ingresso importante, fra ulivi e piante ben curate; servizio estivo all'aperto con vista sui colli e la vallata. Pesce, da Formia.

SAN VITTORE OLONA *20028 Milano* 561 F 8, 219 ⑱ – *7 211 ab. alt. 197.*

Roma 593 – Milano 24 – Como 37 – Novara 39 – Pavia 58.

La Fornace, via Gioberti 4 angolo statale Sempione ☎ 0331 514743, *Fax 0331 511182*, prenotare –
chiuso dal 2 al 10 gennaio, agosto e martedì – **Pasto** carta 40/52.
◆ Locale elegante, dallo stile caratteristico, ricavato nell'ex deposito della vicina fornace per laterizi. Cucina ampia con preparazioni sia di terra che di mare.

SAN ZENO DI MONTAGNA *37010 Verona* 562 F 14 – *1 243 ab. alt. 590.*

(giugno-settembre) via Cà Montagna ☎ 045 7285076.

Roma 544 – Verona 46 – Garda 17 – Milano 168 – Riva del Garda 48 – Venezia 168.

Diana, via Cà Montagna 54 ☎ 045 7285113, *info@finottihotels.it, Fax 045 7285775*, ≤, –
Pasqua-ottobre – **Pasto** carta 25/38 – **60 cam** ☕ 100 – 1/2 P 60.
◆ Una grande struttura, immersa nel verde di un boschetto-giardino e con vista sul Lago di Garda, aggiornata di continuo nei servizi e dotazioni; sport, relax e benessere. Dal ristorante ci si affaccia sulla verde quiete lacustre.

SAN ZENONE DEGLI EZZELINI *31020 Treviso* 562 E 17 – *6 442 ab. alt. 117.*

Roma 551 – Padova 53 – Belluno 71 – Milano 247 – Trento 96 – Treviso 39 – Venezia 89 – Vicenza 43.

Alla Torre, via Castellaro 25, località Sopracastello Nord : 2 km ✆ 0423 567086, *allatorre@tiscali.it, Fax 0423 567086,* – P. AE ● VISA.
chiuso dal 2 al 22 gennaio, dal 1° al 15 novembre, martedì e mercoledì a mezzogiorno – **Pasto** carta 25/35.
◆ Dell'antico maniero medievale resta oggi ricordo solo nella torre, nelle vicinanze; servizio estivo sotto un pergolato con vista su colli. Sapori locali, ma non solo.

SAONARA *35020 Padova* 562 F 17 – *8 920 ab. alt. 10.*

Roma 498 – Padova 15 – Chioggia 35 – Milano 245 – Padova 12 – Venezia 40.

Antica Trattoria al Bosco, via Valmarana 13 ✆ 049 640021, *anticatrattoriaalbosco@virgilio.it, Fax 049 8790841,* – P. AE VISA
chiuso martedì – **Pasto** carta 27/38.
◆ Tipica trattoria di campagna, a gestione familiare, con servizio estivo sotto un pergolato; cucina del territorio padovano, carni alla griglia e specialità di cavallo.

SAPPADA *32047 Belluno* 562 C 20 – *1 387 ab. alt. 1 250 – Sport invernali : 1 250/2 000 m* 12, .

borgata Bach 9 ✆ 0435 469131, sappada@infodolomiti.it, Fax 0435 66233.

Roma 680 – Udine 92 – Belluno 79 – Cortina d'Ampezzo 66 – Milano 422 – Tarvisio 110 – Venezia 169.

Haus Michaela, borgata Fontana 40 ✆ 0435 469377, *info@hotelmichaela.com, Fax 0435 66131,* monti, , , riscaldata, – TV P. ● VISA.
dicembre-marzo e 20 maggio-settembre – **Pasto** (solo per alloggiati) 20/27 – 8 – **18 cam** 54/90, 4 suites – ½ P 82.
◆ In posizione soleggiata e decentrata, una casa di montagna completa di validi confort e offerte per il relax e il benessere; estrema cura dei particolari e della pulizia.

Cristina , borgata Hoffe 19 ✆ 0435 469430, *hotelcri@sunrise.it, Fax 0435 469711,* – TV P. AE ● VISA.
chiuso maggio e novembre – **Pasto** *(chiuso lunedì escluso dicembre, luglio ed agosto)* carta 23/38 – 8,50 – **10 cam** 47/93 – ½ P 77.
◆ Tranquillo e solatio, cinto da un prato, un vecchio fienile oggi trasformato in hotel: una deliziosa facciata vi accoglie in ambiente semplice, intimo, con poche stanze. Legno scuro, soffitto decorato, tipico arredo montano, eccovi al ristorante!

Claudia senza rist, borgata Fontana 38 ✆ 0435 66241, *Fax 0435 466154* – TV P. AE VISA.
20 dicembre-15 aprile e 20 giugno-15 settembre – **13 cam** 60/90.
◆ Quasi una casa privata, calorosa e ospitale, per trascorrere un soggiorno coccolati e rilassati; un numero ristretto di camere, molto spaziose e ben accessoriate.

Posta, via Palù 22 ✆ 0435 469116, *hotelposta@yahoo.it, Fax 0435 469577,* , – TV P. AE ● VISA. rist
dicembre-aprile e giugno-settembre – **Pasto** carta 20/25 – **18 cam** 35/70 – ½ P 64,50.
◆ Qui troverete camere decorose e pulite, alcune delle quali con pareti perlinate, ben accessoriate; accoglienti le zone comuni, impreziosite dal legno. Piccola area relax. Una sala ristorante rallegrata dagli arredi e dalle rifiniture in legno chiaro.

Corona Ferrea, borgata Kratten 11/12 ✆ 0435 469103, *coronaferrea@libero.it, Fax 0435 469103,* , – TV P. AE ● VISA JCB.
20 dicembre-marzo e luglio-15 settembre – **Pasto** carta 20/30 – 8 – **16 cam** 49/94 – ½ P 78.
◆ Atmosfera e ambiente familiare, con gestione cordiale, in quest'albergo sito fuori del paese, su una strada di passaggio; piacevole il settore notte, in parte rinnovato. Ristorante piuttosto capiente dalle tonalità solari.

Laite, Borgata Hoffe 10 ✆ 0435 469070, *ristorantelaite@libero.it,* Coperti limitati; prenotare. AE ● VISA
chiuso dal 1° al 15 giugno, dal 15 al 30 ottobre, mercoledì e giovedì a mezzogiorno (escluso agosto) – **Pasto** carta 38/55 .
◆ Si entra in una calda casa di montagna e si è conquistati dallo charme di due stube rivestite di legno cinquecentesco e di una cucina che coniuga tradizione e creatività.
Spec. Pasticcio di selvaggina (autunno-inverno). Tortelli all'uovo con asparagi bianchi (primavera). Gallo di cortile in umido (estate).

Baita Mondschein, via Bach 96 ✆ 0435 469585, *Fax 0435 469559,* prenotare – P. AE VISA.
chiuso dal 25 maggio al 25 giugno e dal 2 novembre al 2 dicembre – **Pasto** carta 32/50.
◆ Locale nel solco dell'atmosfera calda e ospitale delle baite montane; sito a pochi metri dagli impianti di risalita, ideale anche per passeggiate estive. Sapori friulani.

a Cima Sappada *Est : 4 km – alt. 1 295 – ✉ 32047 Sappada :*

Belvedere, ✆ 0435 469112, *info@hotelbelvedere.tiscali.it, Fax 0435 66210,* ≤, Ls, ≘s, – |‡| TV P. VISA. ✂
dicembre-Pasqua e 20 giugno-20 settembre – **Pasto** (solo per alloggiati) 25/38 – ☕ 8 – **13 cam** 49/98 – ½ P 75.
◆ Accattivante già dall'esterno, un hotel con belle balconate in legno, ubicato nel centro di una piccola e pittoresca frazione; all'interno, un'accogliente atmosfera familiare.

Bellavista ⛰, via Cima 35 ✆ 0435 469175, *info@albergobellavista.com, Fax 0435 66194,* ≤ monti e vallata, ≘s – |‡| TV P. VISA. ✂
dicembre-15 aprile e 15 giugno-settembre – **Pasto** *(chiuso martedì)* carta 20/27 – ☕ 8 – **24 cam** 77/104 – ½ P 70.
◆ Leggermente sopraelevato rispetto al paesino, e praticamente sulle piste da sci, offre la possibilità di godersi una vacanza al sole, fra la quiete e il confort. Sala ristorante con finestre sul panorama esterno.

SAPRI *84073 Salerno* 564 G 28 – *7 060 ab. – a.s. luglio-agosto.*

Escursioni *Golfo di Policastro*★★ *Sud per la strada costiera.*

Roma 407 – Potenza 131 – Castrovillari 94 – Napoli 201 – Salerno 150.

Mediterraneo, via Verdi ✆ 0973 391774, *info@hotelmed.it, Fax 0973 391774,* ≤, – TV P. AE VISA. ✂
aprile-settembre – **Pasto** carta 25/35 – ☕ 10 – **20 cam** 75/85 – ½ P 90.
◆ All'ingresso della località, direttamente sul mare, un albergo familiare, di recente rimodernato; dotato di parcheggio privato, costituisce una comoda e valida risorsa. Cucina da gustare in compagnia del mare, un'infinita distesa blu.

Tirreno, corso Italia 73 ✆ 0973 391006, *hoteltirreno@libero.it, Fax 0973 391157,* – |‡| TV. AE VISA. ✂ rist
Pasto *(giugno-settembre)* carta 21/35 – ☕ 7 – **44 cam** 60/90 – ½ P 80.
◆ Accogliente piano terra, settore notte semplice, ma decoroso: un hotel che lavora non solo con clientela turistica, ma anche d'affari. Sul lungomare, fronte giardini. Al ristorante cucina cilentana e nazionale.

Lucifero, corso Garibaldi I traversa ✆ 0973 603033, *Fax 0973 604825,* Rist. con pizzeria serale – . AE VISA. ✂
chiuso novembre e mercoledì – **Pasto** carta 22/45.
◆ Un locale con pizzeria serale, sito nel centro di Sapri; all'ingresso, una sala principale, poi, un secondo ambiente, più grande. Proposte locali e non, di pesce e carne.

SARCEDO *36030 Vicenza* 562 E 16 – *5 073 ab. alt. 156.*

Roma 541 – Padova 51 – Trento 82 – Treviso 61 – Vicenza 22.

Relais Casa Belmonte ⛰ senza rist, via Belmonte 2 ✆ 0445 884833, *info@casabelmonte.com, Fax 0445 884134,* ≤, ≘s, , |‡|, rist, TV P. AE VISA. ✂
☕ 15 – **4 cam** 130/240, 2 suites 280.
◆ Sulla collina Belmonte, in posizione panoramica e tranquilla, una casa colonica di fine '800 con piscina ed eleganti arredi; per un confort estremo sulle alture vicentine.

SARDEGNA (Isola) 566 – *Vedere alla fine dell'elenco alfabetico.*

SARENTINO (SARNTHEIN) *39058 Bolzano* 562 C 16 – *6 640 ab. alt. 966 – Sport invernali : 1 570/2 460 m 1 3,* .

via Europa 15/a ✆ 0471 623091, info@sarntal.com, Fax 0471 622350.

Roma 662 – Bolzano 23 – Milano 316.

Bad Schörgau ⛰ con cam, Sud : 2 km ✆ 0471 623048, *info@bad-schoergau.com, Fax 0471 622442,* , – TV P. VISA. ✂ rist
Pasto carta 45/52 – **26 cam** ☕ 146/200 – ½ P 110.
◆ Ai Bagni di Serga, noti per le acque curative, un'ospitale casa montana, con ambienti caldi, confortevoli per un'attraente tappa gastronomica; servizio estivo all'aperto.

Auener Hof ⛰ con cam, via Prati 21 (Ovest : 7 km, alt. 1 600) ✆ 0471 623055, *info@auenerhof.it, Fax 0471 623055,* ≤ Dolomiti e pinete, , Turismo equestre, prenotare, – TV P. AE VISA
Pasto *(chiuso lunedì)* carta 20/38 – **7 cam** ☕ 38,50/70 – ½ P 57.
◆ In una zona quasi isolata e panoramica, un ristorante a gestione familiare, per assaporare specialità della tradizione rivisitate in chiave moderna. Ambiente raffinato.

Per visitare una città o una regione : utilizzate le Guide Verdi Michelin.

SARNANO *62028 Macerata* 563 M 21 – *3 392 ab. alt. 539 – Stazione termale, a.s. 5 luglio-agosto e Natale – Sport invernali : a Sassotetto e Maddalena : 1 280/1 450 m 8,* .
largo Enrico Ricciardi 1 0733 657144, iat.sarnano@regione.marche.it, Fax 0733 657343.
Roma 237 – Ascoli Piceno 54 – Ancona 89 – Macerata 39 – Porto San Giorgio 68.

Montanaria, località Marinella Sud-Ovest : 3 km 0733 658422, *info@montanaria.it, Fax 0733 657295,* ←, , , , , , , cam, – 220. VISA.
rist
Pasto *(chiuso novembre e lunedì da ottobre a marzo)* 20/40 – **44 cam** 69,50/99, suite.
◆ Un'oasi di tranquillità, contornata da ampi spazi verdi, che all'interno presenta ambienti eleganti. A disposizione degli ospiti una bella piscina e campi da tennis. Sala ristorante di tono signorile.

Eden, via De Gasperi 26 (Ovest : 1 km) 0733 657197, *hotel_eden@virgilio.it, Fax 0733 657123,* ←, – , rist, . VISA.
chiuso da febbraio al 15 marzo – **Pasto** *(chiuso mercoledì)* carta 20/25 – **33 cam** 40/57 – ½ P 45.
◆ Sul colle di fronte al centro storico, un piacevole giardino e una piccola pineta assicurano verde e fresco ad un albergo semplice, ma accogliente; conduzione familiare. Il ristorante propone piatti classici della cucina italiana.

SARNICO *24067 Bergamo* 561 E 11 – *5 876 ab. alt. 197.*
via Lantieri 6 035 910900, proloco.sarnico@tiscalinet.it, Fax 035 4260815.
Roma 585 – Bergamo 28 – Brescia 36 – Iseo 10 – Lovere 26 – Milano 73.

Al Tram, via Roma 1 035 910117, *Fax 035 4425050,* – . VISA.
chiuso mercoledì escluso dal 15 giugno al 15 settembre – **Pasto** carta 28/37.
◆ Sul lungolago, con servizio estivo all'aperto, piatti sia di carne che di pescato, con menù degustazione a prezzi particolarmente interessanti. Gestione familiare.

SARNTHEIN = Sarentino.

SARONNO *21047 Varese* 561 F 9 – *36 976 ab. alt. 212.*
Green Club, a Lainate 20020 02 9370869, Fax 02 9374401, Sud : 6 km.
Roma 603 – Milano 26 – Bergamo 67 – Como 26 – Novara 54 – Varese 29.

Albergo della Rotonda, via Novara 53 svincolo autostrada 02 96703232 e rist. 02 96703593, *reception@albergodellarotonda.it, Fax 02 96702770* – – 100. VISA. rist
chiuso dal 24 dicembre al 6 gennaio e dal 30 luglio al 29 agosto – **Pasto** al Rist. ***Mezzaluna*** *(chiuso sabato e domenica a mezzogiorno)* carta 38/60 – **91 cam** 195/280.
◆ Hotel signorile, recente, sito nei pressi dello svincolo autostradale, proprio di fianco alla «realtà» della Lazzaroni, cui appartiene. Ideale per clienti d'affari. Ristorante dai toni eleganti, piatti classici.

Cyrano senza rist, via IV Novembre 11/13 02 96700081, *info@hotelcyrano.it, Fax 02 96704513* – – 35. VISA.
40 cam 120/134.
◆ Ne avrete una valida impressione già dall'ingresso nella hall: ambienti e atmosfera raffinati, curati, con stanze spaziose e confortevoli, differenziate nei colori.

Mercurio senza rist, via Hermada 2 02 9602795, *info@mercuriohotel.com, Fax 02 9609330* – . VISA
chiuso dal 24 dicembre al 1º gennaio e dal 14 al 16 agosto – **23 cam** 60/85.
◆ Ubicazione «cittadina», ma abbastanza tranquilla e in area verdeggiante; offre un insieme semplice e più che decoroso, pulito. Gestione familiare diretta e attenta.

SARRE *11010 Aosta* 561 E 3, 219 ② *G. Italia – 4 097 ab. alt. 780.*
Roma 752 – Aosta 7 – Courmayeur 32 – Milano 190 – Colle del Piccolo San Bernardo 50.

Etoile du Nord, frazione Arensod 11/a 0165 258219, *info@etoiledunord.it, Fax 0165 258225,* ← monti, , coperta d'inverno – – 130. VISA.
Pasto *(chiuso novembre, domenica sera e lunedì)* 22/26 – **59 cam** 75/115 – ½ P 80.
◆ Quasi un castello moderno, con tanto di torrioni e un cupolone centrale trasparente; camere di differente tipologia, e con spazi stravaganti, a seconda della posizione. Al ristorante ampia sala con arredi contemporanei.

Panoramique, località Pont d'Avisod 32 (Nord-Est : 2 km) 0165 551246, *adava@adava.vao.it, Fax 0165 552747,* ← monti e vallata, – . VISA.
chiuso novembre – **Pasto** *(luglio-agosto; chiuso a mezzogiorno)* 19 – 7 – **31 cam** 55/75 – ½ P 57.
◆ In posizione dominante e, come recita il nome, panoramica, con vista sui monti e la vallata, un'accogliente casa, dal sapore quasi privato, calda e confortevole. Sala da pranzo intima, con molto legno e un invitante camino acceso.

sulla strada statale per Ville sur Sarre *Nord-Est : 3,5 km:*

Agriturismo L'Arc en Ciel, frazione Vert 1 ✉ 11010 Sarre ☎ 0165 257843, *Fax 0165 257843*, ← Aosta e vallata, – P.
Pasto 13/15 – **5 cam** 50/62 – ½ P 44.
◆ Un agriturismo genuino, in cui la gestione è da sempre impegnata tra coltivazioni e animali. All'interno della casa padronale, cinque camere graziose e confortevoli. Al ristorante viene servita la freschezza dei prodotti locali.

SARSINA *47027 Forlì-Cesena* 562 K 18 – *3 765 ab. alt. 243.*

Roma 305 – Rimini 72 – Arezzo 100 – Bologna 115 – Forlì 48.

Le Maschere, via Cesio Sabino 33 ☎ 0547 95079, *info@lemaschere.it, Fax 0547 95079,*
Coperti limitati; prenotare – . AE VISA JCB.
chiuso due settimane a giugno, lunedì e martedì a mezzogiorno – **Pasto** carta 27/40.
◆ Locale del centro storico che negli anni è stato in grado di conquistarsi una clientela eterogenea in ragione dell'ambiente (tante maschere alle pareti) e della cucina locale.

SARTEANO *53047 Siena* 563 N 17 *G. Toscana – 4 523 ab. alt. 573.*

Roma 156 – Perugia 60 – Orvieto 51 – Siena 81.

Agriturismo Le Anfore senza rist, via Oriato 2/4 (Est : 3 km) ☎ 0578 265521, *leanfore@priminet.com, Fax 0578 265521*, ←, , , – TV P. AE VISA
chiuso dal 1°al 15 febbraio e dal 15 novembre al 15 dicembre – **Pasto** *(chiuso a mezzogiorno)* (solo per alloggiati) 21 – **7 cam** 57/83, 3 suites 100/114 – ½ P 62,50.
◆ In un vecchio casale ristrutturato, con giardino e piscina, confortevole e curato ambiente rustico di tono elegante: arredi classici e piacevole soggiorno con caminetto.

Santa Chiara con cam, piazza Santa Chiara 30 ☎ 0578 265412, *conventosantachiara@tiscalinet.it, Fax 0578 266849*, ←, , prenotare, – P. AE VISA JCB. rist
chiuso febbraio – **Pasto** *(chiuso martedì)* carta 31/48 – **10 cam** 130, suite – ½ P 93.
◆ Splendida collocazione in un convento del XV secolo immerso nel verde per questo locale con camere; sala con travi e mattoni a vista, ameno servizio estivo in giardino.

Leggete attentamente l'introduzione : e la « chiave » della guida.

SARZANA *19038 La Spezia* 561 J 14 *G. Italia – 20 122 ab. alt. 27.*

Vedere *Pala scolpita★ e crocifisso★ nella Cattedrale – Fortezza di Sarzanello★ : ★★ Nord-Est : 1 km.*

Roma 403 – La Spezia 16 – Genova 102 – Massa 20 – Milano 219 – Pisa 60 – Reggio nell'Emilia 148.

Taverna Napoleone, via Mascardi 16 ☎ 0187 627974, *taverna.napoleone@libero.it,*
prenotare – AE VISA JCB
chiuso dal 7 al 14 febbraio mercoledì e a mezzogiorno – **Pasto** carta 35/40.
◆ Gestione giovane e dinamica in un rustico signorile nel cuore della cittadina; proposte di piatti del territorio elaborati in chiave moderna e buona scelta di vini.

La Giara, via Bertoloni 35 ☎ 0187 624013, prenotare – AE VISA JCB
chiuso martedì e mercoledì a mezzogiorno – **Pasto** carta 26/36.
◆ Ambiente raccolto e informale, arredato in modo curato, in una trattoria familiare ubicata in pieno centro storico; cucina locale basata su prodotti stagionali.

SASSARI P 566 E 7 – *Vedere Sardegna alla fine dell'elenco alfabetico.*

SASSELLA *Sondrio – Vedere Sondrio.*

SASSELLO *17046 Savona* 561 I 7 – *1 774 ab. alt. 386.*

via Badano ☎ 019 724020, sassello@inforiviera.it, Fax 019 723832.

Roma 559 – Genova 65 – Alessandria 67 – Milano 155 – Savona 28 – Torino 150.

Pian del Sole, località Pianferioso 23 ☎ 019 724255, *info@hotel-piandelsole.com, Fax 019 720038* – , rist, TV P – 60. VISA
chiuso gennaio o febbraio – **Pasto** *(chiuso lunedì e domenica sera da ottobre a marzo)* carta 26/35 – **32 cam** 55/80 – ½ P 62.
◆ A pochi passi dal centro della località, struttura di recente costruzione e di taglio moderno; ampie zone comuni ben tenute e spaziose camere piacevolmente arredate. Capiente sala da pranzo di stile lineare.

SASSETTA *57020 Livorno* 563 M 13 – *619 ab. alt. 337 – a.s. 15 giugno-15 settembre.*
Roma 279 – Grosseto 77 – Livorno 64 – Piombino 40.

La Bandita, via Campagna Nord 30 (Nord-Est : 3 km) ☎ 0565 794224, *bandita@tin.it, Fax 0565 794350*, ←, ⛱, – P. AE ⓢ ⓞ ⓜⓒ VISA. rist
3 aprile-7 novembre – **Pasto** *(chiuso a mezzogiorno)* (solo per alloggiati) 27/30 – **24 cam** ☐ 95/140 – ½ P 100.
◆ Villa di fine '700 all'interno di una vasta proprietà. Interni molto curati con arredi d'epoca, notevoli soprattutto nelle aree comuni. Camere eleganti, bella piscina.

Il Castagno, via Campagna Sud 72 (Sud : 1 km) ☎ 0565 794219, – P. ⓢ ⓜⓒ VISA.
chiuso lunedì – **Pasto** carta 16/43.
◆ In piena campagna, una cascina dove il tempo segue i ritmi della natura e dove gustare selvaggina e piatti toscani nella caratteristica sala ornata con trofei di caccia.

SASSO MARCONI *40037 Bologna* 562 I 15 – *13 799 ab. alt. 124.*
Roma 361 – Bologna 16 – Firenze 87 – Milano 218 – Pistoia 78.

Marconi, via Porrettana 291 ☎ 051 846216, *enoteca.marconi@virgilio.it, Fax 051 6784195*, – P. AE ⓢ ⓞ ⓜⓒ VISA.
chiuso dall'8 al 31 agosto, domenica sera e lunedì – **Pasto** carta 45/65.
◆ La posizione collinare non tragga in inganno: proposte a base di pesce fresco, talora rielaborate con creatività, in un ristorante di taglio decisamente moderno.

La Rupe, via Porretana 557 ☎ 051 841322, *Fax 051 841322* – P. AE ⓢ ⓞ ⓜⓒ VISA.
chiuso gennaio, luglio, giovedì e venerdì a mezzogiorno – **Pasto** carta 36/48.
◆ Il nome è già rivelatore: si trova proprio su una collina a picco sulla valle questo locale elegante, con raffinati tavoli rotondi, dove gustare specialità bolognesi.

a Mongardino *Nord-Ovest : 6 km – alt. 369 – ✉ 40044 Pontecchio Marconi :*

Antica Trattoria la Grotta, via Tignano 3 ☎ 051 6755110, *Fax 051 6755110*, , prenotare – P. AE ⓢ ⓞ ⓜⓒ VISA.
chiuso dal 27 dicembre al 13 febbraio, mercoledì e a mezzogiorno (escluso sabato e domenica) – **Pasto** carta 30/39.
◆ Lunga tradizione familiare in un ristorante fondato nel 1918, non lontano da una grotta scavata nel tufo; ampia e accogliente sala dove provare gustosi piatti locali.

SASSUOLO *41049 Modena* 562 I 14 – *40 872 ab. alt. 121.*
Roma 421 – Bologna 61 – Milano 177 – Modena 18 – Reggio nell'Emilia 25.

La Paggeria, via Rocca 16/20 ☎ 0536 805190, *Fax 0536 805190* – AE ⓢ ⓞ ⓜⓒ VISA JCB.
chiuso dal 1° all'8 gennaio, agosto, sabato a mezzogiorno e domenica – **Pasto** carta 25/44.
◆ In centro città, a pochi passi dal Palazzo Ducale, un ristorante che presenta una lista abbastanza ristretta e affidabile. Cucina del territorio, preparazioni tradizionali.

SATURNIA *58050 Grosseto* 563 O 16 *G. Toscana – alt. 294 – Stazione termale.*
Roma 195 – Grosseto 57 – Orvieto 85 – Viterbo 91.

Bagno Santo, località Pian di Cataverna Est : 3 km ☎ 0564 601320, *Fax 0564 601346*, ← campagna e colline – TV P. AE ⓢ ⓞ ⓜⓒ VISA. rist
Pasto carta 23/29 – ☐ 5 – **14 cam** 90/110 – ½ P 75.
◆ Splendida vista su campagna e colline, tranquillità assoluta e ambienti confortevoli in una struttura rustica di taglio moderno; piacevoli le camere in stile lineare. Capiente sala da pranzo dagli arredi essenziali e dall'atmosfera raffinata.

Villa Clodia senza rist, via Italia 43 ☎ 0564 601212, *villaclodia@laltramaremma.it, Fax 0564 601305*, ←, ⛱, – TV. ⓢ VISA.
chiuso dal 1° al 20 dicembre – **10 cam** ☐ 55/88.
◆ In zona centrale e panoramica, bella villa circondata dal verde; ambiente familiare negli interni ornati in modo semplice, ma originale e personalizzato; camere accoglienti.

Villa Garden senza rist, Sud : 1 km ☎ 0564 601182, *villagarden@ftbcc.it, Fax 0564 601182*, ←, – TV P. AE ⓢ ⓞ ⓜⓒ VISA.
chiuso dal 10 al 20 gennaio – **9 cam** ☐ 83/103, suite.
◆ A metà strada tra il paese e le Terme, una villetta immersa nella quiete, con un gradevole giardino; piacevoli e curati spazi comuni, camere di buon livello.

I Due Cippi-da Michele, piazza Veneto 26/a ☎ 0564 601074, *Fax 0564 601207*, – AE ⓢ ⓞ ⓜⓒ VISA
chiuso dal 10 al 24 gennaio e martedì (escluso da luglio a settembre) – **Pasto** carta 37/48.
◆ Nella piazza del paese, ristorante a gestione diretta in cui gustare piatti toscani, dotato anche di enoteca con ottima scelta di vini e vendita di prodotti della zona.

Il Melangolo, piazza Vittorio Veneto 2 ☎ 0564 601004, *info@ilmelangolo.it, Fax 0564 601004*, – AE ⓢ ⓪ MO VISA
chiuso febbraio e lunedì – **Pasto** carta 31/44.
◆ Sorge sulla piazza principale del paese, questo ristorante all'interno di una costruzione d'epoca; sale con soffitti sobriamente affrescati, dove gustare specialità toscane.

alle terme *Sud-Est : 3 km :*

Terme di Saturnia, via della Follonata ☎ 0564 600111, *info@termedisaturnia.it, Fax 0564 601266*, ≤, Centro benessere, termale naturale, – rist, 70. AE ⓢ ⓪ MO VISA. rist
Pasto 43 – **132 cam** 256/392, 8 suites – ½ P 223.
◆ Vacanza rigenerante per il corpo e la mente, in un esclusivo complesso dotato di ogni confort, ristrutturato di recente; attrezzato centro benessere, piscina termale naturale.

SAURIS

SAURIS *33020 Udine* 562 C 20 – *415 ab. alt. 1 390 – a.s. 15 luglio-agosto e Natale – Sport invernali : 1 200/1 450 m* 3, .
a Sauris di Sotto ☎ 0433 86076, Fax 0433 866900.
Roma 723 – Udine 84 – Cortina d'Ampezzo 102.

Schneider, via Sauris di Sotto 92 ☎ 0433 86220, *Fax 0433 866310*, ≤ – TV. AE ⓢ MO VISA.
chiuso dal 10 al 30 giugno e dall'11 al 24 novembre – **Pasto** vedere rist ***Alla Pace*** – **8 cam** 46,50/77,50.
◆ Una decina di camere spaziose, signorili e confortevoli che senza dubbio consentono di godere di un soggiorno ideale per apprezzare le bellezze naturali della località.

Alla Pace, via Sauris di Sotto 38, località Sauris di Sotto ☎ 0433 86010, *allapace@libero.it, Fax 0433 866310*, prenotare – AE ⓢ MO VISA.
chiuso dal 10 al 30 giugno, dall'11 al 24 novembre e mercoledì (escluso da luglio al 15 settembre) – **Pasto** carta 20/28.
◆ In un antico palazzo fuori dal centro, locanda di lunga tradizione, gestita dalla stessa famiglia dal 1804: accoglienti salette dove gustare cucina tipica del luogo.

Per i vostri viaggi d'affari o di turismo,
La Guida MICHELIN : EUROPA.

SAUZE D'OULX

SAUZE D'OULX *10050 Torino* 561 G 2 – *1 056 ab. alt. 1 509 – a.s. febbraio-marzo e Natale – Sport invernali : 1 350/2 823 m* 19 *(Comprensorio Via Lattea* 1 58*).*
piazza Assietta 18 ☎ 0122 858009, sauze@montagnedoc.it, Fax 0122 850700.
Roma 746 – Briançon 37 – Cuneo 145 – Milano 218 – Sestriere 27 – Susa 28 – Torino 81.

a Le Clotes *5 mn di seggiovia o E : 2 km (solo in estate) – alt. 1 790 – ✉ 10050 Sauze d'Oulx :*

Il Capricorno, via Case Sparse 21 ☎ 0122 850273, *Fax 0122 850055*, ≤ monti e vallate, – TV. ⓢ MO VISA.
dicembre-marzo e 15 giugno-15 settembre – **Pasto** (prenotare) carta 41/58 – **7 cam** 120/170 – ½ P 135.
◆ Vicino alle piste da sci, in una splendida pineta, albergo con magnifica vista su monti e vallate; ambiente signorile nei caratteristici ed eleganti interni rustici. Calda atmosfera, travi a vista, camino, arredi in legno nella bella sala da pranzo.

SAVELLETRI

SAVELLETRI *72010 Brindisi* 564 E 34 – *a.s. 20 giugno-agosto.*
San Domenico a Fasano ✉ 72015 ☎ 080 4827769, Fax 080 4827978, Sud-Ovest : 8 km.
Roma 509 – Bari 65 – Brindisi 54 – Matera 92 – Taranto 55.

Da Renzina, piazza Roma 6 ☎ 080 4829075, *Fax 080 4829075*, ≤, – . AE ⓢ ⓪ MO VISA
chiuso gennaio e giovedì – **Pasto** carta 28/50.
◆ Ubicato in centro, ristorante con un'ampia sala, quasi interamente a vetri, molto luminosa e accogliente; piacevole servizio estivo in terrazza sul mare, cucina di mare.

sulla strada litoranea *Sud-Est : 2,5 km:*

Masseria San Domenico, località Petolecchia ✉ 72010 ☎ 080 4827769, *info@masseriasandomenico.com, Fax 080 4827978*, , Centro talassoterapico e golf club, – TV – 150. AE ⓢ ⓪ MO VISA JCB.
chiuso dal 7 al 31 gennaio – **Pasto** *(chiuso martedì)* carta 65/75 – **50 cam** 374/484, suites.
◆ In un'antica masseria del '400 tra ulivi secolari e ampi spazi verdi, hotel dai raffinati interni, immerso in una dolce quiete; caratteristico l'antico frantoio ipogeo. In sala da pranzo soffitto a volte in mattoni chiari e camino.

SAVIGLIANO 12038 Cuneo 561 I 4 – 19 838 ab. alt. 321.

via Saluzzo 1 ☎ 0172 717185, enterman@libero.it, Fax 0172 715467.
Roma 650 – Cuneo 33 – Torino 54 – Asti 63 – Savona 104.

Granbaita, via Cuneo 25 ☎ 0172 711500, *info@granbaitahotel.it, Fax 0172 711518,* – 100. AE VISA JCB. rist
Pasto *(chiuso domenica sera)* carta 21/33 – 8 – **67 cam** 65/80, 2 suites.
◆ Adatta a una clientela d'affari, struttura di taglio moderno che si sviluppa su un unico piano, a semicerchio; parti comuni essenziali, ampie camere dal design originale.

Cosmera, via Alba 31 (Est : 2 km) ☎ 0172 726349, *Fax 0172 725664,* – cam, VISA
Pasto *(chiuso lunedì)* carta 14/20 – **28 cam** 46/67 – ½ P 45.
◆ Hotel comodo sia per ubicazione che per organizzazione interna. Una struttura di taglio turistico, ma frequentata con piacere anche dalla clientela d'affari. Ristorante il cui aspetto non è privo di fascino.

SAVIGNANO SUL PANARO 41056 Modena 562 I 15 – 8 323 ab. alt. 102.

Roma 394 – Bologna 29 – Milano 196 – Modena 26 – Pistoia 110 – Reggio nell'Emilia 52.

Il Formicone, via Tavoni 463 (Ovest : 1 km) ☎ 059 771506, *info@ilformicone.it, Fax 059 762149,* prenotare – AE VISA
chiuso dal 1° al 7 gennaio, dal 1° al 15 luglio e martedì – **Pasto** carta 38/48.
◆ Accoglienza familiare, passione, esperienza e una proposta culinaria con radici nella tradizione locale, ma anche innovativa; aceto balsamico di produzione propria.

SAVIGNO 40060 Bologna 562 I 15 – 2 575 ab. alt. 259.

Roma 394 – Bologna 39 – Modena 40 – Pistoia 80.

Trattoria da Amerigo con cam, via Marconi 16 ☎ 051 6708326, *cibovino@amerigo1934.it, Fax 051 6708528,* , prenotare – AE VISA JCB
chiuso a mezzogiorno (escluso i giorni festivi), lunedì e da gennaio a maggio anche martedì – **Pasto** specialità tartufo carta 24/42 – 6 – **5 cam** 65/90.
◆ Caratteristica trattoria di tradizione familiare (dal 1934): entrata nell'annessa enoteca, poi due salette rustiche dove assaporare prelibata cucina emiliana e tartufo.
Spec. Tigelline al parmigiano fuso ed in scaglie con gelato di parmigiano all'aceto balsamico tradizionale. Passatelli asciutti con salsa di parmigiano e tartufo bianco (ottobre-gennaio). Uovo "montato", false tagliatelle e mosaico di funghi (maggio-ottobre).

SAVIGNONE 16010 Genova 561 I 8 – 3 166 ab. alt. 471.

Roma 514 – Genova 27 – Alessandria 60 – Milano 124 – Piacenza 126.

Palazzo Fieschi, piazza della Chiesa 14 ☎ 010 9360063, *fieschi@split.it, Fax 010 936821,* – 90. AE VISA JCB.
chiuso dal 25 dicembre al 28 febbraio – **Pasto** *(chiuso a mezzogiorno escluso luglio e agosto)* carta 33/54 – **24 cam** 75/120 – ½ P 85.
◆ Nella piazza centrale del paese, in una dimora patrizia cinquecentesca con un grande giardino, un albergo a gestione diretta; interni confortevoli, ampie stanze in stile. Soffitto decorato, camino e luminose vetrate nell'elegante sala ristorante.

SAVOGNA D'ISONZO 34070 Gorizia – 1 743 ab. alt. 40.

Roma 639 – Udine 40 – Gorizia 5 – Trieste 29.

a San Michele del Carso *Sud-Ovest : 4 km – ✉ 34070 :*

Trattoria Gostilna Devetak, via San Michele del Carso 48 ☎ 0481 882005, *info@devetak.com, Fax 0481 882488,* , prenotare, – – 25. AE VISA.
chiuso lunedì e martedì – **Pasto** cucina carsolina carta 24/32.
◆ Cucina carsolina e mitteleuropea in una trattoria dall'ambiente familiare che risale al 1870, circondata da un bosco e abbellita da un giardino con parco giochi.

SAVONA 17100 P 561 J 7 *G. Italia – 61 911 ab..*

corso Italia 157/r ☎ 019 8402321, savona@inforiviera.it, Fax 019 8403672.
A.C.I. *via Guidobono 23 ☎ 019 807669.*
Roma 545 ② – Genova 48 ② – Milano 169 ②.

Pianta pagina a lato

Mare, via Nizza 89/r ☎ 019 264065, *marehtl@tin.it, Fax 019 263277,* <, – – 80. AE VISA JCB AY c
Pasto vedere rist ***A Spurcacciun-a*** – 8 – **66 cam** 80/135, 8 suites.
◆ Sulla spiaggia, fuori dal centro, hotel ideale per una clientela d'affari; interni in stile lineare di moderna concezione, camere di due tipologie, entrambe confortevoli.

SAVONA

Astengo (Via) . . . . BY 2
Bigliati (Corso) . . . . CV 3
Bixio (Via) . . . . BX 4
Boselli (Via P.) . . . . BY 5
Brandale (Piazza del) . . . CY 6
Brignoni (Via) . . . . BY 7
Cavour (Via) . . . . BY 10
Corsi (Via) . . . . BZ
Diaz (Piazza A.) . . . . CY 14
Duomo (Piazza) . . . . CY 15
Famagosta (Via) . . . . BX 17
Ferrari (Corso) . . . . CV 18
Genova (Via) . . . . CV 20
Gentile (Via) . . . . CV 21
Giulio II (Piazza) . . . . . . CZ 22
Giuria (Via P.) . . . . CZ 24
Gramsci (Via A.) . . . . CY 25
Guidobono (Via) . . . . . . BZ 26
Italia (Corso) . . . . BCY
Mameli (Piazza G.) . . . . BY 27
Matteotti (Via) . . . . CV 28
Matteotti (Lung. Giacomo) . . . CV 29
Mazzini (Corso G.) . . . . CV 31
Mille (Via dei) . . . . CY 32
Minzoni (Via Don G.) . . BX 34
Mistrangelo (Via) . . . . . CY 35
Montenotte (Via) . . . . . . BZ 36
Naz. del Piemonte (Via) . . . . BV 38
Paleocapa (Via) . . . . . . BCY 41
Pia (Via) . . . . CY 42
Pirandello (Via) . . . . BX 45
Saffi (Piazza A.) . . . . . . BY 47
Salomone (Via) . . . . CV 48
S. Cristoforo (Via) . . . . AX 49
S. Lorenzo (Via) . . . . . . BX 50
Sisto IV (Piazza) . . . . . . CY 51
Svizzera (Corso) . . . . . . AY 53
Tardy e Benech (Corso) BZ 55
Torino (Via) . . . . BX 56
Turati (Via F.) . . . . CX 57
Venezia (Via) . . . . BY 59
Verdi (Via G.) . . . . BX 60
Verzellino (Via) . . . . BZ 62
Viglienzoni (Corso) . . . . BZ 65
Vittime di Brescia (V.) . . BX 66
Vittorio Veneto (Via) . . . BX 67
4 Novembre (Via) . . . . . BY 68
20 Settembre (Via) . . . . BZ 70

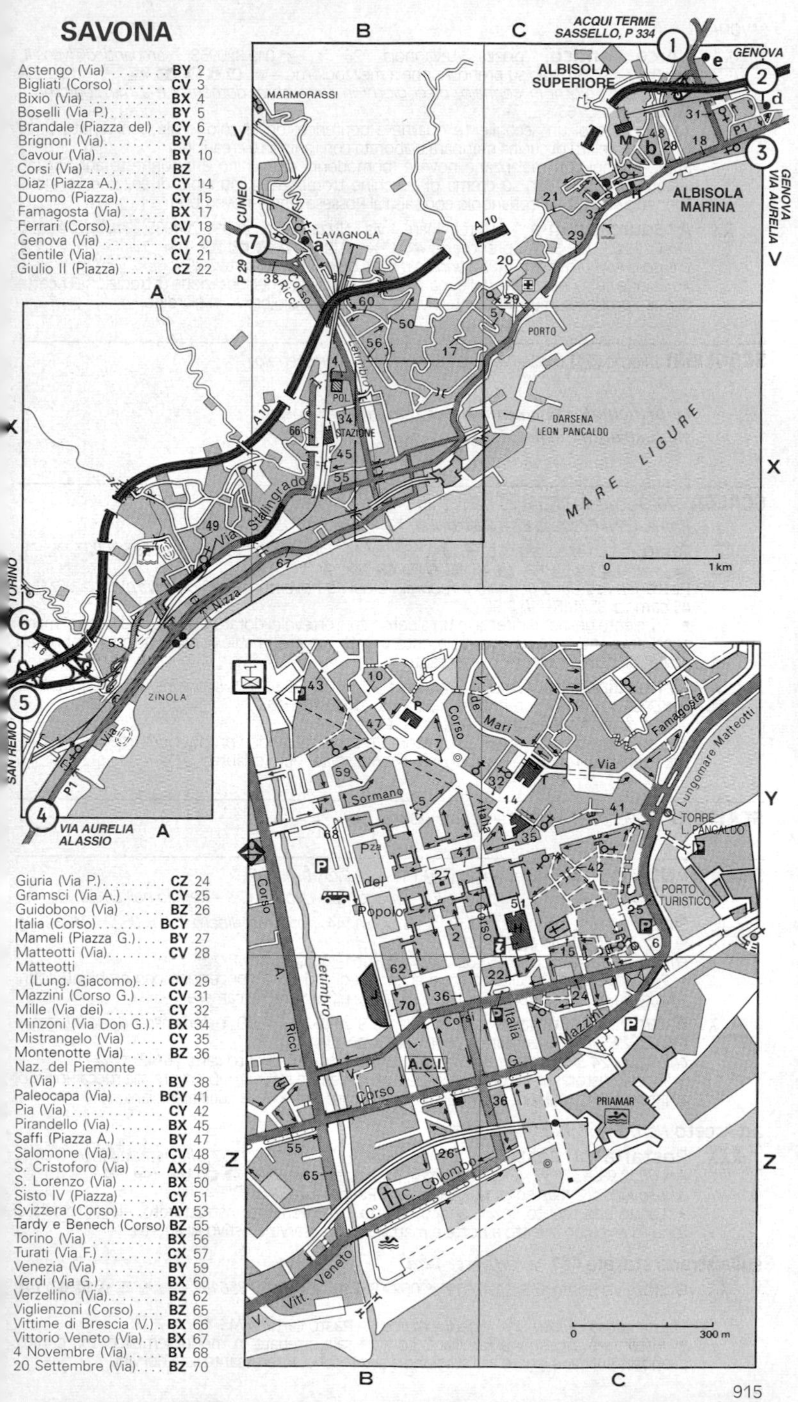

XX **L'Arco Antico,** piazza Lavagnola 26 r ✆ 019 820938, *arcoantico@lycos.it, Fax 019 8487234,* solo su prenotazione a mezzogiorno – ▤. AE ⓢ ⓓ ⓜⓒ VISA **BV a**
chiuso dieci giorni in gennaio, dieci giorni in settembre, domenica e a mezzogiorno – **Pasto** carta 42/63.
◆ Nel cuore di un accogliente quartiere periferico, un piccolo locale ben tenuto dove assaporare piatti di cucina marinara elaborata con fantasia e creatività.
Spec. Scampi con melanzane novelle, pomodorini di Pachino e citronnette agli agrumi (estate). Tagliolini neri su crema di zucchine trombette e intingolo di cozze e vongole. Tonnetto scottato al coriandolo con salsa al Rossese (aprile-novembre).

XX **A Spurcacciun-a** - Hotel Mare, via Nizza 89/r ✆ 019 264065, *marehtl@tin.it, Fax 019 263277,* ←, prenotare, – ▤ P. AE ⓢ ⓓ ⓜⓒ VISA JCB **AY c**
chiuso dal 24 dicembre al 22 gennaio e mercoledì – **Pasto** carta 36/74.
◆ Grande cura nella scelta delle materie prime e capace rielaborazione di tradizionali ricette di mare proposte in un ambiente vivace; ameno servizio estivo in giardino.

SCAGLIERI *Livorno* 563 N 12 – *Vedere Elba (Isola d') : Portoferraio.*

Le principali vie commerciali figurano in rosso sugli stradari delle piante di città.

SCALEA *87029 Cosenza* 564 H 29 – *9 989 ab..*
Roma 428 – Cosenza 87 – Castrovillari 72 – Catanzaro 153 – Napoli 222.

Talao, corso Mediteraneo 66 ✆ 0985 20444, *info@hoteltalao.it, Fax 0985 20927,* ←, , – ▤ TV P – 45. AE ⓢ ⓓ ⓜⓒ VISA.
Pasto *(chiuso dal 5 gennaio a febbraio e dal 10 novembre al 10 dicembre)* carta 20/36 – **45 cam** 85/115 – ½ P 90.
◆ Efficiente gestione diretta in un albergo confortevole, dotato di accesso diretto al mare; ariosi ambienti comuni piacevolmente ornati, camere in stile lineare. Arredi semplici ed essenziali nella capiente sala ristorante.

X **La Rondinella,** via Vittorio Emanuele III 21 ✆ 0985 91360, *larondinella@la-rondinella.it, Fax 0985 90518,* , prenotare – ▤. AE ⓢ ⓓ ⓜⓒ VISA.
chiuso domenica da ottobre ad aprile – **Pasto** 20/30.
◆ Nel centro storico, un piccolo ristorante che utilizzando i prodotti dell'azienda agrituristica familiare, recupera in modo intelligente i piatti tipici calabresi.

SCALTENIGO *Venezia* 562 F 18 – *Vedere Mirano.*

SCANDIANO *42019 Reggio nell'Emilia* 562 I 14 – *22 873 ab. alt. 95.*
Roma 426 – Parma 51 – Bologna 64 – Milano 162 – Modena 23 – Reggio nell'Emilia 13.

Sirio senza rist, via Palazzina 32 ✆ 0522 981144, *hotelsirio@libero.it, Fax 0522 984084* – ▤ TV . AE ⓢ ⓓ ⓜⓒ VISA.
chiuso Natale, Capodanno e dal 3 al 18 agosto – **32 cam** 48/72.
◆ Alle porte della località, piccola struttura di moderna concezione con ambienti sobri, arredati in modo semplice e lineare; spaziose e funzionali le camere.

X **Osteria in Scandiano,** piazza Boiardo 9 ✆ 0522 857079, *osteriainscandiano@libero.it, Fax 0522 857079,* prenotare – ▤. AE ⓢ ⓓ ⓜⓒ VISA.
chiuso dal 24 dicembre al 7 gennaio, agosto e giovedì – **Pasto** carta 26/42.
◆ Piccolo ristorante di tono familiare e al contempo raffinato. Di fronte alla rocca Boiardo, all'interno di un palazzo del '600, per apprezzare al meglio la cucina emiliana.

ad Arceto *Nord-Est : 3,5 km – ✉ 42010 :*

XXX **Rostaria al Castello,** via Pagliani 2 ✆ 0522 989157, *larostaria@interfree.it, Fax 0522 989157,* , Coperti limitati; prenotare – ▤. AE ⓢ ⓓ ⓜⓒ VISA JCB.
chiuso lunedì e martedì a mezzogiorno – **Pasto** carta 29/58.
◆ Locale ben tenuto, in un antico edificio sapientemente ristrutturato: elegante sala di tono rustico con soffitto a botte e mattoni a vista; servizio estivo all'aperto.

sulla strada statale 467 *Nord-Ovest : 4 km :*

XX **Bosco,** via Bosco 133 ✉ 42019 ✆ 0522 857242, *Fax 0522 856191* – ▤ P. AE ⓢ ⓓ ⓜⓒ VISA.
chiuso agosto, dicembre, lunedì e martedì – **Pasto** carta 37/43.
◆ Ristorante a gestione familiare, con tre sale arredate in modo semplice, ma curato; proposte culinarie legate alla stagione e al territorio, interessante lista dei vini.

SCANDICCI *50018 Firenze 563 K 15 – 50 302 ab. alt. 49.*

piazza della Resistenza ✆ 055 7591302, urp@comune.scandicci.fi.it, Fax 055 7591320.
Roma 278 – Firenze 6 – Pisa 79 – Pistoia 36.

a Mosciano *Sud-Ovest : 3 km – ✉ 50018 Scandicci :*

Le Viste, senza rist, via del Leone 11 ✆ 055 768543, *birgiter@tin.it, Fax 055 768531,* ≤ colli e Firenze, – . ✻
chiuso dal 10 dicembre al 7 gennaio – **4 cam** 120/210.
◆ Elegante residenza di campagna ristrutturata con gusto: atmosfera raffinata negli splendidi interni arredati con mobili d'epoca; terrazza panoramica, camere confortevoli.

a Roveta *Sud-Ovest : 8 km – ✉ 50018 Scandicci :*

Sorgente Roveta, via di Roncigliano 11 ✆ 055 768570, *sorgenteroveta@ciatsrl.it, Fax 055 768571,* ≤ colline, – 40. ✻ rist
Pasto carta 28/41 – **40 cam** 160/200 – ½ P 130.
◆ Complesso alberghiero architettonicamente gradevole, con giardino e piscina, ben inserito nel contesto paesaggistico circostante. Signorile e raffinato, ma senza eccessi. Ristorante di taglio classico, comode poltroncine.

SCANDOLARA RIPA D'OGLIO *26047 Cremona 561 G 12 – 639 ab. alt. 47.*

Roma 528 – Brescia 50 – Cremona 15 – Parma 68.

Al Caminetto via Umberto I, 26 ✆ 0372 89589, *alcaminetto@tin.it, Fax 0372 89589,* , Coperti limitati; prenotare – . ✻
chiuso dal 7 al 15 gennaio, dal 29 luglio al 26 agosto, lunedì e martedì – **Pasto** carta 38/57.
◆ Sembra di essere in un signorile salotto casalingo, con camino acceso, avvolti dalla calda e accogliente atmosfera di un ristorante che propone squisita cucina creativa.

SCANNO *67038 L'Aquila 563 Q 23 G. Italia – 2 154 ab. alt. 1 050.*

Vedere *Lago di Scanno★ Nord-Ovest : 2 km.*
Dintorni *Gole del Sagittario★★ Nord-Ovest : 6 km.*
piazza Santa Maria della Valle 12 ✆ 0864 74317, iat.scanno@abruzzoturismo.it, Fax 0864 747121.
Roma 155 – Frosinone 99 – L'Aquila 101 – Campobasso 124 – Chieti 87 – Pescara 98 – Sulmona 31.

Vittoria, via Domenico di Rienzo 46 ✆ 0864 74398, *hotelvittoria@hotmail.com, Fax 0864 747179,* ≤ – . ✻
20 dicembre-10 gennaio, Pasqua e maggio-ottobre – **Pasto** carta 26/32 – **27 cam** 60/85 – ½ P 70.
◆ Nella quieta parte alta della città, un albergo da cui si gode una piacevole vista; accoglienti e ariosi interni nei colori del legno e del nocciola, camere essenziali. Proposte gastronomiche a base di piatti abruzzesi.

Grotta dei Colombi, viale dei Caduti 64 ✆ 0864 74393, *grottadeicolombi@tiscalinet.it, Fax 0864 74393,* ≤, – . ✻ rist
chiuso novembre – **Pasto** *(chiuso mercoledì)* carta 19/30 – 5,50 – **16 cam** 33,50/48 – ½ P 45.
◆ Valida conduzione familiare in una pensione in posizione panoramica; spazi comuni arredati in modo semplice, camere sobrie, ma confortevoli e funzionali. Ambiente alla buona nell'ampia sala da pranzo.

Osteria di Costanza e Roberto, via Roma 15 ✆ 0864 74345, *info@costanzaeroberto.it,* prenotare – . ✻
chiuso dal 15 novembre al 15 dicembre, lunedì e martedì (escluso luglio-agosto) – **Pasto** carta 19/31.
◆ Simpatico ristorante con vaghi richiami allo stile provenzale, articolato su due sale e arredato con gusto. Servizio attento, gestione appassionata, prezzi interessanti.

Lo Sgabello, via Pescatori 45 ✆ 0864 747476, *Fax 0864 747476* – . ✻
chiuso una settimana in giugno e mercoledì (escluso da giugno a settembre) – **Pasto** carta 20/24.
◆ In questo paese che si affaccia su una gola alpestre nella bella Valle del Sagittario, un ristorante dall'ambiente semplice dove apprezzare piatti del territorio.

al lago *Nord : 3 km :*

Del Lago, viale del Lago 202 ✉ 67038 ✆ 0864 747427, *Fax 0864 747651,* ≤, In riva al lago – . ✻
20 dicembre-10 gennaio e Pasqua-15 ottobre – **Pasto** *(chiuso mercoledì escluso luglio-agosto)* carta 24/34 – 8 – **24 cam** 57/68 – ½ P 60.
◆ Felicemente collocato in riva al lago, in luogo tranquillo e panoramico, un albergo rinnovato nel corso degli anni, che dispone di camere non grandi, ma confortevoli. Pasti serviti nell'ampia sala da pranzo.

Park Hotel, viale della Riviera 6 ✉ 67038 ☎ 0864 74624, *park.hotel_scanno@tin.it, Fax 0864 74608,* ←lago, 🏊, 🎾 – 🛗 📺 🚗 🅿 – 🎪 100. AE 💳 ⓓ MC VISA. 🚫
20 dicembre-10 gennaio e luglio-15 settembre – **Pasto** 20/30 – **55 cam** 41/72 – ½ P 70.
◆ Imponente struttura con vista sul lago, adatta anche a una clientela di lavoro; spazi comuni di taglio moderno, dove prevale l'uso del legno, camere essenziali.

Acquevive 🔇, via Circumlacuale ☎ 0864 74388, *acquevive@tin.it, Fax 0864 74334,* ←, 🌳 – 🛗 📺 🅿. 💳 ⓓ MC VISA. 🚫 *Pasqua-settembre* – **Pasto** carta 23/34 – ☕ 7 – **33 cam** 80 – ½ P 68.
◆ In posizione decentrata lungo la strada che costeggia il lago su cui affacciano molte camere, albergo in stile montano dotato di giardino, buoni spazi comuni, arredi rustici. Sala ristorante molto luminosa con veranda estiva.

SCANSANO *58054 Grosseto* 563 N 16 – *4 406 ab. alt. 500.*
Roma 180 – Grosseto 29 – Civitavecchia 114 – Viterbo 98.

Antico Casale 🔇, località Castagneta Sud-Est : 3 km ☎ 0564 507219, *info@anticocasale discansano.com, Fax 0564 507805,* ←, 🍽, turismo equestre, 🏊, 🌳 – ▤ cam, 📺 🅿. AE 💳 ⓓ MC VISA. 🚫 rist
– **Pasto** *(chiuso dal 15 gennaio al 28 febbraio, e a mezzogiorno da maggio a settembre)* carta 24/36 (10 %) – **27 cam** ☕ 86,50/158, 5 suites – ½ P 111.
◆ Per una vacanza in campagna, un antico casale maremmano ristrutturato, con piscina e attrezzato maneggio; interni in stile rustico e camere semplici, ma accoglienti. Caratteristica sala ristorante con pietre a vista; gradevole servizio estivo in terrazza.

La Cantina, via della Botte 1 ☎ 0564 507605, *Fax 0564 599742,* Rist. con enoteca – 💳 MC VISA. 🚫
chiuso dal 20 gennaio al 17 febbraio, dal 10 al 30 novembre e martedì escluso agosto – **Pasto** carta 31/52.
◆ Nelle cantine di un edificio del '600, un ristorante con enoteca, a conduzione familiare: ambiente tipico, con soffitto a volta in mattoni rossi e tavoli in legno massiccio.

Una prenotazione confermata per iscritto o per fax è sempre più sicura.

SCANZANO IONICO *75020 Matera* 564 G 32 – *6 731 ab. alt. 14.*
Roma 483 – Matera 63 – Potenza 125 – Taranto 64.

Miceneo Palace Hotel, strada provinciale per Montalbano Ionico ☎ 0835 953200, *mice neo@sifor.it, Fax 0835 953044,* 🏊, 🌳 – 🛗, 🚭 cam, ▤ 📺 📞 ♿ 🅿 – 🎪 250. AE 💳 ⓓ MC VISA JCB. 🚫
Pasto carta 15/30 – **46 cam** ☕ 90/140, 5 suites – ½ P 77.
◆ Poco fuori dal centro, albergo recente a vocazione congressuale: ampia hall di moderna concezione, camere confortevoli piacevolmente arredate, numerose sale per meeting. Capiente sala ristorante di tono elegante.

SCAPEZZANO *Ancona* 563 K 21 – *Vedere Senigallia.*

SCARLINO *58020 Grosseto* 563 N 14 – *3 086 ab. alt. 230.*
Roma 231 – Grosseto 43 – Siena 91 – Livorno 97.

Madonna del Poggio senza rist, località Madonna del Poggio ☎ 0566 37320, *Fax 0566 37320,* 🏊, 🌳 – 🅿. 🚫
7 cam ☕ 73/104.
◆ In un giardino con olivi secolari, una ex-chiesa del 1200, poi casello del dazio e casa colonica, è oggi un piccolo e originale bed and breakfast con camere semplici ma ampie.

SCARMAGNO *10010 Torino* 561 F 5, 219 ⑭ – *728 ab. alt. 278.*
Roma 681 – Torino 39 – Aosta 76 – Biella 53 – Vercelli 56.

Arcadia, via Romano 27 ☎ 0125 739243 e rist ☎ 0125 739222, *Fax 0125 739444,* 🍽 – 🛗 ▤ 📺 ♿ 🅿 – 🎪 80. AE 💳 ⓓ MC VISA JCB. 🚫 rist
Pasto al Rist. ***L'Arciere*** *(chiuso agosto)* carta 17/34 – **37 cam** ☕ 62/75 – ½ P 50.
◆ Vecchio cascinale di campagna, divenuto un confortevole albergo in seguito a una radicale ristrutturazione; curati interni di moderna concezione, camere ben accessoriate. Grande sala da pranzo dai colori chiari.

SCARPERIA *50038 Firenze* 563 K 16 – *6 565 ab. alt. 292.*
Roma 293 – Firenze 30 – Bologna 90 – Pistoia 65.

Fattoria Il Palagio con cam, viale Dante 99/101 ☎ 055 846376, *Fax 055 846255* – ▤ 📺 🅿. AE 💳 ⓓ MC VISA JCB. 🚫
chiuso dal 1º al 15 gennaio ed agosto – **Pasto** carta 27/38 – **4 cam** ☕ 40/80.
◆ In una fattoria settecentesca con parco, due sale rustiche ricavate negli antichi granai, una delle quali con soffitto di travi in legno originali; piatti tradizionali.

a Gabbiano *Ovest : 7 km – ✉ 50038 Scarperia :*

Sonesta Resort & Country Club Tuscany ⑤, via San Gavino 27 ☎ 055 8468282, *info@sonesta.it, Fax 055 8430439*, ≤, 18 – ▤ TV P. AE ⑤ ⓓ ⓜⓒ VISA. ✻
Pasto carta 35/47 – **46 cam** ☐ 250/350, suite – ½ P 240.
◆ Intorno al nucleo originario della cinquecentesca Villa Cignano, un complesso recente, ma gradevole ed armonico. Il campo da golf è appena fuori dalla «porta di casa». Sala ristorante ospitata all'interno della storica villa.

SCENA (SCHENNA) *39017 Bolzano* 562 B 15, 218 ⑩ – *2 685 ab. alt. 640.*
piazza Arciduca Giovanni I 1/D ☎ 0473 945669, info@schenna.com, Fax 0473 945581.
Roma 670 – Bolzano 33 – Merano 5 – Milano 331.
Pianta : vedere Merano.

Hohenwart, via Verdines 5 ☎ 0473 994400, *info@hohenwart.com, Fax 0473 945996*, ≤ monti e vallata, , , , , riscaldata, , , – |‡|, rist, ▤ rist, TV P – 35. ⑤ ⓜⓒ VISA **B h**
chiuso dal 30 novembre al 18 dicembre e dal 6 gennaio al 13 marzo – **Pasto** carta 40/46 – **82 cam** ☐ 122/235, 5 suites – ½ P 132,50.
◆ Bella struttura completa di ogni confort, con un'incantevole vista dei monti e della vallata, dotata di gradevole giardino con piscina riscaldata; ampie camere. Cucina del territorio nella capiente sala da pranzo.

Schlosswirt, via Castello 2 ☎ 0473 945620, *info@schlosswirt.it, Fax 0473 945538*, ≤, , riscaldata, – |‡| TV P. ⑤ ⓜⓒ VISA **B u**
chiuso gennaio e febbraio – **Pasto** carta 28/36 – **33 cam** ☐ 64/128 – ½ P 80.
◆ Bella terrazza con vista e piscina riscaldata in giardino in questa centralissima struttura con interni in stile locale di moderna concezione; gradevoli le camere. Luminose finestre rischiarano la capace sala ristorante.

Gutenberg ⑤, via Ifinger 14 (Nord : 1 km) ☎ 0473 945950, *gutenberg@schenna.com, Fax 0473 945511*, ≤, , , – |‡| TV P. ⑤ ⓜⓒ VISA. ✻ rist **B v**
chiuso dal 6 gennaio al 7 febbraio e dal 20 novembre al 17 dicembre – **Pasto** (solo per alloggiati) – **31 cam** ☐ 71/158 – ½ P 82.
◆ In zona tranquilla e panoramica, fuori dal centro, bianca costruzione immersa nel verde: ambiente familiare negli interni in tipico stile tirolese, grandi camere lineari.

SCHEGGINO *06040 Perugia* 563 N 20 – *492 ab. alt. 367.*
Roma 131 – Terni 28 – Foligno 58 – Rieti 45.

Del Ponte con cam, via Borgo 15 ☎ 0743 61253, *Fax 0743 61131*, – TV P. AE ⑤ ⓜⓒ VISA. ✻
chiuso dal 1° al 15 settembre – **Pasto** *(chiuso lunedì)* carta 17/22 – ☐ 3 – **12 cam** 35/50 – ½ P 45.
◆ Un piccolo paese della Valnerina e un'antica locanda del '900 restaurata, dove riscoprire sapori della tradizione e prodotti classici della zona, tra cui il nobile tartufo.

SCHENNA = Scena.

SCHIAVON *36060 Vicenza* 562 E 16 – *2 351 ab. alt. 74.*
Roma 554 – Padova 54 – Milano 237 – Treviso 60 – Vicenza 24.

a Longa *Sud : 2 km – ✉ 36060 :*

Alla Veneziana, piazza Libertà 13 ☎ 0444 665500, *lavenezíana@telemar.it, Fax 0444 665766*, – |‡| ▤ TV P. AE ⑤ ⓓ ⓜⓒ VISA. ✻
Pasto *(chiuso 2 settimane in agosto)* (specialità di mare) carta 22/48 – ☐ 7,75 – **43 cam** 83/93 – ½ P 60.
◆ Valida gestione in un albergo relativamente recente, a sviluppo orizzontale; curati spazi interni in stile lineare di taglio moderno, camere semplici, ma confortevoli. Grande sala da pranzo d'ispirazione contemporanea, con travi a vista e mobili in legno.

SCHILPARIO *24020 Bergamo* 561 D 12 – *1 316 ab. alt. 1124 – Sport invernali : .*
Roma 161 – Brescia 77 – Bergamo 65 – Milano 113 – Sondrio 89.

a Pradella *Sud-Ovest : 2 km – ✉ 24020 :*

San Marco ⑤ con cam, via Pradella 3 ☎ 0346 55024, *albergo.sanmarco@scalve.com, Fax 0346 55024*, ≤, – |‡| TV P. ⑤ VISA. ✻ cam
chiuso novembre – **Pasto** *(chiuso lunedì)* carta 20/27 – ☐ 3 – **18 cam** 30/52 – ½ P 50.
◆ In una tranquilla frazione, struttura in stile alpino, in luogo panoramico: ambiente familiare in stile rustico, bella raccolta di fossili e minerali; cucina bergamasca.

SCHIO *36015 Vicenza* 562 E 16 – *37 464 ab. alt. 200.*

Roma 562 – Verona 70 – Milano 225 – Padova 61 – Trento 72 – Venezia 94 – Vicenza 23.

Nuovo Miramonti senza rist, via Marconi 3 ✆ 0445 529900, *info@hotelmiramonti.com, Fax 0445 528134* – |‡|, ⇔ cam, ▤ TV ♿ 🚗 – 🏛 40. AE ⓢ ⓞ ⓜⓒ VISA
63 cam ☕ 143, suite.

◆ Nel centro storico, hotel ideale per una clientela d'affari; ampia hall con angoli per il relax, singolari stanze con parti d'arredo che rendono omaggio ai celebri lanifici.

All'Antenna, a Magrè, località Raga Alta 4 (Sud-Ovest : 5 km) ✆ 0445 529812, *Fax 0445 529812*, 🏞, Coperti limitati; prenotare – P. ⓢ VISA
chiuso dal 20 gennaio al 15 febbraio, dal 15 al 30 giugno, martedì e a mezzogiorno – **Pasto** carta 22/31.

◆ In posizione isolata, un ristorante ristrutturato negli ultimi anni, che presenta oggi un look originale e molto moderno; servizio estivo in terrazza panoramica.

SCHLANDERS = Silandro.

SCHNALS = Senales.

SCIACCA *Agrigento* 565 O 21 – *Vedere Sicilia alla fine dell'elenco alfabetico.*

SCIALE DELLE RONDINELLE *Foggia , – Vedere Manfredonia.*

SCOGLITTI *Ragusa* 565 Q 25 – *Vedere Sicilia (Vittoria) alla fine dell'elenco alfabetico.*

SCOPELLO *Trapani* 565 M 20 – *Vedere Sicilia alla fine dell'elenco alfabetico.*

SCORZÈ *30037 Venezia* 562 F 18 – *17 175 ab. alt. 16.*

Roma 527 – Padova 30 – Venezia 24 – Milano 266 – Treviso 17.

Villa Soranzo Conestabile, via Roma 1 ✆ 041 445027, *info@villasoranzo.it, Fax 041 5840088* – TV P – 🏛 150. AE ⓢ ⓜⓒ VISA JCB
chiuso una settimana a Natale – **Pasto** *(chiuso domenica)* carta 29/36 – **20 cam** ☕ 80/150 – 1/2 P 99.

◆ Elegante palazzo patrizio settecentesco in un parco all'inglese con laghetto e ruscello: affascinanti interni affrescati, arredati con mobili d'epoca; camere confortevoli. Raffinata atmosfera nelle due salette dove gustare piatti tradizionali.

Piccolo Hotel, via Moglianese 37 ✆ 041 5840700, *htlpiccolo@libero.it, Fax 041 5840347* – |‡|, ⇔ cam, ▤ TV ♿ P. AE ⓢ ⓞ ⓜⓒ VISA. ✂
Pasto *(chiuso dal 1° al 6 gennaio, dal 5 al 20 agosto, sabato a mezzogiorno e domenica)* carta 27/34 – **28 cam** ☕ 70/105 – 1/2 P 70.

◆ Costruito sui resti di un antico mulino in riva al fiume, dopo la completa ristrutturazione, è ora un albergo dai funzionali ambienti di taglio moderno; piacevoli camere.

Trattoria San Martino, località Rio San Martino Nord : 1 km ✆ 041 5840648, *Fax 041 5840648*, Coperti limitati; prenotare – ▤. AE ⓢ ⓞ ⓜⓒ VISA
chiuso mercoledì – **Pasto** carta 27/37 🍷.

◆ Locale di lunga tradizione, un tempo antica trattoria di paese, ora raffinato ristorante d'ispirazione contemporanea; linea gastronomica con radici nel territorio.

SCRITTO *Perugia – Vedere Gubbio.*

SEBINO *Vedere Iseo (Lago d').*

SEGESTA *Trapani* 565 N 20 – *Vedere Sicilia alla fine dell'elenco alfabetico.*

SEGGIANO *58038 Grosseto* 563 N 16 – *976 ab. alt. 497.*

Roma 199 – Grosseto 61 – Siena 66 – Orvieto 109.

Silene 🐚 con cam, località Pescina Est : 3 km ✆ 0564 950805, *info@grupposilene.it, Fax 0564 950553*, 🏞 – TV P. AE ⓢ ⓞ ⓜⓒ VISA JCB. ✂
chiuso gennaio e dal 15 al 30 giugno – **Pasto** *(chiuso lunedì e domenica sera)* carta 28/41 – **7 cam** ☕ 62 – 1/2 P 52.

◆ In posizione tranquilla, antica locanda rinnovata negli anni: interni dagli arredi curati, sala di tono elegante; proposte di piatti tipici e di propria creazione.

SEGNI *00037 Roma* 563 Q 21 – *8 816 ab. alt. 650.*
Roma 57 – Frosinone 43 – Latina 52 – Napoli 176.

La Pace, via Cappuccini 9 ✆ 06 9767125, *albergolapace@tiscalinet.it, Fax 06 9766262*, – 150. AE VISA.
Pasto carta 18/24 – ☕ 5 – **82 cam** 40/55 – ½ P 46.
◆ Albergo a gestione familiare a pochissimi passi dal centro, in una zona quieta e circondata da boschi di castagno; piacevoli ambienti di taglio moderno, camere lineari. Capienti sale da pranzo d'ispirazione rustica o classica.

SEGONZANO *38047 Trento* 562 D 15 – *1 446 ab. alt. 765.*
Roma 604 – Trento 23 – Bolzano 71 – Venezia 179 – Vicenza 109.

Alle Piramidi, frazione Scancio 24 ✆ 0461 686106, *piramidihotel@cr-surfing.net, Fax 0461 686106*, ←, – , rist, P. AE VISA. cam
Pasto carta 12/21 – **36 cam** ☕ 52,50/82 – ½ P 47.
◆ In posizione ideale per visitare le famose formazioni geologiche da cui l'hotel prende il nome, un soggiorno confortevole in una struttura costantemente aggiornata. Sala da pranzo ariosa, cucina trentina.

SEGRATE *20090 Milano* 561 F 9, 219 ⑲ – *34 030 ab. alt. 116.*
Roma 572 – Milano 12 – Bergamo 42 – Brescia 88.

Pianta d'insieme di Milano.

XX **Osteria Dei Fauni,** Via Turati 5 ✆ 02 26921411, *ifauni@tiscali.it, Fax 02 26950795*, ,
Ristorante-enoteca – . AE VISA JCB CO
chiuso dal 9 al 31 agosto, Natale, sabato a mezzogiorno e domenica – **Pasto** carta 27/45.
◆ Proposte culinarie giornaliere che vanno dal pesce, alla carne, a piatti milanesi e tradizionali, in questo informale ristorante-enoteca; servizio estivo all'aperto.

SEGROMIGNO IN MONTE *Lucca* 563 K 13 – – ✉ *55018 Capannori.*
Roma 342 – Pisa 37 – Bologna 147 – Firenze 69 – Lucca 11.

Fattoria Mansi Bernardini, via di Valgiano 34 (Ovest : 3 km) ✆ 0583 921721, *fmbsas@tin.it, Fax 0583 929701*, , , – P. AE VISA
Pasto (solo per alloggiati e solo su prenotazione) – **6 cam** ☕ 90/110.
◆ Grande e bella azienda agricola, camere spaziose e confortevoli, inserite in un contesto assolutamente rilassante, nel verde della campagna. Ristorante riservato agli ospiti.

SEIS AM SCHLERN = Siusi allo Sciliar.

SEISER ALM = Alpe di Siusi.

SELINUNTE *Trapani* 565 O 20 – *Vedere Sicilia alla fine dell'elenco alfabetico.*

SELLA (Passo di) (SELLA JOCH) *Bolzano G. Italia – alt. 2 240 –* ✉ *38032 Canazei.*
Vedere ✻★★★.
Roma 690 – Bolzano 56 – Innsbruck 125 – Trento 114 – Venezia 186.

Maria Flora, strada del Sela 18 ✆ 0462 601116, *albergomariaflora@tiscali.it, Fax 0462 601116*, ← Dolomiti – , rist, P. VISA. rist
Pasto *(gennaio-aprile e giugno-ottobre)* carta 22/29 – **17 cam** ☕ 70/110 – ½ P 70.
◆ Tra la Val Gardena e la Val di Fassa, dove la natura domina incontrastata, un «rifugio» con le comodità di un hotel; camere rinnovate, confortevoli con arredi in legno chiaro. Il legno conferisce calore e atmosfera alle caratteristiche salette del ristorante.

SELLIA MARINA *88050 Catanzaro* 564 K 32 – *6 266 ab..*
Roma 628 – Cosenza 116 – Catanzaro 23 – Crotone 52 – Lamezia Terme 60.

Agriturismo Contrada Guido, località Contrada Guido, strada statale 106 km 202 ✆ 0961 961495, *Fax 0961 961495*, , – P. AE VISA JCB
chiuso gennaio – **Pasto** *(chiuso lunedì e martedì a mezzogiorno)* carta 21/29 – **12 cam** ☕ 80/140 – ½ P 85.
◆ Un signorile borgo agricolo con accesso diretto al mare e, per i più pigri, una bella piscina circondata da piante e fiori. Camere raffinate, cura per i dettagli. Cucina di insospettabile fantasia.

SELVA *Vicenza – Vedere Montebello Vicentino.*

SELVA *Brindisi* 564 E 34 – *Vedere Fasano.*

SELVA DI CADORE *32020 Belluno* 562 C 18 – *572 ab. alt. 1 415 – Sport invernali : 1 400/2 100 m* *5 (Comprensorio Dolomiti superski Civetta)*.
Roma 651 – Cortina d'Ampezzo 39 – Belluno 60 – Bolzano 82.

Ca' del Bosco, via Monte Cernera 8, località Santa Fosca Sud-Est : 2 km 0437 521258, *ca.delbosco@libero.it, Fax 0437 521259*, – . rist
chiuso dal 3 maggio al 10 giugno e dal 3 novembre al 3 dicembre – **Pasto** *(chiuso martedì escluso da giugno-settembre e ottobre-Natale)* (solo per alloggiati) – **12 cam** 104/160 – 1/2 P 90.
◆ Gradevole risorsa ubicata nella parte alta della località, in posizione panoramica e tranquilla. Una dimora tipica, ristrutturata e gestita da una giovane coppia. Graziosa sala ristorante, con terrazza estiva.

Ginepro, via dei Denever 49, località Santa Fosca Sud-Est : 2 km 0437 720284, Coperti limitati; prenotare – .
chiuso lunedì escluso da dicembre ad aprile e da giugno a settembre – **Pasto** carta 21/37.
◆ Nella parte alta di questa frazione, piccolo ristorante familiare con due salette curate e raccolte, con arredi e rifiniture in legno; piatti del territorio e stagionali.

SELVA DI VAL GARDENA (WOLKENSTEIN IN GRÖDEN) *39048 Bolzano* 562 C 17 *G. Italia* – *2 502 ab. alt. 1 567 – Sport invernali : della Val Gardena 1 567/2 682 m* *8* *36 (Comprensorio Dolomiti superski Val Gardena)*.
Vedere *Postergale* nella chiesa.*
Dintorni *Passo Sella*** : *** Sud : 10,5 km – Val Gardena*** per la strada S 242.*
Alpenroyal (maggio-ottobre) 0471 795555, Fax 0471 794161.
strada Mësules 213 0471 795122, selva@valgardena.it, Fax 0471 794245.
Roma 684 – Bolzano 42 – Brunico 59 – Canazei 23 – Cortina d'Ampezzo 72 – Milano 341 – Trento 102.

Alpenroyal Sporthotel, via Meisules 43 0471 795555, *info@alpenroyal.com, Fax 0471 794161*, gruppo Sella e Sassolungo, Centro benessere, campo pratica golf, , , , , – , rist, – 60. .
dicembre-20 aprile e giugno-20 ottobre – **Pasto** carta 36/54 – **29 cam** 159/242, 7 suites – 1/2 P 142.
◆ Amena vista del gruppo Sella e Sassolungo da un hotel con ampi spazi esterni e bella piscina scoperta a forma di laghetto; caldi interni in stile alpino di taglio moderno. Accogliente ristorante con caratteristica stube del XVII secolo.

Genziana, via Ciampinei 2 0471 772800, *Fax 0471 794330*, , , , , – .
20 dicembre-20 aprile e 25 giugno-settembre – **Pasto** *(chiuso a mezzogiorno)* (solo per alloggiati) – **27 cam** 220.
◆ Una vacanza rilassante in un albergo con giardino e zone comuni non spaziose, ma dall'atmosfera intima, piacevolmente arredate in stile tirolese; camere confortevoli.

Tyrol, strada Puez 12 0471 774100, *info@tyrolhotel.it, Fax 0471 794022*, Dolomiti, , , – , rist, . rist
7 dicembre-20 aprile e 10 giugno-ottobre – **Pasto** 25/40 – **50 cam** 130/260 – 1/2 P 140.
◆ Nella tranquillità dei monti, un albergo che «guarda» le Dolomiti; molto piacevoli le zone comuni, signorili, con soffitti in legno lavorato e tappeti; camere eleganti. Ambiente raccolto e accogliente nella capiente sala ristorante.

Gran Baita, via Meisules 145 0471 795210, *info@hotelgranbaita.com, Fax 0471 795080*, Dolomiti, , , – , rist, . rist
8 dicembre-18 aprile e 15 giugno-17 ottobre – **Pasto** carta 27/35 – **43 cam** 95/190, suite – 1/2 P 120.
◆ Hotel di tradizione, nel classico stile del luogo, con vista sulle Dolomiti: il sapiente utilizzo del legno regala agli ambienti un'atmosfera avvolgente; camere luminose. Soffitto in legno, comode poltroncine e grandi vetrate in sala ristorante.

Granvara Sport-Wellnesshotel, strada La Selva 66 (Sud-Ovest : 1,5 km) 0471 795250, *info@granvara.com, Fax 0471 794336*, Dolomiti e Selva, Centro benessere, , , , – – 60. . rist
3 dicembre-11 aprile e giugno-10 ottobre – **Pasto** carta 30/39 – **30 cam** 100/190 – 1/2 P 136.
◆ Gestione familiare in un albergo in favolosa posizione con veduta delle Dolomiti e di Selva, immerso nella quiete assoluta; interni in stile tirolese, camere ampie. Capiente ristorante in stile locale, ma di taglio moderno; bella stube.

Chalet Portillo, via Meisules 65 ☎ 0471 795205, *info@chaletportillo.com, Fax 0471 794360,* ≤, ⅼ, ☎, –, rist, TV, P. VISA.
5 dicembre-16 aprile e giugno-settembre – **Pasto** (solo per alloggiati) – **31 cam** ☐ 160/220 – ½ P 140.
◆ Alle porte della località, calorosa ospitalità in un hotel all'interno di una tipica casa di montagna dagli interni ben tenuti; camere molto ampie e arredate con gusto.

Mignon, via Nives 4 ☎ 0471 795092, *info@hotel-mignon.it, Fax 0471 794356,* ≤, – rist, TV P. VISA.
18 dicembre-13 aprile e 19 giugno-settembre – **Pasto** (solo per alloggiati) – **29 cam** ☐ 105/200, suite – ½ P 111.
◆ Leggermente fuori dal centro, comunque raggiungibile a piedi, albergo con un bel giardino e caratteristici interni in stile locale di moderna ispirazione; camere lineari.

Freina, via Freina 23 ☎ 0471 795110, *freina@val-gardena.com, Fax 0471 794318,* ≤ Dolomiti, – TV P. VISA. cam
dicembre-Pasqua e giugno-15 ottobre – **Pasto** carta 21/34 – **17 cam** ☐ 100/180 – ½ P 115.
◆ Bianca struttura circondata da una verde natura: piacevoli ambienti riscaldati dal sapiente uso del legno e spaziose camere ben accessoriate, in moderno stile locale. Tradizionale sala ristorante in stile tirolese.

Welponer, strada Rainel 6 ☎ 0471 795336, *info@welponer.it, Fax 0471 794074,* ≤ Dolomiti e pinete, riscaldata, – rist, TV P. VISA. rist
20 dicembre-15 aprile e 20 maggio-2 novembre – **Pasto** (solo per alloggiati) – **18 cam** ☐ 105/212 – ½ P 105.
◆ Appagante vista di Dolomiti e pinete in un hotel dal curato ambiente familiare, dotato di ampio giardino soleggiato con piscina riscaldata; camere confortevoli.

Linder, strada Nives 36 ☎ 0471 795242, *info@linder.it, Fax 0471 794320,* ≤, – rist, TV P. VISA.
dicembre-Pasqua e 15 giugno-settembre – **Pasto** (solo per alloggiati) 25/50 – **29 cam** ☐ 108/196 – ½ P 109.
◆ Piacevole aspetto esterno in stile tirolese, per questa struttura interamente rinnovata a gestione diretta pluridecennale; camere spaziose e gradevoli.

Laurin, strada Meisules 278 ☎ 0471 795105, *info@hotel-laurin.it, Fax 0471 794310,* – TV P. VISA.
dicembre-15 aprile e luglio-15 settembre – **Pasto** 18/28 – **24 cam** solo 1/2 P 120, suite.
◆ Nuova e giovane gestione in un hotel centrale, rinnovato di recente e abbellito da un giardino; spazi comuni razionali, buon centro fitness, camere accoglienti. Capiente sala da pranzo completamente rivestita in legno e calda moquette.

Armin, via Meisules 161 ☎ 0471 795347, *info@hotelarmin.com, Fax 0471 794363,* – TV P. VISA. rist
5 dicembre-15 aprile e 5 luglio-settembre – **Pasto** (solo per alloggiati) 20/42 e al Rist. ***Grillstube*** *(23 dicembre-25 marzo; chiuso lunedì e a mezzogiorno)* carta 24/44 – **26 cam** ☐ 75/140 – ½ P 98.
◆ Semplice hotel familiare di buon confort, con accoglienti interni luminosi e camere lineari, tra cui alcune mansardate, ampie e ben arredate con mobilio chiaro. Ambiente curato e gradevole nella sala ristorante.

Pralong, via Meisules 341 ☎ 0471 795370, *pralong@val-gardena.com, Fax 0471 794103,* ≤, – rist, TV P. VISA.
4 dicembre-8 aprile e giugno-settembre – **Pasto** (solo per alloggiati) – **27 cam** ☐ 56/100 – ½ P 85.
◆ Simpatica e cordiale gestione in una piccola struttura, con spazi comuni in stile tirolese di taglio moderno dalla calda atmosfera; camere molto confortevoli.

Pozzamanigoni, strada La Selva 51 (Sud-Ovest : 1 km) ☎ 0471 794138, *info@pozzamanigoni.com, Fax 0471 770898,* ≤ Sassolungo e pinete, – rist, TV P. VISA.
dicembre-aprile e giugno-ottobre – **Pasto** *(chiuso a mezzogiorno da dicembre ad aprile)* (prenotare) carta 24/27 – **10 cam** solo ½ P 75.
◆ Tranquillità e splendida vista su Sassolungo e pinete da un albergo a gestione diretta, dotato di parco con maneggio e laghetto con pesca alla trota; camere ben tenute. Ristorante di tono elegante, interamente rivestito in legno.

Prà Ronch senza rist, via La Selva 80 ☎ 0471 794064, *praronch@valgardena.it, Fax 0471 794064,* ≤ Sassolungo e gruppo Sella, – TV P
dicembre-aprile e giugno-ottobre – **5 cam** ☐ 92.
◆ Una bella casa incastonata all'interno di un apprezzabile giardino panoramico. Semplice, accogliente e familiare, insomma una vacanza ideale all'insegna dell'informalità.

verso Passo Gardena (Grödner Joch) *Sud-Est : 6 km :*

X **Gérard** con cam, via Plan de Gralba 37 ✉ 39048 ☎ 0471 795274, *gerard@val-gardena.com, Fax 0471 794508,* – TV P. VISA.
dicembre-marzo e 29 maggio-12 ottobre – **Pasto** carta 23/42 – **8 cam** ☐ 49/87 – ½ P 72.
◆ Invidiabile vista da un ristorante in una casa di montagna: proposte di cucina del luogo e polenta; servizio all'aperto con splendida vista del gruppo sella e Sassolungo.

SELVAZZANO DENTRO *35030 Padova* 562 F 17 – *19 513 ab. alt. 16.*

Montecchia (chiuso lunedì) ☎ 049 8055550, Fax 049 8055737.

Roma 492 – Padova 12 – Venezia 52 – Vicenza 27.

XXX **Relais,** via Montecchia 12 (Sud-Ovest : 3 km) ☎ 049 8055323, *relais@calandre.com, Fax 049 8055368* – P – 150. AE VISA JCB
chiuso dal 26 dicembre all'8 gennaio, dal 7 al 27 agosto, lunedì e martedì – **Pasto** carta 42/60.
◆ Amena ubicazione nel Golf Club della Montecchia per un locale originale e signorile ricavato in un vecchio essicatoio per il tabacco; piatti creativi su base tradizionale.

a Tencarola *Est : 3 km* – ✉ *35030 :*

Piroga, via Euganea 48 ☎ 049 637966, *hpiroga@tin.it, Fax 049 637460,* , , , – TV P – 230. AE VISA JCB. rist
Pasto *(chiuso 15 giorni in agosto e lunedì)* carta 19/34 – **62 cam** ☐ 62/114 – ½ P 83.
◆ Strutture di prim'ordine in un hotel recentemente ampliato e ristrutturato, abbellito da un giardino; ariosi interni di taglio moderno, area congressi, camere ben arredate. Sala da pranzo illuminata da grandi finestre e ornata solo da raffinati tavoli rotondi.

Le pagine dell'introduzione
vi aiuteranno ad utilizzare meglio la vostra Guida Michelin.

SELVINO *24020 Bergamo* 561 E 11 – *2 019 ab. alt. 956 – a.s. luglio-agosto e Natale – Sport invernali : 1 000/1 400 m 1 2.*

(chiuso giovedì) corso Milano 19 ☎ 035 763362, iat.selvino@apt.bergamo.it, Fax 035 761707.

Roma 622 – Bergamo 22 – Brescia 73 – Milano 68.

Elvezia , via Usignolo 2 ☎ 035 763058, *Fax 035 763058,* – rist, TV P. VISA JCB.
chiuso dal 10 al 30 gennaio e dal 1° al 20 settembre – **Pasto** *(chiuso lunedì)* carta 18/22 – **17 cam** ☐ 52/73 – ½ P 65.
◆ In centro e in posizione tranquilla, un bell'edificio abbellito da un giardino ben tenuto; piacevoli spazi comuni di moderna ispirazione, camere in stile rustico. Interessanti proposte gastronomiche legate al territorio.

SEMPRONIANO *58055 Grosseto* 563 N 16 – *1 307 ab. alt. 601.*

Roma 182 – Grosseto 61 – Orvieto 85.

a Catabbio *Sud : 6 km* – ✉ *58050 :*

X **La Posta,** via Verdi 9 ☎ 0564 986376, *Fax 0564 986376* – .
chiuso dal 7 al 28 gennaio, dal 10 al 24 luglio e lunedì – **Pasto** carta 25/33.
◆ La proprietaria in cucina e i figli in sala in una curata trattoria di paese: ambiente semplice dove si servono piatti di cucina con radici nella tradizione locale.

SENALES (SCHNALS) *39020 Bolzano* 561 B 14, 218 ⑨ – *1 396 ab. alt. (frazione Certosa) 1 327 – Sport invernali : a Maso Corto : 2 000/3 200 m 1 11 (anche sci estivo),* .

a Certosa sulla Provinciale ☎ 0473 679148, info@schnalstal.it, Fax 0473 679177.

Da Certosa : Roma 692 – Bolzano 55 – Merano 27 – Milano 353 – Passo di Resia 70 – Trento 113.

a Vernago (Vernagt) *Nord-Ovest : 7 km – alt. 1 700* – ✉ *39020 Senales :*

Vernagt , ☎ 0473 669636, *info@vernago.com, Fax 0473 669720,* ≤ lago e monti, , , – , rist, TV P. AE VISA. rist
19 dicembre-3 maggio e 6 giugno-15 novembre – **Pasto** carta 23/32 – **37 cam** ☐ 88/188 – ½ P 112.
◆ Incantevole vista su lago e monti da questa valida risorsa a conduzione familiare, completa di ogni confort; accoglienti spazi comuni in stile locale, camere lineari. Soffitto a cassettoni e pareti rivestite in legno nella spaziosa sala ristorante.

SENIGALLIA *60019 Ancona* 563 K 21 – *42 605 ab. – a.s. luglio-agosto.*

piazzale Morandi 2 ℘ 071 7922725, iat.senigallia@regione.marche.it, Fax 071 7924930.

Roma 296 – Ancona 29 – Fano 28 – Macerata 79 – Perugia 153 – Pesaro 39.

Duchi della Rovere, via Corridoni 3 ℘ 071 7927623 ℘ rist 071 7931051, *info@hoteldu chidella-rovere.it, Fax 071 7927784* – – 80.

chiuso dal 23 al 30 dicembre – **Pasto** al Rist. ***la Corte*** *(chiuso a Natale, capodanno, domenica sera e lunedì a mezzogiorno)* carta 29/40 – **51 cam** 120/145, 7 suites – ½ P 95.

◆ Imponente struttura di taglio moderno, in comoda posizione vicino alla stazione ferroviaria; eleganti zone comuni per piacevoli momenti di relax, camere ben arredate. Ampie vetrate rendono trasparente un'intera parete della raffinata sala da pranzo.

City, lungomare Dante Alighieri 14 ℘ 071 63464, *infohotelcity@tiscali.it, Fax 071 659180,* – – 100.

Pasto 35/60 – **64 cam** 115/160 – ½ P 110.

◆ Albergo di recentissima ristrutturazione, offre spazi comuni confortevoli dal design moderno e abbelliti da una collezione di quadri. Camere di varie dimensioni. Al ristorante cucina locale con tocchi di creatività.

Ritz, lungomare Dante Alighieri 142 ℘ 071 63563, *hritz@tin.it, Fax 071 7922080,* con acqua di mare riscaldata, – , rist, – 280.

chiuso gennaio e febbraio – **Pasto** (solo per alloggiati) 28/35 – **140 cam** 82/134, 10 suites – ½ P 95.

◆ Ideale sia per una vacanza che per un soggiorno di lavoro, grande albergo dotato di giardino con percorso vita e piscina con acqua di mare riscaldata; camere con vista mare.

Bologna, lungomare Mameli 57 ℘ 071 7923590, *bologna@webtourist.com, Fax 071 7921212,* –

Pasto *(maggio-settembre)* carta 35/42 – **37 cam** 50/100 – ½ P 115.

◆ Hotel rinnovato da poco, particolarmente adatto alle famiglie con bambini, ma attrezzato anche per una clientela d'affari; camere essenziali d'ispirazione contemporanea. Pasti a base di specialità di mare nell'ampia sala da pranzo.

Metropol, lungomare Leonardo da Vinci 11 ℘ 071 7925991, *Fax 071 7925991,* –

29 maggio-12 settembre – **Pasto** (solo per alloggiati) – 10 – **59 cam** 110/120, 4 suites – ½ P 85.

◆ In posizione leggermente decentrata, ma proprio sul lungomare, una bianca struttura di moderna concezione, che offre camere confortevoli; all'esterno piacevole piscina.

Holiday Inn Express senza rist, via Nicola Abbagnano 12 (prossimità casello autostrada) ℘ 071 7931386, *info@anconahotelssrl.191.it, Fax 071 7931387* – – 70.

84 cam 100.

◆ Albergo costruito recentemente nei pressi del centro commerciale e dell'uscita autostradale. Camere ampie ed aggiornate, comode sale riunioni per la clientela d'affari.

Mareblù, lungomare Mameli 50 ℘ 071 7920104, *Fax 071 7925402,* –

Pasqua-settembre – **Pasto** 18/22 – 7 – **54 cam** 54/100 – ½ P 82.

◆ Di fronte alla spiaggia, non lontano dal centro, un edificio ben tenuto, con interni arredati in modo essenziale, ma funzionale; sobrie camere dai colori chiari.

Bice, viale Giacomo Leopardi 105 ℘ 071 65221, *info@albergobice.it, Fax 071 65221* –

Pasto *(chiuso dal 27 settembre al 4 ottobre e domenica sera escluso da giugno a settembre)* carta 19/37 – **28 cam** 55/80 – ½ P 60.

◆ Nel centro della località, appena fuori le mura, hotel di recente costruzione a conduzione diretta: luminosi interni di taglio moderno, camere arredate in modo piacevole.

Baltic, lungomare Dante Alighieri 66 ℘ 071 7925757, *hotelbaltic@hotmail.com, Fax 071 7925767,* – rist

giugno-settembre – **Pasto** (solo per alloggiati) carta 22/29 – 6 – **64 cam** 60/82 – ½ P 65.

◆ Sul lungomare, in posizione semicentrale, albergo a gestione familiare, recentemente rinnovato; gradevoli spazi comuni e «fresche» camere in stile lineare.

L'Arca di Noè, via del Cavallo 79 ℘ 071 7931493, *Fax 0717931493,* , prenotare, – , rist,

Pasto *(chiuso a mezzogiorno e da ottobre a maggio anche le sere di lunedì, martedì e mercoledì)* 25/40 – **8 cam** 89/130 – ½ P 90.

◆ In posizione tranquilla, adagiata sulle prime colline della località, una risorsa circondata dal verde, ideale per soggiorni all'insegna della natura e del relax.

XX **Uliassi,** banchina di Levante 6 ✆ 071 65463, *info@uliassi.it, Fax 071 659327,* ←, 舍 – ⇔. AE Ⓢ ⓓ ⓜ VISA JCB. ✻
chiuso gennaio, febbraio e lunedì escluso dal 5 al 19 agosto – **Pasto** specialità di mare carta 66/94.
◆ Irrinunciabile tappa gastronomica, questo luminoso locale sulla spiaggia, con arredi che si rifanno all'ambiente marinaro, cornice perfetta per proposte a base di pesce.
Spec. Zuppa di melone, triglie e fegato grasso d'anatra (estate). Spigola di lenza, ragù di raguse e spinaci. Pralina di nocciole con zabaglione gratinato e vin brulé ghiacciato (autunno-inverno).

XX **Il Barone Rosso** con cam, via Rieti 23 ✆ 071 7926823, 舍, prenotare – ▤ TV. AE Ⓢ ⓓ ⓜ VISA. ✻ cam
chiuso dal 25 dicembre al 25 gennaio – **Pasto** *(chiuso lunedì escluso dal 15 giugno ad agosto)* specialità di mare carta 29/43 – **7 cam** ☕ 50/82.
◆ Ristorante con camere confortevoli, a pochi metri dalla spiaggia: salette dai colori chiari, ornate con grandi tavoli; servizio estivo sotto un porticato, piatti di mare.

a Marzocca *Sud : 6 km –* ✉ *60017 :*

XXX **Madonnina del Pescatore,** lungomare Italia 11 ✉ 60017 Marzocca di Senigallia ✆ 071 698267, *madonninadelpescatore@tin.it, Fax 071 698484,* ←, 舍, prenotare – ▤. AE Ⓢ ⓓ ⓜ VISA
chiuso novembre, lunedì e da ottobre a maggio anche domenica sera – **Pasto** carta 60/88 ✻.
◆ Entrando in un anonimo condominio, si scopre un'elegante sala essenziale, che riflette negli arredi le suggestioni giapponesi della cucina, proposta in modo creativo.
Spec. Scampi crudi marinati all'arancia, vinaigrette di pomodoro gratin. Spiedino di San Pietro con alloro e pancetta, insalatina con salsa alla senape. Croccantino con cioccolato avorio, pepe bianco, salsa fondente e gorgonzola.

a Scapezzano *Ovest : 6 km –* ✉ *60010 :*

Bel Sit ⚘, via dei Cappuccini 15 ✆ 071 660032, *info@belsit.net, Fax 071 6608335,* ← mare e campagna, ⛱, 🌳, ✂ – ▤ TV ♿ P – 🏛 100. AE Ⓢ ⓓ ⓜ VISA. ✻
chiuso febbraio – **Pasto** *(8-18 aprile e 8 maggio-settembre)* (solo per alloggiati) carta 18/26 – ☕ 6,50 – **28 cam** 64/78 – ½ P 63.
◆ In un'oasi di pace, villa d'epoca in un piccolo parco secolare, con appagante vista di mare e campagna; ex-convento, ora hotel con piscina e ampie camere arredate in legno.

Antica Armonia ⚘, via del Soccorso 67 ✆ 071 660227, *anticaarmonia@libero.it,* 舍, ⛱ – ▤ TV P. Ⓢ ⓜ VISA
chiuso dal 15 al 30 ottobre – **Pasto** *(chiuso lunedì)* (solo su prenotazione) carta 25/30 – **6 cam** ☕ 50/80 – ½ P 65.
◆ Nel silenzio della natura, casa colonica in un parco secolare tra le colline marchigiane; ospitalità familiare in sale con camino e biliardo, per un soggiorno di fiaba. Piacevoli cene a base di cucina eclettica, nella bella sala.

SENORBÌ *Cagliari* 566 I 9 – *Vedere Sardegna alla fine dell'elenco alfabetico.*

SERAVEZZA *55047 Lucca* 563 K 12 *G. Toscana – 12 761 ab. alt. 55.*
Roma 376 – Pisa 40 – La Spezia 58 – Firenze 108 – Livorno 60 – Lucca 39 – Massa 24.

X **Ulisse l'Osteria,** via Campana 183 ✆ 0584 757420, *Fax 0584 757420,* 舍, Trattoria casalinga, prenotare – AE Ⓢ ⓓ ⓜ VISA
chiuso martedì escluso agosto – **Pasto** carta 19/27.
◆ Trattoria casalinga in centro paese: ambiente rustico e semplice sia negli arredi che nel modo di proporsi; piatti di cucina del territorio e carni alla griglia.

a Querceta *Sud-Ovest : 4 km –* ✉ *55046 :*

Da Filiè senza rist, via Asilo 54 ✆ 0584 742221, *info@hoteldafilie.it, Fax 0584 769088,* 🌳 – ⇕ ▤ TV P. AE Ⓢ ⓓ ⓜ VISA. ✻
24 cam ☕ 70/95.
◆ Piccolo hotel a conduzione familiare ai piedi delle Alpi Apuane, con un gradevole giardino; spazi comuni arredati in modo essenziale, funzionali camere rinnovate da poco.

XX **Da Alberto,** via delle Contrade 235 ✆ 0584 742300, 舍 – P. AE Ⓢ ⓓ ⓜ VISA. ✻
chiuso dal 1° al 15 febbraio, dal 1° al 15 novembre e martedì – **Pasto** carta 43/53.
◆ Gestione giovane e dinamica in un bel locale dall'ambiente elegante e curato, dove gustare proposte di cucina tradizionale di terra e di mare; buona scelta in cantina.

I prezzi del pernottamento e della pensione possono subire aumenti in relazione all'andamento generale del costo della vita ; quando prenotate chiedete la conferma del prezzo.

SEREGNO *20038 Milano* 561 F 9 – *39 490 ab. alt. 224.*

Roma 594 – Como 23 – Milano 25 – Bergamo 51 – Lecco 31 – Novara 66.

Umberto Primo senza rist, via Dante 63 ☎ 0362 223377, *info@hotelumbertoprimo.it, Fax 0362 221931* – 100. AE VISA JCB.
chiuso dal 24 dicembre al 2 gennaio e dal 3 al 26 agosto – **52 cam** 86/118.
◆ Albergo recentemente rinnovato, particolarmente adatto a una clientela di lavoro; ariose zone comuni nelle tonalità del legno, piacevoli camere spaziose e lineari.

Osteria del Pomiroeu, via Garibaldi 37 ☎ 0362 237973, *giancarlo@pomiroeu.it, Fax 0362 325340,* – AE VISA
chiuso dal 1° all'8 gennaio, dal 5 al 25 agosto, lunedì e martedì – **Pasto** carta 48/63.
◆ Nel centro storico, ambiente rustico di tono elegante in un locale accogliente, con una fornitissima cantina e un abile sommelier pronto a consigliarvi; piatti creativi.

SEREN DEL GRAPPA *32030 Belluno* 562 E 17 – *2 596 ab. alt. 387.*

Roma 586 – Belluno 40 – Padova 75 – Trento 72 – Treviso 60 – Vicenza 73.

Al Pentagono, piazza Vecellio 1 ☎ 0439 44750 – AE VISA.
chiuso martedì – **Pasto** carta 22/31.
◆ Nel cuore della località, ristorante a carattere familiare, con una sala non ampia, ma molto luminosa e ben tenuta; proposta di ricette classiche del luogo e nazionali.

SERIATE *24068 Bergamo* 561 E 11 – *20 100 ab. alt. 248.*

Roma 568 – Bergamo 7 – Brescia 44 – Milano 52.

Meratti, via Paderno 4 (galleria Italia) ☎ 035 290290, *info@meratti.com, Fax 035 290290,* prenotare – – 35. AE VISA
chiuso una settimana in gennaio, dal 5 al 25 agosto e mercoledì – **Pasto** carta 36/61.
◆ Ubicato in un piccolo centro commerciale, locale elegante, di moderna concezione: propone una cucina curata, che spazia dai piatti del luogo a quelli a base di pesce.

Vertigo, via Decò e Canetta 77 ☎ 035 294155, – . AE VISA
chiuso dal 1° all'8 gennaio, agosto e giovedì – **Pasto** carta 24/36.
◆ Simpatico ristorantino dall'ambiente informale, con sale dai colori vivaci abbellite da quadri di autori contemporanei; proposte culinarie esotiche, ma anche tradizionali.

SERINO *83028 Avellino* 564 E 26 – *7 152 ab. alt. 415.*

Roma 260 – Avellino 14 – Napoli 55 – Potenza 126 – Salerno 28.

Serino, via Terminio 119 (Est : 4 km) ☎ 0825 594901 e rist ☎ 0825 594079, *hotelserino @hotelserino.it, Fax 0825 594166,* <, , , – – 500. AE VISA JCB.
Pasto al Rist. ***Antica Osteria "O Calabrisuotto"*** carta 21/31 – **54 cam** 82/97 – ½ P 66.
◆ In posizione tranquilla, grande complesso di recente costruzione, abbellito da un giardino con piscina; luminosi e signorili spazi comuni, camere lineari, ben arredate. Capiente sala da pranzo di taglio moderno, rischiarata da vetrate.

verso Giffoni *Sud : 7 km :*

Chalet del Buongustaio, via Giffoni ✉ 83028 ☎ 0825 542976, *Fax 0825 542976,* <, – P. AE VISA
chiuso martedì e da dicembre a marzo aperto solo sabato e domenica – **Pasto** carta 17/25.
◆ In una verde cornice, ristorante e pizzeria dall'ambiente familiare, semplice, ma accogliente, dove gustare casereccia cucina del territorio e proposte di vini locali.

SERLE *25080 Brescia* 561 F 13 – *2 854 ab. alt. 493.*

Roma 550 – Brescia 21 – Verona 73.

a Valpiana *Nord : 7 km – ✉ 25080 Serle :*

Rifugio Valpiana, località Valpiana 2 ☎ 030 6910240, < colline e lago, , prenotare, – P. AE VISA.
Pasqua-20 dicembre; chiuso lunedì – **Pasto** carta 14/26.
◆ Posizione quieta e pittoresca, con splendida vista di colline e lago, per una locale rustico, incorniciato dai boschi; cucina casereccia, con funghi e cacciagione.

SERMONETA *04010 Latina* 563 R 20 – *6 932 ab. alt. 257.*

Roma 77 – Frosinone 65 – Latina 17.

Principe Serrone senza rist, via del Serrone 1 ☎ 0773 30342, *principeserrone@virgil io.it, Fax 0773 30336,* < vallata – . AE VISA.
13 cam 45/85.
◆ In un edificio storico all'interno di un borgo medievale, con splendida vista sulla vallata, un hotel dove trascorrere un soggiorno tranquillo; camere ben accessoriate.

SERNIGA *Brescia* 561 F 13 – *Vedere Salò.*

SERPIOLLE *Firenze – Vedere Firenze.*

SERRA DE' CONTI *60030 Ancona* 563 L 21 – *3 475 ab. alt. 217.*
Roma 242 – Ancona 61 – Foligno 89 – Gubbio 57 – Pesaro 62.

De' Conti, via Santa Lucia 58 ✆ 0731 879913, *hoteldeconti@libero.it, Fax 0731 870481,* – rist, P. AE MC VISA
Pasto *(chiuso dal 27 dicembre al 6 gennaio e lunedì a mezzogiorno)* carta 22/28 – **28 cam** 50/80 – 1/2 P 45.
◆ Piccola struttura d'ispirazione contemporanea, ingentilita da un verde giardino; ariosi interni dai colori chiari arredati in modo essenziale, camere lineari. Al ristorante proposte di cucina del territorio.

SERRAMAZZONI *41028 Modena* 562 I 14 – *6 710 ab. alt. 822.*
Roma 357 – Bologna 77 – Modena 33 – Pistoia 101.

a Montagnana *Nord : 10 km – ✉ 41020 :*

La Noce, via Giardini Nord 9764 ✆ 0536 957174, *info@lanoce.it, Fax 0536 957266,* solo su prenotazione a mezzogiorno – P. AE MC VISA JCB.
chiuso dal 2 al 12 gennaio, dal 1° al 26 agosto, domenica e lunedì – **Pasto** 60 bc.
◆ Esperta gestione familiare in un locale elegante di stile rustico, semplice e sobrio; cucina basata su prodotti del luogo e stagionali, con proposte anche innovative.

SERRA SAN QUIRICO *60048 Ancona* 563 L 21 – *2 924 ab. alt. .*
Roma 234 – Ancona 54 – Perugia 93 – Rimini 111.

La Pianella, via Gramsci Nord-Ovest : 1,3 km ✆ 0731 880054, *Fax 0731 880054* – P. AE MC VISA.
chiuso luglio e lunedì – **Pasto** 41,32 bc e carta 28/43.
◆ Immerso tra pini e lecci, un ristorante di tono semplice, a conduzione prettamente familiare, ideale per gustare i la più genuina cucina marchigiana.

SERRAVALLE SCRIVIA *15069 Alessandria* 561 H 8 – *5 883 ab. alt. 230.*
Roma 547 – Alessandria 31 – Genova 54 – Milano 95 – Savona 87 – Torino 121.

La Bollina, via Novi 25 (Nord : 1 km) ✆ 0143 633517, *Fax 0143 633709,* – P. AE MC VISA. rist
Pasto *(chiuso lunedì)* carta 32/44 – **32 cam** 75/110.
◆ Sulle colline alessandrine, complesso di villette a schiera con proprio posto macchina e giardino; all'interno arredi moderni e piacevoli, camere spaziose.

SERRUNGARINA *61030 Pesaro e Urbino* 563 K 20 – *2 177 ab. alt. 209.*
Roma 245 – Rimini 64 – Ancona 70 – Fano 13 – Gubbio 64 – Pesaro 24 – Urbino 30.

a Bargni *Ovest : 3 km – ✉ 61030 :*

Casa Oliva, via Castello 19 ✆ 0721 891500, *casaoliva@casaoliva.it, Fax 0721 891500,* ← colline, prenotare – , rist, P. AE MC VISA.
chiuso dal 10 al 31 gennaio – **Pasto** *(chiuso lunedì)* carta 26/36 – 8 – **16 cam** 40/57, suite – 1/2 P 47.
◆ Nella quiete della campagna marchigiana, in un caratteristico borgo d'epoca, un caseggiato in mattoni in bella posizione panoramica; confortevoli camere di taglio moderno. Proposta di piatti casereci con radici nel territorio.

Villa Federici, via Cartoceto 4 ✆ 0721 891510, *federici@mobilia.it, Fax 0721 891513,* – P. AE MC VISA.
chiuso dall'8 al 31 gennaio – **Pasto** *(chiuso lunedì e martedì a mezzogiorno escluso da maggio a settembre)* (solo su prenotazione) carta 26/36 – **5 cam** 93.
◆ Bel rustico di campagna ristrutturato e attorniato da tre ettari di ulivi: interni signorili con ampie camere in stile; «calda» atmosfera nelle piacevoli salette comuni. Menù giornaliero a base di piatti della tradizione.

SESTO (SEXTEN) *39030 Bolzano* 562 B 19 *G. Italia – 1 938 ab. alt. 1 310 – Sport invernali : 1 310/2 200 m 1 7, ; a Versciaco Monte Elmo : 1 132/2 050 m 1 4 (Comprensorio Dolomiti superski Alta Pusteria).*
Dintorni *Val di Sesto** Nord per la strada S 52 e Sud verso Campo Fiscalino.*
via Dolomiti 45 ✆ 0474 710310, info@sesto.it, Fax 0474 710318.
Roma 697 – Cortina d'Ampezzo 44 – Belluno 96 – Bolzano 116 – Milano 439 – Trento 173.

San Vito-St. Veit ⚘, via Europa 16 ✆ 0474 710390, *info@hotel-st-veit.com, Fax 0474 710072*, ≤ Dolomiti e vallata, ≘, ▢, ⚑ – ✈ TV ☏ P. VISA. ⚘
Natale-Pasqua e giugno-15 ottobre – **Pasto** 14/18 – **32 cam** solo ½ P 79.
◆ Gestione dinamica in un albergo in area residenziale, dominante la vallata; zona comune ben arredata, camere tradizionali e con angolo soggiorno, ideali per famiglie. Nella sala da pranzo, vetrate che si aprono sulla natura; accogliente stube caratteristica.

a Moso *(Moos) Sud-Est : 2 km – alt. 1 339 – ✉ 39030 Sesto :*

Sport e Kurhotel Bad Moos ⚘, via Val Fiscalina 27 ✆ 0474 713100, *info@badmoos.it, Fax 0474 713333*, ≤ Dolomiti, ⚑, ≘, ▢ riscaldata, ▢, ⚑, ⚑ – |♦|, ▤ rist, TV ☏ ⇔ P – ⚑ 100. ⚑ ⓂⒸ VISA. ⚘ rist
20 dicembre-7 aprile e 7 giugno-6 ottobre – **Pasto** carta 25/41 – **43 cam** ▭ 110/214 – ½ P 105.
◆ Suggestiva veduta delle Dolomiti da un hotel moderno rinnovato di recente, dotato di buone attrezzature e adatto anche a una clientela congressuale; camere confortevoli. Calda atmosfera nella sala da pranzo; ristorante serale in stube del XIV-XVII secolo.

Berghotel e Residence Tirol ⚘, via Monte Elmo 10 ✆ 0474 710386, *info@berghotel.com, Fax 0474 710455*, ≤ Dolomiti e valle Fiscalina, ⚑, ≘, ▢, ⚑ – |♦| TV ☏ ⇔ P. ⚘
6 dicembre-Pasqua e giugno-10 ottobre – **Pasto** (solo per alloggiati) – **35 cam** solo ½ P 90.
◆ Splendida vista delle Dolomiti e della valle Fiscalina, da un albergo in posizione soleggiata: zona comune classica, in stile montano di taglio moderno; camere lineari.

Tre Cime-Drei Zinnen, via San Giuseppe 28 ✆ 0474 710321, *info@hotel-drei-zinnen.com, Fax 0474 710092*, ≤ Dolomiti e valle Fiscalina, ≘, ▢ riscaldata, ⚑ – |♦| TV P. AE ⚑ ⓓ ⓂⒸ VISA JCB. ⚘ rist
22 dicembre-Pasqua e 10 giugno-ottobre – **Pasto** (solo per alloggiati) 20/40 – **41 cam** ▭ 130/200 – ½ P 110.
◆ Cordiale conduzione in una struttura in posizione dominante la valle, progettata da un famoso architetto viennese nel 1930; interni luminosi, camere con arredi d'epoca.

Alpi ⚘, via Alpe di Nemes 5 ✆ 0474 710378, *info@hotel-alpi.com, Fax 0474 710009*, ≤, ⚑, ≘ – |♦|, ▤ rist, TV ⇔. AE ⚑ ⓓ ⓂⒸ VISA JCB. ⚘ rist
dicembre-5 aprile e 25 maggio-14 ottobre – **Pasto** *(chiuso a mezzogiorno)* (solo per alloggiati) 16/25 – **24 cam** ▭ 79/150, 2 suites – ½ P 75.
◆ In zona tranquilla e panoramica, vicino agli impianti di risalita, un albergo ben tenuto con interni in stile alpino di moderna concezione e camere gradevoli.

a Campo Fiscalino (Fischleinboden) *Sud : 4 km – alt. 1 451 – ✉ 39030 Sesto :*

Dolomiti-Dolomitenhof ⚘, via Val Fiscalina 33 ✆ 0474 713000, *info@dolomitenhof.com, Fax 0474 713001*, ≤ pinete e Dolomiti, Centro benessere, ⚑, ≘, ▢, ⚑ – |♦| TV ⇔ P. ⚑ ⓂⒸ VISA
18 dicembre-20 marzo e 10 giugno-6 ottobre – **Pasto** carta 20/37 – **43 cam** ▭ 100/172, 4 suites – ½ P 100.
◆ In un'oasi di pace, in una cornice naturale fatta di monti e pinete, un albergo a gestione familiare in moderno stile anni '70, con centro benessere; buoni confort. Cucina del territorio nell'ampia sala da pranzo.

a Monte Croce di Comelico (Passo) (Kreuzbergpass) *Sud-Est : 7,5 km – alt. 1 636 – ✉ 39030 Sesto :*

Passo Monte Croce-Kreuzbergpass ⚘, via San Giuseppe 55 ✉ 39030 Sesto in Pusteria ✆ 0474 710328, *hotel@passomontecroce.com, Fax 0474 710383*, ≤ Dolomiti, ⚑, campo pratica golf, ⚑, ≘, ▢, ⚑ – TV ☏ ♿ P. AE ⚑ ⓂⒸ VISA. ⚘ rist
dicembre-aprile e giugno-15 ottobre – **Pasto** carta 31/43 – **35 cam** ▭ 90/180, 21 suites 160/190 – ½ P 105.
◆ Nel silenzio di suggestive cime dolomitiche, una bianca struttura a ridosso delle piste da sci, con campo pratica golf; all'interno ambienti eleganti e centro benessere. Bella la nuova cantina per degustazioni e la terrazza per il servizio estivo.

SESTO AL REGHENA *33079 Pordenone* 562 *E 20 – 5 297 ab. alt. 13.*

Roma 570 – Udine 66 – Pordenone 22 – Treviso 52 – Trieste 101 – Venezia 72.

In Sylvis, via Friuli 2 ✆ 0434 694911 e rist. ✆ 0434 694950, *insylvis@libero.it, Fax 0434 694990* – |♦|, ✈ cam, ▤ TV ☏ ♿ P – ⚑ 270. AE ⚑ ⓂⒸ VISA. ⚘ rist
Pasto al Rist. ***Abate Ermanno*** *(chiuso lunedì)* carta 25/36 – **37 cam** ▭ 72/85 – ½ P 60.
◆ Hotel di recente realizzazione, ma di lunga tradizione, non lontano dalla suggestiva abbazia benedettina di S.Maria; interni in stile sobrio e funzionale, parco privato. Grandi finestre velate da morbide tende e colori caldi nella sala ristorante.

SESTO CALENDE *21018 Varese* 561 *E 7 – 9 947 ab. alt. 198.*

⛳ *Arona a Borgo Ticino ✉ 28040 ✆ 0321 907034, Fax 0321 907034, Sud : 4 km.*
ℹ *viale Italia 3 ✆ 0331 923329.*
Roma 632 – Stresa 25 – Como 50 – Milano 55 – Novara 39 – Varese 23.

Tre Re, piazza Garibaldi 25 ☎ 0331 924229, *info@hotel3re.it, Fax 0331 913023,* ← – |‡| ▤ TV ☏. AE ⓢ ⓞ ⓜ VISA. ✻
chiuso dal 20 dicembre a gennaio – **Pasto** carta 31/42 – ☐ 10 – **31 cam** 80/130 – ½ P 94.
◆ Piacevolmente ubicato in riva la lago, albergo classico con ariosi interni di moderna concezione, belle camere dai colori vivaci, graziosa corte interna coperta. Piacevole sala da pranzo lineare dalle calde tonalità.

David, via Roma 56 ☎ 0331 920182, *Fax 0331 913939* – |‡| ▤ TV P. AE ⓢ ⓞ ⓜ VISA JCB. ✻
chiuso 15 dicembre-15 gennaio – **Pasto** *(chiuso venerdì)* carta 22/40 – **13 cam** ☐ 75/100 – ½ P 65.
◆ Simpatica accoglienza in una struttura dall'ambiente familiare alle porte della località, in prossimità del lago; interni in stile lineare, camere funzionali. Arredi semplici nell'ampia sala da pranzo di taglio moderno.

La Biscia, piazza De Cristoforis 1 ☎ 0331 924435, *Fax 0331 924435,* ☂ – ▤. AE ⓢ ⓞ ⓜ VISA JCB
chiuso dal 26 al 31 gennaio, dal 23 al 30 agosto, domenica sera e lunedì – **Pasto** carta 27/58.
◆ Nel centro del paese, sul lungolago, ristorante con una confortevole sala di tono signorile, spaziosa e luminosa; linea culinaria a base di piatti di terra e di mare.

SESTO ED UNITI *26028 Cremona* 561 G 11 – *2 774 ab. alt. 52.*

Roma 528 – Parma 77 – Piacenza 33 – Bergamo 71 – Brescia 68 – Cremona 10 – Mantova 79.

a Casanova del Morbasco *Est : 3 km – ✉ 26028 Sesto ed Uniti :*

La Cantina di Bacco, via Cavatigozzi 34 ☎ 0372 710992, *lacantinadibacco@hotmail.com, Fax 0372 710992* – P. ⓢ ⓜ VISA. ✻
chiuso dal 1° al 10 gennaio, agosto, lunedì sera e martedì – **Pasto** carta 23/31 e al Rist. ***Enoteca*** carta 20/25.
◆ In una cascina ristrutturata, un ristorante di recente apertura con wine-bar serale, dove gustare proposte a base di pesce d'acqua dolce e specialità del territorio.

SESTO FIORENTINO *50019 Firenze* 563 K 15 – *47 083 ab. alt. 55.*

ℹ piazza Vittorio Veneto 1 ☎ 055 4496357, urp@comune.sesto.fiorentino.fi.it, Fax 055 4496377.

Roma 283 – Firenze 10 – Arezzo 94 – Bologna 93 – Pistoia 33 – Siena 83.

Pianta di Firenze : percorsi di attraversamento.

Park Hotel Alexander ⛰, via XX Settembre 200 ☎ 055 446121 e rist. 055 4491691, *alexander@dbm.it, Fax 055 440016,* ☂, ⛱, ✻ – |‡| ▤ TV ♿ P – 🏛 90. AE ⓢ ⓞ ⓜ VISA. ✻ rist AR a
Pasto al Rist. ***La Limonaia*** carta 30/50 – **53 cam** ☐ 220/320.
◆ In una splendida villa del 1300 con grande parco secolare, albergo con interni signorili di concezione contemporanea, ampie camere confortevoli arredate in modo piacevole. Soffitto con mattoni a vista nella grande sala da pranzo di tono elegante.

Novotel Firenze Nord Aeroporto, via Tevere 23, località Osmannoro ☎ 055 308338, *novotel.firenze@accor-hotels.it, Fax 055 308336,* ⛱ – |‡|, ⇍ cam, ▤ TV ☏ ♿ 🚗 P – 🏛 300. AE ⓢ ⓞ ⓜ VISA. ✻ rist AR b
Pasto al Rist. ***La Terrazza*** carta 27/42 – **180 cam** ☐ 265.
◆ Hotel moderno a vocazione congressuale, in comoda posizione vicino al casello autostradale e all'aeroporto; ampia hall, spazi comuni razionali, attrezzate sale riunioni. Molto capiente la sala ristorante dall'atmosfera raffinata.

I Macchiaioli, piazza Lavagnini 12 ☎ 055 440650, *info@imacchiaioli.it, Fax 055 440650* – ⇍ rist, ▤. AE ⓢ ⓞ ⓜ VISA. ✻
chiuso dal 10 al 31 agosto e sabato a mezzogiorno, anche sabato sera e domenica da giugno a settembre – **Pasto** carta 33/50.
◆ Semplice e rustica trattoria, affacciata sulla centrale piazza del mercato. La cucina è capace di offrire la genuinità del territorio con alcune gradevoli peculiarità.

SESTOLA *41029 Modena* 562 J 14 – *2 696 ab. alt. 1 020 – a.s. febbraio-15 marzo, 15 luglio-agosto e Natale – Sport invernali : 1 020/2 000 m* 1 18, ⛷.

ℹ corso Umberto I, 3 ☎ 0536 62324, infosestola@msw.it, Fax 0536 61621.

Roma 387 – Bologna 90 – Firenze 113 – Lucca 99 – Milano 240 – Modena 71 – Pistoia 77.

Roma senza rist, corso Libertà 59 ☎ 0536 908003, *hotel-roma@appenninobianco.it, Fax 0536 60147,* 🚗 – |‡| TV ♿ P. AE ⓢ ⓞ ⓜ VISA
11 cam ☐ 85/103.
◆ Nato dalla ristrutturazione di un vecchio albergo, una risorsa accogliente e di taglio moderno, ubicata in pieno centro. Bella sala colazioni e saletta soggiorno.

Tirolo, via delle Rose 9 0536 62523, *tirolo@msw.it, Fax 0536 62523*, –
Natale-marzo e giugno-settembre – **Pasto** 20/35 – 7,70 – **39 cam** 40/75 – ½ P 58.
◆ Un soggiorno tranquillo in una semplice struttura familiare, in posizione panoramica, gestita in modo signorile; piacevoli interni di taglio moderno e camere lineari. Ampie vetrate che si aprono sul verde nella spaziosa sala da pranzo.

Al Poggio, via Poggioraso 88, località Poggioraso Est : 2 km 0536 61147, *info@alpoggio.it, Fax 0536 61626*, monti e vallata, – . rist
Pasto carta 21/29 – 8 – **30 cam** 55/90 – ½ P 70.
◆ Hotel ubicato in posizione tranquilla, che offre una vista meravigliosa della vallata in particolar modo da alcune delle camere. Conduzione familiare al femminile.

San Rocco con cam, corso Umberto I 39 0536 62382, *reception@hotel-sanrocco.it, Fax 0536 60820*, Coperti limitati; prenotare – . .
chiuso maggio e ottobre – **Pasto** *(chiuso lunedì)* carta 35/60 – 10 – **11 cam** 60/80, suite – ½ P 70.
◆ Dopo una giornata sulle piste da sci o una visita al «Giardino Esperia» concedetevi una cena rigenerante a base di ricette tradizionali in questo piacevole ristorante.

Faggio, corso Libertà 64 0536 62211, *Fax 0536 61485* – .
chiuso lunedì sera e martedì escluso giugno-settembre – **Pasto** carta 30/44.
◆ Simpatica atmosfera in un accogliente locale a gestione diretta, situato nel centro del paese, che propone piatti a base di tradizionali paste emiliane; buona la cantina.

SESTO SAN GIOVANNI *20099 Milano 561 F 9 – 81 687 ab. alt. 137.*

Roma 565 – Milano 9 – Bergamo 43.

Pianta d'insieme di Milano.

Al Molo di Via Verdi, via Verdi 75 02 26221740, *Fax 02 26221740*, Rist. e pizzeria serale – . . BO g
chiuso dal 1° al 6 gennaio e dal 6 al 27 agosto – **Pasto** specialità di mare carta 28/41.
◆ Ambiente in stile contemporaneo in un ristorante con pizzeria serale: una grande sala e diversi angoli più riservati con qualche tavolo; cucina di mare classica.

Se cercate un hotel tranquillo consultate prima le carte tematiche dell'introduzione e trovate nel testo gli esercizi indicati con il simbolo

---

SESTRIERE *10058 Torino 561 H 2 – 886 ab. alt. 2 033 – a.s. 6 febbraio-6 marzo, Pasqua e Natale – Sport invernali : 1 350/2 823 m 1 17 (Comprensorio Via Lattea 1 58) .*

(22 giugno-1 settembre) 0122 799411, Fax 0122 799418.

via Louset 14 0122 755444, sestriere@montagnedoc.it, Fax 0122 755171.

Roma 750 – Briançon 32 – Cuneo 118 – Milano 240 – Torino 93.

Gd H. Principi di Piemonte, via Sauze 3B 0122 7941, *reservation.pdp@framon-hotels.it, Fax 0122 755411*, , , – – 300.
dicembre-marzo e luglio-agosto – **Pasto** 39,60 – 16,50 – **96 cam** 223,30/319 – ½ P 216.
◆ In tranquilla posizione fuori dal centro abitato, un esclusivo albergo di lunga tradizione; ampie zone comuni, grande salone congressi, piacevoli camere accoglienti. Il piacere di un pasto in un ambiente di classe.

a Borgata Sestriere *Nord-Est : 3 km – 10058 Sestriere :*

Sciatori, via San Filippo 5 0122 70323, *info@hotelsciatorisestriere.it, Fax 0122 70196* – . rist
dicembre-aprile e luglio-agosto – **Pasto** (solo per alloggiati) – 8 – **25 cam** 70/100 – ½ P 90.
◆ Semplicità, ordine e ambiente familiare in un hotel a gestione diretta, non lontano dagli impianti di risalita; interni con arredi essenziali, mobili di pino nelle camere. Piatti caserecci con radici nella tradizione.

a Champlas-Janvier *Sud-Ovest : 5 km – 10058 Sestriere :*

Du Grand Père, via Forte Seguin 14 0122 755970 – .
dicembre-aprile, 15 giugno-15 settembre; chiuso martedì – **Pasto** carta 31/50.
◆ Ambiente rustico in un locale all'interno di una casa del XVII sec.: sala con pavimento in legno, soffitto con travi a vista e camino; selvaggina e piatti tradizionali.

SESTRI LEVANTE *16039 Genova* 561 J 10 *G. Italia – 19 470 ab..*

piazza Sant'Antonio 10 ☎ 0185 457011, iatsestrilevante@apttigullio.liguria.it, Fax 0185 459575.

Roma 457 – Genova 50 – Milano 183 – Portofino 34 – La Spezia 59.

Grand Hotel Villa Balbi, viale Rimembranza 1 ☎ 0185 42941, *villabalbi@tigullio.it, Fax 0185 482459,* , riscaldata, , – | – 80. AE VISA.
chiuso dal 20 ottobre al 27 dicembre – **Pasto** carta 34/50 – **105 cam** 160/295 – ½ P 175.
◆ Sul lungomare, un'antica villa aristocratica del '600 con un rigoglioso parco-giardino con piscina riscaldata: splendidi interni in stile con affreschi, camere eleganti. Continuate a viziarvi pasteggiando nella raffinata sala da pranzo.

Vis à Vis, via della Chiusa 28 ☎ 0185 42661 e rist. ☎ 0185 480801, *visavis@hotelvisavis.com, Fax 0185 480853,* ← mare e città, – | – 180. AE VISA JCB. rist
chiuso dal 10 novembre al 5 dicembre – **Pasto** al Rist. ***Olimpo*** carta 31/55 – **46 cam** 130/220, 3 suites – ½ P 145.
◆ Albergo panoramico collegato al centro da un ascensore scavato nella roccia; splendida terrazza-solarium con piscina riscaldata, accoglienti interni di taglio moderno. Si gode un'incantevole vista della Baia del Silenzio dalla raffinata sala da pranzo.

Gd H. dei Castelli, via alla Penisola 26 ☎ 0185 487020, *info@hoteldeicastelli.com, Fax 0185 44767,* ← mare e coste, , – | . AE VISA JCB. rist
Pasqua-15 ottobre – **Pasto** carta 33/61 (15 %) – **21 cam** 120/235, 4 suites – ½ P 147,50.
◆ Su un promontorio con bella vista di mare e coste, caratteristico hotel con costruzioni in stile medievale e ascensori per il mare; interni dalle moderne linee essenziali. Sottili colonne centrali nella raffinata sala da pranzo.

Due Mari, vico del Coro 18 ☎ 0185 42695, *hotelduemari@inwind.it, Fax 0185 42698,* ←, , – | – 200. AE VISA. rist
chiuso dal 24 ottobre al 23 dicembre – **Pasto** carta 24/40 – **55 cam** 62/140, 3 suites – ½ P 95.
◆ Tra romantici edifici pastello, un classico palazzo seicentesco da cui si scorge la Baia del Silenzio, abbellito da un piccolo e suggestivo giardino; interni in stile. Elegante sala da pranzo sobriamente arredata.

Suite Hotel Nettuno, piazza Bo 23/25 ☎ 0185 481796, *info@suitehotelnettuno.com, Fax 0185 482459,* ←, – | . AE VISA.
Pasto carta 23/45 – **18 cam** 330.
◆ Edificio in stile «belle epoque» ubicato sulla passaggiata lungomare. Camere caratteristiche con soppalco per il letto e soggiorno ampio e godibile. Ristorante di grandi dimensioni.

Helvetia senza rist, via Cappuccini 43 ☎ 0185 41175, *helvetia@hotelhelvetia.it, Fax 0185 457216,* ← baia del Silenzio, , – | . AE VISA.
marzo-ottobre – **21 cam** 190.
◆ In un angolo tranquillo e pittoresco di Sestri, una costruzione d'epoca ristrutturata con eleganza, adornata da terrazze-giardino fiorite; ariosi ambienti lineari.

Marina, via Fascie 100 ☎ 0185 487332, *marinahotel@marinahotel.it, Fax 0185 41527* – . AE VISA. rist
chiuso dal 10 gennaio al 1º marzo – **Pasto** (solo per alloggiati) – 5 – **17 cam** 45/60 – ½ P 46.
◆ Sulla statale Aurelia, hotel in posizione centrale recentemente rimodernato, che dispone di ampie e funzionali camere per famiglie e di una saletta biliardo.

El Pescador, via Queirolo (al porto) ☎ 0185 42888, *elpescador@libero.it, Fax 0185 41491,* ← – . AE VISA
chiuso dal 15 dicembre al 1º marzo e martedì – **Pasto** carta 35/50.
◆ In una piacevole posizione sulla strada che conduce al porto, locale dai luminosi interni con decorazioni in stile marinaro; cucina di mare e carni alla griglia.

San Marco, via Queirolo 27 (al porto) ☎ 0185 41459, *rist_s.marco@libero.it, Fax 0185 41459,* ←, – AE VISA JCB.
chiuso dal 16 al 28 febbraio, dal 3 al 18 novembre e a mezzogiorno in agosto – **Pasto** carta 30/51.
◆ Sulla punta estrema della banchina del porticciolo, direttamente sul mare, un ristorante pieno di luce e mondano, arredato in stile marina; proposte di piatti di pesce.

Portobello, via Portobello 16 ☎ 0185 41566, – . AE VISA.
chiuso da gennaio al 23 febbraio, dal 3 novembre a dicembre e mercoledì (escluso luglio-agosto) – **Pasto** carta 35/54.
◆ Sulla Baia del Silenzio, ristorante recentemente ampliato, con rustica sala in stile marinaresco; servizio estivo nel dehors sulla spiaggia, piatti a base di pesce.

Santi's, viale Rimembranza 46 ☎ 0185 485019 – AE VISA JCB
chiuso dal 5 novembre al 20 dicembre e lunedì – **Pasto** carta 27/39.
◆ Signorile gestione familiare in questo piccolo locale di taglio moderno, dall'ambiente curato e accogliente, in cui gustare cucina prevalentemente a base di pescato.

X **Trattoria della Mandrella,** viale Dante 37 ✆ 0185 42716, *mandrella@interfree.it, Fax 0185 42716*, prenotare – ▤. AE ⓢ ⓞ ⓜ VISA JCB
chiuso dal 7 al 30 gennaio, dal 15 al 30 ottobre, martedì (escluso da ottobre ad aprile) e mercoledì – **Pasto** carta 26/43.
◆ Fascino tutto femminile, sia nella gestione che nei deliziosi decori della sala, abbellita da dipinti «trompe l'oeil»; garbati piatti marinari, con un'impronta personale.

X **Rezzano Cucina e Vino,** via Asilo Maria Teresa 34 ✆ 0185 450909, *rezzanocucinaevino @libero.it, Fax 0185 450909*, 龠, prenotare – AE ⓢ ⓜ VISA
chiuso lunedì e a mezzogiorno (escluso domenica e i giorni festivi) – **Pasto** 30/40 e carta 44/58.
◆ Ristorante aperto nel corso del 2003, completamente rinnovato secondo il criterio di un'apprezzabile semplicità. Tavoli in legno e cucina gustosa, di provata esperienza.

a Riva Trigoso *Sud-Est : 2 km – ✉ 16039 :*

XX **Asseü,** via G.B. da Ponzerone 2, strada per Moneglia ✆ 0185 42342, *asseu@tiscalinet.it, Fax 0185 42342*, ←, 龠, prenotare – P. AE ⓢ ⓞ ⓜ VISA
chiuso novembre, mercoledì (escluso agosto) e da gennaio a marzo anche lunedì e martedì – **Pasto** carta 35/51.
◆ In bellissima posizione sulla spiaggia sassosa, un ristorante con piacevole sala in stile marina, dove gustare cucina di pesce; ameno servizio estivo in terrazza sul mare.

SESTRI PONENTE *Genova – Vedere Genova.*

Le piante di città sono orientate con il Nord verso l'alto.

SETTEQUERCE (SIEBENEICH) *Bolzano* 218 ⑳ *– Vedere Terlano.*

SETTIGNANO *Firenze* 563 K 15 *– Vedere Firenze.*

SETTIMO TORINESE *10036 Torino* 561 G 5 *– 47 062 ab. alt. 207.*
Roma 698 – Torino 12 – Aosta 109 – Milano 132 – Novara 86 – Vercelli 62.

Pianta d'insieme di Torino.

Green Center Hotel senza rist, via Milano 177 (Nord-Est : 2 km) ✆ 011 8005661, *info@green-center.it, Fax 011 8004419* – ▤ TV ✆ ♿ P. AE ⓢ ⓞ ⓜ VISA. ✻
41 cam ☕ 103/134.
◆ Decidete di coccolarvi concedendovi un soggiorno in questa struttura moderna con gradevoli interni, molto confortevoli e arredati con gusto; graziose camere luminose.

SETTIMO VITTONE *10010 Torino* 561 F 9, 219 ⑭ *– 1 596 ab. alt. 282.*
Roma 693 – Aosta 57 – Ivrea 10 – Milano 125 – Novara 79 – Torino 59.

X **Dell'Angelo,** via Marconi 6 ✆ 0125 658920, 龠. AE ⓢ ⓞ ⓜ VISA. ✻
chiuso dal 7 al 21 gennaio, dal 21 luglio al 4 agosto e mercoledì – **Pasto** carta 24/34.
◆ Nel centro della località, ristorante che dispone di due sale: una più «moderna» vicino all'ingresso, l'altra più «calda» e classica; proposte di cucina del territorio.

SEVESO *20030 Milano* 561 F 9 *– 18 799 ab. alt. 207.*
Roma 595 – Como 22 – Milano 21 – Monza 15 – Varese 41.

XX **La Sprelunga,** via Sprelunga 55 ✆ 0362 503150, *lasprelunga@libero.it, Fax 0362 503150* – P. AE ⓢ ⓞ ⓜ VISA. ✻
chiuso dal 27 dicembre al 6 gennaio, agosto, domenica sera e lunedì – **Pasto** carta 33/72.
◆ Antica trattoria di cacciatori, è ora un confortevole locale di taglio contemporaneo, in posizione decentrata, con proposte culinarie quasi esclusivamente a base di pesce.

X **Osteria delle Bocce,** piazza Verdi 7 ✆ 0362 502282, *info@osteriadellebocce.it, Fax 0362 502282*, 龠 – AE ⓢ ⓞ ⓜ VISA. ✻
chiuso dal 12 al 30 agosto, dal 29 dicembre al 4 gennaio e lunedì – **Pasto** carta 35/59.
◆ Nel cuore della località, un ristorante che offre una cucina rivisitata con radici nella tradizione; ampia cantina e piatti alla griglia d'estate serviti in giardino.

SEXTEN = Sesto.

SEZZE *04018 Latina* 563 R 21 – *22 453 ab. alt. 319.*
Roma 85 – Frosinone 41 – Napoli 153.

in prossimità della strada statale 156 *Sud-Est : 11 km*

XX **Da Angeluccio,** via Ponte Ferraioli 48, Migliara 47 ☎ 0773 899146, *angeluccio@free.ponservice.it, Fax 0773 89914652,* – P. AE ⓘ ⓞ ⓜ VISA.
chiuso dal 1° al 15 novembre e lunedì – **Pasto** carta 23/37 (10 %).
◆ Elegante locale con ampi spazi esterni ed interni: fuori un piacevole giardino, dentro una sala dai molteplici colori dove si servono piatti di terra e soprattutto di mare.

SFERRACAVALLO *Terni – Vedere Orvieto.*

SFERRACAVALLO *Palermo* 565 M 21 – *Vedere Sicilia (Palermo) alla fine dell'elenco alfabetico.*

SFRUZ *38010 Trento* 562 C 15 – *278 ab. alt. 1 015.*
Roma 617 – Bolzano 72 – Sondrio 132 – Trento 38.

X **Baita 7 Larici,** località Sette Larici Nord-Est : 2,5 km ☎ 0463 536360, *settelarici@tin.it, Fax 0463 536360,* – P. AE ⓘ ⓜ VISA.
chiuso gennaio, martedì sera e mercoledì (escluso Natale, luglio, agosto) – **Pasto** carta 23/31.
◆ Situato praticamente nel bosco, tra pini e larici, ristorante con una confortevole sala con rifiniture in legno; piatti tipici e tradizionali, servizio estivo in giardino.

SGONICO *34010 Trieste* 562 E 23 – *2 204 ab. alt. 282.*
Roma 656 – Udine 71 – Portogruaro 86 – Trieste 14.

a Devincina *Sud-Ovest : 3,5 km – ✉ 34010 Sgonico :*

X **Savron,** via Devincina 25 ☎ 040 225592, *labbate.savron@tiscali.it, Fax 040 225592,* – P. AE ⓘ ⓞ ⓜ VISA
chiuso martedì e mercoledì – **Pasto** carta 24/31.
◆ Locale rustico di moderna ispirazione, con due salette, di cui una dedicata alla civiltà austroungarica (stampe, dipinti e oggetti); proposta gastronomica mitteleuropea.

SIBARI *87070 Cosenza* 564 H 31 *G. Italia.*
Roma 488 – Cosenza 69 – Potenza 186 – Taranto 126.

ai Laghi di Sibari *Sud-Est : 7 km :*

X **Oleandro** con cam, ✉ 87070 ☎ 0981 794928, *Fax 0981 79141,* – TV P. AE ⓘ ⓞ ⓜ VISA JCB
Pasto carta 24/32 – **23 cam** 60/70 – ½ P 60.
◆ Una sosta rilassante tra i laghi artificiali di Sibari, per passare una giornata nel verde e gustare cucina marinara nella luminosa sala; piacevole servizio all'aperto.

SICILIA (Isola di) 565 – *Vedere alla fine dell'elenco alfabetico.*

SICULIANA *Agrigento* 565 O 22 – *Vedere Sicilia alla fine dell'elenco alfabetico.*

SIDERNO *89048 Reggio di Calabria* 564 M 30 – *17 245 ab..*
Roma 697 – Reggio di Calabria 103 – Catanzaro 93 – Crotone 144.

Gd H. President, strada statale 106 (Sud-Ovest : 2 km) ☎ 0964 343191, *informazioni@grandhotelpresident.com, Fax 0964 342746,* <, , , , – TV P – 400. AE ⓘ ⓞ ⓜ VISA.
Pasto carta 21/26 – **116 cam** 97/105, 2 suites – ½ P 85.
◆ Fuori dal centro, non lontano dal mare, albergo abbellito da un verdeggiante giardino con piscina rialzata e campi da tennis; camere ben accessoriate e confortevoli. Ampio ristorante con un'imponente colonna centrale.

X **La Vecchia Hosteria,** via Matteotti 5 ☎ 0964 388880, *info@lavecchiahostaria.com,* Rist. e pizzeria, prenotare – . ⓘ ⓞ ⓜ VISA.
chiuso mercoledì escluso luglio-agosto – **Pasto** specialità di mare e della tradizione locale carta 19/31.
◆ Ristorante e pizzeria con un'ampia sala dall'accogliente ambiente rustico: soffitto a volte con mattoni a vista e arredi essenziali; piatti di mare e tipici locali.

SIEBENEICH = Settequerce.

SIENA *53100* P 563 M 16 *G. Toscana – 54 366 ab. alt. 322.*

Vedere *Piazza del Campo**** **BX** *: palazzo Pubblico**** **H**, *** dalla Torre del Mangia – Duomo**** **AX** *– Museo dell'Opera Metropolitana*** **ABX M1** *– Battistero di San Giovanni* : fonte battesimale*** **AX A** *– Palazzo Buonsignori* : pinacoteca**** **BX** *– Via di Città** **BX** *– Via Banchi di Sopra** **BVX 4** *– Piazza Salimbeni** **BV** *– Basilica di San Domenico* : tabernacolo* di Giovanni di Stefano e affreschi* del Sodoma* **AVX** *– Adorazione del Crocifisso* del Perugino, opere* di Ambrogio Lorenzetti, Matteo di Giovanni e Sodoma nella chiesa di Sant'Agostino* **BX.**

piazza del Campo 56 ☎ 0577 280551, aptsiena@siena.toscana.it, Fax 0577 270676.

A.C.I. *viale Vittorio Veneto 47 ☎ 0577 49002.*

Roma 230 ② – Firenze 68 ⑤ – Livorno 116 ⑤ – Milano 363 ⑤ – Perugia 107 ② – Pisa 106 ⑤.

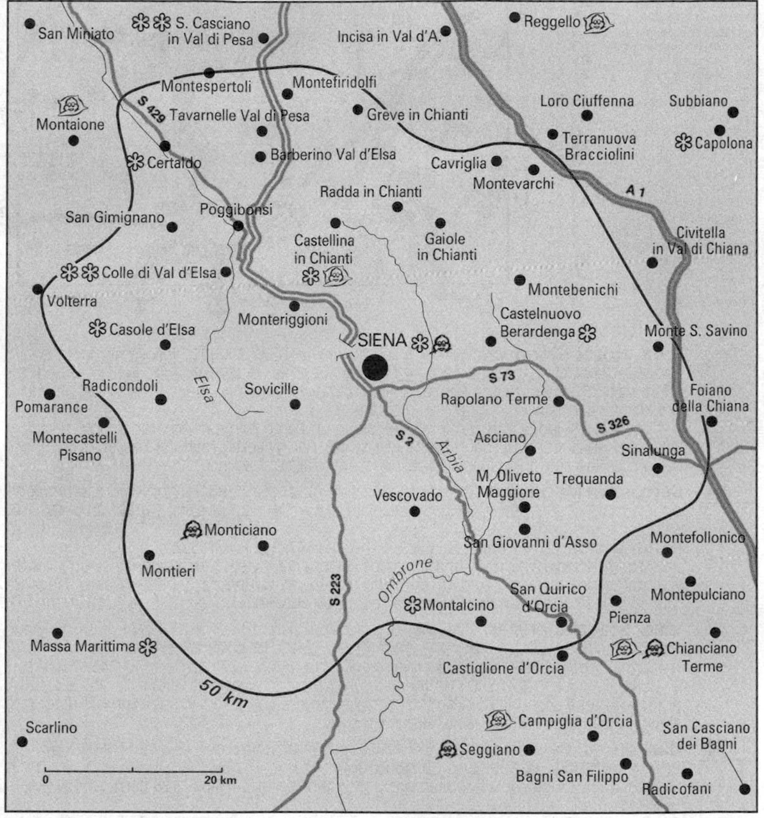

Gd H. Continental, via Banchi di Sopra 85 ☎ 0577 56011, *reservation.hcs@royaldemeure.com, Fax 0577 5601555* – |♿|, ⇔ cam, ▤ TV ☎ – 🏛 20. AE ⓢ ⓓ ⓜ VISA JCB.

BV a

Pasto carta 50/65 – ☕ 29,70 – **51 cam** 456,50/629,20, 2 suites.

◆ Hotel ospitato all'interno di un prestigioso palazzo seicentesco del centro storico. Riaperto dopo una totale ristrutturazione, presenta un magnifico salone affrescato. Originale ristorante ricavato nella corte interna, chiusa da una copertura in vetro.

SIENA

Circolazione regolamentata nel centro città

Aretina (Via) . . . . **U** 3
Banchi di Sopra (Via) . . . **BVX** 4
Banchi di Sotto (Via) . . . . **BX** 6
Beccafumi (Via D.) . . . . . . **BV** 9
Bracci (Viale Mario) . . . . **T** 12
Camporegio (Via) . . . . **AV** 15
Cantine (Via delle) . . . . . . **BX** 16
Capitano (Via del) . . . . **AX** 17
Casato di Sopra . . . . **BX** 18
Cavour (Vle C. Benso di) . . **T** 21
Città (Via di) . . . . **BX**
Esterna di Fontebranda (Via) . . . . **U** 26
Fiorentina (Via) . . . . **T** 28
Fusari (Via dei) . . . . **AX** 31
Galluzza (Via della) . . . . . . **AX** 32
Gazzani (Via) . . . . **AV** 33
Gigli (Via Girolamo) . . . . **U** 35
Maitani (Via Lorenzo) . . . . **BV** 39
Malizia (Strada di) . . . . **T** 40
Massetana (Strada) . . . . . **AX** 42
Montanini (Via dei) . . . . . . **AV**
Montluc (Via Biagio di) . . . . **T** 45
Orlandi (Via Nazareno) . . . . . **T** 47
Orti (Via degli) . . . . **BV** 49
Pellegrini (Via dei) . . . . **BX** 50
Peruzzi (Via B.) . . . . **TU** 52
Pian dei Mantellini . . . . **AX** 53
Pian d'Ovile . . . . **ABV** 54
Piccolomini (Via E.S.) . . . . . **U** 57
Porrione (Via del) . . . . **BX** 59
Ricasoli (Via) . . . . **T** 63
Rinaldini (Via) . . . . **BX** 64
S. Caterina (Via di) . . . . . . **AX** 67
S. Girolamo (Via) . . . . **BX** 68
Sardegna (Viale) . . . . **T** 73
Scacciapensieri (Strada) . . . **T** 74
Sclavo (Via Achille) . . . . **T** 75
Tolomei (Piazza) . . . . **BV** 78
Tufi (Via dei) . . . . **U** 82
Vittorio Emanuele II (Vle) **AV** 85
Vittorio Veneto (Viale) . . . . . **T** 87

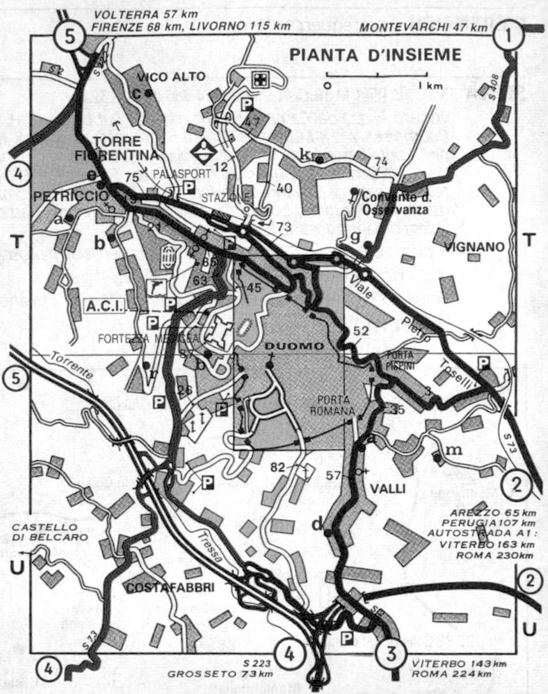

Park Hotel Siena, via di Marciano 18 ☎ 0577 290505, *info@parkhotelsiena.it, Fax 0577 290448*, – 80. **T a**
15 marzo-15 novembre – **Pasto** al Rist. ***L'Olivo*** *(chiuso a mezzogiorno da giugno a settembre)* carta 44/66 – 26,50 – **69 cam** 413, suite.
◆ Superba residenza patrizia del XVI secolo in un parco con campo pratica golf; mobili in stile negli spazi comuni magnificamente ornati, per rivivere i fasti del passato. Ristorante dall'atmosfera signorile, specialità culinarie legate alla tradizione.

Certosa di Maggiano, strada di Certosa 82 ☎ 0577 288180, *info@certosadimaggiano.it, Fax 0577 288189*, riscaldata, – rist, cam. **U m**
Pasto carta 84/117 – **9 cam** 565/594, 8 suites 647/982 – ½ P 382.
◆ Un soggiorno esclusivo in una splendida certosa del XIV sec., impreziosita da un incantevole parco con piscina riscaldata; ambienti di estrema raffinatezza, belle camere. Elegante sala da pranzo superbamente arredata con mobili autentici.

Villa Scacciapensieri, via di Scacciapensieri 10 ☎ 0577 41441, *villasca@tin.it, Fax 0577 270854*, – 25. rist **T k**
marzo-novembre – **Pasto** *(chiuso mercoledì)* carta 43/53 – **27 cam** 130/245, 4 suites.
◆ Bella villa padronale dell'800 immersa in un parco con splendida vista sulla città e sui colli; gradevole zona comune con camino centrale, camere con arredi in stile. Servizio ristorante estivo in giardino fiorito, cucina del territorio.

Garden, via Custoza 2 ☎ 0577 47056, *info@gardenhotel.it, Fax 0577 46050*, – 600. rist **T b**
(chiuso a mezzogiorno da novembre a gennaio) carta 27/34 – **125 cam** 139/170 – ½ P 111.
◆ Alle porte della città, complesso a vocazione congressuale in un rigoglioso parco ombreggiato: eleganti ambienti con soffitti decorati, confortevoli camere rinnovate. Servizio ristorante estivo in terrazza panoramica.

Palazzo Ravizza, Piano dei Mantellini 34 ☎ 0577 280462, *bureau@palazzoravizza.it, Fax 0577 221597*, – rist, rist **AX b**
Pasto *(chiuso domenica)* carta 28/34 – **32 cam** 180, 4 suites.
◆ Un tuffo nel passato in un'incantevole costruzione del XVII sec. raccolta intorno a un pittoresco giardinetto; mobilio d'epoca, suggestive camere di monacale semplicità. Servizio ristorante estivo in giardino.

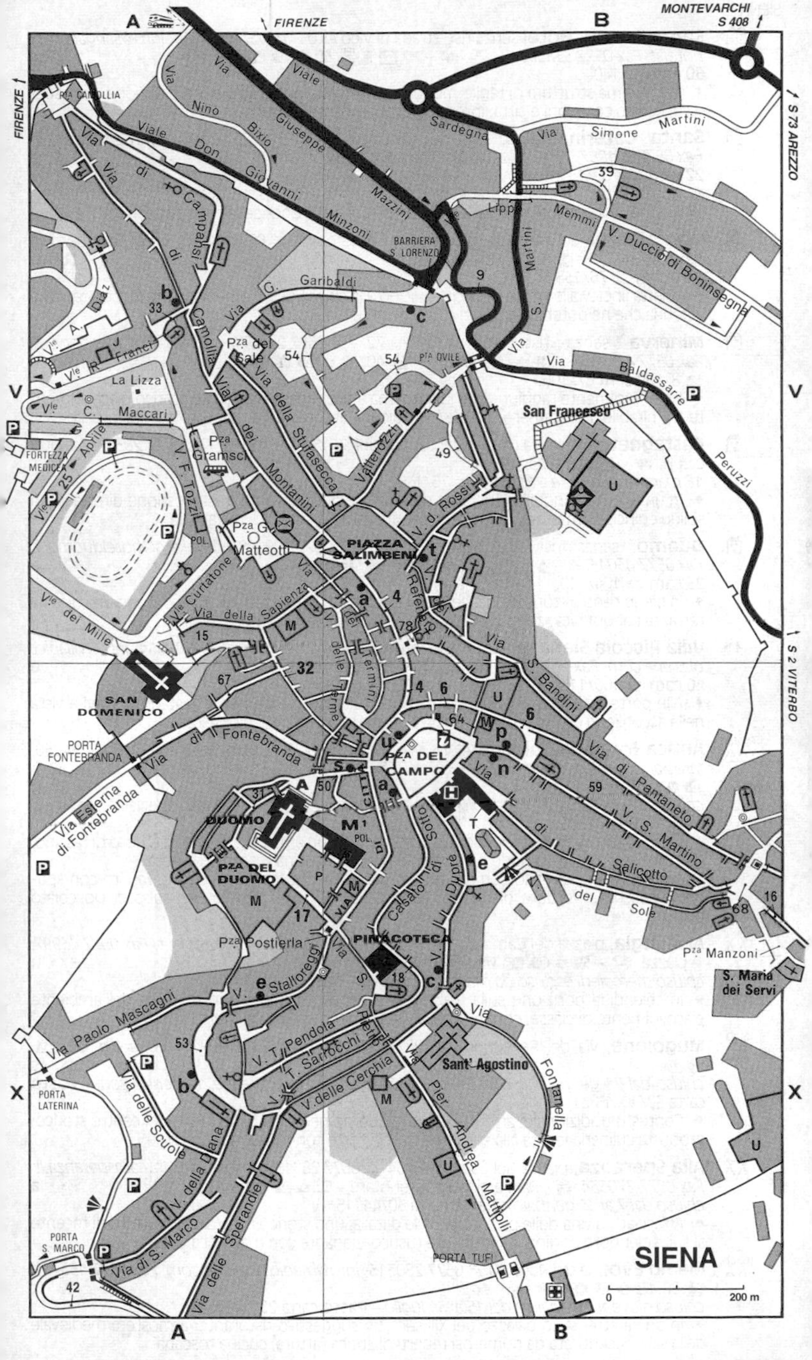
SIENA
FIRENZE
MONTEVARCHI S 408
S 73 AREZZO
S 2 VITERBO
Viale Sardegna
Via Simone Martini
Via Lippo Memmi
V. Duccio di Boninsegna
Via Nino Bixio
Viale Giuseppe Mazzini
Viale Don Giovanni Minzoni
BARRIERA S. LORENZO
Via di Camollia
Via Campansi
Via G. Garibaldi
Via S. Martini
Via Baldassarre Peruzzi
San Francesco
PTA OVILE
Pza del Sale
Via della Stufasecca
Via Vallerozzi
Via dei Montanini
Pza Gramsci
V. F. Tozzi
La Lizza
V. A. Diaz
Vle R. Franci
Vle C. Maccari
Vle 25 Aprile
FORTEZZA MEDICEA
Pza G. Matteotti
PIAZZA SALIMBENI
V. d. Rossi
Via del Refe Nero
Via S. Bandini
Vle Curtatone
Vle dei Mille
Via della Sapienza
V. dei Termini
V. delle Terme
SAN DOMENICO
PORTA FONTEBRANDA
Via di Fontebranda
Via Esterna di Fontebranda
PZA DEL CAMPO
Via di Città
Via di Pantaneto
V. S. Martino
Via di Salicotto
V. del Sole
Pza Manzoni
S. Maria dei Servi
DUOMO
PZA DEL DUOMO
Pza Postierla
Casato di Sotto
V. Dupré
PINACOTECA
V. Stalloreggi
Via S. Pietro
Via Paolo Mascagni
V. T. Pendola
V. T. Sarrocchi
V. delle Cerchia
Sant' Agostino
Via Fontanella
Via Pier Andrea Mattioli
PORTA LATERINA
Via delle Scuole
V. della Diana
Via delle Sperandie
Via di S. Marco
PORTA S. MARCO
PORTA TUFI
0
200 m
A
B
V
X

Sangallo Park Hotel senza rist, strada di Vico Alto 2 ☎ 0577 334149, *info@sangallopark hotel.it, Fax 0577 333306*, ≤, ⛱, 🌳 – ▤ TV ♿ P. AE ♁ ⓓ MC VISA JCB T c
50 cam ☕ 140.
◆ Nuovissima struttura di taglio moderno, con giardino, in strategica posizione per ospedale, centro convegni e città; interni funzionali, camere sobrie, in legno chiaro.

Santa Caterina senza rist, via Piccolomini 7 ☎ 0577 221105, *info@hscsiena.it, Fax 0577 271087*, 🌳 – |♦| ▤ TV P. AE ♁ ⓓ MC VISA U a
22 cam ☕ 105/155.
◆ Appena fuori le mura, gradevole villa raccolta intorno a un suggestivo giardinetto; all'interno collezione di stampe e oggetti, camere eterogenee, alcune soppalcate.

Villa Liberty senza rist, viale Vittorio Veneto 11 ☎ 0577 44966, *info@villaliberty.it, Fax 0577 44770* – |♦| ▤ TV. AE ♁ MC VISA. ✂ TU b
– 18 cam ☕ 75/135.
◆ Villetta liberty alle porte della città, vicino alla chiesa di S. Domenico: interni ben tenuti e veranda che ne potenzia gli spazi comuni; camere funzionali.

Minerva senza rist, via Garibaldi 72 ☎ 0577 284474, *info@albergominerva.it, Fax 0577 43343*, ≤ – |♦| ⅹ TV ☎ 🚗 – 🏛 40. AE ♁ ⓓ MC VISA BV c
☕ 8 – 59 cam 67/106.
◆ Hotel facilmente raggiungibile in auto, ma a pochi passi dal centro storico piacevolmente ammirabile dalle camere, alcune con balcone. Interessante rapporto qualità/prezzo.

Castagneto ⛐ senza rist, via dei Cappuccini 39 ☎ 0577 45103, *Fax 0577 283266*, ≤ città e colli, 🌳 – TV P. ♁ MC VISA. ✂ U r
16 marzo-novembre – **11 cam** ☕ 75/130.
◆ In un angolo tranquillo, con vista della città e dei colli, un hotel a gestione diretta in un solido edificio in mattoni: interni ben tenuti, camere semplici, ma ampie.

Duomo senza rist, via Stalloreggi 38 ☎ 0577 289088, *booking@hotelduomo.it, Fax 0577 43043*, ≤ – |♦| ▤ TV. AE ♁ ⓓ MC VISA JCB AX e
23 cam ☕ 104/130.
◆ In pieno centro storico, un albergo all'interno di un palazzo seicentesco, con una piccola terrazza panoramica; zone comuni lineari, camere di taglio moderno.

Villa Piccola Siena senza rist, via Petriccio Belriguardo 7 ☎ 0577 588044, *info@villapicc olasiena.com, Fax 0577 589510* – ▤ TV ☎ P. AE ♁ ⓓ MC VISA T e
10 cam ☕ 100/115.
◆ Alle porte della città, due edifici d'epoca collegati e totalmente restaurati: travi a vista nelle accoglienti camere, ben arredate con mobilio in stile arte povera.

Antica Trattoria Botteganova, via Chiantigiana 29, per Montevarchi ☎ 0577 284230, *info@anticatrattoriabotteganova.it, Fax 0577 271519*, Coperti limitati; prenotare – ▤. AE ♁ ⓓ MC VISA JCB. ✂ T g
chiuso dal 3 al 20 gennaio, dal 20 luglio a 7 agosto e domenica – **Pasto** specialità toscane e di mare carta 48/60.
◆ Fuori un anonimo edificio, dentro la sorpresa di un ambiente elegante e ricco di fascino, con tavoli raffinati e comode poltroncine; prelibata cucina toscana rivisitata.
Spec. Tortelli di pecorino con fonduta di parmigiano e tartufo. Piccione farcito con spugnole secche e verdure di campo. Tortino tiepido di cioccolato con salsa di cioccolato bianco.

Al Mangia, piazza del Campo 42 ☎ 0577 281121, *almangia@almangia.it, Fax 0577 43997*, ≤ piazza, ⛱ – AE ♁ ⓓ MC VISA JCB. ✂ BX u
chiuso mercoledì escluso da marzo ad ottobre – **Pasto** carta 40/70.
◆ In splendida posizione sulla Piazza del Campo, ristorante con una sala dall'ambiente piacevolmente di classe, con mattoni a vista; ameno servizio estivo all'aperto.

Mugolone, via dei Pellegrini 8 ☎ 0577 283235, *Fax 0577 219091* – AE ♁ ⓓ MC VISA. ✂ BX s
chiuso dal 21 gennaio al 7 febbraio, dal 15 al 31 luglio, giovedì e domenica sera – **Pasto** carta 32/40 (13 %).
◆ Contesto tradizionale, arredi di taglio moderno nelle sale di un locale del centro storico; proposta culinaria legata alla stagionalità, con forte connotazione regionale.

Alla Speranza, piazza del Campo 33/34 ☎ 0577 280190, *info@ristoranteallasperanza.it, Fax 0577 270534*, ⛱, Rist. e pizzeria, prenotare – AE ♁ ⓓ MC VISA. ✂ BX a
chiuso dal 7 al 31 gennaio – **Pasto** carta 30/44 (15 %).
◆ Affacciati su una delle piazze più belle d'Italia, uno storico ristorante riportato di recente al suo splendore originario. Ambiente rustico-elegante con mattoni a vista.

Medio Evo, via dei Rossi 40 ☎ 0577 280315, *info@medioevosiena.com, Fax 0577 45376* – 🏛 50. AE ♁ ⓓ MC VISA JCB. ✂ BV t
chiuso giovedì, gennaio e dal 15 al 31 luglio – **Pasto** carta 23/41 (15 %).
◆ In un caratteristico palazzo del XIII sec., un suggestivo ristorante: atmosfera medievale nella sala, accentuata da numerosi reperti di antica fattura; cucina toscana.

Enzo, via Camollia 49 ✆ 0577 281277, *Fax 0577 49760*, coperti limitati; prenotare – ▤. AE ⓢ ⓓ ⓜ VISA. ✗ AV b
chiuso dal 15 luglio al 6 agosto e domenica – **Pasto** specialità di mare e toscane carta 39/67 (10 %).
◆ Piccolo e classico locale a conduzione familiare: ambiente confortevole nella sala con tavoli molto ampi; si propone una buona selezione di piatti di terra e di mare.

Osteria le Logge, via del Porrione 33 ✆ 0577 48013, *osterialelogge@tin.it, Fax 0577 224797* – AE ⓢ ⓓ ⓜ VISA BX p
chiuso gennaio, domenica ed i giorni festivi – **Pasto** carta 37/47 (10 %).
◆ In centro, una nota trattoria: all'ingresso caratteristica saletta con alti mobili a vetri, al piano superiore una sala più classica, di taglio rustico; cucina locale.

La Taverna di San Giuseppe, via Giovanni Duprè 132 ✆ 0577 42286, *ristorante@tavernasangiuseppe.it, Fax 0577 219620* – AE ⓢ ⓓ ⓜ VISA BX c
chiuso dal 15 al 30 gennaio, dal 15 al 30 luglio e domenica – **Pasto** carta 29/35 (10 %).
◆ Gestione giovane in un ristorante caratteristico nel cuore di Siena: ambiente rustico e d'atmosfera con bei tavoli in legno massiccio e illuminazione diffusa.

Trattoria Fori Porta, via Claudio Tolomei ✆ 0577 222100, *foriporta@libero.it, Fax 0577 222822* – ▤. AE ⓢ ⓓ ⓜ VISA JCB U d
Pasto carta 19/44 (10 %).
◆ Fuori le mura, oltre Porta Romana, ristorante tradizionale dall'ambiente semplice con arredi lineari, dove provare proposte gastronomiche con radici nel territorio.

Nello "La Taverna", via del Porrione 28 ✆ 0577 289043, *Fax 0577 289043* – ✻ ▤. AE ⓢ ⓓ ⓜ VISA JCB BX n
chiuso gennaio e domenica – **Pasto** carta 29/44 (13 %).
◆ A pochi passi da Piazza del Campo, un locale dall'ambiente rustico: pochi tavoli ben distanziati e atmosfera raccolta; piatti del territorio, anche vegetariani.

Trattoria Papei, piazza del Mercato 6 ✆ 0577 280894, *Fax 0577 280894*, ☂ – AE ⓢ. ⓜ BX e
chiuso dal 20 al 31 luglio e lunedì escluso i giorni festivi – **Pasto** carta 20/27.
◆ Locale storico con suggestiva vista della Torre del Mangia: due sale e una saletta rivestita in legno; servizio estivo all'aperto in ampio dehors, cucina toscana.

a Colombaio *Nord : 4 km per Statale 222* **T** – ✉ *53100 Siena*

Villa Veronica senza rist, ✆ 0577 52054, *villaveronica@villaveronica.it*, ⛱, ♣ – TV P. AE ⓢ ⓜ VISA. ✗
10 cam ☐ 93/120.
◆ Una simpatica, cordiale e intraprendente signora gestisce questa bella risorsa che presenta come un buon punto di riferimento per i turisti in visita a Siena e dintorni.

a Corsignano *Nord : 9 km* – ✉ *53019* :

Casa Lucia senza rist, località Corsignano Vagliagli, 4 ✆ 0577 322508, *info@casalucia.it, Fax 0577 322510*, ⋖ colline, ♣ TV P. ⓢ ⓜ VISA
☐ 5 – **12 cam** 73/89.
◆ Tra cipressi, vigne e ulivi una risorsa composta da due distinti edifici, egualmente gradevoli e affascinanti. Una fornace e un pagliaio, sapientemente ristrutturati.

a Vagliagli *Nord-Est : 11,5 km per Statale 222* **T** – ✉ *53019* :

Casali della Aiola ♨ senza rist, località l'Aiola Est : 1 km ✆ 0577 322797, *casali_aiola@hotmail.com, Fax 0577 322509*, ⋖, ♣ – P. AE ⓢ ⓓ ⓜ VISA. ✗
7 cam ☐ 83/93.
◆ Un soggiorno nella natura, tra vigneti e dolci colline, in un antico fienile restaurato: camere molto piacevoli (una con salottino), con arredi semplici e travi a vista.

La Taverna di Vagliagli, via del Sergente 4 ✆ 0577 322532, *Fax 0577 321842*, ☂ – AE ⓢ ⓓ ⓜ VISA. ✗
chiuso dal 23 gennaio al 15 febbraio e martedì – **Pasto** carta 25/37.
◆ Nella zona del Chianti, locale dall'accogliente ambiente rustico molto gradevole, con pietra a vista e arredi curati; specialità alla brace, cucinate davanti ai clienti.

SILANDRO (SCHLANDERS) *39028 Bolzano* 562 C 14 – *5 830 ab. alt. 721.*

via Covelano 27 ✆ 0473 730155, schlanders@suedtirol.com, Fax 0473 621615.
Roma 699 – Bolzano 62 – Merano 34 – Milano 272 – Passo di Resia 45 – Trento 120.

a Vezzano (Vezzan) *Est : 4 km* – ✉ *39028 Silandro* :

Sporthotel Vetzan, ✆ 0473 742525, *info@sporthotel-vetzan.com, Fax 0473 742467*, ⋖, ☂, Fö, ≘s, ⛱, ♣, ✗ – |♦|, ✻ rist, TV ⇔. ⓢ ⓜ VISA. ✗ rist
Pasqua-12 novembre – **Pasto** (solo per alloggiati) 25/50 – **20 cam** ☐ 160, 2 suites – ½ P 88.
◆ Per una vacanza nel verde, un albergo immerso tra i frutteti, in posizione soleggiata e tranquilla; zone comuni in stile montano di taglio moderno, camere classiche.

SILEA *31057 Treviso* 562 F 18 – *9 066 ab..*
Roma 541 – Venezia 26 – Padova 50 – Treviso 5.

Da Dino, via Lanzaghe 13 ☎ 0422 360765, prenotare – P. VISA.
chiuso dal 24 dicembre al 6 gennaio, dal 15 agosto al 5 settembre, martedì sera e mercoledì – **Pasto** carta 25/31.
◆ Locale semplice e familiare: ambiente accogliente nelle due salette in stile rustico di tono signorile; proposte gastronomiche con radici nel territorio.

SILVI MARINA *64029 Teramo* 563 O 24 – *14 787 ab. – a.s. luglio-agosto.*
Dintorni *Atri : Cattedrale★★ Nord-Ovest : 11 km – Paesaggio★★ (Bolge), Nord-Ovest : 12 km.*
viale Garibaldi 208 ☎ 085 930343, iat.silvi@abruzzoturismo.it, Fax 085 930026.
Roma 216 – Pescara 19 – L'Aquila 114 – Ascoli Piceno 77 – Teramo 45.

Mion, viale Garibaldi 22 ☎ 085 9350935, *info@mionhotel.com, Fax 085 9350864,* ←, – cam, P. AE VISA.
maggio-settembre – **Pasto** carta 46/58 – 15 – **59 cam** 125/155 – ½ P 138.
◆ In panoramica posizione sul mare, bianca struttura con interni luminosi; piacevole zona comune con sedie rosse stile coloniale e camere spaziose, alcune con vista mare. Servizio ristorante estivo in terrazza fiorita.

Parco delle Rose, viale Garibaldi 36 ☎ 085 9350989, *info@parcodellerose.it, Fax 085 9350987,* ←, – P. AE VISA.
22 maggio-11 settembre – **Pasto** 23/26 – **63 cam** 99 – ½ P 92.
◆ Una candida costruzione di moderna ispirazione abbellita da un giardino curato; confortevoli ambienti per rilassarsi, arredati con gusto, camere ben tenute. Per pranzi e cene la luminosa sala interna o la possibilità di accomodarsi all'aperto.

Cirillo, viale Garibaldi 238 ☎ 085 930404, *hcirillo@insinet.it, Fax 085 9350950,* ←, – VISA.
31 maggio-14 settembre – **Pasto** (solo per alloggiati) 20 – 7 – **45 cam** 75/93 – ½ P 85.
◆ Ideale per famiglie, albergo centrale, in comoda posizione vicino alla spiaggia; spazi comuni lineari, arredati semplicemente, camere funzionali, recentemente rinnovate.

Miramare, viale Garibaldi 134 ☎ 085 930235, *info@miramaresilvi.it, Fax 085 9351533,* ←, – rist, VISA.
aprile-settembre – **Pasto** carta 22/29 – **55 cam** 50/100 – ½ P 78.
◆ Hotel a conduzione diretta con verde giardino; all'interno elegante reception con banco-bar semicircolare, ambienti decorosi e accoglienti, camere in stile essenziale. Nella grande sala arredi sobri e cucina di mare.

Don Ambrosio con cam, contrada Piomba 49 ☎ 085 9351060, *info@donambrosio.it, Fax 085 9355140,* – rist, P. AE VISA.
chiuso dal 5 al 20 novembre e martedì – **Pasto** carta 25/56 – **5 cam** 65/75 – ½ P 67,50.
◆ In collina, casa colonica in mattoni: diverse salette con pietra a vista e strumenti dell'attività agricola e gastronomica tradizionale; servizio estivo in giardino.

SINAGRA *Messina* 565 M 26 – *Vedere Sicilia alla fine dell'elenco alfabetico.*

SINALUNGA *53048 Siena* 563 M 17 *G. Toscana – 11 810 ab. alt. 365.*
piazza della Repubblica 8 ☎ 0577 636045, ufficioturistico.sinalunga@inwind.it, Fax 0577 636938.
Roma 188 – Siena 45 – Arezzo 44 – Firenze 103 – Perugia 65.

Locanda dell'Amorosa, Sud : 2 km ☎ 0577 677211 e rist ☎0577 677220, *locanda @amorosa.it, Fax 0577 632001,* ←, – P – 40. AE VISA.
chiuso dal 7 gennaio al 7 marzo – **Pasto** al Rist. ***Le Coccole dell'Amorosa*** *(prenotare, chiuso lunedì e martedì a mezzogiorno)* carta 45/60 – **14 cam** 328,50/365, 6 suites.
◆ Tra dolci pendii, incantevole antica fattoria di origine medievale, restaurata: suggestivi interni in elegante stile rustico con arredi moderni; camere molto piacevoli. Nelle antiche stalle del borgo, raffinate sale da pranzo con muri in pietra.

Santorotto, via Trento 171 (Est : 1 km) ☎ 0577 679012, *hotelsantorotto@inwind.it, Fax 0577 679012* – P. AE VISA. rist
Pasto (solo per alloggiati) 13/16 – 5 – **27 cam** 35/58 – ½ P 42.
◆ Fuori dal centro, piccolo albergo adatto a una clientela di lavoro, a valida gestione diretta; spazi comuni in stile lineare, accoglienti camere ben tenute.

Da Santorotto, via Trento 173 (Est : 1 km) ☎ 0577 678608, *santorotto@inwind.it, Fax 0577 678608,* Rist. e pizzeria serale – P. AE VISA.
chiuso dal 10 al 23 agosto, sabato a mezzogiorno e martedì sera – **Pasto** carta 17/28.
◆ Classico ristorante, ristrutturato da poco: ampia sala con pareti a stucco, soffitto a botte, rivestimenti in legno e illuminazione curata; piatti locali.

a Bettolle *Est : 6,5 km – ✉ 53040 :*

Locanda La Bandita , via Bandita 72 (Nord : 1 km) ✆ 0577 624649 e ✆ rist. 0577 623447, *locandalabandita@inwind.it, Fax 0577 624649*, , , – . AE VISA
chiuso dal 7 gennaio al 15 marzo – **Pasto** al Rist. ***Walter Redaelli*** *(chiuso febbraio e martedì)* carta 30/43 – **8 cam** 83/103 – ½ P 74.
◆ In un'antica casa colonica, una suggestiva locanda che conserva il fascino della casa di campagna; arredi di taglio moderno nelle zone comuni, mobili d'epoca nelle camere. Soffitto a volte in mattoni e un grande camino in muratura nella sala ristorante.

SINIO *12050 Cuneo* 561 P 57 I 6 – *467 ab. alt. 357.*
Roma 605 – Cuneo 63 – Asti 47 – Savona 72 – Torino 81.

Agriturismo Le Arcate , località Gabutto 2 ✆ 0173 613152, *learcate@yahoo.it, Fax 0173 613152*, ≤ Colline e vigneti, solo su prenotazione – . AE VISA
chiuso dall'8 gennaio al 15 febbraio – **Pasto** carta 17/22 – **7 cam** 40/65 – ½ P 48.
◆ Azienda agricola di recente realizzazione, da cui si gode una splendida vista su colline e vigneti; belle stanze molto luminose che si aprono sulla campagna circostante. Ristorante che regala l'illusione di essere accolti a casa di amici.

SINISCOLA *Nuoro* 566 F 11 – *Vedere Sardegna alla fine dell'elenco alfabetico.*

SIRACUSA P 565 P 27 – *Vedere Sicilia alla fine dell'elenco alfabetico.*

SIRIO (Lago) *Torino* 219 ⑭ – *Vedere Ivrea.*

SIRMIONE *25019 Brescia* 561 F 13 *G. Italia – 6 498 ab. alt. 68 – Stazione termale (marzo-novembre), a.s. Pasqua e luglio-settembre.*
La limitazione d'accesso degli autoveicoli al centro storico è regolata da norme legislative.
Vedere *Località★★ – Grotte di Catullo : cornice pittoresca★★ – Rocca Scaligera★.*
viale Marconi 8 ✆ 030 916245, iat.sirmione@bresciaholiday.com, Fax 030 916222.
Roma 524 – Brescia 39 – Verona 35 – Bergamo 86 – Milano 127 – Trento 108 – Venezia 149.

Villa Cortine Palace Hotel , via Grotte 12 ✆ 030 9905890, *info@hotelvillacortine.com., Fax 030 916390*, , riscaldata, , – – 100. AE VISA. rist
10 aprile-19 ottobre – **Pasto** carta 56/78 – **52 cam** 425/530, 2 suites – ½ P 265.
◆ Una vacanza esclusiva in una villa ottocentesca in stile neoclassico all'interno di uno splendido grande parco digradante sul lago; incantevoli interni di sobria eleganza. Raffinatezza e classe nell'ampia sala da pranzo; romantico servizio estivo all'aperto.

Gd H. Terme, viale Marconi 7 ✆ 030 916261, *ght@termedisirmione.com, Fax 030 916568*, ≤, , , , , , , , – – 100. AE VISA. rist
chiuso dall'8 gennaio al 28 febbraio – **Pasto** carta 36/65 – **57 cam** 280/460, suite – ½ P 261.
◆ Un giardino in riva al lago con piscina impreziosisce questa bella struttura panoramica: colori vivaci negli interni arredati con gusto, reparto termale e area congressi. Atmosfera elegante nella sala con bella vista del paesaggio lacustre.

Sirmione, piazza Castello 19 ✆ 030 916331, *hs@termedisirmione.com, Fax 030 916558*, ≤, , riscaldata, – – 40. AE VISA. rist
marzo-novembre – **Pasto** carta 27/46 – **99 cam** 200/330, 2 Suites – ½ P 136.
◆ Nel centro storico, ma affacciato sul lago, un albergo in parte rinnovato, diviso in due corpi separati e dotato di centro termale interno, per un soggiorno rigenerante. Raffinata sala ristorante; gradevole servizio estivo sotto un pergolato in riva al lago.

Fonte Boiola, viale Marconi 11 ✆ 030 916431, *hfb@termedisirmione.com, Fax 030 916435*, ≤, , riscaldata, , , – . AE VISA. rist
chiuso dal 10 al 24 dicembre – **Pasto** carta 23/38 – **60 cam** 135/240 – ½ P 136.
◆ Un soggiorno «salutare» in un hotel vicino al centro storico: ameno giardino in riva al lago con piscina termale, ampi e razionali spazi comuni, camere confortevoli. Si affaccia sul giardino la sala da pranzo, ornata in modo piacevolmente semplice.

Olivi , via San Pietro 5 ✆ 030 9905365, *info@hotelolivi.it, Fax 030 916472*, ≤, , – – 150. AE VISA.
chiuso gennaio – **Pasto** 26/40 – **64 cam** 105/198 – ½ P 115.
◆ Albergo dall'arredamento originale: dalla hall alle stanze, quasi tutte diverse tra loro, si è voluto sfuggire all'omologazione; ameno giardino ombreggiato con piscina. Ampia sala da pranzo di tono elegante, utilizzata anche per banchetti.

Catullo, piazza Flaminia 7 ☎ 030 9905811, *info@hotelcatullo.it, Fax 030 916444*, ≤, – ▤ TV P. AE ⊙ ◑ ⊛ VISA. ✗ rist
marzo-novembre – **Pasto** (solo per alloggiati) 20/40 – **57 cam** ☐ 100/130 – 1/2 P 85.
◆ Uno dei più antichi alberghi di Sirmione, annoverato tra i «Locali storici d'Italia»; bel giardino in riva al lago con pontile-solarium, interni eleganti e confortevoli.

Ideal ⓢ, via Catullo 31 ☎ 030 9904245, *info@hotelidealsirmione.it, Fax 030 9904276*, ≤ lago, , – ▤, ▤ cam, TV P. AE ⊙ ◑ ⊛ VISA. ✗
aprile-ottobre – **Pasto** (solo per alloggiati) 30/35 – **30 cam** ☐ 110/140, 2 suites – 1/2 P 95.
◆ In un'oasi di tranquillità, in posizione panoramica, un hotel a gestione diretta dotato di un grande giardino-uliveto con discesa al lago; camere tutte rinnovate.

Du Lac, via 25 Aprile 60 ☎ 030 916026, *info@hoteldulacsirmione.com, Fax 030 916582*, ≤, , , – ▤ cam, TV P. ⊙ ⊛ VISA. ✗
aprile-24 ottobre – **Pasto** *(chiuso a mezzogiorno)* 26/34 – **35 cam** ☐ 83/112 – 1/2 P 74.
◆ Gestione diretta d'esperienza in un hotel classico, in riva al lago, dotato di spiaggia privata; zone comuni con arredi di taglio moderno stile anni '70, camere lineari.

Flaminia senza rist, piazza Flaminia 8 ☎ 030 916457, *flaminia.hotel@libero.it, Fax 030 916193*, ≤ – ▤ ▤ TV P. AE ⊙ ◑ ⊛ VISA
☐ 10 – **41 cam** 105/155.
◆ Si gode una bella vista da questo edificio completamente ristrutturato, abbellito da un'amena terrazza solarium in riva al lago; piacevoli ambienti di taglio contemporaneo.

Baia Blu Sirmione Hotel, viale Marconi 31 ☎ 030 9196184, *info@baiabluhotel.com, Fax 030 9905573*, , Terrazza-solarium con , Ristorante con piano-bar – ▤ ▤ TV ♿ – 70. AE ⊙ ◑ ⊛ VISA
Pasto *(marzo-ottobre)* carta 30/38 – **46 cam** ☐ 165 – 1/2 P 107,50.
◆ Albergo moderno di recente costruzione, dotato di un'attrezzata sala riunioni; «freschi» interni luminosi in piacevole stile lineare, confortevoli e spaziose le camere. Ristorante con piano-bar: capiente sala di tono elegante, rischiarata da ampie vetrate.

Miramar, via 25 Aprile 22 ☎ 030 916239, *hotelmiramar@libero.it, Fax 030 916593*, ≤, , , – ▤ TV P. AE ⊙ ◑ ⊛ VISA. ✗ rist
febbraio-novembre – **Pasto** *(aprile-ottobre)* (solo per alloggiati) 25 – **30 cam** ☐ 50/100 – 1/2 P 65.
◆ Bianca struttura rinnovata negli ultimi anni, impreziosita da un ameno giardino in riva al lago; ambiente familiare negli interni semplici, camere funzionali e spaziose.

Marconi senza rist, via Vittorio Emanuele 51 ☎ 030 916007, *hmarconi@tiscalinet.it, Fax 030 916587*, ≤, , ▤ TV. AE ⊙ ◑ ⊛ VISA. ✗
15 marzo-10 novembre – **23 cam** ☐ 55/92.
◆ In centro, direttamente sul lago, hotel con razionali ambienti per concedersi un momento di relax, con arredi stile anni '70 d'ispirazione contemporanea; camere lineari.

Desiree ⓢ, via San Pietro 2 ☎ 030 9905244, *info@hotel-desiree.it, Fax 030 916241*, ≤, – ▤ ▤ TV P. AE ⊙ ⊛ VISA. ✗ rist
15 marzo-2 novembre – **Pasto** carta 26/36 – **34 cam** ☐ 97/105.
◆ In posizione tranquilla, albergo periferico a conduzione familiare, abbellito da un giardino curato; spazi comuni arredati in modo sobrio ed essenziale, camere semplici. Si gode una bella vista sulla verde natura, seduti nell'ariosa e grande sala da pranzo.

Mon Repos ⓢ senza rist, via Arici 2 ☎ 030 9905290, *info@hotelmonrepos.com, Fax 030 916546*, ≤, , – ▤ TV P. AE ⊙ ⊛ VISA. ✗
Pasqua-novembre – **24 cam** ☐ 85/120.
◆ Veri gioielli di questo hotel sono la splendida posizione, all'estremità della penisola, e il rigoglioso giardino-uliveto con piscina; interni essenziali, camere funzionali.

Astoria Lido ⓢ senza rist, via Benaco 20 ☎ 030 9904392, *info@astorialido.it, Fax 030 9906818*, ≤, , , – ▤ TV P. ⊙ ◑ ⊛ VISA
Pasqua-15 ottobre – **22 cam** ☐ 85/92.
◆ Una vacanza rilassante in una struttura rinnovata negli ultimi anni, in posizione tranquilla in riva al lago; spiaggia e pontile privati, camere di taglio moderno.

Corte Regina senza rist, via Antiche Mura 11 ☎ 030 916147, *Fax 030 9196470* – ▤ ▤ TV ♿ P. AE ⊙ ◑ ⊛ VISA. ✗
aprile-novembre – **15 cam** ☐ 60/90.
◆ Sorto dalla totale ristrutturazione di una vecchia pensione, piccolo albergo centrale con ambienti arredati in modo sobrio e lineare; resti romani visibili all'interno.

Speranza senza rist, via Casello 6 ☎ 030 916116, *Fax 030 916403* – ▤ ▤ TV P. AE ⊙ ◑ ⊛ VISA JCB
marzo-novembre – **13 cam** ☐ 50/70.
◆ In un caseggiato del centro storico, un albergo a gestione familiare dall'ambiente semplice; luminosa saletta colazioni al primo piano, camere funzionali.

XXX **La Rucola,** vicolo Strentelle 7 ☎ 030 916326, *Fax 030 9196551*, Coperti limitati; prenotare – ▤. AE ◑ ⓞ ⓜ VISA
chiuso da gennaio al 14 febbraio, giovedì e venerdì a mezzogiorno – **Pasto** carta 56/74.
◆ Nel cuore della cittadina, alle spalle della Rocca Scaligera, un ristorante elegante dall'atmosfera raffinata, dove si propongono piatti di cucina creativa.
Spec. Scaloppa di fegato grasso d'oca alle mele renette con gelatina al Picolit. Tortelli di scampi e funghi shitake con fagiolini in brodo ristretto allo zafferano. Carrello di formaggi.

XXX **Signori,** via Romagnoli 23 ☎ 030 916017, *rossella.signori@tiscali.it, Fax 030 916193*, ≤, – AE ◑ ⓞ ⓜ VISA.
chiuso dal 10 novembre al 29 dicembre e lunedì – **Pasto** carta 50/67.
◆ Locale d'ispirazione contemporanea con una sala, abbellita da quadri moderni, che si protende sul lago grazie alla terrazza per il servizio estivo; piatti rielaborati.

XX **Trattoria Antica Contrada,** via Colombare 23 ☎ 030 9904369, *Fax 030 9904369*, , prenotare – ▤. AE ◑ ⓞ ⓜ VISA.
chiuso gennaio, lunedì e martedì a mezzogiorno – **Pasto** carta 30/70.
◆ Locale dall'ambiente rustico di taglio moderno, situato sulla via che porta al centro storico; gustose ricette regionali, servite d'estate nel raccolto dehors.

X **Risorgimento,** piazza Carducci 5/6 ☎ 030 916325, *Fax 030 916325*, – ▤. AE ◑ ⓞ ⓜ VISA
febbraio-15 novembre e 15 dicembre-7 gennaio; chiuso martedì (escluso luglio ed agosto) – **Pasto** carta 33/64.
◆ Valida gestione in un locale all'interno di una bella struttura del centro storico, con piacevole dehors per il servizio estivo che si affaccia su un'animata piazzetta.

a Colombare *Sud : 3,5 km – ✉ 25010 Colombare di Sirmione :*

Porto Azzurro, via Salvo d'Acquisto 1 ☎ 030 9904830, *info@hotelportoazzurro.it, Fax 030 919175*, , , – ▤ TV & P – 80. AE ◑ ⓜ VISA.
chiuso gennaio e febbraio – **Pasto** 16/20 – ☕ 8 – **33 cam** 104 – ½ P 70.
◆ Vicino al porticciolo turistico, struttura di moderna concezione, ornata da un giardino ben tenuto; ampie camere confortevoli, con arredi in ciliegio e dotate di balcone. Spaziosa e classica sala da pranzo, arredata in modo semplice, solo con tavoli eleganti.

Europa, via Liguria 1 ☎ 030 919047, *info@europahotelsirmione.it, Fax 030 9196472*, ≤, , , , – ▤ TV P. AE ◑ ⓞ ⓜ VISA.
aprile-ottobre – **Pasto** (solo per alloggiati) – **25 cam** ☕ 120 – ½ P 75.
◆ In riva al lago, abbellito da un verde giardino, albergo di taglio lineare con spiaggetta, pontile privato e piscina; camere di taglio moderno e personalizzate.

a Lugana *Sud-Est : 5 km – ✉ 25010 Colombare di Sirmione:*

Arena senza rist, via Verona 90 ☎ 030 9904828, *info@hotelarena.it, Fax 030 9904821*, – ▤ TV & P. AE ◑ ⓞ ⓜ VISA.
chiuso dal 30 novembre al 26 febbraio – **25 cam** ☕ 58/92.
◆ Fuori dal centro, confortevole struttura con piscina di recente realizzazione: calda atmosfera negli interni d'ispirazione contemporanea, camere in stile lineare.

Bolero senza rist, via Verona 254 ☎ 030 9196120, *hotel-bolero@gardalake.it, Fax 030 9904213*, , – ▤ TV P. AE ◑ ⓞ ⓜ VISA
☕ 14 – **8 cam** 90/130.
◆ Sembra di essere in una casa privata in questo tranquillo e intimo albergo familiare; spazi comuni in stile rustico, abbelliti da quadri, camere confortevoli.

XXX **Vecchia Lugana,** piazzale Vecchia Lugana 1 ☎ 030 9196023, *info@vecchialugana.com, Fax 030 9904045*, , prenotare, – P – 50. AE ◑ ⓞ ⓜ VISA JCB.
chiuso dal 7 gennaio al 15 febbraio, lunedì, martedì; in novembre aperto solo venerdì sera, sabato e domenica – **Pasto** carta 51/66.
◆ Una vecchia cascina restaurata: moderna eleganza nelle sale dove assaporare piatti del territorio elaborati con schietta semplicità; servizio estivo in terrazza sul lago.
Spec. Pasta fresca fatta in casa. Carni e pesci gardesani alla griglia. Crostate di frutta fresca.

SIROLO *60020 Ancona 563 L 22 – 3 291 ab. – a.s. luglio-agosto.*

27 Conero (chiuso martedì e dal 7 gennaio all'8 febbraio) ☎ 071 7360613, Fax 071 7360380.
(giugno-settembre) via Peschiera ☎ 071 9330611, iat.sirolo@regione.mrche.it, Fax 071 9330789.
Roma 304 – Ancona 18 – Loreto 16 – Macerata 43 – Porto Recanati 11.

Sirolo, via Grilli 26 ☎ 071 7360893, *info@hotelsirolo.it, Fax 071 9330373*, ≤, design moderno, , – ▤ TV & – 50. AE ◑ ⓞ ⓜ VISA. rist
chiuso gennaio-marzo – **Pasto** *(chiuso martedì da ottobre a maggio e a mezzogiorno escluso domenica)* carta 36/60 – **31 cam** ☕ 85/144 – ½ P 90.
◆ Alle porte del paese, albergo moderno completamente ristrutturato; interni dal particolare design d'ispirazione contemporanea, camere essenziali con largo uso del ferro. Sala con grandi vetrate, ambiente elegante e proposte culinarie di mare.

La Conchiglia Verde, via Giovanni XXIII, 12 ☎ 071 9330018, *Fax 071 9330019*, – TV P. AE VISA.
Pasto *(chiuso a mezzogiorno; anche sabato e domenica da dicembre a gennaio)* carta 20/40 – **27 cam** 65/100 – ½ P 80.
◆ In tranquilla zona residenziale, un albergo circondato da una rigogliosa vegetazione; ambiente familiare ornato con molte suppellettili, piacevoli camere luminose. Grande e bella sala da pranzo con pavimento in ceramica di Faenza.

Locanda Ristorante Rocco, via Torrione 1 ☎ 071 9330558, *info@locandarocco.it, Fax 071 9330558*, – rist, TV. VISA.
20 dicembre-6 gennaio e Pasqua-ottobre – **Pasto** *(Pasqua-ottobre; chiuso martedì escluso da giugno a settembre)* (coperti limitati; prenotare) carta 39/52 – **7 cam** 145.
◆ Accogliente e piacevole locanda con origini trecentesche, recentemente restaurata, situata sulle antiche mura della località; belle camere in stile rustico. Offerte culinarie di terra e di mare nella sala arredata in modo semplice.

al monte Conero (Badia di San Pietro) *Nord-Ovest : 5,5 km – alt. 572 – ✉ 60020 Sirolo :*

Monteconero, via Monteconero 26 ☎ 071 9330592, *monteconero.hotel@festnet.it, Fax 071 9330365*, ← mare e costa, – TV P – 70. AE VISA JCB. rist
15 marzo-15 novembre – **Pasto** carta 27/36 (10 %) – **50 cam** 110/140, 9 suites – ½ P 95.
◆ Ideale per gli amanti del silenzio, albergo in un'antica abbazia camaldolese in un grande parco alla sommità del monte Conero; camere eterogenee con arredi in stile. Ristorante panoramico con proposte gastronomiche legate alla tradizione.

Se dopo le h 18,00 siete ancora in viaggio confermate la vostra prenotazione telefonicamente, è consuetudine ... ed è più sicuro.

SIUSI ALLO SCILIAR (SEIS AM SCHLERN) *39040 Bolzano* 562 C 16 – *alt. 988 – Sport invernali : vedere Alpe di Siusi.*
via Sciliar 16 ☎ 0471 707024, info@seis.it, Fax 0471 706600.
Roma 664 – Bolzano 24 – Bressanone 29 – Milano 322 – Ortisei 15 – Trento 83.

Diana, via San Osvaldo 3 ☎ 0471 704070, *info@hotel-diana.it, Fax 0471 706003*, – TV P. AE VISA. rist
20 dicembre-14 aprile e 20 maggio-novembre – **Pasto** (solo per alloggiati) – **54 cam** 186 – ½ P 108.
◆ Una gradevole struttura circondata dal verde, provvista di ampie e piacevoli zone comuni in stile montano di taglio moderno, dalla calda atmosfera; camere accoglienti.

Genziana-Enzian, piazza Oswald Von Wolkenstein 2 ☎ 0471 705050, *enzian@cenida.it, Fax 0471 707010*, ←, – rist, TV P. VISA. rist
chiuso maggio e novembre – **Pasto** (solo per alloggiati) – **33 cam** 78/146 – ½ P 97.
◆ Uno dei primi hotel della località, ubicato nella piazza principale; interni razionali, dotati di buoni confort, caratterizzati dal sapiente uso del legno, belle camere.

Europa, piazza Oswald Von Wolkenstein 5 ☎ 0471 706174, *info@wanderhoteleuropa.com, Fax 0471 707222*, ←, – TV P. VISA. rist
chiuso dal 27 aprile al 20 maggio e dal 2 novembre al 20 dicembre – **Pasto** (solo per alloggiati) – **35 cam** 60/120, 2 suites – ½ P 76.
◆ Tradizionale ospitalità altoatesina in un albergo in posizione centrale; classica zona comune in stile montano di taglio moderno, camere luminose e accoglienti.

Schlosshotel Mirabell, via Laranza 1 (Nord : 1 km) ☎ 0471 706134, *mirabell@dnet.it, Fax 0471 706249*, ← Sciliar e dintorni, – TV P. VISA. rist
27 dicembre-11 aprile e 29 maggio-15 ottobre – **Pasto** *(chiuso a mezzogiorno)* (solo per alloggiati) – **27 cam** 192 – ½ P 121.
◆ Una bella casa, ristrutturata recentemente, che presenta aree comuni contrassegnate da numerose, accoglienti, salette relax. Giardino panoramico per godere dei monti.

Aquila Nera-Schwarzer Adler, via Laurin 7 ☎ 0471 706146, *info@hotelaquilanera.it, Fax 0471 706335*, – TV P. AE VISA JCB. rist
25 dicembre-13 aprile e 27 maggio-17 ottobre – **Pasto** 21/35 – **21 cam** 72/144 – ½ P 78.
◆ Nel cuore della località, una bianca struttura che ospita un albergo di antica tradizione rinnovato negli ultimi anni; camere confortevoli con semplici arredi in legno. La cucina offre piatti con radici nella tradizione e legati al territorio.

Parc Hotel Florian, via Ibsen 19 ☎ 0471 706137, *info@parkhotel-florian.com, Fax 0471 707505*, ← Sciliar, riscaldata, – TV P. AE VISA JCB. rist
20 dicembre-20 aprile e giugno-15 ottobre – **Pasto** 30 – **29 cam** 85/160 – ½ P 85.
◆ In zona residenziale, hotel a gestione diretta, con un giardino curato; ambiente familiare negli interni in stile tirolese d'ispirazione contemporanea, camere lineari.

a Razzes (Ratzes) *Sud-Est : 3 km – alt. 1 205 – ✉ 39040 Siusi allo Sciliar :*

Bad Ratzes ⛰, via Ratzes 29 ☎ 0471 706131, *info@badratzes.it, Fax 0471 707199,* ← Sciliar e pinete, ⌂s, 🏋, 🌳 – |‡|, ▤ rist, 🚗 P. ⚡ ◎◎ VISA. ✂ rist
14 dicembre-12 aprile e 28 maggio-3 ottobre – **Pasto** *(chiuso a mezzogiorno)* (solo per alloggiati) – **48 cam** ☕ 92/184 – ½ P 97.
◆ Nella completa tranquillità di un'incantevole pineta, ai bordi di un torrente cristallino, una massiccia struttura con bella vista sui monti; interni funzionali.

SIVIZZANO *Parma* 562 I 12 – *Vedere Terenzo.*

SIZZANO *28070 Novara* 561 F 13, 219 ⑯ – *1 473 ab. alt. 225.*
Roma 641 – Stresa 50 – Biella 42 – Milano 66 – Novara 20.

Impero, via Roma 13 ☎ 0321 820576 – AE ⚡ ◎◎ VISA
chiuso dal 26 dicembre al 4 gennaio, agosto, domenica sera e lunedì – **Pasto** carta 25/35.
◆ Bella trattoria rinnovata, a conduzione strettamente familiare: ambiente in stile rustico di taglio moderno, dove gustare cucina del territorio sapientemente rielaborata.

SOAVE *37038 Verona* 562 F 15 – *6 561 ab. alt. 40.*
ℹ *piazza Antenna 2 ☎ 045 7680648, Fax 045 7680648.*
Roma 524 – Verona 22 – Milano 178 – Rovigo 76 – Venezia 95 – Vicenza 32.

Roxy Plaza senza rist, via San Matteo 4 ☎ 045 6190660, *roxyplaza@tin.it, Fax 045 6190676* – |‡| ▤ TV ♿ 🚗 – 🏛 120. AE ⚡ ⓓ ◎◎ VISA
43 cam ☕ 72,50/105.
◆ In pieno centro, albergo moderno di recente costruzione: confortevoli zone comuni nelle tonalità del legno e del nocciola, abbellite da tappeti; camere gradevoli.

Lo Scudo, via San Matteo 46 ☎ 045 7680766, *Fax 045 7680766*, Coperti limitati; prenotare – ▤ P. AE ⚡ ⓓ ◎◎ VISA JCB. ✂
chiuso da Natale al 6 gennaio, tre settimane in agosto, domenica sera e lunedì – **Pasto** carta 29/43.
◆ Locale classico con due raccolte ed eleganti salette curate nei particolari; prodotti di qualità e valide elaborazioni in cucina, soprattutto a base di pesce.

Al Gambero con cam, corso Vittorio Emanuele 5 ☎ 045 7680010, *Fax 045 6198301* – ▤ rist – 🏛 30. AE ⚡ ⓓ ◎◎ VISA. ✂ cam
Pasto *(chiuso dal 10 al 30 agosto, martedì sera e mercoledì)* carta 20/25 – ☕ 10 – **12 cam** 56,81.
◆ Ristorante tradizionale con belle camere arredate con mobili d'epoca; ampia e accogliente sala rustica dove gustare cucina del territorio, con piatti di terra e di mare.

SOCI *Arezzo* 562, 430 K 17 – *Vedere Bibbiena.*

SOGHE *Vicenza – Vedere Arcugnano.*

SOIANO DEL LAGO *25080 Brescia* 561 F13 – *1 549 ab. alt. 203.*
Roma 538 – Brescia 27 – Mantova 77 – Milano 128 – Trento 106 – Verona 53.

Il Grillo Parlante, via Avanzi 9/A (Sud : 1,5 km) ☎ 0365 502312, *info@ristoranteilgrilloparlante.it, Fax 0365 502312,* 🌳 – P. AE ⚡ ⓓ ◎◎ VISA. ✂
chiuso quindici giorni in novembre e lunedì – **Pasto** carta 29/41.
◆ In zona residenziale, un locale con due belle sale curate, in cui provare interessanti proposte gastronomiche legate alla tradizione; ameno servizio estivo in terrazza.

Aurora, via Ciucani 1/7 ☎ 0365 674101, *Fax 0365 674101,* ←, 🌳 – ▤ P. AE ⚡ ⓓ ◎◎ VISA
chiuso mercoledì – **Pasto** carta 21/32.
◆ Fuori dal centro, un villino dai gradevoli interni con tocchi di originalità: sale luminose e panoramiche dove gustare una cucina del territorio piacevolmente rivisitata.

SOLANAS *Cagliari* 566 J 10 – *Vedere Sardegna (Villasimius) alla fine dell'elenco alfabetico.*

Se cercate un hotel tranquillo
consultate prima le carte tematiche dell'introduzione
e trovate nel testo gli esercizi indicati con il simbolo ⛰

SOLAROLO RAINERIO *26030 Cremona* 561 G 13 – *989 ab. alt. 28.*
Roma 487 – Parma 36 – Brescia 67 – Cremona 27 – Mantova 42.

La Clochette con cam, ☎ 0375 91010, *clochette@libero.it, Fax 0375 310151*, – P. AE VISA JCB.
Pasto *(chiuso martedì)* carta 27/41 – ☕ 4 – **12 cam** 38/58.
◆ In una villa d'epoca con parco, ristorante a vocazione banchettistica, dall'ambiente sontuoso, con decorazioni e soffitti a volta; dotato anche di una sala più riservata.

SOLDA (SULDEN) *39029 Bolzano* 562 C 13 – *alt. 1 906 – Sport invernali : 1 900/3 150 m 2 8,* .
via Principale località Gomagoi ☎ 0473 611811, sulde@suedtirol.com, Fax 0473 611811.
Roma 733 – Sondrio 115 – Bolzano 96 – Merano 68 – Milano 281 – Passo di Resia 50 – Passo dello Stelvio 29 – Trento 154.

Paradies, via Principale 87 ☎ 0473 613043, *paradies@pass.dnet.it, Fax 0473 613243*, – rist, P. VISA. rist
chiuso dal 6 al 31 maggio e dal 25 settembre al 20 novembre – **Pasto** carta 24/72 – **38 cam** ☕ 100/160 – ½ P 94.
◆ Risorsa ideale per una vacanza all'insegna di una genuina atmosfera di montagna. Tutti gli spazi offrono un buon livello di confort, addolcito dall'affidabile gestione. Sala ristorante ricca di decorazioni.

Marlet , via Principale 110 ☎ 0473 613075, *hotel.marlet.sulden.@rolmail.net, Fax 0473 613190*, gruppo Ortles e vallata, – , rist, P. VISA. rist
18 dicembre-10 maggio e luglio-settembre – **Pasto** (solo per alloggiati) carta 25/32 – **29 cam** solo ½ P 83.
◆ In un oasi di quiete, hotel con splendida vista del gruppo Ortles e della vallata; vivace ambiente familiare, attrezzata zona fitness, sala biliardo, camere confortevoli.

Eller, Solda 15 ☎ 0473 613021, *info@hoteleller.com, Fax 0473 613181*, – , rist, P. VISA.
dicembre-5 maggio e luglio-29 settembre – **Pasto** *(chiuso a mezzogiorno da dicembre a maggio)* carta 36/43 – **50 cam** ☕ 55/104 – ½ P 72.
◆ Immerso nel verde e in posizione panoramica, albergo di tradizione rinnovato negli ultimi anni: ampi spazi comuni e piccolo centro relax; accoglienti camere spaziose. Capiente ristorante in stile montano di taglio moderno.

SOLFERINO *46040 Mantova* 561 F 13 *G. Italia – 2 233 ab. alt. 131.*
Roma 506 – Brescia 37 – Cremona 59 – Mantova 36 – Milano 127 – Parma 80 – Verona 44.

Da Claudio-al Nido del Falco, via Garibaldi 35 ☎ 0376 854249 – P. VISA.
chiuso agosto, domenica sera e lunedì; da giugno a settembre anche sabato a mezzogiorno – **Pasto** carta 20/31.
◆ Trattoria familiare del centro storico, con due sale: una più caratteristica con mattoni a vista, arredata semplicemente, l'altra in stile rustico di tono più elegante.

SOLIERA *41019 Modena* 562 H 14 – *12 922 ab. alt. 29.*
Roma 420 – Bologna 56 – Milano 176 – Modena 12 – Reggio nell'Emilia 33 – Verona 91.

a Limidi *Nord : 3 km – ✉ 41010 :*

La Baita, via Carpi-Ravarino 124/128 ☎ 059 561633 – rist, P. AE VISA JCB
chiuso domenica – **Pasto** specialità di mare carta 50/60.
◆ Ubicato su una strada di passaggio, locale a conduzione diretta di lunga tradizione, con due spaziose sale, dove provare proposte gastronomiche a base di pescato.

SOLIGHETTO *Treviso – Vedere Pieve di Soligo.*

SOLIGO *Treviso – Vedere Farra di Soligo.*

SOLOMEO *Perugia – Vedere Corciano.*

SOMANO *12060 Cuneo* 561 I 6 – *400 ab. alt. 516.*
Roma 618 – Cuneo 60 – Asti 57 – Savona 73 – Torino 76.

Conte d'Aste con cam, via Roma 6 ☎ 0173 730102, *Fax 0173 730142*, prenotare – rist, P. AE VISA
Pasto *(chiuso mercoledì)* carta 27/35 – **15 cam** ☕ 50/80 – ½ P 70.
◆ Ristorante a esperta gestione familiare, con piacevoli camere semplici; spaziosa sala arredata in modo curato, dove si propongono piatti di cucina tradizionale piemontese.

SOMMACAMPAGNA *37066 Verona* 562 F 14 – *12 772 ab. alt. 121.*

Verona (chiuso martedì) 045 510060, Fax 045 510242.

Roma 500 – Verona 15 – Brescia 56 – Mantova 39 – Milano 144.

Merica con cam, via Rezzola 93, località Palazzo Est : 1,5 km 045 515160, *Fax 045 515344* – rist, . *chiuso dal 26 dicembre al 6 gennaio e dal 1° al 29 agosto* – **Pasto** *(chiuso lunedì e giovedì sera)* carta 27/36 – 6 – **10 cam** 68/78.

◆ In comoda posizione poco lontano dal casello autostradale, ristorante con camere in una villetta in piena campagna; linea gastronomica con radici nel territorio.

a Custoza *Sud-Ovest : 5 km – – 37060 :*

Villa Vento, via Ossario 24 045 516003, *info@ristorantevillavento.com, Fax 045 516288,* – . *chiuso dal 7 gennaio al 4 febbraio, dal 3 al 12 novembre, lunedì e martedì* – **Pasto** carta 23/36.

◆ In zona residenziale, ristorante all'interno di una villa d'epoca, con un piccolo parco ombreggiato; andamento familiare, ambiente classico, piatti tipici del luogo.

sull'autostrada A 4 area di servizio Monte Baldo Nord o per Caselle *Est : 5 km*

Saccardi Quadrante Europa, via Ciro Ferrari 8 37060 Caselle di Sommacampagna 045 8581400, *info@hotelsaccardi.it, Fax 045 8581402,* , , , – , cam, – 450. .

Pasto carta 25/36 – **126 cam** 160/191 – ½ P 111,50.

◆ Elegante complesso facilmente raggiungibile sia dall'autostrada che dalla cittadina, punto d'incontro per gente d'affari; centro fitness e camere in parte rinnovate. Ristorante di moderna ispirazione, dall'atmosfera raffinata.

Un automobilista previdente utilizza la Guida Michelin dell'anno in corso.

SOMMA LOMBARDO *21019 Varese* 561 E 8, 219 ⑰ – *16 459 ab. alt. 281.*

Roma 626 – Stresa 35 – Como 58 – Milano 49 – Novara 38 – Varese 26.

a Case Nuove *Sud : 6 km – 21019 Somma Lombardo :*

First Hotel, via Baracca 34 0331 717045, *info@firsthotel.it, Fax 0331 230827* – – 100. .

Pasto *(chiuso a mezzogiorno)* carta 29/45 – **58 cam** 160/230 – ½ P 135.

◆ Non lontano dall'aeroporto di Malpensa, nuova struttura dalla linea essenziale; all'interno originali ambienti personalizzati da moderne soluzioni di design, camere sobrie. Colori vivaci nell'allegra sala da pranzo.

La Quercia, via Tornavento 11 0331 230808, *Fax 0331 230118* – . *chiuso dal 23 dicembre al 5 gennaio, dal 2 al 20 agosto, lunedì sera e martedì* – **Pasto** carta 28/36.

◆ Buona accoglienza in un locale familiare nei pressi dell'aeroporto di Malpensa: classica sala dove gustare cucina tradizionale; carrello di arrosti e bolliti in settimana.

SOMMARIVA DEL BOSCO *12048 Cuneo* 561 H 5 – *5 760 ab. alt. 291.*

Roma 662 – Torino 42 – Alessandria 83 – Cuneo 52 – Savona 108.

Del Viaggiatore, via VI Maggio 18 0172 55659, *t.viaggiatore@tiscali.it, Fax 0172 560869,* Coperti limitati; prenotare – . *chiuso dal 10 al 30 agosto e domenica escluso da ottobre a dicembre* – **Pasto** carta 26/34.

◆ Un tempo trattoria alla buona, un locale che ha saputo rinnovarsi nello stile e nelle proposte culinarie, conservando calore e atmosfera, quasi di salotto privato.

SONA *37060 Verona* 562 F 14 – *14 243 ab. alt. 169.*

Roma 433 – Verona 15 – Brescia 57 – Mantova 39.

El Bagolo, via Molina 1 045 6082117, *Fax 045 6082117,* – *chiuso dal 1° al 21 settembre, mercoledì e a mezzogiorno escluso domenica* – **Pasto** carta 25/38.

◆ In un'antica casa del 1300, in centro paese, una trattoria a gestione familiare: simpatica atmosfera in cui gustare cucina del territorio; gradevole servizio in giardino.

Gabriella, via Valle 1, località Valle di Sona 045 6081561, *Fax 045 6081561,* – . *chiuso dal 1° al 7 gennaio, dal 1° al 20 agosto e giovedì* – **Pasto** carta 18/31.

◆ Ambiente alla buona in un ristorante situato in una frazione di Sona: due salette dove si propongono piatti locali, con carni alla griglia e salumi di propria produzione.

SONDRIO 23100 P 561 D 11 – 22 020 ab. alt. 307.

Valtellina (marzo-novembre) a Caiolo ✉ 23010 ☎ 0342 354009, Fax 0342 354528, Ovest : 4 km.

via Cesare Battisti 12 ☎ 0342 512500, aptvaltellina@provincia.so.it, Fax 0342 212590.

A.C.I. *viale Milano 12 ☎ 0342 212213.*

Roma 698 – Bergamo 115 – Bolzano 171 – Bormio 64 – Lugano 96 – Milano 138 – St-Moritz 110.

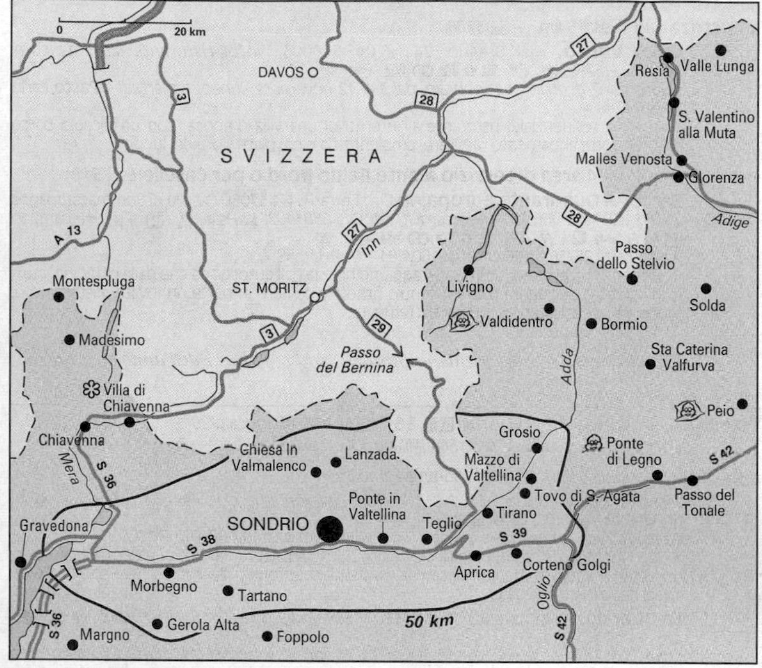

Della Posta, piazza Garibaldi 19 ☎ 0342 510404, *info@hotelposta.so.it, Fax 0342 510210,* , – |, cam, TV P – 70. AE ⊕ VISA JCB
Pasto al Rist. ***Sozzani*** *(chiuso dal 25 luglio al 25 agosto e domenica)* carta 35/49 – **37 cam** 78/118, suite – ½ P 80.
◆ Uno dei Locali storici d'Italia, elegante hotel di lunga tradizione, costruito nel 1855; interni di gran fascino e camere sia arredate con mobili d'epoca, sia più moderne. Sala ristorante appropriata per una colazione d'affari ma anche per una cena romantica.

Europa, lungo Mallero Cadorna 27 ☎ 0342 515010, *info@htleuropa.com, Fax 0342 512895,* – |, rist, TV. AE ⊕ VISA. rist
Pasto *(chiuso domenica)* carta 23/31 – 6 – **42 cam** 53/76 – ½ P 60.
◆ Albergo nato come semplice pensione a gestione familiare, è ora una struttura dai servizi completi, ubicata nel centro della località; interni e camere in stile lineare. Ristorante d'ispirazione contemporanea.

Trippi Grumello, via Stelvio 23 Est : 1 km ✉ 23020 Montagna in Valtellina ☎ 0342 212447, *Fax 0342 518567,* – P. AE ⊕ VISA JCB
chiuso domenica – **Pasto** carta 32/44.
◆ Atmosfera e proposte molto tipiche in un ristorante storico: accoglienti sale di buon livello, dove gustare caratteristici piatti del territorio, ma anche nazionali.

a Montagna in Valtellina *Nord-Est : 2 km – alt. 567 – ✉ 23020 :*

Dei Castelli, via Crocefisso 10 ☎ 0342 380445, – P. AE ⊕ VISA.
chiuso dal 25 maggio al 15 giugno, dal 25 ottobre al 15 novembre, domenica sera e lunedì – **Pasto** carta 42/48.
◆ Ambiente caldo e accogliente, curato nella sua semplicità: tavoli di legno elegantemente ornati, camino acceso e atmosfera familiare; proposte di cucina valtellinese.

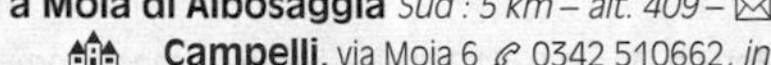

a Moia di Albosaggia *Sud : 5 km – alt. 409 – ✉ 23100 Sondrio :*

Campelli, via Moia 6 ☎ 0342 510662, *info@campelli.it, Fax 0342 213101,* – 50. AE ⓓ ⓞ ⓜ VISA.
Pasto *(chiuso dal 1° al 20 agosto, domenica sera e lunedì a mezzogiorno)* carta 31/41 – **34 cam** ☐ 53/83, suite.
◆ In posizione dominante la valle, non lontano dalla città, albergo moderno recentemente ristrutturato: confortevoli interni dai colori caldi e intensi; camere accoglienti. Ristorante dove gustare proposte culinarie legate alla tradizione e al territorio.

SOPRABOLZANO (OBERBOZEN) *Bolzano – Vedere Renon.*

SORAFURCIA *Bolzano – Vedere Valdaora.*

SORAGA *38030 Trento* **562** C 16 – *665 ab. alt. 1 209 – Sport invernali : (Comprensorio Dolomiti superski Val di Fassa).*
stradoun de Fascia ☎ 0462 768114, infosoraga@fassa.com, Fax 0462 768114.
Roma 664 – Bolzano 42 – Cortina d'Ampezzo 74 – Trento 74.

Arnica, via Barbide 30 ☎ 0462 768415, *info@hotelarnica.net, Fax 0462 768220,* – rist, ⓓ ⓜ VISA.
dicembre-aprile e giugno-settembre – **Pasto** 15/35 – **18 cam** ☐ 69/120 – ½ P 70.
◆ In un luogo tranquillo, nella parte alta della località, un albergo recente; ambiente familiare, interni funzionali, grazioso centro benessere e camere semplici. Luminosa sala da pranzo in stile montano con una graziosa stube.

SORAGNA *43019 Parma* **561** H 12 – *4 400 ab. alt. 47.*
Roma 480 – Parma 27 – Bologna 118 – Cremona 35 – Fidenza 10 – Milano 104.

Locanda del Lupo, via Garibaldi 64 ☎ 0524 597100, *info@locandadellupo.com, Fax 0524 597066* – – 120. AE ⓓ ⓞ ⓜ VISA. rist
chiuso dal 23 al 29 dicembre – **Pasto** carta 32/40 – ☐ 8 – **45 cam** 75/109, suite – ½ P 80.
◆ Bella costruzione del XVIII sec., sapientemente restaurata: soffitti con travi a vista negli interni di tono elegante con arredi in stile; camere accoglienti e sala congressi. Calda atmosfera al ristorante con bel mobilio in legno.

Locanda Stella d'Oro con cam, via Mazzini 8 ☎ 0524 597122, *Fax 0524 597043,* prenotare – rist, ⓓ ⓜ VISA. cam
chiuso dal 1° al 14 luglio – **Pasto** *(chiuso lunedì)* carta 34/50 – ☐ 3 – **14 cam** ☐ 48/72.
◆ Nel centro storico, antica locanda totalmente rinnovata alcuni anni fa; sala in stile rustico dai toni caldi, con grandi tavoli in legno massiccio; cucina del territorio.
Spec. Culatello di lunga stagionatura e salumi tipici locali. Savarin di riso. Petto di piccione e rognone di vitello con tortino di riso glassati al vino rosso e lenticchie brasate.

a Diolo *Nord : 5 km – ✉ 43019 Soragna :*

Osteria Ardenga, via Maestra 6 ☎ 0524 599337, *Fax 0524 599337,* – . AE ⓓ ⓞ ⓜ VISA
chiuso dal 7 al 27 gennaio, dal 10 al 31 luglio, martedì sera e mercoledì – **Pasto** carta 21/32.
◆ Locale molto gradevole caratterizzato da uno stile rustico, ma signorile. Tre salette, di cui una dedicata alle coppie, per apprezzare la genuina e gustosa cucina parmense.

SORANO *58010 Grosseto* **563** N 17 – *3 955 ab. alt. 374.*
Roma 153 – Viterbo 60 – Grosseto 87 – Orvieto 47 – Siena 100.

Della Fortezza senza rist, piazza Cairoli ☎ 0564 632010, *fortezzahotel@tin.it, Fax 0564 633209,* – . AE ⓓ ⓞ ⓜ VISA.
chiuso dall'8 gennaio a febbraio – **14 cam** ☐ 75/125, suite.
◆ Suggestiva collocazione all'interno della fortezza Orsini, imponente struttura militare medievale, per un albergo dagli interni in stile, di tono elegante; belle camere.

SORGONO *Nuoro* **566** G 9 – *Vedere Sardegna alla fine dell'elenco alfabetico.*

SORI *16030 Genova* **561** I 9 – *4 444 ab..*
Roma 488 – Genova 17 – Milano 153 – Portofino 20 – La Spezia 91.

Al Boschetto, via Caorsi 44 ☎ 0185 700659 – AE ⓓ ⓞ ⓜ VISA
chiuso dal 15 al 25 marzo, dal 10 settembre al 10 ottobre e martedì – **Pasto** carta 30/43.
◆ Fuori dal centro, lungo il fiume, locale con sale dalle ampie vetrate e dall'ambiente familiare, dove provare proposte culinarie legate al territorio e piatti di mare.

SORIANO NEL CIMINO *01038 Viterbo* 563 O 18 – *8 304 ab. alt. 510.*

Roma 95 – Viterbo 17 – Terni 50.

Gli Oleandri con cam, via Cesare Battisti 51 ✆ 0761 748383, *info@glioleandri.com, Fax 0761 748222,* ← Castello Orsini e Centro Storico, – TV P. AE ⓈⓄ MC VISA. rist
Pasto carta 23/32 – **16 cam** ☐ 42/62 – ½ P 45.
◆ Splendida vista sul Castello Orsini e sul centro storico da un ristorante con camere; due classiche sale rinnovate di recente in cui gustare piatti prevalentemente locali.

SORISO *28018 Novara* 561 E 7, 219 ⑯ – *770 ab. alt. 452.*

Roma 654 – Stresa 35 – Arona 20 – Milano 78 – Novara 40 – Torino 114 – Varese 46.

Al Sorriso con cam, via Roma 18 ✆ 0322 983228, *sorriso@alsorriso.com, Fax 0322 983328,* prenotare – , rist, TV. AE Ⓢ Ⓞ MC VISA JCB.
chiuso dal 7 al 28 gennaio e dal 3 al 28 agosto – **Pasto** *(chiuso lunedì e martedì)* carta 98/138 – **8 cam** ☐ 120/190 – ½ P 210.
◆ Arte in cucina in un tempio della gastronomia: impareggiabili fantasie culinarie in un curatissimo ambiente di raffinata eleganza, per vivere un'esperienza indimenticabile.
Spec. Gamberi di fiume con gelé di pomodoro e cocomero agli agrumi (febbraio-novembre). Zuppetta di melanzane al timo con seppioline croccanti (primavera-estate). Lasagnetta di patate con cardi gobbi, fonduta di Bettelmatt al tartufo d'Alba (autunno-inverno).

SORNI *Trento* – *Vedere Lavis.*

SORRENTO *80067 Napoli* 564 F 25 *G. Italia* – *17 429 ab. – a.s. aprile-settembre.*

Vedere *Villa Comunale :* ←★★ **A** – *Belvedere di Correale* ←★★ **B A** – *Museo Correale di Terranova*★ **B M** – *Chiostro*★ *della chiesa di San Francesco* **A F.**

Dintorni *Penisola Sorrentina*★★ : ←★★ *su Sorrento dal capo di Sorrento (1 h a piedi AR),* ←★★ *sul golfo di Napoli dalla strada S 163 per* ② *(circuito di 33 km).*

Escursioni *Costiera Amalfitana*★★★ – *Isola di Capri*★★★.

per Capri giornalieri (45 mn) – Caremar-agenzia Morelli, piazza Marinai d'Italia ✆ *081 8073077, Fax 081 8072479.*

per Capri giornalieri (da 25 a 50 mn) – Alilauro, al porto ✆ *081 8781430, Fax 081 8071221 e Navigazione Libera del Golfo, al porto* ✆ *081 8071812, Fax 081 5329071.*

via De Maio 35 ✆ *081 8074033, info@sorrentotourism.com, Fax 081 8773397.*

Roma 257 ① – *Napoli 49* ① – *Avellino 69* ① – *Caserta 74* ① – *Castellammare di Stabia 19* ① – *Salerno 50* ①.

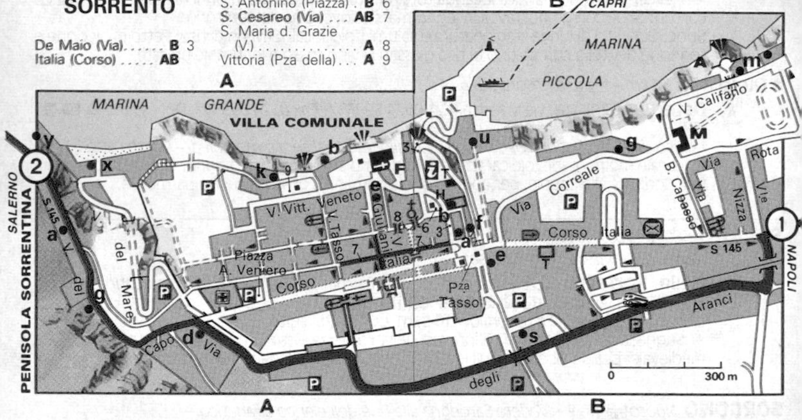

Gd H. Excelsior Vittoria, piazza Tasso 34 ✆ 081 8071044, *exvitt@exvitt.it, Fax 081 8771206,* ← golfo di Napoli e Vesuvio, , Ascensore per il porto, , – , rist, TV P – 90. AE Ⓢ Ⓞ MC VISA JCB. rist **B u**
Pasto carta 70/104 – **88 cam** ☐ 305/500, 8 suites – ½ P 296.
◆ Storico hotel con splendida vista panoramica e ascensore per il porto, impreziosito da un giardino-agrumeto con piscina: gran lusso e raffinatezza per vivere una favola. Maestosa sala da pranzo con eleganti pilastri di marmo e uno stupendo soffitto dipinto.

Hilton Sorrento Palace, via Sant'Antonio 13 081 8784141, *gm.sorrento@hilton.com, Fax 081 8783933*, golfo di Napoli, 1720. AE VISA. B s
al Rist. ***Sorrento*** carta 43/67 – **383 cam** 245/295, 4 suites – ½ P 192,50.
◆ Affacciato sul Golfo di Napoli e in posizione tranquilla, un grand hotel capace di unire e fondere stile e confort moderni, ad un paesaggio pittoresco e scenografico. Varie sale ristorante, la più originale con pareti in roccia, a fianco alla piscina.

Gd H. Capodimonte, via Capo 14 081 8784555, *capodimonte@manniellohotels.it, Fax 081 8071193*, golfo di Napoli e Vesuvio, digradante, AE VISA JCB. rist A g
2 aprile-ottobre – **Pasto** carta 48/57 – **186 cam** 260/280, 3 suites – ½ P 178.
◆ Il Vesuvio e Napoli visibili in lontananza da un albergo abbellito da terrazze fiorite con piscine digradanti circondate da ulivi; curati spazi interni, ampi e luminosi. Ariosa sala da pranzo con pareti decorate e vetrate sull'affascinante paesaggio esterno.

Gd H. Riviera, via Califano 22 081 8072011, *info@hotelriviera.com, Fax 081 8772100*, golfo di Napoli e Vesuvio, AE VISA. B m
marzo-ottobre – **Pasto** (solo per alloggiati) carta 41/55 – 16 – **103 cam** 155/194, suite – ½ P 145.
◆ Struttura semicircolare rinnovata, ornata da un giardino con piscina a picco sul mare: ampi e signorili saloni comuni, camere di taglio moderno; ascensore per la spiaggia.

Imperial Tramontano, via Vittorio Veneto 1 081 8782588, *imperial@tramontano.com, Fax 081 8072344*, Ascensore per la spiaggia, rist, 180. AE VISA. A b
chiuso gennaio e febbraio – **Pasto** carta 45/60 – **97 cam** 173/270, 8 suites – ½ P 173.
◆ Uno splendido giardino fiorito con piscina orna questo hotel nato dall'unione di due ville patrizie (una fu casa natale di Tasso); sfarzosi interni recentemente rimodernati. Dalla sala da pranzo potrete ammirare un paesaggio che sembra dipinto.

Bristol, via Capo 22 081 8784522, *bristol@acampora.it, Fax 081 8071910*, golfo di Napoli e Vesuvio, 80. AE VISA. rist A a
Pasto carta 41/57 – **150 cam** 180/250 – ½ P 150.
◆ Imponente complesso in posizione dominante il mare, abbellito da amene terrazze panoramiche con piscina; freschi e luminosi ambienti, camere tutte disposte sul lato mare. Arredi in stile essenziale nella piacevole e spaziosa sala ristorante.

Gd H. Ambasciatori, via Califano 18 081 8782025, *ambasciatori@manniellohotels.it, Fax 081 8071021*, golfo di Napoli e Vesuvio, Ascensore per la spiaggia, 180. AE VISA JCB. rist B m
2 aprile-ottobre – **Pasto** carta 48/57 – **97 cam** 270/290, 6 suites – ½ P 183.
◆ Grande albergo in suggestiva posizione a strapiombo sul mare, ornato da un giardino-agrumeto con piscina e dotato di ascensore per la spiaggia; classici interni ben tenuti. Capiente sala da pranzo di tono elegante.

Bellevue Syrene, piazza della Vittoria 5 081 8781024, *info@bellevue.it, Fax 081 8783963*, golfo di Napoli e Vesuvio, Ascensore per la spiaggia, AE VISA JCB. rist A k
Pasto 45/55 – **73 cam** 230/290 – ½ P 190.
◆ Un soggiorno da sogno in un'incantevole villa settecentesca con vista sul golfo, giardino, terrazze fiorite e ascensore per la spiaggia; raffinati ambienti con affreschi. Atmosfera elegante nella grande sala ristorante con pavimento a scacchiera.

Royal, via Correale 42 081 8073434, *ghroyal@manniellohotels.it, Fax 081 8772905*, golfo di Napoli e Vesuvio, Ascensore per la spiaggia, AE VISA JCB. B g
chiuso da gennaio all'11 marzo – **Pasto** carta 48/57 – **96 cam** 280/300, 3 suites – ½ P 188.
◆ Deliziosa ubicazione panoramica per questa bella struttura dotata di giardino-agrumeto con piscina e ascensore per la spiaggia; ampi spazi comuni, camere funzionali. Ambiente distinto e arredi lineari nell'ariosa sala da pranzo.

La Solara, via Capo 118 (Ovest : 2 km) 80060 Capo di Sorrento 081 5338000, *info@lasolara.com, Fax 081 8071501*, riscaldata – rist, AE VISA JCB. rist per ②
chiuso gennaio e febbraio – **Pasto** carta 39/49 – 21 – **37 cam** 157/228 – ½ P 121.
◆ Fuori dalla località, hotel dotato di piscina riscaldata con solarium; grandi spazi comuni luminosi, con linee e arredi di taglio moderno, piacevoli camere funzionali. Colori chiari nella grande sala inondata di luce.

Villa di Sorrento senza rist, viale Enrico Caruso 6 081 8781068, *Fax 081 8072679* – AE VISA. B e
11 – **21 cam** 73/126.
◆ Valida gestione in un piccolo hotel centrale adatto a una clientela itinerante: spazi interni arredati in modo semplice e accogliente, camere funzionali.

Gardenia senza rist, corso Italia 258 ☏ 081 8772365, *info@hotelgardenia.com, Fax 081 8074486*, – . per ①
chiuso gennaio e febbraio – **27 cam** 105/130.
◆ In posizione periferica, una struttura razionale di moderna concezione, ideale anche per il turista di passaggio; interni arredati in stile lineare, camere confortevoli.

La Tonnarella, via Capo 31 ☏ 081 8781153 e rist ☏ 081 8071716, *latonnarella@latonnarella.it, Fax 081 8782169*, ← golfo di Napoli e costiera, Ascensore per la spiaggia, – . A y
Pasto carta 40/49 e al Rist. ***Tonnarella a Mare*** *(maggio-15 settembre; chiuso la sera)* carta 29/38 – **20 cam** 165, suite – 1/2 P 102,50.
◆ Albergo di tradizione che sorge dove un tempo esisteva una tonnara (da cui il nome); terrazza panoramica e ascensore per la spiaggia, camere personalizzate di buon livello. In estate, tavoli semplici a pochi passi dall'acqua al ristorante «Tonnarella a Mare».

Caruso, via Sant'Antonino 12 ☏ 081 8073156, *info@ristorantemuseocaruso.com, Fax 081 8072899*, prenotare – . B f
Pasto carta 45/64.
◆ Ambiente ispirato al famoso cantante lirico: tre salette piacevoli ed essenziali decorate con foto e oggetti dedicati al maestro; cucina di mare d'ispirazione partenopea.

L'Antica Trattoria, via Padre R. Giuliani 33 ☏ 081 8071082, *inform@lanticatrattoria.com, Fax 081 5324651*, – . A e
chiuso febbraio e lunedì (escluso da marzo a ottobre) – **Pasto** 45/70 e carta 60/83.
◆ Bel locale del centro: varie salette di taglio elegante, accoglienti e curate, con caratteristici elementi decorativi; ameno servizio estivo sotto un pergolato.

Il Buco, II Rampe Marina Piccola 5 ☏ 081 8782354, *ilbuco@paginebluonline.it*, – .
chiuso gennaio e mercoledì – **Pasto** carta 50/69.
◆ Sulla Piazza S. Antonino, un raffinato locale in stile rustico e dall'ambiente caratteristico, che propone piatti del territorio di carne e di pesce; cantina di buon livello.

La Fenice, via Degli Aranci 11 ☏ 081 8781652, *ristorantelafenice@libero.it, Fax 081 5324154*, , Rist. e pizzeria – . A d
chiuso lunedì escluso agosto – **Pasto** carta 21/41.
◆ Fresco e piacevole ristorante-pizzeria, recentemente rinnovato, dagli interni di taglio moderno: cucina di mare e gustosi antipasti; pescato in esposizione.

Zi'ntonio, via De Maio 11 ☏ 081 8781623, *info@zintonio.it, Fax 081 8781623*, Rist. e pizzeria – . B a
Pasto carta 24/45.
◆ Ristorante dall'ambiente caratteristico: due sale rivestite in tufo al piano interrato e una curiosa soluzione a soppalco al piano terra; ampia proposta culinaria e pizze.

Taverna Azzurra-da Salvatore, via Marina Grande 166 ☏ 081 8772510, *Fax 081 8772510*, , prenotare – . A x
chiuso lunedì da gennaio a maggio – **Pasto** cucina marinara carta 28/41.
◆ Il nome non mente: prevalgono i toni dell'azzurro in questo ristorante dall'atmosfera familiare, sul porticciolo, che propone solo piatti di pesce, rigorosamente fresco.

sulla strada statale 145 *per ②* :

President, via Colle Parisi 4 (Ovest : 3 km) ✉ 80067 Sorrento ☏ 081 8782262, *president@acampora.it, Fax 081 8785411*, ← golfo di Napoli, Vesuvio e Sorrento, , , , – .
15 marzo-ottobre – **Pasto** carta 35/45 – **106 cam** 240/280, suite – 1/2 P 170.
◆ Incantevole vista su Napoli e Sorrento in un hotel abbellito da un giardino fiorito e terrazze panoramiche con piscina; ampio salone soggiorno e confortevoli camere luminose. Splendida veduta dalla capiente sala da pranzo in elegante stile lineare.

SOSPIROLO *32037 Belluno* 562 D 18 – *3 254 ab. alt. 457.*

Roma 629 – Belluno 15.

Park Hotel Sospirolo, località Susin ☏ 0437 89273, *parkhotel@debbie.worknet.it, Fax 0437 899137*, ←, – – 100. . rist
chiuso gennaio e febbraio – **Pasto** *(chiuso domenica sera e a mezzogiorno escluso luglio-agosto)* carta 19/30 – **20 cam** 50/77 – 1/2 P 55.
◆ Albergo immerso nella tranquillità di un rigoglioso parco: atmosfera familiare nei piacevoli interni di tono signorile, dove prevale l'uso del legno; camere spaziose. Proposte gastronomiche con radici nel territorio.

I prezzi
Per tutte le precisazioni sui prezzi indicati in questa guida, consultate le pagine introduttive.

SOVANA *58010 Grosseto* 563 O 16 *G. Toscana – alt. 291.*
Roma 172 – Viterbo 63 – Firenze 226 – Grosseto 82 – Orbetello 70 – Orvieto 61.

Scilla, via del Duomo 3 ☎ 0564 616531, *albergo@scilla-sovana.it, Fax 0564 614329* – ▤ TV P. AE Ⓢ ⓞ ⓜ VISA.
chiuso dieci giorni in febbraio – **Pasto** vedere rist ***Dei Merli*** – **8 cam** ☐ 80/92 – ½ P 67.
◆ Piccola struttura ubicata all'interno di quest'incantevole. Totalmente ristrutturato recentemente, presenta ai propri ospiti camere luminose e di raffinata semplicità.

Dei Merli, via Rodolfo Siviero 1/3 ☎ 0564 616531, *albergo@scilla-sovana.it, Fax 0564 614329*, – ▤ P – 100. AE Ⓢ ⓞ ⓜ VISA.
chiuso febbraio e martedì – **Pasto** carta 31/42.
◆ Nel caratteristico borgo di origine etrusca un locale con una sala luminosa, dalle ampie vetrate; proposte di tipiche specialità maremmane, d'estate servite all'aperto.

SOVERATO *88068 Catanzaro* 564 K 31 – *10 689 ab..*
ℹ *via San Giovanni Bosco 1 ☎ 0967 25432.*
Roma 636 – Reggio di Calabria 153 – Catanzaro 32 – Cosenza 123 – Crotone 83.

San Domenico, via della Galleria ☎ 0967 23121, *hsd@sandomenicohotel.it, Fax 0967 521109*, ≤, – |♦| ▤ TV P – 160. AE Ⓢ ⓜ VISA.
aprile-ottobre – **Pasto** carta 15/24 – ☐ 6 – **80 cam** 80,50/113 – ½ P 92.
◆ Poco fuori dal centro, direttamente sulla spiaggia, hotel ideale anche per turismo d'affari, dotato di grande terrazza; camere ben tenute, con balcone quelle fronte mare. Gradevole sala da pranzo dove gustare proposte di cucina tradizionale e marinara.

Il Nocchiero, piazza Maria Ausiliatrice 18 ☎ 0967 21491, *hotelnocchiero@libero.it, Fax 0967 23617* – |♦| ▤ TV – 70. AE Ⓢ ⓞ ⓜ VISA.
chiuso dal 21 dicembre al 7 gennaio – **Pasto** carta 22/26 – **35 cam** ☐ 62/88, suite – ½ P 68.
◆ Valida conduzione diretta in una struttura semplice, situata nel centro della cittadina, con interni decorosi dagli arredi lineari; camere confortevoli e rinnovate. Sala da pranzo classica ed essenziale, con pareti ornate da quadri e bottiglie esposte.

Riviera, via Regina Elena 4/6 ☎ 0967 530196, *Fax 0961 34054* – ▤. AE Ⓢ ⓞ ⓜ VISA JCB.
chiuso martedì escluso luglio-agosto – **Pasto** carta 23/32.
◆ Curato ambiente familiare in un piccolo ristorante nel cuore della località: nella sala soffitto con travi in legno e tavoli quadrati dove provare cucina del luogo.

SOVICILLE *53018 Siena* 563 M 15 – *8 343 ab. alt. 265.*
Roma 240 – Siena 14 – Firenze 78 – Livorno 122 – Perugia 117.

Borgo Pretale, località Pretale Sud-Ovest : 13 km ☎ 0577 345401, *info@borgopretale.it, Fax 0577 345625*, ≤, – ▤ TV P – 60. AE Ⓢ ⓞ ⓜ VISA JCB.
Pasqua-ottobre – **Pasto** *(chiuso a mezzogiorno)* (solo su prenotazione) 35/45 – **30 cam** ☐ 135/250, 5 suites – ½ P 162.
◆ Incantevole e caratteristico borgo in un grande parco con piscina, tennis e campo di tiro con l'arco: eleganti interni rustici per una vacanza davvero indimenticabile. Raffinata atmosfera nella sala da pranzo, suggestivo servizio estivo all'aperto.

SPARONE *10080 Torino* 561 F 4, 219 ⑬ – *1 202 ab. alt. 552.*
Roma 708 – Torino 48 – Aosta 97 – Milano 146.

La Rocca, via Arduino 6 ☎ 0124 808867, prenotare – P. AE Ⓢ ⓞ ⓜ VISA JCB.
chiuso dal 7 gennaio al 12 febbraio, dal 1° al 14 agosto, domenica sera e giovedì – **Pasto** carta 24/41.
◆ Elegante ambiente classico nelle due curate salette (una con una singolare parete di roccia), dove apprezzare proposte di cucina fantasiosa, con piatti di terra e di mare.

SPARTAIA *Livorno* – *Vedere Elba (Isola d') : Marciana Marina.*

SPAZZAVENTO *Pistoia* – *Vedere Pistoia.*

SPELLO *06038 Perugia* 563 N 20 *G. Italia – 8 199 ab. alt. 314.*
Vedere *Affreschi★★ del Pinturicchio nella chiesa di Santa Maria Maggiore.*
ℹ *piazza Matteotti 3 ☎ 0742 301009, prospello@libero.it, Fax 0742 301009.*
Roma 165 – Perugia 31 – Assisi 12 – Foligno 5 – Terni 66.

Palazzo Bocci, via Cavour 17 ✆ 0742 301021, *bocci@bcsnet.it*, *Fax 0742 301464*, ≤ – |‡| ▤ TV ♿ – 🅰 25. AE ⓢ ⓞ ⓜⓒ VISA JCB. ✂
Pasto vedere rist ***Il Molino*** – **21 cam** ☕ 110/150, 2 suites.
◆ Confort moderni e ospitalità di alto livello in una residenza signorile d'epoca: eleganti spazi comuni in stile, tra cui una sala splendidamente affrescata, belle camere.

La Bastiglia ⛰, via dei Molini 17 ✆ 0742 651277, *fancelli@labastiglia.com*, *Fax 0742 301159*, ≤, 🍽, 🏊 riscaldata – ▤ TV – 🅰 50. AE ⓢ ⓞ ⓜⓒ VISA. ✂
Pasto *(chiuso mercoledì e giovedì a mezzogiorno)* carta 44/60 ❀ – **33 cam** ☕ 120/155.
◆ Ubicato nella tranquilla parte alta del paese e ricavato dalla ristrutturazione di un antico mulino, un albergo con eleganti interni in stile rustico e camere spaziose. Fantasiose interpretazioni di piatti locali nella sala nei toni del bianco e del legno.

Del Teatro senza rist, via Giulia 24 ✆ 0742 301140, *info@hoteldelteatro.it*, *Fax 0742 301612*, ≤ – |‡| TV – 🅰 30. AE ⓢ ⓞ ⓜⓒ VISA JCB. ✂
chiuso dal 1º al 15 febbraio – **11 cam** ☕ 80/100.
◆ Nel caratteristico centro storico, piccolo albergo a conduzione familiare in un palazzo settecentesco ristrutturato; interni essenziali, confortevoli camere con parquet.

Agriturismo Le Due Torri ⛰, via Torre Quadrano 1, località Limiti (Ovest : 4,5 km) ✆ 0742 651249, *duetorri@seeumbria.com*, *Fax 0743 270273*, 🏊, 🐎 – P. AE ⓢ ⓞ ⓜⓒ VISA. ✂
chiuso dal 10 gennaio al 13 febbraio – **Pasto** (solo per alloggiati) 20 – **4 cam** ☕ 92, 6 suites 100 – ½ P 64.
◆ Nel contesto di una grande azienda agricola, una casa colonica trasformata in risorsa agrituristica: camere curate, con arredi in stile, piacevoli spazi comuni.

Il Molino, piazza Matteotti 6/7 ✆ 0742 651305, *ristoranteilmolino@libero.it*, *Fax 0742 302235*, 🍽 – ▤. AE ⓢ ⓞ ⓜⓒ VISA JCB
chiuso dal 7 al 22 gennaio e martedì – **Pasto** carta 24/40.
◆ Nel centro del paese, locale ricavato da un vecchio mulino a olio con fondamenta del 1300; sala con soffitto ad archi in mattoni e camino per preparare carni alla griglia.

SPERLONGA *04029 Latina* 563 S 22 *G. Italia – 3 424 ab. – a.s. Pasqua e luglio-agosto.*

ℹ *corso San Leone 22 ✆ 0771 557000, Fax 0771 557000.*
Roma 127 – Frosinone 76 – Latina 57 – Napoli 106 – Terracina 18.

Aurora senza rist, via Cristoforo Colombo 15 ✆ 0771 549266, *aurorahotel@aurorahotel.it*, *Fax 0771 548014*, ≤, 🏖 – |‡| ▤ TV P – 🅰 60. AE ⓢ ⓞ ⓜⓒ VISA. ✂
Pasqua-ottobre – **46 cam** ☕ 145/170.
◆ Simpatica gestione familiare in un hotel di fronte al mare, ai piedi della città vecchia, con un bel giardino fiorito; confortevoli camere nei toni dell'azzurro e del legno.

La Playa, via Cristoforo Colombo ✆ 0771 549496, *hotel.laplaya@tiscalinet.it*, *Fax 0771 548106*, 🏊, 🏖 – |‡| ▤ TV P. AE ⓢ ⓞ ⓜⓒ VISA. ✂
Pasto *(maggio-ottobre; chiuso a mezzogiorno)* (solo per alloggiati) 20/30 – **40 cam** ☕ 185 – ½ P 110.
◆ Chi in albergo ama vivere gli spazi comuni apprezzerà qui sia quelli interni, ariosi e accoglienti, sia la rilassante terrazza sulla spiaggia e l'elegante piscina.

La Sirenella, via Cristoforo Colombo 25 ✆ 0771 549186, *albergo@lasirenella.com*, *Fax 0771 549189*, ≤, 🏖 – |‡|, ✂ rist, ▤ TV ♿ 🚗 P. ⓢ ⓜⓒ VISA. ✂
Pasto 23/38 – **40 cam** ☕ 106.
◆ Nella parte moderna e bassa di Sperlonga, un classico albergo sul mare: ambienti lineari e dignitosi, ben tenuti, camere all'insegna della semplicità.

Gli Archi, via Ottaviano 17 (centro storico) ✆ 0771 548300, *info@gliarchi.com*, *Fax 0771 557035*, 🍽, prenotare – ▤. AE ⓢ ⓞ ⓜⓒ VISA JCB. ✂
chiuso gennaio e mercoledì – **Pasto** specialità di mare carta 37/55.
◆ Nella parte antica della città, locale in un edificio restaurato: sala ad archi in stile rustico, dove provare cucina di mare, d'estate servita nella piazzetta antistante.

SPEZIALE *Brindisi* 564 E 34 – *Vedere Fasano.*

SPEZZANO PICCOLO *87050 Cosenza* 564 J 31 – *2 084 ab. alt. 720.*

Roma 529 – Cosenza 15 – Catanzaro 110.

Petite Etoile, contrada Acqua Coperta (Nord-Est : 2 km) ✆ 0984 435182, *Fax 0984 435912* – TV P. AE ⓢ ⓞ ⓜⓒ VISA JCB. ✂
Pasto carta 18/23 – ☕ 1,50 – **21 cam** 34/52 – ½ P 42.
◆ Albergo a gestione familiare, recentemente rinnovato, situato fuori dal paese: interni di moderna concezione e camere in legno, arredate in modo semplice. Spaziosa sala da pranzo al primo piano.

SPIAZZO *38088 Trento* 562 D 14 – *1 126 ab. alt. 650 – a.s. 12 febbraio-12 marzo, Pasqua e Natale.*
Roma 622 – Trento 49 – Bolzano 112 – Brescia 96 – Madonna di Campiglio 21 – Milano 187.

Mezzosoldo con cam, a Mortaso Nord : 1 km ✆ 0465 801067, *albergomezzosoldo@cr-surfing.net, Fax 0465 801078*, prenotare – |‡| TV P. AE MC VISA. ✱
5 dicembre-15 aprile e 15 giugno-25 settembre – **Pasto** *(chiuso giovedì)* specialità trentine 35 – **26 cam** ☐ 55/85 – ½ P 60.
◆ Ambiente tipico con arredi d'epoca in un elegante ristorante di tradizione, dove assaporare specialità trentine, tra cui piatti non comuni, con materie prime ricercate.
Spec. Radicch dell'ors (germoglio selvatico d'alta montagna). Capucc (impasto di erbe e formaggio cotto in foglia di vite; estate). Nocette di capriolo con mostarda di mele selvatiche.

SPILAMBERTO *41057 Modena* 562 I 15 – *10 725 ab. alt. 69.*
Roma 408 – Bologna 38 – Modena 16.

Da Cesare, via San Giovanni 38 ✆ 059 784259, Coperti limitati; prenotare – AE MC VISA. ✱
chiuso dal 15 al 30 maggio, dal 20 luglio al 20 agosto, domenica sera e lunedì – **Pasto** 18/35.
◆ Cordiale e competente gestione familiare in una trattoria con interni arredati in modo semplice, dove provare proposte di una gustosa cucina casereccia.

SPILIMBERGO *33097 Pordenone* 562 D 20 – *11 049 ab. alt. 132.*
Roma 625 – Udine 30 – Milano 364 – Pordenone 33 – Tarvisio 97 – Treviso 101 – Trieste 98.

Gd H. President, via Cividale ✆ 0427 50050, *president@friulalberghi.it, Fax 0427 50333*, – |‡| ▤ TV ♿ P – 🏛 120. AE MC VISA. ✱ rist
Pasto *(chiuso dal 21 luglio al 20 agosto e lunedì)* carta 25/32 – **33 cam** ☐ 75/120 – ½ P 80.
◆ Recente struttura di moderna concezione, ideale per un turismo d'affari; confortevoli ambienti interni abbelliti da numerosi mosaici artistici, camere accoglienti. Ariosa e capiente sala da pranzo rischiarata da grandi vetrate.

La Torre, piazza Castello 8 ✆ 0427 50555, *info@ristorantelatorre.net, Fax 0427 50555*, Coperti limitati; prenotare – ▤. AE MC VISA. ✱
chiuso domenica sera e lunedì – **Pasto** carta 32/40.
◆ In un castello medievale, nella magnifica cornice del «Palazzo Dipinto», un ristorante elegante dalla calda atmosfera; fantasiose proposte di cucina della tradizione.

SPINACETO *Roma – Vedere Roma.*

SPINEA *30038 Venezia* 562 F 18 – *24 774 ab..*
Roma 507 – Padova 34 – Venezia 18 – Mestre 7.

Raffaello senza rist, via Roma 305 ✆ 041 5411660, *raffaello_hotel@iol.it, Fax 041 5411511* – |‡| ▤ TV ♿ P – 🏛 100. AE MC VISA. ✱
27 cam ☐ 62/93.
◆ Costruzione di moderna ispirazione in posizione centrale, ideale per uomini d'affari e per un turismo di passaggio; piacevoli interni lineari, confortevoli camere sobrie.

SPINETTA MARENGO *Alessandria* 561 H 8 – *Vedere Alessandria.*

SPINO D'ADDA *26016 Cremona* 561 F 10, 219 ⑳ – *5 748 ab. alt. 84.*
Roma 558 – Bergamo 41 – Milano 30 – Cremona 54 – Piacenza 51.

Paredes y Cereda, via Roma 4 ✆ 0373 965041, *info@ristoranteparedes.it, Fax 0373 965448*, prenotare – P. AE MC VISA JCB. ✱
chiuso dal 7 al 22 gennaio, dal 4 al 24 agosto, lunedì e martedì a mezzogiorno – **Pasto** carta 33/43.
◆ Ristorante ricavato dalle scuderie e prigioni del castello adiacente; due eleganti sale dall'ambiente originale, con mobili dell'800 austriaco; piatti locali e di mare.

SPIRANO *24050 Bergamo* 561 F 11 – *4 326 ab. alt. 156.*
Roma 591 – Bergamo 16 – Brescia 48 – Milano 42 – Piacenza 75.

3 Noci-da Camillo, via Petrarca 16 ✆ 035 877158, – AE MC VISA JCB
chiuso dal 1° al 10 gennaio, dal 10 al 25 agosto, domenica sera e lunedì – **Pasto** specialità alla brace carta 25/42.
◆ Piacevole ambiente rustico in un locale di tradizione, dove gustare ruspanti sapori della bassa e carni cotte sulla grande griglia in sala; gazebo per il servizio estivo.

SPOLETO *06049 Perugia* 563 N 20 *G. Italia – 37 802 ab. alt. 405.*

Vedere *Piazza del Duomo★ : Duomo★★* **Y** – *Ponte delle Torri★★* **Z** – *Chiesa di San Gregorio Maggiore★* **Y D** – *Basilica di San Salvatore★* **Y B.**

Dintorni *Strada★ per Monteluco per ②.*

piazza Libertà 7 ☎ 0743 238921, info@iat.spoleto.pg.it, Fax 0743 238941.

Roma 130 ② – Perugia 63 ① – Terni 28 ② – Ascoli Piceno 123 ① – Assisi 48 ① – Foligno 28 ① – Orvieto 84 ③ – Rieti 58 ②.

In occasione di aclune manifestazioni commerciali o turistiche i prezzi degli alberghi potrebbero subire un sensibile aumento (informatevi al momento della prenotazione)

Albornoz Palace Hotel, viale Matteotti ☎ 0743 221221, *info@albornozpalace.com, Fax 0743 221600,* ≤, , riscaldata, – | | – 500. AE VISA. rist 1 km per ②
Pasto *(chiuso lunedì)* carta 24/32 – 10 – **92 cam** 88/114, 4 suites – ½ P 91.
◆ Hotel moderno con originali e ampi interni abbelliti da opere di artisti contemporanei; camere eleganti e «artistiche», attrezzato ed apprezzato centro congressi. Spazioso ristorante dove prevalgono le tonalità pastello.

San Luca senza rist, via Interna delle Mura 21 ☎ 0743 223399, *sanluca@hotelsanluca.com, Fax 0743 223800,* – | | – 90. AE VISA JCB. Y b
34 cam 170/240, suite.
◆ Alle porte della città vecchia un albergo nato pochi anni fa dalla ristrutturazione di una conceria: arredi d'epoca tra cui una caratteristica raccolta di zuppiere.

Dei Duchi, viale Matteotti 4 ☎ 0743 44541, *hotel@hoteldeiduchi.com, Fax 0743 44543,* ≤, – | | – 90. AE VISA JCB. Z c
Pasto *(chiuso martedì)* carta 21/36 – **47 cam** 90/130, 2 suites – ½ P 83.
◆ Nel cuore della città un edificio recente in mattoni: grande e luminosa hall con comodi divani, camere molto spaziose, da poco rinnovate; ideale per uomini d'affari. Al ristorante una grande vetrata da cui si gode una bella veduta sulle colline.

Gattapone senza rist, via del Ponte 6 ☎ 0743 223447, *hotelgattaponesnc@tin.it, Fax 0743 223448,* – – 40. AE VISA JCB Z d
15 cam 90/170.
◆ In posizione tranquilla e dominante, con vista sul ponte delle torri e Monteluco, albergo a gestione affidabile con interni d'ispirazione contemporanea e camere piacevoli.

Villa Milani , località Colle Attivoli 4 ☎ 0743 225056, *info@villamilani.com, Fax 0743 49824,* ≤ Spoleto e colline, , . AE VISA. rist
chiuso dal 7 gennaio al 7 febbraio – **Pasto** *(chiuso a mezzogiorno)* (solo per alloggiati) 60/75 – **11 cam** 368/460 – ½ P 285. 2,5 km per viale Matteotti **Z**
◆ Elegante villa fine '800 con giardino all'italiana, in posizione tranquilla e panoramica: all'interno splendidi saloni arredati in stile, di cui uno con un grande camino.

Palazzo Dragoni Residenza d'epoca senza rist, via Duomo 13 ☎ 0743 222220, *Fax 0743 222225,* ≤ Duomo e dintorni – | | – 25. VISA. Y h
15 cam 100/145.
◆ Ambiente signorile in un'imponente costruzione del XVI secolo, con bella vista del Duomo e dintorni; piacevoli interni eleganti e camere ben arredate con mobili d'epoca.

Charleston senza rist, piazza Collicola 10 ☎ 0743 220052, *info@hotelcharleston.it, Fax 0743 221244,* – | | – 50. AE VISA JCB Z v
8 – **21 cam** 60/85.
◆ Nel cuore della cittadina, in un palazzo del 1600 rinnovato, un albergo semplice a conduzione diretta con ambienti di tono signorile e camere rallegrate da nuovi colori.

Aurora, via Apollinare 3 ☎ 0743 220315, *info@hotelauroraspoleto.it, Fax 0743 221885* – . AE VISA JCB. Z h
Pasto vedere rist ***Apollinare*** – **23 cam** 55/70 – ½ P 56.
◆ A pochi passi dalla centralissima via Mazzini, ma lontano dai rumori della strada, hotel a gestione familiare con piacevoli interni e camere interamente rinnovate.

Europa senza rist, viale Trento e Trieste 201 ☎ 0743 46949, *europa@hotelspoleto.it, Fax 0743 221654* – | | . AE VISA JCB per viale Trento e Trieste **Y**
24 cam 52/62.
◆ In comoda posizione vicino alla stazione, alle porte della località, un albergo con spazi comuni non ampi, ma graziosi e confortevoli; camere funzionali in stile lineare.

Apollinare - Hotel Aurora, via Sant'Agata 14 ☎ 0743 223256, *info@ristoranteapollinare.it, Fax 0743 221885,* – . AE VISA JCB. Z h
chiuso martedì da ottobre a marzo – **Pasto** carta 27/50.
◆ Ambiente elegante e signorile nella sala con pietre e mattoni a vista di un locale del centro storico; gustosa cucina tipica del luogo e qualche piatto di maggior ricerca.

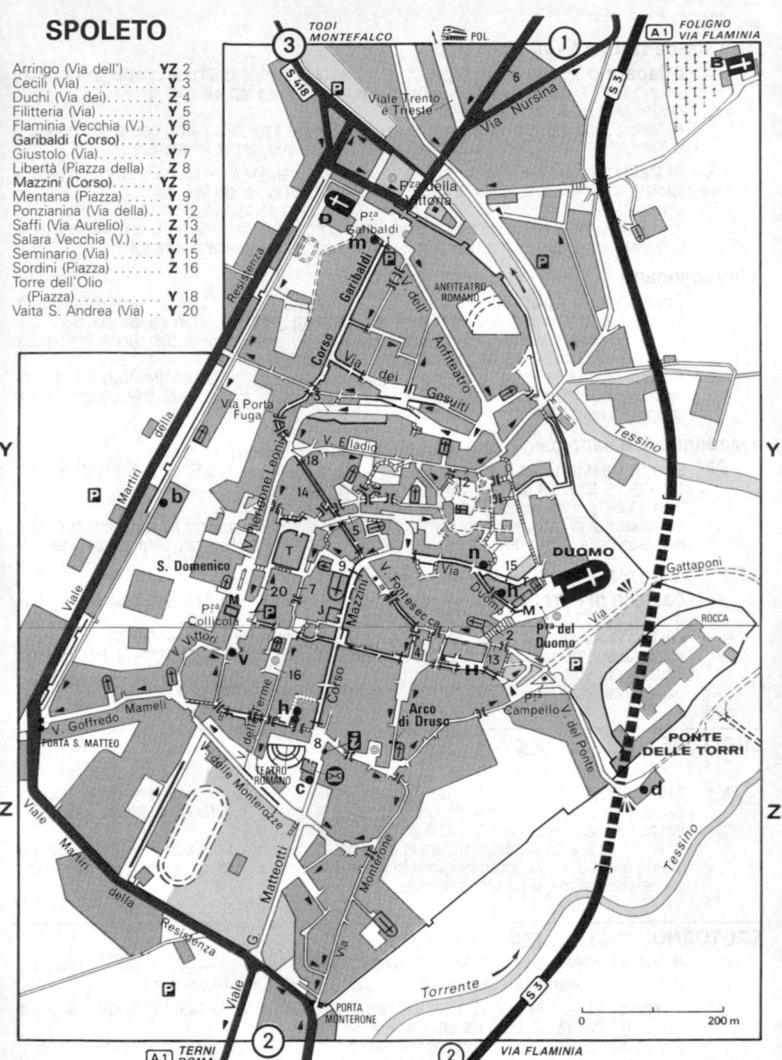

XX **Il Panciolle,** vicolo degli Eroli 1 (via Duomo) ☎ 0743 45598, *info@ristoranteilpanciollespoleto.com, Fax 0743 224289,* 🏞 – AE ⓢ ⓓ ⓜⓒ VISA. ✗ **Y n**
chiuso mercoledì – **Pasto** carta 32/61 🍇.

◆ Sapiente proposta gastronomica (salumi e carni alla griglia da provare) in un ristorante con sala rustica in mattoni e pietra; servizio estivo in terrazza panoramica.

XX **Il Tartufo,** piazza Garibaldi 24 ☎ 0743 40236, *truffles@libero.it, Fax 0743 40236,* 🏞 – ▤. AE ⓢ ⓓ ⓜⓒ VISA. ✗ **Y m**
chiuso dal 10 febbraio al 10 marzo, dal 15 al 30 luglio, domenica sera e lunedì – **Pasto** 22/35 e carta 26/35.

◆ Il tartufo è l'ingrediente principale della linea gastronomica proposta da questo storico locale di Spoleto, recentemente rinnovato nel rispetto delle tradizioni.

sulla strada statale 3 - via Flaminia :

Il Capanno, località Torrecola per ② : *8 km* ✉ 06049 ☎ 0743 54119, *info@ilcapannoristorante.it, Fax 0743 225000,* , prenotare, – P. AE ⓢ ⓞ ⓜ VISA.
chiuso lunedì – **Pasto** carta 28/37.
◆ Sulle colline intorno a Spoleto, locale con grande sala dalle pareti con pietra a vista e camino, che le conferiscono calore e personalità; servizio estivo all'aperto.

Al Palazzaccio-da Piero, località San Giacomo per ① : *8 km* ✉ 06048 San Giacomo di Spoleto ☎ 0743 520168, *Fax 0743 520845,* – P. AE ⓢ ⓞ ⓜ VISA.
chiuso Natale, dal 21 al 31 luglio e lunedì – **Pasto** carta 16/25.
◆ Un accogliente angolo familiare e una meta gastronomica ormai più che trentennale per una sosta amichevole in compagnia; gustosi piatti locali e specialità al tartufo.

a Pompagnano *Sud-Ovest : 4 km* – ✉ *06049 Spoleto :*

Convento di Agghielli, frazione Pompagnano ☎ 0743 225010, *agghielli@virgilio.it, Fax 0743 225010,* ≤ monti e campagna, , – TV & P – 30. ⓢ ⓞ ⓜ VISA.
Pasto *(chiuso a mezzogiorno escluso sabato-domenica e giorni festivi)* cucina biologica e biodinamica carta 32/39 – **2 cam** 155 – ½ P 98, 8 suites 175/205.
◆ Immerso in una verde oasi di pace, antico convento del 1200, ora divenuto un agriturismo di classe: splendide e ampie suite curate con arredi in piacevole stile country. Calda atmosfera nella sala ristorante con pareti in pietra e archi in mattoni.

a Madonna di Baiano *per ③ : 7 km : –* ✉ *06040 Baiano di Spoleto :*

San Sebastiano in Spoleto, via Acquasparta 4 ☎ 0743 539805, *Fax 0743 539961,* – TV P. AE ⓢ ⓞ ⓜ VISA.
Pasto (solo per alloggiati) – **12 cam** ☐ 75/86, suite – ½ P 60.
◆ Residenza di campagna con arredi d'epoca in un antico mulino ristrutturato con cura, immerso nella quiete della campagna; saletta con piccola biblioteca e camere spaziose.

a Poreta *per ① : 11 km* – ✉ *06049 Spoleto :*

Castello di Poreta Country House, ☎ 0743 275810, *castellodiporeta@seeumbria.com, Fax 0743 270175,* ≤ vallata, , – TV P. AE ⓢ ⓞ ⓜ VISA.
Pasto *(chiuso lunedì escluso agosto)* carta 28/42 – **8 cam** ☐ 83/114 – ½ P 75.
◆ All'interno dei resti quattrocenteschi delle mura di un castello, con chiesa del '700, bella struttura in stile rustico di taglio moderno, per un soggiorno nella natura. Al ristorante piatti fantasiosi e servizio estivo in terrazza panoramica.

SPOLTORE *65010 Pescara 563 O 24 – 15 521 ab. alt. 105.*

Roma 212 – Pescara 8 – Chieti 13 – L'Aquila 105 – Terano 58.

Montinope, via Montinope 1 ☎ 085 4962836, *info@hotelmontinope.it, Fax 085 4962143,* ≤ colline e dintorni – |♦|, TV P – 150. AE ⓢ ⓞ ⓜ VISA JCB.
Pasto *(chiuso lunedì)* carta 29/43 – **20 cam** ☐ 113/165, suite.
◆ Elegante e accogliente struttura in bella posizione tranquilla e panoramica: piacevoli gli interni d'ispirazione contemporanea ben arredati, belle camere confortevoli. La cura riposta nel ristorante è senz'altro notevole.

SPOTORNO *17028 Savona 561 J 7 – 4 284 ab..*

piazza Matteotti 6 ☎ 019 7415008, spotorno@inforiviera.it, Fax 019 7415811.
Roma 560 – Genova 61 – Cuneo 105 – Imperia 61 – Milano 184 – Savona 15.

Tirreno, via Aurelia 2 ☎ 019 745106, *tirrenoh@tin.it, Fax 019 745061,* ≤, , – |♦|, rist, TV P – 50. AE ⓢ ⓞ ⓜ VISA JCB. rist
chiuso dal 15 ottobre al 20 dicembre – **Pasto** carta 23/42 – **39 cam** ☐ 95/150 – ½ P 95.
◆ Valida gestione diretta e ambiente signorile in un albergo piacevolmente ubicato sulla spiaggia e non lontano dal centro; luminosi spazi comuni, camere in stile lineare. Allegra sala da pranzo per un pasto rigenerante dopo una dinamica giornata di mare.

Premuda, piazza Rizzo 10 ☎ 019 745157, *info@hotelpremuda.it, Fax 019 747416,* ≤, , – TV P. AE ⓢ ⓞ ⓜ VISA JCB
Pasqua-4 novembre – **Pasto** *(maggio-settembre; chiuso la sera)* carta 24/31 – ☐ 8 – **21 cam** 105/115.
◆ Un dancing degli anni '30 divenuto ora un piccolo albergo ordinato e ben gestito, in bella posizione in riva al mare; piacevoli e «freschi» interni, camere lineari. Ariosa sala da pranzo resa luminosa dalle ampie vetrate che si aprono sulla spiaggia.

Riviera, via Berninzoni 24 ☎ 019 745320, *info@rivierahotel.it, Fax 019 747782,* , , , – |♦|, rist, TV – 80. AE ⓢ ⓞ ⓜ VISA JCB. rist
Pasto carta 27/35 – **45 cam** ☐ 75/90 – ½ P 75.
◆ Hotel ben tenuto, ristrutturato negli ultimi anni: gradevoli spazi esterni con giardino e piscina, accoglienti interni di moderna concezione, camere confortevoli. Capiente sala ristorante ornata in modo semplice; proposte gastronomiche del territorio.

Zunino, via Serra 23 ✆ 019 745441, *Fax 019 743301,* – |$| ▤ TV ♿ P. AE Ⓢ ⓓ MC VISA. ✂ rist
Pasto carta 23/42 – **35 cam** ☕ 60/82 – ½ P 62.
◆ Ubicata in zona residenziale, semplice struttura a gestione familiare costituita da due corpi separati; ambienti d'ispirazione contemporanea, gradevoli camere funzionali.

La Perla, via Lombardia 6 ✆ 019 746223, *hotel.laperla@tiscalinet.it, Fax 019 7415923* – |$| TV P. AE Ⓢ ⓓ MC VISA. ✂
febbraio-ottobre – **Pasto** carta 18/39 – ☕ 5 – **17 cam** 46/68 – ½ P 52.
◆ Arretrato rispetto al centro e al mare, tuttavia raggiungibile a piedi, alberghetto dagli interni essenziali, ma luminosi e piacevoli, ben tenuti; simpatica gestione. Grande sala da pranzo dai colori chiari, inondata di luce attraverso grandi vetrate.

STAFFOLI *56020 Pisa* 563 K 14 – *alt. 28.*
Roma 312 – Firenze 52 – Pisa 36 – Livorno 46 – Pistoia 33 – Siena 85.

Da Beppe, via Livornese 35/37 ✆ 0571 37002, *Fax 0571 21326,* – ▤. AE Ⓢ ⓓ MC VISA. ✂
chiuso dal 16 al 30 agosto e lunedì – **Pasto** specialità di mare carta 51/95.
◆ Un tempo trattoria di tradizione, ora moderno ristorante che ha il suo punto di forza nei piatti di pesce, cucinato in modo da esaltarne la straordinaria freschezza.

Michelin non distribuisce targhe agli alberghi e ristoranti che segnala.

STALLAVENA *Verona* 562 F 14 – *Vedere Grezzana.*

STAVA *Trento* 562 D 16 – *Vedere Tesero.*

STEGONA (STEGEN) *Bolzano* 562 B 17 – *Vedere Brunico.*

STEINEGG = Collepietra.

STELLANELLO *17020 Savona* 561 K 6 – *749 ab. alt. 141.*
Roma 606 – Imperia 23 – Genova 110 – Savona 62 – Ventimiglia 68.

Antico Borgo, località Ciccioni Ovest : 2,5 km ✆ 0182 668051, Coperti limitati; prenotare – P. ✂
chiuso lunedì – **Pasto** carta 20/30.
◆ Ambiente familiare in una semplice locanda dell'entroterra ligure: sala lineare con un grande camino e parete divisoria ad archi dove gustare piatti di cucina del luogo.

STELVIO (Passo dello) (STILFSER JOCH) *Bolzano e Sondrio* 562 C 13 – *alt. 2 757 – Sport invernali : solo sci estivo (giugno-novembre) : 2 760/3 450 m* 2 6, .
Roma 740 – Sondrio 85 – Bolzano 103 – Bormio 20 – Merano 75 – Milano 222 – Trento 161.

Passo Stelvio, ✉ 39020 Stelvio ✆ 0342 903162, *alberghicapitani@tiscalinet.it, Fax 0342 904176,* ≤ gruppo Ortles e vallata, – |$| TV P. Ⓢ MC VISA. ✂ rist
25 maggio-10 novembre – **Pasto** carta 23/32 – **60 cam** ☕ 38,73/103,30 – ½ P 64,56.
◆ E' l'hotel del Passo, per chi ama sciare d'estate: classica struttura di alta montagna «quasi rifugio», a gestione familiare, arredata in modo funzionale; camere in legno. Proposte della tradizione culinaria locale servite in una delle sale.

STENICO *38070 Trento* 562 D 14 – *1 089 ab. alt. 660 – a.s. Pasqua e Natale.*
Roma 603 – Trento 31 – Brescia 103 – Milano 194 – Riva del Garda 29.

a Villa Banale *Est : 3 km – ✉ 38070 :*

Alpino , via III Novembre 50 ✆ 0465 701459, *info@hotalpino.it, Fax 0465 702599* – |$|, rist, TV P. Ⓢ MC VISA. ✂
Pasto *(aprile-ottobre)* 15/19 – ☕ 6,50 – **33 cam** 32/62 – ½ P 52.
◆ In questa frazioncina di Stenico, un piccolo albergo a conduzione diretta, semplice ma ben tenuto: spazi comuni arredati in modo essenziale, camere lineari. Capiente sala per apprezzare una cucina casereccia con radici nel territorio.

STERZING = Vipiteno.

STILFSER JOCH = Stelvio (Passo dello).

STORO *38089 Trento* 562 E 13 – *4 411 ab. alt. 409.*
Roma 601 – Brescia 64 – Trento 65 – Verona 115.

a Lodrone *Sud-Ovest : 5,5 km – ✉ 38080 :*

Castel Lodron, via 24 Maggio 41 ✆ 0465 685002, *info@hotelcastellodron.it, Fax 0465 685425,* – rist, – 200. AE VISA.
Pasto carta 11/20 – 5 – **40 cam** 35/60 – ½ P 45.
◆ Cortese ospitalità in un albergo situato alle porte della località, con un rigoglioso giardino; spazi interni in stile lineare e camere non nuove, ma ben tenute. Classica, capiente sala da pranzo, arredata in modo semplice; ampio salone banchetti.

STRADA IN CHIANTI *Firenze* 563 L 15 – *Vedere Greve in Chianti.*

STRADELLA *27049 Pavia* 561 G 9 – *10 819 ab. alt. 101.*
piazzale Trieste ✆ 0385 245912.
Roma 547 – Piacenza 37 – Alessandria 62 – Genova 116 – Milano 59 – Pavia 21.

Italia senza rist, via Mazzini 4 ✆ 0385 245178, *info@hotelitalia.ws, Fax 0385 240847* – – 60. AE VISA JCB
6 – **30 cam** 60/82.
◆ Classico hotel ideale per una clientela d'affari: al piano terra accogliente area ricevimento dove prevale l'uso del legno e zona relax; camere ornate in modo funzionale.

STREGNA *33040 Udine* 562 D 22 – *466 ab. alt. 404.*
Roma 659 – Udine 29 – Gorizia 43 – Tarvisio 84 – Trieste 82.

Sale e Pepe, via Capoluogo 19 ✆ 0432 724118, *alsalepepe@libero.it, Fax 0432 724081,* prenotare – AE VISA.
chiuso a mezzogiorno (escluso sabato-domenica), da lunedì a giovedì da ottobre a giugno, martedì e mercoledì negli altri mesi – **Pasto** cucina mitteleuropea carta 25/30.
◆ Bella e accogliente trattoria ubicata nel centro della località, caratterizzata da una gestione volenterosa e davvero appassionata. Cucina con aperture mitteleuropee.

I prezzi del pernottamento e della pensione possono subire aumenti in relazione all'andamento generale del costo della vita ; quando prenotate chiedete la conferma del prezzo.

STRESA *28838 Verbania* 561 E 7 *G. Italia – 4 945 ab. alt. 200 – Sport invernali : a Mottarone: 803/1 491 m 1 5.*
Vedere *Cornice pittoresca★★ – Villa Pallavicino★* **Y.**
Escursioni *Isole Borromee★★★ : giro turistico da 5 a 30 mn di battello – Mottarone★★★ O : 29 km (strada di Armeno) o 18 km (strada panoramica di Alpino, a pedaggio da Alpino) o 15 mn di funivia* **Y.**
18 *Iles Borromeés (chiuso lunedì escluso luglio-agosto e gennaio) località Motta Rossa ✉ 28833 Brovello Carpugnino ✆ 0323 929285, Fax 0323 929190, per ① : 5 km;*
9 *Alpino di Stresa (chiuso gennaio, febbraio e martedì escluso dal 17 giugno al 2 settembre) a Vezzo ✉ 28839 ✆ 0323 20642, Fax 0323 208900.*
per le Isole Borromee giornalieri (10 mn) – Navigazione Lago Maggiore, piazza Marconi ✆ 0323 30393.
piazza Marconi 16 ✆ 0323 30150, infoturismo@distrettolaghi.it, Fax 0323 32561.
Roma 657 ① – Brig 108 ③ – Como 75 ① – Locarno 55 ③ – Milano 80 ① – Novara 56 ① – Torino 134 ①.

Piante pagine seguenti

Gd H. des Iles Borromées, lungolago Umberto I 67 ✆ 0323 938938, *borromees@borromees.it, Fax 0323 32405,* – – 250. AE VISA. rist Y W
Pasto carta 68/101 – **153 cam** 277,20/374, 15 suites – ½ P 135,40.
◆ Un soggiorno di classe in un hotel di prestigio, rinnovato nel corso degli ultimi anni, cinto da un parco e ornato da un giardino fiorito con vista delle Isole Borromee. Pregevoli lampadari, alti specchi, un pianoforte a coda nella raffinata sala da pranzo.

Gd H. Bristol, lungolago Umberto I 73/75 ✆ 0323 32601, *info@grandhotelbristol.com, Fax 0323 33622,* ≤ Isole Borromee, – – 270. AE VISA JCB. Y C
marzo-15 novembre – **Pasto** carta 46/65 – **230 cam** 278/420, 10 suites – ½ P 244.
◆ Circondato da un parco, grande albergo di moderna concezione, con infrastrutture di alto livello e maestosi interni signorili riccamente ornati; ampio centro congressi. Elegante sala da pranzo illuminata da grandi vetrate «vestite» da romantiche tende.

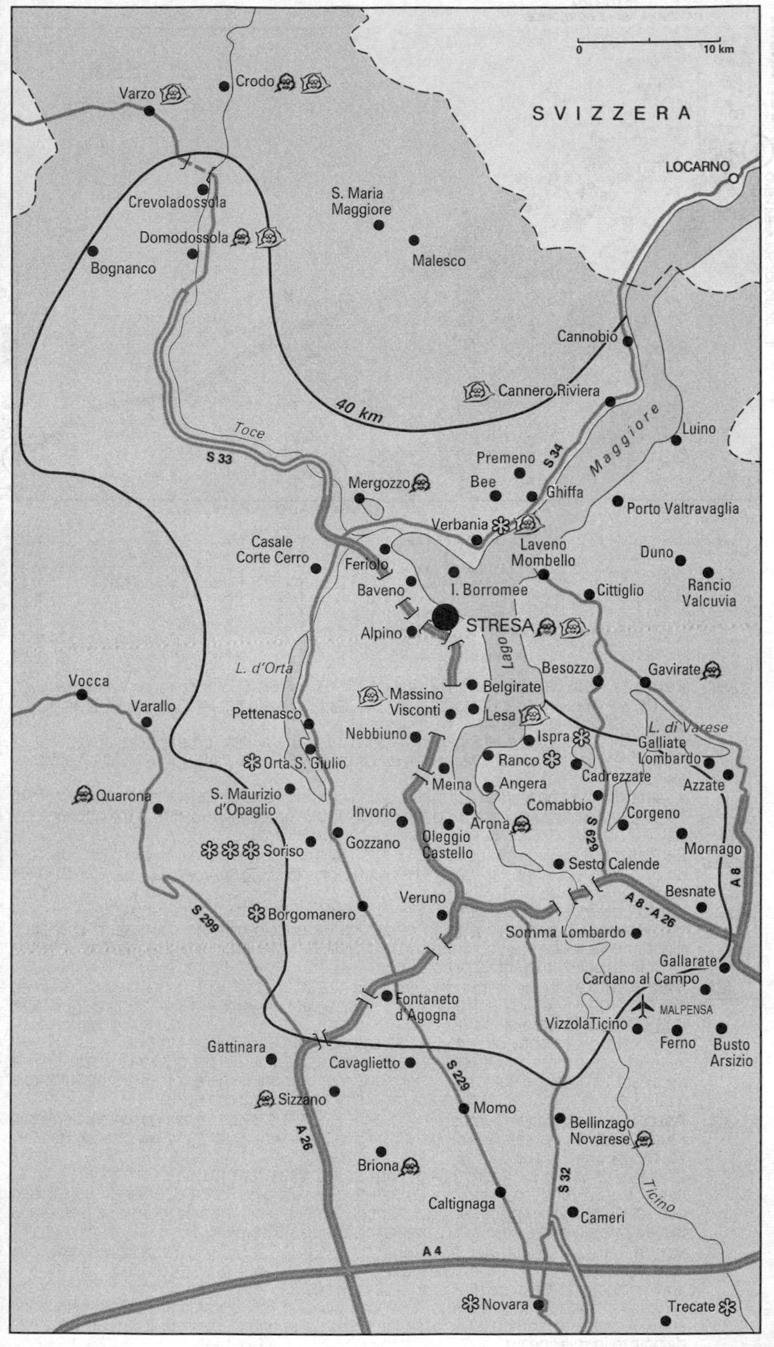

0
10 km
SVIZZERA
LOCARNO
Varzo
Crodo
Crevoladossola
Domodossola
Bognanco
S. Maria
Maggiore
Malesco
Cannobio
Cannero Riviera
40 km
Toce
S 33
Luino
Maggiore
S 34
Premeno
Mergozzo
Bee
Ghiffa
Porto Valtravaglia
Verbania
Casale
Corte Cerro
Feriolo
Laveno
Mombello
Duno
Baveno
I. Borromee
Cittiglio
Rancio
Valcuvia
STRESA
Alpino
Lago
L. d'Orta
Besozzo
Gavirate
Vocca
Massino
Visconti
Belgirate
Varallo
Lesa
Pettenasco
Nebbiuno
Ispra
L. di Varese
Galliate
Lombardo
Orta S. Giulio
Ranco
Meina
Angera
Cadrezzate
Azzate
Quarona
S. Maurizio
d'Opaglio
Comabbio
Invorio
Arona
Corgeno
Oleggio
Castello
Soriso
Gozzano
S 629
Mornago
Sesto Calende
A 8
Besnate
Veruno
A 8 - A 26
Borgomanero
S 299
Somma Lombardo
Gallarate
Cardano al Campo
Fontaneto
d'Agogna
MALPENSA
Vizzola Ticino
Ferno
Busto
Arsizio
Gattinara
Cavaglietto
S 229
Sizzano
Momo
Bellinzago
Novarese
A 26
Briona
S 32
Ticino
Caltignaga
Cameri
A 4
Novara
Trecate

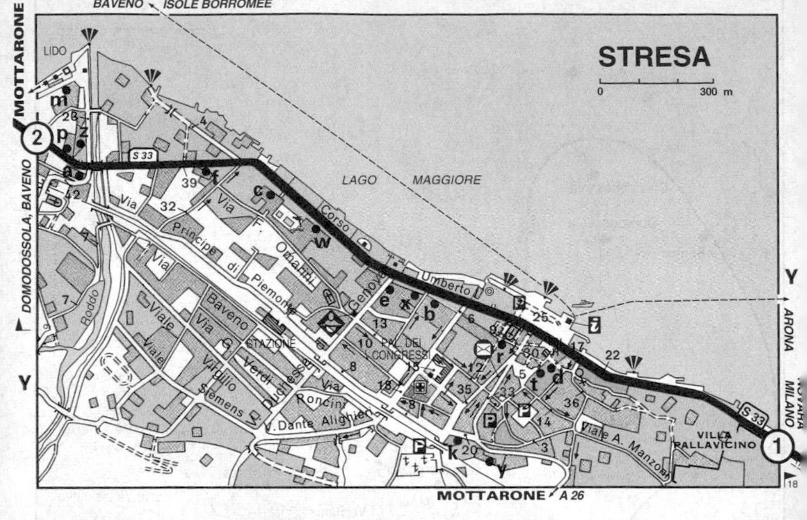

Bolongaro (Via F.) . . . . Y 3
Borromeo (Via F.) . . . . Y 4
Cadorna (Piazza) . . . . Y 5
Canonica (Via P.) . . . . Y 6
Cardinale F. Borromeo (Via) . . Y 7
Carducci (Via G.) . . . . Y 8
Cavour (Via) . . . . Y 9
D'Azeglio (Via M.) . . . . Y 10
De Amicis (Via E.) . . . . Y 12
De Martini (Via C.) . . . . Y 13
Devit (Via) . . . . Y 14
Europa (Piazzale) . . . . Y 15
Fulgosi (Via) . . . . Y 18
Garibaldi (Via G.) . . . . Y 17
Gignous (Via) . . . . Y 20
Italia (Corso) . . . . Y 22
Lido (Viale) . . . . Y 23
Marconi (Piazza) . . . . Y 25
Mazzini (Via G.) . . . . Y 30
Monte Grappa (Via del) . . . . Y 32
Principe Tomaso (Via) . . . . Y 33
Roma (Via) . . . . Y 35
Rosmini (Via A.) . . . . Y 36
Sempione (Strada statale del) . . . . Y 39
Volta (Via A.) . . . . Y 42

Regina Palace, lungolago Umberto I 33 ✆ 0323 936936, *h.regina@stresa.net, Fax 0323 936666,* ← isole Borromee, , , , riscaldata, , – | – 300. . Y b
chiuso dal 22 dicembre all'8 gennaio – **Pasto** 36,15 e al Rist. ***Charleston*** *(chiuso dal 22 dicembre a gennaio e a mezzogiorno)* carta 51/76 – **170 cam** 145/362, 7 suites – ½ P 213.
◆ Adatto al turismo d'affari e di svago, grandioso hotel d'inizio secolo restaurato, dotato di parco e giardino fiorito con piscina riscaldata; per un soggiorno esclusivo. Ambiente di classe al ristorante «Charleston», fiore all'occhiello dell'hotel.

La Palma, lungolago Umberto I 33 ✆ 0323 32401, *info@hlapalma.it, Fax 0323 933930,* ← isole Borromee e monti, , , riscaldata, – – 230. rist Y e
marzo-novembre – **Pasto** carta 37/49 – **118 cam** 150/210, 2 suites – ½ P 135.
◆ Raffinato e accogliente albergo ornato da un piccolo giardino con piscina riscaldata, direttamente sul lago; signorili interni dalla calda atmosfera, camere eleganti. Capiente sala da pranzo, utilizzabile anche per banchetti.

Villa Aminta, strada statale del Sempione 123 ✆ 0323 933818, *h.villaminta@stresa.net, Fax 0323 933955,* ← isole Borromee, , riscaldata, , – , cam, – 80. rist per ② *: 1,5 km*
marzo-ottobre – **Pasto** carta 46/66 – **55 cam** 194/252, 5 suites – ½ P 187.
◆ In un parco fiorito, una bella villa da poco rinnovata, dotata di terrazza con piscina riscaldata; incantevole vista del lago, arredi in stile, signorili camere con affreschi. Gradevole e raffinata sala ristorante con vetrate panoramiche, arredata con gusto.

Astoria, lungolago Umberto I 31 ✆ 0323 32566, *h.astoria@interbusiness.it, Fax 0323 933785,* ← isole Borromee, , riscaldata, – – 60. rist Y x
27 marzo-25 ottobre – **Pasto** 26 – **91 cam** 152/210 – ½ P 123.
◆ Struttura di moderna concezione abbellita da un giardino fiorito e dotata di roof-garden con solarium; ariosi e piacevoli spazi comuni, camere luminose e panoramiche. Sembra di passeggiare all'aperto nella bella e ampia sala con pareti in vetro.

Royal, strada statale del Sempione 22 ✆ 0323 32777, *info@hotelroyalstresa.com, Fax 0323 33633,* ←, , Collezione d'arte figurativa, , – . .
aprile-ottobre – **Pasto** 15/25 – 11 – **52 cam** 100/130 – ½ P 90. Y z
◆ Valida gestione familiare in un hotel con giardino fiorito; calda atmosfera nelle zone comuni ornate da comodi divani, tappeti e una collezione d'arte figurativa. Luminosa sala da pranzo in stile lineare.

Della Torre, strada statale del Sempione 45 ☎ 0323 32555, *dellatorre@stresa.net, Fax 0323 31175,* ←, ⛱, ⛱ – |‡| ▤ TV ♿ ⇐. AE ⓢ ① ⓜ VISA JCB. ✂ rist Y a
marzo-ottobre – **Pasto** 20/26 – ☐ 11 – **64 cam** 90/120 – ½ P 85.
◆ Defilato rispetto al centro, una struttura rinnovata nel corso degli ultimi anni, abbellita da un giardino fiorito con piscina; luminosi ambienti interni, belle camere.

Du Parc senza rist, via Gignous 1 ☎ 0323 30335, *info@duparc.it, Fax 0323 33596* – |‡| TV P. AE ⓢ ① ⓜ VISA JCB. ✂ Y y
Pasqua-15 ottobre – ☐ 8,50 – **34 cam** 88,50/118.
◆ Non lontano dal centro, albergo a gestione diretta in una villa d'epoca con dipendenza e piccolo parco privato; diversi salottini dal fascino discreto, camere eterogenee.

Lido "La Perla Nera" ⛴, viale Lido 15 (al lido di Carciano) ☎ 0323 33611, *h.lido@stresa.net, Fax 0323 933785,* ←, ⛱, ⛱ – |‡| ▤ TV P. AE ⓢ ① ⓜ VISA JCB. ✂ rist Y m
aprile-ottobre – **Pasto** 20/25 – ☐ 8 – **36 cam** 90/114 – ½ P 75.
◆ A pochi passi dal lago, nella tranquillità di un giardino fiorito, hotel rinnovato di recente, costituito da due edifici collegati dalla piscina coperta; interni lineari. Sala da pranzo con grandi finestre che incorniciano la rigogliosa natura esterna.

Moderno, via Cavour 33 ☎ 0323 933773, *moderno@hms.it, Fax 0323 933775,* ⛱ – |‡|, ▤ cam, TV – 🏔 25. AE ⓢ ① ⓜ VISA Y r
25 marzo-24 ottobre – **Pasto** carta 26/43 – ☐ 8 – **54 cam** 90/114 – ½ P 80.
◆ Ospitale accoglienza in un hotel centrale a gestione familiare, rinnovato nel corso degli ultimi anni; curati e piacevoli spazi comuni in stile lineare, camere razionali. Servizio ristorante estivo all'aperto, nel grazioso cortiletto interno.

Saini senza rist, via Garibaldi 10 ☎ 0323 934519, *info@hotelsaini.it, Fax 0323 31169* – |‡| TV. AE ⓢ ① ⓜ VISA JCB. ✂ Y d
14 cam ☐ 80/95.
◆ La hall in stile rustico con pareti in pietra, le camere arredate con largo utilizzo del legno e finiture di qualità. Due dei tratti salienti di questa centralissima risorsa.

Flora, strada statale del Sempione 26 ☎ 0323 30524, *florastresa@libero.it, Fax 0323 33372,* ←, ⛱ riscaldata, ⛱ – |‡| ▤ TV P. AE ⓢ ① ⓜ VISA JCB. ✂ rist Y p
20 marzo-3 novembre – **Pasto** 15/45 – ☐ 10 – **23 cam** 75/95 – ½ P 70.
◆ Nella prima periferia della città, piccolo e semplice albergo dotato di un grazioso giardino; zone comuni rinnovate e arredate in stile moderno, camere confortevoli. Sala da pranzo ornata in modo essenziale.

La Fontana senza rist, strada statale del Sempione 1 ☎ 0323 32707, *direzione@lafontanehotel.com, Fax 0323 32708,* ← – |‡| TV P. AE ⓢ ① ⓜ VISA Y f
chiuso dicembre e gennaio – ☐ 8 – **20 cam** 70/75.
◆ Villa degli anni '40 trasformata in albergo, circondata da un piccolo parco ombreggiato; all'interno ambienti non ampi, ma accoglienti e ben tenuti, camere funzionali.

Piemontese, via Mazzini 25 ☎ 0323 30235, *Fax 0323 30235,* ⛱ – AE ⓢ VISA. ✂ Y t
chiuso dicembre, gennaio, lunedì e da ottobre a marzo anche domenica sera – **Pasto** carta 37/46.
◆ In centro, locale dalla gradevole atmosfera, dove assaporare gustosa cucina piemontese; ameno servizio estivo all'aperto in un cortiletto con un bel pergolato.

Triangolo, via Roma 61 ☎ 0323 32736, *triangolo.cena@jumpy.it, Fax 0323 32736,* ⛱ – AE ⓢ ① ⓜ VISA JCB Y k
chiuso dicembre e martedì (escluso agosto) – **Pasto** carta 28/46.
◆ Ristorante con luminosa sala di taglio classico, curata nei particolari, dove provare una cucina di ampio respiro, non priva d'innovazioni; dehors per il servizio estivo.

a Vedasco *Sud : 2,5 km* – ✉ *28838 Stresa :*

Vecchio Tram, via per Vedasco 20 ☎ 0323 31757, *osteria@vecchiotram.net,* ← lago, ⛱ – P. AE ⓢ ① ⓜ VISA
chiuso martedì e tre settimane in febbraio – **Pasto Pasto** carta 28/40.
◆ A «metà montagna» in posizione tranquilla e panoramica, all'interno di un caseggiato rustico, un caratteristico ristorante con cucina curata a base di prodotti di qualità.

STROMBOLI (Isola) *Messina* 565 K 27 – *Vedere Sicilia (Eolie, isole) alla fine dell'elenco alfabetico.*

Scriveteci...

Le vostre critiche e i vostri apprezzamenti saranno esaminati con la massima attenzione.
Verificheremo personalmente gli esercizi che ci vorrete segnalare
Grazie per la collaborazione !

STRONCONE *05039 Terni* 563 O 20 – *alt. 451.*
Roma 112 – Terni 12 – Rieti 45.

La Porta del Tempo senza rist, via del Sacramento 2 ℘ 0744 608190, *info@portadeltempo.com, Fax 0744 609034* – . AE VISA
8 cam ☐ 65/125, suite.
◆ In un palazzo antico nel cuore del borgo medievale, una piccola locanda a gestione familiare dall'atmosfera calda e raccolta; camere tutte diverse, arredate con gusto.

Taverna de Porta Nova, via Porta Nova 1 ℘ 0744 60496, *Fax 0744 607253* – AE VISA JCB.
chiuso dal 1° al 26 gennaio, dal 1° al 15 agosto, mercoledì e a mezzogiorno (escluso i giorni festivi) – **Pasto** carta 26/36.
◆ All'interno di un convento quattrocentesco, un locale con quattro salette dall'ambiente rustico di tono signorile, dove provare cucina del territorio e carne alla brace.

STROVE *Siena* 563 L 15 – *Vedere Monteriggioni.*

SUBBIANO *52010 Arezzo* 563 L 17 – *5 536 ab. alt. 266.*
Roma 224 – Rimini 131 – Siena 75 – Arezzo 15 – Firenze 90 – Gubbio 96 – Perugia 87.

Relais Torre Santa Flora, località Il Palazzo 169 (Sud-Est : 3 km) ℘ 0575 421045, *info@santaflora.it, Fax 0575 489607,* ←, , , – P. AE VISA. rist
Pasto *(chiuso lunedì a mezzogiorno da ottobre ad aprile)* carta 33/41 – **11 cam** ☐ 90/150, suite.
◆ Residenza di campagna seicentesca immersa nel verde: calda atmosfera negli splendidi interni in elegante stile rustico di taglio moderno, piacevoli camere accoglienti. Cucina toscana, quattro salette con soffitti in mattoni o con travi di legno a vista.

I prezzi
Per tutte le precisazioni sui prezzi indicati in questa guida, consultate le pagine introduttive.

SU GOLOGONE *Nuoro* 566 G 10 – *Vedere Sardegna (Oliena) alla fine dell'elenco alfabetico.*

SULDEN = Solda.

SULMONA *67039 L'Aquila* 563 P 23 *G. Italia – 25 301 ab. alt. 375.*
Vedere *Palazzo dell'Annunziata★★ – Porta Napoli★.*
Dintorni *Itinerario nel Massiccio degli Abruzzi★★★.*
corso Ovidio 208 ℘ 0864 53276, iatsulmona@abruzzoturismo.it, Fax 0864 53276.
Roma 154 – Pescara 73 – L'Aquila 73 – Avezzano 57 – Chieti 62 – Isernia 76 – Napoli 186.

Gino, piazza Plebiscito 12 ℘ 0864 52289, *marcoallega@virgilio.it, Fax 0864 54026* – AE VISA JCB.
chiuso domenica e la sera – **Pasto** carta 20/28.
◆ Nei locali di un antico palazzo del centro, un tempo adibito alla produzione vinicola, un ristorante a tradizione familiare: bianca sala con volte in pietra, cucina locale.

sulla strada statale 17 *Nord-Ovest : 3,5 km :*

Santacroce, ✉ 67039 ℘ 0864 251696, *meeting@arc.it, Fax 0864 251696,* , – P – 120. AE VISA.
Pasto al Rist. ***Meeting*** *(chiuso dal 1° al 10 novembre e venerdì)* carta 21/35 – **78 cam** ☐ 57/75, 3 suites – ½ P 48.
◆ Nella zona industriale della città, bianca struttura con un verde giardino; luminosi spazi interni di moderna concezione, confortevoli camere nelle tonalità del verde. Proposte culinarie che vanno dal locale all'internazionale.

SULZANO *25058 Brescia* 561 E 12 – *1 515 ab. alt. 205 – a.s. Pasqua e luglio-15 settembre.*
Roma 586 – Brescia 28 – Bergamo 44 – Edolo 72 – Milano 85.

Le Palafitte, via Cesare Battisti 7 (Sud : 1,5 km) ℘ 030 985145, *Fax 030 985295,* ←, , prenotare – P. AE VISA
chiuso martedì e da ottobre ad aprile anche lunedì sera – **Pasto** carta 30/49.
◆ Originale padiglione sul lago, realizzato su palafitte: terrazza superiore per rinfreschi e sala inferiore che in estate viene aperta e diviene veranda; ambiente curato.

SUNA *Verbania* 561 E 7 – *Vedere Verbania.*

SUPERGA *Torino – alt. 670.*

Vedere *Basilica★ : ≤★★★, tombe reali★.*

SUSA *10059 Torino* 561 G 3 – *6 549 ab. alt. 503 – a.s. giugno-settembre e Natale.*

Porta d'Italia Frazione San Giuliano ✆ 0122 623866, info@montagnedoc.it, Fax 0122 628882.

Roma 718 – Briançon 55 – Milano 190 – Col du Mont Cenis 30 – Torino 53.

Napoleon senza rist, via Mazzini 44 ✆ 0122 622855, *hotelnapoleon@hotelnapoleon.it, Fax 0122 31900* – – 80.

62 cam 70/95.

◆ In centro, albergo con spazi comuni dalle linee essenziali dove prevalgono le tonalità del legno, anche su pareti e soffitti; graziose camere, in parte rinnovate. In menù cucina casereccia, legata al territorio.

SUSEGANA *31058 Treviso* 562 E 18 – *10 655 ab. alt. 77.*

Roma 572 – Belluno 57 – Trento 143 – Treviso 22.

sulla strada provinciale Conegliano-Pieve di Soligo *Nord : 3 km :*

Astoria, via Vigna 29 ✆ 0438 73575, *hotelastoria@geec.com, Fax 0438 73217,* ≤ – – 35.

Pasto al Rist. ***Picchio Rosso*** *(chiuso domenica sera e lunedì)* carta 26/50 – **34 cam** 93/154.

◆ Elegante hotel in cui spicca la larghezza d'utilizzo di marmi, stucchi veneziani e pannelli di legno di ciliegio. Camere dai toni caldi, con dotazioni d'avanguardia. Il ristorante è stato ricavato da un edificio separato.

La Vigna, via Val Monte 7, località Crevada ✆ 0438 62430, *info@ristorantelavigna.com, Fax 0438 656850,* ≤, –

chiuso domenica sera e lunedì – **Pasto** carta 20/27.

◆ In collina, circondata dal verde, struttura di nuova creazione che ricorda un casolare di campagna, ma con interni d'ispirazione contemporanea; piatti del luogo.

SUTRI *01015 Viterbo* 563 P 18 – *5 208 ab. alt. 270.*

Le Querce (chiuso mercoledì) località San Martino ✉ 01015 Sutri ✆ 0761 600789, Fax 0761 600142.

Roma 52 – Viterbo 31 – Civitavecchia 60 – Terni 76.

sulla strada statale Cassia al km 46,700 *Est : 3 Km :*

Il Borgo di Sutri, località Mezzaroma Nuova 552 ✉ 01015 ✆ 0761 608690, *info@ilborgodisutri.it, Fax 0761 608308,* , – cam,

Pasto *(chiuso lunedì e martedì)* carta 26/41 – **21 cam** 114/136, 5 suites – ½ P 91.

◆ In zona tranquilla, non lontano da un campo di golf, ampi spazi esterni verdi, interni caldi e accoglienti e camere eleganti, con mobili in massello e tappeti persiani. Ristorante di grande capienza, cucina tradizionale stagionale.

SUTRIO *33020 Udine* 562 C 20 – *1 401 ab. alt. 572.*

Roma 690 – Udine 63 – Lienz 61 – Villach 104.

Alle Trote, via Peschiera, frazione Noiaris Sud : 1 km ✆ 0433 778329, *alletrote@tiscalinet.it,* –

chiuso martedì escluso luglio e agosto – **Pasto** carta 17/22.

◆ Nei pressi del torrente, un locale a gestione diretta, rinnovato «dalle fondamenta ai soffitti» al fine di accrescere il livello di confort; annesso allevamento di trote.

In questa guida
uno stesso simbolo, una stessa parola
stampati in rosso o in nero,
hanno un significato diverso.
Leggete attentamente le pagine dell'introduzione.

SUVERETO 57028 *Livorno* 563 M 14 – *2 915 ab. alt. 127.*

via Matteotti ☎ 0565 829304, apt7suvereto@livorno.turismo.toscana.it.
Roma 232 – Grosseto 58 – Livorno 87 – Piombino 27 – Siena 143.

Eno-Oliteca Ombrone, piazza dei Giudici 1 ☎ 0565 829336, *Fax 0565 828297,* , Coperti limitati; prenotare – AE VISA JCB
chiuso dall'8 gennaio al 25 febbraio, i mezzogiorno di lunedì e martedì in luglio-agosto, lunedì negli altri mesi – **Pasto** carta 51/68.
◆ Nel centro storico, un ristorante all'interno di un vecchio frantoio del '300, celebre per la sua raccolta di oli da gustare con il pane; cucina tipica del luogo.

SUZZARA 46029 *Mantova* 561 I 9 – *17 626 ab. alt. 20.*

Roma 453 – Parma 48 – Verona 64 – Cremona 74 – Mantova 21 – Milano 167 – Modena 51 – Reggio nell'Emilia 41.

Cavour, via Cavour 25 ☎ 0376 531298, *Fax 0376 531298,* – . VISA.
chiuso dal 14 al 25 gennaio, dal 10 al 25 luglio e lunedì – **Pasto** carta 26/36.
◆ Due sale separate da un corridoio dove accomodarsi a gustare un menù sia di terra che di mare. Le prime sono quelle più legate alla tradizione gastronomica locale.

I prezzi
Per tutte le precisazioni sui prezzi indicati in questa guida, consultate le pagine introduttive.

TABIANO BAGNI 43030 *Parma* 562 H 12 – *alt. 162 – Stazione termale (marzo-novembre), a.s. agosto-25 ottobre.*

(aprile-ottobre) viale Fidenza 20/a ☎ 0524 565482, Fax 0524 567533.
Roma 486 – Parma 31 – Piacenza 57 – Bologna 124 – Fidenza 8 – Milano 110 – Salsomaggiore Terme 5.

Grande Albergo Astro , via Castello 2 ☎ 0524 565523, *Info@astrograndealbergo.it, Fax 0524 565497,* , , , , – | – 650. AE VISA. rist (solo per alloggiati) 28,50 – **115 cam** 119/135 – ½ P 75.
◆ Ai margini di una vasta zona boschiva, un'enorme struttura dotata di un buon reparto cure interno, terrazza solarium con piscina e spazi molto ampi, comprese le camere. Sala ristorante di dimensioni davvero considerevoli.

Napoleon, via delle Terme 11 bis ☎ 0524 565261, *hotel_napoleon@hotmail.com, Fax 0524 565230,* , , , – | , rist, rist, – 100. AE VISA. rist
chiuso dal 15 al 28 dicembre – **Pasto** 20/30 – **57 cam** 78/90.
◆ In un giardino nel contesto collinare, un albergo gestito con entusiasmo, valido in ogni settore; offre un centro benessere rivolto ad una clientela non solo termale. Per una pausa succulenta, con la possibilità di gustare anche specialità emiliane.

Pandos , via alle Fonti 15 ☎ 0524 565276, *info@pandos.com, Fax 0524 565287,* , , – | , rist, rist, . AE VISA. rist
aprile-15 novembre – **Pasto** 25/40 – **50 cam** 70/100 – ½ P 69.
◆ Alla struttura, non più moderna, si contrappongono l'estrema cura e attenzione della proprietà, sempre tesa a migliorare la qualità del servizio offerto; arredi d'epoca. Al ristorante atmosfera e ambiente familiari, intimi e tranquilli.

Park Hotel Fantoni , via Castello 6 ☎ 0524 565141, *phfantoni@tin.it, Fax 0524 565141,* , – | , cam, . AE VISA JCB.
aprile-novembre – **Pasto** carta 21/25 – 8 – **34 cam** 50/85 – ½ P 60.
◆ In area un po' defilata e già collinare, si apre un giardino ombreggiato con piscina: una parentesi blu nel verde di questo paesaggio, preludio alla comodità dell'hotel. Per i pasti anche un angolo grill nel parco, per fresche cenette estive.

Rossini , via delle Fonti 10 ☎ 0524 565173, *Fax 0524 565734,* – | , rist, . VISA. rist
aprile-novembre – **Pasto** (solo per alloggiati) 25/28 – 6 – **51 cam** 64/90 – ½ P 53.
◆ Un valido albergo che, nel corso degli anni, ha saputo mantenere alti la qualità e il livello dell'offerta; terrazza solarium con una vasca idromassaggio per più persone. L'area ristorante è costituita da un'unica sala molto spaziosa.

Quisisana, viale Fidenza 5 ☎ 0524 565252, *info@hotelquisisana.it, Fax 0524 565101,* – | . VISA. rist
15 aprile-15 novembre – **Pasto** 15/18 – 6 – **49 cam** 53/77.
◆ In una posizione leggermente decentrata e piuttosto silenziosa, una risorsa semplice, che conserva ancora uno stile anni '70; tuttavia, con buona gestione familiare. Una cucina alla buona, nel luminoso salone ristorante.

Locanda del Colle-da Oscar, al Castello Sud : 3,5 km ✆ 0524 565676, *Fax 0524 565702,* , prenotare – P. AE VISA JCB
chiuso dal 1° al 15 febbraio e lunedì (escluso da agosto a settembre) – **Pasto** carta 24/31.
◆ Una sosta gradevole, in un edificio d'epoca, una trattoria un po' periferica con un suo fascino e un'impostazione da locale piacevolmente démodé; salumi, paste fresche.

TALAMONE *Grosseto* 563 O 15 – *Vedere Fonteblanda.*

TALENTE *Firenze – Vedere San Casciano in Val di Pesa.*

TAMBRE *Belluno* 562 D 19 – *1 567 ab. alt. 922 – ✉ 32010 Tambre d'Alpago.*
Cansiglio (maggio-ottobre) a Pian del Cansiglio ✉ 32010 Tambre ✆ 0438 585398, Fax 0438 585398, Sud : 11 km.
piazza 11 Gennaio 1945 1 ✆ 0437 49277, alpago@infodolomiti.it, Fax 0437 49246.
Roma 613 – Belluno 30 – Cortina d'Ampezzo 83 – Milano 352 – Treviso 73 – Venezia 102.

Alle Alpi, via Campei 32 ✆ 0437 49022, *hotel.alpi@libero.it, Fax 0437 439688,* , , – TV P. AE VISA JCB.
chiuso ottobre e novembre – **Pasto** *(chiuso mercoledì)* 15/18 – 6 – **28 cam** 52/60 – ½ P 60.
◆ Fra i boschi, albergo familiare, gestito direttamente dal proprietario, ideale per vacanze riposanti; dispone di camere decorose, in gran parte rimodernate di recente. Ristorante dall'ambiente curato e semplice, come a casa vostra; piatti anche locali.

TAMION *Trento – Vedere Vigo di Fassa.*

TAORMINA *Messina* 565 N 27 – *Vedere Sicilia alla fine dell'elenco alfabetico.*

Richiedete alla vostra libreria
il catalogo delle pubblicazioni Michelin

TARANTO *74100* P 564 F 33 *G. Italia – 207 199 ab..*
Vedere *Museo Nazionale★★ : ceramiche★★★, sala degli ori★★★ – Lungomare Vittorio Emanuele★★ – Giardini Comunali★ – Cappella di San Cataldo★ nel Duomo.*
Riva dei Tessali ✉ 74011 Castellaneta ✆ 099 8431844, Fax 099 8439001, per ③ : 34 km.
corso Umberto I 113 ✆ 099 4532392, apttaranto@pugliaturismo.com, Fax099 4532397.
A.C.I. *via Giustino Fortunato ✆ 099 7796436.*
Roma 532 ③ – Brindisi 70 ① – Bari 94 ③ – Napoli 344 ③.

Pianta pagina seguente

Europa, via Roma 2 ✆ 099 4525994, *info@hoteleuropaonline.it, Fax 099 4525994,* ← – TV. AE VISA e
Pasto carta 35/55 – **42 cam** 103,50/134,50, 4 suites.
◆ Sul Mar Piccolo con vista su ponte girevole e castello aragonese, funzionale hotel, ex residence, che offre moderne camere molto ampie, spesso sviluppate in due ambienti.

Il Caffè, via d'Aquino 8 ✆ 099 4525097, *Fax 099 4525097,* , Rist. e pizzeria – . AE VISA JCB b
chiuso martedì – **Pasto** carta 27/43.
◆ Accogliente angolo gourmet in centro città questo ristorante-pizzeria, con sala più informale al pianterreno e una più curata al 1° piano; piatti di cucina marinara.

Gesù Cristo, via Cesare Battisti 10 ✆ 099 4777253 – . AE VISA f
chiuso domenica sera e lunedì (escluso agosto) – **Pasto** specialità frutti di mare crudi carta 22/25.
◆ Dipinti e affreschi che danno l'illusione di finestre sulla città e sul mare in un ristorante-pescheria di tono familiare; frutti di mare crudi come specialità.

a Lama *Sud : 8 km – ✉ 74020 :*

Le Vecchie Cantine, via Girasoli 23 ✆ 099 7772589, *levecchiecantine@planio.it, Fax 099 7772589,* , Rist. e pizzeria, prenotare – P. AE VISA JCB.
chiuso mercoledì (escluso giugno-settembre) e a mezzogiorno (escluso la domenica da ottobre a maggio) – **Pasto** carta 25/36.
◆ Di un'eleganza semplice ed essenziale questo ristorante-pizzeria nelle vecchie cantine di una masseria del '700; cucina del territorio e di mare, discreta carta dei vini.

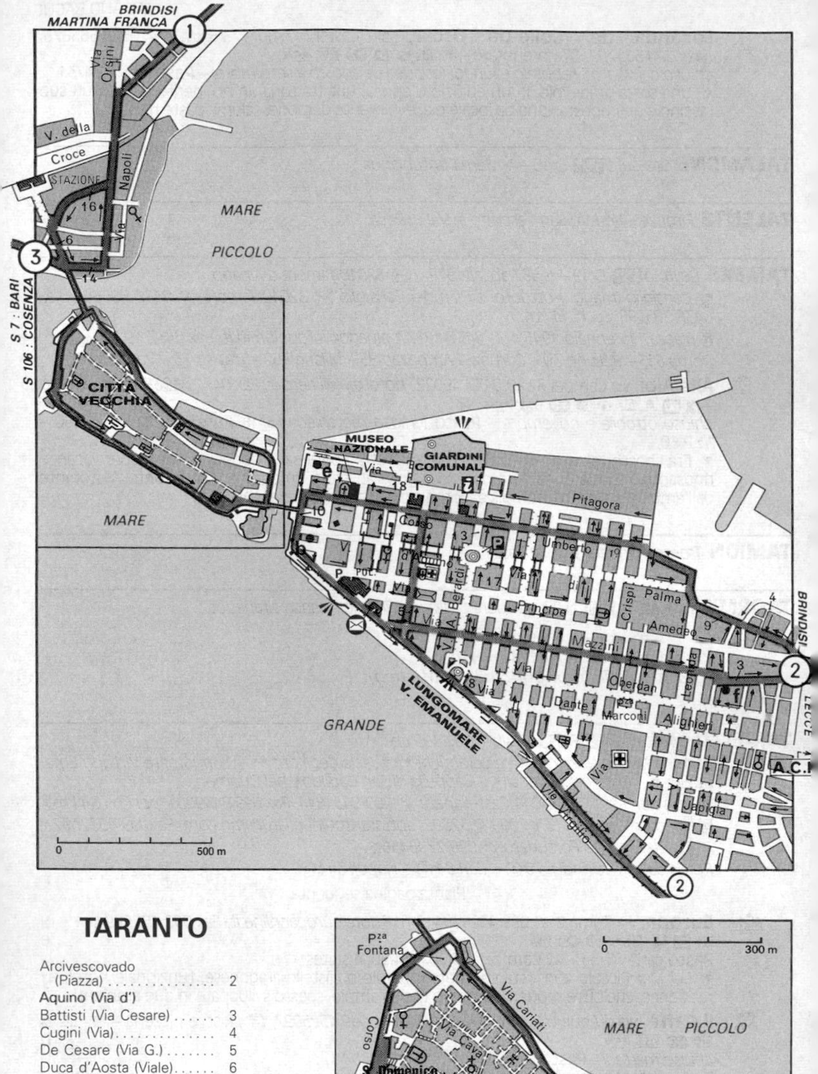

TARANTO

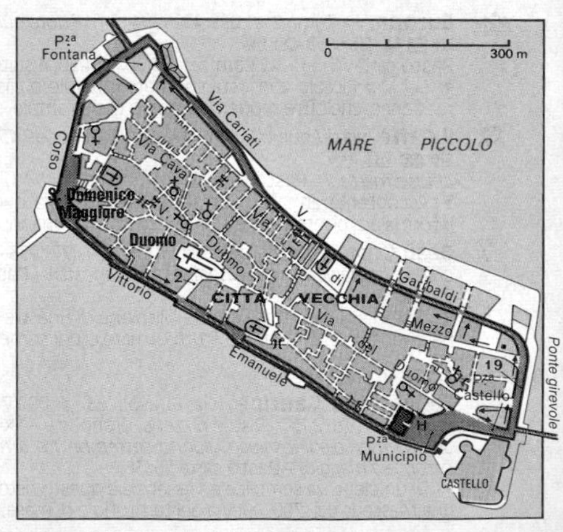

Pza Fontana
0
300 m
Via Cariati
MARE
PICCOLO
Corso
Via Cava
S. Domenico Maggiore
Duomo
Via Duomo
Vittorio
Emanuele
CITTÀ VECCHIA
Garibaldi
Mezzo
Pza Castello
Pza Municipio
CASTELLO
Ponte girevole
19
2

TARCENTO 33017 Udine 562 D 21 – 8 561 ab. alt. 230 – a.s. luglio-agosto.

Roma 657 – Udine 19 – Milano 396 – Tarvisio 76 – Trieste 90 – Venezia 146.

XX **Al Mulin Vieri,** via Dei Molini 10 ✆ 0432 785076, *Fax 0432 793631*, ←, 🏠, prenotare – P. AE 🅢 ⓓ MC VISA

chiuso lunedì e martedì – **Pasto** carta 27/36.

◆ In riva al fiume Torre, un ristorante con servizio estivo all'aperto, sulla terrazza, talvolta con orchestrine; ambientazione rustico-elegante per piatti friulani doc.

XX **Costantini** con cam, via Pontebbana 12, località Collalto Sud-Ovest : 4 km ✆ 0432 792004, *info@albergocostantini.com, Fax 0432 792372*, – |‡| ▤ TV P. AE 🅢 ⓓ MC VISA JCB. ✂ rist

Pasto *(chiuso domenica sera e lunedì)* carta 22/38 – **22 cam** ☕ 70/85 – ½ P 50.

◆ A Collalto, già tappa di sosta per chi dalla Germania si recava in Terrasanta, il signor Eligio prosegue la tradizione dei fratelli Costantini: di cucina e ospitalità.

X **Osteria di Villafredda,** via Liruti 7, località Loneriacco Sud : 2 km ✆ 0432 792153, *info@villafredda.com, Fax 0432 792153*, 🏠 – P. AE 🅢 ⓓ MC VISA JCB

chiuso domenica sera e lunedì – **Pasto** carta 27/37 ₿.

◆ Tranquilla e defilata questa casa di campagna con servizio estivo in giardino; in un piccolo borgo rurale, antistante una villa padronale, il tipico «fogolar» friulano.

X **Da Gaspar,** via Gaspar 1, località Zomeais Nord : 2,5 km ✆ 0432 785950, ←, prenotare – ✂

chiuso dal 1º al 7 gennaio, dal 15 luglio al 7 agosto, lunedì e martedì – **Pasto** carta 25/40.

◆ Bella trattoria che gode della vista del fiume; forse non è facile da trovare, ma vi rifarete con una cucina del Friuli che segue il ritmo stagionale e l'estro della cuoca.

TARQUINIA 01016 Viterbo 563 P 17 *G. Italia* – 15 303 ab. alt. 133.

Vedere *Necropoli Etrusca*** : pitture**** nelle camere funerarie SE : 4 km – Palazzo Vitelleschi* : cavalli alati**** nel museo Nazionale Tarquiniense* – Chiesa di Santa Maria in Castello*.*

9 (chiuso martedì) località Marina Velca ✉ 01016 Tarquinia ✆ 0766 812109, Fax 0766 812109.

piazza Cavour 1 ✆ 0766 856384, infotarquinia@apt.viterbo.it, Fax 0766 840479.

Roma 96 – Viterbo 45 – Civitavecchia 20 – Grosseto 92 – Orvieto 90.

X **Arcadia,** via Mazzini 6 ✆ 0766 855501, *arcadiaristorante@libero.it, Fax 0766 855501* – ▤. AE 🅢 ⓓ MC VISA

chiuso gennaio e lunedì (escluso luglio-agosto) – **Pasto** specialità di mare carta 20/41.

◆ In pieno centro, nei pressi del Duomo e del Museo, un'unica sala con soffitto a volte; una giovane coppia sposata, a condurre Il locale, e sapori soprattutto di pesce.

a Lido di Tarquinia *Sud-Ovest : 6 km – ✉ 01010 :*

La Torraccia senza rist, viale Mediterraneo 45 ✆ 0766 864375, *torraccia@tin.it, Fax 0766 864296*, – ▤ TV – 🔔 50. AE 🅢 ⓓ MC VISA. ✂

chiuso dicembre e gennaio – **18 cam** ☕ 75/95.

◆ Ubicato in una tranquilla pineta, a pochi passi dal mare, un albergo con camerette accoglienti, dotato di buoni confort sia per i clienti d'affari che per i turisti.

X **Gradinoro,** lungomare dei Tirreni 17 ✆ 0766 864045, *gradinoro@virgilio.it, Fax 0766 869834*, Rist. e pizzeria, – ▤. AE 🅢 ⓓ MC VISA

marzo-novembre – **Pasto** carta 33/47.

◆ Praticamente «sulla spiaggia», nel contesto di uno stabilimento balneare, un ristorante con vetrate e proposte anche locali, soprattutto marinaresche. E inoltre pizze.

a Marina Velca *Ovest : 9 km – ✉ 01016 Tarquinia :*

Pegaso Palace Hotel, via Martano ✆ 0766 810027, *pegasopalacehotel@tiscalinet.it, Fax 0766 810749*, ←, , , – |‡| ▤ TV ✆ ♿ P. AE 🅢 ⓓ MC VISA. ✂

Pasto carta 20/35 – **48 cam** ☕ 70/80 – ½ P 65.

◆ Una bella struttura bianca, in stile mediterraneo, pulito, lineare, a pochi metri dal litorale; recente, è dotata di camere spaziose, funzionali, con arredi contemporanei. Sala da pranzo panoramica, con colonne e soffittature modernissime e pavimento in cotto.

TARSOGNO 43050 Parma 561 I 10 – alt. 822 – a.s. luglio-agosto.

Roma 472 – La Spezia 73 – Bologna 182 – Genova 108 – Milano 161 – Parma 86 – Piacenza 97.

Sole, via Provinciale Sud 24 ✆ 0525 89142, *Fax 0525 89398*, ← – |‡| TV P. AE 🅢 ⓓ MC VISA JCB. ✂

chiuso ottobre – **Pasto** *(chiuso giovedì)* carta 22/35 – **24 cam** ☕ 52/70 – P 50.

◆ In zona ormai non lontana dalla Liguria, una valida risorsa che offre buoni spazi e comodo settore notte, sotto la guida di una stessa famiglia da più di trent'anni. Ambiente semplice, atmosfera familiare, cucina casereccia e stagionale.

TARTANO *23010 Sondrio* 561 D 11 – *268 ab. alt. 1 147.*
Roma 695 – Sondrio 34 – Chiavenna 61 – Lecco 77 – Milano 133.

La Gran Baita, via Castino 7 ☎ 0342 645043, *htlg.baita@tiscalinet.it, Fax 0342 645307*, ←, – 🛗, rist, 📺 🅿. AE 💲 ⓪ MC VISA. rist
chiuso dal 6 al 31 gennaio – **Pasto** carta 19/29 – ☐ 3 – **34 cam** 32/45 – ½ P 40.
◆ In Val Tartano, nel Parco delle Orobie, un'oasi di assoluta pace e relax ove potersi godere anche vari servizi naturali per la salute; conduzione familiare e confort. Al ristorante ambiente rustico avvolto dal legno, con vetrate sulla natura.

TARVISIO *33018 Udine* 562 C 22 – *5 241 ab. alt. 754 – a.s. luglio-agosto e Natale – Sport invernali : 750/1 780 m* 1 5, .
(aprile-ottobre) ☎ 0428 2047, Fax 0428 2047.
via Roma 10 ☎ 0428 2135, apt@tarvisiano.org, Fax 0428 2972.
Roma 730 – Udine 95 – Cortina d'Ampezzo 170 – Gorizia 133 – Klagenfurt 67 – Ljubljana 100 – Milano 469.

Locanda Edelhof, via Diaz 13 ☎ 0428 644025, *locanda.edelhof@locandaedelhof.it, Fax 0428 644735*, – 🛗 📺 🅿. AE 💲 ⓪ MC VISA
Pasto *(chiuso dal 15 al 30 marzo, dal 15 al 30 ottobre e lunedì)* (prenotare) carta 26/39 – **15 cam** ☐ 75/88, 2 suites – ½ P 70.
◆ L'albergo ha davvero subito un'operazione di maquillage, assumendo ora uno stile originale, ispirato alla zona e creato da una serie di ambienti d'ispirazione tardo gotica. In linea con l'hotel, la sala ristorante è la ricostruzione di una stube d'epoca.

Italia, via Roma 103 ☎ 0428 2041, *Fax 0428 2041* – AE 💲 ⓪ MC VISA.
chiuso dal 1º al 15 giugno e dal 15 al 30 novembre – **Pasto** carta 23/36.
◆ Nel centro di Tarvisio, un unico ambiente, piuttosto contenuto, con al centro la protagonista della casa: una griglia, calda e funzionante solo durante il periodo estivo.

TAUFERS IM MÜNSTERTAL = Tubre.

TAVARNELLE VAL DI PESA *50028 Firenze* 563 L 15 – *7 132 ab. alt. 378.*
via Roma 190 ☎ 055 8077832, turismo.tavarnelle@bcc.tin.it, Fax 055 8077832.
Roma 268 – Firenze 29 – Siena 41 – Livorno 92.

La Gramola, via delle Fonti 1 ☎ 055 8050321, *osteria@gramola.it, Fax 055 8050321*, – AE 💲 ⓪ MC VISA.
chiuso a mezzogiorno (escluso i giorni festivi) e martedì – **Pasto** carta 25/36.
◆ Doppia sala interna con attrezzi agricoli e un gradevole cortile per il servizio estivo: leccornie toscane in un'accogliente e simpatica osteria al centro del paese.

in prossimità uscita superstrada Firenze-Siena *Nord-Est : 5 km :*

Park Hotel Chianti senza rist, località Pontenuovo ✉ 50028 ☎ 055 8070106, *info@parkhotelchianti.com, Fax 055 8070121*, – 🛗 ▤ 📺 🅿. AE 💲 MC VISA.
chiuso dal 24 dicembre al 7 gennaio – **43 cam** ☐ 95/120.
◆ Adiacente alla superstrada Firenze-Siena, ma nel bel mezzo della campagna toscana più tipica, un riferimento ideale per clienti di lavoro o per turisti di passaggio.

a San Donato in Poggio *Sud-Est : 7 km – ✉ 50020 :*

Antica Trattoria la Toppa, via del Giglio 43 ☎ 055 8072900, *Fax 055 8072900*, – AE 💲 MC VISA
chiuso dal 7 gennaio all'8 febbraio, lunedì ed in agosto anche a mezzogiorno – **Pasto** carta 21/31 (10 %).
◆ Ghiottonerie toscane, con divagazioni romagnole, in un'antica «tinaia» celebre, in loco, per la produzione del Chianti; su un poggio, a cavallo tra Val di Pesa e d'Elsa.

a Badia a Passignano *Est : 7 km – ✉ 50028 Tavarnelle Val di Pesa :*

Osteria di Passignano, via Passignano 33 ☎ 055 8071278, *marcello.crini@tin.it, Fax 055 8071278*, , prenotare – ▤. AE 💲 ⓪ MC VISA JCB.
chiuso dal 2 al 21 gennaio, dal 4 al 18 agosto e domenica – carta 36/46.
◆ Incantevole ubicazione: di fianco all'abbazia, nelle cantine fine '800 dei marchesi Antinori; non è da meno la cucina, di stampo moderno con solide radici nella tradizione.

TAVAZZANO CON VILLAVESCO *26838 Lodi* 561 G 10 – *4 868 ab. alt. 80.*
Roma 543 – Milano 29 – Piacenza 48 – Bergamo 56 – Brescia 74 – Cremona 64 – Pavia 39.

Napoleon senza rist, via Garibaldi 34 ☎ 0371 760824, *napoleon@pmp.it, Fax 0371 760827* – 🛗 ▤ 📺 🅿. AE 💲 ⓪ MC VISA JCB
– **26 cam** ☐ 80/85.
◆ Piccolo albergo in comoda posizione, tra Lodi e Milano, indicato anche per la clientela fieristica; conduzione familiare e camere spaziose, con arredi moderni.

TAVIANO *73057 Lecce* 564 H 36 – *12 611 ab. alt. 55.*

Roma 616 – Brindisi 91 – Bari 203 – Lecce 55 – Otranto 60 – Taranto 118.

A Casa tu Martinu con cam, via Corsica 97 ☎ 0833 913652, *casatumartinu@tiscali.it, Fax 0833 913652*, – , cam, . AE VISA. cam

chiuso dal 14 settembre al 14 ottobre, lunedì e a mezzogiorno in luglio-agosto – **Pasto** carta 16/23 – **10 cam** 45/80, suite 80/100 – ½ P 55.

◆ Nel centro storico, un'antica residenza privata con alte volte e un bel giardino per il servizio estivo; cucina salentina in un ambiente suggestivo; possibilità di alloggio.

TEGLIO *23036 Sondrio* 561 D 12 – *4 892 ab. alt. 856.*

Roma 719 – Sondrio 20 – Edolo 37 – Milano 158 – Passo dello Stelvio 76.

Combolo, via Roma 5 ☎ 0342 780083, *info@hotelcombolo.it, Fax 0342 781190*, – P – 100. AE VISA JCB.

Pasto *(chiuso martedì escluso da giugno a settembre)* carta 23/31 – 5,50 – **45 cam** 45/80 – ½ P 68.

◆ Da poco ristrutturato, e molto noto in zona, sorge nella piazzetta centrale del paese e offre una piacevole terrazza-giardino; solidissima la gestione familiare. Rinomate le specialità tipiche, proposte dal ristorante.

TEL (TÖLL) *Bolzano* 218 ⑩ – *Vedere Parcines.*

TELGATE *24060 Bergamo* 561 F 11 – *4 170 ab. alt. 181.*

Roma 574 – Bergamo 19 – Brescia 32 – Cremona 84 – Milano 67.

Il Leone d'Oro con cam, via Dante Alighieri 17 ☎ 035 4420803, *booking@hotelleonedoro.com, Fax 035 4420198* – P. AE VISA JCB.

Pasto carta 31/39 – **9 cam** 63/83 – ½ P 57.

◆ L'energia e la passione di tre fratelli, aiutati dalle mogli, hanno creato un locale raffinato ove gustare piatti creativi, preparati con prodotti della propria azienda.

TELLARO *La Spezia* 561 J 11 – *Vedere Lerici.*

TEMPIO PAUSANIA *Sassari* 566 E 9 – *Vedere Sardegna alla fine dell'elenco alfabetico.*

TENCAROLA *Padova* – *Vedere Selvazzano Dentro.*

TENNA *38050 Trento* 562 D 15 – *833 ab. alt. 556 – a.s. Pasqua e Natale.*

(giugno-settembre) via Alberè 35 ☎ 0461 706396, Fax 0461 706396.

Roma 607 – Trento 18 – Belluno 93 – Bolzano 79 – Milano 263 – Venezia 144.

Margherita , località Pineta Alberè 2 (Nord-Ovest : 2 km) ☎ 0461 706445, *info@hotelmargherita.it, Fax 0461 707854*, , , , , – , rist, P – 150. AE VISA. rist

15 aprile-ottobre – **Pasto** carta 23/29 – **52 cam** 47/90 – ½ P 65.

◆ Posizionato tra il verde, in pineta, in un contesto molto tranquillo, un indirizzo familiare, ideale per vacanze all'insegna del relax; offre camere sobrie, ma funzionali. Atmosfera familiare anche al ristorante, con una capiente sala dagli arredi classici.

TEOLO *35037 Padova* 562 F 17 – *8 249 ab. alt. 175.*

via Marconi 1 ☎ 049 9925680, iat.teolo@comuneteolo.it.

Roma 498 – Padova 21 – Abano Terme 14 – Ferrara 83 – Mantova 95 – Milano 240 – Venezia 57.

a Castelnuovo *Sud-Est : 3 km – ✉ 35037 :*

Trattoria al Sasso, via Ronco 11 ☎ 049 9925073, *Fax 049 9925559*, – P. VISA

chiuso mercoledì e a mezzogiorno (escluso sabato-domenica) – **Pasto** carta 28/35.

◆ Potrebbe essere una classica meta delle passeggiate sui colli, con proposte culinarie legate al territorio; semplicità, con un tocco di eleganza, e porzioni abbondanti.

TERAMO *64100* P 563 O 23 – *52 399 ab. alt. 265.*

via Carducci 11 ☎ 0861 244222, presidio.teramo@abruzzoturismo.it, Fax 0861 244357.

A.C.I. *corso Cerulli 81 ☎ 0861 243244.*

Roma 182 – Ascoli Piceno 39 – Ancona 137 – L'Aquila 66 – Chieti 72 – Pescara 57.

XX **Duomo,** via Stazio 9 ☎ 0861 241774, *Fax 0861 242991* – ▤. AE Ⓢ ⓓ ⓜ VISA JCB. ✗
chiuso dal 7 al 27 gennaio, domenica sera e lunedì – **Pasto** carta 21/32.
◆ Tranquillo, a pochi passi dal Duomo, un locale di solida gestione e di elegante atmosfera. Menù esposto sul leggio all'ingresso e piatti abruzzesi con spunti nazionali.

TERENTO (TERENTEN) *39030 Bolzano* 562 B 17 – *1 557 ab. alt. 1 210* – *Sport invernali : Vedere Brunico (Comprensorio Dolomiti superski Plan de Corones).*
ℹ *via San Giorgio 1 ☎ 0472 546140, Fax 0472 546340.*
Roma 692 – Cortina d'Ampezzo 76 – Bolzano 64 – Brunico 13 – Lienz 86.

Wiedenhofer, Strada del Sole 19 ☎ 0472 546116, *info@wiedenhofer.com, Fax 0472 546366*, ≤, Ls, ≘s, ▢, 🌳 – |♦| ▣ P. AE Ⓢ ⓓ ⓜ VISA. ✗ rist
chiuso da novembre a Natale e dal 22 aprile al 6 maggio – **Pasto** carta 14/22 – ☕ 7 – **33 cam** ☕ 56/90 – ½ P 55.
◆ Il nome della strada in cui si trova già riassume il punto di forza dell'hotel: l'esposizione privilegiata al sole. Gode, inoltre, di una superba vista sul paesaggio. Ampia sala ristorante con trofei di caccia alle pareti; dalle finestre vista sui monti.

TERENZO *43040 Parma* 562 I 12 – *1 315 ab. alt. 540.*
Roma 456 – Parma 35 – Milano 147 – Piacenza 87 – Reggio nell'Emilia 76.

a Sivizzano *Nord-Est : 10 km* – ✉ *43050 :*

Agriturismo Selva Smeralda ♨, località Selva Smeralda ☎ 0525 520009, *Fax 0525 520009*, ≤, solo su prenotazione, 🌳 – P. ✗ rist
febbraio-ottobre – **Pasto** *(chiuso da lunedì a giovedì a mezzogiorno)* (solo su prenotazione) 20/30 – **5 cam** ☕ 40/80, suite – ½ P 50.
◆ Risorsa ricavata all'interno di una dimora fortificata di origine trecentesca con tanto di torre. Sia gli ambienti comuni che le camere risultano pieni di fascino. Il momento dei pasti è sempre caratterizzato da una gradevole convivialità.

TERLAGO *38070 Trento* 562 D 15 – *1 466 ab. alt. 456.*
Roma 587 – Trento 9 – Brescia 109 – Venezia 169 – Vicenza 93.

Lillà ♨, località Travolt 12 Est : 1,5 km ☎ 0461 868027, *info@hotellilla.com, Fax 0461 868605*, ≤ lago e monti, 🌳 – |♦|, ⇔ rist, ▤ ▣ ☎ ♿ P. AE Ⓢ ⓓ ⓜ VISA. ✗
chiuso dal 30 ottobre al 15 novembre – **Pasto** *(chiuso a mezzogiorno)* carta 23/36 – **24 cam** ☕ 50/80, suite.
◆ A pochi passi dal lago, in posizione panoramica, un albergo funzionale con confort moderni. Indirizzo ideale sia per turisti che per chi viaggia per lavoro. Ristorante-pizzeria molto frequentato anche dalla clientela di passaggio.

TERLANO (TERLAN) *39018 Bolzano* 562 C 15, 218 ⑳ – *3 533 ab. alt. 246.*
ℹ *piazza Weiser 2 ☎ 0471 257165, info@tvterlan.com, Fax 0471257830.*
Roma 646 – Bolzano 9 – Merano 19 – Milano 307 – Trento 67.

Weingarten, via Principale 42 ☎ 0471 257174, *weingarten@dnet.it, Fax 0471 257776*, 🏠, ⛱ riscaldata, 🌳 – |♦|, ⇔ rist, ▣ ♿ P. Ⓢ ⓜ VISA
chiuso dal 6 gennaio al 13 marzo – **Pasto** carta 33/44 – **21 cam** ☕ 55/96,80, suite – ½ P 58.
◆ Giardino ombreggiato con piscina riscaldata, a due passi dal centro di Terlano, tra vigneti e frutteti. L'albergo, di recente rinnovato, ha camere luminose e panoramiche. Servizio ristorante all'aperto, all'ombra degli alberi, o nelle tipiche stube.

a Settequerce (Siebeneich) *Sud-Est : 3 km* – ✉ *39018 :*

Greifenstein senza rist, via Bolzano 2 ☎ 0471 918451, *info@greifenstein.it, Fax 0471 201584*, ≤, ⛱, 🌳 – ▣ P. Ⓢ ⓜ VISA. ✗
10 marzo-10 novembre – **12 cam** ☕ 52/85.
◆ Una risorsa semplice, ma pratica e comoda, in particolare per clienti di passaggio e di lavoro; tutte le stanze sono rivolte verso la vigna e risultano tranquille.

X **Patauner,** via Bolzano 6 ☎ 0471 918502, *Fax 0471 918502*, 🏠 – P. Ⓢ ⓜ VISA
chiuso dal 20 febbraio al 10 marzo, dal 20 giugno al 10 luglio e giovedì – **Pasto** carta 21/31.
◆ Dal bar pubblico si accede alla sala, senza pretese e tuttavia con una piacevole atmosfera del luogo; tirolesi anche alcuni piatti. Marito in cucina, moglie ai tavoli.

a Vilpiano (Vilpian) *Nord-Ovest : 4 km* – ✉ *39010 :*

Sparerhof, via Nalles 2 ☎ 0471 678671, *info@hotelsparerhof.it, Fax 0471 678342*, 🏠, ≘s, ⛱, 🌳 – ▣ P. AE Ⓢ ⓓ ⓜ VISA. ✗ rist
Pasto (solo per alloggiati) – **15 cam** ☕ 52/84 – ½ P 52.
◆ Simpatici, ospitali, spiritosi, i proprietari comunicano brio all'ambiente, estremamente gradevole e singolare; oggetti di design e opere d'arte sparsi un po' ovunque.

TERME – *Vedere di seguito o al nome proprio della località termale.*

TERME LUIGIANE *Cosenza* 564 I 29 – *alt. 178* – ✉ *87020 Acquappesa – Stazione termale (maggio-ottobre).*

Roma 475 – Cosenza 49 – Castrovillari 107 – Catanzaro 110 – Paola 16.

Gd H. delle Terme, via Fausto Gullo 6 ☎ 0982 94052, *sateca@termeluigiane.it, Fax 0982 94478,* termale, – 200. VISA.
15 maggio-ottobre – **Pasto** (solo per alloggiati) 20/30 – **125 cam** 70/105 – ½ P 78.
◆ Collegato alle Thermae Novae mediante un passaggio interno, ecco un hotel ideale per i soggiorni terapeutici e dotato di ogni confort e servizi appropriati.

Parco delle Rose, via Pantano 78 ☎ 0982 94090, *info@hotelparcodellerose.it, Fax 0982 94479,* – VISA. rist
maggio-ottobre – **Pasto** carta 21/38 – **51 cam** 47/77 – ½ P 57.
◆ Ambiente familiare e ospitale per un albergo ubicato non lontano dalle strutture termali e a pochi minuti d'automobile dal mare; camere di recente ripotenziate. Spaziosa sala ristorante dalle tonalità molto chiare e dotata di soppalco.

TERMENO SULLA STRADA DEL VINO (TRAMIN AN DER WEINSTRASSE) *39040 Bolzano* 562 C 15, 218 ⑳ – *3 159 ab. alt. 276.*

via Julius V. Payer 1 ☎ 0471 860131, info@tramin.com, Fax 0471 860820.

Roma 630 – Bolzano 24 – Milano 288 – Trento 48.

Müehle-Mayer , via Molini 66 (Nord : 1 km) ☎ 0471 860219, *muehle-mayer@dnet.it, Fax 0471 860946,* ←, – VISA.
20 marzo-10 novembre – **Pasto** *(chiuso a mezzogiorno)* (solo per alloggiati) 28/40 – **10 cam** 142, 2 suites – ½ P 86.
◆ Tra i verdi vigneti, in una zona isolata e tranquilla, un giardino-solarium molto gradevole e una casa bianca sita su un antico mulino; stanze eleganti e personalizzate.

Tirolerhof, via Parco 1 ☎ 0471 860163, *tirolerhof@tirolerhof.com, Fax 0471 860154,* ←, riscaldata, – VISA. rist
Pasqua-15 novembre – **Pasto** (solo per alloggiati) – **30 cam** 60/108 – ½ P 64.
◆ Conduzione familiare ben rodata e recente rinnovamento per quest'albergo che si sviluppa su due costruzioni; deliziosi il giardino e la veranda nonché gli spazi interni.

Arndt, strada del Vino 42 ☎ 0471 860336, *hotel.arndt@dnet.it, Fax 0471 860901,* ←, riscaldata, – VISA.
aprile-10 novembre – **Pasto** carta 26/34 – **20 cam** 48/96 – ½ P 58.
◆ Posizionato proprio lungo la rinomata Strada del Vino, e sotto l'egida di una seria gestione familiare, complesso alberghiero di tipo tradizionale, un po' anni '70. Ristorante con sala d'impostazione classica e vetrate sulla natura.

Schneckenthaler Hof , via Schneckenthaler 25 ☎ 0471 860104, *info@schneckenthalerhof.com, Fax 0471 860824,* ← vallata e vigneti, riscaldata, – cam, VISA. rist
27 marzo-ottobre – **Pasto** carta 31/40 – **25 cam** 70/130 – ½ P 60.
◆ Risorsa ubicata nella parte alte e panoramica della località, immersa tra i verdi filari dei vigneti. Camere accoglienti e confortevoli, seppur semplici ed essenziali. Una cucina sana e genuina, di fattura casalinga; sala ristorante intima e raccolta.

TERME VIGLIATORE *Messina* 565 M 27 – *Vedere Sicilia alla fine dell'elenco alfabetico.*

TERMINI IMERESE *Palermo* 565 N 23 – *Vedere Sicilia alla fine dell'elenco alfabetico.*

TERMOLI *86039 Campobasso* 564 A 26 – *30 593 ab..*

.

per le Isole Tremiti aprile-settembre giornalieri (50 mn) – Adriatica di Navigazione-agenzia Adriashipping, al porto banchina Nord-Est ☎ 0875 705343, Fax 0875 702345 e Navigazione Libera del Golfo, al porto ☎ 0875 704859, Fax 0875 7043345.

piazza Melchiorre Bega 1 ☎ 0875 703913, Fax 0875 704956.

Roma 300 – Pescara 98 – Campobasso 69 – Foggia 88 – Isernia 112 – Napoli 200.

Mistral, lungomare Cristoforo Colombo 50 ☎ 0875 705246, *info@hotelmistral.net, Fax 0875 705220,* ←, – VISA JCB.
Pasto *(chiuso a mezzogiorno e lunedì escluso da aprile a settembre)* carta 21/35 – **64 cam** 70/109, 2 suites – ½ P 73.
◆ Una struttura recente, bianca, che svetta sul lungomare prospiciente la spiaggia; di tono piuttosto moderno, e a prevalente vocazione estiva, offre camere funzionali. Capiente sala da pranzo movimentata da colonne e una vista sul blu dalle vetrate.

Meridiano, lungomare Cristoforo Colombo 52/a ☎ 0875 705946, *info@hotelmeridiano.com, Fax 0875 702696,* ←, – |‡| ▤ TV ☎ 🚗 P – 🎤 200. AE ⓢ ⓓ ⓜ VISA JCB. ✂ rist
Pasto *(maggio-settembre)* carta 24/31 – ☕ 5,50 – **62 cam** 62/72 – ½ P 54.
◆ Affacciato sulla passeggiata mare, un albergo ideale sia per clienti di lavoro che per turisti: discreti spazi esterni, con parcheggio, e confortevole settore notte. Ristorante con vista sul Mediterraneo e sulle mura del centro storico.

Corona senza rist, corso Mario Milano 2/A ☎ 0875 84041, *Fax 0875 84043* – |‡| ▤ TV. AE ⓢ ⓜ VISA. ✂
41 cam ☕ 62/104.
◆ Operante già dal 1936, e situato praticamente sulla piazza della stazione ferroviaria, un hotel di stampo un po' retrò, con camere spaziose, dotate di alti soffitti.

San Carlo, piazza Duomo ☎ 0875 705295, *Fax 0875 708465* – AE ⓢ ⓓ ⓜ VISA JCB
chiuso martedì escluso agosto – **Pasto** specialità di mare, menù suggerito dal proprietario 30/50.
◆ In un edificio del borgo medievale, a qualche metro dal Duomo, tra mille quadri e cimeli, soffitti a volte, pochi coperti, ospitalità e fresche leccornie a base di pesce.

Z' Bass, via Oberdan 8 ☎ 0875 706703, *zbass@virgilio.it, Fax 0875 706703,* 🍽 – ▤. AE ⓢ ⓓ ⓜ VISA JCB
chiuso lunedì da ottobre a marzo – **Pasto** specialità di mare carta 28/42.
◆ Completamente rifatta qualche anno fa, sempre in stile semplice e rustico, una vecchia trattoria del centro; piatti locali di pescato, rivisitati con gusto moderno.

Borgo, via Borgo 10 ☎ 0875 707347, *risto.borgo@inwind.it,* 🍽 – ✂
chiuso lunedì da ottobre a marzo – **Pasto** specialità di mare carta 23/37.
◆ Nelle strette viuzze del nuovo centro storico, un ristorantino accogliente, con appassionata gestione familiare; proposte termolesi, soprattutto di pesce.

Da Noi Tre, via Cleofino Ruffini 47 ☎ 0875 703639 – ▤. AE ⓢ ⓓ ⓜ VISA. ✂
chiuso dal 24 al 26 dicembre e lunedì – **Pasto** specialità di mare carta 23/36.
◆ Tradizionale cucina di mare, con specialità termolesi, nella nuova sede di un già noto indirizzo in città: ora sulla graziosa e piccola piazza del mercato.

sulla strada statale 87 *Sud-Est : 5 km :*

Europa, ✉ 86039 ☎ 0875 751815, *Fax 0875 751781* – |‡| ▤ TV P – 🎤 100. AE ⓢ ⓜ VISA. ✂
Pasto *(chiuso domenica)* carta 23/41 – **38 cam** ☕ 55/75 – ½ P 60.
◆ Non lontano dallo svincolo autostradale, ma comodo anche rispetto al cuore della cittadina, un hotel, di colore azzurro, che offre ambienti e confort di stampo moderno. Al piano terra, spaziosa sala ristorante, ben illuminata da vetrate.

sulla strada statale 16 :

Torre Sinarca, Ovest : 3 km ✉ 86039 ☎ 0875 703318, ←, 🍽, – ▤ P. AE ⓢ ⓓ VISA. ✂
chiuso novembre, domenica sera e lunedì – **Pasto** carta 30/41.
◆ All'interno di una suggestiva torre del XVI secolo, eretta contro l'arrivo dei Saraceni dal mare; di fronte, infatti, solo la spiaggia e il blu. Piatti locali, di pesce.

Villa Delle Rose, Nord : 5 km ✉ 86039 ☎ 0875 52565, *ristorantevilladellerose@virgilio.it, Fax 0875 52565,* 🍽 – ▤ P. AE ⓢ ⓓ ⓜ VISA. ✂
chiuso dal 7 al 31 gennaio e lunedì – **Pasto** carta 27/39.
◆ Bel ristorante moderno e luminoso, ricavato da una nuova costruzione lungo la statale. Viene proposta una cucina di mare, ma non solo, tradizionale o più «adriatica».

TERNI *05100* P 563 O 19 *G. Italia – 107 739 ab. alt. 130.*

Dintorni *Cascata delle Marmore*** per ③ : 7 km.*

Romita (chiuso lunedì escluso da aprile ad ottobre) ☎ 0744 407889, Fax 0744 403847, Ovest : 5 km.

viale Cesare Battisti 7/A ☎ 0744 423047, info@iat.terni.it, Fax 0744 427259.

A.C.I. *viale Cesare Battisti 121/C ☎ 0744 425746.*

Roma 103 ⑤ – Napoli 316 ⑤ – Perugia 82 ⑤.

Piante pagine seguenti

Michelangelo Palace, viale della Stazione 63 ☎ 0744 202711, *info@michelangelohotelumbria.it, Fax 0744 2027200,* 🏊, – |‡| ▤ TV ☎ ♿ 🚗 P – 🎤 300. AE ⓢ ⓓ ⓜ VISA. ✂ BY a
Pasto carta 20/33 – **78 cam** ☕ 72/99, 5 suites – ½ P 69,50.
◆ Dotato di ogni confort, avvolto da un'atmosfera moderna, ma elegante, un hotel recente, di fronte alla stazione; ideale per clienti d'affari e per turisti di passaggio. Ubicato all'ultimo piano, piacevole ristorante panoramico grazie alle vetrate continue.

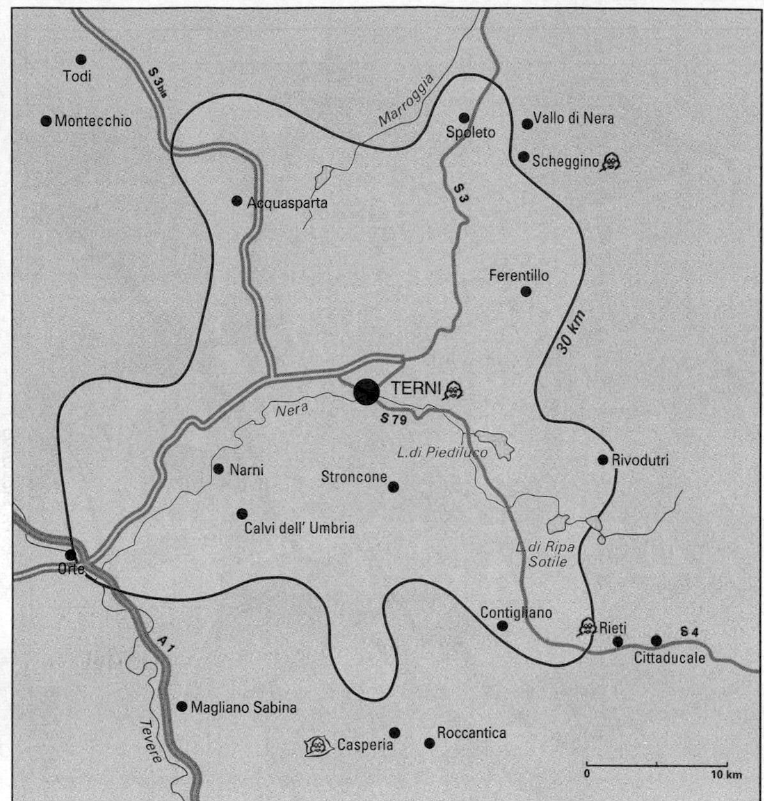

XX **Il Gatto Mammone,** vico Catina 15 ✆ 0744 400863, *ilgattomammone@virgilio.it, Fax 0744 433218,* – . AE MC VISA JCB **BY b**
chiuso agosto e domenica – **Pasto** carta 27/35.
◆ Nel cuore della vecchia Terni, in una piazzetta, intimo ristorante con arredo rustico contemporaneo; piatti che seguono la tradizione, rivisitata sulla base delle stagioni.

uscita raccordo Terni Ovest :

Garden Hotel Congress, viale Bramante 4 ✆ 0744 300041 e rist ✆ 0744 300375, *info @gardenhotelterni.it, Fax 0744 300414,* , , – , cam, P – 300. AE MC VISA. rist per via Cesare Battisti **AY**
Pasto al Rist. ***Il Melograno*** *(chiuso domenica sera)* carta 23/36 – **94 cam** 98/132, 9 suites – ½ P 82.
◆ Gradevole costruzione creata da basse terrazze digradanti, piuttosto mimetizzate nella vegetazione e affacciate sulla zona piscina; confortevole e con ambiente signorile. Eleganti atmosfere per le moderne sale del ristorante.

ClassHotel Terni, via Dalla Chiesa 24 ✆ 0744 306024, *info.terni@classhotel.com, Fax 0744 300628* – , cam, P – 110. AE MC VISA.
Pasto al Rist. ***Sapori di Terni*** carta 21/31 – **69 cam** 62/104 – ½ P 68.
◆ In comoda posizione vicino alle principali autostrade e tangenziali, un albergo dotato di tutti i confort, consoni all'offerta della catena a cui appartiene. Recente inaugurazione per questo ristorante ove provare proposte gastronomiche umbre.

sulla strada statale 209 *per* ② :

XX **Villa Graziani,** Villa Valle Papigno Est : 4 km ✉ 05100 Terni ✆ 0744 67138, *Fax 0744 67653,* , prenotare – P. AE MC VISA JCB
chiuso dal 15 al 29 agosto, domenica sera e lunedì – **Pasto** carta 22/42.
◆ Nei pressi delle cascate delle Marmore, villa d'impianto cinquecentesco, meta di soggiorno di illustri ospiti; oggi, per ritrovare cibi locali nel solco delle stagioni.

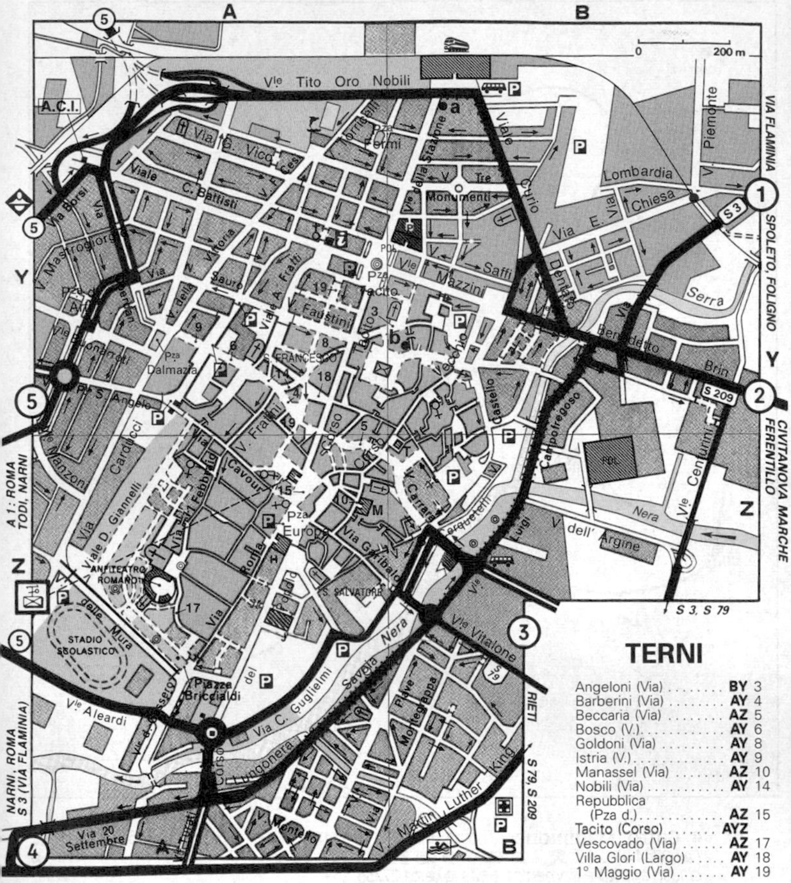

TERNI

Angeloni (Via)	**BY**	3
Barberini (Via)	**AY**	4
Beccaria (Via)	**AZ**	5
Bosco (V.)	**AY**	6
Goldoni (Via)	**AY**	8
Istria (V.)	**AY**	9
Manassei (Via)	**AZ**	10
Nobili (Via)	**AY**	14
Repubblica (Pza d.)	**AZ**	15
Tacito (Corso)	**AYZ**	
Vescovado (Via)	**AZ**	17
Villa Glori (Largo)	**AY**	18
1° Maggio (Via)	**AY**	19

I prezzi del pernottamento e della pensione possono subire aumenti in relazione all'andamento generale del costo della vita ; quando prenotate chiedete la conferma del prezzo.

TERRACINA *04019 Latina* 563 S 21 *G. Italia – 38 867 ab. – a.s. Pasqua e luglio-agosto.*

Vedere *Candelabro pasquale★ nel Duomo.*

Dintorni *Tempio di Giove Anxur★ : ※★★ Est : 4 km e 15 mn a piedi AR.*

per Ponza giornaliero (2 h 15 mn) – Anxur Tours, viale della Vittoria 40 ✆ 0773 723978, Fax 0773 723979.

via Leopardi ✆ 0773 727759, Fax 0773 721173.

Roma 109 – Frosinone 58 – Gaeta 35 – Latina 39 – Napoli 123.

Poseidon senza rist, via Piemonte, snc ✆ 0773 733660, *hotelposeidon@libero.it, Fax 0773 733661,* – . VISA.
marzo-novembre – 8 – **46 cam** 120/130.
◆ Edificato di recente in puro stile marinaro, l'albergo infatti rappresenta una nave da crociera. Insomma una risorsa ideale per un soggiorno balneare.

XX **La Tartana-da Mario l'Ostricaro,** via Appia al km 102,700 ✆ 0773 702461, *Fax 0773 703656*, ≤, – P. AE ⓢ ⓞ ⓜ VISA. ✂
chiuso novembre e martedì, da novembre a marzo anche la domenica sera – **Pasto** specialità frutti di mare carta 51/78 (15 %).
◆ Sul lato strada, la rivendita di frutti di mare, sul retro, invece, fronte acqua, gli impianti per la depurazione degli stessi; un indirizzo per sapori veramente marinari.

XX **Il Grappolo d'Uva,** lungomare Matteotti 1 ✆ 0773 702521, *grappoloduva@libero.it*, *Fax 0773 704380*, ≤, – ▤ P. AE ⓢ ⓞ ⓜ VISA
chiuso gennaio, novembre e mercoledì – **Pasto** carta 37/62.
◆ Locale che gode di un'ubicazione davvero unica, proprio sul mare, in zona centralissima, con una sala ad ampie vetrate a cui si accede da una scalinata; specialità di pesce

X **Bottega Sarra 1932,** via Villafranca 34 ✆ 0773 702045, Coperti limitati; prenotare – ▤. ⓢ ⓜ VISA JCB. ✂
chiuso lunedì – **Pasto** carta 25/45.
◆ Sito nel centro storico della bella Terracina alta, un ambiente caratteristico, con travi a vista e conduzione familiare; proposte del territorio e specialità del luogo.

X **Hostaria Gambero Rosso,** via Badino ✆ 0773 700687, *Fax 0773 700687*, – AE ⓢ ⓞ ⓜ VISA
chiuso e martedì – **Pasto** carta 34/42.
◆ Atmosfera semplice, ma gradevole, per una cucina a base di pescato: un indirizzo a gestione familiare, nell'angolo di una piazzetta in pieno centro. Un'unica sala, ovale.

TERRALBA *Cagliari* 566 H7 – *Vedere Sardegna alla fine dell'elenco alfabetico.*

In questa guida
uno stesso simbolo, una stessa parola
stampati in rosso o in nero,
hanno un significato diverso.
Leggete attentamente le pagine dell'introduzione.

TERRANOVA DI POLLINO *85030 Potenza* 564 H 30 – *1 744 ab. alt. 920.*

Roma 467 – Cosenza 157 – Matera 136 – Potenza 152 – Sapri 116 – Taranto 145.

Picchio Nero , via Mulino 1 ✆ 0973 93170, *picchionero@picchionero.com*, *Fax 0973 93170*, ≤, – |‡| TV ✆ P. AE ⓢ ⓞ ⓜ VISA. ✂
Pasto carta 21/28 – **25 cam** ☐ 50/60.
◆ Piacevole gestione familiare per questa risorsa, nel Parco del Pollino, ideale per gli appassionati di montagna; camere confortevoli, in uno stile adeguato al luogo. Deliziose proposte culinarie legate al territorio e alla cucina lucana.

X **Luna Rossa,** via Marconi 18 ✆ 0973 93254, *Fax 0973 93254*, , prenotare – AE ⓢ VISA. ✂
chiuso mercoledì – **Pasto** carta 20/30.
◆ Storici precetti culinari romani, medievali, rinascimentali, e la vetusta fragranza delle buone cose nostrane: tutto, in tavola, con servizio estivo in terrazza panoramica.

TERRANUOVA BRACCIOLINI *52028 Arezzo* 563 L 16 – *11 048 ab. alt. 156.*

Roma 227 – Firenze 47 – Siena 51 – Arezzo 37.

a Penna Alta *Nord-Est : 3 km* – ✉ *52028 Terranuova Bracciolini :*

X **Il Canto del Maggio** con cam, ✆ 055 9705147, *info@cantodelmaggio.com*, *Fax 055 9705147*, ≤, , prenotare, – TV P. AE ⓢ ⓞ ⓜ VISA JCB
chiuso lunedì, martedì da ottobre a maggio e a mezzogiorno (escluso domenica e festivi) – **Pasto** carta 29/35 – **5 cam** ☐ 85.
◆ Marito e moglie hanno creato questo rifugio per i buongustai in un piccolo borgo toscano ristrutturato: servizio estivo in giardino e piatti toscani, anche molto antichi.

a Montemarciano *Nord : 5 km* – ✉ *52028 Terranuova Bracciolini :*

XX **La Cantinella,** ✆ 055 9172705, *Fax 055 9172863*, , Coperti limitati; prenotare, – P. ⓢ ⓜ VISA
chiuso dal 1° al 15 gennaio, dal 1° al 15 novembre, lunedì e a mezzogiorno (escluso i giorni festivi) – **Pasto** carta 25/33.
◆ Ristorantino di campagna degli interni piacevolmente personalizzati, ma anche con un godevole servizio estivo in terrazza. La cucina rivista la tradizione toscana.

TERRASINI *Palermo* 565 M 21 – *Vedere Sicilia alla fine dell'elenco alfabetico.*

TERRUGGIA *15030 Alessandria* 561 G 7 – *802 ab. alt. 199.*

Roma 623 – Alessandria 34 – Asti 38 – Milano 125 – Torino 92.

Ariotto, via Prato 39 ✆ 0142 402800, *info@ariotto.it, Fax 0142 402823*, ←, – ▤ TV P – 100. AE ☉ ◑ MC VISA JCB

Pasto *(chiuso mercoledì a mezzogiorno)* 30/45 – **43 cam** ☐ 110/130 – ½ P 80.

◆ Poco distante da Casale Monferrato, all'interno di un piccolo parco ombreggiato, un grazioso villino in stile liberty con annesse dépendance moderne; gestione curata. Le salette da pranzo offrono un ambiente elegante con tavoli tondi.

TESERO *38038 Trento* 562 D 16 – *2 574 ab. alt. 991 – Sport invernali : all'Alpe di Pampeago : 1 757/ 2 415 m 7 (Comprensorio Dolomiti superski Val di Fiemme-Obereggen)* .

via Roma 37 ✆ 0462 810097 Fax 0462 810097.

Roma 644 – Bolzano 50 – Trento 54 – Belluno 91 – Cortina d'Ampezzo 96.

Park Hotel Rio Stava, via Mulini 20 ✆ 0462 814446, *info@hotelriostava.com, Fax 0462 813785*, ←, , – |‡|, rist, TV P. AE ☉ ◑ MC VISA.

chiuso maggio e novembre – **Pasto** carta 20/25 – **45 cam** ☐ 80/116 – ½ P 68.

◆ Una gradevole casa di montagna, in posizione solatia, poco fuori del centro e cinta da un giardino; dispone di un'accogliente hall in legno e di camere ben rifinite. Il ristorante offre un caldo ambiente in legno, elegante, o la stube.

a Stava *Nord : 3,5 km – alt. 1 250 – ✉ 38038 Tesero :*

Berghotel Miramonti, ✆ 0462 814177, *info@berghotelmiramonti.it, Fax 0462 814646*, ←, , , , – |‡|, rist, TV P. AE ☉ MC VISA. rist

dicembre-aprile e giugno-settembre – **Pasto** *(solo per alloggiati)* 15/25 – **38 cam** ☐ 58/90 – ½ P 59.

◆ A pochi minuti dalle piste del Latemar un albergo concepito per offrire i confort e i servizi più attuali, ma con una particolarità: l'impianto di riscaldamento è a legna.

Villa di Bosco, ✆ 0462 813738, *villadelbosco@hotel-villadelbosco.com, Fax 0462 813755*, ←, , , – |‡|, rist, TV P. AE ☉ ◑ MC VISA

dicembre-aprile e giugno-settembre – **Pasto** carta 21/32 – **38 cam** ☐ 110/118 – ½ P 65.

◆ Dal 1998 l'hotel offre ai propri ospiti la possibilità di trascorrere un soggiorno montano godendo di vari apprezzabili servizi, coordinati da una valida gestione familiare.

TESIDO (TAISTEN) *Bolzano – Vedere Monguelfo.*

TESIMO (TISENS) *39010 Bolzano* 562 C 15, 218 ⑳ – *1 766 ab. alt. 631.*

Bäcknhaus 54 ✆ 0473 920822, info@tisensprissian.com, Fax 0473 921010.

Roma 648 – Bolzano 20 – Merano 20 – Trento 77.

Zum Löewen, via Centro 72 ✆ 0473 920927, *Fax 0473 927312*, prenotare – AE ☉ ◑ MC VISA JCB.

chiuso lunedì e martedì a mezzogiorno – **Pasto** carta 42/55.

◆ Piatti della tradizione altoatesina interpretati in modo fantasioso e personale; all'interno di una vecchia casa affacciata su uno slargo delle strette viuzze del centro.

TESSERA *30030 Venezia* 562 F 18 – *alt. 3.*

Marco PoloE : 1 km ✆ 661262.

Roma 527 – Venezia 12 – Mestre 8 – Padova 43 – Treviso 30.

Titian Inn senza rist, via Orlanda 244 ✆ 041 5416846, *info@titianinn.com, Fax 041 5416843* – |‡| ▤ TV P – . AE ☉ ◑ MC VISA JCB

☐ 5 – **38 cam** 80/120.

◆ Collocazione strategica a poca distanza dall'aeroporto, ma anche dal Casinò. Hotel ideale per i clienti d'affari, ma con appartamenti comodi anche per turisti e famiglie.

TEZZE DI VAZZOLA *31020 Treviso* 562 E 19 – *alt. 36.*

Roma 560 – Belluno 58 – Padova 77 – Treviso 21 – Venezia 54.

Strada Vecchia, via Strada Vecchia 64 ✆ 0438 488094, , prenotare – ▤ P. ☉ MC VISA.

chiuso dal 2 all' 8 gennaio, dal 5 al 20 agosto e mercoledì – **Pasto** carta 25/32.

◆ D'estate ci si accomoda in giardino, nei mesi più freddi invece nella sala di taglio classico, calda e accogliente. Le specialità invece non variano: carni di ogni sorta!

TIERS = Tires.

TIGLIETO *16010 Genova* 561 I 7 – *621 ab. alt. 510.*
Roma 550 – Genova 51 – Alessandria 54 – Milano 130 – Savona 52.

Pigan, ☎ 010 929015, *Fax 010 929015* – P. ✂
Pasto *(chiuso martedì escluso da luglio a settembre)* carta 19/26 – ☕ 6,50 – **11 cam** 46/68 – P 54.
◆ Un piccolo hotel d'impostazione rustica, con annesso un boschetto; qui troverete una gestione familiare con lunga tradizione e un trattamento personalizzato. Per il relax. Pulizia e ordine anche al ristorante, pervaso da una gradevole atmosfera di famiglia.

TIGLIOLE *14016 Asti* 561 H 6 – *1 621 ab. alt. 239.*
Roma 628 – Torino 60 – Alessandria 49 – Asti 14 – Cuneo 91 – Milano 139.

Vittoria con cam, via Roma 14 ☎ 0141 667123, *Fax 0141 667630*, ←, solo su prenotazione, – P. AE VISA.
chiuso gennaio, agosto, domenica sera, lunedì e a mezzogiorno (escluso festivi) – **Pasto** carta 43/58 – **11 cam** ☕ 125/150.
◆ Una famiglia di ristoratori da generazioni, che oggi propone anche alcune raffinate camere; una casa nobiliare del '700 con giardino e piscina, rifugio culinario dal 1928.
Spec. Fantasia di mare e di acqua dolce in terrina. Ravioli di ceci al burro con timo e pomodoro fresco (autunno-inverno). Scaloppa di fegato d'oca su porri stufati.

TIGNALE *25080 Brescia* 561 E 14 – *1 306 ab. alt. 560 – a.s. Pasqua e luglio-15 settembre.*
Roma 574 – Trento 72 – Brescia 57 – Milano 152 – Salò 26.

La Rotonda, via Provinciale 5, località Gardola ☎ 0365 760066, *hotellarotonda@libero.it, Fax 0365 760214*, ← lago e dintorni, – P. AE VISA. ✂ rist
24 marzo-20 ottobre – **Pasto** carta 16/27 – ☕ 7,50 – **59 cam** 40/60 – ½ P 49.
◆ Ha subito di recente alcune ristrutturazioni quest'ampia risorsa ubicata sulle verdi pendici del Monte Castello e a picco sul Lago di Garda; valide strutture e confort. Capiente sala ristorante: ambiente di tipo classico, ma bella vista del lago.

TIRANO *23037 Sondrio* 561 D 12 *G. Italia – 8 841 ab. alt. 450.*
piazza Stazione ☎ 0342 706066, apttirano@provincia.so.it, Fax 0342 706066.
Roma 725 – Sondrio 26 – Passo del Bernina 35 – Bolzano 163 – Milano 164 – Passo dello Stelvio 58.

Bernina con cam, piazza Stazione ☎ 0342 701302, *h.bernina@tin.it, Fax 0342 701430*, – rist, . AE VISA. ✂ rist
chiuso lunedì in bassa stagione – **Pasto** carta 24/31 – **29 cam** ☕ 50/80.
◆ Un punto di ristoro noto, un locale di taglio classico che non si limita ad offrire al meglio i piatti del territorio, ma vanta una proposta ampia, sempre ben realizzata.

sulla strada statale 38 *Nord-Est : 3 km*

Valchiosa, via Valchiosa 17 ✉ 23030 Sernio ☎ 0342 701292, *valchiosa@libero.it, Fax 0342 705484*, ← – , rist, P. AE VISA
Pasto *(chiuso lunedì escluso agosto)* carta 22/33 – **22 cam** ☕ 52/75 – ½ P 52.
◆ Già osteria negli anni '30 e rinnovato dopo la disastrosa alluvione del 1987, l'albergo, ricavato da una rustica casa del paese, presenta un buon livello di confort. Il ristorante è da sempre un punto di riferimento per la frazione; cucina valtellinese.

TIRES (TIERS) *39050 Bolzano* 562 C 16 – *919 ab. alt. 1 028.*
via San Giorgio 38 ☎ 0471 642127, tiers@rolmail.net, Fax 0471 642005.
Roma 658 – Bolzano 16 – Bressanone 40 – Milano 316 – Trento 77.

a San Cipriano (St. Zyprian) *Est : 3 km – ✉ 39050 Tires :*

Cyprianerhof, via San Cipriano 88/a ☎ 0471 642143, *hotel@cyprianerhof.com, Fax 0471 642141*, ← Catinaccio e pinete, – P. VISA. ✂ rist
chiuso dal 10 novembre al 25 dicembre – **Pasto** *(chiuso giovedì escluso da maggio a novembre)* carta 30/39 – **32 cam** ☕ 130/170, suite – ½ P 87.
◆ Ideale per chi ami i monti e l'escursionismo e incorniciata dalle suggestive vette dolomitiche, proprio di fronte al Catinaccio, una piacevole casa di recente rinnovata. Ristorante dalla tipica atmosfera tirolese.

Stefaner, via San Cipriano 88 d ☎ 0471 642175, *info@stefaner.com, Fax 0471 642302*, ← Catinaccio e pinete, – P. VISA. ✂
Pasto (solo per alloggiati) – **15 cam** ☕ 51/100 – ½ P 57.
◆ Un grazioso alberghetto bianco, con balconi in legno, immerso nello splendido scenario alpino; gradevole conduzione familiare grazie all'intraprendenza di due coniugi.

TIRIOLO *88056 Catanzaro* 564 K 31 – *4 121 ab. alt. 690.*
Roma 604 – Cosenza 91 – Catanzaro 16 – Reggio di Calabria 154.

Due Mari, via Cavour 46 ☎ 0961 991064, *due.mari@tin.it, Fax 0961 990984*, ≤ dintorni – P – 60. AE VISA JCB
Pasto vedere rist ***Due Mari*** – **8 cam** 52/73 – ½ P 48,50.
◆ Inaugurato nel 2000, un hotel e residence in bella posizione panoramica, da cui nelle giornate terse si vedono davvero i «due mari»; moderni confort in ambiente familiare.

Due Mari, via Seggio 2 ☎ 0961 991064, *due.mari@tin.it, Fax 0961 990984*, ≤ – P. AE VISA JCB
chiuso lunedì escluso da giugno a settembre – **Pasto** carta 14/22.
◆ Come l'omonimo albergo, anche il ristorante è panoramico; pluridecennale conduzione della stessa famiglia, cucina calabrese e dehors estivo con servizio di pizzeria.

TIRLI *Grosseto – Vedere Castiglione della Pescaia.*

TIROLO (TIROL) *39019 Bolzano* 562 B 15, 218 ⑩ *G. Italia – 2 360 ab. alt. 592.*
via Principale 31 ☎ 0473 923314, info@dorf-tirol.it, Fax 0473 923012.
Roma 669 – Bolzano 32 – Merano 4 – Milano 330.

Pianta : vedere Merano.

Castel, via dei Castagni 60 ☎ 0473 923693, *info@hotel-castel.com, Fax 0473 923113*, ≤ monti e Merano, , riscaldata, , – , rist, . AE VISA. rist A u
15 marzo-30 novembre – **Pasto** *(chiuso domenica)* (solo su prenotazione) 65/110 – **35 cam** solo ½ P 180, 9 suites.
◆ Struttura lussuosa, arredamento elegante, moderno centro benessere: il concretizzarsi di un sogno, in un panorama incantevole. Comodità e tradizione ai massimi livelli. I pasti nell'elegante stube o sotto il soffitto stellato della moderna sala.

Erika, via Principale 39 ☎ 0473 926111, *info@erika.it, Fax 0473 926100*, ≤ monti e Merano, , riscaldata, , – , rist, . VISA JCB. rist A u
chiuso gennaio e febbraio – **Pasto** (solo per alloggiati) 40/50 – **52 cam** 157/254 – ½ P 160.
◆ Organizzazione interna eccellente per l'hotel ospitale e familiare, riccamente arredato in stile tirolese e dotato di giardino con piscina riscaldata e centro benessere.

Patrizia, via Aslago 62 ☎ 0473 923485, *info@hotel-patrizia.it, Fax 0473 923144*, ≤ monti e Merano, , , , – , rist, P. VISA. rist A c
20 marzo-16 novembre – **Pasto** (solo per alloggiati) – **27 cam** solo ½ P 111,50.
◆ Camere di varie tipologie, confortevoli e curate, per concedersi un meritato soggiorno per corpo e spirito; godendosi la quiete del giardino con piscina, fra i monti.

Gartner, via Principale 65 ☎ 0473 923414, *info@hotelgartner.it, Fax 0473 923120*, ≤ monti e Merano, Centro benessere, , , , – , rist, P. VISA AB z
marzo-novembre – **Pasto** carta 23/39 – **31 cam** 92/204 – ½ P 109.
◆ All'ingresso della località, e con una visuale sulla magica natura circostante, un rilassante giardino con piscina e un albergo nel solco dello stile tirolese. Il menù vanta proposte d'impronta classica.

Küglerhof, via Aslago 82 ☎ 0473 923399, *kuglerhof@rolmail.net, Fax 0473 923699*, ≤ monti e vallata, , riscaldata, – P. AE VISA. rist A r
20 marzo-10 novembre – **Pasto** (solo per alloggiati) – **23 cam** 140/180 – ½ P 112.
◆ Avrete la sensazione di trovarvi in un'elegante casa, amorevolmente preparata per farvi trascorrere ore di quiete e svago, anche nel giardino con piscina riscaldata.

Golserhof, via Aica 32 ☎ 0473 923294, *info@golserhof.it, Fax 0473 923211*, ≤, , , , – P. VISA. rist B w
marzo-23 novembre – **Pasto** (solo per alloggiati) – **23 cam** 80/170, 7 suites – ½ P 110.
◆ Albergo ricavato da un antico maso contadino, in posizione un po' defilata, per respirare un'atmosfera semplice e familiare; zona relax aperta sul verde esterno.

In questa guida
uno stesso simbolo, una stessa parola
stampati in rosso o in nero,
hanno un significato diverso.
Leggete attentamente le pagine dell'introduzione.

TIRRENIA *56018 Pisa* 563 L 12 *G. Toscana – a.s. luglio-agosto.*

Cosmopolitan (chiuso lunedì escluso dal 15 giugno al 15 settembre) 050 33633, Fax 050 384707;

(chiuso martedì escluso luglio-agosto) 050 37518, Fax 050 33286.

(maggio-settembre) viale del Tirreno 26/b 050 32510.

Roma 332 – Pisa 18 – Firenze 108 – Livorno 11 – Siena 123 – Viareggio 36.

Gd H. Continental, largo Belvedere 26 050 37031, *info@grandhotelcontinental.it, Fax 050 37283,* – 280. AE VISA. rist

Pasto carta 42/52 – **175 cam** 120/186, 2 suites – ½ P 115.

◆ Direttamente sul mare, ma proprio nel cuore della località, un hotel completamente rinnovato; offre tutte le comodità e gli spazi desiderabili, sia interni che esterni. Al ristorante «La Polena» ambiente raccolto ed elegante e interessanti fantasie di mare.

San Francesco , via delle Salvie 50 050 33572, *hotelsanfrancesco@traveleurope.it, Fax 050 33630,* – 30. AE VISA JCB. rist

Pasto *(Pasqua-settembre; chiuso a mezzogiorno escluso agosto)* 15/35 – **25 cam** 127/134 – ½ P 105.

◆ Una struttura di contenute dimensioni, sita in una zona defilata e residenziale, appena alle spalle del lungomare. Piacevole giardino con pini marittimi e piscinetta. Sala da pranzo con una sorta di veranda chiusa, protesa sulla zona piscina.

Medusa , via degli Oleandri 37 050 37125, *hotelmedusa@csinfo.it, Fax 050 30400,* – rist, . AE VISA. rist

chiuso dicembre – **Pasto** (solo per alloggiati) 18/20 – 6,85 – **32 cam** 56/86 – ½ P 69,50.

◆ Ambiente familiare e posizione quieta, nella zona residenziale di Tirrenia, a pochi metri dalla marina; indirizzo semplice e gradevole per vacanze sole e bagni.

Dante e Ivana, via del Tirreno 207/c 050 84882, *dantegrassi@interfree.it, Fax 050 32549,* prenotare – . AE VISA.

chiuso dal 20 dicembre al 30 gennaio, domenica e lunedì – **Pasto** specialità di mare carta 37/67.

◆ Locale raccolto e signorile, non lontano dal centro, con una bella cantina «a vetro», visibile, e interessante selezione di vini; sapori di pesce, rielaborati con fantasia.

a Calambrone *Sud : 3 km – 56018 Tirrenia :*

Green Park Resort , via delle Magnolie 4 050 3135711, *info@greenparkresort.com, Fax 050 384138,* – , cam, – 550. AE VISA. rist

Pasto al Rist. ***Le Ginestre*** carta 41/65 – **144 cam** 244/264, 4 suites – ½ P 181.

◆ Nel contesto della pineta della riviera tirrenica, una risorsa recente: imponente centro congressuale, dotato tuttavia di ottimi confort anche per la clientela turistica. Ristorante raffinato, quasi high-tech, vetro ovunque, sapori creativi e ricercati.

TISENS = Tesimo.

TISSANO *Udine – Vedere Santa Maria La Longa.*

TITIGNANO *05010 Terni* 563 N 18 – *alt. 521.*

Roma 140 – Perugia 58 – Viterbo 66 – Orvieto 24 – Terni 63.

Agriturismo Fattoria di Titignano , 0763 308022, *info@titignano.it, Fax 0763 308002,* Vallata e lago di Corbara, – 100. VISA. rist

Pasto (solo su prenotazione) 15/23 – **6 cam** 60/90 – ½ P 57.

◆ In un antico borgo umbro rimasto intatto nei secoli, con vista sulla valle e sul Lago di Corbara, una tenuta agricola, di proprietà nobiliare, con un fascino senza tempo. Atmosfera raffinatissima in sala da pranzo, tra arredi d'epoca e autentici sapori umbri.

TIVOLI *00019 Roma* 563 Q 20 *G. Roma – 52 990 ab. alt. 225.*

Vedere *Località★★★ – Villa d'Este★★★ – Villa Gregoriana★★ : grande cascata★★.*

Dintorni *Villa Adriana★★★ per ③ : 6 km.*

largo Garibaldi *0774 311249, iat.tivoli@tiscali.it, Fax 0774 331294.*

Roma 36 ③ – Avezzano 74 ② – Frosinone 79 ③ – Pescara 180 ② – Rieti 76 ③.

Pianta pagina seguente

Torre Sant'Angelo , via Quintilio Varo 0774 332533, *www.hoteltorresanangelo.it, Fax 0774 332533,* – 220. AE VISA JCB.

per via Quintilio Varo

Pasto *(chiuso lunedì)* carta 41/52 – **30 cam** 160/180, 4 suites – ½ P 116.

◆ Sulle rovine della villa di Catullo, atmosfera d'altri tempi in un antico castello; interni molto eleganti, piscina su una terrazza con vista di Tivoli e della vallata. Elegantissima la sala ristorante, con tessuti damascati e lampadari di cristallo.

TIVOLI

Arnaldi (Viale)	
Battisti (Largo Cesare)	2
Boselli (V.)	3
Colle (V. del)	
Collegio (V. del)	4
Colsereno (V. di)	
Garibaldi (Pza)	
Gesù (V. del)	5
Giuliani (V. D.)	
Inversata (V.)	
Lione (V.)	6
Massimo (Pza)	
Matteotti (Piazzale)	
Mazzini (Viale)	
Moro (V. Aldo)	7
Munazio Planco (V.)	8
Nazioni Unite (Pza delle)	9
Palatina (V.)	
Parmegiani (V. A.)	10
Parrozzani (V. A.)	12
Plebiscito (Pza)	13
Ponte Gregoriano (V.)	14
Quintilio Varo (V.)	
Rivarola (Pza)	16
Roma (Viale)	
S. Angelo (Largo)	
S. Valerio (V.)	
Santa Croce (Pza)	
Sibilla (V. della)	
Sosii (V. dei)	20
Todini (Vicolo)	21
Tomei (Viale)	
Trento (Pza)	22
Trevio (V. del)	24
Trieste (Viale)	

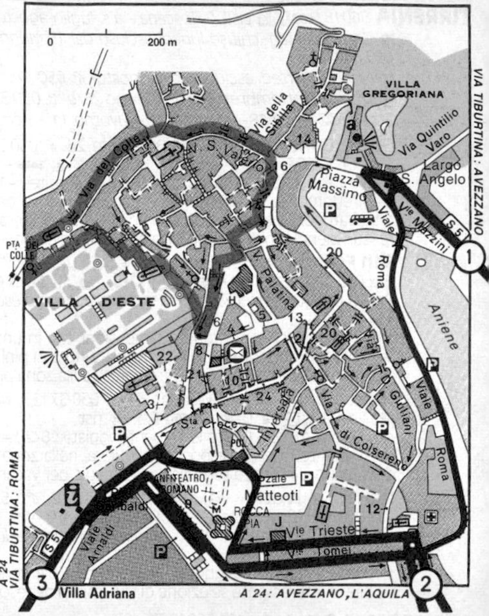

Sirene senza rist, piazza Massimo 4 ✆ 0774 330605, *hotel.sirene@travel.it, Fax 0774 330608,* ←, – |≡|, ✡ cam, ≡ TV – 🏛 150. AE 🅢 ⓓ ⓜ VISA. ✂ a
38 cam ☕ 100/135.

◆ In un contesto naturale e archeologico di notevole bellezza, villa ottocentesca ristrutturata, che offre eleganti spazi comuni con marmi pregiati e quadri antichi. Servizio ristorante in terrazza con vista su cascate, fiume Aniene e tempio di Vesta e Sibilla.

a Villa Adriana *per ③ : 6 km – ✉ 00010 :*

Maniero, via di Villa Adriana 33 ✆ 0774 530208, *Fax 0774 533797,* – |≡| ≡ TV ♿ P – 🏛 160. AE 🅢 ⓜ VISA. ✂
Pasto carta 18/25 – **34 cam** ☕ 60/90 – 1/2 P 50.

◆ Confortevole, funzionale esercizio, frequentato in maggior parte da gruppi di turisti in visita alla Villa Adriana, ma anche da clientela di lavoro; spaziose le camere. Numerose sale e grande capienza per il ristorante, ideale per gruppi turistici e banchetti.

Adriano con cam, via di Villa Adriana 194 ✆ 0774 382235, *adrianeo@libero.it, Fax 0774 535122,* , prenotare, , – ✡ cam, ≡ TV P. AE 🅢 ⓓ ⓜ VISA JCB. ✂
Pasto *(chiuso domenica sera solo in inverno)* 30/40 – **10 cam** ☕ 92,96/113,62 – 1/2 P 82,63.

◆ Vicino all'entrata di Villa Adriana, in mezzo al verde, un ristorante classico di tono elegante, con camere e servizio estivo all'aperto; tradizione locale in cucina.

a Bagni di Tivoli *Ovest : 9 km – ✉ 00011 :*

Grand Hotel Duca d'Este, via Tiburtina Valeria 330 ✆ 0774 3883, *ducadeste@ducadeste.com, Fax 0774 388101,* , , , , , – |≡| ≡ TV ♿ P – 🏛 400. AE 🅢 ⓓ ⓜ VISA. ✂
Pasto al Rist. ***Granduca*** carta 32/42 – **176 cam** ☕ 110/160, 8 suites – 1/2 P 100.

◆ Grande albergo ben attrezzato, ideale per convegni; saloni di ampio respiro, giardino con piscina e camere di ottimo livello, con curata scelta di tessuti e tappezzerie. Elegante sala da pranzo, dall'atmosfera ovattata, ideale per cene intime e raffinate.

Tivoli, via Tiburtina Valeria 340 ✆ 0774 356121, *hoteltivoli@siriohotel.com, Fax 0774 379034* – |≡| ≡ TV ♿ P – 🏛 30. AE 🅢 ⓓ ⓜ VISA. ✂
Pasto (solo per alloggiati) – **44 cam** ☕ 105/155 – 1/2 P 93.

◆ Nuova struttura, inaugurata nel 2000, moderna e funzionale, con comodo parcheggio chiuso; pavimenti di parquet e mobili di legno chiaro nelle stanze di buon confort.

TOBLACH = Dobbiaco.

TODI *06059 Perugia* 563 N 19 *G. Italia – 16 924 ab. alt. 411.*

Vedere *Piazza del Popolo★★ : palazzo dei Priori★, palazzo del Capitano★, palazzo del Popolo★ – Chiesa di San Fortunato★★ – ≤★★ sulla vallata da piazza Garibaldi – Duomo★ – Chiesa di Santa Maria della Consolazione★ O : 1 km per la strada di Orvieto.*

piazza Umberto I°, 6 ✆ 075 8943395, info@iat.todi.pg.it, Fax 075 8942406.

Roma 130 – Perugia 47 – Terni 42 – Viterbo 88 – Assisi 60 – Orvieto 39 – Spoleto 45.

Fonte Cesia, via Lorenzo Leonj 3 ✆ 075 8943737, *fontecesia@fontecesia.it, Fax 075 8944677,* – 100. AE VISA.
Pasto al Rist. ***Le Palme*** *(chiuso mercoledì da ottobre a marzo)* carta 28/42 – **34 cam** 112/157 – ½ P 108,50.
◆ In pieno centro storico, e perfettamente integrato al contesto urbano, un rifugio signorile, con volte in pietra a vista, sobrio nei raffinati arredi, curato nei confort. Ristorante con panorama su tetti e colline, servizio estivo all'aperto.

Bramante, via Orvietana 48 ✆ 075 8948382, *bramante@hotelbramante.it, Fax 075 8948074,* – 120. AE VISA JCB
Pasto *(chiuso lunedì)* carta 38/57 – **53 cam** 115/165 – ½ P 102.
◆ Ricavato da un convento del XII secolo, a 1 km dal nucleo cittadino e nei pressi di una rinascimentale chiesa opera del Bramante, un complesso comodo e tradizionale. Servizio estivo in terrazza: un paesaggio dolcissimo fa da cornice alla tavola.

Villaluisa, via Cortesi 147 ✆ 075 8948571, *villaluisa@villaluisa.it, Fax 075 8948472,* – 60. AE VISA JCB.
Pasto *(chiuso mercoledì da novembre a marzo)* (solo per alloggiati) carta 25/35 – **39 cam** 80/110 – ½ P 75.
◆ Inserito in un verde parco, nella zona più moderna di Todi e quindi agevole da raggiungere, un albergo semplice e funzionale, con solida gestione familiare.

San Lorenzo Tre Residenza d'epoca senza rist, via San Lorenzo 3 ✆ 075 8944555, *lorenzotre@tin.it, Fax 075 8944555* – VISA.
chiuso gennaio e febbraio – **6 cam** 105/115.
◆ Nel centro di Todi, a pochi passi dalla piazza centrale, un vecchio palazzo borghese: solo sei camere, sei piccoli curati gioielli, con arredi d'epoca e d'antiquariato.

Antica Hosteria De La Valle, via Ciuffelli 19 ✆ 075 8944848, *Fax 075 8944848,* – VISA JCB.
chiuso lunedì – **Pasto** carta 24/30.
◆ Una piccola osteria con banco da bar e bottiglie esposte e una saletta con arco in mattoni; un angolo raccolto per poche proposte giornaliere, caserecce e fantasiose.

verso Collevalenza *Sud-Est : 8 km :*

Relais Todini , vocabolo Cervara 24 ✆ 075 887521, *relais@relaistodini.com, Fax 075 887182,* ✻ Todi e dintorni, – 70. AE VISA.
Pasto *(chiuso da lunedì a mercoledì)* carta 38/52 – **7 cam** 125/185, 5 suites 200/255 – ½ P 133,50.
◆ Sito entro una vasta tenuta agricola e un parco con animali esotici, nell'incanto di una residenza del 1300, un relais suggestivo: paesaggi e stile ad altissimi livelli. Fastosi arredi antichi e coreografia impeccabile, per sapori locali e di pesce.

Villa Sobrano Residenza d'epoca , vocabolo Sobrano, frazione Rosceto 32 ✆ 075 887127, *villasobrano@libero.it, Fax 075 887108,* ≤, – AE VISA
Pasto (solo per alloggiati) 20/25 – **7 cam** 78/105, 2 suites 125/155 – ½ P 75.
◆ In un complesso con tanto di cappella privata e castello di origini duecentesche, soggiornerete nelle poche, confortevoli stanze di una suggestiva residenza d'epoca.

per la strada statale 79 bis Orvietana bivio per Cordigliano *Ovest : 8,5 km :*

Agriturismo Tenuta di Canonica , vocabolo Casalzetta, Canonica 75 ✆ 075 8947545, *tenutadicanonica@tin.it, Fax 075 8947581,* ≤ Todi e dintorni, – VISA.
chiuso dal 15 dicembre al 15 gennaio – **Pasto** *(chiuso lunedì e a mezzogiorno)* (solo per alloggiati) 30/40 – **13 cam** 150/220 – ½ P 115.
◆ Splendida residenza di campagna con origine medievale, annessa a una fattoria dell'800: arredato elegantemente, magico ristoro isolato sulla sommità di un colle.

TOFANA DI MEZZO *Belluno G. Italia – alt. 3 244.*

Vedere ✻★★★ *Cortina d'Ampezzo 15 mn di funivia.*

Se cercate un hotel tranquillo
consultate prima le carte tematiche dell'introduzione
e trovate nel testo gli esercizi indicati con il simbolo

TOIRANO *17055 Savona* 561 J 6 – *2 031 ab. alt. 45.*
Roma 580 – Imperia 43 – Genova 87 – San Remo 71.

Al Ravanello Incoronato, via Parodi 27/A ℘ 0182 921991, – . AE VISA
chiuso dal 20 gennaio al 10 febbraio, martedì e a mezzogiorno (escluso da maggio a settembre) – **Pasto** carta 24/29.
◆ Un simpatico nome tratto dalla tradizione letteraria, un bel locale sorto non da molto e posizionato nello storico borgo di Toirano; confortevole, con piatti accattivanti.

TOLÈ *40040 Bologna* 562 J 15 – *alt. 678.*
Roma 374 – Bologna 42 – Modena 48 – Pistoia 66.

Falco D'Oro, via Venola 27 ℘ 051 919084, *e-mail@falcodoro.com, Fax 051 919068,* – – 60. AE VISA JCB
chiuso dal 25 novembre al 20 dicembre, gennaio e febbraio – **Pasto** carta 24/35 – **62 cam** 119/160.
◆ Ormai un'istituzione a Tolè, tanto che l'insegna dell'hotel sovrasta quella del paese; in posizione centrale, un vasto edificio, con bar pubblico, in continuo rinnovamento. Al ristorante casereccia cucina locale.

TOLENTINO *Macerata* 563 M 21 *G. Italia – alt. 224.*
Vedere *Basilica di San Nicola★★.*

TONALE (Passo del) *Trento e Brescia* 562 D 13 – *alt. 1 883 – a.s. febbraio-aprile e Natale – Sport invernali : 1 883/3 069 m 1 18, (anche sci estivo) collegato con impianti di Ponte di Legno.*
via Nazionale 12/b ℘ 0364 903838, tonale@valdisole.net, Fax 0364 903895.
Roma 688 – Sondrio 76 – Bolzano 94 – Brescia 130 – Milano 177 – Ponte di Legno 11 – Trento 90.

La Mirandola , località Ospizio 3 ✉ 38020 Passo del Tonale ℘ 0364 903933, *lamirandola@tin.it, Fax 0364 903922,* ←, Nel periodo invernale raggiungibile solo con gatto delle nevi – . VISA. rist
dicembre-Pasqua e 15 giugno-15 settembre – **Pasto** carta 24/35 – **30 cam** 75/104 – ½ P 76.
◆ Dall'accurato restauro dell'antico ospizio di S. Bartolomeo, per viandanti e pellegrini, risalente al 1100, un caldo rifugio: originale, di particolare fascino e confort. Specialità locali e cacciagione in caldi ambienti con soffitti a volte e pietre a vista.

Delle Alpi, via Circonvallazione 20 ✉ 38020 Passo del Tonale ℘ 0364 903919, *dellealpi@iridehotels.com, Fax 0364 903729,* ← – . VISA. rist
dicembre-Pasqua e dal 15 giugno al 15 settembre – **Pasto** carta 22/32 – **34 cam** 78/135 – ½ P 93.
◆ Vicino alla seggiovia di Valbiolo, un giovane e simpatico albergo realizzato in un personale stile montano; belle aree comuni, con stube, e camere soppalcate e solatie. Gradevoli ambienti accoglienti al ristorante: arredi e pavimenti lignei e pareti decorate.

Orchidea, via Ciconvallazione 24 ✉ 38020 Passo del Tonale ℘ 0364 903935, *hotelorchidea@tin.it, Fax 0364 903533,* ← – . AE VISA.
dicembre-aprile e luglio-agosto – **Pasto** carta 26/31 – **27 cam** 45/80 – ½ P 45.
◆ Di recente costruzione e gestito direttamente dai titolari, hotel con una tradizionale impostazione rustico-alpina; pulizia e semplice funzionalità.

Sole, via Nazionale 27 ✉ 38020 Passo del Tonale ℘ 0364 903970, *hotelsole@tin.it, Fax 0364 903944,* ←, – . AE VISA.
chiuso dal 5 maggio al 28 giugno e dal 15 settembre al 27 ottobre – **Pasto** carta 25/32 – 11 – **30 cam** 40/71.
◆ Già nella parte trentina del Passo, ed esistente ormai da un trentennio, ma rinnovata da poco, una risorsa valida, in perfetto stile montano soprattutto negli interni. Ristorante tipico, con stufe in maiolica, séparé e gran profusione di legno.

Dolomiti, Via Case Sparse 102 ✉ 25056 Ponte di Legno ℘ 0364 900251, *hoteldolomiti@pontedilegno.it, Fax 0364 900260,* ← – . AE VISA. rist
Pasto *(dicembre-aprile)* carta 31/46 – **50 cam** 90/100 – ½ P 65.
◆ Praticamente sulla nazionale, nel territorio comunale di Ponte di Legno, un buon punto d'appoggio per gli sportivi che possono godere della vicinanza degli impianti. In sala da pranzo atmosfera alpina e vetrate continue aperte su scenari suggestivi.

TONDI DI FALORIA *Belluno G. Italia – alt. 2 343.*
Vedere *★★★ Cortina d'Ampezzo 20 mn di funivia.*

TORBOLE-NAGO *Trento* 562 E 14 *G. Italia* – – *a.s. 23 dicembre-20 gennaio e Pasqua.*
a Torbole lungolago Verona 19 ✆ 0464 505177, Fax 0464 505643.
Roma 569 – Trento 39 – Brescia 79 – Milano 174 – Verona 83.

Torbole – *alt. 85* – ✉ *38069 :*

Piccolo Mondo, via Matteotti 7 ✆ 0464 505271, *info@hotelpiccolomondotorbole.it, Fax 0464 505295,* – rist, rist – *chiuso dal 9 novembre al 5 dicembre* – **Pasto** *(chiuso martedì)* carta 34/47 – **54 cam** 90/160 – ½ P 94.
◆ Sulla sponda trentina del Lago di Garda, una risorsa che vuol proporsi come un «piccolo mondo» ove trascorrere vacanze di relax nel confort; numerosi servizi e strutture. Al ristorante ambienti di taglio classico.

Lido Blu, via Foci del Sarca 1 ✆ 0464 505180, *lidoblu@lidoblu.it, Fax 0464 505931,* – rist, rist, – 50. rist
chiuso dal 10 novembre al 20 dicembre e dal 15 gennaio al 1° marzo – **Pasto** carta 24/39 – **40 cam** 90,50/161 – ½ P 91,50.
◆ Appagante posizione, direttamente in riva al lago, con spiaggia privata e porticciolo, e il verde attorno; un rifugio tranquillo, decoroso e comodo, per godersi il Garda. Vasta sala da pranzo interna e veranda esterna, accessibile direttamente dalla battigia.

La Terrazza, via Benaco 14 ✆ 0464 506083, *info@allaterrazza.com, Fax 0464 506083,* prenotare – . VISA JCB
chiuso febbraio, marzo, novembre e martedì – **Pasto** specialità pesce di lago carta 29/45.
◆ Ristorante situato nel centro della località, proprio di fronte al Garda; una saletta interna e servizio in veranda a vetrate scorrevoli, vista lago. Specialità lacustri.

Nago – *alt. 222* – ✉ *38060 :*

Atlantic Club Hotel, località Coe ✆ 0464 548200, *info@atlanticclubhotel.it, Fax 0464 548229,* lago e monti, – . VISA. rist
Pasto carta 26/33 – **60 cam** 75/120 – ½ P 110.
◆ Nuova struttura dalle linee architettoniche ricercate, a ridosso della montagna, in posizione panoramica e tranquilla. Arredi minimalisti d'ispirazione orientale. Sala ristorante con vista, dolcemente «riscaldata» da un ampio utilizzo del legno.

TORCELLO *Venezia* – *Vedere Venezia.*

TORGIANO *06089 Perugia* 563 M 19 *G. Italia* – *5 325 ab. alt. 219.*
Vedere *Museo del Vino*★.
Roma 158 – Perugia 15 – Assisi 27 – Orvieto 60 – Terni 69.

Le Tre Vaselle, via Garibaldi 48 ✆ 075 9880447, *3vaselle@3vaselle.it, Fax 075 9880214,* – – 200. VISA.
Pasto al Rist. ***Le Melagrane*** (prenotare) carta 44/58 – **60 cam** 190/220.
◆ Tre boccali conventuali del 1600, all'ingresso, danno il nome a questa struttura complessa, affascinante: una casa patrizia del '700, per ospitalità di livello assoluto. Ingredienti ricercati per il menù proposto nel raffinato ristorante.

Scriveteci...
Le vostre critiche e i vostri apprezzamenti saranno esaminati con la massima attenzione.
Verificheremo personalmente gli esercizi che ci vorrete segnalare
Grazie per la collaborazione !

TORINO

10100 P 561 G 5 G. Italia – 900 987 ab. alt. 239.

Roma 669 ⑦ – Briançon 108 ⑪ – Chambéry 209 ⑪ – Genève 252 ③ – Genova 170 ⑦ – Grenoble 224 ⑪ – Milano 140 ③ – Nice 220 ⑨.

UFFICIO INFORMAZIONI TURISTICHE

piazza Castello 161 ✉ 10122 ✆ 011 535181, Fax 011 530070.

Stazione Porta Nuova ✉ 10125 ✆ 011 531327, Fax 011 5617095.

Aeroporto Torino Caselle ✉ 10123 ✆ 011 5678124.

A.C.I. *via Giovanni Giolitti 15 ✉ 10123 ✆ 011 57791.*

INFORMAZIONI PRATICHE

Città di Torino di Caselle per ① : 15 km ✆ 011 5676361.
Alitalia, via Cernaia 18 ✉ 10122 ✆ 011 57691, Fax 011 5769220.

27 *I Roveri (marzo-novembre ; chiuso lunedì) a La Mandria ✉ 10070 Fiano Torinese ✆ 011 9235719, Fax 011 9235669 per ① : 18 km ;*

18 e 18 *Torino (chiuso lunedì gennaio e febbrario) a Fiano Torinese ✉ 10070 ✆ 011 9235440, Fax 011 9235886, per ① : 20 km ;*

18 *Le Fronde (chiuso martedì, gennaio e febbraio) ad Avigliana ✉ 10051 ✆ 011 9328053, Fax 011 9320928, Ovest : 24 km ;*

9 *Stupinigi (chiuso lunedì) corso Uniane Sovietica 506 a ✉ 10135 Torino ✆ 011 3472640, Fax 011 3978038* **FU** *;*

LUOGHI DI INTERESSE

Piazza San Carlo★★ **CXY** – *Museo Egizio★★★, galleria Sabauda★★ nel palazzo dell'Accademia delle Scienze* **CX M**[1] – *Duomo★* **VX** *: reliquia della Sacra Sindone★★★ – Mole Antonelliana★ : ✳★★* **DX**
Palazzo Madama★ : museo d'Arte Antica★ **CX A** – *Palazzo Reale★ : Armeria Reale★* **CDVX** – *Museo del Risorgimento★ a palazzo Carignano★★* **CX M**[2] – *Museo dell'Automobile Carlo Biscaretti di Ruffia★★* **GU M**[5] – *Borgo Medioevale★ nel parco del Valentino* **CDZ.**

DINTORNI

Basilica di Superga★ : ≤★★★ **HT** – *Sacra di san Michele★★★ – Circuito della Maddalena★* **GHTU** *: ≤★★ sulla città dalla strada Superga-Pino Torinese, ≤★ sulla città dalla strada Colle della Maddalena-Cavoretto – Palazzina di caccia di Stupinigi★* **FU.**

In occasione di alcune manifestazioni commerciali o turistiche i prezzi degli alberghi potrebbero subire un sensibile aumento (informatevi al momento della prenotazione).

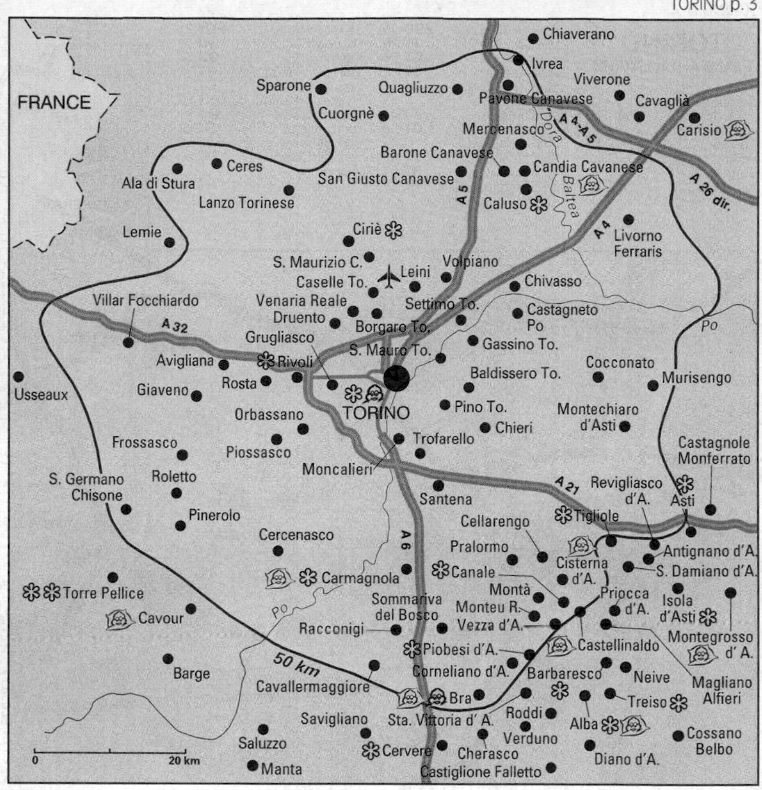

In questa guida
uno stesso simbolo, una stessa parola
stampati in rosso o in nero,
hanno un significato diverso.
Leggete attentamente le pagine dell'introduzione.

Scriveteci...
Le vostre critiche e i vostri apprezzamenti saranno esaminati
con la massima attenzione.
Verificheremo personalmente gli esercizi che ci vorrete segnalare
Grazie per la collaborazione !

TORINO
PIANTA D'INSIEME

Aeroporto (Strada dell') **GT** 2
Agnelli (Corso G.) **FU** 3
Agudio (Via T.) .... **HT** 5
Bogino (Via) ...... **GU** 8
Borgaro (Via) ..... **GT** 9
Cebrosa (Str. d.) ... **HT** 22
Cosenza (Corso) **FGU** 29
De Sanctis (Via F.) ..... **FT** 30
Garibaldi (Corso) ..... **GT** 36
Grosseto (Corso) .... **GT** 39
Lazio (Lungo Stura) .... **HT** 41
Maroncelli (Corso P.) .... **GU** 43
Potenza (Corso) ..... **GT** 58
Rebaudengo (P. Conti) **GT** 59
Regio Parco (Corso) .. **HT** 61
S.M. Mazzarello (Via) .. **FT** 68
Sansovino (Via A.) .... **FGT** 71
Savona (Corso) .... **GU** 72
Sestriere (Via) .... **GU** 74
Stampini (Via E.) ...... **GT** 78
Stradella (Via) .... **GT** 79
Thovez (Viale E.) .... **GHT** 80
Torino (Strada) ...... **GU** 81
Torino (Viale) .... **FU** 82
Unità d'Italia (Corso) .. **GU** 86
Vercelli (Corso) .... **HT** 89
Voghera (Lungo Dora) ...... **HT** 92

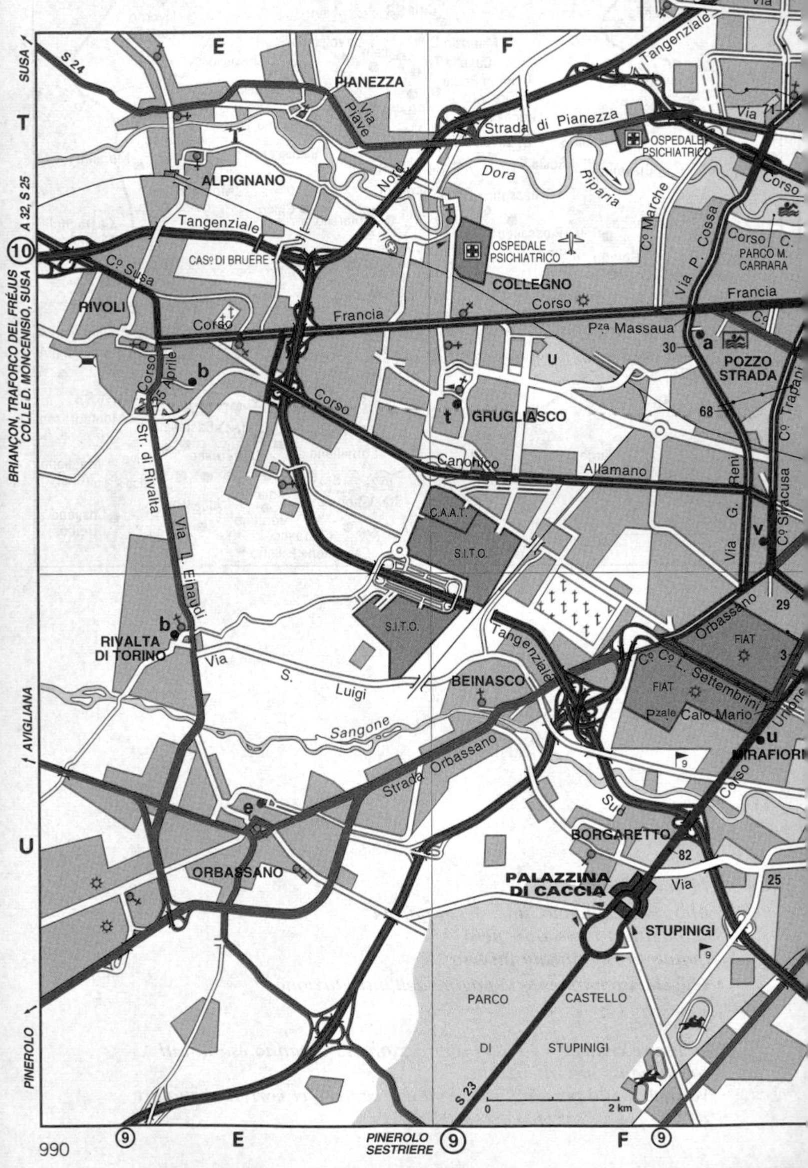

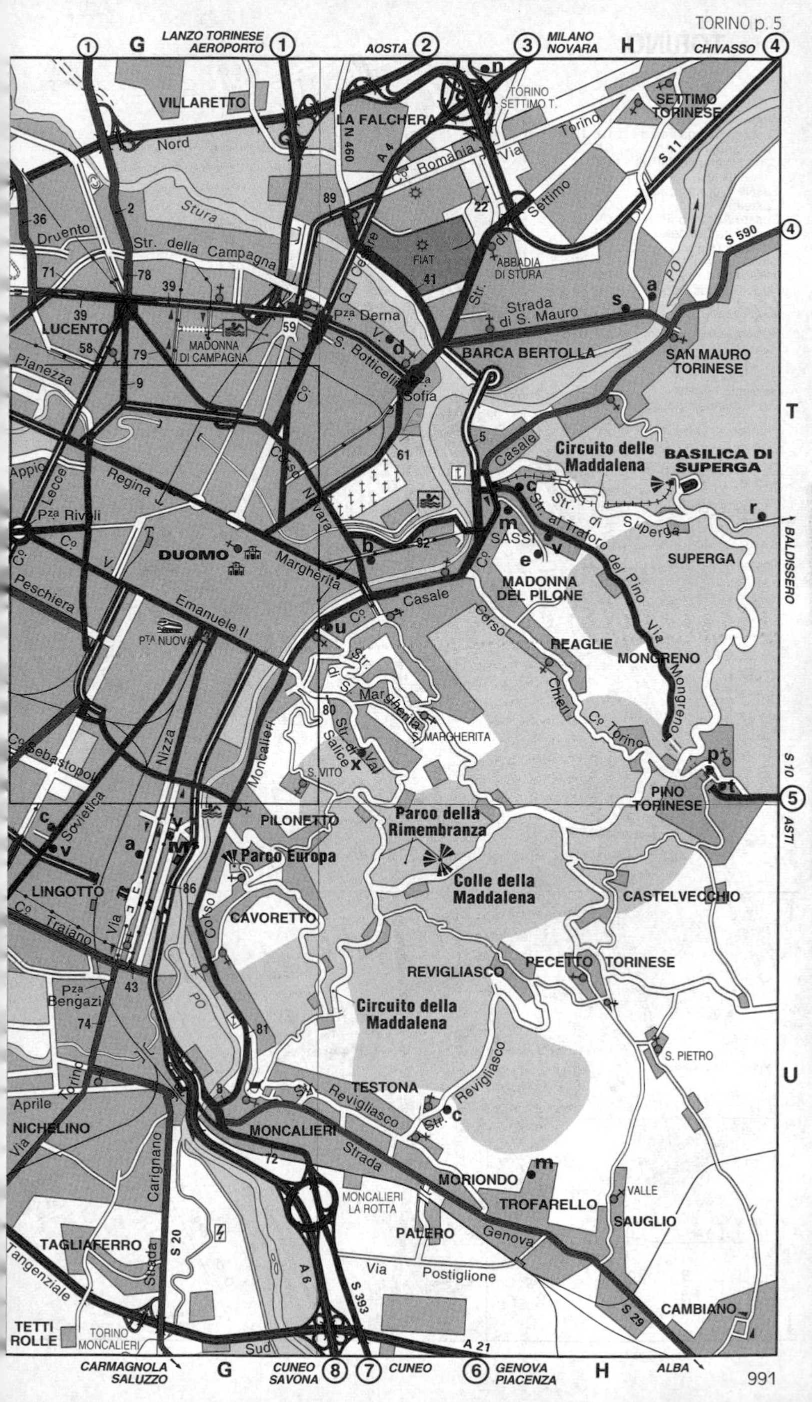
LANZO TORINESE
AEROPORTO
AOSTA
MILANO
NOVARA
CHIVASSO
VILLARETTO
LA FALCHERA
TORINO
SETTIMO T.
SETTIMO
TORINESE
Nord
Stura
C° Romania
Via Torino
Settimo
S 11
FIAT
ABBADIA
DI STURA
S 590
PO
Druento
Str. della Campagna
Str. di S. Mauro
Strada
LUCENTO
MADONNA
DI CAMPAGNA
P^za Derna
V. S. Botticelli
P^za Sofia
BARCA BERTOLLA
SAN MAURO
TORINESE
Pianezza
Circuito delle
Maddalena
BASILICA DI
SUPERGA
Casale
Appio
Lecce
Regina
Corso Novara
P^za Riveli
DUOMO
Margherita
SASSI
Str. al Traforo del Pino
Str. di Superga
SUPERGA
BALDISSERO
Peschiera
Emanuele II
P^TA NUOVA
C° Casale
MADONNA
DEL PILONE
Corso Chieri
REAGLIE
Via Mongreno
MONGRENO
Str. di S. Margherita
S. MARGHERITA
Str. di Val Salice
S. VITO
Moncalieri
Nizza
C° Sebastopol
C° Torino
PINO
TORINESE
S 10
ASTI
Sovietica
PILONETTO
Parco della
Rimembranza
Parco Europa
Colle della
Maddalena
LINGOTTO
C° Traiano
Via
Corso
CAVORETTO
CASTELVECCHIO
REVIGLIASCO
PECETTO TORINESE
P^za Bengazi
PO
Circuito della
Maddalena
S. PIETRO
TESTONA
Str. Revigliasco
Aprile
Torino
NICHELINO
MONCALIERI
Strada
MORIONDO
TROFARELLO
VALLE
SAUGLIO
MONCALIERI
LA ROTTA
Carignano
PALERO
Genova
TAGLIAFERRO
S 20
A 6
S 393
Via Postiglione
Tangenziale
Strada
S 29
CAMBIANO
TETTI
ROLLE
TORINO
MONCALIERI
Sud
A 21
CARMAGNOLA
SALUZZO
CUNEO
SAVONA
CUNEO
GENOVA
PIACENZA
ALBA

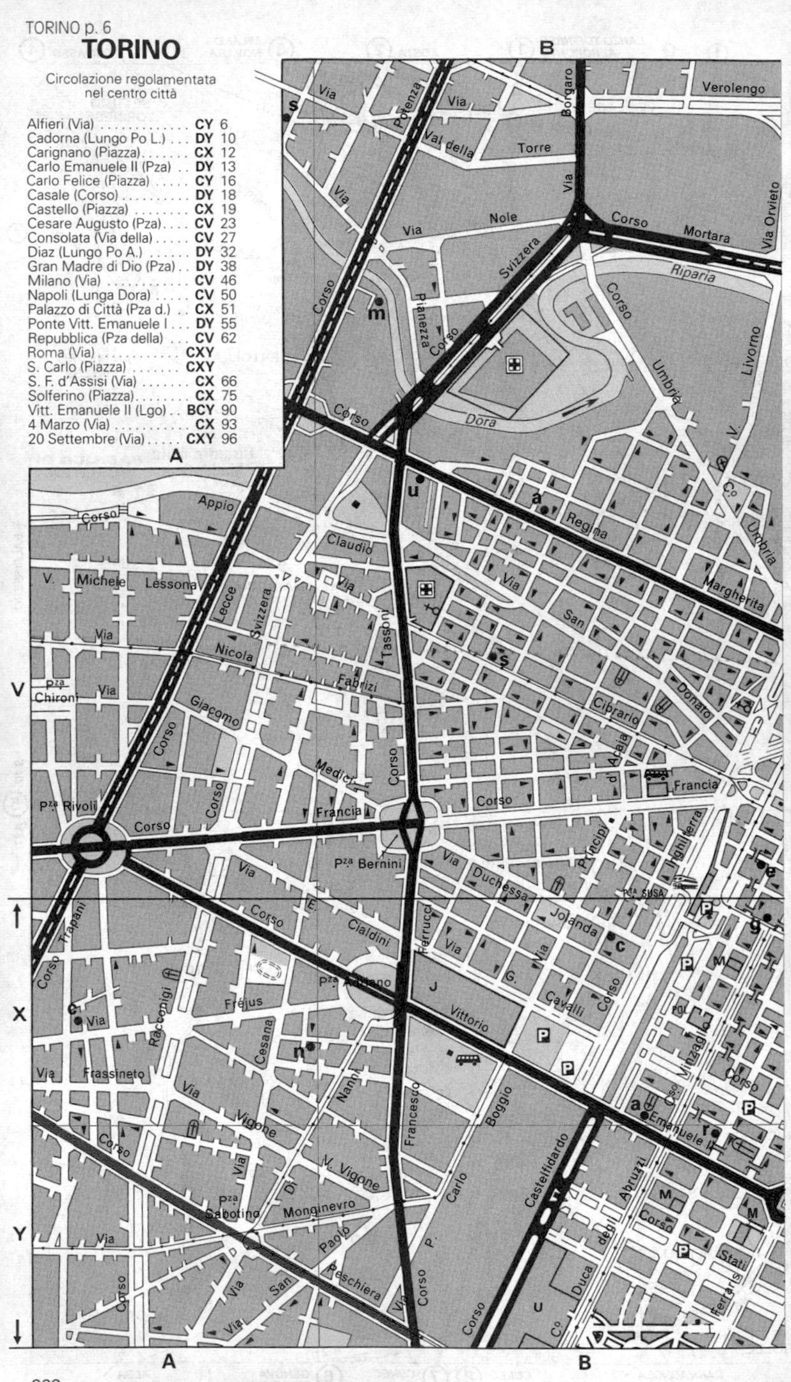
TORINO
Circolazione regolamentata
nel centro città
Alfieri (Via) . . . . CY 6
Cadorna (Lungo Po L.) . . . DY 10
Carignano (Piazza) . . . . CX 12
Carlo Emanuele II (Pza) . . DY 13
Carlo Felice (Piazza) . . . . . CY 16
Casale (Corso) . . . . DY 18
Castello (Piazza) . . . . CX 19
Cesare Augusto (Pza) . . . . CV 23
Consolata (Via della) . . . . . CV 27
Diaz (Lungo Po A.) . . . . . . DY 32
Gran Madre di Dio (Pza) . . DY 38
Milano (Via) . . . . CV 46
Napoli (Lunga Dora) . . . . . CV 50
Palazzo di Città (Pza d.) . . CX 51
Ponte Vitt. Emanuele I . . . DY 55
Repubblica (Pza della) . . . CV 62
Roma (Via) . . . . CXY
S. Carlo (Piazza) . . . . CXY
S. F. d'Assisi (Via) . . . . CX 66
Solferino (Piazza) . . . . CX 75
Vitt. Emanuele II (Lgo) . . BCY 90
4 Marzo (Via) . . . . CX 93
20 Settembre (Via) . . . . . CXY 96
A
B
V
X
Y
Verolengo
Borgaro
Torre
Nole
Corso Mortara
Via Orvieto
Svizzera
Riparia
Potenza
Pianezza
Corso Dora
Umbria
Livorno
Appio
Claudio
Regina Margherita
Michele Lessona
Lecce
Tassoni
Nicola Fabrizi
San Donato
Cibrario
P^za Chironi
Giacomo Medici
Francia
d'Acaia
P^za Rivoli
Principi
Inghilterra
P^za Bernini
Duchessa Jolanda
P^za SUSA
Trapani
Cialdini
Ferrucci
G. Cavalli
P^za Adriano
Racconigi
Fréjus
Vittorio Emanuele II
Cesana
Frassineto
Nanni
Vigone
V. Vigone
Francesco
Boggio
Castelfidardo
Minzaglio
P^za Sabotino
Monginevro
Paolo
Carlo
Peschiera
Abruzzi
Duca degli Abruzzi
Stati
Ferraris

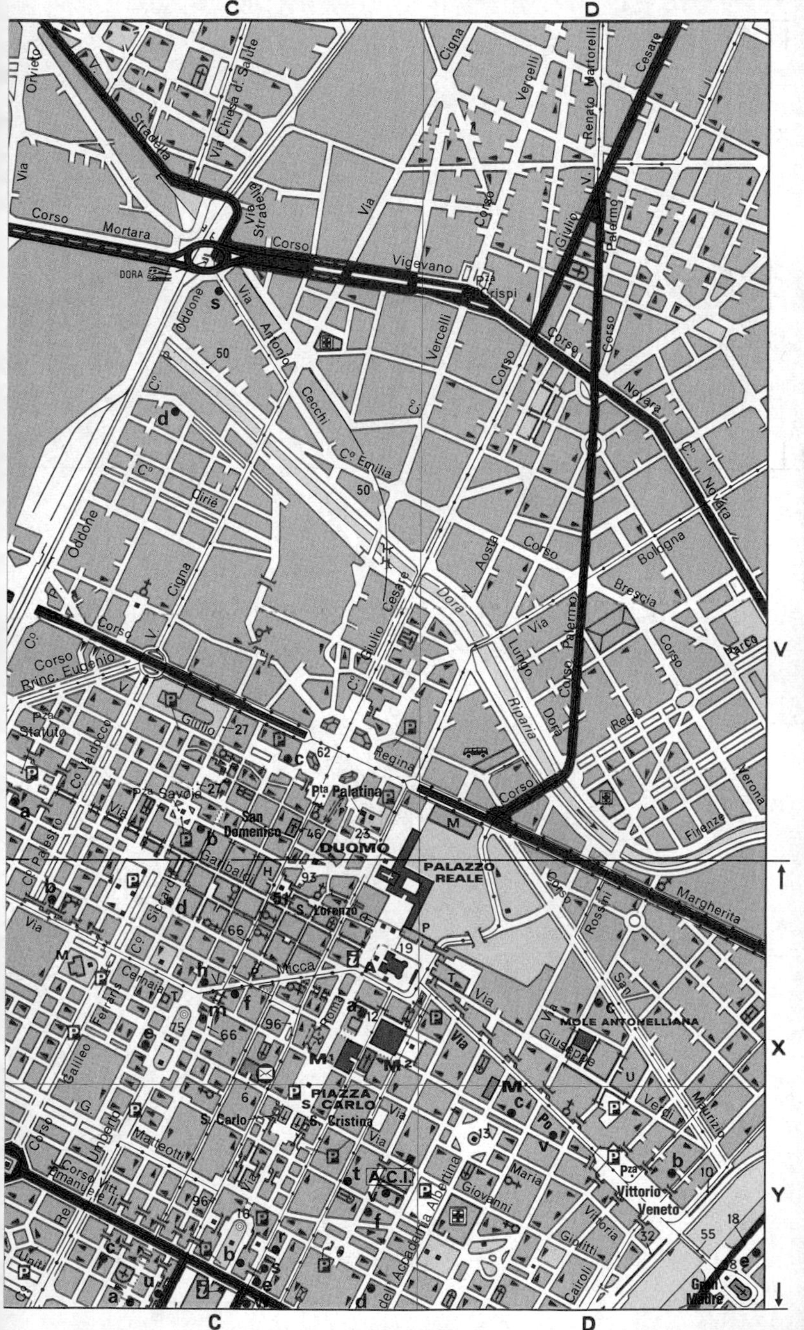
C
D
V
X
Y
Corso Mortara
Corso Vigevano
Pza Crispi
Corso Novara
Corso Palermo
Via Cigna
Corso Giulio Cesare
Via Antonio Cecchi
Cº Emilia
Corso Vercelli
Via Stradella
Via Chiesa d. Salute
Via Orvieto
Corso Oddone
Cº Ciriè
Via Cigna
Corso Aosta
Corso Bologna
Corso Brescia
Corso Parco
Dora
Lungo Dora Riparia
Corso Regio Parco
Corso Verona
Corso Firenze
Corso Regina
Corso Principe Eugenio
Pza Statuto
Cº Valdocco
Pza Savoia
San Domenico
Pta Palatina
DUOMO
PALAZZO REALE
Corso Margherita
Corso Rossini
Via Garibaldi
S. Lorenzo
Cº Palestro
Via Cernaia
Via Micca
Via Roma
Via Po
MOLE ANTONELLIANA
Via Giuseppe Verdi
Via San Maurizio
PIAZZA S. CARLO
S. Carlo
S. Cristina
A.C.I.
Via Maria Vittoria
Via Giovanni
Via dell'Accademia Albertina
Pza Vittorio Veneto
Via Giolitti
Via Cairoli
Gran Madre
Corso Vitt. Emanuele II
Corso Re Umberto
Via Matteotti
Corso Galileo Ferraris
Cº Siccardi
DORA
M
M1
M2
P

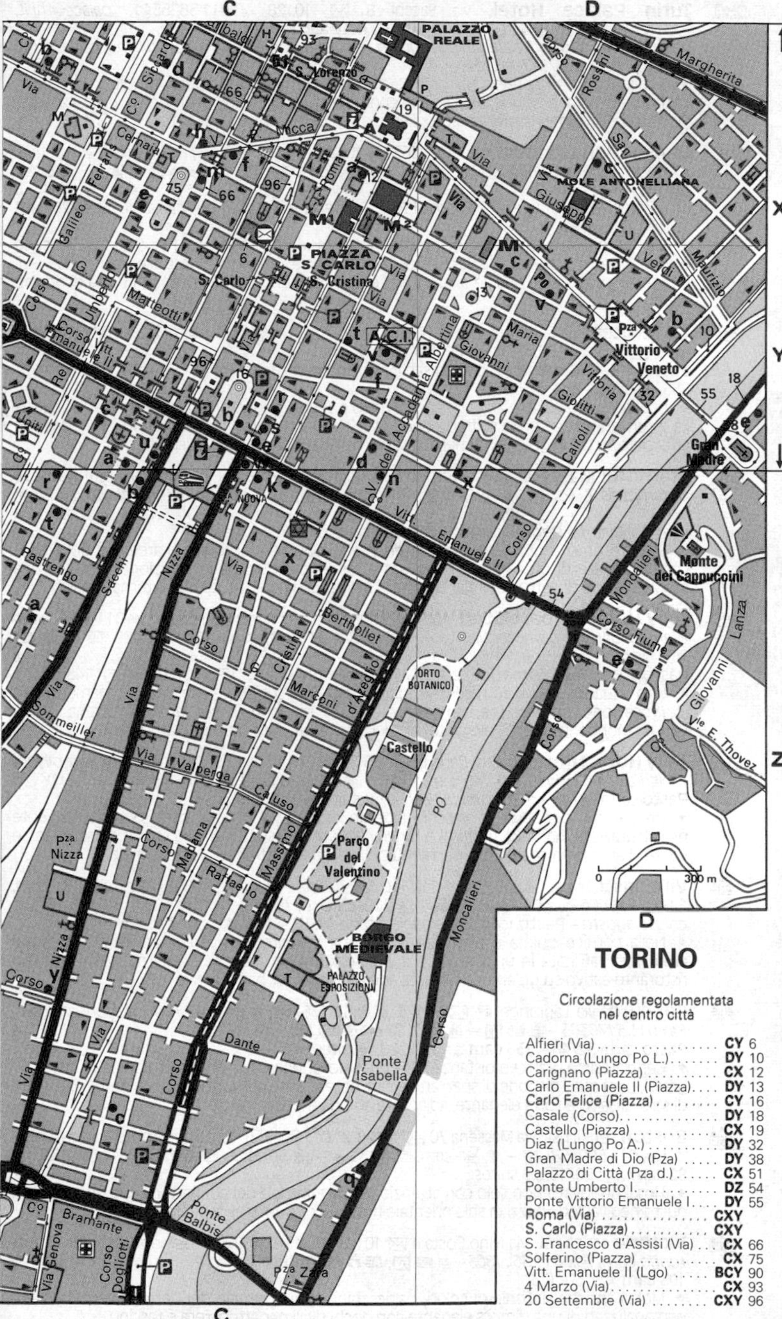
C
D
X
Y
Z
PALAZZO REALE
S. Lorenzo
MOLE ANTONELLIANA
PIAZZA S. CARLO
S. Carlo
S. Cristina
A.C.I.
Pza Vittorio Veneto
Gran Madre
Monte dei Cappuccini
ORTO BOTANICO
Castello
Parco del Valentino
BORGO MEDIEVALE
PALAZZO ESPOSIZIONI
Ponte Isabella
Ponte Balbis
Pza Zara
Pza Nizza
PO
0
300 m
TORINO
Circolazione regolamentata nel centro città
Alfieri (Via) . . . . CY 6
Cadorna (Lungo Po L.) . . . . DY 10
Carignano (Piazza) . . . . CX 12
Carlo Emanuele II (Piazza) . . . . DY 13
Carlo Felice (Piazza) . . . . CY 16
Casale (Corso) . . . . DY 18
Castello (Piazza) . . . . CX 19
Diaz (Lungo Po A.) . . . . DY 32
Gran Madre di Dio (Pza) . . . . . DY 38
Palazzo di Città (Pza d.) . . . . . . CX 51
Ponte Umberto I . . . . DZ 54
Ponte Vittorio Emanuele I . . . . DY 55
Roma (Via) . . . . CXY
S. Carlo (Piazza) . . . . CXY
S. Francesco d'Assisi (Via) . . . CX 66
Solferino (Piazza) . . . . CX 75
Vitt. Emanuele II (Lgo) . . . . . BCY 90
4 Marzo (Via) . . . . CX 93
20 Settembre (Via) . . . . CXY 96

Turin Palace Hotel, via Sacchi 8 ✉ 10128 ☎ 011 5625511, *palace@thi.it, Fax 011 5612187* – |‡| ▤ TV ♿ – 🏛 200. AE ⓢ ⓓ MC VISA. ✂ CY u
Pasto al Rist. ***Vigna Reale*** *(chiuso agosto, sabato e domenica a mezzogiorno)* carta 28/44 – **120 cam** ☕ 225/277, suite.
◆ Tradizione e raffinatezza nel grande albergo «immagine» di Torino da oltre un secolo; calda atmosfera e sobria eleganza d'epoca negli ampi saloni comuni e nelle camere. Ricercato décor nel ristorante, accogliente e signorile; servizio accurato.

Le Meridien Lingotto, via Nizza 262 ✉ 10126 ☎ 011 6642000, *reservations@lemeridien-lingotto.it, Fax 011 6642001*, ⛱, 🌳 – |‡|, ✂ cam, ▤ TV ☎ ♿ 🚗 P – 🏛 67. AE ⓢ ⓓ MC VISA. ✂ GU a
chiuso dal 10 al 26 agosto – **Pasto** al Rist. ***Torpedo*** *(chiuso lunedì)* carta 41/55 – **226 cam** ☕ 290, 14 suites.
◆ C'è un giardino tropicale in questo hotel moderno, ospitato nel Lingotto, riuscito esempio di recupero di architettura industriale; camere lussuose con pezzi di design. Comode poltroncine ai tavoli dell'elegante e luminoso ristorante; cucina di ottimo livello.

Gd H. Sitea, via Carlo Alberto 35 ✉ 10123 ☎ 011 5170171, *sitea@thi.it, Fax 011 548090* – |‡| ▤ TV ☎ – 🏛 100. AE ⓢ ⓓ MC VISA JCB. ✂ rist CY t
Pasto al Rist. ***Carignano*** *(chiuso sabato a mezzogiorno)* carta 42/53 – **114 cam** ☕ 190/255, 2 suites – ½ P 155,50.
◆ Ospitalità, atmosfera, arredi d'epoca: tutto è sotto il segno di una curatissima raffinatezza in un grande albergo di tradizione (dal 1925), rinnovato in anni recenti. Belle finestre affacciate su un angolo verde nel ristorante dall'eleganza sobria e discreta.

Starhotel Majestic, corso Vittorio Emanuele II 54 ✉ 10123 ☎ 011 539153, *majestic.to@starhotels.it, Fax 011 534963* – |‡|, ✂ cam, ▤ TV ♿ – 🏛 500. AE ⓢ ⓓ MC VISA JCB. ✂ CY e
Pasto al Rist. ***Le Regine*** carta 43/65 – **162 cam** ☕ 239, 2 suites.
◆ Spazi, ottimo confort, eleganza e servizi adeguati nelle accoglienti aree comuni e nelle curate camere di un albergo, rinnovato totalmente, in comoda posizione centrale. Una grande cupola di vetro colorato domina la bella sala da pranzo; cucina internazionale.

Jolly Hotel Ambasciatori, corso Vittorio Emanuele II 104 ✉ 10121 ☎ 011 5752, *torino-ambasciatori@jollyhotels.it, Fax 011 544978* – |‡|, ✂ cam, ▤ TV – 🏛 400. AE ⓢ ⓓ MC VISA. ✂ rist BX a
Pasto al Rist. ***Il Diplomatico*** carta 39/63 – **199 cam** ☕ 195/225, 4 suites – ½ P 148,50.
◆ Uno squadrato edificio recente ospita un hotel in continua fase di aggiornamento, ad alta vocazione congressuale; camere confortevoli, secondo gli standard della catena. Grandi vetrate inondano di luce l'elegante sala del ristorante, dalla raffinata atmosfera.

Jolly Hotel Ligure, piazza Carlo Felice 85 ✉ 10123 ☎ 011 55641, *torino_ligure@jollyhotels.it, Fax 011 535438* – |‡|, ✂ cam, ▤ TV – 🏛 200. AE ⓢ ⓓ MC VISA. ✂ rist CY b
Pasto carta 31/45 – **167 cam** ☕ 196/229, 2 suites – ½ P 150,50.
◆ Un palazzo dell'800, già vecchio albergo di tradizione della città; ora una sapiente ristrutturazione ha reso moderni e funzionali tanto gli spazi comuni che le camere. Basse volte ad arco nella sala ristorante; menù del giorno e piatti di cucina nazionale.

Villa Sassi 🐎, strada al Traforo del Pino 47 ✉ 10132 ☎ 011 8980556, *info@villasassi.com, Fax 011 8980095*, ⛱ – |‡| ▤ TV P – 🏛 200. AE ⓢ ⓓ MC VISA. ✂ rist HT c
chiuso agosto – **Pasto** *(chiuso domenica)* carta 49/67 – **16 cam** ☕ 185/240.
◆ Nella cornice quieta e rilassante di un grande parco, troverete ambienti signorili e atmosfera raffinata in un'aristocratica villa seicentesca; attrezzate sale convegni. Servizio ristorante estivo su un'amena terrazza, ideale anche per banchetti.

Concord, via Lagrange 47 ✉ 10123 ☎ 011 5176756, *prenotazioni@hotelconcord.com, Fax 011 5176305* – |‡| ▤ TV – 🏛 200. AE ⓢ ⓓ MC VISA JCB. ✂ rist CY s
Pasto carta 32/48 – **135 cam** ☕ 230/280, 4 suites – ½ P 135.
◆ Centralissima, a breve distanza da Porta Nuova, una comoda struttura, ideale per congressi, per i quali dispone di spazi ampi e attrezzati; zone comuni ben distribuite. Ristorante di stile classico e tono elegante, adiacente ad un american bar.

Boston senza rist, via Massena 70 ✉ 10128 ☎ 011 500359, *direzione@hotelbostontorino.it, Fax 011 599358*, 🌳 – |‡|, ✂ cam, ▤ TV ☎ ♿ – 🏛 50. AE ⓢ ⓓ MC VISA BZ c
82 cam ☕ 120/160, 5 suites.
◆ Hotel rinnovato non solo con attenzione alle esigenze del confort, ma anche con buon gusto negli arredi; pezzi in stile orientale nelle nuove camere; ospitalità curata.

Victoria senza rist, via Nino Costa 4 ✉ 10123 ☎ 011 5611909, *reservation@hotelvictoria-torino.com, Fax 011 5611806* – |‡| ▤ TV. AE ⓢ ⓓ MC VISA. ✂ CY v
103 cam ☕ 130/173.
◆ Mobili antichi, sinfonie di colori, baldacchini, cura puntuale dei dettagli negli ambienti personalizzati di una dimora elegante con pochi rivali per atmosfera e fascino.

Diplomatic, via Cernaia 42 ✉ 10122 ☏ 011 5612444, *info@hotel-diplomatic.it, Fax 011 540472* – |‡|, ⇔ cam, ▤ TV ☏ – 🏛 180. AE ⓢ ⓓ ⓜ VISA. ✗ rist BX g
Pasto *(chiuso sabato e domenica)* (solo per alloggiati) – **123 cam** ☕ 200/260, 3 suites – ½ P 156.
◆ Nei pressi della stazione Porta Susa, sotto gli ottocenteschi portici torinesi si apre la moderna hall di un hotel recente; camere non grandi, ma con ottimi confort.

City senza rist, via Juvarra 25 ✉ 10122 ☏ 011 540546, *cityhotel@iol.it, Fax 011 548188* – |‡| ▤ TV 🚗 – 🏛 60. AE ⓢ ⓓ ⓜ VISA JCB. ✗ BV e
☕ 7,75 **57 cam** 180/232.
◆ Arredamento contemporaneo originale e molto personalizzato in un albergo in comoda posizione vicino alla stazione di Porta Susa; camere tranquille e ben accessoriate.

Pacific Hotel Fortino, strada del Fortino 36 ☏ 011 5217757, *hotelfortino@pacifichotel s.it, Fax 011 5217749* – ⇔ cam, ▤ TV ☏ ♿ 🚗 – 🏛 450. AE ⓢ ⓓ ⓜ VISA JCB. ✗ CV d
Pasto carta 37/49 – ☕ 13 – **92 cam** 168/222, 8 suites.
◆ Albergo di taglio moderno con attenzioni particolari per le esigenze della clientela d'affari. Disponibili alcune suites con dotazioni informatiche all'avanguardia. Ristorante dai grandi spazi, ricavato nell'area dedicata ai congressi.

Holiday Inn Turin City Centre, via Assietta 3 ✉ 10128 ☏ 011 5167111, *hi.torit@libero .it, Fax 011 5167699* – |‡|, ⇔ cam, ▤ TV ☏ ♿ 🚗 – 🏛 40. AE ⓢ ⓓ ⓜ VISA JCB. ✗ rist CY a
Pasto *(chiuso a mezzogiorno)* 20 – **57 cam** ☕ 160/212.
◆ Centrale, moderna risorsa all'interno di un palazzo ottocentesco ristrutturato; servizi di tecnologia avanzata e idromassaggio (vasche o docce) o sauna nelle camere. Impostazione e tono di contemporanea ispirazione anche nel ristorante.

Genio senza rist, corso Vittorio Emanuele II 47 ✉ 10125 ☏ 011 6505771, *info@hotelgenio .it, Fax 011 6508264* – |‡|, ⇔ cam, ▤ TV – 🏛 25. AE ⓢ ⓓ ⓜ VISA JCB CYZ w
117 cam ☕ 98/134, 3 suites.
◆ Accanto alla stazione di Porta Nuova, un albergo che, dopo i lavori di ampliamento e ristrutturazione, offre ambienti di una certa eleganza; camere curate nei dettagli.

Royal, corso Regina Margherita 249 ✉ 10144 ☏ 011 4376777, *info@hotelroyal.to, Fax 011 4376393* – |‡| ▤ TV ♿ 🚗 P – 🏛 600. AE ⓢ ⓓ ⓜ VISA JCB. ✗ BV u
Pasto *(chiuso sabato e domenica a mezzogiorno)* carta 29/39 – **75 cam** ☕ 110/150 – ½ P 96.
◆ La posizione decentrata non danneggia questo albergo di buon livello, ristrutturato in anni recenti, che lavora con ogni tipo di clientela; attrezzato centro congressi. Ambiente classico di una certa raffinatezza nella sala del ristorante.

Genova e Stazione senza rist, via Sacchi 14/b ✉ 10128 ☏ 011 5629400, *hotel.genova @hotelres.it, Fax 011 5629896* – |‡| ▤ TV ♿ – 🏛 70. AE ⓢ ⓓ ⓜ VISA CZ b
78 cam ☕ 98/135, 2 suites.
◆ A Porta Nuova, ambiente signorile in una struttura ottocentesca che aggiornandosi ha saputo coniugare la classicità degli interni con le moderne esigenze del confort.

Giotto senza rist, via Giotto 27 ✉ 10126 ☏ 011 6637172, *giottohotel@libero.it, Fax 011 6637173* – |‡| ▤ TV. AE ⓢ ⓓ ⓜ VISA JCB. ✗ CZ c
50 cam ☕ 115/148.
◆ Decentrato, non lontano dal Lingotto e dal Valentino, un moderno albergo rinnovato negli interni; complete nei confort le camere, con vasche o docce idromassaggio.

Lancaster senza rist, corso Filippo Turati 8 ✉ 10128 ☏ 011 5681982, *hotel@lancaster.it, Fax 011 5683019* – |‡| ▤ TV ♿ – 🏛 40. AE ⓢ ⓓ ⓜ VISA BZ r
chiuso dal 5 al 20 agosto – **75 cam** ☕ 103/136.
◆ In un quartiere residenziale semicentrale, una risorsa signorile, con moderni confort e arredi di buon gusto sia nelle zone comuni che nelle camere, di livello superiore.

Crimea senza rist, via Mentana 3 ✉ 10133 ☏ 011 6604700, *hotel.crimea@hotelres.it, Fax 011 6604912* – |‡| ▤ TV ☏ – 🏛 35. AE ⓢ ⓓ ⓜ VISA DZ e
49 cam ☕ 98/140, suite.
◆ Piacevoli interni di eleganza sobria e discreta in un albergo in tranquilla posizione in una zona residenziale precollinare; arredi recenti nelle confortevoli camere.

Gran Mogol senza rist, via Guarini 2 ✉ 10123 ☏ 011 5612120, *info@hotelgranmogol.it, Fax 011 5623160* – |‡|, ⇔ cam, ▤ TV. AE ⓢ ⓓ ⓜ VISA CY r
chiuso dal 24 al 31 dicembre e dal 1° al 22 agosto – **45 cam** ☕ 98/134.
◆ Centralissimo, nei pressi del Museo Egizio, un hotel signorile, rinnovato, dagli interni riposanti, per clientela sia di lavoro che turistica; stanze di buon confort.

Piemontese senza rist, via Berthollet 21 ✉ 10125 ☏ 011 6698101, *info@hotelpiemonte se.it, Fax 011 6690571* – |‡| ⇔ ▤ TV P. AE ⓢ ⓓ ⓜ VISA CZ x
39 cam ☕ 124/134.
◆ Costante opera di rinnovo delle camere (alcune con vasca idromassaggio o doccia sauna) in un hotel tra Porta Nuova e il Po; colorate soluzioni d'arredo nelle zone comuni.

Amadeus senza rist, via Principe Amedeo 41 bis 10123 011 8174951, *Fax 011 8174953* – . AE VISA JCB DY v
chiuso agosto – **26 cam** 90/115, 2 suites.
◆ Vicino alla Mole Antonelliana, ha camere di taglio moderno, recentemente rinnovate, alcune con angolo cottura; sala colazioni in un originale giardino d'inverno.

Cairo senza rist, via La Loggia 6 10134 011 3171555, *hcairo@ipsnet.it, Fax 011 3172027* – . AE VISA. GU v
chiuso dal 1° al 28 agosto – **50 cam** 100/140.
◆ Periferica, con possibilità di parcheggio, una risorsa a gestione familiare, dagli interni accoglienti; le nuove camere nella dépendance offrono un confort superiore.

Due Mondi, via Saluzzo 3 10125 011 6698981, *2mondi@hotelduemondi.it, Fax 011 6699383* – . AE VISA. CZ k
chiuso dal 10 al 20 agosto – **Pasto** carta 26/37 – **42 cam** 119/155 – ½ P 99.
◆ Adiacente a Porta Nuova e a pochi passi da via Roma, ambiente signorile e familiare in un albergo in fase di rinnovo; camere diversificate, dotate di buoni confort.

Liberty, via Pietro Micca 15 10121 011 5628801, *hotelliberty@tiscalinet.it, Fax 011 5628163* – . AE VISA CX f
Pasto 25/30 – **35 cam** 90/125.
◆ Al 3° piano di un palazzo d'epoca nel cuore del centro storico, un hotel dotato di fascino; se amate respirare aria d'antico, chiedete le camere al piano d'ingresso. Atmosfera e ambientazione fin du siècle anche nel ristorante.

President, via Cecchi 67 10152 011 859555, *info@hotelpresident-to.it, Fax 011 2480465* – . AE VISA JCB. CV s
Pasto *(chiuso agosto)* (solo per alloggiati) carta 22/47 – **72 cam** 75/95 – ½ P 64,50.
◆ Costruita alla fine degli anni '70, una struttura funzionale, in posizione facilmente raggiungibile dall'autostrada; camere di discreto confort, in parte rinnovate.

Des Artistes senza rist, via Principe Amedeo 21 10123 011 8124416, *info@desartistseshotel.it, Fax 011 8124466* – . AE VISA. DY c
22 cam 90/125.
◆ Accoglienza garbata e attenta in un albergo centrale, in attività da una decina di anni, pulito e curato; arredi recenti sia nelle zone comuni che nelle camere.

Montevecchio senza rist, via Montevecchio 13 10128 011 5620023, *montevecchio@email.it, Fax 011 5623047* – . AE VISA JCB CZ t
chiuso 10 giorni in agosto – **29 cam** 67/88.
◆ Gestione diretta per un piccola risorsa, semplice, pulita e ben tenuta, in comoda posizione nei pressi della stazione di Porta Nuova; buon rapporto qualità/prezzo.

Giada senza rist, via Gasparo Barbera 6 10135 011 3489383, *Fax 011 3489383* – . AE VISA. FU u
28 cam 57/73.
◆ Periferico, in zona Mirafiori, arredi e atmosfera anni '60 in un piccolo albergo modesto, ma dignitoso; camere con mobili e confort essenziali.

Del Cambio, piazza Carignano 2 10123 011 543760, *cambio@thi.it, Fax 011 535282,* Locale storico-gran tradizione, prenotare – . AE VISA JCB. CX a
chiuso dal 1° al 7 gennaio, dal 12 al 18 agosto e domenica – **Pasto** 64 e carta 50/64 (15 %).
◆ Il regale passato torinese e lo spirito di Cavour aleggiano ancora nei ricchi interni con decorazioni ottocentesche di un locale storico; gran tradizione anche in cucina.

Vintage 1997, piazza Solferino 16/h 10121 011 535948, *info@vintage1997.com, Fax 011 535948,* prenotare – . AE VISA CX e
chiuso dal 1° al 7 gennaio, dal 6 al 31 agosto, sabato a mezzogiorno e domenica – **Pasto** carta 40/58.
◆ Tessuti rossi ed elegante boiserie alle pareti in un centrale ristorante di tono, che si fa apprezzare per l'approccio personale e creativo della cucina; servizio curato.
Spec. Acciughe al verde su patate di Entracque. Agnolotti del plin con sugo d'arrosto e rosmarino. Code di scampi con costolette di coniglio su crema di scalogno.

Casa Vicina, via Massena 66 011 590949, *casavicina@libero.it,* , solo su prenotazione a mezzogiorno – . AE VISA
chiuso dal 1° al 15 agosto, lunedì e a mezzogiorno (escluso domenica aperto solo a mezzogiorno) – **Pasto** carta 40/55.
◆ Appena trasferita dal Canavese, una gestione saldamente familiare che ha mantenuto nome, stile e l'affidabile cucina legata ai sapori della tradizione piemontese.

Norman, via Pietro Micca 22 10122 011 540854, *norman@norman.it, Fax 011 5113838* – . VISA CX h
Pasto carta 37/55.
◆ Di notevole eleganza sia il caffè all'ingresso sia il ristorante al 1° piano, affacciato su piazza Solferino; proposte culinarie moderne, a mezzogiorno con menù ridotto.

XXX **La Cloche,** strada al Traforo del Pino 106 ✉ 10132 ☎ 011 8992851, *lacloche@tiscalinet.it, Fax 011 8981522,* – ▤ 🅿 – 100. AE ⓓ MC VISA JCB **HT v**
chiuso una settimana in agosto, domenica sera, lunedì, anche a mezzogiorno in agosto – **Pasto** carta 43/69.
◆ Sulle prime pendici della collina, isolato nel verde, locale di calda atmosfera elegante, con bella sala per banchetti; stagionali menù degustazione di cucina piemontese.

XXX **Marco Polo,** via Marco Polo 38 ✉ 10129 ☎ 011 599900, *ristorantemarcopolo@libero.it, Fax 011 50842266,* prenotare – ▤. AE ⓓ MC VISA JCB **BZ f**
Pasto specialità di mare carta 42/85.
◆ Ristorante «multisala»: al pianterreno sala degustazione crostacei e frutti di mare e un'altra dedicata solo alle carni; al 1° piano piatti di pesce in ambiente elegante.

XXX **La Barrique,** corso Dante 53 ✉ 10126 ☎ 011 657900, *Fax 011 657995,* Coperti limitati; prenotare – ▤. AE MC VISA **CZ y**
chiuso due settimane in agosto, lunedì, sabato e domenica a mezzogiorno – **Pasto** carta 30/63.
◆ Un piccolo, caldo angolo di pace ed eleganza in una zona alquanto trafficata; ottimo servizio e materie prime di qualità per curate preparazioni di una cucina fantasiosa.

XX **Moreno La Prima dal 1979,** corso Unione Sovietica 244 ✉ 10134 ☎ 011 3179191, *laprimamoreno@libero.it, Fax 011 3143423,* prenotare – ▤. AE ⓓ MC VISA. ✗ **GU c**
chiuso 20 giorni in agosto – **Pasto** carta 45/65.
◆ Dal viale periferico un inatteso vialetto nel verde conduce ad un locale elegante e curato; gradevoli i tavoli vicino alle vetrate sul giardinetto; cucina tradizionale.

XX **Al Garamond,** via Pomba 14 ✉ 10123 ☎ 011 8122781, Coperti limitati; prenotare – ▤. AE MC VISA JCB. ✗ **CY f**
chiuso sabato a mezzogiorno e domenica – **Pasto** 40 e carta 40/62.
◆ Porta il nome di un luogotenente dei Dragoni di Napoleone questo locale con una giovane, ma esperta conduzione entusiasta, che si esibisce in estrosi piatti moderni.

XX **Locanda Mongreno,** strada Mongreno 50 ✉ 10132 ☎ 011 8980417, *pikuz@libero.it, Fax 011 8227345,* , prenotare – MC VISA. ✗ **HT e**
chiuso dal 26 dicembre al 10 gennaio, dal 25 agosto al 10 settembre, lunedì e a mezzogiorno (escluso domenica) – **Pasto** carta 48/55.
◆ Una giovane gestione appassionata ha trasformato una vecchia osteria di campagna in un locale non privo di raffinatezza, con una cucina innovativa che segue le stagioni.

XX **Al Gatto Nero,** corso Filippo Turati 14 ✉ 10128 ☎ 011 590414, *info@gattonero.it, Fax 011 502245* – ▤. AE ⓓ MC VISA. ✗ **BZ z**
chiuso agosto e domenica – **Pasto** carta 38/50.
◆ Gatti di tutte le forme occhieggiano dagli angoli del locale. Illustri frequentazioni per un «evergreen» nel panorama cittadino; cucina tradizionale di matrice toscana.

XX **Ij Brandè,** via Massena 5 ✉ 10128 ☎ 011 537279, *Fax 011 5180668,* prenotare la sera – ▤. AE ⓓ MC VISA **CY c**
chiuso domenica e lunedì a mezzogiorno – **Pasto** carta 31/51.
◆ In zona Porta Nuova, un ristorante caldo e accogliente con camino funzionante; la cucina attinge dalla tradizione, spesso rivisitata con fantasia e leggerezza.

XX **Savoia,** via Corte D'Appello 13 ✉ 10122 ☎ 011 4362288, *r.savoia97@libero.it, Fax 011 4362288* – ▤. AE ⓓ MC VISA. ✗ **CV b**
chiuso sabato a mezzogiorno e domenica – **Pasto** carta 31/51.
◆ Inattese, estrose proposte moderne si celano dietro un nome del passato, che aleggia però nella scelta degli arredi, raffinati come la cura della tavola e l'atmosfera.

XX **Galante,** corso Palestro 15 ✉ 10122 ☎ 011 537757, *Fax 011 532163* – ▤. AE ⓓ MC VISA JCB **CX b**
chiuso agosto, sabato a mezzogiorno e domenica – **Pasto** carta 30/50.
◆ Toni chiari e sedie imbottite in una piccola, curata bomboniera con ambientazione neoclassica; nell'ampia carta molte proposte alla brace, sia di carne che di pesce.

XX **Porta Rossa,** via Passalacqua 3/b ✉ 10122 ☎ 011 530816, *Fax 011 530816,* prenotare – ▤. AE ⓓ MC VISA. ✗ **CV a**
chiuso dal 26 dicembre al 6 gennaio, agosto, sabato a mezzogiorno e domenica – **Pasto** specialità di mare 38/48 e carta 32/67.
◆ Vicino a piazza Statuto, tavoli vicini e animazione in un locale moderno e curato; dalla carta o dalle intelligenti formule degustazione, sempre freschissimo il pesce.

XX **Al Bue Rosso,** corso Casale 10 ✉ 10131 ☎ 011 8191393, *Fax 011 8191393* – ▤. AE MC VISA. ✗ **DY e**
chiuso agosto, sabato a mezzogiorno e lunedì – **Pasto** carta 34/45 (10%).
◆ Collaudata, trentennale gestione familiare per un ristorante classico di tono elegante sulla sponda del Po, vicino alla chiesa della Gran Madre; cucina del territorio.

XX **Serendip,** via Lombriasco 4 ✉ 10139 ☎ 011 4332210, *info@ristoranteserendip.com,* prenotare la sera ▤. AE MC VISA **AX n**
chiuso dal 1° al 7 gennaio, dal 10 al 25 agosto, sabato a mezzogiorno e domenica – **Pasto** carta 26/39.
◆ La bocca spalancata di una maschera vi accoglie in salette con tinte pastello; atmosfera più intima la sera, cucina di terra, secondo le tradizioni locali, e di mare.

XX **Locanda Botticelli,** strada Arrivore 9 ✉ 10154 ℘ 011 2422012, *Fax 011 2464662*, prenotare – ≡ P. AE 🅢 ⓓ MC VISA JCB HT d
chiuso agosto e domenica – **Pasto** carta 26/39.
◆ Varcato il cancello, ci si lascia alle spalle una squallida periferia e si trova un bell'ambiente di una certa atmosfera; ottima scelta di piatti di carne e di pesce.

XX **Duchesse,** via Duchessa Jolanda 7 ang. via Beaumont ✉ 10138 ℘ 011 4346494, *duchessediaquilino@yahoo.it, Fax 011 4336424* – ≡. AE 🅢 ⓓ MC VISA. ✂ BX c
chiuso dal 25 dicembre al 3 gennaio, agosto e domenica sera – **Pasto** carta 32/48.
◆ Vicino al nuovo Tribunale, impostazione classica e tono moderno in un locale le cui proposte di cucina sono tradizionali e seguono le stagioni e i prodotti di mercato.

XX **Perbacco,** via Mazzini 31 ✉ 10123 ℘ 011 882110 – ≡. AE 🅢 ⓓ MC VISA DZ x
chiuso agosto, domenica e a mezzogiorno – **Pasto** 28.
◆ Centrale, gradevole ristorante solo serale, di tono moderno abbastanza elegante; ognuno «compone» il menù di 4 portate a scelta dalla carta, piemontese e stagionale.

XX **L'Agrifoglio,** via Accademia Albertina 38/D ✉ 10123 ℘ 011 837064, Coperti limitati; prenotare – ≡. AE 🅢 ⓓ MC VISA. ✂ CZ n
chiuso domenica, lunedì (escluso luglio) e a mezzogiorno – **Pasto** carta 29/49.
◆ Gode di un meritato buon nome questo piccolo locale raccolto, con tovaglie a quadretti bianchi e rossi e una cucina che aggiunge un tocco di fantasia a ricette classiche.

XX **Il 58,** via San Secondo 58 ✉ 10128 ℘ 011 505566, *ristoranteil58@libero.it, Fax 011 505566* – ≡. 🅢 ⓓ MC VISA JCB CZ a
chiuso settembre e lunedì – **Pasto** specialità di mare carta 28/37.
◆ Ristorante signorile, con tocchi di eleganza nelle due accoglienti salette; servizio curato e buoni prodotti per piatti, soprattutto di mare, in porzioni abbondanti.

XX **Ponte Vecchio,** via San Francesco da Paola 41 ✉ 10123 ℘ 011 835100 – ≡. AE 🅢 ⓓ MC VISA CY d
chiuso agosto, lunedì e martedì a mezzogiorno – **Pasto** carta 28/42.
◆ Solida gestione familiare, immutata dal 1954, per un centrale locale classico in stile inizio '900; proposte di cucina sia regionali che di carattere nazionale.

XX **Mina,** via Ellero 36 ✉ 10126 ℘ 011 6963608, *Fax 011 6960459*, 🏠 – ≡. AE 🅢 ⓓ MC VISA JCB. ✂ GU y
chiuso agosto, lunedì e dal 15 giugno a luglio anche domenica sera – **Pasto** specialità piemontesi carta 26/45.
◆ Specchi, quadri e decorazioni alle pareti di un frequentato ristorante che prende il nome dalla sua proprietaria, che ne è la vera anima; piatti piemontesi di stagione.

XX **Etrusco,** via Cibrario 52 ✉ 10144 ℘ 011 480285 – ⋡ ≡. AE 🅢 ⓓ MC VISA JCB BV s
chiuso gennaio e lunedì – **Pasto** specialità di mare carta 30/44.
◆ Contrariamente al nome, rimasto immutato, non sono toscane, ma per lo più di mare le specialità culinarie di un locale di tono moderno nella zona di corso Francia.

XX **Solferino,** piazza Solferino 3 ✉ 10121 ℘ 011 535851, *Fax 011 535195* – ≡. AE 🅢 ⓓ MC VISA. ✂ CX m
chiuso agosto, venerdì sera e sabato – **Pasto** carta 27/36.
◆ In una bella piazza torinese, gestione competente da quasi 30 anni per un ristorante classico, rinomato e molto frequentato anche a mezzogiorno; cucina tradizionale.

XX **Tre Galline,** via Bellezia 37 ✉ 10122 ℘ 011 4366553, *info@3galline.it, Fax 011 4360013* – ≡. AE 🅢 ⓓ MC VISA JCB CV c
chiuso dal 1° all'8 gennaio, agosto, domenica e lunedì a mezzogiorno – **Pasto** carta 34/43.
◆ Curato ambiente rustico nelle sale con soffitti in travi lignee di questo ristorante storico della città, dove provare le proposte di saporiti piatti tipicamente piemontesi.

XX **Mara e Felice,** via Foglizzo 8 ✉ 10149 ℘ 011 731719, *Fax 011 4557681* – ≡. AE 🅢 ⓓ MC VISA. ✂ AV s
chiuso agosto, sabato a mezzogiorno e domenica – **Pasto** specialità di mare carta 26/53.
◆ Andamento familiare e frequentazione di habitué in un locale piacevole e tranquillo, in posizione periferica; cucina d'impronta tradizionale, soprattutto di pesce.

XX **Giudice,** Strada Val Salice 78 ✉ 10131 ℘ 011 6602020, *ristorante.giudice@libero.it, Fax 011 6600779*, 🏠, 🌳 – ⋡ P. AE 🅢 MC VISA. ✂ HT x
chiuso una settimana a gennaio ed agosto, martedì a mezzogiorno e mercoledì – **Pasto** carta 30/42.
◆ In collina, un edificio con comodo parcheggio ospita un ristorante classico, di cucina tradizionale con piatti stagionali e piemontesi; servizio estivo in giardino.

X **Taverna delle Rose,** via Massena 24 ✉ 10128 ℘ 011 538345, *Fax 011 538345* – ≡. AE 🅢 ⓓ MC VISA JCB. ✂ CZ r
chiuso agosto, sabato a mezzogiorno e domenica – **Pasto** carta 31/40.
◆ Accattivante ambiente caratteristico, che offre un'ampia scelta di piatti tradizionali; la sera scegliete la romantica saletta con mattoni a vista e luci soffuse.

L'Osteria del Corso, corso Regina Margherita 252/b ✉ 10144 ✆ 011 480665, *info.osteriadelcorso@it, Fax 011 480518* – ✱ ▤. AE 💲 ⓓ ⓜⓒ VISA. ✱ BV a
chiuso dal 2 al 12 gennaio, dal 14 agosto al 9 settembre e domenica – **Pasto** carta 21/30.
◆ E' gestito da due coniugi questo ristorantino semplice e familiare in un'arteria commerciale della città; prevalenza di piatti di pesce con tocchi di sicilianità.

Trattoria Torricelli, via Torricelli 51 ✉ 10129 ✆ 011 599814, *tratorri@tin.it, Fax 011 5819508* – ▤. AE 💲 ⓓ ⓜⓒ VISA BZ n
chiuso dal 1° al 6 gennaio, dal 10 al 30 agosto, domenica e lunedì a mezzogiorno – **Pasto** carta 31/44.
◆ Ci sono due giovani appassionati, uno ai fornelli e l'altro in sala, in questa trattoria moderna; ottima lista dei vini e, in cucina, tradizione rivisitata con fantasia.

Da Benito, corso Siracusa 142 ✉ 10137 ✆ 011 3090354, *Fax 011 3090353* – ▤. AE 💲 ⓓ ⓜⓒ VISA JCB. ✱ FT v
chiuso agosto, domenica sera e lunedì – **Pasto** specialità di mare carta 35/40.
◆ Da 35 anni questo ristorante periferico, classico nella sua conduzione familiare, è un punto di riferimento in città per chi apprezza una fragrante cucina di pesce.

Mare Nostrum, via Matteo Pescatore 16 ✉ 10124 ✆ 011 8394543, *valeval@tin.it* – AE 💲 ⓓ ⓜⓒ VISA JCB DY b
chiuso a mezzogiorno – **Pasto** carta 36/54.
◆ Un piacevole locale colorato, con una semplice sobrietà, voluta e non banale, sia negli arredi sia nella cura della tavola; ricette e prodotti mediterranei di pesce.

Ristorantino Tefy, corso Belgio 26 ✉ 10153 ✆ 011 837332, *Fax 011 837332*, Coperti limitati; prenotare – ▤. AE 💲 ⓜⓒ VISA JCB HT b
chiuso dal 15 al 30 gennaio, agosto e domenica – **Pasto** specialità umbre 25/28 e carta 25/31.
◆ Passione e impegno nella gestione di questo accogliente locale; per viaggiare tra i sapori di mare e di terra, umbra in particolare, fatevi consigliare dal patron.

Monferrato, via Monferrato 6 ✉ 10131 ✆ 011 8190674, *Fax 011 8197661* – ▤. 💲 ⓜⓒ VISA. ✱ HT u
chiuso sabato a mezzogiorno e domenica – **Pasto** carta 37/50.
◆ In un piacevole quartiere dell'oltrepò, proposte legate alle tradizioni locali con buona ricerca sulla genuinità dei prodotti; ambiente semplice di tono moderno.

C'era una volta, corso Vittorio Emanuele II 41 ✉ 10125 ✆ 011 6504589, *Fax 011 6505774* – ▤. AE 💲 ⓓ ⓜⓒ VISA CZ k
chiuso agosto, domenica e a mezzogiorno – **Pasto** specialità piemontesi carta 25/34.
◆ Al 1° piano di uno stabile vicino a Porta Nuova, ristorante classico, attivo da oltre 20 anni; piemontesi le specialità della carta e del conveniente menù degustazione.

Da Toci, corso Moncalieri 190 ✉ 10133 ✆ 011 6614809, ⛱ – ▤. 💲 ⓜⓒ VISA JCB CZ q
chiuso dal 16 agosto al 5 settembre, domenica e lunedì a mezzogiorno – **Pasto** specialità di mare carta 23/40.
◆ Il nuovo titolare toscano di questo ristorante, semplice e ben tenuto, ha introdotto nel menù vari piatti della sua terra, ma la linea fondamentale rimane di mare.

Anaconda, via Angiolino 16 (corso Potenza) ✉ 10143 ✆ 011 752903, *Fax 011 752903*, ⛱, Trattoria rustica – 🅿. AE 💲 ⓓ ⓜⓒ VISA JCB BV m
chiuso agosto, venerdì sera e sabato – **Pasto** 25/30.
◆ Solidi sapori piemontesi in una trattoria rustica con ampio parcheggio e servizio estivo all'aperto, in un vecchio casolare immerso nel verde in una zona decentrata.

Le Maschere, via Fidia 28 ang. via Vandalino ✉ 10141 ✆ 011 728928, *lemaschere@libero.it*, Coperti limitati; prenotare – ▤. AE 💲 ⓓ ⓜⓒ VISA FT a
chiuso domenica e mercoledì sera – **Pasto** carta 20/34.
◆ Maschere di tutte le fogge in un piccolo locale periferico, luminoso e minimalista, a conduzione familiare; la cucina è casalinga, con piatti stagionali e piemontesi.

Mon Ami, via San Dalmazzo 16 ang. via Santa Maria ✉ 10122 ✆ 011 538288, *Fax 011 5132784*, ⛱ – AE 💲 ⓓ ⓜⓒ VISA. ✱ CX d
chiuso agosto, domenica sera e lunedì – **Pasto** specialità di mare carta 22/37.
◆ Tavoli ravvicinati in una centrale, semplice trattoria moderna, con piacevole dehors estivo; dalla cucina escono specialità di mare, ma anche nazionali e locali.

La Capannina, via Donati 1 ✉ 10121 ✆ 011 545405, *Fax 011 547451* – ▤. AE 💲 ⓓ ⓜⓒ VISA. ✱ BY r
chiuso agosto e domenica – **Pasto** carta 28/38.
◆ Strumenti musicali, animali impagliati e altro ancora in esposizione in un ristorante di tono rustico; dalla cucina escono le più famose specialità piemontesi.

Antiche Sere, via Cenischia 9/a ✉ 10139 ✆ 011 3854347, ⛱, Osteria tipica, prenotare
chiuso Natale, agosto, domenica e a mezzogiorno – **Pasto** specialità regionali carta 25/33. AX c
◆ In una via un po' nascosta, un'osteria tipica, di ambiente e gestione familiari; piacevole il servizio estivo sotto un pergolato; piatti della tradizione locale.

Trattoria della Posta, strada Mongreno 16 ✉ 10132 ☎ 011 8980193, *trattoriadellaposta@katamail.com, Fax 011 8994604,* Trattoria d'habitués – ▤. ✂ HT m
chiuso dal dal 10 al 31 agosto, domenica sera e lunedì – **Pasto** specialità piemontesi carta 23/34.
◆ Per gli amanti dei formaggi, piemontesi in particolare, è una vera cuccagna per gli occhi e il palato questa vecchia trattoria d'habitué, con caldo ambiente rustico.

TORNELLO *Pavia – Vedere Mezzanino.*

TORNO *22020 Como* 561 E 9, 219 ⑨ *G. Italia – 1 244 ab. alt. 225.*
Vedere *Portale★ della chiesa di San Giovanni.*
Roma 633 – Como 7 – Bellagio 23 – Lugano 40 – Milano 56.

Villa Flora, via Torrazza 10 ☎ 031 419222, *Fax 031 418318,* ≤ lago e monti, , , , , – , , , . , , , . ✂ rist
marzo-ottobre – **Pasto** *(chiuso martedì escluso dal 15 giugno al 15 settembre)* carta 23/38 – ☐ 9 – **20 cam** 57/73 – ½ P 62.
◆ Eccellente posizione per questa villetta edificata direttamente sul lago e attorniata dal verde; piscina bordo acqua e attracco per le barche. Ambiente semplice. Specialità culinarie lacustri nella deliziosa veranda con magnifico affaccio panoramico.

TORRE A MARE *70045 Bari* 564 D 33.
Roma 463 – Bari 12 – Brindisi 101 – Foggia 144 – Taranto 94.

Da Nicola, via Principe di Piemonte 3 ☎ 080 5430043, *Fax 080 5430043,* ≤, – . AE , VISA JCB. ✂
chiuso dal 20 dicembre al 20 gennaio, domenica sera e lunedì – **Pasto** specialità di mare carta 27/38.
◆ Un buon localino, semplice e familiare, ubicato in riva al mare e a pochi passi dal centro del paese; piatti marinari e fresca terrazza esterna sul porticciolo.

TORRE ANNUNZIATA *80058 Napoli* 564 E 25 *G. Italia – 46 276 ab. alt. 14.*
Vedere *Villa di Oplontis★★.*
Roma 240 – Napoli 27 – Avellino 53 – Caserta 53 – Salerno 28 – Sorrento 26.

Grillo Verde, piazza Imbriani 19 ☎ 081 8611019, *hgv@hotelgrilloverde.it, Fax 081 8617872,* – , cam, ▤ cam, . AE VISA
Pasto *(chiuso martedì)* (solo per alloggiati) carta 26/35 (10%) – **15 cam** ☐ 56,20/76 – ½ P 50.
◆ Nei pressi degli scavi di Oplontis e di Pompei, della stazione ferroviaria e degli stabilimenti balneari, albergo a gestione familiare con lunga esperienza, recente rinnovo. ampia, ove gustare menù casalinghi.

TORRE BERETTI E CASTELLARO *27030 Pavia* 561 G 8 – *552 ab. alt. 93.*
Roma 602 – Alessandria 26 – Milano 74 – Pavia 46 – Torino 112.

Da Agostino, via Stazione 43 ☎ 0384 84194, Coperti limitati; prenotare – ▤. AE VISA. ✂
chiuso dal 7 al 20 gennaio, agosto e mercoledì – **Pasto** 30/38.
◆ Il signor Agostino, proprietario e cuoco, si propone da sempre con piatti caserecci, legati alla zona e alle stagioni, simpaticamente creati ogni giorno «sulla spesa».

TORRE BOLDONE *24020 Bergamo* 561 E 11 – *7 728 ab. alt. 280.*
Roma – Bergamo 3 – Brescia 58251 – Milano 51 – Monza 43.

Don Luis, via De Paoli 2 ☎ 035 341393, *Fax 035 362583* – . AE VISA. ✂
chiuso dal 1° al 10 gennaio, agosto, lunedì e martedì – **Pasto** carta 34/46.
◆ Edificio d'epoca sulle rive di un torrente che nei mesi estivi assicura la giusta frescura durante i pasti all'aperto; due belle sale e una solida conduzione familiare.

TORRE CANNE *72010 Brindisi* 564 E 34 – *Stazione termale (marzo-ottobre), a.s. 20 giugno-agosto.*
Roma 517 – Brindisi 47 – Bari 67 – Taranto 57.

Del Levante, via Appia 22 ☎ 080 4820160, *hoteldellevante@tin.it, Fax 080 4820096,* ≤, , , , – ▤ – 300. AE VISA JCB. ✂
Pasto *(marzo-15 novembre)* 28 – **149 cam** ☐ 148 – ½ P 112.
◆ Un vasto complesso dalle linee moderne, con un grande giardino con piscina in riva al mare; ampio spazio riservato a terrazze e gazebi, arredi freschi, stanze funzionali. Delicate tonalità mediterranee rendono accogliente la sala da pranzo, affacciata sul blu.

Eden, via Potenza 46 ✆ 080 4829822, *edenhotel@tin.it, Fax 080 4820330*, – 220. AE VISA JCB.
aprile-ottobre – **Pasto** 18/25 – **87 cam** 90/120 – ½ P 80.
◆ Stretto fra le case, ma a pochi metri dalla distesa marina, un hotel dotato di terrazza-roof garden con solarium e piscina; ariose le zone comuni, decorose le camere. Grande sala ristorante d'impostazione classica.

Il Finanziere, via Eroi del mare 4 ✆ 080 4820109, *rfinanziere@libero.it, Fax 080 4820109*, prenotare – P. AE VISA.
marzo-ottobre; chiuso mercoledì escluso luglio ed agosto – **Pasto** carta 23/31.
◆ In prima fila sul blu, un indirizzo accogliente con servizio estivo in terrazza panoramica sul mare e specialità ovviamente di pesce; luminosa sala gazebo.

TORRE DEI CORSARI *Cagliari* 566 H 7 – *Vedere Sardegna (Marina di Arbus) alla fine dell'elenco alfabetico.*

TORRE DEL GRECO *80059 Napoli* 564 E 25 – *92 994 ab. – a.s. maggio-15 ottobre.*
Vedere *Scavi di Ercolano*** *Nord-Ovest : 3 km.*
Dintorni *Vesuvio**** *Nord-Est : 13 km e 45 mn a piedi AR.*
Roma 227 – Napoli 15 – Caserta 40 – Castellammare di Stabia 17 – Salerno 43.

in prossimità casello autostrada A 3 :

Sakura, via De Nicola 26/28 ✉ 80059 ✆ 081 8493144, *sakurahotel@libero.it, Fax 081 8491122*, – cam, P – 180. AE VISA JCB.
Pasto carta 43/54 – **83 cam** 127/180, 13 suites – ½ P 119.
◆ Il nome nipponico è preludio di uno stile vagamente ed elegantemente orientaleggiante; all'interno di un parco, un hotel che offre numerosi confort e atmosfera di classe. Vasta sala ristorante che alla sera s'illumina come il cielo stellato.

Marad, via Benedetto Croce 20 ✉ 80059 ✆ 081 8492168 e rist ✆ 081 8825664, *marad@marad.it, Fax 081 8828716*, – P – 120. AE VISA.
Pasto al Rist. ***La Mammola*** *(chiuso dal 20 dicembre al 3 gennaio, agosto, domenica sera e a mezzogiorno;* prenotare*)* carta 29/50 – **74 cam** 88/125 – ½ P 85.
◆ Alle falde del Vesuvio e comodo da raggiungere dal casello autostradale, un piacevole albergo dotato di corpo centrale e dépendance; gestione appassionata e professionale. Il ristorante è composto da sale ampie e gradevoli.

TORRE DEL LAGO PUCCINI *55048 Lucca* 563 K 12 *G. Toscana – a.s. Carnevale, Pasqua, 15 giugno-15 settembre e Natale.*
Roma 369 – Pisa 14 – Firenze 95 – Lucca 25 – Massa 31 – Milano 260 – Viareggio 5.

al lago di Massaciuccoli *Est : 1 km :*

Da Cecco, Belvedere Puccini ✉ 55048 ✆ 0584 341022, *Fax 0584 341022* – . AE VISA.
chiuso dal 1° al 26 settembre, domenica sera e lunedì (escluso luglio-agosto) – **Pasto** carta 23/37.
◆ Un accogliente localino all'inizio del lungolago: qui troverete proposte prevalentemente di mare, sebbene in inverno appaia anche la cacciagione. Ambiente rustico.

Butterfly con cam, belvedere Puccini 24/26 ✉ 55048 ✆ 0584 341024, *Fax 0584 352006*, – P. AE VISA. cam
chiuso dal 5 al 20 novembre – **Pasto** *(chiuso giovedì)* carta 22/34 – 6 – **10 cam** 43/53 – ½ P 49.
◆ Qualche piatto sardo, data l'origine del titolare, e, per il resto, cucina toscana e a base di pesce; sulla piazza principale, di fronte al lago, poco distante dal teatro.

al mare *Ovest : 2 km :*

Angelo, viale Europa 20 ✉ 55048 ✆ 0584 341668 – P. AE VISA.
chiuso novembre, martedì, da lunedì a venerdì da dicembre ad aprile e a mezzogiorno (escluso domenica e i giorni festivi) – **Pasto** specialità di mare carta 50/60.
◆ Classico ristorante a mare, al limite della spiaggia e con un comodo parcheggio; lunga tradizione familiare e simpatico indirizzo per chi cerchi specialità legate al pescato.

In questa guida
uno stesso simbolo, una stessa parola
stampati in rosso o in nero,
hanno un significato diverso.
Leggete attentamente le pagine dell'introduzione.

TORRE DE' PICENARDI *26038 Cremona* 561 G 12 – *1 858 ab. alt. 39.*

Roma 498 – Parma 48 – Brescia 52 – Cremona 23 – Mantova 43.

Italia, via Garibaldi 1 ✆ 0375 394060, *info@ristoranteitalia.cr.it, Fax 0375 394209* – P. AE VISA JCB
chiuso dal 2 al 12 gennaio, dal 2 al 26 agosto, domenica sera e lunedì – **Pasto** carta 29/38.
◆ Proposte per tutti i gusti, dalla tradizione cremonese più schietta a sapori più fantasiosi ed elaborati; una ghiotta e lunga tradizione familiare, nel cuore del paese.
Spec. Terrina di fegato d'oca alle prugne con zucca caramellata. Mezzelune di faraona al timo con fonduta di cipolle allo zafferano. Petto d'anatra in reticella alle erbe con caponata di verdure.

TORRE DI FINE *Venezia* 562 F 20 – *Vedere Eraclea.*

TORRE DI PALME *Ascoli Piceno* 563 M 23 – *Vedere Fermo.*

TORRE DI RUGGIERO *88060 Catanzaro* 564 L 31 – *1 856 ab. alt. 594.*

Roma 632 – Reggio di Calabria 117 – Catanzaro 49 – Vibo Valentia 39.

Agriturismo I Basiliani, strada statale 182 (Ovest : 2 km) ✆ 0967 938000, *info@ibasiliani.com, Fax 0967 938000,* ←, – P. AE VISA.
28 dicembre-7 gennaio e Pasqua-ottobre – **Pasto** 18/30 – **14 cam** 50/72 – ½ P 52.
◆ Casale di campagna nato sulle rovine di un monastero medioevale e circondato da un ameno giardino con piscina; belle camere modernamente affrescate e grandi spazi aperti.

TORREGLIA *35038 Padova* 562 F 17 – *5 846 ab. alt. 18.*

Roma 486 – Padova 16 – Abano Terme 5 – Milano 251 – Rovigo 36 – Venezia 54.

Al Castelletto-da Taparo, via Castelletto 44 (Sud : 1,5 km) ✆ 049 5211060, *Fax 049 5211685,* – P. AE VISA
chiuso dal 15 gennaio all'8 febbraio e lunedì – **Pasto** carta 21/28.
◆ In mezzo alla natura, un ambiente semplice, con servizio estivo sotto un pergolato creato da un bellissimo glicine centenario; piatti padovani e stagionali.

TORREGROTTA *Messina* 565 M 28 – *Vedere Sicilia alla fine dell'elenco alfabetico.*

TORRE PEDRERA *Rimini* 563 J 19 – *Vedere Rimini.*

TORRE PELLICE *10066 Torino* 561 H 3 – *4 606 ab. alt. 516.*

via Repubblica 3 ✆ 0121 91875, torrepellice@montagnedoc.it, Fax 0121 933353.

Roma 708 – Torino 58 – Cuneo 64 – Milano 201 – Sestriere 71.

Gilly, corso Lombardini 1 ✆ 0121 932477, *mail@gillyhotel.it, Fax 0121 932924,* – P – 120. AE VISA. rist
Pasto carta 19/26 – **31 cam** 72/103,50, 2 suites – ½ P 65.
◆ Ampi spazi comuni e camere discrete, con arredi in stile anni '70; un comodo hotel, ideale per clienti d'affari in inverno e per turisti, soprattutto anziani, in estate. Vasta sala ristorante a vocazione banchettistica, utilizzata anche per serate danzanti.

Flipot con cam, corso Gramsci 17 ✆ 0121 953465, *flipot@flipot.com, Fax 0121 91236* – AE VISA.
chiuso dal 24 dicembre al 10 gennaio e dal 10 al 30 giugno – **Pasto** *(chiuso lunedì e martedì; solo martedì in luglio-agosto)* carta 58/79 – **7 cam** 65/80 – ½ P 55.
◆ Nel cuore delle Valli Valdesi, un angolo di passato rimasto intatto, atmosfera del buon tempo che fu, un ambiente «di buona famiglia» e piatti creativi dal sapore antico.
Spec. Salmerino di torrente cotto su pietra di Luserna, spuma di petto d'anatra affumicato. Agnoli di lumache al profumo di erba ruta. Filetto di cervo in salsa di pino mugo, pera allo zafferano e polenta di farina di mandorle.

TORRE SAN GIOVANNI *Lecce* 564 H 36 – *73059 Ugento – a.s. luglio-agosto.*

Roma 652 – Brindisi 105 – Gallipoli 24 – Lecce 62 – Otranto 50 – Taranto 117.

Hyencos Calòs e Callyon, piazza dei Re Ugentini ✆ 0833 931088, *hyencos@topvideo.net, Fax 0833 931097,* ←, – P – 100. AE VISA. rist
chiuso novembre e dicembre – **Pasto** *(chiuso da ottobre ad aprile)* 20/25 – **63 cam** 100/160 – ½ P 84.
◆ In zona centrale e antistante il porticciolo, una grande struttura recentemente rinnovata: offre confort adeguati e valido servizio generale. Terrazza con piscina. Al ristorante ambiente e atmosfera di sobria ed elegante modernità.

TORRIANA *47825 Rimini* 562 K 19 – *1 152 ab. alt. 337.*

Roma 307 – Rimini 21 – Forlì 56 – Ravenna 60.

a Montebello *Sud-Ovest : 3,5 km – alt. 452 – ✉ 47825 Torriana :*

Pacini, via Castello di Montebello 5/6 ☎ 0541 675410, *ristorantepacini@tin.it, Fax 0541 675236,* ←, – AE Ⓢ ⓪ ⓞⓞ VISA. ✂
chiuso mercoledì escluso luglio-agosto – **Pasto** carta 20/28.
◆ All'interno del piccolo e suggestivo borgo di Montebello, una trattoria familiare con proposte casalinghe e locali; da gustare godendosi il bel panorama.

TORRI DEL BENACO *37010 Verona* 562 F 14 – *2 762 ab. alt. 68.*

per Toscolano-Maderno giornalieri (escluso Natale) (30 mn) – Navigazione Lago di Garda, viale Marconi 8 ☎ 045 6290272.

(Pasqua-settembre) via fratelli Lavanda 5 ☎ 045 7225120, torriat@libero.it, Fax 045 7225120.

Roma 535 – Verona 37 – Brescia 72 – Mantova 73 – Milano 159 – Trento 81 – Venezia 159.

Gardesana, piazza Calderini 20 ☎ 045 7225411, *info@hotel-gardesana.com, Fax 045 7225771,* ←, – ▮ ▤ TV ☏ ♿ P. AE Ⓢ ⓪ ⓞⓞ VISA JCB. ✂
24 gennaio-7 novembre – **Pasto** *(aprile-ottobre; chiuso a mezzogiorno)* carta 35/45 – **34 cam** ☕ 140/146 – ½ P 99.
◆ Alla presenza del turrito castello scaligero, proteso sul porticciolo medievale, edificio del 1452 dal fascinoso restauro: elegante, ideale per farsi ammaliare dal Garda. Al ristorante ambiti i tavoli sulla terrazza, per cene con vista davvero indimenticabile.

Galvani, località Pontirola 7 (Nord : 1 km) ☎ 045 7225103, *info@hotelgalvani.it, Fax 045 6296618,* ←, , , , – ▮ ▤ TV P. AE Ⓢ ⓪ ⓞⓞ VISA. ✂
chiuso dal 15 gennaio al 28 febbraio – **Pasto** *(chiuso martedì)* carta 29/52 – ☕ 13 – **34 cam** 120/138 – ½ P 86.
◆ A 2 km da Torri del Benaco, in posizione quieta, leggermente sopraelevata rispetto al lago, un hotel con buoni confort e strutture sportive; belle camere mansardate. Calda atmosfera nella piacevole e invitante sala da pranzo rustica di tono elegante.

Al Caminetto, via Gardesana 52 ☎ 045 7225524, *info@alcaminetto.com, Fax 045 7225099,* , – ▤ TV P. Ⓢ ⓞⓞ VISA. ✂
Pasqua-novembre – **Pasto** *(chiuso a mezzogiorno)* 18 – **17 cam** ☕ 53/100 – ½ P 50.
◆ Una piccola, deliziosa risorsa a gestione familiare, di rara cortesia, con accurata attenzione per i particolari; a pochi metri dal Garda e dal centro storico. Sala ristorante ricca di decorazioni, cucina del territorio.

Al Caval con cam, via Gardesana 186 ☎ 045 7225666, *Fax 045 6296570,* – ▤ cam, TV P. AE Ⓢ ⓪ ⓞⓞ VISA JCB. ✂
Pasto *(chiuso a mezzogiorno escluso i giorni festivi e mercoledì)* carta 37/46 – ☕ 10,33 – **22 cam** 68/91.
◆ Ampie vetrate illuminano una sala semplice ed essenziale: qui, o all'aperto, troverete proposte culinarie non limitate al solo pescato e ben conosciute in zona.

Bell'Arrivo, piazza Calderini 10 ☎ 045 6299028, – ▤. AE Ⓢ ⓪ ⓞⓞ VISA
chiuso lunedì escluso luglio-agosto – **Pasto** carta 29/55.
◆ Sulla splendida piazzetta col porticciolo, calorosa trattoria dai toni rustici ma curati: pareti gialle, soffitti a volta e piatti del territorio, di pesce e di carne.

ad Albisano *Nord-Est : 4,5 km – ✉ 37010 Torri del Benaco :*

Panorama, via S. Zeno 9 ☎ 045 7225102, *info@panoramahotel.net, Fax 045 6290162,* ← lago e Torri del Benaco, , – ▮ TV P. AE Ⓢ ⓪ ⓞⓞ VISA JCB
marzo-ottobre – **Pasto** carta 22/35 – ☕ 9 – **28 cam** 64/70 – ½ P 48.
◆ Il nome è preludio di ciò che vi attende: albergo che gode di un'ubicazione unica, dominante il lago e con vista spettacolare. Ambiente semplice, di estrema pulizia. Fiore all'occhiello è il servizio ristorante estivo in terrazza panoramica.

TORRI DI QUARTESOLO *36040 Vicenza* 562 F 16 – *10 811 ab. alt. 31.*

Roma 512 – Padova 28 – Trento 105 – Venezia 65 – Vicenza 9.

Locanda le Guizze , via Guizze 1, località Lerino ☎ 0444 381977, *info@leguizze.it, Fax 0444 381992,* , – ▤ TV P. AE Ⓢ ⓪ ⓞⓞ VISA. ✂
chiuso dal 17 al 28 agosto – **Pasto** *(chiuso domenica sera e lunedì)* carta 29/36 – **6 cam** ☕ 60/70.
◆ Nella campagna vicentina, una fattoria ristrutturata, graziosa ed accogliente, dove approfittare di un'ospitalità discreta e gradevole. Le camere sono sobrie e ampie. Per i pasti una «trattoria moderna» a disposizione di ospiti e di clienti di passaggio.

Le pagine dell'introduzione
vi aiuteranno ad utilizzare meglio la vostra Guida Michelin.

TORRILE *43030 Parma* 562 H 12 – *5 923 ab. alt. 32.*
Roma 470 – Parma 13 – Mantova 51 – Milano 134.

a San Polo *Sud-Est : 4 km – ✉ 43056 :*

Ducathotel, via Achille Grandi 7 ☎ 0521 819929, *ducathotel@tin.it, Fax 0521 813482* – . AE VISA JCB.
Pasto *(chiuso agosto, a mezzogiorno, venerdì, sabato e domenica)* (solo per alloggiati) 18 – **21 cam** 59/79 – 1/2 P 55.
◆ Un piccolo hotel a conduzione familiare, senza pretese e decoroso, posizionato nella zona residenziale e non lontano dalla ferrovia; adeguato nei confort.

a Vicomero *Sud : 6 km – ✉ 43030 :*

Romani, via dei Ronchi 2 ☎ 0521 314117, *Fax 0521 314292* – . AE VISA JCB.
chiuso dal 26 dicembre al 6 gennaio, dal 1º al 14 agosto, mercoledì e giovedì a mezzogiorno – **Pasto** carta 23/32.
◆ In aperta campagna, con annessa gastronomia per la vendita di prodotti tipici, locale di cucina parmense che ha come punti di forza i molti antipasti, i salumi, le paste.

TORTOLÌ *Nuoro* 566 H 10 – *Vedere Sardegna alla fine dell'elenco alfabetico.*

TORTONA *15057 Alessandria* 561 H 8 – *26 660 ab. alt. 114.*
Roma 567 – Alessandria 22 – Genova 73 – Milano 73 – Novara 71 – Pavia 52 – Piacenza 76 – Torino 112.

Villa Giulia senza rist, corso Alessandria 7/A ☎ 0131 862396, *Fax 0131 868561* – – 35. AE VISA JCB.
10,33 – **12 cam** 75/90.
◆ Un'antica casa completamente ristrutturata e trasformata in albergo; periferica, all'ingresso della località arrivando da Alessandria. Pavimenti in marmo e bei parquet.

Vittoria senza rist, corso Romita 57 ☎ 0131 861325, *info@vitt.hotel.com, Fax 0131 820714* – . AE VISA.
chiuso dal 14 al 28 dicembre e dall'11 al 23 agosto – 8 – **27 cam** 52/78.
◆ Nel centro della cittadina, vicinissimo alla stazione ferroviaria, un hotel frequentato soprattutto da clienti d'affari e gestito, dal 1930, dalla medesima famiglia.

Vineria Derthona, via Seminario 21 ☎ 0131 812468, *vineria.derthona@libero.it, Fax 0131 812468,* Vineria con cucina – . VISA.
chiuso dal 10 al 25 agosto, lunedì, sabato e domenica a mezzogiorno – **Pasto** carta 22/30.
◆ Reca il nome dell'antica colonia romana questo locale ricavato in un vecchio palazzo centrale; per sorseggiare buon vino unito a pochi, ma saporiti piatti del territorio.

sulla strada statale 35 *Sud : 1,5 km :*

Aurora Girarrosto con cam, strada statale dei Giovi 13 ✉ 15057 ☎ 0131 863033, *info@auroragirarrosto.com, Fax 0131 821323* – – 60. VISA
Pasto *(chiuso dal 5 al 20 agosto)* carta 34/56 – **19 cam** 62/83.
◆ Sulla via per Genova, un indirizzo che può soddisfare, a validi livelli, esigenze sia di ristorazione che di pernottamento; a tavola, leccornie piemontesi e liguri.

TORTORETO *64018 Teramo* 563 N 23 – *8 280 ab. alt. 227 – a.s. luglio-agosto.*
via Archimede 15 ☎ 0861 787726, iat.tortoreto@abruzzoturismo.it, Fax 0861 778119.
Roma 215 – Ascoli Piceno 47 – Pescara 57 – Ancona 108 – L'Aquila 106 – Teramo 33.

a Tortoreto Lido *Est : 3 km – ✉ 64019 :*

Green Park Hotel, via F.lli Bandiera 32 ☎ 0861 777184, *hgreenpark@tiscali.it,* – , cam, . VISA.
maggio-settembre – **Pasto** (solo per alloggiati) – **39 cam** 60/80 – 1/2 P 70.
◆ Nuovo albergo sito in una recente palazzina e in posizione più interna e silenziosa rispetto alla zona del lungomare; camere chiare, luminose, accoglienti.

Costa Verde, lungomare Sirena 384 ☎ 0861 787096, *info@hotel-costaverde.com, Fax 0861 786647,* – . VISA. rist
maggio-settembre – **Pasto** 18/30 – 6 – **58 cam** 70/80 – 1/2 P 60.
◆ Di fronte alla spiaggia, e da essa separato solo da un piccolo spazio esterno con piante e tavoli, hotel a gestione familiare; ideale per vacanze di sole e mare. Vasta sala da pranzo, semplice, con grandi vetrate che si aprono sulla zona piscina.

Leggete attentamente l'introduzione : e la « chiave » della guida.

TOR VAIANICA *00040 Roma* 563 R 19.

Marediroma (chiuso lunedì) a Marina di Ardea ✉ 00040 ☎ 06 9133250, Fax 06 9133250.
Roma 34 – Anzio 25 – Latina 50 – Lido di Ostia 20.

Zi Checco, lungomare delle Sirene 1 ☎ 06 9157157, *zichecco@zichecco.it,* ← – P. AE VISA.
chiuso dal 2 al 18 novembre e lunedì (escluso agosto) – **Pasto** specialità di mare carta 31/40.
◆ Come è intuibile dalla posizione sulla spiaggia in uno stabilimento balneare, le specialità sono di mare; locale semplice, a gestione familiare di lunga data.

TOSCOLANO-MADERNO *Brescia* 561 F 13 – *7 154 ab. alt. 80 – a.s. Pasqua e luglio-15 settembre.*

Bogliaco (chiuso martedì escluso dal 15 aprile a settembre) ☎ 0365 643006, Fax 0365 643006.

per Torri del Benaco giornalieri (escluso Natale) (30 mn) – Navigazione Lago di Garda, lungolago Zanardelli ☎ 0365 641389.

a Maderno, lungolago Zanardelli 18 ✉ 25080 ☎ 0365 641330, Fax 0365 641330.
Roma 556 – Brescia 39 – Verona 44 – Bergamo 93 – Mantova 95 – Milano 134 – Trento 86.

Maderno – ✉ *25080 :*

Maderno, via Statale 12 ☎ 0365 641070, *hmaderno@tin.it, Fax 0365 644277,* – TV P. AE VISA JCB. rist
aprile-ottobre – **Pasto** 26,50/32 – **45 cam** 70/136 – ½ P 82.
◆ Il Liberty domina anche questa bella risorsa immersa in un piacevole giardino ombreggiato con piscina e sita a pochi metri dal blu lacustre; lunga gestione familiare. Atmosfera e stile d'inizio secolo scorso in sala da pranzo; veranda esterna.

TOSSIGNANO *40020 Bologna* 562 J16 – *alt. 272.*
Roma 351 – Bologna 51 – Ferrara 95 – Forlì 47 – Ravenna 62.

Locanda della Colonna, via Nuova 10/11 ☎ 0542 91006, – AE VISA
chiuso agosto, domenica, lunedì e a mezzogiorno – **Pasto** carta 35/46.
◆ Sull'appennino imolese, un borgo di poche anime su un colle; un locale che unisce caratteri e sapori di una trattoria di paese con quelli di un ricercato ristorante.

TOVEL (Lago di) *Trento* 562 D 14 *G. Italia.*

TOVO DI SANT'AGATA *23030 Sondrio* 561 D 12, 218 ⑰ – *564 ab. alt. 531.*
Roma 680 – Sondrio 33 – Bormio 31.

Villa Tina, via Italia ☎ 0342 770123, *Fax 0342 770123,* – TV. VISA.
chiuso dal 15 al 30 giugno – **Pasto** vedere rist ***Franca*** – 5 – **8 cam** 42/62 – ½ P 50.
◆ Una bianca villetta, di recente costruzione, che offre un buon confort ai turisti così come ai clienti d'affari. Una genuina e valida possibilità di soggiorno in valle.

Franca con cam, via Roma 13 ☎ 0342 770064, *Fax 0342 770064,* – TV P. VISA.
chiuso dal 15 al 30 giugno – **Pasto** *(chiuso domenica escluso luglio-agosto)* carta 23/31 – 5 – **10 cam** 41,50/62 – ½ P 50.
◆ A metà strada tra Bormio e Sondrio, in una quieta area di mezza montagna, una risorsa con una carta interessante, che spazia tra proposte classiche e piatti valtellinesi.

TRACINO *Trapani* 565 Q 18 – *Vedere Sicilia (Pantelleria Isola di) alla fine dell'elenco alfabetico.*

TRADATE *21049 Varese* 561 E 8, 219 ⑱ – *15 922 ab. alt. 303.*
Roma 614 – Como 29 – Gallarate 12 – Milano 39 – Varese 14.

Tradate, via Volta 20 ☎ 0331 841401, *aposson@tin.it, Fax 0331 841401,* prenotare la sera – AE VISA JCB.
chiuso dal 24 dicembre al 5 gennaio, agosto e domenica – **Pasto** specialità di mare carta 48/56.
◆ Due sorelle gestiscono ormai da parecchi anni questo locale sito nel centro del paese. Ambiente raccolto e ospitale, con arredi in stile e camino; specialità di pesce.

TRAMIN AN DER WEINSTRASSE = Termeno sulla Strada del Vino.

TRANI *70059 Bari* 564 D 31 *G. Italia – 53 923 ab..*

Vedere *Cattedrale★★ – Giardino pubblico★.*

piazza Trieste 10 ✆ 0883 588830, Fax 0883 588830.

Roma 414 – Bari 46 – Barletta 13 – Foggia 97 – Matera 78 – Taranto 132.

Regia, piazza Mons. Addazi 2 ✆ 0883 584444, *Fax 0883 584444*, ←, – AE VISA. rist

Pasto *(chiuso novembre e lunedì)* carta 25/33 – **10 cam** 120/140 – ½ P 80.

◆ Di recente ristrutturato, con la supervisione della Sovrintendenza, un edificio del '700 sito proprio di fianco al famoso Duomo; valide camere, dotate di ogni confort.

Royal, via De Robertis 29 ✆ 0883 588777 e rist. ✆ 0883 491858, *hotelroyaltrani@libero.it, Fax 0883 582224* – , rist, . AE VISA. rist

Pasto al Rist. ***Royal*** carta 24/36 – **39 cam** 75/115 – ½ P 77.

◆ Ubicato non lontano dal centro di Trani, un albergo che ha subito, negli ultimi anni, un rinnovamento in molti dei suoi settori; offre interni curati e piacevoli. Al ristorante un'ampia e ariosa sala dagli arredi essenziali.

Trani, corso Imbriani 137 ✆ 0883 588010, *hoteltrani@libero.it, Fax 0883 587625* – – 160. AE VISA JCB.

Pasto carta 22/34 – 6 – **46 cam** 47/74 – ½ P 58.

◆ Costruito negli anni '60, e poco distante dal mare e dal centro storico, un hotel che ha saputo, nel corso del tempo, mantenere un ambiente di gradevole semplicità. Accoglienza cordiale e atmosfera quasi «di casa», familiare, al ristorante.

Palazzo Giardino Broquier, via Beltrani 17 ✆ 0883 506842, *giardino.broquier@tin.it, Fax 0883 583520*, , prenotare, – AE VISA.

chiuso dal 10 al 26 novembre e martedì – **Pasto** carta 25/34.

◆ Ristorante elegante in uno splendido palazzo settecentesco (visitabile a richiesta) nel cuore della città; imperdibile servizio estivo nell'incantevole giardino pensile.

Il Melograno, via Bovio 189 ✆ 0883 486966, – . AE VISA

chiuso gennaio e mercoledì – **Pasto** specialità di mare carta 25/36.

◆ Ristorante centrale e accogliente, con due salette ben arredate e ordinate; gestione familiare e cucina a base di pescato con proposte del territorio o più classiche.

TRAPANI P 565 M 19 – *Vedere Sicilia alla fine dell'elenco alfabetico.*

TRAVAGLIATO *25039 Brescia* 561 F 12 – *10 928 ab. alt. 129.*

Roma 549 – Brescia 12 – Bergamo 41 – Piacenza 36 – Verona 80.

Ringo, via Brescia 41 ✆ 030 660680, *ristoranteringo@libero.it, Fax 030 6864189*, prenotare – . AE VISA JCB

chiuso dal 25 luglio al 1° settembre, domenica sera, lunedì, martedì e a mezzogiorno (escluso i giorni festivi) – **Pasto** specialità di mare carta 35/50.

◆ Se è vero che l'abito non fa il monaco, superate la soglia di questo locale familiare e lasciatevi conquistare da una delle più fragranti cucine di pesce in Lombardia.

Spec. Fritto di calamaretti e moleche. Cavatelli pugliesi con fiori di zucca e scampi al profumo di basilico. Scaloppa di ombrina al forno con gambero di San Remo e verdure.

TRAVAZZANO *Piacenza* 561 H 11 – *Vedere Carpaneto Piacentino.*

TRAVERSAGNA *Pistoia – Vedere Montecatini Terme.*

TRAVERSELLA *10080 Torino* 561 F 5, 219 ⑭ – *391 ab. alt. 827.*

Roma 703 – Aosta 85 – Milano 142 – Torino 70.

Le Miniere con cam, piazza Martiri ✆ 0125 794006, *albergominiere@albergominiere.com, Fax 0125 794007*, ← vallata, – . AE VISA. rist

chiuso dal 10 gennaio al 10 febbraio – **Pasto** *(chiuso lunedì e martedì dal 15 ottobre al 15 maggio)* carta 21/35 – **26 cam** 32/53 – ½ P 45.

◆ Lunga tradizione familiare per questo ristorante in bella posizione panoramica, in un paesino in fondo alla Valchiusella; sapori d'ispirazione piemontese, con fantasia.

TRAVERSETOLO *43029 Parma* 561 I 13 – *7 906 ab. alt. 170.*

Roma 452 – Parma 21 – Modena 55 – Reggio nell'Emilia 25.

Colibrì, via Toscanini 1 ✆ 0521 842585, *monica.bertini@libero.it*, prenotare – . AE VISA JCB

chiuso dal 25 luglio al 25 agosto e giovedì – **Pasto** carta 22/31.

◆ Ambiente moderno e vivace nella bella sala resa molto luminosa dalle vetrate che si susseguono lungo tutte le pareti; in lista anche specialità tipicamente parmigiane.

TREBBO DI RENO *Bologna* 562 I 15 – *Vedere Castel Maggiore.*

TREBISACCE *87075 Cosenza* 564 H 31 – *9 133 ab..*

Roma 484 – Cosenza 85 – Castrovillari 40 – Catanzaro 183 – Napoli 278 – Taranto 115.

Stellato, riviera dei Saraceni 34 ☎ 0981 500440, *info@hotelstellato.it, Fax 0981 500400,* – . AE VISA JCB.
Pasto *(chiuso lunedì)* 15/20 – **21 cam** 47/77 – ½ P 62.
◆ Piccolo albergo a conduzione familiare, totalmente ristrutturato. Vista l'apprezzabile ubicazione sul lungomare, offre ai propri ospiti anche il servizio di spiaggia. Classico ristorante d'albergo con parete a specchio ad «accrescere» lo spazio.

Trattoria del Sole, via Piave 14 bis ☎ 0981 51797, – VISA.
chiuso domenica escluso dal 15 giugno al 15 settembre – **Pasto** carta 19/29.
◆ Nel centro storico, in un dedalo di vie con casette ad un piano, non lontano dal mare, piccolo e semplice locale con piatti casereccі soprattutto di pesce, sempre fresco.

TRECASTAGNI *Catania* 565 O 27 – *Vedere Sicilia alla fine dell'elenco alfabetico.*

Una prenotazione confermata per iscritto o per fax è sempre più sicura.

TRECATE *28069 Novara* 561 F 8 – *16 792 ab. alt. 136.*

Roma 621 – Stresa 62 – Milano 47 – Torino 102.

Macrì, piazza Cattaneo 20/A ☎ 0321 71251, *Fax 0321 71251,* Coperti limitati; prenotare – . AE VISA.
chiuso agosto, domenica sera e lunedì – **Pasto** carta 33/49.
◆ Localino dagli accoglienti toni rustici, in continua crescita e con buona frequentazione; la cucina, tradizionale, elabora con fantasia e creatività i prodotti del territorio.

Caffe' Groppi, via Mameli 20 ☎ 0321 71154, *Fax 0321 785732,* solo su prenotazione – AE VISA.
chiuso dal 1º al 7 gennaio, dal 12 al 6 settembre, domenica sera e lunedì – **Pasto** carta 47/102.
◆ Nelle vicinanze della stazione, un locale sorto grazie alla passione di una gestione giovane, formatasi sotto l'egida di vivaci maestri del fornello; proposte innovative.
Spec. Scaloppa di fegato grasso d'oca cotta al vapore di spumante con code di gamberi in brodo speziato. Costa di vitella di montagna con salsa ai ricci di mare. Tortino tiepido di cioccolato con salsa al panpepato, crema gelata al latte.

TRECCHINA *85049 Potenza* 564 G 29 – *2 464 ab. alt. 500.*

Roma 408 – Potenza 112 – Castrovillari 77 – Napoli 205 – Salerno 150.

L'Aia dei Cappellani, contrada Maurino (Nord : 2 km) ☎ 0973 826937, , Agriturismo – P.
chiuso dal 6 al 27 novembre e martedì (escluso dal 15 giugno al 30 agosto) – **Pasto** 15.
◆ Campi, ulivi, una piccola scuderia con cavalli: per gustare prodotti freschi e piatti locali casereccі. Piacevole servizio estivo all'aperto con vista panoramica.

TREDOZIO *47019 Forlì-Cesena* 562 J 17 – *1 328 ab. alt. 334.*

Roma 327 – Firenze 89 – Bologna 80 – Forlì 43.

Mulino San Michele, via Perisauli 6 ☎ 0546 943677, *info@mulinosanmichele.it, Fax 0546 943987,* solo su prenotazione –
chiuso lunedì e a mezzogiorno (escluso i giorni festivi) – **Pasto** 40/45 bc.
◆ Nelle vicinanze del fiume, in un angolo caratteristico e ricavato da un ex mulino del '300, serate a tema, proposte di cucina cinquecentesca toscana rivisitata, pesce.

TREGNAGO *37039 Verona* 562 F 15 – *4 820 ab. alt. 317.*

Roma 531 – Verona 22 – Padova 78 – Vicenza 48.

Villa De Winckels, via Sorio 30, località Marcemigo (Nord-Ovest : 1 km) ☎ 045 6500133, *ristorante@villadewinckels.it, Fax 045 6500133,* , enoteca-cantina, – P. AE VISA
chiuso dal 1º al 7 gennaio, lunedì e martedì sera – **Pasto** carta 21/41.
◆ In campagna, una vecchia casa colonica trasformata in un piacevole ristorante con varie salette. A gestirlo, tre giovani fratelli; cantina-enoteca e piatti locali.

TREIA *62010 Macerata* 563 M 21 – *9 449 ab. alt. 342.*
Roma 238 – Ancona 49 – Ascoli Piceno 89 – Macerata 16.

a San Lorenzo *Ovest 5 km –* ✉ *62010 Treia :*

Il Casolare dei Segreti con cam, contrada San Lorenzo 28 ☎ 0733 216441, *info@casolaredeisegreti.it, Fax 0733 218133,* ≤, – rist, TV P. AE ⓢ ⓞ MC VISA
Pasto *(chiuso lunedì e martedì)* carta 22/40 – senza ☐ – **3 cam** 36/55, suite.
◆ Ristorante a conduzione familiare, giovane e motivata. All'interno quattro rustiche salette dove apprezzare una saporita cucina marchigiana. Camere confortevoli.

sulla strada statale 361 *Sud-Est : 6 km:*

Il Vecchio Granaio, contrada Chiaravalle 49 ✉ 62010 ☎ 0733 843488, *turigest@tin.it, Fax 0733 541312,* ≤, – TV ♿ P. – 250. AE ⓢ ⓞ MC VISA
Pasto *(chiuso lunedì)* carta 19/28 – ☐ 4 – **15 cam** 68/78, 4 suites.
◆ In dolce zona collinare, affascinante complesso rurale di fine '700 divenuto corpo centrale dell'hotel e un annesso, più recente, in cui sono state ricavate le camere. Ov'erano i magazzini e la cantina, ristorante dal sapore rustico, con tocchi di eleganza.

TREISO *12050 Cuneo* 561 H 6 – *766 ab. alt. 412.*
Roma 644 – Torino 65 – Alba 6 – Alessandria 65 – Cuneo 68 – Savona 105.

La Ciau del Tornavento, piazza Baracco 7 ☎ 0173 638333, *info@laciaudeltornavento.it, Fax 0173 638352,* , prenotare – ⓢ MC VISA JCB
chiuso dal 15 gennaio al 15 febbraio, mercoledì e giovedì a mezzogiorno – **Pasto** carta 33/43.
◆ L'abilità e la creatività di uno chef pinerolese hanno dato una scossa elettrica alla tradizionale cucina langarola; servizio estivo all'aperto in terrazza panoramica.
Spec. Cardi gobbi di Nizza Monferrato con uovo poché, fonduta e tartufo bianco (autunno). Ravioli del plin di seirass cotti nel fieno maggengo. Tortino al gianduja con gelato al tabacco.

TREMEZZO *22019 Como* 561 E 9 *G. Italia – 1 337 ab. alt. 245.*
Vedere *Località★★★ – Villa Carlotta★★★ – Parco comunale★.*
Dintorni *Cadenabbia★★ : ≤★★ dalla cappella di San Martino (1 h e 30 mn a piedi AR).*
18 *(marzo-novembre) a Grandola e Uniti* ✉ *22010* ☎ *0344 32103, Fax 0344 30780, Nord-Ovest : 11 km.*
(maggio-ottobre) piazzale Trieste 1 ☎ *0344 40493, Fax 0344 40493.*
Roma 655 – Como 31 – Lugano 33 – Menaggio 5 – Milano 78 – Sondrio 73.

Grand Hotel Tremezzo, via Regina 8 ☎ 0344 42491, *info@grandhoteltremezzo.com, Fax 0344 40201,* ≤ lago e monti, , , , riscaldata, , – TV P. – 300. AE ⓢ ⓞ MC VISA. rist
marzo-13 novembre – **Pasto** carta 38/55 – **96 cam** ☐ 200/394, 2 suites – ½ P 171.
◆ Un parco, con piscina riscaldata e tennis, per gli amanti dello sport e un maestoso edificio d'epoca a rievocare i fasti della grande hotellerie lacustre, da sogno. Atmosfera raffinata al ristorante: ambienti in stile e incantevole terrazza sul blu.

Villa Edy senza rist, località Bolvedro Ovest : 1 km ☎ 0344 40161, *villaedy@libero.it, Fax 0344 40015,* , , – TV P. AE ⓢ ⓞ MC VISA.
aprile-ottobre – ☐ 10 – **12 cam** 75/85.
◆ Piccolo e accogliente albergo, inserito nel verde e in posizione tranquilla; offre spazi di semplice confort, camere dignitose e ampie, e una gestione familiare.

Rusall, località Rogaro Ovest : 1,5 km ☎ 0344 40408, *rusall@tiscalinet.it, Fax 0344 40447,* ≤ lago e monti, , – TV P. AE ⓢ ⓞ MC VISA JCB. rist
chiuso dal 5 al 20 novembre – **Pasto** *(chiuso mercoledì a mezzogiorno escluso dal 15 giugno al 15 settembre)* (solo per alloggiati) carta 23/36 – **19 cam** ☐ 70/95 – ½ P 68.
◆ Familiare e accogliente risorsa con ubicazione quieta e panoramica; qui troverete una terrazza-giardino con solarium, zone relax e stanze con arredi rustici. Atmosfera semplice nella capiente sala da pranzo.

Villa Marie, via Regina 30 ☎ 0344 40427, *villamarie@tin.it, Fax 0344 40427,* ≤, , – TV P. AE ⓢ ⓞ MC VISA.
aprile-ottobre – **Pasto** (solo per allogiati) – **13 cam** ☐ 125.
◆ All'interno di un giardino con piccola piscina, una villa liberty-ottocentesca fronte lago, con alcune delle stanze affrescate; darsena con terrazza per rilassarsi.

La Fagurida, località Rogaro Ovest : 1,5 km ☎ 0344 40676, *Fax 0344 40676,* Trattoria tipica – P. AE ⓢ MC VISA.
chiuso dal 25 dicembre al 15 febbraio e lunedì – **Pasto** cucina casalinga carta 30/42.
◆ Trattoria familiare con ambiente di rustica semplicità; offre una cucina casereccia, fatta da proposte legate sia al territorio che alle stagioni. Nel verde collinare.

TREMITI (Isole) *Foggia* 564 A 28 – *366 ab. alt. da 0 a 116 – a.s. luglio-13 settembre.*

La limitazione d'accesso degli autoveicoli è regolata da norme legislative.

Vedere *Isola di San Domino★ – Isola di San Nicola★* – **Elicotteri**: *per Foggia - ☎ 0881 617916.*

⛴ *per Termoli giugno-settembre giornalieri (50 mn); per Ortona giugno-settembre giornaliero (2 h); per Vieste giugno-settembre giornaliero (1 h); per Punta Penna di Vasto giugno-settembre giornaliero (1 h), per Manfredonia giugno-settembre giornaliero (2 h) – Adriatica di Navigazione-agenzia Cafiero, via degli Abbati 10 ☎ 0882 463008, Fax 0882 463008 e Navigazione Libera del Golfo, al porto Termoli ☎ 0875 704859, Fax 0875 703345.*

San Domino (Isola) – ✉ *71040 San Nicola di Tremiti :*

Gabbiano, piazza Belvedere ☎ 0882 463410, *gabbiano@hotel-gabbiano.com, Fax 0882 463428,* ≤ mare ed isola di San Nicola, – TV – 80. AE VISA JCB.

Pasto carta 29/44 – **40 cam** 110/150 – ½ P 90.

◆ Sovrastante la suggestiva insenatura di Cala Matano, e creato da un corpo centrale e altre strutture sparse fra la vegetazione, un angolo di confort nel panorama isolano. Noto a San Domino, il ristorante vi delizierà con piatti anche di mare.

San Domino , via Giacomo Matteotti 1 ☎ 0882 463404, *hdomino@tiscalinet.it, Fax 0882 463221* – TV. VISA JCB.

Pasto carta 21/29 – **25 cam** 75/130 – ½ P 83.

◆ In posizione più isolata e in area verdeggiante, un accogliente albergo bianco che ha come proprio punto di forza l'atmosfera e la gestione squisitamente familiare. Spaziosa sala da pranzo, di tono semplice.

Scriveteci...

Le vostre critiche e i vostri apprezzamenti saranno esaminati con la massima attenzione.

Verificheremo personalmente gli esercizi che ci vorrete segnalare

Grazie per la collaborazione !

TREMOSINE *25010 Brescia* 561 E 14 – *1 917 ab. alt. 414 – a.s. Pasqua e luglio-15 settembre.*

Roma 581 – Trento 62 – Brescia 64 – Milano 159 – Riva del Garda 19.

Le Balze , via delle Balze 8, località Campi-Voltino alt. 690 ☎ 0365 917179, *lebalze@hotel-lebalze.it, Fax 0365 917033,* ≤ lago e monte Baldo, Scuola di tennis, – TV P. AE VISA. rist

aprile-ottobre – **Pasto** carta 25/33 – **81 cam** 60,50/121 – ½ P 69.

◆ Splendida ubicazione per questo complesso alberghiero su una terrazza naturale, alta sul Garda e con una magica visuale sul lago e sulle montagne; tempio del tennis. Panoramica sala ristorante.

Pineta Campi , via Campi 2, località Campi-Voltino alt. 690 ☎ 0365 912011, *info@pinetacampi.com, Fax 0365 917015,* ≤ lago e monte Baldo, Scuola di tennis, – TV P – 50. VISA JCB.

aprile-ottobre – **Pasto** carta 16/22 – **87 cam** 44/92 – ½ P 56.

◆ I paesaggi del Parco Alto Garda Bresciano, l'infilata del lago cinto dalle alture, il confort di una struttura ideale per turisti e tennisti: regalatevi tutto questo. Luminosa sala da pranzo di stampo classico.

Villa Selene senza rist, via Lò, località Pregasio alt. 478 ☎ 0365 953036, *info@hotelvillaselene.com, Fax 0365 918078,* ≤ lago e Monte Baldo, – TV P. AE VISA.

chiuso dal 15 novembre al 18 dicembre – **11 cam** 87/144.

◆ Una gestione familiare e una posizione panoramica per questo piccolo hotel che offre camere molto curate e personalizzate, persino dotate di idromassaggio.

Lucia , via del Sole 2, località Arias alt. 460 ☎ 0365 953088, *hotellucia@tin.it, Fax 0365 953421,* ≤ lago e monte Baldo, – TV P. AE VISA. rist

marzo-novembre – **Pasto** carta 21/24 – **40 cam** 45/80 – ½ P 47.

◆ Belle le zone esterne, con ampio giardino con piscina, una spaziosa terrazza-bar e comode stanze, site anche nelle due dépendance; ambiente familiare, tranquillo. Due vaste sale ristorante: l'una più elegante e di gusto retrò, l'altra di taglio rustico.

Miralago e Benaco, piazza Cozzaglio 2, località Pieve alt. 433 ☎ 0365 953001, *info@miralago.it, Fax 0365 953046,* ≤ lago e monte Baldo – TV. AE VISA

chiuso dal 15 gennaio al 15 febbraio – **Pasto** *(chiuso giovedì escluso da aprile ad ottobre)* carta 17/28 – **30 cam** 45/80 – ½ P 49.

◆ Centrali, ma tranquilli, posti su uno spuntone di roccia proteso direttamente sul Garda, due alberghi, due corpi distinti; alcune stanze sono state rinnovate di recente. Ristorante con veranda a strapiombo sul lago, ricavato in parte entro una cavità rocciosa.

TRENTO *38100* 🅿 **562** D 15 *G. Italia – 105 942 ab. alt. 194 – a.s. dicembre-aprile – Sport invernali : vedere Bondone (Monte).*

Vedere *Piazza del Duomo*★ **BZ 10** : *Duomo*★, *museo Diocesano*★ **M1** – *Castello del Buon Consiglio*★★ **BYZ** – *Palazzo Tabarelli*★ **BZ F**.

Escursioni *Massiccio di Brenta*★★★ *per* ⑤.

via Manci 2 ✆ 0461 983880, informazioni@apt.trento.it, Fax 0461 984508.

A.C.I. *via Brennero, 98 ✆ 0461 433100.*

Roma 588 ⑥ – Bolzano 57 ⑥ – Brescia 117 ⑤ – Milano 230 ⑤ – Verona 101 ⑥ – Vicenza 96 ③.

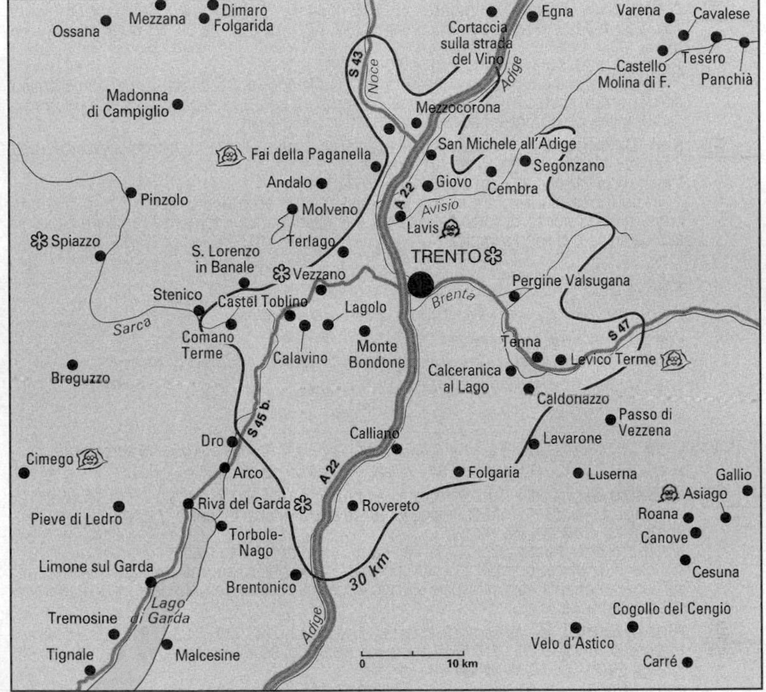

Boscolo Grand Hotel Trento, via Alfieri 1/3 ✆ 0461 271000, *reservation@trento.boscolo.com, Fax 0461 271001*, Centro benessere, – 500. rist **BZ a**

Pasto al Rist. ***Clesio*** carta 39/53 – **126 cam** 142/170, 10 suites – ½ P 111.

◆ A ridosso del centro storico, in un moderno edificio ben integratosi ormai nel profilo cittadino, servizi e spazi di un grande albergo, nell'eleganza soffusa e discreta. Raffinato e moderno ristorante dai signorili tocchi d'antico.

Buonconsiglio senza rist, via Romagnosi 16/18 ✆ 0461 272888, *hotelhb@tin.it, Fax 0461 272889* – 40. **BY a**

chiuso dal 10 al 25 agosto – **45 cam** 93/124.

◆ Facilmente raggiungibile dall'autostrada e dalla stazione, una risorsa con aspetto e caratteristiche del tutto moderne; offre camere ampie ideali per uomini d'affari.

America, via Torre Verde 50 ✆ 0461 983010, *info@hotelamerica.it, Fax 0461 230603* – – 60. **BYZ d**

Pasto *(chiuso dal 17 luglio al 6 agosto e domenica)* carta 23/35 – **67 cam** 72,30/103,29 – ½ P 80.

◆ Il «Sior Minico», tornato dall'America a inizi secolo scorso, creò questa risorsa, ancor oggi condotta dalla stessa famiglia; confort e semplice signorilità, in centro. Bar e sala da pranzo in un unico grande ambiente, dalla cucina qualche specialità locale.

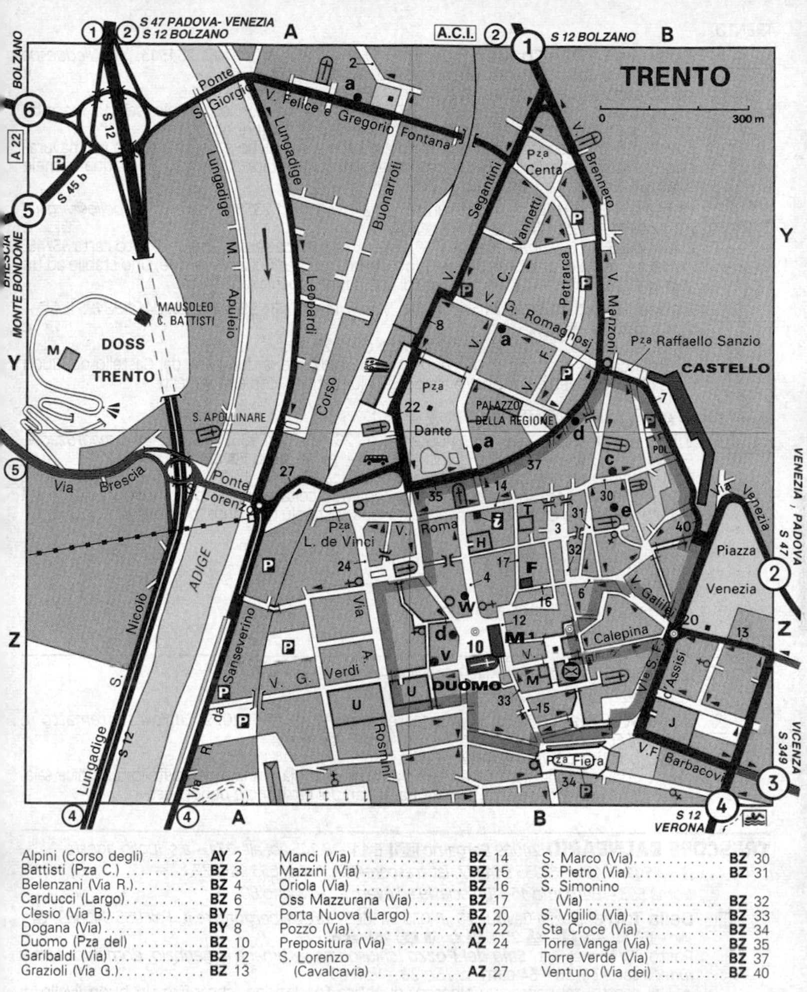

Alpini (Corso degli)	AY	2
Battisti (Pza C.)	BZ	3
Belenzani (Via R.)	BZ	4
Carducci (Largo)	BZ	6
Clesio (Via B.)	BY	7
Dogana (Via)	BY	8
Duomo (Pza del)	BZ	10
Garibaldi (Via)	BZ	12
Grazioli (Via G.)	BZ	13
Manci (Via)	BZ	14
Mazzini (Via)	BZ	15
Oriola (Via)	BZ	16
Oss Mazzurana (Via)	BZ	17
Porta Nuova (Largo)	BZ	20
Pozzo (Via)	AY	22
Prepositura (Via)	AZ	24
S. Lorenzo (Cavalcavia)	AZ	27
S. Marco (Via)	BZ	30
S. Pietro (Via)	BZ	31
S. Simonino (Via)	BZ	32
S. Vigilio (Via)	BZ	33
Sta Croce (Via)	BZ	34
Torre Vanga (Via)	BZ	35
Torre Verde (Via)	BZ	37
Ventuno (Via dei)	BZ	40

Villa Fontana senza rist, via Fontana 11 ✆ 0461 829800, *villa.fontana@iol.it*, *Fax 0461 829759* – – 35. AY a
24 cam ☕ 58/92.
◆ Sito in zona decentrata, un alberghetto di recente costruzione e originale struttura «a triangoli», con strisce bianche e rosa in esterno. Decoroso e di seria gestione.

San Giorgio della Scala senza rist, via Brescia 133 ✆ 0461 238848, *garni.sangiorgio@cheapnet.it, Fax 0461 238808*, ← monti e città, –
10 cam ☕ 57/87. 1 km per ⑤
◆ Una piacevolissima realtà, poco fuori Trento, nel contesto di un'antica villa con annessa cappella detta di San Giorgio; una struttura contemporanea, dal fresco ambiente.

Scrigno del Duomo, piazza Duomo 29 ✆ 0461 220030, *info@scrignodelduomo.com*, *Fax 0461 235289*, prenotare – BZ d
chiuso agosto e lunedì – **Pasto** 38/48 e carta 40/57 e al ***Wine Bar*** carta 36/47.
◆ Eleganza minimalista tra le fondamenta romane di un palazzo seicentesco, uno fra i più suggestivi del centro; al pian terreno il Wine Bar per pasti più veloci ed economici.

Osteria a Le Due Spade, via Don Rizzi 11 ang. via Verdi ☎ 0461 234343, *info@leduespade.com*, Coperti limitati; prenotare – AE VISA JCB BZ v
chiuso domenica e lunedì a mezzogiorno – **Pasto** 40/55 e carta 45/56.
◆ Localino intimo, già «Osteria» nel 1545, in pieno centro storico: un'unica saletta, raccolta, in cui è stata adattata una stube settecentesca. Sapori trentini, alleggeriti.
Spec. Terrina di verdure con formaggio alle erbe aromatiche e fiori di campo (primavera-estate). Piccoli canederli ai funghi su letto di finferli (estate-autunno). Sfogliatina di mele calda alla confettura di albicocche (inverno).

Osteria Il Cappello, piazzetta Bruno Lunelli 5 ☎ 0461 235850, *osteriailcappello@virgilio.it, Fax 0461 235850*, – AE VISA BZ e
chiuso dal 5 al 21 gennaio, dal 15 al 30 giugno, domenica sera e lunedì – **Pasto** carta 33/48.
◆ Nel contesto di una bella piazzetta del centro, con edifici in vario stile, uno stabile ad un solo piano, color granata, tipo casetta di campagna; pochi piatti, locali.

Antica Trattoria Due Mori, via San Marco 11 ☎ 0461 984251, *Fax 0461 984251*, – AE VISA. BZ c
chiuso dal 15 al 30 giugno e lunedì – **Pasto** carta 23/31.
◆ Collaudata la gestione di un centralissimo ristorante, a due passi dal Castello del Buon Consiglio; due salette principali e altre due, più rustiche, con antichi resti.

a Cognola *per ② : 3 km – ✉ 38050 Cognola di Trento :*

Villa Madruzzo, via Ponte Alto 26 ☎ 0461 986220, *info@villamadruzzo.it, Fax 0461 986361*, ←, – , rist, – 80. AE VISA.
Pasto *(chiuso domenica)* carta 29/39 – **51 cam** 60/100 – ½ P 75.
◆ Villa ottocentesca in un parco ombreggiato: scelta ottimale per chi voglia fuggire il traffico del centro e preferisca concedersi una sosta più riposante, nel confort.

Se dopo le h 18,00 siete ancora in viaggio
confermate la vostra prenotazione telefonicamente,
è consuetudine ... ed è più sicuro.

TREQUANDA *53020 Siena* 563 M 17 *G. Toscana – 1 419 ab. alt. 462.*
Roma 202 – Siena 55 – Arezzo 53 – Perugia 77.

Il Conte Matto, via Mario Maresca 1 ☎ 0577 662079, *info@contematto.it, Fax 0577 662079*, prenotare – AE VISA JCB.
marzo-ottobre; chiuso martedì – **Pasto** carta 21/40 (10 %).
◆ In pieno centro storico, in un edificio medievale già granaio del castello, un'unica sala, rustica, con uno scorcio sulla campagna, sapori del territorio e dehors estivo.

TRESCORE BALNEARIO *24069 Bergamo* 561 E 11 – *8 245 ab. alt. 271 – a.s. luglio-agosto.*
via Suardi 16 H ☎ 035 944777, iat.trescore@tin.it, Fax 035 944777.
Roma 593 – Bergamo 15 – Brescia 49 – Lovere 27 – Milano 60.

Della Torre, piazza Cavour 26 ☎ 035 941365, *info@albergotorre.it, Fax 035 940889*, – – 200. AE VISA JCB
Pasto 20/40 e al Rist. ***Sala del Pozzo*** *(chiuso una settimana in gennaio, domenica sera e lunedì)* carta 36/56 – **34 cam** 75/120 – ½ P 80.
◆ Nel centro del paese, un albergo, di antica fondazione, che offre un buon livello di confort. Costituito da un'ala storica e da una più recente, con al centro un giardino. Alla «Sala del Pozzo» ambiente raccolto ed elegante, curato, un'atmosfera d'altri tempi.

TRESCORE CREMASCO *26017 Cremona* 561 F 10, 219 ⑳ – *2 349 ab. alt. 86.*
Roma 554 – Bergamo 37 – Brescia 54 – Cremona 45 – Milano 42 – Piacenza 45.

Trattoria del Fulmine, via Carioni 12 ☎ 0373 273103, *Fax 0373 273103*, Coperti limitati; prenotare – AE VISA JCB.
chiuso dal 1° al 10 gennaio, agosto, domenica sera, lunedì e martedì sera – **Pasto** carta 43/56.
◆ Ormai un'istituzione! Nata come osteria, si è regalata qualche raffinatezza con l'età: bicchieri in cristallo, etichette più solenni, senza mai tradire lo spirito ruspante.
Spec. Zuppa di zucca e porri all'amaretto. Raviolo d'anatra con burro montato al fondo bruno. Scaloppa di fegato d'oca saltata nel grasso d'oca e passito con polenta.

Bistek, viale De Gasperi 31 ☎ 0373 273046, *ristorante@bistek.it, Fax 0373 290217*, prenotare – AE VISA.
chiuso dal 1° al 9 gennaio, dal 2 al 19 agosto, martedì sera e mercoledì – **Pasto** carta 23/32.
◆ In comoda posizione stradale, un locale che offre piatti tematici legati al territorio, come oca, maiale, pesci d'acqua dolce; in alternativa menù d'affari più semplici.

TREVENZUOLO *37060 Verona* 562 G 14 – *2 406 ab.*.

Roma 488 – Verona 30 – Mantova 24 – Modena 83 – Padova 107.

a Fagnano *Sud : 2 km – ✉ 37060 Trevenzuolo :*

Trattoria alla Pergola, via Sauro 9 ✆ 045 7350073 – ▤. AE VISA. ⚹

chiuso dal dal 24 dicembre al 7 gennaio, dal 15 luglio al 30 agosto, lunedì, martedì sera e sabato a mezzogiorno – **Pasto** specialità bolliti e risotti carta 23/27.

◆ Una trattoria invitante, di quelle che ancora si trovano in provincia; atmosfera familiare, da ormai tre generazioni, risotti e bolliti al carrello come specialità.

TREVI *06039 Perugia* 563 N 20 – *7 775 ab. alt. 412.*

Roma 150 – Perugia 48 – Foligno 13 – Spoleto 21 – Terni 52.

Trevi senza rist, via Fantosati 2 ✆ 0742 780922, *trevihotel@tiscalinet.it, Fax 0742 780772*, ← – TV ♿. AE VISA JCB

11 cam ☕ 100/159.

◆ In un antico palazzo del centro storico, un rifugio da sogno per chi desideri immergersi nel fascino antico della città; camere dedicate ai vari colori e confort elevato.

Maggiolini, via San Francesco 20 ✆ 0742 381534, *Fax 0742 381534*, prenotare. AE VISA JCB. ⚹

Pasto carta 22/27.

◆ Tra municipio e Chiesa di S. Francesco, a pochi passi dal belvedere sulla vallata, un locale sito nelle ex cantine di un edificio del '500; piatti del territorio e non.

TREVIGLIO *24047 Bergamo* 561 F 10 – *25 676 ab. alt. 126.*

Roma 576 – Bergamo 21 – Brescia 57 – Cremona 62 – Milano 37 – Piacenza 68.

Treviglio senza rist, piazza Giuseppe Verdi 7 ✆ 0363 43744, *hoteltreviglio@logis.it, Fax 0363 49971* – ▤ TV ♿ P. AE VISA

chiuso dal 6 al 22 agosto – **31 cam** ☕ 52/77,50.

◆ Edificio d'epoca, dalla facciata ben conservata, per un albergo che si apre su un elegante bar, sulla piazza davanti alla stazione; offre stanze essenziali, confortevoli.

San Martino, viale Cesare Battisti 3 ✆ 0363 49075, *sanmartinotreviglio@hotmail.com, Fax 0363 301572*, prenotare – ▤. AE VISA JCB

chiuso dal 26 dicembre al 10 gennaio, agosto, domenica sera e lunedì – **Pasto** specialità di mare carta 58/83.

◆ In un palazzo dai colori accesi, superato un cortile interno con ulivo centrale, grandi spazi e una vasta sala, elegante, per raffinati piatti di pesce e qualche carne.

Spec. La marinata di sarago nero, vinaigrette di zenzero, sedano e rapanello. Pescatrice alle cinque spezie con caponata di melanzane. Filetto di manzo charolais.

TREVIGNANO ROMANO *00069 Roma* 563 P 18 – *4 571 ab. alt. 166.*

Roma 49 – Viterbo 44 – Civitavecchia 63 – Terni 86.

La Grotta Azzurra, piazza Vittorio Emanuele 4 ✆ 06 9999420, *Fax 06 9985072*, ←, – AE VISA. ⚹

chiuso Natale, settembre e martedì – **Pasto** carta 34/43.

◆ Tradizionale cucina del territorio e del lago in un locale rustico moderno, a conduzione familiare; piacevole servizio estivo in giardino pressoché a bordo lago.

TREVIOLO *24048 Bergamo* 561 E 10 – *8 623 ab. alt. 222.*

Roma 584 – Bergamo 6 – Lecco 26 – Milano 43.

Maxim senza rist, via Compagnoni 31 (Ovest : 1 km) ✆ 035 201100, *hotelmaxim@libero.it, Fax 035 692605* – ▤ TV ♿ P – 200. AE VISA JCB. ⚹

chiuso 24-25 dicembre e dal 9 al 23 agosto – ☕ 8 – **63 cam** 62/88.

◆ Recente hotel, in comoda posizione sulle vie di collegamento per la città, ideale per clienti di lavoro; ampia hall-bar con saletta colazioni, validi confort e servizio.

TREVISO *31100* P 562 E 18 *G. Italia – 82 450 ab. alt. 15.*

Vedere *Piazza dei Signori*★ **BY 21** *: palazzo dei Trecento*★ **A**, *affreschi*★ *nella chiesa di Santa Lucia* **B** – *Chiesa di San Nicolò*★ **AZ.**

18 e 9 *Villa Condulmer (chiuso lunedì) a Mogliano Veneto ✉ 30020 ✆ 041 457062, Fax 041 457062, per ④ : 13 km.*

piazza Monte di Pietà 8 ✆ 0422 547632, iat.treviso@provincia.treviso.it, Fax 0422 419092.

A.C.I. *piazza San Pio X 6 ✆ 0422 547801/2.*

Roma 541 ④ – Venezia 30 ④ – Bolzano 197 ⑤ – Milano 264 ④ – Padova 50 ④ – Trieste 145 ②.

TREVISO

Antonio Canova (V.) .... AY
Bartolomeo D'Alviano (Viale) .... AY
Burchiellati (Viale B.) .... BCY
Caccianiga (V. A.) .... AY
Cadorna (Viale) .... BZ
Calmaggiore (V.) .... BY
Campana (V.) .... BCY
Carlo Alberto (V.) .... CY
Cavalli (Borgo) .... CY
Cavour (Borgo) .... AY
Cesare Battisti (Viale) .... AYZ
Comarotta (V.) .... BY
Diaz (V.) .... BZ
Duomo (Pza) .... BY
Enrico Dandolo (V.) .... ABZ
Fabio Filzi (V.) .... AYZ
Filippini (V.) .... BY 2
Flli Cairoli (Viale) .... ABCY
Fra Giocondo (V.) .... AY 3
Fra' Giocondo (Viale) .... BY
Fratelli Bandiera (Viale) .... CZ
Garibaldi (Pza) .... CZ
IV Novembre (Viale) .... CY
Indipendenza (Pza e V.) .... BY 4
Jacopo Tasso (Viale) .... CZ
Luzzatti (Viale) .... AY
Manin (V.) .... BYZ
Manzoni (V.) .... CY
Marchesan (V. A.) .... CZ
Marco Polo (V.) .... BCZ
Martiti della Libertà (V.) .... BCYZ
Matteotti (Pza) .... CY
Monfenera (Viale) .... AY
Monte di Pietà (Pza) .... BY 5
Montegrappa (Viale) .... AY
Municipio (V.) .... BY 6
Mura di S. Teonisto (V.) .... AYZ
Nazario Sauro (V.) .... AYZ
Nino Bixio (Viale) .... CYZ
Oberdan (Viale) .... AZ
Orleans (Viale) .... AZ
Palestro (V.) .... CY 7
Pescheria (V.) .... CY 10
Popolo (Cso del) .... BZ
Regg. Italia Libera (V.) .... CZ 12
Riccati (V.) .... AY
Roma (V.) .... BZ
S. Agostino (V.) .... CY
S. Antonio (Strada) .... CZ
S. Antonio da Padova (Vle) .... BY 13
S. Caterina (V.) .... CY 14
S. Francesco (Pza e V.) .... CY 15
S. Girolamo (V.) .... CY
S. Leonardo (Pza e V.) .... CY 16
S. Liberale (V.) .... AY
S. Margherita (V.) .... BCY
S. Nicolò (V.) .... AZ
S. Parisio (V.) .... CY 17
S. Vito (Pza e Via) .... BY 19
Santa Margherita (Riviera) .... BCZ
Scarpa (V. A.) .... CZ
Sebastiano Venier (V.) .... CZ
Signori (Pza dei) .... BY 21 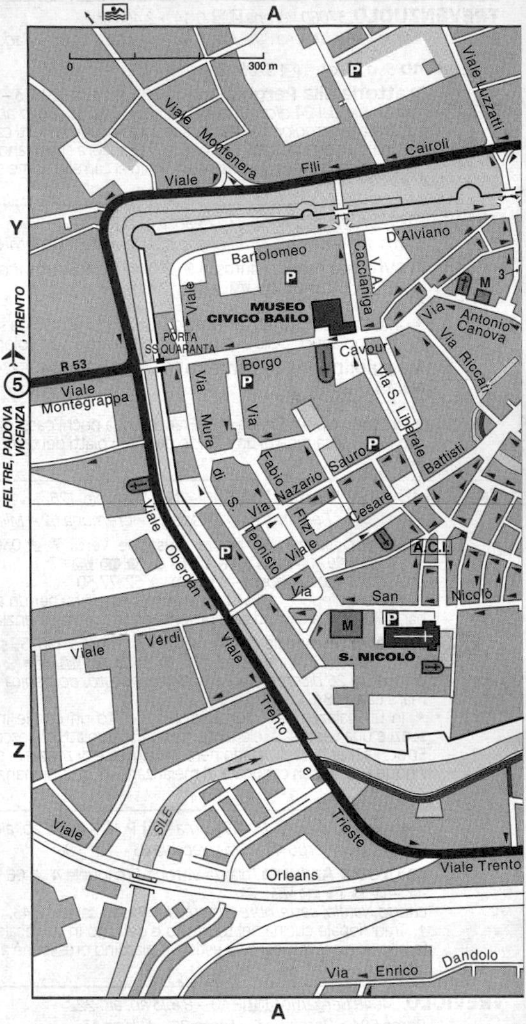
Stangade (V.) .... CY
Terraglio (Strada del) .... BZ
Tolpada (V.) .... CYZ
Toniolo (V. G.) .... BCZ

Cà del Galletto, via Santa Bona Vecchia 30 ✆ 0422 432550, *info@hotelcadelgalletto.it, Fax 0422 432510,* 🏋, ≘s, 🏊, 🎾 – 🛗, 🚭 cam, ▤ 📺 📞 🅿 – 🏆 300. AE Ⓢ ⓞ ⓜ VISA JCB. 🚫
Pasto *(chiuso agosto, sabato a mezzogiorno e domenica)* 21/38 – **65 cam** ☕ 93/170, 2 suites. per viale Luzzatti **AY**

◆ Gestione solida e diretta, recente ristrutturazione con ampliamento, stanze belle e dotate di comodità, nuovo reparto relax: un punto di riferimento valido nella città. Gradevole e curata sala da pranzo d'impostazione moderna.

Al Foghèr, viale della Repubblica 10 ✆ 0422 432950, *htl@alfogher.com, Fax 0422 430391* – 🛗, 🚭 cam, ▤ 📺 📞 ♿ 🚗 🅿 – 🏆 80. AE Ⓢ ⓞ ⓜ VISA JCB per ⑤
Pasto *(chiuso agosto e domenica)* carta 24/35 – **54 cam** ☕ 96/145, suite – ½ P 97,50.

◆ Sul viale verso il centro storico e a pochi km dall'aeroporto, troverete un albergo confortevole e accogliente, con servizi adeguati alla catena cui appartiene. Ristorante dall'ambiente curato, molto frequentato anche da clienti di passaggio.

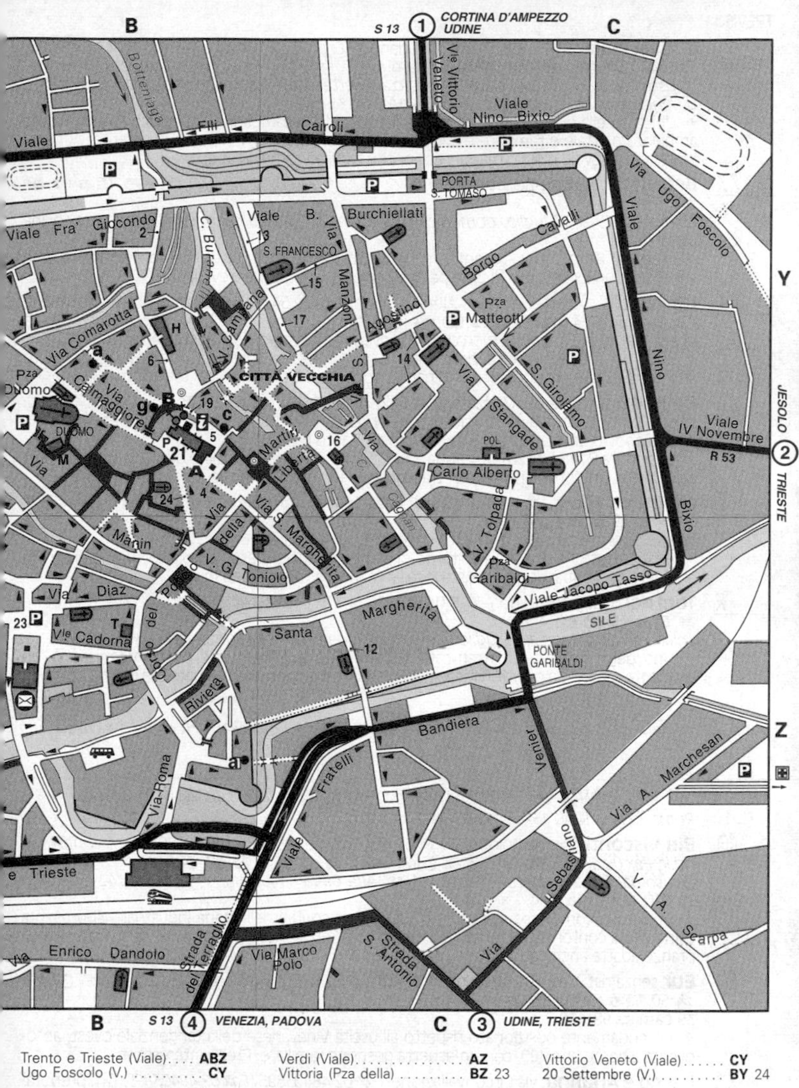

Trento e Trieste (Viale) . . . . **ABZ**	Verdi (Viale) . . . . **AZ**	Vittorio Veneto (Viale) . . . . . . **CY**
Ugo Foscolo (V.) . . . . **CY**	Vittoria (Pza della) . . . . **BZ** 23	20 Settembre (V.) . . . . **BY** 24

Scala, viale Felissent angolo Cal di Breda 1 ✆ 0422 307600, *hscala@hotelscala.com, Fax 0422 305048,* – **P**. rist per ①
Pasto *(chiuso dal 7 al 15 gennaio, dal 1° al 20 agosto, sabato a mezzogiornoe lunedì)* carta 29/40 – 9 – **20 cam** 62/106.
◆ Cinta da un piccolo parco, una piacevole villa padronale, con un'architettura tipica di queste zone; ben tenuta, appena fuori dal cuore della città. Atmosfera familiare. Signorile sala ristorante, con architetture chiare e soffittature in legno scuro.

Al Giardino senza rist, via Sant'Antonino 300/a (Sud : 1,5 km) ✆ 0422 406406, *albgiard@tin.it, Fax 0422 406406,* – **P**. per ③
chiuso domenica e lunedì – **43 cam** 54/75.
◆ Il nome invita ad entrare in questa risorsa immersa nel verde, fuori Treviso; un piccolo e semplice albergo, a gestione familiare, da poco rinnovato nell'ala sul retro.

Il Cascinale , via Torre d'Orlando 6/b (Sud-Ovest : 3 km) 0422 402203, *Fax 0422 346418*, – . cam 3 km per ④
chiuso dal 7 al 18 gennaio e dal 16 agosto al 3 settembre – **Pasto** *(aperto domenica e le sere di venerdì-sabato)* carta 17/20 – 6 – **14 cam** 35/50.
◆ Ubicato nella prima periferia, ma già totalmente in campagna, un rustico ove troverete ambiente ospitale e familiare e camere molto confortevoli, realizzate di recente. Al ristorante un piacevole rifugio mangereccio, con servizio anche all'aperto.

Beccherie, piazza Ancillotto 10 0422 540871, *Fax 0422 540871*, – . AE VISA. BY c
chiuso dal 15 al 30 luglio, domenica sera e lunedì – **Pasto** cucina tradizionale trevigiana carta 29/42.
◆ Dietro al Palazzo dei Trecento, in un edificio dalle tradizionali linee delle antiche case veneziane, un locale noto in città per la cucina squisitamente trevigiana.

L'Incontro, largo Porta Altinia 13 0422 547717, *lincontro@sevenonline.it*, *Fax 0422 547623* – . AE VISA JCB. BZ a
chiuso dal 10 al 31 agosto, mercoledì e giovedì a mezzogiorno – **Pasto** carta 42/52 (12 %).
◆ Sotto le volte dell'antica porta Altinia, un ambiente sorto dalla fantasia di un noto architetto e dalla passione di due dinamici soci; per sapori anche del territorio.

Da Renzia, strada del Mozzato 9 0422 403903, *Fax 0422 403903*, , Coperti limitati; solo su prenotazione a mezzogiorno – P. VISA. per ④
chiuso agosto, domenica e a mezzogiorno – **Pasto** carta 26/43.
◆ La signora Renzia e l'amica Marina vi accolgono in questo angolino ovattato, con arredi in stile impero sui toni bianchi e blu; tradizione, rielaborata in chiave moderna.

All'Antica Torre, via Inferiore 55 0422 583694, *info@anticatorre.tv*, *Fax 0422 548570* – . AE VISA. BY a
chiuso agosto e domenica – **Pasto** specialità di mare carta 26/45.
◆ Rustica trattoria ricavata all'interno di una torre duecentesca; ampia collezione di quadri e oggetti d'antiquariato, proposte locali e marinare. Vasta scelta di vini.

Toni del Spin, via Inferiore 7 0422 543829, *Fax 0422 583110*, Trattoria tipica, prenotare . AE VISA JCB BY g
chiuso dal 15 giugno al 15 luglio domenica e lunedì a mezzogiorno – **Pasto** carta 22/28.
◆ Uno degli indirizzi più «trafficati» e conosciuti a Treviso, ove poter mangiare in un ambiente raccolto e caratteristico secondo un menù giornaliero legato alla cucina tipica.

Un automobilista previdente utilizza la Guida Michelin dell'anno in corso.

TREZZANO SUL NAVIGLIO *20090 Milano* 561 F 9, 219 ⑱ – *18 758 ab. alt. 116.*

Roma 595 – Milano 13 – Novara 43 – Pavia 34.

Blu Visconti , via Goldoni 49 02 48402094 e rist 02 48403889, *blu.visconti@inwind.it*, *Fax 02 48403095*, – – 60. AE VISA.
chiuso dal 5 al 20 agosto – **Pasto** al Rist. ***Alla Cava*** *(chiuso lunedì)* carta 25/42 – **63 cam** 110, suite – 1/2 P 84.
◆ Un nuovo complesso alberghiero, ubicato ai confini della zona industriale; si presenta tranquillo e confortevole tanto negli spazi comuni quanto nelle camere. Due vaste sale da pranzo adatte anche ad ospitare grandi eventi.

Eur senza rist, viale Leonardo da Vinci 36/a 02 4451951, *Fax 02 4451075* – P – 50. AE VISA JCB
39 cam 98/129.
◆ Comodamente posizionato rispetto all'uscita Vigevanese della tangenziale ovest, accogliente albergo anni '60, con un'esperta gestione familiare. Prezzi interessanti.

Bacco e Arianna, via Circonvallazione 1 02 48403895, *Fax 02 48403895*, , prenotare – P. AE VISA
chiuso sabato a mezzogiorno e domenica – **Pasto** carta 32/51.
◆ Raccolto, curato negli arredi, con piatti che seguono le stagioni nel solco della tradizione lombarda. Una piacevole scoperta, anche per il servizio estivo all'aperto.

TREZZO TINELLA *12050 Cuneo* 561 H 6 – *375 ab. alt. 341.*

Roma 593 – Genova 115 – Alessandria 66 – Cuneo 74 – Torino 76.

Agriturismo Antico Borgo del Riondino , via dei Fiori 12 (Nord-Est : 3,5 km) 0173 630313, *Fax 0173 630313*, – P. VISA.
chiuso dal 21 dicembre a febbraio – **Pasto** *(chiuso a mezzogiorno e solo su prenotazione)* (solo per alloggiati) 36 – **8 cam** 103,30.
◆ Su fondazioni medievali, un borgo agricolo del '600 in un'ampia tenuta con pascoli e boschi; tra le colline, atmosfera signorile e ricercata grazie al restauro di gusto.

a Mompiano *Sud : 4 km – ✉ 12050 Trezzo Tinella :*

Casa Branzele senza rist, via Cappelletto 27 ✆ 0173 630000, *branzele@casabranzele.com, Fax 0173 630907*, ≤ colline, – P – 50. MC VISA.
chiuso dal 15 gennaio al 15 marzo – **5 cam** 70/90.
◆ Splendida casa colonica di inizio Novecento, immersa tra le colline delle Langhe, restaurata secondo le forme originarie dai proprietari. Camere semplici e gradevoli.

TRICASE *73039 Lecce* 564 H 37 – *17 751 ab. alt. 97.*
Roma 670 – Brindisi 95 – Lecce 52 – Taranto 139.

Adriatico, via Tartini 34 ✆ 0833 544737, *hoteladriatico@libero.it, Fax 0833 544737* – P. AE MC VISA JCB. cam
Pasto *(chiuso domenica escluso da giugno a settembre)* carta 21/33 – **18 cam** 48/80 – ½ P 55.
◆ Hotel a due passi dalla stazione ferroviaria, dislocato su una costruzione adiacente la grande sala banchetti; ospitale e familiare, è ideale anche per clienti di lavoro. Ristorante a vocazione prevalentemente banchettistica.

TRICESIMO *33019 Udine* 562 D 21 – *7 213 ab. alt. 198.*
Roma 642 – Udine 12 – Pordenone 64 – Tarvisio 86 – Tolmezzo 38.

Antica Trattoria Boschetti, piazza Mazzini 10 ✆ 0432 851230, *Fax 0432 851230*, prenotare – P. AE MC VISA
chiuso domenica sera e lunedì – **Pasto** 28/38 e carta 35/44.
◆ La recente ristrutturazione ha restituito un elegante ristorante dall'ambiente signorile, dove si propongono piatti della tradizione; fornitissima cantina a vista.

Da Toso, via Pozzuolo 16, località Leonacco Sud-Ovest : 2 km ✆ 0432 852515, *Fax 0432 852515*, – P. MC VISA
chiuso dal 24 gennaio all'11 febbraio, dal 15 agosto al 15 settembre, martedì e mercoledì – **Pasto** specialità alla griglia carta 30/37.
◆ Accogliente e d'atmosfera questo bel locale con una prima sala dominata da un grande camino per la cottura alla griglia e un piacevole dehors estivo.

Miculan, piazza Libertà 16 ✆ 0432 851504, *Fax 0432 851504*, – AE MC VISA.
chiuso dal 15 agosto al 6 settembre, mercoledì sera e giovedì – **Pasto** carta 21/26.
◆ Una trattoria con avviato bar pubblico, sulla piazza di Tricesimo; una saletta con un tradizionale caminetto centrale e piatti friulani con divagazioni di pescato.

TRIESTE *34100* P 562 F 23 *G. Italia – 215 096 ab..*
Vedere *Colle San Giusto*★★ **AY** – *Piazza della Cattedrale*★ **AY 9** – *Basilica di San Giusto*★ **AY** : *mosaico*★★ *nell'abside,* ≤★ *su Trieste dal campanile – Collezioni di armi antiche*★ *nel castello* **AY** – *Vasi greci*★ *e bronzetti*★ *nel museo di Storia e d'Arte* **AY M1** – *Piazza dell'Unità d'Italia*★ **AY 35** – *Museo del Mare*★ **AY M2** : *sezione della pesca*★★.
Dintorni *Castello e giardino*★★ *di Miramare per* ① : *8 km* – ≤★★ *su Trieste e il golfo dal Belvedere di Villa Opicina per* ② : *9 km* – ★★ *dal santuario del Monte Grisa per* ① : *10 km.*
9 *(chiuso martedì)* ✆ *040 226159, Fax 040 226159, per* ② : *7 km.*
di Ronchi dei Legionari per ① : *32 km* ✆ *0481 773224, Fax 0481 474150.*
piazza Unità d'Italia 4/b ✆ *040 3478312, aptour@libero.it, Fax 040 3478320.*
A.C.I. *via Cumano 2* ✉ *34139* ✆ *040 393222.*
Roma 669 ① – *Udine 68* ① – *Ljubljana 100* ② – *Milano 408* ① – *Venezia 158* ① – *Zagreb 236* ②.

Pianta pagina seguente

Greif Maria Theresia, viale Miramare 109, località Barcola ✉ 34136 ✆ 040 410115, *greifts@tin.it, Fax 040 413053*, , , , – , cam, – 100. AE MC VISA. rist per ①
Pasto carta 26/38 – **36 cam** 197/240.
◆ Una struttura del primo '900, sulla strada per Miramare, ospita dal 1996 un ricercato hotel d'atmosfera; arredi moderni in stile impero nelle camere; piscina coperta. Servizio ristorante nella sala con vetrate o sulla terrazza con vista mare.

Grand Hotel Duchi d'Aosta, piazza Unità d'Italia 2 ✉ 34121 ✆ 040 7600011 e rist ✆ 040 660606, *info@grandhotelduchidaosta.com, Fax 040 366092* – – 30. AE MC VISA. AY r
Pasto al Rist. ***Harry's Grill*** *(chiuso domenica)* carta 39/49 – **53 cam** 214/285, 2 suites.
◆ Su una piazza tra le più suggestive d'Italia, vero e proprio palcoscenico sul mare, albergo di prestigio con interni di austera eleganza mitteleuropea e confort moderni. Elegante saletta o veranda con vetrate sulla piazza per il ristorante.

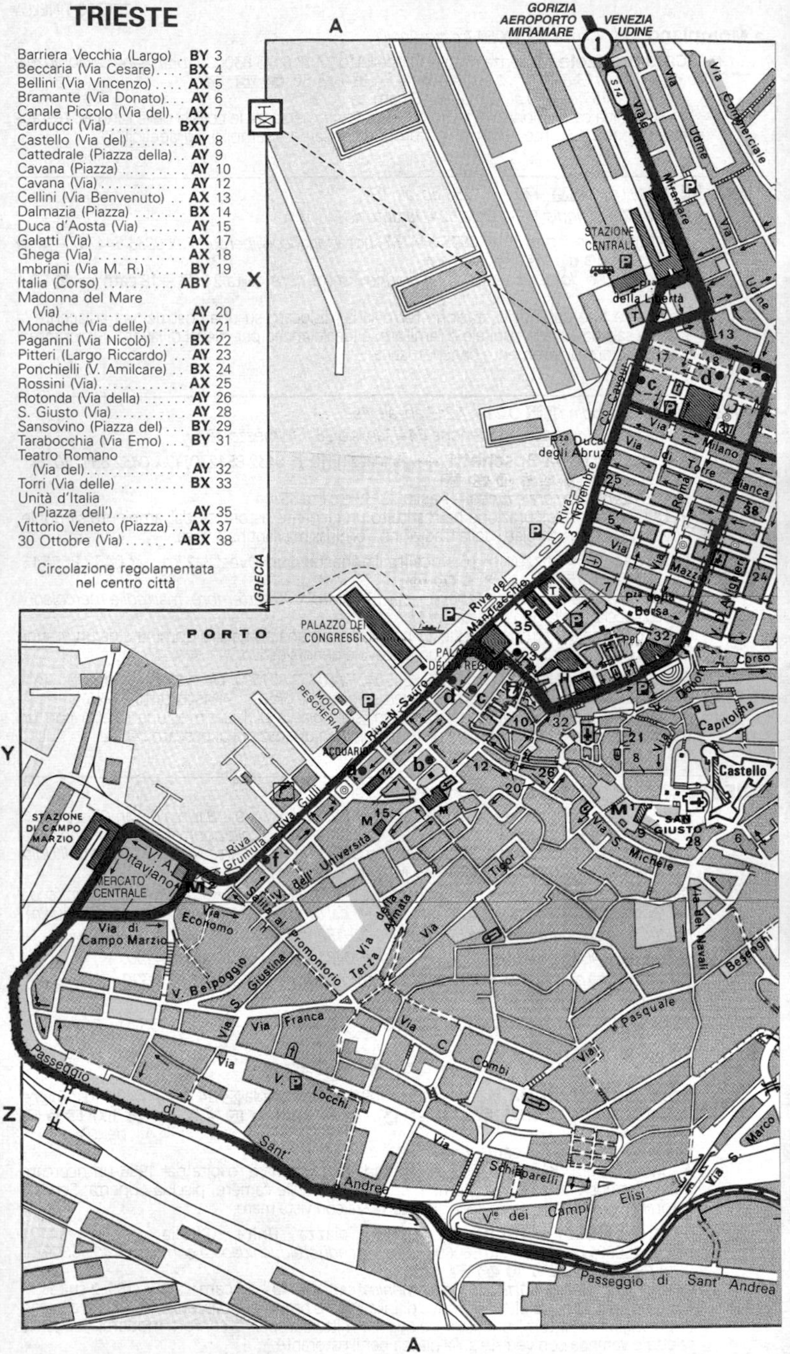

TRIESTE
Barriera Vecchia (Largo) . BY 3
Beccaria (Via Cesare).... BX 4
Bellini (Via Vincenzo) .... AX 5
Bramante (Via Donato).... AY 6
Canale Piccolo (Via del). . AX 7
Carducci (Via) .... BXY
Castello (Via del) .... AY 8
Cattedrale (Piazza della). . AY 9
Cavana (Piazza) .... AY 10
Cavana (Via) .... AY 12
Cellini (Via Benvenuto) .. AX 13
Dalmazia (Piazza) .... BX 14
Duca d'Aosta (Via) ...... AY 15
Galatti (Via) .... AX 17
Ghega (Via) .... AX 18
Imbriani (Via M. R.) ..... BY 19
Italia (Corso) .... ABY
Madonna del Mare
(Via) .... AY 20
Monache (Via delle) ..... AY 21
Paganini (Via Nicolò) .... BX 22
Pitteri (Largo Riccardo) .. AY 23
Ponchielli (V. Amilcare) .. BX 24
Rossini (Via)............. AX 25
Rotonda (Via della) ...... AY 26
S. Giusto (Via) .... AY 28
Sansovino (Piazza del) ... BY 29
Tarabocchia (Via Emo) ... BY 31
Teatro Romano
(Via del)................ AY 32
Torri (Via delle) .... BX 33
Unità d'Italia
(Piazza dell') .... AY 35
Vittorio Veneto (Piazza) .. AX 37
30 Ottobre (Via) .... ABX 38
Circolazione regolamentata
nel centro città
GORIZIA
AEROPORTO
MIRAMARE
VENEZIA
UDINE
A
X
Y
Z
GRECIA
PORTO
Via Commerciale
Viale Miramare
Via Udine
STAZIONE CENTRALE
P^za della Libertà
C^o Cavour
P^za Duca degli Abruzzi
Riva 3 Novembre
Via Milano
Via di Torre Bianca
Via Roma
Via Mazzini
Via D. Alighieri
P^za della Borsa
Corso
Via Donota
Capitolina
Castello
SAN GIUSTO
Via S. Michele
Via dei Navali
Via Tigor
PALAZZO DEI CONGRESSI
PALAZZO DELLA REGIONE
Riva del Mandracchio
Riva N. Sauro
Riva Gulli
Riva Grumula
MOLO PESCHERIA
ACQUARIO
Via dell' Università
STAZIONE DI CAMPO MARZIO
V. A. Ottaviano
MERCATO CENTRALE
Via di Campo Marzio
Via Economo
Salita al Promontorio
Via della Terza Armata
V. Belpoggio
Via S. Giustina
Via Franca
Via C. Combi
Via Pasquale
Via Locchi
Passeggio di Sant' Andrea
Via Schiaparelli
V^le dei Campi Elisi
Via S. Marco
Besenghi

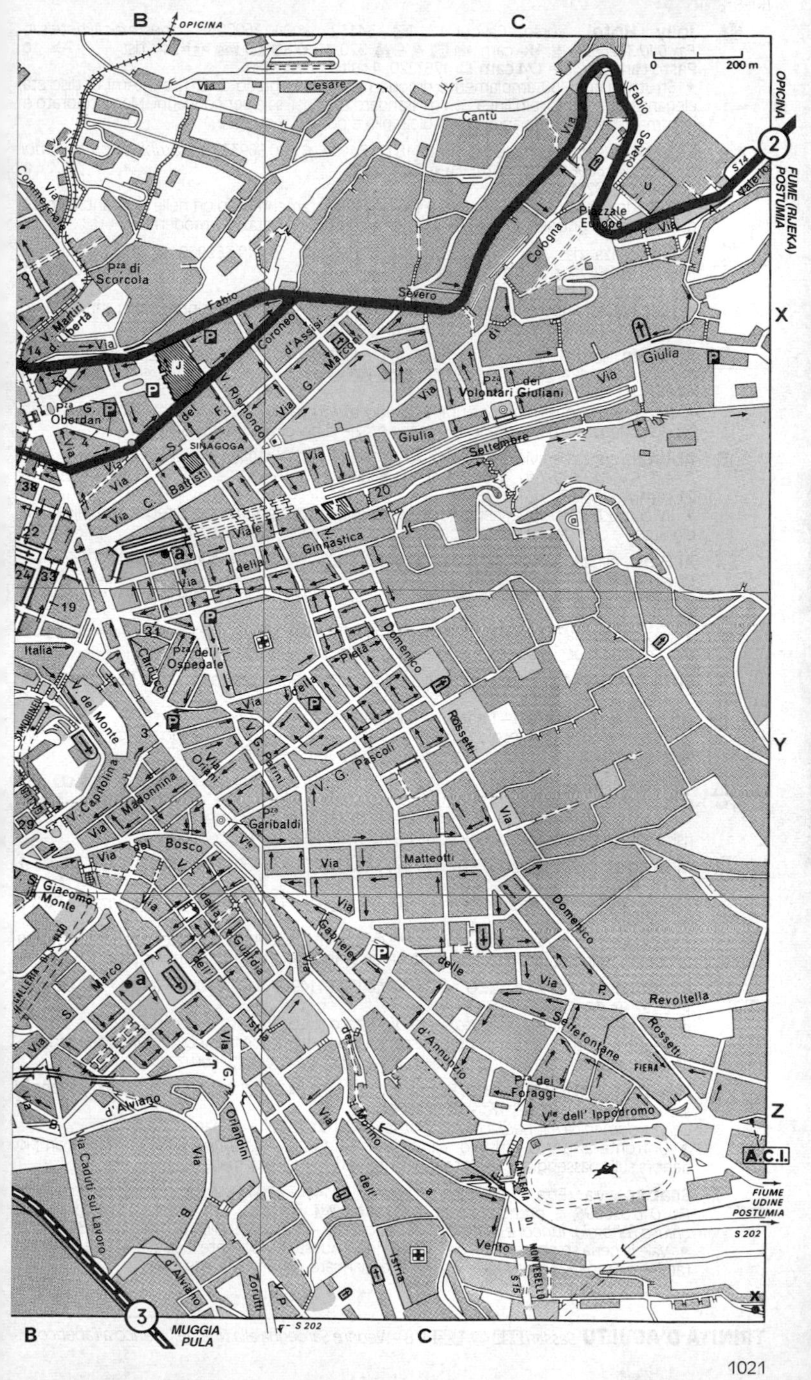

B
OPICINA
C
0
200 m
OPICINA
2
FIUME (RIJEKA)
POSTUMIA
Via Cesare Cantù
Via Fabio Severo
S 14
Valerio
Piazzale Europa
Via Cologna
Pza di Scorcola
Via Commerciale
V. Martiri d. Libertà
Via Fabio Severo
Coroneo
d'Assisi
Via G. Marconi
X
Via Giulia
Pza dei Volontari Giuliani
V. F. Rismondo
Pza G. Oberdan
Via C. Battisti
SINAGOGA
Via XX Settembre
Viale della Ginnastica
Via Domenico Rossetti
Italia
Pza dell' Ospedale
Carducci
Via della Pietà
V. del Monte
Via Oriani
V. G. Parini
V. G. Pascoli
Y
V. Capitolina
Via Madonnina
Pza Garibaldi
Via del Bosco
Via Matteotti
V. S. Giacomo in Monte
Via della Guardia
Via Gabriele d'Annunzio
Via Domenico Rossetti
Via delle Sette fontane
Revoltella
FIERA
Pza dei Foraggi
Vle dell' Ippodromo
Z
A.C.I.
Via S. Marco
Via G. Orlandini
Via dell' Istria
Via del Molino a Vento
d'Alviano
Via Caduti sul Lavoro
GALLERIA DI MONTEBELLO
S 15
FIUME
UDINE
POSTUMIA
S 202
Zorutti
V. P.
S 202
3
MUGGIA
PULA
B
C

Jolly Hotel, corso Cavour 7 ✉ 34132 ☎ 040 7600055, *trieste@jollyhotels.it, Fax 040 362699* – cam, – 220. AE VISA JCB. rist AX c
Pasto carta 27/36 – **174 cam** 176/220, 4 suites – ½ P 150.
◆ Struttura anni '50 ampiamente rimodernata, ora in grado di offrire interni di discreta eleganza e un confort in linea con gli standard europei; sale per convegni. Menù colorato e informale che propone anche formule «agili» e poco dispendiose.

Colombia senza rist, via della Geppa 18 ✉ 34132 ☎ 040 369333, *colombia@hotelcolombia.it, Fax 040 369644* – . AE VISA AX a
40 cam 132/175.
◆ Cura dei dettagli, pezzi d'epoca e raffinati accostamenti di colori nelle riposanti camere di un albergo centrale, ricco di personalità e con buone dotazioni moderne.

Italia senza rist, via della Geppa 15 ✉ 34132 ☎ 040 369900, *info@hotel-italia.it, Fax 040 630540* – . AE VISA JCB AX d
38 cam 125/150.
◆ Ambienti luminosi e dotazioni moderne in un albergo centrale, rinnovato in anni recenti; allegre tinte pastello e arredi di essenziale linearità nelle camere.

Al Viale senza rist, via Nordio 5 ✉ 34125 ☎ 040 3480838, *hotel.alviale@libero.it, Fax 040 3482708* – . AE VISA JCB. BX a
18 cam 60/95.
◆ Hotel di recentissima apertura, in grado di offrire una ventina di camere arredate in modo sobrio, ma molto gradevole anche grazie ai bei pavimenti in parquet.

Abbazia senza rist, via della Geppa 20 ✉ 34132 ☎ 040 369464, *hotelabbaziatrieste@interfree.it, Fax 040 369769* – . AE VISA AX a
21 cam 87/128.
◆ In comoda posizione centrale, piccolo albergo a conduzione diretta, semplice, ma dignitoso e omogeneo nel confort, con una consolidata clientela di lavoro.

Ai Fiori, piazza Hortis 7 ✉ 34124 ☎ 040 300633, *info@aifiori.com, Fax 040 300633* – . AE VISA AY b
chiuso dal 25 dicembre al 1° gennaio, dal 1° al 20 luglio, domenica e lunedì – **Pasto** carta 35/45.
◆ Gestito da una famiglia tutta impegnata nell'attività, ristorantino che emerge nel panorama cittadino per la cortesia, le specialità di mare innovative e la cantina.

Città di Cherso, via Cadorna 6 ✉ 34124 ☎ 040 366044, prenotare – . AE VISA JCB. AY c
chiuso agosto e martedì – **Pasto** specialità di mare carta 32/42.
◆ In centro città, un piccolo ristorante classico di stile moderno, caldo e accogliente, con diversi tocchi di ricercatezza, dove gustare fragranti specialità di mare.

Montecarlo, via San Marco 10 ✉ 34144 ☎ 040 662545, *Fax 040 662545,* – VISA BZ a
chiuso lunedì – **Pasto** carta 20/30.
◆ Quattro salette su due piani e un ampio dehors estivo nel cortile interno per un ristorante di tono rustico, con cucina tradizionale sia di terra che di mare.

Al Bragozzo, riva Nazario Sauro 22 ✉ 34123 ☎ 040 303001, *Fax 040 823863* – . AE VISA JCB. AY a
chiuso dal 20 dicembre al 10 gennaio, dal 25 giugno al 10 luglio, domenica e lunedì – **Pasto** carta 23/42.
◆ All'ingresso l'acquario con crostacei e pesci di mare identifica subito il genere di cucina del locale, marinara appunto, proposta in un ambiente piacevolmente démodé.

L'Ambasciata d'Abruzzo, via Furlani 6 ✉ 34149 ☎ 040 395050, *Fax 040 395050* – P. AE VISA CZ x
chiuso dal 20 luglio al 20 agosto e lunedì – **Pasto** specialità abruzzesi carta 31/35.
◆ Legno e tanti oggetti esposti (conserve, ceramiche, fotografie ecc.) in un locale caratteristico, rustico e accogliente; unico in città a proporre specialità abruzzesi.

Al Nuovo Antico Pavone, Riva Grumula 2 e ✉ 34123 ☎ 040 303899, *nuovo.pavone@libero.it, Fax 040 303899,* – AE VISA AY f
chiuso domenica e lunedì a mezzogiorno – **Pasto** specialità di mare carta 33/39.
◆ Di fronte al porto turistico, caratteristica trattoria, con lungo bancone bar e ampio dehors sulla passeggiata, che propone fragranti specialità di mare.

Scabar, via Erta Sant'Anna 63 ✉ 34149 ☎ 040 810368, *trattoria@scabar.it, Fax 040 830696,* ≤, prenotare – P. AE VISA JCB per ③
chiuso febbraio, lunedì e martedì a mezzogiorno – **Pasto** specialità di mare carta 38/53.
◆ Vale la pena spingersi fuori del centro fino a questo accogliente locale, con una gestione familiare simpatica e appassionata; cucina marinara, cantina interessante.

TRINITÀ D'AGULTU *Sassari* 988 ㉓, 433 E 8 – *Vedere Sardegna alla fine dell'elenco alfabetico.*

TRISSINO *36070 Vicenza* 562 F 16 – *7 804 ab. alt. 221.*

Roma 550 – Verona 49 – Milano 204 – Vicenza 21.

XXX **Cà Masieri** con cam, località Masieri 16 (Ovest : 2 km) 0445 962100 e hotel 0445 490122, *info@camasieri.com, Fax 0445 490455,* , prenotare, – AE VISA

Pasto *(chiuso domenica e lunedì a mezzogiorno)* carta 36/52 – 9,50 – **7 cam** 59/98, 5 suites 120/129.

◆ Un signorile casale di campagna, un complesso rurale del XVIII secolo; servizio estivo all'aperto, fra le colline e salette ove ancora si respira un'atmosfera antica.

TRIVIGNO *85018 Potenza* 564 F 29 – *804 ab. alt. 735.*

Roma 385 – Potenza 26 – Matera 83.

Agriturismo La Foresteria di San Leo , contrada San Leo Sud-Ovest : 5 km 0971 981157, *mariagiovanna.allegretti@tin.it, Fax 0971 442695,* –

maggio-settembre – **Pasto** (solo per alloggiati) carta 20/35 – **6 cam** 45/78 – ½ P 54.

◆ Sorta dal restauro di un eremo benedettino, una piacevole risorsa che conserva ancora i resti di un monastero del '300; cinta dal verde e con vista delle Dolomiti Lucane. Cucina di stampo casereccio, da godersi in una delle due sale ristorante in pietra viva.

TROFARELLO *10028 Torino* 561 H 5 – *10 123 ab. alt. 276.*

Roma 656 – Torino 15 – Asti 46 – Cuneo 76.

Pianta d'insieme di Torino.

Park Hotel Villa Salzea , via Vicoforte 2 011 6490366, *villasalzea@libero.it, Fax 011 6498549,* – – 100. AE VISA. **HU m**

chiuso dal 26 dicembre al 7 gennaio – **Pasto** *(chiuso agosto e a mezzogiorno)* (prenotare) carta 34/55 – **22 cam** 83/105.

◆ A pochi km da Torino, in una tranquilla area pre-collinare, sorge una signorile villa settecentesca sita in un parco ombreggiato; dotata di camere spaziose, ben arredate. Atmosfere eleganti nelle sale ristorante intime e negli ambienti più ampi, per cerimonie.

TROPEA *89861 Vibo Valentia* 564 K 29 *G. Italia* – *7 109 ab..*

Roma 636 – Reggio di Calabria 140 – Catanzaro 92 – Cosenza 121 – Gioia Tauro 77.

X **Pimm's,** Largo Migliarese 2 0963 666105, Coperti limitati; prenotare – VISA JCB.

chiuso lunedì (escluso luglio-agosto) – **Pasto** carta 30/63.

◆ Percorsa la via dello «struscio» serale, a fianco della mini terrazza, un rifugio a picco sul mare, con balconcino sulla distesa smeraldo; in bocca, sapore di pesce.

a San Nicolò di Ricadi *Sud-Ovest : 9 km* – *89865 :*

X **La Fattoria,** località Torre Ruffa 0963 663070, *Fax 0963 663070,* Rist. con pizzeria serale – . AE VISA.

giugno-settembre – **Pasto** carta 19/25.

◆ Con grandi vetrate apribili sul giardino, un ristorante semplice e informale che, da un forno a legna, offre pizze solo serali e piatti caserecci, anche marini.

a Capo Vaticano *Sud-Ovest : 10 km* – *89865 San Nicolò di Ricadi :*

Punta Faro , località Grotticelle 0963 663139, *sephi@tiscali.it, Fax 0963 663968,* , – . VISA. rist

giugno-22 settembre – **Pasto** carta 15/25 – **19 cam** 50/65 – ½ P 63.

◆ Poco lontano dalla bella spiaggia di Grotticelle, raggiungibile con una navetta, un alberghetto a conduzione familiare, comodo e tranquillo, per godersi un paradiso. Sala da pranzo semplice e decorosa, piacevole.

TRULLI (Regione dei) *Bari e Taranto* 564 E 33 *G. Italia.*

TUSCANIA *01017 Viterbo* 563 O 17 *G. Italia* – *7 922 ab. alt. 166.*

Vedere *Chiesa di San Pietro★★ : cripta★★ – Chiesa di Santa Maria Maggiore★ : portali★★.*

Roma 89 – Viterbo 24 – Civitavecchia 44 – Orvieto 54 – Siena 144 – Tarquinia 25.

Tuscania senza rist, via dell'Olivo 53 0761 444080, *info@tuscaniahotel.it, Fax 0761 444380,* ≤ Basiliche e antiche mura – . AE VISA JCB

25 cam 42/68.

◆ Sorto di recente, un albergo sito fuori del centro e con una bella vista, da molte camere, sulle antiche mura e sulle Basiliche di San Pietro e di Santa Maria Maggiore.

Locanda di Mirandolina, via del Pozzo Bianco 40/42 ✆ 0761 436595, *info@mirandolina.it, Fax 0761 436595* – rist. VISA JCB.
chiuso dal 10 gennaio al 15 febbraio – **Pasto** *(chiuso lunedì)* carta 30/40 – **8 cam** 67 – ½ P 51,50.
◆ Edera e gelsomino ricoprono quasi interamente la facciata dell'edificio d'inizio '900 che ospita questa gradevole risorsa. In pieno centro, stanze personalizzate. In cucina giovani cuochi e tocchi fantasiosi.

Al Gallo con cam, via del Gallo 22 ✆ 0761 443388, *gallotus@tin.it, Fax 0761 443628* – P. AE VISA JCB
Pasto *(chiuso dal 15 gennaio al 15 febbraio e lunedì)* carta 33/42 – **13 cam** 58/108 – ½ P 78.
◆ Tra stoffe a quadri bianchi e rossi si ha l'impressione di entrare in una ricercata casa di bambole; con vista sui tetti del centro storico, sapori stagionali e creativi.

I prezzi
Per tutte le precisazioni sui prezzi indicati in questa guida, consultate le pagine introduttive.

UDINE *33100* P 562 D 21 *G. Italia – 95 321 ab. alt. 114.*

Vedere *Piazza della Libertà*** **AY 14** – *Decorazioni interne* nel Duomo* **ABY B** – *Affreschi* nel palazzo Arcivescovile* **BY A.**

Dintorni *Passariano : Villa Manin** Sud-Ovest : 30 km.*

18 *(chiuso martedì) a Fagagna-Villaverde ✉ 33034 ✆ 0432 800418, Fax 0432 811312, Ovest : 15 km per via Martignacco* **AY.**

✈ *di Ronchi dei Legionari per ③ : 37 km ✆ 0481 773224, Fax 0481 474150.*

piazza I Maggio 7 ✆ 0432 295972, arpt–udi1@regione.fvg.it, Fax 0432 504743.

A.C.I. *viale Tricesimo 46 per ① ✆ 0432 482565.*

Roma 638 ④ – Milano 377 ④ – Trieste 71 ④ – Venezia 127 ④.

Pianta pagina a lato

Astoria Hotel Italia, piazza 20 Settembre 24 ✆ 0432 505091, *astoria@hotelastoria.udine.it, Fax 0432 509070* – – 110. AE VISA **AZ a**
Pasto *(chiuso 15 giorni in agosto)* carta 36/52 – 13 – **72 cam** 110/160, 3 suites – ½ P 120.
◆ Hotel di grande tradizione nel centro storico, con eleganti interni d'ispirazione contemporanea e ampie camere in stile; centro congressi nell'attiguo Palazzo Kechler. Atmosfera raffinata nell'ampio salone per banchetti; cucina tradizionale.

Ambassador Palace, via Carducci 46 ✆ 0432 503777, *info@ambassadorpalacehotel.it, Fax 0432 503711* – – 100. AE VISA. **BZ a**
Pasto carta 32/62 – **80 cam** 110/140, 2 suites – ½ P 100.
◆ Hotel a due passi dal centro preceduto da un grazioso giardinetto. Interni rinnovati al fine di offrire un confort di buon livello alla clientela di passaggio dalla città. Sala ristorante d'impostazione tradizionale.

Friuli, viale Ledra 24 ✆ 0432 234351, *friuli@hotelfriuli.udine.it, Fax 0432 234606* – P. AE VISA. rist **AY c**
chiuso dal 25 dicembre al 6 gennaio – **Pasto** *(chiuso domenica)* carta 23/33 – 10 – **91 cam** 65/107, 9 suites.
◆ Albergo moderno ideale per un turismo d'affari: gradevoli ambienti dotati di ogni confort e ben arredati in stile essenziale, camere accoglienti e luminose.

Là di Moret, viale Tricesimo 276 ✆ 0432 545096, *hotel@ladimoret.it, Fax 0432 545096,* , , , , – P – 300. AE VISA per ①
Pasto vedere rist ***La' di Moret*** – **81 cam** 98/130, suite – ½ P 95.
◆ Conduzione professionale in un albergo periferico con ambienti arredati in modo attuale; delicati colori pastello nelle graziose camere, in parte rinnovate di recente.

President, via Duino 8 ✆ 0432 509905, *info@hotelpresident.tv, Fax 0432 507287* – P – 70. AE VISA JCB **BY b**
Pasto carta 21/34 – **80 cam** 85/124 – ½ P 67.
◆ Struttura di moderna concezione in vetro e cemento, che presenta invece interni classici, dove prevale l'uso del legno, sulle pareti e negli arredi; camere luminose.

Clocchiatti senza rist, via Cividale 29 ✆ 0432 505047, *info@hotelclocchiatti.it, Fax 0432 505047* – P. AE VISA **BY a**
chiuso dal 20 dicembre al 15 gennaio – 8 – **27 cam** 95/120.
◆ Professionale gestione familiare trentennale in questo albergo situato in un villino di fine '800, recentemente ristrutturato; piacevoli camere, alcune mansardate.

Principe senza rist, viale Europa Unita 51 ℘ 0432 506000, *info@principe-hotel.it*, *Fax 0432 502221* – BZ u
26 cam 69/89.
◆ In comoda e tranquilla posizione nei pressi della stazione, un piccolo hotel con ariosi spazi comuni dai colori caldi e camere semplici, ma ben tenute.

Vitello d'Oro, via Valvason 4 ℘ 0432 508982, *info@vitellodoro.com*, *Fax 0432 508982*, , prenotare – . AE VISA AY a
chiuso lunedì a mezzogiorno e mercoledì, da giugno a settembre domenica e lunedì a mezzogiorno – **Pasto** carta 38/50.
◆ Recentemente rinnovato, locale dall'atmosfera raffinata e dall'ambiente signorile dove si propongono piatti classici ma anche gustose elaborazioni; ameno servizio all'aperto.

La' di Moret - Hotel la' di Moret, viale Tricesimo 276 ℘ 0432 545096, *hotel@ladimore t.it*, , prenotare – . AE VISA. per ①
chiuso domenica sera e lunedì a mezzogiorno – **Pasto** carta 31/48.
◆ Bella e ampia sala con grandi vetrate luminose, sobria negli arredi, ma molto gradevole, per assaporare invitanti ricette friulane e marinare, d'estate servite in terrazza.

UDINE

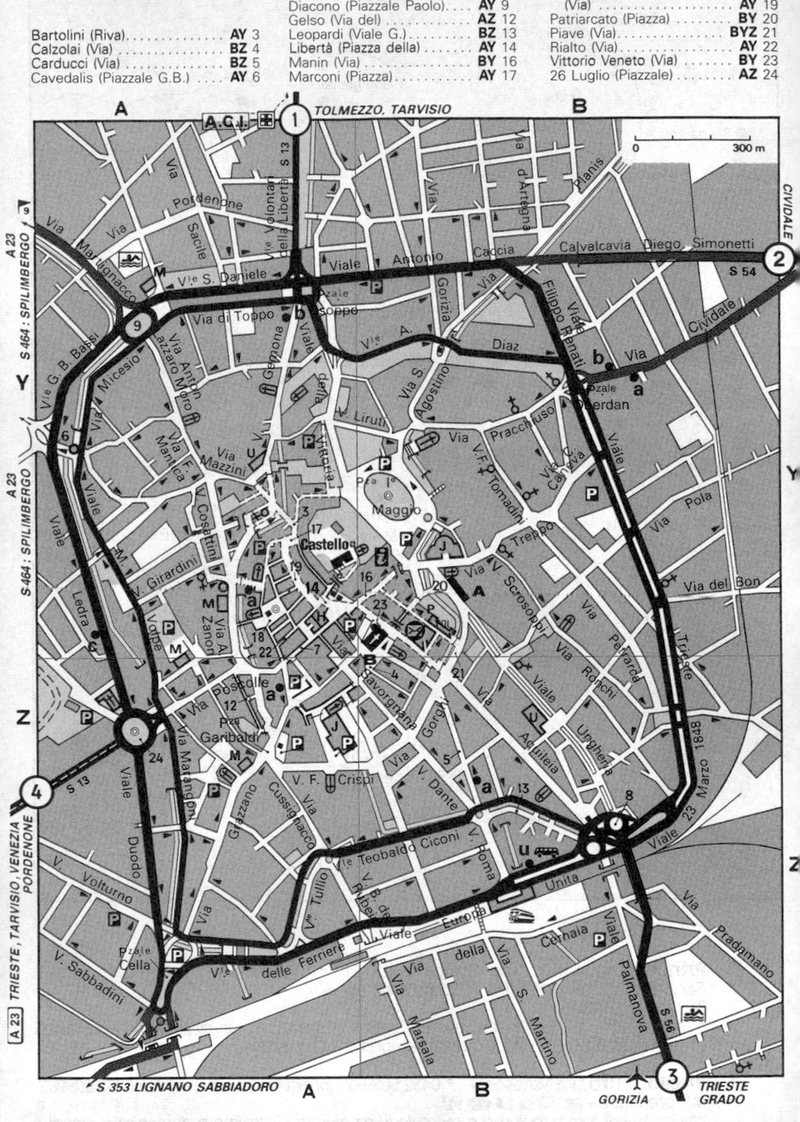

Alla Vedova, via Tavagnacco 9 ☎ 0432 470291, *zamarian@libero.it, Fax 0432 470291*, – P. VISA. per ①
chiuso dal 10 al 25 agosto, domenica sera e lunedì – **Pasto** carta 25/33.

◆ Ristorante di tradizione centenaria con tipiche sale ornate di trofei di caccia e armi d'epoca; proposte di piatti friulani e alla griglia, servizio estivo in giardino.

Trattoria alla Colonna, via Gemona 98 ☎ 0432 510177, *Fax 0432 510177*, – AE VISA JCB – *chiuso dal 15 al 30 gennaio, dal 15 al 30 luglio, domenica e lunedì a mezzogiorno* – **Pasto** carta 26/45. AY b

◆ Caratteristica trattoria friulana con due salette rustiche e accoglienti, dove gustare una cucina tradizionale e due specialità: il carrello dei bolliti e il pesce.

a Godia *per ① : 6 km – ✉ 33100 :*

XX ✿ **Agli Amici,** via Liguria 250 ✆ 0432 565411, *agliamici@libero.it, Fax 0432 565555,* prenotare – P. AE VISA JCB
chiuso una settimana in gennaio, due settimane in luglio, domenica sera e lunedì, anche domenica a mezzogiorno da giugno ad agosto – **Pasto** carta 42/67.
◆ Vanta un secolo di attività questa trattoria a gestione familiare: un ambiente semplice e accogliente fa da cornice a rivisitate delizie culinarie legate al territorio.
Spec. Foie gras d'oca marinato al Verduzzo con crema di sclupit (erba selvatica) (primavera). Passata tiepida di patate con seppia temperata e ricci di mare (estate). Quaglia affumicata con sformato di polenta e salsa alla salvia (autunno).

UGGIANO LA CHIESA *73020 Lecce* 564 G 37 – *4 393 ab. alt. 76.*
Roma 620 – Brindisi 84 – Gallipoli 47 – Lecce 48 – Otranto 6 – Taranto 122.

XX **Masseria Gattamora** con cam, via Campo Sportivo 33 ✆ 0836 817936, *masseriagattamora@libero.it, Fax 0836 817936,* – P. AE VISA. cam
Pasto *(chiuso novembre, a mezzogiorno in luglio-agosto e martedì negli altri mesi)* carta 24/40 – **7 cam** 50/90 – ½ P 63.
◆ In una bella masseria di fine '800, un grande salone a volte sorretto da massicce colonne, piacevolmente arredato in stile rustico, dove gustare piatti del luogo.

ULIVETO TERME *56010 Pisa* 563 K 13.
Roma 312 – Pisa 13 – Firenze 66 – Livorno 33 – Siena 104.

XX **Osteria Vecchia Noce,** località Noce Est : 1 km ✆ 050 788229, *info@osteriavecchianoce.it, Fax 050 789714,* – P. AE VISA JCB.
chiuso dal 5 al 25 agosto, martedì sera e mercoledì – **Pasto** carta 34/44.
◆ Nel centro della frazione e all'interno di un antico frantoio del 1700, locale rustico di tono signorile che propone cucina tradizionale e del territorio, anche rivisitata.

X **Da Cinotto,** via Provinciale Vicarese 132 ✆ 050 788043, Trattoria casalinga – P. VISA.
chiuso agosto, venerdì sera e sabato – **Pasto** carta 20/28.
◆ Trattoria casalinga a conduzione familiare: ambiente semplice, con pochi coperti, cornice perfetta per provare piatti casereccì, in estate serviti all'aperto.

Scriveteci...
Le vostre critiche e i vostri apprezzamenti saranno esaminati con la massima attenzione.
Verificheremo personalmente gli esercizi che ci vorrete segnalare
Grazie per la collaborazione !

ULTEN = Ultimo.

ULTIMO (ULTEN) *Bolzano* 562 C 15, 218 ⑲ – *2 989 ab. alt. (frazione Santa Valburga) 1 190 – Sport invernali : a Santa Valburga : 1 500/2 600 m 3,* .
a Santa Valburga, via Principale 154 ✉ 39016 ✆ 0473 795387, info@ultental.it, Fax 0473 795043.
Da Santa Valburga : Roma 680 – Bolzano 46 – Merano 28 – Milano 341 – Trento 102.

a San Nicolò (St. Nikolaus) *Sud-Ovest : 8 km – alt. 1 256 – ✉ 39010 :*

Waltershof , ✆ 0473 790144, *waltershof@rolmail.net, Fax 0473 790387,* – P. AE VISA. rist
20 dicembre-18 aprile e 20 maggio- 7 novembre – **Pasto** *(chiuso a mezzogiorno)* (solo per alloggiati) 25/35 – **20 cam** 75/134 – ½ P 82.
◆ Struttura bianca, con balconi fioriti, piacevolmente accolta in un verde giardino e dotata di spazi «goderecci»: taverna, enoteca e zona per serate di musica e vino.

UMBERTIDE *06019 Perugia* 563 M 18 – *15 355 ab. alt. 247.*
Roma 203 – Perugia 32 – Arezzo 62 – Firenze 138 – Gubbio 27.

sulla strada statale 416 *Nord-Ovest : 7 km*

Agriturismo La Chiusa , frazione Niccone 353 ✉ 06019 Niccone ✆ 075 9410848, *info@lachiusa.com, Fax 075 9410774,* – P. AE VISA.
15 marzo-10 dicembre – **Pasto** *(chiuso a mezzogiorno escluso domenica)* carta 41/53 – **5 cam** 75/95 – ½ P 76.
◆ Casa colonica nella campagna umbra, dove riscoprire l'autenticità di ambienti rurali dall'atmosfera antica e lasciarsi catturare dal fascino di un piacevole mondo agreste. Accogliente sala da pranzo dove si servono piatti a base di prodotti biologici.

URBANIA *61049 Pesaro e Urbino* 563 K 19 – *6 588 ab. alt. 273.*
Roma 260 – Rimini 75 – Ancona 112 – Pesaro 47.

Agriturismo Mulino della Ricavata, via Porta Celle 5 (Nord : 2 km) ✆ 0722 310326, *info@mulinodellaricavata.com, Fax 0722 310326*, – P. rist
chiuso dal 12 gennaio al 12 febbraio – **Pasto** *(chiuso lunedì)* (solo su prenotazione) 25/30 – **4 cam** ☕ 40/68 – ½ P 56.
◆ Una tipica casa colonica in pietra dove già nel '300 i frati venivano a macinare le olive. Oggi si coltivano fiori e si può soggiornare in camere sobrie ed essenziali.

URBINO *61029 Pesaro e Urbino* 563 K 19 *G. Italia* – *15 240 ab. alt. 451* – *a.s. luglio-settembre.*
Vedere *Palazzo Ducale**** *: galleria nazionale delle Marche*** **M** – *Strada panoramica*** *: ≤*** – *Affreschi** *nella chiesa-oratorio di San Giovanni Battista* **F** – *Presepio** *nella chiesa di San Giuseppe* **B** – *Casa di Raffaello** **A.**
piazza del Rinascimento 1 ✆ 0722 2613, iat.urbino@regione.marche.it,Fax 0722 2441.
Roma 270 ② – Rimini 61 ① – Ancona 103 ① – Arezzo 107 ③ – Fano 47 ② – Perugia 101 ② – Pesaro 36 ①.

URBINO

Circolazione regolamentata nel centro città

Barocci (Via)	2
Comandino (Viale)	4
Don Minzoni (Viale)	5
Duca Federico (Pza)	6
Giro dei Debitori (Via)	8
Matteotti (Via)	10
Mazzini (Via)	12
Mercatale (Borgo)	13
Piave (Via)	16
Puccinotti (Via)	17
Raffaello (Via)	19
Repubblica (Pza della)	20
Rinascimento (Pza)	22
S. Chiara (Via)	23
S. Francesco (Pza)	24
S. Girolamo (Via)	25
Stazione (Via della)	28
Virgili (Via)	29
Vitt. Veneto (Via)	30

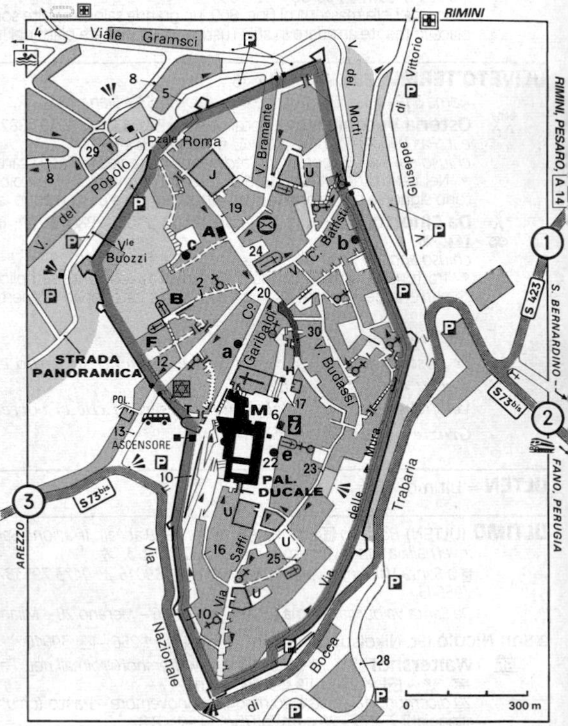

Mamiani , via Bernini 6 ✆ 0722 322309 e rist. ✆ 0722 2455, *info@hotelmamiani.it, Fax 0722 327742*, ≤ – , cam, – 120. rist
chiuso dal 28 dicembre al 6 gennaio – **Pasto** al Rist. ***Il Giardino della Galla*** carta 21/31 – **72 cam** ☕ 75/144 – ½ P 99.
per via Giuseppe di Vittorio
◆ Albergo moderno situato in zona tranquilla, fuori dal centro storico: servizio impeccabile, grande cortesia e camere ampie accessoriate con confort all'avanguardia. Gradevoli colori sapientemente abbinati nella spaziosa sala da pranzo di tono elegante.

San Domenico senza rist, piazza Rinascimento 3 ✆ 0722 2626, *info@viphotels.it, Fax 0722 2727* – P. e
☕ 13 – **31 cam** 189.
◆ In pieno centro, hotel all'interno di un vecchio convento del 1400, totalmente rinnovato: signorili ambienti comuni in stile, con arcate in sasso, camere spaziose.

Italia senza rist, corso Garibaldi 38 ☎ 0722 2701, *info@albergo-italia-urbino.it, Fax 0722 322664* – AE VISA a
chiuso dal 20 dicembre al 20 gennaio – 8 – **43 cam** 67/114.
◆ Già antica locanda alla fine dell'800, ora è un albergo del centro di recente ristrutturazione con ampi spazi comuni e confortevoli camere in stile essenziale.

Raffaello senza rist, via Santa Margherita 40 ☎ 0722 4896, *info@albergoraffaello.com, Fax 0722 328540* – VISA c
chiuso dal 20 dicembre al 18 gennaio e dal 1° al 12 luglio – **14 cam** 68/114.
◆ Nel cuore del centro storico, non lontano dalla casa natale di Raffaello, hotel di taglio moderno: piacevoli ambienti comuni con pavimenti in marmo, camere accoglienti.

Vecchia Urbino, via dei Vasari 3/5 ☎ 0722 4447, *info@vecchiaurbino.it, Fax 0722 4447* – AE VISA. b
chiuso dal 1° al 10 febbraio, dal 1° al 10 luglio e martedì – **Pasto** carta 36/46.
◆ Nell'antica strada dei vasari, nel cuore della contrada di Lavagine, un locale a gestione diretta dall'atmosfera informale; cucina che valorizza i prodotti del luogo.

Nenè con cam, via Crocicchia ☎ 0722 2996, *nene@neneurbino.com, Fax 0722 350161,* – AE VISA 2,5 km per ③
Pasto *(chiuso lunedì)* carta 16/24 – 5,50 – **7 cam** 47/60 – ½ P 50.
◆ Fabbricato rurale ristrutturato, immerso nella pace della campagna: una saletta rustica con mattoni a vista e un grande salone banchetti; cucina locale e nazionale.

a Gadana *Nord-Ovest : 3 km – ✉ 61029 Urbino :*

Agriturismo Ca' Andreana, località Ca' Andreana Ovest : 2,5 km ☎ 0722 327845, *info@caandreana.com, Fax 0722 327845,* rist, VISA. rist
chiuso dal 15 gennaio al 10 febbraio e dal 16 al 26 settembre – **Pasto** *(chiuso a mezzogiorno escluso domenica, lunedì e domenica sera, in agosto anche domenica a mezzogiorno)* (prenotare) carta 25/36 – **6 cam** 55/72 – ½ P 55.
◆ In piena campagna, rustico ben tenuto, da cui si gode una splendida vista dei dintorni; recentemente rinnovato, offre belle camere, semplici, ma complete di tutti i confort. Ottima scelta di piatti casereci, da gustare nella sala interna o all'aperto.

URGNANO *24059 Bergamo* 561 F 11 – *8 398 ab. alt. 173.*

Roma 584 – Bergamo 12 – Lecco 45 – Milano 46.

a Basella *Est : 2 km – ✉ 24050 :*

Quadrifoglio con cam, via Dante Alighieri 38 ☎ 035 894696, *info@hotelquadrifoglio.it, Fax 035 894696* – 100. AE VISA JCB.
chiuso dal 1° al 20 agosto – **Pasto** carta 21/39 – **12 cam** 50/75 – ½ P 50.
◆ A poche centinaia di metri dal parco del fiume Serio, ristorante con camere aperto di recente, vicino al Santuario della Basella; cucina del territorio, salone banchetti.

USSEAUX *10060 Torino* 561 G 3 – *202 ab. alt. 1 217 – a.s. luglio-agosto e Natale.*

via Eugenio Brunetta 53 ☎ 0121 884400, info.usseaux@alpimedia.it, Fax 0121 83948.
Roma 806 – Torino 79 – Sestriere 18.

Lago del Laux con cam, via al Lago 7 (Sud : 1 km) ☎ 0121 83944, *laux@mclink.it, Fax 0121 83944*, solo su prenotazione – AE VISA JCB.
chiuso dal 1° al 20 ottobre – **Pasto** *(chiuso mercoledì e da novembre a marzo anche martedì)* carta 24/37 – **7 cam** 126 – ½ P 84.
◆ Un rifugio di paradisiaca quiete ospita questo ristorante in riva a un laghetto, con minigolf e pesca sportiva; interni semplici e piatti sia piemontesi che occitani.

USTICA (Isola di) *Palermo* 565 K 21 – *Vedere Sicilia.*

UZZANO *51010 Pistoia* 563 K 14 – *4 640 ab. alt. 261.*

Roma 336 – Pisa 42 – Firenze 59 – Lucca 20 – Montecatini Terme 9 – Pistoia 31.

Bigiano, via Bardelli 7, località Uzzano Castello ☎ 0572 478775, *Fax 0572 400868,* dintorni, – AE VISA.
chiuso martedì – **Pasto** carta 19/23.
◆ Nel grazioso paese medioevale, ristorante con una sala semplice e vetrate panoramiche: cucina tipica, notevole carta dei vini e ameno servizio estivo sotto un pergolato.

Se cercate un hotel tranquillo
consultate prima le carte tematiche dell'introduzione
e trovate nel testo gli esercizi indicati con il simbolo

VADA *57018 Livorno* 563 L 13 – *a.s. 15 giugno-15 settembre.*

piazza Garibaldi 93 ✆ 0584 788373, apt7vada@livorno.turismo.toscana.it, Fax 0584 785030.

Roma 292 – Pisa 48 – Firenze 143 – Livorno 29 – Piombino 53 – Siena 101.

Quisisana, via di Marina 37 ✆ 0586 788220, *Fax 0586 788441,* – TV P. AE VISA JCB. rist

chiuso novembre – **Pasto** *(chiuso lunedì)* 20 – 8 – **32 cam** 57/83 – 1/2 P 65.

◆ In una zona residenziale e alberghiera della località, a pochi metri dalla spiaggia, 3 edifici compongono una risorsa a gestione familiare; luminose camere rinnovate. Il moderno ristorante lavora anche per banchetti.

Agriturismo Villa Graziani, via per Rosignano 14 ✆ 0586 788244, *info@villagraziani.com, Fax 0586 785998,* – TV P.

chiuso ottobre e novembre – **Pasto** (solo su prenotazione) 25/30 – **6 cam** 90/140, 2 suites – 1/2 P 95.

◆ Grande villa inserita all'interno di una tenuta con coltivazioni biologiche. Camere spaziose con mobili d'epoca, pranzi e colazioni tutti insieme intorno allo stesso tavolo.

Agriturismo le Biricoccole senza rist, via Vecchia Aurelia 200 ✆ 0586 788394, *biricoccole@iol.it, Fax 0586 786347,* – TV P. AE VISA

3 cam 130.

◆ Edificio agricolo della prima metà dell'800 con quattro belle stanze, ognuna di colore diverso. Cucina in comune dove organizzarsi pranzi e cene in massima libertà.

Il Ducale, piazza Garibaldi 33 ✆ 0586 788600, *Fax 0586 788600,* Coperti limitati; prenotare – P. AE VISA JCB

chiuso lunedì – **Pasto** specialità di mare carta 38/45.

◆ A rendere piacevole un pranzo o una cena qui sarà la freschezza del pesce che gusterete, ma anche l'ambiente: arazzi, fiori, tappeti e libri sotto volte di mattoni.

VADO LIGURE *17047 Savona* 561 J 7 – *8 175 ab..*

Roma 535 – Genova 58 – Cuneo 90 – Imperia 69 – Savona 6.

a Sant'Ermete *Sud-Ovest : 3,5 km – ✉ 17047 Vado Ligure :*

La Fornace di Barbablù, via Lazio 11/a ✆ 019 888535, *barbablu@lafornacedibarbablu.com, Fax 019 888907,* , prenotare – AE VISA

chiuso lunedì e a mezzogiorno (escluso i festivi), da ottobre ad aprile anche il martedì – **Pasto** carta 57/79.

◆ Tocco sapiente sia nella riconversione di una fornace di epoca romana in un ambiente rustico-elegante, sia nelle creative elaborazioni culinarie, di carne e di pesce.

Spec. Brandade di stoccafisso nel panino con fette di panissa. Ravioli alle erbe rare con formaggetta di capra stagionata. Il "nostro" cappon magro.

VAGGIO *Firenze* 563 L 16 – *Vedere Reggello.*

VAGLIAGLI *Siena – Vedere Siena.*

VAHRN = Varna.

VAIRANO PATERNORA *81058 Caserta* 564 C 24 – *6 156 ab. alt. 250.*

Roma 165 – Campobasso 91 – Caserta 43 – Napoli 70.

Il Vairo del Volturno, via IV Novembre 60 ✆ 0823 643018, *Fax 0823 643835,* prenotare – . AE VISA.

chiuso 15 giorni in luglio e martedì – **Pasto** carta 28/47.

◆ Un giovane chef ha imboccato con successo la via dell'innovazione, abbandonando lo stile di cucina del locale di famiglia, ma non l'ospitalità e i sapori della sua terra.

VALBREMBO *24030 Bergamo* 219 ⑳ – *3 616 ab. alt. 260.*

Roma 606 – Bergamo 11 – Lecco 29 – Milano 47.

Ponte di Briolo, via Briolo 2, località Briolo Ovest : 1,5 km ✆ 035 611197, *Fax 035 4371305,* – P. AE VISA

chiuso domenica sera e mercoledì – **Pasto** carta 38/46.

◆ Un ristorante che da vecchia trattoria di paese si è trasformato in un locale raffinato e di tono; interessante e solida la proposta, sia di terra che di mare.

VALBRUNA *Udine* 562 C 22 – *Vedere Malborghetto.*

VALDAGNO *36078 Vicenza* 562 F 15 – *27 062 ab. alt. 266.*

Roma 561 – Verona 62 – Milano 219 – Trento 86 – Vicenza 34.

Hostaria a le Bele, località Maso Ovest : 4 km ☎ 0445 970270, *Fax 0445 970935*, prenotare – P. AE VISA JCB.
chiuso dal 10 al 20 gennaio, agosto, lunedì e a mezzogiorno (escluso sabato-domenica) – **Pasto** carta 28/46.
◆ Rallegrata dal camino e da vivaci tovaglie rosse, una rustica trattoria, tipica come la sua cucina vicentina. Il menù offre una scelta non amplissima, ma soddisfacente.

VALDAORA (OLANG) *39030 Bolzano* 562 B 18 – *2 785 ab. alt. 1 083 – Sport invernali : 1 100/2 275 m* 14 11 *(Comprensorio Dolomiti superski Plan de Corones)*.

a Valdaora di Mezzo-palazzo del Comune ☎ 0474 496277, info@olang.com Fax 0474 498005.

Roma 726 – Cortina d'Ampezzo 51 – Bolzano 88 – Brunico 11 – Dobbiaco 19 – Milano 387 – Trento 148.

Mirabell, via Hans Von Perthaler, località Valdaora di Mezzo ☎ 0474 496191, *hotel@mirabell.it, Fax 0474 498227*, ←, , , – , rist, , P. – 60. VISA. rist
chiuso dal 3 novembre al 6 dicembre – **Pasto** (solo per alloggiati) – **55 cam** 125/242 – ½ P 128.
◆ Struttura completamente rinnovata, mantenendo inalterato lo stile architettonico locale. L'interno presenta abbondanza di spazi, signorilmente arredati con molto legno.

Post, vicolo della Chiesa 6, a Valdaora di Sopra ☎ 0474 496127, *info@post-tolderhof.com, Fax 0474 498019*, ←, Maneggio con scuola di equitazione, , – , rist, P. VISA. rist
3 dicembre-22 aprile e 20 maggio-25 ottobre – **Pasto** carta 27/42 – **36 cam** 91/170, 4 suites – ½ P 99.
◆ Centrale, signorile albergo di tradizione, dotato di attrezzato centro benessere e maneggio con scuola di equitazione; pregevole settore notte, rinnovato in anni recenti. Calda atmosfera e raffinata ambientazione tirolese nella sala ristorante.

Markushof , via dei Prati 9, a Valdaora di Sopra ☎ 0474 496250, *info@markushof.it, Fax 0474 498241*, ← vallata e monte Plan de Corones, , , – , rist, P. VISA.
4 dicembre-6 aprile e 28 maggio-19 ottobre – **Pasto** *(chiuso a mezzogiorno e giovedì)* (solo per alloggiati) 18/24 – **28 cam** 62/110 – ½ P 70.
◆ Gestione familiare cortese e ospitale in un confortevole hotel che ha una posizione soleggiata e tranquilla; camere ampie; piacevole servizio ristorante in terrazza.

Messnerwirt, vicolo della Chiesa 7, a Valdaora di Sopra ☎ 0474 496178, *info@messnerwirt.com, Fax 0474 498087*, , , – rist, P. VISA
chiuso dal 3 novembre al 13 dicembre – **Pasto** carta 18/32 – **21 cam** 70/112 – ½ P 70.
◆ Tradizionale albergo di montagna, solido sia nelle strutture, di buon confort, che nella conduzione familiare; camere di discreta fattura, con arredi di legno chiaro. Ampia sala da pranzo per gli alloggiati, intima stube per i clienti esterni.

a Sorafurcia *Sud : 5 km – ✉ 39030 Valdaora :*

Berghotel Zirm , via Egger 16 (alt. 1 360) ☎ 0474 592054, *info@berghotel-zirm.com, Fax 0474 592051*, ← vallata e monti, Centro benessere, , , – P. VISA. rist
dicembre-20 aprile e giugno-20 ottobre – **Pasto** (solo per alloggiati) 15 – **20 cam** 130/210, 10 suites 262 – ½ P 125.
◆ Vi riempirete gli occhi di un panorama splendido da questa tranquilla risorsa, di fianco alla pista da sci; confort e calore negli spazi comuni e nelle camere rinnovate.

Hubertus, via Furcia 5 (alt. 1 250) ☎ 0474 592104, *info@hotel-hubertus.com., Fax 0474 592114*, ← monti e vallata, , , , – , rist, P. VISA. rist
20 dicembre-5 aprile e giugno-19 ottobre – **Pasto** (solo per alloggiati) – **36 cam** 164/296 – ½ P 148.
◆ Posizione isolata e vista impareggiabile sulla vallata per un'accogliente struttura dagli interni in stile tirolese; nuove camere con ampi spazi, scenografica piscina.

VALDERICE *Trapani* 565 M 19 – *Vedere Sicilia alla fine dell'elenco alfabetico.*

VALDIDENTRO *23038 Sondrio* 561 C 12, 218 ⑰ – *3 887 ab. alt. (frazione Isolaccia) 1 345 – Sport invernali : 1 385/2484 m* 10, .

(aprile-novembre) a Bormio ✉ 23032 ☎ 0342 910730, Fax 0342 919665, Sud-Est : 8 km.

via Nazionale 18 località Isolaccia ☎ 0342 985331, infovdd@valdtline.it.

Roma 711 – Sondrio 73 – Bormio 9 – Milano 210.

a Pedenosso *Est : 2 km – ✉ 23038 Valdidentro :*

Agriturismo Raethia, via Sant'Antonio 1 ☎ 0342 986134, *info@agriturismoraethia.it, Fax 0342 986134*, ←, solo su prenotazione, – P. AE Ⓢ ⓞ ⓒⓞ VISA. cam
chiuso dal 1° al 20 maggio e dal 3 al 20 novembre – **Pasto** 17/20 – **8 cam** ☐ 62 – ½ P 46.
◆ Una nuova risorsa agrituristica ubicata in posizione soleggiata e molto tranquilla. Una gestione familiare capace di trasmettere un genuino e caloroso spirito d'accoglienza. Carni e salumi di produzione propria, da provare!

ad Arnoga *Sud-Est : 8 km – ✉ 23038 Valdidentro :*

Li Arnoga, strada statale 301 del Foscagno 8 ☎ 0342 927116, *liarnoga@libero.it, Fax 0342 986626*, ←, – TV P. AE Ⓢ ⓞ ⓒⓞ VISA JCB
Pasto carta 22/34 – **18 cam** ☐ 61,48/92,96 – ½ P 67,14.
◆ Una caratteristica struttura degli anni '40 ottimamente rinnovata, che oggi si presenta in modo davvero gradevole; dotata di un piccolo ma attrezzato centro benessere. Ristorante-pizzeria che propone anche alcune specialità locali.

VAL DI VIZZE (PFITSCH) *Bolzano* 562 B 16.

VALDOBBIADENE *31049 Treviso* 562 E 17 – *10 669 ab. alt. 252.*

Roma 563 – Belluno 47 – Milano 268 – Trento 105 – Treviso 36 – Udine 112 – Venezia 66.

Diana, via Roma 49 ☎ 0423 976222, *info@hoteldiana.org, Fax 0423 972237* – TV – 80. AE Ⓢ ⓒⓞ VISA.
Pasto carta 18/30 – **47 cam** ☐ 68/86 – ½ P 61.
◆ Nel centro della località, una struttura di concezione moderna, elegante e confortevole, con spaziose e articolate zone comuni e calde camere ben accessoriate. Sala ristorante con caratteristica soffittatura in legno.

a Bigolino *Sud : 5 km – ✉ 31030 :*

Casa Caldart, via Erizzo 265 ☎ 0423 980333, *Fax 0423 980333*, – P. AE Ⓢ ⓞ VISA.
chiuso dal 4 al 20 febbraio, dal 6 al 18 luglio, lunedì sera e martedì – **Pasto** carta 21/27.
◆ Bar pubblico all'ingresso, sala di stampo moderno e ampio gazebo per il servizio estivo in un locale molto frequentato da clientela di lavoro; cucina veneta.

Tre Noghere, via Crede 1 ☎ 0423 980316, *info@trenoghere.com, Fax 0423 981333*, – P. AE Ⓢ ⓞ ⓒⓞ VISA.
chiuso luglio, domenica sera e lunedì – **Pasto** carta 26/37.
◆ Trentennale gestione familiare e ambiente informale per un ristorante di campagna, in un rustico ristrutturato; ampia sala classica e piccolo dehors sotto un porticato.

VALEGGIO SUL MINCIO *37067 Verona* 562 F 14 *G. Italia – 10 722 ab. alt. 88.*

Vedere *Parco Giardino Sigurtà★★.*

Roma 496 – Verona 28 – Brescia 56 – Mantova 25 – Milano 143 – Venezia 147.

Eden, via Don G. Beltrame 10 ☎ 045 6370850, *eden@albergoedenvaleggio.com, Fax 045 6370860* – TV P – 150. AE Ⓢ ⓞ ⓒⓞ VISA.
Pasto carta 21/27 – **37 cam** ☐ 75/88 – ½ P 62.
◆ Recente hotel di buon tono, ideale per clientela di lavoro e come base per escursioni alle attrazioni turistiche della zona; arredi moderni nelle camere; sale riunioni. Sobria sala ristorante, con soffitto in legno; specialità locali.

Lepre, via Marsala 5 ☎ 045 7950011, *Fax 045 6370735*, – AE Ⓢ ⓞ ⓒⓞ VISA
chiuso dal 15 gennaio al 6 febbraio, dal 7 al 13 giugno, mercoledì e giovedì a mezzogiorno – **Pasto** carta 20/29.
◆ Osteria nell'800, poi ristorante, è un locale di antica tradizione, nel cuore della cittadina; atmosfera simpatica e piatti del territorio, tra cui ovviamente la lepre.

Alla Borsa, via Goito 2 ☎ 045 7950093, *Fax 045 7950776*, – P. Ⓢ VISA.
chiuso dal 15 al 28 febbraio, dal 10 luglio al 10 agosto, martedì e mercoledì – **Pasto** carta 28/37.
◆ Un classico della località, centrale ristorante di ambiente tradizionale e andamento familiare; piacevole dehors in cortile e cucina d'influsso mantovano e veronese.

a Borghetto *Ovest : 1 km – alt. 68 – ✉ 37067 Valeggio sul Mincio :*

Faccioli, via Tiepolo 4 ☎ 045 6370605, *Fax 045 6370571* – TV P. AE Ⓢ ⓞ ⓒⓞ VISA JCB
chiuso dal 6 al 16 gennaio – **Pasto** vedere rist ***Gatto Moro*** – **18 cam** ☐ 60/90.
◆ Al centro di un borgo medioevale sul fiume Mincio, una casa contadina ristrutturata offre un soggiorno tranquillo in una calda atmosfera da signorile dimora familiare.

Antica Locanda Mincio, via Buonarroti 12 045 7950059, *anticalocandamincio@libero.it, Fax 045 6370455,* – .
chiuso dal 1° al 15 febbraio, dal 13 al 28 novembre, mercoledì e giovedì – **Pasto** carta 26/40.
◆ In uno dei «locali storici d'Italia» caldi, suggestivi interni d'epoca e terrazza ombreggiata in riva al fiume per il servizio estivo; piatti di terra e d'acqua dolce.

Gatto Moro, via Giotto 21 045 6370570, *Fax 045 6370571,* – .
chiuso dal 30 gennaio al 15 febbraio, dal 1° al 10 agosto, martedì sera e mercoledì – **Pasto** carta 25/31.
◆ Il «piacere del convivio», motto del locale, si rinnova da anni in un'ampia sala classica, nella più intima saletta con camino o nel dehors estivo sotto il pergolato.

a Santa Lucia dei Monti *Nord-Est : 5 km – alt. 145 – 37067 Valeggio sul Mincio :*

Belvedere con cam, 045 6301019, *rist.belvedere@tin.it, Fax 045 6303652,* – cam, .
chiuso dal 15 al 28 febbraio e dal 20 giugno al 1° luglio – **Pasto** *(chiuso mercoledì e giovedì)* carta 24/31 – 6,50 – **7 cam** 40/52.
◆ Una panoramica casa in cima a un colle propone camere semplici e cucina del territorio, con piatti alla griglia preparati a vista; servizio estivo in giardino.

VAL FERRET *Aosta 219 ① – Vedere Courmayeur.*

VALGRISENCHE *11010 Aosta 561 F 3, 219 ⑪ – 185 ab. alt. 1 664 – a.s. 9 gennaio-marzo e luglio-agosto – Sport invernali : 1 631/2 100 m 2,.*

Roma 776 – Aosta 30 – Courmayeur 39 – Milano 215 – Colle del Piccolo San Bernardo 57.

a Planaval *Nord-Est : 5 km – alt. 1 557 – 11011*

Paramont , 0165 97106, *info@hotelparamont.com, Fax 0165 97159,* – . rist
15 dicembre-15 maggio e 24 giugno-14 ottobre – **Pasto** *(chiuso mercoledì)* carta 24/33 – 8 – **20 cam** 35/60 – ½ P 50.
◆ Piccolo albergo semplice e sobrio, con il vantaggio della tranquillità e di un rilassante ambiente familiare; camere ben tenute, accoglienti nella loro essenzialità. Atmosfera simpatica e ambientazione rustica di stile montano nella sala del ristorante.

VALLADA AGORDINA *32020 Belluno 562 C 17 – 556 ab. alt. 969.*

Roma 660 – Belluno 47 – Cortina d'Ampezzo 55 – Bolzano 71 – Milano 361 – Trento 115 – Venezia 149.

Val Biois, frazione Celat 0437 591233, *biois@libero.it, Fax 0437 588014* – .
chiuso novembre, lunedì e a mezzogiorno (escluso sabato-domenica e luglio-agosto) – **Pasto** carta 24/46.
◆ Un valido indirizzo all'insegna della familiarità e della cucina casalinga: piatti classici e veneti ben preparati e serviti in un ambiente semplice e senza pretese.

VALLE AURINA (AHRNTAL) *39030 Bolzano 562 B 17 – 5 555 ab. alt. 1457 – Sport invernali : 951/2 350 m a Cadipietra 1 8,.*

Roma 726 – Cortina d'Ampezzo 78 – Bolzano 94 – Dobbiaco 48.

a Cadipietra (Steinhaus) – *alt. 1054 – 39030.*

via Valle Aurina 95 0474 652198, steinhaus@rolmail.net, Fax 0474 652491

Alpenschlössl, Cadipietra 123 0474 651010, *info@alpenschloessl.com, Fax 0474 651008,* – rist, . rist
chiuso dal 10 novembre al 1 dicembre – **Pasto** (solo per alloggiati) – **38 cam** 120/250, suite – ½ P 120.
◆ Elegante albergo recente, che nei grandi e luminosi interni propone un'interpretazione moderna dello stile tirolese; ampie camere solari, anche con letti a baldacchino.

Spezialitatenstube, Cadipietra 21 (Nord-Est 1 km) 0474 652130, *Fax 0474 652321* – .
chiuso giugno e da novembre al 20 dicembre – **Pasto** carta 17/32.
◆ In una bella casa di montagna, due piccole stube di atmosfera gradevole e una cucina semplice, con porzioni abbondanti di piatti sia italiani che tipici del luogo.

a Lutago (Luttach) – *alt. 956 – 39030.*

via Aurina 22 0474 671136, info@aurina.it, Fax 0474 671366

Schwarzenstein senza rist, via del Paese 11 0474 674100, *info@schwarzenstein.com, Fax 0474 674444,* – .
15 dicembre-7 aprile e 15 maggio-3 novembre – **60 cam** 65/162 – ½ P 92.
◆ Grande struttura tradizionale di alto confort, con ampie sale comuni ben disposte ed eleganti camere rinnovate, tutte con balcone, molte con toilette separata dal bagno.

a Casere (Kasern) – *alt. 1582 – ✉ 39030 Predoi :*

Berghotel Kasern, ☎ 0474 654185, *info@kasern.com, Fax 0474 654190*, ←, P – 50. VISA JCB. rist
chiuso dal 15 maggio al 30 giugno e da novembre a Natale – **Pasto** *(chiuso mercoledì escluso giorni festivi, Natale ed agosto)* carta 18/24 – **28 cam** 70/120 – ½ P 68.
◆ Esiste da quattrocento anni come luogo di posta, oggi è un tipico hotel, con camere graziose ed accoglienti: un'ottima base per passeggiate o per lo sci di fondo. Al ristorante la stessa atmosfera genuina e familiare dell'omonimo albergo.

VALLEBONA *18012 Imperia – 1 075 ab. alt. 149.*
Roma 654 – Imperia 44 – Monte Carlo 26.

Degli Amici, piazza della Libertà 25 ☎ 0184 253526, prenotare
chiuso dal 19 settembre al 18 ottobre e lunedì – **Pasto** carta 17/24.
◆ Trattoria a gestione familiare, ubicata nel caratteristico borgo; un ambiente semplice e informale dove gustare casalinghi piatti tipici dell'entroterra ligure.

VALLECROSIA *18019 Imperia* 561 K 4 – *7 384 ab. alt. 45.*
Roma 652 – Imperia 46 – Bordighera 2 – Cuneo 94 – Monte Carlo 26 – San Remo 14.

Miramare, via Marconi 93 ☎ 0184 295566, *Fax 0184 295566*, ← – VISA. cam
Pasto 14/20 – **13 cam** 70/80 – ½ P 55.
◆ Situata sulla passeggiata di questa tranquilla località, è una risorsa semplice e familiare; arredi moderni nelle camere: chiedete quelle fronte mare con balcone.

Giappun, via Maonaira 7 ☎ 0184 250560, *Fax 0184 250560*, prenotare – AE VISA JCB
chiuso novembre, mercoledì e giovedì a mezzogiorno – **Pasto** 35/55 e carta 47/91.
◆ La freschezza delle materie prime è la carta vincente di questo curato locale che, nato un secolo fa come stazione di posta, porta ancora il soprannome del suo fondatore.

Torrione, via Aprosio 394 ☎ 0184 295671, – AE VISA
chiuso dal 1° al 10 luglio, dal 20 al 30 ottobre, domenica sera e lunedì – **Pasto** carta 30/45.
◆ Bell'ambiente classico con pochi coperti e piccolo dehors sul retro per un ristorante ubicato sull'Aurelia; piatti di mare secondo la disponibilità del mercato locale.

VALLE DI CADORE *32040 Belluno* 562 C 18 – *2 112 ab. alt. 819.*
Roma 646 – Cortina d'Ampezzo 27 – Belluno 45 – Bolzano 159.

Il Portico, via Rusecco ☎ 0435 30236, *portico@cadorenet.it*, Rist. e pizzeria – P. AE VISA JCB
chiuso dal 15 al 30 maggio e lunedì da ottobre a marzo – **Pasto** carta 31/38.
◆ Lungo la statale per Cortina, un ristorante di taglio moderno con una cucina, di carne e di pesce, legata alle tradizioni del territorio; pizze anche a mezzogiorno.

VALLE DI CASIES (GSIES) *39030 Bolzano* 562 B 18 – *2 090 ab. – Sport invernali : 1 200/2 273 m* 13 16 *(Comprensorio Dolomiti superski Plan de Corones)*.
a San Martino ☎ 0474 523175, Fax 0474 523474.
Roma 746 – Cortina d'Ampezzo 59 – Brunico 31.

Quelle, a Santa Maddalena alt. 1 398 ☎ 0474 948111, *info@hotel-quelle.com, Fax 0474 948091*, ←, Centro benessere, riscaldata, – P. VISA
4 dicembre-20 marzo e 23 maggio-2 novembre – **Pasto** carta 22/35 – **34 cam** 60/115, 10 suites – ½ P 125.
◆ In un giardino con laghetto e torrente, una bomboniera di montagna, ricca di fantasia, decorazioni, colori, proposte di svago; curatissime camere eleganti e accessoriate. Legno, bei tessuti, profusione di addobbi e atmosfera raffinata nella sala ristorante.

Durnwald, a Planca di Sotto alt. 1 223 ☎ 0474 746920, *Fax 0474 746886*, – P
chiuso giugno e lunedì – **Pasto** carta 17/33.
◆ Nei pressi delle piste di sci da fondo, grandi finestre con vista decorano la curata sala di un ristorante a gestione familiare, dove gustare casereccі piatti tipici.

VALLEDORIA *Sassari* 566 E 8 – *Vedere Sardegna alla fine dell'elenco alfabetico.*

VALLE IDICE *Bologna* 562 J 15 – *Vedere Monghidoro.*

VALLELUNGA (LANGTAUFERS) *Bolzano* 562 B 13 – *alt. 1912 (Melago)* – ✉ *39020 Curon Venosta.*
Da Melago: Roma 740 – Sondrio 148 – Bolzano 116 – Landeck 63.

Alpenjuwel, a Melago ☎ 0473 633291, *info@alpenjuwel.it, Fax 0473 633502*, ← Monte Palla Bianca, rist, rist
chiuso dal 10 giugno al 1° luglio e dal 1° novembre al 20 dicembre – **Pasto** (solo per alloggiati) 18/42 – **16 cam** 53/94 – ½ P 58.
◆ Soggiornare qui e dimenticare il resto del mondo: è ciò che promette e mantiene un piccolo, panoramico hotel alla fine della valle; camere non ampie, ma accoglienti.

VALLERANO *01030 Viterbo* 563 O 18 – *2 497 ab. alt. 403.*
Roma 75 – Viterbo 15 – Civitavecchia 83 – Terni 54.

Al Poggio, via Janni 7 ☎ 0761 751248,
chiuso martedì – **Pasto** carta 21/31.
◆ Proposte tradizionali, paste fatte in casa e il fine settimana anche piatti di pesce in una sala dall'arredamento sobrio e d'estate in una gradevole terrazza.

VALLES (VALS) *Bolzano – Vedere Rio di Pusteria.*

VALLESACCARDA *83050 Avellino* 564 D 27 – *1 773 ab. alt. 600.*
Roma 301 – Foggia 65 – Avellino 60 – Napoli 115 – Salerno 96.

Oasis-Sapori Antichi, via Provinciale Vallesaccarda ☎ 0827 97021, *info@oasis-saporiantichi.it, Fax 0827 97541*, prenotare –
chiuso dal 1° al 15 luglio, giovedì e le sere dei giorni festivi – **Pasto** antica cucina irpina 16 (solo a mezzogiorno) 34 e carta 27/46.
◆ Notevole passione e accurata ricerca dietro le quinte di questo locale elegante, dove tutta una famiglia è dedita a tramandare gli «antichi sapori» della cucina irpina.
Spec. Passatina di cicerchie con baccalà affumicato (giugno-settembre). Ravioloni di ricotta in salsa di noci ed aglio bruciato. Agnello irpino con frecole di pane ed erbette mediterranee (primavera-estate).

Minicuccio con cam, via Santa Maria 24/26 ☎ 0827 97030, *minicuccio@tiscalinet.it, Fax 0827 97454* – 150.
Pasto *(chiuso lunedì)* antica cucina irpina carta 16/22 – 5,20 – **9 cam** 45/62 – ½ P 51,60.
◆ Rinomato ristorante, che da quattro generazioni coltiva «l'arte del buon mangiare» nelle tradizionali ricette di questa terra; ambienti classici di grande capienza.

VALLE SAN FLORIANO *Vicenza – Vedere Marostica.*

VALLIO TERME *25080 Brescia* 561 F 13 – *1 139 ab. alt. 308.*
Roma 549 – Brescia 25 – Bergamo 72 – Milano 116.

Parco della Fonte, via Sopranico 10 ☎ 0365 370032, *parcodellafonte@tin.it, Fax 0365 370412*, ← – rist
chiuso dal 1° al 15 gennaio – **Pasto** al Rist. ***Mirto*** *(chiuso domenica sera e lunedì escluso da maggio a settembre)* carta 37/53 – **40 cam** 43/75 – ½ P 47.
◆ In Valle Sabbia, una confortevole risorsa in corso di rinnovamento, ubicata nei pressi dello stabilimento termale; stanze con balcone di varie tipologie, giardino solarium.

VALLO DELLA LUCANIA *84078 Salerno* 564 G 27 – *8 718 ab. alt. 380.*
Roma 343 – Potenza 148 – Agropoli 35 – Napoli 143 – Salerno 88 – Sapri 56.

La Chioccia d'Oro, località Massa-al bivio per Novi Velia ✉ 84050 Massa della Lucania ☎ 0974 70004,
chiuso dal 1° al 10 settembre e venerdì – **Pasto** carta 16/24.
◆ Solida gestione familiare da oltre 20 anni per questo locale: in una sala sobria ed essenziale, o nel dehors estivo, piatti della tradizione locale, a base di carne.

VALLO DI NERA *06040 Perugia* 563 N 20 – *411 ab. alt. 450.*
Roma 147 – Terni 39 – Foligno 36 – Rieti 57.

La Locanda di Cacio Re con cam, località i Casali ☎ 0743 617003, *caciore@tin.it, Fax 0743 617214*, ← monti e vallata – rist
chiuso dal 15 al 30 gennaio e dal 15 al 30 novembre – **Pasto** carta 28/57 – **8 cam** 55/65.
◆ In un casolare del 1500 ristrutturato, con incantevole vista su monti e vallata, una sala luminosa ed essenziale, abbellita da quadri, dove si servono gustosi piatti locali.

VALLONGA *Trento – Vedere Vigo di Fassa.*

VALMADRERA *23868 Lecco* 561 E 10, 219 ⑨ *– 10 838 ab. alt. 237.*
Roma 626 – Como 27 – Bergamo 37 – Lecco 4 – Milano 54 – Sondrio 83.

Al Terrazzo, via Parè 73 ℘ 0341 583106, *hotel.villa.giulia@promo.it, Fax 0341 201118,* ←, , – cam, – 60.
Pasto *(chiuso lunedì)* carta 31/46 – 7 – **11 cam** 50/105, suite – ½ P 85.
◆ In suggestiva, panoramica posizione in un giardino a bordo lago, una signorile villa dell'800 ristrutturata, con pontile privato e due barche a disposizione dei clienti. Per i pasti? Sala interna con soffitto affrescato o splendida terrazza sul lago.

VALNONTEY *Aosta* 561 F 4 *– Vedere Cogne.*

VALPELLINE *11020 Aosta* 561 E 3, 219 ② *– 616 ab. alt. 954.*
Roma 752 – Aosta 17 – Colle del Gran San Bernardo 39 – Milano 203 – Torino 132.

Le Lievre Amoureux, località Chozod 12 ℘ 0165 713966, *info@lievre.it, Fax 0165 713960,* ←, , – , rist, – 60. rist
chiuso dal 7 al 28 gennaio e dal 3 novembre al 23 dicembre – **Pasto** carta 21/31 – **31 cam** 75/110 – ½ P 80.
◆ Gestione seria e accoglienza familiare in un simpatico albergo circondato da un ampio prato-giardino dove sono collocati anche quattro chalet; arredi in pino e parquet. Ambientazione di tono rustico nella sala del ristorante.

VALPIANA *Brescia – Vedere Serle.*

VALPIANA *Grosseto* 563 M 14 *– Vedere Massa Marittima.*

VALSAVARENCHE *11010 Aosta* 561 F 3 *– 191 ab. alt. 1 540 – a.s. Pasqua, luglio-agosto e Natale.*
Roma 776 – Aosta 29 – Courmayeur 42 – Milano 214.

Parco Nazionale, frazione Degioz 161 ℘ 0165 905706, *gabriele@hotelparconazionale.com, Fax 0165 905805,* ←, – . rist
Pasqua-settembre – **Pasto** carta 20/26 – 8 – **28 cam** 42/80 – ½ P 65.
◆ Albergo funzionale e ben tenuto, ristrutturato negli ultimi anni, con accoglienti spazi comuni; mobili di legno scuro nelle camere, alcune più recenti, mansardate. Situato al primo piano, ristorante d'impostazione classica.

a Eau Rousse *Sud : 3 km – ✉ 11010 Valsavarenche:*

A l'Hostellerie du Paradis , ℘ 0165 905972, *info@hostellerieduparadis.it, Fax 0165 905971,* prenotare, , – . rist
Pasto carta 26/34 – 8 – **30 cam** 52/75.
◆ Per esplorare un «grande paradiso» naturale, è perfetto questo caratteristico borgo di montagna, dove sta acquattato un originale hotel d'atmosfera e di buon confort. Il ristorante è una delle attrattive dell'albergo e dispone di spazi curati.

a Pont *Sud : 9 km – alt. 1 946 – ✉ 11010 Valsavarenche :*

Genzianella , ℘ 0165 95393, *info@genzianella.aosta.it, Fax 0165 95397,* ← Gran Paradiso – . rist
15 giugno-20 settembre – **Pasto** carta 20/27 – 8 – **26 cam** 45/73 – ½ P 61.
◆ Alla fine della valle, in un'oasi di tranquillità e di «frontiera», simpatica risorsa familiare, con rustici arredi montani nelle parti comuni e nelle camere. Calda, caratteristica ambientazione e casalinghe proposte culinarie in sala da pranzo.

VALSOLDA *22010 Como* 561 D 9, 219 ⑧ *– 1 714 ab. alt. (frazione San Mamete) 265.*
Roma 664 – Como 41 – Lugano 9 – Menaggio 18 – Milano 87.

a San Mamete – ✉ *22010 :*

Stella d'Italia, piazza Roma 1 ℘ 0344 68139, *info@stelladitalia.com, Fax 0344 68729,* ← lago e monti, , , – .
aprile-10 ottobre – **Pasto** carta 29/38 – **34 cam** 115/150 – ½ P 90.
◆ E' lambito dalle acque del lago di Lugano il giardino di questo comodo albergo; atmosfera intima e familiare nei piccoli salotti con librerie, camere per metà rinnovate. Quasi un angolo da cartolina la suggestiva terrazza ristorante sul lago.

VALTOURNENCHE *11028 Aosta* 561 E 4 *– 2 288 ab. alt. 1 524 – a.s. febbraio-Pasqua, 20 luglio-agosto e Natale – Sport invernali : 1 600/3 100 m* 1 6, *(Comprensorio Monte Rosa ski collegato con Breuil Cervina e Zermatt - Svizzera)* .
via Roma 45 ℘ 0166 92029, valtournenche@montecervino.it, Fax 0166 92430.
Roma 740 – Aosta 47 – Breuil-Cervinia 9 – Milano 178 – Torino 107.

Tourist, via Roma 32 ✆ 0166 92070, *info@hotel-tourist.it, Fax 0166 93129*, – rist, *dicembre-maggio e giugno-settembre* – **Pasto** 18/23 – 7,75 – **34 cam** 84 – ½ P 67,50.
◆ Dopo la ristrutturazione, è un hotel di funzionalità e confort moderni; spaziose camere di buon livello, curate, con mobili in ciliegio; navetta per gli impianti di sci. Luminosa e moderna sala ristorante.

Grandes Murailles senza rist, via Roma 78 ✆ 0166 932702, *info@hotelgmurailles.com, Fax 0166 932956*, – .
chiuso maggio e giugno; in ottobre e novembre aperto solo venerdì e sabato – **16 cam** 118/189.
◆ Lo charme e l'atmosfera di questo vecchio albergo anni '50, ristrutturato e riaperto nel '99, sono quelli di una casa privata, arredata con mobili d'epoca di famiglia.

Bijou, piazza Carrel 4 ✆ 0166 92109, *hotelbijou@tiscalinet.it, Fax 0166 92264*, – . rist
chiuso maggio ed ottobre – **Pasto** carta 17/25 – 8 – **20 cam** 40/72 – ½ P 57.
◆ Nel centro della località, conduzione e ambiente familiari in una struttura con confortevoli spazi comuni di recente rinnovati; camere funzionali e bagni completi. Il ristorante propone piatti italiani e locali.

VALVERDE *Forlì-Cesena* 563 J 19 – *Vedere Cesenatico*.

VANDOIES *39030 Bolzano* 562 B 17 – *3 143 ab. alt. 750.*

via J. Anton Zoller 1 località Vandoies di Sotto ✆ 0472 869100, info@vandoies.com, Fax 0472 869260.

Roma 685 – Bolzano 55 – Brunico 20 – Milano 327 – Trento 108.

Tilia, località Vandoies di Sopra ✆ 0472 868185, *info@chvis-oberhammer.com, Fax 0472 869889*, Coperti limitati; prenotare –
chiuso giugno, martedì e mercoledì a mezzogiorno – **Pasto** carta 45/59.
◆ Caratteristico ristorante all'interno di un antico edificio - una sede giudiziaria del 1600 - arredato con gusto, secondo lo stile locale. Cucina fantasiosa ed esperta.

VARALLO *13019 Vercelli* 561 E 6, 219 ⑥ – *7 529 ab. alt. 451 – a.s. luglio-agosto e Natale.*

Vedere *Sacro Monte*★★.

corso Roma 38 ✆ 0163 51280, Fax 0163 53091.

Roma 679 – Biella 59 – Milano 105 – Novara 59 – Stresa 43 – Torino 121 – Vercelli 65.

a Crosa *Est : 3 km – ✉ 13019 Varallo :*

Delzanno, ✆ 0163 51439, *delzannorist@tiscali.it, Fax 0163 51439*, –
chiuso lunedì escluso maggio-settembre – **Pasto** carta 19/36.
◆ Nel 2000 ha compiuto 150 anni questo storico locale, sempre gestito dalla stessa famiglia; semplicità e schiettezza sono le carte vincenti dell'ambiente e della cucina.

a Sacro Monte *Nord : 4 km – ✉ 13019 Varallo :*

Sacro Monte, località Sacro Monte 14 ✆ 0163 54254, *albergosacromonte@libero.it, Fax 0163 51189*, – . rist
aprile-ottobre – **Pasto** *(chiuso lunedì escluso da luglio a settembre)* carta 22/39 – **24 cam** 43/72 – ½ P 50.
◆ Vicino a un sito religioso meta di pellegrinaggi, ambiente piacevolmente «old fashion» in un hotel con spazi esterni tranquilli e verdeggianti; camere di buona fattura. Gradevole sala ristorante con camino e utensili di rame appesi alle pareti.

VARAZZE *17019 Savona* 561 I 7 *G. Italia – 13 806 ab..*

viale Nazioni Unite 1 (palazzo Comunale) ✆ 019 935043, varazze@inforiviera.it, Fax 019 935916.

Roma 534 – Genova 36 – Alessandria 82 – Cuneo 112 – Milano 158 – Savona 12 – Torino 153.

Eden senza rist, via Villagrande 1 ✆ 019 932888, *eden-hotel@interbusiness.it, Fax 019 96315* – – 90. .
7,50 – **45 cam** 48/98.
◆ Gestione familiare in una comoda risorsa centrale, adatta a clientela sia turistica che d'affari; zone comuni signorili e ben distribuite, stanze spaziose e confortevoli.

El Chico, strada Romana 63 (strada statale Aurelia) Est : 1 km ✆ 019 931388, *elchico.sv@bestwestern.it, Fax 019 932423*, – – 125. .
chiuso dal 20 dicembre a gennaio – **Pasto** 23 – **38 cam** 128/138 – ½ P 92.
◆ Struttura anni '60 immersa in un parco ombreggiato con piscina; gradevoli e comodi spazi comuni, sia esterni che interni. Servizio accurato e confort di buon livello. Ampia, luminosa sala da pranzo di taglio moderno, dove si propone cucina tradizionale.

Cristallo, via Cilea 4 ☎ 019 97264, *info@cristallohotel.it, Fax 019 9355757,* – ☰ – 40. AE VISA JCB. rist
chiuso dal 20 dicembre al 6 gennaio – **Pasto** *(chiuso a mezzogiorno e da settembre a giugno anche venerdì-sabato-domenica)* 24/27 – ☕ 8 – **45 cam** 70/110 – ½ P 85.
◆ Per un soggiorno marino in ambiente signorile e ospitale, un hotel che offre camere di diversa tipologia, funzionali e dotate di ogni confort, alcune con idromassaggio. Gradevole sala ristorante, di impostazione classica; piatti italiani e liguri.

Villa Elena, via Coda 16 ☎ 019 97526, *Fax 019 934277,* – ☰ rist, TV P. AE VISA.
chiuso da ottobre a Natale – **Pasto** carta 30/40 – ☕ 5 – **47 cam** 60/95 – ½ P 75.
◆ Accoglienza cordiale e affezionata clientela di habitué in questa bella villa liberty, ristrutturata, che conserva al suo interno elementi architettonici originali. Ligneo soffitto a cassettoni intarsiato e lampadari in stile nella raffinata sala ristorante.

Le Roi, via Genova 43 ☎ 019 95902, *hotel@leroi.it, Fax 019 95903* – TV P. AE VISA. cam
Pasto *(chiuso lunedì)* carta 29/41 – **16 cam** ☕ 62/110 – ½ P 70.
◆ Un albergo fronte mare, totalmente ristrutturato, che si presenta arioso e confortevole; parquet e tinte solari nelle camere arredate modernamente e personalizzate. Luminosa sala da pranzo, con vista mare.

San Nazario senza rist, via Montanaro 3 ☎ 019 96755, *info@hotelsannazario.it, Fax 019 96755* – TV. AE VISA
24 cam ☕ 87.
◆ Ubicato a pochi passi dal centro e dalla litoranea, un accogliente albergo dagli ambienti completamente ristrutturati in anni recenti; stanze con arredi moderni.

Ines, via Cavour 10 ☎ 019 97302, *hotel.ines@tiscali.it, Fax 019 9354599* – TV P. AE VISA. rist
chiuso dal 29 novembre al 27 dicembre – **Pasto** (solo per alloggiati) 18/25 – **12 cam** ☕ 40/70 – ½ P 50.
◆ Non lontano dal mare, villetta liberty circondata da una piacevole terrazza solarium; accoglienti interni con originali pavimenti a mosaico, camere di taglio moderno.

Manila, via Villagrande 3 ☎ 019 934656, *Fax 019 931221,* – TV P. AE VISA. rist
Pasto *(chiuso mercoledì)* carta 24/34 – ☕ 9,30 – **14 cam** 62/77,50 – ½ P 62.
◆ Una piccola e graziosa risorsa, che offre un'ospitalità familiare, ma curata e un'atmosfera da casa privata in una villa con giardino; soffitti alti nelle camere. Lo spazio per la ristorazione si articola in una saletta interna e in una luminosa veranda.

Bri, piazza Bovani 13 ☎ 019 934605, *Fax 019 931713,* , prenotare – AE VISA.
chiuso dal 1º al 10 novembre e mercoledì – **Pasto** carta 31/46.
◆ Mantiene la sua originaria «anima» di osteria, familiare e informale, questo ristorante classico; pochi fronzoli nella solida cucina, che è tipica ligure e di pesce.

VARENA *38030 Trento 562 D 16 – 797 ab. alt. 1155 – Sport invernali : Vedere Cavalese (Comprensorio Dolomiti superski Val di Fiemme).*

(dicembre-aprile e giugno-settembre) via Mercato 34 ☎ 0462 231448, Fax 0462 231448.
Roma 638 – Trento 64 – Bolzano 44 – Cortina d'Ampezzo 104.

Alpino, via Mercato 8 ☎ 0462 340460, *info@albergoalpino.it, Fax 0462 231609,* ←, , , – rist, ☰ rist, TV P. AE VISA JCB. rist
chiuso 20 giorni in maggio e 20 giorni in novembre – **Pasto** 17/27 – ☕ 6 – **28 cam** 70/85 – ½ P 62.
◆ Nel centro di questo piccolo paese della Val di Fiemme, un gradevole albergo familiare, con giardino e accoglienti spazi comuni per tranquilli momenti di relax. Legno chiaro alle pareti e al soffitto della moderna sala ristorante dall'ambiente informale.

VARENNA *23829 Lecco 561 D 9 G. Italia – 841 ab. alt. 220.*

Vedere *Giardini★★ di villa Monastero.*

per Menaggio (15 mn) e Bellagio (da 15 mn), giornalieri – Navigazione Lago di Como, via La Riva ☎ 0341 830270 e 800 551801.

per Menaggio (15 mn) e Bellagio (20 mn) aprile-ottobre giornalieri Navigazione Lago di Como, via La Riva ☎ 0341 830270 e 800 551801.
Roma 642 – Como 50 – Bergamo 55 – Chiavenna 45 – Lecco 22 – Milano 78 – Sondrio 60.

Royal Victoria, piazza San Giorgio 5 ☎ 0341 815111, *info@royalvictoria.com, Fax 0341 830722,* ←, , , – TV – 60. AE VISA.
Pasto carta 36/52 – **43 cam** ☕ 165/195 – ½ P 117,50.
◆ Tradizione, signorilità e buon confort negli interni di un'antica filanda adibita già nel 1838 ad albergo; incantevole terrazza-giardino con piscina in riva al lago. Sobria e raffinata eleganza nella sala ristorante con soffitto a volte.

Du Lac senza rist, via del Prestino 4 ☎ 0341 830238, *albergodulac@tin.it, Fax 0341 831081,* ← – |‡| ▤ TV P̲. AE $ ⓞ ⓜ VISA. ✻
15 febbraio-15 novembre – **17 cam** ☕ 95/175.
◆ Sembra spuntare dall'acqua questo grazioso albergo ristrutturato, in splendida posizione panoramica; piacevoli ambienti comuni e un'amena terrazza-bar in riva al lago.

Vecchia Varenna, via Scoscesa 10 ☎ 0341 830793, *Fax 0341 830793,* ☂ – $ ⓜ VISA
chiuso gennaio e lunedì, anche martedì da novembre a febbraio – **Pasto** carta 34/45.
◆ Punto di forza del locale è il servizio estivo in terrazza sul porticciolo con splendida vista di lago e monti; dalla cucina giungono sapori lacustri rivisitati con fantasia.

VARESE *21100* P̲ 561 E 8, 219 ⑧ *G. Italia – 83 830 ab. alt. 382.*

Dintorni *Sacro Monte★★ : ←★★ Nord-Ovest : 8 km – Campo dei Fiori★★ : ✻★★ Nord-Ovest : 10 km.*

(chiuso lunedì) a Luvinate ✉ 21020 ☎ 0332 229302, Fax 0332 222107, per ⑤ : 6 km;

Dei Laghi (chiuso martedì) a Travedona Monate ✉ 21028 ☎ 0332 978101, Fax 0332 977532, Ovest : 12 km.

via Carrobbio 2 ☎ 0332 283604, apt–va@libero.it, Fax 0332 283604.

A.C.I. *viale Milano 25 ☎ 0332 285150.*

Roma 633 ④ – Como 27 ② – Bellinzona 65 ② – Lugano 32 ① – Milano 56 ④ – Novara 53 ③ – Stresa 48 ③.

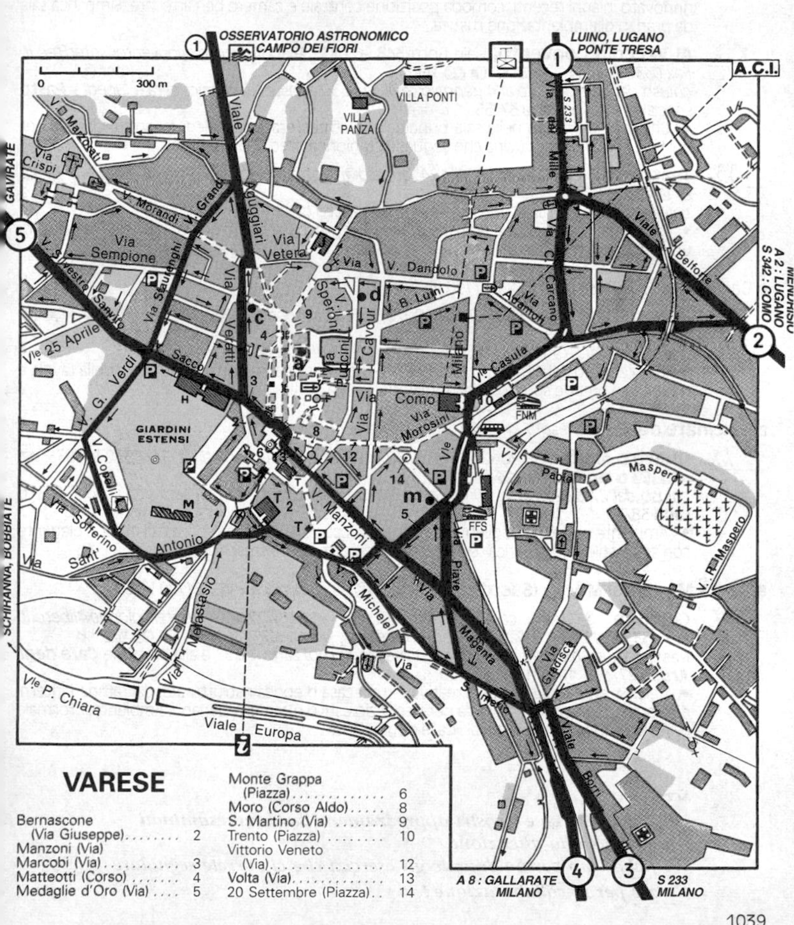

Palace Grand Hotel Varese, a Colle Campigli, via L. Manara 11 ☎ 0332 327100, *info@palacevarese.it, Fax 0332 312870*, – cam, – 200. **per ⑤**
Pasto carta 35/47 – **112 cam** 180/255, suite.
◆ Si erge in un parco questo imponente palazzo, nei cui sontuosi interni liberty aleggia ancora l'atmosfera inizio '900 dei suoi esordi; eleganza e confort di alto livello. Raffinatezza e curata ambientazione nella sala e nel salone banchetti del ristorante.

Crystal Hotel senza rist, via Speroni 10 ☎ 0332 231145, *info@crystal-varese.it, Fax 0332 237181* – rist **d**
chiuso agosto – **44 cam** 115/180, suite.
◆ Dopo la recente ristrutturazione, si presenta ora come una risorsa dal confort omogeneo nei vari settori; zone comuni e stanze con spazi limitati, ma arredate con gusto.

City Hotel senza rist, via Medaglie d'Oro 35 ☎ 0332 281304, *info@cityhotelvarese.com, Fax 0332 232882* – – 50. **m**
chiuso dal 19 dicembre all'11 gennaio e dal 14 al 22 agosto – **46 cam** 99/155.
◆ In centro città, vicino alla stazione ferroviaria, struttura funzionale, con sale riunioni, adatta a clientela sia d'affari che turistica; moderne le camere rinnovate.

Bologna, via Broggi 7 ☎ 0332 234362, *info@albergobologna.it, Fax 0332 287500*, – **c**
chiuso dal 1º al 15 agosto – **Pasto** *(chiuso sabato)* carta 25/46 – **18 cam** 75/95 – ½ P 75.
◆ Gestito dalla stessa famiglia da quasi 50 anni, un semplice, ma confortevole hotel, rinnovato in anni recenti; comoda posizione centrale e camere ben arredate. Simpatica sala da pranzo di ambientazione rustica.

Al Vecchio Convento, viale Borri 348 ☎ 0332 261005, *vecchioconvento@interfree.it, Fax 0332 261005* – **per ③**
chiuso dal 27 dicembre al 4 gennaio, dall'11 al 30 agosto, domenica sera e lunedì – **Pasto** specialità toscane carta 37/56.
◆ Chiedete un tavolo nella sala principale, d'atmosfera e con eleganti arredi classici, per gustare i piatti di una cucina che segue le stagioni e predilige la Toscana.

Teatro, via Croce 3 ☎ 0332 241124, *angelo@ristoranteteatro.it, Fax 0332 280994* – **a**
chiuso dal 25 luglio al 25 agosto e martedì – **Pasto** carta 43/73.
◆ Raccontano la storia del teatro, dalle origini greche ai giorni nostri, i quadri alle pareti di un antico locale rustico elegante; a tavola vanno in scena terra e mare.

a Capolago *Sud-Ovest : 5 km – ✉ 21100 Varese :*

Da Annetta, via Fè 25 ☎ 0332 490020, *info@daannetta.it, Fax 0332 490211*, –
chiuso dal 3 al 28 agosto, martedì sera e mercoledì – **Pasto** carta 44/58.
◆ In un edificio del '700, ambiente rustico di tono elegante con raffinata cura della tavola e cucina che prende spunto dalla tradizione, ma sa rivisitarla con fantasia.

a Calcinate del Pesce *Est : 7 km – ✉ 21100 Varese :*

Quattro Mori, via E. Ponti 126 ☎ 0332 310836, *quattromori@tin.it, Fax 0332 310836*, –
chiuso dal 27 dicembre al 16 genniao, 10 giorni in agosto, lunedì sera e martedì – **Pasto** carta 38/50.
◆ Ambiente caldo e accogliente, pareti in stucco veneziano, arredi rustici di tono elegante con sedie stile «old America» e un giardino curato, per rinfreschi e aperitivi.

a Santa Maria del Monte (Sacro Monte) *per ⑤ : 8 km alt. 880 – ✉ 21100 Varese :*

Colonne con cam, via Fincarà 37 ☎ 0332 224633, *hotel.colonne@libero.it, Fax 0332 821593*, vallata, , prenotare – cam,
Pasto *(chiuso martedì e mercoledì a mezzogiorno)* carta 41/57 e alla brasserie ***Cafè degli Artisti*** 27/30 – **10 cam** 93/130.
◆ Relax, tranquillità e cucina creativa in una casa d'epoca ristrutturata, dai raffinati interni di charme; terrazza panoramica per il servizio estivo e camere eleganti. Ambiente informale e snelle proposte del giorno al «Cafè degli Artisti».

Scriveteci...
Le vostre critiche e i vostri apprezzamenti saranno esaminati con la massima attenzione.
Verificheremo personalmente gli esercizi che ci vorrete segnalare
Grazie per la collaborazione !

VARESE LIGURE *19028 La Spezia* 561 I 10 – *2 390 ab. alt. 353.*

via Portici 19 ☎ 0187 842094, Fax 0187 842094.

Roma 457 – La Spezia 57 – Bologna 194 – Genova 90 – Milano 203 – Parma 98 – Piacenza 139.

Amici, via Garibaldi 80 ☎ 0187 842139, *albamici@libero.it, Fax 0187 840891*, – AE VISA
chiuso dal 20 dicembre al 15 gennaio – **Pasto** *(chiuso mercoledì da ottobre a maggio)* carta 18/28 – 5 – **29 cam** 40/52 – ½ P 47.
◆ Nella cittadina dell'entroterra, dove potrete visitare il Castello e l'originale Borgo Rotondo, confortevole hotel familiare, con giardino; buon rapporto qualità/prezzo. Lineare sala ristorante d'impostazione classica.

La Taverna del Gallo Nero, piazza Vittorio Emanuele 26 ☎ 0187 840513, prenotare la sera – AE VISA
chiuso giovedì – **Pasto** carta 27/37.

VARIGOTTI *17029 Savona* 561 J 7.

via Aurelia 79 ☎ 019 698013, varigotti@inforiviera.it, Fax 019 6988842.

Roma 567 – Genova 68 – Imperia 58 – Milano 191 – Savona 22.

Al Saraceno, via al Capo 2 ☎ 019 6988182, *hotelalsaraceno@libero.it, Fax 019 6988185*, , – – 90. AE VISA JCB. rist
Pasto carta 45/71 – **33 cam** 150/190 – ½ P 125.
◆ Per una vacanza raffinata in uno dei più pittoreschi paesi liguri, un albergo totalmente ristrutturato di recente; chiedete le camere verso il mare e la spiaggia privata. Moderna eleganza mediterranea nella sala del ristorante, servizio estivo in terrazza.

Al Capo, vico Mendaro 3 ☎ 019 6988066, *hotelalcapo@tiscalinet.it, Fax 019 6988066* – , cam, . VISA.
marzo-ottobre – **Pasto** *(Pasqua e giugno-settembre)* 20/25 – **23 cam** 65/105 – ½ P 68.
◆ Il bianco impera sia all'esterno, sia nei freschi e moderni interni di una struttura rinnovata in anni recenti; ambiente familiare, stanze accoglienti e funzionali.

Arabesque, piazza Cappello da Prete 1 ☎ 019 698262, *n.tritzo@libero.it, Fax 019 698263* – . rist
Pasqua-settembre – **Pasto** *(chiuso a mezzogiorno)* carta 22/32 – **31 cam** 75/90 – ½ P 60.
◆ Come dice il nome, l'hotel ha uno stile arabeggiante e mediterraneo, predomina il bianco e le tinte pastello. Le camere sono semplici e luminose, ampia zona bar-soggiorno.

Muraglia-Conchiglia d'Oro, via Aurelia 133 ☎ 019 698015, Coperti limitati; prenotare – . AE VISA.
chiuso dal 15 gennaio al 15 febbraio, mercoledì e da ottobre a maggio anche martedì – **Pasto** carta 47/68.
◆ Invitante pesce fresco in bella mostra, una griglia al centro della sala e mortai colmi di erbe aromatiche: cornice «a tema» per gustosi piatti di mare da non perdere.
Spec. Bucatini agli scampi. Zuppa di pesce. Gigliata di pesce e crostacei.

La Caravella, via Aurelia 56 ☎ 019 698028, ←, prenotare – . VISA.
chiuso novembre e lunedì – **Pasto** carta 36/56.
◆ Un'ampia sala luminosa con vetrate che si affacciano sul mare e sulla spiaggia sottostante per una cucina per lo più di pesce; familiari la gestione e l'atmosfera.

VARZI *27057 Pavia* 561 H 9 – *3 547 ab. alt. 416.*

piazza della Fiera ☎ 0383 545221.

Roma 585 – Piacenza 69 – Alessandria 59 – Genova 111 – Pavia 54.

Sotto i Portici, via del Mercato 10 ☎ 0383 52990, *fabdei@libero.it*, , Coperti limitati; prenotare – VISA JCB.
chiuso lunedì, martedì e a mezzogiorno (escluso la domenica e i festivi) – **Pasto** carta 32/38.
◆ Sotto i portici del centro storico, un gradevolissimo locale di sobria e curata eleganza, nato nel 1998; tocco moderno in una cucina saldamente legata alla tradizione.

verso Pian d'Armà *Sud : 7 km :*

Buscone, località Bosmenso 41 (Sud : 7 km) ☎ 0383 52224, Trattoria casalinga – AE VISA JCB.
chiuso lunedì escluso luglio e agosto – **Pasto** carta 18/25.
◆ La difficoltà che forse incontrerete per raggiungere questa trattoria, sarà ricompensata dalla piacevolezza dell'ambiente familiare e dalla genuina cucina casalinga.

VARZO *28868 Verbania* 561 D 6, 217 ⑲ – *2 264 ab. alt. 568 – Sport invernali : a San Domenico : 1 400/2 500 m* 5, .
Roma 711 – Stresa 45 – Domodossola 13 – Iselle 13 – Milano 104 – Novara 55 – Torino 176.

a San Domenico *Nord-Ovest : 11 km – alt. 1 420 – ✉ 28868 Varzo :*

Cuccini, 0324 7061, *albergocuccini@libero.it, Fax 0324 7061*, ←, – P.
20 dicembre-10 aprile e giugno-settembre – **Pasto** carta 18/28 (10 %) – 7 – **21 cam** 25/50 – ½ P 40.
◆ Atmosfera da casa privata in questa semplice, ma accogliente risorsa tipicamente montana, in pineta ai margini del paese, in posizione panoramica e tranquilla. Un grande camino troneggia nella luminosa, rustica sala ristorante.

VASON *Trento – Vedere Bondone (Monte).*

VASTO *66054 Chieti* 563 P 26 – *35 145 ab. alt. 144 – a.s. 20 giugno-agosto.*
da Punta Penna per le Isole Tremiti giugno-settembre giornaliero (1 h) – Adriatica di Navigazione-agenzia Massacesi, piazza Diomede 3 0873 362680, Fax 0873 69380.
piazza del Popolo 18 0873 367312, iat.vasto@abruzzoturismo.it, Fax 0873 367312.
Roma 271 – Pescara 70 – L'Aquila 166 – Campobasso 96 – Chieti 75 – Foggia 118.

Castello Aragona, via San Michele 105 0873 69885, *info@castelloaragona.it, Fax 0873 69885*, , – P. AE VISA.
chiuso dal 24 dicembre al 4 gennaio, dal 1° al 7 novembre e lunedì – **Pasto** specialità di mare carta 29/41.
◆ Suggestiva cornice in una villa di inizio '900 per un curato locale di taglio classico; servizio estivo in un'ombreggiata terrazza-giardino con splendida vista sul mare.

Lo Scudo, corso Garibaldi 39 0873 367782, *info@ristoranteloscudo.it, Fax 0873 367782*, – . AE VISA
chiuso martedì in bassa stagione – **Pasto** specialità di mare carta 26/36 (10 %).
◆ S'ispirano ai fasti medievali del vicino castello Caldoresco il nome e l'ambiente di uno storico ristorante, punto di riferimento affidabile per gustare la cucina locale.

VASTO (Marina di) *66055 Chieti* 563 P 26 – *a.s. 20 giugno-agosto.*
Roma 275 – Pescara 72 – Chieti 74 – Vasto 3.

sulla strada statale 16 :

Excelsior, contrada Buonanotte Sud : 4 km ✉ 66055 0873 802222, *excelsior.vasto@virgilio.it, Fax 0873 802222*, ←, , , – P – 120. AE VISA.
chiuso dal 24 al 28 dicembre – **Pasto** 22/35 – **45 cam** 72/130, 10 suites – ½ P 82.
◆ Funzionalità e moderni confort in una struttura realizzata in anni recenti, non adiacente al mare, ma dotata di spiaggia riservata; ideale anche per clientela d'affari. Impostazione classica di tono elegante nell'ampia sala ristorante.

Sporting, Sud : 2,5 km ✉ 66055 0873 801908, *Fax 0873 801404*, , , – P. AE VISA.
Pasto carta 25/34 – 7,75 – **22 cam** 64/96 – ½ P 64.
◆ Per un soggiorno in ambiente familiare, hotel a gestione diretta, circondato da una terrazza-giardino fiorita e non lontano dal mare; interni di curata essenzialità.

Lido, strada Statale 16, località San Tommaso Km 521, Sud : 1 km 0873 801407, *hotellido@libero.it, Fax 0873 801069*, – P. VISA JCB. rist
Pasto *(chiuso dal 24 dicembre al 6 gennaio)* carta 15/28 – **41 cam** 50/75 – ½ P 59.
◆ Sulla statale, ma a pochi passi dal mare, che si raggiunge senza attraversare la strada, pensione familiare da poco ristrutturata, con camere intime e confortevoli. Anch'essa rinnovata, la sala ristorante offre un luminoso ambiente di taglio moderno.

Villa Vignola con cam, località Vignola Nord : 6 km ✉ 66054 Vasto 0873 310050, *villavignola@interfree.it, Fax 0873 310060*, , prenotare, – P. AE VISA JCB.
chiuso dal 21 al 28 dicembre – **Pasto** specialità di mare carta 30/40 – **5 cam** 80/130 – ½ P 100.
◆ In un giardino con accesso diretto al mare e splendida vista della costa, un ristorante di tono elegante, con camere curate e accoglienti; proposte, ovviamente, di mare.

Il Corsaro, località Punta Penna-Porto di Vasto Nord : 8 km ✉ 66054 Vasto 0873 310113, ←, , prenotare – P. VISA.
chiuso lunedì escluso da aprile ad ottobre – **Pasto** specialità di mare carta 35/45 (10 %).
◆ Una cordiale famiglia si divide tra sala e fornelli di questa storica trattoria, con servizio estivo in terrazza sul mare; solida cucina basata sul pescato giornaliero.

VATICANO (Città del) *Roma – Vedere Roma.*

VEDASCO *Verbania* 561 E 7 – *Vedere Stresa.*

VEDOLE *Parma – Vedere Colorno.*

VELLETRI *00049 Roma* 563 Q 20 *G. Roma – 48 895 ab. alt. 352.*

Escursioni *Castelli romani** NO per la via dei Laghi o per la strada S 7, Appia Antica (circuito di 60 km).*

piazza Garibaldi 2 ☎ 06 9630896, iatvelletriturismo@tin.it, Fax 06 9633367.

Roma 36 – Anzio 43 – Frosinone 61 – Latina 29 – Terracina 63 – Tivoli 56.

XX **Da Benito al Bosco** con cam, via Morice 96 ☎ 06 9633991, *benitoalbosco@virgilio.it, Fax 06 9641414,* – P – 300. AE VISA JCB.

Pasto carta 25/43 – **48 cam** 52/78 – ½ P 65.

◆ Tra i castagni, in un piccolo parco con piscina, un ristorante classico, di notevole capienza, con nuove, spaziose camere; la cucina laziale punta soprattutto sul pesce.

VELLO *Brescia* 561 E 12 – *alt. 190* – ✉ *25054 Marone.*

Roma 591 – Brescia 34 – Milano 100.

X **Trattoria Glisenti,** via Provinciale 34 ☎ 030 987222,

chiuso dal 6 gennaio al 12 febbraio e giovedì, da ottobre a marzo anche mercoledì sera – **Pasto** specialità pesce di lago carta 22/33.

◆ Un indirizzo consigliabile agli appassionati del pesce di lago: semplice trattoria di lunga tradizione familiare, sulla vecchia strada costiera del lago d'Iseo.

VELO D'ASTICO *36010 Vicenza* 562 E 16 – *2 307 ab. alt. 362.*

Roma 551 – Trento 57 – Treviso 83 – Verona 81 – Vicenza 36.

XX **Giorgio e Flora,** via Baldonò 1, al lago Nord-Ovest : 2 km ☎ 0445 713061, *giorgioeflora@tiscalinet.it, Fax 0445 713068,* ≤, – P. AE VISA.

chiuso dal 1° al 15 gennaio, dal 15 al 30 giugno, mercoledì a mezzogiorno e giovedì – **Pasto** carta 27/39.

◆ Una villetta tipo chalet che domina la valle, due sale, di cui una più raccolta ed elegante, un panoramico dehors e piatti della tradizione veneta con tocco personale.

VELO VERONESE *37030 Verona* 562 F 15 – *816 ab. alt. 1 087.*

Roma 529 – Verona 35 – Brescia 103 – Milano 193 – Venezia 144 – Vicenza 81.

X **Tredici Comuni** con cam, piazza della Vittoria 31 ☎ 045 7835566, *hotel13comuni@libero.it, Fax 045 7835566* – TV. VISA. cam

chiuso dal 15 settembre al 27 ottobre – **Pasto** *(chiuso lunedì sera e martedì)* carta 22/26 – **16 cam** 38/68 – ½ P 45.

◆ Nella piazza del paese, classica risorsa familiare, con camere funzionali e cucina del territorio; soffitto di legno nella spaziosa sala ristorante di stile montano.

VENARIA REALE *10078 Torino* 561 G 4 – *36 068 ab. alt. 258.*

Roma 667 – Torino 11 – Aosta 116 – Milano 143

Galant senza rist, corso Garibaldi 155 ☎ 011 4551021, *info@hotelgalant.it, Fax 011 4551219* – TV P – 30. AE VISA

8 – **39 cam** 85/105.

◆ Una struttura di taglio moderno, ideale per una clientela d'affari; piacevoli e razionali ambienti comuni, confortevoli camere con ampio scrittoio, sale riunioni.

XXX **Il Reale,** corso Garibaldi 153 ☎ 011 4530413, *ilreale@libero.it, Fax 011 4540935,* Rist. e american-bar – P. AE VISA.

chiuso dal 10 al 25 agosto – **Pasto** carta 35/44.

◆ Da una ristrutturazione che non ha badato a spese è nato nel 2000 questo nuovo locale di moderna e lussuosa eleganza; direzione appassionata, cucina con spunti creativi.

In questa guida
uno stesso simbolo, una stessa parola
stampati in rosso o in nero,
hanno un significato diverso.
Leggete attentamente le pagine dell'introduzione.

VENEZIA

30100 **P** **562** F 19 *G. Venezia – 275 368 ab.*

Roma 528 – Bologna 152 – Milano 267 – Trieste 158.

INFORMAZIONI PRATICHE

calle Ascensione – San Marco 71/f ✉ 30124 ✆ 041 5297811, Fax 041 5230399.

Stazione Santa Lucia ✉ 30121 ✆ 041 5298727, Fax 041 5281246.

Aeroporto Marco Polo ✆ 041 5298711.

Marco Polo di Tessera, Nord-Est : 13 km ✆ 041 2606111.
Alitalia, via Sansovino 3 Mestre-Venezia ✉ 30175 ✆ 041 2581111, Fax 041 2581246.

da piazzale Roma (Tronchetto) per il Lido-San Nicolò giornalieri (30 mn); dal Lido Alberoni per l'Isola di Pellestrina-Santa Maria del Mare giornalieri (10 mn).

da Riva degli Schiavoni per Punta Sabbioni giornalieri (40 mn);
da Punta Sabbioni per le Isole di Burano (30 mn), Torcello (40 mn), Murano (1 h 10 mn), giornalieri;
dalle Fondamenta Nuove per le Isole di Murano (10 mn), Burano (45 mn), Torcello (50 mn), giornalieri;
dalle Fondamenta Nuove per Treporti di Cavallino giornalieri (1 h);
da Treporti di Cavallino per Venezia-Fondamenta Nuove (1 h) per le Isole di Murano (50 mn), Burano (15 mn), Torcello (5 mn), giornalieri –
Informazioni: Actv, Cannaregio 3935 ✉ 30131 ✆ 041 2722111, Fax 041 5207135.

18 *(chiuso lunedì) al Lido Alberoni ✉ 30011 ✆ 041 731333, Fax 041 731339, 15 mn di vaporetto e 9 km ;*

18 *e* 9 *Ca' della Nave (chiuso martedì) a Martellago ✉ 30030 ✆ 041 5401555, Fax 041 5401926, Nord-Ovest : 12 km ;*

27 *Villa Condulmer (chiuso lunedì) a Mogliano Veneto ✉ 30020 ✆ 041 457062, Fax 041 457062, Nord : 17 km.*

LUOGHI DI INTERESSE

Piazza San Marco★★★ **KZ** *– Basilica*★★★ **LZ** *– Palazzo Ducale*★★★ **LZ** *– Campanile*★★ *:* ❋★★ **KLZ Q** *– Museo Correr*★★ **KZ M**[1] *– Ponte dei Sospiri*★★ **LZ**.
Santa Maria della Salute★★ **DV** *– San Giorgio Maggiore*★ *:* ❋★★★ *dal campanile* **FV** *– San Zanipolo*★★ **LX** *– Santa Maria Gloriosa dei Frari*★★★ **BTU** *– San Zaccaria*★★ **LZ** *– Decorazione interna*★★ *del Veronese nella chiesa di San Sebastiano* **BV** *– Soffitto*★ *della chiesa di San Pantaleone* **BU** *– Santa Maria dei Miracoli*★ **KLX** *– San Francesco della Vigna*★ **FT**

Ghetto★★ **BT** *– Scuola Grande di San Rocco*★★★ **BU** *– Scuola di San Giorgio degli Schiavoni*★★★ **FU** *– Scuola Grande dei Carmini*★ **BV** *– Scuola Grande di San Marco*★ **LX** *– Palazzo Labia*★★ **BT**

Murano★★ *: museo di arte vetraria*★*, chiesa dei Santi Maria e Donato*★★ *– Burano*★★ *– Torcello*★★ *: mosaici*★★ *nella basilica di Santa Maria Assunta.*

Canal Grande★★★ :

Ponte di Rialto★★ **KY** *– Ca' d'Oro*★★★ **JX** *– Gallerie dell'Accademia*★★★ **BV** *– Ca' Dario*★ **DV** *– Ca' Rezzonico*★★ **BV** *– Palazzo Grassi*★ **BV** *– Palazzo Vendramin-Calergi*★ **CT**
Collezione Peggy Guggenheim★★ *nel palazzo Venier dei Leoni* **DV** *– Ca' Pesaro*★ **JX**.

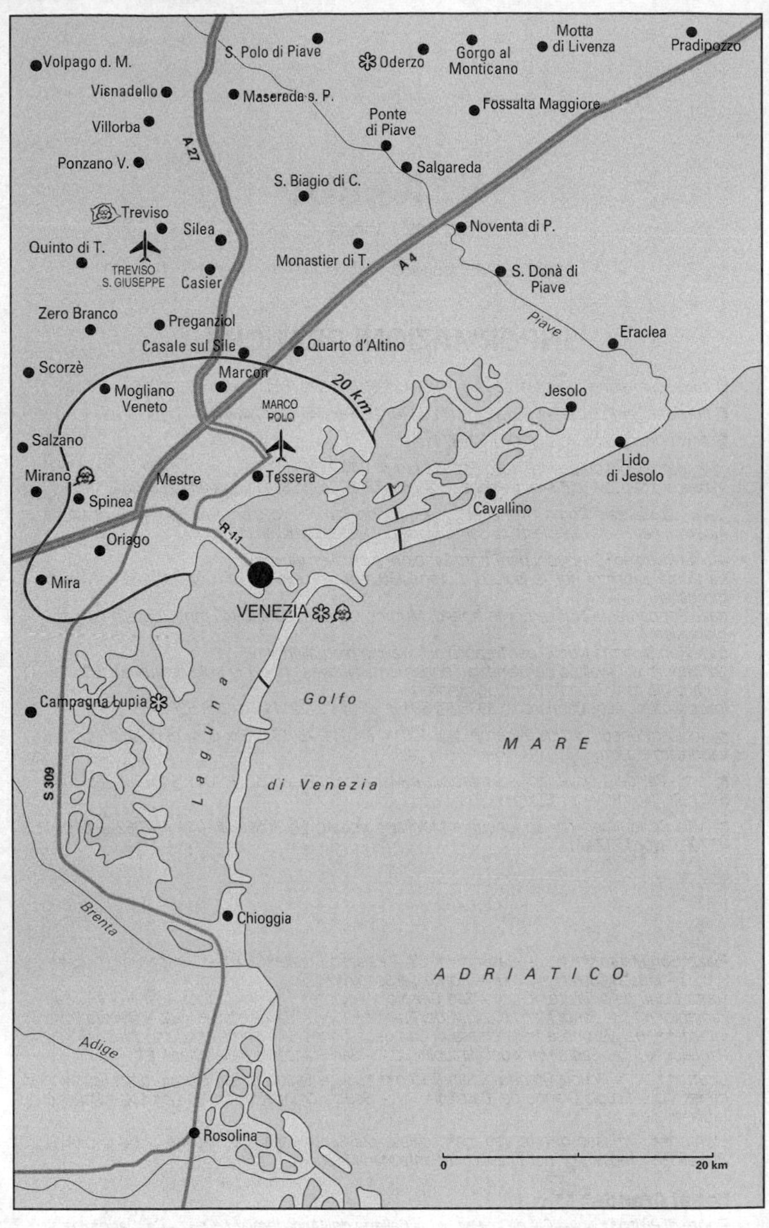

I prezzi del pernottamento e della pensione possono subire aumenti in relazione all'andamento generale del costo della vita ; quando prenotate chiedete la conferma del prezzo.

DINTORNI DI VENEZIA CON RISORSE ALBERGHIERE

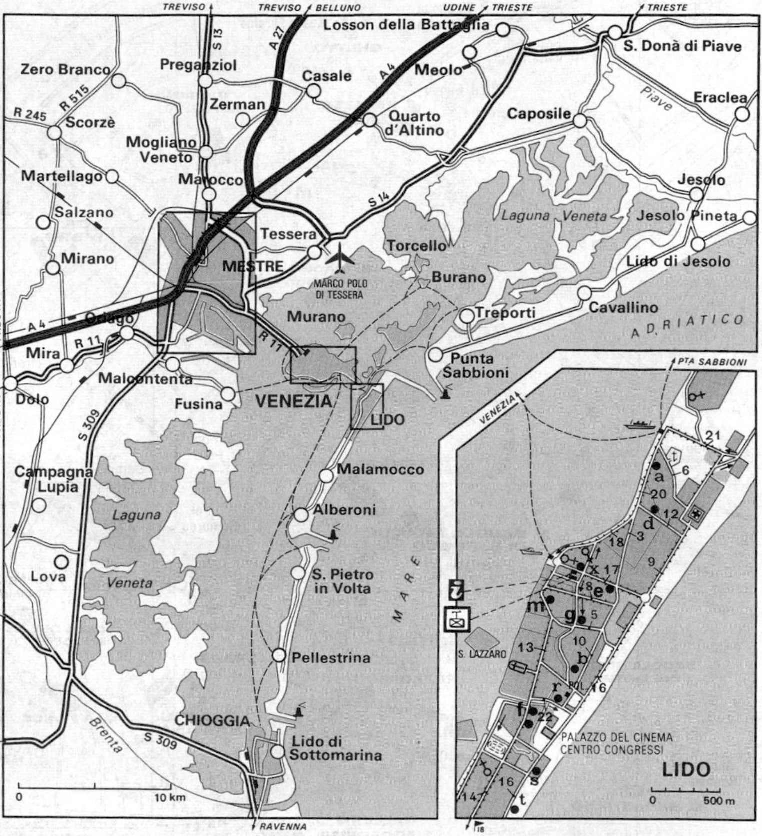

Aquileia (Via)	3	Dardanelli (Via)	10	S. M. Elisabetta (Gr. Viale)	17
Bragadin (Via M.A.)	5	Duodo (Via F.)	12	S. M. Elisabetta (Riviera)	18
Cipro (Via)	6	Gallo (Via S.)	13	S. Nicolò (Riviera)	20
Dandolo (Viale E.)	8	Malamocco (Via)	14	Selva (Via G.)	21
D'Annunzio (Lungomare)	9	Marconi (Lungomare)	16	4 Fontane (Via)	22

Cipriani, isola della Giudecca 10, 5 mn di navetta privata dal pontile San Marco ✉ 30133 ☎ 041 5207744, *info@hotelcipriani.it, Fax 041 5203930*, ≤, riscaldata, – – 200. AE VISA. **FV h**

2 aprile-24 ottobre – **Pasto** carta 86/130 vedere anche Rist. ***Cip's Club*** – **70 cam** 755/1250, 7 suites.

◆ Appartato e tranquillo, in un giardino fiorito con piscina riscaldata, grande albergo lussuoso ed esclusivo, la cui ospitalità può soddisfare le esigenze più raffinate. Per i pasti due possibilità: l'elegante sala interna o, d'estate, la romantica terrazza.

Palazzo Vendramin e Palazzetto, isola della Giudecca 10 ✉ 30133 ☎ 041 5207744, *info@hotelcipriani.it*, ≤ Canale della Giudecca e San Marco – . AE VISA. **FV c**

chiuso dal 4 gennaio al 26 febbraio – **Pasto** vedere hotel ***Cipriani e Cip's Club*** – **10 cam** 815, 5 suites 2440/3945.

◆ Le due recenti, prestigiosissime dépendance dell'hotel Cipriani offrono il servizio di una lussuosa residenza privata, con tanto di maggiordomo a vostra disposizione.

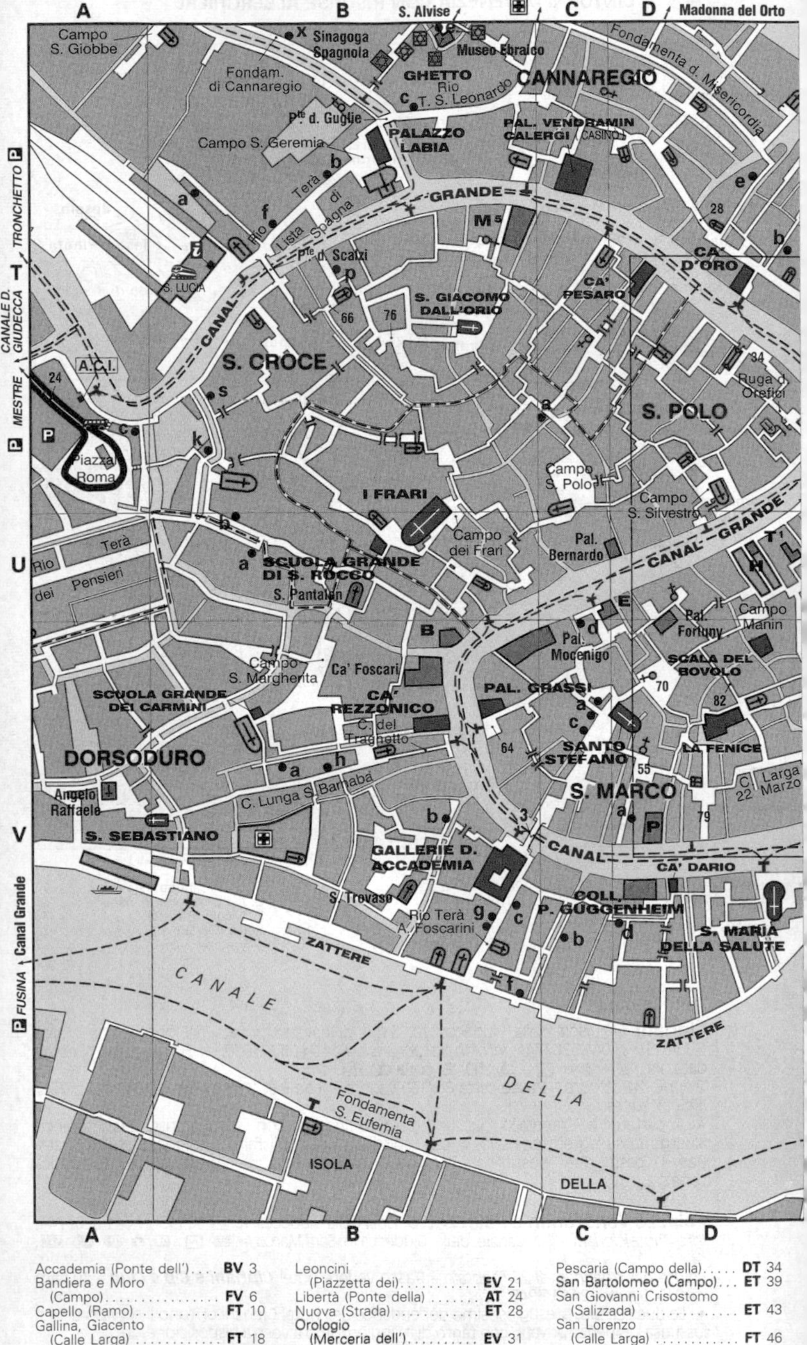

A
B
S. Alvise
C
D
Madonna del Orto
Campo S. Giobbe
Sinagoga Spagnola
Museo Ebraico
GHETTO
CANNAREGIO
Fondam. di Cannaregio
Rio T. S. Leonardo
Fondamenta d. Misericordia
Pte d. Guglie
PALAZZO LABIA
PAL. VENDRAMIN CALERGI
CASINO
Campo S. Geremia
Terà di Spagna
Rio
Lista
GRANDE
28
Pte d. Scalzi
CA' D'ORO
S. LUCIA
CA' PESARO
S. GIACOMO DALL'ORIO
66
76
CANAL
CANALE D. GIUDECCA
TRONCHETTO
MESTRE
A.C.I.
24
S. CROCE
34
Ruga d. Orefici
S. POLO
Piazzale Roma
Campo S. Polo
I FRARI
Campo S. Silvestro
Campo dei Frari
Pal. Bernardo
CANAL GRANDE
Terà
Rio
dei
Pensieri
SCUOLA GRANDE DI S. ROCCO
S. Pantalon
Pal. Fortuny
Campo Manin
Pal. Mocenigo
Campo S. Margherita
Ca' Foscari
SCALA DEL BOVOLO
SCUOLA GRANDE DEI CARMINI
CA' REZZONICO
PAL. GRASSI
70
82
C. del Traghetto
64
SANTO STEFANO
LA FENICE
DORSODURO
55
C. Larga 22 Marzo
Angelo Raffaele
C. Lunga S. Barnaba
S. MARCO
79
S. SEBASTIANO
GALLERIE D. ACCADEMIA
CANAL
CA' DARIO
S. Trovaso
COLL. P. GUGGENHEIM
Rio Terà A. Foscarini
S. MARIA DELLA SALUTE
ZATTERE
CANALE
FUSINA
Canal Grande
DELLA
ZATTERE
Fondamenta S. Eufemia
ISOLA
DELLA
T
U
V

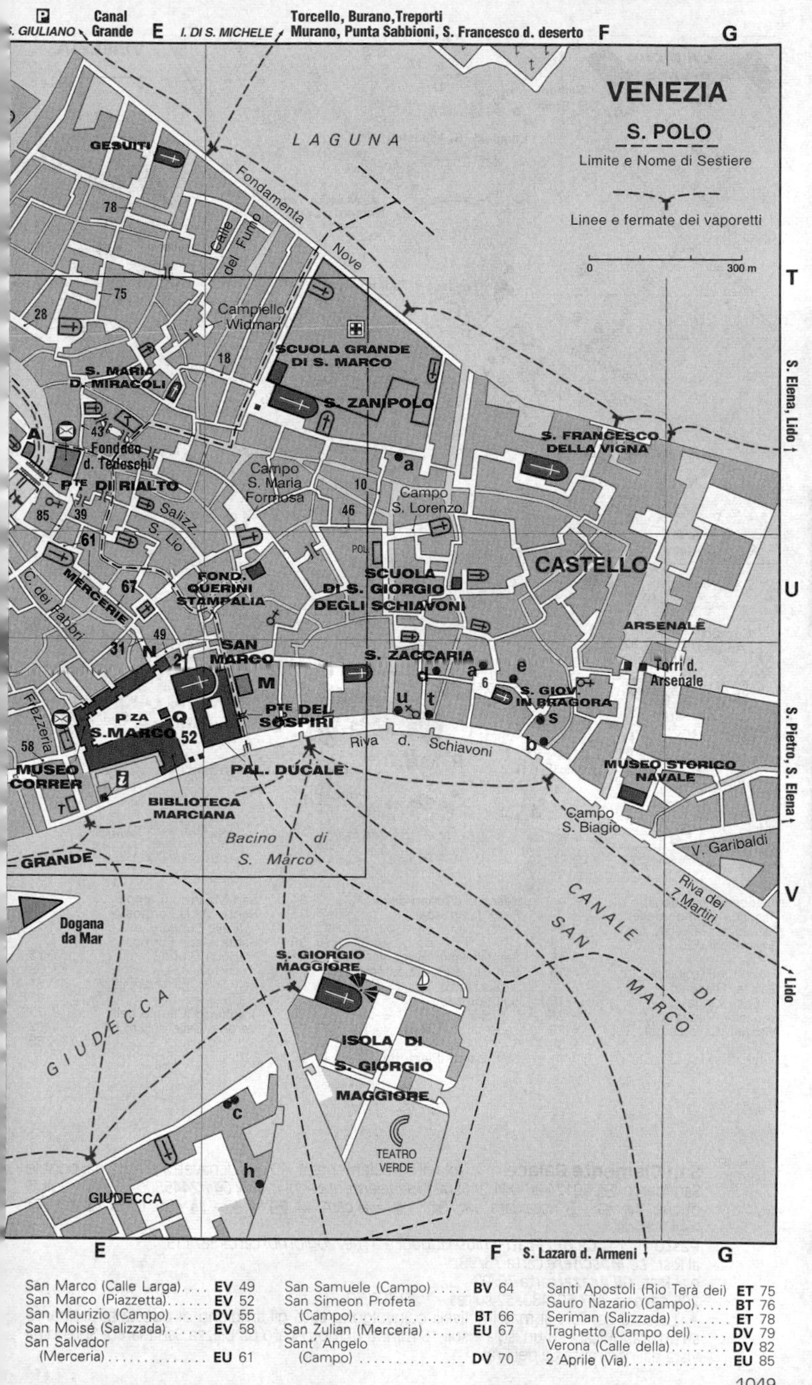

San Marco (Calle Larga) . . . . **EV** 49
San Marco (Piazzetta) . . . . . . **EV** 52
San Maurizio (Campo) . . . . . **DV** 55
San Moisé (Salizzada) . . . . . . **EV** 58
San Salvador (Merceria) . . . . **EU** 61

San Samuele (Campo) . . . . . **BV** 64
San Simeon Profeta (Campo) . . . . **BT** 66
San Zulian (Merceria) . . . . . . **EU** 67
Sant' Angelo (Campo) . . . . **DV** 70

Santi Apostoli (Rio Terà dei) **ET** 75
Sauro Nazario (Campo) . . . . . **BT** 76
Seriman (Salizzada) . . . . **ET** 78
Traghetto (Campo del) . . . . . **DV** 79
Verona (Calle della) . . . . **DV** 82
2 Aprile (Via) . . . . **EU** 85

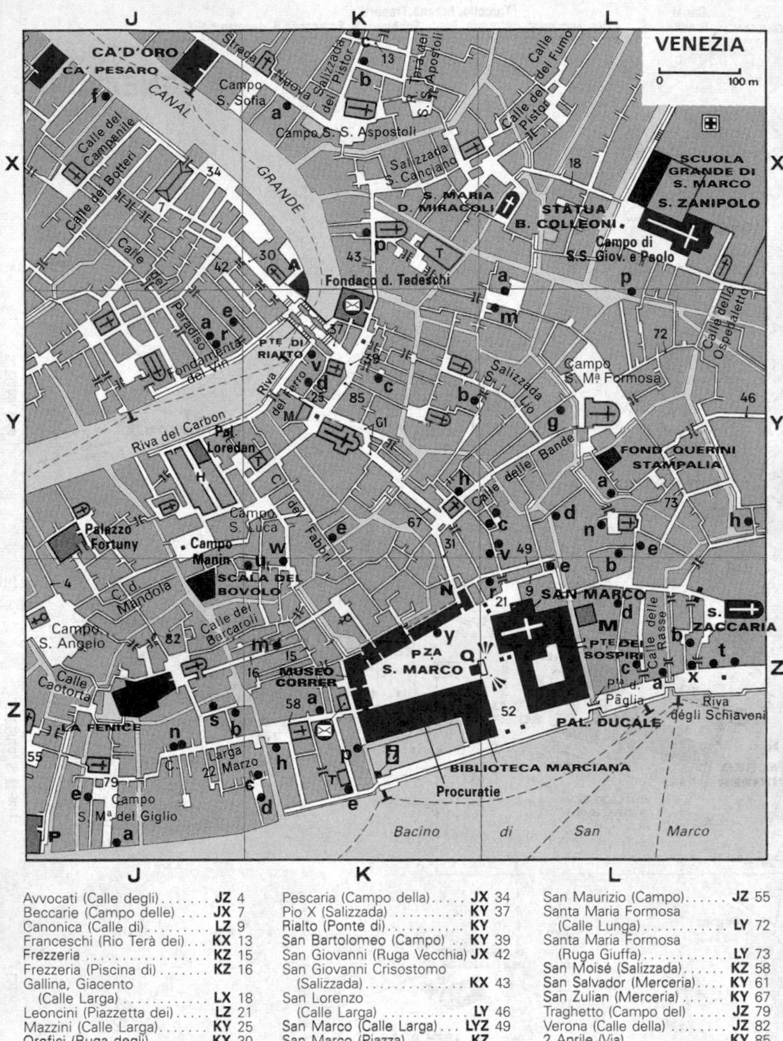

Avvocati (Calle degli) . . . . **JZ** 4
Beccarie (Campo delle) . . . . **JX** 7
Canonica (Calle di) . . . . **LZ** 9
Franceschi (Rio Terà dei) . . . **KX** 13
Frezzeria . . . . **KZ** 15
Frezzeria (Piscina di) . . . . **KZ** 16
Gallina, Giacento
(Calle Larga) . . . . **LX** 18
Leoncini (Piazzetta dei) . . . . . **LZ** 21
Mazzini (Calle Larga) . . . . **KY** 25
Orefici (Ruga degli) . . . . **KX** 30
Orologio (Merceria dell') . . . **KY** 31

Pescaria (Campo della) . . . . . **JX** 34
Pio X (Salizzada) . . . . **KY** 37
Rialto (Ponte di) . . . . **KY**
San Bartolomeo (Campo) . . **KY** 39
San Giovanni (Ruga Vecchia) **JX** 42
San Giovanni Crisostomo
(Salizzada) . . . . **KX** 43
San Lorenzo
(Calle Larga) . . . . **LY** 46
San Marco (Calle Larga) . . . **LYZ** 49
San Marco (Piazza) . . . . **KZ**
San Marco (Piazzetta) . . . . . . **LZ** 52

San Maurizio (Campo) . . . . . . **JZ** 55
Santa Maria Formosa
(Calle Lunga) . . . . **LY** 72
Santa Maria Formosa
(Ruga Giuffa) . . . . **LY** 73
San Moisè (Salizzada) . . . . . . **KZ** 58
San Salvador (Merceria) . . . . **KY** 61
San Zulian (Merceria) . . . . . . **KY** 67
Traghetto (Campo del) . . . . . **JZ** 79
Verona (Calle della) . . . . **JZ** 82
2 Aprile (Via) . . . . **KY** 85
22 Marzo (Calle Larga) . . . . . **JZ**

San Clemente Palace, isola di San Clemente 1, 10 mn di navetta privata dal pontile San Marco ✉ 30124 ☎ 041 2445001, *sanclemente@thi.it, Fax 041 2445800*, ←, Golf 3 buche, riscaldata, – cam, – 450. AE VISA JCB. rist

Pasto al Rist. ***Cà dei Frati*** *(chiuso lunedì e a mezzogiorno)* carta 88/113
al Rist. ***Le Maschere*** carta 76/98
e al Rist. ***Gli Arazzi*** carta 70/92
205 cam ☕ 467,50/480, 32 suites – ½ P 300,50.

◆ Lusso e confort ai massimi livelli coinvolgono tutti gli ambienti di questa affascinante struttura, ubicata su un isola a soli 15 minuti di motoscafo da piazza San Marco. Splendida vista dal ristorante Cà dei Frati.

Gritti Palace, campo Santa Maria del Giglio 2467, San Marco ✉ 30124 ✆ 041 794611, *grittipalace@luxurycollection.com, Fax 041 5200942,* ≤ Canal Grande, – , cam, . AE VISA JCB. **JZ a**
Pasto al Rist. ***Club del Doge*** carta 110/160 – ☐ 50 – **82 cam** 819, 9 suites.
◆ Esclusivo charme d'altri tempi in un prezioso e raccolto gioiello dell'hotellerie veneziana, dove il lusso e l'ospitalità sono avvolgenti, ma con raffinata discrezione. Tessuti preziosi, marmi e soffitti di legno nell'elegantissimo ristorante.

Danieli, riva degli Schiavoni 4196, Castello ✉ 30122 ✆ 041 5226480, *danieli@luxurycollection.com, Fax 041 5200208,* ≤ canale di San Marco, – – 150. AE VISA JCB. **LZ a**
Pasto carta 100/135 – ☐ 50 – **233 cam** 438/712, 12 suites.
◆ La sontuosa hall in un cortile coperto stile veneziano, che fu mercato di spezie e tessuti orientali, prelude degnamente a un grande albergo dal fascino unico al mondo. Panoramica sala da pranzo al roof-garden, con servizio estivo in terrazza.

Bauer Il Palazzo e Bauer Hotel, campo San Moisè 1459, San Marco ✉ 30124 ✆ 041 5207022, *booking@bauervenezia.it, Fax 041 5207557,* , , – , cam, – 150. AE VISA JCB. **KZ h**
Pasto al Rist. ***De Pisis*** carta 81/111 – ☐ 41,80 – **191 cam** 500/600, 49 suites.
◆ Alla prestigiosa struttura, di lunga tradizione e di sfarzosa atmosfera veneziana, si è aggiunto di recente un palazzo del '700, con camere e suite ancor più lussuose. Il ristorante offre servizio in terrazza con splendida vista sul Canal Grande.

Luna Hotel Baglioni, calle larga dell'Ascensione 1243, San Marco ✉ 30124 ✆ 041 5289840, *luna.venezia@baglionihotels.com, Fax 041 5287160* – – 150. AE VISA JCB. **KZ p**
Pasto al Rist. ***Canova*** carta 65/87 – **109 cam** 490/520, 20 suites.
◆ Un tempo probabilmente ostello per templari e pellegrini, hotel di aristocratica raffinatezza senza ostentazioni; salone del '700 con affreschi della scuola del Tiepolo. Molto elegante, il ristorante propone piatti curati di cucina eclettica.

Monaco e Grand Canal, calle Vallaresso 1332, San Marco ✉ 30124 ✆ 041 5200211, *mailbox@hotelmonaco.it, Fax 041 5200501,* ≤ Canal Grande e Chiesa di Santa Maria della Salute – . AE VISA JCB. **KZ e**
Pasto al Rist. ***Grand Canal*** carta 57/78 – **99 cam** ☐ 304/532, 8 suites.
◆ In comoda posizione panoramica, struttura confortevole dagli interni di tono e raffinatezza classica, con camere molto curate; recente ampliamento in chiave più moderna. Sala da pranzo di sobria eleganza e, d'estate, terrazza sul Canal Grande.

Grand Hotel dei Dogi , fondamenta Madonna dell'Orto 3500, Cannaregio ✉ 30121 ✆ 041 2208111, *reservation@deidogi.boscolo.com, Fax 041 722278,* – – 50. AE VISA JCB per Madonna dell'Orto **DT**
Pasto al Rist. ***Il Giardino di Luca*** carta 69/87 – **68 cam** 522/627, 2 suites.
◆ Fuori delle rotte turistiche, un palazzo seicentesco, con parco secolare affacciato sulla laguna, ospita un hotel dagli eleganti e ariosi interni in stile '700 veneziano. Austera essenzialità nel ristorante con soffitti con travi a vista e pavimenti di pietra.

Metropole, riva degli Schiavoni 4149, Castello ✉ 30122 ✆ 041 5205044, *venice@hotelmetropole.com, Fax 041 5223679,* ≤ canale di San Marco, , – – 100. AE VISA JCB. rist **FV t**
Pasto al Rist. ***Met*** carta 65/80 – **66 cam** ☐ 390/475, 4 suites – ½ P 282.
◆ Prestigiosa ubicazione per un elegante albergo sulla laguna, davvero non convenzionale con la sue collezioni di piccoli oggetti d'epoca (crocifissi, orologi, ventagli). Ristorante dall'ambiente piacevole e dalla cucina eclettica.

Londra Palace, riva degli Schiavoni 4171 ✉ 30122 ✆ 041 5200533, *info@hotelondra.it, Fax 041 5225032,* ≤ canale di San Marco, – . AE VISA JCB. **LZ t**
Pasto al Rist. ***Do Leoni*** *(chiuso gennaio)* (coperti limitati; prenotare) carta 54/84 – **53 cam** ☐ 585 – ½ P 352,50.
◆ Scrigno di charme, eleganza e preziosi dettagli questo storico albergo, di recente ristrutturato in stile neoclassico, che si annuncia con «cento finestre sulla laguna». Terrazza panoramica estiva, proprio sulla laguna, per il noto ristorante.

The Westin Europa e Regina, corte Barozzi 2159, San Marco ✉ 30124 ✆ 041 2400001, *RES075.europaregina@westin.com, Fax 041 5231533,* ≤ Canal Grande, – – 120. AE VISA JCB. rist **KZ d**
Pasto al Rist. ***La Cusina*** carta 90/130 – ☐ 52 – **175 cam** 405/899, 10 suites.
◆ Marmi, damaschi, cristalli e stucchi negli interni spaziosi e opulenti di un hotel affacciato sul Canal Grande, che dopo il rinnovo offre ottimi confort in ogni settore. Cucina a vista nel ristorante riccamente decorato; terrazza estiva sul canale.

Sofitel, Fondamenta Condulmer 245, Santa Croce ✉ 30135 ☎ 041 710400, *sofitel.venezia@accor-hotels.it, Fax 041 710394,* , – cam, – 50. AE VISA JCB. BT k
Pasto carta 46/62 – **97 cam** ☐ 400/490 – ½ P 285.
◆ Vicino a piazzale Roma, hotel elegante, con raffinati arredi classici e dotazioni moderne, sia nelle aree comuni, che nelle camere, con mobili in stile '700 veneziano. Suggestiva sala ristorante rivestita di sughero e di piante: un imprevedibile giardino!

Ca' Pisani, rio terà Foscarini 979/a, Dorsoduro ✉ 30123 ☎ 041 2401411 e rist ☎ 041 2401425, *info@capisanihotel.it, Fax 041 2771061,* , altana solarium – , cam, . AE VISA JCB. BV g
Pasto al Rist. ***La Rivista*** *(chiuso lunedì)* carta 43/58 – **29 cam** ☐ 297/342.
◆ Struttura del '300, arredi in stile anni '30-'40 del '900, opere d'arte futuriste e tecnologia d'avanguardia: inusitato, audace connubio per un originale «design hotel». Marmi policromi, bambù e cuoio amaranto nel «wine

Palazzo Sant'Angelo Sul Canal Grande senza rist, San Marco 3488 ✉ 30124 ☎ 041 2411452, *palazzosantangelo@sinahotels.it, Fax 041 2411557* – . AE VISA JCB CUV d
4 cam ☐ 423,50/484, 10 suites 594/627.
◆ All'interno di un piccolo palazzo direttamente affacciato sul Canal Grande, una risorsa affascinante, apprezzabile anche per il carattere intimo e discreto.

Colombina senza rist, calle del Remedio 4416, Castello ✉ 30122 ☎ 041 2770525, *info@hotelcolombina.com, Fax 041 2776044* – – 20. AE VISA. JCB LY d
32 cam ☐ 360/395.
◆ Dà sul canale del Ponte dei Sospiri questa raffinata risorsa, che offre moderni confort ed eleganti arredi in stile veneziano; belle le camere con vista sul famoso ponte.

Locanda Vivaldi senza rist, riva degli Schiavoni 4150/52, Castello ✉ 30122 ☎ 041 2770477, *info@locandavivaldi.it, Fax 041 2770489,* ≤ isola di San Giorgio e laguna – – 50. AE VISA FV u
27 cam ☐ 310/440, suite.
◆ Adiacente alla chiesa della Pietà, nella casa in cui studiava Vivaldi, è nato di recente un hotel raffinato, con ampie camere in stile; piccola terrazza panoramica.

Concordia, calle larga San Marco 367 ✉ 30124 ☎ 041 5206866, *venezia@hotelconcordia.it, Fax 041 5206775,* ≤ piazza San Marco – , cam, . AE VISA. rist LZ r
Pasto carta 39/64 – **56 cam** ☐ 326/345.
◆ Unica in città la vista sulla Basilica di S.Marco che si gode dalle finestre di un albergo, ristrutturato negli ultimi anni, con eleganti camere in stile '700 veneziano. Ristorante di recente apertura con incantevole visuale sulla Piazzetta dei Leoncini.

Giorgione, calle larga dei Proverbi 4587, Cannareggio ✉ 30131 ☎ 041 5225810 e rist ☎ 041 5221725, *giorgione@hotelgiorgione.com, Fax 041 5239092* – . AE VISA JCB. KX b
Pasto al Rist. ***Osteria Giorgione*** *(chiuso dal 1° all'15 luglio e mercoledì)* carta 30/49 – **76 cam** ☐ 105/360, 2 suites.
◆ Nelle vicinanze della Ca' d'Oro, raffinato albergo raccolto intorno a una gradevole corte interna fiorita; eleganti arredi in stile nelle aree comuni e nelle camere.

Bellini senza rist, lista di Spagna 116, Cannaregio ✉ 30121 ☎ 041 5242488, *reservation@bellini.boscolo.com, Fax 041 715193* – . AE VISA JCB. BT f
97 cam ☐ 400/450.
◆ Nei pressi della stazione, una raffinata risorsa dai servizi di ottimo livello; camere eterogenee, più sobrie o quasi sontuose, alcune affacciate sul Canal Grande.

Saturnia e International, calle larga 22 Marzo 2398, San Marco ✉ 30124 ☎ 041 5208377, *info@hotelsaturnia.it, Fax 041 5207131* – , cam, – 60. AE VISA JCB JZ n
Pasto vedere rist ***La Caravella*** – **91 cam** ☐ 280/450 – ½ P 283.
◆ In un palazzo patrizio del XIV secolo, un hotel affascinante, gestito dalla stessa famiglia dal 1908; camere con mobili in stile classico; panoramica terrazza solarium.

Bisanzio senza rist, calle della Pietà 3651, Castello ✉ 30122 ☎ 041 5203100, *email@bisanzio.com, Fax 041 5204114* – . AE VISA JCB FV d
44 cam ☐ 250/290.
◆ In una calle tranquilla, un'armoniosa fusione di antico e moderno nei raffinati interni di una risorsa di recente ristrutturazione; sobrie e accoglienti le camere.

Savoia e Jolanda, riva degli Schiavoni 4187, Castello ✉ 30122 ☎ 041 5206644, *info@hotelsavoiajolanda.com, Fax 041 5207494,* ≤ canale di San Marco, – . AE VISA JCB. LZ x
Pasto carta 33/64 (12 %) – **51 cam** ☐ 358/398, suite.
◆ Splendida vista sul canale di S.Marco e sull'isola di S.Giorgio da una bella struttura rinnovata, sita in un palazzetto dell'800 restaurato; camere ricche ed eleganti. Il ristorante dispone di un'ampia ed elegante sala interna e di una bella terrazza.

Kette senza rist, piscina San Moisè 2053, San Marco ✉ 30124 ☎ 041 5207766, *info@hotelkette.com, Fax 041 5228964* – |‡| ▤ TV. AE $ ⓓ ⓜⓒ VISA. ⨯ **JZ s**
61 cam ☐ 330/350, 2 suites.
◆ Nelle vicinanze della Fenice, affacciato su un canale, albergo totalmente ristrutturato, con arredi e accessori di qualità, sia nelle zone comuni che nelle camere.

Rialto, riva del Ferro 5149, San Marco ✉ 30124 ☎ 041 5209166, *info@rialtohotel.com, Fax 041 5238958,* ← Ponte di Rialto, – |‡| ▤ TV. AE $ ⓓ ⓜⓒ VISA JCB. ⨯ **KY v**
Pasto *(aprile-ottobre)* carta 35/53 (12 %) – **79 cam** ☐ 206/232.
◆ E' un colpo d'occhio davvero unico il Ponte di Rialto visto da questo albergo elegante, che ha servizi di buon livello; camere arredate in classico stile veneziano. Moderna sala da pranzo interna e terrazza all'aperto affacciata sul Canal Grande.

Gabrielli Sandwirth, riva degli Schiavoni 4110, Castello ✉ 30122 ☎ 041 5231580, *hotelgabrielli@libero.it, Fax 041 5209455,* – |‡| ▤ TV. AE $ ⓓ ⓜⓒ VISA JCB. ⨯ rist **FV b**
chiuso sino al 12 febbraio – **Pasto** 29/44 – **100 cam** ☐ 250/440 – ½ P 250.
◆ In uno storico palazzo sulla laguna, risorsa signorile, che dispone di terrazza solarium con vista sul canale di S.Marco e corte interna con piccolo giardino fiorito. Il ristorante d'estate offre servizio all'aperto nel caratteristico cortile interno.

Amadeus, lista di Spagna 227, Cannaregio ✉ 30121 ☎ 041 2206000 e rist ☎ 041 2206517, *htlamadeus@gardenahotels.it, Fax 041 2206020,* – |‡|, ⨯ rist, ▤ TV – 120. AE $ ⓓ ⓜⓒ VISA JCB. ⨯ **BT b**
Pasto al Rist. ***Mirai*** *(chiuso lunedì e a mezzogiorno)* cucina giapponese carta 35/50 – **63 cam** ☐ 335.
◆ E' ubicata vicino alla stazione di S.Lucia questa struttura di tono raffinato, con giardino e sala per meeting e congressi; camere arredate in stile '700 veneziano. Frequentato e apprezzato ristorante giapponese.

Montecarlo, calle dei Specchieri 463, San Marco ✉ 30124 ☎ 041 5207144, *mail@venicehotelmontecarlo.com, Fax 041 5207789* – |‡| ▤ TV. AE $ ⓓ ⓜⓒ VISA JCB **LY c**
Pasto vedere rist ***Antico Pignolo*** – **48 cam** ☐ 210/290.
◆ Nei pressi di piazza S.Marco, un hotel, di recente rimodernato, che offre un servizio attento e curato; camere di ottimo livello, arredate con gusto in stile veneziano.

Cà dei Conti senza rist, fondamenta Remedio 4429, Castello ✉ 30122 ☎ 041 2770500, *info@cadeiconti.com, Fax 041 2770727* – |‡| ⨯ ▤ TV. AE $ ⓓ ⓜⓒ VISA JCB **LY a**
15 cam ☐ 350/413.
◆ A pochi passi da piazza San Marco, contornato per metà da un canale, un grazioso albergo con camere di gran confort arredate con mobilio in stile '700 veneziano.

Al Ponte dei Sospiri senza rist, calle larga San Marco 381 ✉ 30124 ☎ 041 2411160, *info@alpontedeisospiri.com, Fax 041 2410268* – |‡| ▤ TV. AE $ ⓓ ⓜⓒ VISA JCB **LZ e**
8 cam ☐ 320/460.
◆ La suggestiva posizione e la zona notte sono i punti di forza di una nuova risorsa in un palazzo del XVII secolo: camere con angolo salotto, ricche stoffe e mobili in stile.

Abbazia senza rist, calle Priuli dei Cavalletti 68, Cannaregio ✉ 30121 ☎ 041 717333, *abbazia@iol.it, Fax 041 717949,* – ⨯ ▤ TV. AE $ ⓓ ⓜⓒ VISA JCB. ⨯ **BT a**
39 cam ☐ 225/250.
◆ In un convento di Frati Carmelitani Scalzi ristrutturato, suggestivo hotel dagli ambienti austeri, come il bar, che è l'antico refettorio, con tanto di stalli e pulpito.

Ala senza rist, campo Santa Maria del Giglio 2494, San Marco ✉ 30124 ☎ 041 5208333, *info@hotelala.it, Fax 041 5206390* – |‡| ⨯ ▤ TV. AE $ ⓓ ⓜⓒ VISA JCB. ⨯ **JZ e**
chiuso dal 6 al 21 gennaio – **85 cam** ☐ 170/320.
◆ In un antico palazzo in un «campo» non lontano da S.Marco, un albergo, recentemente ristrutturato, con una piccola collezione di armi e armature antiche; camere confortevoli.

San Zulian senza rist, campo de la Guerra 527, San Marco ✉ 30124 ☎ 041 5225872, *h.sanzulian@iol.it, Fax 041 5232265* – |‡| ▤ TV ♿. AE $ ⓓ ⓜⓒ VISA JCB **KY h**
22 cam ☐ 205/230.
◆ Nel cuore della città, una casa calda e accogliente, rinnovata e potenziata negli ultimi anni; servizio attento e ampie camere accessoriate, con tipici arredi veneziani.

Panada senza rist, calle dei Specchieri 646, San Marco ✉ 30124 ☎ 041 5209088, *info@hotelpanada.com, Fax 041 5209619* – |‡| ▤ TV. AE $ ⓓ ⓜⓒ VISA JCB **LY v**
48 cam ☐ 200/250.
◆ Centralissima, graziosa risorsa che dispone di ambienti comuni raccolti, come il caratteristico bar, con boiserie e specchi d'epoca; accoglienti le camere in stile.

Santa Chiara senza rist, fondamenta Santa Chiara 548, Santa Croce ✉ 30125 ☎ 041 5206955, *conalve@doge.it, Fax 041 5228799* – |‡| ▤ TV ♿ P. AE $ ⓓ ⓜⓒ VISA. ⨯ **AT c**
40 cam ☐ 137/220.
◆ Unica a Venezia, una risorsa raggiungibile in auto, ma affacciata sul Canal Grande; accoglienti camere con arredi classici; altre, nuove e molto grandi, nella dépendance.

Gardena senza rist, fondamenta dei Tolentini 239, Santa Croce ✉ 30135 ☎ 041 2205000, *info@gardenahotels.it, Fax 041 2205020,* BT s

22 cam 175/268.

◆ Luminosi affreschi contemporanei decorano le zone comuni e le camere di una risorsa, ristrutturata negli ultimi anni, in un antico edificio affacciato su un canale.

Pensione Accademia-Villa Maravage senza rist, fondamenta Bollani 1058, Dorsoduro ✉ 30123 ☎ 041 5237846, *info@pensioneaccademia.it, Fax 041 5239152,* BV b

27 cam 125/233.

◆ Ha un fascino particolare questa villa del '600 immersa nel verde di un giardino fiorito tra calli e canali della Venezia storica; spaziosi e curati interni in stile.

American senza rist, fondamenta Bragadin 628, Dorsoduro ✉ 30123 ☎ 041 5204733, *reception@hotelamerican.com, Fax 041 5204048* CV b

30 cam 220/250.

◆ Lungo un tranquillo canale, signorili spazi comuni, con tanto legno e arredi classici, e camere in stile veneziano, molte con terrazzino affacciato sull'acqua.

Belle Arti senza rist, rio terà Foscarini 912/A, Dorsoduro ✉ 30123 ☎ 041 5226230, *info@hotelbellearti.com, Fax 041 5280043,* BV g

65 cam 145/205.

◆ Nei pressi delle Gallerie dell'Accademia, struttura recente, funzionale e comoda, con giardino attrezzato e ampi spazi interni; camere dotate di buoni confort.

Castello senza rist, calle Figher 4365, Castello ✉ 30122 ☎ 041 5230217, *info@hotelcastello.it, Fax 041 5211023* LY b

26 cam 210/240.

◆ Nelle adiacenze di piazza S.Marco, una struttura con interni di ambientazione classica tipicamente veneziana; camere in stile, dotate di moderni confort.

Tre Archi senza rist, fondamenta di Cannaregio 923, Cannaregio ✉ 30121 ☎ 041 5244356, *info@hoteltrearchi.com, Fax 041 5244356,* BT

24 cam 210/240.

◆ Nel sestiere di Cannaregio, meno turistico e più autenticamente veneziano, una neonata risorsa con giardino interno; arredi in stile, ma moderni confort nelle stanze.

Anastasia senza rist, corte Barozzi 2141, San Marco ✉ 30124 ☎ 041 2770776, *hotel.anastasia@tin.it, Fax 041 2777049* KZ c

chiuso 15 giorni in gennaio – **17 cam** 170/230.

◆ Riaperto dopo la ristrutturazione, si presenta tutto nuovo questo hotel in un quieto campiello nella zona dei negozi alla moda; confort adeguati alla categoria.

Pausania senza rist, fondamenta Gherardini 2824, Dorsoduro ✉ 30123 ☎ 041 5222083, *info@hotelpausania.it, Fax 041 5222989,* BV a

26 cam 160/250.

◆ In un edificio trecentesco, che conserva nella corte un pozzo e una scala originali dell'epoca, un hotel dagli ambienti sobri e funzionali, con piccolo giardino interno.

Ai Due Fanali senza rist, Campo San Simeon Grande 946, Santa Croce ✉ 30135 ☎ 041 718490, *request@aiduefanali.com, Fax 041 718344* BT p

16 cam 160/200.

◆ Risultato di una bella ristrutturazione, un hotel vicino alla stazione, con una hall che pare un salotto, camere curate e confortevoli e un'altana adibita a solarium.

San Cassiano-Cà Favretto senza rist, calle della Rosa 2232, Santa Croce ✉ 30135 ☎ 041 5241768, *cassiano@sancassiano.it, Fax 041 721033,* JX f

36 cam 240/341.

◆ Atmosfera di austera eleganza classica negli spazi comuni e nelle stanze di un hotel ubicato in un antico palazzo veneziano sul Canal Grande, di fronte alla Ca' d'Oro.

Santa Marina senza rist, campo Santa Marina 6068, Castello ✉ 30122 ☎ 041 5239202, *info@hotelsantamarina.it, Fax 041 5200907* LXY a

39 cam 300/335.

◆ Albergo ristrutturato nei primi anni '90, signorile e dotato di moderni confort; aree comuni rinnovate, ampliate e arredate in stile, come le spaziose camere.

San Moisè senza rist, calle del Cristo 2058, San Marco ✉ 30124 ☎ 041 5203755, *hotelsinvenice.com, Fax 041 5210670* JZ b

16 cam 240/340.

◆ Non lontano da piazza S. Marco, un albergo accogliente, ampliato di recente. Invariata la parte già esistente, l'ala più nuova si distingue per una maggiore ricercatezza.

La Calcina, fondamenta zattere ai Gesuati 780, Dorsoduro ✉ 30123 ☎ 041 5206466, *la.calcina@libero.it, Fax 041 5227045,* ≤ canale e isola della Giudecca, – . AE VISA JCB. BV f

Pasto *(chiuso lunedì)* carta 40/46 – **29 cam** ☐ 106/182, 4 suites.

◆ Ospitalità discreta in una suggestiva risorsa, dove vivrete la rilassata atmosfera della «vera» Venezia d'altri tempi; bella la terrazza bar sul canale della Giudecca. Piccolo e grazioso ristorante con vista sul canale.

Firenze senza rist, salizada San Moisè 1490, San Marco ✉ 30124 ☎ 041 5222858, *info@hotel-firenze.com* – . AE VISA JCB. KZ a

25 cam ☐ 190/270.

◆ In un palazzo stile liberty, a 30 m da piazza S.Marco, albergo rinnovato di recente, con zone comuni limitate, ma camere spaziose; terrazza per le colazioni d'estate.

Ca' d'Oro senza rist, corte Barbaro 4604, Cannaregio ✉ 30131 ☎ 041 2411212, *info@hotelcadoro.it, Fax 041 2414385* – . AE VISA. KX c

19 cam ☐ 165/225.

◆ Apparsa nel 2000 nel panorama alberghiero cittadino, una risorsa a gestione diretta, curata nei particolari; confortevoli interni con la classica impronta veneziana.

Santo Stefano senza rist, campo Santo Stefano 2957, San Marco ✉ 30124 ☎ 041 5200166, *info@hotelsantostefanovenezia.com, Fax 041 5224460* – . AE VISA CV c

11 cam ☐ 220/280.

◆ Hotel d'atmosfera, ricavato in una torre di guardia quattrocentesca al centro di campo S.Stefano; di tono superiore le camere, con mobili dipinti e lampadari di Murano.

Canaletto senza rist, calle de la Malvasia 5487, Castello ✉ 30122 ☎ 041 5220518, *info@hotelcanaletto.com, Fax 041 5229023* – . AE VISA KY b

38 cam ☐ 220/240.

◆ Una risorsa di buon confort, tra piazza S.Marco e il ponte di Rialto, che offre camere ristrutturate, con arredi in stile; visse tra queste mura l'omonimo pittore.

Locanda la Corte senza rist, calle Bressana 6317, Castello ✉ 30122 ☎ 041 2411300, *info@locandalacorte.it, Fax 041 2415982* – . VISA LY p

18 cam ☐ 120/176.

◆ Prende nome dal pittoresco cortile interno, sorta di «salotto all'aperto», intorno a cui si sviluppa e dove d'estate si fa colazione; stile veneziano nelle stanze.

Campiello senza rist, calle del Vin 4647, Castello ✉ 30122 ☎ 041 5239682, *campiello@hcampiello.it, Fax 041 5205798* – . AE VISA. LZ b

15 cam ☐ 130/190.

◆ A pochi passi da piazza S.Marco e da S.Zaccaria, un piccolo, grazioso albergo a gestione diretta attenta e gentile; spazi comuni limitati, camere curate e funzionali.

La Residenza senza rist, campo Bandiera e Moro 3608, Castello ✉ 30122 ☎ 041 5285315, *info@venicelaresidenza.com, Fax 041 5238859* – . VISA. FV a

14 cam ☐ 95/155.

◆ Un antico salone con stucchi settecenteschi e quadri del '600 è la hall di questa suggestiva risorsa situata al piano nobile di uno storico palazzo quattrocentesco.

Agli Alboretti, rio terà Foscarini 884, Accademia ✉ 30123 ☎ 041 5230058, *alborett@gpnet.it, Fax 041 5210158,* – , cam, . AE VISA BV c

chiuso dall' 8 gennaio a Carnevale – **Pasto** *(chiuso dal 1º al 21 agosto, mercoledì e giovedì a mezzogiorno)* carta 46/61 – **23 cam** ☐ 105/180 – ½ P 140.

◆ Sembra di entrare in un'elegante casa privata nella hall di un minuscolo e accogliente albergo accanto alle Gallerie dell'Accademia; caldi mobili di legno nelle camere. Travi a vista sul soffitto dell'ampio e moderno ristorante.

Serenissima senza rist, calle Goldoni 4486, San Marco ✉ 30124 ☎ 041 5200011, *info@hotelserenissima.it, Fax 041 5223292* – . AE VISA KYZ w

13 febbraio-15 novembre – **37 cam** ☐ 100/170.

◆ Tra piazza S.Marco e Rialto, atmosfera da abitazione privata e ospitalità cordiale in un albergo, ordinato e ben tenuto, gestito da 40 anni dalla stessa famiglia.

Commercio e Pellegrino senza rist, calle della Rasse 4551/A, Castello ✉ 30122 ☎ 041 5207922, *htlcomm@tin.it, Fax 041 5225016* – . AE VISA JCB. LZ c

25 cam ☐ 155/207.

◆ Di lato a piazza S.Marco, un hotel che si è completamente rinnovato, scegliendo un arredamento moderno, sobrio e funzionale, sia negli spazi comuni che nelle camere.

Paganelli senza rist, riva degli Schiavoni 4687, Castello ✉ 30122 ☎ 041 5224324, *hotelpag@tin.it, Fax 041 5239267* – . AE VISA. LZ t

22 cam ☐ 150/220.

◆ Indirizzo semplice, ma interessante per l'ottima posizione centrale e il confort offerto anche nella dépendance, dove si trova la sala colazioni; curate le camere.

Bridge senza rist, calle della Sacrestia 4498, Castello ✉ 30122 ☎ 041 5205287, *info@hotelbridge.com, Fax 041 5202297* – ⇔ ▤ TV. ṡ ⓓ ⓜ VISA. ✂ LY e
10 cam ⊡ 212.
◆ Vicino a piazza S.Marco, un bell'esempio di ricupero strutturale, con un'ottima zona notte: travi a vista al soffitto e arredi in stile nelle camere curate.

Palazzo Abadessa senza rist, calle Priuli 4011, Cannaregio ✉ 30121 ☎ 041 2413784, *info@abadessa.com.it, Fax 041 5212236,* – ▤ TV. AE ṡ ⓓ ⓜ VISA. ✂ DT b
9 cam 190/300, 2 suites.
◆ Storica residenza di una casata di Dogi, abbellita da un prezioso giardino fiorito. Mobilio d'epoca, soffitti affrescati, grandi lampadari a testimoniare il nobile passato.

Novecento senza rist, calle del Dose da Ponte 2683/84, San Marco ✉ 30124 ☎ 041 241365, *info@locandanovecento.it, Fax 041 5212145* – ⇔ ▤ TV. AE ṡ ⓓ ⓜ VISA JCB DV a
9 cam ⊡ 210/230.
◆ Risorsa ricca di stile e buongusto, in cui mobilio e arredi fondono armoniosamente l'antico e il moderno, Venezia e l'Oriente. All'interno di un palazzo del Settecento.

Locanda Sturion senza rist, calle Sturion 679, San Polo ✉ 30125 ☎ 041 5236243, *info@locandasturion.com, Fax 041 5228378* – ▤ TV. AE ṡ ⓜ VISA JY a
11 cam ⊡ 160/260.
◆ Al secondo piano di un edificio sul Canal Grande, antichissima locanda di atmosfera intima e familiare, accoglienza cordiale e buon confort; camere spaziose, in stile.

Locanda Ovidius senza rist, calle Sturion 677/a, San Polo ✉ 30125 ☎ 041 5237970, *info@hotelovidius.com, Fax 041 5204101* – ▤ TV. AE ⓓ ⓜ VISA JY r
9 cam ⊡ 190/280.
◆ Una risorsa al primo piano di un ottocentesco palazzo in zona Rialto; sala colazioni affacciata sul Canal Grande, mobili recenti in stile '700 veneziano nelle camere.

Locanda Art Decò senza rist, calle delle Botteghe 2966, San Marco ✉ 30124 ☎ 041 2770558, *info@locandaartdeco.com, Fax 041 2702891* – ▤ TV. AE ṡ ⓓ ⓜ VISA CV a
6 cam ⊡ 155/160.
◆ In una calle con tanti negozi d'antiquariato, nuovissima, confortevole locanda i cui titolari, come annuncia il suo nome, prediligono questa arte degli inizi del '900.

Cà Bauta senza rist, calle Muazzo 6457, Castello ✉ 30122 ☎ 041 2413787, *info@cabauta.com, Fax 041 5212313* – ⇔ cam, ▤ TV. AE ṡ ⓜ VISA FT a
chiuso dal 7 al 31 gennaio – 6 cam ⊡ 180/220.
◆ Una casa d'epoca con alti soffitti dalle travi in legno scuro, mobilio d'epoca, notevoli lampadari e grandi quadri. Camere ampie, bagni di dimensioni contenute.

Casa Martini senza rist, rio terà San Leonardo 1314, Cannareggio ✉ 30121 ☎ 041 717512, *locandamartini@libero.it, Fax 041 2758329* – ⇔ ▤ TV. ṡ ⓜ VISA JCB. ✂ BT c
9 cam ⊡ 135/145.
◆ «Casa Martini» appartiene all'omonima famiglia da più di tre secoli e da qualche tempo, al terzo piano, sono state ricavate alcune gradevoli camere. Colazione in terrazzo.

Locanda del Ghetto senza rist, campo del Ghetto Nuovo 2892, Cannaregio ✉ 30121 ☎ 041 2759292, *ghetto@veneziahotels.com, Fax 041 2757987* – ▤ TV. AE ṡ ⓓ ⓜ VISA JCB. ✂ BT e
8 cam ⊡ 150/200.
◆ Piccola e confortevole risorsa affacciata sulla piazza principale del Ghetto, ricavata all'interno di un edificio che un tempo ospitava una sinagoga. Colazione kasher.

Ca' Dogaressa senza rist, fondamenta di Cannaregio 1018 ✉ 30121 ☎ 041 2759441, *info@cadogaressa.com, Fax 041 2757771* – ⇔ ▤ TV. AE ṡ ⓜ VISA JCB. ✂ BT x
chiuso gennaio – 6 cam ⊡ 130/250.
◆ A poca distanza dal Ghetto, in un'area in cui si respira l'aria di una Venezia autentica, una locanda di recente apertura. Camere eleganti, alcune affacciate sul canale.

Palazzo Priuli senza rist, fondamenta Osmarin 4979/B, Castello ✉ 30122 ☎ 041 2770834, *info@hotelpriuli.com, Fax 041 2411215* – ▤ TV. AE ṡ ⓓ ⓜ VISA. ✂ LY h
26 cam ⊡ 250/351.
◆ Bella la bifora ad angolo che decora la facciata di questo palazzo nobiliare che ospita una gradevole risorsa, curata nei particolari; camere spaziose e tutte diverse.

Locanda Ai Santi Apostoli senza rist, strada Nuova 4391, Cannaregio ✉ 30131 ☎ 041 5212612, *aisantia@tin.it, Fax 041 5212611* – ▤ TV. AE ṡ ⓓ ⓜ VISA. ✂ KX a
chiuso dal 10 dicembre al 1° marzo e dal 10 al 25 agosto – 11 cam ⊡ 200/320.
◆ Calda atmosfera e ospitalità da elegante casa privata al 3° piano di un palazzo settecentesco, affacciato sul Canal Grande in vista di Rialto; camere personalizzate.

Locanda Gaffaro senza rist, corte del Gallo 3589, Dorsoduro ✉ 30123 ✆ 041 2750897, *info@gaffaro.com, Fax 041 2750375* – AE VISA JCB.
6 cam ☐ 85/140. **BU a**
◆ Una piccola locanda di recente apertura, cui si accede da un giardinetto-terrazza, dove d'estate si fa colazione; confort alberghieri nelle camere in stile.

Locanda Casa Querini senza rist, campo San Giovanni Novo 4388, Castello ✉ 30122 ✆ 041 2411294, *casaquerini@hotmail.com, Fax 041 2414231* – AE VISA JCB. **LY n**
chiuso dal 10 al 31 gennaio – **11 cam** ☐ 150/170.
◆ Cordiale gestione al femminile per una sobria locanda di poche stanze, accoglienti e di buona fattura, in un caratteristico, quieto campiello con pozzo centrale.

Locanda al Leon senza rist, calle degli Albanesi 4270, Castello ✉ 30122 ✆ 041 2770393, *leon@hotelalleon.com, Fax 041 5210348* – AE VISA **LZ d**
6 cam ☐ 150/180.
◆ Raccolto ambiente familiare in una risorsa a pochi passi da piazza S.Marco; arredi della tipica foggia veneziana settecentesca nelle camere ben accessoriate.

Locanda Fiorita senza rist, campiello Novo 3457/A, San Marco ✉ 30124 ✆ 041 5234754, *info@locandafiorita.com, Fax 041 5228043* – AE VISA.
10 cam ☐ 80/130. **CV a**
◆ Nelle vicinanze di Palazzo Grassi, in un suggestivo campiello, un indirizzo valido e interessante, con camere dagli arredi moderni, ordinate e accoglienti.

XXXX **Caffè Quadri,** piazza San Marco 120 ✉ 30124 ✆ 041 5222105, *quadri@quadrivenice.com, Fax 041 5208041*, prenotare – AE VISA. **KZ y**
chiuso lunedì da novembre a marzo – **Pasto** carta 75/110.
◆ Nella cornice più prestigiosa di Venezia, elegante trionfo di stucchi, vetri di Murano e tessuti preziosi in uno storico locale; raffinata cucina nazionale e veneziana.

XXX **Osteria da Fiore,** calle del Scaleter 2202/A, San Polo ✉ 30125 ✆ 041 721308, *Fax 041 721343*, Coperti limitati, prenotare – AE VISA JCB **CT a**
chiuso dal 25 dicembre al 15 gennaio, agosto, domenica e lunedì – **Pasto** specialità di mare carta 76/112.
◆ Sempre in voga e frequentato da turisti e veneziani, accogliente locale moderno, dove gustare una giornaliera cucina di mare tradizionale, ma con spunti di originalità.
Spec. Triglie con fichi e menta (primavera-estate). Spaghettoni pugliesi con mazzancolle e uva fragola. Moeche cotte a vapore.

XXX **La Caravella** - Hotel Saturnia e International, calle larga 22 Marzo 2397, San Marco ✉ 30124 ✆ 041 5208901, *caravella@hotelsaturnia.it, Fax 041 5205858*, Rist. caratteristico, Coperti limitati; prenotare – AE VISA JCB. **JZ n**
Pasto carta 62/83.
◆ Ricorda l'interno di un antico galeone questo caratteristico locale rivestito in legno, con terrazza-solarium; cucina tradizionale e di pesce in un ambiente elegante.

XXX **La Colomba,** piscina di Frezzeria 1665, San Marco ✉ 30124 ✆ 041 5221175, *colomba@sanmarcohotels.com, Fax 041 5221468*, – – 60. AE VISA JCB.
chiuso mercoledì e giovedì a mezzogiorno escluso maggio-ottobre – **Pasto** carta 62/98 (15 %). **KZ m**
◆ Circondati dai quadri di arte contemporanea raccolti nella biennale manifestazione pittorica promossa dal locale, si gustano piatti fantasiosi di cucina tradizionale.

XX **Antico Pignolo,** calle dei Specchieri 451, San Marco ✉ 30124 ✆ 041 5228123, *anticopignolo@libero.it, Fax 041 5209007*, – AE VISA JCB. **LY v**
Pasto carta 63/99 (12 %).
◆ Un ristorante classico di tono elegante, vocato all'attività prevalentemente serale; cucina tradizionale, con specialità stagionali e veneziane; ottima la cantina.

XX **Fiaschetteria Toscana,** San Giovanni Grisostomo 5719, Cannaregio ✉ 30121 ✆ 041 5285281, *Fax 041 5285521*, – AE VISA JCB. **KX p**
chiuso dal 24 luglio al 13 agosto, lunedì a mezzogiorno e martedì – **Pasto** carta 43/60.
◆ Cortesia e ambiente vivace in un locale che nulla ha a che fare con la Toscana e propone infatti cucina del territorio, di pesce e di carne; dehors estivo in piazzetta.

XX **Do Forni,** calle dei Specchieri 457/468, San Marco ✉ 30124 ✆ 041 5237729, *info@doforni.it, Fax 041 5288132*, prenotare – AE VISA JCB **LY c**
Pasto carta 50/75 (12 %).
◆ Una saletta intima e curata e altri spazi più semplici e ampi in uno storico ristorante frequentato da turisti e clientela di lavoro; piatti della tradizione e locali.

XX **Cip's Club** - Hotel Cipriani, fondamenta de le Zitelle 10, Giudecca ✉ 30133 ✆ 041 5207744, *info@hotelcipriani.it, Fax 041 2408519*, – AE VISA.
chiuso dal 4 gennaio al 26 febbraio – **Pasto** carta 85/106. **FV c**
◆ Ambiente elegante, ma informale in un locale che offre servizio estivo sul canale della Giudecca; cucina tradizionale, di carne e di pesce, con specialità veneziane.

XX **Ribò,** fondamenta Minotto 158, Santa Croce ✉ 30135 ℘ 041 5242486, *info@ristoranterib o.it, Fax 041 2440334,* 帝, 帝 – ⇔. AE Ș ⓘ ⓜⓒ VISA JCB BU b
chiuso mercoledì – **Pasto** carta 38/63.
◆ In un suggestivo angolo veneziano è stato aperto nel 2001 un nuovo ristorante: eleganza discreta, piacevole servizio estivo in giardino e chef d'esperienza in cucina.

XX **Hostaria da Franz,** fondamenta San Giuseppe 754, Castello ✉ 30122 ℘ 041 5220861, *Fax 041 2419278,* 帝 – ▤. AE Ș ⓜⓒ VISA. ⛔ per riva dei 7 Martiri GV
chiuso dall'11 novembre al 24 dicembre e dall'11 gennaio all'11 febbraio – **Pasto** specialità di mare carta 47/68.
◆ Nel sestiere di Castello, fuori delle rotte turistiche, recentemente riaperto, un ristorante classico di atmosfera rustica, a gestione familiare, con specialità di mare.

XX **Al Covo,** campiello della Pescaria 3968, Castello ✉ 30122 ℘ 041 5223812, *Fax 041 5223812,* 帝 – ⇔ ▤. ⛔ FV s
chiuso dal 15 dicembre al 15 gennaio, mercoledì e giovedì – **Pasto** carta 55/75.
◆ Vicino alla Riva degli Schiavoni, un ristorante rustico-elegante, molto alla moda e frequentato dai turisti, che propone un menù leggero a pranzo e assai più ricco per cena.

XX **Al Graspo de Ua,** calle dei Bombaseri 5094/A, San Marco ✉ 30124 ℘ 041 5200150, *gras po.deua@flashnet.it, Fax 041 5209389,* prenotare – ▤. AE Ș ⓘ ⓜⓒ VISA JCB. ⛔ KY d
chiuso lunedì – **Pasto** carta 69/83 (12 %).
◆ Storico ristorante di Venezia che sta tornando agli antichi livelli grazie a una nuova gestione entusiasta ed esperta; proposte, anche «veloci», di carne e di pesce.

XX **Le Bistrot de Venise,** calle dei Fabbri 4685, San Marco ✉ 30124 ℘ 041 5236651, *info@ bistrotdevenise.com, Fax 041 5202244,* 帝 – ⇔ ▤. Ș ⓜⓒ VISA KY e
Pasto carta 40/64 (15 %).
◆ Ambiente raccolto e tavoli ravvicinati, in un locale caratteristico per atmosfera, «storica» proposta culinaria e stuzzicante carta dei vini (proposti anche a bicchiere).

XX **Ai Mercanti,** corte Coppo 4346/A, San Marco ✉ 30124 ℘ 041 5238269, *info_aimercanti @libero.it, Fax 041 5238269,* 帝 – ▤. ⓜⓒ VISA. ⛔ KZ u
chiuso domenica e lunedì a mezzogiorno – **Pasto** carta 43/64.
◆ Centrale, ma in una piccola corte un po' fuori dei «flussi» turistici, un tranquillo locale elegante, ma senza ostentazioni, che offre piatti prevalentemente di mare.

XX **Ai Gondolieri,** fondamenta de l'Ospedaleto 366, Dorsoduro ✉ 30123 ℘ 041 5286396, *ai gond@gpnet.it, Fax 041 5210075,* prenotare la sera – ⇔ ▤. AE Ș ⓘ ⓜⓒ VISA JCB. ⛔ DV d
chiuso martedì e a mezzogiorno in luglio-agosto – **Pasto** solo piatti di carne carta 50/69.
◆ Alle spalle del museo Guggenheim, un locale rustico con tanto legno alle pareti, che propone un fantasioso menù solo di terra legato alla tradizione classica e veneta.

XX **Da Mario alla Fava,** calle Stagneri 5242 e Galiazzo 5265, San Marco ✉ 30124 ℘ 041 5285147, *Fax 041 2443520,* 帝 – AE Ș ⓜⓒ VISA KY c
chiuso dal 7 al 20 gennaio e dal 15 al 28 luglio – **Pasto** carta 51/64 (12%).
◆ Vicino a Rialto, locale storico, frequentato anche da veneziani, con cucina tradizionale, di carne e di pesce, e piatti tipici del luogo; servizio estivo in piazzetta.

X **L'Osteria di Santa Marina,** campo Santa Marina 5911, Castello ✉ 30122 ℘ 041 5285239, *ostsmarina@libero.it, Fax 041 5285239,* 帝 – ▤. Ș ⓜⓒ VISA. ⛔ LY m
chiuso dal 7 al 25 gennaio, dal 18 agosto al 4 settembre, domenica e lunedì a mezzogiorno – **Pasto** specialità di mare carta 41/62.
◆ Giovane gestione professionale in un ristorante di tono, malgrado l'ambiente da osteria; linea culinaria di mare, con piatti tradizionali e altri innovativi e fantasiosi.

X **Vini da Gigio,** fondamenta San Felice 3628/a, Cannaregio ✉ 30131 ℘ 041 5285140, *info @vinidagigio.com, Fax 041 5228597,* Osteria con cucina, Coperti limitati; prenotare – ⇔ ▤. AE Ș ⓘ ⓜⓒ VISA DT e
chiuso dal 15 al 31 gennaio, dal 15 al 31 agosto e lunedì – **Pasto** carta 36/54 ⚘.
◆ Nel sestiere di Cannaregio, ambiente rustico e servizio informale in un'osteria con cucina a vista, che offre piatti sia di pesce che di carne; buona scelta di vini.

X **Trattoria alla Madonna,** calle della Madonna 594, San Polo ✉ 30125 ℘ 041 5223824, *Fax 041 5210167,* Trattoria veneziana – AE Ș ⓜⓒ VISA JCB. ⛔ JY e
chiuso dal 24 dicembre a gennaio, dal 4 al 17 agosto e mercoledì – **Pasto** carta 29/40 (12 %).
◆ Nei pressi del ponte di Rialto, storica trattoria veneziana, grande, sempre affollata, dove in un ambiente semplice, ma animato si gusta la tipica cucina locale.

X **Corte Sconta,** calle del Pestrin 3886, Castello ✉ 30122 ℘ 041 5227024, *Fax 041 5227513,* 帝 – ▤. Ș ⓜⓒ VISA FV e
chiuso dal 7 gennaio al 5 febbraio, dal 20 luglio al 16 agosto, domenica e lunedì – **Pasto** specialità di mare carta 42/68.
◆ Piacevole trattoria inizio secolo con una vite centenaria a pergolato nella corte interna, dove si svolge il servizio estivo; curata cucina tipica veneziana e di mare.

Anice Stellato, fondamenta della Sensa 3272, Cannaregio ✉ 30121 ☎ 041 720744, Coperti limitati; prenotare – ✕. ▤. AE Ⓜ VISA per fondamenta della Misericordia **CDT**
chiuso dal 24 al 31 gennaio, tre settimane in agosto, lunedì e martedì – **Pasto** carta 35/50.
◆ Osteria fuori mano, molto frequentata da veneziani, con una cucina genuina a base di pesce. Ambiente e servizio informali, valida e affidabile gestione familiare.

Antica Trattoria Furatola, calle lunga San Barnaba 2870, Dorsoduro ✉ 30123 ☎ 041 5208594, *furatola@gpnet.it* – ✕. AE Ⓢ Ⓓ Ⓜ VISA JCB **BV h**
chiuso dall'8 al 24 gennaio, agosto, lunedì a mezzogiorno e giovedì – **Pasto** specialità di mare carta 45/68 (10 %).
◆ Trattoria caratteristica, a conduzione familiare, che in un ambiente semplice, decorato con stampe e foto d'epoca, propone una cucina esclusivamente marinara.

Alle Testiere, calle del Mondo Novo 5801, Castello ✉ 30122 ☎ 041 5227220, *Fax 041 5227220*, Osteria con cucina, prenotare – ✕ ▤. Ⓢ Ⓜ VISA. ✻ **LY g**
chiuso dal 24 dicembre al 12 gennaio, dal 25 luglio al 25 agosto, domenica e lunedì – **Pasto** solo specialità di mare carta 46/61.
◆ Un «bacaro» raffinato, che dell'osteria ha i tavoli di legno con apparecchiatura semplice e la simpatica atmosfera informale; solo piatti di pesce, curati e fantasiosi.

Osteria Al Bacco, fondamenta Capuzine 3054, Cannaregio ✉ 30121 ☎ 041 721415, *Fax 041 717493*, ☂, Osteria con cucina, prenotare – AE Ⓢ Ⓓ Ⓜ VISA JCB. ✻
chiuso dal 10 al 25 gennaio, dal 10 al 25 agosto e lunedì – **Pasto** carta 30/42.
◆ Nel sestiere di Cannaregio, in zona poco turistica e più «autentica», un'osteria con cucina, che conserva l'arredo originario di inizio '900; piatti veneziani di mare.
per via Fondamenta della Misericordia **CDT**

al Lido *15 mn di vaporetto da San Marco* **KZ** – ✉ *30126 Venezia Lido.*
Accesso consentito agli autoveicoli durante tutto l'anno dal Tronchetto.
ℹ *(giugno-settembre) Gran Viale S. M. Elisabetta 6 ☎ 041 5298711 :*

The Westin Excelsior, lungomare Marconi 41 ☎ 041 5260201, *Fax 041 5267276*, ≤, ☂, ⛱, 🎾, ⚓ – |‡|, ✕ cam, ▤ TV ♿ 🚗 P – 🏛 600. AE Ⓢ Ⓓ Ⓜ VISA JCB **s**
15 marzo-20 novembre – **Pasto** carta 75/110 – **196 cam** ☕ 675/846, 19 suites.
◆ Proprio sulla spiaggia, ha tutto il fascino dei suoi storici sfarzi questo palazzo merlato in stile vagamente moresco, luogo di eventi mondani fin dall'apertura (1908). L'eleganza del ristorante è consona alla cornice prestigiosa in cui si trova.

Villa Mabapa, riviera San Nicolò 16 ☎ 041 5260590, *info@villamabapa.com*, *Fax 041 5269441*, ☂, 🌳, ⚓ – |‡| ▤ TV ♿ – 🏛 60. AE Ⓢ Ⓓ Ⓜ VISA JCB. ✻ rist **a**
Pasto *(chiuso a mezzogiorno escluso da giugno ad ottobre)* carta 43/59 – **70 cam** ☕ 195/305, suite – ½ P 190.
◆ Abbreviazione di «mamma-bambino-papà» il nome di un signorile, spazioso hotel, gestito dai proprietari della villa anni '30 in cui si trova; camere arredate con gusto. Sala da pranzo in stile classico-elegante; d'estate servizio nel bel giardino.

Quattro Fontane 🐦, via 4 Fontane 16 ☎ 041 5260227, *info@quattrofontane.com*, *Fax 041 5260726*, ☂, 🌳, 🎾 – ▤ TV P – 🏛 40. AE Ⓢ Ⓓ Ⓜ VISA. ✻ rist **r**
1º aprile-14 novembre – **Pasto** carta 71/93 – **59 cam** ☕ 380/400 – ½ P 247.
◆ C'è tutta una vita in questo hotel, quasi una casa privata, dove da oltre 60 anni due sorelle raccolgono ricordi di viaggio e mobili pregiati; ampio, rigoglioso giardino. D'estate il servizio ristorante si svolge all'ombra di un enorme platano.

Hungaria Palace Hotel, Gran Viale S. M. Elisabetta 28 ☎ 041 2420060, *info@hungaria.it*, *Fax 041 5264111*, ☂, 🌳 – |‡|, ✕ cam, ▤ TV 📞 P – 🏛 60. AE Ⓢ Ⓓ Ⓜ VISA JCB. ✻ rist **e**
Pasto *(chiuso a mezzogiorno)* carta 38/90 (15 %) – **79 cam** ☕ 290/330, 3 suites – ½ P 200.
◆ Una stella del Lido, dopo un periodo di chiusura e una profonda ristrutturazione, è tornata a splendere nel firmamento dell'hotellerie veneziana. Fascino e atmosfera. Elegante ristorante, con piatti classici e molto pesce.

Le Boulevard senza rist, Gran Viale S. M. Elisabetta 41 ☎ 041 5261990, *boulevard@leboulevard.com*, *Fax 041 5261917*, 🏖 – |‡| ✕ ▤ TV P. AE Ⓢ Ⓓ Ⓜ VISA JCB **x**
45 cam ☕ 230/360.
◆ In un edificio d'epoca, albergo centrale, in gran parte ristrutturato di recente, con arredi classici di eleganza discreta nelle parti comuni; funzionali le camere.

Ca' del Borgo 🐦 senza rist, piazza delle Erbe 8, località Malamocco Sud : 6 km ☎ 041 770749, *Fax 041 770744*, ≤, 🌳, ⚓ – ▤ TV. AE Ⓢ Ⓓ Ⓜ VISA JCB
15 febbraio-15 novembre – **7 cam** ☕ 259.
◆ Lo charme raffinato e raccolto di una residenza privata, con arredi antichi e tessuti preziosi, nei saloni e nelle camere di questo hotel in una villa nobiliare del '500.

Villa Tiziana 🐦 senza rist, via Andrea Gritti 3 ☎ 041 5261152, *info@hoteltiziana.com*, *Fax 041 5262145* – ▤ TV. AE Ⓢ Ⓜ VISA. ✻ **f**
16 cam ☕ 215/260.
◆ In un villino recente, risorsa tranquilla, ristrutturata negli interni, con camere dal confort di livello superiore (set di cortesia completo, accappatoio incluso).

Petit Palais senza rist, lungomare Marconi 54 ✆ 041 5265993, *info@petitpalais.net, Fax 041 5260781*, – ⎮ ▤ TV. AE ⓘ ⓓ ⓜ VISA t
13 febbraio-14 novembre – **26 cam** 195/220.
◆ Di recente realizzazione, una struttura centrale, che sorge direttamente sulla spiaggia, con spazi comuni funzionali; arredi moderni nelle camere, molto luminose.

La Meridiana senza rist, via Lepanto 45 ✆ 041 5260343, *info@lameridiana.com, Fax 041 5269240*, – ⎮ ▤ TV. AE ⓘ ⓓ ⓜ VISA b
Carnevale e 15 marzo-15 novembre – **33 cam** 190/220.
◆ C'è una bella sala con camino in questo accogliente albergo in una villa degli anni '30, circondata da un giardino; mobili di legno scuro nelle confortevoli camere.

Villa Stella senza rist, via Sandro Gallo 111 ✉ 30126 ✆ 041 5260745, *stella@villastella.com, Fax 041 5261081*, – ▤ TV P. AE ⓘ ⓜ VISA. f
Carnevale e aprile-ottobre – **12 cam** 110/135.
◆ Vicino al Palazzo del Cinema, in un villino inizio '900, ristrutturato, un piccolo hotel, semplice, ma confortevole, con un giardino dove si fa colazione d'estate.

Villa Casanova senza rist, via Orso Partecipazio 9 ✆ 041 5262857, *info@casanovavenice.com, Fax 041 770200* – ▤ TV. AE ⓘ ⓜ VISA. m
6 cam 145/160.
◆ Graziosa villetta in un'area residenziale del Lido, circondata da un curato giardino sfruttato per il servizio colazioni. Camere spaziose, più belle quelle mansardate.

Agriturismo le Garzette, lungomare Alberoni 32 Malamocco ✆ 041 731078, *legarzette@libero.it, Fax 041 2428798*, – TV P.
chiuso dal 21 dicembre al 15 gennaio – **Pasto** *(marzo-novembre; aperto nei week-end)* (coperti limitati; prenotare) carta 23/44 – **5 cam** 80/90 – ½ P 75.
◆ Occorre un po' di impegno per arrivare, ma ne vale la pena: si soggiorna immersi tra orti e serre, a due passi dal mare. Valida e accogliente gestione familiare. Cucina casereccia apprezzatissima, basata sui prodotti coltivati dai proprietari.

Trattoria Favorita, via Francesco Duodo 33 ✆ 041 5261626, *Fax 041 5261626*, – ▤. AE ⓘ ⓓ ⓜ VISA JCB d
chiuso dal 15 gennaio al 15 febbraio, lunedì e martedì a pranzo – **Pasto** specialità di mare carta 40/53.
◆ Trattoria a conduzione familiare, con due salette accoglienti e una zona all'aperto dove si svolge il servizio estivo; cucina di mare con specialità veneziane.

Andri, Via Lepanto 21 ✆ 041 5265482 – AE ⓘ VISA.
chiuso gennaio, febbraio, lunedì e martedì – **Pasto** carta 36/46.
◆ Poco nota al turista occasionale e molto frequentata dai residenti, trattoria rustica di tradizione, in attività da cento anni; cucina marinara con piatti tipici.

Al Vecio Cantier, via della Droma 76, località Alberoni Sud : 10 km ✉ 30011 Alberoni ✆ 041 5268130, *Fax 041 5268130*, , prenotare – AE ⓘ ⓓ ⓜ VISA JCB.
chiuso gennaio, novembre, lunedì e martedì, da giugno a settembre aperto martedì sera – **Pasto** specialità di mare carta 32/66.
◆ Decorazioni di genere marinaro, accoglienza cordiale, servizio informale e materie prime freschissime e di ottima qualità in una trattoria con specialità di mare.

a Murano *10 mn di vaporetto da Fondamenta Nuove* **EFT** *e 1 h 10 mn di vaporetto da Punta Sabbioni* – ✉ *30141* :

Busa-alla Torre, piazza Santo Stefano 3 ✆ 041 739662, *Fax 041 739662*, – AE ⓘ ⓜ VISA JCB
chiuso la sera – **Pasto** carta 30/46 (12 %).
◆ Simpatica trattoria rustica, dotata di grande dehors estivo su una suggestiva piazzetta con un pozzo al centro; cucina di mare e specialità veneziane.

Ai Frati, Fondamenta Venier 4 ✆ 041 736694, *Fax 041 739346*, – ⓘ ⓜ VISA
chiuso 15 giorni in febbraio, 15 giorni in luglio e giovedì – **Pasto** carta 40/50 (12 %).
◆ Mescita vini dalla metà dell'800 e da 50 anni con cucina, trattoria marinara fortemente legata alla vita dell'isola «del vetro»; servizio estivo in terrazza sul canale.

a Burano *50 mn di vaporetto da Fondamenta Nuove* **EFT** *e 32 mn di vaporetto da Punta Sabbioni* – ✉ *30012* :

Da Romano, via Galuppi 221 ✆ 041 730030, *info@daromano.it, Fax 041 735217*, – ▤. AE ⓘ ⓓ ⓜ VISA JCB
chiuso dal 15 dicembre al 5 febbraio, domenica sera e martedì – **Pasto** carta 40/56.
◆ Sull'isola «dei merletti», un locale con più di 100 anni di storia alle spalle, tappezzato di quadri di pittori contemporanei, dove gustare una fragrante cucina di mare.

Al Gatto Nero-da Ruggero, Fondamenta della Giudecca 88 ✆ 041 730120, *Fax 041 735570*, , Trattoria tipica – AE ⓘ ⓓ ⓜ VISA
chiuso dal 15 al 31 gennaio, dal 15 al 30 novembre e lunedì – **Pasto** carta 36/56.
◆ Impronta familiare, servizio informale, cura nella scelta delle materie prime in un accogliente trattoria tipica con cucina veneziana e di mare; gradevole dehors estivo.

a Torcello *45 mn di vaporetto da Fondamenta Nuove* **EFT** *e 37 mn di vaporetto da Punta Sabbioni – ✉ 30012 Burano :*

XX **Locanda Cipriani,** piazza Santa Fosca 29 ✆ 041 730150, *info@locandacipriani.com, Fax 041 735433,* – . AE VISA
chiuso da gennaio al 15 febbraio e martedì – **Pasto** 41/75 e carta 60/75.
◆ Suggestivo locale di grande tradizione, con interni e atmosfera da trattoria d'altri tempi e raffinata cucina tradizionale; davvero ameno il servizio estivo in giardino.

a Pellestrina *1 h e 10 mn di vaporetto da riva degli Schiavoni* **GZ** *o 45 mn di autobus dal Lido – ✉ 30010 :*

X **Da Celeste,** via Vianelli 625/B ✆ 041 967355, *Fax 041 5277914,* – . AE VISA JCB.
marzo-ottobre; chiuso mercoledì – **Pasto** solo specialità di mare carta 34/44.
◆ Trattoria d'impronta moderna, decorata con grandissimi dipinti contemporanei, che ha il suo punto di forza nella terrazza su palafitte sul mare; cucina solo di pesce.

VENOSA *85029 Potenza* 564 E 29 – *12 201 ab. alt. 412.*

Roma 327 – Bari 128 – Foggia 74 – Napoli 139 – Potenza 68.

Il Guiscardo, via Accademia dei Rinascenti 106 ✆ 0972 32362, *hotel.guiscardo@tiscalinet.it, Fax 0972 32916,* – – 250. AE VISA JCB.
Pasto *(chiuso domenica sera)* carta 14/23 – **34 cam** 43,90/61,97 – ½ P 44.
◆ Per clientela d'affari o per chi viene a visitare questa antica cittadina, albergo classico, con giardino e sale per convegni; essenziali arredi moderni nelle camere. Il ristorante dispone di capienti spazi ideali per banchetti e di un'altra sala più raccolta.

VENTIMIGLIA *18039 Imperia* 561 K 4 *G. Italia – 26 725 ab..*

Dintorni *Giardini Hanbury★★ a Mortola Inferiore Ovest : 6 km.*
Escursioni *Riviera di Ponente★ Est.*
via Cavour 61 ✆ 0184 351183, infoventimiglia@rivieradeifiori.org, Fax 0184 351183.
Roma 658 ① – Imperia 48 ② – Cuneo 89 ① – Genova 159 ① – Milano 282 ① – Nice 40 ① – San Remo 17 ②.

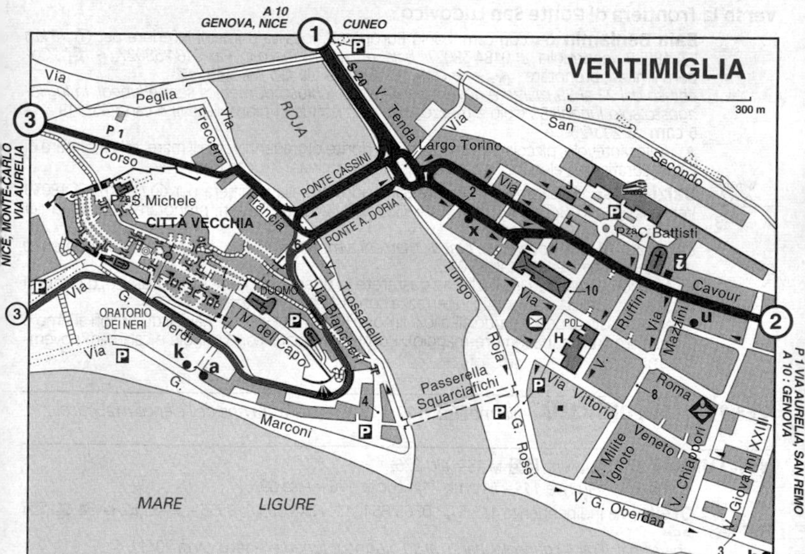

Aprosio (Via)	2	Colombo (Via)	4	Garibaldi (Via)	7
Cavallotti (Passeggiata F.)	3	Costituente (Piazza della)	6	Matteotti (Via G.)	8
Cavour (Via)				Repubblica (Corso della)	10

Sole Mare, via Marconi 22 ✆ 0184 351854 e rist ✆ 0184 230878, *info@solemarehotel.it, Fax 0184 230988*, ← – |♦| ▤ TV ☏ ♿. AE ⓢ ⓞ ⓜⓒ VISA JCB. ✗ cam a
Pasto al rist ***Pasta e Basta*** (solo primi piatti) *chiuso dal 8 al 18 novembre, a mezzogiorno (escluso venerdì-sabato-domenica) e lunedì* carta 14/28 – ☕ 6 – **28 cam** 80/100.
◆ Ideale per un turismo residenziale, una struttura in posizione fronte mare, di recente completamente rinnovata, che offre accoglienti camere con arredamento moderno. Simpatico ristorante dall'ambiente informale: primi piatti sfiziosi, insalate e dessert.

Posta senza rist, via Sottoconvento 15 ✆ 0184 351218, *olivieri@masterweb.it, Fax 0184 231600* – |♦| ▤ TV ☏ ♿ 🚗. AE ⓢ ⓞ ⓜⓒ VISA JCB u
26 cam ☕ 70/90.
◆ Pluridecennale, seria gestione familiare in un hotel in pieno centro, non distante dalla stazione, rimodernato di recente, che offre confort adeguato alla sua categoria.

Sea Gull senza rist, via Marconi 24 ✆ 0184 351726, *info@seagullhotel.it, Fax 0184 231217*, ← – |♦| ▤ TV. AE ⓢ ⓞ ⓜⓒ VISA JCB k
☕ 6 – **27 cam** 60/98.
◆ Familiari la conduzione e l'ambiente di una comoda risorsa ubicata su una passeggiata a mare, adatta anche a soggiorni prolungati; chiedete le camere con vista mare.

Marco Polo, passeggiata Cavallotti 2 ✆ 0184 352678, *Fax 0184 355684*, 🏖, ⛵ – ▤. AE ⓢ ⓜⓒ VISA b
chiuso dal 4 novembre al 3 dicembre, dal 13 gennaio al 25 febbraio, domenica sera e lunedì (escluso luglio-agosto) – **Pasto** 21/47 e carta 32/42.
◆ Lungo la passeggiata, graziosa struttura in legno su palafitte, a diretto contatto con la spiaggia: una luminosa sala o la terrazza per curate variazioni su tema ittico.

Cuneo, via Aprosio 16 ✆ 0184 231711 – ▤. ⓢ ⓜⓒ VISA x
chiuso domenica e lunedì sera – **Pasto** carta 29/47 (10 %).
◆ Accoglienza e atmosfera familiari nell'ambiente anni '60 di un centrale ristorante classico, molto frequentato; collaudate, solide proposte di cucina nazionale.

a Castel d'Appio *per ③ : 5 km – alt. 344 – ✉ 18039 :*

La Riserva di Castel D'Appio 🔇, ✆ 0184 229533, *info@lariserva.it, Fax 0184 229712*, ← mare e costa, 🏖, 🏊, 🌳 – ▤ TV P. AE ⓢ ⓞ ⓜⓒ VISA
marzo-ottobre – **Pasto** carta 50/78 – ☕ 8 – **21 cam** 110/130 – ½ P 93,50.
◆ La tranquilla posizione in collina, con magnifica vista del mare e della costa, è la carta vincente di questa risorsa signorile; camere luminose e confortevoli. Elegante cura della tavola nella sala interna e nella panoramica terrazza per il servizio estivo.

verso la frontiera di Ponte San Ludovico :

Baia Beniamin 🔇 con cam, corso Europa 63, località Grimaldi Inferiore per ③ *: 6 km* ✉ 18039 Ventimiglia ✆ 0184 38027, *baiabeniamin@libero.it, Fax 0184 38027*, ←, 🏖, Coperti limitati; prenotare, ⛵ – ▤ cam, TV P. AE ⓢ ⓞ ⓜⓒ VISA JCB. ✗
chiuso dal 22 al 29 marzo e novembre – **Pasto** *(chiuso domenica sera e lunedì, in luglio-agosto solo lunedì)* 50 (solo a mezzogiorno ed escluso i giorni festivi) e carta 45/119 🍷 – **5 cam** ☕ 200/250.
◆ Un'incantevole, piccola baia con terrazze fiorite digradanti verso il mare, sala e camere di calda, curatissima eleganza e terrazza estiva: la cucina è il tocco finale.

Balzi Rossi, via Balzi Rossi 2-ponte San Ludovico, alla frontiera per ③ *: 8 km* ✉ 18039 Ventimiglia ✆ 0184 38132, *Fax 0184 38532*, 🏖, Coperti limitati; prenotare – ▤. AE ⓢ ⓞ ⓜⓒ VISA. ✗
chiuso dal 10 al 30 novembre, lunedì, martedì a mezzogiorno ed in agosto anche domenica a mezzogiorno – **Pasto** carta 70/95.
◆ Ai sapori di mare ad alti livelli che gusterete in questo elegante locale classico, d'estate si aggiunge la delizia del servizio in terrazza con vista su mare e costa.
Spec. Fantasia di pesce crudo all'olio e limone (dicembre-aprile). Ravioli di carciofi al timo e pomodoro fresco (novembre-maggio). Rombo chiodato con vongole e calamari (novembre-maggio).

VENTIMIGLIA DI SICILIA *Palermo* 565 N 22 – *Vedere Sicilia alla fine dell'elenco alfabetico.*

VENTURINA *57029 Livorno* 563 M 13 – *alt. 276.*
Roma 235 – Firenze 143 – Livorno 71 – Lucca 116 – Pisa 89.

Otello, via Indipendenza 1/3/5 ✆ 0565 851212, *Fax 0565 858556* – ▤ P. AE ⓢ ⓞ ⓜⓒ VISA JCB
chiuso dal 10 al 30 gennaio, dal 20 al 30 giugno e lunedì – **Pasto** carta 20/32.
◆ Ristorante di taglio classico, ubicato in zona residenziale, dotato di un dehors protetto da una fitta fila di piante. Cucina varia, di terra e di mare, a prezzi interessanti.

VENUSIO *Matera* 564 E 31 – *Vedere Matera.*

VERANO (VÖRAN) *39010 Bolzano* 562 C 15, 218 ⑭ – *886 ab. alt. 1 204.*
Roma 658 – Bolzano 27 – Merano 20 – Trento 81.

Oberwirt, via Paese 58 ☎ 0473 278129, *info@hotel-oberwirt.com, Fax 0473 278247,* ≤ monti e vallata, – P. VISA
aprile-ottobre – **Pasto** carta 17/33 – **20 cam** 41,50/86 – ½ P 48.
◆ Piccola reception, sala soggiorno in tipico stile tirolese, camere confortevoli fornite di funzionale mobilio in legno. Dotazioni semplici, ma complete, gestione familiare.

VERBANIA P 561 E 7 – *30 497 ab. alt. 197 (frazione Pallanza).*
Vedere *Pallanza★★ – Lungolago★★ – Villa Taranto★★.*
Escursioni *Isole Borromee★★★ (giro turistico : da Intra 25-50 mn di battello e da Pallanza 10-30 mn di battello).*
18 (chiuso mercoledì) ☎ 0323 80800, Fax 0323 800854;
9 Piandisole (aprile-novembre; chiuso mercoledì escluso dal 15 giugno al 15 settembre) a Premeno ✉ 28818 ☎ 0323 587100, Fax 0323 587763, Nord-Est : 11 km.
da Intra per Laveno-Mombello giornalieri (20 mm) – Navigazione Lago Maggiore: a Intra ☎ 0323 402321.
da Pallanza per le Isole Borromee giornalieri (50 mn) Navigazione Lago Maggiore: a Pallanza ☎ 0323 503220.
a Pallanza, corso Zanitello 6/8 ☎ 0323 503249, turismo@comune.verbania.it, Fax 0323 502349.
Roma 674 – Stresa 17 – Domodossola 38 – Locarno 42 – Milano 95 – Novara 72 – Torino 146.

a Intra – ✉ *28921 :*

Ancora senza rist, corso Mameli 65 ☎ 0323 53951, *info@hotelancora.it, Fax 0323 53978,* ≤ – – 45. VISA
chiuso dal 22 al 29 dicembre – **21 cam** 111/166, suite.
◆ Sul lungolago a due passi dall'imbarcadero, piccolo hotel di moderna ed signorile impostazione; buona dotazione di cortesia nelle camere, che coniugano confort e design.

Intra senza rist, corso Mameli 133 ☎ 0323 581393, *wgarlan@tin.it, Fax 0323 581404* – VISA
8 – **34 cam** 60/115.
◆ Un bel palazzotto d'epoca sulla passeggiata prospiciente il lago ospita una struttura di buon livello, che dispone di ampie zone comuni e di curate camere classiche.

Touring senza rist, corso Garibaldi 26 ☎ 0323 404040, *Fax 0323 519001* – P. VISA.
chiuso dal 21 dicembre al 29 gennaio – 7 – **24 cam** 40/60.
◆ Albergo semplice, ma funzionale, in centro, dotato di parcheggio privato; in alternativa alle camere tradizionali si può alloggiare in miniappartamenti.

La Tavernetta, via San Vittore 22 ☎ 0323 402635, – VISA.
chiuso novembre e martedì – **Pasto** carta 28/37.
◆ Un'originale sala interna, ex cappella di un edificio fine '800, con soffitto a piccole volte a raggiera, dehors estivo e un tocco di fantasia in curati piatti italiani.

Le Volte, via San Vittore 149 ☎ 0323 404051, *levolte@hotmail.com,* – VISA
chiuso dal 1° al 10 febbraio, dal 25 luglio al 10 agosto e mercoledì – **Pasto** carta 26/37.
◆ Sotto bianche volte, in una sala scandita da colonne in pietra, o in un grazioso dehors estivo, gusterete una cucina della tradizione rivisitata con approccio personale.

Taverna Mikonos, via Tonazzi 5 ☎ 0323 401439, *bramclaudio@libero.it,* prenotare – VISA JCB
chiuso dal 7 al 20 gennaio, dal 1° al 15 giugno, lunedì-martedì a mezzogiorno e mercoledì – **Pasto** cucina greca carta 30/41.
◆ Nel centro storico, fresco e solare ambiente molto ellenico, con tanto bianco e azzurro, per intramontabili proposte di cucina greca e una buona scelta di vini.

a Pallanza – ✉ *28922 :*

Pallanza, viale Magnolie 8 ☎ 0323 503202, *belvedere@pallanzahotels.com, Fax 0323 505194,* ≤ – cam, VISA.
Pasto 25/35 – 13 – **48 cam** 107/120 – ½ P 93.
◆ In un edificio fine '800 sul lungolago, un funzionale albergo classico con buon livello di confort; per convegni utilizza i saloni di un adiacente palazzo settecentesco. Ristorante dall'ambiente distinto.

Santanna, via Sant'Anna 65 ☎ 0323 556086, *info@hotelsantanna.it, Fax 0323 557777* – cam, – 80. VISA.
chiuso dal 15 dicembre al 15 gennaio – **Pasto** al Rist. ***Il Centro*** *(chiuso mercoledì)* carta 25/35 – 7 – **30 cam** 100/150 – ½ P 107.
◆ Dopo la totale ristrutturazione nel 2000, l'hotel offre ambienti signorili e curati, con camere non ampie, ma accoglienti e accessoriate; parcheggio e sala riunioni. Graziosa sala ristorante, menù variamente ispirato.

Pace, via Cietti 1 ☎ 0323 557207, *hotelpace@tiscalinet.it, Fax 0323 557341*, ≤ lago e monti – |$|, ▤ rist, TV – 60. AE ⓢ ⓞ VISA. ✻ rist
Pasto *(chiuso martedì da ottobre a maggio)* carta 29/45 (10 %) – **10 cam** ☕ 70/100 – 1/2 P 68.
◆ Si gode una bella vista del lago e dei monti da questa piccola struttura, che dispone di poche camere, confortevoli e arredate in stile con mobili di massello. Nel ristorante ricercata ambientazione di taglio moderno, con illuminazione di design.

Il Torchio, via Manzoni 20 ☎ 0323 503352, *torchio67@libero.it, Fax 0323 503352*, Coperti limitati; prenotare – ▤. AE ⓢ ⓞ ⓞ VISA JCB. ✻
chiuso mercoledì, giovedì e a mezzogiorno – **Pasto** carta 29/41.
◆ Ristorante rustico, suddiviso in due salette con travature a vista e un look caldo e accogliente; in cucina una mano estrosa e moderna rielabora ricette tradizionali.

Osteria dell'Angolo, piazza Garibaldi 35 ☎ 0323 556362, *Fax 0323 556362*, ☂, Coperti limitati; prenotare – AE ⓢ ⓞ ⓞ VISA JCB
chiuso novembre e lunedì – **Pasto** carta 27/44.
◆ Simpatico localino informale, con un dehors che si affaccia sulla passeggiata e una scelta limitata di piatti, che seguono le disponibilità giornaliere del mercato.

a Suna *Nord-Ovest : 2 km – ✉ 28925 :*

Il Monastero, via Castelfidardo 5 ☎ 0323 502544, *Fax 0323 502544*, prenotare – ▤. AE ⓢ ⓞ ⓞ VISA JCB
chiuso dal 26 luglio all'8 agosto, lunedì e martedì – **Pasto** carta 39/52.
◆ Atmosfera intima e accogliente negli ambienti rustici ma di tono raffinato di un locale ricavato nel magazzino e nelle stalle di un'antica locanda; a tavola terra e mare.

a Fondotoce *Nord-Ovest : 6 km – ✉ 28924 :*

Costazzurra, via 42 Martire 24 ☎ 0323 496046, ≤ – ♿ P. AE ⓢ ⓞ VISA JCB. ✻ rist
Pasto carta 21/31 – **6 cam** ☕ 40/60 – 1/2 P 43.
◆ Una casa con richiami esterni allo stile montano, ai bordi della strada che corre lungo il lago, gestita da una coppia di giovani allegri e motivati. Ottima cura e ordine. Ristorante dall'atmosfera simpatica e informale.

Piccolo Lago con cam, via Turati 87, al lago di Mergozzo Nord-Ovest : 2 km ☎ 0323 586792, *h.piccololago@stresa.net, Fax 0323 586791*, ≤, prenotare, – ▤ rist, TV P – 60. AE ⓢ ⓞ ⓞ VISA JCB. ✻ rist
chiuso dal 20 dicembre al 20 gennaio e lunedì (escluso da giugno a settembre) – **Pasto** carta 53/71 – senza ☕ – **12 cam** 50/80.
◆ Una calda sala con camino e vetrate e una bella veranda che si protende sul «piccolo lago» di Mergozzo per un locale d'atmosfera; camere confortevoli e cucina raffinata.
Spec. Gnocchi di patate, fonduta di Bettelmatt, lumache all'aglio e prezzemolo. Trota lacustre con salsa al caffè. Carrello di formaggi piemontesi.

a Cima Monterosso *Ovest : 6 km – ✉ 28922 :*

Agriturismo Il Monterosso ✂, via Cima Monterosso 30 ☎ 0323 556510, *ilmonteross o@iol.it, Fax 0323 519706*, ≤ laghi e montagna, ☂, maneggio, – P. ⓢ ⓞ VISA
chiuso gennaio e febbraio – **Pasto** *(chiuso lunedì e martedì)* carta 18/22 – **10 cam** ☕ 35/65 – 1/2 P 55.
◆ In cima ad un colle con splendida vista del lago: posizione davvero incantevole per questa ottocentesca casa colonica con torre e maneggio, in una tenuta di 25 ettari. Incantevole servizio all'aperto di fronte a un bellissimo scenario naturale.

VERBANO *Vedere Lago Maggiore.*

VERCELLI *13100* P 561 *G 7 – 48 016 ab. alt. 131.*

viale Garibaldi 90 ☎ 0161 58002, Fax 0161 256879.

A.C.I. *corso Fiume 73 ☎ 0161 257822.*

Roma 633 ⑤ – Alessandria 55 ③ – Aosta 121 ③ – Milano 74 ⑤ – Novara 23 ① – Pavia 70 ① – Torino 80 ③.

Giardinetto con cam, via Sereno 3 ☎ 0161 257230, *giardi.dan@libero.it, Fax 0161 259311*, – ▤ TV. AE ⓢ ⓞ ⓞ VISA
chiuso agosto – **Pasto** *(chiuso lunedì)* carta 30/55 – **8 cam** ☕ 68/80 – 1/2 P 80.
◆ A pochi passi dal centro storico, una comoda risorsa, a conduzione familiare, che dispone di camere ben arredate e accessoriate; piacevole il giardino interno. Raffinati toni pastello, soffitto di legno e grandi vetrate sul giardino nel rinomato ristorante.

Il Paiolo, corso Garibaldi 72 ☎ 0161 250577, *Fax 0161 250577*, prenotare – ▤. ⓢ ⓞ VISA
chiuso dal 20 luglio al 20 agosto e giovedì – **Pasto** carta 25/35.
◆ Si trova lungo un viale alberato centrale questa accogliente trattoria di ambiente rustico e familiare, dove gustare una casalinga e sostanziosa cucina locale.

VERDUNO *12060 Cuneo* 561 I 5 – *510 ab. alt. 378.*

Roma 645 – Cuneo 59 – Torino 61 – Asti 45 – Milano 165 – Savona 98.

Real Castello, via Umberto I 9 ✆ 0172 470125, *castellodiverduno@castellodiverduno.com, Fax 0172 470298,* ←, – P. AE ⓢ ⓓ ⓜ VISA.
marzo-novembre – **Pasto** *(chiuso a mezzogiorno)* carta 36/57 – **20 cam** 125/135 – 1/2 P 107,50.
◆ Il tempo sembra essersi fermato nella quiete di questa risorsa, che occupa parte di un castello sabaudo del XVIII sec.; rigorosi arredi d'epoca nelle camere affrescate. Fascino antico nel curato ristorante.

Il Falstaff, via Comm. Schiavino 1 ✆ 0172 470244, *Fax 0172 470244,* solo su prenotazione – AE ⓢ ⓓ ⓜ VISA.
chiuso dal 20 dicembre al 20 febbraio, dal 20 luglio al 20 agosto e a mezzogiorno (escluso domenica) – **Pasto** 27/42.
◆ Pochi tavoli ravvicinati e impostazione classica in un piccolo locale del centro, il cui titolare propone cucina tipica locale esclusivamente in menù degustazione.

VERGATO *40048 Bologna* 562 J 15 – *6 610 ab. alt. 195.*

Roma 350 – Bologna 36 – Firenze 82 – Pistoia 53.

sulla strada statale 64 *Nord-Est : 5 km :*

Osteria Camugnone, via Nazionale 42 ✉ 40038 ✆ 051 917332, *camugnone@libero.it,* , Coperti limitati; prenotare.
chiuso lunedì, martedì e mercoledì – **Pasto** carta 20/27.
◆ Niente farebbe immaginare che sulla Porrettana, dietro un bar con piccola salumeria, si celi una gustosa, informale ed economica tavola dell'Appennino tosco-emiliano.

In questa guida
uno stesso simbolo, una stessa parola
stampati in rosso o in nero,
hanno un significato diverso.
Leggete attentamente le pagine dell'introduzione.

VERGNE *Cuneo* 561 I 5 – *Vedere Barolo.*

VERNAGO (VERNAGT) *Bolzano* 218 ⑨ – *Vedere Senales.*

VERNANTE *12019 Cuneo* 561 J 4 – *1 326 ab. alt. 790.*

Roma 634 – Cuneo 23 – Alessandria 148 – Asti 112 – Torino 108.

Nazionale con cam, s.s.20, 15 ✆ 0171 920181, *ristorante@albergonazionale.it, Fax 0171 920252,* –. AE ⓢ ⓓ ⓜ VISA
Pasto *(chiuso dal 10 al 25 gennaio e mercoledì escluso luglio-15 ottobre)* carta 21/33 – **19 cam** 40/70 – 1/2 P 49.
◆ Varie sale, di cui la più accogliente con volte in mattoni e travi a vista, e una fresca veranda estiva. La cucina è piemontese doc, ma con alcuni tocchi di fantasia.

VERNAZZA *La Spezia* 561 J 11 *G. Italia – 1 110 ab..*

Vedere *Località***.

Dintorni *Regione delle Cinque Terre*** *Sud-Est e Ovest per ferrovia– Monterosso al Mare 5 mn di ferrovia – Riomaggiore 10 mn di ferrovia.*

VEROLI *03029 Frosinone* 563 Q 22 – *20 118 ab. alt. 594.*

Roma 99 – Frosinone 13 – Avezzano 69 – Fiuggi 29 – Latina 66.

Antico Palazzo Filonardi, piazza dei Franconi 1 ✆ 0775 235296, *info@palazzofilonardi.it, Fax 0775 235079,* ← colli ciociari – TV P. AE ⓢ ⓓ ⓜ VISA. rist
chiuso dall'8 al 31 gennaio – **Pasto** *(chiuso lunedì)* carta 24/39 – 10 – **31 cam** 71/82 – 1/2 P 72.
◆ Nel centro di questo borgo medievale, nuovo, suggestivo albergo ricavato in un ex convento ottocentesco, con chiesa consacrata e panoramica terrazza sui colli ciociari. Al ristorante due eleganti sale «degli Angeli», così dette per le decorazioni sulle volte.

VERONA *37100* P 562 F 14 *G. Italia – 257 477 ab. alt. 59.*

Vedere *Chiesa di San Zeno Maggiore*★★ *: porte*★★★, *trittico del Mantegna*★★ **AY** – *Piazza delle Erbe*★★ **CY 10** – *Piazza dei Signori*★★ **CY 39** – *Arche Scaligere*★★ **CY K** – *Arena*★★ *:* ✻★★ **BCYZ** – *Castelvecchio*★★ *: museo d'Arte*★★ **BY** – *Ponte Scaligero*★★ **BY** – *Chiesa di Sant'Anastasia*★ *: affresco*★★ *di Pisanello* **CY F** – ⩽★★ *dalle terrazze di Castel San Pietro* **CY D** – *Teatro Romano*★ **CY C** – *Duomo*★ **CY A** – *Chiesa di San Fermo Maggiore*★ **CYZ B.**

Verona (chiuso martedì) a Sommacampagna ✉ 37066 ☏ 045 510060, Fax 045 510242, Ovest : 13 km.

✈ *di Villafranca, per ④ : 14 km ☏ 045 8095666, Fax 045 8095706.*

via degli Alpini 9 ☏ 045 8068680, iatbra@tiscalinet.it, Fax 045 8003638 – Stazione Porta Nuova ☏ 045 8000861, iatfs@tiscalinet.it – aeroporto Villafranca ☏ 045 8619163, iataeroporto@tiscalinet.it, Fax 045 8619163.

A.C.I. *via della Valverde 34 ✉ 37122 ☏ 045 595003.*

Roma 503 ③ – Milano 157 ③ – Venezia 114 ②.

In occasione di alcune manifestazioni commerciali o turistiche i prezzi degli alberghi potrebbero subire un sensibile aumento (informatevi al momento della prenotazione)

Piante pagine seguenti

Due Torri Baglioni, piazza Sant'Anastasia 4 ✉ 37121 ☏ 045 595044, *duetorri.verona@baglionihotels.com, Fax 045 8004130* – |♦|, ⇐ cam, ▤ TV ♿ – 🚶 150. AE Ⓢ ⓞ ⓞⓒ VISA JCB. ⚔ **CY x**
Pasto al Rist. ***All'Aquila*** carta 46/57 – **82 cam** ▭ 357,50/520,30, 8 suites.
◆ In un edificio del '300, prestigioso albergo di tradizione e fascino, che appartiene alla storia della città; eleganti arredi di diverse epoche e collezione di tazzine. Raffinatezza e classicità regnano anche nel ristorante; curata cucina nazionale e locale.

Gabbia d'Oro senza rist, corso Porta Borsari 4/a ✉ 37121 ☏ 045 8003060, *gabbiadoro@easyasp.it, Fax 045 590293* – |♦| ▤ TV. AE Ⓢ ⓞ ⓞⓒ VISA **CY t**
▭ 23 – **8 cam** 284, 19 suites 520 –.
◆ Un opulento scrigno di preziosi e ricercati dettagli e arredi di antiche epoche questo piccolo hotel di charme e lusso, con un suggestivo giardino d'inverno riscaldato.

Victoria senza rist, via Adua 6 ✉ 37121 ☏ 045 590566, *victoria@hotelvictoria.it, Fax 045 590155,* – |♦| ▤ TV ♿ – 🚶 75. AE Ⓢ ⓞ ⓞⓒ VISA JCB **BY r**
57 cam ▭ 180/290, 9 suites.
◆ Ci sono anche dei reperti archeologici in questo hotel raffinato, in cui antichità e modernità si amalgamano con armonia; soluzioni diverse e indovinate nelle camere.

Colomba d'Oro senza rist, via Cattaneo 10 ✉ 37121 ☏ 045 595300, *info@colombahotel.com, Fax 045 594974* – |♦| ▤ TV – 🚶 50. AE Ⓢ ⓞ ⓞⓒ VISA. ⚔ **BY n**
▭ 15 – **47 cam** 130/210, 2 suites.
◆ Un'affascinante hall con dipinti alle pareti e al soffitto è il biglietto da visita di un albergo di tradizione e di atmosfera, con eleganti camere curate nei dettagli.

Accademia, via Scala 12 ✉ 37121 ☏ 045 596222, *accademia@accademiavr.it, Fax 045 8008440* – |♦| ▤ TV ♿ – 🚶 100. AE Ⓢ ⓞ ⓞⓒ VISA JCB. ⚔ **CY d**
Pasto vedere rist ***Accademia*** – **87 cam** ▭ 135/220, 8 suites.
◆ Servizio solerte e professionale e ottimo livello di confort in una risorsa ospitata in un edificio storico adiacente all'elegante via Mazzini, ideale per lo shopping.

Grand Hotel senza rist, corso Porta Nuova 105 ✉ 37122 ☏ 045 595600, *info@grandhotel.vr.it, Fax 045 596385* – |♦| ▤ TV – 🚶 170. AE Ⓢ ⓞ ⓞⓒ VISA JCB. ⚔ **BZ b**
57 cam ▭ 199/225, 5 suites.
◆ Uno storico edificio in stile liberty ospita un albergo raffinato, nei cui interni si fondono la classicità degli arredi e la modernità dei confort; centro congressi.

San Marco senza rist, via Longhena 42 ✉ 37138 ☏ 045 569011, *sanmarco@sanmarco.vr.it, Fax 045 572299,* – |♦| ▤ TV ♿ P – 🚶 80. AE Ⓢ ⓞ ⓞⓒ VISA JCB **AY n**
62 cam ▭ 150/190.
◆ Tranquillo e completo nei servizi, un complesso nato dall'unione di una villetta liberty e di una moderna struttura in vetro e cemento; piacevole il relax nel giardino.

Firenze senza rist, corso Porta Nuova 88 ✉ 37122 ☏ 045 8011510, *hfirenze@tin.it, Fax 045 8030374* – |♦| ▤ TV ♿ – 🚶 50. AE Ⓢ ⓞ ⓞⓒ VISA JCB **BZ d**
48 cam ▭ 185/230.
◆ Sul viale che porta all'Arena, un hotel che dopo il recente, totale rinnovo offre interni di moderna e curata eleganza, con bei tappeti orientali e kilim; sale convegni.

Leopardi senza rist, via Leopardi 16 ✉ 37138 ☏ 045 8101444, *leopardi@leopardi.vr.it, Fax 045 8100523* – |♦| ▤ TV P – 🚶 150. AE Ⓢ ⓞ ⓞⓒ VISA JCB **AY a**
78 cam ▭ 170/210.
◆ Fuori le mura, risorsa funzionale, ideale per clientela d'affari oltre che turistica; confort di buon livello, omogeneo nei vari settori; attrezzato centro congressi.

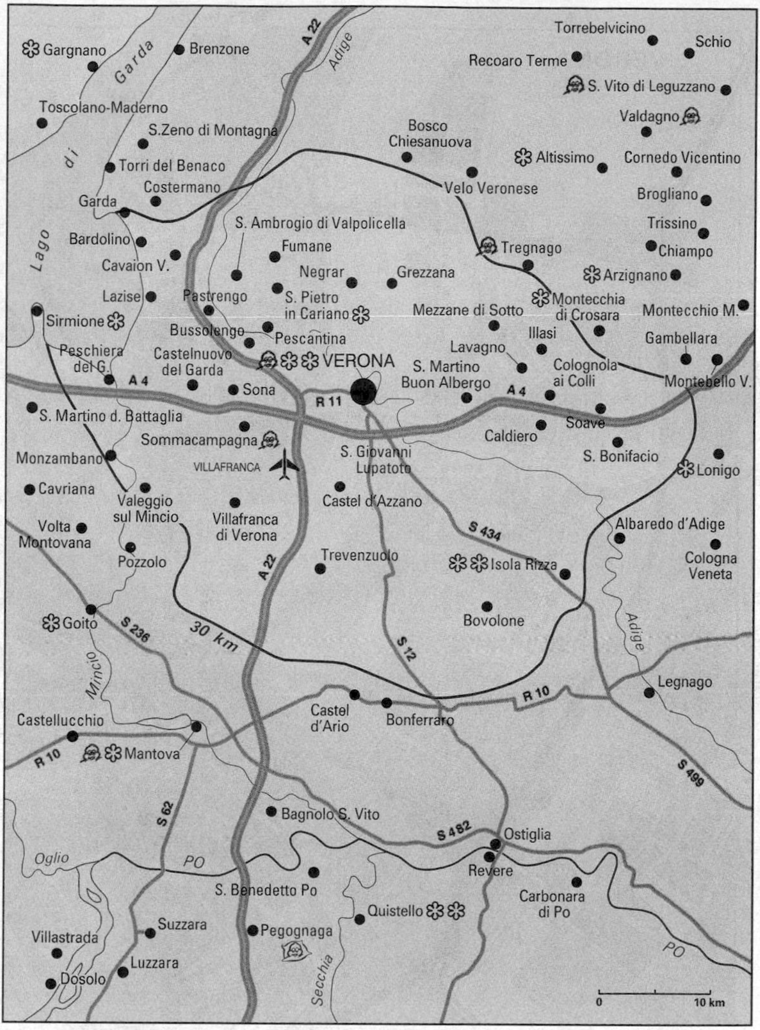

Hotel Palace, via Galvani 19 ✉ 37138 ☎ 045 575700, *info@hotelpalaceverona.com, Fax 045 576667* – 100. AE VISA **AY x**
Pasto carta 31/43 – **65 cam** 190/215 – ½ P 127,50.
◆ Una hall spaziosa, con tocchi di eleganza, introduce in un albergo di impostazione classica, in fase di progressiva ristrutturazione, che offre stanze ben accessoriate. Sala ristorante rinnovata.

Hotel Giberti senza rist, via Giberti 7 ✉ 37122 ☎ 045 8006900, *info@hotelgiberti.it, Fax 045 8001955* – 60. AE VISA **BZ e**
10 – **80 cam** 140/210.
◆ Moderne sia l'architettura che la funzionalità di un hotel che offre ampi spazi di parcheggio; luminose e di buon tono le zone comuni, piacevoli le stanze rinnovate.

Maxim, via Belviglieri 42 ✉ 37131 ☎ 045 8401800, *maxi@maximverona.it, Fax 045 8401818* – cam, 100. AE VISA. rist
Pasto (solo per alloggiati) carta 25/55 – **145 cam** 122/138. 2 km per ②
◆ Imponente costruzione squadrata per un funzionale albergo fuori città, che è moderno anche nel confort e negli arredi delle zone comuni e delle camere, di buon livello.

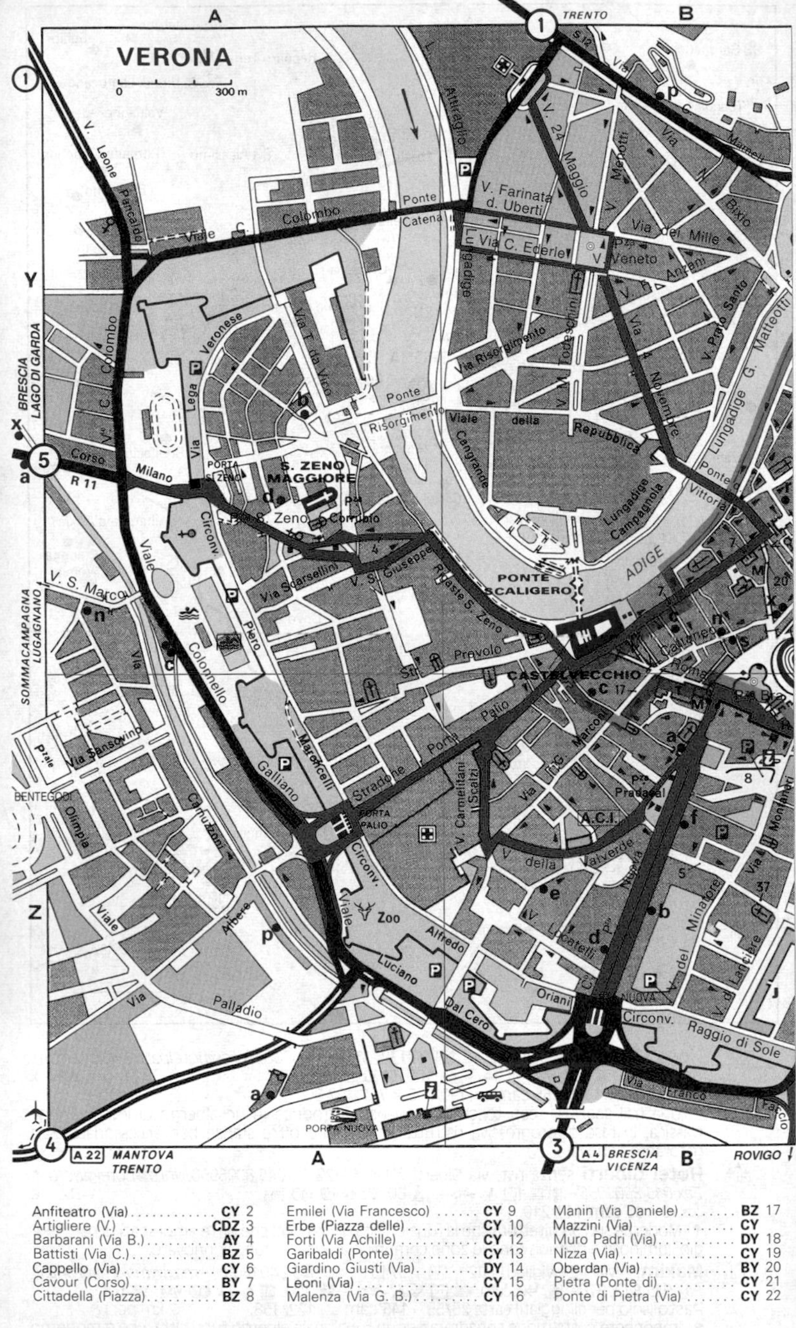

Anfiteatro (Via)	CY	2	Emilei (Via Francesco)	CY	9	Manin (Via Daniele)	BZ	17
Artigliere (V.)	CDZ	3	Erbe (Piazza delle)	CY	10	Mazzini (Via)	CY	
Barbarani (Via B.)	AY	4	Forti (Via Achille)	CY	12	Muro Padri (Via)	DY	18
Battisti (Via C.)	BZ	5	Garibaldi (Ponte)	CY	13	Nizza (Via)	CY	19
Cappello (Via)	CY	6	Giardino Giusti (Via)	DY	14	Oberdan (Via)	BY	20
Cavour (Corso)	BY	7	Leoni (Via)	CY	15	Pietra (Ponte di)	CY	21
Cittadella (Piazza)	BZ	8	Malenza (Via G. B.)	CY	16	Ponte di Pietra (Via)	CY	22

La guida cambia, cambiate la guida ogni anno.

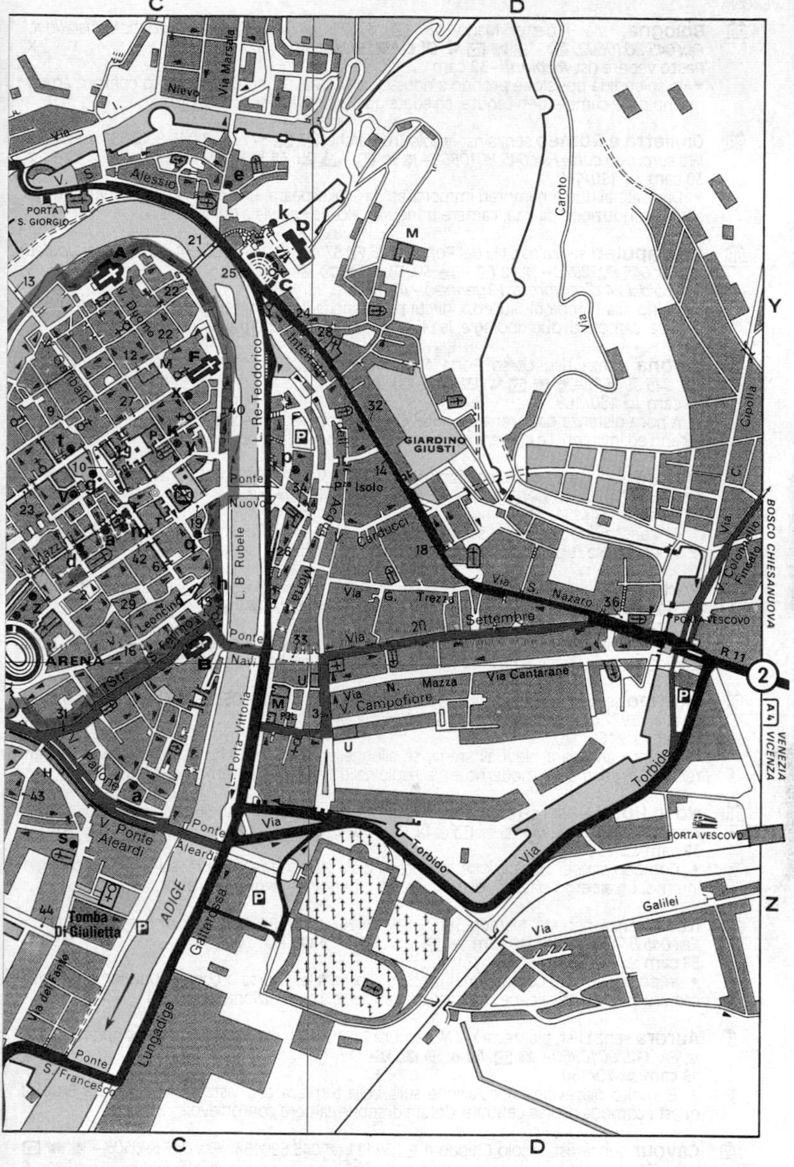

Porta Borsari (Corso) . . . . . . **CY** 23
Redentore (Via) . . . . **CY** 24
Regaste Redentore . . . . **CY** 25
Roma (Via) . . . . **BYZ**
Sammicheli (Lungadige) . . . . **CY** 26
S. Anastasia (Corso) . . . . . . **BCY** 27
S. Chiara (Via) . . . . **DY** 28
S. Cosimo (Via) . . . . **CY** 29
S. Maffei (Stradone) . . . . **CZ** 31
S. Maria in Organo (Via) . . . . **DY** 32
S. Paolo (Via) . . . . **CY** 33
S. Tomaso (Via) . . . . **CY** 34
S. Toscana (Piazza) . . . . **DY** 36
SS. Trinità (Via) . . . . **BZ** 37
Signori (Piazza dei) . . . . **CY** 39
Sottoriva (Via) . . . . **CY** 40
Stella (Via) . . . . **CY** 42
Tezone (Via) . . . . **CZ** 43
Zappatore (Via dello) . . . . **CZ** 44

Una prenotazione confermata per iscritto o per fax è sempre più sicura.

Bologna, via Alberto Mario 18 ✉ 37121 ☎ 045 8006830, *hotelbologna@tin.it, Fax 045 8010602,* – . AE VISA. BY x
Pasto vedere rist ***Rubiani*** – **32 cam** 110/168.
◆ In splendida posizione proprio a ridosso dell'Arena, un hotel di discreto confort; arredi recenti nelle camere ben tenute: chiedete quelle con vista su Piazza Bra.

Giulietta e Romeo senza rist, vicolo Tre Marchetti 3 ✉ 37121 ☎ 045 8003554, *info@giuliettaeromeo.com, Fax 045 8010862* – – 25. AE VISA. CY z
30 cam 110/180.
◆ Dedicata ai due innamorati immortalati da Shakespeare, una risorsa che si rinnova negli anni, a conduzione diretta; camere tranquille, alcune con vista dell'Arena.

De' Capuleti senza rist, via del Pontiere 26 ✉ 37122 ☎ 045 8000154, *info@hotelcapuleti.it, Fax 045 8032970* – – 30. AE VISA. CZ s
chiuso dal 24 dicembre al 10 gennaio – **42 cam** 98/168.
◆ Vicino alla Tomba di Giulietta, di cui porta anche il cognome, un hotel d'impostazione classica; camere di due tipologie, le più nuove con parquet e travi a vista.

Verona senza rist, corso Porta Nuova 47 ✉ 37122 ☎ 045 595944, *htlveron@tin.it, Fax 045 594341* – . AE VISA BZ f
27 cam 130/168.
◆ A poca distanza dall'Arena un hotel che presenta esterni senza particolarità, ma interni recenti ed invitanti. Le camere sono molto confortevoli, seppur non ampie.

Martini senza rist, via Camuzzoni 2/b ✉ 37138 ☎ 045 569400, *martinipiccolo@sis.it, Fax 045 577620* – . AE VISA JCB. AZ p
40 cam 134/154.
◆ Di concezione moderna sia la struttura, sia gli spazi interni, sia gli arredi in questa comoda risorsa funzionale, che offre un confort conforme alla sua categoria.

Porta Palio, via Galliano 21 ✉ 37138 ☎ 045 8102140, *paliotel@sis.it, Fax 045 8101771,* – , cam, – 50. AE VISA JCB. AY c
Pasto vedere rist ***Lido di Verona*** – **55 cam** 105/145.
◆ Classici l'andamento, i confort e l'ospitalità in un albergo costruito nel 1995 su un viale trafficato; arredi recenti nelle camere, più tranquille quelle non su strada.

Mastino senza rist, corso Porta Nuova 16 ✉ 37131 ☎ 045 595388, *info@hotelmastino.it, Fax 045 597718* – – 25. AE VISA JCB BZ a
54 cam 160/170.
◆ Potrete andare a piedi all'Arena, se alloggerete in questo hotel, confortevole e ben tenuto; arredamento moderno e piacevole nelle stanze, recentemente ristrutturate.

Novo Hotel Rossi senza rist, via delle Coste 2 ✉ 37138 ☎ 045 569022, *info@novohotelrossi.it, Fax 045 578297* – . AE VISA AZ a
38 cam 100/170.
◆ Comodo sia per l'ubicazione, nei pressi della stazione ferroviaria, sia per il parcheggio interno, un albergo classico, di buon confort, rinnovato negli ultimi anni.

Italia senza rist, via Mameli 58/66 ✉ 37126 ☎ 045 918088, *info@hotelitaliaverona.it, Fax 045 8348028* – , cam, . AE VISA. BY p
58 cam 98/150.
◆ In posizione semicentrale, nei pressi dell'ospedale, risorsa a conduzione familiare, con camere accoglienti, alcune mansardate; biciclette a disposizione dei clienti.

Aurora senza rist, piazzetta XIV Novembre 2 ✉ 37121 ☎ 045 594717, *info@hotelaurora.biz, Fax 045 8010860* – . AE VISA CY g
19 cam 70/130.
◆ E' molto piacevole far colazione sulla bella terrazza con vista su Piazza delle Erbe di questa comoda risorsa centrale, dotata di sobrie camere confortevoli.

Cavour senza rist, vicolo Chiodo 4 ✉ 37121 ☎ 045 590166, *Fax 045 590508* – . BY c
chiuso dal 23 al 27 dicembre e dal 9 gennaio al 9 febbraio – 11 – **22 cam** 80/129.
◆ Ubicazione centrale, ma tranquilla per un albergo familiare, che dispone di camere semplici, ma con arredi recenti e accessori adeguati alla sua categoria.

Torcolo senza rist, vicolo Listone 3 ✉ 37121 ☎ 045 8007512, *hoteltorcolo@virgilio.it, Fax 045 8004058* – . AE VISA BY s
chiuso dal 7 gennaio all'8 febbraio – 11 – **19 cam** 75/108.
◆ Per un soggiorno veronese a due passi dalla leggendaria Arena, ma a prezzi accettabili, un hotel modesto, ma accogliente; mobili d'epoca in alcune stanze.

XXX ✿✿ **Il Desco,** via Dietro San Sebastiano 7 ✉ 37121 ✆ 045 595358, *Fax 045 590236*, Coperti limitati; prenotare – ▤. ❁ ⓓ ⓜ VISA JCB. ✗ CY q
chiuso dal 25 dicembre al 10 gennaio, Pasqua, dal 15 al 30 giugno, domenica e lunedì; in luglio, agosto e dicembre aperto lunedì sera – **Pasto** carta 76/106 ✿.
◆ Gran classe e raffinatezza in uno degli astri del firmamento gastronomico italiano: un riuscito connubio di elegante ambiente d'epoca e cucina di sapiente estro creativo.
Spec. Insalata tiepida di tonno fresco e fagioli con erbe aromatiche e flan di cipolle. Zuppa di porri e patate con nervetti all'aglio. Filetto di branzino con animelle, salsa d'ostriche e tartufo nero.

XXX **12 Apostoli,** corticella San Marco 3 ✉ 37121 ✆ 045 596999, *dodiciapostoli@tiscalinet.it, Fax 045 591530* – ▤. AE ❁ ⓓ ⓜ VISA CY v
chiuso dal 2 all'8 gennaio, dal 15 giugno al 5 luglio, lunedì e domenica sera – **Pasto** carta 46/69 (15 %).
◆ In un palazzo del '700 sorto su rovine romane, ora riportate alla luce, ristorante storico della città, con suggestive sale dalle caratteristiche decorazioni dipinte.

XXX **Arche,** via Arche Scaligere 6 ✉ 37121 ✆ 045 8007415, *Fax 045 8007415*, Coperti limitati; prenotare – ▤. AE ❁ ⓓ ⓜ VISA JCB. ✗ CY y
chiuso dal 7 al 31 gennaio, domenica e lunedì a mezzogiorno – **Pasto** carta 48/59 (12 %) ✿.
◆ Un'ospitalità che la stessa famiglia rinnova dal 1879 in un elegante locale con calda ambientazione d'epoca e una cucina di terra e di mare, di tradizione e di ricerca.

XXX **Baracca,** via Legnago 120 ✉ 37134 ✆ 045 500013, *info@ristorantelabaracca.it, Fax 045 500013*, ☂, prenotare – P. AE ❁ ⓓ ⓜ VISA. ✗ 2,5 km per ③
chiuso dal 10 al 30 agosto e domenica – **Pasto** specialità di mare carta 49/66.
◆ Fuori delle affollate rotte turistiche, signorile ristorante classico, dove troverete un servizio accurato e gusterete una consolidata, tradizionale cucina di pesce.

XXX **Desinare a Santa Teresa,** via Santa Teresa 77 ✉ 37135 ✆ 045 8230152, *Fax 045 8230152*, Coperti limitati; prenotare – ▤. VISA. ✗ per ③
chiuso 20 giorni a gennaio, 20 giorni ad agosto, domenica e a mezzogiorno – **Pasto** carta 59/66.
◆ Conduzione esperta in un ristorantino elegante, aperto nel 2001; raffinate la cura della tavola e la presentazione dei piatti, che sono della tradizione veneta e di mare.

XX **Ai Teatri,** via Santa Maria Rocca Maggiore 8 ✉ 37129 ✆ 045 8012181, *ristoranteaiteatri@tiscalinet.it, Fax 045 8020098*, ☂, prenotare la sera – ▤. AE ❁ ⓓ ⓜ VISA JCB CY p
chiuso dal 1° al 18 gennaio e lunedì in luglio-agosto – **Pasto** carta 34/45 ✿.
◆ Esperienza più che decennale nella ristorazione veronese per il titolare di un locale nato da poco al di là dell'Adige; ambiente ricercato e cucina di approccio creativo.

XX **Re Teodorico,** piazzale Castel San Pietro ✉ 37129 ✆ 045 8349990, *Fax 045 8349990*, ≤ città e fiume Adige, ☂ – AE ❁ ⓓ ⓜ VISA JCB. ✗ CY k
chiuso dal 7 al 31 gennaio, domenica sera e mercoledì – **Pasto** carta 43/67.
◆ Graditissimo il servizio estivo in terrazza di un locale signorile che ha il suo punto di forza nell'ubicazione: sopra il Teatro Romano, domina la città e il fiume.

XX **Accademia,** via Scala 10 ✉ 37121 ✆ 045 8006072, *accademiaristorante@tin.it, Fax 045 8006072*. AE ❁ ⓓ ⓜ VISA. ✗ CY d
chiuso domenica escluso luglio-agosto – **Pasto** carta 37/54.
◆ Un'armoniosa gamma di calde sfumature del color mattone caratterizza la sala di sobria eleganza classica di questo ristorante; curata, tradizionale cucina italiana.

XX **Rubiani,** piazzetta Scalette Rubiani 3 ✉ 37121 ✆ 045 8006830, *Fax 045 8010602*, ☂ – AE ❁ ⓓ ⓜ VISA. ✗ BY x
chiuso dal 2 al 30 gennaio e domenica (escluso da giugno a settembre) – **Pasto** carta 35/45.
◆ Sito all'interno dell'hotel Bologna, è un signorile ristorante d'impostazione classica, che offre un piacevole dehors estivo e piatti di cucina italiana e locale.

XX **Osteria la Fontanina,** Portichetti Fontanelle Santo Stefano 3 ✉ 37129 ✆ 045 913305, *Fax 045 913305*, prenotare la sera – ▤. AE ❁ ⓓ ⓜ VISA JCB CY e
chiuso dal 10 al 24 agosto, domenica e lunedì a mezzogiorno – **Pasto** carta 45/57 ✿.
◆ Un tempo osteria di quartiere, oggi è un locale elegante, ma informale, di indubbio fascino; giovani sia la gestione che le proposte di cucina, innovative e di qualità.

XX **Antico Tripoli,** via Spagna 2/b ✉ 37123 ✆ 045 8035756, *anticotripoli@tiscalinet.it, Fax 045 8046165*, ☂ – ▤. AE ❁ ⓓ ⓜ VISA AY b
chiuso dal 10 al 25 agosto e sabato a mezzogiorno – **Pasto** carta 38/47.
◆ Lo stile dell'ambiente, con travi a vista, camino e bei tendaggi, è rustico, ma di tono elegante, quello della cucina è tradizionale; d'estate si mangia nel cortile.

XX **Greppia,** vicolo Samaritana 3 ✉ 37121 ✆ 045 8004577, *Fax 045 595090*, ☂ – ▤. AE ❁ ⓓ ⓜ VISA CY m
chiuso dal 15 al 30 gennaio, dal 15 al 30 giugno e lunedì – **Pasto** carta 29/38.
◆ In una nascosta viuzza del centro, una sala con soffitto a volte e colonne o un gradevole spazio esterno per l'estate in un locale dalle proposte tradizionali e locali.

XX **Lido di Verona** - Hotel Porta Palio, viale Galliano 23/a ✉ 37138 ☎ 045 8100465, *Fax 045 8100465* – ♿ Ⓓ ⓂⒸ VISA AY c
chiuso domenica e lunedì a mezzogiorno – **Pasto** carta 27/35.
◆ Una signorile sala da pranzo d'ispirazione contemporanea in questo ristorante dove gustare proposte culinarie a base di piatti di pesce, di terra e vegetariani.

X **Tre Marchetti,** vicolo Tre Marchetti 19/b ✉ 37121 ☎ 045 8030463, *Fax 045 8002928*, Coperti limitati; prenotare – ▤. AE ♿ Ⓓ ⓂⒸ VISA. ✗ CY z
chiuso dal 20 dicembre al 6 gennaio, dal 1° al 15 settembre, lunedì in luglio-agosto, domenica negli altri mesi – **Pasto** carta 47/53 (15 %).
◆ Si mangia gomito a gomito con i vicini in questo ristorante, dove l'accoglienza è calorosa, i ritmi alquanto veloci e il servizio informale; specialità del territorio.

X **Trattoria al Pompiere,** vicolo Regina d'Ungheria 5 ✉ 37121 ☎ 045 8030537, *Fax 045 8030537*, Coperti limitati; prenotare – ▤. ♿ ⓂⒸ VISA. ✗ CY r
chiuso domenica e lunedì a mezzogiorno – **Pasto** carta 30/43 ₴.
◆ E' tornata in vita di recente e con successo una delle più vecchie trattorie di Verona; linea gastronomica del territorio e ottima selezione di salumi e formaggi.

X **Trattoria al Calmiere,** piazza San Zeno 10 ✉ 37123 ☎ 045 8030765, *calmiere@libero.it, Fax 045 8031900*, 🏠, prenotare la sera – ✗. AE ♿ Ⓓ ⓂⒸ VISA. ✗ AY d
chiuso dal 30 dicembre al 15 gennaio, mercoledì sera e giovedì – **Pasto** cucina tradizionale veronese carta 28/33 (10 %).
◆ Non poteva che trovarsi nella bella piazza del patrono cittadino, che d'estate vi godrete dal dehors, questa trattoria tipica con tradizionale cucina veronese.

X **Osteria l'Oste Scuro,** vicolo San Silvestro 10 ✉ 37122 ☎ 045 592650, *ostescurosrl@yahoo.it, Fax 045 8046635*, prenotare – ▤. ♿ ⓂⒸ VISA. ✗ BZ c
chiuso dal 25 dicembre al 7 gennaio, dal 3 al 26 agosto, domenica e lunedì a mezzogiorno – **Pasto** specialità di mare carta 50/68.
◆ Simpatica atmosfera familiare da trattoria in un frequentato, centrale localino alla moda, che punta sulla freschezza del protagonista dei suoi piatti: il pesce.

X **Antica Trattoria da l'Amelia,** lungadige Rubele 32 ✉ 37121 ☎ 045 8005526, *amelia@trattoriaamelia.com, Fax 045 8041814*, 🏠 – ✗. AE ♿ Ⓓ ⓂⒸ VISA JCB CY h
chiuso domenica e lunedì a mezzogiorno – **Pasto** carta 26/34.
◆ Uno storico locale (dal 1876), di recente rinnovato negli arredi: tre salette e dehors estivo, dove gli habitué sanno di trovare una solida cucina del territorio.

X **Bottega del Vino,** via Scudo di Francia 3 ✉ 37121 ☎ 045 8004535, *info@bottegavini.it, Fax 045 8012273* – ▤. AE ♿ Ⓓ ⓂⒸ VISA JCB CY a
chiuso martedì escluso luglio-agosto – **Pasto** carta 38/50 ₴.
◆ Dal 1890, tipica taverna con mescita vini, intatta negli arredi, dove consumare un pasto tradizionale o fermarsi solo al bar per «attingere» alla notevole cantina.

X **Alla Fiera-da Ruggero,** via Scopoli 9 ✉ 37136 ☎ 045 508808, *ristofiera.luca@libero.it, Fax 045 500861*, 🏠 – ▤. AE ♿ Ⓓ ⓂⒸ VISA JCB 1 km per ③
chiuso dal 10 al 18 agosto e domenica – **Pasto** specialità di mare carta 50/70.
◆ Acquari con astici e altri crostacei e vasche con molluschi vari in uno dei ristoranti ittici più rinomati in città; ambiente curato e solida gestione familiare.

X **San Basilio alla Pergola,** via Pisano 9 ✉ 37131 ☎ 045 520475, *Fax 045 520475*, 🏠 – ♿ ⓂⒸ VISA. ✗ 2 km per ②
chiuso dal 1° al 6 gennaio e dal 16 al 29 settembre – **Pasto** carta 25/32.
◆ Caratteristico l'ambiente in stile campagnolo nelle due sale, con pavimenti in legno e mobili rustici, e semplice, ma curata cucina; piacevole dehors estivo.

X **Hostaria la Poiana,** via Segorte 7, località Poiano ✉ 37030 Poiano di Valpantena ☎ 045 551939, 🏠 – P. ♿ ⓂⒸ VISA. ✗ 3,5 km per via Colonnello Fincato DY
chiuso dal 1° al 15 febbraio, dal 4 al 27 agosto e martedì – **Pasto** specialità calabresi carta 27/35.
◆ Un ambasciatore del profondo sud nel nord-est d'Italia: specialità calabresi e carne alla griglia in un accogliente locale rustico al piano terra di un'antica villa.

X **Al Bersagliere,** via Dietro Pallone 1 ✉ 37121 ☎ 045 8004824, 🏠 – AE ♿ Ⓓ ⓂⒸ VISA JCB. ✗ CZ a
chiuso Capodanno, 1° maggio, Ferragosto e domenica – **Pasto** carta 21/31 ₴.
◆ Una classica trattoria, con le sale precedute dal bar pubblico, la gestione genuina e appassionata e la cucina locale. Buona cantina e piccolo, gradevole, dehors estivo.

a San Massimo all'Adige *(per via San Marco) : 2 km – ✉ 37139 :*

X **Trattoria dal Gal,** via Don Segala 39/b Verona ☎ 045 8903097, *Fax 045 8900966* – ▤ P. ♿ Ⓓ ⓂⒸ VISA. ✗
chiuso dal 30 luglio al 20 agosto, domenica sera e lunedì – **Pasto** carta 24/30.
◆ Madre ai fornelli e figli in sala in questa semplice trattoria in una frazione di Verona; accoglienza cordiale, menù fisso o alla carta, di cucina del territorio.

sulla strada statale 11 via Bresciana :

Elefante, via Bresciana 27 (per ⑤ : *3,5 km)* ✉ 37139 Verona ✆ 045 8903700, *info@hotelelefante.it, Fax 045 8903900* – TV P. AE VISA.
Pasto *(chiuso dal 2 al 29 agosto, sabato sera e domenica)* carta 25/35 – 8 – **10 cam** 67/94 – ½ P 75.
◆ Sulla statale per il lago di Garda, una villetta di campagna trasformata in un piccolo albergo familiare, con atmosfera da casa privata; soluzioni anche per famiglie.

Nuova Cà de l'Ebreo, via Bresciana 48/b (per ⑤ : *4,5 km)* ✉ 37139 Verona ✆ 045 8510240, *bordin@rdnet.it, Fax 045 8510033,* , Rist.e pizzeria – P. AE VISA JCB
chiuso dal 10 al 14 agosto, lunedì sera e martedì – **Pasto** carta 26/37.
◆ Classica cucina veronese, abbinata a vini locali, che gusterete accomodati in sale interne di tono rustico o circondati dagli alberi nel fresco dehors estivo.

a Parona di Valpolicella *per ① : 3,5 km – ✉ 37025 :*

Borghetti, via Valpolicella 47 ✆ 045 942366, *hb@hotelborghetti.com, Fax 045 942367* – TV . AE VISA JCB
Pasto *(chiuso domenica)* 18 – 10 – **42 cam** 60/80 – ½ P 70.
◆ Un edificio di taglio moderno ospita una confortevole risorsa a conduzione familiare, con camere ampie, di buona fattura, ben accessoriate e arredate. Ambiente curato al ristorante; cucina del territorio e ottima scelta di vini.

a San Michele Extra *per ② : 4 km – ✉ 37132 :*

Gardenia, via Unità d'Italia 350 ✆ 045 972122, *info@hotelristorantegardenia.it, Fax 045 8920157* – , rist, TV P. AE VISA.
Pasto *(chiuso dal 24 dicembre al 7 gennaio, sabato a mezzogiorno e domenica)* carta 23/33 – **56 cam** 93/114 – ½ P 75.
◆ Moderna essenzialità, lineare e funzionale, negli interni di una risorsa in comoda posizione vicino al casello autostradale; confortevoli camere ben accessoriate. Raffinata cura della tavola nelle due sale da pranzo.

Holiday Inn Verona, via Unità d'Italia 346 ✆ 045 8952501, *holidayinn.verona@alliancealberghi.com, Fax 045 972677,* , – , cam, TV P – 100. AE VISA JCB. rist
Pasto carta 18/35 – **112 cam** 165,36/197,97.
◆ Nella prima periferia cittadina, confort adeguati agli standard della catena cui appartiene in questa struttura funzionale, ideale per clientela d'affari e di passaggio. Gradevole dehors per servizio ristorante estivo.

in prossimità casello autostrada A 4-Verona Sud *per ③ : 5 km :*

Ibis, via Fermi 11/c ✉ 37135 ✆ 045 8203720, *ibis.verona@accor-hotels.it, Fax 045 8203903* – , cam, TV P – 120. AE VISA JCB. rist
Pasto *(chiuso dal 24 dicembre al 6 gennaio)* carta 28/48 – **145 cam** 150/160 – ½ P 100.
◆ Funzionale e comoda struttura recente che, secondo gli standard della catena, ha camere razionali negli spazi, semplici, ma di buon confort; sale per conferenze.

Sud Point Hotel, via Fermi 13/b ✉ 37135 ✆ 045 8200922, *info@hotelsudpoint.com, Fax 045 8200933* – TV P – 50. AE VISA.
chiuso dal 22 dicembre all'8 gennaio – **Pasto** *(chiuso a mezzogiorno)* (solo per alloggiati) carta 23/33 – **64 cam** 140 – ½ P 85.
◆ Un edificio grigio e rosso di concezione moderna ospita un albergo ben tenuto, ad andamento tradizionale; arredi essenziali nelle stanze; sale convegni.

a Madonna di Dossobuono *per ③ : 8 km – ✉ 37062 Dossobuono :*

Ciccarelli, Via Mantovana 171 ✆ 045 953986, *info@ristoranteciccarelli.it, Fax 045 8649505,* Trattoria di campagna – P. AE VISA JCB.
chiuso dal 17 luglio al 16 agosto e sabato – **Pasto** carta 25/34.
◆ La tradizione regna da sempre sovrana nell'ambiente di informale essenzialità di questa frequentata trattoria di campagna; arrosti e bolliti sono i piatti forti.

VERRAYES *11020 Aosta* 561 E 4 – *1 237 ab. alt. 1 026.*
Roma 707 – Aosta 26 – Moncalieri 108 – Torino 97.

a Grandzon *Sud : 6 km – ✉ 11020 Verrayes :*

Agriturismo La Vrille senza rist, hameau du Grandzon 1 ✆ 0166 543018, *lavrille@tiscali.it,* vallata e dintorni, – P.
6 cam 50/74.
◆ Tipico edificio in pietra e legno, circondato da viti, in posizione elevata e panoramica a qualche chilometro dal paese che è invece circondato dalle montagne. Belle camere.

VERRÈS *11029 Aosta* 561 F 5 *G. Italia – 2 620 ab. alt. 395 – a.s. luglio-agosto.*
Roma 711 – Aosta 38 – Ivrea 35 – Milano 149 – Torino 78.

Chez Pierre con cam, via Martorey 73 ☎ 0125 929376, *dapierre@dapierre.com, Fax 0125 921076,* – rist, AE VISA JCB
Pasto *(chiuso martedì)* carta 45/58 – **12 cam** 60/110 – ½ P 78.
◆ Piatti valdostani e altri più innovativi serviti in curate sale di stile rustico-elegante; piacevoli la veranda in legno e il dehors in giardino per il servizio estivo.

VERUCCHIO *47826 Rimini* 562 K 19 – *8 546 ab. alt. 333.*
Rimini ☎ 0541 678122, Fax 0541 670572.
(maggio-settembre) piazza Malatesta 21 ☎ 0541 670222, iat.verucchio@iper.net, Fax 0541 673266.
Roma 316 – Rimini 19 – Forlì 60 – Ravenna 61.

a Villa Verucchio *Nord-Est : 3 km – ✉ 47827 :*

Agriturismo Le Case Rosse senza rist, via Tenuta Amalia 107 (Ovest : 2 km) ☎ 0541 678123, *info@tenutaamalia.com, Fax 0541 678876,* – AE VISA
6 cam 52/72.
◆ Adiacente ad un campo di golf e con possibilità di gite a cavallo, un'antica casa padronale che conserva le sue caratteristiche originarie; mobili d'epoca negli interni.

VERUNO *28010 Novara* 219 ⑯ – *1 546 ab. alt. 357.*
Roma 650 – Stresa 23 – Domodossola 57 – Milano 78 – Novara 35 – Torino 109 – Varese 40.

L'Olimpia, via Martiri 5 ☎ 0322 830138, *Fax 0322 830138,* prenotare – VISA JCB
chiuso gennaio e lunedì – **Pasto** specialità di mare carta 25/42.
◆ Caldo e accogliente questo locale, che ha una sala al pianterreno tutta rivestita di legno e una tavernetta con volte in mattoni a vista; cucina soprattutto di pesce.

VERZUOLO *12039 Cuneo* 561 I 4 – *6 165 ab. alt. 420.*
Roma 668 – Cuneo 26 – Asti 82 – Sestriere 92 – Torino 58.

La Scala, via Provinciale Cuneo 4 ☎ 0175 85194, *ristorante.lascala@tiscalinet.it, Fax 0175 85194,* prenotare – AE VISA.
chiuso dal 15 al 25 gennaio, dal 15 al 30 agosto e lunedì – **Pasto** specialità di mare carta 24/37.
◆ Classiche sia l'ambientazione, in una saletta con tante piante in vaso, sia le proposte, esclusivamente ittiche e giornaliere, secondo la disponibilità del mercato.

VESCOVADO DI MURLO *Siena* 563 M 16 – *alt. 317 – ✉ 53016 Murlo.*
Roma 233 – Siena 24 – Grosseto 64.

Albergo di Murlo, via Martiri di Rigosecco 1 ☎ 0577 814033, *info@albergodimurlo.com, Fax 0577 814243,* ←, – AE VISA JCB.
marzo-6 novembre – **Pasto** *(chiuso a mezzogiorno)* carta 19/27 – **44 cam** 72/88 – ½ P 60.
◆ Tradizionale hotel a gestione familiare, con piscina, ben tenuto e pulito, offre i confort essenziali; arredi recenti nelle stanze, più moderne quelle nella dépendance. Piatti toscani nell'ampia e luminosa sala del ristorante.

VESUVIO *Napoli* 564 E 25 *G. Italia.*

VETRIOLO TERME *Trento – Vedere Levico Terme.*

VEZZA D'ALBA *12040 Cuneo* 561 H 5 – *2 069 ab. alt. 353.*
Roma 641 – Torino 54 – Asti 30 – Cuneo 68 – Milano 170.

Di Vin Roero, piazza San Martino 5 ☎ 0173 65114, *Fax 0173 658111,* – AE VISA JCB
chiuso lunedì e a mezzogiorno (escluso sabato e domenica) – **Pasto** 15/22 – **4 cam** 42/52 – ½ P 50.
◆ Belle camere, pulite e luminose, all'interno di una risorsa ubicata nella parte alta della località. Gestione cordiale ed affidabile. Per chi cerca calma e relax. Cucina genuina, piatti del territorio gustosi e sostanziosi.

La Pergola, piazza San Carlo 1, località Borgonuovo ☎ 0173 65178, *ristlapergola@supereva.it, Fax 0173 65178,* solo su prenotazione – AE VISA JCB
chiuso dal 15 al 25 agosto, martedì e a mezzogiorno – **Pasto** 39 e carta 34/44.
◆ Evoluzione di una vecchia trattoria di paese in un ristorante elegante: confort e raffinatezza senza rinunciare alla tradizione, neanche nei sapori, anche se personalizzati.

VEZZANO *38070 Trento* 562 D 14 – *1 911 ab. alt. 385 – a.s. dicembre-aprile.*
Vedere *Lago di Toblino★ S : 4 km.*
Roma 599 – Trento 11 – Bolzano 68 – Brescia 104 – Milano 197.

Fior di Roccia, località Lon Nord-Ovest : 2,5 km ✆ 0461 864029, *Fax 0461 340640*, prenotare – P. AE ⓢ ⓓ ⓜ VISA
chiuso domenica sera e lunedì – **Pasto** 30/40 e carta 38/53.
◆ Si respira una cordiale e sana atmosfera familiare in questa casa di stile montano con balconi di legno, dove lo chef-titolare rivisita con estro le tradizioni trentine.
Spec. Gnocchi di polenta con porcini e fonduta di formaggio (settembre-ottobre). Canederlotti alla verza con puzzone di Moena su burro tartufato. Tortino al cioccolato con cuore morbido e salsa alla vaniglia e menta.

Al Vecchio Mulino, via Nazionale 1 (Est : 2 km) ✆ 0461 864277, *Fax 0461 340612*, – rist, P. AE ⓢ ⓓ ⓜ VISA.
chiuso dall'8 al 31 gennaio – **Pasto** carta 28/40.
◆ Situato sulla statale, è davvero un vecchio mulino trasformato in un ristorante di ambiente rustico, con dehors estivo; simpatico il laghetto per la pesca sportiva.

VEZZANO (VEZZAN) *Bolzano* 218 ⑱ ⑲ – *Vedere Silandro.*

I prezzi
Per tutte le precisazioni sui prezzi indicati in questa guida, consultate le pagine introduttive.

VEZZENA (Passo di) *Trento* 562 E 16 – *alt. 1 402.*
Roma 580 – Trento 33 – Milnao 227 – Rovereto 30 – Treviso 120 – Verona 100 – Vicenza 73.

Vezzena, strada dei Forti 2 ✉ 38040 Luserna ✆ 0464 783073, *info@albergovezzena.com, Fax 0464 783167*, ←, , – |‡|, rist, TV P. AE ⓢ ⓓ ⓜ VISA.
chiuso novembre – **Pasto** carta 25/27 – **52 cam** ☕ 64/128 – ½ P 58.
◆ In posizione panoramica nella cornice naturale dell'omonimo passo, è un'accogliente casa di montagna, con confort all'altezza della sua categoria; ampi spazi comuni.

VIADANA *46019 Mantova* 561 H 13 – *16 774 ab. alt. 26.*
Roma 458 – Parma 27 – Cremona 52 – Mantova 39 – Milano 149 – Modena 56 – Reggio nell'Emilia 33.

Europa, vicolo Ginnasio 9 ✆ 0375 780404, *info@hotelristeuropa.it, Fax 0375 780404* – rist, TV P. AE ⓢ ⓓ ⓜ VISA JCB.
chiuso dal 24 dicembre al 6 gennaio ed agosto – **Pasto** al rist. ***Simonazzi*** *(chiuso dal 24 dicembre al 6 gennaio, agosto, sabato a mezzogiorno e domenica sera)* carta 24/37 – **17 cam** ☕ 58/86 – ½ P 58.
◆ Nel centro della località, piccolo albergo a carattere familiare, che offre spazi comuni limitati, ma un confortevole settore notte rinnovato di recente negli arredi. Ampio, luminoso ambiente moderno al ristorante.

VIANO *42030 Reggio nell'Emilia* 562 I 13 – *3 000 ab. alt. 275.*
Roma 435 – Parma 59 – Milano 171 – Modena 35 – Reggio nell'Emilia 22.

La Capannina, via Provinciale 16 ✆ 0522 988526, *info@capannina.net* – P. ⓢ ⓜ VISA.
chiuso dal 24 dicembre al 6 gennaio, dal 17 luglio al 23 agosto, domenica e lunedì – **Pasto** carta 24/31.
◆ Sono trent'anni che la stessa famiglia gestisce questo locale, mantenendosi fedele ad una linea gastronomica che punta sulla tipicità delle tradizioni locali.

VIAREGGIO *55049 Lucca* 563 K 12 *G. Toscana – 58 884 ab. – a.s. Carnevale, Pasqua, 15 giugno-15 settembre e Natale.*
ℹ *viale Carducci 10 ✆ 0584 962233, viareggio@versilia.turismo.toscana.it, Fax 0584 47336.*
Roma 371 ② – La Spezia 65 ① – Pisa 21 ② – Bologna 180 ② – Firenze 97 ② – Livorno 39 ③.
Pianta pagina seguente

Plaza e de Russie, piazza d'Azeglio 1 ✆ 0584 44449, *info@plazaederussie.com, Fax 0584 44031* – |‡| TV – 90. AE ⓢ ⓓ ⓜ VISA. Z t
Pasto al Rist. ***La Terrazza*** carta 39/50 – **47 cam** ☕ 110/262 – ½ P 162.
◆ Il primo albergo di Viareggio nel 1871 rimane ancora il luogo privilegiato da chi cerchi fascino ed eleganza d'epoca uniti a moderni confort: per un soggiorno esclusivo. Grandi vetrate da cui contemplare il panorama nel raffinato roof-restaurant.

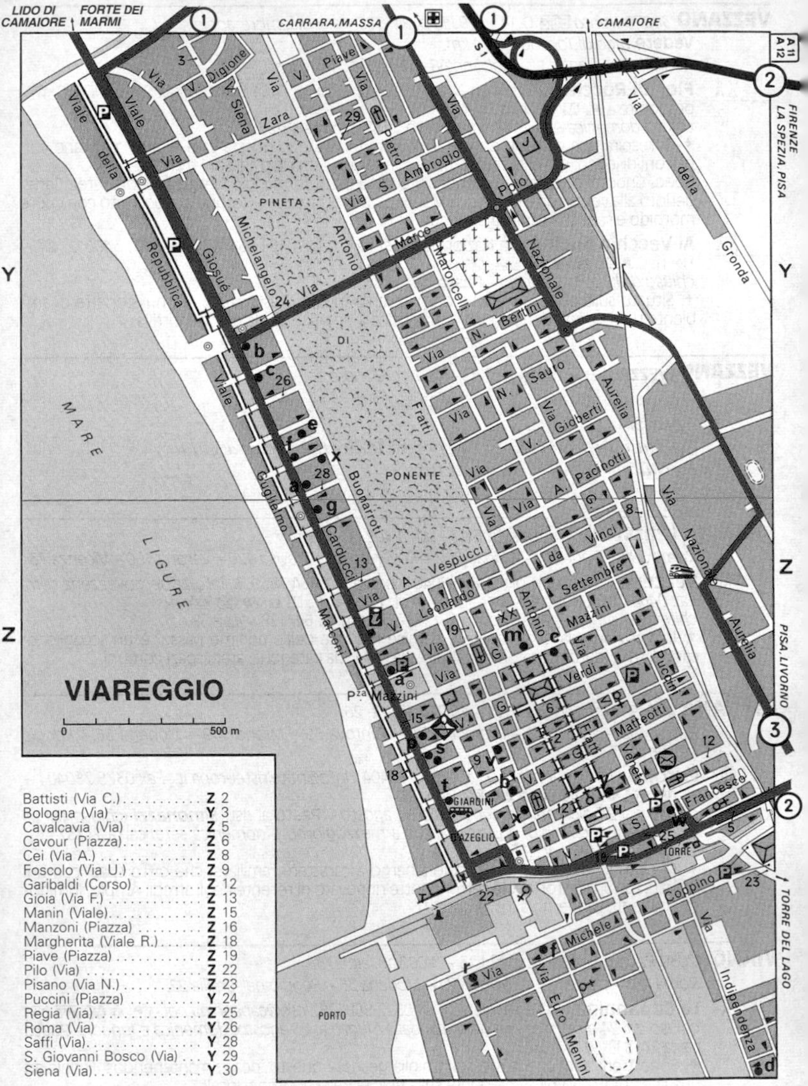

VIAREGGIO

0 — 500 m

Via		
Battisti (Via C.)	Z	2
Bologna (Via)	Y	3
Cavalcavia (Via)	Z	5
Cavour (Piazza)	Z	6
Cei (Via A.)	Z	8
Foscolo (Via U.)	Z	9
Garibaldi (Corso)	Z	12
Gioia (Via F.)	Z	13
Manin (Viale)	Z	15
Manzoni (Piazza)	Z	16
Margherita (Viale R.)	Z	18
Piave (Piazza)	Z	19
Pilo (Via)	Z	22
Pisano (Via N.)	Z	23
Puccini (Piazza)	Y	24
Regia (Via)	Z	25
Roma (Via)	Y	26
Saffi (Via)	Y	28
S. Giovanni Bosco (Via)	Y	29
Siena (Via)	Y	30

Grand Hotel Royal, viale Carducci 44 ℘ 0584 45151, *royal.lu@bestwestern.it, Fax 0584 31438,* – 200. **Z g**
febbraio-ottobre – **Pasto** carta 30/45 – **114 cam** 180/200, 2 suites – ½ P 135.
◆ E' stata ristrutturata negli ultimi anni questa maestosa costruzione con torrette, tipica degli anni '20, che dispone di ampi spazi comuni e di giardino con piscina. Elegante sala ristorante con suggestivi richiami allo stile Liberty.

Excelsior, viale Carducci 88 ℘ 0584 50726, *info@excelsiorviareggio.it, Fax 0584 50729,* – rist **Y b**
aprile-ottobre – **Pasto** carta 31/45 – **83 cam** 103/206, 7 suites – ½ P 110.
◆ Storico albergo degli anni '20, che mantiene in gran parte l'atmosfera della sua epoca; arredi in tono con lo stile liberty della casa in alcune stanze, moderni in altre. Soffitti alti e colonne bianche nell'austera, signorile sala del ristorante.

Astor, viale Carducci 54 ☎ 0584 50301, *reservationsvi@sinahotels.it, Fax 0584 55181*, – 150. AE VISA JCB. Y f
Pasto carta 44/60 – **59 cam** 175/275, 9 suites.
◆ Un edificio anni '70 fronte mare ospita un hotel signorile con attrezzature di buon livello e un ottimo settore notte: ampie camere, sobrie e curate, e bagni rinnovati. Il ristorante offre una spaziosa, sala ben tenuta e una piacevole terrazza con vista mare.

President, viale Carducci 5 ☎ 0584 962712, *info@hotelpresident.it, Fax 0584 963658*, – AE VISA JCB. rist Z a
Pasto *(aprile-ottobre)* (solo per alloggiati) 30/40 – **50 cam** 210/230 – ½ P 149.
◆ Raffinata risorsa di tono in un importante edificio sul lungomare, totalmente ristrutturato negli anni '90; sobrietà nelle camere e bel ristorante panoramico all'attico.

London senza rist, viale Manin 16 ☎ 0584 49841, *london.viareggio@tin.it, Fax 0584 47522* – AE VISA Z s
33 cam 85/140.
◆ In una palazzina in stile liberty, hotel familiare nel tono dell'accoglienza e del servizio, ma curato e ben dotato nel confort delle camere e delle ampie zone comuni.

Villa Tina, via Aurelio Saffi 2 ☎ 0584 44450, *hotelvillatina@tin.it, Fax 0584 44450* – . VISA JCB. rist Y a
febbraio-ottobre – **Pasto** *(giugno-settembre)* (solo per alloggiati) 20/35 – 15 – **12 cam** 110/190, 2 suites – ½ P 105.
◆ Sul lungomare, una villa liberty ristrutturata, con arredi in stile nei confortevoli interni comuni e nelle spaziose camere, ma con accessori moderni nei bagni.

Eden senza rist, viale Manin 27 ☎ 0584 30902, *eden.viareggio@tin.it, Fax 0584 963807* – . AE VISA Z p
42 cam 80/130.
◆ Una struttura di taglio moderno e buona funzionalità, costantemente aggiornata, adatta a clientela sia turistica che di lavoro; mobili di legno chiaro nelle stanze.

Lupori senza rist, via Galvani 9 ☎ 0584 962266, *info@luporihotel.it, Fax 0584 962267* – . AE VISA. Z w
8 – **19 cam** 52/73.
◆ Gestita da 40 anni dalla stessa famiglia, una risorsa con spazi comuni ridotti, ma grandi camere accoglienti: quelle al 2° piano hanno il terrazzo, d'estate attrezzato.

Arcangelo, via Carrara 23 ☎ 0584 47123, *hotelarcangelo@interfree.it, Fax 0584 47314*, – rist, . AE VISA. rist Y x
febbraio-settembre – **Pasto** *(chiuso sino a maggio)* (solo per alloggiati) 20/26 – 7 – **19 cam** 70/94 – ½ P 80.
◆ Ospitalità familiare e intima ambientazione da casa privata in una palazzina d'epoca in posizione tranquilla; piacevole spazio relax all'aperto e camere accoglienti.

Dei Cantieri senza rist, via Indipendenza 72 ☎ 0584 388112, *Fax 0584 388561*, – AE VISA Z d
chiuso dal 20 al 30 novembre – **7 cam** 48/84.
◆ Di fronte alla pineta, due villette d'epoca ristrutturate e in mezzo un giardino, dove d'estate si fa colazione; camere di ottimo livello, superiori alla categoria.

L'Oca Bianca, via Coppino 409 ☎ 0584 388477, *Fax 0584 913023*, – . VISA Z r
chiuso martedì (escluso luglio-agosto) e a mezzogiorno – **Pasto** carta 47/57.
◆ La suggestiva vista del porto attraverso le ampie vetrate di questo locale elegante farà da indovinata cornice alla vostra degustazione di un'impeccabile cucina di pesce.
Spec. Maccheroncini con gallinella e bietola. Filetto di tonno in crosta di semi di sesamo. Filetto d'orata con passata di broccoli e carote.

Il Patriarca, viale Carducci 79 ☎ 0584 53126, *Fax 0584 54240*, prenotare – . AE VISA Y c
chiuso dal 2 al 17 gennaio, dal 2 al 17 novembre, mercoledì e a mezzogiorno dal 15 giugno al 15 settembre – **Pasto** carta 51/90.
◆ Ristorante d'atmosfera dove, in un ambiente caratterizzato da un'avvolgente profusione di elementi decorativi, troverete i tradizionali sapori della terra e del mare.

Romano, via Mazzini 120 ☎ 0584 31382, *info@romanoristorante.it, Fax 0584 426448*, prenotare – . AE VISA JCB. Z m
chiuso dal 7 al al 27 gennaio e lunedì, anche martedì a mezzogiorno in luglio-agosto – **Pasto** carta 50/72.
◆ Due coniugi, lui, che dà il nome al locale, in sala e lei ai fornelli, da 35 anni propongono una cucina di pesce che riscuote immutato successo di critica e di pubblico.

Il Porto, via Coppino 118 ☎ 0584 383878, Coperti limitati; prenotare – . AE VISA. Z f
chiuso dal 20 dicembre al 7 gennaio, dal 15 settembre al 15 ottobre, domenica e lunedì a mezzogiorno – **Pasto** specialità di mare carta 40/50.
◆ Nuova sede per questo ristorante che resta comunque in zona portuale; ambiente arredato semplicemente in cui gustare prodotti ittici preparati in maniera classica.

XX **Pino,** via Matteotti 18 ☎ 0584 961356, *Fax 0584 435442* – ▤. AE ⓢ ⓓ ⓜ VISA. ✂ Z b
chiuso dal 20 dicembre al 20 gennaio, mercoledì e giovedì a mezzogiorno; in luglio-agosto aperto solo la sera – **Pasto** specialità di mare carta 50/80.
◆ E' sardo d'origine il titolare di questo bel locale tradizionale, la cui linea gastronomica è quella tipica marinaresca, con una netta predilezione per i crostacei.

XX **Mirage** con cam, via Zanardelli 12/14 ☎ 0584 32222, *info@hotelmirageviareggio.it, Fax 0584 30348* – |♦| ▤ ▣. AE ⓢ ⓓ ⓜ VISA Z s
chiusodal 7 gennaio a Carnevale – **Pasto** *(chiuso martedì)* carta 31/48 – **16 cam** ☐ 78/125.
◆ In posizione centrale, è un ristorante classico, ma di tono moderno, con affezionata clientela abituale; le proposte sono nazionali e locali, con specialità di pesce.

XX **Il Garibaldino,** via Fratti 66 ☎ 0584 961337, *Fax 0584 961337* – ▤. AE ⓢ ⓓ ⓜ VISA Z y
chiuso a mezzogiorno (escluso sabato-domenica) da giugno a settembre, lunedì e martedì a mezzogiorno negli altri mesi – **Pasto** carta 29/58.
◆ Gestione giovane e dinamica in un locale di tradizione, tra i più vecchi di Viareggio, frequentato da habitué; tradizione anche in cucina, che è quella locale, di mare.

XX **Da Remo,** via Paolina Bonaparte 47 ☎ 0584 48440 – ▤. AE ⓢ ⓓ ⓜ VISA. ✂ Z x
chiuso dal 5 al 25 ottobre e lunedì – **Pasto** carta 35/67.
◆ Conduzione familiare e impostazione classica in un curato ristorante del centro, che propone tradizionali preparazioni di cucina ittica, con prodotti di qualità.

X **Cabreo,** via Firenze 14 ☎ 0584 54643 – ▤. AE ⓢ ⓜ VISA. ✂ Y e
chiuso novembre e lunedì – **Pasto** specialità di mare carta 30/45.
◆ Impostazione classica nelle due luminose sale di questo ristorante, a gestione familiare, che propone i suoi piatti secondo la disponibilità del pescato giornaliero.

X **Da Giorgio,** via Zanardelli 71 ☎ 0584 44493 – ▤. ⓢ ⓓ ⓜ VISA. ✂ Z v
chiuso dal 24 dicembre al 5 gennaio e dal 10 al 20 ottobre – **Pasto** carta 35/58 (10 %).
◆ Dediche di ospiti illustri e quadri alle pareti in una simpatica ambientazione di tono familiare; pesce fresco in esposizione con bella scelta di crostacei.

X **Il Puntodivino,** via Mazzini 229 ☎ 0584 31046, *niste2@virgilio.it, Fax 0584 31046,* Rist. con enoteca, prenotare – ▤. AE ⓢ ⓓ ⓜ VISA Z c
chiuso a mezzogiorno in luglio-agosto – **Pasto** carta 30/40.
◆ Giovane gestione in un ristorante con enoteca: a pranzo piatti del giorno proposti su una lavagna, la sera l'offerta è più ampia e c'è anche il menù degustazione.

Questa Guida non contiene pubblicità a pagamento.

VIAROLO *43010 Parma* 562 H 12 – *alt. 41.*

Roma 465 – Parma 11 – Bologna 108 – Milano 127 – Piacenza 67 – La Spezia 121.

X **Gelmino,** via Cremonese 161 ☎ 0521 605123, *rist.gelmino@libero.it, Fax 0521 392491,* 🏠 – ⊭ ▤ P. AE ⓢ ⓓ ⓜ VISA. ✂
chiuso dal 16 agosto al 3 settembre, domenica sera e lunedì – **Pasto** carta 21/32.
◆ E' molto frequentato da clienti abituali, soprattutto di lavoro, per il piacevole ambiente familiare e la casalinga cucina del territorio; d'estate si mangia all'aperto.

VIBO VALENTIA *89900* P 564 K 30 – *35 339 ab. alt. 476.*

ℹ *via Forgiari ☎ 0963 42008, aptvv@costadei.net, Fax 0963 44318.*
A.C.I. *località Portosalvo S.S. 522 n.1 ☎ 0963 567673.*
Roma 613 – Reggio di Calabria 94 – Catanzaro 69 – Cosenza 98 – Gioia Tauro 40.

🏨 **501 Hotel,** via Madonnella ☎ 0963 43951, *501hotel@501hotel.it, Fax 0963 43400,* ←, ⛱ – |♦| ▤ ▣ ☏ P – 🏛 350. AE ⓢ ⓓ ⓜ VISA. ✂ rist
Pasto carta 30/41 – **121 cam** ☐ 105/146,50 – ½ P 95.
◆ Panoramico, con vista sul golfo di S.Eufemia, un albergo di recente rinnovato, con zone comuni ben distribuite e di confort superiore; tonalità marine nelle belle camere. Rilassanti tinte pastello e ambientazione moderna nella signorile sala ristorante.

XX **La Locanda-Palazzo d'Alcontres** con cam, via Murat 2 ☎ 0963 472669, *info@lalocandadaffina.it, Fax 0963 541025* – ▤ ▣ ☏. AE ⓢ ⓓ ⓜ VISA. ✂
Pasto *(chiuso domenica sera)* carta 40/67 – **6 cam** ☐ 70/130.
◆ All'interno di un palazzo nobiliare del '700, questo locale rimane un punto di riferimento nel panorama della ristorazione cittadina. Grande terrazzo affacciato sul centro.

a Vibo Valentia Marina *Nord : 10 km* – ✉ *89811 :*

🏨 **Cala del Porto,** I Traversa via Roma ☎ 0963 577762, *info@caladelporto.com, Fax 0963 577763* – |♦| ▤ ▣ ☏ ♿ P – 🏛 90. AE ⓢ ⓓ ⓜ VISA JCB. ✂
Pasto vedere rist ***l'Approdo*** – **30 cam** ☐ 85,22/124, 3 suites – ½ P 85,22.
◆ Signorile struttura di recente realizzazione, che dispone di grandi spazi comuni e di un settore notte moderno e dotato di tutti i confort; attrezzature per congressi.

XXX **L'Approdo** - Hotel Cala del Porto, via Roma 22 ☎ 0963 572640, *info@lapprodo.com, Fax 0963 572640,* – . AE VISA JCB.
Pasto carta 37/57.
◆ Indiscutibile la qualità del pesce per una cucina di alto livello, classica e fantasiosa, da gustare in un ambiente di sobria e curata eleganza moderna; dehors estivo.

XX **Maria Rosa,** via Toscana 13/15 ☎ 0963 572538, – . AE VISA.
chiuso dal 15 dicembre al 15 gennaio e lunedì (escluso dal 15 giugno al 15 settembre) – **Pasto** specialità di mare carta 19/31.
◆ In una villetta rosa anni '20, sale interne di semplice essenzialità e una piacevole terrazza per il servizio estivo; i sapori sono prevalentemente quelli del mare.

VICCHIO *50039 Firenze* 563 K 16 *G. Toscana – 7 152 ab. alt. 203.*
Roma 301 – Firenze 32 – Bologna 96.

X **La Casa di Caccia,** località Roti Molezzano Nord 8,5 km ☎ 055 8407629, *info@ristorantelacasadicaccia.com, Fax 055 8407007,* – P. AE VISA
chiuso martedì da ottobre a marzo – **Pasto** carta 33/41 (10%).
◆ Un villino con due gioielli per apprezzare ogni stagione: una splendida terrazza panoramica e un'intima saletta interna riscaldata da uno scoppiettante caminetto.

a Campestri *Sud : 5 km – ✉ 50039 Vicchio :*

Villa Campestri via di Campestri 19/22 ☎ 055 8490107, *villa.campestri@villacampestri.it, Fax 055 8490108,* – TV P. AE VISA. rist
15 marzo-15 novembre – **Pasto** carta 40/56 – **20 cam** 150/180, suite – ½ P 141.
◆ La natura e la storia della Toscana ben si amalgamano in questa villa trecentesca, su un colle in un parco con piscina e maneggio; suggestivi, raffinati interni d'epoca. Elegante ambientazione d'epoca anche nelle sale del ristorante.

VICENO *Verbania* 217 ⑲ – *Vedere Crodo.*

VICENZA *36100* P 562 F 16 *G. Italia – 110 454 ab. alt. 40.*
Vedere *Teatro Olimpico*★★ **BY A** *: scena*★★★ – *Piazza dei Signori*★★ **BYZ34** *: Basilica*★★ **BZ B** *Torre Bissara*★ **BZ C**, *Loggia del Capitanio*★ **BZD** – *Museo Civico*★ **BY M** *: Crocifissione*★★ *di Memling – Battesimo di Cristo*★★ *del Bellini, Adorazione dei Magi*★★ *del Veronese, soffitto*★ *nella chiesa della Santa Corona* **BY E** – *Corso Andrea Palladio*★ **ABYZ** – *Polittico*★ *nel Duomo* **AZ F** – *Villa Valmarana "ai Nani"*★★ *: affreschi del Tiepolo*★★★ *per ④ : 2 km – La Rotonda*★ *del Palladio per ④ : 2 km – Basilica di Monte Berico*★ *:* ★★ *2 km* **BZ.**
18 *Colli Berici (chiuso lunedì) a Brendola ✉ 36040 ☎ 0444 601780, Fax 0444 400777;*
9 *(chiuso dal 24 dicembre al 6 gennaio e dal 1° al 22 agosto) ☎ 0444 340448, Fax 0444 278028, Ovest : 7 km.*
piazza Matteotti 12 ☎ 0444 320854, aptvicenza@ascom.vi.it, Fax 0444 327072 – piazza dei Signori 8 ☎ 0444 544122, Fax 0444 325001.
A.C.I. *viale della Pace 260 ☎ 0444 510501.*
Roma 523 ③ – Padova 37 ③ – Milano 204 ⑤ – Verona 51 ⑤.

Pianta pagina seguente

Jolly Hotel Tiepolo, viale S. Lazzaro 110 ☎ 0444 954011, *vicenza_tiepolo@jollyhotels.it, Fax 0444 966111* – , cam, TV P – 250. AE VISA.
Pasto al Rist. ***Le Muse*** carta 37/52 – **113 cam** 240 – ½ P 160. 2 km per ⑤
◆ Inaugurata nel 2000, risorsa moderna di sobria eleganza, che coniuga funzionalità e confort ad alto livello; spazi comuni articolati e camere ottimamente insonorizzate. Una luminosa sala di signorile ambientazione moderna per il ristorante.

Europa, strada padana verso Verona 11 ☎ 0444 564111, *europa@sogliahotels.com, Fax 0444 564382* – , cam, TV P – 180. AE VISA. rist
Pasto carta 31/42 – **127 cam** 120/200. 2 km per ⑤
◆ Nell'immediata periferia, in zona Fiera, funzionale struttura di taglio moderno, ideale per clientela d'affari e, viste le sue attrezzature, anche congressuale. Toni morbidi e rilassanti nella curata sala ristorante.

Da Porto senza rist, via del Sole ☎ 0444 964848, *hoteldaporto@witcom.com, Fax 0444 964852* – TV P – 150. AE VISA JCB 1 km per ⑥
58 cam 175/181.
◆ Due moderni edifici in vetro e cemento ospitano un confortevole hotel con annesso residence; gli arredi su misura nelle accoglienti camere ne valorizzano gli spazi.

Giardini senza rist, via Giuriolo 10 ☎ 0444 326458, *info@hotelgiardini.com, Fax 0444 326458* – TV P – 30. AE VISA JCB. **BY a**
chiuso dal 23 dicembre al 3 gennaio – **17 cam** 103/129.
◆ Piccolo albergo che, dopo la ristrutturazione, offre soluzioni moderne di buon confort sia nelle zone comuni, ridotte, ma ben articolate, sia nelle lineari camere.

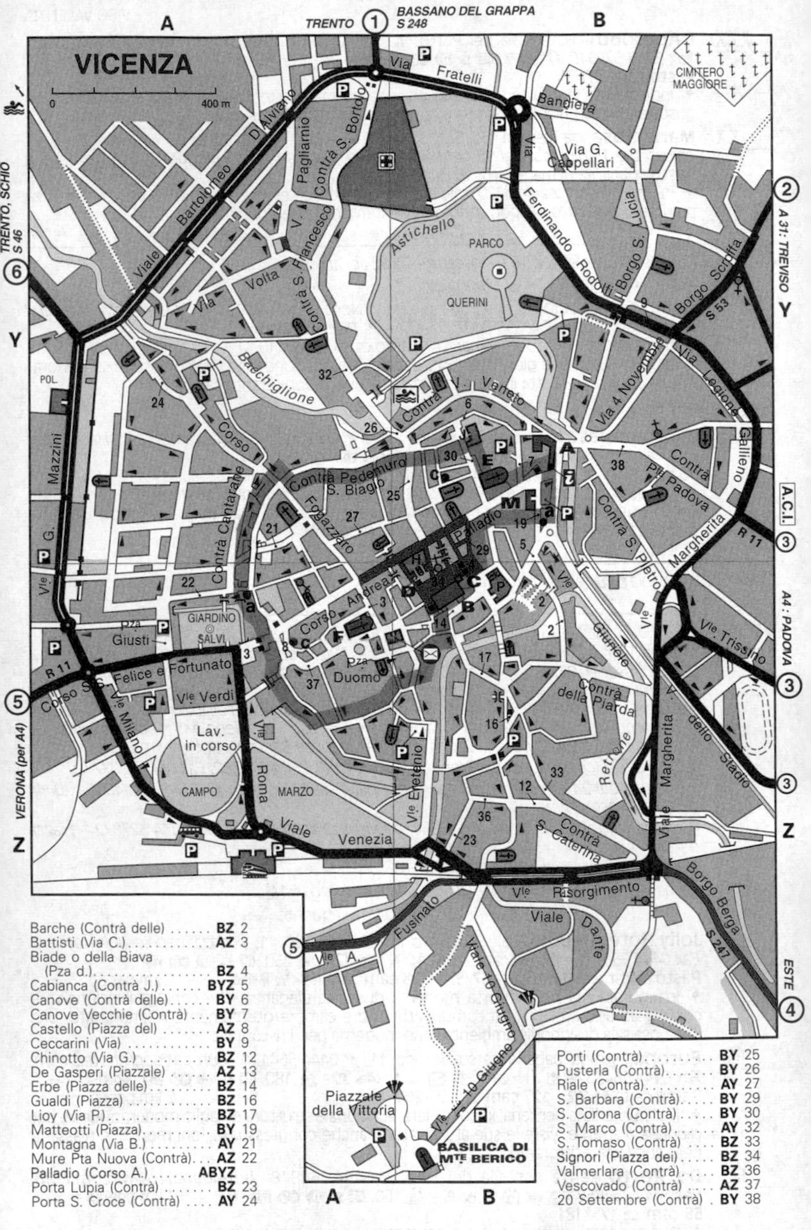

XX **Storione,** via Pasubio 62/64 ☎ 0444 566506, *storione@goldnet.it, Fax 0444 571644,* – P. AE ⑤ ⓪ MC VISA. – 2 km per ⑥
chiuso domenica – **Pasto** specialità di mare carta 36/54.
◆ Il nome fa intuire qual è la linea di cucina, solo di pesce secondo la disponibilità dei mercati ittici; luminosa sala di taglio classico e tono signorile, con veranda.

Antico Ristorante Agli Schioppi, contrà del Castello 26 ✆ 0444 543701, *rist.aglischioppi@libero.it, Fax 0444 543701,* – . AE VISA. AZ c
chiuso dal 1° al 6 gennaio, dal 20 luglio al 15 agosto, sabato sera e domenica – **Pasto** carta 24/32.
◆ Mobili di arte povera nell'ambiente caldo e accogliente di uno storico locale della città, rustico, ma con tocchi di eleganza; la cucina segue le tradizioni venete.

Al Pestello, contrà Santo Stefano 3 ✆ 0444 323721, *al-pestello@libero.it, Fax 0444 323721,* , prenotare – AE VISA JCB BY c
chiuso dal 15 al 30 maggio, dal 1° al 15 ottobre, lunedì a mezzogiorno e domenica – **Pasto** cucina tradizionale veneta carta 18/32.
◆ L'indirizzo giusto per assaporare la vera cucina veneta, e vicentina in particolare, con tanto di menù in dialetto, è questa piccola trattoria con dehors estivo.

Ponte delle Bele, contrà Ponte delle Bele 5 ✆ 0444 320647, *pontedellebele@libero.it, Fax 0444 320647* – . AE VISA JCB. AZ a
chiuso dal 7 al 13 gennaio, dal 2 al 18 agosto e domenica – **Pasto** specialità trentine e sudtirolesi carta 21/30.
◆ Una trattoria tipica, specializzata in piatti trentini e sudtirolesi; l'ambientazione, d'impronta rustica e con arredi di legno chiaro, è in sintonia con la cucina.

in prossimità casello autostrada A 4 - Vicenza Ovest *per ⑤ : 3 km :*

Alfa Fiera Hotel senza rist, via dell'Oreficeria 50 ✉ 36100 ✆ 0444 565455, *info@alfafierahotel.it, Fax 0444 566027,* , – , cam, – 450. AE VISA JCB
90 cam 130/180.
◆ Nei pressi della Fiera, struttura di taglio moderno, che si estende in orizzontale, adatta a clientela di passaggio e congressuale, visto l'attrezzato centro convegni.

in prossimità casello autostrada A 4-Vicenza Est *per ③ : 7 km :*

Viest Hotel, strada Pelosa 241 ✉ 36100 ✆ 0444 582677, *infot@viest.it, Fax 0444 582434,* , – , cam, – 200. AE VISA. rist
Pasto *(chiuso domenica e lunedì a mezzogiorno)* 24/30 – **91 cam** 152/220, 4 suites – ½ P 135.
◆ Affacciata su un grande prato, originale struttura bassa e semicircolare, con camere moderne; ideale per uomini d'affari, anche grazie alla vicinanza del casello autostradale. Molto capiente la luminosa sala da pranzo di tono elegante.

Victoria senza rist, strada padana verso Padova 52 ✉ 36100 ✆ 0444 912299, *info@hotelvictoriavicenza.com, Fax 0444 912570,* , – – 50. AE VISA
123 cam 55/72.
◆ Adiacente ad un centro commerciale, una risorsa di taglio moderno, che offre anche soluzioni in appartamenti; camere spaziose, alcune con un livello di confort elevato.

Da Remo, via Caimpenta 14 ✉ 36100 ✆ 0444 911007, *daremo@tin.it, Fax 0444 911856,* – . VISA JCB
chiuso dal 23 dicembre al 6 gennaio, agosto, domenica sera e lunedì; in luglio anche domenica a mezzogiorno – **Pasto** arta 28/38.
◆ Soffitti con travi a vista nelle sale, di cui una con camino, di un ristorante rustico-signorile in una casa colonica con ampio spazio all'aperto per il servizio estivo.

a Cavazzale *per ① : 7 km – ✉ 36010 :*

Giardinetto, via Roi 71 ✆ 0444 595044, *giardinetto@goldnet.it, Fax 0444 946636* – . AE VISA JCB.
chiuso domenica sera e lunedì – **Pasto** carta 27/44.
◆ Un lungo passato di semplice trattoria e oggi, dopo la ristrutturazione, è un locale originale nello stile e intimo nell'atmosfera, con azzeccati accostamenti di colori.

VICO EQUENSE

80069 Napoli 564 F 25 *G. Italia – 20 386 ab. – a.s. luglio-settembre.*

Dintorni *Monte Faito*★★ : ✻★★★ *dal belvedere dei Capi e* ✻★★★ *dalla cappella di San Michele Est : 14 km.*

via San Ciro 16 ✆ 081 8015752, acst.vicoequense@libero.it, Fax 081 8799351.

Roma 248 – Napoli 40 – Castellammare di Stabia 10 – Salerno 41 – Sorrento 9.

Antica Osteria Nonna Rosa, via privata Bonea 4, località Pietrapiano Est : 2 km ✆ 081 8799055, prenotare – . AE VISA JCB.
chiuso dal 15 luglio al 31 agosto, mercoledì, domenica sera e a mezzogiorno (escluso sabato-domenica) – **Pasto** carta 27/42.
◆ Atmosfera di calda rusticità in un ambiente caratteristico, con numerose suppellettili di cucina, dove troverete piatti casalinghi, tipici, di terra e di mare.

a Marina Equa *Sud : 2,5 km – ✉ 80069 Vico Equense :*

Eden Bleu, via Murrano 17 ✆ 081 8028550, *edenbleuhotel@libero.it, Fax 081 8028574* – TV P. AE VISA JCB. rist
aprile-ottobre – **Pasto** 12/17 – **15 cam** 110/140 – ½ P 85.
◆ Piccola, ma graziosa risorsa, a gestione familiare, situata a pochi metri dal mare, dispone di stanze funzionali e pulite e di appartamenti per soggiorni settimanali. Ambientazione di stile moderno nell'accogliente sala da pranzo.

Torre del Saracino, via Torretta 9 ✆ 081 8028555, *Fax 081 8028555,* , prenotare – P. AE VISA JCB
chiuso gennaio o febbraio, domenica sera e lunedì – **Pasto** specialità di mare carta 45/65.
◆ Qui un giovane chef-titolare interpreta e rielabora con estro piatti campani, soprattutto a base di pesce freschissimo; piacevoli d'estate le piccole terrazze sul mare.
Spec. Come una zuppa di pesce. Risotto con dentice e finocchietto selvatico, salsa all'arancia. San Pietro con cous cous di verdure e salsa di pesto trapanese (primavera-estate).

sulla strada statale 145 Sorrentina :

Capo la Gala , strada Statale Sorrentina 145 Km 14,500 ✆ 081 8015758, *info@capolagala.com, Fax 081 8798747,* ≤ mare, , , , – TV P. AE VISA.
aprile-ottobre – **Pasto** carta 37/50 (15 %) – **18 cam** 115/170 – ½ P 115.
◆ Ben «mimetizzato» tra le rocce e la vegetazione, panoramico albergo sulla scogliera, con ampi spazi esterni per godersi sole e mare; mobili in midollino nelle camere. Sala ristorante dalle rustiche pareti con pietre a vista e veduta del paesaggio marino.

Mega Mare senza rist, località Punta Scutolo Ovest : 4,5 km ✉ 80069 ✆ 081 8028494, *megamare@tiscalinet.it, Fax 081 8028777,* – TV P. AE VISA
29 cam 90/140.
◆ Hotel realizzato negli anni '90 in eccezionale posizione panoramica a picco sul mare; mobili artigianali e piastrelle di Vietri nelle camere, tutte con balcone e vista.

a Moiano *Sud-Est : 8 km – ✉ 80060 :*

Agriturismo La Ginestra , località Santa Maria del Castello Sud : 2,5 km ✆ 081 8023211, *info@laginestra.org, Fax 081 8023211,* ≤, , – TV P. VISA JCB
Pasto (chiuso lunedì) 19/21 – **8 cam** 60/90 – ½ P 45.
◆ In una verde cornice di alberi, sotto le alte cime del Monte Faito, una risorsa ben tenuta e gestita con garbo, che dispone di ampi spazi e belle camere ben accessoriate. Gradevole terrazza per pasti estivi.

VICOMERO *Parma – Vedere Torrile.*

VIDICIATICO *Bologna* 563 J 14 – *Vedere Lizzano in Belvedere.*

Per i vostri viaggi d'affari o di turismo,
La Guida MICHELIN : EUROPA.

VIESTE *71019 Foggia* 564 B 30 *G. Italia – 13 514 ab. – a.s. luglio-13 settembre.*
Vedere ≤★ *sulla cala di San Felice dalla Testa del Gargano Sud : 8 km.*
Escursioni *Strada panoramica★★ per Mattinata Sud-Ovest.*
per le Isole Tremiti giugno-settembre giornaliero (1 h) – Adriatica di Navigazione-agenzia Gargano Viaggi, piazza Roma 7 ✆ 0884 708501, Fax 0884 707393.
piazza Kennedy ✆ 0884 708806.
Roma 420 – Foggia 92 – Bari 179 – San Severo 101 – Termoli 127.

Degli Aranci, piazza Santa Maria delle Grazie 10 ✆ 0884 708557, *info@hotelaranci.it, Fax 0884 707326,* , – TV P – 250. AE VISA.
Pasto *(aprile-ottobre)* 25/30 – **121 cam** 162/195 – ½ P 140.
◆ Poco lontano dal mare, un complesso di recente potenziato e rinnovato, che in ambienti signorili offre servizi e funzionalità di qualità e buon livello; centro congressi. La ristorazione dispone di ampi, curati spazi di taglio classico, anche per banchetti.

Seggio , via Veste 7 ✆ 0884 708123, *hotel.seggio@tiscali.it, Fax 0884 708727,* ≤, , – TV . AE VISA.
aprile-ottobre – **Pasto** carta 27/37 – **30 cam** 94/130 – ½ P 57.
◆ Particolare l'ubicazione di questo accogliente albergo, in pieno centro, ma sul bordo del costone di roccia della penisola, quindi a picco sul mare; ospitalità curata. Caratteristico ambiente di tono rustico, con pietre a vista, nell'informale sala da pranzo.

Svevo via Fratelli Bandiera 10 ☎ 0884 708830, *hotelsvevo@tiscalinet.it, Fax 0884 708830*, ← – ▤ 📺 🅿. AE 🅒 VISA.
30 maggio-15 ottobre – **Pasto** *(giugno-settembre)* (solo per alloggiati) – **30 cam** ☕ 145 – ½ P 80.
◆ Dispone di una panoramica terrazza-solarium con piscina questa tranquilla risorsa, che prende il nome dal vicino Castello di Federico; lineari e ben tenuti gli interni.

Punta San Francesco senza rist, via San Francesco 2 ☎ 0884 701422, *scalanim@tiscalinet.it, Fax 0884 701424* – ▤ 📺. AE 🅒 VISA JCB
chiuso dal 10 gennaio al 20 febbraio – **14 cam** ☕ 70/110.
◆ A pochi metri dall'omonimo capo, un hotel ristrutturato in anni recenti, che offre camere «fresche» e graziose e una terrazza-solarium con splendida vista sul mare.

Al Dragone, via Duomo 8 ☎ 0884 701212, *ristorantedragone@tiscalinet.it, Fax 0884 701212* – ▤. AE 🅒 VISA.
aprile-21 ottobre; chiuso martedì in aprile-maggio e ottobre – **Pasto** carta 27/42 (10 %).
◆ In pieno centro, è un simpatico ristorante ricavato all'interno di una suggestiva e fresca grotta naturale; piatti della tradizione pugliese e discreta carta dei vini.

a Lido di Portonuovo *Sud-Est : 5 km – ✉ 71019 Vieste :*

Gargano, ☎ 0884 700911, *hotelgargano@viesteonline.it, Fax 0884 700912*, ←, – 🅿. AE 🅒 VISA JCB. rist
aprile-settembre – **Pasto** (solo per alloggiati) – **76 cam** ☕ 97/160 – ½ P 100.
◆ Sulla litoranea, immerso nel verde, a pochi passi dal mare in una bella insenatura, albergo confortevole, con spiaggia privata e piscina; lineari le camere, rinnovate.

Le pagine dell'introduzione vi aiuteranno ad utilizzare meglio la vostra Guida Michelin.

VIGANÒ *23897 Lecco* 219 ⑲ – *1 772 ab. alt. 395.*
Roma 607 – Como 30 – Bergamo 33 – Lecco 20 – Milano 38.

Pierino Penati, via XXIV Maggio 36 ☎ 039 956020, *ristorante@pierinopenati.it, Fax 039 9211400*, – 🅿 – 50. AE 🅒 VISA.
chiuso dal 2 all'11 gennaio, dal 2 al 23 agosto, domenica sera e lunedì – **Pasto** carta 44/76.
◆ Creatività al punto giusto, che ha solidi legami con la tradizione, nei piatti di un locale elegante, cinto da un rigoglioso giardino; bella la veranda immersa nel verde.
Spec. Pressata di sarde, fagiolini, ricotta e vinaigrette di patate. Ravioli ripieni di pomodoro e mozzarella di bufala, alici marinate. Manzo cotto a lungo con olio extravergine, tortino di cipolla bianca.

VIGANO *Milano* 561 F 9 – *Vedere Gaggiano.*

VIGARANO MAINARDA *44049 Ferrara* 562 H 16 – *6 539 ab. alt. 11.*
Roma 424 – Bologna 52 – Ferrara 13 – Modena 65 – Rovigo 45.

Antico Casale senza rist, via Rondona 11/1 ☎ 0532 737026, *reception@hotelanticocasale.it, Fax 0532 737026* – ▤ 📺 🅿. AE 🅒 VISA
chiuso dal 1° al 20 agosto – **17 cam** ☕ 75/100.
◆ Un vecchio casale di campagna, sapientemente ristrutturato, divenuto ora un accogliente albergo; all'interno curati ambienti in stile rustico e camere lineari.

VIGEVANO *27029 Pavia* 561 G 8 *G. Italia – 59 435 ab. alt. 116.*
Vedere *Piazza Ducale★★.*
(chiuso martedì) ☎ 0381 346628, Fax 0381 346091, Sud-Est : 3 km.
c/o Municipio - Corso Vittorio Emanuele 29 ☎ 0381 299282.
A.C.I. *viale Mazzini 40/42 ☎ 0381 78032/7.*
Roma 601 – Alessandria 69 – Milano 35 – Novara 27 – Pavia 37 – Torino 106 – Vercelli 44.

I Castagni, via Ottobiano 8/20 (Sud : 2 km) ☎ 0381 42860, *ristoranteicastagni@libero.it, Fax 0381 346232*, Coperti limitati; prenotare, – ▤ 🅿. AE 🅒 VISA.
chiuso una settimana in gennaio, tre settimane in agosto, domenica sera, lunedì e martedì a mezzogiorno – **Pasto** carta 34/52.
◆ Un locale di calda, curata eleganza e due coniugi, lei in sala con garbo professionale, lui in cucina con intelligente vena creativa: il risultato finale non vi deluderà.
Spec. Millefoglie di fegato grasso, petto d'anatra, confettura di pomodori verdi, scaloppa calda e vincotto al lampone. Lasagna di pasta di castagne con ricotta e verdure (inverno). Filetto di storione in guanciale con crema di patate e caviale sevruga (primavera).

XX **Da Maiuccia,** via Sacchetti 10 ☎ 0381 83469, *Fax 0381 83469*, prenotare – ▤. AE ⑤ ⓪ ⓂⒸ VISA JCB
chiuso dal 24 al 30 dicembre, agosto, domenica sera e lunedì – **Pasto** specialità di mare carta 27/57.
◆ Il pesce fresco in esposizione all'ingresso è una presentazione invitante per questo frequentato ristorante signorile, totalmente rimodernato nel 2000.

VIGGIANELLO *85040 Potenza* 564 H 30 – *3 583 ab. alt. 500.*

Roma 423 – Cosenza 130 – Lagonegro 45 – Potenza 135.

Parco Hotel Pollino, via Marcaldo ☎ 0973 664018, *hotel@tbridge.net*, *Fax 0973 664019*, ≘s, ⛱, %, – |‡| TV P – 🔔 150. ⑤ ⓪ ⓂⒸ VISA. ✽
Pasto 13/21 – ☕ 4 – **40 cam** 34/62 – ½ P 44.
◆ Ampie sia le camere sia le zone comuni di una struttura recente, con una buona offerta di servizi (tra cui sauna e piscina); possibilità di escursioni nel Pollino.

VIGNOLA *41058 Modena* 562 I 15 – *20 944 ab. alt. 125.*

Roma 398 – Bologna 43 – Milano 192 – Modena 22 – Pistoia 110 – Reggio nell'Emilia 47.

X **La Bolognese,** via Muratori 1 ☎ 059 771207 – ▤. AE ⑤ ⓪ ⓂⒸ VISA
chiuso agosto, venerdì sera e sabato – **Pasto** carta 21/27.
◆ E' ormai uno storico punto di riferimento in zona questa trattoria, qui da 50 anni e con la stessa gestione familiare; paste fresche e carni arrosto sono le specialità.

VIGO DI CADORE *32040 Belluno* 562 C 19 – *1 675 ab. alt. 951.*

(giugno-15 settembre) via Cardinal Piazza 14 c/o Municipio ☎ 0435 77058.
Roma 658 – Cortina d'Ampezzo 46 – Belluno 57 – Milano 400 – Venezia 147.

Sporting 🐎, via Fabbro 32, a Pelos ☎ 0435 77103, *Fax 0435 77103*, ≤, ⛱ riscaldata, 🌳 – TV P. ✽
15 giugno-15 settembre – **Pasto** carta 20/28 – ☕ 10,36 – **24 cam** 51,64/92,96 – ½ P 67,14.
◆ Ospitalità semplice e famillare in un albergo solo estivo, in posizione soleggiata e tranquilla, con camere dignitose e pulite, alcune con arredi nuovi. Ambientazione di stile montano, con pareti di perlinato chiaro e camino, nella sala ristorante.

VIGO DI FASSA *38039 Trento* 562 C 17 *G. Italia – 1 051 ab. alt. 1 342 – a.s. 28 gennaio-11 marzo e Natale – Sport invernali : 1 390/2 000 m 1 5 (Comprensorio Dolomiti superski Val di Fassa)* ⛷.

via Roma 18 ☎ 0462 764093, infovigo@fassa.com, Fax 0462 764877.
Roma 676 – Bolzano 36 – Canazei 13 – Passo di Costalunga 9 – Milano 334 – Trento 94.

Park Hotel Corona, via Dolomiti 8 ☎ 0462 764211, *info@hotelcorona.com*, *Fax 0462 764777*, ≤, Centro benessere, Ⅰ₅, ≘s, ⛱, 🌳, % – |‡|, ⇆ TV 🚗 P. AE ⑤ ⓂⒸ VISA. ✽
18 dicembre-25 aprile e 21 giugno-5 ottobre – **Pasto** (solo per alloggiati) 25/35 – **60 cam** ☕ 102/165, 10 suites – ½ P 135.
◆ E' un'istituzione locale questo elegante hotel di origini ottocentesche; tradizione, confort all'altezza della categoria e un centro sport e salute di notevole ampiezza.

Olympic, via Dolomiti 10, località San Giovanni ☎ 0462 764225, *h.olympic@tin.it*, *Fax 0462 764636*, ≤, Ⅰ₅, ≘s, 🌳 – |‡|, ⇆ rist, TV P. ✽
chiuso giugno e dal 15 ottobre a novembre – **Pasto** *(chiuso lunedì a mezzogiorno)* carta 22/30 – **26 cam** ☕ 78/120 – ½ P 72.
◆ Accoglienza simpatica e cortese in una comoda risorsa, con spazi comuni ben distribuiti, centro relax e giardino; luminose e molto confortevoli le camere tipo «suite». Calda e piacevole sala da pranzo con stube.

Catinaccio, piazza J.B.Massar 4 ☎ 0462 764209, *info@albergocatinaccio.com*, *Fax 0462 763712*, ≤, ≘s – |‡|, ⇆ rist, TV 🚗 P. ✽
dicembre-aprile e giugno-settembre – **Pasto** carta 18/24 – **22 cam** ☕ 90/120 – ½ P 75.
◆ In panoramica posizione centrale, un albergo di buon livello, a gestione familiare, con interni, sia zone comuni che camere, nel classico, solido stile tirolese. Confortevole sala ristorante.

Andes, piazza Europa ☎ 0462 764575, *info@hotelandes.com*, *Fax 0462 764598*, ≤, Ⅰ₅, ≘s – |‡|, ⇆ rist, TV 🚗 P. ⑤ ⓪ ⓂⒸ VISA. ✽
chiuso maggio e novembre – **Pasto** *(chiuso lunedì in bassa stagione)* carta 19/25 – ☕ 7,75 – **31 cam** 60/104 – ½ P 75.
◆ Nel centro della località, vicino alla funivia del Catinaccio, ospitalità curata in una struttura con buona offerta di servizi; moderno centro estetico e relax. Due accoglienti sale ristorante di taglio classico.

Millennium, via Dolomiti 2, località San Giovanni Est : 1 km ☎ 0462 764155, *hotel.millennium@tiscalinet.it, Fax 0462 762091* – |‡|, ⇔ rist, TV ♿ P. AE VISA. ✂ rist
dicembre-marzo e maggio-ottobre – **Pasto** 15/18 – **10 cam** ☐ 54,22/82,62 – ½ P 60.
◆ Sembra quasi una casetta delle fate questo grazioso hotel, nato nel 1998, con begli interni confortevoli, dove domina il legno antichizzato in tipico stile montano. Il ristorante offre piatti nazionali e locali in una sala rifinita in legno.

a Vallonga *Sud-Ovest : 2,5 km – ✉ 38039 Vigo di Fassa :*

Millefiori, via Carezza 10 ☎ 0462 769000, *hotelmillefiori@fassaweb.net, Fax 0462 769000,* ≤ Dolomiti e pinete, – ⇔ rist, TV P. AE VISA. ✂ rist
chiuso dal 20 giugno al 1° luglio e dal 4 novembre al 4 dicembre – **Pasto** carta 14/20 – **14 cam** ☐ 31/59 – ½ P 52.
◆ La vista dei monti, la quiete e il sole certo non vi mancheranno in questa piccola risorsa, che dispone di accoglienti camere con arredi di abete in stile montano. Sala da pranzo di ambientazione rustica; servizio estivo in terrazza.

a Tamion *Sud-Ovest : 3,5 km – ✉ 38039 Vigo di Fassa :*

Gran Mugon , strada de Tamion 3 ☎ 0462 769108, *granmugon@infinito.it, Fax 0462 769108,* ≤ Dolomiti, – ⇔ rist, TV P. VISA. ✂
20 dicembre-24 aprile e 15 giugno-15 ottobre – **Pasto** (solo per alloggiati) – **21 cam** ☐ 57/100 – ½ P 62.
◆ La tranquillità dell'ubicazione è il punto di forza di questo piacevole albergo familiare, per una vacanza tutta a contatto con la natura; arredi in legno nelle stanze.

Le nostre guide alberghi e ristoranti, le nostre guide turistiche e le nostre carte stradali sono complementari. Utilizzatele insieme.

VILLA *Brescia – Vedere Gargnano.*

VILLA ADRIANA *Roma* 563 Q 20 – *Vedere Tivoli.*

VILLA BANALE *Trento – Vedere Stenico.*

VILLABASSA (NIEDERDORF) *39039 Bolzano* 562 B 18 – *1 341 ab. alt. 1 158 – Sport invernali : Vedere Dobbiaco (Comprensorio Dolomiti superski Alta Pusteria).*
piazza Von Kurz 5 (Palazzo del Comune) ☎ 0474 745136, info@villabassa.it, Fax 0474 745283.
Roma 738 – Cortina d'Ampezzo 36 – Bolzano 100 – Brunico 23 – Milano 399 – Trento 160.

Aquila-Adler, piazza Von Kurz 3 ☎ 0474 745128, *info@hoteladler.com, Fax 0474 745278,* – |‡| TV P. AE VISA. ✂ rist
chiuso dal 5 novembre al 18 dicembre ed aprile – **Pasto** carta 34/48 – **47 cam** ☐ 76/136 – ½ P 79.
◆ Residenza nobiliare e locanda già nel '600, una bella struttura nella piazza principale, con interni di raffinata ambientazione d'epoca; ottime le camere più recenti. Piccole sale tipo stube per gustare una cucina locale e stagionale.

VILLA D'ADDA *24030 Bergamo* 561 E 10 – *4 015 ab. alt. 286.*
Roma 617 – Bergamo 24 – Como 40 – Lecco 22 – Milano 49.

La Corte del Noce, via Biffi 8 ☎ 035 792277, *mail@lacortedelnoce.it, Fax 035 790311,* – P. AE VISA. ✂
chiuso dal 7 al 18 gennaio, dal 18 agosto al 3 settembre e lunedì – **Pasto** carta 39/57.
◆ In un complesso settecentesco di solido aspetto rurale, curata sala con caminetto e dehors per il servizio estivo all'ombra del grande noce che dà il nome al locale.

VILLA D'ALMÈ *24018 Bergamo* 561 E 10 – *6 485 ab. alt. 289.*
Roma 601 – Bergamo 14 – Lecco 31 – Milano 58.

Osteria della Brughiera, via Brughiera 49 ☎ 035 638008, *s.arrigoni@labrughiera.com, Fax 035 635448,* , prenotare, – P. AE VISA. ✂
chiuso dal 1° al 7 gennaio, dal 10 al 31 agosto, lunedì e martedì a mezzogiorno – **Pasto** carta 53/76.
◆ Colori e originalità d'idee (c'è pure un pianoforte d'epoca) in un elegante locale rustico, la cui cucina coniuga Toscana, mare e creatività; servizio estivo in giardino.
Spec. Fichi, funghi e foie gras (estate). Branzino arrostito con pomodoro all'acqua di mare. Passata di frutta, passiflora e sorbetto.

VILLA DI CHIAVENNA *23029 Sondrio* 561 C 10, 218 ⑭ – *1 120 ab. alt. 625.*
Roma 692 – Sondrio 69 – Chiavenna 8 – Milano 131 – Saint Moritz 41.

XX ✿ **Lanterna Verde,** frazione San Barnaba 7 (Sud-Est : 2 km) ✆ 0343 38588, *lanver@tin.it, Fax 0343 40749,* – P. AE S MC VISA JCB. ✂
chiuso dal 20 al 30 giugno, dal 10 al 30 novembre, mercoledì e giovedì a mezzogiorno, solo mercoledì in luglio-agosto – **Pasto** carta 30/50.
◆ Superato un torrente, ecco nel verde la grande casa dove, in una sala con soffitto di legno e affreschi contemporanei, gusterete variazioni creative su temi tradizionali.
Spec. Trittico di trota. Cannelloni di grano saraceno al bitto su letto di spinaci e salsa di patate alla salvia. Sella di maialino da latte al forno con verdure caramellate al balsamico stravecchio.

VILLA DI PITECCIO *Pistoia* 563 K 14 – *Vedere Pistoia.*

VILLAFRANCA DI VERONA *37069 Verona* 562 F 14 – *29 218 ab. alt. 54.*
località Casella 32-Pozzomoretto ✆ 045 6303341, Fax 045 6303341.
Valerio Catullo ✆ 045 8095666, Fax 045 8095706.
Roma 483 – Verona 19 – Brescia 61 – Mantova 22 – Vicenza 70.

XXX **Antica Ca' 21,** via Quadrato 21 ✆ 045 6304079, *ca21@ristoranteca21.com, Fax 045 6303746,* , Coperti limitati; prenotare – P. AE S MC VISA JCB
chiuso dall'11 al 17 agosto e domenica – **Pasto** carta 24/35.
◆ Raffinatezza nell'arredamento e fedeltà alle tradizioni venete, anche rivisitate, in un centrale ristorante di ambiente signorile, con servizio estivo all'aperto.

a Dossobuono *Nord-Est : 7 km – ✉ 37062 :*

XX **Cavour,** via Cavour 40 ✆ 045 513038, *Fax 045 8600595,* – P. AE S MC VISA. ✂
chiuso dal 10 al 24 agosto, domenica da giugno ad agosto, mercoledì negli altri mesi – **Pasto** carta 29/37.
◆ Si entra in un edificio storico con insegna in ferro battuto, ci si accomoda in un'ampia sala classica e si sceglie tra proposte tipiche del territorio.

VILLAFRANCA IN LUNIGIANA *54028 Massa-Carrara* 563 J 11 – *4 644 ab. alt. 131.*
Roma 420 – La Spezia 31 – Parma 88.

a Mocrone *Nord-Est : 4 km – ✉ 54028 Villafranca in Lunigiana :*

X **Gavarini** con cam, via Benedicenti 50 ✆ 0187 495504, *info@locandagavarini.it, Fax 0187 495790,* – rist, TV P. AE S MC VISA
chiuso dal 7 al 30 novembre – **Pasto** *(chiuso mercoledì escluso agosto)* carta 21/28 – **6 cam** 50/80 – ½ P 60.
◆ In un giardino fiorito, una vecchia osteria di tradizione, rinnovata con impronta classica, per gustare piatti tipici della Lunigiana; camere nuove e confortevoli.

VILLAFRATI *Palermo* 565 N 22 – *Vedere Sicilia alla fine dell'elenco alfabetico.*

VILLANOVA *Bologna* 563 I 16 – *Vedere Bologna.*

VILLANOVAFORRU *Cagliari* 566 I 8 – *Vedere Sardegna alla fine dell'elenco alfabetico.*

VILLA REY *Cagliari – Vedere Sardegna (Castiadas) alla fine dell'elenco alfabetico.*

Scriveteci...
Le vostre critiche e i vostri apprezzamenti saranno esaminati con la massima attenzione.
Verificheremo personalmente gli esercizi che ci vorrete segnalare
Grazie per la collaborazione !

VILLAR FOCCHIARDO *10050 Torino* 561 G 3 – *alt. 450.*
Roma 703 – Torino 42 – Susa 16.

XX **La Giaconera,** via Antica di Francia 1 ✆ 011 9645000, *lagiaconera@libero.it, Fax 011 9645143* – P. AE VISA.
chiuso agosto, lunedì e martedì – **Pasto** 32.
◆ In un'antica locanda del seicento per viandanti diretti in Francia, un locale dagli interni signorili, arredati in stile; moderne rivisitazioni di cucina del territorio.

VILLA ROSA *Teramo* 563 N 23 – *Vedere Martinsicuro.*

VILLA SAN GIOVANNI *89018 Reggio di Calabria* 564 M 28 *G. Italia – 12 420 ab. alt. 21.*
Escursioni *Costa Viola★ a Nord per la strada S 18.*
per Messina giornalieri (20 mn) – Società Caronte, via Marina 30 ✆ 0965 793131, Fax 0965 793128 e Ferrovie Stato, piazza Stazione ✆ 0965 758241.
Roma 653 – Reggio di Calabria 14.

Gd H. De la Ville, via Umberto Zanotti Bianco 44 ✆ 0965 795600, *info@hoteldelaville.com, Fax 0965 795640*, Centro benessere, – cam, P – 180. AE VISA.
Pasto 37 – **48 cam** 125, 8 suites – ½ P 72,50.
◆ Per una clientela per lo più d'affari, struttura di taglio moderno, che offre servizi e confort all'altezza della sua categoria; accessoriate camere di livello superiore. Ambiente signorile nel ristorante d'impostazione classica.

X **Vecchia Villa Antica Osteria,** via Garibaldi 104 ✆ 0965 751125, *Fax 0965 795670*, Rist. e pizzeria – VISA JCB
chiuso luglio, agosto e mercoledì – **Pasto** carta 20/33.
◆ In centro, vicino all'imbarco per la Sicilia, una familiare e accogliente trattoria di lunga tradizione per gustare, oltre alle pizze, la verace cucina calabrese.

a Santa Trada di Cannitello *Nord-Est : 5 km* – *89018 Villa San Giovanni :*

Altafiumara , ✆ 0965 759804, *info@altafiumarahotel.it, Fax 0965 759566*, mare e costa, , – cam, P – 120. AE VISA JCB rist
Pasto carta 50/65 – **127 cam** 284, 5 suites.
◆ Grande proprietà, a picco sul mare, in cui domina la fortezza borbonica di fine Settecento all'interno della quale sono state ricavate le camere. Disponibili anche villini. Ristorante elegante, servizio adeguato.

I prezzi del pernottamento e della pensione possono subire aumenti in relazione all'andamento generale del costo della vita ; quando prenotate chiedete la conferma del prezzo.

VILLA SANTINA *33029 Udine* 562 C 20 – *2 184 ab. alt. 363.*
Roma 692 – Udine 55 – Cortina D'Ampezzo 93 – Villach 99.

X **Vecchia Osteria Cimenti** con cam, via Cesare Battisti 1 ✆ 0433 750491, *vecchiaosteria@libero.it, Fax 0433 750491*, – P. AE VISA JCB
chiuso dal 1° al 6 dicembre e dal 1° al 7 luglio – **Pasto** *(chiuso lunedì)* carta 23/32 – **8 cam** 57/82 – ½ P 71,50.
◆ Un ambiente tipo «osteria» dal confort semplice, una saletta più curata e camere ampie, con angolo cottura, per singole notti o formula residence; cucina friulana.

VILLASIMIUS *Cagliari* 566 J 10 – *Vedere Sardegna alla fine dell'elenco alfabetico.*

VILLASTRADA *46030 Mantova* 561 H 13 – *alt. 22.*
Roma 461 – Parma 40 – Verona 74 – Mantova 33 – Milano 161 – Modena 58 – Reggio nell'Emilia 38.

X **Nizzoli,** via Garibaldi 18 ✆ 0375 838066, *nizzoli@spiderlink.it, Fax 0375 899991* – AE VISA.
chiuso dal 24 al 29 dicembre e mercoledì – **Pasto** carta 30/39.
◆ Sale tappezzate di ritratti di celebrità e atmosfera conviviale in un ristorante tipico di cucina padana; tra i prodotti locali, rane e lumache la fanno da padrone.

VILLA VERUCCHIO *Rimini* 562 J 19 – *Vedere Verucchio.*

VILLA VICENTINA *33059 Udine* 562 D 21 – *1 331 ab. alt. 11.*

Roma 619 – Udine 40 – Gorizia 28 – Trieste 45 – Venezia 120.

Ai Cjastinars, borgo Pacco 1, strada statale 14 (Sud : 1 km) ✆ 0431 970282, *cjastin@wave net.it, Fax 0431 969037,* – TV & P – 40. AE VISA JCB.
Pasto *(chiuso venerdì)* carta 22/38 – **15 cam** 58/94 – ½ P 68.
◆ Esperta gestione familiare per un funzionale albergo sorto nel 1995, ideale per clientela di passaggio; arredi recenti nelle camere dotate dei confort essenziali. Il ristorante presenta ampie sale e un piacevole dehors estivo.

VILLETTA BARREA *67030 L'Aquila* 563 Q 23 – *610 ab. alt. 990.*

Roma 179 – Frosinone 72 – L'Aquila 151 – Isernia 50 – Pescara 138.

Il Pescatore, via Roma ✆ 0864 89347, *geampesc@virgilio.it, Fax 0864 89439* – TV P – 100. AE VISA.
Pasto carta 18/24 – **34 cam** 36,15/46,50 – ½ P 50.
◆ Per un soggiorno alla scoperta del Parco Nazionale d'Abruzzo, risorsa familiare, con un settore notte, di recente ampliato, di semplice funzionalità, ma ben tenuto. Il ristorante dispone di moderne sale di notevole capienza.

Il Vecchio Pescatore, via Benedetto Virgilio ✆ 0864 89274, *Fax 0864 89255* – TV. AE VISA JCB.
Pasto (solo per alloggiati) carta 17/27 – **12 cam** 40/55 – ½ P 60.
◆ Cordiale ospitalità familiare e camere rinnovate, con lineari arredi moderni, in un albergo ospitato in un edificio d'epoca sulla strada principale del paese. Il ristorante offre una luminosa e moderna sala di impostazione classica e piatti del territorio.

VILLNOSS = Funes.

Una prenotazione confermata per iscritto o per fax è sempre più sicura.

VILLORBA *31050 Treviso* 562 E 18 – *16 854 ab. alt. 38.*

Roma 554 – Venezia 49 – Belluno 71 – Trento 134 – Treviso 10.

a Fontane *Sud : 6 km* – ✉ *31020 :*

Da Dino, via Doberdò 3 ✆ 0422 421270, *info@ristorantedadino.com, Fax 0422 420564,* , prenotare – P. AE VISA.
chiuso dal 10 al 25 agosto e domenica – **Pasto** carta 19/27.
◆ Frequentazione di affezionati habitué e di personaggi famosi in un locale con arredamento rustico-moderno e tante piante verdi; la cucina si rifà alla tradizione veneta.

VILMINORE DI SCALVE *24020 Bergamo* 561 D E 12 – *1 539 ab. alt. 1 019.*

Roma 617 – Brescia 69 – Bergamo 65 – Edolo 50 – Milano 110.

Brescia con cam, piazza della Giustizia 6 ✆ 0346 51019, *albergo.brescia@toninellig.it, Fax 0346 51555,* ← – TV P. VISA.
Pasto *(chiuso lunedì)* carta 21/32 – 8 – **19 cam** 45/65 – ½ P 47.
◆ Risorsa di tradizione, dai primi del '900, gestita dalla stessa famiglia da oltre 50 anni, rinnovata con cura e sobrietà sia nella luminosa sala che nelle comode camere.

VILPIAN = Vilpiano.

VILPIANO (VILPIAN) *Bolzano* 562 C 15, 218 ⑳ – *Vedere Terlano.*

VIMERCATE *20059 Milano* 561 F 10, 219 ⑲ – *25 578 ab. alt. 194.*

Roma 582 – Milano 24 – Bergamo 36 – Como 45 – Lecco 33 – Monza 8.

Cosmo, via Torri Bianche 4 (Centro Direzionale) ✆ 039 69961 e rist ✆ 039 6996706, *milano@hotelcosmo.com, Fax 039 6996777,* , , – , cam, TV & P – 150. AE VISA JCB.
chiuso dal 23 dicembre al 4 gennaio e dal 6 al 22 agosto – **Pasto** al Rist. ***San Valentino*** *(chiuso sabato e domenica a mezzogiorno)* carta 32/43 – **127 cam** 205/245.
◆ Moderno, funzionale, con accessori dell'ultima generazione, ma anche personalizzato, con ricercati arredi di design e raffinata cura dei dettagli; belle le suite a tema. Originali soluzioni decorative negli eleganti ambienti interni del ristorante.

VINCI *50059 Firenze* 563 K 14 *G. Toscana – 14 041 ab. alt. 98.*

via della Torre 11 ✆ 0571 568012, terredelrinascimento@comune.vinci.fi.it, Fax 0571 567930.

Roma 304 – Firenze 40 – Lucca 54 – Livorno 72 – Pistoia 25.

Alexandra, via Dei Martiri 82 ✆ 0571 56224 e rist. ✆ 0571 568010, *Fax 0571 567972* – – 30. *VISA*.
Pasto al Rist. ***La Limonaia*** carta 21/37 – 8 – **52 cam** 75/100 – ½ P 65.
◆ Nella parte bassa della città natale di Leonardo, un albergo totalmente ristrutturato in anni recenti, sia nell'impiantistica che negli arredi, di semplice funzionalità. Ristorante con sale di tono moderno.

a Petroio *Sud-Est : 8 km – ✉ 50058 Vinci :*

Tassinaia senza rist, via di Petroio 15 ✆ 0571 583985, *info@tassinaia.it,* – *VISA*.
5 cam 65/75.
◆ All'interno di una casa colonica di fine '700, una risorsa dotata di terrazza panoramica da cui è possibile godere della bellezza del panorama sull'incantevole campagna.

VIPITENO (STERZING) *39049 Bolzano* 562 B 16 *G. Italia – 5 755 ab. alt. 948 – Sport invernali : 950/2 200 m* 1 4.

Vedere *Via Città Nuova*★.

piazza Città 3 ✆ 0472 765325, info@infovipiteno.it, Fax 0472 765441.

Roma 708 – Bolzano 66 – Brennero 13 – Bressanone 30 – Merano 58 – Milano 369 – Trento 130.

Aquila Nera-Schwarzer Adler, piazza Città 1 ✆ 0472 764064, *schwarzeradler@rolmail.net, Fax 0472 766522,* – – 30. *VISA* JCB
chiuso dal 6 novembre al 5 dicembre, una settimana a gennaio, una settimana ad aprile e dal 30 giugno al 14 luglio – **Pasto** *(chiuso martedì escluso luglio-agosto)* carta 37/50 – **25 cam** 80/118, 8 suites – ½ P 88.
◆ Grande tradizione, ricercata, calda eleganza e confort in un albergo costituito da un edificio antico e da un altro più moderno, dove si trova anche il bel centro relax. Rustica ambientazione di stile montano, ma di tono raffinato, nel piacevole ristorante.

Kleine Flamme, via Cittanuova 31 ✆ 0472 766065, *restaurant.kleineflamme@dnet.it, Fax 0472 766065,* Coperti limitati; prenotare. *VISA*
chiuso domenica e lunedì – **Pasto** carta 46/59.
◆ Situato nella parte antica della località, un ristorantino attuale con originale cucina aperta sulla sala. Locale d'impostazione moderna in un edificio storico.

in Val di Vizze (Pfitsch) :.

Wiesnerhof, via Val di Vizze 98, località Prati Est : 3 km ✉ 39049 Vizze ✆ 0472 765222, *info@wiesnerhof.it, Fax 0472 765703,* – cam, *VISA*
chiuso dal 3 novembre al 25 dicembre e dal 18 aprile all'8 maggio – **Pasto** *(chiuso lunedì)* carta 30/44 – **36 cam** 62/104 – ½ P 73.
◆ In posizione panoramica all'ingresso della valle, una struttura, completa di ogni confort, ideale per vacanze sia estive che invernali; giardino e bella piscina coperta. Grandi finestre affacciate sul verde rendono luminosa la sala ristorante.

Rose, via Val di Vizze 119, località Prati Est : 3 km ✉ 39040 Vizze ✆ 0472 764300, *info@hotelrose.it, Fax 0472 764639,* – rist
Natale-Pasqua e giugno-ottobre – **Pasto** (solo per alloggiati) carta 22/33 – **22 cam** 65/104 – ½ P 67.
◆ Un ex della «valanga azzurra» è il titolare di questo simpatico hotel, dove l'ospitalità è familiare e premurosa e non mancano le proposte per lo sport e il relax.

Kranebitt , località Caminata alt. 1441 (Est : 16 km) ✉ 39040 Vizze ✆ 0472 646019, *info@kranebitt.com, Fax 0472 646088,* monti e vallata, – *VISA*. rist
24 dicembre-12 aprile e 25 maggio-2 novembre – **Pasto** carta 30/35 – **28 cam** 50/70 – ½ P 55.
◆ Tranquillità, natura incontaminata, splendida vista dei monti e della vallata: godrete di tutto ciò soggiornando nell'ambiente familiare di questa comoda risorsa. Accogliente e calda atmosfera al ristorante.

Pretzhof, località Tulve alt. 1280 (Est : 8 km) ✉ 39040 Vizze ✆ 0472 764455, *info@pretzhof.com, Fax 0472 764455,* prenotare – *VISA*
chiuso lunedì e martedì – **Pasto** carta 32/43.
◆ Tipicità sudtirolese sia dell'ambiente caratteristico, con tanto legno nelle stube, sia delle proposte culinarie; giovane gestione diretta, lui in sala, lei ai fornelli.

VISERBA *Rimini* 563 J 19 – *Vedere Rimini.*

VISERBELLA *Rimini* 563 J 19 – *Vedere Rimini.*

VISNADELLO *31050 Treviso* 562 E 18 – *alt. 46.*

Roma 555 – Venezia 41 – Belluno 67 – Treviso 11 – Vicenza 69.

Da Nano, via Gritti 145 ✆ 0422 928911, *info@danano.it, Fax 0422 444110,* – ▤ P. AE ⓢ ⓓ ⓜⓒ VISA

chiuso dal 1° al 7 gennaio, agosto, domenica sera e lunedì – **Pasto** specialità di mare carta 37/49.

◆ Il pesce fresco in bella vista all'ingresso chiarisce subito la scelta culinaria di questo locale in prossimità della strada statale; sale classiche, rivestite di legno.

Le principali vie commerciali figurano in rosso sugli stradari delle piante di città.

VITERBO *01100* P 563 O 18 *G. Italia – 60 387 ab. alt. 327.*

Vedere *Piazza San Lorenzo*** **Z** – *Palazzo dei Papi*** **Z** – *Quartiere San Pellegrino*** **Z.**

Dintorni *Villa Lante** a Bagnaia per ① : 5 km – Teatro romano* di Ferento 9 km a Nord per viale Baracca* **Y.**

piazza San Carluccio ✆ 0761 304795, infoviterbo@apt.viterbo.it, Fax 0761 220957.

A.C.I. *via Marini 16 ✆ 0761 324806.*

Roma 104 ③ – Chianciano Terme 100 ④ – Civitavecchia 58 ③ – Grosseto 123 ③ – Milano 508 ④ – Orvieto 45 ④ – Perugia 127 ④ – Siena 143 ④ – Terni 62 ①.

Piante pagine seguenti

Grand Hotel Salus e delle Terme, strada Tuscanese 26/28 ✆ 0761 3581, *info@grandhoteltermesalus.com, Fax 0761 354262,* Grotta Naturale, – ▤ TV & P – 500. AE ⓢ ⓓ ⓜⓒ VISA JCB. 3 km per via Faul **YZ**

Pasto carta 25/31 – ☕ 20 – **100 cam** 115/135 – ½ P 110.

◆ Moderno e articolato complesso, dotato di attrezzato centro termale, con grotta naturale, e anche di strutture per congressi; spaziose camere arredate in stile classico. Ristorante dagli ambienti raffinati e signorili.

Niccolò V senza rist, strada Bagni 12 ✆ 0761 3501, *info@termedeipapi.it, Fax 0761 352451,* Grotta naturale, termale, – ▤ TV & P – 300. AE ⓢ ⓓ ⓜⓒ VISA. 3 km per via Faul **YZ**

20 cam ☕ 156/232, 3 suites.

◆ All'interno delle Terme dei Papi, con grotta naturale e accesso diretto alle cure, per ritemprare corpo e mente in un ambiente raffinato. Belle, ampie camere in stile.

Nibbio senza rist, piazzale Gramsci ✆ 0761 326514, *hotelnibbio@libero.it, Fax 0761 321808* – ▤ TV – 50. AE ⓢ ⓓ ⓜⓒ VISA. **Y a**

27 cam ☕ 70/95.

◆ Di fronte alle mura medievali, una villa dell'800 totalmente ristrutturata è diventata una risorsa con arredi e rifiniture di qualità; parquet nelle confortevoli camere.

Mini Palace Hotel senza rist, via Santa Maria della Grotticella 2 ✆ 0761 309742, *info@minipalacehotel.com, Fax 0761 344715* – ▤ TV & P – 70. AE ⓢ ⓓ ⓜⓒ VISA **Z n**

40 cam ☕ 62/88.

◆ In posizione decentrata, un hotel degli anni '70, che dispone di confortevoli e signorili spazi comuni e di un settore notte rinnovato di recente, con bagni in marmo.

Balletti Palace Hotel, viale Trento 100 ✆ 0761 344777, *palace@balletti.com, Fax 0761 326633* – ▤ TV – 200. AE ⓢ ⓓ ⓜⓒ VISA JCB. **Y**

Pasto carta 21/33 – ☕ 5 – **105 cam** 56/86 – ½ P 70.

◆ Fuori le mura, nei pressi della stazione, funzionale struttura di concezione moderna, con buona organizzazione dei servizi e spaziose camere ben accessoriate. Ambientazione di stile rustico, ma di tono moderno al ristorante.

Tuscia senza rist, via Cairoli 41 ✆ 0761 344400, *info@tusciahotel.com, Fax 0761 345976* – TV – 40. AE ⓢ ⓓ ⓜⓒ VISA. **Y r**

36 cam ☕ 50/78.

◆ Per chi vuole soggiornare in zona centrale, dentro le mura della città e vicino al suo cuore medievale, una funzionale risorsa degli anni '60, in parte rinnovata.

Il Portico, piazza Don Mario Gargiuli 11 ✆ 0761 328021, *Fax 0761 321143* – ▤. AE ⓢ ⓓ ⓜⓒ VISA. **Z v**

chiuso lunedì – **Pasto** carta 24/38.

◆ In un antico edificio del centro storico, due accoglienti salette di tono rustico, con pavimento in cotto e un bel camino originale, per piatti viterbesi e di mare.

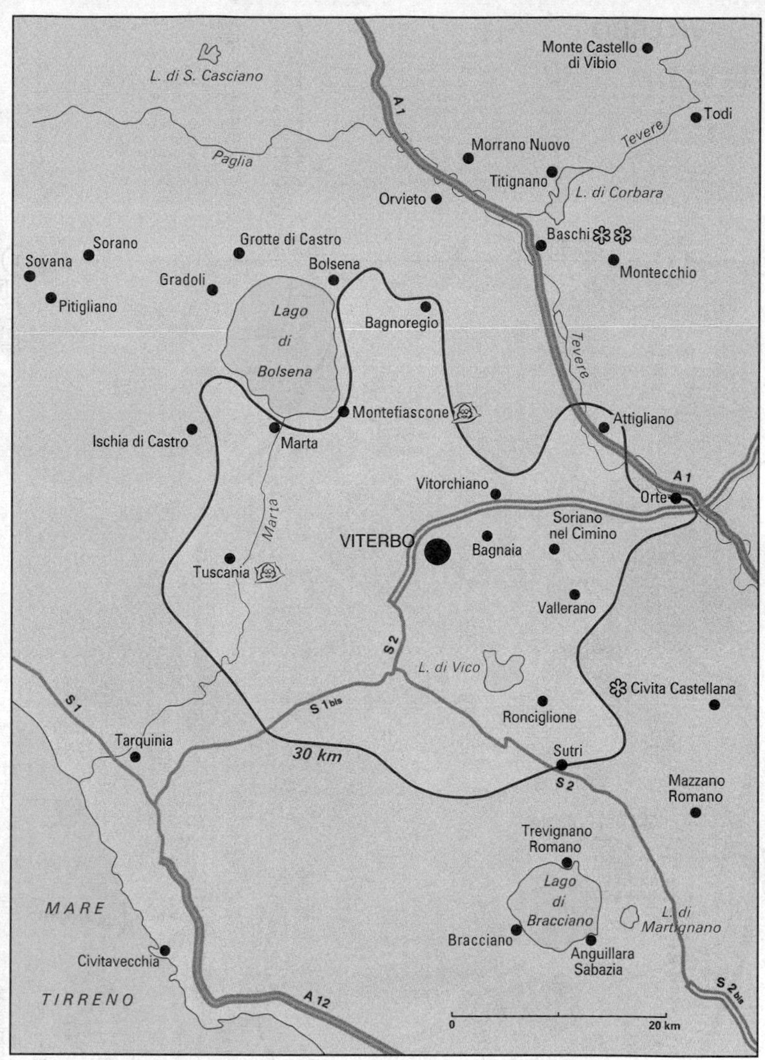

La Spigola, via Della Pace 40 ✆ 0761 303049, *Fax 0761 303049,* prenotare. AE VISA Z b
chiuso mercoledì – **Pasto** specialità di mare carta 30/40.
◆ Il nome non lascia dubbi circa il genere di proposte, elencate a voce e secondo le disponibilità del mercato, che troverete in questo locale, semplice e familiare.

a San Martino al Cimino *Sud : 6,5 km* **Z** – *alt. 561* – ✉ *01030 :*

Balletti Park Hotel, via Umbria 2/2-a ✆ 0761 3771, *info@balletti.com, Fax 0761 379496,* – 350. AE VISA.
Pasto al Rist. ***Il Cavaliere*** carta 22/30 – **136 cam** 85/140, 26 suites – 1/2 P 85.
◆ Per lo sport, il relax o il lavoro congressuale: è completa l'offerta di questo complesso nel verde, formato da un edificio principale e da villini, con piscina e tennis. Simpatico e accogliente ambiente rustico al ristorante.

VITERBO

Circolazione stradale regolamentata nel centro città

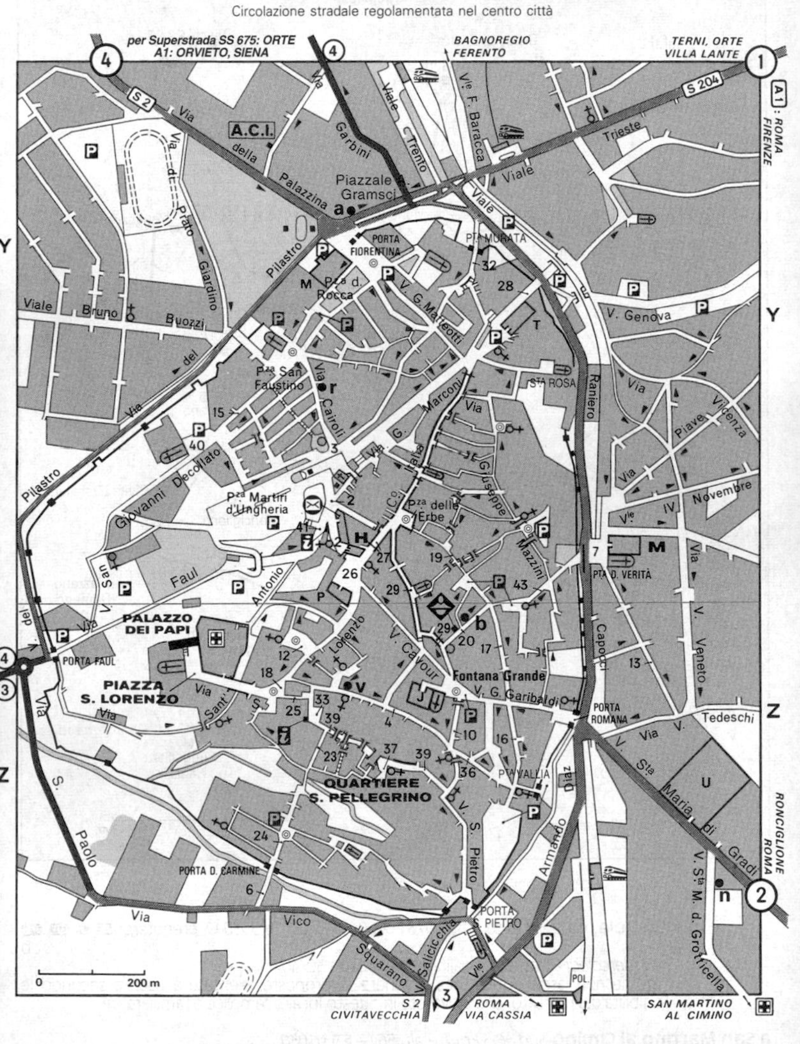

Se dopo le h 18,00 siete ancora in viaggio confermate la vostra prenotazione telefonicamente, è consuetudine ... ed è più sicuro.

VITICCIO *Livorno – Vedere Elba (Isola d') : Portoferraio.*

VITORCHIANO *01030 Viterbo* 563 O 18 – *3 180 ab. alt. 285.*
Roma 113 – Viterbo 11 – Orvieto 45 – Terni 55.

Al Pallone con cam, via Sorianese 1 (Sud : 3 km) ✆ 0761 370344 e hotel ✆ 0761 371140, *ristorantealpallone@msn.com, Fax 0761 373351*, – .
chiuso dall'8 al 29 gennaio e dal 2 al 16 luglio – **Pasto** *(chiuso domenica sera e mercoledì)* carta 26/51 – **8 cam** 45/65, 4 suites 85.
◆ Un prato-giardino separa l'edificio delle camere, gradevoli, anche con angolo cottura, da quello del ristorante, classico, con tocchi rustici e un bel soffitto di legno.

VITTORIA *Ragusa* 565 Q 25 – *Vedere Sicilia.*

VITTORIA (Santuario della) *Genova – Vedere Mignanego.*

VITTORIO VENETO *31029 Treviso* 562 E 18 – *29 130 ab. alt. 136.*
Vedere *Affreschi★ nella chiesa di San Giovanni.*
Cansiglio (maggio-ottobre) a Pian del Cansiglio ✉ 32010 Tambre ✆ 0438 585398, Fax 0438 585398, Nord-Est : 21 km.
piazza del Popolo 18 ✆ 0438 57243, iat.vittorioveneto@provincia.treviso.it, Fax 0438 53629.
Roma 581 – Belluno 37 – Cortina d'Ampezzo 92 – Milano 320 – Treviso 41 – Udine 80 – Venezia 70.

Terme, via delle Terme 4 ✆ 0438 554345, *info@hotelterme.tv, Fax 0438 554347*, – – 200. .
Pasto *(chiuso domenica sera e lunedì)* carta 29/43 – **39 cam** 68/93 – ½ P 78.
◆ Discreto il livello di ospitalità in una risorsa nata negli anni '70, che offre un settore notte di semplice linearità, con confort adeguati alla propria categoria. Impostazione classica per la sala ristorante, con vetrate che si affacciano sul giardino.

VIVARO *33099 Pordenone* 562 D20 – *1 264 ab. alt. 128.*
Roma 614 – Udine 44 – Pordenone 26 – Venezia 110.

Agriturismo Gelindo dei Magredi, via Roma 16 ✆ 0427 97037, *gelindodeimagredi@tin.it, Fax 0427 97515*, , maneggio e scuola di equitazione, – .
chiuso dal 10 al 16 gennaio – **Pasto** *(chiuso martedì)* carta 19/25 – 5 – **15 cam** 40/60 – ½ P 45.
◆ Accoglienza cordiale, possibilità di escursioni nella campagna friulana e stanze semplici, ma gradevoli in un'azienda agrituristica con maneggio e scuola di equitazione. Al ristorante genuinità e schiettezza caratterizzano sia l'atmosfera che la cucina.

Agriturismo Lataria dei Magredi , vicolo Centrico ✆ 0427 97322, *lataria@libero.it, Fax 0427 97515* – .
Pasto *(chiuso da lunedì a giovedì escluso i giorni festivi)* carta 17/28 – 5 – **8 cam** 40/60 – ½ P 43.
◆ All'interno di un ex caseificio, nel centro del paese, una risorsa recente con camere gradevoli. Gestione intraprendente e molto disponibile. Al ristorante viene proposta la cucina del territorio a prezzi interessanti.

VIVERONE *13886 Biella* 561 F 6, 219 ⑮ – *1 361 ab. alt. 407 – a.s. luglio-13 settembre.*
Roma 661 – Torino 58 – Biella 23 – Ivrea 16 – Milano 97 – Novara 51 – Vercelli 32.

Marina , frazione Comuna 10 ✆ 0161 987577, *info@hotelmarinaviverone.it, Fax 0161 98689*, , , , , , – – 150. . cam
chiuso dal 26 dicembre al 19 febbraio – **Pasto** *(chiuso venerdì escluso dal 15 maggio al 15 settembre)* carta 23/36 – **60 cam** 75/95 – ½ P 70.
◆ Circondata da un giardino in riva al lago, confortevole struttura di taglio moderno, con piscina, spiaggia e pontile privati: ideale per un soggiorno di completo relax. Estrema modularità negli spazi del ristorante.

Rolle, via Frate Lebole 27, frazione Rolle ✆ 0161 98668, *Fax 0161 989707*, –
chiuso dal 21 al 30 giugno, dal 13 al 22 settembre e mercoledì a mezzogiorno in luglio e agosto, tutto il giorno negli altri mesi – **Pasto** carta 17/30.
◆ In una frazione in posizione dominante, trattoria rustica, a gestione familiare, con pregevole servizio estivo in terrazza panoramica; piatti del territorio.

VIZZOLA TICINO *21010 Varese* 561 F 8, 219 ⑰ – *439 ab. alt. 221.*

Roma 619 – Stresa 42 – Como 55 – Milano 51 – Novara 27 – Varese 33.

Villa Malpensa, via Sacconago 1 ☎ 0331 230944, *info@hotelvillamalpensa.com, Fax 0331 230950,* – | – 80. AE VISA.

Pasto carta 32/40 – **64 cam** 130/235.

◆ Vicino al Terminal 1 dell'aeroporto, dal 1991 una sontuosa residenza patrizia inizio '900 offre una curata ospitalità nei suoi raffinati interni; giardino con piscina. Signorile sala ristorante; salone banchetti con affreschi originali di inizio secolo.

VOCCA *13020 Vercelli* 561 E 6 – *133 ab. alt. 506.*

Roma 680 – Stresa 48 – Biella 62 – Milano 104 – Novara 70 – Vercelli 74.

Il Ghiottone, località Chiesa 2 ☎ 0163 560911, *Fax 0163 560912,* , Coperti limitati; prenotare – P. AE VISA.

chiuso mercoledì e da settembre a luglio anche a mezzogiorno (escluso i giorni festivi e prefestivi) – **Pasto** carta 24/36.

◆ In un edificio che dal '700 fungeva da stazione di posta, una piccola e accogliente bomboniera con salette in «vecchio» stile montano; cucina del territorio rivisitata.

VODO CADORE *32040 Belluno* 562 C 18 – *940 ab. alt. 901.*

Roma 654 – Cortina d'Ampezzo 17 – Belluno 49 – Milano 392 – Venezia 139.

Al Capriolo, via Nazionale 108 ☎ 0435 489207, *info@alcapriolo.it, Fax 0435 489166* – rist, P. VISA

chiuso dal 1º maggio al 15 giugno, dal 1º al 25 ottobre, martedì e mercoledì a mezzogiorno da gennaio ad aprile – **Pasto** carta 38/55.

◆ C'è tutta la concretezza della tradizione locale nelle equilibrate e fini elaborazioni proposte nell'ambiente caldo e raccolto di questo locale in una casa ottocentesca.

La Chiusa, località La Chiusa-Ruvignan Sud-Est : 3 km ☎ 0435 489288, *lachiusa@cortinanet.it, Fax 0435 488048,* prenotare la sera – P. AE VISA JCB.

chiuso dal 15 al 30 ottobre, lunedì e martedì in bassa stagione – **Pasto** carta 29/49.

◆ Un isolato chalet montano, immerso nel verde di un bosco, per assaporare stagionali piatti legati al territorio in una rustica, accogliente sala rifinita in legno.

VOLASTRA *La Spezia* 561 J 11 – *Vedere Manarola.*

VOLPIANO *10088 Torino* 561 G 5 – *13 159 ab. alt. 219.*

Roma 687 – Torino 17 – Aosta 97 – Milano 126.

Eurhotel, via Brandizzo 115 ☎ 011 9952369, *eurhotel.to@tiscalinet.it, Fax 011 9951992* – cam, P – . AE VISA. rist

Pasto *(chiuso domenica)* carta 25/30 – **40 cam** 113 – 1/2 P 77.

◆ Alle porte della località, in posizione stradale defilata e abbastanza tranquilla, struttura di concezione moderna, con signorili interni arredati in stile classico. Sobria classicità di arredamento anche nella calda sala ristorante.

VOLTA MANTOVANA *46049 Mantova* 561 G 13 – *6 487 ab. alt. 127.*

Roma 488 – Verona 39 – Brescia 60 – Mantova 25.

Buca di Bacco, via San Martino ☎ 0376 801277, *info@hotelbucadibacco.it, Fax 0376 801664,* – | P – 40. AE VISA.

Pasto carta 17/29 – **37 cam** 60/80 – 1/2 P 55.

◆ Un'ampia hall con divani vi accoglie in questa risorsa di taglio moderno, a gestione familiare, per clientela sia turistica che d'affari; arredi essenziali nelle stanze. Varie sale da pranzo, semplici e lineari, adatte anche per banchetti.

VOLTERRA *56048 Pisa* 563 L 14 *G. Toscana* – *11 549 ab. alt. 531.*

Vedere *Piazza dei Priori★★ – Duomo★ : Deposizione lignea★★ – Battistero★ – ≤★★ dal viale dei Ponti – Museo Etrusco Guarnacci★ – Porta all'Arco★.*

piazza dei Priori 20 ☎ 0588 87257, info@volterra.it, Fax 0588 86099.

Roma 287 ② – Firenze 76 ② – Siena 50 ② – Livorno 73 ③ – Milano 377 ② – Pisa 64 ①.

Pianta pagina a lato

Park Hotel Le Fonti , via di Fontecorrenti ☎ 0588 85219, *info@parkhotellefonti.com, Fax 0588 92728,* ≤ colline, , – |, rist, P – 100. AE VISA. g

Pasto carta 24/46 – **67 cam** 85/129 – 1/2 P 84,50.

◆ Edificio imponente, di recente edificazione, che imita a perfezione lo stile gradevole di uno storico palazzo toscano. Vasta hall, camere spaziose e funzionali, bella piscina. Nei mesi estivi la sala ristorante si apre in terrazza, con panorama sui dintorni.

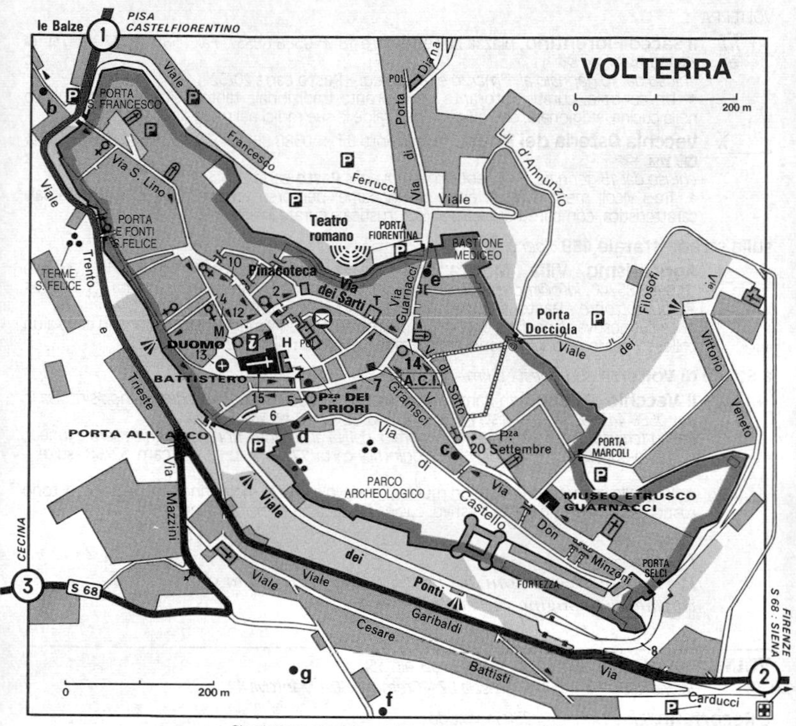

Circolazione stradale regolamentata nel centro città

Buonparenti (Via) 2	Matteotti (Via) 7	Roma (Via) 12
Franceschini (Via) 4	Porta Selci (Via di) 8	S. Giovanni (Piazza) 13
Marchesi (Via) 5	Ricciarelli (Via) 10	S. Michele (Piazzetta) 14
Martiri della Libertà (Piazza) . . . 6		Turazza (Via) 15

La Locanda senza rist, via Guarnacci 24/28 ☎ 0588 81547, *stall4hotel-lalocanda.com, Fax 0588 81541* – . e
18 cam 90/115, suite.
◆ Risorsa ideale per chi non vuole rinunciare ad alloggiare in centro storico, all'interno di un ex convento ospitato in un edificio d'epoca. Camere curate e raffinate.

Villa Nencini, borgo Santo Stefano 55 ☎ 0588 86386, *villanencini@interfree.it, Fax 0588 80601*, – . rist b
Pasto *(chiuso febbraio)* carta 20/26 – **36 cam** 68/83 – ½ P 57.
◆ Poco fuori della cinta medioevale, una villa di fine '600 è oggi un confortevole albergo, gestito da una simpatica famiglia; curato giardino e boschetto con piscina. Caratteristica taverna per la degustazione di vini e un'ampia sala da pranzo polifunzionale.

Villa Rioddi senza rist, località Rioddi ☎ 0588 88053, *info@villarioddi.it, Fax 0588 88074*, – . 2 km per (3)
chiuso dal 15 gennaio al 2 marzo e dal 10 al 30 novembre – **13 cam** 83/90.
◆ Bella posizione panoramica in un giardino con piscina per una risorsa ricavata in una villa del '400, la cui fisionomia originaria è visibile negli spazi comuni.

Sole senza rist, via dei Cappuccini 10 ☎ 0588 84000, *h.sole@libero.it, Fax 0588 84000*, – . f
6,50 – **10 cam** 54,50/65.
◆ Fuori le mura della città, gode di una posizione tranquilla questo hotel recente, a conduzione diretta, con interni di lineare essenzialità, ma ben tenuti e puliti.

Enoteca del Duca, via di Castello 2 angolo via Dei Marchesi ☎ 0588 81510, *delduca@sirt.pisa.it, Fax 0588 92957*, . d
chiuso dal 23 gennaio al 6 febbraio, dal 13 al 26 novembre e martedì – **Pasto** carta 27/45.
◆ Sotto volte di antiche pietre, enoteca per la degustazione vini (circa 400 etichette), sala di ambiente raffinato e cantina in una grotta con un tavolo per due fortunati.

XX **Il Sacco Fiorentino,** piazza 20 Settembre 18 ☎ 0588 88537, *Fax 0588 88537* – ▤. AE $ C
◑ ◐ VISA JCB. ✂
chiuso dal 10 gennaio al 1°marzo e mercoledì – **Pasto** carta 20/32.
◆ Un centrale, curato ristorante, di impronta tradizionale tanto nell'ambiente, quanto nella cucina, stagionale, che affonda ben salde le sue radici nel retaggio locale.

X **Vecchia Osteria dei Poeti,** via Matteotti 55 ☎ 0588 86029, *Fax 0588 86029* – AE $ ◑ Z
◐ VISA. ✂
chiuso dal 15 gennaio al 10 febbraio e giovedì – **Pasto** carta 26/43 (10%).
◆ Tra i vicoli medioevali, si entra in un bar e, percorso un corridoio, si è in una sala caratteristica, con pareti di pietra a vista, rustica e curata insieme.

sulla strada statale 439 : *per ② : 7,5 km:*

Agriturismo Villa Montaperti ✈, località Montaperti ✉ 56048 Volterra ☎ *0588 85240, info@montaperti.com, Fax 0588 42038,* ← Volterra e campagna, ⛱ – P. ✂
Pasqua-ottobre – **Pasto** (solo per alloggiati) 30/35 – **11 cam** ☕ 124.
◆ La suggestiva atmosfera di una villa padronale, sapientemente ristrutturata, in cima a un colle, con parco e piscina panoramica; mobili d'epoca nelle spaziose stanze.

a Saline di Volterra *Sud-Ovest : 9 km* – ✉ *56047 :*

XX **Il Vecchio Mulino** con cam, via del Molino ☎ 0588 44060, *vecchiomulino@sirt.pisa.it, Fax 0588 44238,* ☂ – ▤ rist, TV P – 🏛 200. AE $ ◑ ◐ VISA JCB. ✂
Pasto *(chiuso dal 23 gennaio al 6 febbraio, dal 13 al 26 novembre, domenica sera e lunedì, in luglio-agosto solo lunedì a mezzogiorno)* carta 27/48 – ☕ 8 – **9 cam** 52/68, suite – ½ P 60.
◆ In quello che un tempo era un mulino, gradevole locale, molto rinomato in zona, di tono rustico-signorile, con dehors estivo; cucina toscana rielaborata e alleggerita.

I prezzi
Per tutte le precisazioni sui prezzi indicati in questa guida, consultate le pagine introduttive.

VOLTIDO *23034 Cremona* 561 G 13 – *452 ab. alt. 35.*
Roma 493 – Parma 42 – Brescia 57 – Cremona 30 – Mantova 42.

a Recorfano *Sud : 1 km* – ✉ *23034 Voltido :*

X **Antica Trattoria Gianna,** via Maggiore 12 ☎ 0375 98351, *gianna@anticatrattoriagianna.it, Fax 0375 381161,* ☂ – ✂ ▤ P. $ ◐ VISA JCB. ✂
chiuso dal 24 luglio all'8 agosto, lunedì sera e martedì – **Pasto** carta 20/30.
◆ Autentica, storica trattoria, che col tempo si è raffinata e in un ambiente familiare e caloroso propone una cucina fedele, in qualità e quantità, alle tradizioni locali.

VOLTRI *Genova* 561 I 8 – *Vedere Genova.*

VOZE *Savona – Vedere Noli.*

VULCANO (Isola) *Messina* 565 L 26 – *Vedere Sicilia (Eolie, isole) alla fine dell'elenco alfabetico.*

VÖLS AM SCHLERN = Fiè allo Sciliar.

WELSBERG = Monguelfo.

WELSCHNOFEN = Nova Levante.

WOLKENSTEIN IN GRÖDEN = Selva di Val Gardena.

ZADINA PINETA *Forlì-Cesena – Vedere Cesenatico.*

ZAFFERANA ETNEA *Catania* 565 N 27 – *Vedere Sicilia alla fine dell'elenco alfabetico.*

ZELARINO *Venezia* 562 F 18 – *Vedere Mestre.*

ZERO BRANCO *31059 Treviso* 562 F 18 – *8 371 ab. alt. 18.*

Roma 538 – Padova 35 – Venezia 29 – Milano 271 – Treviso 13.

XXX **Ca' Busatti,** via Gallese 26 (Nord-Ovest : 3 km) ✆ 0422 97629, *cabusatti@inwind.it, Fax 0422 97629,* , Coperti limitati; prenotare, – P. VISA

chiuso dal 2 al 31 gennaio, domenica sera (luglio-agosto anche a mezzogiorno) e lunedì – **Pasto** carta 46/79.

◆ Un piccolo angolo di signorilità cinto dal verde: un'elegante casa di campagna con una saletta interna e un dehors coperto e chiuso da vetrate; fantasiosa cucina veneta.

ZIANO DI FIEMME *38030 Trento* 562 D 16 – *1 515 ab. alt. 953 – a.s. 25 gennaio-Pasqua e Natale – Sport invernali : 953/1 209 m* 2 *(Comprensorio Dolomiti superski Val di Fiemme)* .

piazza Italia 7 ✆ 0462 570016 Fax 0462 570270.

Roma 657 – Bolzano 53 – Belluno 83 – Canazei 30 – Milano 315 – Trento 75.

Al Polo, via Nazionale 7/9 ✆ 0462 571131, *info@hotelalpolo.com, Fax 0462 571833,* , , – P. VISA.

chiuso maggio e novembre – **Pasto** *(chiuso giovedì)* carta 26/36 – **40 cam** 60/100 – 1/2 P 70.

◆ Abbellito da un grazioso giardino, hotel del centro, sito lungo la via principale; accoglienti parti comuni, con pavimento in cotto ornato da tappeti, camere confortevoli. Pareti con rivestimenti in legno e travi a vista nella capiente sala ristorante.

ZIBELLO *43010 Parma* 562 G 12 – *2 005 ab. alt. 35.*

Roma 493 – Parma 36 – Cremona 28 – Milano 103 – Piacenza 41.

XX **Antica Taverna San Rocco,** località Ardola 5 Sud : 1 km ✆ 0524 99578, *Fax 0524 99578,* , prenotare – P. AE VISA

chiuso agosto, lunedì e martedì – **Pasto** specialità di mare carta 30/46.

◆ Proposte di specialità di mare, nel cuore della terra padana, in un locale di tono elegante, dove ben si inseriscono alcuni elementi rustici (volte in pietra a vista).

X **Trattoria la Buca,** via Ghizzi 6 ✆ 0524 99214, *info@trattorialabuca.com, Fax 0524 99720,* , prenotare – P

chiuso martedì – **Pasto** carta 31/43.

◆ Generazionale cucina al femminile in un locale rustico: linea gastronomica tipica del luogo e produzione propria di culatello e salumi; servizio estivo all'aperto.

ZINZULUSA (Grotta) *Lecce* 564 G 37 – *Vedere Castro Marina.*

ZOCCA *41059 Modena* 562 I 14 – *4 593 ab. alt. 758 – a.s. luglio-agosto.*

Roma 385 – Bologna 57 – Milano 218 – Modena 49 – Pistoia 84 – Reggio nell'Emilia 75.

Panoramic, via Tesi 690 ✆ 059 987010, *Fax 059 987156,* , – P. AE VISA.

chiuso dal 7 gennaio a marzo – **Pasto** *(chiuso lunedì escluso da giugno al 15 settembre)* carta 19/29 – 7,50 – **36 cam** 42/70 – 1/2 P 58.

◆ Trentennale gestione familiare in un albergo con spazi comuni classici: camino, molti quadri e oggetti alle pareti; camere più recenti, di taglio moderno, nella dépendance. Calda atmosfera nella sala da pranzo da cui si gode una bella vista panoramica.

ZOGNO *24019 Bergamo* 561 E 10 – *9 084 ab. alt. 334.*

Roma 619 – Bergamo 18 – Brescia 70 – Como 64 – Milano 60 – San Pellegrino Terme 7.

XX **Tavernetta,** via Roma 8 ✆ 0345 91372, *Fax 0345 91372,* Coperti limitati; prenotare – . AE VISA

chiuso una settimana in gennaio, tre in agosto, martedì sera e mercoledì – **Pasto** specialità di mare carta 35/43.

◆ Originale connubio tra l'ambiente rustico e le proposte di piatti di mare in un ristorante dove troverete però anche una linea gastronomica tradizionale.

ad Ambria *Nord-Est : 2 km – ✉ 24019 Zogno :*

X **Da Gianni** con cam, via Tiolo 37 ✆ 0345 91093, *albergodagianni@valbrembanaweb.com, Fax 0345 93675* – P. AE VISA

chiuso dal 23 al 30 giugno e dal 1º al 7 settembre – **Pasto** *(chiuso lunedì escluso luglio-agosto)* carta 18/31 – **9 cam** 38/50 – 1/2 P 40.

◆ Una sala classica e una più raffinata con pitture murali in un locale con camere sito fuori dal paese; cucina casereccia, con selvaggina in inverno e funghi in stagione.

La guida cambia, cambiate la guida ogni anno.

ZOLA PREDOSA *40069 Bologna* 562 I 15 – *16 045 ab. alt. 82.*

via Risorgimento 91/c ☎ 051 752472, iatzola@libero.it, Fax 051 752472.

Roma 378 – Bologna 12 – Milano 209 – Modena 33.

Zolahotel senza rist, via Risorgimento 186 ☎ 051 751101, *info@hotelzola.it, Fax 051 751101* – 130. . *chiuso dal 3 al 18 agosto* – **108 cam** 89/125.

◆ Imponente edificio di non molte attrattive, che si rivela all'interno un albergo ben organizzato, con spaziosa hall e camere funzionali; ideale per chi viaggia per affari.

Masetti, via Gesso 70, località Gesso Sud : 1 km ☎ 051 755131, *Fax 051 755131,* – . *VISA*. *chiuso dal 17 al 27 febbraio, dal 1º al 23 agosto, venerdì e sabato a mezzogiorno* – **Pasto** carta 24/29.

◆ Caseggiato nel verde sulle prime colline del bolognese: all'interno un'ampia e sobria sala con grande brace per le carni alla griglia; cucina del territorio.

ZOLDO ALTO *32010 Belluno* 562 C 18 – *1 206 ab. alt. (frazione Fusine) 1 177 – Sport invernali : 1 100/2 100 m 1 10 (Comprensorio Dolomiti superski Civetta) .*

località Mareson ☎ 0437 789145, zoldoalto@infodolomiti.it, Fax 0437 788878.

Roma 646 – Cortina d'Ampezzo 48 – Belluno 40 – Milano 388 – Pieve di Cadore 39 – Venezia 135.

Corona, frazione Mareson, alt. 1 338 ☎ 0437 789290, *hotel.corona@libero.it, Fax 0437 789490,* ← Dolomiti e monte Civetta – . *VISA* *JCB*. *dicembre-15 aprile e 15 giugno-settembre* – **Pasto** carta 20/29 – **40 cam** 59/92 – ½ P 52.

◆ Splendida vista delle Dolomiti e del monte Civetta da un hotel con accoglienti spazi comuni, in stile rustico di tono elegante, «riscaldati» da un camino; camere lineari. Al ristorante appetitose proposte culinarie.

Bosco Verde , frazione Pecol, alt. 1 375 ☎ 0437 789151, *boscoverde@libero.it, Fax 0437 788757,* , – rist, . *VISA* *JCB*. *dicembre-aprile e giugno-settembre* – **Pasto** carta 24/44 – **20 cam** 50/90 – ½ P 66.

◆ Solida gestione diretta in una baita di montagna ubicata in una tranquilla zona verdeggiante; ambienti curati e quasi signorili, piacevole e attrezzata zona benessere.

ZORZINO *Bergamo* – *Vedere Riva di Solto.*

ZWISCHENWASSER = *Longega.*

I prezzi del pernottamento e della pensione possono subire aumenti in relazione all'andamento generale del costo della vita ; quando prenotate chiedete la conferma del prezzo.

SARDEGNA

566 – *1 648 044 ab. alt. da 0 a 1 834 (Punta La Marmora, monti del Gennargentu).*

vedere : *Alghero, Cagliari, Olbia e Sassari.*

per la Sardegna vedere : *Civitavecchia, Fiumicino, Genova, La Spezia, Livorno, Palermo, Trapani;* **dalla Sardegna vedere** : *Cagliari, Golfo Aranci, Olbia, Porto Torres, Tortolì (Arbatax).*

AGGIUS *07020 Sassari* 566 E 9 – *1 696 ab. alt. 514.*
Cagliari 260 – Nuoro 135 – Olbia 53 – Sassari 72.

Agriturismo Il Muto di Gallura, località Fraiga Sud : 1 km ✆ 079 620559, *info@mutodigallura.com, Fax 079 620559*, ←, AE VISA. rist
Pasto 15/35 – **10 cam** 35/70 – ½ P 60.
◆ Il nome di un bandito romantico per uno «stazzu» (fattoria) tra querce da sughero: per chi non cerca confort alberghieri; gite a cavallo in paesaggi di rara suggestione. Al ristorante specialità galluresi, con prodotti di agricoltura e allevamento locali.

AGLIENTU *07020 Sassari* 566 D 9 – *1 090 ab..*
Cagliari 253 – Olbia 70 – Sassari 88.

Lu Fraili, via Dante 32 ✆ 079 654369 – . AE VISA JCB.
maggio-settembre; chiuso lunedì sino al 15 giugno – **Pasto** specialità galluresi carta 25/36.
◆ «L'officina del fabbro» è una simpatica fucina culinaria dove «si forgiano» ricette tipiche della terra di Gallura e piatti di pesce per chi non riesce a rinunciarci.

AGNATA *Sassari* 566 E 09 – *Vedere Tempio Pausania.*

ALGHERO *07041 Sassari* 566 F 6 *G. Italia – 40 562 ab. – a.s. 20 giugno-15 settembre.*
Vedere *Città vecchia*★.
Dintorni *Grotta di Nettuno*★★★ *Nord-Ovest : 26,5 km – Strada per Capo Caccia* ←★★ *– Nuraghe Palmavera*★ *Nord-Ovest : 10 km.*
di Fertilia Nord-Ovest : 11 km ✆ 079 935033, Fax 079 935195.
piazza Portaterra 9 ✆ 079 979054, infotourism@infoalghero.it, Fax 079 974881 – all'Aeroporto ✆ 079 935124, Fax 079 935124.
Cagliari 227 – Nuoro 136 – Olbia 137 – Porto Torres 35 – Sassari 35.

Calabona, località Calabona ✆ 079 975728, *info@hotecalabona.it, Fax 079 981046*, ←, – 400. AE VISA. rist
25 marzo-ottobre – **Pasto** 30/40 – **110 cam** 150/212 – ½ P 140.
◆ Una decentrata, bianca costruzione mediterranea sul mare ospita un albergo confortevole, ideale per tranquilli soggiorni balneari in un ambiente signorile e curato. Simpatica ambientazione di tono rustico e atmosfera informale nell'ampia sala ristorante.

Villa Las Tronas, lungomare Valencia 1 ✆ 079 981818, *info@hvlt.com, Fax 079 981044*, ← mare e scogliere, acqua di mare, – AE VISA.
Pasto 50 – **28 cam** 281/330, suite – ½ P 195.
◆ Invidiabile posizione panoramica su un piccolo promontorio, giardino e interni d'epoca per questa residenza patrizia d'inizio '900, dove soggiornavano i reali d'Italia. Atmosfera d'altri tempi e arredamento di sobria classicità nella sala da pranzo.

Florida, via Lido 15 ✆ 079 950535, *info@hotelfloridaalghero.it, Fax 079 985424*, ←, – AE VISA.
chiuso da dicembre al 7 gennaio – **Pasto** *(aprile-ottobre)* (solo per alloggiati) – **73 cam** 105/158 – ½ P 98.
◆ Curiosa struttura a cubi accostati per una grande, confortevole risorsa degli anni '70, a conduzione familiare, ben ubicata sul lungomare, a ridosso della spiaggia.

Il Pavone, piazza Sulis 3/4 ✆ 079 979584, *Fax 079 979584*, – . AE VISA.
chiuso dal 1º al 10 novembre, domenica a mezzogiorno da giugno a ottobre, tutto il giorno negli altri mesi – **Pasto** carta 35/49.
◆ Quadri e specchi con decorazioni di pavoni all'interno di questo accogliente locale, rinomato in città, che offre anche un piccolo dehors estivo; cucina mediterranea.

Al Tuguri, via Maiorca 113/115 ✆ 079 976772, *Fax 079 976772*, prenotare – . VISA.
chiuso dal 20 dicembre al 20 gennaio e domenica – **Pasto** 28/35 (15 %).
◆ Bell'ambiente caratteristico, con tavoli piccoli e serrati, in un'antica casa del centro, a due passi dai Bastioni; griglia a vista per cuocere soprattutto pesce.

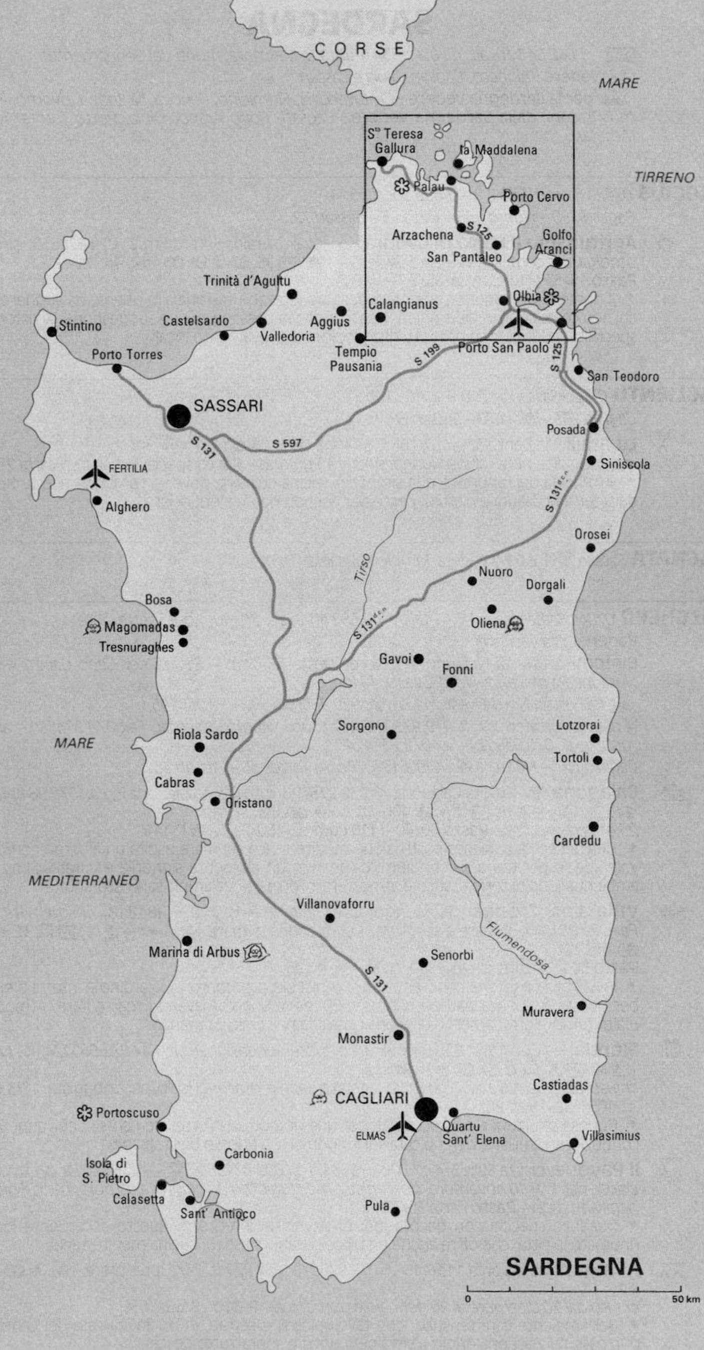
CORSE
MARE
TIRRENO
Sta Teresa Gallura
la Maddalena
Palau
Porto Cervo
Arzachena
S 125
Golfo Aranci
San Pantaleo
Olbia
Calangianus
Porto San Paolo
Trinità d'Agultu
Stintino
Castelsardo
Aggius
Valledoria
Tempio Pausania
S 199
Porto Torres
S 125
San Teodoro
SASSARI
S 131
S 597
Posada
Siniscola
FERTILIA
Alghero
S 131 d.c.n.
Orosei
Tirso
Nuoro
Dorgali
Bosa
Oliena
Magomadas
Tresnuraghes
S 131 d.c.n.
Gavoi
Fonni
Sorgono
Lotzorai
MARE
Riola Sardo
Tortoli
Cabras
Oristano
Cardedu
MEDITERRANEO
Villanovaforru
Flumendosa
Marina di Arbus
Senorbi
S 131
Muravera
Monastir
Castiadas
CAGLIARI
Portoscuso
ELMAS
Quartu Sant' Elena
Villasimius
Carbonia
Isola di S. Pietro
Calasetta
Sant' Antioco
Pula
SARDEGNA
0
50 km

XX **Rafel,** via Lido 20 ℘ 079 950385, ←, prenotare – ▤. AE ⓢ ⓓ ⓜⓒ VISA. ✻
chiuso dal 20 dicembre al 20 gennaio e giovedì in bassa stagione – **Pasto** carta 27/33.
◆ Dalle finestre che scorrono lungo tre pareti della sala-veranda o nei casalinghi piatti proposti, il mare «entra» comunque in questo simpatico locale sulla spiaggia.

a Porto Conte *Nord-Ovest : 13 km* 566 F 6 – ⊠ *07041 Alghero* :

El Faro ♨, ℘ 079 942010, *ask@elfarohotel.it, Fax 079 942030*, ← golfo e Capo Caccia, scoglioni, – ▤ P – 180. AE ⓢ ⓓ ⓜⓒ VISA. ✻
1 maggio-15 ottobre – **Pasto** (solo per alloggiati) 52/68 – **87 cam** ☐ 290/428, 6 suites – ½ P 258.
◆ Adagiato sulla punta scogliosa di una piccola penisola che termina con una torre del '600, gode di incantevole vista del golfo e di Capo Caccia; raffinate camere nuove. Panoramico anche il ristorante, con una luminosa sala, bianca e mediterranea.

ARZACHENA *07021 Sassari* 566 D 10 *G. Italia* – *10 616 ab. alt. 83* – *a.s. 20 giugno-15 settembre.*
Dintorni *Costa Smeralda*★★.
Pevero a Porto Cervo (Costa Smeralda) ⊠ *07020,* ℘ *0789 9580000, Fax 0789 96572, Nord-Est : 18,5 km.*
della Costa Smeralda : vedere Olbia.
vedere Cannagione.
Cagliari 311 – Olbia 26 – Palau 14 – Porto Torres 147 – Sassari 129.

Albatros Club Hotel, viale Costa Smeralda 28 ℘ 0789 83333, *info@albatrosclubhotel.com, Fax 0789 840064* – ▤ TV P. AE ⓢ ⓓ ⓜⓒ VISA JCB. ✻
Pasto *(aprile-ottobre)* 15/30 – **34 cam** ☐ 110/170 – ½ P 95.
◆ Ferro battuto, sculture di legno e arredi artigianali di buon gusto in una comoda risorsa nata nel 1998, valido indirizzo anche per clientela d'affari o di passaggio. Il ristorante sfoggia calde e luminose tonalità solari.

a Cannigione *Nord Est : 6,5 km* – ⊠ *07020* :.
via Lungomare Andrea Doria ℘ *0789 892019, aast.arzachena@regione.sardegna.it, Fax 0789 88149*

Micalosu ♨, località Micalosu Nord-Est : 3 km ℘ 0789 86326, *htlmica@tin.it, Fax 0789 86329*, ← golfo di Arzachena, – TV P. ⓢ ⓜⓒ VISA. ✻
aprile-ottobre – **Pasto** 20/30 – **55 cam** ☐ 122/200 – ½ P 106.
◆ In questo piacevole albergo non sarete proprio sul mare, ma in compenso godrete di una splendida vista del golfo di Arzachena; buoni confort e ambiente informale. Al ristorante ambientazione di tono rustico, vista sull'isola di Caprera e dehors estivo.

strada provinciale Arzachena-Porto Cervo *Est : 6,5 km* :

X **Lu Stazzu,** al bivio per Baia Sardinia ⊠ 07021 Arzachena ℘ 0789 82711, *lustazzu@lustazzu.com, Fax 0789 82711*, ←, – P. AE ⓢ ⓓ ⓜⓒ VISA JCB
Pasqua-settembre – **Pasto** carta 24/40.
◆ I sapori forti e autentici della cucina gallurese in un boschetto di ulivi e ginepri, che vedrete dalle finestre della lineare sala, ma «toccherete» dalla terrazza.

Costa Smeralda.

a Porto Cervo – ⊠ *07020* – *a.s. 20 giugno-15 settembre* :

Cervo ♨, piazzetta Cervo ℘ 0789 931111, *cervo@sheraton.com, Fax 0789 931613*, ←, riscaldata, – ▤ TV P – 600. AE ⓢ ⓓ ⓜⓒ VISA JCB. ✻
aprile-novembre – **Pasto** carta 65/90 e al Rist. ***Grill*** carta 80/110 – **108 cam** ☐ 600/858, 2 suites.
◆ Si affaccia sulla celebre piazzetta del paese e si sviluppa intorno a due pati interni, uno più piccolo con atmosfera da vecchio villaggio, l'altro con giardino e piscina. Diverse zone per la ristorazione, tutte dall'atmosfera molto accogliente.

Le Ginestre ♨, Sud : 1 km ℘ 0789 92030, *info@leginestrehotel.com, Fax 0789 94087*, ←, – ▤ TV P – 200. AE ⓢ ⓓ ⓜⓒ VISA JCB. ✻
aprile-ottobre – **Pasto** 46 – **78 cam** solo ½ P 260, 2 suites.
◆ Per un soggiorno di relax, fuori della mondanità di Porto Cervo, un elegante hotel panoramico, che domina lo splendido golfo del Pevero; chiedete le camere rinnovate. Piacevole ristorante che offre anche un dehors estivo in terrazza.

XXX **Gianni Pedrinelli,** strada provinciale bivio Pevero Sud : 1,5 km ℘ 0789 92436, *giannipedrinelli@tiscalinet.it, Fax 0789 92616*, – P. AE ⓢ ⓓ ⓜⓒ VISA. ✻
marzo-ottobre; chiuso a mezzogiorno dal 15 giugno-15 settembre – **Pasto** carta 39/83.
◆ Se ne sta nascosto tra buganvillee e altra vegetazione sarda questo rinomato e frequentato ristorante, che d'estate offre servizio in terrazza; piatti per lo più di mare.

XX **La Mola,** Sud : 1,5 km ℘ 0789 92313, *Fax 0789 92313*, ← – P. AE ⓢ ⓓ ⓜⓒ VISA JCB. ✻ – **Pasto** carta 51/72.
◆ Gusterete piatti di pesce in tre sale con richiami marinari e ampie finestre, da cui d'estate «spariscono» i vetri, dandovi la piacevole sensazione di essere all'aperto.

a Poltu Quatu – 07021 Porto Cervo – *a.s. 20 giugno-15 settembre :*

Meliá Poltu Quatu, strada Provinciale Baja Sardinia Liscia di Vacca ✆ 0789 956200, *melia.poltu.quatu@solmelia.com, Fax 0789 956201,* – 200. AE VISA.
15 aprile-ottobre – **Pasto** carta 41/55 – **128 cam** solo ½ P 495/775, 11 Suites.
◆ Un insenatura che accoglie un porto turistico, circondato da residenze estive tra cui ben si inserisce questo elegante e curato hotel al cui centro sorge la bella piscina. Ristornate dai toni chiari in stile mediterraneo.

a Pitrizza – 07020 Porto Cervo – *a.s. 20 giugno-15 settembre :*

Pitrizza, ✆ 0789 930111, *pitrizza@luxurycollection.com, Fax 0789 930611,* baia, acqua di mare, – 50. AE VISA.
maggio-settembre – **Pasto** 130/160 – **39 cam** solo ½ P 2000/2150, 16 suites.
◆ La vera regalità si nasconde agli sguardi indiscreti in ville di ricercata, ma sobria eleganza, digradanti sul mare e immerse tra i profumi inebrianti della macchia sarda. Raffinatezza anche al ristorante con bel dehors affacciato sulla meravigliosa piscina.

a Romazzino – 07020 Porto Cervo – *a.s. 20 giugno-15 settembre :*

Romazzino, ✆ 0789 977111, *romazzino@luxurycollection.com, Fax 0789 977614,* mare ed isolotti, pontile d'attracco privato e mini club, con acqua di mare, – AE VISA JCB.
14 maggio-settembre – **Pasto** 90/120 – **78 cam** 1500/1600, 6 suites – P 850.
◆ Suggestive terrazze e freschi interni raffinati vi attendono in questa movimentata struttura bianca, isolata su una splendida spiaggia. Giardino e piscina d'acqua salata. Clima informale e grigliate a pranzo; piatti curati nel dehors rustico-elegante la sera.

a Cala di Volpe – ✉ *07020 Porto Cervo – a.s. 20 giugno-15 settembre :*

Cala di Volpe ⑤, ✆ 0789 976111, *caladivolpe@luxurycollection.com, Fax 0789 976617,* ← baia, ⛱, porticciolo privato, mini club x bambini, Fб, ⛱ con acqua di mare, ⛵, ⛳, ✂, – |ǂ| ⇌ ▤ TV P – 🏛 35. AE ⑤ ◎ ⓜ VISA JCB. ✂
11 aprile-25 ottobre – **Pasto** (solo per alloggiati) – **125 cam** solo ½ P 1771/1925, 12 suites.
◆ Dietro la scabra essenzialità di un colorato, pittoresco «villaggio» di pescatori si cela il lusso di gusto mediterraneo di un luogo sacro per la mondanità internazionale. Ambiente esclusivo anche al ristorante; grigliate sotto un gazebo.

Nibaru ⑤ senza rist, ✆ 0789 96038, *hotelnibaru@tiscalinet.it, Fax 0789 96474,* ⛱ – ▤ TV P. AE ⑤ ◎ ⓜ VISA. ✂
maggio-15 ottobre – **55 cam** ☕ 180/230.
◆ Per provare il brivido di una delle zone più prestigiose della Costa a prezzi abbordabili, una tranquilla struttura immersa nel verde e raccolta intorno alla piscina.

a Baia Sardinia – ✉ *07020 : – a.s. 20 giugno-15 settembre :*

Club Hotel ⑤, ✆ 0789 99006, *Fax 0789 99286,* ←, ⛱, ⛵ – |ǂ| ▤ TV P. AE ⑤ ◎ ⓜ VISA JCB. ✂
Pasqua-ottobre – **Pasto** (solo per alloggiati) vedere rist ***Casablanca*** – ☕ 9 – **77 cam** 134/160 (solo 1/2 P in luglio-agosto) – ½ P 160.
◆ Si abbraccia un ampio panorama da questa risorsa in posizione dominante sulla scogliera: per un soggiorno in ambiente elegante, ma senza sfarzi né eccessive mondanità.

La Bisaccia ⑤, ✆ 0789 99002, *hotellabisaccia@tin.it, Fax 0789 99162,* ← arcipelago della Maddalena, ⛱, ⛱, ⛵ – |ǂ| ▤ TV P – 🏛 80. AE ⑤ ◎ ⓜ VISA. ✂
20 maggio-15 ottobre – **Pasto** (solo per alloggiati) carta 42/60 – **111 cam** ☕ 403 – ½ P 216,50.
◆ A presidiare una punta della baia, un albergo con giardino digradante sul mare e piacevoli spazi per il relax; chiedete le camere con terrazzo e vista sull'arcipelago.

Mon Repos ⑤, ✆ 0789 99011, *monrepos@tin.it, Fax 0789 99050,* ← mare e costa, Fб, ⛱, ⛳ – ⇌ cam, ▤ TV 🚗 P – 🏛 50. AE ⑤ ⓜ VISA. ✂
10 maggio-20 ottobre – **Pasto** vedere rist ***Conchiglia*** – ☕ 12 – **60 cam** ☕ 208/220, suite – ½ P 147.
◆ Tra i primi hotel comparsi nella baia, che si domina dalla terrazza panoramica con piscina, è un bianco edificio mediterraneo; camere accoglienti, di diverse tipologie.

Pulicinu ⑤, località Pulicinu Sud : 3 km ✆ 0789 933001, *hotelpulicinu@tiscalinet.it, Fax 0789 933090,* ←, ⛱, ⛱, ⛵, ⛳ – ▤ TV P. AE ⑤ ◎ VISA. ✂
5 maggio-settembre – **Pasto** (solo per alloggiati) – **43 cam** solo ½ P 163.
◆ Per chi cerca silenzio e contatto con il verde, una risorsa ben inserita nel paesaggio, con giardino, piscina e navetta per la spiaggia; interni signorili e ariosi.

Olimpia ⑤ senza rist, ✆ 0789 99176, *Fax 0789 99191,* ← arcipelago della Maddalena, ⛱ – TV P. AE ⑤ ◎ ⓜ VISA
10 maggio-settembre – ☕ 13 – **17 cam** 89/150.
◆ Disposte su tre livelli, le camere, con rustici arredi di pino naturale, hanno tutte terrazzo fronte mare e vista sull'arcipelago della Maddalena; piscina e solarium.

Casablanca - Hotel Club Hotel, ✆ 0789 99006, *bajahotels@tin.it, Fax 0789 99286,* ⛱, Rist.-piano bar, prenotare – AE ⑤ ◎ ⓜ VISA. ✂
20 maggio-20 settembre; chiuso a mezzogiorno – **Pasto** carta 63/83.
◆ Interni eleganti, ma soprattutto, rivolta verso il mare, una terrazza panoramica di grande suggestione, dove a lume di candela gusterete creazioni di cucina mediterranea.

Conchiglia - Hotel Mon Repos, ✆ 0789 99241, *Fax 0789 99241,* ⛱ – ▤. AE ⑤ ◎ ⓜ VISA JCB. ✂
Pasqua-10 ottobre – **Pasto** carta 31/43.
◆ In una simpatica, curata sala giocata sul bianco e blu o, d'estate, sulla strepitosa terrazza panoramica, vi verrà proposta un'ampia carta che accontenta tutti i gusti.

BAIA SARDINIA *Sassari* 566 D 10 – *Vedere Arzachena : Costa Smeralda.*

BOSA *08013 Nuoro* 566 G 7 – *7 969 ab. alt. 10.*
Alghero 64 – Cagliari 172 – Nuoro 86 – Olbia 151 – Oristano 64 – Porto Torres 99 – Sassari 99.

Sa Pischedda, via Roma 8 ✆ 0785 373065, *asapischedda@tiscali.it, Fax 0785 372000,* ⛱ – ▤ rist, TV P. AE ⑤ ⓜ VISA
Pasto *(chiuso novembre e martedì da ottobre a maggio)* carta 24/44 – ☕ 5 – **20 cam** 40/60 – ½ P 55.
◆ In un palazzo signorile del 1890, in uno dei paesi più belli dell'isola, un hotel che prende il nome dal tipico cestino sardo; camere nei colori pastello, da poco rinnovate.

a Bosa Marina *Sud-Ovest : 2,5 km – ✉ 08013 – a.s. luglio-10 settembre :*

Al Gabbiano, viale Mediterraneo 5 ☎ 0785 374123, *gabbianohotel@tiscali.it, Fax 0785 374109,* – AE VISA JCB.
Pasto *(Pasqua-ottobre)* carta 19/32 – 6 – **30 cam** 158 – ½ P 77.
◆ Ubicato proprio sul lungomare, un piccolo albergo a gestione familiare, che dispone di spiaggia attrezzata; mobili di frassino nelle camere semplici, ma ben tenute. Ambientazione lineare di tono moderno nella sala ristorante.

CABRAS *09072 Oristano 566 H 7 – 8 940 ab..*

Alghero 108 – Cagliari 101 – Iglesias 114 – Nuoro 95 – Oristano 7 – Sassari 122.

Sa Funtà, via Garibaldi 25 ☎ 0783 290685, prenotare –
chiuso dal 15 dicembre a febbraio e domenica – **Pasto** specialità sarde carta 25/42.
◆ Si respira aria di autentica Sardegna in questo locale, al cui interno è conservato un antico pozzo nuragico; sarde sono anche la lingua del menù e le specialità.

CAGLIARI *09100* P *566 J 9 G. Italia – 162 993 ab..*

Vedere *Museo Nazionale Archeologico★ : bronzetti★★★* **Y** – *≤★★ dalla terrazza Umberto I* **Z** – *Pulpiti★★ nella Cattedrale* **Y** – *Torre di San Pancrazio★* **Y** – *Torre dell'Elefante★* **Y.**

Escursioni *Strada★★★ per Muravera per ①.*

di Elmas per ② : 6 km ☎ 070 240079, Fax 070 240670 – Alitalia, via Caprera 12 ✉ 09123 ☎ 070 60101, Fax 070 660362.

per Civitavecchia giornaliero (14 h 30 mn)) e Genova 18 luglio-7 settembre mercoledì e venerdì (20 h); per Napoli mercoledì, anche lunedì dal 16 luglio al 3 settembre16 h 15 mn); per Palermo venerdì (13 h 30 mn) e Trapani domenica (11 h) – Tirrenia Navigazione, molo Sanità ☎ 070 666065, Fax 070 652337.

piazza Matteotti 9 ✉ 09123 ☎ 070 669255, aast.info@tiscalinet.it – via Roma, Stazione Marittima ✉ 09100 ☎ 070 668352 – piazza Defennu 9 ✉ 09125 ☎ 070 604241, enturlsmoca@tiscalinet.it, Fax 070/663207.

A.C.I. *via San Simone 60 ✉ 09122 ☎ 070 283000.*

Nuoro 182 ② – Porto Torres 229 ② – Sassari 211 ②.

Pianta pagina a lato

Regina Margherita senza rist, viale Regina Margherita 44 ✉ 09124 ☎ 070 670342, *htlrm@hotelreginamargherita.com, Fax 070 668325* – – 300. AE VISA. Z g
10 – **99 cam** 130/165.
◆ Nel cuore della città, hotel recente di livello elevato, con ampio e funzionale centro congressi; spaziose sia le zone comuni che le signorili camere di taglio classico.

Caesar's, via Darwin 2/4 ✉ 09126 ☎ 070 340750 e rist. ☎ 070 304768, *caesarshotel@tiscalinet.it, Fax 070 340755* – – 300. AE VISA JCB.
chiuso dal 4 al 28 agosto – **Pasto** al Rist. ***Da Cesare*** carta 24/34 – **48 cam** 110/160, 4 suites. per viale Armando Diaz Z
◆ Ispirata in scala ridotta a modelli statunitensi, una moderna struttura che si sviluppa intorno ad un patio interno coperto su cui si affacciano i corridoi delle camere. Raffinato, accogliente ristorante, dove gustare piatti tipici della cucina isolana.

Jolly Hotel Cagliari, circonvallazione Nuova Pirri 626 ✉ 09134 Pirri ☎ 070 529060, *jolly.cagliari@alliancealberghi.com, Fax 070 502222* – – 180. AE VISA JCB. rist 4 km per via Dante Y
Pasto carta 16/32 – **129 cam** 129,96/160,12.
◆ Ampia e luminosa la moderna hall di un albergo ubicato sulla circonvallazione, ideale per una clientela di lavoro e di passaggio; confortevoli camere con buone dotazioni. Ambiente piacevole e informale nella sala da pranzo.

Dal Corsaro, viale Regina Margherita 28 ✉ 09124 ☎ 070 664318, *dalcorsaro@libero.it, Fax 070 653439* – . AE VISA. Z e
chiuso dal 23 dicembre al 6 gennaio e domenica (escluso agosto) – **Pasto** carta 38/57 (10 %).
◆ Tavoli distanziati e atmosfera piacevole in un angolo di sobria eleganza classica in centro città; proposte della tradizione rielaborate in chiave moderna e fantasiosa.

Antica Hostaria, via Cavour 60 ✉ 09124 ☎ 070 665870, *Fax 070 665878* – . AE VISA. Z x
chiuso dal 23 dicembre al 7 gennaio, agosto e domenica – **Pasto** carta 25/38 (12 %).
◆ Nel centro storico, atmosfera calda e accogliente in un ristorante caratteristico con raccolta di quadri; la cucina tradizionale spazia su tutto il territorio nazionale.

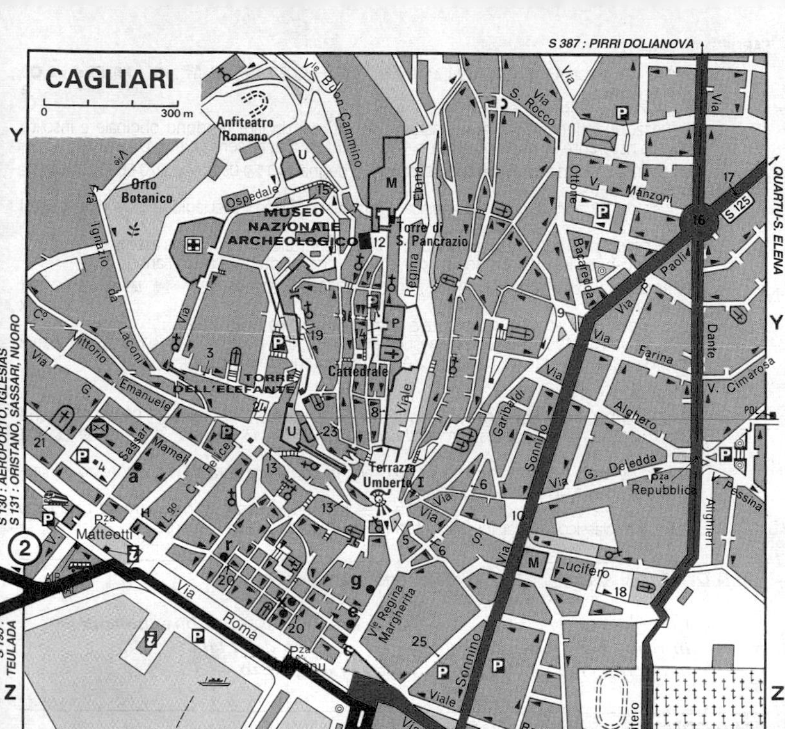

Circolazione regolamentata nel centro città

Azuni (Via) . . . . Y 3	Gramsci (Piazza) . . . . Z 10	S. Cosimo (Piazza) . . . . Z 18
Carlo Felice (Largo) . . . . . . Z	Indipendenza (Piazza) . . . . . Y 12	S. Croce (Via) . . . . Y 19
Carmine (Piazza) . . . . Z 4	Manno (Via G.) . . . . Z 13	Sardegna (Via) . . . . Z 20
Costituzione (Piazza) . . . . . Z 5	Martini (Via) . . . . Y 14	Trieste (Viale) . . . . Z 21
D'Arborea (Via E.) . . . . Z 6	Porceli (Via) . . . . Y 15	Università (Via) . . . . Z 23
Fiume (Via) . . . . Y 7	Roma (Via) . . . . Z	Yenne (Piazza) . . . . Y 24
Fossario (Via) . . . . Y 8	S. Benedetto (Piazza) . . . . . Y 16	20 Settembre (Via) . . . . Z 25
Garibaldi (Piazza) . . . . Y 9	S. Benedetto (Via) . . . . Y 17	

XX **Al Porto,** via Sardegna 44 ✉ 09124 ✆ 070 663131, prenotare – ▤. AE ⓢ ⓞ MC VISA.
Z r

chiuso dal 7 al 21 gennaio, dal 1° al 15 luglio e lunedì – **Pasto** carta 27/37.

◆ Elegante stile marinaro e servizio professionale in un locale del centro storico, con esposizione del pesce di giornata e saletta appartata; cucina locale e di mare.

XX **S'Apposentu,** via Sant'Alenixedda, Teatro Lirico ✆ 070 4082315, *info@sapposentu.it, Fax 070 4082315*, prenotare – ▤. AE ⓢ ⓞ MC VISA. per Via Dante Y

chiuso settembre e ottobre, domenica e lunedì – **Pasto** carta 37/47.

◆ Nell'ampio e moderno edificio che ospita il Teatro Lirico, un ristorante con spazi dinamici e un giovane chef capace di stupire con semplicità. A cena ambiente più elegante.

XX **Il Molo,** Calata dei Trinitari ✉ 09125 ✆ 070 308959, *Fax 070 344273* – ▤. AE ⓢ ⓞ MC VISA.
per lungomare C. Colombo Z

chiuso lunedì da ottobre a maggio – **Pasto** specialità di mare carta 27/39 (10%).

◆ Dispone di una luminosa, simpatica veranda sul porticciolo questo frequentato locale classico, con attiguo locale per la pizzeria serale; le specialità sono di mare.

XX **Flora** via Sassari 43/45 ✉ 09124 ☎ 070 664735, *Fax 070 658219*, ☂, ☕ – ▤. AE ⓢ ⓞ ⓜ VISA JCB. ✻ Z a

chiuso agosto – **Pasto** carta 25/33.

◆ Pezzi di antiquariato e modernariato raccolti dal titolare rendono originale e insolito questo ristorante signorile, che ha un giardino interno per il servizio estivo.

X **La Stella Marina di Montecristo,** via Sardegna 140 ✉ 09124 ☎ 070 666692 – ▤. AE ⓢ ⓞ ⓜ VISA. ✻ Z c

chiuso dal 10 al 20 agosto e domenica – **Pasto** specialità di cacciagione giovedì e venerdì carta 18/35.

◆ Conduzione e tono familiari per una trattoria centrale, semplice, ma accogliente; cucina di pesce, specialità di cacciagione, il giovedì e il venerdì, durante tutto l'anno.

X **Lillicu,** via Sardegna 78 ✉ 09124 ☎ 070 652970, *Fax 070 652970* – ▤. AE ⓢ ⓞ ⓜ VISA JCB. ✻ Z x

chiuso dal 10 agosto al 1º settembre e domenica – **Pasto** carta 20/25.

◆ In attività dal 1957 con la stessa gestione familiare, una trattoria dove si mangia su grandi tavoli col piano di marmo; cucina locale e di mare, schietta e gustosa.

al bivio per Capoterra *per ② : 12 km :*

XX **Sa Cardiga e Su Schironi,** strada statale 195 bivio per Capoterra ✉ 09012 Capoterra ☎ 070 71652, *sacardigaesuschironi@tiscali.it, Fax 070 71613* – ⇔ ▤ P. AE ⓢ ⓞ ⓜ VISA JCB

chiuso gennaio e lunedì (escluso agosto), anche domenica sera da novembre ad aprile – **Pasto** specialità di mare carta 33/54.

◆ Una barca con un trionfo di pesce freschissimo vi accoglie nell'ingresso di questo ristorante classico dagli ampi spazi interni modulabili; specialità di mare.

CALA DI VOLPE *Sassari* 566 D 10 – *Vedere Arzachena : Costa Smeralda.*

I prezzi del pernottamento e della pensione possono subire aumenti in relazione all'andamento generale del costo della vita ; quando prenotate chiedete la conferma del prezzo.

CALA GONONE *Nuoro* 566 G 10 – *Vedere Dorgali.*

CALANGIANUS *07023 Sassari* 566 E 9 – *4 719 ab. alt. 518.*

Cagliari 255 – Nuoro 144 – Olbia 37 – Sassari 79.

verso Priatu *Est : 14 km :*

X **Li Licci** ⛰ con cam, ☎ 079 665114, *info@lilicci.com, Fax 079 665114*, ☂, ☕ P. AE ⓢ ⓞ ⓜ VISA. ✻ rist

marzo-14 novembre – **Pasto** specialità galluresi 30/35 – **4 cam** ☕ 60/82 – ½ P 70.

◆ Una coppia anglo-sarda gestisce questo simpatico ristorante con camere e servizio estivo in terrazza tra i lecci; sequenza di specialità galluresi in un menù imposto.

CALASETTA *09011 Cagliari* 566 J 7 – *2 782 ab..*

⛴ *per l'Isola di San Pietro-Carloforte giornalieri (30 mn) – Saremar-agenzia Ser.Ma.Sa., al porto ☎ 0781 88430.*

Cagliari 105 – Oristano 145.

🏨 **Luci del Faro** ⛰, località Mangiabarche Sud : 5 km ☎ 0781 810089, *hotel.lucidelfaro@tiscali.it, Fax 0781 810091*, ≤, ☂, navetta per la spiaggia, ⛱, ☕, ✻ – ▤ TV ♿ P – 🏛 50. AE ⓢ ⓞ ⓜ VISA JCB. ✻

marzo-ottobre – **Pasto** (solo per alloggiati) 25/30 – **38 cam** ☕ 120/200, suite – ½ P 120.

◆ Edificio raccolto ad anfiteatro intorno ad una grande piscina in un'oasi di pace quasi incontaminata; interni freschi ed eleganti, navetta per le belle spiagge vicine.

X **Bellavista** con cam, via Sottotorre 7 ☎ 0781 88971, *treg.mar@tiscalinet.it, Fax 0781 88211*, ≤ mare e costa, ☂ – ✻

chiuso dal 4 novembre al 15 dicembre – **Pasto** *(chiuso lunedì da ottobre ad aprile)* carta 30/50 – ☕ 6 – **12 cam** 50/69 – ½ P 72.

◆ Sull'isola di S.Antioco, affacciato su una suggestiva spiaggetta, gode di splendida vista, soprattutto dal dehors per il servizio estivo; cucina di pesce e locale.

CANNIGIONE *Sassari* 566 D 10 – *Vedere Arzachena.*

CAPO D'ORSO *Sassari* – *Vedere Palau.*

CARBONIA *09013 Cagliari* 566 J 7 – *31 418 ab. alt. 100.*
Cagliari 71 – Oristano 121.

Bovo-da Tonino, via Costituente 18 ☎ 0781 62217, *Fax 0781 62217,* – ▤ P. AE ⑤ ⓓ ⓜ VISA. ✂
chiuso 25-26 dicembre, Pasqua, Ferragosto e domenica – **Pasto** specialità di mare carta 25/44.
◆ Qui si viene non per l'ambiente, semplice e familiare, ma per l'ottima qualità e la freschezza del pesce, che d'estate si gusta in un ombreggiato spazio all'aperto.

CARLOFORTE *Cagliari* 566 J 6 – *Vedere San Pietro (Isola di).*

CASTELSARDO *07031 Sassari* 566 E 8 – *5 307 ab. – a.s. 20 giugno-15 settembre.*
Cagliari 243 – Nuoro 152 – Olbia 100 – Porto Torres 34 – Sassari 32.

Riviera da Fofò, via lungomare Anglona 1 ☎ 079 470143, *fofo@fofo.it, Fax 079 471312,* ≤, – |‡|, ▤ cam, TV P – 50. AE ⑤ ⓓ ⓜ VISA. ✂
Pasto *(chiuso mercoledì da novembre ad aprile)* carta 28/46 – ☕ 6 – **34 cam** 110/150 – ½ P 93.
◆ Ubicata nella parte bassa e costiera della località, piacevole risorsa rinnovata in anni recenti, che offre signorili camere di buon gusto, alcune con balcone coperto. Ristorante sulla breccia da decenni: ampia sala e terrazza estiva con vista mare.

Il Cormorano, via Colombo 5 ☎ 079 470628, *ristoranteilcormorano@supereva.it, Fax 079 470628,* – ▤. AE ⑤ ⓓ ⓜ VISA JCB
chiuso martedì in bassa stagione – **Pasto** carta 34/59.
◆ Squillanti, solari colori mediterranei, nasse come paralumi, ceramiche sarde e una bella veranda in un curato ristorante di pesce sulle pendici della rocca medievale.

Da Ugo, corso Italia 7/c località Lu Bagnu Sud-Ovest : 4 km ☎ 079 474124, *Fax 079 474124,* ≤ – ▤. AE ⑤ ⓓ ⓜ VISA JCB. ✂
chiuso febbraio e giovedì in bassa stagione – **Pasto** carta 35/65.
◆ Lungo la strada costiera, è da anni un indirizzo ben noto in zona per la freschezza e la fragranza dell'offerta ittica; la carne, «porceddu» compreso, è da prenotare.

Sa Ferula, corso Italia 1, località Lu Bagnu Sud-Ovest : 4 km ☎ 079 474049, *Fax 079 474049,* ≤, – P. AE ⑤ ⓓ ⓜ VISA JCB
chiuso dal 20 ottobre al 15 novembre e giovedì in bassa stagione – **Pasto** carta 24/43.
◆ Sorta di bambù indigeno, la «ferula» riveste in parte le pareti di un semplice locale in una frazione sulla litoranea. Cucina della tradizione, di terra e di mare.

CASTIADAS *09040 Cagliari* 566 J 10 – *alt. 168.*
Cagliari 66 – Muravera 30.

a Villa Rey *Est : 9 km – ✉ 09040 Castiadas :*

Sant'Elmo Beach Hotel , località Sant'Elmo ☎ 070 995161, *info@santelmo.it, Fax 070 995140,* ≤, , , , – ▤ TV ♿ P – 300. AE ⑤ ⓓ ⓜ VISA JCB. ✂
10 aprile-26 ottobre – **Pasto** 22/26 – **175 cam** solo ½ P 350, 4 suites.
◆ Vicino al mare, un corpo centrale e piccole villette, con camere di livelli diversi, compongono un signorile complesso ben inserito nel paesaggio; giardino con piscina. Il ristorante dispone di tre accoglienti sale.

a Costa Rei *Nord-Est : 13 km – ✉ 09040 Castiadas*

Sa Cardiga e Su Pisci, ☎ 070 991108, *fmasses@tiscali.it, Fax 070 9919033,* , Rist. e pizzeria – ▤ P. AE ⑤ ⓓ ⓜ VISA JCB. ✂
aprile-ottobre; chiuso giovedì (escluso da giugno a settembre) – **Pasto** carta 26/50.
◆ Un locale semplice e familiare dall'offerta diversificata: ristorante di casalinga cucina per lo più di pesce, ma anche pizzeria, paninoteca, bar e gelateria.

COSTA DORATA *Sassari* 566 E 10 – *Vedere Porto San Paolo.*

COSTA REI *Cagliari* 566 J 10 – *Vedere Castiadas.*

COSTA SMERALDA *Sassari* 566 D 10 – *Vedere Arzachena.*

Se cercate un hotel tranquillo
consultate prima le carte tematiche dell'introduzione
e trovate nel testo gli esercizi indicati con il simbolo

DORGALI *08022 Nuoro* 566 G 10 *G. Italia – 8 192 ab. alt. 387 – a.s. luglio-10 settembre.*

Dintorni *Grotta di Ispinigoli** Nord : 8 km – Strada** per Cala Gonone Est : 10 km – Nuraghi di Serra Orios* Nord-Ovest : 10 km – Strada*** per Arbatax Sud.*

Cagliari 213 – Nuoro 32 – Olbia 114 – Porto Torres 170 – Sassari 152.

Colibrì, via Gramsci ang. Via Floris ☎ 0784 96054, *colibri.mereu@tiscalinet.it,* – ▤ P. ✂ *chiuso dicembre, gennaio e domenica (escluso luglio-agosto)* – **Pasto** cucina tipica sarda carta 24/36.

◆ Simpatia e cordialità vi attendono in questo angolo familiare: in una moderna sala di tono rustico gusterete la tipica cucina sarda e qualche piatto di pesce.

a Cala Gonone *Est : 9 km – ✉ 08020 :*

Costa Dorada, lungomare Palmasera 45 ☎ 0784 93332, *info@hotelcostadorada.it, Fax 0784 93445,* ←, – ▤ TV. AE Ⓢ MC VISA. ✂ rist

aprile-ottobre – **Pasto** (solo per alloggiati) carta 25/40 – ☕ 14 – **27 cam** 130/180, 3 suites – ½ P 105.

◆ Defilata dal centro e ubicata sul mare, una signorile struttura circondata dal verde; confortevole settore notte, con stanze spaziose, ben arredate e accessoriate.

L'Oasi ⑤, via Garcia Lorca 13 ☎ 0784 93111, *loasihotel@tiscali.it, Fax 0784 93444,* ← mare e costa, – ▤ TV P – 60. MC VISA. ✂

Pasqua-10 ottobre – **Pasto** *(chiuso a mezzogiorno)* (solo per alloggiati) 12/15 – **30 cam** ☕ 93/112 – ½ P 67.

◆ Albergo di buon confort, composto di tre corpi separati in un giardino fiorito a terrazze; la posizione dominante a picco sul mare regala un panorama ampio e notevole.

Miramare, piazza Giardini 12 ☎ 0784 93140, *miramare@tiscalinet.it, Fax 0784 93469,* ←, – |‡| TV. AE Ⓢ ⓓ MC VISA

aprile-26 ottobre – **Pasto** *(maggio-settembre)* carta 21/31 – **35 cam** ☕ 80/120 – ½ P 75.

◆ Fronte mare in prossimità del porticciolo, buon rapporto qualità/prezzo in un piacevole hotel, dal 1955 gestito dalla stessa famiglia; arredi artigianali nelle camere. Ideale per il relax, la bella, ombreggiata terrazza ospita anche il servizio ristorante.

Il Pescatore, via Acqua Dolce 7 ☎ 0784 93174, *Fax 0784 920170,* ← – ▤. Ⓢ MC VISA

Pasqua-ottobre – **Pasto** specialità di mare carta 28/45.

◆ Dal 1972 la titolare sta ai fornelli di questo locale sulla litoranea e prepara fragranti, casalinghi piatti di pesce, proposti in una grande e luminosa sala-veranda.

alla Grotta di Ispinigoli *Nord : 12 km :*

Ispinigoli ⑤ con cam, strada statale 125 al km 210 ✉ 08022 Dorgali ☎ 0784 95268, *rist. ispinigoli@tiscalinet.it, Fax 0784 94293,* ←, – TV P – 200. AE Ⓢ MC VISA. ✂ rist

marzo-novembre – **Pasto** carta 26/42 – **24 cam** ☕ 78/100 – ½ P 75.

◆ Camere accoglienti, due ampie, ariose sale classiche e una terrazza per il servizio estivo in un ristorante adiacente all'omonima grotta; cucina del territorio.

a Monteviore *Sud : 9 km – ✉ 08022 Dorgali :*

Monteviore ⑤, strada statale 125 al km 196 ☎ 0784 96293, *monteviore1@tiscali.it, Fax 0784 96293,* ← Sopramonte e Parco del Gennargentu, – TV P. Ⓢ ⓓ MC VISA. ✂ rist

aprile-ottobre – **Pasto** carta 19/30 – **20 cam** ☕ 55/85 – ½ P 68.

◆ Per chi in Sardegna cerca non solo il mare, ma anche il contatto con la sua forte natura incontaminata: isolata casa colonica tra gli uliveti, ristrutturata con gusto. Ampia sala da pranzo di arredamento rustico, con vetrate panoramiche sulla vallata.

FONNI *08023 Nuoro* 566 G 9 – *4 462 ab. alt. 1 000.*

Escursioni *Monti del Gennargentu** Sud.*

Cagliari 161 – Nuoro 34 – Olbia 140 – Porto Torres 154 – Sassari 133.

Cualbu, viale del Lavoro 21 ☎ 0784 57054, *hotelcualbu@tiscalinet.it, Fax 0784 58403,* , – |‡| TV P – 200. AE Ⓢ ⓓ MC VISA JCB. ✂

Pasto carta 19/26 – ☕ 7,50 – **50 cam** ☕ 72,40/79,70 – ½ P 68,20.

◆ Una struttura policroma ospita un albergo signorile, rimodernato e potenziato in anni recenti, con un'ampia offerta di servizi, per clientela turistica e di lavoro. Colonne bianche nella piacevole sala da pranzo di raffinata impostazione classica.

GAVOI *08020 Nuoro* 566 G 9 – *2 973 ab. alt. 777 – a.s. luglio-15 settembre.*

Cagliari 179 – Nuoro 35 – Olbia 140 – Porto Torres 141 – Sassari 120.

Gusana ⑤, località lago di Gusana ☎ 0784 53000, *Fax 0784 52178,* ← lago di Gusana, – TV P. AE Ⓢ ⓓ MC VISA. ✂

chiuso novembre – **Pasto** *(chiuso lunedì)* carta 25/36 – **35 cam** ☕ 50/72 – ½ P 50.

◆ Si gode una bella vista dell'omonimo lago artificiale da questa risorsa semplice, ma accogliente: per gli amanti della tranquillità e delle passeggiate, anche a cavallo. Atmosfera familiare e lineare ambientazione rustica nella sala ristorante.

GOLFO ARANCI *07020 Sassari* 566 E 10 – *2 098 ab. – a.s. 20 giugno-15 settembre.*

per Civitavecchia 26 marzo-settembre (7 h) e Livorno 26 marzo-12 ottobre giornalieri (9 h) – Sardinia Ferries, al porto ☎ 0789 46780; per Fiumicino (4 h) e La Spezia (5 h 30 mn) 22 giugno-9 settembre giornalieri – Tirrenia Navigazione, al porto ☎ 0789 207100, Fax 0789 207120.

Cagliari 304 – Olbia 19 – PortoTorres 140 – Sassari 122 – Tempio Pausania 64.

Gabbiano Azzurro, via dei Gabbiani ☎ 0789 46929, *gabbianoazzurro@webbing.it, Fax 0789 615056,* ≤ Golfo degli Aranci e Tavolara, – 50. AE VISA.

aprile-ottobre – **Pasto** carta 30/47 – **56 cam** 150/230 – ½ P 138.

◆ Nuove camere confortevoli in un hotel su una delle più celebri spiagge della località, ideale per i bambini e in posizione strategica per ammirare il panorama del golfo. Anche dalla sala ristorante bella vista dell'isola di Tavolara.

Margherita senza rist, via Libertà 91 ☎ 0789 46912, *hotelmargherita@tiscalinet.it, Fax 0789 46851,* ≤, – P. AE VISA

aprile-ottobre – **24 cam** 183/239, 2 suites.

◆ Si vede il mare da tutte le stanze di questa tranquilla struttura, in centro, non lontano dal porto; piacevole il porticato intorno alla piscina nel giardino fiorito.

IS MOLAS *Cagliari – Vedere Pula.*

ISOLA ROSSA *Sassari* 566 E 8 – *Vedere Trinità d'Agultu.*

LA CALETTA *Nuoro* 566 F 11 – *Vedere Siniscola.*

LISCIA DI VACCA *Sassari – Vedere Arzachena : Costa Smeralda.*

LOTZORAI *08040 Nuoro* 566 H 10 – *2 140 ab. alt. 16 – a.s.luglio-10 settembre.*

Cagliari 145 – Arbatax 9,5 – Nuoro 91.

L'Isolotto, via Dante ☎ 0782 669431, – AE VISA.

giugno-settembre; chiuso lunedì – **Pasto** carta 19/35 (5 %).

◆ Atmosfera familiare e ambientazione semplice in un ristorante che, nella sala interna o in una fresca veranda esterna, propone piatti di mare e del territorio.

MADDALENA (Arcipelago della) *Sassari* 566 D 10 *G. Italia – alt. da 0 a 212 (monte Teialone).*

La limitazione d'accesso degli autoveicoli è regolata da norme legislative.

Vedere *Isola della Maddalena★★ – Isola di Caprera★ : casa-museo★ di Garibaldi.*

La Maddalena *Sassari* 566 D 10 – *11 653 ab. – ✉ 07024 – a.s. 20 giugno-15 settembre.*

per Palau giornalieri (15 mn) – Saremar-agenzia Contemar, via Amendola 15 ☎ 0789 737660, Fax 0789 736449.

a Cala Gavetta ☎ 0789 736321, Fax 0789 736655

Garibaldi senza rist, via Lamarmora ☎ 0789 737314, *htlgaribaldi@tiscalinet.it, Fax 0789 737326* – TV. AE VISA JCB.

chiuso sino a marzo – **19 cam** 85/145.

◆ Vicino alla centrale piazza Tommaso, in posizione defilata e tranquilla, una semplice, ma comoda base da cui muoversi alla scoperta dell'isola e delle sue spiagge.

La Terrazza, via Villa Glori 6 ☎ 0789 735305, *Fax 0789 735305,* – . AE VISA.

chiuso domenica escluso da maggio a settembre – **Pasto** carta 27/35.

◆ Piatti per lo più di pesce in una raffinata sala «invernale» o sotto il tendone quasi circense della terrazza estiva, che dà il nome a questo centralissimo ristorante.

MAGOMADAS *08010 Nuoro* 566 G 7 – *601 ab. alt. 263.*

Nuoro 85 – Oristano 55 – Sassari 81.

Da Riccardo, via Vittorio Emanuele 13/15 ☎ 0785 35631, prenotare – .

chiuso ottobre e martedì – **Pasto** 25/45.

◆ Seria conduzione familiare per una piccola trattoria semplice, ma linda e ordinata, con decorazioni e tavoli rustici; carta giornaliera che segue i prodotti di stagione.

MARAZZINO *Sassari* 566 D 9 – *Vedere Santa Teresa Gallura.*

MARINA DI ARBUS *Cagliari* 566 I 7 – ✉ *09031 Arbus.*
Cagliari 88 – Iglesias 78 – Nuoro 160 – Olbia 240 – Porto Torres 207 – Sassari 187.

Le Dune, località Piscinas Sud : 8 km ☎ 070 977130, *leduneingurtosu@tiscalinet.it, Fax 070 977230,* ← – rist, P. AE VISA.
Pasto 25/35 – **25 cam** 160/220 – ½ P 160.
◆ Sette chilometri di sterrato per scoprire un raffinato angolo di paradiso: tra le dune in riva al mare, un antico deposito minerario dove sentire la voce della risacca. Anche nel ristorante ambientazione di discreta sobrietà, con pietra a vista, legno e cotto.

a Torre dei Corsari *Nord : 18 km* – ✉ *09031 Arbus :*

La Caletta ☎ 070 977033, *info@lacaletta.it, Fax 070 977173,* ← mare e costa, – P – 150. AE VISA JCB.
Pasqua-settembre – **Pasto** carta 23/42 – **32 cam** 65/90 – ½ P 80.
◆ Un panorama di rara bellezza, ma anche un'agevole discesa a mare per questo funzionale albergo di taglio moderno, ubicato a ridosso della scogliera; terrazza con piscina. Semplice essenzialità moderna nella sala da pranzo da cui si gode una splendida vista.

Villaggio Sabbie d'Oro, località Sabbie d'Oro Nord : 2 km ☎ 070 977074, *sabbiedoro@tiscalinet.it, Fax 070 977074,* ← dune e mare, prenotare – P. AE VISA. rist
Pasto *(chiuso novembre)* carta 19/36 – 7 – **9 cam** 79 – ½ P 77,50.
◆ Lungo una costa selvaggia, un'immensa, silenziosa baia, camere in bungalow sulle dune di sabbia, una sala con camino o una veranda con incantevole vista sul paesaggio marino.

MARINA TORRE GRANDE *Oristano* 566 H 7 – *Vedere Oristano.*

MONASTIR *09023 Cagliari* 566 I 9 – *4 511 ab. alt. 83.*
Cagliari 22.

Palladium senza rist, viale Europa ☎ 070 9168040, *info@hotelpalladiumweb.com, Fax 070 9168013* – – . AE VISA
22 cam 65/87,50.
◆ In comoda posizione non lontano dalla statale per Oristano, un elegante edificio di recente costruzione; accoglienti camere ariose e piacevoli, con arredi in stile.

MONTEVIORE *Nuoro* – *Vedere Dorgali.*

MURAVERA *Cagliari* 566 I 10 – *alt. 11.*
Escursioni *Strada*** per Cagliari Sud-Ovest.*

NETTUNO (Grotta di) *Sassari* 566 F 6 *G. Italia.*

NUORO *08100* P 566 G 9 *G. Italia – 37 615 ab. alt. 553 – a.s. luglio-10 settembre.*
Vedere *Museo della vita e delle tradizioni popolari sarde*.*
Dintorni *Monte Ortobene* Est : 9 km.*
piazza Italia 19 ☎ 0784 30083, info@enteturismo.nuoro.it, Fax 0784 33432.
A.C.I. *via Sicilia 39 ☎ 0784 30034.*
Cagliari 182 – Sassari 120.

Paradiso, via Aosta 44 ☎ 0784 35585, *hotelparadiso@libero.it, Fax 0784 232782* – P – 160. AE VISA.
Pasto *(chiuso domenica)* carta 21/31 – **42 cam** 58/73 – ½ P 63.
◆ Familiari l'andamento e la gestione di questo albergo, rinnovato nel corso degli anni; camere spaziose con lineari arredi recenti; comodo parcheggio e sala convegni. Il ristorante offre ampi ambienti di impostazione classica.

OLBIA *07026 Sassari* 566 E 10 – *44 837 ab. – a.s. 20 giugno-15 settembre.*
della Costa Smeralda Sud-Ovest : 4 km ☎ 0789 52634.
da Golfo Aranci per Livorno aprile-ottobre giornalieri (9 h 15 mn) – Sardinia Ferries, corso Umberto 4 ☎ 0789 25200, Fax 0789 24146; per Civitavecchia giornaliero (da 4 h a 8 h); per Genova 23 luglio-9 settembre giornaliero, negli altri mesi martedì-giovedì e sabato (da 6 h a 13 h 30 mn) – Tirrenia Navigazione, stazione marittima Isola Bianca ☎ 0789 207100, Fax 0789 207120 e Grimaldi-Grandi Navi Veloci, stazione marittima Isola Bianca ☎ 0789 200126, Fax 0789 23487.
via Castello Piro 1 ☎ 0789 21453, aastol@regionesardegna.it, Fax 0789 22221.
Cagliari 268 ③ – Nuoro 102 ③ – Sassari 103 ③.

Martini senza rist, via D'Annunzio ✆ 0789 26066, *hmartini@tin.it, Fax 0789 26418* – AY a
66 cam 88/139.
◆ Affacciato sul porto romano, in un complesso commerciale, signorili interni classici in un albergo recente, vocato al turismo d'affari e di passaggio; terrazza solarium.

Stella 2000, via Aldo Moro 70 ✆ 0789 51456, *hotelstella2000@tiscali.it, Fax 0789 51462* – 50. per viale Aldo Moro AY
Pasto (solo per alloggiati) carta 23/40 – **32 cam** 85/100 – ½ P 70.
◆ Di recentissima apertura, accogliente risorsa di buon gusto, pensata per una clientela di lavoro, ma dove la raffinatezza degli interni rende piacevole ogni soggiorno.

Cavour senza rist, via Cavour 22 ✆ 0789 204033, *hotelcavour@tiscalinet.it, Fax 0789 201096* – AZ c
21 cam 57/83.
◆ Dall'elegante ristrutturazione di un edificio d'epoca del centro storico è nato un hotel dai sobri interni rilassanti, arredati con gusto; parcheggio e piccolo solarium. Sala ristorante di taglio semplice.

Moderno senza rist, via G. Buon 30 ✆ 0789 50550, *hotel.moderno@tiscalinet.it, Fax 0789 53350* – 30. AY b
32 cam 92,68.
◆ In tranquilla posizione decentrata, una bassa costruzione recente ospita un albergo classico nello stile e nelle soluzioni, dal confort omogeneo nei vari settori.

Da Bartolo, viale Aldo Moro 181 ✆ 0789 51348, *Fax 0789 51348* AY c
chiuso dal 22 dicembre al 21 gennaio e mercoledì (escluso da giugno a settembre) – **Pasto** carta 28/39.
◆ Da un poco invitante viale trafficato entrerete in una sala con trompe l'oeil di colonne e panorami costieri e gusterete una tra le migliori cucine ittiche della città.

Gallura con cam, corso Umberto 145 ✆ 0789 24648, *Fax 0789 24629*, prenotare – AZ q
chiuso dal 20 dicembre al 6 gennaio – **Pasto** *(chiuso dal 15 al 31 ottobre)* specialità di mare carta 44/67 – **16 cam** 55/85.
◆ E' la titolare la vera anima di uno dei locali che hanno fatto la storia della ristorazione sarda; da non perdere gli antipasti, che troneggiano nella piacevole sala.
Spec. Aragosta alla catalana. Cozze allo yogurt. Razza al profumo di anice con finocchio selavatico.

sulla strada Panoramica Olbia-Golfo Aranci : *per ②*

Stefania, località Pittulongu Nord-Est : 6 km ✉ 07026 ✆ 0789 39027, *hotel.stefania@tiscali.it, Fax 0789 39186*, ← mare, –
Pasto al Rist. ***Nino's*** *(aprile - 10 ottobre; chiuso mercoledì escluso guigno-settembre)* carta 47/76 (10%) – **28 cam** 181,50/239 – ½ P 137.50.
◆ In una grande baia di fronte all'isola di Tavolara, non lontano dal mare, confortevole struttura di taglio moderno, con giardino e piscina panoramica; camere funzionali. Suggestioni marinare e ambiente molto mediterraneo nel ristorante «Da Nino's».

sulla strada statale 125 *Sud-Est : 10 km*

Ollastu, località Costa Corallina ✆ 0789 36744, *ollastu@tiscali.it, Fax 0789 36760*, –
marzo-novembre – **Pasto** carta 37/47 – **55 cam** 140/200 – ½ P 120.
◆ Una piacevole risorsa, con camere in villette indipendenti immerse nel verde; una salutare camminata o la navetta per percorrere i circa 500 m che vi separano dal mare. Al ristorante bellissima vista sull'isola di Tavolara e ambiente di mediterranea rusticità.

a Porto Rotondo *per ① : 15,5 km – ✉ 07020 :*

Sporting , via Clelia Donà dalle Rose ✆ 0789 34005, *sporthot@tin.it, Fax 0789 34383*, ← mare e costa, , acqua di mare, , – rist
aprile-ottobre – **Pasto** carta 72/99 – **25 cam** 594/847 – ½ P 456,50.
◆ Nel cuore della mondanità, privacy e atmosfera esclusiva da elegante villa privata; tessuti raffinati, travi e legni scuri nelle camere, con accesso diretto alle spiagge. Servizio ristorante estivo sotto un suggestivo porticato.

S'Astore , località Monte Canareddu (Sud : 2 km) ✆ 0789 30000, *Fax 0789 309041*, ← mare e costa, , , –
10 aprile-10 ottobre – **Pasto** carta 25/51 – **15 cam** 155 – ½ P 120.
◆ Sapiente, colorata architettura mediterranea, discretamente mimetizzata nel verde, panoramiche terrazze-giardino con piscina e artigianato sardo in interni di gran gusto. Ristorante rinomato per la sua cucina, tipica sarda e di pesce.

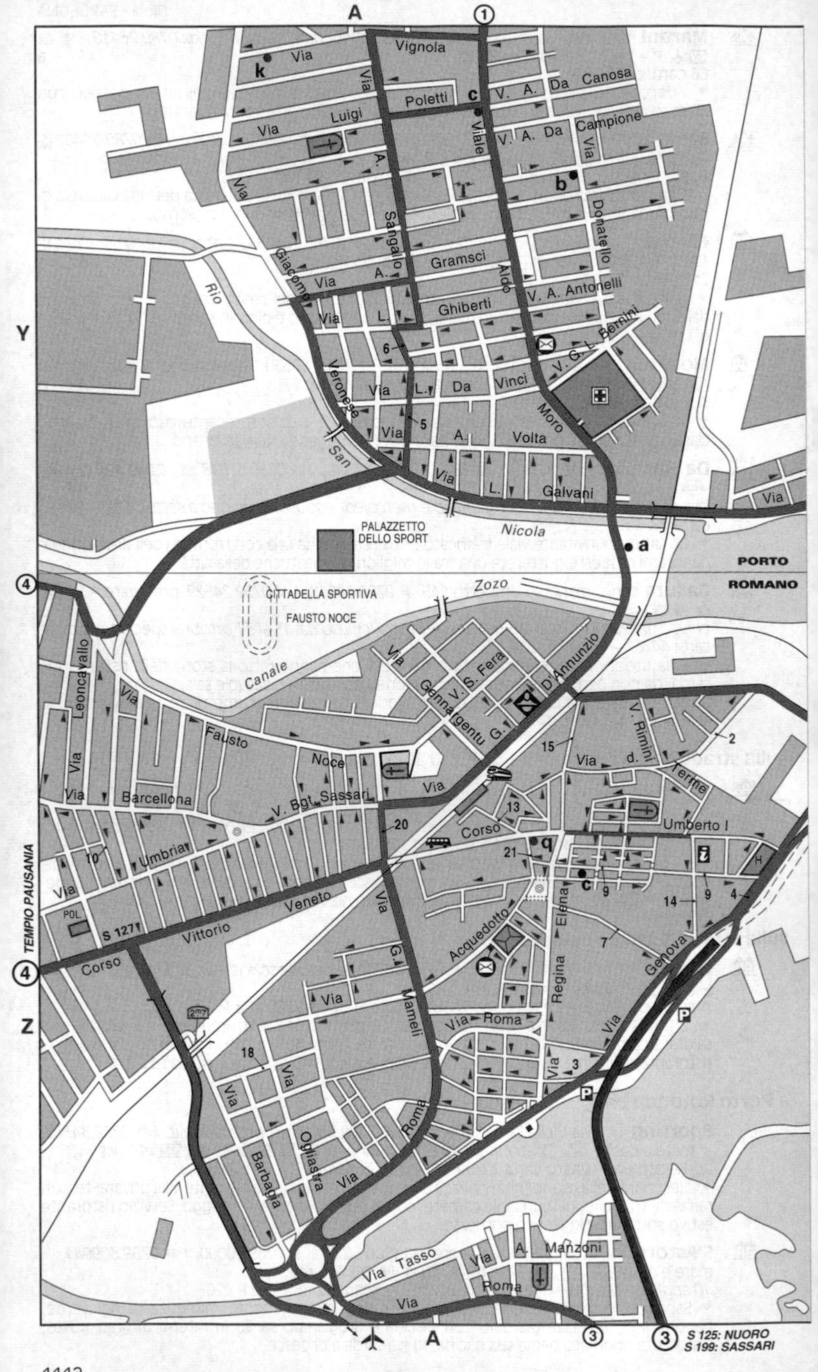
A
Vignola
Via
Poletti
V. A. Da Canosa
Via Luigi
V. A. Da Campione
Viale
Via
A.
Sangallo
Donatello
Giacomo
Via A. Gramsci
Aldo
V. A. Antonelli
Ghiberti
Rio
Via L.
V. G. L. Bernini
Y
Veronese
Via L. Da Vinci
Moro
Via A. Volta
San
Via L. Galvani
Via
PALAZZETTO DELLO SPORT
Nicola
PORTO ROMANO
CITTADELLA SPORTIVA FAUSTO NOCE
Zozo
Via Gennargentu
V. S. Fera
D'Annunzio
Canale
Leoncavallo
Via Fausto Noce
G.
V. Rimini
Via d. Terme
Via Barcellona
V. Bgt. Sassari
Corso Umberto I
Umbria
Via Veneto
Vittorio
Corso
TEMPIO PAUSANIA
S 127
POL.
Via G. Mameli
Acquedotto
Regina Elena
Genova
Z
Via Roma
Via
Oglìastra
Barbagia
Via Tasso
A. Manzoni
Via Roma
A
S 125: NUORO
S 199: SASSARI

1 ARZACHENA, PALAU B

S 125

2 GOLFO ARANCI

Y

dei Lidi

PORTO DI OLBIA

Viale Isola Bianca

17

CAPITANERIA

GENOVA

Z

Isola di Mezzo

MARE TIRRENO

Isola Manna

0 400 m

B

OLBIA

Acquedotto (Via) . . . . AZ
Acquedotto Romano (Via) . AZ 2
Annunzio (Via G. D') . . . . . AZ
Antonelli (Via A.) . . . . AY
Barbagia (Via) . . . . AZ
Barcellona (Via) . . . . AZ
Bernini (Via G. L.) . . . . AY
Bgt. Sassari (Via) . . . . AZ
Campione (Via A. Da.) . . . . AY
Canosa (Via A. Da) . . . . AY
Crispi (Piazza) . . . . AZ 3
Donatello (Via) . . . . AY
Emanuele II (Corso V.) . . . . AZ 4
Euclide (Via) . . . . AY 5
Fabriano (Via G. Da) . . . . . AY 6
Fera (Via S.) . . . . AZ
Filippi (Via De) . . . . AZ 7
Galvani (Via L.) . . . . AY
Garibaldi (Via) . . . . AZ 9
Gennargentu (Via) . . . . AZ
Genova (Via) . . . . AZ
Ghiberti (Via L.) . . . . AY
Gramsci (Via A.) . . . . AY
Isola Bianca (Viale) . . . . . . BZ
Leoncavallo (Via) . . . . AZ
Lidi (Via dei) . . . . BY
Mameli (Via G.) . . . . AZ
Manzoni (Via A.) . . . . AZ
Marche (Via) . . . . AZ 10
Moro (Viale Aldo) . . . . AY
Nanni (Via A.) . . . . AZ
Noce (Via F.) . . . . AZ
Ogliastra (Via) . . . . AZ
Pala (Via G.) . . . . AZ 13
Piro (Via C.) . . . . AZ 14
Poletti (Via L.) . . . . AY
Porto Romano (Via) . . . . . . AZ 15
Principe Umberto (Corso) ABZ 17
Quirra (Via) . . . . AZ 18
Regina Elena (Via) . . . . AZ
Rimini (Via) . . . . AZ
Roma (Via) . . . . AZ
Sangallo (Via A.) . . . . AY
S. Simplicio (Via) . . . . AZ 20
Sassari (Via) . . . . AZ 21
Tasso (Via) . . . . AZ
Terme (Via delle) . . . . AZ
Umberto I (Corso) . . . . AZ
Umbria (Via) . . . . AZ
Veronese (Via G.) . . . . AY
Vignola (Via) . . . . AY
Vinci (Via L. Da) . . . . AY
Vittorio Veneto (Corso) . . . AZ
Volta (Via A.) . . . . AY

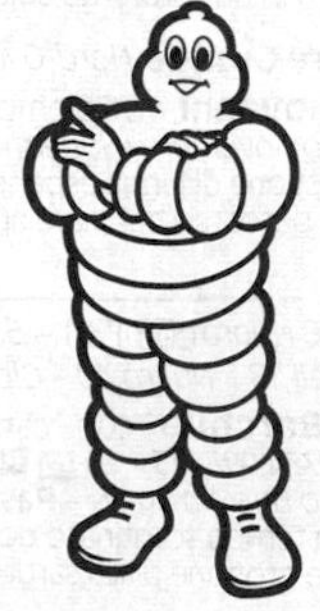

OLIENA *08025 Nuoro* 566 G 10 *G. Italia – 7 660 ab. alt. 378 – a.s. luglio-10 settembre.*
Dintorni *Sorgente Su Gologone★ Nord-Est : 8 km.*
Cagliari 193 – Nuoro 12 – Olbia 116 – Porto Torres 150.

XX **Sa Corte,** via Nuoro ✆ 0784 285313, *sa.corte@tiscali.net, Fax 0784 286020,* , prenotare, – . AE ⓢ ⓓ ⓜⓒ VISA JCB. ⅋
chiuso mercoledì – **Pasto** carta 26/38.
◆ Decori sardi e caminetto nelle due accoglienti sale di questo ristorante di tono elegante, in un gradevole edificio con giardino; si cena all'aperto nelle sere d'estate.

X **Enis** , con cam, località Monte Maccione Est : 4 km ✆ 0784 288363, *coopenis@tiscalinet.it, Fax 0784 288473,* ≤ Badda Manna e monte Ortobene, , Rist. e pizzeria serale – TV P. AE ⓢ ⓓ ⓜⓒ VISA
Pasto carta 21/32 – ☐ 6,00 – **16 cam** 35/57 – ½ P 48.
◆ Ideale per gli escursionisti, locale caratteristico, isolato e panoramico, che dispone anche di un piccolo camping montano; cucina tradizionale e pizze la sera.

alla sorgente Su Gologone *Nord-Est : 8 km :*

Su Gologone , ✉ 08025 ✆ 0784 287512, *gologone@tin.it, Fax 0784 287668,* ≤, , , , , – TV P – 200. AE ⓢ ⓓ ⓜⓒ VISA. ⅋
18 dicembre-10 gennaio e 15 marzo-10 novembre – **Pasto** carta 31/45 – **68 cam** ☐ 155/190, 4 suites – ½ P 135.
◆ Alle pendici del Supramonte, immerso nel verde della Barbagia, relais di charme, dove tutto, dall'architettura al décor interno, riecheggia le tradizioni della Sardegna. Ameno servizio estivo in terrazza con incantevole vista sulla campagna.

ORISTANO *09170* P 566 H 7 *G. Italia – 32 980 ab..*
Vedere *Opere d'arte★ nella chiesa di San Francesco.*
Dintorni *Basilica di Santa Giusta★ Sud : 3 km.*
piazza Eleonora 19 ✆ 0783 36831, enturismo.oristano@tiscalinet.it.
A.C.I. *via Cagliari 39 ✆ 0783 212458.*
Alghero 137 – Cagliari 95 – Iglesias 107 – Nuoro 92 – Sassari 121.

Mistral 2, via XX Settembre 34 ✆ 0783 210389, *hmistral@tiscali.it, Fax 0783 211000,* – , cam, TV – 300. AE ⓢ ⓓ ⓜⓒ VISA. ⅋ rist
Pasto carta 29/40 – **132 cam** ☐ 60/90 – ½ P 55.
◆ Una spaziosa hall con poltrone introduce in questo albergo dall'alta struttura moderna, con comode stanze funzionali; tra i servizi offerti: attrezzature congressuali. Al ristorante ampi spazi di tono raffinato, adatti anche per banchetti.

Mistral, via Martiri di Belfiore ✆ 0783 212505, *hmistral@tiscalinet.it, Fax 0783 210058* – TV P – 60. AE ⓢ ⓓ ⓜⓒ VISA. ⅋ rist
Pasto carta 30/40 – **48 cam** ☐ 47/75 – ½ P 47,50.
◆ In un moderno condominio, una struttura semplice e pulita, adatta ad ogni tipo di clientela; essenziali arredi recenti nelle lineari camere, abbastanza spaziose.

XXX **Il Faro,** via Bellini 25 ✆ 0783 70002, *Fax 0783 300861,* Coperti limitati; prenotare – . AE ⓢ ⓓ ⓜⓒ VISA JCB. ⅋
chiuso dal 22 dicembre al 20 gennaio, domenica – **Pasto** carta 48/68 (15 %).
◆ Proposte della tradizione locale rielaborate e ingentilite e buona scelta di vini regionali, da gustare in un signorile locale di ambiente classico piacevolmente démodé.

XX **Cocco e Dessì,** via Tirso 31 ✆ 0783 300720, *coccoedessi@tiscalinet.it, Fax 0783 300735* – . AE ⓢ ⓓ ⓜⓒ VISA. ⅋
chiuso dal 1° al 20 gennaio, domenica sera e lunedì – **Pasto** 40/50 e carta 37/49.
◆ Varie salette, anche per la conversazione del dopo cena, e un gazebo con soffitto di bambù in un ristorante colorato e alla moda; carta settimanale di cucina innovativa.

a Marina Torre Grande *Nord-Ovest : 8,5 km – ✉ 09072 – a.s. luglio-agosto :*

X **Da Giovanni,** via Colombo 8 ✆ 0783 22051 – . ⓢ ⓜⓒ VISA. ⅋
chiuso novembre e lunedì – **Pasto** carta 28/46.
◆ Gestione di lunga esperienza in un'accogliente trattoria di recente ristrutturata. In menù tanto pesce, sia dal mare aperto che dal caratteristico stagno di Cabras.

OROSEI *08028 Nuoro* 566 F 11 – *5 849 ab. alt. 19 – a.s. luglio-10 settembre.*
Dorgali 18 – Nuoro 40 – Olbia 93.

XX **Su Barchile** con cam, via Mannu 5 ✆ 0784 98879, *subarchile@tiscalinet.it, Fax 0784 998113* – TV P. AE ⓢ ⓓ ⓜⓒ VISA
chiuso fino a maggio – **Pasto** carta 29/69 – **10 cam** ☐ 60/87 – ½ P 74.
◆ Un tempo scantinato dove si stagionavano i pecorini (il barchile, appunto), oggi ristorante che propone piatti sardi di terra e di mare, serviti d'estate nel piacevole dehors.

PALAU *07020 Sassari* 566 D 10 – *3 438 ab. – a.s. 20 giugno-15 settembre.*

Dintorni *Arcipelago della Maddalena*** – *Costa Smeralda***.

per La Maddalena giornalieri (15 mn) – Saremar-agenzia Contemar, piazza del Molo 2 ☏ 0789 709270, Fax 0789 709270.

via Nazionale 94 ☏ 0789 709570, aastlmpalau@tiscalinet.it, Fax 0789 709570.

Cagliari 325 – Nuoro 144 – Olbia 40 – Porto Torres 127 – Sassari 117 – Tempio Pausania 48.

Palau, via Baragge ☏ 0789 708468, *info@palauhotel.it, Fax 0789 709817*, ← arcipelago della Maddalena e costa, – 250. AE ⓢ ⓓ ⓜⓒ VISA.
aprile-ottobre – **Pasto** (solo per alloggiati) 25/35 – **83 cam** 165/227, 12 suites – ½ P 120.
◆ Nella panoramica parte alta della località, hotel signorile, che si sviluppa intorno alla piscina; interni raffinati, terrazza solarium con vista, navetta per le spiagge. Piacevole ed elegante sala da pranzo, dehors affacciato sul mare.

La Roccia senza rist, via dei Mille 15 ☏ 0789 709528, *info@hotellaroccia.com, Fax 0789 707155* – P. AE ⓢ ⓓ ⓜⓒ VISA.
22 cam 70/120.
◆ La roccia di granito da cui prende nome accoglie gli ospiti subito all'ingresso. Posizione tranquilla non lontano dal porto, interni dalle tonalità fresche e luminose.

La Gritta, località Porto Faro ☏ 0789 708045, *lagritta@tiscalinet.it, Fax 0789 708045*, ← mare e isole, prenotare, – P. AE ⓢ ⓓ ⓜⓒ VISA.
aprile-ottobre; chiuso mercoledì escluso dal 15 giugno al 15 settembre – **Pasto** carta 54/68.
◆ Forti emozioni marine per due dei nostri sensi: per la vista, un incantevole panorama, soprattutto dalla terrazza estiva e per il gusto, fantasiosi piatti di alto livello.
Spec. Sfogliata con gamberi rossi e spuma di formaggio. Paccheri di Gragnano con seppioline e crema al basilico. Tartelletta di pasta frolla con frutta caramellata.

Da Franco, via Capo d'Orso 1 ☏ 0789 709558, *info@ristorantedafranco.it, Fax 0789 709310* – . AE ⓢ ⓓ ⓜⓒ VISA JCB.
chiuso dal 23 dicembre al 10 gennaio e lunedì (escluso da giugno a settembre) – **Pasto** carta 44/69 (15 %).
◆ Un'ampia sala luminosa e un'altra per cene più appartate in un centrale ristorante di sobria eleganza; proposte della tradizione, di carne e di pesce, anche rielaborate.

Faro, località Porto Faro ☏ 0789 709565, ← arcipelago della Maddalena – ⓢ ⓜⓒ VISA
giugno-settembre – **Pasto** carta 38/49.
◆ In un grazioso centro residenziale, si trova praticamente sulla spiaggia di fronte al faro questo ristorante di tono classico più che balneare. Piatti locali e di pesce.

La Taverna, via Rossini ☏ 0789 709289 – . AE ⓢ ⓓ ⓜⓒ VISA.
marzo-novembre; chiuso martedì escluso da giugno a settembre – **Pasto** specialità di mare carta 37/53.
◆ Tavoli ravvicinati e sedie impagliate nelle salette di una taverna marinara a pochi passi dal porto; la specialità qui è il pesce, secondo l'offerta del mercato.

PITRIZZA *Sassari* 566 D 10 – *Vedere Arzachena : Costa Smeralda.*

POLTU QUATU *Sassari* 566 D 10 – *Vedere Arzachena : Costa Smeralda.*

PORTO CERVO *Sassari* 566 D 10 – *Vedere Arzachena : Costa Smeralda.*

PORTO CONTE *Sassari* 566 F 6 – *Vedere Alghero.*

PORTO ROTONDO *Sassari* 566 D 10 – *Vedere Olbia.*

PORTO SAN PAOLO *Sassari* 566 E 10 – ✉ *07020 Vaccileddi – a.s. 20 giugno-15 settembre.*

Cagliari 268 – Nuoro 87 – Olbia 15 – Sassari 114.

a Costa Dorata *Sud-Est : 1,5 km* – ✉ *07020 Vaccileddi :*

Don Diego, ☏ 0789 40006, *hoteldondiego@tiscalinet.it, Fax 0789 40026*, ← mare ed isola di Tavolara, – P. AE ⓢ ⓓ ⓜⓒ VISA.
maggio-settembre – **Pasto** 50/60 – 30 – **56 cam** 350/450, 6 suites – ½ P 250.
◆ Per gli amanti del silenzio e della privacy, villini indipendenti circondati da giardini e terrazze fiorite, con piscina e spiaggia privata; splendida vista su Tavolara. Suggestiva sala da pranzo con una sorta di giardino d'inverno e terrazza sul mare.

PORTOSCUSO *09010 Cagliari* 566 J 7 – *5 496 ab..*

da Portovesme per l'Isola di San Pietro-Carloforte giornalieri (40 mn) – a Portovesme, Saremar-agenzia Ser.Ma.Sa., al porto ✆ 0781 509065.

Cagliari 77 – Oristano 119.

La Ghinghetta con cam, via Cavour 26 ✆ 0781 508143, *laghinghetta@tiscalinet.it, Fax 0781 508144*, ←, Coperti limitati; prenotare – . AE VISA.
aprile-ottobre – **Pasto** *(chiuso domenica)* carta 50/60 – **8 cam** 135 – ½ P 145.
◆ In una bianca casa sul mare, tra la tonnara e la torre spagnola, sono marinari lo stile delle confortevoli camere e il tema delle pregevoli variazioni creative in cucina.
Spec. Ravioli con crostacei e foie gras. Gamberoni con salsa esotica e julienne di porri e sedano. Aragosta del nostro golfo sui carbonoi ardenti.

PORTO TORRES *07046 Sassari* 566 E 7 *G. Italia* – *21 601 ab..*

Vedere *Chiesa di San Gavino*★.

per Genova giornalieri (da 6 a 13 h) – Tirrenia Navigazione, via Mare 38 ✆ 079 5049200, Fax 079 5049213 e Grimaldi-Grandi Navi Veloci, porto Industriale ✆ 079 516034, Fax 079 516034.

Alghero 35 – Sassari 19.

sulla strada statale 131 :

Li Lioni, regione Li Lioni Sud-Est : 3 km ✉ 07046 ✆ 079 502286, *ristorantelilioni@tiscalinet.it, Fax 079 512242*, , prenotare, – P. AE VISA.
chiuso mercoledì – **Pasto** specialità regionali carta 29/38.
◆ Lungo la superstrada per Sassari, una rilassante oasi verde vi attende con la sua rusticità e la sua autentica, tipica cucina sarda di terra; servizio estivo all'aperto.

POSADA *08020 Nuoro* 566 F 11 – *2 330 ab..*

Nuoro 54 – Olbia 47.

Donatella, via Gramsci ✆ 0784 854145, *hoteldonatella@tiscali.it, Fax 0784 854433* – P. AE VISA. rist
chiuso dal 20 dicembre al 12 gennaio – **Pasto** carta 18/35 – 6 – **25 cam** 52/65 – ½ P 62.
◆ Accoglienza cortese, ospitalità familiare e confort essenziali in un albergo a conduzione diretta, alle porte del paese; camere semplici, ma pulite e ben tenute. Simpatica ambientazione di tono rustico e atmosfera informale nella sala da pranzo.

PULA *09010 Cagliari* 566 J 9 – *6 454 ab..*

Is Molas ✆ 070 9241013, Fax 070 9242121, Sud-Ovest : 6 km.

Cagliari 29 – Nuoro 210 – Olbia 314 – Oristano 122 – Porto Torres 258.

Baia di Nora, località Su Guventeddu ✆ 070 9245551, *htlbn@hotelbaiadinora.com, Fax 070 9245600*, , , , , , – P – 200. AE .
10 aprile-30 ottobre – **Pasto** 37 – **120 cam** 120/170 – ½ P 150.
◆ Vicino al sito archeologico di Nora, piacevoli angoli per il relax all'aperto nel giardino con piscina in riva al mare; eleganti camere in villette con patio o terrazzo. Al ristorante ampi, luminosi spazi di impostazione classica e un invitante dehors estivo.

Lantana Hotel e Residence senza rist, viale Nora s/n ✆ 070 924411, *lantanahotel@lantanahotel.com, Fax 070 9246075*, – P. AE VISA JCB
maggio-2 novembre – **20 cam** 168/240, 25 suites 340.
◆ Gradevole struttura disposta attorno ad un grande giardino con palme, piscina, angolo giochi per bambini. Lettini e ombrelloni a disposizione nella spiaggia poco distante.

Nora Club Hotel senza rist, strada per Nora ✆ 070 924421, *info@noraclubhotel.it, Fax 070 92442257*, , – P. AE VISA
25 cam 120/158.
◆ Un vero gioiellino questo grazioso hotel: villini disposti intorno alla piscina in un ampio e curato giardino fiorito. Raffinati gli interni con qualche pezzo antico.

a Is Molas *Ovest : 4 km – ✉ 09010 Pula :*

Is Molas Golf Hotel, ✆ 070 9241006, *ismolashotel@tiscali.it, Fax 070 9241002*, , a 6 km dalla spiaggia con servizio navetta, , , , – P. AE VISA.
Pasto 31 – **84 cam** 160/252 – ½ P 152.
◆ Attigua all'omonimo campo, è un vero paradiso per golfisti questa struttura semicircolare che si affaccia su un prato e una grande piscina; arredi rinnovati nelle camere. Servizio curato e confortevoli ambienti ariosi al ristorante.

PUNTALDIA *Nuoro – Vedere San Teodoro.*

QUARTU SANT'ELENA *09045 Cagliari 566 J 9 – 69 404 ab..*

Cagliari 7 – Nuoro 184 – Olbia 288 – Porto Torres 232 – Sassari 214.

Italia senza rist, via Panzini ang. viale Colombo 070 827070, *hitalia.quartu@tiscali.it, Fax 070 827071* – 50. 8 – **83 cam** 75/93.

◆ Una struttura recente di sette piani ospita una risorsa che dispone di camere funzionali e spaziose, con lineari arredi moderni e dotate di angolo cottura. Sale convegni.

a Sant'Andrea *Est : 8 km – 09045 :*

Su Meriagu con cam, via Leonardo Da Vinci 140 070 890842, *Fax 070 890842*, Rist. e pizzeria serale – cam
Pasto *(chiuso martedì escluso da luglio a settembre)* carta 23/30 – **8 cam** 50/85 – 1/2 P 65.

◆ Una sala con caminetto, un'altra più grande, circolare, intorno ad una colonna centrale, accoglienti camere con mobili antichi e specialità sarde, di terra e di mare.

RIOLA SARDO *09070 Oristano 566 H 7 – 2 159 ab..*

Alghero 98 – Cagliari 106 – Nuoro 94 – Oristano 12 – Sassari 119.

Agriturismo Su Lau, via Luigino Bellu 24 0783 410897, *sulau@tiscalinet.it, Fax 0783 410897*, – .
Pasto (solo su prenotazione) 18/25 bc – **6 cam** 44/62 – 1/2 P 46.

◆ Ai margini del piccolo e tranquillo paese, accoglienza cordiale in una villetta familiare in mezzo ad alberi da frutta, con piacevoli camere ricavate nell'ex pollaio.

Michelin non distribuisce targhe agli alberghi e ristoranti che segnala.

ROMAZZINO *Sassari 566 D 10 – Vedere Arzachena : Costa Smeralda.*

SAN PANTALEO *07020 Sassari 566 D 10 – alt. 169 – a.s. 20 giugno-15 settembre.*

Cagliari 306 – Olbia 21 – Sassari 124.

Rocce Sarde, località Milmeggiu Sud-Est : 3 km 0789 65265, *roccesarde@tiscalinet.it, Fax 0789 65268*, mare e monti, navetta per la spiaggia, – .
aprile-ottobre – **Pasto** carta 28/45 – **70 cam** 165/225, 10 suites – 1/2 P 129.

◆ Sono davvero uniche le imponenti sculture naturali di granito che attorniano questo confortevole albergo e la sua bella piscina annidata nel verde; navetta per le spiagge. Servizio ristorante estivo in terrazza panoramica.

Giagoni con cam, via Zara 1 0789 65205, *info@giagonigroup.com, Fax 0789 65205*, – cam, . cam
marzo-ottobre – **Pasto** carta 60/75 – **15 cam** 93/164 – 1/2 P 120.

◆ Spaziosa sala rustica e interessanti proposte del territorio (porcetto su prenotazione) e di mare; accoglienti camere per chi vuole pernottare nel caratteristico paese.

SAN PIETRO (Isola di) *Cagliari 566 J 6 – 6 530 ab. alt. da 0 a 211 (monte Guardia dei Mori)*

Carloforte 566 *J 6 – 09014 – a.s. 25 giugno-7 settembre.*

per Portovesme di Portoscuso (40 mn) e Calasetta (30 mn), giornalieri – Saremar-agenzia Ser.Ma.Sa., piazza Carlo Emanuele 28 0781 854005, Fax 0781 855589.

corso Tagliafico 0781 854009, Fax 0781 854009

Hieracon, corso Cavour 62 0781 854028, *hotelhieracon@tiscalinet.it, Fax 0781 854893*, – .
Pasto carta 22/33 – 4 – **17 cam** 52/93, 7 suites – 1/2 P 76.

◆ Ospitalità familiare in una bella palazzina di fine '800, ubicata sul lungomare, non lontano dal porto e dal centro; camere di buon gusto e bungalow nel grazioso giardino. Ristorante classico che dispone anche di un piacevole dehors estivo.

Da Nicolo, corso Cavour 32 (dal 15 ottobre al 15 giugno in via Dante 46) 0781 854048, *danicolo@carloforte.net, Fax 0781 857438*, , prenotare – .
Pasqua-15 novembre – **Pasto** carta 36/49.

◆ Strategica posizione sulla passeggiata, dove si svolge il servizio estivo, ma il locale è frequentato per la qualità della cucina, di pesce con specialità carlofortine.

Al Tonno di Corsa, via Marconi 47 ☎ 0781 855106, *Fax 0781 855106,* – AE ⓢ ⓓ MC VISA
chiuso dal 23 dicembre al 23 gennaio e lunedì (escluso luglio-agosto) – **Pasto** 35/45.
◆ Al tonno catturato nelle tonnare è dedicato non solo il ristorante, ma anche gran parte del suo sfizioso menù; cucina a vista, due salette e due ameni terrazzini.

SANTA MARGHERITA *Cagliari* 566 K 8 – *Vedere Pula.*

SANT'ANDREA *Cagliari* 566 J 9 – *Vedere Quartu Sant'Elena.*

SANT'ANTIOCO *09017 Cagliari* 566 J 7 *G. Italia* – *11 762 ab..*
Vedere *Vestigia di Sulcis★ : tophet★, collezione di stele★ nel museo.*
Cagliari 92 – Calasetta 9 – Nuoro 224 – Olbia 328 – Porto Torres 272 – Sassari 254.

Moderno, via Nazionale 82 ☎ 0781 83105, *albergomoderno@yahoo.it, Fax 0781 840252,* – cam, TV. AE ⓢ ⓓ MC VISA.
Pasto *(aprile-dicembre; chiuso domenica)* carta 35/45 (10 %) – **10 cam** 45/75 – ½ P 75.
◆ In un edificio anni '60 riadattato con gusto e personalità, piccolo albergo di ambiente familiare; camere semplici, ma curate, con affreschi realizzati dalla titolare. Informali il servizio e l'atmosfera del ristorante.

SANTA REPARATA *Sassari* 566 D 9 – *Vedere Santa Teresa Gallura.*

In questa guida
uno stesso simbolo, una stessa parola
stampati in rosso o in nero,
hanno un significato diverso.
Leggete attentamente le pagine dell'introduzione.

SANTA TERESA GALLURA *07028 Sassari* 566 D 9 – *4 192 ab.* – *a.s. 20 giugno-15 settembre.*
Escursioni *Arcipelago della Maddalena★★.*
piazza Vittorio Emanuele 24 ☎ 0789 754127, aaststg@tiscalinet.it, Fax 0789 754185.
Olbia 61 – Porto Torres 105 – Sassari 103.

Corallaro, spiaggia Rena Bianca ☎ 0789 755475, *info@hotelcorallaro.it, Fax 0789 755431,* ← mare e Bocche di Bonifacio, , , , – | TV P – 40. ⓢ MC VISA. rist
15 aprile-15 ottobre – **Pasto** (solo per alloggiati) – **85 cam** 95/140 – ½ P 102.
◆ Sarete vicini sia al centro della località, sia ad un bella spiaggia sabbiosa soggiornando in questa struttura dai confort moderni; colori marini nelle lineari camere.

Marinaro, via Angioy 48 ☎ 0789 754112, *info@hotelmarinaro.it, Fax 0789 755817* – | TV. AE ⓢ MC VISA.
Pasto *(chiuso martedì)* carta 22/30 – 8 – **27 cam** 70/90 – ½ P 75.
◆ Ubicato nel centro storico in prossimità del porticciolo, ma non distante dalla spiaggia, un albergo piacevole nella semplice, fresca essenzialità dei suoi interni. Sala ristorante di taglio moderno.

Da Cecco senza rist, via Po 3 ☎ 0789 754220, *hoteldacecco@tiscalinet.it, Fax 0789 755634* – , rist, TV P. AE ⓢ ⓓ MC VISA JCB.
25 marzo-ottobre – **32 cam** 72/105.
◆ Terrazza-solarium con ampio panorama delle Bocche di Bonifacio e stanze mansardate all'ultimo piano di un accogliente hotel, a due passi dall'antica torre saracena.

a Santa Reparata *Ovest : 3 km* – ✉ *07028 Santa Teresa Gallura :*

S'Andira, via Orsa Minore 1 ☎ 0789 754273, *sandira@tiscalinet.it, Fax 0789 754273,* , – P. AE ⓢ ⓓ MC VISA JCB.
maggio-settembre – **Pasto** specialità di mare carta 45/62.
◆ In italiano sarebbe «colui che va», ma si avrebbe voglia di non andarsene mai da qui: tra graniti scolpiti dal vento, ginepri e il mare che emoziona sguardo e palato.

SAN TEODORO *08020 Nuoro* 566 E 11 – *3 457 ab.* – *a.s. luglio-10 settembre.*
9 *Puntaldia (marzo-novembre; chiuso lunedì e giovedì escluso da maggio a settembre) ☎ 0784 864477, Fax 0784 864017.*
Cagliari 258 – Nuoro 77 – Olbia 29 – Porto Torres 146 – Sassari 128.

a Puntaldia *Nord : 6 km – ✉ 08020 San Teodoro :*

 **Due Lune** 🔇, ✆ 0784 864075, *due.lune@tin.it*, *Fax 0784 864017*, ≤ mare e golfo, ℱ, ⛱ acqua di mare, ⛰, 🚗, ⚒, – ▤ TV P – 🏋 110. AE 💲 ⊙ MC VISA. ✈

5 maggio-7 ottobre – **Pasto** 36/44 – **65 cam** ☕ 315/486, 2 suites – ½ P 263.

◆ In riva al mare, attigua al campo da golf e circondata da un giardino con prato all'inglese, una struttura che si armonizza col paesaggio; confort esclusivo e raffinato. Al ristorante una sala interna di curata ambientazione elegante.

SASSARI *07100* P 566 E 7 *G. Italia – 120 874 ab. alt. 225.*

Vedere *Museo Nazionale Sanna⋆* **Z M** – *Facciata⋆ del Duomo* **Y.**

Dintorni *Chiesa della Santissima Trinità di Saccargia⋆⋆ per ③ : 15 km.*

✈ *di Alghero-Fertilia, Sud-Ovest : 30 km ✆ 079 935033, Fax 079 935195 – Alitalia, Agenzia Sardaviaggi, via Cagliari 30 ✆ (079)234498, Fax (079)235343.*

ℹ *via Roma 62 ✆ 079 231777, aastss@tiscalinet.it, Fax 079 231777 – via Caprera 36 ✆ 079 299544, Fax 079 299415.*

A.C.I. *viale Adua 32 ✆ 079 271462 – Cagliari 211.*

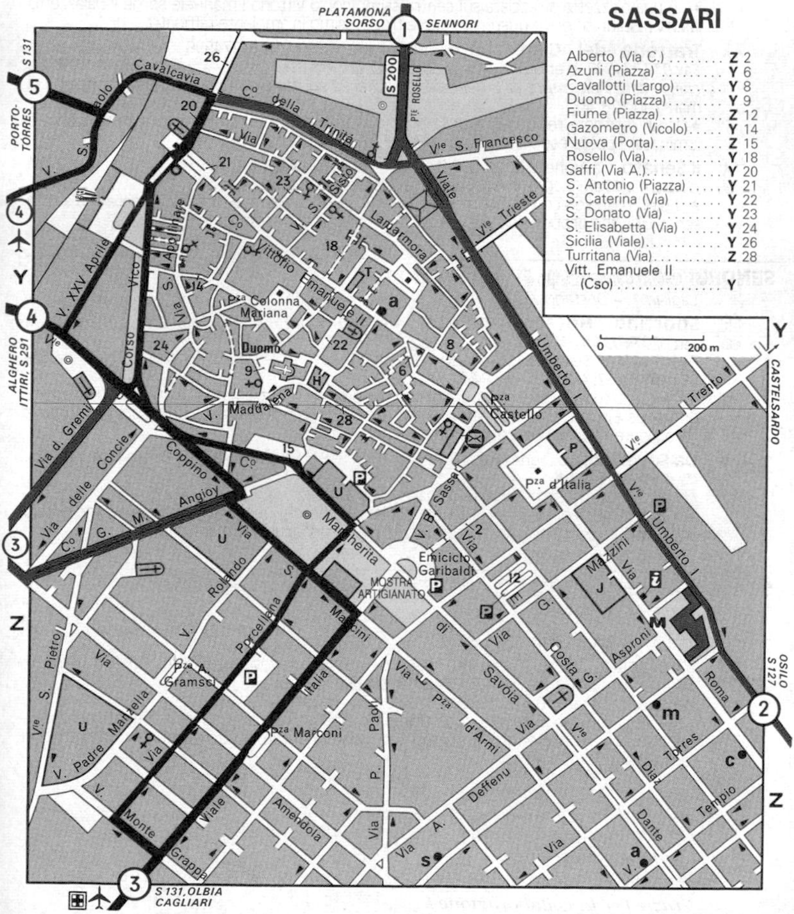

SASSARI

Alberto (Via C.)	Z	2
Azuni (Piazza)	Y	6
Cavallotti (Largo)	Y	8
Duomo (Piazza)	Y	9
Fiume (Piazza)	Z	12
Gazometro (Vicolo)	Y	14
Nuova (Porta)	Z	15
Rosello (Via)	Y	18
Saffi (Via A.)	Y	20
S. Antonio (Piazza)	Y	21
S. Caterina (Via)	Y	22
S. Donato (Via)	Y	23
S. Elisabetta (Via)	Y	24
Sicilia (Viale)	Y	26
Turritana (Via)	Z	28
Vitt. Emanuele II (Cso)	Y	

Grazia Deledda, viale Dante 47 ✆ 079 271235, *info@hotelgraziadeledda.it, Fax 079 280884* – 350. AE VISA. rist Z a
Pasto *(chiuso domenica)* carta 25/39 – **127 cam** 78/104, 3 suites – ½ P 68.
◆ Rinnovato nel 1994, hotel di dimensioni importanti, che assicura confort omogeneo nei vari settori; rosa e grigio i colori nelle funzionali camere; servizi congressuali. Ristorante di tono moderno.

Leonardo da Vinci senza rist, via Roma 79 ✆ 079 280744, *info@leonardodavincihotel.it, Fax 079 2857233* – – 140. AE VISA. Z c
12 – **118 cam** 74/100.
◆ Marmi e divani nell'elegante, spaziosa hall che introduce in un centrale albergo di moderna funzionalità, comodo per clientela sia d'affari e congressuale sia turistica.

Carlo Felice, via Carlo Felice 43 ✆ 079 271440, *carlofelice@tiscalinet.it, Fax 079 271442* – – 100. AE VISA. per via Roma Z
Pasto 15/35 – **60 cam** 80/129 – ½ P 75.
◆ Ubicata in zona periferica, risorsa di recente completamente ristrutturata, ideale per clientela di passaggio; spazi comuni limitati, ma camere con rifiniture eleganti. Ampia, curata sala da pranzo.

Liberty, piazza Nazario Sauro 3 ✆ 079 236361, *Fax 079 236361*, prenotare – . AE VISA. Y a
chiuso dal 24 dicembre al 6 gennaio, dal 16 al 22 agosto e lunedì – **Pasto** specialità di mare carta 30/49.
◆ In una piazzetta affacciata sul centralissimo corso Vittorio Emanuele sorge il palazzetto liberty restaurato dove gusterete pesce freschissimo in ambiente raffinato.

Trattoria del Giamaranto, via Alghero 69 ✆ 079 274598, *sabyweb@libero.it, Fax 079 274598*, prenotare – . AE VISA JCB. Z s
chiuso dal 23 dicembre all'8 gennaio, dal 12 al 22 agosto e domenica – **Pasto** specialità di mare carta 28/40.
◆ In un quartiere residenziale della città, signorile ambiente familiare in una sala bianca e luminosa; il pesce esposto in bella vista è il protagonista della cucina.

Il Senato, via Alghero 36 ✆ 079 277788 – . AE VISA. Z m
chiuso dal 15 al 31 agosto e domenica – **Pasto** carta 20/30.
◆ Colori pastello accostati con gusto in un locale di tradizione, gradevole nella sua sobria semplicità, che propone alcune specialità di terra tipiche sassaresi.

SENORBÌ *09040 Cagliari* 566 I 9 – *4 410 ab. alt. 204.*
Cagliari 41 – Oristano 75.

Sporting Hotel Trexenta, via Piemonte ✆ 070 9809383, *info@sht.it, Fax 070 9809386*, – . AE VISA. rist
Pasto al Rist. ***Severino 2*** *(chiuso dal 1° al 15 novembre e lunedì)* carta 18/30 – 6 – **28 cam** 52/62, 4 suites – ½ P 62.
◆ Nel centro del paese, struttura di taglio moderno, realizzata negli anni '90, che dispone di grande piscina, palestra, sauna e camere spaziose e funzionali. Luminoso, moderno e accogliente il ristorante, con dehors estivo.

Da Severino, via Piemonte 3/5/7 ✆ 070 9808181, *Fax 070 9806212*, Rist. e pizzeria – . AE VISA.
chiuso lunedì – **Pasto** specialità di mare carta 26/35 (2,5 %).
◆ Un ristorante-pizzeria di notevole capienza, che dispone di varie sale e svolge perciò anche attività banchettistica; ampia lista di piatti soprattutto di mare.

SINISCOLA *08029 Nuoro* 566 F 11 – *11 056 ab. alt. 42 – a.s. luglio-10 settembre.*
Nuoro 47 – Olbia 57.

a La Caletta *Nord-Est : 6,5 km* – ✉ *08020 :*

L'Aragosta , via Ciusa ✆ 0784 810046, *info@laragostahotel.com, Fax 0784 810576*, , – – 120. AE VISA. cam
Pasto carta 23/48 (10 %) – **24 cam** 120/130 – ½ P 90.
◆ Defilato rispetto al centro, è un tranquillo albergo familiare, strutturalmente semplice, ma piacevole e ben tenuto, con ampi spazi comuni; giardino e piscina. Sala da pranzo di taglio classico e dehors estivo.

Scriveteci...
Le vostre critiche e i vostri apprezzamenti saranno esaminati con la massima attenzione.
Verificheremo personalmente gli esercizi che ci vorrete segnalare
Grazie per la collaborazione !

SOLANAS *Cagliari* 566 J 10 – *Vedere Villasimius.*

SORGONO *08038 Nuoro* 566 G 9 – *1 989 ab. alt. 688.*

Cagliari 124 – Nuoro 70 – Olbia 174 – Porto Torres 155 – Sassari 137.

Villa Fiorita, viale Europa 2 ✆ 0784 60129, *Fax 0784 60129*, – P. VISA.

Pasto carta 23/29 – 4 – **20 cam** 42/60 – ½ P 50.

◆ In zona tranquilla e verdeggiante, con un boschetto, è un piccolo albergo, gestito dalla stessa famiglia da oltre vent'anni; le camere sono pulite e dignitose. Al ristorante una sala e una veranda utilizzata tutto l'anno.

Da Nino con cam, corso IV Novembre 24/26 ✆ 0784 60127, *Fax 0784 60127* – P. VISA JCB.

chiuso dal 15 dicembre a gennaio – **Pasto** cucina casalinga carta 29/42 – 5 – **12 cam** 45/55 – ½ P 60.

◆ In rustici ambienti con perlinato scuro alle pareti e camino o nella piacevole veranda estiva vi verranno proposti pochi, ma saporiti piatti di cucina casereccia.

STINTINO *07040 Sassari* 566 E 6.

(aprile-ottobre) ✆ 3683104303, Fax 079 523293.

Alghero 54 – Porto Torres 30 – Sassari 49.

Agriturismo Depalmas Pietro, località Peddru Nieddu Ovest : 2 km ✆ 079 523129, – P.

Pasto (solo per alloggiati) 21 – 3 – **6 cam** 25/50 – ½ P 41.

◆ Una famiglia cordiale vi accoglie in questa risorsa agrituristica nel mezzo della penisola di Stintino; camere nuove con arredi essenziali, maneggio nelle vicinanze.

SU GOLOGONE *Nuoro* 566 G 10 – *Vedere Oliena.*

Se dopo le h 18,00 siete ancora in viaggio confermate la vostra prenotazione telefonicamente, è consuetudine ... ed è più sicuro.

TEMPIO PAUSANIA *07029 Sassari* 566 E 9 – *13 943 ab. alt. 566.*

Cagliari 253 – Nuoro 135 – Olbia 45 – Palau 48 – Porto Torres 89 – Sassari 69.

Petit Hotel, piazza De Gasperi 10 ✆ 079 631134, *petithotel@tiscali.it, Fax 079 631760* – TV – 50. AE VISA.

Pasto carta 23/31 – **59 cam** 58/85 – ½ P 63.

◆ In centro, non lontano dalle terme di Rinaggiu, esiste dagli anni '60, ma è stato totalmente ristrutturato di recente questo albergo dai confort moderni; camere spaziose. Ampia sala da pranzo da cui si gode una discreta vista sui monti galluresi.

Pausania inn, strada statale Nord : 1 km ✆ 079 634037, *pausania.inn@tiscalinet.it, Fax 079 634072*, – TV P – 200. AE VISA. rist

Pasto *(chiuso novembre)* carta 19/32 – **53 cam** 76/106 – ½ P 63.

◆ L'ariosa ampiezza dei confortevoli interni caratterizza una struttura di recente realizzazione, alla periferia nord della città, base strategica per visitare la Gallura. Tutta giocata sul bianco e sul legno chiaro la sala ristorante.

TORRE DEI CORSARI *Cagliari* 566 H 7 – *Vedere Marina di Arbus.*

TORTOLÌ *08048 Nuoro* 566 H 10 – *9 760 ab. alt. 15 – a.s. luglio-10 settembre.*

Dintorni *Strada per Dorgali*★★★ *Nord.*

; da Arbatax per: Civitavecchia mercoledì e venerdì (10 h 30 mn), Fiumicino 19 luglio-5 settembre lunedì e mercoledì giornaliero (4 h 45 mn) e Genova giugno-settembre giovedì e sabato, negli altri mesi martedì e sabato (da 16 h 30 mn a 19 h) – Tirrenia Navigazione-agenzia Torchiani, via Venezia 10 ✆ 0782 667841, Fax 0782 667841.

Cagliari 140 – Muravera 76 – Nuoro 96 – Olbia 177 – Porto Torres 234 – Sassari 216.

La Bitta, via Porto Frailis, località Porto Frailis ✉ 08041 Arbatax ✆ 0782 667080, *labittahotel@tiscalinet.it, Fax 0782 667228*, – TV P. AE VISA.

Pasto *(chiuso novembre)* carta 26/43 – **55 cam** 155/298 – ½ P 186.

◆ Sulla spiaggia di una suggestiva baia, un albergo dalle linee mediterranee, con interni di buon gusto, signorili e accoglienti. Sia per vacanze che per esigenze d'affari. Al ristorante luminosi ambienti con soffitti affrescati e veranda affacciata sul mare.

Arbatasar Hotel, via Porto Frailis 11 ✉ 08041 Arbatax ☎ 0782 651800, *hotel@arbatasar.it, Fax 0782 651800,* – – 100. VISA.

Pasto carta 25/38 – **42 cam** 109/165 – ½ P 119.

◆ Imponente nuova costruzione in stile mediterraneo, sita in zona residenziale; interni in stile rustico-elegante, con mattoni e travi a vista; belle camere arredate con gusto. Accogliente sala da pranzo dall'atmosfera raffinata.

Victoria, via Monsignor Virgilio 72 ☎ 0782 623457, *informazioni@hotel-victoria.it, Fax 0782 624116,* – – 70. VISA JCB.

Pasto *(chiuso dal 20 dicembre al 10 gennaio e domenica da ottobre ad aprile)* carta 23/38 – **60 cam** 78/106 – ½ P 78.

◆ Centrale, ben ubicata sul passaggio per il porto di Arbatax, confortevole risorsa di taglio moderno, con un'offerta alberghiera adatta anche ad una clientela di lavoro. Sala ristorante di moderna ispirazione.

Il Vecchio Mulino senza rist, via Parigi, località Porto Frailis ✉ 08041 Arbatax ☎ 0782 664041, *h.vecchiomulino@tiscalinet.it, Fax 0782 664380* – VISA JCB.

20 cam 80/120 – ½ P 80.

◆ Nata nel 1999, una movimentata costruzione rossa in stile tipico ospita un piacevole albergo d'atmosfera, studiato anche negli arredi; camere «fresche» e accoglienti.

La Perla senza rist, viale Europa, località Porto Frailis ✉ 08041 Arbatax ☎ 0782 667800, *murgia.al@libero.it, Fax 0782 667810,* – VISA.

chiuso dal 20 dicembre al 10 gennaio – **10 cam** 75/102.

◆ Ha la struttura della villa privata questo hotel in un ampio giardino, ubicato a 500 m dal mare; arredi moderni nelle funzionali camere. Colazione all'aperto d'estate.

In questa guida
uno stesso simbolo, una stessa parola
stampati in rosso o in nero,
hanno un significato diverso.
Leggete attentamente le pagine dell'introduzione.

TRINITÀ D'AGULTU *07038 Sassari 566 E 8 – 2 044 ab. alt. 365 – a.s. 20 giugno-15 settembre.*

Cagliari 259 – Nuoro 146 – Olbia 75 – Porto Torres 59 – Sassari 55.

ad Isola Rossa *Nord-Ovest : 6 km – ✉ 07038 Trinità d'Agultu :*

Corallo, ☎ 079 694055, *albergo.corallo@tiscali.it, Fax 079 694055,* – VISA. rist

18 aprile-ottobre – **Pasto** carta 23/36 – **35 cam** 80/95 – ½ P 80.

◆ Davanti all'Isola Rossa e al nuovo porticciolo, una struttura a gestione familiare, completamente rinnovata; camere semplici, ma ben tenute, alcune con terrazzo e vista mare. Al ristorante interessanti proposte culinarie con diverse formule di prezzo.

VALLEDORIA *07039 Sassari 566 E 8 – 3 760 ab. alt. 16.*

Cagliari 235 – Olbia 81 – Sassari 42.

Park Hotel-Al Camino con cam, corso Europa ☎ 079 582800, *info@parkhotelweb.it, Fax 079 582600,* , Rist. e pizzeria serale – VISA JCB.

chiuso dall'8 al 31 gennaio – **Pasto** *(chiuso mercoledì escluso da maggio a settembre)* carta 23/42 – 4,15 – **7 cam** 54,50/77,50 – ½ P 67,50.

◆ Dall'aragosta alla pizza serale, l'offerta culinaria è ampia in questo curato ristorante di ambientazione moderna, con dehors estivo; arredi essenziali nelle stanze.

VILLANOVAFORRU *09020 Cagliari 566 I 8 – 707 ab. alt. 324.*

Cagliari 62 – Iglesias 71 – Nuoro 142 – Olbia 246 – Porto Torres 190 – Sassari 170.

Le Colline con cam, località Funtana Jannus Nord-Ovest : 1 km ☎ 070 9300123, *Fax 070 9300134* – VISA JCB. rist

chiuso dal 3 al 17 gennaio – **Pasto** carta 19/28 – 5 – **20 cam** 44/62.

◆ Vicino ad un importante sito archeologico, tranquilla struttura in aperta campaê gna: informale ambiente rustico in un grande salone, anche per banchetti, e cucina sarda.

VILLA REY *Cagliari* 566 J10 – *Vedere Castiadas.*

VILLASIMIUS *09049 Cagliari* 566 J 10 – *2 930 ab. alt. 44.*

Cagliari 49 – Muravera 43 – Nuoro 225 – Olbia 296 – Porto Torres 273 – Sassari 255.

Simius Playa, via del Mare 070 79311, *info@simusplaya.com, Fax 070 791571*, ≤, , , , – . .
10 aprile-2 novembre – **Pasto** *(10 maggio-25 ottobre)* carta 34/55 (15 %) – **49 cam** 155/230.

◆ Da un rigoglioso giardino fiorito con piscina, a pochi metri dal mare, emerge una bianca struttura, che da decenni mantiene alto il livello di confort dei suoi interni. Nelle sere d'estate imperdibile cena a lume di candela nella suggestiva terrazza.

a Solanas *Ovest : 11 km* – *09049 Villasimius :*

Da Barbara, strada provinciale per Villasimius 070 750630, *Fax 070 750630* – . .
marzo-novembre; chiuso mercoledì (escluso da luglio a settembre) – **Pasto** carta 23/36.

◆ Locale di tradizione, da decenni in attività e gestito dalla stessa famiglia; brace sempre accesa per cuocere carne o pesce e un'ampia sala semplice, ma di buon gusto.

Scriveteci...

Le vostre critiche e i vostri apprezzamenti saranno esaminati con la massima attenzione.
Verificheremo personalmente gli esercizi che ci vorrete segnalare
Grazie per la collaborazione !

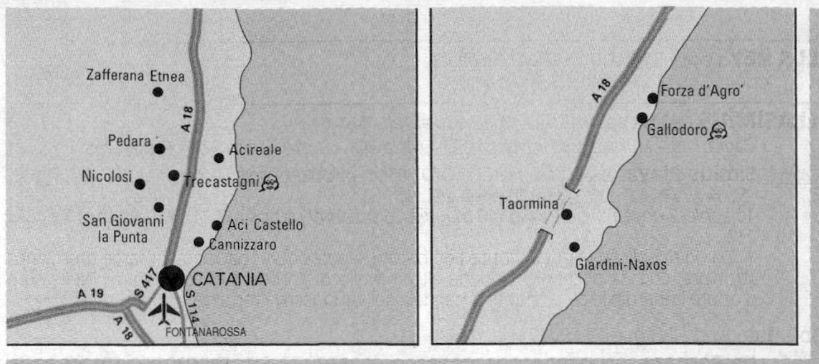

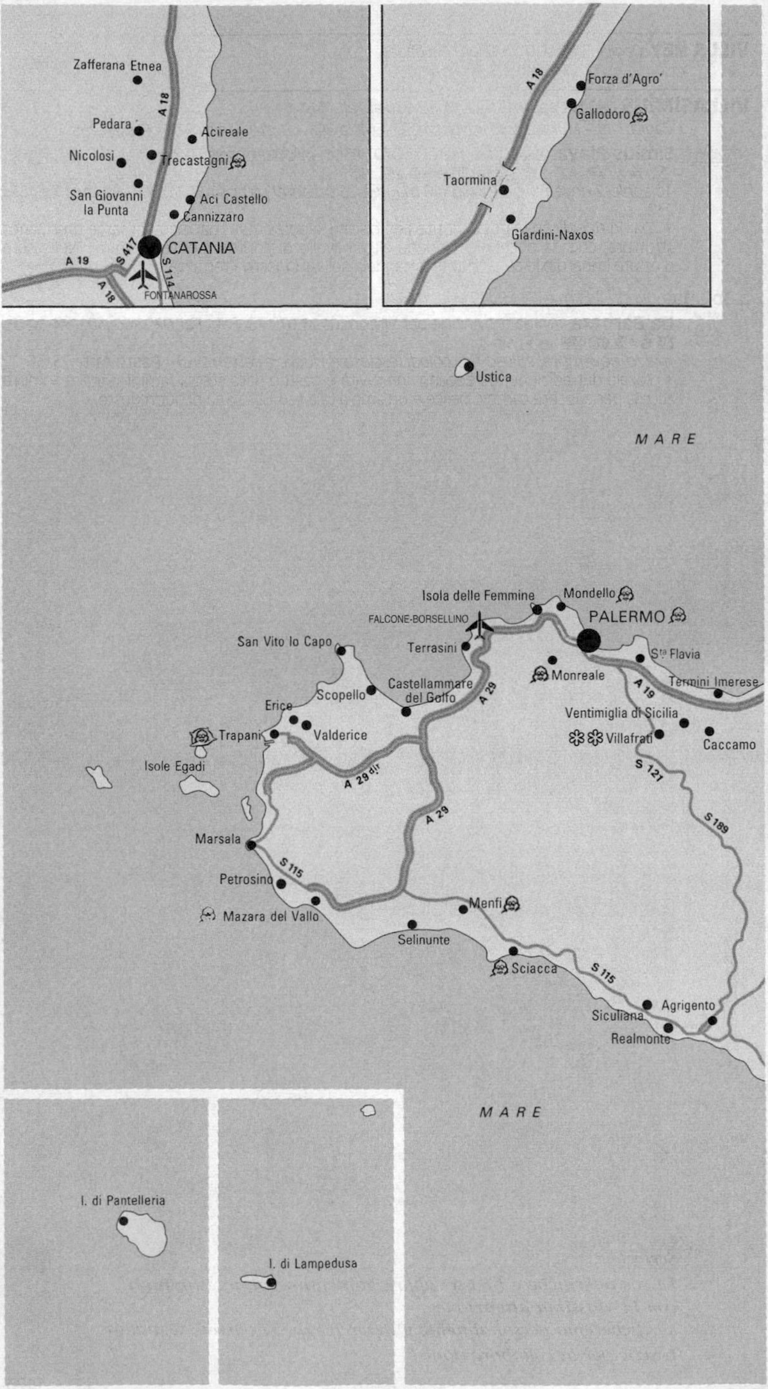

Zafferana Etnea
A 18
Pedara
Acireale
Nicolosi
Trecastagni
San Giovanni la Punta
Aci Castello
Cannizzaro
CATANIA
A 19
S 417
S 114
A 18
FONTANAROSSA
A 18
Forza d'Agro'
Gallodoro
Taormina
Giardini-Naxos
Ustica
MARE
Isola delle Femmine
Mondello
PALERMO
FALCONE-BORSELLINO
San Vito lo Capo
Terrasini
Sta Flavia
Monreale
Termini Imerese
Castellammare del Golfo
A 29
A 19
Scopello
Erice
Ventimiglia di Sicilia
Trapani
Valderice
Villafrati
Caccamo
Isole Egadi
A 29 dir
S 121
A 29
S 189
Marsala
S 115
Petrosino
Menfi
Mazara del Vallo
Selinunte
Sciacca
S 115
Agrigento
Siculiana
Realmonte
MARE
I. di Pantelleria
I. di Lampedusa

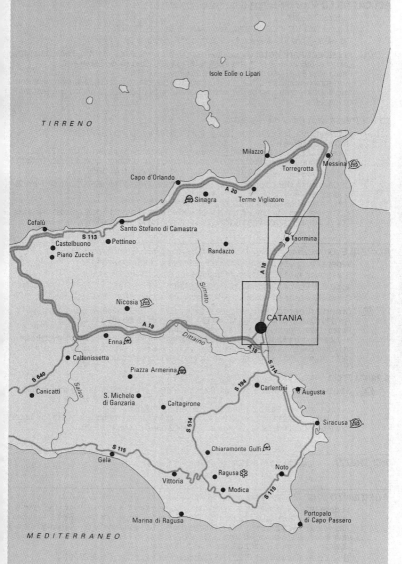

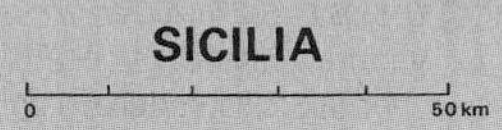
SICILIA
0
50 km
Isole Eolie o Lipari
TIRRENO
Milazzo
Messina
Torregrotta
Capo d'Orlando
A 20
Sinagra
Terme Vigliatore
Cefalù
Santo Stefano di Camastra
S 113
Castelbuono
Pettineo
Piano Zucchi
Randazzo
Taormina
A 18
Simeto
Nicosia
CATANIA
A 19
Enna
Dittaino
A 18
S 114
Caltanissetta
Piazza Armerina
S 640
S 194
Carlentini
Augusta
Canicattì
Salso
S. Michele
di Ganzaria
Caltagirone
S 514
Siracusa
Chiaramonte Gulfi
S 115
Gela
Noto
Ragusa
Vittoria
Modica
S 115
Portopalo
di Capo Passero
Marina di Ragusa
MEDITERRANEO

SICILIA

565 G. Sicilia – 5 076 700 ab. alt. da 0 a 3 340 (monte Etna).

vedere : *Catania, Lampedusa, Marsala, Palermo, Pantelleria, Trapani.*

per la Sicilia vedere : *Cagliari, Genova, Livorno, Napoli, Reggio di Calabria, Villa San Giovanni;* dalla Sicilia vedere *Isole Eolie, Messina, Palermo, Trapani.*

ACI CASTELLO *95021 Catania* 565 O 27 *G. Sicilia – 19 487 ab..*

Vedere *Castello*★.

corso Italia 102 ✆ 095 373084, aastcta@tin.it, Fax 095 373072.

Catania 9 – Enna 92 – Messina 95 – Palermo 217 – Siracusa 68.

President Park Hotel, via Litteri 88 (Ovest : 1 km) ✆ 095 7116111, *htlpresident@tiscali.it, Fax 095 277569,* – 300. AE VISA JCB.
Pasto carta 34/47 – **90 cam** 140/201, 2 suites – ½ P 130.
◆ In zona residenziale, a monte della località, un complesso a struttura semicircolare, con bella piscina al centro. Sia per la clientela d'affari che turistica. Sala da pranzo di impostazione moderna.

ad Aci Trezza *Nord-Est : 2 km – ✉ 95026 :*

I Malavoglia, lungomare dei Ciclopi 167 ✆ 095 7116556, *Fax 095 7116556,* – . AE VISA JCB.
chiuso dal 23 dicembre al 23 gennaio e martedì – **Pasto** specialità di mare carta 27/46.
◆ Sul lungomare del caratteristico borgo di pescatori, si scorge questa rustica trattoria ideale per gustare il pescato fresco, in preparazioni classiche e affidabili.

La Cambusa del Capitano, via Marina 65 ✆ 095 276298, *Fax 095 276298,* – . AE VISA JCB
chiuso mercoledì – **Pasto** specialità di mare carta 31/39.
◆ Semplicissimo ristorante in riva al mare, offre i gustosi prodotti della pescosa riviera dei Ciclopi. Simpatica atmosfera familiare, per un locale tipico ed accogliente.

ACIREALE *95024 Catania* 565 O 27 *G. Sicilia – 51 838 ab. alt. 161 – Stazione termale.*

Vedere *Piazza del Duomo*★ *– Facciata*★ *della chiesa di San Sebastiano.*

via Scionti 15 ✆ 095 891999, info@acirealeturismo.it, Fax 095 893134.

A.C.I. *viale Regina Margherita 25 ✆ 095 608330.*

Catania 17 – Enna 100 – Messina 86 – Palermo 225 – Siracusa 76.

Grande Albergo Maugeri, piazza Garibaldi 27 ✆ 095 608666, *info@hotel-maugeri.it, Fax 095 608728,* – P – 50. AE VISA.
Pasto al Rist. ***Opera Prima*** carta 21/36 – **45 cam** 95/170 – ½ P 100.
◆ Albergo di tradizione, ricavato in una palazzina anni Cinquanta, ristrutturata totalmente nel corso dell'anno 2000; si presenta con un interessante rapporto qualità/prezzo. Il ristorante intende imporsi per ampiezza e varietà delle proposte culinarie.

a Santa Tecla *Nord : 3 km – ✉ 95020 :*

Santa Tecla Palace, via Balestrate 100 ✆ 095 7634015, *santatecla@tin.it, Fax 095 607705,* – P – 450. AE VISA. rist
maggio-ottobre – **Pasto** carta 27/38 – **209 cam** 119/180 – ½ P 115.
◆ In bella e panoramica posizione, proprio sulla nera, caratteristica scogliera, un hotel ideale per le vacanze estive; servizi e accessori completi e confort adeguato.

ACI TREZZA *Catania* 565 O 27 *– Vedere Aci Castello.*

AGRIGENTO *92100* P 565 P 22 *G. Sicilia – 55 446 ab. alt. 326.*

Vedere *Valle dei Templi*★★★ **Y** *: Tempio della Concordia*★★★ **A**, *Tempio di Hera Lacinia*★★ **B**, *Tempio d'Eracle*★★ **C**, *Tempio di Zeus Olimpio*★★ **D**, *Tempio dei Dioscuri*★★ **E** *– Museo Archeologico Regionale*★★ **Y M1** *– Quartiere ellenistico-romano*★ **Y G** *– Sarcofago romano*★ *e* ★ *dalla chiesa di San Nicola* **Y N** *– Città moderna*★ *: altorilievi*★ *nella chiesa di Santo Spirito*★ **Z**, *interno*★ *e soffitto ligneo*★ *della Cattedrale.*

via Cesare Battisti 15 ✆ 0922 20454, aastagrigento@oasi.net, Fax 0922 20246.

A.C.I. *via Cimarra 38 ✆ 0922 604284.*

Caltanissetta 58 ③ – Palermo 128 ② – Siracusa 212 ③ – Trapani 175 ⑤.

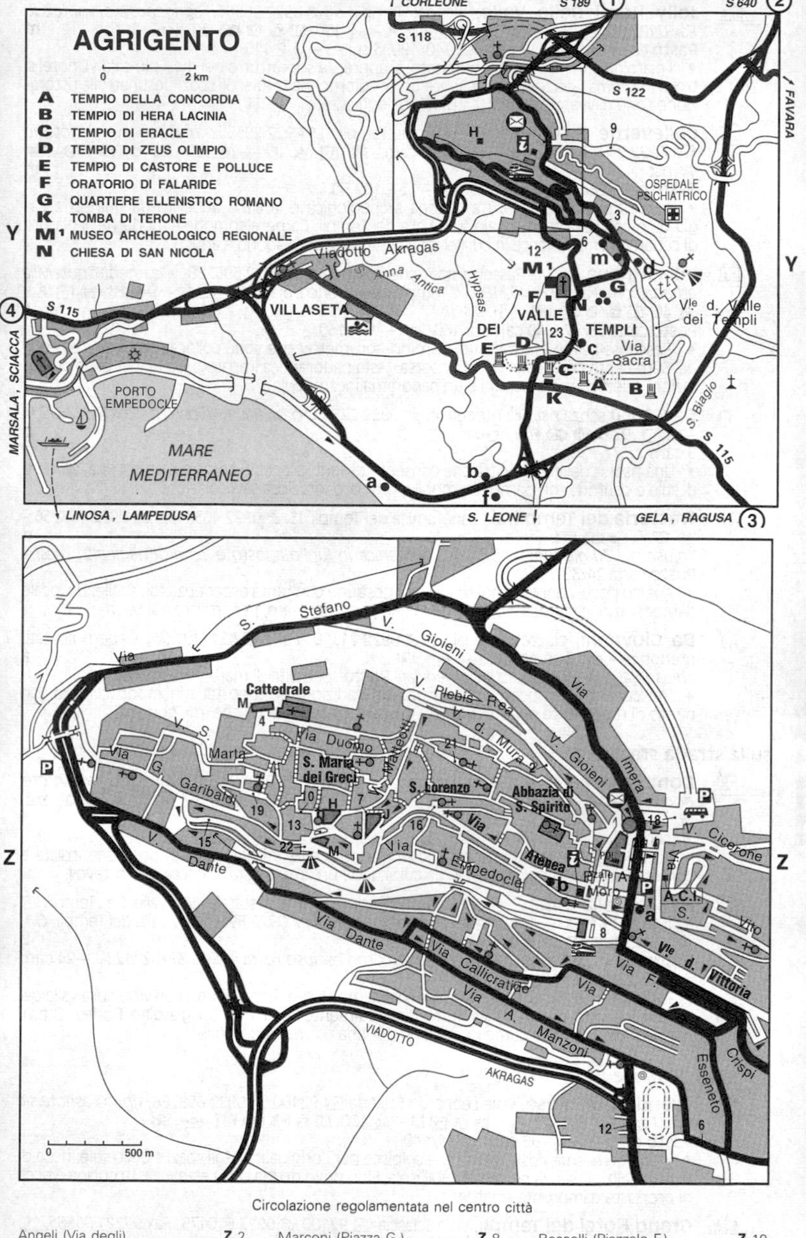

Circolazione regolamentata nel centro città

Angeli (Via degli) . . . . **Z** 2	Marconi (Piazza G.) . . . . . . **Z** 8	Rosselli (Piazzale F.) . . . . . . **Z** 18
Atenea (Via) . . . . **Z**	Nuova Favara (Via) . . . . . . **Y** 9	S. Giacomo (Largo) . . . . . . **Z** 19
Crispi (Via F.) . . . . **Y** 3	Orfane (Via) . . . . **Z** 10	S. Girolamo (Via) . . . . **Z** 21
Don Minzoni (Piazza) . . . . . . **Z** 4	Petrarca (Via) . . . . **Y,Z** 12	Sinatra (Piazza G.) . . . . . . **Z** 22
La Malfa (Via U.) . . . . **Y,Z** 6	Pirandello (Piazza) . . . . . . **Z** 13	Templi (Via dei) . . . . **Y** 23
Lena (Piazza) . . . . **Z** 7	Porta di Mare (Via) . . . . . . **Z** 15	Vittorio Emanuele (Piazza) . . . . **Z** 24
	Purgatorio (Piazza del) . . . . **Z** 16	

Jolly Hotel Della Valle, via dei Templi 3 ✆ 0922 26966, *agrigento@jollyhotels.it, Fax 0922 26412,* ←, – 150. rist Y m
Pasto carta 33/44 – **117 cam** 140/190, 3 suites – ½ P 115.
◆ Il giardino con piscina, molto curato, si apprezza soprattutto nei mesi più caldi. L'hotel si trova in ottima posizione e consente un soggiorno piacevole. Gli spazi destinati alla ristorazione sono davvero notevoli, l'atmosfera leggiadra.

Colleverde Park Hotel, via dei Templi ✆ 0922 29555, *mail@colleverdehotel.it, Fax 0922 29012,* , – , cam, – 150. rist Y m
Pasto carta 26/36 – **48 cam** 165 – ½ P 107,50.
◆ In posizione invidiabile, tra la zona archeologica e la città, abbellito da una terrazza-giardino con vista eccezionale sulla Valle dei Templi. Camere comode e moderne. Il piacere di cenare in un ambiente in cui l'eleganza ha un sapore sobrio e antico.

Villa Athena , via Passeggiata Archeologica, 33 ✆ 0922 596288, *villaathena@hotelvilla athena.com, Fax 0922 402180,* ← Tempio della Concordia, , , – rist, – 40. Y c
Pasto carta 35/57 – **40 cam** 130/210 – ½ P 130.
◆ Flessuose palme svettano nel giardino-agrumeto dove sono collocate la piscina e la villa del Settecento che ospita questa risorsa. Vista panoramica impareggiabile. Per cena preparazioni eclettiche, vini siciliani e un panorama incantevole.

Oasi 2000 senza rist, via Atenea 45 ✆ 0922 27645, *oasi2000ag@libero.it, Fax 1782261714* – . Z b
6 cam 77/130.
◆ Una risorsa del centro città che consente di sentirsi accolti come a casa propria. Camere di stile e confort, con parquet e mobilio pregiato, graziosa sala colazioni.

Trattoria dei Templi, via Panoramica dei Templi 15 ✆ 0922 403110, *Fax 0922 403256* – . Y d
chiuso dal 30 giugno al 10 luglio, domenica in luglio-agosto e venerdì negli altri mesi – **Pasto** carta 24/38.
◆ Aperto pochi anni or sono, ma da una gestione con tanta esperienza alle spalle. Un locale d'impostazione classica, con un menù che parte dal mare, per arrivare alla terra.

Da Giovanni, piazzetta Vadalà 2 ✆ 0922 21110, *Fax 0922 21110,* , Coperti limitati; prenotare – . Z a
chiuso dal 1° al 15 gennaio e domenica – **Pasto** specialità di mare carta 29/48.
◆ Nel centro della località, un ristorante tradizionale, impostato in modo classico. Un punto di riferimento per chi desidera gustare le specialità tipiche, ma non solo.

sulla strada statale 115 :

Domus Aurea senza rist, contrada Maddalusa ✉ 92100 ✆ 0922 511500, *info@hotel domusaurea.it, Fax 0922 512406,* ← valle dei Templi, – . Y f
20 cam 175/235.
◆ Villa del '700 ristrutturata secondo principi di stile ed eleganza, in posizione isolata e contornata da un ampio giardino da cui si gode un'ampia vista. Camere confortevoli.

Baglio della Luna , contrada Maddalusa - strada statale 640 Valle De' Templi ✉ 92100 ✆ 0922 511061, *info@bagliodellaluna.com, Fax 0922 598802,* ← valle dei Templi, , – . rist Y b
Pasto al Rist. ***Il Dehor*** *(lunedì a mezzogiorno escluso festivi)* carta 38/52 (12 %) – **24 cam** 175/225, suite – ½ P 157,50.
◆ Nella pace della campagna un baglio sapientemente ristrutturato, con vista sulla Valle dei Templi, ricavato da un'antica torre d'avvistamento, cinto da un giardino fiorito. Ottimi prodotti del territorio come ingredienti per una cucina tradizionale.

al Villaggio Mosè *per ③ : 3 km :*

Grand Hotel Mosè, viale Leonardo Sciascia ✉ 92100 ✆ 0922 608388, *ghm@iashotels.com, Fax 0922 608377,* – – 100.
Pasto carta 26/46 – **96 cam** 91/140.
◆ Hotel di recente costruzione che colpisce per l'originalità degli spazi e dello stile, ricco di richiami alla presenza normanna sull'isola. Non privo di una certa eleganza. La cucina è ricca di proposte d'impronta eclettica.

Grand Hotel dei Templi, viale Sciascia ✉ 92100 ✆ 0922 610175, *Fax 0922 606685,* , – , cam, – 400.
Pasto carta 27/41 – **146 cam** 114/155 – ½ P 104.
◆ Tanto le stanze, quanto gli spazi comuni sono ampi, ben ammobiliati e funzionali. Se non colpisce positivamente l'architettura, è senz'altro apprezzabile il confort. Ristorante affacciato sul giardino che circonda l'hotel.

a San Leone *Sud : 7 km* **Y** – *92100 Agrigento :*

Dioscuri Bay Palace, Lungomare Falcone-Borsellino 1 0922 406111, *reservation.dio@framon-hotels.it, Fax 0922 411297,* costa, Agrigento e la Valle dei Templi, , , 200 – – 200.
Pasto carta 39/59 – 11 – **102 cam** 143/203,50 – ½ P 144.
◆ Hotel ricavato da una ex colonia estiva degli anni Cinquanta, risulta oggi una risorsa funzionale e moderna. E in più si trova sul lungomare, con panorama sui templi. Sala da pranzo fresca e ariosa.

Costazzurra, via Delle Viole 2/4 0922 411222, *reception@hotelcostazzurra.it, Fax 0922 414040* – .
Pasto carta 21/26 – 7 – **32 cam** 64/104 – ½ P 70.
◆ Semplice, ma ordinato hotel a gestione familiare, ubicato in una via interna della frazione a mare della città, presenta ambienti d'impronta moderna e funzionale. Al ristorante cucina genuina e affidabile.

Leon d'Oro, via Emporium 102 0922 414400, *vittorio.collura@tin.it, Fax 0922 414400,* – .
chiuso lunedì – **Pasto** carta 21/35.
◆ Una conduzione entusiastica che si riflette in proposte di mare assai interessanti. La cantina offre validi abbinamenti, da apprezzare anche in una piccola enoteca.

AUGUSTA *96011 Siracusa 565 P 27 G. Sicilia – 34 063 ab..*

Catania 42 – Messina 139 – Palermo 250 – Ragusa 103 – Siracusa 32.

a Brucoli *Nord-Ovest : 7,5 km* – *96010 :*

Venus Sea Garden, contrada Monte Amara Est : 3,5 km 0931 998946, *reservation.ven@framon-hotels.it, Fax 0931 998950,* , , , , – – 150.
Pasto al Rist ***La Conchiglia*** carta 30/42 – 13,20 – **60 cam** 137,50/203,50 – ½ P 148.
◆ Partire dallo stile delle architetture degli edifici, passando per la bella posizione fronte mare, per giungere all'apprezzabile tranquillità. Un soggiorno stupendo. Servizio ristorante estivo sulla bella terrazza panoramica.

BONAGIA *Trapani 565 M 19 – Vedere Valderice.*

BORGO MOLARA *Palermo – Vedere Palermo.*

BRUCOLI *Siracusa 565 P 27 – Vedere Augusta.*

CACCAMO *90012 Palermo 565 N 22 G. Sicilia – 8 547 ab. alt. 521.*

Vedere *Castello★ – Piazza Duomo★.*

Agrigento 93 – Palermo 43 – Termini Imerese 10.

La Spiga d'Oro, via Margherita 74 091 8148968, *Fax 091 8148907,* – .
Pasto *(chiuso mercoledì)* carta 18/23 – **14 cam** 38/68 – ½ P 48.
◆ Per una visita al caratteristico borgo di questa località, si può approfittare di questa risorsa che mette a disposizione degli ospiti ambienti semplici e ordinati. Sala in stile moderno dove provare un menù eclettico.

CALTAGIRONE *95041 Catania 565 P 25 G. Sicilia – 39 145 ab. alt. 608.*

Vedere *Villa Comunale★ – Scala di Santa Maria del Monte★.*

via Volta Libertini 0933 53809, Fax 0933 54610.

Agrigento 153 – Catania 64 – Enna 75 – Ragusa 71 – Siracusa 100.

Gd Hotel Villa San Mauro, via Portosalvo 14 0933 26500, *reservation.vsm@framon-hotels.it, Fax 0933 31661,* – , cam, – 200.
Pasto carta 33/49 – 11 – **90 cam** 135/187, suite – ½ P 135.
◆ Albergo ristrutturato di recente, ubicato ai margini della località, presenta interni signorili ed eleganti. Le camere sono ben arredate, gli accessori davvero attuali. Curato ristorante, cucina siciliana.

CALTANISSETTA 93100 P 565 O 24 G. Sicilia – 62 274 ab. alt. 588.

viale Conte Testasecca 20 ☎ 0934 21089, info@apit.cl.it, Fax 0934 21239.

A.C.I. *via Leone 2 ☎ 0934 501111.*

Catania 109 – Palermo 127.

San Michele, via Fasci Siciliani ☎ 0934 553750, *hotelsanmichele@tin.it, Fax 0934 598791,* ←, – |‡| ▤ TV ♿ P – 🏛 300. AE ⊙ ◑ MC VISA JCB. ✂ rist

Pasto *(chiuso dall'8 al 25 agosto e domenica)* 23/45 – **124 cam** ☕ 100/120, 14 suites – 1/2 P 80.

◆ Di recente costruzione, hotel elegante, con dotazioni ed accessori completi. Molto grandi le stanze, alcune con bella vista sulle colline. Ottimo rapporto qualità/prezzo. Ristorante suddiviso in due sale di dimensioni diverse ma di stile omogeneo.

Ventura, strada statale 640 (Sud-Ovest : 1,5 km) ☎ 0934 553780, *Fax 0934 553785* – |‡| ▤ TV P – 🏛 200. AE ⊙ MC VISA. ✂

Pasto *(chiuso domenica)* carta 17/28 – **64 cam** ☕ 46/65 – 1/2 P 45,50.

◆ Ubicato in posizione comoda per essere raggiunto in auto, risulta, non a caso, molto frequentato dalla clientela d'affari. Gestione capace, arredi semplici ed essenziali. Al ristorante servizio cortese e pasti genuini.

Legumerie le Fontanelle, via Pietro Leone 45, contrada Fontanelle Nord-Ovest 2 km ☎ 0934 592437, *Fax 0934 561119,* , Azienda agrituristica con centro ippico – P. AE ⊙ ◑ MC VISA JCB. ✂

Pasto carta 14/18.

◆ All'interno di un centro ippico e di un'azienda agricola, un ristorantino con cucina del territorio; servizio estivo all'aperto con vista eccezionale sulle colline.

CANICATTÌ 92024 Agrigento 565 O 23 – 34 134 ab. alt. 470.

Agrigento 39 – Caltanissetta 28 – Catania 137 – Ragusa 133.

Collina del Faro senza rist, via Puccini 29 ☎ 0922 853062, *Fax 0922 851160* – ▤ TV P. AE ⊙ MC VISA. ✂

chiuso dal 14 al 16 agosto – **27 cam** ☕ 36,50/57 – 1/2 P 50.

◆ Una struttura dalle linee semplici, somigliante più ad un condominio che ad un hotel. La gestione, di stampo familiare, si rivela fin da subito cordiale.

CANNIZZARO 95020 Catania 565 O 27.

Catania 7 – Enna 90 – Messina 97 – Palermo 215 – Siracusa 66.

Sheraton Catania Hotel, via Antonello da Messina 45 ☎ 095 7114111 e rist ☎ 095 7114779, *info@sheratoncatania.com, Fax 095 271380,* ←, , , , , – |‡| ▤ TV ♿ – 🏛 900. ⊙ ◑ MC VISA. ✂

Pasto al Rist. ***Il Timo*** carta 37/59 – **170 cam** ☕ 190/225, 3 suites – 1/2 P 143.

◆ Hotel di classe e tono, fonde con garbo ricettività alberghiera dal confort elevato, all'intensa e ben organizzata attività congressuale. Suggestiva hall e bella piscina. Ristorante curato, adatto per gustare i sapori di Sicilia.

CAPO D'ORLANDO 98071 Messina 565 M 26 G. Sicilia – 12 755 ab..

viale Sandro Volta, angolo via Amendola ☎ 0941 912784, astcapo@enterprisenet.it, Fax 0941 912517.

Catania 135 – Enna 143 – Messina 88 – Palermo 149 – Taormina 132.

Il Mulino, via Andrea Doria 46 ☎ 0941 902431, *hotelmulino@tin.it, Fax 0941 911614,* ←, – |‡| ▤ TV. AE ⊙ ◑ MC VISA. ✂

Pasto carta 21/31 – ☕ 6 – **92 cam** 94, 7 suites – 1/2 P 77.

◆ Sono tante le camere in posizione panoramica fronte mare, a ciò bisogna aggiungere la comoda ubicazione centrale e un gradevole, classico, stile omogeneo negli arredi. La cucina propone, con cognizione di causa, diverse specialità siciliane.

La Meridiana, località Piana Sud-Ovest : 3 km ☎ 0941 957713, *Fax 0941 957715,* , , – |‡| ▤ TV P – 🏛 200. AE ⊙ ◑ MC VISA. ✂

Pasto *(chiuso domenica da novembre a marzo)* carta 18/28 – ☕ 5,16 – **45 cam** 62/80 – 1/2 P 70.

◆ In posizione leggermente defilata dal centro, hotel, gestito con professionalità, ideale per vacanze di mare. Fresco giardino con piscina, buon rapporto qualità/prezzo. Ariosa e verdeggiante terrazza per il servizio ristorante estivo.

Trattoria La Tettoia, contrada Certari 80 verso Naso (Sud : 2,5 km) ☎ 0941 902146, *latettoiarp@libero.it,* , Rist. e pizzeria – P. ⊙ MC VISA. ✂

chiuso dal 15 al 30 ottobre e lunedì (escluso da luglio a settembre) – **Pasto** cucina casalinga carta 12/23.

◆ In estate il servizio viene effettuato anche in terrazza con vista eccezionale sul mare e sulla costa. Simpatica gestione familiare che propone la cucina del territorio.

CAPO TAORMINA *Messina* 565 N 27 – *Vedere Taormina*

CARLENTINI *96013 Siracusa* 565 P 27 – *17 677 ab. alt. 205.*

Catania 33 – Messina 130 – Ragusa 77 – Siracusa 44.

verso Villasmundo *Sud-Est : 4 km*

Agriturismo Tenuta di Roccadia, contrada Roccadia ✆ 095 990362, *roccadia@sicilyonline.it, Fax 095 990362*, maneggio, – P. rist

Pasto 20/30 – **20 cam** 60/100 – ½ P 60.

◆ All'interno di una tenuta con origini databili attorno al 1070, un agriturismo che, lasciando inalterato lo spirito rurale, è anche in grado di offrire discreti confort. Al ristorante è possibile gustare i genuini prodotti del siracusano.

CASTELBUONO *90013 Palermo* 565 N 24 *G. Sicilia – 9 700 ab. alt. 423.*

Vedere *Cappella palatina : stucchi*★.

Agrigento 155 – Cefalù 22 – Palermo 90.

Romitaggio, località San Guglielmo Sud : 5 km ✆ 0921 671323, *Fax 0921 671323*, – P.

chiuso dal 15 giugno al 15 luglio e mercoledì – **Pasto** carta 24/27.

◆ In un antico monastero del 1300, un locale semplice dall'ambiente rustico, dove gustare piatti della tradizione del luogo; gradevole il servizio estivo nella corte interna.

Nangalarruni, via Delle Confraternite 5 ✆ 0921 671428, *nangalaruni@libero.it, Fax 0921 677449* – . VISA

chiuso 2 settimane a novembre e mercoledì – **Pasto** carta 22/36.

◆ Pareti con mattoni a vista, grandi e antiche travi in legno sul soffitto ed esposizione di bottiglie, nella sala di origini ottocentesche; piatti tipici del territorio.

CASTELLAMMARE DEL GOLFO *91014 Trapani* 565 M 20 *G. Sicilia – 13 910 ab..*

Dintorni *Rovine di Segesta*★★★ *Sud : 16 km.*

Agrigento 144 – Catania 269 – Messina 295 – Palermo 61 – Trapani 34.

Al Madarig, piazza Petrolo 7 ✆ 0924 33533, *almadarig@tin.it, Fax 0924 33790*, ←, – – 90. AE VISA.

Pasto carta 21/32 – 6 – **38 cam** 71,50/99 – ½ P 65,50.

◆ Su un'ampia piazza affacciata sul mare, un hotel di recente fondazione, ricavato da alcuni ex magazzini del porto. Gestione simpatica, camere ampie, seppur semplici. Cucina siciliana affidabile, senza sorprese.

Punta Nord Est senza rist, viale Leonardo Da Vinci 67 ✆ 0924 30511, *puntanordest@tiscalinet.it, Fax 0924 30713*, ← mare – P – 80. AE VISA

7 – **58 cam** 70/84, suite.

◆ Hotel ubicato sul lungomare, ideale tanto per trascorrere una vacanza che per la clientela d'affari. Camere sono dotate di ogni confort, accesso privato alla spiaggia.

CASTELMOLA *Messina* 565 N 27 – *Vedere Taormina.*

CATANIA *95100* P 565 O 27 *G. Sicilia – 336 222 ab..*

Vedere *Palazzo Biscari*★ *: decorazione*★★ **EZ** – *Piazza del Duomo*★ *: Duomo*★ **DZ** – *Badia di Sant'Agata*★ **B** – *Via Crociferi*★ **DYZ** – *Via Etnea*★*: villa Bellini*★ **DXY** – *Complesso Monumentale di San Nicolò l'Arena : Monastero*★ **DYZ S8.**

Escursioni *Etna*★★★ *Nord per Nicolosi* **BU.**

✈ *di Fontanarossa Sud : 4 km* **BV** ✆ *095 7239111, Fax 095 347121 – Alitalia, via L. Rizzo 18 ✉ 95131 ✆ 095 252111, Fax 095 252252.*

via Cimarosa 10 ✉ 95124 ✆ 095 7306233, apt@apt.catania.it, Fax 095 7306233 – Stazione Centrale FS ✉ 95129 ✆ 095 7306255 – Aeroporto Civile Fontanarossa ✆ 095 7306266.

A.C.I. *via Sabotino 3 ✉ 95129 ✆ 095 533380/1.*

Messina 97 ① – Siracusa 59 ③.

Pianta pagina seguente

Excelsior Grand Hotel, piazza Verga 39 ✉ 95129 ✆ 095 7476111, *excelsior-catania@thi.it, Fax 095 537015* – – 250. AE VISA JCB. **EX a**

Pasto carta 39/56 – **163 cam** 207/366, 13 suites.

◆ Imponente albergo, che dopo la ristrutturazione si situa ai vertici dell'hotellerie catanese: classica sobrietà senza sfarzi negli interni e qualità assoluta nel confort. Raffinata ambientazione in stile e servizio accurato nel ristorante.

CATANIA

Alagona Artale (Viale) . . . . . . **CU** 2
Angelo Custode (Via) . . . . . . **BV** 3
Aurora (Via) . . . . **BV** 4
Barcellona (Via) . . . . **BV** 6
Beccaria (Via Cesare) . . . . . . **BU** 8
Belfiore (Via) . . . . **BV** 10
Bosco (Via del) . . . . **BU** 13
Cantone (Via) . . . . **BU** 16
Caracciolo (Via Amm. Antonio) . . . . . **BV** 17
Cavour (Piazza) . . . . **BU** 23
Colombo (Via Cristoforo) . . . **BV** 24
D'Annunzio (Via Gabriele) . . **CU** 28
Europa (Piazza) . . . . **CU** 30
Filocomo (Via) . . . . **BU** 31
Filzi (Via Fabio) . . . . **BV** 32
Forlanini (Via Carlo) . . . . **BV** 33
Galatioto (Via) . . . . **CU** 36
Giovanni XXIII (Piazza Papa) . . . . **CV** 38
Giuffrida (Via Vincenzo) . . . . **CU** 39
Grassi (Via Battista) . . . . **BU** 41
Imbriani (Via Matteo Renato) . . . . **BU** 43
Indipendenza (Corso) . . . . . . **BV** 44
Lavaggi (Via Giovanni) . . . . . **BV** 46
Maria SS. Assunta (Via) . . . . **BV** 48
Marotta (Via Erasmo) . . . . . . **CU** 49
Martelli Castaldi (Via Sabato) . . . . **BV** 51
Martiri della Libertà (Corso) . . . . **CV** 52
Monserrato (Via) . . . . **BU** 55
Montenero (Via) . . . . **BV** 56
Nava (Via Cardinale) . . . . **BU** 58
Odorico da Pordenone (Viale) . . . . **BU** 59
Palestro (Piazza) . . . . **BV** 61
Passo Gravina (Via) . . . . **BU** 64
Plaja (Via) . . . . **BV** 65
Plebiscito (Via) . . . . **BV** 67
Regina Margherita (Viale) . . . . **BV** 71
Regione (Viale della) . . . . **BV** 72
Risorgimento (Piazza) . . . . . . **BV** 73
Roccaromana (Via) . . . . **BV** 75
Rotolo (Viale del) . . . . **CU** 76
Ruggero di Lauria (Vle) . . . . **CU** 78
San Nicolò al Borgo (Via) . . . . **BU** 83
Santa Maria della Catena (Via) . . . . **BV** 84
Sanzio (Viale Raffaello) . . . . . **CU** 85
Stadio (Via dello) . . . . **BV** 88
Stella Polare (Via) . . . . **BV** 89
Tempio (Via Domenico) . . . . . **BV** 93
Vivaldi (Viale Fratelli) . . . . **BU** 99

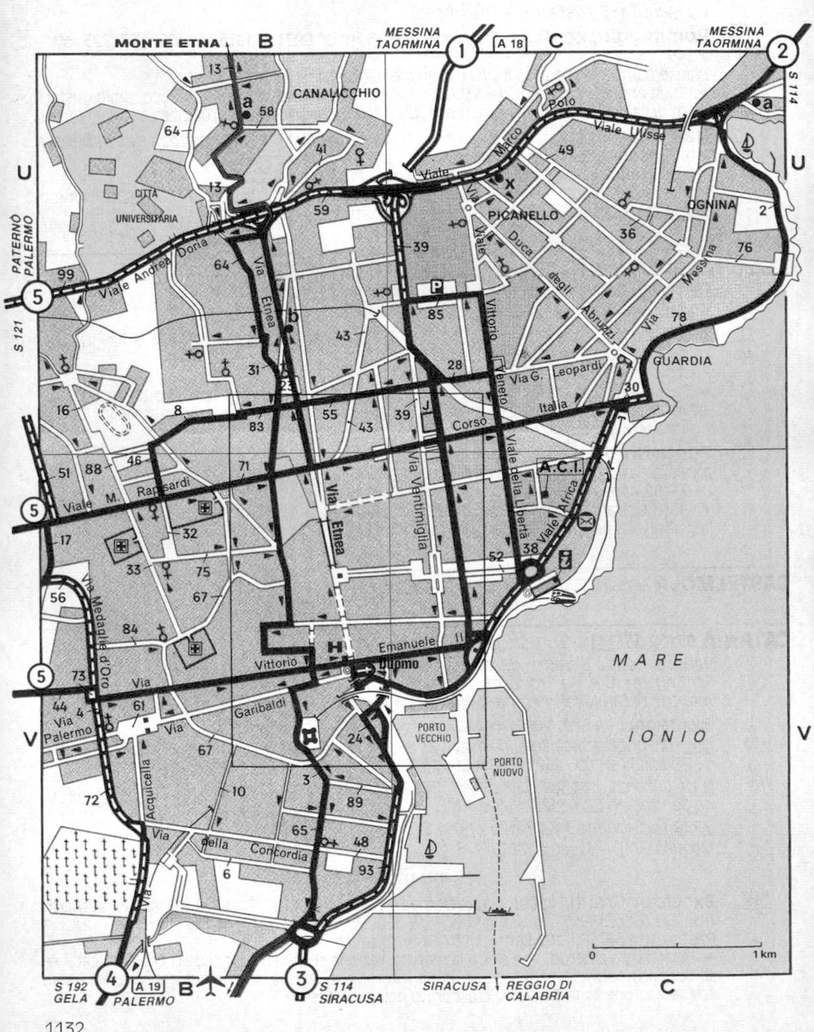

CATANIA

Katane Palace, via Finocchiaro Aprile 110 ✉ 95129 ☎ 095 7470702, *info@katanepalace.it, Fax 095 7470172,* – cam, – 135. AE VISA EX b
Pasto al Rist. ***Il Cuciniere*** carta 30/52 – **58 cam** 160/217 – ½ P 140.
◆ Questo hotel rappresenta una novità sulla scena catanese, costruito ex novo e suddiviso in due edifici, offre ambienti eleganti e signorili, con confort di alto livello. Il ristorante nei mesi estivi si estende in un piacevole patio.

Villa del Bosco, via del Bosco 62 ✉ 95125 ☎ 095 7335100, *info@hotelvilladelbosco.it, Fax 095 7335103* – – 60. AE VISA. BU a
Pasto al Rist. ***Il Canile*** carta 30/39 – **54 cam** 150/200, suite – ½ P 130.
◆ L'atmosfera e il fascino del suo passato di dimora patrizia permeano questa splendida villa dagli eleganti, ricercati interni d'epoca; roof-garden con vista sulla città. Due settecenteschi cani di pietra stanno di guardia all'ingresso del ristorante.

Jolly Hotel Catania Ognina senza rist, via Messina 626, località Ognina ✉ 95126 ☎ 095 7528111, *jolly.cataniaognina@alliancealaberghi.com, Fax 095 7121856* – – 80. AE VISA JCB CU a
56 cam 139,36/170,93.
◆ Alla fine del lungomare, nel caratteristico rione di Ognina, albergo ristrutturato di buona funzionalità; arredi moderni nelle camere, alcune con vista sul mare.

Residence Hotel La Ville senza rist, via Monteverdi 15 ✉ 95131 ☎ 095 7465230, *info@rhlaville.it, Fax 095 7465189* – – 35. AE VISA. EY b
14 cam 90/115.
◆ Risorsa del centro ospitata da un edificio di inizio '900. A seguito di un'impeccabile ristrutturazione presenta una bella hall e una graziosa sala colazioni. Camere eleganti.

La Vecchia Palma senza rist, via Etnea 668 ✉ 950128 ☎ 095 432025, *info@lavecchiapalma.com, Fax 095 431107* – . AE VISA JCB. BU b
11 cam 60/90.
◆ Un'affascinante villa liberty in pieno centro, che una valida gestione familiare ha riconvertito in un'accogliente struttura alberghiera, con tanto di camere affrescate.

Osteria i Tre Bicchieri, via San Giuseppe al Duomo 31 ✉ 95124 ☎ 095 312294, *info@osteriaitrebicchieri.it, Fax 095 310759*, Rist. e vinoteca – . AE VISA. DZ a
chiuso agosto e a mezzogiorno – **Pasto** carta 42/61.
◆ Sapori di mare, ma anche di terra nelle fantasiose elaborazioni di un nuovo ristorante elegante. Una zona è riservata all'enoteca, dove si può consumare qualche piatto.

La Siciliana, viale Marco Polo 52/a ✉ 95126 ☎ 095 376400, *la siciliana@tiscalinet.it, Fax 095 7221300,* , prenotare – . AE VISA JCB CU x
chiuso domenica sera, lunedì e la sera dei giorni festivi – **Pasto** carta 26/35 (15 %).
◆ E' ormai diventato un locale storico della città questo ristorante tipico di stile classico; la proposta si muove tra piatti della cucina del luogo e altri più tradizionali.

Il Carato, via Vittorio Emanuele II°, 81 ✉ 95131 ☎ 095 7159247, *ilcarato@libero.it, Fax 095 7159247* – . AE VISA. EZ b
chiuso domenica e a mezzogiorno – **Pasto** carta 33/51.
◆ Nato come enoteca con cucina, si è evoluto e oggi presenta una carta con piatti ricercati; solo serale, ambiente di discreta eleganza, in una delle vie più trafficate.

sulla S.S. 117 Bis :

sull'autostrada A 19 Catania-Palermo *per ④ : 8 km :*

Il Gelso Bianco, ✉ 95045 Misterbianco ☎ 095 7181159, *info@gelsobianco.it, Fax 095 7181270,* – cam, – 250. AE VISA JCB.
Pasto carta 31/41 – **91 cam** 82,64/134,28 – ½ P 98,13.
◆ Una confortevole risorsa, ristrutturata di recente, che offre buoni servizi e attrezzature alla clientela sia d'affari e congressuale sia turistica; giardino con piscina. Ampia e moderna sala ristorante, cucina tradizionale e locale.

CEFALÙ *90015 Palermo* 565 M 24 *G. Sicilia – 14 006 ab..*

Vedere *Posizione pittoresca★★ – Duomo★★ – Osterio Magno★ – Museo Mandralisca : ritratto d'ignoto★ di Antonello da Messina.*

per le Isole Eolie giugno-settembre mercoledì, giovedì e venerdì (1 h 30 mn) – Aliscafi SNAV-agenzia Barbaro, corso Ruggero 76 ☎ 0921 421595.

corso Ruggero 77 ☎ 0921 421050, info@cefalù-tour.pa.it, Fax 0921 422386.

Agrigento 140 – Caltanissetta 101 – Catania 182 – Enna 107 – Messina 166 – Palermo 68.

Riva del Sole, lungomare Colombo 25 ☎ 0921 421230, *lidia@rivadelsole.com, Fax 0921 421984,* – – 100. AE VISA.
chiuso novembre – **Pasto** carta 25/39 (15 %) – **28 cam** 88/100 – ½ P 88.
◆ Una struttura relativamente recente che fin dall'esterno appare per quello che è: sobria, funzionale, priva di personalizzazioni particolari. La gestione è molto valida. Assai ampia la sala da pranzo dall'atmosfera leggermente démodé.

La Brace, via 25 Novembre 10 ☎ 0921 423570, *ristorantelabrace@libero.it, Fax 0921 423570,* prenotare – ▤. AE 🜨 ⓞ ⓜ VISA. ✗
chiuso dal 15 dicembre al 15 gennaio, lunedì e martedì a mezzogiorno – **Pasto** carta 18/40.
◆ Una sorta di bistrot, nei vicoli del paese, raccolto e accogliente con una gestione innamorata di questi luoghi. Cucina del territorio, arricchita di tocchi orientali.

Ostaria del Duomo, via Seminario 5 ☎ 0921 421838, 🏠 – ▤. AE 🜨 ⓞ ⓜ VISA
20 marzo-10 novembre; chiuso lunedì escluso da giugno a ottobre – **Pasto** carta 25/39 (10 %).
◆ Il punto di forza di questo localino è senza dubbio la posizione, proprio ai piedi della facciata del meraviglioso Duomo arabo-normanno. Tradizionale cucina di mare.

La Botte, via Veterani 6 ☎ 0921 424315 – ▤. AE 🜨 ⓞ ⓜ VISA JCB. ✗
chiuso lunedì e gennaio – **Pasto** carta 22/39.
◆ Un «cantuccio» familiare dove sarete conquistati dall'ambiente semplice, ma accogliente e dalla genuinità e freschezza di profumati piatti siciliani a base di pescato.

sulla strada statale 113 *Ovest : 5 km :*

Baia del Capitano ⛰, Contrada Mazzafono 1 ☎ 0921 420003, *baiadelcapitano@baiadelcapitano.it, Fax 0921 420163,* ≤, 🏠, ⛱, 🎾, ✗ – |‡| ▤ 📺 🅿. AE 🜨 ⓜ VISA. ✗ rist
Pasto carta 20/36 – ☕ 8 – **46 cam** 135/145 – ½ P 100.
◆ Immerso nella quiete della vegetazione mediterranea, hotel di recente ristrutturazione dotato di piscina attrezzata; gradevoli le ampie camere. Per un soggiorno rilassante.

CHIARAMONTE GULFI *97012 Ragusa* 565 P 26 *G. Sicilia – 8 282 ab. alt. 668.*

Agrigento 133 – Catania 88 – Messina 185 – Palermo 257 – Ragusa 20 – Siracusa 77.

Majore, via Martiri Ungheresi 12 ☎ 0932 928019, *majoreristorante@tin.it, Fax 0932 928649* – ▤. AE 🜨 ⓞ ⓜ VISA JCB
chiuso luglio e lunedì – **Pasto** specialità a base di carne di maiale carta 13/18.
◆ La cucina è dedita esclusivamente alle preparazioni del maiale, una scritta dice «Qui si magnifica il porco» ed è vero; il tutto per una spesa davvero limitata.

EGADI (Isole) *Trapani* 565 N 18 19 *G. Sicilia – 4 382 ab. alt. da 0 a 686 (monte Falcone nell'isola di Marettimo).*

Vedere *Favignana★ : Cala Rossa★ – Levanzo★ : Grotta del Genovese★ – Marettimo★ : giro dell'isola in barca★★.*

Favignana *(Isola)* 565 N 18 – ✉ *91023.*

⛴ *per Trapani giornalieri (da 1 h a 2 h 45 mn) – a Favignana, Siremar-agenzia Catalano, molo San Leonardo ☎ 0923 921368, Fax 0923 921368.*

🚤 *per Trapani giornalieri (da 15 mn a 1 h) – a Favignana, Siremar-agenzia Catalano, molo San Leonardo ☎ 0923 921368, Fax (0923)921368.*

Aegusa, via Garibaldi 11/17 ☎ 0923 922430, *aegusa@cinet.it, Fax 0923 922440,* 🏠, ✗ – ▤ 📺. AE 🜨 ⓞ ⓜ VISA. ✗ cam
chiuso gennaio e febbraio – **Pasto** *(Pasqua-settembre)* carta 27/33 – ☕ 8 – **28 cam** 100/140 – ½ P 90.
◆ Proprio nel centro del paese, hotel aperto non molti anni or sono, ricavato in un signorile palazzo. Arredi semplici e freschi che ingentiliscono le già graziose camere. Per i pasti ci si accomoda nel giardinetto esterno.

ENNA *94100* 🅿 565 O 24 *G. Sicilia – 28 401 ab. alt. 942.*

Vedere *Posizione pittoresca★★ – Castello★ : ✳★★★ – ≤★★ dal belvedere – Duomo : interno★ e soffitto★ – Torre di Federico★.*

ℹ *via Roma 413 ☎ 0935 528288, apt.enna@apt-enna-com.*

A.C.I. *via Roma 200 ☎ 0935 26299.*

Agrigento 92 – Caltanissetta 34 – Catania 83 – Messina 180 – Palermo 133 – Ragusa 138 – Siracusa 136 – Trapani 237.

Sicilia senza rist, piazza Colaianni 7 ☎ 0935 500850, *hotelsiciliaenna@vivienna.it, Fax 0935 500488* – |‡| ▤ 📺 – 🎪 120. AE 🜨 ⓞ ⓜ VISA
☕ 6 – **76 cam** 57/91.
◆ Una struttura versatile e quindi consigliabile sia alla clientela turistica che a quella d'affari. In posizione centrale, ha subito di recente un «salutare» rinnovo.

Centrale, piazza 6 Dicembre 9 ☎ 0935 500963, *ristcentrale@yahoo.it, Fax 0935 500963* – ▤. AE 🜨 ⓞ ⓜ VISA. ✗
chiuso sabato escluso da giugno a settembre – **Pasto** carta 20/28.
◆ Come dice il nome del locale, siamo proprio nel cuore della città. Più che una sala, un salone dagli alti soffitti; gli arredi sono in bilico tra tradizione e modernità.

EOLIE (Isole) *Messina* 565 L 26 27 *G. Sicilia – 12 625 ab. alt. da 0 a 962 (monte Fossa delle Felci nell'isola di Salina).*

La limitazioni d'accesso degli autoveicoli è regolata da norme legislative.

Vedere *Vulcano**** *: gran cratere**** *(2 h a piedi AR) – Stromboli**** *: ascesa al cratere**** *(5 h a piedi AR), escursione notturna in barca**** *– Lipari** *: Museo Archeologico Eoliano***, *** *dal belvedere di Quattrocchi, giro dell'isola in barca*** *– Salina** *– Panarea** *– Filicudi** *– Alicudi**.

per Milazzo giornalieri (da 1 h 30 mn a 4 h) e Napoli lunedì e giovedì, dal 15 giugno al 15 settembre lunedì, mercoledì, giovedì, venerdì, sabato e domenica (14 h) – a Lipari, Siremar-agenzia Eolian Tours, via Amendola ☎ 090 9811312, Fax 090 9880170.

per Milazzo giornalieri (da 40 mn a 2 h 10 mn) – a Lipari, Siremar-agenzia Eolian Tours, via Amendola ☎ 090 9811312, Fax 090 9880170; Aliscafi SNAV-agenzia Eoltravel, via Vittorio Emanuele 116 ☎ 090 9811122, Fax 090 9880311; per Messina-Reggio di Calabria giornalieri (2 h), Cefalù giugno-settembre giovedì, venerdì e sabato (1 h 30 mn) e Palermo giugno-settembre giornaliero (1 h 50 mn); per Napoli giugno-settembre giornaliero (4 h) – a Lipari, Aliscafi SNAV-agenzia Eoltravel, via Vittorio Emanuele 116 ☎ 090 9811122, Fax 090 9880311.

Lipari *(Isola)* 565 L 26 – *11 094 ab. – ✉ 98055.*

La limitazione d'accesso degli autoveicoli è regolata da norme legislative.

corso Vittorio Emanuele 202 ☎ 090 9880095, aasteolie@netnet.it, Fax 090 9811190

Villa Meligunis, via Marte 7 ☎ 090 9812426, *info@villameligunis.it, Fax 090 9880149,* ≤, – – 80. AE VISA.
Pasto *(Pasqua-5 novembre)* carta 32/48 – **40 cam** 200/290, suite – 1/2 P 175.
◆ In un caratteristico quartiere di pescatori, una struttura di alto livello, confortevole e dalle dotazioni complete. Per un soggiorno senza pensieri, ma con tanti sogni. Servizio ristorante estivo sulla terrazza panoramica, una bellezza toccante.

Gattopardo Park Hotel, via Diana 67 ☎ 090 9811035, *gattopardo@netnet.it, Fax 090 9880207,* – . AE VISA.
marzo-ottobre – **Pasto** carta 26/35 – 7,50 – **47 cam** 80/150 – 1/2 P 120.
◆ Bianche casette in tipica architettura eoliana che fungono da camere, adagiate su terrazze fiorite di mille colori, in cui spiccano vivaci buganvillee e alberi tropicali. La sala ristorante è ampia e accogliente, il servizio è accurato e puntuale.

A' Pinnata senza rist, località Pignataro ☎ 090 9811697, *pinnata@pinnata.it, Fax 090 9814782,* ≤ mare Vulcano e Lipari città – . VISA JCB.
10 cam 120/200.
◆ Impagabile la vista dalla terrazza-solarium, lo sguardo spazia su Vulcano e domina il porticciolo di Pignataro. Camere di ottimo confort, per un soggiorno suggestivo.

Villa Augustus senza rist, vico Ausonia 16 ☎ 090 9811232, *info@villaaugustus.it, Fax 090 9812233,* – – 100. AE VISA
marzo-ottobre – **34 cam** 110/170.
◆ Nascosto tra le case del centro, un albergo ricavato in una storica villa padronale. Camere semplici ed essenziali, godibilissimo patio, gestione salda e affidabile.

Poseidon senza rist, via Ausonia 7 ☎ 090 9812876, *info@hotelposeidonlipari.com, Fax 090 9880252* – . AE VISA
marzo-ottobre – **18 cam** 100/150.
◆ Albergo a gestione familiare, particolarmente cortese e premurosa. Le stanze hanno spazi limitati, ma sono molto carine e dotate di una gamma completa di accessori.

Oriente senza rist, via Marconi 35 ☎ 090 9811493, *info@hotelorientelipari.com, Fax 090 9880198,* – P. AE VISA JCB
Pasqua-ottobre – **32 cam** 77/129.
◆ Camere semplici immerse nell'ombreggiato giardino di quest'hotel in centro paese. Originale raccolta di materiale etnografico, che testimonia una passione del titolare.

Filippino, piazza Municipio ☎ 090 9811002, *filippino@filippino.it, Fax 090 9812878,* , prenotare – . VISA JCB.
chiuso dal 16 novembre al 15 dicembre e lunedì (escluso da giugno a settembre) – **Pasto** carta 33/46 (12 %).
◆ Locale storico per l'arcipelago e per l'intera Sicilia, consente di gustare una vasta proposta del pescato locale; preparazioni tipiche, servite in un ambiente informale.

E Pulera, via Isabella Conti Vainicher ☎ 090 9811158, *filippino@filippino.it, Fax 090 9812878,* , prenotare, – VISA JCB.
giugno-ottobre; chiuso a mezzogiorno – **Pasto** cucina tipica isolana carta 33/47 (12 %).
◆ Elegante locale dall'atmosfera raffinata e dalla cucina radicata nel territorio. Si mangia sotto un fresco pergolato su tavoli decorati con tipiche e colorate ceramiche.

La Nassa, via Franza 36 ☎ 090 9811319, *info@lanassa.it, Fax 090 9812257,* – . AE VISA JCB.
27 marzo-7 novembre; chiuso a mezzogiorno – **Pasto** carta 28/47.
◆ Il servizio estivo viene effettuato sulla caratteristica terrazza eoliana di cui il ristorante dispone. Piatti della tradizione, tra il fresco e il verde delle piante.

La Ginestra, località Pianoconte Nord-Ovest : 5 km ✆ 090 9822285, *Fax 090 9822285*, , Rist. e pizzeria serale – P. AE VISA.
chiuso lunedì escluso giugno-settembre – **Pasto** carta 25/34.
◆ All'interno dell'isola, un locale semplice e alla mano che propone una cucina basata sulla genuinità dei prodotti, sulla tipicità delle preparazioni; prezzi interessanti.

Nenzyna, via Roma 4 ✆ 090 9811660, *Fax 090 9811660* – VISA
21 marzo-novembre – **Pasto** carta 25/43.
◆ Trattoria ubicata alla Marina Corta, presenta due salette accoglienti una in fronte all'altra, divise da un vicolo. Cucina marinara genuina, a base di ottime materie prime.

Panarea *(Isola)* 565 L 27 – ✉ *98050.*

La limitazione d'accesso degli autoveicoli è regolata da norme legislative.

Cincotta , via San Pietro ✆ 090 983014, *hotel.cincotta@exit.it*, *Fax 090 983211*, ≤ mare ed isolotti, , con acqua di mare – TV. AE VISA.
9 aprile-4 ottobre – **Pasto** vedere rist ***Da Modesta*** – **29 cam** 230/260 – ½ P 165.
◆ Terrazza con piscina d'acqua di mare, una zona comune davvero confortevole e camere in classico stile mediterraneo, gradevoli anche per l'ubicazione con vista mare.

La Piazza , via San Pietro ✆ 090 983154, *hotelpiazza@netnet.it*, *Fax 090 983649*, ≤ mare ed isolotti, con acqua di mare, – TV. AE VISA.
aprile-19 ottobre – **Pasto** *(maggio-settembre)* carta 33/51 – **31 cam** 224/308 – ½ P 170.
◆ Hotel situato sulle rocce, a picco sul mare. Struttura che rispecchia l'architettura eoliana, con camere confortevoli e una terrazza fiorita con piscina d'acqua salata. Ristorante affacciato sull'acqua blu del Mediterraneo.

Quartara , via San Pietro 15 ✆ 090 983027, *info@quartarahotel.com*, *Fax 090 983621*, ≤ mare, – TV. AE VISA. rist
aprile-ottobre – **Pasto** *(chiuso a mezzogiorno)* carta 50/60 – **13 cam** 210/330.
◆ La terrazza panoramica offre una vista notevole, considerata la posizione arretrata rispetto al porto. Arredi nuovi e di qualità che offrono eleganza e personalizzazioni. Il ristorante offre una grande atmosfera.

Lisca Bianca senza rist, via Lani 1 ✆ 090 983004, *liscabianca@liscabianca.it*, *Fax 090 983291*, ≤ – TV. AE VISA
Pasqua-4 novembre – **42 cam** 206/232.
◆ Graziose e gradevoli le stanze, forse un po' ridotti gli spazi comuni. Hotel a gestione familiare ubicato di fronte al porticciolo dell'isola, con vista sullo Stromboli.

Da Modesta, via San Pietro ✆ 090 983306, *Fax 090 983211*, prenotare – AE VISA.
9 aprile-settembre – **Pasto** carta 33/45.
◆ Ampia terrazza a picco sul mare, coperta da un pittoresco pergolato. La gestione familiare e ospitale consente di apprezzare con ancor più gusto la genuina cucina di mare.

Salina *(Isola)* 565 L 26 – *1 531 ab.*

Signum , via Pastificio 12, località Malfa ✉ 98050 Malfa ✆ 090 9844375, *salina@hotelsignum.it*, *Fax 090 9844102*, ≤ mare, costa, Panarea e Stromboli, , , – VISA JCB.
15 marzo-ottobre – **Pasto** *(chiuso a mezzogiorno escluso 15 giugno-agosto)* (solo per alloggiati) 25/30 – **30 cam** 180/200 – ½ P 125.
◆ Circondato dai vigneti, hotel dalle camere di differenti tipologie, distribuite in vari corpi, tutti edificati secondo la caratteristica architettura dell'arcipelago.

Bellavista senza rist, via Risorgimento 242, località Santa Marina Salina ✉ 98050 Leni ✆ 090 9843009, *Fax 090 9843009*, ≤ mare e Lipari, – TV.
aprile-settembre – **14 cam** 85/160.
◆ Terrazza solarium panoramica, camere che spiccano per spazi e personalizzazioni, pavimenti in cotto, mobili in legno chiaro. Le parti comuni però sono un po' sacrificate.

Porto Bello, via Bianchi 1 ✉ 98050 Leni ✆ 090 9843125, *ristoranteportobellosaline@jumpy.it*, *Fax 090 9843677*, ≤ mare, – AE VISA
15 marzo-ottobre – **Pasto** carta 32/40.
◆ Il fresco pergolato dove viene svolto il servizio estivo è la cornice ideale per apprezzare i classici e gustosi piatti della cucina locale. Servizio cordiale e garbato.

Nni Lausta, via Risorgimento 188, località Santa Marina Salina ✉ 98050 Santa Marina di Salina ✆ 090 9843486, *nnilausta@hotmail.com*, *Fax 090 9843628*, , prenotare – VISA JCB.
20 dicembre-5 gennaio e Pasqua-ottobre – **Pasto** carta 22/32.
◆ E' il pesce il protagonista della tavola, la tradizione genuina e gustosa della cucina eoliana viene interpretata con abilità, fantasia e innovazione. Gestione dinamica.

Da Franco, via Belvedere 8, località Santa Marina di Salina ✉ 98050 Santa Marina Di Salina ✆ 090 9843287, *info@ristorantedafranco.com, Fax 090 9843684,* ≤ mare e Lipari, – . AE VISA.
chiuso dal 1° al 20 dicembre – **Pasto** specialità eoliane carta 27/39.
◆ Locale semplice e caratteristico, in pratica una grande veranda, con notevole vista, che propone la più tipica cucina eoliana con largo uso di verdure ed erbe.

Stromboli *(Isola)* 565 K 27 – ✉ *98050.*

La limitazione d'accesso degli autoveicoli è regolata da norme legislative.

La Sirenetta Park Hotel, via Marina 33, località Ficogrande ✆ 090 986025, *lasirenetta@netnet.it, Fax 090 986124,* ≤ Strombolicchio, , , con acqua di mare, , – . AE VISA.
aprile-ottobre – **Pasto** carta 36/50 – **55 cam** 130/240 – ½ P 140.
◆ Il bianco degli edifici che assecondano la caratteristica architettura eoliana, il verde della vegetazione, la nera sabbia vulcanica e il blu del mare: dotazioni complete! Si può gustare il proprio pasto quasi in riva al mare, ai piedi del vulcano.

La Locanda del Barbablu, via Vittorio Emanuele 17-19 ✆ 090 986118, *info@barbablu.it, Fax 090 986323* – rist. AE VISA.
15 febbraio-ottobre – **Pasto** *(chiuso a mezzogiorno)* carta 38/48 – **6 cam** 123/190.
◆ Si potrebbe definire una semplice locanda, ma la cura e le personalizzazioni degli arredi, rendono le poche stanze di questa risorsa un piacevole e accogliente rifugio. Ristorante connotato dall'atmosfera intima e dalla cucina di mare.

B & B Ginostra senza rist, località Ginostra ✆ 090 9811787, *ginostrabb@ginostrabb.com,* ≤ mare, Panarea e Salina, –
aprile-15 ottobre – **4 cam** 61/106.
◆ Relax e quiete assoluti consentono di godere della rara sensazione di trovarsi «fuori dal mondo». Panorami mozzafiato e poche camere in puro stile eoliano, semplici e curate.

Punta Lena, via Marina, località Ficogrande ✆ 090 986204, *puntalena@libero.it, Fax 090 986204,* – AE VISA JCB
aprile-ottobre – **Pasto** specialità di mare carta 31/45.
◆ Il servizio sotto un pergolato con eccezionale vista sul mare e sullo Strombolicchio, è la compagnia migliore per qualsiasi tipo di occasione. In cucina tanto pesce.

Vulcano *(Isola)* 565 L 26 – ✉ *98050.*

La limitazione d'accesso degli autoveicoli è regolata da norme legislative.
(luglio-settembre) Porto di Levante ✆ 090 9852028

Les Sables Noirs, località Porto di Ponente ✆ 090 9850, *reservation.lsn@framon-hotels.it, Fax 090 9852454,* , , , – . AE VISA JCB
20 aprile-8 ottobre – **Pasto** carta 45/63 – 16,50 – **48 cam** 199,10/283,80 – ½ P 198.
◆ Elegante hotel, in posizione invidiabile proprio sulla spiaggia più famosa dell'isola. Una gamma completa di servizi, accessori e dotazioni offrono un ottimo confort. Il servizio ristorante gode di un'ambientazione suggestiva in stile «mediterraneo».

Conti, località Porto Ponente ✆ 090 9852012, *conti@netnet.it, Fax 090 9880150,* ≤, , – . AE VISA. rist
maggio-20 ottobre – **Pasto** 16/25 – **67 cam** 94/134 – ½ P 88.
◆ Struttura in fresco stile eoliano che si sviluppa in vari corpi distinti. La celebre spiaggia nera è pochi passi, è questa la risorsa ideale per godersela appieno. Cucina eclettica, con piatti che attingono a tradizioni regionali differenti.

Filicudi *(Isola)* 565 L 25 – ✉ *98050*

La Canna, contrada Rosa ✆ 090 9889956, *info@lacannahotel.it, Fax 090 9889966,* ≤ mare, costa e isole, , – . VISA JCB. cam
chiuso novembre – **Pasto** carta 27/32 – 7,50 – **8 cam** 124 – ½ P 92.
◆ Ubicato nella parte alta e panoramica dell'isola, a picco sul porticciolo, risorsa a gestione familiare, con ampie terrazze, dotata anche di una godibile psicina-solarium. Ristorante con cucina tradizionale d'impostazione casalinga.

La Sirena con cam, località Pecorini Mare ✆ 090 9889997, *lasirena@netnet.it, Fax 090 9889207,* ≤ mare, , prenotare – rist
chiuso dal 15 dicembre al 15 gennaio e dal 1° al 15 novembre – **Pasto** specialità di mare carta 26/56 – 5 – **4 cam** 100 – ½ P 78.
◆ Immaginarsi a cena su di una terrazza, affacciata sul piccolo porticciolo di un'incantevole isoletta del Mediterraneo. Il servizio estivo consente di vivere questo sogno.

Se dopo le h 18,00 siete ancora in viaggio confermate la vostra prenotazione telefonicamente, è consuetudine ... ed è più sicuro.

ERICE *91016 Trapani* 565 M 19 *G. Sicilia – 30 787 ab. alt. 751.*

Vedere *Posizione pittoresca★★★ – ≤★★★ dal castello di Venere – Chiesa Matrice★ – Mura Elimo-Puniche★.*

via Tommaso Guarrasi 1 ☎ 0923 869388, Fax 0923 869544.

Catania 304 – Marsala 45 – Messina 330 – Palermo 96 – Trapani 14.

La Pineta, viale N. Nasi ☎ 0923 869783, *lapineta@lapinetaerice.it, Fax 0923 869786*, ≤, – . AE VISA JCB.

Pasto *(chiuso lunedì da novembre ad aprile)* carta 21/27 – **23 cam** 85/115 – ½ P 85.

◆ Hotel che si compone di tanti piccoli bungalow sparsi armoniosamente nella fresca pineta di quest'affascinante località. Ambienti spaziosi, dotati di finiture moderne. Bella ambientazione per la sala ristorante, servizio estivo anche all'aperto.

Moderno, via Vittorio Emanuele 63 ☎ 0923 869300, *modernoh@tin.it, Fax 0923 869139* – – 40. AE VISA. rist

Pasto carta 22/31 – **40 cam** 80/115 – ½ P 95.

◆ Gli ambienti comuni si trovano a piano terra, nel corpo centrale, tra i due edifici, collocati uno in fronte all'altro, dove trovano posto le confortevoli stanze. Ristorante molto noto in zona, cucina eclettica.

Monte San Giuliano, vicolo San Rocco 7 ☎ 0923 869595, *ristorante@montesangiuliano.it, Fax 0923 869835*, ≤, , prenotare la sera, – . AE VISA.

chiuso dal 7 al 25 gennaio, dal 5 al 23 novembre e lunedì – **Pasto** carta 24/34.

◆ Il servizio nella terrazza-giardino, della corte interna di questo ristorante, rende ancora più apprezzabili i numerosi piatti della tradizione siciliana presenti in menù.

ETNA *Catania* 565 N 26 *G. Sicilia.*

Escursioni *Ascesa al versante sud★★★ da Nicolosi – Ascesa al versante nord★★★ da Linguaglossa.*

FAVIGNANA (Isola di) *Trapani* 565 N 18 – *Vedere Egadi (Isole).*

FILICUDI (Isola) *Messina* 565 L 25 – *Vedere Eolie (Isole).*

FONTANASALSA *Trapani – Vedere Trapani.*

FONTANE BIANCHE *Siracusa* 565 Q 27 – *Vedere Siracusa.*

FORZA D'AGRÒ *98030 Messina* 565 N 27 – *902 ab. alt. 429.*

Catania 61 – Messina 41 – Palermo 271 – Taormina 15.

Baia Taormina, statale dello Jonio 39 (Est : 5 km) ☎ 0942 756292, *hotel@baiataormina.com, Fax 0942 756603*, ≤ costa e mare, Centro benessere, , – – 200. AE VISA JCB.

Pasto (solo per alloggiati) 50 – **60 cam** 193/266 – ½ P 154.

◆ Hotel ricavato nell'area di una ex cava, di recente costruzione, presenta un insieme di ottimo livello. Piscina disposta su terrazze panoramiche, con vista sconfinata.

GALLODORO *98030 Messina* 565 N 27 – *426 ab. alt. 388.*

Catania 57 – Messina 52 – Palermo 267 – Taormina 11.

Noemi, via Manzoni 8 ☎ 0942 37162, *Fax 0942 627823*, ≤ mare e costa, – . AE VISA.

chiuso dal 25 giugno al 15 luglio e martedì – **Pasto** 23.

◆ Posizione panoramica mozzafiato, con vista sul mare e sulla costa a perdita d'occhio. Cucina di fattura casalinga con menù di terra, scelta amplissima e ottime porzioni.

GANZIRRI *Messina* 565 M 28 – *Vedere Messina.*

Scriveteci...

Le vostre critiche e i vostri apprezzamenti saranno esaminati con la massima attenzione.

Verificheremo personalmente gli esercizi che ci vorrete segnalare

Grazie per la collaborazione!

GELA *93012 Caltanissetta 565 P 24 G. Sicilia – 79 058 ab. alt. 45.*
Vedere *Fortificazioni greche** a Capo Soprano – Museo Archeologico Regionale*.*
via G. Navarra Bresmes 48 ☎ 0933 923268, aastgela@tiscalinet.it

Casanova, via Venezia 89-91 ☎ 0933 918580, Coperti limitati; prenotare – . AE VISA JCB.
chiuso dal 5 al 26 agosto, domenica sera, lunedì da settembre a maggio e da giugno ad agosto solo la domenica sera – **Pasto** carta 26/50.
◆ Locale raccolto e confortevole, ubicato alle porte della località. Cucina che affonda le radici nella tradizione, ma che offre anche indovinate e fantasiose elaborazioni.

GIARDINI-NAXOS *98030 Messina 565 N 27 G. Sicilia – 9 128 ab..*
via Tysandros 54 ✉ 98030 ☎ 0942 51010, aast@naxos.it, Fax 0942 52848.
Catania 47 – Messina 54 – Palermo 257 – Taormina 5.

Hellenia Yachting Hotel, via Jannuzzo 41 ☎ 0942 51737, *booking@hotel-hellenia.it, Fax 0942 54310,* ≤, – – 100. AE VISA JCB.
Pasto *(marzo-ottobre)* carta 29/41 – **107 cam** 162/211, suite – ½ P 130,50.
◆ Sulla spiaggia sabbiosa dei Giardini Naxos, hotel recente, con interni connotati da una certa opulenza, ideale tanto per i soggiorni di lavoro, che per il turismo balneare. Sale ristorante ampie, domina l'eleganza, la luminosità e la cura dei particolari.

Arathena Rocks, via Calcide Eubea 55 ☎ 0942 51349, *reservation@hotelarathena.com, Fax 0942 51690,* ≤, – . AE VISA JCB. rist
12 aprile-26 ottobre – **Pasto** *(chiuso a mezzogiorno)* 11 – **49 cam** 63/110 – ½ P 66.
◆ Il giardino con piscina affacciato sulla scogliera e sul mare, rappresenta con gli arredi e l'oggettistica in stile regionale, la vera attrattiva di questa bella risorsa. Ristorante davvero suggestivo: meravigliose piastrelle, lampade e ventilatori in stile.

La Riva, via Tysandros 52 ☎ 0942 51329, *hotellariva@hotellariva.com, Fax 0942 51329,* ≤ – . VISA JCB. rist
chiuso novembre – **Pasto** (solo per alloggiati) 23/26 – 12 – **38 cam** 60/80 – ½ P 75.
◆ La spaziosa hall introduce ad un settore notte in cui tanti sono gli arredi e le decorazioni riferibili alla tradizione e all'artigianato siciliani. Ristorante panoramico.

Palladio senza rist, via Umberto 470 ☎ 0942 52267, *palladio@tao.it, Fax 0942 52267,* ≤ – . AE VISA
10 – **16 cam** 64/96.
◆ In prima fila sul lungomare con incantevole vista sul golfo, camere rinnovate, arredi in stile, buoni spazi comuni con una piacevole sala colazioni in terrazza.

Sea Sound, via Jannuzzo 37 ☎ 0942 54330, *Fax 0942 54330,* – AE VISA JCB.
aprile-ottobre – **Pasto** carta 27/47.
◆ Locale estivo con servizio su una bella terrazza a mare dove, immersi nel verde, è possibile gustare ottimo pesce, in preparazioni semplici e decisamente sostanziose.

ISOLA DELLE FEMMINE *90040 Palermo 565 M 21 – 6 240 ab. alt. 12.*
Palermo 19 – Trapani 91.

Sirenetta, viale Dei Saraceni 81 (Sud-Ovest : 1,5 km) ☎ 091 8671538, *informazioni@sirenetta.it, Fax 091 8698374,* – . AE VISA JCB.
Pasto (solo per alloggiati) carta 22/34 – **29 cam** 90/140 – ½ P 91.
◆ A pochi passi dalla spiaggia e proprio in fronte alla piccola isola, hotel che oggi si presenta ben rinnovato, in seguito ad una radicale ristrutturazione; bella piscina.

LAMPEDUSA (Isola di) *Agrigento 565 U 19 G. Sicilia – 5 938 ab. alt. da 0 a 133 (Albero Sole)*

Lampedusa 565 U 19 – ✉ *92010.*
Vedere *Baia dell'Isola dei Conigli*** – Giro dell'isola in barca*.*
Escursioni *Linosa* : giro dell'isola in barca**.*
☎ *0922 970299.*

Cupola Bianca, via Madonna 57 ☎ 0922 971274, *hotelcupolabianca@interfree.it, Fax 0922 971274,* ≤, – . AE VISA.
aprile-ottobre – **17 cam** solo ½ P 120.
◆ Una piccola oasi, in posizione un po' discosta rispetto al centro della località, che consente di rilassarsi godendo anche di un ampio giardino. Camere confortevoli. Cucina marinara nel fresco ristorante.

Medusa, piazza Medusa 3 ☎ 0922 970126, *hotelmedusa@tin.it, Fax 0922 970023,* ≤, – . AE VISA.
Pasto *(aprile-ottobre)* (solo per alloggiati) – **20 cam** solo ½ P 140.
◆ Hotel completamente rimodernato alcuni anni or sono, con l'inserimento di elementi architettonici contemporanei, presenta spazi arredati con cura e con personalità.

Martello, piazza Medusa 1 ✆ 0922 970025, *hotelmartello@hotelmartello.it, Fax 0922 971696*, ≤ – |♦| ▤ TV. AE Ⓢ MC VISA. ✂
marzo-novembre – **Pasto** carta 18/21 – **25 cam** ☕ 78/120 (agosto solo ½ P) – ½ P 135.
◆ Palazzina di due piani tinteggiata di chiaro, come tutte le abitazioni dell'isola, per un soggiorno confortevole grazie alle buone dotazioni. Attrezzato diving center. Ristorante semplice, fresco, schietto e sicuramente curato con passione.

Cavalluccio Marino ⛵, contrada Cala Croce 3 ✆ 0922 970053, *info@hotelcavalluccio marino.com, Fax 0922 970053*, ≤, ☂, ⛱ – ▤ TV P. AE Ⓢ MC VISA. ✂
Pasqua-ottobre – **Pasto** carta 31/48 – **10 cam** solo ½ P 105.
◆ Piccolo graziosissimo albergo nei pressi di una delle calette più belle dell'isola. Gestione familiare molto premurosa che sa mettere a completo agio i propri ospiti. Sentirsi a casa, ma con piaceri riscoperti: eccovi al ristorante!

Gemelli, via Cala Pisana 2 ✆ 0922 970699, *milano@ristorantegemelli.it, Fax 0922 970699*, ☂ – AE Ⓢ ⓓ MC VISA. ✂
giugno-ottobre; chiuso a mezzogiorno – **Pasto** carta 36/58.
◆ Ristorante a poca distanza dall'aeroporto, dove è possibile gustare al meglio i prodotti ittici locali. Il servizio estivo viene effettuato sotto ad un fresco pergolato.

Lipadusa, via Bonfiglio 12 ✆ 0922 971691, ☂ – ▤. ✂
Pasqua-ottobre: chiuso a mezzogiorno – **Pasto** carta 26/32.
◆ Nel centro del paese, un locale impostato in modo classico per quel che riguarda l'ambiente, molto sobrio, familiare nella gestione e tipico nelle proposte gastronomiche.

LIDO DI NOTO *Siracusa* 565 Q 27 – *Vedere Noto.*

LIDO DI SPISONE *Messina – Vedere Taormina.*

LIPARI (Isola) *Messina* 565 L 26 – *Vedere Eolie (Isole).*

MARINELLA *Trapani* 565 O 20 – *Vedere Selinunte.*

MARSALA *91025 Trapani* 565 N 19 *G. Sicilia – 80 818 ab..*

Vedere *Relitto di una nave da guerra punica★ al Museo Archeologico.*
Escursioni *Mozia★ Nord : 10 km – Saline dello Stagnone★.*
✈ *di Birgi Nord : 15 km ✆ 0923 842502, Fax 0923 842367.*
ℹ *via 11 maggio 100 ✆ 0923 714097, Fax 0923 714097.*
Agrigento 134 – Catania 301 – Messina 358 – Palermo 124 – Trapani 31.

Delfino Beach Hotel ⛵, via Lungomare 672 (Sud : 4 km) ✆ 0923 751076, *delfino@delf inobeach.com, Fax 0923 751303*, ⛱, 🎾, ⛱ – |♦| ▤ TV ♿ P – 🏛 500. AE Ⓢ ⓓ MC VISA
Pasto vedere rist ***Delfino*** – ☕ 5 – **91 cam** 75/135 – ½ P 85.
◆ Complesso di recente realizzazione, ideato in modo tale da proporre diverse formule di soggiorno. Sontuosi ambienti comuni sia interni che esterni, con tanta personalità.

President, via Nino Bixio 1 ✆ 0923 999333, *presidenthotel2002@libero.it, Fax 0923 999115*, 🏋, ⛱ – |♦| ▤ TV ✆ ♿ P – 🏛 330. AE Ⓢ ⓓ MC VISA. ✂
Pasto carta 22/29 – ☕ 8 – **128 cam** 67/109 – ½ P 88.
◆ Risorsa «vissuta» in base a differenti esigenze: soggiorni turistici e d'affari, ma anche meeting e attività congressuali. Circondata da verdi e freschi spazi esterni. Ristorante dagli spazi distinti e ben organizzati.

Tenuta Volpara, contrada Digerbato (Est : 9 km) ✆ 0923 984588, *volpara@delfinobeach .it, Fax 0923 984667*, , ☂, ⛱ ▤ TV P. AE Ⓢ ⓓ MC VISA. ✂
Pasto *(chiuso lunedì escluso da giugno a settembre)* carta 19/44 – ☕ 5 – **18 cam** 50/95 – ½ P 70.
◆ Si trova in aperta campagna, una vera oasi di pace e tranquillità, questa fattoria trasformata con intelligenza in una piccola, graziosa e attrezzata struttura ricettiva. Sale da pranzo rinnovate mantenendo mura in pietra e soffitti con travi.

Delfino, lungomare Mediterraneo Sud : 4 km ✆ 0923 969565, *delfino@delfinobeach.com, Fax 0923 998188*, ☂ – ▤ P. AE Ⓢ ⓓ MC VISA JCB
chiuso martedì escluso da aprile ad ottobre – **Pasto** carta 27/37.
◆ Ubicato ai bordi dell'abitato, lungo la litoranea, una struttura imponente in cui trova spazio questo ampio ristorante con sale, salette e saloni per ogni necessità.

Divino Rosso, via XI Maggio ✆ 0923 711770, *divinorossomarsala@libero.it*, ☂, prenotare la sera – ▤. AE Ⓢ ⓓ MC VISA JCB. ✂
chiuso febbraio e lunedì – **Pasto** carta 22/33.
◆ Nel centro storico della località, un'enoteca ristorante dove apprezzare una valida cucina siciliana soprattutto di mare. Ovviamente in menù non può mancare il cous cous.

MAZARA DEL VALLO *91026 Trapani* 565 O 19 *G. Sicilia – 51 869 ab..*

Vedere *Cattedrale : interno★.*

piazza Santa Veneranda 2 ✆ 0923 941727, Fax 0923 941727.

Agrigento 116 – Catania 283 – Marsala 22 – Messina 361 – Palermo 127 – Trapani 53.

Del Pescatore, via Castelvetrano 191 ✆ 0923 947580, *info@ristorantedelpescatore.com, Fax 0923 670452* – P. AE VISA JCB.

chiuso lunedì – **Pasto** carta 25/48 (10 %).

◆ Locale d'impostazione classica, con qualche tocco d'ispirazione marinara. La cantina propone una discreta scelta di etichette siciliane, la cucina preparazioni di mare.

MAZZARÒ *Messina* 565 N 27 – *Vedere Taormina.*

MENFI *92013 Agrigento* 565 O 20 – *13 038 ab. alt. 119.*

Agrigento 79 – Palermo 122 – Trapani 100.

in prossimità del bivio per Porto Palo *Sud-Ovest : 4 km :*

Il Vigneto, ✉ 92013 ✆ 0925 71732, *Fax 0925 71732,* – P. VISA.

chiuso lunedì e la sera (escluso venerdì- sabato) dal 15 ottobre al 16 maggio – **Pasto** 25/35.

◆ Caseggiato situato in aperta campagna dove, in estate, il servizio viene effettuato anche sotto un pergolato in legno. Cucina di terra e di mare, molto profumata.

MESSINA *98100* P 565 M 28 *G. Sicilia – 257 302 ab..*

Vedere *Museo Regionale★* **BY** – *Portale★ del Duomo e orologio astronomico★ sul campanile* **BY.**

Villa San Giovanni giornalieri (da 20 mn a 35 mn) – Stazione Ferrovie Stato, piazza Repubblica 1 ✉ 98122 ✆ 090 671700 – e Società Caronte, rada San Francesco ✉ 98121 ✆ 090 37183214, Fax 090 37183233.

per Reggio di Calabria giornalieri (20 mn) – Stazione Ferrovie Stato, piazza Repubblica 1 ✉ 98122 ✆ 090 671700; per Reggio di Calabria giornalieri (15 mn) e le Isole Eolie giornalieri (1 h 20 mn).

– Aliscafi SNAV, via San Raineri 22 ✉ 98122 ✆ 090 7775, Fax 090 717358.

via Calabria, isolato 301 bis ✉ 98122 ✆ 090 674236, Fax 090 674271.

A.C.I. *via Manara, isol. 125 ✉ 98123 ✆ 090 692547.*

Catania 97 ③ – Palermo 235 ④.

Piante pagine seguenti

Grand Hotel Liberty, via 1° Settembre 15 ✉ 98122 ✆ 090 6409436, *reservation.lib@framon-hotels.it, Fax 090 6409340* – cam, – 120. AE VISA JCB. **BZ b**

Pasto *(chiuso luglio, agosto e i mezzogiorno da lunedì a sabato)* carta 31/45 – 16,50 – **49 cam** 169,40/242 – ½ P 177.

◆ Vicino alla stazione ferroviaria, albergo in stile liberty di recente apertura, nei cui interni la moderna funzionalità ben si sposa con decorazioni e arredi primo '900.

Europa Palace Hotel, strada Statale 114 Km. 5,470 ✉ 98125 ✆ 090 621601, *europapalace.me@bestwestern.it, Fax 090 621768,* – cam, P – 320. AE VISA JCB. rist 4 km per ②

Pasto carta 27/35 – **110 cam** 103/150 – ½ P 97.

◆ Hotel d'impostazione moderna, molto adatto alle esigenze di chi viaggia per lavoro, ma apprezzato anche da turisti di passaggio. Piscina coperta, tennis e palestra. Sala ristorante d'impostazion e classica.

Piero, via Ghibellina 121 ✉ 98123 ✆ 090 718365, *Fax 090 6409354* – AE VISA JCB. **AZ s**

chiuso agosto e domenica – **Pasto** carta 32/42 (10 %).

◆ Dal 1962 l'omonimo titolare gestisce questo ristorante classico ed elegante, recentemente rinnovato; specialità marinare, ma non mancano insalatone e piatti di carne.

Casa Savoia, via Ventisette Luglio 36/38 ✉ 98123 ✆ 090 2934865, *ristorantecasasavoia@libero.it, Fax 090 2934865* – AE VISA JCB. **BZ a**

chiuso dal 1° al 15 settembre e domenica sera – **Pasto** carta 21/33.

◆ Dopo la ristrutturazione, quello che era un semplice locale a gestione familiare offre ora un ambiente fine '800 con mobili in stile; proposte tipiche dello Stretto.

Le 2 Sorelle, piazza del Municipio 4 ✉ 98122 ✆ 090 44720, , Coperti limitati; prenotare – VISA.

chiuso agosto e i mezzogiorno di sabato, domenica e festivi – **Pasto** carta 29/38.

◆ Affacciata sulla piazza del municipio, una vecchia osteria rimodernata, ma sempre dall'ambiente sobrio; sala raccolta, tavoli in legno e cantina di tutto rispetto.

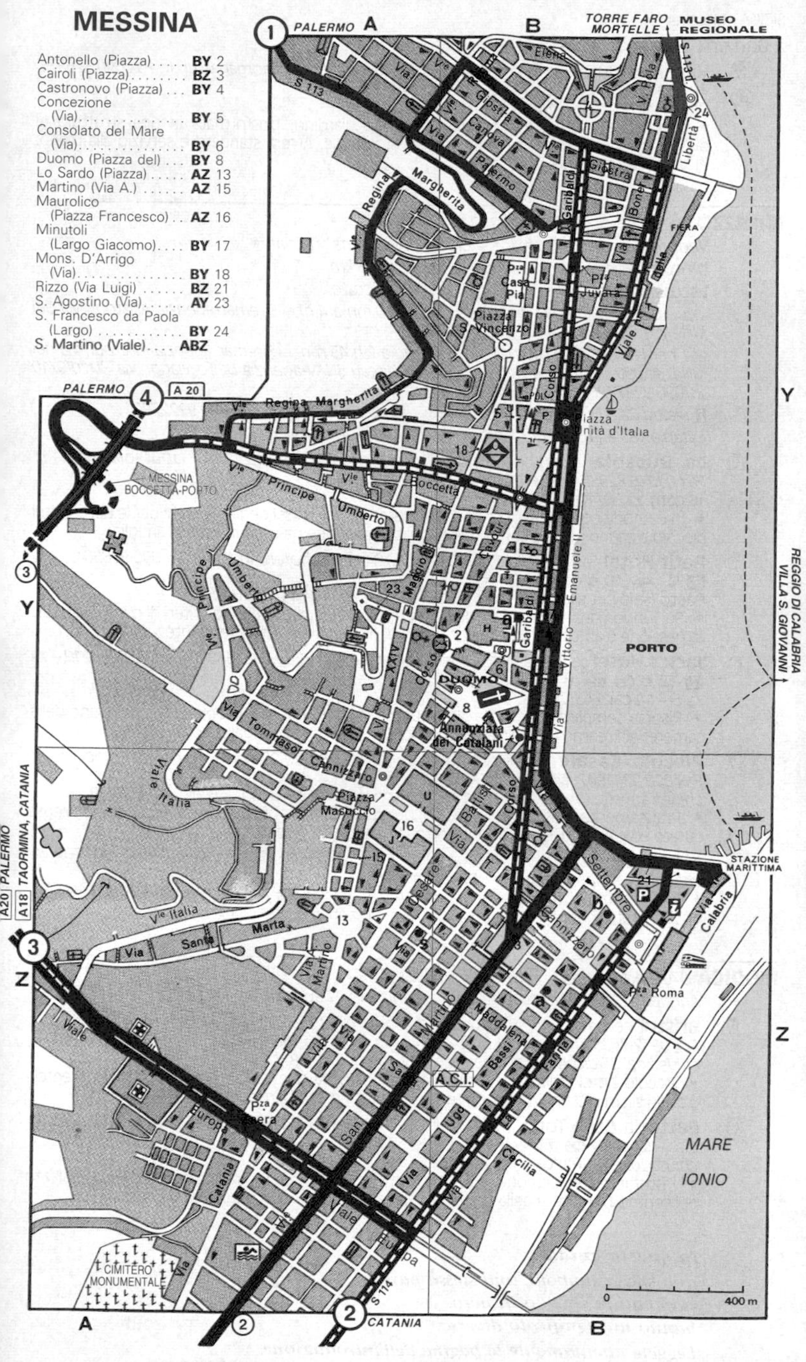
MESSINA
Antonello (Piazza) ..... BY 2
Cairoli (Piazza) .... BZ 3
Castronovo (Piazza) ... BY 4
Concezione (Via) .... BY 5
Consolato del Mare (Via) .... BY 6
Duomo (Piazza del) .... BY 8
Lo Sardo (Piazza) ...... AZ 13
Martino (Via A.) .... AZ 15
Maurolico (Piazza Francesco) .. AZ 16
Minutoli (Largo Giacomo) .... BY 17
Mons. D'Arrigo (Via) .... BY 18
Rizzo (Via Luigi) .... BZ 21
S. Agostino (Via) ...... AY 23
S. Francesco da Paola (Largo) .... BY 24
S. Martino (Viale) .... ABZ
PALERMO
TORRE FARO MORTELLE
MUSEO REGIONALE
S 113
PALERMO
A 20
MESSINA BOCCETTA-PORTO
REGGIO DI CALABRIA VILLA S. GIOVANNI
PORTO
Piazza Unità d'Italia
Piazza S. Vincenzo
Pza Casa Pia
Pza Juvara
FIERA
DUOMO
Annunziata dei Catalani
Piazza Masuccio
STAZIONE MARITTIMA
Pza Roma
A.C.I.
MARE IONIO
A20 PALERMO
A18 TAORMINA, CATANIA
CIMITERO MONUMENTALE
CATANIA
S 114
400 m

a Ganzirri *per viale della Libertà N : 9 km* **BY** – ✉ *98015 :*

Villa Morgana, via C. Pompea 237 ☎ 090 325575, *villamorgana@tin.it, Fax 090 325575,* – | ▤ TV ☎ P – 40. AE ⓢ ⓞ ⓜ VISA. rist
Pasto carta 23/37 – **14 cam** ☕ 55/85 – ½ P 58.
◆ Una villa privata circondata da un curato giardino, trasformata in una struttura di dimensioni ridotte, ma con camere davvero ampie. Arredi standard e servizio alla mano. Piccola sala ristorante.

MILAZZO *98057 Messina* **565** M 27 *G. Sicilia – 32 586 ab..*

Vedere *Cittadella e Castello★ – Chiesa del Carmine : facciata★.*

Dintorni *Roccavaldina : Farmacia★ Sud-Est : 15 km.*

Escursioni *Isole Eolie★★★ per motonave o aliscafo.*

per le Isole Eolie giornalieri (da 1 h 30 mn a 4 h) – Siremar-agenzia Alliatour, via dei Mille ☎ 090 9283242, Fax 090 9283243.

per le Isole Eolie giornalieri (da 40 mn a 2 h 45 mn) – Siremar-agenzia Alliatour, via dei Mille ☎ 090 9283242, Fax 090 9283243; Aliscafi SNAV-agenzia Delfo Viaggi, via Rizzo 9/10 ☎ 090 9287728, Fax 090 9281798.

piazza Caio Duilio 20 ☎ 090 9222865, info@aastmilazzo.it, Fax 090 9222790.

Catania 130 – Enna 193 – Messina 41 – Palermo 209 – Taormina 85.

La Bussola senza rist, via XX Luglio 29 ☎ 090 9221244, *labussola@genie.it, Fax 090 9282955* – | ▤ TV. AE ⓢ ⓞ ⓜ VISA
16 cam ☕ 60/100.
◆ In comoda posizione (ma non proprio amena) nei pressi degli imbarchi per le Eolie, hotel piccolo e carino gestito con professionalità e passione da una simpatica famiglia.

Petit Hotel, via dei Mille 37 ☎ 090 9286784, *petit_hotel@libero.it, Fax 090 9285042* – ▤ TV ☎. AE ⓢ ⓞ ⓜ VISA JCB
Pasto (solo per alloggiati) carta 18/33 – **9 cam** ☕ 90/145 – ½ P 87,50.
◆ Sul lungomare, un hotel completamente ristrutturato secondo criteri di confort attuali. La gestione è affidata a una giovane coppia, disponibile e intraprendente.

Jack's Hotel senza rist, via Colonnello Magistri 47 ☎ 090 9283300, *Fax 090 9287219* – ▤ TV. AE ⓢ ⓜ VISA JCB
☕ 5 – **14 cam** 45/70.
◆ Risorsa semplice e ordinata che esprime le proprie qualità soprattutto nel piano delle camere. All'interno della cittadina, non lontana dal porto, né dal centro.

Piccolo Casale, via Riccardo d'Amico 12 ☎ 090 9224479, *info@piccolocasale.it, Fax 090 9241042,* – ▤. AE ⓢ ⓞ ⓜ VISA.
chiuso agosto, lunedì, anche a mezzogiorno dal 15 al 31 luglio – **Pasto** carta 33/48.
◆ Praticamente invisibile dall'esterno, questo ristorante offre ai propri ospiti un ambiente curato ed elegante, nelle sale interne così come sulla graziosa terrazza fiorita.

Al Pescatore, via Marina Garibaldi 176 ☎ 090 9286595, – ▤. AE ⓢ ⓞ ⓜ VISA JCB.
chiuso novembre e martedì – **Pasto** carta 26/43.
◆ Ristorante molto conosciuto ed apprezzato anche per il buon rapporto qualità/prezzo. Cucina prettamente marinaresca, così come marinaresco è lo stile degli arredi.

MODICA *97015 Ragusa* **565** Q 26 – *52 775 ab. alt. 450.*

Agrigento 147 – Caltanissetta 139 – Catania 116 – Ragusa 14 – Siracusa 71.

Bristol senza rist, via Risorgimento 8/b ☎ 0932 762890, *hotelbristolmodica@virgilio.it, Fax 0932 763330* – | ▤ TV ♿ P – 40. AE ⓢ ⓞ ⓜ VISA JCB.
chiuso dal 23 dicembre al 3 gennaio – **27 cam** ☕ 47/88.
◆ Piccolo hotel nella zona moderna, condotto da una simpatica gestione; alla clientela d'affari si affiancano, in estate, i turisti in visita ai tesori barocchi della città.

Fattoria delle Torri, vico Napolitano 14 ☎ 0932 751286, *Fax 0932 751286,* , prenotare – AE ⓢ ⓞ ⓜ VISA JCB.
chiuso lunedì – **Pasto** carta 29/45.
◆ Ristorante che, percorso un vicolo, si mostra d'improvviso nello splendore di un palazzo del centro. Durante la bella stagione si cena all'aperto in un originale limoneto.

In questa guida
uno stesso simbolo, una stessa parola
stampati in rosso o in nero,
hanno un significato diverso.
Leggete attentamente le pagine dell'introduzione.

MONDELLO *Palermo* 565 M 21 *G. Sicilia* – ✉ *Palermo.*
Catania 219 – Marsala 117 – Messina 245 – Palermo 11 – Trapani 97.
Pianta di Palermo : pianta d'insieme.

Splendid Hotel La Torre, via Piano di Gallo 11 ✉ 90151 ☎ 091 450222, *latorre@latorre.com, Fax 091 450033,* ←, d'acqua di mare, – 300. AE VISA JCB. EU z
Pasto carta 33/40 – **168 cam** ☐ 129/155 – ½ P 105.
◆ In magnifica posizione, con terrazze fiorite sulla scogliera, discosto dal caos della cittadina, hotel di buon livello, confortevole e con servizi completi ed efficienti. Sala da pranzo ampia e ordinata, servizio professionale e puntuale.

Residence Addaura, lungomare Colombo 4452, località Addaura Est : 1 km ✉ 90149 ☎ 091 6842222, *hotel@addaura.it, Fax 091 6842255,* ←, – rist, – 400. AE VISA JCB. FU a
Pasto carta 25/36 – **50 cam** ☐ 80/120 – ½ P 80.
◆ Linee essenziali e calde tonalità negli accoglienti interni di questa struttura di moderna concezione; attrezzato centro congressi, ampia terrazza con piscina e vista mare. Colori decisi e linee pulite nelle spaziose sale da pranzo in stile contemporaneo.

Charleston le Terrazze, viale Regina Elena ✉ 90151 ☎ 091 450171, *Fax 091 321347,* ←, – . AE VISA JCB. EU a
chiuso dal 10 gennaio al 10 febbraio e mercoledì (escluso da maggio ad ottobre) – **Pasto** carta 34/52.
◆ All'interno di uno stabilimento balneare in stile liberty, un locale che ha fatto la storia della ristorazione in Sicilia. Ambienti e servizio davvero di ottimo livello.

Bye Bye Blues, via del Garofalo 23 ✉ 90149 ☎ 091 6841415, *info@byebyeblues.it, Fax 091 6844623,* , prenotare – . AE VISA. EU d
chiuso novembre, martedì e a mezzogiorno (escluso domenica e i giorni festivi) – **Pasto** carta 29/38.
◆ Piccolo locale ubicato tra le vie interne di questa bella località di villeggiatura. La cucina si serve di prodotti freschissimi, le preparazioni sono presentate con cura.

Trattoria Sympaty, via Piano di Gallo 18 ✉ 90151 ☎ 091 454470, *Fax 091 454470* – . AE VISA JCB. EU c
chiuso venerdì – **Pasto** carta 25/42 (10 %).
◆ Vongole e aragoste in bella vista, decorazioni a tema marino sulle pareti: una piccola e accogliente trattoria familiare, dove gustare bontà culinarie a base di pescato.

MONREALE *90046 Palermo* 565 M 21 *G. Sicilia – 29 885 ab. alt. 301.*
Vedere *Località*★★★ – *Duomo*★★★ – *Chiostro*★★★ – ←★★ *dalle terrazze.*
Agrigento 136 – Catania 216 – Marsala 108 – Messina 242 – Palermo 8 – Trapani 88.

Taverna del Pavone, vicolo Pensato 18 ☎ 091 6406209, *info@tavernadelpavone.it, Fax 091 6406414,* – AE VISA
chiuso dal 15 al 30 giugno e lunedì – **Pasto** carta 19/25.
◆ Tavoli abbastanza ravvicinati, forse a discapito di chi cerca assoluta intimità, ma sicuramente a vantaggio di chi desidera un ambiente, familiare, simpatico ed informale.

NICOLOSI *95030 Catania* 565 O 27 *G. Sicilia – 6 250 ab. alt. 698.*
via Garibaldi 63 ☎ 095 911505, Fax 095 7914575.
Catania 16 – Enna 96 – Messina 89 – Siracusa 79.

a Piazza Cantoniera Etna Sud *Nord : 18 km alt. 1881 :*

Corsaro , ☎ 095 914122, *info@hotelcorsaro.it, Fax 095 7801024,* ← – . AE VISA JCB.
chiuso dal 15 novembre al 24 dicembre – **Pasto** carta 19/32 – **19 cam** ☐ 55/80 – ½ P 55.
◆ La giovane e volenterosa gestione riesce a districarsi a meraviglia tra i tanti turisti che durante l'anno affollano questa risorsa, per godersi le bellezze dell'Etna. Ristorante «preso d'assalto» da gitanti ed escursionisti affamati, cucina sostanziosa.

NICOSIA *94014 Enna* 565 N 25 – *14 917 ab. alt. 714.*
Agrigento 120 – Caltanissetta 55 – Catania 97 – Enna 48 – Palermo 149.

Baglio San Pietro , contrada San Pietro ☎ 0935 640529, *info@bagliosanpietro.com, Fax 0935 640651,* ←, – – 70. AE VISA.
chiuso dal 5 marzo al 3 aprile e dal 17 novembre al 3 dicembre – **Pasto** carta 15/24 – **9 cam** ☐ 34/68 – ½ P 52.
◆ Un ex edificio agricolo, che grazie ad una rispettosa ristrutturazione, si presta ad accogliere gli ospiti con sobria finezza. Giardino e piscina addolciscono il soggiorno. Cucina locale a base di prodotti genuini.

NOTO *96017 Siracusa 565 Q 27 G. Sicilia – 21 608 ab. alt. 159.*

Vedere *Corso Vittorio Emanuele★★ – Via Corrado Nicolaci★.*

Dintorni *Cava Grande★★ Nord : 19 km.*

piazza XVI Maggio ✆ 0931 836744, Fax 0931 573779.

Catania 88 – Ragusa 54 – Siracusa 32.

a Lido di Noto *Sud-Est : 7,5 km – ✉ 96017 Noto :*

Villa Mediterranea senza rist, viale Lido ✆ 0931 812330, *info@villamediterranea.com, Fax 0931 812330,* – **P.** AE VISA.
Pasqua-ottobre – **15 cam** 120.
◆ Struttura che di recente ha pressoché raddoppiato la propria capacità ricettiva, mantenendo però intatto lo spirito d'accoglienza familiare. Accesso diretto alla spiaggia.

PALERMO *90100* P 565 M 22 *G. Italia – 679 290 ab..*

Vedere *Palazzo dei Normanni★★ : Cappella Palatina★★★, mosaici★★★, Antichi Appartamenti Reali★★* **AZ** – *Oratorio del Rosario di San Domenico★★★* **BY N2** – *Oratorio del Rosario di Santa Cita★★★* **BY N1** – *Chiesa di San Giovanni degli Eremiti★★ : chiostro★* **AZ** – *Piazza Pretoria★★* **BY** – *Piazza Bellini★* **BY** *: Martorana★★, San Cataldo★★ – Palazzo Abatellis★ : Galleria Regionale di Sicilia★★* **CY G** – *Ficus magnolioides★★ nel giardino Garibaldi* **CY**– *Museo Internazionale delle Marionette★★* **CY M3** – *Museo Archeologico★ : metope dei Templi di Selinunte★★, ariete★★* **BY M1**– *Villa Malfitano★★ – Orto Botanico★ : ficus magnolioides★★* **CDZ**– *Catacombe dei Cappuccini★★* **EV** – *Villa Bonanno★* **AZ**– *Cattedrale★* **AYZ**– *Quattro Canti★* **BY** – *Gancia : interno★* **CY**– *Magione : facciata★* **CZ**– *San Francesco d'Assisi★* **CY** – *Palazzo Mirto★* **CY** – *Palazzo Chiaramonte★* **CY**–*Santa Maria alla Catena★* **CY S3** – *Galleria d'Arte Moderna E. Restivo★* **AX**– *Villino Florio★* **EV W** – *San Giovanni dei Lebbrosi★* **FV Q**– *La Zisa★* **EV**– *Cuba★* **EV.**

Dintorni *Monreale★★★* **EV** *per ③ :8 km – Grotte dell'Addaura★* **EF.**

Falcone-Borsellino per ④ : 30 km ✆ 091 7020111, Fax 091 7020394 – Alitalia, via Mazzini 59 ✉ 90139 ✆ 091 6019111, Fax 091 6019346.

per Genova giornaliero, escluso domenica (20 h) e Livorno martedì, giovedì e sabato (17 h) – Grimaldi-Grandi Navi Veloci, calata Marinai d'Italia ✉ 90133 ✆ 091 587404, Fax 091 6110088; per Napoli giornaliero (9 h 45 mn), Genova lunedì, mercoledì, venerdì e dal 18 giugno al 31 dicembre anche domenica (24 h) e Cagliari sabato 13 h 30 mn) – Tirrenia Navigazione, calata Marinai d'Italia ✉ 90133 ✆ 091 6021111, Fax 091 6021221.

per le Isole Eolie giugno-settembre giornaliero (1 h 50 mn) – Aliscafi SNAV-agenzia Barbaro, piazza Principe di Belmonte 51/55 ✉ 90139 ✆ 091 586533, Fax 091 584830.

piazza Castelnuovo 34 ✉ 90141 ✆ 091 583847, info@palermotourism.com, Fax 091 586338 – Aeroporto Falcone Borsellino ✆ 091 591698 – piazza Giulio Cesare (Stazione Centrale) ✉ 90127 ✆ 091 6165914 – salita Belmonte 1 (Villa Igea) ✆ 091 6398011, info@aziendaturismopalermomonreale.it, Fax 091 6375400.

A.C.I. *via delle Alpi 6 ✉ 90144 ✆ 091 305227.*

Messina 235 ①.

Piante pagine seguenti

Villa Igiea Gd H., salita Belmonte 43 ✉ 90142 ✆ 091 6312111, *villa-igiea@thi.it, Fax 091 547654,* – cam, – 400. AE VISA JCB. FV b
Pasto carta 62/101 – **108 cam** 211/374, 6 suites.
◆ Atmosfera di passati splendori in una storica villa liberty con terrazze fiorite sul mare, quasi un museo, dove l'art decò è raffinata cornice di una moderna ospitalità. Ambiente ricercato e di classe anche nell'elegante sala da pranzo.

Astoria Palace Hotel, via Montepellegrino 62 ✉ 90142 ✆ 091 6281111 e rist ✆ 091 6280194, *astoria@ghshotels.it, Fax 091 6371227* – cam, – 750. AE VISA. FV a
Pasto al Rist. ***Il Cedro*** 25/40 – **301 cam** 140/173, 14 suites – ½ P 116,50.
◆ Personale cordiale e sorridente e confort di livello elevato in un albergo recente molto funzionale, con spazi comuni ampi e gradevoli; centro congressi all'avanguardia. Ambiente di stile moderno e di tono elegante al ristorante «Il Cedro».

Centrale Palace Hotel, corso Vittorio Emanuele 327 ✉ 90134 ✆ 091 336666, *info@centralepalacehotel.it, Fax 091 334881,* – – 120. AE VISA. BY b
Pasto carta 33/60 – **103 cam** 157/260, 9 suites – ½ P 170.
◆ La tecnologia moderna c'è, ma non si vede, dietro le sontuose quinte di questa nobile dimora in un palazzo del '700, ristrutturato mantenendo tutto il suo fascino d'epoca. Delizioso servizio ristorante estivo in terrazza panoramica.

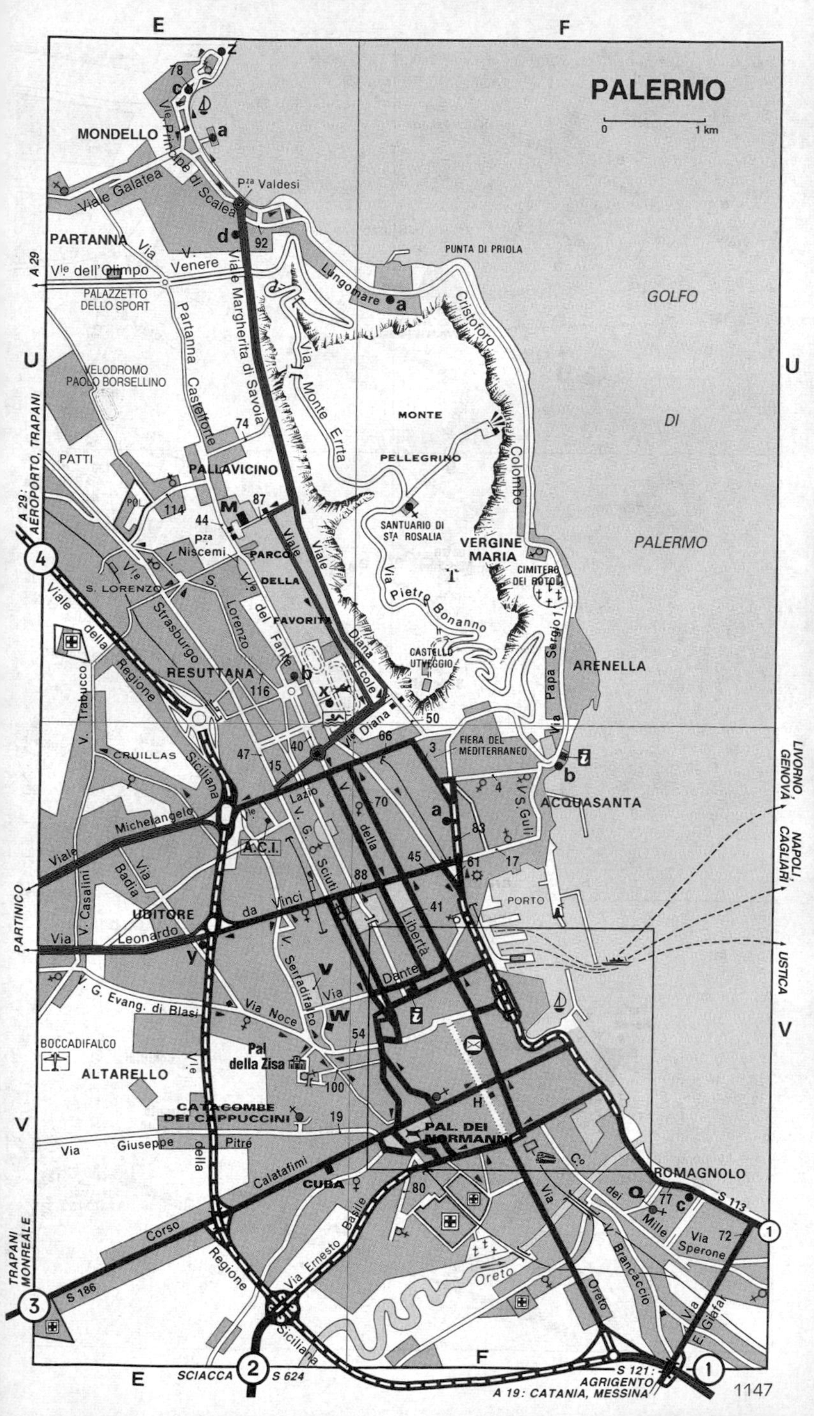
PALERMO
0
1 km
MONDELLO
PARTANNA
PALLAVICINO
RESUTTANA
UDITORE
ALTARELLO
BOCCADIFALCO
ARENELLA
ACQUASANTA
ROMAGNOLO
CRUILLAS
PATTI
S. LORENZO
MONTE
PELLEGRINO
VERGINE
MARIA
SANTUARIO DI
STA ROSALIA
CASTELLO
UTVEGGIO
CIMITERO
DEI ROTOLI
PUNTA DI PRIOLA
GOLFO
DI
PALERMO
FIERA DEL
MEDITERRANEO
PORTO
PALAZZETTO
DELLO SPORT
VELODROMO
PAOLO BORSELLINO
PARCO
DELLA
FAVORITA
Pal
della Zisa
CATACOMBE
DEI CAPPUCCINI
PAL. DEI
NORMANNI
CUBA
A.C.I.
Viale Galatea
Pza Valdesi
Vle. Principe di Scalea
Vle dell'Olimpo
V. Venere
Via Partanna Castelforte
Viale Margherita di Savoia
Lungomare Cristoforo Colombo
Via Monte Ercta
Via Pietro Bonanno
Viale Diana
Viale Ercole
Vle Diana
Via Papa Sergio I
Pza Niscemi
Vle del Fante
V. S. Lorenzo
Vle Strasburgo
Viale della Regione Siciliana
V. Trabucco
Viale Michelangelo
Via Badia
V. Casalini
Via Leonardo da Vinci
V. G. Evang. di Blasi
Via Noce
V. Serradifalco
Vle Lazio
V. G. Sciuti
V. della Libertà
Via Dante
Via Giuseppe Pitrè
Vle della Regione
Corso Calatafimi
Via Ernesto Basile
Regione Siciliana
Oreto
Via Oreto
V. Brancaccio
Co dei Mille
Via Sperone
Via E. Giafar
V.S. Guli
A 29
A 29: AEROPORTO, TRAPANI
PARTINICO
TRAPANI MONREALE
S 186
SCIACCA
S 624
S 121: AGRIGENTO
A 19: CATANIA, MESSINA
S 113
LIVORNO, GENOVA
NAPOLI, CAGLIARI
USTICA
E
F
U
V
1
2
3
4
a
b
c
d
M
v
w
x
y
z
3
4
15
17
19
40
41
44
45
47
50
54
61
66
70
72
74
77
78
80
83
87
88
92
100
114
116

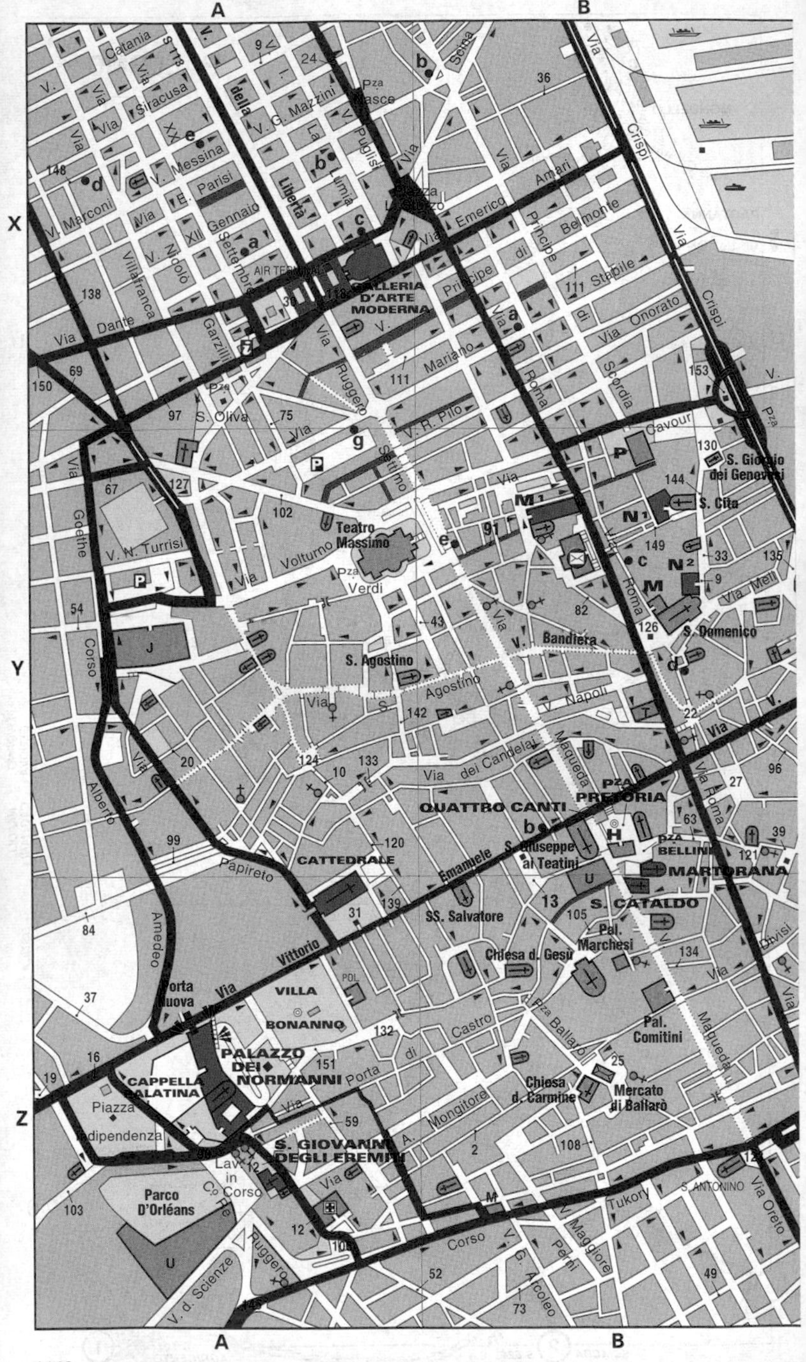

GALLERIA D'ARTE MODERNA
AIR TERMINAL
Teatro Massimo
Pza Verdi
S. Agostino
QUATTRO CANTI
Pza PRETORIA
Pza BELLINI
MARTORANA
S. CATALDO
CATTEDRALE
SS. Salvatore
S. Giuseppe ai Teatini
Pal. Marchesi
Chiesa d. Gesù
Pal. Comitini
Chiesa d. Carmine
Mercato di Ballarò
VILLA BONANNO
PALAZZO DEI NORMANNI
CAPPELLA PALATINA
Porta Nuova
Piazza Indipendenza
S. GIOVANNI DEGLI EREMITI
Parco D'Orléans
S. Domenico
S. Cita
S. Giorgio dei Genovesi
S. ANTONINO
Via Roma
Via Maqueda
Via Vittorio Emanuele
Via della Libertà
Via Crispi
Via Cavour
Via Volturno
Via Dante
Corso Alberto Amedeo
Via Papireto
Via dei Candelai
Via Mariano Stabile
Via Principe di Belmonte
Via Emerico Amari
Via Ruggero Settimo
V. R. Pilo
V. N. Turrisi
Via Goethe
Via Oreto
Corso Tukory
Via Porta di Castro
Via A. Mongitore
Pza Ballarò
Via Divisi
Via Meli
V. Bandiera
V. Napoli
V. G. Mazzini
Via XII Gennaio
Via Marconi
Via Villafranca
Via Siracusa
V. Messina
V. E. Parisi
V. Catania
Pza Castelnuovo
Pza S. Oliva
Via Onorato
Via Scordia
V. d. Scienze
1148

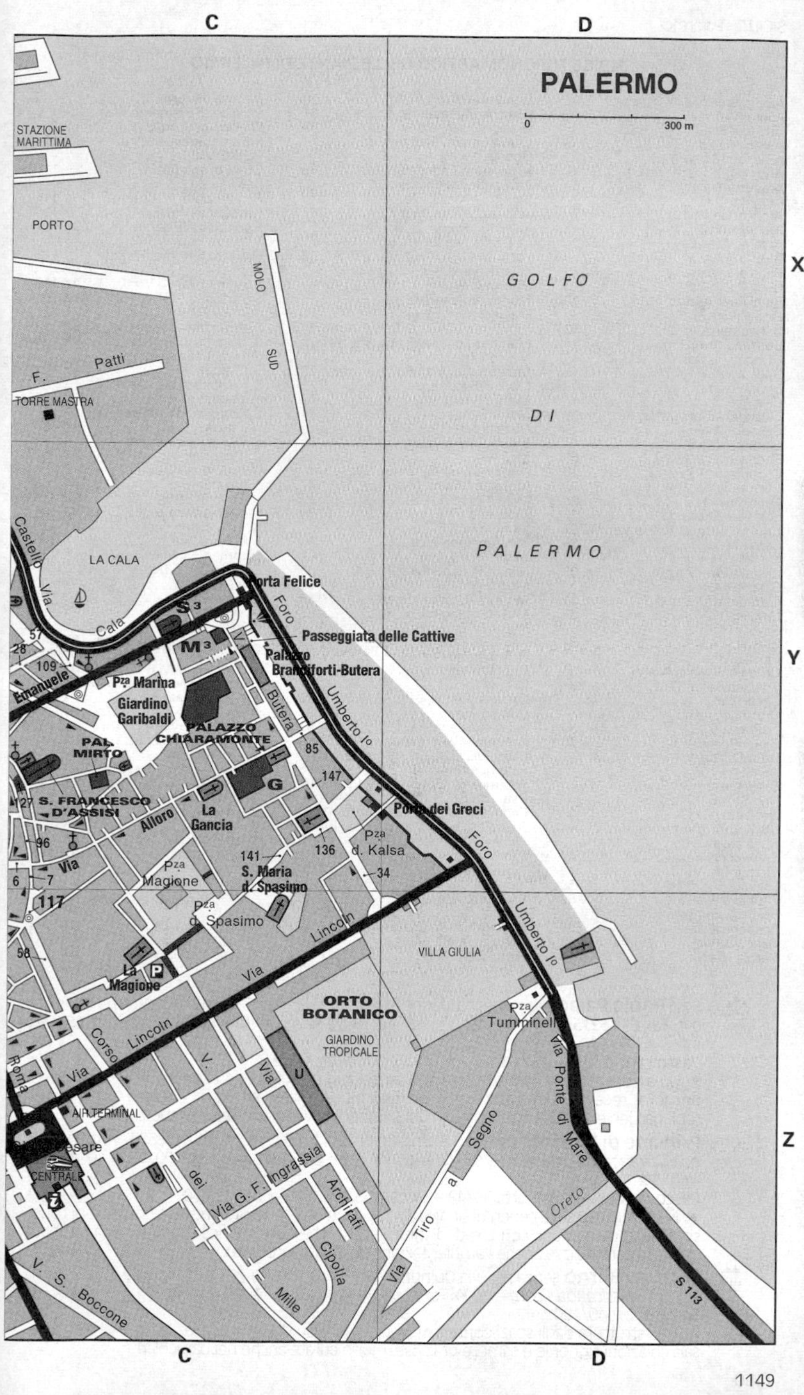

C
D
PALERMO
0
300 m
STAZIONE MARITTIMA
PORTO
MOLO
SUD
X
GOLFO
F. Patti
TORRE MASTRA
DI
Castello
LA CALA
PALERMO
Via
Porta Felice
Foro
Cala
Passeggiata delle Cattive
Palazzo Branciforti-Butera
Emanuele
Pza Marina
Giardino Garibaldi
Butera
Umberto Io
Y
PALAZZO CHIARAMONTE
PAL. MIRTO
85
147
G
S. FRANCESCO D'ASSISI
Alloro
La Gancia
Porta dei Greci
Via
136
Pza d. Kalsa
Foro
141
S. Maria d. Spasimo
34
Pza Magione
117
Pza d. Spasimo
Lincoln
Umberto Io
58
Via
VILLA GIULIA
La Magione
ORTO BOTANICO
Pza Tumminelli
Corso
Lincoln
GIARDINO TROPICALE
Via Ponte di Mare
Roma
Via
V.
Via
U
AIR TERMINAL
Segno
Z
Cesare
CENTRALE
dei
Via G. F. Ingrassia
Archifari
a
Tiro
Oreto
Cipolla
Via
V. S. Boccone
Mille
S 113
C
D

INDICE TOPONOMASTICO DELLE PIANTE DI PALERMO

- Albergheria (Via) **BZ** 2
- Alloro (Via) **CY**
- Al-Sadat (Via A.) **FV** 3
- Amari (Via E.) **BX**
- Amedeo (Corso A.) **AYZ**
- Ammiraglio Rizzo (Via L.) **FV** 4
- Aragona (Piazza) **CY** 6
- Aragona (Via) **CY** 7
- Archimede (Via) **AX** 9
- Archirafi (Via) **CZ**
- Arcoleo (Via G.) **BZ**
- Ballarò (Piazza) **BZ**
- Bandiera (Via) **BY**
- Beati Paoli (Via) **AY** 10
- Beati Paoli (Piazza) **AY** 124
- Bellini (Piazza) **BY**
- Benedettini (Via d.) **AZ** 12
- Boccone (Via S.) **CZ**
- Bologni (Piazza) **BYZ** 13
- Brigata Verona (Via) **EV** 15
- Butera (Via) **CY**
- Cala (Via) **CY**
- Calatafimi (Corso) **AZ** 16
- Candelai (Via d.) **BY**
- Cantieri (V. dei) **FV** 17
- Cappuccinelle (Via d.) **AY** 20
- Cappuccini (V.) **AZ, EV** 19
- Caracciolo (Piazza) **BY** 22
- Carini (Via I.) **AX** 24
- Carmine (Piazza d.) **BZ** 25
- Cassa di Risparmio (Piazza) **BY** 27
- Cassari (Via) **BCY** 28
- Castello (Piazza) **BCY**
- Castelnuovo (Piazza) **AX** 30
- Catania (Via) **AX**
- Cattedrale (Piazza d.) **AZ** 31
- Cavalieri di Malta (Largo) **BY** 33
- Cavour (Via) **BXY**
- Cervello (Via) **CY** 34
- Cipolla (Via) **CZ**
- Collegio di Maria (Via) **BX** 36
- Colonna Rotta (Via) **AZ** 37
- Crispi (Via) **BX**
- Croce dei Vespri (Piazza d.) **BY** 39
- Croce Rossa (Via) **EUV** 40
- Dalla Chiesa (V. C.A.) **FV** 41
- Dante (Via) **AX**
- Divisi (Via) **BZ**
- Don Sturzo (Piazza) **ABX**
- Donizetti (Via G.) **ABY** 43
- Duca degli Abruzzi (Viale) **EU** 44
- Duca della Verdura (V.) **FV** 45
- Empedocle Restivo (Via) **EV** 47
- Errante (Via V.) **BZ** 49
- Favorita (Via della) **FUV** 50
- Filiciuzza (Via) **ABZ** 52
- Finocchiaro Aprile (C.) **AY, EV** 54
- Fonderia (Piazza) **CY** 57
- Garibaldi (Via) **CZ** 58
- Garzilli (Via N.) **AX**
- Generale Cadorna (Via) **AZ** 59
- Giacchery (Piazza) **FV** 61
- Giudici (Discesa d.) **BY** 63
- Giullio Cesare (Piazza) **CZ**
- Goethe (Via) **AY**
- Imperatore Federico (V.) **FV** 66
- Indipendenza (Piazza) **AZ**
- Ingrassia (Via G. F.) **CZ**
- Juvara Cluviero (Via) **AY** 67
- Kalsa (Piazza d.) **CY**
- La Lumia (Via I.) **AX**
- Latini (Via B.) **AX** 69
- Libertà (Via d.) **AX**
- Lincoln (Via) **CZ, DY**
- Maggiore Perni (Via) **BZ**
- Magione (Piazza d.) **CYZ**
- Maqueda (Via) **BYZ**
- Marchese di Villabianca (Via) **FV** 70
- Marconi (Via) **AX**
- Maresciallo Diaz (Via) **FV** 72
- Marina (Piazza) **CY**
- Marino (Via S.) **BZ** 73
- Mater Dolorosa (Via) **EU** 74
- Mazzini (Via G.) **AX**
- Meccio (Via S.) **AX** 75
- Meli (Via) **BY**
- Messina (Via) **AX**
- Messina Marine (Via) **FV** 77
- Mille (Corso d.) **CZ**
- Mondello (Via) **EU** 78
- Mongitore (Via A.) **ABZ**
- Montegrappa (Via) **FV** 80
- Monteleone (Via) **BY** 82
- Monte Pellegrino (Via) **FV** 83
- Mosca (Via G.) **AZ** 84
- Mura del Cattive (Salita) **CY** 85
- Museo Etnografico (Vle) **EU** 87
- Napoli (Via) **BY**
- Nasce (Piazza) **AX**
- Notarbartolo (Via E.) **EFV** 88
- Onorato (Via) **BX**
- Oreto (Via) **BZ**
- Orleans (Piazza) **AZ** 90
- Orlogio (Via) **BY** 91
- Palme (Viale delle) **EU** 92
- Papireto (Via) **AYZ**
- Parisi (Via E.) **AX**
- Paternostro (Via A.) **BCY** 96
- Paternostro (Via P.) **AX** 97
- Patti (Via F.) **BCX**
- Peranni (Piazza D.) **AY** 99
- Piazza Michele (Via) **EV** 100
- Pignatelli d'Aragona (Via) **AY** 102
- Pilo (Via R.) **BXY**
- Pisani (Corso P.) **AZ** 103
- Ponte di Mare (Via) **DZ**
- Ponticello (Via) **BZ** 105
- Porta di Castro (Via) **ABZ**
- Porta Montalto (Piazza) **AZ** 106
- Porta S. Agata (Via) **BZ** 108
- Porto Salvo (Via) **CY** 109
- Pretoria (Piazza) **BY**
- Principe di Belmonte (Via) **BX**
- Principe di Scordia (Via) **BX**
- Principe Granatelli (Via) **ABX** 111
- Puglisi (Via) **AX**
- Quattroventi (Via) **FV** 113
- Rao (Via C.) **CZ**
- Resurrezione (V. della) **EU** 114
- Resuttana (Via) **EU** 116
- Rivoluzione (Piazza) **CZ** 117
- Roma (Via) **BXCZ**
- Ruggero Settimo (Piazza) **AX** 118
- Ruggero Settimo (Via) **AXY**
- S. Agata (Via) **AY** 120
- S. Agostino (Via) **AYZ**
- S. Anna (Piazza) **BY** 121
- S. Antonino (Piazza) **BZ** 123
- S. Domenico (Piazza) **BY** 126
- S. Francesco da Paola (Piazza) **AY** 127
- S. Francesco d'Assisi (Piazza) **CY** 129
- S. Giorgio dei Genovesi (Piazza) **BY** 130
- S. Giovanni Decollato (Piazetta) **AZ** 132
- S. Isidoro alla Guilla (Piazza) **AY** 133
- S. Oliva (Piazza) **AX**
- S. Orsola (Vicolo) **BZ** 134
- S. Sebastiano (Via) **BY** 135
- S. Teresa (Via) **CY** 136
- Sammartino (Via) **AX** 138
- Scienze (Via d.) **AZ**
- Scina (Via) **BX**
- Scuole (Via d.) **AZ** 139
- Siracusa (Via) **AX**
- Spasimo (Piazza d.) **CYZ**
- Spasimo (Via d.) **CY** 141
- Spirito Santo (Via d.) **ABY** 142
- Squarcialupo (Via) **BY** 144
- Stabile (Via M.) **AY, BX**
- Stazzone (Piazza) **AZ** 145
- Tiro a Segno (Via) **DZ**
- Torremuzza (Via) **CY** 147
- Tumminello (Piazza) **DZ**
- Tukory (Corso) **ABZ**
- Turrisi (Via N.) **AY**
- Turrisi Colonna (Via) **AX** 148
- Umberto I° (Foto) **CDYZ**
- Valverde (Via) **BY** 149
- Verdi (Piazza) **ABY**
- Villafranca (Via) **AX**
- Virgilio (Piazza) **AX** 150
- Vittoria (Piazza d.) **AZ** 151
- Vittorio Emanuele (Via) **AZ, CY**
- Volturno (Via) **AY**
- XII Gennaio (Via) **AX**
- XIII Vittime (Piazza) **BX** 153
- XX Settembre (Via) **AX**

San Paolo Palace, via Messina Marine 91 ✉ 90123 ☎ 091 6211112, *hotel@sanpaolopalace.it, Fax 091 6215300,* <, Fō, ≘s, ⛱, 🎾 – |‡|, ▤ 📺 ✆ ♿ 🚗 🅿 – 🏛 1600. AE Ⓢ ⓓ ⓜⓒ VISA. ⛌ **FV** c

Pasto carta 23/33 – **234 cam** ☐ 110/135, 10 suites – ½ P 88,50.

♦ Un ascensore panoramico porta al piacevolissimo roof-garden con piscina e solarium di un hotel recente, decentrato, ma prospiciente il mare; attrezzato centro congressi. Il roof-garden è usato in estate anche per l'ameno servizio ristorante all'aperto.

Principe di Villafranca, via G. Turrisi Colonna 4 ✉ 90141 ☎ 091 6118523, *info@principedivillafranca.it, Fax 091 588705,* Fō – |‡|, ⇹ cam, ▤ 📺 ✆ 🚗 – 🏛 100. AE Ⓢ ⓓ ⓜⓒ VISA JCB. ⛌ **AX** d

Pasto *(chiuso agosto)* carta 35/48 – **34 cam** ☐ 130/185 – ½ P 119,50.

♦ Nata nel 1998 sulle ceneri di un vecchio hotel, è una struttura nuova, elegante e di tono, sia nelle zone comuni, con arredi di inizio secolo, che nelle spaziose camere. Una raffinata classicità caratterizza anche l'ambientazione della sala ristorante.

Vecchio Borgo senza rist, via Quintino Sella 1/7 ✉ 90139 ☎ 091 6111446, *hotelvecchioborgo@classicahotel.com* – |‡|, ⇹ cam, ▤ 📺 ✆ ♿. AE Ⓢ ⓓ ⓜⓒ VISA. ⛌ **BX** b

34 cam ☐ 140/180.

♦ Una struttura dagli spazi contenuti, con un servizio di livello apprezzabile. Hall elegante, sala colazioni signorile e camere graziose, molto curate anche nei particolari.

Massimo Plaza Hotel senza rist, via Maqueda 437 ✉ 90133 ☎ 091 325657, *booking@massimoplazahotel.com, Fax 091 325711* – ▤ TV ☏. AE Ⓢ ⓓ ⓜ VISA JCB BY e
15 cam ☕ 130/185.
◆ In un palazzo del centro storico di fronte al Teatro Massimo, moderno albergo di classe; curati ed eleganti arredi in stile negli spazi comuni e nelle ampie camere.

Tonic senza rist, via Mariano Stabile 126 ✉ 90139 ☎ 091 581754, *hoteltonic@hoteltonic.com, Fax 091 585560* – ▤ TV ♿. AE Ⓢ ⓓ ⓜ VISA JCB AXY g
44 cam ☕ 75/95.
◆ Elegante palazzo storico nel cuore della città, valorizzato dal recente rinnovo: interni arredati con stile, grandi camere con mobilio in legno scuro, tenuta impeccabile.

Holiday Inn Palermo, viale Regione Siciliana 2620 ✉ 90145 ☎ 091 6983111, *holidayinn.palermo@alliancealberghi.com, Fax 091 408198,* – |‡| ▤ TV ☏ ♿ P – 90. AE Ⓢ ⓓ ⓜ VISA JCB. rist EV y
Pasto carta 19/35 – **95 cam** ☕ 171,60/204,46.
◆ Ubicato sulla tangenziale, hotel di impianto tradizionale, rinnovato in anni recenti per offrire un confort di buon livello; arredi recenti e moquette nelle camere. Colorata ambientazione di tono rustico-country nella sala ristorante.

Villa D'Amato, via Messina Marine 180 ✉ 90123 ☎ 091 6212767, *villadamato@jumpy.it, Fax 091 6212767,* – |‡| ▤ TV P – 150. AE Ⓢ ⓓ ⓜ VISA. rist 1,5 km per ①
Pasto *(chiuso domenica a mezzogiorno)* carta 18/25 – **38 cam** ☕ 85/115 – ½ P 70.
◆ In periferia, ubicato tra la statale per Messina e il mare, un indirizzo comodo e confortevole, con ampio giardino; recenti arredi essenziali nelle luminose camere. Raccolta e tranquilla sala ristorante.

Residenza D'Aragona senza rist, via Ottavio D'Aragona 25 ✉ 90139 ☎ 091 6622222, *csrdaniela@virgilio.it, Fax 091 6622273* – |‡| ▤ TV ♿. AE Ⓢ ⓓ ⓜ VISA. BX a
4 cam ☕ 124/181, 16 suites.
◆ In un edificio ottocentesco del centro, completamente ristrutturato, piccolo albergo dalla calda atmosfera, con camere spaziose e confortevoli, piacevolmente arredate.

Posta senza rist, via Antonio Gagini 77 ✉ 90133 ☎ 091 587338, *info@hotelpostapalermo.it, Fax 091 587347* – |‡| ▤ TV. AE Ⓢ ⓓ ⓜ VISA JCB BY c
30 cam ☕ 85/98.
◆ Alle spalle della trafficata via Roma, un hotel sapientemente rinnovato, gestito dalla stessa famiglia dal 1921, frequentato da attori che recitano nel vicino teatro.

La Scuderia, viale del Fante 9 ✉ 90146 ☎ 091 520323, *la.scuderia@tiscalinet.it, Fax 091 520467,* – ▤ P. AE Ⓢ ⓓ ⓜ VISA. EU x
chiuso dal 13 al 30 agosto e domenica – **Pasto** carta 32/54.
◆ Studiata eleganza essenziale nell'ampia sala con colonne e grandi finestre di uno storico ristorante, nel cuore del Parco della Favorita; piatti tradizionali e tipici.

Friend's Bar, via Brunelleschi 138 ✉ 90145 ☎ 091 201401, *catering@friendsbarsrl.com, Fax 091 201066,* , prenotare – ▤. AE Ⓢ ⓓ ⓜ VISA JCB.
chiuso dal 10 al 31 agosto e lunedì – **Pasto** carta 29/38. per viale Michelangelo EV
◆ Ubicato in zona periferica, è un ristorante classico di stile moderno e di tono elegante; le curate proposte sono tradizionali con sprazzi di fantasia gastronomica.

Lo Scudiero, via Turati 7 ✉ 90139 ☎ 091 581628, *Fax 091 581628* – ▤. AE Ⓢ ⓓ ⓜ VISA JCB. AX c
chiuso dal 10 al 20 agosto e domenica – **Pasto** carta 24/43.
◆ Caldo ambiente, con soffitti di legno, nell'elegante sala di un locale di fronte al Teatro Politeama; gestione esperta, servizio attento e garbato, cucina tradizionale.

Il Ristorantino, piazza De Gasperi 19 ✉ 90146 ☎ 091 512861, *Fax 091 6702999,* – ▤. AE Ⓢ ⓓ ⓜ VISA. EU b
chiuso dal 1º al 9 gennaio, dal 10 al 30 agosto e lunedì – **Pasto** carta 35/46.
◆ Non lontano dal Parco della Favorita, un locale «giovane» e moderno, ma elegante; molto curata e varia la proposta, che spazia dal moderatamente creativo al tipico.

Regine, via Trapani 4/a ✉ 90141 ☎ 091 586566, *regine@ristoranteregine.it, Fax 091 586566* – ▤. AE Ⓢ ⓓ ⓜ VISA JCB. AX e
chiuso agosto e domenica – **Pasto** carta 35/42.
◆ Buffet di antipasti e pesce in esposizione in un locale d'impostazione classica, punto di riferimento per gustare piatti nazionali e siciliani in un ambiente curato.

Santandrea, piazza Sant'Andrea 4 ✉ 90133 ☎ 091 334999, , Coperti limitati; prenotare – ▤. AE Ⓢ ⓓ ⓜ VISA BY d
chiuso gennaio, martedì e mercoledì a mezzogiorno, in luglio-agosto domenica e lunedì – **Pasto** piatti della tradizione regionale carta 29/47.
◆ Legno e pietre a vista in un'accogliente oasi nel caotico, pittoresco mercato della Vucciria; i piatti della tradizione regionale riflettono la tipicità dell'ubicazione.

XX **Cucina Papoff,** via Isidoro La Lumia 32 ✉ 90139 ℰ 091 586460, *cucinapapoff@tiscalinet.it, Fax 091 586460* – ▤. AE Ⓢ ⓞ ⓜⓒ VISA AX b
chiuso agosto, sabato a mezzogiorno e domenica – **Pasto** carta 25/40.
◆ Ampi soffitti a cassettoni in legno lavorato, dei primi del Novecento, nella sala rustico-elegante dove gustare una cucina di lunga tradizione, rigorosamente siciliana.

X **Trattoria Biondo,** via Carducci 15 ✉ 90141 ℰ 091 583662, *Fax 091 6091583* – ▤. AE Ⓢ ⓜⓒ VISA. ✗ AX a
chiuso dal 30 luglio al 15 settembre e mercoledì – **Pasto** carta 24/32 (10 %).
◆ Nei pressi del Politeama, tavoli vicini in un ambiente semplice, ma caldo e accogliente, dove gustare proposte tipiche e, in stagione, piatti a base di funghi.

a Borgo Molara *per ③ : 8 km – ✉ 90126 Palermo :*

Baglio Conca d'Oro, via Aquino 19/d ℰ 091 6406286, *hotelbalio@libero.it, Fax 091 6408742,* – ▤ ▤ TV & P – 400. AE Ⓢ ⓞ ⓜⓒ VISA. ✗
Pasto *(chiuso domenica)* (prenotare) carta 24/41 – **27 cam** ☐ 116/162 – ½ P 107.
◆ Una cartiera del '700, completamente ristrutturata con sapiente recupero dell'affascinante struttura originale, è ora un albergo di classe, eleganza e confort completo. Ristorante di austera raffinatezza d'epoca, in armonia con la struttura che lo ospita.

a Sferracavallo *Nord-Ovest : 12 km – ✉ 90148 Palermo :*

X **Il Delfino,** via Torretta 80 ℰ 091 530282, *trattoriaildelfino@virgilio.it, Fax 091 6914256* – ▤. AE Ⓢ ⓞ ⓜⓒ VISA JCB. ✗
chiuso novembre e lunedì – **Pasto** solo specialità di mare 21.
◆ Locale semplice, sempre affollatissimo, dove non avrete l'imbarazzo della scelta: il menù è «simpaticamente» imposto, con sequenza serrata di assaggi solo di pesce.

PANAREA (Isola) *Messina* 565 L 27 – *Vedere Eolie (Isole).*

Le nostre guide alberghi e ristoranti, le nostre guide turistiche e le nostre carte stradali sono complementari. Utilizzatele insieme.

PANTELLERIA (Isola di) *Trapani* 565 Q 17, 18 *G. Italia – 7 375 ab. alt. da 0 a 836 (Montagna Grande).*
Vedere *Entroterra★★ – Montagna Grande★★ Sud-Est : 13 km.*
Escursioni *Giro dell'isola in macchina★★ e in barca★★.*
✈ *Sud-Est : 4 km ℰ 0923 911398, Fax 0923 912496.*
⛴ *per Trapani giornaliero (4 h 45 mn) – Siremar-agenzia Rizzo, via Borgo Italia 12 ℰ 0923 911104, Fax 0923 911104.*

Pantelleria 565 Q 17 – ✉ *91017 :*

X **La Nicchia,** a Scauri Basso ℰ 0923 916342, Rist. pizzeria – AE Ⓢ ⓞ ⓜⓒ VISA JCB
10 aprile-ottobre; chiuso a mezzogiorno – **Pasto** carta 27/45.
◆ Un locale semplice, ma ben tenuto dove provare specialità marinare tipiche, nelle sale interne con arredi essenziali o all'esterno, sotto un delizioso pergolato.

Tracino 565 Q 18 – ✉ *91017 Pantelleria :*

Papuscia, contrada Sopra Portella 48 ℰ 0923 915463, *albergopapuscia@tiscalinet.it, Fax 0923 915463,* ≤, – ▤ TV. Ⓢ ⓞ ⓜⓒ VISA. ✗
marzo-novembre – **Pasto** *(chiuso a mezzogiorno)* 25/40 – **11 cam** ☐ 54/108 – ½ P 89.
◆ Suggestiva risorsa ricavata in tipici dammusi con pareti di pietra lavica, situati in zona tranquilla nella parte superiore del paese. Le camere sono spaziose e semplici. Menù genuino, ma ristretto, apprezzato per lo più dagli ospiti dell'hotel.

X **I Mulini,** via Kania 12 ℰ 0923 915398, *pantelleria@libero.it, Fax 1782202426,* , prenotare – P. AE Ⓢ ⓞ ⓜⓒ VISA. ✗
Pasqua-ottobre; chiuso a mezzogiorno – **Pasto** carta 32/43.
◆ Nella splendida campagna dell'isola, un antico mulino pantesco ristrutturato con gusto e attenzione. La cucina propone piatti della tradizione e specialità elaborate.

PEDARA *95030 Catania* 565 O 27 – *10 281 ab. alt. 605.*
Catania 17 – Messina 85 – Palermo 225 – Reggio di Calabria 103.

Grand Hotel Bonaccorsi, via Pirandello 2 ℰ 095 7928529, *hotelbonaccorsi@classicahotels.com, Fax 095 7928536* – ▤ ▤ TV & P – 150. AE Ⓢ ⓞ ⓜⓒ VISA. ✗
Pasto carta 31/51 – **91 cam** ☐ 90/130 – ½ P 105.
◆ Dopo una radicale ristrutturazione, è apparso nuovamente sulla scena dell'ospitalità siciliana questo ben noto hotel. Oggi un realtà signorile con ambienti molto spaziosi. Sala ristorante di tono, cucina eclettica.

PETROSINO *91020 Trapani* 565 N 19 – *7 614 ab. alt. 16.*

Agrigento 125 – Palermo 137 – Trapani 43.

Baglio Basile, sulla strada statale 115 km 43,20 ✆ 0923 741705, *bagliobasil@libero.it, Fax 0923 741833,* – – 500. AE VISA JCB. rist

Pasto 22/28 – **10 cam** 80/113.

◆ In origine sede ecclesiastica, poi signorile residenza padronale ottocentesca, oggi una distinta e storica dimora con spazi dinamici e ambienti suggestivi. Curato giardino. Grazioso ristorante, cucina siciliana rivisitata.

PETTINEO *98070 Messina* 432 N 24 – *1 579 ab. alt. 553.*

Caltanissetta 134 – Catania 140 – Messina 140 – Palermo 100.

Casa Migliaca, contrada Migliaca ✆ 0921 336722, *info@casamigliaca.com, Fax 0921 391107,* ≤ Rovine di Alesa, mare e dintorni, – P. VISA.

Pasto (solo per alloggiati) – **8 cam** 60/100 – ½ P 65.

◆ Un ex frantoio del '600, appena fuori dal paese, interamente contornato da ulivi. Una tranquillità assoluta e una vista impagabile attraverso la vallata e fino al mare.

PIANO ZUCCHI *Palermo* 565 N 23 – *alt. 1 105 – ✉ 90010 Isnello.*

Agrigento 137 – Caltanissetta 79 – Catania 160 – Messina 207 – Palermo 80.

a Piano Torre *Nord-Ovest : 4 km – ✉ 90010 Isnello :*

Park Hotel, ✆ 0921 662671, *pianotorre@libero.it, Fax 0921 662672,* ≤, , , , – – P – 300. AE VISA. rist

chiuso novembre – **Pasto** carta 22/37 – **27 cam** 52/83 (solo ½ P da giugno ad agosto) – ½ P 63.

◆ Nel cuore dello splendido parco naturale, una struttura che dispone di servizi completi. Le belle camere richiamano l'atmosfera caratteristica degli chalet di montagna. Proposta gastronomica basata su pochi piatti appetitosi e preparati con grande sicurezza.

PIAZZA ARMERINA *94015 Enna* 565 O 25 *G. Sicilia – 22 199 ab. alt. 697.*

Vedere *Centro Storico*★.

Dintorni *Villa romana del Casale*★★★ *Sud-Ovest : 6 km.*

via Cavour 15 ✆ 0935 680201, Fax 0935 684565.

Caltanissetta 49 – Catania 84 – Enna 34 – Messina 181 – Palermo 164 – Ragusa 103 – Siracusa 134.

Mosaici-da Battiato, contrada Paratore Casale 11 Ovest : 3,5 km ✆ 0935 685453, *Fax 0935 685453* – P. VISA.

chiuso dal 20 novembre al 25 dicembre – **Pasto** carta 14/20 – 4 – **23 cam** 35/45 – ½ P 38.

◆ In posizione strategica per chi voglia visitare i mosaici della villa romana del Casale, così come le altre bellezze della cittadina. Hotel sobrio, ordinato e funzionale. Ristorante che si è conquistato una buona fama in zona.

Al Fogher, strada statale 117 bis (Nord : 3 km) ✆ 0935 684123, *alfogher@tin.it, Fax 0935 686705,* , prenotare – P. AE VISA

chiuso domenica sera e lunedì – **Pasto** carta 32/41.

◆ Locale accogliente e curato con ambiente ricercatamente rustico e al primo piano una saletta raccolta ed intima. In cucina l'esperienza propone il territorio rielaborato.

Trattoria la Ruota, contrada Casale Ovest : 3,5 km ✆ 0935 680542, *info@trattorialaruota.it, Fax 0935 680542,* , prenotare – P. AE VISA

chiuso la sera – **Pasto** cucina casalinga carta 19/24.

◆ A pochi metri dai resti archeologici della villa romana, un piacevole edificio con rustico porticato dove godersi una sana e genuina, seppur semplice, cucina siciliana.

PORTICELLO *Palermo* 565 M 22 – *Vedere Santa Flavia.*

Scriveteci...

Le vostre critiche e i vostri apprezzamenti saranno esaminati con la massima attenzione.

Verificheremo personalmente gli esercizi che ci vorrete segnalare

Grazie per la collaborazione !

PORTOPALO DI CAPO PASSERO *96010 Siracusa* 565 Q 27 *G. Sicilia – 3 465 ab. alt. 20.*
Catania 121 – Palermo 325 – Ragusa 56 – Siracusa 58.

Maurì 1987, via Tagliamento 22 ✆ 0931 842644, *Fax 0931 842644*, Rist. e pizzeria – ▤. AE Ⓢ ⓞ ⓜ VISA. ✗
chiuso dal 30 ottobre al 20 novembre e martedì – **Pasto** specialità di mare carta 28/51.
◆ Ristorante e pizzeria in un edificio di due piani, dove è possibile assaporare in tutta comodità il freschissimo pescato locale, in arrivo direttamente dai pescherecci.

RAGUSA *97100* P 565 Q 26 *G. Sicilia – 69 735 ab. alt. 498 – a.s. luglio-agosto.*
Vedere ≤★★ *sulla città vecchia dalla strada per Siracusa – Posizione pittoresca★ – Ragusa Ibla★★ : chiesa di San Giorgio★★ – Palazzo Cosentini : balconi★ – Palazzo Nicastro★★.*
Dintorni *Modica★ : San Giorgio★★, Museo delle Arti e Tradizioni Popolari★, Facciata★ di San Pietro Sud : 15 km – Castello di Donnafugata★ Ovest : 18 km.*
via Capitano Bocchieri 33 (Ibla-Palazzo La Rocca) ✆ 0932 621421, info@ragusaturismo-.com, Fax 0932 623476.
A.C.I. *via G. Nicastro, 33 ✆ 0932 642566.*
Agrigento 138 – Caltanissetta 143 – Catania 104 – Palermo 267 – Siracusa 79.

Mediterraneo Palace, via Roma 189 ✆ 0932 621944, *info@mediterraneopalace.it, Fax 0932 623799* – |♦|, ▤ TV ♿ 🚗 – 🏛 300. AE Ⓢ ⓞ ⓜ VISA JCB. ✗
Pasto 16 – **92 cam** ☕ 92/118, suite – ½ P 75.
◆ Dotazioni recenti per questo centrale e moderno hotel. Camere spaziose e rilassanti, con eleganti bagni rivestiti in marmo, quasi tutti forniti di vasca con idromassaggio. La sala da pranzo, pur recente, mostra alcuni impliciti richiami a un elegante passato.

Montreal, via San Giuseppe 6 ang. corso Italia ✆ 0932 621133, *montreal@sicily-hotels.it, Fax 0932 621026* – |♦|, ✗ rist, ▤ TV ✆ ♿ 🚗 – 🏛 50. AE Ⓢ ⓞ ⓜ VISA JCB
Pasto *(chiuso domenica)* carta 13/17 – **50 cam** ☕ 52/83 – ½ P 56.
◆ A pochi passi dal Duomo e dal corso principale, un albergo d'impostazione classica, senza particolari accorgimenti turistici. Risorsa ideale per un soggiorno tranquillo. La sala ristorante è luminosa, ordinata e ben tenuta, il servizio cortese.

Baglio la Pergola, contrada Selvaggio (zona stadio) ✆ 0932 686430, *info@lapergolarg.it*, 🌳, Rist. e pizzeria – ▤ P. AE Ⓢ ⓞ ⓜ VISA – *chiuso martedì* – **Pasto** carta 30/35.
◆ Un antico baglio che è stato trasformato in un locale di sobria e contenuta eleganza. Effettua servizio pizzeria, ma vale la pena di gustare la cucina del territorio.

a Ibla :

Duomo, via Cap. Bocchieri 31 ✆ 0932 651265, *ristorante_duomo@inwind.it, Fax 0932 651265*, prenotare – AE Ⓢ ⓞ ⓜ VISA. ✗
chiuso dal 1° al 15 ottobre, domenica e lunedì a mezzogiorno (escluso agosto) – **Pasto** carta 41/70 ✿.
◆ Locale molto conosciuto, apprezzato e di conseguenza affollato. Solida cucina siciliana con salde radici nella tradizione, sapientemente rielaborata in chiave moderna.
Spec. Spaghetti freschi con tartara di pesce, bottarga di tonno e succo di carota. Cosciotto e costoletta di coniglio locale, flan di fagioli di Polizzi e frutta secca, salsa di gelso rosso. Cassatina di cuccìa, mandorla tostata e parfait al carrubo.

Locanda Don Serafino, via Orfanatrofio 39 ✆ 0932 248778, *info@locandadonserafino.it* – Ⓢ ⓞ ⓜ VISA. ✗
chiuso martedì – **Pasto** carta 34/51.
◆ Bel locale, in cui si accede attraverso un american bar, allestito di recente nelle ex scuderie e cantine di un palazzo nobiliare. Cucina siciliana, cantina apprezzabile.

U' Saracinu, via del Convento 9 ✉ 97100 Ragusa ✆ 0932 246976, *Fax 0932 246976* – AE Ⓢ ⓞ ⓜ VISA JCB
chiuso mercoledì – **Pasto** specialità ragusane carta 15/25.
◆ Locale storico nel cuore della cittadina barocca. L'ambiente, frequentato in passato da siciliani illustri, è caratteristico; la cucina curata e d'impronta tradizionale.

Il Barocco, via Orfanotrofio 29 ✉ 97100 Ragusa ✆ 0932 652397, *ilbarocco@hot.mail.com, Fax 0923 655854*, Rist. e pizzeria – ▤ TV. AE Ⓢ ⓞ ⓜ VISA JCB
chiuso mercoledì – **Pasto** carta 20/35.
◆ Nella parte centrale della località, un ristorante tipico la cui struttura offre qualche piacevole spunto; lo stile degli arredi è molto, forse un po' troppo, «misto».

verso Marina di Ragusa *Sud-Ovest : 7,5 km :*

Eremo della Giubiliana 🐌, contrada Giubiliana ✉ 97100 Ragusa ✆ 0932 669119, *info@eremodellagiubilana.it, Fax 0932 669129*, 🌳, 🏊, 🌴 – ▤ TV P. AE Ⓢ ⓞ ⓜ VISA JCB. ✗ rist
chiuso dal 7 gennaio al 1° marzo – **Pasto** carta 22/33 – **9 cam** ☕ 156/240, 2 suites – ½ P 145.
◆ Senza dubbio una risorsa ricca di fascino, a cominciare dall'ubicazione in aperta campagna, tra città e mare. In passato è stato un antico convento e quindi una masseria. Suggestiva ed esclusiva ambientazione al ristorante.

RAGUSA (Marina di) *97010 Ragusa* 565 Q 25 –.

Agrigento 156 – Caltanissetta 140 – Catania 126 – Ragusa 24 – Siracusa 74.

Da Serafino, lungomare Doria ✆ 0932 239522, *info@locandadonserafino.it, Fax 0932 239522,* ≤, Rist. e pizzeria – AE ⑤ ⓓ ⓜ VISA.
aprile-settembre – **Pasto** specialità di mare carta 31/42.
◆ La classica trattoria di mare, semplice ma estremamente corretta nella preparazione di una salda cucina del territorio. Oltre al servizio ristorante c'è anche la pizzeria.

RANDAZZO *95036 Catania* 565 N 26 *G. Sicilia – 11 506 ab. alt. 754.*

Vedere *Centro Storico*★.
Catania 69 – Caltanissetta 133 – Messina 88 – Taormina 45.

Scrivano, via Bonaventura ✆ 095 921433, *hotelscrivano@tiscalinet.it, Fax 095 921126* – AE ⑤ ⓓ ⓜ VISA.
Pasto carta 20/41 – **30 cam** 52/78 – ½ P 58.
◆ La struttura è stata di recente rimodernata. Forse non sono state sfruttate fino in fondo tutte le opportunità del caso, ma nel complesso offre un discreto confort. L'esperienza dell'attuale gestione rende il ristorante una «chicca» della zona.

Agriturismo L'Antica Vigna, località Monteguardi Est : 3 km ✆ 095 924003, *Fax 095 923324,* ≤ Etna, – P.
Pasto 15/25 – **10 cam** 35/60 – ½ P 50.
◆ Nell'incantevole contesto del parco naturale dell'Etna, una risorsa che consente di vivere appieno una rustica e familiare atmosfera bucolica, tra vigneti e ulivi. I prodotti utilizzati in cucina provengono dalle coltivazioni biologiche dell'agriturismo.

Trattoria Veneziano, via Romano 8 ✆ 095 7991353, *Fax 095 7991353* – AE ⑤ ⓓ ⓜ VISA.
chiuso domenica sera e lunedì – **Pasto** carta 16/28.
◆ Proposte gastronomiche in linea con la tradizione locale, ovviamente specializzata nel preparare i funghi che qui, alle pendici dell'Etna, crescono in abbondanza.

Scriveteci...
Le vostre critiche e i vostri apprezzamenti saranno esaminati con la massima attenzione.
Verificheremo personalmente gli esercizi che ci vorrete segnalare
Grazie per la collaborazione !

SALINA (Isola) *Messina* 565 L 26 – *Vedere Eolie (Isole).*

SAN GIOVANNI LA PUNTA *95037 Catania* 565 O 27 – *21 140 ab. alt. 355.*

Catania 10 – Enna 92 – Messina 95 – Siracusa 75.

Villa Paradiso dell'Etna, via per Viagrande 37 ✆ 095 7512409 e rist ✆ 095 7512409, *hotelvilla@paradisoetna.it, Fax 095 7413861,* cam, P – 80. AE ⑤ ⓓ ⓜ VISA JCB.
Pasto al Rist. ***La Pigna*** carta 30/46 – **30 cam** 197/217, 4 suites – ½ P 134,50.
◆ Il piccolo parco con piscina e il servizio colazione in terrazza roof-garden con vista incantevole sull'Etna, completano il piacere di interni raffinati e personalizzati. Sale ristorante intime e di gran classe.

Garden, via Madonna delle Lacrime 12/b, località Trappeto Sud : 1 km ✉ 95030 Trappeto ✆ 095 7177767, *info@gardenhotel.ct.it, Fax 095 7177991,* P – 200. AE ⑤ ⓜ VISA.
Pasto al Rist. ***La Vecchia Quercia*** carta 29/38 – **95 cam** 108,50/142, suite – ½ P 124.
◆ Vicino alle arterie di grande scorrimento, un piacevole giardino con palme e piante esotiche circonda di verde un albergo recente, con spazi ampi e camere confortevoli. Due luminose sale da pranzo di taglio moderno, affacciate sul giardino; bel dehors estivo.

Giardino di Bacco, via Piave 3 ✆ 095 7512727, prenotare, – ⑤ ⓜ VISA.
chiuso lunedì e a mezzogiorno (escluso i giorni festivi) – **Pasto** 21/36.
◆ Una volta la dimora del custode di una sontuosa villa, oggi un locale che unisce eleganza e tipicità tanto nell'ambiente, quanto nelle proposte. Servizio estivo in giardino.

SAN LEONE *Agrigento* 565 P 22 – *Vedere Agrigento.*

SAN MICHELE DI GANZARIA *95040 Catania* 565 P 25 – *4 776 ab. alt. 450.*

Agrigento 120 – Catania 88 – Caltagirone 15 – Ragusa 78.

Pomara, via Vittorio Veneto 84 ✆ 0933 976976 e rist ✆ 0933 978032, *info@hotelpomara.com, Fax 0933 977090*, ≤, – |♿| ▤ TV P – 150. AE VISA JCB
Pasto al Rist. ***Pomara*** carta 20/25 – **40 cam** 65/90 – ½ P 60.
◆ A metà strada tra Caltagirone e Piazza Armerina, un indirizzo affidabile, che deve la propria fortuna proprio all'ubicazione. Seria e competente gestione familiare. Ristorante dove gustare una genuina cucina siciliana.

sulla strada statale 117 Bis km 60 : *Ovest : 4 km :*

Agriturismo Gigliotto, contrada Gigliotto ✉ 95040 ✆ 0933 970898, *gigliotto@gigliotto.com, Fax 0933 970898*, ≤ colli e dintorni, – TV P – 30. AE VISA.
cam
Pasto *(chiuso martedì)* 20/23 – **14 cam** 60/80 – ½ P 60.
◆ Grande tenuta, circa 300 ettari, dove da sempre si coltivano cereali, viti e ulivi. Da pochi anni invece, all'interno di una masseria del '300, una dozzina di belle camere. Gradevole ristorante con cucina siciliana.

SANTA FLAVIA *90017 Palermo* 565 M 22 – *9 950 ab..*

Vedere *Rovine di Solunto★ : ≤★★ dalla cima del colle Nord-Ovest : 2,5 km – Sculture★ di Villa Palagonia a Bagheria Sud-Ovest : 2,5 km.*

Agrigento 130 – Caltanissetta 116 – Catania 197 – Messina 223 – Palermo 18.

zona archeologica di Solunto *Nord-Ovest : 1 km :*

La Grotta, ✉ 90017 ✆ 091 903213, *Fax 091 903213*, ≤ mare e costa, prenotare – ▤ P.
AE VISA JCB.
chiuso dall'8 al 31 gennaio, giovedì e a mezzogiorno (escluso i giorni festivi) – **Pasto** specialità di mare carta 37/53.
◆ La veranda e la terrazza panoramica sul golfo costituiscono già una notevole attrattiva, a cui vanno aggiunte la vicinanza agli scavi archeologici e la cucina di mare.

a Porticello *Nord-Est : 1 km – ✉ 90010 :*

Trattoria al Faro Verde, largo S. Nicolicchia 14 ✆ 091 957977, *Fax 091 947342*, –
AE VISA.
chiuso febbraio e martedì – **Pasto** specialità di mare carta 25/36.
◆ D'estate si mangia praticamente in riva al mare, d'inverno nell'accogliente sala interna. I prodotti ittici sono sempre preparati al meglio, in modo semplice e gustoso.

a Sant'Elia *Nord-Est : 2 km – ✉ 90010 :*

Kafara, ✆ 091 957377, *kafara@kafarahotel.it, Fax 091 957021*, ≤ mare e scogliere, con acqua di mare, – |♿| ▤ TV P – 70. AE VISA JCB.
Pasto *(marzo-ottobre)* carta 40/53 (15 %) – **66 cam** 112/164 – ½ P 106.
◆ Hotel confortevole, in splendida posizione sulla scogliera, tra terrazze fiorite, adatto soprattutto per soggiorni balneari. Piscina con acqua di mare davvero suggestiva. Cucina d'albergo non della tradizione siciliana, ma che risente degli influssi più vari.

SANTA TECLA *Catania* 565 O 27 – *Vedere Acireale.*

SANT'ELIA *Palermo* 565 N 25 – *Vedere Santa Flavia.*

SANTO STEFANO DI CAMASTRA *98077 Messina* 565 M 25 – *5 007 ab. alt. 70.*

Caltanissetta 136 – Catania 138 – Messina 126 – Palermo 103.

La Playa Blanca, contrada Fiumara ✆ 0921 331248, *info@laplayablanca.it, Fax 0921 331373*, ≤, – ▤ TV P. AE VISA JCB.
febbraio-ottobre – **Pasto** carta 25/35 – **42 cam** 44/87 – ½ P 60.
◆ Fuori dal caos dei centri abitati, quasi in riva al mare, un hotel ristrutturato completamente nel 2001 che dispone di alcune decine di camere, confortevoli e attuali. Sala ristorante semplice, classica cucina d'albergo.

SAN VITO LO CAPO *91010 Trapani* 565 M 20 *G. Sicilia – 3 915 ab..*

via Savoia 57 ✆ 0923 972464.

Palermo 108 – Trapani 38.

Capo San Vito, via San Vito 1 ✆ 0923 972122, *hotelcaposanvito@libero.it, Fax 0923 972559*, ≤, – |♿| ▤ TV. AE VISA JCB.
marzo-dicembre – **Pasto** carta 27/35 – **36 cam** 145/190 – ½ P 105.
◆ Sia la disponibilità degli spazi che la qualità dei servizi, consentono a questa risorsa di primeggiare nel contesto locale. Ottima ubicazione, sulla bianchissima spiaggia. Suggestiva e magica, così può risultare una cena consumata proprio a bordo spiaggia.

Mediterraneo senza rist, via Generale Arimondi 61 ☎ 0923 621062, *medimare@libero.it, Fax 0923 621061*, – . VISA
16 cam 80/140.
◆ A cento metri dal mare, un edificio di nuova costruzione ospita questa risorsa di tono elegante con pavimenti in marmo e mobilio d'antiquariato. Camere personalizzate.

Halimeda senza rist, via Generale Arimondi 100 ☎ 0923 972399, *info@hotelhalimeda.com, Fax 0923 972399* – . VISA.
9 cam 60/100.
◆ Accogliente, tranquillo e originale hotel, curato nei particolari e gestito da giovani simpatici e dinamici; ogni stanza dispone di arredi ispirati ad un tema specifico.

Riva del Sole, via Generale Arimondi 11 ☎ 0923 972629, *info@hotelrivadelsole.it, Fax 0923 972621*, – . VISA JCB.
marzo-novembre – **Pasto** carta 14/21 – 6 – **9 cam** 75/100 – ½ P 80.
◆ Albergo che si allinea perfettamente con lo stile delle altre risorse della località: spazi contenuti e funzionali, poche camere, salda e informale gestione familiare. La cucina attinge alle tradizioni gastronomiche locali.

Egitarso, via Lungomare 54 ☎ 0923 972111, *hotelegitarso@libero.it, Fax 0923 972062*, ≤, , – . VISA JCB.
Pasto carta 18/27 (15 %) – **42 cam** 83/126 – ½ P 78.
◆ Albergo che si racconta dall'aspetto esterno: sobrio, quasi spartano, decisamente improntato ad un'essenziale funzionalità. Per chi ama vivere tra spiaggia e mare. Sala dai toni chiari e freschi che contribuiscono ad alleggerire le temperature estive.

Miraspiaggia, via Lungomare 40 ☎ 0923 972355, *hotel@miraspiaggia.it, Fax 0923 972263*, ≤, , – cam, . VISA JCB.
marzo-novembre – **Pasto** carta 20/29 – **29 cam** 80/100 – ½ P 80.
◆ Il nome la dice lunga e chi la mattina sogna di godersi un bagno in mare appena dopo il risveglio, non rimarrà deluso da questa risorsa. Simpatica gestione familiare. Ristorante con cucina d'albergo semplice e appetitosa.

L'Agave senza rist, via Nino Bixio 37 ☎ 0923 621088, *lagavevito@libero.it, Fax 0923 621538* – . VISA.
chiuso novembre – **10 cam,** 85/110.
◆ Piccolo albergo, sorto da poco tempo, mette a disposizione degli ospiti una decina di camere semplici, ma al passo coi tempi. Progetti di crescita sono già in programma.

XX **Thaam,** via Abruzzi 32 ☎ 0923 972836, *thaam@wooow.it*, , Coperti limitati; prenotare – . VISA JCB.
chiuso gennaio e mercoledì (escluso da giugno a settembre) – **Pasto** specialità siciliane e tunisine carta 28/40.
◆ Locale originale, molto quotato in zona, presenta un ambiente dai forti richiami orientali che costituiscono l'annuncio di una cucina ricca di specialità tunisine.

XX **Da Alfredo,** contrada Valanga 3 (Sud : 1 km) ☎ 0923 972366, *Fax 0923 621708*, ≤, , – P. VISA JCB
chiuso dal 20 ottobre al 20 novembre e lunedì (escluso dal 15 giugno ad ottobre) – **Pasto** carta 26/42.
◆ Il servizio estivo viene espletato sotto il fresco pergolato, approfittando della gradevole terrazza-giardino. Gestione capace e molto simpatica, cucina saporita.

X **Delfino,** via Savoia 15 ☎ 092 3972711, *fbilleci@libero.it, Fax 092 3974363*, , Rist. e pizzeria – VISA.
chiuso mercoledì escluso dal 15 giugno al 20 settembre – **Pasto** carta 24/31.
◆ Nelle immediate vicinanze della spiaggia pubblica, una trattoria-pizzeria che si propone con una cucina di mare, caratterizzata dal tipico e tradizionale cuscus di pesce.

SCIACCA

92019 Agrigento 565 O 21 *G. Sicilia – 41 162 ab. alt. 60 – Stazione termale (15 aprile-15 novembre).*

Vedere *Palazzo Scaglione*★.

via Vittorio Emanuele 84 ☎ 0925 84121, info@aziendaturismosciacca.it, Fax 0925 84121.

Agrigento 63 – Catania 230 – Marsala 71 – Messina 327 – Palermo 134 – Trapani 112.

Grand Hotel delle Terme, viale delle Terme 1 ☎ 0925 23133, *info@grandhoteldelleterme.com, Fax 0925 87002*, ≤, , , – – 50. VISA.
chiuso gennaio e febbraio – **Pasto** 26 – **77 cam** 77,10/139,90, 4 suites – ½ P 86,70.
◆ Se gli esterni possono apparire un po' datati, lo stesso non si può dire per l'allestimento interno, a partire dalla signorile hall, per arrivare fino alle moderne stanze. Piacevole ristorante con tendaggi freschi e vaporosi.

XX **Villa Palocla** con cam, contrada Raganella Ovest : 4 km ☎ 0925 902812, *info@villapalocla.it, Fax 0925 902812*, , , P. VISA.
Pasto carta 21/31 (10 %) – **8 cam** 72,30/134,28 – ½ P 82,63.
◆ All'interno di un edificio in stile tardo barocco le cui origini risalgono al 1750, un ristorante con predilezione per il pesce, avvolto da un giardino-agrumeto con piscina.

Hostaria del Vicolo, vicolo Sammaritano 10 ☎ 0925 23071, *Fax 0925 23071* – ▤. AE $ ⓓ ⓜⓞ VISA. ✂
chiuso dal 14 ottobre al 1º novembre e lunedì – **Pasto** carta 28/40.
◆ Siamo in pieno centro storico e questo è un locale raccolto, accogliente e personalizzato. In cucina ci si ispira alla tradizione, rielaborata però con seducente fantasia.

SCOGLITTI *Ragusa* 565 Q 25 – *Vedere Vittoria.*

SCOPELLO *91014 Trapani* 565 M 20 – *alt. 106.*
Marsala 63 – Palermo 71 – Trapani 36.

Tranchina, via A. Diaz 7 ☎ 0924 541099, *pensionetranchina@interfree.it, Fax 0924 541099* – AE $ ⓜⓞ VISA. ✂
Pasto (solo per alloggiati) – **10 cam** ☐ 52/82 – ½ P 64.
◆ Piccola risorsa, nel cuore dell'affascinante località, che dell'accoglienza cordiale e della buona tavola si può giustamente vantare. Ambienti estremamente sobri.

SEGESTA *Trapani* 565 N 20 *G. Sicilia – alt. 318 (Ruderi di un'antica città ellenistica).*
Vedere *Rovine*★★★ – *Tempio*★★★ – ≤★★ *dalla strada per il Teatro – Teatro*★.

SELINUNTE *Trapani* 565 O 20 *G. Sicilia (Ruderi di un'antica città sorta attorno al 7º secolo avanti Cristo).*
Vedere *Rovine*★★.
Dintorni *Cave di Cusa*★.
ℹ *ingresso Parco Archeologico* ☎ *0924 46251.*
Agrigento 102 – Catania 269 – Messina 344 – Palermo 114 – Trapani 92.

a Marinella *Sud : 1 km* – ✉ *91020 :*

Alceste, via Alceste 21 ☎ 0924 46184, *hotelalceste@libero.it, Fax 0924 46143,* – |‡| ▤ TV P. AE $ ⓓ ⓜⓞ VISA. ✂ cam
chiuso dal 16 novembre al 14 dicembre e dal 16 gennaio al 14 febbraio – **Pasto** carta 24/32 (10 %) – **26 cam** ☐ 67/87 – ½ P 70.
◆ Ai margini della località, a pochi metri dal mare, hotel riportato a nuova vita dopo una recente ristrutturazione. Tocco marinaresco negli arredi, semplici ed essenziali.

SFERRACAVALLO *Palermo* 565 M 21 – *Vedere Palermo.*

SICULIANA *92010 Agrigento* 565 O 22 – *4 904 ab. alt. 85.*
Agrigento 19 – Palermo 124 – Sciacca 43.

Villa Sikania, strada statale 115 ☎ 0922 817818, *villasikania@villasikania.com, Fax 0922 815751,* – |‡| ▤ TV ♿ P – 900. AE $ ⓓ ⓜⓞ VISA. ✂ rist
Pasto carta 16/27 – **42 cam** ☐ 95/120 – ½ P 73.
◆ Ubicato in comoda posizione per i turisti, lungo la strada statale, hotel di recente costruzione, che offre un confort ideale soprattutto per la clientela d'affari. Valido riferimento per ritemprarsi con un buon pasto.

La Scogliera, via San Pietro 54, a Siculiana Marina ☎ 0922 817532 – ▤. AE $ ⓓ ⓜⓞ VISA. ✂
chiuso dal 14 dicembre al 14 febbraio e lunedì (escluso da maggio ad ottobre) – **Pasto** specialità di mare carta 26/40.
◆ Ristorantino a conduzione familiare con una bella terrazza affacciata sul mare. Una risorsa ideale per apprezzare appetitose preparazioni a base di pesce fresco.

SINAGRA *98069 Messina* 565 M 26 – *3 010 ab. alt. 300.*
Catania 107 – Messina 89 – Palermo 165 – Taormina 85.

Trattoria da Angelo con cam, strada principale 139 per Ucria Sud : 2 km ☎ 0941 594433, *Fax 0941 595263,* ≤, – ▤ TV ♿ P. AE $ ⓜⓞ VISA. ✂
chiuso dal 7 al 14 gennaio – **Pasto** *(chiuso lunedì)* (prenotare sabato e domenica) carta 16/27 – **6 cam** ☐ 20/40 – ½ P 40.
◆ Ambiente rustico, da trattoria, per questo ampio e genuino ristorante a conduzione familiare. Tavoli in sala, o sulla terrazza panoramica, per gustare specialità siciliane.

Inviateci il vostro parere sui ristoranti che vi consigliamo, sulle loro specialità e i loro vini regionali.

SIRACUSA *96100* P 565 P 27 *G. Sicilia – 125 673 ab..*

Vedere *Zona archeologica★★★* **AY** : *Teatro Greco★★★, Latomia del Paradiso★★* **L2** *(Orecchio di Dionisio★★★), Anfiteatro Romano★* **AY** – *Museo Archeologico Regionale★★* **BY** – *Catacombe di San Giovanni★★* **BY** – *Latomia dei Cappuccini★★* **CY** – *Ortigia★★* **CZ** : *Duomo★* **D**, *Fonte Aretusa★* – *Galleria Regionale di palazzo Bellomo★* **CZ** – *Palazzo Mergulese-Montalto★* **CZ R4**, *Via della Maestranza★* **CZ 18.**

Escursioni *Passeggiata in barca sul fiume Ciane★★ Sud-Ovest : 4 h di barca (a richiesta) o 8 km.*

via San Sebastiano 43 ℘ 0931 481200, info@apt-siracusa.it, Fax 0931 67803 – via Maestranza 33 ℘ 0931 65201, aatsr@flashcom.it, Fax 0931 60204.

A.C.I. *Foro Siracusano 27 ℘ 0931 66656.*

Catania 59 ②.

Piante pagine seguenti

Grand Hotel, viale Mazzini 12 ℘ 0931 464600, *info@grandhotelsr.it, Fax 0931 464611* – cam, TV P – 50. AE VISA. CZ c
Pasto al Rist. ***La Terrazza*** carta 35/50 – **58 cam** 150/220, suite – ½ P 141.
◆ Qui le camere, così come gli spazi comuni, riescono a fondere e a comprendere in modo mirabile, elementi di design contemporaneo, reperti classici e decorazioni moderne. Il ristorante roof-garden offre una vista panoramica eccezionale sulla città e sul mare.

Gd H. Villa Politi, via Politi Laudien 2 ℘ 0931 412121, *info@villapoliti.com, Fax 0931 36061*, – TV P – 300. AE VISA. CY a
Pasto carta 26/35 – **98 cam** 160/192, 2 suites – ½ P 123.
◆ Nello spettacolare contesto del parco delle Latomie dei Cappuccini, una villa liberty che ospita ambienti comuni sontuosi, stanze ampie, eleganti e (molte) panoramiche. Al ristorante ritroverete ancora l'atmosfera di una certa nobile e raffinata «sicilianità».

Roma, via Roma 66 ℘ 0931 465626, *info@hotelroma.sr.it, Fax 0931 465535* – TV – 120. AE VISA. CZ f
Pasto carta 23/37 – **39 cam** 130/190, 4 suites – ½ P 115.
◆ Nel cuore di Ortigia, proprio alle spalle del Duomo, un albergo che si ripropone in veste completamente rinnovata, secondo i dettami di uno stile moderno e funzionale. Al ristorante due salette dove gustare piatti siciliani.

Holiday Inn Siracusa, viale Teracati 30/32 ℘ 0931 440440, *holidayinn.siracusa@alliance alberghi.com, Fax 0931 67115* – cam, TV P – 50. AE VISA JCB. rist BY a
Pasto carta 24/35 – **82 cam** 165,36/197,97.
◆ Di fronte al parco archeologico della Neapolis, una risorsa assolutamente affidabile e perfettamente in linea con gli standard della catena cui appartiene; buon servizio. Mobilio recente, in stile sobrio ma elegante, nella sala da pranzo.

Relax, viale Epipoli 159 ℘ 0931 740122, *info@hotelrelax.it, Fax 0931 740933*, – TV P – 50. AE VISA. rist per viale Teracati BY
Pasto 15/20 – **55 cam** 90/105, 2 suites – ½ P 67.
◆ Risorsa appropriata per la clientela d'affari, come per quella turistica. Attualmente in fase di ampliamento per accrescere il numero delle camere e il livello di confort. Cucina d'albergo con influssi eterogenei, senza forti connotazioni regionali.

Domus Mariae, via Vittorio Veneto 76 ℘ 0931 24854, *domusmariae@sistemia.it, Fax 0931 24858*, gestito da religiose – TV – 30. AE VISA JCB. rist CZ d
Pasto *(chiuso da maggio ad ottobre)* (solo per alloggiati) – **12 cam** 103/140.
◆ Albergo d'impostazione classica, con camere grandi e accoglienti, ubicato sul lungomare, con una curiosa particolarità: la gestione è in mano alle suore orsoline.

Como senza rist, piazza Stazione 12 ℘ 0931 464055, *info@hotelcomo.it, Fax 0931 464056* – TV. AE VISA JCB. BY w
20 cam 63/92.
◆ L'albergo della stazione: camere discrete, bagni di buona fattura e arredi un po' datati. A piano terra un unico ambiente accoglie la hall e la sala colazioni.

Gutkowski senza rist, lungomare Vittorini 26 ℘ 0931 465861, *info@guthotel.it, Fax 0931 480505*, – TV. AE VISA CZ x
26 cam 80/95.
◆ La piccola terrazza-solarium panoramica, l'accogliente e caratteristico spazio comune a piano terra, la discreta cura dei particolari, associata all'apprezzabile buon gusto.

Casa Mia senza rist, corso Umberto 112 ℘ 0931 463349, *info@bbcasamia.it, Fax 0931 64758* – TV. BZ a
10 cam 40/70.
◆ Sul corso principale che porta ad Ortigia, quasi un'abitazione privata, che offre camere semplici e accoglienti con qualche pezzo d'antiquariato. Bel terrazzino colazioni.

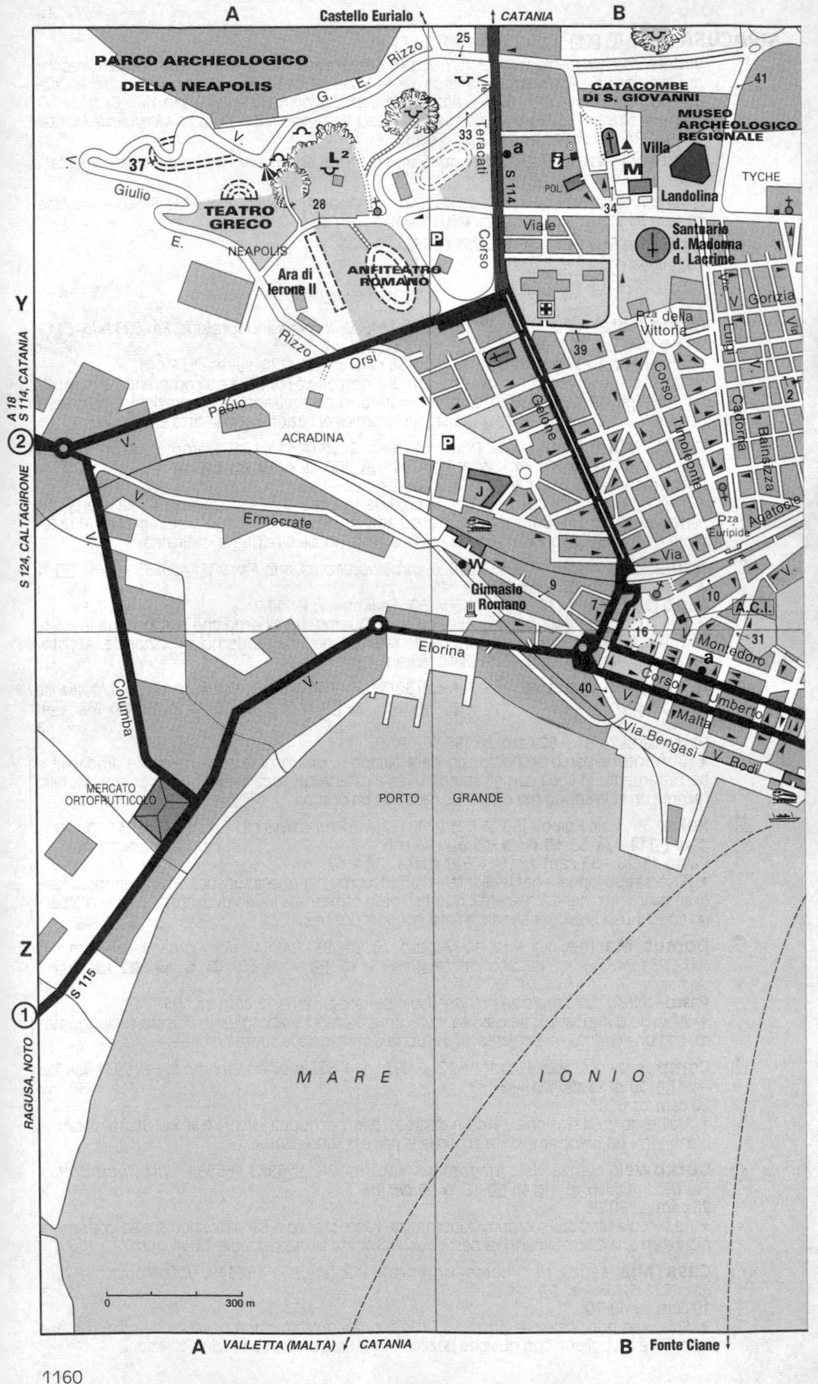
Castello Eurialo
CATANIA
PARCO ARCHEOLOGICO
DELLA NEAPOLIS
CATACOMBE
DI S. GIOVANNI
MUSEO
ARCHEOLOGICO
REGIONALE
Villa
Landolina
TYCHE
TEATRO
GRECO
NEAPOLIS
Ara di
Ierone II
ANFITEATRO
ROMANO
Santuario
d. Madonna
d. Lacrime
Pza della
Vittoria
ACRADINA
Gimnasio
Romano
A.C.I.
MERCATO
ORTOFRUTTICOLO
PORTO GRANDE
MARE IONIO
A 18
S 114, CATANIA
S 124, CALTAGIRONE
RAGUSA, NOTO
S 115
S 114
VALLETTA (MALTA)
CATANIA
Fonte Ciane
0
300 m

SIRACUSA

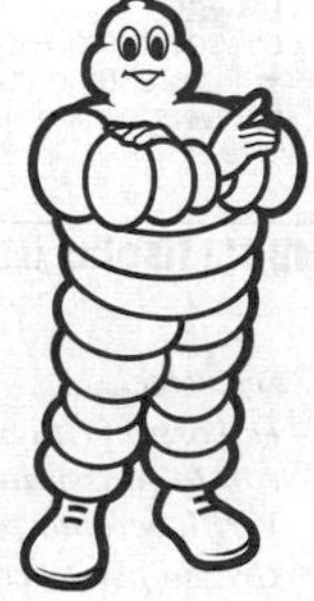

Archimede, via Gemmellaro 8 ☎ 0931 69701, *trattoriaarchimede@trattoriaarchimede.it, Fax 0931 69701* – ▤. AE ⓢ ⓓ ⓜⓒ VISA JCB. ⊁ **CZ** b
chiuso domenica – **Pasto** carta 24/34 (10 %).
◆ Nel centro dell'isola di Ortigia, locale classico che propone piatti di pesce, ma non solo, realizzati con prodotti genuini e saporiti, serviti a prezzi convenienti.

Don Camillo, via Maestranza 96 ☎ 0931 67133, *ristorantedoncamillo@tin.it, Fax 0931 67133* – ▤. AE ⓢ ⓓ ⓜⓒ VISA JCB **CZ** a
chiuso quindici giorni in luglio, Ferragosto, quindici giorni in novembre, Natale e domenica – **Pasto** carta 29/42.
◆ Soffitti a volta, pietre a vista e un certo dinamismo nella disposizione degli spazi, connotano questo ristorante che dispone, tra l'altro, di un'interessante cantina.

Minosse, via Mirabella 6 ☎ 0931 66366, *ilristorante.minosse@tin.it, Fax 0931 66366* – ▤. AE ⓢ ⓓ ⓜⓒ VISA **CZ** e
chiuso dal 20 al 30 luglio e lunedì – **Pasto** carta 23/38.
◆ Nel cuore della pittoresca isola, un ristorante con una linea gastronomica radicata nella tradizione culinaria di mare. L'ambiente è classico, il servizio puntuale.

Darsena da Jannuzzo, riva Garibaldi 6 ☎ 0931 61522, *Fax 0931 66104*, ← – ▤. AE ⓢ ⓓ ⓜⓒ VISA. ⊁ **CZ** g
chiuso mercoledì – **Pasto** carta 25/33.
◆ Bisogna percorrere il canale che separa Ortigia dal resto della città per giungere in questo simpatico locale, d'impostazione classica, specializzato nei prodotti ittici.

verso Lido Arenella :

Agriturismo Villa Lucia senza rist, contrada Isola, traversa Mondello 1 ☎ 0931 721007, *Fax 0931 721587*, ⛱, ⌂ – P. AE ⓢ. ⊁ 7 km per ①
16 cam ☕ 105/155.
◆ Ci si trova in una villa nobiliare di campagna immersa in un parco secolare, ma a poche centinaia di metri dal mare. La posizione è ideale e gli ambienti sono affascinanti.

Dolce Casa senza rist, via Lido Sacramento 4 ☎ 0931 721135, *contact@bbdolcecasa.it, Fax 0931 721135*, ⌂ – ▤ TV P 4 km per ①
☕ 5 – **10 cam** 45/72.
◆ Piacevole struttura a metà strada tra la città e le spiagge, attorniata da un giardino mediterraneo, inserita in un'oasi di tranquillità: per un soggiorno rilassante.

sulla strada provinciale 14 Mare Monti :

Agriturismo La Perciata, via Spinagallo 77 (Sud-Ovest : 14 km) ☎ 0931 717366, *perciata@perciata.it, Fax 0931 62301*, ⛱, ⌂, ⌂, ✕ – ▤ TV P. AE ⓢ ⓓ ⓜⓒ VISA. ⊁
Pasto *(giugno-settembre; chiuso a mezzogiorno)* carta 23/34 – **13 cam** ☕ 70/82 – 1/2 P 61.
◆ Casa dall'intenso sapore mediterraneo, immersa nella campagna siracusana. Un agriturismo di alto livello, con tante dotazioni e servizi, per un soggiorno di tutto relax. Al ristorante prodotti genuini e la gradevolezza degli ambienti all'aperto.

Agriturismo Limoneto, via del Platano 9 (Sud-Ovest : 9,5 km) ☎ 0931 717352, *limoneto@tin.it, Fax 0931 717728*, ⌂ – ♿ P. ⊁
chiuso dal 15 novembre al 15 dicembre – **Pasto** 18/25 – **8 cam** ☕ 55/76 – 1/2 P 56.
◆ Attorniata da un rigoglioso giardino agrumeto, struttura in aperta campagna in cui tutte le camere hanno accesso indipendente. La gestione si distingue per la simpatia. La sala per i pasti è raccolta e presenta un ambiente improntato a una bucolica semplicità.

a Fontane Bianche *per ① : 15 km – ✉ 96010 Cassibile :*

La Spiaggetta, viale dei Lidi 473 ☎ 0931 790334, *Fax 0931 790317*, ← – ▤. AE ⓢ ⓓ ⓜⓒ VISA JCB
chiuso martedì escluso da aprile a settembre – **Pasto** carta 23/28.
◆ Ristorante in cui si mangia praticamente in riva al mare, che arriva a «lambire» la sala attraverso grandi vetrate. Ovviamente la cucina propone pesce fresco di giornata.

STROMBOLI (Isola) *Messina* 565 K 27 – *Vedere Eolie (Isole).*

Scriveteci...
Le vostre critiche e i vostri apprezzamenti saranno esaminati con la massima attenzione.
Verificheremo personalmente gli esercizi che ci vorrete segnalare
Grazie per la collaborazione !

TAORMINA *98039 Messina* 565 N 27 *G. Sicilia – 10 697 ab. alt. 250.*

Vedere *Località★★★ – Teatro Greco★★★ : ≤★★★* **BZ** – *Giardino pubblico★★* **BZ** – *✻★★ dalla piazza 9 Aprile* **AZ** – *Corso Umberto★* **ABZ** – *Castello : ≤★★* **AZ.**

Escursioni *Etna★★★ Sud-Ovest per Linguaglossa – Castel Mola★ Nord-Ovest : 5 km – Gole dell'Alcantara★.*

Il Picciolo (chiuso martedì) via Picciolo 1 ✉ 95030 Castiglione di Sicilia ☎ 0942 986252, Fax 0942 986252, Ovest : 25 km.

piazza Santa Caterina (Palazzo Corvaja) ☎ 0942 23243, info@gate2taormina.com, Fax 0942 24941.

Catania 52 ② – Enna 135 ② – Messina 52 ① – Palermo 255 ② – Siracusa 111 ② – Trapani 359 ②.

Pianta pagina seguente

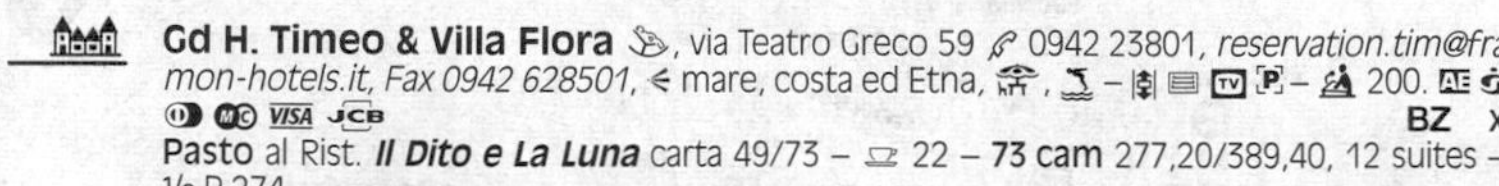

Gd H. Timeo & Villa Flora, via Teatro Greco 59 ☎ 0942 23801, *reservation.tim@fra mon-hotels.it, Fax 0942 628501,* ≤ mare, costa ed Etna, – – 200. AE VISA JCB **BZ x**
Pasto al Rist. ***Il Dito e La Luna*** carta 49/73 – ☐ 22 – **73 cam** 277,20/389,40, 12 suites – ½ P 274.
◆ Il grande parco e le terrazze fiorite «accarezzano» un albergo che ha fatto la storia dell'ospitalità siciliana e non solo. Confort esclusivo, interni di magico splendore. Ristorante a pochi passi dal teatro greco, una delle viste più belle del mondo.

San Domenico Palace, piazza San Domenico 5 ☎ 0942 613111, *san-domenico@thi .it, Fax 0942 625506,* riscaldata, – – 400. AE VISA JCB. **AZ m**
Pasto carta 54/75 – **108 cam** ☐ 250/509, 7 suites – ½ P 315.
◆ Difficile descrivere questo stupendo hotel ricavato in un convento del XV sec., impreziosito da un giardino fiorito, con una vista eccezionale su giardini, mare ed Etna. Ristorante decisamente fuori dal comune, soprattutto nell'incantevole spazio esterno.

Villa Diodoro, via Bagnoli Croci 75 ☎ 0942 23312, *diodoro@gaishotels.com, Fax 0942 23391,* ≤ mare, costa ed Etna, – – 400. AE VISA. **BZ q**
Pasto carta 35/48 – **95 cam** ☐ 189/264, 4 suites – ½ P 163.
◆ Maestosa piscina incastonata su una meravigliosa terrazza panoramica, che appare protesa verso l'Etna. Uno dei vari gioielli di un hotel sapientemente ristrutturato. Sorprendente è il fascino della sala da pranzo, così come della terrazza.

Gd H. Miramare, via Guardiola Vecchia 27 ☎ 0942 23401, *ghmiramare@tiscali.it, Fax 0942 626223,* ≤ mare e costa, – . AE VISA. **CZ c**
marzo-ottobre – **Pasto** 35 – **66 cam** ☐ 170/210, 2 suites – ½ P 126.
◆ Struttura imponente, aggraziatamente inserita in un lussureggiante parco. A disposizione degli ospiti un settore notte di notevole valore, con mobilio in stile impero. Capiente sala ristorante interna, e curatissimi spazi esterni.

Villa Fabbiano, via Pirandello 81 ☎ 0942 626058, *info@villafabbiano.com, Fax 0942 23732,* ≤ mare e costa, – . VISA. **CZ a**
marzo-ottobre – **Pasto** *(chiuso la sera)* (solo per alloggiati) 25/40 – **26 cam** ☐ 150/205, 4 suites.
◆ Una dimora signorile d'inizio secolo, arredata con gusto e gestita con passione. Tutte le camere offrono affascinanti vedute, così come la terrazza adibita a roof-garden.

Villa Ducale senza rist, via Leonardo da Vinci 60 ☎ 0942 28153, *villaducale@tao.it, Fax 0942 28710,* ≤ mare, costa ed Etna – . AE VISA JCB **AZ p**
chiuso sino al 24 febbraio – **13 cam** ☐ 196/240.
◆ Villa di famiglia, in posizione incantevole, trasformata in un albergo ricco di charme, atmosfera e personalizzazioni. Gestito da una intraprendente coppia di giovani.

Villa Sirina senza rist, contrada Sirina ☎ 0942 51776, *sirina@tao.it, Fax 0942 51671,* – . AE VISA. 2 km per via Crocifisso **AZ**
chiuso dal 10 novembre al 20 marzo – **15 cam** ☐ 100/140.
◆ Ai piedi della località, quasi alle porte di Giardini, una villa ristrutturata in modo tale da offrire un'ospitalità non lussuosa, ma confortevole. Arredi in stile locale.

Villa Belvedere, via Bagnoli Croci 79 ☎ 0942 23791, *info@villabelvedere.it, Fax 0942 625830,* ≤ giardini, mare ed Etna, – . VISA. rist **BZ b**
10 marzo-26 novembre – **Pasto** *(10 aprile-ottobre; chiuso la sera)* (solo per alloggiati) – **49 cam** ☐ 120/198, suite.
◆ Buona distribuzione degli spazi comuni, camere discrete senza particolarità negli arredi. La vista mozzafiato e il bel parco con palme e piscina arricchiscono il tutto.

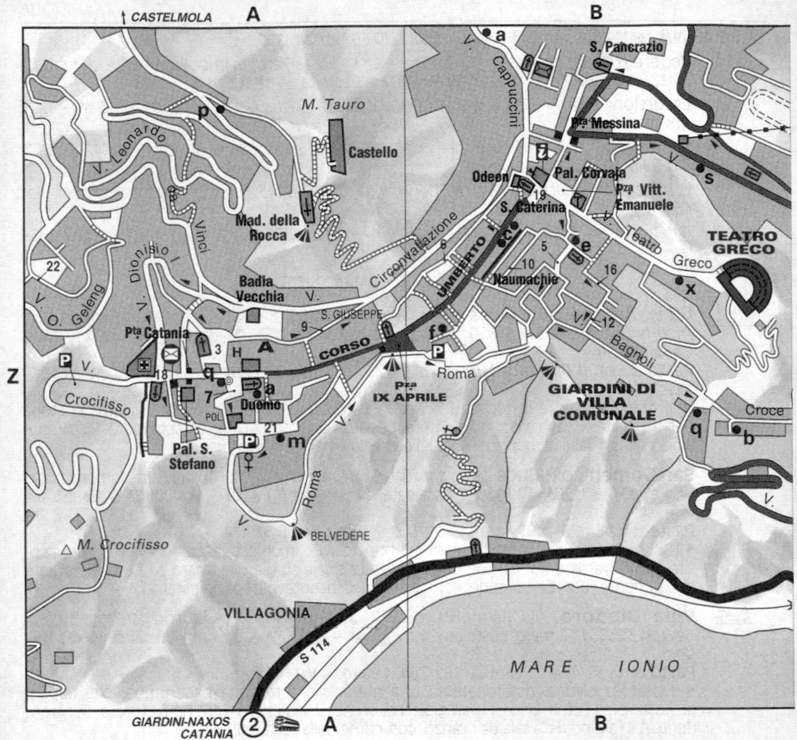

Isabella, corso Umberto 58 ℘ 0942 23153, *isabella@gaishotels.com, Fax 0942 23155* – AE. VISA. BZ c
Pasto *(aprile-ottobre)* (solo per alloggiati) 20/26 – **32 cam** 107/164 – ½ P 97.
◆ Certo non ci si affaccia sulla spiaggia, ma il piacere di varcare la soglia e ritrovarsi direttamente sul corso principale, costituisce un privilegio più che apprezzabile.

Villa Fiorita senza rist, via Pirandello 39 ℘ 0942 24122, *villafioritahotel@libero.it, Fax 0942 625967,* ≤ mare e costa, – . AE VISA BZ s
26 cam 110/126.
◆ Ricavato da una villa settecentesca, un hotel che ha come punto di forza la vista su uno dei paesaggi più famosi del Bel Paese. Arredi omogenei di taglio classico.

Andromaco senza rist, via Fontana Vecchia ℘ 0942 23834, *info@andromaco.it, Fax 0942 24985,* ≤, – P. AE VISA per via Cappuccini BZ
20 cam 90/120.
◆ Alberghetto familiare ubicato in zona residenziale, tranquilla e panoramica. Ottima distribuzione degli spazi, buon numero di dotazioni, gestione simpatica ed efficiente.

Condor senza rist, via Dietro Cappuccini 25 ℘ 0942 23124, *condor@tin.it, Fax 0942 625726,* ≤ – . AE VISA BZ a
marzo-ottobre – **12 cam** 70/95.
◆ Una dozzina di stanze, una palazzina in posizione panoramica e una gestione di lunga esperienza. Per chi non ricerca l'eleganza, ma si accontenta della semplicità.

La Giara, vico la Floresta 1 ℘ 0942 23360, *Fax 0942 23233,* ≤, Rist. e piano-bar, Coperti limitati; prenotare – . AE VISA. BZ f
chiuso novembre, febbraio, marzo (escluso venerdì-sabato), a mezzogiorno e lunedì (escluso da luglio a settembre) – **Pasto** carta 44/57.
◆ Decisamente il locale più alla moda della località: luci soffuse, servizio impeccabile, vista su tetti e terrazze, frequentatissimo piano bar notturno, clientela elegante.

TAORMINA

Circolazione regolamentata nel centro città da giugno a settembre

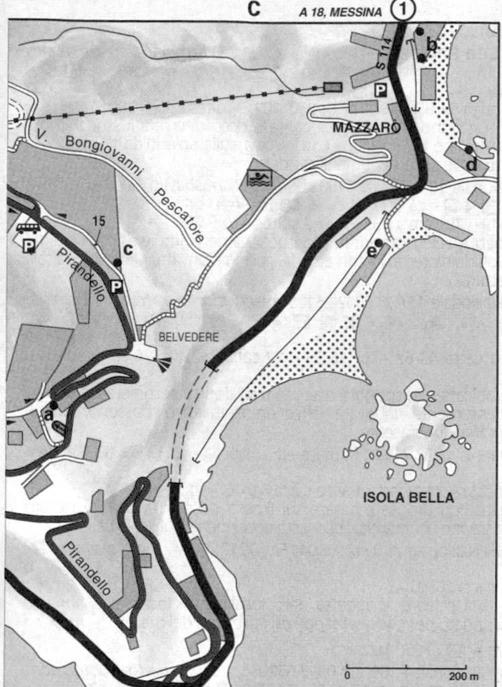

XXX **Casa Grugno,** via Santa Maria de' Greci ☏ 0942 21208, *info@casagrugno.it,* – ▤. AE ⓓ MC VISA. **AZ a**
chiuso dal 1° al 20 dicembre, febbraio, domenica a mezzogiorno e mercoledì (escluso da aprile a settembre) – **Pasto** carta 44/58.
◆ Ristorante aperto di recente, ha proposto fin da subito una cucina di mare fantasiosa, alla ricerca di abbinamenti interessanti. In pieno centro, l'ambiente è raffinato.

XX **Al Duomo,** vico Ebrei 11 ☏ 0942 625656, *info@ristorantealduomo.it,* , Coperti limitati; prenotare – ▤. AE ⓓ MC VISA **AZ q**
chiuso gennaio, novembre e lunedì – **Pasto** specialità siciliane carta 34/52.
◆ Si entra da un vicoletto laterale e varcata la soglia si accede ad un locale ben disposto, affacciato sulla piazzetta del Duomo. Servizio estivo sulla terrazza.

XX **La Griglia,** corso Umberto 54 ☏ 0942 23980 – ▤. AE ⓓ MC VISA. **BZ c**
chiuso dal 20 novembre al 20 dicembre e martedì – **Pasto** carta 21/36.
◆ Lungo il corso principale della località, un ristorante d'impostazione classica con tante belle piante un po' dappertutto. Cucina tradizionale con proposte di stagione.

X **Il Baccanale,** piazzetta Filea 1 ☏ 0942 625390, *Fax 0942 625390,* – ▤. AE MC VISA. **BZ e**
chiuso giovedì escluso da aprile a settembre – **Pasto** carta 22/37.
◆ Servizio all'aperto sulla piazzetta e tavoli interni abbastanza ravvicinati, ambiente semplice con note di genuina rusticità. Molto frequentato da turisti stranieri.

a Capo Taormina *Sud : 4 km* – ✉ *98030 Mazzarò :*

Grande Albergo Capotaormina, via Nazionale 105 ☏ 0942 572111, *prenotazioni @capotaorminahotel.com, Fax 0942 625467,* , , con acqua di mare – , cam, ▤ TV – 450. AE ⓓ MC VISA JCB. **CZ g**
aprile-ottobre – **Pasto** carta 37/56 – **194 cam** 293/430, 4 suites – ½ P 267.
◆ In splendida posizione, tra le rocce del capo, offre una delle visuali più suggestive della zona. Tra le tante bellezze anche la spiaggia con una caratteristica grotta. Il servizio ristorante viene effettuato sulle meravigliose terrazze a mare.

a Mazzarò *Est 5,5 km o 5 mn di cabinovia* **CZ** – ✉ *98030 :*

Grand Hotel Mazzarò Sea Palace, via Nazionale 147 ☎ 0942 612111, *info@mazzaroseapalace.it, Fax 0942 626237,* ← piccola baia, ☂, Fø, ⛱, 🏖 – |♦|, ⇆ cam, ▤ 📺 ✆ – 🏛 100. AE ⓢ ⓞ ⓜⓒ VISA JCB. ✂ **CZ b**
marzo-novembre – **Pasto** carta 39/88 – **88 cam** ☐ 230/402, 9 suites – ½ P 250.
◆ Insieme armonioso, con un piano soggiorno elegante e ricco di arredi lussuosi. E poi tante terrazze di cui la più bella è un solarium con piscina sulla splendida baietta. Sala raffinata e terrazze all'aperto dove cenare a lume di candela.

Atlantis Bay ⛵, via Nazionale 161 ☎ 0942 618011, *info@atlantisbay.it, Fax 0942 23194,* ☂, Fø, ⛱, 🏖 ⚓ – |♦| ▤ 📺 ✆ P – 🏛 200. AE ⓢ ⓞ ⓜⓒ VISA JCB. ✂
marzo-novembre – **Pasto** 49 – **78 cam** ☐ 350/420, 7 suites – ½ P 259.
◆ Una realtà recente, raffinata ed elegante. Interni sontuosi, camere ampie e ricche di ogni confort, tutte vista mare. Splendida terrazza con piscina, spiaggia privata. Meravigliosa sala ristorante curata in ogni dettaglio.

Villa Sant'Andrea, via Nazionale 137 ☎ 0942 23125, *reservation.vsa@framon-hotels.it, Fax 0942 24838,* ← piccola baia, 🏖, 🌳 – |♦| ▤ 📺 🚗 – 🏛 150. AE ⓢ ⓞ ⓜⓒ VISA. JCB **CZ d**
aprile-8 novembre – **Pasto** carta 46/67 – ☐ 16,50 – **77 cam** 232,10/326,70, 2 suites – ½ P 219.
◆ Risorsa splendidamente ubicata sulla spiaggia, di solida tradizione alberghiera, ricavata in una villa ottocentesca recentemente rinnovata, offre un'ospitalità di classe. Il servizio ristorante offre una scenografia stupefacente.

Da Giovanni, via Nazionale ☎ 0942 23531, ← mare ed Isolabella – AE ⓢ ⓞ ⓜⓒ VISA JCB. ✂ **CZ e**
chiuso dal 7 gennaio al 10 febbraio e lunedì – **Pasto** carta 31/46.
◆ Classico ristorante a mare con proposte basate sul fresco pescato locale, preparato secondo la tradizione. In posizione panoramica, con vista eccezionale sull'Isola Bella.

Il Delfino-da Angelo, via Nazionale ☎ 0942 23004, *Fax 0942 23004,* ← piccola baia, ☂, 🏖 – AE ⓢ ⓞ ⓜⓒ VISA **CZ b**
15 marzo-ottobre – **Pasto** carta 26/40.
◆ Tra un giardino fiorito e la celebre spiaggetta della località, un locale con annesso stabilimento balneare, appropriato per godersi i sapori ed i profumi del mare.

a Lido di Spisone *Nord-Est: 1,5 km* – ✉ *98030 Mazzarò :*

Hotel Caparena, via Nazionale 189 ☎ 0942 652033, *caparena@gaishotels.com, Fax 0942 36913,* ←, ☂, ⛱, 🏖, 🌳 – |♦| ▤ 📺 ♿ P – 🏛 200. AE ⓢ ⓞ ⓜⓒ VISA. ✂
Pasto carta 35/48 – **88 cam** ☐ 194/270 – ½ P 168.
◆ Vivere il mare e la natura al meglio: bellezza e confort, palme e acqua limpida, arredi fini e ambienti godibili. Soluzione perfetta per il turista come per il congressista. L'ampio giardino fiorito fa da cornice al servizio ristorante all'aperto.

Baia delle Sirene, via Nazionale 163 ☎ 0942 628843, *baia.sirene@tiscalinet.it, Fax 0942 628843,* ←, 🏖, 🌳 – ▤ 📺 P. AE ⓢ ⓞ ⓜⓒ VISA JCB. ✂
chiuso dal 10 gennaio al 10 febbraio – **Pasto** *(aprile-ottobre)* carta 36/60 – **15 cam** ☐ 88/144 – ½ P 91,50.
◆ Risorsa ristrutturata di recente, semplice ma con confort assolutamente al passo coi tempi. Per vivere un soggiorno, o meglio una vacanza balneare, in assoluto relax. Circondati da fiori e piante le specialità della cucina siciliana, a prezzi interessanti.

a Castelmola *Nord-Ovest : 5 km* **AZ** – *alt. 550* – ✉ *98030 :*

Villa Sonia ⛵, via Porta Mola 9 ☎ 0942 28082, *intelisano@tao.it, Fax 0942 28083,* ← Etna, ☂, ⛱s, ⛱, 🌳 – |♦| ▤ 📺 ♿ P – 🏛 110. AE ⓢ ⓞ ⓜⓒ VISA JCB. ✂
chiuso dal 6 gennaio a febbraio e da novembre al 20 dicembre – **Pasto** al Rist. ***Parco Reale*** carta 52/62 – ☐ 15 – **37 cam** ☐ 120/170, 3 suites – ½ P 125.
◆ Quest'antica villa ristrutturata, esattamente all'ingresso del delizioso paesino, al proprio interno ospita anche una raccolta di oggetti d'epoca e d'artigianato siciliano. Ristorante sobriamente elegante con numerosi complementi d'arredo d'epoca.

TERME VIGLIATORE *98050 Messina* 565 M 27 *G. Sicilia – 6 451 ab..*

Vedere *Villa Romana*★.
Catania 123 – Enna 174 – Messina 50 – Palermo 184.

Il Gabbiano, via Marchesana 4, località Lido Marchesana ☎ 090 9782343, *hotelgabbiano@tin.it, Fax 090 9781385,* ←, ⛱, 🏖 – |♦| ▤ 📺 P. AE ⓢ ⓞ ⓜⓒ VISA. ✂ rist
chiuso sino a marzo – **Pasto** carta 21/32 – **40 cam** ☐ 75/120 – ½ P 70.
◆ Nel suggestivo golfo di Tindari, a poca distanza da numerose attrattive turistiche, una struttura moderna e panoramica che sfrutta appieno la posizione sulla spiaggia. Le sale del ristorante danno sulla terrazza a mare con piscina.

I prezzi del pernottamento e della pensione possono subire aumenti in relazione all'andamento generale del costo della vita ; quando prenotate chiedete la conferma del prezzo.

TERMINI IMERESE *90018 Palermo* 565 N 23 *G. Sicilia – 27 923 ab. alt. 113.*
Agrigento 150 – Messina 202 – Palermo 36.

Gd H. delle Terme, piazza Terme 2 ☎ 091 8113557, *ghterme@hotmail.com, Fax 091 8113107*, – 150. AE VISA JCB.
Pasto carta 34/44 – **69 cam** 95/150, 11 suites – ½ P 97.
◆ Edificio storico di fine Ottocento, inserito in un giardino fiorito con piscina e vista panoramica; nei suggestivi sotterranei sgorgano acque termali adatte alle cure. Sala da pranzo classica di tono elegante.

Il Gabbiano senza rist, via Libertà 221 ☎ 091 8113262, *hotelgabbiano@hotelgabbiano.it, Fax 091 8114225* – P. AE VISA.
24 cam 49/88.
◆ Albergo ubicato ai margini del paese, gestito con attenzioni fuori dal comune. Dunque una risorsa apprezzabile, seppur semplice, soprattutto per la clientela d'affari.

TERRASINI *90049 Palermo* 565 M 21 *G. Sicilia – 11 100 ab. alt. 35.*
Vedere *Museo Civico : carretti siciliani★.*
Dintorni *Carini : decorazione a stucchi★★ nell'Oratorio del SS. Sacramento Est : 16 km.*
Palermo 29 – Trapani 71.

Cala Rossa, via Marchesa di Cala Rossa ☎ 091 8685153, *info@hotelcalarossa.com, Fax 091 8684727*, – P – 500. AE VISA.
Pasto carta 26/30 – **68 cam** 94/148 – ½ P 85.
◆ Hotel recente, che dell'aria di nuovo approfitta pienamente, tutto dimostra la ricerca di una certa opulenta eleganza. Assai godibile il giardino con tennis e piscina. Ristorante dai grandi spazi per diverse tipologie di clienti.

Primafila, via Saputo 8 ☎ 091 8684422, – . AE VISA JCB
chiuso novembre e lunedì – **Pasto** carta 25/52.
◆ A ridosso del lungomare, un locale affidabile, dove gustare con soddisfazione i piatti della tradizione. Ambiente caldo e accogliente grazie all'impiego di tanto legno.

Una prenotazione confermata per iscritto o per fax è sempre più sicura.

TORREGROTTA *98040 Messina* 565 M 28 – *6 636 ab. alt. 48.*
Catania 141 – Messina 29 – Palermo 215.

Thomas, via Sfameni 98, località Scala ☎ 090 9981947, *Fax 090 9982273* – P. AE VISA JCB.
chiuso dicembre – **Pasto** *(chiuso lunedì)* carta 21/28 – 3,50 – **18 cam** 34/50 – ½ P 45.
◆ Sulla strada che porta a mare, tra le numerose case di villeggiatura della zona, una struttura il cui tratto saliente è rappresentato dall'ottimo rapporto qualità/prezzo. Classico ristorante di mare, ambiente semplice e familiare.

TRACINO *Trapani* 565 Q 18 – *Vedere Pantelleria (Isola di).*

TRAPANI *91100* P 565 M 19 *G. Sicilia – 69 221 ab..*
Vedere *Museo Pepoli★ – Santuario dell'Annunziata★ – Centro Storico★.*
Escursioni *Isola di Pantelleria★★ Sud per motonave* **BZ** *– Isole Egadi★ Ovest per motonave o aliscafo* **BZ.**
di Birgi Sud : 15 km per ① ☎ 0923 842502, Fax 0923 842367.
per Cagliari martedì (11 h) – Tirrenia Navigazione-agenzia Salvo, molo Sanità ☎ 0923 545433, Fax 0923 545444; per le Isole Egadi giornalieri (da 1 h a 2 h 45 mn) e Pantelleria giornaliero (5 h 45 mn) – Siremar-agenzia Mare Viaggi, via Staiti 61/63 ☎ 0923 540515, Fax 0923 20663.
per le Isole Egadi giornalieri (da 15 mn a 1 h) – Siremar-agenzia Mare Viaggi, via Staiti 61/63 ☎ 0923 540515, Fax 0923 20663.
piazza Saturno ☎ 0923 29000, apttp@mail.cinet.it, Fax 0923 24004.
A.C.I. *via Virgilio 115 ☎ 0923 27064.*
Palermo 104 ①.

Pianta pagina seguente

Crystal, piazza Umberto I ☎ 0923 20000, *reservation.cry@framon-hotels.it, Fax 0923 25555* – – 140. AE VISA JCB **BZ** b
Pasto carta 38/57 – 11 – **68 cam** 121/176, 2 suites – ½ P 129.
◆ Struttura moderna, di taglio avveniristico, sorta circa dieci anni fa. Data questa premessa è ovvio dedurre che servizi e dotazioni siano assolutamente al passo coi tempi. Ristorante adeguato ai desideri di una clientela esigente, arredi contemporanei.

TRAPANI

Alighieri (Lungomare Dante) **BZ**
Bassi (Via L.) . . . . **BZ**
Botteghelle (Via) . . . . **AZ** 4
Carolina (Via) . . . . **AZ** 6
Cassaretto (Via) . . . . **AZ** 7
Catulo Lutazio (Via) . . . . **AZ**
Colombo (Via C.) . . . . **AZ** 9
Crispi (Via) . . . . **BZ** 10
Custonaci (Via) . . . . **AZ** 12
Duca d'Aosta (Viale) . . . . **AZ**
Fardella (Via G. B.) . . . . **BZ**
Garibaldi (Piazza) . . . . **BZ**
Garibaldi (Via) . . . . **BZ**
Ilio (Via) . . . . **BZ**
Italia (Corso) . . . . **BZ** 15
Jolanda (Piazza) . . . . **AZ**
Libertà (Via) . . . . **BZ** 16
Malta (Piazza) . . . . **BZ**
Marino Torre (Via) . . . . **BZ** 21
Matteotti (Piazza) . . . . **BZ** 24
Mazzini (Via) . . . . **BZ**
Mercato del Pesce (Piazza) . . . . **BZ** 25
Mura di Tramontana (Via) . . . **BZ** 28
Nasi (Via N.) . . . . **AZ** 30
Nausicaa (Via) . . . . **BZ** 31
Ninfe (Largo d.) . . . . **AZ** 33
Orfane (Via) . . . . **BZ** 34
Osorio (Via) . . . . **BZ**
Pallante (Via) . . . . **BZ** 39
Palmeri (Via G.) . . . . **BZ** 40

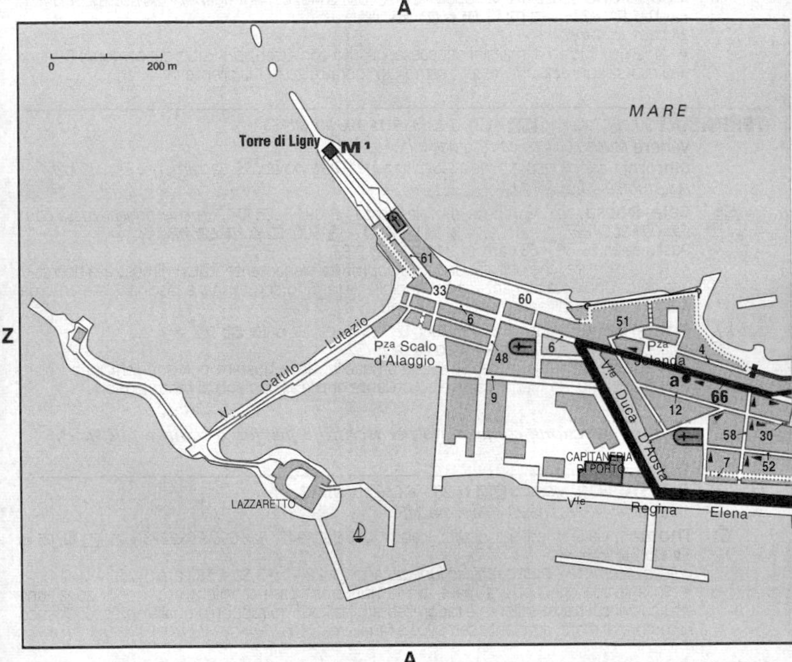

Vittoria senza rist, via Crispi 4 ☎ 0923 873044, *info@hotelvittoriatrapani.it, Fax 0923 29870* – 50. AE VISA — **BZ** s
5 – **65 cam** 52/78.
◆ Se l'esterno non rappresenta un modello architettonico esteticamente rilevante, gli interni garantiscono un buon confort, molto apprezzato dalla clientela d'affari.

Taverna Paradiso, lungomare Dante Alighieri 22 ☎ 0923 22303, *Fax 0923 22303*, prenotare la sera – . AE VISA JCB — **BZ** e
chiuso domenica – **Pasto** carta 31/45.
◆ Ristorante ubicato sul lungomare della città, ideale per gustare al meglio i prodotti ittici della zona. Le specialità si basano sul principe di questo mare: il tonno.

Ai Lumi Tavernetta, corso Vittorio Emanuele 75 ☎ 0923 872418, *info@ailumi.it*, prenotare – . AE VISA. — **AZ** a
chiuso domenica escluso agosto – **Pasto** carta 24/38.
◆ Nel centro della città, un locale giovane, alla moda, caratterizzato da un ambiente curato. Proposte di carne e di pesce attente al territorio, a prezzi interessanti.

Cantina Siciliana, via Giudecca 36 ☎ 0923 28673, *cantinasiciliana@libero.it, Fax 0923 28673*, , Coperti limitati; prenotare – VISA. — **BZ** a
Pasto carta 21/25.
◆ Osteria con origini risalenti ai primi anni '50 totalmente ristrutturata di recente, con l'attenzione a preservare i tratti caratteristici d'un tempo. Specialità trapanesi.

Palmerio Abate (Via) . . . . . BZ 42
Passo Enea (Via) . . . . . BZ 43
Poeta Calvino (Via) . . . . . BZ 46
Procida (Via Giov. d.) . . . . . AZ 48
Regina Elena (Viale) . . . . . AZ
Roma (Via) . . . . . BZ 49
S. Anna (Via) . . . . . AZ 51
S. Francesco d'Assisi (Via) . AZ 52
S. Francesco di Paola (Largo) . . . . . BZ 54
Scalo d'Alaggio (Piazza) . . . . . AZ
Scarlatti (Piazza) . . . . . BZ 55
Scontrino (Via) . . . . . BZ 57
Serisso (Via) . . . . . AZ 58
Sirene (Viale d.) . . . . . AZ 60
Spalti (Via) . . . . . BZ
Staiti (Via Ammiraglio) . . . . . BZ
Torre di Ligny (Viale) . . . . . AZ 61
Torrearsa (Via) . . . . . BZ
Umberto I (Piazza) . . . . . BZ 63
Vallona (Via) . . . . . BZ 64
Vespri (Via) . . . . . BZ
Virgilio (Via) . . . . . BZ
Vittorio Emanuele (Corso) . . . . . AZ 66
Vittorio Emanuele (Piazza) . . . . . BZ 67
Vittorio Veneto (Piazza) . . . . . BZ
XX Settembre (Via) . . . . . BZ 69
XXX Gennaio (Via) . . . . . BZ

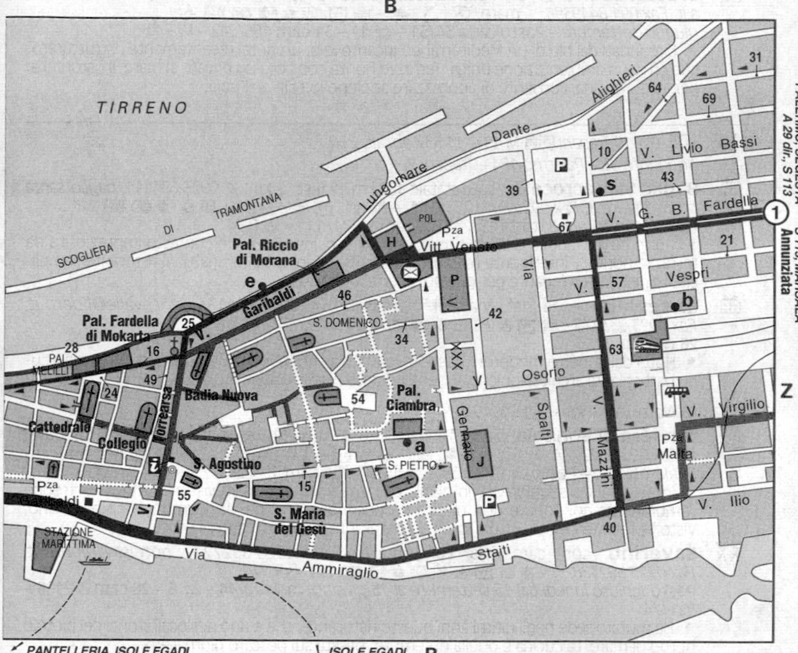

a Fontanasalsa *Sud : 9 km – ✉ 91100 Trapani :*

Agriturismo Baglio Fontanasalsa ⚘, via Cusenza 78 ✆ 0923 591001, *bagliofontanasalsa@hotmail.com, Fax 0923 591001,* ⛱, 🏊, 🐎 – ▤ 📺 🅿. AE ⑤ ⓓ ⓜⓒ VISA JCB. ✂ rist

Pasto *(chiuso a mezzogiorno escluso domenica)* 20/40 – **8 cam** ☕ 52/86 – ½ P 68.

◆ Tra incantevoli oliveti e agrumeti, accanto agli edifici destinati alla produzione dell'olio, una caratteristica risorsa che consente di vivere appieno la vita di campagna. D'estate il ristorante «invade» l'agrumeto.

TRECASTAGNI *95039 Catania* 565 O 27 *G. Sicilia – 8 279 ab. alt. 586.*

Catania 17 – Enna 99 – Messina 85 – Siracusa 82.

Villa Taverna, corso Colombo 42 ✆ 095 7806458, ⛱, prenotare – 🅿. ⑤ ⓜⓒ VISA. ✂

chiuso lunedì e a mezzogiorno, domenica ed i giorni festivi chiuso la sera – **Pasto** 18/28 bc.

◆ Un quartiere dei bassi della vecchia Catania, ricostruito ex novo quasi come un set cinematografico, in cui viene offerta la possibilità di gustare un pasto soddisfacente.

Se cercate un hotel tranquillo
consultate prima le carte tematiche dell'introduzione
e trovate nel testo gli esercizi indicati con il simbolo ⚘

USTICA (Isola di) *Palermo* 565 K 21 – *1 360 ab. alt. da 0 a 238 (Monte Guardia dei Turchi)La limitazione d'accesso degli autoveicoli è regolata da normelegislative.*

per Palermo giornaliero (2 h 20 mn) – Siremar-agenzia Militello, piazza Di Bartolo 15 ✆ 091 8449002, Fax 091 8444945.

per Palermo giornaliero (1 h 15 mn) – Siremar-agenzia Militello, piazza Di Bartolo 15 ✆ 8449002, Fax 8444945.

Ustica 565 K 21 – ✉ *90010*

Grotta Azzurra, contrada Ferlicchio ✆ 091 8449048, *reservation.hga@framon-hotels.it, Fax 091 8449396,* ≤ mare, – rist, . AE VISA JCB
giugno-settembre – **Pasto** carta 34/51 – 11 – **51 cam** 165/242 – ½ P 163.
◆ Circondati dal blu di un Mediterraneo incantevole, un hotel recentemente ristrutturato, che offre un'ambientazione unica. Terrazze fiorite con accesso privato al mare. Il ristorante, per stile e cucina, consente di apprezzare appieno lo stile dell'isola.

VALDERICE *91019 Trapani* 565 M 19 – *11 337 ab. alt. 250.*
Agrigento 99 – Palermo 184 – Trapani 9.

Baglio Santacroce, sulla statale 187 km 12 (Est : 2 km) ✆ 0923 891111, *baglio-santacroce@libero.it, Fax 0923 891192,* ≤, – rist, – 250. AE VISA.
Pasto *(chiuso lunedì)* carta 18/23 – **25 cam** 71/112 – ½ P 74.
◆ Tipico baglio, antico edificio rurale, del XVII sec. inserito in un contesto impreziosito da terrazze fiorite. L'intelligente restauro ha sortito un insieme raffinato. Al ristorante semplicità minimale ed elegante per gustare specialità tipiche.

Ericevalle senza rist, via del Cipresso 1 ✆ 0923 891133, *ericevalle@libero.it, Fax 0923 833178* – AE VISA.
26 cam 90.
◆ Hotel dall'aspetto moderno, gestione particolarmente cordiale. La struttura riserva alcune particolarità architettoniche, ingentilite dalle numerosissime piante.

a Bonagia *Nord-Est : 4 km* – ✉ *91010 :*

Tonnara di Bonagia, piazza Tonnara ✆ 0923 431111, *reservation.ton@framon-hotels.it, Fax 0923 592177,* ≤, – 350. AE VISA JCB
aprile-ottobre – **Pasto** carta 34/53 – 16,50 – **54 cam** 198/286, 7 suites – ½ P 199.
◆ Immaginarsi a soggiornare in quella che una volta era un'attivissima tonnara potrebbe sembrare strano. Eppure non manca proprio nulla, anzi c'è davvero un mare di fascino. Visto il precedente utilizzo dei locali del ristorante, in menù regna il pesce.

Saverino con cam, via Lungomare 3 ✆ 0923 592727, *hotelsav@libero.it, Fax 0923 592388,* ≤ – AE VISA JCB.
Pasto *(chiuso lunedì dal 15 settembre al 15 giugno)* carta 29/44 – 6 – **20 cam** 88/106 – ½ P 74.
◆ Ha mutato sede negli ultimi anni questo ristorante, che è uno dei locali storici del piccolo borgo di mare. La cucina è quella di sempre, basata sul pescato giornaliero.

VENTIMIGLIA DI SICILIA *90020 Palermo* 565 N 22 – *2 165 ab. alt. 550.*
Agrigento 103 – Palermo 41 – Termini Imerese 20.

Agriturismo Crapa Licca, località Contrada Traversa km 15,600 ✆ 091 8202144, *amministrazione@crapalicca.it, Fax 091 8202878,* ≤ valle e monti – AE VISA.
chiuso dall'8 al 30 gennaio – **Pasto** (solo su prenotazione) 20 – **6 cam** 90/110 – ½ P 68.
◆ Immersa in quiete coltivazioni d'uva e ulivi, antica masseria di famiglia completamente ristrutturata: raffinato stile rustico negli interni e deliziose camere confortevoli. Soffitto in legno e pareti in pietra nella sala ristorante. Ampia scelta di antipasti.

VILLAFRATI *90030 Palermo* 565 N 22 *3 394 ab. alt. 450.*
Agrigento 87 – Caltanissetta 100 – Palermo 36.

Mulinazzo, strada statale 121, località Bolognetta Nord : 9 km ✆ 091 8724870, *mulinazzo@libero.it, Fax 091 8737533* – AE VISA
chiuso quindici giorni in gennaio, tre settimane in luglio, le sere di Pasqua, Natale e Capodanno, domenica sera e lunedì – **Pasto** carta 33/66.
◆ Una villetta di campagna che racchiude un ambiente piacevolmente elegante. Lo chef propone una cucina del territorio intelligentemente rivisitata e ottimamente realizzata.
Spec. Mosaico di tonno, salsa alle olive e capperi (maggio-ottobre). Minestra di aragosta con spaghetti spezzati. Involtino di mupa (pesce bianco) su caponata croccante al miele di zagara.

La guida cambia, cambiate la guida ogni anno.

VITTORIA *97019 Ragusa* 565 Q 25 *G. Sicilia – 60 063 ab. alt. 169.*
Agrigento 107 – Catania 96 – Ragusa 26 – Siracusa 104.

Grand Hotel senza rist, vico II Carlo Pisacane 53/B ☎ 0932 863888, *grandghotelvittoria@tin.it, Fax 0932 863888* – AE VISA JCB.
27 cam 50/70.
◆ Ottima risorsa per la clientela d'affari: poche concessioni a fronzoli e personalizzazioni di carattere estetico, ma buon confort e gestione professionale e affidabile.

a Scoglitti *Sud-Ovest : 13 km –* ✉ *97010 :*

Mida, via delle Seppie ☎ 0932 871430, *h.hotelmida@tin.it, Fax 0932 871589*, – AE VISA JCB. rist
Pasto carta 21/36 – **27 cam** 55/110 – ½ P 65.
◆ In bella posizione sul lungomare, proprio sulla spiaggia, albergo gestito da un'intraprendente famiglia che cerca di mantenere la struttura sempre ad un buon livello. Luminosa sala ristorante dai toni chiari e freschi, a pochi metri dalla spiaggia.

VULCANO (Isola) *Messina* 565 L 26 – *Vedere Eolie (Isole).*

ZAFFERANA ETNEA *95019 Catania* 565 N 27 – *8 193 ab. alt. 600.*
Catania 24 – Enna 104 – Messina 79 – Palermo 231 – Taormina 35.

Airone, via Cassone 67 (Ovest : 2 km) ☎ 095 7081819, *info@hotel-airone.it, Fax 095 7082142,* mare e costa, – – 40. AE VISA.
Pasto carta 25/32 – **60 cam** 140 – ½ P 85.
◆ Piacevole struttura adatta a esigenze diverse, presenta interni recenti e un servizio efficiente. In zona turistica, lungo la strada che conduce alla sommità del vulcano. Il menù presenta una buona articolazione tra proposte di cucina siciliana.

Scriveteci...
Le vostre critiche e i vostri apprezzamenti saranno esaminati con la massima attenzione.
Verificheremo personalmente gli esercizi che ci vorrete segnalare
Grazie per la collaborazione !

SAN MARINO *47890 Repubblica di San Marino* 562 K 19 *G. Italia – 4 483 ab. nella Capitale, 28 753 ab. nello Stato di San Marino alt. 749 (monte Titano) – a.s. 15 giugno-settembre.*

Vedere *Posizione pittoresca★★★ – ≤★★★ sugli Appennini e il mare dalle Rocche.*

ℹ palazzo del Turismo, contrada Omagnano 20 ✆ 0549 882400, statoturismo@omniway.sm, Fax 0549 882575.

A.C.I. via Tre Settembre, 11 (Centro Tonelli) ✆ 0549 908860.

Roma 355 ① – Rimini 22 ① – Ancona 132 ① – Bologna 135 ① – Forlì 74 ① – Milano 346 ① – Ravenna 78 ①.

Gd H. San Marino, viale Antonio Onofri 31 ✆ 0549 992400, *info@grandhotel.sm, Fax 0549 992951,* ≤ – |♦| ▤ TV 🚗 – 🏛 150. AE Ⓢ ⓞ ⓜⓒ VISA JCB. ✂ rist Z a
chiuso dal 24 al 27 dicembre – **Pasto** al Rist. ***Arengo*** *(chiuso dal 15 dicembre al 10 febbraio)* carta 34/47 – **62 cam** ☕ 100/160 – ½ P 100.

◆ In parte rinnovato, il grande «classico» dell'hotellerie locale: per turismo culturale o d'affari, o per ritemprarsi con le cure naturali di un celebre centro francese. Ha il nome di un'antica istituzione della Repubblica, il signorile ristorante.

Cesare, salita alla Rocca 7 ✆ 0549 992355, *info@hotelcesare.com, Fax 0549 992630,* ≤, ⛱ – |♦|, ✂ cam, ▤ TV ✆ ♿ – 🏛 100. AE Ⓢ ⓞ ⓜⓒ VISA JCB. ✂ Y b
Pasto carta 28/48 – **17 cam** ☕ 101/160 – ½ P 98.

◆ Il fascino di un antico edificio coniugato con i vantaggi delle moderne tecnologie in un nuovo, raffinato albergo; mobili di ciliegio e tinte pastello nelle camere. Nuovo look di elegante design contemporaneo nel ristorante.

Titano, contrada del Collegio 31 ☎ 0549 991006, *info@hoteltitano.com, Fax 0549 991375* – |\$|, TV, ☏, ⇔. AE Ⓢ ⓓ MC VISA JCB **Y u**
15 marzo-15 dicembre – **Pasto** al Rist. ***La Terrazza*** *(chiuso dal 15 dicembre al 15 marzo)* carta 27/41 – **48 cam** ☐ 80/130 – ½ P 80.
◆ E' un'istituzione locale questa struttura di tradizione nel centro della Repubblica, che offre un'ospitalità familiare e curata nei suoi signorili interni in stile. Bella vista di valli e Appennini dalla terrazza ristorante affacciata sulla piazza principale.

Quercia Antica, via Cella Bella ☎ 0549 991257, *querciaantica@omniway.sm, Fax 0549 990044* – |\$|, ▤ rist, TV ⇔ – 🏠 50. AE Ⓢ ⓓ MC VISA. ✗ rist **Z v**
Pasto carta 26/34 – **26 cam** ☐ 72/92 – ½ P 73.
◆ Consolidata gestione familiare, da oltre 40 anni, in una risorsa ben tenuta, alle porte del centro storico; confortevole il settore notte, rinnovato in anni recenti. Accogliente sala da pranzo di calda ambientazione rustica.

Villa Giardi senza rist, via Ferri 22 ☎ 0549 991074, *giardif@omniway.sm, Fax 0549 992285* – TV ⇔ P. AE Ⓢ ⓓ MC VISA JCB. ✗ 1 km per via d. Voltone **Z**
8 cam ☐ 74/96.
◆ Poche camere accoglienti e graziose nella loro linearità in questa simpatica casa dall'ambiente familiare, alle porte della località, vicino ad un parco naturale.

XXX **Righi la Taverna,** piazza della Libertà 10 ☎ 0549 991196, *lataverna@omniway.sm, Fax 0549 990597* – ▤. AE Ⓢ ⓓ MC VISA JCB **Y n**
chiuso dal 2 al 20 gennaio e mercoledì – **Pasto** carta 31/49.
◆ Adiacente al Palazzo del Governo, un ristorante dall'arredamento caratteristico: bistrot per pasti veloci al pianterreno, più raffinate le proposte e la sala al 1° piano.

a Domagnano *per ① : 4 km* – ✉ *47895 :*

Rossi, via XXV Marzo 13 ☎ 0549 902263, *mrossi@omniway.sm, Fax 0549 906642,* ≤ – |\$|, ▤ cam, TV ⇔ P – 🏠 25. AE Ⓢ ⓓ MC VISA. ✗
Pasto *(chiuso dal 20 dicembre al 6 gennaio e sabato in bassa stagione)* carta 23/32 – **33 cam** ☐ 60/92 – ½ P 63.
◆ Lungo la superstrada Rimini-San Marino, un rinnovato e comodo albergo a conduzione familiare, adatto anche a clientela d'affari e di passaggio; camere funzionali. Tradizionale ristorante d'albergo, con una luminosa sala panoramica.

Se dopo le h 18,00 siete ancora in viaggio confermate la vostra prenotazione telefo[...] è consuetudine ... ed è più sicuro.

Distanze

Qualche chiarimento

Nel testo di ciascuna località troverete la distanza dalle città limitrofe e da Roma. Le distanze fra le città della tabella accanto completano quelle indicate nel testo di ciascuna località.

La distanza da una località ad un'altra non è sempre ripetuta in senso inverso: guardate al testo dell'una o dell'altra.
Utilizzate anche le distanze riportate a margine delle piante.

Le distanze sono calcolate a partire dal centro delle città e seguendo la strada più pratica, ossia quella che offre le migliori condizioni di viaggio ma che non è necessariamente la più breve.

Distances

Quelques précisions

Au texte de chaque localité vous trouverez la distance des villes environnantes et celle de Rome. Les distances intervilles du tableau ci-contre complètent ainsi celles données au texte de chaque localité.

La distance d'une localité à une autre n'est pas toujours répétée en sens inverse : voyez au texte de l'une ou de l'autre.
Utilisez aussi les distances portées en bordure des plans.

Les distances sont calculées à partir du centre-ville et par la route la plus pratique, c'est-à-dire celle qui offre les meilleures conditions de roulage, mais qui n'est pas nécessairement la plus courte.

Entfernungen

Einige Erklärungen

In jedem Ortstext finden Sie Entfernungen zu größeren Städten in der Umgebung und nach Rom. Die Kilometerangaben dieser Tabelle ergänzen somit die Angaben des Ortstextes.

Da die Entfernung von einer Stadt zu einer anderen nicht immer unter beiden Städten zugleich aufgeführt ist, sehen Sie bitte unter beiden ...brechenden Ortstexten nach. Eine weitere Hilfe sind die am Rande ...äne erwähnten Kilometerangaben.

...ngen gelten ab Stadtmitte unter Berücksichtigung der günstigsten ...ürzesten) Strecke.

...es

...includes its distance from its immediate neighbours ...metrage in the table completes ...l town headings for calculating total distances.

...her is not necessarily repeated in the text ...may have to look, therefore, ...it. Note also that some distances appear ...s.

...centre and along the best roads ...necessarily the shortest.

Bergamo - Livorno **329 km**

	Ancona	Bari	Bergamo	Bologna	Bolzano	Brescia	Brindisi	Catanzaro	Como	Cosenza	Ferrara	Firenze	Foggia	Genova	L'Aquila	La Spezia	Livorno	Milano	Modena	Napoli	Padova	Parma	Perugia	Pescara	Potenza	Ravenna	Reggio di Calabria	Roma	Salerno	S. Marino	Taranto	Torino	Trieste	Udine	Venezia
Bari	455																																		
Bergamo	436	880																																	
Bologna	214	658	220																																
Bolzano	487	931	233	274																															
Brescia	386	830	51	173	189																														
Brindisi	571	117	994	774	1047	945																													
Catanzaro	761	345	1167	960	1220	1118	362																												
Como	473	917	56	260	305	123	1033	1205																											
Cosenza	667	252	1073	867	1126	1025	268	100	1112																										
Ferrara	255	699	206	48	243	162	814	1006	278	913																									
Firenze	259	670	306	100	359	257	786	861	345	768	145																								
Foggia	336	133	759	540	812	711	249	425	798	332	580	562																							
Genova	500	893	200	287	405	231	1009	1084	188	991	330	224	785																						
L'Aquila	186	400	610	390	663	561	516	619	649	526	430	320	281	544																					
La Spezia	420	813	254	207	351	210	928	1004	268	910	250	144	704	102	462																				
Livorno	393	726	329	177	436	285	842	918	343	824	223	86	618	177	402	97																			
Milano	422	866	48	209	276	94	982	1155	47	1061	252	294	747	141	598	217	292																		
Modena	257	701	184	44	236	135	816	989	222	896	87	128	582	248	432	169	206	171																	
Napoli	394	259	778	571	831	729	375	409	816	315	617	472	176	696	230	616	529	766	600																
Padova	[illegible]	765	193	114	189	149	881	1072	265	979	72	212	646	362	496	316	289	237	153	683															
Parma		755	161	98	239	117	871	1043	175	950	141	183	636	191	486	111	186	124	60	654	183														
Perugia		[illegible]	459	240	512	411	684	759	498	666	280	155	440	378	169	298	236	447	282	370	346	336													
Pescara			[illegible]	360	633	531	418	608	619	515	400	449	183	645	102	566	531	568	402	249	467	457	260												
Potenza				648	921	819	220	315	907	222	688	611	109	834	369	755	667	856	690	158	754	744	509	292											
Ravenna				[illegible]	352	250	713	908	337	810	90	180	478	364	329	284	257	287	121	553	137	175	187	299	587										
Reggio di Calabria					[illegible]	1209	453	162	1297	191	1097	953	517	1176	711	1097	1009	1246	1080	500	1163	1135	850	699	407	999									
Roma						532	536	612	619	518	420	275	312	477	118	398	303	568	403	222	486	457	173	207	361	356	703								
Salerno						[illegible]	321	353	855	260	656	511	155	734	269	655	567	804	639	54	722	693	409	288	103	592	445	261							
S. Marino							[illegible]	871	395	777	176	181	446	421	297	341	314	344	178	504	242	232	150	267	555	72	962	319	544						
Taranto								295	1000	202	781	753	216	976	483	897	809	949	783	311	847	837	651	385	154	680	387	503	255	648					
Torino								[illegible]	163	1155	369	388	864	170	715	267	341	140	289	859	367	241	541	685	973	404	1340	642	898	461	1066				
Trieste									[illegible]	1155	248	387	764	532	615	466	465	407	328	859	177	354	473	585	873	285	1339	662	898	358	966	538			
Udine										1126	219	358	735	503	586	437	436	378	299	830	148	325	444	556	844	256	1310	633	869	329	937	509	73		
Venezia										[illegible]	110	250	625	395	475	328	327	269	191	721	40	216	334	446	733	146	1201	524	760	219	826	400	155	128	
Verona											96	225	678	283	529	217	302	158	102	697	84	105	378	499	787	218	1177	499	736	275	880	289	255	227	117

SICILIA

	Agrigento	Caltanissetta	Catania	Messina	Palermo	Siracusa
Caltanissetta	57					
Catania	164	111				
Messina	255	203	93			
Palermo	124	133	212	226		
Siracusa	212	159	61	157	260	
Trapani	156	228	307	321	103	355

SARDEGNA

	Nuoro	Olbia	Oristano	Sassari
Cagliari	188	264	95	212
Nuoro		102	94	120
Olbia			171	100
Oristano				119

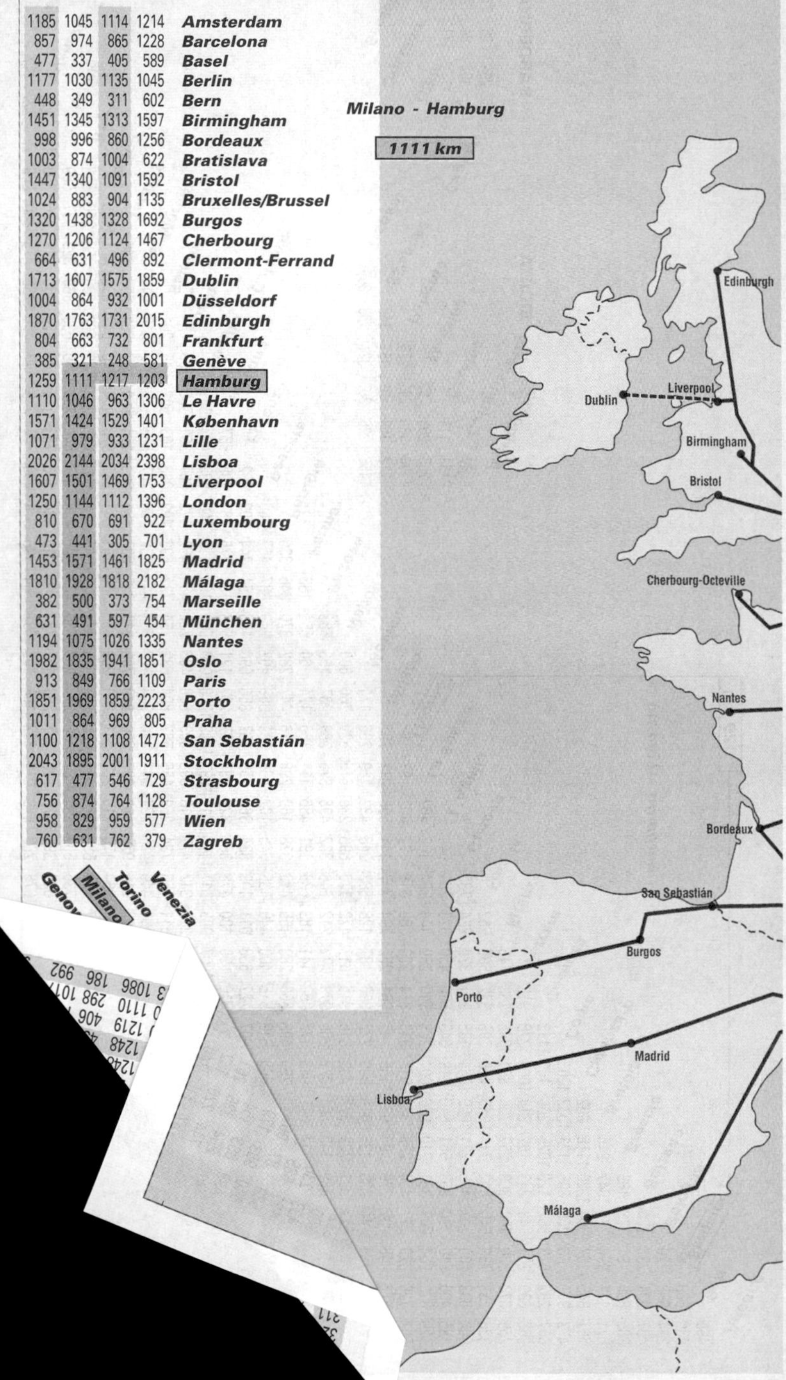

Genova	Milano	Torino	Venezia	
1185	1045	1114	1214	**Amsterdam**
857	974	865	1228	**Barcelona**
477	337	405	589	**Basel**
1177	1030	1135	1045	**Berlin**
448	349	311	602	**Bern**
1451	1345	1313	1597	**Birmingham**
998	996	860	1256	**Bordeaux**
1003	874	1004	622	**Bratislava**
1447	1340	1091	1592	**Bristol**
1024	883	904	1135	**Bruxelles/Brussel**
1320	1438	1328	1692	**Burgos**
1270	1206	1124	1467	**Cherbourg**
664	631	496	892	**Clermont-Ferrand**
1713	1607	1575	1859	**Dublin**
1004	864	932	1001	**Düsseldorf**
1870	1763	1731	2015	**Edinburgh**
804	663	732	801	**Frankfurt**
385	321	248	581	**Genève**
1259	1111	1217	1203	**Hamburg**
1110	1046	963	1306	**Le Havre**
1571	1424	1529	1401	**København**
1071	979	933	1231	**Lille**
2026	2144	2034	2398	**Lisboa**
1607	1501	1469	1753	**Liverpool**
1250	1144	1112	1396	**London**
810	670	691	922	**Luxembourg**
473	441	305	701	**Lyon**
1453	1571	1461	1825	**Madrid**
1810	1928	1818	2182	**Málaga**
382	500	373	754	**Marseille**
631	491	597	454	**München**
1194	1075	1026	1335	**Nantes**
1982	1835	1941	1851	**Oslo**
913	849	766	1109	**Paris**
1851	1969	1859	2223	**Porto**
1011	864	969	805	**Praha**
1100	1218	1108	1472	**San Sebastián**
2043	1895	2001	1911	**Stockholm**
617	477	546	729	**Strasbourg**
756	874	764	1128	**Toulouse**
958	829	959	577	**Wien**
760	631	762	379	**Zagreb**

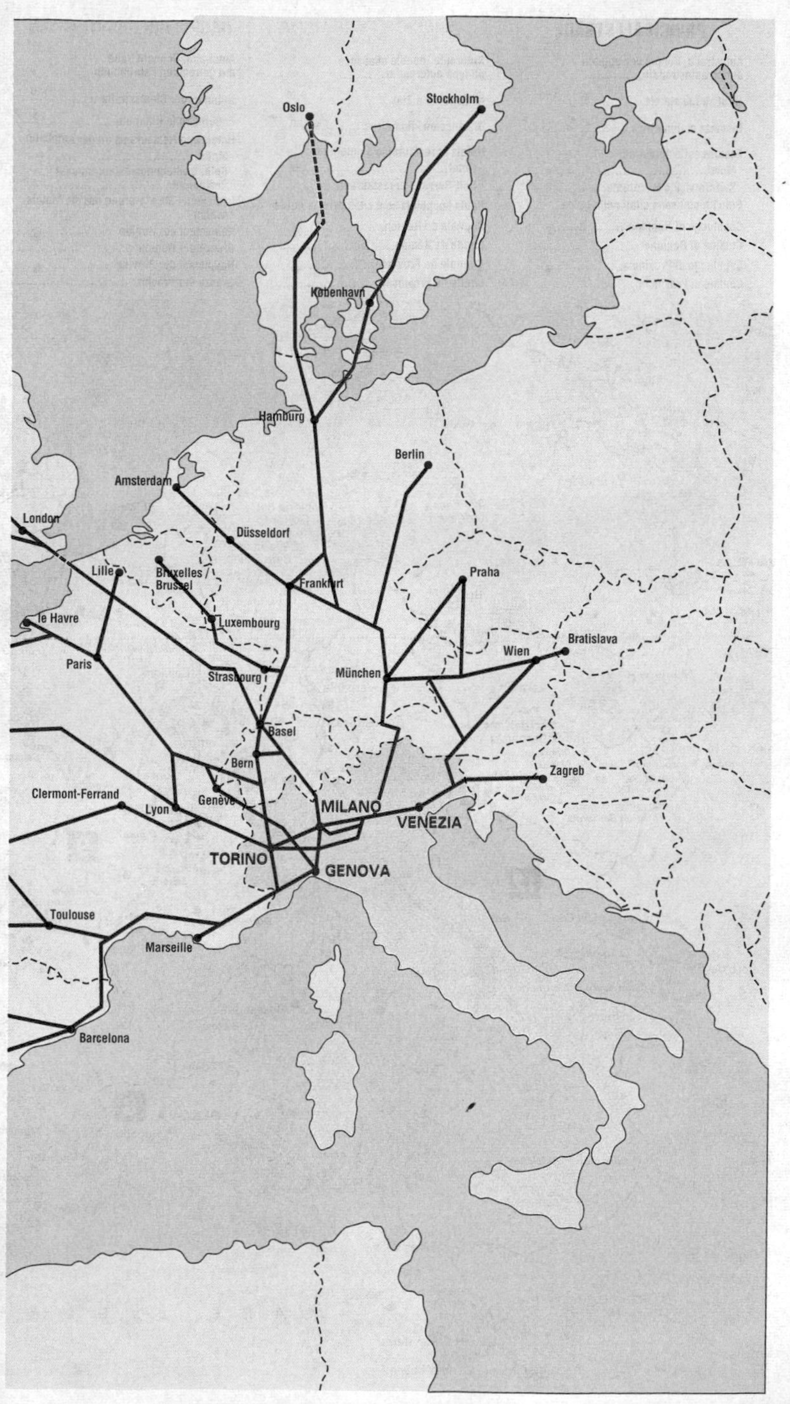
Oslo
Stockholm
København
Hamburg
Berlin
Amsterdam
London
Düsseldorf
Lille
Bruxelles / Brussel
Frankfurt
Praha
le Havre
Luxembourg
Bratislava
Wien
Paris
Strasbourg
München
Basel
Bern
Zagreb
Clermont-Ferrand
Genève
MILANO
Lyon
VENEZIA
TORINO
GENOVA
Toulouse
Marseille
Barcelona

PRINCIPALI STRADE

Autostrada, doppia carreggiata di tipo autostradale

N° di strada statale .... S 10

Distanza chilometrica 20

Esercizi sulle autostrade :
- Motel .... ■
- Self-Service o Ristorante .... ■

Solo i motel sono citati nella guida

Capoluogo di Regione .... ◉

Confine di Regione ....

Capoluogo di Provincia .... ●

Confine di Provincia ....

PRINCIPALES ROUTES

Autoroute, double chaussée de type autoroutier

N° de route d'État .... S 10

Distance en kilomètres 20

Hôtels et restaurants d'autoroute :
- Hôtel .... ■
- Self-Service ou restaurant .... ■

Seuls les hôtels sont cités dans le guide

Capitale de Région .... ◉

Limite de Région ....

Capitale de Province .... ●

Limite de Province ....

HAUPVERKEHRSSTRASSEN

Autobahn, Schnellstraße mit getrennten Fahrbahnen

Nummer der Staatsstraße .... S 10

Entfernung in Kilometer 20

Hotels und Restaurants an der Autobahn :
- Motel .... ■
- Selbstbedienungsrestaurant oder Restaurant .... ■

In diesem Führer werden nur die Motels erwähnt

Hauptstadt der Region .... ◉

Grenze der Region ....

Hauptstadt der Provinz .... ●

Grenze der Provinz ....

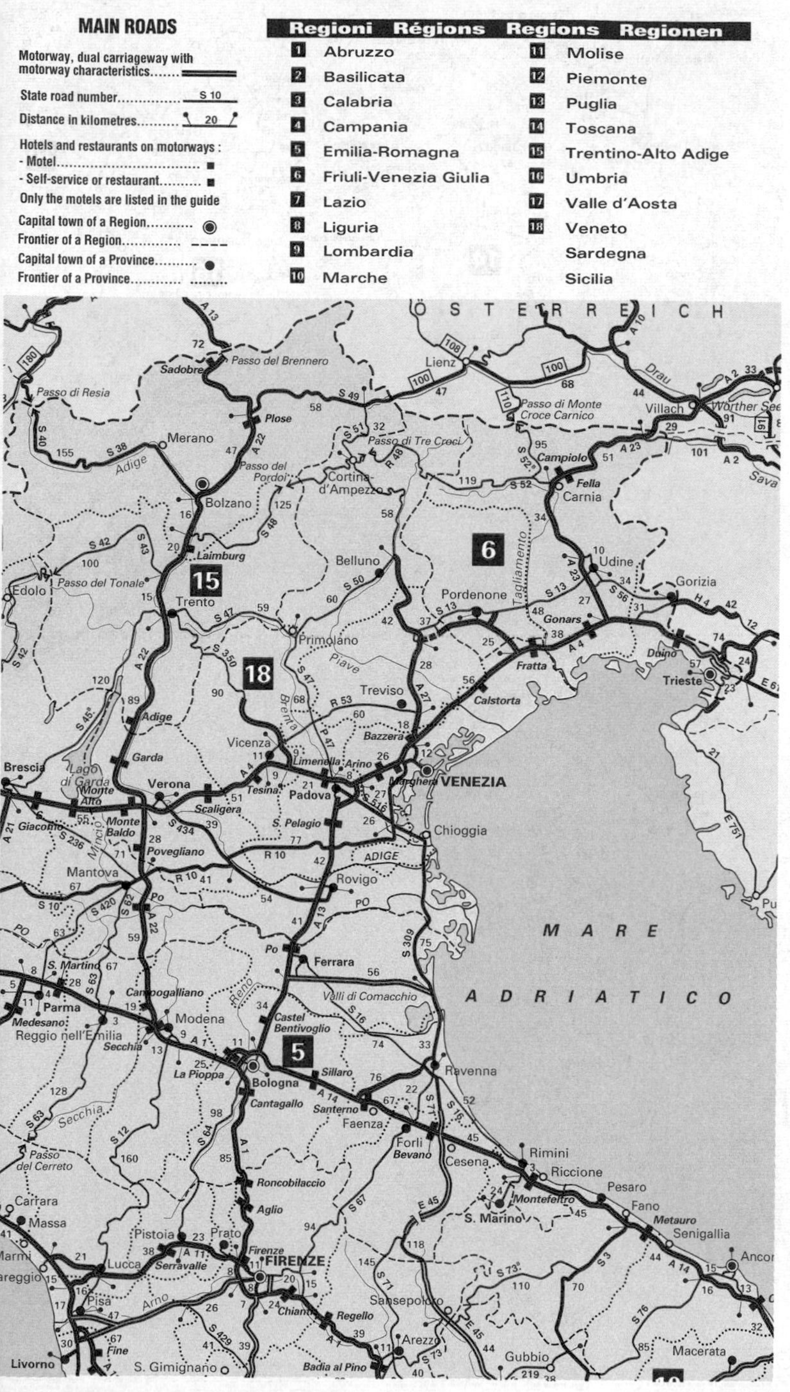
MAIN ROADS
Motorway, dual carriageway with motorway characteristics
State road number
S 10
Distance in kilometres
20
Hotels and restaurants on motorways :
- Motel
- Self-service or restaurant
Only the motels are listed in the guide
Capital town of a Region
Frontier of a Region
Capital town of a Province
Frontier of a Province
Regioni Régions Regions Regionen
1 Abruzzo
2 Basilicata
3 Calabria
4 Campania
5 Emilia-Romagna
6 Friuli-Venezia Giulia
7 Lazio
8 Liguria
9 Lombardia
10 Marche
11 Molise
12 Piemonte
13 Puglia
14 Toscana
15 Trentino-Alto Adige
16 Umbria
17 Valle d'Aosta
18 Veneto
Sardegna
Sicilia
ÖSTERREICH
MARE ADRIATICO
Passo del Brennero
Sadobre
Passo di Resia
Lienz
Drau
Villach
Wörther See
Sava
Passo di Monte Croce Carnico
Plose
Merano
Adige
Passo del Pordoi
Cortina-d'Ampezzo
Passo di Tre Croci
Campiolo
Fella
Carnia
Bolzano
Laimburg
Belluno
Udine
Gorizia
Passo del Tonale
Edolo
Trento
Pordenone
Tagliamento
Gonars
Primolano
Piave
Fratta
Duino
Trieste
Treviso
Brenta
Calstorta
Bazzera
Vicenza
Limenella
Arino
Brescia
Lago di Garda
Garda
Verona
Tesina
Padova
Marghera
VENEZIA
Monte Alto
Scaligera
S. Giacomo
Monte Baldo
S. Pelagio
Chioggia
Mincio
Povegliano
ADIGE
Mantova
Rovigo
PO
Po
Ferrara
S. Martino
Campogalliano
Reno
Valli di Comacchio
Parma
Medesano
Reggio nell'Emilia
Modena
Secchia
Castel Bentivoglio
La Pioppa
Bologna
Sillaro
Ravenna
Cantagallo
Santerno
Faenza
Forlì
Bevano
Cesena
Rimini
Riccione
Passo del Cerreto
Roncobilaccio
Montefeltro
S. Marino
Pesaro
Fano
Metauro
Senigallia
Carrara
Massa
Aglio
Pistoia
Prato
Firenze
FIRENZE
Serravalle
Lucca
Pisa
Arno
Chianti
Regello
Sansepolcro
Arezzo
Livorno
Fine
S. Gimignano
Badia al Pino
Gubbio
Macerata
Ancona

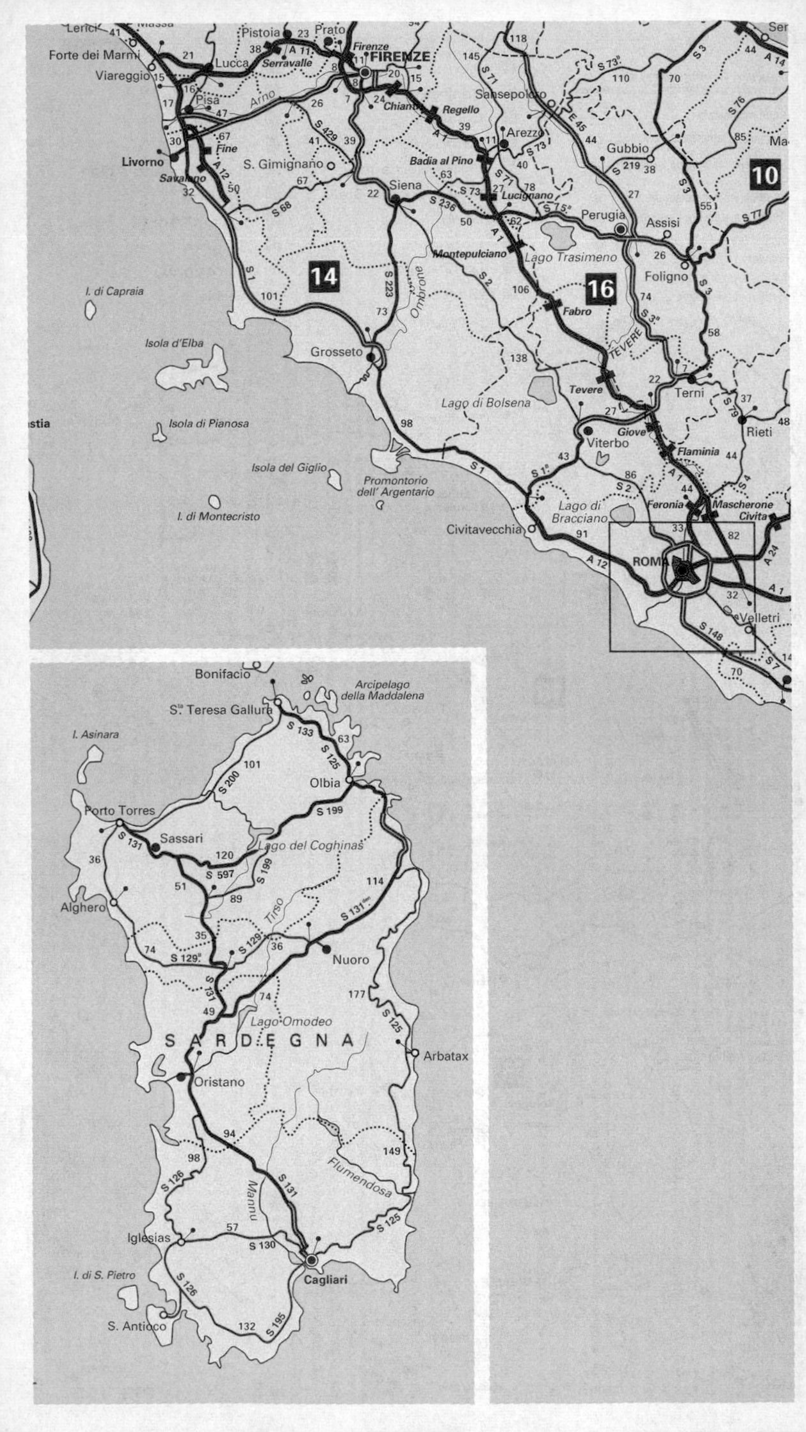

Lerici
Massa
Forte dei Marmi
Viareggio
Lucca
Pistoia
Prato
Serravalle
Firenze
FIRENZE
Pisa
Arno
Chianti
Regello
Livorno
Fine
Savalano
S. Gimignano
Badia al Pino
Arezzo
Sansepolcro
Gubbio
Siena
Lucignano
Perugia
Assisi
Montepulciano
Lago Trasimeno
Foligno
Ombrone
Fabro
TEVERE
I. di Capraia
Isola d'Elba
Grosseto
Terni
Rieti
Tevere
Lago di Bolsena
Isola di Pianosa
Viterbo
Giove
Flaminia
Isola del Giglio
Promontorio dell' Argentario
Lago di Bracciano
Feronia
Mascherone
Civita
I. di Montecristo
Civitavecchia
ROMA
Velletri
14
16
10
Bonifacio
Arcipelago della Maddalena
Sta. Teresa Gallura
I. Asinara
Olbia
Porto Torres
Sassari
Lago del Coghinas
Alghero
Tirso
Nuoro
Lago Omodeo
SARDEGNA
Arbatax
Oristano
Flumendosa
Mannu
Iglesias
I. di S. Pietro
Cagliari
S. Antioco

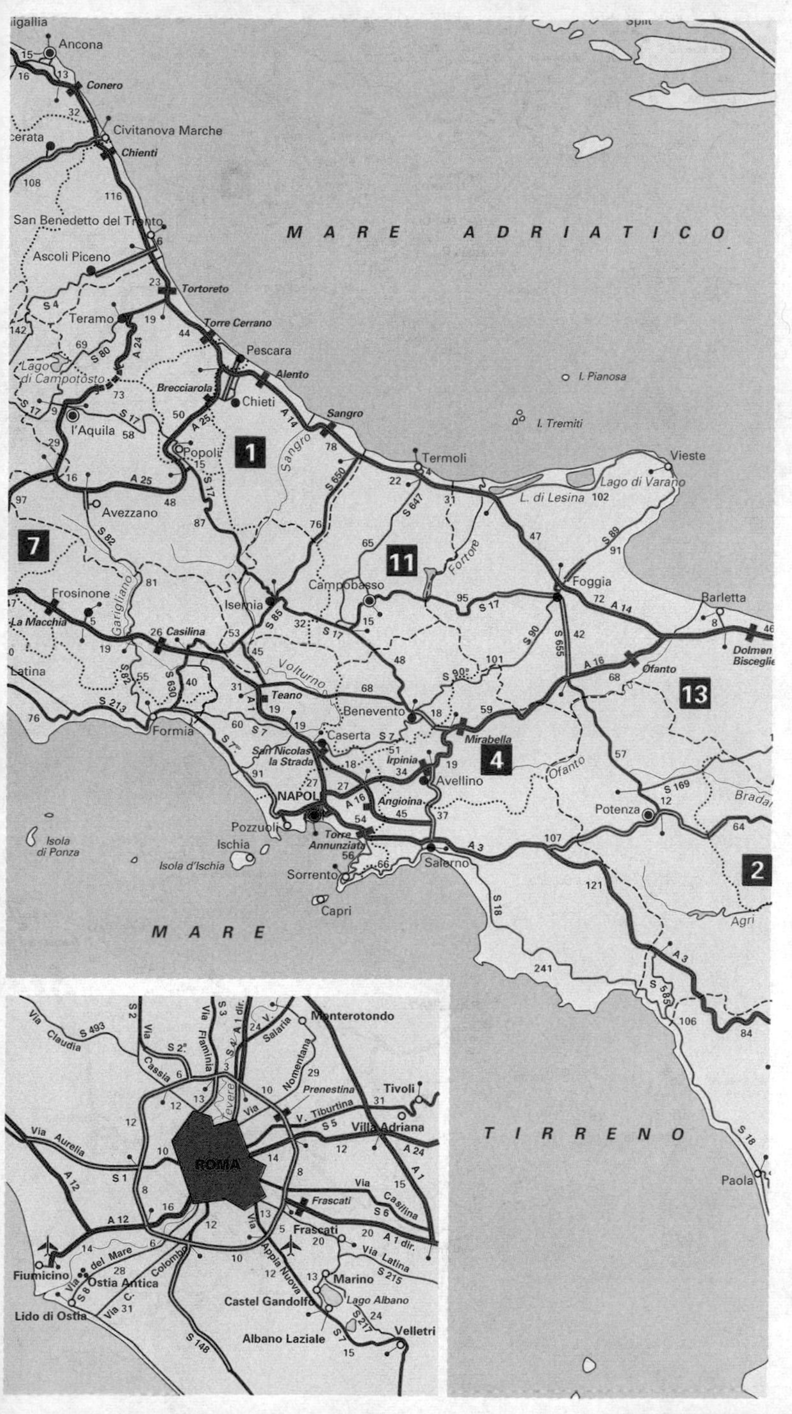
MARE ADRIATICO
MARE
TIRRENO
Ancona
Conero
Civitanova Marche
Chienti
San Benedetto del Tronto
Ascoli Piceno
Tortoreto
Teramo
Torre Cerrano
Pescara
Alento
Lago di Campotosto
Brecciarola
Chieti
l'Aquila
Sangro
Popoli
Termoli
Vieste
Lago di Varano
L. di Lesina
I. Pianosa
I. Tremiti
Avezzano
Campobasso
Fortore
Foggia
Barletta
Frosinone
La Macchia
Isernia
Casilina
Garigliano
Volturno
Latina
Teano
Benevento
Mirabella
Formia
Caserta
San Nicola la Strada
Irpinia
Avellino
Ofanto
Dolmen Bisceglie
Potenza
Bradano
NAPOLI
Angioina
Pozzuoli
Ischia
Isola d'Ischia
Isola di Ponza
Torre Annunziata
Sorrento
Capri
Salerno
Agri
Paola
Monterotondo
Tivoli
Villa Adriana
ROMA
Via Claudia
Via Cassia
Via Flaminia
V. Salaria
Nomentana
Prenestina
V. Tiburtina
Via Aurelia
Via Casilina
Frascati
Via Latina
Appia Nuova
Colombo
Fiumicino
Ostia Antica
Lido di Ostia
Via del Mare
Marino
Lago Albano
Castel Gandolfo
Albano Laziale
Velletri

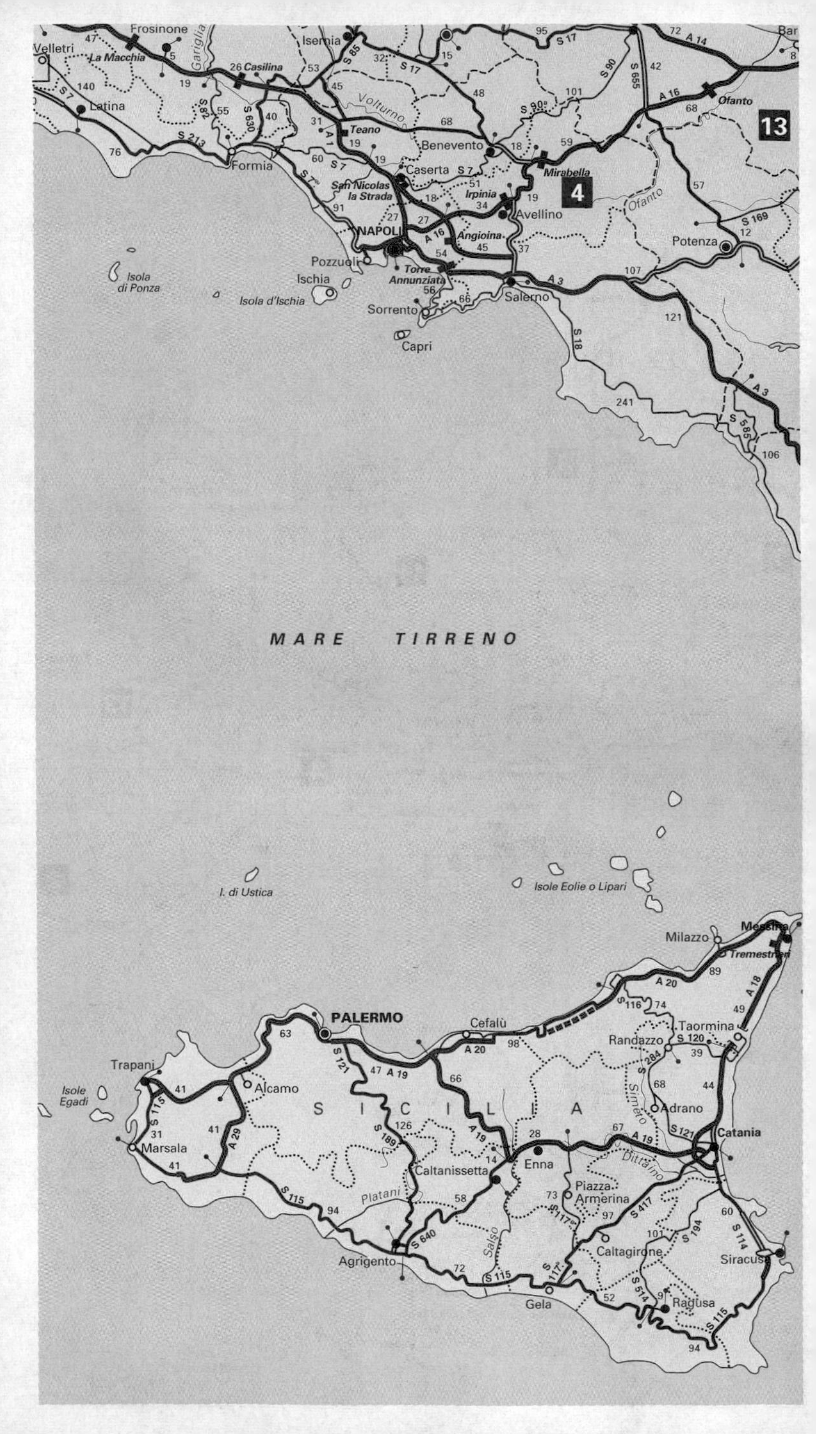

13
4
Frosinone
Velletri
La Macchia
Latina
Isernia
26 Casilina
Volturno
Teano
Formia
Benevento
Caserta
Mirabella
San Nicolas la Strada
Irpinia
Avellino
NAPOLI
Angioina
Pozzuoli
Torre Annunziata
Salerno
Ischia
Isola di Ponza
Isola d'Ischia
Sorrento
Capri
Potenza
Ofanto
MARE TIRRENO
I. di Ustica
Isole Eolie o Lipari
Milazzo
Messina
Tremestieri
PALERMO
Cefalù
Taormina
Randazzo
Trapani
Alcamo
Isole Egadi
SICILIA
Adrano
Catania
Marsala
Enna
Caltanissetta
Piazza Armerina
Platani
Caltagirone
Siracusa
Agrigento
Gela
Ragusa

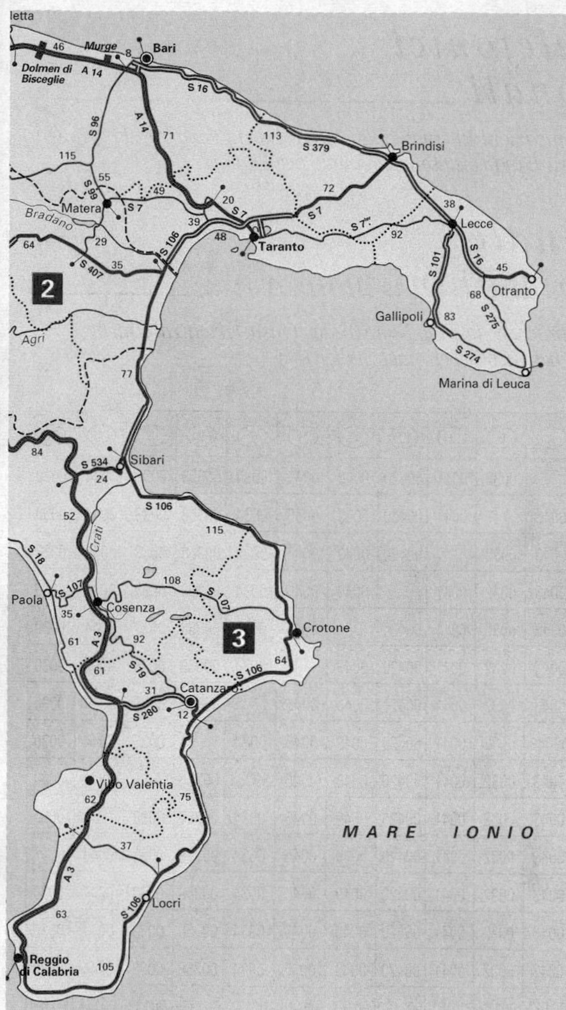

Bari
Murge
Dolmen di Bisceglie
A 14
S 16
S 96
113
S 379
Brindisi
Matera
Bradano
S 7
Taranto
Lecce
S 106
S 407
2
Otranto
Gallipoli
S 101
S 275
S 274
Marina di Leuca
Agri
Sibari
S 534
S 106
Crati
S 18
Paola
S 107
Cosenza
A 3
3
Crotone
S 19
Catanzaro
S 280
Vibo Valentia
MARE IONIO
Locri
Reggio di Calabria

Prefissi Telefonici Internazionali

Importante: per le comunicazioni internazionali, non bisogna comporre lo zero (0) iniziale del prefisso interurbano (escluse le chiamate per l'Italia)

Internationale Telefon-Vorwahlnummern

Wichtig: bei Auslandgesprächen darf die Null (0) der Ortsnetzkennzahl nicht gewählt werden (ausser bei Gesprächen nach Italien).

da \ a	A	B	CH	CZ	D	DK	E	FIN	F	GB	GR
A Austria		0032	0041	00420	0049	0045	0034	00358	0033	0044	0030
B Belgio	0043		0041	00420	0049	0045	0034	00358	0033	0044	0030
CH Svizzera	0043	0032		00420	0049	0045	0034	00358	0033	0044	0030
CZ Rep. Ceca	0043	0032	0041		0049	0045	0034	00358	0033	0044	0030
D Germania	0043	0032	0041	00420		0045	0034	00358	0033	0044	0030
DK Danimarca	0043	0032	0041	00420	0049		0034	00358	0033	0044	0030
E Spagna	0043	0032	0041	00420	0049	0045		00358	0033	0044	0030
FIN Finlandia	99043	0032	0041	00420	0049	0045	0034		0033	0044	0030
F Francia	0043	0032	0041	00420	0049	0045	99034	00358		0044	0030
GB Gran Bretagna	0043	0032	0041	00420	0049	0045	0034	00358	0033		0030
GR Grecia	0043	0032	0041	00420	0049	0045	0034	00358	0033	0044	
H Ungheria	0043	0032	0041	00420	0049	0045	0034	00358	0033	0044	0030
I Italia	0043	0032	0041	00420	0049	0045	0034	00358	0033	0044	0030
IRL Irlanda	0043	0032	0041	00420	0049	0045	0034	00358	0033	0044	0030
J Giappone	00143	00132	00141	001420	00149	00145	00134	001358	00133	00144	00130
L Lussemburgo	0043	0032	0041	00420	0049	0045	0034	00358	0033	0044	0030
N Norvegia	0043	0032	0041	00420	0049	0045	0034	00358	0033	0044	0030
NL Olanda	0043	0032	0041	00420	0049	0045	0034	00358	0033	0044	0030
PL Polonia	0043	0032	0041	00420	0049	0045	0034	00358	0033	0044	0030
P Portogallo	0043	0032	0041	00420	0049	0045	0034	00358	0033	0044	0030
RUS Russia	81043	81032	810420	6420	81049	81045	*	810358	81033	81044	*
S Svezia	0043	00932	00941	009420	00949	00945	00934	009358	00933	00944	00930
USA	01143	01132	01141	001420	01149	01145	01134	01358	01133	01144	01130

** Selezione automatica impossibile* — ** Automatische Vorwahl nicht möglich*

Indicatifs Téléphoniques Internationaux

Important : pour les communications internationales, le zéro (0) initial de l'indicatif interurbain n'est pas à composer (excepté pour les appels vers l'Italie).

International Dialling Codes

Note: when making an international call, do not dial the first «0» of the city codes (except for calls to Italy).

H	I	IRL	J	L	N	NL	PL	P	RUS	S	USA	
0036	0039	00353	0081	00352	0047	0031	0048	00351	007	0046	001	**A Austria**
0036	0039	00353	0081	00352	0047	0031	0048	00351	007	0046	001	**B Belgio**
0036	0039	00353	0081	00352	0047	0031	0048	00351	007	0046	001	**CH Svizzera**
0036	0039	00353	0081	00352	0047	0031	0048	00351	007	0046	001	**CZ Rep. Ceca**
0036	0039	00353	0081	00352	0047	0031	0048	00351	007	0046	001	**D Germania**
0036	0039	00353	0081	00352	0047	0031	0048	00351	007	0046	001	**DK Danimarca**
0036	0039	00353	0081	00352	0047	0031	0048	00351	007	0046	001	**E Spagna**
0036	0039	00353	0081	00352	0047	0031	0048	00351	007	0046	001	**FIN Finlandia**
0036	0039	00353	0081	00352	0047	0031	0048	00351	007	0046	001	**F Francia**
0036	0039	00353	0081	00352	0047	0031	0048	00351	007	0046	001	**GB Gran Bretagna**
0036	0039	00353	0081	00352	0047	0031	0048	00351	007	0046	001	**GR Grecia**
	0039	00353	0081	00352	0047	0031	0048	00351	007	0046	001	**H Ungheria**
0036		00353	0081	00352	0047	0031	0048	00351	*	0046	001	**I Italia**
0036	0039		0081	00352	0047	0031	0048	00351	007	0046	001	**IRL Irlanda**
00136	00139	001353		001352	00147	00131	00148	001351	*	01146	0011	**J Giappone**
0036	0039	00353	0081		0047	0031	0048	00351	007	0046	001	**L Lussemburgo**
0036	0039	00353	0081	00352		0031	0048	00351	007	0046	001	**N Norvegia**
0036	0039	00353	0081	00352	0047		0048	00351	007	0046	001	**NL Olanda**
0036	0039	00353	0081	00352	0047	0031		00351	007	0046	001	**PL Polonia**
0036	0039	00353	0081	00352	0047	0031	0048		007	0046	001	**P Portogallo**
81036	*	*	*	*	*	81031	81048	*		*	*	**RUS Russia**
00936	00939	009353	00981	009352	00947	00931	00948	00935	0097		0091	**S Svezia**
01136	01139	011353	01181	011352	01147	01131	01148	011351	*	011146		**USA**

** Pas de sélection automatique*

** Direct dialling not possible*